1905–2005 中國電影圖史

CHINESE FILM: AN ILLUSTRATED HISTORY

中國電影圖史編輯委員會編

CUCP

中國傳媒大學出版社

圖書在版編目（CIP）數據

中國電影圖史（1905—2005）／中國電影圖史編輯委員會
主編．—北京：中國傳媒大學出版社，2006·5
ISBN 978-7-81085-733-8

Ⅰ．中… Ⅱ．中… Ⅲ．電影史—中國—圖集
Ⅳ．J909.2-64

中國版本圖書館 CIP 數據核字（2006）第 047040 號

中國電影圖史（1905—2005）

主　　編：中國電影圖史編輯委員會
課題負責人：劉書亮
統　　稿：張建勇
責任編輯：李釗祥　陳友軍　欣　雯
裝幀設計：寧成春
出 版 人：蔡　翔

出版發行：中國傳媒大學出版社（原北京廣播學院出版社）
北京市朝陽區定福莊東街一號　　郵編：100024
電話：86-10-65450532　65450528
65783362　65450110
傳真：65779405　　http://www.cucp.com.cn

製版印刷：北京嘉彩印刷有限公司
開　本：889×1194　1/16
印　張：58
版　次：2007年1月第1版　2007年1月第1次印刷
書　號：ISBN 978-7-81085-733-8/K·733　定價：598.00圓

中國電影圖史
編輯委員會

主 席

程季華、李　行、吴思遠

編 委

(以姓氏筆劃爲序)

列　孚、朱天緯、李天礋、李興國、余慕雲、周　湧、黄　仁、黄建業、
張建勇、曾西霸、劉書亮

總策劃

劉繼南　陳景亮　王月民

編撰組

大 陸

編　寫: 朱天緯、張建勇、劉書亮、傅曉紅、史博公

寫作助理: 閻瑞静、林錦爔、羅　亮、胡　宛、周　寧、楚英傑、鄭培爲、戴小蘭、李　軍

圖片助理: 汪海明、孫向榮、張　蕾、趙　璐、張　顯、方夢旋

行政助理: 魏麗雯

臺 灣

編　寫: 黄　仁、曾西霸

寫作助理: 薛惠玲、林盈志、何欣蓓

圖片助理: 薛惠玲、林盈志、王美齡、蔡宛達

香 港

編　寫: 列　孚

寫作助理: 曹　燏、王　旭、向　竹

圖片助理: 司　若、陳柏生

序

歷時三年，終於在紀念中國電影誕生100年之際，我們完成了《中國電影圖史》。面對這部凝聚着大陸、臺灣和香港三地影人和學者的期盼與心血，約120多萬字、2700多幅圖片，分量厚重的、全景式的“大中國電影”史著成果，我們由衷地感到一種欣慰和自豪！

中國電影已經走過了100年的歷程。1905年，北京豐泰照相館拍攝了中國第一部“活動影戲”——京劇片段《定軍山》，從此開始了中國人拍攝電影的歷史。經過一個世紀艱苦曲折而又蓬勃輝煌的發展，中國電影取得了舉世矚目的偉大成就。近幾十年以來，各類國際電影節（展）領獎臺上頻頻閃現中國電影人的笑臉；中國電影史上的無數優秀影片及其創作者，一次次地引起世界電影史學界和評論界的驚異、欽佩和興奮；研究中國電影，越來越成爲各國學者所關注和從事的學術課題……包括大陸、臺灣、香港在内的中國電影，已然成爲當今國際影壇上一個衆所矚目、非常重要的部分。

然而，由於歷史的原因，三地尤其海峽兩岸隔絶了半個多世紀，三地電影也因着各自不同的政治、經濟和社會狀況，呈現出不同的發展軌跡和特點。因此，儘管三地電影都在世界上贏得了榮譽，爲世人所矚目，但其電影資源和成就却無法整合爲一個整體，使中華民族的電影文化在世界上發生更大的影響和作用，進而光耀我中華文化的博大精深、源遠流長！與此相應的，是三地各自所寫的電影史，也可以説是偏頗不全或以偏概全，缺乏完整的“中國電影”的史學觀念。雖然近十幾年來，三地也各自出版過一些包括了三地電影發展内容的電影史著，但就其客觀性和完整性來考量，都不能算是真正意義上的“中國電影”的史著。中國電影史學研究這種長期隔絶、停滯不前的狀況，不僅與中國電影在世界上的地位不相稱，而且嚴重影響了三地電影研究的學術進步，並在一定程度上阻礙了三地電影業進一步的交流、相融與整合。毫無疑問，這是中國電影百年歷史的一個重大遺憾！

基於這樣一種認識，多年來我們迫切地期待着能有一個機會，集合三地電影史學研究者，來共同完成一部能够全面、系統、客觀地記録、描述和回顧一百年來包括大陸、臺灣、香港三地的中國電影的發展演變進程及其光輝成就的電影史著。現在，我們終於可以問心無愧地宣稱：我們做到了！

回顧三年來《中國電影圖史》的編撰經過，感慨良多。期間雖也頗多艱辛曲折，但更充盈着三地影人學者坦誠的交流、愉快的合作和深摯的友誼。兩岸三地，先後參與此事者達數十人之衆。合如此多人力來共同完成這樣一部意義重大的電影史著，無疑是中國電影百年歷史尤其中國電影史學研究中的一件盛事。而對於我們這些參與者來講，這既是一種機緣，更是一份責任。是一份對中國電影、對中國電影百年歷史、對中國電影史學研究的不可推卸的責任心，使我們大家走到了一起，摒棄歧見，精誠合作，共同盡心盡力盡責地完成了這部可謂是工程艱巨、篇幅宏大的電影史著。

2002年11月，程季華與李行在無錫參加金鷄百花電影節時相會，談話中李行提出是否可以集兩岸三地之力合作著書，以紀念中國電影百年。李行講："兩岸和平統一，那是政治家的事情，我們無能爲力。但是在國家統一之前，讓我們的電影史先統一起來！"程季華深表讚同，並向李行介紹中國電影資料館的張建勇和朱天緯早在兩年多以前就已經有這個設想，且已做了一些籌備工作。兩人商議共同力促此事。程季華回北京後即與有關人士商議，對原有設想進行了調整和修訂，提出編撰一部以客觀文字資料和影片、人物、事件等圖片爲主、圖文並茂的電影史著，既能適應兩岸的政治現實，又能有效地聚合三地電影史學研究成果，避免不必要的學術歧見爭議，是最爲適合兩岸三地合作的項目。李行則與吴思遠聯絡，吴思遠也非常讚同此計劃，並主動擔承香港方面的組織協調工作。幾番傳真往來，三方一拍即合，寒暄間大事已定。最終確定，合作項目名稱爲《中國電影圖史》，由程季華爲大陸方面召集人，李行爲臺灣方面召集人，吴思遠爲香港方面召集人。此時得知北京廣播學院（現更名爲中國傳媒大學）正在籌劃中國電影百年史研究項目，遂與北京廣播學院商議，決定四方合作，以北京廣播學院爲主持單位，中國電影資料館、中華臺北電影資料館和香港電影資料館爲協助單位，由三地電影史學專家共同組成編委會和編撰班子，三位召集人共同出任編委會主席。同時，決定由劉書亮擔任課題負責人，由北京廣播學院申報國家藝術研究課題項目，並負責承擔主要課題經費。2003年3月，《中國電影圖史》作爲國家藝術類重點科研項目獲得批准立項，編撰工作開始全面推進。

然而，正應了"好事多磨"那句老話。原定於2003年4月份在北京召開的第一次編輯工作會議，由於"SARS"缘故，推延到了2003年9月初。大陸編委程季華、張建勇、朱天緯、李興國、劉書亮、周湧，臺灣編委李行、李天礢、黄仁、黄建業、曾西霸，香港編委吴思遠、余慕雲、列孚、陳柏生等參加了工作會議。三方編委一致表示，在2005年中國電影誕生百年之際推出《中國電影圖史》這一大型歷史著述，對兩岸三地的電影界都具有重大意義，它將是第一部真正意義上的完整的中國電影史，對今後的中國電影史研究格局產生重要和深刻的影響。爲此，兩岸三地的電影史學家們將本着平等、誠信、互助的原則精誠合作，投入大量的人力和物力，推動和保證項目的成功編撰和出版，力求使《中國電影圖史》成爲一本內容豐富、學術精湛、印製精美的第一流電影史著作。會議就圖史的“編寫體例”、“寫作大綱”、“編寫工作進程”等重要事項達成了共識和協議。2003年12月，編委會又在臺北召開了第二次編輯工作會議，就圖史的編寫體例、大綱寫作和編輯出版等具體問題進行了詳細討論。

之後，各地編寫小組成員就開始投身到歷史資料的海洋中去。在約兩年的編寫工作中，三地的編委就圖史的大綱、體例、風格、篇幅等進行了一次次的溝通、交流，也一次次地發現，彼此在意識形態、價值判斷、電影史寫作規範、語言表述習慣等方面存在的差異。寫作也曾因此停滯不前，但在多次溝通與相互妥協下，得以進行下去。期間，又因種種原因，三地編寫組人員也做了部分調整，如臺灣方面由黃仁和曾西霸分工撰寫文稿，香港方面由列孚主持寫作，等等。爲了確保編寫工作順利進行，並保持編寫體例、文字規範等方面的統一，編委會三位主席決定委託張建勇、劉書亮擔任學術協調人和統稿人，負責協調處理有關編寫進度、編寫體例和文字規範等問題，由張建勇承擔全書最後統稿工作。經過長達一年半艱苦繁瑣的資料收集，半年多辛勤竭力的寫作，半年多精細縝密的編排，三地編寫人員終於如期結稿。這是一次電影史集體寫作的成功範例，三地編寫人員互相關心，坦誠相見，平等相待，精誠合作，共同爲中國電影史學研究作出了新的貢獻。這是一次意義深遠的合作，在編寫過程當中，三方遇到了種種差異、困難，但克服這些差異和困難時付出的誠意和努力是最值得珍惜的，也是最具有學術研究的啓迪意義的：因爲我們的合作是基於一個共同的信念——對中國電影的關愛和責任，在這個大前提下，一切差異和分歧都可以協商解決，達到求大同存小異進而和諧統一的結局。

大陸、臺灣、香港，本來是三部厚厚的電影史，現在這部全景式的中國電影史，將三條河流納入其中，三流歸一。於是《定軍山》、《偷燒鴨》、《誰之過》同爲第一，可“同日而語”；《難夫難妻》、《莊子試妻》由於編年的形式相映成趣……1945—1949，電影工作者四散，或南下，或北上，或東渡，一股力量分做三股；到了上個世紀80年代，三股力量幾乎不約而同異軍突起，在世界影壇上奏出一曲中國電影壯麗交響曲，三地電影的合流也在這時開始。而一部能容納、包含這一切的中國電影史終於在中國電影100年的時候得以完成，寧不令人撫卷流連長嘆?!

以圖誌史幾乎和“結繩記事”一樣是人類的本能，而電影原本就是一門影像的藝術，因此以圖文並茂的形式寫作電影史比純粹文字來得更爲直觀、生動。《中國電影圖史》不僅是第一部完整地將三地電影發展歷史彙總記載的史著，而且是第一部用圖像方式記述中國電影發展歷史的史著。書中採用的“事件照”、“劇照”、“人物肖像”、“報刊文照”等圖片達2700餘幅，配合“大事記”、“影片目録”、“重大事件”（事件或現象的描述）、“史料摘録”（當年報刊報道或歷史著作、回憶録等文字摘録）、“重要人物”（小傳或年表）、“重要影片”（簡介）等文字内容，十分形象、生動地記録了中國電影一百年來的發展歷程。同時，在編撰中儘可能地貫徹客觀公正的原則，打破傳統“史論”偏重於主觀論斷的文體，而强調對歷史“原態”的展示，撰寫文字側重於客觀記述文體，或直接摘録原始文獻，避免主觀評論，有事就記，無事不記，大事詳盡，小事簡略。同時還特别注意收録一些被“正史”所忽略但在當時轟動社會並對電影發展産生了一定影響的“逸聞佚事”，力求最大程度地還原中國電影發展的歷史原貌。《中國電影圖史》的這種圖文並茂、力求客觀生動地凸現歷史魅力的史著形式與特點，相信不僅會對電影專業人員尤其中國電影史學研究人員有所啓迪和幫助，而且也會對廣大讀者産生濃厚的閱讀吸引力，對於電影愛好者則更具有着珍貴的收藏價值。

在紀念中國電影誕生一百週年之際，完成這樣一個無論形式還是内容均具有創新和填補空白學術價值的大型電影歷史研究項目，在國内外電影界和文化史學界無疑具有非常重要的意義。同時，在《中國電影圖史》編寫的這三年中，電影史的研究已經有了一些大膽的嘗試和進步，令人欣慰和振奮。以中國電影百年華誕爲契機，電影史的研究再次成爲熱點。我們堅信，隨着時間的推移，《中國電影圖史》的意義與作用將會越來越得以凸顯。當然，作爲一部兩岸三地史學專家第一次合作且規模宏大的電影史著，而編撰時間又如此匆促，肯定會留下許多遺憾，甚至也無法避免會出現影響其學術價值的重大失誤。但是，有總比没有好！萬事起頭難。畢竟，我們已經走出了非常艱難也是極爲關鍵的第一步。至於那些遺憾甚至失誤，還是留待後來者去彌補和解決吧。我們對此也充滿着期待和信任！

中國電影史終於統一了！進而，我們期待兩岸三地的電影也能統一起來！這是我們全體中國電影工作者義不容辭的歷史責任！希望我們共同努力，從各種具體事情做起，早日實現中國電影的統一！

我們非常歡欣地慶祝了中國電影的第一個一百年。在進入第二個一百年的今天，讓我們共同祈願：中國電影有更加美好的明天！

程季華　李行　吴思遠

編輯説明

1.爲紀念中國電影誕生100年，由中國傳媒大學主持，大陸、臺灣、香港三地電影史學專家共同編輯出版本圖史。

2.本圖史爲國家“十一五規劃”藝術類科研課題項目，項目負責人爲劉書亮。

3.本圖史秉持“大中國電影”的學術概念，内容包括大陸、臺灣和香港三地電影所共同組成的中國電影發展歷史。起始時間爲1905年，在此之前單設“中國電影誕生史前期（1905年以前）”時段，以簡要介紹和記載電影的發明及其輸入中國的歷史情況；截止時間爲2005年。

4.本圖史採用編年史體例，以每年度爲獨立單位，每一年按大陸、臺灣、香港的順序分别記述三地的電影發展狀況，並以年度加地區作爲篇章標題，如“1980年（大陸）”、“1980年（臺灣）”、“1980年（香港）”。各年度及其編録内容的標題分爲三級，如：

*1980*年（大陸）（一級標題）

重要影片（二級標題）

《苗苗》（三級標題）

出品：北京電影製片廠／……

……

故事片《今夜星光燦爛》引起爭論（二級標題）

4月，八一廠攝製的故事片《今夜星光燦爛》……

《今夜星光燦爛》（三級標題）

出品：八一電影製片廠／……

5.每年度各地分别編録“大事記”、“影片目録”、“重要事件”（事件或現象的描述）、“史料摘録”（當年報刊報道、評論或歷史著作、回憶録等文字摘録）、“重要人物”、“重要影片”等内容，同時相應地配有事件照、人物照、劇照、海報、報刊文照、書信手跡等圖片，每幅圖片均有文字説明。其中“重要影片”（含“重要事件”中的影片）介紹文字包括出品年代（在當年度介紹的則無此項）、出品者、主創人員名單、内容提要及獲奬情况等；人物介紹文字包括生卒年、電影專業職務身份、籍貫、從影經歷和主要成就等。

6.每年度各地按録入内容分别爲2的倍數頁，即每年度三地各爲若干獨立的對開頁；而對一些電影活動稀少的年度，如早期電影階段，則將某地的若干年度合在一起編排。

7.對於日本帝國主義侵略中國期間所建立的電影文化侵略機構，如株式會社滿洲映畫協會（“滿映”）、華北電影有限公司（華北）、中華聯合製片股份有限公司（“中聯”）、中華電影聯合股份有限公司（“華影”）等，用事件記述方式予以介紹，其生産的影片目録附在該事件之後，而不列入當年度的“影片目録”。

8.本圖史共收入圖片約2700餘幅。其中劇照（含拍攝工作照）1700餘幅，人物照500餘幅，其他圖照400餘幅。各類文字120餘萬字。另附有“參考文獻目録”、“重要影片索引”和“重要人物索引”。

9.本圖史所用圖片來源：中國電影資料館、香港電影資料館、中華臺北電影資料館館藏；各電影機構和相關單位收藏，部分電影工作者本人收藏等。

10.本圖史編寫人員及其分工，大陸部分：召集人程季華；1904年及其以前至1949年由朱天緯編寫；1950年至1976年由張建勇主持，閻瑞静、林錦燧、羅亮編寫；1979年至2005年由劉書亮、傅曉紅主持，胡宛、周寧、楚英傑編寫；朱天緯負責圖片提供，影片説明由鄭培爲編寫，部分資料由戴小蘭提供，人物説明由李軍編寫，汪海明負責資料協調，孫向榮負責部分圖片製作；張蕾、趙璐、張顯、方夢旋參加了部分編寫工作。臺灣部分：召集人李行；1979年及其以前由黄仁編寫；1980年及其以後由曾西霸編寫；黄建業負責部分文字協調，李天礢、薛惠玲、林盈志負責圖片提供及組織協調工作。香港部分：召集人吴思遠；全部文稿由列孚主持，曹嬌、王旭、向竹編寫；圖片由司若、陳柏生負責提供，余慕雲參加了大綱階段編寫工作。張建勇負責全書文字統稿。

11.本圖史在編寫過程中得到許多單位和個人的熱情支持與幫助，爲表示謝忱，特在書末設鳴謝專頁。

12.本圖史全部圖片版權歸提供者所有，全部文字著作權歸編寫者所有，未經許可不得翻印。

《中國電影圖史》目録

中國電影圖史

Chinese Film: An Illustrated History

中國電影誕生史前期
（1904年及其以前）

古代人類對於光影的認識與活動影像的發明

最早表現運動的圖畫

在中國和古埃及的壁畫以及古希臘的陶器上描畫出的"連續性動作"，是人們對於運動的物體的想象。

春秋時代（公元前770年—前256年）的古人就對光與影的關係有了生動的認識。哲學家墨子曾以"光來景忘"（《墨經》）描繪過光與影的關係。同一時代的莊子對光與影的關係作過更細緻的觀察，"飛鳥之影，未嘗動也。"（《老子》）

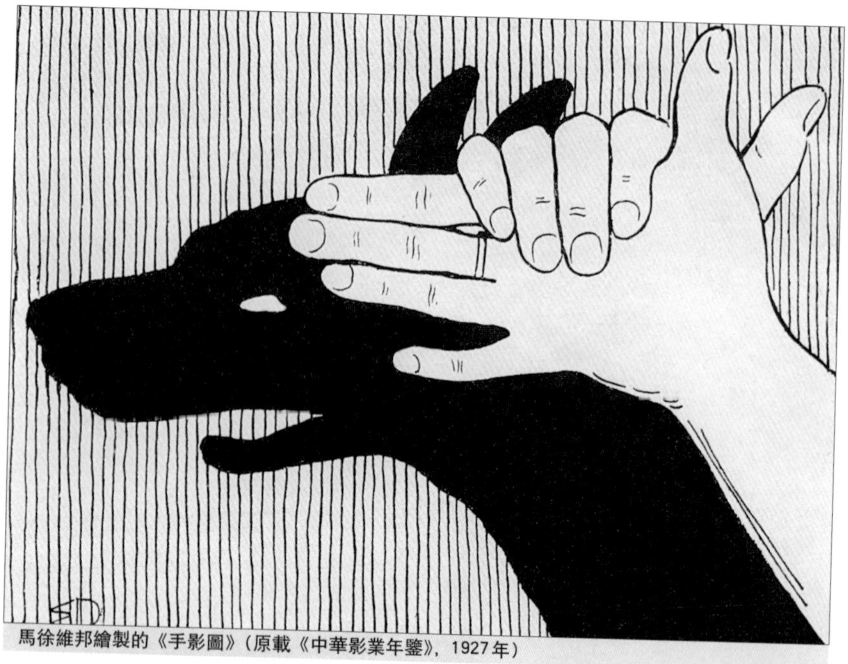

馬徐維邦繪製的《手影圖》（原載《中華影業年鑒》，1927年）

手影，中國兒童遊戲的一種。用手模仿各種動物的造型，由燈光打在墻上。手影圖可以看作是人類較早對於光影作用的領悟。

宋朝發明的走馬燈

宋朝（公元10世紀）中國民間出現了一種可以令影像活動起來的裝置——走馬燈（當時叫馬騎燈）。走馬燈點燃之後，上升的氣流驅動紙燈旋轉，燈罩上即出現人馬追逐、物換景移的連續圖畫，還可以演繹簡單的故事情節。

走馬燈（原載《中華影業年鑒》，1927年）

西漢時期的燈影戲

中國古代典籍《墨子》"經下·經説下"（載宋高承《事物紀原》）中記錄"故老相承，言影戲之源，出於漢武帝李夫人之亡，齊人少翁言能致其魂，上念夫人甚，無已，乃使致之。少翁夜爲方帷，張燈後，使帝他坐，自帷中望之，仿佛夫人像也。蓋不得就視之，由是世間有影戲。"（西漢時期，公元前140年左右，漢武帝思念死去的李夫人，於是屬下使宮女扮成李夫人，令其跳舞，然後用燭光將活動人像映照於帷幕上，請漢武帝坐觀。）這可能是迄今我們所能知道的最早的人造光影表演。

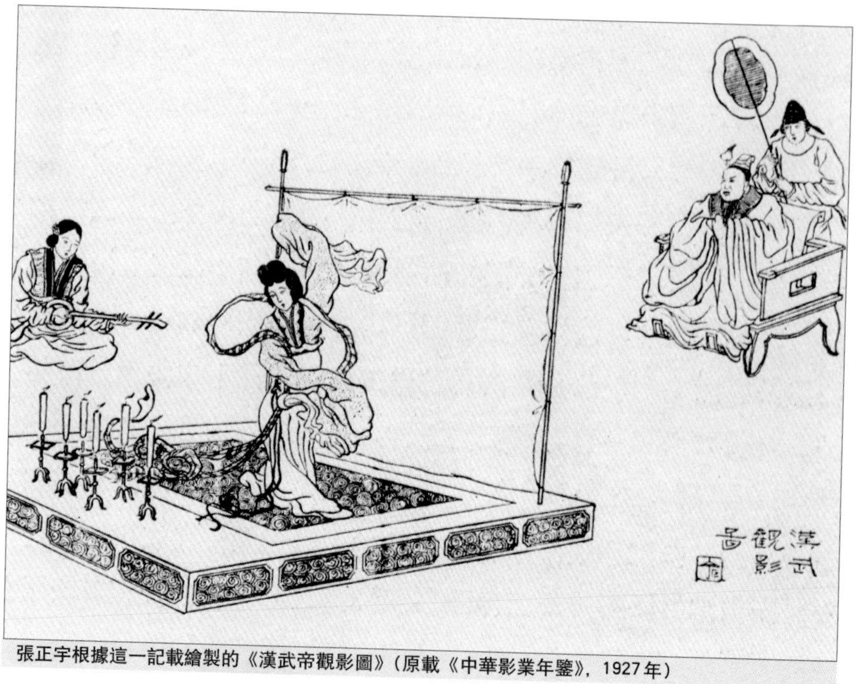

張正宇根據這一記載繪製的《漢武帝觀影圖》（原載《中華影業年鑒》，1927年）

明朝發明的皮影戲

明朝（公元14世紀），皮影戲開始在中國流行。它的前身叫做“紙影”，相傳出現於漢代。這種表演藝術通過表演者操縱皮影造型，借助光在幕布上形成活動影像來講述故事。皮影戲還傳到歐洲和亞洲其他國家，被稱爲“中國之影”。今天，皮影在我國依然盛行，並有南派、北派等諸多流派。

皮影戲演出的傳統劇目《秦香蓮》

皮影戲傳到歐洲以後的表演場面

最經典的北派皮影戲形象之一

最經典的北派皮影戲形象之一

拉洋片

在街頭表演的拉洋片，也可以看作是電影誕生前的一種雛形。

北京街頭的拉洋片

幻燈的發明

1659年，幻燈問世。它裝有一個光源，一套視鏡，通過幾何光學原理，把畫在玻璃幻燈片上的透明圖像投放在墻壁等白色的物體上。

法國19世紀末製造的幻燈機（故宫博物院收藏）

電影的發明與誕生

18世紀西方出現的工業革命是現代電影發明的開端。電力、新照明、照相術和賽璐珞膠片的發明以及機械工業的進步，爲電影的發明創造了必不可少的條件。19世紀90年代前後，來自美、法、英、德等許多國家的發明者先後推出了各自製造的電影機，並以不同的形式展示着自己的“電影”。

終於，電影在法國的盧米埃爾兄弟手中正式問世。1895年12月28日，盧米埃爾兄弟在法國巴黎大咖啡館的地下室印度廳正式公開售票放映了他們拍攝的10部短片，這一天被公認爲是電影的誕生日。

盧米埃爾兄弟第一次公映的10部短片之一《火車進站》

奧古斯特·盧米埃爾

路易斯·盧米埃爾

法國電影發明家。他們在愛迪生等人的發明基礎上，通過在膠片上打孔，解決了拍攝與放映時膠片有節奏的傳動問題。1895年他們在巴黎放映了世界上公開售票的第一場電影，被公認爲電影的發明者。此後他們培訓大批放映員和攝影師，到世界各地放映他們的影片並拍攝紀錄片，還繼續進行了多種電影試驗。

盧米埃爾兄弟發明的攝影機

“影戲”之説

電影傳入中國之後，對於這一來自海外的新誕生的藝術門類，在一個相當長的時間當中被稱做“影戲”。這個稱謂，既表達了對於電影存在的物理基礎光影作用的認識，也表達了對於在電影當中包含着“戲”的因素的認識。而“影戲”這一稱謂，在19世紀末已經出現在上海。

清光緒十一年（1885年）十月，顔永京在上海格致書院展覽他遊歷外國繪製的表現各國風俗的圖畫，稱之爲“影戲”

1885年出版的《點石齋畫報》上刊登的這幅畫，描繪的是顔永京畫展的盛況。畫面中的燈籠上都寫着“影戲”兩個大字

電影傳入中國

1896年6月，位於上海閘北唐家弄的徐園主人徐棣山、徐貫雲、徐凌雲父子通過怡和洋行從國外購得電影放映設備和影片，開始放映“西洋影戲”。消息傳出，各界人士紛紛要求他們向社會公映，8月11日，他們對社會賣票公映電影，同時配合焰火、雜技等遊藝表演，並在《申報》上刊登廣告，放映數月後結束。據載，當時共放映《馬房失火》等14部短片。這是上海也是中國第一次公映電影。

徐凌雲（1885—1965）

浙江海寧人。昆曲名家，徐園主人，中國第一次公開放映電影的主持者之一。

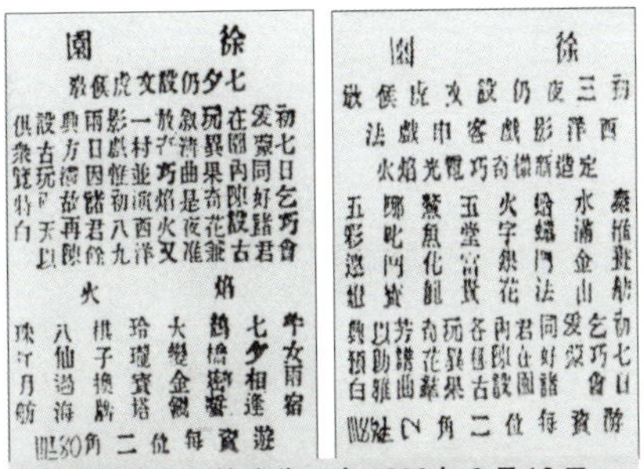

徐園放映電影的廣告，自1896年8月10日起在《申報》上連登數日

徐園線描圖

至今猶存的徐園牌匾

上海之建築徐園

徐園一名雙清别墅，爲浙絲商徐棣三（山）君之别業，初在老閘唐家弄，雖地只三畝有奇，而花木扶疏，亭石曲折，有鴻印軒、鑒亭、又一村、地遠心偏齋、十二樓諸勝，俱有入畫之致。今遷新閘叉袋角康腦脱路五號，佈置仍其舊，而園址已寬至五畝有餘，園主刻爲棣三先生之結嗣貫雲、凌雲二君，精書畫，嫻吟詠評論員，通音樂，並工庾詞，風雅絶俗。每值春秋佳日，恒於園中舉行射謎之戲，以娱佳客，洋場十里中有此一園，殊足撲去凡塵三斗也。

清末電影放映情景

《點石齋》畫刊（創刊於1884年／清光緒十年）記載了上海最早放電影的情景

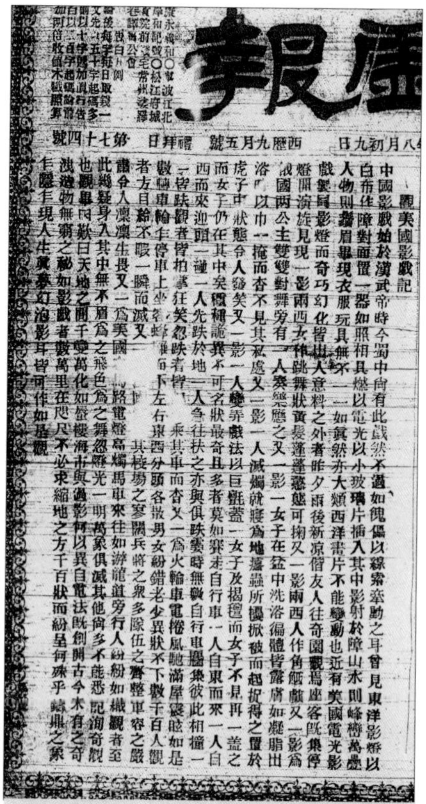
西歷九月五號　禮拜日　第七十四號

觀美國影戲記

原載1897年9月5日上海《遊戲報》第1版的《觀美國影戲記》。這是迄今爲止所知在中國報紙上刊登的最早的有關電影的文字

文獻：《觀美國影戲記》

中國影戲始於漢武帝時，今蜀中尚有此戲，不過如傀儡以線牽動之耳。曾見東洋影燈，以白布作障，對面置一器如照相具，燃以電光，以小玻璃片插入其中，影射於障，山水則峰巒萬疊，人物則鬚眉畢現，衣服玩具無不一一如真，然亦大類西洋畫片，不能變動也。近有美國電光影戲，製同影燈，而奇巧幻化皆出人意料之外者。

昨夕雨後新涼，偕友人往奇園觀焉，座客既集，停燈開演，旋見現一影，兩西女作跳舞狀，黃髮蓬蓬，憨態可掬。又一影，兩西人作角觝戲。又一影爲俄國兩公主雙雙對舞，旁有一人奏樂應之。又一影，一女子在盆中洗浴，遍體皆露，膚如凝脂，出浴時以巾一掩而杳不見其私處。又一影，一人滅燭就寢，爲地癟蟲所擾，掀被而起，捉得之，置於虎子中，狀態令人發笑。又一影，一人變戲法，以巨毯蓋一女子，及揭毯而女子不見，再一蓋之，而女子仍在其中矣，種種詭異不可名狀。最奇且多者，莫如賽走自行車，一人自東而來，一人自西而來，迎頭一碰，一人先跌於地，一人急往扶之，亦與具跌，霎時無數自行車麇集，彼此相撞，一一皆跌。觀者皆拍掌狂笑。忽跌者皆起，各乘其車而杳。又一爲火輪車，電捲風馳，滿屋震眩，如是數轉車輪乍停，車上座客蜂擁而下，左右東西分頭各散，男女紛錯，老少異狀，不下數千百人，目接不暇，一瞬而滅。又一爲法國演武，其校場之寥闊，兵將之衆多，隊伍之齊整，軍容之嚴肅，令人凛凛生畏。又一爲美國之馬路，電燈高燭，馬車往來如游龍，道旁行人紛紛如織。觀者至此幾疑身入其中，無不眉爲之飛，色爲之舞。忽燈光一明，萬象具滅，其他尚多不能悉，記洵奇觀也。觀畢因嘆曰：天地之間，千變萬化，如蜃樓海市與過影何以異。自電法既創，開古今未有之奇泄。造物無窮之秘，如影戲者，數萬里在咫尺，不必求索地之方，千百狀而紛呈，何殊乎！鑄鼎之象乍隱乍現，人生真夢幻泡影耳。皆可作如是觀。

（原載上海《遊戲報》，
1897 年 9 月 5 日第 1 版）

上海四馬路上的一家影院在街頭招徠觀衆的情景

第一個在北京放映電影的中國人

清朝末年，中國的電影放映活動開始逐漸形成規模。

1902年1月開始，北京城開始放映電影。外國人携帶影片來到北京，租借前門打磨廠福壽堂放映電影。1903 年，中國人林祝三自歐美親自携帶影片映片機器返國，在北京前門外東打磨廠天樂茶園公映影片。此爲中國人自運各國影片來北京開映之始創。此後，中國建設影戲院、經營影片事業者逐漸增多。

林祝三（生卒年不詳）

早年留學德國。1903年回國後在北京經營放映業，是第一個在北京放映電影的中國人。1925年前後參加明星影片公司，擔任製片部主任。

清朝宮廷放映電影發生爆炸

1904 年，慈禧太后 70 壽辰，英國駐北京公使進獻放映機一架和影片數套，以爲祝壽。但是影片在宮内放映時，僅映了三本，摩電機即發生炸裂。慈禧大怒，認爲不祥，清宫内從此不准再放電影。

慈禧太后肖像

1905年（大陸）

大事記

本年初 位於北京大柵欄的大觀樓和三慶園茶樓開始放映電影。

8月20日 中國（革命）同盟會於東京成立，到會百人，推孫中山爲總理，以"驅除韃虜，恢復中華，創立民國，平均地權"爲宗旨，以《二十世紀之支那》爲機關報。中國第一個資産階級政黨誕生。

影片目録（共2部）

豐泰 《定軍山》、《長坂坡》

中國第一部電影《定軍山》誕生

秋，由北京豐泰照相館拍攝的影片《定軍山》完成。這是中國人自己拍攝的第一部電影。北京豐泰照相館是由民族實業家任慶泰開辦的，爲了慶賀被稱爲"伶界大王"的著名京劇武生演員譚鑫培的60歲壽辰，任慶泰帶領豐泰照相館攝影師劉仲倫，拍攝了由譚鑫培主演的譚派代表劇目《定軍山》中的"請纓"、"舞刀"、"交鋒"等片段。影片完成後，在同由任慶泰開辦的位於北京前門大柵欄地區的大觀樓放映。由此，中國電影正式誕生。

任慶泰50歲左右的肖像。由於他經常進宮爲慈禧太后照相，因此被賜予四品頂戴花翎

譚鑫培（1847—1917）

湖北江夏（今武昌）人。京劇老生演員。早年在三慶班隨程長庚學藝，1880年脱離三慶班，轉入四喜班，不久自組同春班，開始專演老生，並對唱腔進行革新，自成一派，人稱"譚腔"。1905年與任慶泰合作，將譚派代表作《定軍山》拍攝成電影，成爲中國第一部電影的演員。

任慶泰（1850—1930）

字景豐，號覲楓。原籍山東，生於遼寧法庫。中國最早經營電影事業的民族實業家。1892年在北京創辦豐泰照相館；1905年拍攝中國第一部電影《定軍山》；此後到1908年，拍攝了一系列的戲曲紀録片。他還開辦了大觀樓電影院，在國内首創將條凳順序横排坐看電影的形式。豐泰照相館失火後，停止拍攝影片。

譚鑫培肖像

《定軍山》

出品：北京豐泰照相館
出品人：任慶泰
攝影：劉仲倫
主演：譚鑫培

曹將張郃攻打葭萌關，老將黄忠向諸葛亮討令拒敵，諸葛亮因他年老而不允，黄忠當場舞刀、斷弓，方討得令箭殺退張郃，並乘勝攻佔曹軍屯糧之天蕩山。黄忠愈戰愈勇，又智斬敵大將夏侯淵，取得了曹軍重鎮定軍山。

影片《定軍山》劇照：老將黄忠（譚鑫培飾）

有關影片《定軍山》拍攝的記述

1905年秋，北京豐泰照相館拍攝由著名京劇老生譚鑫培主演的《定軍山》，這是中國人第一次拍攝電影。關於這次拍攝活動較爲準確的目擊者叙述載於梅蘭芳《舞臺生活四十年》（由梅蘭芳述、許姬傳記）第二集第三章"十八個月中的工作概況"之五"初演紅樓戲——黛玉葬花"文後按語。文中稱：

"中國戲劇拍電影，我所曉得的，最早恐怕要算譚鑫培的《定軍山》了。這件事知道的人不多，我的老友吴震修先生是在無意中撞着他們正在拍攝，可以説是他親眼得見這麼一幕具有京劇歷史意義的可貴鏡頭。他這樣地告訴我説：'光緒的末年，我在京師大學堂師範館教書。課餘，我總喜歡逛廠甸。大約是在一個秋季，有一天我又晃進了琉璃廠。經過豐泰照相館附近的一個廣場，老遠看見臨時支着一塊白布，有些人在拍照。我走到跟前一望，哪兒是在拍照相，簡直是在拍活動電影呢。而且還是我們最崇拜的一位老藝人譚鑫培，紮着一身黄靠，手拿一把金刀，耍了一個《定軍山》裏的大刀花下場。旁邊站的幾位都是譚氏的家屬和親友們，人數並不多。那位照相館的老闆，是個大塊頭，跟我很熟，他也在一旁忙着照料一切。可惜拍得不多，一下子就算了事。後來還在大觀樓電影院公映過的呢。這恐怕是京劇上鏡頭最早的一幕吧。'""梅先生告訴我：俞菊笙和朱文英合拍過《青石山》裏對刀一段，俞振廷拍過《白水灘》、《金錢豹》，也都是在豐泰照相館拍的。"

在許姬傳《許姬傳七十年見聞録》"譚鑫培的藝術道路"一節之七"譚鑫培的影片蠟筒唱片"也記載同一人的叙述："吴震修先生告訴我：'1905年的一天，我走過北京琉璃廠豐泰照相館，看見有人在拍電影，細看是穿了黄靠、帶白三（胡子）、手拿象鼻刀、扮黄忠的譚鑫培，我就站定看他們摇鏡頭，拍的是《定軍山》耍大刀的片段。以後，在前門外大觀樓看到這個片段，還看過武生俞菊笙與武旦朱文英拍的《青石山》的對刀；俞菊笙的兒子俞振廷拍的《白水灘》、《金錢豹》的片段，都曾在大觀樓放映過。'梅蘭芳先生説：'這些電影底片早已没有了，但現在看到的這些老前輩的照片，就是當時拍電影時照的。'"

以上記述提供了幾個基本的史實：

1. 中國人第一次拍電影是在1905年秋天；
2. 拍攝者是任慶泰開設的北京豐泰照相館；
3. 拍攝的内容是譚鑫培主演的京劇《定軍山》片段；
4. 該片曾經在北京大觀樓公開上映；
5. 現在所看到的《定軍山》劇照是當時拍電影時拍的。

（按）中國戲劇拍成電影，我所曉得的，最早恐怕要算譚鑫培的定軍山了。這件事知道的人不多，我的老友吳震修先生是在無意中撞着他們正在拍攝，可以說是他親眼得見這麼一幕具有京劇歷史意義的可貴鏡頭。他這樣的告訴我說：『光緒的末年，我在京師大學堂師範館教書。課餘，我總喜歡逛廠甸。跨入各書鋪子的門，隨便翻着各種的書看，就不想再走出來的了。大約是在一個秋季，有一天我照例又跑進了琉璃廠。經過豐泰照相館附近的一個廣場，老遠看見臨時支着一塊白布，有些人在拍照。我走到跟前一望，哪兒是拍照相，簡直是在拍活動電影呢。而且還是我們最崇拜的一位老藝人——譚鑫培，紮着一身黃靠，手拿一把金刀，耍了一個定軍山裏的大刀花下場。旁邊站的幾位都是譚氏的家屬和親友們，人數並不過多。那位照相館的老闆，是個大塊頭，跟我很熟，他也在一旁忙着照料一切。可惜拍得不多，一下子就算了事。後來還在「大觀樓」電影院公映過的呢。這恐怕是京戲上鏡頭最早的一幕吧。』梅先生告訴我：『俞菊笙和朱文英合拍過青石山裏對刀一段，俞振庭拍過白水灘、金錢豹，也都是在豐泰照相館拍的。』

有關《定軍山》拍攝的記述文照

梅蘭芳（後排中）訪日前在京與吴震修（前排右二）、齊如山、許伯明、李釋戡、舒石父、李裴叔合影

史籍和相關文章中對於任慶泰的記載

一、《開原縣志》關於任慶泰的記載

任慶泰，字景豐，開原舊屬法庫西四臺子人，生性穎悟，心靈手巧，幼習木科刻雕，花卉人物無不畢肖。時照相術初見於省城，君爲富紳于某充櫃夥，設照相館於奉天，投資攝影者得像片多不愜意，君和術之未精也，商之于某欲出遊上海，以求改良進步，于某未許，適英人羅牧師蒞奉至館一晤，試託其購置上等藥品，需銀甚鉅，羅去後君深悔孟浪，且料其不能代購也。乃不數日，所購藥品由上海郵遞而至，彼時于某已兑營業與君，由此君專心於寫真術，復携資赴上海，開豐泰照相館於四馬路，君之藝由此日精。忽回鄉業耕四五年，辛苦不辭，日逐長工赴田畝，旋舍農復營舊業於北京，所交皆一時名流。晚年歸鄉休養，家稱富，有子孫宦達，君今雖隸法庫，然三十年前固開原之藝術人才也，特誌之。

（《開原縣志》，"卷四人物 藝術"，一六，開原驛文英印刷局印）

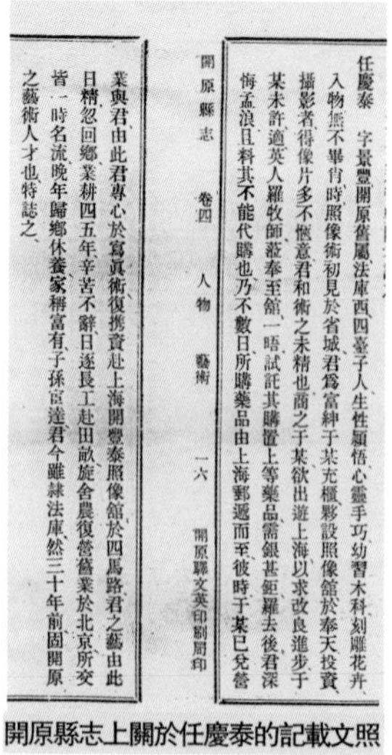

任慶泰　字景豐開原舊屬法庫西四臺子人生性穎悟心靈手巧幼習木科刻雕花卉人物無不畢肖時照像術初見於省城君爲富紳于某充櫃夥設照像館於奉天投資攝影者得像片多不愜意君和術之未精也商之于某欲出遊上海以求改良進步于某未許適英人羅牧師蒞奉至館一晤試託其購置上等藥品需銀甚鉅羅去後君深悔孟浪且料其不能代購也乃不數日所購藥品由上海郵遞而至彼時于某已兌營業與君由此君專心於寫眞術復携資赴上海開豐泰照像館於四馬路君之藝由此日精忽回鄉業耕四五年辛苦不辭日逐長工赴田畝旋舍農復營舊業於北京所交皆一時名流晚年歸鄉休養家稱富有子孫宦達君今雖隸法庫然三十年前固開原之藝術人才也特誌之

開原縣志　卷四　人物　藝術　一六　開原驛文英印刷局印

開原縣志上關於任慶泰的記載文照

二、静觀居士自訂年譜中關於任慶泰過七十壽辰的記載

（静觀居士，蒙族，名世榮，貴族，曾任奉天省教育廳廳長。本年譜自1921年開始起草，出版年代不詳。）

"（乙未年）臘月初照帥請假，爲太夫人祝壽，余與徐公亦隨之北還至京，適同鄉爲任覲楓做七十正壽，在西城新建奉天會館演劇，甚盛。緣覲楓爲會館監工，同鄉藉此以酬其勞。然覲楓在京經營商業數十年，先設照相館，繼設大藥房，又建大觀樓，十分發達，交友甚廣，上至王公，皆樂結交，其識解非常人所及也。余爲聯賀之，是日邀各脚名票友演劇，極爲美觀，望後始回奉。"

任慶泰70歲時的肖像。這是用任慶泰的後人保存的銀質底版洗印的

三、近年出版的法庫縣縣志上關於任慶泰的記載

任慶泰（1850—1930）

任慶泰，字覲楓。法庫縣五臺子鄉四臺子村人，少年時期在本村私塾念過幾年書後，即投師學習木工手藝。苦心鑽研，三年滿徒後，技藝出衆，尤擅長雕刻。當時縣城南魏家樓村富紳于子揚修建住宅，特聘任慶泰專事雕刻。他雕刻的隔扇、花窗、神龕等，設計新穎，刀工精細，特別是刻製的花鳥人物，更是栩栩如生，深得于的賞識，後來經于的推薦，任慶泰去北京參與修建頤和園的工程。

于子揚從上海買到一台德國造的照相機，他不會使用，就邀請任慶泰一起研究，任慶泰很快掌握了攝影技術，于又將相機贈給任慶泰。後來任慶泰用于贈給他的這台照相機，在親友的資助下，在北京前門外大栅欄開設豐泰照相館。

照相在當時還是新鮮事，加之任慶泰的照相技術較高，名聲大振。清朝慶親王奕劻亦去豐泰照相館照相，並把自己的照片帶入宫中，慈禧太后看到後，便召任慶泰入宫照相。他每次爲慈禧太后照相，都是下苦工精心研究，所照出的每張照片均博得慈禧的歡心，被賜與四品頂戴花翎（虚銜）。從此以後，他的生意更加興隆，譽满京城，成爲實業界的有名人物。當他70壽辰時，東北軍政界首腦張作霖、吴俊升、孫烈臣等都送了賀聯，還印了一本《大實業家任覲楓先生事跡》的紀念册，稱讚其精通機械和對發展照相事業的貢獻。任慶泰當時由一名工匠、藝師而成爲實業界的顯赫人物，却仍念念不忘故里，特别是對家鄉教育事業的發展尤爲關懷，在清光緒十六年（1890年）爲家鄉四臺子村創辦了一所初、高兩級的小學校，並捐獻土地數十畝作爲校田，鄉里爲紀念他捐金興學，特刻石碑，立於校庭。

任慶泰這種急公好義的可貴義舉，在四臺子村是老幼皆知，有口皆碑的。他晚年常住北京，民國十九年（1930年）病逝，終年80歲。

文獻：任慶泰家譜

原籍山東省萊州府掖縣

德魁　一世高祖

慶泰（覲楓、景豐，1850－1930）　二世曾祖

祖父鳳閣（怡忱）　二祖父名不詳　三祖父鳳儀　四祖父鳳威

父親繼漢　二叔繼藩　三叔繼良　四叔繼浩

佩時　佩孚　佩伍　佩珩　佩倫　佩傑

建國　衛國

義

（任慶泰曾孫任佩時繪製）

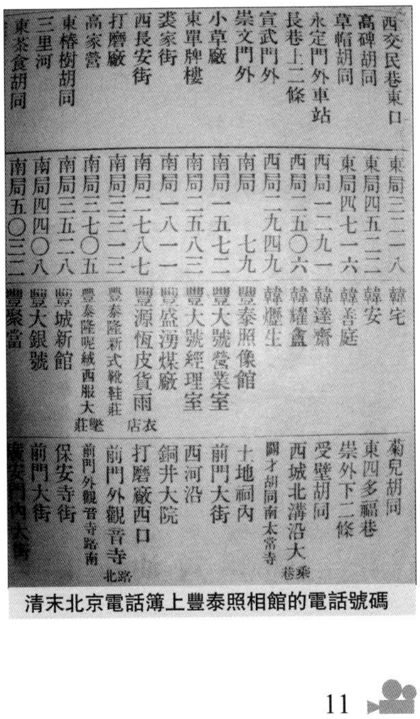

西交民巷東口	東局三二一八	韓宅	菊兒胡同
高碑胡同	東局四五二二	韓安	東四多福巷
草帽胡同	東局四七一六	韓善庭	崇外下二條
永定門外車站	西局一二九一	韓達齋	受璧胡同
長巷上二條	西局二五〇六	韓燿盦	西城北溝沿大乘巷
宣武門外	西局二九四九	韓燮生	關才胡同南太常寺
崇文門外	南局　七九	豐泰照像館	土地祠內
小草廠	南局一五七二	豐大號營業室	前門大街
東單牌樓	南局二五八三	豐大號經理室	西河沿
裘家街	南局一八一一	豐盛湧煤廠	銅井大院
西長安街	南局二七八七	豐源恆皮貨雨衣店	打磨廠西口
打磨廠	南局三三一三	豐泰隆新式靴鞋莊	前門外觀音寺北路
高家營	南局三七〇五	豐泰隆呢絨西服大變莊	前門外觀音寺路南
東椿樹胡同	南局三五二八	豐城新館	保安寺街
三里河	南局四四〇八	豐大銀號	前門大街
東茶食胡同	南局五〇三二	豐聚當	東安門內大街

清末北京電話簿上豐泰照相館的電話號碼

四、關於任慶泰開設豐泰照相館的記載

北京出現的第一批照相館

北京第一家照相館"豐泰"開業於光緒十八年(1892年),現在可見到豐泰最早的照片是1894年拍的戲曲演員便裝像,載於1929年6月9日京報《圖書週刊》,是清末田際雲、朱素雲、路三寶中年時的合影,照片原題爲"光緒二十年照於琉璃廠豐泰照相館"。當爲該館早期的作品。

(陳申《北京早期照相館史料初探》)

豐泰照相館原貌

五、關於任慶泰經營電影業的記載

中國電影第一人任景豐

任景豐,原名任慶泰,字觀楓,後改用景豐。祖籍山東蓬萊,1850年生於瀋陽法庫門。任景豐家境不寬裕,7歲就讀私塾,11歲投師學木匠。1865年,僧格林沁陣亡,在法庫建陵,16歲的任景豐被招工,在此期間結識來自北京的木工領桌金福堂,從金學習細木雕刻。不久,任慶泰因調解鄰里糾紛,深得當地富紳于子揚信任,成爲于家管事,並被于子揚帶往奉天他自己開設的照相館,後來因其技術精湛,成爲照相館的股東。1878年,任慶泰到上海發展,在繁華的四馬路開設"豐泰照相館",但是由於人地生疏,"豐泰"營業不善,不久停辦,任慶泰前往日本留學,學習照相技術和經營之道。歸國後,任慶泰在家鄉居停一個時期,1890年,由于于子揚介紹,任慶泰到北京尋求發展,曾經金福堂介紹參加過頤和園的修建,後仍經營照相館,在和平門外琉璃廠附近開設了豐泰照相館。初期主要爲住在附近的戲曲演員拍照,宮中王公大臣有喜歡照相者也常與他來往,後來便帶他到宮中爲慈禧太后拍照,得到慈禧的賞識,賜他四品頂戴(虛銜)。1904年,隨着外國人在中國放映電影,任慶泰開設了大觀樓電影院,並首次將觀衆座椅由茶座式改爲現在的一排排座位。但是片源的沒有保證,使任慶泰萌生了自己拍攝電影的念頭,1905年,爲了給素有"伶界大王"的譚鑫培做壽,他選擇了譚鑫培表演的京劇片段《定軍山》,成爲中國第一部影片。擔任這部影片的攝影師的,是他的繼子劉仲倫。影片製作完成以後,任慶泰曾經專門爲譚鑫培放映過一次,此後,根據報章記載,還在多處放映,並在江浙和福建等地放映。

此後直至1908年,他還拍攝了一系列的京劇紀錄片。1909年,豐泰照相館發生火災,使他的電影拍攝活動暫告一段落。重建後的豐泰照相館不再有拍攝電影的記載。

王大正(《民族藝林》,2002年第31期)

位於北京和平門外大街的豐泰照相館遺址,現爲宣武區實驗幼兒園(2003年拍攝)

由南向北拍攝的和平門外大街,豐泰照相館位於這條路的左側,1905年的時候,這裏還沒有開街,但是位於圖中間的西琉璃廠和東琉璃廠當時已經是北京的一個文化中心

雷瑪斯在上海放映電影

本年，安東尼·雷瑪斯在上海頤園放映電影，《申報》刊登廣告稱："本公司採辦最奇影片，由西人電光師配照，其中人物動植變換瞬息，加以紫電五彩，醒人眼界。每夜九點開演至十二點正，禮拜日封關，自五點至七點半止，頭等坐位價洋六角，二等價洋四角"。

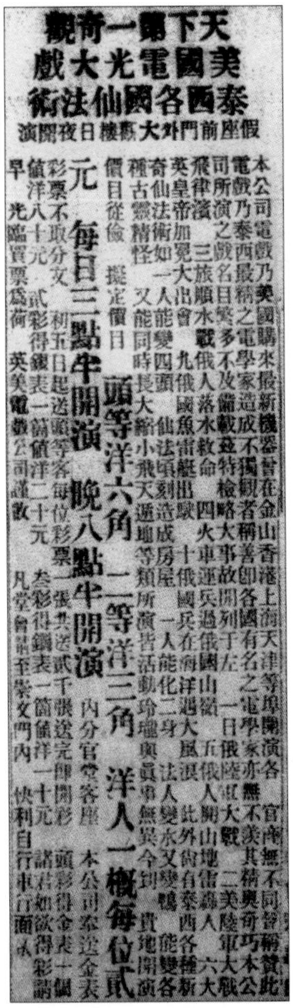

天下第一奇觀
美國電光大戲
泰西各國仙法術
假座前門外大觀樓日夜開演

每日三點半開演 晚八點半開演

頭等洋六角 二等洋三角 洋人一概每位貳

大觀樓放映電影的廣告

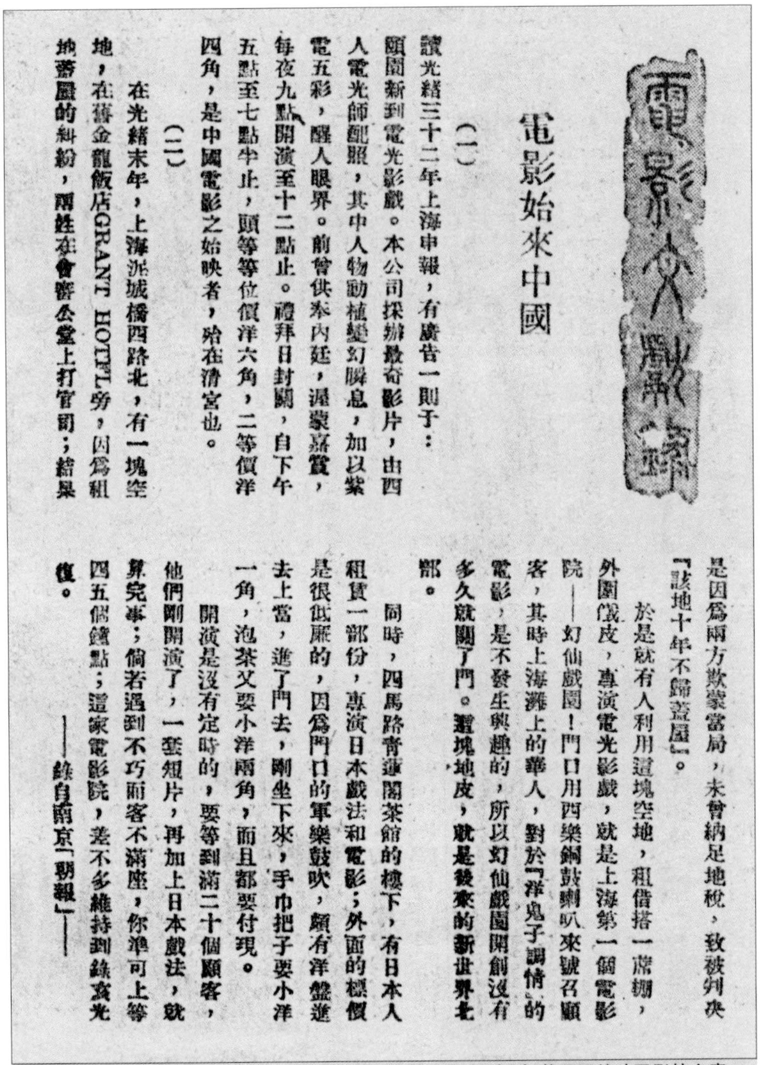

電影始來中國

（一）

讀光緒三十二年上海申報，有廣告一則于：頤園新到電光影戲。本公司採辦最奇影片，由西人電光師配照，其中人物動植變幻瞬息，加以紫電五彩，醒人眼界。前曾供奉內廷，還蒙嘉賞，每夜九點開演至十二點止。禮拜日封關，自下午五點至七點半止，頭等等位價洋六角，二等價洋四角，是中國電影之始映者，殆在清宮也。

（二）

在光緒末年，上海泥城橋西路北，有一塊空地，在舊金龍飯店GRANT HOTEL旁，因爲租地蓄麗的糾紛，兩姓在會審公堂上打官司；結果是因爲兩方欺蒙當局，未曾納足地稅，致被判決「該地十年不歸蓋屋」。

於是就有人利用這塊空地，租借搭一蓆棚，外圍篾皮，專演電光影戲，就是上海第一個電影院——幻仙戲園！門口用西樂銅鼓喇叭來號召顧客，其時上海灘上的華人，對於「洋鬼子調情」的電影，是不發生興趣的，所以幻仙戲園開創沒有多久就關了門。這塊地皮，就是後來的新世界北部。

同時，四馬路青蓮閣茶館的樓下，有日本人租賃一部份，專演日本戲法和電影；外面的標價是很低廉的，因爲門口的軍樂鼓吹，頗有洋盤進去上當，進了門去，剛坐下來，手巾把子要小洋一角，泡茶又要小洋兩角，而且都要付現。

開演是沒有定時的，要等到滿二十個顧客，他們剛開演了，一套短片，再加上日本戲法，就算完事；倘若遇到不巧而客不滿座，你準可上等四五個鐘點；這家電影院，差不多維持到辛亥光復。

——錄自南京「朝報」——

1935年9月16日出版的《明星》半月刊第二卷第五期上刊登記載頤園放映電影的文章

早期電影院廣告

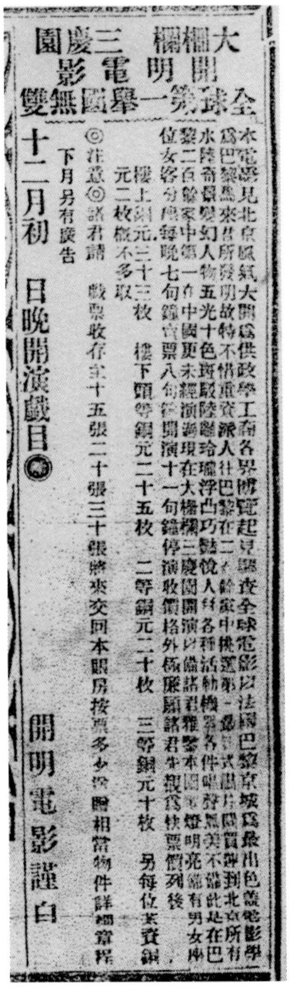

大柵欄三慶園 開明電影
全球第一 全國無雙

十二月初 日晚開演戲目

開明電影謹白

1905年1月4日報紙刊登的大柵欄三慶園電影放映廣告

大柵欄三慶園開明電影　全球第一　全國無雙

本電影（院）見全國風氣大開 爲供政學工商各界博覽起見 調查全球電影 以法國巴黎京城爲最出色 蓋電影學馬來君所發明 故特不惜重資 派人往巴黎 在二百餘家中挑選第一最新式畫片機買運到北京 所有水陸奇景變幻 人物五光十色 斑駁陸離 玲瓏浮凸 巧艷悅人 負各種活動機器 各件唱聲無美不備 此是在巴黎二百餘家中第一 在中國更未經演過 現在大柵欄三慶園開演 以備諸君雅鑒 本園電燈明亮 備有男女座位 女客分座 每晚七句鐘賣票 八句鐘開演 十一句鐘停演 收價格外極廉 願諸君先睹爲快 票價列後

樓上銅元三十三枚 樓下頭等銅元二十五枚 二等銅元二十枚 三等銅元十枚 另每位茶資銅元二枚 概不多取

◎注意◎諸君請將戲票收存至十五張 二十張 三十張 將來交回本賬房 按票多少送贈相當物件 詳細章程下月另有廣告

十二月初 日晚開演戲目

開明電影院謹白

（載《順天時報》清光緒三十三年十二月初一日，第六版）

1906—1911年（大陸）

大事記

1906年

7月 清大臣端方出國考察歸國後，在位於清皇宫附近的私邸宴請親王載澤，"演電影自娛"，令"何朝樺通判任說明"。演至中途，猝然爆炸，何朝樺被炸受重傷。

1907年

4月 日本的南滿鐵路株式會社開業，總部設於大連。該社實際爲日本在華的全能殖民機構。後來開設電影部，並於1937年後成爲僞"滿映"的股東之一。

本年 北京東長安街路北開設了由外商經營，專門爲外國人放電影的電影院——平安電影公司；前門外大亨軒、文明茶園也開始放映電影。

1909年

本年 雷瑪斯繼虹口影戲院後開設維多利亞（Victoria）大劇院，位於北四川路海寧路口，座容750人。1926年（民國十五年）3月，改隸中央影戲公司，並經改名爲"新中央"。

8月 上海張園、愚園、禮查花園等每晚開始放映露天電影。

1910年

本年 由葡萄牙籍俄人郝思倍（S.G. Hertzberg）創設的愛普廬（Apollo）影戲院在北四川路（海寧路北）開幕。該院曾雇用工部局樂隊在樂池裏視劇情隨片演奏，開在影院裏用樂隊爲影片伴奏的先例。該院至1931年（民國二十年）底停閉。

1911年

6月6日 上海城自治公所公佈了《取締影戲院條例》，凡七條，規定："開設電光影戲院，需報領執照"；"男女必須分座"；"不得有淫褻之影片"；"停場時刻，至遲以夜間十二點鐘爲限"；如違犯，"經查屬實者，將執照吊銷，分別懲罰"。

10月10日 武昌起義爆發。翌日，湖北軍政府成立，各地紛紛響應。12月29日，十七省代表會於南京，選舉孫中山爲中華民國臨時大總統。因該年爲中國農曆辛亥年，故史稱"辛亥革命"。

1906年

清大臣端方府邸放映電影爆炸

端方等人在意大利的合影

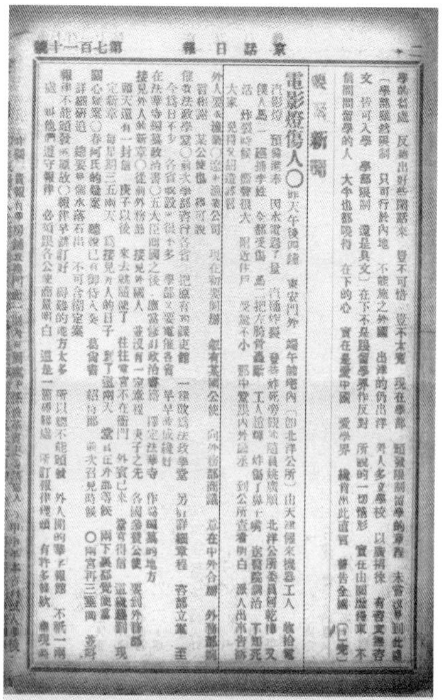

京話日報

電影燈傷人

《京話日報》對於爆炸事件的報道

1907年

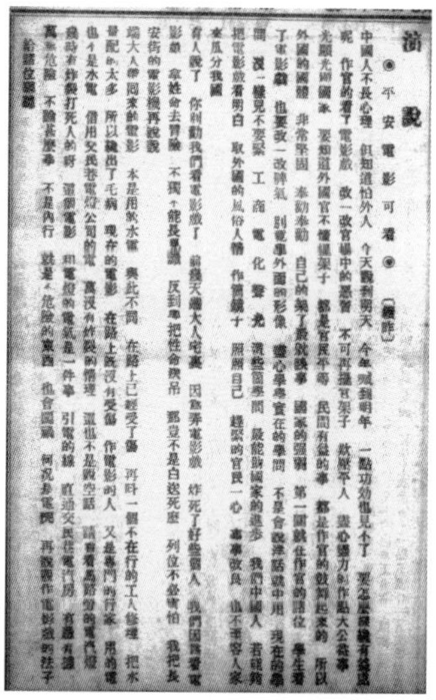

論說

平安電影可看

論說

這篇文章從平安電影院放映的影片說起，議論了電影的功能，比較了中外電影觀衆對於電影的不同態度；文章還分析了端方宅邸放電影發生爆炸的技術原因。是較早見諸報端的電影評論文章

1908年

上海第一家專業電影院

本年，上海第一家專業電影院，虹口（Hongkew）影戲園開幕，該戲院由西班牙人雷瑪斯（A.Ramos）開設，位於乍浦路海寧路口，250個座位，以放映風景和新聞短片爲主。第一次開映的片子是《龍巢》（The Dragon Nest）。此前，上海已經建了一些電影院，只是它們兼作開會地點，或兼賣西菜飲料，規模和專業性均遜於虹口影戲園。

亞細亞影片公司成立

本年，美國人布拉斯基（Benyaming Brasky）在上海組織亞細亞影片公司，拍攝了《西太后》、《不幸兒》等影片。

亞細亞公司全體人員的合影

中國第一部紀録片《武漢戰爭》

12月11日，魔術家朱連奎在國外演出期間，曾購得一套電影攝影器材，武昌起義期間，他正好帶着他的雜技幻術團在當地演出，於是徵得起義軍首領的同意，在實地拍攝了幾次重大的戰鬥場面。然後他到上海，把所拍攝的材料編輯成《武漢戰爭》，在上海謀得利戲院上演。這是記録和頌揚武昌起義的惟一一部紀録片，也是中國人拍攝的第一部紀録片。

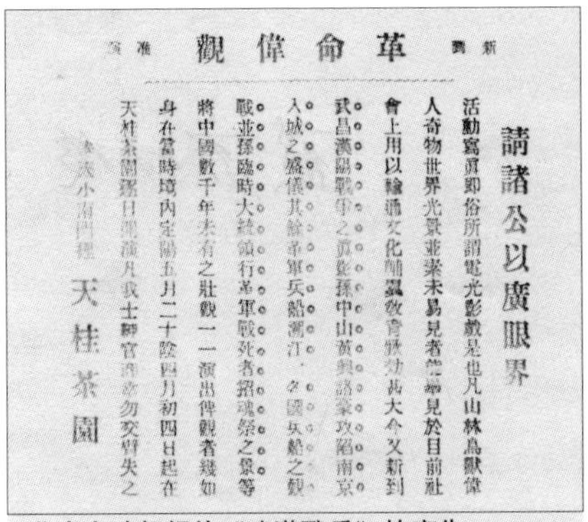
新戲　革命偉觀

請諸公以廣眼界

活動寫真即俗所謂電光影戲是也凡山林鳥獸偉人奇物世界光景並梁未易見者俱描見於目前社會上用以輸通文化補益教育厥功甚大今又新到武昌漢陽戰爭之真景孫中山黃興諸豪攻陷南京入城之盛儀其餘革軍兵船漢江各國兵船之觀戰並孫臨時大總統行革軍戰死者招魂祭之景等將中國數千年未有之壯觀一一演出俾觀者幾如身在當時境內定陽五月二十陰四月初四日起在天桂茶園逐日開演凡我士紳官商幸勿交臂失之

天桂茶園

北京上映紀録片《武漢戰爭》的廣告

武昌起義的革命軍攻克總督府

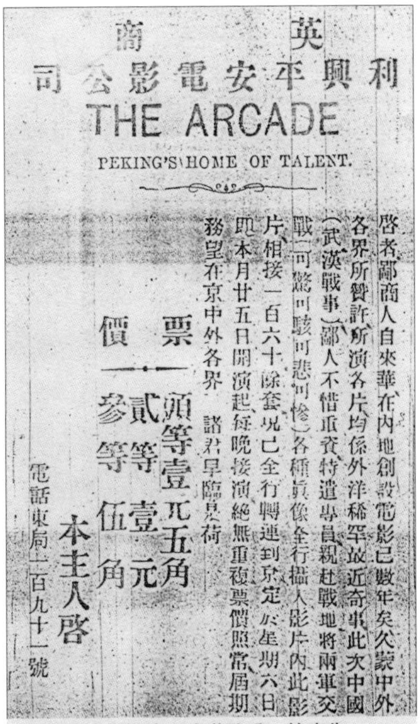
英商

利興平安電影公司

THE ARCADE

PEKING'S HOME OF TALENT.

啓者鄙商人自來華在內地創設電影已數年矣久蒙中外各界所贊許所演各片均係外洋稀罕並近奇事此次中國（武漢戰事）鄙人不惜重資特遣專員親赴戰地將兩軍交戰（可驚可駭可悲可憐）各種真像全行攝入影片內此影片相接一百六十餘套現已全行轉運到京定於星期六日即本月廿五日開演起每晚接演絕無重複票價照常屆期務望在京中外各界　諸君早臨是荷

票價

頭等壹元五角

貳等壹元

參等伍角

本主人啓

電話東局一百九十一號

北京上映紀録片《武漢戰爭》的廣告

影片目録

1906年（共3部）

豐泰　《青石山》、《艷陽樓》、《金錢豹》

1907年（共2部）

豐泰　《白水灘》、《收關勝》

1908年（共1部）

豐泰　《紡棉花》

1909年（共2部）

亞細亞　《西太后》、《不幸兒》

1912—1917年（大陸）

大事記

1912年

1月1日 中華民國正式成立，孫中山由上海赴南京，晚十時宣誓就任中華民國臨時大總統，宣讀誓詞，發表《宣言書》、《告全國同胞書》。

2月12日 清廷宣佈皇帝退位詔書，這標誌着統治中國260多年的清王朝的滅亡，也宣佈了中國2000餘年的封建社會的徹底滅亡。

下半年 亞細亞影戲公司無法繼續經營下去，由上海南洋人壽保險公司經理、美國人依什爾和另一美國人薩弗接辦。依什爾聘美化洋行廣告部的買辦張石川爲顧問。

1913年

7月22日 孫中山在上海發表討袁通電。李烈鈞在江西舉兵討袁，"二次革命開始"。到9月，"二次革命"失敗。亞細亞影戲公司拍攝了新聞短片《上海戰爭》，9月29日上映。

本年夏 張石川繼續在亞細亞影戲公司拍攝了《活無常》、《五福臨門》、《二百五白相城隍廟》、《店伙失票》、《打城隍》、等一批短故事片。

本年 西人林發（A.Runjahn）就海寧路北江西路口鳴盛梨園改組建愛倫（Helen）影戲院。後改名新愛倫。1932年燬於"一二八"戰火。

本年 位於北京前門外大栅欄的大觀樓電影院正式開業。

1914年

6月 蝴蝶鴛鴦派代表刊物《禮拜六》在上海創刊。代表作品有徐枕亞的《玉梨魂》等。

6月 第一次世界大戰爆發，到1918年11月結束。

12月4日 北京政府公佈《出版法》。

1915年

9月15日 陳獨秀主編的《青年》雜誌在上海創刊，新文化運動由此發端。

本年 古藤倍（B.Goldenberg）在民國路方浜橋建共和影戲院，1915年（民國四年）1922年（民國十一年）租與粵商潘澄波（潘崇德堂）。1935年（民國二十四年）7月11日失火焚燬。同一年又重造。

1917年

年初 商務印書館負責人鮑慶甲由美國考察歸來，即有志於電影業。當年恰有一個美國人携帶10萬元到中國來拍攝電影，因資金虧耗殆盡，急於將所携帶的攝影器材廉價出售。商務印書館以不足三千元從他手中買進了攝影機、膠片和其他相關器材，交印刷所照相部進行工作，並聘留美學生葉向榮擔任攝影師，開始拍攝《盛杏孫大出喪》和《商務印書館放工》等短新聞片。

5月17日 粵商曾煥堂經營的位於北四川路虬江路口的上海（Isis）影戲院開幕。1932年該戲院燬於"一二八"戰火；同年重建，11月5日啓幕。

京師公報

1912年11月25日《京師公報》刊登清朝隆裕太后宣告宣統皇帝退位的"詔書"

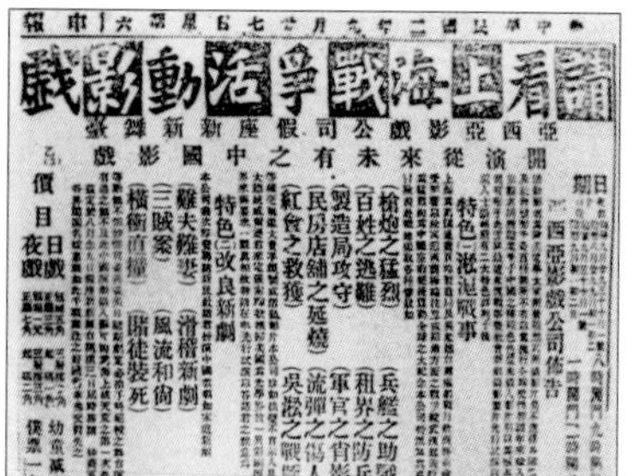

請看上海戰爭活動影戲
亞西亞影戲公司假座新新舞臺
開演從來未有之中國影戲
特色(一)滬濱戰事
(槍炮之猛烈)(兵艦之助戰)
(百姓之逃難)(租界之防兵)
(製造局攻守)(軍官之肖影)
(民房店鋪之延燒)(流彈之傷人)
(紅会之救護)(吳淞之戰區)
特色(二)改良新劇
(雞夫雞婆)(滑稽新劇)
(三賊案)(風流和尚)
(槍斃盲撞)(賭徒裝死)

《上海戰爭》上映的廣告

孫中山就任中華民國臨時大總統

中國第一部短故事片《難夫難妻》

9月29日，中國第一部故事片《難夫難妻》拍攝完成，首次放映。由張石川、鄭正秋、督俊初、經營三合組的新民公司，承包亞細亞影戲公司的編劇、導演、雇用演員等影片拍攝的全部工作，亞細亞影戲公司供給資本，負責影片的發行事務。影片的全部演員用的是文明戲的男演員，女角色也由男演員扮演。《難夫難妻》是中國第一部故事片，它長度爲4本，有故事情節，有預先寫好的劇本提綱，進行拍攝時，由張石川指揮攝影機機位擺放位置及變動，鄭正秋指導演員的表情和動作，儘管當時還沒有使用"導演"這個詞，但是他們所做的實際上就是導演的工作。這部影片的內容觸及了當時的社會生活，嘲諷和抨擊了不合理的封建婚姻制度，體現了鄭正秋用文藝教化社會的文藝觀和社會理想，爲中國電影奠定和開拓了現實主義的主流傳統。

《難夫難妻》工作照，站在攝影機旁邊的是導演張石川

《難夫難妻》

出品：亞細亞影片公司　編劇：鄭正秋　導演：張石川　主演：丁楚鶴　王病僧

生意人劉老爺託媒婆找一位小姐爲自己的兒子娶親，而這時從京城回到家鄉的王老爺也急於爲自己剛與別家退婚的女兒找婆家。媒婆拿了兩家的錢，自然"成人之美"，她對王家隱瞞了劉家少爺的重病，向劉家隱瞞了王家小姐韶華已逝。熱鬧而又繁瑣的婚禮儀式結束，兩個素未謀面的青年男女被送入洞房，王小姐望着病入膏肓的丈夫，哀嘆自己的人生。

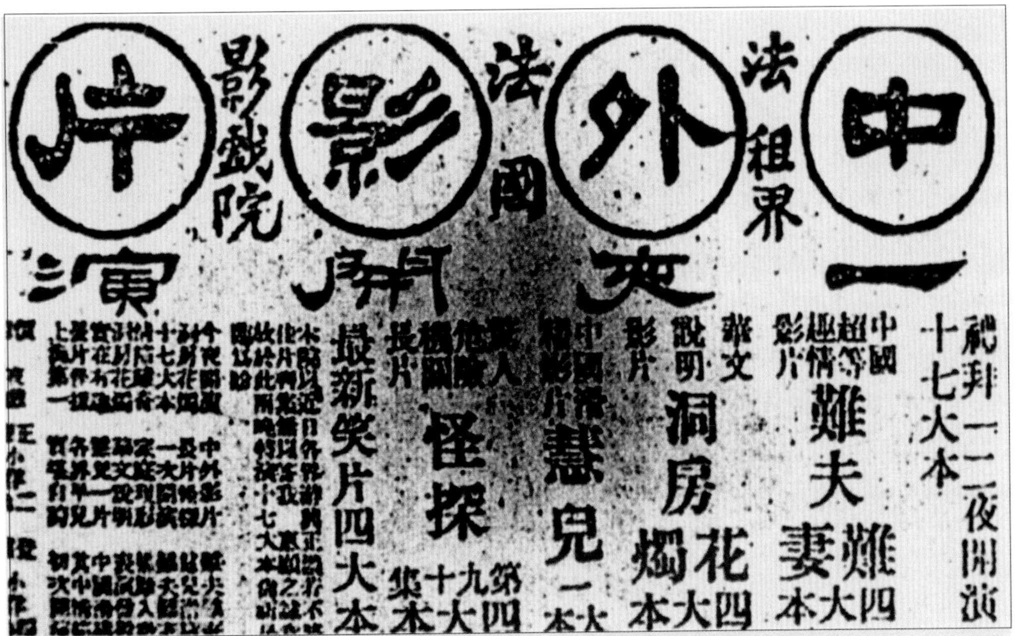

《難夫難妻》上映時的廣告

鄭正秋（1888—1935）

電影編導，事業家，中國電影開拓者之一。原籍廣東潮陽，生於上海。1913年，與張石川共同創作中國第一部故事片《難夫難妻》；1922年，參與創辦明星影片公司；30年代初期，支持聘請左翼作家擔任明星公司編劇顧問。一生編導影片40餘部，主要作品有《難夫難妻》、《勞工之愛情》、《孤兒救祖記》、《玉梨魂》、《火燒紅蓮寺》、《姊妹花》等。

張石川（1890—1954）

電影編導，事業家，中國電影開拓者之一。浙江寧波人。1913年，導演中國第一部故事片《難夫難妻》；1922年，參與創辦明星影片公司。30年代初期，聘請左翼作家擔任明星影片公司編劇顧問。一生導演電影近150部，主要代表作品有《黑籍冤魂》、《勞工之愛情》、《孤兒救祖記》、《空谷蘭》、《火燒紅蓮寺》、《歌女紅牡丹》、《脂粉市場》、《劫後桃花》等。

史料：

《中國第一部短故事片〈難夫難妻〉》

主辦亞細亞公司的是美國人依什爾・薩弗。開辦該公司，資本三萬美元，地點在上海香港路5號洋房內。當時只在空地上墊高一尺多，鋪着地板，上面用白布篷幔遮蓋，便算是攝影棚。基本演員來自張石川、鄭正秋等組織的新劇團民鳴社。

民國二年（1913年）的秋天開始拍攝《難夫難妻》，規定每天早晨七時起化妝，九時拍攝，化妝只有脂粉，沒有其他東西。所有道具服裝，完全由民鳴社搬來應用，以省開支。導演由張石川擔任，編劇由鄭正秋擔任，錢病鶴負責繪圖。布景簡陋極了，墻壁當然是木板搭的，墻上的衣鈎咧，自鳴鐘咧，都是畫出來的，甚至有些新式几椅，租價太大，便託紙紮店紮束。外景十九在郊區一帶拍攝，所費也不多。片是無聲的，也没有字幕，一個劇本，四五天便成，攝成了便由小戲院放映，每票一角，因通俗故，生意甚好。而主要的放映地點，都是南洋群島，大都是映給華僑看的，在這方面獲得大宗收入。

（錢化佛《亞細亞影戲公司的成立始末》，原載《感慨話當年》，中國電影出版社1984年第2版）

夏令配克影戲院

9月8日，西班牙人雷瑪斯開設的夏令配克（Embassy, Formerly Olympic）影戲院（今新華電影院）在静安寺路（卡德路東）開幕。在1922至1924年（民國十一至十三年），雷瑪斯專門承包中國影片公司的出品在夏令配克放映，條件十分苛刻，但是由於我國製片事業初興起來而尚未有自立的影戲院，只有此路可走，這使雷瑪斯發了不少的財。上海影戲公司出品的《海誓》，新亞影片公司出品的《紅粉骷髏》，以及商務印書館影片製造部的大量出品，明星影片公司的初期出品，都在夏令配克作首映。1926年（民國十五年）3月夏令配克改隸中央影戲公司，復經轉租與愛普盧主人郝思倍。1929年（民國十八年），首先裝置聲片放映機，一時營業極盛。但是建築年代已過老，不足與新電影院競爭，卒於1934年（民國二十三年）10月8日以後停業。末次放映之片爲《孤軍魂》。

夏令配克影戲院

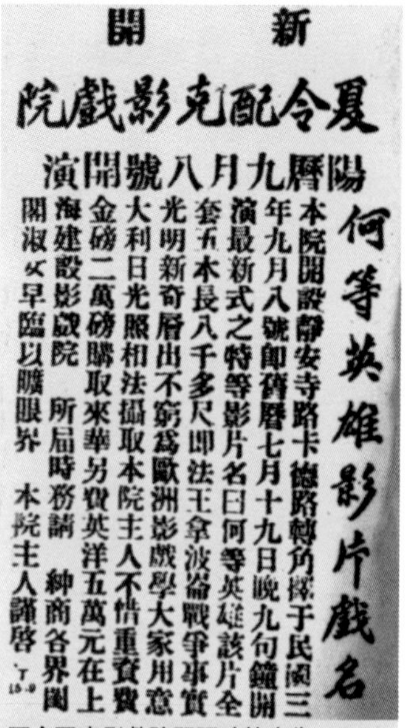

夏令配克影戲院開張時的廣告

1916年

《黑籍冤魂》攝製完成

本年，張石川與新劇家管海峰在上海徐家匯創辦幻仙影片公司，把文明新戲《黑籍冤魂》搬上銀幕。張石川任指導並兼飾片中主要角色，攝影機租用意大利人勞羅的，演員全是文明戲演員，片長4本。由於影片内容暴露了帝國主義者在中國販賣鴉片給中國人民帶來的毒害，上映後産生了良好的社會影響。

《黑籍冤魂》原著爲短篇小説，作者吴趼人，1907年1月29日（光緒三十二年十二月望日）發表在《月月小説》第1卷第4期上，署名趼。1910年（宣統二年）被新舞臺等劇社改編成連臺本戲上演，演出非常轟動。

亞細亞公司爲了業務發展，便開動腦筋，擬把《黑籍冤魂》搬上銀幕，想借用新舞臺原班人馬來演電影。爲了這次拍電影，與新舞臺的代表人夏月珊一談，夏月珊把演員工資、道具、布景以及一切開支計算在内，索價3萬元。這龐大的數字，依什爾當然要從長考慮，後來他才想到這個劇本是描寫吸食鴉片傾家蕩産，這和西人販運鴉片大有抵觸，也就把這件事作罷了。

1916年，張石川創辦幻仙影片公司，他同樣也選中了《黑籍冤魂》作爲該公司改編拍攝的第一部影片。影片由張石川導演，於當年攝成。

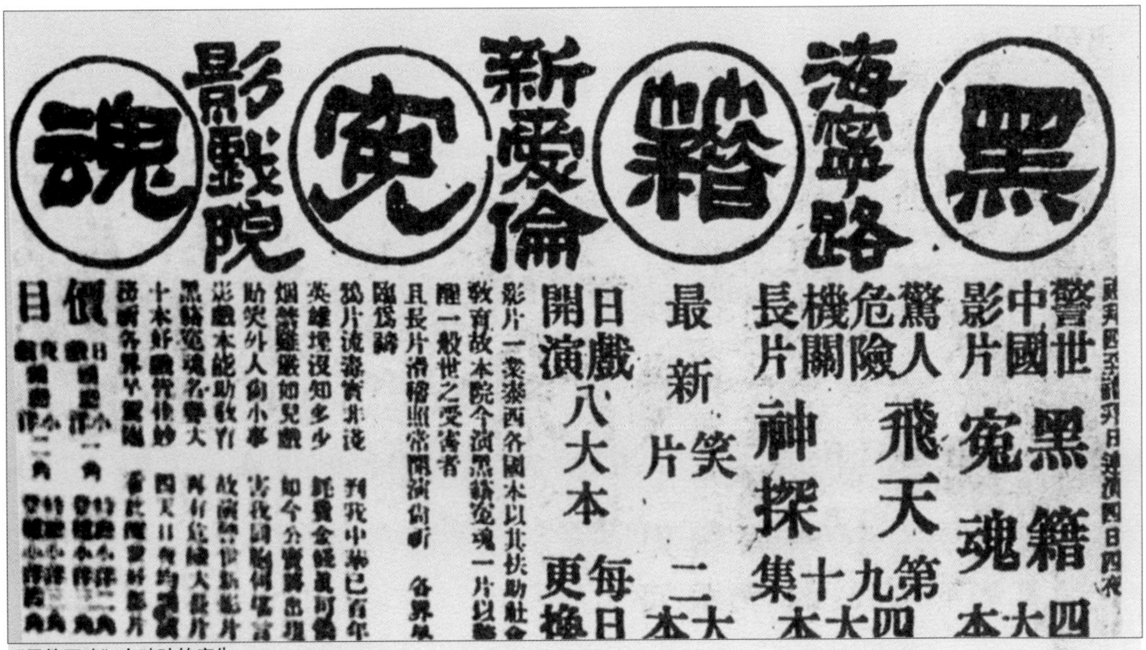

《黑籍冤魂》上映時的廣告

《黑籍冤魂》

出品：幻仙影片公司

編劇：許復民　導演：張石川 管海峰　攝影：阿・勞羅（意大利）　主演：張石川 徐寒梅 查天影 洪警鈴

根據上海新舞臺演出的舞臺劇改編。富翁曾合度吝嗇成性，擔心其子曾伯稼熱心施濟貧寒敗壞家業，誘其吸食鴉片，以求其閉門守業。曾伯稼從此消沉，其父惱恨而死。不久，曾伯稼之子誤食鴉片死亡，曾妻也一病而歿，曾家因吸食鴉片而敗落，家破人亡。

商務印書館的門市部

影片目録

1913年（共15部）

亞細亞　《難夫難妻》、《活無常》、《新娘花轎遇着白無常》、《五福臨門》、《二百五白相城隍廟》、《一夜不安》、《殺子報》、《店伙失票》、《脚踏車闖禍》、《打城隍》、《老少易妻》、《賭徒裝死》、《新茶花》、《莊子劈棺》、《貪官榮歸》

1916年（共1部）

亞細亞　《黑籍冤魂》

1918—1920年（大陸）

大事記

1918年

年初　商務印書館照相部繼續拍攝了《美國紅十字會上海大遊行》、《上海焚燬存土》（鴉片）等短新聞片，和短紀録片《商務印書館印刷所全景》等，均由葉向榮攝影。

1920年

年初　商務印書館派員赴美購置一批攝影器材，並在該館編輯所空地上修建了一座比較寬敞的玻璃攝影棚，技術設備比較完善，可以日夜拍攝。

7月15日　商務印書館活動影戲部改名爲影片部，訂出簡章、自製影片租售辦法、價目表等。由於自製影片數量不多，又訂出代人攝製的辦法，以及收費標準。我國最早的長故事片《閻瑞生》和《紅粉骷髏》，都是由商務印書館影片部代爲攝製的。

9月　但杜宇、朱瘦菊、周國驥等籌集資金1000元，購得攝影機一架，創辦上海影戲公司。

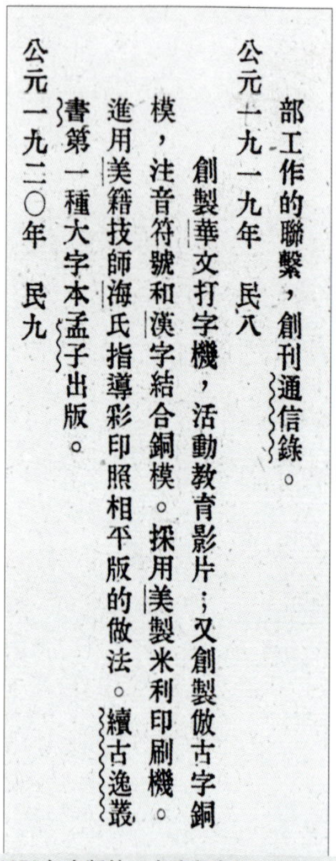
部工作的聯繫，創刊通信錄。
公元一九一九年　民八
創製華文打字機，活動教育影片；又創製做古字銅模，注音符號和漢字結合銅模。採用美製米利印刷機。進用美籍技師海氏指導彩印照相平版的做法。續古逸叢書第一種大字本孟子出版。
公元一九二〇年　民九

1950年出版的《商務印書館大事記》中關於拍攝"活動教育影片"的記載

商務印書館成立活動影戲部

7月16日，商務印書館第204次董事會議同意印刷所所長鮑咸昌建議，決定在寶山路印刷所東首"加造樓房一層"，隨即成立活動影戲部，聘請曾任基督教會報刊編輯的陳春生任該部主任；印刷所裝訂部工友任彭年調來當陳春生的助手；另外任照相部技工廖恩壽爲電影攝影師。從9月到12月拍攝了《上海龍華》、《軍艦下水》、《東方六大學運動會》、《歐戰祝勝遊行》等新聞片。商務印書館活動影戲部是中國第一家中資電影機構。

商務印書館示意圖

1919年

五四運動爆發

5月4日，北京爆發反帝反封建的"五四"愛國運動。當日下午，北京大學等13所大學的3000餘名學生在天安門前集會和示威遊行，高呼"外爭國權，內懲國賊"，"取消二十一條"等口號，宣傳愛國主張。

北京大學學生上街宣傳愛國主張

張謇

中國影片製造公司成立

春，留美歸國的南通青年盧壽聯得到實業家張謇及朱慶瀾等的資助，成立中國影片製造股份有限公司，在上海設辦事處，在南通設有玻璃攝影棚。該公司先後拍攝了《張季直先生風采》、《南京風景》等短新聞紀録片、以及短故事片《飯桶》、戲曲短片《四傑村》等，參加該公司的有洪深、關文清、卜萬蒼等。該公司到1923年上半年因資金耗光而告結束。

梅蘭芳的早期戲曲片

春，商務印書館活動影戲部拍攝梅蘭芳主演的戲曲片《春香鬧學》和《天女散花》。爲了適應無聲電影的特點，在《春香鬧學》中把花園一場戲由暗場改爲明場，並加强了富於舞蹈性的優美身段，而把唱詞進行了壓縮。這場戲是借用一家私人花園實地拍攝的。《天女散花》也加强了舞蹈性，利用天女胸前的兩條飄帶突出御風而行的意境。這兩部影片在攝製技術上運用了特寫鏡頭和疊印畫面，是梅蘭芳的第一次電影活動。影片公映後受到各界人士的稱譽。

梅蘭芳（1894–1961）

京劇表演藝術大師，京劇“梅派”創始人。字畹華。江蘇泰州人。在50多年的舞臺生活中，創造了衆多優美的藝術形象，積累了大量優秀劇目，發展和提高了京劇旦角的演唱和表演藝術。自1919年起，多次把劇目搬上銀幕，並著有《我的電影生活》一書。

《春香鬧學》

出品：商務印書館活動影戲部
原著：湯顯祖
導演：梅蘭芳
主演：梅蘭芳 姚玉芙 李壽山

南安太守杜寶禮聘陳最良爲其女麗娘講授經書，並命侍女春香伴讀。春香天真爛漫，不願受塾規的束縛，趁上課時爲陳先生與小姐傳話機會，插科打諢，對陳先生的迂腐刻板加以嘲弄。

《春香鬧學》劇照：梅蘭芳飾春香

《天女散花》劇照：梅蘭芳飾天女

《天女散花》

出品：商務印書館活動影戲部
導演：梅蘭芳
主演：梅蘭芳 姚玉芙 李壽山

維摩清躬違和，如來命文殊菩薩率諸弟子前去問疾，又命天女隨往散花，以驗結習。天女拈花微笑，向坐在禪塌上與文殊菩薩論道的維摩將花卉紛紛撒下。

影片目録

1919年（共2部）

商務 《死好賭》、《兩難》

1920年（共7部）

商務 《春香鬧學》、《天女散花》、《琵琶記》、《李大少》、《車中盜》、《猛回頭》、《荒山得金》

1896—1920年（香港）

大事記

1896年

1月　盧米埃爾兄弟派攝影師到香港放映電影。

1902年

10月24日　喜來園在香港荷里活道文武廟左邊140號復業，再次公映美國電影。
12月3日　一家臨時性電影院確生園開始公映英國紀録片，共公映三天。
12月13日　確生園搬至中環街市對面海傍繼續公映英國紀録片。
12月27日　喜來園與確生園合併成爲新喜來，在中環街市對面海傍營業八天。

1903年

本年　高升戲院先後四次在粵劇表演結束後加映電影，放映來自法國的"士的芬臣影戲"。重慶戲院先後五次在粵劇後加放電影，放映的影片分别來自美國和法國。
10月15日　香港公映故事片《基督的受難》。

1905年

1月14日　基督教團體香港青年會第一次免費放映電影，專門招待當時的香港青年。這是香港第一次利用電影進行宗教宣傳，亦是香港第一次有電影解説(粵語謂"解畫")人員。
本年　太平戲院、重慶戲院多次放映電影。
　　香港第一次放映日本電影、英國電影。

1909年

3月22日　真光公司成爲香港第一家出售電影放映機和影片的商號。
7月15日　香港第一次公映中國出産、攝製的影片《德宗景皇帝梓官奉移》(又名《光緒皇帝金棺出殯》)。這是一部人工加色的新聞紀録電影。

1910年

本年　香港開始有兒童電影專場。
4月4日　域多利影畫戲院改建成香港影畫戲院。

1911年

本年　香港第一次公映英國皇室新聞紀録片《英皇加冕典禮》。

1912年

9月5日　香港公映了關於辛亥革命的紀録片《武漢戰爭》。該片記録了革命軍隊新軍在武漢大勝清朝軍隊的情況。

1913年

本年　香港第一次公映了有聲電影《卡尼托風》。
6月底　香港第一家露天電影院華商泰西特别通天影畫場在九龍郵政局附近興建。

1914年

《莊子試妻》與《偷燒鴨》在美國羅省(即洛杉磯)公映。

1916年

8月25日　動工於1913年6月的香港第一家露天電影院華商泰西特别通天影畫場開始正式營業。
9月2日　仍處於默片時代的香港出現了香港第一位解説人，他出現於香港影畫戲院放映的《奇士東諧畫》。
12月12日　香港比照影院公映紀録片《黎大總統閲兵》。

1918年

3月5日、4月24日　香港域多利戲院先後兩次將幾場電影票房作爲捐款，贊助給因遷校而資金不足的嶺儀女學塾。這是香港歷史上第一次電影義映籌款。

1919年

本年　香港首次出現電影檢查員。
3月18日　香港域多利影畫戲院公映紀録片《上海焚燬存土》。這是中國電影史上第一部記録焚燬鴉片煙土的新聞紀録片，十分具有社會意義及歷史價值，由上海商務印書館活動影戲部攝製，攝影師爲葉向榮。

1920年

6月24日　香港太平戲院開始公映大型紀録片《武昌起義》(又名《黎元洪起義師》，一連公映了五天。
7月1日　香港新比照電影院開辦循環映戲場。開辦至21日，遂放棄此法。

盧米埃爾兄弟派攝影師到香港

1896年1月，去年年底(1895年12月28日)才在法國巴黎"大咖啡廳"作世界電影首度面世並公映電影《工廠大門》等影片的盧米埃爾兄弟，派遣攝影師來香港放映他們剛剛發明和面世的電影，並拍攝香港的街景作爲新影片所需的素材。雖然這些素材最後並未剪輯成影片，但由此電影傳入了香港。

1896年，法國電影攝影師在香港拍攝電影(美國版畫)

1898 年
美國愛迪生公司派攝影師到香港

1898 年，美國愛迪生公司派遣電影攝影師來到香港，拍攝了有關香港風土人情的一系列新聞紀録片，之後分別剪輯成爲《香港街景》、《香港商團》、《香港總督府》、《香港碼頭》和《錫克炮兵團》五部紀録片在美國公映。這意味着，從這一年開始，香港有了重要的電影活動，並開始有了新聞紀録片的製作。

1898 年，美國愛迪生公司在香港拍攝的紀録片《香港街景》

1898 年，美國愛迪生公司在香港拍攝的紀録片《香港碼頭》

美國人麥頓在香港放映電影

1898 年，美國人麥頓率先來到香港放映電影小短片，最初爲露天放映，之後進入餐廳、酒樓作室内放映。

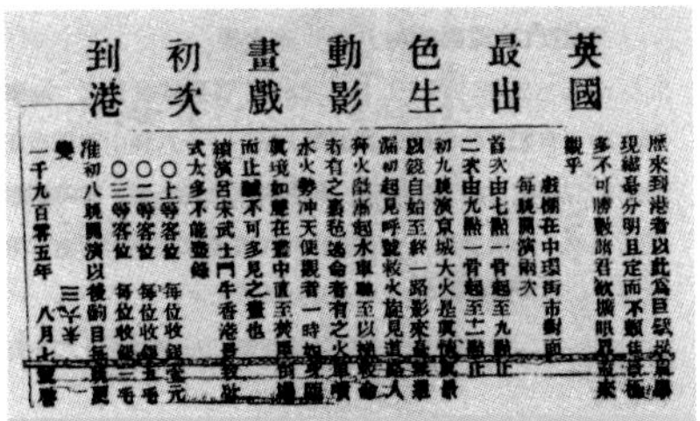

《華字日報》上登載的放映英國電影廣告

1900 年
香港最早放映電影的戲院

1900 年 2 月 20 日，香港的重慶戲院第一次放映電影。該戲院爲 1900 年前後由商人羅惠南建於上環普慶坊，初名"同慶戲院"，羅去世後，售與律師何啓，改名重慶戲院。戲院爲中式三層建築。主要演出粵劇，也放映奇巧洋畫。在每次粵劇演出結束後，電影被作爲附加節目放映。重慶戲院與高升戲院成爲香港最早放映電影的戲院。

重慶戲院（圖片上方三層樓房）街景：右下角是當時的"同慶戲院"的舊址

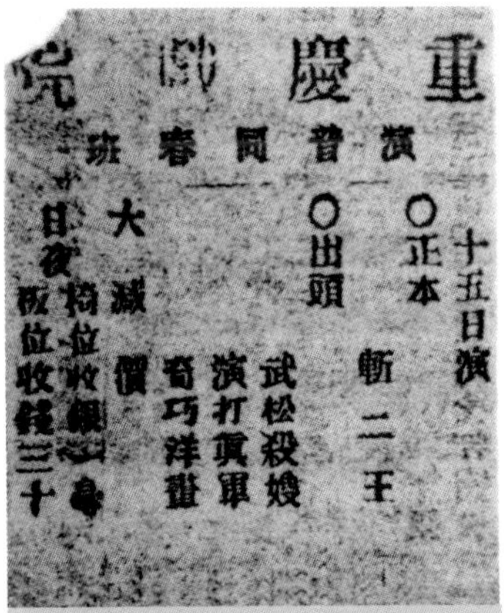

重慶戲院
十五日演
演普同春班
○正本 斬二王
○出頭 武松殺嫂 演打真軍 奇巧洋畫
大減價

重慶戲院放映電影時的廣告，其中"奇巧洋畫"即電影

香港第一家專業電影院

1900 年 12 月 4 日，香港第一家專業電影院喜來園在報紙上刊登放映電影的廣告，當時電影被稱爲"奇巧洋畫"。喜來園當時放映的是美國風光紀録片和新聞紀録短片，連續放映了 50 多天。1901 年 1 月 27 日，喜來園搬遷至中環雪廠街近西洋波地錦綉堂對面放映電影，但僅僅營業 11 天便結束。香港第一家電影院也成了香港第一家倒閉的電影院。

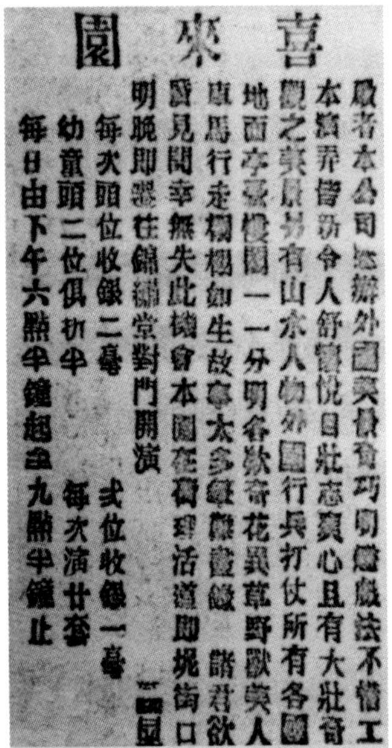

喜來園
每次頭位收銀二毫 弍位收銀一毫
幼童頭二位俱折半 每次演廿套
每日由下午六點半鐘起至九點半鐘止

"喜來園"廣告

1903 年放映的《基督的受難》劇照

香港第一位電影人

在外國學習了電影放映技術的廣東人余豐順，購買了電影放映機和影片於 1904 年回港，在港放映電影並出租影片。他是香港第一位從事電影業的人，也是中國最早從事出租電影和電影發行業務的人之一。

新喜來生動畫戲

"新喜來"廣告

香港電影放映活動的第一個高峰年

1907年，香港第一家固定、專門的影院比照影院建成。它位於香港中華賣花街，是由猶太人李（Ray）與香港商人盧根合股將中環云咸街上的威士文酒店改建而成。

11月7日，香港第二家電影院域多利影畫戲院落成。

12月5日，香港華人開設的第一家電影院香港影畫戲院營業，業主爲李璋、李琪。

本年，香港有多家戲院加入放映電影業務，如南洋新戲公司、意大利影戲公司、太平戲院等紛紛放映電影。

由於多家影院的開設，1907年可以看作是香港電影放映活動的第一個高峰年。

域多利影畫戲院廣告

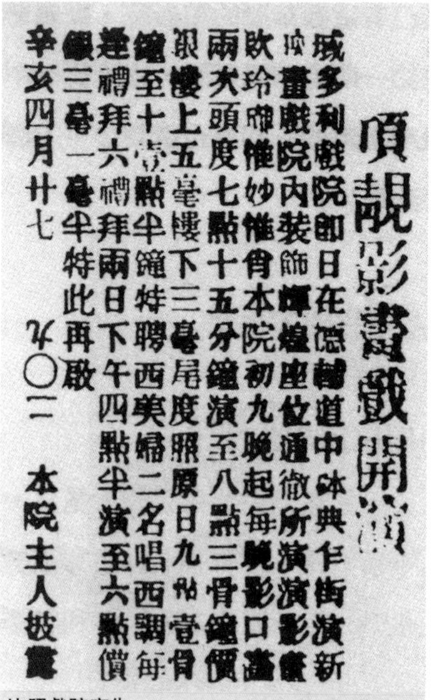

頂靚影畫戲開演

域多利戲院即日在德輔道中砵典乍街演新
埞畫戲院內裝飾煇煌座位通徹所演演影畫
欧玲帝儡妙儡胥本院初九晚起每晚影口畫
兩大頭度七點十五分鐘演至八點三骨鐘價
銀樓上五毫樓下三毫尾度照原日九仙壹骨
鐘至十壹點半鐘特聘西美婦二名唱西調每
逢禮拜六禮拜兩日下午四點半演至六點價
銀三毫一毫半特此再啟
辛亥四月廿七　九〇二　本院主人披露

比照戲院廣告

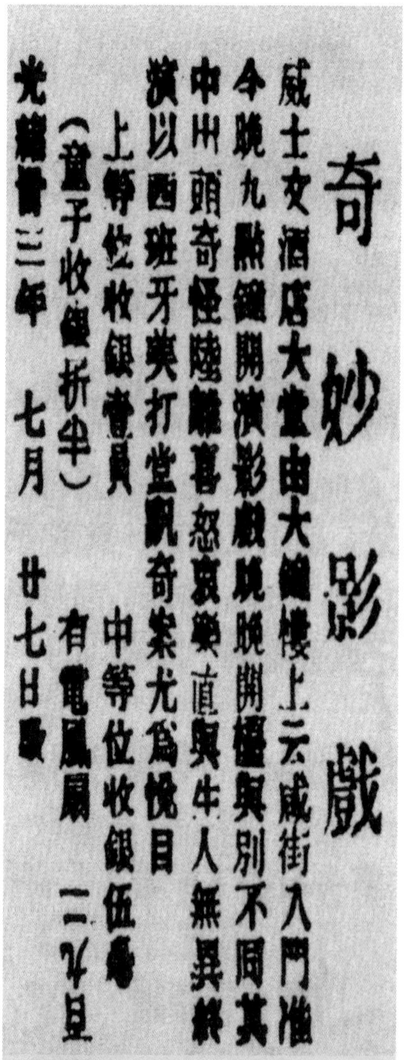

奇妙影戲

威士文酒店大堂由大鐘樓上云咸街入門准
今晚九點鐘開演影戲晚晚開極與別不同其
中卅頭奇怪陸離喜怒哀樂直與生人無異終
演以西班牙樂打堂飄奇案尤爲悅目
上等位收銀壹員　中等位收銀伍毫
（童子收銀折半）　有電風扇　二九旦
光緒卅三年　七月　廿七日啟

比照戲院廣告

1911年放映的《英皇加冕典禮》劇照

香港第一次拍攝故事片

1909年，美國人賓傑明·布拉斯基在上海創辦的亞細亞影片公司在香港拍攝短故事片《偷燒鴨》，此爲在香港第一次拍攝故事片。該片由梁少坡導演。

《偷燒鴨》

出品：亞細亞影片公司
編導：梁少坡
主演：梁少坡 黃仲文 黎北海

故事講述一個小偷想偷燒鴨，却被警察捉住的簡單故事。

此片是在香港拍攝的第一部故事片，劇情十分簡單，但不乏詼諧、幽默。這也是港人破天荒首次參與影片的製作。香港人梁少坡執導並主演此片，參與演出的黎北海和黃仲文也都爲香港人。

梁少坡（生卒年不詳）

中國第一位電影導演，香港電影事業的開拓者和奠基者之一。廣東人，生於南洋，在香港長大及受教育。他自小愛好戲劇和電影，曾加入香港第一個文明戲團體“清平樂”，參演《愛河潮》等文明戲。1909年執導、拍攝並主演了在香港拍攝的第一部故事片《偷燒鴨》。1923年梁少坡與黎北海、黎民偉兄弟合作創辦了香港第一家電影製片公司——民新影片公司，並且出演香港第一部故事長片《胭脂》中的重要角色。1925年省港大罷工，剛剛萌芽的香港電影受到重創。梁少坡在廣州創設了鑽石影片公司，之後許多香港電影人也紛紛來到廣州，使得當時廣州的電影事業蓬勃發展。1930年，他成爲聯華電影製片廠剛剛成立的香港分廠（以下簡稱聯華港廠）的編劇，編寫了聯華港廠創業作《鐵骨蘭心》，並導演《古寺鵑聲》。同時梁少坡也是聯華演員養成所的導師。1933年退出影壇。所卒年份不詳。

香港第一部短故事片

1913年，上海亞細亞影片公司老闆、美國人賓傑門·布拉斯基來港，成立華美影片公司，並委託香港"人我鏡社"攝製電影《莊子試妻》。這是香港拍攝的第一部短故事片。

該片利用外光露天取景，片中人物穿着民初服裝。片中莊子的鬼魂被拍攝得隱約可見、似有似無，具有較强烈的戲劇效果。

該片創下了香港電影史上的許多個第一：香港攝製的第一部短故事片，第一部在外國公映的香港電影（1914年在美國公映），中國第一部有女演員參演的影片，也是第一部有特技攝影的香港電影。

《莊子試妻》劇照

《莊子試妻》

出品、發行：華美影片公司
攝製：人我鏡社
編劇：黎民偉
導演：黎北海
攝影：羅永祥
主演：黎北海　黎民偉　嚴珊珊

本片根據粵劇《莊周夢蝶》中《扇墳》一折改編。莊子用詐死來考驗妻子田氏，田氏爲莊子操辦喪事之際，受到由莊子假扮的翩翩公子楚王孫的吸引。田氏爲了討好新歡，她不惜劈開莊子之棺，欲取莊子之腦爲楚王孫治病。莊子試出了妻子的真心，責罵其妻；田氏羞愧難當，懸梁自盡。由黎北海飾演莊子，黎民偉飾演莊子之妻田氏，嚴珊珊飾演婢女。

黎民偉（1892—1953）

香港電影事業的先驅者與主要創始人之一，人稱"香港電影之父"。祖籍廣東新會，生於日本，香港聖保羅書院畢業。他從小醉心戲劇，1911年參加了香港第一個文明戲團體清平樂。辛亥革命時加入了同盟會。1913年，以他爲首的"人我鏡社"承辦接受攝製了香港出品的第一部短故事片《莊子試妻》。1921年，黎氏兄弟等創辦了香港第一家全華資的電影院——新世界電影院。1923年，黎氏兄弟共同創建香港首家電影製片廠民新製造影畫片有限公司。1924年，他和關文清等人創辦了香港第一家訓練電影演員的機構——民新演員養成所。

黎民偉及其兄黎北海等香港電影的先驅者們都曾參加過辛亥革命，他們深刻認識到電影不僅可以供人娛樂，而且是一種移風易俗、輔助教育、改良社會的好工具，因此，提出了"電影救國"的口號。1925年初，黎民偉跟隨孫中山北上拍攝了一批珍貴的紀録片，見證並記録了中國近代史的發展。並積極利用電影這個文化工具爲促進國家統一、富强和民族獨立、解放做出了貢獻。爲此，孫中山先生爲黎民偉題詞"天下爲公"。

1925年年中，省港大罷工爆發，民新公司最後因虧本而解散。上海此時是中國的電影文化的中心，黎氏決定在上海重振旗鼓，與同是粵商的李應生合辦上海民新公司（以下簡稱上海民新）。然而，正當上海民新的事業到達頂峰之際，拍攝經年、耗資甚巨、最費心血拍攝的《木蘭從軍》（1928），不敵競爭對手天一公司在短時間内搶拍出來的同名影片，令他虧蝕嚴重，上海民新因而倒閉。此時，著名粵籍戲院商羅明佑向他提出合作，妻子林楚楚也從旁鼓勵，於是1930年，由羅明佑出資，共同創辦了聯華影片公司（以下簡稱聯華），打出“復興國片，改造國片”的旗號，次年在香港、上海分別設廠。“九一八事變”之後，黎民偉及香港電影界的許多仁人志士都積極投入抗日救國運動，他本人還親自率領聯華戰地攝影隊拍攝了珍貴的抗日紀錄片《十九路軍抗日戰史》以及《淞滬抗戰紀實》，使他的“電影救國”主張真正付諸實施。可是，1935年阮玲玉的突然去世影響了聯華的號召力，再加上抗戰爆發在即，聯華被敵僞勢力查封，黎民偉退出了聯華影業公司，恢復民新影片公司。

1938年黎民偉返港，任職於啓明影片公司，拍攝了《大地回春》(1940)、《春色滿園》(1941)、《情人四萬萬》(1941)、《烽火故鄉》(1941)等影片。後主持仙樂電影院。1941年，香港淪陷，製片廠被毀，黎民偉將財產變賣，得款分給員工還鄉。因拒絕與敵人合作，全家逃亡到廣西，參加了歐陽予倩主持的廣西省立藝術館。在生命的後期，他帶病堅持電影的技術革新。北京電影洗印廠曾聘請他當廠長，但因重病纏身，未能應聘。1953年，黎民偉病逝於香港。

羅永祥（生卒年不詳）

香港第一位電影攝影師。廣東人。他自幼愛好戲劇，是香港最早的文明戲團體清平樂的成員。1913年，羅永祥與黎民偉合作拍攝了香港出品的第一部短故事片《莊子試妻》，成爲香港第一位專業電影攝影師。羅永祥也是香港民新電影製片公司的創始人及股東之一，民新的技術和攝影工作由他負責。民新遷往上海之後他加入聯華港廠擔任技術主任和攝影師，拍攝了聯華港廠出品的《鐵骨蘭心》等四部作品。聯華港廠結束後，他又加入大觀電影公司成爲攝影主任，當時拍攝的名片有《孤兒行》等。

羅永祥攝影技術高超，工作態度認真負責。抗日戰爭期間，他也積極參與抗日救亡運動。1941年香港淪陷後，他遷往澳門。後因拒絕向日本旗行禮，被日寇打傷，病逝於澳門。

嚴珊珊（1896—1952）

香港第一位女演員。廣東南海人，黎民偉的第一位妻子。香港懿德師範學校畢業。少女時代醉心革命，辛亥革命時參加北伐軍女子炸彈隊。1913年投身影壇，在《莊子試妻》中扮演婢女，成爲香港乃至整個中國電影史上的第一位女演員。此後演出過《和平之神》(1926)、《五女復仇》(1928)、《再世姻緣》(1928)等影片。她性格豪爽，心胸寬廣，與黎民偉是志同道合的情侶。1928年息影。1952年病逝於香港。

孫中山書贈黎民偉“天下爲公”墨寶

黎民偉（左）與四兄黎北海合影

黎民偉所拍攝的紀録片

1923 年

《中國競技員赴日本第六屆遠東運動會》（與羅永祥等合作）

1924 年

《中國國民黨全國代表大會（第一次）》

1924 年

《孫大元帥誓師北伐》

1924 年

《世界婦女節》

1924 年

《孫中山先生爲滇軍幹部學校舉行開幕禮》

1924 年

《廖仲愷先生爲廣東兵工廠青年工人學校開幕》

1924 年

《孫中山先生北上》

1924 年

《孫大元帥檢閲廣東全省警衛軍武裝警察及商團》

1924 年

《追悼伍廷芳博士及國葬禮》（與羅永祥等合作）

1924 年

《孫大元帥出巡廣東東北江記》

1925 年

《孫中山先生出殯及追悼之典禮》

1925 年

《廣東全省運動會》

1927 年

《國民革命軍海陸空大戰記（大型新聞紀録片）》

1937 年

《十九路軍抗日戰史》（時間不清）

1937 年

《淞滬抗戰紀實》

百代公司開設香港支行

1915年11月15日，法國百代公司（以下簡稱百代）在香港開設支行。百代支行的開設方便了香港人購買電影器械及配件，促進了香港及大陸電影的發展。百代支行的另一重大貢獻在於，它灌製了不少粵劇名伶演唱的粵劇、粵曲唱片，對粵劇藝術的保存起到了很大的作用。

百代公司影畫機及留聲機廣告

啓明公司成立

盧根在香港創辦啓明公司，負責代理當時美國八大影片公司出産的影片在中國發行。

盧根（1888—1968）

電影事業家。廣東中山人，香港英文書院畢業。1919年，盧根與他人在香港合資創辦香港第一家固定、專門影院——比照影院。20年代，香港、廣州、上海的主要電影院都屬他所有，包括香港的皇后、新世界、平安，廣州的南關、明珠、模範等有名的電影院。1920 年創辦啓明公司。1922年，盧根與他人合股創辦明達股份有限公司，主要業務是代理影片發行。除了代理美國影片公司的影片外，還取得了上海明星影片公司等中國影片公司在香港及海外（南洋等地）的發行權。30年代中期，盧根又擁有了上海大光明、卡爾登、國泰等大戲院，一時間成爲擁有港、穗、滬三大城市最多戲院的大院商，並出任當時中國電影院托拉斯組織在全中國擁有 49 間著名電影院的聯合公司董事長，故有“中國電影院大王”之稱。1933年，他創辦了振華公司，負責租售美國、法國等國出産的優質電影器械。1935年他在香港創辦了鳳凰影片公司。1938年，盧根退出電影圈，廣州淪陷後定居於上海。1968 年病逝於上海。

1921年（大陸）

大事記

5月 留美學生梅雪儔、李文光、程沛霖、李澤源、劉兆明等在紐約成立長城製造畫片公司。1922年拍攝《中國的服裝》、《中國的國術》。1923年遷回上海，更名長城畫片公司，並建攝影場。到1930年結束。

11月1日 中國第一本電影雜誌《電影週刊》在北京創刊。

11月 北京真光電影院建成，是當時北京水平最高的電影院。

本年 西班牙人雷瑪斯在卡德路（静安寺路北）開設卡德（Carter）影戲院；在霞飛路麥高包禄路口開設恩派亞（Empire）影戲院；在中虹橋開設萬國（China）影戲院。以上三院於1926年（民國十五年）租與中央影戲公司，1931年（民國二十年）售與中央影戲公司。

真光電影院經過多次翻修，但是外觀始終保持原貌，現爲中國兒童劇場

電影週刊

第三期

CINEMA WEEKLY No. 3

《電影週刊》封面

程沛霖（前）與李文光（後）

1921年開業的恩派亞大戲院，後改名嵩山電影院，今已拆除

程沛霖（生卒年不詳）

攝影師，1921年在美國參加長城製造畫片公司，1924年畢業於紐約影戲專門學校攝影專業後，携帶電影器材回國，在上海組織長城影片公司，任攝影師。主要作品有《棄婦》、《春閨夢裏人》、《僞君子》、《國民革命之勝利記》。

李文光（生卒年不詳）

攝影師。1926年任長城畫片公司攝影師，主要作品有《鄉姑娘》、《國民革命之勝利記》、《漁叉怪俠》、《還我山河》等。

李澤源（生卒年不詳）

廣東台山人。導演。1921年在美國參加長城製造畫片公司，1922年開始拍攝短片，1924年隨公司携帶攝影器材回國，在上海創辦長城畫片公司。主要作品有《中國的國術》、《中國的服裝》、《棄婦 》、《春閨夢裏人》、《一串珍珠》等。

中國第一部長故事片《閻瑞生》

7月1日（農曆五月二十五日），中國影戲研究社施彬元、徐欣夫、顧肯夫等攝製的《閻瑞生》在雷瑪斯的夏令配克戲院公映。這部影片是中國第一部長故事片，根據轟動一時的社會新聞“閻瑞生謀殺王蓮英”改編拍攝。該片上映後“一日所售，竟達一千三百餘元”，“連映一星期，共贏洋四千餘元。”

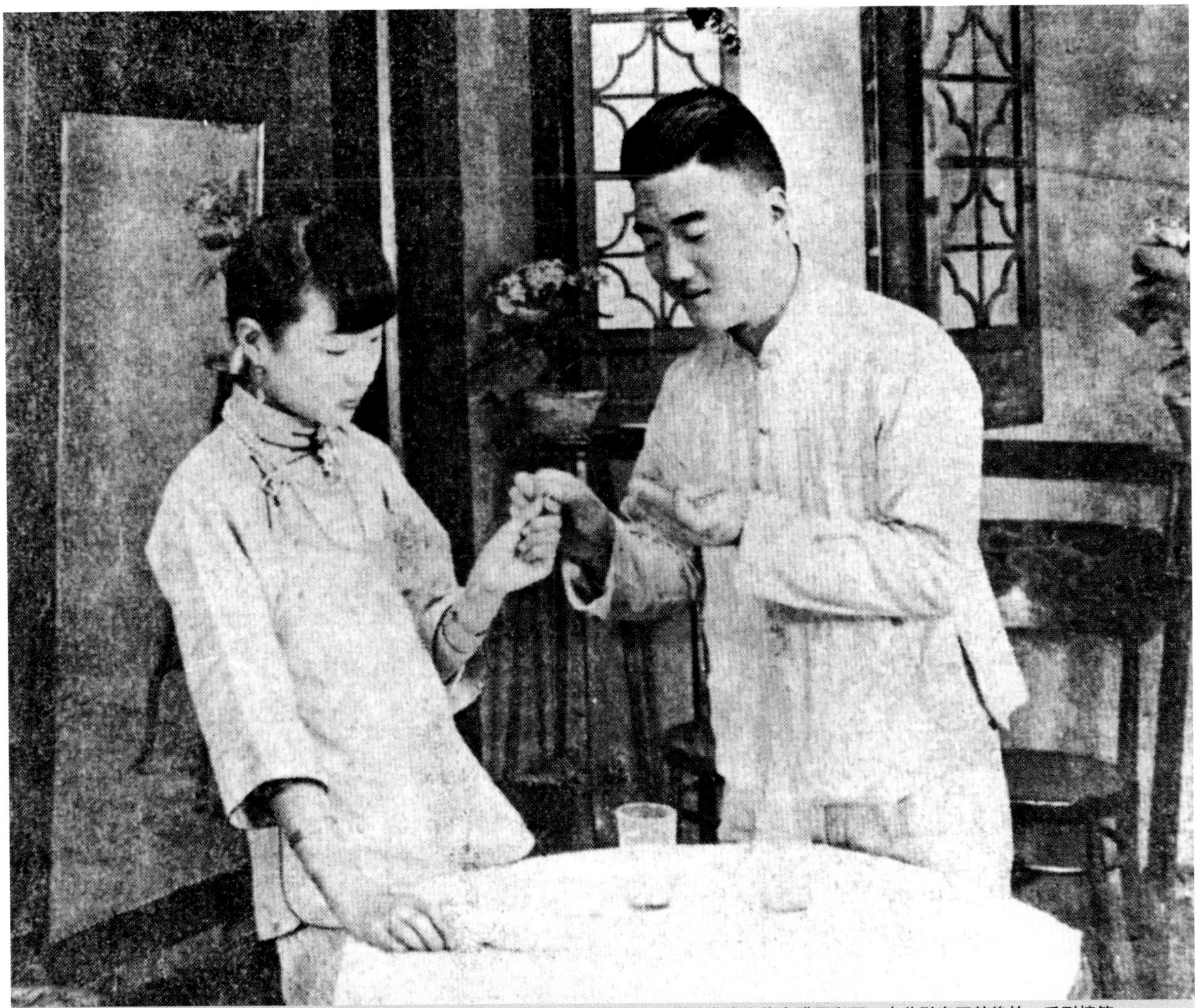

閻瑞生從妓女題紅館手中騙得鑽戒。這是影片當中的一個關鍵情節，閻瑞生把這隻鑽戒典當之後去購買彩票，由此引出了其後的一系列情節

《閻瑞生》

出品：中國影戲研究社（商務印書館活動影戲部代製）

編劇：楊小仲　導演：任彭年　攝影：廖恩壽　主演：陳壽芝 邵鵬 王彩雲

根據真實案件改編。洋行買辦閻瑞生購賽馬彩票未中，將本金輸光。一日，閻瑞生邂逅妓女王蓮英，見其珠光寶氣，將其麻醉後勒死，搶走其身上的所有飾物，棄屍麥田後逃匿，遁跡松江、青島和海州等地，最終在徐州車站被捕，被處以極刑。

《閻瑞生》的廣告

影片目錄（共7部）

商務　《呆婿祝壽》、《得頭彩》、《柴房女》、《憨大捉賊》

中國影戲製造社　《四傑村》、《飯桶》

中國影戲研究社　《閻瑞生》

1922年（大陸）

大事記

本年 前北京政府國務總理周自齊創辦孔雀電影公司，首創外國電影打印中文字幕的先例。第一部譯製的影片是《蓮花女》。

本年 任彭年導演，張慧沖主演的《蓮花落》，輸出到海外進行營業性放映。(《中國影戲大觀》1926年出版)

本年 由顧肯夫、陸潔、張光宇編輯，中國影戲研究會發行的《影戲雜誌》在上海創刊。該刊是中國最早的電影刊物之一。編輯之一陸潔在11月18日記載："(顧)肯夫創刊《影戲雜誌》，約我合編，兩人分工，顧編撰述部分，我編翻譯部分，另約光宇主美術，由此創譯並統一了甚多電影中之名詞和術語。例如導演一詞，編稿時正對此找不到適當可用之字，恰巧接友人來信，告我他在某小學當教習，即由教習兩字想到用此一詞。"1924年12月日記載："導演兩字第一次見於《人心》片頭上。"

另據鄭逸梅《藝林散葉》載："電影故事稱爲本事，始於導演陸潔。"

中國第一個電影劇本徵求啓事

7月9日，由洪深擬文的《中國影片製造股份有限公司懸金徵求影戲脚本》啓事在上海《申報》發佈。在這個《啓事》中，洪深所提出的對於影戲劇本的要求，强調了電影對於社會的教化作用，並對電影劇本的主旨與取捨標準提出了嚴格的要求。

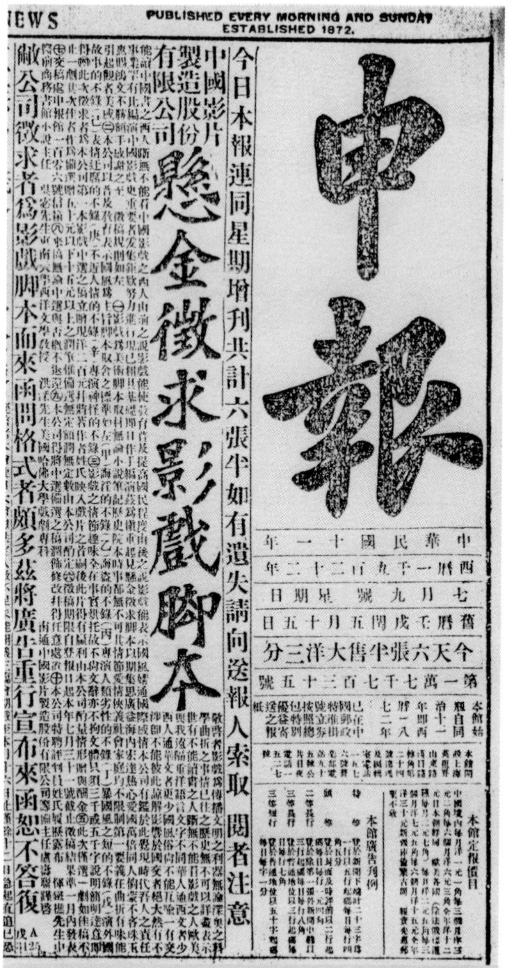
NEWS PUBLISHED EVERY MORNING AND SUNDAY ESTABLISHED 1872.

申報

今日本報連同星期增刊共計六張半如有遺失請向送報人索取 閱者注意

中國影片製造股份有限公司懸金徵求影戲脚本

中華民國十一年 西曆一千九百二十二年 七月九號星期日 舊曆壬戌五月十五日

今天六張半售大洋三分

第一萬七千七百三十五號

敝公司徵求者爲影戲脚本而來函問格式者頗多茲將廣告重行宣布來函恕不答復

1922年9月5日《申報》頭版頭條發表的《中國影片製造股份有限公司懸金徵求影戲脚本》文照。

文獻：《中國影片製造股份有限公司懸金徵求影戲脚本》

敬啓者 影戲爲傳播文明之利器，無論深奥之科學、曲折之事情、以往之歷史，無不可以詳盡表示。世有不能讀書之人，斷無不能看影戲之人。歐美與我遠隔重洋、語言文字不同，華人通西文者少，西人通華文者更少，國風俗尚不能互喻，一有交涉即不能彼此諒解，影響於國交者絶大。然有不能讀中國書之西人，斷無不能看中國影戲之西人。由前之説，影戲能使教育普及，提高過敏程度；由後之説，影戲能表示國風，媾通國際感情。本公司有鑒於此，覺現時代吾人之責任事業，罕有比編演中國影戲更重要者。爰集巨款努力進行，現已粗具基礎，即日作手編演，玆爲慎重起見、懸金徵求脚本。海内宏達熱心愛國萬倍同人、倘蒙不吝珠玉、惠賜鴻文、不勝額手感激之至。徵稿規則如左：

(一)影戲爲美術，脚本取材無論小説、筆記、歷史、院本、時事，都無不可。其情節愛情、俠義、社會、家庭、均不限制，第一要義在曲折有味，能引起觀衆美感。

(二) 本公司以普及教育、表示國風爲主旨，脚本取捨標準如左：

(甲) 誨淫的不録

(乙) 誨盗的不録

(丙) 專演人類劣性的不録

(丁) 暴國風之短的不録

(戊) 演外國故事的不録

(己) 表情迂腐的不録

(庚) 不近人情的不録

(辛) 專演神怪的不録

(三) 影戲之情節趣味全在事實烘托，故不尚文辭，亦不拘文體，只需三千至五千字説明、簡明達意即得。

(四) 此次徵求者爲本公司第一本影戲、中選之稿立贈現洋二百元，並將著作者姓氏映入戲片之首，嗣後此片得有贏利，由本公司酌量情形贈與酬金。

(五)本次僅選一劇，如佳稿不止一劇，其次佳者作爲備選，贈五十元以下十五元以上之潤筆。惟備選無定額，潤筆無定數，由本公司酌定。

(六) 徵稿期限自登報日起，本年七月三十一號截止。徵稿結果準一月内發表。

(七)交稿處:《申報》館一百零六號信箱。

(八) 來稿無論中選與否，概不退還。

(九)本公司得將中選備選之稿潤飾修改，並得任意處置。

(十) 本公司特聘評判員姓氏履歷露佈。

惲鐵樵先生，中醫、前商務印書館小説主任；吴宓先生，東南大學西洋文學教授；洪深先生，美國哈佛大學戲劇專科。

南通中國影片製造股份有限公司籌備主任盧壽聯謹啓。

敝公司徵求者爲影戲脚本、而來函問格式者頗多，玆將廣告重行宣佈、來函恕不答復。

(原載《申報》，1922年7月9日第1版，原文爲竪排，無標點)

早期電影教育

中華電影學校

中華電影學校創辦於1922年，校址在上海愛多亞路黄楚九主持的大世界遊樂場附近的一家私立學校内，創辦人是當時的上海大戲院經理曾焕堂，曾氏是黄楚九的女婿。中華電影學校第一期招生廣告一經登出，趨者若濳，考生有一千餘人。

中華電影學校是我國早期培植電影演員的場所之一，亦可以説是我國電影史上的一所演員養成所。如按教學設備、學生的修業期限來説，實際上只能稱爲演員短期訓練班，但可以説是中國電影史上第一所略具規模的正規的電影學校。學校對學生的年齡、學歷、職業、出身均無限制，而以發掘人才、培養人才、提高演員素質爲宗旨，全部修業期限是半年，學生入學只交很少的學費，每天晚上七時至十時上課，督促很嚴，如無故缺席達三次，學校隨時可以勒令退學。授課内容亦以實用爲準，除表演與實習爲教學重點之外，如影劇概論、電影行政、西洋近代戲劇史、電影攝影術、攝影場常識、導演術、編劇常識、化妝術、舞蹈及歌唱訓練等等，也都列爲訓練課程。學員每週免費看兩次外國電影作爲〝觀摩〞。全部課程教學時間爲三百六十個小時。教員都是業餘義務兼課，學生有很多也是業餘來進修或學習的，教和學都很認真，所以雖然只有半年時間，但濳心學習，也大致可以學到一些基本理論知識和作爲一個電影演員所必須具備的基本技能了。

主持這所演員學校的是頗有名氣的小説家顧肯夫，和由美國學戲劇返國，創設新人電影公司，並集總經理及編導於一身的陳壽蔭。擔任講課的有劇作家洪深，由法國學習攝影返滬的汪煦昌，孜孜不倦從事電影教育的鄭正秋。雖然他們都是義務兼課，而且無條件地供給學生實習的機會和器材，他們的認真教學態度是頗使當時電影界敬重的，同時這所學校也成了各大小公司吸收演員的主要所在。

該校第一屆畢業生當中，有著名演員胡蝶、王元龍等。

由於學校經費來源困難，兼課人也因本身工作繁忙，無法專心講授，所以中華電影學校只辦了一屆後即告結束。

（根據《胡蝶回憶録》和《龔稼農從影回憶録》編寫）

陸潔（1894—1967）

江蘇嘉定人。事業家、導演。1922年與顧肯夫合作編輯中國最早的電影雜誌之一《影戲雜誌》，其間曾創用和統一了“導演”等一批電影專用名詞。此後先後在大中華、聯華等公司導演了《人心》、《戰功》、《小廠主》、《殖邊外史》等影片。後曾任多家影片公司負責人。新中國成立後曾在上海電影製片廠和上海電影局任職。

《影戲雜誌》封面

重要影片

《張欣生》劇照

《張欣生》（又名《報應昭彰》）

出品：明星影片公司

編劇：鄭正秋　導演：張石川　攝影：張偉濤　主演：鄭鷓鴣　王獻齋

張欣生因抽大煙偷了錢櫃，父親張駕雲發覺後將其鎖在房裏。債主們上門逼債，張欣生伙同惡棍朱建臣毒死父親。從此，朱建臣不斷向張欣生借錢。朱潮生想向張欣生討回壓在張家田地單據遭拒後，告發了張欣生。警察將張欣生和朱建臣緝拿歸案，張欣生一口咬定朱潮生也是主謀，三人均被判了死刑。

影片目録

商務　《蓮花落》、《拾遺記》、《大義滅親》、《孝婦羹》、《好兄弟》

上海影戲　《海誓》、《頑童》

明星　《大鬧怪劇場》、《滑稽大王遊華記》、《勞工之愛情》、《張欣生》

新亞　《紅粉骷髏》（上、下）

明星影片股份有限公司成立

3月，張石川、鄭正秋、周劍雲、鄭鷓鴣、任矜萍在上海創辦的明星影片股份有限公司正式成立。公司辦公地點爲貴州路（新新公司原址），先設影戲學校，六個月後開始攝製影片。成立之初攝製了一些滑稽短片，1923年影片《孤兒救祖記》獲得成功，隨後拍攝了一批關心婦女兒童命運的影片。1932年"一二八事變"後，率先邀請左翼作家以編劇顧問的名義加入公司，拍攝了一批具有重大影響的左翼進步影片。1937年"八一三事變"後，影片生產停頓，1938年廠房毀於日軍戰火，公司遂告停業。明星公司共拍攝故事片192部，動畫短片5部，短紀録片30餘部，並開辦電影學校，創辦多種電影雜誌。是20—30年代中國經營時間最長，影響最大的民營製片公司。

明星影片公司的負責人鄭正秋（中）、周劍雲（右）

周劍雲（1883—1968）

安徽合肥人。電影事業家。1922年參與創辦明星影片公司；1928年發起組成六合影戲影業公司，建成國産影片發行網。30年代初期，聘請左翼作家擔任明星公司編劇顧問。抗戰爆發後曾在金星公司任職；抗戰勝利後曾參與組織香港大中華影業公司。

1922年的明星影片公司

明星影片公司的化妝室

明星公司創辦中國第一所電影學校

3月，明星影片公司開辦中國第一所電影學校，鄭正秋任校長，鄭鷓鴣、周劍雲、唐豪等爲教員。4月招生，男女生各17人，每晚授課兩小時。初設導演、表演、攝影、洗印、化裝等電影基礎知識課程，後專門從事培養演員。畢業後在明星公司工作者有王獻齋、葉良德、董湘蘋等。

明星公司電影學校的師生合影

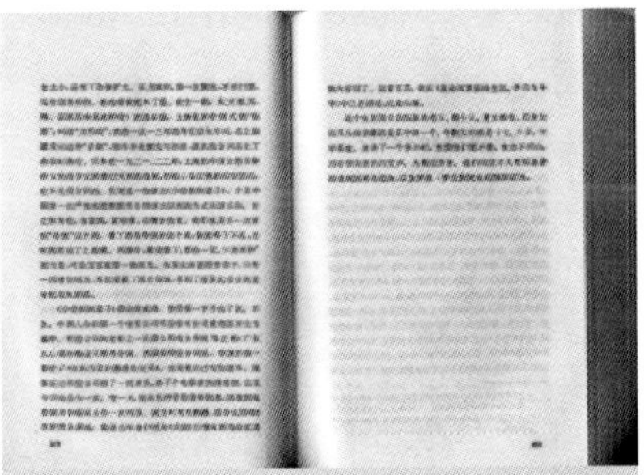
茅盾在他的回憶録中記述了他當年到明星公司電影學校講課的情况

《勞工之愛情》（又名《擲果緣》）

出品：明星影片公司
編劇：鄭正秋
導演：張石川　攝影：張偉濤
主演：鄭鷓鴣　鄭正秋　余瑛

青年鄭木匠改行經營水果攤，與對門祝醫生的女兒相戀，登門求親，門診清淡的祝醫生提出如能使其診所興旺即允婚。鄭木匠遂在一家遊樂場的扶梯上裝了一個機關，使衆遊客滑落跌傷，紛紛請祝醫生診治，鄭木匠遂如願娶妻。

這是目前中國電影資料館收藏的出品年代最早的故事片。

有情人終成眷屬。左起：鄭木匠（鄭鷓鴣飾）、祝醫生（鄭正秋飾）、醫生的女兒（余瑛飾）

《海誓》、《紅粉骷髏》先後攝製完成並上映

1月23日，上海影戲公司但杜宇等攝製的長故事片《海誓》攝製完成。該片在上海閘北一塊空地上搭建露天攝影棚拍攝的，前後歷時近一年。

5月10日，新亞影片公司管海峰等攝製的《紅粉骷髏》在上海夏令配克電影院首映。該片委託商務印書館影片部代製。

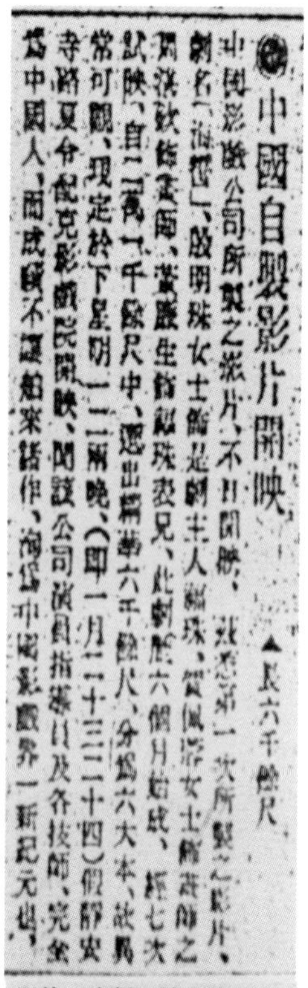

中國自製影片開映 ▲長六千餘尺

中國影戲公司所製之影片、不日開映、此為第一次所製之影片、劇名「海誓」、殷明珠女士飾是劇主人福珠、賀鳳游女士飾芸娘之、周淡秋飾畫師、黃雁生飾福珠表兄、此劇歷六個月始成、經七次試映、自一萬六千餘尺中、選出精華六千餘尺、分為六大本、故異常可觀、現定於下星期一二兩晚、（即一月二十三二十四）假靜安寺路夏令配克影戲院開映、聞該公司演員指導員及各技師、完全為中國人、而成績不讓歐美名作、洵為中國影戲界一新紀元也、

影片《海誓》的宣傳文章

福珠（殷明珠飾）投進周選青（周國驥飾）的懷抱

但杜宇（1897—1972）

原籍貴州廣順，生於江西南昌。導演。1920年創辦上海影戲公司，拍攝中國最早的長故事片之一《海誓》。此後先後在聯華、藝華等公司拍片，主要作品有《古井重波記》、《盤絲洞》、《國色天香》、《江湖奇俠》等。

《海誓》

出品：上海影戲公司

編導：但杜宇　攝影：但杜宇

主演：殷明珠 周國驥 但二春 貿蓉珠

福珠與窮畫師周選青相愛並訂婚。但後來福珠經不住金錢的誘惑，又與表兄結婚。就在舉行婚禮的時候，福珠想起了前誓，立即奔往畫家的住處，却被畫家拒之門外。福珠投海自盡，幸被畫家救起，兩人重歸於好。

《紅粉骷髏》廣告

《紅粉骷髏》(上、下集，又名《十姊妹》)

出品：新亞影片公司（商務印書館活動影戲部代製）

編導：管海峰

攝影：廖恩壽

主演：沈鳳英 柴少墉 陸曼姝 殷憲輔

黃菊英因車禍負傷住院，與醫生鮑宗瀛相戀。歹徒集團骷髏保險黨爲籌集經費，用邪術將鮑宗瀛誘去囚禁。黃菊英與其兄黃謙律師化裝偵察，經歷重重危險和搏鬥，救出鮑宗瀛，破獲保險黨。鮑宗瀛與黃菊英結爲夫妻。

《紅粉骷髏》劇照

1923年（大陸）

大事記

2月9日　天津中國影戲公司在上海派克路（静安寺路北）開設卡爾登(Carlton)影戲院。開幕時放映影片《盧宮秘史》(The prisoner of Zenda)。建築陳飾，執當日電影院界之牛耳。現爲上海黄河路長江劇場。

卡爾登影戲院

3月18日　上海總商會致電江蘇省省長，要求取締《閻瑞生》等影片。4月8日，江蘇省教育會也提出"取締有礙風化影片之呈請"，提出禁演《閻瑞生》、《張欣生》等影片。5月22日，上海《新聞報》刊登有關禁映的通令。

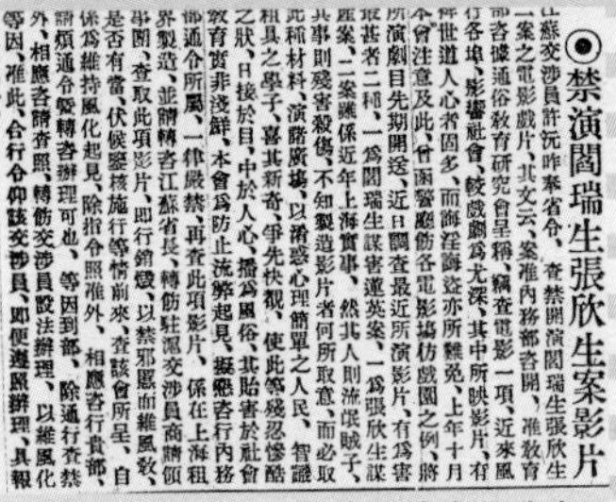

◉禁演閻瑞生張欣生案影片

江蘇交涉員許沅昨奉省令、查禁開演閻瑞生張欣生一案之電影戲片、其文云、案准內務部咨開、准教育部咨據通俗教育研究會呈稱、竊查電影一項、近來風行各埠、影響社會、較戲劇爲尤深、其中所映影片、有裨世道人心者固多、而誨淫誨盜亦所難免、上年十月本會注意及此、曾函警廳飭各電影場仿戲園之例、將所演劇目先期開送、近日調查最近所演影片、有爲害最甚者二種、一爲閻瑞生謀害蓮英案、一爲張欣生謀父案、二案雖係近年上海實事、然其人則流氓賊子、其事則殘害殺傷、不知製造影片者何所取意、而必取此稀材料、演諸廣場、以淆惑心理簡單之人民、智識粗具之學子、喜其新奇、爭先快視、使此等殘忍慘酷之狀、日接於目、中於人心、播爲風俗、其貽害於社會教育實非淺鮮、本會爲防止流弊起見、擬懇咨行內務部通令所屬、一律嚴禁、再查此項影片、係在上海租界製造、並請轉咨江蘇省長、轉飭駐滬交涉員商請領事團、查取此項影片、即行銷燬、以禁邪慝而維風教、是否有當、伏候鑒核施行等情前來、查該會所呈、自係爲維持風化起見、除指令照准外、相應咨行貴部、請煩通令遵轉咨辦理可也、等因到部、除通行查禁外、相應咨請查照、轉飭交涉員設法辦理、以維風化等因、准此、合行令仰該交涉員、即便遵照辦理、具報察奪、此令、

《新聞報》報照：《禁演閻瑞生張欣生案影片》

4月28日　淞滬警察廳公佈修訂取締電影院規則16條，主要有"營業者應取具殷實鋪保"，"不得開演淫邪迷信、有傷風化等影片"，"電影院内不得攜有危險物品"，"不得隨意加座，其所售客票，須證明價目，並將每日售出票價報告於本管警察查核"，"電影院内除包廂外，均男女分座"，"應繳公益捐"，"應繳巡警彈壓費"，等等。

6月26日　故宫建福宫發生火災。關於這次起火的原因有兩種説法，其中之一是遜帝溥儀在這裏看電影，電綫失火，導致發生火災。

火災後的建福宫

重要影片

《愛國傘》

出品：商務印書館活動影戲部

導演：任彭年

攝影：周詩穆

主演：張慧沖　汪福慶　朱珠瑛　張惜娟

富豪傅卜仁囤積糧食，以高價賣給外國人，田秋芳與汪民聲、文春麗與林國魂兩對年輕人與傅卜仁的賣國行爲進行鬥爭，並在愛國鬥爭中結成眷屬。

田秋芳（中，朱珠瑛飾）與汪民聲（左，張慧沖飾）相愛

松貞（左，徐素貞飾）與柏恒（右，汪福慶飾）

《松柏緣》

出品：商務印書館活動影戲部

編劇：楊小仲　導演：任彭年　攝影：周詩穆

主演：徐素貞　汪福慶

少女松貞在姑母家結識柏恒，兩人相愛。松貞返家途中被土匪劫走，柏恒聞訊前去尋找，途中不幸落水，被李軍長搭救，柏恒協助其破獲下屬謀反。後松貞設法找到柏恒，兩人終於結爲夫妻。

影片目録 （共6部）

明星：《孤兒救祖記》

商務：《愛國傘》、《松柏緣》

上海影戲：《古井重波記》、《天書》、《棄兒》

《孤兒救祖記》創中國電影藝術與商業雙贏的先例

12月21日，《孤兒救祖記》在上海愛普廬劇院首映。該片表達了鄭正秋用電影教化社會的藝術理想；該片在商業上的成功，挽救了明星影片公司瀕於破產的命運，爲中國電影業樹立了一個電影藝術與商業收益雙贏的先例。

《明星影片公司年表》一文中說："《孤兒救祖記》攝製完成公司基礎奠定。中國影片至此始告初步成功。在愛普廬試映，觀衆大爲震驚。翌日即有影片商以8000元購至南洋群島放映權，各地亦紛來租映，公司經濟得以稍裕。至今內地教育機關，仍有採用爲社會教育之助者。在一年之試驗期中，公司資本消磨殆盡，創辦人恃借貸以維持日常開支，甚至工友亦典物以購布景材料，迨《孤兒救祖記》出始轉危爲安，公司之基礎於以奠定。"

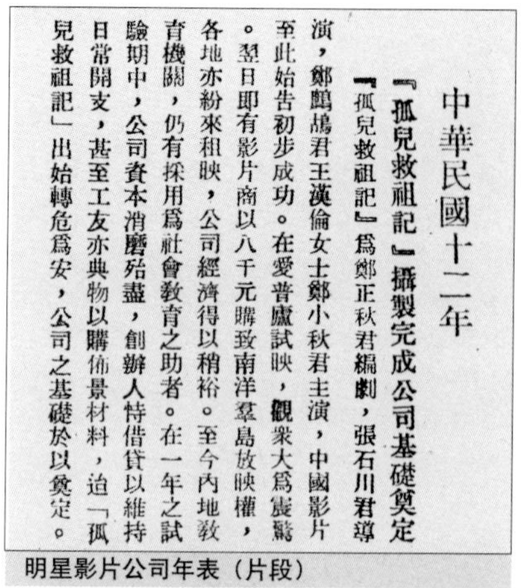

中華民國十二年

『孤兒救祖記』攝製完成公司基礎奠定

『孤兒救祖記』爲鄭正秋君編劇，張石川君導演，鄭鷓鴣君王漢倫女士鄭小秋君主演，中國影片至此始告初步成功。在愛普廬試映，觀衆大爲震驚。翌日即有影片商以八千元購致南洋羣島放映權，各地亦紛來租映，公司經濟得以稍裕。至今內地教育機關，仍有採用爲社會教育之助者。在一年之試驗期中，公司資本消磨殆盡，創辦人恃借貸以維持日常開支，甚至工友亦典物以購佈景材料，迨「孤兒救祖記」出始轉危爲安，公司之基礎於以奠定。

明星影片公司年表（片段）

余蔚如（王漢倫飾）諄諄教誨余璞（鄭小秋飾）

明星公司的新廠址

《孤兒救祖記》

出品： 明星影片公司
編劇： 鄭正秋　**導演：** 張石川
攝影： 張偉濤
主演： 王漢倫 鄭小秋 鄭鷓鴣 王獻齋

富翁楊壽昌的兒子不幸墜馬身亡，留下懷孕的妻子余蔚如。楊侄道培窺視楊家財産，在楊面前誣蔑余蔚如，楊將蔚如逐出楊家，蔚如生下兒子余璞。十年後，道培暗害楊壽昌，被余璞救出。楊登門道謝，祖孫三代團聚。

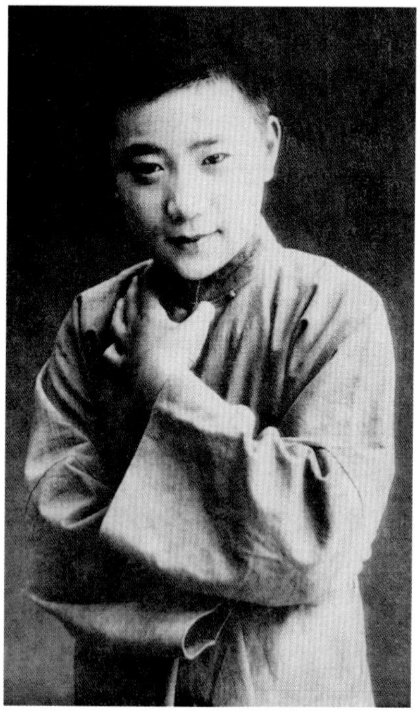

鄭小秋（1910—1989）

廣東潮陽人。演員、導演。幼年時即開始電影表演，主要作品有《孤兒救祖記》、《好哥哥》、《小朋友》、《盲孤女》等，成年後電影表演作品有《啼笑因緣》、《姊妹花》、《女兒經》等，後來從事導演，故事片作品有《弱者，你的名字是女人》（合作）、《二百五小傳》等；科教片作品有《水土保持》（合作）、《中國武術》等。

王獻齋（1900—1942）

原籍山東，生於海參崴。電影演員。1922年入明星影戲學校學習，後任明星公司演員。主要作品有《孤兒救祖記》、《空谷蘭》、《火燒紅蓮寺》、《歌女紅牡丹》、《啼笑因緣》、《脂粉市場》、《新舊上海》、《壓歲錢》等。

王漢倫（1903—1978）

江蘇蘇州人。電影演員。1923年進入明星影片公司，主演《孤兒救祖記》一舉成名。相繼主演了以女性生活爲主題的《玉梨魂》、《棄婦》、《摘星之女》、《春閨夢裏人》等影片，塑造的角色多爲悲劇性人物。1929年創辦漢倫影片公司，拍攝《女伶復仇記》，隨後退出影界。1949年重返上海電影製片廠任演員。

1924年（大陸）

大事記

2月19日 常熟商人馮鎮歐投資成立大中華影片公司。主要人員有陸潔、顧肯夫、陳壽蔭、卜萬蒼等。攝製影片《人心》、《戰功》後，與百合影片公司合併。

4月3日 北京、天津在列寧逝世追悼會上放映蘇聯紀録片《列寧的葬禮》。蘇聯影片開始介紹到中國。

5月 在紐約建立長城製造畫片公司的留美學生梅雪儔、李文光、程沛霖、李澤源、劉兆明等携帶電影器械回到上海，成立長城畫片公司，侯曜、楊小仲、程步高、孫瑜、孫師毅等先後擔任該公司編導。創業作爲《棄婦》，主要作品還有《春閨夢裏人》、《愛神的玩偶》等。

長城畫片公司商標

7月 在法國學習電影攝影的汪煦昌和同學徐琥在上海創辦昌明電影函授學校。10月，他們在上海成立神州影片公司。

神州影片公司商標

11月1日 何味辛與湯筆花合辦的上海《民國日報》副刊《杭育電影週刊》創刊。該刊11月8日第2期刊登《赤俄新影片》，介紹和讚揚了蘇聯的電影藝術。這是最早介紹蘇聯電影的文章。

本年 上海開始開設夏季露天電影院，最早開設的是位於靶子路的消夏電影場。這是一所獨立的露天映畫場。隨後愛普廬影戲院的夏季分院聖喬治露天影戲園（St. Georges Open Air Cinema）在静安寺路底聖喬治飯店内開設。後來上海許多花園和大厦的屋頂都開設了露天電影院，一些露天電影院還是各大電影院的夏季分院。這些露天影院的特點是把娱樂和消暑結合起來，但是由於南方地區下雨比較多，加之露天影院的設備條件難以與正式影院相比，因此總的營業狀況都不甚好。

本年 徐卓呆編著的《影戲學》在上海出版。這是迄今所見中國的第一部電影著作。

本年 大陸影片公司附設大陸影戲學校，該公司創辦人張偉濤兼校長。

本年 百合影片公司由吴性栽創辦於上海，共攝製《採茶女》、《苦學生》等四部影片後，與大中華影片公司合併。

徐卓呆（1881—1958）

江蘇吴縣人。小說家，編導。1925年與汪優游創辦開心影片公司，任編導、演員，1934年任藝華公司演員，1936年起先後任明星、國華公司編劇。其所譯著的《影戲學》是我國迄今所見最早的電影著作。

侯曜（1903—1942）

導演，編劇。廣東番禺人。1924年加入長城畫片公司，擔任編劇主任、導演，此後還在"民新"、"聯華"等公司擔任編導。主要作品有《棄婦》、《西廂記》、《愛神的玩偶》、《春閨夢裏人》等。抗戰爆發後在香港加入南洋影業公司，作品有《血肉長城》、《最後關頭》等。1942年在新加坡被日軍殺害。

汪煦昌（生卒年不詳）

攝影師，曾在法國學習攝影，1923年回國後任明星公司攝影師，1924年與徐琥合辦昌明電影函授學校，後創辦神州影片公司，任經理兼攝影師。主要作品有《玉梨魂》、《不堪回首》、《道義之交》等，被稱爲"神州派電影"。

《影戲學》封面

黎民偉與梅蘭芳合作拍電影

1月，香港民新影片公司副經理黎民偉和攝影師羅永祥、梁林光等到北京爲梅蘭芳拍攝《霸王別姬》和《黛玉葬花》等劇目的片段。

徐琥（生卒年不詳）

上海人。導演。早年曾在法國學習電影，1924年回到上海，曾在明星公司和百合影片公司任副導演兼化裝部主任，1925年創辦震旦影片公司，任總經理兼導演主任。主要作品有《玉梨魂》、《採茶女》等。

吴性栽（1904—1979）

浙江紹興人。電影事業家。1924年在上海創辦百合影片公司，1925年任大中華百合影片公司董事長，1930年任聯華公司董事長，此後先後創辦合衆影片公司、春明影片公司、大成影片公司。抗戰勝利後與人合資經營徐家匯攝影場，創辦文華、清華影業公司。1948年遷居香港，籌建龍馬影業公司，1973年退休。

《霸王別姬》劇照

《黛玉葬花》劇照

影片目録（共15部）

愛美電影社：《別後》
百合：《採茶女》
長城：《棄婦》
大陸：《水火鴛鴦》
大中華：《人心》
雷瑪斯：《糊塗警察》、《孽海潮》
聯合：《水落石出》、《五分鐘》
明星：《好哥哥》、《苦兒弱女》、《誘婚》、《玉梨魂》
上海影戲：《弟弟》
新中華電影：《俠義少年》

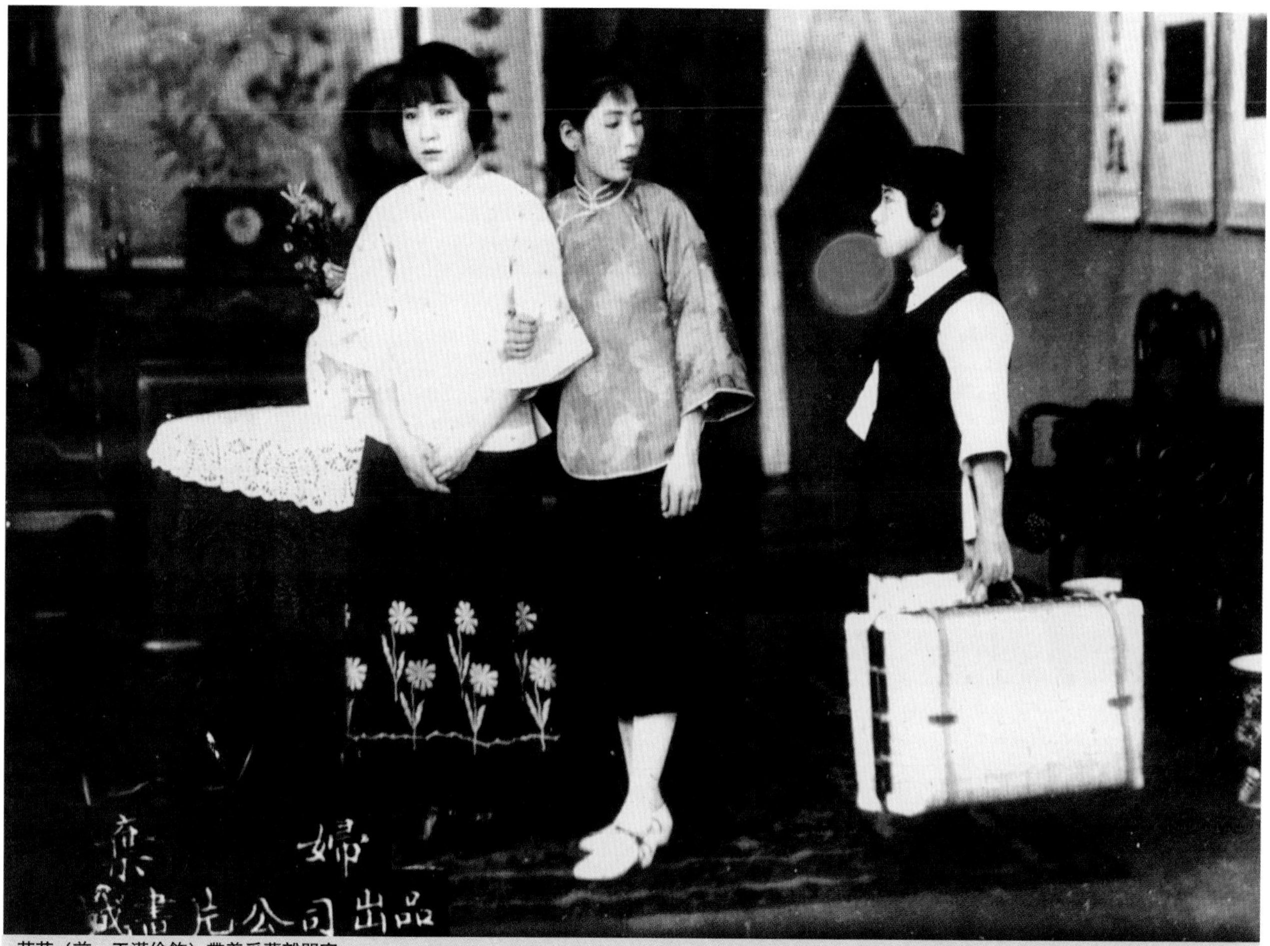

芷芳（前，王漢倫飾）帶着采蘭離開家

《棄婦》

出品：長城畫片公司
編劇：侯曜
導演：李澤源　侯曜
攝影：程沛霖
主演：王漢倫 甘雨時 胡彩霞 陳疑夢

王其偉遺棄髮妻芷芳。芷芳帶着侍女采蘭自謀生路，但是她們在社會上處境艱難，芷芳悟出女權的重要，辭職組織女子參政協會。不久王其偉又來糾纏芷芳，勾結劣紳解散協會。芷芳、采蘭遁入空門，因悲憤過度而身亡。

《玉梨魂》

出品：明星影片公司
原著：徐枕亞
改編：鄭正秋
導演：張石川　徐琥
攝影：汪煦昌
主演：王漢倫 王獻齋 楊耐梅 任潮軍

青年教師何夢霞，課餘爲崔鵬郎授課，其寡母梨娘對何充滿感激，二人由相憐到相愛。何向梨娘求婚，梨娘不願逾越守節禮教，投河求死，幸被兒子追回。後梨娘勸説公公將小姑崔筠倩嫁給何夢霞，自己憂慮成疾而死。

梨娘（王漢倫飾）孤寂的寡居生活

包天笑應邀爲明星公司寫劇本

本年，著名"鴛鴦蝴蝶派"作家包天笑，應鄭正秋之邀，開始爲明星影片公司編寫電影劇本。1925年，又擔任明星公司編輯主任。

文獻：包天笑回憶鄭正秋向他約稿的過程

上海當時初創的電影，並無所謂電影劇本，也沒有什麼導演、編劇的名義。不過一部電影，總要有一個故事，於是有的杜撰一個故老的新聞，有的只好在舊小説去採拾。這個劇本是很重要的，花了巨大的資本，製成一部電影，而不入觀衆之眼，或竟嗤之以鼻，非但損失資本，也且毀傷名譽，那時明星公司，由故事荒而轉進到劇本荒了。

有一天，鄭正秋便到我報館裏來了，他説："明星影片公司要拜託先生寫幾部電影上的劇本，特地要我來向你請求。"我説："你們真問道於盲了，我又不懂得怎樣寫電影劇本，看都沒有看見，何從下筆？"正秋道："這事簡單得很，只要想好一個故事，把故事中的情節寫出來，當然這情節最好是要離奇曲折一點，但也不要脱離悲歡之旨罷了。"我笑道："這只是寫一段故事，怎麼可以算作劇本呢？"正秋道："我們就是這樣辦法。我們見你先生寫的短篇小説，每篇不過四五千字，或者再簡短些也無妨。我們可以把這故事另行擴充，加以點綴，分場分幕成了一個劇本，你先生以爲如何？"

我那時有點猶疑，動於好奇心，真似人家説我的，對於各種文藝，都想染指。不管自己有無能力，却想似胡適之所説的去嘗試一下。

這個所謂電影故事、電影劇本，我從未寫過，倘如現在鄭正秋所説的，那真是簡單不過的，也何妨嘗試一下呢。我還未及回答正秋的話，他又説道："明星公司同人的意思，請你先生每月給我們寫一個電影故事，每月奉送酬資一百元，暫以一年爲期，但電影故事可以慢慢地寫，最好先把你的兩部長篇小説《空谷蘭》與《梅花落》整理一下，寫一個簡要的本事，我們很想把你的兩部小説拍爲電影，想不見拒吧？"

至此我乃恍然，鄭正秋此來，要把我的兩部小説《空谷蘭》與《梅花落》取去攝映電影，這是他們的主意，至於寫電影故事，乃是餘事耳。我在此且對這兩部小説解説一下：原來我初到時報館的時候，就在報上寫了三部連載小説，第一部是《心獄》，第二部是《空谷蘭》，第三部是《梅花落》，這三部書，有正書局都印有單行本。這種小説，我是從日本譯來的，而日文本也是從西文本譯來的，改頭換面，變成爲中國故事。在明星影片公司未創辦之前，張石川、鄭正秋等，就辦了一個"民鳴社"，專演一種新派劇，沒有音樂，不事歌舞，上海人稱之爲"文明戲"的，也曾把《空谷蘭》、《梅花落》兩部小説，作爲他們戲劇材料，我那時不甚注意，隨他們搞去，這一回又來了，我也想不到後來電影編劇聲價高貴，編一部劇本，價至數千元的。可是俗語説的"一分行情一分貨"，我這寫一千字一個故事，拿他們一百塊錢，比了當時兩元一千字的小説價值已經高得很了。

我那時以七天工夫把《空谷蘭》《梅花落》兩部小説的故事，順序整理好了，至於如何分場分幕，我一點也不懂得，不敢假充内行。不過這兩個故事，究竟是先拍哪一個呢？他們説，先要審定一下。我和他們説："這兩個故事中，每部都有兩個女人，一善一惡，你們有兩位女明星，可以分配。"結果，審定下來，是先把《空谷蘭》兩位女明星分配起來，張織雲是正面人物，楊耐梅爲反面人物。

但這還是在無聲電影時期，後稱之爲"默片"，銀幕上的人影幢幢，觀衆不知道他們搞什麼事：銀幕上人的道白，對話，只見他們的嘴唇在動，也不知道他們在説些什麼，所以在電影開映的當兒，同時就要放映一個説明，告訴觀衆，這是什麼一回事，那個人嘴唇在動，是説的什麼一句話。這個説明，當然在"默片"裏是很重要的，他們叫做"字幕"。我平常不大到明星公司去的，但做"字幕"的時候，便非去不可了。那些女明星，不過櫻唇動一動，而我們就要代她説出一句話兒來，並且這話兒一定要説得相當得體。我笑説，我們做八股文，人家説是"爲聖人立言"，現在做"字幕"，却是爲女明星立言了。

（引自包天笑《釧影樓回憶録》，香港大華出版社1971年6月第1版）

包天笑（1876—1973）

江蘇吴縣人。小説家、翻譯家、電影劇作家。自清末開始翻譯外國小説。辛亥革命前到上海，在各報任記者，並撰寫、編譯小説，爲著名"鴛鴦蝴蝶派"作家。1925年應明星影片公司鄭正秋之邀，擔任明星影片公司編輯主任。根據譯作和自己的小説改編或創作的劇本有《空谷蘭》、《梅花落》、《掛名的夫妻》、《良心復活》、《可憐的女伶》等。

資料：影片攝製與銷售

上海電影公司林立，拍片甚多，原因是拍片成本不高，只要影片稍够水準，不難售出，有利可圖。當時底片每尺4分半，正片每尺2分，洗印一套拷貝約300銀元。編導演員酬勞偏低，女主角每天最多4元至7元，或月支200元。男演員酬勞更低，配角和臨時演員大多數義務參加，不付酬勞。以1927年的物價指數，拍一部影片僅需4000元。極個别的影片製片成本近萬元或超過萬元。

略具規模的電影公司，多有自備的片場，租廠拍片的情形很少。但片廠設備很差，只是租一塊空地，圍了竹籬，搭一個棚（在1926年左右才搭玻璃棚，以前小公司多在空地上搭布景，用日光拍片）。搭簡陋的繪畫的布景，架起攝影機來，即可拍片。而攝影機都是手摇的，要靠攝影師的手控制膠片的轉動。熟練的攝影師能手摇達到每秒16格的標準速度。

電影市場以上海爲主，上海一地的放映收入可以收回成本的一半。全國各地劃分成7個發行區，華中區（湖南、湖北、江西、安徽四省）、華北區（河南、河北、山東、山西四省）、東北區（遼寧、吉林、黑龍江三省）、華西區（四川、雲南、貴州三省）、華南區（廣東、廣西省和香港、澳門）、江蘇省和閩浙區（浙江、福建兩省）。這廣泛的地區，加上上海的收入，差不多已有盈餘。

海外地區，以南洋爲主。好一點的影片，星馬可以賣到2400元，暹羅（泰國）1800元，印尼2700元，越南800元，至於臺灣（當時日佔）和南北美洲、菲律賓等地還有相當的收入。因此，4000餘元的本錢，可收萬餘元，盈利一倍以上，所以拍片的人就多了。

1931年，當時上好的白米一擔（160斤）市價7—8元，黄金70餘元一兩。明星公司一個配角演員月薪150塊銀元左右，參演一部影片還可獲得相當一月薪金的酬勞，另外逢年過節，還可分得不少的紅利。演員當中胡蝶的月薪是最高的，約600—800塊銀元。龔稼農月薪450塊銀元，《自由之花》、《落霞孤鶩》、《啼笑因緣》三片酬勞1500塊銀元，紅利也分得800塊銀元。不過當時的男女主角，主演時裝片中的中西服裝，均需自備，故每片的酬勞稱爲服裝補助費。

公司約束自己全力培養的演員的方法，除了合同與薪酬外，各公司之間立下相互遵守的"君子協定"，就是紅牌演員如果跳槽，收容的公司應給予低于其原服務的公司的薪金。如此一來，公司之間的商業競爭儘管尖鋭化，"挖角"的事情，在當時是很少發生的，可以成爲一種商業道德。

基於各地對於影片發行放映的需求，經營影片發行的機構應運而生，其中首推明星公司的發行機構華威貿易公司。該公司在上海設總公司，在香港、廣州、天津、北平、漢口、長沙、厦門、成都、重慶、濟南等地設立了分公司，並在南京、寧波、鎮江、杭州、蘇州等地設立分理處。總公司内設營業部、影片部、製造部。影片部直接供應"明星"所屬國内二十餘家影院的片子，並代理上海各大小公司的出品；營業部主要發行《明星半月刊》、《明星月報》、各種影片特刊、紀念物及宣傳品。製作部設有工廠，自製四達通影片發音機，專門替原來只能放映無聲片的電影院改裝安置，推動了有聲電影的放映。

1925年（大陸）

大事記

5月19日　大中華公司因缺乏週轉資金，經人介紹與百合公司合作，百合公司有錢而缺人才，是日百合公司主人吴性栽與大中華公司做初步接觸。6月19日，大中華公司董事會決議與百合公司合併，改名大中華百合影片公司。8月10日正式合併，董事長爲吴性栽。

大中華百合影片公司

天一影片公司成立

6月，邵醉翁以原來的"笑舞臺"文明戲的演員作爲班底，組成天一影片公司。他自任總經理兼導演，老二邨人任會計，老三仁枚任發行，老六逸夫任外埠發行。邵仁枚和邵逸夫於1928年到南洋等地發展戲院，邵氏兄弟在香港、南洋等地能建立起龐大的影業是從那時開始的。天一影片公司自1925年成立到1937年逐漸轉入香港、南洋等地發展，在上海的12年間共計拍攝了100多部影片。

邵醉翁（1898—1979）

電影事業家，編導。浙江寧波人。1925年創辦天一影片公司。編導作品有《白蛇傳》、《孟姜女》、《蕓蘭姑娘》、《掙扎》、《一夜豪華》等。

重要影片

良彦（中，鄭小秋飾）與化名幽蘭夫人的紉珠（右，張織雲飾）有天然的親近感

《空谷蘭》(前後集)

出品：明星影片公司
原著：（日）黑岩淚香
改編：包天笑　導演：張石川
攝影：董克毅
主演：張織雲　楊耐梅　朱飛　鄭小秋

紀蘭蓀與紉珠婚後，紉珠常遭紀家親友羞辱，兒子良彦周歲生日後紉珠離開紀家。三年後，紀蘭蓀與表妹柔雲結婚。紉珠化名前往良彦就讀的學校任職。柔雲設計毒害良彦，被紉珠發現。柔雲震驚之下策馬狂奔受重傷，臨終前懺悔了自己的過錯。蘭蓀與妻兒合家團聚。

馮家耀（中，趙琛飾）與交際花老五（右，傅綠痕飾）同居

《馮大少爺》

出品：明星影片公司
編導：洪深　攝影：董克毅
主演：趙琛　傅綠痕
　　　舒蕓　高梨痕

馮家耀在上海沉溺酒色，揮霍無度，屢向錢莊借錢，立字據父歿歸還。其父到上海找他，不幸病死。家耀繼承遺産，携妻兒移居上海。不料其子步他的後塵，向親友借錢，大肆揮霍，也簽下父歿歸還的字據，其妻也與一浮華少年曖昧。家耀觸目心驚，找回兒子，妻子也深自愧悔。

《春閨夢裏人》

出品：長城畫片公司
編劇：侯曜　導演：李澤源　梅雪儔　攝影：程沛霖
主演：王漢倫　雷夏電　劉繼群　翟綺綺

陳時英留學歸國後投身軍界。軍閥混戰，陳時英奔赴戰場，重傷身亡。噩耗傳來，家人悲痛萬分，時英的妻子强忍悲痛安慰老小，内戰帶給她的是"白骨河邊，春閨入夢"。

陳時英要上戰場，家人悲痛萬分

愛芳（左，黎明暉）終於與父親（中，王元龍飾）團聚

《小廠主》

出品：大中華百合影片公司
編劇：王元龍　導演、分幕：陸潔　攝影：徐志岩　周詩穆
主演：黎明暉　王元龍　何麗珠　蕭英

造船廠主黎宏將兒子黎大光趕出家門，其侄子黎大榮企圖坐擁巨資。秘書王一平苦苦尋覓小主人，終將黎大光的女兒愛芳喬裝後帶到黎宏面前。黎宏臨終指定愛芳繼承祖業。黎大榮用計劫持愛芳，並以嗣子名義繼承遺產。後愛芳與父親相會，人們召開歡迎新廠主大會。

翠英（右，宣景琳飾）與小奎（鄭小秋飾）

《盲孤女》

出品：明星影片公司
編劇：鄭正秋　導演：張石川　攝影：董克毅
主演：宣景琳　鄭小秋　趙琛　王獻齋

商人李炳生死後，女兒翠英被後母趕到紗廠做工，終日以淚洗面，致使雙目失明。她投河自盡時，被毛金奎所救。翠英與被毛當年拐來的小奎朝夕相處，倆人萌生愛意。後來，小奎身世大白，回到父母身邊，與翠英結成眷屬。

《秋扇怨》

出品：友聯影片公司
編導：陳鏗然
主演：胡蝶　文逸民　徐琴芳　林雪懷

沈麗瓊的丈夫許玉輝另結新歡，麗瓊規勸不成，投河自盡，被陳氏兄妹文意、淑貞搭救。許玉輝利用天災囤積居奇，麗瓊講出真相，文意將許玉輝告上法庭，許鋃鐺入獄。

麗瓊（右，胡蝶飾）的寂寞生活

洪深發表中國第一部完整的電影文學劇本

1月10日，洪深創作的電影文學劇本《申屠氏》在《東方雜誌》二十二卷第一至三號連載。這是中國第一部完整和規範的電影文學劇本。

申屠氏（影劇本）　洪深

序言

申屠氏宋代一奇女子，其本事見於傳記者如左：

申屠氏，宋長樂人，美而艷；申屠虔之女也。少慕孟光爲人，因名希光。十歲能屬文，讀書過目成誦。其兄灝𢌿海上，女作詩送之曰：『生計持竿二十年，茫茫此去水連天。往來灑灑臨江廟，晝夜燈明過海船。霧裏鳴螺分港釣，浪中拋纜枕霜眠。莫辭一棹風波險，平地風波更可憐。』其父奇愛之，不妄許人。侯官有董昌，以秀才異等爲學宮弟子，虔既見昌學宮，因以女許之。女臨行作詩紀別曰：『女伴門前望，風帆不可留。岸明蕉葉雨，江醉蓼花秋。百歲身爲累，孤雲世共浮。淚隨流水去，一夜到閩州。』入門絕不復吟，食貧作苦，晏如也。居久之，當靖康二年，郡中大豪方六一，虎而冠者也，聞女美，欲得之。使人陰誣昌，罪至族。已復陽爲居間，得輕比，獨昌報殺，妻子幸全，因使強委禽焉。女具知其謀，謬許之，密託其孤於昌之友人，乃求利匕首，懷之以往。謂六一曰：『顧君高誼，生死人而骨肉之，妾之餘，君之身也，敢有私愛？但亡人未歸淺土，心竊傷之，請俟葬，乃成禮。』六一立使人以禮葬昌，於是女

東方雜誌　第二十二卷　第一號　申屠氏　一八七

電影文學劇本《申屠氏》文照

東方雜誌
THE EASTERN MISCELLANY
第二十二卷　第一號
民國十四年一月十日

列強環伺中之中國……陶孟和
英美選舉與法國政局……樓桐孫
聯邦建國論……高一涵
我之建國方案及實行的希望……潘大道
徵文當選（四篇）……嚴恩增等
甲子大戰後全國軍隊之調查……何西亞
歐戈虞魚模古讀的管見……唐鉞
水銀煉金——科學界的大發明……黃幼雄
埃及王陵發掘續記……愈之
新語林（四篇）……W生等
外國旗（小說）……葉紹鈞
藝林外史（佛朗士名著）……李青崖
申屠氏（電影腳本）……洪深

上海商務印書館發行

1925年1月10日出版的《東方雜誌》二十二卷第一號目録

影片目録（共68部）

明星　《最後之良心》、《小朋友》、《上海一婦人》、《馮大少爺》、《盲孤女》、《可憐的閨女》、《新人的家庭》、《空谷蘭》（前後集）、《早生貴子》
長城　《摘星之女》、《春閨夢裏人》、《愛神的玩偶》
英美菸草公司　《一塊錢》、《神僧》、《慢慢的跑》、《心病專家》、《名利兩難》、《三奇符》、《柳蝶緣》
百合　《苦學生》、《前情》、《孝女復仇記》
開心　《臨時公館》、《愛情之肥料》、《隱身衣》
朗華　《南華夢》（前後集）、《紅姑娘》
上海影戲　《重返故鄉》、《楊花恨》、《小公子》
大中華百合　《小廠主》、《風雨之夜》
聯合　《劫後緣》、《情海風波》
三星　《覺悟》、《窗前足影》
商務影戲部　《醉鄉遺恨》、《情天劫》
神州　《不堪回首》、《花好月圓》
天一　《立地成佛》、《女俠李飛飛》
新大陸　《真愛》、《劍膽琴心》
新華　《人面桃花》、《風塵三俠》
新少年　《情弦變音記》、《一張照片》
其他　《悔不當初》（晨鐘）、《沙場淚》（大陸）、《疑雲》（大亞）、《戰功》（大中華）、《後母淚》（東方）、《秋聲淚影》（鳳凰）、《公平之門》（公平）、《愛河潮》（廣州）、《妾之罪》（金鷹）、《青年鏡》（林發）、《遺產毒》（美美）、《一月前》（模範）、《孤雛悲聲》（南星）、《火裏罪人》（太平洋）、《佳期》（五友）、《秋扇怨》（友聯）

善良的何素雲（丁子明飾）

《戰功》

出品：大中華影片公司
編劇：陸潔
導演：陸潔　徐欣夫
攝影：經廣馥
主演：王元龍 張織雲
　　　黎明暉 胡蝶

王藝華和妹妹麗華在鄉下結識了張逸君。戰火驟起，王藝華奔赴前線前致信女友童懿涵絕交。戰後王藝華向張逸君求婚，方知她本是朱卓夫的妻子，因朱終日飲酒才避居鄉下。麗華領來童懿涵，原來她扣下了哥哥的絕交信。兩對青年經歷患難終於團聚。

朱卓夫（右，王元龍飾）看到被妹妹扣壓的絕交信

《不堪回首》

出品：神州影片公司
編劇：裘芑香 陳醉雲
導演：裘芑香
攝影：汪煦昌
主演：丁子明 李萍倩　嚴工上 趙靜霞

朱文光在何翁家門前暈倒，被何翁及其女兒素雲相救，後與素雲定下婚約。不久，朱到富室丁氏應聘秘書，被丁氏奢華所吸引，被招贅爲婿。因屢遭凌辱，回去探望何氏父女，何宅已經荒蕪，何氏父女均已去世。

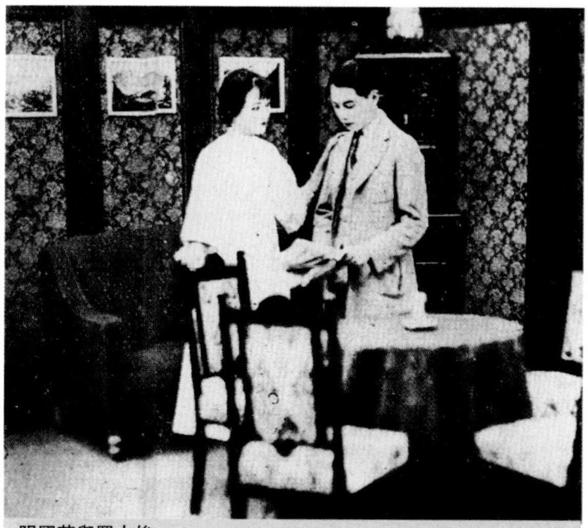
明國英與羅人俊

《愛神的玩偶》

出品：長城畫片公司
編劇：濮舜卿
導演：侯曜　梅雪儔
主演：雷夏電 張秀影
　　　劉繼群 翟綺綺

明國英不滿父親作主與表哥余仁訂婚而離家出走，與羅人俊相識相戀。明父病逝後，余仁見國英得到了遺産，遂將其關進瘋人院。羅人俊到瘋人院救出國英。二人不做愛神的玩偶，去追求自己的生活。

友聯影片公司拍攝“五卅慘案”紀録片

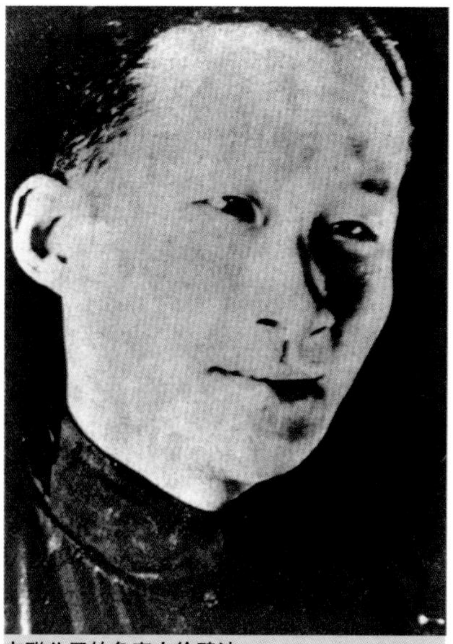
友聯公司的負責人徐碧波

5月30日，“五卅運動”爆發。友聯影片公司將當日慘案發生經過拍攝成紀録片。

友聯影片公司成立於本年4月1日。創辦人陳鏗然原是上海吴江大學的學生，他與方君秩、方尚約集資5萬元，在上海成立友聯影片股份有限公司。後兩位從法國回來的留學生徐琥和周克，經人介紹參加了“友聯”。他們在法國學過拍電影，還充當過演員，由他們分别擔任導演和攝影，向百代唱片公司購了一台手摇攝影機，在徐家匯華山路租了一處做攝影棚，正式開業。

文獻

徐碧波：《“五卅慘案”紀録片誕生記》

我所從業之友聯影片公司，創辦於1925年2月，組合了胡蝶、徐琴芳、林雪懷和文逸民等演員。正當拍攝公司第一部影片《秋扇怨》期間，5月30日早上，公司主人陳鏗然聽得南京路巡捕房出事，立即偕同攝影師劉亮禪，由司機胡延芳開車直衝現場，女演員徐琴芳也勇敢地跟着上了車。後來幸而她掩護，戲劇性地避免了印度馬隊檢查。她將小型攝影機及所攝到的現場的膠卷夾入裙内，免被劫抄，順利帶回公司，因此保存了不少珍貴的鏡頭。記得有一個鏡頭，是醫生正從受傷者身上鉗出一顆子彈，托在手掌中。我便用尖鋭的反語：“嗚呼，這是帝國主義的恩賜。”以痛斥他們的罪行。

……

可惜的是這部紀録片因友聯廠地處閘北，毁於日寇兵燹而不存。今猶存該片當時在滬杭等地放映，頗能振奮人心，發起群衆愛國熱忱與抗暴情緒之記憶耳。

（引自顧國華編《文壇雜憶初編》，上海書店出版社1999年第1版）

中央大戲院

4月24日，明星影片公司自設電影院，在申江亦舞臺的基礎上改組開設中央（Palace）大戲院，有座位1177個。中央大戲院開幕宣言說"夏正四月朔後一日，就是上海多添一家影戲院的一天。上海影戲院也不少，再添有何必要？有，有，上海的影戲院太不替中國人打算，我們不願意給外人操縱電影事業太過，所以認爲確有添設的必要。"

明星影片公司將中央大戲院作爲自己出品的基本地盤，但是別的公司出品被接洽來在中央放映的亦很多，上海、國光、百合、中華、神州、長城、民新等公司，所有名作咸薈集於中央。特別在1925年"五卅"慘案爆發後，國人對於外片的興味也冷淡起來，同時國片產量陡形增加，故"中央"雖每星期內換片兩次，在一年之間，竟連續不斷地有各公司自製之片供給。可惜的是，國產影片漸趨粗濫之途，武俠神怪活躍於影壇，而滅了它光明的前途。1926年，該院改屬中央影片公司，爲該公司的領銜影院。1926年7月下旬，中央影片公司決定了一個營業方針，即用歐美片加入放映。這一方針大大打擊了中國電影這一獨有的放映陣地。在被稱爲"中國電影年"的1933年，各大公司的放映地點，却是分而不合的，聯華影業公司的片子大多包給北京大戲院放映，天一影片公司的片子大多包給卡爾登放映，明星影片公司的片子則包給新光大戲院放映。因爲"新光"的地位比"中央"高，責得起價錢，而"中央"則已退爲放映二輪片的電影院（即"新光"映過之"明星"影片）。

中央大戲院門景

奧迪安影戲院

南京大戲院（即今上海音樂廳）位於愛多亞路（今延安東路）轉角處，是當時上海最豪華的電影院之一

南京大戲院

南京大戲院在愛多亞路敏體尼蔭路西，地點是很適中的。建築採用雷納桑古式，外表極高尚美藝之至。串堂大部用大理石和人造石；樓上下各有休息廳，足容千人。

場中地板，是採用一種混合物質製成，視之似堅，踏之則軟，走在上面，絶無聲息；這樣，在放映有聲片時，觀客遲到入内時，可以不礙及發音。並且因爲欲使影場宜於音浪的遍及，事前特將建築圖樣請美國西電公司修改，使一墻一柱，都合於有聲片音浪。

對於場中空氣的澄清，特設備"空氣調變機"。這機器可以洗滌空氣，使空氣中無濁質。並且可用以支配温度至任何程度，所以場中能够冬暖夏凉。

在南京開幕之前一月，美國紐約時報的上海通訊裏，曾有對於它的記載，稱它爲亞洲的"洛克賽"呢。

按：洛克賽（Roxy）是美國設備最完美的戲院。

光陸影戲院

2月25日，光陸大厦業主斯文洋行在博物館路蘇州路口開設光陸（Capital）影戲院。開幕電影是爱温·摩斯鳩肯的《採花浪蝶》（Casanova）。該院起初專映歐洲影片，營業不利。1929年（民國十八年）6月，遠東遊藝公司將該院購下，裝置西電公司有聲映片機，並專映派拉蒙有聲對白片，生意之佳，爲光陸全盛時代。隨後轉租與英人華生經營，並兼租蘭心大戲院。自國泰、新大光明相繼落成，光陸營業頓受打擊，加以聯合影片公司出重價將派拉蒙上乘影片購去，光陸不能支持，1933年（民國二十二年）8月22日宣告破產。不久，蘭心主人反而收羅光陸，作爲蘭心之分院，於是在同年12月7日重行開幕以映歐洲片爲主體。後來蘭心輟演電影，光陸乃改放映二輪以下美片。

奧迪安影戲院

10月9日，煙商永泰和公司總經理陳伯昭在北四川路宜樂里獨資創設奧迪安（Odeon）影戲院。開幕電影是瑪麗·璧克馥主演的《劍底鶯聲》（Dorothy Vernon of Haddon Hall）。該院佈置之華麗，足與卡爾登相頡頏；選片則多爲美國派拉蒙影片公司巨製，成爲當日卡爾登的惟一勁敵。1928年秋，又與美國哥倫比亞公司簽訂專映權約。1932年毁於"一二八"戰事中。

大光明大戲院

百萬金造成的大光明，自然是後來居上。它的特點，在裝飾方面是：（甲）全部建築採用現代的立體式，別有風格；門面大部分用大理石鑲嵌而成，益形華貴，計價二十萬元，色調有淺緑、淡金、鵝黄；欄則悉以鋁製。（乙）内部設噴水池三座，水花能幻五色，綺麗奪目，價值十餘萬元。（丙）門首光柱，高矗雲霄，燈火通明時，遥在數里之外望見之。在設備方面有：（甲）冷氣間以三十萬元造成，由世界著名的甘利亞冷氣公司承辦，每分鐘用水350介侖，每天可出冰44萬磅，冷氣可自由支配，使室内温度適中。（乙）有聲電影放映機，是R.C.A.最新實音式，代價25萬元，發音純粹，絶無雜聲。（丙）座位2000，一律柔軟舒適；排列審慎，務求視線集中，聲浪普及。

大光明電影院

光陸影戲院

1926年（大陸）

大事記

1月1日　《小説世界》刊登陳大悲翻譯的美國電影劇本《愛爾蘭的玫瑰》。這是中國最早翻譯的外國電影劇本。

2月　民新影片公司由香港遷到上海，主要負責人爲黎民偉和李應生。

3月　位於杜美路的大玻璃攝影棚及露天攝影場建成，聘請歐陽予倩擔任編劇兼導演。

3月30日　明星、大中華、上海、神州、友聯、華劇等六家公司爲聯合經營發行業務而組織的六合影業公司成立。

7月9日　國民革命軍開始北伐。

8月16日—9月16日　"新世界"大型遊樂場舉辦電影博覽會，博覽會期間舉辦"電影女明星選舉"，張織雲以2146票名列第一。

12月16日　上海百星大戲院從美國運來特福萊有聲短片若干套，在虹口新中央人戲院試映，兩天後又在百星大戲院放映。影院還把放映機、影片和擴音器陳列，讓觀衆參觀，並有技師在旁解釋發音原理，引起電影工作者和觀衆的極大興趣。

本年　商務印書館第310次董事會決定結束影片部，決定改組成"獨計盈虧，仍由公司管理"的國光影片公司，和商務印書館名義上脱離關係，使新公司解脱文教電影的束縛，放手去拍商業電影。該公司由在商務印書館機要科任職的楊小仲負責製片，擔任劇務主任，主持編導，任彭年、廖恩壽辭職離去。1927年，楊小仲離開國光影片公司，該公司不久即結束。

本年　萬籟鳴、萬古蟾、萬超塵三兄弟製成我國第一部動畫短片《紙人搗亂記》。

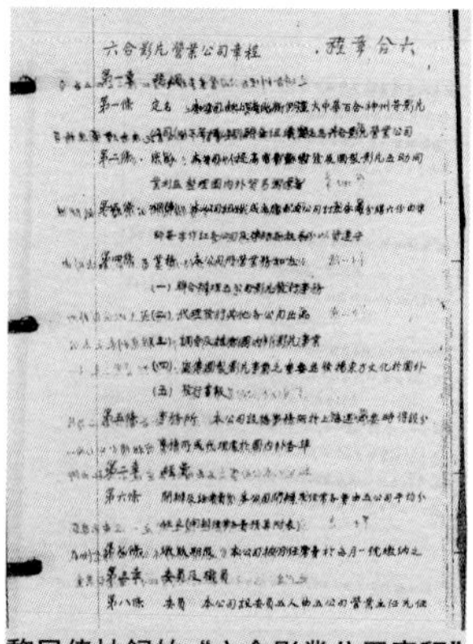

黎民偉抄録的"六合影業公司章程"

張織雲（1904—1970）

廣東番禺人。演員。1924年入大中華影片公司。1925年後相繼入明星、民新、新華等影片公司，主演的作品有《人心》、《戰功》、《空谷蘭》、《玉潔冰清》、《美人計》等。後移居香港。

位於上海杜美路的民新公司

楊小仲（1899—1969）

原籍江蘇常州，導演。1920年改編劇本《閻瑞生》，翌年拍成最早的長故事片。自1925年首次編導《醉鄉遺恨》以來，共拍攝故事片和紀録片約90餘部。新中國成立後任上影廠導演，聯合執導的戲曲片《孫悟空三打白骨精》獲《大衆電影》百花獎最佳戲曲片獎。

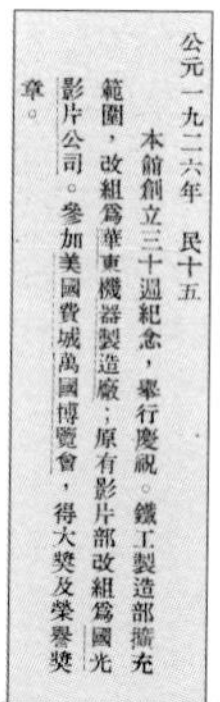

公元一九二六年　民十五

本館創立三十週紀念，舉行慶祝。鐵工製造部擴充範圍，改組爲華東機器製造廠；原有影片部改組爲國光影片公司。參加美國費城萬國博覽會，得大獎及榮譽獎章。

商務印書館的《大事記》記載了國光公司成立的前後

重要影片

梁山伯（右，金玉如飾）與祝英台（左，胡蝶飾）開玩笑説，如果你是一個女子，那我們可以結爲夫妻

《梁祝痛史》

（又名《梁山伯與祝英台》）

出品： 天一影片公司
編劇： 董血血
導演： 邵醉翁
攝影： 徐紹宇
主演： 胡蝶　金玉如　魏鵬飛　吴素馨

祝英台女扮男裝前往杭州求學，途中遇梁山伯，兩人結伴而行，共居一室半年，英台萌生愛意，並對山伯謊稱將自己的妹妹許配給他。回家後，英台才知父親已將自己許配給馬文才。山伯聞訊後，凄然身亡。英台出嫁時到山伯墓上哭别，山伯墓裂開，英台投身墓中。

漁家女素仙（張織雲飾）

《玉潔冰清》

出品：民新影片公司
編劇：歐陽予倩　導演：卜萬蒼
攝影：梁林光
主演：張織雲 李旦旦　林楚楚 龔稼農

孟琪與黄伯堅青梅竹馬。長大後，黄伯堅厭惡孟父放高利貸的行爲，與孟琪日漸疏遠。伯堅喝醉酒後騎車外出，不幸摔傷，被漁家女孔素仙姐妹營救，他漸漸愛上素仙。經歷了一番曲折，伯堅與玉潔冰清的素仙結爲連理。

歐陽予倩（1889—1962）

戲劇和電影劇作家，導演，中國話劇的奠基人之一。湖南瀏陽人。1926年加入民新影片公司。主要電影作品有《玉潔冰清》、《新桃花扇》、《木蘭從軍》、《關不住的春光》、《弱者，你的名字是女人》、《野火春風》、《戀愛之道》等，專著有《電影半路出家記》。

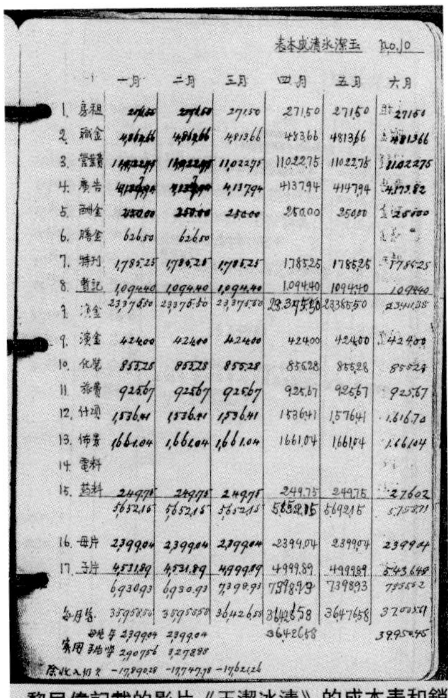

玉潔冰清成本表 No.10

	一月	二月	三月	四月	五月	六月
1. 房租	271.50	271.50	271.50	271.50	271.50	271.50
2. 職金	4,813.66	4,813.66	4,813.66	4813.66	4813.66	4,813.66
3. 營業費	[illegible]	[illegible]	11,022.75	11022.75	11022.75	11,022.75
4. 廣告	[illegible]	[illegible]	4,137.94	4137.94	4147.94	4,173.82
5. 酬金	250.00	250.00	250.00	250.00	250.00	250.00
6. 賭金	626.50	626.50				
7. 特刊	1,785.25	1,780.25	1,785.25	1785.25	1785.25	1,785.25
8. 書記	1,094.40	1,094.40	1,094.40	1,094.40	1094.40	1,094.40
	23,375.50	23,375.50	23,375.50	23,375.50	23,365.50	23,411.35
9. 演金	424.00	424.00	424.00	424.00	424.00	424.00
10. 化裝	855.28	855.28	855.28	855.28	855.28	855.28
11. 旅費	925.67	925.67	925.67	925.67	925.67	925.67
12. 什項	1,536.41	1,536.41	1,536.41	1536.41	1,576.41	1,616.70
13. 佈景	1,661.04	1,661.04	1,661.04	1661.04	1661.54	1,661.04
14. 電料						
15. 藥料	249.75	249.75	249.75	249.75	249.75	276.02
	5,652.15	5,652.15	5,652.15	5,652.15	5,692.15	5,758.71
16. 母片	2,399.04	2,399.04	2,399.04	2399.04	2399.04	2399.04
17. 子片	4,531.89	4,531.89	4,999.89	4999.89	4999.89	5,436.48
	6,930.93	6,930.93	7,398.93	7398.93	7398.93	7,835.52
每月總	35,958.58	35,958.58	36,426.58	36,426.58	36,476.58	37,005.58
母片	2,399.04	2,399.04		36,426.58		39,950.45
實用子片	2,907.56	1,278.80				
除收入相	-17,890.28	-17,747.78	-17,621.26			

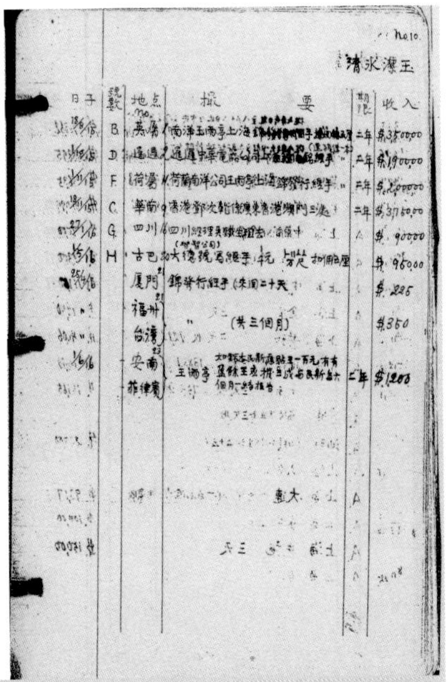

玉潔冰清 No.10

日子	號數	地点	摘要	期限	收入
[illegible]	B	英屬	南洋玉雨亭上海[illegible]	二年	$3,500.00
[illegible]	D	通過	通過中華電[illegible]	二年	$1,900.00
[illegible]	F	荷屬	荷蘭南洋公司王雨亭上海錦發行經手	二年	$2,000.00
[illegible]	C	華南	香港鄧次能[illegible]香港澳門三處	二年	$3,760.00
[illegible]	G	四川	四川經理[illegible]	A	$900.00
[illegible]	H	古巴	大德號為經手		$960.00
[illegible]		厦門	錦發行經手（來回二十天）		$225
		福州、台灣	（共三個月）		$350
[illegible]		安南、菲律賓	王雨亭 [illegible]	二年	$1,200

黎民偉記載的影片《玉潔冰清》的成本表和銷售記録

影片目録（共103部）

明星　《愛情與黄金》、《多情的女伶》、《富人之女》、《好男兒》、《她的痛苦》、《良心復活》、《四月裏底薔薇處處開》、《未婚妻》、《無名英雄》、《小情人》、《一個小工人》

大中國　《半夜情人》、《地獄天堂》、《韓湘子九度文公》、《蓮花公主》（1－3）、《牛郎織女鵲橋會》、《失意的英雄》、《逃婚》、《薛仁貴征西》（前後部）

天一　《電影女明星》、《夫妻之秘密》、《梁祝痛史》、《孟姜女》、《孫行者大戰金錢豹》、《唐伯虎點秋香》（前集）、《唐伯虎點秋香》（後集）、《義妖白蛇傳》（1、2）、《珍珠塔》（前後集）《忠孝節義》

開心　《怪醫生》、《紅玫瑰》、《活動銀箱》、《活招牌》、《濟公活佛》（1）、《凌波仙子》、《神仙棒》、《雄媳婦》、《假力士》

大中華百合　《呆中福》、《兒孫福》、《連環債》、《馬介甫》、《探親家》、《同居之愛》、《透明的上海》、《殖邊外史》

神州影片　《道義之交》、《好兒子》、《可憐天下父母心》、《難爲了妹妹》、《上海之夜》

長城　《苦樂鴛鴦》、《情天終補》、《僞君子》、《鄉姑娘》、《一串珍珠》

民新　《和平之神》、《三年以後》、《玉潔冰清》

國光　《不如歸》、《馬浪蕩》、《上海花》

其他　《合浦珠還》、《蘆花餘恨》（愛美電影社），《西太后》、《燕山俠隱》（北京光華），《孤兒脱險記》、《名教罪人》（廣州天南），《紅樓夢》、《孔雀東南飛》（孔雀），《傳家寶》、《還金記》（上海影戲），《將軍之女》、《同室操戈》（太平洋），《血書》、《永不歸》（天津北方），《空門賢媳》、《上海三女子》（新人），《娼門之子》、《荔鏡傳》（友聯），《孽海驚濤》（大亞），《猪八戒招親》（大中國），《工人之妻》（東方第一），《浪蝶》（非非），《小循環》（廣州鑽石），《小孝子》（杭州心明），《守財奴》（好友），《奇峰突出》（華劇），《移花接木》（快活林），《情場怪人》（朗華），《奪國寶》（聯合），《到民間去》（未完成，南國電影劇社），《覺悟》（三星），《呆運》（汕頭進業），《大皮包》（天津渤海），《險姻緣》（天津新星），《斷腸花》（同朋），《碎玉緣》（亞美），《落魄驚魂》（洋洋），《好寡婦》（中華第一）

母親（周文珠飾）辛勞撫育兒女

《兒孫福》

出品：大中華百合影片公司
編劇：朱瘦菊
導演：史東山
攝影：周詩穆　余省三
主演：周文珠　王乃東　王次龍　謝雲卿

母親辛勞一生，將兒女撫養成人。但兒女們長成後，無人贍養母親，令母親生活無着。母親臨終前，兒女們都來到她的床前，面對他們有所悔悟的面容，母親從容離去。

愛蓮（丁子明飾）爲了哥哥大虎的事情去求少主人（孫敏飾）

《難爲了妹妹》

出品：神州影片公司
編劇：萬籟天　導演：李萍倩
攝影：洪仲山
主演：萬籟天　丁子明　孫敏　嚴工上

何大虎被捕後因無血債被開釋回到家鄉。其妹愛蓮在曾家爲僕，少主人曾子正對她心存愛意。她將積攢的工資傾囊相助，幫哥哥謀得一職。不料大虎又遭人誣陷，被判死刑，立即執行。愛蓮昏倒在地。

秀珍（左2，翟綺綺飾）戴上珍珠，出盡風頭

《一串珍珠》

出品：長城畫片公司
編劇：侯曜　導演：李澤源
攝影：程沛霖
主演：雷夏電 劉漢鈞 劉繼群 翟綺綺

王玉生從周全處借得一串珍珠項鏈，讓妻子秀珍出盡風頭。次日清晨，夫婦倆發現項鏈丟失，大驚失色。王玉生無奈挪用公款買了同樣的項鏈還給周全。東窗事發，王玉生入獄。後秀珍女友傅美仙道出真相，原來是其夫馬如龍買通無賴偷了項鏈。馬如龍夫婦深感愧疚，不僅將項鏈歸還，還出資贖回了他們的房子。

余兆棠（左，王吉亭飾）與妻子（中，王謝燕飾）和梳頭女（右，宋懺紅飾）

《四月裏底薔薇處處開》

出品：明星影片公司
編劇：張石川　導演、分幕、説明：洪深
攝影：董克毅
主演：楊耐梅　王吉亭　嚴仲英　王獻齋
　　　王謝燕　宋懺紅

余兆棠生性好色，雖已有了妻妾和梳頭女，還和漂亮女人王薔勾搭。王薔早已與柴某和陳某來往，却向余兆棠謊稱自己是官家女子。爲了謀取這三個男人的錢財，王薔告知自己懷孕。余兆棠要迎娶王薔。余妻看出王薔破綻，施計謀當衆揭穿王薔母女騙取錢財的陰謀。

《燕山俠隱》

出品：光華影片公司
編劇：徐光華　崔理筠
導演：徐光華　攝影：張玉亭
主演：徐光華　雍柳絮　錢壯飛
　　　錢蓁蓁（即黎莉莉）

少年馬醒非早年喪父，在流氓楊七等人引誘下逐漸淪落。但他數次在街市間作惡，均被一奇裝青年阻止。後來在一次親友聚會上，奇裝青年現身，他原名余鏡吾，青年時代也走過彎路，後來成爲豪俠。他的行爲教育了馬醒非，使馬成爲善良青年。

張玉亭（1900—1953）

天津人，電影事業家，攝影師。1914年進法國百代公司駐天津辦事處，1920年以後擔任百代公司駐北京代表。此後成立玉亭商行，經營電影攝製、影片洗印剪接到放映的全部業務，並經營電影器材。他所拍攝和出品的影片包括故事片《燕山俠隱》和《西太后》(1926)，紀録片《奉安大典》、《大皇會》(1929)等。抗戰期間停止拍片活動，因拒絶交出《奉安大典》底片曾被日本憲兵逮捕。

《西太后》

出品：光華影片公司
編劇：徐光華　導演：徐光華
攝影：張玉亭
主演：傅梨雲

《燕山俠隱》海報是目前見到的年代最早的中國電影海報

田漢創辦南國電影劇社

本年，田漢等人創辦南國電影劇社，並拍攝故事片《到民間去》。

青年們來到民間

侯曜《影戲劇本作法》出版

本年，侯曜著《影戲劇本作法》（附《棄婦》電影劇本）在上海出版。這是中國第一本論述電影劇作的專著，侯曜在“卷頭言”中說：“我是一個主張劇本中心主義的人，我相信有好的劇本，才有好的戲劇。影戲是戲劇中之一種。電影的劇本是電影的靈魂。中國的電影事業，正在萌芽時候，凡是藝術之園的園丁，都應該負一部分責任，保護它，培植它，使它發榮滋長。‘當仁不讓’，我願做一個誠實的園丁，盡我能力所及，編成這本書，聊盡一點責任。”

侯曜《影戲劇本作法》封面

《到民間去》（未完成）

南國電影劇社

編導：田漢

主演：唐槐秋 易素 蔣光赤 唐琳

一群熱情的大學生聚集在一家咖啡館裏，歡迎一位來自俄國的革命詩人。詩人敘述了他遊歷東方的感想，鼓勵青年們向理想邁進，於是青年們發起了一個到民間去的運動。

楊耐梅演唱中國最早的電影插曲《乳娘曲》

12月22日，《良心復活》首映於中央大戲院，楊耐梅登臺演唱該片插曲《乳娘曲》（包天笑作詞，馮子和作曲）。這是目前所知的最早的中國電影歌曲。

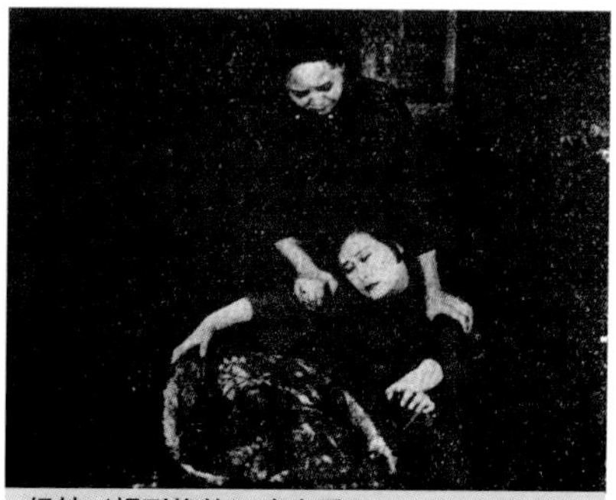

綠娃（楊耐梅飾）痛失愛子

《良心復活》

出品：明星影片公司

原著：（俄）托爾斯泰

編劇、說明：包天笑

導演：卜萬蒼

攝影：董克毅

演員：楊耐梅

朱飛

李麗娜

龔稼農

富孀伊夫人的侄子道温放假來看望她，與婢女綠娃日久生情，暗結珠胎。道温離去後，綠娃因有孕在身，被伊夫人辭退。綠娃生產後，爲生活計成爲妓女。後綠娃被誣謀害而入獄。已經成爲律師的道温在法庭上見到綠娃，得知她的遭遇後深感內疚，遂託同事爲綠娃尋找到無罪之證，綠娃無罪釋放，兩人結爲夫妻。

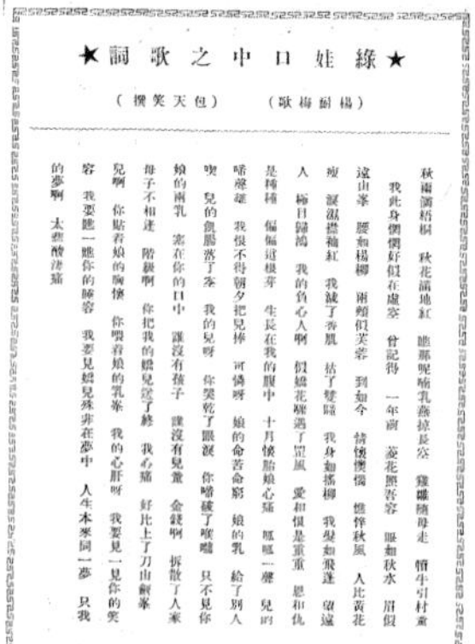

★綠娃口中之歌詞★

（楊耐梅歌）（包天笑撰）

秋雨滴梧桐 秋花滿地紅 聽那呢喃乳燕掠長空 雙雙蝴蝶隨母走 犢牛引村童
我此身惆惘好似在虛空 曾記得 一年前 菱花照吾容 眼如秋水 眉似
遠山峯 腰如楊柳 兩頰似芙蓉 到如今 情懷懊惱 憔悴秋風 人比黃花
瘦 淚濕襟袖紅 我減了香肌 枯了雙瞳 我身如搖柳 我髮如飛蓬 望遠
人 極目歸鴻 我的負心人啊 似嬌花雖遇了狂風 愛和恨是重重 恩和仇
是種種 偏偏這根芽 生長在我的腹中 十月懷胎娘心痛 呱呱一聲 兒的
啼聲雄 我恨不得朝夕把兒捧 可憐呀 娘的命苦命窮 娘的乳 給了別人
喫 兒的飢腸落了空 我的兒呀 你哭乾了眼淚 你啼破了喉嚨 只不見你
娘的兩乳 塞在你的口中 誰沒有孩子 誰沒有兒童 金錢啊 拆散了人家
母子不相逢 階級啊 你把我的嬌兒送了終 我心痛 好比上了刀山劍峯
兒啊 你貼着娘的胸懷 你喫着娘的乳峯 我的心肝呀 我要見一見你的笑
容 我要聽一聽你的啼容 我要見嬌兒殊非在夢中 人生本來同一夢 只我
的夢啊 太悲酸凄痛

《乳娘曲》歌詞

楊耐梅（1904—1960）

廣東佛山人。演員。1923年入明星影片公司，1928年創辦耐梅影片公司，1931年入天一影片公司。主演或參演的影片有《玉梨魂》、《空谷蘭》、《四月裏底薔薇處處開》、《良心復活》、《湖邊春夢》等。有聲片興起後退出影壇，後移居香港和臺灣。

《中國影戲大觀》出版

本年，《中國影戲大觀》出版，編纂者：徐耻痕，記述者：王西神、徐卓呆、嚴獨鶴、趙苕狂，印刷者：大東書局。

《中國影戲大觀》摘録：中國影戲之溯源

民國肇造，百業維新，應運而生之文明劇，乃如風發雲湧，全國景從。有民鳴社者，亦個中翹楚，社員如張石川、柴小雲、錢化佛輩，皆一時之選。時適有美國人某（名已忘）携資來華，擬經營影戲事業，設公司於上海香港路，取名亞細亞。然苦於國情隔閡，辦事上頗多棘手，偶與張、柴等相遇，相談頗洽，張等乃勸其拍攝文明劇，並爲之至寧、鎮等處邀來演員多人，蓋時滬人多重迷信，目攝影爲不祥，率不敢輕於嘗試，鄉人易欺，以利餌之，故咸願欣然相就也。最初開攝者，爲《二百五白相城隍廟》，由錢化佛主演，片長千餘尺，内容注重滑稽，無所謂情節也。繼之又攝《五福臨門》、《莊子劈棺》、《殺子報》、《店伙失票》、《脚踏車闖禍》、《貪官榮歸》、《新娘花轎遇白無常》、《長坂坡》、《祭長江》等片。王無能、陸子美等主演。出品之陋劣，均不足一觀，片中所需女角，皆由男子扮演，高領窄袖，扭捏作態，假令今日觀之，必作三日嘔。時海上戲院，均爲外商所經營，專映舶來片，亞細亞之出品，當然無在影院開映之價值，僅於每晚民鳴社戲畢後，假該臺附映一二套，或時出現於青年會，作會場之餘興而已。然觀者以其毫無興趣，故歡迎者甚少。亞細亞感於環境之不佳，乃幡然變計，携片至廣東香港等處開映，是地接壤南洋，風氣早開，愛影者衆，營業果較滬上爲盛。詎閲時未久，歐戰陡起，英法德美諸國，相繼捲入漩渦，溝通歐亞之海口既封，貨源於是斷絶，亞細亞所用之底片，向係購之德國，兹以無米爲炊之故，乃不得不歸於停頓之一途。

亞細亞公司既倒閉，中國乃無製片公司。又數年，歐戰稍懈，外貨漸有來華者，於是張石川又偕管海峰等創幻仙公司于徐家匯，攝《黑籍冤魂》一片，石川且任片中要角，徒以辦理不善，虧蝕甚多，未幾亦以輟業聞。

民六之秋，又有美人某携資十萬，並底片多箱，及攝影上應用之機件等，挈眷來華，設制片公司於南京，擬爲大舉，詎以不諳國俗民情，所如輒阻，以至片未出而資已折閲殆盡。時上海商務印書館有謝秉來者，與此美人爲素稔，美人無已，乃召謝赴寧，與之磋商盤讓事，惟時華人腦筋中，猶不知電影爲何物，安有肯投巨資經營此冒險事業者，荏苒多時，竟無人過問，美人焦急萬狀，幸謝愛友情殷，挺身相助，乃立電上海總公司，備述受盤之利益，旋得復電，給予全權辦理，乃約期點物議價，計盤進百代舊式駱駝牌攝影機一架、放光機一架、底片若干尺、暨所有一切生財，爲數不滿三千元。美人得此微資，嗒然返國，此爲商務印書館兼營影戲業之開始。

商務既以賤價盤得美人之生財後，又聘得留美學生葉向榮者爲攝影師，月薪一百五十元，開中國影戲界未有之創例。然所攝仍爲新聞片，如《商務印書館放工》、《盛杏蓀大出喪》、《紅十字會遊行》、《上海焚土》等。以上各片，雖光線較亞細亞等稍爲清晰，但仍不足引起看客之興味。迨鮑慶甲君回國，對於攝製上使有不少供獻。時商務製片部主任爲陳春生，又介紹任彭年入商務，試拍《李大少爺》、《死要賭》、《兩難》、《清虚夢》、《車中盗》及風景片《廬山》、《北京》、《西湖》等，成績尚佳，開映之日，頗受各界歡迎，南洋聞風，亦爭相購買，此爲國産影片推銷於南洋之始。

轟動全國之閻瑞生謀殺案，適於此時發生，新舞臺投合時好，排作本戲，開演之日，萬人空巷，歷半年而賣座不衰，商務同人不覺意動，乃由任彭年、邵鵬、徐欣夫、施炳元等另組一中華影戲研究社，編排《閻瑞生》劇本，請商務製片部代爲攝製，片成，租賃夏令配克戲院公映，租價每日二百金，另需廣告雜費亦二百金，卷價則定爲每客一元、二元、三元，事先邵等莫不惴惴，蓋是時中國影戲之能入院賣錢者，實爲創見。矧定價如此之昂，鮮有不遭失敗者，豈料閻瑞生三個字之魔力，竟能打破常人之意料，是日未至開映時，包廂以預定一空，池座亦滿，計一日所售，竟達一千三百餘元，任等喜出望外，嗣是連映一星期，共贏洋四千餘元，自是厥後，中國影戲足以獲利之影像，始映入華人之腦。

時有專繪美女月份牌之但杜宇者，震於影戲事業之有利可圖，乃捨其舊業創辦上海影戲公司，邀海上著名之女交際家FF（即殷明珠）爲主角，攝《海誓》一片，以光線模糊，不能得觀衆之歡迎。嗣管海峰又邀殷憲甫等合辦一新亞影片公司，由商務書館代拍《紅粉骷髏》一劇，片雖不佳而營業甚盛，影業又爲之一振。

環球影片公司，美國著名四大公司之一也，當民十一之冬，曾派多人來華，攝《金蓮花》外景，一行人衆，盡寓百老匯路匯中飯店，逐日外出攝取風景，如龍華塔、四川路橋追逐等，則委託商務書館代爲沖洗。往來既稔，並許商務派人隨往參觀，歷至京津等處，約六閲月，片成，環球行人歸國時，復將其所携來之炭精燈及最新式機器倍而好華等，貶價售與商務，商務派出參觀各職員如任彭年等，積數月之學問，始知影戲中有所謂導演演員，有所謂化裝術，更有所謂内心表演、攝影技巧等等，不禁如大夢初覺，頓悟影戲乃爲一種有組織的藝術，絶非中國向來胡扯亂謅之文明劇可比，於是乃鼓其逐步改進之精神，進而謀略具雛形之作品，而後有《孝婦羹》、《荒山得金》等片之攝。

中國影片公司，爲南通張季直、陳凌蓀、朱慶瀾諸大老所創辦，集資十萬元，所聘導演，爲新由美國歸來之盧壽聯君，攝影則爲外人珂路金，攝《新南京》、《飯桶》兩片，成績亦不甚佳，未幾亦以虧閉聞。民十一之春，明星公司始成立，發起者爲張石川、任矜蘋、鄭正秋、鄭鷓鴣、周劍雲等，初設公司於浙江路渭水坊，租西人老羅之玻璃棚，開攝《大鬧怪劇場》、《卓别林遊滬記》、《勞工之愛情》等片。同時商務亦聘張慧沖爲主角，攝《蓮花落》，由任彭年導演，出片後，爲一高姓者携往南洋菲律賓等處開映，卷資亦定每位一元、二元、三元，華僑大稱賞，亟派人來滬，購一拷貝去，運往美國，不意竟遭美國電影聯合會之拒絶，不能在該國公映，幾經磋商，僅許在蘇伊士河旁一禮拜堂内映演二日，雖遇天雨，猶售卷洋六千餘，後華僑乃將此片運往檀香山、加拿大等地，到處皆受歡迎，此爲華片輸入外邦之始。

明星鑒於時事片之足以轟動也，乃攝張欣生逆倫案，詎片成而不爲衆所歡迎，且經官廳之取締，營業上乃受一絶大打擊，是時之明星，大有一蹶不振之勢，幸張石川導演之《孤兒救祖記》出，大受輿論之讚賞，報紙宣揚，轟動全市，營業收入，竟至超過預算數倍，明星即乘此機會，由任矜蘋邀請商界聞人袁履登、勞敬修等加入贊助，擴充招股，於是公司地位，始由危險狀態，漸躋於穩固之境，而國人對於影戲事業之觀念，由此遂達於狂熱時代矣。

繼明星而産生者，有大中華、大陸、百合、神州、長城、聯合、新人諸公司，如雨後春潮，一發而不可復遏，馴至今日，上海一部，已不下百餘家，其間有蒸蒸日上者，亦有朝生暮死者，形形色色，不可究詰。其實於影戲事業之本身，並未因競爭而速其進步，此則兹可浩嘆者也。至近年影業狀況，編者感其頭緒紛繁，且歷時未久，强半爲讀者耳目中事，縱有不甚明了者，亦可於下節《各公司之創立史及經過情形》中尋繹得之，固毋庸餘之辭費矣。

1927年（大陸）

大事記

1月30日 中國第一部電影年鑒《中華影業年鑒》在上海出版，主編程樹仁。
本年 在華北地區擁有放映網的羅明佑，正式成立華北電影有限公司。

重要影片

《掛名的夫妻》

出品：明星影片公司
編劇：鄭正秋
導演：卜萬蒼
攝影：董克毅
主演：阮玲玉 黃君甫 龔稼農 王夢石

史妙文與先天痴呆的方小漣，被雙方父母指腹爲婚。婚後，他們成了掛名的夫妻。不久妙文患傳染病，小漣衣不解帶地照顧。妙文病愈後，小漣却因被傳染而病逝。妙文感念小漣，決定終身侍奉公婆。

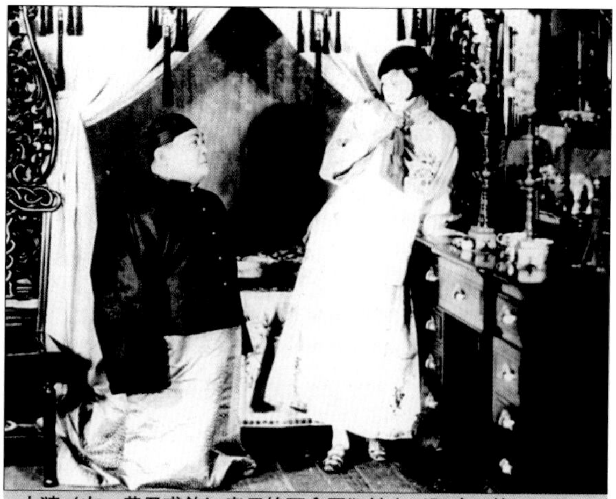
小漣（左，黃君甫飾）表示絶不會冒犯妙文（阮玲玉飾）

崔鶯鶯（右，林楚楚飾）與紅娘（左，李旦旦飾）

文獻：原著者回憶

《小説時報》最初出版的第一期上，我曾寫了一個短篇，題名爲《一縷麻》。這一故事的來源，是一個梳頭女傭，到我們家裏來講起的。……我覺得這故事，帶點傳奇性，而足以針砭習俗的盲婚，可以感人，於是演成一篇小説。

這篇小説也給了他們做電影劇本資料，他們改其名曰《掛名的夫妻》，最初改名的事，我還不知道，後來才知道，是給阮玲玉演，而卜萬蒼導演的，有人説，還是阮玲玉破題兒第一回之作呢！

（包天笑《釧影樓回憶録》，香港大華出版社1971年6月第1版）

張生（葛次江飾）夢見崔鶯鶯，這個鏡頭是用特技合成的

《湖邊春夢》

出品：明星影片公司
編劇：田漢
導演：卜萬蒼
攝影：董克毅 石世磐
主演：龔稼農 楊耐梅 毛劍佩 蕭英

青年孫鬮疆乘車前往杭州，見到對面坐着一對外貌極不相稱的夫婦，便陷入遐想：他在西湖邊一座小樓裏，見到一位少婦黎綺波，不久强盗來了，他擊敗匪首，營救了黎綺波。他向黎綺波講述這段往事，黎綺波却一臉茫然。

孫鬮疆（中，龔稼農飾）在前往杭州的火車上邂逅黎綺波（右，楊耐梅飾）和她的丈夫（左，蕭英飾）

《西廂記》

出品：民新影片公司
原著：王實甫 **改編：**侯曜
導演：侯曜 **攝影：**梁林光
主演：林楚楚 葛次江 李旦旦 何敏莊

書生張珙在普救寺讀書，見到扶柩回家的相國小姐崔鶯鶯，心生愛慕。匪賊孫飛虎包圍普救寺，崔夫人許諾誰能解圍便將鶯鶯許配給誰，張珙解救了崔鶯鶯。但崔夫人叫崔鶯鶯與張珙兄妹相稱，張珙一病不起。在紅娘的幫助下，兩人結成眷屬。崔夫人命張生立即進京趕考，拆散一對有情人。

青年英雄王氏四俠（左起：王英之、王元龍、王徵信、王次龍飾）

《王氏四俠》

出品：大中華百合影片公司
編劇：史東山
導演：史東山
攝影：周詩穆
主演：王元龍 王次龍 王英之 王徵信

邊境集市王家寨常年受到蒙古族部落酋長的壓榨和騷擾。在酋長强娶民女的婚禮上，四位俠義的青年設計殺死了酋長，爲民除害。英俊的王大哥也得到了被搶姑娘的愛。

《兒女英雄》(第1集)

出品：友聯影片公司
編劇：文逸民　導演：文逸民
攝影：王春泉
主演：范雪朋　文逸民　尚冠武

康熙末年，邑宰安學海因瀆職被罰款修堤，正在備考的兒子安驥急忙籌錢，帶着僕人華忠前去救父。路上驢夫白狼和傻狗想圖財害命，俠女十三妹使安驥躲過一劫。安驥到能仁寺遇上一些惡僧，十三妹趕到將其救出。安驥深表感激，邀其同行，被十三妹婉言謝絕。

十三妹(左，范雪朋飾)和安公子(右，文逸民飾)

范雪朋(1908—1974)

江蘇宜興人。原名姚雄飛。演員。1926年入友聯影片公司，因在影片《兒女英雄》中扮演十三妹而得名。先後主演的影片有《紅俠》、《母親》等。1933年創辦强華影片公司，因所生產的影片《淪落》反映了當時農民的悲慘生活而遭查禁，致使公司倒閉。新中國成立後任上海電影製片廠演員，參加《聶耳》、《早春二月》等影片的演出。

文獻：武打片《兒女英雄》的出籠

徐碧波

本世紀二十年代初期，正是中國電影風起雲湧的時候，上海電影製片公司也不知成立了多少家。但全部是私人興辦而没有一所是公家經營的，因此在財務方面都存在着問題，當然更不容放膽大幹。

如今單表一家中型公司——友聯，主人名陳鏗然。他從小就愛好電影藝術，1924年編了一個《秋扇怨》的劇本，延聘徐琥爲導演，周克當攝影，他們兩位都是新從法國回來而專搞電影事業的；另外再向洪深、陸淡盦合辦的電影技術學校裏去挑選了胡蝶、徐琴芳、林雪懷和文逸民四名主要演員，就此開拍起來。幾個月之後，全片完成了，可是因爲這部影片的故事是一齣平凡的社會悲劇，所以賣座率很低，該公司在資本短缺的情況下幾乎難以堅持下去，同時女主角胡蝶又被其他公司邀請去了。陳老闆就搓着手喊："這樣只有散伙的份兒了!"這時候，忽地文逸民向他獻議道："爲了適合小市民的口味，爲了爭取票房價值的提高，咱們不如改拍武打片，這也許是一條有希望的出路。"鏗然躊躇了一會，"找不到合適的主演對象也是幹不成的。"他皺着眉頭答復道。恰巧徐琴芳有一個小時候的同學姚雄飛從宜興到上海來看望她，陳鏗然看她面孔俊俏，身段苗條，就馬上動起她的腦筋來，悄悄地託徐琴芳向她探取一下口氣，經過數次洽談以後，她居然答應"試試看"。原來文逸民在獻議之前，他已經把一部武俠小説《兒女英雄傳》看得滚瓜爛熟。現在主角找到了，他就和鏗然互相交流了一下意見，初步編成了劇本。劇中女主角何玉鳳——女俠十三妹就由這位姚雄飛女士擔任。但她有一個條件：不擬用原來姓名，必須改稱范雪朋。公司方面當然毫不猶豫地答應了。

這一部以女性爲主演的武俠電影，就定名爲《兒女英雄》，情節採用女俠十三妹有一天在山東道上救出了一個北上趕考的貴族公子——安驥。這節故事曲折離奇，武打場面也非常熱鬧，因此再定出一個子目叫《十三妹大破能仁寺》。這部戲由文逸民導演兼飾男主角安驥，外景是去蘇州拍的，不到兩個月全片完成，公映以後，果然生意興隆。友聯嘗到了甜頭，就從續集、三集一直拍到五集。

(顧國華編《文壇雜憶初編》，上海書店出版社1999年第1版)

影片目録 (共120部)

明星 《北京楊貴妃》、《車遲國唐僧鬥法》、《二八佳人》、《掛名的夫妻》、《湖邊春夢》、《梅花落》(上、中、下)、《山東馬永貞》、《田七郎》、《爲親犧牲》、《衛女士的職業》、《俠鳳奇緣》、《血淚碑》、《真假千金》

天一(包括天一青年2部) 《白蛇傳》(3)、《大俠白毛腿》、《花木蘭從軍》、《蔣老五殉情記》、《劉關張大破黄巾》、《明太祖朱洪武》、《女律師》、《三笑姻緣》、《唐皇遊地府》、《鐵扇公主》、《西遊記女兒國》、《新茶花》、《女兒國》、《仕林祭塔》

開心 《風雨中的悲樂》、《隔簾花影》、《怪人》、《黄金夢》、《濟公活佛》(2)、《濟公活佛》(3、4)、《劍俠奇中奇》(1、2)、《千里眼》、《十三號包廂》、《時來運轉》、《天仙賜福》、《猪八戒遊滬記》

長城 《大鬧畫室》、《黄天霸》、《浪女窮途》、《哪吒出世》、《石秀殺嫂》、《武松血濺鴛鴦樓》、《一封書信寄回來》、《一箭仇》

大中國 《封神榜·姜子牙火燒琵琶精》、《封神榜·哪吒鬧海》、《封神榜·楊戬梅山收七怪》、《三國志·曹操逼宫》、《三國志·鳳儀亭》、《三國志·七擒孟獲》、《西遊記·孫悟空大鬧天宫》、《再造共和》

大中華百合 《大破高唐州》、《可憐的秋香》、《美人計》(前後集)、《桃李爭春》、《王氏四俠》、《烏盆記》

民新 《復活的玫瑰》、《海角詩人》、《緑林紅粉》、《天涯歌女》、《西廂記》、《月老離婚》

元元 《裁縫店》、《宏碧緣》、《滑稽空城計》、《求婚》、《是你麼》、《西遊記·十殿閻王》

華劇 《白芙蓉》(1、2)、《亂世英雄》、《情奴》、《山東響馬》、《夜明珠》

快活林 《哥哥的豔福》、《紅娘現形記》、《摩登女子歷險記》、《四大金剛》、《鐵血紅顔》

暨南 《嘉興八美圖》(1、2、3)、《江湖奇俠傳》

復旦 《紅樓夢》、《華麗緣》(前後集)

友聯 《兒女英雄》(1)、《紅蝴蝶》(1)、《山東響馬》

天生 《狸猫换太子》(上下集)、《五鼠鬧東京》

其他 《風流夢》、《海上客》(滬江),《盤絲洞》、《楊貴妃》(上海影戲),《武松殺嫂》(大東),《拯親救國》(飛麟),《歌場奇緣》(國光),《猪八戒大鬧流沙河》(合群),《水上英雄》(慧沖),《空門遇子》(美美),《宋江》(青年),《蘭因絮果》(三友),《斷笛餘音》(上海藝術大學),《賣油郎獨佔花魁女》(神州),《實業大王》(同濟),《風流少奶奶》(新人),《錦毛鼠白玉堂》(新新),《花國大總統》(中華第一)

出品者不詳 《懺悔》、《貂蟬》、《二八佳人》

文獻:《中華影業年鑒》(1927年)

目録

主要内容摘録

三、國人所經營之影片公司

1.北京: 教育影劇公司、福禄壽影片公司

2.天津: 北方影片公司、新月影片公司、新星影片公司、渤海影片公司

3.鎮江: 三山影片公司、華東第一影片公司

4.上海: 一天影片公司、三友電影製造公司、三友影片公司、三星影片公司、上海影戲公司(但杜宇)、大北影片公司、大同影片公司、大亞影片公司、大亞洲影戲公司、大陸影片公司、大廈影片公司、大中國影片公司(顧無爲)、大中華影片公司(施彬元)、大中華百合影片公司(朱瘦菊)、大觀影畫公司、大華影片公司、大成影片公司、大東亞製造影畫公司、天一影片公司(邵醉翁)、天漢影劇公司、太平洋影片公司、太極影片公司、月光影片公司、文英影劇社、孔雀電影公司、友聯影片公司(陳鏗然)、中德影片公司、中南影片公司、中華電影公司、中華第一影片公司、中國第一電影公司、中國影片製造公司、中國畫片公司、中國影片公司、中國兄弟電影公司、中國影戲研究社、中美影片公司、五友影片公司、公平影片公司、兄弟影片公司、世界自製中國影片公司、世界影片公司、民新影片公司(黎民偉)、民生影片公司、百合影片公司、合衆影片公司、合衆影片製造公司、好友影片公司、同朋影片公司、至誠影片公司、青年影片公司、芳草影片公司、玫瑰影片公司、知本影片公司、坤範影片公司、春風影片公司、美美影片公司、美華影片公司、星期影片公司、星星影片公司、洋洋影片公司、南華影片公司、南洋華僑影片公司、南星影片公司、飛麟電影製片公司、哈哈影戲公司、神州影片公司(汪煦昌)、泰山影片公司、海峰影片公司(管海峰)、振華影片公司、商務印書館影片部、國光影片公司(鮑慶甲)、國華影片公司、晨鐘影片公司、晨星影片製造公司、乾坤影片公司、朗華影片公司、崑崙影片公司、紫微影片公司、華一影片公司、華北影片公司、華南影戲公司、華新影片公司、華光影片公司、華國影片公司、華東第一影片公司、華洋活動廣告畫片公司、華劇影片公司、普育影片公司、菩薩影片公司、博愛影片公司、揚子影片公司、開心影片公司(徐卓呆)、晶晶電影社、黄帝影片公司、復旦影片公司、新中華電影公司、新大陸電影公司、新少年電影公司、新華影片公司、新新電影公司、新人電影公司、新星製片公司、新上海影片公司、新亞影片公司、新民影片公司、愛美影片公司、群星影片公司、群心影片公司、銀星影片公司、鳳凰影片公司、滬江影片公司、遠東電影公司、精美製片公司、鳳儀影片公司、震旦影片公司(周克)、影劇協社(洪深)、模範電影公司、震亞電影公司、導社影片公司、寰球影片公司、寰球影戲公司、醒華影片公司、聯合影片公司(張慧沖)、寶塔影片公司、麒麟影片公司

5.杭州: 杭州第一影片公司、明明影片公司

6.成都: 社育電影公司

7.漢口: 心佛影片公司、光華影片公司、朗華影片分公司、新新攝製影片公司

8.厦門: 聯源影片公司

9.汕頭: 光華影片公司

10.廣州: 天南影畫公司、民鏡畫片公司、民新製造畫片公司(黎海山)、光亞畫片公司、東亞影畫公司、第一民族畫片公司、廣州畫片公司、鑽石活動畫片公司

11.香港: 大漢影業公司、四毙影畫公司、民新製造影畫片公司、世界畫片公司、兩儀畫片公司、震旦影片公司

12.九龍: 滿天紅銀幕公司

13.美國: 中華電影公司、大東亞製造影畫公司、中華益智影畫公司、長城畫片公司

三十三、影戲院總表

哈爾濱: 12座; 奉天: 2座; 大連: 4座; 張家口: 2座; 北京: 14座, 其中大觀樓位於北京大栅欄, 400個座位; 天津: 9座; 成都: 1座; 武昌: 1座; 漢口: 11座; 蕪湖: 1座; 長沙: 2座; 南通: 1座; 南京: 3座; 無錫: 1座; 蘇州: 4座; 上海: 39座; 杭州: 4座; 福州: 1座; 厦門: 4座; 汕頭: 1座; 潮州: 1座; 香港: 9座; 九龍: 3座; 廣州: 7座; 澳門: 2座; 中山: 2座, 佛山, 1座. 凉州: 1座。

三十九、影界之組織

1.上海影片職演總分會
2.上海影戲研究會
3.中國電影演員互助會
4.中國電影演員聯合會
5.小小電影研究會
6.中南電影研究會
7.志一電影研究社
8.星期影片研究社
9.海蜃電影研究社
10.華英電影演員聯合研究會
11.愛華電影研究社
12.電影藝術研究會
13.電影文藝互進社(香港)

四十、影戲學校

國人所辦

大中華影戲學校、大陸影戲學校、中華電影公司、中華影片戲劇研究社、民新影戲專門學校(校長侯曜)、光華影戲學校(校長徐琥)、明星影戲學校(校長谷劍臣)、昌明電影函授學校(校長汪煦昌)、坤範女子電影學校、南洋電影學校、崑崙電影學會(校長錢化佛)、菩薩電影學校、遠東電影學校、范三電影學校、新月電影學校(天津)

外人所辦

貝蘭電影傳習所、美亞電影傳習所、中西影戲學校

四十一、影業出版物

月報

《電影雜誌》(顧肯夫主編)、《電影》(楊

血鵑主編)、《銀星雜誌》(盧夢殊主編)、《銀光》(衛春秋主編)、《影戲雜誌》(顧肯夫主編)

半月刊

《銀幕評論》(周了因主編)、《影戲世界》(周伯長主編)、《影戲》(陳伯仁主編)、《戲劇電影》(董血血主編)

書籍

《昌明電影函授學校講義》、《活動影戲》(孫毓修著)、《活動影戲》(徐應昶著)、《電影百美圖》、《電影明星小傳》(潘眠薪著)、《影戲劇本作法》(侯曜著)、《影戲學》(徐卓呆著)

四十二、影戲審查會

◎北京教育部電影審閱會章程

第一條 凡編演影劇不論該劇片係在本國製造或外國輸入者，均得由本會隨時審核。

1.其事實情形深合勸懲本旨者；

2.有益於各種科學之研究者；

3.於學校教授上確有補益者；

4.扮演影劇確能發揮編者之旨趣者。

第二條 凡編演影劇有合於左(下)列各款之一者經本會審核合格得褒獎之。

第三條 關於影戲之褒獎辦法准用本會戲劇獎勵章程第三條至第六條之規定。

第四條 審核結果認爲有左(下)列各項之一者得呈明教育部轉行該管官署禁止或剪裁之。

1.跡近煽惑有妨治安者；

2.跡近淫褻有傷風化者；

3.兇殺悖亂足以影響人心風俗者；

4.外國影片中之近於侮辱中國及中國影片中之有礙邦交者。

第五條 審核結果認爲有左(下)列各項之一者得由本會直接按通函勸其緩演或酌改：

1.情節離奇不合事理者；

2.扮演惡劣易起反感者；

3.意在勸懲而反近誘惑者；

4.大體尚佳間有疵累者。

第六條 影劇審核員由戲曲股主任指定本股會員充任之但他股會員有熟諳影劇技術或閱覽經驗者亦得臨時推定。

第七條 審核員須將審核之意見詳作報告逕請戲曲股開會公決。

第八條 審核員之報告意見如認爲有尚須覆核者得由主任指定其他會員覆核之。

第九條 凡經本會審核之影劇應於本會叢刊或教育公報中隨時公佈之。

第十條 本章程自呈請教育部核准之日施行。

◎江蘇省教育電影審閱會

組織：由江蘇省教育會組織之。

委員：沈信卿、賈季英、畢靜謙、蔣梅笙、嚴宣、黃伯樵、章伯寅、蔣倜卿、潘仰堯、張叔良

審閱標準

一 確合教育原理，能於社會發生良好影響者，該影片得加入曾經江蘇省教育電影審閱會認可字樣，以寓表揚之意。

二 通常影片但爲營業關係可無流弊者，本會不加可否。

三 如確係有害風化曾經本會勸告未能改良者，本會當請官廳干涉。

◎浙江省電影審查會

(一) 組織

由教育警察兩廳合組而成。

(二) 人員

教育廳代表

蔡孟謀 張佐時 唐世濰 高幼蒓 凌獨見 沈光烈 張行簡 尹志仁 錢宗翰 茂布文 吳劍飛。

警察廳代表

陳廉齋 張樹森 瞿姜宸典。

(三) 章程

第一條 本會定名爲浙江省電影審查會

第二條 本會會員由浙江省教育會警察廳各派若干人員任之，教育廳指派之會員即以通俗教育研究會會員充任。

第三條 本會設主幹二人幹事六人，於教警兩廳所派會員中各推半數任之。

第四條 本會每兩月開會一次由主幹召集之。

第五條 省會各處製造新片及公開映片，一律須經本會審查預演一次，經審定後給予許可證方准租賣開映。

第六條 每次審查影片於教警兩廳所派員中各推一人輪流任之，影片場所得推一人出席說明。

第七條 本會經費由教警兩廳籌撥。

第八條 本會會所暫設省立公衆運動場。

第九條 本章程自呈奉教警兩廳核准後實行，如有未盡之處得隨時奉呈。

(四) 規程

第一條 省會各場所公開電影每逢新到之片，最遲須於開映前二日報告知開映日期並附說明書一紙以便派員審查。

第二條 新片開映之當日午前九時起，本會輪推審查員二人到場審查(教警兩廳各派一人)，該場須將全片預映一次。

第三條 預映完畢如片中情節動作字幕佈景等有違善良風俗或妨害公共秩序者，審查員得知照該場囑其删除，並將删除情形記明於許可證中，其情節太壞無從删改之片，不給許可證。預映時影戲場得派一人列席說明前項審查結果，審查員意見各執時，准其暫行開映，但須將各人意見作成書面報告，於開常會時提出討論。

第四條 審查完畢當填許可證，由審查員具名蓋章發給該場，懸掛於警察席中，倘有不依許可證删改情形而開映者，由該管警察署隨時令其停映並依法處分。

第五條 本章程呈奉核准實行。

四十三、關於影戲之官廳佈告

取締影戲園規則之報告

江蘇淞滬警察廳佈告

案奉江蘇省公署令開：影戲爲人道普通娛樂之具，流傳既廣，觀感攸深，如以姦盜淫邪之事實影片，博取庸俗觀聽，殊於風俗人心有礙。茲據上海總商會函請取締，咨請內務部訂立檢閱影戲章程，頒行全國，以資取締外，合即先行設法取締等因，遵經核定暫時取締辦法，通令各屬遵照辦理。(中略)爲此佈告，仰即一體遵照。凡開電影園業務者，務仰按照後開規則辦理，切勿稍有違背，至於罰辦，特此佈告。即開取締電影園規則。

(一) 凡開電影園營業者，均按照規則辦理。

(二)開設電影園營業者無論獨資合資，應將經理及股東姓名、籍貫、職業、住址，並電影園房屋地址、股份多寡、伙役人數，呈報本廳。俟查明核准，發給執照後，可得開設。在本規則未公佈前開設之電影園，如有未經本廳核發執照者，應依上項手續呈報往領執照。

(三)電影園房屋，須堅固高爽，並須多備太平門及救火器具，以免危險。

(四)電影園開演影戲，須將劇本或說明書先期送請本管警區審核，如有姦盜邪淫，妨礙風俗之影片，應即禁止開演。此項禁演之影片，或全部，或分割一部分禁止之，應由警區按其體裁，臨時酌定。

(五)開演影戲情節，應與送請警局審核之劇本並說明書，務須相符，不得稍有歧異。

(六)電影園視地方之寬窄，定座位之多寡，其所售客票，以座位數目爲限，不得任意濫售，至看客擁擠。

(七)電影園除包廂外，均男女分座。

(八)停演時刻，至遲以夜間十二點爲限。

(九)電影園內得由本廳及本署警區隨時派員在場監視。

(十)違背本規則者，依其情節輕重，分別依法處罰，或勒令廳演閉業。

(十一)閉業時，即將執照繳銷。

(十二)本規則自奉准公佈日施行。

禁止軍人白看影戲之佈告

爲佈告事，照得上海中法交界西門外方板橋19號至24號組設共和影戲院，開演各種有益社會影片歷有年所，進來時有兵士孱坐各等客位，並不買票，以至該商大受影響。本軍使蒞任以來，即以保商衛民爲職志，自佈告後，再有兵士不購戲票，進院觀劇，一經查出，定即重懲不貸。本軍使言出法隨，其各凜遵勿違。除派稽查隊嚴行查禁究辦外，此佈。淞滬護軍使張允明12月12日。

令影戲院貼印花

滬海道印花稅處殷坐辦昨日訓令上寶印花稅支委員。

案照遊藝入場卷，現奉省處令飭必須照章實貼印花以裕稅收等因。查上海戲館遊藝場，各處林立發售門票，爲數甚多，且近聞華界又有新設電影場數處，自應特別注意，認真整頓，以期票皆實貼。合亟令仰該委員妥甚辦理，務使照章實貼。一面查明新設各電影場，並飭一律遵辦，勿任遷延。此令。(此處爲原文所略)

《中華影業年鑑》封面

1921—1927年（香港）

大事記

1921年

7月31日 香港和平戲院公映了首部有關孫中山先生的紀録片《孫總統授任廣州慶典》。

8月15日 香港新比照影院再次重映《孫總統就職》這部紀録片，同時放映的還有《祭黄花崗》。

本年 香港共公映了6部中國出品的新聞紀録片，其中包括商務印書館活動畫部的《浙江潮真景》。

1922年

1月14日 香港影畫戲院第一次公映京劇大師梅蘭芳的《春香鬧學》，當時放映名爲《學堂戲師》。同年，香港還三次公映梅蘭芳的另一部京劇《天女散花》，分别是4月22日，4月23日及10月17日。

2月8日 新比照戲院公映新聞紀録片《中華人民在上海集會反對簽訂二十一條賣國條約》。

7月1日 新世紀戲院公映《奉直風雲》。

9月5日 新世界戲院公映《潮汕風災》。

9月7日 新戲院公映《黎元洪光得義戰》。

9月28日 香港新戲院公映梅蘭芳主演的另一部京劇戲曲片《牡丹亭記》。

同日，新戲院公映《北江戰雲》（又名《戰部關後戎大會》）。

11月17日 新世界戲院公映《雙十國慶黎元洪和蔡元培演説》，同時加映《北京學界促裁兵大巡遊》。

1924年

本年 香港出品的第一部長故事片《胭脂》開拍。

黎民偉、羅永祥、梁林光三人在北京拍攝了梅蘭芳主演的京劇戲曲紀録短片。這些短片包括《木蘭從軍》一劇中的《走邊》；《西施》一劇中的《羽舞》；《霸王别姬》一劇中的《劍舞》；《上元夫人》一劇中的《拂塵舞》，以及《黛玉葬花》中的片斷。

黎民偉開始跟隨拍攝孫中山先生的革命活動，形成紀録片24部。

第一個演員訓練機構——民新演員養成所在廣州開辦，由關文清、梁少坡、黎北海主持。

專門代人攝製影片的大漢影片公司創辦並開始營業。

兩儀影片公司成立。

光亞影片公司成立。

廣智、域多利、四匙等四間電影院建成。

上海出品的各種影片在香港公映日益增多，如《孤兒救祖記》、《玉梨魂》、《苦兒弱女》、《大義滅親》、《蓮花落》等。

1925年

6月 廣州、香港工人發動大罷工。大批香港罷工工人到廣州集結，省港兩地工人罷工時間長達超過一年，造成香港幾近癱瘓。史稱"省港大罷工"。

本年 香港先後成立十多家電影公司，包括出産過故事片《艷福難消》、紀録片《滿天紅時事畫》的滿天紅銀幕公司。

1926年

2月5日 九如坊新戲院公映了光亞公司1925年出品的《從軍夢》，這是省港大罷工後公映的唯一一部大罷工前出品的港産片。該片由盧覺非、鍾俠卿主演。

10月 省港大罷工結束，香港電影放映業恢復。當時的電影院放映以西片爲主，之外也放映不少上海影片公司出品的電影。但香港電影事業仍未復甦。

1927年

民新公司出品的紀録片《國民革命軍海陸空大戰記》公映。

香港第一家全華資電影院

1921年7月12日，黎北海、黎民偉、黎海山三兄弟創建了香港第一家全華資新型電影院——新世界影院，設有850個座位。

新世界影院

影片公司紛紛創立

大漢影片公司創辦及開始營業

大漢影片公司（以下簡稱大漢）是一家專門從事代理攝製影片的公司，於1924年創辦及營業，創辦人爲留美歸國的電影攝影師彭年、陳植庭。該公司的製片機器也購自美國，十分先進。其代製的影片有兩儀影片公司的《金錢孽》和光亞影片公司的《從軍夢》、《做賊不成》等故事片。大漢公司代攝的影片質量精良，廣受讚譽。可以説大漢影片公司也爲處於萌芽期的香港電影做出過不小的貢獻。1925年省港大罷工時，大漢影片公司被迫結業。

兩儀影片公司

兩儀影片公司於1924年由盧覺非、龐動祺、蔣愛民在香港創辦。創業作故事短片《金錢孽》於1924年出品。1925年，受到省港大罷工工潮影響，兩儀影片公司被迫於1926年結業。

光亞影片公司

成立於1924年。光亞是默片時代出品影片最多的公司，共出品包括《做賊不成》等5部影片。1925年，受到省港大罷工工潮影響，光亞遷往廣州。

四匙影片公司

參加拍攝過《偷燒鴨》演出的黄仲文於1924年創辦了四匙影片公司（以下簡稱四匙）。公司成立後攝製了《懺紅》一片。之後四匙拍攝過《誰是真愛》，但該片在香港電影史上創下另一種"第一"的紀録：那就是第一部未能完成的影片。

香港民新公司成立

1923年2月11日，黎北海、黎民偉、黎海山等在香港創建民新製造影畫片有限公司（簡稱民新公司）。廠址位於香港島銅鑼灣北角，公司右側的空地作爲露天攝影場使用，香港政府後來將該地命名爲"銀幕街"。由於當時香港殖民政府遲遲未頒發牌照給民新公司，黎民偉與攝影師羅永祥遠赴日本拍攝了香港出品的第一部新聞紀録片《中國競技員赴日本第六屆遠東運動會》，之後又北上北京拍攝了京劇大師梅蘭芳表演的紀録片。

民新公司是對早期中國電影及香港電影有着較大影響的電影企業之一。它創辦了中國第一個演員訓練機構——民新演員養成所（在廣州開辦），由關文清、梁少坡、黎北海主持。該所目的是爲了發掘和培養有演戲潛質的人才。當時很多人報名，最終録取了三十名。關文清、梁少坡、黎北海等人主持、任教。養成所中很多學員都在民新出品的香港第一部故事長片《胭脂》中參與攝製工作。

民新公司從1924至1925年，用兩年時間跟隨拍攝孫中山先生的革命活動，共拍攝成紀録片24部。其中包括《中國國民黨第一次全國代表大會》、《孫大帥檢閱軍團警會操》、《孫大元帥檢閱廣東全省警衛軍武裝警察及商團》、《孫大元帥出巡廣東東北江記》、《孫中山先生北上》、《孫大總統東較場閱兵》等紀録片。這些影片紀録下來了孫中山這位偉大的中國革命領袖的光輝形象，也爲後世留下了有關孫先生晚年革命活動的寶貴影像數據，既珍貴又有極高的歷史價值。可惜保存至今只有殘缺不全的片斷。

民新影片公司商標

"民新"的露天攝影現場，中立扶機者黎民偉，左爲德國攝影師

"銀幕街"路牌

民新公司大樓全貌

《國民革命軍海陸空大戰記》照片1

《國民革命軍海陸空大戰記》照片2

《國民革命軍海陸空大戰記》

出品：民新影片公司
攝影：黎民偉

此片是根據跟隨孫中山先生數年所拍攝的珍貴影片史料素材編輯而成。其中包括黎民偉不顧生命危險，在戰火紛飛中拍攝的攻打惠州城的鏡頭，甚至還有從飛機上俯拍戰場的全景。

孫中山先生與夫人宋慶齡

影片目録

1924年

公映了兩部港產默片，分别爲兩儀影片公司出品的《金錢孽》和光亞影片公司出品的《做賊不成》。

1925年

光亞　《兩醫生》、《香港大酒店火災》、《亂世鴛鴦》
民新　《胭脂》
滿天紅　《艷福難消》
四赴　《懺紅》

香港第一部長故事片

1924年年底，民新公司在廣州開拍香港出品的第一部長故事片《胭脂》，於1925年2月20日攝製完成並公映。這也是香港第一部改編自文學名著的電影，早期香港電影"導人向善"的優良傳統，自此開始。

《胭脂》

出品：民新影片公司
編導：黎北海
主演：林楚楚　黎民偉
　　　黎北海　梁少坡

根據蒲松齡同名小説改編。影片描述好色的宿介企圖姦污胭脂，胭脂誓死抵抗，宿介未遂。流氓毛大得知事情也欲强姦胭脂，誤入胭脂父房中，並將其父殺死後逃走。胭脂男友鄂生被冤入獄，幸得清官明察，胭脂、鄂生終成眷屬，歹徒毛大伏法。

由於此片内容在於導人向善，弘揚中國優良文化傳統，因此受到廣大觀衆的喜愛，連映七天場場爆滿。之後續映三天也是場場滿座，首創香港電影的最高賣座紀録。

片中的女主角林楚楚是香港電影史上第一個女主角。

《胭脂》劇照

黎北海（1889—1955）

香港電影事業主要創始人和先驅者之一，導演、製片家，創下了香港電影多個第一。廣東新會人，爲黎民偉的胞兄。1909年參與拍攝影片《偷燒鴨》，在片中飾演一名抓小偷的警員，是中國電影裏第一個警察形象。1913年，執導了香港第一部短故事片《莊子試妻》。1921年，與黎民偉共同創辦香港新世界電影院；1923年又和黎民偉等創辦民新影片公司。1925年編導了香港第一部長故事片《胭脂》，成爲香港電影第一部長故事片導演，並在片中擔任重要角色。1926年10月，省港大罷工結束後，黎北海第一個站出來重建香港電影事業，於1930年創辦了香港影片公司，這是當時香港惟一的電影公司，其創業作《左慈戲曹》標誌了香港電影工業的復甦。在此之後，黎北海在香港電影最困難的時期，先後連續辦了3間電影公司，拍出13部影片，儘管耗盡家財，却令此時的香港電影史不致空白，此爲其他製片家所不及。黎北海還是香港電影教育的鼻祖，先後在廣州、香港開辦4所電影演員養成所，爲電影事業培養了不少優秀人才。1931年，黎北海出任聯華港廠廠長、聯華演員養成所所長。1933年創辦中華製造聲默片有限公司，執導香港第一部局部有聲片《良心》和全部有聲片《傻仔洞房》。1934年脱離影壇。1955年病逝於廣州。

林楚楚（1904—1979）

香港早期優秀的女演員。原名林美意，廣東人，1904年出生，在加拿大受教育。是香港電影先驅黎民偉的第二位夫人。1924年開始成爲電影演員，出演香港出產的第一部長故事片《胭脂》。繼後她主演過不少名片，如民新出品的《西廂記》、《木蘭從軍》；聯華出品的《故都春夢》、《一剪梅》、《人道》、《人生》、《小天使》、《慈母曲》、《天倫》、《静静的嘉陵江》等。她參演的最後一部影片是由她自己負責製片的《義犬救美》。同時，林楚楚也竭盡畢生之力協助黎民偉創辦香港的電影事業。1953年退出影壇。1979年病逝於香港。

省港大罷工，香港影業紛紛遷穗

1925年5月30日，日本帝國主義者無理殘殺中國人民，發生震驚中外的"五卅慘案"，中國各地紛紛罷工、罷課，以示抗議。同年6月，廣東省城廣州的罷工熱潮擴展到香港，香港各行業工人及不少學生加入罷工、罷課的行列。當時香港人口中將近50%都加入罷工行列，其中更有近20萬人離開香港到達廣州，參加聯合大罷工。省港大罷工期間，香港成了"死港"，每天都有商店倒閉，百業凋零，單是1925年11月至12月間，倒閉的商店就有3000多間。所有娛樂活動，包括電影放映一律停止。於是各個電影製片機構或遷往廣州，如關文清在廣州創辦了南越影片公司，梁少坡在廣州開辦了鑽石影片公司，黎北海在廣州開設了民新分公司等等，這使得廣州的電影事業蓬勃一時。有些剛剛成立的電影機構也不得不停業，如大漢和兩儀。剛剛萌芽並有了初步發展的香港電影業受到重挫，香港電影業中止拍片達四年半，直至1929年底仍未能恢復電影製作。

1925年6月至1929年12月是香港電影史上的第一個中止期。

《滿天紅時事畫》

由滿天紅影片公司拍攝於省港大罷工期間的29部短紀録片輯成的一部大型新聞紀録片。片中紀録了這一時期省港兩地所發生的重大社會事件，其中最珍貴的內容是紀録了香港罷工工人和大罷工的領導人等在廣州的活動，爲後世留下了寶貴的歷史資料。此外還包括有在香港拍攝的《愻親團離港時之熱鬧》、《香港歡送前任督憲史塔氏》、《新兵行歡迎禮》、《一個賣花的小女兒》等，這些紀録片曾於香港的九如坊新戲院（位置約在現今港島上環摩羅街附近）放映。

《滿天紅時事畫》記録省港工人大罷工畫面

香港第一批電影報刊

1924年4月19日，香港《華字日報》開闢了香港史上第一個電影專欄——《影戲號》。該刊逢週六出版。它的版面有二分之一頁，內容豐富，其中包括國內外電影消息、電影評論、學術專論，以及介紹電影史、電影技術的文章。1925年3月7日停刊，共辦了42期。

1924年6月26日，香港新比照電影院出版了免費贈閱的刊物《新比照映戲録》，它成爲香港第一本電影刊物。它是32開本，據《香港電影發展史話》記載，共出版過六期。

《新比照影戲録》封面

香港第一本電影雜誌《銀光》

1926年11月25日，香港第一本電影雜誌《銀光》創刊。創辦人是衛春秋、潘慶鑫和楊蔚文，由電影文藝互進社出版。《銀光》爲16開本，印刷精美（彩色封面），爲圖文並茂的月刊，當時的每本售價爲港幣兩角。《銀光》內容豐富多彩，不但有當時國內外最新的製片消息、新片點評，也有中外電影明星的介紹和配圖，更有從不同角度、觀點去探討電影藝術的文章。它登載過敘述中國電影歷史的《銀幕春秋》，還舉行過第一次中國圖片大選舉，登載了許多當時上海、廣州、香港出版的電影劇照和電影工作者照片。《銀光》辦了四期後更名爲《香港畫報》。

《銀光》封面

1928年（大陸）

大事記

本年 《電影月報》第8期“有聲電影專號”出版。“專號”集中介紹了有聲電影的歷史，及歐美各國有聲電影發展現狀；洪深翻譯了蘇聯電影大師愛森斯坦、普多夫金和亞歷山大洛夫聯名發表的《有聲電影宣言》；還刊登了周劍雲等電影界人士的文章。

本年 國民政府在上海成立電影審查委員會，開始控制影片的放映，但未能推行到各地。

重要影片

真相大白，石斌（跪者，朱飛飾）請求秋鳳子（中、胡蝶飾）原諒

《白雲塔》（前後集）

出品：明星影片公司
導演：張石川　鄭正秋
攝影：董克毅
主演：胡蝶　阮玲玉　朱飛　鄭小秋

秋、石、蒲三姓礦山資本家間，石斌與秋鳳子相戀，遭到蒲絲姬的破壞，秋鳳子喬裝成紅葉公子，蒲絲姬遂捨棄石斌追求紅葉。真相大白後，蒲絲姬自顧無顏，墜白雲塔而亡。

木蘭（右，李旦旦飾）成爲大元帥

《木蘭從軍》

出品：民新影片公司
編劇：侯曜
導演：侯曜
攝影：梁林光
主演：李旦旦　林楚楚　邢少梅

番邦犯境，少女花木蘭替年事已高的父親從軍，在軍中屢建戰功。苦戰20年後班師回朝時，她因功勳卓著成爲大元帥。

《愛國魂》

出品：大中華百合影片公司
編劇：錢昌根
導演：鄭基鐸　攝影：周詩穆
主演：鄭基鐸　湯天綉　鄭一松

魏國在滕博文的執政下，實施維新，國勢强盛，並欲侵略中國的滿蒙地區。黃海省望族之後晏仲權爲報國恨家仇，多次刺殺滕博文未成，最後終於在哈爾濱刺殺成功，自己也捨生就義。

晏仲權（鄭基鐸飾）英勇就義。這張劇照保留了當年劇照的版式和裝飾

《火燒紅蓮寺》（1928—1931，共18集）

出品：明星影片公司
原著：向愷然
改編：鄭正秋（第1集）
　　　張石川（第2—18集）
導演：張石川
攝影：董克毅
主演：鄭小秋　夏佩珍　胡蝶
　　　譚志遠　蕭英

少年陸小青外出求師途經紅蓮寺，發現寺僧的惡跡，與江湖俠客聯手火燒紅蓮寺，並由此引起武當與崆峒兩大武俠派別的激烈爭鬥。

《火燒紅蓮寺》連拍18集

5月13日，《火燒紅蓮寺》在上海中央大戲院首映，該片是根據平江不肖生（向愷然）的小說《江湖奇俠傳》改編的。這部小說最初是張石川在偶然的機會看到的，以他敏銳的生意眼光，一看就知道拍成電影，票房價值一定很高。他和鄭正秋、周劍雲商量，決定立即動手。第一集由鄭正秋編劇，張石川導演，董克毅攝影。從第二集起就由張石川集編導於一身了。從1928年起至1931年，一直拍到第18集方才結束。該片引起影業掀起拍攝“火燒”片的熱潮，兩三年內，各公司紛紛出品冠以“火燒”名的古裝打鬥影片。

群俠在紅蓮寺門前大戰

崆峒派與武當派成員在紅蓮寺內開戰。他們手中發出的光，是一格一格地畫在膠片上的

這是當年拍攝《火燒紅蓮寺》的特技場面。在畫面上可以清楚地看到兩位演員身上拴着的鋼絲，下面的工作人員則在平衡兩個演員的運動

文獻:《我國最近之電影審查條例》

盛澤

最近中央執行委員會宣傳部駐滬辦事處，已訂定了電影審查條例。該條例草案由該處藝術股與審查股所合擬，而朱君應鵬費力最多。草案已由該處第八次委員會通過在案（案尚未正式公佈）。茲録該條例全文如後：

影劇審查條例

（甲）關於國體者：

一、對總理及黨國旗有不敬之表示者禁止。

二、損及黨國之尊嚴者禁止。

三、對於國家行政及制度之錯誤表演者禁止。

四、不經黨的許可，擅用黨的名義，黨的歷史，或革命人物之姓名者禁止。

五、事件之礙及外交政策者禁止。

六、表示損害民族之尊嚴之行動——如叩頭乞憐，跪香等狀態者禁止。

七、提倡荏弱之民族性——如有崇拜工愁善病之男子或女子之表示，及暗示者禁止。

八、表示怠惰之民族性或有引導群衆人於“苟且偷安”之暗示者禁止。

九、民族性之錯誤誇張者禁止。

十、男子垂辮，不在清代史劇範圍内者禁止。

十一、前清之儀仗及儀節，不在清代史劇範圍内者禁止。

十二、毫無根據之古代服裝，建築及陳設等皆禁止。

十三、表示中國乞丐之情形者禁止。

十四、軍事要塞及軍港之攝映禁止。

（乙）關於黨義者

一、劇旨有懷疑或曲解國民革命之表示及暗示者禁止。

二、劇旨有懷疑或曲解民族、民權、民生三大主義之表示及暗示者皆禁止。

三、劇旨有讚美或追慕帝制之表示，及暗示者皆禁止。

四、劇旨有讚美或追慕封建制度之表示，及暗示者皆禁止。

五、劇旨有擁護或崇拜軍閥之表示，及暗示者皆禁止。

六、劇旨有崇拜或曲護一姓家奴式之忠臣義士之表示，及暗示者皆禁止。

七、劇旨有鼓勵升官發財思想之表示，及暗示者皆禁止。

八、劇旨有提倡家族主義之表示，及暗示者皆禁止。

九、劇旨有提倡資本主義之表示，及暗示者皆禁止。

十、劇旨有違反本黨農工運動意義之表示，及暗示者皆禁止。

十一、劇旨有違反本黨婦女運動意義之表示，及暗示者皆禁止。

十二、劇旨有爲土豪劣紳張目者皆禁止。

十三、劇旨有爲帝國主義作宣傳之表示，及暗示者皆禁止。

十四、挑撥階級鬥爭之表示，及暗示者皆禁止。

十五、鼓吹暴民專制之表示，及暗示者皆禁止。

十六、劇旨有讚美個人主義之山林隱逸意思者皆禁止。

十七、劇旨有違反黨義之政治煽動之表示，及暗示者皆禁止。

（丙）關於風俗人性者

一、佞神拜佛之描寫禁止

二、禮經懺、放焰口、做道場、香會、還願、打醮等一切迷信行爲之描寫皆禁止。

三、教會儀節之描寫禁止。

四、關亡、圓光、扶乩等一切人鬼交通之描寫皆禁止。

五、陰陽、五行、星命、風水、卜筮等一切迷信風俗之描寫皆禁止。

六、一切與迷信有關之職業——如冥器、紙錢商——之描寫皆禁止。

七、殭屍及屍變之描寫皆禁止。

八、狐鬼之變幻之描寫皆禁止。

九、停屍床上之景象禁止。

十、涉及鼓勵群衆對於神怪之信仰者不得借口於“因果報應”之説，以自處於其愚惑群衆之罪過。

十一、與彩票有關之描寫禁止。

十二、與鴉片有關之描寫，無論爲販賣與吸食，皆禁止。

十三、夏季赤膊之景象禁止。

十四、坐茶館吃早茶之風俗描寫禁止。

十五、牛飲大醉之景象禁止。

十六、女子纏足之景象禁止。

十七、沿街叫駡之景象禁止。

十八；含有鼓勵紈絝生活之暗示者禁止。

十九、沿街露宿之景象禁止。

二十、隨地吐痰之景象禁止。

廿一、與便溺有關之景象禁止。

廿二、寓有保守不清潔、不整齊、不衛生之習慣之教訓者皆禁止。

廿三、肉體之景象不關於體育及美育，足以引起卑劣之感者禁止。

廿四、含有鼓勵犯罪行爲之暗示者皆禁止。

廿五、亂倫如淫等之暗示者禁止。

廿六、墮胎之描寫禁止。

廿七、分娩之描寫禁止。

廿八、表示遺傳花柳病狀況者禁止。

廿九、强姦之描寫禁止。

三十、偵探案中之盜竊情節足以引起模仿者之作爲者禁止。

卅一、癲癇、麻風病之實際描寫禁止。

卅二、處決及極刑之描寫禁止。

卅三、虐待兒童之描寫禁止。

卅四、虐待動物之描寫禁止。

卅五、兒童犯罪之描寫禁止。

卅六、妓寮之整個描寫禁止。

卅七、不正當之解剖景象禁止。

卅八、宣揚不正當之家庭黑幕——如婆虐媳——者禁止。

卅九、土匪流氓之殘酷虐待人民之描寫禁止。

四十、浴堂之描寫禁止。

（丁）關於字幕方面者

一、淫穢之標題或名稱禁止。

二、説明文字污穢者禁止。

三、説明文字中有輕視嘲笑中國民族性之性質者禁止。

（盧夢殊編《電影與文藝》（銀星號外），上海良友圖書印刷有限公司1928年正月初版）

影片目録（共107部）

明星　《白雲塔》（前、後）、《蔡狀元建造洛陽橋》、《大俠復仇記》（前、後）、《奮鬥的婚姻》、《黑衣女俠》、《火燒紅蓮寺》（1－3）、《離婚》、《美人關》、《女偵探》、《少奶奶的扇子》、《同學之愛》、《俠女救夫人》、《血淚黄花》（前集）、《一脚踢出去》

大中華　《愛國魂》、《二度梅》、《古宮魔影》、《荒唐劍客》、《火裏鋼刀》、《金錢之王》、《就是我》、《柳暗花明》（前）、《柳暗花明》（後）、《馬振華》、《清宮秘史》、《情海重吻》、《熱血鴛鴦》、《三雄奪美》、《上海一婦女》、《上海一舞女》、《意中人》、《銀槍盜》、《戰血情花》

大中國影片公司　《紅孩兒出世》、《黄袍怪》、《太平天國》、《五虎平西》、《西遊記·孫行者大鬧黑風山》、《西遊記·無底洞》、《小英雄劈山救母》、《楊文廣平南》

友聯　《兒女英雄》（2）、《紅蝴蝶》（2）、《江湖情俠》、《梁天來告狀》、《泣荊花》、《石室奇冤》、《雙劍俠》

天一　《拳大王》、《雙珠鳳》（前、後集）、《西遊記·蓮花洞》、《尋父遇仙記》、《夜光珠》、《紅寶石》

長城　《大俠甘鳳池》、《火焰山》、《妖光俠影》、《魚叉怪俠》、《真假孫行者》、《蜘蛛黨》

民新　《飛行鞋》、《觀音得道》、《木蘭從軍》、《五女復仇》、《再世姻緣》、《戰地情天》

新人　《多情的哥哥》、《方世玉打擂臺》、《飛劍女俠》、《怪女郎》、《金縷恨》、《小偵探》

華劇　《海外奇緣》、《航空大俠》、《火裏英雄》、《猛虎劫美記》、《迷魂陣》

月明　《關東大俠》（1－4）

上海影戲　《金剛鑽》、《盧鬢花》、《萬丈魔》、《小劍客》

復旦　《白燕女俠》、《豹子頭林沖》、《通天河》

其他　《飛龍傳》、《黑夜怪人》（金龍）、《雨過天晴》、《昭君出塞》（海峰）、《小霸王張沖》（前、後集，慧沖）《她的環境》（北平日月）、《武松大鬧獅子樓》（大東）、《大破黄河陣》（大華）、《兩劍客》（富年）、《海上義俠》（合群）、《三啞奇聞》（合衆）、《狄青大鬧萬花樓》（暨南）、《洪憲之戰》（朗華）、《奇女子》（耐梅）、《偵探血》（强生）、《痴心女子》（同濟）、《燕山豪俠》（振華）

1929年（大陸）

大事記

4月　國民政府頒佈《電影檢查法則》16條，8月1日起施行；北平市也制定了《審查影片規則》10條。

春季　上海設立戲曲審查委員會，是北伐後第一個電影審查機構。

6月　遠東遊藝公司將光陸影戲院購下，裝置西電公司有聲映片機，並專映派拉蒙有聲對白片，生意之佳，爲光陸全盛時代。

7月　國民政府内政部和教育部頒發《檢查電影片規則》。對神怪迷信影片，規定修剪和禁映。

8月　上海市政府的公安、社會和教育三局，聯合組成電影檢查委員會，開始對上海各電影公司出品的影片進行檢查（但是上海租界内放映影片，另由租界組織之電影檢查機關檢查）。

《故都春夢》開創“新派”製片路線

本年，羅明佑與黎民偉取得合作協議，以華北電影公司名義與民新公司合拍孫瑜導演的《故都春夢》和朱石麟導演的短片《自殺合同》。《故都春夢》以北平爲背景，將故都名勝，如故宫、頤和園、北海等，盡攝入鏡頭，畫面優美，格調清新，在膩味於神怪武俠片的觀衆看來，確有賞心悦目之功。在一般對該公司寄予厚望，而又渴求於文藝片的知識分子中，亦確實踐其標榜的製作路線，故而在上海及廣州等地放映，極爲轟動。該片及其後聯華公司的出品，被當時評論稱爲“新派”電影。

朱家傑（王瑞麟飾）回到家鄉，與妻子（林楚楚飾）團圓

羅明佑（1902—1967）

電影事業家。廣東人，1919年在北京開設真光電影院，此後逐漸在平津及華北、東北地區開辦影戲院近20家。1930年以華北電影公司名義與民新影片公司等合組聯華影業公司，成爲30年代最有影響的製片機構之一。抗戰後赴香港，辦雜誌宣傳抗戰電影。後脱離電影界，成爲牧師。

《故都春夢》

出品：聯華影業公司
編劇：朱石麟
導演：孫瑜
攝影：黄紹芬
主演：王瑞麟　林楚楚　阮玲玉　駱慧珠

已有家室的塾師朱家傑因結識歌妓燕燕而謀得税務局長的職務，其妻蕙蘭被迫還鄉。後因政治上的靠山失勢，營私事發，朱家傑被捕入獄，燕燕與新的相好捲財出逃。朱家傑悔恨之下回到家鄉，向蕙蘭長跪懺悔，夫妻偕老。

重要影片

軍閥部隊的士兵殘酷虐待老百姓

《鐵蹄下》

出品：大中華百合影片公司
導演：王元龍
攝影：余省三
主演：王元龍　張美玉　王次龍

軍閥混戰時期，軍閥各霸一方，横徵暴斂，民不聊生。大學生被迫拉洋車，學生中途退學，職員之女梅芬爲謀生在馬路上賣報，後又給人做使女，受盡苦難，而一般民衆之苦更可想而知。

紅姑（范雪朋飾）闖進亂軍巢穴

《紅俠》

出品：友聯影片公司
導演：文逸民
攝影：姚士泉
主演：范雪朋 朱少泉
　　　文逸民 尚冠武

孤女蕓姑被亂軍首領所虜，險遭侮辱。後被白猿老人所救，習成劍術，綽號"紅俠"，從此行俠仗義，扶弱抑强。在殺死當年的亂軍首領後，蕓姑回到峨眉山修煉。

《駱駝王》

出品：大中華百合影片公司
導演：王元龍
攝影：余省三
主演：譚玉蓉　王元龍

描寫武俠、愛情，提倡開墾北方的故事。

《駱駝王》劇照

有聲電影正式公映

2月9日，夏令配克大戲院首先裝置聲片放映機，公開放映美國有聲電影故事影片《飛行將軍》，一時營業極盛。這是有聲電影在中國第一次公開賣票放映。

夏令配克大戲院放映《飛行將軍》廣告

文獻：有聲電影的公映

有聲電影的製作，在美國是開始於1926年（民國十五年），兩年之後，大告成功。在1929年（民國十八年）以前，上海的電影院裏並沒有發音機的裝置，自從國外有聲電影宣告了成功之後，它們爲了要放映有聲片，也就開始裝置發音機了。

1929年（民國十八年）1月7日，法蘭西皇后號郵船到達上海港，携來了一位美國的電氣工程師高樂君（Mr. J. P. Koehler），他隨身帶了一套亞爾西愛福托風公司（R. C. A. Photo phone Company）的發音機。這第一套到遠東來的發音機裝在夏令配克影戲院裏。從2月9日起，夏令配克就開始放映有聲片了。第一次開映的片子是《飛行將軍》（*Captain Swagger Synchronized with Music*）。

夏令配克獨家裝了聲片機，在上海電影界稱雄了半年。到1929年的下半年，上海各個高等電影院統統趕裝發音機，放映有聲片了；雖然在當時購置發音機的代價是非常大的。這幾家高等電影院初次放映有聲電影的日期和所採用的片子是：

大光明　1929年9月3日開始。所映的片子是華納公司維太風《可歌可泣》（*Al Jolson in The Singing Fool*），同時加映福司慕維通新聞片《蔣介石主席演説》。

光陸　1929年9月7日開始。所映的片子是維太風《舞女血案》（*The Canary Murder Case*）。

卡爾登　1929年9月13日開始。所映的片子是聯美公司出品《水落石出》（*Alibi*）。

奧迪安　1929年12月5日開始。所映的片子是派拉蒙公司出品《愛國男兒》（*The Patriot*）。

此後，因有聲影片製作的發達，上海的中小電影院也一律添裝有聲機了。至於新造的電影院，自然更不消説得，有聲機是設備上必需之物。在1930年，上海華威貿易公司自己製造發音機，定名爲"四達通"，雖非甚佳，却亦不劣，價格則較外貨低廉數倍；這對於中小電影院的要求發音設備有很大的幫助。

上海各電影院所裝的美國製的有聲機，共分兩種：一種是西電公司（Western Electric Co.）的出品，裝用者爲光陸、蘭心、卡爾登、南京、麗都、新光、中央及明星；一種是亞爾西愛公司（R.C.A.Co.）的出品，裝用者爲大光明、大上海、金城等。蘭心所裝的是西電公司新出的廣波機，此種機械在全中國電影院中裝用者現僅二家。大光明及大上海所裝的是亞爾西愛公司新出的巨型實音機；其中尤以大光明所裝者耗費最巨。

（《電聲週刊》第五卷第36期，1936年9月11日出版）

影片目録（共128部）

大中華百合　《55號偵探》、《白鼠》、《半夜飛頭記》、《大破九龍山》、《飛俠呂三娘》、《黑猫》、《火燒九龍山》、《劫後孤鴻》、《九花娘》、《駱駝王》、《馬戲女》、《女大力士》、《女海盜》、《奇俠救國記》、《情慾寶鑒》、《人獸關頭》、《誰是盜》、《鐵蹄下》、《王氏三雄》、《王氏四俠》（續集）、《銀幕之花》、《冤獄》、《珍珠冠》

明星　《愛人的血》、《爸爸愛媽媽》、《懺悔》、《刀下美人》、《富人的生活》、《火燒紅蓮寺》（4－6）、《小英雄劉進》、《新西遊記》、《新西遊記》（2）、《新西遊記》（3）、《血淚黄花》（後集）、《戰地小同胞》

天一　《混世魔王》、《火燒百花臺》（上集）、《火燒百花臺》（下集）、《江俠士刺虎》、《江洋大盜》、《乾隆遊江南》（1－4）、《雙雄鬥劍》、《無敵英雄》、《血滴子》

友聯11部　《大人國》、《兒女英雄》（3）、《紅俠》、《虎口餘生》、《火燒九曲樓》、《九曲樓》、《梁上夫婿》、《隱痛》、《關東大俠》（5－7）

華劇　《白玫瑰》、《塵海奇俠》、《荒村怪俠》、《女盜蘭姑娘》、《偷影摹形》、《雪中孤雛》、《英雄與美人》、《偵探之妻》

昌明　《火燒平陽城》（1－6）、《秘密寶窟》

長城　《聰明笨伯》、《大鬧攝影場》、《兒子英雄》、《風流督軍》、《鳳陽老虎》、《俠盜一支梅》

新人　《矮親家》、《甘氏兩小俠》、《續甘氏兩小俠》、《兩矮爭風》、《小俠客》、《勇孝子》

復旦　《大鬧五臺山》、《粉妝樓》、《紅衣女大破金山寺》、《三門街》（1－3）

暨南　《白鵝英雄》、《海上奪寶》、《鴻運當頭》、《混世魔王》、《火燒青龍寺》、《情天奇俠》

錫藩　《大破巾蟒山》、《火燒劍鋒寨》、《理想中的英雄》、《飄流俠》

金龍　《海上女俠》、《荒塔奇俠》、《女俠白花娘》、《山東鏢客》

黄浦　《笨偵探》、《海上霸王》、《骷髏島》

上海影戲　《飛行大盜》、《糖美人》、《續盤絲洞》

月明　《關東大俠》（5－7）

其他　《海盜血》、《她的仇敵》（孤星），《風流劍客》、《熱血男兒》（民新），《義俠白龍》（鳳凰），《海濱豪俠》（海濱），《女伶復仇記》（漢倫），《崑崙大盜》（滬江），《中國第一大偵探》（慧沖），《鐵血英雄》（瑞田），《浪漫女英雄》（新天），《同心劫》（星光）

1930年（大陸）

大 事 記

3月1日 魯迅譯日本岩崎昶著《現代電影與有産階級》在《萌芽月刊》一卷3期發表，該文爲《電影和資本主義》一書中的一節《作爲宣傳、煽動手段的電影》。

魯迅（1881—1936）

2月16日 魯迅、沈端先、柔石、馮乃超、馮雪峰等12人，在上海北四川路公啡咖啡館會晤，以"清算過去"和"確定目前的文學任務"爲題進行討論。最後認爲"有將國内左翼作家團結起來，共同運動的必要。"當場成立組織籌備左聯。中共中央文委代表吴黎平也參加了會議。

3月2日 中國左翼作家聯盟在上海，北四川路竇樂安路中華藝術大學舉行成立大會。大會程序：推定魯迅、錢杏邨、沈端先三人爲主席團；馮乃超報告籌備經過，鄭伯奇對"左聯"綱領作説明；中國自由運動大同盟代表潘漠華致祝詞；魯迅、彭康、田漢、華漢等講話。潘漢年代表中共也發了言。大會選出魯迅、沈端先、錢杏邨、田漢、鄭伯奇、洪靈菲、馮乃超7人爲執行委員，周全平、蔣光慈爲候補委員。大會通過了"左聯"綱領和行動綱領要點等文件。

位於上海虹口竇樂安路的中華藝術大學（今多倫路201弄2號）舊址外貌

3月16日 左翼戲劇團體藝術劇社的機關刊物《藝術》月刊於上海創刊，由沈端先（夏衍）編輯。創刊號刊登的《有聲電影的前途》是夏衍的第一篇電影文章。

3月20日 田漢在《南國月刊》第2卷第1期上發表長文《我們的自己批判》，5月又在《電影》雜誌第1期上發表《從銀色的夢裏醒轉來》，標誌着他政治方向和藝術方向的改變。

3月 國民政府教育部、内政部合組的電影審查委員會，開始審查各電影院放映的影片。

7月20日 《南國月刊》2卷4期出"蘇聯電影專輯"。

7月 南京成立電影戲劇審查委員會。

11月 國民政府行政院公佈《電影檢查法》。

聯華影業公司成立

8月30日，華北電影公司、民新影片公司與吴性栽的大中華百合影片公司達成合併協議，又與在上海經營印刷業而對電影有興趣的黄漪磋合作，正式成立聯華影業製片印刷有限公司。10月25日在香港成立總管理處，1931年在上海設立分管理處。

聯華公司

聯華影業公司的主要發起人，左起：黎民偉、羅明佑、林楚楚、梅蘭芳、阮玲玉、孫瑜、黄漪磋

羅明佑、黎民偉與聯華公司的主要幹部合影。前排左起：朱石麟、陸潔、黎民偉、羅明佑、陶伯遜、吴邦藩。站立者：譚友六（左3）、沈浮（左5）、吴永剛（左7）、馬徐維邦（左8）、孫瑜（左9）、蔡楚生（左10）、費穆（左12）。

荒江女俠方玉琴（徐琴芳飾）

《荒江女俠》

出品：友聯影片公司
原著 編劇：顧明道
導演：陳鏗然 鄭逸生 尚冠武
攝影：姚士泉
主演：徐琴芳 賀志剛 鄭逸生 尚冠武

少女方玉琴在父親被害後，到崑崙山習武，三年後學成，回到家鄉，除暴安良，被百姓稱爲"荒江女俠"。後來她與同門師兄岳劍秋相遇，他們一起行俠仗義，做出了許多驚天地泣鬼神的英雄事跡。

洪深狀告侮辱華人之美國影片《不怕死》

1930年2月，上海大光明電影院和光陸大戲院放映了由美國派拉蒙公司拍攝、羅克主演的影片《不怕死》，影片通過一個瘦弱的美國植物學家受聘到舊金山緝查綁票販毒集團的故事，對中國人民惡意侮辱，百般醜化。22日，上海復旦大學教授洪深在大光明電影院觀看這部影片時，深感憤怒，在影片放映中途挺身登臺演說，痛斥影片的辱華內容，引起在塲觀衆的憤怒，數百觀衆紛紛離座，要求退票，但是影院當局勾結租界當局，竟然將洪深非法拘留三天之久。洪深獲釋後，立即提交抗議呈文，要求國民黨政府禁止該片上映，並將該片拷貝焚燬。洪深抵制《不怕死》的正義行動激起上海各界人民群衆的强烈反響。上海戲劇協社等八個劇團發表聯合宣言，堅決抗議美國影片對中國人民的侮辱，堅決支持洪深的愛國行動。在廣大群衆的聲援之下，大光明戲院和光陸戲院停止放映《不怕死》。隨之，洪深將大光明電影院告上法庭，3月13日開庭，洪深在法庭上除控訴大光明電影院的罪狀外，進一步揭露美國進行文化侵略的行徑。他的慷慨激昂的控告詞得到旁聽席上數百群衆的支持和共鳴。4月初，大光明大戲院不得不登報向洪深道歉，美國派拉蒙公司也以羅克的名義發表公開的道歉信，並同意收回運到中國的全部拷貝，不再在中國放映。最後這場鬥爭以洪深所代表的中國人民的勝利而徹底結束。

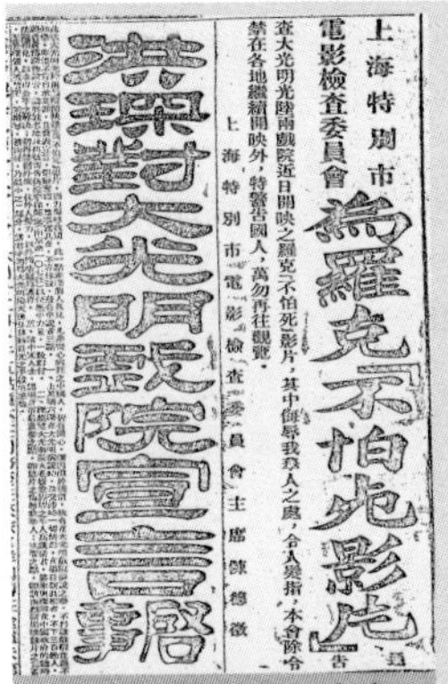
上海特別市電影檢查委員會 爲羅克不怕死影片

洪深對大光明戲院宣言啓事

1930年2月25日，上海《民國日報》發表《洪深對大光明戲院宣言啓事》

大光明開映《不怕死》

洪深正式提起訴訟

公然侮辱妨礙自由 傳述虛僞詐財惑衆

洪深正式提起訴訟

「不怕死」影片主角

羅克之道歉函

美國派拉蒙公司以《不怕死》影片主角羅克名義發表的道歉函

影院建設

1月5日　孔雀東華影院改置的巴黎（Paris）影戲院開幕。初創設時，值國外有聲片輸入始盛期，各大電影院都改裝聲片放映機；"巴黎"獨未裝有聲機，而取得卡爾登影戲院讓與的預定之默片首映權，所以在那時候也具一特點。不過後來外片已不復製造無聲的了，巴黎也裝起有聲機來；而地位則不能與初創設時相比了。

3月25日　南怡怡公司經營的位於愛多亞路（敏體尼蔭路西）的南京（NanKing）大戲院開幕。開幕影片爲美國寰球影片公司的有聲片《百老匯》（Broadway）。該院建築設計壓倒卡爾登、奥迪安而與光陸抗衡。該院獲有福斯及雷電華片專映權；但自大上海建成後，此種專權被奪去，乃改映聯美及第一國家片。旋於1934年（民國二十三年）獲得米高梅片專映權。

11月21日　奥迪安電影公司在公共租界中區寧波路廣西路口經營的新光（Strand）開幕。開幕電影是美國派拉蒙影片公司的《琅琊仙子》（Let's Go Native）。該院的建築參照西班牙及意大利中世紀式。1933年（民國二十二年）秋季起，取得明星影片公司巨片首映權。後改演京劇、滬劇等。

文獻

電影院的建築和設備

電影院的場所，是一種專門的建築，並且不同於舞臺。但是起初的上海電影院，往往把舊的舞臺修改一下，裝上映片機和銀幕，便算是電影院了；即使有完全新建築的，無論外表與內部，亦復簡陋之至。維多利亞、愛普廬、夏令配克幾家才算略具規模，卡爾登、奥迪安才比較地考究起來。

誠如高元氏所說："影迷們不僅是要求選映質地頂好的片子，並且需要這些片子是在一所安適而完善的電影院裏放映。"所以電影院建築和設備的向上，乃是勢所必然的事實。大抵一個理想的電影院，在建築和設備上，對於外觀的華麗，座位的舒適，映機的完善，安全的佈置，都得注意周到。及至聲片盛行了起來，又得注意發音的清楚。在近幾年中，因爲大量投資於經營電影院事業者多，所以這種理想的電影院在上海也數見不鮮了。在這裏亦可觀察上海的"都會文化"。

（摘自上海通社編《上海研究資料》（續集），上海書店出版社1984年初版）

影片目録（共98部）

天一　《大學皇后》（上下集）、《李三娘》、《乾隆遊江南》（5—7）、《求子秘法》、《施公案》（1—3）、《楊乃武》（上、中、下）、《楊雲友三嫁董其昌》

暨南　《風塵劍俠》、《黑俠》、《黄金魔》、《火燒白雀寺》、《江湖二十四俠》（1—7）、《金島魔王》、《亂世鴛鴦》

明星　《娼門賢母》、《黄金之路》、《火燒紅蓮寺》（7、8）、《浪漫女子》、《强盜孝子》、《三個父親》、《碎琴樓》、《桃花湖》（前後集）、《新西遊記》（3）、《一個紅蛋》、《勇士救美記》

友聯　《兒女英雄》（4）、《梵燈鬼影》、《荒江女俠》（1—6）、《續紅俠》

復旦　《火燒七星樓》（1—6）、《九美奪夫》、《武當山大俠》、《血花淚影》

上海影戲　《畫室奇案》、《美人島》（前後集）、《媚眼俠》、《歃血情花》、《豆腐西施》

華劇　《流芳百世》、《萬俠之王》（1—3）

聯華　《故都春夢》、《野草閑花》、《義雁情鴛》、《自殺合同》

月明　《盜窟奇緣》、《關東大俠》（8—10）

孤星　《女俠飛燕》、《騎俠》、《新玉堂春》

新人　《父子英雄》、《歌女恨》、《擂臺英雄》

其他　《古國奇俠》、《俠義英雄傳》（大東金獅），《海天情仇》、《黄海盜》（慧沖），《文武香球》（前、後集）（鳳凰），《江南女俠》（長城），《古寺神僧》（大光明），《舞女慘案》（飛鷹），《美人劫》（海濱），《四大女俠》（瀛江），《九劍十六俠》（華僑兄弟），《西國奇談》（金龍），《東方雨俠》（明華），《百劫鴛鴦》（青天），《啞情人》（時事），《空谷猿聲》（天馬），《火燒刁家莊》（錫藩）

1895—1920年（臺灣）

大事記

1895年

4月17日 清朝政府與日本政府簽訂"馬關條約"，將臺灣割讓給日本；臺灣官紳成立臺灣民主國抗日。

10月21日 日軍攻入臺南。

1898年

9月15日 下午8點，真宗少年教會在臺北築地町本願寺舉辦"少年教育映畫幻燈會"。

1899年

9月8日 《日日新報》報導：即日起連續10天，臺北"十字館"以愛迪生發明的活動寫真機放映《美西戰爭》等活動寫真，該片由日本吉澤商店買進。

1901年

11月21日 《日日新報》報導：新竹北門外"竹陽軒"舉辦《八國聯軍攻打中國》電影上映會，有新竹廳長、守衛隊長及新竹廳官員、士紳等共約200人到場觀看。

1903年

5月8日 《臺灣時報》報導：高松豐次郎來臺，於臺北新起町"臺北檢番"（臺北藝妓管理所）前空地上蓋小屋，開始在臺電影映演事業。

1904年

1月7日 《日日新報》報導：苗栗居民廖煌赴日本東京購買電影機和26部影片，回臺後於苗栗作收費放映。

本年 高松豐次郎在臺北成立"臺灣同仁社"，以上映電影或演出自日本聘來的戲劇、舞蹈節目等，宣傳日本文化。又取得《日俄戰爭》新聞片，由愛國婦人會主辦、臺灣總督府協辦名義，在臺灣10個地方舉辦"活動寫真晚會"。

1906年

3月 嘉義大地震，

4月 高松豐次郎在淡水館舉行義映，收入捐震災，放映影片有：《英國皇室訪日》、《法國巴黎人物》、《兒玉大將寫照》（抗俄將軍）及《風景》等。

1907年

1月 高松豐次郎與臺北"榮座"老闆合作，將臺北"浪花座"改建成"朝日座"，全場約可容納200人，6日完工落成。

2月 高松豐次郎拍製《臺灣實況紹介》，包括臺灣風俗、建設等場面。

12月17日 《臺灣實況紹介》於日本大阪"角座"放映，並安排5位阿里山鄒族原住民及4位歌妓同臺演出。這可能是在臺灣拍攝的電影於日本戲院放映的最早紀錄。

1908年

1月4日起 臺北朝日座放映法國人工着色短片：《風琴怪物》、《黃金瀑布》、《舊金山地震》、《撞球狂》、《落磯山的雪》等，每天兩場爆滿。票價爲20錢。

1月起 高松豐次郎在基隆、新竹、臺中、嘉義、臺南、高雄、屏東等地建戲院、放電影，於1909年陸續完工。高氏與日本及歐美電影公司簽約建立代理發行制度。

3月 臺北西門町出現第一家專門放映電影的戲院——芳乃館（即國賓戲院前身的美都麗戲院）。

本年 高松和地方人士合資興建了新竹第一家戲院"新竹座"，地點在明志書院舊址。首映法國進口人工着色影片。

5月 高松豐次郎設立"臺灣正劇訓練所"，培養臺灣本地青年從事戲劇表演。

10月 高松豐次郎成立臺灣演藝社，專門招收臺灣本地少女，教授奇技、魔術。（《臺灣實業家名鑒》雜誌社1912.5）

1909年

9月22日起 愛國婦人會臺灣支部首次委託高松豐次郎的臺灣同仁社主辦全島巡迴上映電影，在臺北市內放映九日，同時也開始分成兩個巡迴放映隊，於全島（臺東除外）各鄉鎮巡迴映演。

次年3月8日 結束第一次巡迴映演。

1910年

1月起 臺北芳野亭採間歇性放映活動寫真（電影），仍以演新劇爲主，兩年後專映電影。

10月 臺灣第一個活動寫真常設館（電影院）於臺北舞臺街朝日座對面新蓋的"活動館"成立。

本年 高松豐次郎在臺北市大和町（延平南路）、大稻埕（延平北路）、萬華分別開設活動寫真館（電影院）。

1911年

1月 "臺南高松活動寫真常設館（原臺南公館）"成立。

1912年

本年 臺灣總督府聘請日本攝影師土屋常吉拍攝《臺灣總督府鎮壓蕃人》影片；12月19日，拍攝日軍以炮火射擊蕃社的實況。

1913年

本年 經營芳乃亭的日人，另在附近建新芳乃亭（光復後改爲美都麗戲院，即現在國賓戲院），舊館頂讓他人經營。

1914年

1月1日 基隆活動寫真館開幕。

1月 新高館與芳乃亭競爭擴大。新高館放映的影片《西洋悲劇盲人》、《拿破侖勝利》、《挪威捕魚實況》等。1月20日，芳乃亭放映法國片《怒濤泛濫》、《傻將軍失敗》、《岩窟王》、《新法學士之婚》等片。

5月 隸屬總督府的臺灣教育會設活動寫真部，負責巡迴放映宣傳電影。

8月 教育會設立"映畫班"（電影班），由任職總督府的户田清三擔任主任，並自日本招聘攝影師荻原堅藏來臺，所使用的攝影機爲Urban式手轉發條攝影機。

10月 臺灣總督府學務部購買電影放映機，於島内各地供兒童及成人教育使用。用電影來推行日化教育。

1915年

1月 臺南戎座開幕，專映電影，與臺北新高館聯機經營。新高館映過影片即運臺南戎座放映。

1916年

1月1日—5日 芳乃亭放映日活出品《東京御大典奉祝會》、《沙漠之旗風》及法國寫實片。新高館放映《爪哇大火山》、《餓鬼》、《英國水兵》等片。
2月19日－21日　《日日新報》刊登《活動寫真界——臺灣之狀況》，回顧臺灣電影界的變遷，分成"上、中、下"連載。
4月　芳乃亭首次放映連續電影，全長32卷，三萬五千呎，分四天映畢。取消禁止男女同席觀賞。
7月11日起　芳乃亭慶祝5週年，放映日活出品《曾我兄弟》及西洋打鬥片，滑稽片。世界館開幕（即第二世界館），放映日片《塵世》、《石川原八郎》，西洋片《X光線》、《威廉姆森海報》等。
7月16、17日　《日日新報》刊登臺灣電影史上第一篇電影評論，爲日人記者寫的《令人不敢欣賞的電影》，副題《成爲風氣敗壞的中心，出乎意料的惡劣影響》。

1917年

3月　臺北"世界館"業主岩橋利三郎之弟古矢正三郎來臺，從事"世界館"的電影院映演工作。自此，古矢家族成爲"大正"時期臺灣電影界重要的電影業經營家族。
3月　高松豐次郎結束在臺灣所有事業，返回日本東京。
夏季　臺灣教育會派遣攝影師三浦正雄與荻原堅藏分赴島内各地拍攝淡水河游泳場、圓山動物園、現役軍人勤務狀況、臺中小學校及公學校、臺中火車站前奉迎門、臺中車站附近的櫻橋、臺中教育展覽會等地實況。並持續進行各地巡迴放映電影活動，並開始製作或接受委託拍攝電影，如拍攝臺灣總督府廳舍落成實況等。

1918年

1月4日　總督府制定臺灣教育會，實施日臺共學。

1920年

本年　以留學東京的臺灣學生爲主體的"新民會"在東京成立，並創刊《臺灣青年》。

1907年早期電影放映場所之一臺北"榮座"

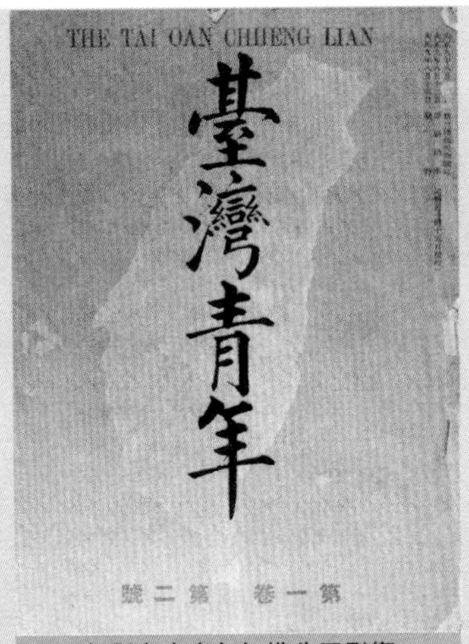

1918年對島内青年知識分子影響很大的《臺灣青年》

1920年新民會成員合影

電影進入臺灣

1900年6月16日,《日日新報》報導:日本"法國幻畫協會"幹事大島猪市與電影技師松浦彰三,攜法國盧米埃爾兄弟發明的活動寫真機(電影放映機)來臺,先在臺北"淡水館"放映10餘部"活動寫真"。6月21日起於臺北"十字館"放映"活動寫真",演映1個星期。9月1日起至7日,臺北"臺北座"演出由藝妓及演員合演的演劇,並於同場放映"活動寫真"。這些都是臺灣最早引進電影的紀錄。

臺灣最早放映電影的臺北"淡水館"

臺灣早期的電影放映

高松豐次郎

生於1872年(明治5年)10月21日,日本福島縣人,父親經營旅館,伯父經營採礦業,高松少年時代幫伯父經營採礦。明治法律學校畢業後,法國電影傳入日本,購買放映機、影片,學放電影,加上他學過說書,成爲默片名"辯士",外號"吞氣樓三昧"。

1903年,臺灣總督府的民政長官後藤新平說服高松豐次郎到臺灣放電影,以便對日本統治臺灣進行宣撫。高松豐次郎應邀攜影片第一次訪臺,在"淡水館"放電影。1907年,高松豐次郎受臺灣總督府之託攝製《臺灣實況的介紹》,影片共包括五大部分:臺北(有20種/卷),基隆港與金山(共9種/卷),鐵路旅行與地方漫遊(共67種/卷),蕃界(共5種/卷),日本當局討伐"生蕃"及"蕃人"(共19種/卷)。舉凡教育、交通(鐵路、航運)、衛生、銀行、電力、衙門、街道、車站、産業(茶、糖、煤),社會演講等,全面而整體,自然與人文並重,是第一部在臺灣拍攝完成的紀録片,企圖展示日人治臺11年來的建設成績,證明臺灣是世界上最模範的殖民地。片長2萬,在全臺100多個地點拍攝,共拍了120個事物、206個鏡頭,從2月開拍到4月,内容包括"臺灣風俗真奇妙"、"生蕃被鐵絲網絆住"、"防蕃隘勇線前進之困難"、"討伐生蕃"、"臺灣風俗抓龍王"等。這是目前所知外國人在臺灣最早拍攝的電影。根據市川彩的說法,之所以拍攝這部片,是因爲臺灣總督府要在日本帝國會議預算總會中以影片做簡報。該片也曾於當年的東京博覽會臺灣館中放映。

高松在臺南建立的"臺灣南座"劇場

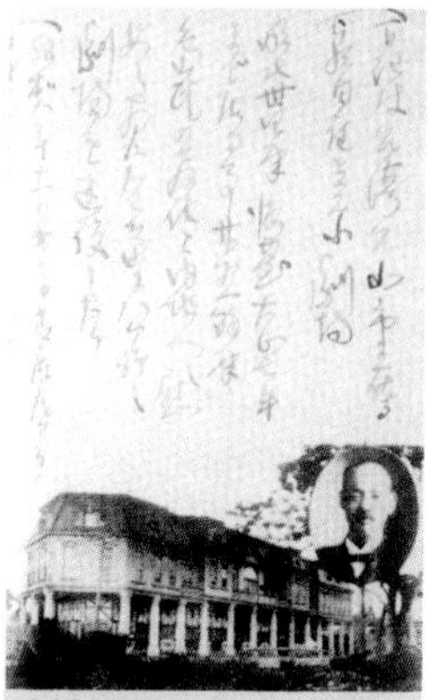

高松親筆記述來臺經過附圖

1917年,高松將臺灣全部戲院出讓,回到日本創設"活動寫真資料研究會"。1933年,高松豐次郎再度來臺,在他改建的"朝日座"牆上親筆書寫他的感想:他是1918年(大正七年)離臺,在這廿多年間,臺灣逐步建設,已有許多日本人(内地人)遷居臺灣,感到非常欣慰,證實他在臺灣的影業有豐碩成果。高松豐次郎于1952年病逝東京,享年81歲。

高松在新竹所建的"新竹竹塹俱樂部"劇場,位於今武昌街與勝利路附近

大島猪市

日本大阪人,臺北大阪商工會主要負責人。1897年間在臺北從事販賣各種木材生意。1900年6月,把法國盧米埃爾的電影引進到臺灣,那時他已搬到臺北新起橫街"臺北座"附近居住。7月份,又搬到臺北新起街。1901年初,到福州從事照相生意,後至厦門,爲日本領事館及高雄軍艦拍照,後在外國人居住區開照相館。

廖煌

臺灣人最早從事於電影放映者,苗栗人。在放映電影之前,他已是幻燈機和留聲機的玩家。1903年,他花兩個月時間,到東京學習電影機的使用技術,回程時買回了一部電影機及影片《北清戰爭》(即八國聯軍紀録片)、《英杜戰爭》(指南非的波爾戰爭)、《藝妓舞蹈》、《淺草的特技》、《柔道比賽》及滑稽片等26部。回到臺灣後,他先在苗栗收費放映。1904年1月起,廖煌攜26部短片和放映機,開始從臺北巡迴全島放映,收費標準是:一般票10錢,特别票30錢。廖煌的26部默片,實際總片長不過30分鐘,不過加上辯士(放映無聲電影時的解説員)旁白以及換片的時間,觀衆要一個鐘頭才能看完,而廖煌也就成爲臺灣第一位辯士。

世界館開幕

1916年6月,臺北"世界館"開幕。原爲"新高館",於6月10日改組並進行大整修,内部約可容納四百多人,從日本購買直流發電機一台,銀幕畫面更清晰,同時聘來日本辯士,改名爲"世界館"重新開幕。1920年年底與"芳乃亭"(新址)同爲當時臺北兩大"常設館"。1923年8月該館進行内部大裝修,又再度改名爲"世界之館",成爲可容納800人之電影院,並成爲日本松竹公司的直營館(專映該公司作品)。1920年12月29日,耗資12萬圓的"新世界館"(即後來的"新世界戲院"成立,該館爲兩層樓鋼筋水泥建築,内部則爲木造,樓上設有榻榻米座席,設備相當豪華,銀幕正中央並設有樂隊席,每片換場時間由樂隊演奏音樂,約可容納1700人。"新世界館"成立之後,與"芳乃館"、"世界之館"(即"世界館")成爲西門町最大的三家電影院,互相競爭。後來在大稻埕及西門町,又陸續成立"世界二館"、"世界三館"、"世界四館"、"新世界館",成爲"世界館"系列聯營電影院。

臺北第一家專業電影院芳乃亭開幕

1917年7月,高松所建臺灣第一家專映電影的電影院的"芳乃亭"(時稱"活動寫真館")開幕。"芳乃亭"原本由一位名叫國芳的"女義大夫"(由女性表演的説故事帶唱的戲),於1908、1909年左右在新起町興建的,上演義大夫及曲藝雜技,因受"朝日座"及"榮座"兩家戲院的影響而無法維持,因此改放映電影。本年,高松豐次郎在附近建了一家戲院,仍叫做"芳乃亭",於是原先的"芳乃亭"成爲"舊芳乃亭",並於1913年更名爲"新高館"。

1921—1930年（臺灣）

大事記

1921年

3月　臺灣演藝與電影公司創刊《臺灣演藝與電影》雜誌，一期即停刊。

4月　臺灣總督府警務局爲了"理蕃"事業，在理蕃課中設置"映畫部"，購買電影設備，訓練警察基礎電影知識，以觀察"蕃人觀光"政策之效果。

7月17日　"臺灣文化協會"成立。

9月15日　"臺中州電影協會"創立。

12月　臺灣第一座最氣派的電影院"新世界館"在臺北西門町落成啓用，有1700座位，銀幕中央有樂隊席。

本年　臺灣總督府文教局設置巡迴電影班，同時聘請日本東京的電影攝影師荻屋長駐臺北，以加强紀録片的攝製。

本年　臺中人王榮罐向大阪二葉商會購買舊洋片，以簡陋的機器巡迴全臺。上映影片有《羅克的冒險》、《名金》等。

本年　臺灣《日日新報》"活動寫真班"籌拍劇情片《老天無情》（原名《看牛漢》）。

1922年

4月　臺灣總督府警務局理蕃課開始製作教育原住民之影片。

5月　臺灣總督府内務局進行一連串活用電影（即用電影推行日化教育）計劃。

6月　臺灣教育會在總督府二樓舉辦"活動寫真講習會"，培養電影攝影及放映師。

本年　日本松竹蒲田影片公司田中欽攝製日本輸出影片《大佛的瞳孔》。

1923年

4月16日　日本皇太子裕仁來臺，臺灣教育會通俗教育部映畫班竹田清三主任派荻原堅藏及三浦正雄兩位攝影師全程拍攝。

5月　臺南人郭炳森從南洋購得上海影戲公司出品的默片《古井重波記》6本，進口臺灣。

5月　臺灣總督府警務局理蕃課開始於臺灣警察協會各地方支部及各管區内巡迴放映電影，提供派駐在原住民部落的警察職員及其家屬娱樂之用，同時教化原住民。

10月　《日日新報》設電影部，開始放電影及拍片，攝製劇情片《老天無情》。

1924年

2月17日　臺灣人主持的位於臺北永樂町的劇場"永樂座"開幕。同月，《老天無情》（又名《看牛漢》）在永樂座首映，票房失敗。《日日新報》放棄拍片。

11月10日　臺灣小型電影（9.5毫米）聯盟"光榮會"於臺北舉行秋季公開放映會，放映9.5毫米影片。

本年　設備先進的"新世界館"開始營業。

本年　厦門聯源影片發行公司的孫姓、殷姓兩人，將在南洋巡迴放映過的四部中國片輸入臺灣放映，影片有《古井重波記》、《蓮花落》和《大義滅親》等。

本年　新竹州主辦"活動寫真映寫術講習會"，學員共有46名。

本年　以花蓮港爲背景的電影《小公主》（《小姬君》）開拍。

1925年

5月23日　臺灣青年劉喜陽、李松峰、鄭超人、李延祖、姜鼎元、張雲鶴等發起組成"臺灣映畫研究會"。

本年　張我軍在《臺灣民報》5週年紀念專號發表《新文學運動的意義》，强調"白話文學的建設，臺灣語言的改造"，而後又發表《糟糕的臺灣文學界》，引發臺灣新舊文學的論爭。

1926年

8月1日　臺灣總督府實施影片檢查制度。

1927年

1月2日　中文報《民報》，刊出鄭登山的電影專題論文《新興藝術的電影戲》。

本年　臺灣教育會決定擴大原通俗教育部"映畫班"之業務範圍，改設置爲"映畫部"，致力製作教育電影及底片配給業務，以推展臺灣電影教育。

本年　日本"活動寫真株式會社"完成田阪具隆執導、淺岡信夫主演之電影《阿里山的俠兒》。該片於阿里山拍攝，有部分原住民參與演出。

1928年

8月　由片商柯子岐運臺的《蔣介石北伐記》，於本月排在臺北永樂戲院首映，其中國父孫中山鏡頭被檢查删剪，仍然場場客滿。

9月　據《臺灣教育》313期《本島活動寫真的現況》報告：臺灣各團體收藏影片的狀況：總督府社會課172卷、臺灣教育會393卷、臺北州轄内121卷、新竹州内49卷、臺中州轄内152卷、臺南州轄内179卷、高雄州轄内58卷、臺東廳轄内37卷、花蓮港轄内22卷，各州上映回數共計1050回。

本年　日本人將"活動寫真"改稱爲"映畫"。

1929年

1月1日　《臺灣日日新報》刊登辯士夢聲的文章《現在是電影内容爲第一》。

8月　臺灣演藝娱樂社創辦《演戲與電影》一年停刊。

10月2日—12日　"臺南州電影協會"在該州各鄉鎮舉行"第19回時局對策巡迴電影上映會"放映有聲電影《興亞之華》2卷（臺灣總督府臨時情報部製作）、《猴子的馬車》4卷、《米老鼠坐車旅行》1卷、《大每東日國際新聞第322至326輯》5卷等。

本年　臺灣第一個研究電影的學生

社團“臺灣高校映畫研究會”於臺北古亭町成立。

本年 劉喜陽、楊承基、李松峰、鄭連捷、張雲鶴、李竹麟、李延旭、姜鼎元、陳華階、連仙等，與周旭影、王傑英、徐金遠等另組，並於1930年接受《日日新報》社之委託，拍製新聞紀録片《光耀的臺日》。

本年 新竹州地區教育電影上映總數爲231次，觀衆總人次爲十四萬三千多人。

本年 桃園鎮歌仔戲團“江雲社”拍攝連鎖劇。

本年 “啓明公司”柯子岐引進《和平之神》、《復活的玫瑰》2部國片，於臺北“永樂座”放映。

1930年

10月27日 霧社原住民起義反抗日本侵略者的暴政凌辱，日軍動用陸、空軍圍剿，鎮壓起義。

本年 日本總督府開始利用電影宣傳納税。

1930年版《日本映畫總覽》記載：1929年臺灣有10家日本人經營的電影院映日片及外片；12家臺人經營的混合館，映中國片及臺灣片（永樂座是其中之一）。

美臺團的興起與解散

1921年10月17日，林獻堂、蔣渭水、蔡培火、楊肇嘉等人，在臺北大稻埕靜修女子學校，創立“臺灣文化協會”，他們發行報紙，啓發臺灣民智，舉辦各種講習會，巡迴文化講演會，提倡文化話劇運動等，都有助中華文化的推展。但是臺灣人文盲很多，要全面推展中華文化，以發展臺灣文化爲目的，只有巡迴放電影最普遍有效，而要巡迴放映電影，則先要購買放映機及影片，需要一筆可觀的經費，故拖延了幾年才實現。

1925年10月，臺灣文化協會理事蔡培火利用好友贈送他母親的祝壽禮金購買外國教育片及放映機，組成巡迴放映隊，稱爲“美臺團”（全名：美臺團映畫巡業團），是臺灣文化協會的重要組織，由蔡培火主持。隊中有多位文化界人士及技師、樂師、辯士。美臺團的辯士有宣揚民族文化的任務，因此有文化素養的愛國志士擔任辯士解説成爲一種特色，激起觀衆興趣，大受歡迎。半年後就增爲兩團，是直接與民衆接觸，推行民族運動的有力工具。美臺團有中國片，但用日片作掩護。有時日警也會干涉，甚至會被命令停映。

蔡培火特别爲美臺團作一首閩南語的團歌，以壯大電影活動的聲勢。每當美臺團在放映電影之前，團員必先合唱這首團歌，歌詞在讚美臺灣，更在勉勵臺灣人應堅强奮發，旋律昂揚，觀衆聽熟了，也自然而然會與團員一齊高唱起來。歌聲迴盪在每位臺灣人的胸中，歌詞記録在後，須以閩南語來念：

美臺團、愛臺灣，愛伊風好日也好，愛伊百姓品格高。

長青島、美麗村，海闊山又昂，大家請認真，生活着美滿！

美臺團、愛臺灣，愛伊水稻雙冬歌，受伊百姓攏快活。

長青島、美麗村，海闊山又昂，大家請認真，生活着美滿！

美臺團、愛臺灣，愛伊花木透年開，愛伊百姓過日粹。

長青島、美麗村，海闊山又昂，大家請認真，生活着美滿！

1926年8月4日，美臺團成立第二隊，在中部各地放映影片，由郭戊己、盧丙丁、陳新春擔任辯士，每張入場券僅收五錢，很受歡迎，後來又成立美臺團第三隊，每隊三人，其中一人專責機器放映，另二人輪流擔任辯士説明劇情。全島巡映，每到一地，幾乎都會人潮擁擠。放映的影片有：《丹麥農村情況》、《丹麥之合作事業》、《犬馬救主》、《母與其子》、《試探夫婦愛情》、《無人探島》、《紅十字會》、《北極動物之生態》、《騎兵之武勇》；國語片有《工人之妻》、《王氏四俠》、《孤兒救祖記》，以及卓别林的影片等。後因國片受歡迎，逐漸增多。

美臺團巡迴放映隊解散前合影，前排右起林秋悟（辯士）、林幼春（放映師）、林獻堂、蔡培火（團長）、盧丙丁（辯士）

1927年1月，臺灣文化協會部分會員奪權成功，終於分裂，蔡培火退出，拒不交出美臺團產物，至此美臺團巡映業形同解散。

臺灣文化協會講演團於新竹合影

第一部臺灣人自製的劇情片《誰之過》開拍

1925年，由以臺灣人自辦的"映畫研究會"（臺灣電影研究會）出資製作的劇情片《誰之過》開拍。這是該會的第一部作品，也是臺灣人自製的第一部劇情片。片長共八本，由劉喜陽擔任導演及編劇，李松峰擔任攝影師，顧問爲臺灣教育會的攝影師三浦正雄。該片以一對戀愛中之男女爲主角，因另有一花花公子雇流氓綁架該女子，幽禁於密室，就在流氓欲玷污女孩時青年趕至英雄救美。原定男主角爲當時任職三十四銀行臺北分行的陳華階，因練習騎馬受傷而輟演，改由劉喜陽親自飾演，女主角由連雲仙飾演。該片於8月完成，9月在臺北"永樂座"舉行首映，因缺少宣傳，沒有引起觀衆的注意，票房失敗。

按：據1947年臺灣新生報社編纂之《臺灣年鑒》第17章〈文化〉第六節電影第23頁，《誰之過》完成於1928年，而1961年吕訴上著之《臺灣電影戲劇史》第3—4頁，則爲1925年。

《誰之過》（1925）

出品：臺灣電影研究會
編導：劉喜陽　攝影：李松峰（顧問三浦正雄）
主演：劉喜陽　連雲仙（藝妲，俗名笨掃乘）　張雲鶴　黃梅澄　鄭超人

小姐（連雲仙飾）與青年（劉喜陽飾）二人正熱戀中，有一花花公子（張雲鶴飾）雇流氓（黃梅澄飾）强加挾持小姐，幽禁於密室。監視小姐的流氓見美色當前，欲姦污小姐時，青年及時趕到，將小姐救出，兩人大團圓結局。

《誰之過》拍攝現場合影

《血痕》工作照

文英影片公司拍攝《情潮》

1926年，彰化青年張漢樹出資創立"文英影片公司"，辦事處設在上海東横濱大陸里。並雇用川谷爲導演，東方氏爲攝影師，拍攝《情潮》一片。由於技術不足，導演不諳臺灣的風俗人情，演員演出的動作表情過於日本味，最後票房慘敗，該公司因此只拍了這部片。

劉喜陽　（生卒年不詳）

臺灣電影的開拓者，第一位電影演員和導演。1922年，因參加日本影片的演出，被銀行老板解雇，但却没有减輕他獻身電影事業的熱忱。1925年，與人創辦了"臺灣映畫研究會"，投資拍攝、導演并演出了臺灣第一部影片《誰之過》。

鄭超人（1905—1983）

演員。本名鄭連捷。新竹市人。1925年，與劉喜陽、李松峰等發起成立臺灣電影研究會，籌拍影片《誰之過》。1928年，赴上海學電影，進大中華百合影片公司當演員。在韓國籍導演鄭雲波（又名鄭基鐸）編導的《火窟刚刀》中擔任配角，後在《王氏四俠》續集中當主角。1930年，與阮玲玉合演《婦人心》，又演《青春路上》，以後連續演了多部武俠片。自影片到南洋放映後，在南洋社會也有知名度。

百達影片公司拍攝劇情片《血痕》

1929年10月，拍攝《誰之過》票房失敗之後，李松峰等人召集周旭影、王傑英、徐金遠、李竹麟等人成立"百達影片公司"，拍攝蕃界武俠愛情劇《血痕》。攝影地點在臺北市雙連火車站前田圃，原爲一曬米粉場地。拍攝時間共三個星期。拍攝設備相當簡陋，僅有一臺1921年的愛模牌（Eyemo）攝影機，共拍了一萬呎膠卷。1930年3月，百達創業片《血痕》臺北市永樂座首映三天爆滿，臺人自製自演片首次成功。

《血痕》（《戀界英雄》全八本）

出品：百達影片公司
製片：張雲鶴
編導：張雲鶴
攝影：李松峰
主演：陳華階　黃梅澄
陳水聲　張如如

蕃界交易所職員（陳華階飾）被人（黃梅澄飾）謀財害命，他的女兒爲報父仇，女扮男裝進入山地，她的愛人（陳水聲飾）亦追隨其後，兩人終於達到目的，報仇後完成了愛情。

1931年（大陸）

大　事　記

1月9日　國民政府公佈“電影檢查法施行規則”16條。

2月3日　國民政府行政院公佈“電影檢查委員會組織章程”8條，電影檢查委員會由内政部和教育部組成。

9月18日　“九一八事變”爆發，日本侵略軍佔領瀋陽，繼而佔領東北三省。

“九一八事變”後日軍進入瀋陽城

9月　中國左翼戲劇家聯盟通過《中國左翼戲劇家聯盟最近行動綱領》。《綱領》總結了“劇聯”成立一年來實際工作的經驗，並指出了今後的行動方針。六條綱領中，有三條是關於電影工作的，並明確提出了“左翼電影運動”的口號，顯示了左翼戲劇工作者進軍電影的決心和準備。

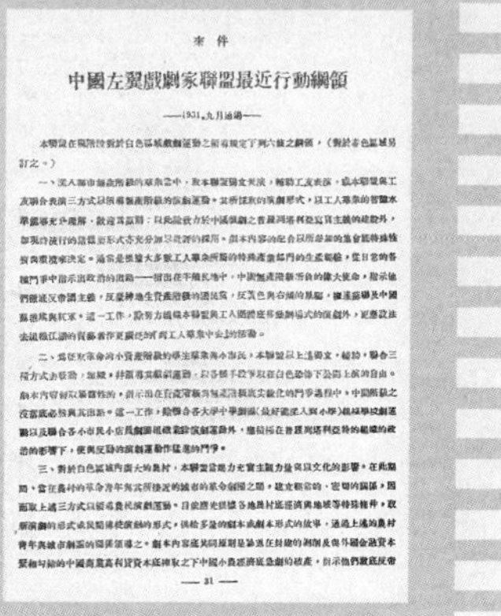

來件

中國左翼戲劇家聯盟最近行動綱領

——1931，九月通過——

— 31 —

有聲電影的試製

本年　20年代末，世界電影開始進入有聲時代。從無聲到有聲，電影的藝術形式和表現方法發生了重大轉變。1930年，中國電影界引進國外的相關技術，進行了有聲電影的試製。由於經濟和技術條件，特别是放映條件的拜限制，中國電影經歷了一個相當長的無聲和有聲共存的時期。直到1938年，中國才徹底結束了無聲電影時代。

第一部公映的國産有聲片《歌女紅牡丹》

3月15日，明星影片公司攝製的蠟盤配音有聲故事片《歌女紅牡丹》在上海新光大戲院首映。

《歌女紅牡丹》

出品：明星影片公司
編劇、説明：洪深
導演：張石川　攝影：董克毅
主演：胡蝶　王獻齋
夏佩珍　龔稼農

京劇演員紅牡丹不幸嫁給一個無賴，每月豐厚的收入還不够丈夫揮霍，後來這個無賴又因失手殺人而入獄。紅牡丹託人將丈夫營救出獄，使他終於幡然悔悟，重新做人。

本片是中國第一部公映的機械録音影片。

孩子慘死，紅牡丹（左，胡蝶飾）不勝悲痛

本片編劇洪深（右）、導演張石川（左）

在影片當中穿插的京劇片段之一

洪深（1894—1955）

戲劇和電影劇作家，導演，理論家。江蘇常州人。早年留學美國學習戲劇；1925年被聘爲明星公司編劇顧問，並編導影片《馮大少爺》。1929年抗議美國辱華影片《不怕死》，引起社會轟動。30年代參加左翼文化運動，爲進步電影創作發揮了重要作用。主要作品有《少奶奶的扇子》、《歌女紅牡丹》、《劫後桃花》、《新舊上海》、《鷄鳴早看天》等，另有著作多種。

在影片當中穿插的京劇片段之一

洪深（後排右3）赴美國考察録音技術並購買器材，這是他與美國技術人員的合影

中國電影圖史
Chinese Film: An Illustrated History

第一部片上發音影片《雨過天青》

7月1日，華光影片公司攝製的中國第一部片上發音有聲電影《雨過天青》，在上海新光大戲院首映。

《雨過天青》上映時的廣告

《雨過天青》

出品：華光影片公司
編劇：謝世煌
導演：夏赤鳳
攝影：K.亨利
主演：陳秋風　黃耐梅　林如心　章志直

少女王愛蓮與陳小英成婚。婚後，陳小英又迷上蕩婦麗娜，遺棄愛蓮。經過一番波折，終於雨過天青，陳小英痛改前非，夫妻重歸於好。

陳小英（中，陳秋風飾）受到譴責

第一部光學録音有聲電影《歌場春色》

10月10日，天一公司攝製的第一部光學録音有聲電影《歌場春色》，在上海光陸大戲院和南京大戲院公映，29日又在新光大戲院公映。

歌女（宣景琳飾）在後臺

《歌場春色》

出品：天一影片公司
編劇：姚蘇鳳
導演：李萍倩
攝影：培特・凱恩　嚴秉衡　周詩禄
主演：宣景琳　章擁翠　陳一棠　吴素馨

馬車夫的兒子騙取了妻子的首飾，去與一個歌女同居。事情被發現以後，他的妻子被車撞死，他被判死刑，歌女也受到了良心的譴責。

重要影片

《野草閑花》

出品：聯華影業公司
編導：孫瑜　**攝影**：黃紹芬
主演：阮玲玉　金焰　劉繼群

富家子黃雲因酷愛音樂而離家出走。在街頭車禍中，賣花女麗蓮救出黃雲，並將他收留。兩人一起演出小歌劇《萬里尋兄》獲得成功，隨之相愛，定下婚約。黃父威逼麗蓮解除婚約，麗蓮甘願犧牲，黃雲不解，指責她是野草閑花。後黃雲了解真相，二人團圓。

在這部影片中創作了中國早期著名的電影歌曲《尋兄詞》，由阮玲玉和金焰演唱。

黃雲（立者，金焰飾）在麗蓮（右，阮玲玉飾）家中演奏小提琴

影片目録（共98部）

明星　《不幸生爲女兒身》、《窗上人影》、《歌女紅牡丹》、《恨海》、《紅淚影》（前、後）、《火燒紅蓮寺》（17—18）、《舊時京華》、《如此天堂》（前後集）、《三箭之愛》、《殺人的小姐》、《生死夫妻》、《誰是英雄》、《鐵血青年》、《爲妻從軍》、《一個上海小姐》、《銀幕艷史》（前後集）《銀星幸運》、《玉人永別》

友聯　《兒女英雄》（5）、《海上英雄》、《和平之花》、《紅蝴蝶》（3）、《荒江女俠》（7—13）、《荒唐夢》、《人月圓》、《舞女血》、《虞美人》

月明　《飛將軍》、《關東大俠》（11—13）、《女鏢師》（1—6）、《女俠粉蝶兒》、《女俠黑牡丹》

聯華　《愛慾之爭》、《飛俠吕三娘》、《狗偵探》、《恒娘》、《戀愛與義務》、《桃花泣血記》、《心痛》、《一剪梅》、《銀漢雙星》、《玉堂春》、《自由魂》

天一影片公司8部　《夫妻之間》、《福爾摩斯探案》、《歌場春色》、《空門紅淚》、《乾隆遊江南》（8—9）、《亞森羅賓》、《最後之愛》

孤星　《雌雄劍》、《雌雄劍續》、《二孤女》、《金臺傳》（1—2）、《離恨天》

暨南　《荒山奇僧》、《礦山奇俠》、《西方夜譚》、《野俠》、《玉連環》（上下）

華劇　《花花世界》、《九死一生》、《努力》

上海影戲　《東方夜譚》、《古屋怪人》、《亂世驚鴻》

現代　《古城飛鴻記》（上下集）、《血濺荒堡》

其他　《兩大天王》（昌明），《戰地情血》（大光明），《巾幗鬚眉》（復旦），《雨過天青》（華光），《四大金剛》（金星），《太極標》（聯藝），《梨園外史》（龍馬），《俠盜盧賽》（牡丹），《大破惡虎鎮》（瑞龍）

胡蝶（1908—1989）

原名胡瑞華。廣東鶴山人，生於上海。16歲考入中華電影學校，畢業後在“友聯”、“天一”、“明星”等影片公司主演了《火燒紅蓮寺》、《啼笑因緣》、《空谷蘭》、《狂流》、《脂粉市場》、《鹽潮》、《姊妹花》、《家》、《某夫人》、《後門》等影片，曾被觀衆選爲“電影皇后”。1967年息影，後定居加拿大。

《桃花泣血記》

出品：聯華影業公司
編導：卜萬蒼
攝影：黄紹芬
主演：阮玲玉 金焰 周麗麗 王桂林

琳姑的父親在金家牧場做工，金家少爺德恩自幼喜歡琳姑，成年後兩人相愛，德恩瞞着母親將琳姑接進城裏同居。金母發覺後，趕走了琳姑，還解雇了琳姑的父親。琳姑回家後難産，德恩趕來僅得見最後一面，悲痛欲絶。

德恩（中，金焰飾）的母親對於兒子愛上琳姑（左，阮玲玉飾）很是不以爲然

楊乃凡（左，阮玲玉飾）要離家出走，兩個孩子依依不捨

《戀愛與義務》

出品：聯華影業公司
編劇：朱石麟
導演：卜萬蒼
攝影：黄紹芬
主演：阮玲玉 金焰
陳燕燕 黎英

李祖義與楊乃凡相愛，受到家庭阻撓，乃凡嫁給黄大任。數年後兩人相遇，私奔隱居，生了一個女兒平兒。祖義病歿後，乃凡撫育平兒成人。平兒論及婚嫁時，對方因乃凡的隱私而加阻攔，乃凡將平兒託付給黄大任後投河自盡。

影片《桃花泣血記》的攝製人員在外景地的合影

胡倫廷（中，金焰飾）與妹妹珠麗（右，阮玲玉飾）、女友洛華（左，林楚楚飾）

《一剪梅》

出品：聯華影業公司（根據莎士比亞劇本《維洛那兩紳士》改編）
編劇：黄漪磋
導演：卜萬蒼
攝影：黄紹芬
主演：阮玲玉 金焰 高占非 林楚楚

青年白樂德與同學胡倫廷之妹珠麗相愛，後又垂涎於倫廷之女友洛華。倫廷受白樂德之誣陷被迫做了强盗，代號"一剪梅"。珠麗用計責罰了白樂德，使其懺悔認錯。兩對青年男女雙雙成婚。

卜萬蒼（1903—1974）

安徽天祥人。導演。1921年入電影界執導的第一部影片爲《玉潔冰清》。1931年起先後在聯華、藝華公司導演《戀愛與義務》、《桃花泣血記》、《三個摩登女性》、《母性之光》、《黄金時代》、《凱歌》、等。上海淪爲"孤島"後，在新華、華成公司導演《木蘭從軍》等影片，後在"華影"導演了《萬世流芳》與《博愛》。抗戰勝利後到港臺拍片。

影片中的攝影場場景，從中可以看到1930年左右的電影拍攝場面

《銀漢雙星》

出品：聯華影業公司
原著：張恨水
改編：朱石麟
導演：史東山
攝影：周克
主演：金焰 紫羅蘭 王次龍 高占非

銀漢影片公司某男演員與一女演員一見鍾情，由於男演員經父母包辦已經結婚，兩人只好分手。

1932年（大陸）

大事記

1月　上海"一二八"戰事爆發，日本海軍陸戰隊襲擊上海閘北，駐滬十九路軍在蔣光鼐、蔡廷鍇率領下進行淞滬抗戰。

3月17日　南京國民政府發佈《各地教育行政會同警察機關稽查電影辦法》八條。國民黨中常會第109次常會決議，將教育和内政兩部合組的電影檢查委員會改組成中央電影檢查委員會，改隸行政院，受中央宣傳委員會指導，成爲國家指導電影權責的最高機構。12月1日，國民黨中常會通過中外影片標準。

7月13日　美國電影資本拉攏買辦、官僚温宗堯等人，用中美合資名義籌組所謂"美國注册中國第一有聲影片公司"；接着，又由香港影院托拉斯盧根和上海美商匯衆銀公司經理馬克等出面，籌組"美國注册聯合影片公司"。面臨外國壟斷資本圖謀併吞中國電影事業這一重大事件，以左翼電影工作者爲核心，向這個侵略計劃進行了堅決的鬥爭。兩家公司登報招股不到一個月，就被迫停止招股，徹底關門。

11月15日　國民黨中央宣傳委員會公佈宣傳品審查標準，規定凡宣傳共産主義、國家主義、無政府主義者均屬反動，凡批評國民黨政策者均爲"危害民國"，"一律廢止"。

本年　5月1日創刊的《電聲日報》舉辦了一次評選電影皇帝的活動，金焰以最多票數當選。

華翁的長子（前，高占非飾）奔向戰場

《共赴國難》

出品：聯華影業公司
編劇：孫瑜　王次龍　史東山　蔡楚生（執筆）
導演：孫瑜　王次龍　史東山　蔡楚生（執行）
攝影：周克
主演：陳燕燕　高占非　王人美
　　　鄭君里　金焰

"九一八事變"後，國人奮起自强。世居上海閘北的華翁一家奮勇當先，孩子們都奔赴前線，共赴國難。

重要影片

《野玫瑰》

出品：聯華影業公司
編劇：孫瑜
導演：孫瑜
攝影：余省三
主演：王人美　金焰　葉娟娟　鄭君里

富家出身的江波與被稱做"野玫瑰"的鄉下姑娘小鳳相愛，離開家庭與小鳳一起住在了弄堂裏的曬臺樓上，以賣廣告畫爲生。國難臨頭，江波參加義勇軍，走向殺敵的戰場。

江波和他的朋友們參加義勇軍

王人美（1914—1987）

演員。原名王庶熙。湖南長沙人。1931年從影，主要作品有《野玫瑰》、《都會的早晨》、《漁光曲》、《風雲兒女》、《壯志凌雲》、《長空萬里》、《關不住的春光》等。新中國成立後，先後在上海電影製片廠和北京電影製片廠，參加拍攝了《兩家春》、《猛河的黎明》、《青春之歌》、《花兒朵朵》等影片。

左翼作家進入電影界

1932年，日本侵略者發動了侵略上海的"一二八事變"，許多電影公司的廠房被炮火損毁，極大地打擊了電影業的製片生産力。民族危機使電影觀衆對充斥市場的武俠神怪、傳奇言情影片失去興趣，因此造成了電影市場的萎縮。"一二八事變"後，明星影片公司決策者接受洪深等人的建議，邀請幾位新文藝工作者參加公司，擔任編劇顧問。該公司經理周劍雲先找到當年曾經在六合影業公司任職的安徽老鄉錢杏邨(阿英)，邀請新文藝作家進明星公司。阿英、夏衍與洪深討論了進明星公司的問題，提出：1. 編劇顧問的任務是每月召開編劇會議1—2次，討論將要開拍的劇本，更希望提出電影劇本或者故事素材；2. 對公司内外可不用真實姓名，公司擔保不暴露他們的政治面貌；3. 每一顧問每月車馬費50元，寫劇本另致稿酬。

6月，負責上海地區文化工作的瞿秋白主持中共中央文化工作委員會的碰頭會，嚴肅認真地討論這個問題。會後瞿秋白說："在文化藝術領域中，電影是最富群衆性的藝術，將來我們'取得了天下'，一定要大力發展電影事業。現在有這麼一個好機會，不妨利用資本家的設備學一點本領。你們既没有辦電影的經驗，又没有和資本家打交道的本領，所以，你們要當心。"

此後，夏衍化名黄子布、阿英化名張鳳吾、鄭伯奇化名席耐芳，以編劇顧問的名義加入明星公司，與鄭正秋、洪深、程步高組成明星公司編劇委員會，負責電影劇本創作、修改、改編等工作。夏衍等左翼作家進入電影界後，廣泛團結電影界各方面人士，並向電影界輸入進步力量，以抓劇本創作和理論批評，帶動了左翼進步電影創作，使中國電影創作出現了新的面貌，開闢了中國電影新的道路。

瞿秋白（1889—1935）

夏衍（1900—1995）

本名沈端先。浙江杭州人。文化和電影事業家，劇作家。1932年率先進入電影界，開拓並領導了中國左翼電影運動中共中央電影小組組長。主要劇作有《狂流》、《春蠶》、《上海24小時》、《壓歲錢》、《白雲故鄉》、《祝福》、《林家鋪子》、《革命家庭》、《烈火中永生》等。新中國成立後主要從事文化和電影事業的領導工作，歷任文化部副部長、中國影協主席等職。1995年，被國務院授予"有傑出貢獻的電影藝術家"稱號。

阿英（1900—1977）

本名錢杏邨。安徽蕪湖人。戲劇和電影劇作家，文藝評論家，中共中央文委電影小組成員，中國左翼電影運動的開拓者、組織者和領導者之一。1932年與夏衍等進入明星影片公司擔任編劇顧問。主要電影劇作有《時代的兒女》、《鹽潮》、《豐年》、《女兒經》、《葛嫩娘》、《紅線盜盒》等。

鄭伯奇（1895—1979）

陝西長安人。作家，電影編劇。1932年與夏衍、阿英進入明星影片公司擔任編劇顧問。主要電影劇作有《時代的兒女》、《鹽潮》、《到西北去》、《華山艷史》等，還編輯了《電影畫報》。他提出左翼作家在電影界應"待人以誠"，促進了左翼電影工作者與電影界各方面人士的團結。

影片目録（共56部）

聯華 《粉紅色的夢》、《奮鬥》、《共赴國難》、《古寺鵑聲》、《故宫新怨》、《龜兔競走》、《國人速醒》、《海上閻王》、《海外鵑魂》、《火山情血》、《賴婚》、《南國之春》、《南海美人》、《人道》、《三個摩登女性》、《失足恨》、《鐵骨蘭心》、《續故都春夢》、《血錢》、《野玫瑰》、《夜半槍聲》

明星 《愛與死》、《慈母》、《杜鵑橋》、《國魂的復活》、《舊恨新仇》、《可愛的仇敵》、《戀愛與生命》、《落霞孤鶩》、《失戀》、《啼笑因緣》(1－6)、《血債》、《戰地歷險記》、《自由之花》

天一 《芭蕉葉上詩》、《東北二女子》、《蘭谷萍蹤》、《上海小姐韓綉雯》、《小女伶》、《一夜豪華》、《有夫之婦》、《蕓蘭姑娘》、《春風楊柳》、《綠林奇女子》、《江南燕》、《千古恨》、《劍底鴛鴦》、《莽漢》、《七星刀》、《女鏢師》(7)、《女俠定風珠》

月明 《劍底鴛鴦》、《莽漢》、《七星刀》

其他 《春風楊柳》(大東)、《綠林奇女子》(福星)、《江南燕》(梅岩)、《千古恨》(現代)、《女俠定風珠》(中國環球)

周淑貞（右，阮玲玉飾）帶領張榆（左，金焰飾）了解勞動人民的生活

《三個摩登女性》

出品：聯華影業公司
編劇：田漢
導演：卜萬蒼
攝影：黃紹芬
主演：阮玲玉　金焰　黎灼灼　陳燕燕

大學生張榆從東北逃婚來到上海，成爲電影明星，與一位貴婦人虞玉過從甚密；他的一位影迷陳若英從江南小城追隨而來，他逃婚的未婚妻周淑貞也來到上海，成爲電話公司的接線員。張榆最終與投身抗日救亡的周淑貞站到一起。

田漢（1989—1968）

戲劇和電影劇作家。字壽昌。湖南長沙人。1926年創辦南國電影劇社，編導影片《到民間去》等，均未完成。此後編劇的作品有《三個摩登女性》、《母性之光》、《風雲兒女》、《青年進行曲》、《勝利進行曲》、《憶江南》、《麗人行》等。他作詞的影片《風雲兒女》主題歌《義勇軍進行曲》，後來成爲中華人民共和國國歌。

貴婦虞玉（黎灼灼飾）與張榆

影迷陳若英（右，陳燕燕飾）從外地來到上海，爲的是見到心中的偶像張榆

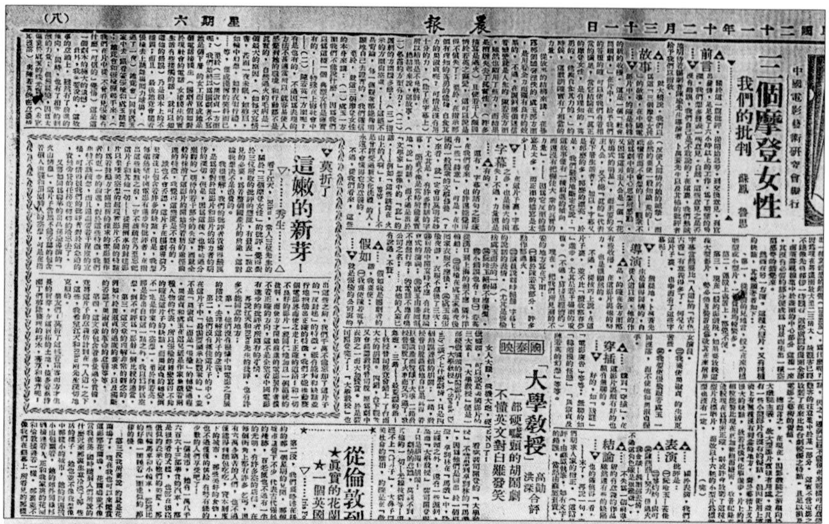

晨報

三個摩登女性

我們的批判

莫折了這嫩的新芽

大學教授

《三個摩登女性》的影評文章。圖左署名秀生的《莫折了這嫩的新芽》爲夏行所作

《三個摩登女性》的廣告

金焰（1910—1983）

電影演員。朝鮮人，生於漢城。1912年隨父移居中國，後加入中國籍。1929年從影，陸續主演了《野草閑花》、《三個摩登女性》、《母性之光》、《大路》、《壯志凌雲》等影片，被觀衆譽爲“電影皇帝”。新中國成立後，任“上影”演員劇團團長，並主演《大地重光》、《母親》、《暴風雨中的雄鷹》等影片。

少女小鴻（陳燕燕飾）

《南國之春》

出品：聯華影業公司
編導：蔡楚生
攝影：周克
主演：高占非　陳燕燕　葉娟娟

洪瑜愛上了鄰居少女小鴻，好友丘有爲鼓勵他向小鴻表明心跡。洪瑜大膽表白，果然得到小鴻青睞。洪瑜父親病危，洪瑜遵命與表妹成婚。不久，洪瑜到法國留學。小鴻憂傷成疾。洪妻因另有所愛提出離婚。洪瑜回國時小鴻已經病入膏肓，臨終前囑咐洪瑜要爲國家興亡捐軀。

《粉紅色的夢》

出品：聯華影業公司
編導：蔡楚生
攝影：周克
主演：談瑛　高占非　薛玲仙　鄭君里

文藝家羅文受洋場風氣腐蝕，拋妻別子，另尋新歡，結果被交際花和其男友所騙。他的妻子離婚後在鄉下教書，利用業餘時間寫作，用羅文的名字發表。羅文得知真情後羞愧交加，一家人破鏡重圓。

羅文（高占非飾）與妻子（談瑛飾）。劇照上是蔡楚生的簽名

宋珂（左，鄭君里飾）與柳花（黎莉莉飾）

《火山情血》

出品：聯華影業公司
編導：孫瑜　攝影：周克
主演：鄭君里　談瑛　黎莉莉　袁叢美

軍閥之侄曹人傑看上青年農民宋珂的妹妹，欲强行聘娶遭拒，竟使宋珂家破人亡，流亡海外做苦工爲生。宋珂救了舞女柳花，二人相愛。軍閥倒臺，曹人傑也逃到海外，買通酒店主將宋珂關入地牢。柳花將宋珂救出，宋珂與曹人傑搏鬥，火山爆發，宋珂將曹人傑推入火山口。

陳公岳（右，龔稼農飾）與金意鴻（左，胡蝶飾）

《自由之花》

出品：明星影片公司
編劇：鄭正秋
導演：鄭正秋
攝影：董克毅　主演：胡蝶　龔稼農　夏佩珍　鄭小秋

民國四年（1915年），政府簽訂不平等條約，陳公岳將軍號召人們共同救國，商定與夫人和妻弟林大平離京。交際花金意鴻傾慕將軍，二人相見果然惺惺相惜。在金意鴻的幫助下，陳公岳脱身離京到了南方，誓師殺敵。林大平受傷後與金意鴻相遇，林大平笑言烈士熱血將開成自由之花。

樊家樹（右，鄭小秋飾）、關壽峰（中，蕭英飾）和關秀姑（夏佩珍飾）

《啼笑因緣》劇組到北京拍攝外景時合影。前排左起：1.置景師董天涯，2.演員龔稼農，3.導演張石川，5.攝影師董克毅，6.協助工作的北京攝影師張玉亭，攝影機後爲攝影師威廉生，騎毛驢者爲夏佩珍（右）和譚志遠（左）。

《啼笑因緣》（1—6集）

出品：明星影片公司

原著：張恨水　編劇：嚴獨鶴　導演：張石川　攝影：董克毅 王士珍 威廉生

主演：胡蝶　鄭小秋　夏佩珍　譚志遠

江南書生樊家樹在北京天橋結識賣藝女子沈鳳喜。樊家樹幫助沈鳳喜脱離賣藝生活，送她去讀書。但沈鳳喜受叔叔欺騙被劉將軍霸佔。樊家樹遇劫被關家父女搭救。樊家樹約沈鳳喜在天壇相見，被軍閥狗腿子發現。關秀姑刺死軍閥劉德柱，救出樊家樹並成全其與何麗娜結合。

左二爲何麗娜（胡蝶飾）

中國電影藝術研究會
編刊『每日電影』通告
本會自七月八日起，編刊「每日電影」，逐日附在晨報發行，以爲本會最初之貢獻。
凡直接訂閱晨報者，均得認爲本會贊助會員。
本會緣起及徵求贊助會員辦法，向上海山東路晨報社轉本社函索即寄。
發起人 嚴獨鶴 周瘦鵑 洪深 潘公展 朱應鵬 周夢蛛 馬崇淦 李大超 歐昔醉 宓季方 孫道勝 王新命 李小波 湯增敭 王啓煦 姚蘇鳳 同啓
（二）國產電影可以長此投機取巧而不講藝術麼？這兩個問題，我們願約集幾位對於國產電影抱有熱望的同志，發起組織本會，站在時代之前，做研究的工作。歡迎同情於我們的人，都來加入做本會贊助會員。

晨報「每日電影」之優點
（1）先讀「每日電影」再赴影戲院，不致上當！
（2）爲「每日電影」撰評者，絕無背景，毫不顧忌！
（3）對於攝製有聲片之藝術，特有詳盡之貢獻！
（4）逐日有中外電影事業之最新最確消息！
晨報定閱價目 全年大洋七元 星期日附贈圖畫晨報

《晨報》“每日電影”副刊於1932年7月創刊，是當時最有影響的電影副刊之一

左翼劇聯成立影評人小組

6月，左翼劇聯影評人小組成立，先後在《時報·電影時報》、《晨報·每日電影》、《申報·電影專刊》、《民報·電影與戲劇》、《新聞報·藝海》、《中華日報·電影新地》、《大晚報·剪影》、《大美晚報·文化街》等報刊上開闢電影副刊作爲影評陣地。

左翼電影運動最重要的理論文獻

中國教育電影協會成立

7月8日，中國教育電影協會在南京成立。該協會由羅家倫、段錫朋、徐悲鴻、陳泮藻、王平陵等人發起，並徵得吴稚暉、朱家驊、陳布雷、陳立夫、葉楚傖、葉恭綽等50餘人列名發起。成立大會選舉陳立夫、段錫朋、彭百川、郭有守、羅家倫、張道藩、徐悲鴻、田漢等21人當選爲執行委員，蔡元培、李石曾、吴稚暉、陳果夫、朱家驊、蔣夢麟等爲監察委員。該會設三個專門委員會，即電影劇本研究委員會，國産影片評選委員會和中國電影年鑒編纂委員會。該團體中多是供職政府的要員，真正的電影從業員僅有羅明佑、鄭正秋、田漢、孫瑜、洪深、歐陽予倩等六人。

1933年（大陸）

大 事 記

3月 國民黨軍事委員會南昌行營政訓處成立漢口攝影場（即爲中國電影製片廠的前身）。

9月 國民黨中央宣傳委員會成立“電影事業指導委員會”及所屬的“劇本審查委員會”和“電影檢查委員會”，並連續公佈電影法規十數種。其中有《劇本審查委員會組織法》、《電影檢查委員會組織法》、《電影檢查法》、《劇本審查登記法》、《電影檢查法實施細則》、《電影片檢查暫行標準》等。不僅檢查影片，還審查劇本，並公佈《影片期滿後再檢規則》，對影片進行反復檢查。此外還有《電影廣告審查辦法》、《電影文字審查辦法》，對電影宣傳文字和廣告亦不放過。

10月30日 國民政府發佈“查禁普羅文藝密令”，加緊對左翼文藝的圍剿。

11月21日 南昌行營致函南京行政院，嚴厲指責上海電影界和國民黨有關機關：“我們在前方剿匪，他們縱容共産黨橫行”，命令堅決取締爲共産黨宣傳之電影。

重要影片

《狂流》

出品：明星影片公司
編劇：夏衍　導演：程步高
攝影：董克毅
主演：胡蝶　龔稼農　夏佩珍　譚志遠

1931年，長江流域發生特大水災。傅莊首富傅柏仁貪污了團防捐和築堤捐，與傅的女兒秀娟相愛的小學教師劉鐵生帶領農民們修堤抗災，傅柏仁以“煽動鄉愚，圖謀不軌”陷害他。大雨再度襲來，堤防決口，傅柏仁被狂流捲走。

這是左翼作家應邀擔任明星影片公司編劇顧問後的第一部作品，也是夏衍的第一部電影劇作。當時的評論説：“《狂流》的攝製，就當時動員的臨時演員來説，雖只有700餘人，已屬空前。築堤、決堤的兩堂景，耗費亦甚巨。算得上同期出品中，製作嚴謹的大場面片子。《狂流》上演後轟動一時，該片所表現的關於長江水災題材受到觀衆的歡迎，劇本編寫的技巧也較高，與‘聯華’由阮玲玉主演的《神女》的賣座率不相上下。”稱這部影片是“中國電影新路線的開始”，“中國電影界的有史以來的最光明的開展”。

鐵生與他從洪水當中救出來的孤女（夏佩珍飾）

秀娟（右，胡蝶飾）前來看望鐵生（左，龔稼農飾）

每日電影

中國電影藝術研究會主編

狂流的評價

評「狂流」

那一點是進步

缺點是什麼

天蟾舞台

三本火燒紅蓮寺

關於《狂流》的評論

「狂流」的編劇者的話

▽讀了諸家的批評以後

丁謙平

夏衍文章《〈狂流〉的編劇者的話——讀了諸家的批評以後》文照

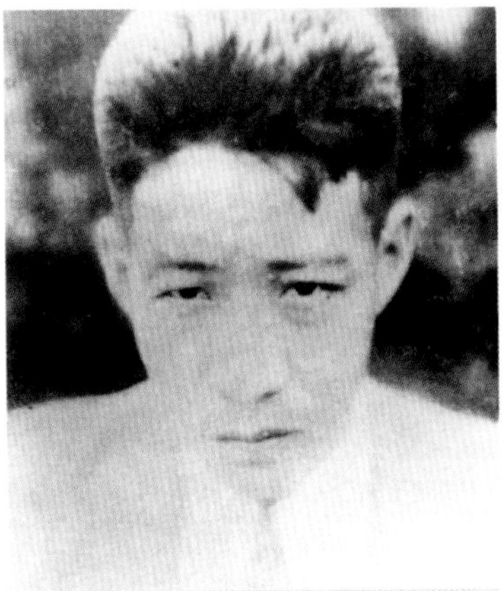

程步高（1896—1966）

程步高（1896—1966）

電影編導。浙江平湖人。1924年從事電影工作，主要作品有《狂流》、《春蠶》、《民族生存》、《同仇》、《女兒經》、《華山艷史》、《到西北去》、《熱血忠魂》、《新舊上海》、《夜奔》等。抗戰勝利後到香港，著作有《影壇憶舊》等。

龔稼農（1902—1993）

龔稼農（1902—1993）

原名龔家龍，江蘇南京人。演員。1925年進入電影界，1926年開始擔任演員，先後主演影片有《玉潔冰清》、《掛名的夫妻》、《歌女紅牡丹》、《狂流》、《女性的吶喊》、《春蠶》、《脂粉市場》、《劫後桃花》、《壓歲錢》等。抗戰期間參加國民黨軍隊話劇團，1949年去臺灣，一直在軍隊供職，演出過影片《緹縈》、《吴鳳》1981年獲"最有成就演員獎"，1989年獲"金馬獎"特別獎。

影片目録（共88部）

明星　《愛與死》、《殘春》、《春蠶》、《春水情波》、《道德寶鑒》、《二對一》、《豐年》、《健美之路》、《狂流》、《滿江紅》、《民族痛史》、《母與子》、《女性的吶喊》、《琵琶春怨》、《前程》、《上海24小時》、《神秘小偵探》、《時代的兒女》、《泰山鴻毛》、《鐵板紅淚録》、《現代一女性》、《香草美人》、《壓迫》、《鹽潮》、《展覽會》、《脂粉市場》、《姊妹花》、《姊姊的悲劇》

聯華　《城市之夜》、《出路》、《除夕》、《都會的早晨》、《風》、《母性之光》、《清白》、《清道夫》、《如此英雄》、《天明》、《小玩意》

天一　《飛絮》、《吉地》、《苦兒流浪記》、《孽海雙鴛》、《飄零》、《青春之火》、《生機》、《一個女明星》、《掙扎》、《追求》

藝華　《烈焰》、《民族生存》、《肉搏》、《中國海的怒潮》

月明　《惡鄰》、《她的心》、《圖中秘密》、《血書》

快活　《蠻荒遊記》、《蠻荒之花》、《三岔路口》

其他　《兄弟血》（安文）《血路》（白虹），《海邊情潮》（晨光），《孤軍》（大中），《戀愛與骨肉》（福星），《二孤女》（孤星），《四郎探母》（古代），《春潮》（亨生），《都市的罪惡》（華電），《三生石》（華星），《荒島野人記》（前後集，金星），《鷄鴨夫妻》、《拼命》（快樂滑稽），《覺悟》、《我們的生路》（强華），《歸宿》、《迷途》（天北），《淚痕》（聯星），《白金龍》（南方），《到上海去》（三一），《愛拉廷》（新牡丹），《晨曦》（義記），《瑶山艷史》（藝聯），《三鏢客》（元龍），《鐵血情瀾》（中國影業）

出品者不詳

《春風楊柳》、《大丈夫》

《春蠶》

出品：明星影片公司
原著：茅盾
改編：夏衍
導演：程步高
攝影：王士珍
主演：蕭英 龔稼農
　　　鄭小秋 嚴月閒

浙東農村蠶農老通寶一家辛辛苦苦育好春蠶，但是由於市場被外國蠶絲佔領，當他們到城裏去賣繭的時候，繭廠不開門，繭行不開秤，他們只好把繭送到無錫去賤賣，連桑葉錢都沒收回來。老通寶大病一場，驚嘆"天變了！"

影片根據茅盾同名小說改編，是新文學作品第一次搬上銀幕，引起了文藝界和廣大觀衆的重視，認爲這是一次成功的有意義的嘗試。

老通寶一家（左起：鄭小秋、嚴月閒、蕭英、龔稼農飾）辛辛苦苦地喂養春蠶

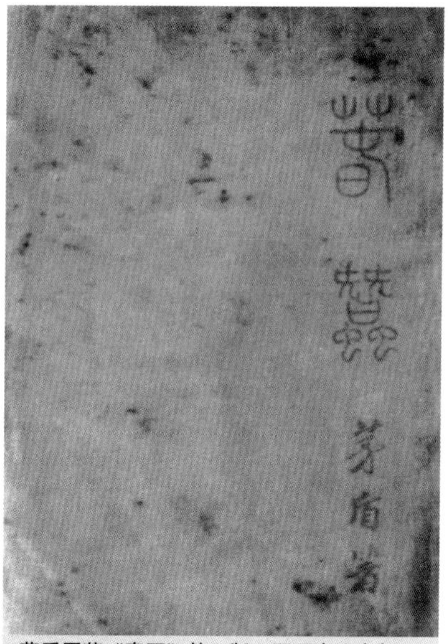

茅盾原著《春蠶》第一版，開明書店出版

文獻：原著者回憶

1933年的上半年，沈端先（夏衍）化名蔡叔聲把《春蠶》改編成電影劇本，並由明星影片公司攝製成電影《春蠶》。導演是程步高。這是中國第一次把進步的文學作品改編爲電影。記得夏衍還陪我同去明星影片公司的攝影場參觀了影片的拍攝。此後，夏衍就成了我家的常客。可惜明星公司的演員對農村生活不很熟悉，當時又沒有讓演員去農村體驗生活然後拍戲的"制度"，所以這個影片不能說是完美，但由於演員的努力還是相當成功的。例如飾老通寶的蕭英，飾多多頭的鄭小秋，飾荷花的艾霞，飾四大娘的嚴月閒，飾阿四之龔稼農，飾六寶之高倩萍。直到"文化大革命"前我還保存着那時的幾張劇照，能見到當時的情景。夏衍把《春蠶》改編成電影，這是他和我的第一次合作。

（茅盾《我走過的道路》，人民文學出版社）

《脂粉市場》

出品：明星影片公司
編劇：夏衍　導演：張石川　攝影：董克毅
主演：胡蝶 龔稼農 王獻齋 孫敏

女青年陳翠芬被介紹到培德百貨商店脂粉部做店員，受到下流顧客、同事和上司的玩弄和侮辱。男友錢國華也懷疑她行爲不檢，而與他人結婚。陳翠芬不堪侮辱憤然辭職，走向社會的洪流中。

影片的結尾在審查當局的壓力之下被篡改，劇作者夏衍爲此發表聲明，表示了嚴正的態度。

翠芬（中，胡蝶飾）在包裝部開始工作

《姊妹花》

出品：明星影片公司
編導：鄭正秋
攝影：董克毅
主演：胡蝶 鄭小秋
　　　宣景琳 譚志遠

根據鄭正秋舞臺劇《貴人與犯人》改編。趙大私販槍支事發，帶着女兒二寶逃奔異鄉，後來把她嫁給軍閥錢督辦做七姨太。孿生的女兒大寶隨母親留在家中，後嫁給木匠桃哥。大寶因家貧外出幫傭，恰巧當上了二寶孩子的奶媽。桃哥不幸受傷，大寶驚慌中誤傷錢家小姐致死而入獄。大寶母親探監，母女姊妹重逢，二寶回到了母親和姐姐的身邊。

這是鄭正秋後期的代表作，是他"走上前進之路"的標誌。著名演員胡蝶在這部影片中兼飾大寶、二寶孿生姐妹兩個角色取得成功，受到輿論的好評。

大寶（左）、二寶孿生姐妹（胡蝶兼飾）終於與母親（中，宣景琳飾）團聚

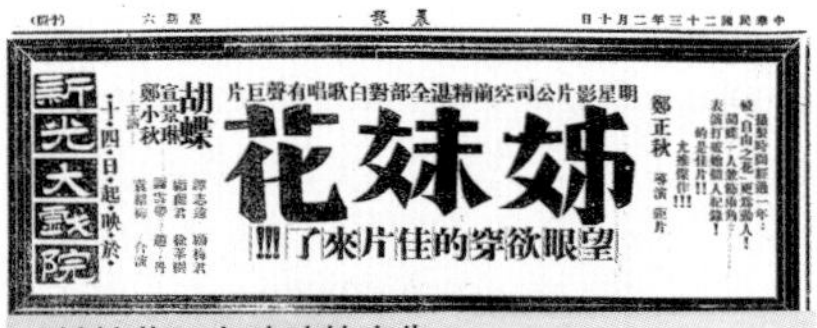
明星影片公司空前精湛全部對白歌唱有聲巨片
姊妹花
望眼欲穿的佳片來了!!!
鄭正秋 導演
胡蝶 宣景琳 鄭小秋 主演
新光大戲院
十四日起映於

《姊妹花》上映時的廣告

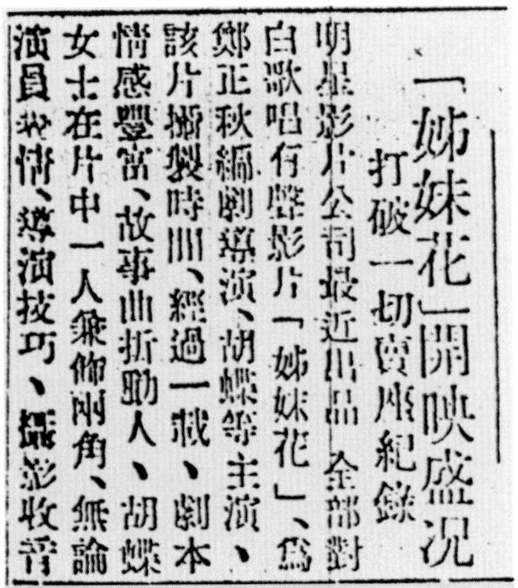
「姊妹花」開映盛況
打破一切賣座紀錄
明星影片公司最近出品全部對白歌唱有聲影片「姊妹花」、為鄭正秋編劇導演、胡蝶等主演、該片攝製時間、經過一載、劇本情感豐富、故事曲折動人、胡蝶女士在片中一人兼飾兩角、無論演員表情、導演技巧、攝影收音

關於《姊妹花》上映盛況的報道

大寶和她的丈夫木匠桃哥（鄭小秋飾）

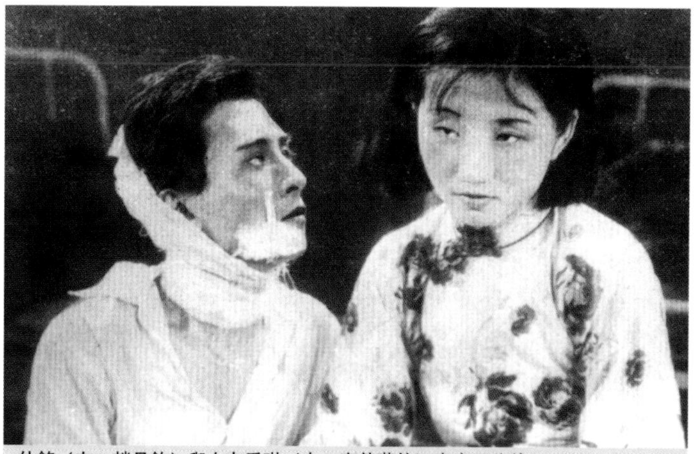
仕銘（左，趙丹飾）與女友秀琳（右，高倩蘋飾）產生了分歧

《時代的兒女》工作照

《時代的兒女》

出品：明星影片公司
編劇：夏衍　鄭伯奇　阿英　導演：李萍倩　攝影：嚴秉衡
主演：趙丹　艾霞　高倩蘋　周伯勳

綢廠老闆趙鴻鈞的兒子仕銘和女兒淑娟都在上海讀書。仕銘和女友秀琳都參加了抵制洋貨的運動，但是秀琳逐漸退縮，兩人終於分手。淑娟生活日益放蕩，最後被學校開除。趙鴻鈞的小廠破產，仕銘最終當了一名工人。

童工死在哥哥陳大（右1，陳凝秋飾）的懷裏

《上海24小時》

出品：明星影片公司
編劇：夏衍　導演：沈西苓　攝影：周詩穆
主演：趙丹 陳凝秋　周伯勳　顧蘭君 顧梅君

在一家外國資本的紗廠裏，一個童工的手被機器軋傷，買辦不管不問。童工的哥哥陳大只好到買辦公館去找當傭人的老婆想辦法；陳大的鄰居老趙到買辦家去"行竊"；事發，太太報警把陳大抓了起來。老趙到警察局換出陳大，等陳大回到家裏，弟弟已經死去。

葉蓮（右，王瑩飾）和她的妹妹（左，顧蘭君飾）

《女性的吶喊》

出品：明星影片公司
編導：沈西苓
攝影：王士珍
主演：王瑩　龔稼農　顧蘭君　王吉亭

葉蓮家破人亡，與妹妹被人販子陳大虎拐騙到了上海，到工廠做包身工。陳大虎要她去侍候惡少胡大少爺，葉蓮不從，但因爲妹妹失蹤，只好強忍胡大少爺的侮辱。後又發現愛人背叛了自己，遂決心去尋找一條新的生活之路。

沈西苓（1904—1940）

電影編導。浙江德清人，生於杭州。30年代初期參與發起組織中國左翼作家聯盟，1931年進入電影界，作品有《女性的吶喊》、《上海24小時》、《鄉愁》、《船家女》等。曾與人合辦了電影理論刊物《電影藝術》。1937年編導的《十字街頭》，是左翼電影運動中的經典作品。抗戰期間到大後方，編導了《中華兒女》。

趙丹 (1915—1980)

演員。原籍山東肥城，生於揚州。1933年從影，先後主演了《時代的兒女》、《上海24小時》、《十字街頭》、《馬路天使》、《中華兒女》、《遥遠的愛》、《麗人行》、《烏鴉與麻雀》、《武訓傳》、《李時珍》、《林則徐》、《聶耳》、《烈火中永生》等多部影片，是中國最優秀的電影表演藝術家之一。專著有《地獄之門》等。

周老七（前左，王徵信飾）領導村民反抗惡霸

陽翰笙（1902—1993）

文化和電影事業家，劇作家。原名歐陽繼修。四川高縣人。1933年參加電影工作，電影劇作有《鐵板紅淚録》、《逃亡》、《生死同心》、《八百壯士》、《青年中國》、《塞上風雲》、《日本間諜》、《萬家燈火》、《三毛流浪記》、《北國江南》等。新中國成立後擔任第一屆中華全國電影藝術工作者協會主席，著作有回憶録《泥濘中的戰鬥》等。

《鐵板紅淚録》

出品：明星影片公司
編劇：陽翰笙
導演：洪深
攝影：董克毅
主演：王瑩　陳凝秋　王徵信　謝雲卿

青年雇農周老七和二蠻子同時愛上了小珠，小珠喜歡周老七，二蠻子一氣之下到惡霸孫團總部下當了團丁。孫團總帶人進村收租，周老七領導村民反抗。小珠被孫團總打死，二蠻子目睹慘狀，打死孫團總，自己受傷身亡。

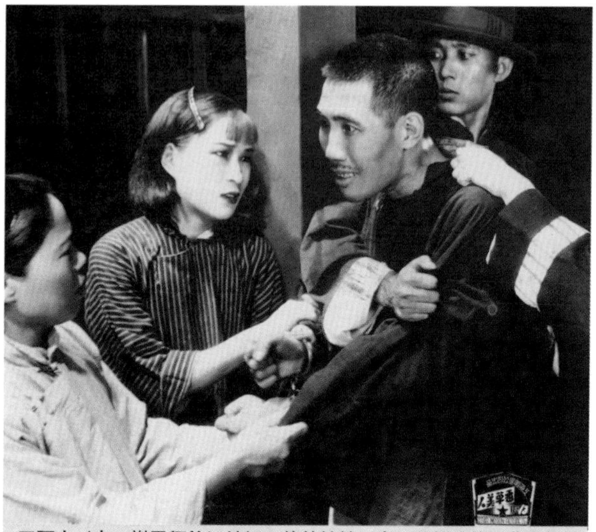

王阿大（右，謝雲卿飾）被抓，他的妹妹（中，夏佩珍飾）非常氣憤

《香草美人》

出品：明星影片公司
編劇：馬文源　洪深
導演：陳鏗然
攝影：周詩穆
主演：夏佩珍　王徵信　謝雲卿

洋煙傾銷使大中華捲煙廠瀕臨破産，老闆裁人減薪，加緊剥削。工人王阿大的老婆和妹妹全都被解雇，他和弟弟老二雖然有工作，但是工錢越來越少。老二表示不滿，被以"煽動罷工"的罪名入獄。阿大氣憤不過，對着陳列洋煙的橱窗揮動了拳頭，也被抓進監獄。

阿鳳（左，胡蝶飾）與炳生（右，王徵信飾）

《鹽潮》

出品：明星影片公司
原作：樓適夷
分場劇本：鄭伯奇　阿英
導演：徐欣夫
攝影：董克毅
主演：胡蝶　王徵信　孫敏　王獻齋

鹽村的鹽民生活非常艱難，富豪李大户還要佔用燒鹽茅柴公地。青年鹽民炳生的母親生病，炳生因生活所迫販賣私鹽，被鹽警追捕。不久，李大户陰謀得逞，鹽民們奮起反抗，在鹽村掀起了鬥爭怒潮。

《前程》

出品：明星影片公司
編劇：夏衍
導演：張石川 程步高
攝影：董克毅
主演：宣景琳 孫敏
朱秋痕 顧梅君

女演員蘇蘭英厭倦了粉墨生涯，與姚君傑結婚。不久姚患重病，蘭英無奈求助於曾經追求過她的富豪周寶之。姚病愈後混入政界，嫌棄蘭英人老珠黄，並反以蘭英與周的關係爲由將她逐出家門。蘭英力證自己的清白後，重回舞臺，靠自食其力掙得自己的前程。

蘇蘭英（右，宣景琳飾）離開忘恩負義的姚君傑（左，孫敏飾）

王二叔(右，蕭英飾）和他的女兒（左，艾霞飾）

《豐年》

出品：明星影片公司
編劇：阿英
導演：李萍倩
攝影：嚴秉衡
主演：艾霞 高倩蘋 梅熹 蕭英

地主傅誠發放高利貸，鼓動農民購買肥田粉。秋天，由於穀價極低，王二叔賣掉穀子，還不够還高利貸，被傅誠的狗腿子活活打死。他的兒子二狗帶領農民與傅誠開展了鬥爭。

宣景琳（1907—1992）

電影演員。上海人。1925年從影，主要作品有《最後之良心》、《盲孤女》、《少奶奶的扇子》、《前程》、《鄉愁》、《女兒經》、《姊妹花》等。1936年以後息影。新中國成立後，曾在《家庭問題》、《家》、《地下航線》等影片中出演角色。

家瑚（前右一，金焰飾）見到了分别多年的妻子（前左一，黎灼灼飾）和長大後的女兒（前左二，陳燕燕飾）

《母性之光》

出品：聯華影業公司
編劇：田漢
導演：卜萬蒼
攝影：黄紹芬
主演：金焰　陳燕燕　黎灼灼　魯史

革命者家瑚被軍閥追殺，亡命南洋。妻子慧英爲了生計嫁給了音樂家林寄梅。數年後家瑚回來，夫妻重逢。女兒小梅愛慕虚榮，嫁給了南洋闊少黄書麟，不久便被遺棄。覺醒了的小梅回到親生父母身邊，投身到教育貧苦兒童的事業中去。

在這部影片中，聶耳與任光第一次參加電影歌曲創作，分别創作了插曲《開礦歌》和主題歌《母性之光》。

《小玩意》

出品：聯華影業公司
編劇：孫瑜
導演：孫瑜
攝影：周克
主演：阮玲玉 黎莉莉 劉繼群 袁叢美

葉大嫂以製作小玩意爲生。帝國主義的經濟和軍事入侵，令葉大嫂生意無着，家破人亡。新年之際，鞭炮聲聲，葉大嫂以爲又是敵人的飛機來轟炸，便大聲呼喊，圍觀的人們認爲她已經瘋了。

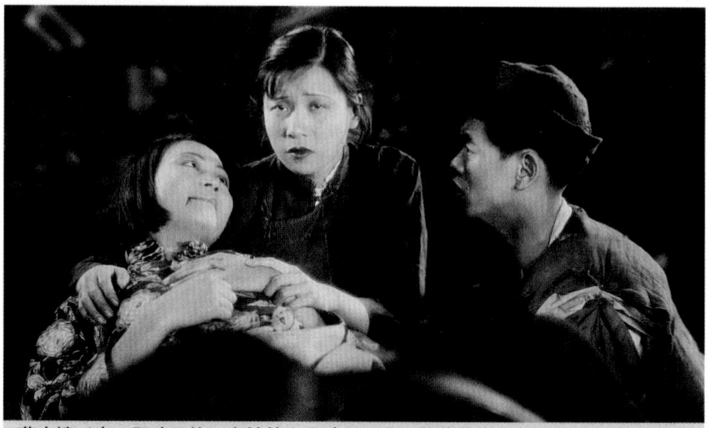
葉大嫂（中，阮玲玉飾）與她的女兒珠兒（左，黎莉莉飾）

奇齡（右，高占非飾）與蘭兒（左，王人美飾）

菱菱（黎莉莉飾）爲了掩護表哥，犧牲在軍閥的槍口下

《都會的早晨》

出品：聯華影業公司
編劇：蔡楚生
導演：蔡楚生
攝影：周克
主演：王人美 高占非 袁叢美 王桂林

被富家少爺黄夢華遺棄的兒子奇齡，由板車工人許阿大撫養成人，許女蘭兒與他青梅竹馬。黄夢華的婚生子惠齡嬌縱成性，不求上進。惠齡設計將奇齡關進監獄，並騙走蘭兒。奇齡出獄後，闖進黄家，救出蘭兒，永遠離開黄家。

《天明》

出品：聯華影業公司
編劇：孫瑜
導演：孫瑜
攝影：周克
主演：黎莉莉 高占非 葉娟娟 袁叢美

鄉下姑娘菱菱和表哥來到上海，進入紗廠做工。不久，表哥因爲得罪了工頭而離開紗廠。菱菱在老闆的引誘下失身，表哥參加革命後接受任務來到上海，來看菱菱時被軍閥追殺，菱菱爲救表哥，挺身引開敵人，在天明時分死在了軍閥的槍口之下。

工人一家的艱難生活

《城市之夜》

出品：聯華影業公司
原著：鍾石根
改編：賀孟斧　馮紫墀
導演：費穆　攝影：洪偉烈
主演：阮玲玉　金焰　林楚楚　王桂林

資本家準備把貧民區的房子拆毀蓋跑狗場。爲了一家人的生計，在紗廠做工的女兒只好與曾經被自己拒絕的資本家的少爺成親。一家人回到農村生活，但是仍然沒有出路。

費穆（1906—1951）

電影編導。原籍蘇州，生於上海。1930年從影，主要作品有《城市之夜》、《香雪海》、《天倫》、《狼山喋血記》、《孔夫子》和《世界兒女》等。上海淪陷後，拒絕與日本侵略者合作，退出電影界。戰後拍攝了《小城之春》、《生死恨》。後赴香港，組建龍馬影業公司，拍攝了《江湖兒女》。

小林（後立，田方飾）來看望秀貞（右，袁美雲飾）

《飛絮》

出品：天一影片公司
編劇：湯曉丹
導演：邵醉翁　湯曉丹
攝影：吳蔚雲　薛堯天
主演：袁美雲　田方　鮑志超　王慧娟

秀貞從小便到鄰家放牛，稍長又去城裏做女傭，成天挨打受罵。一起長大的小林來説親，因爲"八字不合"被她父親拒絕。父親把秀貞賣給沈地保家做童養媳；她到沈家因勞累過度生了重病，但是還得挨下去。

湯曉丹（1910—）

福建華安人，電影導演。1931年進上海天一影片公司，主要導演作品有《飛絮》和《飄零》。抗戰期間在香港拍攝了《上海火線後》、《小廣東》、《民族的吼聲》等抗戰電影，抗戰勝利後拍攝了《天堂春夢》、《失去的愛情》等，新中國成立後主要作品有《南征北戰》、《渡江偵察記》、《紅日》、《不夜城》、《難忘的戰鬥》、《南昌起義》、《廖仲愷》等影片。

阿良（田方飾）與香姑（陳玉梅飾）

《吉地》

出品：天一影片公司
編劇：于定勳
導演：邵醉翁　攝影：吳蔚雲
主演：陳玉梅　田方　張振鐸　馬東武

佃户老大的女兒香姑與青年阿良相愛，地主許鴻業爲替父親選墳地來菱花村，見到香姑後欲娶她爲妻。許選中阿良家的墳山爲吉地，遭到阿良拒絶。許父病危，許家讓香姑嫁過去衝喜，香姑在阿良的幫助下逃走。不久，爲引進湖水解救旱災，阿良自願賣出了自家的墳山。

根發（劉炳華飾）對耿大道的惡行非常憤慨

《掙扎》

出品：天一影片公司
編劇：于定勳
導演：裘芑香
攝影：吳蔚雲
主演：劉炳華　陳玉梅　田方　魏鵬飛

地主耿大道欲娶孤女小蘭做妾，小蘭與相愛的青年根發逃到上海。耿大道攛掇小蘭的叔叔告根發，根發被判刑入獄。小蘭一氣之下去刺殺耿大道，被耿殺死。"一二八淞戰"，根發參加救助難民，犧牲在敵人的鐵甲車下。

男人們走上前線抗戰

《民族生存》

出品：藝華影業公司
編導：田漢
主演：彭飛　查瑞龍　洪逗　舒綉文

由於日寇入侵，一群失去家園的人們逃到上海，聚集到郊區的幾間破屋裏。"一二八"淞滬戰爭爆發，他們再次失去了家。爲了民族生存，他們決定男人上前線抗敵，女人上前線當救護，配合軍隊消滅敵人。

田漢（前右一）在《民族生存》拍攝現場

《中國海的怒潮》

出品：藝華影業公司
編劇：陽翰笙
導演：岳楓
攝影：沈勇石
主演：查瑞龍　袁美雲　王引　秦桐

漁民焦大爲籌錢修船和買網，把女兒阿菊押給劣紳張榮泰爲婢。阿菊不堪凌辱投海自盡，被青年漁民阿福救起，但還是被抓了回去。日本漁船在武裝保護下到中國海捕魚，張榮泰勾結日本侵略者出賣漁業資源。漁民們忍無可忍，團結起來抗爭，在中國海上掀起了怒潮。

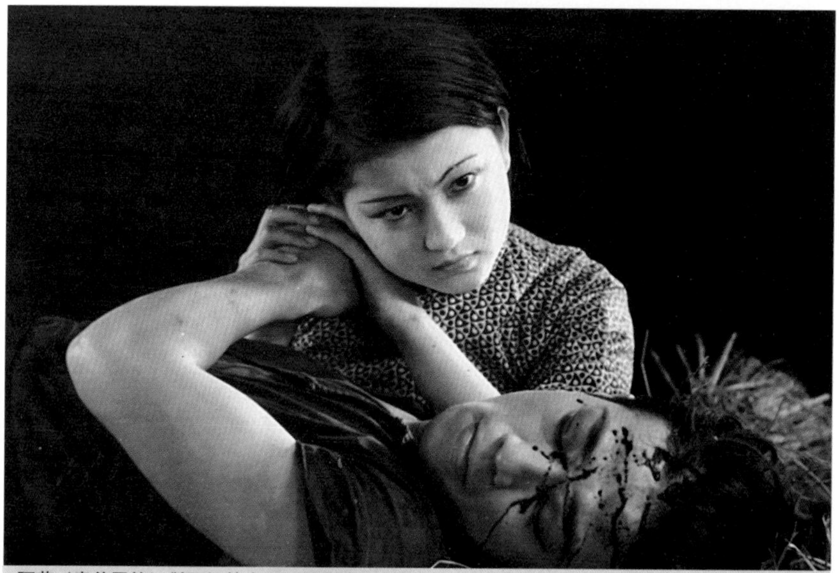

阿菊（袁美雲飾）對阿福的去世不勝悲痛

華仁（右前，張雨亭飾）與黃猷爭鬥

《惡鄰》

出品：月明影片公司
編劇：李法西
導演：任彭年
攝影：任彭春
主演：鄔麗珠　張雨亭　王飛娟　何非光

東鄰黃猷（日本）和西鄰白金濟（歐美）都窺視着華仁（中國）的家產。一日，黃家父子前來野蠻索借，華仁之妻、拳師之女鍾國芬（中國魂）憤怒將桌子拍裂，黃家父子逃走。白金濟用美色將華仁俘虜，鍾國芬怒而回娘家。黃猷肆無忌彈地搶佔了華仁的東北田產。華仁在夢見妻子歸來，率領衆人殺死黃猷。

中共中央"文委"電影小組成立

3月，由中共中央"文委"電影小組成立。沈端先（夏衍）爲組長，成員還有錢杏邨(阿英)、王塵無、石凌鶴、司徒慧敏。電影小組成立後，進一步加强了電影劇本創作、電影評論和輸送人才等工作，並組織開展了關於中國電影文化運動的討論，領導和推動了左翼電影運動。

夏衍（1900—1995）

阿英（1900—1977）

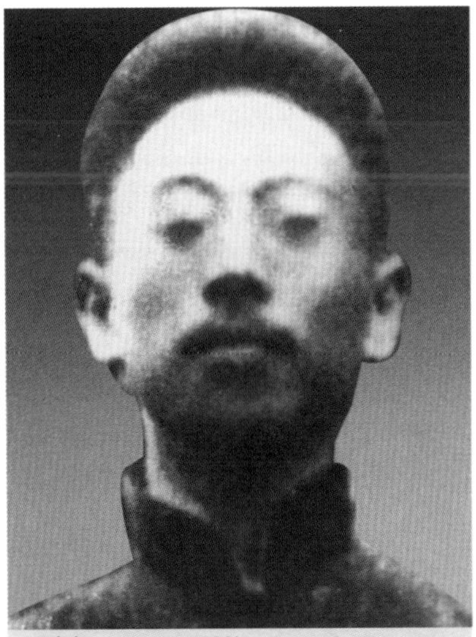
王塵無（1911—1938）

王塵無（1911—1938）

電影評論家，電影小組成員。江蘇海門人。對左翼電影的創作實踐與理論建設，起了重要作用。

石凌鶴（1906—1993）

劇作家，影評家，電影小組成員。江西樂平人。主要負責影評工作。

司徒慧敏（1910—1987）

廣東開平人。電影導演，技術專家，事業家，電影小組成員。主要負責技術管理工作。編導作品有《自由神》、《白雲故鄉》、《遊擊進行曲》、《血濺寶山城》等。新中國成立後，歷任八一電影製片廠第二廠長，文化部電影局副局長、局長，文化部副部長等職。

石凌鶴（1906—1993）

司徒慧敏（1910—1987）

"中國電影年"

《文學》第2卷第1期發表了洪深的文章《1933年的中國電影》。文章高度評價了左翼影人進入電影界後，1933年電影所取得的具有重大歷史轉折意義的成就，並將1933年稱爲"中國電影年"。文章指出：

"自從'一二八'的帝國主義的侵略戰爭之後，中國電影已經很明顯地從頹廢的、色情的、浪漫的，乃至一切反進化的羈絆中掙脱出來，而勇敢地走上了一條新的道路。1932年的後期，中國電影已經開始了一種向着進步的道路前進的準備，1933年的春天，一方面因爲電影刊物和電影觀衆對於有進步意義的作品有了熱烈而嚴正的批評和督勵，他方面因爲社會與世界情勢的變遷，使中國電影的從業員們對於自身的任務有了更明確的覺醒，於是在這三五年來沉沉暮氣的中國影壇，又吹進來一脈清新的生氣。

在這一年的初頭，開始認識了自身任務的中國電影人，對觀衆投擲了幾顆强烈的炸彈。例如，陳瑜（田漢）編劇，卜萬蒼導演的《三個摩登女性》，丁謙平（夏衍）編劇，程步高導演的《狂流》，孫瑜編劇、導演的《天明》和蔡楚生編劇導演的《都會的早晨》。

除出這'四顆炸彈'之外，我們還不能忘記兩位新人的作品，這就是沈西苓先生的《女性的吶喊》和費穆先生的《城市之夜》了。"

他還對中國電影的未來寄予了極大的期望，他説：

"中國電影的新的轉變是一樁值得祝福和誇耀的事情，上面所略述到的那一些作品，我們都應該看作從充滿了沙礫的瘠土裏面，夾雜在有害的莠草和毒卉中間生長出來的苗樹，嚴正地矯正它的偏畸，善意地維護它的成長，這責任是在廣大的希望中國電影進步的觀衆們身上的。

春天，的確已經是初春了，雖則還有寒風，還有霜雪，但是無數怒茁的新芽，已經一天天地正在成長。前途是祝福着的，中國的電影藝人們，前進吧！"

中國電影文化協會成立

2月9日，中國電影文化協會成立。協會宣言發表在3月26日上海《晨報》的"每日電影"副刊上。協會的32名執行理事和候補執行理事都是由電影界各方面人士投票推選出來的，他們是：常務委員、執行委員5人：鄭正秋、周劍雲、姚蘇鳳、卜萬蒼、孫瑜，執行委員16人：董克毅、黎民偉、蔡楚生、應雲衛、顏鶴鳴、史東山、任光、周克、金焰、洪深、胡蝶、陳瑜（田漢）、陸潔、唐槐秋、程步高、張石川，候補執行委員11人：沈西苓、李萍倩、吴永剛、孟君謀、查瑞龍、陳燕燕、黄子布（夏衍）、高梨痕、魯史、聶耳、龔稼農。夏衍、聶耳、沈西苓擔任文學部、組織部、宣傳部的負責人。

鄭正秋
（常務委員、執行委員）

周劍雲
（常務委員、執行委員）

姚蘇鳳
（常務委員、執行委員）

卜萬蒼
（常務委員、執行委員）

孫瑜
（常務委員、執行委員）

董克毅
（執行委員）

黎民偉
（執行委員）

蔡楚生
（執行委員）

應雲衛
（執行委員）

顏鶴鳴
（執行委員）

史東山
（執行委員）

任光
（執行委員）

周克
（執行委員）

金焰
（執行委員）

洪深
（執行委員）

胡蝶
（執行委員）

陳瑜
（田漢，執行委員）

陸潔
（執行委員）

唐槐秋
（執行委員）

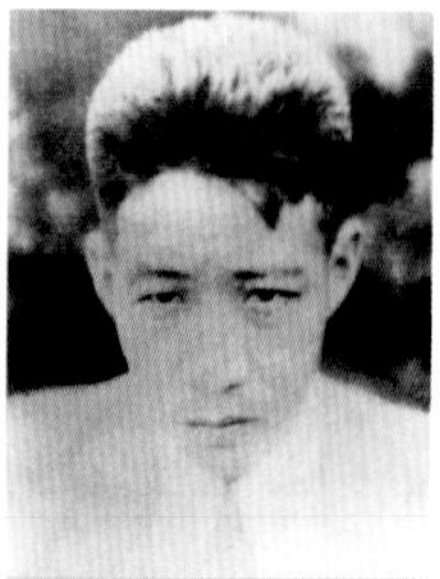
程步高
（執行委員）

張石川
（執行委員）

沈西苓
（執行委員）

李萍倩
（執行委員）

吴永剛
（候補執行委員）

孟君謀
（候補執行委員）

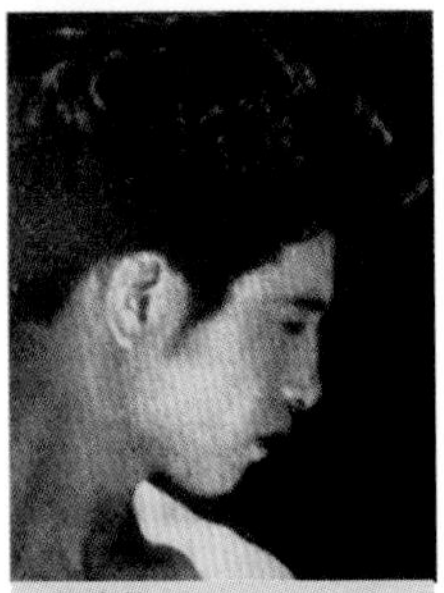
查瑞龍
（候補執行委員）

陳燕燕
（候補執行委員）

黄子布
（夏衍，候補執行委員）

高梨痕
（候補執行委員）

魯史
（候補執行委員）

聶耳
（候補執行委員）

龔稼農
（候補執行委員）

蔣介石查問“電影界過激分子”

上海明星影片公司編輯的《明星》畫報一卷二期（1933年6月1日發行）刊登了一條消息：“本公司總經理張石川君，前應蔣委員長之召，特偕攝影師葉（‘董’之誤——編者）克毅、收音師司徒慧敏、何兆璋、何兆璜、文牘王乾白諸君，赴南昌攝取蔣氏暨其他軍政要人抗日剿匪之演説聲片，茲已工作完畢，已於5月16日晨返滬矣。”

《明星》畫報一卷四期（1933年8月1日發行）刊載王乾白著《贛行紀實——爲蔣委員長等攝製剿匪聲片》（下）。在這篇日記體的文章中，提到5月5日晚7時委員長會（公）館來電話，約明星公司總經理張石川赴三省剿匪總司令部謁見委員長。文中説：

蔣委員長在會到石川先生時，曾詢問到上海的電影界情況，並説了這樣一段話，“聽説近來有許多過激分子，混入上海的電影公司，利用電影來做他們的宣傳，如某某人等，是不是有這樣的事情？你在上海，又是在電影界中，當然可以知道，儘可以詳細地告訴我。”

張石川回答説：“這情形也許是實在的，但是我們没有真實的憑證，所以不敢貿然的指明誰是誰不是。”

藝華影業公司攝影場被搗毁

11月12日，國民黨特務組織藍衣社以“上海影界鏟共同志會”的名義，搗毁了藝華影業公司攝影場，並散發油印的宣言。稱“藝華公司係共産黨宣傳機關，普羅文化同盟爲造成電影界之赤化，以該公司爲大本營，如出品《民族生存》等片，其内容爲描寫階級鬥爭者”。還恫嚇説“如該公司及其他公司不改變方針，今後當準備更激烈的手段應付。聯華、明星、天一等公司，本會亦有嚴密之調查”。魯迅在《準風月談》“後記”中，以“立此存照”的方式，記録了這一事件，並進行了激烈的抨擊。

11月15日，上海各大電影院同時收到署名“上海影界鏟共同志會”於11月13日簽發的“警告信”。

魯迅怒斥搗毁藝華的罪行

藝華影業公司被藍衣社暴徒搗毁，魯迅在他的雜文集《準風月談》的“後記”中，用“立此存照”的方式，收集了當時報紙上對於這一事件的報導，以及實施這一暴行的“上海影界鏟共同志會”所散發的傳單，記録下了這一反革命文化圍剿的暴行。

在這篇“後記”中，魯迅收入了：

1.《藝華公司被“影界鏟共同志會”搗毁》，原載11月13日《大美晚報》。

2.《影界鏟共會　警戒電影院　拒演田漢之影片》，原載11月16日《大美晚報》。

3.《今晨良友圖書公司　突來一怪客　手持鐵錘擊碎玻璃窗　揚長而去　捕房偵查中　光華書局請求保護》，原載11月13日《大美晚報》。

4.《搗毁中國論壇　印刷所已被搗毁　編輯間未受損失》，原載11月15日《大美晚報》。

5.《襲擊神州國光社　昨夕七時四人衝入總印刷所　鐵錘揮擊打碎橱窗損失不大》，原載12月1日《大美晚報》。

6.上海影界鏟共同志會傳單，1933年11月13日（魯迅收藏的是原件）。

魯迅在這篇“後記”的最後説：

“經驗使我知道，我在受着武力征伐的時候，是同時一定要得到文力征伐的。”深刻揭露了國民黨反動派以反革命的文化圍剿配合反革命的軍事圍剿的本質。

《電影導演論》《電影脚本論》單行本出版

本年，夏衍、鄭伯奇翻譯的《電影導演論》、《電影脚本論》由晨報出版社結集出版，該書由洪深作序。書中還附有夏衍編劇的《狂流》劇本。

《電影導演論》、《電影脚本論》單行本封面

1930—1933年（香港）

大事記

1931年

本年　香港第一家有攝影棚的電影製片廠——利園片廠在銅鑼灣利園山上建成。

11月29日　聯華港廠創業作《鐵骨蘭心》公映。

1933年

4月15日　香港政府頒佈了《檢查影片及標貼則例七條》，從此香港有了正式的電影檢查法規和制度。

11月28日　香港第一部局部有聲片《良心》公映。

本年　聯華公司總部遷往上海。

香港影片公司成立

1930年初，黎北海創建了香港影片公司。這是省港大罷工後，香港影人回港成立的第一家電影公司。它不僅僅是30年代香港第一家電影公司，它也結束了香港電影史上爲期達四年半的第一個中止期。香港影片公司成立後，首先創辦了演員訓練班，培養了不少人才，著名的有薛兆榮（香港早期著名男演員）、麥嘯霞（著名編劇、導演、演員）、許夢痕、立建嫻、朱普泉（香港早期著名喜劇演員），導師由黎北海親自擔任。香港影片公司出產過兩部影片，分別是《左慈戲曹》、《客途秋恨》。前者是香港第一部大製作，而後者是香港第一部改編自粵曲的電影。

《左慈戲曹》在香港上映時的廣告

《左慈戲曹》劇照

重要影片

《良心》

出品：中華製造聲默片有限公司
編劇：麥嘯霞
導演：麥嘯霞 周永萊
主演：石友宇 馮潔貞 麥毅漢

影片描述一個花花公子迷惑並騙娶了一位富家小姐，得手後又將她遺棄，並把騙來的錢財揮霍一空，最終淪爲盜賊。後來他良心發現，向警方自首。但他無顏回到妻子身邊，決意參軍，捨身報國。

《良心》是香港首部局部有聲片。

《良心》劇照

《暗室明珠》

出品：聯華港廠
監製：羅明佑
編導：關文清
主演：吴楚帆　黄曼梨　石友宇

影片以一顆明珠爲線索，引出兩位孝義兄弟爲母千里尋珠，備受艱苦，之後兄長參軍，弟弟成賊，直至軍匪大戰才使兄弟重逢，明珠也物歸原主。

《暗室明珠》劇照

《古寺鵑聲》

出品：聯華港廠
編劇：羅明佑
導演：梁少坡
主演：薛兆榮　黄曼梨

劇中的主人公何如夢是一個多行不義之徒，後因感受到因果循環之報，出家爲僧。

該片外景在廣東肇慶鼎湖山拍攝，是聯華港廠出品的第2部影片。

《左慈戲曹》

出品：香港影片公司
編導：黎北海
攝影：彭年
主演：黎北海　許夢痕

影片根據中國古典名著《三國演義》中部分章節改編而成，內容描述術士左慈運用法術戲弄曹操的故事。該片場面宏大，製作精良、認真。

《左慈戲曹》的公映標誌着香港電影史上第一個中止期的結束，標誌着香港電影業在1931年開始全面的復甦。

《呆佬拜壽》

出品：振業公司
編劇：魯司
導演：侯曜
主演：子喉七　黄曼梨

該片取材於廣東民間故事，是一部諷刺喜劇。描述了窮女婿呆佬爲岳父拜壽、飲宴時，受到岳父歧視，但呆佬也將岳父和他的富女婿們弄得啼笑皆非。

聯華影業製片印刷有限公司在港成立

1930年10月25日，爲了振興中國電影業，羅明佑、黎民偉兩人携手並聯合了民新、華北、大中華百合、上海影劇等幾間電影公司，並以中國電影史上第一次實行現代資本主義經營方式的股份制有限公司的形式，以“提倡藝術，宣揚文化，啓發民智，挽救影業”爲口號，在香港著名有華人血統的富商何東支持下，於香港成立了聯華影業製片印刷有限公司（以下簡稱聯華），董事長何東，總經理羅明佑，副總經理黎民偉。1931年3月，聯華在上海設立分管理處，之後又在北平成立了聯華演員養成所，在上海成立了聯華歌舞班。1933年，由於聯華財政不景氣，董事會決定撤銷除上海以外的聯華機構，把製片業務力量集中在上海，當時黎民偉、林楚楚等都轉至上海參加影片拍攝。

“聯華”董事長何東（左）與阮玲玉（中）、林楚楚（右）

羅明佑（右）、黎民偉（左）在成立聯華影業製片印刷公司時的合影

林楚楚（左）與黎鏗手持“聯華”標誌

影片目録

1931年

香港影片 《左慈戲曹》、《客途秋恨》
聯華 《鐵骨蘭心》

1932年

公映的影片共兩部，全部爲默片。它們是聯華的《古寺鵑聲》和《夜半槍聲》。

1933年

（从本年起，香港进入有声电影与无声电影混合期。因为香港有声电影多为粤语片，除注明外，均为粤语片，以下不再另注明。）

中華製造聲 《傻仔洞房》、《良心》
國聯 《落花飛絮》（無聲）
聯華 《暗室明珠》（無聲）
振業 《呆佬拜壽》（無聲）
出品者不詳 《粵語歌唱片大集會》

《鐵骨蘭心》海報

《鐵骨蘭心》

出品：聯華港廠
編劇：梁少坡
導演：關文清
主演：石友宇　馮潔貞　麥毅漢

富家小姐麗蘭天生麗質，聰慧善良，追求者甚多。麗蘭多次被鐵匠張國强所救，心生愛慕，却遭國强以貧富懸殊而拒絶。麗蘭因此憂鬱成病，國强被麗蘭的真心所打動，兩人最終共結連理。

《鐵骨蘭心》是香港第一部在外地拍攝外景的影片，同時也是香港第一部使用手提攝影機拍攝的影片。

石友宇（1910—1950）

電影事業家、演員。廣東中山人。從小在香港成長及接受教育，從影前當過牧師。1931年考入北平聯華演員養成所，畢業後出任聯華港廠創業作《鐵骨蘭心》的男主角，從此步入電影圈。 1934年，石友宇創辦了華藝影片公司；1937年他加盟大觀公司成爲演員，曾主演過《肉搏》、《民族之光》等片；1939年開始執導影片，包括有《玉梨魂》、《肉面狐狸》、《花街神女》、《天涯慈父》等。1941年香港淪陷，石友宇退出電影圈。1950年病逝於香港荔園。

聯華港廠成立

聯華港廠是1931年年初聯華在香港建成的電影製片廠，並在銅鑼灣利園山建成攝影場——利園山片廠，10月更名爲香港製片廠。該廠廠長爲黎北海，主要編導有關文清、梁少坡、黎北海等，攝影師有羅永祥等，基本演員有黄曼梨、吴楚帆等，兩年間出產了創業作《鐵骨蘭心》、《古寺鵑聲》、《夜半槍聲》等默片。同時聯華港廠還出品過《蟻》、《蛙》兩部科教片，是目前爲止所知最早的中國科教片。由於聯華公司出現財政困難，聯華港廠開設不到兩年時間就於1933年結束。

聯華發起中國電影界義映救災

1931年，中國17個省同時遭遇特大水患，災民高達5000多萬人。聯華以〝救助災民〞爲口號，於同年8月28日在中國各大報章登出啓事，發起全國電影院在9月1日至2日，日夜義映救災，並由聯華負責提供影片。當時全國有50多家電影院參加此次活動，香港就有新世界、旺角、官涌以及新開辦的蓮花露天電影場等放映機構參加。

這次義映是中國電影界第一次舉辦全國性的救濟災民慈善活動。

香港第一部有聲片

1933年9月20日，由中華製造聲默片有限公司出品的香港第一部完全有聲片《傻仔洞房》公映。香港正式進入有聲片與默片共存的時期。

《傻仔洞房》是香港出品的第一部有聲片，也是一部幽默喜劇電影。影片在公映及重映時皆非常賣座。公映不久便拍了續集《繁華夢》，這也是香港歷史上第一部有上下集的電影。

《傻仔洞房》後來曾被改編爲粵劇，是香港第一次由電影改編成粵劇的戲劇目。

《傻仔洞房》劇照

《傻仔洞房》

出品：中華製造聲默片有限公司
編導：黎北海
主演：廖夢覺　楊倩儂　黄佩瑛

影片描述一個傻仔在洞房之夜傻頭傻腦弄出不少笑話，以及在他拜見岳父和外出上街也是笑料百出。

國聯公司成立

1932年底，聯華演員養成所培養出來的高才生胡藝星在聯華港廠的舊址上創辦了國聯公司。創業作爲1933年出品的香港第一次出現的恐怖類型片《盜屍》，之後又出産過香港愛國電影——《戰地歸來》和爲越南拍攝了第一部默片《落花飛絮》。1938年，該公司遷往越南。

胡藝星（1919— ）

電影事業家、演員。廣東南海人。1931年胡藝星考入北平聯華演員養成所，由此正式步入電影界。之後曾參演過聯華港廠出品的《夜半槍聲》等影片。1932年，胡藝星創辦了國聯影片公司，出品過《盜屍》等三部影片。1934年，他爲了深造暫時結束了國聯，之後主演過《紅船外史》、《破浪》、《新人道》等影片，並開始使用"胡戎"爲藝名。戰前胡藝星還主演過許多名片，如《女兒香》、《鍾馗捉鬼》、《賽金花》、《小老虎》等。香港淪陷時，胡藝星到新加坡避難。戰後轉行做電影行政工作，曾任南洋片廠廠長、環球、太平、香港仔等戲院經理。90年代，胡藝星退出電影圈，移居美國。

香港第一部爲外國拍攝的電影

1933年1月8日，根據越南同名舞臺劇改編的默片《落花飛絮》公映。《落花飛絮》是香港爲越南攝製的電影，也是香港第一部爲外國拍攝的影片。該片爲默片，配有越南文字幕，影片並沒有在港公映，而是直接拿到越南西貢放映。這之後國聯出産的其他影片，如《盜屍》、《戰地歸來》等紛紛拿到越南放映，從而打開了越南市場。

《落花飛絮》

出品：國聯影片公司
導演：黄岱
主演：伍洲 鳳好

影片根據越南同名舞臺劇改編，叙述一個歌女的愛情悲劇。

《夜半槍聲》劇照

中華製造聲默片有限公司成立

中華製造聲默片有限公司是1932年由黎北海、唐醒圖創辦的香港第一家出産有聲電影的電影公司。公司和片廠都設在香港銅鑼灣利園山——香港製片廠的舊址。中華製造聲默片有限公司創業作爲《傻仔洞房》，其票房相當不俗。另外還有《良心》、《繁華夢》、《扭計祖宗》和《薄幸》等影片。

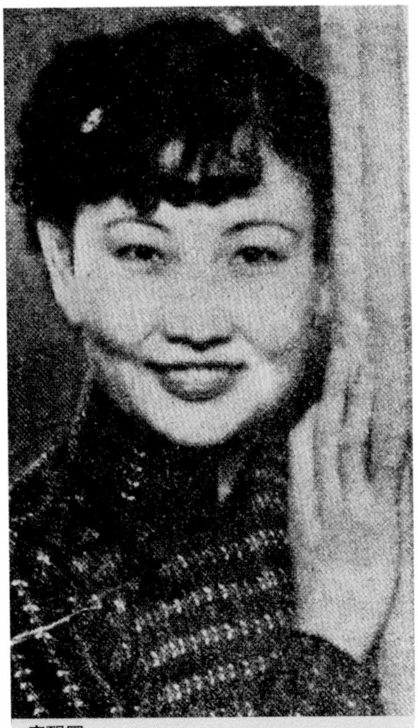

唐醒圖

香港第一部偵探類型片

1932年5月29日，香港製片廠（原聯華港廠）出品的香港第一部偵探類型片《夜半槍聲》公映。

《夜半槍聲》

出品：香港製片廠
編劇：曹學愚
導演：關文清
主演：吴楚帆 黄曼梨 唐醒圖 李鐵

這是香港出品的第一部偵探類型電影。

才貌出衆的富家女子追求者甚衆，她先是愛上了才華横溢的才子周懷遠，後又因愛慕虛榮嫁給富翁錢如明爲妾。18年後，她與周懷遠重逢，兩人舊情復發，並背着錢如明偷情。終於周懷遠在半夜槍殺了錢如明。

1934年（大陸）

大事記

1月23日 國民黨特務組織在上海散發《鏟除電影赤化宣言》，並在報紙上刊登，恫嚇各電影公司"以後絶對不得再拍攝宣傳赤化、描寫階級鬥爭和對於社會病態黑暗面的描寫的'普羅'意識電影"，説田漢、夏衍等"赤色作家或共產黨徒"已被"呈請政府通緝"。恐嚇電影院不得放映未經"修正"的左翼影片，否則"定以轟炸各該放映之電影院"。還威脅"各電影刊物及各大報紙電影副刊亦應勿再刊載鼓吹赤化之影評，否則亦當以炸彈奉饗"。

3月初 國民黨中央宣傳委員會在南京召開各電影公司老闆、經理和個別創作人員舉行座談會，在會上發表《告誡電影界書》，强調不得再拍攝"鼓吹階級鬥爭"的影片。

3月11日 國民黨第四屆中央執行委員會第111次常務會議決議，將"電影檢查委員會"取消，另組"電影檢查委員會"和"劇本審查委員會"，隸屬於國民黨中央宣傳委員會所轄之"中央電影事業指導委員會"，繼之修正電影檢查標準。這一改組使電影檢查權集中到中央，取消了各省市所制定的檢察制度。

5月 國民黨中央黨部、國民政府内政部、教育部和中國教育電影協會共同組成評選委員會，主持第二届國産影片比賽。聯華出品的《人生》獲無聲片第一名；明星公司《姊妹花》獲有聲片第一名。

上半年 張善琨主持的新華影業公司成立。

10月 在國民黨當局的壓力之下，明星公司解散編劇委員會，夏衍等人脱離了明星公司，但是仍然以各種方式參加明星公司的編劇工作。

本年 中國教育電影協會編纂出版了《中國教育電影年鑒》。

重要影片

白露（右，阮玲玉飾）與黄漢秀（左，張翼飾）互相愛慕

《再會吧，上海》

出品：聯華影業公司

編導：鄭雲波　攝影：姚士泉

主演：阮玲玉　何非光　張翼　湯天綉

白露因家鄉遭災到上海投靠王太太，在途中船上與大副黄漢秀相識。她到上海後，一次因病到醫院，在眩暈中被醫生劉光輝佔有。劉光輝和王家女兒瑪麗結婚。白露發現自己懷孕，搬出王家，生下孩子後做了舞女。孩子生病，醫生竟是劉光輝，白露哀求、怒駡，劉光輝却揚長而去。孩子死了，白露毅然離開上海。

《體育皇后》

出品：聯華影業公司

編導：孫瑜

攝影：裘逸葦

主演：黎莉莉　張翼

體育教練雲鵬發現林瓔的短跑天才，經過特别訓練後，林瓔連破多項短跑紀録。艾錚是林瓔的比賽勁敵。高飛要在自己的小報上選出"體育皇后"，艾錚讓大病初愈的肖秋華和林瓔死拼，致使其心臟病發死亡。林瓔痛恨個人錦標，用比賽時只跑個最後來抗議對體育精神的褻瀆。

林瓔（左，黎莉莉飾）與她的教練雲鵬（右，張翼飾）

劉長春（站立者，金焰飾）在夜校裏

《黄金時代》

出品：藝華影業公司

編劇：田漢

導演：卜萬蒼　攝影：周克

主演：金焰　殷明珠　胡萍　戴衍萬

在一所平民夜校裏，老教育家教出了兩個好學生劉長春和張小妹。他臨終前囑咐學生們一定要堅持平民教育。劉長春和張小妹繼續開辦平民學校，劉長春被流氓毒打，臨死前囑咐小妹和同學們一定要堅持下去。過了許多年，小妹用老校長和長春的話鼓勵着下一代。

《飛花村》

出品：藝華影業公司

編劇：蔡楚生

導演：鄭應時

攝影：沈勇石

主演：胡萍　高占非
　　　王乃東　陳娟娟

阿華的父親去世，阿華的妻子爲辦喪事只好向火車站長借錢，因此而被迫與站長姘居。阿華受傷住進醫院，出院後帶着女兒到城裏謀生，恰巧遇到妻子與站長在一起。阿華因捲進一起謀殺案被送上法庭，妻子良心發現爲他作證，站長被捕，但是阿華的家却永遠難以破鏡重圓。

《飛花村》廣告

《女兒經》

出品：明星影片公司
編劇：夏衍　鄭正秋　洪深　鄭伯奇
　　　沈西苓等
導演：張石川　程步高　沈西苓
　　　姚蘇鳳　陳鏗然　鄭正秋
　　　徐欣夫　李萍倩　吴村等
攝影：董克毅　王士珍　嚴秉衡
　　　周詩穆　陳晨等
主演：胡蝶　高占非　宣景琳
　　　鄭小秋　王獻齋　高倩蘋
　　　徐莘園　徐琴芳　蕭英
　　　嚴工上　袁紹梅　顧梅君
　　　夏佩珍　趙丹　龔稼農
　　　黄耐霜　孫敏　徐來
　　　王徵信等

影片由八個女性經歷的故事組成：1.宣淑年老色衰後被丈夫遺棄，回到娘家又被嫂子歧視。2.嚴素使用手段將丈夫制得服服帖帖。3.高華明裏從事婦女運動，私下裏却過着糜爛的生活。4.朱雯因拒絶股東少爺的侮辱，失去了工作。5.徐玲沉湎於賭博，以至於家破人亡。6.夏雲因丈夫失業病死，孩子失蹤而精神失常。7.徐莉在爭風吃醋中生活。8.胡瑛在北伐戰爭時期救了一個革命志士。

根據夏衍的提議拍攝的這部集錦式的影片，觸及了相當廣闊的社會生活，特别是各階層婦女的面貌，同時也全面展示了明星影片公司的編導和演員的陣容。

女同學們在胡瑛家聚會

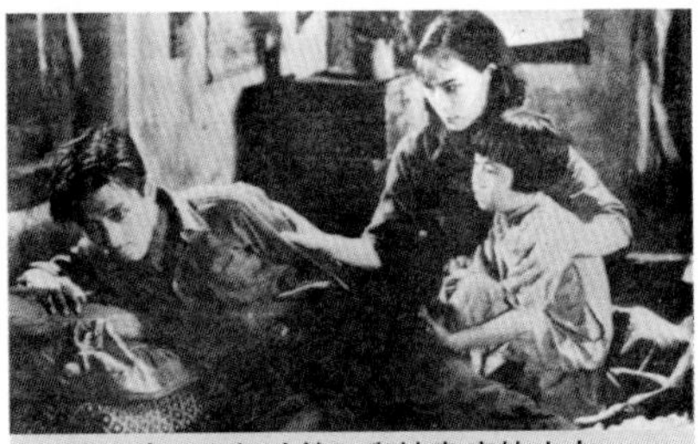
夏雲（中，夏佩珍飾）與她患病的丈夫（左，趙丹飾）和年幼的女兒（陳娟娟飾）

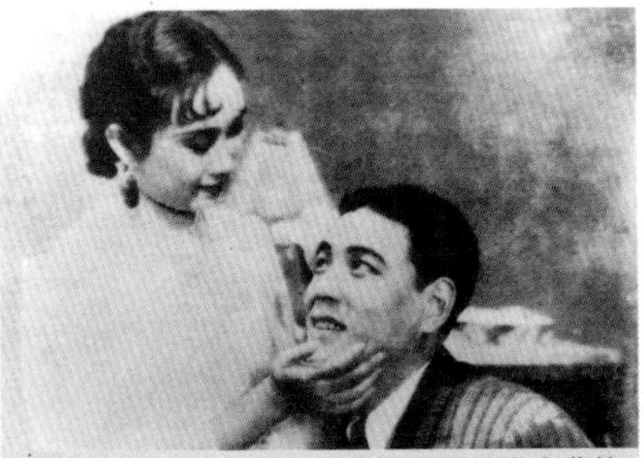
胡瑛（胡蝶飾）和她的丈夫高國傑（高占非飾）

王瑩（1913—1974）

原名喻志華。安徽蕪湖人。演員，作家。30年代參加電影界，先後主演了《女性的吶喊》、《鐵板紅淚録》、《同仇》、《自由神》等影片。抗戰爆發後在國内外宣傳抗日，1942年到美國留學。1955年回國後，主要從事文學創作，有小説多部。

《同仇》

出品：明星影片公司
編劇：夏衍
導演：程步高
攝影：王士珍
主演：王瑩　陳凝秋　謝雲卿　嚴月閒

少女殷小芬與青年軍官李志超相愛並私奔，但李移情别戀，小芬無奈回到家鄉，她的父親見到她後死去。不久，志超帶領隊伍上前線殺敵，路過小芬的家鄉，小芬聽到志超是爲了殺敵，她放下了準備殺志超的刀。

李志超（後，陳凝秋飾）小芬（中，王瑩飾）和她的父親（左，謝雲卿飾）

顧策（左2，龔稼農飾）在西北農村

《到西北去》

出品：明星影片公司
編劇：鄭伯奇
導演：程步高　攝影：王士珍
主演：龔稼農　徐來　趙丹

青年工程師顧策到西北去興修水利。但他却看到，青年農民柏福壽因爲村長和地主的欺凌，被迫遠走他鄉；官吏們借着"興修水利"的名義，中飽私囊。顧策修建了水渠，但又引起了一場新的土地爭奪。顧策只好離開這裏。

影片目録（共85部）

聯華《暴雨梨花》、《大路》、《骨肉之恩》、《歸來》、《黑心符》、《酒色財氣》、《癩蛤蟆想吃天鵝肉》、《良宵》、《破浪》、《青春》、《人生》、《神女》、《體育皇后》、《鐵鳥》、《我們的公館》、《香雪海》、《新女性》、《漁光曲》、《再會吧，上海》

明星《到西北去》、《婦道》、《華山艷史》、《空谷蘭》、《漏洞》、《路柳墻花》、《麥夫人》、《美人心》、《女兒經》、《女性的仇敵》、《青春線》、《三姊妹》、《同仇》、《鄉愁》、《再生花》、《重婚》

天一《百花洲》、《春宵曲》、《歌壇艷史》、《紅樓春深》、《歡喜冤家》、《黎明》、《熱血青年》、《紉珠》、《似水流年》、《萬花園》、《王先生》、《舞宫春夢》

藝華《飛花村》、《黄金時代》、《女人》、《人間仙子》

快活林《女犯》、《破鏡重圓》、《賢惠的夫人》

大金龍《生路》、《血濺桃花》、《月下魅影》

其他《棄愛》、《趙大之家》（國强）、《淪落》、《鐘聲響了》（强華）、《幕中人》、《陷落的靈魂》（月明）、《還我山河》（大長城）、《婚姻革命》（大光明）、《好好先生》（大時代）、《黄金禍》（大星）、《桃李劫》（電通）、《戰地歸來》（國聯）、《禍水》（華電）、《亮眼瞎子》（華東）、《爲親犧牲》（吉星）、《表表表妹》（集美）、《爲國爭光》（暨南）、《新路》（九星）、《卞昆崗》（龍馬）、《薔薇之歌》（梅花）、《健美運動》（上海）、《兒童之光》（蘇州）、《青春時代》（天北）、《愛獄》（新牡丹）、《殘夢》（新生命）、《王先生的秘密》（新時代）、《航空救國》（一心滑稽）、《愛克司光》（藝海）

老校長（左，李君磐飾）對阮嫂（右，阮玲玉飾）母子的境遇愛莫能助

吴永剛（1907—1982）

江蘇吴縣人，生於上海。編導。1925年進電影界，擔任美工師。1934年導演《神女》，此後的作品有《浪淘沙》、《壯志凌雲》、《岳飛盡忠報國》、《胭脂淚》、《忠義之家》、《迎春曲》等；新中國成立後，導演作品有《遼遠的鄉村》、《哈森與加米拉》、《秋翁遇仙記》、《巴山夜雨》、《楚天風雲》等。

阮嫂爲了躲避警察，誤入流氓章大（左，章志直飾）家中

《神女》20世紀80年代放映時的海報

《神女》

出品：聯華影業公司
編導：吴永剛　攝影：洪偉烈
主演：阮玲玉　章志直　黎鏗　李君磐

阮嫂爲了撫養兒子，夜間上街拉客。一日，爲了逃避警察的追捕，躲進了流氓章大房内。從此，章大不時敲詐她。兒子上學後，家長們的流言蜚語，使得主持正義的校長也無能爲力。阮嫂要離開這裏，可她積攢的一點錢也被章大偷走了。她找到章大理論，失手將其打死，自己則被關入獄。

這部影片是吴永剛的導演處女作，也是左翼進步電影的經典作品和中國無聲電影達到高峰的標誌之一。著名演員阮玲玉在這部影片中的出色表演，證明了她是中國無聲電影時期最優秀的女演員。

金哥(中，金焰飾)和他的伙伴們(左，張翼飾，右，羅朋飾)修築戰略公路

《大路》

出品：聯華影業公司
編導：孫瑜　攝影：洪偉烈
主演：金焰　陳燕燕　黎莉莉　羅朋　鄭君里　劉瓊

以金哥爲首的一群築路工人到内地修建一條軍用公路，他們團結一心，與漢奸的破壞、阻撓進行鬥爭，雖然他們最後在敵機的轟炸中犧牲，但他們的靈魂永生。

這是左翼進步電影中第一次全部以工人階級爲主角的影片，影片中洋溢着的青春活力和浪漫氣息，體現了導演孫瑜具有濃鬱詩人氣質的創作風格。本片具有鮮明的抗日反帝思想，並把工人階級作爲抗戰的主力軍，導演在本片中表現了澎湃的詩情，在藝術處理上顯示了他被稱爲"詩人導演"的特色。聶耳所寫的《大路歌》和《開路先鋒》，爲本片的思想内容和藝術風格起到了很大的作用。

孫瑜（1900—1990）

原名孫成璵。原籍四川自貢，生於重慶。電影編導。早年留學美國，學習電影專業。1926年回國；1930年任聯華影業公司導演。主要作品有《風流劍客》、《漁叉怪俠》、《故都春夢》、《野草閑花》、《野玫瑰》、《共赴國難》、《小玩意》、《大路》、《長空萬里》、《火的洗禮》、《武訓傳》、《乘風破浪》、《魯班的傳説》等。

▲ **黎莉莉**（1914—2005）

浙江吴興人。演員。1926年與父親錢壯飛參加影片《燕山俠隱》的演出，此後主演了影片《火山情血》、《天明》、《小玩意》、《體育皇后》、《大路》、《秋扇明燈》、《狼山喋血記》等。抗戰期間主演《熱血忠魂》、《孤島天堂》、《塞上風雲》等影片。新中國成立後，在北京電影學院任教。

◀ **陳燕燕**（1916—2002）

北京人，生於浙江寧波。演員。1932年進入電影界，主演的影片有《南國之春》、《三個摩登女性》、《母性之光》、《大路》、《天倫》、《聯華交響曲》等。1949年移居香港，在港臺兩地拍片。

家人們探望被關進監獄的楊瑛（右，高倩蘋飾）

陳北峰(左，陳凝秋飾)與余蘭烈(右，徐來飾)

《華山艷史》

出品：明星影片公司
導演：程步高
攝影：王士珍
主演：徐來　陳凝秋　龔稼農　白璐

大學生陳北鋒和同學余蘭烈在暑假遊華山時建立了感情，可不久余蘭烈又和同學洪家辰結了婚。陳北鋒失意後，經過同學們的幫助，放下自己的幻想，投身北伐。

《鄉愁》

出品：明星影片公司
編導：沈西苓
攝影：周詩穆
主演：高倩蘋　宣景琳　趙丹　梅熹　孫敏

志雄在戰爭爆發後上了前線。他的老父親死於戰亂；妹妹楊瑛携老母輾轉到上海尋找丈夫梅華，因打傷了一個企圖侮辱他的惡少，被關進了監獄。戰火又起，人們面對戰火不再逃避，決心抵抗侵略者。

《鄉愁》拍攝的1934年，溥儀在東北出任僞滿洲國傀儡皇帝。當時的上海電影界，爲東北的領土喪失而惆悵，這部片子可以説是應時佳作，在同期出品中風格別具，編導沈西苓在片中寄託了他無限的故國哀愁。該片在送上海租界電影檢查時，費盡周折才獲得通過。在中央大戲院試映招待文化界時，獲得一致好評，被當時的影評稱讚爲“偉大的時代悲劇”。正式公映於新光大戲院後立即轟動上海，造成場場狂滿的紀録。但當時駐上海的日本領事館却暗中施加壓力，使該片輟演，令廣大電影工作者爲之悲憤嘆息不已。

大寶（右，胡蝶飾）和桃哥（左，鄭小秋飾）一家人逃走

《再生花》

出品：明星影片公司
編導：鄭正秋
攝影：董克毅
主演：胡蝶　鄭小秋　宣景琳　王獻齋

二寶接母親和姐姐回督辦署向錢督辦求情，此時錢督辦宿九姨太處未歸。得悉錢督辦派蕭隊長去捉大寶，二寶心急前去營救，被衛兵攔阻。桃哥全家逃到鄉下後，趙大媽舊病復發，無錢醫治，桃哥冒險向二寶求助。」正民也爲營救革命黨人而奔走，不料事機敗露，雙雙被捕。國民革命軍到達，二人獲得自由。

金城影戲院開幕

2月1日，位於上海北京路貴州路口金城（Lyric）影戲院開幕，開幕電影是聯華影業公司出品的《人生》。該院由原在南京經營電影院的柳中浩斥資102500元，聘華蓋公司建築師趙深製樣，建造的新式電影院，設有座位1786個。2月3日起正式營業，開業之初，先從北京大戲院奪得聯華影業公司出品專映權；其年秋冬，又獲得兩個新興的電影公司——藝華及電通出品的特約契；產生了中華人民共和國國歌《義勇軍進行曲》的影片《風雲兒女》，也是在金城電影院首映的。迨至1935年11月，復從新光奪得明星出品首映權；天一製片亦在金城放映。當時的評論説：“這不滿兩足歲的新生電影院，氣焰已自不可一世了。外片在華，現在勢力固甚雄厚，可是像金城這樣的爲國片出路努力服務，如以真正的合作精神，加以持久勉勵，其收效必定是會意想不到的了。”

關於“軟性電影”的論爭

1933年12月，《現代電影》發表文章，提出“軟性電影”論點。1934年6月，左翼電影工作者開始批判“軟性電影 論。由此展開了長達一年多的論爭，論爭最後以左翼電影理論的勝利而告終。

有關事件與文摘

1933年3月1日，《現代電影》雜誌創刊。劉吶鷗、黃天始、黃嘉謨等人編輯。

1933年12月1日，《現代電影》第6期發表《硬性影片與軟性影片》，認爲“電影是給眼睛吃的冰淇淋，是給心靈坐的沙發椅”，主張“我們的座右銘是‘電影是軟片，所以應當是軟性的’”，正式提出“軟性電影論”。

1934年6月1日，唐納在《晨報》“每日電影”發表《太夫人》，針對黃嘉謨在評論美國影片《太夫人》的文章當中所散佈的觀點和對左翼電影的攻擊進行了抨擊。這是反擊“軟性電影”的第一篇文章。

1934年6月12日，唐納發表《〈民族精神〉的批判——談軟性電影論者及其它》，批判了黃嘉謨在對美國影片《民族精神》①的評論中所散佈的謬論。

1934年6月13日，夏衍在《晨報》“每日電影”發表《軟性的硬論！》針對黃嘉謨在評論美國影片《太夫人》的文章當中所散佈的觀點，指出“《太夫人》這部影片只是一種fantasy（幻想），而黃嘉謨先生的大作《由太夫人談到喜劇的故事》倒是十分farce（滑稽）。”隨後，夏衍發表了一系列批判“軟性電影論”的文章，其中有：1934年6月29日發表在《晨報》“每日電影”的《玻璃屋中投石者——再答“軟性説教者”》、1934年6月21日發表在《大晚報》“火炬·星期電影”的《“告訴你吧”——所謂軟性電影的正體》、1934年7月3日發表在《晨報》“每日電影”的《白障了的生意眼——誰戕害了中國的新生電影》、1934年7月5日發表在《大晚報》“火炬·星期電影”的《請看這“軟”洋洋的媚態——追擊戕害中國民族電影的元兇》等。這些文章徹底戳穿了“軟性電影論”者把自己裝扮成中國民族電影的拯救者的僞善面貌，以精確的數字，翔實的事實説明，真正受到廣大觀衆歡迎的，是真正反映人民大衆生活，以及反映人民大衆反對日本帝國主義侵略，反對封建勢力壓迫的强烈願望的左翼進步電影。

1934年8月21—24日，王塵無在《晨報》“每日電影”發表《清算劉吶鷗的理論》，針對劉吶鷗鼓吹的“藝術即手法”的“形式主義”的理論，指出劉吶鷗的理論“在中國電影界形成一個勢力並不是不可能的”“就爲了這點，很快地把劉吶鷗的電影理論加以清算當然是必要的了。”

經過左翼電影工作者堅決的鬥爭和批判，“軟性電影”的理論基本上偃旗息鼓，其主要陣地《現代電影》僅辦了7期即停刊。“軟性電影”論爭第一回合結束。

1935年2月，“軟性電影論”的後來者穆時英發表了《電影批評的基準》，再次提出電影就是要給觀衆以“藝術的快感”，並對左翼進步電影進行攻擊。針對這一情況，王塵無又發表了批判“軟性電影論”的文章，其中有1935年3月16日、23日在《中華日報》“電影藝術”發表的《論穆時英的電影批評底基礎》，1936年在《電影畫報》第1期發表的《夜記之什》中的《“軟性電影”的毀滅》等，指出“冰淇淋論”和“藝術快感論”，“兩者在本質上，依舊是同一的”。柯萍、萍華也都發表了對穆時英的理論進行批判和清算的文章。

經過這兩次鬥爭回合，“軟性電影論”遭到徹底失敗。

①《民族精神》是一部美國影片，黃嘉謨的文章以此爲題。

電通影業公司成立

1933年底，"藝華"被搗毀的事件發生以後，電影生産的環境日益艱難，夏衍等左翼電影人退出了各電影製片公司。因此，建立一個能够自己掌握創作的電影公司成爲迫在眉睫的任務。

電通股份有限公司是一家電影器材製造公司，於1933年創立，三位負責人司徒逸民、龔毓珂和馬德建都是電影技術專家，並曾在國外學習電機工程和機械工程，他們研製出的"三友式"録音機已經投入電影製片實際應用。左翼電影工作者通過司徒慧敏與他的堂哥司徒逸民的關係，争取到與他們合作，於1934年春把這家公司改爲電通影業公司，由司徒慧敏擔任攝影場主任，夏衍、田漢等領導創作，並很快集中了一批創作幹部。

電通公司的創業作爲《桃李劫》，其後又拍攝了《風雲兒女》、《都市風光》、《自由神》三部影片。這四部影片具有鮮明的反帝反封建的内容，同時在藝術上大膽創新，放映後産生了重大的影響。其中田漢作詞、聶耳作曲的影片《風雲兒女》的主題歌《義勇軍進行曲》後來成爲中華人民共和國的國歌。

《桃李劫》

出品：電通影業公司
編劇：袁牧之
導演：應雲衛
攝影：吴蔚雲
主演：袁牧之 陳波兒 唐槐秋 周伯勳

陶建平和黎麗琳畢業後結婚並踏入社會。陶建平因反對老闆不法經營而被解職，到工廠去做粗活；黎麗琳遭不懷好意的經理的調戲。爲救産後昏倒的黎麗琳，陶偷拿了財務科的錢。妻子死了，陶建平將孩子送進孤兒院時誤傷警察致死，被判死刑，一對青年被社會吞噬。

生活重壓之下的陶建平（左，袁牧之飾）和黎麗琳（陳波兒飾）

袁牧之（1909—1978）

浙江寧波人。演員，編導，事業家。1934年進入電影界，代表作品有《桃李劫》、《風雲兒女》、《都市風光》、《馬路天使》、《八百壯士》等。1938年參與組建延安電影團，編導大型紀録片《延安與八路軍》。1946年參與組建東北電影製片廠，任廠長。1949年4月，任中共中央宣傳部中央電影局局長；新中國成立後，任文化部電影局局長。

應雲衛（1904—1967）

浙江寧波人。編導，事業家。1934年進入電通影業公司，此後作品有《桃李劫》、《時勢英雄》、《生死同心》等。抗戰期間作品有《八百壯士》、《塞上風雲》。戰後作品有《無名氏》、《憶江南》、《鷄鳴早看天》等。新中國成立後，擔任上海電影製片廠領導職務，並導演了一批戲曲藝術片。

陳波兒（1907—1951）

廣東潮州人。演員，事業家。1934年從影，主演影片《青春線》、《桃李劫》、《生死同心》、《八百壯士》等。1937年組織領導上海婦孺前線慰問團進行愛國宣傳活動。1940年抵達延安，抗戰勝利後參加東北電影製片廠領導工作。新中國成立後，參加電影局領導工作。病逝後被授予"人民藝術家"稱號。

周伯勳（1911—1987）

陝西臨潼人。演員。1934年加入電通影業公司，參加《桃李劫》、《都市風光》、《自由神》等片的演出。抗戰和戰後曾參加《塞上風雲》、《一江春水向東流》等影片的演出。新中國成立後，擔任上海電影製片廠製片主任，並參加了一些影片的演出。

1934年（香港）

大 事 記

3月24日　海外聯華出品的香港第一部得獎片《難兄》在港公映。

12月12日　天一港廠的創業作《泣荊花》公映。

本年　聯華港廠主辦的《聯華月刊》創刊。

全球影片公司成立，創業作《夕陽》。

竺清賢創辦了南粵影片公司，創業作《梁天來告御狀》。

華藝影片公司成立，創辦人石友宇。

天一港廠成立

上海天一影片公司在香港設立了分廠，也就是天一港廠，創辦人邵醉翁。

1933年，上海天一影片公司拍攝了中國內地非粵語地區出品的首部粵語片《白金龍》。該片由著名粵劇名伶薛覺先編導、主演。《白金龍》在香港上映時連映一個月，票房收入超過十萬港元，創下香港自有電影以來的最高票房紀録，該片後來在南洋各地上映，亦大受歡迎，接連創下了很高的票房紀録。《白金龍》的成功替邵氏兄弟的公司賺取了大筆的資金，因而也使得邵醉翁了解到粵語片在海外擁有龐大市場，於是親到香港設立天一港廠，專門攝製粵語片來供應華南及東南亞各地市場，粵語電影有了更充沛的資源，使粵語電影業進入一個新的發展階段。天一港廠成立後的創業作是《泣荊花》。

1935年5月、8月，天一港廠先後兩次失火，損失慘重，元氣大傷，之後由天一港廠改組爲南洋影片公司，並由邵邨人接手負責。

《泣荊花》

出品：天一影片公司
導演：邵醉翁　邵仁枚
主演：白駒榮　胡蝶影 杜麗華 劉克宣

影片改編自粵劇名伶白駒榮的首本戲(李公健編著)，是他的代表作之一。

梅玉堂的後母梅方氏霸佔家産，將玉堂二叔誣告入獄，並將玉堂的未婚妻賣至李家。玉堂目睹一切削髮出家。後玉堂未婚妻前往佛寺燒香，遇見玉堂並相約在後花園相見。相會時鄉人疑其有姦情，押至巡撫處。巡撫審訊之時案情大白，一家團圓。

影片中的主題曲《禪房自嘆》(白駒榮獨唱)及《後園後門》(白駒榮、蝴蝶影合唱)在省港及海外華人社區流行一時，此片受到歡迎與此大有關係。

重要影片

《浪花村》劇照

《浪花村》

出品：海外聯華
監製：羅明佑
編導：趙樹燊
主演：吴楚帆　黎灼灼　黄岱　黄壽山

影片描述一位出身漁村的愛國青年離家赴前線打仗，妻子在家愛上他人。待這位青年返家後，一場愛情悲劇終於釀成。

此片是海外聯華出品的第三部影片，同時也是最後一部影片。是香港第一部描寫水上居民生活的影片，在著名漁港香港仔拍攝。

《盜屍》

出品：國聯影片公司
編導：黄岱
主演：吴楚帆 胡藝星

影片講述兩個熱血青年盜取一個爲富不仁者的屍體，想要將其鞭屍示衆，並將棺内陪葬珠寶分給貧民。

這是香港攝製的第一部恐怖類型片。影片拍攝盜屍情節時用燈光渲染氣氛，顯得情景相當恐怖。

《戰地歸來》

出品：國聯影片公司
編劇：胡小天
導演：黄岱
主演：吴楚帆　黄曼梨

根據霍然編撰的著名舞臺劇《不堪重視舊征袍》改編，"一二八事件"後，愛國青年張志强辭别未婚妻加入抗日部隊。他的未婚妻也爲了進行愛國募捐四處奔走，但不幸遇到壞人欲强姦她，她奮起反抗，最終兩人雙雙死去。張志强從前線歸來後得知慘况，悲痛欲絶，最後收拾心情重上前線。

本片是香港第一部以抗日戰争爲題材的愛國電影，影片反映出日本帝國主義對中國的侵略，指出"一二八事件"是敲醒中國人民的警鐘，號召人民奮起抵抗日本侵略。

《泣荊花》劇照

海外聯華聲片有限公司創立

1934年初，關文清、趙樹燊、羅明佑三人創辦了海外聯華聲片有限公司（以下簡稱海外聯華）。同年，聯華港廠主辦的《聯華月刊》創刊。《破浪》是海外聯華的創業作，之後海外聯華先後出品了《難兄》、《浪花村》等名片。而《難兄》則成爲香港第一部得獎片。後聯華出現資金周轉困難，撤銷了香港的聯華港廠，海外聯華也因此没有了製片基地，導致最終未能堅持下去。

《破浪》劇照

《破浪》

出品：海外聯華
編導：關文清
主演：胡藝星 黎灼灼 郭娃娃 袁耀鴻

影片以游泳運動作爲主題，其間穿插三個青年在情場和游泳場互相角逐的故事。

《破浪》是海外聯華的創業作，同時也是中國第一部體育電影。影片的第二女主角郭娃娃是當時廣州女子游泳冠軍，參加此片拍攝的還有許多當時廣州、香港的游泳健將。影片的外景主要取自廣州近郊，著名的嶺南大學（即現在的中山大學）也是它的主要外景場地之一。

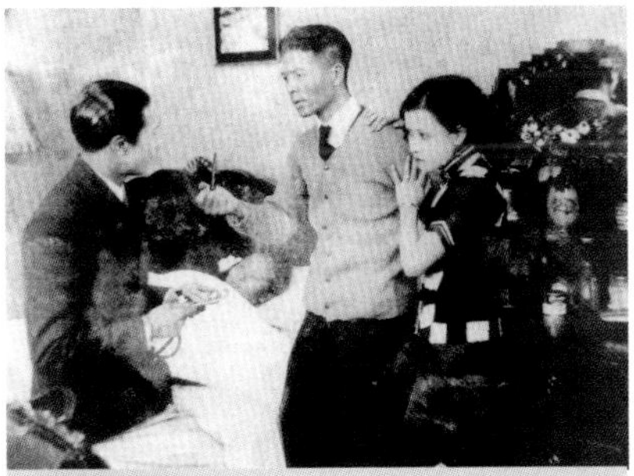

《難兄》劇照

《難兄》

出品：海外聯華
編導：趙樹燊
主演：吴楚帆 黎灼灼 林妹妹 舒壽山

影片描述一個後母虐待繼子，以致繼子離家出走後在困境中奮發向上，終從學徒成爲醫術高明的醫師。後逢後母病重，繼子不計前嫌挽救後母生命，並主動消除兩人之間的成見，最終一家重聚。

本片又名《難兄難弟》、《黑心符》，是香港出品的第一部得獎片，獲得中國電影教育協會頒發的榮譽獎第一名。

該片的電影廣告宣傳此片爲"孝感動天，至誠化敵，教慈教孝，爲父母者不可不看，因爲它寫盡骨肉深情，父慈子孝；爲兄長者不可不看，因爲它寫盡手足親愛，兄友弟恭；爲後母者不可不看，因爲它寫盡偏愛不明，誤兒誤女"。

黎灼灼
(1906—1990)

演員。原籍廣東中山，生於廣州。1932年進入聯華公司擔任演員，主演過《破浪》、《大義滅親》等影片。1941年北上上海拍片，1947年重返香港，參加了《朱門怨》、《天堂春夢》、《春》、《秋》等名片的演出。古稀之年仍活躍於銀幕，提携後輩。1990年病逝於香港。

全球影片公司成立

香港第二間出産有聲電影的電影製片公司——全球影片公司（以下簡稱全球）在這一年的夏天誕生，這也是三十年代香港重要的電影公司之一。全球的創辦人爲朱箕如、蘇怡，朱箕如出任該公司總經理，蘇怡任全球電影製片廠廠長並兼任編導主任。全球的拍片方針是將粵劇名角馬師曾的舞臺名劇搬上銀幕作爲主要工作。事實上，全球也是將馬師曾舞臺劇搬上銀幕最多的電影公司。

全球創業作是局部有聲電影《夕陽》，這是一部根據西班牙作家易班雅的小説改編的作品，也是香港第一部改編外國文藝作品的電影。

南粵影片公司成立

竺清賢創辦了南粵影片公司（以下簡稱南粵）。南粵後來成爲香港淪陷前三大電影公司之一，排名和産量僅次於天一港廠和大觀聲片有限公司。從1934年到1940年，南粵一共攝製了25部粵語片，2部國語片，2部越南語片和一部閩南語片。南粵的片場設在香港利園山上，除了自己拍片外，還替别的公司拍片，例如代拍了鸚鵡影片公司出品的《客途秋恨》。

竺清賢（1905—1983）

電影事業家、攝影師、電影技術專家。寧波人。1925年作爲攝影師開始從事電影工作，當時拍攝的第一部電影是晨鐘電影公司出品的《悔不當初》。竺清賢在拍攝電影之餘，還發明了許多電影設備。1933年，他發明並自製了中國第一部電影録音機，後該式録音機被命名爲"清賢式録音機"。之後他還製作出模仿美國"賓候"式電影投影機。另外，竺清賢還發明了可消除攝影機開動時噪音的消音設備，以及成功研究出將聲響節録收於底片上，從而將聲帶片省去不用。1941年竺清賢定居於印尼。1983年病逝於印尼。

影片目録

中華製造聲 《繁華夢》、《扭計祖宗》、《薄幸》、《陳宫駡曹》（無聲）
海外聯華 《破浪》（無聲）、《難兄》（無聲）、《浪花村》（無聲）
華藝 《洞房雙屍案》（無聲）、《苦海》（無聲）、《婚後的問題》（無聲）
國聯 《戰地歸來》（無聲）、《盜屍》（無聲）
其他 《夕陽》（全球）、《泣荊花》（天一）、《仕林祭塔》（南粵）

1935年（大陸）

大事記

1月24日 國民黨中央召開第155次常會，決定對新聞檢查的三原則：凡對國民黨黨政之設施持反對言論，或涉及軍事、外交之秘密，以及宣傳與國民黨不相容之主義者，一律嚴禁刊佈。與此同時，新聞檢查擴展到圖書出版業、電影業。

2月21日—3月2日 在蘇聯莫斯科舉行的國際電影節上，中國影片《漁光曲》被評選爲優秀影片第九名，獲獎憑，成爲中國第一部在國際獲獎的影片。

5月 影片《風雲兒女》上映，該片主題歌《義勇軍進行曲》迅速唱遍全國。

5月 由閻錫山投資開辦的西北影業公司在太原成立。公司負責人石寄圃委託宋之的爲其物色人才，宋之的通過上海"左聯"領導人，請到田方、王蘋、呂班、王斌、藍馬等加入該公司。

8月 在由國際聯合會國際教育電影協會主辦在比利時布魯塞爾舉行的農村影片國際競賽會上，中央電影攝影場拍攝、中國教育電影協會參賽的科教片《農人之春》獲三名優等獎之一。

《農人之春》劇照

12月12日 上海文化界馬相伯、沈鈞儒、章乃器、陶行知等283人聯合發表《上海文化界救國運動宣言》。27日，上海文化界救國會成立。

本年 國民黨軍事委員會南昌行營政訓處成立電影機構漢口攝影場，由鄭用之負責。工作人員不多，主要拍攝新聞紀録片和軍事教育片。

重要影片

張小雲（右，張新珠飾）與李夢華（左，唐納飾）

《都市風光》

出品：電通影業公司

編劇：袁牧之　導演：袁牧之　攝影：吴印咸　主演：張新珠　唐納　周伯勳　吴茵

一群農民要去上海，在火車站的西洋鏡裏看到上海的都市風光：張小雲是小押店店主的女兒，窮小子李夢華用盡辦法追求她。年關催債，店主爲渡難關想將女兒嫁給茶棧經理王俊三，但因其投機失敗，秘書又携款潛逃，以至破産外逃。火車到站了，農民們不知自己何去何從。

這是中國第一部音樂喜劇片，影片描寫1930年後，世界經濟危機危及中國，影響農村的破産。導演袁牧之爲了想用音樂加强這部影片的諷刺效果，決定請音樂家黄自、趙元任、賀緑汀等作曲、指揮，用大樂隊演奏。以往電影的音樂，全用唱片配音，《都市風光》是第一部由作曲家專門爲影片寫作音樂的影片，也是採用管弦樂隊演奏的第一部影片。

衝破封建枷鎖的行素（右，王瑩飾）與雲彬（左，施超飾）

《自由神》

出品：電通影業公司

編劇：夏衍　導演：司徒慧敏

主演：王瑩　施超　周伯勳　顧夢鶴

陳行素反對父母包辦婚姻，與愛人林雲彬到廣東參加革命。林犧牲後，行素參加了北伐，並與軍官周範産生了愛情。到上海後方發現他早有妻室，陳行素毅然離開。"一二八"戰爭爆發，陳行素遺失了孩子，她投身到教養戰爭孤兒的工作中，去救更多的孩子。

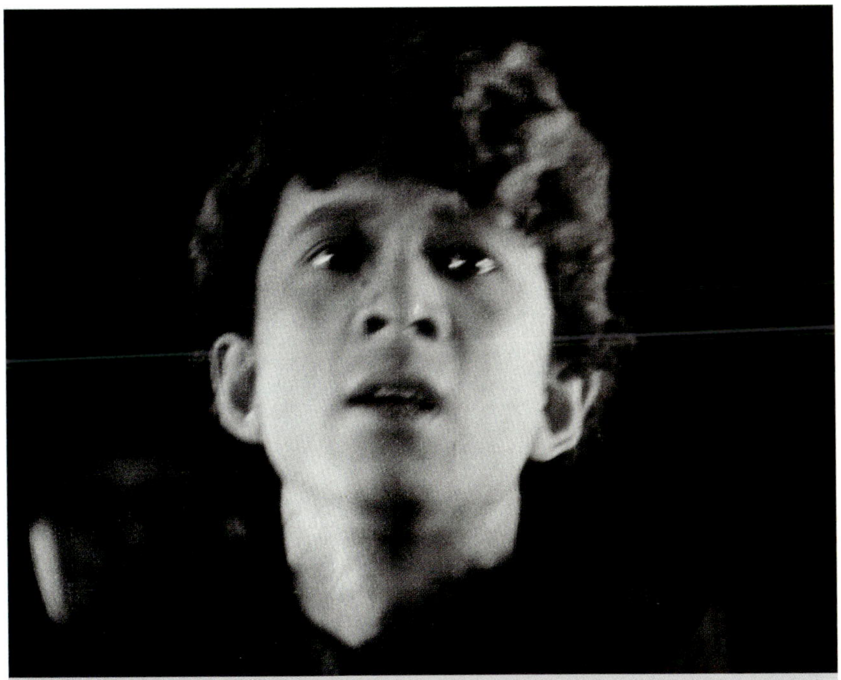

辛白華（袁牧之飾）走上了民族解放的戰場

《風雲兒女》20世紀50年代放映時的海報

《風雲兒女》的説明書

《風雲兒女》

出品：電通影業公司
原作：田漢　　**分場劇本：**夏衍　　**導演：**許幸之　**攝影：**吴印咸
主演：袁牧之　王人美　顧夢鶴　談瑛　陸露明

“九一八事變”後，青年詩人辛白華和同伴梁質甫來到上海，並幫助了從東北流亡來的阿鳳母女。梁質甫爲執行爆破任務被捕入獄，辛白華却投進了一個富孀的懷抱。不久，梁質甫在前方戰死的消息傳來，面對他的遺書，辛白華決定參加義勇軍。在長城脚下，他與阿鳳相遇，一起走上抗日前線。

辛白華見到隨歌舞班到青島演出的阿鳳（王人美飾）

影片目録（共59部）

明星　《船家女》、《大家庭》、《抵抗》、《飛來福》、《翡翠馬》、《劫後桃花》、《駱駝獻舞》、《落花時節》、《熱血忠魂》、《人倫》、《兄弟行》、《夜來香》

聯華　《國風》、《寒江落雁》、《秋扇明燈》、《蛇蝎美人》、《四姊妹》、《天倫》、《無愁君子》、《小天使》、《徵婚》

藝華　《初戀》、《暴風雨》、《凱歌》、《人之初》、《生之哀歌》、《時勢英雄》、《逃亡》、《新婚的前夜》

天一　《海葬》、《堅苦的奮鬥》、《兩兄弟》、《美人恩》、《母親》、《重歸》

新華　《紅羊豪俠傳》、《新桃花扇》、《周瑜歸天》、《霸王別姬》

電通　《都市風光》、《風雲兒女》、《自由神》

吉星　《方藝英》、《虎嘯猿啼》、《難姊難妹》

其他　《三個媳婦》、《小姨》（快活林），《千秋萬歲》、《無限生涯》（太原西北），《王先生到農村去》、《王先生過年》（新時代），《峨嵋山下》（成都大同），《黑影》（大長城），《泥土黃金》（華倫），《桃花夢》（上海有聲），《梨花夫人》（玉成），《昏狂》（月明），《殘淚》（兆華）

《船家女》

出品：明星影片公司
編劇：沈西苓
導演：沈西苓
攝影：周詩穆
主演：徐來 高占非 孫敏 朱孤雁 胡茄

在西湖邊靠摇渡船爲生的船家女阿玲，與青年工人阿鐵相愛。一個闊少垂涎阿玲的美色，霸佔了阿玲後又將她遺棄，使阿玲淪爲妓女，老父親也因此死去。阿鐵爲阿玲父女打抱不平，被投進監獄。

影片把這樣一個悲慘的故事放在素有"天堂"之稱的西湖的環境當中展開，情景交融而又對比强烈，表現了作者對勞動人民苦難生活的深切同情，和對於黑暗勢力的憤恨。

阿鐵（左，高占非飾）每天來幫助阿玲（右，徐來飾）父（中，朱孤雁飾）女摇船

瑞芳（左，胡蝶飾）與舊時的朋友（中，龔稼農飾，右，高占非飾）相聚

《劫後桃花》

出品：明星影片公司
編劇：洪深
導演：張石川
攝影：董克毅
主演：胡蝶　高占非　舒綉文
　　　龔稼農　王獻齋

德國佔領青島，前清遺老祝有爲怕花園别墅被德領事館霸佔，便討好汪翻譯官，保住了别墅。日本取代德國後，汪投靠日本，反誣祝親德，祝被逮捕，别墅被日軍佔領。青島回到祖國，祝家人重返故地，不勝唏嘘。

本片首先反映出洪深在編劇方面的成就，他以一個封建家庭宅邸的幾次易手，揭露了帝國主義侵略中國的罪惡歷史，同時影射和批判了日本對中國的侵略。

賣花女阿香（胡蝶飾）照顧受傷的梅生（趙丹飾）

《海葬》

出品：天一影片公司
編劇：王斌　導演：王斌
攝影：沈勇石
主演：劉莉影 陳天國 符保盧 田方

在海難中，漁民虎子、大毛和二毛僥倖逃生，大山却不幸遇難。大山嫂只好到漁行撿魚謀生。又一次海難，大毛死去，二毛奄奄一息。大虎打死了調戲姐姐的漁行賬房先生，被捕入獄。

薇薇（左，王蘋飾）

《夜來香》

出品：明星影片公司
編導：程步高　攝影：王士珍
主演：胡蝶　趙丹　舒綉文　孫敏

賣花女阿香與梅生相愛，後因愛慕虚榮，爲富家子弟鄒少祥所惑。阿香流産後被鄒少祥遺棄，重回家中。梅生和阿金結婚後，一直照顧生病的阿香父親。阿金不幸死於炮火。梅生受傷住進醫院，阿香爲了凑足其醫藥費拼命賣花，當將錢送到醫院時，梅生已因傷重去世。

大虎（右，符保盧飾）被關入監獄

《無限生涯》

出品：西北影業公司
編劇：宋之的
導演：石寄圃
主演：王蘋 田方 黄自强 周彦

青年礦工李定路遇礦主企圖霸佔歌舞團女演員薇薇，仗義相救。在礦主爲了一己私利準備停工的時候，李定帶領工人們對礦主進行了鬥爭。

小雲（袁美雲飾）在逃亡路上

《人之初》

出品：藝華影業公司
編劇：史東山
導演：史東山
攝影：周克
主演：魏鶴齡 袁美雲 王乃東 王引

船夫張榮根生子後無力撫養，送給富紳黃子敬，自己進了黃的紗廠做工。數年後，兒子家駒從國外留學歸來，張因妻子思兒心切，去找兒子的照片，被誣“偷竊”關入監獄。“一二八”滬戰，張榮根出獄，參加了義勇軍。

本片導演史東山在保持他細緻、優美、流暢的藝術風格的同時，還顯示了他在藝術思想上邁向現實主義的重大轉變。

林夢鷗（右，王引飾）勸解喬傑（左，秦桐飾）

《凱歌》

出品：藝華影業公司
編劇：田漢
導演：卜萬蒼
主演：袁美雲　王引　秦桐　王桂林

江南大旱，農民張大公掘開鄰家田埂偷水，被毆負傷。他的女兒桂英外出借錢，幸得鄰居沈二公之子春生照料。惡霸三太爺發起迎神賽會，詐取農民血汗，受到學校教師徐思源的抵制，三太爺以學校辦在龍王廟爲由，指使人搗毀學校，但是旱象仍未解除，徐思源動員大家開壩放水，江水流入農田，農民們奏響抗旱的凱歌。

《逃亡》

出品：藝華影業公司
編劇：陽翰笙
導演：岳楓
攝影：吴蔚雲
主演：袁美雲 王引 袁叢美 葉娟娟

塞北農村，青年農民黄少英和妹妹小雲、父親一起生活。日寇侵略，他們逃亡到天津。地主董家父子打着救濟難民的招牌，向社會募集捐款，暗中中飽私囊，憤怒的難民們打進董家。最後，少英動員大家參加義勇軍，打回老家去。

張榮根（右，魏鶴齡飾）找黄子敬（左，王乃東）理論

《生之哀歌》

出品：藝華影業公司
編劇：陽翰笙
導演：胡鋭
攝影：汪洋
演員：黎明暉　王引　秦桐　胡萍

三個年輕的大學生畢業後面臨失業的窘境，儘管他們的生活中充滿哀愁，但是他們堅持自己的操守，不向困境低頭。

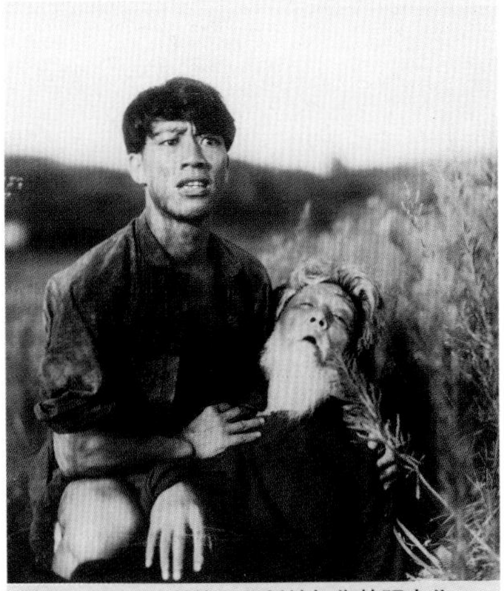

春生（左，王引飾）照料被打傷的張大公（右，王桂林飾）

方與民（中，金焰飾）第一次見到謝素芳（胡萍飾）

《新桃花扇》

出品：新華影業公司
改編：歐陽予倩
導演：歐陽予倩
攝影：余省三
主演：金焰 胡萍 顧夢鶴 童月娟

革命志士方與民的朋友孫道成叛變革命，企圖利用女伶謝素芳來軟化他的革命意志，但是謝素芳受到方的影響，與他一起參加革命。日本帝國主義出兵濟南後，方與民和謝素芳一起奔赴前線。

歐陽予倩作爲一位愛國的戲劇大師，以巧用清人孔尚任的劇作《桃花扇》拍攝的本片，影射當時日本侵略的嚴峻形勢，使本片成爲一部具有濃烈愛國主義思想的佳作。

相濡以沫的夫婦（左，林楚楚飾，右，尚冠武飾）

《天倫》

出品：聯華影業公司
編劇：鍾石根　導演：費穆 羅明佑
攝影：黄紹芬
主演：尚冠武 林楚楚 黎鏗 鄭君里
陳燕燕 黎灼灼 張翼

一個浪跡天涯的游子，因未能爲老父送終而悔悟，成年後帶領全家回到故鄉，從事慈善事業。在他病重期間，孫子拿出他所捐出的善款爲他治病，他因此撤銷了對孫子的委任。臨終前他要求家人做到“老吾老以及人之老，幼吾幼以及人之幼”。

影片的主題歌《天倫歌》今天在海外華人當中已經成爲故國和民族的代表，具有很强的向心力。

《漁光曲》在莫斯科電影節上獲獎

2月21日—3月2日，蘇聯在莫斯科舉行國際電影節，通過中國駐蘇大使館邀請中國影片參加。當時的四大電影公司一共選出了八部影片，"明星"的《姊妹花》、《空谷蘭》、《春蠶》、《重婚》，"聯華"的《漁光曲》和《大路》，"藝華"的《女人》，"電通"的《桃李劫》。由於代表團分三批出發，第三批携帶的拷貝未能按時到達，實際參展的影片只有《漁光曲》、《春蠶》、《大路》和《空谷蘭》四部。結果《漁光曲》被電影節評選爲優秀影片第九名，並獲大會頒發的獎憑。獎憑上題字："蘇聯第一次電影節，爲《漁光曲》影片給你們的批評：聯華影業公司蔡楚生，優越地勇敢地嘗試了中國人民的生活與優良性質底現實主義的描寫。"後面是評判委員會委員全體簽名。這是中國故事片第一次在國際上獲得榮譽。

小猴（左，韓蘭根飾）和小猫（右，王人美飾）在艱難的生活中長大

《漁光曲》

出片：聯華影業公司
編劇：蔡楚生
導演：蔡楚生
攝影：周克
主演：王人美 韓蘭根
羅朋 湯天綉

漁民徐福生了一對孿生兄妹小猴和小猫，因爲生活所迫，徐妻到船主家爲少爺子英當奶媽。兄妹成年後漁村破產，只好到上海投奔舅舅，子英滿懷着發展中國漁業的幻想留學歸來，不料家中破產。子英和小猴、小猫出海捕魚，最後小猴病死在漁船上。

這部影片是左翼進步電影的傑出作品，也是導演蔡楚生的代表作，上映時取得了連映84天的成績。

《漁光曲》20世紀80年代放映時的海報

《漁光曲》劇照，該片編導蔡楚生在這張照片上寫道："漁光之曲彈出了漁人的哀怨，寫盡了世間的凄凉，這悲慘的新曲終究僥倖地給人們認識了。"

《漁光曲》工作照，遮陽傘下全身着白衣、戴白帽者爲蔡楚生

《漁光曲》上映後受到觀衆的熱烈歡迎，連映 84 天，創下了中國電影放映的最高紀録

陶伯遜（左）在莫斯科電影節上領奬

蔡楚生（1906—1968）

電影編導，事業家。廣東潮陽人。1927年到上海參加電影工作，主要作品有《共赴國難》、《都會的早晨》、《漁光曲》、《新女性》、《迷途的羔羊》、《王老五》、《血濺寶山城》、《遊擊進行曲》、《孤島天堂》、《前程萬里》、《一江春水向東流》、《南海潮》等。新中國成立後，歷任文化部電影局藝術委員會主任、副局長，中國電影工作者聯誼會主席等職。

鄭伯奇評《漁光曲》

一

這是一部浪漫的作品——一部典型的小市民電影。

二

前多少時候，電影界的某重大事變發生後，本片的導演蔡楚生先生曾經慨然地説過，今後只有裝鬼臉扮小丑了。這句沉痛的話，大約是給當時正在胎生期中的《漁光曲》寫照的吧。如今，《漁光曲》問世了，在這裏，我們應該認清作者應付這困難的環境的苦心。

三

畸零人韓蘭根，自由舞臺上的裘逸葦，都可以證明了是在苦心地裝鬼臉扮小丑。但，這樣的笑臉，這樣的小丑，並不是只供有閑階級玩弄。作者的胸中燃燒着爲正義而鬥爭的熱情。

四

作者爲了應付環境而裝鬼臉扮小丑，然而他胸中所燃燒着的正義感，和他所懷抱的理想主義，衝破了他表面所持的冷静，使他所裝的鬼臉上時時露出嚴肅的面容，使他所扮的小丑時時吐出莊重的言論。《漁光曲》的零亂、龐雜、矛盾，没有統一性等等缺點，除過作者整理畫面的一些過失外，大部分的原因是在這裏。

處在這困難時代的作者的苦痛啊！這是任何人應該理解的。

十三

蔡楚生先生一年來苦心經營的《漁光曲》在觀衆面前公開了。雖然，在藝術上有些缺點，但，受觀衆的愛護是無疑的事。蔡楚生先生是忠實於藝術的電影藝人，商業上的勝利當然不會妨害他的藝術的發展。在下一次的作品中，我們希望他能克服這些缺點而更能開拓新的境地。

1934 年 6 月 16 日

（原載《兩棲集》，上海良友圖書公司 1937 年 1 月第 1 版）

《漁光曲》在莫斯科國際電影節獲得的奬憑

《新女性》事件

1935年2月，影片《新女性》上映。該片取材於女電影演員艾霞自殺身亡的事件。由於在影片中抨擊了黃色小報記者齊爲德的惡劣行徑，上海新聞記者公會指該片侮辱記者，一方面聯合拒登《新女性》廣告，一方面向聯華影業公司提出交涉。形成了轟動一時的《新女性》事件。

韋明（中，阮玲玉飾）絕望地喊出："我要活啊！"

《新女性》

出品：聯華影業公司

編劇：孫師毅　導演：蔡楚生　攝影：周達明　主演：阮玲玉 鄭君里 殷虛 王乃東 顧夢鶴

韋明婚後遭遺棄，到上海任小學教師，因拒絶校董王博士勾引，被辭退。爲了給女兒治病，韋明被迫去當"一夜的奴隸"，而前來的竟是王博士。生活的重壓，黃色小報的污蔑，使得韋明服毒自殺，身心俱疲地離開人世。

聶耳（前）指揮聯華女子合唱團在影片《新女性》的首映式上演唱《新女性歌》，他與全體合唱隊員皆着工人服裝

孫師毅（1904—1966）

原籍浙江杭州，生於江西南昌。劇作家、歌詞作家。1926年在影片《道義之交》中扮演主角，後在商務印書館活動影片部、聯華、電通等影片公司任編輯，抗戰爆發後在國民政府軍事委員會政治部第三廳任職，1949年任香港《文匯報》總編輯。1958年任中國電影資料館顧問。劇作有《新女性》等，爲電影寫作的歌詞作品有《開路先鋒》、《飛花歌》、《自由神之歌》、《新女性歌》、《白雲故鄉》等。

聯華公司出品《新女性》與記者公會發生交涉之經過

本公司出品《新女性》自獻映以來，頗承社會注意，惟此片中所照報館記者刺探消息一段，不幸有記者認爲意屬侮辱，向新聞記者公會提議交涉，經敝公司向記者代表解釋該片並非意圖侮辱，亦無暗指影射之事，爲表示敝公司並無上項意義之故，願將該片修剪及以後加以注意，以期免除誤會冰釋嫌疑，未得允許遂發生書面交涉，經由記者公會致函敝公司，當即由敝公司函復記者公會，恐外間傳説失實易啓挑撥，特將兩函原文佈露如後：

記者公會致聯華公司函

逕啓者關於貴公司出品《新女性》影片，敝會據會員趙君豪等提議，認爲内容頗有侮辱新聞記者之處，當經提付本月九日執行委員會討論，當場決議辦法三項：（一）侮辱各點剪去，（二）登報向全國新聞記者道歉，（三）保證今後不再有此等事件。並議決推定錢華、金雄白、蔣宗道、錢滄碩四代表與貴公司交涉。相應函達即希查照辦理爲荷此致。

聯華影業公司

上海新聞記者公會啓　二月十四日

聯華公司復記者公會函

逕啓者接奉 貴會大函，並領悉貴會代表錢華、金雄白、蔣宗道、錢滄碩四君教言，本愛助之精神，爲盡知之忠告，深至感激，敝公司此次出品《新女性》影片，於穿插小節之中，有涉及新聞記者之處，但攝製之初，絶無有意侮辱之意，此種存心，敢誓天日，及至公演，貴會於片中穿插，覺有失當，或是見仁見智，主觀各有不同，但現經貴會檢舉，推誠相告，敝公司無任感謝，深致歉仄，惟所令敝公司辦法三項，其中尚有請容商洽之處，第一項剪去各點一節，在無傷全劇範圍之内，當能遵辦，第三項保證以後一節，更無問題，蓋其始原無此心，此後豈仍有意，三項之中，此二者自問可使貴會滿意而告無罪者也，至於第二項之登報向全國新聞記者道歉一節，似失於偏重，蓋以貴會與敝公司同在出版界中，共立一戰線之上，爲國家社會文化事業而服務，携手互助，已非一日，輔車相依，不可分離，一方有失，彼此將披髮纓冠往救之不暇。豈宜以責善相離，而貽唇亡齒寒之憂者耶，新聞界之有聞必録，未必親見其事，電影界之理想抽象，或亦有不切現實，新聞訪録之不實，難保無損於人之名業，則亦更正已而，若盡以不實之故而皆須登報道歉，則新聞界必不勝其煩，敝公司登報事小，而起紛紛要求道歉之例，將令新聞業難於應付，殊非敝公司所以愛護新聞界之道，此敝公司期期以登報道歉爲不可者此也，況彼此同屬一界，同爲文化，猶兄之與弟，今幸所誤者爲弟之於兄，而兄反不能容，以他人所不忍責者而責弟乎，敝公司登一道歉啓事，所損幾何，貴會所得幾何，徒使人笑同道之相爭，招鬩墻之譏訕，又何益也。若謂表示敝公司態度，則此函亦已深致歉意，固非必須登報而後可以表明者也，倘必不獲命，貴會必以敝公司登報而後快，則敝公司以股東血汗，將本求利，不敢以衣食生活之所寄，與貴會相抗衡，但道歉文字，請容敝公司自撰，並懇貴會各大報勿予以拒絶登載爲條件，然此殊非敝公司所望於貴會之本意，深盼貴會再考慮者也，總之，敝公司誠意求和，亟望彼此團結與互助，尤希諒解誤會，共圖奮進，是否有當，切待示復爲感。

此致

上海新聞記者公會

聯華影業公司啓　二月十五日

（原載《聯華畫報》，1935 年第 7 期）

對於《新女性》的評論

夏衍《〈新女性〉觀感》

大除夕的深夜，對《新女性》這影片，我感到了一些藝術的興奮。

……在《新女性》，很明白故事的中心雖則積集在韋明的身上，而作者的指示却寄托在一個“並不重要”的女工李阿英的身上。

自殺不一定是知識分子的出路，這理論是對的。知識分子而能勇敢地認識他們的歷史的使命，也可以進一步而爲新社會建設的技師。但是，韋明的自殺，我們不能認爲劇作者對於普遍的知識階級的絶望，而只説明了具有韋明一般性格的女性，將必然要受殘酷的現實的淘汰！

篇幅使我不能再説關於編劇和導演的雜感。但是就全盤説，不論在形式和内容，我相信這作品是導演蔡楚生完成了某個階段之後從新向新的階段前進的一個基點。一種悲慘的和一種勇壯的呼號，一種從紅磚砌成的怪物裏面所發送出來的象徵着新時代到來的汽笛的呼嘯，已經清算了他第一期作品的幻想與空虛和第二期作品的感傷與繁瑣，對於在這新作品裏面出現的人物，事象，他已經開始了真摯的探求，勇敢的接觸和現實的描寫；在過去，我們的青年導演憑着抽象的正義感，在《粉紅色的夢》中吐露了知識階級的哀愁，在《都會的早晨》中表現了環境移人的殘酷，在《漁光曲》中描寫了一大群漁民的水深火熱的痛苦。那麽以最接觸現實的《新女性》爲轉換的基點，今後他將對熱烈地期待着他的觀衆提示出一個怎樣的作品？更多一點的真摯，更深一層的探討，套一句主題歌的句法，我們要説：“新的作品，產生在受難之中，新的作品，產生在爭鬥之中”！

（原載上海《大晚報》“火炬 · 星期電影”副刊，1935 年 2 月 14 日）

王塵無《關於〈新女性〉的影片、批評及其他》

四、人事問題

《新女性》中表現了某種新聞記者的卑鄙無耻而引起了一個大浪，終於删剪道歉了事。

其實，這種事情是十分可笑的。

《新女性》是想嚴肅地表現出轉型期的三種不同的女性的姿態，作者的主意既然在這裏，那麽他儘可能集中力量表現這點，自然我們也認爲某些記者們的無耻行爲是需要暴露，但一件作品的數量有限，爲了力量的集中計，儘可不必多涉幾個問題，所以《新女性》中涉及新聞記者這一點，雖則爲事中有了它也不妨礙，但不要更能够保障空氣的嚴肅。

無論在哪一種職業中，總有不良分子存在，只要稍有頭腦的人，總會知道是特殊的。藝術品暴露某種職業中的敗類決不會使人懷疑整個幹某種職業的人，假使表現了一個敗類，就算侮辱全體，那麽以後電影中就不能再有壞人出現，因爲電影作家絶不能永遠把壞人寫做無業的人，就是寫做無業的人，不是又侮辱了人類全體嗎？火車人員不能寫，醫生不能寫，新聞記者又不能寫，叫他們怎麽辦呢？天下之大無奇不有，無理取鬧的人到處即是，我們自然更不能用“無則加勉有則改之”這種老話來要求他們，但是我們至少希望他們不要失去理性，不要抱着“覺着臭茅厠”的封建思想，這樣不但是中國電影界之幸，也是新聞界本身之幸，嚴格地檢查自己的隊伍吧，把這樣的敗類暴露和清除吧。

（原載上海《中華日報》“戲”週刊，1935 年 3 月 2 日）

上海各報對於《新女性》的評論集納

《申報》：

《新女性》這一影片，我們不能不説它是現實的，而且是在水平線以上的作品。

劇作者在本片内創造了三個不同的女性，代表現社會的三種不同的典型：一種是浸沉在奢侈淫靡的惡習中，而無健全的思想知識；一種是雖具有新的思想而實際上却又是缺乏理智的判斷力，致使環境處處阻礙她該走的路，而使她無法自拔；一種是既具有美的體格，復有堅決的意志，判斷力，而能决心實行“幹”的。

這三種不同形式上的三個女性之中，當然阿英是《新女性》中的現社會的新女性典型了。這也就是我們所不能否認作爲作者的一種前進思想，和一番煞費苦心的啓示。

《時事新報》：

取材於婦女問題的電影，近年來，從量上來説，可説是已經不少了的，就從質上來説，除了那些觀念錯誤的如《賢惠的夫人》等不論，也就有《三個摩登女性》、《女人》、《神女》等好幾個。這樣的現象的發生，當然是非常使我們忻快的。

導演手法方面，是比《漁光曲》進步了，不僅場面與場面間的Montage比《漁光曲》好了許多，就是單個場面上的Montage導演者也注意到了，我們來看吧：

在曙色朦朧，韋明從舞場回來遇到李阿英，畫面上李阿英的影子在韋明的面前隨了阿英的前進而逐漸大了起來，甚至大過人身的一倍。

在中國電影上，這樣的象徵手法，還是空前的吧？其他如韋明昏了過去以後，她清醒過來的時候，先是看到白茫茫的一片，隨後再見到由模糊到清楚的人面和四周的東西，以及舞場裏遊藝節目中的舞女的受鞭撻和從鐐銬中掙扎出來，都是導演者苦心的地方。

（原載《聯華畫報》1935 年第 7 期）

胡蝶蘇歐之行

2月21日—7月8日，電影演員胡蝶和明星影片公司經理周劍雲及夫人應邀赴蘇聯參加莫斯科國際電影節和訪問，並對德國、法國、英國、瑞士、意大利等國進行訪問。

2月21日—3月2日，蘇聯電影工作者俱樂部爲紀念蘇聯電影國有化15週年，在莫斯科舉行國際電影節，邀請中國影片參加，同時還邀請中國派電影工作者參加電影節。經業界人士一再協商，最後決定由“明星”、“聯華”、“藝華”、“電通”四家公司遴選了8部影片，並由製片人、導演、攝影師、演員七人組成代表團前往參加。當時選定參展的8部影片是明星公司的《姊妹花》、《空谷蘭》、《春蠶》、《重婚》；聯華公司的《漁光曲》、《大路》；藝華公司的《女人》；電通公司的《桃李劫》。7位代表是明星公司製片人周劍雲、攝影師顔鶴鳴、演員胡蝶；聯華公司製片人陶伯遜、編劇余一清、副導演黄謙；翻譯孫桂籍。其中電影演員胡蝶是蘇方在邀請電中特别指名邀請的。

代表團分三批出發。胡蝶與周劍雲夫婦是第三批，於1935年2月21日從上海出發，3月12日抵達莫斯科，在火車站受到蘇聯方面有關人員和新聞界的熱烈歡迎。由於他們抵達時國際電影節已經閉幕10天，蘇聯方面特地在莫斯科安排放映胡蝶主演的影片《姊妹花》和《空谷蘭》，觀衆反應熱烈；後來又在列寧格勒進行了放映。在蘇聯期間，他們會晤了著名導演愛森斯坦、杜甫仁科等，與蘇聯電影界人士進行了廣泛的接觸。

隨後，胡蝶一行又訪問了德、法、英、意等歐洲國家。訪問德國期間，他們應邀參加了在德國柏林舉行的國際電影會議，參觀了德國的電影公司，並放映《空谷蘭》招待大使館工作人員、留學生和當地電影界人士。訪問法國期間，爲當地僑胞放映了《姊妹花》和《空谷蘭》，又放映《空谷蘭》招待當地新聞界。訪問英國期間，中國駐英大使館爲他們和同時在英國訪問演出的梅蘭芳先生舉行了歡迎茶會；他們參觀了英國的電影公司，但是由於郵寄延誤，《姊妹花》等影片在他們離開英國和瑞士後才在當地放映。訪問意大利期間，他們參觀了電影製片廠，並觀看了意大利影片。

1935年7月4日，胡蝶一行抵達香港，受到香港電影界和專程到香港的明星公司代表的熱烈歡迎。他們出席了《姊妹花》和《空谷蘭》放映現場並與觀衆見面。7月8日，胡蝶等人回到上海，受到明星公司同仁和各電影公司代表的熱烈歡迎。

這次組團參加莫斯科國際電影節，是中國電影工作者第一次大規模的團體出訪。而胡蝶本人作爲國内最有影響的女演員之一，與周劍雲等人訪問蘇聯和西歐各國，一方面向世界展示了中國電影的成就，展示了中國電影演員的藝術成就和風采，另一方面與蘇聯和西歐各國的電影工作者進行了廣泛的接觸和交流，增進了中外電影工作者的友誼和了解，並實地參觀考察了蘇聯和西歐國家的電影事業實況。因此被國内電影界普遍認爲是一件大事情，得到了高度的評價。

胡蝶與英國女演員在一起

胡蝶（中）赴蘇聯途中與梅蘭芳（左）等合影

胡蝶歸國後受到電影界人士的歡迎

胡蝶訪蘇期間與著名導演愛森斯坦（右）在一起暢談

胡蝶歸國，電影觀衆自發地到碼頭歡迎她

阮玲玉之死

3月8日，著名電影演員阮玲玉自殺，年僅25歲。

阮玲玉（1910—1935）是中國無聲電影時期最優秀的女演員之一。廣東省中山縣人，生於上海。她出身貧苦，自幼隨母幫傭。1926年入電影界，先後在明星影片公司、大中華百合影片公司、聯華影業公司擔任演員，共演出30部（集）影片。主要作品有《掛名的夫妻》、《故都春夢》、《野草閑花》、《戀愛與義務》、《桃花泣血記》、《三個摩登女性》、《城市之夜》、《小玩意》、《神女》、《新女性》等一系列左翼進步電影，産生了很大的社會影響。但是，張達民的無耻勒索，唐季珊的卑鄙玩弄，加之阮玲玉自身的虚榮心和輕信，從而使不幸的婚姻家庭生活成爲籠罩在她心上的陰影。社會上的黄色新聞記者，一方面以滿足社會大衆對於阮玲玉的訟事的好奇爲借口，掩飾自己的卑鄙齷齪心理，大量誇張地進行報道；一方面又發揮着萬惡的封建觀念，用着刀鋒毒箭般的字句"阮玲玉通姦！"使潔身自好的阮玲玉無法忍受。加之處在有聲電影全面代替無聲電影的時期，始終是阮玲玉心靈寄託的演藝事業，此刻由於一批能講流利國語，能歌善舞的新人湧上影壇，對只會講粵語的她産生了威脅和壓力。"人言可畏"，生活和事業的無望，迫使阮玲玉最終在1935年三八節前夕走上了自殺的道路。

《聯華畫報》"阮玲玉紀念專號"

阮玲玉遺囑

唐季珊向聯華影業公司及阮玲玉遺屬宣讀的阮玲玉遺書

《告社會書》

我現在一死，人們一定以爲我是畏罪，其實我何罪可畏？因爲我對於張達民没有一樣對不住的地方。别的姑且無論，就拿我和他脱離同居的時候，還每月送給他一百元。這不是空口説的話，是有憑據和收條的。可是他恩將仇報，以怨報德，更加以外界不明，還以爲我對不住他。唉！想之又想，惟有一死了之罷。唉！我一死何足惜。不過還是怕人言可畏，人言可畏罷！

阮玲玉絶筆　廿四年三月七日夜

我不死不能明我冤，我現在死了，總可以如他所願。你雖不殺伯仁，伯仁由你而死。張達民，我看你怎樣逃過這個輿論，你現在總可以不再陷害唐季珊，因爲你以（已）害死了我啊！請代付各報登之 阮託

遺囑：

我真做夢也想不到這樣快就會和你死别。請你不要悲哀，因爲天下無不散的筵席。請你千萬節哀爲要。我很對不住你，令你爲我受罪。現在他雖然這樣百般地陷害你我，但終會有水落石出的一日。天網恢恢，疏而不漏。我看他又怎樣活着。鳥之將死，其鳴也哀，人之將死，其言也善。我看他們又怎樣判決你我之罪。我死後有靈，將永遠保護你。

我死之後，請你拿我的餘資來養活我之母親和囡囡。如果不够，請你費力吧，而且刻刻提防，免他老人家步我之後塵。那是我所至望你的。你如果愛我，那就請你千萬不要負我之所望才好。

好了，有緣我們來生再會。還有公司欠我之人工，請向之收回，用來供養媽媽和阿囡，至要至要。

還有一封信，如果外界知我自殺，即登報發表，如不知，請即不宣爲要。

阮玲玉絶筆　廿四年三月七日午夜

阮玲玉遺像

《思明商學報》公佈的另兩份遺書

1935年4月26日在《思明商學報》（内部讀物）上，刊登了一篇題爲《真相大白，唐季珊僞造遺書》，文章裏説明，在報上公開發表的兩封阮玲玉的遺書，是唐季珊要他追求的某女明星所寫，是假的遺書。現在該女明星識破了唐季珊的醜惡心靈，也出於良心，决定把阮玲玉真的遺書公開。遺書也是兩封。

第一封是寫給張達民的：

"達民，我已被你迫死的，哪個人肯相信呢？你不想想我和你分離後，每月又津貼你一百元嗎？你真無良心，現在我死了，你大概心滿意足啊！人們一定以爲我畏罪？其實我何罪可畏，我不過很悔誤不應該做你們兩個人的爭奪品，但是太遲了！

不必哭啊！我不會活了！也不用悔改，因爲事情已經到了這種地步。"

第二封是寫給唐季珊的：

"季珊：没有你迷戀'××'，没有你那晚打我，今晚又打我，我大約不會這樣作吧！

我死之後，將來一定有人説你是玩弄女性的惡魔，更加要説我是没有靈魂的女性，但，那時，我不在人世了，你自己去受吧！

過去的織雲，今日的我，明日是誰，我想你自己知道了就是。

我死了，我並不敢恨你，希望你好好待媽媽和小囡囡。還有聯華欠我的人工二千〇五十元，請作撫養他們的費用，還請你細心看顧他們，因爲他們惟有你可以靠了！

没有我，你可以做你喜歡的事了，我很快樂。

玲玉絶筆

阮玲玉遺容

（轉引自沈寂《一代影星阮玲玉》，上海書店出版社1999年3月第1版）

阮玲玉肖像

黎民偉記述阮玲玉之死的日記和文章

黎民偉日記摘抄：

41 唐季珊

30/1/34 陳冠石宴王棠、民偉、阮玲玉、唐季珊等於杏花樓，季珊不知何故，借酒而打阮，復打電話來駡偉。至4/2/34唐乃設宴杏花樓謝罪，解釋醉後駡偉之誤會。

43 阮自殺

5/3/35 夜阮玲玉與唐季珊來坐，云因星期六（9/3/35）要出法庭，不能往蘇州拍演。

7/3/35 晚偉宴阮玲玉、唐季珊、紫羅蘭、馬仲瑛、黎灼灼、鍾石根、羅明睿夫婦、徐國根、吴邦藩、Mr. Skinner等於隔壁羅明佑家中，大三元到會兩桌。灼灼有些醉意，駡紫羅蘭唱曲快活，自己大哭，竟爲玻璃櫃傷左臂，偉即送其入醫院調治，阮、唐與紫羅蘭一時告辭，阮出至廠大門時，即返身回偉家，向錫兒再三吻之，錫兒當時熟睡未醒。

8/3/35 早六時忽接唐季珊來電話云：阮染疾病，請即代覓醫生來卡爾登戲院旁之鄒嶺文醫生家。偉即漱口，牙鹽盅蓋墜地粉碎，予心知不佳，即找陳繼堯醫生、陳達明醫生往救，無進步。聞她自宴罷歸家，曾請其母煲面與她食，其時擅服安眠藥，並寫下遺書兩封，乃摇醒季珊，問他當她是否爲妻，並叫唐給她最後一吻，唐始覺詫異，遂雇車送她往四川路福民醫院，惟該院夜深無醫生（阮前曾服安眠藥亦送福民醫院救活，故此次其母亦命車送她到福民也），遂轉送鄒嶺文處救治，各醫見無進步，乃於午間送入中西醫院，至晚六時半與世長辭矣，八時遷入萬國殯儀館，偉等往拍照。翌日與明佑、楚楚等往殯儀館治理她喪事，阮陳屍房中（經注灌防腐劑），美容艷裝，各界仕女觀館參觀者數千人，巡捕房派出巡捕、馬隊在各路維持秩序。翌日10/3/35來憑弔者更多，11/3/35午陳屍大堂開追悼會，偉爲主席，演説她一生爲藝術努力，及不良社會之壓迫，演至聲淚俱下，四時始大殮，盛以銅棺。

（原載羅卡、黎錫《黎民偉：人·時代·電影》，香港明窗出版社1999年3月初版）

黎民偉文章

最後一次宴會

三月五日下午，阮玲玉女士到我們的霞飛路分廠裏來請假。

她主演的《國風》在昆山拍過的一場外景，因爲取景不甚滿意，導演羅明佑、朱石麟兩先生發出通告，定在八日上午出發蘇州去補戲，而阮女士因爲她的訟事在進行之中，九日下午必須親自出庭，故來向我請假。我曾准了她的假，請她在十日（即星期日）的早晨，隨同工作人員乘八點鐘的特别快車趕到蘇州去。除了請假的事以外，我們並没有談多少話；但是因爲提到出庭的問題，阮女士曾對我説："我有充分的證據，可以證明我無罪，不過報上登的太難聽了。"她又説："還有馬路上賣報的小孩，嘴裏亂喊着看什麼什麼，更叫我聽了難堪。"

我没有什麼話可以勸她，記得曾對她説，"那賣報的小孩不過想多賺一兩個銅板，便什麼話都叫了出來。等訟事終了以後，自然聽不見這種聲音了。"阮女士聽了，也就置之一笑。

還有，那一天是星期二，阮女士算計九日是星期六，她笑着説："出庭我倒不怕，所怕的是剛逢着禮拜六，旁聽的閑人一定特别多，那倒有些難爲情。"

三月七日的晚上，我在舍間設宴招待一位美籍技師和幾位從香港來的同事，與宴者一共兩桌人。阮女士請假那天，我曾口頭邀請了她，那晚她到得特别早，誰也想不到這竟是她最後一次的宴會。

筵席雖然十分簡單，賓主尚能盡歡，阮女士始終坐在席上，談笑風生。

在席散之後，她臨别吻了我的内人和鏗錫兩兒，特别是阿錫，她伏在小床上連吻了兩次，出門之後，又回進房來吻了一次。這在她平時也是如此，那時我們以爲是她太高興了，誰也看不出半點異狀。

哪知過了八個小時，竟得到她服毒的噩耗。

在阮的遺書中，曾有這樣一句話："天下無百年不散的筵席。"我們間悠久的友誼，筵席的聚散不下數十次，豈料七日之宴，竟成永訣？

八日上午六點多鐘，我得了唐季珊君的電話，聲音是那樣的急促，他説阮得了急病，現在在鄒嶺文醫師的家中，叫我多請幾位醫生，同去診治。那時我還没有盥洗完畢，得訊之后，匆忙漱口，牙鹽盅的蓋子掉在地上，摔得粉碎。

季珊在電話中並未説明阮的病狀，楚楚不放心，打電話去問阮的僕人，問了半天，始説出是服了三瓶安眠藥，半夜裏送去福民醫院，現在是在某醫生家中。

事情是緊急了，我用電話邀請陳繼堯醫師，又邀請了他的令弟陳達明醫師，我叫了一輛黄汽車，趕到鄒嶺文醫師的診所。

阮那時已是昏迷不知，呼吸僅屬了。經過陳繼堯、陳達明、鄒嶺文三位醫師和另外一位黄醫師的急救，仍然不能脱離危險。於是由於陳繼堯醫師的提議，將病人送到中西療養院，灌輸氧氣並做一切有效的治療。

但，一切的心血和熱望都不能挽回這可憐的病者的生命。終於，在八日下午六時三十八分，這絶世的天才，一代的藝人終於與世長别了。

在我參與了阮的葬禮之後，依稀還見她在水銀燈下的豐姿，在我的幻覺中，她是没有死！

（原載《聯華畫報》，1935年第7期）

阮玲玉作品目録

序號	片名	年代	出品	導　演
1.	掛名的夫妻	1926	明星	卜萬蒼
2.	北京楊貴妃	1927	明星	鄭正秋
3.	血淚碑	1927	明星	鄭正秋
4.	白雲塔	1928	明星	張石川 鄭正秋
5.	洛陽橋	1928	明星	張石川
6.	劫後孤鴻	1928	大中華	李萍倩
7.	情慾寶鑒	1928	大中華	李萍倩
8.	珍珠冠	1928	大中華	朱瘦菊
9.	婦人心	1929	大中華	李萍倩
10.	九龍山(上下)	1929	大中華	朱瘦菊
11.	銀幕之花	1929	大中華	鄭基鐸
12.	故都春夢	1929	聯華	孫　瑜
13.	自殺合同	1929	聯華	孫　瑜
14.	戀愛與義務	1930	聯華	卜萬蒼
15.	野草閑花	1930	聯華	孫　瑜
16.	一剪梅	1930	聯華	卜萬蒼
17.	桃花泣血記	1931	聯華	卜萬蒼
18.	玉堂春	1931	聯華	莊國鈞
19.	城市之夜	1932	聯華	費　穆
20.	三個摩登女性	1932	聯華	卜萬蒼
21.	續故都春夢	1932	聯華	卜萬蒼
22.	歸來	1933	聯華	朱石麟
23.	人生	1933	聯華	費　穆
24.	小玩意	1933	聯華	孫　瑜
25.	神女	1934	聯華	吴永剛
26.	香雪海	1934	聯華	費　穆
27.	新女性	1934	聯華	蔡楚生
28.	再會吧，上海	1934	聯華	鄭雲波
29.	國風	1935	聯華	羅明佑 朱石麟

阮玲玉年表

庚戌	1910	民元前2年	玲玉1歲。4月26日生於上海朱家木橋祥安里，名鳳根。父用榮，號帝朝，廣東省廣東府香山縣左步頭鄉人，上海浦東亞細亞火油棧機器部大車，時年39歲。母何氏，21歲於歸阮氏，是年25歲，生次女玲玉。十月玲玉出痘。
辛亥	1911	民元前1年	玲玉2歲。住祥安里。玲玉長姊死，得年3歲。
壬子	1912	民國元年	玲玉3歲。住祥安里。患急驚，母爲延醫，自電車急下，折肱，尋愈。
癸丑	1913	民國2年	玲玉4歲。遷居上海浦東亞細亞工人住宅。
甲寅	1914	民國3年	玲玉5歲。居浦東亞細亞工人住宅。始看歌劇，即能模仿歌舞。
乙卯	1915	民國4年	玲玉6歲。遷居上海北四川路武昌路同仁里。父阮用榮疾，母始爲傭充醫藥。父死，享年44歲，葬廣肇山莊。母出外爲傭工，以養孤女，寄玲玉於其母之義姊家中。玲玉大病，60日始愈。
丙辰	1916	民國5年	玲玉7歲。隨母外出爲傭工，助母工作。在蓬（萊）路德鑫里，即今廣興里。又遷虬江路。始患喉疾。
丁巳	1917	民國6年	玲玉8歲。居虬江路。入私塾讀書，學名阮玉英。出疹，患喉症。
戊午	1918	民國7年	玲玉9歲。居虬江路。入崇德學校讀書，與譚瑞珍、梁碧如相友善。患喉症。
己未	1919	民國8年	玲玉10歲。遷居提籃橋。在崇德學校讀書。累年疾病，至是始漸進健康。
庚申	1920	民國9年	玲玉11歲。遷居乍浦路。在崇德學校讀書。
辛酉	1921	民國10年	玲玉12歲。在崇德學校讀書。
壬戌	1922	民國11年	玲玉13歲。在崇德學校讀書。
癸亥	1923	民國12年	玲玉14歲。在崇德學校讀書。
甲子	1924	民國13年	玲玉15歲。在崇德學校讀書。
乙丑	1925	民國14年	玲玉16歲。在崇德學校讀書。六月在學校登臺演劇識張達民。離崇德學校。
丙寅	1926	民國15年	玲玉17歲。一月遷居北四川路鴻慶坊，始有家室。始入電影界投考入明星公司爲演員，演《掛名的夫妻》。改名阮玲玉。
丁卯	1927	民國16年	玲玉18歲。遷居老靶子路壽彭里，八月遷海寧路。在明星公司爲演員，演《挂名的夫妻》、《北京楊貴妃》、《血淚碑》。阮母領人初生棄兒爲女，玲玉愛之，請爲己女，名之曰小玉。至普陀山。
戊辰	1928	民國17年	玲玉19歲。遷居江灣路。在明星公司爲演員，演《洛陽橋》、《白雲塔》。始入大中華公司爲演員，演《珍珠冠》、《劫後孤鴻》、《情慾寶鑒》。遷居竇樂安路同慶里。又遷鴻慶坊。與張達民分居三次，服安眠藥自戕，送福民醫院救治蘇生，親友調解，復與張合。阮鄉香山縣改名中山縣。
己巳	1929	民國18年	玲玉20歲。居鴻慶坊。在大中華公司爲演員，演《銀幕之花》、《婦人心》、《九龍山》。始入聯華公司。12月在北平演《自殺合同》、《故都春夢》。
庚午	1930	民國19年	玲玉21歲。遷居海格路大勝胡同。在聯華公司爲演員，演《野草閑花》、《戀愛與義務》、《一剪梅》。至香港、廣州拍《一剪梅》。
辛未	1931	民國20年	玲玉22歲。居海格路大勝胡同。在聯華公司爲演員，演《桃花泣血記》、《玉堂春》。薦張達民爲聯華公司光華戲院經理。
壬申	1932	民國21年	玲玉23歲。避一二八難，至香港，旋避居澳門，四月返滬，居靜安別墅，遷西蒲石路餘得坊，12月又遷餘慶坊。在聯華公司爲演員，演《續故都春夢》、《三個摩登女性》、《城市之夜》。張達民居香港辭光華戲院經理職。薦張達民於聯華公司董事長何東爵士爲瑞安輪買辦。
癸酉	1933	民國22年	玲玉24歲。居餘慶坊。3月遷大勝胡同。在聯華公司爲演員，演《小玩意》、《人生》、《歸來》。張達民在福建。4月張達民返滬，伍澄宇律師辦理張阮脱離手續，張阮脱離。識唐季珊。至普陀山。
甲戌	1934	民國23年	玲玉25歲。5月遷居沁園村。在聯華公司爲演員，演《香雪海》、《再會吧，上海》、《神女》、《新女性》。至普陀山，再至普陀山。
乙亥	1935	民國24年	玲玉26歲。居沁園村。在聯華公司爲演員，演《國風》。1月唐張興訟，訟平。2月張達民再興訟。3月8日仰藥卒。遺母及義女小玉，母今年50歲，小玉年9歲。

對於阮玲玉之死的評論

魯迅《論“人言可畏”》①

“人言可畏”是電影明星阮玲玉自殺之後，發見於她的遺書中的話。這轟動一時的事件，經過了一通空論，已經漸漸冷落了，只要《玲玉香消記》②一停演，就如去年艾霞③自殺事件一樣，完全煙消火滅。她們的死，不過像在無邊的人海裏添了幾粒鹽，雖然使扯淡的嘴巴們覺得有些味道，但不久也還是淡，淡，淡。

這句話，開初也是曾惹起一點小風波的。有評論者，説是使她自殺之咎，可見也在日報記事對於她的訴訟事件的張揚；不久就有一位記者公開的反駁，以爲現在的報紙的地位，輿論的威信，可憐極了，哪裏還有絲毫主宰誰的命運的力量，況且那些記載，大抵採自經官的事實，絶非捏造的謡言，舊報具在，可以復按。所以阮玲玉的死，和新聞記者是毫無關係的。

這都可以算是真實話。然而——也不盡然。

現在的報章之不能像個報章，是真的；評論的不能逞心而談，失了威力，也是真的，明眼人決不會過分的責備新聞記者。但是，新聞的威力其實是並未全盤墜地的，它對甲無損，對乙却會有傷；對强者它是弱者，但對更弱者它却還是强者，所以有時雖然忍氣吞聲，有時記憶仍可以耀武揚威。於是阮玲玉之流，就成了發揮餘威的好材料了，因爲她有名，却無力。小市民總愛聽人們的醜聞，尤其是有些熟人的醜聞。上海的街頭巷尾的老虔婆，一知道近鄰的阿二嫂家有野男人出入，津津樂道，但如果對她講甘肅的誰在偷漢，新疆的誰再嫁，她就不要聽了。阮玲玉正在現身銀幕，是一個大家認識的人，因此她更是給報章凑熱鬧的好材料，至少也可以增加一點銷場。讀者看了這些，有的想：“我雖然没有阮玲玉那麼漂亮，却比她正經”；有的想：“我雖然不及阮玲玉的有本領，却比她出身高”；連自殺了以後，也還可以給人想：“我雖然没有阮玲玉的技藝，却比她有勇氣，因爲我没有自殺”。花幾個銅元就發見了自己的優勝，那當然是很上算的。但靠演藝爲生的人，一遇到公衆發生了上述的前兩種感想，她就够走到陌路了。所以我們且不要高談什麼連自己也並不了然的社會組織或意志强弱的濫調，先來設身處地的想一想罷，那麼，大概就會知道阮玲玉的以爲“人言可畏”，是真的，或人的以爲她的自殺，和新聞記事有關，也是真的。

但新聞記者的辯解，以爲記載大抵採自經官的事實，却也是真的。上海的有些介乎大報和小報之間的報章，那社會新聞，幾乎大半是官司已經吃到公安局或工部局去了的案件。但有一點壞習氣，是偏要加上些描寫，對於女性，尤喜歡加上些描寫；這種案件，是不會有名公巨卿在内的，因此也更不妨加上些描寫。案中的男人的年紀和相貌，是大抵寫得老實的，一遇到女人，可就要發揮才藻了，不是“徐娘半老，風韻猶存”，就是“豆蔻年華，玲瓏可愛”。一個女孩兒跑掉了，自奔或被誘還不可知，才子就斷定道，“小姑獨宿，不慣無郎”，你怎麼知道？一個村婦再醮了兩回，原是窮鄉僻壤的常事，一到才子的筆下，就又賜以大字的題目道，“奇淫不減武則天”，這程度你又怎麼知道？這些輕薄句子，加之村姑，大約是並無什麼影響的，她不識字，她的關係人也未必看報。但對於一個智識者，尤其是對於一個初到社會上的女性，却足够使她受傷，更不必説故意張揚，特别渲染的文字了。然而中國的習慣，這些句子是摇筆即來，不假思索的，這時不但不會這也是玩弄着女性，而且也不會想到自己乃是人民的喉舌。但是，無論你怎麼描寫，在强者是毫不要緊的，只消一封信，就會有正誤或道歉接着登出來，不過無拳無勇如阮玲玉，也就正做了吃苦的材料了，她被額外的畫上一臉花，没法洗刷。叫她奮鬥嗎？她没有機關報，怎麼奮鬥；有冤無頭，和誰奮鬥呢？我們又可以設身處地的想一想，那麼，大概就又知她的以爲“人言可畏”，是真的，或人的以爲她的自殺，和新聞記事有關，也是真的。

然而，先前已經説過，現在的報章失了力量，却也是真的，不過我以爲還没有達到如記者先生所自謙，竟至一錢不值，毫無責任的時候。因爲它對於更弱者如阮玲玉一流人，也還有左右她命運的若干力量的，這也就是説，它還能爲惡，自然也能爲善。“有聞必録”或“並無能力”的話，都不是向上的負責的記者所該採用的口頭禪，因未在實際上，並不如此，——它是有選擇的，有作用的。

至於阮玲玉的自殺，我並不想爲她辯護。我是不讚成自殺，自己也不豫備自殺的。但我的不豫備自殺，不是不屑，却因爲不能。凡有誰自殺了，現在是總要受一通强毅的評論家的呵斥，阮玲玉當然也不在例外。然而我想，自殺其實是不很容易，決没有我們不豫備自殺的人們所藐視的那麼輕而易舉的。倘有誰以爲容易麼，那麼，你到試試看！

自然，能試的勇者恐怕也多得很，不過他不屑，因爲他對於社會的偉大的任務。那不消説，更加是好極了，但我希望大家都有一本筆記簿，寫下所盡的偉大的任務來，到得有了曾孫的時候，拿出來算一算，看看怎麼樣。

五月五日

①最初發表於1935年5月20日出版的《太白》半月刊第二卷第5期，署名趙令儀。

②關於阮玲玉自殺事件的在上海排演的新劇。

③艾霞，女電影演員，1934年2月自殺。

王塵無《悼阮玲玉先生》

因阮玲玉的自殺，“電影藝術”專門出了一個“誰殺害了阮玲玉”專號。

真的，誰殺害了阮玲玉呢？雖則没有一個人給我們明確的回答，但無論如何，我們是會從各方面找出那兇手來的。

艾霞自殺的時候，我曾經寫過一篇關於艾霞自殺意義的文章。據説有一位先生讀了我那篇文章後的結論是：“虧他板得下面孔説話”。其實那位先生是完全錯了。死是最大的嚴肅，特别是自殺。他給我們的，絶對不是“傳奇的趣味”，絶對不是“輕鬆”，而是“嚴肅的思考”。我過去是在這種嚴肅的思考之下悼艾霞，我現在同樣在這種嚴肅的思考之下來悼阮玲玉。

阮玲玉和艾霞同樣是資本主義社會的女性，但是他們之間是有着差别的。艾霞出身於資本主義社會，但她並不想苟安於資本主義社會，她想進步，但是她不能够。思想與生活的矛盾，感情與理智的矛盾，是決定了艾霞自殺的根源。她是想突過資本主義的陣線，但是她突不過而倒地了。而阮玲玉呢？她的生活，她的“思想”（這兩個字不是從狹義上講），是完全的資本主義的。即是她和張達民、唐季珊的結合，也是純粹資本主義的。這種女性，照理在目前是並没有自殺的理由。但是讀者們，我們要知道，中國現社會並不是純粹資本主義社會，濃厚的封建殘餘到處發揮作用。就以這一次阮玲玉事件而論，我們就看到許多黄色新聞記者，一方面想利用阮玲玉的訟事來滿足自己卑鄙的好奇的心理，而儘量地誇張着記載；一方面又發揮着萬惡的封建觀念，用着幾個和刀鋒毒箭一樣的字句——標題着“阮玲玉通姦！”在這種情況之下，阮玲玉即使是一個完全資本主義的女性，也不能在這種半資本主義半封建的社會立足了。艾霞想突破資本主義社會而不能，阮玲玉想達到資本主義的社會而不能，因爲她們同樣不能，所以她們只有同樣自殺！

艾霞自殺了，阮玲玉自殺了。這自殺的狂流啊！我們是要用根本改造來扼止的！

（原載《中華日報》“電影藝術”，1935年3月11日）

1935年3月11日《中華日報》“電影藝術”發表的唐瑜和王塵無悼念阮玲玉的文章

費穆《阮玲玉之死》

阮玲玉女士的猝然而死，曾引起全國的震疑，而推測她死因的人，大都是結論於婚姻的糾紛而把責任歸之於“人言可畏”，換言之，即是社會要對她負責任。

在我，實不忍苛責社會，因爲，被社會葬送的人不止阮女士一個；而社會對於人類罪惡生活應負的責任，也不僅是葬送了幾個人物而已。

爲紀念阮之死，我以爲應該在責任問題以外的方面，研究一下阮玲玉究竟爲什麼要死。我以爲應該把阮女士生前個人的修養、思想和生活作爲研究的對象，而不是把她身後的功罪是非作爲評判的根據。

阮女士是一個對於人生抱悲觀的女子，並且，她的確早存了厭世的心。

至於她爲什麼對人生悲觀，爲什麼要厭世，那就成了問題。

我曾與阮女士合作過三部作品，但從沒有問過她私人方面的事，也從沒有向别人打聽過，偶然聽到一些，也不加以注意。只有她這次“婚姻”的糾紛，却曾引起我的杞憂。因那個時候，我已觀察到阮女士是吃不起這一個打擊了。然而，這仍是“果”，而不是“因”。婚姻糾紛可以促阮之死，而阮之死志，已至少決定在幾年之前。

我對於阮女士之早年生活，一無所知；而在她的“晚年”，也只有一種簡單的認識，這種認識我至今認爲是十分正確。那就是：

一、早年的教育不够而在經歷方面得到過非常的教訓，尤其是在最後三年的演員生活中，使她的思想境界獲得莫大的進展。

二、對於私人生活已没有奢望，只求平静安定，反之，在藝術生活的一方面，却有着極高的自期。

阮時常對人説：“做女人太苦”，又常説：“一個女人活過三十歲，就没有什麼意思了。”第一句，差不多的女子都會這樣説，至於第二句，却有她特殊的感覺了。

然而，阮演過很多的戲，她對自己主演的戲，必然比别人得到更多。她的思想無疑是頗受自己的作品的影響，因此她更發現了自己生活上的矛盾。

她是一個虔誠的佛教徒，她曾數次到普陀進香，在蘇州拍《人生》的時候，一行人曾同去遊玩虎丘，歸途中，她又在西園進香，在五百尊羅漢面前，每一尊都供上支香。我還記得，她曾這樣對我説：“不要笑我，我曉得你是不相信的。”其實我何嘗笑她，這不過是她自己解嘲的話——她已自覺在佛前燒香是一件迷信的行爲，而她暫時還不能克服這種矛盾罷了。

對於這種内心的衝突，正如對於生活上的矛盾一樣，她無時不在掙扎，無時不在鬥爭。她的自殺的念頭有意無意地存在於這種鬥爭的搏蕩之中。

阮的身死，誰都知道是甚爲凄凉。她第一次的愛情給了某先生，而未被某先生所珍視。她見過多少人生悲劇，她嘗過多少生活的苦味，以她這樣一個女子——感情豐富的女子必然會對人生失望的。阮又始終不能變成一個冷酷的人物或者是十分乖巧的女子，她把人生看得甚是嚴肅。她每次飲酒至半醉，常常會對朋友説，“我算不算一個好人？”

因此，每有一件事襲擊她的感情，她就立刻悲觀起來，她脆弱到毫不能抵抗。

對於自己，她絶對有權利要求過一個比較舒適的生活，享受一些家庭的樂趣。

她演戲的所得，很可以維持一個中等人家以上的享受，她所缺的是家庭樂趣，因此她和唐季珊先生燕好（這是在她演《城市之夜》以後的事，或者稍微早一些）。

據我那時的觀察，她和唐先生的家庭生活，並不怎樣圓滿，或者，她已看到更遠的未來，而已有所畏懼。但，她却自安於那種生活，她再不願突破那種環境而憧憬於更理想的生活。因爲，那時她的身心兩面都已比較安定而平静，這一點點收穫是她自己苦心造成的局面，她決不肯自己來破壞。不然她將重新墮入精神生活的迷淵。

同時，她對於演劇工作，却是更加勇往邁進，這是有事實可以證明的。

聯華的導演和演員之間的關係，是一種“藝友”的關係而不是“朋友”，這是一個特點，同時也是缺點。特别是女演員，往往不拍戲就没有見面的機會。阮的私人生活和她的痛苦是不容易被人知道的。

阮的訟事直到最後也没有一個同事替她策劃應付。這件事，我們至今引以爲憾。

婚姻的糾紛把阮女士的苟安的生活，渴求寧静安定的理想打得一個粉碎。甚至“到底我算不算是一個好人”的可憐疑慮也得到了一個否定的答案：“你不是好人！”於是乎，阮死！

（轉引自《上海圖書館館藏拂塵·星光魅影——上世紀前半葉電影明星自述》，上海科學技術文獻出版社2004年8月第1版）

《中華日報》“電影藝術”發表的“誰殺害了阮玲玉徵文專輯”

孫師毅挽聯

誰不想活着？説影片教唆人自殺嗎？爲什麼許許多多，志節有虧，廉耻喪盡，良心抹殺，正義偷藏，反自鳴衛道之徒，都尚苟安在人世？

我敢説死者，是社會脅迫她所致的，請只看囉囉唣唣，是非倒置，涇渭故淆，黑白不分，因果莫辨，却號稱輿論的話，居然發賣到陵前。

《聯華畫報》有關報道

1935年第五卷第九期“從影日曆”

4月2日

“一代演藝家阮玲玉女士遺作，近日放映者特多。推其原因，有三端：

1. 戲院自動願演。
2. 觀衆爲紀念阮氏而有此内在的要求。
3. 公司方面固無居奇之必要。”

4月3日

“光華、明星、東海、東南四戲院同時開映《新女性》已多日，仍連日滿座。足述者，非爲其滿座，乃以其爲阮玲玉女士之遺作也。”

1935年第九期“從影日曆”

4月7日

“三輪看《新女性》，先一點鐘即購票而入，已隙地無多。座中觀者，每至動人處，則寂默如一輪戲院，旁坐女人，竟至含淚盈眶。”

“外間某舞臺所排之《玲玉香消記》爲一般人所注目。今日已開始出演。”

（《聯華畫報》1935年第五卷第九期“銀壇簡訊”載“中宣會禁演《阮玲玉香消記》函各地黨政機關知照。”）

鄭正秋在上海病逝

7月16日，中國電影事業的開拓者之一、著名電影藝術家鄭正秋在上海因病去世，終年48歲。上海電影界爲其舉行了隆重葬禮。

鄭正秋（1889.1.25—1935.7.16），中國電影的第一代編劇、導演和事業家。廣東省潮州市人。早年從事"文明新戲"編劇、導演、表演和劇評等活動。1913年，爲亞細亞影片公司編劇、並與張石川聯合導演了中國第一部短故事片《難夫難妻》。1922年與張石川、周劍雲等人合組明星影片公司，並開創寫實電影創作路線，使該公司成爲中國二三十年代最重要的電影公司之一。他共編、導、演了影片51部（集），主要作品有《孤兒救祖記》、《玉梨魂》、《火燒紅蓮寺》（1）、《姊妹花》等。

《明星》半月刊爲鄭正秋去世出版的"追悼專號"

鄭正秋電影作品目録

序號	片名	年代	職務
1.	難夫難妻	1913	编導
2.	滑稽大王遊華記	1922	编劇、演員
3.	擲果緣	1922	编劇、演員
4.	大鬧怪劇場	1922	编劇
5.	張欣生	1922	编劇
6.	孤兒救祖記	1923	编劇
7.	玉梨魂	1924	编劇
8.	苦兒弱女	1924	编劇、演員
9.	好哥哥	1924	编劇
10.	誘婚	1924	演員
11.	最後之良心	1925	编劇
12.	小朋友	1925	编劇
13.	上海一婦人	1925	编劇
14.	盲孤女	1925	编劇
15.	早生貴子	1925	编劇
16.	小情人	1926	编導
17.	一個小工人	1926	编導
18.	二八佳人	1927	编導
19.	血淚碑	1927	编導
20.	楊小真	1927	编導
21.	掛名的夫妻	1927	编劇
22.	俠鳳奇緣	1927	编劇
23.	車遲國唐僧鬥法	1927	编劇
24.	梅花落(上中下)	1927	導演
25.	黑衣女俠	1928	编導
26.	俠女救夫人	1928	编導
27.	血淚黃花(前集)	1928	编導
28.	美人關	1928	编劇
29.	火燒紅蓮寺(1)	1928	编劇
30.	大俠復仇記	1928	编劇
31.	女偵探	1928	编劇
32.	白雲塔	1928	導演
33.	碎琴樓	1928	導演
34.	血淚黃花(後集)	1929	编導
35.	刀下美人	1929	编導
36.	戰地小同胞	1929	编導
37.	新西遊記	1929	编劇
38.	桃花湖(前後集)	1930	编導
39.	娼門賢母	1930	编劇
40.	紅淚影	1931	编導
41.	玉人永別	1931	编導
42.	恨海	1931	编劇
43.	自由之花	1932	编導
44.	春水情波	1933	编導
45.	姊妹花	1933	编導
46.	再生花	1934	编導
47.	女兒經	1934	编導
48.	熱血忠魂	1935	導演

周劍雲（左1）、張石川（左4）在鄭正秋的追悼會上

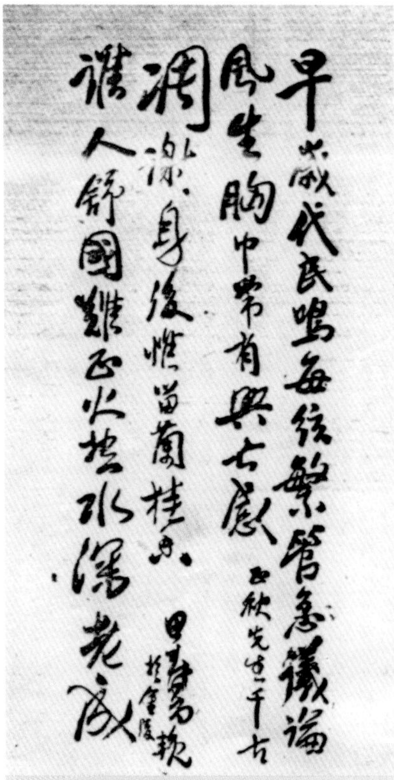
田漢爲追悼鄭正秋逝世所寫的輓聯

聶耳在日本逝世

7月17日，中國無産階級新音樂的奠基人之一、著名電影作曲家聶耳在日本藤澤市鵠沼海濱游泳時，不幸溺水逝世，年僅23歲。

聶耳與田漢

郭沫若悼詩

《悼聶耳》

雪萊昔溺死於南歐，聶耳今溺死於東島；
同一是民衆的天才，讓我輩在天涯同弔！
大衆都愛你的新聲，大衆正賴你去喚醒；
問海神你如何不淑？爲我輩奪去了斯人！
聶耳呀，我們的樂手，你永遠在大衆中高奏；
我們在戰取着明天，作爲你音樂的報酬！

田漢悼詩

一係金陵五月更，故交零落幾吞聲；
高歌共待驚天地，小别何期隔死生？
鄉國只近淪巨侵，邊疆次第壞長城；
英魂應化狂濤返，好與吾民訴不平！

聶耳（1912.2.14—1935.7.17）

作曲家，《中華人民共和國國歌》曲作者。中國無産階級新音樂的奠基人之一。雲南玉溪人，生於昆明。1927年考入雲南省立第一師範學校。1930年到上海，1931年4月考入黎錦暉主持的聯華影業公司音樂歌舞學校。1932年底，進入聯華影業公司，他曾經擔任過場記、劇務，並在一些影片當中扮演過角色，後任聯華公司二廠音樂部主任。1933年被選爲中國電影文化協會執行委員兼組織部秘書，積極參加左翼電影、戲劇和音樂活動，參與發起組織了中國新興音樂研究會。1933年開始電影音樂創作，爲影片《母性之光》、《大路》、《桃李劫》、《飛花村》、《逃亡》、《風雲兒女》等創作了15首電影歌曲，其中大多數是中國電影歌曲創作的經典，很受廣大觀衆尤其知識青年的歡迎，在當時可謂膾炙人口、風靡一時。他爲影片《風雲兒女》創作的主題歌《義勇軍進行曲》更是唱遍全國，成爲激勵人民抗擊侵略者、爭取民族解放的戰鬥號角，並在中華人民共和國成立後被定爲國歌。

聶耳（右）與《風雲兒女》男主角袁牧之（中），録音師司徒慧敏（左側）

《義勇軍進行曲》手稿

聶耳輔導女演員陳燕燕練習歌曲

聶耳在影片《母性之光》中扮演奴僕，左爲該片女演員黎灼灼

聶耳在拍攝現場演奏小提琴，幫助演員醞釀情緒

聶耳與金焰

聶耳電影音樂作品目録

序號	歌名	作詞	年代	影片
1.	開礦歌	田　漢	1933	《母性之光》插曲
2.	一個女明星	安　娥	1934	《一個女明星》主題歌
3.	走出攝影場	安　娥	1934	《一個女明星》插曲
4.	畢業歌	田　漢	1934	《桃李劫》主題歌
5.	開路先鋒	孫師毅	1934	《大路》序歌
6.	大路歌	孫　瑜	1934	《大路》主題歌
7.	飛花歌	孫師毅	1934	《飛花村》主題歌
8.	牧羊女	孫師毅	1934	《飛花村》插曲
9.	新女性	孫師毅	1934	《新女性》主題歌
10.	自衛歌	唐　納	1935	《逃亡》主題歌
11.	塞外村女	唐　納	1935	《逃亡》插曲
12.	打長江	田　漢	1935	《凱歌》主題歌
13.	采菱歌	田　漢	1935	《凱歌》插曲
14.	義勇軍進行曲	田　漢	1935	《風雲兒女》主題歌
15.	鐵蹄下的歌女	許幸之	1935	《風雲兒女》插曲

洪深的電影圖書

洪深《電影戲劇表演術》，由上海生活書店2月出版

洪深《電影術語詞典》，由上海天馬書店3月出版

洪深《電影戲劇的編劇方法》，由南京正中書局9月出版

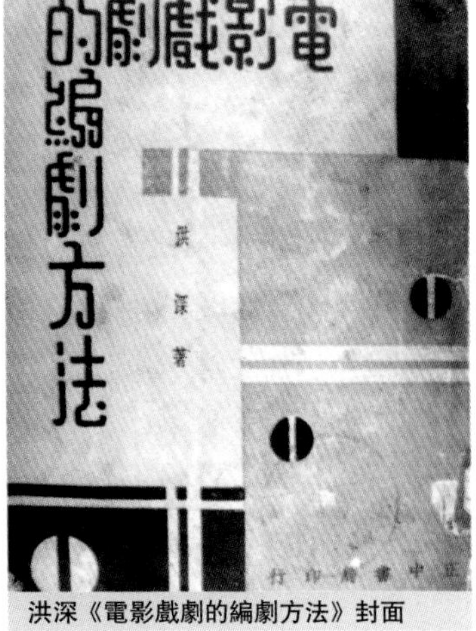

洪深《電影戲劇的編劇方法》封面

1931—1935年（臺灣）

大事記

1931年

1月 彰化人吕訴上創銀華映畫社，經營電影巡迴業，自兼辯士，放映中國片及西片。

10月7、8日 "大每東日電影圖書館"電影班主任暨"全日本活映教育研究會"會長水野新幸，與臺北市内各小學校、公學校校長開會後，決定組織聯盟。

12月12日 日本唯一的教育電影發行機構、隸屬全日本活映教育研究會的"大每東日電影圖書館"，繼九州島、名古屋、朝鮮分館之後，在臺北也設立了"臺灣分館"。

本年 臺灣教育會附屬的"通俗教育寫真班"改名"寫真部"，成爲獨立的部門。

1932年

2月 臺北映畫聯盟的機關報《電影會報》創刊（從第四期起改爲《映畫生活》），刊行到1939年爲止。是日治時期臺灣較著名的高水平電影雜誌，共發行47期。

5月1日 日人安藤太郎與臺灣人鄭錫明、蔡槐、林石生、蔡光明合組"日本合同通訊電影部臺灣映畫製作所"，拍第一部影片《義人吴鳳》。

8月17日 《義人吴鳳》在臺北芳乃館首映三天，演員隨片登臺致詞或表演短劇。

12月 臺北良玉影片公司（負責人張良玉）委託"日本合同通信社電影部臺灣電影製作所"拍偵探片《怪紳士》，千葉泰樹導演，演員多是臺灣人。

本年 臺北電影聯盟舉行電影資料展覽會。

本年度全臺教育電影映演狀况統計如下：

電影卷數：18498卷
放映機數：142台
上映次數：2265次
觀衆總人次：1386019人次
經費：42638日圓
技術員數：406人
白天上映場所：37處

1933年

2月18日 《怪紳士》在臺北首映，良玉公司特製主題歌宣傳。

5月1日 "愛國婦人會臺灣支部"改制爲"愛國婦人會臺灣本部"。

本年 《映畫教育》連載《臺灣活映巡禮》，是日本活映教育研究會的水野新幸在臺灣各地巡迴上映時所寫的記事，可看到日本政府積極利用電影教育臺灣民衆效忠日本，而開辦大阪每日報社電影圖書館臺灣支庫，以及成立全日本活映教育研究會臺灣分部。

本年 臺灣總督府財務局爲倡導納税觀念，委託"振進電影公司"製作一部由田中際野原著《燃燒之力》改編之電影。（《臺灣時報》1933年5月號37頁）

本年度全臺營利性質之電影映演狀況統計如下：

電影院總數：18所
辯士人數：88人
電影技術者：129人
電影檢查卷數：8805卷
觀衆總人：2920906人次

1934年

6月12日 "日映發聲電影製作所"一行人來臺拍攝電影。

1935年

3月 日本P.C.L公司東京技術部攝影師林田重雄，跟隨大島正滿博士到臺灣原住民部落，拍攝横貫中央山脈的過程及泰雅族人的生活。

10月 臺灣總督府在臺北舉辦"日本佔領臺40週年紀念博覽會"，會中除了展覽各項臺灣産業建設外，並在第二展覽會場設"電影館"，展出有關臺灣的影片。

大每東日電影圖書館成立臺灣分館

1931年12月12日，日本唯一的教育電影發行機構——隸屬於全日本活映教育研究會的"大每東日電影圖書館"，繼九州島、名古屋、朝鮮分館之後，在臺北也設立了"臺灣分館"。該分館成立前，由於"臺中州電影協會"會同旗下12個分會已申請加入該組織。"臺灣教育會"也因爲要從日本聘請攝影師來臺，求助該會協助。加上其他單位希望臺灣儘快成立教育電影發行機構，因此該會在臺北末廣町成立"臺灣分館"，並派土阪克三、峰川熊太郎常駐，執行下述業務：

1. 辦理標準型或16毫米影片的借出、拍攝業務；
2. 發行影片給加盟學校或工廠；
3. 購入影片、機器等，並免費接受有關電影放映設備、電影教育方面的諮詢；
4. 受理"全日本活映教育研究會"會員申請業務，以及分會設置業務；
5. 舉辦關於電影教育以及放映技術的講習會；
6. 協助拍攝新聞片或關於臺灣全島地理、文化及時事之影片。

臺灣的辯士

1935默片時代，人們要了解劇情，只有靠説明書和影片上的字幕。影院經營者想出聘請一種專職人員，在影片放映同時，向觀衆進行同步解説。這種專職人員要有較高的文化，廣泛的知識，不僅善於辭令，而且聲音宏亮，使劇場裏每一個觀衆都能聽到。此人配合劇情，有時用男聲，有時用女聲解説劇情，因此待遇很高。這種職業日本稱爲"辯士"，上海稱爲"解畫人"，香港稱爲"宣講員"。臺灣有辯士時間略早，初期都是日本人。第一位當辯士的臺灣人王雲峰，是1921年應聘的，和香港宣講人的時間相同。

當時全省比較有名的辯士還有：臺北：詹天馬、鄭衍宗、黄梁夢、周日星、蕭天狗、黄鑫（阿漂仔）、謝天猫、蔡蕃王（天龍）、吴錦春、天猪；豐原：張邱東松、林越（説明《關東大俠》出名）；彰化：楊作霖、阿鄰、張漢樹（光艷映畫社老闆，説明《紅樓夢》出名）、蔡炳魁、空卿；田中：張王（號石川，說明《火燒紅蓮寺》出名)；臺南：陳雪村（字阿華）等。

辯士原是默片時代的産物，臺灣進入有聲時代，萬華和大稻埕的臺灣人戲院，仍然流行辯士解説電影，即使有日文字幕的洋片也是如此。不過，在臺灣人的戲院放映電影時，除了銀幕旁邊有辯士解説之外，戲院觀衆席的最後座，往往有日警及消防隊員二人坐鎮，預防辯士鼓舞民族運動。1941年底，太平洋戰爭爆發之後，臺灣人懂日語觀衆增多，日人推行日化運動，禁止使用閩南語解説，凡布袋戲、歌仔戲等一切娱樂活動的説明需使用日語，一般居民的姓也改爲日本姓，於是閩南語辯士之音就此暫告銷聲匿跡，到臺灣光復又恢復。

王雲峰（生卒年不詳）

王雲峰本是小提琴手，在專爲日本人欣賞電影而設的第一間電影院"芳乃館"任樂隊伴奏。當時普通的戲院是用五人組成的樂隊，大戲院則多了一位小提琴師，用以加强悲劇氣氛。王氏因每日在旁觀看日人辯士的說明，耳濡目染之下漸懂劇情說明技術。1921年，日人今福澄在大稻埕建立"キネマ館"（即後來的大光明戲院）。因大稻埕地區以臺省人爲多，辯士需要用閩南語說明劇情，王雲峰遂應聘爲"キネマ館"的辯士。其後，王氏開始訓練了李光輝、葉水閣、周水盆三名新人，辯士漸成熱門行業。臺灣光復後，王雲進臺灣省交響樂團，不再做辯士。

詹天馬（生卒年不詳）

日治時代臺北市最有名的臺灣人辯士，是日人林天風的得意高足，曾自設"天馬映畫社"發行《梅花落》、《盲孤女》、《一脚踢出去》等中國語片，另設有天馬茶房。據説，當詹天馬手持洋拐杖，高視闊步於大稻埕之時，有威風堂堂、不可一世之感。可知辯士這一行業在當年也成爲影迷偶像。

鄭衍宗（1915—1995）

新竹市人。在臺北就讀太平公學校高等科時，到龍山寺、大稻埕一帶聽大人"講古"，獲得許多寶貴的知識。30年代，電影巡映業是熱門行業，他常到處觀摩學習放映技術。鄭衍宗因國學基礎好，能説北京話，1931年，16歲自高等科畢業後，便投入巡映業的辯士工作，參加桃竹苗鄉村巡映隊到閩南人地區講閩南語，在客莊就改用客家話，有時也到原住民山區放映露天電影。

重要影片

《怪紳士》（原名《七星洞地圖》，全七本，1932年）

出品：日本合同通信社電影部臺灣電影製作所第二部作品
導演：千葉泰樹
攝影：池田專太郎
主演：謝如秋 王雲峰 紅玉（本名李彩鳳，張良玉之妻）張天賜 岸英男 蔡德音 金鑾

商人唐克明被賊徒奪去"七星洞圖"，且被殺害。翌晨，厦門錢莊的蔡章祺在舞廳向匪徒黄索圖，發生糾紛。黄被蔡謀害，丢擲車窗外的地圖被新聞記者周士衡所得。周士衡救了唐克明女兒紐珠，並了解該圖爲唐家埋藏財寶的地圖。周士衡把匪徒們全部殲滅，與紐珠結爲夫妻，獲得地下財寶，唐家重見復興。

《怪紳士》劇照

《義人吴鳳》（全八本，1932年）

出品：日本合同通信社電影部臺灣電影製作所
編劇：多藪韶啓
導演：安藤太郎
千葉泰樹
攝影：池田專太郎
主演：秋田伸一 凑明子 津村博

阿里山蕃族通事吴鳳殺身成仁的故事。

張天賜（1909—1992）

導演。臺北市人。青年時代看過幾部中國片，嚮往祖國，愛好拍電影。1932年，演過臺灣片《怪紳士》，也做過辯士。1937年，爲學電影進"滿映"；任編導。抗戰勝利後，編導《哈爾濱之夜》及長篇紀録片《看東北》。1950年，調到上海電影製片廠工作。1992年逝世。

《義人吴鳳》劇照

1935年（香港）

大事記

本年 上海藝華影片公司在香港設立分廠。

香港正式進入有聲電影時代。從1935年至1937年三年間，香港所出産的有聲電影都是粵語片。

林坤山（1891—1964）

演員。廣東中山人。早年入"琳琅幻境"研究戲劇。1926年因出演新派鑼鼓劇《孤兒血淚》獲得好評，被大羅天劇團邀請出演丑生角色。1933年步入電影業，處女作《扭計祖宗》，後主演《鄉下佬遊埠》等數部"鄉下佬"電影，有"諧劇泰斗"之稱。他晚年還兼任廣播工作，並參演《豪門夜宴》、《錢》等影片。

《生活》

出品：天一影片公司

編導：邵醉翁　主演：薛覺先　唐雪卿

劇情描述一位百貨公司少主終日揮霍，最終致使公司破産，自己也身敗名裂，並且深陷囹圄。獲釋後淪落街頭，往日舊友却冷眼對待，令他追悔莫及。

本片非常的寫實，具有警世教育作用，因此受到觀衆歡迎，一連放映14天，並且成爲1935年度香港電影的賣座冠軍。這種社會教育片也成爲1936年粵語片的主流。

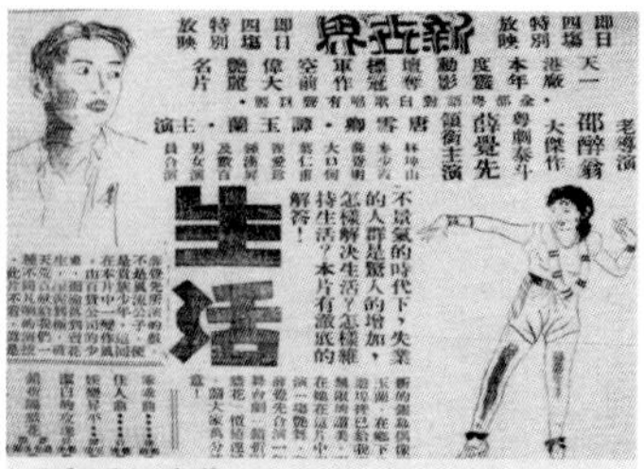

《生活》廣告

重要影片

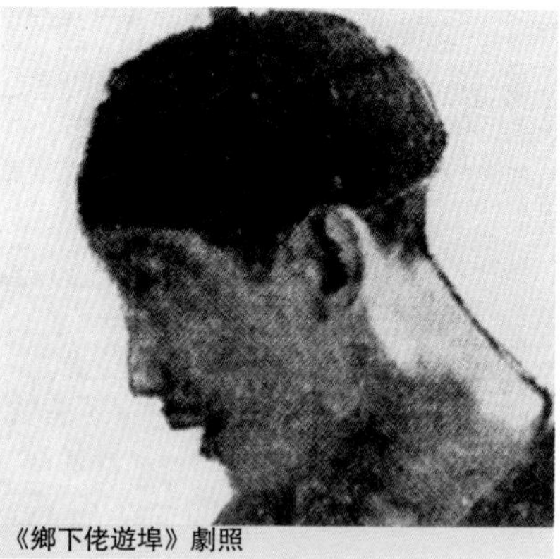

《鄉下佬遊埠》劇照

《鄉下佬遊埠》及其續集、三集

出品：天一影片公司

編劇：宋儉超

導演：邵醉翁

主演：林坤山　唐雪卿　廖夢覺

《鄉下佬遊埠》及其續集、三集是香港攝製、出品的第一個電影片集。該片曾命名爲《鄉下女遊埠》、《直上青雲》，描述的是鄉下佬出售山地獲得巨款，於是連同愛女出外遊埠，從而鬧出種種笑話。

片中的鄉下佬由冷面笑將林坤山扮演，他同著名笑星黄壽年的傑出演技，加上幽默的對白、演唱，使影片獲得了很好的票房，一連公映了15天，創下當年香港映期及票房紀録。

《鄉下佬遊埠》的續集及三集，由廖夢覺代替林坤山出任主角，飾演原鄉下佬的侄子，繼承原片抖出種種笑料。續集在宣傳上做足功夫，印製各種宣傳材料、電影專刊等等，但續集、三集的票房都遠遠不及原片首集。

由於《鄉下佬遊埠》真實、親切、幽默及良好的票房，因此在1935—1937年這三年間香港一共拍攝了8部有關鄉下佬的影片，形成鄉下佬片集，其中包括林坤山出演的《鄉下佬尋仔》、天一港廠拍攝的《鄉下佬探親家》、《鄉下佬鴻運當頭》等等，亦大受歡迎。

《紅伶歌女》

出品：全球影片公司

編導：關鼎任

主演：謝醒儂　譚玉蘭

《紅伶歌女》是香港攝製、出品的首部歌舞片。影片叙述一位公主混入9個宫女中，讓鄰國四位王子前來辨認真人以招駙馬的故事。

片子受到當時好萊塢歌舞片影響，因此片中大量歌舞演出。公映時大受歡迎。由此可以看到好萊塢類型電影對香港電影的影響。

《火燒阿房宫》劇照

《火燒阿房宫》

出品：天一影片公司

編劇：劉髯公

導演：邵醉翁

主演：杜名場　譚玉蘭　紫羅蘭
　　　陳雲裳　梁雪霏

這是一部大製作的愛國電影。影片根據粵劇《戲寶》改編，描述燕太子丹入秦國成爲人質到荆軻刺秦失敗這一段中的故事。該片的電影廣告宣傳爲"劇情抓住了'唯愛國才能救國，不抵抗必致滅亡'十四個字，絲毫不肯放鬆，劇中人物没有一個不是愛國志士的典型，一段一幕都布滿了愛國熱忱，不惜犧牲性命，悲壯激昂，一言一語都藴藏着救國雄心，同力共赴國難，可歌可泣"。

稱《火燒阿房宫》爲一部愛國電影，是因爲片中精彩的對白處處影射抗日，如"我們寧願抵抗而亡，不願不抵抗而滅"；"時機到了，救國要緊"。攝製這部影片的電影人就是借這部影片，唤起同胞的愛國心、抵抗心。著名學者許地山也評價該片爲："全劇異常緊張，滿佈愛國思想，且能根據歷史，借古喻今，場面富麗堂皇"。影片一經公映，立即受到廣大觀衆的熱烈歡迎，連續放映10天之久。

《火燒阿房宫》還是香港戰前罕有的一部大製作。當時一部普通粵語片的製作費是港幣5千元左右，而這部影片的製作費則高達7萬元，不僅有數十堂富麗堂皇的布景，另外還有80多人合舞的大型歌舞場面。

《亞蘭賣猪》

出品：華夏影業公司

主演：朱普泉　朱劍琴

這是一部改編自廣東民間故事的喜劇片，描述賣菜小販阿蘭賣猪時的一連串笑話。

本年度香港共出品過三部改編自民間故事的喜劇片，除本片外尚有鳳凰影片公司的《傻佬祝壽》以及世界影片公司的《荒唐鏡三戲陳夢吉》。

《半開玫瑰》

出品：大觀影片公司　萬象影片公司

編導：麥嘯霞

主演：吳楚帆　黃笑馨　林坤山　戴雪蘭

這是一部探討親情與愛情、金錢與靈魂的影片。廣東音樂名家尹自重、錢大權等也參加了該片演出。

《半開玫瑰》劇照

香港的三次“電影清潔運動”

第一次“電影清潔運動”

1935年1月，由香港大學著名學者、作家許地山等倡導，香港華僑教育會發起香港第一次“電影清潔運動”。這一活動一方面號召僑校負責人在各華人學校内宣傳拒看神怪片，並聯合南洋等地華僑學校採取一致行動，擴大效果，使得神怪片無立足之地而絕跡；另一方面分别致函各地各社團、影片公司、電影院要求特别合作，一起抵制腐朽的神怪片。本次運動旨在反對毒素電影“粗濫的民間故事片和腐朽的神怪片”，提倡“拍製一些爲大衆所需要的意識正確的電影，爲救亡的偉大任務盡點力量”。

《聯合畫報》於1935年底（7卷第2、3期合刊）發表《香港的電影清潔運動》一文（石英撰），該文介紹了香港華僑教育會發起香港“電影清潔運動”的背景，及清除毒害觀衆的灰色電影的主旨，以及懇請各影片公司今後在製片中應做到的五項宗旨。

香港的電影清潔運動

石英

1935年《聯華畫報》發表的《香港的電影清潔運動》文照

第二次“電影清潔運動”

1938年，聯華影片公司的創辦人羅明佑、黎民偉聯合香港多個基督教會的負責人一起呼籲“電影清潔運動”，並募得資金十萬港幣，組織了真光影片公司，計劃每月拍攝一部教人行善、宣揚教義的影片。

第二次的“電影清潔運動”與第一次一樣，只有計劃沒有實踐。包括羅、黎二人組織的真光影片公司也沒有出産過影片。但是他們當時的提倡却得到香港電影界的支持，中南光榮影片公司出産的神怪片《桃花女鬥法》就是因爲受到輿論批評和制裁而沒能公映。第二次“電影清潔運動”最後無疾而終。

第三次“電影清潔運動”

粵語片工作者

發起“清毒”運動

加倍努力緊守崗位團結一致

停拍毒化影片不再負人負己

1949年4月8日，香港《大公報》發表了一篇由香港粵語片工作者發表的宣言，它號召華南影人重新反省、認識粵語片應對國家做出的貢獻，呼籲停止拍攝“危害社會，毒化人心的影片”（引自《宣言》）。在這個宣言上簽名的香港電影工作者有吳楚帆、黃曼梨、蘇怡、莫康時、吳其敏、盧敦等164人，包括了粵語片各個方面的優秀人才。

這次“電影清潔運動”是針對粵語電影的第三次運動，由蘇怡、吳楚帆等電影工作者發起。相比較前兩次只是呼籲，沒有實際較大影響的“電影清潔運動”，這次是一次名副其實的“電影清潔運動”。這個運動對粵語片的改革和改進，有直接和實質的影響，《幾家歡樂幾家愁》等粵語名片，便是響應這次運動的産品。香港的粵語電影工作者還在此期間發表了一個“讓光榮與粵語片同在，耻辱與粵語片絕緣”的聲明。這次運動促使香港電影工作者加强團結，爲同業共謀福利。1949年前後建立至今仍存在的華南電影工作者聯合會、五十年代影片公司、新聯和中聯等著名電影公司的成立，都受到該運動的直接影響。

粵語片全面興起

1935年開始，香港正式進入有聲電影時代，電影業在香港蓬勃興起。從1935年至1937年三年間，一共生産了157部電影，全是粵語片，而在此之前年産量平均只有四部。1935年至1937年的粵語片有産量大、影響廣的特點，並且主流都是抗日愛國電影。從此，香港粵語片開始步入成長期。

香港粵劇片

粵語片中較奪目的有粵劇片。粵劇片大體分爲6種類型，分别是：粵劇故事片、粵劇紀録片、粵劇戲曲片、粵劇歌唱片、粵劇折子戲片以及粵劇錦片。1935年香港出産的粵劇故事片有八部，包括天一港廠出品的《毒玫瑰》、《夜弔白芙蓉》、《梁山伯祝英台》（上、下集）；全球影片公司出品的《野花香》、《回首當年》、《二世祖》，南粵影片公司出品的《沙三少》，此年粵劇故事片的産量僅次於喜劇片，佔同類型電影産量的第二位。

影片目録

大觀聲片　《昨日之歌》、《殘歌》、《摩登新娘》、《半開玫瑰》、《摩登新娘》（續集）、《生命線》、《大傻出城》

天一　《鄉下佬遊埠》、《鄉下佬遊埠》（續集）、《鄉下佬遊埠》（第三集）、《梁山伯與祝英台》（上）、《梁山伯與祝英台》（下）、《夜弔白芙蓉》、《火燒阿房宫》、《生活》

全球　《野花香》、《紅伶歌女》、《回首當年》、《一夜風流》

南粵　《梁天來告御狀》、《沙三少》、《俏郎君》

其他　《可憐女》（中華製造聲）、《阿蘭賣猪》（華夏）、《傻佬祝壽》（鳳凰）、《胡塗外父》（藝華）、《荒唐鏡三戲陳夢吉》（世界）

大觀聲片公司創辦

1935年，趙樹燊自美來港，在香港成立了大觀聲片公司（以下簡稱大觀），但事實上早在1933年，大觀就已經在美國舊金山誕生了。1933年，關文清在美國舊金山大觀旅館發起組織電影公司，趙樹燊及當時大觀旅館主人都積極支持，最終以旅館"大觀"爲名，合股成立了大觀聲片公司。大觀的創業作是《歌侶情潮》，此片攝製於1933年，是美國攝製的第一部粵語片，也是首部在美國拍攝的華語電影。由趙樹燊導演，新靚就（即關德興）、胡蝶影主演。兩年後，趙樹燊爲了電影業有更大發展，於是決心來港。經過集資，在香港正式創立了大觀影片公司。

大觀聲片公司在港成立後發展迅速，它不但成爲香港淪陷前三大電影公司之一，即使在戰後也是香港重要的電影公司之一。大觀出品了繼香港第一部得獎片《難兄》之後又一部得獎影片《生命線》，另外還有如《昨日之歌》、《殘歌》、《半開玫瑰》、《摩登新娘》等影片。

關文清（1896—1995）

導演。廣東開平人。美國加州大學文學系畢業，曾任好萊塢電影製片機構東方文化顧問。1921年回國。1923年任香港民新影片公司顧問。1926年執導廣州南越影片公司出品的《添丁發財》。1931年執導聯華港廠的創業作《鐵骨蘭心》，同年被聘爲天一港廠的基本編導。1935年爲大觀公司執導著名愛國影片《生命線》。關文清的英文造詣很深，最初創作時寫劇本全都是用英文，但他的中文底子也很厚，他還喜歡創作古體詩，出版有《自鳴集》等詩歌集。關文清1995年於美國病逝，其一生執導了50多部影片，曾被稱爲"無畏導演"、"詩人導演"。

大觀公司片場

大觀代表作

《生命線》

出品：大觀聲片公司
編導：關文清
主演：吴楚帆　李綺年　花影容　葉仁甫

青年工程師廖錫能把一條關係國防和國民生計的鐵路視爲生命線，把建設這條鐵路當作自己的理想。但却失業去當苦力。更爲不幸的是，他由於受到誤會而被關進監獄，不僅妻子懷孕他無法照顧，連老母病逝都不能前往奔喪。但是錫能毫不灰心，終於建成了這條鐵路。

該片由於涉及抗日言論，而當時的香港政府不願開罪日本帝國主義，故上映初被港英政府禁映，經上訴後方獲准上映。影片公映後大獲好評，場場爆滿，並且獲得廣州市政府當局授予一等獎獎狀，廣州戲劇電影委員會榮譽獎。

此外值得一説的是，由男主角吴楚帆演唱的《生命線》插曲《不堪重視舊征袍》流行一時，成爲香港第一首電影流行歌曲。

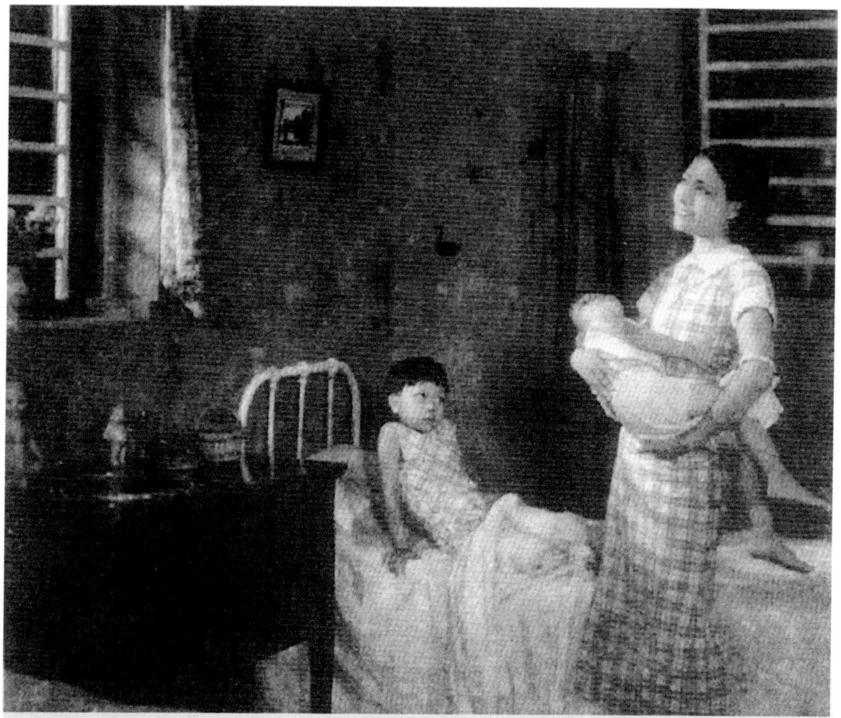

《生命線》劇照

李綺年

(1914—1950)

演員。原名李楚卿，廣東人。1934年進入香港大觀聲片公司，從此開始了她的銀幕生涯。1935年因出演《生命線》一舉成名，並獲得了"愛國影星"的稱號，也成爲戰前香港影壇片酬最高的"香港第一影后"。1937年，李綺年加入南洋影片公司，主演多部抗日愛國影片。1940年她應上海藝華影片公司之邀，赴滬拍攝了《女皇帝》、《梁紅玉》等影片。1942年，李綺年和商人鄭某結婚後息影。1948年，李綺年在香港復出，主演《花香襯馬蹄》等片，可惜影片雖獲好評，但票房慘淡。1949年，李綺年拍完《賣肉養孤兒》一片後便和影壇告別。1950年，李綺年率綺光旅行劇團前往東南亞一帶演出，由於營業失敗，欠下了巨額債務無法償還，於11月4日在越南服食安眠藥自殺逝世。

趙樹燊（1904—1990）

導演，事業家。廣東中山人。他自小在美國接受教育，曾在好萊塢學習攝影、布景等技術。1933年和關文清等在美國創辦大觀聲片公司。1934年到香港，編導影片《難兄》。1935年創辦香港大觀聲片有限公司（以下簡稱大觀公司）。在他主持下，大觀公司出品了不少優秀製作，成爲香港重要電影公司之一。1937年與蘇怡等執導全港電影工作者義演的抗日愛國影片《最後關頭》。1951年創辦麗兒彩色影片公司。他一生導演影片56部，同時還是香港彩色電影、立體電影、寬銀幕電影的創始人。

《大傻出城》劇照

《大傻出城》

出品：大觀聲片公司

文化影片公司

編導：趙樹燊

主演：何大傻　葉仁甫

李綺年　林妹妹

本片以幽默、滑稽的手法，描寫鄉村生活的陋弊，同時揭露城市社會紙醉金迷背後的黑暗面。何大傻本是廣東音樂名家，没想到也極富喜劇感，他和另一位主演葉仁甫因主演本片而有"東方羅路、哈地"之稱。

《殘歌》

出品：大觀聲片公司

編劇：霍然　導演：趙樹燊

主演：新靚就　李綺年

影片改編自霍然的話劇，叙述的是一個越獄的革命黨囚徒與一位街頭歌女的故事。當年的電影廣告宣傳該片爲"國難當頭，亟須抵抗，《殘歌》最富抵抗思想，它發揚民氣，鼓勵民衆，凡我國人不可不看。"

《昨日之歌》

出品：大觀聲片公司

編導：趙樹燊

主演：新靚就　李綺年

影片原名《斷腸人憶斷腸聲》，是一部社會教育片，叙述一名迷戀野花的負心漢最終淪落天涯，歷盡千辛萬苦回歸故里，最終得到賢妻、孝女的諒解，一家得以團圓。

此片與《殘歌》、《情侶歌潮》合稱爲《三歌》，同是大觀早期作品，均由趙樹燊執導、新靚就（關德興）主演。影片公映時非常賣座，常常要加開中午12點特別場，這也是香港電影院第一次有中午12點正場的場次。

香港第一部大型新聞紀録片

《英皇銀禧大典香港會景大會》

出品：天一港廠

攝影：邵醉翁　湯曉丹　周詩禄

1935年5月6日，英王佐治五世登基25週年，故香港從5月6日至8日一連三天舉行大巡遊慶祝。天一港廠將這次大型盛會攝製成長達一萬尺的紀録長片，將盛會中各色精彩節目全部記録下來，並全部現場録音。公映時，受到香港人熱烈歡迎。

這部紀録片是香港第一部大型新聞紀録片。

盧根創辦鳳凰影片公司

1935年有"中國電影院大王"之稱的盧根投資兩百萬元創辦了鳳凰影業公司（以下簡稱鳳凰）。鳳凰開設於香港利園山聯華港廠舊址。新誕生的鳳凰不僅聘請了許多知名的編導演人才，如導演侯曜，演員吴楚帆等，還在上海招聘了大批電影工作者，如導演李應源、莫康時，演員王元龍、王次龍，技術人員李文光、萬滌寰等。除了拍攝電影之外，鳳凰還開辦了大規模的演員訓練班，教授表演、國語、粵樂等課程。

鳳凰共攝製3部影片，包括《傻佬祝壽》（1935）、《標準老婆》（1936年出品，《傻佬祝壽》的續集）及未公映的《落日》。

1936年（大陸）

大事記

1月27日 歐陽予倩、蔡楚生、孫師毅、周劍雲、孫瑜、費穆、李萍倩等發起成立上海電影界救國會。

6月 中國教育電影協會進行第三次評選，評出"優良影片"7部，名列前三名的影片是《凱歌》、《天倫》和《母親》。

6月 文學界開始"國防文學"和"民族革命戰爭的大衆文學"兩個口號的論爭。

7月1日 明星影片公司正式改組，建立一廠和二廠，由"電通"轉過來的一批創作人員主要在二廠參加工作。編劇委員會又重新成立，由歐陽予倩主持。

8月1日 聯華影業公司領導層分化，羅明佑失去經濟實力和支配地位，由實力派人物吴性栽接掌領導權。

10月19日 魯迅在上海病逝。

11月20日 32位記者聯名推薦國防電影的代表作《狼山喋血記》，發表《對藝華公司進一言》。後又發表《再對藝華公司進一言》。

12月12日 愛國將領張學良、楊虎城爲了"逼蔣抗日"，在蔣介石到西安督戰之際，發動兵諫，是爲轟動中外的"西安事變"。"西安事變"的和平解決，促進了第二次國共合作和抗日民族統一戰線的建立。

國念五年十一月廿二日

我們的意見

其一：推薦狼山喋血記

其二：敬告藝華公司

32位影評人聯名發表《我們的意見》

重要影片

《迷途的羔羊》

出品：聯華影業公司
編劇：蔡楚生
導演：蔡楚生
攝影：周達明
主演：葛佐治　陳娟娟　鄭君里　沈浮

鄉下來的孤兒小三子救了富翁沈慈航。沈發現小三子酷似自己夭亡的兒子，便收做養子，但是很快又把他趕出家門。一直照顧他的老僕人找到一間破草房收留了流浪兒們。聖誕之夜，老僕人死了，饑餓的孩子們偷吃了沈慈航準備放賑的面包，被警察堵在一座大樓裏走投無路。

走投無路的小三子（葛佐治飾）

少年（金山飾）與縣知事的女兒（右，周璇飾）幽會，被夫人（左，胡萍飾）撞見

《狂歡之夜》

出品：新華影業公司
編導：史東山
攝影：余省三　薛伯青
主演：金山　顧而已　胡萍　周璇

根據（俄）果戈理《巡按使》改編。江南某縣知事安唐聞知部長微服私訪，便派人探聽消息。恰有一個流氓少年自上海來，舉止豪闊，被誤認爲部長。知事的小老婆與其女曼麗對少年大獻殷勤，並終爲曼麗與少年訂婚。正當儀式進行中，革命軍攻打縣城，少年騙局敗露，場面一片混亂。

《狂歡之夜》工作照，左起：金山、周璇、史東山

《新舊上海》

出品：明星影片公司
編劇：洪深　導演：程步高
攝影：董克毅
主演：舒綉文　王獻齋
**　　　黃耐霜　朱秋痕**

一幢小樓裏住着六户人家，失業的絲廠職員，没有客人的舞女，慷他人之慨的汽車夫，靠賣文爲副業却又找不到出路的教書匠，拉不到顧客的木器店職員，討不來房錢的房東太太和她的兒子等。在經濟危機中，他們的幻想全部破滅。

太太（舒綉文飾）中了航空獎券，先生（王獻齋飾）向她討錢

春蘭（左，黎明暉飾）與有才（右，趙丹飾）結爲夫妻

舒綉文（1915—1969）

演員。原籍安徽黟縣，生於北京。1933年從影，先後演出《民族生存》、《中國海的怒潮》、《女兒經》、《熱血忠魂》、《夜來香》、《新舊上海》、《摇錢樹》、《一江春水向東流》、《野火春風》、《戀愛之道》等影片。1957年任北京人民藝術劇院演員，從事話劇演出。

《清明時節》

出品：明星影片公司
編導：歐陽予倩
攝影：嚴秉衡
主演：黎明暉　趙丹
**　　　吴茵　舒綉文**

地主李德臣父子雙亡，李妻爲保住財産，找到十年前被李誘姦生有一子的女傭春蘭，想追回其子筱寶。春蘭當年被逐出李家後，被工人王有才等搭救，後與有才結成夫妻，經過多年苦難生活的磨練，春蘭與李家堅决鬥爭，但是筱寶最終還是被勢力强大的李家奪走。

影片目録（共44部）

明星　《春之花》、《海棠紅》、《金剛鑽》、《女權》、《清明時節》、《生死同心》、《桃李爭艷》、《小玲子》、《新舊上海》、《夜會》

藝華　《百寶圖》、《廣陵潮》、《花燭之夜》、《化身姑娘》、《滿園春色》、《喜臨門》、《小姊妹》、《新婚大血案》

聯華　《到自然去》、《孤城烈女》、《寒江落雁》、《狼山喋血記》、《浪淘沙》、《迷途的羔羊》、《失眠之夜》

新華　《長恨歌》、《狂歡之夜》、《林冲夜奔》、《桃源春夢》、《小孤女》、《壯志凌雲》

天一　《花花草草》、《黄浦江邊》、《女同學》、《王先生奇俠傳》

其他　《靈肉之門》、《母愛》（民新），《好漢》（次龍），《黛玉葬花》（大華），《年年明月夜》（吉星），《新生》（群星電影研究社），《國色天香》（上海有聲），《父母子女》（文化），《戰士》（中央電影攝影場）

國防電影

1935年，中國共産黨在長征途中發表了《爲抗日救國告全體同胞書》(即《八一宣言》)，提出了建立"國防政府"的主張，號召全國人民團結一致，共同抗日。爲了適應這一新的形勢，在文藝界建立起抗日民族統一戰線，繼"國防文學"的口號，1936年5月，電影界對"國防電影"的口號也進行了熱烈的討論，國防電影的創作也被提上日程。

《狼山喋血記》的導演費穆與小玉的扮演者黎莉莉

順兒（右，金焰飾）與黑妞（左，王人美飾）

《壯志凌雲》

出品：新華影業公司
編劇：吴永剛
導演：吴永剛
攝影：余省三　薛伯青
主演：金焰　王人美　田方　王次龍

20年代，農民老五帶着女兒黑妞和途中收留的棄兒順兒到邊地墾荒，建起太平村，過着安定的生活。黑妞和順兒兩小無猜，長大以後相愛。群匪來犯，全村村民在順兒領導下，同仇敵愾，團結抗敵。

小玉（左，黎莉莉飾）和獵户老張（右，張翼飾）是最堅定打狼的兩個人

《狼山喋血記》

出品：聯華影業公司
編劇：沈浮　費穆　導演：費穆　攝影：周達明
主演：黎莉莉　張翼　藍蘋　洪警鈴　劉瓊

狼群入侵村莊，村人都怕得要死。小玉的爸爸李老爹隻身外出被狼咬死，劉三的兒子也在家裏被狼吃了，於是小玉、劉三和獵户老張堅決主張打狼。狼群竟在白天闖進村裏，人們忍無可忍，終於團結起來打狼。

本片是國防電影的代表作，它以寓言的形式號召人民群衆團結起來，趕走日本侵略者。影片上映後，受到廣泛的好評。11月22日，32位影評人聯名發表《我們的意見》，推薦影片《狼山喋血記》。隨後《壯志凌雲》、《青年進行曲》、《夜奔》、《生死同心》以及《聯華交響曲》中的《小五義》、《春閨斷夢》、《瘋人狂想曲》等陸續上映，在抗日戰爭前夕的中國人民當中産生了很大的影響。

村民們在順兒（金焰飾）領導下團結抗敵

《生死同心》

出品：明星影片公司
編劇：陽翰笙
導演：應雲衛
攝影：吴印咸
主演：袁牧之　陳波兒　李清　劉莉影

革命者李濤越獄，從南洋歸來的柳元傑因爲相貌酷似李濤被抓走。柳元傑的未婚妻趙玉華爲了營救他而四處奔走。李濤得知後暗中幫助趙玉華，並將她引上了革命的道路。革命軍攻城，李濤犧牲自己救出獄中難友，柳元傑和趙玉華繼續完成他未竟的事業。

影片因描寫剛剛過去的大革命而引起廣泛的關注，男主人公飾演者袁牧之在影片中成功飾演了李濤和柳元傑兩個角色，顯示了他的表演才能。

警察（右，劉尚文飾）前來逮捕柳元傑（左，袁牧之飾）

朱冬心（左，梅熹飾）與馬妮娜（右，王人美飾）

《長恨歌》

出品：新華影業公司
編導：史東山
攝影：薛伯青
主演：梅熹　王人美　金山 洪警鈴

朱冬心與馬妮娜相戀，因"門不當，户不對"而被逐出家門，二人投靠馬妮娜橡膠資本家的舅舅，並繼承了他的全部財産。後因在同行的競爭中失敗，夫妻又因相互猜疑而感情破裂。朱冬心後因誤殺情敵和警察被處死，馬也被牽連入獄。

《浪淘沙》

出品：聯華影業公司
編導：吴永剛
攝影：洪偉烈
主演：金焰　章志直　龔智華　陳娟娟

水手阿龍遠航歸來，殺了與妻子鬼混的姦夫。他逃到"海鵬"輪上當上伙夫，不想遇到偵探。輪船失事，阿龍漂到荒島上，並救了偵探，從此兩人在荒島上共謀生存。但當偵探看到遠處開來的輪船，就用石頭打昏了阿龍，給他戴上了手銬。然而輪船並没有靠岸。若干年後，人們在荒島上看到的是兩個銬在一起的屍骨。

《小玲子》

出品：明星影片公司　編劇：歐陽予倩
導演：程步高　攝影：王士珍
主演：談瑛　梅熹　陸露明　王獻齋

俊俏美貌的小玲子和同村青年王阿毛相愛。地主賈貴的兒子佑青和女兒淑娟從上海回來。劉長海不顧妻子和王阿毛的反對，應允淑娟帶小玲子去上海，結果成了佑青的玩物。佑青和張四小姐到國外去度蜜月，小玲子到上海做了舞女。最後阿毛將她接回村裏，踏實地過勤勞的生活。

濃妝艷抹的小玲子（左，談瑛飾）與淳樸的阿毛（右，梅熹飾）

銬在一起的阿龍（右，金焰飾）與偵探（左，章志直飾）

鄭君里撰寫現代中國電影史

本年，《近代中國藝術發展史》由良友出版社出版。該書電影部分完整系統地叙述了中國電影的歷史，由鄭君里撰寫。

《近代中國藝術發展史》封面

成爲"張守本"的莉英（袁美雲飾）

《化身姑娘》

出品：藝華影業公司
編劇：黄嘉謨
導演：方沛霖
攝影：姚士泉
主演：袁美雲　王引　姜修　周璇

華僑張菊翁回國定居。因其老年盼孫，其子謊稱自己所生女兒莉英爲男孩，菊翁爲她取名叫守本。18年後，莉英回國，喜歡男孩林松波。而林松波却喜歡另一個女孩愛蓉，女孩朱耐芳則喜歡上了"張守本"。張菊翁發現守本是女孩時，她的弟弟出生了，張菊翁如願以償。

1936年（香港）

大事記

本年 天一港廠改組爲南洋影片公司，負責人由邵醉翁改爲邵邨人，創業作爲《鄉下佬探親家》。該影片由邵逸夫執導，這是邵逸夫導演的第一部也是唯一一部影片。

《六十六號屋》

出品：大時代聲片公司
編劇：唐醒圖
導演：李鐵
主演：唐醒圖　黄錦薇

本片是一部社會紀實片，如實將廣州發生的一件姦殺碎屍案搬上銀幕。片子受到偵破案件的警探的協助拍攝，因此非常真實。

同時參與此片演出的還有著名廣東曲藝工作者，如有"大喉領袖"之稱的熊飛影和有"子喉領袖"之稱的瓊仙。她們過往極少參與影片演出，因此本片十分珍貴。但影片現已失傳。

《抵抗》

出品：大觀聲片有限公司
編導：關文清
主演：何大傻　曹綺文

影片主要宣傳抵抗侵略，求得生存。除了激發愛國思想外，還"諷刺内爭械鬥的謬誤，反對虐待奴婢，提倡教育救國"（引自該片的廣告和報導）。

本片中的主題曲由馬國彦創作，曲詞内有"喚起人民，一致奮鬥，爭民族之光榮"等句，在片中有百餘人高歌，悲壯激昂。

《世道人心》

出品：天一影片公司
導演：文逸民
主演：葉亮　梁雪霏　紫羅蘭　劉克宣

一位花心的音樂家終日玩弄女性，導致女招待懷孕後被拋棄，最終音樂家也身敗名裂，跳樓而亡。

《人言可畏》

出品：大觀聲片有限公司
編導：關文清
主演：李綺年　鄺山笑　曹綺文　周志誠

一句謠言破壞了同窗數載的友情，拆散了一對相愛的夫妻，毁滅了一個幸福的家庭。待這對夫妻歷盡了悲劇後方才真相大白，兩人終得團圓。

本片紀録了香港當年舉行的遊藝大會的盛況，爲該片增色不少。

重要影片

《愛國花》劇照

《愛國花》

出品：天一影片公司
導演：邵醉翁　文逸民
主演：黄劍波　梁雪霏　黄壽年　劉克宣

影片講述一愛國女子，不惜犧牲自己去揭發和協助擒拿漢奸。

根據當年香港《南强日報》記載："《愛國花》内容富於社會教育意義，導演、演員及收音攝影種種技巧，均有優美成績，日前由美國商人與該公司訂約，將該片運往美、法兩國開映。"如報道屬實，《愛國花》則成爲香港第一部同在歐美公映的粵語片。

《大觀雜誌》

出品：大觀聲片有限公司
監製：趙樹燊

這是香港歷史上唯一一部雜誌式的大型新聞紀録片。這部新聞紀録片不僅記録了新聞報道，還有故事短片，因此被稱爲雜誌式新聞紀録片。

《大觀雜誌》的内容包括：1.廣州大觀；2.華南影界獻機壽蔣大運動；3.伯牙碎琴（故事短片）；4.獨臂鋤奸（故事短片）；5.胡主席（胡漢民）國葬；6.廣東省府主席黄慕松、廣州市長曾養甫報聘香港政府；7.中航飛機由滬抵港。

本年度香港電影主題

1936年香港電影的流行主題是社會教育片，不僅四部獲奬影片《廣州一婦人》、《博愛》、《蘆花淚》、《新青年》的主題都爲社會教育片，另外，同年出品的《世道人心》、《黎夫人》、《妻多夫賤》及《摩登世界》也都爲此種類型的影片。

究其原因有兩點，一方面爲1935年的社會教育片廣受好評的同時十分賣座，引得許多電影跟風創作；另一方面當時香港社會進行着不少的如"新生活運動"、"反蓄婢運動"、"電影清潔運動"等，這些都直接或間接影響着1936年社教片的大量出現。

創造出本年度社教片成爲香港電影主流的功臣是邵醉翁。當年得奬的《廣州一婦人》及《博愛》出自他手，社教片名作《世道人心》也由他擔任總導演。

華南電影協會成立

1936年5月，華南電影協會在廣州成立。華南電影協會是由天一、大觀、南粵等電影公司共同發起的香港第一個電影同業組織。南粵、天一、大觀、省城的廣州公司、覺先、新月及萬象等公司成爲理事，和樂、和衆以及廣州大時代成爲監事。

成立後，華南電影協會代表就向國民政府中央電影檢查委員會申請，緩禁攝製粵語片。國民政府决定緩禁，並開始定期登記粵語片，同時免除粵語片進口中國内地的進口税。之後，華南電影協會還在"中央西苑"等地舉辦過"粵片救亡遊藝晚會"、"粵片救亡舞會"等活動，由全體電影工作者出演或充當工作人員。活動全部收入都用於粵語片救亡運動。

香港第一部局部彩色電影《廣州一婦人》

3月4日，《廣州一婦人》上映，該片是香港第一部局部彩色片。

《廣州一婦人》劇照

《廣州一婦人》

出品：天一港廠
編劇：宋儉超
導演：邵醉翁
主演：梁雪霏　羅品超　霍雪兒　劉克宣

一對青年男女由同窗成了夫妻，育有一女。丈夫到都市工作後，經不住繁華都市誘惑，終日縱情聲色，將家中妻兒老小拋在腦後。丈夫因虧空公款鋃鐺入獄。幸得好友相助，妻子得到暫時的棲身之所，並努力工作，撫養孩子。獄中的丈夫聞之追悔莫及，決心痛改前非。出獄後，他與家人團圓，夫妻倆一起投身愛國工作。

影片塑造了當代婦人的理想模範形象，由於影片富有教育意義，廣州市戲劇院電影歌曲審查委員會給予此片榮譽獎狀，上有“發揚婦德”字樣。

本年度四部港產獲獎片

本年，廣州市戲劇院電影歌曲審查委員會向《廣州一婦人》、《博愛》、《蘆花淚》、《新青年》等四部港產影片頒發榮譽獎狀。

《博愛》

出品：天一港廠
導演：邵醉翁　文逸民
主演：霍雪兒　梁雪霏　劉克宣

影片描述一個嗜賭之徒爲了償還賭債，將女兒出賣，女兒過着非人的悲慘生活。

由於此部影片宣揚解放婦女運動，提出平民教育，極富教育意義，因此連續獲得廣州戲劇電影審查會、香港華僑教育會、香港反對蓄婢會的特別獎勵。

《新青年》

出品：麗影影業公司
編導：蘇怡
主演：吳楚帆　陳雲裳

敘述一個受過高等教育的青年，同土豪抗爭，並且竭盡全力在家鄉修建水利，辦合作社，建立農村新生活的故事。

由於影片主題正確，有教育意義，因此獲得廣州戲劇電影審查會褒獎。

《蘆花淚》劇照

《蘆花淚》

出品：大觀聲片有限公司
編導：趙樹燊
主演：鄺山笑　黄曼梨

講述後母虐待繼子，逼得繼子離開家庭，之後長大成爲律師。同父異母的兄弟被後母縱容成賭徒，並被人打死，繼母更被誣陷爲兇手。繼子不計前嫌爲母辯護，並將她救出，最後共聚天倫。

由於影片宣傳“天倫之愛，孝義之道”，所以獲得香港華僑教育會頒發的榮譽獎狀，並獲得全香港800餘學校校長一致簽名讚美推薦。

主要影片目録

本年度香港共出品影片52部，全部爲粵語有聲片。其中有49部故事片，1部大型新聞紀録片和2部小型新聞紀録片。

大觀聲片　《山東響馬》、《海國皇后》、《人言可畏》、《翻天覆地》、《抵抗》、《梨花落》、《大觀雜誌》

南粵　《俏郎君》（下）、《可憐秋後扇》、《惡家姑》、《孤寒財主》

天一　《廣州一婦人》、《美滿姻緣》、《愛國花》、《疍家妹》、《博愛》、《世道人心》

麗影　《海底針》、《新青年》

南華　《馬介甫》、《黎夫人》

友聯　《桃源洞》、《兄緣弟劫》

鳳凰　《標準老婆》

其他　《客途秋恨》（鸚鵡）、《婦人心》（全球）、《同心結》（良友）、《孝女尋親記》（清平藝術學院）、《生力軍》（東方荷里活）、《六十六號屋》（大時代）、《西施》（大中國）、《茶薇香》（覺先）、《女間諜》（南國）、《摩登世界》（揚光）、《血濺二柳莊》（醒圖）、《妻多夫賤》（華威）、《鄉下佬尋仔》（光榮）

1937年（大陸）

大事記

1月9日 陳波兒領導上海婦女兒童慰問團，前往綏遠前線慰勞抗日將士。途經北京，又有崔嵬等十餘人參加，先後在歸綏、百靈廟和平地泉演出《放下你的鞭子》等劇目，受到兵士的歡迎。

1月 鄭伯奇《兩棲集》由上海良友圖書印刷公司出版。

5月 上海電影製片業公會在上海福熙路浦東大厦舉行成立大會。公會會員爲新華、明星、聯華、藝華、天一、民新、月明、暨南、快活林等九家。成立大會選舉張石川、周劍雲、張善琨、卞毓英、吴邦藩、陶伯遜、李大深、嚴幼祥、邵醉翁、邵邨人、羅明佑、張雨生、金擎宇、黄槐生爲執行委員。會上還討論了六項會務。"八一三"後，該會解體。

7月7日 日軍向北平市城郊宛平城盧溝橋發動進攻，遭到我抗日將士的頑強抵抗，"七七事變"爆發，全國抗日戰爭開始。

"七七事變"，中國軍隊出城抗擊日軍

7月15日 上海劇作者協會改組爲中國劇作者協會。在成立大會上作出決議，由夏衍、章泯、于伶等以盧溝橋抗戰爲題材集體創作國防戲劇《保衛盧溝橋》。該劇於8月7日在上海蓬萊大戲院公演，盛況空前。

7月30日 電影界工作人協會在上海成立。歐陽予倩、蔡楚生、沈西苓、史東山、白楊、柯靈、金山等39人當選爲常務委員。在該協會下同時成立了中國電影界救亡協會，號召電影工作者爲抗日戰爭服務。

7月 日本東和商社在日本侵略者佔領北平後，拍攝了美化日軍侵略、鼓吹"日中友好親善才是東洋和平之道"的影片《東洋和平之道》。該片在北平招募演員，白光、徐聰等人成爲本片演員。

8月12日 國民黨中常會通過《檢查書店發售違禁出版品辦法》、《書籍雜誌查禁解禁暫行辦法》、《圖書雜誌原稿審查程序》。

8月13日 日軍發動侵略上海的"八一三事變"。

8月13日 日本侵略者發動侵略上海的"八一三事變"，上海軍民奮起抗戰。郭沫若、夏衍、田漢率領文藝工作者到前線慰問。

郭沫若、夏衍、田漢等文藝工作者在前線合影

8月20日 在上海戲劇界救亡協會主持下，上海戲劇電影工作者組成了13個救亡演劇隊。其中11個演劇隊於本月下旬分赴蘇、浙、皖、陝、川等地，做抗日救亡宣傳鼓動工作。第10隊、第12隊留守上海。

9月23日 由陳白塵、沈浮、白楊等34位電影工作者組成的上海影人劇團，演出救亡戲劇，10月1日抵達武漢，10月4日開赴成都、重慶繼續演出《盧溝橋之戰》、《放下你的鞭子》、《流民三千萬》等劇。

9月23日 蔣介石發表廬山談話，承認中國共産黨的合法地位。至此，國共實行第二次合作，抗日民族統一戰綫公開宣告成立。

10月 中央電影攝影場由南京遷至蕪湖，不久遷重慶。

10月 西北影業公司由太原遷到西安，最終遷到成都。

11月12日 國民黨軍隊撤離上海，上海淪於日寇的鐵蹄下，惟有租界仍在英、美、法的勢力範圍，猶如海上的"孤島"，史稱"孤島"時期。一些進步文藝家憑藉這個條件，展開不屈不撓的抗日宣傳。

本年 "七七事變"後，天一公司結束在上海的全部製片活動，把資財全部轉移到香港，成立天一香港分廠，1938年初更名爲南洋影片公司，繼續拍片。

重要影片

《聯華交響曲》

出品：聯華影業公司

這是一部由聯華公司多位導演聯袂編導的集錦式的影片，由八個短片組成，表現了社會生活的各個方面。

《兩毛錢》

編劇：蔡楚生

導演：司徒慧敏

主演：梅熹 藍蘋 葛佐治 殷秀岑

一個富翁在情婦面前用一張兩毛錢的鈔票點香煙，這張殘缺的鈔票掉到水裏，被一個女傭撈起。兩毛錢輾轉在流浪漢、飯攤老闆、洋車夫、高利貸者等手中。最後，爲了這兩毛錢，不明真相的小車夫因涉嫌毒品被判了八年徒刑。他年邁的父親和妻兒不知如何生活下去。

小車夫（背影，梅熹飾）被關進監獄，他的妻子（左，藍蘋飾）來探望他

《春閨斷夢》

編劇：費穆 導演：費穆

主演：陳燕燕 黎灼灼 張翼 洪警鈴 裴冲

第一個夢不知在什麼地方，颳着大風，飄着雪花，一個士兵吹着凄凉的軍號。第二個夢不是妖，不是魔，不是醉，也不像瘋子。第三個夢是兩個女子做的，她們在夢中遇見了那個人，她們逃避、哀求，却仍然受到凌辱。夢中的惡境，枕上的淚痕，喚起了她們的憤怒。

在夢境中，士兵（中，張翼飾）吹着軍號

《陌生人》

編劇：譚友六
導演：譚友六
主演：劉瓊　白璐
**　　　鄭君里　溫容**

酒店老闆老梅愛財如命。一個自稱被人誤會的商人掏出一叠錢給老梅，老梅幫他逃跑。來人走時丟下一把刀子。正當老梅數錢時，兒子被抬了回來，是受奸細的暗算身亡。兒媳婦也死在同一把刀下。老梅抱着孫子，手拿着那把刀，走在了剿除盗匪隊伍的最前頭。

三個人（左起劉繼群、殷秀岑、韓蘭根）代人受過，準備再次進監獄

《月下小景》

編導：賀孟斧
主演：李清　宗由　嚴斐　羅朋

月色照着無家可歸的人們。一個强盗徘徊在街頭，橱窗裏的面包和珠寶吸引了他的眼睛，當他用槍逼着守夜的老人準備搶劫時，發現原來老人竟是自己失散多年的父親。父親告訴他，他的母親已經死於炮火。警察來了，把剛剛與父親團圓的兒子帶走了。

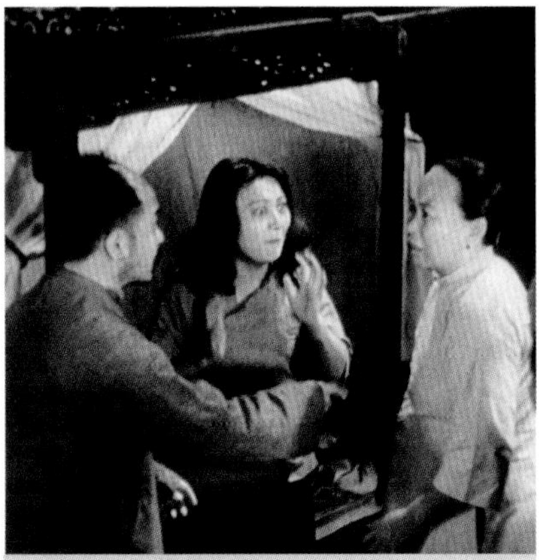

小莉（中，黎莉莉飾）怕的是人，而不是鬼

《瘋人狂想曲》

編導：孫瑜
主演：尚冠武
**　　　梅琳**
**　　　葛佐治**

一個農夫和兒女們靠種田爲生，雖然生活不富裕，但却怡然自得。遭遇戰亂，避居内地，子女們相繼死去，農夫受到這嚴重的打擊，精神失常，被送進了瘋人院。

看到被漢奸刺傷的兒子（右，劉瓊飾），老梅（左，鄭君里飾）後悔莫及，中爲兒媳（白璐飾）

《三人行》

編導：沈浮
主演：劉繼群　殷秀岑　韓蘭根　費柏青

韓、劉、殷三人刑滿釋放後立志重新做人。一個寡婦爲抵抗債主的威脅把債主打死，三人作爲目擊者，同情寡婦的遭遇，代她認罪。出獄後的第二天，他們又進了監獄，等他們再次走出監獄大門時，均已是白髮老人。

父親（坐，宗由飾）與兒子（李清飾）不期而遇

《鬼》

編導：朱石麟
主演：黎莉莉　恒勵

一個夏天的晚上，小莉在大院裏聽老人講鬼的故事。夜深了，母親外出賭牌，一陣風將燈吹滅，小莉躲到對面老人的屋裏。小莉病了，眼前只有老人撲在她身上的影子，她瘋狂地喊叫。母親請來道士捉鬼，小莉拿道士的木劍痛打老人，然後倒在了母親的懷裏。

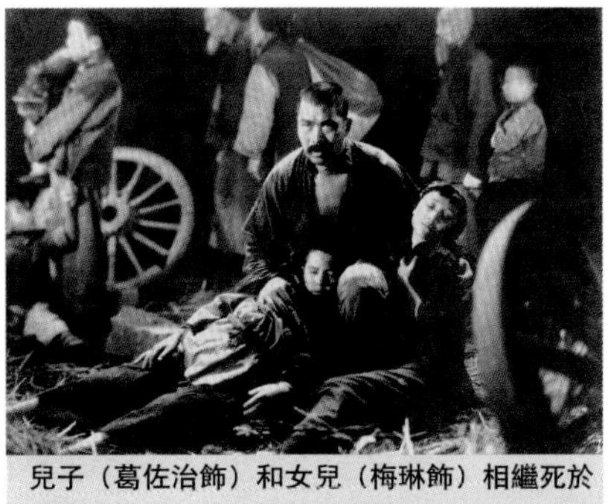

兒子（葛佐治飾）和女兒（梅琳飾）相繼死於戰火，農夫（尚冠武飾）瘋了

糊塗的老李（右，殷秀岑飾）和陰險的老何（左，王次龍飾）

《小五義》

編導：蔡楚生
攝影：周達明
主演：王次龍　殷秀岑
**　　　苗振宇　曹維東**

老李糊塗，嗜酒如命，又有五個孩子，生活艱難。老何精明幹練，經常接濟老李。老何借老李的房子開了小店，但孩子們和老何不對付，於是老何略施手段，使五個孩子不和起來。五個孩子發現老何是個壞蛋，從他那裏找回了被他抓走的妹妹，把他交到鄉公所，使他受到了懲罰。

影片目録（共54部）

聯華　《春到人間》、《慈母曲》、《鍍金的城》、《寒江落雁》、《將軍之女》、《聯華交響曲》、《前臺與後臺》、《人海遺珠》、《如此繁華》、《天作之合》、《王老五》、《新舊時代》、《摇錢樹》、《藝海風光》、《斬經堂》、《自由天地》

明星　《古塔奇案》、《馬路天使》、《夢裏乾坤》、《母親的秘密》、《社會之花》、《生龍活虎》、《十字街頭》、《四千金》、《壓歲錢》、《夜奔》、《永遠的微笑》

藝華　《彈性女兒》、《海天情侣》、《花開花落》、《女財神》、《女人》、《三O三大劫案》、《三星伴月》、《神秘之花》、《掌上珠》、《並蒂蓮》

新華　《飛來福》、《青年進行曲》、《瀟湘夜雨》、《夜半歌聲》

天一　《富貴榮華》（上集）、《富貴榮華》（下集）、《王先生生財有道》、《楊柳村》

其他　《富春江上》、《石破天驚》（上海有聲），《抗戰標語卡通》（1）、《抗戰標語卡通》（2，中製）《黄金萬兩》（大暨南），《大破金鷄嶺》（華電），《紅運高照》（林華），《新人道》（民新），《密電碼》（中電）

老趙（中，趙丹飾）在採訪中結識了楊芝瑛（右，白楊飾）

《十字街頭》

出品：明星影片公司

編劇：沈西苓　導演：沈西苓　攝影：王玉如　主演：白楊　趙丹　吕班　英茵

四名大學生畢業後，劉大哥參加了抗日軍隊。小徐意志消沉，投水自殺被老趙救起後，離開上海。阿唐找到了佈置櫥窗的工作。老趙到報館當上了校對員，並與紗廠的教練員楊芝瑛相愛，他們充滿信心地步入了社會。

這部影片是中國左翼進步電影創作走向成熟的標誌之一。

《十字街頭》20世紀80年代重映時的海報

小楊在夢境中與老趙相會

白楊（1920—1996）

演員。原名楊君麗。原籍湖南湘陰，生於北京。1931年從影，參演或主演了《故宮新怨》、《十字街頭》、《青年中國》、《中華兒女》、《長空萬里》、《八千里路雲和月》、《一江春水向東流》、《乘龍快婿》、《還鄉日記》、《火葬》、《爲了和平》、《祝福》等多部影片。

小紅（右，周璇飾）和小雲（左，趙慧深飾）

《馬路天使》20世紀50年代重映時的海報

《馬路天使》

出品：明星影片公司
編劇：袁牧之
導演：袁牧之
攝影：吴印咸
主演：趙丹　周璇
魏鶴齡　趙慧深

小雲、小紅姐妹在養父的逼迫下，一個在街頭當妓女，一個在飯店賣唱。小紅與吹鼓手小陳相愛，但是養父要把她賣給流氓古成龍。在小陳的一幫窮兄弟的幫助下，一對有情人結了婚，但最終還是被養父發現。爲了保護妹妹，小雲被打傷，死在默默地愛着她的報販老王懷裏。

這部現實主義力作是中國左翼進步電影創作走向成熟的標誌之一，幾十年來久映不衰。影片中田漢、賀緑汀創作，周璇演唱的《四季歌》和《天涯歌女》兩首插曲，流傳至今。

魏鶴齡（1904—1979）

演員。天津人。1935年進入電影界，主演了《人之初》、《馬路天使》、《保衛我們的土地》、《中華兒女》、《青年中國》、《長空萬里》、《火的洗禮》、《追》、《烏鴉與麻雀》、《家》、《祝福》、《魯班的傳説》、《燎原》等多部影片

周璇（1920—1957）

演員，歌唱家。江蘇常州人。1934年參加上海電臺舉辦的歌星比賽，被譽爲“金嗓子”。1935年從影，參演或主演了《風雲兒女》、《馬路天使》、《西廂記》、《憶江南》、《夜店》、《清宮秘史》等多部影片。

父（左，顧而已飾）子（右，施超飾）最後的決裂

《青年進行曲》

出品：新華影業公司
編劇：田漢　導演：史東山
攝影：余省三
主演：施超　胡萍　顧而已

華北一個糧食奸商勾結日本帝國主義走私，並阻撓兒子參加愛國運動。其子在愛國導師被暗殺、所愛的女工病死後，槍殺了他父親派去與日本人勾結的親信，毅然投奔抗日義勇軍。

王老五（左1，王次龍飾）與窮伙伴們（左2起，洪警鈴、韓蘭根、殷秀岑飾）

《王老五》

出品：聯華影業公司
編劇：蔡楚生　導演：蔡楚生　攝影：周達明
主演：王次龍　藍蘋　殷秀岑　韓蘭根

善良的流浪漢王老五單戀着性格潑悍的縫窮姑娘。姑娘的父親去世時，王老五主動幫他操辦喪事，姑娘深受感動，嫁給王老五爲妻。生活的貧困和日本鬼子的入侵，給他們帶來了無窮的苦難，最終王老五死在了戰火之中。

小三子撿到了那枚壓歲錢，令他的父（謝添飾）母（舒綉文飾）興奮異常

《壓歲錢》

出品：明星影片公司
編劇：夏衍　導演：張石川　攝影：董克毅
主演：胡蓉蓉　嚴工上　龔秋霞　龔稼農

除夕，何老先生給孫女一塊銀元作爲壓歲錢，孫女用這塊銀元買了爆竹。從此，這塊銀元在社會上從煙紙店老闆娘手中到交際花、小娘姨、汽車夫、白相人等人的手中流動。第二年的除夕，何老先生照例行事，不過壓歲錢已經由銀元改爲了法幣了。

《藝海風光》

出品：華安影片公司
本片由三部短片組成

路琳（右，黎灼灼飾）扮成老婦人捉弄李父，左为李少蘭（劉瓊飾）

《電影城》

編導：朱石麟
攝影：沈勇石
主演：黎灼灼　劉瓊

演員路琳和大學生李少蘭相愛，李父因其是"戲子"表示反對，請導演方振説服路琳。李氏父子和方振來到路家，一個自稱是路母的老婦人聲音嘶啞、語無倫次地講述着自己年輕時的放蕩生活，他們準備離開時却發現她竟是路琳。方振驚其演技精湛，邀其擔當主角。李父不僅同意他們的婚事，自己也願意在電影中演一個角色。

《話劇團》

編劇：賀孟斧
導演：賀孟斧
攝影：陳晨
主演：陳燕燕　鄭君里

深夜，劇作家韋傑正在伏案編寫劇本《魔手》。她懇請女學生朱雁擔任女主角。朱雁雖然愛好戲劇，却遭到家人和學校的反對。經過韋傑的説服和解釋，朱雁決心排除阻力，登臺演出。朱雁的演出得到觀衆歡迎，韋傑終因病入膏肓倒在舞臺上。

朱雁（左，陳燕燕飾）演出成功，韋傑（右，鄭君里飾）身心交瘁死在舞臺上

吳葆三（右一，尤光照飾）和妻子（右二，舒綉文飾）得知女兒（左，李琳飾）吃了啞巴虧

《摇錢樹》

出品：聯華影業公司
編劇：夏衍　導演：譚友六　攝影：沈勇石
主演：李琳　舒綉文　李清　鄭君里

酒徒吳葆三遊手好閑，不務正業。他的女兒愛慕虛榮，上了一個律師幫辦的當，以爲能够繼承一筆遺産。消息傳出，得到許多趨炎附勢的人的逢迎，結果却是一場空。吳葆三一家人在事實的教育之下開始了踏踏實實的生活。

女演員們（前爲黎莉莉）穿着短衣褲上臺演出歌舞

《歌舞班》

編劇：蔡楚生
導演：司徒慧敏
攝影：黄紹芬
主演：黎莉莉　張翼

爲了贖回典當的演出服裝，歌舞班兩個男演員上臺演出拖延時間，遭到觀衆的怒駡。取回來的服裝被老鼠咬破，班主靈機一動，讓演員穿上剪掉褲腿和衣袖的服裝演出，不料受到觀衆的歡迎。戲院老闆見狀要續約，但導演認爲這是糟蹋藝術，與老闆發生爭執，憤然離去。

《夜半歌聲》20世紀50年代重映時的海報

宋丹萍（中，金山飾）遭惡霸派來的打手毒打

《夜半歌聲》

出品：新華影業公司

編導：馬徐維邦　攝影：余省三　薛伯青　主演：金山　胡萍　施超　顧夢鶴　許曼麗

青年革命者宋丹萍遭到封建勢力的迫害，被惡少湯俊毀容，此後他藏在戲院的頂樓上。數年後，安琪兒劇團來這座劇院演出，他結識了青年演員孫小鷗，在孫的幫助下，宋在湯俊再次作惡時懲罰了他，然後自己跳河自殺。

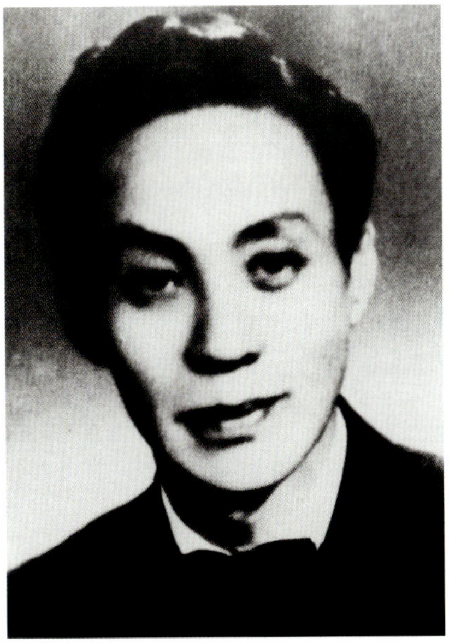

馬徐維邦（1905—1961）

浙江杭州人。導演。1924年入明星影片公司做演員，曾參演《上海一婦人》、《良心復活》等影片。1926年起任導演，主要作品有《情場怪人》、《夜半歌聲》、《麻風女》、《瓊樓恨》等。其所編導的影片經常渲染恐怖氣氛。

金山（1911—1982）

湖南沅陵人。話劇和電影演員，導演。1936年涉足影壇，演出影片《狂歡之夜》、《夜半歌聲》、《貂蟬》等。1947年接收僞“滿映”，編導影片《松花江上》。新中國成立後，電影作品有《黄花嶺》、《十三陵水庫暢想曲》、《風暴》等。

明珠（中，白楊飾）是父（左，謝雲卿飾）母（右，吴茵飾）的掌上明珠

《社會之花》

出品：明星影片公司
編劇：洪深
導演：張石川
主演：白楊　謝雲卿
　　　龔稼農　王獻齋

金庫辦事員吴堯甫爲給女兒擇婿創造富裕的經濟條件，挪用公款案發後被判刑。吴出獄後被保薦到百貨商店任職，被舞弊者誣爲盗竊財物，失去了工作。明珠力圖自立，當上了電話員，並在工作中結識了青年工程師嚴志賢。不久，嚴志賢也因挪用公款被追究。吴堯甫自願代嚴志賢承擔法律責任。後經嚴志賢覓得擔保，吴堯甫恢復自由，嚴志賢與明珠結爲夫妻。

爲了忠孝兩全，吴漢（右，周信芳飾）斬殺愛妻王蘭英（左，袁美雲飾）

《斬經堂》

出品：華安影片公司
編劇：費穆　導演：周翼華　攝影：黃紹芬　主演：周信芳　袁美雲　湯桂芳　趙志秋

西漢末年，王莽篡權，劉秀圖謀復國。潼關守將吴漢的妻子王蘭英是王莽的女兒。劉秀過潼關時被抓，吴漢將其解送京師。行前母親告知吴漢其父爲王莽所殺，並要其放劉秀、罷官、殺妻。正在經堂誦經的王蘭英知情後奪劍自刎。悲痛之餘，吴漢母親自盡。吴漢焚燒宅邸，掩埋屍骨，縱馬出潼關，輔佐劉秀起兵，復興漢室。

母親（中，林楚楚飾）無微不至地關心孩子們

《慈母曲》

出品：聯華影業公司
編劇：朱石麟
導演：朱石麟　羅明佑
攝影：黃紹芬　張克瀾　石世磐
主演：林楚楚　張翼
　　　陳燕燕　梅琳

父母含辛茹苦將子女撫養成人，但是孩子們成人後相繼離家，只有忠厚的老三陪伴父母。父親因偷竊被村人發現，老三代父頂罪坐牢，父親悔愧之下身亡。老三出獄後外出謀生，行前囑咐兄弟姐妹撫養母親，但是最後母親却流落在老人院裏。老三回家將母親接出，譴責衆兄弟姊妹，母親一副慈母心腸，對兒女們既往不咎。

《密電碼》

出品：中央電影攝影場
編劇：張道藩
導演：黄天佐
攝影：洪偉烈
主演：高占非　尚冠武
　　　黎鏗　李英

1926年，國民革命軍攻克武昌後，國民黨中央派了幾名黨員去西南某省組織黨部，不斷遭到該省地方實力派的反對，於是他們秘密設法招徠一支忠於國民黨的軍隊，攻佔了省城。

革命志士們在獄中

玉哥（後，梅熹飾）與小紅（前，陳燕燕飾）重聚

《春到人間》

出品：聯華影業公司
編導：孫瑜
攝影：黃紹芬
主演：陳燕燕　梅熹
　　　殷秀岑　韓蘭根

桃葉鎮青年船夫劉玉哥，生性開朗，見馮二爺家婢女小紅終日以淚洗面，非常同情。軍閥混戰，玉哥被拉去當兵，小紅照顧玉哥的父親。在軍閥混戰中，玉哥的朋友一個個戰死。冬去春來，玉哥參加革命軍隊重回桃葉鎮，與小紅重逢。

反對意國水兵暴行

1月21日，蘇聯攝製的記録意大利法西斯侵略阿比西尼亞的影片《阿比西尼亞》在上海虹口上海大戲院上演，受到意大利駐上海領事館的阻撓，僅映一天即停映。

2月10日，經國民黨中央電影檢查委員會重新"審查"，剪去意大利法西斯放毒氣和轟炸國際紅十字會等鏡頭後，重行准映，但規定只准放映兩天。當2月20日放映時，意大利水兵和在滬的意大利流氓將鏹水和硫酸潑向觀衆席，並衝進放映室，搗毁機器，劫走影片拷貝。

27日，上海文藝、電影戲劇、音樂界人士122人聯合發表聲明《反對意國水兵暴行宣言》，在《大公報》"戲劇與電影"副刊發表，宣言頌揚《阿比西尼亞》是一部"凡是被壓迫民族都熱烈愛護的影片"，"意國水兵僑民等竟用暴力干涉我們的同胞欣賞這個影片，毆打我們的同胞，……戲院方面連帶的受到極大的損失"，"這是對於我們國家的極大的侮辱"，要求當局"對意國提出賠償損失"，表明了中國人民的嚴正立場。

6月12日，上海大戲院復業，繼續放映蘇聯影片。

上海文藝電影戲劇音樂界同人為
反對意國水兵暴行宣言

影片「阿比西尼亞」很客觀地記錄了阿比西尼亞的英勇的神聖的民族戰爭，因此在上海公映的時候，就受到意國的阻撓。

我國政府爲了顧全中意邦交，特別把已經准許公映的這影片提回重新檢查。許多有「刺戟性」的畫面都被删了，但是二月二十日在上海大戲院開始繼續公映的第一天，意國水兵僑民等竟用暴力干涉我們同胞欣賞這個影片，毆打我們的同胞。以致有好幾十人受傷，並且奪去凡是壓迫民族都熱烈愛護的這個影片而燒毀它，戲院方面連帶的受到極大的損失。

這是對於我們國家的極大的侮辱，在意國水兵的頭腦裏，已經沒有了中國監督電影的主權，沒有了中國的法權與警權。

我們確信政府會對意國提出賠償損失，懲罰兇手，道歉並保證以後不再發生同類事件的要求。我們希望全上海全國的電影觀衆與愛國同胞一致起來作政府強硬交涉的後盾！

萬歲，阿比西尼亞的民族戰爭！

萬歲，中國民族的獨立解放！

[illegible]

《反對意國水兵暴行宣言》文照

上海文化界發起撤銷租界電影戲劇檢查權運動

7月11日，中國文藝協會、上海電影業製片公會等16團體發起成立"上海文化界撤銷租界電影戲劇檢查權運動聯合會"。撤銷上海租界電影戲劇檢查權運動開始於1936年6月，上海星期實驗小劇場和螞蟻劇團在演出國防戲劇時，因爲臺詞中有"東北三省是我們的土地"，遭到工部局禁演。

6月26日，20名電影戲劇工作者聯名發表《反對工部局禁止演劇通啓》。

9月5日，100餘位電影戲劇工作者聯名發表《爭取演劇自由宣言》。1937年，影片《十字街頭》中的歌曲《思故鄉》因爲背景是東北三省地圖，被工部局剪去，繼而日本侵華影片《新土》上映，電影戲劇界掀起抗議《新土》上映的運動。這一運動直接導致"上海文化界撤銷租界電影戲劇檢查權運動聯合會"成立，在成立宣言中要求政府"即日向租界當局嚴重交涉，撤銷租界上這種侵害中國統治權的非法機關"。這個機構雖然由於抗日戰爭的全面爆發而中止，但是它有力地推動了文藝界在抗日旗幟下的團結一致。

抗議侵華影片《新土》運華公映

6月2日，日本大澤製片廠（出品人川喜多長政）和德國聯合攝製（導演阿諾爾德·范克）的影片《新土》（又名《新地》），公開鼓吹我國東北三省是"大和民族"的"新的國土"，要日本國民向這塊"新土"進發，尋找"新生活"。影片運抵上海後，經上海租界工部局檢查通過，在上海虹口東和劇場公映。影片上映時，日本領事館公然派出它的海軍陸戰隊荷槍實彈予以"保護"。

6月9日，上海電影戲劇界376人聯名發表聲明，提出《新土》"所代表的意義是法西斯國家聯合向我們的積極侵略"，"東四省是我們的土地"，可是在這部影片中却"成了敵人的'新土'，變成了侵略者野心的樂園"。抗議書要求當局"立即制止《新土》的公映"，"對日德提出嚴重抗議"。

6月27日，上海文藝界人士140人聯合發表《反對日本〈新土〉辱華片宣言》，指出《新土》"公然在上海上演"，"是對中國人民的示威和侮辱"，要求"製造《新土》的電影公司和上映《新土》的電影館，應向中國政府和中國人民聲明歉意，保證以後絶對不會有同樣的事件"。中國教育電影協會、上海電影業製片公會也致函國民黨中央電影檢查委員會，提出立即撤銷上海租界工部局電影檢查制度。由於上海文化藝術界和廣大群衆的正義行動，國民黨外交部"訓令"上海市政府向租界工部局提出交涉，《新土》隨即停止公映。

關於新土

上海電影戲劇界
對于「新土」運華公映的抗議
要求政府對日提出抗議消滅新土底片
要求政府收回敵人所謂的新土

[illegible]

上海電影戲劇界對於《新土》運華公映的抗議

僞滿洲國成立"滿映"

8月21日，由日本關東軍總部策劃並直接領導的"株式會社滿洲映畫協會"（簡稱"滿映"在僞滿洲國"首都新京"（長春）成立，首任理事長爲清朝肅親王的兒子金璧東，一年後由原任日本憲兵的甘粕正彦接任。公司資本金500萬元僞幣，由僞滿洲國政府和"滿鐵"出資各半。

8月2日，僞滿洲國國務院會議上通過了設立滿洲映畫協會的法案，並於14日公佈了《滿洲映畫協會法》，爲滿洲映畫協會成立提供了法律保證。該會專務理事林顯藏在就職演説中説："……本公司是根據飭令設立的獨立的執行國策的機關，它並非是爲營利而製作、發行影片的一般公司，它的真正職能是發揚滿洲的建國精神，充分發揮國家和平與戰爭期間宣傳武器的機能。"

"滿映"有6個攝影棚，總面積約16萬平方米，就是在當時電影已經比較發達的日本也没有這麽大的製片廠，號稱"亞洲第一"，設備齊全，並由政府提供充足的德國阿克發膠片。至日本投降，"滿映"共生產"娱民影片"（即故事片）115部，"啓民影片"（新聞記録片）數百部。故事片目録如下：

1938年（11部）：《壯志燭天》、《明星的誕生》、《萬里尋母》、《大路長虹》、《七巧圖》、《蜜月快車》、《知心曲》、《田園風光》、《微笑的大地》、《國法無私》、《街頭聯絡》

1939年（11部）：《富貴春夢》、《冤魂復仇》、《慈母淚》、《鐵血慧心》、《真假姊妹》、《東遊記》、《煙鬼》、《國境之花》、《大地的光明》、《白蘭之歌》、《處女的花園》

1940年（19部）：《黎明曙光》、《情海航程》、《如花美眷》、《人馬平安》、《愛焰》、《王屬官》、《風潮》、《有朋自遠方來》、《藝苑情侶》、《流浪歌女》、《新生》、《誰知她的心》、《現代男兒》、《地平線上》、《劉先生回頭》、《大地秋光》、《都市洪流》、《現代日本》、《胖瘦鬧三更》

1941年（24部）：《運轉時來》、《患難交響曲》、《明星日記》、《幻夢曲》、《雙体淚》、《鐵漢》、《黄金夢》、《家》、《她的秘密》、《花瓶探案》、《園林春色》、《奇童歷險記》、《荒唐英雄》、《籬畔花香》、《滿庭芳》、《新婚記》、《天上人間》、《雨暴花殘》、《龍爭虎鬥》、《鏡花水月》、《青春進行曲》、《王麻子膏藥》、《巾幗男兒》、《小放牛》

1942年（19部）：《胭脂》、《瓔珞公主》、《玉堂春》、《夜未明》、《春風野草》、《黑痣美人》、《一順百順》、《黄河》、《花和尚魯智深》、《娘娘廟》、《歌女恨》、《愛的微笑》、《雁南飛》、《豹子頭林沖》、《皆大歡喜》、《黑臉賊》、《恨海難填》、《迎春花》、《蘇州夜曲》

1943年（10部）：《碧血艷影》、《求婚啓事》、《銀翼戀歌》、《白馬劍客》、《富貴之家》、《劫後鴛鴦》、《白雪芳蹤》、《今朝帶露歸》、《同聲宣誓》、《沙薤之鐘》

1944年（15部）：《千金花子》、《晚香玉》、《燕青與李師師》、《緑林外史》、《好孩子》、《愛與仇》、《月弄花影》、《血濺芙蓉》、《夜襲風》、《妙掃狼煙》、《化雨春風》、《我的鶯》、《百花亭》、《夜半鐘聲》、《一代婚潮》

1945年（5部）：《虎狼鬥艷》、《大地逢春》、《芝蘭夜曲》、《蘭花特工隊》、《蘇小妹》

年代不詳（1部）：《陳老爺》

1937年（香港）

大事記

7月1日 電檢會明令從即日起，正式執行禁止粵語片拍攝的法令。

10月 華南電影協會改組爲華南電影公會，成立後不久即發起購買救國公債運動。

年底 蔡楚生、司徒慧敏等6位著名電影工作者從上海來到香港。

華南電影賑災會成立。

電影雜誌《藝林》創刊出版。

《金屋十二釵》

出品：大觀聲片有限公司
編劇：李滌凡　導演：湯曉丹
主演：鄺山笑　黄曼梨

此片叙述一富家子弟已有11房妻妾，仍然花巨款娶了一個賣花女。而賣花女受壞人操控，騙取大量財産並將富家子殺害。

這是一部抨擊多妻主義的警示教育片。該片製作精良，富有娛樂性，因此首映時即十分賣座，之後重映多次，成爲了1937年香港電影的票房冠軍，並於1938年拍攝續集。

《花開富貴》

出品：大觀聲片有限公司
編劇：李滌凡　蔣愛民　導演：湯曉丹
主演：鄺山笑　陳雲裳　陶桃艷

影片描述一個家庭在除夕晚遺失了已經中獎的彩票，之後又把彩票追回，一家人快樂過年的故事。

本片情節輕鬆動人，在當年春節公映，是香港出産的第一部賀歲片。

《廣東王先生》

出品：南洋影片公司
主演：葉仁甫　黄壽年　大口何

此片是第一部改編自漫畫的港産片，原作來自於中國著名漫畫家葉淺予先生的作品。

劇情講述廣東王先生及他的好友小陳兩家的生活遭遇和傳奇故事，是一部滑稽喜劇。

《人生曲》劇照

重要影片

《翠亨村》劇照

《翠亨村》

出品：國光影片公司
編導：黄漪磋　李滌凡
主演：吴楚帆　陳雲裳　黄笑馨　高魯泉

在孫中山先生的故鄉翠亨村，熱心家鄉教育的青年們勸導人們破除迷信，摒棄封建思想。影片被譽爲"新生活的榜樣，表揚國粹文化代表作"（引自該片廣告）。1937年，《翠亨村》被配上客家話，並易名爲《事業與愛情》。這也是香港歷史上首部有客家話配音的影片。

粵語片禁拍事件

1936年，中央電影檢查會提出"爲了統一國語，禁止方言電影的拍攝"的禁令。1937年初，電檢會更明令，於1937年7月1日起，正式執行禁止粵語片拍攝的法令。於是廣州、香港兩地電影工作者、電影同業在華南電影協會領導下，多次發起"粵語片救亡運動"，在香港還成立了港僑各界援助粵語片聯合會，再三奔走，向上請願，終於獲准"緩禁三年"的結果。

《人生曲》

出品：黄金聲片公司
編劇：楊工良　李佳　導演：李鐵
主演：吴楚帆　黄曼梨　黄錦薇　黄倩薇

程雲文經不住富家子吴子良的誘惑，拋夫棄子與其同居。張靜將幼子張明托付鄰居撫養，自己因酗酒中毒身亡。後雲文被吴拋棄，與幼女小璐相依爲命。張明長大寄居在程雲文家。雲文爲保護小璐不受吴子良的引誘，被吴擊傷，臨終前向兒女説明真相。

天一港廠恢復

1937年中，上海面臨淪陷。爲了逃避戰火，上海天一影片公司和天一港廠的創始人邵醉翁携家眷重返香港，並決定在南洋片廠内重組天一港廠。復業後的第一部影片爲1938年出品的《飛將軍》，之後拍攝了《廣州一婦人》（續集）以及《太平洋上的風雲》。

上海工作者兩次南下香港

1937年第一次南下香港

1937年底上海淪陷，曾執導過《漁光曲》等名片的知名導演蔡楚生聯同司徒慧敏等六位著名電影工作者來到香港。到港後，蔡楚生與司徒慧敏合作創辦了新時代影藝片公司，並於1938年出品了著名愛國影片《血濺寶山城》。之後，蔡楚生與司徒慧敏在中國電影製片廠的支持下，在香港又創辦了大地影片公司，拍攝了如《孤島天堂》、《前程萬里》等佳作。

這批南下的電影工作者對香港出産的愛國電影，對香港電影的發展都做出了積極的貢獻。

1948年第二次南下香港

1948年，上海一批有名的進步電影工作者第二次南下香港，待機轉往内地解放區，其中包括夏衍、陽翰笙、蔡楚生、歐陽予倩、張駿祥、柯靈、于伶、史東山、白楊、舒綉文、張瑞芳、王爲一等。這批電影人雖然當時在香港停留的時間並不長，但他們同原來香港工作的電影人在香港展開了進步電影的拍攝活動，對香港的電影業産生了深遠的影響。

愛國影片成爲主流

1937年全年香港出産了86部故事片，其中有25部都是以抗日救國爲題材的"愛國片"，而且這些影片激起了廣大觀衆的愛國熱情，公映時反應十分熱烈。因此，"愛國片"成爲1937年香港電影的主流。

"愛國片"成爲1937年香港電影主流的原因在於"七七盧溝橋事變"後，日軍大舉侵華，殘殺國内同胞，激起中國人民極大的憤怒和反抗，愛國的電影工作者也不例外。因此1937年拍攝了許多抗日愛國電影。

《回祖國去》

出品：南洋影片公司　編劇：申泯

導演：洪仲豪　主演：馮峰　梁添添

影片明確號召海外僑胞回到祖國，團結抗戰。該片的廣告也這樣鼓舞道："回祖國去，爲國家盡一點義務；回祖國去，爲民族爭一點光榮；大家回祖國去，整齊抗戰步驟，拼個你死我活，勝做亡國順民。"

該片獲得了國民政府中央電影檢查委員會的特別獎，獎函上寫道："該片以捐軀爲國，鼓勵僑胞踴躍輸將爲題材，構意甚佳，值此國難嚴重之際，對於僑胞抗戰宣傳，殊多裨補。"

《時代先鋒》

出品：合衆電影公司　編導：李芝清

主演：羅明　胡蝶影

影片描寫一對情侶爭取自由戀愛，之後又一同走上抗日前線的故事。

此片刊登在香港《天光報》上的廣告，是香港最早被檢查、删掉的廣告。1937年7月24日刊登的廣告中有11字被删，使得讀者根本無法了解原文。從這一點可以看出，當時的日本帝國主義已經通過外交途徑施與香港政府以壓力，並且開始壓制香港抗日電影。

《廣州抗戰記》

出品：大觀影片公司　文化影業

導演：李文觀　湯劍廷

香港1937年唯一一部大型紀録片，也是香港第一部大型抗戰紀録片。該片片長11037呎，記述廣州市各階層人民如何進行抗戰準備工作；各個機構，如高射機關槍隊、消防總隊、救護總隊等的出動情況；日軍飛機空襲廣州後廣州的慘狀；廣州上空空戰情況等等。影片是現場拍攝，當時擊落敵機的空軍英雄黄廣慶及抗戰英雄方振武將軍也有出現於銀幕的鏡頭。

《沙漠之花》

出品：南星影片公司

編導：侯曜　主演：吴楚帆　黄笑馨

改編自侯曜發表於香港《工商晚報》的同名小説《沙漠之花》，是香港首部改編自香港文藝作品的電影。

影片描述一位女伶抱着愛國的目的，犧牲自己嫁給蒙古王，並從中阻撓蒙古與俄國勾結，破壞了蒙古意圖獨立、分裂祖國的陰謀。並且最終與情人終成眷屬。

《邊防血淚》劇照

《邊防血淚》

出品：山月影片公司

編導：關文清　主演：鄺山笑　曹綺文

影片講述了一個大義滅親、血洗國耻的悲壯故事，表現了抗戰救國的主題，受到國民政府中央電影檢查委員會褒獎。

此片並同1936年公映的《抵抗》、1938年公映的《公敵》都爲愛國導演關文清的佳作，被合稱爲"抗戰三部曲"。

《肉搏》劇照

《肉搏》

出品：大觀聲片有限公司

編劇：趙樹芹　導演：趙樹燊

主演：吴楚帆　黄曼梨　石友宇　黄壽年

影片中可以看到，抗戰期間中國的"大刀隊"在戰場上衝鋒陷陣，進行肉搏戰的情形。以及中國空軍不惜粉身碎骨，勇猛地轟炸敵人的軍艦。此片中"抗戰英雄"方振武將軍也出現在銀幕上。

《百戰餘生》

出品：南洋影業公司　編導：南海十三郎

主演：李猛　梅綺

影片描述了一位愛國志士投筆從戎，走上抗日救國的前線，最終爲國捐軀。

南海十三郎（1909—1984）

著名粤劇編劇家，電影編導。廣東南海人。原名江譽璆，出生南海世家。早期原是著名的粤劇編劇家，紅遍海内外的名伶薛覺先、馬師曾不少代表作皆出自他手。代表作有粤劇名劇《女兒香》，並培養出著名粤劇編劇家唐滌生（唐的名劇有《帝女花》等）。1937年步入電影圈，開始編導電影，第一部爲《兒女債》，之後還有《萬惡之夫》、《百戰餘生》、《女兒經》、《一代名花花影恨》、《夜盗紅綃》、《趙子龍》、《花街神女》等片。他編導的影片非常受大家歡迎。南海十三郎晚年生活潦倒，精神失常。1984年病逝。

《鄉下婆從軍》

出品：大觀聲片有限公司　導演：趙樹燊

主演：林妹妹　吴楚帆　大口何　黄壽年

一個鄉下女人不願自己的愛子參軍，自己女扮男裝混入軍旅，而另外一個妙齡少女出於愛國心，也假扮男兒參軍。她們在軍營中鬧出不少笑話，最後還是被人家發現是女兒身。

《焦土抗戰》

出品：愛國影片公司　編劇：馮一葦

導演：馮志剛　主演：吴楚帆　陳雲裳

日寇侵華時，"焦土抗戰"是我國一種對敵策略，指的是在敵人入侵前，將土地上一切資源毀掉，使敵人得不到任何資源。

本片就是將"焦土抗戰"形象化地展現出來，鼓勵大家奮起抗戰，是當時適應時代要求的粤語片代表作。

《兒女英雄》

出品：新光電影公司　全球電影公司

編導：黄漪磋　主演：馮應湘　林麗萍

本片宣傳"工業救國"，其中有70%的鏡頭都爲戰爭鏡頭，數千空軍、炮兵、騎兵、步兵參與演出，是一部氣勢恢宏的製作。

主要影片目録

本年度香港共出品影片99部，全部爲粤語有聲片。

大觀　《金屋十二釵》、《花開富貴》、《鄉下婆從軍》、《余漢謀司令莅港盛況》、《省主席吴鐵城過港盛况》、《摩登武大郎》、《天下爲公》、《家庭責任》、《廣東各界獻機命名典禮》、《製造國民》、《肉搏》、《廣州抗戰記》、《離恨曲》、《精忠報國》

南洋　《鄉下佬探親家》、《廣東王先生》、《賣油郎獨佔花魁》、《唐伯虎點秋香》、《女中丈夫》、《鴻運當頭》、《少婦的瘋狂》、《女性之光》、《戀愛博士》、《百戰餘生》、《契女的秘密》、《自梳女》、《回祖國去》

南粤　《時勢造英雄》、《七十二行》、《有女懷春》、《重見天日》

華威　《鬥氣姑爺》、《老婆皇帝》、《神秘之夜》

大鵬　《三喜臨門》、《夜明珠》

醒圖　《摩登貂蟬》、《温生才炸孚琦》

現代　《今古西廂》、《國内無戰事》

天下　《銀月金星》、《大戰之前夜》

其他　《人生曲》（黄金）、《誰之過》（華聲）、《民族女英雄》（光藝）、《一生》（晨光）、《鐵血鋤奸》（普智）、《錦綉河山》（啓明）、《沙漠之花》（南星）、《前進曲》（大塊）、《珠江風月》（文化）、《廣昌隆恩仇記》（三和）、《時代先鋒》（合衆）、《西南二伯父》（明華）、《兒女英雄》（新光）、《邊防血淚》（山月）、《中國青年》（中山）、《焦土抗戰》（愛國）、《淞滬大屠殺》（中國戰地新聞社）

1938年（大陸）

大事記

1月，中國電影製片廠（簡稱"中製"）在漢口成立。它的前身爲南昌行營政訓處電影股，1936年8月遷至漢口，更名爲漢口攝影場。抗戰爆發後，鄭用之、王瑞麟等人要擴充漢口攝影場，找到陽翰笙，請他支持，經請示周恩來同意，陽翰笙安排了一批上海左翼電影工作者參加。1月中旬，漢口攝影場正式擴充爲中國電影製片廠，廠長鄭用之，陽翰笙任編導委員會主任。4月1日，國民政府軍事委員會政治部第三廳正式成立後，"中製"改屬第三廳直接領導。"中製"是中國抗戰電影的主要攝製基地。雖然因戰爭條件艱難，但仍創作了不少優秀抗戰影片。

1月18—19日　周恩來陪同八路軍副總司令彭德懷等國共兩黨愛國將領參觀中國電影製片廠。

1月29日　中華全國電影界抗敵協會在漢口成立。當選的71名理事中有夏衍、田漢、陽翰笙、司徒慧敏、阿英、陳波兒、蔡楚生、洪深、沈西苓、史東山、袁牧之、孫瑜、應雲衛、趙丹、孫師毅、蘇怡、羅明佑、張道藩等。這是一個包括了共產黨、國民黨，以及抱有各種政治態度的讚成抗日的電影工作者，具有廣泛統一戰線性質的電影界全國性組織。協會發表了成立宣言。

3月31日　《抗戰電影》月刊在漢口創刊，唐納、伊明、劉念渠編輯。該刊爲中華全國電影界抗敵協會會刊。

4月1日　國共第二次合作後，周恩來出任國民政府軍事委員會政治部副主任。由他主管的政治部第三廳成立，郭沫若出任廳長，陽翰笙任主任秘書。第三廳下設三個處，其中第六處主持藝術宣傳，處長田漢。參加三廳各處、科工作的有著名文藝工作者洪深、徐悲鴻、杜國庠、馮乃超、史東山、應雲衛、馬彥祥、冼星海、張曙等。

4月7日　第三廳在武漢主辦各界擴大宣傳週。宣傳週第一日晚上舉行群衆火炬遊行，以後分別有"歌詠日"、"戲劇日"、"電影日"、"漫畫日"等。

5月　西北影業公司由西安遷到成都，重新開始活動。在陽翰笙的安排下，一批進步電影工作者參加該公司。

秋　八路軍總政治部電影團（即延安電影團）在延安成立。

9月底　中國電影製片廠自武漢遷往重慶。

10月1日　人民電影的第一部影片《延安與八路軍》在陝西中部縣（今黄陵縣）的黄帝陵開拍。

10月　由八路軍駐滬辦事處主辦，阿英主編的《文獻》在上海創刊。該刊是一個文摘式的資料性刊物，按月摘編各報刊發表的有關抗戰的文章和圖片，1938年5月出至第8卷後，由於日本侵略者的迫害，被迫停刊。

周恩來與鄧穎超在"中製"

位於武漢楊森花園的"中製"

《抗戰電影》雜誌書照

日本侵略中國電影的陰謀特輯

一 前言

阿英編輯的《文獻》刊載的《日本侵略中國電影的陰謀特輯》

重要影片

劉山（右，魏鶴齡飾）面對敵人，毫無懼色

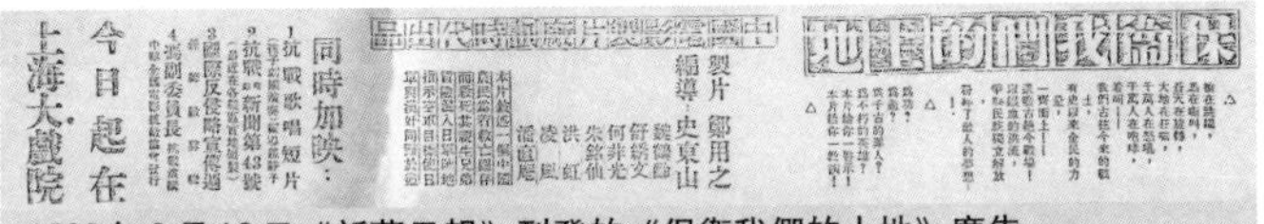

1938年3月19日《新華日報》刊登的《保衛我們的土地》廣告

《保衛我們的土地》

出品：中國電影製片廠

編劇：史東山　導演：史東山　攝影：吴蔚雲

主演：舒綉文　魏鶴齡　何非光　戴浩

"九一八"日寇入侵，農民劉山的家被毁，全家流落到南方小鎮洛店。抗戰爆發，洛店駐軍修築工事，劉山積極支持。其弟劉四却受漢奸蒙蔽，爲敵人指示轟炸目標。劉山大義滅親，劉四死前悔悟，向哥哥説出漢奸隱蔽的地點。軍民協同消滅漢奸，反抗日本侵略者。

史東山（1902—1955）

浙江杭州人。編導。1921年進入電影界，主要作品有《兒孫福》、《王氏四俠》、《共赴國難》、《狂歡之夜》等；抗戰初期編導第一部抗戰電影《保衛我們的土地》；還有《勝利進行曲》、《八千里路雲和月》，新中國成立後，任文化部電影局技術委員會主任兼藝術委員會委員，編導了影片《新兒女英雄傳》等。

謝晉元團長（左，袁牧之飾）、楊瑞符營長（右，張樹藩飾）和女童子軍楊惠敏（中，陳波兒飾）

《八百壯士》工作照

《八百壯士》

出品：中國電影製片廠

編劇：陽翰笙　導演：應雲衛　攝影：王士珍

主演：袁牧之　張樹藩　陳波兒　洪虹

上海淪陷後，保衛四行倉庫的約800名中國軍隊將士，在團長謝晉元、營長楊瑞符的領導下，堅守陣地，誓不投降。他們的英勇行爲受到上海市民的支持。女童子軍楊惠敏冒險前往送旗，大大鼓舞了士氣。中國國旗飄揚在四行倉庫上空，八百壯士爲保衛祖國而戰鬥。

影片目録（共38部）

新華　《地獄探艷記》、《貂蟬》、《兒女英雄傳》、《古屋行屍記》、《黄海大盜》、《雷雨》、《冷月詩魂》、《六十年後上海灘》、《乞丐千金》、《情天血淚》、《四潘金蓮》、《無敵武術團》、《武松與潘金蓮》、《舞宫血淚》、《胭脂淚》

中製　《八百壯士》、《保衛我們的土地》、《抗戰標語卡通》（3）、《抗戰歌輯》（1）、《抗戰歌輯》（2）、《抗戰歌輯（3）》、《抗戰歌輯（4）》、《熱血忠魂》

華新　《離恨天》、《日出》、《珍珠衫》

其他　《茶花女》、《王氏四俠》（光明）、《鳳求凰》、《女少爺》（藝華）、《風流冤魂》（國華影片公司）、《桃色慘案》（林華）、《恐怖之夜》（明華）、《桃色新聞》（天聲）、《賢惠媳婦》（五星）、《歌兒救母記》（星光）

出品者不詳　《春情烈火》、《春之花》

旅長（高占非飾）和他的妻（陳依萍飾）兒（任克飾）

《熱血忠魂》

出品：中國電影製片廠
編劇：袁叢美　導演：袁叢美
攝影：吴蔚雲
主演：黎莉莉　高占非　陳依萍　任克

抗戰爆發後，一位旅長離開家人開往前線，他的家人全部被日本鬼子槍殺。他帶領軍隊打回家鄉的時候，他的家成了日軍的指揮部。爲了保衛國家和民族，他下令開炮擊毁自己的家，鼓勵戰士們抗戰到底。

左起：李四維（尤光照飾）、張三畏（尚冠武飾）、陶春麗（黎莉莉飾）、姨太太

《如此繁華》

出品：華安影片公司
編導：歐陽予倩
攝影：黄紹芬
主演：黎莉莉　尚冠武　尤光照　梅熹

張三畏同姨太太、弟弟張玉成住在上海的洋房裏，好友李四維和妻子陶春麗也住在張家。張玉成想回鄉做事遭到哥哥的責駡，陶春麗想幫他。張玉成决意回到北方，陶春麗也追隨張玉成而去。

蘩漪（右，談瑛飾）發現周萍（左，梅熹飾）愛上四鳳（中，陳燕燕飾）

《雷雨》

出品：新華影業公司
原著：曹禺
編導：方沛霖
主演：陳燕燕　談瑛　梅熹　傅威廉　周文珠

根據曹禺同名話劇改編。周樸園的夫人蘩漪與繼子周萍相愛，而周萍又愛上管家魯貴的女兒四鳳。四鳳的母親，當年被周樸園趕出家門的侍萍得知四鳳懷上周萍的孩子後要他們分開。蘩漪不願就此罷休，周樸園無奈説出四鳳與周萍是同母兄妹的真相，四鳳衝進雨中觸電身亡，一直愛戀四鳳的周沖也被電擊中。周萍開槍自殺。侍萍和蘩漪雙雙精神分裂。自私而專横的周樸園永遠失去了一切。

方達生（左，梅熹飾）前來探望陳白露（右，陸露明飾）

《日出》

出品：華新影片公司
改編：沈西苓
導演：岳楓
攝影：董克毅
主演：陸露明　梅熹　尚冠武　洪警鈴

根據曹禺同名話劇改編。交際花陳白露成了金融投機家潘四爺的寵兒，但是她心中仍然保存了純潔和善良。她盡力營救鄉間女孩小東西，想使她免遭流氓的蹂躪，但小東西最終没有逃出魔掌。陳白露舊日的友人方達生勸其改變生活，但她已經不能自拔，最終因爲潘四爺的破産而自殺。

伊文思（中）在中國拍攝《四萬萬人民》

伊文思來華拍攝紀録電影

1月，世界著名荷蘭紀録電影藝術家約里斯·伊文思受美國“當代歷史家”影片公司的委託，通過“美國援華協會”的關係，經香港、廣州，來到漢口，準備拍攝紀録中國人民抗擊日本帝國主義的紀録影片《四萬萬人民》。周恩來曾會見伊文思，商議他前往前線拍片事宜，事後周恩來給第三廳負責人郭沫若寫信，指示三廳應協助伊文思拍片。

約里斯·伊文思（1898—1989）

荷蘭人。紀録片導演。1938年來到中國拍攝紀録片《四萬萬人民》，隨後將自己的攝影機和剩餘的膠片送給正在組建的延安電影團。新中國成立後，他擔任了中央新聞紀録電影製片廠和文化部的顧問，先後十餘次訪問中國，培養中國新聞紀録電影人才，並在中國拍攝了紀録片《早春》和《愚公移山》。

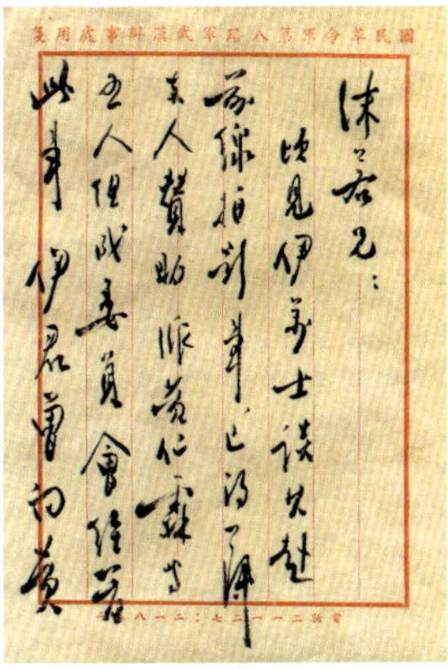

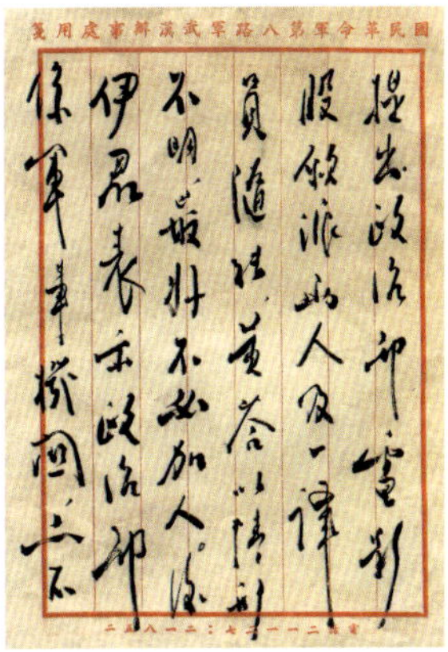

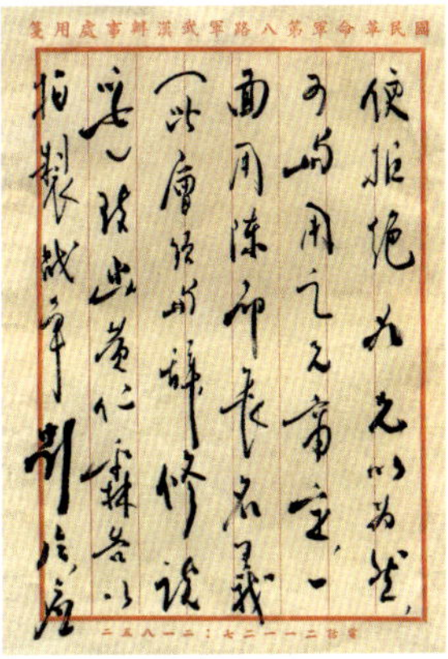

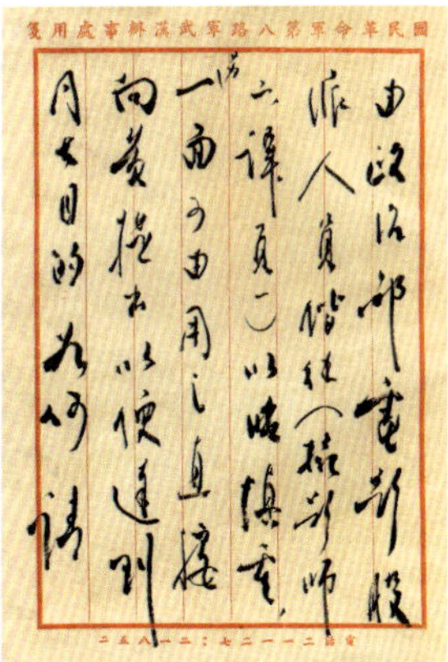

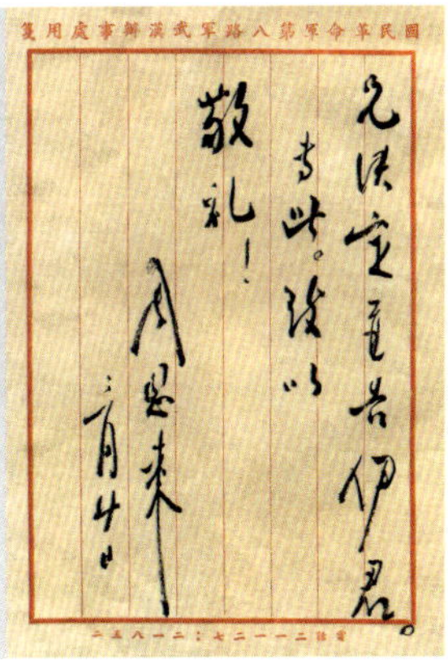

周恩來給郭沫若的信

吴印咸在延安拍攝毛澤東活動，使用的是伊文思贈送的機器

日本電影的大陸政策

6月10日，日本國際映畫新聞社社長市川彩在北平的北京飯店主持召開“日本電影的大陸政策及其動向”座談會。會議提出，日方要以電影配合擴大對於中國的軍事侵略，“今後，日本電影如要以中國電影市場而作活動的話”，“在日本電影上千萬不能加上日本或是滿洲的名義，最好用大題材的中國電影的姿態出現，表面上和日本滿洲毫無關係，而應當使它成爲完全中國人的事業。這是最能獲得效果的方法，而且這也並不要很久的時間就可以實現”。

上海文藝界和新聞界呼籲不與日僞合作

12月1日，上海《每日譯報》載文揭露光明影業公司拍攝的影片《茶花女》偷運到日本上映，8日，上海文藝界和新聞界51人，聯名在報刊上發表《敬告上海電影界書》，嚴正要求電影從業人員不與日僞合作。

上海各報副刊編者作者「敬告上海電影界」

——十二月八日載上海各報——

共處在孤島上，我們越感到自己是個「中國人」，越感到做一個中國國民責任的重大，也越感到除了無恥的漢奸之外，彼此的格外親切。我們是一羣關心祖國電影事業的人，和孤島上的電影工作者是站在同一立場的。我們幹着，我們活着，都祇有一目標：爲了我們多難的祖國。在這個目標下，我們不必要保留什麼條件。祖國的利益即是我們的利益，我們的利益也祇有在祖國得到自由解放時才能得到真正的保障。所以別人的督促和責備，都是共有的事情。

自然有時也難免有所督促或責備，但我們的目標既祇一個，私人間又並無不解的仇恨，所以即有微詞，也大部出於愛護中國電影事業的前途所致。此時此地我們誰還不感到如莊子所說，「涸轍之鮒，相濡以沫，相煦以溼」？因之，我們的觀點也許會有不同，我們愛國的熱忱則誰也不會讓誰！愛之越切，責之越嚴，督促和責備是同胞間相互的責任，而貢獻一得之愚，遇有必要，並且以全力加以幫助，更是義不容辭的引以爲榮的工作。——成人之美是件美德，何況我們常是「涸轍之鮒」，如果無礙于大局，我們誰還敢有過份要求？

我們知道華南電影界在過去是非常混亂，荒乎其唐的神怪片色情片充塞市上，恬不爲怪，但自非常時期電影檢查所成立以後，這種惡傾向已漸次消滅，舉凡一切有礙反抗戰利益的影片亦已漸次停止拍製或停止發行；華南電影界這種服從中央的精神，是値得我們敬佩的模範，他們在特殊環境內本可以陽奉陰違，甚至置之不理，然而他們感到他們是個中國人，他們的良心叫他們應該履行中國人的責任和義務。

我們知道電影是最好的教育工具，在抗戰時期中，它所担負的使命，越發重大，但不幸得很，在抗戰之前曾經担任過光榮的使命，有過輝煌的成績的上海電影，在淪爲「孤島」以後，卻落在妖神鬼怪公然橫行的局面中，查禁的影片重映了，新攝的更由托詞人扮或夢境而至於居然人鬼交往！面子上假反封建和懲惡揚善之名，而骨子裏卻恰好（不論是故意或無意）幫助敵人麻醉自己的同胞！

《敬告上海電影界》文照

文獻

陳夢熊《歐陽予倩離滬密記》

上海淪爲“孤島”後，歐陽予倩先生仍團結在中共地下組織和留滬進步人士周圍，堅持不懈地從事抗日宣傳工作。對此，日方當然嚴加注意，只是没有什麼危害他的行動罷了。後來，日本駐滬總領事清水想辦個專門拍攝既不抗日又不親日的影片公司，用來抵制抗日的電影。他們派了一個與歐陽先生曾是同學的日本人，穿了便服去找他，請他出面辦這個公司，也就是説要歐陽先生當電影界的漢奸頭目了。先生聽了，嚇一跳，推託説：“我老了，没有精力來辦。”來人竟翻了臉。第二天，清水總領事親自換了便服來找他。先生不允，但又不能頂他，只能借口延宕。在非常焦躁中，先生找中共地下黨員楊帆商量。楊帆誠懇地對先生説：去抗日根據地，我們派人護送；去内地，我們派人送上輪船。先生答應去桂林，並希望地下黨負責他的安全。商定後，楊帆同志便向組織報告，並向國民黨地下人員打了招呼，在碼頭等處做了安全佈置，於1938年4月12日抵公平碼頭，登上開往香港的班輪，順利地秘密離滬。

延安電影團成立及其創作

1935年，中國工農紅軍經過萬里長征到達陝北以後，美國記者艾德加·斯諾來到陝北進行採訪，並用隨身携帶的攝影機拍攝了毛澤東、周恩來等人和紅軍戰士的鏡頭。這是關於中國共産黨人和工農紅軍的第一批活動影像。

此後，駐紮陝北的東北軍按照蔣介石的指令，對紅軍進行圍剿，遭到慘敗。後經過談判，中共與張學良將軍建立了互信的關係，東北軍遂支援紅軍一部分裝備和給養。但是許多紅軍戰士在换裝時，對經過萬里長征跋涉已經破爛不堪的軍裝戀戀不捨。周恩來副主席認爲這是一種非常珍貴的感情，遂命令當時正從延安返回上海的潘漢年，安排上海黨組織派一位攝影師來延安拍攝。但是由於路途遥遠，以及隨即爆發的抗日戰争，此事未能實現。但是在周恩來心中已經開始萌生建立黨的電影機構的想法。

陝甘寧根據地建成後，一些熱愛電影的同志成立了陝甘寧電影社，並派人到武漢八路軍辦事處，準備赴香港購買電影器材。周恩來認爲，需要有從事過專門電影工作的同志來做這件事情。這時，袁牧之、陳波兒、錢筱璋從上海經南京來到武漢，他們向陽翰笙表示想到延安去拍攝反映八路軍抗擊日寇的紀録片，經請示周恩來，指示他們先參加中國電影製片廠的《八百壯士》的拍攝。在影片拍攝的過程中，得知謝晋元旅長被漢奸暗殺的消息，更使袁牧之痛感拍攝紀録片的重要性，於是再次表達到延安去的願望，這符合了周恩來關於建立黨的電影機構的想法，於是周恩來安排袁牧之到香港，在中共香港工委廖承志等同志的幫助下，購得了一批16毫米的電影器材和膠片，又經袁牧之提議，邀請他的合作伙伴吴印咸一起去延安。

由於國民黨反動派的阻撓，荷蘭電影藝術家伊文思未能到延安去拍攝八路軍的抗戰，非常遺憾。經周恩來安排，他與即將去延安的袁牧之見面，兩人促膝長談，伊文思決定把自己的攝影機和剩餘的膠片全部送給袁牧之。考慮到袁牧之是一個有影響的電影明星，爲了他的安全，周恩來安排八路軍辦事處的汽車，送剛來武漢的吴印咸到漢口中山公園門口西側，接收伊文思贈送的攝影機和膠片。

袁牧之和吴印咸携帶着從香港購買的器材和伊文思贈送的器材到達延安。隸屬於八路軍總政治部的電影團成立，電影團的團長由總政治部主任譚政兼任，袁牧之負責藝術創作，曾經參加過寧都起義和長征的老紅軍李肅負責政治和行政工作。電影團成立時只有六個人，其中有三個人曾經從事過電影工作，除袁牧之和吴印咸外，還有在山西參加革命的徐肖冰。

八路軍總政治部電影團因爲成立在延安，人們稱之爲延安電影團。延安電影團成立後首先成立了攝影隊，並開始籌備拍攝工作。袁牧之爲未來的影片寫出了詳細的提綱，提綱共分爲四個部分：1.抗日戰爭開始後，全國各地的青年學生紛紛來到延安；2.介紹延安政治、經濟、文化等方面的情況；3.八路軍的戰鬥生活；4.來自全國的青年們經過學習，又奔赴全國各地，開展抗日工作。10月1日，影片在位於陝西中部縣（今黄陵縣）的黄帝陵開拍，到1938年底，基本上結束了在延安的拍攝工作。

袁牧之

延安電影團駐地清凉山

延安電影團成員在黄帝陵開拍《延安與八路軍》

吴印咸初到延安

延安電影團前往晋察冀軍區拍攝

延安電影團在拍攝途中

《延安與八路軍》（未出品，1939）

八路軍總政治部電影團拍攝
編導：袁牧之
攝影：吴印咸　徐肖冰

記錄了抗日民主根據地延安的工作和活動；全國各地的青年人來到延安，經過學習又回到抗戰前線；八路軍在各抗日根據地的情況；以及延安人民的生活狀況。

影片拍攝完成後，由袁牧之帶往蘇聯莫斯科進行後期製作和洗印。但正逢德國發動侵蘇戰爭，影片及其相關素材在戰爭轉移中丟失。

《延安與八路軍》劇照之一

《延安與八路軍》劇照之二

《延安與八路軍》劇照之三

《延安與八路軍》劇照之四

《延安與八路軍》劇照之五

《延安與八路軍》劇照之六

1938年（香港）

大事記

本年　中國電影製片廠在香港成立大地影業公司，該公司以拍攝國語片爲主。

羅明佑、黎民偉、何明華等發起第二次"電影清潔運動"。

"木魚書"電影流行

"木魚書"是廣東傳統民間故事中的一種，其間內容有勸世向善的，也有宣傳封建迷信的。"木魚書"不僅深入民間，還曾流傳到歐洲，早在19世紀就被譯爲英、德文，受到研究，被稱爲"才子書"。

1938年6月至9月，香港電影流行將"木魚書"改編爲電影。在此期間一共上映過9部改編自"木魚書"的電影，分別是《紫霞杯》、《三娘汲水》、《金葉菊》、《玉葵寶扇》、《拗碎凌志》、《六月飛雪》、《周氏反嫁》、《乞米養家姑》等。

《方世玉打擂臺》

出品：三興貿易公司
導演：洪仲豪
主演：新馬師曾　譚秀珍　曾三多

影片講述方世玉在擂臺上打死雷老虎的故事。

該片是香港出品的第一部功夫片，也是第一部有武術指導的影片。擔任武術指導的是名拳師何斯傑、吴本超和女拳師吴美露，以及武師200多人。

《胭脂淚》

出品：南粤影片公司
導演：陳皮
主演：胡蝶　謝益之 姚萍 盧敦

本片改編自聯華出品、阮玲玉主演的影片《神女》。叙述了一個妓女爲了兒子不惜忍受凌辱，甚至身陷監獄。

此片之後又由《神女》的導演吴永剛執導，胡蝶、黎鏗重新演繹了同版本的一部國語片，這是香港電影史上同時擁有粤語和國語拷貝的電影作品。

《遊擊進行曲》

出品：啓明影業公司
編劇：蔡楚生　司徒慧敏
導演：司徒慧敏　攝影：白英才
主演：李清　林楚楚　容小意　白璐

青年王志强主張青壯年組織突擊隊，配合遊擊隊抗日，後被人告密，進山參加遊擊隊。其弟志明回村葬父，被日軍逮捕，幸遇兩個反戰士兵而獲釋。遊擊隊繳獲敵人大批槍械彈藥，趁日軍歡宴之際一舉殲滅敵人，高唱遊擊進行曲前進。

重要影片

《孤兒行》劇照

《孤兒行》

出品：大觀聲片有限公司
　　　新月影片公司
編劇：李佳
導演：錢大叔
主演：黃曼梨　葛佐治
　　　黃壽年　伊秋水

影片講述富翁拋棄賢妻，另結新歡。後母溺愛親子却虐待繼子，幸得一位忠僕幫助，終使得孤兒與生母重聚。

本片以曲折、感人的劇情，演員真實的表演多得人心，獲得了國民政府中央電影檢查委員會的嘉獎。

《遊擊進行曲》劇照

香港的抗日愛國片及《最後關頭》

1938年，抗日戰爭進入第二年，社會各界都在進行轟轟烈烈的抗日救亡運動，電影界也不例外。在1938年出産的93部影片中，共有28部抗日愛國片，其中包括22部故事片，以及6部紀録片。這部分抗日愛國片佔1938年出産影片的很大比例。其中最有影響的影片是由香港電影人集體創作的《最後關頭》。

《最後關頭》是香港電影史上第一部由香港電影人義拍、義導、義演的電影。影片攝製於1937年8月4日至9月22日，12月19日首映，1938年3月2日正式公映。參與此片的編劇有：蘇怡、盧敦、南海十三郎、嚴夢、麥嘯霞。導演有：陳皮、李芝清、南海十三郎、蘇怡、趙樹燊、侯曜、高梨痕，幾乎全部明星參演。據《藝林》15記載，除所有香港的電影演員外，臨時演員就有800多人。著名演員吴楚帆在他的自傳中也寫道："拍攝這部戲時使我非常感動的一件事，是每一個工作人員都異常熱心、興奮，他們不辭跋涉、不辭辛苦、緊守時間，常常是在通告所規定鐘點以前到達，……放映時間内四座掌聲雷動，影片振奮人心，顯已獲得良好效果。我對着這樣值得欣喜的事實，每個人都自覺已經分享了最高無上的光榮，禁不住激動流淚。"（引自《吴楚帆自傳》上册第56—57頁）

《最後關頭》製作資金全部由香港的電影公司和電影工作者捐獻。影片製作完成後的版權公開招股，並將拍賣所得全部購買了救國公債。影片所宣傳的抗日救國思想鼓舞了海内外的觀衆，也教育了香港的電影工作者，是香港"愛國片"的經典作和代表作。此片被臺北中國電影史學家杜雲之先生選爲中國名片100部之一。

《最後關頭》劇照

《最後關頭》廣告

《最後關頭》

出品：大觀　南粵　南洋
**　　　合衆　全球　啓明公司**
香港電影工作者集體編導、集體演出

一群中國大學生在一位愛國者的教導下覺醒，意識到國難當頭，於是紛紛到社會各界進行抗日救國宣傳。最終，中國各界人士團結起來，走向抗日戰場。

《太平洋上的風雲》

出品：天一影片公司
編導：侯曜
主演：李綺年　羅品超　侯曜

改編自侯曜發表在香港《工商晚報》上的同名小説。描述了"九一八事變"後，東北地區一群抗日群衆抵抗日軍的悲壯故事。著名槍手馬如龍號召全鄉民衆參加義勇軍，奮起抗敵直至戰死。他的女兒碧珠假扮交際花深入敵腹進行間諜工作。本片的助理編劇和副導演伊海靈是導演侯曜的妻子，也是香港最早的女編劇和女導演之一。

《太平洋上的風雲》劇照

蘇怡（1900—1985）

編導，電影事業家。原名舒大楨，湖北麻城人。1931年進入電影界，1934年來到香港從事電影編導工作。抗戰開始後，他帶頭發起組織華南電影界賑災會，編導抗戰影片《最後關頭》、《大義滅親》等片。1940年前往重慶參加中國電影製片廠，1945年返回香港。1949年與蔡楚生一起發起粵語電影清潔運動。1950年代初返穗，在廣州擔任文化界領導工作。1985年病逝於廣州。

主要影片目録

本年度香港共出品影片93部，其中92部粵語片，1部國語片。

南洋　《女人經》、《女戰士》、《紫霞杯》、《拗碎靈芝》、《琵琶行》、《苦盡甘來》、《柳曼玲》

大觀　《如意吉祥》、《普天同慶》、《孤兒行》、《十萬情人》、《新國民》、《慈母淚》、《上海火線後》、《四子從軍》、《流浪的父親》、《豪華闊少》、《七朵鮮玫瑰》、《舞臺春色》

南粵　《七星伴月》、《同胞兄弟》、《女少爺》、《桃花將軍》、《奇女子》

中南光榮《八百壯士》、《好女十八嫁》、《花心蘿卜》、《花心蘿卜大結局》

文化　《理想未婚妻》、《保衛華南廣東特輯》、《血肉長城》

山月　《公敵》、《金葉菊》、《關瑞生》、《柴米夫妻》

天一　《飛將軍》、《太平洋上的風雲》、《叱咤風雲》

啓明　《賣花女》、《風流債》

大明星　《戰士情花》、《一夜夫妻》

中南　《扭紋柴》《陳世美不認妻》

新華　《貂蟬》（國語片）、《胭脂淚》（國語片）

我的　《紅伶悲歌》、《乞米養家姑》

三興　《陳萬年再世姻緣》、《方世玉打擂臺》

其他　《氣壯山河》（懿榮）、《流氓小姐》（聯僑）、《粵桂軍戰績》（華聯）、《血濺寶山城》（新時代）、《兒女英雄》（續集，新光）、《"八路軍反攻平型關"秘本》（國際攝影團）、《民族之光》（大中）、《厦門血戰記》（建華）、《難得有情郎》（進步）、《孟麗君》（誠信貿易行）、《桃色間諜》（新世紀）、《戰雲情淚》（華聲）、《錢作怪》（中國）、《粉妝樓》（金城）、《保衛大廣東》（大鵬）、《最後關頭》（香港多家影業公司集體創作）

《血濺寶山城》

出品：新時代電影公司
編劇：蔡楚生　司徒慧敏
導演：司徒慧敏
主演：李清　陳雲裳

影片根據"八一三"上海戰役中真實事件改編而成，描述了日軍侵略上海時，中國抗日軍隊姚子青營死守寶山，抵抗到底，最後全部戰死寶山的英雄事跡。本片獲得了廣州戲劇電影審查委員會嘉獎。在放映時極受群衆歡迎，非常轟動。

《血濺寶山城》劇照

李清（1912—2000）

演員。原名李漢清，廣東東莞人。1934年考入上海明星公司的演員養成所，1935年起先後在明星、聯華等公司參演過影片。抗戰期間南下到香港拍攝影片，主要作品有《血濺寶山城》、《遊擊進行曲》、《孤島天堂》、《前程萬里》、《珠江淚》、《江湖兒女》、《一板之隔》、《苦海明燈》等影片。

陳雲裳（1919—　　）

演員。原名陳民強，廣東台山人。14歲參加廣州文藝團體素社，投師名家易劍泉。1935年成爲電影演員，處女作是在廣州拍攝的《粉碎姑蘇臺》。1936年因出演《新青年》而一舉成名，後相繼主演《血濺寶山城》等一批抗日愛國片。1939年陳雲裳來到上海主演了著名影片《木蘭從軍》，此片深受歡迎，令她成爲全國著名紅星。此外，她主演的影片還有《焦土抗戰》、《金屋十二釵》、《費貞娥刺虎》、《家》等。1943年主演影片《良宵花弄月》後結婚，退出影壇。1952年爲了報答恩師張善琨，主演了《月兒彎彎照九州》等三部影片後，從此再未涉足影壇。

香港第一部國語片《貂蟬》

6月15日，香港出品的第一部國語片《貂蟬》上映。本片是在上海拍攝，在香港完成的，是香港出品的第一部國語電影。自此開始，香港電影進入粵語片與國語片共存的時期。1938年出產的三部國語片除《貂蟬》外，還有新華影業公司出品的《胭脂淚》，以及南粵影片公司出品的《女少爺》。

11月18日，《貂蟬》在美國大都會歌劇院首映，紐約市長、中國駐美大使及各國駐美國使節均出席首映式，放映收入的幾萬美金，美國方面全部捐助給中國作爲教育基金。

《貂蟬》劇照

《貂蟬》

出品：新華影業公司
編導：卜萬蒼　攝影：洪偉烈　黄紹芬
主演：顧蘭君　金山　顧而已　魏鶴齡

根據《三國演義》中情節改編而成。

東漢年間，太師董卓弄權，弑太后，害忠良，陰謀篡位竊國。司徒王允利用董卓和吕布的義父子關係，與家伎貂蟬定下美人計和連環計，終於除掉了國賊。

影片在香港及内地公映時都很受歡迎，影響遠至東南亞和美國。

《女戰士》

出品：南洋影片公司
編劇：伊海靈　導演：高梨痕
主演：李綺年　黄楚山　劉克宣　周少英

一對戀人由於戰爭分開，妻子懷孕産子，愛子却不幸死於敵軍的戰火。一個漢奸又垂涎她的美色，時來糾纏。爲了替愛兒報仇，妻子設計殺死漢奸後加入了抗日隊伍，在沙場與丈夫相遇。爲了保衛祖國，他們又割捨兒女之情再度分離。

《氣壯山河》

出品：懿榮公司
編導：張吻冰　主演：吴楚帆　白燕

影片以東北義勇軍爲背景，編寫了他們爲收復失地所做出的悲壯事跡。

本片避免了對戰績的誇耀，而是集中表現東北受到日寇侵略的慘狀，以及東北義勇軍前赴後繼抗敵的場面。

《八百壯士》海報

《八百壯士》

出品：中南光榮影片公司
導演：魯司　主演：鄺山笑　馮燕萍（即小燕飛）　伊秋水　曹達華

影片以真實的抗日史實爲基礎，着重展現了"八一三"上海抗戰中誓死守衛四行倉庫的謝晉元團堅守陣地、奮力抵抗的悲壯事跡。

影片上映後，外界的評論有褒有貶，正面的意見主要是讚揚影片具有真實的紀録片效果，宣傳了抗日救國的理念，極大地鼓舞了觀衆；反面的意見則主要集中於批評影片中有不實情節。

鄺山笑（1909—1976）

演員。廣州人。1932年主持拍攝默片《璇宫金粉獄》，並出任男主角。1937年主演影片《金屋十二釵》。除此之外，鄺山笑參與演出的影片還有《唐伯虎點秋香》、《十美戀檀郎》、《斷鴻零雁記》、《脂粉將軍》、《豪華闊少爺》等百餘部粵語片。

1936—1940年（臺灣）

大事記

1936年

1月　臺北"國際館"裝修後重新開業。新建築以鋼筋水泥爲建材，並有防火耐震裝置，以及迴轉式座椅、冷氣、温濕調節裝置。

8月　臺北"臺灣劇場"聘請日本大阪建築師來臺，於夜間進行戲院整修工程，以解決隔音效果不良的問題。

9月　上海聯華《漁光曲》來臺首映，主要演員臺籍影星羅朋應邀返臺，參加該片臺中座談會，座談紀録刊登於《臺灣文學》。

9月　臺灣進入武官總督時期，推展"皇民化"運動，取消野臺戲和迎神賽會，以放映宣傳片的電影會取代。

皇民化運動是徹底的奴化運動，這是皇民奉公班的定期開會

10月　"南部演劇映畫協會"在臺南成立，共有20名業者參加。該協會後改組爲"臺灣映畫館同業組合"（臺灣電影院業同業公會），組合長爲高雄市金鵄館負責人船橋武雄。

10月　原臺北"第一劇場"負責人陳清汾，將該劇場讓渡予其侄吴錫洋，今後除上映臺北"國際館"系統及日本松竹電影公司出品的電影外，每月上映3—4部中國片。

本年　臺中"天外劇場"及"臺中座"開始營業。

1937年

5月25日　臺北"第一劇場"負責人吴錫洋發起"第一電影製作所"，所長爲吴錫洋本人，常任理事爲美國Empire公司臺灣分社社長鄭德福。該所決定開拍第一部作品《望春風》。

5月　"臺灣映畫配給同業組合"（臺灣電影發行同業公會）成立，理事長爲真子萬爵。

11月7日　西門町"第二世界館"經營者田中美彦，將該電影院改爲臺灣第一間專映新聞片之"世界新聞劇場"。

本年　"七七事變"後，臺灣禁止中國片進口，但已經過檢查進口的中國片及"滿映"電影仍可上映。

辯士詹天馬之"樂多利興業公司"經營的臺北"雙連劇場"年初開始營業。

臺北"大世界館"將2樓局部改裝成咖啡廳，開始營業。爲臺灣各地電影院之創舉。

臺灣《日日新報》上的"今晚的電影"專欄，1937年1月開始向各戲院、電影院徵收刊登的廣告費用。

臺北"國際館"本月獲得美國環球電影公司獨家發行權，預定平均每月發行該公司出品的3部影片。

1938年

1月　臺北"第一劇場"負責人吴錫洋重新整頓臺北大稻埕"永樂座"。

1月17日　第一電影製作所出品的《望春風》在永樂座首映。

1月30日　愛國婦人臺灣支會拍攝的《臺灣愛國婦人新報》會員活動紀録片，内容包括與高松豐次郎合作，在全島巡迴放電影籌募基金、慰問官兵、籠絡島民等活動，都是配合日本總督的殖民政策。

4月11日　第一電影製作所續拍第二部影片《榮譽的軍夫》，安藤太郎編導，内景在東京片廠拍。

5月　改成"世界新聞劇場"後的臺北西門"第二世界館"因票房不佳，進行内部整修，將1樓迭席位全改成座椅式。

9月24日起　日禁止進口美國片，但各戲院、電影院仍可放映洋片佳作。

9月　任職"臺中州學校電影聯盟"的何基明，拍攝教育影片《教育之光》。

本年　臺北大稻埕地區電影院因中國電影及戲劇禁演，面臨片源不足的狀況。

臺北日人經營的臺灣映畫會社成立，與美商簽約進口美國片。

1939年

1月　"臺灣映畫株式會社"（臺灣電影公司）成立，社長（董事長）爲謝火爐，總經理爲徐坤泉。該公司成員以臺灣人爲主，主要業務爲製作、發行、放映電影以及經營劇場。徐坤泉將他的小説《可愛的仇人》請張文環翻譯日文出版並改編電影劇本，交大成電影公司拍電影。

5月10日　辯士詹天馬經營之"天馬茶房"在臺北大稻埕開幕。

6月20日　吴錫洋離開臺北大稻埕"永樂座"，轉向"大觀巴士公司"發展。吴錫洋離開後，臺北"第一劇場"改由經營咖啡廳及泰美商行的陳維誠經營。

8月15日　臺北"芳明館"開館。

本年　"滿臺映畫組合"（滿臺電影協會）成立。

1940年

2月　滿映李香蘭與長谷川一夫主演的《白蘭之歌》、《支那之夜》(《上海之夜》)在臺北國際館首映。

9月17日　臺灣電影配給業者公會組成。

12月中　先由臺北市南區管轄的劇場和電影院成立了臺北市南區常設戲院公會（臺北南區常設興行場組合），然後又成立包含全島巡迴映演業的臺灣巡迴映演業公會（臺灣巡業興行組合）等團體。最後再由總督府保安課當局全力協助成立"臺灣戲院公會"（臺灣興行場組合），而臺北州公營戲院另組臺北州合同興行會社，完成了對整個電影事業的統制組織。

本年　影片檢查最多的一年，其中"滿映"6部、"華影"2部獲准上映。

戰爭影響，大稻埕地區片源不足

1938年，由於戰爭中國電影及戲劇遭禁演，以上映中國電影爲主的臺北大稻埕地區電影院及戲院只好改映日本片或洋片，但仍面臨前所未有的片源不足的窘境。

該地區的六家業者於是採二至三日輪流上映的方式共渡難關，但由於片源不足，片子只好一映再映，甚至弄混了輪流上映的順序。

目前該地區的六家戲院（第一劇場、永樂座、太平館、第三世界館、新舞臺、雙連座）一個月約需上映180場，供需才能平衡。但目前狀況是一個月大約只上映近70場，因此當地必須有半數的戲院歇業才能平衡。所以各家戲院便陷入苦鬥之中，各種戰略及招數紛紛出籠，同時不斷傳出某幾家戲院即將歇業的謡言。

第一電影製作所拍攝創業巨作《望春風》

1937年5月25日，"第一劇場"負責人吴錫洋發起成立"第一電影製作所"，所長爲吴錫洋本人，常任理事爲美國Empire公司臺灣分社社長鄭德福。該所決定開拍第一部作品《望春風》，内容描述一對門不當户不對的青年男女之間的愛情悲劇。該片爲該所的創業巨作，也是第一部純粹由臺灣人自製的劇情片，工作人員及演員又多爲臺籍人士，雖然多半爲非職業演員，但仍受到注目，該片拍攝歷時半年，技術頗佳，且爲有聲片，殺青後於1938年1月17日在臺北永樂座舉行首映，三等席的票價賣到30錢，但當天依然大爆滿，可說是相當成功，該片之主題曲《望春風》也成爲當時的流行歌曲。

"第一電影製作所"合影，前排中爲吴錫洋，其左右爲《望春風》男女主角彭楷棟、陳寶珠

李臨秋（1909—1979）

早年在舅公陳天來建的豪華劇場"永樂座"當茶房。當時永樂座常放映中國片，他試寫廣告詞很受好評。上映《懺悔》、《倡門賢母》兩部中國片時，李臨秋寫兩首"廣告歌詞"，由歌仔戲班後臺樂師蘇桐譜曲，被"古倫美亞"唱片公司製成78轉唱片發售，風靡全臺。李臨秋的才華至此備受矚目，被古倫美亞延攬爲專屬作詞家。1933年，以"拂牆花影動，疑是玉人來"的詩句意境，寫出著名閩南語流行歌曲《望春風》。1937年，"第一電影製作所"籌資拍攝影片《望春風》，投資人陳天來請李臨秋以歌詞的故事，擴大成電影劇本。李臨秋當起了劇作家，完成了全八本的《望春風》劇本。

《望春風》（1937）

出品：第一電影製作所

導演：安藤太郎　黄粱夢　編劇：李臨秋　村貞美　音樂：王雲峰

攝影：都築嘉橘　池上輝雄　主演：彭楷棟　陳寶珠　周寶　陳香　李天來

根據李臨秋原著改編。描述秋月愛上有爲青年清德，並互許終身，之後清德赴東京苦學，並娶得富家小姐，秋月却因家貧賣身做藝妲的悲慘故事。該片的演員可説全非職業演員，但攝影的角度取得好，畫面亮度也不遜一級電影，採事後録音的方式，解説者爲加藤柳美。

《望春風》劇照

《望春風》廣告

1939年（香港）

大事記

1939年是香港電影史上第一個出品電影超過100部的年份。

上半年出産的民間故事片佔到上半年出産電影總量的40%，成爲上半年主要電影潮流。

11月 羅明佑受中國電影教育協會委派來到香港成立了香港分會。

12月12日 中國電影教育協會香港分會正式成立。

重要影片

《夜送寒衣》

出品：勝利影業公司
編劇：龍圖 鳳哥 導演：胡鵬
主演：新馬師曾 白燕 盧敦

改編自"木魚書"中的民間故事。講述韓湘子修道成仙，但是感動於妻子的真情，最終和她結爲恩愛夫妻。電影將原本"木魚書"中的帶有宣揚封建迷信的成分改爲合乎人性的情結。在當年大受好評。

新馬師曾（1916—1997）

演員。原名鄧永祥，廣東人。從影前爲粵劇名伶。他多才多藝，京、粵皆能，並曾自編、自導、自演多齣粵劇，包括膾炙人口的《萬惡淫爲首》、《光緒皇夜祭珍妃》等等。新馬師曾1936年開始拍電影，早期多演粵語戲曲片，後期則多參與搞笑的喜劇影片。著名的有：《夜送寒衣》（1939）、《客途秋恨》（1949）、《雙料夫妻》（1951）、《一年一度燕歸來》（1953）、《兩傻》系列（1958—1960）、《多情竹織鴨》（1959）、《怪俠一枝梅》（1967）等等。1977年新馬師曾獲得英國牛津大學頒贈名譽藝術博士，1978年又獲英女皇伊利莎白二世頒授MBE勳銜。多年來屢次參與慈善演出，被尊稱爲"慈善伶王"。1997年病逝於香港。

抗日愛國影片《孤島天堂》轟動香港

1939年香港共出産了10部愛國片。但是由於日本帝國主義的滲透以及對香港政府施與壓力，此時出産的港産愛國片都採取側面表達的方式來抒發中國人民的愛國之情，而不是如以往般直述抗日愛國的鬥爭場面。其中，由蔡楚生編導的國語抗日愛國影片《孤島天堂》轟動香港，受到觀衆强烈的好評，連映12天，觀衆超過5萬人次，創下了1939年在香港映期最長、票房最高的紀録。

《孤島天堂》劇照

《孤島天堂》

出品：大地影片公司 編導：蔡楚生 主演：李清 黎莉莉 姜明 李景波

影片生動描寫了上海淪爲"孤島"之後，一群愛國青年同漢奸特務進行生死鬥爭，各個階層的廣大勞動人民也主動幫助，他們終於將漢奸特務一網打盡之後轉移出上海，參加抗日遊擊隊。

《歌女白牡丹》

出品：大觀聲片有限公司
編劇：劉芳 楊君俠 陳錦元
導演：趙樹燊
主演：陳雲裳 伊秋水 周志誠 陳倩如

歌女白牡丹追求者衆多，但由於雙目不幸失明，追求者紛紛離去。只有心地善良的差利爲了給白牡丹治療眼疾籌款，不惜觸犯法律。白牡丹恢復視力時，差利却鋃鐺入獄。

新馬師曾扮相

中國電影教育協會香港分會成立

1939年11月，羅明佑受中國電影教育協會委派來到香港成立了香港分會。12月12日，中國電影教育協會香港分會正式宣告成立，當時的會員有60人。成立宣言全文如下："歷史昭示我人，立國之道，首重教育，國家民族之强弱興衰，視其教育之發達與否以爲斷，溯自電影發明以來，先進國家莫不利用之意爲輔助教育，促進文化，宣揚國策之重要工具，誠以電影乃綜合之藝術，繪影繪聲，所以表現，調劑美化改進人生者至真且切，其效能實千百倍於言文字也，環顧我國强鄰侵襲，大好山河，淪喪半壁，千萬同胞，陷於水深火熱之中，而電影之製作，鮮能向抗戰建國復興民族之圖邁進，甚且利令智昏，置國家民族安危於不顧，尤以華南大部分之出品，非虚無縹緲之妖魔鬼怪，即荒謬無聊之民間故事，卑鄙淺陋，粗製濫造，不特污辱我全國同胞之人格，且因銷埸均屬海外，直接影響我廣大之革命僑胞，對内則銷沉民族意識，破壞抗戰精神，對外則有失國禮，貽羞友邦，倘任長此以往，則流弊所及，國家民族前途，何堪設想，同人等心所謂危，正謀有以補救之策，適奉中央中國教育電影協會之命，集合留港同志，成立香港分會，對玆敗情況，不忍再任其潛滋默長，當滋成立伊始，除依照總會所頒總章，努力促其實現外，務納華僑電影事業於正規而後已，深望社會賢達之士，文化先進，及電影界同志，共同策勵，民族復興前途，實利賴之。"

《大地之花》

出品：友誼影片公司
編劇：夏衍　導演：蘇怡
主演：盧翠蘭　唐槐秋

本片取材于民間傳説《牛郎織女》，但經過夏衍的改編却變成了牛郎織女爲了支援前線努力趕製寒衣的故事，將一個民間傳説改編成了符合時代要求的愛國故事。

《女人世界》劇照

《女人世界》

出品：我的影片公司
編導：伍錦霞　魯司
主演：紫羅蘭　胡美倫 胡蝶麗 夏寶蓮 等36名女演員

這部影片是香港第一部完全由女演員出演的影片，又名《三十六女天罡》。伍錦霞成爲香港第一位女導演。片中是一個女人的世界，在這個世界中有各種各樣不同的女性：古板的教師、精明的女記者、賣笑的交際花……她們不同的生活、事業、遭遇揭露了婦女在社會上所面臨的種種問題。

香港出産的完全由女演員擔綱的電影之後還有《脂粉生涯》和《巧逢試郎心》。

伍錦霞（？—1970）

女導演。廣東台山人。從小生活在美國。1935年爲舊金山華僑創辦的光藝影片公司執導《鐵血芳魂》。抗戰爆發後，她來到香港，執導過《娘子軍》、《民族女英雄》、《女人世界》等影片。1939年息影後返回美國，1970年在美病逝。

《姑緣嫂劫》

出品：聯安影業公司
編劇：莫康時　導演：李應源
主演：薛覺先　李綺年

影片描述一個本來鄙視伶人的人最後却愛上伶人並與之成婚。

本片改編自粵劇名伶薛覺先的首本戲，影片中由薛先生親自演唱《祭飛鸞后》。影片上映後十分賣座。

薛覺先（1904—1956）

演員。廣東人。從影前爲在海内外廣受歡迎的粵劇名伶，有"萬能泰斗"之稱。1926年執導影片《浪蝶》步入電影圈。1933年又自編自導自演了著名影片《白金龍》，不但在國内票房轟動，並在海外華埠大爲賣座，掀起一代粵語片的熱潮。他主演的名片有《姑緣嫂劫》、《胡不歸》、《璇宫艷史》、《銀燈照玉人》等。《伶王艷史》是他主演的最後一部影片。1953年退出影壇。1956年猝逝於廣州海珠戲院粵劇表演舞臺上。

《南國姊妹花》

出品：胡蝶影影業公司
編導：黎斌　梁琛
主演：胡蝶影　吴楚帆　胡蝶麗　黄壽年

一對孿生姐妹因戰亂而失散，之後又陰差陽錯地介入對方的生活，引出了種種是是非非。

《華南烽火》

中國電影新聞社拍攝／攝影：金昆

這部紀録片真實再現了我軍反攻廣東江門的經過，並且紀録了東江河四邑等重鎮的抗戰動態。從該片中我們也可以看到被日寇侵略的中國人民的慘狀。

主要影片目録

本年度香港共出品影片132部，其中粵語片127部，國語片五部。

南洋　《美女局》、《夜光杯》、《女攝青鬼》、《十月芥菜》、《姑嫂墳》、《三審玉堂春》

大觀　《烏衣隊》、《歌女白牡丹》、《風騷博士》、《玉梨魂》、《烈女行》

三興　《蘿卜救母》、《大破銅網陣》、《紅衣女俠》、《紅佛女私奔》、《三戰白菊花》、《趙匡胤夜送京娘》

南粵　《第八天堂》、《桃李爭春》、《麻雀經》、《香江花月夜》、《梅開二度》

金城　《真假武則天》、《三盜九龍杯》、《大鬧三門街》、《武潘安》

中國　《西關四美人》、《背解紅羅》、《三氣宣王》、《杜十娘怒沉百寶箱》

新大陸　《妲己》、《大破白蓮教》

金山　《女俠紅蝴蝶》、《吕蒙正祭灶》、《十二寡婦》

中達　《夢遊仙境》、《狸猫換太子包公夜審郭槐》、《瓦崗寨》

民族　《女大思嫁》、《俠血英雄》

山月　《金葉菊》（續集）、《脂粉將軍》

大甘露　《珍珠淚》、《最後的伴》

民生　《牛郎織女》、《賊王子》

我的　《女人世界》、《羅家權殺虎案》

其他　《火燒石室》（山川）、《春情烈火》（正義）、《摩登女招夫》（勵群）、《金絲蝴蝶》（興業）、《卅年苦命女》（廣生）、《花木蘭》（菁華）、《一代尤物》（國語）（聯藝）、《鍾無艷》（萬壽）、《夜送寒衣》（勝利）、《姜太公》（福利）、《蓋世女英雄》（華威）、《花花公子》（新中國）、《半面西施》（大華）、《南國姊妹花》（胡蝶影）、《最後勝利》（新光）、《華南烽火》（中國電影新聞社）、《破鏡重圓》（天一）、《大俠甘鳳池》（東方）、《大良阿門官》（百老匯）、《孤島天堂》（國語）（大地）、《大地之花》（國語）（友誼）、《差利遇攝青鬼》（泰和）、《鍾馗捉鬼》（南山）、《濟公傳》（崑崙）

1940年（香港）

大事記

3月 南洋影片公司(以下簡稱南洋)在新加坡開設分廠。

6月1日至7日 香港利舞臺戲院舉辦名爲"吴楚帆傑作週"的電影活動。

本年 胡春冰編導的《血海花》獲得中國教育電影學會廣東分會的嘉獎。

南洋影片公司提倡"粵語片革新運動"。

香港電影中國筆會在《藝林》雜誌發表宣言。

《斬龍遇仙記》

出品：新中國影片公司
編劇：李晨風
導演：盧敦
主演：張瑛　白燕

"它是一部寓言式的影片，故事是没有朝代依據而寫出各種人物，各種人物在戲裏都含蓄着與大時代抗戰建國配合。它整個故事和每一個角色都是隱射今日之事。東郡是抽象今日侵略我們的敵人日本帝國主義，被壓迫而抗戰的西部（指中國）怎樣發動反侵略的神聖抗戰，怎樣與敵人搏鬥，怎樣解救民族自由，怎樣團結一致，怎樣肅清漢奸，全局高潮是經過最艱苦的抗戰而達最後的勝利。《斬龍遇仙記》確實是第一流的粵語片，最成功的是對白，由始至終，都能使到觀衆對它發生興趣，這實是難能可貴。"（引自彭硯農寫的《斬龍遇仙記一二三》一文）

《小廣東》

出品：寶山影片公司
編導：羅志雄　湯曉丹
主演：施威　黄曼梨

影片叙述廣東緑林英雄小廣東領導村内群衆組成一支遊擊隊對抗外敵。最初由於經驗不足而失利，後得到一位女義士的指導，勇敢機智地和日本侵略者鬥爭，最終將敵人消滅。

名導演蔡楚生推薦本片時寫道："戲一開始我就給那充滿血腥和火藥氣息的畫面抓住了，一直就在激動中，在透過畫面的真實性，而被感動得幾次都掉下淚來。《小廣東》以嶄新的姿態崛起於華南影壇，使整個華南電影的風氣振作起來，它是1940年值得大書特書的一頁，這事實給諉過予粵語片不能拍好電影，和持國防電影定慘敗的謬論，作一個有力的反擊。"

《小廣東》公映時，場場滿座，大受觀衆歡迎，成爲1940年的賣座冠軍。由於本片的良好票房，其創作人員又乘《小廣東》之勢於1941年創作了《小老虎》一片，同樣受到觀衆們的熱烈歡迎。

重要影片

《華僑之光》

出品：大觀聲片有限公司
編導：趙樹燊
主演：葉弗　韋劍芳　趙驚雲　陸小仙

趙惠民赴美謀生，工作勤奮，深得店中上下歡心，特别得到伙計福伯的女兒美玉的青睞。然而他屢屢受挫，先是由於店主的養子唐郁與惠民早有積怨，致使惠民被無理辭退；之後惠民打算開洗衣店的積蓄又被偷，幸得福伯、美玉伸出援手，洗衣店得以開張。洗衣店日漸紅火，但又遭火災。惠民没有被厄運壓倒，一位老華僑賞識惠民的頑强不屈的精神，將畢生的財産遺贈予惠民。

這是一部16毫米的局部彩色（三原彩色）片立體電影，是香港出産的第一部彩色片。

《華僑之光》劇照

《冷面皇夫》

出品：大觀聲片有限公司
編劇：劉芳　導演：石友宇
主演：馬師曾　白燕　黎灼灼　陳天縱

幹伏國被坤靈國打敗，太子玉瀟湘被囚數十年，其間與女奴秋心相愛。但坤靈國女王也愛上玉瀟湘，並欲招他爲皇夫。玉瀟湘被迫裝瘋，秋心却誤會玉瀟湘見異思遷，決意削髮爲尼。後秋心得知真相，不顧一切與玉瀟湘結爲夫妻。本片是一部棕色古裝片，爲香港第一部單色非黑白色彩電影。

《小廣東》劇照

《絶代佳人》

出品：華新影片公司
編劇：胡春冰
導演：王次龍
主演：胡蝶　王引　王乃東　白茵

本片根據歷史故事改編而成。描述了崇禎年間，吴三桂正欲與美女陳圓圓行洞房花燭之好時，邊陲告急，皇帝命吴三桂出征。李自成趁朝内兵力空虚攻佔了京城。李自成稱帝後，將陳圓圓納爲己有，吴三桂得知後憤而引清兵入關。李自成戰敗，陳圓圓自感亡國乃由她而起，且對吴三桂大爲失望，遂自盡身亡。

《胡不歸》劇照

《胡不歸》

出品：英華影業公司
編劇：馮一葦　導演：馮志剛
主演：薛覺先　黄曼梨

蘋娘與萍生相戀，三郎追求蘋娘不成，便伙同暗戀萍生的表妹可卿誣告蘋娘有重病，萍母輕信謡言，命萍生與蘋娘分居並遷往星州。萍母要求兒子與蘋娘離婚與可卿成婚。蘋娘忍痛應允並僞裝已死。萍生聞死訊歸鄉祭拜，得知真相。萍母也承認錯怪兒媳，夫妻倆過上幸福生活。

《胡不歸》本是薛覺先領導的"覺先聲粵劇團"的保留劇目之一，是一部倫理愛情悲喜劇，劇情家喻户曉，其歌曲差不多人人都會哼唱幾句。電影《胡不歸》中有一首名曲《哭墳》，是由導演馮志剛撰寫，把它加進劇中使之錦上添花。馮志剛不僅是位知名導演，而且是撰寫粵曲的能手。

《胡不歸》在香港先後七次被搬上銀幕，其中有林家聲、芳艷芬合演的版本和陳寶珠、蕭芳芳合演的《七彩胡不歸》。值得特别一提的是，創下香港甚至世界拍片速度最快紀録的《歌唱胡不歸》，它只花了24小時便攝製完成。

《白雲故鄉》劇照

《白雲故鄉》

出品：大地影業公司攝製
　　　中國電影製片廠發行
編劇：夏衍
導演：司徒慧敏
攝影：姚士泉　吴蔚雲
主演：盧敦　鳳子
　　　江村　黎灼灼

少女陳静芬與青年學生林懷冰相識，到香港後得知他是未婚夫白侃如的同學，遂留他住下。白忙碌於運輸軍火，疏遠了静芬，静芬與林懷冰相愛。白把工作交給林懷冰，回内地抗戰。不久，林懷冰中了女奸細金露絲的計謀，導致軍火庫被炸。林衝進敵特機關，消滅敵特，壯烈犧牲。

《一代名花花影恨》劇照

《一代名花花影恨》

出品：春城影片公司
編導：南海十三郎　黄岱
主演：白燕　張瑛　俞亮　劉桂康

1939年香港歌妓選美冠軍花影恨是一位愛國女性，爲愛國募捐出力不少並且成績突出，贏得〝愛國歌姬〞的稱號。但後來她因爲自己不幸的婚姻而自殺，參加追悼會的便有數千群衆。這部電影並不是以風花雪月取勝，而成爲一部進步愛國電影。公映時非常受歡迎，曾創下連映30多天的記録。

白燕（1920—1987）

演員，電影事業家。原名陳玉屏，廣東人。1936年開始從影，參與演出的第一部影片是《並蒂蓮》，主演的第一部影片是《錦綉山河》。戰前她主演了《上海火線後》、《桃李爭春》等多部廣受歡迎的電影，曾獲得“華南影后”的稱號。從影28年，演出超過200部影片，名作有《家》、《敗家仔》、《寒夜》、《芸娘》《人海孤鴻》等。僅在1940年一年内，就主演了14部影片，其中大部分爲名作，如《蝴蝶夫人》、《七重天》、《魂歸離恨天》、《一代名花花影恨》等。因此有人説：“1940年是白燕年。”她是20世紀中期最具影響力粵語電影女演員之一。除了拍攝電影之外，白燕還先後創辦過中聯、山聯等富有成就的影片公司。1964年在她監製過《瘋婦》後退出影壇。

·白燕在40年代

《血海花》獲得中國教育電影學會廣東分會的嘉獎

本年，國光影片公司出品的影片獲得了中國教育電影協會廣東分會的嘉獎，是四十年代香港唯一的一部得獎片。

《血海花》

出品：國光影片公司
編導：胡春冰　沉默
主演：李清　黎灼灼　林楚楚

主要影片目録

本年度香港共出品影片89部，全部是故事片，其中粵語片84部，國語片5部。

南洋　《中國野人王》、《吕四娘》、《金玉滿堂》、《何日君再來》、《怪俠一枝梅》、《插翼虎》、《何處不相逢》、《望夫山》、《梅花落》、《洪承疇》
大觀　《孝子逃刑記》、《華僑之光》、《人海淚痕》、《冷面皇夫》
三興　《狄青》、《王昭君》、《五虎平西》、《薛仁貴征東》
星光　《打雀遇鬼》、《乾隆下江南》、《重振家聲》
金城　《荒江女俠第一集·大破韓家莊》、《薛剛大鬧花燈》、《樊梨花移山倒海》
興業　《觀音化銀》、《地獄金龜》
中華　《贏得青樓薄幸名》、《小英雄》
中南　《慈禧西太后》、《空谷蘭》、《姊妹花》
南華　《潘巧雲》（國語）、《打漁殺家》（國語）、《薛仁貴與柳迎春》（國語）
聯安　《銀燈照玉人》、《風流皇后》
瑞田　《偷渡虎狼關》、《石鬼仔出世》
新大陸　《雍正皇帝盜香妃》、《殺人王》
新星　《長生宫主》、《牡丹亭》
國光　《血海花》、《地久天長》
玲瓏　《七重天》、《歌場魅影》
英華　《司馬相如》、《胡不歸》
其他　《添丁發財》（金山）、《趙子龍》（嘉華）、《萬里尋夫》（自由）、《大地晨鐘》（百利）、《絶代佳人》（國語）（長城）、《一代名花花影恨》（春城）、《銷魂柳》（大光）、《廣州順母橋》（連城）、《觀音得道》（三寶）、《岳飛》（新中國）、《夜盜紅綃》（寶興）、《小廣東》（寶山）、《紅巾誤》（天星）、《魂歸離恨天》（馬華）、《白雲故鄉》（國語）（大地）、《雲南起義》（熱誠）、《血濺桃花扇》（萬全）、《魚腸劍》（國民）、《强盜孝子》（華僑）、《大地回春》（華聲）

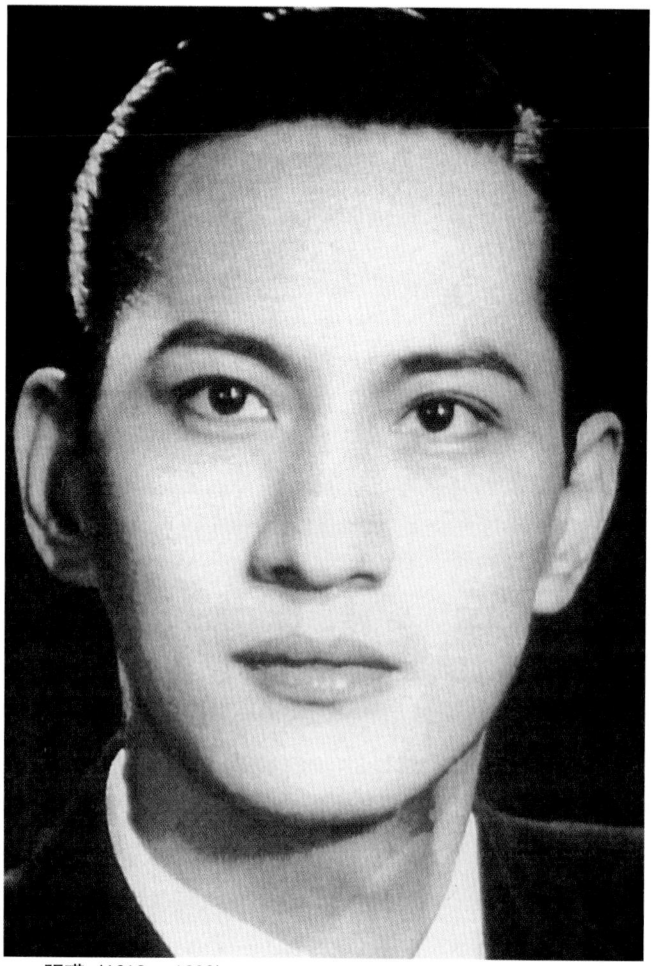

張瑛（1918—1986）

演員，電影事業家。原名張益生，原籍福建，在港長大。1937年開始從影。近50年間主演超過400部影片，他主演的第一部影片是《夜明珠》，成名作是《古墓冤魂》。1940年以《人海淚痕》獲“華南影帝”稱號，並有“千面小生”之稱，在海內外擁有大批影迷，是粵語電影鼎盛時期最具影響力人物之一。還曾執導過《家和萬事興》等15部影片。作爲著名演員，他也曾積極支持中聯等知名電影公司和華南電影工作者聯會等進步電影團體，爲此作過不少貢獻。代表作有《珠江淚》、《羊城恨史》、《敗家仔》、《家》、《火窟幽蘭》、《慈母淚》、《满江紅》、《半下流社會》等多部名作。作爲電影事業家，他投資創立過華僑影業等公司，出品過《此恨綿綿無絶期》、《满江紅》等名片。最後一部作品是《又見冤家》(1986)。1986年不幸猝逝于加拿大温哥華。

《人海淚痕》劇照

南洋影片公司開辦新加坡分廠

3月，南洋影片公司（以下簡稱南洋）在新加坡開設分廠。南洋派往新加坡分廠的工作人員包括導演侯曜、尹海靈，攝影師鄭振國等電影製作人才，並運送去各種電影器材。南洋新加坡分廠創業作爲馬來語的《鄉下佬遊埠》，演員全部爲馬來西亞人。

南洋公司片廠

粵語片革新運動

南洋影片公司首先發起倡導“粵語片革新運動”。南洋總經理邵邨人主張“先從劇本着手，有了好劇本才能産生好影片”。因此南洋聘用了一大批優秀的編劇人才，如古龍耕、馮鳳歌等人，創作出如《千金一笑》、《怪俠一枝梅》、《望夫山》、《何日君再來》、《洪承疇》等名片。之後南洋還開辦戲劇人才訓練班，選拔、培養電影人才，使得南洋出産影片的藝術水平越來越高，成爲當時電影界的龍頭。

吴楚帆傑作週

6月1日至7日香港利舞臺戲院舉辦名爲“吴楚帆傑作週”的電影活動。這個活動中每天放映一部由大觀聲片有限公司出品、吴楚帆主演的電影，分别是《巾幗英雄》、《四子從軍》、《人生曲》、《梨花落》、《離恨曲》、《狂導演》和《牛郎織女》。

當時吴楚帆已名揚海內外，具有很强號召力，所以他成了香港電影史上作爲演員的第一個個人回顧展的主角。類似的影展此後在香港和海外都曾舉辦過。這樣的活動對於加深對演員的認識，對香港電影整體發展和對香港電影的研究都有積極的影響和貢獻。

香港電影中國筆會發表電影宣言

香港電影中國筆會在《藝林》雜誌發表宣言，宣誓並號召電影從業者不要將電影作爲單純的賺錢工具，而應作爲“大衆教育最有力量的武器”來看待；並希望用電影的力量號召人民一起起來抗日。當時簽署這個宣言的有張吻冰、余寄萍、彭硯農、梁積臣、黄素民、劉芳、林擒、古龍耕等23人。

《人海淚痕》

出品：大觀聲片有限公司

編劇：望雲　導演：李鐵　主演：張瑛　黄曼梨 馮峰 胡美倫

本片改編自望雲的同名小説《人海淚痕》。描述了一個失業的新聞記者周平來到香港後的奮鬥過程。準確、生動地描述出小市民階層的日常生活、喜怒哀樂，展現了社會裏種種現象，是一部較爲經典的粵語片。

50年代香港粵語片經典作之一《危樓春曉》便改編自本片。

吴楚帆（1911—1993）

演員，製片家，最傑出的香港電影工作者之一。原名吴鋸章，廣東人。早在1932年於上海步入影界，成爲電影演員。第一部出演男主角的影片是《夜半槍聲》，之後因主演《生命線》而成名，後以《人生曲》一片讓其獲得“華南影帝”的稱號。1950年曾獲選中國五位最優秀演員之一。吴楚帆主演過影片多達250部，其中名作有《新青年》、《最後關頭》、《家》、《春》、《秋》、《十號風球》、《危樓春曉》、《香港屋檐下》等。憑藉《春》、《秋》兩片，吴楚帆不止在港澳及海外華人社會廣受愛戴，還被内地觀衆評選爲最受歡迎演員之一。吴楚帆不但演技出衆，深具票房號召力，同時也是優秀的電影製片人。他參與過中聯、華聯、新潮等電影公司的創辦和製作，其所主持創作、製作的影片《苦海明燈》、《寒夜》、《人海孤鴻》等均爲著名影片。其中，尤以他作爲核心之一的中聯公司出品過多部既獲好評又有不俗票房的影片，難得地爲觀衆提供健康、純正的娛樂，對於香港粵語電影的健康發展做出了很大的貢獻。他還是華南電影工作者聯誼會的發起人之一。1966年吴楚帆退出影壇。著有《吴楚帆傳》上下册。1993年病逝於加拿大。

1939—1941年（大陸）

1939年大事記

1月25日　延安電影團結束了《延安與八路軍》在延安的拍攝，兵分兩路，到晉東南和平西根據地進行拍攝。

1月19日—25日　重慶戲劇界人士、"文協"分别舉行座談會和茶會，歡迎陽翰笙、鄭伯奇、萬籟天、鄭君里等。他們分别介紹了華南、西北、華中等地的抗戰形勢和文藝界情况。

2月12日　《八百壯士》譯成法語在法國上映，受到熱烈歡迎。

2月　隸屬於國民黨中央宣傳部的中央電影攝影場遷至重慶，沈西苓、孫瑜、白楊等参加該廠工作。

2月　在上海"孤島"，新華、華新、華成三家影片公司宣佈盤給美商，掛上美商名義的中國聯合影業公司的招牌，張善琨出任公司的中方總經理。

2月　上海電影叢書社出版《電影叢書》（今文編譯社編譯），本年共出12種。

4月　上海中學生書局出版《電影小説叢書》，至1941年1月共出版3種。

6月27日　由日本東寶電影公司、"滿映"和南京汪僞政府共同出資成立的"中華電影股份有限公司"在南京舉行成立大會。董事長爲汪僞政府外交部長褚民誼，副董事長爲日本中央軍部派駐上海電影界的代表川喜多長政，總經理爲日本人石川俊重。這是日本對中國進行電影文化侵略的機構。由於它所在的地區是在上海，對中國電影的破壞性更大。

10月　遷到西安的西北影業公司拍攝完成影片《華北是我們的》。影片拍攝了綏遠的戰地鏡頭，還拍攝了八路軍晋東南根據地的軍事、政治、經濟、文化各方面的情况。

11月1日　"滿映"攝影棚及辦公樓竣工，日本人甘粕正彦就任第二任理事長，直至日本戰敗。

11月4日　大光明大戲院（今大光明電影院）首先採用"譯意風"設備。著名美國華裔演員盧燕，當年就曾擔任過"譯意風小姐"。

12月21日　以僞新民映畫協會爲基礎，由"滿映"、日本興亞院、僞華北臨時政府及日本東寶映畫株式會社、松竹映畫株式會社共同投資建立的華北電影股份有限公司在北平成立。

12月　影片《熱血忠魂》在美國羅斯福劇院首映，更名爲《抗戰到底》。

12月　由吴性栽投資，費穆創辦的民華影片公司在上海"孤島"成立。

本年　趙丹、徐韜、朱今明、王爲一等赴新疆開展戲劇運動，但是受到新疆軍閥盛世才的迫害，被關進監獄。

重要影片

村民們與日軍英勇鬥爭

《保家鄉》

出品：中國電影製片廠
編劇：何非光　導演：何非光　攝影：王士珍
主演：英茵　于飛　羅軍　王珏

一個山村被日軍佔領，鄉民們被關押起來當作日軍毒藥的試驗品。村民不堪忍受迫害，設計讓一個村民化裝成日本兵出逃給我軍報信。我軍民同心協力奮起殺敵，將日軍趕出村莊。

劉二嫂（右，舒綉文飾）託人寫信給丈夫，要他好好受訓

《好丈夫》

出品：中國電影製片廠
編劇：史東山　導演：史東山　攝影：王士珍
主演：舒綉文　劉犁　陳天國　王珏

農民王鏢和劉四抽中了壯丁，參加培訓。得知鄉紳潘老爺賄賂保長使兒子緩役後，劉二嫂非常氣憤，寫信要丈夫回家。第二天，縣長來慰問出征家屬，送給她一塊"抗敵勇士之家"的匾額，她非常感動，又讓人寫信給丈夫，鼓勵他好好受訓。

日本侵略者在北平成立的華北電影股份有限公司

在日寇侵佔下的華北，1938年2月在北平成立了僞滿洲映畫協會的分支機構——僞新民映畫協會，除控制華北的影片發行放映外，還開始製作紀録短片。侵略華北的日軍大本營在制定向華北根據地進行大掃蕩等軍事行動計劃的時候，把向根據地軍民放映這些短紀録片作爲"行動計劃"的一部分。

1939年11月，日本侵略者爲了加强對華北電影的控制，以僞新民映畫協會爲基礎，由僞滿洲映畫協會、僞華北臨時政府，以及日本"興亞院"和松竹、東寶等影片公司共同投資，成立了僞華北電影股份有限公司，不僅壟斷了華北淪陷區的電影發行放映，還於1940年底在北平新街口外大街修建攝影棚，開始了影片的拍攝。1941年2月，華北電影還附設了一家燕京影片公司，專門拍攝戲曲片。北平的戲曲藝人用各種方式拒絶爲這家影片公司拍片，著名京劇表演大師程硯秋就避到了北平郊區的青龍橋附近，以務農爲生。

華北電影股份有限公司和燕京影片公司共拍攝了以下13部影片，計有：《更生》、《沙漠中的誓言》、《櫻花國》、《孔雀東南飛》、《盤絲洞》、《十三妹》、《御碑亭》、《紅線傳》、《花田八錯》、《錦綉歌城》、《混江龍李俊》、《夢難成》、《楊柳風》。

老公務員（右，顧而已飾）在敵人面前不屈服

劉二哥（右，趙丹飾）與他的妻子

青年（左，施超飾）與姑娘熱戀

八路軍朱德總司令

《華北是我們的》

出品：西北影業公司
編導：瞿白音
攝影：陳晨

晉冀魯豫根據地晉東南地區第一次反日寇掃蕩中，八路軍廣泛動員人民群衆進行抗日鬥爭。包括朱德講話、開展遊擊戰爭、根據地經濟和文化建設、根據地政權和群衆組織建設、八路軍129師在反掃蕩中的戰鬥等內容。

八路軍副總參謀長左權將軍親自確定片名。影片先後在重慶、成都、昆明、貴陽、香港等地放映，重慶《新華日報》評論其"將在抗日文化史的電影部門中寫下最光榮的一頁"。

《中華兒女》

出品：中央電影攝影場
編劇：沈西苓　導演：沈西苓　攝影：洪偉烈
主演：趙丹　施超　陳依萍　顧而已　白楊

序幕：介紹祖國山河；1.《一個農民的覺醒》：農民劉二哥聽信漢奸欺騙，妻子被害後憤而參加遊擊隊；2.《老公務員之死》：一個老公務員拒絕出面組織"維持會"，設計將敵司令毒死，自己也中毒而死；3.《抗戰中的戀愛》：一個青年知識分子來到內地後，愛上了一個美麗的姑娘，姑娘被敵機炸死，青年投入抗敵工作；4.《遊擊女戰士》：女遊擊隊員設計騙開敵人的汽車，掩護遊擊隊完成破壞敵人交通線的任務。

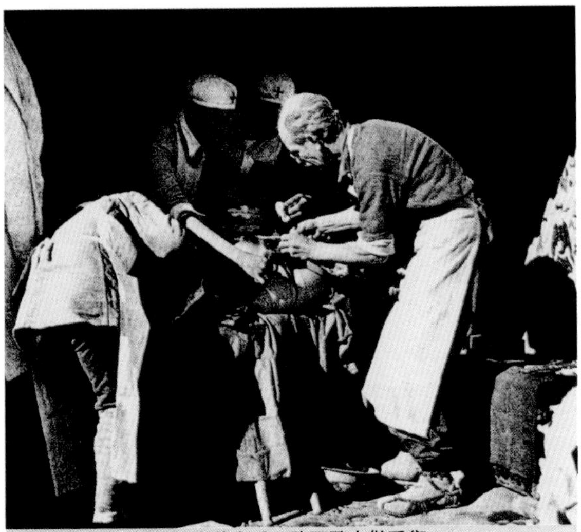
白求恩大夫（右1）在前方爲八路軍戰士做手術

《白求恩大夫》

（新聞素材）

八路軍總政治部電影團拍攝
攝影：吴印咸

偉大的國際主義戰士諾爾曼·白求恩在中國的活動。

影片目録（共58部）

華成　《葛嫩娘》、《木蘭從軍》、《一夜皇后》、《雲裳仙子》

華新　《白蛇傳》、《播音臺大血案》、《金銀世界》、《林沖雪夜殲仇記》、《少奶奶的扇子》、《王先生吃飯難》、《王先生與二房東》、《王先生與三房客》

藝華　《碧玉雄心》、《碧雲宫》、《楚霸王》、《刺秦王》、《化身姑娘》（3、4）、《女子公寓》、《神秘夫人》、《王寶釧》、《香江歌女》、《燕子盗》、《影城記》

國華　《董小宛》、《歌聲淚痕》、《紅粉飄零》、《李阿毛與唐小姐》、《李三娘》、《孟姜女》、《七重天》、《小俠女》、《新地獄》、《楊乃武》、《夜明珠》

新華　《費貞娥刺虎》、《化身人猿》、《麻風女》、《琵琶記》、《生死恨》、《亡命之徒》、《王熙鳳大鬧寧國府》、《武則天》、《慾魔》、《中國三劍客》

中製　《保家鄉》、《好丈夫》、《抗戰標語卡通》（4）、《抗戰歌輯》（5）、《抗戰歌輯》（6–8）、《抗戰歌輯》

其他　《文素臣》（1、2，合衆），《孤城喋血》、《中華兒女》（中電），《孤島天堂》（大地），《神燈》（金星）

《木蘭從軍》

出品：華成影片公司
編劇：歐陽予倩
導演：卜萬蒼
攝影：余省三
主演：陳雲裳　梅熹
　　　黄耐霜　劉繼群

番邦犯境，少女花木蘭替年事已高的父親從軍，在軍中屢建戰功。苦戰20年後班師回朝時，她已經是一個大元帥，同時也得到了劉元度將軍的愛情。

木蘭（中，陳雲裳飾）軍功卓著，成爲大元帥

《武則天》

出品：新華影業公司
編劇：柯靈
導演：方沛霖
攝影：余省三
主演：顧蘭君　夏霞
　　　殷秀岑　白虹

武昭儀當上皇后後開始參政，並在高宗死後正式稱帝，建立武周政權。武則天驕奢專斷，頗多弊政，張易之兄弟及薛懷義等人，深受寵幸。最後，狄仁傑、武三思、武承嗣等打進宮中，勸逼武退位，迎立盧陵王。

女皇武則天（顧蘭君飾）

孫克咸（左，梅熹飾）被清軍逮捕

《葛嫩娘》

出品：華成影片公司
編劇：周貽白
導演：陳翼青
攝影：黄紹芬
主演：顧蘭君　梅熹
　　　李紅　王獻齋

揚州清軍破城，葛嫩娘隨孫克咸到福建從軍。鄭芝龍降清，孫克咸等人集中殘兵到深山，繼續抗清。清軍調集重兵圍攻，克咸、嫩娘被捕，清軍統帥欲辱嫩娘,嫩娘咬舌自盡，克咸也被殺，留下千古遺恨。

《費貞娥刺虎》

出品：新華影業公司
編導：李萍倩
攝影：薛伯青　余省三
主演：陳雲裳　劉瓊
　　　徐莘園　孫敏

明末，李闖王的軍隊攻佔北京後，明政權土崩瓦解，紛紛逃亡。皇族宫女費貞娥被配給闖王手下大將羅奎虎。費貞娥欲死不能，欲逃難行，新婚夜設計將羅奎虎刺死後自盡。

費貞娥（右，陳雲裳飾）刺殺羅奎虎（左，徐莘園飾）

柯靈（1909—2001）

劇作家，評論家。原名高季琳。原籍浙江紹興，生於廣州。1931年進電影界，1933年到明星公司編輯《明星》半月刊。抗戰期間在"孤島"堅持鬥爭；上海淪陷後退出電影界，曾被日僞逮捕數次。抗戰勝利後重返電影界。新中國成立後，先後擔任上海電影劇本創作所負責人，上海電影局副局長等職。主要電影劇作有《武則天》、《亂世風光》、《夜店》、《海誓》、《腐蝕》、《爲了和平》、《不夜城》、《秋瑾傳》等，並有《柯靈電影劇本選集》等專著多種。

麗瓊（左，路露明飾）與女兒美琳（右，袁美雲飾）

《少奶奶的扇子》

出品：華新影片公司
編劇：孫敬　導演：李萍倩
攝影：薛伯青
主演：路露明　袁美雲　梅熹　劉瓊

麗瓊留下幼年的女兒美琳不辭而別，袁大有獨自撫養女兒長大。數年後麗瓊舊地重遊，結識了美琳的丈夫梅子平，他們的交往引起美琳的猜疑。麗瓊追到劉一飛住所勸女兒回到子平身邊，不想梅子平、姜立峰、尤仲霖和劉一飛同時前來，爲了女兒的幸福麗瓊答應了尤仲霖的求婚，美琳與子平一起離開。

1940年大事記

1月 "中製"《塞上風雲》攝製組前往西北進行拍攝，途經延安，受到延安文藝界的熱烈歡迎，2月15日得到毛澤東主席和朱德總司令的接見。

1月 上海"孤島"出品的《木蘭從軍》在重慶上映，剛剛放映第一本，就有觀衆上臺，認爲"影片意識不正確，於抗戰無益"，並當場將影片拷貝焚燬，此事造成很大的影響。爲此，阿英主編的《文獻》發表了《木蘭從軍》的劇本，夏衍著文介紹這個劇本是歐陽予倩先生抗戰前的作品，至於該片導演卜萬蒼與日本人關係密切，也是在拍攝此片之後的事情。

5月25日 最早放映中國電影的北京大觀樓電影院進行翻建改造。

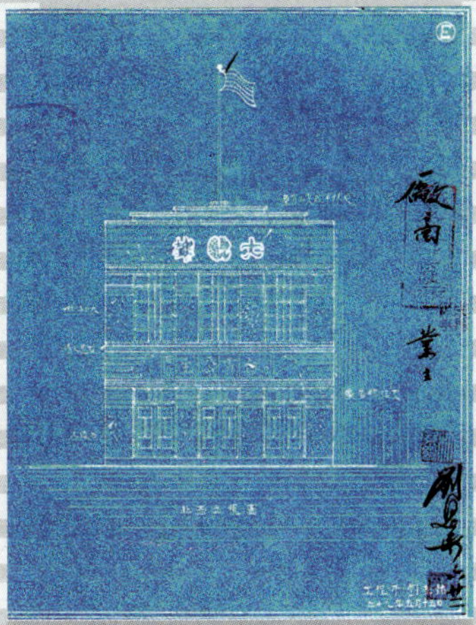

北京大觀樓電影院藍圖之一，從這張圖上面可以看到大觀樓電影院當年的外貌

5月 周劍雲創辦的金星影片公司在上海"孤島"成立。

9月30日 國民黨以"改組政治部"爲由，撤銷了第三廳，同時把第三廳領導下的10個抗戰演劇隊分别劃歸各戰區政治部領導，以加强對這些進步戲劇工作者的控制。並於本月公佈《戰時圖書雜誌審查辦法》，控制抗戰文學的發展。

11月1日 國民政府軍事委員會政治部文化工作委員會在重慶成立，郭沫若任主任，陽翰笙爲副主任。簡稱"文工會"。

12月 由吴性栽、吴邦藩投資，在上海"孤島"創辦大成影片公司。

下半年 袁牧之和冼星海前往蘇聯，進行《延安與八路軍》的後期製作。延安電影團繼續進行其他影片的拍攝。

重要影片

宣傳隊員（右，白楊飾）向群衆宣傳抗日道理

慧海和尚（羅軍飾）殺死爲非作歹的日本鬼子

《勝利進行曲》

出品：中國電影製片廠
編劇：田漢　導演：史東山
攝影：何鹿影　李萌　韓仲良等
主演：陶金　田琛　郭壽定　張立德　羅軍　孫堅白

中國軍隊在湘北人民的支持下，利用日軍首尾不能相顧的弱點，打了一次大勝仗。官兵們身臨大敵，剛毅不屈，堅持戰鬥；而老百姓也表現出了非凡的勇氣，軍民共同譜寫了一曲勝利進行曲。

覺悟了的俘虜兵參與對敵宣傳工作

《東亞之光》

出品：中國電影製片廠
故事：劉犁　改編：何非光
導演：何非光　攝影：羅及之
主演：日本反戰兵高橋信雄、關村吉夫等29人及何非光、鄭君里、張瑞芳、王玨、

重慶"博愛村"俘虜收容所裏，被俘的日本士兵受到中國人民的寬大政策的感動，連其中最頑固的人最後也有了轉變。他們排練了話劇《東亞之光》，參與了對敵宣傳工作。

《青年中國》

出品：中國電影製片廠
編劇：陽翰笙
導演：蘇怡　攝影：王劍寒
主演：白楊　陶金　魏鶴齡　錢千里

一支抗敵宣傳隊來到某偏僻山村，這裏正鬧疾病和鹽荒，青年農民害怕抓丁，結伙逃到山中。宣傳隊給農民運來藥品和食鹽，還給他們演戲。逃走的青年紛紛回來，並共同擊退了日寇的侵襲。

影片目録（共85部）

藝華　《刺秦王》、《蕩寇大俠》、《觀世音》、《合同記》、《火燒紅蓮寺》、《梁紅玉》、《女皇帝》、《千里送京娘》、《秦香蓮》、《三笑》、《三笑》（續集）、《啼笑因緣》、《新盤絲洞》、《閻惜姣》、《隱身女俠》

華成　《杜十娘》、《關雲長忠義千秋》、《紅線盜盒》、《花魁女》、《亂世佳人》、《描金鳳》、《女鬼》、《秦良玉》、《瀟湘夜雨》、《雁門關》、《玉蜻蜓》、《珍珠塔》（上集）、《珍珠塔》（下集）

華新　《碧玉簪》、《刁劉氏》、《絶代佳人》、《潘巧雲》、《雙珠鳳》（上集）、《雙珠鳳》（下集）、《蘇武牧羊》、《隋宫春色》、《王老虎搶親》、《王先生夜探殯儀館》、《王先生做壽》、《中國白雪公主》

國華　《碧玉簪》、《風流天子》、《李阿毛與東方朔》、《李阿毛與殭屍》、《亂世英雄》、《孟麗君》、《三笑》、《蘇三艷史》、《西廂記》

新華　《打漁殺家》、《蠻荒情花》、《三娘教子》、《西施》、《雁門關》、《岳飛盡忠報國》、《中國泰山歷險記》

中製　《東亞之光》、《火的洗禮》、《青年中國》、《塞上風雲》、《勝利進行曲》

合衆4部　《賽金花》、《文素臣》（3）、《文素臣》（4）、《香妃》

金星　《紅粉金戈》、《李香君》、《秦淮世家》

中國　《黄天霸》、《梁山伯與祝英台》、《落金扇》

其他　《風雪太行山》、《老百姓萬歲》（成都西北），《薄命花》、《紅拂傳》（光華），《黑天堂》、《天涯歌女》（國泰），《孟麗君》（春明），《白雲故鄉》（大地），《濟公活佛》（華美），《孔夫子》（民華），《紅花瓶》（天生），《前程萬里》（新生），《鄉下大姑娘》（中國聯合），《長空萬里》（中電）

蒙族少女金花兒（黎莉莉飾）

郭沫若（左1）、陽翰笙（右2）等人歡送影片《塞上風雲》攝製組到西北拍攝外景

《塞上風雲》工作照

《塞上風雲》

出品：中國電影製片廠
編劇：陽翰笙　導演：應雲衛　攝影：王士珍
主演：黎莉莉　舒綉文　陳天國　周峰　周伯勳

流落在蒙族地區的漢族青年丁士雄，思念着淪陷的東北故鄉。"七七事變"後，日本特務機關利用蒙族青年迪魯瓦對丁士雄的不滿，挑撥蒙漢兩族的關係。後經迪魯瓦的妹妹金花兒的幫助，兩人盡釋前嫌，並與當地的百姓一起進攻王府，打死了日本特務機關的頭目。

《民族萬歲》劇照

《民族萬歲》（紀録片）

出品：中國電影製片廠
編導：鄭君里　攝影：韓仲良

在中國西部地區居住着許多兄弟民族，他們也投入了偉大的抗日戰爭：青海、西康等地的各族人民積極支持抗日，蒙、藏、回族同胞爲前方將士捐獻糧食，苗族同胞在崇山峻嶺間修築戰備公路。

鄭君里在拍攝《民族萬歲》時的留影

鄭君里（1911—1969）

廣東中山人，導演，演員。1928年在田漢主辦的南國藝術學院學習，後參加左翼戲劇家聯盟從事演劇活動。曾在《大路》、《迷途的羔羊》、《新女性》等影片中扮演重要角色。抗戰爆發後，曾經導演紀録片《民族萬歲》。1946年加入崑崙公司，導演《一江春水向東流》、《烏鴉與麻雀》。新中國成立後有作品：《宋景詩》、《林則徐》、《聶耳》、《枯木逢春》等。

青年們參加空軍，打擊日寇

《風雪太行山》劇照：礦工們團結起來，反抗日本侵略者

《長空萬里》

出品：中央電影攝影場

編導：孫瑜　攝影：洪偉烈　主演：白楊　高占非　金焰　王人美

東北淪陷後，東北航校畢業生高飛來到關内，與同學金萬里、樂以琴一起投考杭州航空學校。抗戰爆發後，他們參加了戰鬥，給來犯的敵人以堅決的打擊。

《風雪太行山》

出品：西北影業公司（成都）

編導：賀孟斧　攝影：楊霽明　主演：謝添　歐陽紅櫻

在太行山區，農民老馬和他的兒子被日寇抓到礦上去做了礦工。爲了營救兒子，他被騙爲敵人帶路，結果不但兒子没有被釋放，自己也被弄瞎了雙眼。當礦工們起來反抗日寇的時候，他投入了反抗的隊伍。

參加《長空萬里》拍攝的全體人員合影

《火的洗禮》

出品：中國電影製片廠

編導：孫瑜　攝影：吴蔚雲

主演：張瑞芳　魏鶴齡　錢千里　項堃

女特務方茵化名何瑛，僞裝成難民，騙取了工人老魏的同情，混入兵工廠，爲敵軍指示轟炸目標。當她看到工人們爲了抗戰忘我勞動和敵軍轟炸造成的惡果時，感到羞愧，於是向老魏坦白了自己的身份，並向當局揭發了敵僞組織，最後在破獲間諜組織時，重傷身亡。

方茵（左，張瑞芳飾）與老魏（右，魏鶴齡）

《老百姓萬歲》的編導沈浮（中）與主演吴雪（右）、金淑芝（左）

《老百姓萬歲》（未完成）

出品：西北影業公司（成都）

編導：沈浮　攝影：陳晨　主演：吴雪　金淑芝

井疙瘩村的一個青年農民組織村裏民兵一起操練，準備抗擊敵人的侵犯，並和環兒結婚。日寇進村，青年農民參加了抗日人民軍隊，環兒則和留下的百姓在山中和敵人鬥爭。最後全村只有兩個孩子幸存下來。青年農民回村後，帶上兩個孩子又投入了新的戰鬥。

井貲渤村的民兵，前爲吴雪扮演的男主人公

蘇武（中，梅熹飾）告別妻子（左，陳雲裳飾）回漢朝

《蘇武牧羊》

出品：華新影片公司
編劇：周貽白
導演：卜萬蒼
攝影：余省三
主演：梅熹　陳雲裳　姜明　湯傑

漢代蘇武奉旨出使匈奴被囚，蘇武堅貞不屈，不受威脅利誘，匈奴將其放逐漠北，蘇武飽受非人虐待，忍饑挨餓十九年，最終返回漢朝。

紅線（左，顧蘭君飾）深入敵人營地，盜得錦盒

《紅線盜盒》

出品：華成影片公司
編劇：阿英　導演：李萍倩
攝影：周達明
主演：顧蘭君　白虹　韓蘭根　嚴工上

胡人入侵，潞州節度使薛嵩派特使冷朝陽到鄉間請吴老先生爲他謀劃，吴派女兒紅線隨同前往。敵軍田承嗣部入侵，避實就虚，紅線懷疑内部有人爲敵軍報信，深入敵人駐地進行調查，在田承嗣寢室内盜得裝有密件的錦盒，薛嵩消滅田承嗣，轉敗爲勝。

太平天國女傑洪宣嬌（唐若菁飾）與洪秀全

《洪宣嬌》

出品：華年影片公司
編劇：魏如晦（阿英）
導演：費穆
攝影：周達明　費俊庠
主演：唐若菁　唐槐秋　張翼　沙麗文

洪秀全在廣西金田村起義，其妹洪宣嬌往來廣西各地，聯絡志士。太平軍取得初步戰果，東王楊秀清乘機弄權。太平軍攻下南京後，北王韋昌輝殺盡東王和翼王全家。此後洪宣嬌在民間以服務苦難人群畢生。

岳飛（劉瓊飾）率軍出征

《岳飛盡忠報國》

出品：新華影業公司
編劇：吴永剛　導演：吴永剛　攝影：薛伯青
主演：劉瓊　夏霞　章志直　王慧蟾　黎明

岳飛赴京趕考武舉，東京留守宗澤深愛其才。後值金兵犯汴京，岳飛請纓殺敵報國。岳母爲他在背上刺上了"盡忠報國"四個大字，他把這四個字綉在帥旗上，領兵上陣殺敵。

晚年的孔夫子（唐槐秋飾）

《孔夫子》

出品：民華影業公司
編導：費穆　攝影：周達明
主演：唐槐秋　張翼　司馬英才　錢毅　裴沖

春秋末期，周王朝統治衰敗。孔子廣收弟子，在魯國杏壇講學，以忠孝仁愛禮義廉耻爲立身之本，以修身齊家治國平天下爲行事準則。他周遊列國14年，晚年修《春秋》。

1941年大事記

1月6日 震驚中外的“皖南事變”發生。新四軍軍長葉挺將軍被俘，政委項英被害，新四軍大部分將士犧牲。周恩來在《新華日報》上題詞“爲江南死難者致哀”，“千古奇冤，江南一葉，同室操戈，相煎何急！？”並主持南方局文化組安排重慶等地的進步文藝工作者疏散。著名作曲家任光在“皖南事變”中英勇犧牲。

2月5日 洪深在重慶賴家橋住處服毒自殺，遺書寫道：“一切都無辦法，政治、事業、家庭、經濟，如此艱難，不如且歸去。”郭沫若聞訊偕醫生前往搶救，洪深脱險。周恩來派人前往慰問，並從經濟上予以援助。

2月 中央電影攝影場拍攝的大型紀録片《西藏巡禮》完成。

3月 國民黨中央通令貫徹審查圖書法令，對所謂擅自出版者嚴加查禁。國民黨中央社會部通令各省市政府，嚴格審查劇本內容，稱“最近各地戲劇表演，每多失當”。

6月 由於德國發動侵略蘇聯的戰爭，莫斯科電影製片廠撤退，袁牧之帶到蘇聯進行後期製作的《延安與八路軍》的底片剛洗印出來，未及剪輯和配音，因此未能製成拷貝。中華人民共和國成立後，找到了其中的部分35毫米拍攝的鏡頭，但是大部分用16毫米拍攝的鏡頭均遺失。

10月4日 影片《世界兒女》在上海公映。這部影片是由費穆編劇，流亡上海的奧地利猶太電影藝術家弗萊克夫婦導演的。在第二次世界大戰期間，德國法西斯殘酷迫害猶太民族，而中華民族接納了大批流亡的猶太人，這部影片是這段歷史的記録和見證。

10月 陳鯉庭編著《電影軌範》由中國電影製片廠出版，這是中國最早的一本系統介紹電影美學和表現技巧的書。編著者大體以英國R.史保替斯烏斯的《電影文法》等書爲藍本，並根據自己的見解，在理論闡述和實例印證方面作了大量補充，後曾多次再版。

本年 宋慶齡、宋藹齡和宋美齡三姐妹參觀“中製”。

本年 中國電影製片廠被敵機炸毀。

《電影軌範》書照

宋氏三姐妹在重慶

美國《時代》雜誌介紹“中製”

美國《紐約時報》記者羅倫斯1941年在《時代》雜誌發表文章，介紹重慶中國電影製片廠：

“在重慶近郊的枇杷山頂，有一片參差的新式建築物‘衆星捧月’似地環繞着一座美麗而發光的磁塔。站在那兒，可以俯瞰全市的街景，和兩岸來往的風帆；平視過去，對面群峰競秀的南岸，恰似一座天然的山水畫屏。由於三面的低下，在地勢上，益發顯出這裏是一個幽美而卓越的所在。就在那上面，住着現在我要介紹的中國電影製片廠。”

中國製片廠遭敵機炸毀

簡訊

《新華日報》關於“中製”遭敵機炸毀的報道

任光（1900—1941）

浙江嵊縣人。作曲家。1919年赴法國學習音樂，1927年歸國，任法商百代唱片公司音樂部主任，1932年參加左翼戲劇家聯盟音樂小組，後任中國電影文化協會執行理事。主要電影歌曲有《母性之光》、《漁光曲》、《新蓮花落》、《抗敵歌》、《大地行軍曲》等。抗戰爆發後參加新四軍，在“皖南事變”中犧牲。

影片目録（共98部）

藝華 《薄命佳人》、《風流寡婦》、《復活》、《黑衣盗》、《紅蝴蝶》、《魂》、《魂斷藍橋》、《玫瑰飄零》、《女殭屍》、《女人心》、《太平天國》、《天長地久》、《現代青年》、《新茶花女》、《新隱身術》、《英烈傳》、《慾焰》、《中國羅賓漢》

中國聯合 《碧海青天》、《蕩婦》、《歌女紅牡丹》、《家》、《明月重圓夜》、《森林恩仇記》、《鐵扇公主》、《小房子》、《新姊妹花》、《夜半歌聲》（續集）、《一串珠》、《一身是膽》、《銀槍盗》、《玉連環》

國華 《故城風雲》、《鬼戀》、《黑夜孤魂》、《紅杏出墻記》（正集）、《紅杏出墻記》（續集）、《解語花》、《金粉世家》、《奈何天》、《惱人春色》、《惜分飛》、《新美人計》、《艷屍》、《夜深沉》

華新 《陳查禮大破隱身盗》、《春風回夢記》、《孔雀東南飛》、《女盗白蘭花》、《相思寨》、《小婦人》、《戰地情花》、《潘巧雲》、《雙珠鳳》（上集）、《雙珠鳳》（下集）、《隋宫春色》、《王先生夜探殯儀館》、《王先生做壽》

金星 《春水情波》、《地老天荒》、《夫婦之道》、《孤島春秋》、《紅淚影》、《花濺淚》、《亂世風光》、《桃花湖》、《無花果》、《雨夜槍聲》、《玉碎珠圓》

大成影片公司7部 《碧蘿公主》、《返魂香梅妃》、《龍潭虎穴》、《肉》、《新漁光曲》、《雪艷娘》、《野花哪有家花香》

華成 《摩登地獄》、《生離死別》、《生路》、《殭屍復仇記》、《艷屍復仇記》、《野薔薇》、《國色天香》

新華 《江南小俠》、《寧武關》、《上海淘金記》、《鐵窗紅淚》、《薛仁貴與柳迎春》

其他 《古國人妖》、《女海盗》（大華）、《洪宣嬌》（華年）、《同命鴛鴦》（光華）、《古中國之歌》、《世界兒女》（民華）、《劍光血影》（大中華）、《夢斷關山》（國泰）、《地藏王目蓮救母》（中國聯美）

米米（前排左6）和她的伙伴們參加爲國家服務的隊伍

《花濺淚》

出品：金星影片公司
編劇：于伶
導演：張石川　鄭小秋
攝影：董克毅
主演：胡楓　沈敏　夏霞　龔稼農

根據于伶同名舞臺劇改編。洋行買辦常海才當衆羞辱舞女米米，大學生金石音仗義相救，兩人漸生愛情。米米因假母嫌棄金石音貧窮，無奈嫁給常海才。金石音參軍抗戰。不久，常海才厭棄米米，誘騙米米服毒自盡，幸被發現，她與朋友丁香一起走上服務國家的光明之路。

《世界兒女》

出品：民華影業公司、大風影片公司
編劇：費穆
導演：費穆　尤利烏斯·佛萊克
　　　路易絲·佛萊克（奧）
攝影：周達明　費俊庠
主演：張翼　司馬英才　英茵　石揮　藍蘭

曾經參加北伐的李老先生的兒子國新繼承父志，投筆從戎，不幸負傷，幸得醫生陳時中醫護，很快病愈。二人同時愛上孤女阿蓮　國新克制自己，回到軍隊，時中與阿蓮結婚，他們一起同去戰區工作。

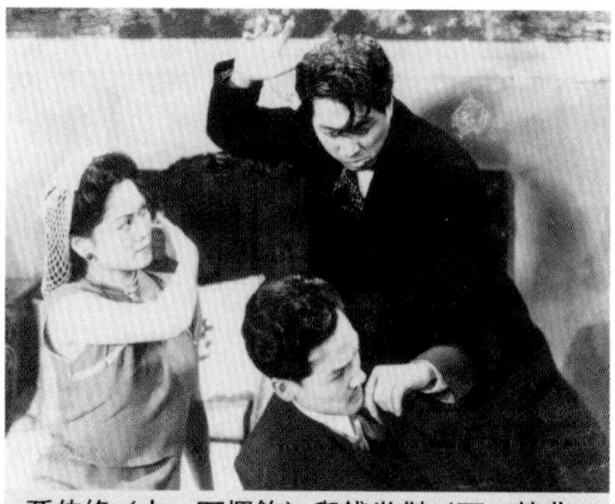

孫伯修（上，石揮飾）與錢世傑（下，韓非飾）大打出手

左起：國新（右，張翼飾）回到家中，適逢阿蓮（立右，英茵飾）與時中（立左，司馬英才飾）舉行婚禮

《亂世風光》

出品：金星影片公司
編劇：柯靈
導演：吴仞之　攝影：羅從周
主演：石揮　韓非　英子　于素蓮　張伐

孫伯修一家在逃難途中失散。孫伯修輾轉來到上海，憑藉貴婦葉菲菲的財力當上了銀行經理。妻子凌翠嵐與女兒小翠也逃到上海，小翠意外得病，翠嵐無奈，勾搭上樂豐銀行副經理錢世傑。夫妻相遇却形同路人。小翠不能理解母親，翠嵐萬念俱灰，投河身亡。孫伯修遭到葉菲菲抛棄，精神失常。而小翠與同學們迎着晨光，整裝待發到農村去從事教育。

于伶（1907—1997）

劇作家，事業家。原名任禹成。江蘇宜興人。左翼電影運動時期參加影評工作，上海淪爲“孤島”後，領導了愛國進步電影活動。主要電影劇作有《花濺淚》、《女子公寓》、《無名氏》、《聶耳》、《七月流火》等。新中國成立後擔任上海電影製片廠第一任廠長。

《家》

出品：中國聯合影業公司
改編：周貽白
導演：卜萬蒼　徐欣夫　楊小仲　李萍倩　王次龍　方沛霖
　　　岳楓　吴永剛
攝影：黄紹芬　周達明　余省三　薛伯青
主演：陳雲裳　袁美雲　梅熹　劉瓊　姜明　胡蝶　顧蘭君
　　　陳燕燕　王引　韓蘭根　殷秀岑　王元龍　李紅　洪逗
　　　童月娟　陳娟娟　王獻齋

根據巴金同名小説改編。民國初年，四川的一個高氏封建家庭，長孫覺新由祖父做主與李瑞珏結婚，而與他相愛的梅表妹則另嫁他人。三孫覺慧愛婢女鳴鳳，鳴鳳因老太爺做主將其許給馮某做妾而投湖自盡。次孫與表妹蘊華相愛外逃。老太爺一氣身亡。喪禮之時，李瑞珏因難産而亡，覺慧痛恨封建家庭出走。

高家全家人爲高老太爺祝壽

中國第一部長動畫片問世

11月19日，萬氏三兄弟製作完成我國第一部長動畫片《鐵扇公主》上映。該片不僅在中國美術電影的歷史上具有里程碑的意義，在亞洲乃至世界美術電影的歷史上都有着重要的地位和影響。

孫悟空與鐵扇公主開打

《鐵扇公主》（動畫片）

出品：中國聯合影業公司
改編：萬籟鳴　萬古蟾
繪製：萬籟鳴　萬古蟾
攝影：陳正發　劉廣興等
作曲：陸仲任

根據《西遊記》片斷改編。唐僧師徒四人去西天取經，途經火焰山，孫悟空去鐵扇公主那裏借芭蕉扇，因他們之前有過節，孫悟空被她扇到小須彌山下。孫悟空又回到這裏，變成小蟲鑽進鐵扇公主的肚子裏，令她疼痛難忍，答應借扇，不料火焰越扇越大。孫悟空變成牛魔王第三次借扇，不想途中却被牛魔王騙去。孫悟空發動村民共同制服牛魔王，鐵扇公主只好獻出寶扇。

孫悟空駕起跟斗雲

孟麗君（右，周璇飾）與皇甫少華（左，舒適飾）

《孟麗君》（又名：華麗緣）

出品：國華影片公司
編劇：程小青
導演：張石川
主演：周璇　舒適　袁紹梅　徐楓

孟麗君與皇甫少華定親。皇甫敬戰事失利被捕，劉捷謊奏其投敵，請成宗將麗君賜給兒子。麗君改名驪君玉女扮男裝出走，被一富商收做義子，苦心讀書，進京趕考，連中三元。成宗聽其建議考試招賢，少華改名王少甫得以高中，並受命征番得勝回朝。麗君道出原委，太后頒布懿旨成全了少華和麗君的"華麗緣"。

孟麗君（前，王熙春飾）與皇甫少華（後，屠光啓飾）

《孟麗君》（上下集，又名《華麗緣》）

出品：春明影片公司
導演：屠光啓
攝影：沈勇石
主演：王熙春　屠光啓
　　　傅繼秋　陳琦

與國華公司同名影片內容相同。

左起：崔鶯鶯（慕容婉兒飾）、紅娘（周璇飾）、張生（白雲飾）

《西廂記》

出品：國華影片公司　編劇：范烟橋
導演：張石川　攝影：董克毅
主演：周璇　白雲　慕容婉兒　蒙納　鳳凰

書生張珙見到相國小姐崔鶯鶯，心生愛慕。匪賊孫飛虎包圍普救寺，崔夫人許諾誰能解圍，便將鶯鶯許配給誰，張珙請他的朋友白馬將軍解救了崔鶯鶯，但崔夫人出爾反爾。在紅娘的幫助下，兩人結成眷屬。但崔夫人又命張生立即進京趕考，拆散一對有情人。

1941 年（香港）

大 事 記

3月 香港港英政府印捐稅局發出佈告，徵收電影票價娛樂稅的新稅率，並於4月1日開始實行。

4月 日寇曾經派人來香港，舉行宴會試圖拉攏、收買電影界。後在愛國人士的團結和努力下，粉碎了日寇的陰謀。

本年 上海來港電影工作者重拍國語經典片。

大觀出品《小老虎》、《民族的吼聲》，新中出品《烽火故鄉》，南洋出品《國難財主》等抗日影片。

太平洋戰爭爆發。12月25日，香港被日軍侵佔。至1945年8月日本無條件投降，香港淪陷期間，電影基本停止製作。

《百粵風雲》

中華新聞攝影社
中國戰時電影研究會1939年攝製
攝影：金昆
本片記録了抗戰期間廣東一帶的形勢。

《烽火故鄉》

出品：新中影片公司
編導：盧敦
主演：李清　楊依華　林坤山　馮峰

影片根據陳白塵的話劇《魔窟》改編而成。農民徐福祥之女阿巧與同村青年阿牛情投意合，準備成婚。結果就在結婚當天，敵人侵入村莊。村民紛紛逃往山上躲避。阿牛加入了遊擊隊，阿巧却被敵人抓到慰勞隊，但她機智勇敢地逃出慰勞隊，並將敵人軍火庫所在地告知遊擊隊。之後遊擊隊奪取了軍火庫，殲滅敵人，收復了家鄉。

《延安内幕》（又名《西北線上》）

青年攝影團1938年攝製
編導：林蒼
攝影：金昆

1938年，在中國戰時電影研究會的支持下，香港青年導演林蒼、徐天翔、金昆等組成"青年攝影團"奔赴延安。在延安的近九個月中，他們拍攝了當時延安的各種風貌，包括軍隊的演練、各個大學學生的學習生活，也紀録下了毛澤東在中國抗日軍政大學和在延安慶祝五一國際勞動節大會上的講話情況，同時影片中還有林彪、丁玲等人的工作生活情況。是一部十分珍貴的紀録片。

1941年，該影片第一次在香港公映。

重要影片

《前程萬里》劇照

《前程萬里》

出品：新生影片公司
編導：蔡楚生
主演：李清　李景波
容小意

司機老高以及他的伙伴小張都是香港底層的人民，他們與黑暗生活不停地鬥爭着。兩人行俠仗義搭救了妓女小鳳，從此三個人相依爲命。不久，小鳳考進一家歌舞團，誰知演的是黄色歌舞。在内地來的劉大哥的宣傳鼓勵下，老高和小劉大鬧歌舞團，接出小鳳共赴抗日前線。

影片取材於香港的現實生活，再現了香港人民不屈的民族氣節，歌頌了中國人民的抗戰決心、熱情和無私的奉獻。公映後受到觀衆的熱烈歡迎。

《小老虎》劇照

《小老虎》

出品：大觀聲片有限公司
編劇：李楓
導演：羅志雄
主演：施威　黄曼梨
馮峰　陳天縱

廣州淪陷後，武館教頭小老虎回到故鄉賣藝爲生。在日軍侵襲到他的家鄉的時候，他與村民携手抗敵，一起收復失地。

蔡楚生導演在《推薦〈小老虎〉》一文中寫道："當劇中兩村的壯丁在敵對的情形下，由於良心的驅使，彼此遥相呼着：'中國人不打中國人'，最後一致槍口對外，並肩作戰，我們的淚滴更是不能遏止。"

影片在香港公映時，非常賣座，票房收入創空前紀録，成爲1941年的票房冠軍。

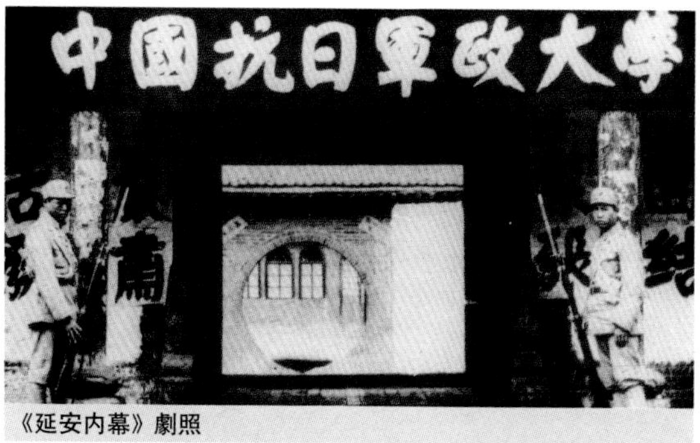

《延安内幕》劇照

《流亡之歌》劇照

《流亡之歌》

出品：大觀聲片有限公司
編導：劉芳
主演：伊秋水　陳雲裳 王鶯　馮應湘　吴回

一個歌舞團由於家鄉被日寇佔領，被迫流亡到香港。他們賣藝爲生，面對着貧苦和饑餓却依然保持有善良的心靈和純潔的友誼。在國難當頭之時，他們更不忘報效祖國。

影片是以喜劇的方式表現悲劇的故事，讓觀衆在歡笑中受到感染和啓發。

伊秋水（1904—1955）

演員。原名伊景榮，廣東番禺人。曾參加“琳琅幻境”、“大羅天”劇團，以演丑角而出名。1936年從影，處女作爲《新青年》。他所主演的名片有《流亡之歌》、《人海淚痕》、《差利遇攝青鬼》、《笑聲降地球》等。因在影片中多次扮演差利（即卓别林）的形象而十分逼真，固有“東方差利”之稱。1955年伊秋水在出演了影片《望夫山上望夫歸》後病逝。

香港出品第一部動畫片

香港出品第一部動畫片《老笨狗餓肚記》。這是一部短片，由十幾位愛國青年製作，他們雖無動畫製作經驗，但憑着熱情，一步步摸索完成影片的製作，其間花費了一年的時間。

《老笨狗餓肚記》

出品：中國卡通社

影片用寓言的方式，以許多受欺侮的小動物聯合起來對抗强大侵略者，並最終取得勝利的故事來鼓勵人們奮起抗戰。

《美洲華僑一碗飯運動》劇照

《美洲華僑一碗飯運動》

出品：大觀聲片有限公司

“一碗飯運動”是由“保衛中國大同盟”主席宋慶齡女士發起，號召全美華僑團結一致、支持愛國抗戰。

本片由大觀影片公司的創始人趙樹燊先生在美國義拍而成，真實記録了由美國華僑領袖鄺炳舜所領導的全美華僑響應宋慶齡號召，支持國内抗戰的愛國運動實况。内容包括舊金山華僑阻止美國貨輪運廢鐵往日本之愛國示威遊行；舊金山華埠“一碗飯運動”夜間巡遊；華僑舞動三百尺巨龍；鄺炳舜在“一碗飯運動”中發表演講等。

《好兒女》

出品：大觀聲片有限公司
編劇：任護花　導演：黄岱
主演：黄曼梨　張瑛　盧敦　林妹妹

一名年老的男子誤信讒言，將年輕的妻子及年幼的兒子趕出家門。妻子爲了養育兒子不幸含冤入獄18年。兒子爭氣艱苦學習，奮發向上，發明了木炭汽車，最後母子終得團圓。

香港淪陷期間的電影

1941年12月至1945年8月，香港淪陷期間，香港電影工作者拒絶爲電影做任何事，拒絶和日本人合作拍片。日方曾經對他們進行威逼利誘，但他們仍然堅持民族氣節，堅決不肯與日寇合作，並在日方逼他們合作拍片時，先後冒着生命危險，逃離淪陷區，偷渡回抗戰區，導致香港在淪陷期間没有一部香港電影產生，表現了高度的愛國主義精神。在香港三年又八個月的淪陷期間，只有日本人在1942年攝製的一部《香港攻略戰》和一些新聞紀録片。

《老笨狗餓肚記》劇照

《建國史上的一頁》劇照

《建國史上的一頁》

出品：民新影畫製片公司

本片又名《勳業千秋》，開始攝製於1921至1928年，影片真實記録了七年的北伐歷史，以及孫中山先生的革命活動。内容包括有：總理晚年之奮鬥；總理憤軍閥之專横倡導北伐；國民革命軍誓師北伐；各方將領多來歸國民軍麾下；北伐成功舉國慶祝等等。本片是一部珍貴的歷史紀録片。攝影者除了黎民偉外，還有羅永祥、黄紹芬兩位著名攝影師。

主要影片目録

本年度香港共出品影片85部，有80部故事片，包括74部粵語片和6部國語片。另外還有5部紀録片。

南洋　《春閨夢裏人》、《黑俠》、《孤兒救祖記》、《卿何薄命》、《閨怨》、《白雲塔》、《似水流年》、《錦上添花》、《風塵情侶》、《人去樓空》、《苦鳳鶯憐》

大觀　《好兒女》、《花街神女》、《小老虎》、《美洲華僑一碗飯運動》、《民族的吼聲》、《流亡之歌》、《夜上海》、《學宫春色》、《千金之子》

星光　《喜事重重》、《女鏢師》、《街頭博士》、《紅豆曲》

新中　《錦綉前程》、《雪姑六友》、《烽火故鄉》

三興　《蕩寇志》、《冰山火線》、《妻證夫兇》

中華　《再生緣》、《化身血案》

興業　《羅通掃北》、《左慈戲曹操》

福利　《紅粉佳人》、《癲婆尋仔》

華美　《大鄉里》、《生武松》

聯藝　《花好月圓》、《天作之合》

海星　《孔雀東南飛》（國語）、《歌女紅牡丹》（國語）

中國戰時電影研究會　《百粵風雲》（紀録片）、《西北線上》（紀録片）

其他　《賽金花》（國語）（民生）、《俠盜錦毛鼠》（天星）、《倒亂乾坤》（南英）、《情人四萬萬》（國語）（國光）、《男人心》（慶華）、《亂世佳人》（華電）、《多情燕子歸》（銀海）、《正氣歌》（新潮）、《阮氏三雄》（時代）、《前路光榮》（華茂）、《陌路妻兒》（社會）、《母慈子孝》（建華）、《勳業千秋》（民新）、《何老大》（南星）、《花花世界》（中泰）

1941—1945年（臺灣）

大事記

1941年

1月9日　“臺中州學校電影聯盟”開始在大甲郡清水公學校舉辦“電影教育研究會”。

1月12日至16日　李香蘭在臺北大世界館登臺演唱，然後到新竹世界館演唱。

6月底爲止　臺灣的電影院共有48家。以地區劃分，臺北市有16家，基隆5家，臺中市、臺南市、高雄市各4家，嘉義市與新竹市各3家。電影院的經營者當中，市營的1家，爲新竹市的“有樂館”，公司經營的有7家，日本人經營的有19家，臺灣人經營的有19家。

9月　在臺灣總督府情報課指導下，成立“臺灣映畫協會”，以統制臺灣電影的製作與發行。

11月　“臺中州學校電影聯盟”完成無聲片《國民學校》2卷，内容爲臺灣初等教育的狀況。

12月8日　珍珠港事件爆發，太平洋戰爭開始。

本年　出身東寶公司的臺灣人張天賜，在“滿映”導演第一部片《荒唐英雄》。

高雄影劇協會成立，會長穗積州，生活部長日人中山登，副會長張叫（高雄州影戲班主）。

《日日新報》社製作《濱田彌兵衛除幕式》三卷、《魁挺身隊除隊》三卷、《日蝕觀測陣》（臺北氣象臺）三卷，以及臺灣總督府情報局作《蘭陽平原演習紀錄》一卷，於1942年1月檢驗通過。

1942年

3月1日　“株式會社臺灣興行統制會社”（臺灣發行股份有限公司）成立。總督府（透過其外圍團體）出資10萬，其餘則由現有的發行業者及映演業者共同分擔。真子萬里擔任總經理，董事長則由總督府任命臺灣日日新聞社長河村徹兼任。該機構統合了“臺灣興行場組合”（臺灣戲院公會）及“臺灣映畫配給業組合”（臺灣發行股份有限公司）。

2月27日　臺灣映畫協會徵用淡水河邊英商德記洋行二層樓房，設置有印片、沖片、晾乾室，18坪大録音室及小型攝影棚，外景收録音機等電影製作完備的小型片廠，還有卡通片工作室。

9月24日　臺北映畫記者協會成立，會員都是拍新聞片的記者，以提升電影報道質量爲宗旨。

本年　臺灣映畫協會接收臺灣教育會的有聲電影設備，並由東京派一製作班底來臺北，拍製時事紀録片《明日的神兵》，報道戰況、倡導國策。

東京寫真專門學校編導科畢業的臺灣人何基明，在臺中後車站天外天戲院對面，設立“臺中州映畫奉公會”，除放映活動外，有時拍制教材片、新聞片。

全島電影院49家，其中臺北市16家，基隆5家，臺中、臺南、高雄各4家，嘉義、新竹各一家。

1944年

3月　臺南州電影協會舉辦電影巡迴放映時局電影及戰爭電影，並舉辦放映人員講習會。

10月　臺北、高雄遭受空襲，部分戲院停業，物資極爲缺乏。觀衆稀少。

6月12日　《望春風》、《月夜愁》、《雨夜花》作曲家鄧雨賢逝世。

本年　“臺中州映畫奉公會”停業。

1945年

10月5日　來自重慶的首批接收官員抵臺，電影方面接收人員白克隨行來臺。

10月25日　臺北公會堂（中山堂）舉行二次大戰中國戰區受降典禮，白克派人拍攝新聞片。

11月1日　長官公署宣佈，日本政府實施之有關電影法規全部廢除，所有禁映影片均可上映，不必經過檢查。

11月18日　賴國材從廣州返臺，創立臺聯影業公司，發行中外影片。

12月30日　長官公署發佈“臺灣省電影審查法”，規定放映影片應先登記，審查通過才能上映，宣傳委員會受理登記。各縣電影檢查員由政令倡導員兼任，只檢查影片有無准映證，無須檢查影片。自1946年1月1日起實施。

全臺電影院分爲紅白兩系

1942年10月1日，自本日起，全臺電影院影片發行系統將分成紅白兩個院線。結果如下：

紅系院線：高雄館（高雄市）、世界館（臺南市）、臺中座（臺中市）、中央劇場（基隆市）、第一劇場（臺北市）、嘉義劇場（嘉義市）、新竹劇場（新竹市）、和樂館（屏東市）、和樂館（彰化市）

白系院線：金鵄館（高雄市）、宮古座（臺南市）、娛樂館（臺中市）、基隆劇場（基隆市）、太平館（臺北大稻埕）、電氣館（嘉義市）、有樂館（新竹市）、末廣館（屏東市）、彰化座（彰化市）。

“臺灣映畫協會”拍攝紀録片

臺灣映畫協會成立

1941年9月，“臺灣映畫協會”（臺灣電影協會）成立。它將各州各廳的非營利性電影團體（到農村、山村、工廠巡迴放映電影的社團）統合，而由專門製作教育電影的“臺灣教育會電影部”管轄，取代原來承辦總督府電影政策的文教局。網羅16毫米電影的合作社共180間及35毫米電影的合作社18間，成爲各地文教局所管轄的電影行政工作的中樞，由總督府總務長官擔任會長，情報部副部長及文教局長擔任副會長。該會訂定統一指導方針，主要執行業務爲：一、電影製作，二、臺灣及華南、南洋之影片發行，三、電影上映，四、關於電影之介紹及相關事務代理，五、協助及指導會員團體。

該會聘請專門技師，負責製作一個月一次的新聞片（稱爲《臺灣電影月報》）及兩個月一部的紀録片（第一部作品是描寫在臺灣的英美俘虜生活的《被打敗的將軍們》一卷，已被轉用在日本新聞片中）。促使臺灣從此能够自主製作新聞性影片或紀録片，爲日本政府的戰爭“國策”服務。

臺灣電影攝製場成立並拍攝《臺灣省受降特輯》

1945年11月1日，長官公署宣傳委員會接收日本"臺灣映畫協會"和"臺灣報導寫真協會"，將之合併成立"臺灣電影攝製場"，白克任場長。借用英商德記洋行茶葉倉庫，展開拍攝、洗印等相關工作。白克是隨同重慶來的第一批接收人員，於10月初已抵臺北。他先接收淡水河第十號水門港町的"臺灣映畫協會"，發現有35毫米攝影機、拷貝機、沖印設備及一萬多呎膠片可用，遂組織籌備拍攝新聞影片。先後拍攝了10月24日行政長官陳儀飛抵臺北的盛大歡迎場面，10月25日在臺北中山堂（原名公會堂）舉行的受降典禮，安藤利吉總督簽署受降書，以及臺灣省民熱烈慶祝光復的狂歡場面。12月20日，臺灣電影攝製場完成第一部35毫米新聞片《臺灣省受降特輯》，這也是臺灣光復以來拍攝的第一部新聞紀錄像片，被稱爲"臺灣新聞第一號"。

臺灣電影攝製場成立茶會

"受降典禮"會場

本省人陳玉帛破格晉升攝影師

1945年10月24日，陳儀長官抵臺，因松山機場有管制，留任的日籍攝影師片岡讓沒有證件無法進入機場，白克立即起用原擔任片岡第一助理的臺灣人陳玉帛爲攝影師，進入機場拍攝陳儀下機及臺灣人熱烈歡迎等場面。

民營臺灣電影戲劇股份有限公司成立

1945年11月17日，接收日産臺灣映畫而民營的"臺灣電影戲劇股份有限公司"正式成立，地址爲臺北市衡陽街30號（原爲榮町二丁目21番地）。該公司擁有百餘部美日影片、數十部放映機、兩筆房地産，直營大世界戲院，由地方名流士紳和本省電影業者組成董事會，董事兼董事長林少聰、董事羅萬俥、董事兼法律顧問陳逸清、董事兼常務董事楊景山、董事李萬居、李憲龍、吴得和、周天生、黄朝清、陳啓川、林茂生、監察人廖文毅、許尚文、吕靈石等，都是地方實力派，其中有銀行董事長，也有影業公司老闆。臺灣電影戲劇公司推出的影片都屬上乘，尤其西片是直接自美國米高梅公司取得發行權。

陳玉帛（1926— ）

生於臺北迪化街。父親早逝，兄弟衆多，全靠母親維持家計，生活艱苦。公立學校畢業後，半工半讀，後就讀學費低廉的太平青年學校，並到日本總督府的臺灣映畫協會做學徒。後經過考試，成爲日本攝影師片岡讓的第二助理，不久便升爲第一助理。依日本人的行規，由攝影師學徒到升格攝影師至少需六年的時間，而白克接收臺灣映畫協會時，只帶來宣傳委員會三名事務人員，攝影工作暫時留用日本技術人員，但陳儀長官到臺灣，以及軍事要地、政府機關等，日本攝影師都不能拍，於是隨着日本人學了三年攝影的陳玉帛臨危受命前往拍攝，並因此升爲正式攝影師。

何基明導演

臺籍導演何基明拍攝新聞片

東京寫真專門學校編導科畢業的臺灣人何基明，1937年返臺，設立臺中州學校映畫聯盟，從事電化教育。後來又組織臺中州映畫協會，負責臺中地區的社會教育。1942年在臺中後車站天外天戲院對面，設立"臺中州映畫奉公會"，除放映活動外，有時拍製教材片、新聞片。1943年拍青年團大會、運動會、部落振興委員會（即皇民奉公會前身）的新聞片，至1944年初才因戰爭停業。

1942—1945年（香港）

大事記

1943年

本年 "香港佔領地總督部"將香港28家電影放映場分爲五個等級，規定時間、輪次先後放映。它還規定了各個戲院的最低票價和片商與院方的分賬情況。

9月起 香港因電力不足，各影院被迫輪流休息。

1944年

3月 《華南電影》創刊。它爲16開本，圖文並茂。内容包括有電影評論、影壇介紹、新片介紹、明星動態、電影小説等等。《華南電影》是香港淪陷期間出版的唯一一本電影刊物。

6月 香港放映了一部香港淪陷前攝製的電影《幽歡如夢》。

7月起 香港因燃料缺乏，全港開始停電達數月之久。各影戲院也因此停止放映。

本年 全年間香港電影票價漲幅很大，較1943年的票價高出不止一倍。

1945年

8月15日 日本無條件投降，香港光復，結束了香港電影史上第二個中止期。這一天在以後被定爲"香港重光日"。

年底 第一批香港電影工作者返回香港，他們是容玉意、洪叔雲、容小意和李清等。

重要影片

《蓬門碧玉》

（戰前出品）

出品：南陽影片公司
編劇：侶倫
導演：洪叔雲
主演：張活游　路明

改編自名作家侶倫的名作《黑麗拉》。叙述一個咖啡店女招待飽受社會的挫折，却依舊保持一顆善良、純潔的心靈。

《蓬門碧玉》廣告

《血浴殘花》劇照

《血浴殘花》（戰前出品）

出品：不詳
導演：楚賓
主演：朱劍琴　俞亮

影片是一部倫理悲劇片。叙述了一個富孀被人騙財騙色，後來她認清壞人面目並將他殺死，坐牢15年。出獄後，她又得知有人欲謀害她的獨子，便以自己的命救得兒子，最終含笑而死。

本片是一部香港淪陷前拍好的影片，於香港淪陷期間公映。

《痴兒女》劇照

《痴兒女》（上、下集，戰前出品）

出品：自强公司
導演：汪福慶
主演：吴楚帆　白燕

影片改編自名小説家傑克的同名小説。

描述了一個舞女和一位教師間發生的愛情故事。劇情哀婉動人，公映時受到歡迎。

《人海飄零》（戰前出品）

出品：星光電影公司
導演：梁琛
主演：張活游　鄭孟霞

本片描述一位身世飄零的女子，愛上了一個紈絝子弟，却慘遭抛棄。後遇到一位鄉下青年，對她愛憐有加。

《生死鴛鴦》（戰前出品）

出品：南洋影片公司
主演：張活游　白燕

影片描述一對青年男女，互相愛慕私定終身，但被拆散。之後兩人再次重逢時，"緣慳一面"，最終"薄命憐卿早逝，多情公子殉情"。（引自該片廣告）

《弦斷曲終》（戰前出品）

出品：南洋影片公司
編劇：侶倫　導演：高梨痕
主演：黃曼梨　張活游　紫羅蓮

描寫一個小説家和一位大家閨秀之間的愛情故事。情節曲折複雜，故事動人哀怨。

《齊侯嫁妹》（戰前拍攝）

出品：中華影片公司
導演：洪叔雲
主演：馬師曾　譚蘭卿

本片改編自"太平劇團"馬師曾的同名名劇。是一部歷史故事片，講述了齊侯之妹淫亂無耻，導致鄭公子拒絶與她成婚。

影片開拍於1939年，攝製期超過兩年，是一部宏偉的大制作。

《上海屋檐下》劇照

《上海屋檐下》

（戰前出品）

出品：新民影片公司
導演：陳鏗然
主演：王元龍　徐琴芳　盧敦　紫羅蘭

影片爲國語片，根據夏衍同名舞臺劇改編。叙述同住一個閣樓的數家人中發生的種種故事。

大觀美國分廠開始恢復製片

1942年年初，趙樹燊領導下的大觀聲片有限公司美國分廠開始恢復製片工作。大觀聲片有限公司（以下簡稱大觀）於1933年由趙樹燊在美國創立，1935年正式在香港成立。之後美國片廠變爲分廠，業務主要爲在美洲發行大觀出品的影片。

香港淪陷前夕，趙樹燊爲了逃避日寇回到舊金山，並於1942年領導大觀美國分廠重新開始製片工作。第一部作品爲《金國情緣》，此片在美國公映時打破了之前華語片在美的賣座紀録。同年，大觀攝製出香港，也是中國第一部彩色故事片《金粉霓裳》。

大觀美國分廠當時主要的創作人員有：編導趙樹燊、蔣偉光、黃鶴聲，男演員黃超武、廖其偉、鄧培，女演員有麗兒、周坤玲、梁碧玉等。

《幽歡如夢》（戰前拍攝）

出品：南洋影片公司
導演：洪叔雲
主演：張活游　黃曼梨

影片描述的是在佛門禁地所發生的一段孽緣，使得尊嚴佛地也顯得春色無邊，因此曾一度被禁映。1944年才第一次正式公映。

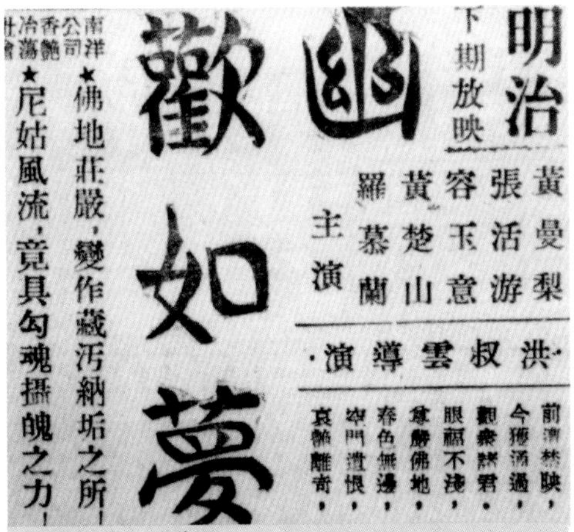

《幽歡如夢》廣告

百廢待興的香港電影

1945年8月，日本無條件投降之後，直到年底才有少量電影工作者返回香港。但主要電影工作者如製片家趙樹燊、關文清，名編導蘇怡、李應源，名演員吴楚帆、白燕等，1946年上半年還在外地，未能返港。香港原有的主要片廠，如南洋片廠、大觀片廠等都受到了戰火的摧殘，荒廢不堪，不能使用。再加上戰後各種資源缺乏，因此香港電影在1945年還處於百廢待興的局面，而這樣的狀況直至1946年中才有了好轉。

日寇控制、利用電影界

1942年3月8日，日本文化特務禾久田幸助成立了"香港電影協會"。這是香港淪陷後成立的第一個電影團體，也是日寇控制、利用電影界的工具。之後該協會又成立過"旅港影人劇團"、"華南影人劇團"。

"香港電影協會"

禾久田幸助是一個日本文化特務，他在香港被侵佔前便已長期潛伏在港，化名姓李，跟影劇界混得很熟。香港淪陷後，禾久田便召集香港著名的電影工作者，如著名編導關文清、電影皇后胡蝶、京劇大師梅蘭芳、著名影人吴楚帆、黃曼梨、白燕等開會，提出要建立所謂"香港電影協會"，並打算拍攝一部類似於《最後關頭》的影片來宣傳中日親善，粉飾太平。之後3月8日"香港電影協會"正式成立，它成爲日寇控制、利用電影界的工具。成立後不久又改名爲"華南電影協會"。

當時身處香港的許多著名電影人，不願加入"香港電影協會"，先是虛與周旋，後便以各種途徑離開香港，前往澳門或廣州。留在香港的京劇大師梅蘭芳，開始蓄鬚以抗拒演出。

"旅港影人劇團"

"華南電影協會"成立後不久，就又於4月成立了一個"旅港影人劇團"，由滯留在香港的上海電影工作者組成，籌辦人是王元龍、王乃東。1942年4月2日，"旅港影人劇團"在"明治劇場"演出了它的第一個劇目《雷雨》，導演爲李景波，主要演員有王元龍、陸梅等。1942年4月至12月，該劇團一共演出過《家》、《名優之死》、《都市流行病》、《香港第一百回聖誕節》和《鴉片戰爭》等12個劇目。

參加該劇團的工作人員和演員主要爲生活所迫，等他們生活稍微安定後，便紛紛退出該劇團。

《香港攻略戰》

12月8日，日寇拍攝的日語片《香港攻略戰》（大日本影畫株式會社出品，導演田中重雄，主演水田清、黑田紀代）在香港公映。本片是香港淪陷期間，唯一拍攝的一部故事片。是一部由日寇拍攝，主要表現日寇侵佔香港的過程的日語片。具體內容包括有"突破深圳邊境，攻佔九龍半島，轟炸香港，迫使港督投降"等。

本片中有一位香港年輕女演員紫羅連參與演出。她是受到日軍的欺騙，被日軍利用而拍攝了這部影片。日本人利用她大事宣傳中日親善。之後紫羅蓮在内地地下黨的協助下逃出香港。

影片目録

1942年

公映的影片共3部，全爲粵語故事片。

粵華　《黑衣怪人》
南洋　《蓬門碧玉》
出品者不詳　《血浴殘花》

1943年

公映的影片共6部，全爲故事片，其中五部粵語片，一部國語片。

自强　《痴兒女》（上、下集）
南洋　《生死鴛鴦》、《弦斷曲終》
星光　《人海飄零》
新民　《上海屋檐下》

1944年

公映的影片共2部，全爲粵語片。

南洋　《幽歡如夢》
中華　《齊侯嫁妹》

1945年

只有一部粵語故事片。

南洋　《大地兒女》

1942—1946年（大陸）

1942年大事記

1月1日 國民政府所屬教育委員會建立中華教育電影製片廠，廠址設在重慶的北碚，該廠是我國第一個專業的教育電影製片廠，先後擔任該廠廠長的有李青悚、英千里、但杜宇、孫明經、李榮全等。1942年7月起開始拍攝短片，抗戰勝利後遷到南京，到該廠遷往臺灣之前共拍攝了影片十餘部。

5月13日 八路軍總政治部電影團全建制編入聯防政治部宣傳部，改稱"聯政電影團"，由宣傳部長蕭向榮直接領導，錢筱璋調到電影團任秘書。

5月 國民黨中央宣傳部制定了《國家總動員宣傳綱領》。僅這一年，被國民黨封閉的報紙達500餘種。

11月7日 中國影展在倫敦展出。

12月30日 重慶文藝界、電影界爲洪深50壽辰舉行紀念茶會。郭沫若致頌詞，洪深致謝詞。最後，由富貴花演唱老舍特爲洪深祝壽而作的大鼓詞《讚梅花》。次日重慶戲劇界、電影界35人在百齡餐廳舉行洪深50壽辰座談會，內容是"檢討他的工作，成功在哪裏，缺點是什麽，戲劇運動在他的領導和影響之下，怎樣進步的等等"。《新華日報》、《新蜀報》等報以大量篇幅發表祝詞、文章，盛讚洪深之爲人及創作成就。

中共中央召開延安文藝座談會

1942年5月2日，中共中央在延安召開文藝座談會，會議到23日結束，這是文藝界的整風會議，是整個延安整風的一部分。中共中央許多領導人都出席會議並講了話。毛澤東在會議上的兩次講話，即爲著名的文獻《在延安文藝座談會上的講話》。陳波兒、田方、王震之、袁文殊、干學偉、鍾敬之、張水華、于敏、陳荒煤、吴印咸等電影工作者參加了這次座談會。

延安文藝座談會合影

日僞在上海脅迫成立"中聯"

1942年4月，太平洋戰爭爆發，上海全部淪陷，由中華電影股份有限公司投資，原在"孤島"的"新華"、"藝華"、"國華"、"金星"、"合衆"、"華年"、"光華"、"華新"、"天聲"等12家影片公司在敵僞的脅迫下，組成了"中華聯合製片股份有限公司"（簡稱"中聯"）。董事長林柏生，副董事長川喜多長政，經理張善琨。從此，上海電影製片業完全被日本侵略者佔領。費穆、柯靈、范烟橋、龔稼農等拒絶與日本人合作，紛紛退出電影界。從5月到1943年4月底，"中聯"共拍攝了約50部影片。其中：

1942年（26部）：《蝴蝶夫人》、《香衾春暖》、《燕歸來》、《海上大觀園》、《落花恨》、《白衣天使》、《風流世家》、《賣花女》、《恨不相逢未嫁時》、《牡丹花下》、《珠聯璧合》、《春》、《並蒂蓮》、《千里眼》、《薔薇處處開》、《秋》、《慈母心》、《博愛》、《白雲塔》、《芳華虚度》、《寒山夜雨》、《四姊妹》、《長恨天》、《結婚交響曲》、《鳳還巢》、《生命之火》

1943年（22部）：《水性楊花》、《夫婦之間》、《母親》、《香閨風雲》、《梅娘曲》、《千金怨》、《紅粉知己》、《斷腸風月》、《芳草碧血》、《情潮》、《桃李爭春》、《兩代女性》、《一代紅伶》、《難兄難弟》、《凌波仙子》、《愛人》、《曉風殘月》、《爲誰辛苦爲誰忙》、《良宵花弄月》、《自由魂》、《秋之歌》、《人海慈航》

重要影片

《戰鬥與生産結合起來》（又名《南泥灣》）

出品：八路軍總政治部電影

編輯：錢筱璋　攝影：吴印咸　徐肖冰

八路軍359旅官兵奮戰南泥灣，進行大生産運動。毛澤東主席爲該片題寫了"自己動手，豐衣足食"的題詞。

戰士們上山開荒

錢筱璋（1918—1991）

安徽蕪湖人，紀録片編導、電影事業家。1933年參加電影工作，剪輯作品有《生死同心》、《十字街頭》、《馬路天使》、《孤島天堂》、《白雲故鄉》等，1941年到延安，編導《戰鬥與生産結合起來》，抗戰勝利後，參加接收僞"滿映"和籌建東北電影製片廠，編導作品有《民主東北》、《百萬雄師下江南》等。曾任中央新聞記録電影製片廠廠長、文化部電影局副局長。

影片目録（共33部）

藝華　《大飯店》、《花月良宵》、《淚灑相思地》、《滿城風雨》、《奇女子》、《小姐的秘密》、《學府風光》、《一夜銷魂》、《鴛鴦淚》、《賊美人》

大成　《第三代》、《洞房花燭夜》、《梅花落》（上集）、《梅花落》（下集）、《人約黄昏後》

新華　《標準夫人》、《風雨之夜》、《黑夜魅影》、《歡樂年年》、《卓文君》

中國　《恭喜發財》、《歡喜冤家》、《王氏四俠》、《樂園思夢》、《小老虎》

國華　《金玉滿堂》、《試妻記》、《血淚鴛鴦》、《藝海春秋》

其他　《貴婦風流》、《重見光明》（華新）

出品者不詳　《春水情波》、《慈母心》

1943年大事記

1月1日 上海淪陷後，日本佔領軍成立上海影院股份有限公司，張善琨任總經理，管理原上海租界内的12家電影院。成立後即强令各影院"一律停止放映英美敵性影片"，"一律上映國産（指汪僞）及友邦（指日本）影片"。

3月 "中製"拍攝的紀録片《民族萬歲》上映，受到好評

7月23日 南京汪僞政府下令禁演200餘首抗日救亡歌曲，其中包括《畢業歌》、《在太行山上》、《遊擊隊歌》、《打回東北去》等電影歌曲。

10月 在重慶，國民黨反動派進一步打擊進步戲劇和電影，包括抗戰電影在内。電影歌曲《漁光曲》、《勝利進行曲》、《孤島天堂》全被列在被禁的歌曲之列。

蔣介石命令修改影片《日本間諜》

影片《日本間諜》上演後，蔣介石極爲不滿，命令停演，並派其子蔣緯國（編者注：蔣介石的二兒子）到"中製"督陣，剪掉影片當中的義勇軍的鏡頭。以下是5月14日陽翰笙日記中關於影片《日本間諜》的記載：

今天碰到袁叢美（編者注：影片《日本間諜》的導演），他同我説起《日本間諜》奉命停演和修改的經過。

當《日本間諜》正在三家劇院同時開演的時候，張文白部長（編者注：即張治中先生，時任國民政府軍事委員會政治部部長）一天忽然接到張道藩（編者注：時任國民黨中央宣傳部部長）的電話，説《日》片内容有問題，委員長（編者注：即蔣介石）的意見，須立即停演。張文白部長不同意，説這部片子是經過電檢會審查通過的，是合法的，不能隨便停演。而且，他還可以向委員長詳細説明。於是《日》片也就繼續演了下去。

到了第二天，張剛準備去見委員長，蔣緯國忽來對張説，委員長對這部片子確極不滿，勸張不必去解説。張無法，只好叫"中製"馬上把片子停了下來。

接着，蔣緯國奉命來'中製'監督修改《日》片，因此《日》片的内容也就有不少的修剪和增補。

這就是叢美對我説的大概的經過。

范斯伯（左，羅軍飾）回想起日本特務的威脅

《日本間諜》

出品：中國電影製片廠
原著：范斯伯
改編：陽翰笙
導演：袁叢美
攝影：吴蔚雲
主演：羅軍　陶金　劉犁　王斑

"九一八"以後，日本特務機關威脅意大利職業間諜范斯伯爲其工作。范斯伯得知日軍將要清剿義勇軍時，馬上轉告義勇軍。義勇軍將計就計炸毁了日軍軍車，並殲滅了日軍。

國民黨中宣部明令禁止"僞片"

1943年5月31日，重慶市社會局召開電影戲劇檢查會議，會上發佈中央戲劇電影檢查所的《敵僞影片一覽表》，明令禁止"中聯""華影"出品的影片在各地上映

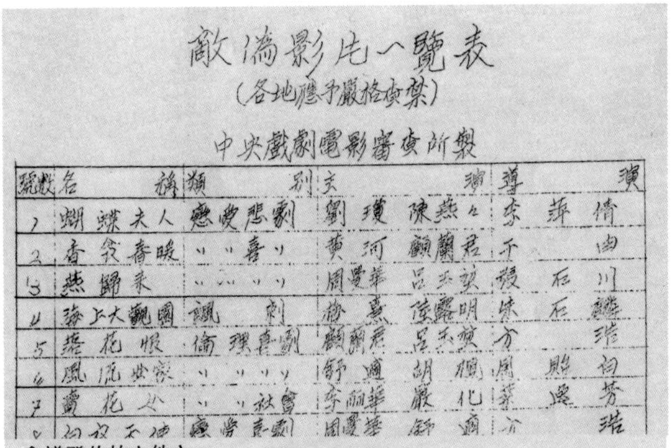

敵僞影片一覽表
（各地應予嚴格查禁）
中央戲劇電影審查所製

會議發佈的文件之一

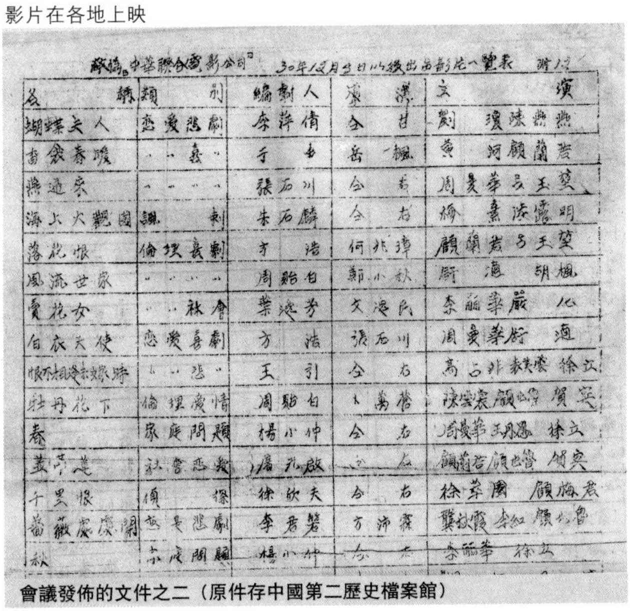

會議發佈的文件之二（原件存中國第二歷史檔案館）

影片目録（共2部）

中製　《日本間諜》
藝華　《幃内秘史》

電影工作者轉入戲劇舞臺

太平洋戰爭爆發以後，由於物資困難和"中製"被炸，影片生産的環境更加惡劣，特别是"皖南事變"後"中製"和"中電"先後中止製片，電影工作者紛紛轉向戲劇舞臺。以"中製"和"中電"的電影創作人員爲主，在重慶成立了中華劇藝社；從上海、香港撤退到重慶的電影、戲劇工作者成立了中國藝術劇社；以抗敵演劇隊人員爲骨幹，在桂林成立了新中國劇社，加之在重慶的其他劇團和各戰區的抗敵演劇隊等，堅持開展抗戰戲劇運動，在大後方群衆中産生了巨大的影響。

話劇《屈原》的演職人員與劇作者郭沫若（前排左4）合影

話劇《天國春秋》劇照，左爲舒綉文

話劇《屈原》劇照，左起：金山、張瑞芳

日僞在上海成立製、發、放一體的"華影"

1943年5月12日，日本佔領軍指示汪僞政府頒佈"電影事業統籌辦法"，把中華電影聯合製片股份有限公司、上海影院公司和中華電影股份有限公司合併成立中華電影聯合股份有限公司（簡稱"華影"），使製片、發行、放映一體，"實施三位一體的國策"。由汪僞政府立法院長陳公博、財政部長兼警政部長周佛海、外交部長褚民誼任名譽董事長；宣傳部長林柏生任董事長；川喜多長政任副董事長；宣傳部部長、駐滬辦事處處長馮節任總經理；張善琨、石川俊重（日）任副總經理。從成立到1945年日本投降，共拍攝故事片80部。其中：

1943年25部：《萬世流芳》、《浮雲掩月》、《霓裳恨》、《儂本痴情》、《紅豆生南國》、《三朵花》、《紅顔鐵血》、《回春曲》、《逃婚》、《新生》、《歌衫情絲》、《萬紫千紅》、《桃花潭水》、《漁家女》、《第二代》、《生死劫》、《快樂天使》、《激流》、《燕迎春》、《美人關》、《錦綉前程》、《合家歡》、《夜長夢多》、《秋海棠》、《兩地相思》；

1944年30部：《不求人》、《鸞鳳合鳴》、《藝海恩仇記》、《何日君再來》、《步步高升》、《丹鳳朝陽》、《樂府煙雲》、《大富之家》、《雪梅風柳》、《霍元甲》、《天從人願》、《紅樓夢》、《來日方長》、《獨家村》、《吸血魔王》、《京華舊夢》、《銀海千秋》、《草木皆兵》、《龍虎大偵探》、《教師萬歲》、《重逢》、《苦兒天堂》、《凱風》、《天外笙歌》、《鞠海情濤》、《春江遺恨》、《奮門》、《義丐》、《英雄美人》、《鵬程萬里》；

1945年22部：《葡萄美酒》、《火中蓮》、《現代夫妻》、《愛與恨》、《還鄉記》、《鳳凰于飛》、《回頭是岸》、《莫負少年頭》、《賢父孝子》、《萬户更新》、《笑聲淚痕》、《惡之火》、《幽蘭譜》、《莫忘今宵》、《冤家喜相逢》、《摩登女性》、《大地之花》、《國寶》、《大飯店》、《廿載恩情》、《俠情記》、《啼笑皆非》。

從銀幕轉向舞臺的"四大名旦"20世紀60年代的合影。左起：秦怡、白楊、張瑞芳、舒綉文

1944年大事記

2月8日 春節期間，延安聯政電影團放映隊到邊區各地放映影片，尤以《戰鬥與生産結合起來》(《南泥灣》)最受歡迎。該片後來配音後，繼續在邊區放映。

3月19日 重慶《新民晚報》發表莊西雲的文章《滬製"國片"的泛濫》，文章指出：上海"電影事業則已經完全由敵僞統治，作爲日寇宣傳工作的一環，在敵寇監督之下，大量而有計劃地製造着封建復古、荒誕麻醉的影片"。"抗戰與敵僞不兩立，這中間没有'中間性'藝術品存在之可能。日寇所需要的，敵寇所容許的，在敵寇指示下製造的，必然地有害於抗戰，這是極明白的道理"。

7月13日 中國電影製片廠廠長吴樹勳辭職，由曾任上海警察局局長的蔡勁軍繼任。

11月6日 金山在重慶《大公報》發表《爲趙丹呼籲》，抒發了他與趙丹情同手足的情意，表達了對趙丹、徐韜、王爲一等在新疆"繫獄"的關心。9日，重慶《新民晚報》也發表了鄭君里懷念趙丹的文章《懷人之什》。

11月23日 中華電影聯合股份有限公司與日本大日本映畫株式會社聯合攝製的《春江遺恨》在上海公映。這是一部露骨地宣傳所謂"中日提携"、"共存共榮"的影片，敵僞稱之爲"中日電影界合作共存共榮的象徵"。

年底 薛伯青秘密前往淮北抗日根據地，拍攝關於新四軍的紀録片。

本年 孔另境主編的《劇本叢刊》由上海世界書局出版，至1948年3月，共出版沈西苓的《十字街頭》、顧仲彝的《三千金》等5集／種。

重要影片

抗戰前線上的中國軍隊

《氣壯山河》工作照：左一爲女主人公的扮演者黎莉莉

《氣壯山河》

出品：中國電影製片廠
編導：何非光
攝影：姚士泉
主演：黎莉莉　王豪　王珏　宗由

太平洋戰爭爆發，一個緬甸華僑少女積極支援國民黨遠征軍，並同一個年輕的軍官相愛，這個軍官與其兄一道參加中國軍隊，抗擊日寇。

《血濺櫻花》劇照

《血濺櫻花》

出品：中國電影製片廠
編導：何非光　攝影：羅及之
主演：黎莉莉　舒綉文　白雲　陳天國

一個曾經留學日本的國民黨空軍戰士，在抗日戰爭期間擊落了一架日機，被俘的飛行員正是他昔日的同學。經過交往，飛行員逐漸認識到侵略之罪，寫傳單寄回國内，號召人民不要爲侵略者賣命。

影片目録 (共2部)

中製 《氣壯山河》、《血濺櫻花》

薛伯青拍攝新四軍紀録片

1944年底，薛伯青秘密前往淮北抗日根據地，拍攝關於新四軍的紀録片。

薛伯青（右）與張愛萍

《悼念彭雪楓師長》

《悼念彭雪楓師長》

《新四軍部隊生活》

《新四軍騎兵團》

1945年大事記

1月28日 國民政府令中央戲劇審查所宣佈，民國三十年（1941年）十二月八日後所有上海攝製的影片不論其內容如何，均爲僞片，一律不准在後方上映。

2月22日 郭沫若、馬寅初、老舍、巴金、夏衍等312名重慶文化界人士在《新華日報》發表《文化界對時局進言》，要求結束國民黨獨裁統治，實行民主，團結抗日。國民政府於3月30日强迫解散郭沫若主持的文化工作委員會。

5月21日 趙丹、徐韜、朱今明、王爲一等從新疆歸來，受到重慶戲劇電影界的熱烈歡迎，6月5日，趙丹等人進入"中製"工作。

5月 范泉主編的《青年知識文庫》第一輯（共20册）第一批5册由重慶永祥印書館出版，其中有魯思著《電影知識》。

8月15日 日本政府宣佈無條件投降，中國人民歷時八年的抗日戰爭取得勝利。日軍控制的"華影"即告結束。

8月20日 "滿映"頭目甘粕正彦服毒自殺，這個日本統治的電影文化侵略基地結束。

8月24日 延安文藝界舉行歡送會，歡送由近百人組成的兩個文藝工作團即將分別開往東北、華北前線。其中東北文藝工作團部分人員參加了接收"滿映"，籌建"東影"的工作。

8月22日 "文協"成立的"附逆文化人調查委員會"舉行首次會議，商議辨别附逆文化人原則及處理辦法。原則是：凡擔任僞文化官、特務文化人員以及在敵僞控制下的文化機關團體中工作和其他不潔人物，皆屬附逆文化人範圍之列。處理辦法是：公佈姓名及罪行，拒絶其參加作家團體及其他團體，通知出版社不爲其出書，凡學校、報館、雜誌社一律拒絶其參加，編印罪行録，要求逮捕並公開審判。

8月28日 毛澤東、周恩來、王若飛應國民黨蔣介石的邀請，乘飛機到達重慶，同國民黨進行和平建國的談判。毛澤東在重慶機場向記者表示，和平、民主、團結應是建國方針，希望一切抗日政黨及愛國志士團結起來，爲實現上述任務而共同奮鬥。10月11日，毛澤東乘飛機返回延安。經過46天的談判，國共雙方發表了"雙十協定"。毛澤東在重慶期間，曾會見電影界人士。

9月20日 國民政府行政院公佈《管理收復區報紙通訊社雜誌電影廣播事業暫行辦法》的訓令。根據這個訓令，"四大家族"接收了敵僞所有新聞機構和報紙、出版機構和印刷所等文化機關。

10月初 延安聯政電影團派出錢筱璋、徐肖冰等人組成先遣小組，前往東北接收敵僞電影機構。16日，先遣小組隨八路軍教導團從延安出發。

10月10日 國民黨中央戲劇電影審查所上海辦事處宣佈，開始對收復區電影進行審查。

11月2日 東北文藝工作團第一團到達中共中央東北局所在地瀋陽。根據東北局的指示，田方、許珂前往長春了解情況，開展工作。

11月中旬 延安聯政電影團部分人員在吴印咸的率領下，前往東北新解放區。因戰局變化，12月初抵達綏德後待命。

12月 聯政電影團離開延安後，陳波兒上書中共中央，建議成立延安電影製片廠，獲得批准。遂率領程默、伊明、周從初等去重慶和上海採購電影器材。

12月 費穆主持的上海實驗電影工場成立，至1948年結束。

重要影片

毛澤東主席在中共七大作《論聯合政府》報告

《中國共産黨第七次全國代表大會》

出品： 聯政電影團

攝影： 吴印咸

影片記録了在中國共産黨歷史上具有重要意義的中國共産黨第七次全國代表大會的盛況。

影片目録（共2部）

中製 《還我故鄉》、《警魂歌》

中共東北局接收“滿映”

抗戰勝利後，8月21日，中共長春市委派劉健民、趙東黎進入該廠，宣傳和發動愛國職工進行護廠。隨後，張辛實等人成立了“東北電影工作者聯盟”，展開接收“滿映”和護廠工作。10月1日，在中共長春市委的領導下，原“滿映”的進步職工成立東北電影公司，張辛實任總經理。11月2日，東北文藝工作團第一團到達中共中央東北局的所在地。根據東北局的指示，田方、許珂前往長春了解情況，開展工作。不久，延安聯政電影團的錢筱璋，以及從蘇聯回國的袁牧之等先後到達長春。1946年4月，在中共中央東北局的領導下，他們團結東北電影公司的愛國職工，正式接管該廠。

田方（中）、許珂（右二）、錢筱璋（左二）準備進入長春，接收“滿映”

田方（1911—1974）

原名田兆棣。原籍天津，生於河北保定。電影演員，事業家。1931年任天一影片公司場記、演員；1938年赴延安，入抗日軍政大學學習；1945年參加接收偽“滿映”，任東北電影製片廠秘書長；1949年任北京電影製片廠廠長；後任文化部電影局副局長、北京電影製片廠副廠長兼演員劇團團長等職。代表作品有《壯志凌雲》、《風從東方來》、《革命家庭》、《英雄兒女》等。

張辛實（1916—1984）

吉林遼源人。電影導演，事業家。1945年在中共地下黨組織的領導下，組織原“滿映”愛國職工成立東北電影工作者聯盟，創立東北電影公司並任總經理。此後參加東北電影製片廠籌建，曾任“東影”第一副廠長，後任導演。導演作品有《花木蘭》、《竇娥冤》、《羌笛頌》、《祭紅》等。

國民黨接收上海等地日僞電影企業

10月，國民黨中央宣傳部派中央電影股份有限公司（“中電”）羅學濂、袁叢美來上海接管“敵產”電影企業。同時來上海接管的還有“中製”派出的人員。“中電”接收了“華影”六廠，改組爲“中電”一廠；接收“華影”二廠，改組爲“中電”二廠。“中製”接收“華影”三廠，改組爲“中製”攝影場；接管“華影”五廠，改組爲上海實驗電影工場。北平的“華北電影公司”改組爲“中電”三廠。國民政府國防部接收了在南京的日僞電影企業和上海“華影”的一部分。

冼星海病逝

10月30日，冼星海在莫斯科病逝，終年40歲。11月14日，延安魯迅文藝學院舉行了隆重的追悼大會。毛澤東題寫悼詞：“爲人民的音樂家冼星海同志致哀。”周恩來題寫悼詞：“爲抗戰發出怒吼，爲大衆譜寫呼聲！”

冼星海（1905—1945）

原籍廣東番禺，生於澳門。作曲家，中國無産階級新音樂的奠基人之一。1926年在國內專業學習音樂，1930年赴法國學習作曲和指揮，1935年回國任新華影片公司音樂部主任。主要電影音樂作品有《壯志凌雲》、《夜半歌聲》、《青年進行曲》等。抗戰期間爲《風雪太行山》作曲。1938年赴延安，擔任“魯藝”音樂系主任。1940年5月爲完成影片《延安與八路軍》音樂創作，與袁牧之去蘇聯，1945年病逝於莫斯科。

1946年大事記

1月 陽翰笙、洪深、曹禺、宋之的、馬彥祥等50餘人發表《致政治協商會議各委員意見書》，揭露和抨擊了國民黨當局對電影、戲劇運動的迫害，要求"廢止對話劇、電影、舊劇、新劇的一切審查制度"。

薛伯青補拍完《新四軍騎兵團》後，又在淮陰、淮安拍攝了新四軍軍部的新聞素材。他將這些素材帶回上海，經過冲洗、剪接和編輯，完成大型紀錄片《新四軍部隊生活》。

2月 國民黨修訂公佈《電影片檢查暫行標準》，規定對影片進行"修剪"或"全部禁止"的條文46條。同時，內政部成立"電影檢查處"，進一步加强對電影作品的檢查。

4月16日 東北民主聯軍收復長春，副司令員周保中即派員延安幹部團第八中隊領隊舒群接管"東影"，東北局任命舒群爲東北電影公司總經理，張辛實爲副總經理。幾天後，從蘇聯回來的袁牧之也奉命進入長春，東北局任命袁牧之爲東北電影公司顧問。

5月12日 上海市警察局做出要上海市的演員、歌女、舞女都要向該局登記，並把他們列爲與妓女一樣的"特種營業人員"。上海成立了全市性的"拒絶藝員登記委員會"，在地下黨組織領導下，一萬餘名戲劇電影工作者團結起來反對登記，迫使國民黨當局取消了所謂"藝員登記"的規定。

7月 延安電影製片廠成立，由中共中央西北局宣傳部領導，由陳永清、伊明、鍾敬之三人組成領導小組，陳永清任廠長兼黨支部書記。這是繼延安電影團后，在延安成立的又一個電影機構。

延安電影製片廠領導成員合影

7月 國泰影業公司在上海成立，柳中亮任董事長，柳中浩任總經理，是一家較有規模的民營影業公司。

8月中旬 陳波兒根據周恩來的指示轉道北平，前往東北電影公司工作，程默携帶在上海購買的器材，乘軍調處的飛機回延安。

8月27日 吴印咸率領聯政電影團全體人員到達興山，受到東影全體職工的熱烈歡迎。至此，歷時八年的延安電影團完成了它的歷史使命，併入東影，電影團的建制宣告結束。

10月8日 林柏生以漢奸罪被國民政府處決。林自1939年起任汪僞國民黨中央執行委員會常委，行政院宣傳部長等職，是日本侵華期間建立的文化侵略機構"中華電影聯合股份有限公司"董事長。

華北電影隊成立

1946年2月，晋察冀軍區司令員兼政委聶榮臻接見抗敵劇社副社長、人民劇院經理汪洋，責成他到中共中央東北局去見彭真，請示由東影調撥人員和器材，支援晋察冀解放區籌建電影工作。汪洋3月份自張家口出發，5月到達哈爾濱后轉興山，6月下旬到達東影。東影支援了12名技術人員和一個故事片攝制組、一個新聞片攝影隊的器材。10月15日，晋察冀軍區政治部電影隊（簡稱"華北電影隊"）在河北省涞源縣張各莊村正式成立,由汪洋任隊長。由于戰爭環境難以正式開展制片工作，不得不將部分攝影器材暫時隱藏，只將進行新聞紀録片拍攝工作所需要的器材安置在一輛大車上，在冀中平原馳騁，被形象地稱爲"大車上的電影制片廠"。

《邊區勞動英雄》劇照

《華北新聞》鏡頭之一：解放定縣

《邊區勞動英雄》（未完成）

出品：延安電影製片廠
編劇：陳波兒　伊明
導演：伊明　攝影：程默
主演：凌子風　阿甲
　　　韓冰　李波

通過第二次國內革命戰爭時期土地革命和抗日戰爭時期邊區大生産運動，以及第三次國內革命戰爭時期保衛邊區等重大的歷史事件，刻畫了陝北翻身農民的形象。

影片目録（共6部）

"中電"二廠　《驚飛人間》、《忠義之家》

"中電"三廠　《聖城記》

其他　《邊區勞動英雄》（延安電影製片廠）、《民族的火花》（國泰）、《鐵骨冰心》（上海實驗電影工廠）

東北電影製片廠成立

5月13日，由於戰局變化，東北局決定東影大部分職工和器材北撤，先是抵達哈爾濱，後又決定到合江省佳木斯地區興山市。6月1日東影人員和器材安全運抵興山市。全體人員馬不停蹄開始建廠和籌備電影生産。8月中旬，陳波兒轉道北平，前往興山參加東北電影公司領導工作。8月27日，吴印咸率領聯政電影團全體人員到達興山。10月1日，中共中央東北局宣佈將東北電影公司更名爲東北電影製片廠。該廠受中共中央東北局宣傳部領導，由舒群任廠長，吴印咸、張辛實任副廠長，袁牧之任顧問，田方任秘書長，陳波兒被選爲黨總支書記，並負責領導藝術創作，錢筱璋負責領導技術工作。年底，舒群奉調到東北大學任職，由袁牧之接任廠長。這是在解放區建立的第一個有一定規模的電影製片機構，標誌着中國共産黨開始建立自己的電影生産基地。

東影廠長袁牧之（右）與副廠長吴印咸

東影職工建廠勞動

舒群（1913—1989）

黑龍江省阿城人。作家，電影事業家。1932年參加革命，1935年創作長篇小説《没有祖國的孩子》。抗戰期間到延安，抗戰勝利後率領文工團到東北。1946年，受中共中央東北局委派，主持對東北電影公司的遷廠、建廠工作，任東北電影製片廠第一任廠長。

在興山興建的東影廠

聯華影藝社在上海成立

聯華影業公司同人爲爭取戰前聯華資産聚會

1946年5月，由於國民黨在上海"接收"了在上海的全部電影機構，連戰前私人投資、淪陷時被日本人霸佔的原"聯華"資産也未能幸免。在重慶的周恩來得知這一情况之後，當即指示陽翰笙："我黨務必在國統區搞個電影基地，作爲一個據點，公開拍攝影片，重質量不重數量，以影片來揭露國民黨政治腐敗及黑暗統治。"陽翰笙找到在重慶銀行界專搞投資的實力人物章乃器，他答應以他的公司進行投資。陽翰笙又聯係了在抗戰期間就一直與中共合作的夏雲瑚、任宗德兩位實業家。隨後，陽翰笙、蔡楚生、史東山、鄭君里、孟君謀等衝破重重阻撓，"復員"回到上海。他們組織成立了"聯華同人保産委員會"，通過"聯華"原代理人陶伯遜向國民黨政府國防部所屬的"中製"要求交還"聯華"基址。經過多方交涉和曲折的鬥爭，"中製"交還了原屬聯華的産業。由原聯華老闆吴性栽等人出面，改組成立徐家匯攝影場，籌建中的聯華影藝社向該攝影場取得了一部分攝影棚的租賃權。同時，在"中製"任職的羅靜予也從"中製"控制的設備中，偷運出部分設備和器材。原演劇九隊和中華劇藝社的部分人員也參加到聯華影藝社來。在資金、設備、人員齊備的情况下，聯華影藝社開始籌拍《八千里路雲和月》和《一江春水向東流》。

文華影業公司成立

8月，以抗戰期間在上海淪陷區堅持進步戲劇演出的"苦幹"劇團爲核心組建的文華影業公司成立。該公司由吴性栽獨資經營，吴性栽任總經理，陸潔任廠長，黄佐臨、柯靈、桑弧任編導，黄紹芬負責技術。文華影業公司堅持"啓示人生、探討社會"的創作主張，在題材選擇和藝術風格上都有自己的特點。

黄佐臨（1906—1994）

戲劇和電影導演。廣東番禺人。早年就讀於英國，抗戰爆發後回國從事話劇活動；(1947)年入文華影業公司任導演。主要導演作品有《假鳳虚凰》、《夜店》、《腐蝕》、《鍊》、《爲了和平》、《布穀鳥又叫了》、《黄浦江的故事》、《陳毅市長》等。

桑弧（1916—2004）

導演。抗戰前即開始散文、戲劇評論和電影劇本的寫作。戰後加入文華影業公司，導演《太太萬歲》、《哀樂中年》等影片。新中國成立後任上海電影製片廠導演，執導了多部獲得國際國内聲譽的優秀作品：《梁山伯與祝英台》、《天仙配》、《宋士傑》、《祝福》、《春滿人間》、《魔術師的奇遇》、《她俩和他俩》、《郵緣》、《子夜》等。

金山主持成立長春電影製片廠

6月，東北民主聯軍撤出長春後，原僞"滿映"成爲一座空廠。早在1945年11月，國民黨中宣部的"東北特派員"潘公弼就曾找到金山，要他代表國民黨去長春接收僞"滿映"。金山即將此事向周恩來進行了彙報。周恩來指示，如果長春戰局發生變化，國民黨軍隊要佔領長春，爲避免長春這個電影基地被國民黨反動派霸佔，應該利用這層關係，前去看守。"你的任務就是占領電影製片廠，不讓國民黨拍攝反共電影"，"只要不是反共的，都可暫時不管"。根據這一指示，金山接受了國民黨中宣部任命的"接收大員"的身份。1945年底，他先到上海，見到夏衍，説明意圖，然後通過杜月笙的關係，搞到一封國民黨國防部保密局東北督導室主任文强的介紹信，召集到官質斌、盛家倫、沈剡等一批專業工作人員，1946年初轉道北京、瀋陽，抵達長春，後來戴浩等人也陸續來到長春，1946年11月，張瑞芳也來到長春，參加"接管"僞"滿映"的工作。但是，由於"東影"遷廠時搬走了絶大多數的器材，此地只留下空曠的廠房。7月7日，隸屬於國民黨中宣部的"長春電影製片廠"（簡稱"長製"）成立。金山貫徹周恩來的指示，團結廠内愛國職工，堅持拍攝進步影片，抵制拍攝反共影片。他們創作的影片《松花江上》，受到廣大觀衆歡迎和進步影評的稱讚。

1947年（大陸）

大事記

1月上旬 由於國民黨胡宗南部隊進攻延安，準備保衛延安和陜甘寧邊區，延安電影製片廠停辦。經西北局批准，成立了以凌子風爲隊長的"延安戰地攝影隊"，跟隨中共中央機關轉戰陜北及拍攝我軍戰況。

春，鄭崇蘭試製成"維納斯"攝影機，影片《一江春水向東流》就是採用這個攝影機拍攝的。新中國成立之後，許多電影製片廠還一直是用這種攝影機。

7月4日 國民政府通過《國家總動員提案》，隨即又下達了"戡平共匪叛亂總動員令"，加緊鎮壓革命和進行反共宣傳。

10月22日 國民政府内政部呈文行政院，請求擴充電影檢查處編制，以適應"戡亂"要求。

12月25日 金山根據中共長春地下黨負責人傳達的周恩來的指示，組織"長製"人員陸續撤離長春。最後留下的留守人員不超過10人。

東北電影製片廠的三化立功運動和七片生産

1947年2月，"東影"根據解放戰爭的形勢和條件，確定了以拍攝新聞紀録片爲重點。袁牧之廠長提出了"三化立功運動"的口號，三化就是"正規化、科學化、統一化"，立功運動是號召全體職工創造出優異成績，爭取立功。同時，袁牧之還提出了"七片生産"的工作方針，七片是指藝術片、新聞紀録片、科教片、美術片（包括動畫和木偶）、翻譯片、幻燈片和新聞照片。在這一思想指導下，東影在主要拍攝新聞紀録片的同時，還積極進行其他片種的試製。這些也都是"東影"領導集體爲了實施對於將來取得政權之後，建設人民自己的電影製片廠的總體設想所進行的準備和嘗試。

東北解放區合江省省長張聞天（左1）視察東影，與夫人劉英（左4）和東影領導人袁牧之（左5）吴印咸（左2）陳波兒（左3）合影

東影的領導成員（左起）：錢筱璋、何文今、袁牧之、吴國英、沙蒙、張辛實、田方

《民主東北》（共17輯）（1947—1949）

出品：東北電影製片廠
編輯：錢筱璋　徐肖冰　吴國英等
攝影："東影"攝影隊

主要記録了解放戰爭的歷史進程；人民軍隊和人民群衆密不可分的關係；東北解放區農村、工廠、礦山、學校的新氣象，以及短故事片、美術片和科教片等節目。

《民主東北》第五輯海報

《民主東北》鏡頭之一：民主聯軍軍營的一天

《民主東北》鏡頭之一：部隊過江

《民主東北》鏡頭之一：活捉謝文東

《民主東北》鏡頭之一：慶祝全東北解放

老農民爲小戰士説情。左起：老農民（陳强飾）、小戰士（馬德民飾）、指導員（于洋飾）、連長（郝鳳格飾）

《留下他打老蔣》

出品：東北電影製片廠
編劇：林其
導演：林其
攝影：馬守清
主演：陳强　馬德民　于洋　郝鳳格

一個剛參加部隊的小鬼因槍不慎走火，打死了一個老農民的小兒子，部隊爲了嚴肅紀律，決定由他償命。在第二天的群衆大會上，老農民表示小鬼也是窮苦人家的孩子，解放軍是貧苦人自己的隊伍，留下小鬼讓他上前線去打老蔣。

老蔣龜縮在碉堡當中

《皇帝夢》劇照之一

解放軍戰士活捉甕中之鱉

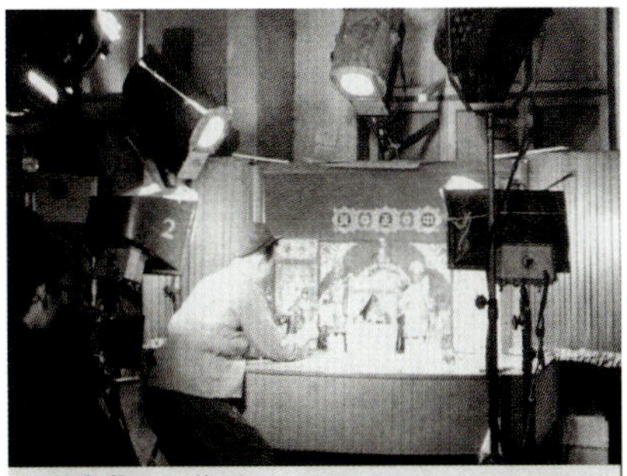

《皇帝夢》工作照

《甕中捉鱉》

出品：東北電影製片廠
編劇：朱丹
導演：方明
動畫設計：方明
背景設計：安平
作曲：劉鳴寂

國民黨軍隊發動内戰，最後被中國人民解放軍包圍，成了甕中之鱉，徹底失敗。

《皇帝夢》

出品：東北電影製片廠
編導：陳波兒
美術設計：史漫雄　池勇
攝影：池勇

國民黨領袖正要登場，帝國主義特使帶着飛機大炮趕來，用這些武器與這位領袖換取了中國的主權。這位領袖上場演出了《跳加官》、《花子抬轎》、《大登殿》和《四面楚歌》。

防疫人員宣講科學原理

醫務人員爲群衆注射預防針

《預防鼠疫》

出品：東北電影製片廠
編導：袁乃晨
攝影：馬守清

影片介紹了鼠疫的危害和幾種簡便易行的預防辦法。

影片目録（共42部）

國泰　《釵頭鳳》、《粉紅色的炸彈》、《湖上春痕》、《假面女郎》、《龍鳳呈祥》、《玫瑰多刺》、《卿何薄命》、《裙帶風》、《無名氏》、《憶江南》、《慾海潮》、《月黑風高》

"中電"二廠　《乘龍快婿》、《青青河邊草》、《天羅地網》、《天堂春夢》、《幸福狂想曲》、《遥遠的愛》、《衣錦榮歸》

"中電"三廠　《白山黑水血濺紅》、《黑夜到天明》、《郎才女貌》、《蘇鳳記》、《天橋》、《追》

文華　《不了情》、《假鳳虚凰》、《母與子》、《太太萬歲》、《夜店》

崑崙　《八千里路雲和月》、《一江春水向東流》

上海實驗電影工廠　《大地回春》、《浮生六記》

"中電"一廠　《還鄉日記》、《終身大事》

其他　《松花江上》（長春電影製片廠），《迎春曲》（大業），《皇帝夢》（東北電影製片廠），《處處聞啼鳥》（新時代），《春殘夢斷》（中企影藝社），《吉人天相》（綜藝電影）

重要影片

江玲玉（白楊飾）和高禮彬（陶金飾）在街頭演出活報劇《放下你的鞭子》

《八千里路雲和月》

出品：崑崙影業公司
編導：史東山
編導：史東山
攝影：韓仲良
主演：白楊　陶金　周峰　高正

抗戰爆發，大學生江玲玉參加演劇隊宣傳抗日，與有着共同理想的音樂家高禮彬相愛結婚。他們歷經艱險，進行抗日宣傳活動。抗戰勝利後回到上海，等待他們的是國民黨的腐敗，他們堅持自己的理想，與黑暗勢力進行着堅決的鬥爭。

崑崙影業公司成立

1947年6月，爲了使聯華影藝社這　已經建立的基本陣地更加鞏固，陽翰笙遵照周恩來關於要在上海建立一個民營的電影製片廠，以團結一批進步電影工作者的指示，決定與崑崙影業公司合併。崑崙影業公司原由夏雲瑚（出資六成）、任宗德（出資三成）、蔡叔厚（出資一成）三人合股創辦。合併改組後，由夏雲瑚擔任總經理和廠長（後改由任宗德任總經理），孟君謀擔任副廠長兼場務主任。還建立了由陽翰笙、陳白塵擔任主任委員，蔡楚生、史東山、沈浮、陳鯉庭、鄭君里、徐韜、王爲一等人組成的編導委員會。一批電影、戲劇、音樂工作者先後加入了該公司。原聯華影藝社已經攝製完成的影片《八千里路雲和月》、《一江春水向東流》上集"八年離亂"和正在拍攝的《一江春水向東流》下集《天亮前後》歸由新的崑崙公司攝製和發行。

陶金（1916—1986）

演員，導演。江蘇蘇州人。1936年初登影壇；1942年加入中國電影製片廠；新中國成立後，任上海、珠江電影製片廠導演。先後主演《勝利進行曲》、《青年中國》、《日本間諜》、《八千里路雲和月》、《一江春水向東流》、《宋景詩》等影片；導演影片有《護士日記》、《十五貫》、《二度梅》、《鬥鯊》和《西園記》等。

《一江春水向東流》

出品：崑崙影業公司
編導：蔡楚生　鄭君里
攝影顧問：吴蔚雲
攝影：朱今明
主演：白楊　陶金　舒綉文　上官雲珠
　　　周伯勳　吴茵　秦小龍

上集（《八年離亂》）：紡織廠女工素芬與夜校教員張忠良相愛結婚，生有一子。抗戰爆發，素芬帶着公婆和孩子回到鄉下，受盡日軍的凌辱。張忠良參加救護隊到了前線，又輾轉來到大後方，在交際花王麗珍幫助下找到了差事，並經不住誘惑投進了她的懷抱。

下集（《天亮前後》）：抗戰勝利後，張忠良回到上海，在接收漢奸産業的同時，也接收了漢奸的老婆何文艷。在歡迎王麗珍的宴會上，做女傭的素芬發現女主人的丈夫竟是張忠良。她的訴説引起軒然大波。張忠良不願放棄優越的生活，素芬絶望地投進了滚滚東流的江水之中。

這是一部全景式、史詩化地再現中國人民在八年抗戰及戰後的苦難生活的影片，故事深切感人，具有强烈的現實主義批判力度，引起全國觀衆空前熱烈的歡迎，創造了當時中外影片的最高票房紀録。

《一江春水向東流》上集《八年離亂》海報

素芬（白楊飾）與忠良（陶金飾）憧憬美好的生活

素芬在宴會上意外地見到忠良，講出真相，反遭王麗珍（右，舒綉文飾）的呵斥

吴蔚雲（1907—2003）

原籍江蘇吴縣，生於蘇州，攝影師。1927年入上海天一影片公司，先後在天一、明星電通等影片公司拍攝了《飛絮》、《掙扎》、《桃李劫》、《逃亡》等影片。抗戰期間拍攝了《抗戰特輯》和《電影新聞》等新聞片和《保衛我們的土地》、《熱血忠魂》等故事片。抗戰勝利後到新中國，主要作品有《一江春水向東流》、《還鄉日記》、《關不住的春光》、《麗人行》、《趙一曼》、《白毛女》、《梅蘭芳舞臺藝術》、《天仙配》、《江姐》等影片。

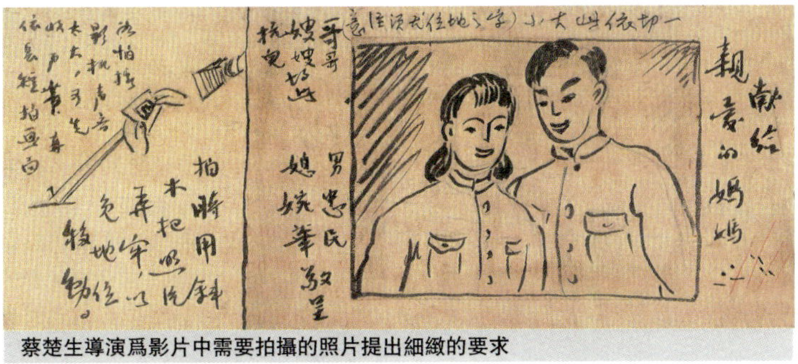
蔡楚生導演爲影片中需要拍攝的照片提出細緻的要求

在苦難的底層裏生活的人們

《夜店》

出品：文華影業公司
編劇：柯靈
導演：佐臨
攝影：許琦　葛偉卿
主演：石揮　周璇
童芷苓　張伐

根據高爾基舞臺劇《在底層》改編。在下等客棧"聞家店"裏，住着各色各樣的下層社會人物。店主聞太師陰險毒辣；他的老婆賽觀音與小偷楊七偷情，後又與流氓合謀，給聞太師下毒。聞太師與楊七爭執之際毒藥發作，楊七因此被捕入獄，他所愛的小妹自殺身亡。

《太太萬歲》

出品：文華影業公司
編劇：張愛玲
導演：桑弧
攝影：許琦　葛偉卿
主演：蔣天流　張伐　石揮　上官雲珠

陳思珍圓滑地應付着周圍的人們，替丈夫吹噓，爲娘家捧場。她用撒謊的辦法讓勢利的父親資助丈夫辦起了企業公司。但是丈夫在發財之後却討了小老婆，雖然她還在受婆婆的氣，但是爲了面子還得忍氣吞聲地生活。

陳思珍（左，蔣天流飾）與她的丈夫（右，張伐飾）

虞家茵（陳燕燕飾）與夏宗豫（劉瓊飾）日久生情

《不了情》

出品：文華影業公司
編劇：張愛玲
導演：桑弧
攝影：許琦　葛偉卿
主演：陳燕燕　劉瓊　林榛　路珊

虞家茵到夏宗豫家做家庭教師，夏太太因身體不好長期住在鄉下。虞家茵精心照料夏宗虞生病的女兒，夏宗豫登門致謝，虞家茵感覺到他對自己的感情，想離開却被挽留。而她的父親趁機要挾夏宗豫，於是夏宗豫將虞父安排在自家藥廠，但却因貪污藥款被辭退。虞家茵爲了自己的清白和夏太太的處境，最終選擇離開。

大漢（左2，周凋飾）向青年（左1，王人路飾）、爺爺（左3，浦克飾）和姑娘（右1，張瑞芳飾）講述受日本鬼子欺壓的遭遇

《松花江上》工作照

《松花江上》

出品：長春電影製片廠
編劇：金山
導演：金山
攝影：楊霽明
主演：張瑞芳　王人路　浦克　方化

大車店老闆的孫女和一個農村青年相愛，"九一八"後，女孩的爺爺和母親慘遭日寇殺害，她與青年結婚後來到煤礦。"七七事變"後，日寇鎮壓工人，他們毅然參加了抗日義勇軍。

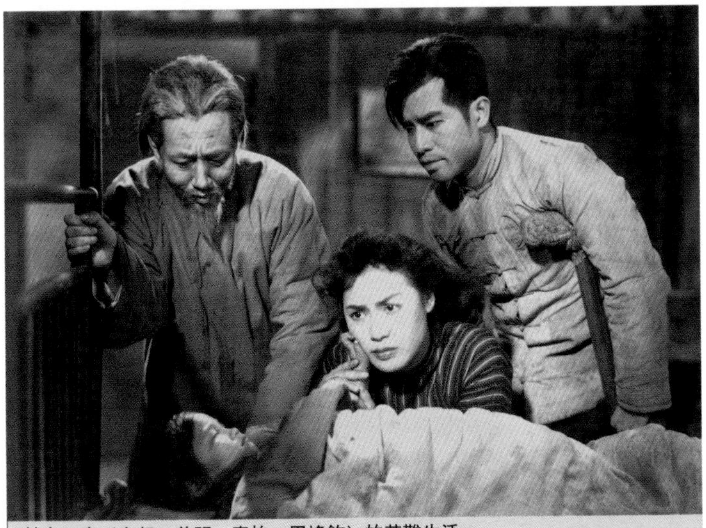

趙老一家（左起：姜明、秦怡、周峰飾）的苦難生活

《無名氏》

出品：國泰影業公司
編劇：于伶　導演：應雲衛　攝影：余省三
主演：秦怡　姜明　周峰　康健

江南趙老以"無名氏"的名義捐款資助抗戰，並鼓勵兒子國權投筆從戎。家鄉淪陷，趙老舉家避難，顛沛流離，受盡磨難。抗戰勝利後，父女返鄉。女兒國英一病不起，臨終時祈望和平早日來臨。

陳建南（馮喆飾）與白琪（楊薇飾）是一對志同道合的夫妻

《憶江南》

出品：國泰影業公司
編劇：田漢
導演：應雲衛　吴天
攝影：周詩穆
主演：周璇　馮喆
　　　蘇繪　周峰

詩人黎稚雲隨宣傳隊到杭州進行抗日宣傳，與採茶孤女謝黛娥一見鍾情。不久他被派往香港工作，結識香港小姐黄玫瑰，他私吞捐款與玫瑰結婚，以出賣戰友得以脱身。抗戰勝利，真相大白，玫瑰與黛娥都拒絶了這個叛徒。

稚雲（左，馮喆飾）愛上了採茶女黛娥（右，周璇飾）

《裙帶風》

出品：國泰影業公司
編劇：洪謨
導演：李萍倩
攝影：周詩穆
主演：馮喆　楊薇　周伯勳　舒綉文

公司秘書馬力行力薦陳建南開發漁産豐富的南屏島，然而老闆鄧同已安排大舅子擔任此職。陳建南妻子白琪要挾鄧太太促成此事，鄧同誤會太太和陳建南有特殊關係。幸有馬力行從中周旋，風波才告平息。最終，陳建南如願以償，與白琪遠赴南海。馬力行也得到了期望的職位。

秦怡（1922— ）

演員。原名秦德和。上海人。1938年因參演進步話劇《放下你的鞭子》被勒令退學後，赴武漢加入話劇團體，至重慶、成都等地演出，鼓舞軍民團結抗日，是轟動當時的話劇“四大名旦”之一。抗戰勝利後回到上海正式從影，相繼主演《忠義之家》、《無名氏》、《遙遠的愛》、《母親》等影片。新中國成立後進入上海電影製片廠，主演了《女籃5號》、《鐵道遊擊隊》、《林則徐》、《摩雅傣》、《青春之歌》、《雷雨》等影片。

《乘龍快婿》

出品：“中電”二廠
編導：張駿祥
攝影：石鳳岐
主演：白楊　金焰　路珊　周峰

陸家未來的大姑爺司徒炎從大後方來上海，陸家人見他是個窮記者，大失所望。司徒炎和同事在報上揭發了一樁貪污案，使二小姐文蕙對司徒産生了愛意，她也參加了報館的工作，並和司徒炎一起到杭州去辦該報的分館。

文蕙（右，白楊飾）和司徒炎（左，金焰飾）一起到杭州去辦報館

張駿祥（1910—1996）

導演。早年就讀並執教於清華大學，後赴美國耶魯大學學習導演藝術。1941年在重慶等地創辦劇團，創作並導演多部話劇，出版戲劇論著。抗戰勝利後，在上海編導了電影《還鄉日記》、《乘龍快婿》等影片。新中國成立後參與改編或導演了《鷄毛信》、《燎原》、《白求恩大夫》等影片。

老趙（左，耿震飾）和小于（右，白楊飾）憧憬未來的生活

《還鄉日記》

出品：“中電”一廠
編導：張駿祥
攝影：吴蔚雲　王玉如
主演：白楊　耿震　陽華　吕恩

老趙和小于從重慶回到上海，因找不到房子，夫妻倆只好住在朋友家八層樓的屋頂上。好不容易找到一間房，却又因重慶來的接收大員與原來的漢奸房主裴某之間的爭奪，他們又被趕了出來，只好再回到八層樓的屋頂上去。

《遥遠的愛》

出品：“中電”二廠
編導：陳鯉庭
攝影：吴蔚雲　朱今明
主演：趙丹　秦怡　吴茵　吕恩

大學教授蕭元熙決心把女傭余珍培養成爲自己心目中的“新式婦女”，並在他認爲達標後與她結婚。抗戰到來，余珍走向社會，投身到抗戰的洪流中。而落魄的蕭元熙只能無奈地目送她奔向新的生活。

蕭元熙（中，趙丹飾）與成爲女兵的余珍（左，秦怡飾）相遇

《幸福狂想曲》

出品："中電"二廠
原著：陳白塵　改編：陳鯉庭
導演：陳鯉庭　攝影：董克毅
主演：趙丹　顧而已　黄宗英　張翼

破産農民王金富來到上海，與他的表弟吴志海艱難謀生。寡婦張月華被流氓姜世傑霸佔，被逼販賣毒品。不久，姜世傑要他們與他合伙做毒品生意，並陷害他們。吴志海與他拆伙，張月華與他們一起離開上海。

方克家（謝添飾）與葉文秀（黄宗英飾）

《天堂春夢》

出品："中電"二廠
編劇：徐昌霖　導演：湯曉丹　攝影：石鳳岐
主演：石羽　路明　藍馬　上官雲珠

抗戰勝利後，建築工程師丁建華回到上海，一直找不到工作，只得寄居在他原來手下的包工頭漢奸龔某家裏。龔某用重金買了一個"地下工作者"的身份，逍遥法外。丁妻生了一個男孩無力撫養，無奈送給龔某，丁建華唏嘘之餘，墜樓而死。

蕓娘（沙莉飾）與沈三白（舒適飾）夫妻恩愛

吴志海（左，趙丹飾）王金富（顧而已飾）和張月華（黄宗英飾）幻想着美好的生活前景

《追》

出品："中電"三廠
編導：沈浮　攝影：高洪濤
主演：謝添　黄宗英　魏鶴齡　林靜

抗戰勝利後方克家回鄉，父親因病危而致工廠倒閉，未婚妻李珍亦不知去向。葉簡堂誣陷方克家詐財勒索。文秀不滿父親所爲，力勸方克家離開。方克家被拘期間獲知李珍下落，出獄後别父前往，並給葉簡堂留下一句"回頭來跟你算賬"。

丁建華夫婦（右起：路明、石羽飾）無力撫養自己的孩子

《浮生六記》

出品：上海試驗電影工場
原著：沈三白　改編：裴沖　導演：裴沖　攝影：費俊庠
主演：沙莉　舒適　嚴工上　李緯

姑蘇沈三白與妻子陳蕓新婚燕爾，夫妻情深。不久，沈父稼夫命三白赴揚州習幕，家事驟變，陳蕓因勸諫稼夫續弦，失歡於翁姑；三白之弟啓堂夫婦又從中挑撥，稼夫將三白夫婦逐出家門。陳蕓血疾大作，氣絶身亡。數年後，三白重返姑蘇，物是人非，無盡感慨。

《假鳳虛凰》試映風波紀實

1947年7月11日，文華影片公司的《假鳳虛凰》試映。該片的男主人公是一位理髮師，在片中，這個人物講話口音是上海大多數理髮師所操的江北口音，加之影片的情節，致使該片上映後，引起上海理髮工人的不滿，認爲自己受到了侮辱，大批的理髮工人圍在電影院門前，不准該片上映。理髮公會爲此提出了交涉。

《假鳳虛凰》

出品：文華影業公司
編劇：桑弧
導演：佐臨
攝影：許琦
主演：李麗華　石揮　路珊　葉明

青年寡婦范如華自稱"華僑富翁的女兒"在報上徵婚，希圖以此找到一個才貌雙全的丈夫，理髮師楊小毛代人前去求婚。兩人互相欺騙，鬧出了不少笑話，但是終於決定坦誠相對，結成了一對美滿的夫妻。

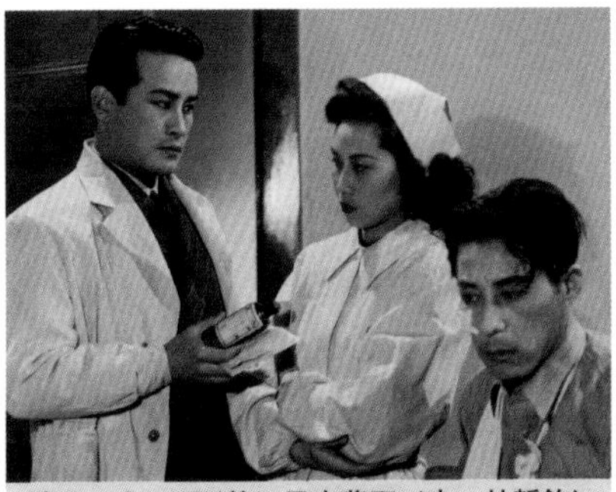

陳君（左，項堃飾）見李慕賢（中，林靜飾）精心照顧黃志剛（右，魏鶴齡飾），心生嫉妒

文華影片公司的"緊急啓事"

1947年7月12日，上海各大報紙廣告欄同時刊載了文華影片公司的"緊急啓事"，全文如下：

敝公司所攝《假鳳虛凰》一片，內容係描寫社會之虛僞風氣，並闡揚勞工神聖之真諦，對於任何職業及其從業者絕無攻訐之意，已送內政部電影檢查處審查通過，領有准演執照在案。昨日上午十時，敝公司假座大光明大戲院試映，柬請各界蒞臨參觀，賜予批評。乃臨時忽生意外，致該片不獲放映，實深遺憾！謹此登報向空勞跋涉之來賓表示歉忱，伏維　察諒。

1947年7月17日，上海報刊刊載了上海市理髮業同業公會及職業公會之聯合聲明，並發表兩會"致全國各省市縣理髮業及職工同人"的公開信。信件內容如下：

本公（工）會爲上海文華影片公司攝製《假鳳虛凰》影片，虛構本事，以醜形怪狀之表演，污我人格，絕我生路，業經本公（工）會提出各點，要求剪除或修改，並請於本（工）公會未同意前，勿遽開映，以免激生事端。現正分向該公司交涉，並呈請當局及有關各機關團體予以同情，維護本業全體同人之生存。近接各地同業團體紛來函電，表明對該片之憤慨，堅囑矢死力爭，誓爲後盾。本公（工）會自當全力以赴，希各同人務須遵守秩序，切勿逞一時之忿，自由行動。如有所見，請提供本公（工）會參酌進行，本公（工）會絕當爭取合理解決，以平公憤。

（《上海電影史料》第一輯）

《白山黑水血濺紅》

出品："中電"三廠
編劇：劉國權
導演：劉國權
攝影：童震
主演：魏鶴齡　李靜　項堃　齊衡

抗日志士黃志剛暗殺日軍受傷，在護士李慕賢精心護理下好轉，二人亦真誠相愛。暗戀李慕賢的醫生陳君心生妒意，向日軍憲兵隊長告發，黃、李被捕入獄。見牽累了李慕賢，陳君悔恨之下殺了憲兵隊長。陳君與魏忠商定營救計劃，在劫獄中陳君爲掩護衆人犧牲，洗刷了恥辱。

上海舉行"中正文化獎金電影獎"評選活動

10月，上海文化運動委員會舉行"中正文化獎金電影獎"評選活動，從10月22日至11月20日，在文化會堂展映了11個電影公司參展的22部影片，特邀上海市電影專家、大學教授以及黨政軍名流等300餘人觀看並評選，結果以評分方式評出以下10部影片：

1.《一江春水向東流》（崑崙出品）91.22分
2.《裙帶風》（國泰出品）83.46分
3.《母與子》（文華出品）83.37分
4.《八千里路雲和月》（聯華出品）83.35分
5.《遙遠的愛》（中電二廠出品）81.64分
6.《玉人何處》（大中華出品）81.43分
7.《春殘夢斷》（中企出品）81.08分
8.《天字第一號》（中電三廠出品）81.07分
9.《中國之抗戰》（中製出品）80.36分
10.《松花江上》（長製出品）80.10分

以上評選結果於1948年2月揭曉，並於當月15日戲劇節在上海湖社大禮堂舉行頒獎典禮，除了對當選的10部影片頒給獎牌外，對有關創作人員，也分別發給獎牌，一共頒發獎牌約90餘枚，僅《一江春水向東流》一片，即獲獎牌18枚，佔五分之一。

1946—1947年（臺灣）

大事記

1946年

1月1日 “臺灣電影審查暫行辦法”正式實施。

5月31日 長官公署宣傳委員會公佈審查通過影片381部，其中國片29部、蘇聯片11部、美片87部、英片21部、德片47部。

6月28日 臺北市電影放映業職業工會成立，是放映技師的唯一團體，前身爲日據時代“臺北技士會”，因各地方電影院無臺北衆多，均無此組織。此會由林明德、黄胤書、李乃體等負責，會址在長沙街二段一三二號。

8月1日 臺北市國際戲院裝冷氣，以獨霸全省的“陸上水晶宫”爲號召，放映美片《欽差大臣》。

9月15日 全省戲院經日産會清理完竣者，臺北市6家，臺北縣3家，臺中、彰化、嘉義、屏東各一家，臺南市、花蓮縣各一家，民營戲院核准者146家。

12月10日 電影大師歐陽予倩率新中國劇社，乘臺南輪抵臺公演。

1947年

1月4日 中國電影製片廠重慶時代名片《勝利進行曲》改片名《長沙大會戰》，臺北首映。

2月 長官公署宣傳委員會奉令裁撤，改組新聞處，“臺灣省電影攝製場”奉令改隸臺灣省行政長官公署教育處。

3月1日 “二二八事件”爆發後，國軍來臺，實施戒嚴。國防部長白崇禧來臺處理，不少臺籍劇人與文化菁英涉嫌左傾思想遇害、坐牢、出走。新中國劇團返上海。

5月15日 臺灣省政府成立，魏道明就任首任臺灣省政府主席。

5月中旬 中國電影製片廠《萬象回春》外景隊來臺，導演湯曉丹未來臺。該片演員田琛、房勉、周旭江、朱江、彭世偉等留臺工作。

6月1日 國民黨臺灣省黨部成立“臺灣電影事業股份有限公司”，接管宣傳委員會接收的日産戲院，分直營和出租兩部分，統一排片、宣傳。

6月26日 包括臺灣電影戲劇文學界名流組成的臺灣文藝社召開第二屆理監事會。結果：林紫貴當選理事長，蔡繼琨當選常務監事，總務部主任高拜石，出版部主任曾今可，研究部主任林忠，聯絡部主任徐松青，組織部主任白克。

8月21日 臺灣省政府新聞處成立，掌管新聞、圖書、電影、戲劇、廣播及其他文化事業，首任處長林紫貴。

9月3日 《臺北晚報》創刊，該報影劇版“銀座”，由黄仁主編並寫影評，經常刊出電影評論專輯，開風氣之先。

9月19日 上海國泰影片公司外景隊顧蘭君、顧梅君、嚴化及導演方沛霖等，抵臺拍《假面女郎》外景，臺北國泰影片公司試映《卿何薄命》，請顧蘭君、嚴化隨片登臺。

12月14日 由吕訴上、張秀光發起的“臺北市電影戲劇促進會”，在臺北第一劇場舉行成立大會。

1946年及1947年輸入臺灣的蘇聯片總計共有26部，其中彩色童話片《寶石花》和體育片《體育之光》、《挪威運動大會》在臺北大賣座。

臺灣省電影戲劇事業管理辦法公佈

1946年2月19日，臺灣省行政長官公署宣傳委會公佈“臺灣省電影戲劇事業管理辦法”。内容如下：

第一條：臺灣省行政長官公署（簡稱本署），爲管理本省電影戲劇事業起見特訂定本辦法。

第二條：本辦法所稱電影戲劇事業，係指製造、發行演出及經營電影戲劇業務者而言。

第三條：本省電影戲劇事業之主管機關，爲本署宣傳委員會（以下簡稱宣傳委員會）。

第四條：凡在本省經營電影戲劇事業者，應於開業前，由經理人或代表人填具聲請書（格式另定）並造具財産清册，連同各項産權證書合同契約據向宣傳委員會或其指定之機關聲請登記，其在本辦法施行前已開業者應於本辦法施行後30日内聲請登記。

第五條：本省電影戲劇事業未經登記擅行營業者，得令其停業並依法處罰之。

第六條：本省電影戲劇事業，非依合法手續並經宣傳委員會之核准，不得爲産權之變更。

第七條：凡於1945年8月15日以後承購轉讓抵押承租日人所營之電影戲劇事業或受讓日人之股權者，一律無效，但有正當理由得呈請本署核辦。

第八條：本省電影戲劇事業其由日人經營或日人與國人合營者，宣傳委員會均得派員前往監理或接應於演出前將劇本送請宣傳委員會審查。

第九條：本省電影戲劇事業演出影片或戲劇，除電影應照本省電影審查暫行辦法之規定辦理外，戲劇應於演出前將劇本送請宣傳委員會審查。

第十條：本辦法自公佈日施行。

臺灣影業家族

臺灣光復初期的國片商，除了石士琦代理的國泰影片公司之外，還有代理香港大中華影片公司的臺灣片商周梓杞，代理上海大同影片公司的臺灣片商鄭錦文。大同公司原由經營美都麗戲院的鄭母柯老太太代理。後來讓給她的次子鄭錦文經營。她的長子鄭錦洲在日治時代經營上海國片來臺的發行業務，光復後經營戲院投資拍臺語片，50年代兄弟都是臺語片的主力影業老闆。

胡蝶重返影壇之作《某夫人》在臺公映

1946年6月2日，大中華出品新片《某夫人》在臺北首映，該片由臺籍的何非光導演。他在大陸導演的抗日影片《氣壯山河》、《血濺櫻花》、《蘆花翻白燕子飛》等都在臺灣光復初期的臺北公映過，而《某夫人》是最引人矚目的。這也是胡蝶自丈夫過世後，重返影壇出演的第一部影片。故事描述一位過氣軍閥（王斑飾演）的夫人（胡蝶飾演）本是平劇演員，嫁給軍閥後備受男權操縱，暗自壓抑情慾，後來遇上舊情人（王豪飾演），但竟遭勒索、利用，最後夫人擺脱一切，毅然出走。影片藉身世飄零的女人暗諷國事凋零、官場黑暗，在創作上也有新意。

《電影叢報》創刊

1947年5月20日，臺灣光復後第一本電影雜誌《電影叢報》創刊，這也是臺灣首次出版中文專業性電影雜誌，内容包括影史、影人消息、本省影界動態等，每份臺幣5元。年底停刊。發行人陳國興，社址在臺北市成都路美麗都戲院。

臺灣省電影攝製場遷地

1946年7月30日，臺灣省電影攝製場遷入臺北植物園新建辦公室和攝影棚。因“臺製”原場地太小，又没有正式沖印房，場長白克找到臺北植物園的武德殿和花圃，認爲適合改建攝影棚和辦公室，奉上級核准於4月招標興建，於6月15日落成，7月30日遷入。當天曾舉行落成典禮，陳儀長官親臨主持，美國駐臺官員亦到場道賀。這是臺灣興建的第一座較像樣的攝影棚，除了拍片，同時作電影檢查場所，從此，所有申請上映影片都在此檢查。

這時“臺製”已完成第二號新聞片輯，包括《遣送日僑歸國》、《臺灣省警備總司令及口僑管理委會歡送駐臺盟軍》及《臺灣省參議會第一屆大會成立典禮》，共8270呎。“臺製”遷入新址後，續完成第三號新聞片，内容包括：《臺北清潔大掃除》、《駐臺國軍第70軍野營演習》、《臺灣省警備總司令部勞動開訓》、《新竹縣忠烈祠奉安典禮》，共879呎。

臺灣省電影攝製場落成啓用合影，最右面站立者爲白克

白克與白崇禧

上海國泰公司搶攻臺灣市場

1947年1月30日，上海國泰影片公司的廠長徐欣夫，最先來臺灣發行國片。由於他和上海各電影公司都熟，成爲上海各電影公司臺灣總代理，將上海影片大量供應臺灣。並由石士琦負責，又結合新民戲院老闆張清虎，除在新民戲院放映外，並可將影片出租全省戲院上映。張清虎在日本時代就建戲院，經營發行影片，臺灣光復後，在國泰戲院二樓成立臺灣省中央影片公司配給辦事處（即發行辦事處）。張清虎有總配給權（總發行權），與石士琦簽約，由石士琦供應國產影片，共同刊登啓事，將進口上海、香港新完成的影片《民族的火花》、《黃天霸》、《湖上春痕》、《忠義之家》、《天字第一號》、《遥遠的愛》、《長相思》、《聖城記》、《蒙難夫人》、《鐵骨冰心》、《蘆花翻白燕子飛》、《同病不相憐》，出品公司包括香港大中華、北平中電三廠、上海中電二廠、國泰、大同等。同時預告攝製中影片有：《八千里路雲和月》、《人與鼠》、《慾海怒波》、《碧雲天外》、《芸娘》、《無名氏》、《草莽英雄》、《各有千秋》等，陣容很强。

大陸影人來臺拍外景和演出

臺灣光復初期，不少大陸電影界人士認爲臺灣是發展文化的新天地，紛紛來臺拍外景或探視設廠的可行性。

1946年8月，香港大中華影片公司的《長相思》（又名《陌上花開》）首先來臺拍外景。該片由范烟橋編劇，何兆璋導演，周璇、舒適、白沉、黄宛蘇等演出。來臺拍外景的只有導演何兆璋、攝影師羅從周和男主角舒適。因舒適有舅舅在臺灣，曾來臺灣當公務員，不久永華公司拍《清宫秘史》又把他請去香港。《長相思》描寫舒適在香港海邊，回憶上海孤島時期的生活，帶出他對周璇一家的感情，戰亂拆散了周璇和她的丈夫白沉，也造成舒適對周璇的暗戀，他們忍辱負重飽受淪陷區的艱苦和愛恨的折磨，終於等到抗戰勝利來臨重聚。周璇在片中唱了《星心相印》、《花樣年華》和《燕燕于飛》三首歌相當流行。該片在臺灣淡水河等地拍攝的外景，當做上海蘇州河。

1946年12月10日，電影大師歐陽予倩領導的新中國劇社，由上海乘臺南輪抵臺，從12月31日起至1947年2月25日，在臺北市中山堂公演歷史劇《鄭成功》（又名《海國英雄》）、《桃花扇》、神話劇《牛郎織女》、社會劇《日出》。該社原有在臺灣長期公演及培訓人才的計劃，因“二二八事件”爆發取消，三月初回上海。

臺灣電影事業股份公司成立

在長官公署宣傳委員會接收日産戲院期間，國民黨臺灣省黨部建議上級，經營電影院是接近民衆的良好事業，具娱樂民衆、教育民衆、宣傳政令的功能。1947年奉中央指示，價購接管臺灣全省日産戲院，作爲黨營事業。

同年6月3日，在國民黨臺灣省黨部主委李翼中主持下，由黨部財務委員會組成“臺灣電影事業股份有限公司”（簡稱臺影），設在臺北市重慶南路，通過電影戲劇經營辦法。管理全省十七家日産戲院，大部分直營，小部分出租，統一排片、宣傳，與美商建立良好關係。10月1日開業，首任董事長賴璉，馮仲達爲總經理。

由於臺灣光復初期新出産國語片來源少，臺影爲維持戲院正常營業，首輪戲院都與美國八大公司臺灣分公司簽訂長期合約，全年好檔期，都必須上映美國片，國片只能在一兩家二輪戲院上映，連國民黨上海“中電”的出品竟無法在國民黨經營的戲院上映。

省黨部改進電影檢查

1947年7月1日，國民黨省黨部會同省教育廳宣佈改進電影檢查辦法，7月1日起實施，改進電影檢查要點如下：

1. 有内政部電影檢查處准演執照影片，可持照向教育廳辦理登記給證後，即可在本省境内放映，不必重行檢查。

2. 6月30日前凡擬在本省放映之無内政部電影檢查處准演執照影片，仍暫准依照原訂辦法舉行事前放映審查，給證後准予放映，自7月1日起，所有無照影片應送由内政部電影檢查處檢查後，方得在本省上映，本省不再辦理事前映檢事宜。

3. 所有前宣傳委員會前教育處及該廳所發電影准演證，在未電准請内政部電影檢查處核示並公佈處理辦法前，仍一律有效。

4. 各縣市電影檢查工作應由縣市教育科或局辦理之。

1946—1947年（香港）

1946年大事記

本年　香港電影開始恢復。最先恢復的是電影放映業，陸續開放的電影院生意良好，營業較之戰前興旺，收入頗豐。放映的影片多以美國影片爲主，彩色片佔到總量的四分之一，其中以彩色歌舞片最爲叫座。

在廣州創辦的電影雜誌《伶星》（香港版）出版。

《伶星》（香港版）
創刊號封面

大中華影業公司成立

本年，大中華影業公司（以下簡稱大中華）成立，總經理蔣伯英，經理兼廠長朱旭華。大中華是香港光復後成立的第一家大規模電影公司，以攝製國語片爲主。至1948年6月結束，總共拍攝了34部國語片和9部粵語片。可以說，香港國語片的基礎就是由大中華所打下。僅在1946年，大中華就攝製了12部故事片，但是當年只放映了《蘆花翻白燕子飛》。另外幾年中攝製的名片還有《同病不相憐》（朱石麟編導）、《三女性》（岳楓導演）、《風雪夜歸人》（吴祖光編導）等。

大中華影業公司合影

《狂蜂浪蝶》

出品：大觀聲片有限公司美國分廠
編導：趙樹燊
主演：黄鶴聲　周坤玲　黄超武

影片是一部"風趣俏皮喜劇"，描述了男女主人公們"歡場馳騁、互逞奇謀、戀愛新篇、花巧百出"。（引自該片廣告）

重要影片

《光明之路》劇照

《光明之路》

出品：大觀聲片有限公司美國分廠
導演：蔣偉光　主演：黄鶴聲　黄超武　梁碧玉　周坤玲　陳雲飛

這是一部充滿了警世作用的倫理悲劇。

《一笑博郎心》

出品：大觀聲片有限公司美國分廠
導演：蔣偉光
主演：黄鶴聲　麗兒　梁碧玉

影片講述在一個貧窮少年、一個富家小姐和一個跛足少女之間的三角戀愛故事。影片風格輕鬆愉快，亦莊亦諧，充滿了人情味。

香港恢復攝製的第一部影片

1946年6月，何非光編導的影片《蘆花翻白燕子飛》在香港開拍。這是香港光復後攝製的第一部港産故事片，於12月15日公映。

《蘆花翻白燕子飛》

出品：時代影業公司
南洋影業公司
編導：何非光
主演：龔秋霞　王豪　平原　王斑

《蘆花翻白燕子飛》劇照

抗戰爆發，李文華告别了未婚妻梅玉和家鄉蘇州，奔赴内地。獨自奉養母親的梅玉生活無依，被迫與漢奸陳彼得結婚。戰後，已經是工程師的文華返回上海從事恢復工作，而梅玉已經淪爲交際花，並被陳彼得利用作爲自己開脱漢奸罪責的工具。久别重逢的文華、梅玉再次陷入愛河。後文華與陳彼得發生衝突，梅玉捨身救了文華，並奮力擊斃陳彼得。文華懷着對梅玉的愛，再次投入到戰後的恢復工作中去。

香港光復後面世的首部港産片

12月5日，港産片《情焰》上映，這是香港光復後首部公映的香港影片。

《情焰》

出品：大華影片公司
導演：莫康時　主演：李清　李蘭

這是一部描寫男女間複雜情感的喜劇電影。它的情節曲折，幽默逗趣。

女主角李蘭仕1946年當選的第一届香港小姐，並且這也是她的銀幕處女作。影片也是香港光復後首部公映的港産故事片。

影 片 目 録

本年度香港共出品影片9部，其中粵語片5部，國語片4部。

大觀　《一笑博郎心》、《狂蜂浪蝶》、《光明之路》
南洋　《閃電姑娘》、《大雷雨》
大中華　《同病不相憐》（國語）、《慾望》（國語）
大華　《情焰》（國語）
時代　《蘆花翻白燕子飛》（國語）

1947年大事記

本年 戰後的香港電影界經過一年時間的休整後，這一年迅速得到恢復，年產量由去年不到10部，大幅猛增至90部。香港電影開始迎來了它的新生。

港歐合資的萬國影業有限公司成立。由外國人歐德禮氏與香港電影人合作創辦而成。公司主要代理歐美影片在中國的放映，並且選送中國影片去歐美。

新光影業公司出産了第一部港産閩南語片《恨不相逢未嫁時》，又名《相見恨晚》，公映時改名爲《相逢恨晚》。

《海角紅樓》（上、下集）

出品：金星影片公司
導演：黄岱　主演：白雲　白燕　黄曼梨

這是一齣愛情悲劇，改編自凌霄生的小説。1947年，改編自凌霄生作品的電影達五部之多，除了《海角紅樓》（上、下集）外，還有《冷暖天鵝》、《情賊白菊花》、《辣手蛇心》等。該片在省港兩地放映都創下極高的賣座紀録。

《花蝴蝶》（上、下集）

出品：明生影業公司
導演：霍然
主演：陸飛鴻　李小紅

影片叙述一名叫做花蝴蝶的俠士，懲惡揚善、鋤强扶弱的故事。

本片在香港公映時非常賣座，並且受觀衆要求而重放。據傳曾在歐洲公映，如果屬實，這是首部在歐洲公映的粤語片。

《長相思》

出品：華星影片公司
編劇：范烟橋　導演：何兆璋
主演：周璇　舒適　白沉　顔碧君

抗日戰爭爆發，心明奔赴前綫，留下妻子湘梅和老母託好友高志堅照顧。貧苦生活中，湘梅和志堅互相幫助，慢慢地他們相愛了，出於道義和責任，他們又非常痛苦。抗戰勝利，心明回來，志堅只好離去。影片中有五首有名的插曲：《夜上海》、《星心相印》、《黄葉舞秋風》、《花樣的年華》和《燕燕于飛》。它們都由女主角周璇主唱，陳歌辛作曲，范煙橋作詞。影片公映後，這些插曲也傳唱於世。

重要影片

《某夫人》

出品：大中華影業公司
編劇：韓北屏
導演：何非光
主演：胡蝶　王豪　王斑　平原

《某夫人》劇照

在引退的北洋軍閥俞師長的家庭舞會上，俞夫人遇到了失散多年的前夫尹秋濤。十年前，俞夫人本是三流劇團的小角色，尹秋濤是倒賣假鈔的地痞。再相逢時，俞夫人爲了隱瞞自己的身份不得不成爲尹秋濤的詐騙勒索對象。尹秋濤倒賣假鈔再次案發，脅迫俞夫人携帶細軟與他一同逃走，未出家門便一起被捕。俞夫人被保釋回家，但終因出身"微賤"而被趕出家門。

《春之夢》劇照

《春之夢》

出品：麒麟影片公司
導演：朱石麟
主演：胡蝶　舒適

阿翠嫁給江濤，江父嫌阿翠貧寒，江濤被迫離開阿翠，後來江濤誤會阿翠另有所愛，雙方在誤會中度過一生。

《三女性》

出品：金龍影業公司
編劇：曹雪松
導演：岳楓
主演：李麗華　羅蘭　陳琦　王豪

《三女性》劇照

抗戰勝利後的上海，女大學生吴劍華因家貧失學，寄住在同學李萍家。李萍和丈夫離婚後生活所迫做了舞女，不久貧病交加而死。吴劍華得到同學劉光的幫助，創辦了一個家庭工藝社，並準備辦託兒所。託兒所開幕之日，與吴劍華心心相映的劉光被害身亡，吴劍華帶着一顆傷痛的心，堅强地去完成劉光未竟的社會事業。

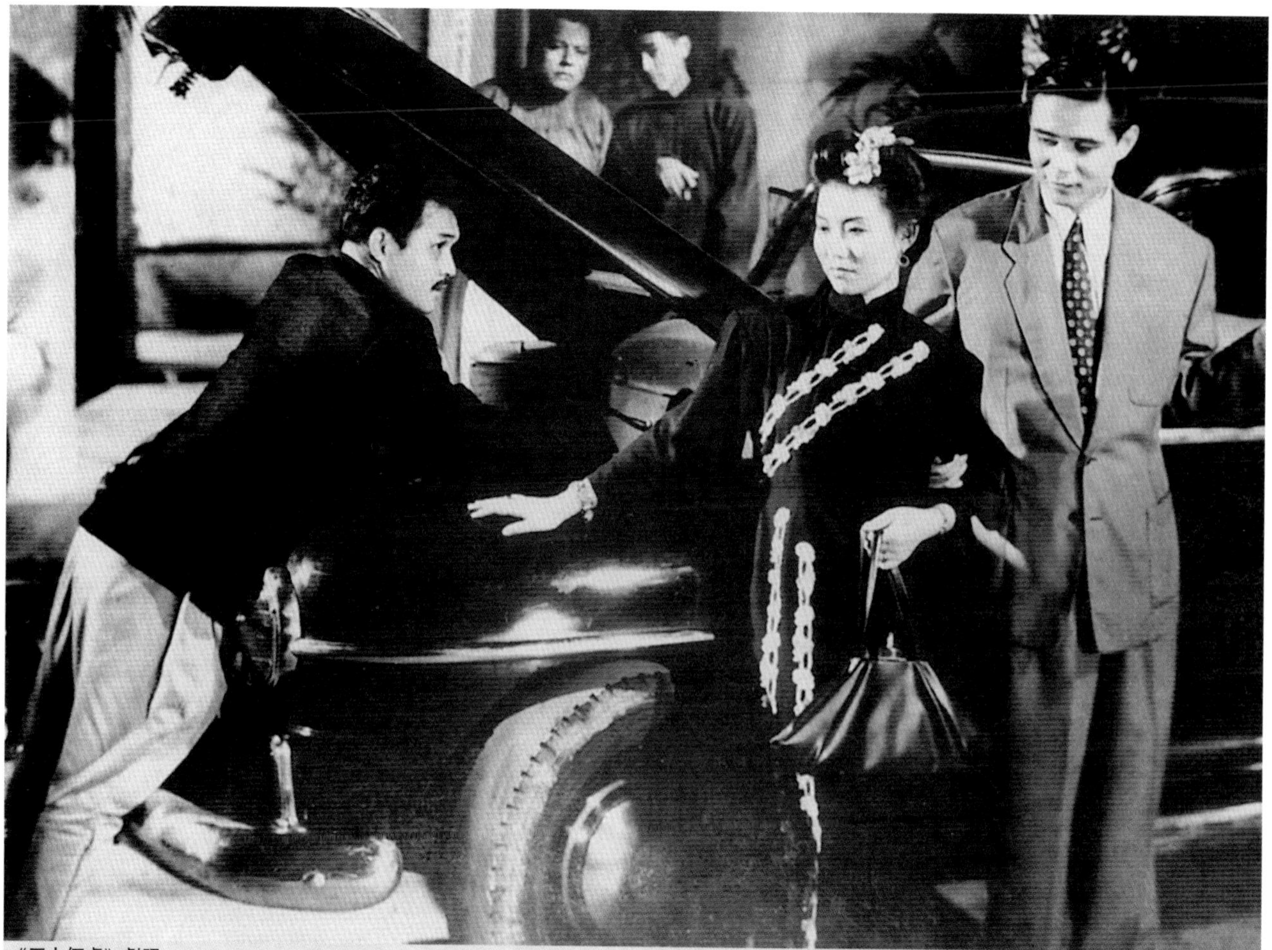
《玉人何處》劇照

《玉人何處》

出品：大中華影片公司
編導：朱石麟
主演：孫景路　王豪
　　　陳琦　洪波

司機老王的女兒飛雲偶然結識了唐府少爺少良，少良誤認爲飛雲是富家女。一日，少良送飛雲回家，飛雲指路邊一處巨宅爲自己家，並闖進門去，恰巧遇見看門的醉漢欲行不軌，飛雲與之搏鬥，驚動警察，飛雲後悔於自己的虛榮，少良予以安慰，兩人遂成好友。

"《玉人何處》上半部可説是朱石麟對單一處境製造戲劇效果的典範作"，"朱氏導來輕盈流暢，電影語言依然瀟灑準確，是朱氏作品系列中罕見的黑色喜劇。"（引自第19屆香港國際電影節特刊對影片的評價）

《復員淚》特刊封面

《復員淚》

出品：山月影片公司
編導：關文清
主演：黃曼梨　曹達華
　　　林坤山　馬笑英

廣州世家子弟劉志明與妻子、姪子、姪媳王氏一家四口生活富裕和睦。日寇侵華，志明携姪子全家逃難。留家看守的妻子投井殉節。王氏在逃難路上誕下兒子路生。一日敵機轟炸，做酒樓女招待的王氏誤以爲全家遇難，非常悲痛。後遇鹽商李伯良安慰，遂兩人同居。抗戰勝利後，志明及姪子、姪孫回到廣州，淪爲乞丐。一天王氏與志明全家意外相逢，她進退兩難，精神受到極度刺激後失常。

影片在廣州公映時改名爲《劫後雲山》。

《復員淚》劇照

永華影業公司成立

永華片場

1947年，由李祖永、張善琨創辦的永華影業公司成立，總經理爲李祖永。該公司從成立至1954年結束，共拍攝影片20多部，主要有《清宫秘史》、（朱石麟導演）、《國魂》（卜萬蒼導演）、《春雷》（李萍倩導演）、《火葬》（張駿祥導演）、《春城花落》、《海誓》（均爲程步高導演）。其攝製的影片在中國電影、香港電影發展過程中，起着重要作用。

李祖永（1903—1959）

製片家、電影事業家。浙江寧波人。美國亞姆漢斯脫大學文學碩士。1947年李祖永斥巨資在香港創辦永華影業公司與永華電影製片廠，他招收了許多傑出的電影人才，推出了如《國魂》、《火葬》、《清宫秘史》、《翠翠》等優質名片。永華公司爲港産國語電影最重要機構之一。同時，他也將香港電影質素大大提高，讓港産片能够進入國際電影市場，使香港電影在國際上受到好評和獎勵。可惜永華影業公司因經營不善，1956年，李氏因爲負債，將該公司歸屬新加坡的國泰機構。1957年李祖永退出影壇。兩年後在港病逝。

香港光復後製作的第一部粵語片

1947年1月21日，香港公映了香港光復後製作的第一部粵語片《郎歸晚》。影片“脱胎於粵劇《胡不歸》，通過一對夫妻的離散，寫一個女性在封建家庭中的慘遇，但着筆則側重於寫侵略戰爭帶來的不幸，在抗戰後，有着‘控訴’的力量”（引自影片公映海報上的廣告語）。影片公映後好評如潮，特别是電影中的主題曲《郎歸晚》（改編自當時最流行的廣東音樂《行雲流水》）更是家喻户曉，人人都會哼唱。

《郎歸晚》

出品：紐約李榮公司
編導：黄岱
主演：白燕　吴楚帆　華彩鳳　胡美倫

影片講述香港淪陷時期，一對青年夫妻與日寇展開鬥爭。丈夫從敵後潛入淪陷區不幸被捕，妻子想盡一切辦法營救却未果。後來夫妻失散，妻子聽到丈夫的死訊。等到戰爭結束的時候，由於丈夫歸來太晚，釀成了一場纏綿的悲劇。

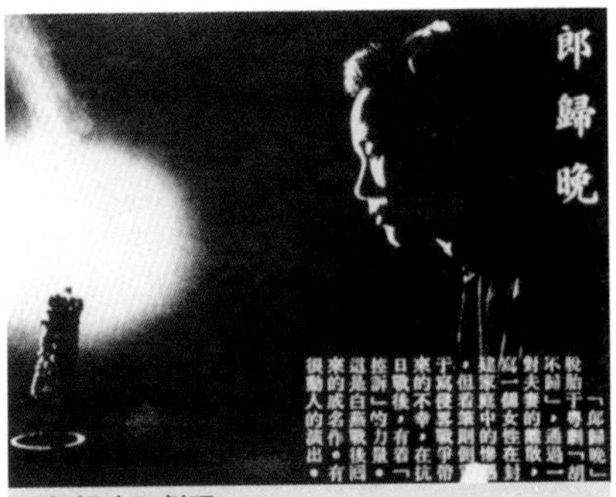

《郎歸晚》劇照

香港第一部16毫米彩色故事片

1947年1月1日，香港第一部16毫米彩色故事片《金粉霓裳》公映。該片是由大觀聲片有限公司美國分廠1942年在美國攝製。這是香港公映的第一部16毫米彩色影片，因當時香港没有放映16毫米影片的設備和影院，特别從美國運來四部Amire式放映機專門放映該片。

《金粉霓裳》

出品：大觀聲片有限公司美國分廠
編導：黄鶴聲
主演：黄鶴聲　梁碧玉

影片叙述一個女伶因貪慕虚榮而被一個富商玩弄感情，還影響到她的事業。最後她醒悟走回正途。

《金粉霓裳》劇照

主要影片目録

本年度香港共出品影片90部，其中粵語片73部，國語片17部。

大觀（美國分廠）　《金粉霓裳》、《佳偶天成》、《鸞鳳和鳴》、《娱樂升平》、《情海英雄》、《黑市夫妻》、《暴雨梨花》、《魂兮歸來》

宇宙　《乞米養狀元》、《賣肉養孤兒》、《晨妻暮嫂》、《胡不歸》（下卷）、《三月杜鵑魂》

大中華　《76號女間諜》（國語）、《某夫人》（國語）、《西廂記》、《新白金龍》、《各有千秋》、《玉人何處》

青華　《妻嬌郎更嬌》、《沙三少與銀姐》、《洞房花燭夜》

金星　《海角紅樓》（上）、《海角紅樓》（下）

南洋　《嫦娥奔月》、《女鏢師》（續集）

五洲　《危城諜侣》、《難測婦人心》

中英　《明日又天涯》、《豪門春色》

新城　《生財有道》、《黄金潮》

麒麟　《春之夢》、《各有千秋》（國語）

其他　《桃花依舊笑春風》（國語）（聯藝）、《苦戀》（國語）（海影）、《長相思》（國語）（華星）、《郎晚歸》（紐約李榮）、《南島相思曲》（國語）（南聯）、《月圓人未圓》（樂群）、《楊貴妃》（聯合）、《鬼馬歌王憨舅爺》（信義）、《百鳥朝鳳》（明利）、《紅樓鬼影》（大來）、《淚灑相思地》（時代）、《復員淚》（山月）、《情天血淚》（建國）、《藕斷絲連》（金鷹）、《冤枉相思》（國家電影製片廠）、《香草美人》（藍茵）、《小夫妻》（華聲）、《我爲卿狂》（中國電影）、《冷暖天鵝》（大全）、《天賜良緣》（文英）、《含笑飲砒霜》（新華）、《歡喜冤家》（榮星）、《周身膽鬧廣州》（海燕）、《牛精良大鬧香港》（藍鷹）、《卿本佳人》（香城）、《白頭情侣》（三光）、《怕見舊情郎》（玲瓏）、《鐵膽》（生活）、《第一號戰犯》（華藝）、《火樹銀花》（銀海）、《三女性》（國語）（金龍）、《花蝴蝶》（上集）（民生）

1948年（大陸）

大事記

1月8日　上海大戲院（今大上海電影院）公映意大利影片《一舞難忘》，由華僑王文濤譯製，這是中國第一部正式的外語中譯片。

1月　柳中亮、柳中浩兄弟將資本拆開，柳中亮另外成立大同電影企業公司，由張石川任製片主任。

春　吳性栽與在上海的金山商定，在北平合作成立清華影片公司。

秋　爲避免國民黨反動派的迫害，中共地下黨組織陸續安排一批進步電影工作者離開上海到香港。

9月21日　中共中央東北局決定將東北文工一團全部調給東影，以加强電影工作。其中有沙蒙、王家乙、何文今、于藍、梁音等。

9月　根據中共中央宣傳部電詢，袁牧之向中共中央宣傳部上報《關於電影事業的報告》。報告總結了東影兩年來的工作，並提出對解放區和全國電影事業的意見。

11月11日　國民政府立法院修正發佈了《電影檢查法》26條，並説還需另定電影檢查標準，加緊對於電影的控制，使許多進步影片遭到删減和禁映。

11月17日　《松花江上》在倫敦公映，受到交口稱讚，並因此被評爲該年度英國電影界的大事。

11月27日　中共中央致電中共東北局和華北局《對電影工作的指示》，主要內容包括：一、關於電影事業統一領導問題；二、要"東影"準備幹部參加對於電影機構的軍事接管；三、派攝影隊到前方拍攝紀録片。《指示》還説：平津解放後，電影事業領導機關應設在北平，在中共中央宣傳部管理下準備建立電影事業的統一領導機構。

11月　羅靜予和黎莉莉應英國文化協會之邀，到英國去考察電影，隨身帶去十部故事影片。

12月18日　根據中共中央宣傳部指示，袁牧之向中宣部作《關於電影事業的報告（二）》，報告分析了當前的形勢，提出了對於未來電影事業的"籌劃"。袁牧之的這兩份報告對於中共中央在新中國成立後電影事業的決策有重要的參考價值。

12月21日　影片《國魂》放映，上海《益世報》報道：國民政府"飭屬加印拷貝30份，運至前線各地，以發揮先賢衛國精神，而振士氣"。

本年　華藝影片公司拍攝梅蘭芳主演的《生死恨》，這是中國第一部彩色電影。

重要影片

志忱和玉紋的感情被禮言和戴秀發現。左起：石羽、韋偉、張鴻眉、李緯

《小城之春》

出品：文華影業公司
編劇：李天濟
導演：費穆
攝影：李生偉
主演：韋偉　李緯
　　　石羽　張鴻眉

青年醫生章志忱來到江南小城，探望自己多年不見的朋友戴禮言，發現戴妻周玉紋竟是自己十年前的戀人，三人相見後都陷入了痛苦之中。最後，他們克制了自己的感情，章志忱離開小城。

《小城之春》海報

中國第一部彩色影片

韓玉娘（梅蘭芳飾）與程鵬舉（姜妙香飾）重圓

《生死恨》

出品：華藝影業公司
原著：齊如山
導演：費穆
攝影指導：黃紹芬
攝影：李生偉
主演：梅蘭芳　姜妙香　蕭德寅　朱斌仙

北宋末年，金兵入侵，士人程鵬舉和少女韓玉娘被金兵俘虜，結爲夫婦。玉娘鼓勵程鵬舉逃回故鄉，投軍抗敵。金兵敗退後，程鵬舉做了太守，回鄉與玉娘重圓時，玉娘已經卧床不起。

梅蘭芳定妝照

黃紹芬（1911—1997）

廣東中山人，攝影師。1925年入上海民新影片公司當藝徒，1929年入上海聯華影業公司，此後先後在文華、上影、天馬等公司任攝影師，主要作品有《故都春夢》、《野草閑花》、《三個摩登女性》、《母性之光》、《夜店》、《艷陽天》、《女籃5號》、《林則徐》、《聶耳》、《枯木逢春》、《霓虹燈下的哨兵》等。還拍攝了中國第一部彩色影片《生死恨》和新中國第一部彩色戲曲片《梁山伯與祝英台》。

《艷陽天》

出品：文華影業公司
編導：曹禺
攝影：許琦　葛偉卿
主演：石揮　李麗華
　　　韓非　石羽

魏卓然開設的孤兒院被曾經做過漢奸的金煥吾奪去。律師陰兆時看不過去，但又無奈金煥吾手續完備。不久，金煥吾走私事被揭發，疑爲陰兆時所爲，指使打手搗毀陰家。陰兆時掌握金煥吾的罪證將其告上法庭。

陰兆時（右一，石揮飾）與親友們（右二起：韓非、石羽、李麗華飾）商量如何鬥倒金煥吾

影片目録（共72部）

國泰　《愛情愛情》、《痴男怨女》、《春歸何處》、《古屋魔影》、《黑河魂》、《呂四娘》、《鸞鳳怨》、《亂點鴛鴦》、《美人血》、《平步青雲》、《十步芳草》、《兇手》、《一帆風順》

大同　《紅樓殘夢》、《蝴蝶夢》、《歡天喜地》、《柳浪聞鶯》、《亂世的女性》、《熱血》、《人海妖魔》、《弱者，你的名字是女人》、《啞妻》

"中電"二廠　《腸斷天涯》、《出賣影子的人》、《三人行》、《天魔劫》、《懸崖勒馬》、《子孫萬代》

"中電"三廠　《碧血千秋》、《粉墨箏琶》、《花落水流紅》、《滿庭芳》、《青梅竹馬》、《深閨疑雲》、《天字第一號》

"中電"一廠部　《街頭巷尾》、《舐犢情深》、《再相逢》

文華　《好夫妻》、《小城之春》、《艷陽天》、《再生緣》

崑崙　《關不住的春光》、《萬家燈火》、《新聞怨》

華光　《從軍夢》、《海上英雄》、《霧夜血案》

其他　《哈爾濱之夜》、《小白龍》（長春電影製片廠），《第五號情報員》、《同是天涯淪落人》（大華影業公司），《鷄鳴早看天》、《祥林嫂》（啓明影業公司），《大團圓》、《群魔》（清華影片公司），《斷腸相思》、《血濺姊妹花》（五華影業公司），《人盡可夫》（長江影業公司），《無語問蒼天》（大地影業公司），《情天劫》（大風影業公司），《何處不相逢》（光華影業公司），《芳魂歸來》（國風影業公司），《生死恨》（華藝影片公司），《神出鬼没》（群力影藝社），《珠光寶氣》（群星電影製片公司），《風月恩仇》（萬方企業公司電影部），《花蓮港》（西北電影企業公司），《六二六間諜網》（新時代影片公司），《十三號凶宅》（藝華影藝社），《馬路英雄》（益華影業公司），《萬象回春》（南京中國電影製片廠）

一家人（左起：上官雲珠、藍馬、吳茵飾）歷盡劫難後盡釋前嫌

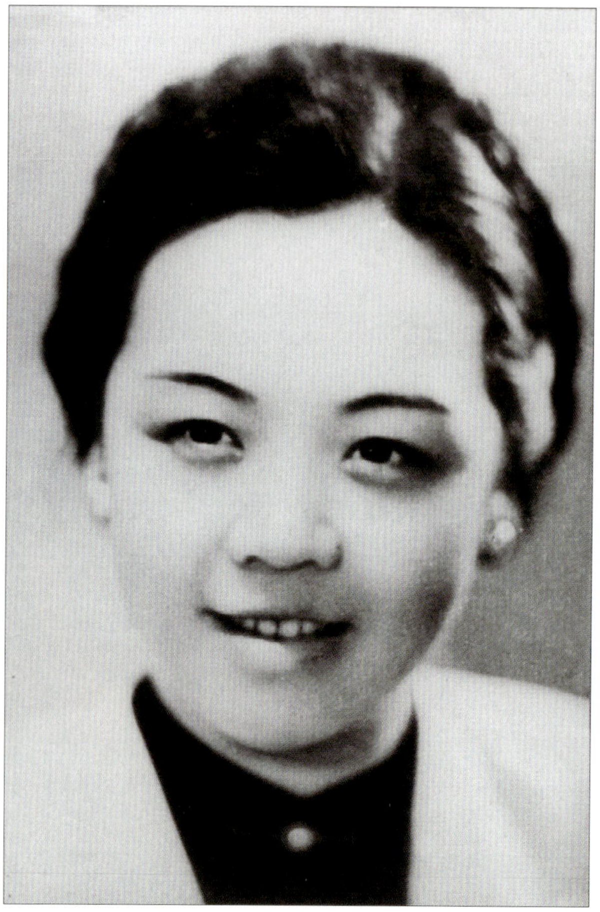

《萬家燈火》

出品：崑崙影業公司

編劇：陽翰笙　沈浮　導演：沈浮　攝影：朱今明

主演：藍馬　上官雲珠　吳茵　沈揚

小職員胡智清與妻子又蘭及女兒過着拮據的生活。農村破產，鄉下的母親帶着次子一家來到上海。生活的重負使得婆媳不和，又蘭負氣出走。胡智清被解雇並受傷。生活的艱難使一家人盡釋前嫌，一起含辛茹苦地繼續生活下去。

吳茵（1909—1991）

演員。原籍江蘇吳縣，生於天津。1935年進入電影界當演員，先後參加了《新女性》、《社會之花》、《都市風光》、《塞上風雲》、《青年中國》、《八千里路雲和月》、《一江春水向東流》、《萬家燈火》、《烏鴉與麻雀》、《今天我休息》、《家庭問題》等影片的演出。

《萬家燈火》海報

上官雲珠（1922—1968）

江蘇江陰人。電影演員。1940年考入華光戲劇學校和新華影業公司演員訓練班學習，次年開始參加電影演出。先後主演或參演了《天堂春夢》、《太太萬歲》、《一江春水向東流》、《萬家燈火》、《麗人行》、《希望在人間》、《烏鴉與麻雀》、《南島風雲》、《枯木逢春》、《早春二月》、《舞臺姐妹》等影片。

鄧庚白在監獄中對未來充滿着希望。

《希望在人間》

出品：崑崙影業公司
編劇：沈浮　導演：沈浮　攝影：朱今明
主演：藍馬　上官雲珠　衛江　王爲一

上海淪陷後，鄧庚白教授由於叛徒的出賣被捕。日寇特務頭子爲殺盡抗日地下人員，將其假釋。危急時刻鄧庚白託付地下組織將孩子送往内地，他的妻子奪下叛徒的槍，將叛徒擊斃。孩子們脱險後，鄧庚白又被捕入獄。

藍馬（1915—1976）

原籍浙江餘杭，生於北京。電影演員。1935年從影，先後主演《孤島天堂》、《天堂春夢》、《萬家燈火》、《麗人行》、《希望在人間》和《走向新中國》、《萬水千山》等影片。

沈浮（1905—1994）

1933年在上海聯華公司編導了《無愁君子》、《三人行》等影片。抗戰期間，創作了第一部國防電影《狼山喋血記》。抗戰勝利後在上海執導《萬家燈火》、《希望在人間》。參與《烏鴉與麻雀》的劇本創作。新中國成立後拍有《李時珍》、《老兵新傳》、《北國江南》、《曙光》等影片。

梅春麗（王人美飾）與吳警之（趙丹飾）

《關不住的春光》

出品：崑崙影業公司
編劇：歐陽予倩
導演：王爲一　徐韜
攝影：吳蔚雲
主演：王人美　趙丹
　　　鳳子　中叔皇

戰地服務隊歌詠隊員梅春麗在湘桂撤退時與吳警之相識並結婚。婚後發現吳警之爲了賺錢竟出賣自己。抗戰勝利後回到上海，二人分歧加深，吳警之將梅春麗禁錮。梅春麗逃脱，找到昔日同志工作的農場，開始了新的生活。

在生活的重壓之下，何綠珠（白楊飾）與廖韻之（衛禹平飾）的感情出現裂痕

《新聞怨》

出品：崑崙影業公司
編導：史東山
攝影：韓仲良
主演：白楊　衛禹平　沈浩　威莉

音樂學校女學生何綠珠與同學廖韻之戀愛結婚，婚後因爲家務纏身和孩子拖累，夫妻感情日益疏遠，何綠珠外出工作後耽誤了給孩子看病，導致孩子夭折，加上懷疑丈夫移情别戀而絶望地自殺。

麗芳（左，朱琳飾）和禮芬（右，舒綉文飾）看清了俞子昂（中，舒適）的真面目

《弱者，你的名字是女人》

（又名《姊妹劫》）

出品：大同電影企業公司
編劇：歐陽予倩　導演：洪深　鄭小秋
攝影：王玉如
主演：舒綉文　舒適　朱琳　刁光覃

高禮芬的丈夫因公殉職，因害怕生活無着，將撫恤金交給丈夫的朋友俞子昂作爲投資。不久，禮芬嫁給了俞子昂。俞子昂投機失敗，還誘騙了禮芬的妹妹麗芳。禮芬出走，到學校去參加工作，麗芳也離開了俞子昂。

胡太太（沙莉飾）開始説話後喋喋不休，令胡大老爺（韓濤飾）吃不消

《啞妻》

出品：大同影業公司
編導：吳仞之　攝影：羅從周
主演：沙莉　韓濤　史原　王慕萍

胡大老爺爲攀結高門，娶了啞巴太太。某晚入睡後，忽見故交包訟師爲一命案求情，便滿口答應。包夫婦送來厚禮，並爲其找來啞科專家李大夫。胡太太的近親馬大嬸是這樁命案的原告，專程拜訪胡太太也得到應允。不久，胡太太開口説話。胡大老爺發現答應的是同一命案後十分爲難，情急之下猛然驚醒。

人們在新的一天走向新生活

《鷄鳴早看天》

出品：啓明影業公司
編劇：洪深
導演：應雲衛
攝影：董克毅
主演：袁雪芬　黄宗英
　　　韓濤　范萊　張伐

根據洪深同名舞臺劇改編。抗戰勝利了，在川北公路上，一輛汽車上的乘客在路邊的一家交通旅館裏投宿。旅客中有各式各樣的人物，在這一夜之間發生了許多故事。第二天清晨，車子又上路了，車上多了幾個新的乘客，他們決定奔向新的生活。

莊子（中，高博飾）與田氏（左，白光飾）在林中見到一位急於再醮的寡婦在搧亡夫的墳

《蝴蝶夢》

出品：大同影業公司
編劇：姚克
導演：舒適　黄漢
攝影：羅從周
主演：白光　高博
　　　岑範　强明

莊周懷疑妻子是否會做到夫死決不嫁人，決定試一下，將其引入幻想境界：莊周死去，田氏在衆人勸説下没有殉夫。楚王孫要盡弟子之禮，守靈三年。日久生情，田氏終於接受了楚王孫求婚。爲給楚王孫治病，田氏深夜劈棺，不想棺木自動打開，莊周坐起，田氏大駭。待睜開眼睛，仍在書齋中和丈夫閑談。

祥林嫂（袁雪芬飾）凄苦地生活着

《祥林嫂》

出品：啓明影業公司
原著：魯迅　改編：南薇
導演：南薇　攝影：董克毅　董紹泳
主演：袁雪芬　范瑞娟　徐天紅　張桂鳳

祥林嫂的丈夫死後，婆婆讓她再醮。祥林嫂逃到魯鎮，在魯四老爺家幫傭，不久被發現，被迫嫁到賀老六家。不久賀老六病死，兒子也被狼叼了去。祥林嫂走投無路，又回魯家幫傭，但是大家都把她當作不祥之物。在一個冬夜，她悲慘地離開人世。

一家人終於大團圓

《大團圓》

出品：清華影片公司
編劇：黄宗江
導演：丁力
攝影：馮四知
主演：吴茵　石羽
　　　藍馬　孫道臨

張老太太的兒女們因參加抗戰相繼離開北平。抗戰勝利後，一家人大團圓了，但日子却越來越窮。張老太太忍痛賣掉房子，兒女們離開北平，到遠方去追求他們的理想。

《群魔》

出品：清華影片公司
導演：徐昌霖
攝影：楊霽明
主演：藍馬　石羽
　　　上官雲珠　周伯勳

根據陳白塵同名舞臺劇改編。抗日戰爭期間，淪陷區某小城中的一群漢奸，仰仗着日寇的旨意，組織所謂的維持會，燒殺搶掠，無惡不作。他們之間還明爭暗鬥，相互火併。最終還是被遊擊隊消滅。

左起：藍馬、周伯勳、石羽、田振東、張曼蘋、夏天

鄭王爺（中，王元龍飾）和他的兒子（謝添飾）、女兒（白光飾）

《十三號凶宅》

出品：藝華影藝社
編導：徐昌霖
攝影：莊國鈞
主演：謝添　白光
　　　王元龍　董淑敏

深夜，某夫婦從上海來到北平某胡同十三號大宅，只見滿園荒凉。守門人講述了此宅係北平十大凶宅之一，宅中終日鬧鬼，無人敢問津。夫人聽後毛骨悚然，而學哲學的丈夫則斷言此宅無鬼。

《出賣影子的人》

出品：“中電”二廠
編劇：吴鐵翼
導演：何非光
攝影：董克毅
主演：嚴俊　劉琦　王珏　威莉

周立銘無意中遇到財神爺，便把鏡子中自己的影子賣給了他，換來一世的財富。周立銘設計將林紹青抓進精神病院，韓沙荔爲愛人積勞成疾。周立銘乘機逼婚，韓沙荔無奈應允。在和韓沙荔舉行婚禮時，曾經遭到迫害的人們出現在他的面前，要殺出賣影子的人。一聲槍響，周立銘驚醒，原來是一場夢。

周立銘（嚴俊飾）向韓沙荔（劉琦飾）求婚遭到拒絶

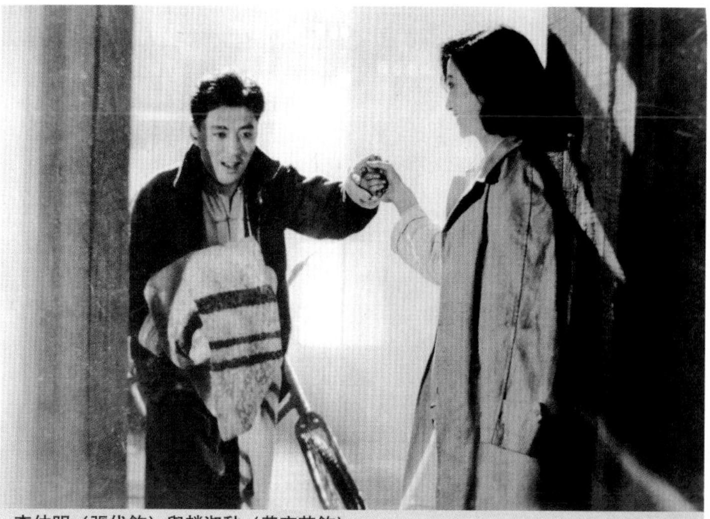
李仲明（張伐飾）與趙淑秋（黃宗英飾）

《街頭巷尾》

出品："中電"一廠
編劇：潘孑農
導演：潘孑農
攝影：苗振華　沈維康
演員：張伐　黃宗英　章曼蘋　張雁

李仲明師範學校畢業後失業，當上了三輪車夫。他的女同學趙淑秋因和他來往被學校解聘。後來在窮朋友的幫助下，李仲明買了三輪車，趙淑秋擺起了書報攤。

《哈爾濱之夜》

出品：長春電影製片廠
編劇：張天賜　導演：張天賜
攝影：陳民魂
主演：虞靜了　周凋　魏鶴齡　方化

抗日義勇軍負責人志强的妻子芳華在酒家賣唱以維持生計。其鄰居無業游民二虎被日軍利用，充當偵緝人員，芳華經常曉以大義。某晚志强因緊急任務潛回家中喬裝，被二虎擊斃。二虎得知真相後，幡然悔悟，擊斃數名敵軍後力戰而死。芳華將一煙蒂踢進裝滿彈藥的船艙，與敵人同歸於盡。

志强（魏鶴齡飾）、芳華（虞靜子飾）夫婦和他們的女兒小華（王好爲飾）

面對妻子（陳燕燕飾）的溫柔賢惠，趙懷今（謝添飾）疑心重重

《深閨疑雲》

出品："中電"三廠
編劇：徐昌霖　導演：徐昌霖　攝影：高洪濤
主演：謝添　陳燕燕　朱莎　陳方千

趙懷今在外漂泊多年，回到家後發現了種種疑竇。賢惠妻子趙蘭的傾心愛戀；年輕英俊的房客；以貞潔聞名的楊太太行爲不檢；這些都加劇了趙懷今的疑慮。趙蘭無法忍受跑到教堂祈禱，趙懷今聽到了妻子的純潔真摯的自白，消除了疑慮，明白了妻子的無辜，慚愧得無地自容。

阿花（中，陳燕燕飾）在幕後人（左，嚴俊飾）的脅迫下開始淪落

《天魔劫》

出品："中電"二廠
編劇：屠光啓
導演：屠光啓
攝影：顧温厚
演員：陳燕燕　嚴俊　徐立　顧夢鶴

李丹書爲作畫認識了服刑的阿花，阿花悲慘的命運打動了他：阿花因不甘沉淪，開槍打死逼迫她的幕後人後被捕。阿花將心上人阿牛託付給畫家，自己進監獄服刑。

秦婉霞（歐陽莎菲飾）擋住劉默邨(右，賀賓飾)，掩護應衛民（左，史弘飾）執行任務

《天字第一號》

出品："中電"三廠
編導：屠光啓　攝影：莊國鈞
演員：歐陽莎菲　賀賓　董淑敏　史弘

北平淪陷，賈新民得到情報，國民黨方面被稱作"天字第一號"的特務已經到了北平，於是決定當天晚上圍捕。這個消息被劉默邨的女兒劉小燕聽到，她告訴了她的戀人應衛民。三天過去，賈新民没有抓到人。劉默邨的續絃秦婉霞過去是應衛民的戀人，當應衛民到劉家盜竊情報，秦婉霞竟意外地掩護了他，原來她就是"天字第一號"。

中共中央宣傳部發出《關於電影工作給東北局宣傳部的指示》

1948年10月26日，中共中央宣傳部針對東北電影製片廠上報的工作報告和計劃，向東北局宣傳部發出《關於電影工作的指示》。全文如下：

東影工作計劃收到，對於明年工作計劃，我們一般同意，望努力實現之。

（一）電影劇本審查方針，現在當我們的電影事業還在初創時期，如果嚴格的程度超過我們事業所允許的水平，是有害的，其結果將是窒息新的電影事業的生長，因而反倒幫助了舊的有害的影片取得市場。我們審查電影劇本的標準，在政治上只要是反帝、反封建、反官僚資本的，而不是反蘇、反共、反人民民主的就可以。還有一些對政治無大關係的影片，只要在宣傳上無害處，有藝術上的價值，就可以。至於藝術的標準，亦應從大處着眼，不應流於細節的苛求。細節上的完美，只能逐步達到，不能一蹴而就，這是要在實踐、批評與學習的過程中逐漸做到的。至於根本不合理的批評，則應加以拒絕與駁斥，方能保護新事物的成長。這是一方面。另一方面，爲了保持一定水平，勿使粗製濫造，你們採取謹慎的方針是對的，必要的，同時必須組織正確的批評，向群衆學習。對於工作人員，特别是編導和演員，要組織他們學習馬列主義的基本知識，使他們具有馬列主義的基本觀點，並須使他們了解政治和黨的政策，然後他們才能創造具有深刻和廣大群衆影響的作品，並避免政治上和基本觀點上的錯誤。因爲階級社會中的電影宣傳，是一種階級鬥爭的工具，而不是什麼别的東西，如果没有馬列主義觀點和政策觀點，他們就很難創造好的作品，並很難避免基本上的錯誤，就不能做黨的好的宣傳工作者。必須用很大的力量，實際地去組織這種學習，並給以切實的幫助。關於電影劇本的審查，必須建立制度，請東北局宣傳部組織一個三人的小委員會負責，指定一個爲主任，作爲審查電影劇本的最高機關，凡是電影劇本經過它的准許後，即可攝製，以免議論紛紜，莫衷一是，同時責有攸歸，便於集中群衆意見檢查和改進工作。此委員會人選，請東北局宣傳部提出，經中央批准。

（二）電影劇本故事的範圍，主要的應是解放區的，現代的，中國的，但同時亦可採取國民黨統治區的，外國的，古代的。外國的進步名著，須加以適當的改造；古代的歷史故事，亦可以選擇。再則，可以攝製略加故事穿插的教育片，如關於改進戰術，繳獲交公，城市紀律，節省物資，節省戰勤，爭取俘虜，提倡合作，增加生產，保育嬰孩，防止疾病，反對迷信，灌輸科學知識等。你們除自己編寫劇本外，應與各方專家，共同考慮，制定明年具體的生產計劃，並電告我們批准施行。

（三）請即考慮成立"新華影片公司"，對全國解放區的電影院供給影片，取得承擔蘇聯影片在解放區放演的專利權。並準備在關内設立分公司。

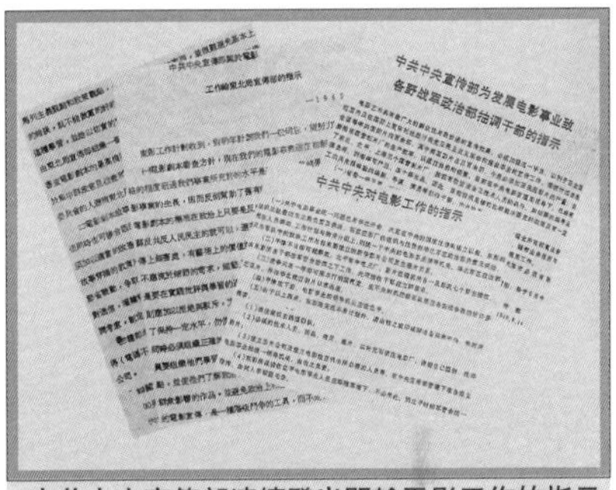

中共中央宣傳部連續發出關於電影工作的指示

日本技術人員參加東影建廠和影片生産

在東北電影公司原在僞"滿映"工作的部分日本技術人員在東北電影公司領導人員的動員之下，決定參加東北電影公司的工作，跟隨搬遷到興山。他們一方面參加東影的影片創作生産，一方面向中國職工傳授專業方面的技術知識，其中一些人的親屬還參加了後勤服務工作。在這一過程當中，他們與東影的中國同事建立了深厚的友誼，這種友誼一直保持到今天。

1948年冬天，參加"東影"建設的全體日本技術人員在興山的合影

參加東影工作的録音師高島（正面）在工作現場

參加東影工作的日本攝影師岸寬身（中國名字爲杜榆）參加影片拍攝

參加東影工作的日本攝影師福島宏（左1）（中國名傳宏）

動畫片導演持永只仁（左）與剪接師民野吉太郎

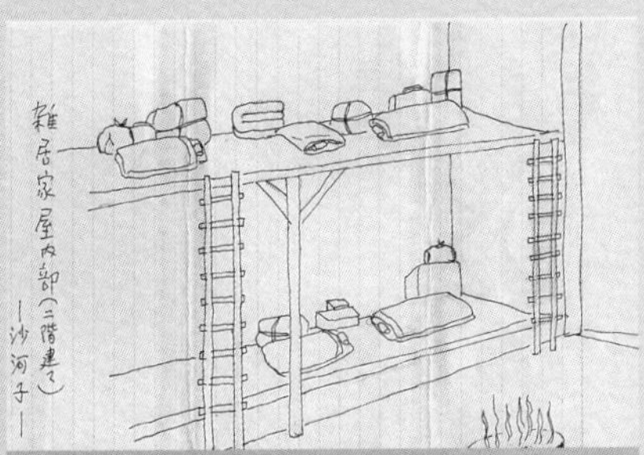
美工師森川和雄手繪的宿舍場景

森川和代（後排左1）在中國參加人民解放軍。這是她被派到塞克家擔任護士時，與塞克（前排左3）、于藍（後排左3）等人的合影

1948年（臺灣）

大事記

1月2日　上海崑崙電影公司副廠長孟君謀和導演陳鯉庭，搭中興輪來臺，爲歐陽予倩編導的《關不住的春光》找外景，曾參加戲劇節。

1月16日　臺灣電影攝製場成立"臺灣電影製片股份有限公司"籌備處。因招募股金太少，四月奉令改爲"臺灣省政府新聞處電影製片廠"，廠長由新聞處長吴錫澤兼任，是首任廠長。

2月8日　臺灣省新聞處在草山公園（現爲陽明山公園）舉行迎春會，招待百餘影劇界人士同樂。

3月5日　上海、中電、文華、崑崙四家電影公司在臺影設"四聯辦事處"，負責四家公司影片在臺發行。

3月31日　上海影星周璇、顧蘭君、袁美雲、歐陽莎菲等一行9人乘中航機抵臺，拍《寶島美人》外景。

4月18日　僑光公司總經理鄭天仕由港來臺，將在臺灣拍國語片6部。

4月20日　《中華日報》與戲院合作發行優待讀者電影半價券，引起好萊塢在臺北美商聯誼小組抗議停供影片。臺影適有囤積大批國片可墊檔，造成國片抬頭機會。

4月21日　本省各縣市電影院放映影片，申請登記，省府簡化查驗手續，今起實施新規定。

6月26日　根據臺灣省戲院業統計，臺省影院共四十餘家，佔全中國第三位。僅次於上海和江蘇省。

7月30日　"四聯辦事處"接受其他電影公司委託，擴大組織，改名爲"中國電影臺灣聯營處"，負責人陸小洛。

8月5日　上海影星舒適自港來臺，在淡水拍《長相思》外景。

8月30日　長春製片廠名作《松花江上》在臺北市首映。

9月　國防部新聞局第七科長顧秉良抵臺，偕同臺灣省政府新聞處第三科長吴良儁，從臺北經羅東，環行全島，拍攝《今日臺灣》紀録片，包括臺灣風光及建設，於11月12日携帶全部底片回南京整理，然後運美沖洗。

12月4日　國民政府開始撤退到臺灣。

何非光返臺拍《花蓮港》

5月28日上海西北影業公司出品之《花蓮港》來臺拍攝，監製方一志、臺籍導演何非光率領攝影師周達明、演員王珏、沈敏、凌之浩、宗由等一行17人抵臺。本片全部在臺灣攝製，回上海剪接、洗印，可説是在臺灣攝製的第一部國語影片。

全片外景隊在臺中霧社及臺東等地拍攝，畫面優美。導演何非光爲臺中人，兄弟衆多，其中有胞弟通山地語，遂成爲外景隊通譯，協助山地拍片事宜。配樂、作曲則請金律聲教授負責，他在學生朱永鎮的陪同下來臺，走遍山地搜集原住民民謠音樂作爲全片配樂、插曲，由上海工部局大交響樂團擔任演奏，是中國電影首次嘗試，其中插曲《出草歌》、《臺灣小調》（歌詞開頭爲"我愛我的妹妹啊……"）風行全臺。

《花蓮港》劇照

何非光扮相照

何非光（1913—1997）

導演，演員。生於臺中市。1924年畢業於臺中市立公學，1925年就讀東京大成中學，畢業後考進日本大學文學戲劇科，參加東京日活映畫有聲映畫製作所學習電影。1930年參加“臺灣演劇研究會”。1933年到上海從影，因在《母性之光》中演反派南洋闊少而一舉成名。後主演《歧路》(《淚痕》)、《暴雨梨花》、《再會吧，上海》等片。1938年加入中國電影製片廠，出演《保衛我們的土地》、《熱血忠魂》等片。1939年起，編導《保家鄉》、《東亞之光》、《日本間諜》、《氣壯山河》、《血濺櫻花》、《出賣影子的人》、《花蓮港》等片。

何非光（右）工作照

國語片因禍得福

7月5日，本省中南部臺影所屬戲院，同意臺南《中華日報》發行半價券優待讀者，引發美商八大公司抗議，限期收回半價券，並實施停止供片的大風波。

由於中國電影聯營處成立，大批國語新片運到，臺影正愁戲院受制於美商，無法上映國片，有失黨營戲院立場。乘美商停止供片機會，通知聯營處陸小洛大量供應新出品國片，大受歡迎，尤其中南部首次上映頭輪國語新片，影迷比臺北人先看到新片，大爲興奮。而且這些影片製作優良，轟動一時，比上映美片生意好，戲院因禍得福。美國片商發現抗議失算，態度自然軟化。國片從此在臺灣打開市場，直到上海局勢緊張，中國電影聯營處撤銷，美商上海各公司遷來臺灣合併，聲勢增加。美國福布斯公司總裁符立德將軍爲此專程來臺，爭取美片權益。外交部基於軍經方面需要美方大力協助，在電影市場上，儘量遷就美方的要求。

臺灣電影院業經營的苦經

9月27日，國民黨管理全省18家戲院的臺灣電影事業股份有限公司副總經理青雲梯在《臺北晚報》發表《進步中的臺灣電影事業》一文，大嘆光復初期臺灣電影院業的苦經。有關內容摘録如下：

第一，臺灣各城市的人口，遠不及京滬之多，因而臺灣省每個電影院的觀衆人數遂遠較京滬爲少。以臺北而論，40萬人口，經常有九家影院，但在南京，120萬人口，只有七家影院，上海5百萬人口，也不過六十餘家影院，所以在京滬，只要稍好的影片就可天天客滿，放映十天半月或一兩個月爲常有之事。但在臺北，除星期天及假期觀衆較多外，平常日極難滿座。此種情勢，使臺灣影院收入無論如何難與京滬影院相比擬。

第二，臺灣省居民的消費力不及京滬之大。蓋臺灣省同胞平素極爲儉樸，舊臺幣300元一張的票價折合法幣爲十萬餘，較上海票價20萬法幣一張低一半，但在一般臺灣人眼中仍是一筆相當大的數目，因此在收入方面遂遠不及京滬的影院，而支出方面亦無法節省。臺灣省的影院遂陷入兩面夾攻的困窘地步。

第三，片商的條件太苛。在臺北首輪影院要付片商由上海至臺北的運費的50%，中南部的影院要付10%，還得負擔全部宣傳費。

第四，影院負擔的税捐太重。現在影院所負擔的税捐，扣除房捐所得税等，每賣一張票要負擔30%的娛樂税、5%的印花税、3%的營業税。

臺灣省戲院統計

6月26日，根據戲院最新統計，臺灣省影院40餘家，佔全國第三位（上海第一，江蘇省第二）。分佈情形如下：

臺北十餘家（大世界、臺灣、第一劇場、國際、新世界、中山堂、美都麗、新民、大光明、大中華、芳明）。臺南6家（延平、世界、赤坎、南都、國華、全成）。

臺中5家（臺中、成功、中山堂、豐中、國際）。

基隆3家（中央、大世界、大華）。
高雄3家（光復、青年、壽星）。
嘉義2家（嘉義、慶升）。
新竹2家（新世界、國民）。
屏東2家（光華、屏東）。
彰化1家（和繁）。
花蓮港2家（中華、花蓮）。
羅東2家（新生、羅東）。
左營1家（興隆）。
鳳山1家（南臺）。

其中以臺北的“大世界”、“臺灣”、“第一劇場”、“國際”、“中山堂”，臺中的“臺中”設備較佳，可與京滬的中等影院匹敵。“大世界”與“臺中”裝置的是西電公司的放映機，聲光最好，比之上海的“美琪”、南京的“大華”毫無遜色。

1948年（香港）

大事記

9月30日　首部港產35毫米的彩色故事片《蝴蝶夫人》在港公映，由大觀影片公司美國分廠製作。

本年　上海一批著名電影工作者南下香港。

上海崑崙影業公司在香港創立了崑崙港廠。

五洲影片公司出品香港第一部粵語和閩南語兩種語言同時攝製的電影《香閨春暖》。粵語版由畢虎編導，張活游、白燕主演；閩南語版仍由畢虎導演，演員則是鶯紅和一位福建籍男演員主演。

衆多影片公司紛紛成立

大光明、啓聯、南群、大江、南國等影片公司成立。這些公司雖然存在的時間不長，但是拍攝了一批在中國電影史上有重要影響的作品，其中以南國公司出品的《珠江淚》爲代表。

南國影業公司

1948年，原崑崙公司的夏雲瑚、任宗德以及香港利舞臺的經理袁耀鴻，共同創辦了南國影業公司（以下簡稱南國）。南國創作了許多粵語片佳作，在香港電影史上佔有重要地位。南國創業作《珠江淚》是香港電影的經典代表作之一。

袁耀鴻（1904—2002）

電影事業家。廣東寶安人。早年經營建築業。20年代轉營戲院，後被香港利氏家族聘請主持利舞臺戲院，之後又相繼經營多家電影院及戲院。1938年他投資蔡楚生、司徒慧敏兩位知名導演拍攝了《遊擊進行曲》、《血濺寶山城》兩片。1948年，袁耀鴻聯合利氏家族投資創辦南國影業公司，出品了《珠江淚》、《羊城恨史》、《冬去春來》等著名影片。1952年，配合“粵語片清潔運動”，袁耀鴻與幾家戲院合作組成排映新聯、中聯、光藝、華僑四大影業公司的愛國粵語片院線，對“粵語片清潔運動”貢獻良多。1990年出任香港聯藝公司經理。

重要影片

《此恨綿綿無絶期》

出品：大群影片公司
編劇：谷柳　導演：盧敦
主演：張瑛　梅綺　盧敦　吳回

影片抓住官場中的現實，描述了一個政府公務員一家的變化和他們的悲慘遭遇，一方面寫出了平凡人的悲劇，另一方面也刻畫出貪官污吏的罪惡，社會的腐朽。

著名作家茅盾在評價該片時寫道：“現實的內容，嚴肅的作風，高級的技術，這些特點使得《此恨綿綿無絶期》在今日的粵語片中成爲劃時代的作品。……我以爲《此恨綿綿無絶期》有它積極的教育意義，本片的故事極富於人情味而又不流於庸俗。”（引自茅盾寫的《我看此恨綿綿無絶期》）

《此恨綿綿無絶期》劇照

《國魂》海報

《國魂》

出品：永華影業公司
編劇：吳祖光　導演：卜萬蒼
主演：劉瓊　陶金　袁美雲　王元龍

影片改編自吳祖光話劇《正氣歌》。這是一部傳記題材的影片，講述了南宋末年的民族英雄文天祥誓死抗敵，雖兵敗被俘，蒙古人多次勸降，但他不爲所動，並寫下《正氣歌》以明志，最後殉國的故事。

影片製作非常精良，攝製時間超過一年，投資額也是平常影片的十倍多，布景70多堂，參演演員超過千人，並且第一次使用“背景放映機”協助拍攝。

影片放映時非常受歡迎，在廣州和香港同時創下當年的賣座紀錄。中國電影史學家杜雲之將它列爲中國名片一百部之一。

《野火春風》

出品：大光明影片公司
編劇：以群　導演：歐陽予倩
主演：舒綉文　顧而已　顧也魯　高占非

女藝人方華結識李秉義，兩人來往甚密。抗戰爆發，劇團經濟拮據，方華與舊相識漢奸黄海山同居，黄海山利用劇團收集情報。後方華得知黄海山身份便遣散劇團，參加抗日。

《野火春風》劇照

“七人影評”與“粵語片評”

本年，夏衍等組成“七人影評”，陳殘雲等組成“粵片集評”，在《華商報》等報刊發表集體影評，樹立了香港影評人發揮集體智慧的良好榜樣。

“七人影評”是香港第一個集體評論團體，由夏衍、葉以群、周鋼鳴、孟超、翟白音、洪遒、韓北屏等組成。這七人發表的評論主要針對香港出産的國語片。這些影評通過《文匯報》、《大公報》等開展了一系列的影評活動。以嶺南著名作家陳殘雲、黄谷柳等爲主體的“粵語片集”，主要針對粵語片在《華商報》上開展嚴肅評論，對香港電影的進步和發展均産生了積極的推動作用。

喜劇片成本年度電影主流

1948年香港總共出産了41部喜劇片，佔了同年港産故事片量的三分之一。這一年香港出産的喜劇電影不僅産量大，並且質量高，題材多采多姿，受到觀衆的歡迎，喜劇片成爲1948年香港電影的主流。此時的喜劇往往是以當時時代爲背景，多使用明快的鏡頭、豐富美麗的場面，並且配以歌舞、香艶、情趣等等“佐料”，形成了獨特的喜劇風格。

香港第一部國際影展獲獎影片

本年,《清宮秘史》參加在日本舉行的“第七屆世界電影節”,榮獲紀念獎,成爲香港第一部在國際影展上獲得榮譽的影片。該片還曾入選瑞士洛迦諾電影節並深受好評,之後又在歐美及中東等數十個國家地區公映過,是第一部正式在國際電影節和國際電影市場上亮相的香港電影。不過,該片1951年在內地公映却產生極大爭議和引致被批判的風波。

《清宮秘史》劇照

《清宮秘史》

出品:永華電影公司

編劇:姚克　導演:朱石麟　主演:周璇　舒適　唐若菁

根據姚克的話劇《清宮怨》改編而成。影片描述了清甲午海戰之後,光緒深感喪權辱國之痛,決心維新變法。結果以西太后爲首的保守勢力發動了“戊戌政變”,將光緒囚於瀛臺。後八國聯軍侵華,西太后倉皇出逃,臨行前殺害了珍妃。光緒帝面對國破家亡的結局,只能獨自慨嘆。

朱石麟(1899—1967)

導演。江蘇太倉人。青年時代曾在北平華北電影公司擔任編譯部主任。1930年到上海聯華電影公司,爲製片部主任。1934年主持聯華三廠,同年開始從事導演工作。1946年香港光復後,受到大中華電影公司的邀請來到香港,1948年攝製了名片《清宮秘史》。1950年,朱石麟加入龍馬電影公司,1952年開始籌備鳳凰電影公司,之後在短短的幾年裏,他創作出了《誤佳期》(1951,又名《小喇叭與阿翠》)、《花姑娘》(1951)、《一板之隔》(1952)、《百寶圖》(1952)、《中秋月》(1952)等名片。他的影片善於在笑料中體現小人物的平常生活,他們的尷尬境地,也表現了老百姓中的善良、團結、正義感。而他也因此被譽爲“香港寫實主義電影的領導者”和“香港社會生活喜劇的倡導者”。同時,其嚴謹的創作精神和富於人文色彩的創作風格,令他的作品成爲香港電影寶貴財富。1954年,朱石麟改組了龍馬公司和老鳳凰影業公司之後,成立了新的鳳凰影業公司,他擔任公司的委員會主任。這之後他還拍攝了《闔第光臨》(1954)、《孔雀屏》(1955)、《一年之計》(1955)、《搶新郎》(1957)、《夫妻經》(1958)、《金屋夢》(1959)、《新婚第一夜》(1959)、《雷雨》(1960)、《三鳳求凰》(1962)、《風雪一枝梅》(1963)、《董小宛》(1963)等,《故園春夢》(1964)是他執導的最後一部影片。朱石麟所在的鳳凰非常注重人才的培養,從他手下脫穎而出的有陳靜波、任意之、羅君雄、鮑方等知名導演。

主要影片目録

本年度香港共出品影片146部,全部爲故事片,其中粵語片128部,國語片18部。

大觀(美國分廠)　《爭妍鬥麗》、《金國情緣》、《狂風逐燕飛》、《蝴蝶夫人》、《阿女》

青華　《春風得意》、《得心應手》、《兩個煙精掃長堤》、《刁蠻公主》、《武松大鬧獅子樓》

天南　《金粉世家》(上集)、《金粉世家》(下集)、《梁山伯、祝英台》(上集)、《梁山伯、祝英台》(下集)

建成　《方世玉與苗翠花》、《十三妹大鬧能仁寺》、《金鏢黄天霸》(上集)、《金鏢黄天霸》(下集)

大中華　《黑俠與李青薇》、《女大當嫁》(國語)、《四美圖》(國語)

光明　《神秘婦人心》、《曲終魂斷》、《夫榮妻未貴》

山月　《新生命線》、《真假新郎》、《風流女賊》

吉星　《步步高升》、《情淚種情花》、《歡天喜地》

大興　《游龍戲鳳》、《千里姻緣》、《我若爲王》

友僑　《銅鎚俠大戰九花娘》(上集)、《銅鎚俠大戰九花娘》(下集)、《天下婦人心》

五洲　《香閨春暖》、《太太萬歲》

四達　《花月良宵》、《江湖鐵漢》

大南　《終須有日龍穿鳳》、《差利與小孩子》

大道　《四鳳齊飛》、《恨海情鴛》

永華　《國魂》(國語)、《清宮秘史》(國語)

金聲　《公子情深》、《黄金世界》

新城　《一日夫妻百日恩》、《三劍俠》

星光　《仙童玉女》、《御猫大戰錦毛鼠》

華僑　《雙飛蝴蝶夢》、《玉樓情劫》

民生　《五鼠鬧東京》(上集)、《五鼠鬧東京》(下集大結局)

其他　《諜網恩仇》(文華)、《審死官》(聯藝)、《賢妻蕩婦》(華藝)、《再生緣》(建國)、《花蝴蝶》(下集)(民生)、《血染霓裳》(伶星[伶星報社])、《蝙蝠大盜》(文英)、《萬紫千紅》(南華)、《哪吒鬧東海》(翔生)、《同是天涯淪落人》(勵群)、《歸來燕》(萬里)、《四代同堂》(紐約銀星)、《地底迷宮》(紅緑晚報[電影組])、《香港殺人王》(寶鼎)、《朱門怨》(國語)(國聯)、《妙想天開》(偉大)、《十二美人樓》(中英)、《廣東先生大破謀人寺》(山光)、《冷月照郎歸》(新光)、《江湖奇俠》(四俠)(藝華)、《四大天王》(萬象)、《瘋狂月老》(四海)、《此恨綿綿無絶期》(大群)、《烽火漁村》(和合)、《再折長亭柳》(新華)

1949年（大陸）

大 事 記

1月4日 金山給周恩來寫信，報告自己的活動情況以及上海電影界的情況，並對電影事業的發展提出了建議。

1月21日 中共中央宣傳部發出給東北局宣傳部並轉袁牧之《關於電影問題的幾點通知》，內容包括：一、關於蘇聯影片的專利問題；二、派出放映隊給正在整訓的中原和華北野戰軍放映影片；三、製片計劃中關於敵軍起義的問題，望勿採用等等。

1月27日 中共中央宣傳部發出《關於電影三問題》的文件，是發給北平軍管會有關領導的。

1月31日 北平和平解放。

2月1日 田方進入北平。2月4日，馬彥祥、田方、翟强等人帶隊接管了國民黨"中電"三廠等電影機構。4月，馬彥祥、田方代表北平軍管會將這些電影機構交由設在北平的華北人民政府文化藝術工作委員會管理。

2月10日 東北軍政大學文工團一行70餘人抵達東影，參加《回到自己隊伍來》及蘇聯影片《普通一兵》的譯製工作，成員中有蘇里、武兆堤、鞏志偉、葛炎等。該團後來集體調入東北電影製片廠。

3月1日 東北影片經理公司在瀋陽成立，白睎任經理。

4月20日 中國人民解放軍北京市軍管會接管國民黨中央電影攝影場第三廠，成立北平電影製片廠（後更名北京電影製片廠）。田方任廠長，汪洋任副廠長。該廠主要由東影派往關內的新聞攝影隊、華北電影隊、以及原"中電"三廠和"長製"留在北平的人員組成。

4月23日 南京解放，于伶、鍾敬之率隊隨人民解放軍進駐南京。28日于伶、鍾敬之等率領部分人員前往上海進行接管後，其餘人員留在南京，代表南京軍管會接收國民黨在南京的電影機構。

4月 "東影"陸續由興山遷回長春，由於此前袁牧之已經調任中央電影局任局長，吴印咸繼任廠長。

6月14日 中央電影局向中宣部呈送關於電影工作的報告。其主要内容爲：1.成立中央電影管理局及其組織系統；2.國營廠的製片工作；3.關於影片發行工作。

6月29日 華北農業部所屬農業電影社在北平成立。

8月14日 中共中央宣傳部發出《爲發展電影事業向各野戰軍政治部抽調幹部的指示》，隨後，一批軍隊文藝工作者充實到各電影製片廠。

9月21日 在第一次中國人民政治協商會議上，田漢作詞，聶耳作曲的影片《風雲兒女》主題歌《義勇軍進行曲》被定爲即將成立的中華人民共和國國歌。

10月1日 中華人民共和國中央人民政府成立，首都30萬人民在天安門廣場舉行慶祝典禮。

10月22日 中央電影局在北京分别召開藝術委員會（由蔡楚生、陳波兒主持）、製作委員會（由史東山、羅靜予主持）、發行會議（由羅光達主持）。三個委員會最後舉行聯席會，共同討論1950年電影市場的需求與供應問題，並逐步嘗試走向企業化。

11月1日 中央人民政府文化部成立，開始辦公，中央電影局改隸文化部，更名爲文化部電影局，局長袁牧之。

11月 上海電影製片廠成立，于伶任廠長，陳白塵任藝術委員會主任。

于伶在上影廠講話

11月20日 文化部電影局召開第一次行政會議。經過討論確定1950年度的兩大目標：1.在文化戰線上爭取進步電影在電影市場上從劣勢轉到優勢；在經濟戰線上試行企業化，所有局直屬的國營各單位都要試行企業化，不能做到自給，也得減少國家以後年度的投資。會議還確定了今後電影工作的方針任務和1950年的各項計劃和機構建立等事宜。

11月 華東局文工團全團併入上影廠，成員有鐵牛、趙焕章、仲星火、湯化達等。

12月16日 政務院第11次會議通過決定，正式任命袁牧之爲文化部電影局局長。

重要影片

《烏鴉與麻雀》

出品：昆崙影業公司
編劇：沈浮　王林谷　徐韜
　　　趙丹　鄭君里　陳白塵(執筆)
導演：鄭君里
攝影：苗振華　胡振華
主演：趙丹　魏鶴齡　孫道臨
　　　吴茵　上官雲珠　李天濟

南京國防部的小官僚侯義伯非法霸佔了孔有文的房子，養着他在上海的姘婦余小瑛。眼看前程不保，他想把房子賣掉，並想方設法欺壓樓裏的居民。被壓迫的"麻雀"們團結起來，趕走了這隻"烏鴉"。

華先生（孫道臨飾）回到家中，與妻子（上官雲珠飾）團圓，鄰居們都很高興

三個女性（左起：沙莉、黃宗英、上官雲珠飾）開始了新的生活

《麗人行》

出品：崑崙影業公司
編劇：田漢　陳鯉庭
導演：陳鯉庭
攝影：韓仲良
主演：黃宗英　沙莉
　　　上官雲珠　趙丹

根據田漢同名舞臺劇改編。紡織女工金妹被日軍姦污痛不欲生，新群等愛國青年將其救到友人若英家中。若英改嫁給銀行家王仲原後，發現王另有外遇，並且察覺他的賣國醜行，悔恨交加想自殺。看到金妹，若英放棄了輕生的念頭，二人在新群的幫助下開始了新的生活。

陳鯉庭（1910—　）

上海人。電影導演，理論家。1931年創作的街頭短劇《放下你的鞭子》，曾在抗戰時期廣爲流傳；此後曾發表電影評論和譯文，抗戰期間在重慶出版了論著《電影軌範》。導演作品有《遥遠的愛》、《幸福狂想曲》、《麗人行》、《人民的巨掌》、《勞動花開》等。

黃宗英（1925—　）

原籍浙江瑞安，生於北京。天津南開中學肄業。1941年進入上海職業劇團等話劇團體，參加過話劇《蛻變》、《甜姐兒》的演出。1947年登上銀幕，先後在北平中電、上海中電和崑崙等影業公司拍攝的《幸福狂想曲》、《鷄鳴早看天》、《烏鴉與麻雀》、《麗人行》等進步影片中擔任主要或重要角色。新中國成立後任上海電影製片廠演員，拍攝了《家》、《聶耳》等影片。

影片目録（共39部）

大同　《蝶戀花》、《二百五小傳》、《幾番風雨》、《人面獸心》、《望穿秋水》
國泰部　《殘冬》、《荒園艷跡》、《失去的愛情》、《十二小時的奇跡》、《影城奇譚》
崑崙　《麗人行》、《三毛流浪記》、《烏鴉與麻雀》、《希望在人間》
文華　《哀樂中年》、《錶》、《母親》、《越劇精華》
大華　《女賊》、《玩火的女人》、《異想天開》
其他　《青山翠谷》、《喜迎春》（"中電"二廠），《尋夢記》、《銀海幻夢》（"中電"一廠），《人在屋檐下》、《再生年華》（華僑），《殺人夜》、《夜來風雨聲》（新時代），《諜海雄風》、《銀河幻夢》（中國聯合），《寒山寺鐘聲》、《森林大血案》（中企影藝社），《橋》（東影），《美艷親王》（東亞），《年年如意》（華光），《雙槍女俠》（華星），《同心結》（嘉年），《十三號女盗》（啓華），《擠》（南京"中製"）

校長（石揮飾）與年輕的女教師（朱嘉琛飾）

《哀樂中年》

出品：文華影業公司
編導：桑弧
主演：石揮　韓非　朱嘉琛　李浣青

一個小學校長中年退休後生活寂寞，孩子們已經爲他準備後事，令他精神十分苦悶。他意識到這樣下去非常危險，於是振作精神，努力於事業上的進取，同時得到一位年輕女教師的愛，生活又重新煥發出了光彩。

袁少樓（吕玉堃飾）受到酷刑

《二百五小傳》（又名《梨園英烈》）

出品：大同電影企業公司
編劇：田漢　導演：鄭小秋　攝影：羅從周
主演：吕玉堃　朱琳　陳正薇　潘鋭

根據田漢同名舞臺劇改編。"九一八"後，京劇藝人袁少樓在演出中諷刺警務局長投降醜態，被捕受刑。出獄後，少樓從事舊劇改革。"八一三"後，他拒演黄色戲和漢奸戲，演出抗日戲。當臺上演漢奸戲時，袁少樓大聲疾呼，阻止演出，被日本憲兵殺害。

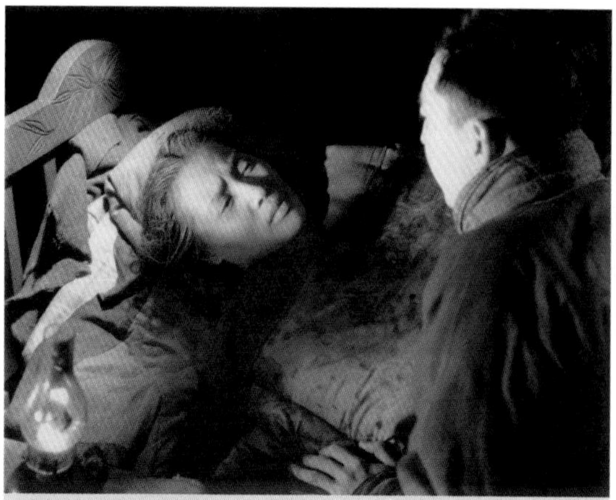
晚年的母親（秦怡飾）終於理解了兒子（衛禹平飾）

《母親》

出品：文華影業公司
編導：石揮　攝影：葛偉卿
主演：秦怡　衛禹平　杜驪珠　童葆苓

陳素珍因丈夫自殺，只好做家庭教師養家。男主人喪妻，欲向其求婚，陳素珍爲了孩子而拒絶。陳素珍將兒子劉大爲培養醫科大學畢業。劉大爲在家中辦起了簡陋的診所。看到窮苦人前來求醫，母親深受感動，最終首肯了兒子的作爲。

《三毛流浪記》

出品：崑崙影業公司
原著：張樂平　改編：陽翰笙　導演：趙明　嚴恭
攝影：朱今明　韓仲良　裘葛　主演：王龍基　林榛

流浪孤兒三毛過着無人關心。挨凍受餓的悲慘生活，雖然他有過被一位闊太太收養的短暫"幸福"生活，但那並不屬於他，只有解放才會帶給他真正的幸福和温飽。

流浪兒三毛（王龍基飾）

新中國第一部故事片

工程部長（前中，魯非飾）爲大橋通車剪綵

5月1日，東影影片《橋》拍攝完成。由於這部影片是在解放區攝製的第一部長故事片，完成於新中國成立前夕，因此被認爲是新中國第一部故事片。

《橋》

出品：東北電影製片廠
編劇：于敏
導演：王濱
攝影：包傑
主演：王家乙　呂班　陳强　江浩　于洋

1947年，東北某鐵路工廠工人們接受了搶修松花江鐵路橋的艱巨任務，他們不怕苦不怕累進行修橋工作，終於在洪水到來之前將鐵橋修好。

秦方千（中，金焰飾）找到裘麗因（左，秦怡飾），也見到她被迫嫁給的佘達（周伯勳飾）

《失去的愛情》

出品：國泰影業公司
編劇：徐昌霖
導演：湯曉丹
主演：金焰　秦怡　周伯勳　朱莎

抗戰四年秦方千杳無音信，戀人裘麗因爲了生活違心嫁給了富商佘達。婚後，人面獸心的佘達相繼害死了裘母和待兒，霸佔了傭人翠花。不久傳來翠花爲報殺夫之仇殺死佘達的消息，裘麗因不願累及無辜，承認自己毒死佘達，被判死刑。

文艷琴（跪地者，焦鴻英飾）爲救魏秋泉，同意給馬督軍做妾

《美艷親王》

出品：東亞影業公司
編劇：馬徐維邦
導演：馬徐維邦
攝影：苗振華　張宏康
主演：焦鴻英　黄河　喬奇　威莉

文艷琴和魏秋泉兩情相悦。他倆學成後的同臺獻藝，轟動一時。馬督軍垂涎文艷琴美色，特贈“美艷親王”尊號以博其歡。文艷琴爲解救魏秋泉而答應做妾。魏秋泉出獄後和李二姑結婚生下魏少秋。魏秋泉病逝，文艷琴幫助魏少秋成才，最後痼疾突發不治身亡。

李青山（右，高博飾）與藹珍（朱琳飾）

《幾番風雨》

出品：大同電影企業公司
編劇：洪深　趙清閣
導演：何兆璋
攝影：王玉如　羅從周
主演：朱琳　束荑　高博　韓濤

江有恒一家住在上海一隅。長女淑珍嫁給中學教師劉明軒，婚後一直寄居娘家；二女兒藹珍抱着獨身主義，就職於一家公司；三女惠珍因被某洋行方經理拋棄而自盡。藹珍婉言拒絕了記者李青山的求婚。李青山婚後邀請她合辦兒童樂園，她很高興地前去開闢新的生活。

第一次全國文代會召開

7月2日，中華全國文學藝術工作者代表大會在北平召開。毛澤東、朱德、周恩來分別到會並發表講話。大會期間，陽翰笙、袁牧之分別作了《國統區進步戲劇電影運動》和《關於解放區的電影工作》的專題發言，回顧和總結了國統區進步電影運動和解放區的電影工作的情況和經驗，提出了今後電影工作的方向和任務。7月25日，中華全國電影藝術工作者協會在北平成立。大會選舉陽翰笙爲主席，袁牧之爲副主席，全國委員和候補委員54人。

毛澤東主席出席文代會，與周揚（左2）沈雁冰（左3）郭沫若（左4）在主席臺上

白楊在文代會上宣讀賀信

舒綉文在文代會上宣讀賀信

張瑞芳在文代會上宣讀賀信

文代會上的團聚。左起：鄭君里、陳白塵、黎莉莉、陽翰笙、洪深、田漢

1949年5月在北京老戰友相逢。左起：錢筱璋、阿英、夏衍、李克農、袁牧之

第一次中華全國文學藝術工作者代表大會主席團成員合影

中央電影管理局成立

4月上旬，中共中央宣傳部領導的中央電影管理局在北平成立，袁牧之任局長。中央電影管理局的成立，標誌着中國人民電影事業進入了一個新的歷史階段，它擔負着領導全國電影工作的任務。

1949年2月13日，東北電影製片廠全體職工歡送袁牧之等同志赴北平的合影

16位著名電影工作者提出《電影政策獻議》

4月，留在香港的電影界知名人士歐陽予倩、蔡楚生、史東山、陽翰笙、吴祖光、司馬文森、瞿白音、蘇怡、洪道、梅朵、章泯、顧仲彝、夏衍、王爲一、張駿祥、柯靈等16人聯名提出《電影政策獻議》，對新中國成立後的電影事業發展提出20條建議。該《獻議》4月28日由夏衍帶回北平，上呈中共中央宣傳部。

1949年在香港清水灣的合影。左起：張駿祥、吴祖光、張瑞芳、夏衍、白楊、曹禺、沈寧、葉以群、周而復、陽翰笙

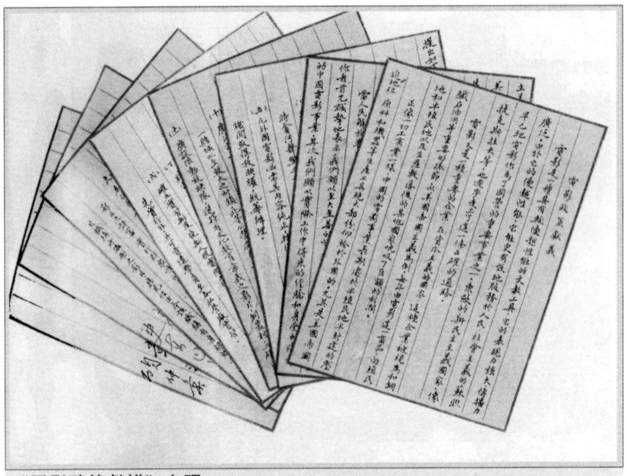

《電影政策獻議》文照

夏衍等到上海接管

5月7日，夏衍與潘漢年、許滌新離開香港，前往北平。抵達北京後，毛澤東、朱德、周恩來、劉少奇分别接見了他們，佈置對於上海的接管工作。16日，這一行人離開北京，參加對上海的接管工作。

5月27日，上海解放，夏衍作爲文教接管委員會的副主任，隨軍管會進城。6月2日開始接管國民黨經營的電影機構。

7月，在上海市的接管工作中，上海市軍管會文教管理委員會主任陳毅就如何對待在日寇侵佔時期曾經參加過日本電影文化侵略機構"華影"人員的問題作了重要指示："凡在敵僞經營的文藝單位工作過，但没有幫助敵僞害過愛國民主人士的人，可以不作附逆論處。"這一指示爲人民政府在團結一切可以團結的人方面，起了積極作用。

夏衍（前，右一）等人乘軍管會的車進入上海

1949年（臺灣）

大事記

1月　南京中國電影製片廠派遣攝影、沖印、剪接等人員，携部分器材抵岡山籌設分廠，南京廠器材分批由上海轉運臺灣。

1月　上海國泰影片公司《阿里山風雲》外景隊人員，抵達臺北青田街國泰辦事處，帶來一批攝影器材。

4月21日　臺灣省各縣市電影院放映影片，申請登記，省府簡化查驗手續。

6月　新六軍政工隊由劉碩夫領隊抵臺，隊員魏平澳、周藍萍、楊秉中、喬宏（本名喬紀侃）等加入《阿里山風雲》拍片陣容，進駐花蓮市，展開拍片工作。

12月8日　"國民政府"遷臺。

12月21日　吳國禎就任臺灣省政府主席。

12月29日　臺中農教廠技術館落成，設電影技術人員培訓班，廠長胡福源講理論，副廠長王士珍教實習，技術與理論並重，培養了攝影、録音、洗印、剪接等技術人員。

本年　"教育部"附設中華教育電影製片廠由南京遷來臺灣，在板橋設廠，先後由郝更生和郎靜山擔任廠長，劉富良任技術主任，獲大批美援添購全新器材。

《阿里山風雲》外景隊留臺成爲種子隊

上海國泰公司《阿里山風雲》外景隊抵臺後，張英和張徹等先上阿里山勘查外景，張英到了阿里山，走遍山區，發現沒有電，幾里無人煙，找不到臨時演員，樹木茂密，林蔭蔽日，光線不足，補助光源又沒有電，無法拍戲。只好下山後再想辦法。幸有花蓮戲院經理游潤香，建議外景隊到花蓮去拍。1949年7月，該片外景隊進駐花蓮。由於七八月是花蓮的地震、臺風季節，氣候不好，耽誤拍片的進度。

這時上海的局勢緊張，公司通知外景隊立即回上海，否則無法支持經費。徐欣夫召開緊急會議會商結果，只有兩人回去，其餘工作人員都要留臺灣，寧願不拿片酬做股東，拍片費和生活費由徐欣夫墊付，以器材作抵押。另取名萬象電影公司出品，《阿里山風雲》成爲光復後臺灣攝製的第一部片。

1949年6月，臺灣攝製的第一部國語片《阿里山風雲》，是民營萬象公司的製作，在花蓮開拍，右起張徹、酋長、張英、翻譯陳子福

開拓臺灣電影市場的徐欣夫

促成國泰最先在臺灣設公司、拍外景及接拍《阿里山風雲》的徐欣夫，是早期開拓臺灣國語片電影市場的功臣之一。

徐欣夫（1897—1968）

導演，製片家。江蘇江陰人。1920年畢業於上海徐匯公學。次年與陳壽芝等合組中國影戲研究社，並參加拍攝中國第一部長故事片《閻瑞生》。1949年在臺灣自組萬象公司，接拍臺灣第一部國語片《阿里山風雲》。次年籌組第一屆臺北市影片商業同業公會被推爲理事長，1953年任臺灣農業教育電影公司，臺中廠廠長兼導演，導演《日月潭之戀》等影片。1958年後任臺灣中央電影事業股份有限公司和臺灣省電影製片廠顧問。1968年8月病逝於香港，享年71歲。

《阿里山風雲》劇照

"無甲不成戲"的由來

1949年5月1日，聯勤總部特勤署計劃將分散在各戰區的特勤隊解散，署長黄仁霖在南京碰到當時擔任裝甲兵參謀長的蔣緯國上校談及此事，蔣緯國認爲解散這些演員太可惜了，遂將編制要了過來，在南京成立特勤隊，派少校馬芳蹤（後任香港邵氏公司臺灣分公司經理）與葛香亭擔任特勤隊策劃主任，登報招兵買馬，帶到上海，再來到臺灣。此時裝甲五個戰車團均有劇宣組織，到臺灣後再分成9隊散居全島，後來走紅影視的中、老年齡層演員如常楓、曹健、錢璐、王宇、魏甦、李影、孫越、穆虹、葛小寶等二三百人全屬裝甲兵，導演徐天榮、金超白、周旭江、劉維斌、李冠章等亦出身裝甲，老影人龔稼農即爲特勤隊教官，而王紹清、伊夢蘭也是隨裝甲兵來臺。

如果當年蔣緯國没有把"火牛"、"特勤隊"等團隊帶來臺灣，少了這批骨幹，今日臺灣影視界將成何種局面，殊難想象。到臺灣後的裝甲第二代還出了兩位影后，文的是甄珍，武的是上官靈鳳；亦出了兩位新秀，即周丹薇與歐陽玲瓏。

後來，裝甲兵戰車團部改成第一、二、三中隊，常楓是第三中隊。在青年軍中認識的情侶曹健和錢璐，因曹健先去報到，青年軍208師原不放錢璐，後經錢璐絶食抗議方得成行，晚一步報到，兩人與穆虹被編入第一中隊，此外曹平、白琳、馬漢英、王宇等也是。孫越、常楓、李冠章、潘直庵、歐陽韻如（上官靈鳳之母）等爲第三中隊。此外，還有後來擔任導演的金超白、劉維斌、演出《牛小妹》走紅的梅冬尼、黎明。1948年底整隊到上海候船，1949年4月28日開船，5月1日抵達基隆碼頭，自此有"無甲不成戲"的説法。

"中製"來臺

"中製"來臺

中製廠遷臺經過

國民政府1945年抗戰勝利後還都南京，將中國電影製片廠自重慶遷至南京明孝陵，主要負責新聞紀録片的攝製，並在上海金司徒廟設立分廠，主要負責劇情片的拍攝。1947年徐蚌會戰（淮海戰役）後，國民政府指示正在興建的南京廠遷移至臺灣。於是第一批人員及器材由張進德領隊抵臺，人員計有攝影、燈光：陳繼光、唐克明、李興義、蔣超、張世芬，録音、放映：楊培倫、廖世武，洗印、剪接：黎錫常、李維璋、張世德、陳桐、李榮敬、劉富榮，布景：龔春根等連同眷屬約三十餘人。器材計有35毫米Bell & Howell同步攝影機一部，Eyemo攝影機四部，16毫米Filmo攝影機二部、35毫米Houston黑白洗片機一部、16毫米Houston黑白洗片機一部、35毫米RCA光學録音機一組，水銀反光照明燈一組（約二十隻）、35毫米Bell &Howell印片機一部 、16毫米Bell & Howell印片機一部、Bell & Howell 35縮16毫米縮片機一部、Leica照相機4部，以及剪接、放映等器材全套（全部器材足以支應新聞片與紀録片的攝製工作），人員連同器材自南京至上海轉乘輪船，於1948年12月29日抵達臺灣基隆港。

1949年5月初第二批中製廠成員則自上海乘華海輪抵臺：包括編導宗由、田琛、周旭江、鄧禹平、胡傑、熊光等，演員王珏、井淼、房勉、文克江、黄曼等，技術人員韓玉良、王榮芳、華慧英、戴友生、李國駿、劉揚、李瑞瑶、曾憲明、李恩緒、洪世煌、戴烈光、劉明德、劉良成、平振華、李亞東、王正等，另有劇務、服裝、化裝、及行政人員康承祖、俞阿生、孫忠孝、胡全、徐岳生、馮立本、馮德儒、吴漢生、向澤長、孫漢章、平阿亭、周阿興、朱俊彦、陳燮宇、傅永昌、張次良、楊立明、王興洲、方樹人、康傑、趙騰芳、楊震東、孫賓、文奇山、丁超、江濤、陳志、盧星雲、路廷玉、徐增漢、王仙洲、戴建新、吕恒義等連同眷屬共一百餘名。中製遷臺之初，暫時落脚高雄岡山，但因糧餉銜補問題，居無定所、食無餘糧，但仍能協助民間製片業者拍攝《阿里山風雲》。最後於1949年9月由聯勤總部銜接撥補，一切方得落實。

舊臺幣與新臺幣的電影門票對照

6月15日，國民政府爲穩定物價，改革幣制，發行新臺幣，一元新臺幣换四萬元舊臺幣，但電影票價有限制，並未隨物價上升。電影票改用新臺幣計價，臺北首輪西片二元三角（原來舊臺幣三千元），外縣市平均一元五角。

"光復"後各年度票價比較如下：

1946年臺幣（舊臺幣）二十元

1947年臺幣（舊臺幣）六十元，到年末一百二元

1948年臺幣（舊臺幣）三百元，到年末三千元

1949年臺幣（舊臺幣）一萬元，5月四萬元，6月新臺幣二元三角（首輪樓座票價）

1949年（香港）

大事記

4月8日 粵語電影工作者蘇怡、吳楚帆等100多人發表《華南電影工作者爲粵語片清潔運動聯合聲明》，開展第三次“電影清潔運動”。

本年 龍馬電影公司成立，主要成員有費穆、朱石麟、齊聞韶。該影片公司前後共攝製影片僅有7部，但皆爲傑作。

50年代影業公司成立，主要成員爲程步高、劉瓊、陶金、舒適、李麗華、顧而已、王爲一、胡小峰、白沉、孫景路、韓非等。

電臺連播小説改編的電影受到觀衆歡迎，這也開始形成一種空中小説電影新類型。

長城影業公司成立，總經理袁仰安，經理胡晉康，廠長沈天蔭。創業作爲《蕩婦心》。

華南電影工作者聯合會成立

本年7月10日，華南電影工作者聯合會成立，成爲香港電影界第一個專業團體，莫康時任董事長。該會由蘇怡等人發起，以“聯絡同人感情，發揚電影藝術，促進同人康樂”爲宗旨。

華南電影工作者聯合會創會領導人召開第一次會議

華南電影界空前大團結

《伶星日報》刊登華南電影工作者聯合成立的消息，以及組織機構和章程

重要影片

《火葬》劇照

《火葬》

出品：永華影業公司
編劇：萬岳（即陳西禾）
導演：張駿祥
主演：白楊 陶金 吕恩 牛犇

少女雙喜嫁給小掌櫃長春。迎親路上，土豪賴三攔轎搶親，雙喜被展大鵬營救。雙喜面对年幼的丈夫，心中苦悶，与大鵬日久生情，两人準備私奔。長春不見两人後，跑向山頂，不慎跌下悬崖致死。族人决定懲治相愛的两人。绝望之際，两人在房内縱火自焚。

《山河淚》

出品：永華影片公司
編劇：唐漠 導演：吴祖光
主演：白楊 吕恩 陶金 岑範

根據穗青小説《脱繮的馬》改編。抗戰勝利，青年士兵成慶根復員回家，迎接他的只有父親。三年前，成慶根回家探親，妻子被白大少姦污被迫上吊自盡；妹妹不願意嫁給痴呆的白二少，投河身亡；白地主又勾結日本人來抓他，他逃出去找部隊，老母則憂病而死。如今他勝利歸來，終於見到白家父子被關押起來，得到了懲處。

《山河淚》劇照

《蕩婦心》劇照

《蕩婦心》

出品：長城影業公司
編劇：陶秦
導演：岳楓
主演：白光 嚴俊 龔秋霞 韓非

改編自俄國作家托爾斯泰名著《復活》。婢女梅英與地主少爺相戀並懷有孩子。少爺留學讀書，地主家欲將梅英賣掉，梅英逃走却久盼少爺不歸。梅英携子來到城市，爲了生活墮落風塵，被一流氓欺壓。後流氓被殺，梅英成爲嫌疑犯。受審時，主審官是學成歸國的少爺，辯護律師是少爺的表弟，後律師得知隱情後爲梅英辯護成功。梅英將孩子交給地主少爺，自己遠走他鄉。

《戀愛之道》劇照

《戀愛之道》

出品：南群影業公司
編劇：夏衍　導演：歐陽予倩
主演：舒綉文　馮喆　顧而已　江韻輝

女兒元珍告訴周家浩和妻子錢蘭英，自己在衆多的追求者中，選中了鐵路工人王友深，使得兩人不禁回憶起當年携手一同走過的日子：家浩和蘭英在青年時代相愛。家浩參加革命軍後，蘭英的母親逼她嫁給商人張鴻昌。後來，蘭英與家浩一起南下，兩人生活雖然清苦，但人格高尚。由此也影響了女兒元珍的戀愛之道。

《靜靜的嘉陵江》劇照

《靜靜的嘉陵江》

出品：大江影業公司
編導：章泯
主演：李清　容小意
黃宛蘇　林楚楚

抗戰時期的重慶，小職員龍偉志失業了。此後，他變成了與奸商爲伍的投機商人。其妻田竹筠苦言相勸，但無濟於事。抗戰勝利後，龍偉志越發腐化墮落，最後投機失敗。田竹筠被一奸商侮辱，含恨自盡。龍志偉面對靜靜的嘉陵江，眼前一片茫然。

世界上最長壽電影片集《黃飛鴻傳》開拍

1949年，香港拍攝了《黃飛鴻傳》。自本年誕生後，《黃飛鴻》便成爲香港電影拍攝最多的系列影片（詳見1956年部分），也成爲世界上最長壽電影片集創始者。

《黃飛鴻傳》

（上、下集）

出品：永耀影片公司
編劇：吴一嘯　導演：胡鵬
主演：關德興　李蘭　曹達華

影片改編自黃飛鴻的如夫人莫桂蘭和長子黃漢熙口述，原著朱愚奇。上集叙述黃飛鴻爲生昌莊舞獅，結識了梁寬並收爲徒弟。之後又結識少女阿歡。梁寬得罪了惡人黃獏貅，黃飛鴻無奈使出絶跡鞭風滅燭，與黃獏貅展開惡戰。下集集中寫黃飛鴻爲了拯救良家婦女跟摧花賊蓋天雄鬥爭，之後跟惡霸白頭甫鬥爭，並火燒白的巢穴霸王莊。

《黃飛鴻傳》劇照

影片中除了精彩的情節之外，還有黃飛鴻第三代、第四代門人表演的"飛鴻十獨手"以及黃飛鴻的四大絶技"八卦棍"、"鐵線拳"、"佛山無影脚"、"虎鶴雙形拳"和"獅子採蟹青"、"飛鉈採高青"等高超的舞獅技巧。

第一部木偶片《大樹王子》

本年，香港第一部木偶片《大樹王子》出品，但該片在1950年後，才在香港和海外放映。

《大樹王子》劇照

主要影片目録

本年度香港共出品影片181部，其中粵語片157部，國語片24部。

友僑　《七劍十三俠》（上集）、《七劍十三俠》（下集）、《小老虎大戰殺人王》、《孤兒淚》、《七劍十三俠》（三集）

永華　《春雷》（國語）、《大凉山恩仇記》（國語）、《卓文君夜訪相如》、《火葬》（國語）、《海誓》（國語）

青華　《萬里長城》、《吕布戲貂蟬》、《紅樓夢》、《牛郎織女》、《武松血濺鴛鴦樓》

三星　《方世玉胡惠乾三探武當山》、《穆桂英》、《客途秋恨》、《方世玉火燒紅雲寺》

大觀　《連生貴子》、《雙鳳求凰》、《錦綉天堂》（國語）、《紫霞杯》

大南　《六月飛霜》、《夜串白芙蓉》、《拷打紅娘》、《我愛薄情郎》

大觀（美國分廠）　《藍湖碧玉》、《彩鳳戲游龍》

興隆　《梁天來》、《楊八妹取金刀》、《樊梨花》

星星　《莫負青春》（國語）、《風雪夜歸人》（國語）、《李元霸》

大中華　《兒女英雄》（國語）、《未出嫁的媽媽》（國語）、《駝龍》（國語）

長城　《蕩婦心》（國語）、《血染海棠紅》（國語）、《瓊樓恨》（國語）

永耀　《黃飛鴻傳》（上集）、《黃飛鴻傳》（下集）

勝利　《血滴子》（上集）、《血滴子》（下集）

聯藝　《珠聯璧合》、《千鈞一髮》（國語）

南群　《戀愛之道》（國語）、《結親》（國語）

世界　《金葉菊》、《背解紅羅》

四喜　《蕭月白》（上集）、《蕭月白》（下集）

其他　《靜靜的嘉陵江》（國語，大江影業）、《陳夢吉鬥荒唐鏡》（國光）、《不是冤家不聚頭》（珠江）、《天花龍鳳》（60年代）、《新關東大俠》（新世紀）、《飛燕迎春》（群英）、《大鬧廣昌隆》（新生）、《石鬼仔出世》（大光）、《三娘教子》（山月）、《差利衝破天仙陣》（廣州）、《滿江紅》（啓聯、群英）、《方世玉九戰峨眉山》（長江）、《孤兒救祖》（香港合和）、《夢斷殘宵》（廣業）、《孟麗君》（金城）、《空屋箱屍》（四大）、《狄青》（聯星）、《痴心女子負心郎》（大業）、《蜀山劍俠》（合成）、《三盗九龍杯》（新龍）、《洪熙官血濺柳家村》（天南）、《垃圾天堂》（永聯）、《大鬧粉妝樓》（友利）、《西施》（南天）

1950年（大陸）

大事記

2月1日　西南影片經理公司在重慶成立，拓新任經理。

2月10日　電影局發佈《關於應没收應發還電影拷貝之決定》，要求統一處理已被各機關團體部隊所接收的電影拷貝。

2月15日　中宣部向中共華南局宣傳部發出《對有毒影片審查標準的指示》。

3月4日　香港永華影片公司攝製的影片《清宮秘史》在上海公映。5月3日停映。

4月19日　電影局頒發《中央電影局所屬各廠藝術委員會與製作委員會之任務》與《電影局各廠劇本及影片審查辦法》，對電影局所屬各電影製片廠藝術委員會和製作委員會的任務，以及影片審查辦法作出規定。

5月30日　文化部電影局電影審查委員會成立。主任袁牧之，副主任蔡楚生、史東山，秘書長羅光達，陳波兒、羅靜予、盛家倫、袁庶華、田方、汪洋、趙偉、陳明、辛漢文、錢筱璋、黄燦、彭厚嶸、程季華等14人爲審查委員會委員。

6月1日　文化部電影局在南京舉辦電影放映人員訓練班。

9月5日　北京電影洗印廠成立，周從初任廠長。

10月8日　中共中央作出"抗美援朝，保家衛國"的戰略決策。10月25日，中國人民志願軍開赴朝鮮前線。

10月4日　由北影廠和蘇聯莫斯科高爾基電影廠聯合攝製的彩色紀録片《解放了的中國》拍攝完成，該片12月30日起在全國上映。

11—12月　京津兩地電影界發起舉辦"抗美援朝、保家衛國電影宣傳月"。

12月8日　文化部部長沈雁冰在政務院第63次政務會議上作《關於電影工作的報告》，總結了1950年電影工作的成就和問題。

12月31日　電影《武訓傳》由上海私營崑崙影業公司攝製完成。

重要影片

《人民的戰士》劇照

《人民的戰士》

出品：東北電影製片廠
編劇：劉白羽　導演：翟强
攝影：傅宏
主演：李長華　劉欣
　　　徐連凱　杜德夫

東北解放軍三下江南戰役時，萬良才爲掩護劉興負傷。戰友的負傷，家庭遭敵人迫害，使劉興在戰場上更加勇猛，並在戰地立功入黨。萬良才傷愈後，兩個戰友並肩戰鬥。

《遼遠的鄉村》

出品：東北電影製片廠
編劇：袁文殊
導演：吴永剛
主演：張平　蘇菲
　　　陳戈　杜德夫

被派到地方偏僻、情況複雜的新解放區桃花川任區長的王漢龍，發動群衆與惡霸地主東霸天以及特務李尖頭作鬥爭，最後成功保住了新修的水壩並且把東霸天和李尖頭逮捕。

《遼遠的鄉村》劇照

《農家樂》劇照

《農家樂》

出品：上海電影製片廠
編劇：孫謙　導演：張客
攝影：顧温厚
主演：仲星火　秦怡　衛禹平　白穆

土改後，杜家莊張老五思想頑固，拒不接受新事物。地主乘機唆使農民拒絶接受新種棉。推廣隊總結教學，用事實説明新事物的優越性，在縣委書記的親自號召下，張老五轉變了。

《兩家春》

出品：長江電影製片廠
改編：李洪辛
導演：瞿白音　許秉鐸
攝影：石鳳岐
主演：秦怡　高博　王龍基
　　　時漢威　何劍飛

又名《强扭的瓜不甜》。土改後的北方，墜兒由父親包辦嫁給了一個九歲的孩子。在村支書和婦女主任的幫助下，墜兒與這個孩子離了婚，嫁給了自己心愛的青年。

《兩家春》劇照

《大西南凱歌》照片

《大西南凱歌》(紀録片)

出品：北京電影製片廠
編輯：姜雲川
攝影：郝玉生　闞志儉

1949年10月廣州解放後，中國人民解放軍乘勝向西南進軍，先後解放貴陽、重慶、成都和昆明等城市。

《紅旗漫捲西風》(紀録片)

出品：北京電影製片廠
編輯：姜雲川　張建珍
攝影：羅茅　程默　張永　翟超

紀録解放戰爭時期西北戰場的戰鬥歷程。

陳波兒著文總結"東影"故事片創作生産

1月，電影局藝術委員會副主任陳波兒發表以《故事片從無到有中的編導工作》爲題的文章，總結了東影廠三年來的創作經驗。東北電影製片廠作爲新中國三個國營電影製片廠中最早建立的一個，爲人民電影事業積累了寶貴的經驗，培養了大批的創作和管理幹部，爲新中國電影投入了第一塊基石。曾擔任"東影"藝術創作領導工作的陳波兒將該廠的故事片創作生産分爲三個階段：

1. 準備階段：1947年1月—1948年7月。主要方針是以"寫工農兵"和"寫給工農兵看"爲主；

2. 試行有計劃生産階段：1948年8月—1949年6月，完成了《橋》、《回到自己隊伍來》、《光芒萬丈》、《中華女兒》、《無形的戰線》、《白衣戰士》等6部故事片；

3. 自1949年6月開始到執行1950年計劃的目前階段：數量上要保證26部故事片計劃的完成，質量上也要提高。

陳波兒在文中還對未來全國的電影創作提出了指導性的意見。

文摘：《故事片從無到有中的編導工作》

"東影"故事片創作的指導方針

一、"寫工農兵"和"寫給工農兵看"爲主，在寫工農兵中間又把重點寫在寫兵的問題上。

二、這樣的電影還是"從無到有"，因此要"從小做起"，先試寫小型劇本，排小型的片子。

三、要建立新的風格，反對脱離内容的技巧賣弄，提倡樸素，提倡從紀録片基礎上發展我們的故事片。

四、對編導幹部的培養要"大膽放手"。藝術幹部中只要他有一定的政治水平，就鼓勵他着手試拍小片或先搞紀録片，或先當一兩次演員，從中熟悉整個製作過程，和摸索電影表現技巧，往後就試行單獨導演。

(《中國電影編年紀事》總綱卷，中央文獻出版社2005年版)

《紅旗漫捲西風》照片

故事片目録 (共60部)

東影　《人民的戰士》、《白毛女》、《在前進的道路上》、《保衛勝利果實》、《遼遠的鄉村》、《内蒙人民的勝利》、《趙一曼》、《光榮人家》、《衛國保家》、《紅旗歌》、《鋼鐵戰士》、《劉胡蘭》、《高歌猛進》

上影　《團結起來到明天》、《上饒集中營》、《勝利重逢》、《翠崗紅旗》、《大地重光》、《海上風暴》、《女司機》、《農家樂》

北影　《新兒女英雄傳》、《吕梁英雄傳》、《民主青年進行曲》、《走向新中國》、《兒女親事》、《陝北牧歌》、《神鬼不靈》、《保家衛國》

崑崙　《烏鴉與麻雀》、《人民的巨掌》、《武訓傳》(上集)

文華　《越劇菁華》、《相思樹》、《太平春》、《我這一輩子》、《思想問題》、《腐蝕》

大同　《影迷傳》、《自由天地》、《歡天喜地》

國泰　《江南春曉》、《青燈怨》、《仇深似海》、《太太問題》、《生命交響曲》、《再生鳳凰》

其他　《大雷雨》(遠東)，《大家歡喜》、《江村遊俠傳》(新中華)，《夜來風雨聲》(新時代)，《石榴紅》(中國彩色電影實驗工場)，《人獸之間》(嘉年)，《三百六十行》、《年年如意》(華光)，《吸血鬼》(良友)，《患難夫妻》(惠昌)，《説謊的丈夫》、《陰陽界》(東華)，《兩家春》(長江)

新電影下農村

1月，爲開展農村電影放映工作，配合春節文娱活動，文化部電影局派出放映隊赴保定地區工作。這次活動是新中國電影首次深入農村。

到1950年夏，已經有70餘個放映隊在人民解放軍各部隊中放映，而電影局所屬華北、華東、東北、西北、中南、西南6個影片經理公司，也有放映隊20餘個。6月到11月，電影局在南京舉辦放映人員訓練班，爲廣大農村及工廠、部隊等電影放映隊培訓放映人員。訓練結束，裝備農村放映隊600個，爲我國的電影放映工作奠定了基礎。

文摘：《電影隊深入工廠農村》

在實驗放映中，放映隊獲得了初步的工作經驗。如赴工廠、農村之先，應與工廠的工會、行政和農村地方政府等取得密切聯係，幫助解决放映中的問題，特别是在農村放映，因觀衆特别多，因此必須選適當的放映地點與注意維持秩序。放映前，應通過報紙、墻報、屋頂廣播等做好宣傳工作，並印發通俗説明書，以幫助工人、農民了解劇情。放映之後，要廣泛徵求意見，及時檢查，以改進工作。

目前，赴農村放映中最困難的是交通問題。放映隊下鄉必須携帶放映機、發電機與修理檢查的人員。農村間以大車載運來往，不獨延誤時間，而且容易損壞機件。

(《人民日報》，1950年5月5日，第3版)

袁牧之發表新年講話

1月10日，電影局局長袁牧之對北影廠、華北影片經理公司和電影局等3個單位的電影工作者們發表新年講話，提出了1950年度電影事業的兩大目標，並以三副對聯進行了概括：

第一副贈與電影局全體人員，即1950年電影工作的兩大目標：

上聯："爭取進步片優勢，保證工農兵電影主導"；

下聯："試行企業化管理，擴大國内外城鄉發行"。

第二副對聯贈給製片工作者，特别是創作者：

上聯："提高思想性藝術性，掌握新現實主義創作方法"；

下聯："不做市民觀衆俘虜，防止小資産階級思想感情"。

第三副對聯贈給發行工作者：

上聯："縮小外片需要量，擴大放映網，爭取城鄉觀衆均衡"；

下聯："先到基本群衆去，後到電影院，改變發行宣傳方法"。

三副對聯的總横批是："團結學習"。

袁牧之新年講話記録稿文照

《内蒙春光》座談會及電影指導委員會成立

5月7日，文化部於北影廠召開影片《内蒙春光》座談會，會議由文化部部長沈雁冰主持。周恩來總理到會講話，批評影片違反《共同綱領》中民族統一戰線政策，並建議成立電影指導委員會。

影片《内蒙春光》是由東北電影製片廠攝製完成的，影片試映以後，《人民日報》和《光明日報》等都曾刊文對其加以讚揚。而後，中共中央統戰部部長李維漢提出影片《内蒙春光》中描寫少數民族上層矛盾的部分情節違反了《共同綱領》中的民族團結精神，這一問題受到了周恩來的特別關注。在5月7日的座談會之後，5月11日，電影局又召開"政策與藝術結合"座談會，會議對《内蒙春光》的錯誤進行了檢討，强調電影工作者應該加强對理論和政策的學習，提高對《共同綱領》的掌握。編劇王震之接受了對《内蒙春光》的批評，並在報紙上發表了檢討文章。影片修改後更名爲《内蒙人民的勝利》公映。6月7日，國務院批准成立中央人民政府文化部電影指導委員會，委員包括中央各有關部委負責人等共32人。

附録：王震之《〈内蒙春光〉的檢討》

《内蒙春光》上演之後，除聽到許多鼓勵之外，聽到了對它内容上的錯誤的嚴正的批評。這部影片對共産黨和人民政府的民族政策作了不正確的描寫。作爲該片的編劇，我認爲這個錯誤是嚴重的。我們正在對這影片進行修改的工作。我現在把我自己初步的檢討寫出來，希望大家給以嚴格的批評，並對修改提出意見。

影片《内蒙春光》中雖然也暴露了國民黨匪軍搶劫草原，和蹂躪内蒙人民的罪行，但劇本中把内蒙人民反對内部封建壓迫的鬥爭當作中心來加以描寫，而對於國民黨大漢族主義者的罪行描寫得却十分不足，如在刻畫國民黨特務"楊先生"這一人物時，只一般地描寫了他的飲酒，享樂，强姦婦女這一些表面的劣跡，對於國民黨特務真正帶給内蒙人民以災難和痛苦的罪惡的本質則没有更好地去揭露。這不僅把革命的主要任務——打倒蒙漢人民公敵國民黨反動派——弄得模糊不清，並且會使觀衆錯誤地以爲：解決各民族問題的方法不是去促進民族團結反對各民族的共同敵人——國民黨反動派，和它所勾結與依附的美帝國主義者，相反的却是在條件不成熟的時候去掀起各民族内部的反封建鬥爭。少數民族的解放只有在中國各族人民的共同敵人——外國帝國主義及其國内走狗國民黨反動派——被打倒以後才有可能。……因此《内蒙春光》雖然比較深刻地揭露了内蒙民族内部的階級矛盾，人民的痛苦和反抗，但作爲少數民族解放歷史的一個真實的反映，是有錯誤的。

雖然我在寫作這個劇本時，也深感到關於民族問題的處理上要十分謹慎小心，但根據這次對人民政協共同綱領第六章的研究，對照着影片的内容，才深感到自己的認識與共同綱領中的民族政策，和人民政府對於民族問題上所採取的謹慎方針，是有着很大的距離。

我將在對《内蒙春光》的修改工作中與干學偉同志一道盡力使它更真實更正確地反映我們民族政策執行過程中的歷史的實際的情況，使這部影片在政策思想上提高一步。

（《人民日報》，1950年5月28日，第5版）

《内蒙人民的勝利》劇照

《内蒙人民的勝利》

出品：東北電影製片廠
編劇：王震之　導演：干學偉
主演：于村　白大方
**　　　恩和森　方化**

特務楊某化裝潛入内蒙某旗，勾結蒙奸吐素拉格其進行陰謀活動。中共黨組織派孟赫巴特爾還有蘇合來到該區，經過努力，發動群衆，擊退敵軍，生擒了敵首，建立了民主政權。

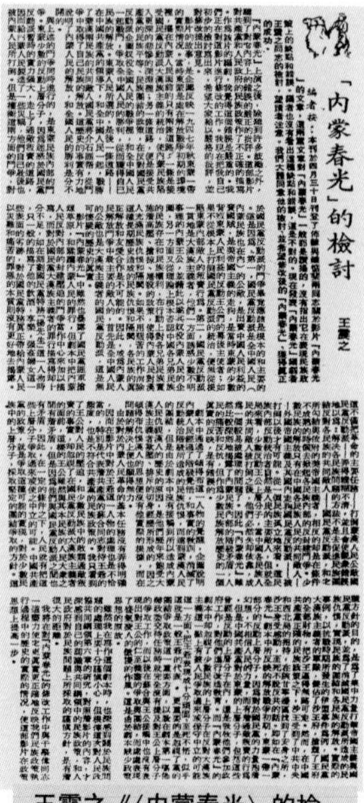

「内蒙春光」的檢討

王震之

王震之《〈内蒙春光〉的檢討》文照

王震之（1916—1957）

編劇。1947年起歷任東北電影製片廠編劇、劇團團長，電影局電影劇本創作所所長。湖南長沙人，電影劇作有《白衣戰士》、《衛國保家》、《内蒙人民的勝利》。後者獲1952年第7屆卡羅維·發利國際電影節編劇獎。

文化部成立電影指導委員會

爲提高國産影片的思想藝術水平，中央文化部特邀請各有關部門、各社會團體與影劇界專家，共同組成"中央人民政府文化部電影指導委員會"。該會的工作任務是：

對有關推進電影事業，及國營廠的電影劇本、故事梗概、製片和發行計劃及私營電影企業的影片提出意見，並會同文化部共同審查和評議。電影指導委員會所提出的各項意見，均由中央人民政府文化部負責處理，並予回答。

該會委員爲沈雁冰、周揚……等三十二人，主任委員爲沈雁冰。

（《人民日報》1950年7月12日，第2版）

電影指導委員會名單

6月7日，國務院批准成立中央人民政府文化部電影指導委員會。委員有：

文化部：沈雁冰、周揚、丁燮林、沙可夫

電影局：袁牧之、蔡楚生、史東山、陳波兒

全國總工會：陳立三

中央軍委總政治部：蕭華

中宣部：陸定一

全國青聯：廖承志

中央青委：蔣南翔

全國婦聯：沈兹九

全國文聯：丁玲、老舍、艾青、趙樹理

華北軍區政治部：張致祥

中央統戰部：徐冰

教育部：錢俊瑞

人民日報社：鄧拓

民族事務委員會：劉格平

影劇界：陽翰笙、田漢、洪深、歐陽予倩、曹禺、李伯釗、江青、周巍峙、王濱

文化部發佈電影發行放映5項暫行辦法

爲了改變電影市場的落後狀況後改善電影發行放映事業，更好地擔負起管理公私營電影事業，以及國內外影片進出口業務的需要，1950年7月11日，經國務院批准，文化部發佈《電影新片頒發上演執照》、《電影舊片清理》、《國産影片輸出》、《國外影片輸入》、《電影業登記》等5項暫行辦法。在五項辦法批准公佈的同時，文化部負責人就此向《人民日報》記者發表談話，對發佈有關電影事業的5項暫行辦法的基本精神和執行中注意的問題作了回答。指出這些辦法的制定，是爲了發展國産電影，抑制有毒素的美國影片，貫徹電影事業的愛國主義精神與公私兼顧的政策。

附録：文化部負責人發表談話

記者就中央人民政府文化部所發佈的有關電影事業的五項暫行辦法的基本精神和執行中應注意的問題訪問了中央人民政府文化部負責人，承發表談話如下：

中央人民政府文化部本日發佈《電影新片頒發上演執照》、《電影舊片清理》、《國産影片輸出》、《國外影片輸入》、《電影業登記》等5項暫行辦法。這些辦法的制定，是爲了發展國産電影，抵制有毒素的美國片，保護與扶助私營電影業，使之與國營電影事業適當地配合，以貫徹電影事業上的愛國主義精神與公私兼顧的政策。

中國電影事業，過去由於國民黨反動政府投靠美帝國主義的賣國政策，致使大量的美國片（其中絶大部分爲有毒的影片）無限制地進口，充斥了中國電影市場，使本國的電影製作業無法發展。而國内電影製作，又在國民黨反動文化政策之下，凡帶有進步傾向的電影，均受到摧殘、壓迫；而充滿封建買辦意識與神怪淫靡毒素的電影，則受到鼓勵與縱容。上述美國片及國産影片尚在各地演映。針對此種情况，中央文化部成立後，即遵照共同綱領文教政策，大力發展新的人民電影事業。除積極發展國營電影外，並扶助與指導私營電影業，鼓勵其攝製進步電影，以期共同抵制與代替有毒素的美國片與國産舊片，爭取進步電影在電影市場上的完全優勢。

國内私營電影製片廠，主要有崑崙、文華、大同、國泰四家。解放後，私營出品有十三部（香港除外），傾向一般都是進步的，如《我這一輩子》、《烏鴉與麻雀》等。但私營電影業本身基礎薄弱，在資金、劇本等方面均曾發生困難。半年多來，在扶助與指導私營電影業上，人民政府曾給予發行、出口及其他貸款共約四十八億，幫助其渡過春節前後的難關與進行再生産。關於私營電影業所最關心的影片審查標準、影片出入口與外匯收入等問題，將因上述五個辦法的發佈，而得到解决。

（《人民日報》1950年7月12日，第2版）

《大衆電影》創刊

6月1日，《大衆電影》在上海創刊，由梅朵、王世楨任主編，編委有夏衍、于伶、葉以群，張可奮，顧仲彝等18人。雜誌社的地址位於江西路四馬路漢彌爾登大樓362號。

編委于伶在發刊詞《期望》中表明該刊的宗旨和任務：

“上海解放了一週年了，做電影介紹工作的同志，用出版《大衆電影》來紀念上海解放一週年，我想這是一件可喜的有意義的事。……治療的最好辦法就是常常觀看進步的電影，從那裏得到滋養，來消除煙毒。要做到這一點，就必須做到使看慣毒素影片的觀衆，逐漸懂得進步影片的好處，和爲什麽好？進而他們慢慢的也就會知道毒素影片的壞處，和爲什麽壞？要使他們試着去看進步影片，願意去看進步影片，終於愛看進步影片。我想這應該是《大衆電影》的任務之一。還有更重要的……很多人還有把看電影當作純粹娱樂的舊習慣，馬馬虎虎看完算了，而忽略了好電影的教育意義。《大衆電影》應該用文字幫助觀衆向好電影學習，使看電影和學習結合起來，擴大電影宣傳教育的影響。”

（《大衆電影》1950年6月1號，第1卷第1期）

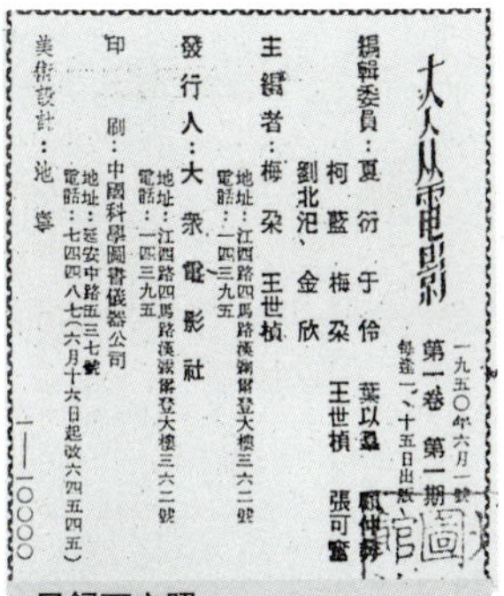

大众電影　第一卷　第一期
一九五〇年六月一號
每逢一、十五日出版
編輯委員：夏衍　于伶　葉以羣　柯藍　梅朵　王世楨　張可奮　劉北汜、金欣　顧仲彝
主編者：梅朵　王世楨
地址：江西路四馬路漢彌爾登大樓三六二號
電話：一四三九五
發行人：大衆電影社
地址：江西路四馬路漢彌爾登大樓三六二號
電話：一四三九五
印刷：中國科學圖書儀器公司
地址：延安中路五三七號
電話：七四四八七（六月十六日起改六四五四五）
美術設計：池寧
1—10000

目録頁文照

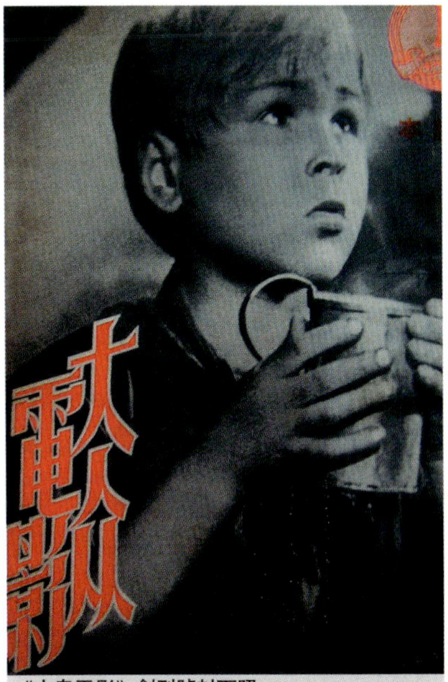

《大衆電影》創刊號封面照

電影局表演藝術研究所開學

9月14日，文化部電影局表演藝術研究所在北京舉行開學典禮。該所於6月份在京成立，陳波兒任所長，王逸任副所長。該所爲北京電影學院的前身，主要從事電影教學工作，下設教務科、人事科、行政科等3個辦事機構。地址設在北京西四石老娘胡同。經過文化部批准全國公開招生，7月19—23日，連續5天在《人民日報》上刊登招生簡章。在北京、上海、南京、長春設立四個考區，共録取學員45人，學制爲3年。電影局、各電影製片廠領導袁牧之、蔡楚生、于伶、鍾敬之、吴印咸、汪洋、黄燦、周從初、楊霽明等參加了開學典禮。

表演藝術研究所師生合影

新中國電影首次獲國際電影獎

1950年7月15—30日，我國首次派出以錢筱璋、于敏爲正副團長的代表團，參加在捷克斯洛伐克舉行的第五屆卡羅維·發利國際電影節。故事片《中華女兒》在電影節上榮獲5項主要獎之一的"自由鬥爭獎"。故事片《趙一曼》的主演石聯星獲演員獎。短紀録片《踏上生路》獲短片榮譽獎。長紀録片《百萬雄師下江南》、《紅旗漫捲西風》、《大西南凱歌》、《東北三年解放戰爭》獲榮譽獎。這是新中國第一次派出電影代表團參加國際電影節，也是新中國的電影及創作人員第一次在國際電影節上獲獎。

卡羅維·發利國際電影節創建於1946年。第二次世界大戰以後，剛剛獲得民族解放的捷克斯洛伐克人民意識到電影的重要社會意義，爲展示1945年電影工業民族化後的成果，第一次非競賽型電影節於1946年8月在瑪麗亞温泉市舉辦。1948年2月，電影節由捷克斯洛伐克國家電影部主辦。

凌子風（1916—1999）

導演。原名凌風。原籍四川合江，生於北京。1946年進延安電影製片廠任演員；1949年任東北電影製片廠導演；1953年任北京電影製片廠導演。代表作品有《中華女兒》、《母親》、《紅旗譜》、《李四光》、《駱駝祥子》、《邊城》、《春桃》、《狂》等。

《中華女兒》劇照

《中華女兒》

出品：東北電影製片廠

編劇：顔一烟　**導演：**凌子風　翟强

攝影：錢江

主演：張靜　岳慎　柏李　秦布華

東北抗聯一支小分隊完成炸毁敵人軍車任務後，發現敵軍大規模反撲，爲掩護主力部隊轉移，他們把敵軍引到牡丹江邊。最後剩下八名女戰士，彈盡投江。

石聯星（1914—1984）

演員，導演。原名石蓮心。湖北黄梅人。1932年入江西瑞金列寧師範學校等任教；1937年後參加上海救亡演劇八隊任演員；1944年赴延安，在魯迅藝術學院、延安電影製片廠工作；1947年入華北電影隊；1949年任東北電影製片廠演員；1959年任北京人民藝術劇院導演。代表作品有《趙一曼》、《湖上鬥爭》。石聯星獲第五屆卡羅維·發利國際電影節演員獎，爲新中國第一位在國際上獲獎的女演員。

包傑（1921—2002）

攝影師。原名包萬勤，遼寧大連人。1941年入滿州映畫協會任攝影助理，1946年入東北電影製片廠任攝影隊隊長，拍攝《東北民主聯軍進入長春》、《解放東北的最後戰役》等新聞紀録片。新中國成立後相繼拍攝故事片《橋》、《趙一曼》、《董存瑞》、《暴風雨中的雄鷹》、《寂静的山林》、《南海的早晨》、《他們並不陌生》等。

《趙一曼》劇照

《趙一曼》

出品：東北電影製片廠

編劇：于敏　**導演：**沙蒙

攝影指導：吴蔚雲　**攝影：**包傑

主演：石聯星　張平　張瑩　王炎

共産黨員趙一曼在城市領導工人進行抗日鬥爭，後轉移到農村，宣傳組織群衆並率領抗聯戰士打擊敵人。在掩護部隊突圍時被捕，受盡酷刑，英勇犧牲。

文化部電影局第二屆擴大行政會議

9月16—30日，文化部電影局召開第二屆擴大行政會議，會議由袁牧之局長主持，參加會議的包括電影局主管藝術、技術、財務和發行方面的負責人，還有北影廠、東影廠、上影廠的正副廠長，各大行政區影片經理公司的正副經理、發行科長、財務科長和局有關工作人員等約30餘人。

文化部電影局的擴大行政會議旨在制訂電影業的具體方針政策和計劃措施。早在1949年9月和1949年10月下旬到11月初，電影局就曾分別召開過各製片廠聯席會議，以及藝術委員會、製作委員會和發行會議，爲行政擴大會議做準備。在一系列會議準備之後，電影局於1949年11月20日至12月14日召開了第一屆行政會議，於1950年9月16至30日召開了第二屆擴大行政會議。

附録：《今後電影事業的方針任務》（會議内容摘要）

1. 新中國電影事業的發展以國營電影事業爲主導。發展公私合營與幫助私營電影業，改善公私關係與勞資關係，吸收私人資本投資製片與發展影院。

2. 國營電影事業必須實行企業化，以節省國家的文教經費，並以此作爲人民電影的經濟基礎。

3. 爲了人民電影事業不斷發展，必須不斷地提高幹部的水平，並培養後備人員。

4. 在製片方面，今後總的方針是在適應普及需要的基礎上逐漸轉向提高，加强創作幹部的學習，豐富創作幹部的生活，放寬創作題材的範圍，提高創作的思想性和藝術性，創作爲廣大人民所喜聞樂見的作品；要加强製片工作的合理化，儘量爲企業化節流。

5. 在發行方面要糾正偏左偏右傾向，依靠基本群衆爭取市民觀衆，逐步肅清中外有害影片，儘量爲企業化開源。

6. 爲了電影的普及，要籌備自製需要量劇增的放映機與膠片，逐漸提高産品質量，達到國際技術水平。

北影廠派出新聞電影攝影隊赴朝

10月25日，電影工作者積極響應“抗美援朝、保衛國家”的號召，踴躍參加志願軍。北影廠派出由徐肖冰帶隊，李剛、趙化、蘇中義、牟森、孫樹相、石益民、劉德源等參加的新聞電影攝影隊隨軍入朝；之後又有楊序忠、陶學謙、晨烽、金威、葛雷、韓克超、李華、李文化、王喜茂、李坤錢等相繼赴朝。攝影隊歷時三年多，拍攝了大量抗美援朝新聞紀録電影素材，後彙編成長紀録片《抗美援朝》（第一、第二部）；並配合調查美國在朝鮮和中國進行細菌戰事實的國際科學委員會的工作，拍攝影片《美帝國主義細菌戰罪行實録》、《國際科學委員會調查美帝國主義細菌戰罪行實録》和《反對細菌戰》等長紀録片。在停戰談判和協議簽字時，攝製了《朝鮮停戰協定簽字》、《交換病傷戰俘》等新聞紀録影片。

《抗美援朝》（第一部）

出品：北京電影製片廠
編導：徐肖冰　王琛
攝影：楊序忠　牟森　劉德源
　　　劉雲波　石益民

中國人民志願軍入朝作戰，痛擊美國侵略軍。

劉德源（1925—2002）

攝影師、編導。山東黄縣人。1945年在東北電影製片廠參加拍攝《民主東北》、《東北三年解放戰爭》等。1950年編導了第一部報導抗美援朝的新聞紀録片《抗美援朝前線新聞第一號》，以及《突破三八線解放漢城》等。作品還有《抗美援朝》、《不屈的阿爾及利亞》、《敬愛的周總理永垂不朽》等。

《抗美援朝》連環畫宣傳照

上海各影院拒映美國片

1950年10月，朝鮮戰爭爆發以後，京津兩地電影界發起了“抗美援朝、保家衛國電影宣傳月”，全國各地紛紛響應。1950年11月11日，上海各電影院職工工會和市影院商業同業公會爲配合抗美援朝運動，發表聲明，決定自即日起拒映美國影片。接着全國各地也都停映美國影片，從此結束了美國好萊塢電影壟斷中國電影市場的歷史。

附録：《肅清美帝文化侵略的毒素——滬影院拒映美國影片》

據新華社消息：上海全市四十家電影院，接受廣大觀衆的要求，於十一月十四日起一律拒映美國影片。解放前，在國民黨反動統治下，美國影片幾乎控制了上海全部電影院，國産片反被限制上映。美國影片在我國一面傳播美帝國主義文化侵略的毒素，同時進行巨大的經濟掠奪。“米高梅”、“派拉蒙”、“哥倫比亞”等八大美國影片公司通過他們的有毒素的電影，每年從上海人民的手中騙取的美金六百萬元左右。上海解放後隨着廣大人民政治覺悟的日益提高，美帝國主義的反動影片已逐漸爲人民唾棄。一九四九年四月份上海美國影片的觀衆總數爲一百零二萬七千五百九十六人。但在上海解放一年多以後，至一九五零年九月份上海美國影片的觀衆已經降至二十七萬零四百十七人。在全市人民掀起抗美援朝保家衛國熱潮後，全市四十家電影院接受各界人民要求，自十四日起拒映美國影片。

（《人民日報》，1950年11月17日）

上影美術片組攝製完成第一部美術片《謝謝小花猫》

3月24日，東影廠美術片組共22人調入上影，上影廠成立美術片組，特偉任組長。8月20日，攝製完成第一部童話題材的黑白美術片《謝謝小花猫》。

《謝謝小花猫》劇照

《謝謝小花猫》

出品：上海電影製片廠
編劇：金近　導演：方明
作曲：蘇民

小花猫擔任村裏的守夜工作，它不僅堅守崗位，把被老鼠偷走的蛋寶寶送還給鷄大嬸，還和鷄大哥一起設計逮住了全部老鼠，爲大家除害。

特偉（1915—　）

美術片導演，事業家。祖籍廣東中山，生於上海。新中國美術電影事業主要創建者之一，上海美術電影製片廠第一任廠長。主要作品有《好朋友》、《驕傲的將軍》、《小蝌蚪找媽媽》、《牧笛》、《山水情》等。他在創作中提出的“探民族風格之路，敲喜劇樣式之門”口號，成爲中國美術電影在以後40多年中的創作指導方針。

1950年(臺灣)

大事記

1月1日 臺北市首輪電影院今起分場、清場、對號入座，由黨營"大世界"、"國際"和"臺灣"3家戲院先實施。

2月15日 《影劇新聞》創刊，發行人兼社長爲殷作楨，1956年12月15日停刊。

3月1日 "中製"廠受命攝製現場有聲新聞片，借用臺製廠設於植物園内的洗印設備沖印影片，次日即出片。

4月1日 臺灣省電影戲劇商業同業公會聯合會成立，理事長周天生。

4月21日 "中國電影戲劇協會"在臺北市中山堂舉行成立大會，由袁叢美主持，選出理監事。

5月3日 胡偉克發起組織"反共抗俄"影劇協會、音樂協會、美術協會，與"文協"唱對臺。

5月4日 "中國文藝協會"(簡稱"文協")在臺北成立，選出常務理事張道藩、陳紀瀅、王平陵三人，由袁叢美擔任電影工作委員會首屆主任委員。

9月 臺北中山堂舉辦白光從影十週年紀念欣賞會，放映4部白光影片《風流寶鑒》、《人盡可夫》、《銀海幻夢》、《諜海雄風》，每日一片。

9月12日 "臺製"成立製片委員會，袁叢美任廠長兼主任，委員包括主任編輯白克、技術主任王珏。

10月31日 因"中電"、崑崙、清華、文華、西北、大光明、長城、龍馬等公司之編導、主演"附匪"，共30部片被禁映。

11月1日 農業教育電影公司陳果夫因病辭去董事長職，推選蔣經國、張道藩、戴安國、胡偉克等爲常務董事，蔣經國任董事長，戴安國兼總經理。同日，"農教"臺中製片廠成立。

12月1日 《影劇世界》創刊，發行人爲田申(孔志明，臺灣影業名片商)，1953年停刊。

本年 臺灣放映影片：美片393部，國片185部，日片7部。

臺北市戲院實施對號清場入座

1月1日,爲有效改善臺北影劇院秩序，由臺灣省保安司令部訂定的"臺北市各電影戲劇場院映演整飭秩序辦法"，今起正式實施。其中有關影劇院營業售票方面的主要規定包括：

1. 各電影戲劇場院樓上、樓下必須嚴格劃分場次，對號入座。
2. 不得出售站票與黑票。
3. 每日上午可預售下午各場門票，惟不得超過全額的二分之一，其餘俟臨演前半小時售賣。
4. 不得邀約流氓地痞代爲收票。
5. 觀衆必須排隊順序購票入場。
6. 不得臨時增加座位，如必須加排補助座位時，務以不妨礙交通道路及太平門口爲原則，並須先報各主管機關勘察核准。

"戡亂"時期處理國産影片辦法公佈

本年，電影檢查處擬定"戡亂時期處理國産影片辦法五項"，呈奉政府核准實施，以過濾有"附匪"影人參與演出或由"附匪"電影公司出品的影片，禁止其流入臺灣。五項辦法是：

1.凡在"匪區"所攝製之影片，一律予以禁演並没收之。

2."附匪"影片公司所攝製之影片，一律予以禁演並没收之。

3."附匪"之導演、編劇、演員，及技術人員所攝製之影片，依下列兩點處理：

(1) 在未"附匪"前所攝製而核准有案的影片，應將"附匪"者之姓名，在片頭、廣告、海報、本事説明書及其他宣傳品上，一律予以删除或塗去。

(2) 在"附匪"後所攝製之影片，一律禁演，並予没收之。

4. 凡已核准映演之國産影片，其内容有因國内外情勢變遷，而發生電影檢查法第四條所列各款情形之一者，應調回複檢，重予核定。

5. 凡在1949年12月15日前核准映演之國産影片，應先將准演執照本事説明及職員、演員表送呈電影檢查處複核蓋章後，再向地方機關呈驗執照，始得映演。

農教、中製合拍影片《惡夢初醒》

11月14日，由農業教育電影公司提供閑置的廠房、中國電影製片廠提供人員及器材合作拍攝的劇情片《惡夢初醒》在臺中製片廠舉行開鏡典禮，蔣經國特親臨主持。

《惡夢初醒》改編自鐵吾的原著《女匪幹》，是在加强反共抗俄政令宣導下所開拍的第一部劇情片。同樣由這部作品改編的京劇《徵衣緣》，已自本月11日起由顧正秋領導的顧劇團在臺北永樂戲院演出，惟爲配合京劇的表演方式，劇中的時代背景已改爲唐朝。

《惡夢初醒》劇照

臺灣光復後的第一部劇情片

萬象影業公司攝製的《阿里山風雲》，於1950年2月16日起在臺北市中山堂首映，演員吴驚鴻、崔冰、張茜西隨片登臺剪彩。並請臺北合唱團登臺演唱主題歌《阿里山頌》。這是光復後臺灣攝製的第一部劇情片，在觀衆和報界引起很大反響。

《阿里山風雲》劇照

胡福源

王士珍

著名作家謝冰瑩《我看(阿里山風雲)》(摘録)

爲着孩子的要求，我們一連看了兩次《阿里山風雲》。第二次又重複看了吴鳳犧牲的鏡頭，因爲我們去得太早，第三場還没有演完，站着看了二十分鐘，才接着看第四場。吴鳳是從容就義的，所以當他穿着紅衣，戴着紅帽，緩緩地向緑樹叢中走去的時候，誰的精神不緊張？誰的心絃不跳動？誰不想到："娃娜快點去，千萬不要射死吴鳳呀！" 實際上，這時候是在看電影，用不着觀衆這麼操心，這麼着急的。但藝術的力量是偉大的，它能够使觀衆的心和演員的心，故事中的人物的心打成一片，融合在一起，匯成一條情感的洪流；主演的人笑，觀衆也笑，主演的人哭，觀衆也哭，這就是文學上的共鳴作用。

不過有一點，是我認爲美中不足的，當吴鳳中箭倒地的時候，蕃人因爲不知道是吴鳳，應該歡呼狂奔下山，以慶祝他們的勝利，等到上山一看是吴鳳，就應該緊張、悲慘。更能獲得觀衆的眼淚，更能深深地打動他們的心，使他們如同親眼看到吴鳳殉難那一幕而感到痛心。説到流淚，我還要提出一點，當奥哥第二次去看娃娜，被娃娜拒絶，娃娜又叫他永遠不要再來，當奥哥帶着一顆失望而傷痛的心真的頭也不回地走了的時候，娃娜應該表示萬分痛苦，應該叫一聲奥哥，而又害怕奥哥聽見，想要把奥哥叫回來解釋什麽，但又害怕他真的回來，從這種矛盾的痛苦裏面如果能迸出兩顆熱淚，一定更能感動人。

大體上説來《阿里山風雲》無論在思想上，結構上，布景上，技巧上，以及演員的配合上，都算得是合乎水準的。在人力、物力、財力缺乏的今天，尤其光復後從來没有拍攝過整部電影的臺灣，初次拍攝《阿里山風雲》，遭遇困難之多，是我們局外人想象不到的。因此《阿里山風雲》是值得我們欣賞推薦的。

(《中央日報》"中央副刊" 1950年2月25日)

王士珍、胡福源培養新人

農教臺中製片廠成立後，招考高中畢業生，成立技術人員培訓班。由廠長胡福源主講攝影、録音、剪接、燈光、沖洗等專業技術理論，攝影師王士珍負責教導各項技術演練及器材操作，試用半年後才正式録用。曾任職中製廠的王士珍，是中國第一位留美攝影師。他在雷電華攝影廠學得最新的彩色攝影技術，香港永華公司曾高薪爭取他去香港。1949年來臺，與農教廠長胡福源（好萊塢洗印專家）主持電影技術訓練班，培養了賴成英、林贊庭、陳洪民、林鴻鐘等本土優秀技術人才。

農教技術人員培訓班學員合照

影片目録 (共3部)

萬象　《阿里山風雲》

農教、中製　《惡夢初醒》

1950年（香港）

大事記

10月25日 抗美援朝戰爭正式爆發。以美國爲首的西方陣營對中國實行禁運，香港成爲中國内地最重要的對外通道。

本年 以發行新中國電影爲主的南方影業有限公司成立。

第一部閩南語影片《相逢恨晚》出品。

由長城出版社出版的電影雜誌《長城畫報》於1950年創刊。

重要影片

《說謊世界》劇照

《說謊世界》

出品：長城電影公司

編劇：陶秦 導演：李萍倩

主演：李麗華 嚴俊 王元龍 韓非

根據吴鐵翼同名小説改編。無賴老潘和算命先生裝作財政部長和財政特派員詐騙錢財。在歡迎“財政部長”的宴會上，何經理使用美色戳穿了老潘和算命先生騙人的詭計。他們共同面臨着一個説謊的世界。

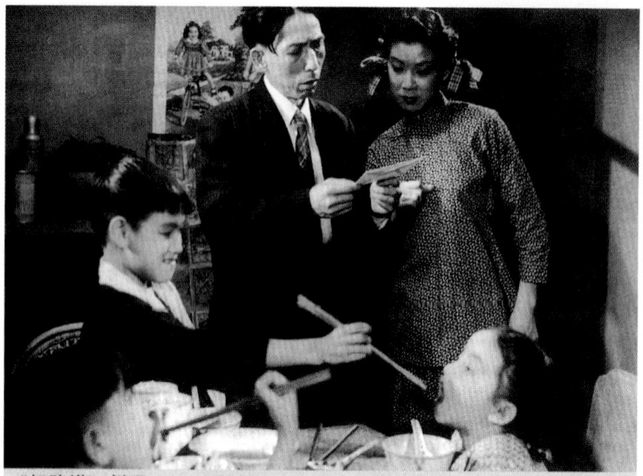

《細路祥》劇照

《人海萬花筒》劇照

《細路祥》

出品：大同公司 編導：馮峰

主演：李小龍 李海泉 伊秋水 馮峰

貧苦街童阿祥到工廠裹打工謀生，受貪婪成性的老闆盤剥，幸而有一位正直的老教師關心着這些可憐的孩子。工廠管工和手下欺壓童工、欺上瞞下、營私舞弊。阿祥發現以後，不顧一切地揭發了他們。

《人海萬花筒》

華南影聯集體創作

此片是華南影聯爲了籌款購建會址樓房以便提供會員福利而動員會員義拍的，由大觀、四達、友僑、自由、南洋、建成等六家片廠聯合攝製，它是一部由十個短篇組成的集錦式影片，故事有古有今，有悲有喜。

長城影業公司改組

長城影業公司是張善琨於1949年創辦的，但由於經營不善，欠下巨債，1950年把公司轉讓給航運業巨子吕健康。吕健康接手後，把“舊”長城改組爲“新”長城，易名長城電影製片有限公司(以下簡稱長城電影公司)。公司董事局主要負責人爲吕健康、袁仰安、周康華、何賢、許敦樂。袁仰安、李萍倩、程步高、蘇誠壽、朱克、胡小峰、黄域、查良景等13人組成編導委員會，聘請程步高、李萍倩、黄域、胡小峰、蘇誠壽、張鑫炎爲導演，余省三、董克毅、董紹良、黄錫林、蔣錫偉爲攝影師，招納並刻意培養夏夢、傅奇、石慧、姜明、龔秋霞、陳思思、林黛、樂蒂等爲演員。

長城電影公司一成立就立刻恢復創作和生産，創業作是《説謊世界》。初期作品《血海仇》、《方帽子》、《門》、《一家春》等都對港澳以及東南亞華人社會産生了影響。1953年，古裝片《絶代佳人》受到國内外好評。隨後，公司的製作更加多姿多采，如名著改編《阿Q正傳》、《鳴鳳》、《日出》以及喜劇片《大兒女經》、《三戀》等。1950年代中期開始彩色片製作後，長城電影公司拍攝的一系列戲曲片，如《王老虎搶親》、《三看御妹劉金定》以及開香港新派武俠片先河的《雲海玉弓緣》等，都受到廣大觀衆的歡迎，在香港電影歷史上産生了重要的影響。

長城電影公司共攝製《狂風之夜》(1950)、《娘惹》(1951)、《一家春》(1952)、《寸草心》(1953)、《絶代佳人》(1953)、《紅顔劫》(1956)、《新寡》(1956)、《阿Q正傳》(1957)、《小鴿子姑娘》(1957)、《華燈初上》(1958)、《春到海濱》(1959)、《三笑》(1962)、《滄海遺珠》(1965)、《屋》(1968)、《一磅肉》(1976)等故事片100部左右，類型大多爲倫理愛情通俗劇、輕喜劇、正統歷史劇和民間故事片。其中，根據梁羽生同名武俠小説改編，張鑫炎、傅奇導演，傅奇、陳思思、王葆真主演，劉家良、唐佳任武術指導的《雲海玉弓緣》被稱爲中國香港第一部新派武俠片。

長城電影公司拍攝的故事片如《方帽子》(1950)、《兒女經》(1952)、《孽海花》(1952)、《絶代佳人》(1953)、《新寡》(1956)、《華燈初上》(1959)、《飛燕迎春》(1960)、《王老虎搶親》(1961)、《三笑》(1963)、《生死搏鬥》(1977)、《巴士奇遇結良緣》(1977)等，均在内地上映過。

1982年與鳳凰、新聯改組合併爲銀都機構有限公司。

長城公司片場

寫實經典影片《珠江淚》公映

以蔡楚生爲首的上海進步影人二度南下香港，聯絡其他在香港的進步及新民主藝術家，發起了華南電影運動，目的在提高粵語片的質素、專業性及道德水平。1949年促成第二次"粵語電影清潔運動"，當時出品的《珠江淚》就是要作爲開路先鋒。《珠江淚》及由華南影聯集體創作的《人海萬花筒》的出品，對當時粵語片主動繼承反封建反迷信的社會寫實傳統起了重要的作用。

《珠江淚》

出品：南國影業公司

編劇：陳殘雲　導演：王爲一

主演：張瑛　李清　王辛

惡霸官仔貴與鄉長串通將大牛和阿鷄拉去當兵，兩人不忿，遂逃到廣州。官仔貴欲姦污大牛之妻牛嫂，牛嫂也逃至廣州，後被迫賣身予官仔貴。在廣州大牛得與牛嫂重聚。大牛等人最終打敗官仔貴携牛嫂啓航返鄉。

《珠江淚》1957年獲得中華人民共和國文化部授予的榮譽獎。同時，這部粵語電影的經典作非常受觀衆歡迎，據向邊度先生在《大公報》所作的統計，"從1950年1月到6月，在香港10大賣座片中，南國公司的《珠江淚》就佔了第一位。"(引自1950年10月1日香港《大公報》)。

《珠江淚》的監製、名導演蔡楚生在他寫的《〈珠江淚〉和華南電影》一文中，對爲什麼會製作《珠江淚》有過這樣的説明："到了香港和朋友們在澳門展開了一次討論，會上對粵語電影的改進，覺得輿論的聲討、督促、指導固然重要，但如果不輔之以實際工作——在同樣的製作環境中展開示範性的工作，仍不易使落後的工作者有進一步的認識，從而獲得在作品的本質上起着良好的變化。"

評論：

《珠江淚》是一部寫實電影，通過劇中人大牛和牛嫂的悲歡離合遭遇，暴露出當時的地主惡霸、官僚對人民的迫害，同時反映了他們的覺醒和反抗，還指出了他們的出路。由於影片真實、深刻地反映了當時的現實，令觀衆覺得親切和感動，也因它既有良好的教育意義，又有很高的藝術水平(其編劇、導演、演員和攝影等的表現都很傑出)，故被譽爲"現實主義粵語片的一個正確的、堅實的、全新的起點"，"替未來粵語電影的創作鋪開了一條道路"，"是粵語片裏面一個革命性的代表作"，"粵語電影的經典之作"。"這些評價一點也沒有誇大，它確是粵語電影的一個高峰，即使是五十年代以後，也沒有多少套粵語片能超過或達到這個高峰"，"我們現在看來，覺得可學習的地方實在不少"。

(第二屆香港國際電影節《50年代粵語電影回顧展》特刊)

《珠江淚》劇照

主要影片目録

本年度香港共出品影片196部，其中粵語片173部，國語片16部，閩南語片1部，新聞紀録片6部。

大觀聲片　《幾家歡樂幾家愁》、《花落紅樓》、《金鎖記》、《經紀拉與飛天南》、《千里送鵝毛》

長城　《一代妖姬》(國語)、《王氏四俠》(國語)、《説謊世界》(國語)、《豪門孽債》(國語)

星耀　《黄飛鴻傳第三集：血戰流花橋》、《黄飛鴻第四集：梁寬歸天》、《殘歌淚影》

合利　《花街慈母》、《天涯何處再相逢》、《落花時節落花樓》

三友　《方世玉擂臺招親》(上集)、《方世玉擂臺招親》(下集大結局)

南國　《珠江淚》、《冬去春來》(國語)

大同　《細路祥》

其他　《豪門蕩婦》(廣東)、《脂粉生涯》(光藝)、《大獨裁者》(雲峰)、《火燒少林寺》(南海)、《方世玉大破白蓮教》(三星)、《董小宛》(澤生)、《烏龍夫妻》(金橋文化)、《豹子頭林沖》(天河)、《薛仁貴血戰柳家莊》(志誠)、《情僧》(華僑)、《柳姐與沙塵超》(新生)、《真假方世玉》(和合)、《大樹王子》(立群)(國語、粵語)、《家和萬事興》(新中華)、《夜半鐘聲》(雄德)、《豪門棄婦》(嶺南兄弟)、《天涯歌女》(嶺峰)、《哪吒大戰紅孩兒》(善興)、《結婚廿四小時》(遠東，國語)、《人海萬花筒》(華南電影工作者聯合會)、《可憐女》(永興)、《小二黑結婚》(大光明)(國語)、《江湖奇俠》(紅星)、《廣東十虎屠龍記》(永明)、《亂世英雄》(聯光)、《賣油郎獨佔花魁女》(國華)、《胡慧乾打機房》(文華)、《濟公三氣華雲龍》(泰興)、《冷落斷腸花》(環亞)、《新茶花女》(聯合)、《方世玉父子報血仇》(雄獅)、《萬劫情鴛》(榮星)、《蛇王》(萬方)、《陸阿采》(廬山)、《南海漁歌》(萬年)、《扭紋柴》(開明)

出品者不詳　《唐伯虎點秋香》(閩南語)、《荒江女俠(一集)》(國語、粵語)、《女俠胭脂虎》

邵邨人主持的南洋影片公司易名爲邵氏父子公司

1950年，邵邨人在收回大中華影業公司租用的南洋片場後，以原南洋影片公司爲基礎，在香港成立邵氏父子影業有限公司。國民黨政府敗守臺北後，有200多萬大陸居民移居至臺灣，於是邵氏父子公司由原拍攝粵語片改爲拍攝國語片，專攻國語片市場。其屬下南洋片場改名爲邵氏製片廠，創業作是《紅玫瑰》(1952)。邵氏父子影業有限公司仍保持家族經營，邵邨人任董事長，邵醉翁任監事長，邵維瑛(邵邨人之子)任總經理，王新甫任製片，聘請屠光啓、陶秦、王引等爲導演，至1957年，共攝製故事片《摩登太太》、《碧雲天》、《風蕭蕭》、《人鬼戀》、《喜臨門》、《少奶奶的秘密》、《春光無限好》、《龍鳳配》等70部，多爲愛情、喜劇片。

邵邨人 (1898—1973)

製片家。原名邵仁棣，浙江寧波人，生於江蘇鎮江。1925年與其三個兄弟在上海創辦天一影片公司，從事製片並編寫電影劇本21部。1937年抵港。1957年與其兄、子組成邵氏父子有限公司，1958年退出影壇。15年後在港病逝。

1951年(大陸)

大事記

1月3日 《人民日報》發表社論《中國人民電影事業一年來的光輝成就》，對1950年國産影片的創作生産和發行放映成績給予了肯定。

1月31日 著名導演費穆因病在香港逝世，終年45歲。

3月3日 袁牧之致函胡喬木，報告派新聞攝影隊去越南拍攝新聞影片的安排。

3月 文化部電影局藝術委員會作《1950年翻譯片工作總結》。

4月1日 文化部電影局在北京成立電影劇本創作所，王震之任所長。該所的主要任務是爲東北、北京、上海三個國營電影製片廠提供劇本。

4月3日 毛澤東主席爲中國戲曲研究院成立題詞："百花齊放，推陳出新。"

4月16日 私營崑崙影業公司經政府貸款、代製影片後，改由上海市人民政府代管。

4月30日 電影指導委員會常委會決定禁演《清宮秘史》。

5月 中共中央作出《關於加强電影工作的指示》。

6月1日 文化部向上海文化局發出《關於加强對私營電影製片業領導的指示》。

7月1日 爲了紀念中國共産黨成立三十周年，俄文著作中譯本《黨論電影》出版。

7月13日 中蘇兩國電影工作者合拍的大型彩色紀録片《解放了的中國》和《中國人民的勝利》獲斯大林文學藝術獎一等獎。

7月14日 故事片《鋼鐵戰士》榮獲第六屆卡羅維·發利電影節5項主要獎之一的第二獎"和平獎"；《白毛女》榮獲"特别榮譽獎"；《新兒女英雄傳》的導演史東山獲"導演獎"；紀録片《中國民族大團結》獲"紀録片最優獎"。

9月1日 崑崙影業公司和長江影業公司合併成立公私合營的長江崑崙聯合電影製片廠，葉以群任廠長。

9月25日 文化部電影局在北京西郊黑山扈附近建設"電影村"計劃中的洗印廠，請來捷克斯洛伐克專家勘察設計。

10月1日—10日 蘇聯在30個大城市舉辦"中國電影週"，放映了中蘇合拍電影《解放了的中國》，以及故事片《白毛女》、《中華女兒》、《翠崗紅旗》、《上饒集中營》、《團結起來到明天》等。

11月20日 全國文聯決定在北京文藝界組織整風學習，並調整全國性文藝刊物，部分文藝刊物合併或停辦。11月26日，文化部電影局開始進行文藝整風學習，歷時一年多。

12月 全國40個大城市同時上映紀録片《抗美援朝》(第一部)。《人民日報》發表短評，讚揚該片"在人民電影的歷史上佔有輝煌的地位。"

中影公司在北京成立

1月15日，文化部電影局所屬中國影片經理公司（簡稱中影公司，1953年底改名爲中國電影發行放映公司）在北京成立。羅光達出任經理。電影局發行處經辦的一切業務包括洗印廠在内，統由該公司接辦。公司的任務是統一經營全國電影發行事業。4月12—28日，中影公司召開全國第一届經理會議，各大行政區經理公司正副經理及發行科長參加。主要就如何與三大政治運動（抗美援朝、土地改革、鎮壓反革命）相結合，進一步保證進步片佔絶對優勢；如何貫徹企業化，貫徹統一協商排片，統一機構、編制和健全發行網等有關發行、財經、宣傳、人事機構諸多問題進行了討論，最後作出51項決議。經理羅光達主持會議並作了總結。

羅光達（1910—1997）

電影事業家。浙江吴興人。1938年赴延安，進陝北公學學習；1948年任東北電影製片廠製作處處長；1950年後相繼任文化部電影局發行處處長、中國影片經理公司總公司總經理、文化部企業管理局副局長、北京電影學院副院長等職。

洪藏（1913—2004）

電影事業家。廣東普寧人。1940年起先後任根據地畫報社美術編輯、總編輯、社長等職；1950年任中南影片發行公司華南分公司經理；1953年任中國電影發行公司總公司總經理，1978年任文化部電影局副局長兼中國電影公司經理。

《新電影》在京創刊

1月，電影局主辦的雜誌《新電影》在北京創刊，由梁彦任主編。在《新電影》的本社發刊詞《爲觀衆服務》中，闡明了"新電影"的定義和刊物的宗旨：

"新電影——新中國的電影，是人民的電影。和舊電影——舊中國的電影不一樣，新電影是表現了廣大人民的鬥爭生活和勞動生活的，普遍放映給廣大人民欣賞的，爲廣大人民所有的，依照着廣大人民的意思和需要來製作和放映的，爲廣大人民所歡迎、愛好和擁護的電影。"

《新電影》創刊號封面文照

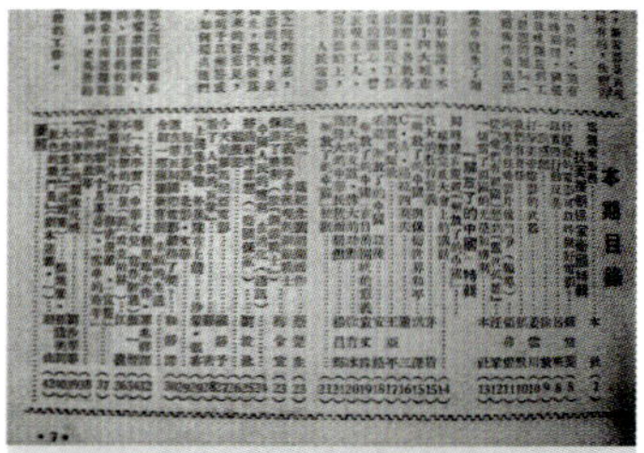

《新電影》創刊號目録頁文照

國營電影廠“新片展覽月”

爲了展示新中國成立以來人民電影事業的初期成就，文化部電影局和中影公司於3月8日起，在全國20個大城市舉辦國營電影製片廠“新片展覽月”，展映了1950年來東影、北影、上影三個製片廠攝製的《白毛女》、《鋼鐵戰士》等26部影片。展覽月受到全國人民的熱烈歡迎。周恩來爲“新片展覽月”題詞：“新中國人民藝術的光彩”；茅盾爲“新片展覽月”題寫了祝辭。新華社發表社論《人民電影事業的光輝成就》。各地報紙也都紛紛報道，盛讚這是中國電影史上的創舉。同時，新片展覽活動響應了抗美援朝，使人民新電影以壯闊的聲勢，佔領銀幕主體位置，徹底結束了好萊塢電影在中國電影市場的壟斷歷史。這次展覽月總計放映電影3 370場，觀衆達4 973 380人次，相當於1950年國營片觀衆的12.5%。

展映影片包括：

故事片22部：《白毛女》、《鋼鐵戰士》、《趙一曼》、《新兒女英雄傳》、《翠崗紅旗》、《高歌猛進》、《女司機》、《上饒集中營》、《内蒙人民的勝利》、《團結起來到明天》、《劉胡蘭》、《兒女親事》、《勝利重逢》、《紅旗歌》、《陝北牧歌》、《保衛光榮祖國》、《人民的戰士》、《走向新中國》、《海上風暴》、《大地重光》、《遼遠的鄉村》、《民主青年進行曲》。

紀録片4部：《勝利之路》、《生産戰線》、《中華民族大團結》、《世界青年訪華記》。

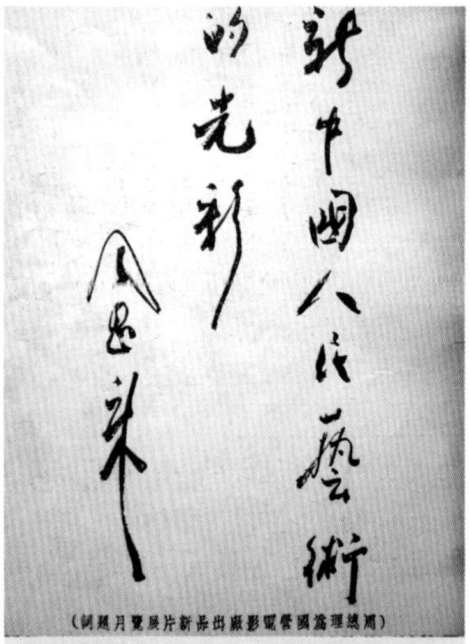

周恩來題詞

新片展覽月廣告

附録：茅盾祝辭

新片展覽月之舉行，在中國還是第一次，在此次展覽的新片中，我們可以看見國營製片廠在五〇年度取得的成就——雖就此次所展覽的，還不是五〇年度國營廠全部的産品。這一點成就主要是依靠創作、技術、行政幹部的集體互助與努力，也依靠了各有關實際部門的協助與合作。中國的電影事業歷史很短，就而有它的光榮的鬥爭的傳統。我們遵循毛主席的文藝方向，力求弘揚這傳統。出於不斷地得到中央各首長的關心、指示和鼓勵，使過去一年中我們的小部分産品尚能保持一定的素質。我們希望借這次展覽月的機會，得到更多的指示，聽到更多更集中的觀衆的意見，使我們今後的産品的思想性和藝術性能够提高一步，更好地爲人民服務。

茅盾　一九五一年二月廿日

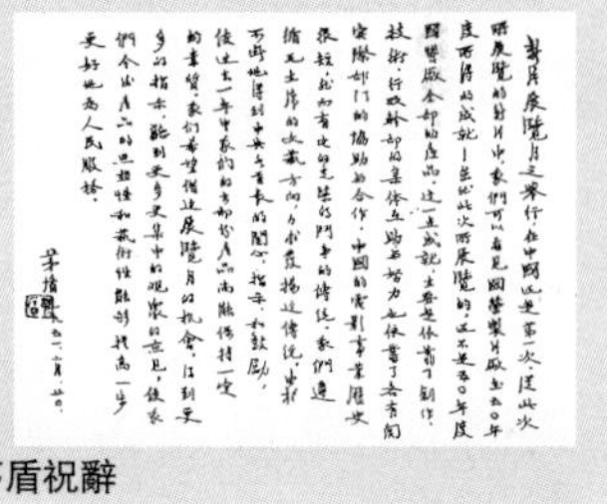
茅盾祝辭

《文匯報》社論

《光明日報》社論

《翠崗紅旗》

出品：上海電影製片廠
編劇：杜談　導演：張駿祥　攝影：馮四知　裘葛
主演：于藍　張伐　穆宏　陳天國

1934年，紅軍北上抗日後，蔣匪乘機進入老根據地，翠崗人民陷入水深火熱之中。紅軍家屬向五兒改名换姓逃避外鄉。1949年，解放軍重新解放翠崗時，五兒與已是解放軍師長的丈夫團聚。

馮四知（1911—1984）

攝影師。安徽廬江人，生於南京。上海大夏大學銀行系畢業，業餘從事攝影，創辦攝影刊物《飛鷹》。1939任中央通訊社攝影記者，後任中國電影、中華教育電影、上海電影製片廠攝影師，先後拍攝《大團圓》、《大地重光》、《翠崗紅旗》、《鐵道遊擊隊》、《寶蓮燈》等影片。1952年，因《翠崗紅旗》獲第七屆卡羅維·發利電影節攝影獎。

《翠崗紅旗》劇照

故事片目録（共17部）

東影　《鬼話》
國泰　《紅樓二尤》、《鴛鴦劍》
崑崙　《我們夫婦之間》、《武訓傳》（下集）
文華　《姊姊妹妹站起來》、《關連長》、《光輝燦爛》
大同　《女兒春》、《彩鳳雙飛》
惠昌　《婚姻大事》
中企影藝社　《姊妹冤家》
中國彩色電影實驗工場　《只不過是愛情》
長江　《美帝暴行圖》、《夫婦進行曲》
大光明　《和平鴿》、《方珍珠》

《白毛女》劇照

《白毛女》

出品：東北電影製片廠
編劇：水華　王濱　楊潤身
導演：王濱　水華
攝影指導：吴蔚雲　攝影：錢江
主演：田華　李百萬　張守維　陳强

根據賀敬之、丁毅的同名歌劇改編。惡霸地主黄世仁逼楊白勞以女兒喜兒抵債，楊白勞不從被打死，喜兒被搶到黄家。王大春與喜兒青梅竹馬，爲替喜兒報仇投奔八路軍。喜兒受盡凌辱，在張二嬸幫助下逃入深山。王大春所在的八路軍解放了楊各莊，鎮壓了黄世仁，救回了喜兒。

《白毛女》劇照

王濱（1912—1960）

編劇，導演。原名王紹傑，又名王斌，山東昌邑人。1932年入北平聯華影業公司養成所學習，同年秋天到上海聯華一廠當場記，1934年任天一公司編劇、導演，1938年到延安，1947年任東北電影製片廠導演。代表作品有《海葬》、《橋》、《白毛女》、《怒海輕騎》、《畫中人》等。

田華（1928—　）

演員。原名劉天花。河北唐縣人。1940年參加八路軍，任晋察冀軍區政治部抗敵劇社演員；1950年在東北電影製片廠主演影片《白毛女》；1959年後任八一電影製片廠演員。代表作品還有《黨的女兒》、《碧海丹心》、《白求恩大夫》、《法庭内外》等。

《鋼鐵戰士》

出品：東北電影製片廠
編劇：成蔭　導演：成蔭
攝影：王春泉
主演：張平　杜德夫　孫羽　李林

根據武兆堤、蘇里、吴茵的歌劇《鋼骨鐵筋》改編。解放戰爭初期，解放軍某部排長張志堅，率領戰士完成掩護主力轉移的任務後被俘。在敵人的威逼利誘下堅貞不屈。

《鋼鐵戰士》劇照

《上饒集中營》劇照

《上饒集中營》

出品：上海電影製片廠
編劇：馮雪峰
導演：沙蒙　張客
攝影：朱今明　録音：丁伯和
美術：韓辛　陳波生
主演：湯化達　江俊　盧敏　林農

1941年1月，國民黨製造了"皖南事變"。數百名新四軍將士和愛國者被囚禁在上饒集中營，敵人軟硬兼施，妄圖瓦解革命隊伍。在獄中地下黨的領導下，將士們粉碎敵人的詭計，成功暴動，重獲自由。

趙子岳（1909—1997）

演員。山西古縣人。1949年任山西省劇協副主席；1950年在北京電影製片廠參加影片《新兒女英雄傳》的拍攝；1951年起任北京電影製片廠演員、演員劇團副團長、團長。代表作品有《呂梁英雄》、《林家鋪子》、《青春之歌》、《紅旗譜》、《暴風驟雨》、《錦上添花》、《停戰以後》、《駱駝祥子》等。

《鋼鐵戰士》工作照，右1成蔭，右2王春泉

王春泉（1913—1969）

攝影師。原名王士元，上海人。1931年入天一影片公司學習攝影，1935年後相繼拍攝《花燭之夜》、《百寶圖》、《喜臨門》、《三笑》、《秦香蓮》、《山河淚》等多部影片。新中國成立後拍攝《鋼鐵戰士》、《葡萄熟了的時候》、《草原上的人們》、《怒海輕騎》、《不拘小節的人》、《五朵金花》、《達吉和她的父親》、《景頗姑娘》等。

《新兒女英雄傳》

出品：北京電影製片廠
編劇：史東山
導演：史東山
攝影：高洪濤
主演：今欣　姚向黎　謝添　趙子岳

冀中農民牛大水參加抗日武裝，他的遠親楊小梅不堪丈夫張金龍的虐待，也參加了革命。經過楊小梅爭取，張金龍也參加了抗日，却隨何世雄投敵。大掃蕩時楊小梅受傷，牛大水被捕。何世雄、張金龍施以酷刑，牛大水堅貞不屈。得救後與楊小梅感情加深，一起打擊敵人。

高洪濤（1916—1982）

攝影師。上海人。1938年從影，歷任中電三廠、北京電影製片廠攝影師。相繼拍攝《深閨疑雲》、《新兒女英雄傳》、《龍鬚溝》、《萬水千山》、《爲了六十一個階級兄弟》、《崑崙山上一棵草》、《停戰以後》、《西安事變》、《畫家齊白石》（紀録片）等。

《新兒女英雄傳》劇照

《大衆電影》1950年中外影片評選結果揭曉

3月10日，《大衆電影》雜誌社舉辦的讀者評選1950年中外影片結果揭曉，獲得前十名的國産新片是:《中國人民的勝利》、《解放了的中國》、《趙一曼》、《中華女兒》、《思想問題》、《腐蝕》、《人民的巨掌》、《衛國保家》、《武訓傳》、《我這一輩子》。《大衆電影》編輯部向各選中前十名影片的讀者贈送了紀念禮物。

《我這一輩子》劇照

《我這一輩子》

出品：文華影業公司
編劇：楊柳青　導演：石揮
攝影：葛偉卿　林發
主演：石揮　魏鶴齡　沈揚　李緯

根據老舍的同名小説改編。一個"奉公守法"的北京舊警察，經歷了清末、民初、國民黨統治、日寇侵略時期，目睹了種種虐政暴行，自己却無能爲力。後因兒子參加八路軍而被捕。出獄後淪爲乞丐。解放後，他找到了兒子，自己也參加了革命隊伍。

《我這一輩子》劇照

石揮（1915—1957）

演員，導演。原名石毓濤。天津人。1941年起先後任金星、文華影業公司演員；1952年起任上海電影製片廠演員兼導演。代表作品有《假鳳虛凰》、《艷陽天》、《夜店》、《我這一輩子》、《宋景詩》、《母親》、《霧海夜航》、《雞毛信》、《天仙配》等。

陳波兒逝世

11月10日，陳波兒因心臟病突發在上海逝世，終年44歲。13日，北京文藝界在首都電影院舉行隆重的追悼會。追悼會由文化部副部長周揚主祭，田漢、黄鋼讀祭文，水華報告生平事跡。中宣部副部長胡喬木到會講話，稱陳波兒爲“中國人民藝術家”。

陳波兒

《著名電影藝術家陳波兒同志病逝上海》

【新華社十日訊】著名電影藝術家、中央人民政府文化部電影局藝術委員會副主任委員、全國文學藝術界聯合會委員、全國民主婦女聯合會常務委員陳波兒同志於十一月十日晨零時三十分因心臟病在上海逝世。

……

爲料理陳波兒同志殯葬事宜，中共中央宣傳部、中央人民政府文化部、全國婦聯、全國文聯等單位共同推定鄧穎超、胡喬木、周揚、丁玲、陽翰笙、夏衍、沙可夫、陳沂、田漢、李伯釗、江青、袁牧之、蔡楚生、史東山、章泯、田方、羅静予、石聯星等組成陳波兒同志治喪委員會，並決定俟遺體由滬移京後舉行追悼。

（《人民日報》，1951年11月11日，第1版）

著名電影藝術家
陳波兒同志病逝上海
鄧穎超等組成治喪委員會

陳波兒逝世的報道

《悼人民藝術家——陳波兒同志》（摘録）

正當我國年輕的人民電影藝術事業由於正確地執行毛澤東文藝方向，因而獲得了無比充沛的生命力和巨大的成績的時候，正當我國年輕的人民電影藝術在國内外極其廣大的觀衆中受到了熱烈的歡迎和衷心的喜愛，因而他們以這樣大的注意力期待我們的人民電影藝術獲得更大的創造性的新成就的時候，我們突然沉痛地聽到陳波兒同志於一九五一年十一月十日晨因心臟病在上海逝世的消息。每個聽到這個消息的人，都會馬上想到陳波兒同志的死是我國人民電影事業的重大損失，每個心愛人民電影事業藝術的人，都會因爲喪失了這樣一個全心全意爲人民服務的，有才能的電影藝術家，而表示深沉的悼念！

（《大衆電影》，1951年第23期）

電影指導委員會成立常委會

3月24日，周恩來在中南海西花廳召集中宣部、文化部和電影界負責人沈雁冰、陸定一、胡喬木、陽翰笙、丁燮林、周揚、夏衍、江青、袁牧之、陳波兒、蔡楚生、史東山等開會，研究加强對電影工作的領導問題，佈置對《武訓傳》等影片的批評。4月，中共中央作出《關於加强電影工作的指示》。4月21日，根據西花廳會議精神，爲了進一步加强對電影工作的領導，電影指導委員會決定成立常委會，由周揚、丁燮林、沈雁冰、江青、蕭華、袁牧之、陳波兒、蔡楚生、史東山、陽翰笙爲常委會委員。同時，決定成立電影指導委員會上海分會，由夏衍、劉曉、舒同、潘漢年、于伶爲委員，夏衍負責。

《方珍珠》劇照

《方珍珠》

出品：大光明影業公司
編劇：徐昌霖　導演：徐昌霖
攝影：陳震祥
主演：陶金　小王玉蓉　顧也魯　高占非

根據老舍的同名話劇本改編。鼓詞藝人方珍珠，抗戰時刻來到内地演唱傳統抗戰的新鼓書，受到官僚買辦、特務的敲詐。日本投降後，他回到北京，又受到國民黨特務的侮辱。北京解放後，他從舊藝人變成了文藝工作者。

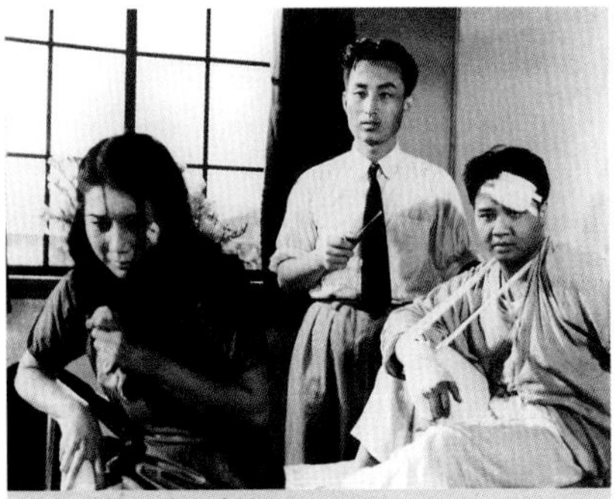
《人民的巨掌》劇照

《人民的巨掌》

出品：崑崙影業公司
編劇：夏衍　導演：陳鯉庭
攝影：胡振華
主演：魏鶴齡　張乾　王蓓　傅伯棠

上海解放初，特務、工賊張榮接受指示，在寶通紗廠潛伏下來。公安人員雖已掌握情況，但仍希望他自己悔悟。張榮利用人們的大意得到機密，使工廠成爲敵機轟炸目標，後經張榮的妹妹檢舉，才將敵特一網打盡。

《腐蝕》劇照

《腐蝕》

出品：文華影業公司
編劇：柯靈
導演：佐臨
攝影：許琦
主演：丹尼　石揮　崔超明　宏霞

根據茅盾的同名小説改編。抗日戰爭時期，一個青年女子由於追求精神和物質享受而墮入敵特組織，正當在共産黨員的精神感召下有所覺悟時被殺。

電影《武訓傳》批判運動

5月20日,《人民日報》發表毛澤東主席親筆修改的社論《應當重視電影〈武訓傳〉的討論》,對電影《武訓傳》的大規模批判運動隨即在全國展開。

《武訓傳》由上海私營崑崙影業公司1950年攝製完成。1944年,該片的編導孫瑜收到教育家陶行知贈送的《武訓先生畫册》,被武訓"行乞興學"的精神所感動,萌發了將其改編成電影的念頭。1948年他寫出《武訓傳》分場劇本,交給崑崙公司準備拍攝。但是由於內戰的影響,拍攝擱置。直到1949年秋,崑崙公司向上海市文化局局長夏衍申請貸款重改劇本,繼續拍攝該片,夏衍認爲"武訓不足爲訓",未予批准。主創人員又上報文化部電影局,劇本經中宣部審查同意,由政務院文化教育委員會予以貸款拍攝。影片於1950年12月起開始放映,四個月内僅北京、天津、上海三市的報刊就發表了40多篇讚揚的文章,認爲影片有着重要的積極意義,號召人民群衆學習武訓和"武訓精神",進一步掀起新中國文化建設的高潮。1951年5月16日,《人民日報》轉載《文藝報》批評電影《武訓傳》的文章。20日《人民日報》社論發表後,對《武訓傳》的討論上升爲對其的政治批判,進而在全國電影界乃至整個文化教育界形成了一場大型的政治運動。在批判運動中,私營廠生產的其他影片如《我們夫婦之間》、《關連長》等,也受到了重點批判。

附録:《應當重視電影〈武訓傳〉的討論》(《人民日報》社論)

"《武訓傳》所提出的問題帶有根本的性質。像武訓那樣的人,處在清朝末年中國人民反對外國侵略者和反對國內的反動封建統治者的偉大鬥爭的時代,根本不去觸動封建經濟基礎及其上層建築的一根毫毛,反而狂熱地宣傳封建文化,並爲了取得自己所沒有的宣傳封建文化的地位,就對反動的封建統治者竭盡奴顔婢膝的事,這種醜惡的行爲,難道是我們所應當歌頌的嗎?向着人民歌頌這種醜惡的行爲,甚至打出'爲人民服務'的革命旗號來歌頌,甚至用革命的農民鬥爭的失敗作爲反襯來歌頌,這難道是我們能够容忍的嗎?承認或者容忍這種歌頌,就是承認或者容忍污蔑農民革命鬥爭,污蔑中國歷史,污蔑中國民族的反動宣傳,就是把反動宣傳認爲正當的宣傳。

電影《武訓傳》的出現,特别是對武訓和電影《武訓傳》的歌頌竟至如此之多,説明了我國文化界的思想混亂達到了何等的程度!試看下面自從電影《武訓傳》放映以來,北京、上海、天津三個城市中報紙和刊物上所登載的歌頌《武訓傳》、歌頌武訓,或者雖然批評武訓的一個方面,仍然歌頌其他方面的論文的一個不完全的目録:

(見右表)

題目	作者	報刊	日期
編導《武訓傳》記	孫瑜	光明日報	二·二六
武訓傳電影和武訓畫傳	長之	光明日報	二·二六
我看《武訓傳》電影	李士釗	光明日報	二·二六
我看了《武訓傳》電影	陶宏	光明日報	二·二六
武訓傳——電影故事	羅維	工人日報	二·二六
介紹武訓畫傳	管大同	光明日報	二·二七
武訓傳	紫光	新民報	二·二七
熱愛我們偉大的祖國——看電影《武訓傳》有感	谷風	新民報	二·二七
關於電影《武訓傳》	王庚堯	新民報	二·二七
對《武訓傳》的意見	項若愚 魏兆蘭	新民報	二·二七
由教育觀點評《武訓傳》	董渭川	光明日報	二·二八
《武訓傳》觀後	鳳雋	新民報	三·一〇
論《武訓傳》	楊雨明　端木蕻良	北京文藝二卷一期	三·一五
《武訓傳》醜化了勞動人民	江林	新民報	三·三一
我對《武訓傳》的意見	林	光明日報	四·二
武訓傳能表現我們祖先的偉大嗎?	田家美	新民報	四·二
將《武訓傳》的爭論明確起來	書亭	人物雜誌	五·五
由武訓和周大這兩個人物談起——《武訓傳》觀後	趙桓	天津日報	二　九
推薦《武訓傳》	阮丁	進步日報	三·一九
《武訓傳》觀後感	夏文華 果鴻遠 步雲升 文青	進步日報	三·二三
評《武訓傳》	時偉文	天津日報	三·二八
我看《武訓傳》	李欽	天津星報	三·二九
《武訓傳》教育了我	弔瑜	天津日報	四·四
不能接受武訓的傳統	静知	進步日報	四·四
關於《武訓傳》	程慶華	進步日報	四·四
我對武訓的看法	洵	進步日報	四·四
武訓的"反抗"變成了幫忙	洪都	進步日報	四·八
對《武訓傳》取材問題的一點意見	方輝先	進步日報	四·八
關於武訓傳不是我們好傳統的商榷	魯男子	進步日報	四·八
我怎樣演武訓的	趙丹	上海大衆電影第九至第十五期	一九五〇·十·一六
武訓傳(報紙連載畫傳)	孫瑜編 董天野畫	新聞日報	一九五〇·十二·一四至一九五一·一·三〇
《武訓傳》與中國封建社會	蔣星煜	大公報	一二·三〇
在苦難中成長的《武訓傳》	王蓓	大公報	一二·三〇
我怎樣表現武訓的"夢"	孫瑜	新聞日報	一二·三〇
編導《武訓傳》前後	孫瑜	大衆電影第十四期	一·一
看了《武訓傳》之後的意見	戴白韜	新聞日報	一·一
		大衆電影第十四期	一·一
		文匯報	一·三
《武訓傳》觀後感	馬侶賢	大衆電影第十四期	一·一
育才學校師生談《武訓傳》		大衆電影第十四期	一·一
看了《武訓傳》的一些體會	顧慰組	文匯報	一·六
《武訓傳》半解	史果	新民報晚刊	一·六
對《武訓傳》的粗見	立行	大公報	一·一三
從《武訓傳》談起	王鼎成	新聞日報	一·二七
小論表現歷史人物問題——從《武訓傳》影片談起	言萌	文匯報	三·二九

下面是關於武訓的幾本在一九五一年初出版的新書:

武訓傳(電影小説)	孫瑜著,上海新亞書店出版
武訓畫傳	李士釗編,孫之儁繪,上海萬葉書店出版
千古奇丐(章回小説)	柏水編,上海通聯書店出版

在許多作者看來,歷史的發展不是以新事物代替舊事物,而是以種種努力去保持舊事物使它得免於死亡;不是以階級鬥爭去推翻應當推翻的反動的封建統治者,而是像武訓那樣否定被壓迫人民的階級鬥爭,向反動的封建統治者投降。我們的作者們不去研究過去歷史中壓迫中國人民的敵人是些什麼人,向這些敵人投降並爲他們服務的人是否有值得稱讚的地方。我們的作者們也不去研究自從一八四零年鴉片戰爭以來的一百多年中,中國發生了一些什麼向着舊的社會經濟形態及其上層建築(政治、文化等等)作鬥爭的新的社會經濟形態,新的階級力量,新的人物和新的思想,而去決定什麼東西是應當稱讚或歌頌的,什麼東西是不應當稱讚或歌頌的,什麼東西是應當反對的。

特别值得注意的,是一些號稱學得了馬克思主義的共產黨員。他們學得了社會發展史——歷史唯物主義,但是一遇到具體的歷史事件,具體的歷史人物(如像武訓),具體的反歷史的思想(如像電影《武訓傳》及其他關於武訓的著作),就喪失了批判的能力,有些人則甚至向這種反動思想投降。資産階級的反動思想侵入了戰鬥的共産黨,這難道不是事實嗎?"

(《人民日報》,1951年5月20日)

《我對〈武訓傳〉所犯錯誤的初步認識》

孫　瑜

首先,我僅向五月二十日人民日報社論:《應當重視電影〈武訓傳〉的討論》表示衷心的擁護和尊重。

《武訓傳》犯了絶大的思想上和藝術上的錯誤。無論編導者的主觀願望如何,客觀的實踐却證明了《武訓傳》對觀衆起了模糊革命思想的反作用,是一部於人民有害的電影。除開深自痛心檢討外,我願真誠地接受和參加今後一切正確和更嚴厲一些的批評,澄清自己的思想。

《應當重視電影〈武訓傳〉的討論》文照　《共産黨員應當參加關於〈武訓傳〉的批判》文照

我犯錯誤的原因之一就是我的學習不够。我對武訓這人的認識在今天才發現是完全錯誤了，可是在編劇的初期和一年多的攝製過程中都不能看出問題。我被他表面的局部的一些感動人的行爲所迷惑，因而忽略了他的非革命的本質。我描寫武訓行乞興學的失敗和他發現了他自己失敗後的痛苦，以爲那就算是批評了他；可是基本上我是在同情他，和歌頌他，這一錯誤是極嚴重的。

以上僅是我犯錯誤的一個初步認識和我從失敗中獲取教訓的一個渴望。我將在比較充分的時間裏，深刻地作編導《武訓傳》的總檢討；一面在工作中加緊學習，以期達到以後能够正確地工作的目的。

(《人民日報》、《解放日報》，1951年5月23日)

《爲電影〈武訓傳〉的檢討並向讀者和觀衆的建議》

《大衆電影》編委會

在思想上政治上犯了根本性的錯誤，因而實際上起着歌頌反動作用的電影《武訓傳》，於本年一月一日在上海首輪影院舉行其新年獻映以來，我們《大衆電影》，作爲從思想上和藝術上幫助觀衆鑒賞電影的群衆性刊物，不但没有及時地發現並着重地指出電影《武訓傳》的嚴重的錯誤，並向其作不調和的有原則意義的思想鬥爭，相反，我們却喪失了人民大衆的立場，爲了配合電影《武訓傳》的發行，盲目地把它當作進步影片，在本刊第十四期發表了《武訓傳》特輯的文章。計有：戴白韜同志的《看了〈武訓傳〉之後的意見》、孫瑜先生的《編導〈武訓傳〉前後》、趙丹先生的《我怎樣演武訓》(該文刊登在本刊第九期和刊登在本刊第十五期)、馬侣賢先生的《〈武訓傳〉觀後感》、陳貽鑫、吕長春等先生的《育才學校師生談〈武訓傳〉》、木圭先生的《〈武訓傳〉的故事》、以及二十八幀説明電影《武訓傳》故事的連環照片；此外並在本刊第十八期將電影《武訓傳》列爲一九五零年得選的十部國産片之一。由於這些稿件全部是讚揚這部電影或者是讚揚武訓本人的，而且還利用了通俗的形式(連環照片)並無原則地附和觀衆不正確的意見(把它列爲得選的十部國産之一)來進行對這部電影的宣傳，因此更加深和更擴大了電影《武訓傳》在廣大觀衆中間進行其"歌頌清朝末年的封建統治擁護者武訓而誣蔑農民革命鬥爭、污蔑中國歷史、污蔑中國民族"的反動宣傳影響。也就是説，做了電影《武訓傳》反動宣傳的幫兇。而這一嚴重的情況的發展，直到《文藝報》第三十七期發表賈霽同志的《不足爲訓的武訓》一文和人民日報所轉載《文藝報》第三十八期楊耳同志的《陶行知先生表揚"武訓精神"有積極作用嗎？》一文後，我們《大衆電影》編輯部對於這一根本性的問題才引起重視，才初步得到認識。而我們旨在爲廣大觀衆服務的電影刊物，却在這一具體問題上喪失了立場，以致對廣大的讀者和觀衆没有負起最基本的責任，這是我們要在這裏公開的深加檢討，並向賈霽同志在《文藝報》第三十七期上發表的《不足爲訓的武訓》一文中對本刊所提出嚴正的批評，表示接受和感謝的。

(《人民日報》，1951年5月23日)

周揚就影片《榮譽屬於誰》與《武訓傳》問題對電影局幹部講話(摘録)

兩部影片錯誤的共同點是對人民革命的過去和現在做了錯誤的、歪曲的描寫。兩片的主題都是牽涉革命路線的根本問題，對革命的表現及其評價都是完全錯誤的，並且是相當嚴肅的錯誤。……《武訓傳》將改良説成革命，將落後説成先進，以此迷惑了許多觀衆。對於人民民主革命及其歷史傳統不能容許這樣的歪曲。他還指出，目前文藝戰線上的思想領導是非常不够的。現在，小資産階級的思想、資産階級的思想都准許合法存在，問題在我們頭腦中要保持清醒的辨别能力，尤其不能允許小資産階級、資産階級思想裝着無産階級面目出現。我們必須爲加强文藝戰線上無産階級思想、共産主義思想的領導而奮鬥。

文化部電影局《關於電影從業員應積極參加〈武訓傳〉討論的通知》(摘録)

應把這一討論視爲嚴重的思想教育工作，應該通過討論，清除一些錯誤的、混亂的思想，樹立起對於人民革命的正確認識；應該使這一討論成爲愛國主義教育的一部分。

《從〈武訓傳〉的批判檢討我在上海文化藝術界的工作》(摘録)

夏　衍

5月20日的《人民日報》社論，以及接着展開了的關於對《武訓傳》電影的批判，對於新從歐洲回來的我，起了"大喝一聲"的作用。這是響亮的警鐘，使我從長期的自由主義傾向和事務主義的作風中警覺過來，發掘了自己不僅對《武訓傳》電影應負相當責任，而且對兩年來上海整個文化藝術工作中的不少錯誤和缺點也應當負重要責任。我能够得到黨的幫助，在這一場原則性的思想鬥爭中，對自己的錯誤和缺點獲得改正的機會，這是我應當慶幸的。

《武訓傳》電影將武訓這樣一個封建社會最醜惡最反動的奴才，作爲一個革命戰士來描寫、來歌頌，甚至用革命的農民鬥爭的失敗作爲反襯來歌頌，這種對於我國封建社會中黑暗、卑鄙、醜惡的形象的歌頌，對於農民革命鬥爭的污蔑，無疑是反人民、反愛國主義的。這部影片，竭力宣傳資産階級反動思想，宣傳用改良主義代替革命的英雄主義。

從《武訓傳》的教訓中，暴露了上海革命文藝界和我自己工作中的哪些問題呢？

首先，暴露了我們思想工作衰弱的嚴重程度，暴露了我們不能堅決地貫徹毛澤東的文藝路線，不善於站穩無産階級立場、用馬克思列寧主義觀點方法，來對一切不利於人民事業、有害於革命的錯誤思想進行嚴肅的思想鬥爭。

其次，這種思想的工作薄弱的毛病，是和上海革命文藝界中多年存留着的、小資産階級的自由主義作風和庸俗習氣分不開的。在文藝工作中的這種自由主義作風和庸俗習氣，在這次《武訓傳》的攝製放映過程中暴露得異常清楚。

再次，我們工作中的這許多毛病，又是和嚴重的事務主義作風分不開的。我們天天忙碌於瑣碎的事務性工作，被動地處理和解決着許多枝節問題……顯然的，事務主義的作風就是否定思想工作的作風。要克服這種傾向，我們就必須跳出瑣碎的事務圈子，力求掌握思想原則，加强思想工作。

(《人民日報》，1951年8月26日)

《〈武訓傳〉事件始末》(摘録)

夏　衍

這一年(1951年)4月初，上海市委接到中央通知，要劉曉(上海市委第二書記)和我立即赴京，準備參加以林伯渠爲團長沈鈞儒爲副團長的中蘇友好代表團赴蘇聯參加五一國際勞動節活動。

這個代表團4月12日在北京集合，16日乘火車經西伯利亞赴莫斯科。在蘇聯訪問了十天，後經中央電報通知，要組織一個以沈鈞儒爲團長，我爲副團長的中德友好代表團，訪問新成立的民主德國，因此從4月中旬到同年6月，我一直在國外。《人民日報》批判《武訓傳》的事，是我從德國回國途中經莫斯科時，當時的駐蘇大使館文化參贊戈寶權告訴我的。我記不起具體日期了，回到北京，已經是6月下旬了，我記得很清楚，就在回到北京的第二天，我正在埋頭寫"出訪總結"，周揚打來電話，要我到他家裏去，有事面談。見面之後，既没有寒暄，也不問我訪蘇情況，第一句就是毛主席批《武訓傳》的事，知道了吧？我説，我在回國途中在戈寶權處看到了《人民日報》的文章，具體情況不了解，現在正在趕寫出訪總結，還來不及考慮這件事情。周揚接着就説，總結之類的事讓别人去幹，你趕快回上海，寫一篇關於《武訓傳》問題的檢討。對此我很意外，我説拍《武訓傳》這件事，與我無關。一、崑崙公司要拍此片，我不同意，對孫瑜説過"武訓不足爲訓"的話。劇本是後來中宣部通過的，對這部片子上海文化局没有資助，貸款是政務院文化教育委員會給的，因此，不必由我來作檢討。

我有點感情激動，而周揚却非常平靜，他說：你要知道問題的嚴重性；《人民日報》那篇文章，毛主席親筆改過兩次，有大段文字是他寫的；爲此我作了檢討，周總理也因爲他事先沒有考慮到這部片子的反動性而一再表示過他有責任；加上這部片子是上海拍的，你是上海文藝界的領導……我正要講話，周揚很嚴肅地說：你再想想，除了《武訓傳》外，也還有一些別的問題，中央領導是有意見的。這樣一說，問題就清楚了，我想到了"只講團結，不講改造"的問題，想起了"文藝可不可以爲小資産階級服務"的問題等等，於是我就說：好吧，明天寫完出訪總結，後天就回上海。這時周揚才露出笑容，說這樣就對了，現在我們是執政黨，黨員——特別是共産黨員要勇於負責，要你寫檢討，主要是因爲你是華東和上海文藝界的領導。

意想不到，正在第二天下午收拾行裝、準備赴車站的時刻，恩來同志親自打來電話，要我當天到西花廳去，說除彙報外，還想和我談談其他問題。我只能說：一小時後我就要上火車回上海，所以只能請他電話中指示了。總理遲疑了一下之後說：關於《武訓傳》的事，我已和于伶通過電話，你回上海後，要找孫瑜和趙丹談談，告訴他們《人民日報》的文章主要目的是希望新解放區的知識分子認真學習，提高思想水平，這件事是從《武訓傳》開始的，但中央是對事不對人，所以這是一個思想問題而不是政治問題，上海不要開鬥爭會，批判會；文化局可以邀請一些文化、電影界人士開 兩次座談會，一定要說理，不要整人。孫瑜和趙丹能做一些檢討當然好，但也不要勉强他們檢討。他最後還說：你方便時可以把這些意見告訴饒漱石和舒同。這個電話使我放了心。我對總理說：這件事發生在上海，我當負主要責任。我回去以後一定公開作自我批評，還要對我在上海的領導工作進行一次檢討。總理又重復了一次對事不對人，要孫、趙等人安心，繼續拍片、演戲。

回到上海，我先向饒漱石、舒同作了彙報（這時陳毅在南京），饒漱石面無表情，更不講他對《武訓傳》的看法，只是聽我說要公開作自我批評和寫文章檢討時，點頭表示同意。

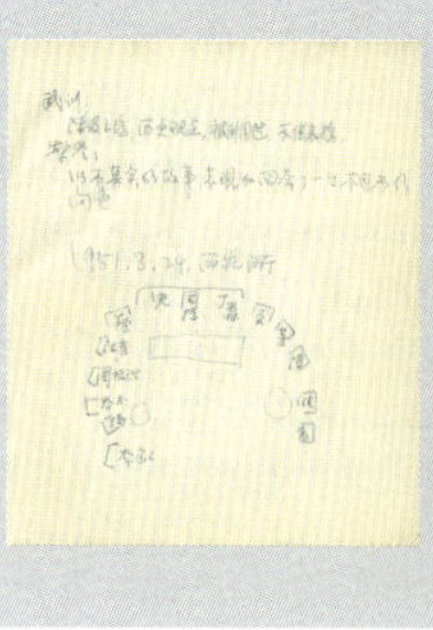

1951年3月24日，周恩來總理召開中南海西花廳會議。這是夏衍在筆記本上所畫的會議座位圖。左起：李逸之、陽翰笙、胡喬木、周總理、江青、蔡楚生、史東山、周揚、丁西林、夏衍、茅盾、陸定一、陳波兒、袁牧之。

我先在上海文化局召開的約一百多人的文化界集會上對《武訓傳》問題作了檢討，又把這次發言整理成文，寄給周揚，這就是在《人民日報》1951年8月26日發表的《從〈武訓傳〉的批判探討我在上海文化藝術界的工作》。此文發表前夕，周揚還打來電話，說這篇文章送請毛主席看了，他還親筆修改，有一段話是他寫的；並說，毛主席看了之後對他（周）說"檢討了就好"，所以要你"放下包袱"，放手工作。

（《夏衍電影文集》第二卷，原載於《文匯電影時報》，1994年7月16日）

胡喬木說：對電影〈武訓傳〉批判非常片面、極端和粗暴

本報訊 中共中央政治局委員胡喬木9月5日在談到武訓這個有爭議的歷史人物時說，武訓這個人物應該如何評價，這是一個歷史學的問題，需不抱任何成見加以重新研究。胡喬木是在中國陶行知研討會和陶行知基金會成立大會上談這個問題的。

胡喬木說，解放初期，也就是1951年，曾經發生過的對電影《武訓傳》的批判。這個批判涉及的範圍相當廣泛。我們現在不對武訓本人和這個電影進行全面的評價，但我可以負責任地說明，當時這種批判是非常片面、極端和粗暴的。因此，這個批判不但不能認爲完全正確，甚至也不能說它基本正確。

（《人民日報》，1985年9月6日，第1版）

《武訓傳》（上下集）

出品：崑崙電影製片廠　編劇：孫瑜　導演：孫瑜　攝影：韓仲良
主演：趙丹　王蓓　孫棟光　周伯勳

武訓自幼喜愛讀書，失去父母後隨伯母在財主張舉人家做長工，結識了車夫周大和婢女小桃，痛感窮人不識字的不幸。爲實現義學心願，武訓開始唱歌賣藝，過着裝瘋賣傻的屈辱生活。武訓一心辦學的宏願始終不改，感動了士紳郭芬向楊進士說情，義學終於辦成。揭竿而起的周大奉勸武訓切勿輕信受騙。武訓聽到學生讀書是爲了做官和厭惡勞動的議論後，深爲震動和痛心。郭知縣和張撫只借義學向皇上邀功，爲武訓請封。清皇帝恩准爲武訓建牌坊，賜黄馬褂，但這一切均不是武訓辦義學的初衷，他由疑惑不解而墜入痛苦的深淵。

《武訓傳》劇照

電影《武訓傳》批判大事記

1951年3月24日，周恩來召開西花廳會議研究加强對電影的領導工作問題，在會議中佈置了對《武訓傳》等影片的批評。會議決定：以《榮譽屬於誰》與《武訓傳》兩部影片做典型，教育電影工作幹部、文藝工作幹部和群衆。由中宣部與中央電影指導委員會於4月份召開座談會，對上述兩部影片組織討論與批判，《新電影》與《人民日報》發表批判影片《武訓傳》的文章。

4月17日，文化部副部長周揚就影片《榮譽屬於誰》與《武訓傳》問題對電影局幹部講話。

5月16日，《人民日報》轉載《文藝報》賈霽和楊耳批評電影《武訓傳》的文章。

5月20日，《人民日報》發表毛澤東撰寫的社論《應當重視電影〈武訓傳〉的討論》。

同日，《人民日報》"黨的生活"欄還發表了《共産黨員應當參加關於〈武訓傳〉的批判》一文。

5月22日，上海《解放日報》、《大公報》、《文匯報》三報刊同時發表于伶文章《開展對〈武訓傳〉的批評和討論》。

5月23日，文化部電影局局長袁牧之簽發《關於電影從業員應積極參加〈武訓傳〉討論的通知》。

同日，上海《解放日報》發表《武訓傳》編導孫瑜的《我對〈武訓傳〉所犯錯誤的初步認識》。

6月，文化部副部長周揚通知訪蘇、德歸國的夏衍爲電影《武訓傳》一事作檢討。

7月2日，河北省委向中共華北局作出《關於武訓實際情況的調查報告》。

7月21日，中宣部致電華東局並上海市委《對上海討論〈武訓傳〉問題的意見》。

7月23—28日，《人民日報》連續刊載由袁水拍、鍾惦棐、李進（江青）三人執筆寫成的四萬多字的《武訓歷史調查記》。

7月，《新電影》第7期發表陳波兒的文章《從〈武訓傳〉談到電影創作上的幾個問題》。

8月8日，《人民日報》發表周揚題爲《反人民、反歷史的思想和反現實主義的藝術》的批判電影《武訓傳》文章。

8月26日，《人民日報》刊登夏衍題爲《從〈武訓傳〉的批判探討我在上海文化藝術界的工作》的文章。

1952年3月，周恩來在上海文化廣場向萬餘名上海幹部作國際形勢報告時，提到電影《武訓傳》問題，認爲自己應該負一部分責任，並肯定孫瑜、趙丹等都是優秀的電影工作者。

1985年9月6日，《人民日報》刊登新華社消息，中共中央政治局委員胡喬木在陶行知研究會和基金會成立大會上講話，對當年有關電影《武訓傳》批判運動予以否定性評價。

1994年7月16日，上海《文匯電影時報》發表夏衍文章《〈武訓傳〉事件的始末》。

對電影《我們夫婦之間》、《關連長》的批判

在電影《武訓傳》批判過程中，私營廠出品的大多數影片也都受到了不同程度的批判。其中，《我們夫婦之間》、《關連長》等較爲優秀的影片，更被當作重點批判的對象。此後，私營電影製片業基本陷於停滯狀態，並於1952年全部合併入上海聯合電影製片廠，從此結束了私營電影業的歷史。

附録：《記影片〈我們夫婦之間〉座談會》（摘録）

嚴文井：作者所選擇的題材，首先就是錯誤的。

要描寫知識分子幹部與工農幹部結合的過程，絶不能通過夫婦間日常生活的爭吵和和好來表現——這樣表現就是把政治主題庸俗化了，結果，只剩下小市民的低級趣味，日常瑣事的玩味，幹部就一定要被歪曲成爲無能的、可笑的人，影片正是這樣歪曲地描寫了我們的幹部，這是完全違背現實的真實的。如何正確地表現新的社會，新的人物，特别是共産黨員幹部的生活，確是文學家、藝術家的一個十分嚴重的任務。

王震之：就影片看，編導的意圖似乎是想描寫知識分子和工農的結合及李克的改造過程，但是實際上，電影裏絲毫看不到知識分子是如何改造的，看不到這個參加鬥爭十年來的幹部，如何在黨的領導下，在根據地歷經各種嚴重的鬥爭和考驗，改變了自己的思想，感情和生活作風，也看不到他究竟如何與群衆相結合，甚至也看不到他任何的政治活動，這裏問題就很清楚，忽視了這些生活的主要方面，離開了群衆的鬥爭生活，要想來表現知識分子出身幹部的改造過程，是根本不可能的。

瞿白音：關於影片中新人物的表現問題，一般存在着這兩種態度：一種是採取很謹慎小心的態度，因而表現得小手小脚，拘謹，不自然。但這種嚴肅謹慎地對待角色的態度基本上是很好的，只是過分的拘謹，就顯得貧乏，不能表現出新人物的豐富感情來。另一種則是完全採取了輕浮的隨便的態度，想當然地亂説亂動。採取這種態度的人，不是從典型環境中來發掘典型人物並塑造典型性格，而是着眼於以趣味的、所謂"生活的"東西來塑造人物，結果人物被歪曲和庸俗化了。這種例子很多，譬如《關連長》和《我們夫婦之間》就是。

（《文藝報》四卷八期，1951年8月10日）

《評〈關連長〉》（中央文學研究所通訊員小組集體討論）

我們看了電影《關連長》，覺得這是一部在思想上有毛病的影片，大家討論後，提出下面幾點意見。

首先，我們感到影片以庸俗的小資産階級人道主義，歪曲了我們人民解放軍的革命人道主義。影片表現上海解放戰鬥時，某部第八連接受上級任務，要限定時間插入敵後，攻佔敵人的一個團指揮所。這是一個嚴重的任務，它關係着整個戰鬥的進展。但當部隊進入陣地，架了機槍，小炮準備攻擊時，關連長從望遠鏡裏發現敵人指揮所的大樓上關着一群小孩。他想起了文化教員告訴他的列寧的話："革命是爲了下一代"。

我們是革命人道主義者，在戰鬥中我們總是要儘量避免和減少群衆的損失，我們人民軍隊的群衆觀點，英勇的自我犧牲精神是感動人的。但要用影片中所表現的這一事件來説明我們的革命人道主義顯然是不恰當的。難道我們整個的解放戰爭還不是爲了解放全人類，保護下一代嗎？難道我們人民志願軍抗美援朝的偉大愛國主義、國際主義精神，還不是説明我們的革命人道主義嗎？我們的革命人道主義是從廣大群衆的長遠利益出發，而又與群衆局部的、暫時的利益相結合，但影片編導者却把群衆拖進這樣一個狹小的圈子：好像我們不挽救這群孩子就是不人道（這正是影片中敵人指揮官所要達到的險惡企圖）。

即使影片中所反映的故事是一件實事，也不能説明我們革命人道主義的本質，藝術創作不是有聞必録，這樣把個别事件孤立起來描寫是反現實主義的。很顯然電影編導者是以一種小資産階級的虚僞的人道主義觀點，來理解我們的部隊，反映我們的戰爭。

其次，影片嚴重地歪曲了中國人民解放軍的形象。編導者告訴觀衆，關連長是個戰鬥英雄，第八連是模範連隊。但我們從銀幕上所看到的關連長，却是個愚蠢可笑，没有絲毫文化教養的人：他看到文化教員的幾本書就驚奇得目瞪口呆，看見一本戰士三字經，像得了天書一般。關連長看見戰士踩了群衆的莊稼，就在隊前大駡一頓，當戰士給他提了意見，他馬上高興地送給兩包煙，難道批評與自我批評在我們部隊是這樣奇形怪狀的？難道我們部隊的團結不是從高度的政治自覺，而是靠這樣庸俗的個人感情嗎？影片在其他方面又表現了他的自由主義。

再看影片所表現的模範連隊吧！它給人的印象是没教養，没紀律。好像那位文化教員没來以前，這裏根本没有政治文化教育，大部分戰士不識字、没有一點政治修養，這會是真實的嗎？誰不知道，我們的部隊從來就是個大學校，從紅軍時代起就有着一整套的政治文化教育制度。難道爲了誇大知識分子的作用，可以做這樣的歪曲嗎？電影演員們所創造的戰士形象，大都是傻頭傻腦，吊兒郎當，絲毫看不到我們人民戰士的高貴品質。現在全國人民都稱頌我們的戰士是世界上最可愛的人，而影片却好像在這裏對觀衆説："他們有什麼可愛的，模範連隊也不過如此！"觀衆看了影片，真要懷疑，憑着這樣的"模範連隊"怎麼會戰勝美帝國主義和國民黨反動派呢！

影片對革命知識分子的表現也是歪曲了的：那種見了部隊的伙食就咧嘴，給戰士上課時，滿口"自然科學""觀念""宇宙"的嚴重教條主義，在我們受過訓練决心入伍的革命知識分子中也是少見的！

以上是我們對關連長影片的主要意見，我們覺得這一部披着工農兵外衣，實質上是宣傳有害的思想，以及反現實主義的製作方法的作品，需要得到應有的批判。

（《文藝報》三卷，1951年7月10日）

《關連長》劇照

《我們夫婦之間》

出品：崑崙影業公司

編導：鄭君里　**攝影：**胡振華

主演：趙丹　蔣天流　吴茵　劉小滬

根據蕭也牧的同名小説改編。知識分子出身的幹部和貧農出身的童養媳結合後，因思想感情不同時常鬧矛盾。丈夫最終克服了進城後貪圖享受的思想，妻子克服了狹隘思想，二人重新和好。

《關連長》

出品：文華影業公司

編劇：楊柳青　**導演：**石揮　**攝影：**葛偉卿

主演：石揮　余仲英　于丁　程之

根據朱定的同名小説改編。解放上海戰役中，八連受命攻打設在孤兒院的敵軍指揮部。關連長帶領戰士按時完成任務，爲了保護百名兒童，關連長壯烈犧牲。

《我們夫婦之間》劇照

1951年（臺灣）

大事記

1月19日 保安司令部公佈"人民檢舉匪諜注意事項"，造成白色恐怖。

1月至3月 臺北市各影院映演"國片"和映演西片二者的收入比較，前者爲317,167.10元，後者爲1,533,338.80元。片商公會特於1951年夏間向當局懇切陳詞，請對國片予以適當的保護。

2月28日 大華影片公司在臺中開拍農改片《春滿人間》，宣傳三七五減租，9月14日完成。

3月1日 "中製"補拍《黑名單》。

4月 臺北市影片商業同業公會在臺北市信陽街成立。推舉理事長徐欣夫，秘書長杜雲之。

9月27日 當局公佈"戡亂時期國產影片處理辦法"，凡大陸電影公司變成"附匪"公司時，已准映影片予以禁映，並没收拷貝。

10月10日 臺北市太原路新建中央戲院開幕。

11月11日 臺北市和平東路明星戲院開幕。

11月27日 當局接受業者建議成立"國産電影輔導委員會"。

12月1日 "農教"與"國防部"康樂總隊合作，拍劇情片《皆大歡喜》。

本年 國片核准映演達236部。但多是舊片，新出品不過幾十部，一般首輪電影院拒演國片。

重要影片

《永不分離》

出品：農業教育電影公司
製片：戴安國　導演：徐欣夫
編劇：張徹　攝影：莊國鈞
主演：吴驚鴻　王珏　李影

留美回來的衛民生新任林場場長，決心革除林場的惡習，嚴禁賭博。他在工人洪阿火的家中發現蔡石柱聚賭，決定開除洪阿火，孰料第二天洪因醉酒失足摔死，蔡等人乘機將其裝成自殺的模樣，要衛民生償命，正在紊亂之際，工人揭發蔡石柱的陰謀，從此林場再没有挑撥離間的事情發生，大家團結一致。

《皆大歡喜》

出品：農業教育電影公司
編劇：譚汶
導演：唐紹華
攝影：莊國鈞
音樂：朱永鎮
主演：焦鴻英　葉超　魏平澳　李冠章

融音樂、歌唱、詼諧的康樂喜劇，穿插陳惠珠的倫巴舞，張冰玉的《賣餃子》等流行歌，焦鴻英的歌舞劇《木蘭從軍》，周金福、李寶淦的平劇。

《永不分離》劇照

臺北市片商公會成立

4月4日，臺北市影片商業同業公會正式成立，公推徐欣夫爲第一屆理事長，聘杜雲之爲秘書。1950年11月間，國泰老闆徐欣夫，華聲老闆朱夢梅等，最先發起組織臺北市影片商業同業公會，在蓬萊閣召開第一次籌備會議，推定徐欣夫、朱夢梅、賴國材、任寶齡、朱佑衡、毛炯、段元昌等7人爲籌備委員，着手辦理登記手續，到1951年4月獲准成立。經一個月的徵求會員、籌備組織，片商公會於4月4日正式成立，並選出第一屆理監事。理事長：徐欣夫(國泰)，常務理事：朱佑衡(臺興)、王力航(銀城)。理事：鄭錦文(大同)、周梓杞(大中華)、任寶齡(泰鋒)、賴國材(臺聯)、李國鈞(太平洋)、毛炯（晉源）等9人。常務監事：朱夢梅(臺興)。監事：段元昌(建成)、梁元明(大華)等9人。

《春滿人間》幕後

9月吴樹勛特地從臺灣到香港，邀唐紹華導演《春滿人間》，同時託唐紹華約請焦鴻英演女主角，（原擬請白光，白光開價一萬美元，請不起）另一女主角已約定了在臺灣的吴驚鴻。攝影師請王劍寒，同時也談定了燈光、洗印、布景、剪接等6位技術工作人員，一同赴臺，並購置了一部攝影機及一些燈光器材。由於吴樹勛出身黄埔軍校，與軍方關係良好，可以找到關係出資拍政宣片，鼓吹陳誠實施的"三七五"減租政策的成果。描寫臺灣農村在實施"三七五"減租後，佃農所受的優惠改善生活情形。周旭江編劇。由焦鴻英、吴驚鴻、周經武、周旭江主演，導演唐紹華，攝影王劍寒。

《春滿人間》

出品：大華影業公司
監製：徐鼐　湯惠蓀　沈時可
導演：唐紹華　張正之
編劇：周旭江　攝影：王劍寒
製片：吴樹勳　井淼
主演：焦鴻英　吴驚鴻　田豐　梅冬尼

焦鴻英和吴驚鴻，分別飾演農婦春英和少女美娟，周旭江、周經武分飾農村青年，和春英、美娟談情説愛，井淼飾演王姓地主，虞帆飾王太太。起初地主反對減租，經年輕一代勸解才同意。減租後增加生産，改善佃農生活，地主以補償費投資工業，收入更多。

《春滿人間》劇照

農教創辦人陳果夫病逝

8月25日，國民黨中央評議委員、農業教育電影公司創辦人陳果夫，因肺病不治病逝於臺北市青田街寓所，得年59歲。陳果夫去年因病辭卸農教董事長後，仍很關心業務，其一生對電影事業的貢獻，不論在中國影史或臺灣影史上，都應佔有一頁。

陳果夫本名陳祖燾，字果夫，1892年生，浙江吴興人。早年受其叔父陳其美影響，加入同盟會。民國成立後，陳果夫不遺餘力地推動科技及文化事業，曾任中央文化事業計劃委員會主任委員，極力提倡教育電影。其於1932年策劃成立的"中國教育電影協會"，網羅了蔡元培、胡適之、羅家倫等文壇名流，爲當時在"國際教育電影協會"的代表機構，曾出版《中國電影年鑒》一册，並舉辦教育電影巡迴放映和國産影片比賽等活動。1933年陳果夫獲推選爲國民黨中央宣傳委員會電影事業指導委員會常務委員，推動成立中央電影攝影場，攝製了許多新聞片及紀録片。1934年在江蘇省政府主席任内，進一步下令該省教育廳拍攝各種職業紀録片和教育電影片，同時親自編寫《飲水衛生》、《富强之本》等教育影片劇本，以及由他口述、蔣星德代寫的《移風易俗》電影劇本12本。1941年抗戰期間，教育部決定設立中華教育電影製片廠，聘陳果夫爲籌備委員，之後並擔任該廠指導委員會主任委員，展開社會、學校教育工作，一度並嘗試推展卡通短片。1945年抗戰勝利後，陳果夫出任中國農民銀行董事長，擬定18條經營方針，翌年基於過去從事電影教育的經驗，又倡議成立農業教育電影公司，由農民銀行撥款在國外採購器材設備，積極在南京建廠。1949年農教在臺中重建片廠，此一決定不僅延續了該公司的命脈，也豐富了我國的臺灣電影史，讓劇情片的攝製不至於留下斷層。農教日後改組成中央電影事業股份有限公司，成爲臺灣劇情片創作主力，對臺灣電影事業的發展具有關鍵性的影響。

陳果夫

戴安國談製片困境

4月6日出版的《影劇世界》第7期，發表專訪農業教育電影公司總經理戴安國文章。戴安國暢談該公司目前的經營狀況及臺灣製片的困境，他表示，農業教育電影公司目前設廠於臺中，除自行攝製影片外，也兼辦代客攝影、沖洗，以及修理放映機、收音機等業務，範圍相當廣泛。該公司攝製的影片分爲16毫米與35毫米兩種，近期還計劃將已攝成的35毫米影片縮製成16毫米，以便送往各部隊巡迴放映，充實軍中文化與康樂活動。在製片方面，最令戴安國感到棘手的，是膠片問題。目前所有膠片都必須以外匯向香港、日本或美國訂購。其中香港因層層轉手的關係，最爲昂貴，日本富士廠出品的膠片價格較香港略爲便宜，然品質較差；最物美價廉的是直接向美國購買，但因美國的膠片業目前也正處於供不應求的狀態，因此該公司於去年底向美國訂購的一批膠片，最快也必須等到九十月間才能運抵臺灣。戴安國補充説道，由於當局目前對電影原料（包括膠片、沖洗藥粉等）與攝影器材的進口均課以重税，加上申請結匯不易，流動資金不足，因此凡事都必須精打細算。譬如器材方面無力整批訂購，只得採取零星購買的方式，缺一補一。戴安國並進一步以該公司即將開拍的新片《永不分離》爲例，説明目前在臺灣拍攝一部影片所需花費的製片成本。《永》片全部預計長8千呎，拍攝時所用的底片約需2萬2千呎，之後逐漸修改剪接爲8千呎正片。録音片需與底片相配合，也需2萬2千呎，攝成後如印製三個拷貝，每部8千呎，共需2萬4千呎，録音片亦需2萬4千呎，總計一部影片完成前後共需用膠片9萬2千呎，每1千呎膠片若以美金30元計算，需美金2,760元，將近3千元，這是膠片的成本。若再加上演職員酬勞及配音、布景等費用，如《惡夢初醒》在這方面即花費新臺幣32萬元，就更可觀了。戴安國表示，《惡夢初醒》共有三個拷貝，目前兩個在臺灣放映，一個運往法國參加戛納國際電影節，不久即可運回臺灣，屆時該公司計劃售予菲律賓片商，拓展海外新市場。

影片目録（共4部）

中製	《黑名單》
農教	《永不分離》、《皆大歡喜》
大華	《春滿人間》

1951年（香港）

大事記

本年　朱石麟、白沉執導《誤佳期》成爲香港新現實主義電影和社會生活喜劇的經典作。

50年代影業公司成立。主要成員爲：程步高、劉瓊、陶金、舒適、李麗華、顧而已、王爲一、胡小峰、白沉等。創業作《火鳳凰》。

由世界出版社出版的《世界電影畫報》創刊。

重要影片

《誤佳期》劇照

《誤佳期》

出品：龍馬影業公司
編劇：盧珏
導演：朱石麟　白沉
主演：李麗華　韓非

吹鼓手小喇叭和女工阿翠是一對青梅竹馬的少年玩伴。成年後，兩人在一間茶樓意外重逢，傾心相愛，並努力攢錢準備結婚，却因各種障礙屢次誤了佳期。最後，在熱心的工友們幫助下，兩人終成眷屬。

《火鳳凰》劇照

《羊城恨史》

出品：南國影業有限公司
編劇：谷柳（即黃谷柳）
導演：盧敦
主演：容小意　張瑛
李小紅　徐嚴

日軍攻佔大鵬灣，唐氏兄妹清平、清輝不滿其父的媚敵求榮，北上抗日。其父奉命捉拿異己，竟將清平逮捕。抗戰勝利後，清平獲釋。之後，爲求民族的徹底解放，兄妹二人共同走上了革命之路。

《羊城恨史》劇照

《火鳳凰》

出品：五十年代影業公司
編劇：馬霖　導演：王爲一
主演：劉瓊　李麗華　舒適

留學歸來的青年朱可期滿懷信心舉辦個人畫展，但遭遇門庭冷落。其妻麗影和老師勸他改變藝術觀點，創作大衆喜愛的作品，但他却聽不進去。同時，他在義務學校教的美術課也不受學生歡迎。幾經波折，朱可期宛如經過烈火涅槃的鳳凰，變成了一個新人。

《花姑娘》劇照

《花姑娘》

出品：龍馬影業公司
編劇：白沉　導演：朱石麟
主演：李麗華　韓非　王元龍

日寇隊長佐藤看中妓女"花鳳仙"，並要她順從他，否則扣留她乘坐的客車上的人。爲了車上兩位抗日同胞能安全離去，"花鳳仙"便答應了佐藤的要求。一車人離去後，她在佐藤企圖凌辱她時刺傷了他，被佐藤殺害。

《神·鬼·人》

出品：50年代影業公司

《神》劇照

《神》（《神·鬼·人》之一）

編劇：沈寂
導演：顧而已
主演：孫景路、陶金

女巫余半仙在廟祝控制下，裝神弄鬼，騙人錢財。其獨生子生病垂危，求進醫院不得而死。悲憤之極的余半仙搗毀神廟，把讓她裝神騙錢的真相揭穿了。

《鬼》（《神·鬼·人》之二）

編劇：馬國亮
導演：白沉
主演：劉瓊 李清 馮琳 羅維

賭鬼范振洪賭輸賣女，在老友的幫助下認識到賭博之害，從此痛改前非，老老實實參加勞動。

《鬼》劇照

《人》劇照

《人》（《神·鬼·人》之三）

編劇：慕容婉兒
導演：舒適
主演：韓非 陳娟娟 文逸民

某公司會計因不滿妻子給娘家寄錢，與妻子發生口角，妻子憤然出走，自找工作，獨立生活。會計失業了，孩子又生病了，狼狽不堪。在妻子的幫助下，他認了錯，一家人和好如初。

《禁婚記》

出品：長城電影公司
編劇：陶秦 導演：李萍倩
主演：韓非 夏夢 岑範

霞芝受到女經理的賞識，但是公司不許職員結婚的苛刻規定，使她感到非常苦悶。女經理希望霞芝嫁給自己的兒子，於是到她家來探望，這才發現霞芝已經有了丈夫，結果弄得一片混亂。

《禁婚記》劇照

龍馬影業公司成立

龍馬影業公司由吳性栽出資，費穆主持創辦。總經理先後由費穆、費魯伊擔任，主要骨幹是朱石麟，創業作是《花姑娘》。龍馬公司創業5年，共出產過9部影片，其中《一板之隔》和《水火之間》被選入《世界電影辭典》。《誤佳期》被公認是香港寫實喜劇電影的經典作之一。由於創辦人和主持人費穆在龍馬公司成立後不久病故，主要骨幹朱石麟要主持鳳凰影業公司，加上主要演員韓非、孫景路等又返回內地，人才流失，人力不足，龍馬影業公司於1952年結束。

《清宮秘史》在歐洲公映成功

《清宮秘史》在歐洲公映取得成功。1951年2月28日出版的香港《華僑日報》報道説："永華公司在港拍攝的《清宮秘史》在意大利、法國等地放映，極受歡迎。現由與瑞典、丹麥、澳大利亞、挪威、馬達加斯加、黎巴嫩、叙利亞、加拿大、英國等許多國家訂立合約，陸續在這些國家上映。美國的映期也已經排定。"

永華影片公司欠薪除人事件

12月16日《文匯報》有關報道説：永華影片公司積欠職工三個半月的薪水，公司職工宣佈停止拍片，公司將職員代表停職處分，並將主持正義、支援工友的8名職工開除。

主要影片目録

本年度香港共出品影片169部，其中粵語片141部，國語片16部，閩南語片11部，新聞紀録片1部。

大成 《呷錯醋》、《雙料夫妻》、《唔嫁》
大觀聲片 《人之初》、《銀燈魔影》
金城 《賣油郎獨佔花魁女》（閩南語）、《紅樓新夢》
澤生 《紅菱血》（上集）、《紅菱血》（下集）
豪華 《錦綉年華》（上集）、《錦綉年華》（下集）
凱聲 《斷腸母子心》、《春到人間》
新大陸 《孤雛淚》、《難爲了媽媽》
龍馬 《花姑娘》（國語）、《誤佳期》（國語）
百榮 《烏龍姻緣》、《繁華夢》
永茂 《人約黃昏後》、《怪錯有情郎》
長城 《禁婚記》（國語）
鳳凰 《皆大歡喜》
南國 《羊城恨史》
其他 《紙醉金迷》（中英）、《對錯親家》（萬象）、《紅白杜鵑花》（紅白）、《飄零燕》（永業）、《江湖姊妹花》（華華）、《別離人對奈何天》（大鵬）、《鐵扇公主》（快樂）、《方世玉正傳》（金鑫）、《漁夫恨/梅龍鎮》（勝利）（國語）、《黄飛鴻傳大結局》（星耀）、《食飯神仙》（金聯）、《缸瓦船打老虎》（國光）、《明星夢》（僑聯）、《明珠淚痕》（光明）、《無限恩情無限恨》（永聯）、《誰憐·母心》（金聲）、《一帆風順》（風行）、《天堂春夢》（大江）、《風塵四城》（香港影業）、《孽債》（群華）、《少林五大奇俠》（三三）、《霓裳恨》（永成）、《新胡不歸》（新華僑）、《怨婦情歌》（嶺峰）、《火鳳凰》（國語）、《摩登太太》（遠東）（國語）
出品者不詳 《大班周》、《升官發財》、《泣殘紅》、《憐我憐卿》、《珠海三雄》、《情天孤雁》、《紅拂女》（閩南語）、《鳳還巢》（閩南語）、《再生緣》（閩南語）

1952年（大陸）

大事記

2月2日　由公私合營的長江崑崙聯合電影製片廠和私營的文華、國泰、大同、大光明、大中華和華光等8家影業公司合併組成的上海聯合電影製片廠成立，于伶任廠長，吴邦藩任副廠長。自此，私營電影製片業歷史結束。

3月13日　上海電影劇本創作所成立，由夏衍、柯靈分别任正、副所長。該所隸屬中共華東局宣傳部，專爲上海聯合電影製片廠創作劇本。

4月　文化部電影局决定成立科教片組，暫設在北影廠内，組長洪林。

5月15日　根據全國文聯調整文藝刊物的决定，《大衆電影》和《新電影》合併。新版《大衆電影》在北京出版。

6月13日　政務院第140次政務會議任命王闌西爲文化部電影局副局長。

7月15日　文化部電影局召開電影製片廠廠長聯席會議，討論落實和完成1952年製片計劃等問題。文化部副部長周揚到會講話，指出1951年全年和1952年上半年都没有作品，這是一個缺點，並要求擴大題材範圍，改變這種情況。

7月17日　文化部批准于伶爲上海電影製片廠廠長，鍾敬之、蔡賁、陳白塵爲副廠長。

8月3日　故事片《人民的戰士》獲第七届卡羅維·發利電影節"爭取自由鬥爭獎"，《内蒙人民的勝利》的編劇王震之獲"編劇獎"，《翠崗紅旗》的攝影師馮四知獲"攝影獎"，紀録片《抗美援朝》和《抗戰的越南》（與越南聯合攝製）獲"勞動人民爭取和平鬥爭獎"。

8月8日　文化部任命高戈爲北京電影製片廠廠長。

10月21—27日　文化部召開第一届電影行政會議，着重討論發行放映和行政領導等問題。

重要影片

《和平萬歲》劇照

《和平萬歲》

（紀録片）

出品：北京電影製片廠
主編：吴國英
編輯：晨烽
總攝影：蘇河清

1952年10月，來自37個國家和地區的367位代表在北京參加了"亞洲及太平洋區域和平會議"。

《一定要把淮河修好》劇照

《一定要把淮河修好》（紀録片）

出品：北京電影製片廠
編導：石梅
攝影：王兆文　王志雄

淮河由於舊社會年久失修，經常泛濫成災，沿岸民不聊生，新中國成立後，黨和政府提出根治淮河，毛主席發出"一定要把淮河修好"的號召。兩百萬民工會戰。影片着重紀録了潤河集分水閘的建造和完工。

《六號門》

出品：東北電影製片廠
改編：陳明
導演：吕班　攝影：杜榆
主演：郭振清　李紫平　李曉功　謝添

根據同名舞臺劇改編。解放前，胡二、丁占元等六號門的工人聯合全市搬運工人大罷工，取得勝利。貨場惡霸馬金龍父子陷害胡二入獄。解放後，工人翻身作主，馬金龍父子受到法律的懲罰。

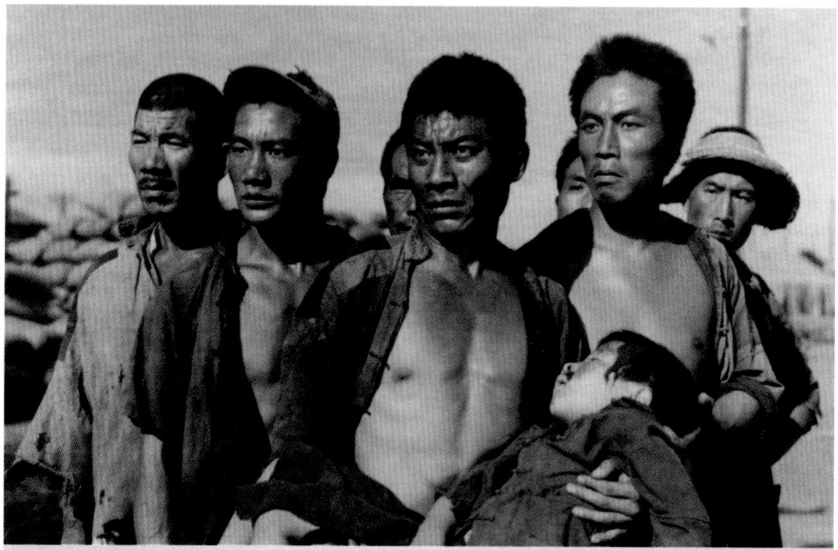
《六號門》劇照

《南征北戰》劇照

成蔭（1917—1984）

編劇，導演。原名成蘊保。原籍江蘇松江，生於山東曹縣。1937年參加抗日救亡演出活動；1947年任東北電影製片廠導演；1952年任文化部電影局秘書長；1956年任北京電影製片廠導演；1982年任北京電影學院院長。代表作品有《回到自己的隊伍來》、《鋼鐵戰士》、《南征北戰》、《上海姑娘》、《停戰以後》、《西安事變》等。

《南征北戰》

出品：上海電影製片廠
編劇：沈西蒙　沈默君　顧寶璋　導演：成蔭　湯曉丹　攝影：朱今明　顧温厚
主演：馮喆　張瑞芳　陳戈　項堃

1947年冬天，我軍某師指揮員執行毛主席的戰略方針，展開運動戰，在民兵配合下，粉碎敵軍王牌師的大規模進攻。

朱今明（1915—1989）

攝影師。江蘇南通人。1934年入上海明星影片公司學習攝影，抗戰勝利後拍攝《遙遠的愛》、《一江春水向東流》、《萬家燈火》、《希望在人間》、《三毛流浪記》等。新中國成立後在上影和北影任職。主要作品：《上饒集中營》、《南征北戰》、《盖叫天舞臺藝術》、《爲了六十一個階級兄弟》、《春雷》、《烈火中永生》等。

馮喆
（1921—1969）

電影演員。原名馮貽喆。原籍廣東南海，生於天津。1946年任上海國泰影片公司演員；1950年任上海電影製片廠演員；60年代初任峨眉電影製片廠演員。代表作品有《裙帶風》、《南征北戰》、《淮上人家》、《鐵道遊擊隊》、《羊城暗哨》、《金沙江畔》、《桃花扇》等。

故事片目録（共10部）

東影　《六號門》、《葡萄熟了的時候》
上影　《南征北戰》
北影　《一貫害人道》
文華　《有一家人家》、《美國之窗》、《太陽照亮了紅石溝》
長江崑崙　《爲孩子們祝福》、《勞動花開》、《紡花曲》

《文藝報》批評上海電影界

在電影《武訓傳》批判運動的影響下，文藝界開始文藝整風。2月10日，《文藝報》轉載上海《大公報》文章《上海文藝界應糾正思想混亂現象》，批評上海電影界是"思想混亂集中的表現場所"。3月10日，《文藝報》第五號發表署名嚴子琤的文章《資産階級創作方法的失敗——關於上海電影文學研究所》，批評上海電影文學研究所的創作方法是抄襲好萊塢的創作方式，"在作品中可耻地爲資産階級宣傳"，並對當時領導該所的夏衍等上海文藝界領導人進行點名批評。隨後，上海電影文學研究所改組成立上海電影劇本創作所。

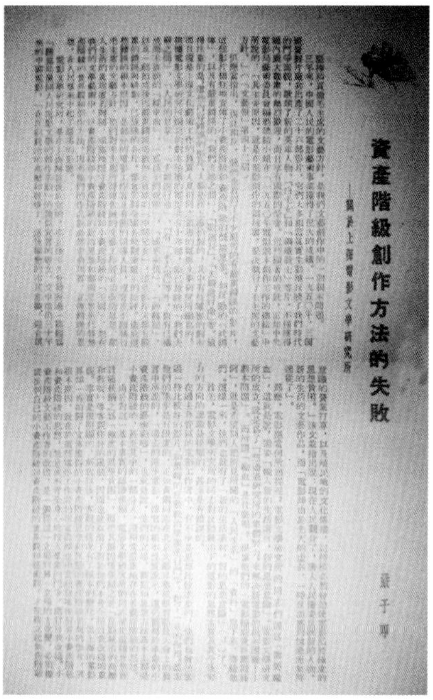
資產階級創作方法的失敗
——關於上海電影文學研究所
嚴子琤

附録：《上海文藝界應糾正思想混亂現象》（摘録）

上海電影界，是思想混亂集中的表現場所，去年七月，上海還放映過一部冒充"東德出品"的以"希特勒情婦瑪麗卡洛克"主演的有毒的色情片，這部影片是向文化局電影管理處申請並經過他們看過才准予放映的。在電影創作方面，在《武訓傳》之前，就有低級趣味的《影迷傳》，繼《武訓傳》之後，又有充滿小資産階級情調的《我們夫婦之間》、《關連長》以及庸俗的反歷史觀點的《彩鳳雙飛》、《鴛鴦劍》等出現。有一個私營影片公司的導演在上海市第二屆第三次各界人民代表會議的小組會上説過："私營影片公司的劇本，從來没有人過問，也没有人在映出前提意見。戲拍好了，只好等着挨批評。"某些編導根本就看不清客觀現實，滿以爲上海還是解放以前那個黄色的都市，以爲人家要看的是漂亮的"影星"，是傷感哀艶的故事，是豪華富麗的布景，好在自己滿肚子裝的就是這些東西，寫起來也便當，那麼就一個一個地出籠吧！但是客觀現實却駁斥了他們荒謬的成見，"賣座"慘跌，是給這群不知上進的先生們以猛烈的打擊。消極影片在擁有一百三十多萬觀衆的《白毛女》和現在正在上映十多天就超過了一百六十萬觀衆的《抗美援朝》文獻紀録片的面前，不但相形失色，而且是無地自容了。

另外還有一個現象，也足以説明上海文藝界的政治性不强，思想脆弱，上海電影界所有犯錯誤的影片，幾乎都不是在上海被揭發、被批判的。《武訓傳》、《我們夫婦之間》、《關連長》等等都是首先在北京被指出犯有嚴重的原則性的錯誤後，才引起上海文藝界和文藝界領導方面的注意。這爲什麼？上海文藝工作者不是也很忙碌麼？也在高喊着爲人民服務麼？但是，爲什麼損害人民利益的作品，會層出不窮？這最重要的原因是身在此而心在外，那些已經死亡的東西還不時在喚起他們的記憶，使他們流連忘返，不忍割愛。因此，對艱苦的學習感不到興趣，也就看不到新生的活的事物，寫不出新生的活的創作。

（《文藝報》1952年第三號，1952年2月10日）

《資産階級創作方法的失敗——關於上海電影文學研究所》（摘録）

嚴子琤

堅持和貫徹毛主席的文藝方針，是我們文藝創作中的一個根本問題。

三年來，中國人民的電影藝術事業獲得了很大的成績。一九五零年，三個國營製片廠共出産了二十六部影片，它們大多相當真實生動地反映了我們時代的鬥爭面貌，歌頌了新的英雄人物。《白毛女》和《鋼鐵戰士》等片，不僅獲得國内廣大觀衆的熱烈歡迎，而且享有國際的榮譽。這些顯著的成就，正如中央電影局藝術委員會編劇總結小組在《一九五零年電影劇本創作工作的總結》中所説的："其主要原因，就是電影創作的領域裏，堅决執行了毛主席的文藝方針。"（《文藝報》第四十二期）

但應當指出，與此相反，我們也看到了不少惡劣的有嚴重錯誤的影片，這些影片猖狂地宣傳了小資産階級和資産階級的醜惡思想。如反動的《武訓傳》，以及有嚴重錯誤的《我們夫婦之間》、《關連長》、《夫婦進行曲》等。值得注意的是：這些内容錯誤的影片，大都是在上海拍攝的，其中有些電影的劇本而且還是上海文化藝術工作的負責人夏衍同志領導的電影文學研究所編寫的。根據電影文學研究所編寫的劇本拍攝的電影共有十多部，除已放映的《我們夫婦之間》、《人民的巨掌》、《夫婦進行曲》、《有一家人家》等外，尚有已攝成而未放映的《彩車曲》、《爲孩子們祝福》、《國恩家仇》、《神龕記》，以及一部拍成後因爲嚴重錯誤而被停止放映的《中朝兒女》，這些影片大都有嚴重的錯誤和缺點。

應當着重指出的，電影文學研究所的主要負責人夏衍等同志，是上海文化藝術界的領導人員，他們擔負了上海文化藝術的思想領導的重任，他們的思想、言行，直接指導和影響着上海的文化藝術工作。正如夏衍同志在他的《從〈武訓傳〉的批判檢討我在上海文化藝術界的工作》中所説的，上海是一個"長期遭受帝國主義、封建主義和官僚資本主義反動宣傳侵蝕的地方，也是資産階級和小資産階級思想在長期間發生重大影響的地方"，電影界過去所受的這種影響是很嚴重的，因此領導這些電影工作者參加實際鬥爭，進行徹底的自我改造，乃是迫不及待的頭等重要的任務。而作爲上海文藝界主要領導者之一的夏衍同志所領導的電影文學研究所，却違背了毛主席的文藝方針，抄襲墮落的資産階級的好萊塢創作方式，甚至在作品中可耻地爲資産階級作宣傳。同時他們的這種做法在客觀上鼓勵了文化藝術工作者放棄思想改造，脱離政治、脱離生活，其影響所及，自然還不限於電影界。這一事實也同樣説明，上海的文藝工作的領導，已經長期地被資産階級思想佔了上風，這種情況已經嚴重地損害了新的人民文藝的發展。

（《文藝報》1952年第五號，1952年3月10日）

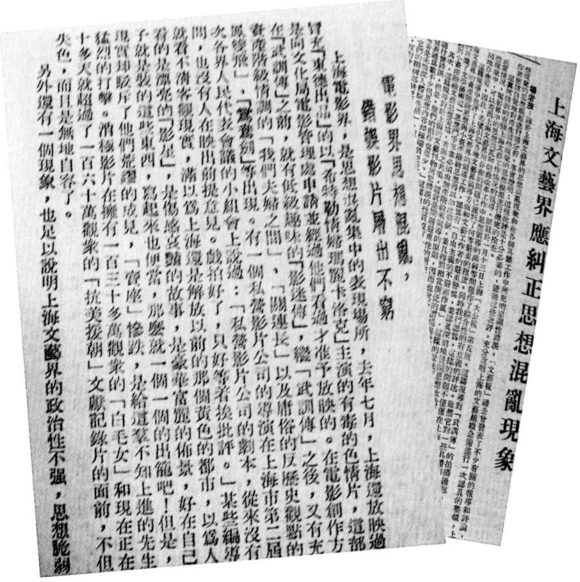
上海文藝界應糾正思想混亂現象

電影界思想混亂，錯誤影片層出不窮

上海電影界，是思想混亂集中的表現場所，去年七月，上海還放映過冒充「東德出品」的以「希特勒情婦瑪麗卡洛克」主演的有毒的色情片，這部是向文化局電影管理處申請並經過他們看過才准予放映的。在電影創作方在「武訓傳」之前，就有低級趣味的「影迷傳」，繼「武訓傳」之後，又有充資產階級情調的「我們夫婦之間」、「關連長」以及庸俗的反歷史觀點的鳳雙飛」、「鴛鴦劍」等出現。有一個私營影片公司的導演在上海市第二屆次各界人民代表會議的小組會上說過：「私營影片公司的劇本，從來沒有問，也沒有人在映出前提意見。戲拍好了，只好等着挨批評。」某些編導就看不清客觀現實，滿以爲上海還是解放以前的那個黃色的都市，以爲人看的是漂亮的「影星」，是傷感哀豔的故事，是豪華富麗的佈景，好在自己子裝的就是這些東西，寫起來也便當，那麼就一個一個的出籠吧！但是，現實卻駁斥了他們荒謬的成見，「賣座」慘跌，是給這羣不知上進的先生猛烈的打擊。消極影片在擁有一百三十多萬觀衆的「白毛女」和現在正在十多天就超過了一百六十萬觀衆的「抗美援朝」文獻記錄片的面前，不但失色，而且是無地自容了。

另外還有一個現象，也足以說明上海文藝界的政治性不強，思想脆弱

周恩來批評“電影村”建設計劃

10月24日，周恩來總理在政務院第156次政務會議上，在討論郭沫若作的《關於1952年幾項文化教育工作的報告》時，批評了電影事業基本建設中提出的電影村建設計劃。

“電影村”建設計劃，是電影局依據對電影創作和生產實行統一集中領導管理的指導思想，請前來協助我國設計大型洗印廠建設方案的捷克斯洛伐克國家電影公司電影技術專家皮賴特、電影建築專家施蒂尼，擬訂了一個“首都電影村建築計劃草案”。在周恩來對電影村計劃提出批評以後，文化部電影局於10月29—31日召開擴大局務會議，傳達周總理對電影事業基本建設的指示。會議經過對指示的認真學習，對“電影村”集中的思想作了檢查，電影村建設計劃草案就此流産。

附録：周恩來講話摘要

“電影是個很大的工程，有很大成績，但也有缺點，不能適合農民的口味；有些計劃不能實現，只求量不重質，去年的計劃推到今年。過去的三年不再苛求，但今後不能如此，要上軌道，因爲有了三年的經驗，應該總結提高。其實也不單是這三年的經驗，我們許多人都有一二十年的經驗。昨天（指23日，召集習仲勛、沈雁冰、周揚、邵荃麟、王闌西、蔡楚生等座談電影及事業的建設問題），我曾提出電影方面有兩個思想一定要打通：一是好萊塢的經營思想，集中一地變成壟斷，壟斷思想，在任何時候都是我們所反對的。蘇聯的電影部及技術部都不主張用集中辦法，不能够‘百花齊放’，不能反映各方面的生活。電影本業部門要實際一點，多設幾個點。像長春電影廠可以反映東北的工業建設情況，農業集體化生活；上海製片廠，可以反映長江下游的情況；將來在西南、西北可設個小廠，反映那一帶的情況。統統集中在北京就不能反映全國各地的生活情況。另一種思想，搞什麼‘電影村’？脱離社會，脱離實際的，不是正當的集體主義、社會主義思想。電影與鋼鐵城不同，鋼鐵城裏也要有合作社、商店等，如脱離社會，什麼東西演不出來。演員不能孤獨地存在，因爲他要反映各方面的生活。這兩種思想，資産階級的壟斷思想和小資産階級的思想的空想的無政府主義的思想，都要反對。另外電影的企業建設應該按部就班，不能急，過去有些計劃太大。”

（《中國電影編年紀事》總綱卷，中央文獻出版社2005年版）

電影村計劃（摘録）

計劃在北京西郊青龍橋到黑山扈計8000畝土地上建築電影村。電影村的建築按性質分爲十四大類：

第一類是故事片廠。內計有攝影場21座，分爲3組，每組有攝影棚7座（每年可攝製故事片12—15部）。與之相配套的，有木工、玻璃、家具、五金、電氣、粉飾、油漆等多種工場，和木料、材料、拷貝、膠片、家具、服裝、布景、照明等多種倉庫，以及外景地等。中國影片經理公司的辦公樓建在拷貝倉庫附近，可容400—500人工作的二層樓房。外景場地需作爲一個大公園來佈置。

第二類是洗印廠、配音廠、特技攝影場及剪接間。除洗印廠正在另行設計外，剪接間與洗印廠連接，建有放映室2間，接片室1間，膠片貯藏室1間。特技攝影場須附設有：模型、尤其是背景工場及特技工具、爆炸藥品儲藏室和特技字幕攝影室等。配音廠除建有大、中型配音廠各1座，小型録音場1座，翻譯片録音場2座外，附設有機械修理工廠與電氣修理工廠。

第三類到第五類是木偶片和動畫片廠、文獻片廠、教育片廠。（詳情略）

第六類是電影大學。包括短期訓練班、放映技術訓練班、電影院管理專修科、電影技術專修科、電影工程學院、電影藝術學院等，主要建築物除一定數量的教室外，須有技術專修科的實驗室4座，實驗工場2座，電影工程學院的實驗室10座，電影藝術學院的實習攝影場2座。排練場1座，以及體育館、圖書館和博物館等。

第七類到第十四類是電影劇本創作所、電影工程研究所、行政管理、膳食中心供應站、總車庫、暖氣供應中心、運動場、住宅區等。

（《中國電影編年紀事》總綱卷，中央文獻出版社2005年版）

解放軍軍事教育電影製片廠成立

5月2日，解放軍軍事教育電影製片廠成立。中央軍委任命陳播爲廠長。同年8月1日，經中央軍委總政治部批准，廠名簡化爲“解放軍電影製片廠”，仍由陳播任廠長，司徒慧敏任第二廠長，唐瑜、胡介民任副廠長。該廠由軍委總政治部領導，1956年改名爲八一電影製片廠。

《鋼鐵運輸線》劇照

《鋼鐵運輸線》（紀録片）

出品：八一電影製片廠

編導：馮一夫　華純　史文幟　攝影：李爾康　薛伯青

紀録中國人民志願軍後勤運輸部隊在朝鮮戰場上建立運輸線的鬥爭。

陳播（1920—2004）

電影事業家。湖北武穴人。1937年在陝西西北青訓班學習；1938年赴延安，參加了紀録片《延安與八路軍》的拍攝，後入抗日軍政大學學習；1952年4月，毛澤東主席簽署命令任命其爲總政治部軍事教育電影製片廠廠長；後改任八一電影製片廠第一任廠長；1979年任文化部電影局局長；1982年12月，任電影局顧問；1985年12月，任電影局黨史資料徵集工作領導小組組長。

1952年(臺灣)

大事記

1月3日 “農教”開拍反共劇情片《原來如此》。

1月26日 臺北市漢中街日治時期榮座劇場舊址新建萬國戲院開幕，座位1500個，當時是設備最新的首輪戲院。

1月28日 大華公司的《春滿人間》與農教的《皆大歡喜》，春節同時在臺北市10家戲院連映，兩片皆爲唐紹華導演、焦鴻英主演。

4月21日 美國新聞處支助埔里鎮成立電化教育隊，巡迴放電影。

5月12日 國民黨省黨部成立“臺語劇團”，培訓演員25人。後來成爲臺語版閩南語電視劇的主要演員。

9月1日 農教公司改組，李葉出任總經理，戴安國任董事長。

9月2日 “電影事業輔導會議”首次會議，由鄧文儀主持，通過輔導方案十項，1.扶植民營，2.貸款拍片，3.統籌器材，4.培養人才，5.徵集劇本，6.開闢市場，7.限制外片，8.減輕捐税，9.管理影院，10.嚴密檢查。經呈報後核定公佈。

9月15日 電影檢查處處長杜桐蓀，辭去公職，出任“中國電影企業公司”(原中國電影戲劇公司)董事長，發行日片及國片，1952、1953年當選臺北市影片商業同業公會理事長。

10月11日 “中國文藝協會”與“臺製廠”合辦電影話劇講習班，登報徵求學員，每期兩個月，報名踴躍。

10月15日 “中製”抗日間諜片《黑名單》在臺灣補拍剪輯完成，今天首映。

11月20日 東華影業公司租臺中農教廠拍《烽火麗人》，該片是影星吴驚鴻爲同業爭取拍片機會，投資搞獨立製片，自製、自演。

本年 亞洲電影公司成立，負責人丁伯駪。初攝製臺語片，至1960年開始擴展製作國語影片。1957年創辦“亞洲影劇人員講習班”，爲臺灣培育電影藝術人才。

重要影片

《原來如此》

出品：農教電影公司
製片：戴安國
編劇：王方曙
導演：宗由
攝影：莊國鈞
主演：威莉　周經武　張慧
　　　楊甦　陳曼夫

根據話劇《樊籠》故事改編。一位縣長愛上女匪諜，棄賢妻，邀老父從南洋回國投資，後被迫自殺，幸遊擊隊副司令突襲，救出幾位居民及被俘的連隊司令。

《原來如此》主演之一張慧

《原來如此》劇照

農教計劃擴大製片

8月，農業教育電影公司在完成《惡夢初醒》(宗由導)、《永不分離》(徐欣夫導)、《皆大歡喜》(唐紹華導)等片後，初步擬訂一項一年拍攝十部影片的大量製片計劃，展現了旺盛的企圖心。

農業教育電影公司現任總經理李葉在接受訪問時表示，自從將“臺灣電影事業股份有限公司”旗下的臺北國際戲院撥予農教經營後，該公司從戲院票款獲得挹注，已使得財務狀況較以往改善，可支應較大量的拍片計劃。目前該公司臺中製片廠擁有35毫米攝影機三架、16毫米攝影機兩架、録音機一架、洗印設備一套，加上日前另向美國訂購的三架攝影機，當足以因應擴大製片的需要。至於伴隨着大量製片而來的人員及拍攝題材不足等問題，該公司則計劃一方面邀請停留在香港的影人和製片技術人員來臺助陣，一方面登報向社會各界公開徵求劇本和故事，多管齊下，以求順利達到一年攝製十部影片的目標。

農業教育電影公司近年來爲擴展業務，已積極在美國、香港設立辦事處，負責與國外片商訂約、推銷拷貝。目前《惡夢初醒》已售出一部拷貝予菲律賓片商，並已與馬來西亞簽訂在當地放映的合約；簽訂《永不分離》放映約的有菲律賓和馬來西亞，另也已售出印度尼西亞、越南、泰國、緬甸等國以及港澳地區的五部拷貝；《皆大歡喜》亦已與菲律賓方面訂約映演，此外該公司也計劃直接輸往香港放映。而在新片方面，該公司今年迄今已開拍《原來如此》(宗由導)、《軍中芳草》(王珏、徐欣夫合導)，以及由教育行政部門委託拍攝的《嘉禾生春》三部影片，今後該公司除繼續自製劇情、新聞、紀録、社會教育等各類影片外，也將大量接受各界委託拍片。

《軍中芳草》

出品： 農教電影公司
製片： 戴安國
導演： 徐欣夫　王珏
編劇： 羅家駒
攝影： 莊國鈞
主演： 戴綺霞　黃曼　虞帆　汪婉麗

喜好平劇的富家女張馥方，報考女青年大隊接受入伍訓練。起初出洋相，終於克服難關。並穿插做夢演整齣平劇《木蘭從軍》演出。後《木蘭從軍》部分單獨剪輯成短片，參加1957年羅馬第三屆特種影展，獲優勝獎狀。

《軍中芳草》劇照

《嘉禾生春》開拍合影

莊國鈞(1905—1986)

攝影師、導演。江蘇武進人。1926年入上海影戲公司，隨但杜宇學習攝影。1928年在香港、泰國、越南等地拍攝風俗及風光紀錄片。1931年回上海，先後在聯華、國聯、華新、中電三廠、永華、長城公司任攝影師、導演。1951年到臺灣，任農業教育電影公司攝影師兼製片主任。後任中影臺中廠廠長、中影士林廠廠長等職。賴成英是他得意徒弟。導演故事片有《玉堂春》(兼攝影)、《如此英雄》、《無愁君子》、《富春江上》、《金姑看羊》、《基隆七號房慘案》、《梅亭恩仇記》、《鐵甲雄風》、《飛天三輪車》等；攝影故事片有《歸來》、《良宵》、《陳查理大破隱身術》、《薔薇處處開》、《小老虎》、《萬紫千紅》、《聖城記》、《天字第一號》、《清宮秘史》等；電影劇作有《荒山奇僧》、《鐵甲雄風》等。

《嘉禾生春》

出品： 教育部　教育廳
導演： 宗由
編劇： 吴若
攝影： 王士珍
主演： 張允文　劉盛華　王慰誠

1949年春，臺灣推行三七五減租。大同鄉減租不到兩年，佃農金奎增建新房，爲胞弟銀奎完婚，農民生活及鄉村建設突飛猛進，學校、衛生所、合作社、圖書館無不俱備，一片新生氣象。

影片目録（共3部）

農教　《原來如此》、《軍中芳草》
教育部　《嘉禾生春》

1952年（香港）

大事記

本年 有"電影皇后"之稱的陳雲裳，息影10年復出拍攝影片《月兒彎彎照九州》。

50年代影業公司改組爲"鳳凰影業公司"，由朱石麟主持。日後成爲五六十年代香港唯一以喜劇作爲主要創作路線的製片機構。

愛國進步影人被"遞解出境"

2月，一批進步電影工作者被港英當局以莫須有的政治罪名"遞解出境" 回到内地，被無理驅逐的有導演劉瓊、舒適、白沉、楊樺，狄梵，編劇沈寂、馬國亮、齊聞韶，攝影師蔣偉，電影文化工作者司馬文森等。他們大部分是在凌晨被喚醒，匆忙收拾行李被"押解出境"的。新中國成立後的幾年中有60多名愛國人士被"遞解出境"，第一個是1951年1月被遞解出境的香島中學校長盧動。

被無理驅逐出境的劉瓊和白沉説，他們被驅逐出境時，香港政府並没有宣告理由，只是説"香港政府不歡迎你"，就立即押解出境，連行李也不准他們收拾。他們回到祖國内地後受到熱烈歡迎，並繼續從事電影工作。之後，他們與中國電影文化界曾向港英政府提出抗議和控訴。

嶺光影業和自由影業公司成立

資深電影人黄卓漢分别創辦了兩家電影公司，嶺光影業公司以拍攝粵語片爲主，創業作爲名片《慈母淚》，該公司是五六十年代粵語片主要製作公司之一。而自由影業公司則以拍攝國語片爲主，創業作《名女人别傳》。70年代，黄卓漢將兩公司改組合併爲第一公司。

自由影業公司片場

重要影片

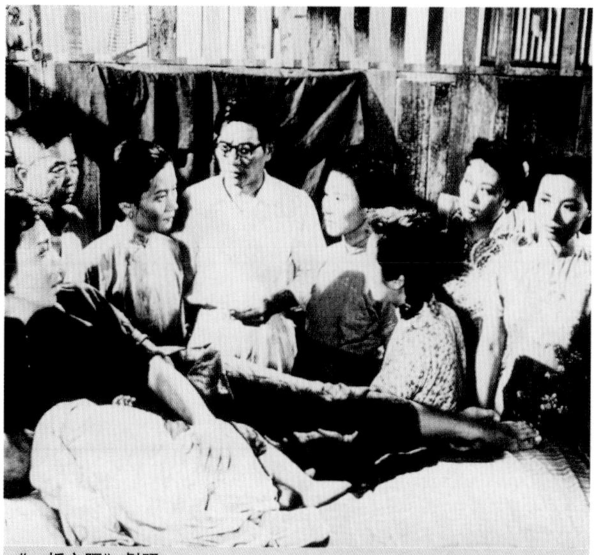

《一板之隔》劇照

《一板之隔》

出品：龍馬影業公司
編劇：文白
導演：朱石麟　白沉
主演：江樺　韓非
　　　李清　文逸民

陳有慶和陳强是一板之隔的鄰居。他們經常因爲一些生活瑣事吵吵鬧鬧。後來又搬來一個女房客華宛倩，宛倩找機會對二人耐心勸説，使兩人深受感動，各自承認了自己的錯誤。從此他們成了真正的好朋友。

此片於1957年被文化部授予榮譽獎，並被收入法國出版的《世界電影辭典》。

《翠翠》

出品：永華影片公司
編導：嚴俊
主演：林黛　嚴俊
　　　鮑方　王元龍

根據沈從文小説《邊城》改編。船總的兩個兒子天寶和儺送同時愛上了渡口老船夫的孫女翠翠，而翠翠對儺送情有獨鍾。天寶不幸落水喪命，儺送覺得不能心安理得地娶翠翠，又不願與團總的女兒結親，於是離家出走。老船夫因爲翠翠的婚事在失望中死去。

《翠翠》劇照

此片被臺北著名影評人黄仁和杜雲之選爲中國一百部名片之一。

簡評：敢將沈從文這篇小説改成電影，是香港電影一次相當大膽的嘗試。因它並不具通俗語性，文學的想象張力與電影具象的畫面想象在本片並不容易掌握，特别是對人物的描寫。幸而嚴俊的細膩將這些擔憂排除掉了，因而它顯得耐看。唯一遺憾的是香港的山水外景遠不如湘西的温婉獨特而多情。

嚴俊（1917—1980）

演員、導演。原名嚴宗琦，江蘇南京人。嚴俊先後在北京輔仁大學及上海大夏大學就讀。1939年在上海從影，表演處女作是《新地獄》。1949年來港定居，出演《蕩婦心》，從此奠定在香港電影圈之地位，有"千面小生"之稱。執導影片有《翠翠》(1953)和《萬世流芳》(1965)等。他還先後創辦過國泰、金龍等電影公司，出品過《風雨牛車水》等影片。1972年因心臟病退出影壇。1973年移居美國，1980年在美國病逝。

新聯影業公司成立

1952年2月29日，由華僑投資創辦的新聯影業公司（下稱新聯公司）成立，主要創辦、策劃人爲新聞、文藝工作者廖一原。新聯公司是一家以拍攝粵語電影爲主的電影公司，在粵語電影界提出了嚴肅製作、講藝術良心、倡導向上向善的宗旨，以此團結了爲數衆多的粵語電影工作者。它與當時先後成立並具有相同宗旨的中聯公司、光藝公司和華僑公司並稱粵語電影四大公司。在四大公司的影響下，整個粵語電影界較快地擺脱了在香港電影業一度出現的粗製濫造的傾向，走上了健康發展的道路，此後直到60年代中的一段時期，被認爲是香港粵語片的黄金時代。

新聯影業公司的早期作品，大多反映當時的社會形態和觀衆心理。製作最多、影響最大的是一些家庭倫理寫實片，其創業作《敗家仔》便是傑出寫實片之一。

該公司拍攝了大型紀録片《東江之水越山來》，真實記録了在中國政府關懷下爲解决香港水荒而修建的東江引水工程，受到觀衆的熱烈歡迎，是香港第一部票房收入超過100萬港元的紀録片，情形甚爲罕見。同時，該片在一定程度上加强了港人對祖國的感情和認識。

在公司十多年的黄金時代裏，包括它以鴻圖、飛龍公司名義拍攝的影片在内，共生産了約90部故事片，較著名的有《蘇小小》、《家家户户》、《誰是兇手》、《十號風球》、《巴士銀巧破豪門計》以及轟動泰國的著名潮語片《劉明珠》等。其中《蘇小小》於1961年在杭州實地拍攝，是第一部回内地拍實景的香港影片。1974年拍攝的大型風光紀録片《桂林山水》，也曾掀起港澳同胞旅遊桂林的熱潮。

新聯影業公司是最早與内地製片廠和個人合拍影片的香港製片機構，1958年即在廣州拍攝了馬師曾、紅綫女等主演的粵劇舞臺藝術片《彩蝶雙飛》和《佳偶天成》。1959、1960年又拍攝了姚璇秋、范澤華等主演的潮劇舞臺藝術片《蘇六娘》、《告親夫》、《乳燕迎春》等，由此，戲曲片成爲新聯黄金時代的特色。此後，與珠江電影製片廠合作，先後拍攝了故事片《七十二家房客》（演員爲廣州粵劇、粵曲名伶如文覺非、譚玉真等）、瓊劇片《紅葉題詩》、漢劇片《齊王求將》等。其中《七十二家房客》在香港公映後影響頗大，被改編爲粵語話劇上演，創造了粵語話劇在香港連續上演70多場（天）滿座的最高紀録。

1982年，新聯影業公司與長城、鳳凰兩公司一起合併爲銀都機構有限公司。

《敗家仔》

出品：新聯影業公司
編導：吴回
主演：張瑛　白燕　黄曼梨　盧敦

遊手好閑的鄺世昌和母親接到父親從國外寄來的一筆巨款後，把出身貧寒的妻子美娟趕回了娘家。他父親從國外回來開了一家洗衣店，招來的工人正是誠實勤勞的美娟。在得知真情後，父親將鄺世昌逐出家門。美娟不念舊惡，侍奉婆母。輸光了錢的鄺世昌痛心疾首，決心重新做人，一家人重又團聚。

中聯電影企業有限公司成立

以吴楚帆爲首的19位香港著名粵語電影工作者共同創辦了“中聯電影企業有限公司”（下稱“中聯電影公司”）。該公司由其成員自己集資組成。初期成員有吴回、李鐵、張瑛、秦劍等19人，後馬師曾、紅綫女加入，共21人，公司董事長吴楚帆，秘書秦劍，營業主任吴回，發行主任陳文，編導主任李晨風。

中聯公司被譽爲香港電影的一面光榮旗幟，是一個不計較個人名利，並且獨立自主、群策群力、發揚集體主義精神的製片機構。它出品的影片絶大部分都注重思想性、藝術性與娛樂性並重，不少是經典、傑出的粵語片，對香港電影事業有極大的影響。其創業作《家》成功開創了粵語片的新路，是粵語片和香港電影的里程碑作品之一，不僅在香港電影史上而且在中國電影史上也佔有重要地位。該公司出品的《春》榮獲文化部優秀影片榮譽獎；《苦海明燈》和《千萬人家》都是傑作；《危樓春曉》更成爲香港寫實片的經典之作。其中《秋》在1956年還被《北京日報》評選爲最受觀衆歡迎的五部影片之一。

中聯共攝製44部影片，除上述所列，較著名的還有《墻》、《父母心》、《西廂記》、《香港屋檐下》等。該公司製作影片不投機媚俗，不隨波逐流，發揚中國電影的優良傳統，拍攝的影片能寓教育於娛樂之中，所以影響很大。公司成員之間團結互助，群策群力，發揮集體智慧，保證了影片的成功。

中聯公司是在1949年香港的電影清潔運動影響下成立的。它的成功，使人對粵語片刮目相看。使整個粵語片有了質的轉變和進步，連一向只拍攝國語（普通話）片的邵氏兄弟（香港）有限公司和國際電影懋業有限公司這兩家香港最大的電影製片機構同在1955年成立了粵語片製作組。

由於中聯電影公司的製作認真，因而産量不高，其成員都是按勞取酬，爲了增加公司的經濟實力和節省影片的製作成本，股東在中聯公司所得的報酬收益，比起他們在外拍片的收益，只有一半甚至三分之一。但由於中聯公司産量少，股東參演的機會便不多，他們的收入不足應付日常開支，在這樣的情況下，他們不得不在外間接拍片，或自由組合，自行創立電影公司拍片以增加收入，維持生活。

1967年受内地“文化大革命”影響結業。

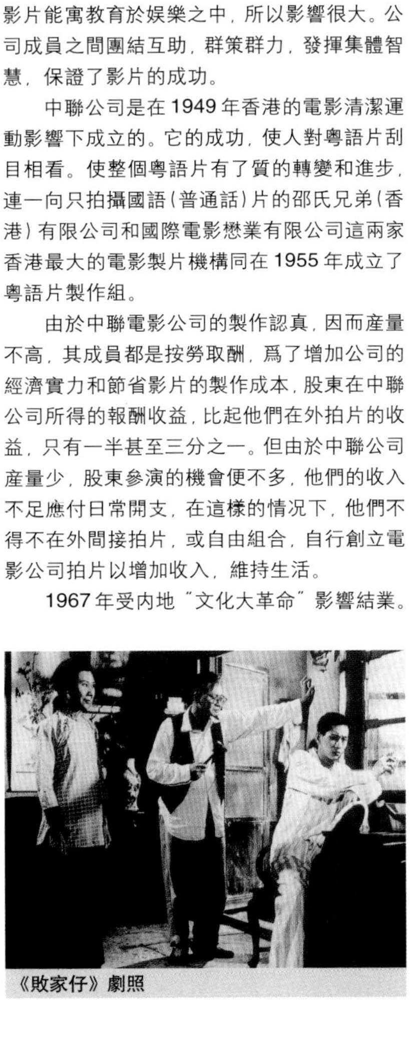

《敗家仔》劇照

中聯公司股東合影

主要影片目録

本年度香港共出品影片217部，香港電影産量首次突破200部。其中粵語片162部，國語片39部，閩南語片10部，新聞紀録片6部。

長城　《一家春》（國語）、《新紅樓夢》（國語）、《百花齊放》（國語）、《方帽子》（國語）、《娘惹》（國語）

大成　《歌唱論文叙》、《唔嫁又嫁》、《摩登新娘》

聯合　《如意吉祥》、《珍珠淚》

南成　《良宵花弄月》、《十奏嚴嵩》

銀城　《啼笑因緣》（上集）、《啼笑因緣》（下集）

龍馬　《江湖兒女》（國語）、《一板之隔》（國語）

邵氏　《王哥柳哥》（閩南語）、《雙面人》（國語）

永華　《拜金的人》（國語）、《狗兇手》（國語）

光華　《女人世界》（國語）、《此恨綿綿》（國語）

其他　《從心所欲》（毅成）、《朱門紅淚》（大路）、《新娘萬歲》（國語）（藝華）、《貧賤夫妻百事哀》（永聯）、《佳偶天成》（金城）、《姊妹花》（新大陸）、《方世玉肉搏洪熙官》（友聯）、《詩禮傳家》（國語）（大光明）、《長恨歌》（成昌）、《萬花錦綉》（萬利）、《佳偶兵戎》（冠華）、《小明星傳》（萬福）、《難爲了爸爸》（銀光）、《點錯鴛鴦譜》（龍鳳）、《傻仔洞房》（金鳳）、《女俠一丈紅》（華僑）、《婦人心》（國語）（泰山）、《兩個刁蠻女三氣蕭月白》（光明）、《玉堂春》（閩南語）（大南）、《十月齋菜》（大來）、《晨妻暮嫂》（飛鷹）、《孝感動天》（中興）、《光緒皇夜祭珍妃》（大鳳凰）、《紅白牡丹花》（信誼）、《阿牛新傳》（永業）、《馬票狂》（大衆）、《蓬門小鳳》（金星）、《一丈紅》（瑛業）、《別讓乂大知道》（國語）（華達）、《敗家仔》（新聯）

出品者不詳　《花好月圓》、《新海角紅樓》、《我結婚十年》、《真假武潘安》、《歌唱大鬧廣昌隆》、《迷姬》、《笑星降地球》、《呆佬拜壽》、《光緒皇嘆五更》、《春滿香城》、《不夜天》、《三哥陳村種》、《毀滅》（國語）

1953年（大陸）

大事記

1月1日 《人民日報》發表社論《迎接一九五三年的偉大任務》。指出"一九五三年將是我國進入大規模建設的第一年"，將"開始執行國家建設的第一個五年計劃"。

2月20日 政務院168次會議通過任命陳荒煤爲文化部電影局副局長。

2月 電影局藝術委員會編輯出版的不定期刊物《電影藝術資料叢刊》，改爲月刊《電影藝術譯叢》，主編程季華。同月，新中國第一部彩色舞臺藝術片《梁山伯與祝英台》在上影廠開拍。

4月15—29日 文化部電影局召開電影製片技術會議。

5月10日 電影局劇本創作所編輯的不定期内部刊物《電影劇作通訊》創刊，到1955年5月15日停刊，共17期。

5月21日 文化部批准電影局藝術委員會名單，袁牧之任主任，陳荒煤、蔡楚生任副主任。

6月25日 文化部電影局制定組織機構和人員編制。

7月7日 中央新聞紀録電影製片廠在北京成立。廠長高戈，副廠長錢筱璋。

8月1日 中國影片經理公司正式更名爲中國電影發行總公司（簡稱中影公司）。

9月23日—10月6日 中國文學藝術工作者第二次代表大會在北京舉行。大會選舉産生中華全國文學藝術界聯合會委員和各協會理事，郭沫若任文聯主席，茅盾、周揚任副主席。

9月28日—10月24日 捷克斯洛伐克舉行中國電影週，葉以群率團參加。

10月21日—11月10日 中影公司召開第三屆全國經理會議。

10月22日 文化部批准中國電影發行總公司所屬洗印廠由電影局直接領導，改稱"中央人民政府文化部電影局洗印廠"。

11月27日 文化部電影局藝委會召開導演業務學習座談會，陳荒煤在會上指出"導演應是攝製組的組織者和領導者"，强調創作中"導演形成了中心"。

12月 新影廠召開新聞紀録電影創作會議，討論新聞紀録電影的真實性問題。

重要影片

《草原上的人們》

出品：東北電影製片廠
編劇：海默　瑪拉沁夫　達木林
導演：徐韜
攝影：王春泉　傅宏　李光惠
主演：烏日娜　恩和森　樹海　葉賀

根據瑪拉沁夫的同名小説改編。牧女薩人格娃和獵手桑布相愛。他們努力勞動，創造幸福生活。暗藏的特務百般破壞。在那達慕大會上，特務縱火破壞，被薩仁格娃發現，率領群衆及時救火，並將敵人一網打盡。

《草原上的人們》劇照

《智取華山》劇照

《智取華山》

出品：北京電影製片廠
編劇：郭維　紀葦　東方
導演：郭維
攝影：陳民魂
演員：郭允泰　田丹　劉柳　胡朋

解放大西北的戰役中，解放軍某部偵察員在藥農常生林的向導下，打破自古華山一條路的傳説，從後山小路登上北峰，配合大軍殲滅逃往華山的殘餘敵匪。

《龍鬚溝》

出品：北京電影製片廠
編劇：冼群
導演：冼群
攝影：高洪濤
演員：于是之　于藍　張伐　劉節

根據老舍同名話劇改編。解放前，北京龍鬚溝貧苦居民遭受官吏、惡霸、流氓的迫害和惡劣環境的折磨，生活凄慘。解放後，清除了惡霸和流氓，治理了龍鬚溝，人民生活得到改善。

《龍鬚溝》劇照

《結婚》劇照

《結婚》

出品：東北電影製片廠
編劇：馬烽　陳戈
導演：嚴恭
攝影：朱今明　包傑
主演：張錫奇　楊靜　陳强　邸力

根據馬烽同名小説改編。農村青年春生和小青爲公忘私兩次推遲婚期。結婚當天，兩人又因在路上幫助别人，拖到晚上才辦理好結婚登記手續。

《反對細菌戰》（紀録片）

出品：北京電影製片廠
朝鮮國立映畫攝影製作所
《反對細菌戰》製作委員會
中國：蔡楚生　史東山　王永宏
朝鮮：李玉成　任公宰
主編：王永宏
攝影：中國的陶學謙等 29 人、朝鮮 7 人

影片揭露了美軍在侵朝戰爭中使用細菌武器的罪行。

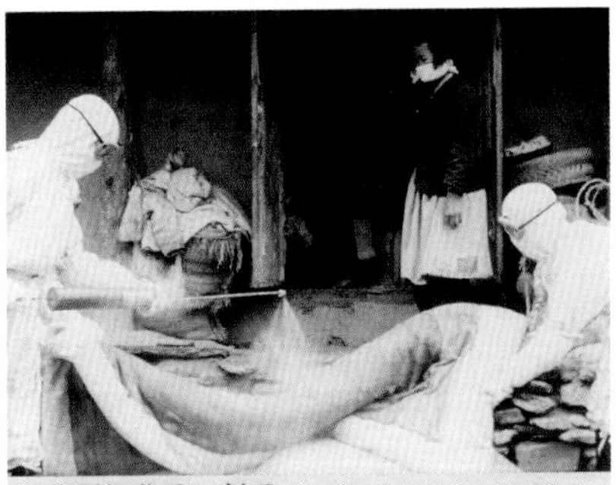

《反對細菌戰》劇照

《水土保持》劇照

《水土保持》（科教片）

出品：上海科學教育電影製片廠
編劇：蘇偉
導演：方偟　鄭小秋
攝影：蔣偉

影片介紹了水土流失的原因以及保持水土的方法：一、築堰攔水；二、蓄水養土；三、造林種草。

蘇聯專家來華協助制定電影事業第一個五年計劃

1月7日，文化部邀請蘇聯電影專家來華協助制定電影事業第一個五年計劃。蘇聯電影部派出的專家包括：高爾基電影製片廠總工程師、電影製片設備專家戈尼沙列夫斯基·米海伊爾·安德烈耶維奇（組長），蘇聯電影部技術局副局長、電影機械製造專家格涅維舍夫·格列布·費道洛維奇，電影照相科學研究學院化驗室科學領導人、膠片製造專家保德高洛杰茨基·康斯坦丁諾維奇，尼克非化驗室科學領導人、膠片加工及影片洗印專家安頓諾夫·謝爾蓋·米海諾維奇，斯維爾得洛夫斯克省電影網管理局局長、電影網及影片發行專家杜賓·瓦西里·費道洛維奇。

文化部電影局組成由副局長王闌西主持，司徒慧敏、汪洋、鍾敬之、鄭伯璋、李牧、周從初等參加的工作組，協同蘇聯專家進行第一個五年計劃的編制工作。3月，新中國電影事業發展第一個五年計劃編制完成，內容包括"電影網的發展"、"電影網所需的機器"、"影片生産"、"膠片的洗印"和"膠片的改造"等五個部分。

上海聯合電影製片廠併入上海電影製片廠　上海科學教育電影製片廠成立

2月2日，上海聯合電影製片廠併入上海電影製片廠，于伶任廠長，葉以群、蔡賁、王其元任副廠長。上影廠隸屬文化部和中共上海市雙重領導，下設藝術處、管理處、製片處、財務處、技術處、人事處等機構。

同日，北影廠的科教片總編輯室遷至上海，正式成立上海科學教育電影製片廠，由洪林任廠長，許幸之、李資清、吴仞之任副廠長。該廠由文化部電影局領導，下設編輯室、導演室、生産管理室等機構。

洪林（1917—2003）

科教電影事業家、理論家。原籍安徽涇縣，生於江蘇南京。1951 至 1953 年，先後任中央電影局電影劇本創作所編劇、北京電影製片廠科教片組組長。1953年起任上海科學教育電影製片廠第一任廠長兼黨委書記，1978年任上海市電影局副局長。

陳毅市長與上海聯合電影製片廠副廠長葉以群合影

故事片目録（共 13 部）

東影　《草原上的人們》、《豐收》、《結婚》、《小姑賢》（評劇）
上影　《婦女代表》、《鷄毛信》、《斬斷魔爪》、《金銀灘》，《梁山伯與祝英台》（彩、越劇）
北影　《智取華山》、《龍鬚溝》、《小白兔》、《趙小蘭》

第一屆電影劇本創作會議和第一屆全國電影藝術創作會議

1953年3月，電影局在北京召開第一屆電影劇本創作會議和第一屆電影藝術工作會議，對電影創作的指導思想和領導形式等進行調整。

第一屆電影劇本創作會議由全國文協和電影局共同召開，主要"是從學習社會主義現實主義的創作方法着手來研究討論有關電影劇本的一些問題；解決關於電影劇本創作領導工作方面的問題"，"更廣泛地動員和組織全國作家，參加電影劇本的創作工作"。政務院文化教育委員會副主任習仲勛到會講話，文化部部長沈雁冰在會上發表了題爲《體驗生活、思想改造和創作實踐》的講話。而後，《文藝報》第4號發表了陳荒煤撰寫的社論《作家要爲創作電影劇本而努力》，同期還發表了該刊記者的述評《加强電影劇本創作的領導組織工作》。

第一屆全國電影藝術創作會議由電影局在北影廠召開，與會者包括電影生産各方面工作者共計200多人。會議以"提高藝術思想，改進藝術領導"爲重點議題。電影局副局長王闌西、藝術委員會副主任蔡楚生和製作委員會主任史東山在會上發表了講話；林默涵、陳荒煤就文學的黨性、社會主義現實主義創作方法的基本特徵等問題向會議作專門報告；周揚作了會議總結。

這兩個會議均由電影局副局長陳荒煤主持，雖然側重點不同，但是總的精神都是通過總結經驗，調整電影指導方針，扭轉電影創作和生産落後於現實生活的局面。這兩個會議第一次明確批評了電影創作中的公式化、概念化等反現實主義的傾向，提出了學習社會主義現實主義的口號。

陳荒煤（1913—1996）

作家，文藝理論家，電影事業家。原籍湖北襄陽，生於上海。1932年參加左翼劇聯，從事戲劇運動和文學創作；1938年赴延安，在魯迅藝術學院任教；1952年後歷任文化部電影局副局長、局長和文化部副部長等職；1978年後相繼任中國文聯黨組副書記、文化部副部長、文化部顧問、中國作協副主席等職。著有《解放集》、《回憶與探索》、《攀登集》、《探索與創新》等電影理論和評論文集。

附録：《對電影工作的意見——在全國第一屆電影劇本會議上報告》（摘録）

習仲勛

目前電影工作主要缺點就是成品太少，關鍵在於創作劇本少，用較高的政治水平、藝術水準創作的劇本更顯得少。要解決這個問題，喬木同志在去年十二月文協學習會上講過，講得很詳細，有些問題講得很好，我只想在這方面補充一點意見。

問題首先從何着手呢？當前首先應當要求我們所有文學藝術工作者、特别是作家們，要提高我們政治責任心就是要關心政治，關心我們國家大事，關心群衆的事情，努力深入群衆生活，努力寫作。

目前電影工作的缺點，電影工作者本身當然是有責任，我個人想，在電影工作部門的領導者更有責任……對於領導開展電影創作活動，還停留在一般號召上，缺乏具體的指導和親切的幫助……對文藝工作者的領導應該主要是思想領導，不是靠行政命令、發號施令。行政工作有時還要發發號，施施令，但是我們領導文藝工作，必須靠思想領導必須是具體之至，無微不至的，不是那種粗枝大葉採取粗暴的辦法，那只能够毁滅這東西，不能給以幫助……

改進領導作風和領導辦法，將作家堅持努力和領導上的具體幫助結合起來。作家自己要努力，又要和組織上的領導結合在一體。這一點，我們作家也要認識，不要説：我作家自己體驗生活，自己來寫，何必要你領導。别的方面可以自由，這一方面不能自由，所以作家不能要求這方面的自由，這樣自由你就吃了虧了，失掉了領導，没有政治上的領導，那對我們是有害處的。這一點，我覺得應當成爲我們急需開展創作活動的一個必須遵守的原則。我覺得必須有這一條，請大家考慮這個意見。

（《電影劇本通訊》，1953年5月10日）

《在第一屆電影藝術工作會議上的總結報告》（摘録）

周　揚

今天，當會議結束的時候，我要説一説下面兩個問題：

一、關於學習社會主義現實主義的問題：

社會主義現實主義的創作方法，是創作上唯一正確的方法，我們的作品要能真實地反映我們的時代，只有用社會主義現實主義的方法來進行創作。這一點，在會議上肯定了下來。大家取得了一致的認識。社會主義現實主義的創作方法，代表着人類藝術發展的最高峰，是古典的現實主義在社會主義時代的發展，是所有文學藝術創作和批評的基本方法。

社會主義現實主義不是創作上的教條，而是指導作家如何觀察生活、如何進行創作的科學方法，要求按照這個方法進行創作，是允許作家和藝術家有選擇題材和創作風格的絶對自由的。

二、電影藝術的領導問題

同志們在會議中提出的對領導的批評，完全符合於反官僚主義的要求。這種官僚主義不僅廠和局存在，文化部也同樣有濃厚的官僚主義的缺點。對官僚主義的檢查還要繼續，反官僚主義是一個長期的鬥爭……

官僚主義表現在許多方面，最突出的是表現在對電影藝術缺少政治的、思想的、藝術的領導。首先，在創作方向上、創作思想上缺乏明確的、戰鬥的方向……其次，放棄了藝術生産的領導，領導上將過多的精力放在行政事務上，而没有將指導創作、指導藝術生産放在首要地位。第三，在對電影文學劇本和影片的審查上，缺乏嚴肅審慎的態度，缺乏統一負責的制度。第四，在對待幹部的培養提高方面，採取了不够關心的態度。

（會議紀録稿，1953年4月7日）

《文藝報》社論《作家要爲創作電影劇本而努力》（摘録）

陳荒煤

"在所有的藝術中，電影對於我們是最重要的。"列寧對於電影工作這一極其寶貴的指示，就今天新中國電影的發展來看，也愈益證明其正確。

新中國的電影藝術還十分年輕，但是由於我們黨和政府直接的關懷和領導，由於廣大群衆的熱愛以及電影工作者遵循着毛主席的文藝方向的積極努力，已經獲得很大的成就。據不完全的統計，在一九五二年度中，全國電影的觀衆已經達到五億二千五百萬人次，我國影片在國外發行到五十一個國家，遍及亞、澳、歐、非、美五大洲。有些優秀的影片如《白毛女》、《鋼鐵戰士》等，都在國内外獲得廣大觀衆的熱情歡迎和很高的評價。無疑的，只有電影才能具有如此廣泛的影響，電影藝術在群衆性這方面有着無比的優越性。

可是，我們今天的電影工作，顯然還遠遠地落後於群衆的需要，不能滿足日益增長的客觀需要。我們影片的生産，不僅是數量很小，而且質量也還很差。一九五一年故事片幾乎没有什麽出品，一九五二年也僅有十五部故事片，其中深刻地反映了現實鬥爭中豐富而飛躍前進的新事物，精細而生動地刻畫了中國人民先進人物的典型，表現新人的優秀的品質從而樹立人民學習的榜樣的作品則更少。

造成電影發展中如此嚴重的障礙，其根本原因，是由於缺乏電影劇本，缺乏供應電影製作的一定數量的劇本，尤其缺乏優秀的電影劇本。

因此動員和組織全國作家來參加電影劇本的創作工作已經成爲推動電影工作前進一步的帶關鍵性的問題了，從群衆對電影如此廣大的需要量來講，作家也應該感到自己有這個責任。——這個責任是光榮的，自然，同時也是艱巨的。目前，已經有一些作家正在進行電影文學劇本的創作，這是一個非常可慶幸的好現象。可是，這還僅僅是開始，距離迫切需要的數量還相差很遠。

當然，優秀的電影劇本的難産和缺乏，也就是目前整個文藝創作不够旺盛的反映。但是，很顯然，有些作家對於電影劇本創作這樣一個嚴重的政治任務也還認識不足；同時全國文協和中央電影局在電影劇本組織工作方面，也還存在着許多缺點。這兩個問題今後必須明確地加以解決。

（《文藝報》1953年第四號，1953年3月）

《加强電影劇本創作的領導組織工作》（摘録）

《文藝報》記者

近兩年來，新的電影所以出産這樣少，主要原因是缺乏可以拍製成影片的電影劇本。電影劇本是電影藝術的基礎，没有劇本，自然也就不可能産生新的影片。最近中央電影局和全國文聯聯合召集全國電影劇本的作者舉行電影劇本創作會議，會議上討論今後如何發動全國文藝作家，參加電影劇本的創作工作，加强劇本創作的組織領導工作，以改變目前創作上這種嚴重的落後現象。記者連日來參加了這些會議的一些籌備會議，對近年來電影劇本的創作情況和問題進行了一些了解，特提出以下幾點意見以供這次會議研究參考。

一、加强思想領導，改進劇本創作的組織領導工作

二、簡化審查手續，改進審查辦法

三、重視編劇幹部的學習和提高

四、改進關於發動和組織全國文聯作家創作電影劇本的工作

（《文藝報》1953年第四號，1953年3月）

《葡萄熟了的時候》在香港上映

9月29日—10月15日，故事片《葡萄熟了的時候》在香港上映，這是新中國電影第一次在香港和觀衆見面。影片在香港的"國泰"和九龍的"景星"兩家電影院同時上映，在17天中共映出了149場，觀衆達62868人次，佔當時全港九總人口2%。影片插曲《幸福花兒大家栽》、《收葡萄之歌》、《生活多美好》被廣爲傳唱，香港《文匯報》、《大公報》陸續發表了影片的評介文章。

《香港觀衆第一次看到新中國影片》

在今天充斥着美國毒素影片的香港影院，《葡萄熟了的時候》的公映，使熱愛祖國的觀衆們，像在沙漠中得到了甘泉一樣。他們熱烈地歡迎這部影片的上映：當銀幕上出現工農兵標誌的第一個鏡頭時，全體觀衆立刻響起雷鳴一般的掌聲。當看到影片中廟會裏的那種蓬蓬勃勃的新氣象時，觀衆們再次地情不自禁地爲祖國農民蒸蒸日上的生活而鼓掌。目前影片中的歌曲已在觀衆中流行起來。

（《大衆電影》本刊訊 1953年第18期）

《葡萄熟了的時候》劇照

《葡萄熟了的時候》

出品：東北電影製片廠

編劇：孫謙

導演：王家乙　攝影：王春泉

主演：歐陽儒秋　杜德夫　柳毅　李百萬

1951年，南沙村葡萄豐收，投機商乘機壓價收購。因供銷社只管供應，不管收購，村黨支部向縣委報告。縣聯社及時指示供銷社，要替群衆組織推銷特産。奸商因此受到打擊，農民們的生活越來越紅火。

孫謙（1920—1996）

編劇、小說家。原名孫懷謙，山西文水人。1940年入魯藝附屬部隊藝術幹部訓練班學習，後調晋綏邊區文聯工作。1947年起開始電影劇本創作，先後編寫《農家樂》、《陝北牧歌》、《葡萄熟了的時候》、《豐收》、《萬水千山》、《淚痕》、《咱們的退伍兵》、《黄土坡的婆姨們》等。

劉學堯（1922—　）

美術師。原籍山東安丘，生於黑龍江哈爾濱。1941年起先後擔任滿映美術設計、東影廠與長影廠美術師和副總美術師。相繼爲《橋》、《神秘的旅伴》、《上甘嶺》、《邊寨烽火》、《竇娥冤》、《平原遊擊隊》、《大渡河》等影片擔任美術師。

上海、北京先後成立電影演員劇團

爲了使演員在工作實踐中提高業務水平，同時有計劃地學習斯坦尼斯拉夫斯基體系，掌握社會主義現實主義的創作方法，在電影局第一届全國電影藝術創作會議上，決定在北京、上海二地成立電影演員劇團。1953年9月，兩個電影演員劇團先後成立。

北京電影演員劇團是由北京電影製片廠和東北電影製片廠演員和電影學校演員系二年級學生及本届畢業生組織而成的，共有演員180多人，由田方任團長，吴天任副團長；劇團導演由冼群、王逸擔任。上海電影演員劇團是由上海電影製片廠全部演員200人組成的，由張望任團長，湯化達、金焰、劉瓊任副團長。劇團内設立排演組、業務組，並由黄佐臨、陳西禾擔任藝術指導。

上影廠攝製第一部彩色木偶片《小小英雄》

10月，上影廠美術片組試拍成功第一部彩色木偶片《小小英雄》。主創人員除編導和攝影等外，還有彩色片研究小組成員吴蔚雲、萬超塵、章超群、萬國强、查瑞根等。這部影片的試驗拍攝，爲後來彩色片的攝製提供了重要的經驗，受到了文化部的表揚。影片一上映，就受到觀衆的熱烈歡迎。

靳夕（1919—1997）

美術片編導。天津人。1937年天津市美術館西畫班肄業。1949年參加美術電影工作。1957年，先後任上海美術電影製片廠導演、副廠長、藝委會副主任等職。主要作品有《小小英雄》、《神筆》、《火焰山》、《一隻鞋》、《孔雀公主》、《阿凡提——種金子》、《西岳奇童》等。

《小小英雄》(美術片)

出品：上海美術電影製片廠
編導：靳夕
攝影：章超群
　　　趙克駿
作曲：丁善德

阿芒爲救小白兔打死了惡狼，兔媽媽、兔爸爸送給他三朵神奇的金花，可以滿足自己的任何心願。阿芒用一朵金花變成仙草治好了小鹿的腿，還用剩下的兩朵金花救出正被狼群圍攻的小鹿一家。小動物們爲阿芒慶功，並送給他夢想得到的小飛機、小火車和大炮。

《小小英雄》工作照

政務院通過關於電影事業發展的兩項決定

12月24日，政務院於第199次會議通過《關於加强電影製片工作的決定》和《關於建立電影放映網與電影工業的決定》。

這兩個決定是發展新中國電影製片生産、電影發行放映和電影工業的綱領性文件。它們在總結新中國四年來電影工作的基本經驗的基礎上，依據社會主義革命和建設的需要，以及廣大群衆對文化娛樂的要求，對電影製片生産、發行放映和電影工業等的建設和發展，提出了明確具體的指導方針和切合實際的改進措施。1954年1月，中共中央批示發出。《人民日報》於1954年1月12日公佈了上述兩個決定，並發表了題爲《進一步發展人民電影事業》的社論，指出這兩個決定對今後我國的人民電影事業發展有着巨大影響。

附録：《關於加强電影製片工作的決定》(摘録)

目前電影出品的數量和質量都還不能滿足廣大群衆的需要。造成這種情況的主要原因，是電影劇本嚴重缺乏，這一方面固然是由於專職的電影編劇不足及其業務不够熟練所致，但更重要的是由於缺乏明確的製片方針和切合實際的製片計劃，及未能採取一切有效措施來吸引大量文藝作家積極參加電影劇本創作，並以正確方法組織和指導創作。爲改進今後電影製片工作，特作如下決定：

一、製片的方針與任務

在今後幾年内，每年製片的任務大體規定如下：

大型故事片十二部至十五部及一定數量的農村故事片、兒童片、美術片和舞臺藝術紀録片。

大型紀録片十部及短紀録片二十四部。新聞短片每週出一次。

科學教育片十部（翻譯的在外）。

翻譯蘇聯和新民主主義國家的影片及資本主義國家的進步影片，大體保持和國産影片（包括故事片和紀録片）相等的比例。

二、電影題材計劃的制定及電影劇本創作的組織工作

三、電影劇本、影片的審查制度

四、改進影片生産制度和提高技術質量

五、提高、培養和補充電影幹部

《關於建立電影放映網與電影工業的決定》(摘録)

爲使電影適應我國經濟和文化建設的需要，更大地發揮其對廣大人民的教育作用，滿足群衆日益增長的文化要求，必須有計劃有步驟地發展電影放映事業，以逐漸達到在全國範圍建立電影放映網。四年來電影放映工作已有迅速發展，放映單位數量激增，觀衆人數逐年上漲，日益證明了電影在群衆文化生活中的重要性。但就全國範圍説，放映單位數量尚少，且分佈不平衡，很多地方人民終年看不到電影，觀衆對電影的要求非常迫切。各級文化主管部門對放映工作缺乏經常的領導和管理。影片的製作和發行工作未能很好地保證影片供應和合理週轉。同時又未能很好地按照不同觀衆對象選擇影片。放映隊員的政治質量和放映技術未能達到應有的水平。爲加强今後電影的發行和放映工作，穩步地建立全國電影放映網並與此相適應地逐步建立電影工業，特作如下決定：

一、電影放映網發展的方針首先是面向工礦地區，然後面向農村；在小城市和廣大農村，則以發展流動放映隊爲主。

二、加强電影放映網的管理，充分發揮放映單位應有的效能。

三、加强並改進影片的發行工作，在中國影片發行公司系統下，健全和改進各省的發行機構以適應電影放映網發展的需要。

四、電影放映隊應逐步施行企業經營，並須做到逐年減少國家補貼……影片發行機構、國營影院必須全部實行企業化，改善經營管理制度，今後不但要能自給自足，而且要逐漸做到有盈餘上繳。

五、爲供應發展放映網所需要的放映機，逐步統一全國放映機的規格，藉以提高放映技術的質量，並達到今後放映機的全部自給，必須建立放映機器製造工業。

六、爲供應放映單位所需要的大量拷貝，必須改變目前手工洗印影片的方式爲機器洗印，應在兩三年内建成一個現代化的影片洗印工廠，達到每年洗印影片四五〇〇萬公尺，以供應全國需要。

七、爲達到電影膠片自給，保證影片生産，必須着手建立電影膠片製造工廠。

八、按照電影放映事業的發展需要，應有計劃地訓練放映人員，並應特别注意大量吸收工農成分的知識青年參加。

（《人民日報》，1954年1月12日）

《人民日報》社論《進一步發展人民電影事業》(摘録)

目前電影工作中的重要問題是增加故事片的數量並提高其質量。四年來，我們影片生產的狀況是不能令人滿意的。電影製片廠因没有影片可拍而陷於部分停工狀况。不少導演演員曾長期地失去了藝術表演的機會，而廣大觀衆則埋怨新片太少。故事片缺少的主要原因是缺乏可以採用的劇本，這一方面是由於我們的許多作家還不熟悉這一種藝術形式，還缺乏編寫電影劇本的經驗，有些作家對於電影劇本創作還没有予以足够的重視 另一方面是由於電影創作的領導部門過去没有採取正確的和有效的方法來吸引大量的作家積極參加電影劇本的創作。

電影部門應該和作家協會密切合作，擴大和加强與作家的聯係，改善組織劇本創作的方法，根據各個作家的具體條件來組織他們的創作，並且給予他們爲完成創作所需要的各種幫助。對於作家的作品應該審慎地加以研究，必要時耐心地幫助他們進行修改，不應該輕率地任意否定。

我們的電影題材所接觸的方面顯然是太狹小了，廣闊的生活領域還等待着我們的作家和電影工作者去探索和描繪。電影藝術落後於現實還表現在没有能更高度地概括生活，很少能够塑造出先進人物的典型形象，他們應該是有血有肉的，性格鮮明的，而不是某一概念的化身。因此提高故事片的質量首先就要求我們的作家和電影工作者勇敢地擴大自己的視野，研究我國人民各方面的活動，從各方面來反映我們祖國的沸騰的生活和生動的面貌 揭露生活的真實矛盾，表現各方面生活中蓬勃的新生力量，並給那些阻礙生活前進的垂死的落後的東西以痛烈的鞭笞。

(《人民日報》，1954年1月12日)

中央人民政府政務院
關於加强電影製片工作的決定
(一九五三年十二月二十四日政務院第一百九十九次政務會議通過)

社論
進一步發展人民電影事業

中央人民政府政務院
關於建立電影放映網與電影工業的決定
(一九五三年十二月二十四日政務院第一百九十九次政務會議通過)

1953年（臺灣）

大事記

2月28日 攝影師李書在臺北市西寧南路50巷7號成立承順攝影社，專營出租攝影機及代拍影片，備Bell & Howell攝影機一架，環球牌4架及各種鏡頭，燈光十餘架。

3月10日 "農教"代鐵路局攝製《寶島大動脈》紀録片。

4月1日 影人顧夢鷗（古軍）創辦的《影劇雜誌》半月刊問世。編輯委員有陽明容、落拓青山、王爵、李子弋，張英，慕容鍾、魯濱等人，每月5日及20日出版。

10月9日 "中製"拍攝軍教片《青天白日滿地紅》，編劇童世璋，導演陳文泉，傅碧輝、張方霞、趙振秋等演出。

重要影片

《美麗寶島》劇照

《美麗寶島》

出品：農業教育電影公司
導演：陳文泉　編劇：潘直庵　陳文泉
攝影：王士珍　製片：李葉
主演：吴驚鴻　唐菁　張仲文　穆虹

菲律賓華僑攝影記者柯興榮帶着新婚妻子到臺灣度蜜月、觀光、採訪，拍了很多古跡名勝及工業建設場面，回到菲律賓後，在僑社放映，招待華僑觀賞，電影從這裏開始，倒叙介紹寶島風光，傳統民俗、工商進步。開創了宣揚本土風光、建設的政宣電影的新方向。

《烽火麗人》

出品：東華影片公司
編劇：陳文泉
監製：吴驚鴻
導演：胡傑
攝影：莊國鈞
主演：唐菁　張惠　吴驚鴻　李影

1949年，白靜芬由江南逃到廣州，每一個情節的轉變，都通過一張父親的遺像，經過愛的挫折後，和一個有理想的愛人同機飛到臺灣。

聯邦影業有限公司成立

7月，江蘇紗布業鉅子沙榮峰、夏維堂、張陶然、張九蔭集資兩百萬元新臺幣，在臺北市開封街正式成立"聯邦影業有限公司"。

聯邦影業有限公司舊址

《烽火麗人》劇照

吴驚鴻（1919— ）

演員。出身上海金星演員訓練班，是國泰公司臺柱女星，主演過《美人血》、《荒園艷跡》等片。1949年，國泰派她主演《阿里山風雲》，隨外景隊來臺。後留在臺灣，成爲臺灣首席女星，主演過《春滿人間》、《永不分離》、《烽火麗人》、《美麗寶島》等片。

日片充斥電影街

12月，日本影片近來放映數量明顯增加，且聲勢浩大，不僅西門町美都麗、中央兩家首輪戲院同時舉辦"日片試映會"，互別苗頭，兩家戲院的巨幅街頭廣告板及報紙偌大的廣告，也含有暗中較勁的意味，顯示業者爲搶這波日片業績，不惜一切花費的決心。

日本影片數量大增起因於本年初，政府廢止《日本影片申請檢查須知》，暫停日片進口，僅持續辦理去年已辦妥進口手續的日片審查。然而雖然舊法已廢，新法尚未公佈，從日本運來臺灣的日片仍連綿不絶，延至10月8日止，寄存海關未能辦理進口手續的日片已有64部，有關當局因此決定在新法尚未頒訂前，暫時依照舊法每月核准放映兩部長片、三部短片，又因短片的進口日益減少，而允許以兩部短片折算一部長片計算，總計自今年1月至10月8日明令禁止再進口日片爲止，可進口36部日本長片，扣除今年夏季爲因應市場需要已先開放進口的9部，尚有27部日片可進口放映，均從目前積存海關的64部影片中提取，於日前核准上映，造成近來日片充斥，業者大手筆宣傳，極引人側目。

有鑒於日本影片市場混亂，電影檢查處已召集日片商於1954年1月針對日片放映和廣告等問題，開會作出限制。

《電影手册》出版

8月，由中山出版社發行的《電影手册》出版，全書共有18萬字，插圖四百餘幅，堪稱是一本包羅萬象的影業指南。這本電影工具書是由臺灣電影事業股份有限公司副總經理青雲梯、宣傳主任李國鈞，及《徵信新聞》編輯主任喻佳冰三人合力編撰，共分上、下兩册，上、中、下三卷，18章。上卷知識篇，内容包括第一章"電影的面面觀"，第二章"電影事業發展史"，第三章"一部電影是怎樣完成的"，第四章"編導常識"，第五章"攝製常識"，第六章"世界電影市場現況"，和第七章"電影欣賞法"；中卷娱樂篇，内容包括第八章"好萊塢内幕"，第九章"銀國萬花筒"，第十章"世界各國影星小傳"，第十一章"電影藝術科學學院與金像獎"，第十二章"其他各類電影獎"，第十三章"明星之路"；下卷實用篇，内容包括第十四章"電影檢查法規"，第十五章"電影業登記營業法規"，第十六章"戲院管理規則"，第十七章"臺灣省各縣市戲院一覽表"，及第十八章"臺北市影片商名録"。

影 片 目 録（共3部）

農教 《美麗寶島》、《風塵劫》
東華 《烽火麗人》

1953年（香港）

大事記

本年　朱石麟執導的《中秋月》(韓非、江樺主演)，被譽爲傑出的現實主義作品。

香港第一部立體電影《玉女情仇》出品，本片由麗兒電影公司出品，趙樹桑、鄭樹堅聯合編導，黃河、麗兒主演。

長城電影公司出品的《孽海花》入選英國愛丁堡第七屆國際電影節。影片由袁仰安編導，夏夢、平凡、文逸民等主演。

香港電影先驅之一黎民偉在香港病逝，享年61歲。

《家》劇照

《家》

出品：中聯電影公司
編劇：司馬才華　導演：吴回
主演：吴楚帆　張活游　張瑛　盧敦　梅綺
　　　黄曼梨　小燕飛　容小意　紫羅蓮

根據巴金同名小説改編。高老太爺要一手包辦三個孫子的婚姻。只有長孫覺新厚道而軟弱，由祖父做主與李瑞玨結了婚，三孫覺慧、次孫覺民不願遵從，老太爺一氣身亡。瑞玨臨産，家人以"血光之災"爲由不准她在家分娩，結果瑞玨因難産死去。覺慧痛恨這扼殺了無數生命的罪惡家庭，憤而出走，投入到時代的洪流中去。

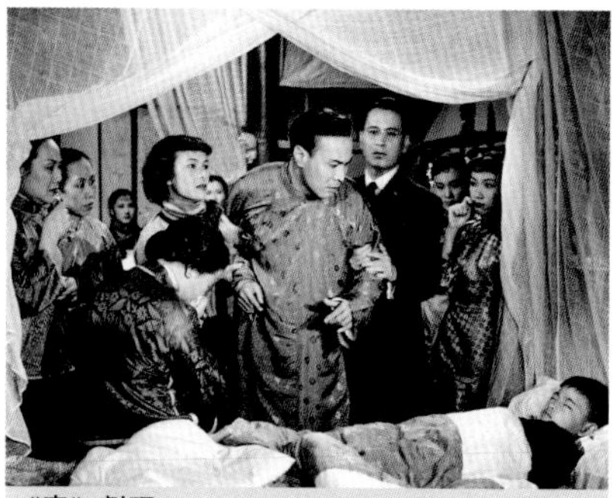

《春》劇照

重要影片

《絕代佳人》劇照

《絕代佳人》

出品：長城電影公司
編劇：林歡
導演：李萍倩
主演：夏夢　平凡
　　　姜明

秦兵侵犯趙國，趙國女子如姬逃到魏國，被魏王册封爲妃。如姬勸説魏王出兵援趙，魏王不肯，如姬灌醉魏王，偷出兵符，使魏國軍隊出兵解救了趙國。魏王惱羞成怒，將如姬斬首。此片於1957年被文化部授予榮譽獎。

《慈母淚》

出品：大觀影片公司
主演：紅綫女　張瑛
　　　艾雲　李小龍

改編自著名的天空小説家愛雲女士的同名小説。紉芷一手撫養大三個兒女：阿基，靜嫻和阿良。戰爭爆發，阿良回鄉繼續學業。靜嫻出嫁前夕，沉迷賭博的阿基被巡警追捕闖進家門，混亂中靜嫻不幸中槍身亡，只餘下紉芷一人。戰爭結束，阿良接紉芷回鄉，她總算等到團聚。

《慈母淚》劇照

《小鳳仙》

出品：新華影業公司
編劇：狄薏　導演：屠光啓
主演：李麗華　嚴俊　裘萍　顧文宗

1915年，袁世凱暗殺宋教仁後，又軟禁了蔡鍔。京師名妓小鳳仙爲掩護蔡鍔，特意散播蔡鍔沉溺酒色、不事振作的假象，使袁世凱放鬆了對他的監視。蔡鍔平安過關回到雲南率軍起義，促成袁世凱帝制的傾覆。

《小鳳仙》海報

《春》

出品：中聯電影公司
編劇：司馬才華　導演：李晨風　主演：吴楚帆　張活游　白燕　石堅

根據巴金同名小説改編。高家三老爺爲女兒淑英定下一門親事，女婿是個不長進的人。淑英渴望自由，在兄弟姐妹的鼓勵下，她離家出走。

此片於1957年被文化部授予榮譽獎。

龍馬影業公司改組爲鳳凰影業公司

費穆先生病故後，龍馬影業公司被迫結束，原龍馬影業公司的演職員以及一部分離開永華影片公司的電影工作者，在有關方面及進步文化人的關心支持下，合資組建鳳凰影業公司。鳳凰公司創辦群體是以朱石麟爲首的一群著名國語片電影工作者，主要負責人朱石麟、韓雄飛。鳳凰影業公司的創業作，也是其早期代表作《中秋月》(1953)，深刻地反映了香港中下層市民生活，獲得評論界的讚譽。主要導演除朱石麟、陳靜波、羅君雄、鮑方外，還有沈鑒治、吴景平、任意之、朱楓、許先等。陳娟娟、夏夢、石慧、朱虹、王小燕、江漢、高遠、石磊、鮑方、黎漢持等先後擔任該公司主要演員。

50年代中期以後，隨着香港經濟的發展，觀衆欣賞趣味的改變，鳳凰影業公司的出品轉向城市喜劇，《男大當婚》、《垃圾千金》、《搶新郎》、《柳暗花明》、《野玫瑰》等一系列影片的出品，使其逐漸贏得"喜劇之家"的美譽。

1960年至1964年是鳳凰影業公司的全盛時期，出品也由喜劇邁向多樣化。任意之編導的愛情喜劇片《情投意合》、李晨風編導的民間傳奇片《劉海遇仙記》、朱石麟編導的古裝片《董小宛》等，都是頗受歡迎的影片。1964年，陳靜波導演的武俠片《金鷹》創造了香港首部收入超過百萬票房的賣座紀録；這一時期出品的《畫皮》、《三鳳求凰》、《審妻》等都有不錯的評價和賣座成績。除此之外，《故園春夢》、《屈原》、《泥孩子》等影片，都較好地體現出鳳凰影業公司導人向善、寓教於樂的創作宗旨。七八十年代，公司拍攝了《泰山屠龍》、《碧水寒山奪命金》、《密殺令》、《塞外奪寶》等彩色寬銀幕武俠片；此外，還派攝製組在内地拍攝《上海》、《長城内外》、《神秘的西藏》(合拍)等大型彩色紀録片。

60年代，鳳凰公司還與内地製片廠合作拍攝過《紅樓夢》(越劇)、《楊乃武與小白菜》(北京曲劇)、《雙珠鳳》(錫劇)、《尤三姐》(京劇)等彩色戲曲片。鳳凰公司所拍的影片《新婚第一夜》、《搶新郎》、《夫妻經》、《雷雨》、《畫皮》、《白領麗人》、《屈原》、《父子情》等均在内地上映過。

1982年，鳳凰公司與長城、新聯公司改組合併爲銀都機構有限公司。

《中秋月》劇照

《危樓春曉》

出品：中聯電影公司
編劇：盧敦　陳雲　導演：李鐵
主演：吴楚帆　紫羅蓮　梅綺　盧敦　張瑛　李小龍等

年輕教師羅明搬進一座摇摇欲墜的危樓。房主黄師爺人面獸心；二房東三姑見錢眼開。但羅明見到了危樓中貧苦房客們的互相幫助。一場颶風吹垮了危樓，黄師爺因貪財而送命，躲過災難的其他房客開始重建家園。

本片故事是從現實生活中擷取題材，極富人情味。這樣的主題和題材，在50年代初期的香港電影中，曾一度成爲潮流。

《危樓春曉》劇照

李鐵（1913—1996）

導演。廣東人。香港聯華演員養成所畢業。1932年從影，初當演員，後當導演。1936年開始執導，處女作是《六十六號屋》，成名作是《人生曲》。執導50年來，共拍攝近200部電影，其中傑作有《危樓春曉》、《火窟幽蘭》等。與著名粤劇名伶任劍輝、白雪仙合作《紫釵記》和《蝶影紅梨記》，片中名曲膾炙人口，成中國戲曲電影不朽名作。72歲時執導最後一部影片《包青天》。1994年香港電影導演會頒給他終身成就獎。1996年病逝香港。

《中秋月》

出品：鳳凰影業公司
編劇：沈寂
導演：朱石麟
主演：韓非　江樺等

小職員陳明生工資微薄，中秋節將近，爲了給經理送禮，他無奈之下硬從哭着的兒子手中把兒子的學費錢奪過來，備好禮物送過去，可是經理對他的禮物根本不屑一顧。回到家中，他望着含淚睡去的兒子，心如刀絞。

影片拍來悲喜交集，故事真實而又描繪得淋漓盡致。母慈、子孝、妻賢，本是幸福家庭的寫照。但出現在陳明生一家，却是如此辛酸。導演手法看似平和，但以充滿温暖與缺乏平等現狀下的交擊，讓觀衆分明感受到影片所透射出來的人文關懷，因而它又是讓人喜悦的。是一部難得的寫實傑作。

主要影片目録

本年度香港共出品影片188部，其中粤語片132部，國語片42部，閩南語片6部，新聞紀録片5部，立體電影3部。

長城 《兒女經》(國語)、《孽海花》(國語)、《白日夢》(國語)、《寸草心》(國語)、《絶代佳人》(國語)、《花花世界》(國語)

中聯 《家》、《情劫姐妹花》、《苦海明燈》、《千萬人家》、《危樓春曉》、《春》

永華 《巫山盟》(國語)、《生與死》(國語)、《翠翠》(國語)、《夫婦之間》(國語)

邵氏 《孽海情天》(國語)、《明天》(國語)

大成 《佳人有約》、《假正經》

飛鷹 《火網焚宫十四年》、《碧海狂僧》

友聯 《黄飛鴻義救海幢寺(上集)》、《黄飛鴻義救海幢寺(下集大結局)》

其他 《戀春曲》(國語)(泰山)、《春宵一刻值千金》(五大)、《鬼妻》(龍鳳)、《雪夜訪情僧》(大聯)、《有求不應》(國語)(新世紀)、《逃婚》(國語)(建成)、《離巢燕》(金星)、《丈夫日記》(國語)(新大華)、《玉梨魂》(永豐)、《義犬報恩》(愛樂)、《名女人别傳》(國語)(自由)、《再生花》(新聯)、《新婚記》(華明)、《淘金記》(成功)、《玉女情仇》(國語)(麗兒)、《新封神榜》(大鳳凰)、《中秋月》(國語)(鳳凰)、《一年一度燕歸來》(四興)、《日出》(星聯)、《黄飛鴻一棍伏三霸》(雄風)、《金絲雀》(國語)(藝文)、《梁天來》(五福)

出品者不詳 《鴻運當頭》、《伶王艷史》、《蘇乞兒》、《俠士名花》

1954年（大陸）

大事記

1月13日 文化部制定《電影院劃分等級和調整票價的辦法》，將影院定爲甲、乙、丙三級，並調整影院票價。

1月 中國大陸地區開始譯製並放映日本和意大利的進步影片。

2月27日 文化部同意國產新片及蘇聯、人民民主國家影片免發上映執照。

3月18日 文化部電影局發出《關於1954年故事片製片工作的指示》。

3月30日 越南駐華大使黄文歡在大使館將二級越南抗戰勳章授予新影廠赴越南和越方合拍《抗戰的越南》的攝影隊和隊長唱鶴齡。

3月 文化部電影局召開音樂創作幹部學習會，研討電影音樂創作問題。

4月16日—22日 文化部、全國科協在北京、瀋陽、上海、廣州、武漢、重慶、西安等大城市舉辦科學教育影片展覽。

4月 上海市文化局局長、上海電影劇本創作所所長夏衍調任文化部副部長，先分管上海地區文化工作，1955年4月到京任職，分管全國電影工作；于伶繼任上海市文化局局長，柯靈繼任劇本創作所所長。

6月21日 文化部批復同意電影局成立電影音樂創作所。

7月8日 中國電影的開拓先驅之一張石川在上海逝世，終年64歲。

7月11—25日 第八屆卡羅維·發利電影節舉行。我國影片《梁山伯與祝英台》獲音樂片獎，《智取華山》獲"爭取自由鬥爭獎"。電影節結束前一天，舉行了和平大會，以不同國家的語言宣讀了《告世界電影工作者宣言》。

10月 全國開展對《紅樓夢》研究中的錯誤觀點的批判和對胡適唯心主義學術思想的批判。

10月25日 隨着中央人民政府撤銷大區一級行政機構，中影公司相應撤銷所屬各大區公司。

11月8日 文化部電影局制定《故事片分鏡頭劇本稿酬暫行辦法》，要求各廠按三類標準支付分鏡頭劇本稿酬。

11月 以總顧問茹拉甫廖夫爲首的蘇聯電影專家組5人來華工作。

重要影片

《渡江偵察記》劇照

《渡江偵察記》

出品：上海電影製片廠
編劇：沈默君　導演：湯曉丹
攝影：李生偉
主演：孫道臨　李玲君　齊衡　陳述

1949年，解放軍某部連長奉命率領一個偵察班渡過長江，在當地遊擊隊配合下，插入敵人心臟，完成偵察任務，爲大軍渡江創造了條件。

陳述（1920—2006）

電影演員。上海市人。1942年起任未名劇團、中國旅行劇團、國華劇社兼職演員；1948年後任文華、大同等影片公司特約演員；1951年任上海電影製片廠演員。代表作品有《彩鳳雙飛》、《渡江偵察記》、《鐵道遊擊隊》、《海魂》、《林家鋪子》、《聶耳》、《今天我休息》、《難忘的戰鬥》等。

《粗心的小胖》劇照

《粗心的小胖》（木偶片）

出品：上海美術電影製片廠
編劇：石麟
導演：虞哲光　章志群
攝影：章超群

粗心的小胖在開汽車時總是一邊開車一邊玩，經常把車上的東西丟在路上，一位送牛奶的老伯伯把拾到東西裝配成一輛摩托車，送到小胖的工作單位摩托車廠。

《山間鈴響馬幫來》

出品：上海電影製片廠
編劇：白樺　導演：王爲一
攝影：羅從周
主演：于洋　孫景路　馮奇　程之

解放初期，雲南邊境少數民族的聯防隊，爲保護政府給他們運來各種生活用品和生產用具的大隊馬幫，配合當地駐軍，殲滅了殘匪。

《山間鈴響馬幫來》劇照

《土地》

出品：長春電影製片廠
編劇：梅白　水華　俞林　李冰　郭小川
導演：水華　攝影：包傑
主演：里坡　王一之　李壬林　胡朋

1930年，遠離根據地的竹林鄉土改後不久，即遭地主反革命勢力摧殘鎮壓。1950年，地主又暗中挑撥兩姓宗族仇恨，破壞土改。最後，村幹部發動受騙農民揭穿地主陰謀，展開土改運動。

《土地》劇照

《沙家店糧站》劇照

《沙家店糧站》

出品：東北電影製片廠
編劇：武兆堤　導演：干學偉　攝影：葛偉卿
主演：張平　杜德夫　李青　周凋

根據柳青的小說《銅墻鐵壁》改編。1947年，國民黨軍隊進犯陝甘寧邊區。米脂縣沙家店糧站的黨員石德富等人，克服一切困難，保護糧食供應前方。

《淡水養魚》

（科教片）

出品：上海科學教育
　　　電影製片廠
編劇：邱石平
導演：羽奇
攝影：郭奕耀

介紹了我國長江和珠江流域，水面遼闊，淡水資源豐富，是飼養魚類的極好場所。

《淡水養魚》劇照

故事片目録（共20部）

東影　《土地》、《東風吹到諾敏河》、《英雄司機》、《沙家店糧站》、《無窮的潛力》、《人往高處走》、《宇宙鋒》（漢劇）、《拾玉鐲》（桂劇）

上影　《渡江偵察記》、《淮上人家》、《三年》、《山間鈴響馬幫來》、《偉大的起點》、《不能走那條路》、《一場風波》、《蓋叫天的舞臺藝術》（京劇）、《雙推磨》（錫劇）、《藍橋會》（淮劇）

北影　《一件提案》

新影　《川劇集錦》（《五台會兄》、《評雪辨蹤》、《秋江》）

《梁山伯與祝英台》在日内瓦受到好評

4月24日—7月23日，周恩來率中國政府代表團參加日内瓦會議，會議旨在討論和平解決朝鮮問題和印度支那和平問題。6月8日，周恩來宴請英國外交大臣羅伯特·安東尼·艾登，並招待其觀看了影片《梁山伯與祝英台》。後又委託外交部交際處處長王倬將影片《梁山伯與祝英台》帶給當時定居瑞典的英國電影藝術家查爾斯·卓別林夫婦觀賞，受到了卓別林的好評，他稱讚"影片好極了，從來没有見過這樣一部非凡的影片，希望你們以後多拍這類片子"。會議期間，代表團新聞處還用該片招待在日内瓦的各國記者，反響極爲熱烈。

附録：《〈梁山伯與祝英台〉在日内瓦》

《光明日報》記者　孫承佩

五月二十日晚九時中國代表團新聞處放映五彩越劇影片《梁山伯與祝英台》，招待在日内瓦的各國記者。這個消息一經傳出，入場券便在"記者之家"分發完了。没有拿到入場券的西方記者，找着相熟的中國記者想辦法。他們説工作雖然忙碌，但是不願放過一個能够幫助多了解一些新中國的機會。

在一個半小時中，觀衆的情緒隨着梁山伯、祝英台的遭遇而起伏。當梁山伯、祝英台化爲蝴蝶在萬花叢中雙雙飛舞的時候，全場爆發了讚嘆的掌聲，直到燈光大亮，還歷久未息。(《大衆電影》，1954年第11期，第21頁)

周恩來與卓別林在日内瓦

《梁山伯與祝英台》劇照

《梁山伯與祝英台》(越劇)

出品：上海電影製片廠
編劇：徐進　桑弧
導演：桑弧　黄沙
攝影：黄紹芬
主演：袁雪芬　范瑞娟
　　　張桂鳳　吕瑞英

祝英台女扮男裝外出讀書，愛上同學梁山伯。待梁山伯明白真情前去求親時，祝英台已被父親許配他人。最後二人雙雙殉情。

新聞紀録電影召開創作工作會議並向徐肖冰等授勳

1月26日—2月12日，文化部電影局在北京召開第三次新聞紀録電影創作工作會議。這次會議旨在響應黨在過渡時期總路線的要求，進一步提高新聞電影的質量。參加者包括全國各地以及抗美援朝前線的新聞電影編導、編輯、攝影等工作人員。會議重點解決新聞紀録電影的創作思想問題，並明確了新聞紀録電影的方針與任務。文化部副部長周揚，電影局副局長王闌西、陳荒煤到會講話。2月15日，《文藝報》發表陳荒煤的文章《將新聞紀録電影的創作提高一步》，較爲全面系統地闡述了新中國新聞紀録電影的特性和任務。

2月22日，新影廠舉行授勳典禮，廠長高戈代表朝鮮民主主義人民共和國政府給徐肖冰等授勳，表彰在抗美援朝前線的新聞紀録電影工作者。徐肖冰獲授二級國旗勳章，牟森等5人獲三級國旗勳章，李永傑、戴家道等22人獲授將軍功章。

徐肖冰(1916—　)

攝影師、編導、事業家。原名徐金奎，浙江桐鄉人。1932年從影，曾任電通影片公司攝影助理。1938年入延安電影團，拍攝《延安與八路軍》、《南泥灣》等大型紀録片。後任東北電影製片廠攝影師、北影廠攝影隊總隊長，先後拍攝《東北三年解放戰爭》、《解放了的中國》、《抗美援朝》等。

中國電影工作者赴蘇考察與學習

爲了學習蘇聯電影事業的先進經驗，以適應改進和發展我國電影事業的需要，經中央批准，文化部派電影代表團於1954年6月至9月赴蘇考察訪問。訪問團成員包括：團長王闌西，團員有章泯、司徒慧敏、鍾敬之、陳亞丁、錢筱璋、蔡賁、洪林、賴志友，以及翻譯孟廣鈞、田大畏等。在三個月的訪問考察裏，代表團對蘇聯電影的製片、普及與發行、工業等各領導部門和生産部門進行了參觀學習，並分組到莫斯科電影製片廠、高爾基電影製片廠、中央文獻電影製片廠、莫斯科科學普及電影製片廠和聯盟動畫製片廠等考察，還到列寧格勒、基輔、奥德賽、肖斯特卡等地訪問電影事業工作者。訪蘇結束後，王闌西、鍾敬之、司徒慧敏還轉道民主德國、捷克斯洛伐克進行了短期考察。回國後，代表團向中共中央呈報了《電影工作者赴蘇訪問團工作報告》，並編輯了《蘇聯電影事業資料彙編》，共計兩册，對訪問蘇聯的情况進行了全面梳理總結。

9月19日，根據電影工作代表團訪蘇歸來後的建議，爲籌建新的北京電影製片廠，文化部電影局組成"中國電影工作實習團"赴蘇聯學習彩色故事片的製作。成員包括：團長汪洋，副團長成蔭（導演），團員有何文今（製片管理），朱今明、錢江（攝影師），池寧、朱德熊（美工師），吕憲昌（録音師），張爾瓚（特技），王希鍾（化裝），周從初、王雄（洗印）等共20人。實習團在莫斯科電影製片廠進行了爲期一年的學習。

赴蘇訪問團在莫斯科

王闌西（1912—1996）

電影事業家。河南蘭考人。1934年留學日本早稻田大學；1937年回國，從事宣傳工作；1952年任文化部電影局副局長、局長；1955年兼任北京電影學院第一院長；1961年調離；1978年任文化部副部長。

汪洋（1916—1998）

電影事業家。原籍浙江蕭山，生於江蘇鎮江。1935年任明星影片公司美工助理；1938年赴延安，入抗日軍政大學學習；1946年創建晋察冀軍區政治部電影隊（華北電影隊），任隊長；1949年4月，參與創建北京電影製片廠，任副廠長，後任廠長。

中國作協和電影局舉辦電影劇作講習班

爲調動青年作家的積極性，發展電影劇作創作，增加影片産量，提高影片質量，中國作協和文化部電影局於10月25日—12月11日聯合舉辦"電影劇作講習班"，來自全國各地的68位青年作家，集中進行了一次電影藝術知識和電影劇本創作特性的學習。

講習會主要由電影局副局長陳荒煤主持，通過觀摩蘇聯等外國名片和國産影片，討論創作經驗，學習電影藝術和劇作知識。講習會期間，周揚就發展電影創作和正確開展批評問題作了報告；洪深對電影藝術的特性、陳荒煤對電影劇作的特徵和塑造人物的問題作了專門講座，蔡楚生結合幾部具體影片進行了詳細的藝術分析；茅盾、丁玲、馮雪峰、老舍、張天翼、陳亞丁等著名作家則分别結合自己的創作實踐，對文學作品如何描寫人物、體驗生活和塑造形象、公式化和概念化的根源、作品的語言、創作構思等問題作了專題報告。

1956年至1957年，在陳荒煤的主持下，又相繼在上海、重慶和武漢等地舉辦了電影劇作講習會或講習班，參加學員達上百人。後來活躍在影壇上的李準、魯彦周、陸柱國和白樺等電影劇作家，都參加了講習會的學習。講習會在青年作家中普及了電影劇作知識，培養和發現了一批新人，壯大了電影文學創作隊伍，較好地解决了"電影劇本荒"問題，爲以後電影創作的繁榮打下了堅實的基礎。

附録：《講習會計劃書》（摘録）

爲了貫徹政務院關於加强電影工作的决定，組織和指導青年作家熟悉和掌握電影藝術形式，學習編寫電影劇本，中國作家協會和中央文化部電影局聯合舉辦電影劇作講習會。

一、講習會的方針與目的

電影劇作講習會的主要目的是：從全國各地吸引一部分青年文藝作家進行一次關於電影藝術知識的學習，使其了解電影劇本創造的特性，具體地幫助他們編寫電影劇本，以期進一步發展我國電影藝術。

二、講習會的主要對象

（一）具有一定創作水平和生活經驗的青年作家；

（二）愛好電影劇作而又具有一定生活經驗者。

三、講習會的人員名額

暫定三十名至四十名。

四、參加人員的召集辦法

（一）中國作家協會通告各地方分會，按上述條件選送。

（二）請中央宣傳部通告各省市委宣傳部，按上述條件選送。

（三）請軍委總政文化部按上述條件選送。

（四）由電影局劇本創作所推薦已經在寫作電影劇本並確實具有一定寫作水平和生活經驗的青年作者。

（五）爲了保證講習會計劃的完成和達到學習的目的與要求，中國作家協會和中央文化部電影局對參加講習會的成員事先應有所了解。故凡由各地作家協會分會、各省市委宣傳部、部隊系統與電影劇本創作所推薦的人員，均需由原單位在講習會開辦前半個月將名單提交北京西單舍飯寺十二號電影劇作講習會籌辦處，並附件説明參加者的簡歷、創作水平和生活經驗的情况。

五、講習會的期限和開辦日期

（一）講習會的時間暫定爲一個月；

（二）開辦的日期暫定於本年十月中旬開始。

1954年（臺灣）

大事記

2月1日 電影檢查處正式移交新成立的新聞局管轄，7月1日起實施外片進口配額制。

6月18日 蔣介石在蔣經國、徐欣夫、李葉陪同下參觀臺中“農教”片廠，了解製片困難，指示將“臺影”公司所屬戲院併入農教。

6月22日 臺灣首次公佈外國片輸入辦法，限制配額，每年美國片349部、日片24部、英國片43部，港片視同國片，其餘國家12部。

7月26日 “中國文藝協會”發起“文化清潔運動”，要求清除“赤色的毒”、“黄色的害”、“黑色的罪”等文藝“三害”。

8月12日 “臺製”首次拍劇情片《罌粟花》。

9月5日 政府公佈“戡亂時期國產影片處理辦法”及“國外電影輸入管理辦法”。

9月1日 “農教”與“臺影”合併，成立中央電影事業公司，簡稱“中影”，董事長戴安國、總經理李葉。

11月2日 臺北萬國戲院改裝大銀幕、新藝綜合體放映鏡頭、配四聲帶，首映福斯公司的《聖袍千秋》。大世界戲院隨即跟進並安裝動向立體聲，首映米高梅公司的《圓桌武士》，兩家戲院打對臺，造成幾個月盛況，爲臺灣戲院設備一大改進。

10月28日 菲律賓華僑吴金聘投資攝製的《千金丈夫》，在臺北市首映。

電影輔導委員會

本年，教育部設電影輔導委員會（簡稱“影輔會”），具體工作計有：1.輔導海外自由影業來臺合作拍片，2.辦理國片對外交換，3.輔助國片推廣市場業務，4.實施戲院的配映國片制度，5.輔助國片參加國際性影展，6.鼓勵僑資回國建廠，7.獎勵優秀國產影片。在1956年至1958年間，正是臺語影片産量的高潮時期，所以“影輔會”的輔導成果，也以有關臺語片製作的比率爲高；以1957年爲例，臺語片申請者爲111部，核准輔導者爲99部，國語片申請及核准輔導者則僅有8部。

1958年7月，教育部改組易長，新部長不願管電影，“影輔會”不久即行結束，工作業務又移轉新聞局管轄，屬於該局第一處執掌。

重要影片

《千金丈夫》

出品：臺製　中國文化公司
監製：吴金聘　蕭明經
編導：陳文泉　攝影：方壯猷
主演：周曼華　唐菁
　　　李湘苓　崔小萍

僑商馬老先生開建築公司，次女立華任經理，喜着男裝，行事男人作風，見報紙徵女友，立華化名周建華應徵，後知男友即爲當日未謀一面拂袖而去的冤家——主任工程師！一縷柔情，爲之傾倒。

周曼華來臺主演《千金丈夫》

《罌粟花》劇照

《罌粟花》

出品：臺灣省電影製片廠
原著：余華　　編劇：周旭江
導演：袁叢美　攝影：吴家駿
主演：盧碧雲　夷光　王玨　李行

澳門敵情報組織主持人綽號罌粟花，臺灣派情報員于璞赴香港、澳門破壞。于璞身份敗露，在輪船上經過一番打鬥後，跳水逃生，罌粟花與其手下正在海邊開車急馳，忽因輪船爆炸，方向把持不穩，竟墜入海中。

國外影片進口實施配額制

1954年原隸屬於警政司多年的電影檢查處，於2月1日起改隸新聞局，顯示有關當局對電影業的管理，有意趨向專業化。7月1日起，對外國片的進口，實施配額制，這是應業者要求，仿日本限制外片辦法，訂定國外電影片輸入管理辦法，於6月22日公佈實施。

一、自1954年7月1日起至1955年6月30日止一年度内，國外電影片(除本辦法第二條第二項内之中國籍電影片外)輸入總額爲444部。

各國電影片配額爲：美國電影片349部，日本影片24部，英國影片43部，法國影片16部，其他各國影片12部。

二、自1954年1月1日起至6月30日止半年内，國外電影片輸入總額及各國電影片配額。依前列數額折半計算。

三、1943年度已輸入而未經檢查准演之國外電影片。在本年度作新輸入論，應列入配額計算。

四、1943年度已核准而尚未映演之電影片，不在上列配額以内。

五、短片不得折合長片之原則，仍繼續維持。

“中央電影公司”正式成立

9月1日，由農業教育電影公司與臺灣電影事業股份有限公司合併重組的“中央電影公司”(簡稱“中影”)正式成立，成爲本省目前唯一擁有製片、發行與放映等部門的電影機構。有關新公司的決策領導階層經召開第一次股東大會後亦已確定，分别是董事長戴安國、常務董事蔣經國、王新衡、郭澄、趙葆全、馬星野、查石村，董事鄧傳楷、王星舟、朱新民、胡一貫、屠義方、陳惠夫、賴遜岩、吴幼林；常駐監察人王澄瑩，監察人錢天鶴、謝東閔、陳逸雲、馮葆民，總經理李葉。

中央電影公司旗下共擁有兩處臺北辦事處（總公司處位在博愛路150號，原屬“農教”；一處位在重慶南路57號，原屬“臺影”）、業務部製片廠、遍佈全省的20家戲院，以及由國民黨中央財務委員會託管的59部大陸時期各製片廠影片。其中在戲院方面，由該公司直營的有10家，分别爲臺北大世界、臺灣、新世界、國際；臺中戲院、嘉義戲院、臺南延平戲院、世界戲院；高雄光復戲院，及屏東光華戲院。位於臺中市曙峰里的製片廠則擁有完整的攝影棚、倉庫，及小型技術館各一座，器材計有攝影機11架、録音設備五套、洗印設備13套、剪接設備9套，及燈光等其他各類器材600餘具。全公司所屬員工約370人，概分爲製片、營業及其他一般管理部門，製片部主任爲宗由。臺港影業界對此一規模宏大的電影機構莫不寄予厚望，希望該公司能擔負起火車頭的重任，推動臺港影業向上發展。

影片刪禁標準公佈

9月，有鑒於近來本省各地戲院經常放映超出核准範圍以外的黃色及神怪影片，中南部城市報紙甚至公然刊登附有巨幅裸女畫像或加注色情文字的電影廣告，政府日前飭令電影檢查處嚴格執行"電影片檢查標準"，並注意更改外國影片不良譯名。該處奉令後經召開業務檢討會，已重新釐訂檢查標準尺度印發片商參考，其内容如下：

甲、妨害風化之色情影片：

依照電影檢查處檢查成例應予禁演或刪剪者，包括：1.全部裸體或裸露女性乳、臀，或男女下腹者；2.暴露性器官而無嚴正醫學立場者；3.隱約顯露前項肉體部分而有誨淫作用者；4.以脱衣動作、言語、圖畫、陳設，或其他方法表演淫穢情態以挑撥性感爲主要作用者；5.全片以脱衣舞表演性感動作爲主體者，應予禁演；全片若干部分有此類表演者，從嚴刪剪；6.表演墮胎或强姦之實景；7.表演近親屬之亂倫情節；8.全片劇情以誨淫、亂倫或其他妨害善良風俗情節爲主體者，應予禁演；9.過分表演狎妓或妓院内幕者。

乙、迷信邪説影片（凡表現愚昧行爲、鬼魂作祟，引人發生愚昧之迷信而妨害健全心理者，視爲迷信邪説）

一、據電影檢查處檢查成例應予禁演或刪剪者，包括：1.描寫或表現鬼魂作祟者；2.表現怪異朕兆而依科學之原理或想象無法解釋者；3.傳佈引人愚昧之無稽邪説者；4.表現屍體復活而無科學根據者；5.全片主體鼓吹下列愚昧行爲以引人迷信者：（1）求神拜佛以達成自私心願（如賴神助而發財、服仙方而病治等）；（2）專心求神拜佛，終日無所事事，即可享受人生幸福；6.表現飛劍、騰空法術等，在一般故事内顯爲怪異，足以引人迷信邪想者。

二、依檢查成例可酌免禁演或刪剪者：1.根據世界現有宗教經典編劇，内容以勸人爲善爲主題，富於宗教意義者；2.根據世界文藝名著編劇，内容純正而無引人愚昧之迷信作用者；3.根據著名神話或童話編劇，内容純正而無引人愚昧之迷信作用者；4.根據科學未來發展之想象編製，内容純正者。

中影處女作《梅崗春回》開鏡

12月11日，一舉一動都深受臺灣影業界矚目的中央電影公司，在成立三個月之後，今日開拍創業的第一部劇情片《梅崗春回》。故事以1920年代北洋軍閥割據時期的大陸農村爲背景，描述當時農村青年領導村民抵禦土匪的過程，標榜團結就是力量，提示奸徒分化滲透的可怕。

《梅》片的總預算爲新臺幣45萬元，主要花費含目前正在該公司臺中製片廠後門外搭建的一座大陸北方村落外搭景。全片預計三個月完成，明年2月殺青。

《梅崗春回》劇照

《梅崗春回》

出品：中央電影事業公司
製片：徐欣夫
導演：宗由
編劇：王方曙
攝影：華慧英
主演：穆虹　張仲文
　　　唐菁　黄宗迅

大陸北方富庶的梅崗鎮，常遭匪患，村民團結組成自衛隊，匪徒利用各種機會滲透破壞，引起一場戰爭，自衛隊驅逐匪徒，重建家園。

《梅崗春回》在臺中開鏡，臺北影劇記者前往採訪。

宗由（1913—1984）

演員、導演。天津人。早年在天津創辦鶼鶼劇團。1936年在新華、聯華等影業公司攝製的《壯志凌雲》、《春到人間》等影片中擔任角色。1938年任神鷹劇團演出隊隊長、救亡演劇五隊導演。1944年入"中製"，參加拍攝《氣壯山河》、《還我故鄉》等影片。戰後在中電二廠任助理導演；曾主演影片《擠》。1947年於《花蓮港》擔任演員兼副導演，1949年隨農業教育電影公司到臺灣，導演《惡夢初醒》等影片。1961年導演國語閩南語混合影片《宜室宜家》，獲第一屆金馬獎優等劇情片獎。1969年轉任演員，參加拍攝《路客與刀客》等影片。

臺語片兩大公司成立

南洋影業公司

設於1954年，負責人林章，是嘉義影院業鉅子。先在香港投資拍臺語片，因搶拍臺語片《聖母媽祖傳》，與臺灣國光公司拍國語片《聖女媽祖傳》鬧雙胞。臺語片興起後，南洋先委託華興拍《少女殉情記》等片，接着自設片廠，招考演員，自製臺語片：莊國鈞導演《基隆七號房慘案》、《梅亭恩仇記》、涂良材編導《望你早歸》等。培養出演員柯玉霞，是臺語片實力派。

成功影業社

成立於1954年，負責人周天生，發行臺語片。1955年先支持鐘聲劇團拍臺語片《雨夜花》，又支持何基明和麥寮拱樂社拍歌仔戲電影《薛平貴與王寶釧》，掀起拍臺语片热潮。

影片目録（共4部）

臺製　《蔣總統與臺灣》、《千金丈夫》、《罌粟花》
中影　《梅崗春回》

1955年（大陸）

大事記

1月20日 全國開展對胡風文藝思想的批判。

1月 新影廠攝製的《新聞週報》，自今年起改名爲《新聞簡報》，每隔五天出一號。

2月2日 中央任命王闌西爲電影局局長，于伶（列陳荒煤之後）、蔡楚生、徐伯昕、王政新任電影局副局長。免去袁牧之電影局局長職務。

2月23日 著名導演史東山在北京逝世，終年53歲。

3月4日 國務院發佈《關於電影院、劇場管理的規定》，決定各地國營、私營電影院和劇場，統一歸由當地文化行政部門管理。

4月11日 新影廠攝影師郝鳳格赴印尼萬隆拍攝紀録亞非會議影片，途中所乘飛機"克什米爾公主號"被臺灣國民黨特務爆炸，同機遇難的還有我國代表團工作人員及記者共12人。

4月 文化部電影事業管理局成立喜劇研究室，由導演吕班負責，成員有特約編劇何遲，副導演馬瑜，演員趙子岳、陳志堅，攝影高洪濤，作曲李季達等。

5月27日—6月2日 我國影片《梁山伯與祝英台》在法國巴黎明星電影院公映。這是巴黎公映的第一部新中國影片。

6月14日 文化部作出《關於長影工作的幾項決定》，要求該廠應迅速建成一個完整的電影生産基地。

6月 文化部電影局調查全國私營電影機構情況，制定進行社會主義改造的方案。

7月 中共中央批示文化部應積極籌備，將電影學校擴建爲電影學院。

8月20—25日 爲了進一步規範影片創作生産，文化部電影局連續公佈《關於各種影片送局審查次數的規定》、《各種影片長度的規定》、《關於各種影片的膠片消耗定額的規定》和《關於故事片攝製程序及階段劃分的規定》等文件。

8月29日 著名戲劇、電影理論家、劇作家電影編導洪深在北京病逝。終年61歲。

10月29日 文化部批准頒發《關於批准影片生産主題計劃和電影劇本的規定》，規定各類影片計劃的審批權限。

11月30日 文化部電影局發佈《關於認真學習並貫徹現代漢語規範問題學術會議的決議及有關文件的通知》，要求電影必須使用普通話。

12月28日 中國電影工作者在北京首都電影院舉行"電影誕生六十週年紀念會"。大會通過了致法國電影工作者的賀電。

12月 世界和平理事會的進步電影工作者在法國巴黎舉行電影創作人員國際會議，我國代表蔡楚生、成蔭前往參加。

重要影片

《神秘的旅伴》

出品：長春電影製片廠
編劇：林農
導演：林農　朱文順
攝影：聶晶
主演：印質明　王曉棠
　　　劉增慶　田烈

根據白樺短篇小説《一個無鈴的馬幫》改編。我西南邊防部隊在當地少數民族的協助下，追蹤兩個僞裝商販偷運武器和諜報器材的特務分子，最後全殲一批匪特。

《神秘的旅伴》劇照

《梅蘭芳的舞臺藝術》劇照

《梅蘭芳的舞臺藝術》

（京劇，上下集）

出品：北京電影製片廠
導演：吴祖光
總攝影：吴蔚雲
美術：韓尚義
録音：王紹曾
主演：梅蘭芳　俞振飛
　　　梅葆玖　蕭長華

由《斷橋》（昆曲）、《宇宙鋒》（京劇）、《霸王别姬》（京劇）、《貴妃醉酒》（京劇）等4部折子戲組成。

《南島風雲》

出品：上海電影製片廠
編劇：李英敏
導演：白沉
攝影：朱静
演員：上官雲珠　孫道臨
　　　穆宏　仲星火

1943年，海南島抗日人民武裝開展反掃蕩作戰，大隊離開山區時留下女護士長符若華負責隱蔽護理十八名傷員。在她極端困難時，傷員中的一位指導員給了她勇氣，打死叛徒，安全轉移，堅持鬥爭直到大隊歸來。

《南島風雲》劇照

《宋景詩》

出品：上海電影製片廠
編劇：陳白塵　賈霽
導演：鄭君里　孫瑜
攝影：周達明
主演：崔嵬　陶金
　　　張翼　石揮

清末，山東農民宋景詩率黑旗軍抗捐起義。清軍勝保圍困黑旗軍，宋假意投降。勝保因假報戰功被問罪後，宋重扯黑旗從陝西返回山東。僧格林沁依靠洋槍隊戰勝宋軍，宋率衆過黃河投太平軍。

《宋景詩》劇照

《哈森與加米拉》劇照

《哈森與加米拉》

出品：上海電影製片廠
編劇：王玉胡　布哈拉
導演：吴永剛
攝影：許琦
主演：阿部萊　法麗達
　　　澤根　庫利羌

新疆地區一對哈薩克青年，爲爭取婚姻自由，與牧主和國民黨匪幫進行鬥爭。解放後，他們終於得到幸福生活。

《桂林山水》劇照

《桂林山水》（科教片）

出品：上海科學教育電影製片廠
導演：羽奇　**攝影**：蔣偉

影片從畫家徐悲鴻的"灕江春雨"水墨畫開始，把觀衆帶入中國著名風景區桂林。

《天仙配》（黃梅戲）

出品：上海電影製片廠
編劇：桑弧
導演：石揮
攝影：羅從周
演員：嚴鳳英　王少舫
　　　張雲峰　胡霞琳

玉帝的小女兒七仙女不顧天宮禁規，私自下凡與青年董永結成夫妻。百日後，玉帝强行將他們拆散。

《天仙配》劇照

故事片目録（共23部）

長影　《祖國的花朵》、《猛河的黎明》、《神秘的旅伴》、《夏天的故事》、《董存瑞》、《怒海輕騎》、《平原遊擊隊》、《羅小林的決心》、《秦香蓮》（評劇）、《打金枝》（晋劇）

上影　《宋景詩》、《哈森與加米拉》、《天羅地網》、《閩江橘子紅》、《青春的園地》、《南島風雲》、《湖上的鬥爭》、《水鄉的春天》、《天仙配》（黃梅戲）、《上金山》（揚劇）、《煉印》（閩劇）

北影　《梅蘭芳的舞臺藝術》（上集）（京劇）

八一　《脚印》

《祖國的花朵》

出品：長春電影製片廠
編劇：林藍
導演：嚴恭
攝影：連城
主演：趙維勤　張筠英
　　　李錫祥　張圓

兩個小學生在老師和少先隊的幫助下，改正缺點，成爲少校隊員。

《祖國的花朵》劇照

電影局召開故事片創作會議

2月1日至2月20日，電影局在北京召開故事片編劇、導演、演員創作會議，與會者共有編劇、導演、演員一百餘人，參與發言者三十餘人。會議以批評和自我批評的精神分析了1954年電影創作中存在的問題。中宣部周揚副部長、文化部錢俊瑞副部長、電影事業管理局王闌西局長、陳荒煤副局長、蔡楚生副局長、蘇聯總顧問茹拉夫廖夫分别作了報告。

會議肯定了1954年影片生産的成績，認爲扭轉了1951年以來電影創作生産停滯的情况，是一個"偉大的轉折點"。同時，着重研究了1954年影片創作中的缺點，指出主要在於創作中的概念化和公式主義，作品題材狹窄，産生的原因是對生活缺乏正確和深入的理解，常常忽視和違背了藝術的特徵，不能通過生動真實的形象去再現生活，並提出了改進要求和措施。

電影局及東影廠等更名

1月8日，隨着國家機構變更，原中央人民政府文化部電影局，正名爲國務院文化部電影事業管理局（簡稱電影局）。2月23日，文化部批准東北電影製片廠改名爲長春電影製片廠（簡稱長影廠）；中央電影事業管理局科學教育電影製片廠改名爲上海科學教育電影製片廠（簡稱上海科影）；電影局電影劇本創作所改名爲北京電影劇本創作所；洗印廠改名爲北京電影洗印廠。

關於改進電影工作的三個報告

4月，文化部黨組討論了1955年電影製片計劃，針對如何提高影片産量和質量問題，由部長錢俊瑞向中共中央宣傳部書面彙報了《改進電影故事片生産的方案》；經中央宣傳部討論，陸定一向中央上報《關於中共文化部黨組提出的1955年製片計劃和劇本創作主題計劃的報告》；同時上報的還有《電影工作者赴蘇訪問團工作報告》。1955年7月1日，中共中央政治局批准了這三個報告。

《當代中國電影》第一編第四章第一節摘録

《電影工作者赴蘇訪問團工作報告》在全面地介紹了蘇聯電影事業的發展、現狀和經驗之後，提出學習蘇聯電影事業的領導方針和管理方法，改進和發展中國電影事業的具體建議，主要包括製片方針、組織機構、製片管理、培養幹部以及發行放映、電影工業等十個方面。實際上，這個工作報告已經基本規定了我國電影事業全面學習蘇聯、建設正規化的生産和管理體制的方向和具體措施。

在1955年7月1日，中共中央政治局批准了這個報告以後，各電影製片廠以及其他電影各部門便相繼開始大規模的體制建設和調整。在蘇聯專家的幫助下，到1956年基本完成了以"獨立、完整的製片生産基地"爲主要目標的體制建設任務。

（《當代中國電影》，中國社會科學出版社1989年版，第124—125頁）

《電影工作者赴蘇訪問團工作報告》(摘録)

爲了學習蘇聯電影事業的先進經驗和取得有力幫助，以適應改進和發展我國電影事業的要求，經中央批准決定派電影代表團赴蘇訪問。代表團的主要任務有兩項：(1)全面系統地了解蘇聯電影事業和藝術創作的領導，各種影片生産的組織管理、電影工業的建設和電影教育的情況等；(2)徵求蘇聯電影事業領導方面對我國電影事業發展計劃的意見，並了解蘇聯對發展我國電影事業給予具體援助的可能性。

這裏僅將我們這次考察訪問所了解的主要部分和目前有關電影事業的主要建議，扼要報告如下：

第一，蘇聯電影事業的發展和現在的情況：一、歷史概述；二、蘇聯電影事業的主要情況；三、電影放映網及影片發行工作；四、電影工業；五、幹部教育。

第二，蘇聯電影事業發展的經驗和目前的動向。

第三，關於討論我國電影事業發展計劃的情況。

第四，關於改進和發展我國電影事業的幾項建議：一、明確製片方針、增加影片生産；二、明確分工調整電影局和製片廠的組織機構；三、改善製片管理；四、發揮現有製片廠的生産潛力；五、加速培養幹部，提高現有的幹部水平；六、準時完成新建廠的任務；七、整理和擴大放映網；八、改善發行工作；九、擴大現有電影工業和籌建膠片工業。

……

一、明確製片方針、增加影片生産

……

二、明確分工調整電影局和製片廠的組織機構

必須明確劃分：電影局是電影事業的行政管理機構，主要工作應該是掌握事業方針、管理計劃；而製片廠應該是具體管理製片業務，應該是全面組織影片生産的獨立單位。目前由於製片廠所在地區和領導尚有困難等原因，形成有些工作和人員組織暫由電影局管理，但這種狀况必須改變。因此，原來打算集中的均不再集中，已集中的應該分屬各廠，必須努力準備使各製片廠成爲完整進行藝術生産的工廠，並建議對各製片廠的組織機構應本着適應生産的原則予以調整。

（《訪問蘇聯電影事業資料彙編》，文化部電影事業管理局編印，1955年5月）

《訪問蘇聯電影事業資料彙編》

《改進電影故事片生産的方案》(摘録)

文化部黨組談論了1955年電影製片計劃，認爲目前電影製片工作中最大的問題，是故事片的數量少，質量不高。我們根據中央宣傳部的指示，責成電影事業管理局研究今後故事片如何逐步增加産量、提高質量的問題。現將研究的結果與改進方案報告如下：

（一）1954年的影片生産是有較大成績的，但我們認爲電影藝術這樣一種最有群衆性的有力的宣傳武器，在我們偉大的社會主義改造事業中，還遠遠没有充分發揮它的作用與力量，特别是最受群衆歡迎的故事片幾年以來的生産情况的不佳，是文化戰線上的一個重大的損失，這主要是思想上對電影藝術的群衆性與重要性認識不足，以及在藝術創作的領導與組織方面還没有充分發揮潛力，製片方針尚不够明確，對質量的要求有片面性之故。

爲此，擬確定今後故事片的題材範圍分以下五個方面：

1．現代題材。

2．歷史題材。

3．五四以來的文藝作品的改編，如魯迅、茅盾、巴金、曹禺的一些名著的改編。

4．中國古典文學（如水滸傳等）以及中國民間傳説、神話故事的改編。

5．各種著名戲曲的紀録、改編；各種短片、諷刺喜劇、農村通俗短片等等。

（二）爲了增加故事片的産量，並注意提高其質量，保證題材的廣闊與風格樣式的多樣化，關鍵問題在於文學劇本的供應，目前故事片製作方面的最大困難，主要是缺乏足够的較好的電影文學劇本。根據最近兩三年内製片的需要，在1957年底前必須準備120個文學劇本（平均每年需要25到30個劇本，1957年底前即須將1958年製片的劇本下廠，因此三年共須90個劇本，加以三分之一被否定或備用數字——蘇聯平均是三四個劇本中挑選一個劇本），這是一個極爲繁重的任務。如果不組織大批的作家來參加這個工作是不可能完成這個任務的。

《1955年電影製片和劇本創作的主題計劃》(摘録)

由中央文化部黨組提出的1955年的電影製片和劇本創作的主題計劃，業經中央宣傳部部長辦公會議討論，認爲這個計劃基本上是正確的，擬予以批准。

鑒於廣大觀衆的迫切需要，又鑒於電影部門的實際生産能力還没有充分發揮出來，同時也考慮到電影故事片的最大困難是電影文學劇本的供應問題，而這個問題，只要經過努力，采取若干的積極的措施，是可以克服的，因此，我們認爲，應儘可能地提高影片的産量，爭取明年内即開始完成年産24部故事片的任務；在新聞紀録片方面，要多出一些短紀録片和新聞片；科學教育片和美術片的數量也要適當增加。

當然，保證影片的質量也是一個很重要的問題，國内外的電影觀衆已對我國影片的藝術質量，發出許多不滿的呼聲，必須在增加影片數量的同時，認真提高質量。但是，現在電影工作方面的根本問題，仍然是增加影片的數量，在增加數量的基礎上提高質量。

爲了貫徹這一方針，應當從文化部及其電影事業管理局内外兩方面，進行一系列的工作：

在文化部及其電影事業管理局方面：首先，要改進電影文學劇本創作的組織工作，充分發揮現有的電影文學劇本創作的潛在力量，這種力量還是很多的。應該吸收廣大的職業作家和業餘作家參加電影文學劇本的寫作，也可以發動電影演員、導演約請作家寫作劇本。爲此還應擴大劇本題材的範圍和提倡題材、形式和風格的多樣化。第二，要充分地發揮全體電影工作者的積極性和創造性，吸引每個成員參與電影製片計劃的製訂和關心整個電影事業，給創作人員以更多的藝術實踐的機會，建立獎勵制度，以鼓勵優秀創作和優秀的工作者。第三，爲了提高電影藝術的水平，適應今後電影事業發展的需要，必須經常關心幹部的培養和提高。第四，文化部要採取措施、統一調配導演、演員與作曲幹部、以解決電影導演、演員於作曲幹部不足的困難。第五，文化部電影事業管理局的領導必須以組織和領導藝術生産作爲整個工作的中心，加强管理藝術生産的機構，注意提高領導藝術生産工作的水平。

另一方面，幾年來的經驗證明：電影事業的發展，没有廣泛的社會力量的支持和幫助是不可能的。這種社會力量是有的，而且是很大的。問題在於把他們發動和組織起來。

《鷄毛信》、《梁山伯與祝英台》在英國獲獎

1955年8月21日—9月1日，英國舉辦愛丁堡國際音樂戲劇和電影節。新中國第一次派團參加該電影節，故事片《鷄毛信》獲得勝利獎，舞臺藝術片《梁山伯與祝英台》獲映出獎，參加展出還有科教片《青島水族館》和短紀録片《夏令營》。

愛丁堡國際音樂戲劇和電影節是一個綜合的藝術節(其中包括電影、戲劇、音樂、展覽等項目)。愛丁堡國際電影節是其中的一個組成部分，1947年創辦，是英國舉辦的第一個國際電影節，也是世界上連續舉辦時間最長的國際電影節。電影節每年8月至9月舉行，爲期兩週。其主要目的是集中地展覽年度内在世界各主要國際電影節上得獎的優秀影片。

《鷄毛信》

出品：上海電影製片廠
編劇：張駿祥
導演：石揮
攝影：羅從周
主演：蔡元元　舒適
　　　蔣鋭　周伯勳

根據華山的同名小説改編。抗日戰爭期間，龍門村兒童團長海娃給八路軍送鷄毛信，途中遇見日本鬼子，他機智勇敢，不僅完成送信任務，還把鬼子引入山中，由八路軍將他們全部殲滅。

《鷄毛信》劇照

美術片《神筆》和《烏鴉爲什麼是黑的》攝製完成

11月，上影廠攝製完成木偶片《神筆》。該片1957年獲文化部1949—1955年優秀影片獎美術片一等獎。

12月，上影廠美術片組攝製完成新中國第一部彩色動畫片《烏鴉爲什麼是黑的》。該片1956年獲得第八届威尼斯國際兒童電影節獎狀，1957年獲文化部1949—1955年優秀影片獎美術片三等獎。

《神筆》(木偶片)

出品：上海電影製片廠
編劇：洪汛濤
導演：靳夕
攝影：章超群　趙克駿
作曲：丁善德

放牛娃馬良喜歡讀書畫畫，在夢中得到一位神仙送的神筆。他用神筆爲百姓解決困難。官老爺要馬良畫座金山，馬良在金山前又畫上了海洋。官老爺爲了能得到金山，只好帶人上了馬良畫的大船。馬良迅速揮舞神筆掀起狂風巨浪，那只船很快就沉没了。

《神筆》劇照

《烏鴉爲什麼是黑的》(動畫片)

出品：上海電影製片廠
編劇：一凡
導演：錢家駿
攝影：陳震祥　作曲：陳歌辛

美麗鳥憑着漂亮的外表高傲自大，獨自在林中唱歌跳舞，不向其他鳥兒那樣爲過冬準備。冬天來了，美麗鳥無家可歸，只好到一堆野火邊取暖，不想一身光彩絢麗的羽毛被燒得像炭一樣黑，清脆的歌喉也變得嘶啞，從此，大家叫它烏鴉。

《烏鴉爲什麼是黑的》劇照

1955年（臺灣）

大事記

4月20日　劇情片《罌粟花》完成。

4月25日　正在上映的福斯出品《拿破侖情史》，被人檢舉有隱射蔣介石逃至臺灣之嫌，經有關單位會商，無禁映理由。

5月4日　臺灣5個電影事業單位爲運用美援組成"中國電影事業合作委員會"，由"教育部長"張其昀擔任主委。

6月1日　華興影業公司在臺中自設華興片廠，負責人何基明開拍第一部35毫米歌仔戲臺語片《薛平貴與王寶釧》。

6月9日　當局因影人"附匪問題"禁映永華出品《清宮秘史》，後雖獲准上映，但必須剪除導演和演員名字。因此報紙廣告沒有周璇、舒適及導演朱石麟名字，僅出現擔任剪輯的外國人名。

6月22日　邵羅輝導演用16毫米拍攝的首部臺語片《六才子西廂記》在臺北大觀戲院首映，賣座失敗。

6月29日　當局實施外片輸入配額制，核定1955年7月1日起至1956年6月30日外片總額444部。其中美國片327部，法義英片63部，日本片24部，其他各國20部，保留10部。

9月1日　"中製"22週年紀念，啓用新建攝影棚剪彩，舉行酒會，開拍平劇電影《洛神》。

10月11日　"臺製"首次以35毫米伊士曼彩色拍攝"雙十國慶"閱兵大典，創臺灣攝製彩色新聞片新紀元。

10月25日　"中影"在野柳旁漁村開拍《碧海同舟》（原名《浪淘沙》）海濱漁村寫實片。鍾雷編劇、宗由導演，汪榴照副導演，張仲文、穆虹、唐菁、李影等演出。

10月25日　臺製開拍臺語片《黃帝子孫》，王大川、鄧綏寧編劇，吕訴上譯成臺語，白克導演，廠長龍芳主持開鏡典禮。片中利用畫片、模型、卡通、地方戲，表現臺灣人的血統、歷史、文化、風俗、宗教等與大陸關係。

11月2日　當局宣布恢復中華教育電影製片廠，請郎靜山擔任廠長，將陸續拍《劉銘傳》、《吴鳳》、《連雅堂》等本省名人傳記。

重要影片

《郎心狼心》

出品：華明公司
製片：馮明遠
編劇：張徹
導演：徐欣夫
主演：李湄　李影　穆虹

穆虹是富家千金，愛上小職員李影。不料李影却追求歌星李湄，騙穆虹私奔，將她推落深谷。但穆虹被人救起，謊稱失去記憶，要李影陪她再去日月潭。李影爲去後患，正要動手推穆虹時，警探出現圍捕，李影急於逃命，失足跌落深潭中喪命。

《郎心狼心》劇照

媽祖傳鬧雙胞糾紛

4月5日，《自立晚報》和《大華晚報》首先刊出臺港兩地雙胞拍攝《媽祖傳》糾紛，一爲周曼華丈夫吴國璋在臺灣投資任董事長的國光影業公司，半年前就請陳文泉收集資料寫劇本《聖母媽祖傳》。一爲本省嘉義士紳林章任董事長的南洋影業公司，投資香港必達公司拍臺語片《聖母媽祖傳》。同年4月11日媽祖誕辰，南洋公司高薪聘請來臺考察的旅美攝影家薛丹尼，到北港朝天宫拍攝數萬信徒大拜拜迎接大甲媽祖回娘家的盛況，但未見有國光的人馬到場搶拍鏡頭。

雙方第一次交鋒，是在報上刊登啓事，國光先登警告啓事，聲明《媽祖傳》劇本有著作權，其他公司不得抄襲，南洋請律師登啓事反駁，强調該公司籌備《媽祖傳》已一年，而且獲北港朝天宫管理委員會提供"媽祖"資料。

雙方第二回合交鋒，是法庭相見，因國光的《媽祖傳》電影劇本經内政部登記核准，控告南洋公司拍《媽祖傳》抄襲，南洋未出庭，國光告錯對象，拍《聖母媽祖傳》者爲香港必達公司，片頭上寫明北港朝天宫管理委員會協助攝製，這個委員會的委員不少是省議員，他們擁有更多原始資料，用不着抄襲，法院無力約束。

第三回合交鋒，是臺語片《聖母媽祖傳》的拷貝先送審，電影檢查處沒有理由不發執照，雖有糾紛己在法院審理中，何況有北港朝天宮護航，他們勢力很大，因而順利搶先上映，國光莫可奈何，好在必達拍的是臺語片，國光拍的是國語片，戲院院線不同，各有不同的觀衆。11月2日，鬧雙胞的香港攝製的臺語片《聖母媽祖傳》搶先上映，臺灣攝製的國語《聖母媽祖傳》遲一天推出。影片内容各有千秋，真正信徒兩邊都看，臺語片吃虧的是厦語明星江帆遠不如臺灣國語片周曼華有號召力，戲院也是國光佔優勝。

臺語片《聖母媽祖傳》劇照

《聖母媽祖傳》（臺語片）

出品：香港必達公司
監製：林章
　　　趙樹燊
編劇：凌漢
導演：周詩禄
主演：江帆　黄英
　　　胡同　小娟（凌波）

林默娘成年時代樂善好施，施醫行道，慈悲爲懷的救人精神，不但感動了一般人，最後連爲富不仁的惡霸也棄邪歸正，洗心革面，重新做人，自動捐獻建廟，並有天后宫落成後的大拜拜大場面。

國語片《聖母媽祖傳》劇照

《聖母媽祖傳》（國語片）

出品：國光影業公司
監製：吴國璋　何耀先
編導：陳文泉
主演：周曼華
　　　張小燕
　　　梅冬尼
　　　李行

故事情節與香港必達出品類似。

影片目録（共10部）

臺製　《黄帝子孫》、《罌粟花》
中影　《碧海同舟》、《歧路》
中製　《洛神》
自由　《山地姑娘》
其他　《郎心狼心》（明華）、《六才子西廂記》（都馬）、《聖母媽祖傳》（國光）、《聖母媽祖傳》（必達）

《洛神》

出品：中國電影製片廠
編劇：齊如山
導演：熊光
美術：劉獅
攝影：蔣超
主演：金素琴　侯榕生
　　　劉玉霖　劉玉霞

取自《三國演義》一段神話故事，話劇、平劇都演過。本片保留舞臺劇形式，寫意和寫實兼顧，引起爭論。由劉獅率領畫家胡克敏等繪製風格化布景，則一致好評。

《洛神》

黃卓漢爭取底片押税進口促成臺語片蓬勃興起

8月20日，香港自由公司黃卓漢率外景隊來臺拍片，携帶的攝影機和底片、聲片扣押在海關。當時膠片列爲奢侈品，要課徵百分之百的關税，但香港影人來臺拍片携帶攝影機和底片、聲片並非買賣，而是拍完影片即全部出關，勉强只能算加工。何況海外影人到臺灣拍片，是響應當局號召。政府應予鼓勵，豈能徵税。經黃卓漢向國民黨中央黨部四組、六組陳情，有關機關幾度會商。1956年11月29日，政府指定電影事業輔導委員會，主辦海外自由影商來臺拍片，器材可押税進口。

香港影人只要將劇本(故事大綱)向教育部申請通過，找到保證人，關税署即可准予有關電影器材押税進口。這項優待香港影人到臺灣拍片辦法，結果受惠最大的竟是新興的臺語片，多在香港虚設公司，用香港公司名義進口底片，拍好退回香港沖印，解決成本最大的膠片問題，而且由於臺語片攝製多會節省底片，一部片申請獲准進口的底片聲片用不完，剩餘底片又可轉賣黑市。

中影大力支援香港聯藝拍片

4月30日，香港聯藝公司創業片《鵑血忠魂》在東京開拍。聯藝公司能順利拍片，是得到臺灣中影公司在財力方面的支持，其因爲推動聯藝公司的唐紹華，曾在國民黨中宣部工作。中影協助唐紹華到香港推動影人兄弟班式獨立製片，有團結香港影人用意，幕後大力支持聯藝影業公司成立，股東：王元龍、王引、王豪、黄河、李湄、鷺紅、王萊、賀賓、顧文宗、唐紹華等10人，第一部片《鵑血忠魂》順利完成，賣出各地版權，大家分到紅利，第二部片尚未開拍，唐紹華進臺製，李湄等進國際公司，無形解散。

最早投資拍臺語片的功臣林章

1956年9月23日，香港必達影業公司與臺灣南洋影業公司及華興製片廠合作攝製《運河殉情記》，在臺中華興製片廠開鏡。

該片主要投資人是南洋影業公司主持人林章，是臺灣最早投資拍厦語片的功臣，1954年就在香港投資拍厦語片。他是嘉義戲院的老闆，因《聖母媽祖傳》一度成爲新聞人物。林章在香港投資拍過不少厦語片，因經營戲院，懂得觀衆胃口，除《聖母媽祖傳》外，還有《牛郎織女》、《孟麗君》等五六部。

《拿破侖情史》遭停映

4月25日，正上映的福斯出品《拿破侖情史》，因有人檢舉有隱射蔣介石逃來臺灣之嫌，被停映。一批國民黨黨工懷疑拿破侖滑鐵盧之役慘敗，有隱射蔣介石之嫌，電檢處長沈遵晦邀集參加會檢的有關機關研商對策，有人認爲福斯公司拍攝此片不可能隱射蔣介石，拿破侖滑鐵盧之役是歷史的巧合，不必追究，如果報上一渲染反會引起人們聯想，最後决定不能禁映，而通知分公司經理暫時停映，提早下片，福斯公司遵辦變成無疾而終。不過隔了幾年，法蘇合作的《滑鐵盧之役》仍通過上映，但因導演是蘇聯人，中途又遭禁映。

《驚天動地》被禁映

6月25日，以菲律賓劫機事件爲題材的《驚天動地》，經報紙不斷檢舉影響士氣，最終被禁映。該片描寫敵諜洪祖鈞，英俊豪爽，敢作敢爲，混跡菲律賓航空公司班機内，劫持飛機，槍殺副機師，强迫飛往廣州，中途被臺灣空軍攔截，迫降金門，洪祖鈞被捕，押解臺北，迨後經菲律賓政府要求引渡，臺灣政府同意將洪祖鈞送往菲政府。電影内容偏重劫機過程及洪祖鈞的愛情觀，被檢舉爲英雄正邪不分。該片爲華僑公司出品，編導王豪，完全着重生意經，以驚險刺激和愛情波折爲主，强調洪祖鈞因女友被人拆散、自殺未果後，被迫劫機，易使人誤認洪祖鈞並非歹徒。《中央日報》陶希聖首先提出不妥，《自立晚報》等紛紛響應指責，電檢處調回復檢後禁映。

第一部16毫米臺語劇情片《六才子西廂記》

6月22日起，本省攝製的第一部16毫米臺語片《六才子西廂記》在臺北市大觀戲院首映三天，因賣座不佳再轉入永樂戲院續映兩天，賣座仍很差，却引起電影界的重視。

據該片製片人，亦即主演的歌仔戲班"厦門都馬劇團"創辦人葉福盛表示，早在五年前，他即計劃利用劇團演出的空檔拍攝臺語片，並已獲得電影界前輩龔稼農同意協助，但因這項計劃與當時政府提倡國語片的政策不符，因此不得不打消。後來，他見到許多香港攝製的厦語片紛紛在臺上映，感到時空環境已有轉變，因此於去年底購入一架16毫米攝影機和幾萬呎膠片，由自己負責製片和編劇，本省留日導演邵羅輝負責導演，廖良福攝影，每天晚上利用劇團演出後的空檔，在舞臺上搭布景拍攝，並趁着劇團四處公演的機會，尋找適當的地點拍攝外景，每拍好一個段落，便搭起臨時暗房自行洗印，如此歷時三個半月，才頗爲克難地將這部影片拍攝完成。

該片爲戲曲片，由都馬劇團的筱明珠、陳麗玉、李美燕等八大明星通力合演。片中有一段描述夢境的外景戲，係以彩色底片拍攝，頗爲别致，也可看出導演的巧思。爲了配合在戲院上映，該片擬託人帶到美國去翻印35毫米拷貝，但由於16毫米片在美國翻印35毫米拷貝，所費不貲，結果並未翻印。可惜戲院不適合放映16毫米片，效果很差，有部分觀衆中途離場。由於外埠戲院不肯上映，唯一的一部拷貝也丢了。葉福盛將以這部影片作爲是否跨入電影界的試金石。

《六才子西廂記》

出品：都馬劇團
導演：邵羅輝
攝影：廖良福
主演：筱明珠　陳燕玉
　　　李美燕　都馬劇團

都馬劇團演出歌仔戲舞臺劇民間故事的全本《西廂記》，又穿插一段紅娘做夢的愛情戲。

《六才子西廂記》的宣傳單

《六才子西廂記》上映廣告

邵羅輝（1919—1993）

導演。本名邵守利。生於臺南市。1936年進入東京帝國影劇學校學表演。戰後回到臺南，爲國風劇團演出歌舞劇。1947年自組"梅芳玉劇團"，排演《木蘭從軍》，巡迴全省演出，不堪累賠而解散。他導拍的第一部16毫米臺語電影《六才子西廂記》上映失敗，次年，35毫米正宗臺語片興起，他推出首部時裝臺語片《雨夜花》大賣。1963年，邵羅輝自導自演《義犬救主》再創臺語片票房高潮。接着，原班人馬拍《桂花樹之戀》、《雨夜花》的原版故事，仍叫座。1959年中國電影公司支持他帶着女主角白蓉等人到日本演出中日合作片《試妻奇冤》。1993年，臺港電影業都告没落，邵羅輝也落寞地死在他所喜愛的西門町豪華戲院旁邊巷内寓所。

1954—1955年（香港）

大事記

1954年

本年　永華影片公司宣告結束，由新加坡國泰機構接管。國泰機構後來成立了著名的國際電影懋業有限公司。

香港第一部寬銀幕故事片《新玉堂春》(趙樹燊導演)由大觀影片公司出品。

《秋》獲當年票房冠軍，這是中國文學名著改編電影的史無前例的記録。

1955年

本年　香港首部潮語片《王金龍》由香港第一家專門拍攝潮語片的沱江電影公司出品。導演陳煥文，主演蕭嗚、夏帆。

邵氏兄弟公司粵語片組成立，出品第一部粵語片《寶島明珠》。

華達電影製片廠建成。

《任劍輝舞臺奮鬥史》公映。

電影雜誌《國際電影》由新加坡遷至香港出版。

電影雜誌《中聯畫報》創刊。

香港電影先驅之一黎北海在廣州病逝，享年66歲。

重要影片

《碧血黄花》

出品：新華影業公司

這是一部集體編導、集體義拍的影片，是國語片中少有的集體創作結晶，由王元龍等40位紅星參演。

歷史教師向學生介紹"3.29青年節"的起源：福建林覺民離別愛妻，赴穗從事革命工作；廣西韋義廷隨師傅李德山參加起義；四川喻培倫、培棣兄弟爭相赴義，合共七十二烈士在黄克强領導下在廣州舉行起義，矢志推翻滿清，名垂千古。

《碧血黄花》劇照

《家家户户》

出品：新聯影業公司
編劇：李煉
導演：秦劍
主演：紅綫女　黄曼梨　張瑛　葉萍

馬素琴與婆婆常因家庭瑣事發生矛盾。由於鄰居挑撥，婆媳關係更加緊張，素琴一氣之下離家出走。婆婆病了，素琴知道後趕回家中，用自己的錢給婆婆治病。婆婆受了感動，一家人重又和睦地生活在一起。

《家家户户》劇照

《秋》

出品：中聯電影公司
編劇：司馬才　導演：秦劍
主演：吴楚帆　紅綫女　張活游　周志誠

根據巴金同名小説改編。高家分了家。四老爺和五老爺整日吃喝嫖賭，三老爺被活活氣死。四太太和五太太爲爭奪陳姨太的財産吵得昏天黑地。覺新失妻喪子後愛上了婢女翠環，但五老爺却要霸佔翠環。高家層層重壓使覺新終於起來反抗了。他帶着翠環和母親離開了這個罪惡的家。

本片1956年被《北京日報》評選爲最受觀衆歡迎的五部影片之一。

《秋》劇照

《一年之計》

出品：鳳凰影業公司
編劇：沈寂　**總導演：**朱石麟
導演：文逸民　姜明
主演：龔秋霞　鮑方　石磊　韋偉

這是一個三代同堂的十口之家。老大做投機生意發了一筆財，大少奶便對老二一家擺闊。老二家仍過着雖然清苦但是和睦的生活。後來老大破産，這時老二伸出了援助之手。此時大少奶終於明白了和睦的重要性，一家人重新團聚在一起。

此片於 1957 年被文化部授予榮譽獎。

《一年之計》劇照

《水火之間》劇照

《水火之間》

出品：龍馬影業公司
編劇：齊聞韶
導演：朱石麟
主演：韋偉　馮琳　江樺　王小燕

在一幢破舊的樓房裏，住着好幾户人家，由於都是小户人家，生計維艱，經常爲一點鷄毛蒜皮的事情爭吵。突然，厨房起火了，全樓的人都行動起來，把火撲滅了。大家終於認識到，只有互相團結才能够求生存。

此片曾被收入法國出版的《世界電影辭典》。

《海棠紅》劇照

《海棠紅》

出品：新華影業公司
編導：易文
主演：李麗華　鍾情
　　　王引　陳厚

馬三爺盜寶後必留海棠花一朵，人稱"海棠紅"。馬妻抱女携款潛逃，馬三爺奪回女兒愛珠並託大奎夫婦撫養，自首入獄。多年後馬妻突然出現並訛詐大奎，馬三爺聞之不願老友受累，越獄阻攔。愛珠從義父之命呼他爲伯伯，馬三爺聽罷只覺畢生之願足矣。

主要影片目録

1954 年

本年度香港共出品影片167部，其中粵語片 116 部，國語片 28 部，閩南語片 14部，新聞紀録片8部，寬銀幕片 1 部。

中聯　《父與子》、《秋》、《大雷雨》

新聯　《家家户户》、《改期結婚》、《父慈子孝》

邵氏　《小夫妻》（國語）、《人鬼戀》（國語）

長城　《歡喜冤家》（國語）、《都會交響曲》（國語）

永茂　《飄零女》、《失足恨》

大德　《人隔萬重山》、《自梳女》

永華　《嫦娥》（國語）、《玫瑰玫瑰我愛你》（國語）

自力　《胭脂淚》、《爸爸萬歲》

華南影聯　《錦綉人生之一：可憐的裴迦》、《錦綉人生之二：項鏈》

藝文　《小星淚》（國語）、《歸來》（國語）

新華　《碧血黄花》（國語）、《空谷蘭》

其他　《富士山之戀》（鴻運）、《舊愛新歡》（國語）（新世紀）、《還珠記》（國語）（麗兒）、《一家八口一張床》（迪華）、《患難夫妻》（雲峰）、《芸娘》（山聯）、《怒髮衝冠爲紅顔》（兆福）、《娱樂升平》（捷利洋行）、《黄金萬兩》（永德）、《初爲人母》（年億）、《蝴蝶夫人》（四喜）、《私奔》（龍鳳）、《春回人間》（國語）（華僑聯合）、《山水有相逢》（天馬）、《離婚淚》（新生）、《夜弔秋喜》（大聯）、《大地》（成豐）、《鐵橋三義救穿雲燕》（國語、粵語）（鷹鵬）、《女兒心》（國語）（自由）、《黄飛鴻初試無影脚》（四海）、《新玉堂春》（國語）（大觀）、《多情自古空餘恨》（大成）、《馬來亞之戀》（紫羅蓮）、《喬遷之喜》（國語）（龍馬）、《母親》（太平）、《還我河山》（冠華）、《朗心如鐵》（紅葉）、《黄飛鴻與林世榮》（忠信）、《鄭成功》（國語）（金都）、《樓下閂水喉》（迪華）、《再春花》（國語）（泰山）、《斷腸紅》（新風）、《程大嫂》（植利）

出品者不詳　《好女十八嫁》

1955 年

本年度香港共出品影片210部，産量又再次突破200部，其中粵語片169部，國語片22部，閩南語片18部，潮語片 1 部。

大成　《卿本佳人》、《兒女私情》、《鐵馬騮》、《做人新抱甚艱難》

中聯　《孤星血淚》、《父母心》、《兒女債》、《春殘夢斷》

百靈　《黄飛鴻正傳》、《王先生與肥陳》

大聯　《鄉下佬遊埠》、《三審玉堂春》

雲峰　《阿綉》、《山東響馬》

和成　《蕭月白正傳（上集）》、《蕭月白正傳（下集大結局）》

永茂　《任劍輝舞臺奮鬥史》、《大鬧粉妝樓》

邵氏　《楊貴妃 》（國語）、《戀愛與義務》（國語）

鳳凰　《婦道》、《一年之計》（國語）

豪華　《復活》、《半夜奇談》

新藝　《蘇小妹三難新郎》、《黄飛鴻長堤殲霸》

長城　《大兒女經》（國語）

其他　《魂斷望夫山》（新生）、《一代名花》（玫瑰）、《鄉村姑娘》（嶺南）、《寒夜》（華聯）、《難爲了妹妹》（嘉年華）、《人道》（明華）、《癲婆尋仔》（金華）、《兒女情深》（閩南語）（一中）、《桃李滿天下》（新聯）、《有事鍾無艷》（四海）、《七屍八命九人頭》（三保）、《棒打薄情郎》（捷利）、《卧薪嘗膽》（東方）、《孤兒行》（天公）、《長生塔》（山聯）、《陳世美不認前妻》（閩南語）（閩聲）、《六月飛雪》（紅梅粵劇）、《愛情三部曲》（國際影片）、《狸猫换太子》（大安）、《簡娘》（文華）、《後窗》（良友）、《水火之間》（國語）（龍馬）、《長相憶》（新風）、《胭脂虎》（光藝）、《蛇魔》（國語配音）（東南亞）、

出品者不詳　《情竇初開》、《好男兒》、《璇宫春色》、《紅拂女私奔》

《寒夜》劇照

《寒夜》

出品：華聯影業公司
編導：李晨風
主演：吴楚帆　白燕　李清　黄曼梨

根據巴金同名小説改編。抗戰時期，某文化公司的校對汪文宣收入低微，他的妻子曾樹生與守舊的婆婆關係非常緊張。戰事危急，樹生隨銀行遷往蘭州。文宣終因貧病交加，在抗戰勝利的爆竹聲中死去。老母孤兒只得回鄉謀生。樹生回到重慶後悲痛欲絶。

該片被當時輿論一致評爲香港最佳文藝電影。即使到了今天，新一代影評人也認爲該片是難得一見的優秀粵語文藝片。香港國際電影節節目總監、資深影評人李焯桃以林離爲筆名在《信報》專欄上撰文認爲〝《寒夜》是香港粵語片經典文藝片〞。

李晨風（1909—1985）

編劇、導演。原名李秉權，廣東人。廣東戲劇研究所畢業生。1941年從影，1949年獨立執導了《守得雲開見月明》。他一生共執導90多部影片，名片有《春》、《寒夜》《人海孤鴻》《蘇小小》等，其中《寒夜》被稱爲香港粵語電影文藝片難得的傑作。他還先摞創辦和合辦過中聯、華聯、現代等影片公司，出任過中聯電影公司董事長、華南電影工作者聯合會副會長等職位。於1978年退出影壇。1985年病逝於香港。

馬師曾、紅綫女夫婦離港返穗定居

著名電影明星、粵劇名伶馬師曾、紅綫女夫婦宣佈返穗定居，並將在廣州專心發展粵劇舞臺藝術。不久，二人即實現諾言，離港返穗。此事在當時海内外成爲轟動一時的大事件。

紅綫女（1924—　）

演員。粵劇名伶。本名鄺健廉。廣東台山人。從影後是影劇雙棲明星，她的唱腔非常突出，被稱爲“女腔”。1947年涉足電影圈，處女作《藕斷絲連》。她多年來主演過80多部電影，其中名作有《慈母淚》、《秋》、《胭脂虎》等。1955年紅綫女返回廣州，主演過《關漢卿》、《搜書院》等著名粵劇戲曲片，在海外亦大受歡迎。2004年，80歲高齡的她，還主持出品了中國第一部粵劇動畫長片《刁蠻公主》。曾當選爲中華人民共和國第三、四、五居全國人大代表。

光藝製片公司成立

光藝製片公司爲50年代香港四大著名粵語電影製片公司（光藝、中聯、華僑、新聯）之一，是新加坡光藝機構在香港設立的分公司，由秦劍任總經理，陳文任經理，林擒負責宣傳工作。創業作爲《胭脂虎》。

與邵氏和電懋的情況相若，公司出品影片供應光藝何氏在星馬發行，並在旗下電影院放映。光藝在60年代初中期鋭意擴展，成立多間"光藝系"姊妹公司：1962年成立"新藝"，起用周驄、龍剛、王偉以及發掘新人陳齊頌等，進一步增加粵語片源；1965年成立拍攝彩色片爲主的"聯藝"；1962年成立的"潮藝"專拍潮語片，主將爲陳楚蕙和陳麗麗；專拍武俠片的"粵藝"，由胡鵬執導《南龍北鳳》（1963）打響頭炮，以别於"光藝"出品的文藝形象。值得一提的是，五六十年代是粵語電影的新舊交替時期，而秦劍從中聯的健將到光藝的旗手，可説發揮了承先啓後的作用。

光藝電影製片公司不僅産量甚多，也出品過不少電影佳作，如《九九九命案》系列是著名類型電影之一，此外還有《難兄難弟》等名片。這些影片同時在海外華人社區也大受歡迎。光藝的出品水準不俗，令人印象尤其深刻的則是公司旗下一班年青俊美的基本演員，如謝賢、陳寶珠、蕭芳芳、嘉玲、鄧光榮、南紅和江雪等，他們都成爲了粵語片輝煌時代紅極一時的影星。

謝賢（1936— ）

演員。有"影迷王子"之稱。原名謝家鈺，廣東番禺（今廣州）人，畢業於香港麗澤中學。《九九九命案》是他的成名作，他出演過多部著名電影，包括：《三妻奇案》、《難兄難弟》等。1967年謝賢創辦謝氏兄弟影片公司，出品過《冬戀》（1968）、《窗》（1968）、《窄梯》等電影。其中《窄梯》也是謝賢首次執導的作品。1979年加入無綫電視臺，主演過《萬水千山總是情》等電視劇。現處半退休狀態。

陳寶珠（1946— ）

演員。廣東人，1960年代中期粵語電影之代表人物，有"影迷公主"之稱。實際從影時間不長（1959—1970），但演出電影超過200部。她戲路縱横，宜古宜今，文武雙全，而且經常反串男角，深受觀衆歡迎，擁有衆多影迷，是60年代最受歡迎女星之一，其影迷與另一女星蕭芳芳的影迷"分庭抗禮"情景成爲當時香港影壇一大奇觀。1970年移居加拿大，後於1972年回港拍攝《壁虎》，從此正式退出銀幕。1998年5月17日，陳寶珠再次復出，演出舞臺劇《劍雪浮生》，飾演其師傅任劍輝女士。此劇於1999年3月上演，演出達100場。2005年再度重演，仍甚受歡迎。

陳寶珠

嘉玲

嘉玲（1935— ）

演員。原名何佩英，藝名何嘉玲。廣東南海（現佛山南海區）人。畢業於真光女子中學。1955年拍攝第一部電影是《三妻奇案》。著名代表作有：《血染相思谷》、《英雄本色》等。是60年代雲雲女星中最具明星氣質的一位，其成熟、嫻静的韻味，至今仍無人能及。她與謝賢合作最多，兩人銀幕情侶的形象也爲人津津樂道。1967年拍攝《人海奇花》後退出藝壇，移居泰國。

鄧光榮（1946— ）

演員、製片家。廣東新會人。香港新法書院大學預科生。16歲曾主演過一部名爲《學生之子》的電影。22歲正式成爲電影演員，成名作《鐵二胡》。主演和參演過90多部影片，其中名作有《浪子與修女》、《吾土吾民》等。1977年創辦大榮影片公司，出品過《盟》等佳作。1987年又創辦影之傑電影公司，出品過《江湖龍虎門》、《旺角卡門》以及得到第10届香港電影金像獎最佳影片獎的《阿飛正傳》。

鄧光榮

1956年（大陸）

大 事 記

2月 電影局在北京舉行"電影音樂彙報演出"，並召開各廠音樂幹部專業會議，討論電影音樂創作藝術思想和民族風格等問題。

3月16日—4月3日 文化部在北京、上海、天津等33個城市舉辦"新片展覽週"，展映1955年出品的優秀影片。

4月24日 袁文殊任上海市委宣傳部副部長，兼任上海電影製片廠廠長。

4月 全國科協和上海科影發佈《聯合徵求科學教育電影劇本啓事》。

4月—7月 根據文化部決定，北京電影劇本創作所和上海電影劇本創作所相繼撤銷，北影、上影、長影等製片廠各設編輯處。

4月—10月 蔡楚生、司徒慧敏等赴西歐和東歐各國考察電影事業。

5月24日 中國電影出版社在北京成立，陳荒煤兼任社長和總編輯。

6月26日 中共文化部黨組向中央上報《關於加强對於民間和私營文化事業、企業領導管理和社會主義改造的請示報告》，提出對民間和私營電影行業等必須加强領導和社會主義改造。

7月24日 文化部發出《關於嚴格掌握電影票價的通知》，對自行降低票價的行爲進行規範。

9月15—27日 中國共産黨舉行第八次全國代表大會。大會指出：國內主要矛盾已轉爲人民對於經濟文化迅速發展的需要同當前經濟文化不能滿足人民需要的狀況之間的矛盾。

10月22日 法國電影評論家、電影史學家薩杜爾應邀來華訪問。

10月 《中國電影》雜誌創刊。

11月 中國電影資料館成立籌備處，王輝任籌備處主任。

11月 "五四"以來有代表性的優秀影片如《馬路天使》、《一江春水向東流》、《烏鴉與麻雀》、《夜半歌聲》、《桃李劫》、《風雲兒女》、《十字街頭》等重印拷貝公映。

12月22日 文化部宣佈從1957年元旦起，廢除"審查影片"制度。

12月25日 荷蘭國際紀録電影大師伊文思應聘來華，擔任新影廠藝術顧問。

重要影片

《家》劇照

《家》

出品：上海電影製片廠
編劇：陳西禾
導演：陳西禾　葉明　攝影：許琦
主演：孫道臨　張瑞芳　黄宗英　魏鶴齡

根據巴金同名小説改編。成都高家是一個没落的封建大家庭。大少爺覺新温良忠厚，個性軟弱，常以犧牲自己向封建勢力妥協。二少爺覺民抗拒包辦的婚姻，與愛人一起離家出走。目睹許多悲劇後，三少爺覺慧毅然脱離家庭，投入時代洪流之中。

《國慶十點鐘》劇照

《國慶十點鐘》

出品：長春電影製片廠
改編：吴天
導演：吴天
主演：印質明　趙聯　趙子岳　浦克

根據陸石、文達的小説《雙鈴馬蹄錶》改編。1953年國慶節前夕，潛伏在西北某省會的特務何占彪、白松亭，陰謀在國慶期間製造爆炸事件，我公安人員顧群，在司機平小海等配合下，終於逮捕了潛伏的特務，破獲了這起案件。

《新局長到來之前》

出品：長春電影製片廠
改編：于彦夫
導演：吕班
攝影：王春泉
主演：李景波　浦克
　　　陳光廷　蘇劍峰

總務科長牛大海聽説新局長即將到任，立即動員全科幹部迎接新局長，動用公款爲新局長裝修辦公室、購買鋼絲床。新局長真到任時，牛科長却又將局長誤認爲商店老闆，醜態百出。

《新局長到來之前》劇照

《母親》劇照

《母親》

出品：上海電影製片廠
編劇：海默
導演：凌子風 攝影：朱静
主演：張瑞芳　張翼
　　　金焰　張子良

1922年冀東水災，母親帶領全家從鄉下流亡到了城市。丈夫死後，她參加了共産黨，經歷了抗日戰爭和解放戰爭，幾度被捕入獄，受盡敵人的迫害，最終堅持到了解放。

《十五貫》劇照

《十五貫》（昆曲）

出品：上海電影製片廠
編導：陶金
攝影：黄紹芬　陳震祥
録音：張福寶
美術：盧景光
主演：周傳瑛　王傳淞　朱國梁　包傳鐸

蘇州知府況仲監斬時發現一樁枉斷的人命案，他冒險與都堂據理力爭，暫延斬期。他深入民間查訪，終於抓到真兇婁阿鼠，使得案情大白。

《宋士傑》劇照

《宋士傑》（京劇）

出品：上海電影製片廠
改編：桑弧
導演：應雲衛　劉瓊
主演：周信芳　李玉茹
　　　童芷苓　劉斌昆

根據上海京劇院藝術室文學組整理本改編。楊素貞被人誣告謀殺親夫，宋士傑打抱不平，想盡辦法爲她洗清冤情。

《李時珍》劇照

《李時珍》

出品：上海電影製片廠
編劇：張慧劍　導演：沈浮　攝影：羅從周　主演：趙丹　康泰　舒適　錢千里

明代藥物學家李時珍不顧惡霸鄉紳、太醫院和朝廷的嘲笑、阻撓、打擊，用30年的時間，走遍深山大川，採集標本，寫出《本草綱目》。

故事片目録（共42部）

長影　《虎穴追蹤》、《撲不滅的火焰》、《馬蘭花開》、《新局長到來之前》、《哥哥和妹妹》、《馬》、《關不住》、《上甘嶺》、《國慶十點鐘》、《如此多情》、《媽媽要我出嫁》、《不拘小節的人》、《皮包》、《花木蘭》（豫劇）、《劉巧兒》（評劇）

上影　《爲了和平》、《春天來了》、《秋翁遇仙記》、《小白旗的風波》、《誰是兇手》、《家》、《母親》、《李時珍》、《沙漠裏的戰鬥》、《鐵道遊擊隊》、《兩個小足球隊》、《小伙伴》、《落水記》、《葛麻》（楚劇）、《搜書院》（粵劇）、《十五貫》（昆劇）、《宋士傑》（京劇）、《庵堂相會》（錫劇）、《庵堂認母》（錫劇）

北影　《祝福》、《梅蘭芳的舞臺藝術》（下集、京劇）、《荒山淚》（京劇）

八一　《這決不是小事情》、《衝破黎明前的黑暗》

新影　《遊園驚夢》、《黄花山嶺》、《洛神》（京劇）

中國作協理事會議討論繁榮電影劇本創作

1956年3月初，爲了適應電影製片生產大發展的需要，中國作協第二次理事會議（擴大）專門討論了電影劇本創作問題。陳荒煤向大會作補充報告，呼籲作家積極創作電影文學劇本。3月13日，中國作家協會主席團通過了《關於加强電影文學劇本創作的決議》，並與文化部聯合發出《聯合徵求電影文學劇本啓事》。3月14日，《光明日報》發表了上述《決議》和《啓事》，並發表社論《加强電影文學劇本的創作》。

由於反右派鬥爭和"大躍進"等運動干擾，劇本評選結果拖延至1958年下半年才公佈。

附録：《在第二屆理事會議（擴大）上的講話》（摘録）

陳荒煤

呼籲作家積極創作電影文學劇本，對電影劇本的題材範圍提出了更加廣泛和全面的要求：

一、反映中國人民在社會主義革命與社會主義建設中的各種鬥爭、各方面新生活的現代題材，並且特別注意工人、青年、兒童、少數民族生活的題材。

二、反映中國革命歷史，特别是中國共產黨的各個革命歷史時期中所領導的各個方面鬥爭的史詩。

三、反映中國民族的歷史、表現歷史人物以及文化等各方面成就的題材。

四、中國古典文學與現代優秀的文學作品的改編。

五、中國各地、各民族的富於民族特色的民間傳説、民間故事的改編。

六、中國各種戲曲藝術、各種地方戲、各民族的音樂舞蹈的紀録。

七、特别適宜於喜劇和諷刺短片的種種題材。

《關於加强電影文學劇本創作的決議》（摘録）

《決議》中指出電影劇本不旺盛的原因是："大多數作家還没有真正認識到電影文學的重要性，不少作家過分地强調了電影藝術的特殊性，而又不肯下決心去學習，去掌握它的藝術技巧，因而對電影劇本的創作不敢輕易嘗試，或者在嘗試中就畏縮不前。"《決議》中還提出了應對措施以加强電影劇本創作工作：一、向全國作家徵求電影劇本，成立"全國電影劇本評獎委員會"負責評獎事宜，並發放獎金。二、作協和各地分會必須把電影文學劇本創作作爲重要工作項目。三、做好電影理論批評工作。四、舉辦電影劇作講習會。

（《光明日報》，1956年3月14日）

《聯合徵求電影文學劇本啓事》（摘録）

（一）應徵的電影文學劇本只限於故事片，題材佈局，選材主要分四個方面：一、我國人民在社會主義建設中的新生活；二、中國共産黨領導的各個歷史時期的革命鬥爭；三、中國歷史與民間傳説；四，改編我國古典與現代名著。應徵的電影文學劇本要求能創造出我國現代人的真實和鮮明的形象。以歷史人物和民間傳説爲題材的電影劇本，也要求能够符合歷史的觀點，創造中國人民真實的鮮明形象。

（二）徵稿日期從1956年3月到1957年3月底止。

（三）徵稿獎金分三等：一等獎（每名獎金八千元），二等獎（每名獎金五千元），三等獎（每名獎金三千元）。由全國電影文學劇本評獎委員會頒發，得獎名額不限。凡獲獎的文學劇本由各製片廠拍攝時，稿酬另算。

（四）評獎結果將由全國電影文學劇本評獎委員會在報紙上公佈。

（《光明日報》，1956年3月14日）

電影文學劇本評選結果

中華人民共和國文化部與中國作家協會發起的電影文學劇本評獎工作，因整風反右鬥爭而延遲。現經評獎委員會評選決定：

1. 爲了更好地鼓勵作家及業餘文藝工作者參加電影文學劇本工作，電影專業編劇的劇本不參與評獎。

2. 爲了鼓勵初次寫作電影劇本的作者，特選出若干劇本，增設一項鼓勵獎。

3. 評獎按應徵之文學劇本評選，而不根據影片，因爲有些劇本攝製成影片時經過修改，有修改較好的，也有修改不好的。

4. 得獎劇本無一、二獎，三等獎7個：《林則徐》，作者葉元，《海魂》，作者黄宗江，《最後一個冬天》，作者陸柱國、毛烽，《徐秋影案件》，作者叢琛、李赤，《五更寒》，作者史超，《鳳凰之歌》，作者魯彦周，《鄭成功》，作者華而實；鼓勵獎劇本《神鬼人》，作者辛禾、木林，《航海途中》，作者金世源，《夜鶯情歌》，作者李弘奎，《兄妹行》，作者王敏，《荒原狂想曲》，作者張時魯。

獎金已分别發作者，評獎工作至此正式結束。

（《大衆電影》，1958年第19期）

章泯（1907—1975）

導演，教育家。原名謝韻心，四川峨眉人。1925年入北平藝專戲劇系學習，1930年參加左翼劇聯，在上海、香港、重慶等地導演話劇。1945年從影，相繼導演《結親》、《静静的嘉陵江》、《冬去春來》。任北京電影學院院長。著有《論悲劇》、《論喜劇》、《電影表演基礎》等。

毛澤東提出"雙百"方針

在5月2日召開的最高國務會議上，毛澤東主席提出：在藝術方面的百花齊放的方針，在學術方面的百家爭鳴的方針，是必要的。在中華人民共和國憲法範圍之内，各種學術思想，正確的、錯誤的，讓他們去説，不去干涉他們。

"雙百"方針最早醖釀於1956年4月下旬中共中央政治局擴大會議上，在討論毛澤東《論十大關係》的報告時，陸定一、陳伯達提出了在科學和文藝事業上應實施將政治問題和學術、技術性質的問題分開的方針，在後者的建議中就有"百花齊放"、"百家争鳴"的提法，並得到了毛澤東的肯定。

5月26日，中共中央在中南海懷仁堂召開由北京知名科學家、文學家、藝術家參加的會議，中宣部部長陸定一作了題爲《百花齊放，百家争鳴》的報告，代表中共中央對這一方針作了全面的闡述。

附録：陸定一《百花齊放，百家争鳴》（摘録）

"百花齊放，百家争鳴"的方針，"是提倡在文學藝術工作和科學研究工作中有獨立思考的自由，有辯論的自由，有創作和批判的自由，有發表自己意見、堅持自己意見和保留自己意見的自由"，同時説明了這一方針的實施界限和範圍，"是人民内部的自由"，"這是一條政治界線：政治上必須分清敵我"。

（《人民日報》，1956年6月13日）

人民日報

百花齐放，百家争鸣

——一九五六年五月二十六日在怀仁堂的讲话

陆定一

陸定一《百花齊放，百家争鳴》

北京電影學院成立

9月1日，北京電影學院舉行建院開學典禮。北京電影學院前身是文化部電影局表演藝術研究所(後改名爲北京電影學校)，1956年經國務院正式更名爲北京電影學院，設導演、表演和攝影三個系。王闌西兼任院長，章泯、鍾敬之、吴印咸、盧夢任副院長。

電影局召開“舍飯寺會議”，改革電影體制

爲貫徹“百花齊放”的方針，繁榮社會主義民族新電影，文化部電影局於10月26日至11月24日在北京召開電影製片廠廠長會議，重點討論貫徹“雙百”方針、改革電影事業體制的問題。會議聽取了蔡楚生、司徒慧敏等赴西歐和南斯拉夫學習考察電影事業的情況介紹，結合外國的經驗和中國的實際情況，經過反復討論，決定對電影事業的組織形式、領導方法和經營管理等各方面進行重大改革。會後，文化部向中央上報《關於改進電影製片工作若干問題的報告》，提出具體的改進設想和措施。周揚、夏衍、林默涵等都參加了會議並講話。由於它是在原電影局劇本創作所所在地西單舍飯寺召開的，因此史稱爲“舍飯寺會議”。

“舍飯寺會議”後，各電影製片廠隨即掀起了體制改革的浪潮。上影廠成立了以應雲衛爲首的“五老社”、以沈浮爲首的“沈記社”和以陳鯉庭爲首的“五花社”3個創作集體，後又分別改組爲“江南”、“海燕”和“天馬”三個製片廠。長影廠和北影廠也相繼試行以導演爲中心，自由組合、自選劇本、自負盈虧的“三自一中心”的創作集體。但由於此後接連不斷的政治運動，這場改革被迫中途夭折。

附録：《關於改進電影製片工作若干問題的報告》（摘録）

一、改變電影製片工作的過分集中和對藝術創作的過多干涉的做法，將藝術創作的責任向下發放，各製片廠可根據不同情況，以導演爲主，成立若干創作組織，負責藝術創作責任，或採用由製片人、編輯、主要技師和攝製組的基本成員，擔負起全部製片的責任的辦法（即獨立製片單位，負藝術創作和經濟核算的責任），由他們自己負責組織劇本，挑選演員和安排工作計劃，保證完成上級所分配的題材比例、年度計劃。可以因地制宜。

二、改變過去層次繁多的審查制度，今後電影局只着重於方針政策的領導，上海電影製片公司及北京、長春電影製片廠則着重掌握影片的政治原則和基本水平，批准影片劇本的拍攝和完成片的發行，其他影片的藝術處理完全由創作組負責和創作人員對自己的作品負責。因此，今後的領導工作，必須更多地採取事先指導和事後批評的方式進行，同時，必須特別着重於社會輿論的監督，大力加强影評工作，使大膽放手與加强領導統一起來。

三、改變酬勞制度，爲了鼓勵創作，提高質量，應按照社會主義按勞取酬的原則，擬定創作人員的報酬制度，現行的藝術創作人員的等級制度必須改變，因此在創作人員中批准實行一種基薪酬金的制度，根據各種不同性質的創作人員分别定出基薪數目和酬金辦法，以刺激生產，但也不要與其他方面人員的工薪過分懸殊。經文化部統一考慮批准後，於一九五七年内逐步實行。

四、改變製片與發行的關係，爲了密切創作者與觀衆的關係，爲了密切製片生產與電影上映情況的關係，以推動製片廠或製片單位厲行經濟核算，自負盈虧，今後的影片發行公司，擬改變爲發行公司分賬代銷或按質論價收購版權發行，借以刺激生產，提高質量。

五、根據分散經營，充分發揮地方積極性的原則，今後上影、長影和北影雖仍爲中央直屬的三個故事片廠，但應加强省市的領導責任，上海電影製片公司可交上海市管理。實行雙重領導的辦法。

六、爲了適應新的情況，電影局主要管方針政策實業計劃，發展規劃，經驗交流，技術改進，幹部培養和對外事務等工作，編制人員實行適當精簡。

七、關於今後製片廠的基本建設方針，由於國家財經計劃的變動，今後擬採取充分利用和適當改善老廠設備，重點建設北京電影製片廠和儘可能爭取建設地方廠的方針，其目的在於積極擴大設備增加產量，着重建立首都北京的電影中心，和適當照顧地方積極性，爲實現這一方針，建議中央對北京電影製片廠的修建予以特別照顧。

《國外電影事業中可供參考的一些做法》（摘録）

蔡楚生

從十月初起，讓電影生產組在經濟上也獨立起來。由於這一改變就把電影製片廠變爲服務性質的企業，把創作過程和影片生產過程劃分開來，這樣做將會像我們所預期的那樣，給電影創作工作者帶來更大的自由，並且會把各方面的職責明確地規定出來。這一點按照從前的組織形式，即把創作和生產的職責歸於同一個機構——電影製片廠的形式是辦不到的。

綜合我們在資本主義國家所看到的，以及社會主義國家所採取的許多新的措施，當我們歸國之日，局與廠已爲體現黨中央所指示的“百花齊放、百家爭鳴”的精神而作了許多討論，在事業的改革上初步得出的一些原則，我們覺得是合乎實際的。這些原則如：在文化部與電影局對電影事業的管理上，今後擬提高到方針政策與總的主題計劃來進行領導，對創作與生產採取放手，非必要不作具體與實際的干涉；使創作工作者在生活待遇和創作活動上都逐漸成爲名副其實的、多勞多得的自由職業者；使廠的創作與製片的經營，自負盈虧、關心自己的事業而又積極干預發展的企業結構；使廠的創作與製片的力量組成若干小組，並與技術基地分開經營，以求能充分利用現有的廠棚、場地與設備；並使編導對社會負責，社會的輿論成爲創作的鼓舞，批評和監督者等等。

蔡楚生、司徒慧敏訪問英國

文匯報開展“爲什麽好的國産片這樣少？”討論

“雙百”方針提出後，文藝批評和理論研究空前活躍。許多文藝工作者衝破教條的約束和影響，總結經驗，聯係實際，大膽探索，圍繞着如何正確理解、貫徹執行並發展豐富《在延安文藝座談會上的講話》所確立的文藝方向與路線，堅持現實主義創作方法，尊重藝術規律，促進社會主義文藝創作的繁榮等問題，展開了一系列的探討。在這些討論中，電影工作者和廣大觀衆對電影事業的發展和影片藝術質量的提高表示了極大的熱心和關注。

11月14日，《文匯報》發表短評《爲什麽好的國産片這樣少？》短評反映讀者來信來稿中提出的“國産片的題材狹窄，故事雷同，内容公式化，概念化，看了開頭，就知道結尾”等問題；同時還反映了電影工作者對電影事業的現狀不滿的態度。短評引起了電影創作人員和觀衆等的廣泛關注和熱烈討論，紛紛對電影藝術的特點和規律、領導方法和作風、電影審查制度、演員的使用、電影傳統的繼承以及不愛看國産片的原因等提出了意見。討論持續了約三個月，發表文章50餘篇。

用“本刊評論員”的名義在《文藝報》1956年第23期上發表的《電影的鑼鼓》，把這次討論推到了高潮。1957年反右派鬥爭及其擴大化，《電影的鑼鼓》即受到批判，直到粉粹“四人幫”後才得以平反。

鍾惦棐（1919—1987）

評論家。四川江津人。1937年赴延安抗大、魯藝學習美術，1939年在華北聯大從事美術理論教學，新中國成立後在文化部、中宣部從事文藝理論研究，1950年後開始電影評論寫作。1978年後任社科院文學研究所研究員、電影學院教授。主編《電影美學》，著有《陸沉集》、《起博書》等。

附録：《文匯報》短評《爲什麽好的國産片這樣少？》（摘録）

新中國電影事業有了很好的發展。放映單位和觀衆人數的增加，説明了電影已成爲人民文化生活不可缺少的一部分。我們有過一些很好的影片，如“白毛女”、“鋼鐵戰士”等，在國内外都獲得了很高的聲譽。可是影片的産量不多，以藝術片來説，今年36部，明年預計40部，這個數字雖然有了提高，但還跟不上人民日益增長的文化生活的需要。不僅如此，問題還在於有一些影片的質量不高。觀衆對國産影片是有意見的。

本報編輯部經常收到讀者的來信來稿，他們對這種情況提出了批評。他們指出國産片的題材狹窄，故事雷同，内容公式化、概念化。看了開頭，就知道結局。他們提出一個問題：“爲什麽好的國産片這樣少？”

……

電影工作者對電影事業的現狀，有很多意見。涉及的面比較廣，問題也比較複雜。如怎樣正確理解文藝爲工農兵服務的方向問題；接受“五四”以來進步電影的經驗問題；影片以編劇作爲“起點”呢，還是以導演作爲“起點”的問題；怎樣領導電影工作和當前領導工作中的缺點問題；劇本的審查以及對演員的安排等等問題。大家都認爲今天的情況必須改變。但是改變的關鍵在哪裏呢？

……這中間，貫徹黨中央提出的“百花齊放、百家爭鳴”的方針，是保證電影事業繁榮的關鍵。因此我們決定把這個提出來，讓大家來發表意見……

孫瑜《尊重電影的藝術傳統》（摘録）

首先，“導演是三軍的統帥。”“我認爲最重要、最淺顯易見、但偏偏在今天的電影事業裏被忽視和違背的一條經驗就是導演在藝術創作上的中心地位。”“編劇、演員和攝影、録音、美術以及全攝製組裏的工作人員的集體勞動在導演的集中指揮下獲得了一個統一的、完整的藝術産品。”

其次，“不能粗暴干涉藝術處理”。“導演們是迫切需要領導的，但這並不意味着：當一個導演在執行他的藝術創作的時候，必須用行政命令叫他導演不熟悉和不能激發他的創作慾望的公式化概念化的劇本；必須上下左右的層層包圍着，干涉他的分鏡頭，選演員，甚至用多數舉手表決的方法來規定導演的藝術處理。

最後，導演要“接近和尊重觀衆”。

（《文匯報》，1956年11月29日）

老舍《救救電影》（摘録）

好電影片首先需要好電影劇本，我們爲什麼没有够用的好電影劇本呢？電影工作者和作家們的關係似乎没有搞好。有寫作經驗的作家們很少寫電影劇本的。

這些位作家的作品是不是得到了尊重呢？恐怕不是。對他們寫的劇本，似乎人人有權修改，個個顯得優越。

我也希望他們堅强一些，在創作劇本時要求自己不寫電影八股；在修改時，不必盡信人言，自己需有個主張。我們都要加强，而不是放鬆政治思想學習。但是，怎樣的表現政治思想，自己心裏必須有底，不可生拉硬扯。

（《文匯報》，1956年12月1日）

鍾惦棐《電影的鑼鼓》（提要）

文章對《文匯報》發表的《爲什麽好的國産片這樣少？》討論中提出的問題進行了全面而準確的歸納和總結，尖鋭批評了電影工作中的種種流弊。主要觀點有：

一、重視電影與觀衆的聯係，重視票房價值，“絶不可把電影爲工農兵服務理解爲‘工農兵電影’，‘把爲工農兵服務的方針和影片的觀衆對立起來’”。

二、改變以行政方式領導創作，“管理得太具體，太嚴，過分的强調統一規格，統一調度，則都是不適宜於電影製作的”。

三、尊重中國電影的傳統和藝術家的風格。

四、改善電影演員的工作。

《文匯報》“爲什麽好的國産片這樣少”討論篇目統計

日期	題目	作者
1956年		
11.14	《爲什麽好的國産片這樣少》	本報短評
11.14	《國産影片上座率情況不好》	本報訊
11.14	《國産影片的缺點》	丁一海 復旦大學學生
11.14	《期待電影園地“百花齊放”》	劉元璋 輔導員
11.17	《需要合乎藝術規律的領導》	石萬禹
11.17	《改進審稿制度》	唐振常
11.19	《導演應該有創作上的主動》	徐蘇靈
11.19	《典型和唯成分論必須分清》	白沉
11.20	《最重要的是關心人》	孫景路
11.21	《讓無數埋藏的珠寶放光》	上官雲珠

11.21	《我的要求》	舒適
11.22	《從題材的選擇談起》	艾明之
11.23	《導演應該是影片生産的中心環節》	陳鯉庭
11.24	《兒童故事片少得可憐》	北京 翟藝
11.24	《情節上枯燥乏味》	上海 李大發
11.24	《有些音樂令人厭惡》	泰州 白員
11.24	《缺乏民族特色》	寧波 施孝華
11.26	《保證電影技術的質量》	靜波
11.26	《拍攝過程中的"清規戒律"》	木白
11.27	《面向藝術》	韓尚義 丁辰等
11.28	《電影事業走過的一段彎路》	汪鞏
11.29	《尊重電影的藝術傳統》	孫瑜
11.30	《没有喜劇可演》	韓非
12.01	《救救電影》	老舍
12.03	《重視中國電影的傳統》	石揮
12.04	《根本問題是不符合藝術特徵》	楊村彬
12.05	《劇本不是歷史資料》	史超
12.06	《問題的癥結在於工作制度》	師陀
12.07	《政論不能代替藝術》	吴永剛
12.08	《放映員的意見和苦惱》	上海 周濤
12.08	《請滿足我們的願望吧》	華東師大附中 方正
12.10	《演員的苦惱》	樂言
12.12	《圈外人的意見》	上海 洪荒
12.13	《從何説起》	陳白塵
12.14	《是前進還是要倒退	
	——讀孫瑜的"尊重電影的藝術傳統"以後》	司馬瑞
12.15	《加强電影技術的領導》	治華
12.17	《觀衆需要看什麼樣的影片》	湖南 李興
12.18	《問題的另一個方面》	唐漢
12.20	《没有人主張倒退》	馮乙
12.21	《電影的鑼鼓》	鍾惦棐
12.22	《放手及其他》	瞿白音
12.24	《電影討論中的幾個問題》	社論
12.25	《編劇導演應該親密合作》	白沉
12.26	《關於"合"與"分"》	鄭君里
12.28	《談創作友誼及其他》	舒綉文
1957年		
01.01	《新的開端 滿腔熱望》	白楊
01.04	《爲了前進》	朱煮竹
01.06	《成績很大 缺點嚴重	
	——談七年來上海電影事業》	張駿祥
01.11	《從"過時"説起》	易而山
01.23	《我也想到電影的問題》	陳沂
01.29	《從電影的票房價值説起》	袁文殊
02.05	《讀"電影的鑼鼓"》	阮潛
02.08	《請爲電影女演員多想想》	舒綉文
02.25	《堅持電影爲工農兵服務的方針	
	——評"電影的鑼鼓"與"爲了前進"》	陳荒煤
03.01	《我看電影問題》	伍孟平

《中國的木偶藝術》(木偶片)

出品:上海電影製片廠
導演:靳夕　攝影:章超群
美術:王昌誠　編曲:王雲階

由四部分組成:《秋歌舞》、《猪八戒背媳婦》、《蔣干盗書》和《路打不平》。

《中國電影》1957年第1期(1月28日出版)刊登總標題爲《讓我們的電影更加繁榮》的系列文章目録

賈霽《電影與觀衆》
成蔭《談談我的看法》
趙慧深《鑼鼓聲中的雜感》
海默《不允許把工農兵趕出歷史舞臺》
孫謙《改進不是否定》
岳野《從"同甘共苦"引起的疑問談起》
阮潛《略談"傳統"》
陳荒煤《要票房價值還是要工農兵?》
陳亞丁《關鍵在於電影劇本的創作》
馬寒冰《有領導地把影片搞好》
魯勒《擺脱教條,繁榮創作》
曹欣《讓電影花朵更加旺盛地開放》
董小吾《"電影的鑼鼓"敲起的一點感想》
袁文殊《堅持電影爲工農兵服務的方針——駁文藝報評論員的"電影的鑼鼓"及其他》

《榮寶齋木版水印畫》劇照

《榮寶齋木版水印畫》(科教片)

出品:上海科學教育電影製片廠
編劇:劉詠
導演:杜生華　趙瑩　攝影:蔣偉

介紹榮寶齋木版水印畫的技術。

《中國的木偶藝術》劇照

1956年（臺灣）

大事記

1月4日起 何基明導演35毫米歌仔戲臺語片《薛平貴與王寶釧》在臺北美都麗、明星、萬華、中央四院首映，大賣座。從此掀起民間拍臺語片熱潮。

5月1日起 邵羅輝導演第一部臺語時裝愛情片《雨夜花》，鐘聲劇團小雪主演，首映連滿一個月。

6月 曾在上海聯華宣傳部工作的郭柏霖，在親友支持下拍臺語片《桃花過渡》，由日月園新劇團臺柱小艷秋主演。

《桃花過渡》報紙廣告

7月4日 “中影”開拍港臺合作片《關山行》，十多位香港紅星來臺參加演出，香港易文導演。

8月30日 位於臺北北投復興崗的中國電影製片廠發生火災，燒燬鋁製活動式倉庫一棟，其間所存放的一批攝影藥品和有關孫文革命、就職大總統及抗戰時期的新聞片、紀録片約3千部，全部付之一炬。

9月14日 “中影公司”總經理李葉偕香港柯達公司技術主任鍾啓文，西電公司經理兼工程莫瑜新暨胡晉康、夏華等一行七人，爲計劃拍攝彩色片的技術問題進行座談。

9月25日 臺語片《林投姐》正在臺北上映，有關單位認爲有挑撥本省人情感之嫌，要求電檢處調回復檢，被導演唐紹華嚴詞駁斥拒絶後，電檢處同意不復檢。

10月5日 “臺製”開拍《没有女人的地方》。

10月11日 “臺製”拍臺語片《黄帝子孫》，廠長龍芳主持開鏡典禮。

10月25日 香港自由公司在“中影”臺中片廠開拍《山地姑娘》，“中影”總經理李葉主持開鏡典禮。

本年 “教育部電影製片廠”在板橋成立，廠長郎靜山主張拍名人傳記及紀録短片，1958年該廠併入臺灣藝專。

重要影片

《馬車伕之戀》劇照

《馬車伕之戀》

出品：香港自由影業公司
製片：黄卓漢
攝影：張進德
編導：唐紹華
主演：林翠　丁瑩　王琛　古軍

新疆幾個年輕男女複雜的戀愛故事，最後兩個男人要以決鬥來解決紛爭時，女主角伊敏急忙趕來阻止。瑪麗漢和哈莎則更爲惶恐，不顧一切奔向决鬥場。槍聲響了。只見伊敏倒地不省人事，瑪麗漢大驚失色，撲向伊敏。

《碧海同舟》劇照

《碧海同舟》

出品：中央電影事業公司
製片：徐欣夫　編劇：鍾雷
導演：宗由
攝影：華慧英
主演：張仲文　穆虹　黄曼　唐菁

描寫日據時期臺灣漁民遭受剥削過着貧困歲月，光復後漁民生活大幅改善。以一個老漁民的回憶和兩個老漁民的誤會爲主線，作光復前後的對比。

《没有女人的地方》劇照

《林投姐》

出品：金陵影業公司
製片：楊祖光
編劇：慕容鍾　導演：唐紹華
主演：朱玉郎　愛哭妹
　　　天炮枝　矮仔財

日據時代，一個年輕有錢寡婦有意招贅，引起男人貪財又貪色，以合伙經商爲名，騙取女人財色，寡婦被逼自殺，陰魂不散，以鬼魂報復。電影以唱歌爲主，配樂用國樂管弦樂配樂，很有襯助氣氛功效。

《水蛙記》

出品：信華影業公司
編導：郭柏霖
主演：林翠華　趙震

林翠華演一個善良仁慈明理知義的村婦。全片在霧峰拍攝，當地林正傳百年老宅成爲主景，很適合民間俚俗故事。

《没有女人的地方》

出品：臺灣電影製片廠
製片：龍芳　編劇：周旭江
導演：唐紹華
攝影：吴家駿
主演：焦鴻英　井森　李行　田豐

臺灣北部某郊區一西式别墅裏，寄居四位單身男人，終日牢騷滿腹，諷時譏世。某日救回了一溺水的女子麗麗，使這個没有女人的地方平添幾許春色，牽扯出許多風波。當麗麗獲知表兄下落，決心投入戰鬥文藝工作同時，原沉緬於象牙塔的"文化人"，亦幡然憬悟，携手走入社會。

《錦綉前程》

出品：中央電影事業公司
製片：李葉
編劇：王方曙
導演：宗由
攝影：華慧英
主演：鍾情　魏平澳　陳燕燕
　　　金超白　王逐

改編自劉垠的舞臺劇《鼎食之家》（又名《黛緑年華》）。直接關注本土教育，而且重視寓教於樂，穿插泳賽、舞蹈、桌球賽、噴射機飛行表演、爵士音樂會等。本片主演陳燕燕獲1956年第四届亞洲影展最佳女配角獎。

《錦綉前程》臺港演員合影

影片目録（共50部）

中國華僑　《警網情鴛》、《阿美娜》
中影　《關山行》、《錦綉前程》、《碧海同舟》
臺製　《没有女人的地方》
中製　《洛神》
永華　《飛虎將軍》
南洋　《真孝子》、《周成過臺灣》、《運河殉情記》
聯合　《慈雲太子走國》
漢興　《大橋情淚》、《嘉慶君遊臺灣》、《恨命莫怨天》、《誰的罪惡》、《黄昏再會》、《酒瓶花》
華興　《薛平貴與王寶釧》（1-3集）
益成　《萬華白骨事件》、《寶石花》、《沉香扇》、《桃花江上桃花鄉》
高和　《女性的仇人》、《范蠡與西施》、《雨夜花》
長河　《紅塵三女郎》、《太太我錯了》
萬國　《情海風暴》
華厦　《吕蒙正抛綉球》、《小鳳》
其他　《甘蔗姑娘》（自由）、《情報販子》（新啓明）、《郎心狼心》（中興）、《林投姐》（金陵）、《金姑看羊》（中一）、《十年命運》（星光）、《破網補情天》（華聯）、《桃花過渡》（大同）、《八仙過海》（玉聯）、《目蓮救母》（金都）、《梅亭恩仇記》（大茂）、《郭素月棺中産子》（鳳華）、《薄命花》（同益、美華）、《望你早歸》（必達）、《愛情十字路》（臺聯）、《補破網》（華成）等

《桃花過渡》

出品：大同影業公司
導演：郭柏霖
製片：杜雲之
編劇：郭柏霖
監製：鄭錦文
主演：小艷秋　月華桂
　　　周炳煌　矮仔財

爲臺灣民間的車鼓戲加以引申。在美麗的桃花村有一個美麗的姑娘，喜歡唱歌，人美歌甜，後來墜入情網。全片着重於歌唱，包括厦門調、恒春調、宜蘭調、哭調、七字調、桃花過渡等十一種調，唱出了村民的哀怨和辛酸。

《桃花過渡》劇照

《關山行》劇照

《關山行》

出品：中央電影事業公司、香港電懋公司
製片：李葉
編劇：吴鐵翼
導演：易文
攝影：莊國鈞
演員：李湄　葛蘭
　　　鍾情　周曼華

一個公路長途客車，途遇暴雨，阻於山崩泥濘，這一困難的發生，考驗了司機與車掌，更考驗了這群乘客。本片在解決困難的過程中，顯露了各式人等的狀態，剖析了一個小社會裏包羅的各種不同職業的人物。

《雨夜花》

出品：高和影業公司
製片：宋宗
　　　湯濤　陳堅三
編劇：辛金傳（辛奇）
導演：邵羅輝
攝影：陳千萬　林重光
主演：小雪　小燕
　　　田清　游星田

根據同名舞臺劇改編（該劇改編自日本名片《愛染桂下情》）。描寫醫院院長之子愛上出身貧寒護士，遭父反對，護士携子出走，院長之子也要出走，最後父親妥協，改變老觀念。

該片由中製廠技術協助，並在中製配音、洗印、剪輯。比《薛平貴與王寶釧》較早開鏡，首映日期却在《薛》片之後，但更爲轟動。

《雨夜花》劇照

《薛平貴與王寶釧》等掀起臺語片第一個高潮

1月4日，受到半年前《六才子西廂記》克難製片的激勵，一部在技術上更進步、在藝術造詣上更突出的本省自製臺語片——由雲林麥寮拱樂社歌仔戲團與華興電影製片廠合作拍攝的35毫米影片《薛平貴與王寶釧》，在臺北"中央"、"大觀"和"美都麗"三家戲院聯映，觀衆看後的反應普遍都相當良好，認爲與國語片的水準已不相上下。"薛平貴與王寶釧"是家喻户曉的民間故事，早已改編爲歌仔戲碼。這次由拱樂社搬上銀幕，主要演員及工作人員大多爲拱樂社的原班人馬，有關電影攝製技術則與拍攝連鎖劇知名的華興電影製片廠合作，由該廠創辦人何基明親自執導，其胞弟何錂明攝影，另聘請黃錦昆、黃良雄分别擔任配音和布景設計，並獲得中央電影公司臺中製片廠的技術協助，代爲印洗拷貝，因此作品完整度較《六才子西廂記》爲高，整體成果也更令人滿意。

影片公映後大受歡迎，掀起一股台語片熱潮。從1956年全年臺北市的票房數字，可來證明台語片受歡迎的程度，前十名的賣座國産片依次是：1.《海棠紅》，收入50餘萬元新臺幣。2.《雨夜花》（台語），45萬餘元新臺幣。3.《關山行》，42萬餘元新臺幣。4.《周成過臺灣》（臺語），36萬元新臺幣。5.《菊子姑娘》，34萬餘元新臺幣。6.《梅姑》，33萬餘元新臺幣。7.《林投姐》（臺語），31萬元新臺幣。8.《特别快車》，30餘萬元新臺幣。9.《薛平貴與王寶釧》上集（臺語），30餘萬元新臺幣。10.《亂世妖姬》，28萬餘元新臺幣。

臺語片《雨夜花》的收入僅次於國語片《海棠紅》，成爲1956年的國産片賣座亞軍。如果以《海棠紅》是由當時國語片影壇的天王巨星李麗華主演的第一部彩色片，黑白片《雨夜花》的女主角小雪却是一個初入影壇的臺語片新人來比較，便可知新興的臺語片因語言熟悉而更受本省觀衆喜愛。

單就臺語片的賣座排行來比較，1956年的十大賣座影片依次是：《雨夜花》、《周成過臺灣》、《林投姐》、《薛平貴與王寶釧》上集、中集、下集，《詹典嫂告御狀》、《安安尋母》、《范蠡與西施》、《廖添丁》。其中港産的閩南語片佔三部，臺産的則佔七部，可見地道的臺語片還是比較受歡迎。

《薛平貴與王寶釧》（1–3集）

出品：華興影業公司
製片、導演：何基明
編劇：陳守敬
音樂：黃錦昆
攝影：何錂明
主演：劉梅英　吴碧玉
　　　許金菊　陳澄三

將歌仔戲的民間故事整個搬上銀幕，保持舞臺劇的形式，男主角仍由女演員演出，但出兵場面改由演員騎馬上拍外景，加强真實感。爲臺灣第一部自製的35毫米臺語片。

《薛平貴與王寶釧》海報

《薛平貴與王寶釧》劇照

1956年（香港）

大事記

本年 趙一山創辦的華文影片公司成立。這是一家以拍攝紀録片爲主的電影公司。

華龍影片公司出品了香港本土拍攝的首部英語片《太平山下》，由黄天始、屠光啓聯合導演。

港菲首次合拍的故事片《蛇魔復仇記》出品，此片由香港民生影業公司和菲律賓最大的百拉美影片公司合作拍攝。

亞洲影業公司出品的《長巷》（編劇：羅臻）獲第一屆亞洲影展最佳編劇獎。

永華影片公司結束營業，最後出品的影片爲《飛虎將軍》。

重要影片

《新寡》劇照

《新寡》

出品：長城電影公司
編導：朱石麟　執行導演：龍凌　陳靜波　主演：夏夢　鮑方　樂蒂　許先

方湄因丈夫死於車禍，在婆家被虐待。丈夫生前好友劉時俊出於好意，介紹她進公司工作。結果二人被許多人誤解。最後在環境的逼迫下，方湄離家出走。

本片被評選爲1957年《北京日報》、北京人民廣播電臺十大優秀影片之一。

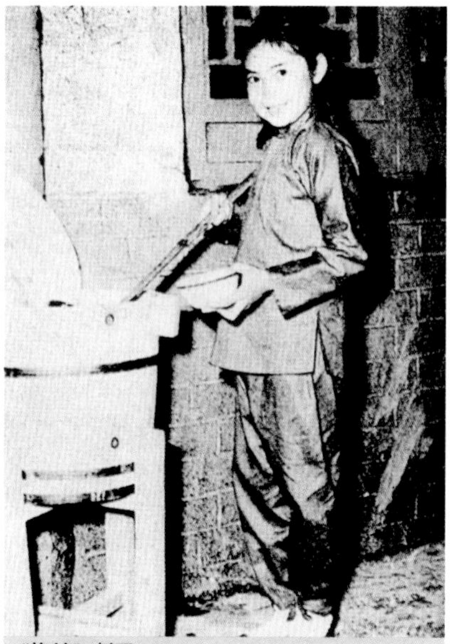
《梅姑》劇照

《長巷》

出品：亞洲影業公司
原著：沙千夢
編劇：羅臻　導演：卜萬蒼
主演：陳燕燕　王引

一個有"不孝有三，無後爲大"的錯誤封建思想的女人，用親生的女兒换來一個男嬰，後來却導致悲劇結局。

此片風格清新，演技精湛，富人情味，劇力萬鈞，感人肺腑。曾獲第三屆東南亞電影節最佳劇本獎，第一屆亞洲影展最佳編劇獎。香港國際電影節曾將該片作爲優秀影片回顧展作品之一。臺北著名影評人黄仁、杜雲之，都將此片列爲中國名片一百部之一。

《長巷》劇照

《梅姑》

出品：邵氏兄弟公司
編劇：婁貽哲
導演：嚴俊
主演：嚴俊　林黛
蕭芳芳　王引

根據夏洛蒂·勃朗特小説《簡愛》改編。在孤女梅傑和嚴先生結婚的婚禮上，一個小流氓説嚴的妻子還在，是個瘋子。爲了自尊，梅傑離開了嚴家。嚴母燒毁了宅院，嚴先生在救母時受傷並雙目失明。梅傑重又和嚴先生重逢，這一對經受磨難的愛人終於結合在一起。

《雪裏紅》劇照

《雪裏紅》

出品：亞東影業公司　編導：李翰祥
主演：李麗華　王元龍　葛蘭

改編自師陀的《大馬戲團》。戲班名旦雪裏紅嫁給班主馬老闆，心裏却愛着金虎。茶館歌女小荷花對金虎有情，金虎答應帶小荷花私奔。馬老闆向金虎奉上毒酒，却被雪裏紅誤飲。金虎與小荷花遠去，雪裏紅叫着金虎的名字不支倒地。

國際電影懋業有限公司成立

香港著名電影製片公司——國際電影懋業有限公司（簡稱電懋），由新加坡、馬來亞的國泰機構負責人陸運濤在原國際影片發行公司的基礎上改組成立。電懋創業作《金蓮花》(1957)，女主角林黛憑該片第一次奪得亞洲影后名銜。

電懋公司成立後，原以攝製國語片爲主，在1957年增設粵語片製作組，聘請左瓏、李晨風、莫康時、黄岱、王天林等爲導演，丁櫻、白露明、林蒼、方華等爲演員，攝製粵語故事片《璇宫艷史》、《廣告女郎》、《七喜臨門》、《一家之主》、《雙劍盟》、《珠聯璧合》等70多部。1962年9月，鍾啓文辭職，由董事長陸運濤兼任電懋公司總經理，聘用岳楓、陶秦、易文、王天林、王引、王豪、嚴俊、袁秋楓、羅維等爲導演，喬宏、張揚、趙雷、陳厚、嚴俊、王引、林黛、尤敏、葛蘭、莫愁、樂蒂等男女演員，採用題材、類型多樣化的製片方針。

從1956年至1965年間，電懋一共出産了102部國語片。其中有獲得第五屆亞洲影展最佳影片奬的《四千金》，得到金勳奬的《情場如戰場》、金鼎奬的《龍翔鳳舞》、《空中小姐》等；而電懋的女演員尤敏因演《玉女私情》和《家有喜事》兩度在亞洲影展中封后；導演王天林亦憑《家有喜事》得到最佳導演奬。1961年電懋出品的《星星・月亮・太陽》在第一屆臺灣金馬奬中得到最佳劇情片，電懋影片在金馬奬中得到優秀劇情片的還有《小兒女》、《深宫怨》、《蘇小妹》，其餘出色的影片還有《曼波女郎》、《啼笑因緣》等等，其中《愛的教育》更在威尼斯影展中獲得好評。由此可見電懋影片在亞洲影展中獲奬無數。

綜觀電懋時期(1957—1965)的産品，前七年體現出的主調是"中西合璧"。這一點在電懋創辦之初就已露端倪，當時最高領導陸運濤、主政的總經理鍾啓文、製片主任宋淇，都曾接受西式高深教育，有着傾慕好萊塢但又以傳統文化自豪的心態。主要編導岳楓、陶秦、易文、張愛玲、秦羽亦有類似背景，因此一開始就替電懋出品的影片設定了中西合璧的主調，更確切地說，這是一種傳統現代化的傾向。電懋主流是套取西方通俗劇式，講求戲劇結構的愛情倫理片、輕喜劇片以及很好萊塢式的歌舞、歌唱片。儘管劇式、風格受到好萊塢的强烈影響，其感情却是頗傳統中國的，只不過儘量迴避擺脱戰後創傷與貧困的纏繞，而轉向中産階級化的感情消遣。1950年代末起更逐漸融入香港社會，出品了《曼波女郎》、《青春兒女》、《空中小姐》、《温柔鄉》、《野玫瑰之戀》、《南北和》、《愛的教育》、《香港之星》、《南北一家親》等片。雖然題材處理上仍與香港現實生活有距離，至少已給予關注，也讓觀衆逃避入夢與現實糅合的幻境。也正因此，電懋的出品特别講究中産美學温馨、柔美、哀而不傷的一面，在題材與風格上都自成一家，特别值得一提的是《南北和》系列（共三集），正面描寫香港人與大陸人的生活習慣與思想上的矛盾與統一，即使流於風情的描繪，亦頗新鮮、有趣、可喜。

1957到1963年間是電懋的黄金歲月。但1963年以後，因爲急於迎戰邵氏的攻擊，策略上陷於被動。電懋的片種既未能多元發展，創作上亦陳陳相因，苦纏於民間故事古裝片與黄梅調的類型中無法超脱。加上主將如宋淇、陶秦、岳楓、汪榴照和林黛逐一被邵氏挖角，而葛蘭、尤敏、張愛玲等亦於1964年後引退，編導人才後繼乏人，新星的再培養亦未如理想，以致路愈走愈窄，無法打開新局面。

電懋的貢獻在於，它在藝術上造就了一批香港電影史上少有的、中西合璧得恰到好處而具有中産趣味的作品，至今仍堪玩味；在電影工業上，電懋的貢獻是率先推行明星制度與大力支持獨立製片。早在1950年代初公司已投資支持國、粵語獨立製片，在最强盛的1960年代亦以發行支持嚴俊、李麗華的金龍公司和鄺蔭泉的金泉公司等獨立製作，其後也支持袁秋楓、樂蒂的金鳳公司，和鄒文懷脱離邵氏後的嘉禾公司。它於1950年代設立的演員訓練班也培訓了不少人才，如雷震、丁皓、蘇鳳、李琳琳、田青、張清等。另外較少爲人知的是在1955到1964年9年間拍製的70餘部粵語片，大部分都是高質量的佳作，其中《璇宫艷史》票房收入40餘萬，非常轟動。在文化交流上，電懋曾將一些國語片如《四千金》、《小情人》、《風流冤家》等配上粵語，以兩個版本上映，而《南北和》系列則以雙語演出，這都顯示出它有過融和、溝通國、粵語文化的努力。

1964年，陸運濤飛機失事遇難，電懋改組成立國泰機構（香港）有限公司，之後逐漸淡出電影攝製。

陸運濤

(1915—1964)

製片家。祖籍廣東，生於吉隆坡。1933年至1936年間在英國劍橋大學修讀文學及歷史。1940年回到新加坡，接管家業，包括銀行、橡膠園、錫礦、地産、酒店和娛樂業等。除繼承父業在商界甚具名氣外，他同時又是世界知名的鳥類學家和鳥類攝影家。1955年他收購了永華片廠組織國際電懋影業公司，任董事長兼總經理。在任期間電懋出品了大量高質量的國、粵語片，推出了不少男女影星，使電懋成爲東南亞及香港電影圈舉足輕重的公司。1964年，陸運濤赴臺灣參加亞洲影展時遇空難逝世，享年49歲。

華僑電影企業公司成立

公司創辦人張瑛、謝益之，創業作《雷雨》。該公司是在港澳知名殷商何賢支持下成立起來的。華僑電影企業公司成立後，曾拍攝出品了《滿江紅》、《第七號司機》等不俗影片。它與新聯影業公司、中聯電影公司、光藝製片公司有一個共同的地方，就是在製作上認真謹慎，在内容上力求健康，他們各自獨立經營而之後成爲粵語片"四大公司"。

主要影片目録

本年度香港共出品影片255部，其中粵語片佔了167部，國語片爲64部，閩南語片20部，新聞紀録片3部，潮語片1部。

長城　《大富之家》（國語）、《女子公寓》（國語）、《日出》（國語）、《新寡》（國語）

邵氏　《梅姑》（國語）、《少奶奶的秘密》（國語）、《好女兒》（國語）、《萬紫千紅》（國語）

新聯　《風雨斷腸人》、《發達之人》、《花好月圓》

光藝　《朱門怨》、《九九九命案》、《手足情深》

鳳凰　《少奶奶之謎》（國語）、《寂寞的心》（國語）、《新婚第一夜》（國語）

東方　《雲想衣裳花想容》、《孔明三氣周瑜》

大成　《元配夫人》、《大地回春》

宇宙　《小冤家》、《情僧偷到瀟湘館》

國際影片　《火》、《驚魂記》（國語）

永茂　《人面桃花相映紅》、《黑心鬼》

萬象　《家和萬事興》、《哪個不多情》（國語）

國泰　《歡樂年年》（國語）、《風雨牛車水》（國語）

新華　《桃花江》（國語）、《漁歌》（國語）

其他　《黄飛鴻大鬧佛山》（新藝）、《扭紋柴新抱惡家姑》（紅梅粵劇）、《同撈同煲》（三保）、《假鳳凰》（德華）、《原野》（昌興）、《西廂記》（中聯）、《雪裏紅》（國語）（亞東）、《鄉下佬尋仔》（大興）、《夜弔白芙蓉》（龍鳳）、《真假白金龍》（三陽）、《新西廂記》（閩南語）（一中）、《鳳還巢》（閩南語）（良友）、《烈女報夫仇》（大聯）、《面子問題》（國語）（自由）、《梅娘》（尚文）、《慈母頌》（信誠）、《九九大血案》（立達）、《我愛薄情郎》（敏利）、《卧薪嘗膽》（國語）（中國電影）、《長巷》（國語）（亞洲）、《表錯情》（港聯）、《横紋刀劈扭紋柴》（義興）、《鮮牡丹》（國語）（國光）、《呆佬拜壽》（達豐）、《太平山下》（英語）（華龍）

出品者不詳　《一榜三狀元》、《十三妹》（閩南語）

《金蓮花》劇照

《桃花江》

出品：新華影業公司
編劇：方忭
導演：張善琨　王天林
主演：鍾情　羅維　陳厚

影片描述一個城市的作曲家和一個農村的女歌手的愛情故事。片中有十二支插曲，其中最著名的爲主題曲《桃花江》（黎錦暉原作，姚敏改編，姚莉主唱），公映後掀起了製作國語歌唱片的熱潮。

《桃花江》劇照

《金蓮花》

出品：電懋公司
編導：岳楓　主演：林黛　雷震　王萊

富家少爺程慶有與歌女金蓮花真心相愛。表哥何耀宗爲了討好慶有的父親，給他娶了門當户對的富家小姐沈淑文。洞房之夜，慶有向淑文坦白相告。慶有父親以暴力和金錢誘逼金蓮花均遭抗拒。慶有與金蓮花終於把握住自己的命運，而淑文却由於不敢去爭取自己的幸福，最終鬱鬱而死。

黃飛鴻人物原型

《黃飛鴻》成世界最長系列電影片集

本年，《黃飛鴻》被列爲“吉尼斯世界紀録”的世界最長系列電影片集。自1949年至1994年，香港電影界拍攝的以黃飛鴻爲主角的影片共99部，其中77部均由粵劇名伶關德興扮演黃飛鴻這一角色，其餘的22部分別由12位演員扮演。關德興主演的《黃飛鴻》系列影片開創了以南派真功夫“硬橋硬馬”功夫片新路，代替了一向以舞臺式北派象徵式的“花拳綉腿”的武打表演，塑造了中國武術界練武强身、講究武德的英雄形象。在觀衆心目中關德興已成了黃飛鴻師傅，黃師傅即關德興。

40年代末期港産粵語電影的武術片層次參差不齊。那時，《七劍十三俠》、《火燒紅蓮寺》等一類影片刺激性減弱，票房收入越來越低。片中的武打場面，都是舞臺上戲劇化招式，刀來槍往，花拳綉腿，毫無真實感。製片家和戲院商爲了挽救失去觀衆的功夫片，挖掘新題材，尋求新突破。當時《方世玉打擂臺》、《洪熙官血濺柳家莊》等武俠小説流行，電影人决定把黃飛鴻的武林事跡搬上銀幕，塑造匡扶正義、濟困扶危的銀幕形象。最初有人有意於當時的著名演員吴楚帆來飾演黃飛鴻，但由於吴没有功夫根底遂作罷。後來經過《黃飛鴻傳》的原作者朱愚齋、編劇吴嘯以及導演胡鵬商議，考慮到演員的扮相和功架，一致認爲關德興是個最理想的人選。遂於1949年拍攝《黃飛鴻》上下兩集，即《黃飛鴻鞭風滅燭》、《黃飛鴻火燒霸王莊》。除由關德興飾演黃飛鴻外，其他演員有曹達華、石堅、李蘭等。兩集《黃飛鴻》面世，全港轟動，進而掀起了拍《黃飛鴻》片的熱潮，出現影片《黃飛鴻一棍伏三霸》、《黃飛鴻初試無影脚》。“黃飛鴻片集”之所以能够一直受到廣大觀衆的關注和歡迎，導演胡鵬認爲：“最主要是黃飛鴻電影的主題是，發揚我國固有的禮義廉耻四大美德，‘尊師重道’、‘見義勇爲’、‘鋤强扶弱’，並加强濃厚的民族意識。”（引自章台柳：《導演胡鵬回首多年》）

1956年，《黃飛鴻》系列影片逐步攀上高峰，電影商適應觀衆喜歡新題材，尋找新刺激的要求，陸續推出新編喜劇《黃飛鴻大鬧花燈》、《黃飛鴻三戲女鏢師》等。1957年，還首創局部彩色影片《黃飛鴻鐵鷄鬥神鷹》，色彩繽紛，令人耳目一新。《黃飛鴻義貫彩虹橋》更是一部由導演、監製、演員合資合力拍攝的全彩色影片。

1949年《黃飛鴻》開鏡時的製作人員合影

進入90年代，香港新派武俠片的開山掌門人徐克執導了《黃飛鴻》系列，包括《武狀元》、《男兒當自强》、《獅王爭霸》，將寫意和寫實完美地結合在武俠電影中。徐克《黃飛鴻》系列中，李連傑真實的武術功底，加之袁和平獨特的武術設計，使得影片具有很高的觀賞性。

關德興　(1906—1996)

演員、粵劇名伶。藝名新靚就。原籍廣東開平，生於廣州。1932年在美國舊金山主演電影《歌侶情潮》。後回國參加抗日運動被通緝。1935年在香港主演《昨日之歌》。1937年再赴美主演電影。1947年後在和合、伶星等影片公司主演130餘部粵語片。他是少林派武術家，因主演嶺南傳奇人物黃飛鴻系列電影(共87部)而知名。1994年他主演電影《大富之家》再次飾演受人尊敬的老年人。1982年受封英國爵士。

胡鵬（1909—2000）

導演。廣東順德人，生於上海。1930年執導影片《夜送寒衣》。抗戰勝利後執導《大地晨鐘》、《烽火漁村》等名片。1949年創造了列入“吉尼斯世界紀録”的世界最長壽功夫片集《黃飛鴻傳》。他從影40餘年，拍片200部，其中《黃飛鴻》系列影片就有59部。1980年執導《亞福與土佬》一片後退休，著有從影回憶録《我與黃飛鴻》。2000年病逝，享年91歲。

關德興上裝照

曹達華（1916—　）

演員。廣東人。曾在香港聖彼得書院攻讀。1931年到上海當演員，處女作是默片《女鏢師》。1935年返回香港。他參演和主演過的名片有《孤兒行》、《小老虎》、《復員淚》等。1948年他和姐姐等創辦了友僑影片公司和友僑片場，出品過由他主演的武俠片集《七劍十三俠》。從影50年，主演和參演過數以百計的電影，其中著名的有《如來神掌》片集、《黃飛鴻》片集等。以演武俠片中的大俠和偵探片中的探長最著名。1990年代移居英國。

《黃飛鴻傳》

（上、下集）（1949）

出品：永耀影片公司
編劇：吴一嘯
導演：胡鵬
主演：關德興　李蘭
　　　曹達華

（詳見1949年）

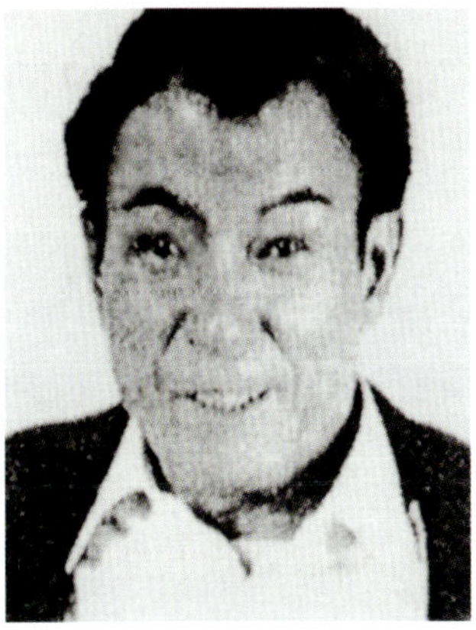

石堅（1918—　）

演員，香港老牌武俠明星。廣東人。其戲劇生涯始於抗戰時期在街頭演抗戰話劇，直至香港淪陷才以職業身份演出話劇，之後便拍了超過200部電影，曾與李小龍合演《龍爭虎鬥》，飾演一號反派——少林叛逆韓先生。與關德興合作的黃飛鴻電影更是聞名遐邇，被譽爲傑出的性格演員。因其在《黃飛鴻》中的“奸人堅”的反面形象太過深入人心，也就被大家戲稱爲“奸人堅”。1999年獲香港特區政府頒發的金紫荊終身成就獎。

《黃飛鴻》（1991年）

出品：嘉禾公司
編劇：徐克　阮繼志　梁耀明　鄧碧燕
導演：徐克
主演：李連傑　元彪
　　　張學友　關之琳

關東高手嚴振東被洋商收買對付黃飛鴻。梁寬愛上十三姨，不料她是黃飛鴻的情人，梁遂與黃對立。十三姨被拐充妓，梁去救她遭嚴痛打。黃飛鴻率衆人趕到，與梁寬携手消滅奸人救出十三姨。從此，梁寬轉投到黃飛鴻門下。

一次以新視角成功的經典改編。特别是加進了十三姨這個角色，使影片男主角與現代文明有了直接的接觸、了解，平添了豐富但有趣的内涵。由李連傑飾演的黃飛鴻糅入北派功夫，增强了角色造型感的同時，也令動作視覺效果更爲可觀。此外，以清末時期内憂外患的中國爲背景，也增加了影片一定厚度。

獲第11屆香港電影金像獎最佳導演、最佳剪輯（麥子善）、最佳音樂（黃霑）

《黃飛鴻》劇照

1957年（大陸）

大事記

1月5日—7日　文化部電影局召開電影製片廠廠長會議，研究改進電影體制的各項具體措施。

1月　《電影技術》在北京創刊。

2月12—15日　電影局在北京召開北京、天津、上海等9個大中城市新聞影院經理座談會，研究新聞電影院的經營方針、排片、宣傳、收費以及管理等問題。

3月　廣州電影製片廠成立。

4月6日　經國務院批准，自1957年1月1日起，將中國電影發行公司所屬地方分支機構下交地方，其名稱改爲XX省（市、自治區）電影發行公司。

5月13日　國務院批准中國電影發行公司向西方國家的電影公司出售我國影片發行權等4個合同（草案）。

5月22日　中國文化部黨組邀請在京電影界黨外人士座談，徵求對電影事業領導的意見。

6月2日—10日　電影局召開東南亞地區電影發行工作座談會，研究解決在該地區發行國產電影的具體問題。

7月1日　國內第一座寬銀幕影院“首都電影院”改建完成並舉行首映式，放映北影廠和新影廠聯合攝製的第一部寬銀幕彩色紀録片《五月鮮花》和蘇聯寬銀幕立體彩色故事片《革命的前奏》。周恩來、陳毅等與1000多名觀衆參加首映式並觀看電影。

8月　《上影畫報》創刊，由上海電影製片公司出版發行，柯靈任主編。1960年9月停刊。

9月22日　著名電影演員周璇在上海逝世，終年37歲。

10月17日　著名電影藝術家石揮因被錯劃爲“右派分子”，跳海自殺，終年42歲。

12月12日—18日　“社會主義國家電影工作者第一次創作會議”在布拉格舉行，以陳荒煤爲團長的中國電影代表團參加會議，並赴東德、波蘭等國考察。

12月22日　上海電影工作者聯誼會成立，沈浮當選主席，于伶、白楊等100人爲理事。

12月23日　周恩來在上海召開文藝界座談會，提出對文藝界右派分子的處理方針是批判從嚴、處理從寬，並鼓勵文藝工作者下放鍛煉。

重要影片

《羊城暗哨》劇照

《羊城暗哨》

出品：海燕電影製片廠
編劇：陳殘雲　導演：盧玨
攝影：朱靜
主演：馮喆　狄梵　夏天　宏霞

偵察員王練打入敵人內部，與女特務八姑假做夫妻。陳醫生被八姑要挾參加反動活動，自殺未遂後協助公安人員破案。在一艘開往香港的輪船上，暗藏的特務頭子梅姨終於現身，公安部門將這伙特務組織一網打盡。

《海魂》

出品：海燕電影製片廠
編劇：沈默君　黃宗江
導演：徐韜
主演：趙丹　崔嵬　劉瓊　高博

國民黨軍艦“鼓浪號”上的水兵陳春官等人，在遭受蔣軍軍官的欺凌迫害、美國兵的侮辱後，認清了現實。當軍艦執行封鎖我長江口的任務時，他們毅然發動起義，擊退敵艦和敵機的追擊，駕艦回到大陸。

《海魂》劇照

《五更寒》劇照

《五更寒》

出品：八一電影製片廠
編劇：史超
導演：嚴寄洲
主演：楊威　史可夫
曹櫻　李雪紅

一九四六年，敵軍和還鄉團殘酷鎮壓大别山區的人民。地下黨組織和遊擊隊依靠群衆，克服種種困難，堅持鬥爭，最終迎來主力部隊的大反攻，殲滅了敵人。

《洞簫橫吹》

出品：海燕電影製片廠
編劇：海默　導演：魯韌
主演：張子良　王雲霞
范萊　仲星火

復員軍人劉傑和村裏渴望辦社的貧雇農在一起辦合作社，却被一心要走個人發家致富道路的村長王金魁等人阻擾。劉傑寫信向毛主席反映情況。經過調查和群衆的揭發後，掃清了辦社的障礙。

《洞簫橫吹》劇照

《柳堡的故事》

出品：八一電影製片廠
編劇：石言　黃宗江
導演：王蘋
攝影：曹進雲
主演：陶玉玲　廖有梁
　　　徐林格　康天申

抗日戰爭時期的柳堡村，新四軍戰士李進與二妹子相愛。敵人搶走二妹子，李進將她救回。全國解放前夕，李進已是解放軍連長，他帶部隊經過柳堡時，與二妹子重逢。

《柳堡的故事》劇照

陶玉玲（1934—　）

話劇和電影演員。江蘇鎮江人。1948年進華東軍政大學文藝系戲劇隊學習；1952年任南京軍區前線話劇團演員；曾先後主演影片《柳堡的故事》、《霓虹燈下的哨兵》；1978年任八一電影製片廠演員。代表作品還有《二泉映月》、《如意》、《没有航標的河流》、《夏明翰》等。

黄宗江（1921—　）

劇作家。祖籍浙江瑞安，生於北平。1938年入燕京大學外國文學系，參予組建燕京劇社。1947年創作四幕話劇《大團圓》，由清華影片公司改編成電影。1958年起陸續爲八一電影製片廠創作電影劇本《柳堡的故事》、《海魂》、《農奴》、《柯棣華大夫》等。

《蘆笙戀歌》劇照

《蘆笙戀歌》

出品：長春電影製片廠
編劇：彭荆風　陳希平　導演：于彦夫
主演：汪傑　宋雪娟　李景波　陳光廷

拉祜族的青年獵手扎妥和美麗的姑娘娜娃相愛，但被國民黨的偷襲衝散了。解放後，地質勘探隊員發現了扎妥，但是他以爲是敵人來襲，奮力反抗。娜娃拿起蘆笙吹奏起當年他們相愛的戀歌。扎妥如夢初醒，悲喜交集。

《護士日記》劇照

《護士日記》

出品：江南電影製片廠
編劇：艾明之　導演：陶金
攝影：陳震祥　作曲：王雲階
主演：王丹鳳　湯化達　李緯　蔣天流

簡素華從護校畢業後，不顧家人的反對，毅然奔赴北方一工地的醫務站工作。她主動熱情的工作態度，贏得了全工區人們的好感。男友沈浩如强迫素華回上海結婚，遭到拒絶。她在工作中與工區主任高昌平建立了真摯的愛情。

王雲階（1911—1996）

作曲家。山東黄縣人。1927年起先後在上海新華藝大、人文藝大音樂系及清華大學學習。抗戰爆發後投身救亡運動，並開始爲進步電影譜曲或配樂。主要音樂作品有《風雪太行山》、《新聞怨》、《萬家燈火》、《麗人行》、《希望在人間》、《烏鴉與麻雀》、《三毛流浪記》、《六號門》、《林則徐》、《護士日記》等。專著有《音樂與管弦樂配器法》、《論電影音樂》等。

故事片目録（共42部）

長影　《暴風中的雄鷹》、《寂静的山林》、《未完成的喜劇》、《青春的脚步》、《復試》、《尋愛記》、《邊寨烽火》、《蘆笙戀歌》、《地下尖兵》、《母女教師》、《牧人之子》、《蝴蝶杯》（河北梆子）、《借年》（吕劇）、《李二嫂改嫁》（吕劇）

江南　《椰林曲》、《情長誼深》、《不夜城》、《阿福尋寶記》、《鳳凰之歌》、《護士日記》、《乘風破浪》、《羅漢錢》（滬劇）、《拜月記》（湘劇）、《陳三五娘》（閩南戲）

海燕　《海魂》、《羊城暗哨》、《洞簫横吹》、《球場風波》、《牧童投軍》、《誰是被拋棄的人》（未發行）

天馬　《夜航》、《女籃五號》、《幸福》

北影　《借東風》（京劇）、《群英會》（京劇）、《杜十娘》（川劇）、《雁蕩山》（京劇）

八一　《戰鬥裏成長》、《激戰前夜》、《水》、《柳堡的故事》、《五更寒》

1956年觀衆最喜歡的電影演員和影片評選活動

1月11日，《北京日報》、《北京晚報》等共同舉辦的1956年觀衆最喜歡的電影演員和影片評選活動揭曉。共有19059人參加投票。主辦單位宣佈，這次公佈的選舉結果，不論是影片和演員，名額都比原來預定的有了增加，一方面是因爲許多觀衆建議這樣做，另一方面還因爲恰好前五名所得的票數都比較集中。觀衆的來信，字裏行間洋溢出他們對國産片的喜愛和期望，和對電影工作者的感激，有的觀衆隨信還附來信件、禮物和照片，讓主辦方交給他們喜愛的演員；有的不識字的觀衆，是請人代表寫來的；有的兄弟民族的觀衆還用自己民族的文字寄來選票。

最受歡迎的五部影片和票數情况是：

《董存瑞》	8650
《春、秋》	6853
《爲了和平》	6659
《平原遊擊隊》	6389
《祝福》	5186

最受歡迎的五位演員和票數情况是：

白楊	10139
張良	7034
李景波	6118
吴楚帆	4424
郭振清	3857

郭維（1922— ）

導演。天津人。1938年赴延安，進陜北公學學習，結業後任流動劇團演員；1950年起任北京電影製片廠副導演，導演。代表作品有《智取華山》、《董存瑞》、《花好月圓》、《柳暗花明》、《笨人王老大》等。

《董存瑞》

出品：長春電影製片廠
編劇：丁洪　趙寰　董曉華
導演：郭維
攝影：包傑　録音：林秉成
布景設計：徐渭
主演：張良　楊啓天　張瑩　周凋

董存瑞小名四虎子，是個很有個性的新兵。在部隊的教育培養下，他逐漸成長爲一名優秀戰士。在解放隆化的戰鬥中，董存瑞以身體做炸藥包的支架，炸毁了敵人的橋頭暗堡，爲人民解放事業獻出了年輕的生命。

《董存瑞》劇照

張良（1933— ）

演員，導演。原名張慶鑄。遼寧本溪人。1948年任解放軍衛士劇團演員；1955年在長春電影製片廠主演影片《董存瑞》；1959年起任八一電影製片廠演員；"文革"後，任珠江電影製片廠導演。代表作品還有《戰上海》、《哥倆好》、《打擊侵略者》、《挺進中原》、《少年犯》、《雅馬哈魚檔》等。

《平原遊擊隊》劇照

郭振清（1927—2005）

演員。天津人。1952年在東北電影製片廠主演影片《六號門》；1955年起任長春電影製片廠演員；1981年後任天津市廣播局演員。代表作品有《六號門》、《平原遊擊隊》、《獨立大隊》、《英雄兒女》、《濟南戰役》、《小字輩》等。

《平原遊擊隊》

出品：長春電影製片廠
編劇：邢野　羽山
導演：蘇里　武兆堤
攝影：李光惠
主演：郭振清　王恩啓
　　　張瑩　方化

遊擊隊長李向陽接受上級任務，機智勇敢地帶領隊伍深入敵後，同駐紮在縣城的日寇松井中隊展開周旋，最終將其全殲。

《爲了和平》劇照

《爲了和平》

出品：上海電影製片廠
編劇：柯靈
導演：佐臨　攝影：許琦
主演：趙丹　白楊

從抗日戰爭時期開始，上海東華大學教授江浩逐漸認清了美蔣的反動面目，積極投入了革命鬥爭，爲此遭到特務的暗殺。全國解放不久，美帝又發動侵朝戰爭。其妻丁孟輝繼承丈夫遺志，爲了和平，把三個子女都送去參加抗美援朝。

電影局決定改進電影組織形式和領導方法

3月31日，文化部電影事業管理局負責人向新華社記者宣佈，電影事業管理局自中央提出“百花齊放，百家爭鳴”的方針以來，經過反復討論，並採納各方面的意見，已經決定改進電影部門的組織形式和領導方法，以繁榮我國的電影藝術。

附録：《光明日報》關於文化部電影事業管理局負責人發言的報道

新華社31日訊　文化部電影事業管理局負責人，今天向新華社記者説，電影事業管理局自中央提出“百花齊放，百家争鳴”的方針以後，經過反復討論，並採納各方面的意見，已經決定改進電影部門的組織形式和領導方法，以繁榮我國的電影藝術。電影局制定的方案目前正在各製片廠及有關單位逐步實施中。

負責人説，解放以來，我國電影事業獲得了很多成績，但也存在嚴重的缺點，如審查過嚴、管理過分集中，影片産量少、部分質量低等。在電影工作的改進方案中，規定今後在電影事業管理局加强方針政策領導的原則下，將由各製片廠和創作人員負責藝術創作的責任，以克服過去對藝術創作的過多干涉，使電影創作人員儘量發揮創作的積極性。今後所有的劇本和影片，均由製片廠（上海爲上海電影製片公司）批准攝製和發行，各製片廠將以主要創作人員爲中心組成若干創作組織，由他們自己組織劇本、挑選演員，實行自由組合。擁有較好設備和較多創作人員的上海電影製片廠，決定改爲上海電影製片公司並將故事片部分分爲三個小廠，充分發揮潛力，創作題材更廣泛和各種不同風格的影片，在製片方面互相競賽。

在電影藝術的創作領導方面，今後，電影局將着重方針政策和思想的領導，以及確定影片題材的比例。各製片廠（或公司）則主要掌握政治原則，並且努力使影片達到較高的藝術水平。今後將大大加强電影工作者的活動，使電影工作者經常能研究討論電影藝術創作中的各種問題，展開批評與自我批評，並重視社會輿論的監督。

今後電影創作人員將實行基薪、酬金的工資制度，以貫徹按勞取酬的原則，鼓勵電影工作的積極性。爲了使電影工作者了解影片上映情況和觀衆的意見，今後還將改變現行的製片與發行的關係，以刺激影片生産和提高質量。

負責人最後説，由於幾年來電影事業經過整頓、發展和電影從業人員在思想改造中的顯著進步、特别是在廣大觀衆的監督之下，目前已具備了實現以上各項改進措施的條件。相信在上述措施實行後，全體電影工作者在爲工農兵服務，爲社會主義建設服務的方針指導下，將進一步適應影片生産的特點，更好地進行電影藝術創作和影片生産工作，使我國電影藝術百花齊放。近來報紙雜誌上對電影問題的討論，大大有助於電影事業的發展和電影藝術創作的繁榮。

（《光明日報》，1957年4月1日

毛澤東等黨和國家領導人接見電影工作者代表

4月11日，毛澤東、朱德、周恩來等黨和國家領導人在北京中南海懷仁堂接見出席電影工作者聯誼會成立大會的代表、優秀影片獲獎者代表和電影發行放映先進工作者代表大會的代表，並向全體代表講話。鄧小平、李濟深、彭真、陳叔通、章伯鈞、包爾漢等參加接見。

毛澤東主席和中央領導同志接見電影界代表

毛澤東主席和中央領導同志接見電影界代表

文化部舉行1949—1955年優秀影片頒獎大會

4月11日，文化部在北京舉行1949—1955年優秀影片頒獎大會，故事片《鋼鐵戰士》、紀録片《中國人民的勝利》等獲獎，同時還獎勵了有突出成績的創作人員。文化部部長沈雁冰在頒獎大會上作題爲《創造出更多更好的社會主義的民族新電影》的講話，來自全國和香港地區的電影工作者1500人參加了大會。

5月21日，文化部負責人向新華社記者發表談話，指出優秀影片評獎有嚴重缺點，對私營公司的出品評價過低，決定另行補發《烏鴉和麻雀》爲一等獎（原先二等獎）。

文化部1949—1955年優秀影片獎獲獎名單

故事片

一等獎：《鋼鐵戰士》、《白毛女》、《渡江偵察記》、《董存瑞》；二等獎：《中華女兒》、《翠崗紅旗》、《上饒集中營》、《南島風雲》、《烏鴉和麻雀》、《我這一輩子》；三等獎：《新兒女英雄傳》、《六號門》、《草原上的人們》、《豐收》、《鷄毛信》、《偉大的起點》、《哈森與加米拉》、《平原遊擊隊》、《兩家春》；榮譽獎：香港故事片《珠江淚》、《絶代佳人》、《一板之隔》、《一年之計》、《春》。

舞臺藝術片

一等獎：《梁山伯與祝英台》(越劇)；二等獎：《天仙配》(黄梅戲)；三等獎：《秦香蓮》(評劇)。

美術片

一等獎：《神筆》(木偶片)；二等獎：《好朋友》(動畫片)；三等獎：《烏鴉爲什麽是黑的》(動畫片)。

長紀録片

一等獎：《中國人民的勝利》、《解放了的中國》、《百萬雄師下江南》、《抗美援朝》(第一部)；二等獎：《抗戰的越南》、《人民心一條》、《反對細菌戰》、《東北三年解放戰爭》、《紅旗漫捲西風》、《一九五二年國慶節》、《和平萬歲》、《偉大的土地改革》、《鋼鐵運輸線》；三等獎：《大西南凱歌》、《邊疆戰士》、《八一運動會》、《一定要把淮河修好》。

短紀録片

一等獎：《交換病傷戰俘》、《戰勝怒江天險》、《永遠懷念蘇軍》；二等獎：《踏上生路》、《越南民主共和國政府代表團訪問中國》(第一輯)、《救死扶傷的英雄們》、《在帕米爾高原上》、《畫家齊白石》、《桂林山水》；三等獎：《"七一"在北平》、《民間工藝美術》、《華而不實》、《在和平建設的崗位上》、《傘兵生活》。

科教片

一等獎：《淡水養魚》、《培育壯秧》；二等獎：《根治水稻害蟲——三化螟》、《玉米人工授粉》；三等獎：《先進砌磚法》、《水土保持》、《農業生産合作社的包工制》、《槓桿的作用》。

獲獎人員

丁辰、丁洪、丁伯和、丁善德、于藍、于成志、于德水、上官雲珠、王林、王昆、王琛、王蓓、王濱、王人美、王少舫、王雲階、王中成、王玉胡、王永宏、王永振、王兆義、王光彦、王志雄、王爲一、王映東、王林谷、王啓民、王春泉、王桂枝、王寅申、王亞彪、王靜安、王軾銘、王德成、王龍基、文玉璋、方化、方徨、方爲策、孔令鐸、孔晶中、今欣、水華、白辛、白沉、白穆、白景晟、石梅、石揮、石益民、石梅音、石鳳岐、申顧禮、田力、田華、史文幟、史東山、司徒慧敏、布哈拉、包傑、任傑、任旭東、江俊、江雨林、艾青、艾明之、羽山、羽奇、邢野、向異、向雋殊、牟森、成蔭、朱静、朱今明、朱偉剛、朱踐耳、李華、李鳴、李緯、李天濟、李文化、李壬林、李雲階、李生偉、李再雯、李光惠、李百萬、李季達、李君凱、李伯堅、李坤錢、李秉忠、李玲君、李英敏、李洪辛、李景波、李堤甫、李景超、李紫平、李爾康、李達農、牧野、沈剡、沈浮、沈鐵民、沈默君、宋亮臣、吴茵、吴立本、吴永剛、吴國英、吴夢濱、吴蔚雲、丘石平、杜談、杜榆、杜生華、杜德夫、阿部萊、沙丹、沙原、沙蒙、尹廣文、車軒、蕭南、何士德、王滔、吕班、吕其明、冼碧瑩、孟禹、孟廣鈞、林杉、林里、武兆堤、金威、金焰、岑範、周峰、周偉、周凋、周立波、周伯勳、胡奇、胡朋、胡小菡、胡伯胤、胡振華、胡慶漢、貢明熙、姚向黎、姚念貽、洪汛濤、苗振宇、俞翼如、席寶昆、馬可、宦爵才郎、孫羽、孫謙、孫永平、孫道臨、姜雲川、郝光、郝玉生、郝鳳格、高平、高梁、高博、高洪濤、高振宗、高歆武、高維進、陳述、陳明、陳健、陳涓、陳俊、陳强、陳文淵、陳天國、陳白塵、陳光忠、陳歌辛、陳瑞俊、陳振祥、陳錦榮、秦怡、特偉、唐晋、陸繼坤、郭維、郭弈耀、郭振清、凌子風、范瑞娟、范厚勤、范麗達、桑弧、桑饒嘉錯、袁雪芬、徐進、徐明、徐韜、徐肖冰、徐輝才、徐蘇靈、恩和森、烏日娜、通福、陶學謙、梁明雙、費俊庠、黄沙、黄准、黄紀、黄宗英、黄紹芬、黄貽鈞、章傑、章超群、晨烽、崔超明、項堃、寇嘉弼、賀綠汀、許琦、達木林、海默、湯化達、湯曉丹、馮四知、馮雪峰、馮毅夫、畢恒三、莊唯、盛玉增、唱鶴齡、曹進雲、張客、張永、張平、張良、張伐、張波、張清、張魯、張錚、張瑩、張玉昆、張冬涼、張守維、張世明、張志輝、張紹柯、張沼濱、張炎平、張建珍、張紹仁、張桂蘭、張國昌、張棣昌、張慶鴻、張福寶、張漢臣、張錫奇、張駿祥、惲慜、温錫瑩、舒適、舒綉文、靳夕、程之、程默、葉賀、葉華、彭勃、華純、童玉亭、楊範、楊序忠、楊啓天、楊潤身、楊蔭萱、樓青藍、虞哲光、鄧楠、萬超塵、萬國强、瑪拉沁夫、蔡軍、蔡元元、蔡若虹、董小吾、董曉華、雷振邦、雷震霖、裘葛、關淑芳、鞏志偉、鄭小秋、鄭光澤、鄭君里、裴沖、趙丹、趙寰、趙子岳、廣布道爾基、翟超、翟强、葛炎、葛雷、劉旭、劉玲、劉釗、劉遲、劉雲波、劉白羽、劉如曾、劉汝周、劉沛然、劉國權、劉德源、劉維翰、蔣偉、蔣先德、魯明、齊衡、穆宏、錢江、錢筱璋、錢家駿、闞敬修、盧淦、衛禹平、謝添、謝國華、戴耘、顔一烟、薛志昌、薛伯青、龍慶雲、閻德魁、韓仲良、韓克超、韓秉信、韓健文、韓厚忠、瞿維、瞿白音、魏榮元、魏鶴齡、嚴鳳英、羅茅、羅從周、譚友六、蘇民、蘇里、蘇秀、蘇偉、蘇河清、顧温厚、龔漣

文化部優秀影片獎評選委員會名單

主任委員：沈雁冰；副主任委員：周揚、錢俊瑞、夏衍、王闌西、陳荒煤、陽翰笙；委員：林默涵、劉白羽等32人；常務委員：夏衍、王闌西、陳荒煤、蔡楚生、田方、高戈。

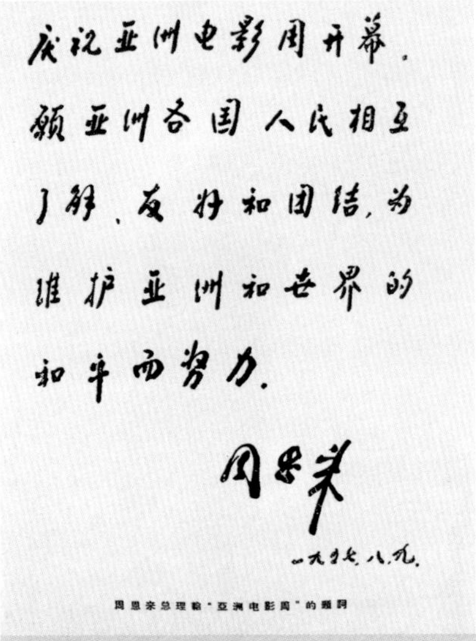

亞洲電影週周恩來題詞

亞洲電影週會標

電影發行放映先進工作者會議在北京舉行

4月10日到4月21日，全國電影發行放映先進工作者會議在北京舉行。出席這次大會的有電影發行放映、電影機械供應、放映訓練、放映管理及放映隊等先進工作者代表361人。文化部副部長夏衍致開幕詞，他肯定了七年來全國發行放映工作的成就，同時也對發行放映工作者提出了要求：一、加强政治思想工作，提高群衆的社會主義覺悟。二、貫徹增産節約的號召，提高放映、發行工作的質量。三、繼續發揚艱苦樸素的工作作風，與人民群衆同甘共苦，保持密切聯係。與會代表交流了電影發行放映工作經驗，並通過了給全國電影發行放映工作者的倡議書。

中國電影工作者代表大會在北京舉行

4月11日到4月16日，中國電影工作者代表大會在北京舉行。大會決定成立中國電影工作者聯誼會，並通過電影工作者聯誼會的會章。大會確定中國電影工作者聯誼會的宗旨是團結全國電影工作者，爲促進我國電影事業的繁榮，動員全國電影工作者貫徹爲工農兵服務的文藝方向及"百花齊放、百家爭鳴"的方針，爲創作社會主義民族新電影而努力。大會還確定了聯誼會的任務是幫助全國電影工作者加强業務學習，交流工作經驗，展開對電影創作、技術與理論等方面問題的探討和研究，以提高電影工作者的藝術水平和保障電影工作者的利益。聯誼會還將同全世界愛好和平民主的電影工作者團結合作，爲世界和平與文化事業奮鬥。大會選出中國電影工作者聯誼會主席蔡楚生，副主席司徒慧敏、白楊、沙蒙，秘書長汪洋，理事于伶等175人。

全國十大城市舉辦"亞洲電影週"

爲了與亞洲國家增進友好團結、發展文化交流，8月31日到9月25日，中國人民對外友好協會和中國電影工作者聯誼會聯合在北京、天津、上海、杭州、南京、武漢、廣州、昆明、瀋陽、長春等10個城市分批舉辦"亞洲電影週"。8月31日，"亞洲電影週"在政協禮堂隆重開幕，周恩來總理出席並接見了參加"亞洲電影週"的各國電影代表團成員。參加"亞洲電影週"的有中國、緬甸、柬埔寨、印度、印度尼西亞、日本、朝鮮、黎巴嫩、蒙古、巴基斯坦、錫蘭、叙利亞、塔吉克斯坦、泰國、越南等15個國家的電影代表團及香港地區電影觀察員共57人。電影週不舉行評獎，參加的片種和影片也不受限制。

電影週映出的故事片有中國的《女籃5號》、緬甸的《她的愛》、印度的《章西女皇》、印度尼西亞的《查雅布拉納》、日本的《米》、朝鮮的《沙道城的故事》、黎巴嫩的《向何處去》、巴基斯坦的《叛逆》、新加坡的《陰雲》、蘇聯塔吉克斯坦的《一見鍾情》、泰國的《桑弟和維娜》；紀録片有越南的《越南人民生活片斷》、《抗旱》，錫蘭的《黄袍的祭禮》、《藝術與建築》和蒙古的《現代蒙古》等。

9月7日，周恩來在北京舉行酒會，招待參加"亞洲電影週"的各國電影代表團。9月8日，"亞洲電影週"發表《參加"亞洲電影週"各國電影代表團團長會談紀實》和《參加"亞洲電影週"各國電影代表團聯合公報》。公報指出，"亞洲電影週"的舉行，必將促進亞洲各國電影事業的繁榮，並將有助於發展亞洲各國人民之間的友誼和維護世界和平。

亞洲電影週大會開幕式會場

《女籃5號》獲國際獎

8月10日，故事片《女籃5號》在莫斯科第六屆世界青年聯歡節國際影片展覽中獲"銀質獎"。

《女籃5號》劇照

《女籃5號》

出品：天馬電影製片廠
編導：謝晉
攝影：黃紹芬　沈西林
主演：劉瓊　秦怡
　　　曹其緯　于明德

解放前，籃球運動員田振華與戀人林潔被迫分開。18年過去了，田振華成爲上海女隊教練，林潔的女兒則是一個很有前途的女籃隊員。兩個戀人再次相遇，共同走向幸福美滿的新生活。

謝晉（1923—　）

導演。浙江上虞人。1948年任大同電影企業公司助理導演；1950年後任長江電影製片廠、上海電影製片廠副導演，導演。代表作品有《女籃5號》、《紅色娘子軍》、《舞臺姐妹》、《啊！搖籃》、《天雲山傳奇》、《牧馬人》、《高山下的花環》、《芙蓉鎮》、《清涼寺的鐘聲》、《最後的貴族》、《鴉片戰爭》等，曾多次在國內外獲獎。

劉瓊（1913—2003）

演員，導演。原名劉伯瑤。原籍湖南湘陰，生於北京。1934年任聯華影業公司演員；1947年到香港任長城等影片公司演員；1952年因參加愛國活動被香港當局驅逐出境，回國任上海電影製片廠演員，1956年後兼任導演。代表作品有《大路》、《狼山喋血記》、《海魂》、《女籃5號》、《青春之歌》、《牧馬人》、《死神與少女》、《51號兵站》、《阿詩瑪》等，曾多次在國內外獲獎。

《祝福》獲國際獎

7月6日到7月21日，在第十届卡羅維·發利國際電影節上，我國第一部彩色故事片《祝福》榮獲"特别獎"（特别獎僅次於電影節的大獎，高於電影節的主要獎）。導演桑弧，演員白楊、史林代表中國電影工作者代表團領取了獎品。

《祝福》劇照

《祝福》

出品：北京電影製片廠
改編：夏衍
導演：桑弧　攝影：錢江　美術：池寧
主演：白楊　魏鶴齡　李景波　史林

根據魯迅同名小説改編。新中國第一部彩色故事片。寡婦祥林嫂在魯四老爺家做幫傭。婆家將其賣給賀老六，新婚不久丈夫死去，後兒子阿毛又被狼吃掉。祥林嫂遭到衆人的厭棄，離開魯家，流浪行乞，在一個漫天風雪的祝福之夜離開人世。

池寧（1914—1973）

美術師。曾名池紹文，原籍浙江温州，生於浙江瑞安。1941年從影，任《洪宣嬌》、《國色天香》等影片的布景師。1954年赴蘇聯實習電影美術，後任北影廠美術師、北京電影學院美術系主任。曾任《祝福》、《林家鋪子》、《革命家庭》、《早春二月》等影片的美術設計。

錢江（1919—2001）

攝影師，導演。原籍浙江湖州，北京人。1938年任中國電影製片廠録音師，建國後歷任東北、上海、北京電影製片廠攝影師，1978年後兼任導演。主要攝影作品有《中華女兒》、《白毛女》、《祝福》、《林家鋪子》、《革命家庭》、《洪湖赤衛隊》、《草原雄鷹》、《大河奔流》等。

上海電影製片公司成立

4月1號，上海電影製片公司在上海皇后電影院舉行成立慶祝大會。公司以原上海製片廠爲主改組成立，其性質既是行政性的，又是經營企業性的。

機構以及人員設置：

經理袁文殊

副經理蔡賁、林琳、張駿祥、瞿白音

顧問于伶、佐臨、柯靈、陳西禾、辛漢文、陸潔

公司下屬10個單位（其中三個故事片廠）：

江南電影製片廠	廠長應雲衛
海燕電影製片廠	廠長沈浮
天馬電影製片廠	廠長陳鯉庭
科學教育電影製片廠	廠長洪林
美術電影製片廠	廠長特偉
電影譯製片廠	廠長柯崗
電影技術供應廠	廠長柯兆璋
電影演員業餘劇團	團長金焰
電影樂團	團長王雲階
上海電影發行公司	

袁文殊（1911— 1993）

評論家，劇作家。廣東興寧人。曾任左翼劇聯廣州、上海分盟的領導，負責戲劇理論研究組工作，從事戲劇、電影評論活動，後赴延安任魯藝教員。新中國成立後歷任電影局劇本創作所所長、上影廠廠長、上海市電影局局長等職。著有電影文學劇本《遼遠的鄉村》，論文集《電影求索録》、《影壇風雲録》等。

整風運動和反右派鬥爭

4月27日，中共中央發出《關於整風運動的指示》，决定普遍地、深入地開展反官僚主義、反宗派主義、反主觀主義的整風運動。文化部及其直屬單位遵照中共中央的指示，於5月到12月間開展黨内整風運動。6月8日，中共中央又發出毛澤東親自起草的《關於組織力量準備反擊右派分子進攻的指示》，隨即在全國範圍内展開了一場大規模的反右派鬥爭。

在反右派鬥爭中，在京的電影工作者以中國電影工作者聯誼會名義召開了15次批判鍾惦棐的大會。同時，長春、上海電影界也先後批判了沙蒙、吕班、郭維、石揮、吴永剛、吴茵等著名電影創作人員。文化部機關及其直屬各單位被錯劃爲"右派分子"的有415人，其中電影局及其直屬各單位錯劃"右派分子"133人，他們當中的大多數人分别受到開除公職、勞動教養、撤職、降級、開除黨籍、開除團籍等處分，從此被迫離開電影創作和電影工作崗位。1978年，根據中共中央指示，經過復查，對錯劃"右派分子"予以平反。

電影界部分被錯劃爲"右派分子"的名單

荏蓀、李華、吕班、黄粲、郭維、齊錫寶、方滎、王濱、徐渭、王崇、盧淦、雷鏗、包月千、黄野、陳戈、董吉深、羅泰、敬然、方化、馬琳、劉正談、方振翔、曾亞傑、吕小秋、郭德盛、楊公權、張家瑞、張藴波、李秉洙、張宗勳、王樹理、周永順、楊振聲、遲全、安虹、孫正東、馬林、楊鳴、鄭重、方昊俊、高鳳、張辛實、項堃、石揮、陳維文、戴浩、吴永剛、吴茵、吴祖光、方詩、李景波、周彦、馬國亮、孫明經、陳天國、鍾惦棐、沈默君、王震之、陳明、張國昌、白沉。

1957年（臺灣）

大事記

1月2日 白克編導《瘋女十八年》在臺北首映很博得好評。女主角小艷秋因此片一舉成名。

1月7日 國語片名攝影師莊國鈞導演的第一部臺語片《金姑看羊》，與香港臺語片鬧雙胞，今起搶先首映。

3月17日 日僑瞿勉的遠東製片公司、香港胡晉康的明華電影公司和黃卓漢的自由影業公司，申請在臺灣設電影製片廠。

3月25日 "農教"出品《軍中芳草》中穿插平劇《木蘭從軍》的彩色片段，送羅馬參加第三屆國際特種影片展，獲特別獎。

5月1日 導演胡金銓在《聯合報》的《藝文天地》發表他第一篇電影論文《交替反應和電影語言》，當時胡金銓在電影圈還是初入行的演員。

5月1日 臺製紀錄片《臺灣手工藝》，正式入圍法國戛納電影節。

5月23日 臺語紅星田清，小雯，小燕主演的《何日花再開》，今起在臺北市四院首映。該片創臺語片兩項紀錄：1.小雯一人飾兩角；2.四院同時聯映臺語片。

5月24日 第四屆亞洲影展在東京頒獎閉幕，"中影"《錦綉前程》陳燕燕得最佳女配獎，《歸來》張小燕得最佳童星獎。

6月29日 本省實業界人士組成新陸電影企業公司，陸續開拍臺語片《思想枝》、《路邊草》、《天不絕人路》等片。

10月10日 爲提高國片製作水準，增進影人自修機會，"臺製"廠長龍芳以私人力量，創辦《電影學報》雙月刊，是當時唯一學術性專業電影刊物。

11月1日 由《徵信新聞》(《中國時報》前身)主辦的第一屆臺語片影展在臺北藝術館舉行開幕典禮，來賓謝東閔等分別致詞。

本年 東華影業公司投資拍臺語片，《麻瘋女》(潘壘編劇，李嘉導演)、《唐三藏救母》(周旭江、白克合導)。

本年 華聯影業社成立在淡水設有專屬萬國製片廠。張英介紹好友申江執行導演，在該廠連拍《破網補情天》(《補破網》鬧雙胞改名)、《何日花再開》、《半路夫妻》、《寶石花》四部時裝片，都是小雪主演。

本年 臺語片攝製進高潮，《水蛙記》(郭柏霖導演)、《路遥知馬力》(汪榴照導演)、《鬼婆》(王大川導演)等陸續完成。

本年 袁叢美離開"中製"，自組華僑影業公司，自製自導以其妻夷光爲主角的《阿美娜》、《良心與罪惡》等片。

重要影片

《妙英飄零記》

出品：漢興影業公司
導演：辛奇 **編劇：**雲鵬 **攝影：**洪慶雲
主演：文夫 小雪 雲龍 丁鶯

改編自大陸默片《娼門賢婦》。原來片中母親是私娼，現在改成酒女，在臺灣是不名譽的職業，主要寫貧苦寡母培養女兒成長、戀愛、受盡各種委屈的母愛。

《邱罔舍》的宣傳單

《邱罔舍》

出品：藝林影業公司
導演：張深切 **製片：**陳逸松
攝影：劉立意
主演：陳力維 呂真玉 許圓月 蔡空空

邱罔舍本名邱霞，是本省的傳奇人物，曾參加科舉考試落第，後來才知道他的學友金榜題名，是賄賂考官得到的。從此，他常用機智或金錢愚弄他人，得到快樂。後來遇到村姑喜雀時，金錢魔力竟失靈，於是，他的人生觀又再度轉變。由12個小故事構成，有愛、有恨。是最早的閩南語喜劇片。

《臺南霧夜大血案》

出品：興亞電影企業公司
導演：白克 **編劇：**洪信德
攝影：簡萬成
主演：白蘭 康明 林琳 紫雲

林謙三因情人李麗紅拒絶與他來往，竟將阻礙他的妻子刺死。李麗紅勸謙三自首，反被謙三認爲她知情，要一並殺害，正危急時，跟蹤的警察出現，謙三被捕，判處死刑。

《妙英飄零記》劇照

《五子哭墓》

出品：中一行影業部
導演：唐紹華 **編劇：**仰光
演員：春美 玉琴 小燕 朱玉郎

描述明朝劉繼宗亡妻後再續弦，而後娘嫉恨前妻所留下的五個孩子。在一次老二病重，劉繼宗不得不出遠門替老二治病。後娘抓住機會，把所有的家丁趕走，想盡辦法，用最狠毒的手段來陷害五子，以達成她霸佔劉家財産的目的。

《母子淚》

出品：高和影業公司
導演：宗由
編劇：慕容鍾
主演：柯玉霞 李水土 黄志清 英英

根據黑岩泪相原著《野之花》改編。女主角出身貧苦，在封建大家庭中受欺侮，留書出走，自殺未遂，吃盡苦頭。另一方面，兒子受後母虐待，思念母親，在歷盡辛酸後，終於母子重逢。

《薄命花》

出品：美華影業公司
導演：辛奇
編劇：李川
製片：王華楷
主演：陳揚 陳茵 龍雲 露芳 天谷

彩雲被養父賣給私娼館，富商陳萬貫爲彩雲贖身金屋藏嬌，太太麗燕知悉後迫彩雲脱離萬貫。彩雲脱去舞衣進入工廠，並與情人志明同居。不久志明過勞成疾，其母趕走彩雲。彩雲受傷住院，臨終前託囑志明照顧妹妹彩鳳。

抗日電影《青山碧血》

本年，華興電影公司出品表現臺灣原住民抗日的影片《青山碧血》。本片把1930年10月27日霧社原住民起義反抗日人暴政凌辱的悲壯事跡搬上銀幕，而且克服了一般影人不敢嘗試的諸多艱難。當時山地交通不便，電力不足，晚上没電燈。到原住民部落（高山地區）拍電影，要携帶大小燈、發電機、攝影機、録音機外，還要自備糧食蔬菜。導演何基明爲要克服困難，以身作則，自己携道具爬山，男演職員跟進。每人都兼多項苦力職務，女演員也自動幫忙挑米擔菜。在電影史上該是難得一見的克難部隊。

日治時代留日學電影的何基明，學成歸來，在當年臺中市政府擔任山地巡迴放映師，常到山地各部落放電影，收集不少霧社事件第一手資料，包括警方日記、參加者的口述等，認爲是最好的拍電影題材，也是電影人責無旁貸的使命。雖然申請軍方支持未獲准，無法拍戰爭場面，但前半部事件仍值得拍，因此何基明不惜辛苦領導同仁，致力完成。

《青山碧血》劇照

《青山碧血》

出品： 華興影業公司
導演： 何基明　**編劇：** 洪信德　洪聰敏
攝影： 何錂明
主演： 洪洋　歐威　何玉華　朱淑美

根據日據時期“霧社抗日事件”編寫。日人對臺灣原住民有如對待奴隸，殘忍暴戾。10月27日，霧社公學運動會升旗時，埋伏操場的原住民在頭目一聲令下，奮勇殺進操場，殺死134名日本人，並接管霧社地區。事後日軍動員陸、空軍圍剿，施放毒氣，鎮壓起義。本片獲臺語片影展最佳編劇獎。

附録：
郭進作：《值得重視的〈青山碧血〉》

本片除主題外，製作態度亦稱嚴謹。編劇在資料素材上有些豐富的搜集，雖然劇情編織技巧未臻於精煉，人物對話尚欠揣摩，但故事的進展却平實完整。導演對故事情節直叙鋪展，畫面展開於層巒疊翠之間，襯以雄渾合唱，展露氣宇不凡。山胞行獵獲鹿，月下歌舞慶功，對山胞的英武與純樸介紹甚好。其後劇情轉入日人徵集山胞，砍伐森林搬運巨木，稍有遲怠則棍棒笞楚，日警的殘忍暴戾，山胞的屈辱如牛馬，攝來均無誇張而具實感，亦爲劇情“衝突”伏下必然之勢。日人强迫嫁娶，拆散山胞婚姻，自然引出革命行動的領導人物。山女被迫出嫁一場，素妝和服乘牛而去，戀人無以救，老母掩面而泣，襯入哀傷歌聲，情景凄婉感人良深，表現如此在臺語片中實難多得。日警倚勢作惡，酒食爭逐調戲婦女，與山胞的生活疾苦精神困鎖對照鮮明，而更增劇情激盪之力。其中巫婆作法、日警偷鷄等均有助渲染，復具穿插調節之功，山胞不堪奴役，思謀反抗驅殺日人，奔走聯絡指天盟誓，採用山胞合用竹筒飲酒等習俗，表現團結的精誠，也是有力之筆。山胞酒醉，率爾毆擊日警，一番打鬥極爲逼真，在國片中亦屬罕見，同時亦爲以後行動、高潮激起浪花。不過此時忽然加入一場婚禮，又配上現代《結婚進行曲》，備覺破壞情緒。此後，山胞行動緊張，漸入高潮。起義前的一場歌舞有誓師之意，可惜此種情緒未能在歌舞中充分表達。山胞起義襲殺日警，幾場打鬥較之日片並無遜色。最後，圍攻日人的槍戰堆砌亦佳，鏡頭運用則因剪接之故，“射”與“中”未能全部配合妥帖。最後山女被流彈射殺，戀人撫屍傷痛一場，事前介紹描寫不够，因而感人不深，非常可惜，幸而結尾山胞獲勝，結隊高歌行進於山谷之間，氣勢雄偉壯麗。鏡頭復攝青山蓊鬱，紀念碑巍峨聳立，碧血英風，使人倍增崇敬之思。

本片男女主角均屬新人。男主角洪洋，氣宇不凡，剛傑之氣不流誇張至爲難得；女主角何玉華，意態温婉一派真純，前半部演來稍覺生硬，至出嫁之後已見自然。飾演日警川島的武拉運，如能稍去誇張，可獲很大成就。飾吉村的李松福、杉浦的何木澤及猛那路通的許成邦等，也有扶襯之功。片中的“山胞”演員，出現自然，使本片更具實感。

據聞本片係用手提“愛母”攝影機“克難”拍攝，畫面鏡頭卻並不輸由大機所攝者，推拉鏡頭難以使用，間有一處運用却是不錯；至於配音，未能十分符合動作，是技術上處理的困難。製作者在財力、物力的限制下，“克難”求精，真要愧煞國語電影界的衮衮諸公。

（《聯合報》，1957年7月27日）

影片目録

中影　《夜盡天明》
自由　《山地姑娘》、《日月潭之戀》
臺製　《翠嶺長春》
中製　《奔》、《養女湖》
華興　《薛平貴與王寶釧二集》、《青山碧血》、《王懷義買父》
南洋　《基隆七號房慘案》、《運河殉情記》
高和　《薛仁貴與柳金花》、《母子淚》、《茫茫鳥》、《海邊風》、《苦戀》
漢興　《赤崁樓之戀》、《大橋情淚》、《妙英飄零記》、《嘉慶君過臺灣》
聯合　《瘋女十八年》、《呂洞賓》、《慈雲太子走國》
信達、信東　《路遥知馬力》、《鬼婆》
萬國　《甘國寶過臺灣》、《情海風暴》、
大茂　《痴鳳尋夫記》、《何日花再看》
其他　《紅塵三女郎》（長河）、《夜來香》（華光）、《心酸酸》（臺藝）、《邱罔舍》（藝林）、《唐三藏救母》（海通）、《春天後母心》（建南）、《失妻得妻》（鳳華）、《風城情波》（新光、寶島）、《十年命運》（星光）、《金姑看羊》（中一）、《水蛙記》（信谅）、《佘姑看羊》（閩聲）、《破網補情天》（華聯）、《薄命花》（同益、美華）、《河邊春風寒》（大來）、《蘇文達薄情報》（中華）、《鳳嬌會李旦》、《三莱》、《陳春生與馬義順》（必達）、《愛情十字路》（臺聯）、《誰的罪惡》（漢光）、《火葬場奇案》（華安）

《養女湖》在日本受到惡評

5月12日，"中製"參加亞洲影展代表作《養女湖》，於5月8日起臺北國際戲院首映。中製廠能放棄國軍宣傳，把開麥拉轉到臺灣農村，拍攝本土青年男女的悲戀，向惡風俗抗議，是個可喜的新路線。不料該片在亞展遭受日人惡評，認爲影片敢來參展應頒"勇氣獎"，臺灣報紙一致抨擊，中影李葉因此丟官。中製廠長張進德，更爲此提早退休。

《養女湖》劇照

《甘蔗姑娘》的惡運

本年，香港自由公司在臺灣拍的彩色片《甘蔗姑娘》，是在臺灣拍攝的第一部彩色片，備受各方重視。劇本由《中央日報》記者朱家軒和國民黨中央黨部第六組陳舍（本名姚秉凡）所寫，以"臺糖"增産報國爲背景，透過一個養女出身的女工，發展出各種關係，宣傳臺糖的進步。由於該片有助"臺糖"的國際宣傳，"臺糖"全力協助，不但提供外景隊食宿招待所，拍片所需人員及場景也儘量提供，包括兩百多位女工表演的康樂會場面，當地縣政府、縣黨部、議會、軍友社等單位，每晚排期宴請全體工作人員。

黄卓漢在回憶録中説：拍《甘蔗姑娘》是他從影生涯中工作最愉快的一次經歷。其實《甘蔗姑娘》也是他從影生涯中，賠得最慘的一部。原因就是"臺糖"招待太好，有些爲"臺糖"宣傳的場面未認真删除，其中左一個開會，右一個開會，尤其糖廠旁有反共抗俄的標語也未完全遮去，新加坡、馬來西亞拒映，等到有關畫面完全删剪後，又影響劇情的連貫性，賣座凄慘。在臺灣首映時，票房也很差，血本無歸。自由公司負債累累，到70年代才還清債務。

《甘蔗姑娘》劇照

看好臺語片前景，民間大量興建廠棚

因臺語片炙手可熱而帶動的民營製片風潮，在經歷了克難製片、向公營廠租用廠棚兩階段後，爲長遠打算及因應大規模製片的需要，有數家民營電影公司着手或計劃自行搭建廠棚，已搭建完成的有七家，刻正計劃中的有六家，建廠熱潮方興未艾。

民間最早搭建完成的製片廠是臺中華興電影製片廠。該廠負責人何基明早在臺語片興起前數年，即在屋前建造一座簡單的攝影棚，以家族經營的模式拍攝紀録片和連鎖劇。近一兩年趁着臺語片熱潮，何基明利用早先的廠棚和設備一方面自行拍攝臺語片，另一方面也接受同業委託代拍，逐步擴建，目前已達到佔地千餘坪的規模，其設施包括一間百餘坪的攝影棚、辦公室、沖洗室、印片室、烘乾室、剪接室、演員宿舍、化裝室、飯廳，以及可搭建外景的空地，雖然硬設備尚不齊全，但已是民營片廠中數一數二的優良拍片場地。

除了華興製片廠外，全省各地已完工的廠棚尚有汐止製片廠（凌波影業公司經營）、淡水的新興製片廠、萬國製片廠（華聯影業社經營）、豐原的龜山製片廠、南投的草屯製片廠，以及嘉義的南洋製片廠（南洋影業公司經營），其中有多處都是利用舊倉庫或停業的戲院改建，因此較爲簡陋。計劃搭建製片廠的電影公司則有國藝電影公司、大同影業公司、信達影業社、藝林電影公司、南洋影業公司及長河影業公司等六家。

臺語片四演員（左起）：何玉華、賴德南、洪明麗、洪洋

徵信新聞社舉辦臺語影業促進座談會

8月16日，徵信新聞社在臺北中國之友社舉辦"臺語電影事業促進座談會"，針對目前臺語製片的種種問題邀請臺語片編、導、演、製各方面人士廣泛交換意見。座談會由徵信新聞社社長余紀忠親自主持。他首先指出，臺語片在臺灣電影事業中的歷史很短，製片的內容技巧也還不够純熟，但不可否認的，臺語片在臺灣擁有大量的觀衆，其影響力不容忽視，因此必須好好輔導督促其走上正軌發展的道途，才是道理。

座談會的主題包括臺語片的檢討與改進、臺語片的困難與解決之道，以及希望於政府扶助者。白克指出，初期臺語片的內容70%取材自歌仔戲和民間故事，無法反映社會現實；而臺語片目前產量多，但演員人才缺乏，素質不高，這些都是臺語片需要改進的地方。座談會結束之前，現場14家臺語製片公司並聯名提議由徵信新聞社每年舉辦一次定期性的臺語片影展，冀能從觀摩與競賽中促進臺語片的進步與發展。此案當即獲得余社長首肯，並宣佈成立"臺灣電影事業研究發展小組"，負責設計和籌備影展事宜。

臺語片金馬獎頒獎

11月30日，由徵信新聞社主辦，臺北市影片商業同業公會、臺北市電影戲劇商業同業公會、臺灣省電影戲劇商業同業公會聯合會協辦的第一屆"臺語片影展"，在臺北國際學舍舉行閉幕典禮。典禮由徵信新聞社社長余紀忠主持，評審委員陳紀瀅當場宣佈各項競賽及觀衆票選獎得主，其中"金馬獎"獲獎者每人頒發一座金馬獎，以象徵中國古代英雄。

得獎名單：最佳影片：（從缺）；最佳編劇：洪聰敏（《青山碧血》）；最佳導演：張英（《小情人逃亡》）；最佳男主角：康明（《萬華白骨事件》）；最佳女主角：柯玉霞（《三美爭郎》）；最佳男配角：歐威（《金山奇案》）；最佳女配角：洪明麗（《基隆七號房慘案》）；最佳童星：黃慧書（《小情人逃亡》）；最佳攝影：陳忠義（《心酸酸》）；最佳故事：張深切（《邱罔舍》）；最佳技術：莊國鈞（《萬華白骨事件》）；最佳音樂：（從缺）。

銀星獎得獎名單：小艷秋、小雪、何玉華、柯玉霞、洪明麗、田清、白蘭、白蝶、趙震、林翠華。

優勝得獎名單：戽斗、小雁、洪洋、李佩伶、白蓉、鷺菁、張麗娜、鍾瑛、歐威、李蕾。

第一屆"臺語片影展"金馬獎評審員名單：蘇薌雨、陳紹馨、李曼瑰、陳紀瀅、郎靜山、藍蔭鼎、陳清汾、袁叢美、吴強、舒曉春、李金土、劉達人、鄭炳森、林海音。

柯玉霞（1936—　）

臺灣屏東人，早年在菸酒公賣局屏東分局任中文打字員，1956年考入南洋公司，參加演出第一部臺語片《運河殉情記》後，被外借大茂公司主演《痴鳳尋夫記》，一舉成名。此後曾爲信達等公司主演《鬼婆》、《路遥知馬力》、《三美爭郎》等閩南語片，1957年以《三美爭郎》榮獲徵信新聞主辦之臺語片金馬獎最佳女主角。1958年被中影公司羅致主演國語片《苦女尋親記》及《懸崖》等。

1958年徵信新聞報主辦的臺語影片展，最佳女主角柯玉霞和最佳男主角康明

1957年度臺北市十大賣座影片

國語片

片名	天數	票數	總收入	出品公司
窈窕淑女	70	128 221	506 084.60	邵氏
情場如戰場	51	119 721	466 341.80	電懋
四千金	47	108 916	430 408.40	電懋
錦綉前程	41	91 895	407 045.30	中影
金蓮花	40	99 429	390 191.30	電懋
美人魚	45	96 729	369 967.90	新華
娘惹與峇峇	39	87 581	347 091.40	國泰
天作之合	39	92 521	343 591.60	國泰
亡魂谷	41	88 163	339 155.50	國泰
曼波女郎	39	75 903	307 374.40	電懋

臺語片

片名	天數	票數	總收入	出品公司
基隆七號房慘案	36	114 277	481 599.90	南洋
瘋女十八年	26	77 390	331 521.30	大同
雨中鳥	28	79 314	324 175.20	新興
望春風	24	70 841	301 182.90	永達
水蛙記	18	63 736	277 754.30	信達
誰的罪惡	23	44 294	253 642.60	金山
赤崁樓之戀	21	5 434	253 235.60	金山
何日花再開	22	59 223	244 153.80	華聯
心酸酸	22	56 605	240 687.50	臺藝
海邊風	20	55 314	235 253.40	明星

1957年（香港）

大事記

本年 新新電影企業有限公司成立，創辦人袁仰安。創業作是和長城電影公司合拍的《阿Q正傳》。

香港"國家片場"的創辦人和主持人鄺贊，用自製的攝製寬銀幕電影的特製鏡頭，攝製了香港最早一部粵語寬銀幕電影《木蘭從軍》。

《華僑晚報》舉辦第一屆"十大國語明星及十大粵語明星"評選活動。

重要影片

《情場如戰場》劇照

《情場如戰場》

出品： 電懋公司
編劇： 張愛玲
導演： 岳楓
主演： 林黛　秦羽
張揚　陳厚　劉恩甲

根據秦羽原著小説改編。姐妹倆的表哥喜歡姐姐，妹妹喜歡另一青年。爲了"刺激"那青年，妹妹轉而追求表哥。青年見狀却去追求姐姐。姐姐也爲了氣氣表哥，而去"追求"胖教授。最後姐妹倆各自嫁給了心上人，胖教授爲他們做證婚人。

《紫釵記》

出品： 寶鷹公司
編劇、撰曲： 唐滌生
導演： 李鐵
主演： 白雪仙　任劍輝
梁醒波　蘇少棠

根據湯顯祖同名傳奇改編。隴西詩人李益流寓長安，拾得霍王庶出女小玉之紫玉釵。李借還釵之機提親，霍家許之。李益高中狀元，盧太尉强令他爲婿。一日，一黄衫客將李益帶到卧病的小玉床前。李將盧奸計一一道來，得到小玉原諒，夫妻得以團圓。

《紫釵記》劇照

《四千金》獲金禾獎的11項大獎

電懋公司的《四千金》囊括第5屆亞洲電影節金禾獎主要獎項，包括最佳影片和最佳編劇、最佳導演、最佳男女主角等在内的11項金禾獎，轟動一時。

《四千金》

出品： 電懋公司
編劇： 秦亦孚
導演： 陶秦
主演： 葉楓　林翠
穆虹　蘇鳳
陳厚　王元龍

根據鄭慧同名小説改編。王四爺家有四個女兒：大女兒端莊嫻熟，爲人忠厚；二女兒美艷照人，性格放蕩；三女兒希棣美麗狡黠；小女兒四妹年幼，純潔善良。王四爺本希望四個女兒依次出嫁，不想小女兒先離家私奔，二女兒終因沉醉於玩樂而自毁。

《四千金》後來拍了續集《蘭閨風雲》。

"《四千金》最明顯的成功之處是角色的塑造、編導對角色塑造和節奏拿捏得準確，這些設計不僅使得影片娱樂性十足，也讓觀衆不知不覺地接受電影的'道德教誨'"（《陳國富電影文集》中對《四千金》的評介）

《四千金》劇照

邵氏公司片場

香港首部木偶劇電影《芙蓉仙子》問世

《芙蓉仙子》

出品：長城電影公司
改編：陳冠卿　導演：黃域
主演：李新　鄭青山　李鴻等

改編自蒲松齡的小説《聊齋志異》。是中國第一部彩色木偶長片。由廣東木偶藝術團演出。

《芙蓉仙子》海報

邵氏兄弟有限公司成立

原在新加坡、馬來亞主持邵氏兄弟有限公司（經營發行放映）的邵逸夫、邵仁枚於1957年在香港創辦邵氏兄弟（香港）有限公司（簡稱邵氏公司），邵逸夫出任總裁，總經理周杜文，副總經理鄒文懷負責製片。此後，邵氏父子影業有限公司不再製片，專營戲院及影片發行業務。

成立之初的邵氏公司聘請李翰祥，拍攝了《貂蟬》、《江山美人》、《倩女幽魂》等古裝巨片，在香港影壇引起重大反響；之後設粵語片組，負責人周詩禄兼任導演，先後拍攝粵語故事片《寶島明珠》、《陰陽配》、《婚變》、《過埠新娘》、《榴蓮飄香》、《花花世界》等20多部。60年代初，邵氏公司已在九龍郊區清水灣建成邵氏電影城，擁有10多座攝影棚，並建有皇宮、庭院、高塔、長橋、寺觀、街道等内外場景，以及彩色洗印車間、録音車間等，具備每年攝製故事片50部的能力。

與此同時，邵氏還大力提拔新導演張徹、胡金銓、桂治洪、鮑學禮、程剛、午馬、丁善璽，並從粵語片界吸收秦劍、楚原、徐增宏、劉家良、唐佳、韓英傑等，另從日本、韓國邀請各類人才。1960至1969年間，共攝製《後門》、《畸人艷婦》、《不了情》、《千嬌百媚》、《楊貴妃》、《花團錦簇》、《王昭君》、《梁山伯與祝英台》、《山歌戀》、《血濺牡丹紅》、《萬古流芳》、《藍與黑》、《大醉俠》、《獨臂刀》、《烽火萬里情》、《金燕子》、《珊珊》等故事片235部。

70年代間，方逸華繼鄒文懷之後開始主持邵氏公司的製片工作，拍攝《新不了情》、《十二金牌》、《水滸傳》、《十四女英豪》、《傾國傾城》、《洪拳小子》、《乾隆下江南》、《陸阿采與黄飛鴻》、《多情劍客無情劍》等341部影片。可以説，從發展初期開始，邵氏公司就在建立大廠形象之時積極嘗試不同類型的大小製作，如李翰祥的古裝巨片、陶秦的大型歌舞片、岳楓的倫理片、何夢華的越劇戲曲片以及各種鬼怪片、殭屍片、偵探奇情片、艷情片、武俠片、瓊瑶文藝片、青春片以至詹姆士·邦德式動作片等等，成爲香港影壇首屈一指、最具實力的電影機構。邵氏公司的成功，是與其"統一集權的家族式管理"、"長遠的投資策略"和"多元靈活的製作路線"聯係在一起的。

邵氏公司是香港歷史最長久和出産影片最多的電影公司。它從1934年（其前身"天一港廠"成立起計）至1986年已有52年歷史（包括天一港廠和邵氏父子公司），出産過1000多部故事片。

因因循守舊，至1980年代中期起，邵氏公司開始日漸被邊緣化。之後因適應不了新時期的發展而轉向電視業，原邵氏院線也爲新崛起的德寶電影公司接手，最後基本停止了電影製作，因而錯失了香港電影"黄金十年"機會。最近其電影音像版權出售給東南亞一財團，該財團將邵氏影片出版了系列DVD。20年後，人們對邵氏重有了一番"懷舊熱"。

邵逸夫（1907—　）

製片家。原名邵仁楞，浙江寧波人。1925年協助長兄醉翁創辦上海天一影片公司；1928年和三兄仁枚到南洋開拓天一影片公司海外市場；經多年奮鬥，在南洋建立了龐大的邵氏兄弟影業娱樂機構。1933年起支持天一港廠後身——南洋和邵氏父子影片公司攝製了100多部粵語片和國語片。1957年在香港清水灣創辦了邵氏兄弟影片公司和大規模的、現代化的邵氏影城。近30年時間出産了700多部電影，其中不少得獎作品，對香港電影事業的發展極有貢獻。1977年獲英國頒予的爵士勳銜，1980年獲香港大學頒給名譽法學博士名銜。

1990年代起，邵逸夫爲内地多家大學捐款贈建了多間教學大樓、圖書館，爲内地高等教育建樹良多。新世紀來臨，再創爲補諾貝爾獎不足而設的邵逸夫獎，包括有生命科學和數學等，獲獎者獎金爲100萬美元。至目前已舉辦了兩屆（每兩年一屆）。

主要影片目録

本年度香港共出品影片244部，粵語片爲142部，國語片58部，閩南語片39部，潮語片1部，木偶片1部，紀録片4部。

電懋　《曼波女郎》（國語）、《情場如戰場》（國語）、《璇宫艷史》、《四千金》（國語）、《天作之合》（國語）、《黛緑年華》

新聯　《合珠記》、《烈女春香》、《對錯親家》、《誰是兇手》

長城　《鸞鳳和鳴》（國語）、《鳴鳳》（國語）、《芙蓉仙子》

大聯　《刁蠻郡主戲玉郎》、《無頭東宫生太子（上集）》、《無頭東宫生太子（下集大結局）》

亞洲　《半下流社會》（國語）、《愛與罪》（國語）

干戈　《七氣蘇秦》、《亞蘭嫁亞瑞》

越華　《荔枝記》、《王老虎搶親》

鳳凰　《男大當婚》（國語）、《太太傳奇》（國語）、《搶新郎》

華僑　《雷雨》、《啼笑姻緣》

永利行　《一樓風雪夜歸人》、《傻仔洞房》

光藝　《唐山阿嫂》、《九九九海灘命案》

邵氏　《馬戲春秋》（國語）

其他　《穆桂英楊宗保大破天門陣》（義友）、《復活的玫瑰》（國語）（太平洋）《薛仁貴三戰柳金花》（國華）、《呆佬添丁》（達豐）、《釵頭鳳》（銀光）、《荒唐鏡五鬥陳夢吉》（雲峰）、《酒色財氣》（國語）（華僑聯合）、《七世夫妻》（閩南語）（良友）、《公主刁蠻駙馬驕》（重光）、《馬路小天使》（國語）（新天）、《真假俏郎君》（寶峰）、《恩愛冤家》（植利）、《狀元紅》（寶華）、《魚腸劍》（玉聯）、《珠江河畔》（文華）、《血染黄金》（中聯）、《游龍戲鳳》（國語）（金龍）、《梅開二度》（東方）、《十五貫》（金碧）、《天涯歌女》（國語）（自由）、《洛神》（大成）、《黄飛鴻二龍爭珠》（聯合）、《苦鳳鶯憐》（越光）

《洛神》

出品：大成影片公司
編導：羅志雄
主演：芳艷芬 任劍輝 麥炳榮 劉克宣

曹操伐滅袁紹，得甄氏。子曹丕、曹植皆有愛慕之意，曹操將甄氏賜與曹丕。曹丕代漢而立魏文帝，因嫉恨曹植的才情及其與甄氏的戀情，在處死甄氏後，貶曹植遠離京畿。後來，曹丕生悔疚，召曹植返京。在途中，曹植在于川山見到已成洛川女神的甄氏，由此寫成千古名篇《洛神賦》。

《洛神》劇照

《搶新郎》劇照

《搶新郎》

出品：鳳凰公司
編導：朱石麟　主演：夏夢　高遠　李清　姜明

秀才李玉在街頭看到賣藝女彩鳳，兩人互相產生好感。這時，錢塘縣令奉皇上旨意，要選美女進京。於是，全城有女兒的人家紛紛爲自己的女兒搶新郎。李玉才貌雙全，被王員外家搶去。李玉在夜裏逃走，無意中落到彩鳳家。兩人喜出望外，當夜拜堂。後來李玉又被縣官太太搶去，彩鳳女扮男裝去尋夫，於是上演了三家爭搶新郎。

《曼波女郎》

出品：電懋公司
編導：易文　主演：葛蘭　陳厚　劉恩甲　紅薇

李愷玲被同學稱爲曼波女郎。在她20歲生日這天，史美倫惡意公開了愷玲的身世之謎。愷玲突遭打擊，同學們都來安慰她，史美倫也表示道歉。養父母爲她舉行了盛大的生日舞會。愷玲被生母和養母的真情所動，又成了幸福的曼波女郎。該片多首插曲旋律優美，曾被傳唱一時。

《曼波女郎》劇照

《半下流社會》

出品：亞洲影業公司
編劇：易文　導演：屠光啓
主演：劉琦　陳厚　張瑛

改編自趙滋藩的同名小說。《半下流社會》"是一部反映流亡在香港的內地知識分子艱苦生活的寫實片。"（杜雲之語）"製作認真，是難得的寫實片佳作。"

《珠江淚》等五部影片獲文化部優秀影片榮譽獎

4月11日，文化部在北京舉行1949 — 1955年優秀影片授獎大會。《珠江淚》（南國影業公司出品）、《絶代佳人》（長城電影公司出品）、《一板之隔》（龍馬影業公司出品）、《一年之計》（鳳凰影業公司出品）、《春》（中聯電影公司出品）等5部港產影片獲文化部榮譽獎。香港獲獎人員代表夏夢在會上講話。

夏衍向夏夢頒獎

《新寡》被內地觀衆評選爲十大優秀影片之一

《北京日報》、北京人民廣播電臺聯合舉辦優秀影片評選活動，港産影片《新寡》（長城電影公司出品；主演夏夢等）被評選爲十大優秀影片之一，排名第五位。郭沫若爲該片題字："向影片《新寡》全體工作同志致敬！這不純粹是殖民地風光，這是封建家庭的形象。人的尊嚴放射着不朽的光芒！"

夏夢（1932—　）

演員、製片家。原名楊濛，江蘇蘇州人，生於上海，15歲時移居香港。曾在瑪利諾女書院攻讀。1950年進入長城公司當演員，主演《禁婚記》一鳴驚人。之後主演了40餘部影片，代表作有《絶代佳人》、《新寡》、《孽海花》、《三看御妹劉金定》、《故園春夢》等。1967年息影從商；1978年創辦青鳥電影公司。公司出品的《投奔怒海》、《似水流年》等獲得香港電影金像獎最佳影片獎等獎項。其中《似水流年》獲得包括最佳影片、最佳導演、最佳編劇、最佳女主角、最佳攝影和最佳新人獎共六個獎項，成爲迄今爲止獲香港電影金像獎最的多電影。她是第五、六、七居全國政協委員及第四、五居全國文聯委員。

1958年（大陸）

大事記

1月　大批電影工作者下放農村，參加勞動鍛煉。

2月3日　《人民日報》發表社論《鼓足幹勁，力爭上游》，全國掀起"大躍進"浪潮。

3月15日　文化部發出《關於促進電影發行放映工作大躍進的通知》，提出全年全國放映400萬場等"躍進"目標。

3月12日　文化部決定將電影局放映網管理處與中國電影發行公司合併，改組爲中國電影發行放映公司，簡稱中影公司。

6月　文化部決定將北影廠、上海電影製片公司、長影廠、北京電影洗印廠等電影單位下放地方管理。

7月10日　《國際電影》雜誌在北京創刊。

8月　西安電影製片廠成立，鍾紀明任廠長。

8月21日　文化部提出《關於完成和爭取超額完成今年電影放映工作躍進任務的通知》。

9月1日　中國電影科學技術研究所在北京成立，司徒慧敏任所長。

9月1日　中國電影資料館在北京成立，王輝任副館長。

9月　《中國銀幕》在北京創刊。

9月　北京電影洗印廠新廠建成投産。

10月1日　經中國上海市委批准並徵得文化部同意，上海電影製片公司撤銷，成立上海電影局，袁文殊任局長。

11月1日—7日　文化部電影局召開製片廠廠長會議，討論國慶十周年獻禮影片生産問題。中宣部副部長周揚提出獻禮影片應當做到内容好（共産主義思想）、風格好（民族形式）、聲光好（各項技術的提高）的"三好"要求。

11月24—27日　文化部召開全國電影發行體制下放會議，討論電影發行業務、財務徹底下放地方的問題。

重要影片

《上海姑娘》

出品：北京電影製片廠
編劇：張弦
導演：成蔭
攝影：朱今明
主演：陶白莉　趙聯
　　　秦文　安然

上海姑娘白玫和青年技術員陸野相愛。由於技術問題，白玫代表甲方堅持原則，與陸野發生爭執，感情幾乎破裂。後陸野覺悟，但白玫已調往西北支援新工地建設。

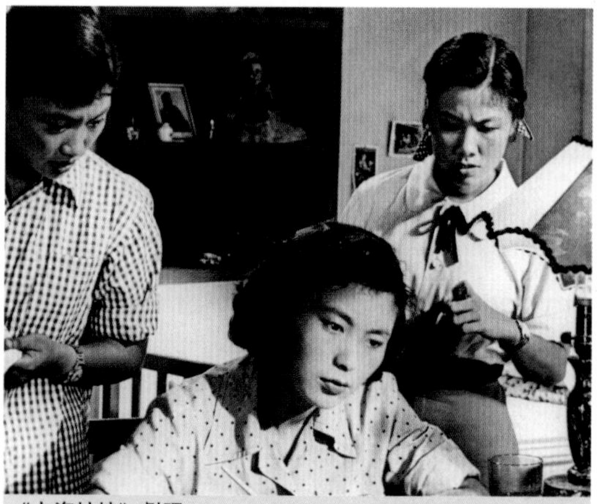
《上海姑娘》劇照

《徐秋影案件》

《徐秋影案件》劇照

出品：長春電影製片廠
編劇：叢琛　李赤
導演：于彦夫　攝影：尹志
主演：沈冰凝　劉增慶　浦克

民政局工作人員徐秋影在結婚前夜被人暗殺。公安局的人員經過調查，發現其實徐秋影曾經進行過特務活動，被暗藏的特務羅精達等人教唆去搜集我方的戰勤情報，她不願意幹，羅就把她殺了。爲了轉移公安人員視線，特務把這件事嫁禍給徐秋影曾經愛過的彭放。

《古刹鐘聲》

出品：長春電影製片廠
編劇：劉寶德　導演：朱文順
主演：龐學勤　田烈　李希達　陳克然

抗日戰爭時期，一伙日僞特務暗藏在一座古廟裏，進行騷擾破壞活動，被我偵查人員王科長發現。王科長將特務一網打盡並且救出了被困廟中的小和尚等人。

《古刹鐘聲》劇照

《畫中人》

出品：長春電影製片廠
改編：梁刿　伊粟　導演：王濱
主演：李憶蘭　白德彰　陳强　李頡

巧姐與莊哥相愛，他們突破皇帝的阻礙，獲得了團聚。

《畫中人》劇照

《英雄虎膽》劇照

《英雄虎膽》

出品：八一電影製片廠　編劇：丁一三
導演：嚴寄洲　郝光　　攝影：蔣仕
主演：于洋　王曉棠　張勇手　胡敏英

解放初，在廣西十萬大山的剿匪運動中，我偵察科長曾泰深入匪穴，連闖四道難關，赢得了敵人信任，最後他將匪徒引入我軍包圍圈內，一網打盡。

《狼牙山五壯士》劇照

《狼牙山五壯士》

出品：八一電影製片廠出品
編劇：邢野　孫福田　和谷岩
導演：史文幟
主演：李長華　高保成
　　　李力　張懷志

抗日戰爭時期，八路軍的五位戰士，爲掩護當地群衆的安全轉移和大部隊撤退，在晉察冀邊區的狼牙山阻擊進犯的日寇三千餘名，最後彈盡糧絶，跳下山崖，壯烈犧牲。

《黑山阻擊戰》

出品：八一電影製片廠出品
編劇：毛烽　陸柱國
導演：劉沛然　郝光
主演：張世凱　張元方
　　　邢吉田　石存玉

1948年，我東北野戰軍發動秋季攻勢。蔣介石急忙調遣五個軍進行增援。我東北野戰軍在力保人民群衆的安全的情况下，與敵人在黑山展開了激烈的白刃戰，打退並圍殲了增援的敵軍。

《黑山阻擊戰》劇照

《花好月圓》劇照

《花好月圓》

出品：長春電影製片廠
原著：趙樹理
編導：郭維
主演：秦漢　田華　金迪　楊啓天

根據趙樹理小説《三里灣》改編。講述經過三里灣裏青年們的鬥爭，他們摒棄了村裏某些落後分子想走個人發家致富的道路，成功落實了村裏開渠、擴社的事情，並且實現了青年們自由結婚的心願。

影片目録（共105部）

長影　《民兵的兒子》、《花好月圓》、《紅孩子》、《水庫上的歌聲》、《古刹鐘聲》、《徐秋影案件》、《工地青年》、《黨的女兒》、《她愛上了故鄉》、《懸崖》、《新的一課》、《並肩前進》、《列兵鄧志高》、《三年早知道》、《黎明河邊》、《女社長》、《心連心》、《患難之交》、《畫中人》、《傷疤的故事》、《春雷》、《帥旗飄飄》、《春水長流》、《白手起家》、《服務員》、《東風》、《快馬加鞭》（與甘肅合拍）、《天下無難事》、《紅領巾的故事》、《寶山之歌》、《火焰駒》（秦腔）

海燕　《小康人家》、《戰鬥的山村》、《平凡的視野》、《紅色的種子》、《深山裏的菊花》、《第三次試驗》、《鋼人鐵馬》、《巨浪》、《常青樹》、《油船火焰》、《夜走駱駝嶺》、《典型報告》、《翠谷鐘聲》、《最聰明的人》、《下鄉和趕脚》（曲劇）、《望江亭》（京劇）

天馬　《前方來的信》、《布穀鳥又叫了》、《蘭蘭和冬冬》、《鐵窗烈火》、《大風浪裏的小故事》、《海上紅旗》、《新安江上》、《黄寶妹》、《二十天革個命》、《英雄趕派克》、《重要的一課》、《鋼花遍地開》、《你追我趕》、《千女鬧海》、《大躍進中的小主人》、《兩個營業員》、《劉介梅》（楚劇）、《珍珠記》（贛劇）、《三毛學生意》（上海滑稽戲）

江南　《苗家兒女》、《兩個巡邏兵》、《無名英雄》、《林沖》、《魯班的傳説》、《愛廠如家》、《第一列快車》、《鐵樹開花》、《鋼城虎將》、《熱浪奔騰》、《卧龍湖》、《三八河邊》、《消防之歌》、《穆桂英掛帥》（豫劇）、《情探》（越劇）

北影　《上海姑娘》、《風箏》（與法國合拍）、《生活的浪花》、《探親記》、《十三陵水庫暢想曲》、《山裏的人》、《一天一夜》、《柳湖新頌》（與安徽合拍）

八一　《三個戰友》、《黑山阻擊戰》、《長空比翼》、《英雄虎膽》、《渡江探險》、《永不消逝的電波》、《狼牙山五壯士》、《金鈴傳》、《破除迷信》、《一日千里》、《返老還童》、《海闊天空》、《縣委書記》、《陽光大道》（未發行）、《紅霞》（歌劇）

珠影　《接班人》（未發行）

1957年最受歡迎國産影片推選活動

《北京日報》和北京人民廣播電臺聯合舉辦推選1957年最受歡迎的10部國産影片活動，有17 279名觀衆參加了投票。中國文聯主席郭沫若爲獲獎的五部故事片、中國戲劇家協會主席田漢爲兩部戲曲片、中國電影工作者聯誼會主席蔡楚生爲兩部紀録片和一部美術片題詞作紀念。

其中故事片5部：

《上甘嶺》	12 868票
《母親》	9 749票
《宋景詩》	8 109票
《鐵道遊擊隊》	8 095票
《新寡》	7 119票

戲曲片2部：

《宋士傑》	6 958票
《李二嫂改嫁》	3 426票

紀録片2部：

《在長征的道路上》	5 979票
《五月的節日》	4 886票

美術片1部：

《驕傲的將軍》	5 317票

《上甘嶺》劇照

周達明　(1906—1995)

攝影師，廣東潮陽人。1927年入友聯影片公司攝影部學徒，1930年開始攝影工作，先後拍攝《荒江女俠》、《新女性》、《迷途的羔羊》、《狼山喋血記》、《王老五》等。抗戰期間拍攝紀録片《北戰場精忠録》，故事片《芳華虛度》、《爲誰辛苦爲誰忙》等。作品還有《大地回春》、《宋景詩》、《上甘嶺》、《不夜城》、《燎原》等。

《上甘嶺》

出品：長春電影製片廠

編劇：林杉　曹欣蒙　肖矛

導演：沙蒙　林杉

攝影：周達明　作曲：劉熾

主演：高保成　徐林格　張亮　李樹楷

抗美援朝戰爭的上甘嶺戰役中，八連連長張忠發臨危受命，帶隊執行主峰陣地堅守任務。戰士們克服坑道嚴重缺水等，互相鼓勵，頑强作戰。在朝鮮軍民的支援和配合下，志願軍取得了最後的勝利。

劉熾 (1921—1998)

作曲家。生於陝西西安，原名劉德蔭。歷任魯藝音樂系教員、作曲兼指揮，中戲歌劇團作曲兼藝術指導，中央實驗歌劇院作曲兼藝委會委員，《歌曲》編輯部編委等職。電影音樂作品主要有《上甘嶺》、《風暴》、《兵臨城下》、《英雄兒女》、《祖國的花朵》、《大渡河》等。

沙蒙 (1907—1964)

河北玉田人，電影導演。1930年代參加左翼戲劇運動 曾在影片《夜半歌聲》、《十字街頭》、《生死同心》中飾演角色。抗戰時期到延安，在魯迅藝術學院戲劇系任教，1948年加入東北電影製片廠任導演，主要作品有《趙一曼》、《上饒集中營》、《上甘嶺》、《汾水長流》等。

《鐵道遊擊隊》

出品：上海電影製片廠

原著及改編：劉知俠

導演：趙明

攝影：馮四知

主演：曹會渠　秦怡　馮喆　馮奇

抗日戰爭時期，魯南一支人稱"飛虎隊"的抗日遊擊隊專門在鐵道線上打擊敵人，牽制日軍。日寇進行圍剿，遊擊隊遂轉戰微山湖。1945年抗戰勝利時，日軍向鐵道遊擊隊投降。

《鐵道遊擊隊》劇照

毛澤東主席視察長影

2月14日，毛澤東主席到長影視察，參觀了兒童故事片《紅孩子》拍攝現場，並與小演員合影。

《紅孩子》劇照

毛澤東與《紅孩子》小演員合影

《紅孩子》

出品：長春電影製片廠
編劇：喬羽　時佑平　導演：蘇里　　攝影：李光惠
主演：陳克然　寧和

紅軍北上抗日後，蘇區兒童團員組成少年遊擊隊，在與白軍的鬥爭中成長的經歷。

中國電影工作者聯誼會舉行主席團委員擴大會議

2月15日，中國電影工作者聯誼會舉行主席團委員擴大會議，通過了《爲繁榮電影創作致全國電影工作者的一封信》，並向廣大電影工作者提出了五項建議，號召電影界"大躍進"。會議還對主席團中的"右派分子"作出處理決定。

附録：《爲繁榮電影創作致全國電影工作者的一封信》（摘録）

向廣大電影工作者提出了五項建議：

一、堅決執行黨號召的多快好省的方針；堅決貫徹執行"文藝爲工農兵服務"和"百花齊放、百家争鳴"的方針；努力創作出風多、封好的有社會主義内容的影片。

二、創作人員積極下放到農村參加勞動鍛煉，密切聯係群衆，改造思想。

三、希望每個電影工作者要有具體規劃。

四、注意和培養新生力量和業餘創作者，擴大隊伍。

五、希望上海、長春的電影工作者聯誼會均以繁榮創作爲一切活動的中心來進行。

對主席團中的"右派分子"作出處理決定：

一、撤銷沙蒙的副主席及主席團委員職務（保留其理事職務）。

二、撤銷石揮、陳維文、吕班三人理事職務；撤銷戴浩的組織部副部長職務，並開除上述四人會籍。

三、撤銷吴永剛、吴茵、吴祖光、方詩、李景波、周彦、郭維、馬國亮、孫明經、陳天國、項堃、鍾惦棐、沈默君等十三人的理事職務。

四、原主席團委員王震之已去世，免除其主席團委員和理事的職務。

電影事業"大躍進"

在全國"大躍進"的狂熱氛圍和浮誇風、"共産風"的刺激下，電影界也是一再掀起"大躍進"的浪潮。2月25—27日，文化部電影局在京召開"電影製片生産躍進會議"，向全國電影工作者發出了增産節約的倡議，並以"鼓足幹勁、力爭先進、比多比快、比好比省、增加産量、提高質量、降低成本、又紅又專、爲工農兵"36個字來勉勵電影工作者，以實際行動促進電影事業的全面躍進。5月25—31日，電影局又召開電影事業躍進工作會議，着重討論了各省、市、自治區建立電影製片廠的計劃及發行放映管理體制問題，大規模擴大放映網計劃、群衆自辦放映隊及如何發揮電影機械工業的潛力等問題。從此，電影界颳起了"躍進風"。

附録：以地方爲主發展電影事業——做到省有製片廠，縣有電影院，鄉有放映隊

在電影事業發展中貫徹黨的社會主義建設的總路線，在五年到十年内，逐步做到各省有電影製片廠，各縣有電影院，各鄉有電影放映隊，這是文化部電影事業管理局在5月25日到5月31日在北京舉行的電影事業躍進工作會議上提出的規劃。

這次會議指出，爲了實現上述規劃，必須在電影工作中實行政治掛帥，電影事業必須積極地爲社會主義建設和工農兵服務，宣傳黨的社會主義建設的總路線，克服電影藝術創作中的資産階級思想，要從六億觀衆出發，創造有高度思想性的和爲工農兵喜聞樂見的、具有鮮明的地方色彩和民族風格的影片。

這次會議還指出，各省市建設電影製片廠應當貫徹邊生産邊建設，自立爲主，老廠大力支援的方針，在建廠中要注意勤儉辦事，因陋就簡，防止在基本建設和機械設備等方面求全、求大、求新、鋪張浪費的偏向。

（《人民日報》，1958年6月30日）

《風箏》、《邊寨烽火》獲國際獎

7月12日—27日，故事片《邊寨烽火》演員王曉棠和達奇獲第十一屆卡羅維·發利國際電影節"青年演員獎"，《風箏》獲"榮譽獎狀"。

《邊寨烽火》劇照

《風箏》

出品：北京電影製片廠
法國加郎斯藝術製片公司
編導：王家乙　羅歇·比果
藝術顧問：比埃爾·普萊凡
總攝影師：亨利·阿爾康
攝影：吴生漢　愛米勒·維萊爾勃
主演：派特里克·特·巴爾地納
茜爾維也娜·羅森堡
錢立·齊曼斯基　謝添

這部首次中外合拍的彩色故事片，頌揚了中法兒童間的深情厚誼，充滿兒童情趣和神話色彩，別具一格。

《邊寨烽火》

出品：長春電影製片廠
編劇：林予　姚冷　彭荆風
導演：林農　攝影：聶晶
主演：達奇　王曉棠　田烈　李壬林

解放初期，邊防軍幫助景頗族人民修建水閘，匪特戈當趁機挑撥軍民關係，使修建水閘的計劃遭到挫折。事實教育了對邊防軍懷有成見的景頗族上層。經過激烈的戰鬥，從境外來犯的數百匪特被全殲。

林農　(1918—2002)

導演。原名粟多澤。四川南充人。1938年赴延安，入抗日軍政大學和魯迅藝術學院學習；1946年在東北文工一團從事創作；1949年任東北電影製片廠副導演兼演員，1953年起任導演。代表作品有《邊寨烽火》、《黨的女兒》、《甲午風雲》、《兵臨城下》、《闖王旗》等。

達奇（1934—　）

電影演員，導演。原名齊福君。吉林懷德人。1953年任哈爾濱鐵路文工團演員；1957年在長春電影製片廠主演影片《邊寨烽火》；1962年任長春電影製片廠演員。1982年任福建電影製片廠副廠長。代表作品有《邊寨烽火》、《獨立大隊》、《景頗姑娘》、《車輪滾滾》、《吉鴻昌》、《海囚》、《倔强的女人》等。

《風箏》劇照

王曉棠（1934—　）

演員，編導，事業家。原籍江蘇南靖，生於河南開封。1952年參加中國人民解放軍總政治部文工團京劇團；1955年在長春電影製片廠主演影片《神秘的旅伴》；1958年起任八一電影製片廠演員，1988年任副廠長，1992年任廠長，1993年被授予中國人民解放軍少將軍銜。代表作品還有《神秘的旅伴》、《邊寨烽火》、《英雄虎膽》、《海鷹》、《野火春風鬥古城》、《翔》、《芬芳誓言》等。

“紀録性藝術片”泛濫

自從在4月份召開的各製片廠廠長會議上，康牛提出“拔銀幕的白旗”之後，電影界的空氣緊張起來。周恩來總理針對當時的社會文化情況，向電影界人士提出拍攝“藝術性紀録片”，4月18日和5月1日，周恩來兩次召集文化部電影局領導和各製片廠廠長等開會，提出在一時不能生産好的故事片去反映“大躍進”的時代精神的情況下，是否可以多拍攝一些藝術性的紀録片，去反映生氣勃勃的時代面貌。

1958年9月，上影廠拍攝完成了影片《黄寶妹》。《黄寶妹》是創作人員遵照周恩來的指示攝製完成的第一部藝術性紀録片。它根據全國勞動模範、紡織女工黄寶妹的真實事跡攝製，由黄寶妹本人主演，基本上按照紀録真人真事的原則，不做藝術虛構，但又不同於紀録片，而是根據藝術片的要求，經過一定的藝術處理，具有一定的故事性。影片在上海、北京等地放映時，得到了專家和觀衆的普遍讚揚。

但是電影界一些負責電影藝術生産的領導人没有深刻地領會周恩來的指示精神，也没有明確區别紀録片與藝術片兩個片種的界限，以致把“藝術性的紀録片”仍然理解爲藝術片的一種。特别是看到《黄寶妹》、《三八河邊》等影片後，便認爲這種既有反映真人真事的紀録性特點，又經過一定藝術加工，有較强的故事性的形式，是“大躍進的新樣式”和“電影的報告文學”，因此冠以“紀録性藝術片”之名，加以提倡，此後各電影製片廠競相拍攝這種影片，導致該年度宣揚“共産風”、“浮誇風”内容的質量粗劣的影片泛濫成災。

《黄寶妹》

出品：天馬電影製片廠
編劇：陳天　葉明
導演：謝晉
攝影：沈西林
演員：黄寶妹　張慶芬

紡織女工黄寶妹消滅“接頭白點”和創造出“逐錠檢修”法。影片主人公由黄寶妹自己扮演。

附録：周總理關於藝術性紀録片的定義解釋

我所提的藝術性的紀録片，既區别於一般的新聞紀録片，也區别於故事片。故事片一定要有典型故事，有着想象和虛構，把它加以發展，並由演員來扮演，一般新聞紀録片那是現場拍攝的，能搶拍多少就是多少，能够搶拍到一些精彩鏡頭，那就是新聞紀録片成功的地方。但既然是藝術性紀録片，那就容許他藝術加工，就是可以事後補拍。因此，有些場地，要重新稍微佈置一下，也不能離着這個現實很遠。完全假的也不行，就是在原來那個地方又重新搞一下，進行補拍，這是可以做到的，可以允許的。但是只能補拍，而不許用演員上去替代。藝術性紀録片總要有真實性。

（程季華《關於藝術性紀録片的一次報告》）

《黄寶妹》劇照

“藝術性紀録片”和“紀録性藝術片”的區别

“藝術性紀録片”與“紀録性藝術片”是兩個完全不同的片種。前者係指通過藝術加工的紀録片，屬於新聞紀録片類；後者則指帶有紀録性特點的藝術片，應歸於藝術片之列。二者之間是不能等同、混淆的。

（《當代中國電影》）

《猪八戒吃西瓜》劇照

《猪八戒吃西瓜》（剪紙片）

出品：上海美術電影製片廠
編劇：包蕾
導演：萬古蟾
美工設計：詹同渲　謝友根
動作設計：胡進慶　錢家駍　沈祖慰　車慧
作曲：吴應炬
攝影：陳正鴻

這是中國第一部剪紙片。自私的猪八戒找到一隻大西瓜，自己全部吃了，没給師傅留。孫悟空爲教訓他，變成西瓜皮，讓他摔了不少跟斗，八戒只好在師父面前承認自己的錯誤。

關於“拔銀幕白旗”

4月21日，康生在電影製片廠廠長會議上講話，批評《未完成的喜劇》、《青春的脚步》、《球場風波》等影片，認爲“總之是一陣大風浪來了，頭腦不知何處去，渣滓依舊笑春風”，並提出了“在銀幕上拔白旗”的口號。

5月9日—19日，文化部電影局根據中宣部、文化部黨組的指示，在長春召開長影廠、北影廠、八一廠三個北方電影製片廠創作人員的創作思想躍進會議，研究電影創作如何更好地與社會主義建設高潮相結合。會議着重檢查與研究了1957年所攝製的影片在貫徹文藝爲工農兵服務方向和反映現代生活題材、風格、樣式方面所取得的成績與不良傾向，並點名批判吕班的《未完成的喜劇》是徹頭徹尾的“反黨反人民的大毒草”。

12月2日，《人民日報》發表陳荒煤題爲《堅决拔掉銀幕上的白旗——1957年電影藝術片中錯誤思想傾向的批判》的文章，認爲《球場風波》、《上海姑娘》等影片的錯誤實質上就是對文藝爲工農兵方向的動摇和叛變，一直到公開摇着白旗向黨進攻，反對黨的領導。他還對自己的領導工作和貫徹“雙百”方針的“右傾”思想做了檢查。不久，隨着對“大躍進”等“左”傾錯誤的初步認識與糾正，1959年3月，《人民日報》又發表陳荒煤與袁文殊的通信，袁文殊對陳荒煤之前的觀點提出不同的看法。陳荒煤信中對袁文殊的批評表示基本同意，並作了自我批評。

附録：創作思想躍進會議内容提要

會議中着重檢查與研究了1957年攝製的影片，首先肯定了去年電影工作取得了顯著的成就，各電影製片廠在去年緊張的整風反右鬥爭中，創作人員發揮了積極性，提高了影片産量，擴大了題材範圍，在拍攝的四十部故事片中，主要的都是反映工農兵及現代生活題材的影片，風格樣式多樣化……

但是，在國際國内修正主義思潮的侵襲下，去年攝製的許多影片中，暴露了嚴重的資産階級的傾向。

右派分子吕班的《未完成的喜劇》是一部徹頭徹尾的反黨反人民的毒草。

……

（《大衆電影》1958年第11期）

《未完成的喜劇》

出品：長春電影製片廠
編劇：羅泰　吕班　導演：吕班　攝影：張翬
主演：方化　韓蘭根　殷秀岑

兩個全國聞名的喜劇演員到電影製片廠拍電影，他們演出了三個諷刺劇，都被批評家易浜紫一概否定。

《未完成的喜劇》劇照

吕班（1913—1976）

演員，導演。原名郝恩星。山西榆次人。1930年入北平聯華影業公司演員養成所，後任太原西北影業公司演員；1937年任明星影片公司演員；1938年赴延安，入抗日軍政大學學習；1948年後任東北電影製片廠演員，導演。代表作品有《十字街頭》、《青年進行曲》、《新兒女英雄傳》、《六號門》、《不拘小節的人》、《未完成的喜劇》等。

陳荒煤《堅決拔掉銀幕上的白旗——1957年電影藝術片中錯誤思想傾向的批判》（摘録）

“爲了拔掉銀幕上的白旗，插上紅旗，爲了電影創作的大躍進，特别是爲了使明年創作提高一步，對1957年藝術創作中的主要的錯誤傾向加以批判，是十分需要的。主要的錯誤傾向是什麽呢？”

一、“濫用諷刺，借口‘反映真實’‘干預生活’，直接攻擊黨和新社會，反對黨的領導”。

二、“抹殺黨的領導，違反黨的政策，取消或歪曲黨員及領導人物的形象，歪曲黨的生活和作風”。

三、“宣揚資産階級的觀點和思想情感，宣揚資産階級生活方式”。

四、“徹底清掃修正主義思想影響，加强黨的領導，繼續貫徹百花齊放的方針，建立又紅又專的電影隊伍”。

（《人民日報》，1958年12月2日）

袁文殊、陳荒煤《對1957年一些影片的評價問題》（摘録）

袁文殊：

“首先，我覺得你從影片樣式上來區分問題，把喜劇影片歸爲一類來進行批判，就勢必把許多錯誤性質不同，或只有一些缺點的喜劇影片都混淆在一起了，這是不恰當的。”

“其次，你把所有在表現黨的領導上存在着某些缺點的影片，不論其情况如何都一概劃爲‘抹殺黨的領導，違反黨的政策，取消或歪曲黨員及領導人物的形象，歪曲黨的生活和作風’，這也把問題擴大化了。”

“再次是關於在影片中表現黨的領導的問題，我覺得你在文章中也説得不够清楚，因此有使人産生誤解的地方”。“最後，用‘白旗’這個名詞用來批判藝術思想，現在看來並不妥當。”

陳荒煤：

“我基本同意你對我的這篇文章存在的缺點所提出的批評和意見。我覺得文章最主要的缺點，是在批判錯誤傾向的同時，對各種影片中所表現的程度不同的錯誤，特别是錯誤的性質，没有仔細地加以區别，具體的分析很不够。”

“我同意，把許多有錯誤思想的影片一律叫作‘白旗’是不恰當的。我在寫這篇文章的時候，對‘白旗’這個概念是不明確的，當時，是一般地指資産階級的思想。現在看來，用‘白旗’這個名詞來批判創作中的資産階級的思想是很不恰當的。紅旗和白旗應該是指政治上的兩條道路、大是大非、香花與毒草的區别。而文學藝術創作現象是複雜的，恐怕很難以此作簡單的判斷。”

（《人民日報》，1959年3月4日）

1958年（臺灣）

大事記

1月2日　莊國鈞導演的臺語片《梅亭恩仇記》和辛奇導演《寶石花》在臺北元旦檔打對臺，前者在愛國、大光明兩家；後者在永樂、成功、大觀三家，每家戲院比平常日加映三場，可見臺語片盛況。

4月24日　當局通過《國産電影事業輔導辦法》。

4月25日　臺灣中央電影公司新舊任總經理李葉、王星舟辦理交接。

4月26日　第五屆亞洲影展得獎名單揭曉，9歲小演員張小燕獲最佳女童星特別獎。

5月11日　《影劇週報》選出10名觀衆最喜愛的臺語片演員。

7月6日　林摶秋的湖山製片廠正式落成，廠内設備均爲一流，擁有美國WESTERN九百型録音機以及日本的暗房沖片設備。

9月1日　"中央電影公司"長期公開徵求電影故事與劇本。

11月24日　"中影"新片《懸崖》、《永結同心》今同時開鏡。

本年　鐘聲劇團團長田清以劇團爲班底，成立鐘聲影業公司。

製片人林漢鏞在板橋經營戲院，於1958年成立華僑影業有限公司。

攝影師黄永傳，創設晃東影業公司。

臺語片明星紛赴香港拍片。

重要影片

《血戰噍吧哖》劇照

《血戰噍吧哖》

出品：華興影業公司
導演：何基明
編劇：賴明煌
監製：徐仁和
攝影：何鋑明
主演：歐威　林琳
　　　何玉華　洪洋

1915年7月9日，臺南志士余清芳、羅俊和江定，發動大規模的抗日義舉，擊斃日警及家屬三十四人。民衆揭竿而起，蜂擁而至，衝鋒肉搏，日軍開炮猛擊，余清芳等人8月22日才敗退，結局共866人被判死刑。

本片榮獲教育部頒獎，是唯一獲官方表揚的臺語片。

《恨命莫怨天》

出品：漢興影業公司
編劇：周添旺　李川
導演：辛奇
攝影：洪慶雲
主演：小雪
　　　恨晚
　　　戽斗
　　　鍾瑛

根據張文環原著《閹鷄》改編。男女雙方婚媒，男方父親覬覦女方有塊土地會漲價，女方則貪圖男方的藥店生意好，雙方商定娶親之日同時交換藥店和土地。不料後來土地未漲價，男方家道中落，妻子爲給丈夫治病，演子弟戲酬神，竟被鄰居指責不守婦道。男主角因此自殺而死，妻子回家傷心欲絶。

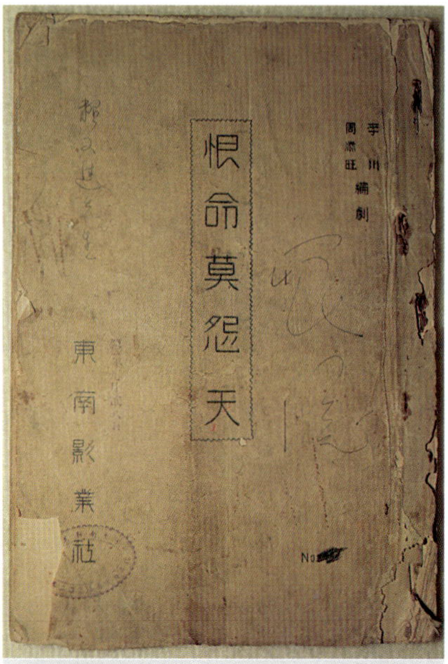

《恨命莫怨天》劇本

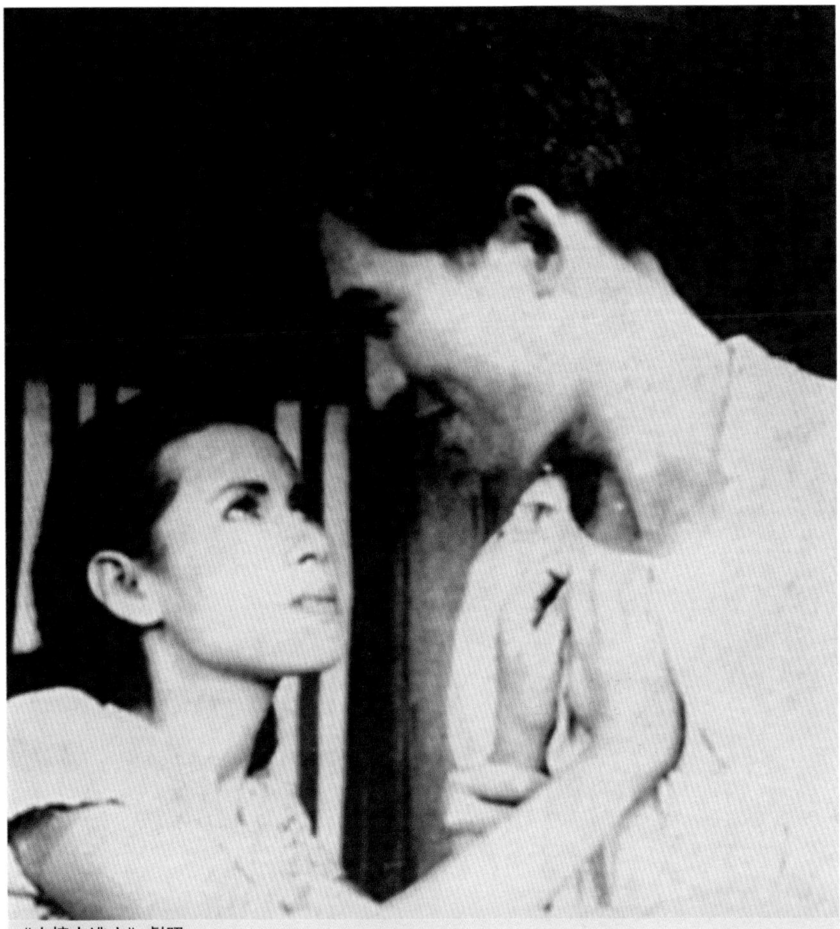
《小情人逃亡》劇照

《小情人逃亡》

出品：萬壽影業公司
製片：曾蕓
導演：張英
編劇：趙之誠
攝影：廖良福
主演：小曹　黃慧書
　　　廖小龍　陳蘭

童養媳的父親酒後傷人，被判坐牢，還要賠償三千元，無力償債，妻被迫當酒女，五歲養女也被賣當童養媳。婆婆是個無知悍婦，常虐待童養媳，可憐小媳婦在忍受鞭打後，特別思念自己的母親，因此，小丈夫決定協助小媳婦逃回家找母親。

導演張英獲第一屆臺語片影展最佳導演獎。

導演張英（左）獲第一屆臺語片影展最佳導演獎

影片目録

國語片

中影　《長風萬里》、《苦女尋親記》、《她們夢醒時》、《懸崖》、《永結同心》、《蕩婦與聖女》
其他　《血戰》（中一行）、《水擺夷之戀》（天南）、《女大十八變》（南臺）、《甘蔗姑娘》（自由）、《阿美娜》（華僑）、《東京尋妻記》（大映）

臺語片

臺聯　《凸哥凹哥》、《猪八戒與孫悟空》、《猪八戒救美大戰金錢豹》
金都　《十二月花朵》、《仙女下凡》、《恩愛小夫妻》
華興　《無膽英雄》、《金山奇案》、《血戰噍吧哖》
僑聯　《愛情與金錢》、《鬼戀》、《愛的誘惑》
華厦　《選女婿》、《龍交龍鳳交鳳》、《番婆弄》、《新王先生到香港嫁女》、《女大當嫁》、《金鳳姑娘》
長河、高和　《阿蘭》、《太太我錯了》、《古城恨》
暨南　《熱女郎》、《兩小無猜》、《紅姑》
臺藝　《孤兒怨》、《月夜愁》、《愛情保險公司》
漢興　《媽媽愛爸爸》、《誰的罪惡》(中集)、《誰的罪惡》（下集）
華安　《添丁發財》、《明知失戀真艱苦》
聯合　《魂斷南海》、《慈雲太子復國》、《小寡婦淚灑八卦山》
良友　《孤兒救祖》、《大舜耕田》、《惡妻孽子》、《財色迷人》、《半路認老父》、《春來花當開》、《家和萬事興》、《我愛少年家》
萬國　《小燕流浪記》、《山猫》、《七洋風波》
新中國　《女賊》、《天無絶人之路》
一新　《南京西路》、《西北雨》
鐘聲　《八月十五夜》、《初戀日記》
閩聲　《白扇記》、《三千金》
安益　《鬼湖》、《雙胞妹》
其他　《魂斷藍橋》（閩江）、《俏冤家》（榮華）、《魔窟殺子報》（建大、三元）、《千里明月寄相思》（飛達、自由）、《飼老鼠咬布袋》（大隆）、《嘆煙花》（續集）（玉峰）、《啞巴與小姨》（七星）、《厦門阿姊》（華懋）、《招財進寶》（大象）、《王先生老少年》（三友）、《小野猫》（華僑）、《新娘守空房》（鑽石）、《孟麗君脱靴》（美都）、《益春告狀》（海洋）、《午夜槍聲》（信南）、《李三娘》（五大）、《無情夜快車》（美華）、《真假美人心》（第一）、《玫瑰戀》（永富）、《一念之差》（南和行）、《多情姑娘》（大道）、《生死戀》（信東）、《乞丐與藝妲》（三達、三元）、《海南島戰後歸來》（愛國）、《鄉村姑娘》（新新）、《三八親母憨親家》（金都）、《慈母淚》（星藝、新興）、《雌鷄隨鳳飛》（大川）、《曼波姑娘》（益成）、《假車夫》（大隆）、《再生花》（藝峰）、《雲霧奇緣》（中國、聯合）、《臺南霧夜大奇景》（興亞）、《妖姬奪夫》（高河、大昭）、《添丁發財》（華安）、《三美爭郎》（自由）、《紗蓉》（自由、華利）、《父母心》（一中）、《什麽叫做愛》（永順）、《西遊記》（寶偉）、《人道》（金龍）、《可憐的青春》（新臺映）、《男性的純情》（國峰）、《純情淚》（必達）。

《歸來》劇照

《歸來》

出品：中央電影事業公司
監製：李葉
編劇：鍾雷
導演：宗由
攝影：華慧英
主演：唐菁　穆虹
　　　藍陵　張小燕

以一個逃家孤女的遭遇來反映人性的矛盾，後半部描寫唐菁僅爲了太太穆虹一怒回鄉，就改變性格去喝酒賭錢，穆虹矛盾心理，缺少深入的愛恨交織。

本片參加第五屆亞洲影展，張小燕獲童星特別獎。

《歸來》開鏡時合影

首部布袋戲電影《西遊記》上映

4月1日，本土第一部木偶戲（即布袋戲）電影《西遊記》（原名《猪八戒招親》，臺語片）在臺北愛國、成功兩戲院聯映，片中戲偶的口眼動作靈活，不用吊線，且有20餘尊戲偶表演歌舞和融入皮影戲的場面，對習於傳統掌中戲的本省民衆而言，是另一種新奇的感官經驗。

《西遊記》全長1小時30分，由新成立的寶偉影業公司出品，南洋華僑楊培執導，黄俊雄領衔的虎尾真五洲掌中劇團操作戲偶，陳賓山攝影，張伯源舞臺設計，周藍萍配樂。爲了讓傳統掌中戲能適應現代電影大銀幕的需要，寶偉影業公司負責人楊偉雄事前曾投注許多心血與全體工作人員一同進行改良，從活動木偶的雕製、布景舞臺的設計、劇本的編寫，到木偶演出技術的翻新，無一不挖空心思，多方嘗試，因此攝製成本並不低於一般電影。

臺語片花樣翻新，推出彩色、寬銀幕片

10月，隨着熱潮逐漸消退，臺語片票房直線下滑，新一波的臺語片行銷攻勢是借着不斷翻新花樣、引進新技術作爲號召，以保持新鮮感，吸引觀衆。彩色片、寬銀幕、新藝綜合體臺語片，即是在這種氛圍下於近幾個月先後推出。

以彩色底片拍攝臺語片，在最早期的《六才子西廂記》中已有嘗試，但當時僅是用來拍攝片中夢境段落。8月，臺語片製片人陳澄三推出第一部全彩色的臺語片《金壺玉鯉》，獲得不錯的票房（在年度統計中居臺語片賣座第九位）。該片在規格上雖然是16毫米，但仍可視爲是本省第一部彩色長片。

同時，由於35毫米影片每部彩色片的成本約較黑白片高出一倍，且拍攝困難，完成後又必須寄往國外洗印，因此連拍攝國語片的公營製片廠也還不敢輕易嘗試，相較於此，拍攝成本增加不多，但在視覺畫面上同樣能有所提升的寬銀幕電影，就成爲臺語片商們的首選。

湖山製片廠落成

7月6日，在鶯歌太湖山區佔地十公頃興建的湖山製片廠舉行落成典禮，臺北縣市蒞臨參觀者多達一千餘人。該廠廠址所在附近不僅湖光山色，景色優美，廠内完善的設備和各式最先進的器材在國内更是首屈一指，足堪作爲民營製片廠的表率。

湖山製片廠是由鶯歌大豹煤礦負責人，亦即玉峰影業公司創辦人林摶秋籌資千萬元所興建。林摶秋早年留學日本明治大學主修政治經濟，基於對戲劇的愛好，曾在新宿的紅風車劇場執導《母屋》、《水準坑》、《文學的智識》三齣戲劇，並進入東寶公司擔任副導演一年。返臺後與楊三郎等人從事劇運，亦執導過《閹鷄》、《罪》、《醫德》等多齣話劇，直到接辦家族的牧業與礦業後，才逐漸遠離劇場。後由於昔日與林摶秋在東寶公司共事的韓國籍好友來臺訪問，直言不諱地對林摶秋批評臺語片的水準低落，燃起林摶秋改進的決心，因而創辦玉峰影業公司，並撥出十餘甲私有土地興建湖山製片廠。

片廠規模仿效日本東寶的寶塚製片廠，興建有企劃部一所、攝影棚A/B兩座、一處技術房（即洗印室）、教室數間、小道具房數間、男女學員宿舍各一幢、教職員/學員餐廳各一處，還有自動發電室等。A攝影棚周圍環繞有導演室、燈光室、録音室、配音室、試映室、演員化妝休息室及道具間等。擁有的器材包括西德3M自動録音Arriflex攝影機一台，可在攝影的同時録音，另有美國Bell & Howard攝影機一台、美國西電公司900號録音機一台（臺中製片廠僅600號機種），及美國Moviela視聽機一台。暗房設備全部購自日本，燈光設備則向黄清石歌舞團購買，電力方面除臺電供應150千瓦之外，廠内並自行發電150千瓦。5月美國西電公司駐香港經理莫瑜新和導演白克偕同美援顧問克羅斯前往參觀時，克羅斯即對該廠的建設極表讚賞，認爲將是亞洲除日本、印度之外最大的民營製片廠。

湖山製片廠的董事長爲林摶秋的岳父邱木，廠長爲張欽棠，林摶秋專責編導。玉峰影業公司，共招收三期演員50名，都住在製片廠内的學生宿舍接受嚴格的訓練。學生的管理採日本寶塚模式，不輕易與外界接觸，受訓期間的一切費用完全由公司負擔，前六個月無薪，第七個月起開始實習，如表現良好，可獲獎金獎勵。林摶秋計劃在近期先推出一齣閩南語歌劇《貂蟬》，讓演員正式與觀衆見面，之後開始籌拍創業作《花扇》，未來預定以每年拍攝6至12部的産量拍製電影，其餘時間則將出租廠棚供臺灣各電影公司使用。

湖山片廠外景

臺語片的貢獻和影響

1月18日，臺北市片商公會理事長盧祖澤、亞洲影業公司總經理丁伯駪、東華影業公司總經理曾兆豐及南洋影業公司董事長林章等四位民營製片人代表發表“陳情書”，提出臺語片對社會有五點貢獻，摘録如下：

1.1957年，臺語片生産逾百部，吸收游資五千萬元，穩定經濟，全年臺語片總收入達七千萬元，政府税收增加三千萬元，節省外匯三百萬元。

2.臺語片直接間接從業人員三萬人，減少社會失業人口三萬人。

3.1958年臺省人口一千萬，説閩南語者約七百萬；海外華僑一千三百萬，通閩南語者近四百多萬，足見閩南語片爲當時最有利的社教工具。

4.臺語片的投資人、製作人和編導大半數是外省人，促進省籍融洽，貢獻很大。

5.臺語片生産，大半由公營片廠代爲攝製，無形中促進公營片廠的業務。

臺語片興起，中影貢獻大

“中影”扶植臺語片，不但供應底片，協助洗印，還提供人才。何基明導演的《薛平貴與王寶釧》即由“中影”提供底片，才有膠片拍，還協助配音洗印。1956年1月上演時造成轟動，臺語片自此興起，“中影”公司亦從同年開始接受委託代拍臺語片。

“中影”的攝影師華慧英、賴成英、林贊庭、林文錦、莊國鈞，導演李嘉、徐欣夫、宗由、田琛等皆拍過閩南語片。其中，“中影”代拍的臺語片1956年有：四月《補破網》、十一月《金姑看羊》、十二月《望春風》、《麻瘋女》。1957年：二月《基隆七號房慘案》、三月《痴鳳尋夫記》、《吕洞賓》、六月《白蛇傳》、七月《海邊風》、九月《萬華白骨事件》、十月《梅屋魔影》、十二月《母子淚》。1958年一月代拍《秋怨》。

1958年（香港）

大事記

11月 有"翻生方世玉"之稱的名演員石燕子，因爲粵劇事業走下坡路，收入淡薄，故而欠税1萬3千多元，被判入獄半年。

本年 林黛因主演《金蓮花》獲第4屆亞洲影展最佳女主角獎。

峨眉影片公司成立，創辦人是邵柏年、李化。該公司是香港第一家專門拍攝武俠片的電影公司，率先把香港傑出武俠小説家的作品搬上銀幕。其創業作《射雕英雄傳》。

邵氏兄弟公司官方電影畫報月刊《南國電影》創刊。

重要影片

《梁祝恨史》劇照

《梁祝恨史》

出品：植利影業公司
編導：李鐵
主演：芳艷芬 任劍輝 靚次伯 陳好逑

祝英台女扮男裝去杭州求學，途遇同去求學的梁山伯，兩人結伴而行。在杭州，兩人同學共室，相處甚好。祝父要將英台許給馬文才，英台返鄉。山伯在知英台女兒身後，趕到祝家，但木已成舟，鬱鬱而死。英台痛不欲生，於出嫁之日到山伯墓前祭奠。墓穴裂開，英台跳入墓内殉情。

《第七號司機》劇照

《第七號司機》

出品：華僑電影企業公司
編劇：莫康時 導演：張瑛
主演：張瑛 吴楚帆 夏萍 馮峰

李權早年喪妻，收入微薄，司機方偉經常幫助他。在方偉和潔英結婚時，大哥龍率惡勢力集團打傷了方偉的一條腿。李權與工友們凑錢給方偉裝上假腿，並團結起來擊退流氓的襲擊。方偉與潔英堅强地生活下去。

《紅娃》

出品：電懋公司
編劇：秦亦孚
導演：岳楓
主演：林黛 王引 張揚 王萊

因恐販煙的馬隊路上遭劫，刁三爺請來龍哥護送，路遇村姑紅娃。紅娃因欠刁三爺的債，被迫答應嫁一個比她大十幾歲的男人。但此時龍哥的來到使紅娃的思想完全改變了。爲了爭取自己的幸福，她和龍哥走到了一起。

《紅娃》劇照

《貂蟬》劇照

《貂蟬》

出品：邵氏兄弟公司
編劇：高立
導演：李翰祥
主演：林黛 趙雷 胡金銓 楊志卿

漢末，太師董卓專權竊國，時吕布爲董卓義子。王允與貂蟬定下離間董卓父子之計。於是父子因奪貂蟬刀戟相見，吕布刺殺了董卓。後貂蟬又刺殺吕布未成。吕布携貂蟬移至郿塢居住。

本片在第5屆亞洲影展中獲得最佳女主角獎、最佳導演獎、最佳編劇獎、最佳音樂獎、最佳剪輯獎等五項獎。

關山獲洛迦諾國際電影節最佳演技獎

在第12屆瑞士洛迦諾國際電影節上，關山因主演《阿Q正傳》(新新電影公司和長城電影公司聯合出品）獲最佳演技獎，此外，他還獲得一個特備的紀念品"銀帆獎"和一張獎狀，是香港第一位榮獲國際影展獎項的香港男演員。關山是一個初入影圈的新人，他的處女作影片《阿Q正傳》就壓倒衆多對手榮登最佳男主角的寶座，殊爲難得。

關山（1933— ）

演員。原名關伯盛，遼寧瀋陽人。曾在廣州國立中山大學就讀。1958年開始當電影演員，主演的第一部影片是《阿Q正傳》，並因演技傑出而榮獲第12届瑞士洛迦諾電影節最佳男主角獎，是香港第一個獲得國際影帝稱號的男演員。他還主演過得獎的影片《藍與黑》、《珊珊》、《烽火萬里情》、《不了情》等。1982年關山退出影圈，移民美國，轉而經商。香港知名女星關之琳是其獨生女兒。

《阿Q正傳》

出品： 新新電影公司　長城電影公司
編劇： 許炎（即姚克）　徐遲
導演： 袁仰安
主演： 關山　江樺　石磊　蘇秦

根據魯迅同名小說改編。阿Q以打短工爲生。未莊人都知道他的精神勝利法。他本想嘲弄一下王胡、錢大少爺和娶吴媽，却不幸遭來幾頓打。革命失敗後，他被趙太爺指控爲革命黨，阿Q高喊着"二十年後又是一條好漢！"被殺。

此片面世後深受觀衆喜愛，得到海内外輿論一致好評，被收入法國出版的《世界電影辭典》，之後還獲得第12屆瑞士洛加諾國際電影節頒予影片特别提名獎。

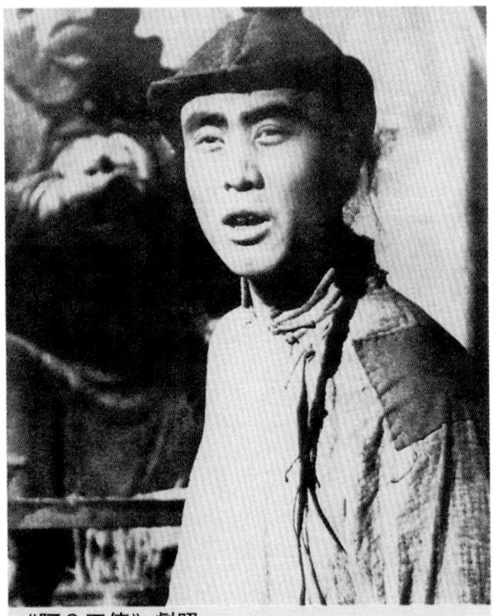

《阿Q正傳》劇照

主要影片目録

本年度香港共攝製、公映了290部影片，是一個高峰。其中粵語片就佔了156部，國語片57部，閩南語片70部，潮語片3部。紀録片4部。

電懋　《人財兩得》(國語)、《殺妻案》、《提防小手》(國語)、《璇宫艷史》(續集)、《小情人》(國語)、《歷盡滄桑一美人》、《紅娃》

鳳凰　《夜夜盼郎歸》(國語)、《未出嫁的媽媽》(國語)、《屍變》(國語)、《柳暗花明》(國語)

邵氏　《玉女春情》、《貂蟬》(國語)、《玉女驚魂》

中聯　《奸情》、《烽火佳人》、《紫薇園的秋天》

自由　《甘蔗姑娘》(國語)、《俏冤家》(國語)、《海王子》(國語)

長城　《借親配》(國語)、《阿Q正傳》(與新新合拍)(國語)、《少年遊》(國語)

金龍　《笑聲淚痕》(國語)、《吕四娘》(國語)

大成　《千金小姐》、《硃痕記》

植利　《胡不歸》、《梁祝恨史》

新聯　《你是兇手》、《女人的陷阱》

光藝　《情賊》、《阿超結婚》

其他　《黄飛虎反五關》(續集)(寶華)、《婚變》(大南)、《黄飛鴻大破金鐘罩》(百靈)、《花染狀元紅》(金門)、《地下火花》(國語)(中國聯合)、《賊》(國語)(藝文)、《一把存忠劍》(七喜)、《韓湘子雪夜》(天華)、《第七號司機》(華僑)、《一年一度燕歸來》(立達)、《方世玉三打乾隆皇》(三生)、《廣東順母橋》(大聯)、《海角紅樓》(江山)、《蘇小妹三難新郎》(雄興行)、《姑嫂緣劫》(國華)、《黄飛鴻大破馬家莊》(聯合影業)、《想入非非》(國語)(藝華)、《紅娘》(桃源)、《十七十八正當時》(閩南語)(雪芳)、《乞兒狀元》(永生)、《望鄉》(與南韓星光公司合拍)(國語)(亞洲)

1959年（大陸）

大事記

1月1日 新疆電影製片廠成立，田煒任廠長。

1月28日 因上海電影系統抽調220名幹部支援浙江、江蘇等省新建電影製片廠，上海電影局決定撤銷江南電影製片廠建制。

3月 中宣部部長辦公會議批評新聞紀錄影片存在浮誇、形式主義嚴重等問題。

4月8日—16日 文化部召開全國電影工作會議，提出停建各省電影製片廠。

4月23日 周恩來約陳荒煤、趙丹等談話，提出文藝工作要“兩條腿走路”。5月3日，又邀請部分在京文藝工作者舉行座談會，正式發表了《關於文化藝術工作兩條腿走路的問題》的講話。

5月26日—28日 文化部電影局召開在影技術人員座談會，着重討論提高影片技術質量問題。

7月1日 峨眉電影製片廠成立，朱丹南任廠長。

7月2日—8月16日 中央政治局擴大會議和八屆八中全會召開。會後，全黨開展了“反右傾”鬥爭。

7月 由《中國電影》和《國際電影》合併改刊的《電影藝術》創刊。

12月8日 中宣部召開全國文化工作會議，提出必須開展一個徹底的批判資産階級文學藝術的運動。

12月23日 文化部發佈《關於1960年電影發行放映體制的暫行決定》，將電影發行由統購包銷改爲統購分銷。

12月 中國電影出版社出版《五四以來電影劇本選集（1931—1949）》，分上下兩卷，共選了16個劇本。

重要影片

《戰火中的青春》

《戰火中的青春》

出品：長春電影製片廠
編劇：陸柱國　王炎
導演：王炎　攝影：王啓民
主演：王蘇婭　龐學勤　林農　張輝

“英雄排”排長雷振林因個人英雄主義作怪，瞧不起剛從地方部隊轉入正規軍的瘦小副排長高山。在一次戰鬥中，雷振林被困，高山前去營救，因此負傷。事後，雷發現高山竟然是個女同志，深受感動。在解放全國的進軍中，他們又踏上了新的征程。

龐學勤（1929—　）

江蘇阜東人。演員。1944年任阜東文工團演員；1952年入北京電影學校表演系學習；1956年任長春電影製片廠演員，後任副廠長；1986年後任珠海市文化局局長。代表作品有《邊寨烽火》、《戰火中的青春》、《甲午風雲》、《烈火中永生》、《花園街五號》等。

王蘇婭（1938—　）

演員。原籍河北薊縣，生於北京。1949年參加中國人民解放軍；1954年在影片《猛河的黎明》飾演主角；1956年入北京電影學院學習；後任雲南話劇團演員。1984年任雲南民族電影製片廠廠長。代表作品有《五朵金花》、《戰火中的青春》、《海霞》、《七月流火》、《郵緣》等。

《戰上海》劇照

《今天我休息》劇照

《戰上海》

出品：八一電影製片廠
編劇：群立　導演：王冰　主演：丁尼　張良　王潤身　李長華

1949 年春，解放軍進逼上海，在地下黨的配合下，一舉解放上海。

《今天我休息》

出品：海燕電影製片廠
編劇：李天濟　導演：魯韌　攝影：張貴福
主演：仲星火　趙抒音　李保羅　上官雲珠

民警馬天民在輪休日爲做好事耽誤了與女友的約會。不料女友的父親就是被他幫助過的衆人之一，女友對他更是有了好感。

《追魚》（越劇）

出品：天馬電影製片廠
改編：集體　導演：應雲衛
主演：徐玉蘭　王文娟
　　　錢妙花　徐惠琴

書生張珍與牡丹小姐幼年訂婚。後張珍因父母去世，家境貧窮，投奔到岳父金丞相家。但金丞相嫌棄他。金家的碧波潭内有一鯉魚精變成牡丹小姐，並放棄修煉成仙的機會，寧願轉爲凡人與張珍相愛。

《追魚》劇照

《寶蓮燈》（舞劇）

出品：天馬電影製片廠
編劇：李仲林　導演：葉明
攝影：馮四知
主演：趙青　傅兆先　孫天路

三聖母下凡與書生劉彦昌結爲夫妻，得一子沉香。後被二郎神拆散，三聖母也被壓在了華山之下。十五年後，沉香長大成人，劈開華山救出母親。夫妻、母子終於團圓。

《寶蓮燈》劇照

《喬老爺上轎》

出品：海燕電影製片廠
編劇：田念萱　劉瓊
導演：劉瓊
主演：韓非　孫景路
　　　陽華　高依雲

書生喬溪與天官府小姐藍秀英相互一見鍾情。官府爲皇上招宫女，在民間强搶美女。喬溪爲救民女，上了花轎，正好陰差陽錯與藍秀英結爲連理。

《喬老爺上轎》劇照

故事片目録（共 80 部）

長影　《船廠追蹤》、《鋼珠飛車》、《康莊大道》、《我們村裏的年輕人》、《錫城的故事》、《笑逐顔開》、《試航》、《冰上姐妹》、《五朵金花》、《風從東方來》（與蘇聯合拍）、《草原晨曲》（與内蒙合拍）、《黄河飛渡》（與甘肅合拍）、《朝霞》、《雲霧山中》、《青雲曲》、《海上神鷹》、《金玉姬》、《換了人間》、《戰火中的青春》、《流水歡歌》、《前哨》、《借親配》（滇劇）、《三勘蝴蝶夢》（評劇）、《竇娥冤》（蒲劇）、《陳三兩》（河南曲劇）、《摔鏡架》（東北地方戲）

海燕　《黄浦江的故事》、《老兵新傳》、《向海洋》、《緑洲凱歌》、《好孩子》、《今天我休息》、《三個母親》、《林則徐》、《聶耳》、《喬老爺上轎》、《萬紫千紅總是春》、《躲燈》、《女駙馬》（黄梅戲）、《百歲掛帥》（揚劇）、《生死牌》（湘劇）

天馬　《地下少先隊》、《春滿人間》、《送瘟神》、《香飄萬里》、《地下航線》、《鋼鐵世家》、《沙漠追匪記》、《春風楊柳》（未發行）、《寶蓮燈》（舞劇）、《星星之火》（滬劇）、《追魚》（越劇）

江南　《不老松》

北影　《林家鋪子》、《飛越天險》、《風暴》、《青春之歌》、《無名島》、《礦燈》、《水上春秋》、《糧食》

八一　《回民支隊》、《萬水千山》、《海鷹》、《江山多嬌》、《烈火真金》、《英雄島》、《赤峰號》、《友誼》、《戰上海》、《五朵紅雲》（舞劇）

其他　《漁島之子》（珠影），《天山歌聲》、《雪海銀山》（西影），《審陶大》、《二度梅》（漢劇）（武漢），《敢想敢做的人》（山東），《人小志大》（浙江），《戲曲集錦》（安徽），《穆桂英掛帥》（河北梆子）（新影）

1958年觀衆最喜愛的國産影片

2月1日,《北京日報》、《北京晚報》和北京人民廣播電臺聯合舉辦的推選1958年觀衆最喜愛的國産影片活動揭曉。共20187人參加了投票活動。

爲了向當選影片的工作同志表示祝賀,中國文聯副主席茅盾,中國戲劇家協會主席田漢和北京市文聯主席老舍分别爲當選影片題了詞。

總共有11部影片獲選,以下是獲獎名單和得票情况:

故事片5部

《黨的女兒》	111152
《永不消逝的電波》	7635
《鐵窗烈火》	6654
《女籃5號》	6201
《海魂》	5849

紀録片4部

《英雄讃》	4108
《在總路線光輝照耀下》	2991
《領袖和我們同勞動》	2821
《嚴懲蔣賊軍》	2490

科教片1部

《人造衛星上了天》	1533

藝術性紀録片1部

《黄寶妹》	3617

《鐵窗烈火》劇照

《鐵窗烈火》

出品:天馬電影製片廠

編劇:柯藍 導演:王爲一

主演:張輝 張翼 齊衡 馮喆

解放前夕,上海發電廠工人共産黨員張少華打入黄色工會,與反動派展開鬥爭後被捕入獄,不幸遇害。

林杉(1914—1992)

編劇,原名李文德,浙江慈溪人。曾任晉西文聯劇協主任、劇社社長、西北藝術學院戲劇系主任等職。1949年到電影局劇本創作所從事電影文學創作。作品有《吕梁英雄》、《劉胡蘭》、《豐收》、《上甘嶺》、《黨的女兒》等。

《黨的女兒》劇照

《黨的女兒》

出品:長春電影製片廠

編劇:林杉 導演:林農 攝影:王啓民

主演:田華 陳戈 李萌 李林

紅軍北上抗日後,江西興國縣桃花鄉處在白色恐怖之中,黨組織被破壞,共産黨員玉梅死裏逃生,回到家鄉。雖然與黨組織失去聯係,但她仍然與另外兩個黨員領導群衆堅持敵後鬥爭,最後壯烈犧牲。

陳戈(1916—1981)

演員,導演。原名陳謙貽。四川自貢人。1940年赴延安;1950年任文化部電影局電影劇本創作所編劇;1957年任長春電影製片廠導演。代表作品有《南征北戰》、《黨的女兒》、《停戰以後》、《抓壯丁》、《黎明的河邊》、《飛越天險》等。

《永不消逝的電波》

出品:八一電影製片廠

編劇:林金

導演:王蘋

攝影:薛伯青

主演:孫道臨 袁霞 邢吉田 王心剛

地下報務員李俠在抗日戰爭和解放戰爭中,在上海架設地下電臺,將敵軍情報及時發送延安,最後被捕光榮犧牲。

《永不消失的電波》劇照

孫道臨（1921— ）

演員，導演。原籍浙江嘉善，生於北京。1947年任上海清華影片公司演員；1949年後任上海電影製片廠演員，導演。代表作品有《烏鴉與麻雀》、《渡江偵察記》、《家》、《不夜城》、《永不消逝的電波》、《革命家庭》、《早春二月》、《一盤沒有下完的棋》、《雷雨》、《詹天佑》等。

全國故事片廠廠長會議鼓勵藝術創新

7月20日—28日，文化部在北京召開全國電影故事片廠廠長會議，總結了1958年以來的製片工作，檢查各廠獻禮片完成情況。針對“大躍進”中製片生產出現的問題，會議着重對政治與藝術的關係、如何提高藝術質量以及加强藝術領導等問題進行了研究探討。夏衍、陳荒煤分別作了講話，强調解放思想，鼓勵藝術創新。7月19日，文化部向中共中央呈報了《關於提高藝術片質量的報告》。報告對1958年的電影工作偏差進行了檢查，並提出了改進措施。

附録：《關於提高藝術片質量的報告》（摘録）

1958年的藝術片生産中，違反藝術創作規律，採取簡單的行政方式領導生産，追求數量忽視質量，强調政治忽視藝術性等現象是十分嚴重的。許多反映“大躍進”的影片不符合中共中央的政策，有很多浮誇和缺乏國際主義精神的表現。影片的題材狹窄、單調、重復，質量嚴重下降。

産生這些錯誤的原因主要有兩個方面：

一、在領導方面，對“雙百”方針始終缺乏正確的理解和堅決的貫徹。

二、由於電影藝術片的創作隊伍不够强大和水平不高。因此報告認爲“不斷努力提高藝術片的質量，是一個重要的歷史任務，應該明確樹立這個遠大的目標，有長期建設的觀點”。

應努力做好以下四個方面的工作：

一、重新全面安排藝術片廠的生産計劃和發展計劃。

二、充分發揮創作人員的積極性，鼓勵題材、形式、風格的多樣化。

三、大力加强電影藝術創作理論批評和研究工作。

四、加强對創作幹部的提高與培養工作。

夏衍講話摘録

“從各廠的彙報情況來看，輕鬆愉快的節目還是很少，還是没有歌舞片、喜劇片，也没有反應現代工業建設的，也没有反映農民生活的，婦女生活題材、兒童生活題材也還是很缺乏，或者没有。”

“題材還是不廣泛，樣式還是不多樣化”，“我今天的發言就是離‘經’叛‘道’之言。爲了要大家思想解放，要貫徹百花齊放，要有意識地增加新品種”，“必須有意識地去組織”。

陳荒煤講話摘録

提高質量，不只是指藝術，也包括思想内容，即政治性與藝術性的提高，内容與形式的提高，評價作品首先是政治標準，但政治標準不是唯一標準。一部好作品其思想性是通過提高藝術技巧表現出來的。

總的精神應該如周揚同志所講的，政治上要緊，藝術上要寬。一個是“一和多”的問題，即一個方向和多樣化；一個是“六和百”的問題，即六條標準和百花齊放，兩者是對立的統一，只緊不寬是左，只寬不緊是右。

創作具體問題，無論新廠，老廠要貫徹百花齊放的方針，創作集體就勢在必行。至於大小形式，可以不拘，在目前的情況下，創作集體應把主要精力放在創作上，因此不宜加重行政、經濟管理方面的負擔，候條件逐漸成熟，可以更加完備。創作集體長期發展下去，將來自然會形成流派，産生大師，出現頭子。創作集體的任務應該是：

1．形式風格多樣化——執行百花齊放的方針；

2．充分發揮創作人員的積極性——調動一切積極因素；

3．提高藝術質量。

《老兵新傳》、《小鯉魚跳龍門》在莫斯科獲獎

8月3日—17日，由文化部副部長夏衍任團長的中國電影代表團參加第一屆莫斯科國際電影節。我國第一部彩色寬銀幕立體聲故事片《老兵新傳》獲技術成就銀質獎，動畫片《小鯉魚跳龍門》獲動畫片銀質獎。

莫斯科國際電影節由蘇聯電影委員會、蘇聯電影工作者協會聯合舉辦，其口號是：“爲了電影藝術的人道主義，爲了各國人民之間的和平與友誼！”張駿祥、高維進被聘爲電影節評委。

《老兵新傳》劇照

《老兵新傳》

出品：海燕電影製片廠

編劇：李準　導演：沈浮　攝影：羅從周

主演：崔嵬　孫永平　高博　陳述

東北解放初期，老戰帶領一批轉業官兵到北大荒辦農場，他克服重重困難，最終獲得豐收。當人們歡慶豐收的時候，老戰悄悄離開，準備迎接新的戰鬥崗位。

這部影片是新中國第一部彩色寬銀幕立體聲故事片。

羅從周（1916—1997）

攝影師。浙江鎮海人。1930年從影，1937年後任攝影師，相繼拍攝《李香君》、《夫婦之道》、《孤島春秋》、《桃花湖》等。新中國成立後任上海電影製片廠攝影師，主要作品有《二百五小傳》、《鷄毛信》、《山間鈴響馬幫來》、《天仙配》、《聶耳》、《老兵新傳》、《摩雅傣》、《傲蕾·一蘭》、《非常大總統》等。

《小鯉魚跳龍門》（動畫片）

出品：上海美術電影製片廠

編劇：金近

導演：何玉門

鯉魚奶奶給小鯉魚們講了一個鯉魚祖先跳龍門的故事，説龍門那兒好極了，只有勇敢的小鯉魚才能跳過去。小鯉魚們聽了，克服種種困難，終於找到了龍門——水庫，並且跳了過去，還把奶奶也叫來定居。

《小鯉魚跳龍門》海報

文化部舉辦“國産新片展覽月”

1959年9月25日至10月24日，文化部在全國各大城市同時舉辦“慶祝建國十週年國産新片展覽月”，一共展出35部優秀影片。新片展覽月共供應35毫米影片節目22部，890多個拷貝；16毫米影片節目10部，1100多個拷貝。這35部影片題材廣闊，藝術樣式多樣，在全國廣大觀衆中引起了强烈的反響。短短24天内，觀衆就達1.2億人次，每天平均有五百萬人次的觀衆。此後，這些影片陸續到各中小城市和工礦、農村等廣大地區映出，觀衆量更是猛增，使得1959年的全年觀衆人次突破40億，比“大躍進”的1958年浮誇的30億人次增長了三分之一。

11月2日，文化部、中國電影工作者聯誼會在北京飯店舉行招待會，招待北京和各地來京參加國慶十週年國産新片展覽月活動的電影工作者、編劇、導演、演員、攝影師和文藝界有關人士，慶賀新片展覽月的成功。周恩來、習仲勛、周揚、蕭華等出席了招待會，周恩來在會上講話，稱讚電影取得的成績。

一大批題材廣泛、風格多樣、形式豐富的優秀電影，不僅使1959年的中國銀幕閃耀出五彩紛呈、璀璨炫目的光輝，呈現了中國電影空前的繁榮景象，而且令人信服地表明：新中國電影已經創造了“社會主義的民族新電影”的藝術形式和藝術風格，從而進入了成熟發展的時期。國慶十周年新片展覽月給人們留下了深刻印象和美好記憶，被廣大電影工作者稱之爲“難忘的1959年”。

《林則徐》

出品：海燕電影製片廠
編劇：吕宕　葉元
導演：鄭君里　岑範
攝影：黄紹芬　曹威業
美術：韓尚義　胡登仁
主演：趙丹　鄧楠
　　　秦怡　韓非

1840年，林則徐在廣州查禁鴉片，抗擊英國侵略者。英軍攻不下廣州，移兵北上攻打天津，威脅北京。道光皇帝以林則徐禁煙不力爲名，革掉他的欽差職務，繼而又將他發配新疆。但在廣州三元里，人民群衆仍在繼續抗擊侵略者。

《林則徐》劇照

《聶耳》

出品：海燕電影製片廠
編劇：于伶　鄭君里
　　　孟波
導演：鄭君里
攝影：黄紹芬　羅從周
美術：韓尚義
主演：趙丹　張瑞芳
　　　江俊　王蓓

30年代初，聶耳在上海參加抗日救亡戲劇運動，輾轉武漢、北平等地。聶耳入黨後在上海電影界工作，創作了大量進步電影歌曲。《義勇軍進行曲》完成後，聶耳赴蘇，途經日本時不幸逝世。

《聶耳》劇照

“慶祝建國十週年國産新片展覽月”展映影片

故事片18部：

《林則徐》、《老兵新傳》、《聶耳》、《紅孩子》、《緑洲凱歌》、《春滿人間》、《鋼鐵世家》、《寶蓮燈》、《我們村裏的年輕人》（上集）、《五朵金花》、《冰上姐妹》、《風從東方來》、《青春之歌》、《風暴》、《林家鋪子》、《萬水千山》、《海鷹》、《回民支隊》

紀録片7部：

《第十個春天》、《英雄戰勝北大荒》、《緑色的原野》、《鎖住黄龍》、《紅日照山村》、《泥人張》、《遠征沙漠》

科教片7部：

《在西雙版納的密林中》（中蘇合拍）、《中國猿人》、《山上運河》、《小麥大面積豐收》、《讓大地園林化》

美術片4部：

《小鯉魚跳龍門》、《蘿卜回來了》、《漁童》、《雕龍記》

岑範（1926—　）

導演。原名岑立範，壯族，廣西西林人，生於上海。1946年從影，在香港演出或編導多部電影。1952年後歷任八一廠、北影廠、上影廠編導，陸續執導《群英會》、《林則徐》、《紅樓夢》、《牛郎織女》、《祥林嫂》、《阿Q正傳》等影片。

韓尚義（1917—1998）

美術師，浙江上虞人。1940年從影，1946年加入崑崙影業公司，任《一江春水向東流》、《新聞怨》、《關不住的春光》等片的美術設計。新中國成立後的代表作品有《上饒集中營》、《南征北戰》、《林則徐》、《聶耳》、《子夜》等。著有《論電影與戲劇的美術設計》、《電影美術漫筆》、《電影美術散論》、《電影美術造型》等。

《五朵金花》劇照

《五朵金花》

出品：長春電影製片廠
編劇：趙季康　王公浦　導演：王家乙　攝影：王春泉
主演：楊麗坤　莫梓江　王蘇婭　朱一錦

白族青年阿鵬在三月街的盛會上結識金花，兩人約定第二年山茶花開的時節再相會。第二年阿鵬走遍蒼山洱海四處尋覓，先後找錯了四個金花，直到找到第五個金花——某公社副社長，才發現這正是他所愛的姑娘。

楊麗坤（1942—2000）

演員。雲南磨黑人。1954年任雲南歌舞團獨舞演員；1959年在長春電影製片廠參加影片《五朵金花》的拍攝；1964年在海燕電影製片廠參加影片《阿詩瑪》的拍攝；"文革"期間被迫害致病；1978年任上海電影製片廠演員。

《我們村裏的年輕人》劇照

《我們村裏的年輕人》

出品：長春電影製片廠
編劇：馬烽　導演：蘇里　攝影：郭鎮鋌　作曲：張棣昌
主演：李亞林　金迪　梁音　楊洸

復員軍人高占武帶領一批青年劈山引水，立志改變農村面貌。他發揮群衆智慧和幹勁，依靠村裏的年輕人，用兩個月的時間完成了兩年才能完成的任務，帶動了全鄉全縣的人民參加引水工程。

馬烽（1922—2004）

編劇、小說家。生於山西孝義。原名馬書銘。1940年入延安魯藝附設的部隊藝術幹部訓練班學習，歷任晉綏出版社總編輯、山西省文聯副主席、作協山西分會主席。電影劇作有《撲不滅的火焰》、《我們村裏的年輕人》、《淚痕》、《咱們的退伍兵》、《黃土坡的婆姨們》等。

蘇里（1919—2005）

導演。原名夏傳堯。原籍安徽合肥，生於安徽當塗。1938年赴延安，入抗日軍政大學學習，畢業後參加本校文工團；1949年任東北電影製片廠副導演；1955年起任導演。代表作品有《平原遊擊隊》、《紅孩子》、《我們村裏的年輕人》、《劉三姐》等。

張棣昌（1918—1990）

作曲家。廣東梅縣人。1938年後先後在延安抗大、魯藝音樂系學習，1948年進入東北電影製片廠，後任長影樂團團長。作品有《趙一曼》、《神秘的旅伴》、《邊寨烽火》、《黨的女兒》、《我們村裏的年輕人》、《戰火中的青春》、《甲午風雲》等。

《冰上姐妹》劇照

《冰上姐妹》

出品：長春電影製片廠
編劇：武兆堤　房友良　導演：武兆堤　主演：盧桂蘭　于中敬　楊洸

該片描寫了五十年代我國速度滑冰運動員的工作、訓練、比賽和生活等多方位的精神風貌以及他們之間的情感生活。

武兆堤（1920—1992）

導演。原名董鋼。原籍山西襄汾，生於美國匹茲堡。1938年赴延安，入抗日軍政大學學習；1950年任文化部電影局劇本創作所編劇；1953年任東北電影製片廠導演；1989年任北京電影製片廠副廠長。代表作品有《平原遊擊隊》、《地下尖兵》、《冰上姐妹》、《七天七夜》、《英雄兒女》等。

《鋼鐵世家》劇照

《萬水千山》

出品：八一電影製片廠
編劇：孫謙　成蔭
導演：成蔭　華純
主演：藍馬　黄凱
梁玉儒　陳慧良

根據陳其通同名話劇改編。講述了一九三五年，中國工農紅軍在長征途中，飛奪瀘定橋，强渡大渡河，克服種種困難，完成了舉世聞名的二萬五千里長征。

《風從東方來》劇照

《風從東方來》

出品：長春電影製片廠、莫斯科電影製片廠
編劇：柯熱夫尼闊夫　林杉　吉甘　干學偉
總導演：吉甘　干學偉　導演：吉爾貝爾斯坦　石聯星
主演：田方　馬精武　季米特列耶夫　康特拉齊耶夫

中、蘇兩國的專家和工作人員共同合作，團結奮鬥，戰勝特大洪水災害，建成了水電站。

《春滿人間》

出品：天馬電影製片廠
編劇：柯靈　謝俊峰
導演：桑弧　攝影：周達明
主演：白楊　衛禹平　王丹鳳

一位鋼鐵廠的工人嚴重燙傷入院治療。醫院黨委書記鼓勵醫務人員克服崇洋媚外的思想和畏難情緒，全力搶救傷員，使傷員免於截肢，得以重返工作崗位。

《春滿人間》劇照

《鋼鐵世家》

出品：天馬電影製片廠
編劇：胡萬春
導演：湯曉丹　攝影：沈西林
主演：齊衡　王琪　史久峰

解放前夕，鋼鐵工人孟廣發一家參加護廠鬥爭。解放後不久，孟廣發的父親遭到階級敵人殺害。此後不久，孟廣發支持其子孟大牛搞快速煉鋼。在大躍進奪鋼戰鬥中，又克服親家的保守思想，使生産任務提前完成。

《萬水千山》劇照

《林家鋪子》劇照

《林家鋪子》

出品：北京電影製片廠
改編：夏衍
導演：水華　攝影：錢江　美術：池寧
主演：謝添　馬薇　林彬　于藍　張亮

30年代浙江小鎮，雜貨店林老闆在蕭條時局中艱難求生。他賄賂商會取得出售日貨的默許，並用種種手段擠垮資本更小的同行，甚至侵佔老弱孤寡的存款。同時，他自己也受到敲詐和高利貸盤剥。最後店鋪倒閉，林老闆帶着女兒出走躲避。

《風暴》

出品：北京電影製片廠
改編、導演：金山
攝影：朱今明　美術：秦威
演員：金山　李翔　張平　吴雪

1923年，鐵路工人林祥謙和律師施洋，在黨的領導人老何的指導下，在鄭州成立總工會，被吴佩孚下令押解出境。他們到達漢口後領導工人舉行大罷工，吴佩孚勾結英美帝國主義進行鎮壓。施洋被捕，林祥謙拒絶復工，英勇就義。

《緑洲凱歌》

出品：海燕電影製片廠　新疆電影製片廠
編劇：王玉胡　范一平　凌頌純
　　　權寬浮　尤索夫　赫捷耶夫
導演：趙明　陳崗
攝影：陳震祥　劉錦堂
主演：斯・托乎地毛攔塔青
　　　努・買買地　阿依夏木

新疆維吾爾族緑洲農業社的婦女隊長阿依木罕，在同非法倒賣糧食的丈夫鬥爭後被打傷。暗藏的反革命分子乘機煽動落後群衆退社，並企圖暗殺阿依木罕，但敵人的陰謀終被挫敗。

《風暴》劇照

謝添（1914—2003）

演員，導演。原名謝洪坤。原籍廣東番禺，生於天津。1936年從影；1939年任成都西北電影公司演員；1949年後任北京電影製片廠演員、導演。代表作品有《生死同心》、《馬路天使》、《新兒女英雄傳》、《風箏》、《林家鋪子》、《爲了六十一個階級兄弟》、《洪湖赤衛隊》、《小鈴鐺》、《甜蜜的事業》、《七品芝麻官》、《茶館》等。

《海鷹》劇照

《海鷹》

出品：八一電影製片廠
編劇：陸柱國　張逸民　王軍　聞達　導演：嚴寄洲
主演：王心剛　王曉棠　張勇手　邢吉田

海軍某部"九〇九"號快艇，在漁村民兵的支援下，成功地完成了到遠離大陸的一個小島伏擊敵軍運輸艦隊的任務。

王心剛（1932—　）

演員。遼寧大連人。1950年參加中國人民解放軍，任東北軍工局文工團演員；1958年任八一電影製片廠演員，後任副廠長、廠長。代表作品有《永不消逝的電波》、《海鷹》、《野火春風鬥古城》、《偵察兵》、《大河奔流》、《傷逝》、《知音》等。

陸柱國（1928—　）

編劇、小説家。原名陸雲卿，河南宜陽人。1958年任八一電影製片廠編劇，後任文學副廠長。先後與人合作或獨立創作了《海鷹》、《戰火中的青春》、《獨立大隊》、《雷鋒》、《閃閃的紅星》、《飛翔吧，海燕》（影片改名《南海風雲》）、《花枝俏》、《道是無情勝有情》等。

嚴寄洲（1917—　）

導演。江蘇常熟人。1953年調入八一廠，並爲該廠導演了第一部故事片。主要作品有《五更寒》、《英雄虎膽》、《海鷹》、《哥倆好》、《野火春風鬥古城》、《二泉映月》。

李俊（1922—　）

導演。山西夏縣人。1938年赴延安，入抗日軍政大學學習；1951年任八一電影製片廠新聞攝影總編輯室副主任，1959年任導演。代表作品有《回民支隊》、《農奴》、《通往拉薩的幸福道路》、《閃閃的紅星》、《歸心似箭》、《許茂和他的女兒們》、《大決戰》等。

《回民支隊》劇照

《回民支隊》

出品：八一電影製片廠
編劇：李俊　馬融　馮毅夫　導演：馮毅夫　李俊
主演：里坡　賈六　胡朋　劉季雲

1938年，冀中回民馬本齋自發組織抗日義勇軍。後來他們接受八路軍的整編，成爲讓日僞聞風喪膽的回民支隊。

《青春之歌》劇照

《青春之歌》

出品：北京電影製片廠
原著、改編：楊沫　導演：崔嵬　陳懷皚　攝影：聶晶　美術：秦威
主演：謝芳　康泰　于洋　于是之　秦怡

女學生林道静在結識了共産黨員盧嘉川、江華等人後，受他們啓發，明白了知識分子只有把個人命運和整個民族的命運結合在一起，才會有真正的出路的道理。後來她慢慢成長起來，加入了共産黨，並且成爲"一二九"學生運動的領導者之一。

聶晶（1921—1986）

攝影師。原名聶允中，遼寧錦州人。1940年從影，新中國成立後任北京電影製片廠攝影師。主要作品有《神秘的旅伴》、《虎穴追蹤》、《國慶十點鐘》、《青春之歌》、《遊園驚夢》、《楊門女將》、《野猪林》、《小兵張嘎》、《鐵弓緣》、《知音》等。

謝芳（1935—　）

演員。原名謝懷復。原籍湖南益陽，生於湖北黄陂。1951年進中南文工團，後任武漢歌舞劇院歌劇演員；1963年起任北京電影製片廠演員。代表作品有《青春之歌》、《早春二月》、《舞臺姐妹》、《淚痕》、《血，總是熱的》等。

附録：各報刊報道摘録

"這次展出的影片中，除三部短片外，其餘都是美麗的彩色片。而1951年舉行國産影片展覽月的時候，還没有一部彩色片。"

（《大躍進以來電影事業巨大成就的總檢閱——國産影片展覽月今天開始》，《光明日報》1959年9月25日）

"這次展出的影片，在思想性、藝術性和電影技術水平各個方面，都有了飛躍的進步"，"影片藝術風格開始向多樣化方向發展。"

（《大躍進以來電影事業巨大成就的總檢閱——國産新片展覽月今天開始》，《光明日報》1959年9月25日）

顧仲彝《新中國電影事業的大躍進》

"我認爲這次新片展覽有以下幾個特點：

一、品種繁多，豐富多彩。

二、這些多種題材、多種樣式的影片都能結合當前社會主義革命和社會主義建設，對觀衆起正面的或側面的政治教育作用。

三、在展覽的影片裏出現了不少鮮明的、真實的典型的英雄形象。

四、這些影片在藝術處理的技巧上，在編劇、導演和表演的高度成就上，我放大膽説一句，大半都超過了以往國産片的一般水平，有的甚至於達到極其卓越的程度。

五、再則這次電影展覽的特色中最使我們感到興奮而喜悦的是新生力量的迅速和全面的成長。"

（《光明日報》，1959年12月13日）

周恩來在慶祝新片展覽月招待會上的講話（摘録）

剛才幾位同志稱讚我們電影工作也是在整個大躍進中的一朵鮮花，的確如此。在文藝方面，戲劇、電影可以説是開得最茂盛的兩朵花，這是兩朵兄妹之花。

剛才周揚同志説過，我們的電影，有個特點，就是它能够及時地反映我們偉大時代的新人新事。

電影是一個很重要的教育工具、宣傳工具。十年來，電影工作在黨的領導下有了很大的進步，電影風格有了很大提高，特别是最近這兩年的大躍進，更是值得我們高興和慶賀的事情。我們的電影已經開始創造了一種能够反映我們偉大時代的新風格，它推動我們勞動人民前進，它鼓舞我們用戰鬥的精神，去實現高尚的美好的工人階級理想。這樣一種革命的現實主義與革命的浪漫主義相結合的新風格，在我們許多影片中反映出來了。

儘管我們電影工作方面有不少的成就，我們總還要看看是否還有缺點。我們應當聽取文藝界的、電影界的、觀衆們的批評，兄弟國家對我們的批評，把他們許多好的意見接收過來，使我們的電影工作更好地前進。我相信，我們有了過去十年的成就，一定可以更加努力地爭取第二個十年更大的成就。電影同其他藝術界一樣，新生力量不斷地湧現出來。今後應當不斷從其他文藝隊伍中、從業餘文學愛好者中吸收更多的新生力量，擴大電影工作者的隊伍，繼續創造更多思想性藝術性更高的影片。

這次六千多人的群英會，在社會主義工業交通、基本建設、財政貿易、文化教育方面出現了那麽多的英雄事跡，這就是我們極好的電影題材。

你們已經提出一年半的規劃，我還要提出一個十年的要求：希望在二十年國慶紀念的時候，能够看到我國電影的隊伍和電影的創作有幾倍或者十幾倍的增長，實現躍進、躍進、更大的躍進。

（《電影藝術》，1959年第6期）

1959年（臺灣）

大 事 記

1月1日　臺語片《阿里山風雲》配粵語拷貝，在紐約映3天，再到波士頓接映2天，女主角吴驚鴻隨片登臺。

2月15日　臺灣人陳治宣發明白天放映電影機獲准專利10年，已組成白天電影服務公司。

3月21日　臺語彩色片《第一特輯》首映。臺語彩色片已有《金壺玉鯉》、《金童收妖》、《紅鞋》等片，將形成風氣。

5月8日　第六屆亞洲影展得獎名單揭曉，臺灣崔小萍（《懸崖》）獲最佳女配角獎，張小燕（《苦女尋親記》）獲最佳女童星獎。

5月28日　玉峰公司推出第一部臺語片《阿三哥出馬》。

6月26日　玉峰公司推出第二部臺語片《嘆煙花》。

10月18日　美國影片出口商協會主席馬斯，以美國9家製片公司代表的身份來臺，晉見陳誠等，要求取消電影票限價和減輕稅捐。

11月1日　“中影”因失火損失慘重，進行整理，解散董事會，成立整理委員會，董事長戴安國未列入整理委員名單，立即束裝離臺，結束9年電影生涯。

《永結同心》節目單

《永結同心》

出品：中影
製片：張英
編劇：趙之誠
攝影：洪慶雲
主演：李影　張仲文　黄宗迅　梁鋭
　　　黄曼　魏平澳

陳新明與朱美虹原想利用婚禮收禮金賺錢，豈料婚禮時淨收到禮箋、花籃與喜幛，還欠下一筆債，於是夫妻失和，最後經朱父從中撮合，夫妻倆終得“永結同心”。

重要影片

《阿三哥出馬》劇照

《阿三哥出馬》

出品：玉峰影業公司
編劇：賴耀培　導演：林摶秋
攝影：廖良福　音樂：吕泉生
主演：簡榮引　黄雪映　莊榮花

道士阿三哥意外中了愛國獎券，竟去競選市議員，目的爲討好暗戀中的小歌女。他想出騎馬遊街拜票的噱頭，還請丑角開道，街頭人山人海。但選舉結果阿三哥落選，人財兩空，只好回到葬儀車上做道士。

《嘆煙花》劇照

《嘆煙花》（上、下集）

出品：玉峰影業公司
原著：張文環
編導：林摶秋
攝影：陳正芳
主演：張美瑶　林龍松　賴千鶴　黄秋傑

根據臺灣作家張文環的《閹鷄》改編。女工春琴因父親做工墜樓身亡，不得已選擇“賣身葬父”，使茶行老闆李有德的淫慾終於得逞。她自愧殘花敗柳之身，數度婉拒維新的追求。一天春琴於暗巷遭醉客騷擾，幸得維新相救。孰料維新的阿姨竟是李有德的女傭，對維新道破春琴曾失身，維新大怒，斥責春琴後還打她一巴掌……

《翠嶺長春》

出品：臺灣電影製片廠
製片：龍芳
編劇：王大川
導演：吴文超
攝影：吴家駿
主演：王珏　吴驚鴻　井淼　羅蘋　傅碧輝

工人周金發企圖非禮女工春美未遂，趁村内舉行農業宣傳大會，縱火燒山，盡燬林木，後畏罪逃亡。林場主任天良誓以五年恢復造林。金發夜冒險回家，撞見母親與胡姓男子幽會，便下手殺該男子，此時探員跟蹤而至逮捕了他。五年後，造林有成，天良與春美相偕返村完成婚禮。

《翠嶺長春》劇照

第一部臺語武俠片《羅小虎與玉嬌龍》開鏡

1月4日，本省第一部臺語古裝武俠打鬥片《羅小虎與玉嬌龍》，在臺中正式開拍。該片爲金馬影業公司的創業作，係根據王度廬的暢銷武俠小説《卧虎藏龍》改編而成，叙述清朝一班武林中人爲爭奪一把寶劍所掀起的一段新仇舊恨。全片運用特殊攝影技巧，將飛檐走壁、飛鏢暗器等驚險鏡頭搬上銀幕，同時聘請名武師楊長江參與演出並兼任武術指導，武打場面均有水準以上的表現。由梁哲夫導演，小艷秋、何玉華、張麗娜、陳揚、黄志清、武拉運、矮仔財等人主演。

小艷秋（1936—　　）

臺語片演員。本名蔺秀網，桃園人。爲日月園新劇團臺柱。1956年開始拍臺語片，以《桃花過渡》及《瘋女十八年》兩片走紅，當選臺語片金馬獎最受歡迎的影后。1958年主演國語片《合歡山上》，並赴香港主演《鬼戀》、《金錢與愛情》等十餘部臺語片。返臺後又主演《海邊風》、《明知失戀真艱苦》、《火葬場奇案》、《秋怨》、《阿蘭》、《愛的誘惑》、《羅小虎與玉嬌龍》、《孤女報父仇》等臺語片。

臺北市加强整頓影劇事業

6月1日，臺北市政府爲加强管理臺北市影劇事業，決定針對全市的電影公司及影業社進行普查。凡經檢查發現登記的業者實際並未從事電影事業，註銷其登記執照；遷移地址而未依法向市政府辦理變更登記者，亦註銷其已領取的執照。

根據臺北市政府去年針對全市電影公司及影業社所進行的一次調查，臺北市共有118家電影公司和影業社，其中以公司組織者47家、獨資經營者48家、合股經營者23家，但曾實際拍攝電影者僅46家，其餘均爲代理性質或没有正當業務。而在曾實際拍攝電影的46家公司中，只拍過一部的有22家，並且僅有11家擁有基本演員，其餘大多是開拍時才臨時延攬。市政府爲防止没有正當業務的電影機構假招考電影明星之名從事詐欺，故決定全面實施核查進行整頓。

中影大火損失慘重

6月17日，中影臺中廠因支持民營拍片，有四組戲同時拍攝，其中三元影業社拍攝的《魔窟殺子報》（導演袁叢美，攝影賴成英，助理史紀新）由於連日拍片，大攝影棚内一盞炭精燈過度發熱，碰到被烤焦的麻布（棚内墻壁隔音的麻布），開始燃燒，很快火勢蔓延到易燃的布景，一瞬間棚内變成一片火海，由於缺乏防火設備，搶救不及，接着火勢及風向吹向小攝影棚，使當時設備最完整的兩間攝影棚全部焚燬。連放在攝影棚邊間的燈光器材也被燒毁，庫存備用的燈光器材也全部都付之一炬，此外遠東唯有一部全隔音的35毫米 Mitchell BNC 同步攝影機及附帶之六個鏡頭和攝影棚邊間二樓的録音室部分録音器材、背景放映機等全遭焚燬，損失慘重。

“新聞局”獎勵1958年優良國語片

7月14日，"新聞局"公佈1958年度獎勵優良國語影片得獎名單。6部劇情片特等獎，《龍翔鳳舞》、《空中小姐》各得獎品，《苦兒流浪記》、《長巷》、《四千金》、《錦綉前程》各得獎金新臺幣5萬元。14部劇情片優等獎，《歸來》得獎品，《貂蟬》、《青春兒女》、《曼谷之戀》、《三姊妹》、《愛與罪》、《零雁》、《關山行》、《夜盡天明》、《龍鳳姻緣》、《苦女尋親記》、《元元紅》、《秋娘》、《馬路小天使》各得獎金3萬元。27部劇情片普通獎，《春去也》、《情場如戰場》得獎品，《雪裏紅》、《鮮牡丹》、《紅娃》、《擦鞋童》、《百花公主》、《金蓮花》、《江湖恩仇》、《奔》、《碧海同舟》、《美人魚》、《化身姑娘》、《風流冤家》、《風雨牛車水》、《血戰》、《沈常福馬戲團》、《合歡山上》、《長風萬里》、《甘蔗姑娘》、《山地姑娘》各得獎金新臺幣2萬元。《金門堡壘》等紀録片，各得獎金新臺幣2萬元。紀録片《臺灣農業》、《古裝歌舞——中國青年訪問團出席世界道德會》爲普通獎，各得獎金新臺幣1萬元。戴安國、邢邨人、鍾啓文、童月娟得金鼎獎，王元龍得金鼎獎與新臺幣1萬元，王引得新臺幣1萬元，林翠、葛蘭、李湄、林黛、李麗華、穆虹、鍾情、尤敏、王萊、蕭芳芳、張小燕、張仲文、陳燕燕各得獎牌，易文、宗由、卜萬蒼、陶秦、李翰祥、吴鐵翼、羅臻既得獎牌又得獎金新臺幣5千元，陳厚、羅維、李影、藍天虹各得獎金新臺幣5千元。

近萬影迷公祭王元龍

7月20日，縱横中國影壇逾36年的王元龍，因血管硬化釀致心臟麻痹，病逝臺北中心診所。當天成立治喪會，參加單位有影劇協會、省戲劇協會、片商公會、中影、臺製、中製、軍友總社、新聞主管部門、聯邦、新華公司等單位代表參加，公推王星舟爲主任委員。7月22日，王元龍公祭。先後有近萬影迷自動前往靈堂公祭王元龍，當王元龍的靈柩出殯時，繞行臺北鬧區，街旁人潮洶湧要道瞻觀，據保守的估計，在街頭送殯的市民達20萬人。

影片目録

中影　《永結同心》、《懸崖》、《蕩婦與聖女》、《西藏風雲》、《天倫淚》

中製　《合歡山上》、《金色年代》

新華　《阿里山之鶯》、《翠浴血記》、《茶山情歌》、《青城十九俠》

中美　《春戀》、《王先生奔向自由》

玉峰　《阿三哥出馬》、《嘆煙花》（上、下集）

華懋　《無錢假大派》、《弄假成真》、《凌波奇遇記》

臺聯　《猪八戒與孫悟空》、《猪八戒救美大戰金錢豹》、《王哥柳哥遊臺灣》（上、下集）、《凸哥凹哥》

華僑　《劉全進瓜果》、《餓狗想食猪肝骨》、《借夫一年》

美都　《孟麗君脱靴》、《英台拜墓》、《陳世美》

星藝　《歌女淚》、《雙喜臨門》、《望夫歸》

良友　《黑丈夫》、《憨小姐》

三友　《王先生老少年》、《歌場妖姬》

莊氏　《十七十八正當時》、《好花插牛屎》

其他　《良宵驚魂》（中國）、《情天夢迴》（中一行）、《太平洋之鯊》（大茂）、《艷福齊天》（高和）、《鐵甲雄風》（遠東）、《玫瑰戀》（名姝）、《翠嶺長春》（臺製）、《飼老鼠咬布袋》（大隆）、《啞巴與小姨》（七星）、《女大當嫁》（華厦）、《愛情保險公司》（臺藝）、《招財進寶》（大象）、《何仙姑》（長安）、《結婚五年後》（好萊塢）、《新娘守空房》（鑽石）、《愛與恨》（永立）、《初戀日記》（鐘聲）、《真珠夫人》（東興）、《我愛少年》（海洋）、《午夜槍聲》（利華）、《後母與前子》（環亞）、《王哥柳哥大鬧歌舞團》（高和、華明）、《羅小虎與玉嬌龍》（金馬）、《蛇郎君》（衆化）、《孟姜女》（晃東）、《乞丐招子婿》（金明）、《男之罪》（上、下集，安藝）、《可憐的淑英》（新東）、《一個紅蛋》（光東）、《金鳳姑娘》（華厦）、《李二娘》（五大）、《無情夜快車》（美華）、《愛的勝利》（廣合）、《歡喜冤家》（高原）、《魔窟殺子報》（建大、三元）、《第一特獎》（國都）、《黑猫與黑狗》（新臺灣）、《隔壁親家》（華達）、《俏冤家》（榮華）、《相思記》（裕發）等

1959年（香港）

大事記

本年 電懋公司的《四千金》（陶秦編導，林翠、穆虹、葉楓、蘇鳳主演）獲第5屆亞洲影展最佳影片獎。

李翰祥因《貂蟬》（邵氏兄弟公司出品）獲最佳導演獎，主演林黛蟬聯最佳女主角獎。

喜劇片《滿堂吉慶》的收益被用作購置粵語片配角演員的香港演員公司會址。

粵語片傑作《後窗》爲不幸去世喜劇名演員伊秋水義映籌款，所得收益爲伊秋水遺屬購置住房並作爲其子女教育基金。

12月23日 電影製片家，香港第一家規模最大、設備最先進的永華片場創辦人，香港國語電影事業的奠基者之一李祖永，病逝於香港。

本年 粵劇編劇家唐滌生逝世。唐滌生一生創作了超過440個粵劇劇本，有《帝女花》、《紫釵記》。他一再表示願意盡力，發揚粵劇的優良傳統，更多地改革粵劇，挽救粵劇的頹風。其作品不少被搬上銀幕。

重要影片

《兒女英雄傳》劇照

《兒女英雄傳》

出品：邵氏兄弟有限公司
編劇：王月汀　導演：李翰祥
主演：樂蒂 王植波　羅維 王元龍

書生安驥因父被人誣害，變賣家産後前去營救，途中遇見張金鳳母女。不久，張母女被能仁寺僧劫走。安驥發現能仁寺内機關密佈，寺僧無惡不作，幸而在女俠十三妹的幫助下，免遭殺身之禍。

《帝女花》劇照

《帝女花》

出品：大成公司
編劇：唐滌生
導演：龍圖　左幾
主演：任劍輝　白雪仙
　　　靚次伯　歐陽儉

明崇禎，李自成攻入北京，戰亂中駙馬周世顯與長平公主失散。一年後，周世顯與公主重逢。此時清帝同意長平與周世顯完婚，以了崇禎心願。長平返宮與駙馬在月華殿舉行婚禮。洞房之夜，雙雙服毒身亡。

《玉女私情》

出品：電懋公司
編劇：秦亦孚　導演：唐煌
主演：尤敏　王引　王萊　張揚

父女倆16年來相依爲命，女兒後却發現父親並非生父。她的親生父母取回她的撫養權，在她要和養父生離的最後關頭，終於没隨親生父母到外國享福和深造，甘願繼續和賣文爲活的養父相依爲命。

獲第六屆亞洲影展最佳女主角（尤敏）和最佳剪輯獎。

《騙婚》

出品：新聯影業公司
編劇：徐華　魯丹
導演：盧敦
主演：白茵　周驄
　　　黄曼梨　吕錫貴

洋行小職員何天理誤以爲裁縫女兒是千金小姐，而女方也認爲他是銀行大班。兩人一見鍾情，却又相互隱瞞。隨着兩人感情的加深，彼此都想向對方坦白，驚險屢出，笑料不斷。

《騙婚》劇照

《十號風球》

出品： 新聯影業公司
編導： 盧敦
主演： 羅艷卿　周驄　吴楚帆　馮峰

秀珍與同住天台木屋的阿速青梅竹馬。一場颶風之後，債主貴利忠限秀珍三日内還清欠款，否則以人抵債。秀珍無奈向舞女大班借錢還債，從此落入大班的魔爪。幸虧鄰居們凑足欠款，趕走了貴利忠；然而，眼見颶風又將來臨……

《十號風球》劇照

《蘭閨風雲》

出品： 電懋公司
編導： 陶秦
主演： 葉楓　穆虹
陳厚　林翠　蘇鳳

此片是電影《四千金》的續集。孔家大姐希達的丈夫欠債欲自殺,二姐希倫遭丈夫誤會另結新歡險遭婚變，幸得姊妹們合力解決難題。三姐希棣邂逅學生家長馮立年,男友何炎速回港欲與她結婚,了却病重父親的心願。

粵語片演員集體義拍《豪門夜宴》、《人海萬花筒》

粵語片演員爲了集體的事業以及同業的福利，50年代先後集體義拍了6部影片，包括本年度的《人海萬花筒》、《豪門夜宴》這兩部粵語片傑作。這兩部片的票房收益被用作購買華南影聯的會址用房，奠定了華南影聯前後數十年爲會員所作諸多福利事業的經濟基礎。

《豪門夜宴》

出品： 華南電影工作者聯合會
編劇： 華南影聯編劇組
導演： 李晨風　李鐵　吴回
羅志雄等聯合執導
主演： 吴楚帆　梅綺
林坤山　張瑛　羅艷卿
上官筠慧　容小意　盧敦等

暴發户馮老二爲了在衆人面前擺闊，決定以〝爲家嚴七十留鬚〞的名義設宴，爲了使一直生活在貧民窟裏的父親像個大亨，結果弄出讓老太爺帶假鬚子等一系列笑話。宴會上老太爺一不小心碰掉了假鬚子，結果賓客一哄而散。

該片是華南影聯爲慶祝成立十週年和籌集福利基金而義拍的影片。此片由華南影聯編劇組（包括劉芳在内的十個編劇）編劇，李晨風等聯合導演，參演的有絶大部分的粵語片演員（包括明星、特約演員和場記，而且全部却酬）和不少國語片明星（如傅奇、夏夢、平凡、石慧等）客串演出。影片的拍攝及公映，也意味着影聯會會員的大團結，意味着廣大會友對華南影聯會的支持。該片不愧爲近年來藝術創作的新收穫，充分表現出集體智慧可以成大事。

《豪門夜宴》劇照

《豪門夜宴》是香港電影粵語諷刺喜劇片的經典之作。它除了諷刺富人的自私自利和虚榮心，更連帶批判了中國人一般囿於世俗禮儀及死要面子的不當，强調尊重人性和以人爲本的題旨。所有演員的演出個個非常突出，把各個角色的性格刻畫得細膩而且生動。不靠低級趣味來引發笑，其好處是雅俗共賞，它表現了影片《危樓春曉》（中聯電影公司出品）中所提倡的〝人人爲我，我爲人人〞的團結互助的精神，使觀衆在輕鬆的笑聲下而有所深思。

1992年香港演藝界爲華東水災籌款而重拍該片，兩岸三地共有200多人粉墨登場，參與該片演出，該片所有收益均捐贈内地災民。

主要影片目録

本年度香港共出品影片355部，又是一個產量高峰年，產量首次突破300部，其中粵語片169部，國語片76部，閩南語片89部，潮語片9部。新聞紀録片12部。

鳳凰　《野玫瑰》（國語）、《甜甜蜜蜜》（國語）、《真假千金》（國語）、《小月亮》（國語）、《豆蔻年華》（國語）、《同心結》（國語）、《青春幻想曲》（國語）

電懋　《桃花運》（國語）、《我們的子女》（國語）、《玉女私情》（國語）、《空中小姐》（國語）、《姊妹花》（國語）、《霓裳艷后》（國語）

邵氏兄弟　《過埠新娘》、《榴蓮飄香》、《飛來艷福》（國語）、《兒女英雄傳》、《丈夫的情人》（國語）、《江山美人》（國語）、《玻璃鞋》

鴻圖　《彩蝶雙飛之一：鳳儀亭》、《彩蝶雙飛之二：打神》、《彩蝶雙飛之三：二堂放子》、《彩蝶雙飛之四：彩蝶雙飛》

立達　《鵬程萬里》、《平步青雲（上集）》、《女俠黄鶯擒兇記》、《雙槍陸文龍》

光藝　《歡喜冤家》、《湖畔草》、《情犯》

桃源　《枇杷巷口故人來》、《獅吼記》、《千面女郎》（國語）

植利　《花開並蒂蓮》、《女兒香》

長城　《錦上添花》（國語）、《王老五之戀》（國語）

重光　《搭錯線》、《闔家有喜》

中聯　《錢》、《路》

新聯　《十號風球》、《騙婚》

峨嵋　《七劍下天山》、《白髮魔女傳（大結局）》

華南影聯　《豪門夜宴》

其他　《噴火女郎》（國語）（新華）、《四郎探母》（麗士）、《迷人的假期》（國語）（新新）、《方世玉血戰乾坤罩》（三生）、《鐵扇公主神火破天門》（大聯）、《假正經》（閩南語）（環球）、《紫釵記》（寶鷹）、《慾海情花》（國語）（新光）、《十兄弟》（華僑）、《鬥氣夫妻》（世界）、《帝女花》（大成）、《一命三兇手》（七喜）、《淘氣千金》（僑光）

出品者不詳　《論文叙與柳先開》

1960年（大陸）

大事記

1月5—8日 文化部在京召開電影工作會議，討論電影事業三年和八年發展規劃，並把發展放映網提到首要地位。
1月26日 《文藝報》、《文學評論》等報刊開展對巴人等所謂"資産階級"和"修正主義"的"人道主義"、"人性論"的批判。
2月6日—3月2日 文化部電影局在北京召開科學教育電影工作會議，並成立了科教電影工作委員會。
2月15—17日 文化部在北京召開全國新聞紀録電影工作會議，交流和總結十多年來新聞紀録電影的創作經驗，探討其創作規律。
2月29日—3月10日 埃及開羅舉辦第二屆亞非電影節，影片《五朵金花》的女主角楊麗坤獲最佳女演員奬，導演王家乙獲最佳導演奬，二人都被授予銀鷹奬章。
3月 文化部電影局召開第二次電影技術工作會議，决定攝製寬銀幕全景電影，由新影廠擔負試拍任務。
4月 《大衆電影》第7期發表讀者來信，批評《洞簫横吹》有嚴重的錯誤思想問題。隨後，各地禁映這部影片。
5月 由八一廠攝製的彩色寬銀幕紀録片《灕江遊記》，上海科影廠攝製的彩色紀録片《黄浦江畔》和《歡樂童年》等國産立體電影首次上映。
7月22日—8月13日 第三次全國文學藝術界代表大會在北京召開。
9月26日—28日 由於蘇聯單方面撕毁合同，電影膠片供應緊張。文化部召開故事片廠廠長和黨委書記會議，佈置壓縮製片生産，提高影片質量，抽調其他文藝團體人員壯大電影創作隊伍等工作。
11月1日 由《上影畫報》和《電影故事》合併改刊的《上海電影》創刊。
11月2日 中國電影工作者協會上海分會成立，沈浮當選爲主席。
11月22日 大觀樓電影院改建爲北京市第一座寬銀幕立體電影院，開幕式放映了《灕江遊記》和《雜技藝術表演》兩部寬銀幕立體影片。
12月5日—9日 全國電影發行放映工作會議在鄭州召開。會議强調認真抓好放映質量、放映事業安排、計劃指標和隊伍建設等工作。

重要影片

《鐵道衛士》劇照

《鐵道衛士》

出品：長春電影製片廠
編劇：瀋陽鐵路公安集體創作
執筆：陳治洪　王文林　馬家驥
導演：方熒
攝影：楊叢
主演：印質明　宋雪娟　周文彬　王延盛

抗美援朝時期，東北鐵路公安部門發動員工，配合沿線民兵護路，並派偵察員打入敵特内部，粉碎敵人破壞鐵路運輸陰謀，殲滅了派遣和潛伏的特務分子。

《摩雅傣》

出品：海燕電影製片廠
編劇：季康　公浦
導演：徐韜
攝影：羅從周
主演：秦怡　魏鶴齡　康泰　常態

又名《傣族的女兒》。解放初期雲南某地，傣族姑娘依萊漢與青年岩温相愛。封建頭人出於嫉恨，誣陷依萊漢爲巫鬼，兩人被迫失散。兩年後，人民政府把依萊漢培養成爲傣族醫生，與岩温團聚。

《摩雅傣》劇照

《柯山紅日》劇照

《柯山紅日》（歌劇）

出品：八一電影製片廠
編劇：陳其通
導演：董兆琪
攝影：韋林岳　楊昭仁
主演：李冰　張越男　董志遠　單滌

根據陳其通同名小説改編。解放軍進藏後八年，柯山的土司和他的老婆反對民主改革，抓走均已，甚至還想殺害司令員，公然叛亂。解放軍採取軍事行動，平息叛亂，解放了柯山寨的農奴。

北京科學教育電影製片廠成立

3月12日，北京科學教育電影製片廠成立，何文今任廠長。該廠由八一廠科教片室部分人員、北京市衛生局教育所電影攝製組和北京市教育局首都教育電影製片廠合併組成，歸北京市領導。該廠的製片方針是：立足北京，面向全國，爲生産、科研和教學服務。

何文今（1913—1997）

科教電影事業家。山西太原人。滿族。1950年任北京電影製片廠副廠長。1960任北京科學教育電影製片廠廠長兼黨委書記。1987年主持我國第一部360度環幕電影院建設。

《林海雪原》劇照

《林海雪原》

出品：八一電影製片廠
編劇：劉沛然　馬吉星
導演：劉沛然
攝影：陳瑞俊
主演：王潤身　張勇手　梁志鵬　崔榮久

根據曲波同名小説改編。1946年冬天，解放軍的一支小分隊深入林海雪原，排長楊子榮化裝成土匪，打入敵匪内部，裏應外合，消滅據守在威虎山的頑匪座山雕。

《關漢卿》

出品：海燕電影製片廠
　　　珠江電影製片廠
編劇：田漢
導演：徐韜　攝影：陳震祥
主演：馬師曾　紅綫女　文覺非　譚玉真

根據田漢創作話劇《關漢卿》改編。粵劇舞臺藝術紀録片。元代戲劇家關漢卿創作影射元朝殘暴統治的《竇娥冤》，由歌妓朱簾秀演出，被元朝官員拘禁。關拒絶妥協，被流放。

《關漢卿》劇照

影片目録（共66部）

長影　《崑崙鐵騎》、《鴻雁》、《太陽剛剛出山》、《大家庭的主婦》、《烽火列車》、《再生記》、《鐵道衛士》、《十級浪》、《神秧手》、《小樹苗》、《紅梅花開》、《我們是一代人》、《劉三姐》、《羌笛頌》、《還魂記》（贛劇）、《團圓之後》（蒲仙劇）、《潘楊訟》（河北老調）、《東風第一枝》（評劇）、《空印盒》（石家莊絲弦）

海燕　《六十年代第一春》、《激流》、《摩雅傣》、《馬蘭花》、《闖關》（未發行）、《女審》（淮劇）、《關漢卿》（粵劇）、《秦娘美》（黔劇）

天馬　《風流人物數今朝》、《向陽花開》、《他們的心願》、《紅色娘子軍》、《鬥詩亭》（越劇）、《孫悟空三打白骨精》（紹劇）

北影　《爲了六十一個階級兄弟》、《五彩路》、《以革命的名義》、《春暖花開》、《革命家庭》、《紅旗譜》、《耕雲播雨》、《遊園驚夢》（昆曲）、《楊門女將》（京劇）

八一　《紅鷹展翅》、《三八線上》、《十二次列車》、《林海雪原》、《勐壠沙》、《奇襲》、《柯山紅日》（歌劇）、《紅鷹》（歌劇）

珠影　《英雄詩篇》、《新隊員》、《慧眼丹心》

西影　《碧空銀花》、《永恒的友誼》、《抗旱曲》、《草原風暴》、《一文錢》、《三滴血》（秦腔）

其他　《嘉陵江邊》（峨影），《兩代人》、《他們在戰鬥》（新疆），《親人》、《革命風暴戰勝龍捲風》（武漢），《蓓蕾初開——〈擋馬〉（北方昆曲）、〈櫃中緣〉（河北梆子）》（天津），《父子倆》（北京電影學院實驗電影廠，未發行）

第一部水墨動畫片《小蝌蚪找媽媽》試製成功

1月22日，上海美術電影製片廠、中國電影工作者聯誼會、中國美術家協會聯合在北京中國美術館舉辦“中國美術電影製作展覽會”。並且在首都各影院結合舉行了“美術片展映”。

陳毅副總理在參觀結束後，熱情稱讚中國美術電影很有特色，並向美術電影工作者建議：“你們能把齊白石的畫動起來就更好了。”這句話激發了創作人員的創作慾望。經過美術工作者的辛勤勞動和反復實踐，終於在7月5日，由上海美術電影廠試製成功了第一部水墨動畫片《小蝌蚪找媽媽》，宣告了中國水墨動畫片首創成功。

《小蝌蚪找媽媽》

出品：上海美術電影製片廠
編導：集體
攝影：段孝萱　游湧　王世榮
作曲：吴應炬
藝術指導：特偉
技術指導：錢家駿

根據方惠珍、盛路德同名童話改編。池塘裏的小蝌蚪看到岸上的小鷄跟着媽媽很親熱，非常羡慕，決定去尋找自己的媽媽。一路上，碰見了蝦公公、金魚、螃蟹、烏龜、鯰魚，從它們那裏逐漸知道了媽媽的模樣，終於找到了媽媽。

動畫製作取材於畫家齊白石創作的魚、蝦等水墨畫形象，影片裏小蝌蚪活潑可愛，猶如一群天真無邪的孩子。該片攝製宣告了中國水墨動畫片首創成功，獲得了文化部科技成果一等獎，國家科技發明二等獎。

附録：茅盾觀後賦詩

“白石世所珍，俊逸復清新。榮寶擅復製，往往可亂真。何期影壇彦，創造驚鬼神。名畫真能動，潛翔栩栩如生。柳葉亂飄雨，芙渠發幽香。蝌蚪找媽媽，奔走詢問忙。只緣執一體，再三認錯娘。莫笑蝌蚪傻，人亦有如此。認識不全面，好心辦壞事。莫笑故事誕，此中有哲理。畫意與詩情，三美此全具。”

漫畫家方成評價

“那群小小的蝌蚪只不過是墨點似的東西，没有富於表情的器官。然而創作者巧妙地利用他們游動隊形的變化和快慢節奏，表達出細膩的感情來。”“這部片子具有獨特的藝術風格。可以説每個鏡頭都是一幅動人的畫面，使觀衆感到像是走進了藝術之宫。”

法國《世界報》評論（摘録）

“中國水墨畫，畫的景色柔和，筆調細緻，以及表示憂慮、猶豫和快樂的動作，使這部影片産生了魅力和詩意。”

《林則徐》、《老兵新傳》等影片在倫敦放映

8月23日—9月4日，英國電影學會在倫敦國家電影院舉辦“中國電影節”，放映了《林則徐》、《老兵新傳》、《寶蓮燈》、《風暴》、《我們村裏的年輕人》、《聶耳》、《五朵金花》、《女籃5號》、《水上春秋》、《戰火中的青春》、《永不消逝的電波》和《歡天喜地》等14部影片，共映出31場。

附録：《“中國電影節”在倫敦》（摘録）

大約有近一萬人看了中國電影，其中包括倫敦知名人士、電影鑒賞家、英國電影學會會員和各國駐英外交使節和華僑。不少僑胞特意從利物浦坐火車趕來觀看影片。

影片受到了倫敦各界人士的好評，有觀衆讚揚中國電影事業在解放以來所取得的成就，就像《歡慶十年》影片中所看到的那樣。

還有人讚美《風暴》的主題以及藝術水平。

關於《我們村裏的年輕人》，有人在留言簿上寫道：“這是我所看到的最愉快的，令人難忘的影片之一，人物好像就是人們的朋友，我離開了電影院之後，仍然希望再見到他們。”

著名美國黑人歌唱家保羅·羅伯遜説，中國電影不像美國電影，它反映了人民的感情。

倫敦許多報紙認爲，中國電影取得了很大的進步，《工人日報》在8月27號以“真正的人”爲題，推薦中國電影。

（《大衆電影》 1960年第18期）

中國電影工作者聯誼會更名爲中國電影工作者協會

7月至8月，在第三次文代會期間，中國電影工作者聯誼會召開第二次會員代表大會。大會在明確地提出“要進一步創作我們的民族風格，創作完全的中國氣派和中國作風”的電影藝術的目標的同時，也强調要“讓三面紅旗在銀幕上迎風招展”，同時所謂的“大躍進的新樣式”“紀録性藝術片”又一次得到提倡，被肯定爲“不僅給電影創作開闢了一條新的途徑”，而且是一種具有高度政治意義和“强大生命力”的“新型影片”。大會通過了《中國電影工作者協會章程》，決定將中國電影工作者聯誼會更名爲中國電影工作者協會。蔡楚生當選主席，于伶、田方、白楊、亞馬爲副主席，于伶、王闌西、田方等人爲常務理事。大會還設置了書記處，由袁文殊、陳荒煤、張駿祥、陳播、鍾敬之、丁嶠、黄鋼、李牧、張望等組成。秘書長周文。

北影廠根據真實事件拍攝故事片《爲了六十一個階級兄弟》

4月，根據山西省平陸縣61個修路民工食物中毒的真實事件報道，北影廠改編拍攝的故事片《爲了六十一個階級兄弟》，攝製完成並開始發行。

《爲了六十一個階級兄弟》劇照

《爲了六十一個階級兄弟》

出品：北京電影製片廠
改編、導演：謝添　陳方千
攝影：高洪濤
主演：崔嵬　田方　謝添　張平

根據真實事件報道改編。山西省平陸縣61名修路民工食物中毒。情况危急，急需大量特種藥品，縣和省無法解决。消息傳到北京，從衛生部、特種藥品商店到空軍都緊急動員起來，藥品及時運到，使階級弟兄獲救。投毒的反革命分子張德才、回申娃被逮捕歸案。

附録：《爲了六十一個階級兄弟》（摘録）

王石　房樹民

一滴水能反映出太陽的光輝，一件平常事足以體現我們時代最美好的思想、最高尚的風格。黨的教育，在我們心裏開出了多少最芬芳的共産主義鮮花？你數不清！這種思想使人們創造了多少共産主義大協作的奇跡？你數不清！但是這種平凡而偉大的事情，却每天都在你的身邊發生。現在，就讓我們講一件給你聽……

一九六〇年二月三日，農曆正月初七

現在，整整是下午四點鐘。

在首都王府井大街，車水馬龍，熱鬧繁忙，商店穿戴着節日的盛裝，人們滿面春風地東來西往。就在這王府井北口八面槽的路東，有一家門市很小的國營特種藥品商店。這時候，營業員們在笑盈盈地答對顧客。辦公室裏，算珠山響，快下班了，正忙着結賬……

陡然，辦公桌上的電話，響起了十分急促的鈴聲。戴近視眼鏡的業務員老胡，一把抓起聽筒：

"喂，哪裏？"

"長途！我是中共山西平陸縣委，我們這裏有六十一名民工發生食物中毒，急需一千支'二巰基丙醇'，越快越好，越快越好！"聽筒裏的聲音十分響亮而焦灼。

"我們立刻準備藥品！"很怕對方聽不清楚，老胡幾乎喊起來了："我們馬上設法把藥發到太原！"

"不行!太原距平陸尚有一千餘里，而且要翻山越嶺，交通極爲不便，請設法空運……空運！！"……

事情原來是這樣發生的：

二月二日，在山西省平陸縣

一座新落成的紅色大樓裏，燈火輝煌。中共平陸縣委擴大會議，照常進行着……

七點鐘時，縣人民委員會燕局長匆匆奔進會議室，找到縣人民醫院王院長説：

"一小時前，風南公路張溝段有六十一名民工，不慎發生食物中毒，請立刻組織醫務人員搶救!……"

他們的話還没説完，坐在主席位置上的中共平陸縣委第一書記郝世山同志，也已曉得了這緊急情况。這位五十來歲的老書記，立刻站了起來，目光炯炯地把會場掃視了一遍。然後，果决地説：

"同志們，現在要全力處理一件急事，會議暫停！"

説完，郝書記一甩手，披起那件舊棉大衣，立即召集縣委常委會議研究，當機立斷，全力搶救。片刻，大卡車就載着負責同志，載着縣醫院全部最好的醫生，在茫茫的黑夜裏，翻山越嶺，向我們的六十一個階級弟兄身邊奔去！……

緊張，無比地緊張！空氣窒人，醫生、護士揮汗如雨。縣人民醫院負責醫生解克勤等同志，經過緊張詳細的會診後，斷定：

"非用特效藥'二巰基丙醇'不可！必須在四日黎明前給病人注射這種藥，否則無救！趕快派人去找！"……

可是，三門峽市没有這種特效藥！

這已經是二月三日的中午了……

就在這時，張村公社醫院又來了電話："如果明晨以前拿不到'二巰基丙醇'，十四名重患者，將會有死亡！"

找藥的電話，不斷頭地回來了：

運城縣没這種藥！

臨汾縣没這種藥！

附近各地都没這種藥！

郝書記斬釘截鐵地説："爲了六十一位同志的生命，現在我們只好麻煩中央，向首都求援。向中央衛生部掛特急電話！向特藥商店掛特急電話！"

於是，這場緊張的搶救戰，在二千里外的首都，接續着開始了……

二月三日，下午四時多，在衛生部

在中華人民共和國衛生部的一所四合院裏，藥政管理局的許多同志，都停下了别的工作，忙辦這件刻不容緩的事。藥品器材處長江冰同志，在接到平陸縣委打來的電話後，就一面叫人通知八面槽特種藥品商店趕快準備藥品，一面跑去請示局長和正在開黨組會議的幾位部長。徐運北副部長指示：一定要把這件事負責辦好，立刻找民航局或請空軍支援送藥！

……當小冀接通了空軍領導機關的電話時，空軍已曉得了這件事。原來民航局先一步爲此事打來了電話，這時，值班主任向小冀又進一步了解了衛生部的要求，立即跑去請示首長。首長指示：全力支援，要辦得又快又好！於是，像開始了一場戰鬥一樣，有關人員各就各位，研究航線，研究空投，向部隊發出命令……

現在，是七點半鐘以後

一輛勝利牌小轎車，從衛生部大門裏疾馳出來，奔向特藥商店。……

勝利牌轎車載着一千支"二巰基丙醇"，正在燈火輝煌的大街上，在靜謐的京郊林蔭大道上，響着喇叭，箭也似地向機場疾馳。

就在同一個時間内

平陸縣郵政局的電話鈴聲一陣疾響。從下午三點開始，平陸——北京的長途電話已經成爲一條極爲敏捷的專線。這電話又是空軍領導機關打來的。守護在電話機旁的郵政局長董鴻亮同志，忙把電話接到縣委會。郝書記接過電話，只聽見：

"請趕快物色一塊平坦地帶，要離河道遠些準備四堆柴草。飛機一到，馬上點火，作爲空投標誌！"

"好！立即準備！"……

現在，是夜裏九點零三分

北京，繁星滿天。一架軍用運輸機，滿載首都人民的深情厚誼，衝向銀光閃閃的夜空，向西南方向風馳電掣地飛去。……

現在，是夜裏十一點二十三分

"請平陸準備！準備！飛機再有七分鐘就到你縣，馬上點火！"

董局長把這空軍領導機關的電話通知，立刻傳給守候飛機的人群。不知是誰，向每堆柴草上潑了一些煤油，火苗衝天而起，大火把天空和大地都照紅了！……

飛機上的全部人員，雙眼睜得彪圓，心情極不平靜！機長突然興奮地命令：

"準備空投！"

……一千支"二巰基丙醇"帶着降落傘，向預定空投地點墜下去，墜下去！……由縣委打電話向北京求援，到神藥從天而降，這其中牽動了多少單位，牽動了多少人。可是這全部複雜輾轉的過程，却只用了八個多小時，這是多么驚人的高速度！……

二月三日，深夜

盼！盼——在張村公社醫院的大門口，社員們、醫護人員們正焦急地盼望着……

汽車開來了！——好！

迅速拿下藥箱。

迅速注射。

注射劑十分靈效，立竿見影，病人立時止住了疼痛，恢復了神智。醫生原來規定，藥品不能遲於四日黎明找到，但這藥品却在黎明之前就送到了。我們的六十一個階級弟兄化險爲夷了！他們新的更强壯的生命，是黨給予的，是同志們用真情友愛救活的。狂喜從人們的心底裏迸發出來……

（《中國青年報》，1960年2月28日）

1960年（臺灣）

大事記

1月13日 香港電懋公司製片重心移向臺灣，總經理鍾啓文自港來臺部署，徵求劇本和招考演員。

2月3日 “中影”片廠大火後開拍首部劇情片《天倫淚》。

2月7日 “臺聯”推出臺語片《王哥柳哥遊臺灣》。

2月27日 影星楊耐梅，因腦溢血病逝於臺北，得年59歲。

2月29日 “新聞局”公佈本年度獎勵國語片辦法，自3月1日起受理申請，獲選特別獎3部影片，每部影片可獲得6萬元，個人獎則可分別獲得6千元至一萬元不等的獎金。

3月3日 香港永華公司李祖永最後遺作《飛虎將軍》，今起在臺北6家戲院首映，賣座情況不佳。

3月9日 日本大使館從今天起在臺北大世界舉辦“日本電影欣賞會”，連續5天，日本代表團7女星每場登臺演出，免費招待，黄牛票喊價百元，搶購一空。

4月4日 新華公司童月娟宣佈，停止在臺灣製片，原有計劃全部擱置。

4月8日 長河影業公司發佈新聞。該公司臺語片《紅塵三女郎》、《太太我錯了》都在日本松竹戲院系統正式上映。

4月9日 第七屆亞洲影展在東京頒獎，張小燕演《天倫淚》第三度獲亞洲影展最佳童星獎。

《天倫淚》特刊

4月30日 “中影”在士林建有防火牆設施的影棚兩座，並向美國訂購全套彩色影片生產設備。

8月6日 警方規定全市同時上映日片戲院不得超過兩家，今天却破例同時有四家戲院放映日片，包括映臺語片的大觀、大光明等，使得臺語片無生存空間。

9月1日 “中製”慶祝成立22週年，啓用新攝影棚剪彩，舉行酒會。

10月16日 香港影人紛紛來臺合作拍片，臺語片《木蘭從軍》、《錢作怪》同時開鏡。

10月22日 “監察院”糾舉電影檢查處長沈遵晦非法核准日片進口，勒索片商等多項罪狀，已被起訴免職。

10月24日 “中製”完成音樂歌唱影片《壽人壽國》。

重要影片

《音容劫》劇照

《音容劫》

出品：中央電影事業公司
製片人：王紹清
原著：陳紀瀅
編劇：丁衣　王大川
導演：宗由
攝影：賴成英
主演：陳燕燕　穆虹　謝馨　金石

大陸來臺的母親思念大陸的兒子，女兒請男友冒充乃兄，老母以假當真，最後真兒子來臺，相貌改變，老母又以真當假，全片以親情爲主，相當諷刺，深刻感人。

《錯戀》

出品：玉峰電影公司
編導：林摶秋
攝影：陳正芳
配樂：王老期
主演：張美瑶　張潘陽　吴麗芬　許元培

本片重映時改名《丈夫的秘密》。麗雲與秋薇是中學時代的好友，麗雲却遭夫遺棄，因愛子病重無錢，秋薇取下婚戒借其周轉。後來麗雲發現有孕，病倒入院，麗雲丈夫痛改前非，接母子重新團圓。

《錯戀》劇照

奬勵1960年度優良國語片

6月22日，新聞局公佈1960年度獎勵國語影片的得獎名單。得獎名單如下：

一、劇情片：甲、特別獎：1.《兒女私情》，2.《江山美人》；乙、優等獎：1.《雨過天晴》2.《情深似海》，3.《太平洋之鯊》，4.《飛虎將軍》，5.《姊妹花》；丙、普通獎：1.《翠崗浴血記》，2.《天長地久》，3.《千面女郎》，4.《天涯未歸人》，5.《情天夢回》，6.《亂世兒女未了情》，7.《吕四娘》，8.《風雨歸舟》，9.《魔窟殺子報》，10.《警網情鴛》，11.《金小姐》，12.《蕩婦與聖女》，13.《何處是兒家》，14.《懸崖》，15.《鐵甲雄風》，16.《青城十九俠》，17.《金色年代》，18.《家的毁滅》；

二、紀録片：甲、優等獎：1.《今日中國》，2.《今日臺灣》；乙、普通獎：1.《金門保衛戰》，2.《西藏風雲》；

三、依照本年度國語影片獎勵辦法第六條甲款規定予以奬勵者：，1.《曼谷之戀》，2.《馬路小天使》；

四、個人技術獎勵：甲、編劇：1.王植波，2.王紹清，3.胡褒，4.陶秦，5.秦亦孚，6.婁以哲，7.黄卓漢，8.鍾雷；乙、導演：1.王引，2.王豪，3.李翰祥，4.李應源，5.宗由，6.易文，7.岳楓，8.唐煌，9.袁叢美，10.屠光啓。

臺中片庫失火

9月9日，中影臺中廠二次大火，片庫中影片全部燒毁，損失比第一次更慘重。庫存各類影片100餘部，計有中電影片：《天字第一號》、《再相逢》、《天橋》、《秋瑾與徐錫麟》、《出賣影子的人》、《子孫萬代》、《天魔劫》、《蘇鳳記》、《粉墨筝芭》、《銀海幻夢》、《愛與恨》、《三人行》、《中國新聞》、《追》、《天堂春夢》、《遥遠的愛》、《衣錦榮歸》、《還鄉日記》、《忠義之家》、《聖城記》、《乘龍快婿》、《青山翠谷》、《桃李爭春》、《街頭巷尾》、《結婚交響曲》、《合家歡》、《喜迎春》、《幸福狂想曲》、《新生的臺灣》、《處女心》、《深閨疑雲》、《鷄鳴早看天》等。還有農教公司拍攝的《惡夢初醒》、《永不分離》、《皆大歡喜》、《原來如此》、《軍中芳草》、《美麗寶島》、《風塵劫》，中影公司的《梅崗春回》、《歧路》、《碧海同舟》、《夜盡天明》、《關山行》、《錦綉前程》、《歸來》、《長風萬里》、《苦女尋親記》等劇情片拷貝及多部紀録片拷貝。永華公司寄存的《火葬》、《春風秋雨》、《山河淚》、《夫婦之間》等8部拷貝。長城公司的《蕩婦心》、《海棠紅》等3部。損失最嚴重的是，中電寄存中影的紀録片300多部，是中電總經理羅學濂從大陸撤退時，輾轉艱難帶到臺灣的珍貴史料紀録片，包括國民黨在廣州、北伐及抗日時期的紀録片、新聞片，好不容易從上海運到香港，再由香港運來臺灣，全部化爲灰燼。

中影臺中廠原貌

1961年12月中影全體員工在製片廠焚燬之殘骸前合影

電影限價取消

影劇公會研擬票價

2月10日，臺灣省政府取消現行電影票價議價辦法，並表示取消後，各縣市之電影票價，將由各縣市影劇業自行訂定。爲因應主管部門政策，臺灣省電影戲劇商業同業公會於本月12日於臺中召開聯席會議，針對票價如何取得協調一事進行討論，並於會中通過“臺灣省各影劇院票價協議”，於本月15日起實施。

影片目録

中影 《音容劫》、《天下父母心》

華僑 《一萬四千個證人》、《良心與罪惡》、《濟公傳》

遠東 《喋血販馬場》、《痴情》

美都 《關東女俠》、《牛郎織女天河會》

臺藝 《真假千金》、《劉伯温》

優勝 《爲着你一人》、《情思難斷》

臺聯 《奴才告狀元》、《天下第一劍》、《無子娶媳婦》、《七劍十三俠》

晃東 《海龍王招親》、《詹典嫂》、《唐伯虎點秋香》

陳氏 《多角戀愛》、《弄破醋甕》

大聯 《孫悟空大鬧天宫》、《孫悟空大鬧鐵扇公主》

其他 《虎妞》(中國)、《君子協定》(天工)、《海埔春潮》(中藝)、《孝女復仇記》(四維)、《東京尋妻記》(第一)、《孽火》(桂冠)、《孤女報母仇》(金馬)、《馬來亞之戀》(榮華)、《最後的微笑》(彰藝)、《圓環石》(聯邦)、《玉堂春》(新新)、《蜈蚣蛤仔蛇》(金城)、《丁蘭二十四孝》(寶都)、《狸猫换太子》(利昌)、《噴火美人》(環球)、《請問芳名》(信南)、《生母奪親子》(南星)、《虎姑婆》(萬壽)、《妻家財》(金都)、《八美圖》(新華)、《花言巧語》(新光)、《醫生與護士》(長江、一中)、《王哥柳哥好過年》(福華)

1960年（香港）

重要影片

《人海孤鴻》劇照

《人海孤鴻》

出品：華聯影業公司
編劇：吴楚帆　導演：李晨風
主演：吴楚帆　白燕　李小龍　李鵬飛

根據歐陽天原著小説改編。何思琪在戰亂中喪妻，與幼子又在逃難時失散。十年後，偷竊集團首領逼少年偷兒何三共同綁架富商之子。何思琪得知何三正是自己失散多年的兒子後，設法使何三逃出了匪窟。最後父子終於團聚。

《可憐天下父母心》劇照

《可憐天下父母心》

出品：山聯影業公司
編導：楚原
主演：白燕　張活游　黎小田　馮寶寶

志康與妻子李玉薇帶四個孩子過着小康生活。不久，志康遭遇兩次失業。後來玉薇病倒，志康患了肺病，小女兒也生病去世。在沉重壓力下，志康準備全家自殺，可是回家見到妻兒後打消了自殺念頭，他還要做一個負責任的父親。

《苦兒流浪記》劇照

《苦兒流浪記》

出品：國風影片公司
編劇：吴鐵翼　導演：卜萬蒼
主演：蕭芳芳　王引　胡蝶　羅維

小梅是一個大户人家的長女，她的叔叔爲了奪取她家的財産，將她從家中偷出以後遺棄。於是小梅被多次販賣。在流浪途中，她巧遇到了自己的親生母親，她叔叔的罪惡陰謀也終於敗露。

《難兄難弟》

出品：光藝製片公司
編劇：何愉　霍森　導演：秦劍
主演：謝賢　胡楓　南紅　江雪

貧困男子吴聚財巧遇舊友周日清，這對難兄難弟同入經紀行業；之後他倆結識一個父母雙亡的女子鄧秀瑩。鄧的未婚夫在吉隆坡病逝後，其妹徐玲獨來香港。吴、周的經紀事業日漸興旺，後來吴聚財與鄧秀瑩、周日清與徐玲雙雙成婚。

《難兄難弟》劇照

《後門》劇照

《後門》

出品：邵氏兄弟公司
原著：徐訏　編劇：王月汀　導演：李翰祥
主演：胡蝶　王引　王愛明　李香君

徐天鶴夫婦領養了鄰居家的孩子阿琳。後來阿琳的生母史女士想把她領回去，被徐太太拒絶。一次史女士生病住院，徐氏夫婦見到阿琳探望母親時流露出來的真情，深有所感，終於同意讓阿琳回到生母的身邊。

獲第7屆亞洲影展最佳影片獎。

《倩女幽魂》

出品：邵氏兄弟公司
編劇：王月汀　導演：李翰祥
主演：樂蒂　趙雷　楊志清　唐若菁

根據蒲松齡小説《聶小倩》改編。書生寧采臣夜宿金華寺，與劍客燕赤霞相識並結爲好友。在金華寺，一絶色女子聶小倩向寧采臣供認自己是鬼，並説吸血者老婦想加害於己；她懇求采臣將自己的屍骨帶回故里。次日，燕赤霞趕走老婦，采臣携小倩屍骨平安還鄉。

《倩女幽魂》劇照

《畸人艷婦》劇照

《畸人艷婦》

出品：邵氏兄弟公司
原著：俊人　編劇：葛瑞芬　導演：岳楓
主演：樂蒂　胡金銓　井淼　趙明

美艷賢淑的冷淑賢爲挽救家人的命運，嫁給一個容貌醜陋、生理畸形的丈夫。丈夫的表兄愛慕淑賢。善良的丈夫爲了成全他們，决定出走。丈夫的善良感動了妻子，她找回丈夫，從此過上幸福的生活。

獲第8屆亞洲電影節最佳編劇和最佳黑白攝影兩項金禾獎。

《江山美人》獲得多項大獎

《江山美人》劇照

邵氏出品的《江山美人》獲第六屆亞洲影展最佳影片、最佳導演、最佳男女主角等共12個獎項。本片由邵氏公司投資150萬元，由邵逸夫親自主持監製，動員萬人，攝製時間歷時一年的彩色巨片。

"《江山美人》被第二屆'亞洲影展'的評判員一致認爲是最完美的影片，除了予以大會最高的榮譽最佳影片'金鑼獎'外，對因參加該片的11名工作者均予以11個較小型的'金鑼獎'，讚揚他們的成就。他們包括導演李翰祥、編劇王月汀、男主角趙雷、女主角林黛、男配角胡金銓、女配角唐若菁、攝影楊鈞、剪接姜興隆。"（引自1959年5月9日《華僑日報》）

何觀（名導演張徹寫影評時用的筆名）認爲《江山美人》有幾個高明的地方：

"第一是採用了部分舊戲的動作（本片是以舊地方戲《黃梅調》爲基礎歌唱劇），好處在糅合於寫實的當中而不着斧鑿痕——自然這是導演的處理，在演員方面以林黛糅合得最天衣無縫。第二，是音樂上把黃梅調活用了，加入時代曲以至西洋古典音樂的成分，使感情的表現更加豐富，而也同樣地高明却不顯斧鑿痕。第三是'小戲大做'，本來主戲只在梅龍鎮酒家小屋，而用賓會和宮廷場景，把它做'大'了，尤其悲劇部分，以宮廷繁華、和鳳姐的凄凉冷落，用'對照'的蒙太奇表現，形成了濃厚的悲劇性，是做得最高明之處。還可一提的是'大牛'爲全劇最好的創造人物，許多動人的戲都由此一人物做成。"（引自何觀：《說〈江山美人〉》）

《江山美人》在香港放映十多天，連滿464場，票房收入403,000多元，創國語片最高賣座紀録。

《江山美人》與李翰祥的另一部佳片《梁山伯與祝英台》，在香港掀起了"黃梅"熱，使邵氏公司的影響日益擴大而近香港影業霸主。

李翰祥（1926—1996）

編導，製片家。遼寧錦西人。曾攻讀於北平國立藝術專科學校。1948年到港加入影圈，先後在大中華、長城、大觀等影片公司擔任廣告繪製員和布景師，1949年入永華影業公司演員訓練班，初當演員，後當副導演。1954年爲亞東公司編導個人第一部影片《雪裏紅》，成績頗佳。1956年加入邵氏公司任導演，導演了《水仙》、《窈窕淑女》、《黄花閨女》、《春光無限好》、《移花接木》、《給我一個吻》等娛樂性影片。1958年創作的黄梅調古裝片《貂蟬》不僅獲得巨額票房收入，還在馬尼拉巨星的第5屆亞洲影展上獲得了最佳導演、最佳編劇、最佳女主角、最佳音樂和最佳剪輯等多項大獎。接着李翰祥再接再厲，繼續拍攝古裝黄梅調歌唱片。1959年《江山美人》獲第6屆亞洲影展的最佳影片獎等12項獎，並且掀起香港黄梅調電影潮流。1963年《梁山伯與祝英台》獲第2屆金馬獎最佳影片、最佳導演、最佳女主角（樂蒂）、最佳音樂（周藍萍）、最佳剪輯（姜興隆）等多項大獎。李翰祥成爲邵氏公司的首席大導演。

在取得成功之後，李翰祥離開了邵氏公司，於1963年到臺灣創辦國聯影片公司。創業作《七仙女》在臺灣一炮成功；1964年的《狀元及第》在臺北也非常叫好；1965年拍攝的《西施》，一舉獲得第4屆臺灣電影金馬獎最佳劇情片、最佳導演、最佳男主角、最佳彩色攝影和最佳彩色美術設計等多個獎項，而成爲當年的第一熱門影片。1966年拍攝該片的下集，也同樣獲得巨大的成功。在臺灣，他還執導獲第9屆金馬獎的影片《緹縈》。1966年，李翰祥獲臺灣十大傑出青年金手獎。1971年，回港創辦新國聯影片公司，拍攝了《騙術奇談》、《騙術大觀》和《騙術奇中奇》。1972年，重返邵氏公司當導演，執導了《大軍閥》、《傾國傾城》、《武松》。其中《大軍閥》獲亞洲影展描寫人物最成功之戲劇片獎，1977年編導的《乾隆下江南》獲臺灣金馬獎優秀劇情片獎。1983年組創新崑崙影業公司，與內地合拍影片《火燒圓明園》與《垂簾聽政》，此後執導了《火龍》、《八旗子弟》、《西太后》（又名《一代妖后》）等影片。

數十年間，他拍攝的名片還有：戰爭片《揚子江風雲》；文藝片《金玉良緣紅樓夢》；風月片《聲色犬馬》、《北地胭脂》等；鬼怪片《倩女幽魂》以及最爲擅長的清宮歷史片《瀛臺泣血》等。到1988年止，共執導影片80餘部，監製及策劃的影片22部。李翰祥的商業類型影片雖然水準參差不齊，但他的影片《後門》（獲第7屆亞洲影展最佳影片獎）却普遍爲人稱道。而他的一部鄉土題材影片《冬暖》則被公認爲其最傑出的電影作品、港臺電影史上的最傑出的作品之一、也是最佳的中國電影之一。不僅如此，李翰祥還培養了一大批電影人才，爲香港電影事業發展做出突出貢獻。

1996年，李翰祥在北京拍電視劇《火燒阿房宮》時，不幸猝逝於工作臺上。

《江山美人》

出品：邵氏兄弟公司

編劇：王月汀　**導演**：李翰祥

主演：林黛　趙雷　胡金銓　唐若菁

明朝正德皇帝由殿前侍衛周德陪同私遊江南，在梅龍鎮邂逅民女李鳳，樂而忘返。太傅奉太后之命追到梅龍鎮，促帝返京。正德將玉佩賜予李鳳，允諾回京後立即派人來接她。一年後，李鳳生下一子。三年過去，李鳳懷念正德，形容枯槁。正德聞後往事湧上心頭，即令飛騎迎李鳳進京，並冊立爲貴妃。正德與李鳳重逢，却只見昔日美人已經香消玉殞。

主要影片目録

本年度香港共出品影片285部，粵語片203部，國語片72部，閩南語片9部，潮語片1部。

邵氏兄弟　《畸人艷婦》（國語）、《九命奇冤》、《苦海孤雛》、《殺人者死》、《後門》（國語）、《痴心結（下集大結局）》、《街童》（國語）、《倩女幽魂》（國語）、《桃色風雲》（國語）、《初戀》、《傻人捉賊》、《一夕驚魂》

電懋　《春潮》（國語）、《六月新娘》（國語）、《三鳳求凰》、《長腿姐姐》（國語）、《七喜臨門》、《情深似海》（國語）、《同床異夢》（國語）、《喜相逢》（國語）、《翠樓春曉》

新聯　《三滴血》、《湖畔香魂》、《蘇六娘》（潮語）、《苦命女兒》、《虹》

光藝　《蜜月驚魂》、《荒山盜屍案》、《連理枝》、《難兄難弟》

長城　《新聞人物》（國語）、《笑笑笑》（國語）、《十七歲》（國語）、《佳人有約》（國語）

華僑　《十兄弟怒海除魔》、《十三號兇殺案》、《慈母心》

嶺光　《三女性》、《十大姐》、《電梯情殺案》

聯合　《棄婦》（上集）、《棄婦大結局》

中聯　《毒手》、《我要活下去》

興發　《琴挑誤》（上集）、《琴挑誤》（下集大結局）

海洋　《孝感動天（上集）》、《孝感動天（下集）》

鳳凰　《有女初長成》（國語）

其他　《苦兒救母》（大龍鳳）、《人海孤鴻》（華聯）、《青城十九俠》（國語）（新華）、《附薦何文秀》（新光）、《漁光戀》（國語）（新新）、《黄飛鴻擂臺爭霸戰》（葡萄）、《香閨春情》（國語）（龍馬）、《喋血販馬場》（國語）（金鳳）、《苦海紅蓮》（達豐）、《紮脚十三妹大鬧能仁寺》（麗士）、《可憐天下父母心》（山聯）、《晚娘》（九龍）、《梨花一枝春帶雨》（玉聯）、《摩登新娘》（康樂）、《佳偶天成》（鴻圖）、《我的愛人就是你》（國語）（榮華）、《再世奇緣》（龍門）

1961年（大陸）

大事記

1月14—18日 中共八屆九中全會上正式通過了對整個國民經濟實行"調整、鞏固、充實、提高"的八字方針。

2月4日 國務院任命陳荒煤爲電影事業管理局局長，免去王闌西局長職務。

2月17日 上海電影局召開創作座談會，周揚在會上强調"控制數量，提高質量"。

2月24日 陳荒煤邀集北影廠和八一廠創作人員座談，提出要認真貫徹"雙百"方針，尊重藝術規律。

3月1日—9日 文化部電影局在上海召開電影技術負責人座談會，研究貫徹落實中央"調整、鞏固、充實、提高"八字方針，促進電影技術工作的措施。

3月29日 上海"海燕"和"天馬"兩廠分别成立藝術委員會，沈浮、陳鯉庭分任兩廠藝委會主任。

3月 夏衍在上海與創作人員談話時，建議發掘解放前電影製片管理人才，借鑒香港製片人、發行商的有用經驗。

4月6—9日 文化部在保定召開國產電影膠片技術規格的座談會，對國產電影膠片的技術規格及其驗收標準提出試行草案。

4月22日 文化部發出《關於送審影片的規定》，規定今後凡各廠送審影片，必須附送地方省級黨委宣傳部或主管局的書面審查意見。

5月1日 毛澤東在上海接見白楊、上官雲珠、王丹鳳等電影演員。

5月24日 文化部發出《關於1961年國產影片售價的規定》，規定黑白藝術片結算價格爲26萬元，彩色藝術片結算價格爲40萬元，並試行優質獎勵。

5月24日 文化部批復中影公司，對"大躍進"中生産的11部"紀録性藝術片"停止發行。

7月15日 北京電影洗印廠由北京市劃歸文化部電影局領導。

7月21日 文化部頒發關於試行電影放映單位技術操作規程等九項技術管理制度和辦法。

9月4日 文化部在長春召開電影録音技術座談會，對電影録音技術標準和工藝過程作出規定。

10月17日 中國電影音樂研究組成立，徐徐任組長。

10月26日 《大衆電影》第10期公佈中國影協創設"百花獎"的通知。

10月 文化部、國家民委召開少數民族科學紀録影片拍攝工作座談會，對1957年以來拍攝的《苦聰人》等7部紀録片予以肯定。

11月15日—12月1日 八一廠在北京舉行全軍業餘電影劇本創作座談會，交流革命軍事題材電影劇本創作經驗。

重要影片

《暴風驟雨》劇照

《暴風驟雨》

出品：北京電影製片廠
編劇：林蘭
導演：謝鐵驪　攝影：吴生漢
主演：于洋　高保成
　　　魯非　李百萬

根據周立波同名小説改編。東北解放區一支農村土改隊在肖隊長的領導下，組織元茂屯農民群衆進行土改，鬥倒了惡霸地主韓老六，肅清了武裝土匪。

于洋
(1930—　　)

演員，導演。原名于延江。山東黄縣人。1947年任東北電影製片廠演員；1953年任北京電影製片廠演員，1977年任導演。代表作品有《橋》、《中華女兒》、《山間鈴響馬幫來》、《英雄虎膽》、《水上春秋》、《青春之歌》、《大浪淘沙》、《戴手銬的"旅客"》等。

《蔓蘿花》劇照

《蔓蘿花》（舞劇）

出品：海燕電影製片廠
舞臺編導：吴保安　肖聯銘
　　　　　阿略　陳宜焜
導演：范萊　趙焕章
攝影：許琦　張貴福
主演：羅星芳　羅時隆　蕭聯銘　楊瓊

根據貴州苗族民間傳説改編。苗族姑娘蔓蘿與獵手阿倒約結婚，惡霸地主黑大揚搶走蔓蘿。阿倒約在營救時中毒箭身亡，蔓蘿用同一支毒箭射死仇敵，跳崖殉情。

《紅珊瑚》劇照

《紅珊瑚》（歌劇）

出品：八一電影製片廠
編劇：趙忠　單文
　　　林蔭梧　鍾藝兵
導演：王少岩
攝影：張冬凉
主演：曉軍　周祖同
　　　王雲　崔長春

根據同名歌劇改編。1950年，我軍王參謀在珊瑚島組織漁民向漁霸七奶奶進行反霸借糧、山海捕魚等鬥爭，配合部隊解放該島。

《花兒朵朵》劇照

《花兒朵朵》

出品：北京電影製片廠
編導：謝添　陳方千
攝影：李文化　陳國梁
主演：劉沛　王人美　張世鵬　呼中陶

六一兒童節，聯歡會負責人小華去郊區接模範老飼養員，因故遲到。在聯歡會上老飼養員即興編唱讚揚小華因救火車而遲到的經過。

《小刀會》（舞劇）

出品：天馬電影製片廠
舞劇編導：張拓　白水
　　　　　仲林　舒巧　李群
導演：葉明
攝影：查祥康
主演：舒巧　陳健民
　　　葉銀章　李清發

小刀會領袖劉麗川等人率領會衆佔領上海城。清道台吴健章勾結帝國主義分子反撲。劉麗川被圍困七個月，仍然堅守孤城拒降，在最後突圍時，親手殺死道台，自己中彈犧牲。

《小刀會》劇照

《突破烏江》劇照

《突破烏江》

出品：八一電影製片廠
編劇：朱欣　導演：李舒田　李昂
攝影：寇紀文　冀明
主演：李久芳　周正禹　于純綿　劉秉章

1934年，紅軍第一方面軍先頭團，在三天之内，經過搶渡、夜渡三次戰鬥，突破了烏江天險，保證了紅軍向遵義進軍。

《枯木逢春》

出品：海燕電影製片廠
編劇：王煉　鄭君里
導演：鄭君里　攝影：黄紹芬
主演：尤嘉　徐志驊
　　　上官雲珠　劉鴻聲

根據同名話劇改編。童養媳苦妹子在逃荒中與家人失散，單身流落他鄉。解放後，苦妹子身患後期血吸蟲病，在政府的關懷下，治愈疾病，與家人團聚。

《枯木逢春》劇照

《51號兵站》劇照

《51號兵站》

出品：海燕電影製片廠
編劇：張渭清　梁心　劉泉
導演：劉瓊
攝影：邱以仁
主演：梁波羅　張翼
　　　高博　李緯

抗日戰爭期間，新四軍在上海的一個兵站被破壞後，梁洪奉命到兵站工作。他以幫會頭子門徒爲掩護，拉攏僞軍頭目，利用矛盾，與敵人周旋，將軍火運回根據地。

影片目録（共66部）

長影　《馬戲團的新節目》、《冬梅》、《假日的禮物》、《達吉和她的父親》、《萬木春》、《潤水東流》（蒲劇）
海燕　《51號兵站》、《枯木逢春》、《春催桃李》、《蔓蘿花》（舞劇）
天馬　《鷄毛飛上天》、《英雄小八路》、《小刀會》（舞劇）、《周信芳的舞臺藝術》（京劇）
北影　《暴風驟雨》、《北大荒人》、《花兒朵朵》、《洪湖赤衛隊》、《春雷》（歌劇）
八一　《突破烏江》、《碧空雄獅》、《紅珊瑚》
珠影　《荔鏡記》（潮劇）
西影　《延安遊擊隊》、《巴山紅浪》
新疆　《遠方星火》
安徽　《風雪大别山》、《寇準背靴》（河北梆子）

《洪湖赤衛隊》劇照

《洪湖赤衛隊》(歌劇)

出品：北京電影製片廠　武漢電影製片廠
編劇：集體
執筆：梅少山　張敬安
導演：謝添　陳方千　徐楓
攝影：錢江　陳國良
主演：王玉珍　夏奎斌　傅凌　陳金鵬

根據湖北省實驗歌劇院同名歌劇改編。1930年夏，反動武裝白極會進攻湘鄂西根據地，黨支書記韓英及大隊長劉闖率領洪湖赤衛隊撤退，用計奪取敵人的武器。韓英不幸被捕後，赤衛隊配合紅軍作戰，打擊敵人。

中宣部批轉《中央新聞紀録電影製片廠工作檢查報告》

5月，中央新聞紀録電影製片廠召開創作幹部會議，對最近幾年新聞紀録電影的攝影報道工作進行了較系統深入的檢查，並向中宣部上報工作檢查報告。6月1日，中宣部批轉新影廠工作檢查報告，肯定了新影廠幾年來的工作成績，但也指出某些新聞紀録影片存在違反黨的政策和利用補拍、組織拍攝方法弄虚作假等錯誤，要求新聞紀録片一定要嚴格遵守完全真實、完全是真人真事的原則，指出這是新聞紀録電影區别於故事片的最根本特點，違背了這個原則，新聞紀録影片就完全喪失了價值。

《革命家庭》的演員于藍在國際上獲獎

7月8日—23日，以陳荒煤爲團長的中國電影代表團參加第二屆莫斯科電影節，故事片《革命家庭》和紀録片《戰鬥的古巴》參展，《革命家庭》女主角于藍獲得女演員銀質獎。

《革命家庭》

出品：北京電影製片廠
編劇：夏衍　水華
導演：水華
攝影：錢江
主演：于藍　孫道臨　張亮　劉桂齡

根據陶承回憶録《我的一家》改編。周蓮與革命青年江梅青結婚後，經歷了北伐。1927年，江梅青被反動派殺害，周蓮參加革命工作。三十年代時，周蓮到上海的黨機關工作。機關遭到破壞，周蓮及其留蘇歸來的兒子被捕，因爲拒絶向敵人提供情報被殺害。

《革命家庭》劇照

水華（1916 —1997）

導演。原名張毓番。原籍湖北鍾祥，生於南京。1940年赴延安，任魯迅藝術學院戲劇音樂系教員、魯迅藝術劇院實驗劇團導演；1948年任東北魯藝文工團團長；1949年後任文化部電影局、北京電影製片廠導演。他擅長改編文學名著，代表作品有《白毛女》、《林家鋪子》、《革命家庭》、《烈火中永生》、《傷逝》等，曾多次在國内外獲獎。

于藍（1921— ）

演員，電影事業家。原名于佩文。遼寧岫岩人。1938年赴延安，入抗日軍政大學、女子大學學習；1940年任魯迅藝術工作團演員；1946年任東北電影製片廠演員；1958年任北京電影製片廠演員；1981年創建北京兒童電影製片廠，任第一任廠長，1987年任藝術顧問。代表作品有《白衣戰士》、《翠崗紅旗》、《龍鬚溝》、《林家鋪子》、《革命家庭》、《烈火中永生》等。

"新僑會議"

6月8日—7月2日，文化部召開全國故事片創作會議，由於與中宣部召開的全國文藝工作座談會同時在北京新僑飯店舉行，因此被合稱爲"新僑會議"。兩個會議分別圍繞着《關於當前文藝工作的意見》和《關於加强電影藝術片創作和生産的意見》兩個文件，總結"大躍進"以來文藝工作和電影工作的經驗教訓，討論貫徹"雙百"方針、改進工作繁榮創作的具體措施。6月19日，周恩來總理向兩個會議的代表發表重要講話。他嚴肅批評了"大躍進"以來文藝工作中嚴重存在的"左"的思想和文藝工作中流行的"五子登科"的不良風氣，要求在文藝工作中造成一種民主的風氣，並進一步闡明了文藝與政治、與人民的關係，並提出了寓教育於娛樂之中的思想。

周恩來的講話，通篇都貫穿着實行藝術民主、尊重藝術規律、促進藝術繁榮的思想，這也是整個"新僑會議"的主要精神。周揚、夏衍、齊燕銘、林默涵和陳荒煤等文藝界和電影界領導人多次在大會上講話，積極倡導"雙百"方針和藝術民主。許多電影藝術家也都消除顧慮，在會上暢所欲言，批評電影創作和製片廠領導中"左"的風氣和官僚作風，提出改進建議。製片廠的領導也主動作了自我批評和檢查。"新僑會議"以其鮮明的反"左"思想與高度的民主精神，深深鐫刻在廣大電影工作者的心中。

"新僑會議"討論通過了《關於加强電影藝術片創作和生産領導的意見》。1961年1月，文化部電影局在上海錦江飯店召開部分故事片廠（老廠）廠長座談會，在討論故事片生産中縮短戰線、改進領導工作等問題時，草擬了《製片生産領導方法（或經驗）18條》和《改進工作和加强領導的措施（7條）的草案》。後來文化部電影局將兩份文件合併修改爲《關於加强電影藝術片創作和生産的意見》，原爲25條，經提交"新僑會議"討論後，修訂爲32條，於1961年11月11日由文化部下達各廠。這個文件受到廣大電影工作者的熱烈歡迎，許多人稱它爲"電影憲法"，對促進60年代初電影創作的繁榮起了十分重要的作用。

1961年7月1日，周恩來總理約請出席新僑會議的電影藝術家到香山公園遊覽，這是當時的合影

附録：周恩來《在全國文藝工作座談會和全國故事片創作會議上的講話》

他嚴肅批評了"大躍進"以來文藝工作中嚴重存在的"左"的錯誤做法。首先，指出"現在有一種不好的風氣，就是民主作風不够"。接着，在"引言"部分又聯係《達吉和她的父親》由小説改編電影後，因怕被戴上"人性論"、"温情主義"的帽子，在父女相會這場戲中導演就不敢讓他們哭的例子，嚴厲批評了文藝工作中流行的一來"就給套框子、抓辮子、挖根子、戴帽子、打棍子""五子登科"的不良風氣；並且强調要改變這種風氣，首先要從領導者做起，"要允許批評，允許發表不同意見"，造成一種民主風氣。

他深刻闡釋了文藝與政治、與人民的關係，指出："文藝爲政治服務，要通過形象，通過形象思維才能把思想表現出來。……没有了形象，文藝本身就不存在，本身都没有了，還談什麽爲政治服務呢？標語口號不是文藝"，"群衆看戲、看電影是要從中得到娛樂和休息，你通過典型化的形象表演，教育寓於其中，寓於娛樂之中"，"藝術作品的好壞，要由群衆回答，而不是由領導回答"。

講話共分爲七個問題：

一、物質生産與精神生産問題。
二、階級鬥爭與統一戰線問題。
三、爲誰服務的問題。
四、文藝規律問題。
五、遺産與創造問題。
六、領導問題。
七、話劇問題。

周揚講話摘要

（6月23日講話）周揚先分别對《達吉和她的父親》、《摩雅傣》、《紅旗譜》等影片進行了評價。之後，批評了"有些是反映大躍進的概念化的片子，這種片子説有什麽壞處，也未必，只是使人看了不舒服，不滿意，不能達到感人的效果，浪費了一點膠片，有一些可能還宣傳一點浮誇風，但還没有造成人民的災難"。接着，他提出了"我們的電影，要有好故事，好演員，好鏡頭，好音樂"。

"影片要做到四好，製片廠就要搞民主，所

有的藝術團體都應搞民主。政治民主、藝術民主、生産民主三大民主。”

針對某些影片的“人性論”問題，提出了“在人性論的爭論上，我們需要開展兩條戰線的鬥爭，一方面是反對資産階級的人性論，另一方面是反對我們的階級標簽主義”。

最後，還對怎樣寫好劇本發表了言論。塑造人物，要摒棄概念化，“從文藝來説，要寫人性，要寫個性”；題材上，他説，“千百萬人發生興趣的題材是重要的題材，不然爲什麽那麽多的人都有興趣呢？當然還要有教育意義。我看題材問題上不要做那麽多的文章，還是搞廣泛一點好，現代題材歷史題材都可以寫”。

（6月28日講話）過去有的人把政治了解得很狹隘，這是不對的。文藝爲政治服務，不僅應該有表現社會時代的作品，並且還要整理過去的文藝遺産；在有的時候，有的場合，後者起的作用還更大。他還説，政治掛帥，政治就不能太多，太多，就削弱了政治，政治不是帥，而變成兵了。政治是靈魂，靈魂要依附在肉體上。業務、藝術就是肉體；没有肉體，靈魂就無所依附了，不知道它到底在哪裏。我們的文藝隊伍是可愛的隊伍，同黨是一條心的。

《關於當前文學藝術工作的意見》

這個文件最早醖釀於1959年，在周恩來總理發表了《關於文化藝術工作兩條腿走路的問題》的講話後，文藝界領導人提出了關於文藝工作十個問題的初步方案。1961年開始調整文藝政策後，又匯集了各方面的意見，起草了提交“新僑會議”審議的“文藝十條”。經會議討論，修訂爲八條（簡稱“文藝八條”），於1961年8月1日由中宣部印發各地。

文件内容爲：

一、進一步貫徹執行“百花齊放、百家爭鳴”的方針。

二、努力提高創作質量。

三、批判地繼承民族遺産和吸收外國文化。

四、正確地開展文藝批評。

五、保證創作時間，注意勞逸結合。

六、培養優秀人才，獎勵優秀人才。

七、加强團結，繼續改造。

八、改進領導方法和領導作風。

《關於加强電影藝術片創作和生産領導的意見》

文件包括五個部分，共32條：

一、加强電影文學劇本創作的領導工作。

1.按照國家和人民的需要，根據本廠的具體條件和特點以及創作人員的經驗、才能，制定一個題材範圍較廣，題材樣式較多的三年或五年的題材規劃。

2.製片廠必須積極培養和擴大專業編劇和編輯隊伍。

3.製片廠必須經常地長期地團結一批作家在製片廠的周圍，加强對電影劇本創作的組織工作。

二、按照電影生産特點改進計劃生産。

1.對於電影文學劇本、分鏡頭劇本、樣片和完成片的審查應減少層次，除了有關重大革命歷史事件或當前國内外重大決策方面的問題，應請上級領導審查和徵求有關方面的意見外，一般的劇本、分鏡頭劇本或樣片統由製片廠的領導負責審查決定。

2.製片廠審查計劃，必須儘可能做到均衡生産，力求經常供應全國電影發行、放映的節目。

3.製片廠每年度的影片題材計劃，既要考慮到長遠題材規劃的要求，又要照顧到當前的供應需要與題材比例。

4.製片廠根據已有經驗和具體情況，建立創作組，並加强創作組的活動。

5.導演是影片拍攝工作的組織者與領導者。

6.演員是電影藝術銀幕形象的主要的體現者，製片廠和攝製組必須尊重演員製作的特性，給予各種適當的創作條件。

7.逐步充實並建立起一支又紅又專的電影製片主任的隊伍，以加强製片工作的領導力量。

8.電影是綜合的集體的藝術創作，參加影片生産的所有藝術人員、技術人員以及生産管理人員，都應該在統一的影片創作藝術構思之下，充分發揮工作的積極性與創造性，從各方面努力提高影片的質量。

9.製片廠在提高影片質量的過程中，必須貫徹勤儉辦事業的方針，加强製片生産的經營管理工作。

三、加强製片廠的政治思想和藝術領導，改進經營管理工作。

1.製片廠的黨委會是製片廠的領導核心。

2.製片廠廠長在黨委會領導下負責生産領導和處理日常行政工作，並通過常務會議，加强全廠生産管理和行政工作的管理。

3.黨委會必須加强對創作組和攝製組的支部工作的領導。

4.各廠應建立並加强藝術委員會。

5.製片廠的黨委領導和行政領導人員，應當不斷地改進領導作風、領導方法和提高領導水平。

四、訓練和培養創作人員。

1.必須繼續注意創作和生産人員的思想改造工作。

2.鼓勵創作幹部和技術幹部鑽研業務，學習技巧，勤學苦練，提高業務水平。

3.鼓勵創作幹部、技術幹部深入生活、參加群衆鬥爭，與工農兵交朋友，加强和工農兵群衆的聯係。

4.團結工作是提高影片質量的重要措施，也是提高電影理論水平的重要措施。

5.提倡對藝術問題的探討，活躍學術研究的風氣，鼓勵和提倡在藝術、學術方面的自由討論。

6.爲了提高影片的質量，還必須加强攝影、録音、洗印等各種電影技術幹部的培養和提高工作。

7.實行優秀影片和優秀電影創作與技術工作的獎勵制度。

8.關心創作、技術人員的生活，根據我國當前的具體情況，訂出實際可行的辦法，解決創作、技術人員的生活福利問題，注意解決他們生活上和工作上的特殊需要。

五、加强對重點製片廠的領導。

1.重點製片廠的長遠規劃與年度生産計劃，經過所屬省、市文化（電影）主管部門和軍委總政核定後，報文化部審批，文化部根據黨的文藝方針和全國影片生産平衡情況，可以提出修改、補充意見。

2.文化部定期檢查各重點製片廠執行黨的文藝政策的習慣。

3.文化部對重點製片廠的主要創作人員的創作生産、休整、深入生活和學習等全面安排情況進行了解，並加以指導，其中部分人員的工作安排，需經文化部審核。

4.文化部可通過當地文化（電影）主管部門和軍委總政，指定各重點製片廠或與電影工作者協會合作舉辦各種專業學習班或講習會，有計劃地分批抽調各製片廠人員進行輪訓，提高其思想、業務水平。

5.文化部可以指導與指定重點製片廠進行某些專題的創作和生産總結，或對某些理論問題作專題研究，定期提出書面報告。

6.文化部可制定並修改製片廠的計劃管理、技術管理、財務管理的各項制度。

7.各重點製片廠每年向文化部遞交書面報告，並同時抄報當地文化（電影）主管部門和軍委總政。

周恩來總理與電影工作者到香山公園遊覽

《達吉和她的父親》的討論

1961年第7期《文藝報》發表了馮牧《〈達吉和她的父親〉——從小説到電影》的文章，對於這篇小説和改編攝製的影片的得失作了分析和評論。之後，第10期《文藝報》就這個問題展開了討論，討論持續到1962年7月。參加討論的有作家、理論批評工作者和讀者。作者高纓也發表了《由〈達吉和她的父親〉所想到的》的文章。

《達吉和她的父親》是高纓根據自己的同名小説改編，由峨眉電影製片廠、長春電影製片廠於1961年聯合攝製的，導演王家乙，攝影王春泉等。影片變換了故事背景，加强了時代氣氛；改變了人物的身份和性格；將爭女兒的情節改爲讓女兒。從改編後的效果來看，雖然作品和人物的思想境界拔高了，但藝術感染力却相對地受到了影響。這裏一個重要原因就是影片在改編和攝製期間正值"反右傾機會主義"運動，小説當時曾被戴上了"小資産階級的温情主義"、"已經到了'人性論'的邊緣"等帽子，無論編劇還是導演都顧慮重重，總覺得是在"刀刃上跑馬"，因此在許多動情之處都不敢放手刻畫渲染。影片放映時又適逢"新僑會議"前後文藝政策調整時期，因此，文藝界圍繞着這部影片的創作過程和對小説與電影的不同評價，展開了一場關於"典型"和"人性論"等創作中具有普遍意義的問題的熱烈討論。

《達吉和她的父親》

出品：峨眉電影製片廠
長春電影製片廠
編劇：高纓　導演：王家乙
攝影：王春泉　張翬
主演：陳學潔　朱丹南　劉蓮池

美麗聰明的達吉姑娘是漢族老工程師任秉清的親生女兒，13年前被彝族奴隸主搶走。她受盡磨難，在瀕於死亡之時多虧了彝族養父馬赫爾哈搭救，兩人多年來相依爲命、患難與共。解放後，在大凉山的社會主義建設中，她與生父重逢。於是，一個女兒、兩個父親之間展開了一段動人心弦的故事。

小説故事梗概

居住在凉山邊沿的漢族貧農任秉清，在縣城裏偶然地遇到了他在13年前丢失的女兒達吉。她是在小時候被奴隸主掠進凉山的，在凉山上度過了13年的苦難生活，和正直的彝族勞動者馬赫爾哈結下了生死與共的階級情誼，並且成了她的養女。兩個父親都熱愛着達吉，都渴望能和自己的女兒生活在一起，這就産生了一個難於解決的悲劇性的家庭糾紛。最後兩個父親在沙馬木呷社長的教育下，認識到所有這一切痛苦和不幸，一切民族和弟兄之間的爭執和衝突，都是舊的社會制度所種植出來的苦果。於是兩位父親盡釋前嫌擁抱在一起。

《達吉和她的父親》劇照

王家乙（1919—1988）

導演。江蘇南京人。1937年參加上海救亡演劇八隊、二隊；1940年任魯迅藝術學院實驗劇團演員；1945年任東北文工一團藝術科科長、導演兼演員；1948年任東北電影製片廠導演；1979年任長春電影製片廠副廠長。代表作品有《葡萄熟了的時候》、《風箏》、《五朵金花》、《達吉和她的父親》、《小字輩》、《豹子灣的戰鬥》。

馮牧《〈達吉和她的父親〉——從小説到電影》（摘録）

"這篇小説之所以受到了廣大讀者的喜愛，所以能够以鮮明的思想力量觸動了讀者的心弦，這不僅僅在於它表現了這樣一個比較深刻的主題思想，同時，也還由於作品在體現這種主題思想的過程中所流湧出來的那種真實感人和令人信服的藝術感染力量。這種藝術感染力量，是通過一個尖鋭的矛盾衝突以及環繞着這個衝突的三個人物的性格和心理逐漸展開而傳達給讀者的。"

針對有讀者説，小説個人化傾向，馮牧評價道："比起我們時代的許多重大歷史事件來，兩個家庭的悲歡離合，勞動人民之間深切的人情和人性的刻畫，只能够算是一個小小的事件。可是，這個看來很小的事件，恰恰不正是一幅可以概括地展示出凉山勞動人民新的生活命運和新的民族關係的有血有肉的和'以小概大'的生動縮影嗎？"

針對有讀者反映小説"被誇張、歪曲了的"勞動人民形象，馮牧辯駁道："由於客觀條件限制，凉山地區正如西藏一樣，只是在全國解放的幾年之後，才分別地摧毁了壓在人民頭上的反動統治，進而獲得了真正的解放。而在這篇小説中所描寫的，恰恰正是彝族人民從奴隸制度中得到解放不久以後的事情。這樣一個具體的歷史時期和時代環境的特點，是必不可免地要在人們的思想當中得到反映的。"

"這部具有民族色彩的影片""可以被列入到那些反映少數民族生活變革的優秀影片的行列之中而略無遜色；但是，另一方面我又覺得，儘管這是一部值得向觀衆推薦的影片，它却並不是我所想象的那部從小説《達吉和她的父親》改編而成的影片。""我們在小説裏所讀到的是發生在凉山地區剛從奴隸制度下獲得真正的解放之後不久的故事，而在電影裏所看到的，則已經是發生在社會主義大躍進和人民公社化以後的故事了；和這相適應的是影片中的幾個主要人物形象，也都按照這個新的時代背景的要求，而被賦予了和小説中迥然不同的性格和思想，而他們的行動以及圍繞着他們所展開的故事情節，也都由於人物性格和精神面貌的不同，產生了和小説完全不同的發展。”“幾乎和小説有着截然不同的氣氛，電影《達吉和她的父親》的整個情調都是歡快而明朗的，而且，由於作者立意要通過影片的正面完成一個艱巨的任務——反映凉山的新的生産面貌，把民族團結、共同推動凉山的社會主義大躍進作爲了影片的中心主題”“但是無論如何，有一件事情終究是不能不令人感到遺憾和惋惜的，就是：在影片裏，那個作爲小説的主體並以此感動了千萬讀者的矛盾衝突，即圍繞着達吉的歸屬問題，在兩個父親之間展開的性格衝突，幾乎是整個地被徹底抽掉了。和這同時，那些在原作中是那樣地動人心弦的關於父親和女兒之間以及兩個父親之間的階級情感的交流和激盪，在影片裏也幾乎找不到多少痕跡了。這樣，就不能不一方面使影片在性格刻畫上受到了一些影響，而另一方面在藝術感染力上也受到了一些令人惋惜的削弱。在看電影時，我們也許會時時感受到一種生活的喜悦與歡快，但是，我們却再也不能感受到像小説曾經給予我們的那種深切的感人力量了。”

（《文藝報》1961年第7期）

《文藝報》編輯部按語

最近文藝界展開了對《達吉和她的父親》（從小説到電影）的討論。北京的報刊上發表過文章，引起了讀者的注意。最近《四川日報》《四川文學》上發表了一系列的文章，展開了藝術問題上生動活潑的百家爭鳴。這個討論，不僅反映了對這兩個同名作品的評價上的分歧，而且涉及到文藝作品如何表現典型環境中的典型性格，如何提高作品的思想性，如何創造新英雄人物等具有普遍意義的問題，通過同志般的互相討論、互相切磋，對這些問題求得深切的了解，這對於促進創作的繁榮和提高是很有積極意義的。

（摘自《文藝報》1961年第10期）

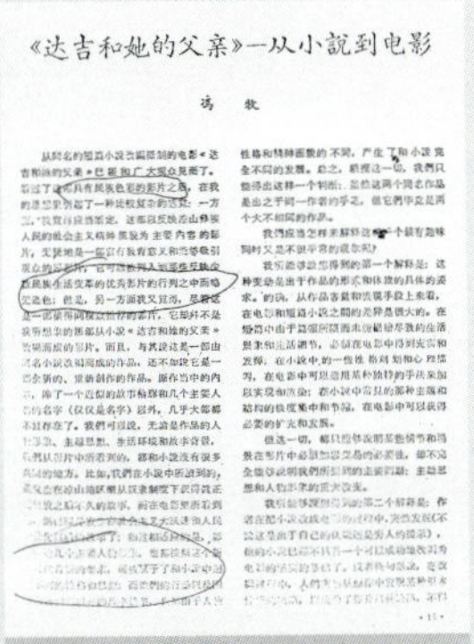
《达吉和她的父亲》——从小説到电影

冯牧

馮牧《〈達吉和她父親〉——從小説到電影》

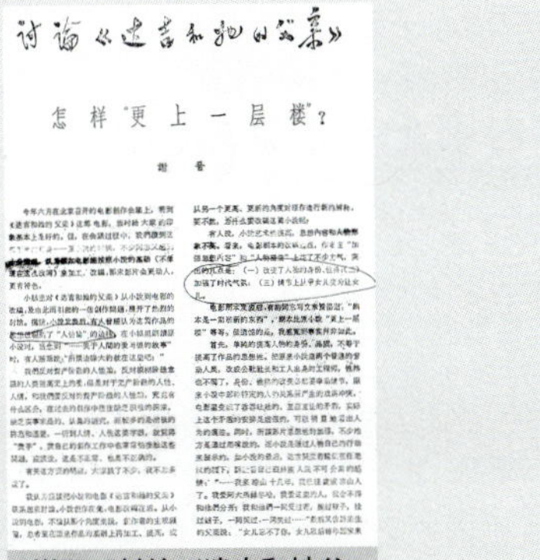
討論《达吉和她的父亲》

怎样"更上一层楼"？

谢晋

謝晉《討論〈達吉和她父親〉"怎樣更上一層樓"》

《非洲之角》獲“非洲獎”

10月4日—13日，在非洲之角——索馬里的首都摩加迪沙舉行第四屆非洲國際電影節。中國、蘇聯、英國等13個國家參加電影節，我國參加評選的影片是《非洲之角》和《訪問几内亞》。《非洲之角》獲電影節的最高獎——“非洲獎”。

《非洲之角》

《非洲之角》（紀録片）

出品：中央新聞記録電影製片廠
編導：姜紫芬
攝影：馮世昌
作曲：趙鴻聲

介紹了獨立後的索馬里正在建設工廠、學校和國營農場的情況。影片以索馬里人民歡度國慶一週年的場景而結束。

《孫悟空三打白骨精》（紹劇）

出品：天馬電影製片廠
編劇：浙江省文化局
《孫悟空三打白骨精》整理小組
導演：楊小仲　俞仲英
攝影：盧俊福
主演：六齡童　筱昌順
七齡童　傅馬潮

取材於古典名著《西遊記》。孫悟空經過三次交戰，消滅了善於僞裝的白骨精及其衆妖魔，救出了一心慈悲爲懷，却險遭殺害的唐僧。

毛澤東觀看《孫悟空三打白骨精》後賦詩一首

11月17日，毛澤東在看了戲曲片《孫悟空三打白骨精》後，賦《七律·和郭沫若同志》詩一首。

《七律·和郭沫若同志》

（1961年11月17日）

一從大地起風雷，便有精生白骨堆。
僧是愚氓猶可訓，妖爲鬼蜮必成災。
金猴奮起千鈞棒，玉宇澄清萬里埃。
今日歡呼孫大聖，只緣妖霧又重來。

附録：郭沫若
《七律·看〈孫悟空三打白骨精〉》

（1961年10月18日）

人妖顛倒是非淆，對敵慈悲對友刁。
咒念金箍聞萬遍，精逃白骨累三遭。
千刀當剮唐僧肉，一拔何虧大聖毛。
教育及時堪讚賞，猪猶智慧勝愚曹。

讀了毛澤東的和詩後，郭沫若即用毛詩的原韻，又和了一首七律：

賴有晴空霹靂雷，不教白骨聚成堆。
九天四海澄迷霧，八十一番弭大災。
僧受折磨知悔恨，猪期振奮報涓埃。
金睛火眼無容赦，哪怕妖精億度來。

《孫悟空三打白骨精》劇照

1961年（臺灣）

大事記

2月

周天素的天華影業公司在臺北成立，不久又組天勝影業公司，以新南光歌仔戲劇團爲班底，請李泉溪導演系列歌仔戲影片。

3月7日

第八屆亞洲影展在菲律賓馬尼拉舉行。陳燕燕演《音容劫》獲最佳女配角獎。

3月24日

當局通過"輔導國産影片貸款辦法"。

4月30日

"中影"完成整理工作，四月已結束整理委員會；製片廠由臺中遷至臺北市士林外雙溪，由廠長莊國鈞負責重建工作。沈錡繼戴安國任董事長，李潔繼王星舟任總經理。開拍國臺語混合的《宜室宜家》及國語片《颱風》。

6月16日

"臺製"開拍臺灣第一部彩色寬銀幕國語片《吴鳳》，卜萬蒼導演，王引、張美瑶主演。是張美瑶自臺語片闖入國語片電影界的首部電影。

10月7日

"中影"再度改組。蔡孟堅接任董事長。與日本大映、日活兩公司合作拍攝《秦始皇》和《金門灣風雲》影片。

重要影片

《孤女的願望》

出品：萬壽影業公司
編劇：趙之誠
導演：張英
攝影：廖慶松
主演：陳芬蘭　何玉華
　　　龍松　康明

臺灣日據時代，日本特務頭子利用權勢與歌女同居，因經常出差，歌女與歌手私奔，歌手被毁容，臺灣光復，日人被遣返日本，留下被毁容的歌手和私生女流落街頭賣唱。名歌星陳芬蘭演善唱的少女，因此片而走紅。

中影廢止基本演員制度

"中影"創始之初，在總經理李葉的主導下建立的"中影"基本演員制度，最初的陣容有12人。王星舟繼任總經理之後，因爲張英大量拍片又延攬了張小燕、陳惠珠、陳曼夫，以及招考的新人李琪、吴宜德，把基本演員的名額增至17名。"中影"臺中廠大火之後，製片業務無法擴展，一個月每位600元臺幣的基本演員制度開始成爲"中影"的累贅。接任總經理一職的李潔2月表示，由於2月15日有好幾位基本演員合同到期，"中影"一方面先暫時與合同期滿的基本演員再緩延六個月合同期限，另一方面則考慮廢除基本演員制度，等到"中影"改組完成後待新任總經理付諸實施。3月，中影公司宣佈，該公司基本演員制度於5月25日起停止施行。所有的基本演員合約於2月底到期後，一律延長三個月，期滿後全部不再續約，"中影"今後拍片將依劇本的需要遴選演員。"中影"公司此舉每年將可省下10萬元的開支。

作家王藍所繪吕訴上肖像

第一部臺灣電影史出版

本年，吕訴上著《臺灣電影戲劇史》出版。這是第一部臺灣電影史專著。

吕訴上（1915—1970）

編導。臺灣彰化人。日本大學藝術科本科、日本新聞學院本科，早稻田大學政治經濟科畢業，臺灣省警察學校警官講習班第一期畢業。曾任"文協"電影話劇委員會常務委員、戲曲委員會副主委、臺灣省文化協進會常委、國防部康樂總隊戲劇顧問、臺灣省地方戲劇協進會理事、臺灣省新聞處電影製片廠編導，自己成立銀華影業社。電影作品有《河邊春風》（編劇）、《陳杏之思叙》（編、製）、《愛情十字路》（導演）等。著有《臺灣電影戲劇史》。

白克因白色恐怖被捕

6月4日，星馬影歌星莊雪芳投資並主演臺語片《龍山寺之戀》，不料該片導演白克竟因此片以"海外資金通匪問題"被捕。莊雪芳也曾被捕，幸獲劉玉章將軍擔保，准予出境。白克被嫌疑"匪諜"，幸有白崇禧保釋。但不久，李宗仁回到大陸，同爲桂系大將的白崇禧解職，使白克失去政治靠山，1963年再度被警總拘捕，即未再出獄。1964年2月被執行槍決，享年51歲。白色恐怖剥奪了熱愛電影藝術青年學子的好老師，更毀了一位臺灣電影的開拓者。

白克（1914—1964）

電影導演，製片人。廣西桂林人。1945年臺灣光復後，隨接收官員來臺，任臺灣電影攝製場場長，對臺灣電影業的復興發展作出重要貢獻。導演作品有《黄帝子孫》、《瘋女十八年》、《唐三藏救母》（周旭江合導）、《臺南霧夜大血案》、《五月之戀》、《魂斷南海》（兼編劇）、《生死戀》（編導，改編自法國名著《茶花女》）；1959年與林摶秋合導《後臺》又名《桃花夜馬》，寫歌仔戲藝員幕後的辛酸。1960年與學生杜詩（杜光輝）合導《阿丁大鬧歌舞團》，另爲莊雪芳編導《龍山寺之戀》，又在臺灣藝術專科學校及政工幹部學校兼任教授。

製片公會公佈臺北市票房紀録

4月，製片公會統計並公佈臺北市各電影院自1957年至1960年歷年票房賣座紀録最佳十部影片，結果如下：

1957年度

國語片——《窈窕淑女》、《情場如戰場》、《四千金》、《錦綉前程》、《金蓮花》、《美人魚》、《娘惹與峇峇》、《天作之合》、《亡魂谷》、《曼波女郎》；臺語片——《基隆七號房慘案》、《瘋女十八年》、《雨中鳥》、《望春風》、《水蛙記》、《誰的罪惡》、《赤崁樓之戀》、《何日花再開》、《心酸酸》、《海邊風》。

1958年度

國語片——《貂蟬》、《紅娃》、《空中小姐》、《遊龍戲鳳》、《元元紅》、《地下火花》、《青春兒女》、《郎如春日風》、《歸來》；臺語片——《歌女白蘭花》、《添丁發財》、《乞丐與藝妲》、《慈雲太子復國》（下集）、《慈母淚》、《小情人逃亡》、《誰的罪惡》（上、下集）、《媽媽愛爸爸》、《金壺玉鯉》、《阿蘭》。

1959年度

國語片——《江山美人》、《玉女私情》、《接財神》、《吕四娘》、《龍翔鳳舞》、《粉紅色的兇手》、《魔窟殺子報》、《龍鳳姻緣》、《嬌娃》、《二八佳人》；臺語片——《王哥柳哥遊臺灣》（上、下集）、《蛇郎君》、《男之罪》（上、下集）、《飼老鼠咬布袋》、《啞吧與小姨》、《嘆煙花》（上、下集）、《半路認老父》、《猪八戒與孫悟空》、《按摩女》、《後母與前子》。

1960年度

國語片——《苦兒流浪記》、《桃花淚》、《家有喜事》、《女俠文婷玉》、《音容劫》、《兒女英雄傳》、《辮子姑娘》、《黑夜槍聲》、《温柔鄉》、《心心相印》；臺語片——《虎姑婆》、《多角戀愛》、《孫悟空大鬧天宮》、《凸哥凹哥》、《財色迷人》、《噴火美人》、《七劍十三俠》、《秋怨》、《丁蘭二十四孝》、《南京西路》。

當局修改電影法令

5月，新任電檢處長屠義方針對電檢處和未來電影管理處的業務發表看法，並表示："電檢處對於不切合實際或阻礙難行的電影法令，已着手研究整理，將作全部的合情合理的修改。"電檢處未來的管理方向大致分爲影業輔導、電影檢查、外片進口管理等三項。在影業輔導方面，除依國片貸款辦法輔導臺港國産影片的攝製之外，亦將針對電影界近年來一直爭議的減税問題與財税機關溝通，作合理的調整。在電影檢查方面，將秉持合法、合情、迅速的原則檢查，並計劃改良原有之會檢制度，擴大邀情專家學者提供檢查意見，而非僅限於各機關代表。在外片進口管制方面，由於問題複雜且牽扯甚廣，電檢處目前正搜集各方意見、妥善研究改善的辦法，並計劃透過電影法令之徹底修改，以符合現況之需求。

影片目録

中影　《誰能代表我》、《宜室宜家》、《天倫淚》

僑聯　《情天夢迴》、《香島春夢》

新華　《女俠飛紅巾》、《警網情鴛》、《古墓俠侶》

中國　《試妻奇冤》（中日合作）、《梁紅玉》

大來　《女俠夜明珠》、《無妳我會死》

大聯　《白娘娘》、《雙孝子月宫救母》

天華　《甘國寶大破白水莊》、《蔡瑞造洛陽橋》

臺聯　《薛剛大鬧花燈》、《二度梅》（上、下集）、《神尼降魔女》、《心所愛的人》、《薛丁山三請樊梨花》

永新　《桃老大伏匪記》、《王金禄合同記》、《劍龍小飛俠》、《乞食與千金》（上、下集）、《送君情淚》

華僑　《哪吒大鬧天宫》、《李靖蛇山降魔》

大東　《女俠夜明珠》、《憨查某哭倒烏龜洞》

萬壽　《孤女的願望》、《大破梅花鹿》

優勝　《爲着你一人》、《情絲難斷》

其他　《王先生與小陳》（中一行）、《君子協定》（天工）、《海埔春潮》（中藝）、《萬里尋親記》（聯邦）、《天下父母心》（天南）、《哪吒三太子》（三友）、《巴士小姐》（亞洲）、《喋血販馬場》（金鳳）、《警網情鴛》（中聲）、《敵後壯士血》（天南）、《武則天》（成功）、《小白菜》（畢虎）、《法網難逃》（華厦）、《劈山救母》（福華）、《五雷打狀元》（鳳華）、《爲着你一人》（優勝）、《林秀姑殉情打狗山》（藍天）、《請君等候我娶嫁》（新光）、《五子告夜狀》（美都）、《阿里巴巴》（華南）、《哪吒剮肉還親》（新藝）、《袁文正》（金都）、《春香鬧學》（長風）、《李廣大鬧三民街》（光華）、《甘露出世》（榮源）、《飛燕驚龍》（港聯）、《張生與鶯鶯》（都馬）、《鈔票滿天飛》（僑友）

1961年（香港）

大 事 記

本年 邵氏公司出品的《後門》獲第7屆亞洲影展最佳影片獎。

香港第一部彩色寬銀幕影片《千嬌百媚》創當年最高賣座紀錄。

邵氏影城落成。

重要影片

《雷雨》劇照

《雷雨》

出品：鳳凰影業公司
編導：朱石麟
主演：鮑方 石慧 裘萍
高遠 龔秋霞

根據曹禺同名話劇改編。富家少爺周樸園與侍女侍萍生有二子，但他只留下了長子周萍，趕走侍萍和二兒子。侍萍投河被救，後嫁與魯貴，生下女兒四鳳。四鳳來到周家也成了侍女，並與周萍相愛。當兩代人之間的關係被揭露後，四鳳觸電身亡，周萍無顔苟活，飲彈身亡。

《火窟幽蘭》劇照

《南北和》劇照

《火窟幽蘭》

出品：華聯影業公司
編劇：馮鳳歌
導演：李鐵
主演：吴楚帆 張瑛
江雪 陳碩修

陳火因被歹徒牽連入獄10年。出獄後，從青樓中救出女兒阿蘭，又從舊日獄友處借得錢款拯救兒子的病，正當骨肉相逢之際，陳火復被獄友牽連入獄。阿蘭姐弟探監，囑父勿掛念。陳火見兒女有託，甚感安慰。

《南北和》

出品：電懋公司
編劇：宋淇
導演：王天林
主演：梁醒波 雷震 劉恩甲
丁浩 張清 白露明

本地人胖裁縫開了一家南發洋服鋪，來自上海的胖裁縫在他的隔壁也開了一家北大洋服鋪，兩家本是鄰居，但因對峙而雙雙受挫。兩個老闆最後決定還是聯合起來，共同對付別的對手。

于素秋（1930— ）

演員。原名于少圓，祖籍河北。自幼隨父南下來港。父親于占元是資深京劇武生，是成龍、洪金寶、元彪等七小福的師父。于素秋1948年開始演電影，處女作是《宏碧緣》。從影18年，主演過近200部電影，多是武俠片。她主演的名片有《如來神掌》、《仙鶴神針》等。她在《白蛇傳》、《海上女霸王》兩部影片中，表演過連踢12支紅纓槍的高超北派技巧。1966年她和粵劇名伶麥炳榮結婚，婚後退出影壇。

《仙鶴神針》劇照

《仙鶴神針》

出品：港聯影業公司

編劇：杜寧　導演：康毅　主演：林家聲　鄧碧雲　于素秋

天龍鏢局與崑崙派爭奪藏珍圖失敗,總鏢頭蘇明海不服,命女兒飛鳳及鏢師曹雄追查藏珍圖下落,崑崙掌門玄清道人命弟子馬君武及李青鸞下山找師叔玉真子,暫避鋒頭。於是在他們之間產生錯綜複雜的關係並發生激烈的爭鬥。

該片是對粵語電影武俠類型的一次成功嘗試。中國武俠文化在香港得以承傳，該片是作出了貢獻的。

主要影片目録

本年度香港共出品影片265部，其中粵語片211部，國語片43部，粵/國語混合片2部；閩南語片9部。

邵氏兄弟　《女大不中留》、《皆大歡喜》（國語）、《千嬌百媚》（國語）、《桃花扇》、《香港三小姐》（與日東寶株式會社合拍）（國語）、《神仙·老虎·狗》（國語）、《丈夫的秘密》（國語）、《夏日的玫瑰》（國語）、《不了情》（國語）、《手槍》（國語）、《南北姻緣》（國語、粵語）

電懋　《天倫淚》（國語）、《南北和》（國、粵語混合）、《體育皇后》（國語）、《無語問蒼天》（國語）、《賊美人》（國語）、《遊戲人間》（國語）、《香港之夜》（與日東寶株式會社合拍）（國語）、《太太緝私團》、《星星·月亮·太陽》（上）（國語）、《星星·月亮·太陽》（下）（國語）

玉聯　《彩菱艷》、《雷克探案之血刀兇手》、《芙蓉裝暖度春宵》、《歡喜夫妻》、《天下第一劍》（大結局）、

光藝　《九九九廿四小時奇案》、《神童歷險記》、《良心》、《追妻記》

新聯　《少小離家老大回》（上集）、《少小離家老大回》（大結局）、《一文錢》

鳳凰　《雷雨》（國語）、《生死牌》（國語）、《滿園春色》（國語）

華僑　《金粉世家》（上集）、《金粉世家》（大結局）、《落霞孤鶩》

長城　《華燈初上》（國語）、《迷魂阱》（國語）

桃源　《義犬救童》、《孤兒救祖》

重光　《電話情人》、《秘密情人》

港聯　《仙鶴神針》、《仙鶴神針》（下集）

南華　《天倫》（上集）、《天倫》（大結局）

聯合　《星月爭輝》、《香江花月夜》

其他　《孤雛血淚》（嶺光）、《風塵俠侶》（泰山）、《一夜難忘》（新新，國語）、《黑吃黑》（星港）、《兒女情深》（大成）、《銀紙萬歲》（中聯）、《七小福》（乾坤）、《金刀奇俠》（達豐）、《相見歡》（興發）、《分期付款娶老婆》（多寶）、《血淚種情花》（東南）、《火窟幽蘭》（華聯）、《小千金》（信誼）、《飛天小俠》（立達）、《沙三少與俏銀姐》（懋林）、《紐約唐人街碎屍案》（南美）、《花木蘭》（百達）

《不了情》讓林黛第四次榮膺“亞洲影后”

《不了情》在第9届亞洲電影節上分别獲得最佳女主角奬和最佳主題歌曲特别奬。也是本片女主角林黛第四次榮膺“亞洲影后”稱號。

《不了情》劇照

《千嬌百媚》劇照

《不了情》

出品：邵氏兄弟公司
編劇：潘柳黛　陶秦
導演：陶秦
作曲：王福齡
主演：林黛　關山
　　　高寶樹　洛奇

單身女子李青青愛上留學生湯鵬南。爲助湯，李向某大亨屈膝换來30萬元，湯誤解李遂和另一女友故意親暱，李氣憤之下重病纏身。湯明白一切後大受感動。彌留之際，李用那無神的雙眼看了湯一眼便死去，留下了這段不了情。

王福齡（1926—　　）

作曲家。浙江人，曾在上海國立音專攻讀。1958年他開始爲電影作插曲，第一首是《痴迷》。繼後他創作了不少著名的電影歌曲，如獲得第9屆亞洲影展最佳主題曲特别奬的《不了情》和《今宵多珍重》等。他創作的名曲還有《南屏晚鐘》等。他爲電影作曲和配樂，得到亞洲影展最佳音樂奬的有《山歌戀》、《藍與黑》、《珊珊》和得到金馬奬最佳音樂奬的《烽火萬里情》等。爲香港電影（尤其是國語片）作出了傑出貢獻。

《千嬌百媚》

出品：邵氏兄弟公司
編導：陶秦
主演：林黛　陳厚
　　　范麗　麥基

此片是香港出産的第一部彩色寬銀幕電影，也是當年在香港最受歡迎的影片。

獲第8屆亞洲電影節最佳女主角（林黛）、最佳剪接（姜興隆）、最佳音樂（姚敏）、最佳録音（王永華）、最佳美術指導（莫蘭詩）奬，及第一屆金馬奬最佳導演、最佳音樂奬。

姚敏（1917—1967）

電影作曲家。原名姚振民。浙江人。1939年開始爲電影作曲，名作有《恨不相逢未嫁時》。1950年開始爲香港電影作曲和配樂，名作有《情人的眼淚》、《三年》和被美國名片《蘇絲黄的世界》採用的《第二春》（《蘇》片改名《叮噹歌》）。1959年他替《龍翔鳳舞》作曲和配樂，獲第6屆亞洲影展最佳音樂奬。1961年替《千嬌百媚》配樂又得到第8屆亞洲影展和第一屆金馬奬最佳音樂奬。可惜英年早逝，1967年病逝於香港。

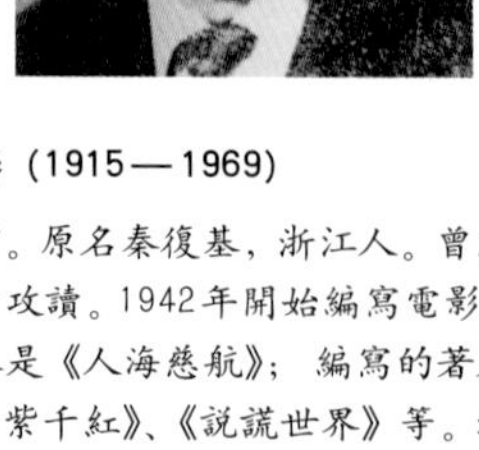

陶秦（1915—1969）

導演。原名秦復基，浙江人。曾在上海聖約翰大學攻讀。1942年開始編寫電影劇本，第一部劇本是《人海慈航》；編寫的著名電影劇本有《萬紫千紅》、《説謊世界》等。執導的首部影片是《寒蟬曲》。陶秦一生編導影片40多部，多爲文藝片與歌舞片。他執導的名作有在亞洲影展獲奬的《四千金》、《龍翔鳳舞》、《藍與黑》、《不了情》、《花團錦簇》；有在“金馬奬”得奬的《千嬌百媚》等。於1969年在香港病逝。

林黛（1934—1964）

演員。原名程月如，廣西人。其父爲國民黨桂系著名人士程思遠。生於桂林。曾在香港新亞書院就讀。1951年拍攝第一部作品《翠翠》（1953）一炮而紅。林黛先後拍過《情場如戰場》（1957）、《貂蟬》（1958）、《江山美人》（1959）、《不了情》（1961）等風格、形式截然不同的電影。1964年7月17日，林黛在寓所自殺，年僅30歲。

1962年（大陸）

大事記

1月 中宣部、文化部發出恢復上演故事片《洞簫橫吹》的通知。

2月17日 周恩來對在京的話劇、歌劇、兒童劇作家發表講話，鼓勵作家們"破除新的迷信"，多創作一些反映人民內部矛盾的作品。

3月2日—26日 文化部、中國劇協在廣州召開話劇、歌劇、兒童劇創作會議，周恩來作《論知識分子問題》的報告，陳毅、沈雁冰等也都先後講話。

3月17日 文化部向國務院上報《關於調整電影製片廠的報告》，提出撤銷各省新聞紀録電影製片廠。5月28日，國務院批復同意。

4月19—30日 在印度尼西亞雅加達舉行的第三屆亞非電影節上，故事片《紅色娘子軍》獲"萬隆獎"，美術片《金色的海螺》獲"盧蒙巴獎"，科教片《帶翅膀的媒人》獲"特別盧蒙巴獎"。

4月25日 中共文化部黨組向中宣部、中央文教小組並周恩來呈報《關於調整電影事業管理隊伍和安排創作隊伍的報告》。

5月11日 文化部電影局發出《請各廠注意反映現實生活題材影片的政策性問題的通知》。

6月6—24日 動畫片《大鬧天宮》（上集）在第十三屆卡羅維·發利國際電影節上獲短片特別獎。

6月26日 動畫片《小蝌蚪找媽媽》獲法國第四屆安納西國際美術電影節"兒童影片獎"。

7月1日 北影廠、北京科影廠等從北京市劃歸文化部領導。

8月1日 八一廠舉行建廠十週年慶祝活動，朱德、董必武、謝覺哉、郭沫若等題詞祝賀。

9月10日 國務院批准同意長影廠由吉林省劃歸文化部領導。

9月21日 著名劇作家，電影編導歐陽予倩因病在北京逝世。

9月24—27日 在中共八屆十中全會上，毛澤東提出階級鬥爭必須年年講、月月講、天天講。

10月15日—1963年1月9日 中國影協在北京舉辦第2期"讀書會"，夏衍爲學員作題爲《關於改變電影劇本的問題》的報告。

10月 爲了貫徹電影事業的調整、鞏固、充實、提高的方針，中國影協決定將《大衆電影》與《上海電影》合併，遷回上海出版。

11月11—22日 文化部在武漢召開全國電影發行放映會議，討論改進電影發行放映業務管理體制的試行方案。

12月 文化部電影局連續發出關於"故事片各類稿酬"、"攝製故事片的幾項主要定額"、"各種電影劇本與影片審查"、"攝製故事片成本核算"和"各種影片平均消耗膠片定額"等文件，重新規範電影製片生産。

重要影片

《東進序曲》劇照

《東進序曲》

出品：八一電影製片廠
編劇：顧寶璋　所雲平
導演：華純　攝影：韋林岳
主演：李炎　張鍾英　于純綿　王林佳

1940年，新四軍挺進縱隊東進途中，遭到國民黨蘇魯皖部的阻撓，部隊派黃秉光前去談判，被對方頑固派扣留。敵人派兵襲擊縱隊遭到失敗。不願打内戰的周明哲起義，促使新四軍主力順利過江。

《燎原》劇照

《燎原》

出品：天馬電影製片廠
編劇：彭永輝　李洪辛　導演：張駿祥　顧而已　攝影：周達明
主演：王尚信　王熙岩　魏鶴齡　祝希娟

1921年，雷煥覺來到贛西煤礦開辦工人夜校，成立俱樂部，並通過和平談判、合法鬥爭等手段，與礦務局及鐵路局打交道，並組織易猛子、賀青山等挖煤工人罷工。

《錦上添花》劇照

《錦上添花》

出品：北京電影製片廠
編劇：謝添　陳方千　陳其昌　羅國梁　導演：謝添　陳方千
攝影：張慶華　主演：趙子岳　凌元　韓非　田烈

外號老解決的小火車站站長與婦女隊長胖大嫂暗中相愛，但都不好意思表達。在修建電站的過程中，經站務員從中撮合而結合。小水電站也順利建成。

《野猪林》劇照

《野猪林》(京劇)

出品：北京電影製片廠　香港大鵬影業公司
編劇：李少春　導演：崔嵬　陳懷皚　攝影：聶晶
主演：李少春　杜近芳　袁世海　蘇維明

根據古典小説《水滸》片斷改編。林沖遭高逑父子及陸謙陷害，發配滄州。解差受賄擬在野猪林加以殺害，被魯智深所救。陸謙又趕到滄州縱火草料場，企圖燒死林沖。林沖憤恨揮刀，殺死陸謙，投靠梁山。

《紅樓夢》劇照

《紅樓夢》(越劇)

出品：海燕電影製片廠　香港金聲影片公司
編劇：徐進　導演：岑範　攝影：陳震祥
主演：徐玉蘭　王文娟　吕瑞英　金采風

根據曹雪芹古典小説《紅樓夢》改編。從林黛玉進入賈府開始，貫穿以〝會寶釵〞、〝讀西廂〞、〝葬花〞、〝焚稿〞、〝寶玉哭靈〞、〝寶玉出走〞等片斷。

《阿娜爾罕》劇照

《阿娜爾罕》

出品：北京電影製片廠
新疆電影製片廠
編劇：林藝
導演：李恩傑
攝影：錢江
主演：烏力克
土呼提・艾則孜
熱合曼
買買提・依不拉音江

維族姑娘阿娜爾罕因抗婚被大地主烏斯滿拘禁，青年長工庫爾班幫她逃出後成婚。1950年，烏斯滿以宗教代表的身份借勢迫害回鄉的阿娜爾罕。庫爾班參加工作回村進行減租減息，阿娜爾罕也迎來了新的生活。

《掌中戲》(木偶片)

出品：上海美術電影製片廠
編劇：虞哲光　伍倫
導演：虞哲光　章超群
攝影：章超群

布袋木偶戲藝術家楊勝表演了傳統劇目《搶親》。戲中描寫花花公子嚴世藩和幾個打手到廟會滋事，他看中了小家碧玉的盧瑶琴，求親不成，就要動武。少年英雄劉廷飛前來救助，趕走了嚴世藩。

《掌中戲》劇照

故事片目録(共35部)

長影　《甲午風雲》、《爐火正紅》、《七天七夜》、《柳毅傳書》(越劇)、《三關排宴》(晉劇)
海燕　《李雙雙》、《紅樓夢》(與香港金聲影業公司合拍、越劇)、《碧玉簪》(與香港大鵬影業公司合拍、越劇)、《孫安動本》(柳子戲)
天馬　《女理髮師》、《燎原》、《大李小李和老李》、《魔術師的奇遇》、《球迷》
北影　《崑崙山上一棵草》、《停戰以後》、《錦上添花》、《阿娜爾罕》、《野猪林》(與香港大鵬影業公司合拍、京劇)、《楊乃武與小白菜》(與香港金聲影業公司合拍、曲劇)
八一　《東進序曲》、《哥倆好》、《英雄坦克手》、《鄂爾多斯風暴》、《碧血丹心》、《槐樹莊》、《地雷戰》
珠影　《南海潮》、《韓江花似錦》(潮劇)、《齊王求將》(與香港鴻圖影業公司合拍、漢劇)、《紅葉題詞》(與香港鴻圖影業公司合拍、瓊劇)
西影　《生命的火花》、《尚小雲舞臺藝術》(京劇)
峨影　《喬太守亂點鴛鴦譜》(川劇)
武漢　《留住漢宫春》(漢劇)

關於電影創新問題的討論

1962年3月14日—18日，根據文化部黨組和周揚的指示，由夏衍主持，召集汪洋、田方、陳播、張駿祥、瞿白音、蔡賁、徐桑楚、柯靈、于敏、袁文殊、黃鋼、耿西、程季華等電影工作者以及電影局局、處負責人等在翠明莊召開了四次關於改進故事片創作和創新問題的座談會（即翠明莊會議）。會上傳達了周恩來、周揚對電影工作的指示，初步總結了體制下放前後的經驗，討論如何加强和改進故事片創作、生産領導等問題。會議還特別討論了有關電影藝術創作的創新問題，並佈置瞿白音、于敏和黃鋼等撰寫文章闡述有關理論問題。

1962年6月15日，《電影藝術》第3期發表瞿白音的《關於電影創新問題的獨白》（簡稱《創新獨白》）。它針對電影創作中存在的種種弊病，提倡破"陳言"，破除被當時奉爲"絶對真理"的"三神"（即"主題之神、結構之神、衝突之神"）的迷信，創作出具有"新的思想、新的形象、新的藝術構思"的"一代之新"的電影作品。該文在創新的意義、創新的要素、創新與内容和形式的關係、創新與傳統、創新與風格、創新與藝術規律等方面都作了比較系統的論述，從學術上批判了"左傾思潮"。

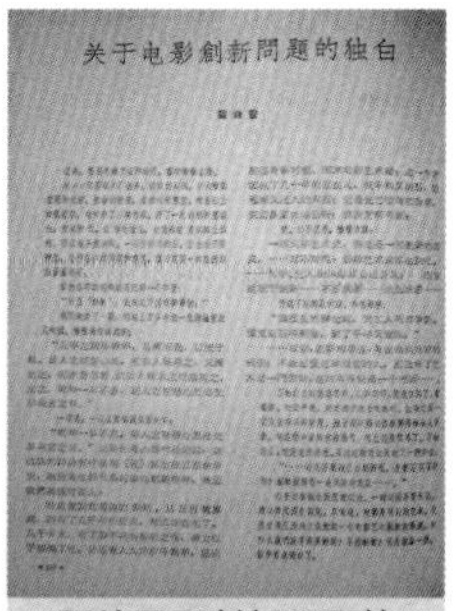
关于电影创新问题的独白

《關於電影創新問題的獨白》文照

文章發出以後立即引起了强烈的反響。上海影協書記處曾兩次召開"創新問題"座談會，與會者認爲《創新獨白》既堅持了自己的學術見解，又能實事求是地在探索中尋求前進的方向。但在第二次座談會時，上海市領導要調閲座談會紀録，引起了許多與會者的顧慮。而原本計劃繼續進行的第三次座談會也就此夭折。在1964年後開展的"文藝整風"中，《創新獨白》被多次點名批評。在"文化大革命"中，《創新獨白》更被誣蔑爲"電影界黑幫的反革命綱領"，瞿白音也因此受到殘酷的迫害。

瞿白音（1910—1979）

編劇，評論家。原名瞿金駒。上海嘉定人。1933年加入左翼劇聯從事進步戲劇運動；1938年從影；1948年到香港任大光明影業公司編劇，與夏衍等人組成七人影評小組；新中國成立後任上海電影局副局長等職。創作的電影劇本有《水上人家》、《萬紫千紅總是春》、《紅日》，編導了大型紀録片《華北是我們的》、《人民心一條》。

第一部彩色寬銀幕立體故事片《魔術師的奇遇》

1962年6月11日，我國第一部採用雙機偏光法拍攝的彩色寬銀幕立體故事片《魔術師的奇遇》由上海天馬製片廠攝製完成。該片將雜技、魔術等藝術形式與立體影片的創作特點熔爲一爐，在當時的電影技術方面達到了相當高的成就。

《魔術師的奇遇》劇照

《魔術師的奇遇》

出品：天馬電影製片廠
編劇：王煉　陳恭敏　桑弧
導演：桑弧
攝影：查祥康
主演：陳强　韓非
孫景路　史原

解放前魔術師陸幻奇遭惡勢力迫害，妻亡子散，被迫逃往國外。解放後，他回國尋子訪友。經過不少誤會與周折後，他找到了家人和老友，也看到了新社會的新氣象、新風尚。

韓非（1919—1985）

演員。原名韓幼止。原籍浙江寧波，生於北京。1941年從影，先後任國華、文華等影片公司演員；1949年赴香港，任長城、龍馬等影片公司演員；1952年任上海電影製片廠演員。代表作品有《夜深沉》、《林則徐》、《喬老爺上轎》、《魔術師的奇遇》、《女理髮師》、《錦上添花》、《子夜》等。

附録：《推薦我國第一部立體故事片——〈魔術師的奇遇〉》（摘録）

影片開始幾個鏡頭，就造成了一種身臨其境的親切感覺。影片主人公魔術師陸幻奇從海外歸來，遠處一列火車似乎真的朝着觀衆頭頂開過來，再聽到火車的長鳴和廣播聲，影片立體聲的效果和逼真的畫面明顯地表現出來。隨着劇情的發展，彷彿讓觀衆進入上海作了一次愉快的遊覽，看到了上海的銀行、人民大道、外灘、雜技團和動物園等等的繁榮景象，這時，觀衆的現場感覺會逐漸加强，不禁忘記了身在電影院裏。

影片穿插了不少雜技和魔術，再結合立體片的特點，就更能增加場景的真實感和歡樂的氣氛。在這裏，只舉一個例子，當張志誠拿起魚杆伸向鏡頭來一個"空中釣魚"，突然一條大魚活騰騰地在畫面上跳躍着，簡直向觀衆的面前猛撲過來。這時，觀衆可能受到一驚，不自覺地扶着椅子，不禁發出哄然的笑聲。影片具有這樣的真實感的效果，説明了我們在技術上是取得了一定的成就。

（作者沈通，《大衆電影》1962年第8期）

第一屆《大衆電影》“百花獎”在北京舉行授獎大會

5月22日，在毛澤東主席《在延安文藝座談會上的講話》發表20週年紀念的前夕，中國電影工作者協會在政協禮堂舉行第一屆（1960—1961年）《大衆電影》“百花獎”授獎大會和電影工作者聯歡晚會。授獎大會將陳毅、郭沫若、謝覺哉、茅盾、老舍等親筆題詞的獎狀授予獲獎人員，獎勵並祝賀他們在電影藝術創作方面做出的顯著成就。周恩來總理、陳毅副總理出席大會並接見全體獲獎人員。郭沫若、謝覺哉、周揚、齊燕銘等與1500名電影工作者參加了授獎大會。大會由中國電影工作者協會副主席田方主持，並邀請中國文學藝術界聯合會主席郭沫若發獎。周恩來、陳毅等還參加了電影工作者聯歡晚會，晚會上放映了彩色影片《東進序曲》。

《大衆電影》“百花獎”由中國影協於1961年10月提出舉辦，並由中央文化部、中國電影工作者協會、軍委總政電影處和全國總工會宣傳部、共青團中央宣傳部組成聯合工作委員。參加“百花獎”評選的影片爲上一年度正式發行的國産影片，每年1月1日公佈參選影片名單。由文化部所屬的中國電影發行放映公司（通過全國各省、市分公司）以及上述各主辦單位分頭組織城市、農村、工礦和部隊觀衆參加評選並負責統計選票，由中國影協完成最後的統計數字並籌備發獎儀式。

“百花獎”設有最佳故事片、最佳編劇、最佳導演、最佳男演員、最佳女演員、最佳配角、最佳攝影、最佳美工、最佳音樂、最佳長紀録片、最佳短紀録片、最佳紀録片攝影、最佳科教片、最佳美術片和最佳戲曲片等15個獎項。如無特殊情況，每年的授獎大會均定在《毛主席在延安文藝座談會上的講話》發表紀念日發獎。

第一屆“百花獎”獲獎名單

最佳電影故事片獎：《紅色娘子軍》（上海天馬廠）；最佳電影編劇獎：夏衍、水華（《革命家庭》）；最佳電影導演獎：謝晉（《紅色娘子軍》）；最佳電影女演員獎：祝希娟（《紅色娘子軍》吴瓊花的扮演者）；最佳電影男演員獎：崔嵬（《紅旗譜》朱老忠的扮演者）；最佳電影配角獎：陳强（《紅色娘子軍》南霸天的扮演者）；最佳電影攝影獎：吴印咸（《紅旗譜》）；最佳電影音樂獎：張敬安、歐陽謙叔（《洪湖赤衛隊》）；最佳電影美工獎：丁辰（《馬蘭花》）；最佳長紀録片獎：《兩種命運的決戰》（新影廠）；最佳短紀録片獎：《亞洲風暴》（新影廠）；最佳紀録片攝影獎：牟森、王喜茂、沈傑、屈銀華（《征服世界最高峰》）；最佳科教片獎：《没有“外祖父”的癩蛤蟆》（上海科影）；最佳美術片獎：《小蝌蚪找媽媽》（上海美影）；最佳戲曲片獎：《楊門女將》（京劇，北影廠）。

郭沫若爲獲得第一屆“百花獎”最佳女演員的祝希娟頒獎照片

夏衍（左）、水華獲得第一屆“百花獎”最佳編劇獎照片

《馬蘭花》劇照

《馬蘭花》

出品：海燕電影製片廠
編劇：任德耀
導演：潘文展　孟遠
攝影：朱靜
主演：王蓓　劉安古　董明　連德枝

根據同名兒童話劇改編。姐妹倆人，姐姐懶惰，妹妹勤勞。妹妹嫁給了仙人馬郎爲妻。姐姐嫉妒，竟聽信黑心狼的欺騙，陷害妹妹。馬郎用智慧打死了黑心狼，憑借馬蘭花的神力救回了妻子。

附録：《文化部齊燕銘副部長在電影“百花獎”授獎大會上的講話》（摘録）

“百花獎”是爲鼓勵創作更多的爲工農兵服務的優秀影片，爲促進電影藝術的百花齊放和進一步提高質量而舉辦的。這是我國電影史上第一次群衆性的評獎活動。

這樣一個群衆性的影片評獎活動，不但是對1960—1961年這兩年來的電影藝術作了一次全面檢閲，而且也使電影工作者進一步了解到廣大群衆的要求和期望，有助於電影藝術沿着工農兵方向更好地向前發展。

（《大衆電影》1962年第5、6期合刊）

《祝賀“百花獎”評選揭曉，努力提高電影藝術水平》（摘録）

短短的三個月來，我們收到了117 939張選票，參加投票的以青年學生爲最多，其次是工人，機關幹部、戰士和農民。

這次評獎活動的規模在我國電影發展史上是空前的，電影藝術接受了廣大群衆一次全面的檢驗。去年在電影藝術創作方面提出了“四好”的要求，説明了我國電影藝術發展到一定的階段，集中地反映了廣大群衆對電影藝術提高的要求。這次評獎主要是根據這種形勢的發展，在“四好”的要求下，對電影藝術進行了一次檢閲，聽取了廣大群衆的寶貴意見，加强了廣大群衆和電影工作者的緊密聯係，這無疑對我國電影藝術提高到一個更新的水平，將要起到重要的影響和作用。因此，我們認爲這次評獎，確是有其重大和深遠的意義。

（《大衆電影》1962年第4期）

丁辰（1917—1992）

美術師。原名孫鼎臣，江蘇蘇州人。1947年從影，曾爲影片《夜店》、《萬家燈火》、《新聞怨》、《希望在人間》、《武訓傳》等影片擔任美術設計。作品還有《家》、《關漢卿》、《馬蘭花》、《渡江偵察記》、《阿詩瑪》、《傲蕾·一蘭》、《天雲山傳奇》等。

《紅色娘子軍》劇照

《紅色娘子軍》

出品：天馬電影製片廠
編劇：梁信　**導演：**謝晉　**攝影：**沈西林
作曲：黄准
主演：祝希娟　王心剛　陳强　向梅

第二次國内革命戰爭時期，惡霸南霸天府中丫頭瓊花不堪壓迫出逃，與紅蓮一起加入紅軍娘子軍連。在黨代表洪常青的教導下，瓊花克服了個人復仇思想。洪常青犧牲後，瓊花繼任黨代表。紅色娘子軍在瓊花的帶領下，高唱勝利戰歌，邁向革命鬥爭的新征程。

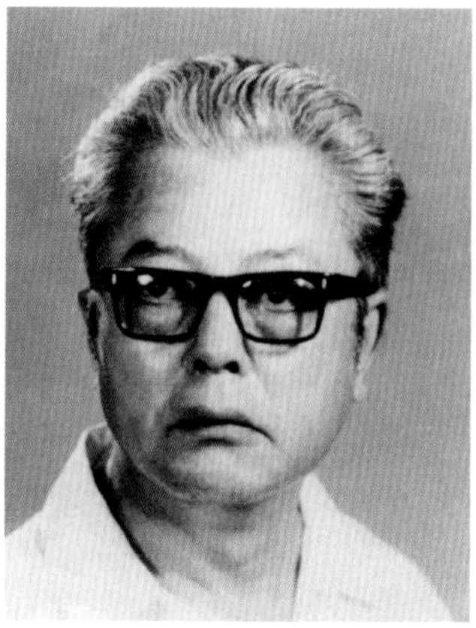

梁信（1926—　）

編劇。原名郭良信，山東人，生於吉林扶餘。1953年畢業於中南部隊藝術學院，任軍區專業創作員。電影文學劇作有《紅色娘子軍》、《碧海丹心》、《南海長城》、《特殊任務》、《從奴隸到將軍》、《紅姑寨恩仇記》等。

祝希娟（1938—　）

演員。原籍江西南昌，生於江西贛州。1960年畢業於上海戲劇學院表演系；後任上海戲劇學院實驗話劇團、上海青年話劇團演員；1983年任深圳電視臺副臺長兼深圳電視藝術中心主任。代表作品有《紅色娘子軍》、《燎原》、《啊！搖籃》等。

黄准（1926—　）

作曲家。浙江黄岩人。先後在魯藝戲劇系、音樂系學習；1947年進東北電影製片廠，爲《留下他打老蔣》作曲；新中國成立後任北影廠、上影廠作曲，相繼爲《家》、《女籃5號》、《紅色娘子軍》、《舞臺姐妹》、《北斗》、《牧馬人》、《青春萬歲》、《小猫釣魚》等多部故事片、紀録片、美術片作曲。

陳强（1918—　）

演員。原名陳慶三。河北寧晉人。1938年赴延安，進魯迅藝術學院戲劇系學習；1945年因在歌劇《白毛女》中飾演惡霸地主黄世仁而知名；1947年任東北電影製片廠演員；1953年任北京電影製片廠演員。代表作品有《橋》、《白毛女》、《紅色娘子軍》、《魔術師的奇遇》、《海霞》、《瞧這一家子》、《父與子》等，曾多次在國内外獲獎。

《征服世界最高峰》劇照

《征服世界最高峰》（紀録片）

出品：中央新聞紀録電影製片廠
編導：吴均　應小英
攝影：王喜茂　牟森　沈傑　屈銀華等

《没有“外祖父”的癩蛤蟆》劇照

《没有“外祖父”的癩蛤蟆》（科教片）

出品：上海科學教育電影製片廠
編導：杜生華
攝影：謝棟　裘葛

《楊門女將》（京劇）

出品：北京電影製片廠
編劇：范鈞宏　吕瑞明　導演：崔嵬　陳懷皚
攝影：聶晶　美術：秦威
主演：王晶華　楊秋玲　梁幼蓮　郭錦華

西夏進犯，佘太君力持主和論，楊文廣請求隨軍出征，母子校場比武。穆桂英母子、七夫人闖進絶谷，攀上棧道，裏外夾攻取得勝利。

秦威（1911—1994）

美術師。河北成安人。1937年從影，1946年起任美術設計，主要作品有《無名氏》、《憶江南》、《裙帶風》、《山河淚》、《火葬》、《趙一曼》、《陝北牧歌》、《智取華山》、《青春之歌》、《風暴》、《小兵張嘎》、《烈火中永生》、《知音》、《楊門女將》、《野猪林》等。

《楊門女將》劇照

《紅旗譜》劇照

《紅旗譜》

出品： 北京電影製片廠
改編： 胡蘇　凌子風　海默　吴堅
導演： 凌子風　**攝影：** 吴印咸
主演： 崔嵬　蔡松齡　凌元　葛存壯

農民朱老忠因早年遭受地主壓迫逃離家鄉。25年後，他替父報仇回到故鄉，結識了地下黨領導人賈湘農。1927年後，革命轉入低潮，朱老忠加入共產黨，領導農民發動了反對國民黨政府"割頭稅"的鬥爭。

葛存壯（1928— ）

演員。河北饒陽人。1947年任齊齊哈爾文工團演員；1949年任東北電影製片廠演員；後任北京電影製片廠演員。代表作品有《中華女兒》、《鋼鐵戰士》、《白毛女》、《平原遊擊隊》、《青春之歌》、《紅旗譜》、《小兵張嘎》、《小花》、《周恩來——偉大的朋友》等。

海默（1923—1968）

劇作家，小說家。原名張澤藩，山東黄縣人。1943年在延安魯藝學習，曾任天津市委文工團創作部主任、中南文聯創作組組長。1952年任電影局電影劇本創作所編劇，創作了《草原上的人們》、《母親》、《洞簫橫吹》、《深山裏的菊花》、《紅領巾的故事》、《紅旗譜》等。

崔嵬在《紅旗譜》創作準備階段

凌元（1917— ）

演員。原名張敏，吉林市人。1946年任東北電影製片廠演員；1951年任北京電影製片廠演員。代表作品有《內蒙人民的勝利》、《平原遊擊隊》、《祝福》、《紅旗譜》、《錦上添花》、《黑三角》等。

崔嵬 (1912—1979)

原名崔景文。山東諸城人。演員，導演。1930年進山東省立實驗劇院學習編劇；1932年加入"劇聯"；1938年赴延安，任魯迅藝術學院戲劇系教員；1950年創辦中南藝術學院；1955年主演影片《宋景詩》；1956年任北京電影製片廠演員、導演。代表作品有《宋景詩》、《海魂》、《紅旗譜》、《青春之歌》、《天山的紅花》、《野猪林》、《楊門女將》等。

文化部先後發文恢復上映並禁映一批影片

1962年7月12日，文化部發出《關於各地不得擅自禁映影片的通知》，要求各地恢復發行自1959年"拔白旗"以來，因受到報刊批評而被各地自動禁映的一批影片。9月8日，文化部又發出《關於對違反當前政策精神的影片停止發行的通知》，決定對1958年以來拍攝的一批內容與中央政策不符或宣揚了"共産風"、"浮誇風"等錯誤的影片停止發行放映。

附録：《關於各地不得擅自禁映影片的通知》（摘録）

1957—1958年前拍攝的一部分故事片，因爲受到當時一些報紙、雜誌的批評，各地有自動禁映的情况。

經文化部重新甄别後，認爲這些影片都不違背毛澤東在"關於正確處理人民内部矛盾中的問題"中提出的六項政治標準，其中有些影片雖然有一些缺點，少數影片的缺點還很嚴重，但仍然是屬於思想藝術方面的問題；有些影片觀點不完全正確，或者觀點不明確；有些影片思想情感不够健康，或者情操不高；有些影片的缺點只是由於藝術處理上的問題。因此，如《幸福》、《前方來信》、《阿福尋寶記》、《傷疤的故事》、《情長誼深》、《尋愛記》、《生活的浪花》、《新局長到來之前》、《布穀鳥又叫了》、《上海姑娘》、《花好月圓》、《落水記》、《鳳凰之歌》、《復試》、《蘆笙戀歌》、《如此多情》、《不拘小節的人》、《懸崖》等20多部影片，文化部過去未曾禁映，各地如曾自動決定禁映者，應即恢復發行。至於以上影片再恢復發行以後，其中有些影片由於質量較低，上映場次可根據群衆歡迎與否分别對待。今後凡經中央文化部審查批准在全國上映的影片，各地一律不得自動禁演；如因特殊情况或各地對上映的影片内容有意見時，可將意見轉報文化部，由文化部酌情處理。

《關於對違反當前政策精神的影片停止發行的通知》（摘録）

幾年來各電影製片廠拍攝的一部分反映現實生活題材的故事片、紀録性藝術片和美術片，一方面由於客觀形勢的變化，有些影片的内容與當前的政策精神不符；一方面則是由於有些影片的内容存在着宣傳"五風"，如浮誇風、共産風以及缺乏實事求是的科學精神等錯誤傾向。這些影片已不適於繼續上映，因此決定停止發行。這些影片是：北影廠的《柳湖新頌》、《春暖花開》、《十三陵水庫暢想曲》；上影公司的《你追我趕》、《海上紅旗》、《鋼花遍地開》、《卧龍湖》、《小康人家》、《躲燈》、《油船火焰》、《鋼城虎將》、《巨浪》、《熱浪奔騰》、《戰鬥的山村》、《鬥詩亭》、《鐵樹花開》、《聰明的人》、《向海洋》、《風流人物數今朝》、《三八河邊》、《大躍進中的小主人》、《新安江上》、《鋼人鐵馬》、《愛廠如家》、《六十年代第一春》、《夜走駱駝嶺》、《重要的一課》；長影廠的《新的一課》、《快馬加鞭》、《康莊大道》、《天下無難事》、《春雷》、《紅領巾的故事》、《春水長流》、《三勤花朵乘風開》；西影廠的《天山歌聲》；珠影廠的《一江兩岸大競賽》、《接班人》；上海美影的《打麻將》、《趕英國》、《慶豐收》、《降龍記》、《革新迷》、《古博士的新發現》、《大躍進萬歲》、《小農藝術家》。

新中國22大電影明星

1961年6月，周恩來邀請30多位演員到中南海家中做客。在談話中他提到明星體制，建議在電影院中懸掛我們國家自己的明星照片。1962年4月，中國電影發行放映公司將崔嵬、謝添、陳强、張平、于洋、于藍、謝芳、趙丹、孫道臨、白楊、張瑞芳、秦怡、上官雲珠、王丹鳳、祝希娟、李亞林、龐學勤、張圓、金迪、王心剛、田華、王曉棠等22位電影演員的名單上報文化部並獲批准。隨後，在各電影院、俱樂部等電影放映單位統一懸掛22位電影演員的肖像照。但僅過了兩年，在1964年文藝整風中，這22位演員的照片又被"撤銷懸掛"。

崔嵬

謝添

陳强

張平

于洋

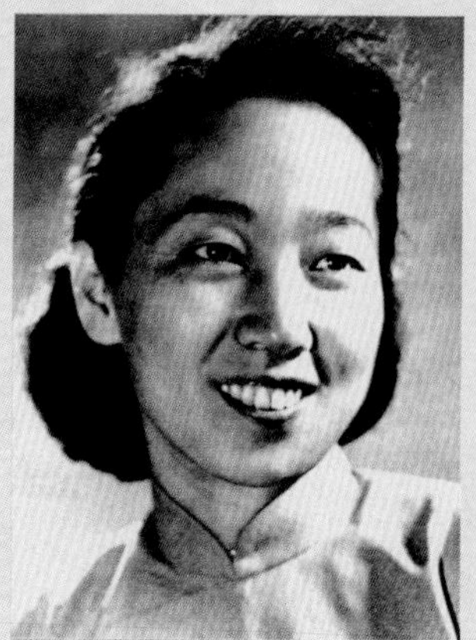
于藍

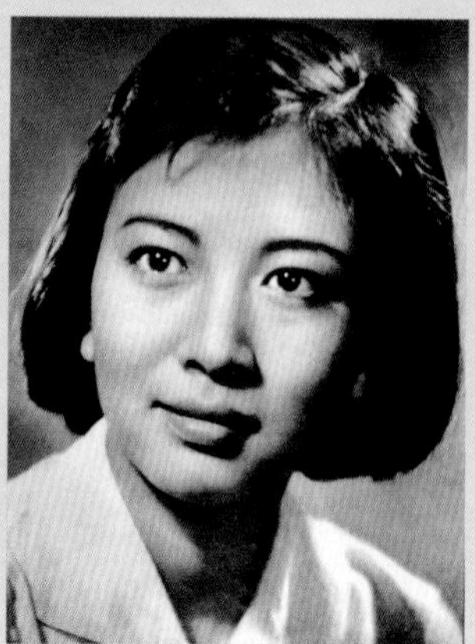
謝芳

趙丹

孫道臨

白楊

張瑞芳

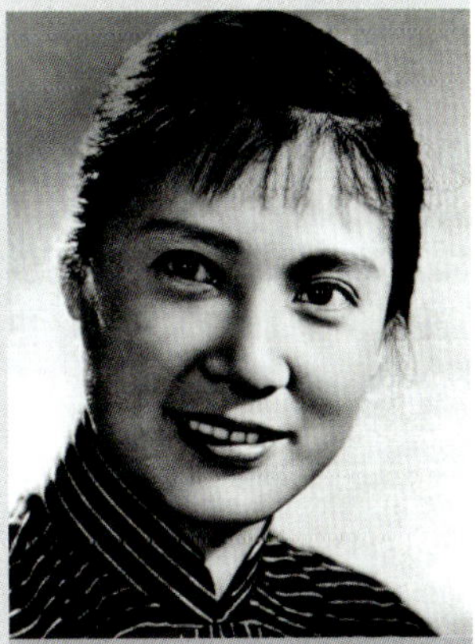
秦怡

上官雲珠

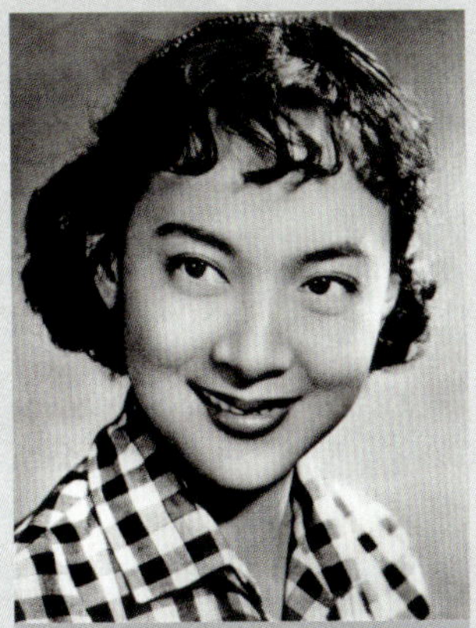
王丹鳳

祝希娟

李亞林

龐學勤

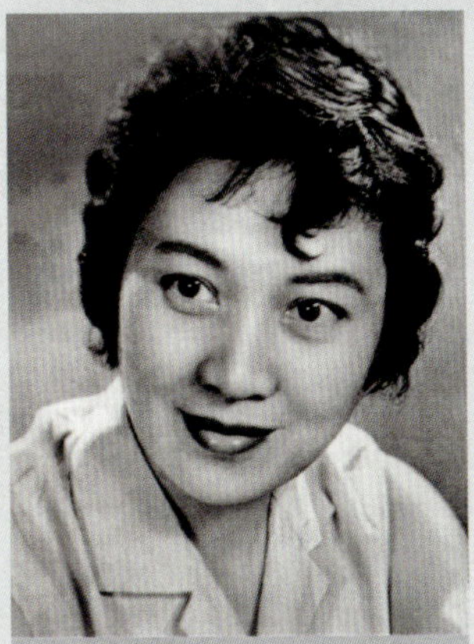
張圓

金迪

王心剛

田華

王曉棠

1994年2月，當年的“22大電影明星”30多年後再聚首時合影（共16位，去世6位，王丹鳳在香港）

1962年(臺灣)

大事記

3月12日 日本大映公司社長永田雅一等抵臺北商談合作拍片，"中影"董事長蔡孟堅等人至機場歡迎。

4月25日 徐守仁導演的《穆桂英掛帥天門陣》、李泉溪導演的《廿國寶大破白水莊》和《姜子牙下山》等片先後首映。臺語片歌仔戲影片形成風氣。

4月26日 香港邵氏總裁邵逸夫首次來臺觀光，並視察臺灣分公司業務與拍片計劃。

4月28日 東方影業公司與日本大藏電影公司合作拍攝彩色影片《試妻奇冤》，在東京開鏡，邵羅輝執導。

5月12—16日 第九屆亞洲影展在漢城舉行。"中影"的《颱風》獲最佳女配角（唐寶雲）和最佳女童星特別獎（羅宛琳）兩項獎。

5月14日 臺灣銀行股東會通過投資"中影"案，辦法是將"中影"欠臺銀債務移作轉投資，減輕"中影"負擔，從此臺銀成爲"中影"股東之一。

6月16日 "臺製"請來日本攝影師及燈光師等一組人員，開拍臺灣第一部彩色寬銀幕劇情片《吴鳳》。

10月10日 臺灣電視公司電視臺開播。

本年 李子弋成立自立電影公司，創業作《兩相好》。

重要影片

《兩相好》

出品：自立電影公司
製片：李子弋　陳汝霖
編劇：丁衣
導演：李行
攝影：胡其遠
主演：穆虹　金石
　　　戽斗　魏平澳
　　　楊月帆

毗鄰而居的兩家醫師，一是留日西醫，一是大陸來臺的中醫，上一代爭生意原本相互排斥，但第二代，加上表妹、養女、同學出現三對情侶，經一次誤會打鬥後，大和解。

《兩相好》劇照

《颱風》

《颱風》劇照

出品：中央電影事業公司
製片：王紹清
編導：潘壘
攝影：洪慶雲
主演：穆虹　唐菁
　　　金石　唐寶雲
　　　江綉雲　羅宛琳

描寫高山測候所一個職員生病，來了一個壯漢，險些和性饑渴的妻子發生關係，最後，懸崖勒馬，唐寶雲得第九屆亞洲影展最佳配角獎，童星羅宛琳得童星獎。

《思相枝》

出品：中興影業公司
製片：高仁河
編劇：涂良材
導演：林福地
主演：游娟　劉明　易原　翁一菁

小學教師林志成和李秀英相戀，李家父母將秀英送日本深造，企圖割斷他們的關係。志成進大學夜間部學習，半工半讀。秀英回臺灣後家遭火災，父死破産，秀英被迫與私梟結婚，走私船被警方緝獲，秀英摔傷失去記憶，志成用愛情治療秀英身心創傷。

《吴鳳》

《吴鳳》劇照

出品：臺灣省電影製片廠
製片：龍芳
編劇：徐天榮　丁衣
導演：卜萬蒼
攝影：山中晋（日）
主演：王引　張美瑶
　　　王琛　劉維斌
　　　井淼

100多年前，山地通事吴鳳官小志大，半生盡瘁於感化山民的偉業，垂老更爲革除山胞"出草"惡習而捨身，爲中華民族崇高偉大的代表人物，也是表揚好人好事的最高典範。獲第二屆金馬獎最佳社會教育特别獎。

《宜室宜家》節目單

《宜室宜家》

出品：中央電影事業公司
監製：李潔
編劇：劉維斌　貢敏
導演：宗由
攝影：華慧英
主演：黃宗迅　李冠章　矮仔財
　　　張小燕　游娟

外省人張巨塵與本省人鄭火旺因購買祖宅從好友變冤家。然而張家外甥却與鄭家千金美惠相戀。二老在兒女慫恿下勉爲其難同遊海水浴場，美惠佯作溺水，不諳水性的二老前去救援，結果雙雙進了醫院，二老目睹下一代感情融洽，遂握手言歡。

“中影”與日本合作拍攝《秦始皇》

3月，“中央電影公司”與日本大映協議合拍70毫米彩色片《秦始皇》。此舉可以促使臺灣影片進入世界市場，且可借機訓練臺灣電影技術人員，提升國產影片品質。該片由八尋不二編劇、導演田中重雄。日方全部工作人員37人和大批拍片器材都運達臺北，大映公司的人員曾花費了不少心血，選定臺灣外景地點後，把每個場景都拍成照片，然後由美術人員把場景繪成草圖，並把每個場面需要的道具，臨時演員數目，工作日程，全部擬好，印發給每個主要工作人員。拍攝工作開始前數日，每個場面的拍攝方法，臨時演員的佈置，都安排妥當。大映公司特別從日本帶來小型無線電對話機和手提擴音器，供工作人員指揮聯絡之用。

7月間，“中影”派劉藝、林贊庭、史紀新、唐寶雲、林璣、及福生以及段凌等到東京調布市大映製片廠拍攝内景，並派段凌爲領隊兼研習美術及繪畫合成技術，劉藝跟導演田中重雄學編導，林贊庭任翻譯並與史紀新二人研究彩色攝影及特技攝影，在大映跟着攝影組觀摩學習，參與實際工作達三個月之久。“中影”跟“大映”合作拍片，有很多收穫。日後中影公司能自力拍攝彩色影片，跟日本合作期所訓練的技術人員，發揮很大的作用。

“中影”徵求臺語片電影故事

3月28日，爲了擴展該公司業務，實行低成本政策，“中影公司”董事長蔡孟堅特徵求臺語片電影故事。徵求之故事性質如下：1. 宣揚忠貞事跡者；2. 發揚倫理道德、轉移社會風氣而具有高尚娛樂價值者；3. 民間流行故事，適合大衆心理而含有教育意義者。徵求之故事每篇3千字左右，應徵稿件一經採用，最優者一名，酬金700元，次優一名500元，佳作四名各300元。

獎勵國語優良影片辦法公佈

5月24日，爲獎勵海内外優良國語影片，當局特訂定“獎勵國語優良影片”辦法，海内外製片廠商皆可提出申請，國語發音的劇情片及紀録片皆可參加，總共設置18項獎，影片類頒給金馬獎座，個人部分則頒給獎金。申請獎勵的影片，由辦理獎勵機關聘請有關機關代表及專家擔任評審委員，就影片主題意識及攝製技術分别評審。同時，安排得獎影片巡迴展覽。

影片目録

中影　《颱風》、《黑森林》、《秦始皇》、《海灣風雲》（合作片3部）
臺製　《吴鳳》
福華　《穆桂英掛帥》、《龍山寺之戀》、《洪武君出世》、《觀世音出世》、《賣油郎獨佔花魁女》、《叫我怎樣活下去》、《金鳳銀鵝》、《挖眼睛報親恩》、《大道公大鬥媽祖婆》、《王哥柳哥過五關斬六將》
永達　《金銀天狗》、《銀面小天狗》、《流浪三兄妹》
玉聯　《嫦娥奔月》、《大俠藍無常》、《魔鏡神珠》
臺聯　《樊梨花薛剛歸天》、《羅通掃北》、《新天方夜譚》、《盤古開天地》、《二度梅》、《薛剛大鬧花燈》、《孫臏下山》（上、下集）
大來　《一千零一夜》、《乞食婆遊靈山》、《憨查某哭倒烏龜洞》、《陳靖姑》、《無你我會死》
天華　《矮仔財遊臺灣》、《狄青大戰八公主》、《甘國寶大破白水莊》、《火燒少林寺》
永新　《何時再相逢》、《送君情淚》、《雙雄大鬥雙假面》
天勝　《火燒洪家寨》、《三公主下凡》、《雙子復國》
美都　《無子娶媳婦》、《五子告夜狀》
興南　《羅漢脚》、《武當小劍客》（上、下集）
晃東　《老福壽》、《石獅吐血》
萬壽　《孤鳥淚》、《難忘的人》
其他　《一萬四千個證人》（海燕）、《兩相好》（自立）、《石花姑牽狀》（大成）、《星星知我心》（榮豐）、《吕蒙正抛綉球》（華明）、《臺北之夜》（宏亞）、《陳三五娘》（國基）、《我的心情你不知》（天成）、《老長壽》（臺瀛）、《南國之花》（成功）、《在室女》（育樂）、《試妻奇冤》（東方）、《劉秀復國》（立達）、《西門男兒》（華藝）、《五虎平南》（天南）、《李世民夢遊地府》（東興）、《八仙鬥東海》（中原）、《媒人皇帝》（遠大）、《大姊頭》（優勝）、《女王蜂》（亞洲）、《胡奎賣人門》（華人）、《何日君再來》（藍天）、《思相枝》（中興）

第一屆獎勵優良國語片金馬獎頒獎

10月31日，第一屆獎勵優良國語片金馬獎頒獎。影片部分，最佳劇情片：《星星·月亮·太陽》（電懋），優等劇情片：《一萬四千個證人》（華僑）、《楊貴妃》（邵氏）、《宜室宜家》（中影），最佳紀録片：《今日金門》（中製），優等紀録片：《五十年度國慶閱兵大典》（臺製）、《臺灣教育》（臺製）。獲獎助金的影片：《趙氏孤兒》（華新）、《脂粉間諜網》（四維）、《慈母千秋》（中國）。個人部分，最佳導演：陶秦（《千嬌百媚》），最佳編劇：秦亦孚（《星星·月亮·太陽》），最佳男主角：王引（《手槍》）、最佳女主角：尤敏（《星星·月亮·太陽》），最佳男配角：矮仔財（《宜室宜家》），最佳女配角：唐寶雲（《臺風》），最佳童星：賈立（《金喇叭》），最佳彩色攝影：黄明（《星星·月亮·太陽》）、最佳黑白攝影：華慧英（《宜事宜家》），最佳音樂：姚敏（《千嬌百媚》），最佳剪輯：姜興隆（《楊貴妃》），最佳録音：鄺護（《楊貴妃》），最佳紀録片攝影：祁和熙（《臺灣教育》），最佳紀録片策劃：戴彭齡（《今日金門》）。

王引（左一）、尤敏（左三）
獲頒金馬獎最佳男女主角獎

1962年（香港）

大事記

本年　電影懋業公司改組。由陸運濤擔任公司董事長兼總經理。

香港第一個電影文化組織第一影室成立。

電影雜誌《娛樂畫報》創刊。

重要影片

《蘇小小》劇照

《蘇小小》

出品：新聯影業公司
編劇：李兆熊　導演：李晨風
主演：張活游　白茵　周驄　黃曼梨

才女蘇小小與阮郁相愛。拜堂之夜，阮郁道出自己是當朝相國阮道之子。阮道來浙知情後大怒，命他毀婚。阮郁不從，被囚，在逃跑時墜樓身亡，小小聞訊，鬱鬱而終。

《三看御妹劉金定》劇照

《星星·月亮·太陽》（上下集）

出品：電懋公司
編劇：秦亦孚　導演：易文
主演：尤敏　葛蘭　葉楓　張揚

根據徐速同名小説改編。徐堅白與阿蘭青梅竹馬，却因門第懸殊而被拆散。堅白遂與秋明產生感情，但又與阿蘭舊情難忘。無奈之下堅白離家北上，而後對亞南産生愛情。最後阿蘭病逝，秋明遁入空門，亞南回了南洋，只留下堅白凄愴欲絶。

獲第一屆金馬獎最佳劇情片、最佳女主角（尤敏）、最佳編劇和最佳彩色攝影獎。

《三看御妹劉金定》

出品：長城電影公司
編劇：俞鏗　導演：李萍倩
主演：夏夢　丁賽君　馮琳　李嬙

劉金定得勝回朝，皇榜封其爲"御妹靖國公主"。書生封加進巧施妙計三次偷見劉金定，並與她吐露真情，喜定終身。

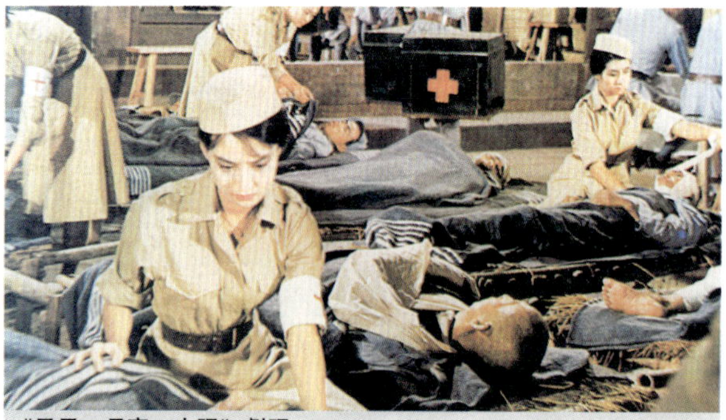

《星星·月亮·太陽》劇照

電影懋業公司改組

電影懋業公司改組後，新任董事長兼總經理陸運濤，副董事長連福民，副總經理兼製片廠長林永泰。該公司出品的《星星·月亮·太陽》榮獲第一屆電影金馬獎最佳劇情片獎、最佳編劇獎（秦亦孚）、最佳女主角獎（尤敏）、最佳彩色攝影獎（黃明）。讓電懋公司聲譽大增。

易文
(1924—1978)

編劇，導演。原名楊彦岐。江蘇吴縣人。上海聖約翰大學文學系畢業。1948年起編寫劇本，第一個劇本是《風月恩仇》；1953年起任導演，處女作《名女人别傳》。執導的名片有《曼波女郎》、《西太后與珍妃》、《星星·月亮·太陽》、《精忠報國》。1970年轉做電影行政工作，並任港九電影戲劇事業總會副主席。

尤敏（1935—1996）

演員。原名畢玉儀。廣東花縣（現廣州花都區）人。曾在香港聖心學校攻讀。18歲開始當演員，主演第一部影片《玉女懷春》一炮而紅。共主演40多部影片，因演《玉女私情》和《家有喜事》連獲第6和第7屆亞洲影展最佳女主角獎；後《星星·月亮·太陽》又獲第一屆金馬獎最佳女主角獎。她是第一位成功進軍國際市場的香港女演員，主演的《香港之夜》(1961)使萬千日本影迷爲之瘋魔。於1964年結婚息影，1996年12月29日因心臟病發逝世，享年60歲。

《楊貴妃》獲金馬獎和戛納電影節優秀技術獎

本年，邵氏出品的《楊貴妃》獲第一屆金馬獎優等劇情片，最佳剪接（姜興隆）、最佳録音（鄺護）；及第15屆戛納電影節優秀技術獎。

《楊貴妃》劇照

《楊貴妃》

出品：邵氏兄弟公司
編劇：王植波
導演：李翰祥
主演：李麗華　嚴俊　李香君　楊志卿

李翰祥再一次通過本片讓觀衆看到他對歷史題材的駕馭和獨到的心得，也看到歷史宫幃片在香港電影工業中作爲重要類型電影，他的厚重感和精緻感是又一次這方面的人才展現。

《南北一家親》肯定南下移民對香港的認同

本年，電懋公司攝製的《南北一家親》公映。影片由張愛玲編劇，以喜劇形式十分有趣地描寫了當時香港南下移民與本地港人的關係，同時再一次肯定了南下後的内地移民對香港的認同，共同打拼，才有香港美好的明天。

《南北一家親》海報

《南北一家親》

出品：電懋公司
編劇：張愛玲
導演：王天林
主演：白露明　雷震
　　　丁皓　張清

《南北和》的姊妹作。兩家南北不同口味酒樓老闆之明爭暗鬥，却不料後來成爲親家。

王天林（1928—　）

導演、監製。浙江紹興人，生於上海。1947年進入影壇，先後做過沖印、録音、場記等工作。1950年正式任導演，處女作《峨嵋飛劍俠》，成名作《桃花江》。他與張愛玲合作"南北系列片"曾經風行一時。1959年執導《家有喜事》獲第七屆亞洲影展最佳導演獎。執導的名片還有《野玫瑰之戀》、《南北和》等。1973年加入無綫電視臺任監製，監製作品有《啼笑因緣》、《書劍恩仇録》《萬水千山總是情》等。

李麗華（1924—　）

女演員。河北人，生於上海，自幼拜師學習京劇。1939年在上海從影。抗戰勝利後到香港，分别爲大中華、永華、南國、龍馬、邵氏等公司主演《三女性》、《冬去春來》、《説謊世界》、《誤佳期》、《武則天》、《楊貴妃》、《萬古流芳》等影片。1983年息影，移居美國。

主要影片目録

本年度香港共出品影片244部，粵語片205部，國語片29部；粵、國語混合片1部，閩南語片4部。

電懋　《桃李爭春》（國語）、《野花戀》（國語）、《花好月圓》（國語）、《星星·月亮·太陽》、《一段情》（國語）、《南北一家親》（國、粵語混合）

邵氏兄弟　《閃電結婚》、《花田錯》（國語）、《楊貴妃》（國語）、《紅樓夢》（國語）、《白蛇傳》（國語）

光藝　《胭脂賊》、《患難真情》、《苦海明珠》、《嫂夫人》

長城　《三看御妹劉金定》（滬語）、《紅蝙蝠公寓》（國語）、《甜言蜜語》（國語）

華僑　《滿江紅》、《似水流年》、《夜深沉》

鳳凰　《對窗戀》（國語）、《我們要結婚》（國語）

大成　《怪俠粉菊花》、《白帝城會妻》

天龍　《危城金粉》、《石鬼仔出世》

新聯　《蘇小小》、《湖山盟》

金馬　《財叔殲霸戰》、《歌迷奇遇記》

嶺南　《情比金堅》、《苦雨春風》

其他　《旱天雷》（七喜）、《碧玉簪》（龍鳳）、《職業夫妻》（禮文）、《財神到》（富華）、《十夜柔情》（國語）（新新）、《福禄雙星》（信誼）、《好女嫁得有情郎》（義興）、《浴室飛屍》（港僑）、《茶山情歌》（國語）（新華）、《秋風秋雨》（榮華）、《難得有情郎》（新藝）、《回魂夜》（豪華）、《望娘灘》（大聯）、《紅孩兒》（順利）、《奪魄橫財》（重光）、《鬼俠》（桃源）、《哪個不多情》（續集）（國語）（萬象）、《歌唱仕林祭塔》（興發）、《春滿帝皇家》（建成）、《仙鶴神針新傳（上集）》（港聯）、《洪宣嬌》（時來）

1963年（大陸）

大事記

1月5日—18日 文化部電影局和中國影協在京舉辦"第一期反對現代修正主義電影座談會"。

1月6日 柯慶施在上海部分文藝工作者座談會上提出"大寫十三年"的口號。4月，張春橋和姚文元又在中宣部召開的文藝工作會議上提出"寫十三年的十大好處"，宣稱只有寫社會主義時期的生活，才是社會主義文藝。

1月 中國影協主辦的《電影創作》創刊。

2月4日 文化部、國家教委發佈《關於共同領導科學教育電影的試行規定》。

2月6日 中共文化部黨組向中宣部呈報《關於調配處理停建、撤銷的電影製片廠專業人員的報告》。

2月14日 文化部向國務院上報《關於改進電影發行放映業務管理體制試行方案》的報告，進一步强化統購統銷的發行體制。

3月29日 中共中央轉批中共文化部黨組《關於停演"鬼戲"的請示報告》。5月6、7日，《文匯報》發表《"有鬼無害"論》，點名批判孟超的劇本《李慧娘》和繁星（廖沫沙）的文章《有鬼無害論》。

5月20日 中共中央發佈《關於目前農村工作中若干問題的決定》。9月，又制定《關於農村社會主義教育運動中的一些具體政策的規定》。隨後，在農村和城市基層開展了社會主義教育運動。

5月24日 文化部、財政部發出《關於管理電影發行收入的若干規定》，規定電影發行收入統一上繳總公司，省級公司按比例提成。

6月14日 文化部發出《關於節約使用電影膠片、拷貝的通知》，指出國家每年出口大量物資來交換進口膠片，要求各單位要認真節約膠片，愛惜拷貝。

9月14日 國務院任命陳荒煤任文化部副部長，兼電影局局長。

9月 中國影協在北京舉行紀念延安電影團成立25週年大會，吴印咸作報告。大會放映了當年拍攝的《南泥灣》等影片。

10月2日—12月25日 經文化部同意，中國電影資料館在北京、長春兩地舉辦"三十年代優秀影片觀摩"。放映《春蠶》、《壓歲錢》、《姊妹花》、《神女》等13部電影。

10月10日 文化部電影局向各電影製片廠發出《關於復審清理國產故事片問題的通知》。

10月30日 文化部發佈《關於管理電影機械工業的若干規定》，對電影機械工業的管理和分工作出規定。

11月15日 原新影廠樂團改名爲北京電影樂團，直屬文化部電影局領導。

12月 中共文化部黨組向中宣部上報《關於1963年—1964年故事片創作情况的簡報》，提出力爭在1964年7月底以前拍攝一批質量較高、花色品種較爲齊全的優秀影片，向國慶十五週年獻禮。

重要影片

《水手長的故事》劇照

《水手長的故事》

出品：海燕電影製片廠
編劇：高型　强明
總導演：湯曉丹
導演：强明
攝影：朱静　曹威業
主演：孟慶良　趙矛　顧小銓　史濟晋

根據高源同名小説改編。海軍新戰士李正良跟隨水手長深入敵人某島。李正良不慎暴露目標，遭到敵人包圍。水手長帶領李正良設法登上了敵艦，報知我軍，擊沉敵艦。

《抓壯丁》劇照

《抓壯丁》

出品：八一電影製片廠
編劇：陳戈　吴雪
導演：陳戈　沈剡
攝影：陳瑞俊
主演：吴雪　陳戈
　　　尹文媛　雷平

根據吴雪執筆，陳戈、丁洪、戴碧湘的同名話劇改編。抗戰初期，國民黨軍隊在四川抓壯丁，軍官、保長、劣紳趁機壓迫農民，爾虞我詐，群魔亂舞。

《滿意不滿意》劇照

《滿意不滿意》

出品：長春電影製片廠
編劇：費克　張幻爾　嚴恭
導演：嚴恭
攝影：方爲策
主演：小楊天笑　方笑笑　張幻爾　顧月娥

根據蘇州市滑稽劇團同名滑稽戲改編。小王輕視餐廳服務工作，經常給顧客造成麻煩。他的師傅老王工作積極，被選爲人民代表。工作中小王經常錯被人家當成老王，還被請去做報告。小王通過和師傅的對比，改變了工作態度，得到了顧客的滿意。

《農奴》劇照

《農奴》

出品：八一電影製片廠
編劇：黄宗江
導演：李俊　攝影：韋林岳
主演：旺堆　强巴　小旺堆　小多吉

農奴强巴不堪奴隸主的壓迫，自幼不講話。解放軍進藏後，强巴受反動宣傳影響，不敢接近解放軍。反動頭領勾結帝國主義分子作亂。强巴被解放軍所救，深受感動，開始説話。

《寶葫蘆的秘密》劇照

《寶葫蘆的秘密》

出品：天馬電影製片廠
編劇：楊小仲　殷子　蔣天流
導演：楊小仲　攝影：石楓岐
主演：徐方　張寧　温和　吕偉

根據張天翼同名童話小説改編。少先隊員王葆幻想擁有一個不費勁就能得到一切的寶葫蘆。寶葫蘆却把王葆捉弄得狼狽不堪，他最終明白必須得認真學習才能實現理想。

《跟蹤追擊》劇照

《跟蹤追擊》

出品：珠江電影製片廠
編劇：朱向群　安忠民
導演：盧珏
攝影：沈民輝
主演：林嵐　史進
　　　林書錦　紅冰

1962年國慶前夕，敵特以偷梁換柱之計，將炸彈帶入廣州，並想混入電廠進行破壞。公安人員李明和小黄根據線索進行偵察，及時破案。

《桃花扇》劇照

《桃花扇》

出品：西安電影製片廠
編劇：梅阡　孫敬
導演：孫敬
攝影：王志雄
主演：王丹鳳　馮喆
　　　虞俊芳　韓濤

根據清代孔尚任《桃花扇》傳奇和當代歐陽予倩的《桃花扇》話劇改編。明末秦淮妓女李香君愛慕書生侯朝宗，滿清入關後，侯朝宗投清，李香君從此拒見侯朝宗，入庵隱居。

影片目録（共36部）

長影　《冰雪金達萊》、《冰山上的來客》、《自有後來人》、《兩家人》、《滿意不滿意》、《我們村的年輕人》（續集）、《朝陽溝》（豫劇）、《花爲媒》（評劇）、《墻頭馬上》（昆曲）

海燕　《兄妹探寶》、《水手長的故事》、《北國江南》、《如此爹娘》、《飛刀華》、《尤三姐》（與香港金聲影業公司合拍，京劇）、《牛郎織女》（與香港大鵬影業公司合拍，黄梅戲）

天馬　《紅日》、《金沙江畔》、《寶葫蘆的秘密》、《蠶花姑娘》、《武松》（京劇）、《雙珠鳳》（與香港金聲影業公司合拍，錫劇）、《槐蔭記》（與香港長虹影業公司合拍，黄梅戲）

北影　《小兵張嘎》、《紅河激浪》、《穆桂英大戰洪洲》（與香港繁華影業公司合拍，京劇）

八一　《農奴》、《抓壯丁》、《奪印》、《野火春風鬥古城》、《怒潮》

珠影　《跟蹤追擊》、《七十二家房客》（與香港鴻圖影業公司合拍）、《逆風千里》、《毛子佩闖宫》（與香港鴻圖影業公司合拍，越劇）

西影　《桃花扇》

《金沙江畔》

出品：天馬電影製片廠
編劇：陳靖　黎白　傅超武　穆宏
導演：傅超武　攝影：查祥康
主演：馮喆　穆宏　張伐　曹雷

紅軍長征途中經過金沙江藏族地區。國民黨軍隊勾結土司阻撓，他們扮成紅軍，劫走大土司女兒珠瑪後，又造謠珠瑪被害，使大土司扣押了上山談判的紅軍幹部。危急時刻，珠瑪帶領紅軍上山，揭露了敵人的陰謀，紅軍繼續北上。

《金沙江畔》劇照

《逆風千里》劇照

《孔雀公主》（木偶片）

出品：上海美術電影製片廠
編劇：尹口羊　靳夕
導演：靳夕　攝影：鍾立人　作曲：吴應炬

根據傣族民間叙事詩《召樹屯》改編。孔雀國的七公主喃麻喏娜和勐板扎國的王子召樹屯的愛情故事。

《孔雀公主》劇照

《逆風千里》

出品：珠江電影製片廠
編劇：周方誠　方偟
導演：方偟　攝影：姚士泉
主演：馬奕　張子良　李健林　丁鐵寶

解放戰爭初期，東北解放軍一個排押送被俘敵軍將校級戰犯到後方。一路上，我軍戰士克服困難，抵禦了戰犯的收買，勝利完成了押送任務。

《牧笛》劇照

《牧笛》（水墨動畫片）

出品：上海美術電影製片廠
編劇：特偉　導演：特偉　錢家駿
攝影：段孝萱

喜歡吹奏牧笛的牧童在大樹上朦朧地進入夢鄉。夢中爲了尋找自己的水牛，在頑童、樵夫和漁翁的指引下，來到一個風景迷人的幽境。只見水牛正在潭邊欣賞美景而流連忘返，牧童吹起了牧笛，水牛循聲回到了小主人身邊。

《中國電影發展史》封面照片

《中國電影發展史》出版

1963年2月，由程季華主編，程季華、李少白、邢祖文編著的《中國電影發展史》第一、二卷由中國電影出版社出版。新華社專門爲此發了消息，許多報章上也發表了評論。中國影協本來準備年底就此書專門在上海和北京召開大規模的座談會。後因上海方面提出意見，中宣部制止，座談會未能開成。

《中國電影發展史》全面、系統地叙述了自電影進入中國以來至1949年間的中國電影事業發展及其創作生産的歷史。全書附照片800餘幅，書後並附影片目録，是中國第一部具有通史性質的電影歷史著作，在電影史學領域具有開拓意義。截止到1998年已經4次再版，總印數達到3.82萬册。

在"文藝整風"和"文革"期間，這部書遭到了批判。1966年4月19日，《人民日報》發表了題爲《破除對"三十年代"電影的迷信》的文章，批判："《中國電影發展史》的編著者站在資産階級立場上，用主要篇幅百般頌揚三十年代左翼電影的'輝煌成就'，十分庸俗地吹捧夏衍、田漢、陽翰笙等人的歷史功績，掩蓋了左翼電影的嚴重錯誤"。編著者因此受到了"四人幫"的殘酷迫害，主編程季華被捕入獄達八年之久。粉碎"四人幫"後才得以平反。

程季華（1921—　）

電影史學家。1937後參加演劇隊從事抗日救亡運動，1946年任中國歌舞劇藝社演員、導演，在東南亞等地演出。新中國成立後歷任電影局藝術研究室主任、《電影藝術》編譯社社長、電影出版社副社長、北京電影學院教授、影協電影史研究部主任等職。主編《中國電影發展史》、《中國電影年鑒》、《中國電影大辭典》等。

附録：《破除對"三十年代"電影的迷信》（摘録）

十幾年來，我國文藝界存在着一條與毛澤東思想相對立的，反黨反社會主義的黑線。這條黑線就是資産階級的文藝思想、現代修正主義的文藝思想和所謂三十年代文藝的結合。這條黑線，也貫穿在電影事業的兩個階段、兩條道路的鬥爭中。特别是在國内遇到暫時困難的時期，電影界以夏衍等人爲首，竭力鼓吹、復活"三十年代"電影，向毛澤東文藝思想和社會主義電影事業大舉進攻。《中國電影發展史》就是一部最系統、最集中地鼓吹復活"三十年代"電影和文藝的代表作，這是一株反黨反社會主義的大毒草。

《中國電影發展史》的編著者要我們相信，三十年代左翼電影運動是實行了一條馬克思主義文藝路線的；當時不但在理論上提出了這條路線，並且在實踐中堅決實行了這條路線，取得了輝煌成就，而夏衍等人就是這條路線的開創者和代表者。用三十年代文藝反對社會主義文藝，反對毛澤東文藝思想，這就是《中國電影發展史》的根本錯誤。

（作者田星，《人民日報》 1966年4月19日）

第二屆《大衆電影》“百花奬”舉行授奬大會和慶祝晚會

1963年5月29日，中國影協在北京舉行第二屆《大衆電影》“百花奬”授奬大會和慶祝晚會。大會由中國影協主席蔡楚生主持，謝覺哉、郭沫若、沈雁冰、田漢、老舍、鄧拓、傅鍾、蕭向榮、榮高棠、丁穎等有關負責同志爲獲奬者題詞，由中國文學藝術界聯合會主席郭沫若發奬。茅盾、周揚、蕭華、夏衍、陽翰笙、邵荃麟、劉開渠、林默涵、袁水拍、吕驥、范長江、陳荒煤、袁文殊等作家、藝術家、科學家和有關方面負責人以及工人、農民、戰士、學生代表兩千多人出席了授奬大會。夏衍在授奬大會上發表了講話。

周恩來總理、陳毅副總理出席了授奬大會後的慶祝晚會，並且接見了全體獲奬人員，同他們一起觀看了參加27屆世界乒乓球錦標賽的運動員莊則棟、梁麗珍、狄薔華等人的表演。晚會上還放映了故事影片《紅日》和美術影片《黄金夢》。

與第一屆“百花奬”評選活動相比，《大衆電影》編輯部在第二屆電影“百花奬”原有規定的各種奬項之外，依照投票票數的多少，另增加了一項“榮譽奬”，用以鼓勵廣大電影工作者。

第二屆《大衆電影》“百花奬”獲奬名單

最佳電影故事片奬：《李雙雙》（上海海燕廠）；最佳電影編劇奬：李凖（《李雙雙》）；最佳電影導演奬：王蘋（《槐樹莊》）；最佳電影女演員奬：張瑞芳（《李雙雙》李雙雙的扮演者）；最佳電影男演員奬：張良（《哥倆好》大虎、二虎的扮演者）；最佳電影配角奬：仲星火（《李雙雙》孫喜旺的扮演者）；最佳電影攝影奬：郭鎮鋌、尹志（《劉三姐》）；最佳電影音樂奬：雷振邦（《劉三姐》）；最佳電影美工奬：童景文、張起旺（《劉三姐》）；最佳長紀録片奬：《中印邊界問題真相》（新影廠）；最佳短紀録片奬：《人民公敵蔣介石》（新影廠）；最佳紀録片攝影奬：澤仁、計美鄧珠、田楓、扎西旺准（《中印邊界問題真相》）；最佳科教片奬：《知識老人》（上海科影）；最佳美術片奬：《大鬧天宫》（上海美影）；最佳戲曲片奬：《孫悟空三打白骨精》（紹劇，上海天馬廠）；榮譽奬：故事片《槐樹莊》，短紀録片《保衛古巴》、《在激流中》（均爲新影廠）；科教片《中國武術》、《巧種多收》（均爲上海科影）。

周恩來總理、陳毅副總理與第二屆“百花奬”獲奬藝術家合影

附録：《第二屆“百花奬”授奬大會在京舉行》（摘録）

蔡楚生在致開幕詞中，介紹了第二屆“百花奬”（一九六一年冬到一九六二年冬攝製及放映的影片）的評選經過，指出評奬活動是國産影片在觀衆密切注意下，接受了一次觀衆的檢閲，經受了一次群衆性的考驗，從而使電影工作者得到了鼓舞和鞭策。他説，這種評奬活動的目的，不是錦標主義，也不是比個人的高低，而是電影工作者聽取廣大群衆意見的一個良好方法。通過這種方法，電影工作者可以和廣大觀衆取得密切聯係，知道觀衆對電影的要求和期望，從而促使電影作品的思想性、藝術性不斷提高。他還説，爲了使今後舉行的“百花奬”更有群衆性，我們將總結這兩屆經驗，使評選活動更廣泛地深入到工廠、公社和連隊，以便各階層的群衆都能參加這一活動。

最後，文化部副部長夏衍在授奬會上，代表文化部向得奬的單位和創作人員表示熱烈祝賀。他説：隨着我國電影事業的發展和通過群衆性的評選活動，廣大觀衆對電影藝術的鑒别能力和欣賞水平，已有迅速的提高。他們不但提出要看更多的影片，而且要看更好的影片。因此，電影工作者在學習毛主席文藝思想、深入生活、自我改造的同時，還要進一步加緊學習藝術技巧，學習專業理論，掌握革命現實主義和革命浪漫主義相結合的方法，精益求精，力求把我國革命的電影藝術推向更完善、更成熟的階段。

（《人民日報》，1963年5月30日）

《李雙雙》劇照

《李雙雙》

出品：海燕電影製片廠
編劇：李準
導演：魯韌
攝影：朱静
主演：張瑞芳　仲星火　張文蓉　李康爾

社員李雙雙潑辣熱情、樂於助人，丈夫孫喜旺則是個老好人。雙雙被選爲婦女隊長，揭發了副隊長金樵營私舞弊的行爲，金樵懷恨在心，遂挑唆李雙雙夫妻不和。直到壞人壞事被揭露，生産得到發展，喜旺才與雙雙和好。

李準 (1928—2000)

編劇、小説家。蒙古族，本姓木華梨，原名李鐵生。1954年參加文化部電影局舉辦的電影劇本講習班，成爲專業作家。先後創作或改編電影劇本《老兵新傳》、《李雙雙》、《大河奔流》、《牧馬人》、《高山下的花環》、《大漠紫禁令》、《清凉寺的鐘聲》等。

魯韌 (1912—2002)

導演。原名吴博，天津人。1948年從影，曾演出《夜店》、《萬家燈火》、《希望在人間》等影片。新中國成立後開始導演工作，陸續執導《思想問題》、《太陽照亮了紅石溝》、《猛河的黎明》、《今天我休息》、《李雙雙》、《於無聲處》、《車水馬龍》等。

《哥倆好》劇照

《哥倆好》

出品：八一電影製片廠
改編：所雲平　白文
導演：嚴寄洲　攝影：張冬凉　陳瑞俊
主演：張良　張勇手　邢吉田　王心剛

陳大虎、陳二虎是孿生兄弟。參軍後，大虎工作扎實，二虎活潑任性，加上班長急躁、主觀，於是誤會和洋相不斷出現。

周恩來總理祝賀張瑞芳獲得第二屆"百花獎"最佳女演員

張瑞芳（1918— ）

演員。原籍北京，生於河北保定。1940年在中國電影製片廠主演影片《火的洗禮》；1946年任長春電影製片廠特約演員；1949年後相繼任北京電影製片廠、中國青年藝術劇院、上海電影製片廠演員、上影廠演員劇團團長等職。代表作品有《松花江上》、《南征北戰》、《母親》、《家》、《聶耳》、《李雙雙》、《大河奔流》、《泉水叮咚》等。

《劉三姐》

出品：長春電影製片廠
編劇：喬羽　導演：蘇里
攝影：郭鎮鋌　尹志
作曲：雷振邦
主演：黃婉秋　劉世龍
　　　夏宗學　梁音

歌仙劉三姐憑藉自己的勇敢機智，用歌聲和惡霸地主莫懷仁進行鬥爭，並且唱敗了他請來的三個秀才。爲躲避莫懷仁的迫害，劉三姐和情人阿牛一起到外地傳歌去了。

《劉三姐》劇照

雷振邦（1916—1997）

作曲家。北京人，滿族。1942年畢業於東京日本高等音樂學校，新中國成立後任中央新聞紀錄電影製片廠、長春電影製片廠作曲。作品有《董存瑞》、《蘆笙戀歌》、《五朵金花》、《劉三姐》、《冰山上的來客》等。

胡朋（1916—　）

演員。原名初韞誠，山東萊陽人。1938年入延安抗大學習，任抗敵劇社演員。後任東北電影製片廠、北影廠演員劇團演員。代表作有《鋼鐵戰士》、《白毛女》、《智取華山》、《回民支隊》、《戰上海》、《槐樹莊》、《烈火中永生》、《柯棣華大夫》等。

王蘋（1916—1990）

演員，導演。原名王光珍。南京人。1935年任西北影業公司演員；抗戰爆發後參加抗日救亡演劇一隊；抗戰勝利後任崑崙影業公司演員；1949年任東北電影製片廠演員；1952年進八一電影製片廠，成爲新中國第一位女電影導演。代表作品有《柳堡的故事》、《永不消逝的電波》、《槐樹莊》、《霓虹燈下的哨兵》、《東方紅》、《我們是八路軍》等。

《知識老人》劇照

《知識老人》（科教片）

出品：上海科學教育電影製片廠
編劇：劉志
導演：杜生華

科學普及片，由"知識老人"向少年兒童講述科學知識。

《槐樹莊》劇照

《槐樹莊》

出品：八一電影製片廠
改編：胡可
導演：王蘋
攝影：蔡繼渭
主演：胡朋　孔芮
　　　葛振邦　車毅

根據胡可同名話劇改變。北方某農村槐樹莊的農民在共産黨員郭大娘的帶領下，排除多方困難，取得了土地改革和農業合作化的成功實施。

《更好地表現我們偉大的時代》

從這次"百花獎"評選結果可以看到，受到群衆喜愛的是，以社會主義革命和社會主義建設的現實生活爲題材、以革命鬥爭爲題材的故事片，密切配合當前政治鬥爭的紀録片，推陳出新的傳統戲曲片，以通俗、優美、生動的手法傳播科學知識的科教片，以及富有民族特色和教育意義的美術片。尤其值得注意的是，反映新中國成立以來社會主義革命和社會主義建設的影片，現代題材的影片，特别受到廣大群衆的歡迎。故事片《李雙雙》和《槐樹莊》在評選中，名列前茅决不是偶然的。

這次獲獎的各類影片，不僅具有豐富的革命的思想内容，而且在藝術技巧方面，也有新的創造。從獲獎影片和其他優秀影片可以看出，我國電影工作者遵循着黨所指示的正確方向，爲樹立中國革命電影藝術的新風格作了值得稱頌的探索。特别應當提出的是，電影藝術進一步民族化、群衆化的問題，已經在電影工作者中間引起廣泛的重視。毫無疑問，爲億萬工農兵服務的中國電影，應當具有"新鮮活潑的、爲中國老百姓所喜聞樂見的中國作風和中國氣派。"我們的電影工作者在這方面做出的成績，已經受到廣大群衆的熱情讚揚。

(《光明日報》，1963年5月30日)

《衷心的祝賀 熱烈的期望》

從評選的結果和來信看來，讀者和觀衆們所特别歡迎的是那些反映社會主義革命和社會主義建設的火熱鬥爭的影片，是那些努力表現新的人民的時代，塑造了具有時代精神的先進人物形象的影片。李雙雙、郭大娘都是我們的同時代人，群衆看到這些先進人物的形象，最能够聯係自己，最能够通過電影接受到深刻的思想教育。

讀者們稱頌《李雙雙》取材新、思想新、人物新；稱頌《槐樹莊》給群衆上了一課階級鬥爭史；稱頌《孫悟空三打白骨精》推陳出新，做出了優異的成績；稱頌《中印邊境問題真相》有着高度的政治思想性，《知識老人》等科教片通俗生動地傳播了科學知識；稱頌《大鬧天宫》等美術片具有獨特的民族色彩，以及對其他許多影片和影片的創作人員，都給予了高度評價。

從投票的實際情況來看，讀者和觀衆所熱烈推崇的，並不止是一部影片，而是一批優秀影片。本刊正是根據這個實際情況，决定若干榮譽獎。我們相信，這樣的做法，更能表達讀者和觀衆的真實願望，更加符合本刊舉辦"百花獎"的目的。

(《大衆電影》，1963年第5、6期合刊)

《大鬧天宫》(動畫片)

出品：上海美術電影製片廠
編劇：李克弱 萬籟鳴 導演：萬籟鳴
攝影：王世榮 段孝萱 作曲：吴應炬

根據吴承恩長篇小説《西遊記》改編。爲了招安猴王，玉帝讓他到天宫看管蟠桃園。猴王因蟠桃宴没有自己，不僅大鬧瑶池，還偷吃了九轉金丹，返回花果山。玉帝派天兵捉拿，猴王奮起反擊，把天宫打得落花流水。

文化部嘉獎拍攝中印邊境反擊戰紀録片的攝影師

1963年5月30日，文化部舉行授獎大會，嘉獎新影廠攝影師蘇中義等九人在中印邊境自衛反擊戰中出色地完成了隨軍攝影的任務。周恩來出席授獎大會並接見了獲獎者與八一廠中印邊境攝影隊的代表。在談到對新聞紀録片的看法時，周恩來説：紀録片一定要完全真實，如果有幾個鏡頭與事實不符，會使人連其他材料也不相信。出席授獎大會的還有沈雁冰、夏衍、陳荒煤等。

周恩來總理出席中央新聞紀録電影製片廠和八一電影製片廠聯合攝製的紀録片《中印邊界自衛反擊戰》表彰大會

毛澤東對文藝工作的第一個批示和第一次文藝整風

1963年12月12日，毛澤東作出了對文藝工作的第一個批示。批示是在柯慶施主持整理的一個關於上海故事會和評彈改革材料上作出的。批示認爲："各種藝術形式——戲劇、曲藝、音樂、美術、舞蹈、電影、詩和文學等等，問題不少，人數很多，社會主義改造在許多部門中，至今收效甚微。許多部門至今還是'死人'統治着。不能低估電影、新詩、民歌、美術、小説的成績，但其中的問題也不少。至於戲劇等部門，問題就更大了。社會經濟基礎已經改變了，爲這個基礎服務的上層建築之一的藝術部門，至今還是大問題。這需要從調查研究着手，認真地抓起來"。"許多共産黨人熱心提倡封建主義和資本主義的藝術，却不熱心提倡社會主義的藝術，豈非咄咄怪事。"

批示下達後，中共文化部黨組自1963年底到1964年3月，連續召開了7次黨組會和黨組擴大會，對幾年來的文化藝術工作進行了全面檢查。3月初，全國文聯及其所屬各協會開始整風。

《大鬧天宫》劇照

1963年（臺灣）

大事記

3月25日
“中影”再改組，沈劍虹繼蔡孟堅任董事長，龔弘繼李潔出任總經理。

4月18日
新聞主管部門宣佈本年度的30部日片配額交臺北市片商公會自行分配。結果引起一場官司，有人控告公會處理不公，新聞局收回處理。

4月19日
第10屆亞洲影展在日本東京頒獎，“中影”周明麗演《薇薇的週記》獲最佳童星特別獎，邵氏《梁山伯與祝英台》獲最佳彩色攝影獎（賀連祥）、最佳音樂獎（周藍萍）、最佳録音獎（王永華）、最佳美術設計（陳志仁）四個獎。

5月28日
臺北市兒童戲院開幕。

6月1日
“中影”廠沖印師陳棟離開“中影”，與友人合組大都影業公司，承辦沖印、攝影等業務，兩年後成爲臺灣第一家彩色沖印廠。

10月30日
邵氏副總經理鄒文懷陪同《梁山伯與祝英台》反串男主角的女影星凌波抵臺參加金馬獎，從松山機場到臺北賓館，影迷守候一睹風采，凌波接受英雄式的歡迎遊街，造成萬人空巷，交通幾乎癱瘓的盛況，被香港人稱爲“臺北狂人城”。

11月13日 邵氏《梁山伯與祝英台》代表臺灣電影參加第7屆舊金山國際電影節。

《街頭巷尾》

出品：自立

編劇：姚鳳磐

導演：李行

攝影：賴成英

主演：李冠章　羅宛琳　游娟

臺北違章建築的大雜院，住着形形色色的小人物，但除了一個靠女人生活的走私犯外，其餘都是善良的小市民，如撿垃圾的胖子，母親逝世的孤女，懷念兒子的老太婆，出賣靈肉的私娼，半工半讀的學生，以及有正義感的三輪車夫等，彼此關切，充滿温馨的人情味。

重要影片

《街頭巷尾》開創健康寫實路線

3月，由自立電影公司出品，李行導演的《街頭巷尾》公映，表現了清新寫實的導演風格。此後李嘉導演的《蚵女》（與李行合導）、李行導演的《養鴨人家》，更創造了臺灣電影的健康寫實路線。經中央電影公司總經理龔弘的支持和倡行，健康寫實電影成爲60年代臺灣電影的一大主流，受到觀衆歡迎並引起世界重視。同時，由於健康寫實電影和瓊瑶電影興起，抗拒港片的古裝黄梅調和武俠片風潮，使臺灣電影進入文藝片時代。

李行（1930—　　）

導演。本名李子達。江蘇武進人，生於上海。1948年考入蘇州國立社會教育學院藝術教育系戲劇組，1952年畢業於臺灣省師範學院教育系。李行在學生時代開始演電影《春滿人間》、《永不分離》，1954年任自立晚報文教影劇記者，同時演國語片《聖母媽祖傳》、《罌粟花》、《馬車伕之戀》等片，轉入幕後並開始邁向導演之路。1957年起擔任《情報販子》、《追兇記》、《水擺夷之戀》等片副導演，1958年首次執導，第一部爲臺語片《王哥柳哥遊臺灣》，之後繼續導演臺語片《猪八戒救美》、《凸哥凹哥》、《武則天》等。1961年自組自立電影公司，導演國語閩南語混合發音片《兩相好》、國語片《街頭巷尾》，後與李嘉合導臺灣第一部闊銀幕彩色片《蚵女》，1964年導演的《養鴨人家》更奠定了健康寫實路線，從此成爲臺灣健康寫實片旗手和最知名的文藝片導演。其後又與白景瑞等合組大衆電影公司，任總經理。個人曾以《養鴨人家》、《秋決》及《汪洋中的一條船》三度獲得金馬獎最佳導演獎，執導的《路》、《吾土吾民》、《小城故事》、《早安，臺北》以及《養鴨人家》、《秋決》、《汪洋中的一條船》等均獲得金馬獎最佳影片，是歷屆金馬獎中得獎最多的一位導演。

《街頭巷尾》劇照

李行導演作品總目

1958《王哥柳哥遊臺灣》(上、下集)；1959《猪八戒與孫悟空》、《猪八戒救美》、《凸哥凹哥》；1960《臺灣地下水》(紀録片)；1961《臺灣教育》(紀録片)、《王哥柳哥好過年》、《武則天》、《兩相好》、《金鳳銀鵝》、《白賊七》、《王哥柳哥過五關斬六將》、《白賊七續集》；1963《街頭巷尾》、《新妻鏡》；1964《蚵女》、《養鴨人家》；1965《婉君表妹》、《啞女情深》、《貞節牌坊》；1966《還我河山》、《日出日落》；1967《路》；1968《王觀音》；1969《情人的眼淚》；1970《群星會》、《喜怒哀樂》第三段"哀"、《母與女》、《愛情一二三》；1972《秋決》、《風從哪裏來》、《大三元》；1973《彩雲飛》、《心有千千結》；1974《婚姻大事》、《海韻》、《海鷗飛處》；1975《吾土吾民》；1976《浪花》、《碧雲天》；1977《風鈴、風鈴》、《白花飄雪花飄》；1978《汪洋中的一條船》；1979《早安，臺北》、《小城故事》；1980《原鄉人》；1981《龍的傳人》、《又見春天》；1983《大輪迴》；1984《細風春雨》；1986《唐山過臺灣》

李行導演工作照

龔弘（1915—2004）

事業家。字偉岩。江蘇崇明人。美國西北大學新聞學院碩士，曾任印度加爾各答《印度日報》社長，《中央日報》總經理，新聞局副局長等職。1963年至1971年擔任"中影"公司總經理，在困難中開創了新局面。他倡導健康寫實路線，自力攝製彩色影片，一方面起用當時的新人李行、白景瑞、李嘉、丁善璽、廖祥雄、劉藝等擔任導演，這些新人後來都成了國片棟梁之才。另一方面還培養了唐寶雲、歐威、王莫愁、柯俊雄、林雁、武家麒、王戎、李湘、江明、陳莎莉等等優秀演員。龔弘不但爲"中影"開創了健康寫實路線，並開創了多樣化的綜藝路線，兩度主辦亞洲影展，擔任執委會主席；1962年一手創辦獎勵國語影片和電影工作者的金馬獎，對臺灣電影發展作出了重要貢獻。

影片目録

邵氏、中影 《山歌姻緣》

中影 《薇薇的週記》、《秦始皇》、《誰能代表我》、《黑夜到天明》

國聯 《七仙女》

義華 《愛你在心口難開》、《怪俠紅扇子》

南海 《丢丢咚》、《約會八點半》、《愚兄弟》、《歹命子》

福新 《恨無情》、《鄭成功》

中興 《守財奴》

天勝 《礦山風雲兒》、《姜子牙下山》(完結篇)、《怪紳士》、《再見夜都市》、《乞丐王子》、《正德君與白牡丹》、《雙王子復國》、《韓信出世》、《遊俠胡劍明》、《韓信迫死楚霸王》

晃東 《你添丁我發財》、《男兒本色》、《女人同情女人老福壽》、《三叔公》、《吻一下》、《小妹妹流浪記》、《爸爸太胡塗》

宏亞 《妻在何處》、《天邊海角》、《玉鯉緣》、《臺北之星》

大成 《七美流浪記》、《丁姑背子告御狀》、《孤兒哭夜墓》、《十八羅漢》

金獅 《相逢臺北橋》、《風雨情難斷》、《虎豹獅象》

臺瀛 《爲子我再嫁》、《媽媽在哪裏》

亞洲 《龍虎旋風兒》、《黄金大王復仇記》

華明 《山伯英台》、《素蘭小姐要出嫁》、《文夏歷險記》

臺聯 《樊梨花第十次下山》、《王哥柳哥遊臺灣》、《千里獨行俠》、《萬里尋母》、《新天方夜譚》、《羅通掃北》、《高雄發尾班車》、《十二寡婦征西》、《阿里巴巴四十大盜》

復興 《殺狗記》、《桃花姑娘》

大來 《父累子》、《薛平貴與王寶釧》、《一千零一夜》、《註生娘娘》、《虎鼻獅》

宏大 《婦人心》、《我的命運》

永新 《王寶釧》、《尋母三千里》、《三兄妹報父仇》、《三兄妹告御狀》、《小按君》、《何日再相逢》

金都 《神秘女俠》、《姑嫂情深》、《迎春接福》

中光 《難忘鳳凰橋》、《流轉》

雷電 《梁祝戀史》、《木蘭從軍》

興南 《五娘思君》、《羅漢脚》、《紅目仔》

天成 《三姊妹》、《孤兒哭夜墓》

其他 《白雲故鄉》(民華)、《街頭巷尾》(自立)、《梁紅玉》(新光)、《楊萬寶》(義興)、《流浪三兄妹》(永達)、《七爺八爺》(福華)、《大嬸婆遊臺北》(中美)、《緑牡丹》(萬壽)、《醉空和尚》(遠大)、《陳三五娘》(國基)、《九女一男》(男華)、《一寸法師》(世界)、《愁風愁雨割心腸》(天鵝)、《怪鷹五彩燕》(華人)、《三人姊妹》(華泰)、《未卜先知》(新友)、《劉秀復國》(立達)、《驚某大丈夫》(視聽教育)、《小財神爺》(電化教育社)、《西門男兒》(華藝)、《東京之夜》(大光明)、《相欠債》(三環)、《梨山正傳》(香港)、《我愛我君我愛子》(下集)(一星)、《母愛》(新曼波)、《流浪賣花姑娘》(國人)、《商鞅拜相》(萬聲)、《三龍奪明珠》(美都)、《劍神傳》(得利)、《臭頭娶嬌妻》(華厦)、《怪俠紅扇子》(義華)、《黄金大王復仇記》(亞洲)、《湯島白梅記》(長光)、《金色夜叉》(五大)等

《薇薇的週記》劇照

《薇薇的週記》

出品：中央電影公司
原著：林海音（廣播劇）
編劇：劉藝　周旭江
導演：宗由
攝影：華慧英
主演：王莫愁　周明麗
馬宏　高幸枝

描寫一個夫妻失和缺乏家庭温暖的女孩，在週記中編織父母恩愛、她如何幸福的謊言，來滿足潛意識的渴望，老師發現疑問，做家庭訪問，查出真相，加强心理輔導。父母感動愧對孩子，夫妻終於和好。

《梁山伯與祝英台》創國片最高賣座紀録

4月24日，邵氏《梁山伯與祝英台》在臺北"遠東"、"中國"、"國都"三戲院首映，空前轟動，影星凌波、樂蒂大受歡迎,黄梅調歌唱影片從此大爲風行。前後共映186天930場，觀衆72.2萬人次(當時臺北人口約百餘萬人)，收入臺幣840萬元，創臺灣國片最高賣座紀録。嚴俊曾先向電懋影業公司提出拍《梁山伯與祝英台》，由尤敏、李麗華兩大牌合演，邵逸夫得悉，下令李翰祥搶拍，動員四位導演分工合作拍攝，搶先電懋出片。

《梁山伯與祝英台》

出品：邵氏兄弟
監製：邵逸夫
編劇：蕭銅　宋存壽　胡金銓　李翰祥
導演：李翰祥　胡金銓　王月汀　高立
選詞：李雋青
音樂：周藍萍
攝影：賀蘭山　戴嘉泰
布景：陳其鋭
美術：曹年龍
録音：王永華　陸福興
剪輯：姜興隆
主演：凌波（梁山伯）　樂蒂（祝英台）
陳燕燕（祝母）　歐陽莎菲（梁母）
李昆（四九）　任潔（銀心）
井淼（祝父）

主要參考1954年上海電影製片廠的越劇戲曲片《梁山伯與祝英台》改編。

《梁山伯與祝英台》在臺灣創下空前賣座記録，飾演梁山伯的凌波來臺，萬人空巷.

周藍萍（1924—1971）

作曲家。湖南湘鄉人。重慶中央音樂幹部訓練班（音幹班）畢業。曾創作多首國語流行歌曲，如《綠島小夜曲》、《願嫁漢家郎》、《板橋對唱》、《茶山姑娘》等均流行一時。1955年開始爲電影作曲配樂，首部作品爲《沒有女人的地方》，1963年以《梁山伯與祝英台》獲金馬獎及亞洲影展最佳音樂獎。此後赴港爲多家港、臺公司作曲配樂。1970年曾赴臺擔任利銘公司出品的《五對佳偶》製片，回港後爲張曾澤導演的《紅鬍子》配樂。1971年心臟病發於香港逝世。《水上人家》及《路客與刀客》獲金馬獎最佳音樂獎。代表作品還有《七仙女》(1963)、《大醉俠》(1966)、《龍門客棧》(1967)、《路客與刀客》(1970)等。

大都沖印公司成立

60年代，臺語片正盛行，亟需技術支援幾位臺語片製片人，天華影業公司周天素、永新影業社戴傳李、臺語片導演李泉溪等人，力勸中影廠技術主任兼沖印師陳棟離開"中影"，與他們合股，在臺北成立一所沖印廠，加上當時在中部最有實力攝製臺語片的金山電影製片廠願意投資合作，因此於1963年6月在士林福德路成立了大都影業公司。該公司對外除承包黑白片的沖印業務之外，也承包攝影、燈光的技術業務。周天素擔任董事長，蔡秋林、李泉溪任董事，陳棟任廠長負責公司業務及全廠技術事務。攝影師洪慶雲和陳棟各掌一組攝影機，加上燈光等技術人員，承包臺語片攝影、燈光、録音、沖洗等業務，該公司發展很快。1965年就成爲臺灣第一家彩色沖印公司。

李翰祥自組國聯並拍攝《七仙女》

11月3日，邵氏公司首席大導演李翰祥突然宣佈脱離邵氏公司，自組香港國聯電影公司並遷臺灣拍片，此消息震驚臺港兩地。邵氏公司對李翰祥雖然十分禮遇，可以大量預借片酬，却也變成賣身契，日久無法脱身。李翰祥在《梁祝》大賣座後，受邵氏對敵的電懋影業人士的遊説，決定自組公司，並獲得星馬國泰機構陸運濤支持，條件是：一、導演費每片港幣四萬元（比在邵氏一萬元港幣多三倍）。二、每片紅利對半分享。三、國聯公司拍片資金由陸運濤與李翰祥各一半。李翰祥的資金則和臺灣聯邦簽約，全由聯邦墊付，這些條件李翰祥欣然接受，於是和陸運濤及聯邦簽約。

李翰祥與邵氏合約未滿突然離開已違約，又欠預借片酬未清等於雙重違約，因此邵氏律師向香港法院控告李翰祥違約，派人嚴密監視，於是李翰祥轉往臺灣發展。當時臺灣三家公營製片廠都收到邵氏要求不要收留李翰祥的信件，中影、中製都不敢接納李翰祥，只有臺製的龍芳愛才，拔刀相助，不理會邵氏的要求。1964年4月11日，臺製與國聯簽訂一年合拍4部影片的合約，由國泰機構代表王植波，臺製廠長龍芳、國聯公司負責人李翰祥及聯邦公司董事長夏維堂等4人，分別在協議書上簽字。

國聯班師來臺，在鐵路飯店紮營，獲臺製廠支援，借臺製廠拍片。第一部影片就是和邵氏搶拍《七仙女》（由江青、容蓉主演），大獲全勝，聲勢大增，國聯遷臺，間接促成臺灣60年代電影黃金時期的來臨。此後國聯開拍《西施》，中影拍《還我河山》，動員臺港空前人力，都具大片魄力的大製作。後陸運濤在臺北舉行第11屆亞洲影展時發生豐原空難事件逝世，雖給港臺影業重大打擊，但也結束香港兩大公司惡性競爭。

《七仙女》劇照

《七仙女》

出品：國聯

監製：郭清江

導演：李翰祥

攝影：王劍寒

音樂：周藍萍

主演：江青　容蓉　楊志卿　朱牧

董永因家貧賣身葬父，七仙女感其忠誠到凡間與他結爲夫婦。但玉帝强行拆散了這對恩愛夫妻。

第2屆金馬獎頒獎

10月31日，第2屆金馬獎頒獎。影片部分，最佳劇情片：《梁山伯與祝英台》(邵氏)，優等劇情片：《黑夜到黎明》(中影)、《武則天》(邵氏)、《小兒女》(電懋)，最佳社會教育特別獎：《吴鳳》(臺製)，最佳紀録片：《臺灣漁業》(臺製)，優等紀録片：《今日臺灣·1962年版》(臺製)，獲獎助金影片：《白雲故鄉》(華明)、《梁紅玉》(新光)。個人部分，最佳導演：李翰祥（《梁山伯與祝英台》），最佳編劇：葛瑞芬（《爲誰辛苦爲誰忙》），最佳男主角：唐菁（《黑夜到黎明》），最佳女主角：樂蒂（《梁山伯與祝英台》），最佳男配角：馬驥（《白雲故鄉》），最佳女配角：杜娟（《巫山春回》），最佳童星：羅宛琳（《街頭巷尾》），最佳黑白攝影：何鹿影（《荷花》），最佳音樂：周藍萍（《梁山伯與祝英台》），最佳剪輯：姜興隆（《梁山伯與祝英台》，最佳演員特別獎：凌波（《梁山伯與祝英台》），最佳紀録片攝影：陳玉帛（《臺灣漁業》），最佳紀録片策劃：熊光。

民調顯示90%的臺灣人喜歡看電影

10月，民意測驗協會公佈的調查顯示，在2000多位中等教育程度以上的受測者中，有61%的人對看電影"極感興趣"，29%的人則是"尚感興趣"，只有2%的人"不感興趣"，其餘則表示無所謂。在每月看電影的次數上，49%的觀衆達二至五次，甚至有0.4%的人每個月看電影已超過30次。在複選題中，60%的觀衆表示自己並不偏好國語片或美國片，但有30%的人喜歡看歐洲片，而鍾情於日片者約有20%的比例。這項調查也説明有35%的受測者，主要是看了報紙影評或聽到相關的評介，才會決定要去看哪部片子，30%的觀衆則是受電影廣告的召喚進了戲院。

這項調查結果也指出最受歡迎的國語片演員，分别是凌波、樂蒂和王引、趙雷，最受歡迎的導演爲李翰祥。有趣的是，經過進一步分析，在女星部分，女性影迷特别愛戴凌波，男性族群則明顯喜歡樂蒂。

《梁山伯與祝英台》名列年度第一賣座國語電影

今年在臺北上映的國語片有70部，臺語片96部，日本片9部，歐洲片63部，美國片169部。12月23日，臺北市片商公會根據本年度賣座紀録，發表中外前十名賣座影片名單。其中十大國語影片如下：

1.《梁山伯與祝英台》，總收入912萬元。
2. 《花木蘭》，324萬元。
3. 《紅樓夢》，223萬元。
4. 《吴鳳》，175萬元。
5. 《白蛇傳》，165萬元。
6. 《鳳還巢》，152萬元。
7. 《海灣風雲》，110萬元。
8. 《武則天》，90萬元。
9. 《街頭巷尾》，73萬元。
10. 《江山美人》，72萬元。

至於香港邵氏公司與香港電懋公司兩强對決的《七仙女》，仍在上映中，賣座目前均已超過百萬，不過依據慣例，凡在今年最後一個禮拜仍在繼續上映的影片，將移於來年再行統計。

1964年（大陸）

大事記

1月17日 文化部在北京召開優秀新聞紀録片和優秀攝影師授獎大會，表彰在新聞紀録電影工作上表現突出的電影工作者。

1月 農業部和文化部聯合作出《關於共同領導農業電影社的試行規定》。6月，農業電影社正式改名爲農業電影製片廠，行政歸農業部領導，業務歸文化部領導。

2月20日 文化部向上海市電影局及北京、長春、八一、海燕、天馬等電影製片廠發出《請各廠增加一部反映革命歷史鬥爭題材的影片的通知》。

2月29日 文化部電影局向各故事片廠和上海美影廠發出《要注意組織攝製反映兒童生活的影片的通知》。

3月10日—23日 文化部、農業部和全國科協聯合在北京召開科教片會議，並於16日舉行"1958—1963年科學教育片爲農業服務獎"授獎大會。

4月19—30日 第三屆亞非電影節在印度尼西亞雅加達舉行。故事片《紅色娘子軍》獲萬隆獎，陳强獲盧蒙巴男演員獎；美術片《金色的海螺》、科教片《帶翅膀的媒人》獲盧蒙巴獎。

6月10日 文化部電影局向各電影製片廠抄發《周恩來總理對國防文工團的指示中有關電影部分的指示》，周恩來對影片《阿詩瑪》另請演員配唱的做法提出了批評。

6月12日 中影公司華東辦事處在杭州召開農村電影普及工作會議。會議總結的"規劃放映"經驗在全國廣爲推行，促進了農村電影的普及。

8月6日 中共上海市委派出文藝整風工作組進駐上海市電影局，領導市電影局所屬各廠、團進行文藝整風，並對《北國江南》、《不夜城》、《紅日》、《燎原》等影片進行批判。

9月27日 文化部電影局發出《關於撤銷影院懸掛電影演員照片的通知》。

10月5日 文化部、科協發出《關於加强農村科教片發行放映的聯合通知》。

重要影片

《兵臨城下》

出品：長春電影製片廠
編劇：白刃　林農
導演：林農
攝影：王啓民　孟憲弟
主演：李默然　赫海泉
　　　中叔皇　龐學勤

根據白刃、洛丁、李樹楷同名話劇改編。解放戰爭時期，東北某城的國民黨軍隊處於被包圍之中。東北民主聯軍派姜部長以私人朋友關係勸説蔣軍雜牌部隊369師師長率部下起義後，敵嫡系202師被迫投降。

《兵臨城下》劇照

《舞臺姐妹》

出品：天馬電影製片廠
編劇：林谷　徐進　謝晉
導演：謝晉　攝影：周達明
主演：謝芳　曹銀娣
　　　馮奇　李緯

解放前，童養媳竺春花進入戲班，與邢月紅結拜爲姐妹，在演戲過程中，受盡了地主、惡霸、反動軍警的凌辱。邢月紅最終墮落，竺春花則在新聞記者江波的影響下，演出了魯迅小説改編的《祝福》。解放後，兩姐妹重逢，在新社會的舞臺上携手演出。

《舞臺姐妹》劇照

《白求恩大夫》

出品：海燕電影製片廠
　　　八一電影製片廠
編劇：張駿祥　趙拓
總導演：張駿祥
導演：李舒田　高正
總攝影：吴印咸　攝影：馬林發
主演：譚寧邦　陳立中
　　　村里　英若誠

根據周而復同名小説改編。加拿大的外科醫生白求恩，1938年來到中國，幫助中國人民進行抗日鬥爭。他帶領着流動醫療隊活躍在晉察冀根據地，爲傷員實施手術，並給中國的醫護人員傳授醫療技術。在一次手術中，白求恩手指劃破感染，病情惡化逝世。

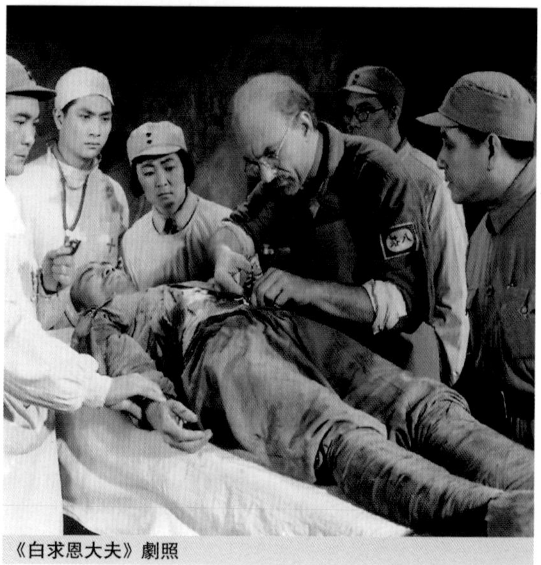
《白求恩大夫》劇照

《阿詩瑪》

出品：海燕電影製片廠
編劇：葛炎　劉瓊
導演：劉瓊　許琦
攝影：許琦　**作曲：**羅宗賢　葛炎
主演：楊麗坤　包斯爾　韓非　崔超明

阿詩瑪與阿黑相愛。頭人之子將阿詩瑪搶走。途中阿詩瑪將定情山花丟在水中，使水倒流，傳信給阿黑，阿黑用神箭救出阿詩瑪。頭人偷出神箭，放洪水淹死了阿詩瑪。阿黑悲痛之極大呼她的名字，水中頓時出現了阿詩瑪的化身石。

《阿詩瑪》劇照

《英雄兒女》劇照

《英雄兒女》

出品：長春電影製片廠
編劇：毛峰　武兆堤
導演：武兆堤
攝影：舒笑言
主演：田方　周文彬　劉尚嫻　劉世龍

根據巴金同名小説《團圓》改編。志願軍政委王文清在朝鮮戰場上遇見了老友王復標之子王成，得知自己失散十八年的女兒王芳也在軍中工作。王成主動請戰到陣地上，英勇犧牲後，王文清見到了王芳，鼓勵她向哥哥學習。王復標到朝鮮慰問，將實情告訴王芳，勉勵她做革命的接班人。

《獨立大隊》

出品：長春電影製片廠
編劇：陸柱國　王炎
導演：王炎
攝影：王啓民
主演：中叔皇　郭振清
　　　龐學勤　孫笑非

1946年，粵北遊擊隊派聯絡員去説服從國民黨軍隊中逃出來的一支綠林隊伍。首領馬龍因受其結拜兄弟的離間，對遊擊隊存有戒心。後因敵人詐降，馬龍負傷被救，要求將獨立大隊改編爲遊擊隊第四中隊。

《獨立大隊》劇照

影片目録（共31部）

長影　《獨立大隊》、《兵臨城下》、《英雄兒女》、《南海的早晨》、《女跳水隊員》、《紅管家》（現代京劇）、《好媳婦》（現代京劇）、《鍘美案》（京劇）
海燕　《青山戀》、《阿詩瑪》、《豐收之後》、《白求恩大夫》、《李善子》
天馬　《家庭問題》、《霓虹燈下的哨兵》、《舞臺姐妹》、《血碑》
北影　《小鈴鐺》、《汾水長流》、《青年魯班》、《早春二月》、《小二黑結婚》、《千萬不要忘記》、《草原雄鷹》、《箭杆河邊》（曲劇）
八一　《岸邊激浪》、《帶兵的人》、《雷鋒》、《分水嶺》
珠影　《劉明珠》（與香港鴻圖影業公司合拍、潮劇）
西影　《天山的紅花》（與北影合拍）

《霓虹燈下的哨兵》劇照

《霓虹燈下的哨兵》

出品：天馬電影製片廠
編劇：沈西蒙
導演：王蘋　葛鑫　攝影：黃紹芬
主演：徐林格　宮子丕　陶玉玲　馬學士

解放初期，駐守在上海南京路上的人民解放軍某連隊抵制資産階級的侵蝕，教育年輕人，與暗藏的敵人作鬥爭。

《小鈴鐺》劇照

《小鈴鐺》

出品：北京電影製片廠
編劇：謝添　陳方千　導演：謝添　陳方千
攝影：張慶華
主演：石小滿　馬佳
關維吉（小鈴鐺木偶表演者）

一對小兄妹撿到一個報幕木偶小鈴鐺。妹妹小佳主張送還劇團，遭到哥哥小滿的反對。小滿在夢中看到小鈴鐺活了，並被請去參加演出。演出中一個長得像小滿的巨人把小鈴鐺搶走，小滿却追不回來，急得直哭。醒來後，覺得妹妹的話是對的，將小鈴鐺交還失主，保證了劇團的演出。

《雷鋒》劇照

《雷鋒》

出品：八一電影製片廠
編劇：丁洪　陸柱國　崔家駿　馮毅夫
導演：董兆琪　攝影：李爾康
主演：董金棠　楊貴發　黨同義　楊秦華

影片再現了當年雷鋒認真學習毛主席著作；在看病的途中幫助建築工人運磚；雨中護送老大娘回家；暗中給戰友生病的母親寄錢；給災區的人民捐款等事跡。

《半夜鷄叫》劇照

《半夜鷄叫》（木偶片）

出品：上海美術電影製片廠
編劇：張松林　虞和靜
導演：尤磊　攝影：鍾立人　作曲：陳鍾駒

根據高玉寶同名小説改編。地主周扒皮每天半夜裏學鷄叫，引得四處鷄鳴，迫使剛剛睡下的長工下地幹活，被童工小寶發現。長工們不堪忍受，想出妙計將再次偷學鷄叫的周扒皮狠狠地教訓了一頓。

《天山的紅花》劇照

《天山的紅花》

出品：西安電影製片廠
　　　北京電影製片廠
編劇：歐琳
導演：崔嵬　陳懷皚
　　　劉保德
攝影：聶晶　林景
主演：法蒂哈　木特里夫
　　　阿力別克　薩黑妲

哈薩克族女生産隊長阿依古麗在同暗藏的階級敵人的鬥爭中，教育了有發家致富思想的丈夫，最後揭穿了敵人的陰謀。

《青年魯班》劇照

《青年魯班》

出品：北京電影製片廠
編劇：史大千　導演：史大千
攝影：于振羽　徐孝先
主演：畢鑒昌　李長樂　王班　張瑋

青年工人李三輩在女技術員秦淑貞的幫助下刻苦學習文化和技術。三年後，他建議改革木工技術中比較落後的方法，經過一段波折，終於改革成功，提前完成了任務。在生産和學習中兩人産生了愛情。

電影界討論社會主義文藝問題

1964年1月20日—2月1日，文化部在南京召開故事片廠廠長、黨委書記擴大會議，到會的包括部分主要創作幹部和生產管理幹部等共60餘人。會議由文化部副部長陳荒煤主持，國務院文教辦公室劉平參加了會議。會議根據毛澤東對文藝工作的批示以及劉少奇等中央領導關於文化工作的指示精神，着重檢查了1958年以來故事片創作在貫徹文藝方向、方針等方面存在的問題。本着"優點是第一位的，缺點錯誤是第二位的"原則，會議認爲"由於黨中央的領導和關懷，幾年來我們的電影取得了很大的成績，也出現了一些質量較高的影片，在國內外受到了廣大群衆的歡迎，産生了一定的影響"。但也存在着"近兩三年來，由於膠片限制，影片的産量不多，没有用最大的力量來反映我國社會主義的政治和經濟的面貌"，以及"影片題材不廣，樣式不多；思想性、藝術性都不够高，在銀幕上出現的社會主義新人的形象不够鮮明生動，不能給人留下難忘的印象"等問題。並認爲産生這些問題的原因是"我們對社會主義文化性質認識不清"。因此，會議圍繞着社會主義文藝的性質進行了討論，並提出對社會主義文藝應該有比較全面的認識。會議指出，不僅反映社會主義時期的作品，而且反映革命鬥爭歷史和用唯物史觀正確反映歷史的作品，甚至齊白石的蝦、梅蘭芳的《貴妃醉酒》等有較高審美價值的作品，都應該屬於社會主義文藝的範疇。並對現實題材、革命歷史題材和其他題材劃分出"六、三、一"的比例。在當時極左批判運動正在掀起的險惡情勢下，電影工作者在這次會議仍然堅持了反"左"的指導思想，是十分難能可貴的。

附録：《關於故事片廠廠長、黨委書記擴大會議的報告》(摘録)

經過討論，會議從製片方針、題材規劃的角度確定了社會主義文化的三大範圍：

"(一)在社會主義時期，革命文藝的性質只能是社會主義的，它的主要任務是反對並徹底摧毁資本主義，促進社會主義經濟基礎的鞏固和發展。

(二)以無産階級的立場和觀點反映黨所領導的各個時期的革命鬥爭，並以社會主義，共産主義思想去教育人民的作品，也應認爲是社會主義的文藝，這些作品給人民以革命傳統教育。

(三)以無産階級的觀點和立場，用歷史的唯物主義方法，反映中國的歷史，還歷史以本來面貌的作品，能教育人民以唯物史觀來認識過去，鼓舞人民更好地建設今天，也應該認爲是社會主義的文藝，今後仍可以在影片中反映。"

會議確定了今後影片的題材比例："反映社會主義革命和社會主義建設的佔60%，革命歷史題材佔30%，其他佔10%。"

會議還把1958—1962年六年間的創作情況分爲三個階段：

從1958—1960年爲第一階段，這個階段創作人員的熱情很高，積極並迅速地反映了大躍進；生産了一部分質量較高的影片。這一階段的缺點是：在反映大躍進的同時有不少影片反映了"五風"違反了政策；有些影片粗製濫造；題材範圍狹窄；領導上又缺少民主，簡單粗暴，忽視藝術創作規律的現象。這些缺點和錯誤雖然是執行中的偏差，有些缺點和錯誤也是嚴重的。

從1961—1962年黨的八届十中全會以前爲第二階段，這一階段雖然也出現了一些好的影片，但是問題較多，主要是對當前的形勢、階級矛盾，階級鬥爭這個根本性質問題認識不明確，因此在創作領導上，也發生了方向不明，貫徹不力的缺點和錯誤，雖然各廠的情況不同，但在不同程度上都有方向時明時暗，這裏明那裏暗的情況，出現了某些右的錯誤和缺點。這一階段時間不長，錯誤和缺點也糾正得較快，但是所暴露的思想情況都是嚴重的，小資産階級和資産階級的思想曾一度抬頭，這次會議着重作了檢查。

黨的八届十中全會以後被劃分爲第三個階段。按照八届十中全會的精神，電影界逐步提高了認識，逐步糾正了前一階段的錯誤和缺點，但是，還没有及時地總結前兩段的經驗。

會議認爲："這六年來在貫徹方向，面向方針的摇擺，雖然有其客觀的原因和社會的根源，但是關鍵問題還在於文化部的領導。"

另外，會議還對以下問題進行了探討：

1. 會議討論了今年(1964年)故事片的生産計劃，決定在國家下達的四十五部的任務外，爭取增産六七部。會議還研究了今年故事片的題材規劃，具體情況擬專題報中宣部。

2. 會議對故事片生産長遠規劃初步交換了意見，大家一致認爲在目前形勢下故事片生産到1970年必須爭取達到一百部。

3. 會議結合學習大慶經驗，對如何加强製片廠的生産管理和政治思想工作交换了意見，大家認爲要使製片事業革命化，必須加强製片廠的政治思想工作，建議在製片廠設立政治部，在攝製組設立政治指導員，有條件的廠先搞起試點來。

4. 會議討論了當代題材影片質量問題，大家認爲當代題材影片必須熱情積極地支持和愛護，充分加以肯定，不要做過苛的要求。但是同時也應該嚴格地要求，不斷地、積極地提高影片的質量。建議文化部定期舉辦當代題材影片的創作奬，以促進創作繁榮，拿出高度思想性和藝術性的作品來，佔領陣地。

中宣部部署明年故事片生産

1964年11月23—28日，中宣部在北京召開部署明年故事片生産的會議。參加會議的有北京、長春、天馬、海燕、八一、珠江、西安等7個故事片廠廠長，以及有關的省市委宣傳部電影主管部門的負責人。會議根據整風運動的精神，討論了明年故事片的生産任務及有關選題計劃、創作思想和隊伍培養等問題。

12月29日，根據會議討論研究的情況，中宣部向中共中央書記處和周恩來總理上報《關於一九六五年故事影片生産計劃的報告》。這個報告一方面按照"整風運動和文化革命的精神"，對今後的生産提出"要有計劃地安排宣傳社會主義、反對資本主義的題材，在電影藝術裏豎起興無滅資的大旗"的要求，認爲"這既是明年電影生産的重要任務，也是整個社會主義文學藝術長期的根本的戰鬥任務"。並對生産形勢做出了樂觀的估計，提出爭取明年完成52—55部影片。關於影片的選題和形式方面，它重新提倡在前幾年已經被否定了的"新樣式"紀録性藝術片，並且還提出"爲了及時地配合社會主義的教育運動，準備拍攝一些村史、廠史、家史等"。另一方面，《報告》也表達了電影工作者對處於"左"批判運動之中的創作生産局勢的擔憂："自從對《早春二月》、《北國江南》和'寫中間人物'的主張進行批判以後，在電影界引起的震動很大。各廠目前都在慎重考慮自己生産的影片内容，有的根據新的認識正在進行修改，有的問題嚴重的已經停止拍攝。……另一方面，報紙上的批判也引起了創作人員的緊張，致使一些創作人員和製片廠的領導人員産生畏難情緒，怕多生産一部影片多擔一份風險，題材挑選和處理上顧慮重重。"1964年"故事片完成情況很不好……只完成原定計劃的64%或69%"，節目上映數也由原來的100—200個"降低到65個了，是歷年來最少的"。此外，《報告》還彙報了各製片廠面臨的因缺少劇本而造成生産"吃了這頓没下頓"的被動局面，以及創作年齡偏大，青黄不接等問題。

第3屆《大衆電影》"百花獎"評選活動中途取消

1964年1月20日，文化部黨組，中國影協黨組向中央宣傳部呈送了《關於改進國産影片評獎工作的報告》。報告中提出把"百花獎"的評選活動固定下來，每年舉行一次。並準備把"百花獎"的舉辦單位由《大衆電影》編輯部改爲文化部、中國影協、軍委總政電影處、全國總工會宣傳部和共青團中央宣傳部組成的聯合工作委員會共同舉辦。

經中央宣傳部2月上旬口頭批准，幾家單位聯合成立了"百花獎"評選工作委員會，從3月1日開始徵集選票，至5月15日結束。

參加第3屆"百花獎"評選的影片爲1963年上映的國産影片，計：故事片27部，戲曲片5部，美術片6部，科教片30部，長紀録片14部，短紀録片35部。所有以上片中設獎項目，接受前兩屆評選經驗，擬作適當增加。計：集體獎5項，個人獎10項，每項設1至3個獎，一律不分等級，以得票多少排列順序。

第3屆"百花獎"評選活動，與以往兩屆不同，前兩屆只在《大衆電影》讀者範圍内進行，參加評選的人數，第1屆爲十一萬七千人；第2屆爲十八萬三千人。前兩屆參加投票人的成分，一般多是幹部、學生和軍人，工人很少，農民則更少。這一屆"百花獎"參加投票人數爲八十七萬五千人，工農成分比例較前兩屆有明顯增加。

然而，由於"文藝整風"，原定於6月12日發佈評選結果，6月23日在政協禮堂舉行頒獎大會被迫延期。1964年第6期《大衆電影》公佈："第3屆《大衆電影》'百花獎'投票活動業已結束，正在進行選票的統計和頒獎的籌備工作。爲了使這一規模空前、意義更大的群衆性的電影評選活動取得更大的勝利，原定的評選揭曉和頒獎活動延期舉行。"

1965年2月11日，迫於廣大群衆對第3屆《大衆電影》'百花獎'遲遲不公佈評選結果的强烈反應和很多來信，中國影協擬出"答復信"，經中宣部等有關部門同意，於2月12日通過總政治部文化部、全國總工會宣傳部、團中央宣傳部、中影公司等系統下達。信中稱："由於對組織全國範圍的群衆參加電影評選的經驗不足，加之有反映現代題材的影片放映較晚，影片在各地上映的時間有遲早不一等原因，影響了評獎的結果，使之不能體現當前黨所倡導的方向——積極鼓勵和提倡社會主義革命和社會主義建設題材的精神，也不符合當前文化革命的形勢，因此，決定取消第3屆'百花獎'評選活動，不再公佈評選結果和發獎。"至此，第3屆《大衆電影》"百花獎"正式宣告結束。

《南海潮》劇照

《南海潮》

（上集　《漁鄉兒女鬥爭史》）

出品：珠江電影製片廠
編劇：蔡楚生　陳殘雲　王爲一
導演：蔡楚生　王爲一　攝影：李生偉
主演：吴文華　張錚　陳天縱　蔣鋭

農女阿彩與漁民之子金喜成親，漁霸以索債爲名欲霸佔阿彩。"七七事變"後，漁霸通敵，强迫金喜出海。金喜被日寇打傷後，又被國民黨軍隊抓走。阿彩被敵人抓走後逃出，隨老赤衛隊員張伯去了遊擊區。

第3屆國産影片"百花獎"群衆評選各項獎前三名名單

故事片：《南海潮》（珠影廠）、《甲午風雲》（長影廠）、《停戰以後》（北影廠）；編劇：蔡楚生、陳殘雲、王爲一（《南海潮》）、白辛（《冰山上的來客》）、林農（《甲午風雲》）；導演：蔡楚生、王爲一（《南海潮》）、崔嵬、歐陽紅纓（《小兵張嘎》）、林農（《甲午風雲》）；女演員：王曉棠（《野火春風鬥古城》金環、銀環的扮演者）、吴文華（《南海潮》彩鳳的扮演者）、王丹鳳（《女理髮師》華家芳的扮演者）；男演員：李默然（《甲午風雲》鄧世昌的扮演者）、張平（《停戰以後》顧青的扮演者）、安吉斯（《小兵張嘎》嘎子的扮演者）；配角演員：石小滿（《南海潮》猫崽的扮演者）、王心剛（《野火春風鬥古城》楊曉冬的扮演者）、田華（《碧海丹心》小妹的扮演者）；攝影：王啓民（《甲午風雲》）、張翚（《冰山上的來客》）、李生偉（《南海潮》）；音樂：雷振邦（《冰山上的來客》）、鞏志偉（《怒潮》）、吕其明、蕭珩（《紅日》）；美工：盧淦（《甲午風雲》）、史維鈞（《冰山上的來客》）、黄沖（《南海潮》）；長紀録片：《劉主席訪問朝鮮》（新影廠）、《第二十七屆世界乒乓球錦標賽》（新影廠）、《爲了和平解決中印邊界問題》（新影廠）；短紀録片：《罪惡的地主莊園》（新影廠）、《1963年國慶》（新影廠）、《劉主席訪問緬甸》（新影廠）；紀録片攝影：《劉主席訪問朝鮮》、《第二十七屆世界乒乓球錦標賽》、《美麗的西雙版納》；科教片：《地雷戰》（八一廠）、《不平靜的夜》（上海科影）、《金小蜂與紅鈴蟲》（上海科影）；美術片：《紅雲崖》（上海美影）、《没頭腦和不高興》（上海美影）、《小溪流》（上海美影）；戲曲片：《朝陽溝》（豫劇　長影廠）、武松（上海天馬廠）、《周信芳舞臺藝術》（上海天馬廠）。

王爲一（1912—　　）

導演。原籍江蘇吴縣，生於上海。1930年參加"劇聯"；後去香港任全球影業公司劇務；1935年任上海新華影業公司演員；1938年任重慶中國電影製片廠編導；抗戰勝利後任崑崙影業公司編導；新中國成立後相繼任北影廠、上影廠、珠影廠導演。代表作品有《關不住的春光》、《珠江淚》、《山間鈴響馬幫來》、《鐵窗烈火》、《南海潮》、《七十二家房客》、《三家巷》等。

王啓民（1921—2006）

攝影師，導演。遼寧新金人。1937年入滿洲映畫協會電影演員養成所學習，後任攝影師。新中國成立後拍攝《陝北牧歌》、《宇宙鋒》、《秦香蓮》、《蘆笙戀歌》、《黨的女兒》、《戰火中的青春》、《甲午風雲》、《獨立大隊》、《兵臨城下》、《五女拜壽》、《人到中年》等。

《甲午風雲》劇照

《甲午風雲》

出品：長春電影製片廠
編劇：希農　葉楠　陳穎　李雄飛　杜梨
導演：林農　攝影：王啓民
主演：李默然　浦克　王秋穎　周文彬

1894年甲午之戰前後，北洋水師致遠號管帶鄧世昌主戰，因揭露了投降派濟遠號管帶方波謙反而被革職。日本不宣而戰，李鴻章被迫啓用鄧世昌。在海戰危急時刻中，鄧世昌代替旗艦撞向日本旗艦，被魚雷擊中，全艦官兵犧牲。

李默然（1927—　）

演員。原名李紹誠。原籍黑龍江阿城，生於黑龍江尚志。1947年起相繼任東北文協文工團、東北文工團、東北人民藝術劇院演員；1954年後任遼寧人民藝術劇院副院長、院長，中國戲劇家協會主席。代表作品有《甲午風雲》、《兵臨城下》、《花園街五號》等。

方化（1925—1994）

演員。原名方德海。遼寧大連人。1944年進株式會社滿洲映畫協會製作部錄音科；1945年任東北電影製片廠演員；1949後任北京電影製片廠、長春電影製片廠演員；1979年任珠江電影製片廠演員。代表作品有《松花江上》、《趙一曼》、《新兒女英雄傳》、《智取華山》、《平原遊擊隊》、《鐵道衛士》、《甲午風雲》等。

梁音（1926— ）

演員。黑龍江齊齊哈爾人。1947年參加東北文工一團；1948年任東北電影製片廠演員。代表作品有《橋》、《趙一曼》、《平原遊擊隊》、《我們村裏的年輕人》、《三進山城》、《焦裕祿》等。

《冰山上的來客》劇照

《冰山上的來客》

出品：長春電影製片廠
編劇：白辛　導演：趙心水　攝影：張翚　作曲：雷振邦
主演：梁音　阿不都力密提　谷毓英　阿衣仙木　克里木

1951年，敵特企圖從新疆的某山口潛入，匪首派一名女特務冒名早年流浪外地的古蘭丹姆刺探情報，又借親自護送其返鄉之際，策劃裏應外合攻擊邊防崗哨，敵人的陰謀被我邊防軍識破，及時予以殲滅。

王丹鳳（1925— ）

演員。原籍浙江寧波，生於上海。1941年從影；抗戰勝利後任國泰、“中電”二廠、三廠演員；1948年去香港，任長城、南國等影片公司演員；1951年任上海電影製片廠演員。代表作品有《海魂》、《家》、《護士日記》、《女理髮師》、《桃花扇》、《兒子、孫子和種子》、《玉色蝴蝶》等。

趙心水（1930—1989）

導演。原名趙志汾，河北滄縣人。1950年入中南軍區部隊藝術學院戲劇系導演班學習，畢業後調入長春電影製片廠從事導演工作。相繼拍攝了《潘楊訟》、《冰山上的來客》、《“特快”列車》、《長城新曲》、《熊跡》、《戈壁殘月》、《天下第一劍》等影片。

《女理髮師》

出品：天馬電影製片廠
改編：錢鼎德　丁然　導演：丁然　攝影：沈西林
主演：王丹鳳　韓非　顧也魯

某城市家庭婦女華家芳學理髮，遭到丈夫的極力反對。她乘丈夫因公出差的機會，參加了理髮工作，並練出了一手好技術。在她的堅持下，丈夫也最終理解了她的工作。

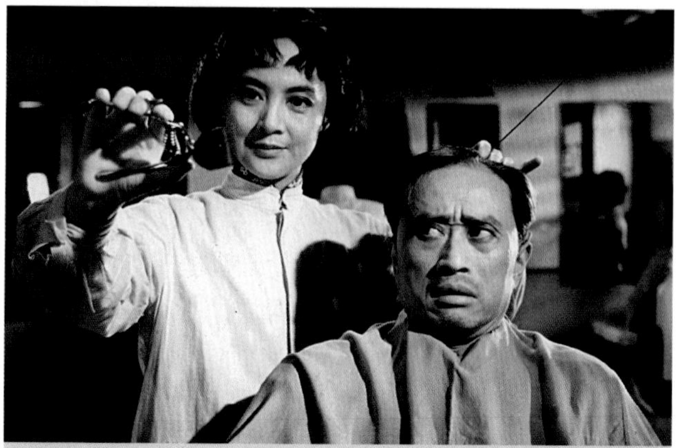

《女理髮師》劇照

《停戰以後》

出品：北京電影製片廠
編劇：辛毅
導演：成蔭
攝影：高洪濤
主演：張平　項堃
　　　趙子岳　魯非

1946年春，停戰協定簽訂以後，顧青將軍作爲中共代表參加國、共、美三方組成的軍調處執行部的工作。在談判桌上，顧青與美方代表費丁和國民黨代表李國卿展開針鋒相對的鬥爭，揭露他們假和平、真備戰的陰謀。

《停戰以後》劇照

項堃（1915—　）

原名王象坤。原籍山東德州，生於河北吴橋。演員。1949年到重慶，任中國電影製片廠演員；1945年任“中電”二廠、三廠演員；1950年任上海電影製片廠演員；1964年任北京電影製片廠演員。代表作品有《青年中國》、《火的洗禮》、《上饒集中營》、《翠岗紅旗》、《南征北戰》、《烈火中永生》、《火燒圓明園》等。

張平（1917—1986）

演員。原名倪家駒。原籍山東曲阜，生於江蘇昆山。1937年赴延安，進魯迅藝術學院戲劇系學習；1948年後任東北電影製片廠演員；1959年任北京電影製片廠演員。代表作品有《光芒萬丈》、《鋼鐵戰士》、《革命家庭》、《停戰以後》、《怒潮》、《小兵張嘎》、《烈火中永生》等。

《紅日》

出品：天馬電影製片廠

編劇：瞿白音　導演：湯曉丹　攝影：馬林發　作曲：吕其明　主演：張伐　高博　楊在葆　舒適　程之

根據吴强同名小説改編。1947年冬天，在大敗國民黨軍整編七十四師後，連長石東根被勝利衝昏頭腦，軍長沈振新及時察覺部隊的驕傲情緒。孟良崮戰役中，劉勝團長犧牲，石東根攀上懸崖絶壁，直搗敵人師部。敵師長張靈甫拒不投降被擊斃。

《紅日》劇照

舒適（1916—　）

原名舒昌格。浙江慈溪人。演員，導演。1938年從事戲劇、電影活動；1946年任香港長城等影片公司演員；1952年因參加愛國活動被港英當局驅逐出境，回到上海，任上海電影製片廠演員；1959年任浙江電影製片廠導演組組長；1961年任上海電影製片廠導演。代表作品有《清宫秘史》、《宋景詩》、《林沖》、《紅日》、《綠海天涯》、《龍女》等。

吕其明（1930—　）

作曲家。安徽無爲人。1951年起開始從事新聞紀録片及故事片的音樂創作，後任上影樂團團長。曾爲《鐵道遊擊隊》、《家》、《紅日》、《白求恩大夫》、《廬山戀》、《南昌起義》、《雷雨》、《非常大總統》等影片作曲。

程之（1926—1995）

演員。原籍湖南寧鄉，生於湖北武漢。1947年任文華影業公司演員；1952年後任上海聯合電影製片廠、上海電影製片廠演員。代表作品有《夜店》、《太太萬歲》、《我這一輩子》、《鷄毛信》、《李時珍》、《魔術師的奇遇》、《飛刀華》、《紅日》、《苦惱人的笑》等。

張伐（1919—2001）

演員。原名張大民，黑龍江哈爾濱人。1940年任上海劇藝社演員；1947年起任文華影業公司演員。1949年後任上海電影製片廠演員。代表作品有《亂世風光》、《夜店》、《太太萬歲》、《街頭巷尾》、《翠崗紅旗》、《紅日》、《金沙江畔》等。

《小兵張嘎》劇照

《小兵張嘎》

出品：北京電影製片廠
編劇：徐光耀
導演：崔嵬　歐陽紅櫻　攝影：聶晶
主演：安吉斯　李小燕　張平　張瑩

抗日戰爭時期，小張嘎親眼看到奶奶爲掩護八路軍被日寇殺害，偵察連長鍾亮被敵人抓走，他參加了遊擊隊。最終，他憑藉機智和勇敢救出老鍾叔，爲奶奶報了仇，並成爲了一名真正的八路軍偵察員。

《地雷戰》

出品：八一電影製片廠
編劇：柳其輝　屈鴻超　陳廣生
導演：唐英奇　徐達　吴健海
攝影：鄭治國　柴森
主演：白大鈞　張長瑞　吴健海　張傑

抗日戰爭時期，我敵後根據地抗日軍民，創造各式各樣的地雷智鬥敵人，粉碎了日僞軍的掃蕩。

《地雷戰》劇照

《紅雲崖》劇照

《紅雲崖》（木偶片）

出品：上海美術電影製片廠
編劇：陳正鴻
導演：陳正鴻
攝影：蔡正常
美術：曲建方
動作：夏秉鈞　尤磊　車慧

巴河峽谷深處的幾位石匠把〝赤化全川〞等四個大字刻在了懸崖峭壁上。白軍威逼利誘鏟除這四個大字，石匠羅老松爲保護大家挺身而出，並爬到懸崖上把〝赤化全川〞改成了〝赤化全國〞。最終，羅石匠壯烈犧牲，他的鮮血化成了紅雲，永遠伴隨着懸崖上的標語。

《金小蜂與紅鈴蟲》劇照

《金小蜂與紅鈴蟲》（科教片）

出品：上海科學教育電影製片廠
編劇：李大康　吴小青　王曉鳴
導演：韓韋
攝影：徐樂定　朱永鎬

《野火春風鬥古城》劇照

《野火春風鬥古城》

出品：八一電影製片廠
編劇：李英儒　李天　嚴寄洲
導演：嚴寄洲
攝影：曹進雲　張冬凉
主演：王心剛　王曉棠　陳立中　王潤身

1943年，遊擊隊政委楊曉冬化裝進入華北某古城，計劃爭取説服僞團長關敬陶起義。因叛徒出賣，楊曉冬被捕，金環遭到殺害。銀環冒險救出楊曉冬。在武工隊配合下，楊曉冬設計殲滅敵人，帶起義的關敬陶上山。

《朝陽溝》劇照

《朝陽溝》（豫劇）

出品：長春電影製片廠
編劇：楊蘭春
導演：曾未之
攝影：張翬
主演：魏雲　王善樸
高潔　馬琳

高中畢業生銀環不顧母親的反對，到朝陽溝落户參加農業生産。不久思想開始動摇。返鄉青年栓寶及其母親，對她進行了耐心的幫助，使其堅定了信心，扎根農村。

附録：《關於第3屆電影"百花獎"評選活動報告》

由於我們在評選工作中對總理指示精神領會不够，工作做得不細緻，又缺乏大規模評選工作的經驗，對客觀上的一些原因認識、估計不足，以致評選的結果很不理想，如：

1.參加評選的27部故事片中，反映社會主義革命和社會主義建設題材的有13部，反映民主革命和新民主主義革命歷史鬥爭題材的有14部。而現在的票最多的前三部中，却没有一部反映社會主義革命和社會主義建設題材的影片。

2.在擴大評選範圍之後，現在所採取的以上年度内發行的影片爲評選對象的辦法，有許多不合理的地方。去年發行的27部故事片中，由於發行拷貝數量不同，上映時間先後不一，有不少影片還没有在全國範圍内普遍放映。就是已經在全國範圍内上映的影片中，發行時間的早晚相差很遠，映出日期的長短亦很懸殊。發行時間早和映出時間長的影片，群衆面大；發行時間晚，映出時間短的影片，群衆面小。有些偏僻地區、中小城市，特别是在廣大農村中，去年發行的27部故事片中，有一半以上的影片都未看到。這些情况，必然影響到群衆評選的準確性。

3.近年在全國範圍内進行評選，開始活動時間也較晚，宣傳工作不普遍，不深入，都造成很大的影響。如有些内容，藝術水平都不高的影片，因爲故事情節較强，或有小市民趣味，在中小城市中選票就較多，反而超過一些思想藝術水平較高的影片。

根據上述情况，我們曾就如何公佈評選結果和發獎問題，反復作了多次研究，擬暫不公佈評選結果和發獎。因爲：

第一，評選結果，特别是故事片評選結果，不能反映我國電影創作的實際情况，如按此發獎，不能體現我們要提倡的方向。

第二，我們也曾試圖在群衆評選的基礎上作一些適當調整。即，按原定再增加幾個獎項名額，將一些因發行時間較晚而影響評選票數的較好的當代題材影片（如《蠶花姑娘》、《崑崙山上一棵草》）提上來發獎。但是，仍不能將群衆評選出來的影片中的不够好的都拉下來，問題還得不到根本解決。

第三，更重要的是：目前正在進行京劇現代戲彙演，整個文藝界正在進行思想上、組織上的整風，電影界也正全力引導電影工作者檢查工作、檢查思想，而且問題不少，因此，在此時發獎，很不妥當。

由於第3屆"百花獎"的活動在群衆中已宣傳很久，有近一百萬人參加了投票，完全没有個交待似亦不好，所以認爲目前暫緩公佈，待仔細研究後，再作妥當處理。

王潤身（1924—　　）

演員，河北雄縣人。1947年起任解放軍軍區文工團演員，1956年任八一廠演員。主要作品有《激戰前夜》、《長空比翼》、《回民支隊》、《戰上海》、《赤峰號》、《林海雪原》、《野火春風鬥古城》、《北斗》、《不該發生的故事》、《舞獅人傳奇》。

《没頭腦和不高興》劇照

《没頭腦和不高興》（動畫片）

出品：上海美術電影製片廠
編劇：任溶溶
導演：張松林　攝影：段孝萱
動畫指導：何郁文　吕晉

有兩個孩子，一個叫"没頭腦"，一個叫"不高興"。"没頭腦"做事丢三落四，總出差錯。"不高興"總是别别扭扭，很不聽話。爲了幫助他們改正缺點，暫時把他們變成了大人，在經歷了一連串教訓之後，兩個孩子決心改正自己的缺點，仍舊變回了兒童時代。

全國京劇現代戲觀摩演出大會在北京舉行

1964年6月5日—7月31日，全國京劇現代戲觀摩演出大會在北京舉行。開幕式由文化部副部長齊燕銘主持，沈雁冰部長致開幕詞。來自19個省、市、自治區的28個劇團，演出了《蘆蕩火種》、《紅燈記》、《奇襲白虎團》、《節振國》、《紅嫂》、《紅色娘子軍》、《草原英雄小姐妹》、《黛諾》、《六號門》、《智取威虎山》、《杜鵑山》、《洪湖赤衛隊》、《紅岩》、《革命自有後來人》、《朝陽溝》、《李雙雙》、《箭杆河邊》等37個劇目。中央新聞紀録製片廠在《新聞簡報》中曾對這次京劇現代觀摩演出的部分節目做了介紹。

10月29日，觀摩演出結束後，經領導小組審定，選出《智取威虎山》、《奇襲白虎團》、《紅嫂》、《蘆蕩火種》、《杜鵑山》、《節振國》、《紅管家》等劇目拍攝影片。

公開放映和批判電影《北國江南》和《早春二月》

8月16日，中宣部向中共中央呈報《關於公開放映和批判影片〈北國江南〉、〈早春二月〉的請示報告》。報告上提出《北國江南》、《早春二月》只在北京、上海等8大城市放映。8月18日，毛澤東在這個報告上批示："不但要在幾個大城市放映，而且應該在幾十個至一百多個中等城市放映，使這些修正主義材料公之於衆。可能不只這兩部影片，還有一些別的，都需要批判。"8月29日，中宣部發出《關於公開放映和批判影片〈北國江南〉和〈早春二月〉的通知》。

9月1日，文化部發出《關於公開放映和批判影片〈北國江南〉和〈早春二月〉的有關事項》，決定將海燕廠攝製的《北國江南》和北影廠攝製的《早春二月》兩部影片，分三批在全國57個大中城市公開放映和批判（第一批爲北京上海等11個城市，在9月3日前後起映，15日結束。除北京、上海可排五至六家外，其他城市可排三至四家；第二批是太原等17個城市，可在9月19日前後起映，28日結束。各城市排映院數，可排兩至三家；第三批是唐山等29個城市，定在10月15日前後上映，排期七天左右。各城市排映院數，一至三家）。除已規定的三批57個城市之外，各省、自治區如認爲尚有某些城市需要公開映出，可提出報文化部，經批准後，列入第三批城市參加映出。影片上映時，除在報刊上進行批判和討論外，參加映出的電影院，設觀衆意見箱和觀衆評論園地，但不張貼海報、劇照等宣傳品。報紙廣告，只登片名、出品廠和影片上映日期。

1964年11月19日，文化部發出了《關於繼續公開放映和批判影片〈北國江南〉、〈早春二月〉的通知》。通知中提出："目前對該兩片的批判尚未結束，爲了配合批判，兩片仍應在部分大城市中繼續排映一個時期。"因此決定：一、第二輪放映範圍可先在中央直轄市和大區所在地，其他城市以後再定。二、排映範圍應該第一次稍小，排映時間也應較第一次稍短，可較採取斷續和兩片交替放映的方法，直到對兩片批判結束爲止。有關範圍和時間的具體安排，可請示當地黨委宣傳部決定，開始排映時間，原則上定爲11月20日左右。兩片放映期間，各地還應繼續發表討論和批判的文章。

在公開放映的同時，全國報刊對這兩部影片掀起了一場罕見的大批判浪潮。1964年7月30日，《人民日報》發表《應當嚴肅認真地評論影片〈北國江南〉》的文章，從多個方面對這部影片進行了批判。另外，文章還批評了1964年7月19日《人民日報》發表的《千里塞外變江南》和1964年《大衆電影》第6期發表的《不可忘記階級鬥爭》等讚揚《北國江南》的文章。中宣部的通知下達後，對這兩部影片的批判達到高潮。9月15日，《人民日報》和《光明日報》同時發表批判影片《早春二月》的文章。此後，僅1964年10月一個月裏，全國各報刊發表的批判《早春二月》的文章多達200多篇。

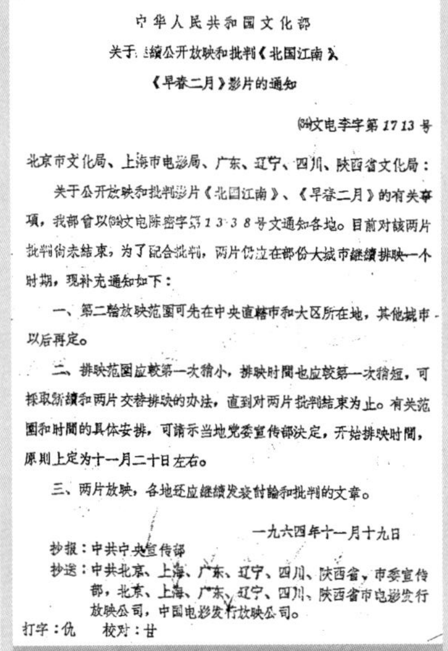
中华人民共和国文化部
关于继續公开放映和批判《北国江南》、
《早春二月》影片的通知

(64)文电李字第1713号

北京市文化局、上海市电影局、广东、辽宁、四川、陕西省文化局：

关于公开放映和批判影片《北国江南》、《早春二月》的有关事項，我部曾以(64)文电陈密字第1338号文通知各地。目前对該两片批判尚未結束，为了配合批判，两片仍应在部份大城市継續排映一个时期，现补充通知如下：

一、第二輪放映范圍可先在中央直轄市和大区所在地，其他城市以后再定。

二、排映范圍应較第一次稍小，排映时間也应較第一次稍短，可採取斷續和两片交替排映的办法，直到对两片批判結束为止。有关范圍和时間的具体安排，可請示当地党委宣传部决定，开始排映时間，原則上定为十一月二十日左右。

三、两片放映，各地还应継續发表討論和批判的文章。

一九六四年十一月十九日

抄报：中共中央宣传部
抄送：中共北京、上海、广东、辽宁、四川、陕西省，市委宣传部，北京、上海、广东、辽宁、四川、陕西省市电影发行放映公司，中国电影发行放映公司。

打字：仇　校对：甘

文化部《關於繼續公開放映和批判（〈北國江南〉）、（〈早春二月〉）影片的通知》

1964年7月30日 星期四 第六版　人民日报

应当严肃认真地来评论影片《北国江南》

江岁东　黄式宪

编者按　今天本报发表的江岁东、黄式宪两同志的文章，对影片《北国江南》以及七月十九日本报发表的马林同志的影评提出了批评。他们认为，这部影片在怎样反映时代精神，怎样正确反映阶级斗争，怎样塑造正面人物，怎样对待中间人物等一系列带有根本性的问题上，都存在着严重的错误。

江、黄两同志所提到的这些问题，也是目前文艺工作中从理论到创作实践的一些根本性问题。我们希望读者积极参加对《北国江南》这部影片的讨论，以期通过这次讨论，端正创作思想，提高认识水平，坚决贯彻执行党和毛主席的文艺路线和方针，使文学艺术更有力地为工农兵服务，为社会主义革命和社会主义建设服务。

看不见"阶级斗争的红线"

一群不好不坏的"中间人物"

《人民日報》發表的《應當嚴肅認真地來評論影片〈北國江南〉》

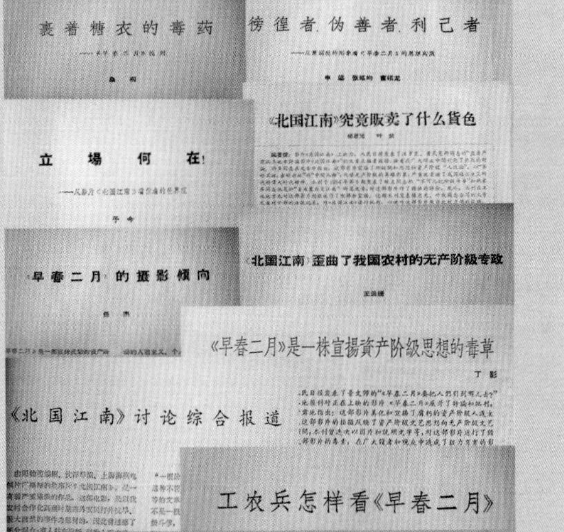

報刊批判《北國江南》、《早春二月》的文章

《早春二月》劇照

《早春二月》

出品：北京電影製片廠

編導：謝鐵驪　攝影：李文化　主演：孫道臨　謝芳　上官雲珠　高博

根據柔石的中篇小説《二月》改編。大革命前，蕭澗秋來到浙江的芙蓉鎮擔任小學教員，對寡婦文嫂及孤兒表示同情，並愛上了同事的妹妹陶嵐。這種關係招來小鎮上的非議，文嫂最終忍受不了而自殺。蕭澗秋投身到時代的洪流中去。

《早春二月》劇照

謝鐵驪（1925—　）

導演。原籍江蘇清江，生於江蘇淮陰。1950年任文化部電影表演藝術研究所教員兼表演系副主任；1953年任北京電影演員劇團副團長；1956年任北京電影製片廠副導演，1959年任導演；1999年任中國電影家協會主席。代表作品有《暴風驟雨》、《早春二月》、《智取威虎山》、《海霞》、《今夜星光燦爛》、《包氏父子》、《紅樓夢》等。

《北國江南》劇照

《北國江南》

出品：海燕電影製片廠
編劇：陽翰笙
導演：沈浮
攝影：羅從周
主演：秦怡　王玳
　　　魏鶴齡　馬驥

塞北農業社主任吴大成與妻子銀花積極籌劃冬閑時打井造林，遭到錢三泰的破壞，還通過富裕中農董子章拉走吴家養子小旺。銀花用真情感動了小旺，董子章也檢舉了錢三泰的陰謀。水井打成後，雙目失明的銀花又重見了光明。

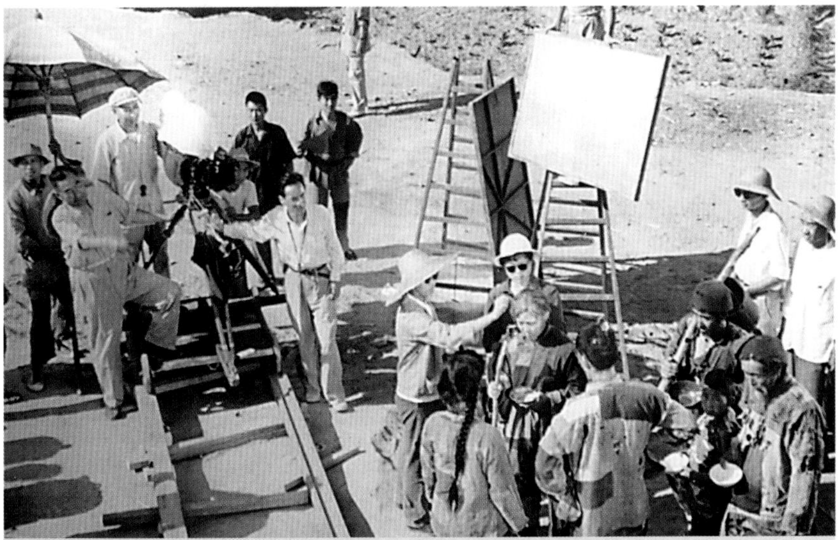

《北國江南》工作照

毛澤東對文藝工作的第二個批示和第二次文藝整風

1964年6月27日，毛澤東作出了對文藝工作的第二個批示。第二個批示就是在《中央宣傳部關於全國文聯和所屬各協會整風情況的報告》上作的。這個批示進一步對整個文藝界提出了全面否定的批評："這些協會和他們所掌握的刊物的大多數（據説有少數幾個好的），十五年來，基本上（不是一切人）不執行黨的政策，做官當老爺，不去接近工農兵，不去反映社會主義的革命和建設。最近幾年，竟然跌到了修正主義的邊緣。"批示於7月11日作爲中共中央文件正式下發。

毛澤東的第二個批示下達之後，文化部黨組於7月4日—9月16日，連續召開了38次黨組會和黨組擴大會議，對文化藝術工作進行檢查。文化部、全國文聯各協會和文化部直屬的文藝單位被迫再次進行整風。整風期間，文化部副部長齊燕銘、夏衍、徐光霄、徐平羽、陳荒煤，中國作協黨組書記邵荃麟、全國文聯副主席陽翰笙、全國劇協主席田漢等一批文藝界代表人物都遭到錯誤批判。1965年4月，文化部整風結束，中共中央作出《關於調整文化部領導問題的批復》，免去齊燕銘、夏衍、陳荒煤等在文化部的領導職務。

同時，在全國各大報刊上對一批文藝作品，如《李慧娘》、《謝瑤環》、《北國江南》、《早春二月》、《舞臺姐妹》、《林家鋪子》、《不夜城》、《兵臨城下》、《紅日》、《逆風千里》、《劉志丹》等戲劇、電影和小説也展開了相當規模的政治批判。

毛澤東關於文藝工作的兩個批示以及關於電影的批示，對文藝工作作出了不符合實際的錯誤評判和估計。兩個批示在全國掀起了極左批判浪潮，成爲"文化大革命"的前奏和預演。

上海電影界批判"夏、陳路線"和《創新獨白》

1964年8月，時任中共上海市委書記處候補書記的張春橋在上海市文藝工作者大會上傳達全國京劇現代戲觀摩演出大會情況時説：電影系統，在北京有一條反動的資産階級夏（衍）、陳（荒煤）路線；在上海，瞿白音的《創新獨白》就是這條路線的理論綱領。並點名批判正在攝製的影片《舞臺姐妹》在思想上是宣揚階級調和"合二而一"，藝術上是資産階級的。此後，夏衍在報刊上被公開點名批判；陳荒煤也被迫反復檢查自己的"路線錯誤"。在這個"夏、陳路線"的罪名下，電影界各級領導人和一大批藝術創作骨幹都受到了批判，一些電影工作者甚至在"文化大革命"前就被戴上"反動權威"、"反革命分子"、"資産階級反動路線的執行者"之類的帽子。

附録：《瞿白音的〈創新獨白〉是電影界黑幫的反革命綱領》

瞿白音的《關於電影創新問題的獨白》是一個瘋狂反對毛澤東思想的文藝綱領，是一個瘋狂反對無産階級專政的政治綱領。瞿白音不但是一個反動的修正主義文人，而且是一個徹頭徹尾的個人野心家。他竊據了上海市電影局副局長的領導崗位，秉承着電影界黑幫頭目的旨意，竭力推行他們的反革命行動綱領。所謂《創新獨白》，其實根本不是什麼"獨白"，而是電影界一小撮黑幫的合唱。他們在電影界實行反革命的專政，貫徹資産階級的即修正主義的文藝路線，爲"和平演變"的反動政策效勞。

（丁學雷，《大衆電影》 1966年第6期）

1964年（臺灣）

大事記

1月20日 因進口辦法未獲協議，凍結日片進口。

8月24日 影評人協會成立，陳立夫、陶希聖等到會致詞。

9月1日 意大利電影實驗中心第一個中國學生白景瑞結業返臺。

7月24日 "臺製"由楊樵接任廠長，與"國聯"合作開拍歷史鉅製《西施》，一再追加預算，分上下兩集，並動員港臺名演員及軍隊支持，耗資新臺幣2600萬元，場面壯觀爲國片罕見。

本年 因亞洲影展豐原空難事件，金馬獎停辦一年。

"邵氏"、"電懋"拍片競爭激烈，搶拍《寶蓮燈》、《啼笑因緣》等影片，大鬧雙胞案，各有勝負。

《狀元及第》海報

重要影片

《狀元及第》劇照

《狀元及第》

出品：國聯影業公司

編劇：宋存壽　導演：李翰祥　攝影：王劍寒　主演：江青　鈕方雨　朱牧　王萊

紈絝子弟顧文友追求李秀英不遂，買通孫媒婆偷取李家傳家寶碧玉簪，並假造李秀英情書。秀英下嫁新郎玉林，新婚之夜，玉林看到假情書勃然大怒，讓秀英受盡折磨，經核對筆跡後方才水落石出。秀英不肯接受玉林道歉。直到玉林考上狀元，並對秀英下跪求情，才使夫妻重新團圓。

獲第3屆(1965)金馬獎最佳美術設計(曹年龍)。

《天災地變彼一夜》

出品：三友

製片：賴德彥　編劇：李川　導演：辛奇　攝影：林贊庭

主演：白蘭　陽明　鄭淑芬　英英　侯宛

1950年，嘉義縣白河鎮發生了一場大地震，《天》片的故事背景就是設定在那一次的天災之夜。

環島班機失事，豐原空難多位重要影人罹難

6月20日，民航公司C－46型由臺中飛往臺北106次環島班機，下午5時35分在臺中起飛後5分鐘，於臺中以北20里處爆炸墜毀，機上乘客48人及駕駛員、空服員等9人，共計57人全部罹難。史稱"豐原空難"。罹難乘客當中包括來臺出席亞洲影展的電懋公司董事長陸運濤夫婦、電懋公司常務董事周海龍夫婦、港九自由總會主席胡晉康、電懋公司製片部主任王植波，臺灣省新聞處處長吴紹璲夫婦、臺灣省電影製片廠廠長龍芳與國際電影公司董事長夏維堂等重要影人。此事件震驚臺港星馬等地電影界，對臺灣電影發展造成重大損失。

空難中逝世的影壇精英

陸運濤（1915—1964）

介紹詳見第305頁。

夏維堂（1916—1964）

聯邦影業有限公司大股東，電影企業家。江蘇江陰人。原爲紡織業鉅子，1954年後與好友張陶然、沙榮峰、張九蔭等組成聯邦、國際、中藝三位一體的兄弟公司，擔任董事長，對外合稱聯邦公司。早期代理電懋、邵氏及香港獨立公司影片，曾出資支持嚴俊、朱旭華等拍片，1963年大力支持李翰祥組建國聯電影公司，並代理國聯影片發行。空難逝世後，公司業務部由沙榮峰主持。

龍芳（1925—1964）

電影企業家。字志雲，安徽人。中央警官學校畢業，曾任康樂總隊長。1955年出任臺灣省電影製片廠廠長，除了攝製新聞紀録片，也拍攝劇情長片。1962年組織拍攝臺灣第一部彩色寬銀幕劇情片《吳鳳》，繼而預定與電懋、國聯、聯邦等公司展開長期合作計劃，可惜壯志未酬。龍芳處事精打細算、嫉惡如仇、賞罰分明、知人善用，備受推崇，時人稱“龍頭”。

豐原空難原因，30年後公佈

1964年6月20日，民航機（CAT）編號908C46型螺旋槳客機於上午8點從臺北先飛臺中，再飛臺南，再飛高雄至馬公，由馬公再回臺南，由臺南至臺中，由臺中回臺北，下午5點30分在豐原上空爆炸。據30年後《中國時報》刊登一篇美國情報員的回憶，問題出在回程的臺南機場，上來兩個青年，每人手持一本厚書，書内挖空放置手槍，起飛後持槍迫機師將飛機飛往廣州，與機師發生打鬥，以致飛機到達臺中縣神岡鄉三角村時發生撞山爆炸墜機，機上57人全部罹難，放置手槍的書，當天即尋獲。

公祭空難死者

6月25日,在臺北國際學舍舉行亞洲影展罹難人士公祭。參加公祭的人士，一批接着一批，川流不息，有以團體爲單位的，有以個人致祭的，總數至少千餘人。以團體致祭的有中央電影公司、文協、僑務委員會、國民黨中央委員會、民航公司、馬來西亞航空公司、中廣公司、攝影協會、香港電懋公司、港九影劇自由總會、復興戲劇學校、聯邦影業公司、美國八大公司代表等等。還有許多與死者全不相識的民衆，也來悼祭或站在門外哀悼。

臺北市各電影院，停業一天，表示對陸氏等人逝世的哀悼。

原定10月份舉辦的金馬獎停辦一年。

附録:《豐原空難》（摘録）

第11屆亞洲影展，永難磨滅的悲劇……。

由於飛機在空中爆炸，旅客及機員屍體無一完整，因此，家屬認屍非常困難。有些只憑一條褲子，一件襯衫，一個皮夾，一條皮帶或一隻手錶，指認屍體爲誰，其中零星屍體被認錯，也是意料中事。認屍困難，使罹難乘客及機員的屍體，到廿一日晚上將近十時，才由一架空軍運輸機運回臺北松山機場。

松山機場當時的管制並不很嚴，許多罹難者家屬及新聞記者，都能進入停機坪接運遺體和採訪。臺製廠當時派在國聯擔任《西施》副導演的楊甦，在飛機停穩後，爬上機梯站在機門口。機艙中搬屍工人，將以麻布袋裝好的屍體，由機艙内搬出，交給楊甦，他在裝屍袋上找出死者名條唱名，然後交給梯下的工人，搬上運屍車。

當時，松山機場雖然陰沉沉的，每位現場接屍的家屬及新聞記者手裏都拿着一根香，藉以減輕空氣中的屍臭。雖然顯得肅穆陰森，但並未下雨。就在全場静肅，不時由楊甦高喊麻布袋上死者姓名，才打破沉寂。突然，楊甦以高吭而尖鋭的聲音喊出“廠……長……”,在他拖長而顫抖的“長”字還未落音時，一陣好似消防車潑灑出來的驟雨，夾着閃電和轟隆隆的巨響雷聲灑落在停機坪。那氣氛好像末日將臨，伴着機場迎屍人群同時發出的嚎啕大哭，所造成的凄慘景象，我的文字功力，是没法描繪出來的。

我清楚地記得，當楊甦用拖長顫抖的聲音喊出“廠……長……”兩字時，站在我身旁的中央日報記者劉毅夫先生，隨着“長”字的尾音“哇”的一聲哭了出來。他趴在機場入口的牆壁上，隨着雨聲、雷聲和機場其他龍芳先生生前朋友和家屬的哭聲，交織成一篇最悲痛，最感人的哀戚樂章。

更令人難以相信的是龍芳的遺體，送進運屍車之後，驟雨突然停止。雷聲和閃電也隨着靜了下來。何以會這樣？廿五年來我一直無法解釋當時的現象。

龍芳先生以其特有的魅力及其誠懇待人接物的態度，贏得許多人的尊敬。這也許就是楊甦一聲大叫“廠……長……”而引發全場嚎啕痛哭的潛在力量。至於那一陣驟下驟停的大雷雨，也許是一種巧合，並非是什麽“天人同悲”，但這種“巧合”足以讓人附會……。

（劉一民，1989年空難25週年的紀念文）

影片目録

中影 《蚵女》、《養鴨人家》、《雷堡風雲》

國聯 《狀元及第》

天南 《煙雨濛濛》、《可憐天下父母心》、《女人與强盗》、《搶婚》、《新婚大血案》

臺聯 《臺北發的早車》、《第七號女間諜》、《七仙女續集》

天華 《李亞仙》、《戀愛風》、《胡遊劍俠》、《祝你幸福》

大成 《孤兒哭夜墓》、《明日的希望》

三環 《寶島鐘聲》、《苦兒逃亡記》

宏亞 《矮仔財娶妻》、《請君保重》

天鵝 《恩愛三百六十五日》、《爲著五角錢》

聯合 《意難忘》、《離别月台票》

永新 《情報員第六號》、《三兄妹告御狀》、《三兄妹報父仇》

五大 《少女的祈禱》、《金色夜叉》、《可愛的人》

義興 《恩重如山》、《雪中姊妹》、《雪中姊妹》（2）

萬壽 《賭國仇城》、《天字第一號》、《天字第一號續集》、《五娘思君》

影都 《送君出帆》、《難忘鳳凰橋續集》、《歌聲母女淚》

華明 《珍珠塔》、《八十八號情報員》、《無情的都市》

中光 《悲情城市》、《港都苦命女》、《再會港都》

中興 《請問芳名》、《臺北十四號水門》

亞洲 《龍虎旋風兒》、《天生自然》、《情歸何處》、《有話無地講》、《情人的眼淚》、《瞎子丈夫啞巴夫妻》

遠大 《不平凡的愛》、《西廂記》、《美滿的夫妻》

大來 《桃花泣血記》、《八猫傳》

佳成 《河邊春夢》、《可憐戀花再會吧》、《河邊春夢》、《臺北人》

天祥 《桂花樹之戀》、《義犬救子》

天勝 《乞丐王子》、《第三號反間諜》

其他 《土包子》（新友）、《天災地變彼一夜》（三友）、《一斤十六兩》（佳和）、《愛河别君三年後》（老長壽）、《母愛》（新曼波）、《望春天》（北華）、《子》（大益）、《出嫁彼一日》（仁義）、《阿文哥》（永達）、《錦上添花》（新星）、《可憐的戀花》（裕源）、《野柳義魂情難忘》（電塔）、《歡喜船入港》（聯昌）、《爸爸在何方》（高和）、《誰是犯罪者》（伍景）、《媽媽十一歲》（義華）、《俥傌砲》（日茂）、《恐怖的情人》（集元）、《香港第一號碼頭》（新高）、《田莊兄哥》（新光）、《老油條》（福新）、《最喜歡的一日》（美都）、《緑島之夜》（天馬）、《愛河别君三年後》（老長壽）、《雪中四姊妹》（興南）、《新荒城之月》（聯興）、《學海孤雛》（永來）、《誰是犯罪者》（伍景）、《流浪賣花姑娘》（國人）、《三姊妹》（天成）、《鹽田區長》（雙龍）

中影第一部自製彩色寬銀幕影片《蚵女》首映

2月11日，"中影"公司第一部自製完成的寬銀幕彩色電影《蚵女》在臺北大世界戲院首映。以健康寫實爲號召的彩色影片《蚵女》，全片色調柔麗，所有演員及技術人員没有借助任何外國或外來人力，技術層面跨進了一大步。故事取材自本省西海岸的蚵民生活，樸素平實的風格中帶着濃濃的鄉土風味，情節雖然略顯平淡，但導演李嘉與李行對於氣氛掌握得宜，彌補了不足；女主角王莫愁在表演上也有極大進步。本片在四大都市九家戲院首輪放映。

《蚵女》

出品： 中央電影事業公司
製片： 龔弘
編劇： 趙琦彬　劉昌博
導演： 李嘉　李行
攝影： 華慧英
主演： 王莫愁　武家麒
高幸枝　葛香亭

蚵女阿蘭與漁村青年金水相戀，金水向蘭父求親，對方要索高額聘金，金水只好出海賺錢，未婚懷孕的阿蘭受不了村民的指點，避居姑媽家待産。金水平安返鄉，適逢阿蘭難産，金水輸血給阿蘭，終於母子均安、全家團聚。

獲第11屆亞洲影展最佳影片。

《蚵女》劇照

《蚵女》演員與記者合影

《蚵女》工作照

第11届亞洲影展在臺北舉辦

6月15日至19日，第11届亞洲影展在臺北舉行。"中影"總經理龔弘任大會主席。星馬邵氏邵仁枚，香港邵逸夫、邵邨人，電懋陸運濤等影業巨頭參加。評選結果：最佳影片《蚵女》（中影），最佳女主角獎:凌波《花木蘭》(邵氏)，最佳男配角獎：王引《京華春夢》(電懋)，最佳女配角獎：林翠《新華春夢》(電懋)，最佳音樂獎：王福齡《山歌戀》（邵氏），最佳美術設計獎：《情人石》(邵氏)，最佳舞蹈獎：《黑森林》(中影、邵氏合作)，最佳歌曲獎：《萬花迎春》(邵氏)，最佳紀録片設計獎：《自由中國的工業》。另有最佳男主角、最佳編劇、最佳導演等項由日、韓影人所得。

汪莫愁（1941—　　）

演員。本名王玉蘭。廣東東莞人，生長在越南。三歲時回廣州，後又到香港唸書，1958年就讀臺灣師範大學。1962年應徵《金門灣風雲》女主角，一炮而紅；以《啞女情深》一片，連獲第十三屆亞洲影展最困難的角色特別演技獎及第四屆金馬獎特別演技獎。代表作品有《金門灣風雲》、《薇薇的週記》、《蚵女》、《啞女情深》、《亂離人》、《孤兒奇遇記》、《雪娘》、《風雨寒山夜》、《戚繼光》、《新西廂記》等。

1965年（大陸）

大事記

1月4日　中共中央通知，沈雁冰調離文化部，由陸定一兼任文化部部長。
1月12日　《人民日報》發表評論員文章《積極發展農村電影發行放映網》。
3月1日　人民日報發表齊向群的文章《重評孟超新編〈李慧娘〉》，並加編者按說：《李慧娘》"是一株反黨反社會主義的毒草"。
3月2日　中共中央書記處召開會議，鄧小平對文化戰線上展開錯誤批判的做法提出批評。
3月18—26日　文化部和國家科委在北京召開全國科學教育電影工作會議，陸定一作關於形勢和科學教育電影的方針任務的報告。
3月　文化部組織由"淶水三姐妹"等放映隊組成的放映宣傳工作小組赴西藏傳授經驗。
4月7日　中共中央作出《關於調整文化部領導問題的批復》，免去齊燕銘、夏衍、陳荒煤等在文化部的領導職務。其中，夏衍調亞非研究所，陳荒煤調任重慶市主管工業的副市長。
4月15日　周揚在文化部黨員幹部大會上作整風總結，提出要把文化戰線上的社會主義教育運動進行到底。
4月30日　中央調蕭望東、石西民、趙辛初、顏金生、劉白羽到文化部工作，蕭望東任第一副部長，趙辛初任主管電影工作的副部長。
7月25日—8月12日　文化部召開電影題材規劃會議。周恩來到會講話，就深入生活、改造思想和如何貫徹黨的文藝方向等問題作出指示，並指出電影界把他的"藝術性紀録片"的意見搞歪了，變成紀録性藝術片了。
7月27日　文化部轉發中宣部對新聞紀録電影工作的批示："凡攝影隊所到之處，必須像紅軍一樣，實行三大紀律，八項注意。"
7月　中共文化部黨組向中宣部並中央作《關於電影工作的報告》，提出應把科教片、藝術性紀録片、新聞紀録片提高到與故事片同等重要的地位上來。
8月15日　文化部在全國34個大中小城市舉辦"紀念偉大抗日戰爭勝利二十週年電影展覽"。
9月23日　保定電影膠片廠建成投產。
11月10日　上海《文匯報》發表姚文元的《評新編歷史劇〈海瑞罷官〉》，成爲發動"文化大革命"的導火線。
11月30日　爲了使廣大農民看得起電影，文化部和財政部發出《關於降低在農村放映電影的收費標準的聯合通知》。

重要影片

《年青的一代》劇照

《年青的一代》

出品：天馬電影製片廠
改編：陳耘　趙明
導演：趙明
攝影：石鳳岐
主演：楊在葆　達式常
　　　曹雷　朱曼芳

上海地質學院學生蕭繼業和林育生畢業後，分配到青海一個地質隊工作。蕭繼業在隊裏安心工作而林育生卻裝病留在上海。蕭繼業被查出腿内長了骨瘤，有截肢的可能。他隱瞞了自己的病情。最終，蕭繼業的腿病治好了，林育生也跟隨他投身到了西部建設當中。

《秘密圖紙》

出品：八一電影製片廠
編劇：史超　鄭洪　郝光
導演：郝光
攝影：陳瑞俊
主演：田華　王心剛
　　　邢吉田　師偉

秘密圖紙被盗後，女偵察員石雲在她丈夫、保衛幹事陳亮的配合下，掌握了敵特分子的陰謀計劃，及時捕獲了携帶圖紙微型膠卷潛逃的特務。

《秘密圖紙》劇照

《浪濤滚滚》劇照

《浪濤滚滚》

出品：北京電影製片廠
編導：成蔭　攝影：高洪濤
主演：秦怡　陳戈
　　　彭奇愚　鄭大年

根據留華同名小説改編。1958年春天，新任青龍水庫黨委書記的鍾葉平和其他幹部提出提前一年竣工計劃，此舉遭到省水利局陳局長的不滿。因陳等人主觀制訂扒開合攏口的方案，造成嚴重後果，而受到省委的處理。最後，在省委的支持下，大壩終於建成。

《打擊侵略者》

出品：八一電影製片廠
編劇：曹欣　鄭洪
導演：華純　攝影：楊紹仁
主演：李炎　胡曉光　于純綿　張良

根據宋之的話劇《保衛和平》改編。1953年，志願軍某營在朝鮮人民的配合下，出其不意地殲滅李僞白虎團指揮部後，又插入鷹峰，截斷敵人退路，全殲敵人。

《打擊侵略者》劇照

《苦菜花》劇照

《苦菜花》

出品：八一電影製片廠
編劇：馮德英　導演：李昂　攝影：韋林岳　主演：曲雲　楊雅琴　王志剛　袁霞

根據馮德英同名小説改編。1940年，膠東根據地貧農馮大娘同敵人的三光政策作堅決的鬥爭，動員鄉親們支援前線，並送子參軍。不幸被捕後，設法將敵人引進地雷區，保護了兵工廠。後正在養傷的馮大娘拿起武器，打死了暗藏的漢奸特務。

《地道戰》劇照

《地道戰》

出品：八一電影製片廠
編劇：任旭東　潘雲山　王俊益　徐國騰
導演：任旭東　攝影：楊光遠　主演：朱龍廣　王炳彧　張勇手　劉江

冀中根據地人民遵照毛主席關於人民戰爭的軍事思想，進行各式各樣的地道戰，抗擊日寇僞軍。

影片目録（共43部）

長影　《山村會計》、《三進山城》、《景頗姑娘》、《"特快"列車》、《青松嶺》、《路考》、《傳槍記》（京劇）、《白山新歌》（二人轉）、《一顆紅心》（郿鄠劇）、《金鑰匙》（川劇談戲）、《節振國》（京劇）
海燕　《小足球隊員》、《黄沙緑浪》、《他們在成長》、《這是我應該做的》、《紅花曲》（錫劇）、《農家寶》（錫劇）、《兩壟地》（吕劇）、《姑嫂練武》（錫劇）
天馬　《櫃檯》、《年青的一代》；《戲曲集錦》——《怎麼談不攏》（贛南採茶戲）、《小保管上任》（高安採茶戲）
北影　《烈火中永生》、《山村姐妹》、《紅色背簍》、《龍馬精神》、《浪濤滚滚》、《媒店新工人》（歌劇）、《三朵小紅花》（彩調戲）、《買牛、扒瓜園》（河南曲劇、越調，未發行）
八一　《打擊侵略者》、《苦菜花》、《秘密圖紙》、《地道戰》、《勝利在望》（話劇）、《椰林怒火》（歌舞）、《東方紅》（與北影、新影合拍，音樂舞蹈史詩）
珠影　《雙教子》（楚劇）、《山村新曲》（河南越調）、《打銅鑼、補鍋》（湖南花鼓戲）
西影　《人歡馬叫》（豫劇）、《軍歌嘹亮》（話劇）、《紅梅嶺》（歌劇、未發行）

《烈火中永生》

出品：北京電影製片廠
編劇：周皓（夏衍）
導演：水華
攝影：朱今明
主演：趙丹　于藍
　　　項堃　方舒

根據羅廣斌、楊益言小說《紅岩》改編。重慶解放前夕，以許雲峰、江姐爲核心的地下黨員在中美合作所的集中營裏，組織難友堅持同美蔣特務進行鬥爭並計劃越獄。後許雲峰和江姐等英勇犧牲，華子良帶領部分獄友勝利越獄。

《烈火中永生》劇照

公開放映和批判影片《林家鋪子》和《不夜城》

1965年4月22日，中宣部發出《關於公開放映和批判影片〈林家鋪子〉和〈不夜城〉的通知》。29日，中影公司向各省、市、自治區電影發行公司、駐各大區辦事處發出《函告〈林家鋪子〉和〈不夜城〉的映出計劃和有關通知》。5月27日，中國電影發行公司又發出《關於公映〈林家鋪子〉、〈不夜城〉的補充通知》。"通知"中說：1.《林家鋪子》第一批11個城市映出時間已經改變爲自5月27日至6月6日期間公映5至7天；故第二批16個城市應改爲自6月9日至18日期間公映3至5天；第三批49個城市應改爲6月21日至30日期間公映3至4天。2.《不夜城》於《林家鋪子》映畢後按上述規定公映期間於拷貝調到後映出。另外，該通知還對兩片拷貝的調度日期作了安排。同時，全國報刊又掀起對這兩部影片的批判浪潮。

为什么必须批判电影《不夜城》

谈影片《林家铺子》的几个问题

宣传阶级调和主义的影片《不夜城》

《林家铺子》是一部美化资产阶级的影片

对影片《林家铺子》和《不夜城》的批判

林老板——一个被美化的资本家形象

宣传阶级投降主义的影片《不夜城》

《不夜城》是为谁

報刊批判《林家鋪子》、《不夜城》照片

《不夜城》劇照

《不夜城》

出品：江南電影製片廠
編劇：柯靈　導演：湯曉丹
攝影：周達明　馬林發
主演：孫道臨　李玲君　林彬　師偉

大光明紡織廠老闆張伯漢，以殘酷壓榨工人致富。1948年，國民黨統治瓦解，他投機美國洋行幾乎破産。解放後，在工人們的幫助下，逐漸交待自己的罪行，並最終走上了公私合營的道路。

大型音樂舞蹈史詩影片《東方紅》公映

1965年10月1日，由八一廠、北影廠、新影廠聯合攝製的大型音樂舞蹈史詩影片《東方紅》正式上映。影片把舞臺上的大型音樂舞蹈史詩成功地搬上了銀幕，使音樂舞蹈史詩更加豐富、宏偉、完善，也更具有民族的風格和氣派。

大型音樂舞蹈史詩《東方紅》是一部融合了半個世紀以來民族解放鬥爭而產生的音樂舞蹈藝術作品，描繪了一幅中國共產黨領導中國人民前僕後繼、艱苦奮鬥建立新中國的畫卷。大歌舞在慶祝建國15年之際，集中了全國16個專業藝術團體(包括少量業餘演員在内)共3000餘藝術工作者，在人民大會堂隆重演出。1964年10月6日，毛主席同人民解放軍8000官兵一起觀看了演出。10月16日黨和國家領導人在人民大會堂宴會廳接見了《東方紅》全體演出人員。大型音樂舞蹈史詩《東方紅》的演出在全國引起了熱烈的反響。

1965年1月上旬，在人大和政協兩會閉幕的第二天，周總理專門約請參加兩會的全國著名電影藝術家和《東方紅》導演團的同志們，以及八一廠、北影廠、新影廠的領導和電影攝製組的主創人員等在人民大會堂北京廳召開座談會，討論將《東方紅》搬上銀幕的相關問題。會議由周總理親自主持，彭真、周揚和江青等人參加了座談會，與會的藝術家有鄭君里、張駿祥、黄佐臨、徐肖冰、成蔭、陳播、馮一夫等。

在座談會上，總理説：搞大歌舞的指導方針和目的是學習和傳播毛澤東思想。舞臺演出是如此，拍電影也是如此，而且是更進一步學習和傳播毛澤東思想。舞臺演出在北京也没有多少人能看到，電影的作用廣大得很。在周總理的指導下，經過電影創作人員9個多月的努力，終於攝製完成這部宏偉的舞臺史詩影片。

《東方紅》劇照

附録：周恩來總理對電影《東方紅》的四點指示

一、電影要在舞臺演出的基礎上進行再創造，不能是簡單地把演出搬到銀幕上。對舞臺演出要揚其所長，補其所短。對電影要有高要求，拍電影要有高姿態，不要怕麻煩，要像主席寫文章作詩那樣，肯再三再四地改。

二、要敢於標社會主義之新，立無産階級之異，有破有立，敢於創新。希望《東方紅》電影在創作上有更多的新創造，爲中國電影樹立一面旗幟。

三、創作中要走群衆路線，搞三結合，導演、攝影師要跟大家討論，這樣方能多謀，然後還要善斷。

四、組織好，除原來的大歌舞領導小組陳亞丁、周巍峙、丁里等同志外，還要擴大吸收一些有關同志，增加司徒慧敏、王牧、李牧、彭厚嶸等同志。指揮部仍由陳亞丁同志總負責。用分門别類、又有民主又有集中統一的方式進行討論，然後實踐，在實踐中要一切經過試驗。攝製電影的組織機構，以八一電影製片廠爲主，八一廠黨委領導，不管哪個廠參加的人員，統一歸八一廠領導。八一廠領導陳播、張景華、王牧同志，你們逃脱不了責任。政治領導要加强，藝術領導要統一。由八一廠牽頭共同組成攝製組，導演王蘋、李恩傑，攝影薛伯青、錢江、張紹濱和董健。

《東方紅》(音樂舞蹈史詩)

出品：八一電影製片廠　北京電影製片廠
中央新聞紀録電影製片廠

導演：集體　攝影：集體

影片以音樂舞蹈史詩形式表現了自1921年中國共産黨創建到1949年新中國成立，中國人民在中國共産黨的領導下，不怕犧牲，前僕後繼，進行反帝、反封建、反官僚資本主義的偉大鬥爭，最終建立社會主義的新中國的歷史進程。

全國電影"塗磁録還音"現場會議在福州舉行

1965年10月27日—11月2日，全國電影"塗磁録還音"現場會議在福州舉行。會議推廣了福建省閩侯縣農村電影放映隊電影塗磁録還音的方法，總結交流了各地電影工作者面向農村，爲農民服務的經驗，以便讓少數民族地區，方言地區的農、牧民看到、看懂、看好電影。

電影"塗磁録還音"，是福建省閩侯縣電影管理站的工作人員根據農民觀衆的要求，在學習延邊電影隊"現場口譯配音"經驗的基礎上進行試驗，在上海電影技術廠等許多單位的熱誠幫助下，經過不斷努力試製成功的。會議期間，代表們聽了福建省文化局電影處介紹的電影"塗磁録還音"實質和推廣情况，參觀了"塗磁録還音"設備，觀看了閩侯縣農村電影放映隊用方言當場録、當場放的表演。參加這次現場會議的有來自23個省、市、自治區電影部門以及福建前線部隊，包括藏、苗、水、滿、彝、傈僳、錫伯、朝鮮、維吾爾、漢族等10個民族的代表和觀摩代表共418人。

附録：《什麽叫塗磁録還音？》

電影塗磁録還音，是先進的録音方法之一。塗磁録還音的原理是這樣的：人對着話筒講話，話筒就會産生電流，這微弱的電流經擴音機放大以後，送進記録聲音的磁頭（這個磁頭可以録音，也可以還音——即放出聲音），磁頭就能把聲音加録在影片旁邊的磁帶上。

電影塗磁録還音具有很多優點：第一，聲音逼真、柔和、動聽；第二，能多次使用，録得不好，可以抹去，重新録音，直到録到滿意爲止；第三，裝置簡單，携帶方便，操作容易，便於檢修。

（《大衆電影》 1965年第11期）

1965年（臺灣）

大事記

1月1日

臺北市武昌街二段的豪華戲院開幕。該院放映機爲最新出品的RANK製VICTORIA牌放映機，全部自動式機械，銀鏡弧形大銀幕寬70呎高30呎，立體音響。是亞洲第一家有此設備的戲院。

1月29日

中央電影公司今日召開股東大會，改選新任董監事，前《中央日報》董事長胡健中當選爲新任董事長，總經理仍由龔弘擔任。

5月8日—14日

第12屆亞洲影展在日本東京舉行，《養鴨人家》等影片分別獲得7項獎。

6月29日

"中影"《養鴨人家》在非洲科特迪瓦首映，大受歡迎。

10月4日

美國導演兼製片人勞勃懷斯（Robert Wise）率47人外景隊來臺灣拍《聖保羅炮艇》（The Sand Pebbes），"中影"派員配合支持作業，使臺灣影人能實際參與好萊塢超級巨片的製作，增進實際拍片經驗。

11月12日

日本電影再度解禁。

11月

梅長齡繼袁叢美出任"中製"廠長，開拍劇情片《故鄉劫》。

本年 臺製紀録片《臺灣素描》獲德黑蘭國際影展獎項。

臺語片改編國語片的《一江春水向東流》和《天字第一號》，大賣座，國語片也改編重拍臺語片的《三美爭郎》和《小情人逃亡》，此改編風氣延續到70年代。

重要影片

《求妳原諒》

出品：三友影業公司
編導：辛奇
攝影：賴成英
主演：陽明　游娟
　　　白蘭　奇峰

蔡耀明與友租艇暢遊日月潭時船翻，耀明被救起，經向見興借氧氣呼吸器急救始告生還。但見興有宿疾，適病發而亡。耀明因内心歉疚不願與未婚妻曼麗討論婚禮。曼麗懷疑耀明與玉霞有曖昧，玉霞受不白之冤，不慎墜樓而失明。耀明往美鑽研眼科，7年後學成醫好玉霞，二人終結連理。

獲1965年臺語片影展最佳影片獎。

《七七事變悲慘的故事》

出品：中興影業公司
監製、導演：田清
編劇：張淵福
主演：柯俊雄　丹青
　　　小龍　傅華清

蘇州望族翁文章辦學校，後學校被兄把持，文章携女玉燕遷上海。玉燕與多年不見的情人金勇重逢，金勇抗日被陸郊所捕，玉燕爲救金勇答應陸郊以身相許，陸郊騙得玉燕身體後仍捕金勇，玉燕一怒之下舉槍射殺陸郊，自身亦中彈死亡。

獲1965年臺語片影展最佳藝術設計獎。

《雷堡風雲》劇照

《雷堡風雲》

出品：中影　臺製　電懋
原著：楊念慈《廢園舊事》
編劇：汪榴照
導演：李嘉
攝影：華慧英
主演：唐菁　張美瑶
　　　趙群　葛香亭　龔稼農

抗日戰爭時期的遊擊隊，由司令子姪分任支隊長，某日爭吵動槍，姪子死於槍下，因而兒子被疑爲兇手，加以敵人的挑撥，造成分裂和鬥爭的局面。

臺語影片金鼎獎頒獎

獲獎的臺語片導演

6月22日，由《臺灣日報》主辦的"國産臺語影片展覽會頒獎典禮暨影星大會"在臺北中華體育館舉行。《臺灣日報》這次繼8年前《徵信新聞》舉辦"臺語片影展"之後，再次舉辦類似活動，目的是希望鼓舞臺語電影從業人員士氣、提升臺語片攝製水準，並保持觀衆對臺語片的興趣與注意，以減少日片重新開放進口對臺語片市場的衝擊。而自這次影展除競賽外，還特地安排影星於臺北、臺中、嘉義、高雄、花蓮等地登臺表演所造成的轟動來看，本次影展的確已成功地在各地吸引觀衆的注意與興趣，收到了預期的效果。

在獎項方面，本次"臺語影片展覽會"的辦理模式與8年前的"臺語片影展"極爲類似，都分爲觀衆票選與正式競賽兩大類，前者由觀衆投票産生，頒給寶島獎；後者由主辦單位遴選的評審委員評選産生，頒給金鼎獎。全部得獎名單如下：

1. 金鼎獎：最佳主題獎：林東升，最佳影片：《求妳原諒》，最佳導演：張英（《做鬼也風流》），最佳男主角：陳揚（《做鬼也風流》），最佳女主角：白蘭（《自君别後》），最佳男配角：易原（《最後的裁判》），最佳女配角：周游（《寶島鐘聲》），最佳攝影：陳忠信（《少女的祈禱》），最佳編劇：王薏雯（《悲戀公路》），最佳剪輯：沈業康（《恩重如山》），最佳音樂：黄錦昆《少女的祈禱》），最佳作曲：廖欽崧（《自君别後》），最佳歌唱：紀露霞（《媽媽我思念妳》），最佳藝術設計：林重光（《七七事變悲慘的故事》），最佳男童星：小龍（《最後的裁判》），最佳女童星：陳明利（《恩重如山》），最佳男喜劇演員：矮仔財，最佳女喜劇演員：郭玲玲，最佳男演技獎：易原，最佳女演技獎：何玉華，最佳反派演員：歐雲龍，最有希望新星：谷青、金伶、小林黛、丁香、川原，最有希望童星：張文華、游秀鳳、戴佩珊，最佳紀録片：《臺語影展紀録片》。

2. 寶島獎：十大導演：高仁河、郭南宏、吴飛劍、梁哲夫、李泉溪、林福地、徐守仁、余漢祥、張青、辛奇，十大男明星：陳揚、高鳴、陽明（即蔡揚名）、金塗、石軍、傅清華、戽斗、王哥、洪流、小林，十大女明星：白蘭、林琳、白虹、柳青、金玫、何玉華、小燕、許翠黛、張敏、夏琴心，五大童星：香菱、陳明莉、小龍、王美瑛、戴佩珊。

本次影展參展片單：《媽媽我思念妳》（周炳煌導）、《自君别後》（張青導）、《最後的裁判》（高仁河導）、《靈肉之道》（郭南宏導）、《求妳原諒》（辛奇導）、《天字第一號》（張英導）、《做鬼也風流》（張英導）、《少女的祈禱》（林福地導）、《怪人您愛嗎》、《恩重如山》（蔡秋林導）、《悲戀公路》（辛奇導）、《雪中等子兒》（李川導）、《霧社風雲》（洪信德導）、《尋母三千里》（邵羅輝導）、《悲情城市》（林福地導）、《請君保重》（郭南宏導）、《七七事變悲慘的故事》（田清導）、《寶島鐘聲》（許成銘、李金山、許峰鐘合導）、《棺材船》（田清導）、《傀儡砲》（林福地導）、《臺語影展紀録片》（亞洲影業公司）

金玫（右）

金玫（1940—　）

演員。本名徐秀枝。臺灣新竹人。出身歌舞團。1961年成爲閩南語影壇紅女星，與白蘭齊名。1969年起改向電視發展演出閩南語連續劇，1973年與編劇家鄧育昆結婚，其後逐漸息影。主要作品有《女人同情女人》、《天生自然》、《真珠塔》、《桃花泣血記》、《少女的祈禱》、《明日的希望》、《誰是犯罪者》、《傀儡砲》、《阿兵哥》、《黄昏故鄉》、《黄昏城》、《地獄新娘》、《女性的命運》、《心心相印》《七歲小逃犯》、《難忘的愛人》、《懷念》、《三八新娘憨子婿》、《三聲無奈》、《走路新娘》、《負心的人》、《鹹酸甜》、《歹竹出好筍》、《三鳳震武林》、《難忘負心人》、《一隻鳥仔》、《神鏢》、《悲戀的情淚》、《心酸的人》、《寸草孤兒心》、《女人一生》、《給我吻一下》、《傷心的人》、《燒肉粽》、《雨夜花》、《處女寶鑒》、《寶貴的處女》、《重逢》、《女人與生活》、《妙新娘》、《少女春夢》等閩南語片，及國語片《冰點》。

影片目録

中影　《雷堡風雲》、《婉君表妹》、《啞女情深》、《我女若蘭》
中製　《金門之戀》
臺製、國聯　《西施》（上、下集）
永來　《有良心的人》、《天涯不了情》
春之雷　《生死戀》、《再見阿伯》
天祥　《流浪天涯三兄妹》、《嫁妝一牛車》
黑松　《秋風淚雨》、《艷賊黑蜘蛛》、《艷賊蜘蛛子》
永隆《小浪子》、《猫兇手》、《海上男兒》
日茂　《心愛彼個人》、《三元相思曲》、《鐵樹開花》
日利《誰是殺人兇手》、《棺材船》、《見君一面》
臺聯《特務女間諜王》、《泰山與寶藏》、《送君心綿綿》、《悲情鴛鴦夢》
宏亞《情天玉女恨》、《懷念的播音員》、《靈肉之道》
聯興《可愛的故鄉》、《難忘橋邊》、《上海間諜戰》、《惜别夜港邊》、《自君别後》、《浪子回頭》
永芳　《破棉被》、《難忘街路燈》、《南國雨夜花》、《雪中等子女》、《哀愁風雨橋》、《港都夜船》
影都　《歌聲母女淚》、《寶島櫻花戀難忘鳳凰橋》
三友　《求妳原諒》、《雙面情人》
永新《媽媽我思念妳》、《做鬼也風流》、《文夏風雲兒》
三洋　《黄昏故鄉》、《黄昏城》
中天　《一江春水向東流》、《金鷄心》
允大《藍色警戒線》、《山頂的黑狗兄》
聯合《何日君再來》、《哀愁的火車站》、《悲戀公路》
永達　《地獄新娘》、《難忘的車站》
中光《可憐天下父母心》、《博德夜船》
美都《臺灣英烈傳》、《臺灣英烈傳》（續集）
德榮　《一生爲着你》、《天下一大笑》
其他　《我們六個》（峨眉）、《苦兒逃亡記》（三環）、《給天下無情的男性》（新豐）、《烽火鐘聲》（太平洋）、《海女情淚》（幸福）、《離别公用電話》（北華）、《愛情二重奏》（集元）、《國父幼年時代》（亞中）、《英雄難過美人關》（國豪）、《真假情婦》（弘記）、《雷電天仙劍》（豐禾）、《我愛少年家》（新泰）、《無名英雄》（國民教育）、《六個嫌疑犯》（玉峰）、《離别夜都市》（富山）、《老古鷄》（雙龍）、《爲愛走天涯》（新光）、《女通緝犯》（大益）、《九美奪夫》（立達）、《遊俠四金剛》（天華）、《相思河畔》（五大）、《孝女的願望》（電塔）、《霧社風雲》（三環）、《紅手巾》（新高）、《風流三兄弟》（國馨）、《浪人與女學生》（金山）、《新婚大血案》（天南）

《養鴨人家》獲亞洲影展三項獎

5月14日，第12屆亞洲影展得獎名單在日本京都揭曉，"中影"出品的《養鴨人家》（李行導演）獲得最佳編劇（張永祥）、最佳男配角（歐威）和最佳藝術指導（鄒志良）三座獎，表現搶眼。

《養鴨人家》劇照

《養鴨人家》

出品：中央電影事業公司
製片：龔弘
編劇：張永祥
導演：李行
攝影：賴成英
主演：唐寶雲　葛香亭　歐威

養鴨賴老頭收養孤女小月愛如己出，她不知道自己身世。演歌仔戲的哥哥，却以揭密爲要挾索取金錢，老頭兒爲孤女前途，不惜賣掉鴨群，將錢給孤女哥哥做生意，希望他好好照顧妹妹，孤女得知身世更不願離開，感化哥哥重新做人。

該片獲第12屆亞洲影展最佳編劇、最佳藝術指導、最佳男配角獎。第3屆金馬獎最佳影片、最佳導演、最佳攝影、最佳男主角獎。

唐寶雲（1944—1999）

湖南壽安人。演員。農業學校畢業。17歲投考臺灣中影公司演員訓練班，演出處女作《颱風》，獲第9屆亞洲影展最佳女配角獎；1964年主演《養鴨人家》，成爲當年最受歡迎的女星。1970年主演《秋決》後，轉行拍電視劇，做主持人。其主演的影片還有《我女若蘭》、《婉君表妹》、《寂寞的十七歲》等。

國産電影發展概況公佈

4月5日，臺灣省電影製片協會發表近三年電影事業發展概況書面報告，根據這份數據顯示，經營製片的電影公司除公營的中央電影公司、臺灣省電影製片廠、中國電影製片廠，以及帶有半僑商性質的國聯影業公司外，完全自資經營的民營製片機構有64家，製片人52人。這些製片機構自1962年1月至1964年12月，共製作434部影片，其中由公營單位出品的有16部，包括國語片11部、閩南語片5部；民營機構出品的有418部，包括國語片27部、閩南語片391部。

在民營電影製片公司内，除52人從事製片外，另有47人負責編導、300餘人從事技術及藝術工作、男女演員約104人；間接從事與製片事業有關的人員，包括宣傳、事務、發行等約1500人，連同上述工作人員的家屬，總數達兩萬人以上。

臺灣省電影製片協會在這份報告中指出，製片事業近三年之所以如此蓬勃，是由於日本電影不曾進口干擾市場運作所致；日前日片再度開放進口，該會除向有關當局呼籲維護國片權益外，並懇請愛國觀衆多多給予國産影片支持。

影劇界倡自清自律運動

8月27日，爲導正近來影藝界緋聞頻傳（如凌雲介入葉楓、張揚婚姻等），帶給國人不良觀感，臺灣省電影製片協會與臺北市影片商業同業公會今日特發表聲明，響應影劇界發起的自清自律運動，以求維護演藝工作者的整體形象，並協助改善社會風氣。

臺灣省電影製片協會理事長丁伯駪與臺北市影片商業同業公會理事長沙榮峰表示，最近電影界少數從業人員因行爲不檢，造成輿論責難，我國乃禮義之邦，薄行踰矩，例所不容，藝術工作者應以維護傳統道德、發揚民族精神爲職責，少數人的敗德，不僅將使影劇界同蒙其羞，對世道人心也會産生不良影響。兩位理事長除期望影藝人員響應這項自律自清運動外，也呼籲臺、港兩地製片同業多攝製善良與具有教育意義的影片，並在聘用從業人員時，加以有限度的道德約束，以協助扭轉世風，讓影藝人員成爲社會的模範。

瓊瑶電影掀起熱潮

8月24日，臺北首映根據瓊瑶小説《追尋》改編的《婉君表妹》（李行導演），引起轟動，並由此掀起瓊瑶電影熱潮。到1983年3月26日放映《昨夜之燈》，瓊瑶宣佈不再拍電影爲止，共計産生49部瓊瑶電影，成爲臺灣60年代及70年代文藝片的主流，在臺灣作家中作品拍電影數量之多無人可比。

瓊瑶小説電影年表（前期1965—1970）

原著	電影	拍攝年份	公司	導演	演員
追尋	婉君表妹	1955	中影	李行	唐寶雲、江明、王戎
菟絲花	菟絲花	1965	國聯	張曾澤	汪玲、楊群、劉維斌
煙雨濛濛	煙雨濛濛	1965	天南	王引	歸亞蕾、王引、武家麒
啞妻	啞女情深	1965	中影	李行	王莫愁、柯俊雄
三朵花	花落誰家	1966	中華	王引	歸亞蕾、武家麒
窗外	窗外（黑白片）	1966	中國	崔小萍	吴海蒂、趙剛、白茜如
歸人記	明月幾時圓	1966	國聯	郭南宏	甄珍、劉維斌、鈕方雨
黑繭	春歸何處	1967	新亞	周旭江	張美瑶、柯俊雄、謝玲玲
幾度夕陽紅	幾度夕陽紅	1966	國聯	楊蘇	江青、甄珍、汪玲、楊群
尋夢園	尋夢園	1967	新亞	周旭江	唐寶雲、柯俊雄、歸亞蕾
紫貝殻	紫貝殻	1967	邵氏	潘壘	江楓、凌雲、歐威、丁佩
迴旋	窗裏窗外	1967	國聯	林福地	江青、田野
船	船	1967	邵氏	陶秦	何莉莉、井莉、金漢、金峰
深山裏	遠山含笑	1967	國聯	林福地	甄珍、田野、江玲
寒煙翠	寒煙翠	1968	邵氏	嚴俊	方盈、井莉
生命的鞭	第六個夢	1968	翡翠	白景瑞	唐寶雲、柯俊雄
月滿西樓	月滿西樓	1968	火鳥	劉藝	康威、李湘、秦沛、夏凡
陌生人	陌生人	1968	國聯	楊蘇	楊群、甄珍
夢影殘痕	深情比酒濃	1968	國聯	郭南宏	歸亞蕾、金滔、劉維斌
晚晴	女蘿草	1968	建華	林福地	歸亞蕾、王沖
晨霧	晨霧	1968	聯邦	高立	康威、汪玲
幸運草	幸運草	1970	火鳥	高山嵐	夏凡、江明

瓊瑶（1938— ）

作家，電影編劇、製片人。本名陳喆。湖南衡陽人。父親陳致平是史學教授，曾在上海同濟大學任教。瓊瑶小學開始愛讀文學名著，16歲發表第一篇小説《雲影》。19歲畢業於省立臺北二女中（即中山女中），大專聯考落榜，專心努力寫作。24歲前《幸運草》、《尋夢園》等短篇小説逹百餘篇。21歲結婚，24歲出版首部具有自傳成分的長篇小説《窗外》轟動一時。隨著《窗外》一書的暢銷，瓊瑶寫作更加勤奮，同時開始寫作《幾度夕陽紅》和《煙雨濛濛》，這兩個在她腦海中構思已久的故事，其中《煙雨濛濛》在聯合報副刊連載（當時聯合報副刊主編爲平鑫濤），而《幾度夕陽紅》則在《皇冠》雜誌連載。

瓊瑶24歲離婚，寫作更勤。同年"中影"首次將她中篇小説《追尋》拍成電影《婉君表妹》，自此瓊瑶電影成爲臺灣文藝片主流。她的作品不但受中外文學名著的影響，更傳承中國文學的愛情傳統思想。由於對自己作品的珍惜，兩度自組公司改編拍攝自己的小説，掛上原著、監製、編劇、作詞四種頭銜。

《啞女情深》劇照

《啞女情深》

出品：中央電影事業公司
原著：瓊瑤
編劇：劉藝
導演：李行
攝影：賴成英
主演：王莫愁　柯俊雄
**　　　陳國鈞　陳名就**

啞妻又生啞女，是命運的雙重打擊，但她的堅忍不屈的頑强鬥志，並未完全被命運擊倒。十年後病危，仍以手勢叮囑女兒，要和常人一般用功讀書。

獲第13届亞洲影展最佳編劇、最佳攝影、最佳童星獎。第4届金馬獎最佳録音、音樂及演技特別獎。

《婉君表妹》

出品：中央電影事業公司
原著：瓊瑤
編劇：周旭江
導演：李行
攝影：賴成英
主演：唐寶雲　江明　王戎
**　　　馮海　謝玲玲**

父母雙亡的孤女婉君被姑母接到家中撫養。家中有三個男孩，和她一起長大。十年後，三兄弟同時愛上了婉君，父母不知内情，將婉君許配給老大，引起其餘兩兄弟的不滿，造成家庭風波，責怪婉君紅顔禍水。

謝玲玲獲金馬獎最佳童星獎。

《婉君表妹》劇照

《煙雨濛濛》劇照

《煙雨濛濛》

出品：永新影業公司
原著：瓊瑤
編劇：周旭江
導演：王引
攝影：胡其遠
主演：歸亞蕾　王引
**　　　盧碧雲　武家麒**

描寫没落軍閥的虚浮心理，家庭愛恨的糾葛，來表現人性的善良醜惡。

歸亞蕾獲第四届金馬獎最佳女主角獎。

第3届金馬獎公佈

9月16日，因臺灣省電影製片廠廠長龍芳等人飛機失事而停辦一届的“獎勵國語影片金馬獎”，今年恢復舉辦並公佈得獎名單。今年獲獎影片中以“中影”的《養鴨人家》表現最爲傑出，共贏得最佳劇情片、最佳導演等四項大獎。其中，影片部分，最佳劇情片：《養鴨人家》(中影)，優等劇情片：《深宫怨》(電懋)、《人之初》(電懋)、《血濺牡丹紅》(邵氏)，最佳發揚民族精神特別獎：《諜海四壯士》(電懋)，最佳紀録片：《五十三年國慶》(中製)，優等紀録片：《石門水庫》(臺製)、《武器演習》(中製)，最佳藝術設計特別獎：《春江花月夜》(臺製)，獲獎助金影片：《八十八號情報員》(華明)、《最後的裁判》(中興)。個人部分，最佳導演：李行（《養鴨人家》），最佳編劇：汪榴照（《諜海四壯士》），最佳男主角：葛香亭（《養鴨人家》），最佳女主角：李麗華（《故都春夢》），最佳男配角：井淼（《故都春夢》），最佳女配角：王萊（《人之初》），最佳童星：小龍（《最後的裁判》），最佳彩色攝影：賴成英（《養鴨人家》），最佳黑白攝影：王劍寒（《一毛錢》），最佳彩色美術設計：曾年龍（《狀元及第》），最佳音樂：顧嘉輝（《萬花迎春》）、駱明道（《情人石》），最佳剪輯：王朝曦（《深宫怨》），最佳録音：孫水韻（《深宫怨》），最佳紀録攝影：李興義等（《五十三年國慶》），最佳紀録片：祁和熙（《春江花月夜》）、端木煊。

千萬鉅片《西施》首映

10月22日，由國聯影業公司與臺灣省電影製片廠聯合出品的古裝歷史片《西施》在臺北新生戲院首映。由臺灣省新聞處處長周天固主持，《西》片在臺演員均一一上臺向所有影迷致意，贏得滿堂彩。

《西施》主要演員有宗由、李冠章、趙雷、江青、朱牧、曹健、傅碧輝、馬驥、古軍、趙群、常楓、吴風、王菲、張方霞、楊甦、毛冰如、李登惠、洪波、高明、房勉、劉維斌、梁醒波、楊群（後兩者爲客串）等。全劇所使用的道具多達3千套，動員演員十萬以上人次，耗費底片1萬2千呎，總經費超過新臺幣2千萬元，是當時國內製作費用最爲龐大的一部電影。

經過濃縮之後，全片分爲上集《西施》（吴越春秋）和下集《勾踐復國》分别上映，上集劇情由吴王夫差率兵侵犯越國，到越王勾踐忍辱負重，后姜慷慨就義爲止；下集自西施勸夫差借糧予越國，到勾踐復國，夫差戰敗自刎結束，全長約三個半小時。明日開始，《西施》上集將在臺北"新生"、"兒童"、"大中華"、"寶宫"、"國泰"5家戲院聯映；下集則將俟日本方面的後製工作完成後，於"新生"、"大世界"、"新世界"、"中國"、"國際"上檔。

《西施》有關製作統計

搭建佈景：42堂。
搭建佈景工作天：334天。
製作古代服裝：5380套。
製作古代旗幟及大小道具：32700件。
主要演員：48人。
特約演員：2258人次。
群衆演員：12萬人次。
戰車戰馬訓練時間：四個月。
出動戰馬：5400匹。
出動戰車：800輛。
消耗彩色底片：十二萬呎
製片費用：新臺幣二千五百萬元。
拍攝時間：一年三個月。
片長220分，分上下兩集。

《西施》海報

《西施》劇照

《西施》

出品：臺製　國聯
監製：周天固
製片：楊樵
編劇：唐紹華
導演：李翰祥
攝影：王劍寒
美術設計：顧毅
録音：王榮芳
主演：江青　趙雷
朱牧　曹健

春秋時代，吴王夫差亡越，越王勾踐卧薪嘗膽矢志復國雪耻，以美女12人進貢吴王夫差，西施最具姿色，使夫差陷入間諜陷阱。時機成熟，越兵圍攻吴城，吴王見大勢已去，夜回姑蘇告别西施後自刎。

獲第四屆金馬獎最佳影片、導演、彩色攝影、彩色美術設計、男主角（趙雷）五項大獎。

1963—1965年（香港）

大事記

1963年

本年　新聯公司以龍圖公司名義與廣州珠江電影製片廠合作拍攝粵語片《七十二家房客》，並取得成功。這是1950年代以後省港兩地第一部合拍片。

李翰祥離開邵氏公司，帶着自己的班底到臺灣自組國聯影業公司。

1964年

本年　電懋公司董事長兼總經理陸運濤在臺灣參加第10屆亞洲影展返港時，因飛機失事遇難。

第一部客家語故事片《風雨亭》出品上映。也是唯一一部客家語片。

鳳凰公司出品的俠義奇情片《金鷹》，首創港產影片收入超過100萬港元的票房紀錄，轟動一時。

重要影片

《七十二家房客》

出品：鴻圖影業公司
　　　珠江電影製片廠
編劇：黄谷柳　王爲一
導演：王爲一
主演：文覺非　譚玉珍　李艷玲　方文獻

根據楊華生等同名滑稽戲改編。一幢破舊樓房裏住着72家窮困的房客。一心想發財的房東炳根夫婦想把房客們都趕出去，把房子改建成供人吃喝嫖賭的“逍遥宫”，遭房客們抗拒。炳根夫婦兩次計謀均未能得逞。72家房客得以暫時棲身。

這是1950年代之後第一部省港合拍電影。當時廣東話劇團將其搬上廣州舞臺，由於改編得極其成功，演出連連爆滿，港人不少特地到穗觀看本劇，於是有了將它搬上銀幕之舉。後來證明，作爲電影也是成功的。不過，在相當一段時間内，本片只能在粵、桂、港、澳和海外等粵語區公映。10年後本片再經由楚原重拍，竟挽救了粵語片重生。

《七十二家房客》劇照

《武則天》劇照

《金鷹》劇照

《武則天》

出品：邵氏兄弟公司
編劇：李翰祥　王月汀
導演：李翰祥
主演：李麗華　趙雷
　　　嚴俊　羅維

武則天14歲時被唐太宗召爲才人，賜號武媚。太宗死後，武媚入寺爲尼。高宗與武媚有染，生有二子。不久武媚誥封皇后，參與朝政。她先後殺害太子弘和太子賢。高宗病亡，武後臨朝，改國號周，自任皇帝。

獲第2屆金馬獎優等劇情片獎。

《金鷹》

出品：鳳凰影業公司
原著：朝克圖納仁　編劇：陳召　導演：陳靜波
主演：朱虹　高遠　陳娟娟　張錚

巴音旗青年布爾固德得罪了王爺，被迫逃離家鄉，阿公旗王爺乳娘之女珊丹暗戀傳説中的布爾固德。這時，珊丹被小王爺搶去即將成婚，布的父親也被關進監獄。爲救老父和珊丹，布與其展開一場生死搏鬥。之後，布又流浪他鄉。

很多人都誤以爲張徹的《獨臂刀》（1967）是首部打破港元片百萬票房的影片，才讓張徹獲“百萬大導”之名。其實，該稱號來自於本片。該片遠赴内蒙古取景，千里草原奇景加上奇情故事，是本片賣座因素之一。

《如來神掌》

出品：富華影業公司
原著：上官虹
編劇：司徒安
導演：凌雲
主演：曹達華　于素秋　林鳳　關海山

龍劍飛拜火雲邪神爲義父，學得如來神掌。邪神爲了武林各門派的矛盾不要禍及下一代，撮合了龍劍飛與對立門派孫碧玲的徒弟裘玉華的婚事。在婚禮上，孫碧玲遭人以三角暗器暗殺而死。邪神朝着使用三角暗器者的方向追去……

《如來神掌》劇照

《深宮怨》海報

《故園春夢》（又名《故園夢》）

出品：鳳凰影業公司
改編：夏衍
導演：朱石麟
主演：夏夢　鮑方　平凡　王小燕　陳碩修

根據巴金小説《憩園》改編。楊家原是當地顯貴，楊夢痴不爭氣敗光了家業流落街頭。一日，小女兒寒兒偷入憩園想爲父親摘幾枝茶花，遭姚國棟前妻之子小虎毒打。後來小虎因行爲不檢，死於非命。至此，國棟愕然大悟。

《深宮怨》

出品：電懋公司
編劇：董千里　**導演：**王天林
主演：尤敏　趙雷　喬宏　羅維

明末清初，才藝雙全的秦淮名妓董小宛與著名才子冒闢疆相遇，兩人引爲知己。戰亂之時，明叛將洪承疇將小宛送至北京獻予清帝。冒闢疆冒險混入宮中與小宛相會。然面對宫禁之森嚴，小宛在送走冒闢疆之後，旋即自殺身亡。

此片獲第3屆金馬獎最佳劇情片、最佳剪輯（王朝曦）、最佳録音（孫冰韻）獎。

《故園春夢》劇照

主要影片目録

1963年

本年度香港共出品影片271部。粵語片223部，國語片43部，閩南語片5部。

邵氏兄弟　《追兇記》（國語）、《花團錦簇》（國語）、《梁山伯與祝英台》（國語）、《武則天》（國語）、《爲誰辛苦爲誰忙》（國語）、《七仙女》（國語）

電懋　《教我如何不想她》（國語）、《人之初》（國語）、《錦綉年華》、《小兒女》（國語）、《香港·東京·夏威夷》（國語）

光藝　《金石盟》、《春到人間》、《斷腸花》、《歷劫花》、《痴情兒女》

嶺光　《工廠皇后》、《第一號女賊》、《摩登女郎》、《香海情潮》、《都市兩女性》

鳳凰　《四美圖》（國語）、《千里姻緣一線牽》（國語）、《董小宛》（國語）、《三鳳求凰》

玉聯　《卧虎藏龍》、《秋鳳》（上集）、《秋鳳》（下集）

富華　《火燒紅蓮寺》（上集）、《火燒紅蓮寺》（下集）

長城　《雪地情仇》（國語）、《梁上君子》（國語）

港聯　《仙鶴神針新傳》（下集）、《豪門怨》

新聯　《永遠的微笑》、《皆大歡喜》

中聯　《海》

華僑　《金玉滿堂》

其他　《萬劫鴛鴦》（新藝）、《女人世界》（龍鳳）、《大富之家》（新潮）、《含淚的玫瑰》（玫瑰）、《追婚記》（桃源）、《風雨泣萍姬》（嵩山）、《追魂白骨刀》（天龍）、《紅綫女夜盗寶盒》（芳芳）、《紅粉金剛》（太平洋）、《萬惡淫爲首》（永祥）、《南龍北鳳》（粵藝）、《九九九我是兇手》（大成）、《遊俠義犬》（國語）（新華）、《工廠少爺》（信誼）、《七十二家房客》（鴻圖）、《咖啡女郎》（龍威）

出品者不詳　《再戀負心人》

1964年

本年度香港共出品影片238部，其中粵語片185部，國語片44部，粵、國語混合片2部，閩南語片6部，客家語片1部。

電懋　《啼笑姻緣》（上集）（國語）、《啼笑姻緣》（大結局）（國語）、《一家之主》、《情天長恨》（與鳳凰合拍）（國語）、《一曲難忘》（國語）、《舊愛新歡》、《都市狂想曲》（國語）、《南北喜相逢》（國、粵語混合）、《深宫怨》（國語）

邵氏兄弟　《新啼笑姻緣》、《一毛錢》（國語）、《潘金蓮》（國語）、《山歌戀》（國語）、《情人石》（國語）、《血手印》（國語）、《王昭君》（國語）、《血染紅牡丹》（國語）

長城　《金枝玉葉》（國語）、《三笑》（國語）、《龍鳳呈祥》（國語）、《五虎將》（國語）

富華　《如來神掌》（上集）、《如來神掌》（下集大結局）、《如來神掌》（三集）、《如來神掌》（四集大結局）

麗士　《七彩神火棒》、《四兒女》（上集）、《四兒女》（下集大結局）、《騎樓底新娘》

桃源　《鴻運當頭》、《玫瑰夫人》、《五鼠鬧東京》

港聯　《俏冤家》、《香港屋檐下》、《孽債親情》

仙鶴港聯　《一味靠滚》、《雪花神劍》（上集）、《雪花神劍》（下集）

鳳凰　《故園夢》（國語）、《金鷹》（國語）

大成　《工廠玫瑰》、《紅菱血》

寶寶　《大丈夫日記》、《搶閘新娘》

信誼　《街市皇后》、《同屋共住》

新聯　《永結同心》、《魂斷奈何天》

邵氏　《妲己》（國語）

其他　《七喜臨門》（錦華）、《錦綉天堂》（十兄弟）、《男男女女》（華南影聯）、《朗心如鐵》（光藝）、《順手發財》（鳳鳴）、《秘密文件303》（新聯）、《大馬戲團》（國語）（國藝）、《南北兩家親》（國、粵語混合）（龍鳳）、《大家姐》（藝友）、《半壁江山一美人》（九龍）、《海角驚魂》（麗月）、《鬼馬家姐》（嶺光）、《密碼間諜戰》（好世界）、《香港一婦人》（新潮）、《老婆萬歲》（天星）、《魔鬼的愛情》（德利）、《情與愛》（志聯）、《大少奶》（飛龍）、《女大女世界》（綜藝）、《苦戀》（三達）、《老婆本》（饒氏）、《十三號情報員》（僑信）、《綫男怨女》（凱旋）、《冒牌丈夫》（明星）、《大丈夫日記》（下集）（高峰）、《敵後壯士血》（國語）（天南）、《瘋婦》（山聯）、《梁山伯與祝英台》（國語）（國泰）、《滿堂吉慶》（香港電影）

《梁山伯與祝英台》颳起“强颱風”

由邵氏公司出品、李翰祥執導的《梁山伯與祝英台》獲第2屆臺灣電影金馬獎最佳劇情片獎、最佳導演獎、最佳女主角獎（樂蒂）、最佳演員特別獎（凌波）、最佳音樂獎（周藍萍）和最佳剪輯獎（姜興隆）。

此片公映後，所到之處皆受觀衆好評，特别在臺灣，轟動一時。僅臺北市的“中國”、“遠東”、“國都”三家戲院便連映62天，收入840萬新臺幣。並在臺造成了“凌波强颱風”，主角凌波赴臺時，臺北20萬影迷歡迎，人山人海。片中歌曲到處傳唱，樂蒂與凌波所演的祝英台、梁山伯深入人心，成經典之作。40多年後在香港仍能入選“中國電影百年我最愛的十大電影”（香港電影金像獎主辦）之一，而且是唯一一部攝製於1980年代之前的影片，可見本片的影響力。

《梁山伯與祝英台》

出品：邵氏兄弟公司
編導：李翰祥
執行導演：金銓（即胡金銓） 高立 王月汀
主演：樂蒂 凌波 任潔 李昆

梁山伯、祝英台同窗三載，英台深愛山伯，山伯却不知英台是女子。山伯得知實情後趕去求婚，英台已許配太守之子。不久，山伯憂鬱而死，英台的花轎行至山伯墓前，墓裂，英台躍入墓内，兩人化爲一對蝴蝶，飛翔在百花叢中。

《梁山伯與祝英台》劇照1

《梁山伯與祝英台》劇照2

《三鳳求凰》

出品：鳳凰影業公司
編導：朱石麟 主演：朱虹 高遠 王小燕 鮑方

明代解元徐文秀偶遇蔡蘭英，雙方一見鍾情。但蔡母打算將蘭英許配給昌太守之子昌義範。蘭英不從，喬裝書生逃離家中。後來老夫婦得知蘭英的真情後，同意她自擇佳婿，使有情人終成眷屬。

《三笑》劇照

《三笑》

出品：長城電影製片有限公司
編劇：易方 導演：李萍倩
主演：陳思思 向群 文逸民 龔秋霞

江南才子唐伯虎與華府丫鬟秋香相遇。唐見美人，不覺舉止乖張，引起秋香無意一笑。在之後的一路追隨中，唐又連續兩次引起秋香發笑。誤以爲美人垂青，唐不惜賣身爲奴進入華府，用好友祝枝山所授之計，點中秋香，抱得美人。

《大少奶》劇照

《大少奶》

出品：飛龍製片公司
編劇：莫康時 高望 張文
導演：莫康時
主演：張瑛 白燕 李清 伍秀芳 盧敦

碧如温柔賢惠，與丈夫一鶴感情很好。無奈婆婆挑剔，小姑刁蠻，碧如爲顧全大局只得忍氣吞聲。小姑與商人錢福祥往來密切，碧如意欲阻攔，却反被誣陷與房客有染，因此被趕出家門。小姑在識破錢某不良用心後，懇求碧如原諒。

《三鳳求凰》劇照

1965年大事記

本年　電影懋業公司改組，易名爲國泰機構（香港）有限公司，由俞普慶主持業務。

邵氏公司出品的《萬世流芳》獲第12屆亞洲影展最佳影片獎。

紀録片《東江之水越山來》創票房紀録

本年，紀録片《東江之水越山來》在香港上映，票房超過100萬港元，創下紀録片在港最高票房紀録（這一紀録至1980年才讓另一部紀録片《慘痛的戰爭》打破），可以説，這情形在香港電影史上甚爲罕見。該片也在一定程度上加强了港人對祖國的感情和認識。

《東江之水越山來》

出品：鴻圖影片公司
編導、攝影：羅君雄
解説：鮑方　張錚

局部彩色大型紀録片。1964年，香港大旱鬧水荒，引起了祖國的關心。這部紀録片記録了當時中央政府及廣東省政府爲解決香港用水困難而修建東江水庫及東江供水工程的過程。

《東江之水越山來》照片

重要影片

《金玉奴》劇照

《金玉奴》

出品：電懋公司
編劇：王天林　陳蝶衣
導演：王天林
主演：樂蒂　趙雷
吴家驤　姜南

金玉奴在大雪中搭救了落魄書生莫稽，兩人日久生情。玉奴資助莫稽高中狀元後，反遭莫稽謀害未成。不料莫稽的洞房之夜，又遇玉奴，最後念在一夜夫妻百日恩的分上，玉奴原諒了莫稽，兩人遂共進了洞房。

《六指琴魔》劇照

《六指琴魔》

出品：仙鶴港聯影業公司
編劇：凌漢　江揚
劉丹青
導演：陳烈品
主演：陳寶珠　江文聲
石堅

根據倪匡同名小説改編。吕騰空夫婦押運一錦盒，途中受各派襲擊致死。其子吕麟被東方白救回，收爲徒弟。六指琴魔欲稱霸武林，故佈疑陣，令各派内訌。吕麟學得絶世武功，力抗琴魔。

主要影片目録

本年度香港共出品影片226部，粵語片爲183部，國語片爲35部，粵、國語混合片2部，閩南語片5部，紀録片1部。

邵氏兄弟　《魚美人》（國語）、《大地兒女》（國語）、《蘭嶼之歌》（國語）、《小雲雀》（國語）、《紅伶淚》（國語）、《宋宮秘史》（國語）、《西廂記》（國語）

新聯　《西施》、《女司機》、《英雄兒女》、《馬陵道》

長城　《黄金萬兩》（國語）、《粉紅色的夢》（國語）、《艷遇》（國語）、《烽火姻緣》（國語）

仙鶴港聯　《六指琴魔》（上集）、《六指琴魔》（下集）、《六指琴魔》（大結局）、《老夫子》

光藝　《春怨》、《黑色的假期》、《相思湖畔》、《特務101》

嶺光　《點心皇后》、《女間諜第一號》、《張愛蘭巧破黑手黨》

志聯　《摩登濟公》、《罪人》（上集）、《罪人》（下集）

港星　《武林聖火令》（上集）、《武林聖火令》（下集大結局）

新藝　《結婚的秘密》、《真假情人》

玫瑰　《黑玫瑰》、《春殘花未落》

信誼　《標準丈夫》、《黑寡婦》

麗士　《萍嫂》（下集大結局）、《南北鐵嘴鷄》

峨眉　《盲俠穿心劍》（上集）、《盲俠穿心劍》（下集）

電懋　《金玉奴》（國語）

其他　《詩禮傳家》（上集）（金城）、《太太日記》（金碧）、《新婚大血案》（國語）（天南）、《山東馬永貞》（國語）（海燕）、《一家親》（興發）、《神槍小霸王》（甜心）、《東江之水越山來》（紀録片）（鴻圖）、《南北雙雄》（崑崙）、《西施》（國語）（臺灣省電影製片公司）、《拉車少爺》（藝星）、《公子多情》（海洋）、《相思灣之戀》（銀星）、《丈夫的秘密》（兄弟）、《海角幽蘭》（凱旋）、《追兇記》（新光）、《難爲了家嫂》（興發）、《血字第一號》（堅成）、《如來神掌怒碎萬劍門》（富群）、《巴士門巧破豪門記》（飛龍）、《好姐賣粉果》（大志）

1966年(大陸)

大事記

4月14日 文化部電影局、國家教委宣傳出版局、全國科協和中影公司決定將建國以來攝製和譯製的科教片作一次全面系統的管理，編印分類目録，供各級領導、有關部門以及發行單位查考，並成立科教片舊片管理辦公室進行此項工作。

5月16日 中共中央發出《五一六通知》，全國開始"文化大革命"，電影事業陷於癱瘓。

8月—12月 毛澤東主席先後8次接見紅衛兵，新影廠共拍攝了7部紀録片。

重要影片

《女飛行員》劇照

《女飛行員》

出品：北京電影製片廠
編劇：馮德英
導演：成蔭　董克娜
攝影：高洪濤
主演：許燕　李玲修
　　　陳祖榮　哈子剛

烈士後代林雪征與農村姑娘林巧妹、中學生項菲等一起考上了空軍航校。女兵們克服各種困難，勤學苦練，終於飛上藍天。

《大浪淘沙》劇照

《大浪淘沙》

（又名：《革命洪流》）

出品：珠江電影製片廠
編劇：朱道南　丁炳坤
　　　伊琳
導演：伊琳
攝影：劉錦棠
主演：于洋　簡瑞超
　　　杜熊文　劉冠雄

知識青年靳恭綬、顧達明、楊如寶、余宏奎四人結爲兄弟，但在革命的浪潮中，他們各自走上了不同的道路。

中宣部發出《關於公開放映和批判一批壞影片的通知》

1966年4月2日，中宣部向中央呈送《關於公開放映和批判一批壞影片的請示報告》，提出從近幾年拍攝的影片中又挑選出了一批壞影片，準備陸續公開放映或重新放映，同時在報刊上組織批判。這些影片有《逆風千里》、《兵臨城下》、《兩家人》、《球迷》、《舞臺姐妹》、《阿詩瑪》、《桃花扇》。

對這些影片，中宣部擬採取以下辦法進行批判。

一、一部一部陸續放映，而不是一擁而上。準備用一個比較長的時間放映和批判這批影片。

二、每部影片先在北京、上海等大城市放映，然後在全國中等城市放映。

三、主要安排有組織的觀衆觀看，以便於組織討論和批判；零售票也賣一部分。

四、每部影片都在事先組織好一兩篇有説服力、有分析的批判文章，在影片放映時發表。

1966年4月11日，中宣部發出《關於公開放映和批判一批壞影片的通知》。對這些影片的批判正式開始。

附録：《〈舞臺姐妹〉是宣揚修正主義思想的毒草》

邢月紅走的是貪圖享受，崇尚虚榮，賣身投靠資産階級的往上爬的路。影片編導者表面上對這條路持的是批判的態度，但是他們實際上對邢月紅傾注着滿腔同情，把她作爲一個受欺凌的弱小者來加以原諒，對她的錯誤道路根本没有給予嚴正的批駁和徹底的否定。

竺春花走的是一條"清清白白做人，認認真真唱戲"的路。在我們看來，這是一條脱離時代，脱離群衆的資産階級個人奮鬥的路。然而，編導者却對此大力吹捧，恣意美化。

《舞臺姐妹》的反動性，不僅在於宣揚了個人奮鬥的資産階級世界觀，而且販賣了資産階級人性論的私貨。資産階級人性論是整個影片的思想基礎，是作者解決戲劇矛盾的主要手段。影片强烈地渲染邢月紅和竺春花之間的感情糾葛，把情節都籠罩在"温情脈脈"的紗幕裹。影片的編導者用"姐妹之情"來代替了一切嚴肅的思想鬥爭，用"以情動人"來作爲解決一切問題的手段。

（方澤生，《解放日報》 1966年5月17日）

《〈兵臨城下〉是一部有嚴重錯誤的壞影片》

影片不是爲了暴露敵人而去描寫敵人，而是爲了證明敵人可以爭取而去歌頌敵人，美化敵人。敵軍三六九師師長趙崇武、團長鄭漢臣，正是編導者極力歌頌美化的對象。整個影片花費了絶大部分的鏡頭，描寫了趙、鄭兩個人如何在敵軍中受排擠，受虐待，如何受到監視和冷遇，甚至隨時有生命的危險，使人感到趙、鄭兩個人值得同情，是敵軍中的"好人"。爲了突出這點，編導者還編造了不少情節，予以證實。

影片也没有反映出我方如何從政治上去瓦解和爭取趙崇武，反而把我政治工作加以歪曲。

《兵臨城下》影片告訴我們：趙崇武起義主要不是由於我軍兵臨城下、甕中捉鱉的軍事形勢和政治鬥爭所促成的，而是敵人内部派系鬥爭尖鋭化的結果，這部影片否認軍事鬥爭和政治鬥爭相結合對於促使敵軍起義的決定性作用，這既違犯了歷史真實，又是對毛澤東軍事思想的嚴重歪曲。

（鍾行彰，《解放日報》 1966年4月14日）

《〈兩家人〉是"寫中間人物"論的一個典型》

周揚黑幫及其嘍囉拼命鼓吹"寫中間人物"，其目的就是要排斥工農兵的光輝形象，替牛鬼蛇神搽脂抹粉；就是要使我們社會主義的銀幕、舞臺上和作品中充斥着高正國這樣的反動人物，號召人們向他們學習，跟他們去反黨反社會主義反毛澤東思想，去爲資本主義復闢衝鋒陷陣。《兩家人》就是在這個罪惡的企圖下炮製出來的。我們一定要把這株大毒草連根拔除。

（上海警備區某部沈明官，《解放日報》1966年8月31日）

《射向社會主義制度的一枝毒箭 反黨文藝黑藤結出的一顆毒瓜——北京、上海、西安、天津工人批判影片〈球迷〉筆談會》

《球迷》從頭到尾都在醜化我們工人階級。這些反動家伙，把當家作主的工人階級，歪曲得不像樣子。這是我們最氣憤的事。電影裏的那些"工人"，談的不是工作，不是學習，而是在工作時間裏，那麼津津有味地回憶上星期一場球賽如何"精彩"。

《球迷》的編導故意用"熱鬧"和亂哄哄的場面來混淆人們的視線，企圖達到污蔑社會主義社會的醜惡目的。他們别有用心地要人們相信，在社會主義社會，工人階級爲了追逐吃喝玩樂，什麼階級友愛，同志之間的關心和幫助，統統都没有了。大家爲了一張票，誰也不讓誰，爭奪得把眼鏡都砸碎了。這決不是社會主義的中國，而是資本主義的西方世界。

《球迷》不但用人物形象來醜化工人形象，還用許多黑話來攻擊我們黨和社會主義制度。比如那個球場檢票員，開口閉口地在那裏大談"原則性"，"球迷司機"却在一旁邊找票邊咒駡："這不是坑人嗎？"這是對革命原則性進行露骨的謾駡。

《球迷》編導者用所謂喜劇的手法，堆了一大堆資産階級的庸俗低級的東西。西服革履，奇裝異服，阿飛流氓，吃吃喝喝，全是資産階級那一套。影片編導者，就是企圖讓人們在嘻嘻哈哈中不致察覺牛鬼蛇神的資本主義復闢陰謀。這就是編導者笑裏藏刀的險惡居心。

（《解放日報》1966年8月21日）

《球迷》

出品：天馬電影製片廠
編劇：徐昌霖
導演：徐昌霖
攝影：石鳳岐
主演：鐵牛　孫景路　陳述　張鶯

根據金振家話劇《足球場外》改編。在觀看一場足球賽事時，一個球迷丢失了球票，在等買退票時，發生了一系列的故事。

《兩家人》劇照

《〈逆風千里〉是爲敵人鼓氣的》

《逆風千里》是爲蔣匪幫拍攝的影片，是給他們叫囂反攻大陸鼓氣的，是一株徹頭徹尾的反革命大毒草。

影片以押送俘虜爲背景，暗示牛鬼蛇神不要放下屠刀，鼓勵蔣介石匪幫不要灰心，不要泄氣，失敗了再幹。影片中敵師長對敵醫官的那段"訓話"中説："現在正是生死關頭，你我之輩，他們絶不肯饒，對他們不要有任何幻想，時機錯過，後果不堪設想。"這段話正是編導者的内心獨白，充分暴露了他們反黨反人民的陰暗心理。

（解放軍某部幹事羅英凡、戰士封傑元，《大衆電影》1966年第6期）

《影片〈桃花扇〉宣揚的是反革命"氣節"》

編導者在影片《桃花扇》中大肆宣揚反革命"氣節"，用心十分險惡。《桃花扇》的文學劇本是一九六二年寫的。當時，美帝國主義，赫魯曉夫修正主義和各國反動派大肆反華；盤踞在臺灣的蔣匪幫妄圖竄犯大陸，以卵擊石；國内的牛鬼蛇神也蠢蠢欲動。影片的編導者以爲"時機已到"便拋出《桃花扇》，企圖煽動這些階級敵人起來造反，以"裏應外合"恢復他們失去的"天堂"。但是階級敵人也不能不看到我們的國家空前强大，我國人民空前團結，我國無産階級專政的政權十分鞏固，而階級敵人却只有一小撮，他們已完全陷入勞動人民的汪洋大海中，他們十分虚弱，就像瀕死的人需要打"强心針"一樣，所以影片的編導者才拼命在影片中鼓吹他們的反革命"氣節"，爲他們反革命難兄難弟"打氣"、"壯膽"。

（上海市交通運輸局祁金泉、朱肖鼎、朱桂林，《解放日報》1966年8月5日）

《球迷》劇照

《兩家人》

出品：長春電影製片廠
編劇：林漠晨
導演：袁乃晨
攝影：顧温厚
主演：方化　王建華　陳學潔　王延盛

根據劉澍德小説《橋》改編。貧農高正國在土改後，一心想單幹發家致富，攢錢買車，放貸，還想收買另一個貧農的土地。在區委書記的幫助下，轉變了態度，參加了農業社。

《部隊文藝工作座談會紀要》

4月10日，中共中央批發《林彪同志委託江青同志召開的部隊文藝工作座談會紀要》（簡稱《紀要》）。批語中説："《紀要》對文藝戰線上階級鬥爭形勢的分析和所提出的原則、方針、政策，不僅適合軍隊，也適合於地方，適合於整個文藝戰線。"

2月2日—20日，江青根據林彪的委託，在上海邀請了劉志堅、謝鏜忠、李曼村、陳亞丁等四人，看了30多部電影和幾臺戲，就部隊文藝工作的若干問題進行了座談。江青在座談會上宣稱："在文藝方面，有一條與毛主席思想相對立的反黨反社會主義的黑線"，"這條黑線專了我們十七年的政"，"該是我們專他們的政的時候了"。會後，江青看了她幾次談話的筆録，很不滿意，提出要軍外的張春橋修改，後又由毛澤東指定陳伯達、張春橋共同修改，成爲《林彪同志委託江青同志召開的部隊文藝工作座談會紀要》。

《紀要》認爲，文藝界在建國後，被一條與毛澤東思想相對立的反黨反社會主義的黑線專了政，這條黑線就是資産階級的文藝思想、現代修正主義的文藝思想和所謂三十年代的文藝結合。"寫真實論"、"現實主義廣闊的道路論"、"現實主義的深化論"、"反題材決定論"、"中間人物論"、"反火藥味論"、"時代精神匯合論"、"離經叛道論"等，就是他們的代表性論點。要堅決進行一場文化戰線上的社會主義大革命，徹底搞掉文藝界的這條黑線。搞掉這條黑線之後，還會有將來的黑線，還得再鬥爭。這是一場艱巨、複雜、長期的鬥爭，要經過幾十年甚至幾百年的努力，才能完成。《紀要》還點名批判了一批文藝作品，其中被點名的電影有《抓壯丁》、《兵臨城下》等。

《紀要》經毛澤東三次修改，由林彪轉中央軍委批准，再報中央，以中共中央文件下發。

1966年4月18日，《解放軍報》發表題爲《高舉毛澤東思想偉大紅旗，積極參加社會主義文化大革命》的社論，全面公佈了紀要的觀點和内容，號召批判所謂的"文藝黑線"。4月19日的《人民日報》和《紅旗》雜誌第6期轉載了這篇社論。隨着文化大革命的進展，"文藝黑線專政"成爲文藝界打倒一切的大棒，致使無數文藝工作者遭受殘酷迫害。

1979年5月3日，中共中央批准總政治部的請示，正式決定撤銷這個《紀要》。

影片目録（共13部）

長影　《雁鴻嶺下》
北影　《紅色郵路》、《女飛行員》、《紅石鐘聲》
八一　《一百個放心》（話劇）、《青春紅似火》（話劇）
珠影　《大浪淘沙》、《遊鄉》（河南曲劇）、《借牛》（漢劇）、《送糧》（祁劇、未發行）、《一袋麥種》（漢劇、未發行）
西影　《老保管、新媳婦來了》（歌舞劇）、《一串項鏈》（歌舞劇）

1966年（臺灣）

大事記

3月25日—4月6日
《養鴨人家》在香港上映。

5月9日
第十三屆亞洲影展在漢城頒獎，《藍與黑》獲最佳影片奬，《啞女情深》獲最佳編劇（劉藝）、最佳彩色片攝影（賴成英）和演技特別奬（王莫愁）3項奬，《我女若蘭》獲最佳童星（謝玲玲）和最佳音樂（李林）兩項奬。

7月
私立世界新聞專科學校首創電影製作科，羅學濂任科主任。

9月24日—11月11日
國聯《幾度夕陽紅》分上下集在臺北首映。

本年
《我女若蘭》、《婉君表妹》、《西施》、《煙雨濛濛》、《菟絲花》等在港上映。

本年
據1967年3月巴黎出版的聯合國教科文組織統計年鑒，1966年臺灣共生産了257部劇情片，在全世界居第三位（日本729部，居第一位；印度316部，居第二位），排名在意大利、美國、法國、西班牙、韓國等之前。

第十三屆亞洲影展獲奬者：（左起）王莫愁、謝玲玲、劉藝

重要影片

《幾度夕陽紅》（上、下集）

出品：國聯影業公司
原著：瓊瑶　編劇：姚鳳磐
導演：楊甦　攝影：王劍寒
主演：江青　楊甦　劉維斌　汪玲

該片背景横跨重慶、臺北兩個時代，勾勒了中國現代内戰滄桑離亂的悲劇，由1949年以後來到臺灣的中年男女，回憶起在西南聯大的愛情故事，交織着他們下一代在臺灣的畸戀。

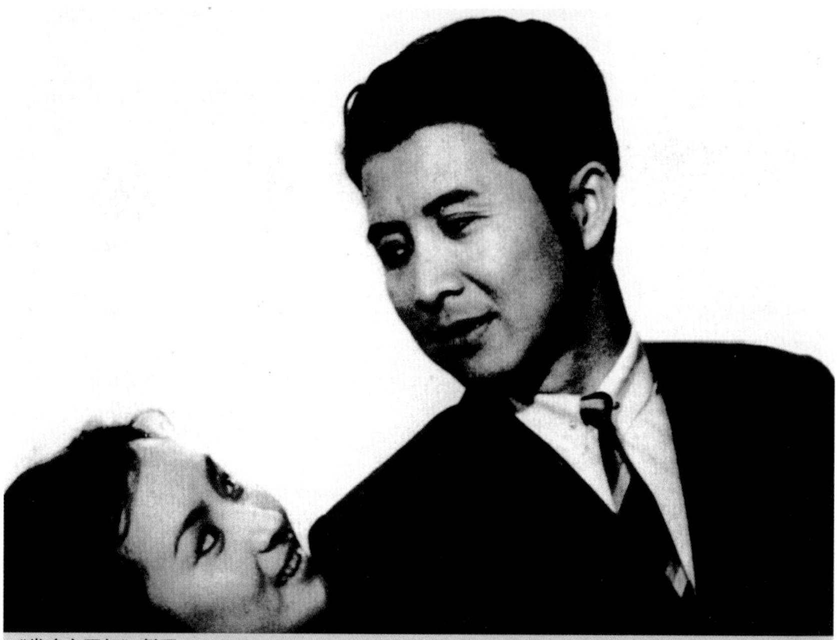

《幾度夕陽紅》劇照

《還我河山》（上、下集）

出品：中影
編劇：張永祥　藍海
策劃：胡成鼎
導演：李嘉　李行　白景瑞
攝影：華慧英　賴成英　林贊庭
主演：葛香亭　唐寶雲　王復蓉　柯俊雄

戰國時，齊國七十餘城盡爲燕軍所陷，田單受命繼任，決心復國。先是甘伯詐降，再以火牛陣猛衝燕營。田單乘勢率齊軍反攻，七十餘城，一時盡復。本片的香港版片名《英雄烈女》。

《還我河山》劇照

《辛十四娘》

出品： 國聯影業公司
編劇： 姚鳳磐
導演： 朱牧
攝影： 吴家駿
主演： 楊群　汪玲　李登惠　曹健　劉維斌

根據《聊齋》改編。書生馮相如得娘姨牽線識得紅衣女辛十四娘，兩人結爲夫婦。婚後不久馮生故態復萌，喜狎遊，濫交友，終被誣陷身繫囹圄。辛十四娘設法營救，不惜混身風塵，致冤獄平反。馮出獄後，不知感恩，反怪辛十四娘墮落風塵。

《我女若蘭》劇照

《天之嬌女》

出品： 國聯影業公司
監製： 李翰祥　**編劇：** 姚鳳磐
導演： 宋存壽　劉易士　**攝影：** 陳喜樂
主演： 甄珍　鈕方雨　李登惠

明朝奸相嚴世藩之女愛上被陷忠臣之子，嚴世藩也不敢管女兒。女兒因爲懷疑其父謀害自己丈夫，率丫環回家吵鬧。史惟亮根據馬調改編，嘗試從黄梅調外另闢新徑。

《我女若蘭》

出品： 中央電影事業公司
編劇： 張永祥
導演： 李嘉
攝影： 林文錦
主演： 葛香亭　唐寶雲
馮海　謝玲玲

若蘭童年時期不幸罹患小兒麻痹症，一個偶然的機會她從蘭花生長、開花的過程中領會了生命的意義，也激發了她的奮鬥求生意志。加上父母苦心照料，終於若蘭憑着堅毅勇敢的精神戰勝病魔站起來，更與心愛的人發展出一段感人的愛情故事。

獲1967年第五屆金馬獎最佳影片。

影片目録

中影 《還我河山》、《悲歡歲月》、《我女若蘭》

國聯 《龍虎雙俠》、《天倫淚》、《天之驕女》、《辛十四娘》、《明月幾時圓》、《鳳陽花鼓》、《塔裏的女人》、《遠山含笑》、《深情比酒濃》、《幾度夕陽紅》（上下集）、《黑牛與白蛇》、《窗裏窗外》

中國 《窗外》

中華 《花落誰家》、《浪淘沙》、《亂離人》、《天之驕女》、《辛十四娘》、《明月幾時圓》、《鳳陽花鼓》、《塔裏的女人》、《遠山含笑》、《深情比酒濃》、《幾度夕陽紅》（上下集）、《黑牛與白蛇》、《窗裏窗外》

中天 《假鴛鴦》（國、閩南語兩種拷貝）

五大 《零下三點》、《盲女大逃亡》、《金蝴蝶》、《情海斷腸人》、《風颱雨》、《盲女司令》、《盲女集中營》

聯合 《愛你入骨續集》、《臺北街頭》、《一千金》

國益 《金交椅》、《深山林内》、《阿狗兄與藝妲》

北華 《密告者》、《夜行客》、《密告者》、《獨身漢》

黑松 《親母嫁親家》、《温泉鄉的吉他》、《秋風淚雨》、《歡喜作新娘》、《内山姑娘要出嫁》

臺聯 《虎咬虎》、《女人島間諜戰》、《獨眼猫》、《紅玫瑰》

永隆 《猫兇手》、《海女黑珍珠》

大來 《梅花女鏢客》、《七海小遊俠》

永達 《夢中的媽媽》、《七歲逃犯》、《死光錶》

永芳 《浪子的眼淚》、《胖子尋郎君》、《南國雨夜花》、《難忘的愛人》

永來 《水蛙緣》、《愛比死更强》

永新 《悲戀關子嶺》、《冰點》、《文夏風兒》、《夢中的媽媽》

幸福 《地獄花》、《諜網姊妹花》、《女盲劍客》

鼎隆 《天字第一號第五集》、《大色藝妲》

佳璋 《迷魂鎗》、《黑鑽石》、《龍虎鬥》

新高 《江湖客》、《遊俠老黑狗》

聯興 《諜報員海棠紅》、《國際女間諜》

臺瀛 《斷魂谷》、《田莊保正》、《鐵漢空空俠》

中製 《生死門》、《故鄉劫》

新豐 《銀色之夜》、《愁郎君》

其他 《貞節牌坊》（中國育樂）、《真假情婦》（弘記）、《天涯不了情》（天南）、《江漢風雲》（聯邦）、《天涯俠侶》（永來）、《無名英雄》（國民教育）、《龍虎雙雄》（永昌）、《烽火鐘聲》（太平洋）、《霧夜淡水河》（新友）、《天涯俠侶》（亞洲）、《女飛俠》（立達）、《後街人生》（三友）、《三劍鬥天魔》（新華）、《等君心酸酸》（集元）、《飛車龍虎鬥》（義華）、《戀愛情報站》（影都）、《阿戇伯》（新光）、《我愛爸爸》（綜合）、《惜别信號燈》（新和興）、《江漢風雲》（吉星）、《多子餓死爸》（玉成）、《神鞭女俠》（立達）、《趙俊風》（金陵）、《諜報女飛龍》（四通）、《海女紅短褲》（南臺）、《姜太公釣魚》（天華）、《諜王女金剛》（金村）、《龍江三虎》（麗士）、《龍虎鬥》（佳璋）、《江湖大鏢客》（永裕）、《最後命令》（中興）、《女乞丐》（佳成）、《夜光雙飛俠》（上、下集，大益）、《故鄉的人》（福新）、《假鴛鴦》（中天）、《天倫淚》（東和）、《怪影淚痕》（新豐）、《再會啦，心愛的人》（允大）、《流浪天涯三兄妹》（天祥）、《浪子回頭》（中光）、《生死戀》（春之）、《黑美人》（日利）、《怪俠乞丐婆》（旗山）、《萬能情報員》（泰和）

《悲戀關仔嶺》劇照

《貞節牌坊》劇照

《貞節牌坊》

出品：中國育樂公司
製片：任寶齡
編劇：李至善
導演：李行
攝影：賴成英
主演：艾黎　柯俊雄
　　崔小萍　崔福生

淑貞的婆婆早年喪夫含辛茹苦地把獨子石頭撫養長大。石頭與淑貞成了親，也有了孫子木頭。婆婆希望淑貞能守節，但淑貞成親前的好友阿牛，至今仍深愛着她，要求與他私奔被拒。淑貞從海邊回家，婆婆却誤會她不守婦道，她百感交集，奔向大海。

《後街人生》

出品：三友影業公司
編劇：洪民
導演：辛奇
攝影：林贊庭
主演：楊明　柳青
　　奇峰　王滿嬌

大雜院住着江湖郎中老秀才、酒家女、三輪車夫、車掌小姐、舞女等。有一天大學生的"萬用油"研究成功，送每人一小盒。有人因擦了萬用油，臉腫得像鬼樣，正找大學生算賬，突然女房東大女兒金蓮跑出大喊，説她娘吃毒藥自殺了，其實她只是吃萬用油就睡着了。一場鬧劇過去幾對情侶墜入情網，連老秀才也和女房東結合。

《後街人生》劇照

臺語片盲目投資暗藏危機

臺語片市場近年來低迷，但新的臺語電影公司却如雨後春筍般紛紛設立，各公司的新片也不斷競拍，預估今年全年的臺語片出品數將超過百部以上，較1963年的99部、1964年的97部及1965年的107部都多，令不少熟悉臺語片市場的人士感到憂心。臺語片界人士分析，臺語片市場近年來之所以出現票房與投入呈相反走向的畸形發展，主要是由於許多影劇界外的人士誤以爲電影事業利潤高，盲目投入所致。這些"半路出家"的影片公司負責人身份包羅萬象，有木材商、煤礦商、電器商、摩托車代理商、西藥商、營造商、金融機關職員、唱片業、旅社、照相館、洗衣店老闆等，林林總總，不一而足。

而促使圈外人奮勇投身臺語製片業的主要原因，除了誤以爲拍臺語片容易賺錢外，游資無處可去也是一項重要的因素。但據資深臺語片業者表示，以目前每10部臺語片中，大約只有3部能小有盈餘、3部賠本、其餘不賺不賠的情況估計，想要從投資臺語片致富的可能性微乎其微，製片界因此呼籲社會各業的游資不要再盲目湧進臺語影壇，以免原本就狹窄有限的臺語片市場因倉促投資導致水準愈趨低落，造成觀衆流失的惡性循環。

國聯、聯邦提前解約

9月，國聯影業公司負責人李翰祥與聯邦影業公司駐香港代表張陶然協議提前結束合約，將於明年1月15日正式終止持續三年的合作關係。聯邦、國聯，與香港國泰影業公司三方原本簽訂有四年的合作契約，言明自1964年1月15日起的四年內，由國泰付給星馬和香港地區版權費24萬元港幣；聯邦付給臺灣地區版權費16萬元港幣，共同委託國聯每年拍攝六部影片，交由兩家公司發行。依照期限，這份合約應於1968年1月15日方才屆滿，但因近日聯邦開始在臺灣興建片廠，準備投入製片，李翰祥唯恐此舉將影響國聯影片的發行，因此主動向聯邦提出提前解約的要求。

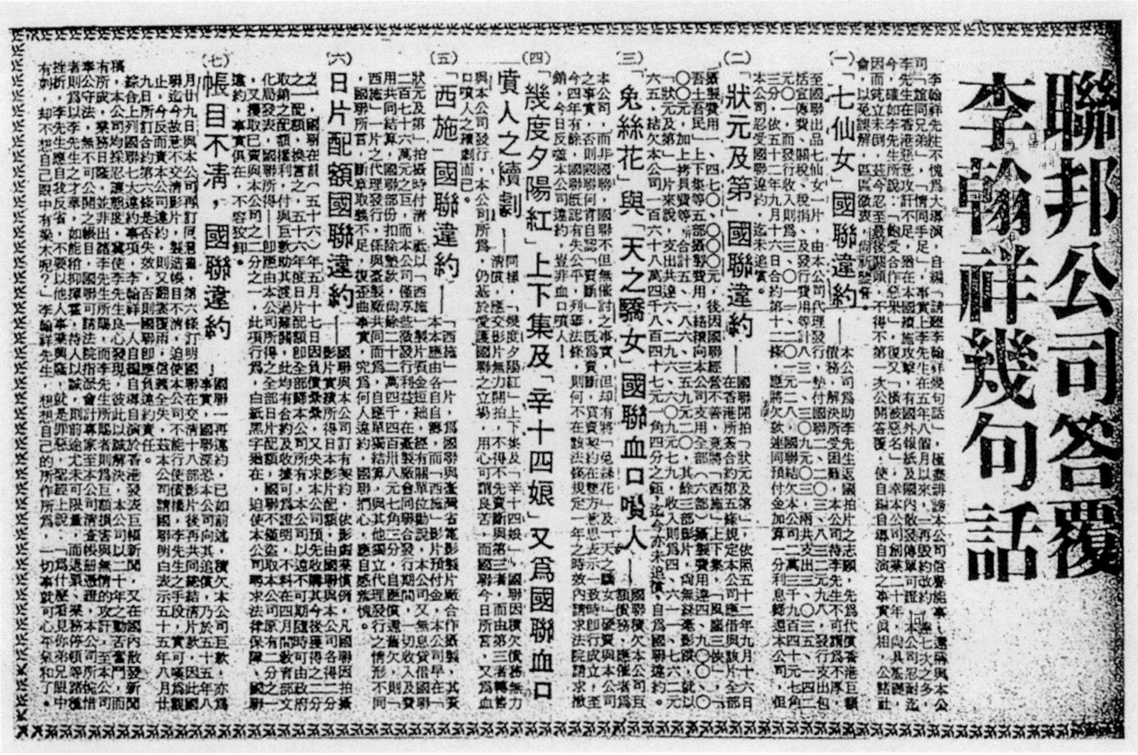

聯邦公司答覆李翰祥幾句話

(一)「七仙女」國聯違約 —

(二)「狀元及第」國聯違約 —

(三)「兔絲花」與「天之驕女」國聯血口噴人 —

(四)「幾度夕陽紅」上下集及「辛十四娘」又爲國聯血口噴人之續劇 —

(五)「西施」國聯違約 —

(六)日片配額國聯違約 —

(七)帳目不清，國聯違約」

各電影公司興起建廠棚熱潮

本年，隨着電影界近兩年來製片量大增，電影公司爲紓解廠棚荒，逐漸興起一股搭建廠棚的熱潮。已開始着手或籌備興建的攝影棚約有20個以上，包括3家公營電影公司及民營的中華電影公司、國際影片公司、國聯影業公司、亞中影業公司等，都將先後投入，數量驚人。

臺灣原有6座攝影棚，分別是"中影"士林製片廠大棚兩座、小棚一座，"中製"在北投復興崗的小棚一座，臺灣省電影製片廠在臺北市重慶南路的小棚一座（另有克難棚一座），以及玉峰影業公司在鶯歌的湖山製片廠一座。目前3家公營製片廠的興建廠棚計劃均已成熟，其中"中影"和"中製"的新棚都位於原製片廠内，前者並計劃投入巨資建造一座全遠東最具規模的巨型攝影棚，可視需要以鐵拉門分隔成兩棚使用，這項工程已於日前發包動工，預定明年可落成啓用。臺製則規劃覓地另建攝影棚，目前已在臺北松山五分埔向臺北市政府租得一塊八千餘坪的土地，將搭蓋3座攝影棚，第1期工程也已於半個月前發包，第2期則計劃在明年春天發包，完工後連同重慶南路的舊棚，將有四座攝影棚。

民營電影公司的建廠計劃以國際影片公司（即聯邦影業公司）的規模最爲宏大。該公司已在桃園大湳1500坪土地，計劃興建三座小棚、一座大棚，以及兩層辦公大樓、演職員宿舍、配音間等。該公司創業片《龍門客棧》（原名《充軍》）的導演胡金銓，積極參與片廠的規劃，以求合乎未來拍片的需要。帶動國内製片事業發展的國聯影業公司，在與聯邦結束代理發行合約後，已獲得新合作人朱宗濤提供板橋一塊四千坪的土地建造兩座攝影棚。日後該公司在臺北市泉州街1號搭建不久的力霸鋼架攝影棚，也可能移至板橋新址，集中成爲該公司的拍片根據地，泉州街現址則改爲臺北聯絡處。已宣佈動工的中華電影公司攝影棚位於龜山，土地由當地大成紡織廠負責人蘇漢龍提供，攝影棚即建在紡織廠腹地内，佔地約4千坪，預計興建兩座大型攝影棚，完成後可分別隔開成爲4座。

除了上述較具規模的計劃之外，近來宣佈搭建攝影棚的電影公司還包括明華影業公司、亞中影業公司、聯華影業公司、春之雷影業公司等。部分電影界人士對此現象引以爲憂，認爲將來攝影棚勢必"供過於求"，無法維持；但也有人認爲在政府逐年減少外片進口的政策下，影業公司廣建片廠，對國産電影的發展是可喜的現象。

第4屆金馬獎公佈

9月14日，第四屆金馬獎公佈。影片部分，最佳劇情片：《西施》（臺製），優等劇情片：《啞女情深》（中影）、《金玉奴》（國泰）、《烽火鐘聲》（鳴遠），最佳發揚民族精神特别獎：《大地兒女》（邵氏），最佳紀録片：《成功嶺之歌》（中製），優等紀録片：《重慶演習》（中製）、《澄清湖》（臺製），獲獎助金影片：《鳳凰》（新華）；個人部分，最佳導演：李翰祥（《西施》），最佳編劇：胡金銓（《大地兒女》），最佳男主角：趙雷（《西施》），最佳女主角：歸亞蕾（《煙雨濛濛》），最佳男配角：吴家驤（《金玉奴》），最佳女配角：盧碧雲（《煙雨濛濛》），最佳童星：謝玲玲（《婉君表妹》），最佳彩色攝影：王劍寒（《西施》），最佳彩色美術設計：顧毅（《西施》），最佳音樂：左宏元（《啞女情深》），最佳剪輯：姜興隆（《大地兒女》），最佳録音：洪瑞庭（《啞女情深》），特别演技獎：王莫愁（《啞女情深》），最佳紀録片攝影：祁和熙（《澄清湖》），最佳紀録片策劃：貢敏（《成功嶺之歌》）

1966年（香港）

大事記

本年 張鑫炎、傅奇執導的《雲海玉弓緣》（長城公司出品）和胡金銓執導的《大醉俠》（邵氏公司出品）標誌着香港新派武俠片的誕生。

邵氏出品的《藍與黑》獲獎。影片於同一年度先後同獲得第13屆亞洲影展和第5屆金馬獎最佳影片兩項大獎揚威一時。

曾獲4屆亞洲影展最佳女演員獎的林黛又獲第13屆亞洲影展特別紀念獎。

電影雜誌《香港影畫》創刊。

何藩導演的《離》獲英國賽巴利電影節冠軍獎。

內地開始文化大革命，對香港電影界產生了影響。

重要影片

《藍與黑》劇照

《大醉俠》

出品：邵氏公司
編劇：胡金銓　爾羊　導演：胡金銓
主演：鄭佩佩　岳華　陳鴻烈　李允中

官家小姐金燕子學得一身武藝，先後將三個大盜捕獲。她做縣官的哥哥親自將其中一盜押解縣城途中遭伏擊並被扣爲人質。金燕子前往營救時誤中毒鏢，幸得大醉俠范大悲之助。盜賊請來范大悲的師兄了空大師助陣，金燕子則和大醉俠聯手，與山賊惡戰一場，最終救出了押解官。

《藍與黑》

出品：邵氏兄弟公司
編導：陶秦　主演：林黛　關山　金漢　于倩　丁紅

根據王藍同名小説改編。抗戰時期，孤女唐琪與孤兒張醒亞産生感情。在執行一項任務時，醒亞誤會了唐琪，隻身到重慶參加抗戰，與司令的女兒相戀又分手。了解了真相的醒亞意識到自己的錯誤，他充滿信心地等待着與唐琪重聚。

獲第13屆亞洲影展最佳影片獎、第5屆金馬獎優等劇情片及最佳女配角（于倩）獎。

《大醉俠》劇照

香港新派武俠片形成

如果説20年代至40年代是中國武俠片的發萌期和幼稚階段，那麼50年代至70年代的武俠電影則是它的發展期和成熟階段。嚴格地説，這段歷史應該分爲兩個階段，即50年代至60年代中期爲一段，60年代中期至70年代末爲一段。前一段還只是50年代以前的武俠電影的順延和平移，技術與風格上變化不大；而60年代中期進入"武俠世紀"之後，情況便大爲不同，使得香港武俠片進入了一個嶄新的紀元。

被認爲新的"武俠世紀"的真正開山之作，是張徹於1964年拍出的帶有實驗性質的《虎俠殲仇》。此片力求畫面的質感和真實感，擺脱了傳統武俠片的花拳綉腿及其程式化之弊。只是它雖大有新意，却不够圓熟，因而並没有引起觀衆的喜愛，也未能獲得如期的票房支持。1966年，張鑫炎與傅奇根據梁羽生小説改編的《雲海玉弓緣》，成爲香港國語武俠電影的重要作品。該片有曲折的劇情，特別是武打方面有突出表現，如主人公凌空飛身擊劍的動作，被認爲是武俠電影的經典性的鏡頭。"吊威也（綱絲）"是本片一大發明。《雲海玉弓緣》第一次把吊鋼索技術運用到動作片中，演員憑一條細小鋼絲吊着在空中飛來飛去、騰雲駕霧，舞槍弄劍，最大限度地發揮了武俠世界的想象力，創作出全新武打景象，打破以往武俠片的製作粗陋、簡單，場面堆砌等弊端，對以後動作片（不僅僅是武俠片）發展貢獻巨大。從此使香港動作片出現革命性視覺改革，單憑此一點，《雲海玉弓緣》便可載入電影史册。該片也歷史性地第一次在影片中出現了武術指導這一職稱，武術指導是劉家良和唐佳。

此時出現的胡金銓的處女作《大醉俠》（1966）也已是身手不凡，成績不俗。特別是它那舞蹈般的武打動作與京劇樂韻結合，讓觀衆如痴如迷。極富中國色彩的審美層次使得武俠片得到一次大提升。對之後的中國武俠片發展，胡金銓的貢獻功不可没。

到1967年，香港國語武俠電影形成高潮。這一年，張徹在《虎俠殲仇》之後，終於以《獨臂刀》一舉成功，繼《金鷹》後再成爲突破了票房收入過百萬元的大關的影片。胡金銓的新作《龍門客棧》（1967）較之以前更上一層樓，轟動港臺，與張徹的《獨臂刀》交相輝映，成爲"彩色武俠世紀"的真正的代表作，從此開創了新紀元。武俠電影扭轉乾坤，取代了文藝言情（加歌唱）而成爲港臺商業電影絶對的主流，並影響深遠。

張徹與胡金銓成爲武俠新世紀的兩大開山祖師、兩大名人、兩大支柱。李翰祥先生寫道："我看過《大醉俠》，也看過《獨臂刀》，以製作來講，《大醉俠》是勝過《獨臂刀》的，但故事的完整，情節的感人來説，那《大醉俠》可就望塵莫及了。儘管張導演在以後也拍過無數的動作片，但以整齣戲的完整性來説，我還是比較喜歡《獨臂刀》的。"總之，這兩人各有特長，自成一家，而又雙峰並峙，共同支撑起了60年代武俠電影新天地。

從1966年開始的武俠電影高潮期，不僅質量有了飛躍，名人、名片迭出，數量上也頗驚人。在此期間，僅張徹一人，拍片數就達60餘部，胡金銓的大部分名作也在此期間完成。除前面提到的《大醉俠》、《龍門客棧》外，還有《迎春閣之風波》、《俠女》、《路客與刀客》、《空山靈雨》、《山中傳奇》等優秀影片。胡金銓幾乎每一部電影都是名作，因爲創作認真，所以成績突出。

武俠電影的新生代出現，也表現在武俠電影題材選擇上的變化。一方面是導演與編劇努力拓新，另一方面則緣於從50年代開始，港臺新派武俠小説興起，産生了梁羽生、金庸、古龍、卧龍生等一批優秀的武俠小説作家作品，這無疑給武俠電影創作增添了新的血液。小説家的不斷創新與拓展，必然影響到武俠電影，尤其是古龍、卧龍生等人直接參與電影編劇，將武俠小説的新意貫注於電影之中。反之，電影編劇的實踐又有利於他們的武俠小説技法、文風、眼界的變化和發展，可謂是互惠互利。

"武俠世紀"的更大的成就，還是電影導演對獨特風格的自覺追求。開創時期的兩大導演張徹與胡金銓，就各有各的美學思想及其創作規範。這是以前所没有的。張徹的貢獻不僅在於武俠電影拍攝、節奏處理，人物形象及畫面處理的出新，還在於他的"陽剛"之説，具有理論上的意義。這種理論與實踐，改變了以往國語電影及其武俠片的審美特色及藝術追求，從而使人物命運及形象特徵都有與衆不同的創造。與張徹相比，胡金銓有另闢蹊徑。如果説張徹追求陽剛壯烈、新穎刺激，胡金銓追求的則是文雅深刻、空靈優美。

這種風格上的追求，當然也會影響到其他的導演。楚原在自己的藝術道路上摸索了一段時間，終於找到了古龍小説《流星·蝴蝶·劍》，從而探到了新路。其後的《天涯·明月·刀》等影片，風格更加突出，技術更加成熟，意識更加自覺，幾乎帶來了一股"三段片"（指片名分爲三段）的新風。更重要的當然還是影片中人物形象及價值觀念、題材及影片結構等方面的出新。其他如吴思遠、劉家良及洪金寶、袁和平等人無不在自己的電影創作中自覺地追求獨特的風格特色，從而使這一時期的影片真正稱得上是五彩繽紛，百花齊放。

"武俠世紀"不僅帶來了中國武俠電影的生機，而且還進一步促使武俠電影作者試圖打開歐美市場，樹"走向世界"之雄心壯志。再一點影響，是一方面在技術水準上向國際先進水平看齊，另一方面則又要拿出真正的中國特色及中國氣派。進入70年代，武俠電影創新相對飽和，很難再突破自己。因此，到70年代中期以後，武俠電影相對出現低潮。

主要影片目録

本年度香港共出品影片186部，粵語片佔了126部，國語片43部。閩南語片17部。

邵氏兄弟 《何日君再來》（國語）、《大醉俠》（國語）、《文素臣》（國語）、《藍與黑》（國語）、《藍與黑下集大結局》（國語）、《鐵扇公主》（國語）、《野姑娘》（國語）、《不是冤家不聚頭》（國語）、《玫瑰我愛你》（國語）、《毒玫瑰》（國語）

嶺光 《樓上樓下兩相親》、《邊城三俠》（國語）、《深閨夢裏人》、《阿珍要嫁人》、《四姐妹》、《巴士奇遇結良緣》

仙鶴港聯 《女黑俠木蘭花》、《老夫子與大番薯》、《金鼎遊龍勾魂令》、《女黑俠木蘭花血戰黑龍黨》

長城 《雲海玉弓緣》（國語）、《胭脂魂》（國語）、《小忽雷》（國語）、《飛燕迎春》（國語）、《連升三級》（國語）

九龍 《七彩胡不歸》、《劫火紅蓮》（下集）、《豆蔻干戈》（上集）、《豆蔻干戈》（下集大結局）

志聯 《影迷公主》、《少女心》、《姑娘十八一朵花》、《孝女珠珠》

國泰 《自作多情》、《草莽喋血記》（國語）、《亂世兒女》（國語）

興發 《天涯芳草》、《難爲了嬌妻》、《女殺手》

飛龍 《巴士銀妙計除三害》、《真假兇手》

鳳凰《我來也》（國語）、《含苞待放》（國語）

富華 《聖火雄風》（上集）、《聖火雄風》（下集）

玉聯 《萬劫門》（上集）、《彩色青春》

好景 《鐵血恩仇録》（上集）、《鐵血恩仇録》（下集大結局）

明星 《金蝙蝠》、《金鈕扣》

電懋 《空谷蘭》（國語）

其他 《一水隔天涯》（港聯）、《喜結良緣》（綜藝）、《播音王子》（新藝）、《親情深似海》（遠東）、《情人的眼淚》（海洋）、《問君能有幾多愁》（新聯）、《黑玫瑰與黑玫瑰》（玫瑰）、《法網情絲》（萬聲）、《玉女追兇》（繁榮）、《我愛紫羅蘭》（金蘭）、《親上加親》（華福）、《遺産一百萬》（光藝）、《通天曉》（廿一世紀）、《辛十四娘》（國語）（國聯）、《前程似錦》（國語）（國文）、《婚姻大事》（信誼）、《浪淘沙》（國語）（新華）

《雲海玉弓緣》劇照

《雲海玉弓緣》

出品：長城電影公司
編劇：張森
導演：張鑫炎　傅奇
主演：陳思思　王葆真
傅奇　平凡

根據梁羽生同名小説改編。爲搶奪武林秘笈，孟神殺了歷樊山夫妻，孟妻又被歷弟所殺。奇書由孟和歷弟各得半部。孟女由吕四娘收養，取名谷之華，歷女勝男則由叔父撫養。20年後，練就半部奇書武功的孟神以天下武林爲敵。金世遺與谷之華互相愛慕，又幫助勝男爲父報仇。後來孟與歷弟同歸於盡，身負重傷的勝男讓世遺宣佈與自己爲夫妻，含笑死去。

張鑫炎（1934—　）

導演，監製。浙江寧波人。曾就讀於杭州中學。來港後於1951年開始從影，最初從事沖印和剪接等技術工作。他剪接過100多部影片，是香港粵語片剪接的好手之一。1962年他和李啓明聯合導演了《心上人》，從此轉當導演，執導過《雲海玉弓緣》、《黄河大俠》、《巴士奇遇結良緣》、《少林寺》等名片，是香港動作片打進世界電影市場的功臣之一。80年代末，他轉做電影行政人員，參與策劃和監製的名片有《秋菊打官司》、《龍氏》等。現處半退休狀態，時參與電視劇策劃、監製。

傅奇（1929—　）

演員，導演。原名傅國梁。祖籍浙江寧波，生於遼寧省瀋陽市。畢業於上海聖約翰大學土木工程系。來港後，1952年一次參觀片場時應邀試鏡成功，演出第一部作品《蜜月》，從此加入影壇，是長城電影公司主力演員。其後演出過《歡喜冤家》、《都會交響曲》、《大兒女經》、《日出》、《佳人有約》、《滿園春色》、《梁上君子》、《滄海遺珠》等多部電影。又執導過《雲海玉弓緣》等電影。據説石慧與傅奇因合演《藍花花》相戀，兩人於1954年結婚，婚後育有兩女一子。80年代後期棄影從商，舉家移民加拿大。

《邊城三俠》劇照

《邊城三俠》

出品：邵氏兄弟有限公司
編導：張徹
主演：王羽 羅烈 鄭雷 秦萍

明末，清兵入關，邊關兵敗。領兵元帥盧象升陣亡，其姪盧方突圍途經豐潤縣。知縣魏懷遠狠毒貪財，不顧百姓死活。馬蹄莊村長高保世將魏女綁至磨坊，以協迫魏豁免錢糧。盧方路過此地，加入高保世的行動。

《巴士銀妙計除三害》劇照

《巴士銀妙計除三害》

出品：飛龍製片公司
編劇：東叔（即盧敦）
導演：莫康時
主演：白茵　江漢　上官筠慧　伍秀芳

女俠巴士銀專門與豪門作對。奸商譚家祥看中了木屋區，欲佔爲己有。巴士銀得知後化裝成老婦到木屋區進行調查，識破了譚家祥的陰謀。

《畫皮》

出品：鳳凰影業公司
編劇：黃布衣
導演：鮑方
主演：朱虹　高遠　陳娟娟　翁午

根據蒲松齡同名小説改編。明代，山西王家有崇文、崇武兩兄弟。崇文爲踏上仕途，竟求之於鬼神。他將一美貌女子梅娘藏匿書齋。誰知梅娘竟是披着畫皮的厲鬼。多虧崇武引師趕到，歷盡艱險，除掉厲鬼，終使崇文復生，重新做人。

《畫皮》劇照

1967年（臺灣）

大事記

1月15日 聯邦與國聯解除合約，仍繼續發行舊約國聯新片《遠山含笑》、《鳳陽花鼓》、《深情比酒濃》、《破曉時分》。

1月16日 "中影"總經理龔弘率團赴香港舉行"臺灣電影週"，《啞女情深》在香港大受歡迎，成功開拓臺灣電影香港市場。

10月3日 第十四屆亞洲電影展在日本東京頒獎。柯俊雄獲最佳男主角獎（《寂寞的十七歲》）。

9月 國聯公司爲債務所困，宣告停業清理。行政主管部門組成項目小組，輔導國聯解決債務，清理財産。板橋國聯製片廠由菲律賓僑商蔡文慶等組成統一影業公司承購經營，改名統一製片廠。

9月 聯邦拓展製片，與香港金鷹公司袁秋楓簽訂合作製片合約。同時與韓國合作拍攝《諜海妖姬》。

10月21日至11月24日 聯邦《龍門客棧》在臺北首映，總收入4,385,512元，成爲臺北市十大賣座國片冠軍。

10月 "中影"改變健康寫實路線，開創多元製片路線，陸續開拍由白景瑞導演集錦式喜劇《新娘與我》，李行導演純情古裝片《玉觀音》，李嘉導演音樂傳記片《生命之歌》，李至善導演武俠片《情關》。

11月10日 "文化局"正式成立，接管"新聞局"電影檢查及輔導事務。

本年 中興影業有限公司易名爲建興，與韓國合作攝製間諜片《最後命令》、《尋母三萬里》、《粉紅未了情》、《黑女煞星》等。

臺灣省製片協會統計，1967年臺灣生産影片205部，其中彩色國語片37部，黑白國語片57部，黑白臺語片103部，黑白客語片8部。

重要影片

《梨山春曉》劇照

《梨山春曉》

出品：臺灣電影製片廠
製片：楊樵
編劇：魯稚子
導演：楊文淦
攝影指導：陳玉帛
主演：張美瑶　柯俊雄　張小燕　丁强

留美習農的李家明回臺灣處理亡父所留下的遺産，原準備處理妥當後再赴美深造，却發現父親遺書，盼望他能返臺灣發展事業。家明決心留山工作，並獲得農場場長協助。經幾次事件，家明終獲父親先前女友陳母諒解，允許和她女兒相戀結婚。

《珊瑚》劇照

《珊瑚》

出品：中影
製片：龔弘
編劇：藍海
　　　張曾澤　董炎良
導演：張曾澤
攝影：林鴻鐘
主演：張琦玉　武家麒
　　　葛香亭　歐威

健生與幼時好友珊瑚相見，表示八年對她一直想念。珊瑚在海濱遭惡棍强暴，她自憾已非完璧，爲絶健生相愛之念，嫁給漁民阿唐。婚後産女小梅，但仍鍾情健生。阿唐爲成全他們不告而去。健生眼見母女兩人親情無限，又悟珊瑚出身漁村，應屬阿唐，遂往尋阿唐，使他們一家人得以團聚。

1974年11月30日，本片在西班牙南部卡他基納第四屆海洋影展，張琦玉得最佳女主角獎。

《破曉時分》劇照

《破曉時分》

出品：國聯電影公司
原著：朱西寧　**編劇：**姚鳳磐
總導：李翰祥　**執導：**宋存壽　**攝影：**陳喜樂
主演：楊群　伍秀英　洪波　馬驥

清代一名年輕衙役陸老三首次到公堂當差，不料碰到第一件案子就是大冤獄。本性善良的陸老三本來看著不忍，但很快地便被官場的惡習污染，不由自主地幫着做了僞證，成爲整個腐敗制度裏的一分子。

《月滿西樓》

出品：火鳥電影公司
製片人：平鑫濤　**編劇：**瓊瑶　劉藝
導演：劉藝　**攝影：**林鴻鐘
主演：康威　李湘　江明　夏凡

美蘅在翡翠巢找到一份秘書工作，無意間發現小凡命運悲慘，石磊因小凡而沉淪。翡翠巢的主人石峰是石磊的哥哥，找美蘅是想拯救他的弟弟。美蘅漸使石磊恢復了生命的活力，但石峰却失去歡笑。等到一切恢復平静，明月正好照滿西樓。

影片目録

臺語片

新高　《龍虎豹》、《紅孔雀》、《三劍王》、《遊俠老黑狗》
幸福　《西城阿哥》、《諜網姊妹花》
臺聯　《獨眼猫》、《臺北發的早車》、《高雄發的尾班車》
新亞　《愛你入骨》、《尋母到東京》、《小浪子》、《霧夜小城市春歸何處》、《愛你到死》
聯興　《情人的眼淚》、《歌女情淚》、《老長壽老青春》
永芳　《東京流浪者》、《黄昏的太陽》、《摇籃橋情淚》
永裕　《青春悲喜曲》、《純情阿狗兄》、《呆子養父》
永新　《賭命三醉客》、《悲戀關子嶺》、《懷念的人》
弘記　《恨你入骨》、《再世鐘聲》、《大劍客》、《異母情淚》
佳璋　《孝子山猴》、《神簫客》
萬錦　《荒山小金童》、《春宵夢》
其他　《十八羅漢》（大成）、《荒野大馬賊》（南臺）、《天災地變彼一夜》（光達）、《三國志劉備東吴招親》（義興）、《猫眼女間諜》（藍天）、《風流少爺》（佳成）、《爲君心傷悲》（京都）、《薛平貴與王寶釧》（續集、完結篇，高和）、《瘋女賊紳士》（秦和）、《惡中善》（玉成）、《甘蔗姑娘》（萬國）、《綿羊山》（義聯）、《傻人艷福》（大祥）、《異母情淚》（太越）、《遥遠的路》（堅成）、《後街人生》（光達、祥記）、《哪個男人不偷情》（視聽教育）、《戀愛風》（大信）、《流浪大鏢客》（寶華）、《艷賊黑蜘蛛》（黑松）、《思慕的人》（大鵬）、《速度愛情》（大來）、《生死難忘》（永記）、《三聲無奈》（永達）、《苦酒滿杯》（三環）、《媽媽三個半》（伍景）、《獨身漢》（北華）

國語片

中影　《雙燕歸》、《生命之歌》、《珊瑚》、《悲歡歲月》、《路》、《寂寞的十七歲》
國聯　《塔裏的女人》、《明月幾時圓》、《遠山含笑》、《鳳陽花鼓》、《深情比酒濃》、《破曉時分》
中製　《生死門》、《金門之戀》、《碧血長空》
中華與龍裕聯合製片　《花落誰家》、《橋》、《夕陽無限好》、《日落日出》、《多少柔情多少淚》、《碎情記》、《春夢》
臺製　《梨山春曉》
亞洲　《越南間諜網》、《西貢無戰事》、《流亡曲》、《感情的債》、《無手的人》
新亞　《春歸何處》、《尋夢園》
國華　《親情深似海》、《禁園》
國際　《神火一〇一》（與日本合作）、《諜海妖姬》（與韓國合作）
東影　《秦雪梅》、《王寶釧》
聯邦　《龍門客棧》
龍裕與香港海外公司合作　《春遲》
其他　《情鎖》（福華）、《原野追蹤》（四傑）、《窗裏窗外》（萬邦）、《第六個》（翡翠）、《窗外》（中育）、《月滿西樓》（火鳥）、《最後命令》（與韓國合作，中興）、《國際金塊間諜戰》（與韓國合作，建華）

《龍門客棧》劇照

《龍門客棧》

出品：聯邦影業公司
製片：楊世慶　編導、美術設計、服裝設計：胡金銓　攝影：華慧英
主演：上官靈鳳　石雋　白鷹　曹健

以明朝景帝的“奪門之變”爲背景。當時由於新帝篡位，權閹曹吉畏懼兵部尚書于謙掌握兵權，串通奸臣誣陷處死，其子女發配龍門充軍。太監曹少欽派兵在中途截殺，幸獲脱救。

石雋（1935—　　）

演員。河北文安人。臺灣大學畜牧系畢業。1965年報考聯邦影業公司，演出胡金銓導演的《龍門客棧》(1967)，接着主演《俠女》(1970)一片，以後便成爲胡金銓固定班底。1978年演出《空山靈雨》、《山中傳奇》。1982年終以《大輪迴》獲第28屆亞太影展最佳男主角獎。石雋在電影中大多扮演沉穩且性格獨特的角色，除胡金銓導演的電影外，均慎選劇本，因而作品不多。目前擔任臺北市電影電視演藝業職業工會(前演員工會)理事、“胡金銓導演文化藝術基金會”執行長。2003年參與演出蔡明亮新作短片《不散》的拍攝。

《三聲無奈》劇照

《三聲無奈》

出品：永達影業公司
監製：戴傳李　編劇：辛奇
導演：辛奇　攝影：陳忠信
主演：金玫　陽明　林琳　戴佩珊

一個貧窮女孩，撿到一個藏有鉅款的錢包，送派出所招領。遺失者是一位華僑，得知這小孩父親在越南做生意，被人誣告坐牢，曾是他救命恩人，以後失去聯絡。這位華僑受兩代恩惠，回到越南請律師替這父親洗刷冤罪，父女團圓。

《寂寞的十七歲》劇照

《寂寞的十七歲》

出品：中央電影事業公司
編劇：張永祥
導演：白景瑞
攝影：林贊庭
主演：唐寶雲　柯俊雄　林雁　李湘

唐寶雲飾演一個品學兼優但心靈空虛的高中生，暗戀着表哥，某日，她要求表哥來接她，却接到表哥車禍身亡的消息，她認爲自己害死表哥而自責精神崩潰，住進了療養院，一直到她遇見表哥女友，知道表哥並非因她而死，才逐漸康復。

柯俊雄獲第14屆亞洲影展最佳男主角獎，本片獲菲律賓迪倫夫人紀念獎、青少年問題最有貢獻特別獎。

影劇業者呼籲政府改善經濟困境

5月，臺灣省電影戲劇商業同業公會聯合會向有關單位二度陳情，指出電影市場近來日漸蕭條，不僅有多家片商倒閉，戲院業者也同樣面臨危機，呼籲臺灣行政主管部門協助改善困境並輔導業者經營。

聯合會總幹事徐金城指出，全省各縣市電影院原有419家，劇院101家，影劇院154家，但目前因經營不善而倒閉的已有72家，虧本的有486家，賺錢的有116家，僅佔所有影劇院的17%。即使是情況最好的臺北市，在全市39家電影院中，也有1家倒閉、26家虧本，賺錢的也僅佔三分之一。造成電影院不賺錢的原因有二，一是電視的出現，其次是戲院業者的稅捐負擔太重。目前戲院所須負擔的稅捐可分爲娛樂稅、印花稅、教育捐及大陸災胞救濟金四種。省轄市的印花稅爲5%，教育捐12%，大陸災胞救濟金有2角、4角兩種，娛樂稅西片60%，國片40%；其他縣市印花稅爲5%，教育捐9%，大陸災胞救濟金2角，娛樂稅西片30%，國片20%，平均在10元票價中，戲院只得2元5角。除了稅捐上的負擔外，徐金城指出，戲院業者還有其他的義務負擔，如優待軍警半價、勞軍義演、製映政令宣傳幻燈片等。以去年全省戲院平均統計來看，因假冒軍警購買半票的損失，即達新臺幣7千萬元；勞軍義演8萬場次，每場500人，每人以5元計算，減少的營業收入約2億元；而每家戲院每年需放映幻燈片200片，平均每家戲院需負擔3千元；加上戲院每日的基本人事、水電支出及營業、土地、營利事業所得稅等種種稅賦，的確已達到難以維持的地步，因此呼籲臺灣行政主管部門協助改善。

遠東最大攝影棚落成

7月25日，"中影"在士林製片廠舉行第四、五（D、E棚）兩座攝影棚的落成典禮，同時爲該公司第一部彩色音樂文藝片《生命之歌》（李嘉導）補行開鏡典禮。"中影"士林製片廠原有A、B、C三座攝影棚，隨着該公司近年來製片量擴增，已逐漸不敷調度，因此於去年10月4日動工興建第四、五兩座攝影棚，以紓解日益嚴重的影棚荒。這兩座比鄰而建的攝影棚全長186呎，寬75呎，高49呎，搭景使用高度爲30呎，一旁並附設有導演、演員休息室各一間，化妝室、服裝室、道具室、衛生室各兩間。棚內通風良好，設備齊全，沒有浪費的空間，將中間間隔的活動鐵門拉開後，就能合爲一座大攝影棚，規模在遠東堪稱第一。

國際聯邦大湳片廠破土

1966年春開工興建的聯邦大湳片廠。1967年底完成。由於建廠是百年大計，一切品質極講究，絕不馬虎，有幾項特色如下：

一、孝、仁兩棚可以連接，棚內可搭建街道布景，白天拍攝夜戲，就以燈光控制氣氛，如此就不受天候的影響。至於忠棚，兩扇滑輪大門高二十尺、寬四十尺，配合廠棚外十二公尺主幹道路，佈景可從廠棚內延伸出來，接搭街道佈景，攝影機利用軌道由攝影棚中一個長鏡可連接攝影棚外街道佈景，一氣呵成；棚頂裝設固定迴轉天橋，雖然工程費浩大，但可便於節省打燈光的時間，極爲方便，並在重要角度按裝固定萬支燈光，可免燈光師搬動之辛勞並可爭取時效；另棚頂裝設自動灑水系統，地面有排水系統爲拍攝暴風雨場景，即可在棚內攝製，而且易於控制。

二、廠棚側面爲連接三層的大樓，底層爲演員化妝室，化妝後可以直接進入攝影棚，下妝後可以洗浴，甚爲方便。廠棚前側爲三層辦公室，導演在開拍之前可至導演辦公室預做準備工作或略事休息，劇務組、美工組均在底層，隨時可配合導演要求，隨傳隨到。廠中辦公室與臺北總公司裝設專線熱線電話，如同對講機，隨時可與公司聯絡或請示，總公司亦可隨時了解廠方工作情況及指揮，提高工作效能。

三、廠中的木材製品工廠，聘有臺灣碩果僅存的雕刻老師傅，手藝精細，雕刻各式仿古董成品，幾可亂真，木材可依設計圖自製各類古式道具，搭景時雕梁棟，富麗堂皇。

紀録片《白鷺人家》在亞洲影展獲獎

紀録片《白鷺人家》在日本東京榮獲第14屆亞洲影展獎，余如季成爲個人製片得獎的第一人。這部紀録片花了7年左右的時間才完成。當時"中影"公司的編劇張永祥和林福地導演，在隨同余如季前往位於臺中北屯的紀録片拍攝現場，了解他如何工作以及這個故事內容之後，慨然答應幫忙。同名劇情片由張永祥編寫劇本、林福地導演，同年（1967年）10月首次參加西班牙第5屆國際兒童影展，獲得最高推崇獎。1968年，余如季更以《白鷺人家》一片，獲得第6屆金馬獎最佳黑白攝影獎。

第5屆金馬獎公佈

10月3日，第5屆金馬獎公佈。影片部分，最佳劇情片：《我女若蘭》(中影)，優等劇情片：《藍與黑》(邵氏)，《何日君再來》(邵氏)，《蘇小妹》(國泰)，發展民族精神特別獎《還我河山》(中影)，特別獎：《故鄉劫》(中製)，最佳紀録片：《高山仰止》(中製)，優等紀録片：《國軍運動會》(中製)，《臺灣新面貌》(臺製)，個人部分，最佳導演：李嘉（《我女若蘭》），最佳編劇：秦亦孚（《蘇小妹》），最佳男主角：歐威（《故鄉劫》），最佳女主角：江青（《幾度夕陽紅》），最佳男配角：崔福生（《貞節牌坊》），最佳女配角：于倩（《藍與黑》），最佳童星：謝玲玲（《我女若蘭》），最佳彩色攝影：林文錦（《我女芳蘭》），最佳彩色美術設計：翁文煒（《我女若蘭》），最佳剪輯：汪晉臣（《我女若蘭》），最佳樂非歌劇（《舞》）片：顧嘉輝（《何日君再來》），最佳録音：殷燮平（《蘇小妹》），最佳紀録片攝影：李興義（《高山仰止》），最佳紀録片策劃：趙舉（《高山仰止》）。

李嘉（1923— 1996）

導演。福建海澄人，國立廈門大學肄業，離開學校一度在新聞界工作，1954年進入電影圈，出任"中影"劇務主任，後改執導演筒。執導《我女若蘭》而榮獲金馬獎最佳導演。他的作品還有《海埔春潮》、《狭谷軍魂》、《蚵女》、《雷堡風雲》、《還我河山》、《貂嬋與吕布》、《生命之歌》等，其中《狭谷君魂》曾獲金馬獎，《蚵女》曾獲金禾獎，《雷堡風雲》則參加南美厄瓜多爾國際影展。

江青（1946— ）

演員。自幼即受舞蹈訓練，後加入香港南國演員訓練班，爲大導演李翰祥所賞識。李氏自組國聯影業公司，江青亦隨同返臺。李翰祥在臺親自執導的第一部影片《七仙女》，即由江青擔任主角，奠立了江青在影壇的地位。江青第二部片主演《幾度夕陽紅》，她從熱情奔放的少女演到飽經滄桑的中年婦人，造型、性格、氣質，雖隨年齡而轉變，真切動人，獲金馬獎最佳女主角。她主演的影片，除上述兩部外，尚有《西施》、《狀元及第》、《黑牛與白蛇》、《窗裏窗外》等等。

江青(左)、汪玲(右)與郝柏村將軍合影

1967年（香港）

大事記

5月 受了大陸"文化大革命"極左政治的影響，香港發生"反英抗暴"運動，社會動亂。這次動亂對香港電影事業打擊很大，因爲它導致當年香港電影最大主力中的長城、鳳凰、新聯（長、鳳、新）三大公司從此大幅減産，並讓出了可觀的市場份額和大大削弱了影響力。

本年 邵氏公司改變製片方針，開始從以文藝片、中國民間故事爲主轉爲以武打片、偵探片爲主，出現了男明星代替女明星的掛帥地位，市場位置得以進一步加强。

資深製片人黄卓漢的自由影業公司改建爲"第一影業機構有限公司"，在香港注册，臺灣拍片。該公司至70年代發展成爲港、臺第四大製片機構。

電影雜誌《電影小説畫報》創刊。

名導演朱石麟逝世。

長、鳳、新生産受挫

長城、新聯、鳳凰三家電影製片公司（簡稱長、鳳、新）分别創立於50年代初期，它們繼承和發揚了30年代以來香港愛國進步電影的優良傳統。在建立的30多年間，三家公司攝製了幾百部影片，這些作品都曾對港澳同胞及海外廣大的華僑社會産生過較積極的作用和較深遠的影響；同時，對於當時的香港電影同業也起到一定的良好影響和推動作用。長、鳳、新的電影創作堅持電影必須反映現實，必須反映廣大群衆的心聲。隨着香港社會的發展變化，爲滿足香港同胞的文化娛樂需求，長、鳳、新不斷調整製片方針，使它們的電影作品在50年代初期到60年代中期，不僅在港澳和東南亞華人華僑觀衆中受到熱烈的歡迎，而且在香港電影界具有舉足輕重的地位，在香港電影的發展歷史上産生了重大的影響。

但在1967年，由於受内地"文化大革命"的影響，長城、鳳凰、新聯等製片機構大幅減産，人才流失嚴重，市場影響力幾已殆盡。

《香江花月夜》劇照

重要影片

《英雄本色》劇照

龍剛（1935—　　）

導演、演員。本名龍乾耀。祖籍安徽。1958年開始從事電影工作，初當演員，參演的一部影片是《酒店情殺案》，參演和主演的名片有《冬戀》等。1966年編導了《播音王子》，成爲其成名作，此後執導了《英雄本色》、《飛女正傳》、《昨日、今日、明日》、《廣島二十八》等。他導演的《應召女郎》獲得第19届亞洲影展社會問題動人故事導演獎。他的突出優點在於拍片題材不斷創新，製作影片嚴肅認真。70年代移居美國從商。

《大刺客》

出品：邵氏兄弟有限公司
編導：張徹
主演：王羽　焦姣　李香君　田豐

戰國時代，武藝高强的青年聶政爲了侍奉母親，隱於市爲屠户。韓國客卿嚴仲子與他結拜爲兄弟，説服他刺殺主降强秦的奸相韓傀，聶政待母親過世後慨然相允，終以屬縷寶劍刺斃韓傀，爲免連累族人，剖腹挖目自盡。

《香江花月夜》

出品：邵氏兄弟公司
編導：井上梅次
主演：何莉莉　鄭佩佩　秦萍

三姐妹與他們的父親一起在夜總會裏表演歌舞，之後她們分道揚鑣，各自經歷了愛情與事業的大起大落。在一個偶然的機會裏他們全家重聚，三姐妹決心同心合力組成香江舞蹈團，盡力發揮她們的才能。

《英雄本色》

出品：新藝影片公司
編導：龍剛
主演：謝賢　王偉
　　　嘉玲　陳齊頌

大盜李卓雄出獄後決心改過自新，黑社會頭領獨眼龍想拉卓雄入伙被拒絶。懷恨在心的獨眼龍以殺害與他有關係的人相要挾，後又從卓雄的弟弟志琛身上下手，卓雄聞訊前去制止，反被志琛槍傷，這時警察已經佈下了重重包圍。

《英雄本色》在當年就是一部傑作，而1986年吴宇森重拍本片，也獲空前成功。

《大刺客》劇照

《獨臂刀》爲新武俠片添新彩

影片《獨臂刀》的出品創造了香港電影票房的新高，是繼《雲海玉弓緣》和《大醉俠》後爲新派武俠片喜添異彩，它激起了古裝刀劍片的高潮，也使張徹真正揚名立萬，從而奠定其在香港電影界的名導演地位。該片導演說："我在動作片中的另一項突破，是用手提機拍攝，這比較少爲人注意，自然也是看西片得來。我覺得這種拍法具有動感，並首先在《獨臂刀》中使用。"（引自張徹：《回顧香港電影三十年》）

本片在香港電影歷史地位是無可置疑的，特別是其創下"張揚陽剛"的風格，構成了後來香港電影主體表現之一。

《獨臂刀》劇照

《獨臂刀》

出品：邵氏兄弟公司

編劇：張徹　倪匡　導演：張徹

主演：王羽　田豐　潘迎紫　焦姣

根據倪匡同名小說改編。大俠齊如豐收留義僕方誠之子方剛，傳授武藝並欲立爲掌門。如豐女兒齊佩因愛慕方剛不成，聯合師兄借與方比武施暗算。方右臂被砍負傷逃走，爲少女小蠻所救，並練成了左手神刀。後如豐遭仇家圍殺，方剛不計前嫌，與小蠻救出師父和齊佩。隨後兩人携手遠走天涯。

張徹（1924—2002）

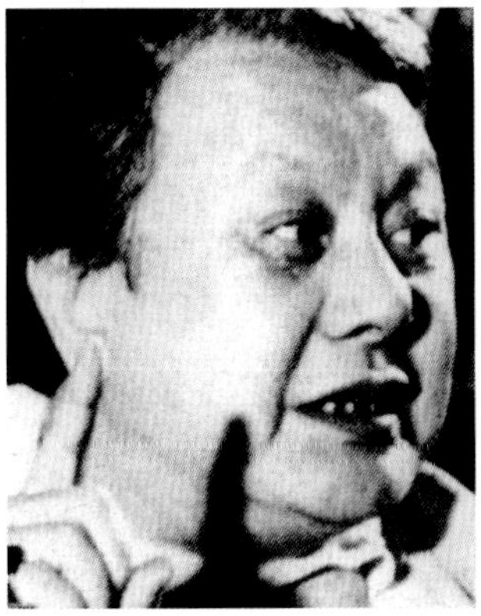

導演。本名張易揚。浙江青田人。早年從事戲劇工作與電影編劇，作品有《假面女郎》等。1947年在上海國泰公司、大同公司任編劇，1949年赴臺灣與張英聯合執導《阿里山風雲》，該片爲臺灣第一部國語片，由他撰詞的該片主題曲《高山青》傳唱至今。之後滯留在臺。繼後他又編過《桃李爭春》、《無語問蒼天》等有名的劇本。1957年由臺到香港，編導《野火》，從事寫作。1960年起，張徹先後在電懋公司、邵氏兄弟公司兼任編劇、編劇部主任。1966年執導《虎俠殲仇》一片初試鋒芒，1967年執導的《獨臂刀》一鳴驚人，成爲香港電影史上的又一部票房超過百萬元大關的影片，也引發了香港電影史上武俠電影的狂潮。

《獨臂刀》大獲成功之後，張徹專任導演，並與名作家、名編劇倪匡長期合作，成爲香港商業電影的風雲人物，不斷領導香港武俠電影的新潮流。1970年張徹執導的《報仇》一片，獲第16屆亞洲影展最佳導演獎，此片開了拳脚功夫片之風氣。同時，培養不少弟子成才，因而有"張家班"之稱，如叱咤一時的王羽、姜大衛、狄龍、陳觀泰、李修賢、傅聲、戚冠軍，以及吴宇森、午馬等香港動作片的中流砥柱，張徹也成爲了對香港電影造成縱深性影響最大的導演。

張徹擅長商業化類型電影的創作，且速度驚人，常常一年拍攝數部影片，如1972年一年内拍攝了8部影片，而1973年一年則創紀錄地拍攝了10部之多。一年數部，雖不免於有粗製濫造之處，但也有不少成爲公認的佳作。代表作《金燕子》、《刺馬》、《叛逆》、《飛狐外傳》等。1973年，張徹創辦長弓影片公司，出品過《洪拳小子》等佳作。1988年的《過江》是他執導的最後一部影片。2002年病逝於香港。

主要影片目録

本年度香港共出品影片179部，粵語片106部，國語片72部，閩南語片1部。

邵氏兄弟　《女巡按》（國語）、《香江花月夜》（國語）、《蘭姨》（國語）、《烽火萬里情》（國語）、《黑鷹》（國語）、《黛緑年華》（國語）、《龍虎溝》（國語）、《少年十五二十時》（國語）、《大刺客》（國語）、《獨臂刀》（國語）、《盤絲洞》（國語）、《風流鐵漢》（國語）、《三更冤》（國語）、《船》（國語）、《明日之歌》（國語）、《珊珊》（國語）

志聯　《廣播皇后》、《花月佳期》、《迷人小鳥》、《兔女郎》、《金色聖誕夜》

大志　《玉面女殺皇》、《女賊金燕子》、《甜甜蜜蜜的姑娘》、《黑野猫覇海揚威》、《飛賊金絲猫》

新藝　《青春兒女》、《英雄本色》、《神探智破美人計》

光藝　《藍色夜總會》、《金鷗》、《鑽石大劫案》

九龍　《少女情》、《猫眼女郎》、《莫負青春》

富華　《聖火雄風大破火蓮陣》、《玉女的秘密》

信誼　《玉女金剛》、《血染鐵魔掌》

嶺光　《多少柔情多少淚》、《工廠三小姐》

鳳凰　《白領麗人》（國語）、《春自人間來》（國語）

寶峰　《七公主》（上集）、《七公主》（大結局）

國泰　《扇中人》（國語）、《女人！女人！》（國語）

玉聯　《女探黑天鵝》、《七彩封神榜》

金國　《青春之戀》、《情花朵朵開》

興發　《空中女殺手》、《無敵女殺手》

其他　《鳳舞驚魂》（香港影業）、《住家男人》（聯藝）、《雙槍黄英姑》（國語）（長城）、《虎口鴛鴦》（新聯）、《玉女神偷》（好好）、《長髮姑娘》（榮藝）、《一步一驚心》（金牌）、《歡樂歌聲處處聞》（遠東）、《風流才子俏丫環》（飛鷹）、《我的愛人就是你》（海天）、《哪個少女不多情》（金圓）、《玉女相思》（凱旋）、《人海奇花》（廿一世紀）、《蓬門淑女》（東海）、《小媳婦》（天華）、《飛哥跌落坑渠》（麗士）、《玉女飛龍》（金像）、《黑玫瑰之三之紅花俠盜》（玫瑰）、《飛賊紅玫瑰》（金海）、《女鐵膽》（影友）、《我愛阿哥哥》（堅成）、《第一號女探員之死亡通行證》（金蘭）、《玉女親情》（勝利）、《旺財嫂》（彩雲）、《紅粉金剛》（電藝）、《蘇小妹》（國語）（電懋）、《漁港恩仇》（仙鶴港聯）、《黄飛鴻虎爪會群英》（漢陽）、《紅衣少女》（粵藝）、《情竇初開》（金星）、《黑白飛天猫》（天華）、《朦查查的愛情》（飛龍）、《藍色毒黄蜂》（真善美）、《塔裏的女人》（國語）（國聯）

1968年（臺灣）

大事記

2月5日 "中影"召開第10屆股東大會，通過由胡健中連任該公司董事長，竺芝珊續任常駐監察人，龔弘續聘總經理，胡成鼎與張作莊仍分任製片與業務兩部門經理。

6月30日 "文化局"舉辦第一次"國片輔導座談會"，邀請海内外影業界人士共同討論國片今後的製作方向。根據上月一項統計資料顯示，島内正在拍攝的國語片有31部，其中27部爲武俠片，座談會是對粗製濫造的武打片日益泛濫所採取的因應措施之一，希望藉此能够提升武打片的整體水準。

8月15日 胡金銓與聯邦公司兩年合約（1966.8.15—1968.8.15）已滿，依約要完成4部片，但第二部片《俠女》未完成，兩年片酬已付清，又續約一年，片酬提高爲每部片6萬元港幣，也付清，《俠女》仍未完成。

11月1日 爲協助國聯影業公司整理債務，由統一影業公司購入的板橋製片廠，在完成各項設備及相關整建工程後，正式落成啓用，並定名爲"統一製片廠"。

12月9日 大衆電影公司創業片《今天不回家》正式開鏡，由白景瑞執導，是一部寫實喜劇片。

本年 臺港大量攝製武俠片，黄梅調影片式微。新派武俠片自胡金銓執導的《大醉俠》和張徹執導的《獨臂刀》、《金燕子》、《大刺客》等片崛起，刺激臺港電影界大量拍攝武俠片。

香港邵氏成立彩色影片洗印中心，自行洗印彩色影片。繼之，香港又先後成立五家彩色影片洗印公司，承接臺灣出品影片的洗印業務。

亞洲影展停辦。

《龍門客棧》在漢城首映，連滿41天，創韓國電影院賣座奇跡。該片在香港也創最高賣座紀録，佔當年十大賣座中西片冠軍。

香港十大賣座國片，第一名是臺灣"聯邦"的《龍門客棧》，總收入2314518元港幣，第二名邵氏《金燕子》，總收入1165594元港幣，第三名臺灣"聯邦"影片《一代劍王》1058843元港幣。

臺灣共生産239部影片，其中彩色國語片20部，黑白臺語片170部。影片産量居世界第二位（第一位是日本，第三位以下依次是印度、美國、香港）。

重要影片

《今天不回家》劇照

《今天不回家》

出品：大衆電影公司
策劃：李行　編劇：張永祥
導演：白景瑞　攝影：林贊庭
主演：甄珍　武家麒　鈕方雨　雷鳴

張真真被父母視如掌上明珠；江化成夫婦恩愛生活美滿；洪敬德家中有位能幹的太太和4個可愛的寶寶，但他們今天都不願回家。張、汪、洪三家比鄰而居，然而在今天他們三人都不願意回家，究竟什麽道理？

《一代劍王》

出品：聯邦影業公司
原著：江冰涵　編劇：徐天榮
導演：郭南宏　攝影：林贊庭
主演：上官靈鳳　田鵬　楊夢華　江南

田鵬匹馬尋父仇，來到鎮上，見仇人苗天欺凌賣藝人，即出面干涉，殺了苗天，又分别殺了四個仇家，最後上官靈鳳出現，意圖爲父親補償過失，救了田鵬，結果田鵬放了仇人一條風燭殘年的老命。

《一代劍王》劇照

《路》劇照

《路》

出品：中央電影業公司
製片：龔弘　導演：李行
編劇：張永祥　藍海
攝影：賴成英
主演：崔福生　李湘　王戎　王宇

築路工人郭茂得爲社會鋪路，也爲下一代的前程鋪路，阻止兒子郭常英愛上姘婦淑君，導致父子衝突。後來，常英終於了解父親培養他的苦心，放棄愛情，努力向學。

本片獲第六屆金馬獎最佳影片男主角。

第6屆金馬獎公佈，金馬獎頒新獎座

9月25日，第六屆金馬獎公佈。本屆“金馬獎”頒發新的獎座（以一匹躍立的駿馬爲造型）。得獎名單：影片部分，最佳劇情片：《路》(中影)，優等劇情片：《烽火萬里情》(邵氏)、《龍門客棧》(聯邦)、《太太萬歲》(國泰)，最佳紀録片：《大哉中華》(中製)，優等紀録片：《仁者壽》(中製)、《青年假期》(臺製)，最佳新聞片：《中國電影新聞595號》(中製)，優等新聞片：《中國電影新聞596號》(中製)，最佳社會教育特別獎：《梨山春曉》(臺製)，最佳攝製技術特別獎：《寂寞的十七歲》(中影)，戰地採訪特別獎：《越南戰地採訪》(臺視)。個人部分：最佳導演：白景瑞（《寂寞的十七歲》），最佳編劇：胡金銓（《龍門客棧》），最佳男主角：崔福生（《路》），最佳女主角：凌波（《烽火萬里情》），最佳男配角：井淼（《烽火萬里情》），最佳女配角：歐陽莎菲（《烽火萬里情》），最佳童星：嘉嘉（《多少柔情多少淚》），最佳彩色攝影：林贊庭（《寂寞的十七歲》），最佳黑白攝影：余如季（《白鷺人家》），最佳彩色美術設計：李季（《寂寞的十七歲》），最佳音樂：王福齡（《烽火萬里情》），最佳剪輯：沈業康（《寂寞的十七歲》），最佳録音：洪瑞庭（《寂寞的十七歲》），最佳紀録片攝影：李興義、平振華、萍金玉、周漱（《大哉中華》），最佳紀録片策劃：王波影（《大哉中華》），最佳新聞片攝影：吴廣昌（《中國電影新聞595號》），最佳新聞片編導：李泠（《中國電影新聞595號》）。

“中影”製片改走健康綜藝路線

9月10日，“中影”總經理龔弘宣佈，今後該公司的製片方針，將由已實行多年的“健康寫實路線”改爲“健康綜藝路線”。他解釋所謂“健康綜藝路線”即不排斥任何類型的影片，包括音樂片、動作片、歌唱片、文藝片、戰爭片、歷史片、喜劇片，均可發展，但在内容精神上，則仍以“健康”爲依歸，以期在娛樂之餘也能收鼓舞人心之效。事實上，近年來“中影”公司已先後嘗試拍攝古裝片《還我河山》（李嘉、李行、白景瑞合導）、音樂片《生命之歌》（李嘉導），和喜劇片《新娘與我》（白景瑞導）等不同於“健康寫實路線”的影片，都算是實踐“健康綜藝路線”的先聲。龔弘同時宣佈，未來該公司將遵循以下三點方針製片，即：1. 嚴格控制製片預算；2. 提高製片水準；3. 扶持獨立製片人並協助海外影人回國拍片。

第一批電影叢書出版

9月，爲倡導電影學術研究風氣，中國電影文學出版社日前出版第一批“電影叢書”。這批叢書包括老沙的《世界電影的裸變》、哈公的《表演奇譚》、黄仁的《中外名導演集》、魯稚子的《現代電影藝術》、劉藝的《電影工作臨場録》，以及張雨田的《中國電影事業論》。

影片目録

永裕
《阿西》、《伴子尋郎君》、《七仔魁》、《往日的舊夢》、《輸人不輸陣》、《勿欠賬》、《安童哥買菜》、《歹竹出好筍》
中興
《雨夜悲情》
南臺
《阿西正傳》、《少女的秘密》
佳璋　《金燕子》
永新
《尪親某妾》、《大小善》、《杜財種花》、《日落西山》
京華
《天黑黑要落雨》
天祥
《錢四脚人兩脚》、《一隻鳥仔》、《爲錢走天涯》
聯合
《人之初》
京都
《心酸的人》、《負心的人》、《幪面客》、《難忘負心人》
藝冠
《娶某免本錢》
新和興
《三步珠淚》
佳成
《河邊春夢》
三井
《一枝草一點露》、《天無絶人路》、《三鳳震武林》
天聲
《一聲叫君二聲苦》
弘記
《三笑緣》、《大刺客之子》
長榮
《趕夜工》
伍景
《人害人不死》
龍升
《雨夜悲情》
九一
《雨傘開花》
太陽
《危險的十七歲》、《吕宋客》
瑞昌
《琉球之戀》
大鵬
《大醋桶》

1968—1969年（香港）

大 事 記

1968年

粵語電影票房節節失利，產量鋭減，不少演員轉入電視界發展。

1969年

國泰公司改變製片路線，以拍攝民國初年背景的動作片爲主。張曾澤執導的《路客與刀客》獲得好評。

開始呈現粵語片危機。在此之前，粵語片一直佔有香港電影的主要市場。1969年，國語片第一次與粵語片出品的產量相同，均爲72部。反之説明，粵語電影已呈下滑，市場收縮，直到1973年《七十二家房客》的出現，標誌粵語片開始重新興起。

重要影片

《紫色風雨夜》

出品：文藝影業公司

編導：楚原

主演：謝賢　蕭芳芳　南紅　曾江

青年作曲家林文聲與麗儀相愛。一日，文聲的《紫色風雨夜》上演，大獲成功，此後他便飄飄然起來。經過一番與女演員張紫燕的感情波折之後，文聲如夢初醒，遂與麗儀又和好如初。

《紫色風雨夜》劇照

《飛女正傳》劇照

《飛女正傳》

出品：榮華影業公司

編劇：林年同　金炳興　導演：龍剛

主演：蕭芳芳　夏萍　曾江　龍剛

此片是60年代第一部揭示社會邊緣少女問題的電影。

《李後主》

出品：仙鳳鳴影業公司

編劇：李兆熊　導演：李晨風

主演：任劍輝　白雪仙　梁醒波

南唐後主李煜無能，致棟梁摧折，國運傾頹。趙匡胤大軍攻南唐，李煜與周后淪爲降臣。趙匡胤駕崩，其弟光義即位，光義看周后美色，欲强幸，周后力拒。光義借機賜酒將李煜毒死，周后也喝下壺中餘酒，實踐同生共死之約。

任劍輝（1913—1989）

演員，粵劇名伶。原名任麗初，又名任婉儀。廣東南海(今佛山南海區)人。是香港歷來最受歡迎的粵劇女反串文武生（能文能武的第一男主角），有“戲迷情人”的美譽。1951年開始正式主演電影，香港出産的著名粵劇電影，多數是任劍輝主演的。著名的有：《紫釵記》、《帝女花》、《李後主》等。她拍片近300部，堪稱“一代藝人”，足以成爲香港文化的象徵。任劍輝退出藝壇後於80年代移居加拿大。1989年病逝香港。

《李後主》劇照

《死角》劇照

《金燕子》劇照

《死角》

出品：邵氏兄弟公司
編劇：邱剛健　導演：張徹
主演：李菁　狄龍
　　　姜大衛　陳鴻烈

一個不滿現實的青年，工作又屢遭不順，於是更加憤世嫉俗。偶然中他與一富家小姐相愛，但遭小姐家庭的反對，女孩的哥哥還叫人暴打了青年。極度憤怒之下，青年用手槍打死了女孩的哥哥，自己也落得悲慘下場。

《金燕子》

出品：邵氏兄弟公司
編劇：張徹　杜雲之
導演：張徹
主演：王羽　鄭佩佩　羅烈

白衣大俠銀鵬和黑衣醉俠韓滔都同時對金燕子心存愛意，並時常相互格鬥。爲救金燕子，銀鵬獲勝身亡，而韓滔却不施援手。金燕子爲銀鵬結廬墓側，終身厮守。韓滔又悔又愧，獨走天涯。

著名電影技師鄺贊病逝

1969年，曾爲香港電影技術發展作出重要貢獻的著名電影技師鄺贊，因病逝世。

鄺贊（1897—1969）

電影技師。廣東人。30年代就在上海麗華影片公司當配音師。1935年他用自製設備製成名爲“鄺贊通”的電影録音機器。1937年在香港創辦“國家片場”。30年來替各影片公司攝製了不少粵語片。1953年他自製設備生産了一部立體粵語電影《淘金記》。1957年又用自製設備生産了一部寬銀幕粵語電影《木蘭從軍》。曾先後發明“導演燈”、“鏡神經”等電影機械設備，對攝製電影的技術改良有很大貢獻。

主要影片目録

1968年

本年度香港共出品影片156部，其中粵語片有88部，國語片62部，閩南語片6部。

邵氏兄弟　《寒煙翠》（國語）、《花月良宵》（國語）、《金燕子》（國語）、《春暖花開》（國語）、《追魂鏢》（國語）、《神刀》（國語）、《春滿乾坤》（國語）、《斷魂谷》（國語）、《玉羅刹》（國語）、《狐俠》（國語）、《天下第一劍》（國語）、《諜海花》（國語）

國泰　《太太萬歲》（國語）、《逃》（國語）、《笑面俠》（國語）、《玉龍吟》（國語）、《七大盗》（國語）

志聯　《梅蘭菊竹》、《愛他・想他・恨他》、《賊千金》、《浪子佳人》

堅成　《血影紅燈》、《藍鷹》、《危險十七歲》、《大情人》

長城　《迎春花》（國語）、《雙女情歌》（國語）、《爸爸的情人》（國語）

謝氏兄弟　《冬戀》、《窗》

富群　《如來神掌再顯神威》、《如來神掌劈魔平九派》

大志　《快樂年年》、《方世玉三打木人巷》

娱樂　《黄飛鴻威震五羊城》、《給我一個吻》

九龍　《玉樓三鳳》、《春光無限好》

光藝　《情人不要忘記我》、《青春戀歌》

金寶　《萬紫千紅》、《奪命刀》

興藝　《窗外情》、《紅鸞星動》

其他　《石敢當》（國語）（鳳凰）、《李後主》（仙鳳鳴）、《鎖着的新娘》（東海）、《青春玫瑰》（堅成）、《玉女痴情》（金蘭）、《首薪大丈夫》（沙龍）、《狄青三取珍珠旗》（天華）、《再世紅梅記》（金國）、《多情妙賊》（金龍）、《鐵血火龍令》（金鳳）、《玉女心》（紅寶）、《武林大決鬥》（新港）、《玉女添丁》（好好）、《花樣的年華》（金航）、《橫衝直撞入情關》（重光）、《天狼寨》（新發）、《七彩難兄難弟》（聯藝）

1969年

本年度香港共出品影片151部，其中粵語片72部，國語片72部，閩南語片7部。

邵氏兄弟　《大盗歌王》（國語）、《獨臂刀》（國語）、《桃李春風》（國語）、《釣金龜》（國語）、《飛刀手》（國語）、《山河血》（國語）、《死角》（國語）、《虎膽》（國語）、《龍門金劍》（國語）、《相思河畔》（國語）、《保鏢》（國語）

志聯　《花月爭輝》、《龍飛鳳舞》、《玫瑰芍藥海棠紅》、《七彩姑娘十八一朵花》

金寶　《香噴噴小姐》、《媽媽要我嫁》、《相思甜如蜜》

國泰　《乘龍快婿》（國語）、《虎山行》（國語）、《龍吟虎嘯》（國語）

娱樂　《滿天神佛》、《飛男飛女》、《餐揾食餐餐有》

長城　《玉女芳蹤》（國語）、《金色年華》（國語）

東南亞　《狂龍》、《玉面煞星》

堅成　《峨嵋霸刀》、《銅皮鐵骨》

榮華　《飛女正傳》、《小魔俠》

荃利　《入伙大吉》、《説謊的人》

其他　《娘惹之戀》（紅寶）、《合歡歌舞慶華年》（興發）、《蔓莉蔓莉我愛你》（呂奇）、《天龍堡》（影劇文化）、《高寶猫》（勝利）、《雌雄妙賊》（金龍）、《十三妹》（國語）（第一）、《艷俠紅玫瑰》（淮河）、《七彩紅男緑女》（重光）、《紅燈緑燈》（海萃）、《玉女劍》（公興）、《江河第一劍》（文華）、《浪子》（謝氏兄弟）、《生死門》（國語）（彩虹）、《北極風情畫》（國語）（國聯）、《四鳳求凰》（興藝）、《黄衫客》（九龍）、《烽火情天》（國語）（玉聯）

1969年（臺灣）

大事記

6月20日　第十五屆亞展在菲律賓馬尼拉頒獎。"中影"的《玉觀音》獲最佳影片獎，"中影"的《新娘與我》獲最佳録音，臺製的《小鎮春回》獲亞展最佳女配角（張冰玉）。

7月18日　"中影"召開第11屆股東大會，董事長胡健中、總經理龔弘，及副總經理許健均獲得留任。

8月7日　臺灣省電影製片協會今日召開理監事聯席會，針對日前國産影片排不上檔期一事，決議成立"國語影片小組"協助安排。

10月30日　臺灣第一本收録有各項電影相關資料的《電影年鑒》今日出版。

10月31日　"中國電視公司"正式開播。

11月18日　坐落於臺北内湖的"華國製片廠"正式落成啓用，同時爲該廠創業彩色古裝片《狐妻》（侯錚導）補行開鏡典禮。

12月　聯邦大湳片廠起用3座攝影棚，擴大製片，並出租同業拍片。

本年　由胡成鼎、李行、劉登善、賴成英、張永祥、林贊庭、陳汝霖、蔡東華、白景瑞合組的"大衆影業公司"成立。

重要影片

《揚子江風雲》劇照

《揚子江風雲》

出品：中影

原著：鄒郎　編劇：張永祥

導演：李翰祥

攝影：陳榮樹

主演：李麗華　楊群　柯俊雄　張美瑶

日軍派情報隊長王凡竊取國軍江防計劃，不料失手被捕，臨刑時爲我方情報員鐵生所救。鐵生潛入淪陷區刺探日軍作戰計劃，事泄，王凡施苦肉計嚴刑逼供，取得日軍信任，乃趁機將鐵生計救脱險。僞第五師師長張威受卓寡婦勸，策反來歸。日軍路過城外五座大橋，突然天崩地裂，橋樑斷碎，日軍全部殲滅。

《冬暖》劇照

《冬暖》

出品：國聯電影公司

原著：羅蘭

編劇：宋項如

導演：李翰祥

攝影：陳榮樹

主演：田野　歸亞蕾　馬驥　孫越

老吴開着一家小食店。在隔壁幫傭的女孩阿金，常爲他洗髒污的衣衫，並幾次向老吴暗示愛意，但老吴自卑感太深而不敢有所表示。後來阿金回老家彰化去嫁人。過了兩年阿金抱着孩子來吃麵，説是丈夫死了……他們很自然地擁抱在一起。

《小鎮春回》劇照

《小鎮春回》

出品：臺灣電影製片廠
製片：楊樵
編劇：吴桓
導演：楊文淦
攝影：鄭潔
主演：張美瑶　劉明　夏臺鳳　張冰玉

陳老太太早年寡居，獨立扶養三個兒女成人。長女感情上曾受過挫折，鬱鬱寡歡。次女是理髮小姐，個性開朗，與鄰村青年相戀。小女舉止時髦，在臺北以歌唱爲生，結識華僑何志剛，並論及婚嫁。

《封神榜》

出品：東影企業公司
監製：王東海
導演：山内鐵也
特技指導：八木政雄
主演：葛香亭　盧碧雲　陳慧美

總兵李靖夫人懷胎三年半始臨盆産一男嬰哪吒。後逢大旱，哪吒請海龍王行雲佈雨，龍王三太子不理，被剥皮抽筋死於非命。龍君興師復仇，哪吒殺人償命，挖肉還母，拆骨還父，以了親恩。死後藉蓮花化身，再世爲人，並因響應伐討義師，終得列名封神榜上。

《封神榜》劇照

《玉觀音》劇照

《玉觀音》

出品：中影
製片：龔弘
編劇：張永祥　藍海
導演：李行
攝影：賴成英
主演：白蘭　陳耀圻　蔡惠華　崔福生

北宋韓郡王府小姐秀秀與表哥崔寧私奔，夫妻相約臨安見面。金兵入侵，命崔寧完成玉觀音，但他鑿毁玉觀音而遭殘害失明耳聾。崔寧歷盡艱辛到臨安，却不知已與自己的妻兒團聚。當他接觸未碾的玉，不分晝夜碾玉。一座玉觀音碾成，其生命也到盡頭。

影片目録

中影　《八仙渡海掃妖魔》、《家在臺北》、《小翠》、《群星會》
聯邦　《情人的眼淚》、《鐵娘子》、《黑帖》、《晨霧》、《鬼話》
聯興　《劍王之王》、《火鳥》、《月滿西樓》
臺聯　《姜子牙下山》、《目蓮救母》、《孫龐鬥法》
臺製　《小鎮春回》、《歌聲諜影》
中製　《揚子江風雲》、《壯志凌雲》
亞洲　《血滴子》、《猿美人》、《儂本多情》
萬邦　《雪娘》、《大赤峰巔》
中天　《牛郎織女》、《小情人逃亡》
統一　《不速客》、《虎父虎子》
永新　《阿西返外家》、《一胎三個》、《一分錢一分貨》、《人的命運》、《阿西好過年》、《危險的青春》、《燒肉粽》、《迎媽祖之夜》、《丈夫要出嫁》
南北　《淚的小花》、《走東走西好過年》
南國　《酒醉誤江山》、《鬼美人》、《鑼聲若響》、《女人一生》、《安平追想曲》、《雨夜花》、《東南西北》、《暗光鳥》
永裕　《阿西父子》、《新烘爐新茶古》、《阿西做大舅》
永芳　《劉茶古遊臺北》、《金瓜寮老師父》
聯合　《臺灣錢淹脚目》、《豆腐店》、《浪子心》
大鵬　《新桃花過渡》、《雨中花》、《阿花生貴子》、《天天醉》
錦綉　《太太没在家》、《女龍王》
其他　《誰教你》（新和興）、《傷心的人》（金猫）、《娘子軍》（伍景）、《康丁遊臺北》（萬象）、《孟麗君》（龍升）、《一見你就笑》（永達）、《女大十八變》（南臺）、《阿西娶新娘》（南華）、《加人加福氣》（南北）、《花魁女》（龍雨）、《笑頭笑面》（國益）、《王哥柳哥遊地府》（鐘寶育樂）、《流浪燒酒仙》（錦華）、《寸草孤兒心》（太山）、《偷心的人》（麗城）、《上午零時》（三井）、《母親你在何方》（一泉）、《封神榜》（上、下集，東影）、《今天不回家》（大衆）、《不要抛棄我》（萬聲）、《淚的小花》（萬祥）、《王者神劍》（一心）、《我恨月常圓》（永聯）、《八仙過海》（彩虹）

第二次國片輔導會形成多項決議和公約

6月28—29日，"文化局"主辦第二次"國片輔導座談會"。龔弘、黄也白、鄒文懷、楊曼怡、童月娟、楚原、嚴俊、沙榮峰、楊樵、俞大綱、胡金銓等海内外影劇界人士60餘人參加這次座談會。會議就建立電影事業職業合作公約，爲電影事業的健全發展樹立規模；檢討第一次"國片輔導座談會"的決議文，迅速研究訂定製片道德信條的具體辦法；編劇及導演如何在發展電影事業過程中肩負積極的責任；如何輔導國片；如何拓展國片市場等五個議題進行討論，並形成若干決議和公約。同時，爲了保障國産影片及工作者的就業機會，今日大會同時要求規定今後國産影片的導演、編劇、主角、配角、攝影、燈光、美術等工作人員，皆必須由國人擔任。

香港影業製片重心移向臺灣

60年代，香港製片人馮明遠、黄卓漢、王引、王龍、童月娟、徐文若、李湄、徐昂千等到臺灣投資拍片，其中王龍、王引、黄卓漢等長駐臺灣拍片。臺灣製片環境好轉，國語片生産數量激增，超越香港，原因有下列幾點：

一、行政主管部門利用日片配額獎勵拍片，只要開拍就有一部配額中的幾十點，如果加上得獎的日片配額獎勵，和海外市場預售版權收入，即可撈回成本有餘，臺灣市場收入等於淨賺。

二、臺港國語片市場好轉，許多臺語片公司轉拍國語片。

三、邵氏兄弟公司在臺灣的收入增加，仍無法全部結匯，找臺灣導演在臺灣包拍影片，消化臺灣市場的收入。

四、邵氏父子公司爲與兄弟公司對抗，支持臺灣獨立製片。

五、李翰祥率國聯外景隊長駐臺灣拍片，提高臺灣片水準。

六、電懋（國泰）、嘉禾加强和臺灣公民營機構合作拍片。

臺灣民營製片的黄金時代

1963年，臺灣電影生産數量，據統計是公營國語片1部，民營國語片4部，加臺語片77部；到1969年，公營彩色國語片5部，民營彩色國語片71部，加黑白國語片30部，臺語片117部，共223部。這時，臺灣民營電影製片，不論生産機構和出品數量都超過3家公營片廠數十倍，可説進入民營製片黄金時代。

臺灣民營製片如此迅速蓬勃發展，概略地説，與臺灣經濟成長、國民所得增加，促進戲院增加，國語片人口增加，都有緊密關係。1953年以發行起家的聯邦公司經過八年的努力，消除了國語片發行上的種種障礙，尤其在各地增建戲院，改建戲院，建立全省强大國語片發行網，造成製片業有利可圖的環境（島内收回成本，島外全賺），因此，投資者日增。

1953年全臺灣影戲院共有347家，到1970年聯邦業務鼎盛時，全臺灣影戲院增到826家，其中新增加的都是電影院，原有的舞臺劇戲院不改建的，也會有半年放映電影，半年演戲。這些新增或改裝的戲院，多是民營，公營不到十分之一。

港臺電影界反對電視播映國片

11月8日，針對"中視"向香港片商收購、租映國語舊片，計劃於近日播出一事，海内外五電影團體負責人今日簽訂聯合公約，決定採取一致的抵制立場。簽署公約的五個電影團體代表分别是港九影劇自由總會主席黄也白、臺灣省電影戲劇商業同業公會聯合會理事長張作莊、臺灣省電影製片協會代理事長張英（理事長丁伯駪出國未返）、臺北市電影戲劇商業同業公會理事長黄聯發，以及臺北市影片商業同業公會理事長周劍光。

電視播映電影舊片問題約自去年底開始受到各電影團體的重視。當時香港無線電視公司在大量播映粤語片後，爲開拓片源，來臺洽購國語舊片的電視播映權。臺灣省電影製片協會有鑒於香港粤語片市場，即是因當地電視臺全天候播放粤語片而一蹶不振，因此於1月4日決定禁止會員租售影片予電視公司，以維護國産影片的香港市場。日前，"中視"爲因應開播的需要，向香港數家電影公司洽妥數十部國語舊片的播映權。臺灣省電影製片協會爲防止國片市場亦如香港粤語片般遭受重創，因此一方面通知全體會員，重申禁止租售國語及地方語言影片予電視臺播映的禁令，另一方面積極與臺北市影片商業同業公會等四個電影團體取得協議，決定對電視播映國片採取一致的抵制行動。根據這項協議，今後臺灣省電影製片協會與港九影劇自由總會的會員若違反規定，將國語或地方語言影片租售予任一電視臺播映，臺北市影片商業同業公會所屬會員將一致拒絶購買或發行該製片人或電影公司的任何影片；臺灣省電影戲劇商業同業公會聯合會及臺北市電影戲劇商業同業公會所屬會員，將一律拒絶上映該製片人或電影公司的任何影片。

電影事業輔導八項措施

9月12日，教育部文化局局長王洪鈞前往"監察院教育委員會"，對"影片製作路向及不良影響之取締問題"作出説明。他指出，由於政府制定"電影事業法"或建立電影製片的自律製度，需要較長時間才能實現，因此目前政府對於不良影片的取締，只能從强化電影檢查着手。

王洪鈞同時指出，政府在輔導電影事業上也有下列八項措施：

1. 舉辦"國片輔導座談會"。
2. 促成電影從業人員組織化，並協助優良編導人員出國進修。
3. 協助優良國片舉辦海外展覽會，拓展海外市場。
4. 繼續舉辦優良國片競賽。
5. 提高優良國片外片配額作爲鼓勵。
6. 協助有規模的電影公司走向企業化。
7. 鼓勵創作優良電影劇本。
8. 促進電影教育制度的修正，使對電影事業産生良好的影響。

金馬獎公佈，新增卡通類獎項

10月9日，第7屆金馬獎得獎名單公佈。在獎項及獎勵方面，本屆金馬獎增設"最佳卡通片"一部及"最佳卡通片編導"一名，而包括這兩項獎項在内的所有獲獎影片及個人，在原先可獲得的獎座或獎金外，都可再獲頒一紙獎狀。影片部分：最佳劇情片：《小鎮春回》（臺製），優等劇情片：《揚子江風雲》（中製）、《新娘與我》（中影）、《珊珊》（邵氏）；最佳紀録片：《張大千的畫》（臺製），優等紀録片：《光華演習》（中製）、《龍井鄉》（臺製）；最佳新聞片：《中國電影新聞644號》（中影），優等新聞片：《楊傳廣、紀政一人一元運動》（臺視）。個人部分：最佳導演：白景瑞（《新娘與我》）；最佳編劇：吴桓（《小鎮春回》），最佳男主角：楊群（《揚子江風雲》），最佳女主角：李麗華（《揚子江風雲》），最佳男配角：孫越（《揚子江風雲》），最佳女配角：張冰玉（《小鎮春回》），最佳童星：吴鳳凰（《小情人逃亡》），最佳彩色攝影：鄭潔（《小鎮春回》），最佳彩色影片美術設計：葉英晉、張國雄（《月滿西樓》），最佳音樂（非歌劇）：周藍萍（《水上人家》），最佳剪輯：汪晉臣（《新娘與我》），最佳録音：王永華（《珊珊》），最佳紀録片策劃：楊文淦（《龍井鄉》），最佳新聞片攝影：吴廣昌、姜楓、劉建業（《中國電影新聞648號》），特别獎：童月娟（長期努力製片事業著有成績），趙澤修（努力卡通影片之製作著有成績），田鵬（最有希望之男星），井莉（最有希望之女星）。

1970年（臺灣）

大事記

1月3日

導演李嘉和白景瑞簽約加盟香港製片人吴源祥在臺灣投資的萬聲電影公司。

1月4日

萬企影業公司製作，江冰涵（辛奇）執導的《盲女勾魂劍》開鏡，完全是由臺語片的班底改拍的國語片。

《盲女勾魂劍》劇照

1月30日

臺灣省電影製片協會表示，本年臺、港兩地電影輸入越南的配額爲169部。

6月14—18日

第16屆亞洲影展在印度尼西亞舉行，"中影"《家在臺北》的歸亞蕾獲最佳女主角獎，張永祥獲最佳編劇獎。"臺製"的《大哉孔子》得紀録片獎。

6月

宇宙影業公司出品，謝君儀執導的影片《謝謝總經理》，轟動中南部，擔綱主演的鄧麗君一鳴驚人。

7月10日

聯邦攝製3年的《俠女》上集在臺北市首映。

9月6日

"中國電影文學出版社"第二批電影叢書已正式出版。這批叢書包括《電影藝術概論》（哈公著）、《世界電影的裸變》續篇《五十年代的電影戰》（老沙著）、《中外名導演集》下集（黄仁著）等書。

9月

臺灣第一部自製彩色卡通片《龜兔賽跑》殺青。

12月30日

"中製"繼《揚子江風雲》後，另一部由梅長齡監製，熊光製片，李翰祥執導的大製作《緹縈》殺青。

重要影片

《母與女》

出品：大衆
編劇：孫陽
導演：李行
攝影：賴成英
主演：甄珍　李湘　歐威
　　　柯俊雄　王戎

李湘因姘夫犯案坐牢，決心要把女兒培養成高尚的淑女，儘量設法賺錢，給女兒一切物質上的享受，可没想到没有爸爸的女兒，更需要精神上的母愛，更糟的是，她禁止女兒喝酒、吸煙，自己却喝酒、吸煙，又常常哄騙女兒，和有婦之夫要好，造成母女之間的誤會而對立。

《母與女》海報

《歌聲魅影》

出品：臺製
編劇：魯稚子
導演：吴桓
攝影：張瑞林
主演：張美瑤　夏臺鳳
　　　張冰玉　儀銘

工程師儀銘與妻張冰玉想念女兒張美瑤，但張美瑤來臺後，表露身份並非其生女，而是監視張冰玉的特務，因爲張冰玉來臺時生女被押爲人質，脅迫其竊取機密工程圖樣。後來，張美瑤良心發現，爲搶救張冰玉親生女兒夏台鳳而被槍殺，但她已獲得清白，含笑瞑目。

獲第8屆金馬獎得優等劇情片、最佳編劇、最佳男配角、最佳女配角等四項大獎。

李湘（1942—　）

演員。本名李寶蕙。生於江蘇。曾在臺灣淡江文理學院外文系讀書，1966年加入"中影"公司。其代表作有《路》、《寂寞的十七歲》、《庭院深深》、《太陽下》、《母親三十歲》、《浪花》、《一夜緣》和《秋決》等數十部影片，因演《母與女》獲亞洲影展最佳女配角獎。擅長飾演成熟的女性銀幕形象。

《家在臺北》

出品：中影
原著：孟瑶 編劇：張永祥
導演：白景瑞
攝影：林贊庭
主演：歸亞蕾　柯俊雄
　　　李湘　馮海

一群留學生自美回臺探親的故事。農家子弟夏之雲與其旅美妻子回臺探親，毅然留了下來。他的妹妹却和花花公子何範相携赴美。感情受創的冷露無可奈何地留了下來。吴大任回臺和妻子淑媗離婚，但愧對妻子多年無怨無悔的吃苦持家，重新抉擇後，決定留在臺北。

《家在臺北》劇照

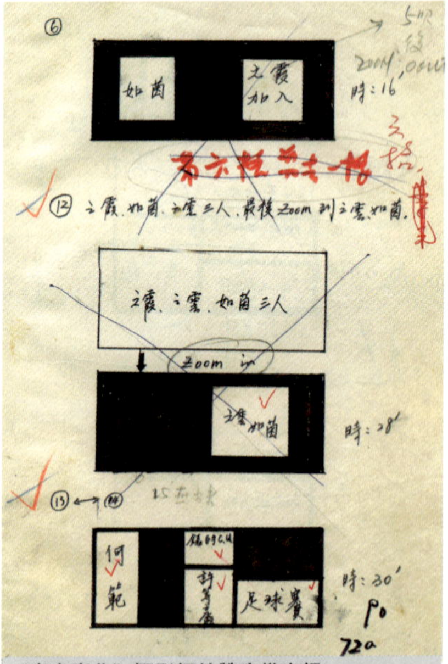

《家在臺北》攝影師林贊庭備忘録

《家在臺北》一開場的多重分割畫面，是攝影師林贊庭與剪輯師汪晉臣等人的合作下以"土法煉鋼"的方式完成的，最多高達三十六組畫面。圖爲攝影師設計分割畫面的筆記。

歸亞蕾（1941—　　）

演員。浙江吴興人。1964年自國立臺灣藝專影劇科畢業，應徵王引天南公司的《煙雨濛濛》女主角録取，該片獲第4屆金馬獎最佳女主角獎，歸亞蕾自此走紅影壇。1966年加入國聯公司爲基本演員，國聯結束後爲自由演員，演出作品大部分爲文藝片，1970年以《家在臺北》同時獲金馬獎和亞洲影展最佳女主角獎，1978年再以《蒂蒂日記》獲金馬獎最佳女配角獎。1972年一度息影18個月，1974年復出。

附録：《家庭、電影與我》

自從拍完《煙雨濛濛》一片後，我走進了家庭，扮演起妻子、媳婦和母親三種角色，這三種角色却是真實生活中的我，而非電影中的我，從此我走入職業婦女和家庭主婦兼顧的生活裏。

也許有人懷疑，一個演員結婚後，仍能從事自己的本行工作嗎？七年來，我總覺得自己可以勝任。主要是，演員工作環境雖然與其他工作環境大不相同，但也是三百六十行中的一行，與普通職業基本上相同的，也因此，我感覺從事演員有很多休息時間反比普通工作更輕鬆。

我自己規定每年拍片最多不超過三部，三部戲的時間約爲四五個月，我分開來安排，使工作的日子不連在一塊。

每一次拍戲前，我一定要把傭人請好，才能放心北上，由於目前傭人難找，有時只好請自己的媽媽來幫忙。

在北上前，我把家裏所需要的菜買好，放在冰箱裏，然後請一個傭人來照顧孩子和婆婆，這樣我才比較放心。

我的先生是飛行員，每星期在家的時間不定，或是一三五，有時二四六，我的婆婆雖八十高齡，她老人家的身體還很硬朗，今年六歲的小女兒，已上幼兒園，説起來，我的家庭很簡單，不過，一天的瑣事也够我忙的：好在這是做主婦應盡的責任。

我從事演員工作，我的先生起初並不讚同，認爲電影圈的環境較複雜，而且也不太諒解我從事這種工作，如今，事實證明，七年來，我也不是兼顧了家庭和事業嗎？

主要原因是夫妻間彼此體諒，有時我北上拍戲，無法照顧家，他也很諒解，也很支持我，使我能够有今天的成就，多半是他的功勞。

他遇到休假時，就會北上來陪我，讓我過得更快樂些，像這樣幸福的日子，真是可遇而不可求。

由於我的家在臺南，造成了種種不便，不能像一般人白天拍戲，晚上回家，如果家在臺北，就沒有這方面的顧慮。不過這還是其次的，重要的是對家庭生活的照顧。

對家庭，如果按照我内心的天秤來衡量，是放在第一位的，當初從事演員工作時，我首先徵求丈夫的意見，他同意了，我才答應請我拍戲的人，由此，可知道我還是比較偏重家庭。

在家裏，我必需侍候婆婆，做媳婦應該做的事；整理房間，買菜燒飯，做妻子應做的事；指導孩子的功課，照顧孩子的衣着，做媽媽應做的事；每天，我在家就扮演這三種角色，一點也不覺厭倦，如果拍戲常常要我演這三種角色，我一定會提出抗議！

譬如説，我的家庭生活在别人的眼光中也許不尋常，對我來説是很平常的一件事。我每天早上起床後，第一件事是打掃房間，然後買菜做飯，在做飯的當兒，必需要分神看孩子做功課，她的幼兒園交通車十二點十分到家來接她上學，這時中午已經過了，又要開始下午的工作了。

雖然每天如此，看起來是一本流水賬，可是我却不覺得厭倦，反而希望每天都能這樣，過着愉快而融洽的家庭生活。

我認爲，這樣對家庭生活是非常正常的生活，不像拍片生活，有時過得真是生活顛倒，白天變成了晚上，晚上變成了白天。

雖然每天家庭零碎的瑣事很多，但我一點也不覺得累。這麽多年來，我一直在扮演職業婦女和家庭主婦的雙重角色，七年來的事實證明，我不是過得挺幸福嗎？

（歸亞蕾，1972年3月20日）

影片目録

中影
《家在臺北》、《魔笛神童》、《小翠》、《群星會》、《萬博追蹤》、《春梅》

臺聯
《重慶一號》、《孫龐鬥法》、《小飛俠》、《樊梨花移山倒海》

星聯
《後窗》、《七滴眼淚》、《珊瑚戀》

聯邦
《龍城十日》、《俠女》

國際、僑聯育樂
《長江一號》

南國
《艷諜白牡丹》、《野玫瑰》、《大家歡喜》

天華
《陳靖姑》、《珍珠港》

永新
《再見臺北》、《大愚俠》

第一
《百萬新娘》、《痴心的人》、《鬼新娘》、《胭脂虎》、《像霧又像花》、《魏徵》、《盲女決鬥鬼見愁》

錦華
《桃太郎斬七妖》、《魔笛神童》、《二郎神楊戩》

萬聲
《高山青》、《不要抛棄我》、《再見阿郎》、《人家的丈夫》

錦綉
《恐怖廿四小時》、《最熱情的一晚》

聯興
《大劈棺》、《十八羅漢》、《劍王之王》、《虎牙山》、《鬼見愁》

萬順
《猪八戒招親》、《鬼屋麗人》

鐘寶
《猫與大夫》、《戀愛季節》

新大陸
《鍾馗捉妖》、《大地怒吼》

龍裕
《無敵刀王》、《黑旋風》

利銘
《苦情花》、《刀王劍王》、《五對佳偶》

一心
《我要你》、《添福添壽》

彩虹
《蚌仙》、《攝魂鏡》

萬邦
《金鏢小飛俠》、《雪娘》、《我等你回來》、《弱者是男人》

千樂
《誰知我的心》、《恩情人》

華興
《紅艷女飛龍》、《十八羅漢》

其他
《風流表哥俏表妹》（大有）、《不要讓太太知道》（聯華）、《雙面女郎》（萬象）、《賴麗麗要出嫁》（龍雨）、《寇三娘》（華商）、《王老虎搶親》（吉星）、《謝謝你總經理》（宇宙）、《星夜離别》（新高）、《張帝流浪找柳青》（南國）、《薛仁貴與王寶釧》（成功）、《妙賊》（太山）、《家花總比野花香》（萬祥）、《仙女愛奴才》（臺鳳）、《武林六》（西北）、《金龍一號》（三井）、《我等你回來》（聯星）、《一封情報百萬兵》（友邦）、《玉獅子》（泰和）、《海女的秘密》（新友）、《雪嶺劍女》（聯發）、《喜怒哀樂》（藍天）、《華光救母》（臺旭）、《滿面春風》（新友）、《大財神》（富華）、《生死難忘》（萬昌）、《太太懷孕了》（全中）、《妹妹要我嫁》（金獎）、《盲女勾魂劍》（萬企）、《當你離家時》（懋華）、《名劍天驕》（永德）、《一劍穿心》（泰和）、《君子劍》（九童）、《墓中生太子》（大成）、《玉面猫》（大鵬、七祥）、《新娘萬歲》（金寶）、《霧夜的車站》（永裕）、《雙龍劍》（嘉華）、《百步追魂》（榮堅）、《龍虎風雲》（亞洲）、《冬暖》（國聯）、《歌聲魅影》（臺製）、《太太回娘家》（京龍）、《警告逃妻》（大衆）、《草地新娘》（黑象）、《恨你入骨》（國華）、《飛虎》（玉聯）、《草上飛》（新華）、《包公遊地府》（四傑）、《吾愛吾妻》（新世紀）

三大導義助李翰祥　携手合作《喜怒哀樂》

李翰祥來臺後，國聯公司開支龐大，60年代後半期，財務日見窘境。《中國時報》採訪主任謝家孝想出三大導義助、四大導合作的構想，經一年的奔走，找到片商杜桐蓀願意投資，終於促成白景瑞、李行、胡金銓義助李翰祥，四大牌合導《喜怒哀樂》之舉。四組工作人員、導演都不支片酬。影人的義氣，各出絶招的導演本事，四段影片創新的内涵都有可取，是影壇空前盛事。

四大導演（左起）：白景瑞、胡金銓、李行、李翰祥

《喜怒哀樂》劇照

《喜怒哀樂》

出品：新國聯

製片：楊樵

導演：白景瑞　胡金銓　李行　李翰祥

攝影：林贊庭　陳清渠　賴成英　陳榮樹

《喜》：一個沉迷於"書中自有顔如玉"思想的書生，深夜遇到美麗的女鬼後，變成了書生本"色"，所謂"喜"上心頭，完全是貪"色"的心理作用。

《怒》：改編自平劇《三岔口》。

《哀》：歐威獄中歸來，急於報仇，孰知仇家業已滅門。

《樂》：水鬼要投胎，必須有人落水死亡來代替，這個好心水鬼不忍心别人死亡，寧可自己失去投胎機會。玉皇大帝知道水鬼的善舉，將他升成城隍爺。

《小翠》

出品：中影

編劇：何偉康　廖祥雄　導演：廖祥雄

主演：翁倩玉　武家麒　魏甦　傅碧輝

根據《聊齋》一段報恩故事改編。叙述三品京官王大常之痴呆獨子與小翠結婚後，狐仙化身的小翠爲王府化解危機，反被誤會，説明勢利人所見淺薄。

翁倩玉（1950—　）

女歌星兼演員。臺灣省臺南人。其父翁炳榮爲電視界名人，從小在日本長大，八歲被東京的日葵劇團網羅爲基本童星，後被美國名作家賽珍珠發掘，演出美日合作片《大波浪》。從此活躍娛樂圈，成爲日本著名歌星及電視演員。1970年回臺，主演"中影"公司的《小翠》和《萬博追蹤》，1971年以《真假千金》獲第10屆金馬獎最佳女主角獎；1973年以《愛的天地》獲第19屆亞洲影展感人演技獎，曾在中視主持歌唱節目《翁倩玉之聲》。

電影《小翠》女主角翁倩玉

臺灣電影的黃金時代

1970年，是臺灣電影事業發展的最高峰年，不但出品產量最多，而且聯邦電影公司出品的《俠女》，1975獲戛納國際電影節的高等技術大獎，是中國電影技術首次獲世界性的肯定。導演胡金銓獲選爲1970年世界五大導演之一。

臺灣電影經過40年代無中生有的播種期，50年代艱辛克難的成長期，到60年代後半開始才有燦爛輝煌的黃金時代。

臺灣片在臺灣本土起飛時，不但在臺灣叫好叫座，在香港也出過風頭。1968年的香港十大賣座國片，第一名是臺灣聯邦的《龍門客棧》，總收入2,314,518元港幣，第二名邵氏《金燕子》，第三名則是聯邦影片《一代劍王》。

1970年香港的十大國片賣座片冠軍，又是臺灣出品的武俠片《鬼見愁》，中外片排名第6名；聯邦《烈火》總收入881,090元港幣，排名第21名。

1970年代武俠片當道之際，"邵氏"吸收了多位臺灣的導演拍影片，包括郭南宏執導《劍女幽魂》(1970)、《童子功》(1970)，周旭江執導的《鬼新娘》(1970)，林福地導演的《大内高手》(1970)，辛奇導演的《隱身女俠》(1970)，以及蔡揚名所執導的《警察》(1972)等，大部分在臺灣拍。

當年香港觀衆喜歡臺灣的國語片，除武俠片外，文藝愛情片也受歡迎，中影的《啞女情深》，在香港叫座又叫好，總收入超過八十萬元港幣。此外《菟絲花》、《養鴨人家》、《意難忘》、《西施》、《還我河山》、《婉君表妹》、《我女若蘭》、《煙雨濛濛》、《橋》、《春歸何處》、《花落誰家》、《幾度夕陽紅》、《貞節牌坊》等，賣座情况都很好。

1970年，"大都"和"虹雲"兩家彩色片沖印廠成立，臺灣彩色片不必依靠日本和香港沖印，直接改善影片生産，這也是造成70年代，臺灣電影進入高峰的主因。

這時臺灣電影生産最大特色，是進入民營時代，"中影"等公營製片廠全年産量不到全臺灣電影年總産量十分之一，中影的攝影棚5座，也只有全臺灣攝影棚的四分之一。臺灣對香港自由影業的輔導，也由聯邦取代中影，可惜聯邦内部意見不合，時間不長。

臺語片欲振乏力演職員另謀發展

4月，自從臺北的臺語片院線失去市場後，只剩市内偏遠地帶及市郊少數幾家戲院仍偶爾放映臺語片。臺語影業欲振乏力，大部分公司已停止製片，目前仍在拍攝的臺語片，僅有萬順公司的彩色歌仔戲片《珍珠塔》(李鐵導)和龍升影業公司的時裝悲劇片《回去平安港》(吴飛劍導)兩部。臺語片演職員爲謀生計，紛紛向國語片或電視進軍。例如由童月娟、張善琨、郭南宏等合組的萬企影業公司新片《盲女勾魂劍》(江冰涵導)，除編劇和一位國語演員外，其餘清一色都是臺語演員。徐守仁、吴飛劍、洪明麗、白虹、矮仔財、康丁、柳哥、武拉運、黄元寶、王滿嬌、郭乃華等臺語片導演及演員，也都已轉向電視臺或國語片發展。

第8屆金馬獎頒佈

9月2日，第8屆金馬獎公佈。本屆金馬獎取消頒發個人獎金，改頒小型金馬獎，原因在於影業景氣蓬勃，影人收入較豐，改爲側重榮譽性的頒獎座。

最佳劇情片：《家在臺北》(中影)；優等劇情片：《歌聲魅影》(臺製)、《路客與刀客》(國泰)、《高山青》(國泰)、《新不了情》(邵氏)；最佳紀録片：《河山並壽》(中製)；優等紀録片：《人工脊椎》(中製)、《大哉孔子》(臺製)、《廿三屆世界少年棒球賽》(大衆)；最佳新聞片(35毫米)：《中華少年棒球隊世界爭霸戰》(臺製)；最佳新聞片(16毫米)：《艾爾西、芙勞西風災旱災後重建》(臺視)；優等新聞片：《廿四屆全省運動大會》(臺製)、《恭祝總統華誕尼日總統訪華》(中製)、《中南島的火巷東越戰地巡禮》(臺視)、《中華客機迫降成功》(臺視)。個人部分：最佳導演：張曾澤《路客與刀客》；最佳編劇：魯稚子《歌聲魅影》；最佳男主角：葛香亭《高山青》；最佳女主角：歸亞蕾《家在臺北》；最佳男配角：儀銘《歌聲魅影》；最佳女配角：夏台鳳《歌聲魅影》；最佳彩色攝影：賴成英《群星會》；最佳美術設計：高山嵐《幸運草》；最佳音樂：周藍萍《路客與刀客》；最佳剪輯：汪晉臣《家在臺北》；最佳録音：洪瑞庭《群星會》；最佳童星：俞健生《不敢跟你講》；最佳紀録片攝影：祁和熙《大哉孔子》；最佳紀録片策劃：劉芳剛《我愛國旗》。特別獎：優秀演技特別獎：胡燕妮；發揚民族精神特別獎：《重慶一號》、《我愛國旗》。

邵氏公司在臺灣拍片

1960年代香港邵氏來臺灣出外景極爲頻繁，包括《山歌姻緣》、《山賊》、《藍與黑》、《毒玫瑰》、《七俠五義》、《釣金龜》、《十二金釵》、《紫貝殼》、《船》、《寒煙翠》等，這些影片，除了利用美麗寶島名勝，更可以消化邵氏影片在臺灣未匯出的影片收入。再以《藍與黑》爲例，可以借用臺灣上萬的軍隊做臨時演員，在香港做不到。其次是邵氏在臺找人包拍影片，善用臺灣影人資源，最先是潘壘，後有郭南宏、辛奇、申江、張曾澤等都爲邵氏拍片。

臺灣電影業與電視之戰

電視臺放映國片，打擊了電影院票房，引發了電影業與電視之戰，張英當時擔任臺灣省製片協會理事長，領導所有的電影團體，大家團結抵制電視臺放映國片。

1970年2月22日下午2時，中視播映國語舊片《傳統》，因是電視臺第一次播國語片，全省電視觀衆都想看免費國語片，根據各地電影院報表當天兩點鐘場的票房普遍低落五成，還不如平常觀衆最少的四點鐘場，顯然受電視影響。影片商和影院業都認爲電視播近年國片問題嚴重，一致要求擔任臺灣省製片協會理事長的張英，設法阻止，並向有關方面陳情。

當時華視收購國語片最少，當然容易接受，臺視收購國語片最多，缺少强片，完全備檔性質，爲不願得罪電影界，也勉强接受。唯獨中視在副總經理董彭年的堅持下，態度强硬，並以文化局三令五申，希望電視少播西片，觀衆支持播國語片爲由不願配合。

電影界對中視的强勢作爲通令各電影公司及戲院拒絶採用電視演員拍戲，如發現影片中有電視演員，戲院不得上映。電影團體施出殺手鐧，演員紛紛向電視單位反映。

此時，鄧麗君首部主演的電影《謝謝總經理》，將於6月27日至7月3日在臺灣全省首映。而同時中視也大做宣傳，鄧麗君應邀參加臺灣首部電視連續劇《晶晶》的晚會，並在會中演唱《晶晶》的主題曲。製片協會把握這個機會，通知拍《謝謝總經理》的宇宙影業公司，由於中視拒絶與電影界合作，爲了電影業的共同生存，鄧麗君應拒絶參加《晶晶》晚會，否則全省電影院拒映鄧麗君新片《謝謝總經理》。鄧麗君也覺得"中視"霸道，通知中視在糾紛未解決前拒絶參加晚會，拒唱《晶晶》主題歌。

鄧麗君這一招立即生效，中視不能在廣大觀衆前失面子，轉變態度，由總經理黎世芬出面，邀電影五團體代表餐會，表示決定自翌週起停止播映國語片，並同意今後凡發行未滿6年之國語片，不得在電視上播映。

1970年（香港）

大事記

本年　電影雜誌《銀色世界》創刊。

重要影片

《路客與刀客》劇照

《路客與刀客》

出品：國泰公司

編導：張曾澤　主演：楊群　崔福生

以鐵葫蘆爲首領的盜匪刀客，在擄掠了三個村寨後，又準備掠奪安家寨。路客賀天爲報鐵葫蘆殺師兄之仇，也來到安家寨，並與鐵葫蘆展開較量。最終賀天擊斃鐵葫蘆，爲民除了一害。

《報仇》

出品：邵氏公司

編劇：倪匡　張徹　導演：張徹

主演：姜大衛　狄龍　汪萍　楊志卿

武生關玉樓的妻子花正芬被國術館館長封開山施計獻給胡大帥，關玉樓慘遭殺害。弟弟關小樓在花正芬的妹妹花正芳的幫助下，殺死了封開山的親信，又闖進胡大帥的壽宴，在殺死胡大帥和罪惡多端的幕後人物金芝泉後，被亂槍打死。

本片繼續了張徹的陽剛風格。雖然仍然是粗糙的，但却是咬牙切齒、暢快淋漓的，達到了張徹的目的。

《報仇》劇照

姜大衛主演《報仇》獲亞洲影展最佳男主角獎

邵氏兄弟公司出品的影片《報仇》獲第16屆亞洲影展最佳導演、最佳男主角獎。姜大衛在影片中的表演顯得最爲突出，獲得亞洲影帝。

姜大衛（1945—　　）

演員，導演。原名姜偉年。浙江人。自小來港，畢業於香港珠海書院。1966年加入邵氏公司任武師。1968年參演《死角》，之後主演《遊俠兒》。1970年因主演《報仇》獲亞洲影展最佳男主角獎。1973年主演《叛逆》獲亞洲影展最有現代性格的男演員獎。與狄龍一起爲“張家班”第二代弟子。1974年起兼任導演。曾與秦沛、爾冬陞三兄弟合組元亨電影公司。執導的影片有《猫頭鷹》、《上天救命》、《午夜麗人》、《龍蛇爭霸》等。

鄒文懷創建嘉禾電影有限公司

原邵氏公司主將鄒文懷離開邵氏公司，與何冠昌和梁風一起創立了嘉禾電影有限公司（簡稱嘉禾），創業作是《天龍八部》。

嘉禾在1971年至1983年期間共出產107部影片，其中以功夫片最爲著名，尤以李小龍主演的《精武門》、《猛龍過江》等最先打入世界電影市場。這家公司拍攝的功夫片，不僅反映中國的傳統功夫，而且還反映其他國家的傳統功夫，如《合氣道》和《跆拳震九州》反映的是韓國和日本的功夫，而《中泰拳壇生死戰》則反映的是泰國功夫，《密宗聖手》反映尼泊爾功夫。這些影片豐富了功夫片的內容。1973年,由於嘉禾和美國華納公司合作拍攝的影片《龍爭虎鬥》(李小龍主演)在商業上取得的成功,使嘉禾電影有限公司的製片重心轉移到國際合作上。1973年至1982年間，共生産《炮彈飛車》等7部國際合作片，1979年以來攝製的《半斤八兩》、《師弟出馬》、《龍少爺》、《A計劃》、《警察故事》、《殭屍先生》等都是賣座影片。經過十幾年的經營，80年代嘉禾成爲香港三大綜合電影機構之一，擁有自己的製片公司、製片廠和自己的電影發行放映網。

嘉禾因爲採用與影人合作分紅等方式取得很大的成就，如1971年邀請李小龍入嘉禾，拍攝了《唐山大兄》、《精武門》等4部影片，在香港創空前賣座紀録，也打進世界電影市場，大獲利潤，爲嘉禾奠定了穩固的經濟基礎。1972年和外國合作拍片，讓粵語電影喜劇片再上一層樓。1979年投資3億港元並邀香港最有號召力的演員成龍攝製了幾部影片，其中《炮彈飛車》極爲成功，在世界電影市場上也賺取了數以億計港元票房收益。嘉禾對於香港電影的主要貢獻和功績在於開拓世界電影市場，它真正使香港電影在世界電影市場中佔有一席之地。同時，嘉禾也是香港電影史上賺錢最多的電影公司之一，是僅次於邵氏的香港第二大電影公司。

1998年，嘉禾片場租期限滿，政府收回土地改作他用，而同年公司要員何冠昌去世，鄒文懷也就不再戀戰製作，專心經營發行與院線。現在中國內地和香港、臺灣地區以及東南亞擁有多家電影城，超過300個放映廳。

鄒文懷（1927—　　）

製片家。原籍廣東潮州，出生於香港。畢業於上海聖約翰大學新聞系。1948年在上海申報當實習記者。1949年移居香港，任《華南早報》、《虎報》記者。1951年入香港美國新聞處，在美國之音主持節目，後轉美國新聞處香港分處工作。1959年入邵氏兄弟（香港）有限公司任宣傳主任，後任製片主任，1960年任製片經理。1961年再升爲副總經理兼製作部經理。由於他的努力策劃，邵氏公司在60年代取得可觀的成就。

1970年，在新加坡國泰機構的支持下，他與何冠昌等創辦了嘉禾電影有限公司。因嘉禾影業公司製作了不少傑出的影片和商業上的成就，以及他在邵氏、嘉禾兩公司所取得的業績以及對香港電影事業的突出貢獻，鄒文懷先後獲得美國全國電影院聯合會“最傑出國際影人”、菲律賓國際電影節金鷹獎、臺灣華夏獎章等榮譽；1988年獲英國O.B.E.勳銜。1990年代後期起，鄒文懷作爲大股東控股的嘉禾娛樂上市，後專注於發行、戲院、院線投資。現在香港、中國內地、臺灣和馬來西亞、新加坡等都建立了院線。

鄒文懷與李小龍等

《董夫人》摒棄傳統受關注

《董夫人》劇照

《董夫人》

出品：電影朝代公司

編導：唐書璇

主演：盧燕　喬宏　周萱　李影

清代，寡婦董夫人在家克盡婦道，在外爲鄉民治病，設私塾教書，受街坊鄰里敬重。一次，一隊官兵進村，爲首的楊尉官住進董宅。楊、董雙方暗生愛慕，同時董夫人之女維玲也鍾情於楊尉官。村民們因敬重董夫人，爲她向皇帝奏請貞節牌坊。於是她掙扎於楊尉官和貞節牌坊之間，最後終於迎來了牌坊，但失去了其他一切，成了一位悲劇英雄。

“《董夫人》的創作構思，完全有異於60年代的港臺電影。它完全不是模式產品，而是百分之百唐書璇個人的作品。它並不注重戲劇性與動作性，摒棄情節的堆砌，把一切戲劇歸結到人物的内心中進行，因此，這是一部含蓄地描寫情緒與情感的電影，其含蓄與曖昧的程度不但五六十年代港臺電影中絕無僅有，甚至在整個中國電影史上亦屬罕見”。（引自羅卡：《〈董夫人〉的先鋒意義》）

本片最突出還在於中國傳統文化向來少見的心理描述和探索。唐書璇在這方面的嘗試讓人感受到非同一般。故此本片能在中國電影中留下重要印記，是必然的。

唐書璇（1941—　　）

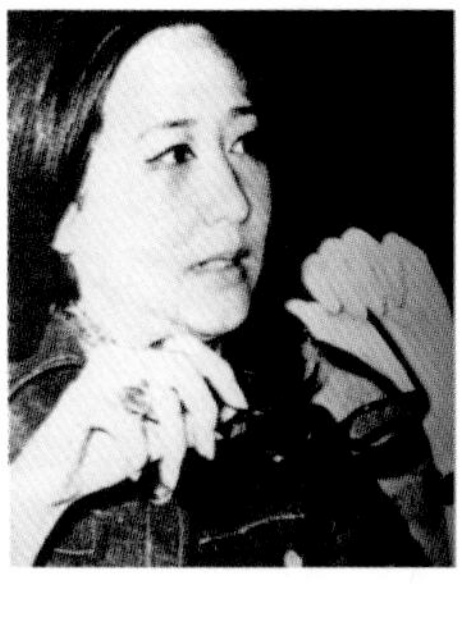

女導演。雲南人，自幼定居香港。美國南加州大學電影系畢業。1969年返香港，同年導演影片《董夫人》，該片1971年獲臺灣第9居金馬獎最富創意特別獎等多項獎。1972年導演影片《再見中國》。1975年執導《十三不搭》，並創辦電影雙週刊《大特寫》，共出版了66期。1979年執導《暴發户》後移居美國。

國語片產量第一次超過粵語片

60年代末出現了國語電影與粵語片一樣的產量，説明粵語片危機已現。1970年的國語片產量終於超越了佔了傳統市場已久的粵語片。“不進則退”，粵語片的不思進取終自食其果。

主要影片目録

本年度香港共出品影片127部，其中國語片達90部，粵語片只有35部，閩南語片2部。

邵氏　《雙喜臨門》（國語）、《女校春色》（國語）、《玉女親情》（國語）、《報仇》（國語）、《青春戀》（國語）、《鬼門關》（國語）、《十二金牌》（國語）、《新不了情》（國語）、《十三太保》（國語）、《海外情歌》（國語）、《武林風雲》（國語）、《人頭馬》（國語）

國泰　《家有賢妻》（國語）、《神槍手》（國語）、《恭喜發財》（國語）、《路客與刀客》（國語）、《壯士血》（國語）、《千面賊美人》（國語）、《屠龍》（國語）、《神龍奇俠》（國語）、《殺戒》（國語）、《雪路血路》（國語）、《異鄉客》（國語）

長城　《屋》（國語）、《虎口拔牙》（語種不詳）、《映山紅》（國語）

鳳凰　《失蹤的少女》（國語）、《天堂奇遇》（國語）、《過江龍》（國語）、《海燕》（國語）

娛樂　《學府新潮》、《瓊花仙子》、《瘋狂酒吧》

興發　《歡樂時光》、《七擒七縱七色狼》

明星　《大丈夫能屈能伸》（國語）、《怒劍狂刀》（國語）

淮河　《三殺手》、《飛鳳狂龍》

飛龍　《肝膽照江湖》、《古鐘風雲》（國語）

第一　《百萬新娘》（國語）、《痴心的人》（國語）

復興　《不敢回家的少女》、《我永遠記着你》

榮堅　《冰谷魔女》（國語）、《你的心裏没有我》（國語）

荃利　《嫁衣》、《迷人的愛情》

其他　《春夏秋冬》（國語）（新聯）、《偷心賊》（五洋）、《董夫人》（國語）（電影朝代）、《歡樂人生》（頌藝）、《蕩女痴男》（長榮）、《鬼狐外傳》（國語）（和興）、《神笛丐俠》（國語）（國華）、《小金剛》（寶峰）、《金色的夏娃》（玲瓏）、《青春頌》（海洋）、《有男懷春》（國語）（華懋）、《三角圓床》（捷通）、《有殺有賠》（榮達）、《滿天星斗》（大象）、《喜怒哀樂》（國語）（藍天）、《秀娘》（天馬）、《昨天今天明天》（國語）（榮華）、《丈夫要我嫁》（新潮）、《獨掌震龍門》（天華）、《總有一天捉到你》（美麗華）、《黑珍珠》（國語）（摩登）、《神探一號》（文華）、《意亂情真》（現代）、《飛劍神童》（繁榮）、《花心財神》（國語）（富華）、《孫悟空智取黄袍怪》（國語）（大信）、《特警勇戰黄金豹》（偉成）、《少女芳蹤》（國語）

1971年（臺灣）

大事記

1月11日 臺灣省電影製片協會重申限制國片出售電視版權。

1月15日 影劇團體開會通過"電影電視演員範圍劃分公約"，及"影劇團體自救方案"。

1月16日 臺北市萬國戲院結束和美商哥倫比亞電影公司的合約，從此改映首輪國語影片，組成一條院線。

1月19日 港九影劇自由總會，婉拒參加臺灣影劇界團體制定的"電影電視演員範圍劃分公約"。

1月19日 電視協會召開"電影電視問題"座談會，協調影視紛爭，達成3項協議。

1月20日 龍門影業公司製作、徐天榮執導的武俠片《龍門七俠》在紐約3家電影院聯映，創下先例。

4月26日 文化管理部門舉辦座談會，向電影業者説明現行影片聯合檢查制度存在的必要性。

5月2日 文化管理部門舉行電影事業輔導工作檢討會議，檢討目前電影輔導工作和電影檢查工作的得失；並對將電影事業改列爲文化事業等有關問題進行研析。

5月12日 文化管理部門"電影事業法起草及審議委員會"決定將《電影事業法》更名爲《電影法》，使其包含電影事業製片、發行、映演各方面的輔導管理及發展，並將電影事業對藝術、文化、教育、經濟、社會各方面的功能作明確的規定。該委員會計劃在6月底前完成有關電影法的相關調查與研究工作，7月起着手起草條文。

6月5日 第17屆亞洲影展在臺北舉行。中製以《緹縈》獲最佳女主角，最佳藝術指導，最佳亞洲傳統文化三項獎。臺製以《臺灣光復二十五年》獲紀録片最佳報導獎，中影《落鷹峽》獲特别獎，大衆的《母與女》獲女配角獎。

7月16日 行政主管部門三讀通過"筵席及娛樂税法部分條文修正案"，國語片娛樂税上限由現行的50%調降爲30%。

8月18日 臺語影片國語拷貝《尋母十七年》參加伊朗國際教育影片展。

11月 國産武俠片逐漸失去海外市場，電影界人士認爲主要原因在於近年來武俠片産量太多而内容千篇一律，致使觀衆失去新鮮感所致。

12月8日 臺灣電影界組海外訪問團，臺製廠長楊樵任團長，即日起赴香港、星加坡、吉隆坡等地訪問，共舉行電影欣賞會十天共十五場，促進臺灣影片外銷。

12月16日 國際影片公司、聯邦影業公司聯合製作，王羽自編、自導、自演的武打片《黑白道》上映，突破本年國語影片首日放映的賣座紀録。

12月25日 與日本技術合作的虹雲電影公司沖印廠開幕。

本年 丁善璽的《落鷹峽》與《秋瑾》，俞鳳至的《忍》，嚴俊的《大地春雷》等，都爲武俠片找到國民革命精神的包裝，提升武俠片的内涵。是臺灣武俠片一大特色，其中《落鷹峽》和《忍》都獲金馬獎最佳影片大獎。

本年 香港全年只公映了71部香港出品的故事片（國語片66部，粵語片5部），上映的臺灣電影，竟然有97部之多（包括重映），比香港電影多出26部。

重要影片

《緹縈》劇照

第17屆亞洲影展獲獎者合影

《緹縈》

出品：中製
監製：梅長齡　編導：李翰祥
攝影：范鈺
原著：高陽
主演：甄珍　王引　謝賢　江青

西漢良醫淳于意被人誣告惡藥殺人，幼女緹縈冒死上書，爲父雪冤。

甄珍獲第17屆亞洲影展最佳女主角獎。該片獲第九屆金馬獎最佳劇情片、最佳男主角、最佳編劇、最佳音樂、最佳彩色片攝影、最佳彩色片美術設計。

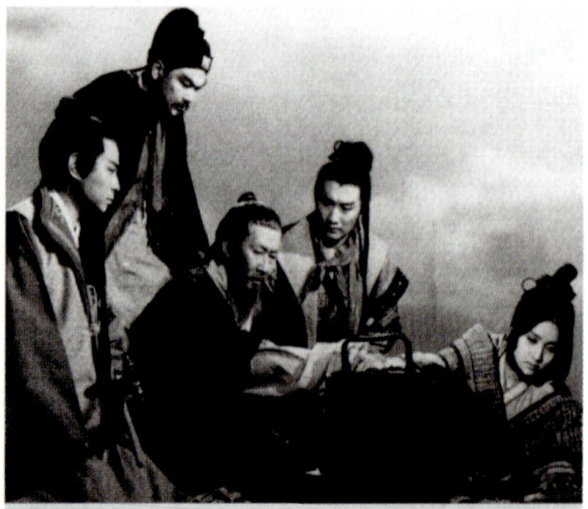
《緹縈》定裝照

《庭院深深》

出品：鳳鳴公司
原著：瓊瑶
導演：宋存壽
編劇：朱向敢
主演：歸亞蕾　楊群　李湘　王戎

失明的柏霈文無意間認識了女兒柏亭亭從國外回來的老師方絲縈，並請她擔任亭亭的家庭教師。絲縈在霈文常去的庭院中發現了一部日記，明白了當年霈文與前妻含煙分離的苦衷。女主人艾琳偶然發現絲縈就是含煙。最終艾琳毅然離去，含煙與霈文和亭亭一家團圓。

獲第 9 屆金馬獎優等劇情片，最佳男配角王戎。

《影響雜誌》創刊

12 月 10 日，《影響雜誌》創刊。這是一本專業性探討電影的刊物，由王曉祥擔任發行人，編輯群包括卓伯棠、朱道凱、邱立本、陳文祺、但漢章、余爲政（日本）、鄭樹森（美國）、丘家韜（美國）等。該刊在發刊詞中表示，電影藝術的高度發展，已使它成爲20世紀最具影響力的語言。但在臺灣，它却遭到來自製片者、主管部門、觀衆，甚至知識分子的多重誤解和夾擊，因而呈現着一副扭曲的面貌。該刊因此將從專業、學術的角度，深入探討中、西方電影的各個面向，以導正國人對電影藝術的觀點，讓它的根能在臺灣發育、成長。

影片目録

中製　《春暉》
中影　《李娃》、《青衫客》、《落鷹峽》、《真假千金》、《還君明珠雙淚垂》、《還我河山》、《大地春雷》、《事事如意》、《紅粉未了情》
臺聯　《尋母十七年》、《薛剛大鬧花燈》
大宇　《愛你一萬倍》、《神威寶刀》、《單身女郎》
大衆　《母與女》、《妙極了》、《愛情一二三》、《秋決》
天南　《喝不完的酒》、《豪俠霍元甲》
臺旭　《甘羅拜相》、《朱洪武》
永新　《重逢 》、《愛的滋味》
永裕　《叫我要怎樣》、《中原七壯士》
永達　《春風化雨》、《妙新娘》
玉成　《禁房》、《走錯路的丈夫》、《女性的生活》、《殘愛》
成功　《愛的秘密》、《危險的時刻》
利銘　《不平凡的愛》、《神劍魔劍》、《金玫瑰》、《大煞星》、《淘氣姑娘》、《珠光寶氣》、《母親與我》
宏華　《鬼門太極》、《獨霸天下》、《大戰藏鏡人》、《百忍道場》
亞洲　《猿美人》、《龍虎風雲》
東影　《王寶釧平貴回窯》、《王寶釧》
長江　《財色驚魂》、《劍》
南北　《今宵何處去》、《江湖女》、《怪夜》、《婚姻問題》
第一　《歌王歌后》、《龍虎鬥金剛》
華國　《雲州大儒俠史艷文》、《隴上春痕》、《十三條龍》、《大地龍蛇》
華藝新國　《真假太太》、《頭條好漢》
新世紀《説謊的丈夫》、《求愛風波》
新亞　《吉屋招租》、《雙雙對對》
萬邦　《窗裏窗外》、《怒山驚魂》、《太陽下》、《盲俠飛龍劍》、《賭命的人》、《獨行大鏢客》
龍裕　《郎變了》、《追命殺手》、《騙術奇譚》、《搏命》、《鐵沙掌決鬥空手道》
聯邦　《飛龍山》、《奪命金劍》、《有我就有你》
聯華　《黑白雙俠》、《幾時再回頭》、《退票新娘》
聯興　《妙在其中》、《你我他》、《黑劍鬼驚天》
泰和　《神刀客》、《一劍穿心》
國際　《精忠報國》、《黑白道》、《刺蠻王》
華藝　《百忍道揚》、《問白雲》
其他　《大小濟公》（友邦）、《往事只能回味》（大有）、《瘋狂佳人》（中方）、《琴韻心聲》（天一）、《降龍伏虎》（天平）、《天衣無縫》（月華）、《雙槍王八妹》（民華）、《男女之間》（伍景）、《浪子的眼淚》（光明）、《看你風流不風流》（全中）、《孫悟空大戰紅孩兒》（吉星）、《決鬥斷魂谷》（成霻）、《勢不兩立》（旭華）、《瘋狂殺手》（明星）、《只羡鴛鴦不羡仙》（東和）、《最後關頭》（金山）、《午夜留香》（金馬）、《最短的婚禮》（金獅）、《慾望》（南亞）、《婚夜秘密》（南國）、《老爺車》（星聯）、《一夫當關》（苦幹）、《燕子李三》（飛虎）、《日月神童》（娛樂）、《銀翼大決鬥》（國光）、《黑白傘》（國藝）、《郎變了》（國華）、《失身恨》（常福）、《情人再見》（捷通）、《神傘奇俠》（陳氏）、《萬家樂新羅賓漢》（富華）、《妙想天開》（朝陽昇）、《原諒我，情人》（港發）、《捉妖斬將》（華安）、《密使》（華星）、《大漠英雄傳》（華聯）、《她怎麼辦？》（開拓）、《丈夫要我嫁》（新潮）、《神龍大戰宇宙人》（新佳興）、《歡天喜地》（萬衆）、《家家有本難唸的經》（萬祥）、《小人物出頭記》（萬聲）、《今晚不要來》（萬順）、《一劍勾魂》（榮堅）、《昨天今天明天》（榮華）、《五色仙女》（維和）、《挑戰》（臺旭）、《不要冤枉我》（銀城）、《大漢兒女》（鳴遠）、《庭院深深》（鳳鳴）、《深夜春夢》（影都）、《時來運轉》（德華）、《愛的結晶》（德福）、《男子漢》（龍旗）、《金玉奴》（懋業）、《獨臂空手刀》（聯星）、《獨臂神尼》（麒麟）、《出賣愛情的人》（建華）、《五奉朝陽》（鑫源）、《鬼見愁決鬥獨臂刀》（星華）、《白虎坡》（嘉成）、《幾度落花時》（全球兄弟）

《再見阿郎》

出品：萬聲
編劇：張永祥
　　　劉維斌
導演：白景瑞
攝影指導：林贊庭
主演：柯俊雄　張美瑶
　　　韓甦　陶述　李湘

根據陳映真小説《將軍族》改編。女子樂隊老闆的外甥阿郎，整天遊手好閑却有骨氣，不願讓女人養。女子樂隊的桂枝喜歡阿郎，跟他私奔。阿郎也擺過西瓜攤，可是受不了警察處處干涉；去開運猪車，賺錢容易，但冒險性太大，終因超車拼了性命。

《再見阿郎》劇照

白景瑞（1931—1997）

導演。原籍遼寧營口，1949年考入臺灣師範學院，由外文系轉藝術系。大學畢業後，白景瑞先後任教及記者，1958年潘壘導演《合歡山上》時擔任場記兼演員。1961年赴羅馬半工半讀深造，考進意大利電影實驗中心，1963年學成歸來，1964年進"中影"。

白景瑞就任中影製片部經理後策劃《養鴨人家》、《雷堡風雲》、《婉君表妹》。翌年，李行再拍《啞女情深》，白景瑞總策劃。李嘉導演《我女若蘭》，則擔任藝術顧問。1966年古裝大戲《還我河山》，白景瑞與李嘉、李行聯合導演。1966年10月的《寂寞的十七歲》，是白景瑞加盟"中影"近兩年來獨力導演的第一部電影。此後專任導演。以《寂寞的十七歲》在第6屆金馬獎得最佳導演。1968年5月底開拍自己構想故事，由吴桓、藍海小組編劇的《新娘與我》，在第七屆金馬獎中得最佳導演獎。1969年9月，又執導了《家在臺北》，在第16屆亞洲影展中由歸亞蕾得最佳女主角，張永祥得最佳編劇，並在八屆金馬獎得最佳劇情片大獎。《再見阿郎》是他的代表作之一，是意大利式寫實片。

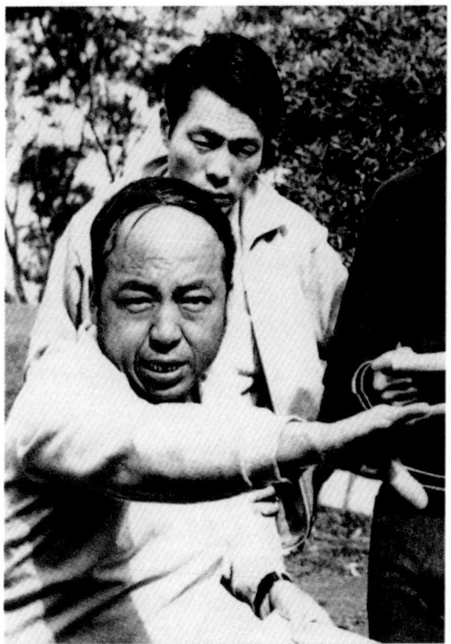
白景瑞（前舉手者）

第四次國片輔導座談會舉辦

8月6日，第四次國片輔導座談會舉辦，電影業界及有關方面人士160餘人受邀參加，研商"如何加强國片輔導及電影法的擇定"等相關問題；並討論"加强輔導電影事業方案"。

第四次國片輔導座談會

影劇界通過演員劃分公約及五項自救方案

1月15日，包括電影戲劇協會、臺灣省電影製片協會、臺北市影片商業同業公會、臺北市電影戲劇商業同業公會、臺灣省電影戲劇商業同業公會聯合會在内的影劇團體召開聯席會議，通過"影劇團體自救方案"和"電影電視演員範圍劃分公約"兩項提案，並決定自3月1日起正式施行。

"影劇團體自救方案"主要分爲五方面：

一、針對製片業者：(1)提高製片水準；(2)拓展海外市場；(3)穩定國内市場；(4)促進集體創作；(5)勵行互不挖角；(6)協調電視節目；(7)劃分演員範圍；(8)强化洗印中心；(9)鼓勵勞資合作；(10)要求加强輔導；(11)培養訓練人才；(12)限制設立行號。

二、針對發行業者：(1)陳請減低税捐；(2)執行節約廣告；(3)爭取娱樂版面；(4)限制設立行號；(5)建議放寬檢查。

三、針對戲院業者：(1)減低戲票税捐；(2)減輕義務負擔；(3)改善戲院設備；(4)改良售票辦法；(5)請求單一管理。

四、針對戲劇業者：(1)推行改良戲劇；(2)爭取演出場所；(3)陳請免除税捐；(4)保障業者生活；(5)輔導出國演出。

五、針對演職員：(1)提高電影酬勞；(2)維護職工權益；(3)保障演員工作；(4)辦理員工保險。

"電影電視演員範圍劃分公約"原則上決定自3月1日起，除臨時性的歌唱及訪問節目外，凡參加電視臺演出的演員，無論爲主角、配角，各製片機構一律避免聘用。同時將辦理演員登記，由各公司代爲提供名單辦理登記，作爲製片機構聘請演員的參考。製片機構、影片業、影劇業等單位如有違反公約的情形，將予以不發産地證明、不上映其所出品的影片，或不供給影片上映等處分。這項公約將交由"影劇五團體聯合公約執行小組"研究後執行。

影劇團體表示，上述公約是因電影演員參加電視劇演出後，引起海外片商拒絶購買版權及影響國内票房才制定。數月前，影劇團體就曾希望電影演員不要參加電視演出，但各方反應普遍不佳，尤其受到來自演員方面的反彈。上周，"臺北市電影戲劇業職業工會演員分會"爲此曾特别召開臨時理事會討論，會後表示，該會無法明確劃分電影演員和電視演員之間的界限，同時也無權限制演員參加電視劇演出。該會將在下個月召開會員大會，由全體會員共同決定因應之道。

香港電影界跨海提出自救諍言

1月26日，香港電影界針對臺灣電影近日發起的自救運動，提出下列意見，希望臺灣電影界加以反省與檢討：

1. 過去臺灣出品的影片，只要有片名、男女主角、導演名單，就會有片商先付三分之一訂金，預購海外發行權；現在片商則是要先看試片，確認品質好壞後再談交易，足見臺灣影片在各地市場已失去信用，這是臺灣電影界必須接受和檢討的。

2. 電影受電視影響的事實不容否認，但電視也未必可以完全奪取電影的市場。電影的許多優點，例如音響效果、劇情發揮，以及大場面等，都是電視所不能企及的，電影界人士應儘量運用，發揮電影的優點。

3. 今日任何行業，凡較具規模的都是企業化機構，拍電影也脱離不了企業化。臺灣各電影公司實應成立企業化的電影機構。

4. 臺灣的電影院亦必須檢討革新。

香港電影界人士認爲，電視的優點電影辦不到；電影的優點電視同樣也辦不到。電影的自救、生存與發展、繁榮應從自覺、衡量當前環境與形勢、强化組織、拍攝够水準的影片等方面着手，才是真正的自救之道。

製片人集會爭取自身利益

8月27日，臺灣省電影製片協會代理事長張英邀集十多位製片人召開會議，就有關製片業者利益進行討論，會中達成三項決議：

1. 對於電影的發行情況謀求改進，將請國民黨中委第四組，與有關刊登廣告的報紙進行協商，以求擴大電影廣告版面。

2. 有關該會一年多來的"電影廣告節約小組"執行辦法，是否對國片的發展有所限制及影響，將廣邀近一兩年來實際製片人提出意見，商討"電影廣告節約小組"的需要，以决定該會今後的立場與權限。

3. 决定下週三召集各獨立製片公司代表舉行會議，討論"集中獨立公司片源，聯合處理院線與下片檔期"的實施辦法。這項辦法是爲避免許多製片公司的影片並不賣座，却往往佔住院線及檔期，影響其他獨立製片的發行而制定。此項辦法若獲得通過，則今後獨立公司出品的影片都將統一排定院線，一旦賣座低於某一數字，則必須下片。臺灣省電影製片協會希望藉此解決獨立製片的發行問題。

張英（1919— ）

導演，事業家。本名張雲漢。四川人。19歲考入軍事委員會教育劇團第一期，學習編導演等課程。畢業公演時擔任舞臺劇《包得行》男主角，在重慶演出180多場，轟動一時。抗戰期間一直從事話劇活動。戰後任上海國泰電影公司編導演工作，並曾在上海爲13家日晚報撰寫影評。1948年從上海帶領外景隊赴臺拍攝《阿里山風雲》一片，成爲早期臺灣影劇界的骨幹。1950年進教育部，任"社會教育推行委員會"藝術教育組主任，其後又兼任該會電化教育組主任，在任内促成藝專在臺復校。1958年出任"中影"公司製片部經理，一年半之後因"中影"臺中廠失火事件而離職。其後自組萬壽電影公司，自製自導國、臺語電影。其中《小情人逃亡》曾獲第一屆臺語片影展最佳導演獎。1970年赴港組南海電影公司。出品《小拳王》、《方世玉》、《小五老虎》、《關東五大俠》、《旋風方世玉》、《百戰保山河》、《封神榜》(卡通片)。1974—1976年間曾與張徹合組長弓電影公司，出任總經理。此外，又曾在藝專、亞洲訓練班等任教。1977年開始出任電影製片協會理事長至今。作品還有：《荒園艷足跡》、《阿里山風雲》、《銀燈照玉人》、《面子問題》、《終身大事》、《孤鳥淚》、《春愁》、《賭國仇城》、《懸崖》、《何處是兒家》、《虎姑婆》、《孤女的願望》、《越南間諜網》、《難忘的人》、《天字第一號》、《一江春水向東流》、《做鬼也風流》、《金鷄心》(天字第一號第三集)、《假鴛鴦》、《西貢無戰爭》、《天字第一號》(一至五集)、《感情的債》、《搖錢樹》、《圓仔花》、《小情人逃亡》、《牛郎織女》、《乞丐與藝妓》、《燕娘》、《天河鵲橋會》、《飛禽走獸十三形》、《新淚的小花》等。

金馬獎辦法自年度性改爲長期性

9月18日，"文化局"公佈第9屆"獎勵優良國語影片金馬獎"實施辦法，同時宣佈金馬獎自本屆起由年度性改爲長期性，今後除非遇有特殊情形，否則將不再變更此一辦法的内容。根據此實施辦法規定，凡每年7月1日至次年6月30日，經"文化局"檢查發給准演執照，而影片内容能配合"國策"或具有復興文化意義，且製作技術精良者，均可自行報名參加金馬獎甄選。其與過去辦法最大的不同在於：

1. 增加優等劇情片和優等紀録片各一部，以提高民營製片業的得獎機會，並鼓勵民營製片公司攝製社教性的紀録片。

2. 取消新聞影片獎。日後由電影製片業拍攝的新聞專輯，歸入紀録片中參選；電視新聞影片則併入廣播金鐘獎處理。

新辦法中的金馬獎種類與數額如下：

1. 影片部分：最佳劇情片一部，頒給大型金質金馬獎一座；優等劇情片五部，各頒給中型金質金馬獎一座。最佳紀録片一部，頒給大型金質金馬獎一座；優等紀録片四部，各獎給中型金質金馬獎一座。最佳卡通片一部，獎給大型金質金馬獎一座。

2. 個人技術部分（各獎給小型金質金馬獎一座）：最佳導演一名、最佳編劇一名（以創造性爲限）、最佳男主角一名、最佳女主角一名、最佳男配角一名、最佳女配角一名、最佳童星一名、最佳攝影兩名、最佳美術設計兩名、最佳音樂兩名、最佳剪輯一名、最佳録音一名、最佳紀録片攝影一名、最佳紀録片策劃一名、最佳卡通片編導一名。

第9屆金馬獎獲獎名單

最佳劇情片：《緹縈》（中製）；優等劇情片：《落鷹峽》（中影）、《母與女》（大衆）、《庭院深深》（香港鳳鳴）、《精忠報國》（國際）、《十二金牌》（邵氏）；最佳紀録片：《光輝的雙十》（中製）；優等紀録片：《青年假期第三輯》（臺製）、《條條道路通自由》（臺製）、《萬壽無疆》（中製）、《一日千里》（臺製）；最佳導演：丁善璽（《落鷹峽》）；最佳男主角：王引（《緹縈》）；最佳女主角：盧燕（《董夫人》）；最佳男配角：王戎（《庭院深深》）；最佳女配角：陳莎莉（《落鷹峽》）；最佳童星：游龍（《精忠報國》）；最佳編劇：李翰祥（《緹縈》）；最佳彩色影片攝影：范金玉（《緹縈》）；最佳黑白影片攝影：祈和熙（《董夫人》）；最佳剪輯：郭延鴻（《新獨臂刀》）；最佳彩色影片美術設計：梁延興（《緹縈》）；最佳黑白影片美術設計：包天鳴（《董夫人》）；最佳音樂（非歌劇）：夏祖輝（《緹縈》）；最佳録音：林丁貴（《落鷹峽》）；最佳紀録片策劃：高景仁（《青年假期第三輯》）；最佳紀録片攝影：祁和熙（《太極拳》）；最富創意特別獎：唐書璇（《董夫人》）；最佳演員特別獎：金峰（《啞巴與新娘》）；最有希望新女星：徐楓（《龍城十日》）；最有希望新男星：邱陽（《三朵花》）；最佳技術特別獎：《再見阿郎》（萬聲）。

1972年（臺灣）

大事記

1月26日 女作家瓊瑤控訴宋存壽未經同意拍《窗外》，要求禁止上映，瓊瑤勝訴。

4月27日 臺北市議會第1屆第22次臨時大會再次調降電影娛樂税的税率。

5月17日 第18屆亞展在漢城舉行。改變給獎方式和評選標準。針對團體而非個人。臺灣劇情片獲"促進世界和平安全獎"，江彬入選最受歡迎男主角之一；香港獲"鉅作獎"。

6月 電影編劇杜雲之費時六年編纂的《中國電影史》脱稿。

7月18日 印度尼西亞片商抗議該國政府限定華語影片輸入獨家經營，國片輸往印度尼西亞暫時停頓。

8月7日 "中影"在1月舉辦的"冬令大專青年國片欣賞座談會"中特別遴選30餘名優秀學員成立編劇實驗班，並聘請國内電影編劇家張永祥、趙琦彬、丁善璽、陳耀圻等擔任講師，爲這批編劇界新血授課。

8月23日 大衆電影公司改組，由白景瑞任董事長，李行任總經理。

9月26日 "中影"股東常會選出辜振甫與梅長齡爲新任董事長及總經理。龔弘因肝病辭去中影總經理一職，轉任國民黨文工會專門委員。

10月19日 文化管理部門召開第一次"電影事業輔導協調會報"。

10月29日 文化管理部門宣布將於本屆"獎勵優良國語影片金馬獎"頒獎典禮中，頒發特别獎予前"中影"總經理龔弘及港九影劇自由總會主席黄也白。

10月 李翰祥返港拍的《騙術大觀》，陳耀圻的《無價之寶》，廖祥雄的《誰家母鷄不生蛋》等等，都造成輕鬆喜劇的風潮，也迎合臺灣由農業社會轉變爲農工社會，邁向工業社會的需求。

本年 文化管理部門決定改革僵化的金馬獎頒獎儀式，先於10月14日評審決定得獎榜單，但秘而不宣，待30日頒獎時再宣布；雖然這次得獎榜單於14日當天即被評審泄密而於媒體曝光，但從此建立制度，將決勝會改在頒獎當天召開。

文化管理部門對打鬥及色情片宣判死刑。同時，繼新加坡、泰國、印度尼西亞之後，香港電檢處嚴格限制武打鏡頭，臺灣國語武俠片海外發行陷入困境，引發恐慌。電影界考慮改變製片路線，文藝片再度抬頭。

臺灣電影外銷創新紀録，總數超過150部，外銷地區超過53國，收入超過新臺幣4億元。

重要影片

《白屋之戀》

出品：中影　原著：玄小佛
編劇：鄧育昆　製片：龔弘
導演：白景瑞　攝影：賴成英
主演：甄珍　鄧光榮　江明　葛香亭

根據18歲女學生作家玄小佛原著改編的時裝愛情文藝片，也是龔弘在中影總經理任内拍攝的最後一部電影。一段綺麗曲折青春的愛情，導演構想了不少唯美場面是本片特色。

《白屋之戀》劇照

《母親三十歲》

出品：大衆
導演：宋存壽　編劇：張永祥
主演：李湘　秦漢　衣依　乾德門

童年時代的朱青茂目睹母親與人通姦，父親被母親的放蕩氣死，青茂因此憤而離家，與母親誓不兩立。在吴伯母勸導下，青茂去旅館見母親，偶見一男人從房間走出，懷疑母親惡習未改，一怒而去。青茂畢業去成功嶺受訓，母親因趕來見他被突來的車子撞倒死亡。

獲影評人協會1973年度最佳國語片第一名。

《母親三十歲》劇照

第10屆金馬獎頒佈評審委員說明評審標準

10月14日，第10屆“獎勵優良國語影片金馬獎”得獎名單揭曉。最佳劇情片：《秋決》（大衆）；優等劇情片：《還君明珠雙淚垂》（中影）、《精武門》（嘉禾）、《真假千金》（中影）、《萬事如意》（中影）、《水滸傳》（邵氏）；優等紀録片：《中國海軍蛙人部隊》（中製）、《就業之路》（臺製）、《風雨生信心》（中製）、《豐收》（臺製）；最佳導演：李行（《秋決》）；最佳男主角：歐威（《秋決》）；最佳女主角：翁倩玉（《真假千金》）；最佳男配角：魏甦（《大地春雷》）；最佳女配角：傅碧輝（《秋決》）；最佳編劇：張永祥（《還君明珠雙淚垂》）；最佳彩色影片攝影：賴成英（《秋決》）；最佳剪輯：張耀宗（《精武門》）；最佳彩色影片美術設計：陳上林（《俠女下集》）；最佳録音：洪瑞庭（《大地春雷》）；最佳技藝特別獎：李小龍（《精武門》）等。

10月25日，數家獨立製片商不滿參加本屆金馬獎的民營公司的影片幾乎全軍覆没。10月26日，針對連日來外界對金馬獎得獎名單的質疑，本屆金馬獎評審委員於今日發表書面談話，分別就評審標準及從缺獎項過多等問題提出説明。

評審委員表示，在報名參加本屆金馬獎的23部劇情片中，武打片佔了14部之多，且故事多以報私仇爲主，“法律觀念完全被拋棄”，這點和美國西部片始終以警長代表法律的情形完全不同。從主題意識或教育方面來看，不能不説是一項缺憾。此外在這些影片中的打鬥方式，也以日本柔道與劍術的成分爲多，對於中國古代服裝和拳法、劍法的研究，電影界似乎還做得不够透徹，有待改進。

至於本屆金馬獎“從缺”獎額多達8項，特別獎也只頒發2項一事，評審委員解釋是由於許多參展影片没有把握住影片主題的緣故。評審委員們共同認爲，電影是綜合的藝術，因而電影的美必須要求總體的美，求真求善必須以總體美爲前提，因此醜陋或者邪惡的内容必須儘量抑制到足以表達主題的程度。許多評審委員認爲最大的遺憾，是此次報名的《真假千金》（廖祥雄導）、《事事如意》（廖祥雄導）、《喜從天上來》（王天林導）、《淘氣姑娘》（楊甦導）等喜劇片，都没有達到理想的水準；而在紀録片方面，大部分是“中製”和“臺製”每年例行的雷同出品，很難讓人有耳目一新的感覺，評審委員認爲這些都是值得國内電影界共同努力改進的。

影片目録

中影 《白屋之戀》
中製 《春暉》
大衆 《秋决》
大宇 《大盗》、《誰家母鷄不生蛋》、《老子有錢》
北華 《寡婦情深》、《紅男緑女》
正明 《獨臂拳王》、《識途老馬》
永裕 《牛車兄哥》、《太太命令》
永達 《愛的解脱》、《少女春夢》、《地獄怪女》
玉成 《恨你恨你又愛你》、《夜恨》、《艷拳》
旭華 《馬素貞報兄弟仇》、
利銘 《夢醒不了情》、《天王拳》、《相逢不是夢》、《門當户對》、《淘氣夫妻》、《淘氣公主》
宏華 《惡報》、《鐵三角》
東興 《婦産科醫生》、《情夫》、《夜情》
南海 《小拳王》、《方世玉》
星華 《上海灘馬素貞》、《鐵沙掌決鬥空手道》、《龍虎豹》
泰和 《痴女偷情》、《諜女曼麗》、《神刀客》
國華 《心酸酸》、《鐵掌穿腸腿》、《唐山五兄弟》、《神笛乞丐》
常滿 《旅社風波》、《飛來艷福》、《女性的復仇》、《可憐酒家女》
淮河 《飛鳳狂龍》、《三殺手》
第一 《霸王拳》、《百萬千金》、《秋瑾》、《英雄膽傻大姊》、《馬素貞報兄仇》、《霸王拳馬素貞》
威靈 《龍形八劍》、《女獨臂刀》
華豐 《美夢連床》、《冷面殺手》
開發 《火燙的愛人》、《女獨臂刀》、《黑名單》、《銅光鐵臂》
新亞 《鐵拳爭霸》、《星期天不放假》、《可恨的人》
萬邦 《狂風沙》、《怒山驚魂》
臺旭 《屠虎嶺》、《拳道》、《盲俠鬥白狼》
鳳鳴 《仇》、《庭院深深》
聯興 《千金小姐萬金和尚》、《歌女情淚》、《大情人》
朝陽昇 《妙想天開》、《好奇心》
龍裕 《忠義門》、《媽媽在哪裏》、《揚子江特一號》
港發 《原諒我》、《情人》
其他 《龍虎豹》（一心）、《情火》（三旗）、《雨夜情深》（大鵬）、《鈔票風波》（五洲）、《艷女痴情》（日利）、《梅山收七怪》（日茂）、《未卜先知》（臺聯）、《一夫當關》（苦干）、《輕煙》（文藝）、《何日再吻君》（榮華）、《一寸山河一寸血》（玉明）、《東南西北風》（白氏）、《真真假假》（光明）、《危險的年齡》（成功）、《豪俠霍神》（天南）、《孫悟空大戰紅孩兒》（吉星）、《少女紅緑燈》（佳璋）、《雙雙對對》（佳美）、《海女》（幸福）、《鎖麟囊》（明星）、《愛魂》（金山）、《花花世界》（金源）、《爲你心碎》（有利）、《看你風流不風流》（金中）、《黑旋風》（京龍）、《淘氣女歌手》（金寶）、《唐手跆拳道》（長江）、《一身是膽》（建華）、《老爺車》（星聯）、《包君滿意》（重明）、《胡塗老丈人》（娱樂）、《唐山五兄弟》（國藝）、《伏虎榜》（國泰）、《黃浦灘頭》（得利）、《五虎摧花》（富華）、《小雨》（家匙）、《愛你恨你》（開明）、《她怎麼辦》（開拓）、《風從哪裏來》（興發）、《血豹》（泰華）、《淘氣姑娘》（登峰）、《百醜大全》（華本）、《盲俠女》（彩虹）、《江湖女兒》（綜合）、《山東大姊》（鳴遠）、《潮州怒漢》（皇冠）、《唐人鏢客》（華福）、《大小濟公》（友邦）、《活着爲了你》（僑聯）、《喜從天上來》（新世紀）、《寡婦怨》（進益）、《初戀女》（新佳興）、《義俠》（新高）、《奪命拳王》（新華）、《騙術大觀》（萬聲）、《活着爲了你》（鼎立）、《妙男妙女》（嘉宏）、《佩詩》（榮華）、《識途老馬》（臺聯）、《處女與我》（銀城）、《江湖女兒》（聯合）、《幾時再回頭》（聯發）、《一身是膽》（聯華）、《回來安平港》（龍升追）、《寒風手》（龍成）、《屠虎嶺》（龍門）、

李行代表作《秋決》叫好又叫座

李行代表作《秋決》突破發行慣例，2月12日起在非國片院線的臺北戲院與第一劇場連映兩個月，比美邵氏《梁山伯與祝英台》。在臺北首映，兩個月間報紙雜誌刊登學術界人士對該片的好評也創下空前記録，叫好又叫座。5月1日，文化局以主題意識正確，且攝製演出技術亦佳，慰勉該片全體演職員。10月，該片獲第10屆金馬獎最佳劇情片、最佳導演、最佳男主角、最佳女配角、最佳彩色攝影五大獎。

《秋決》

出品：大衆
編劇：張永祥
導演：李行　攝影：賴成英
主演：歐威　唐寶雲　傅碧輝　葛香亭　崔福生

裴剛是個自幼父母雙亡的富家子弟。在老奶奶溺愛縱容下，變成暴逆無知的惡少，終因殺人被判死刑。裴家是二代單傳，老奶奶讓自己娘家帶出來的蓮兒，到獄中和裴剛成親，藉以傳下裴家後代。第二年秋天，裴剛理智而安詳地被送往刑場，蓮兒也堅强地爲裴家活下去。

《秋決》劇照

附録：《秋決》影評精選摘録

何可歌（余光中）教授：

《秋決》是一部傑出的影片。到此，李行的藝術，朝前跨了一大步。中國電影的藝術，朝成熟之境也更逼近一步。

《秋決》要表現的，是主角歐威的轉變：從早期的外表剛强内心懦弱到後期的外表鎮定内心安詳。這過程，大致上表現得相當成功。骨架搭好了。次要的部分也就錯落有致，各得其所。

（《中國時報》 1972年3月5日）

王鼎鈞教授：

《秋決》中，依宗法觀念“絶後”是構成劇情最主要的危機。祖母是宗法觀念的化身，她堅定、倔强，在任何地方不忘記自己是宗法制度中的家長，勞瘁致死，臨終猶把她倔强的心法傳給支撑門户的孫媳婦……

本片另一特點，是生死問題提出儒家的觀點。死生之數由天定，但是，生死的意義却由人自己把握，人不能逃走，但是可以避免死得毫無意義。這一番話是《秋決》的哲學基礎，歐威得之，死而無憾，觀衆的精神，立見昇華。

（《中華日報》副刊，1972年3月3日）

顔元叔教授：

《秋決》是一部特别“中國式”的影片，中國人特别心領神會，這些中國式的成分可説是我民族意識中的一些“原始類型”，其中最突出與最强烈者，也即是影片故事的主幹，就是“傳宗接代”的觀念，其次是“自我犧牲”，特别是爲家庭做“自我犧牲”……春蓮便這樣與死囚結褵，刹那的燕爾，終身的寂寞。然而，當她腹中懷着生命，裴家香火傳炬有人時，也許她感覺她完成了一件重大的使命，還有一個是“季節的轉换”與“生死的循環”，這些便是《秋決》的成功之處。

（《中國時報》 1972年5月8日）

何懷碩教授：

《秋決》鼓舞中國人對中國文化價值的再認與復興增加信心……《秋決》通過兩個女性（老奶奶和蓮兒）的愛，以及牢頭、書生兩個人對裴剛的教化，使死囚裴剛恢復了他天賦的良知與德性，他再生的報償是蓮兒懷了他的新生命，這就是新生，這就是涅槃。

（《聯合報》副刊，1972年9月）

張曉風教授：

在整齣戲裏，蓮兒是真正的强者，她由一個小孤女而成爲一個妻子，進而成爲一個母親，一切的罪過由她承擔，一切的絶望因她而有希望，一切的醜惡也因她而成爲美麗。她所以能由裴剛的妻子而成爲他的母親（不單單是他孤子的母親），在於她再生了裴剛，創造了裴剛。

（《中華日報》副刊，19723 年 8 月）

王集叢教授：

片中主要人物各有性格、想法，也都有一顆愛心，而其綜合的效能，則是宣揚此愛的真諦。全部情節的結合，所有人物的活動，都很緊凑，而予人以真實感；甚至每一小過場、小動作，都做得非常認真，這是編劇的成就，也是導演的收穫。

（《新生報》 1972年1月3日）

郭恒鈺教授：

《秋決》，這一部不可多得的優秀國産影片，竟因爲德文字幕未能在國際影壇上"亮相"，就被判處"死刑"，不能不使人爲那些優秀的演員以及該片許多爲中國電影文化奉出一掬熱愛赤誠的工作人員叫屈。

（《中國時報》副刊，1972 年 7 月 1 日）

李祐寧導演：

《秋决》創造中國電影的新境界，從一個簡單平凡的故事，表現出人類浩瀚生命的節奏。

（《中華民族晚報》 1972年3月4日）

汪瑩導演：

唐寶雲在獄中侍夫的幾場戲，平實而柔情洋溢的片段，是《秋決》中最美、最入神的一筆，它之感人，是李行這時的描寫是一個男人和一個女人處在平等的地位上，相互發掘了對方時的喜悦。

（《婦女月刊》 1972年4月）

名劇作家魯稚子：

我之推譽本片人物性格的成就，並不僅指演員而言，編劇張永祥在角色的編塑上，一直着力於性格戲及其發展的排佈，渲染着一股傳統倫理的涵意，導演李行將之動化、壯大化，把原先心中衝動欲出的意念，堅執着完成了本片。

（《中華日報》 1972年3月5日）

歐威

（1936—1973）

演員。本名黄煌基。臺灣臺南人。19歲從影，主演臺語片《青山碧血》，並用片中角色之名歐威爲藝名，1959年以《金山奇案》獲《徵信新聞報》（《中國時報》前身）主辦的臺語片影展最佳男配角。1961年起逐漸轉演國語片；兩年後加入中影公司，以《養鴨人家》獲第12屆亞洲影展最佳男配角，又以《故鄉劫》、《秋決》分獲第5屆、第10屆金馬獎最佳男主角。歐威外型粗獷，爲當時著名硬派小生，1973年自兼製編導演四職拍攝《大通緝令》。歷年重要作品（國語片）還有：《蚵女》、《喜怒哀樂》、《臺北上海重慶》、《風從哪裏來》、《黑道行》、《血濺虹橋》等。

三導演聯合執導《大三元》

10月，三位曾獲得"獎勵國語影片金馬獎"肯定的導演李嘉、李行、白景瑞，聯合執導一部時裝文藝片《大三元》，這是繼白景瑞（《喜》）、胡金銓（《怒》）、李行（《哀》）、李翰祥（《樂》）合導《喜怒哀樂》後，又一次由多位導演通力合作的集錦作品。

《大三元》分三段拍攝，第一段《最後的拳賽》由李嘉執導，描寫一個肢體殘缺人士的掙扎、奮鬥，最後終於突破艱困的過程；第二段《愛的方程式》由李行執導，探討人類在面臨生死之間如何理智地進行抉擇的問題；第三段《勇者的畫像》由白景瑞執導，叙述一個被判定即將死亡的人如何勇敢面對死亡的經過。三段故事以娱樂性的清新手法，在連貫的主題下結爲一體。主要演員有柯俊雄、歐威、湯蘭花、汪萍、田鵬、林月雲、丁强等。

1971—1972年（香港）

大事記

1971年

本年 以攝製實驗電影爲主的衛影會組成。

最後一部粵語片《獅王之王》公映，粵語片全面停産。

國泰公司全面停産，片廠爲嘉禾公司收購。

1972年

本年 邵氏兄弟公司、嘉禾電影公司全面進入武打片時代。

李小龍與鄒文懷合組協和影業公司，創業作《猛龍過江》，李小龍集該片編、導、演於一身。

邵氏公司出品的《天下第一拳》打入美國電影市場。

李翰祥拍攝《大軍閥》，開風月片之風。

《水滸傳》劇照

重要影片

《大軍閥》劇照

《大軍閥》

出品：邵氏公司
編導：李翰祥
主演：許冠文　何莉莉　胡錦　狄娜　宗華

北方大軍閥龐大虎愚昧無知，濫殺百姓。民國十八年北伐軍統一全國，龐大虎被迫下野。在日本軍的支持下，龐大虎準備暗中起事時，小蘭芳前來爲父親報仇，她殺死了龐大虎，制止了他投降賣國的陰謀。

獲第19屆亞洲影展幽默滑稽片導演獎。

《水滸傳》

出品：邵氏兄弟公司
編劇：倪匡　張徹
導演：張徹
執行導演：鮑學禮　午馬
主演：狄龍　姜大衛
岳華　陳觀泰
何莉莉　丹波哲郎

根據施耐庵、羅貫中同名小説改編。梁山頭領晁蓋被史文恭射傷，梁山好漢爲了替他報仇，説服盧俊義以達到擒盧制史的目的。盧的管家爲奪盧妻，告發了官府。宋江得信後立刻派人闖入戒備森嚴的法場，救出了盧俊義，殺死了史文恭。

獲第10屆臺灣金馬獎優等劇情片獎。

《冰天俠女》劇照

《冰天俠女》

出品：邵氏公司
編劇：羅維　倪匡　導演：羅維
主演：李菁　岳華　焦姣　張沖

黑道高手沈盾夫婦盗得翠鳳劍，帶着女兒沈冰紅逃往深山。之後，沈盾夫婦被仇家所殺，沈冰紅雙腿因受凍致殘，所幸被武林異人所救。20年後，沈冰紅練得非凡武功，矢志爲父母報仇。

《吉祥賭坊》劇照

《紅鬍子》劇照

《吉祥賭坊》

出品：邵氏兄弟公司
編劇：倪匡　導演：張曾澤　主演：岳華　何莉莉

一對青梅竹馬的情侶，其兩家均以經營賭坊謀生，男孩子練就一手精湛的賭術，決心以賭制賭，把所有騙人的郎中趕盡殺絕。他與女友面對那些權勢的郎中不屈服，結果慷慨捐軀。以鮮血使衆多賭博人猛醒。

《紅鬍子》

出品：邵氏兄弟公司
編導：張曾澤　主演：王引　白羚　陳鴻烈　井淼

根據田原原著小説改編。民國初年，東北著名的紅鬍子頭領大青龍被捕，得其手下小白蛇、四至兒等搭救。之後準備逃離大車店時，被後來做了内奸的四至兒揭發。大青龍死後，小白蛇離開了紅鬍子隊伍，去做一個普通的莊稼人。

主要影片目録

1971 年

本年度香港共出品影片 94 部，其中國語片佔了93部，粵語片只有1部，閩南語片全部停産。

邵氏 《鷹王》（國語）、《新獨臂刀》（國語）、《劍女幽魂》（國語）、《六刺客》（國語）、《五枝紅杏》（國語）、《大決鬥》（國語）、《千年狐》（國語）、《冰天俠女》、《芳華虛度》（國語）、《女殺手》（國語）、《紅鬍子》（國語）、《無名英雄》（國語）、《夕陽戀人》

長城 《俠骨丹心》（國語）、《迷人漩渦》（國語）、《小當家》（國語）

嘉禾 《天龍八將》（國語）、《刀不留人》（國語）、《鬼怒川》（國語）、《唐山大兄》（國語）

第一 《龍虎鬥金鋼》（國語）、《先生太太下女》（國語）、《勢不兩立》（國語）、《頭條好漢》（第一／新華，國語）

榮華／利銘 《五對佳偶》（國語）、《難忘負心人》（國語）、《淘氣姑娘》（國語）

娱樂 《迷你老爺車》（國語）、《日月神童》（國語）

金寶 《情人的秘密》（國語）、《淘氣女歌手》（國語）

長江 《財色警魂》（國語）、《我的情人》（國語）

明星 《聾啞劍》（國語）、《瘋狂殺手》（國語）

其他 《浪子之歌》（國語）（國泰）、《飛俠神刀》（國語）（仙鶴港聯）、《烽火孤鴻》（國語）（鳳凰）、《拼命》（國語）（華夏）、《盲女勾魂俠》（國語）（宏華）、《拼命娘子》（國語）（海外）、《庭院深深》（國語）（鳳鳴）、《騙術奇譚》（國語）（新國聯）、《昨夜夢魂中》（國語）（榮華）、《獅王之王》（大聯）、《歌迷小姐》（國語）（七海）、《響尾追魂鞭》（國語）（新發）、《緹縈》（國語）（中製）、《往事只能回味》（國語）（海山）、《奪命金劍》（國語）（嘉祥）、《鈔票與我》（國語）（五洲）、《鬼流星》（國語）（四維）、《劍》（國語）（長江／潘壘）、《血手觀音》（國語）（萬邦）、《追命槍》（國語）（寶樹）、《黑白傘》（國語）（畢虎）、《金屋淚》（國語）（影藝）、《重逢》（國語）（捷通）、《俠女》（國語）（聯邦）、《無敵鐵沙掌》（國語）（三羊）、《一劍勾魂》（國語）（榮堅）、《模特兒之戀》（國語）（摩登）、《浪子與修女》（國語）（光明）、《巴士站》（國語）（嘉氏）、《三十六殺手》（國語）（嘉成）

1972 年

本年度香港共出品影片 99 部，全爲國語片。

邵氏 《大殺手》、《玉女嬉春》、《馬永貞》、《惡客》、《水滸傳》、《天下第一拳》、《群英會》、《落葉飛刀》、《十四女英豪》、《吉祥賭坊》、《大軍閥》、《愛奴》、《林沖夜奔》、《快活林》、《香港過客》、《四騎士》

榮華 《夢醒不了情》、《珮詩》、《天王拳》、《淘氣夫妻》、《門當户對》、《忠義門》

長江 《男人女人》、《唐手跆拳道》、《龍兄虎弟》、《盲拳》

嘉禾 《金旋風》、《山東響馬》、《精武門》、《合氣道》

協利 《辣手强徒》、《色字頭上一把刀》、《偷歡陷阱》

第一 《霸王拳》、《馬素貞報兄仇》、《驚天動地》

富國 《蕩寇灘》、《硬漢》、《惡虎狂龍》

鳳凰 《三個十七歲》、《艇》

鳳鳴 《仇》、《忍》

天寶 《情變》、《偷情世界》

現代 《半生牛馬》、《群芳譜》

其他 《今天不上課》（國泰）、《猛龍過江》（協和）、《窄梯》（謝氏）、《唐人客》（遠東）、《黑吃黑》（寶樹）、《獨臂拳王》（正明）、《鬼話》（金鷹）、《難忘初戀情人》（娱樂）、《鴻運當頭》（東方影劇）、《兇手一二三》（金球）、《騙術大觀》（新國聯）、《小拳王》（南海）、《蕩女神偷》（影藝）、《鐵掌旋風腿》（嘉聯）、《黑名單》（開發）、《火戀》（開發／第一）、《輕煙》（文藝）、《奪命拳王》（新華）、《血愛》（維道）、《慾火焚身》（旭華）、《拳頭枕頭》（大人）、《鬼馬女歌手》（金寶）、《拳王之王》（美麗華）、《愛魂》（金山）、《只羡鴛鴦不羡天》（東和）、《拳門》（光明）、《獅吼》（光明／大鵬）、《黄色殺手》（七海）、《進攻美人關》（立基）、《女獨臂刀》、《鐵拳》

《愛奴》

出品：邵氏兄弟公司
編劇：邱剛健
導演：楚原
主演：何莉莉　岳華　貝蒂　顧文宗

少女愛奴到一家客棧尋找情人紀德，不幸遭劫被迫當了妓女，後來紀德進了衙門。愛奴因恨紀德的失約改變了自己的命運，便接受了妓院老闆娘的愛，陰險狡詐的老闆娘最終毒死了愛奴。

《愛奴》劇照

《拳擊》

出品：邵氏兄弟公司
編劇：倪匡　導演：張徹
主演：姜大衛　狄龍　井莉　谷峰

工程師范克到泰國尋找同父異母的兄長。因知其兄是名拳師，右臂上有梅花刺青，於是到拳擊館去尋找。碰上拳擊手汶烈，兩人惺惺相惜。汶烈迎戰黑幫高手重炮，范克發現汶烈臂上的刺青，兄弟相認。本片在泰國取景，由多位泰國拳師參加演出。

《拳擊》劇照

《馬永貞》

出品：邵氏兄弟公司
編劇：倪匡　張徹　導演：張徹　鮑學禮
主演：陳觀泰　井莉　姜大衛　田青　谷峰

本片根據民初轟動上海的馬永貞事跡改編。馬永貞到上海謀事，一次顯露身手被幫會頭目譚四爺注意。流氓頭領楊雙派手下張金發等人企圖侵佔譚的地盤，適逢馬永貞路過，擊退了楊的手下。譚把該處地盤作爲酬謝撥歸了馬永貞。後來，譚被心腹出賣而慘遭毒手身亡。馬永貞矢志要爲其報仇。

《馬永貞》劇照

《十四女英豪》海報

《十四女英豪》

出品：邵氏兄弟公司
編導：程剛　主演：盧燕　何莉莉　凌波　李菁

據楊家將佘太君故事改編。以楊家女將代夫出征老故事爲線索，描寫了衆女將的巾幗豪情。

全邵氏女星大動員、製作龐大是本片當時的賣點，一向慢工出細貨的導演程剛（現著名武指程小東之父）將本片拍得絲絲入扣，頗見功力。獲第19屆亞洲影展優異演技獎（何莉莉）；另獲第11屆臺灣金馬獎優等劇情片獎、最佳導演、最佳女配角（盧燕）、最佳録音獎。

李小龍主演《唐山大兄》

1971年，李小龍自美返港，主演《唐山大兄》，自此香港功夫片打入國際電影市場。《唐山大兄》是香港當年票房收入最高的影片，也是第一部票房收入超過三百萬的影片。此片所映之處都均極受歡迎，李小龍也因此迅速成爲突出的國際功夫巨星。影片其實拍來頗見粗糙，但這已是當時港片通病，人們也見怪不怪。但由於李小龍獨特功夫在銀幕上頗具震懾力，痛快淋漓的打鬥場面讓好些觀衆一看再看，所以仍舊極具吸引力。

《唐山大兄》

出品：嘉禾影片公司

編導：羅維

主演：李小龍　衣依　田俊

在曼谷製冰廠裏工作的華人青年鄭潮安，發誓不再和別人交手。但是當他發現這裏實際上是一個掩護壞人進行非法勾當的處所，並且被壞人羞辱到忍無可忍的地步時，他徒手迎戰十幾個手持棍棒和刀劍的歹徒，最後大獲全勝。

羅維（1918—1996）

演員，導演，製片人。江蘇人。抗戰期間在重慶中電、中製參加電影、話劇演出。1948年移居香港，他先後主演影片近50部。1961年起相繼在電懋、邵氏兄弟、嘉禾公司等任導演，最重要的作品是李小龍的《唐山大兄》和《精武門》，面世後在香港掀起了"功夫片"熱。後自立羅維電影公司，成龍即由他一手提攜，可惜成龍的走紅却是借給別的公司而成名的。後來成龍還是爲他拍了部《笑拳怪招》，即投向嘉禾旗下。1996年羅維病逝於港。

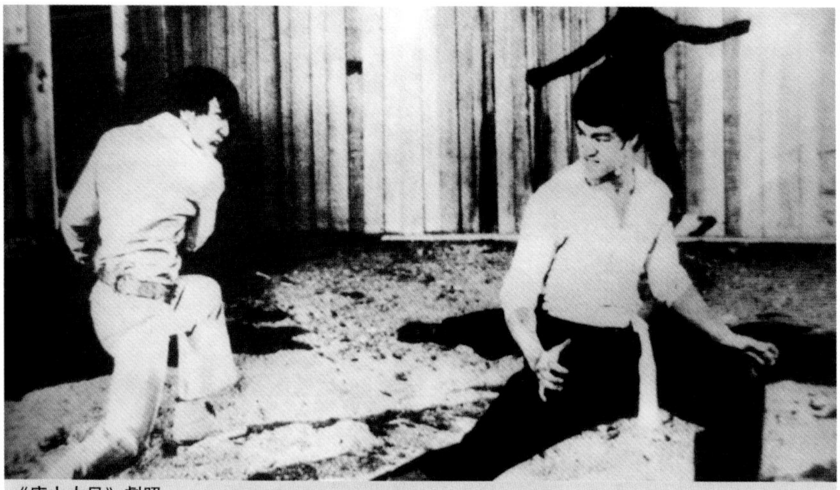

《唐山大兄》劇照

李小龍主演的《精武門》在香港引起轟動，並在臺灣公映

由嘉禾公司出品、李小龍主演的《精武門》在香港和臺灣公映，引起轟動。這是一部最令觀衆亢奮的電影。李小龍在本片表演了比在《唐山大兄》更成熟和更剛烈的動作，亮色更爲懾人。影片中怒吼、憤撕〝東亞病夫〞匾額、與日籍演員倉田保昭的最後決鬥，大快人心，戲院出現數次罕見的全院喝彩聲和掌聲，令李小龍如日中天。本片也是李小龍代表作之一。

《精武門》

出品：嘉禾公司

編導：羅維

主演：李小龍　苗可秀　衣依
　　　倉田保昭　田俊

日本武林社社長鈴木派人將一塊〝東亞病夫〞匾額送到精武門。陳真背負匾額將日武社的一班浪人打得七零八落。爲替師父霍元甲報仇，他又摸入日武社，殺了鈴木等人。日人包圍了武館，陳真在一片槍響中高高躍起。

《精武門》劇照

1973年（臺灣）

大 事 記

1月3日 教育主管部門自本日起實行七項"加强電影檢查工作實施要點"，一律禁止拍攝或輸入所有殘殺、打斗及色情的中外電影。星華影業公司製作，巫敏雄執導的新片《中國人》(後改名《請看！中國人》)成爲新電影檢查規則頒佈後首部遭到修剪的影片。

3月2日 教育主管部門成立"電影檢查委員會"，聘請法律、文學等各界對電影有研究的專家，組成"復審"單位，以接受遭取締的電影片商、戲院、製片商、電視影片、電視臺、電臺的申訴再審。

3月4日 影劇協會舉行第14屆理監事會議，選出"中影"公司總經理梅長齡爲理事長和12位常務理監事。

3月25日 根據"製協"海外市場擴展委員會的統計，臺灣影片歐非中東市場日趨擴展，南洋市場則走下坡。

4月25日 "製協"通知該會所屬海內外215家製片機構，希望今後儘量選用國樂配音，必要採用西樂時，應向版權所有人先行洽商，以免事後發生糾紛。

4月30日 臺灣區電影製片工業同業工會舉行成立大會，發起人沙榮峰當選理事長，會員有國際製片廠、"中製"廠、"中影"片廠、華國片廠、"中影"電影沖印廠、"臺製"廠、東影製片廠、大都彩色沖印廠、上上影業公司等。

5月3日 《俠女》續集在臺北首映，改名爲《靈山劍影》。

6月27日 中華電視文化事業股份有限公司投資電影攝製工作的首部彩色片《大地牛郎》開鏡。

8月1日 教育主管部門裁撤，電影業務移由新設電影事業處主管。

8月19日 "新聞局"爲獎勵優良國語電影片，決定繼續舉辦金馬獎，並訂定"獎勵優良國語影片辦法"。

9月3日 "製協"指出：今年5—7月在臺、港兩地開拍的武打片共計150部，數量之多，突破以往任何年度之紀録，各地市場供過於求。

12月1日 影星歐威因尿毒症病逝於臺南醫院。

12月25日 "新聞局"爲加强管理電影事業，徹底淨化電影內容，制定"海外電影機構拍攝國語影片申請押税進出口底片處理要點"，並將嚴格執行。

本年 臺灣電影外銷總收入已達新臺幣12億元，打破歷年紀録。

重要影片

《彩雲飛》劇照

《彩雲飛》

出品：興發
編劇：張永祥
導演：李行
主演：甄珍　鄧光榮

一對孿生姊妹，自幼由於鰥父無法照顧兩個嬰兒，將其一送給無子女的夫婦，從此這對雙生姊妹生長在不同的環境。她倆在長大後先後愛上同一男孩，遭受各種阻撓而寫出一段美麗的愛情。

《忍》

出品：鳳鳴
導演：俞鳳至
編劇：宋項如
主演：楊群　嘉凌

描述民國初年袁世凱稱帝，蔡松坡忍辱負重冒險逃出北平，進行討袁護法的故事。片中穿插江湖兒女捨命求忠的情節，打鬥場面熱鬧非凡。獲得第11屆金馬獎最佳劇情片。

《忍》劇照

電影禁映標準尺度説明

1月3日，負責中外電影檢查工作的林秋山，根據"電影片檢查標準規則"第二條，説明今後在檢查"殘殺打鬥"及"色情"影片上所遵循的尺度。

依照"電影片檢查標準規則"第二條規定，凡有下列情形之一者應予修改、刪剪或禁演。

1. 在"破壞公共秩序"方面：

（1）表現重大犯罪行爲，未受法律或道德制裁，而有鼓勵犯罪作用者。

（2）刻畫盜匪流氓等非法行爲，易於引人模仿者。

（3）描述以糾集群衆等方法，達成不法之願望者。

2. 在"妨害善良風俗"方面：

（1）全部裸體或僅着透明服飾，而有誨淫作用者。

（2）以動作或言語表演淫穢情態者。

（3）暴露性器官而無嚴正之生理衛生教育意義者。

（4）爲强姦、墮胎、亂倫之表演者。

（5）指示使用藥劑催眠術或其他手段藉達淫亂或猥褻之目的者。

（6）描寫賭博、狎妓、吸毒等情形，足引人墮落者。

（7）鼓勵違反固有道德者。

三部國片富社教意義獲嘉勉

4月13日，"教育部文化局"以書面嘉勉中影公司製作的《愛的天地》、臺聯公司製作的《彩雲飛》和利銘公司製作的《桂芬》三部影片。教育部文化局表示，劉家昌執導的《愛的天地》主題意識正確，製作路線清新；李行執導的《彩雲飛》以愛情文藝爲主題，表現手法細膩，攝製技術精良；楊道執導的《桂芬》描述母子之愛，深具倫理教育意義。這三部影片均是該局於1月3日公佈實施加强電影檢查工作以後，國産電影製作機構積極配合政府政策，拍攝具有社會教育影片的具體證明，故向各攝製公司致嘉勉。這三部影片並獲選參加第19屆亞洲影展。

臺灣區電影製片公會簽訂自律公約

5月17日，臺灣區電影製片工業同業公會舉行第二次理監事聯席會議，決定成立服務小組，項目研究支持及協助海内外製片業者的可行辦法。同時，會員代表簽訂"自律公約"，内容如下：

1. 不拍違反國策的影片。
2. 不拍損害民族尊嚴的影片。
3. 不拍頹廢灰暗的影片。
4. 不拍兇暴殘殺的影片。
5. 不拍淫穢色情的影片。
6. 不聘用違反"海内外國語影片製作機構延請工作人員自律公約"的演員和工作人員。
7. 不租借違反"海内外國語影片製作機構延請工作人員自律公約"的製片機構所拍的影片。
8. 不接受違反上列1至5條的製片機構租借廠棚設備。

這項自律公約是以各製片廠爲單位簽訂，國際製片廠、華國製片廠、東影製片廠、統一製片廠均由代表在該公約上簽字。

武打色情片檢查尺度訂定

10月14日，新聞局公布"取締殘殺、打鬥，及色情影片檢查尺度"，日後如有不合尺度者，輕則修剪，重則禁演。

依據新訂的電影檢查尺度規定，凡有以下情況者，予以修剪或禁演：

1.無正確主題意識，其表演唯在顯示武藝出衆、拳法或槍法神奇，而草菅人命者。

2.爲報復私仇，不分主從，不問善惡，趕盡殺絶，充分表現嗜殺行爲，而有違人道者。

3.刻畫盜匪、流氓或不良青少年聚衆鬥毆，殘忍兇殺等犯罪行爲，顯示其技巧高超，兇狠氣概，足以使青少年發生崇拜心理，誘發模仿作用者。

4.描寫黑社會人物或不法集團非法行爲，淋漓盡致，最後草草制裁，不足爲訓者。

5.利用武藝或藥物，圖遂其姦淫或謀殺之目的者。

6.飛刀、飛槍、凌遲、肢解或利用機械、化學物品等兇狠方法殺人滅跡，易於模仿者。

7.刀槍機械所及，頭飛肢斷、肚破腸流、血花四濺、骨肉模糊，慘不忍睹者。

8.其他動作或言語，足以使人極度驚駭者。

9.以細膩近乎淫蕩的手法描寫姦淫行爲者。

10.以赤裸的圖片、雕塑或類似的淫穢物體，暗示男女性饑渴，而有挑逗色情作用者。

11.男女互抱擁吻，過分纏綿，而有性之挑逗作用者。

12.畫室赤裸的模特兒，而無掩蔽乳部或陰部者。

影片目録

中影 《愛的天地》、《突破國際死亡線》、《一家人》
中製 《血濺虹橋》
臺製 《翠嶺長春》、《没有女人的地方》
大衆 《母親三十歲》、《心有千千結》
大有 《天下一大笑》、《串串風鈴響》、《只要爲你活一天》、《十三個半房客》
七海 《黄色殺手》、《歌迷小姐》
大同 《大地雙英》、《無福客》
大地 《女飛龍》、《頂天立地》
半島 《仇愛》、《五色仙女》
玉成 《婚夜奇聞》、《荒島生死鬥》
玉聯 《孫悟空決鬥吕洞賓》、《孫悟空大戰孤員山》
有利 《血灑後街》、《小霸王》
成功 《爲著一張車票》、《逼狗跳墻》
利銘 《鐵漢》、《負心的人續集》
協利 《黑帶仇》、《雷風雨》
明德 《試婚》、《手》
東聯 《鑽石美人》、《怒虎》
長江 《愛從哪里來》、《龍兄虎弟》、《盲拳》、《男子漢》、《男人女人》
威靈 《潮州大兄》、《蝶戀花》
金馬 《擂臺》、《烈日當空》
建華 《怒火》、《山東老大》
星華 《七歲兇手》、《請看！中國人》、《小廣東》
國華 《小紅娘》、《歷劫孤兒》、《舊情難忘》、《龍虎地頭蛇》、《誰來愛我》
國際 《曼谷之夜》、《靈山劍影》、《俠女》（下集）
常滿 《港都戀歌》、《八歲爸爸》、《命運的鎖链》、《雲州大儒俠》、《飛天神童》
第一 《大小遊龍》、《死對頭》、《男子好漢》、《强人》、《女英雄飛車奪寶》、《雙龍出海》、《雙面女煞星》、《虎拳》
郭氏 《中國鐵人》、《大車夫》
富國 《餓虎狂龍》、《黑色星期五》、《石破天驚》
富强 《潮州四霸王》、《十段高手》
富華 《烈日當空》、《龍虎過江》、《中國拳》
華國 《惡夜》、《虎豹兄弟》
開發 《女飛龍》、《滿洲人》、《碼頭風雲》、《潮州拳王》
新亞 《狂龍出海》、《雙鳳飛》、《强中手》、《愛在心坎裏》、《決不低頭》
萬聲 《騙術奇中奇》、《尋夢園》
榮華 《桂芬》、《香港夜譚》、《負心的人》（續集）
臺聯 《黄金賭客》、《狂風暴雨》
聯合 《誰的錯》、《四季發財》、《天倫樂》、《天使之吻》
藝新 《洞房》、《東方漢》、《拳影》、《中國頑皮豹》
臺陽 《玉狐狸》、《花謝了》
大鵬 《風》、《獅吼》
其他 《獨臂刀大戰盲俠》（永聯）、《虎膽追魂》（大漢）、《美人關》（中國）、《金喇叭》（天宇）、《頭號鐵人》（天星）、《强中更有强中手》（天寶）、《串串風鈴響》（太陽）、《回頭我也不要你》（文豪）、《煙雨斜陽》（文藝）、《大風暴》（四方）、《糊塗大將軍》（四維）、《古鯉精怪女王蜂》（巨人）、《風流岳父傻女婿》（民華）、《賭命拳王》（永新）、《少女心》（永裕）、《美人關》（立基）、《十三個半房客》（光明）、《鐵嬌娃》（安邦）、《蓋世拳》（夏華）、《硬碰硬》（友聯）、《英雄榜》（利和）、《追殺》（利達）、《大車夫》（宏華）、《晚秋》（家匙）、《滿洲人》（世界）、《長橋》（金天）、《乞丐娶藝妲》（佳成）、《義膽》（奇峰）、《克星》（官都）、《猛龍鬥惡虎》（昆伴）、《美人魚》（南臺）、《除霸》（帝國）、《無敵阿郎》（建峰）、《神妙女郎白如霜》（建興）、《一條龍》（星茸）、《天龍地虎》（美都）、《生死遊戲》（美麗華）、《午夜客》（泰立）、《迷途》（泰華）、《七怒漢》（海外）、《小老虎》（南國）、《龍虎鳳》（海峰）、《茶山情歌》（益萬）、《生龍活虎小英雄》（國生）、《兩個醜陋的男人》（國鼎）、《狂龍雪耻》（國瀛）、《天門陣》（國藝）、《不堪寂寞》（彩虹）、《我是中國人》（得利）、《海員七號》（淮豐）、《夜雨濛濛》（郭樂）、《觀世音收群妖》（港僑）、《浪子天涯》（華孚）、《大地牛郎》（華視）、《黑道行》（華聯）、《龍虎灘》（華藝）、《翠谷之戀》（馮聲）、《金龍劍》（新世紀）、《風馬牛》（新遠東）、《霹靂小子》（萬星）、《七煞》（萬里）、《野虎》（義興）、《爲君愁》（粢華）、《江湖巨騙》（嘉星）、《分秒必爭》（嘉新）、《彩雲飛》（興發）、《一網打盡》（遠東）、《唐山虎》（興南）、《虎豹雙雄》（聯華）、《鬼面人》（聯邦）、《明日天涯》（謝氏）、《心蘭的故事》（鴻達）、《十面威風》（藍天）、《魔鬼天使》（羅氏）、《心願》（龍裕）、《雙龍黑霸》（寶星）

《窗外》的風波

臺灣拍過兩次《窗外》，都讓導演賠得很慘，第一次是1966年由崔小萍投資、導演，由一群没有拍過電影的人演出，吴海蒂演江雁容，白茜如演母親，趙剛演康南。導演崔小萍第一次執導演筒，但崔小萍被製片人坑騙，她出力又出錢，

《窗外》第二次拍攝，1973年由宋存壽導演，八十年代公司出品。因原作者的控訴，宋存壽敗訴，該片在臺灣禁映，宋存壽不但賠光了積蓄，還因僞造文書罪，判徒刑7個月，繳罰款了事。

《窗外》是瓊瑶第一部長篇小説，出書時，瓊瑶父母非常不高興，因爲情節有濃厚的自傳色彩，涉嫌師生戀。瓊瑶出身書香世家，父母不願意張揚。瓊瑶脾氣很倔强，因此不但書出版，她還同意崔小萍將該書拍成電影。電影拍完，上映首日，瓊瑶家中掀起軒然大波，父母以死威脅瓊瑶，必須下片，瓊瑶只得要求電影公司不要再放映了，她願意賠償一切損失，買回版權，電影公司拒絶。電影下檔，家裏風波才漸平息。臺灣風波剛平息，香港電影公司又找上門，宋存壽送來合約書表示要拍《窗外》，瓊瑶誠懇地和宋存壽商量，任何小説都可以，唯獨《窗外》萬萬不可。宋存壽以爲已有人拍過，而陸建鄴已獲授權，擅自開拍，瓊瑶堅持不簽字，平鑫濤依照著作權法提出告訴，一審二審宋存壽敗訴，而且涉及僞造文書罪，宋存壽判刑7個月，差一點坐牢，平鑫濤和瓊瑶都無意讓宋存壽坐牢，他們只希望瓊瑶家裏不要再引起任何風波。最後，香港版的《窗外》被法院判決在臺灣禁止公開放映。

宋存壽（左）

宋存壽（1930— ）

導演。江蘇江都人。1949年考入香港文化專科學校，畢業後與胡金銓同時供職嘉華印刷廠，兩人經常結伴觀賞電影。1955年由胡金銓介紹認識李翰祥。1963年隨李翰祥來臺，1966年首次執導《天之驕女》。歷來公認宋存壽最好的作品爲《破曉時分》、《母親三十歲》及《窗外》等片，備受影評人及知識分子的肯定；其中《窗外》因原著作者抗議版權問題而未在臺灣公映，至1982年導演《老師，斯卡也答》爲止，共執導電影作品26部。

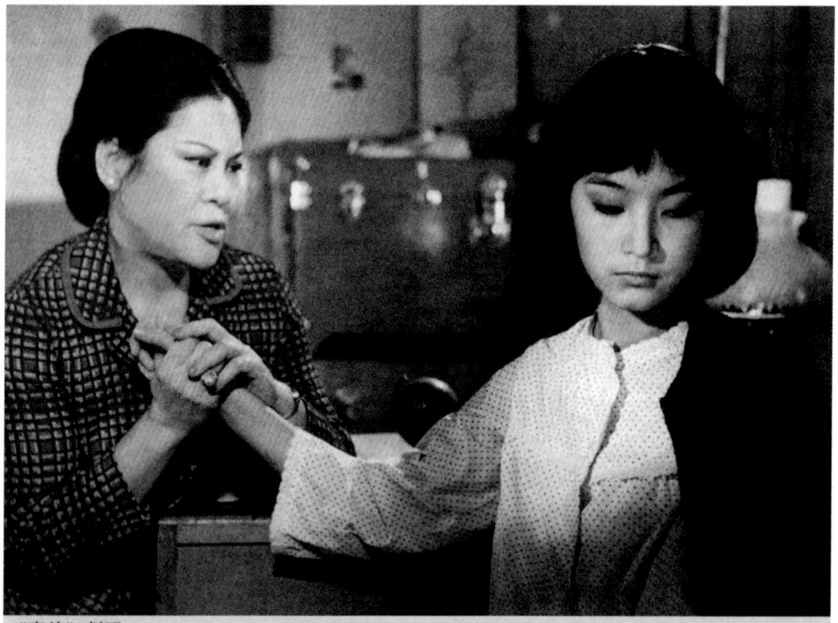

《窗外》劇照

《窗外》

出品： 八十年代
編劇： 郁正春　陸建鄴
導演： 宋存壽　郁正春
攝影： 陳榮樹
主演： 林青霞　胡奇　秦漢　恬妞

少女江雁容在家得不到父母的愛，年長20歲的導師康南也因爲長久的顛沛流離而忍不住寂寞，兩人遂展開一場不倫的師生之戀。後來因爲壓力被拆散。

第11屆金馬獎頒獎

10月30日，第11屆"獎勵優良國語影片金馬獎"舉行頒獎典禮。本屆金馬獎獲獎名單：最佳劇情片：《忍》（鳳鳴）；優等劇情片：《十四女英豪》（邵氏）、《猛龍過江》（嘉禾）、《突破國際死亡線》（中影）、《愛的天地》（中影）、《天倫樂》（聯合、澄陽）；最佳紀録片：《愛心與信心》（臺製）；優等紀録片：《臺灣風光》（臺製）、《金門林業》（臺灣省政府農林廳林務局）、《陸軍飛彈部隊》（中製）、《敦睦演習》（中製）；最佳導演：程剛（《十四女英豪》）；最佳男主角：楊群（《忍》）；最佳女主角：上官靈鳳（《馬路小英雄》）；最佳男配角：王宇（《突破國際死亡線》）；最佳女配角：盧燕（《十四女英豪》）；最佳童星：湯志偉（《天倫樂》）；最佳編劇：鳳鳴編劇小組（《忍》）；最佳彩色影片攝影：林贊庭（《愛的天地》）；最佳剪輯：張耀宗（《猛龍過江》）；最佳彩色影片美術設計：鄭志良（《彩雲飛》）；最佳音樂（非歌劇）：劉家昌（《愛的天地》）；最佳録音：王永華（《十四女英豪》）；最佳紀録片攝影：端木煊（《愛心與信心》；宣揚中國文字特別獎：《中國文字演變》（中華卡通）；優秀演技特別獎：嘉凌（《忍》）

優秀演員特别獎：狄龍（《刺馬》）。

電影界推動淨化電影運動

10月17日，海内外製片人、導演、編劇40餘人出席在臺北自由之家舉行的"淨化電影運動"座談會。與會人士獲致下列五項決議：

一、擁護淨化電影内容的運動，電影界人士應自律自清，以達成發揚中華文化的任務。

二、遵照原有的製片公約，淨化電影内容，公約如下：(1)不拍有損國家民族利益的影片；(2)不拍妨害固有善良風俗的影片；(3)不拍違背傳統道德標準的影片；(4)不拍違反電影檢查法規的影片。

三、由臺北市影片商業同業公會，及臺北市電影戲劇商業同業公會、臺灣省電影戲劇商業同業公會聯合會通知會員淨化電影廣告。

四、加强自律公約的執行，以維護電影界的風紀。

五、定期舉行座談會，邀請電影檢查委員對編導人員作專題講解。

未能出席本次座談會的港九影劇自由總會主席童月娟，也致電臺灣省電影製片協會，表示港九影劇自由總會全體會員一致支持淨化電影運動，有關座談會一切決議，港九影劇自由總會定悉力遵行。

林青霞（1954—　）

演員。原籍山東，生於臺灣嘉義。林青霞是70年代最著名的文藝片巨星之一，與林鳳嬌、秦漢、秦祥林並稱“二林二秦”，主演大量瓊瑤小説改編的電影。文藝片沒落後，以《碧血黄花》(1980)、《慧眼識英雄》(1982) 入圍金馬獎。後到香港發展，主演了《警察故事》(1985)、《刀馬旦》(1986)、《今夜星光燦爛》(1988) 等代表作，並以《滚滚紅塵》(1990) 獲金馬獎最佳女主角。1990年後參演徐克執導的《笑傲江湖II》以“東方不敗”英挺的女扮男裝的造型持續在《鹿鼎記》、《東邪西毒》、《新龍門客棧》、《絶代雙驕》等影片中擔綱演出。

1973年（香港）

大事記

本年 吴思遠創辦思遠影業公司，創業作《南拳北腿》。該公司以獨立製作的方式，創造了低成本、高票房的成績，成爲香港電影獨立製作成功的典範，並開啓了獨立製作的先河。

港、臺各公司紛紛搶拍武打片。

重要影片

《刺馬》劇照

《刺馬》

出品：邵氏兄弟公司
導演：張徹
編劇：倪匡　張徹
主演：姜大衛　狄龍
　　　陳觀泰　井莉

黄縱、馬新貽、張汶祥三人是結拜兄弟。黄縱的妻子米蘭愛慕馬新貽。馬新貽任兩江總督後爲達目的不擇手段，佔有了米蘭，殺害了黄縱。張汶祥刺殺了馬新貽。

獲第19屆亞洲影展表現突出性格男演員獎（狄龍）；第11屆臺灣金馬獎優秀演技特别獎（狄龍）。

粵語片重新興起

楚原執導的粵語片《七十二家房客》，以諷刺社會爲題材，加上粵語喜劇，大受歡迎，不僅是當年香港票房收入的冠軍，而且使粵語片在香港獲得新生。在此前一年，粵語片已經在香港停産，在它之後，粵語片在香港又再次成爲觀衆最喜愛的片種，事實上香港觀衆絶大多數是廣東人，對粵語感到親和明白，《七十二家房客》的成功，促使粵語片，尤其是粵語喜劇片的復興，掀起了香港粵語片的一個新高潮。

楚原（1934— ）

導演。廣東梅縣人，生於廣州。廣州國立中山大學化學系畢業，後由父親張活游（粵語片名演員）介紹入香港電影界。1956年從影後，初當編劇，編寫的第一部劇本是《七重天》。1959年執導首部影片《湖畔草》，次年以《可憐天下父母心》大獲好評。到60年代末粵語電影衰落時，楚原已經導演了70多部粵語電影，積累了豐富的經驗。1970年，在國泰公司編導他第一部國語武俠片《龍沐香》。1972年加入邵氏公司，拍攝了奇情武俠片《愛奴》，被評爲1973年世界十大名片之一，同時被認爲是楚原的最佳代表作之一。1976年以《流星·蝴蝶·劍》一片掀起古龍武俠片熱。自1976年至1980年五年内，楚原共拍了22部電影，除了根據金庸小説改編的《倚天屠龍記》（上、下集），以及根據王鷹原著改編的《無翼蝙蝠》外，其中有7部均由古龍小説改編。1979年以《孔雀王朝》獲第25屆亞太影展最佳動作片導演獎。楚原一共執導過120多部影片，還有《冬戀》、《天涯·明月·刀》等名作。他創辦過玫瑰影片公司，出品過《黑玫瑰》等名片。現處半退休，時有客串上演電視劇。

《七十二家房客》海報

《七十二家房客》

出品：邵氏兄弟公司
　　　香港無限電視臺
編導：楚原
主演：胡錦　井莉　岳華　沈殿霞

本片採用了1963年廣州珠影與香港新聯合拍、王爲一導演的同名影片的同一劇本，加上了部分外景。由於本片陣容浩大，用了當紅的影視演員演出，觀衆反響强烈。

李小龍猝然去世，全球轟動

7月20日，李小龍拍攝新片《死亡遊戲》期間，猝然去世，全球轟動。

李小龍(1940—1973)

演員、導演。原名李振藩，英文名Bruce Lee。原籍廣東順德（今佛山順德區），出生於美國舊金山市。美國華盛頓州立大學學士。其父是粵劇名伶李海泉。李小龍從小隨父在香港影劇界演出。1949年不滿10歲時便主演了《細路祥》；1952年開始做童星，參演的名作還有《人之初》、《危樓春曉》、《人海孤鴻》等。1959年到美國西雅圖華盛頓州立大學攻讀哲學及心理學。畢業後在西雅圖開設中國武術館，並擔任好萊塢影片武術指導。1964年，李小龍參加了在美國加州長堤舉行的萬國空手道競賽並獲得冠軍，被好萊塢一家電影公司看中，曾出演過電視劇《青蜂俠》（30集），1969年，又在好萊塢電影《醜聞喋血》中扮演一個中國移民殺手。

李小龍曾欲與邵氏合作，但對方以爲是他在美國正處低潮而所提條件較低，故雙方談不攏。不久，香港嘉禾公司名導演羅維的太太劉亮華到美國找演員，與李小龍接觸，結果雙方一拍即合。

1971年李小龍回香港主演的第一部電影《唐山大兄》獲極大成功。這本是一個普通的故事，該片的導演羅維只是按功夫片常規辦事，但李小龍的加盟，却使得這部影片出人意料地大受歡迎，不僅在香港創下了300萬的票房奇跡，而且在東南亞等地也連創新高。於是羅維再接再勵，又與李小龍合作了《精武門》，不僅再破票房紀錄，而且成爲一種功夫片的典範。

因與老派導演羅維的電影觀念不盡相合，李小龍遂與之分手，自編自導自演了《猛龍過江》，其精彩絶倫的打鬥場面讓全世界矚目，李小龍也成爲中國武術道德規範及中國人不屈精神的象徵。這一年，李小龍也成爲世界最知名的中國功夫高手。此時，好萊塢再一次向他伸出橄欖枝，邀他合作拍攝《龍爭虎鬥》，李小龍電影正式進入美國院線，大獲成功後，在日本、歐洲也相繼打開市場之門。第一次創造了中國人及中國電影走向世界市場的奇跡，他使香港功夫片揚威世界，同時也令他成爲中國電影史上第一位世界知名的超級功夫巨星。

遺憾的是，就在李小龍拍攝《死亡遊戲》的過程中，却在33歲鼎盛之年突然神秘地意外死亡，如彗星閃過天際，光耀寰宇，却稍縱即逝。李小龍的死亡，成爲幾十年來人們議論不休的謎團，也是“李小龍神話”的一個最精妙的尾聲。

李小龍對現代技擊術和電影表演藝術的發展做出了巨大的貢獻。他主演的功夫片風行海外，中國功夫也隨之聞名於世界。許多外文字典和詞典裏都出現了一個新詞：“功夫”(Kungfu)。他先後於1972年和1973年兩度被國際權威武術雜誌《黑帶》評爲世界七大武術家之一。他的拳脚功夫創造了香港電影的奇跡，使全世界更多的觀衆了解了香港電影和中國功夫文化。

李小龍及其電影之所以獲得東西方觀衆的歡迎，除了他的驚人的武功和明星的氣質外，還因爲李小龍的文化價值觀念實際上已受到西方世界的明顯的影響。他在《猛龍過江》中對對手人格的尊重，便已表示他的中國功夫哲學已經與西方人道主義精神契合，他的心態與精神已經有了成功的現代化的轉化——李小龍在短短三年時間內，已經形象地完成了中國人心裏百年夢想：中國人不可侮、中國人不侮人。

李小龍去世雖然已有32年，但2004年香港進行“你心中的英雄”民意調查，李小龍排名第四，僅排於孫中山、每個人父母及太空英雄楊利偉之後；其次，在中小學生爲對象的問卷調查中，他排名出人意料地位列第二，僅次於偶像組合Twins；其三，英國人選舉“十人最酷偶像”時，李小龍排名第七，並是唯一一個華人，而所謂“萬人迷”英國球星大衛·貝克姆還排在其後，僅爲第八；日本去年也舉辦了一個“我最喜歡的亞洲男女藝人”選舉，男藝人爲成龍，而已去世30多年的李小龍位列季軍；也是在2004年，每年出版一次的《美國國家電影名册》，精挑細選25部名片，拍攝於1973年的《龍爭虎鬥》仍列其中。

從以上例證可得知，人們不因李小龍去世多年而忘却了他，其“神話”未滅，英名猶存。現在廣東佛山順德建有李小龍紀念館。

李小龍與香港功夫片

70年代初，由李小龍主演的《唐山大兄》(1971)、《精武門》(1972)、《猛龍過江》(1972)等影片在香港陸續上映，香港電影中的功夫片由此興起。

李小龍主演的第一部功夫片是《唐山大兄》。在影片中，李小龍扮演一個在曼谷製冰廠裏工作的華人青年。在《精武門》中，他扮演天津名武士霍元甲的高徒陳真。此後，爲了在影片中更好地表現自己的意圖和追求，李小龍自導自演了《猛龍過江》。次年，李小龍又爲美國的華納公司拍攝了一部《龍爭虎鬥》（羅伯特·克勞斯導演）。李小龍在影片中扮演一位名叫李的少林拳鬥高手。

包括由於李小龍的突然過世而未能拍完的《死亡遊戲》(1973) 在内，李小龍只拍攝了不到五部功夫片。在這些影片中，李小龍一方面通過他高超的武藝向世界展示了〞中國功夫〞，另一方面又塑造了具有崇高民族氣節、要求平等尊嚴、不受歧視凌辱又嫉惡如仇的〞中國人〞的英雄形象，正如他在回答外國雜志記者采訪時所説的那樣〞七億中國人不再是東亞病夫。〞——李小龍功夫片的重要意義也正在於此。

李小龍在短暫的時期開創了一個時裝武俠電影模式。一個是成功開創了武俠電影的明星

主要影片目録

本年度香港共出品影片96部，國語片94部，粵語片2部。

邵氏 《埋伏》(國語)、《戀情三千里》(國語)、《刺馬》(國語)、《丹麥嬌娃》(國語)、《叛逆》(國語)、《警察》(國語)、《風流韻事》(國語)、《桃色經紀》(國語)、《女集中營》(國語)

邵氏／港視 《七十二家房客》

嘉禾 《冷面虎》(國語)、《馬路小英雄》(國語)、《鐵娃》(國語)、《戰神灘》(國語)、《黑夜怪客》(國語)、《跆拳震九州》(國語)、《五雷轟頂》(國語)、《龍虎金鋼》(國語)

第一 《英雄本色》(國語)、《趕盡殺絶》(國語)、《女英雄飛車奪寶》(國語)、《雙龍出海》(國語)、《黑豹》(國語)、《虎拳》(國語)

長城 《彝族之鷹》(國語)、《鐵樹開花》(國語)、《阿蘭的假期》(國語)

鳳鳴 《古靈精怪女煞星》(國語)、《横衝直撞女煞星》(國語)、《浪》(國語)

協利 《摇錢樹》(國語)、《黑帶仇》(國語)

帝國 《賊王》(國語)、《師兄出馬》(國語)

協和 《李小龍的生與死》、《龍爭虎鬥》(國語)

榮華 《應召女郎》(國語)、《負心的人續集》(國語)

其他 《迎春閣之風波》(國語)(金銓)、《出路》(國語)(新聯)、《姐妹同心》(國語)(鳳凰)、《黑路》(國語)(泛亞)、《煙雨斜陽》(國語)(文藝)、《明日天涯》(國語)(謝氏)、《股票股票》(國語)(白氏)、《亡命浪子》(國語)(博文)、《大小通吃》(國語)(寶樹)、《小偷鬥大賊》(國語)(富豪)、《三美挑情》(國語)(荃灣)、《男子漢》(國語)(長江)、《烈日狂風》(國語)(安達)、《猛虎下山》(國語)(恒生)、《蕩寇三狼》(國語)(張氏)、《愛慾奇譚》(國語)(良友)、《魔鬼天使》(國語)(羅氏)、《潮州怒漢》(國語)(皇冠)、《騙術奇中奇》(國語)(萬聲)、《麒麟掌》(國語)(星海)、《血灑後街》(國語)(有利)、《香港式的偷情》(國語)(影藝)、《糊塗大將軍》(國語)(四維)、《迷惑》(國語)(尹氏)、《大除害》(國語)(開發)、《大密探》(國語)(昆仲)、《海員七號》(國語)(匯豐)、《女警察》(國語)(大地)、《春滿丹麥》(國語)(維道)、《福禄壽遊南洋》(國語)(金寶)、《偷渡客》(國語)(七海)、《石破天驚》(國語)(富國)、《追殺》(國語)(利達／明德)

制模式，李小龍電影打破了導演中心制，形成以明星中心制來訂製劇本和宣傳的電影生產。李小龍電影的另一個開拓性特徵，是在時裝片中引進了反西方的民族主義主題，這種母題不僅在70年代成爲一種提升武俠電影思想性和動員票房的有效手段，並且還形成了一種隱喻性的影像風格，比如矮小的李小龍與巨人般的外國人站在畫面兩側決鬥的不對稱形象，李小龍總是帶有民族主義憤怒的眼神、象徵中國功夫的飛腿和二節棍。因此，李小龍電影也可以看作是早期海外華裔民族主義訴求的電影文本，這種民族主義的訴求又成功地化作動員票房的生產元素。李小龍電影的另一個貢獻是開始了真功夫電影時代。在中國電影的早期即已誕生的武俠題材的影片，不僅反映了中國傳統俠義文化的深遠影響，表達了大衆對於惡勢力的憎惡，對能够解救他們的英雄的期盼，同時也表現了中國電影工作者對"電影是運動的藝術"這一電影藝術自身規律的獨特而深刻的認識。在武俠電影的源流中産生的李小龍功夫片，使香港的功夫電影真正得到振興，達到了光輝的頂點，並且在票房上取得了前所未有的成功。而由於這些影片同時成功地打入了世界電影市場，又使中國人的電影在真正的意義上走向了世界。應當提到，在李小龍的功夫電影的誕生及其取得的成就當中，除了李小龍超凡的武功以及他所具有的明星氣質這些重要因素外，啓用李小龍并制定了製片決策的嘉禾公司老闆鄒文懷和《唐山大兄》、《精武門》兩片的導演羅維所作的努力，也是功不可没的。(摘自陳墨、朱天緯：《李小龍與香港功夫片》)

《猛龍過江》劇照

《猛龍過江》

出品：協和公司
編導：李小龍
主演：李小龍　苗可秀
羅禮士

香港武林高手唐龍爲保護表妹一家在意大利開的餐館免受當地黑社會欺壓，隻身來到羅馬。由於當地惡霸屢屢挑釁，唐龍不得不奮起還擊，出手制勝。惡霸慫恿美、日兩國功夫高手與他打擂，唐龍爲了民族的榮譽，終於殺死對手。

港片拍到了意大利，是因有了個李小龍。也是本片正式作爲中國功夫片而出現在全球性電影國際市場上。繼《猛龍過江》之後，李小龍又一部力作《龍爭虎鬥》打入國際市場。從此，李小龍和中國功夫一起奠定了在國際影壇上的位置。

《龍爭虎鬥》劇照

《龍爭虎鬥》

出品：協和公司 華納公司
編劇：何商陵
導演：羅伯特・克勞斯
主演：李小龍　尊・薩遜
石堅　安娜・姬貝莉

少林拳高手李受一國際情報組織的諜報員之邀，共同前往公海中一個小島，偵察其同門弟子借開武官之名，在島上製造毒品以及販賣婦女、逼良爲娼的罪行。經過一番激烈爭鬥，李消滅了這伙匪徒。

李小龍肖像

1974年（臺灣）

大事記

1月8日 編劇學會決定設置"最佳編劇魁星獎"，内分戲劇、電影、廣播與電視等四項，每年各選出最佳編劇一名頒獎表揚。

1月20日 "臺灣省製片協會"統計，1973年全年國片經審通過207部，打破過去紀録。

2月8日 臺北市各電影院爲遵照電影戲劇業公會"節約能源"規定，各院映演場數將原有的每天6場減爲5場。

2月10日 "新聞局"最近通知電影界，今後拍攝影片須注意演員頭髮，不宜太長，並注意片名之文雅，切勿渲染邪惡暴力及色情，以達淨化電影内容之要求。

3月1日 臺北市國片院線4條線增爲5條，原映西片的新聲戲院改映國片。同時，幾家二、三輪戲院也加入院線改映首輪國片。

3月20日 "臺灣省製片協會"公告，國片外銷日本，已自本年度開始，除特級大片外，一般片價每部版權費在美金2萬元左右。

3月 "新聞局"表示，今後同一影片的各個拷貝，其内容、情節、字幕必須與原送檢查的拷貝一致，否則應依"電影檢查法"接受復檢。

6月11日 第20屆亞洲影展在臺北舉行，本屆無競賽成分，純爲聯誼性質。

8月1日 柯俊雄自製、自導、自演的《彩雲片片》舉辦攝影園遊會。該片日後盈餘將全數移作男星歐威遺屬生活教育基金。

8月10日 臺灣第一家用電腦操作的彩色影片沖印公司——國際電影沖印股份有限公司於新店安坑開幕。

9月5日 "新聞局"爲保護國片，宣佈自明年起，全省西片戲院每年至少須放映國片四週。

10月5日

臺灣電影製片廠搬到霧峰民生路292號辦公，臺北原址仍設工作小組。

12月5日 臺灣自製第一部35毫米彩色卡通影片《封神榜》，拍攝完竣。

本年 聯邦影業公司停止製片。

金馬獎因故暫停辦一年。

國際電影沖印股份有限公司

重要影片

《雲飄飄》劇照

《雲飄飄》

出品：聯邦
導演：劉家昌
攝影：陳榮樹
主演：唐寶雲　關山
　　　林青霞　谷名倫

唐寶雲演大姊，因父母雙亡，爲照顧弟妹生活充任酒女，遇富商關山慷慨支助，妹妹林青霞，與關山兒子谷名倫相戀，鬧出連串叛逆風波，最後弟弟了解真相，感激姊姊，大姊唐寶雲和做父親的關山，犧牲自己的幸福，促成妹妹和兒子的婚姻。

《雲深不知處》劇照

《雲深不知處》

出品：中影
編劇：張永祥　侯孝賢　導演：徐進良
攝影：陳坤厚
主演：胡茵夢　谷名倫
　　　林青霞　儀銘

宋代閩南漳州一帶，吴本入山採藥，出山行醫治病，普濟衆生，臺灣民間至今仍尊之爲保生大帝。

獲1975年金馬獎最佳男配角、最佳音樂獎，美國德州國際影展最佳男主角獎。

《大通緝令》

出品：大衆
監製：白景瑞　製片：陳汝霖　編導：歐威
主演：歐威　孫越　李湘　陳莎莉

緝毒組長歐威接到密報之後，即率幹員僞裝成按摩師至郊區小客棧，圍捕數名小股販毒集團，爲首的小虎被捕。供出幕後指使人施善銘的行蹤。歐威指示手下，作一切部署，自己騎着機車，徹夜從臺北趕往臺南安平的小漁村，等到破曉時分，打扮成漁夫，經過千辛萬苦，終把擬欲偷渡的施善銘逮捕法辦。

《古鏡幽魂》

出品：第一
編劇：張永祥
導演：宋存壽
攝影：陳鐘源
主演：石雋　林青霞
　　　張冰玉　虞宗華

唐代洛陽士子陳仲躬爲母病愈還願抄經，尋得一舊宅。一日，見井底女子向他招手呼救，陳不忍心便答應她。從此，女子照顧陳之起居，直到黎明才去。原來她是寃死富貴千金，受井底毒龍控制。陳下井找到一面古鏡，將之擦拭乾淨，女子便從鏡中出來答謝相救之恩。

《古鏡幽魂》劇照

影片目録

中影　《雪花片片》、《純純的愛》、《雲深不知處》、《小翠》、《長情萬縷》、《痴情玉女》
中製　《故鄉劫》、《大摩天嶺》
長弓　《方世玉與洪熙官》、《少林小子》、《哪吒》、《吸毒者》、《後生》、《電單車》、《怪人怪事》
張氏　《銀色大隊》、《鐵牛伏虎》
金獅　《花樣年華》、《半山飄雨半山晴》
富國　《黑色星期五》、《罪惡滔天》
常滿　《一寸法師》、《飛天神童》、《少林高徒》、《蛇女傳奇聞》
華福　《山東老娘》、《寸草稚子心》
協利　《早婚》、《晴時多雲偶陣雨》、《衝天炮》、《心有點點愁》
利銘　《星星星》、《步步追殺》、《愛情集中營》
大衆　《大通緝令》、《我父我夫我子》
聯邦　《雲飄飄》、《中國針灸》、《窗》、《蝴蝶殺手》、《雲河》
中華　《搏命彈腿》、《雙龍屠虎》、《愛的奇格》
臺聯　《大三元》、《少女奇譚》、《純情》
宏華　《少林功夫》、《大俠客》
欣業　《蕾絲的故事》、《虎娃兒》、《大龍山風雲》
新亞　《愛在心坎裏》、《決不低頭》
得利　《大追蹤》、《鬼琵琶》
鳳鳴　《早晨再見》、《古靈精怪女煞星》、《陰陽界》
鴻翔　《金石緣》、《夜半怪談》

星華　《虎虎虎》、《七歲兇手》
威靈　《百劫紅蓮》、《鐵牛伏虎》、《龍形劍》
華國　《亡命天涯》、《北京人》、《鐵漢浪子》、《蛇山蠱女》
第一　《四大天王》、《婚姻大事》、《胡塗福星》、《奪寶奇謀》、《古鏡幽魂》、《半夜三更》、《小壁虎》、《大鐵牛》、《小英雄大鬧歐洲》、《女記者》、《別了親人》、《半夜更半》、《古鏡幽魂》、《冬戀》
開發　《天羅地網》、《大小兩條龍》、《雙龍谷》、《七十二小時》
良友　《森山虎》、《飛吧！赤子》
鳳冠　《赤手空拳》、《秋燈夜雨》
天星　《猛虎闖關》、《頭號鐵人》
美鴻　《一對一》、《神出鬼没》
金球　《黄金賭客》、《蛇國女王》
新華　《黑巷》、《怒漢猛牛》
其他　《雨中行》（永升）、《詭計》（大慶）、《海韻》（文藝）、《蜜月追魂》（欣欣）、《硬漢一條》（聯影）、《大小通吃》（寶樹）、《花花公子》（富華）、《雨夜》（連利）、《快手》（啓華）、《求婚妙計》（彩虹）、《以毒攻毒》（亞利）、《廣東好漢》（郭氏）、《王老虎招親》（吉星）、《師兄出馬》（帝國）、《蛇魔女》（金山）、《鬼使神差》（鄒氏）、《家有萬縷情》（明德）、《香噴噴小姐》（金冠）、《飛賊白菊花》（金海）、《火併楓林渡》（金馬）、《夏日殺手鬧香港》（洲立）、《錢來也》（白氏）、遊龍鐵虎》（華倫）；《大惡寇》（巨鵬）、《怒女仇》（大信）、《孫悟空大戰猪八戒》（萬順）、《雄心豹膽》（雲聯）、《偷渡客》（七海）、《出家人》（兄弟）、《粉紅色女煞星》（龍國）、《罪惡滔天》（嘉林）、《擒兇》（藍天）、《飛天童大鬥蝙蝠魔》（錦華）、《義膽》（金山奇峰）、《愛的小屋》（八十年代）、《海鷗飛處》（馬氏）、《死囚》（成德）、《不速之客》（閔氏）、《女蛟龍》（榮安）、《梨山春曉》（臺製）、《銀色夜譚》（聯合）、《廣東譚三》（嘉文）、《初戀》（宏獅）、《海艷》（深美）、《侵略者》（大華）、《一位陌生女子的來信》（星座）、《詭計》（大慶）、《誰感動我》（鑫源）、《眼中釘》（興發）、《傻瓜大教頭》（大聖）、《賊賊賊》（東海）、《猛漢狂徒》（大漢）、《紅燈緑燈》（海華）、《孫悟空智取黄袍怪》（金藝）、《大猛龍》（富都）、《潮州女霸王》（富强）、《過客與雙艷》（吕氏）、《渤海風雲》（聚祥）、《聾啞劍》（明星）、《大地龍種》（寶華）、《野虎》（義興）、《血性男兒》（大爲）、《富貴花開》（華明）、《老與小》（天南）、《長江二號》（國際橋聯）、《霹靂小子》（萬星）、《牛家大院》（國華）、《珠江大風暴》（東方）、《秋水伊人》（林氏）、《赤膽好漢》（新和興）、《十七十八》（海天）、《水漣漪》（聯華）、《浮雲遊子》（海外）、《徵婚》（華夏）、《青青草原上》（今日）、《天龍地虎》（美都）、《大阿哥》（鳴達）、《笑王之王》（光明）。

《英烈千秋》

出品：中影
製片人：梅長齡
編導：丁善璽
攝影：林文錦
主演：柯俊雄　甄珍
　　　陳莎莉　徐楓

抗日將領張自忠滯留北平詐降，與日軍侵華首腦假意親善，女兒未知個中真相，也不諒解。張將軍化裝逃出北平，返南京復命，受委重任，參與臨沂、台兒莊會戰皆殺敵至果，最後在襄河西岸十里長山中遭日軍埋伏，忠烈殉國。

《英烈千秋》劇照

柯俊雄　(1945—　)

臺灣高雄市人。演員，導演。1963年初中畢業後，被香港電懋公司録取爲演員，留在臺灣拍臺語片，成爲臺語片紅小生。1965年主演國語片；1973年自組鴻達公司，出品《心蘭的故事》，自演自導《我的爺爺》，曾以《寂寞的十七歲》、《黃埔軍魂》獲亞洲影展和臺灣電影金馬獎最佳男主角獎。

《大摩天嶺》劇照

《大摩天嶺》

出品：中製
製片：朱嘯秋　導演：李嘉
主演：金漢　徐楓　韓湘琴　常楓

國軍第二師奉命進駐安東省會安東市，但爲盤據大小摩天嶺之敵軍所阻。部隊長劉將軍特令第四團派出一個搜索班進入敵陣搜索情報，戰況甚爲慘烈。國軍攻克大摩天嶺，敵軍全面潰退，國軍部隊提前進入安東。

電影製片協會成立

6月27日，電影製片協會舉行成立大會。大會通過了組織章程、年度工作計劃及預算等多項提案，並選出第一届理監事，成員包括理事長丁伯駪，常務理事任寶齡、張英、沙榮峰、賴國材、張文耀、馬芳蹤、張法鶴、王南琛，理事吴文超、郭南宏、童月娟、余炳章、張仁道、唐佑泉、傅清華、黃蓼、高仁河、孫聖源、金超白、徐天榮、熊煙林、謝劍、林漢威、張徹、陳良介、陳揚，候補理事王東海、黃清平、張文彬、何裕業、信海峰、丁佐雲、陳景德、林若鋙、鄧有立；監事張九蔭、杜桐蓀、周劍光、黃卓漢、楊祖光、廖銓祺、許火金、李冠章、張從龍，候補監事張膺九、王進財以及包明。

電影製片協會是以“省製協”的會員爲主組成。該會成立後，“省製協”是否撤銷，或者併作電影製片協會分會，將由臺灣省政府社會處決定。

《海鷗飛處》臺灣版權爭奪激烈

電影界風水輪流轉，文藝片漸漸取代武打片重新抬頭，這點從香港馬氏影業公司製作的《海鷗飛處》臺灣版權爭奪戰中，即可見一斑。

《海鷗飛處》是根據瓊瑶同名小説改編，由李行執導，甄珍、鄧光榮、謝賢、秦漢、葛香亭等主演，日前已在臺灣、新加坡、香港三地拍攝完成。3月，影業界有傳聞指出，目前在香港，《海鷗飛處》的臺灣版權競爭激烈，價格已哄抬至80萬元港幣（折合新臺幣約640萬元），高昂的程度在國片史上實屬罕見。據熟悉影片版權的電影界人士表示，通常一部港產國片的臺灣版權約爲30萬臺幣，較特殊的影片可能漲至400餘萬，但高達640萬元的版權費，實可稱爲是影壇奇譚。

《海鷗飛處》劇照

《海鷗飛處》

出品：馬氏
導演：李行
主演：甄珍　鄧光榮　謝賢　秦漢　葛香亭

敘述一位聰明、頑皮、倔强、驕傲的少女，陷入婚姻泥沼，不斷地掙扎、流浪、飄零的故事。

推展輔導國片五工作

本年，爲輔導國産電影事業，當局積極推展下列工作：

1. 與財政部、税務局協調將原規定三年報銷的宣傳費改爲一年報銷，以利電影事業發行，維持電影生存。
2. 協調有關單位，使國内所有戲院（包含西片戲院）每年必須放映四星期的國片。
3. 協調財政部同意在修改印花税時，將目前5%的電影票印花税降低。
4. 協調有關單位將電影製片廠、沖片廠納入一般生産事業，使進口器材均可享受優待，並獲得投資獎勵。
5. 廣泛搜集國外市場資料，供片商參考，以了解各地區所喜愛的電影類型，輔導國片積極打入國外市場。

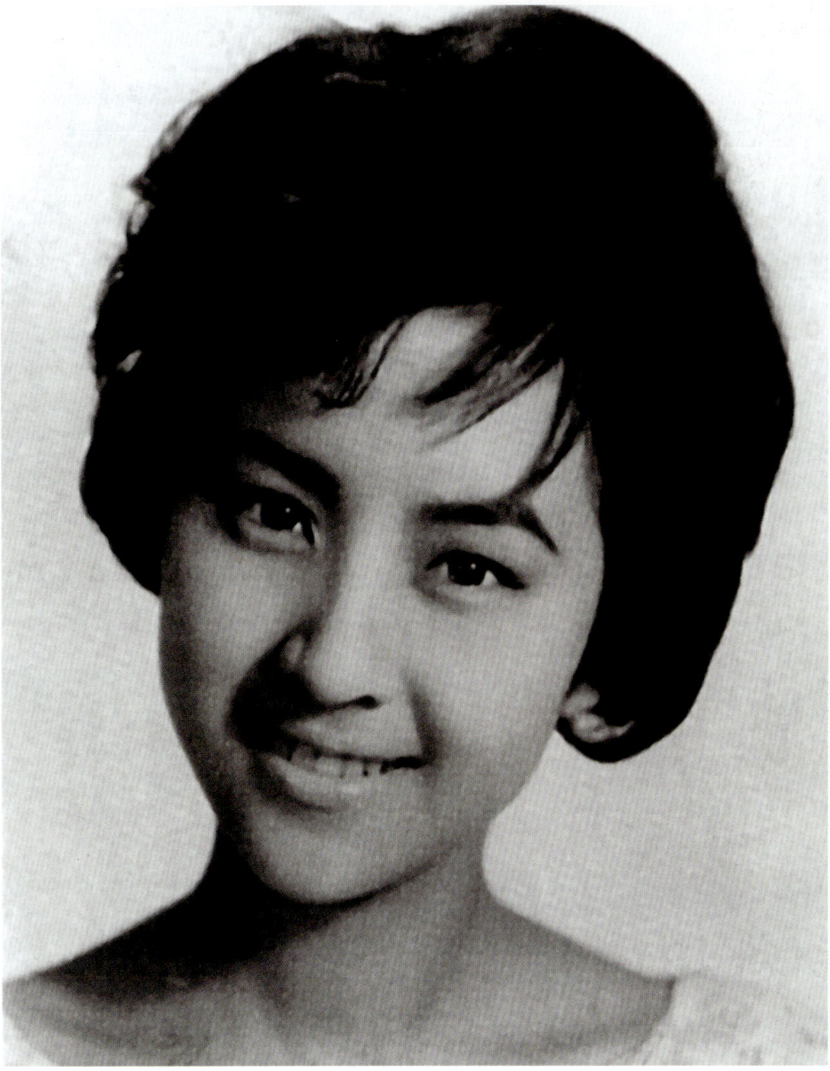

甄珍（1948—　）

本名章家珍，原籍浙江杭州。演員。1964年考入國聯，處女作爲古裝片《天之驕女》，當時被列爲"國聯五鳳"之一。國聯結束後，主演了《新娘與我》、《彩雲飛》、《心有千千結》、《緹縈》等影片，曾獲亞洲影展最佳女主角獎。

1974年（香港）

大事記

本年 許冠文離開邵氏公司，自創許氏兄弟公司，創業作《鬼馬雙星》（與嘉禾公司合拍）創香港最高票房紀錄。

國語片拍片數量首次超過100部，達101部，但也是唯一的一次。

張徹代表邵氏公司赴臺，組建長弓電影公司（1976年結束）。

重要影片

《惡虎村》劇照

《惡虎村》

出品：邵氏兄弟公司
編劇：葉逸芳
導演：岳楓　汪平
主演：舒佩佩　岳華　黄宗迅　谷峰

江湖惡魔黑頭等人爲稱霸江湖，使用卑鄙手段，致一個武林高手死於一位義俠的"赤沙掌"下。接着，黑頭又妄圖挑撥武林高手的妹妹俠女與義俠的關係，但未能得逞，俠女與義俠聯手將黑頭等人全部殲滅。

唐書璇的《再見中國》被禁映

《再見中國》爲中國電影史第一部以"文革"爲題材的影片，當年在港遭禁映，至1987年再送電檢後才獲准正式公映。

影片拍攝於1972年，幾經辛苦在1974年才告完成。但是，港英當局却藉所謂"損害與鄰近地區友好關係（及）妨礙治安"的電檢條例禁映，直至1980年復檢通過（商業放映則延至1987年）。可以說，這是一部"傷痕電影"。

影片的勇氣不僅在於"敢碰"這個敏感題材，而是導演建立在恒久性上的人文關懷。人的自尊、人性曲直、人道主義和道德信念、價值的維護、尊重，是不以社會制度、國家爲限和爲分野的。片末是一次質疑：自由世界果真就如許自由了？因此，本片可稱爲是70年代中國電影一次最具道德勇氣和政治勇氣的電影。

《成記茶樓》

出品：邵氏兄弟公司
編劇：司徒安
導演：桂治洪
主演：陳觀泰　葉靈芝
　　　劉午琪　李修賢

改編自江之南的連載小說《人在江湖》。大哥成爲人仗義，他開了一家茶樓，照顧了一伙江湖落難的兄弟，並鼓勵他們從此金盤洗手。然而，黑道上的江湖人馬並不放過他們。大哥成不得已率衆兄弟與黑道展開搏鬥。

《再見中國》海報

《再見中國》

出品：香港朝代影片公司
編導：唐書璇
主演：邵小玲　曾紀律
　　　馮寶寶　曾榕民

中國"文化大革命"爆發，目睹發生在眼前的一幕幕不幸，邵小玲等幾個青年學生不願看到悲劇發生在自己身上，躲避開重重險阻，幾經艱苦，從大陸偷渡到香港。但是，到了香港，原來的那份激情蕩然無存，他們發現進入的是一個冷漠的世界。

許冠文首作與嘉禾合作創下最新票房

許冠文離開邵氏公司，自組許氏兄弟公司，創業作《鬼馬雙星》（粵語片，與嘉禾公司合拍），票房收入超過600萬港元，創港產片最高賣座紀録，並自此掀起70年代的香港粵語喜劇片高潮。

《鬼馬雙星》劇照

《鬼馬雙星》

出品：嘉禾公司　許氏兄弟公司

編劇：許冠文　劉天賜　鄧偉雄

導演：許冠文

主演：許冠文　許冠傑　吕有慧　喬宏　黄霑　丁珮

這是一個從電視臺諷刺時弊、人性醜陋和社會百態的"脱口秀"節目移植到大銀幕上的電影。由於該電視節目在當時甚受歡迎，因此，仍由主持該節目的許氏兄弟拍擋主演，再加上一些明星客串，果然同樣大受歡迎。

這是許冠文第一次自編自導自演的電影。由於從李翰祥電影中學到技巧和掌握了電影喜劇特點，因此該片一舉功成，成許氏風格喜劇開山之作。

許冠文（1942—　）

演員，編導，製片家。廣東番禺（今廣州）人。自小隨家人從穗移民到港，香港中文大學畢業。1969年開始在無線電視臺主持節目。1972年應李翰祥之邀，主演風月喜劇片、也是其處女作的《大軍閥》，此片獲得1973年第19屆亞洲影展描寫人物最成功的喜劇片獎，許冠文也由此獲得香港影壇"冷面笑匠"的雅號並一炮而紅。在《大軍閥》大獲成功之後，許冠文接着成功地主演了《一樂也》（1973）、《醜聞》、《聲色犬馬》（1974）等影片。

1974年許冠文與弟弟許冠傑組建許氏兄弟公司，並開始與嘉禾公司長期合作製片，自編自導自演了《鬼馬雙星》、《天才與白痴》、《半斤八兩》、《賣身契》、《摩登保鏢》、《鐵板燒》、《歡樂叮噹》、《鷄同鴨講》（與高志森合作）、《合家歡》等一系列喜劇影片，影響一時之風氣，成爲七八十年代之交香港影壇引人注目的對象。1977年所拍影片《半斤八兩》打開了日本電影市場。1982年因演《摩登保鏢》，獲第一屆香港電影金像獎最佳男主角獎。1989年因主演《鷄同鴨講》獲美國拉斯維加斯國際喜劇展最佳男主角獎。

許冠文開創了香港喜劇片傳統變革的先河，難能可貴的是，在後來香港喜劇胡鬧搞笑、泛濫成災之際，許冠文的喜劇仍保持一定的水準格調，直指社會人心，始終成績不俗。爲此，他於1983年被評爲香港傑出青年之一。許冠文曾任香港演藝人協會會長，香港特別行政區推選委員會委員。近年曾舉辦個人脱口秀舞臺表演。

主要影片目録

本年度香港共出品影片123部，國語片101部，粵語片22部。

邵氏　《龍馬兩金剛》（國語）、《惡虎村》（國語）、《蛇殺手》（國語）、《五虎將》（國語）、《太極拳》（國語）、《阿牛入城記》、《面具》（國語）、《朋友》（國語）、《鬼馬小天使》（國語）、《香港屋檐下》（國語）、《成記茶樓》、《天網》（國語）

嘉禾　《黄飛鴻少林拳》、《七省拳王》（國語）、《虎辮子》（國語）、《綽頭狀元》（國語）、《鐵金剛大破紫陽關》、《黄面老虎》（國語）

長弓　《方世玉與洪熙官》（國語）、《少林子弟》（國語）、《吸毒者》（國語）、《洪拳與詠春》（國語）、《怪人怪事》、《電單車》（國語）、《哪吒》（國語）

第一　《兩虎惡鬥》（國語）、《大小遊龍》（國語）、《婚姻大事》（國語）、《刁蠻鬥風騷》（國語）、《大鐵牛》（國語）

協利　《阿福正傳》、《早婚》（國語）、《街知巷聞》、《空中少爺》（國語）、《女魔》（國語）

謝氏　《别了親人》（國語）、《冬戀》（國語）

馬氏　《海鷗飛處》（國語）、《近水樓臺》（國語）

深美　《海艷》（國語）、《乜都得先生》

邵氏／港視　《香港73》、《多咀街》

雷鳴　《太平山下》、《啼笑夫妻》

其他　《球國風雲》（國語）（鳳凰）、《一塊銀元》（國語）（長城）、《大蛟龍》（國語）（星海）、《天堂》（國語）（寶鼎）、《勾魂艷鬼》（國語）（福星）、《不再有春天》（國語）（文藝）、《運財童子小祖宗》（國語）（張氏）、《香港小教父》（國語）（恒生）、《廣島二十八》（國語）（榮華）、《狼狽爲奸》（國語）（富國）、《販賣人口》（國語）（寶樹）、《陰陽界》（國語）（鳳鳴）、《一年幽夢》（國語）（聯合）、《潮州拳王》（國語）（開發）、《絶招》（國語）（黑猫）、《迷幻嬌娃》（國語）（明龍）、《死亡挑戰》（國語）（遠東）、《應召男郎》（國語）（昆仲）、《大鄉裏》（歡樂）、《危機四伏》（國語）（金門）、《烏龍教一》（大聖）、《天天報喜》（麗君）、《水爲財》（國語）（賦榮）、《瘋狂電視迷》（真善美）、《慾潮》（國語）（太平洋）、《小英雄大鬧唐人街》（國語）（嘉禾/羅維）、《鬼馬雙星》（嘉禾/許氏）、《至尊寶》（嘉禾/新天地）、《二龍爭珠》（國語）（光明/大鵬）、《猴拳寇四》（國語）（光明/大中）

出品者不詳　《野種》

1975年（臺灣）

大事記

1月10日　由家庭教育協進會理事長黄幼蘭發起成立的"兒童教育電影公司"，今起開始招收兒童儲備演員。

1月13日　電影製片協會舉辦"國片拓展海外市場"座談會，研商如何解除國片外銷所遭遇的困難。

2月6日　電影製片協會7位常務理事以該會於4日受到當局糾正爲由，集體請辭。後增至10位。

1月　國片片商向當局反映，指出若干國片戲院在排檔時常有索取規費的情形，要求重新調整國片戲院。

2月10日　"中影"《愛的天地》在比利時國際電影節中獲特别獎。

2月15日　當局與臺北市片商公會籌設"電影事業發展基金"，每年經費預計新臺幣1千萬元，以發展電影事業。經費來源主要是進口外片配額，每片需繳10萬元國片輔導金。

3月6日　"中影"在臺北市西門町新世界6樓，新闢一座"真善美"戲院，是臺灣第一座迷你藝術戲院。

4月5日　蔣介石逝世。嚴家淦宣布娱樂業停業一個月。4月17日，娱樂業提前復業，臺北市各電影院大都繼續放映本月6日暫停營業前的影片，少數題材較爲打鬥、喜鬧的，則改映内容較爲嚴肅的影片，但業績清淡。

5月20日　正在"中影"士林製片廠搭景拍攝古裝動作片《馬可波羅》的長弓電影公司負責人張徹，呼籲有關當局對電影採取較寬容的態度，以解救國片面臨的危機。

8月7日　資深臺語片演員歐雲龍凌晨5時因腦溢血在自宅逝世，得年51歲。

8月28日　因捲入協會理監事集體請辭風波，電影製片協會理事長丁伯駪請辭包括該會理事長在内的所有在臺職務。張文耀當選電影製片協會理事長。

9月8日　導演劉家昌自美返臺，籌拍"中影"公司與第一影業公司聯合製作的新片《梅花》。

重要影片

《梅花》

出品：中影　第一
編劇：鄧育昆
導演：劉家昌
攝影：林贊庭　林鴻鐘
主演：柯俊雄　張艾嘉　谷明倫　恬妞

太平洋戰爭期間，日軍在臺有許多軍事設施，遊手好閑的柯俊雄，在父兄感召下，加入潛伏臺灣的國軍特工人員，因炸軍用水壩而犧牲。

獲第13屆金馬獎最佳影片，並爲1976年臺灣十大賣座影片。獲哥倫比亞國際影展金凱瑟琳獎。

《梅花》劇照

《女朋友》劇照

《女朋友》

出品：第一
原著：瓊瑶
編劇：瓊瑶　吴桓
導演：白景瑞
主演：林青霞　蕭芳芳　秦祥林　江明

林青霞是富家女，被秦祥林瘋狂的愛打動，但林青霞赴美深造，後來嫁給較有安全感的石峰。秦祥林在失意下，邂逅了温柔賢淑的模特兒蕭芳芳，於是一段錯綜複雜的戀情開始。蕭芳芳獲第12屆金馬獎最佳女配角獎。

《八百壯士》

出品：中影
編導：丁善璽　攝影指導：林文錦
主演：柯俊雄　林青霞　徐楓　張艾嘉

抗戰初期，800位年輕官兵，爲掩護中國軍隊撤退的任務，在謝晉元將軍的領導下，不屈不撓地堅守上海四行倉庫達三個月之久。

《八百壯士》劇照

《狼牙口》

出品：中影
原著：吴東權
編劇：宋項如
導演：張佩成
攝影：張惠恭
主演：上官靈鳳　白鷹
　　　唐沁　田野

描寫國民革命軍北伐，前導人員馬一鳴通過湘贛邊境險要狼牙口，深入虎穴。

《狼牙口》劇照

《煙雨》

出品：聯邦
編導：劉家昌　攝影：林贊庭
主演：林青霞　岳陽　翁倩玉　谷名倫

李煥聲愛上女秘書季春霞，並讓職員林義章陪季春霞同鄉爲李母奔喪。但季春霞却愛上林義章，李祝福他們並不辭而别。李妹愛蓮也喜歡林。林被富家女陳芝蘭駕車撞倒，芝蘭父親即爲控制煥聲公司的財團老闆，義章爲救公司與芝蘭結婚。但婚後又分手。義章和愛蓮舊情復燃。

影片目録

中影　《雪花片片》、《英烈千秋》、《長情萬縷》、《雲深不知處》、《少女的祈禱》、《牡丹淚》、《尚方寶劍》

中製　《春暉》、《緹縈》、《揚子江風雲》、《女兵日記》

聯邦　《雲河》、《煙雨》、《楓紅層層》、《俠女》

馬氏　《近水樓臺》、《海鷗飛處》、《吾土吾民》

第一　《古鏡幽魂》、《夜半三更天》、《避孕大全》、《冬戀》、《少林和尚》、《中原鏢局》、《飛虎神探》、《霸王拳與馬素貞》、《女朋友》、《糊塗福星》、《女記者》、《一簾幽夢》、《盲女奇緣》、《兩傻大鬧浴室》、《殺戒》、《風雲群英會》

聯影　《六六大順》、《人生常恨水長東》

榮華　《佛祖收妖》、《鴉魔驚魂》

萬聲　《洛神》、《賊公計》

威靈　《紅孩兒大戰孫悟空》、《神狐奇譚》

大慶　《今天不糊塗》、《大明英烈傳》

萬國　《翩翩情》、《未曾留下地址》

常滿　《海燕歸處》、《濟公活佛》

大華　《神狐》、《枕邊魔》

羅維　《小姨》、《小山東到香港》

安邦　《海藍藍》、《朝來寒雨晚來風》

鳳冠　《寒夜青燈》、《秋冬夜雨》、《藍橋月冷》

皇冠　《猴王捉妖》、《桃花女鬥周公》

裕隆　《五嬌娃》、《閃電騎士》

聯合　《鬥》、《在水一方》、《女學生》

鳳鳴　《荒唐大追求》、《陰陽界》、《横衝直撞女煞星》

長江　《龍虎征西》、《天霸王》、《戰北國》、《鐵指唐手》

金獅　《半山飄雨半山晴》、《翦翦風》

宏華　《陣陣春風》、《小妹》、《少林寺十八銅人》

中華　《愛的奇跡》、《搏命彈腿》、《最後一吻》

國華　《牛家大院》、《燕飛翔》、《我在戀愛了》

臺聯　《純情》、《西貢、臺北、高雄》、《目蓮救母》

利銘　《愛情集中營》、《猛獅》

文藝　《不再有春天》、《海韻》

永昇　《東邊晴時西邊雨》、《鄉下畢業生》、《晴時多雲偶陣雨》

長弓　《哪吒》、《怪人怪事》、《少林五祖》、《紅孩兒》、《鐵超人》、《八國聯軍》、《馬可波羅》

永達　《阿爸的話》、《妙新娘》、《我該怎麼辦》

巨輪　《山上人家》、《山上五虎將》

光明　《笑王之王》、《翻山虎》、《見義勇爲》

金山　《蛇女進城了》、《黑鷹一號》

得利　《鬼琵琶》、《媽祖》

華夏　《徵婚》、《新白蛇傳》

其他　《碧城故鄉》（龍種）、《妙手千金》（海天、立昌）、《刁蠻千金傻小子》（亨龍）、《彩雲片片》（鴻達）、《飛車龍虎鬥》（富華）、《危機四伏》（金門）、《飛天龍大鬥蝙蝠魔》（華安）、《海盜張保仔》（天皇）、《無奇不有》（吉祥）、《差不多先生》（深美）、《花花少爺》（楓德）、《浮雲遊子》（海外）、《虎鬥虎》（恒生）、《良緣偶合》（金寶）、《哪吒大戰七妖精》（玉聯）、《雌雄妙賊》（金龍）、《美人魚》（民生）、《忠烈圖》（金銓）、《絶招》（黑猫）、《怒漢猛牛》（新華）、《怪獸王子》（寶華）、《大陰謀》（南島）、《大丈夫與俏娘子》（力答）、《仇氏雙雄》（華倫）、《孫悟空智取黄袍怪》（金藝）、《長髮爲君剪》（東海）、《飛車龍虎鬥》（富華）、《莫名其妙發大財》（深美）、《飛吧燕子》（頂立）、《大蛟龍》（星海）、《步步驚魂》（亨利）、《一寸法師》（常滿）、《封神榜》（東影）、《千年美人蛇》（大地）、《糊塗大明星》（開發）、《愛的小屋》（八十年代）、《死亡界線》（銘華、富華）、《秋水伊人》（林氏）、《天堂》（寶鼎）、《妙手千金》（海天）、《鬼使神差》（鄒氏）；《夢醒未了情》（華泰）、《中國真功夫》（立人）、《彩雲飛》（興發）、《怒虎》（東聯）、《珊珊與我》（藝人）、《封神榜》（張英）、《一門忠烈》（巫氏）、《我心深處》（德威）、《水漣漪》（聯華）、《天外天》（雲聯）、《夢醒情未了》（民華）、《蛇犬大攻擊》（天星）、《青青草原上》（今日）、《遺傳》（藝新）、《女豪傑》（于氏）、《彩雲飄飄》（娱樂）、《黑女煞星》（建興）、《金雲夢》（海外）、《女教頭大鬧烏龍院》（美鴻）、《女權步步高》（仁田）、《廣東小老虎》（宇宙）、《吾家有女惹人迷》（國翔）、《七蛟龍》（嘉華）、《偷龍轉鳳》（富豪）、《情場戰場》（天寶）、《生龍活虎》（利和）、《神童寶盒》（錦華）、《秋夜孤魂》（富都）、《朱洪武開國記》（臺旭）、《咆哮山莊》（欣華）、《我愛傻瓜》（大千）、《神龍猛虎殺大賊》（富强）、《濟公大法師》（五聯）、《太空來的猪八戒》（嘉氏）、《陳靖姑鬥法白蛇精》（天華）、《小祖宗》（張氏）、《隱身大法師》（聯福）、《秋雨蕭蕭》（太陽）、《熱浪》（國鼎）、《尚方寶劍》（四方）、《新白蛇傳》（華夏）、《啼笑夫妻》（雷鳴）、《包公遊地府》（萬祥）、《彩雲》（謝氏）、《死亡挑戰》（遠東）、《吕洞賓大戰海龍王》（全球）、《荒江女俠》（順利）、《雲飛何處》（新華）、《愛的滋味》（永新）、《唐山猛虎》（遠東）、《金童收妖》（國民教育）、《神童寶盒》（義興）、《日落紫禁城》（天志）、《洛陽橋》（瑞和）、《夢之湖》（統帥）、《長青樹》（金馬）、《金刀》（美鴻）、《十八羅漢陣》（亭亭）、《哪吒大破誅仙鎮》（港星）、《忠實的愛》（永裕）、《愛的結晶》（福德）、《魔笛神童》（錦華）、《賊公計》（萬聲）、《一門忠烈》（天志）

《牡丹淚》

出品：中影　邵氏　國泰
編劇：康白　廖祥雄
導演：廖祥雄
攝影：林鴻鐘
主演：施思　汪萍
　　　田野　頌巴

牡丹和韋慕思的愛情被惡霸從中作梗，韋的母親又奪走牡丹和韋的女兒，並使她被迫幾乎賣身，終演變成殺惡霸罪，坐牢廿年。終於有一天牡丹見到日夜思念的女兒，女兒却不認識她。

《女兵日記》劇照

《女兵日記》

出品：中製
原著：謝冰瑩
編劇：張永祥
導演：汪瑩 李嘉
主演：唐寶雲　上官靈鳳
　　　梁修身　歸亞蕾

1926年，黃埔軍校在長沙招收女生。女兵們雖然過不慣軍營生活，但却不能磨去她們救國救民的壯志，在前線熾烈的炮火下，大家爲北伐事業獻身。

《牡丹淚》劇照

《吾土吾民》

出品：馬氏
導演：李行
編劇：張永祥　攝影：賴成英
主演：林鳳嬌　王引　鄧光榮　曹健

興漢中學校長杜興漢主持校務，他爲維護正義，無懼個人犧牲，其女杜湘靈和教員李月亭是他的得力助手。湘靈的未婚夫朱友賓回到縣城，和其當縣長的父親與日本人爲伍，湘靈與友賓形同路人。日軍軍火庫被炸，月亭被捕。其寡母將抗日組織名單出賣，換得月亭被釋放……

獲第12屆金馬獎最佳劇情片獎、最佳編劇獎。

《吾土吾民》劇照

《水雲》

出品：第一
原作：嚴沁
導演：宋存壽
編劇：李瑛
攝影：陳鍾源
主演：林青霞　秦漢　徐傑　張冰玉

喬以是個苦學成名的畫家，夫妻並不美滿。喬以心中一直掛念他在河畔遇見的女孩水樵，喬以在協助水樵救她自殺的母親的過程中發現，原來水樵母親有段不堪的過往，因此影響水樵對男人不信任。後來喬以揭發了村鎮中對水樵母親的惡行，兩人得以相愛。

《戰地英豪》劇照

《戰地英豪》

出品：中影
策劃：張法鶴
編劇：張永祥
導演：劉藝
攝影：張惠恭

抗戰時期，日軍要從石家莊運送毒氣彈到長沙會戰中使用，以殘殺中國軍民。我情報機構獲悉日軍陰謀之後，立即調派優秀精銳諜報人員，潛赴敵方摧毀毒氣彈，使日軍陰謀在未達目的地之前，就遭到我方諜報人員的破壞，將毒氣彈提前引發。

1975年臺北十大賣座國片排名

片　名	出品公司	導　演	主要演員	放映（天）	總收入（臺幣元）	發行公司
女朋友	第一	白景瑞	林青霞　蕭芳芳　秦祥林	130	12,600,000	第一
一簾幽夢	第一	白景瑞	甄　珍　謝　賢	130	11,500,000	第一
愛情長跑	邵氏	李翰祥	狄　龍　盧　燕	130	10,100,000	邵氏
傾國傾城	永升	陳耀圻	林青霞　鄧光榮	110	9,800,000	永升
愛情長跑	長弓	張　徹	姜戴維　狄　龍	95	9,600,000	南海
俠女	聯邦	胡金銓	徐　楓　石　雋　喬　宏	95	9,400,000	聯邦
雲深不知處	中影	徐進良	谷名倫　胡茵夢	95	8,900,000	中影
金粉神仙手	四維	羅　維	甄　珍　秦祥林	95	8,600,000	一心
洪拳小子	長弓	張　徹	傅　聲　戚　冠	88	7,600,000	南海
煙雨	聯邦	劉家昌	林青霞　翁倩玉　秦祥林	110	3,760,000	聯邦

第一部長篇彩色卡通片《封神榜》攝製完成

1月30日，臺灣第一部35毫米彩色長篇卡通劇情片《封神榜》全部完成。該片是由南海影業公司投資，張志輝執導，青年動畫家鄧有立率同數十位男女工作人員費時一年、投資300萬港幣才製作完成，期間一度因顏料進口發生問題，幾乎陷於停頓，所幸後來問題獲得解決，得以繼續完成工作。《封神榜》的內容是以家喻户曉的民間傳奇故事爲題材，使得這部第一次由臺灣影人獨力完成的卡通長片，充滿了純中國的風味。

原來全片預算只有40萬元港幣，但遇能源危機，材料漲價，工資調整三次，等到完成，竟達300萬元港幣，當時約合新臺幣2千萬元。

《封神榜》海報

第12屆金馬獎頒獎獲獎個人可得獎金

10月30日，第12屆"獎勵優良國語影片金馬獎"舉行頒獎典禮。有別於前幾年金馬獎只頒獎座，不頒獎金的做法，本屆獲得金馬獎個人技術獎者，有7位可獲得"電影事業發展基金會"發給每人新臺幣3萬元的獎勵。

獲獎名單：最佳劇情片：《吾土吾民》（馬氏）；優等劇情片：《長情萬縷》（中影）、《女兵日記》（中製）、《傾國傾城》（邵氏）、《雲深不知處》（中影）、《女朋友》（第一）；最佳紀録片：《烽火慈航》（中製）；優等紀録片：《木琴心聲》（余如季）、《曾文水庫》（臺製）、《緑色坡地》（臺製）、《瑞芳的煤礦》（國和傳播）；最佳導演：劉藝（《長情萬縷》）；最佳男主角：秦祥林（《長情萬縷》）；最佳女主角：盧燕（《傾國傾城》）；最佳男配角：儀銘（《雲深不知處》）；最佳女配角：蕭芳芳（《女朋友》）；最佳編劇：張永祥（《吾土吾民》）；最佳彩色影片攝影：林贊庭（《女朋友》）；最佳剪輯：張耀宗（《直搗黄龍》）；最佳彩色影片美術設計：陳景森（《傾國傾城》）；最佳音樂（非歌劇）：温隆信（《雲深不知處》）；最佳録音：王永華（《少林五祖》）；最佳紀録片攝影：余如季（《木琴心聲》）；最佳紀録片策劃：華光典（《烽火慈航》）

最佳發揚民族精神特別獎：《英烈千秋》（中影）。

《封神榜》

出品：南海　　監製：張英
製作人：鄧有力　　編劇：申江
畫面設計：蔡志忠　　人物造型：謝翔麟
背景設計：游龍輝　　作畫指導：張鎮宗
原畫指導：侯勝輝　　動畫指導：吴爲章
線畫指導：魏麗湘　　着色指導：曹美月

製片業將納入獎勵投資條例適用範圍

9月25日，"新聞局電影事業處"邀集財經、貿易等單位代表及電影界人士，舉行輔導國片會議，討論將電影製片事業列入工業等問題。由於主計處迄今尚未同意在職業分類上將電影製片業列爲工業，因此會中決議先由新聞局函請經濟部將電影製片廠，包括彩色沖印、字幕、製作、配音等，納入"獎勵投資條例"範圍，使其能先行享受政府輔導、貸款、減低關税等優惠，以紓解電影業現階段面臨的危機。

輔導國片開拓國際市場座談會召開

11月19日，當局召開"輔導國語影片開拓國際市場座談會"。與會電影界人士紛紛發言指出，目前國片在海外除少數功夫片外，大多數只能擁有唐人街的華人市場。在國片外銷東南亞日趨困難之際，實須積極打入外國人的國際市場，以謀求生機。

電影界人士因此建議有關當局組織海外市場訪問團，實地考察各國電影市場狀況、了解外國人欣賞電影的口味，進而與當地電影公司商討合作製片、進行交易，乃至擷取足資電影界借鏡的辦法及意見。另有發言者指出，"新聞局"新近成立的"電影事業發展基金會"，提出新臺幣2千萬元供電影界申貸，但因銀行規定貸款必須以兩筆不動產作爲抵押，致使電影界不感興趣。不妨將該基金移作輔導拓展海外市場之用，由該基金會協助國片參加國際影展及拓展外銷。

當局請各電影公司編印出品影片的目録及中英文本等資料，分送國外各地廣爲宣傳，以拓展國片市場的海外據點。

電影基金會徵選優良劇本

12月7日，"電影事業發展基金會"公佈"徵選優良電影劇本辦法"，凡國人創作或改編的電影劇本，主題正確，結構緊凑，具有寓教育於娛樂的效果者，經相關機關學校或電影團體有關人員推薦，均可於1976年1月1日至4月30日提出申請。但須注意下列事項：1.劇本演出時間不得少於90分鐘；2.改編他人作品者須附繳原作者同意書；3.曾在國内外應徵得獎或已攝成影片的作品，不得參加徵選。這項徵選的獎勵名額及金額分別爲特優4萬元，優等3名各2萬元，佳作5名各1萬元。凡獲選的劇本，著作權仍歸作者，電影基金會將推薦予各電影公司攝製影片，酬勞則由作者與電影公司徑行協議。

中影中國電影文化城開幕

2月9日，中影公司以旗下士林製片廠原有設施爲基礎投資擴建的"中國電影文化城"開幕。日後除提供影視拍片所需的場景外，也開放一般民衆參觀遊覽。

"中國電影文化城"所在的士林製片廠原爲皮革製作所，餘留有十餘棟日式廠房。1960年，中影公司自臺中遷至此處，隨即展開各項拍片設施的興建，包括兩座同步録音攝影棚及録音廳、放映廳、沖印廠房等。1963年，爲了拍攝外景需要，該公司增購廠區後方土地作爲外景場地，四年後，又爲拍攝李行執導的《路》，而新購3千坪土地建造永久性的鄉鎮街景。其後因古裝片風行一時，古裝場景較難尋覓，將廠内原有的時裝街道改爲古代街道，同時陸續增建城門、牌樓等各式古代建築，規模日益完備，終而成爲臺灣最主要的古裝外景場地之一。

爲了配合開放民衆參觀，該公司已將城内整體規劃爲四個單元，分别是"服裝走廊"、"歷代建築"、"電影特技"，和"水底攝影室"。除了"水底攝影室"外，其餘部分均已完工開放。在服裝走廊單元裏，主要展出經過考據的唐、宋、元、明、清五個朝代和滿、蒙、回……邊疆民族的服飾。在歷代建築方面，同樣以唐、宋、元、明、清五個朝代爲主，在一萬四千多坪的土地上，分建大小五條古代道路、一座48呎高的城墻，以及商店、府衙、染坊、宅邸、娛樂場所等古代建築。在電影特技部分，安排放映《中國電影特技》和《電影是怎樣拍成的》兩部影片，介紹電影特技的製作。至於耗費钜資建構的水底攝影室，小大約有18呎寬、30呎長、最深六呎半、最淺一呎二吋五，四面都裝設有能抗300公噸水重高壓的玻璃窗，以供拍攝海戰、海底探險等水面以下的鏡頭。

《俠女》戛納獲獎

5月23日，第一部正式入圍法國戛納國際電影節的國語影片《俠女》，以其在攝影、打鬥、燈光等各方面的總體成就，獲得"高級技術委員會"頒發的"最高技術獎"，首創中國影片在西方國際性影展中獲獎的紀錄。法國《正片》(POSITIF)雜誌以22頁介紹臺灣電影，特別介紹胡金銓及首度以中國女星、《俠女》女主角徐楓做封面。美國權威電影雜誌《電影評論》(Film Comment) 也以《俠女》的徐楓做封面。

《俠女》共分上、下兩集，上集自1967年拍至1970年，下集（又名《靈山劍影》）自1970年拍至1973年，前後共費時6年，耗資新臺幣2千萬元。聯邦影業公司爲拍攝此片，曾搭建了一座永久性的建築，包括城樓、將軍府、後花園、水榭、廟宇、銀樓、布莊、縣衙、大街小巷、塞北風光、江南小景等，這堂景也成爲許多製片公司拍古裝戲的重要場地之一。

胡金銓這次是在坎城國際影展選片委員皮爾·李斯昂（Pierre Riesseht）的鼓勵下，由皮爾·李斯昂向聯邦影業公司購得該片歐洲版權，再交由胡金銓重新剪輯，以香港出品名義舉債赴法國參展。《俠女》的獲獎，對低迷的臺灣影業深具鼓舞作用。

胡金銓 (1932—1997)

原籍河北永年，生於北京。演員、導演、編劇。1949年先後在香港龍馬、長城、邵氏公司擔任美工、演員、導演工作，曾演出《長巷》等30多部影片；1966年編導的《大醉俠》成爲香港新派武俠片開山作之一。在臺灣編導的《龍門客棧》獲當年臺灣、香港、韓國及東南亞各國票房冠軍，因而帶動國語片的創作高潮；《俠女》獲戛納國際電影節最高技術委員會獎，對臺灣電影産生了重要影響。

《俠女》劇照

沙榮峰 (1921—)

製片人。生於江蘇省江陰縣。1953年與夏維堂、張九蔭、張陶然共組聯邦影業公司，負責發行及宣傳業務。1956年與夏維堂成立國際影片公司，擔任總經理，圈內人遂以"國際聯邦"通稱。1964年，股東之一的夏維堂墜機逝世，沙榮峰接下國聯重擔。1965年，在桃園大湳成立片廠，招考演職員，大力推動聯邦製片業務，成立製片部，網羅港臺一流編導人才展開一連串製片攻勢。1967年由胡金銓執導的《龍門客棧》奠定聯邦的基礎。1970年《俠女》更將臺灣電影推展至國際舞臺。1974年，成立"國際電影沖印股份有限公司"；同時，與製片廠、沖印公司同業聯合成立"臺灣區電影製片工業同業公會"並出任理事長。

《俠女》

出品：國際　聯邦
製片：沙榮峰
編導：胡金銓
攝影：華慧英
美術設計：陳上林
武術指導：韓英傑　潘耀坤
主演：徐楓　石雋　白鷹　苗天

明代東楊連被宦官誣陷，滿門抄斬。楊慧貞隱居荒宅，顧省齋支持她利用靖虜屯堡的地勢設置機關對抗官兵。幾場竹林大戰，俠女先行離去，顧省齋尋跡前往，由小僧處接來楊慧貞爲顧生下的嬰孩。楊慧貞欲遁入空門，大師却以俗緣未盡理由没有爲她剃度。

XXVIIIe FESTIVAL INTERNATIONAL DU FILM
CANNES 1975

GRAND PRIX
DE LA
COMMISSION SUPÉRIEURE TECHNIQUE
DU
CINÉMA FRANÇAIS
CATÉGORIE LONG MÉTRAGE
DÉCERNÉ A
TOUCH OF ZEN
HONG-KONG
RÉALISÉ PAR
King HU

《俠女》"最高技術獎"證書

徐楓（1950—　　）

演員、製片人。江蘇人，1966年考入聯邦電影公司當演員，首作爲《龍門客棧》。《俠女》使她一舉成名，也建立了冷艷俠女的銀幕形像。其後演出的多爲武俠片，是胡金銓導演的基本班底演員。曾以《龍城十日》獲第9屆金馬獎最有希望的女星獎，其後又以《刺客》及《源》分獲第13屆及第17屆金馬獎最佳女主角獎。1982年，徐楓創設湯臣電影公司，1993年5月25日以《霸王別姬》獲得第46屆戛納國際電影節最佳影片金棕櫚獎，實現了胡金銓的夢想，也實現了全中國影人的夢。此後，她又獲得世界傑出的製片人獎。

1975年（香港）

大事記

本年 著名武術指導劉家良第一次正式執導。處女作《神打》，是首次將喜劇元素帶入動作片作品之一。

從港赴臺拍了5年文藝片的鄧光榮返港，創辦大榮影片公司，改變戲路，專門拍攝江湖類型題材影片。

羅維創辦羅維影片公司，創業作《金粉神仙手》。

《大特寫》電影雙週刊創刊。創辦人唐書璇。

《傾國傾城》劇照

重要影片

《天才與白痴》劇照

《傾國傾城》

出品：邵氏兄弟公司
編導：李翰祥
主演：盧燕　狄龍　蕭瑤　張瑛

根據楊村彬同名小説改編。甲午之戰，北洋水師覆没，慈禧則大建頤和園慶壽辰。日軍逼近，慈禧反令主戰派翁同龢返鄉。恭親王節制慈禧時因盛怒而昏厥，支持維新的寇連材呈書慈禧力主與日再戰被斬，使光緒深陷於絶望之中。

此片被臺灣影評人協會評爲70年代佳作。

《天才與白痴》

出品：嘉禾　許氏影片公司
編劇：許冠文　薛志雄　劉天賜
導演：許冠文
主演：許冠文　許冠傑

恒生精神病院的雜役阿添伙同李護士經常到停屍房去偷死者身上值錢的東西。他們還從一病人那裏得知信息，到深海找到大批名貴陶瓷。但由於意外的變故，阿添從此成了白痴，李護士也被醫院解雇。

著名武術指導劉家良第一次正式執導

1975年，著名武術指導劉家良執導第一部影片《神打》公映，從此開始了他功夫電影導演生涯。

劉家良（1935—　）

廣東人，受過四年小學教育，自小隨父習武。他15歲開始在香港當特約演員和龍虎武師，參演過不少《黃飛鴻》系列影片。1963年始任武術指導。他當武術指導的名作有《雲海玉弓緣》、《獨臂刀》等多部影片。在《雲海玉弓緣》中與拍檔唐佳合作首創“吊威也”特技，成爲動作片技術一大突破。1975年他執導第一部影片《神打》。之後他執導的《少林三十六房》獲第24屆亞洲影展最佳動作片獎；《中華丈夫》則獲第25屆亞洲影展最佳國際功夫動作片獎。他導演的名片還有《陸阿采與黃飛鴻》(1976)、《洪熙官》(1977)、《中華丈夫》(1978)、《螳螂》(1978)、《茅山殭屍拳》(1979)、《爛頭何》及《瘋猴》(1979)等，成爲了第一個走上電影導演位置的武術指導。

劉家良被公認爲香港武俠電影發展史上的一位影響重大的人物。“自60年代中的‘新派武俠’，以至70年代的正宗少林拳術和功夫喜劇，他都處於影響潮流的地位。在香港的武俠片導演中，他表現出强烈的個人風格，更被認爲是真正懂得中國武術，而影片又具有傳統的武德精神及家族觀念。”(引自:《香港功夫電影研究·人物小傳·劉家良》)

“劉家良此後的作品，都能使武術與情節化爲一體，片片各具特色。像《洪熙官》的夫婦洞房、父子鬥法等妙趣，都能以武術來表現。該片還觸及較深奧的氣功和打（點）穴。《少林三十六房》最出色處是很有電影趣味地詳述全面的基本練功程序，從眼、耳、頭、手、脚而至十八般武藝。《爛頭何》則不重實技，而進行各式表演性武打的實驗，包括試招、搏殺、突襲，以及戲曲功架、滑稽化等等，以武打動作來表現喜怒哀樂及人生種種情態。”(引自石琪《香港電影的武打發展》)

在内容方面，劉家良着重中國武術的歷史、家族傳統，探討父子，尤其是師徒關係及其心理觀念，有相當獨到的表現，從而引人注目，以致於香港著名影評人高思雅先生説劉家良有一個“自我完滿的世界”。

他的電影的特點是富有中國民族風格和地方色彩，同時宣揚中國傳統的武術和武德，對香港武俠片和功夫片的發揚有很大貢獻。2005年，參加了《七劍》的拍攝，並擔任動作導演和演出。

吴思遠編導的《廉政風暴》成爲香港時事寫實片的代表作

《廉政風暴》根據香港轟動一時的“葛柏事件”改編拍攝而成。葛柏是香港警隊英籍高官，曾因受賄而被廉政公署緝捕，後逃返英國，香港掀起“捉葛柏”運動。吴思遠敏鋭地捕捉了這個現實題材，生動地描寫了當時香港警隊中貪污腐敗狀況，並正面地肯定了廉政公署的意義和作用，爲香港這段歷史真實地做了影像記録，成爲香港時事寫實電影的代表作。之前，吴思遠也曾按真實案例改編拍攝了《七百萬元大劫案》，同樣引人注目。

《廉政風暴》

出品： 恒生　思遠公司
編導： 吴思遠
主演： 比力奇　凌漢　馮敏　金標　閔敏

港警部門不少人不守法，探長劉長偉常以贜款孝敬英籍警司亨達。這天，劉又送來内藏10萬元的生日蛋糕，要免檢毒販豪的車子，亨也收錢照辦。1974年1月，香港廉政公署成立，亨、劉均受檢控被判刑；毒販豪也被判刑30年。

《廉政風暴》劇照

吴思遠（1944—　　）

導演，製片家。廣東珠海人，生於上海。自小由滬遷居香港，於香港新法書院畢業。1966年從影，1967年進入邵氏公司，先當場記，後當副導演。1971年離開邵氏公司，執導首部電影《瘋狂殺手》。1972年拍攝完成的《蕩寇灘》不僅是他的武俠電影代表作，也是香港武俠電影的經典名作。1975年吴思遠更以《廉政風暴》、《七百萬元大劫案》兩片而名噪一時，將他的導演事業推向頂峰，成爲香港最著名、最出色的導演之一。

1973年創建思遠影業公司，出品過《廉政風暴》和由他執導的《法外情》、《七百萬元大劫案》等名片。1977年起監製《蛇形刁手》、《醉拳》等名片，令成龍揚名。“吴思遠監製”成爲一種名牌作品的特有標誌。吴思遠是個眼光獨到並判斷準確的製片家。由他導演和監製，或思遠公司出品的影片，大多數受到觀衆和業内人士的好評，他還爲香港電影界培養了不少人才。他有識人之長，更有用人之能，從他提拔的袁和平、徐克這兩位導演，便可證明這一點。他投資、監製徐克的《蝶變》，就敢於宣稱“80年代是屬於徐克的”，之後新浪潮興起；他發掘了成龍的諧趣性格和動作特點，力邀成龍主演《蛇形刁手》、《醉拳》等賣座電影，使成龍因此竄紅，並成爲當今中國最具影響力的明星之一；而劉德華的《法内情》逆潮流而動，是香港近20年罕見的悲劇，結果卻票房甚佳；周星馳的《賭聖》，讓星仔有了更大發揮空間，“無釐頭”也由此而起。

1989年，香港電影導演會成立，吴思遠被推選爲首任會長。1992年主持召開了“第一屆海峽兩岸暨香港電影導演研討會”。多年來他一直致力於推動香港電影工業發展和兩岸三地電影交流，爲此作出了不少貢獻。同時，他也致力於爲香港電影爭取合理權益，大力推動發展香港電影工業。現爲香港特別行政區推選委員會委員、香港電影總會會長。近年來在北京、上海、重慶、廣州、杭州等内地城市投資電影院，成就甚佳。

香港特別行政區政府授予吴思遠銅紫荆獎章。

主要影片目録

本年度香港共出品影片98部，其中國語片69部，粤語片29部。

邵氏　《港澳傳奇》（國語）、《大老千》（國語）、《雙星伴月》（國語）、《傾國傾城》（國語）、《新啼笑因緣》、《惡霸》（國語）、《蕩寇志》（國語）、《大哥成》、《中國超人》（國語）、《的士大佬》、《大劫案》（國語）、《神打》（國語）

嘉禾　《新魔》（國語）、《女子跆拳群英會》（國語）、《驅魔女》（國語）、《大千世界》（國語）、《直搗黄龍》（國語）、《鐵漢柔情》（國語）

長弓　《後生》（國語）、《洪拳小子》（國語）、《紅孩兒》（國語）、《馬可波羅》（國語）

第一　《大毒梟》（國語）、《香港超人大破摧花黨》（國語）、《少林殺戒》（國語）、《一簾幽夢》（國語）

協利　《撈女日記》（國語）、《阿福撈世界》、《千奇百怪俏女俑》、《男人四十一條龍》

長城　《紅纓刀》（國語）、《萬户人家》（國語）

羅維　《金粉神仙手》（國語）、《小山東到香港》（國語）

恒生　《十三號凶宅》（國語）、《生龍活虎小英雄》（國語）

嘉禾/新天地　《花飛滿城春》（國語）、《拍案驚奇》

其他　《十三不搭》（真納）、《忠烈圖》（國語）（金銓）、《無奇不有》（國語）（天寶）、《三笑姻緣》（興發）、《蠱惑佬尋春》（雷鳴）、《二世祖》（國語）（金剛）、《英雄榜》（利和）、《緑帽唔怕戴》（文藝）、《大家樂》（寶鼎）、《吾土吾民》（國語）（馬氏）、《雌雄變》（國語）（尹氏）、《斬草除根》（國語）（陳氏）、《盲女奇緣》（國語）（謝氏）、《包公奇案》（國語）（龍東）、《横衝直撞小福星》（國語）（光明）、《七彩滿天神佛》（藝林）、《艷窟神探》（國語）（昌禾）、《醒目雙星香港淘金記》（國語）（深美）、《老夫子》（金山）、《鴉魔》（國語）（榮華）、《女逃犯》（國語）（寶樹）、《義劫愛神號》（國語）（成功）、《狼吻》（國語）（鴻翔）、《危險的十七歲》（太平洋）、《廉政風暴》（恒生/思遠）、《龍虎走天涯》（國語、英語）（邵氏/港灣〔美〕）、《三超人與女霸王》（國語）（邵氏/意大利）、《天才與白痴》（嘉禾/許氏）、《酒吧女郎》（國語）（會澤/順利）

1967—1976年（大陸）

大事記

1967年1月 姚文元發表《評反革命兩面派周揚》一文。文中點名批判了夏衍、陽翰笙、陳荒煤、于伶等電影界人士。
1968年4月14日 "中央文革"發出通知，禁止"私自放映毒草影片"。
1968年7月15日 著名電影藝術家、中國影協主席蔡楚生被迫害致死，終年62歲。
1968年秋 北影廠開始拍攝京劇藝術片《智取威虎山》，歷時兩年，先後拍攝了三次，於1970年9月攝製完成。
1968年12月10日 著名戲劇和電影藝術家田漢被迫害致死，終年70歲。
1969年4月27日 著名電影藝術家鄭君里被迫害致死，終年68歲。
1969年11月 中共中央批准成立電影生產協作指導小組。
1970年10月 爲紀念抗美援朝運動20週年，全國重新上映《英雄兒女》、《打擊侵略者》等5部影片。
1971年5月20日 謝鐵驪、錢江聯名上書中共中央，建議拍攝新故事片。
1972年3月 國務院文化組、科教組和中國科學院聯合召開科教電影座談會。科教片恢復生産。本年，上海科影完成《針刺麻醉》等4部科教片。
1972年10月 國務院文化組在北京召開拍攝革命樣板戲影片座談會，按照"三突出"創作原則總結樣板戲創作經驗。
1973年9月17日—24日 國務院文化組召開電影製片廠負責人會議，決定1974年生産24部故事片，並强調在拍攝故事片中要貫徹"三突出"的創作原則。
1974年1月 《火紅的年代》、《艷陽天》、《青松嶺》3部故事片上映。這是"文革"近八年來首次上映國産新故事片。
1974年7月19日 國務院文化組發出《關於批判〈園丁之歌〉的通知》。
1974年7月23日—8月1日 國務院文化組在北京召開全國故事影片創作、生産座談會。會議指出故事片創作中存在的簡單化、雷同化現象，但仍强調要堅持"三突出"原則。
1974年8月27日 著名電影藝術家田方被迫害致死，終年63歲。
1975年7月 毛澤東指出："文藝政策應該調整一下"，"百花齊放都没有了，别人不能提意見，不好"。
1975年8月 第一部寫"走資派"鬥爭的故事片《春苗》公映。此後，《决裂》、《歡騰的小凉河》等同類題材影片陸續公映。
1976年1月 新影廠攝製完成《敬愛的周恩來總理永垂不朽》。
1976年2月 江青、張春橋佈置創作"與走資派鬥爭"的文藝作品。此後，上海開始拍攝《反擊》、《盛大的節日》、《千秋業》等影片。
1976年3月 《人民電影》在北京創刊。
1976年4月 北京天安門廣場爆發"四五運動"。新影廠攝影師拍攝了大量素材。
1976年10月—11月 《人民日報》、《光明日報》、《人民電影》等報刊發表文章，揭露"四人幫"扼殺《創業》、《海霞》，迫害電影工作者的罪行。
1976年12月 文化部電影局開始對新中國成立以來攝製的故事片、紀録片和科教片進行復審，經報國務院批准後陸續恢復上映。

重要影片

《偵察兵》

出品：北京電影製片廠
改編：李文化
導演：李文化
攝影：孫昌一
主演：王心剛　金征源　王達成　鄭重

1948年，解放軍參謀郭鋭奉命率領一支偵察隊直插敵佔區豐城一帶。他們與當地老百姓密切配合，暗中與敵人展開較量。最終，他們抓住了敵搜索隊長和敵作戰處長，獲得了準確情報，有力地配合了大部隊全殲豐城之敵。

《閃閃的紅星》劇照

《沂蒙頌》劇照

《沂蒙頌》

出品：八一電影製片廠
編劇：中國舞劇團
導演：李文虎　景慕逵
攝影：張冬凉　曹進雲　韋林岳
主演：程伯佳　張肅　韓大明　曹志光

解放戰爭第二年，在殲滅敵人的戰鬥中，擔任狙擊任務的方排長身負重傷，被當地貧農英嫂營救，在敵人搜捕方排長的緊要關頭，英嫂説服了膽小的丈夫，去給部隊送信。最終，聞迅趕到的武工隊殲滅了敵人，救出了方排長。

《閃閃的紅星》

出品：八一電影製片廠
改編：集體　王願堅　陸柱國執筆
導演：李俊　李昂
攝影：蔡繼渭　曹進雲
主演：祝新運　薄貫君　高保成　李雪紅

根據李心田同名小説改編。1934年秋，紅軍撤離中央根據地，冬子父親出發前給他留下了一枚紅五星。紅軍走後，桐溪鄉又處於白色恐怖中。在革命前輩的撫育下，冬子逐漸成長並在一次戰鬥中有力地配合了遊擊隊的行動。最終，冬子見到了歸來的父親，並帶着那枚閃閃的紅星加入了紅軍。

《難忘的戰鬥》劇照

《金光大道》劇照

《難忘的戰鬥》

出品：上海電影製片廠
原著：孫景瑞　改編：集體（孫景瑞　嚴勵執筆）
導演：湯曉丹　天然　于本正　攝影：許琦　馬林發　朱永德
主演：達式常　周國賓　馬昌鈺　陳燁

1949年5月，江南某城市剛建立人民政權，糧食奇缺。爲保障人民生活和生産建設的需要，軍管會組織糧食工作隊，經與潛伏的殘匪、特務、不法商人的鬥爭，終於完成了採購糧食的任務。

《金光大道》

出品：長春電影製片廠
改編：集體　導演：林農　孫羽　攝影：孟憲弟
主演：張國民　朱德承　王馥荔　谷子

根據浩然同名小説改編。土改後，芳草地的翻身農民在高大泉的帶領下成立了天門區第一個互助組。然而，漏劃富農馮少懷却想方設法暗中破壞。最終，在人民群衆的堅持和努力之下，天門區終於成立了第一個農業生産合作社，奪取了鬥爭的初步勝利。

《車輪滾滾》劇照

《車輪滾滾》

出品：長春電影製片廠
編劇：薛壽先
導演：尹一青　攝影：吴國疆
主演：達奇　吕亞林　葉志康　趙登峰

1948年冬，指導員耿春梅帶領着一支民工小分隊運糧支前並在途中擊斃了大地主鄭子成。在群衆的大力支援下，解放軍攻克南京，取得了解放戰爭的偉大勝利。

故事片目録（共133部）

1970年（共2部）
北影　《智取威虎山》（京劇）
八一　《紅燈記》（京劇）

1971年（共2部）
長影　《沙家浜》（京劇）
北影　《紅色娘子軍》（舞劇）

1972年（共4部）
長影　《奇襲白虎團》（京劇）
北影、上影　《海港》（京劇）
北影　《龍江頌》（京劇）
上影　《白毛女》（舞劇）
八一　《紅色娘子軍》（京劇）

1973年（共4部）
長影　《艷陽天》、《青松嶺》、《戰洪圖》
北影、上影　《海港》（京劇、重新拍攝）

1974年（共17部）
長影　《鋼鐵巨人》、《向陽院的故事》、《創業》、《平原遊擊隊》（重新拍攝）、《半籃花生》（越劇）
北影　《偵察兵》、《南征北戰》（重新拍攝）、《杜鵑山》（京劇）、《送貨路上》（湖南花鼓戲）
上影　《火紅的年代》、《渡江偵察記》（重新拍攝）、《無影燈下頌銀針》、《一副保險帶》
八一　《閃閃的紅星》、《平原作戰》（京劇）
珠影　《沙家浜》（粵劇）
新影　《園丁之歌》（湘劇高腔）

1975年（共24部）
長影　《車輪滾滾》、《長城新曲》、《金光大道》（上集）、《黄河少年》、《沙漠的春天》
北影　《烽火少年》、《海霞》、《紅雨》、《决裂》、《草原兒女》（舞劇）、《渡口》（河北梆子）
上影　《第二個春天》、《小將》、《戰船臺》、《春苗》、《人老心紅》（淮劇）、《撿煤渣》（淮劇）
八一　《激戰無名川》、《雷雨之前》、《沂蒙頌》（舞劇）、《紅燈記》（維吾爾語歌劇）
珠影　《小螺號》
西影　《碧海洪波》、《阿勇》

1976年（共39部）
長影　《雁鳴湖畔》、《長空雄鷹》、《鎖龍湖》、《芒果之歌》、《山村新人》、《金光大道》（中集）、《半邊天》（吕劇）
北影　《沸騰的群山》、《牛角石》、《青春似火》、《山花》、《反擊》（未發行）、《海上明珠》、《寶蓮燈》（上、下集、河北梆子）
上影　《征途》、《江水滔滔》、《歡騰的小凉河》、《難忘的戰鬥》、《新風歌》、《金鎖》、《年青的一代》（重新拍攝）、《阿夏河的秘密》、《磐石灣》（京劇）、《管得好》（吕劇）、《審椅子》（京劇）、《三定樁》（萊蕪梆子）、《小店春早》（黄梅戲）
八一　《南海風雲》、《南海長城》、《紅軍不怕遠征難——長征組歌》、《紅雲崗》（京劇）
珠影　《楓樹灣》、《山裏紅梅》、《紅霞萬朵》（黄梅戲）
西影　《開山的人》
峨眉　《寄託》
新影　《兩張圖紙》（湖南花鼓戲）
廣西壯族自治區電影學習班　《主課》

《沸騰的群山》劇照

《南海風雲》

出品：八一電影製片廠
編劇：陸柱國
導演：景慕逵　張勇手
攝影：蔡繼渭　高九齡
主演：唐國强　張勇手　高保成　洪學敏

居住在西沙群島的于化龍一家正在海上作業時，被來犯的敵艦衝散。于化龍被我海軍救起後，參加了解放軍。十年後的一天，已經成爲艦長的于化龍率艦驅逐了來犯的敵艦並意外地與失散了多年的家人重新團聚。

《青松嶺》劇照

《決裂》

出品：北京電影製片廠
編劇：春潮　周傑
導演：李文化　攝影：鄭煜元　羅德安
主演：郭振清　王蘇婭　溫錫瑩　葛存壯

某地黨委決定建立一所讓有實際經驗的工人、農民免試參加學習的學校，遭到教導主任孫子清的反對。開學後，校長龍國正號召師生掀起一場教育革命。地區的趙副專員下令取消該學校，這時傳來了上級支持辦學的消息。

《歡騰的小凉河》劇照

《沸騰的群山》

出品：北京電影製片廠
編劇：陶重華　劉忠威
導演：干學偉　李偉　陳方千　攝影：張慶華
主演：張文　徐長有　石寶光　趙宇新

1948年秋，礦工出身的營指揮員焦昆率領部隊解放了南孤鶴嶺礦區，並擔任組織恢復礦山、支援人民解放戰爭的任務。他們粉碎了殘匪和潛伏特務的破壞，成功恢復了生産，支援了前線。

《南海風雲》劇照

《青松嶺》

出品：長春電影製片廠
編劇：河北省承德地區話劇團集體創作
導演：劉國權　姜樹森　攝影：孟憲弟
主演：李仁堂　朱龍廣　劉曉媚　張寶茹

根據張仲朋同名小説改編。青松嶺貧農飼養員張萬山，反對富農分子錢廣利用掌握的鞭子進行投機倒把活動。大隊長周成輕信錢廣，使其有機可乘。在方書記的支持下，張萬山克服困難，幫助周秀梅掌握了趕車技術，揭穿了錢廣的陰謀。

《決裂》劇照

《歡騰的小凉河》

出品：上海電影製片廠
編劇：王立信　高型
導演：劉瓊　沈耀庭　攝影：沈西林　瞿家振
主演：馬昌鈺　王群　盧青　顧玉琴

根據同名小説改編。小凉河某公社有兩個生産隊，二隊隊長周昌林爲發展經濟提出根治小凉河。九隊隊長徐振才以富了又富的口號反對，兩種思想産生激烈的鬥爭。

《火紅的年代》劇照

《火紅的年代》

出品：上海電影製片廠
編劇：集體　葉丹　傅超武執筆
導演：傅超武　孫永平　俞仲英
攝影：羅從周　查祥康
主演：于洋　鄭大年
　　　溫錫瑩　婁際成

根據話劇《鋼鐵洪流》改編。1962年，在蘇聯撕毁合同、撤走專家的情況下，爐長趙四海提出用國産原料代替進口合金，遭到廠長的反對，黨委書記和群衆支持趙四海。在冶煉即將成功時，因爲壞人的破壞造成事故，趙四海受到處分。當壞人再次破壞時被當場抓住，事實教育了廠長，全廠齊心煉出了合金鋼。

《春苗》劇照

《春苗》

出品：上海電影製片廠
編劇：集體　趙志强　楊時文　曹雷執筆
導演：謝晉　顔碧麗　梁廷鐸
攝影：盧俊福
主演：李秀明　高保成
　　　達式常　馮奇

在親眼看到阿芳嫂的女兒因爲耽誤了醫治而死亡後，江南某大隊婦女隊長田春苗來到公社醫院學習。最終，她克服了種種阻撓，學到了知識，當上了赤脚醫生，爲農民治病。

《人民日報》批判安東尼奥尼的紀録片《中國》

1974年1月30日，《人民日報》發表評論員文章《惡毒的用心，卑劣的手法——批判安東尼奥尼拍攝的題爲〈中國〉的反華影片》，批判影片醜化和侮辱了中國人民。文章認爲：

安東尼奥尼是在1972年春作爲我們的客人到中國來的。他帶着攝影機訪問了北京、上海、南京、蘇州和林縣。但是，他的中國之行，不是爲了增進對中國的了解，更不是爲了增進中意兩國人民的友誼，而是懷着對中國人民的敵意，採取了别有用心的、十分卑劣的手法，利用這次訪問的機會，專門搜羅可以用來攻擊中國的材料，以達到不可告人的目的。在他拍攝的長達三個半小時的影片中，根本没有反映我們偉大祖國的新事物、新氣象、新面貌，而是把大量經過惡意歪曲了的場面和鏡頭集中起來，攻擊我國領導人，醜化社會主義新中國，誹謗我國無産階級文化大革命，侮辱我國人民。

恶毒的用心　卑劣的手法
——批判安东尼奥尼拍摄的题为《中国》的反华影片
本报评论员

《惡毒的用心　卑劣的手法》文照

《中國》劇照

《中國》

編導：意大利／M.安東尼奥尼

紀録中國農村、工廠、城市，尤其是在北京和南京的所見所聞，中國人民革命鬥爭的歷史回顧，中國的歷史性變化和人們的精神風貌。

《人民日報》批判香港影片《清宫秘史》

1967年4月1日，《人民日報》批判發表戚本禹的文章《愛國主義還是賣國主義——評反動影片〈清宫秘史〉》，從怎樣對待帝國主義的侵略、怎樣對待義和團的革命群衆運動和怎樣對待資産階級的改良主義三個方面批判了50年代初期香港攝製的影片《清宫秘史》，並借此對劉少奇主席進行誣陷：十七年來，一小撮反革命修正主義分子在黨内最大的走資本主義道路的當權派的支持下，向無産階級發動了一個全面性的猖狂進攻，在政治、經濟、文化、教育各個領域裏放了大量的毒。在這次無産階級文化大革命中，我們一定要遵照毛主席的指導，組織起浩浩蕩蕩的無産階級革命的文化大軍，徹底粉碎這一小撮反革命修正主義分子和黨内最大的走資本主義道路的當權派的猖狂進攻，挖出我國修正主義的總根子，打倒赫魯曉夫那樣的個人野心家和陰謀家，防止這樣的壞人篡黨、篡國，防止資本主義的復闢，保證我國永不變色。

附録：《愛國主義還是賣國主義——評反動影片〈清宫秘史〉》（摘録）

反動影片《清宫秘史》，是一部所謂歷史題材的影片，寫的是清代末年戊戌變法運動和義和團鬥爭。它公開站在帝國主義、封建主義和反動資産階級的立場上，任意歪曲歷史事實，美化帝國主義，美化封建主義和資産階級改良主義，歌頌保皇黨，污蔑革命的群衆和人民反帝、反封建的英勇鬥爭，宣揚民族投降主義和階級投降主義。

在對待帝國主義侵略問題上，被一撮反革命修正主義分子，以及背後支持他們的黨内最大的走資本主義道路的當權派歌頌爲"愛國主義"的反動影片《清宫秘史》，完全是一副極端可耻的恐帝、崇帝、親帝的奴才面孔。

反動影片《清宫秘史》大肆污蔑和攻擊義和團的反帝、反封建鬥爭，完全是出於帝國主義和封建地主階級的需要。他們對義和團革命群衆的污蔑和攻擊，反映了階級敵人對中國革命主力軍農民的刻骨仇恨，反映了階級敵人對我們黨領導的新民主主義革命運動的刻骨仇恨。

反動影片《清宫秘史》却還在鼓吹早已破産了的資産階級改良主義。這是瘋狂的爲資産階級共和國呼喊，爲資産階級改良主義道路呼喊，革命群衆是絶不允許的。

（戚本禹，《人民日報》1967年4月1日）

《清宫秘史》劇照

爱国主义还是卖国主义？
——评反动影片《清宫秘史》
戚本禹

被人称为爱国主义影片而实际是卖国主义影片的《清宫秘史》，在全国放映之后，至今没有被批判。
——毛主席：《关于〈红楼梦研究〉问题的一封信》

怎样对待帝国主义的侵略？

《愛國主義還是賣國主義——評反動影片〈清宫秘史〉》報照

"樣板戲"影片彙映

1974年5月1日—23日，國務院文化組在全國舉行"樣板戲"影片彙映。"樣板戲"影片是"文化大革命"前七年中唯一的電影作品，從1970年到1972年總共拍攝了10部。

在1964年7月舉行的全國京劇現代戲觀摩演出大會的演出期間，選出了一批現代劇目，即《紅燈記》、《沙家浜》、《智取威虎山》、《奇襲白虎團》、《海港》，後來經過多次修改加工，加上芭蕾舞《紅色娘子軍》、《白毛女》和交響樂《沙家浜》，成爲八個保留節目。這些節目大都改編自其他文藝形式，原作多數創作於新中國建立後。

在"文革"中，"樣板戲"電影的創作常常需要組織龐大的攝製隊伍。江青提出："要算政治賬，不要算經濟賬"，因此幾乎每部影片的成本都在百萬元以上，大大地超出了一部故事片的攝製費用，有些影片還反復修改甚至重新拍攝，造成了人力物力的巨大浪費。

"樣板戲"影片是遵循"三突出"的原則拍攝的。所謂的"三突出"是"文革"時期一切文藝創作必須遵循的創作原則。其具體內容是："在所有人物中突出正面人物，在正面人物中突出英雄人物，在英雄人物中突出主要英雄人物。""三突出"模式的後果，是公式化和八股腔大肆泛濫，給中國電影創作帶來了惡劣影響。

《沙家浜》(京劇)

出品： 長春電影製片廠
編劇： 北京京劇團《沙家浜》劇組
導演： 武兆堤
攝影： 舒笑言
主演： 譚元壽　洪雪飛　馬長禮　周和桐　萬一英

抗日戰爭時期，沙家浜集鎮住着以指導員郭建光爲首的18名新四軍傷員。在阿慶嫂、沙奶奶等當地群衆的掩護和配合下，傷愈的戰士配合大部隊的行動，活捉了日寇黑田和漢奸胡傳魁、刁德一。

《沙家浜》劇照

《紅燈記》劇照

《紅燈記》(京劇)

出品： 八一電影製片廠
改編： 中國京劇團《紅燈記》劇組全體
導演： 成蔭
攝影： 張冬凉
主演： 浩亮　高玉倩　劉長瑜　谷春章

抗日戰爭時期某敵佔區，鐵路工人李玉和接受向柏山遊擊隊轉送電碼的任務，由於叛徒的出賣而被捕。日寇憲兵隊長鳩山逼他交出電碼，他不爲所動。無計可施的敵人殺害了李玉和。女兒李鐵梅繼承前輩遺志，在群衆的幫助下，將電碼最終送上柏山。

《海港》(京劇)

出品： 北京電影製片廠　上海電影製片廠
改編： 上海京劇團《海港》劇組全體
導演： 謝鐵驪　謝晉
攝影： 錢江
主演： 李麗芳　趙文奎　朱文虎

某裝卸隊黨委書記方海珍、裝卸組長高志揚和碼頭工人爲支援亞非拉人民反帝鬥爭，將一批出國稻種裝上駁船，運往外輪。暗藏的階級敵人企圖製造錯包事件，破壞我國的國際聲譽。方海珍及時發現了事故，並連夜追查出真相，最終圓滿完成了任務。

《紅色娘子軍》(舞劇)

出品： 北京電影製片廠
改編： 中國舞劇團集體
導演： 潘文展　傅傑
攝影： 李文化
主演： 劉慶棠　薛菁華　宋琛　李新盈

在十年內戰期間，海南島紅色娘子軍連的黨代表洪長青搭救了被惡霸南霸天迫害的奴僕吳瓊花。在洪長青的引導下，吳瓊花加入了紅色娘子軍並成爲了一名優秀的戰士。最終，她們與紅軍一起解放了椰林寨，擊斃了南霸天。

《奇襲白虎團》(京劇)

出品： 長春電影製片廠
編劇： 山東省京劇團　《奇襲白虎團劇組全體》
導演： 蘇里　王炎
攝影： 李光惠　王雷
主演： 宋玉慶　方榮翔　謝同喜　陳玉申

美帝國主義及李承晚僞軍在朝鮮戰場上假談真打，破壞停戰談判。志願軍偵察排長嚴偉才在當地群衆的配合下，率部隊機智地衝破重重難關，搗毀了敵軍白虎團團部，爲我軍全線反擊創造了有利條件。

《奇襲白虎團》劇照

《海港》劇照

《紅色娘子軍》劇照

《龍江頌》（京劇）

出品：北京電影製片廠
改編：上海市《龍江頌》劇組團體
導演：謝鐵驪
攝影：錢江
主演：李炳淑　周雲敏　李元華　馬名群

1963年春，東南沿海某地遭遇特大乾旱，龍家大隊黨支書江水英堅決執行縣委指示，主動承擔最大犧牲，排除重重困難，最終把水送到旱區，使這個地區在大旱之年，獲得了大豐收。

《龍江頌》劇照

《杜鵑山》劇照

《智取威虎山》劇照

《智取威虎山》（京劇）

出品：北京電影製片廠
編劇：上海京劇團《智取威虎山》劇組集體
導演：謝鐵驪
攝影：錢江
主演：童祥苓　沈金波
　　　施正泉　齊淑芳

1946年冬天，解放軍的一支追剿隊進入深山老林，發動群衆消滅威虎山的座山雕土匪武裝。偵察排長楊子榮改扮土匪打入威虎山。經過多次的週旋，取得了土匪的信任。楊子榮借爲座山雕祝壽之機，與追剿隊和民兵裏應外合，全殲了頑匪。

《杜鵑山》（京劇）

出品：北京電影製片廠
編劇：王樹元等
導演：謝鐵驪
攝影：錢江
主演：楊春霞　馬永安　李詠　劉桂欣

1928年，井岡山根據地派柯湘到湘贛邊界的杜鵑山領導一支農民自衛軍。途中柯湘被捕，恰巧被自衛軍搭救。自此，柯湘擔任了自衛軍的黨代表。她機智地識破了敵人的詭計，粉碎了敵人的進犯，並清除了自衛軍中的叛徒，改造了這支自發的農民自衛軍。

《白毛女》（舞劇）

出品：上海電影製片廠
改編：集體
導演：桑弧
主演：茅惠芳　石鐘琴　凌桂明

根據賀敬之、丁毅的同名歌劇改編。惡霸地主黃世仁逼楊白勞以女兒喜兒抵債，楊白勞不從被打死，喜兒被搶到黃家。大春爲替喜兒報仇投奔八路軍。喜兒受盡凌辱，在張二嬸幫助下逃亡深山，變成"白毛女"。八路軍解放了楊各莊，喜兒又重新開始了正常的生活。

《白毛女》劇照

周恩來建議恢復電影創作生産

由於"四人幫"在"文革"期間對於文藝和電影的嚴密控制，形成了全國人民只能看到八個樣板戲的尷尬局面。1972年，毛澤東主席在一次談話中對戲劇作品太少的狀況提出了批評，説"百花齊放"没有了，提出要繁榮創作。

周恩來總理根據群衆反映影片太少的意見，着手解決電影問題。1973年1月1日，周恩來總理和政治局其他成員接見了電影、戲劇和音樂工作者。周總理指出："電影的教育作用大，男女老少都需要它，這是大有作爲的。"他又説："群衆提意見，説電影太少。接到很多群衆來信，是對的。"他還要求文化組"把電影工作大抓一下"，改變只有幾個"樣板戲"的狀況。由於周總理的積極建議和採取措施，這次會議後不久，各電影製片廠從農村、工廠陸續調回創作人員，停頓七年之久的故事片生産重又恢復。

然而由於"四人幫"對於電影生産的控制，電影創作工作仍然處於極其艱難的境地。從1973年到1976年9月，全國總共生産了76部故事片。其中1973年4部，1974年15部，1975年22部，1976年35部，絶大多數是舞臺戲曲片和重拍的故事片。由於"三突出"的模式嚴重束縛了電影創作人員的手脚，這些影片幾乎無一例外地大寫階級鬥爭、路線鬥爭，塑造頂天立地的英雄人物，不同程度地表現出公式化、概念化的傾向。

《創業》事件

影片《創業》是一部反映中國石油工人奮發圖强、自力更生，投身社會主義建設的故事片。《創業》的創作實踐是對"三突出"原則的反叛。片中塑造的"鐵人"式的石油工人和黨的工作者華程這兩個形象，打破了"三突出"的框框，沒有按照"突出"和"陪襯"那一套簡單化的程式處理，而是從生活和人物出發，尊重了生活邏輯和藝術規律。《創業》還對抗"四人幫"的"老幹部等於民主派，民主派等於走資派"的謬論，熱情地歌頌了以華程爲代表的老幹部。

1974年12月，《創業》攝製完成，前後三次送審。1975年2月11日，《創業》在北京和全國各大城市正式公映，引起了群衆的强烈反響。然而，江青在看過此片之後，卻列舉了影片的十大罪狀，發起了對影片的批判。

對影片《創業》的批判引起了群衆的强烈不滿，有不少觀衆寫信給長影對此片表示支持和鼓勵。1975年，《創業》的編劇張天民冒險給毛澤東寫信，申訴了《創業》的創作經過及遭遇。7月25日，毛澤東批示："此片無大錯，建議通過發行，不要求全責備。而且罪名有十條之多，太過分了，不利調整黨内的文藝政策。"

然而，"四人幫"對這一指示實行嚴加封鎖，實在拖不下去，才在極小範圍内傳達，對全國文藝界繼續進行封鎖。同時恐嚇張天民交待寫信時的背景，並要求他再向毛主席寫信，撤銷原信。

圍繞《創業》所發生的這場鬥爭在文藝界和全國都產生了廣泛而强烈的反響。這場鬥爭直到"四人幫"被粉碎後才真正結束。

于彦夫（1924–2005）

導演。原名于景霖。遼寧丹東人。1945年任東北電影製片廠導演助理、劇務主任、譯製片導演；1956年入北京電影學院導演班學習，畢業後任長春電影製片廠導演。代表作品有《夏天的故事》、《蘆笙戀歌》、《自有後來人》、《創業》、《黄山來的姑娘》、《中國小皇帝》、《那年冬天》等。

附録："四人幫"列數的《創業》十大罪狀

1."不如報告文學感人，也不如報告文學脈絡清楚"。

2."籠統地提到黨中央和中央首長"，"起到了給劉少奇、薄一波之流塗脂抹粉的作用"。

3."較明顯地存在着寫活着的真人真事問題"。

4."革命樂觀主義精神表現較差"。

5.周挺杉"表現了一個魯莽漢子的形象"，"是單薄的、有缺陷的，因而是不典型的"。

6."有意用貶低周挺杉的方式來抬高華程"。

7."工程師章易之的轉變""有人情感化的傾向"。

8."有很多地方表達不清，讓人看不懂"。

9."回述了鐵人的過去"，"造成結構上的拖沓"。

10."主要人物的語言概念化"。

《創業》

出品：長春電影製片廠
編劇：集體　張天民執筆
導演：于彦夫　**攝影：**王雷
主演：張連文　李仁堂　宫喜斌　章傑

1949年裕明油礦工人迎來了解放。十年後我國貧油的帽子仍未甩掉。華程政委和鑽井工人周挺杉來到東北草原組織石油大會戰。他們克服了自然界的困難，頂住了帝國主義封鎖，打破了中國貧油論的思想束縛，挖出暗藏的反革命分子，終於爲國家拿下了面積大、產量高的創業油田。

《創業》劇照

《海霞》事件

在圍繞影片《創業》的鬥爭發生的同時，中國電影界又發生了一件“四人幫”扼殺影片《海霞》的政治事件。《海霞》是一部反映漁島上一群普通的漁家姑娘勞武結合，保衛自己家鄉的影片。在藝術的表現上，該片以海霞的自述貫穿首尾，以她的生活經歷作爲影片主線，同時寫出幾個女民兵的不同性格和成長道路。在當時電影被“樣板戲”和“三突出”一統天下的氛圍中，這些藝術追求是難能可貴的。在影片送審時，江青、于會泳等人對該片加上了“突破了樣板戲的框框”的罪名，說《海霞》“基調很壞”，“不是好電影”，並一再批示，要對《海霞》嚴加查處。

1975年7月29日，謝鐵驪、錢江給毛澤東主席寫信，申訴“四人幫”對《海霞》的迫害，此信經由鄧小平副總理送給毛澤東主席，當即批示將原信打印轉發中央政治局所有成員。7月30日，鄧小平副總理和政治局委員在人民大會堂召集文化部于會泳等人和《海霞》編導謝鐵驪、錢江等一起審看《海霞》，看後支持《海霞》攝製組的意見，決定《海霞》在全國上映。

《海霞》上映並不是鬥爭的結束，“四人幫”對攝製組人員的迫害更加變本加厲，創作人員也始終堅持鬥爭，頑強不屈。對《海霞》的迫害和圍剿前後持續了一年零八個月，直到“四人幫”被粉碎後才宣告結束。

《海霞》劇照

《海霞》

出品：北京電影製片廠

編劇：謝鐵驪

導演：錢江　陳懷皚　王好爲

攝影：錢江　王兆麟　李晨聲

主演：吳海燕　蔡明　趙聯　田沖

根據黎汝清的小說《海島女民兵》改編。解放前，劉大伯從海中救回一個女孩，取名海霞。解放後，海霞在黨的教育下，成長爲同心島的民兵隊長。她率領着民兵配合解放軍粉碎了敵人侵擾大陸的陰謀，親手擊斃了逼死她父母的仇人陳佔鰲。

《園丁之歌》事件

1974年8月4日，《人民日報》發表署名初瀾的文章《爲哪條教育路線唱讚歌》，批判影片《園丁之歌》。隨後，全國各地報刊相繼發表了近百篇批判文章。11月，毛澤東主席在長沙觀看影片《園丁之歌》後鼓掌，並讚揚說：“我看是齣好戲”。但“四人幫”仍然不許影片上映。直到1976年3月，《紅旗》雜誌第3期發表初瀾的文章《堅持文藝革命，反擊右傾翻案風》中，還點名批判了《園丁之歌》等影片。

《園丁之歌》劇照

《園丁之歌》（湘劇高腔）

出品：中央新聞紀録電影製片廠

導演：沙丹　鄭國權

攝影：馮伯九　靳敬一

主演：左大玢　何耀春

　　　劉國華　郝志剛

小學教師俞英和方覺在教育方法上有所不同，方覺對學生態度生硬，失去信心。俞英則是耐心教導，把革命的思想和學習文化知識聯係起來，使後進生轉化成爲好學生，方覺也從中受到啓發和教育。

中共中央粉碎“四人幫”

1976年10月6日，以華國鋒、葉劍英、李先念爲代表的中共中央政治局執行了黨和人民的意志，一舉粉碎了江青、張春橋、姚文元、王洪文“四人幫”反革命集團。“文化大革命”到此結束。

粉碎“四人幫”後，中共中央於1977年12月決定任命黃鎮爲文化部部長。同時，國務院任命劉復之、周巍峙等爲副部長，負責重建文化部和撥亂反正工作；國務院還任命陳播爲電影局局長，恢復電影局建制，展開了電影界的撥亂反正工作。

人民日報

1976年10月22日

继承毛主席的遗志，把无产阶级革命事业进行到底！

伟大的、光荣的、正确的中国共产党万岁！

战无不胜的马克思主义、列宁主义、毛泽东思想万岁！

热烈庆祝粉碎“四人帮”反党集团篡党夺权阴谋的伟大胜利

热烈庆祝华国锋同志任中共中央主席、中央军委主席

首都一百五十万军民举行声势浩大的庆祝游行

雄伟的天安门广场，红旗如林，歌声震天，万众欢腾，热烈欢呼以华国锋主席为首的党中央继承毛主席的遗志，代表全党全军全国各族人民的根本利益和共同心愿，采取果断措施，一举粉碎王洪文、张春桥、江青、姚文元反党集团篡党夺权阴谋的伟大胜利，热烈欢呼伟大的领袖毛主席生前的英明决策已得到迅速实现。这是毛主席关于无产阶级专政下继续革命的伟大理论的一次伟大实践，是无产阶级文化大革命的伟大胜利，是毛泽东思想的伟大胜利！广大军民愤怒声讨“四人帮”反党集团的滔天罪行，指出他们是党内资产阶级的典型代表，是不肯改悔的正在走的走资派，一致表示要同他们作坚决的斗争，为捍卫毛主席的无产阶级革命路线，为保卫以华国锋主席为首的党中央，为巩固无产阶级专政，为保卫社会主义祖国而英勇战斗，把无产阶级革命事业进行到底！

《人民日報》關於粉碎“四人幫”的報導

1976年（臺灣）

大事記

1月11日　臺北市電影票價娛樂稅附徵30%教育捐，暫不隨之調漲。

2月1日　行政主管當局全面換發的"各地電影映演場所適用查驗證"、"臺灣省各地電影映演場所適用查驗證"，及"臺北市區電影映演場所適用查驗證"開始生效。

2月14日　《雲深不知處》男主角谷名倫，在美國第10屆德州國際影展中獲最佳男主角獎。

4月2日　《梅花》在哥倫比亞舉行的第16屆國際影展中，獲得金凱瑟琳獎。

5月1日　"中影"公司"水底攝影游泳池"對外開放，供影界拍攝水中特技電影。

5月29人　在臺賣座突破3500萬元的影片《梅花》，破例在香港海運、百樂、紐約、凱聲四家西片戲院和華聲戲院聯映，第一天午夜場就有11萬港幣的收入，估計該片在香港票房應可達到150萬港幣。

6月15日　瓊瑤、平鑫濤與江文雄、盛竹如合組巨星公司，創業片《我是一片雲》，聘劉立立任導演。

6月25日　由張美君執導與美國合作立體影片《千刀萬里追》開鏡。

6月28日　美國《時代雜誌》指出："在臺灣去年所收入的影片，曾吸引2億3千5百萬觀衆，顯示島上去年每人平均看15部影片。"

8月2日　電影戲劇協會召開"影視劇演藝人員實踐生活公約座談會"，商討有關簽訂"影視劇演藝人員生活自律公約"事宜。

8月12日　電影事業發展基金會爲鼓勵優良影片，決定對金馬獎獲獎的影片與個人發給獎金。

9月6日　女星恬妮、邵音音因在鳳鳴影業公司製作，楊群執導的《冤枉啊！大人》一片中有裸露演出，遭當局制裁，受"登記管制"，今後拍片不受理檢查。

9月12日　張徹宣佈償清各項債務後，長弓影業公司即宣告結束。

11月3日　李行導演的《海韻》參加西班牙舉行第5屆國際海洋影片展，蕭芳芳獲最佳女主角獎。

11月3日　導演屠忠訓於《聯合報》發表《請給國片振奮向上的機會》一文，呼籲大學生和知識分子支持國片。

本年　"中影"公司購入國際電影沖印公司，成立"中影"沖印廠。

重要影片

《蒂蒂日記》海報

《蒂蒂日記》

出品：中影
原著：華嚴
編劇：張永祥
執行製片：張法鶴
導演：陳耀圻
攝影：林文錦
主演：恬妞　秦漢
　　　歸亞蕾　郎雄

蒂蒂是個外向的大學女生，各種課外活動樣樣精通。范希軍也是校內的風頭人物。他們兩人相識後成爲好朋友，但常發生誤會。因車禍蒂蒂的雙腿折斷了，她幾乎没有勇氣再活下去。范希軍表現出對她真誠的鼓勵，並付出最大的愛心，使蒂蒂從輪椅上勇敢地站了起來。

獲第15屆金馬獎最佳女主角（恬妞），最佳女配角（歸亞蕾）；恬妞又獲巴拿馬國際影展最佳演員。

《我是一沙鷗》

出品：永昇
編劇：張永祥
攝影：林贊庭
導演：陳耀圻
主演：秦祥林　林青霞
　　　張冰玉　葛小寶

程傑自製完成的第一架滑翔機，未升空即摔得頭破血流。富家女柳燕梅願意全力幫助他成功。程傑新製的滑翔機即將完成，而燕梅也決定和周秉文訂婚，寄信向程傑訣別，程傑駕摩托車衝進訂婚的禮堂，當衆揭穿周秉文的陰謀。程傑偕燕梅共乘滑翔機飛翔在藍天上。

《我是一沙鷗》劇照

《秋歌》劇照

《秋歌》

出品：大衆
原著：瓊瑶
編劇：張永祥
導演：白景瑞
攝影指導：林贊庭
主演：秦祥林
夏玲玲
石峰
喜翔

公司經理方靖倫的秘書董芷筠，獨立撫養白痴弟弟。她拒絶了青梅竹馬玩伴立峰的愛情，又能用最誠懇的態度感動立峰改邪歸正、投考警察學校。芷筠不願和富家子超凡公證結婚，只是期望殷超凡能够獨立，殷父以親情爲由，要挾她離開超凡，她含淚答應……

影片目録

中影 《小女兒的心願》、《戰地英豪》、《梅花》、《秋纏》、《狼牙口》、《八百壯士》
中製 《香花與毒草》、《揚子江風雲》
臺製 《吴鳳》
八十年代 《福禄壽驚魂記》
歐亞 《玫瑰戀》、《大太監》、《老虎嶺》、《女子監獄》、《女囚怨》（本名《虎嶺女子監獄》完結篇）
今日 《十字路口》、《滴滴血淚滴滴情》
新華 《鍾馗嫁妹》、《約會早晨》
玉成 《美的秘聞》、《禁房》、《女性的生活》
合衆 《想愛不敢愛》、《三傻闖世界》
瑞和 《華光大戰地獄城》
天祥 《越南大逃亡》、《正宗保鏢》、《潮州拳王》
天人 《少林達摩祖師》、《猛龍壁虎小霸王》
巫氏 《大忠烈》、《張三豐獨闖少林寺》
鳳冠 《鬼嫁》、《藍橋冷月》、《洞房花燭夜》、《子夜歌》、《落葉飄飄》
建祥 《三個女孩的故事》、《吕宜良火燒紅蓮寺》、《遊龍鐵虎》、《獨行大鏢客》
協利 《阿呆奪標》、《地藏王》、《千奇百怪俏女郎》、《女魔》、《萬法歸宗一少林》
萬國 《愛的迷藏》、《金色影子》
國華 《包青天》、《我在戀愛》
臺聯 《目蓮救母》、《姜子牙下山》、《彩雲飛》、《明年今天再見》
長弓 《鐵超人》、《洪拳小子》、《八道樓子》、《方世玉與胡惠乾》
成功 《義劫愛神號》、《狼來的時候》、《戀愛功》
永昇 《福奇遇記》、《愛情長跑》、《我是一沙鷗》、《楓葉情》、《追球追求》
七海 《鬼胎》、《精武門續集》
羅維 《風雨雙流星》、《新精武門》、《少林木人巷》、《金粉神仙手》、《小山東到香港》
東影 《封神榜下集》、《王寶釧》、《王寶釧平貴回窯》
聯合 《在水一方》、《情話綿綿》、《浪子心》、《女學生》
國際 《俠女》、《龍門客棧》
永達 《日月童子》、《少女春夢》
第一 《香港大寶鑣》、《門裏門外》、《獨臂拳王大破血滴子》、《大富人家》、《大喜事》、《愛在夏威夷》、《水靈》、《變色的太陽》、《田園》、《少林虎鶴震天下》、《明天二十歲》
東星 《閃電騎士U3》、《閃電五騎士》
南海 《方世玉打擂臺》、《唐山虎威殲殺手》
立昌 《神環》、《刺客》
鴻鳴 《星語》、《女英雄》
泰吉 《詠春與截拳道》、《風雨斷腸》
萬國 《未曾留下地址》、《金色的影子》、《海天一色》
皇冠 《桃花女鬥周公》、《月下老人》
金馬 《銀海浪子》、《長青樹》
得利 《媽祖》、《拳頭石頭古靈精》
見興 《霧夜香港》、《愛的奇譚》
臺旭 《甘羅拜相》、《閻王殿》
萬邦 《我等着你回來》、《望子成龍》、《李三娘》、《妖魔女》、《御妻記》
聯影 《女幽魂》、《楓紅層層》
宏華 《鬼見愁》、《少林寺十八銅人》、《一代忠良》、《雍正大破十八銅人》
大鵬 《女房客》、《風馬牛》
其他 《黑龍會》（大星）、《女權步步高》（仁田）、《落葉何處》（新光）、《女逃犯》（寶樹）、《戰神》（太子）、《少林第一人》（長江）、《黄道吉日》（四方）、《秋歌》（大衆）、《柳暗花明又一村》（天寶）、《就從今夜起》（大欣）、《龍王三太子》（中華）、《結了冰的心湖》（文藝）、《半獸半人》（大地）、《火星人》（威靈）、《野鴿子的黄昏》（花禧）、《星期六的約會》（德威）、《浪花》（自立）、《酒吧女郎》（曾澤）、《神秘女》（玉成）、《星期六約會》（得威）、《金霸王》（和欣）、《香格格》（東南）、《追憶》（新佳興）、《愛情奪標》（皇星）、《猛龍會》（華夏）、《萬笑之王》（忠明）、《老與小》（天南）、《龍門風雲》（新和興）、《不一樣的愛情》（光明）、《女體》（富華）、《水爲財》（賦榮）、《追億》（林氏）、《微風細語點點晴》（有利）、《鍾馗收群妖》（華夏）、《温暖在秋天》（天一）、《碧雲天》（馬氏）、《夏日假期玫瑰花》（東方）、《戰神》（威靈）、《金色太陽》（光明）、《森林之虎》（國藝）、《威猛金龍》（東海）、《四月的旋律》（華藝）、《洛陽橋》（瑞和）、《殭魔驚魂》（華裕）、《冷暖青春》（新電影）、《人魚戀4》（帝國）、《鬼夜啼》（東南亞）、《一枝光棍走天涯》（先鋒）、《正宗保鏢》（朋友）、《大明英烈》（大慶）、《英烈傳》（義興）、《愛你恨你》（京都）、《五嬌娃》（裕隆）、《老夫子》（金山）、《天天報喜》（麗君）、《包公奇案》（龍東）、《九龍城風波》（人人）、《脱線○○七》（藍天）、《外遇》（鴻達）、《萬花筒》（華倫）、《魔鬼怪鷹》（寶裕）、《二郎神楊戩》（錦華）、《海誓山盟》（寶華）、《目中無人》（百樂）、《酒吧女郎》（順利）、《男朋友》（常滿）、《新死亡遊戲》（藝霞）、《風流紳士》（影都）、《夢之湖》（統帥）、《越南地下火花》（亞洲）、《護鏢》（畢虎）、《太太是神仙》（美鴻）、《蛇女與大法師》（新世紀）、《小祖宗》（張氏）、《獵人》（飛登）、《陰陽有情天》（巨人）、《愛情文憑牛仔褲》（德威）

《楓葉情》劇照

《楓葉情》

出品：永昇
編劇：張永祥
導演：白景瑞
攝影：林贊庭
主演：林青霞　鄧光榮
　　　陳莎莉　藍毓莉

紈絝子弟高原與外文系女生李錦文十分相愛。高原爲了證明自己是個獨立的人，半工半讀，貼補家用，錦文也找到工作，讓高原先完成大學畢業。不料高原發現腦瘤，需大筆手術費，高父得到消息，趕到醫院正是兒子要動手術的時刻，父子誤會冰釋……

《蝴蝶谷》

出品：中影
編劇：徐銘謙
　　　林清介　王崇禮
導演：徐進良
攝影：林贊庭
主演：林鳳嬌　秦漢
　　　王釧如 谷名倫

敘述五個情同姊妹的大學生，畢業後到蝴蝶谷採集蝴蝶發生的種種幸與不幸的遭遇。

《蝴蝶谷》劇照

《碧雲天》劇照

《碧雲天》

出品：馬氏
原著：瓊瑤
編劇：張永祥
導演：李行
攝影指導：賴成英
主演：林鳳嬌　秦漢
　　　張艾嘉　林月雲

蕭依雲與高浩天結婚後，救了一位受盡後母虐待的孤女碧涵。因依雲不能生育，碧涵"自願獻身"借腹生子，而高母抱孫子心切待碧涵如同兒媳，寵愛備至。皓天在睡夢中把依雲當成碧涵。依雲責駡碧涵，碧涵心碎而去。半年後，碧涵的妹妹送來了一個嬰兒。

《浪花》海報

《浪花》

出品：自立
原著：瓊瑶
編劇：張永祥
導演：李行
攝影：賴成英
主演：柯俊雄　李湘
　　　秦漢　林鳳嬌
　　　勾峰 張艾嘉

雲濤畫廊主人賀俊之與青年女畫家秦雨秋相識後，有相見恨晚之感。他的兒子子健愛上秦的甥女曉妍，曉妍因自幼失身而自卑，在雨秋鼓勵下除去心中陰影。上大學的賀女佩柔竟愛上了倔强的修汽車技工。後秦雨秋不願破壞對方的幸福家庭，要賀回他自己太太身邊，而自己遠去他方。

影劇協會發起自律運動

由於王羽在臺北"杏花閣酒家"和人打鬥，混戰中發生開槍事件，引致一人受槍傷；以及柯俊雄夜闖史萍萍房間傷人等事件的發生，導致了輿論界對影人生活作風的諸多批評，因而也促成了影人自律運動的開展。由於影視演藝人員的一言一行，均足影響社會視聽，自律運動的推行實在非常有現實意義。爲此，12月15日，臺灣影視劇演藝人員生活自律評議委員會正式成立，葛香亭擔任召集人。

該評議委員會是演藝界爲響應政府改善社會風氣，號召貫徹實施"影視劇演藝人員生活自律公約"而成立，組成代表包括梅長齡、張文耀、童月娟、沙榮峰、林象賢、周信雄、周劍光、吴文超、常楓、周仲廉、古軍、葛香亭、王世正、何貽謀、徐次衡等影、視、劇界人士。該會决議呼籲全體演藝人員今後謹言慎行，潔身自愛，勿踰越自律公約所列的各項規定，以免受到評議委員會的制裁。

優良電影劇本徵選揭曉

9月21日，電影事業發展基金會首次舉辦的"優良電影劇本"徵選結果揭曉，除特優從缺外，共有《汪洋中的一條船》（林清介）、《一襲輕紗萬縷情》（姜龍昭）、《海天萬里情》（趙光裕、張啓）、《異鄉曲》（蔡美英）、《卧虎嶺》（朱章新）、《朝如青絲暮似雲》（李元凱）、《未央歌》（陸建鄴）等7部作品入選。本年度評選委員有陳紀瀅、魏佩蘭、王藍、尹雪曼、邱言曦等5位。

第13屆金馬奬頒奬

10月30日，第13屆"奬勵優良國語影片金馬奬"舉行頒奬典禮。繼去年發給部分"金馬奬"得主每名3萬元奬金後，電影事業發展基金會今年將奬勵範圍擴大至得奬的影片及個人。凡獲得最佳影片者，頒發奬金新臺幣20萬元；獲得優等影片者，每部發給奬金新臺幣10萬元；個人技術部分，凡獲得最佳編劇、最佳攝影、最佳美術設計、最佳音樂、最佳剪輯、最佳録音、最佳紀録片攝影、最佳紀録片策劃、最佳卡通片編導者，每名得奬人各發給奬金新臺幣3萬元。

得奬名單：最佳劇情片：《梅花》（中影、香港第一）；優等劇情片：《滴滴血淚滴滴情》（香港今日）、《碧雲天》（香港馬氏）、《八道樓子》（香港長弓）、《刺客》（立昌）；最佳紀録片：《慶祝六十四年國慶閲兵大典》（臺製）；優等紀録片：《臺灣光復三十年》（臺製）、《清明上河圖》（中影）、《十項建設》（臺製）、《阿里山的老火車頭》（國和傳播）；最佳導演：張佩成（《狼牙口》）；最佳男主角：常楓（《香花與毒草》）；最佳女主角：徐楓（《刺客》）；最佳男配角：郎雄（《狼牙口》）；最佳女配角：張艾嘉（《碧雲天》）；最佳編劇：鄧育昆（《梅花》）；最佳彩色影片攝影：林贊庭（《梅花》）；最佳剪輯：張耀宗（《密宗聖手》）；最佳彩色影片美術設計：王童（《楓葉情》）；最佳非歌劇影片音樂：劉家昌（《梅花》）；最佳録音：忻江盛（《梅花》）；最佳紀録片攝影：《慶祝六十四年國慶閲兵大典》（臺製）；最佳紀録片策劃：劉藝（《清明上河圖》）；最佳發揚民族精神特别奬：《八百壯士》（中影）；最具表現時代意義特别奬：《香花與毒草》（中製）。

1976年臺北市十大賣座國片

1.流星蝴蝶劍	楚　原	邵　氏	約1 000萬元	21天
2.梅花	劉家昌	中　影	約900萬元	21天
3.八百壯士	丁善璽	中　影	約750萬元	28天
4.天涯·明月·刀	楚　原	邵　氏	約730萬元	20天
5.楓葉情	白景瑞	永　昇	約700萬元	19天
6.揚子江風雲	李翰祥	中　製	約650萬元	16天
7.南拳北腿	吴思遠	思　遠	約630萬元	15天
8.浪花	李　行	文　藝	約600萬元	15天
9.刺客	屠忠訓	立　昌	約560萬元	15天
10.少林木人巷	郭南宏	羅　維	約500萬元	15天

1976年（香港）

大事記

本年　鳳凰影業公司出品的《泥孩子》（陳靜波、朱楓導演）成爲香港社會寫實片的代表作。

重要影片

《陸阿采與黃飛鴻》

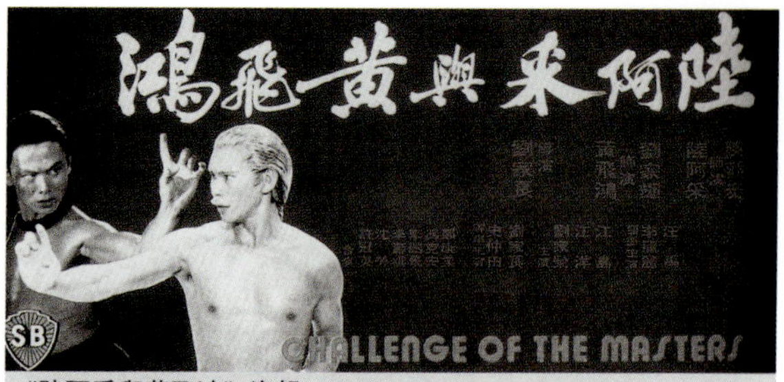

《陸阿采與黃飛鴻》海報

出品：邵氏兄弟公司
編劇：倪匡
導演：劉家良
主演：劉家輝　陳觀泰
　　　汪禹　李莉莉
　　　史仲田

清末，著名武術家黃麒英設武官收徒，但是唯獨不教自己的兒子黃飛鴻，黃飛鴻因此受過通緝犯甄二虎的欺負。後來黃飛鴻拜師陸阿采，學到了洪拳功夫，學到了武德和謙忍精神。最後，飛鴻捉拿甄二虎歸案。

《泥孩子》劇照

《泥孩子》

出品：鳳凰公司
編劇：朱楓
導演：陳靜波　朱楓
主演：石慧　江漢　朱永賢

洪水覆蓋了安置區，居民們掙扎在泥水之中。素娟、慶民夫婦在災場，從華叔手重接過從泥水中救出的一個男孩。之後，孩子給夫婦倆帶來了生活的歡樂。一日，少婦阿芬要將孩子認走，誰知翌日，阿芬的丈夫又將孩子送回，原來這不是他們的孩子。

《瀛臺泣血》

《瀛臺泣血》海報

出品：邵氏公司
編導：李翰祥
主演：狄龍　盧燕
　　　岳華　蕭瑶

光緒皇帝開始維新變法。他重用康有爲、譚嗣同，却受到西太后及官僚的阻攔，矛盾到了不可調和的地步。光緒深知自己處境危險，企圖利用袁世凱去對付有兵權的榮禄。但袁世凱却告密出賣了光緒。結果，光緒被囚禁於瀛臺，戊戌變法最終流産。

陳靜波（1921—1995）

導演。祖籍福建，出生於上海。1946年移居香港，開始從事電影工作。1953年起執導影片，其代表作有《小月亮》、《泥孩子》、《金鷹》等。1978年任鳳凰影業公司經理。1982年任銀都機構副總經理，1986年任華南影聯副會長。

新派武俠片出現

楚原根據著名武俠小説家古龍的《流星·蝴蝶·劍》改編拍攝的同名電影，拍出了新的精細獨特風格，廣獲好評。古龍武俠小説的特點，懸疑、曲折、多情並故作哲理，《流星·蝴蝶·劍》都做到了，因此被稱爲新派武俠片的開山作。

《流星·蝴蝶·劍》

出品：邵氏兄弟公司
編劇：倪匡　導演：楚原
主演：宗華　陳萍　井莉
　　　岳華　羅烈　谷峰

根據古龍小説改編。孟星魂受命刺殺人稱老伯的江湖幫主，但愛上其女兒小蝶。老伯手下律香川勾結老伯的對頭飛鵬堡的叛徒，妄圖端掉兩個幫主，自己稱霸江湖。最後律香川的陰謀被揭穿。

《流星·蝴蝶·劍》劇照

《天涯·明月·刀》劇照

《天涯·明月·刀》

出品：邵氏兄弟公司
編劇：倪匡　司徒安
導演：楚原
主演：狄龍　羅烈　井莉　恬妮

公子羽兩次派燕南飛刺殺傅紅雪未成，還製造了天下第一暗器致使許多江湖人士喪生。傅紅雪殺死公子羽派來的一個個殺手，包括燕南飛。最終傅回到一個真心愛他的女人身邊。

喜劇片與武打片抗衡

許氏兄弟公司出品《半斤八兩》（徐冠文編導），喜劇片開始在香港電影市場上與武打片抗衡。

《半斤八兩》

出品：嘉禾　許氏公司
編導：許冠文
主演：許冠文　許冠傑
許冠英　石堅　趙雅芝

萬能私家偵探社社長吝嗇刻薄，低薪雇有一女秘書及一探員。某日，一劇院老闆受匪徒勒索，新探員來到劇院機警地制服了匪徒，並以此而獲重獎。自此，社長一改往日對待下屬的刻薄態度，大家同心合力，擴充偵探社。

許冠文喜劇經典之作。入選第24屆香港電影金像獎評選中國電影百年100名片之一。由於熟能生巧，本片比許冠文上兩部影片《鬼馬雙星》和《天才與白痴》更爲圓熟。除此之外，其創作元素和場面設計、人物關係等處理更爲豐富多采。影片不僅緊貼生活，反映社會問題，同時表現精彩生猛，並有很地道的香港味道。其中的經典場面，如在廚房拿起紅腸當雙節棍，替鷄做運動等笑料讓人笑破肚皮。後來的周星馳電影也深受其影響或啓發。

《半斤八兩》劇照

《跳灰》、《兇殺之臨村大血案》公映

本年，繽繽電影製作有限公司出品《跳灰》（蕭芳芳、陳欣健編劇，梁普智、蕭芳芳導演），由從英國來港的英籍華裔導演梁普智執導。"跳灰"二字在黑社會的暗語中是"零售毒品"的意思。本片講述了香港一販毒頭子被暗殺，警方委派販毒組警長嘉倫負責此案，死者的弟弟"笑面虎"查明兇手後進行報復，但兇手神通廣大，多次逃過難關。最後，黑白兩道聯手才將毒販解決。

影片節奏緊凑，畫面暢麗，拍來甚爲西化，因此使觀衆感到現代化享受。所謂西化的感受也爲後來的電影新秀們帶來了現代化啓發。此片與《兇殺》（又名《香港奇案》第二集）之《臨村兇殺案》（桂治洪導演）被認爲是日後香港新浪潮電影崛起的先聲。

《兇殺》（又名《香港奇案第二集》）

出品：邵氏兄弟公司
編劇：司徒安　倪匡
導演：桂治洪　孫仲　華山
主演：康凱　韓國材
詹森　史仲田

根據真實案例改編。影片中的三段故事以桂治洪導演的《臨村兇殺案》最爲引人注目。該段片以黑白片拍成，拍出了罕有的戲劇張力的同時，對人物的不幸和慘劇的無奈，描寫獨到，寫實感甚强。因此當時就受到一致好評。

《跳灰》劇照

桂治洪（1937—1999）

導演。出生於廣州，成長於香港。中學畢業後到臺北世界新聞專業學校（現稱世新大學）攻讀電影專業，回香港後加入邵氏公司。其代表作有《成記茶樓》、《大哥成》、《香港奇案二之臨村大血案》、《萬人斬》、《魔》等影片。他是極富才氣的導演，只是迫於現實，也多拍了一些純以商業爲主的粗俗電影。邵氏停止製作後，桂治洪移民到了美國。1999年病逝於紐約。

主要影片目録

本年度香港共出品影片95部，國語片58部，粵語片36部，國/粵語混合片1部。

邵氏　《香港奇案》（國語）、《阿牛發達記》、《瀛臺泣血》（國語）、《流星·蝴蝶·劍》（國語）、《索命》（國語）、《陸阿采與黄飛鴻》（國語）、《死囚》（國語）、《乾隆皇奇遇記》、《拈花惹草》（國語）、《天涯·明月·刀》（國語）、《兇殺之臨村大血案》、《騙財騙色》（國語）、《辭郎洲》（潮語）

嘉禾　《阿福被鬼迷》（國語）、《温拿與教叔》、《少林門》（國語）、《北少林》（國語）、《秋霞》（國語）、《鬼計雙雄》（國語）

長弓　《神拳三壯士》（國語）、《八道樓子》（國語）、《方世玉與胡惠乾》（國語）、《少林寺》（國語）

協利　《龍家將》（國語）、《風流小子》（國語）、《大毒后》、《投胎人》（國語）、《新蘇小妹三難新郎》、《池女》

第一　《中原鏢局》（國語）、《獨臂拳王大破血滴子》（國語）、《虎鶴變形》（國語）、《詠春大兄》（國語）

羅維　《賣身》、《新精武門》（國語）、《少林木人巷》（國語）

長城　《大風浪》（國語）、《一磅肉》（國語）

恒生　《李小龍傳奇》、《她的爸的媽的媽》

榮華　《她》（應召女郎之二）、《哈哈笑》

鳳凰　《泥孩子》（國語）

其他　《名女人奇鉢録》（金禾）、《香港式離婚》（真納）、《跳灰》（繽繽）、《大懵成》（大聖）、《陷阱》（國語）（金鼎）、《官人我要》（國語）（鳳鳴）、《李小龍與我》（國語）（丁珮）、《一枝光棍走天涯》（先鋒）、《七百萬大劫案》（得利）、《海韻》（國語）（文藝）、《十字路口》（國語）（今日）、《至愛親朋》（新聯）、《女人呢樣野》（光藝）、《碧雲天》（國語）（馬氏）、《大富人家》（國語）（謝氏）、《大鄉裏與掃街添》（李氏）、《雌雄錯》（吴氏）、《失魂炳與綽頭王》（金寶）、《下流社會》（寶樹）、《南拳北腿》（國語）（思遠）、《半斤八兩》（嘉禾/許氏）、《阿茂正傳》（嘉禾/新天地）、《星座奇趣録》（黄氏/雷鳴）

1977年（大陸）

大 事 記

1月8日 首都和全國各省、市、自治區人民舉行各種活動，紀念周恩來逝世一週年。曾被"四人幫"扼殺的大型歷史文獻紀録片《敬愛的周恩來總理永垂不朽》在全國各地首次上映。

1月13日 應中國人民對外友好協會邀請，荷蘭著名導演約里斯·伊文思和法國電影工作者瑪斯琳·羅麗丹來我國訪問。

1月15—29日 文化部在北京召開了全國故事片創作生產座談會，確定了1977年故事片創作生產初步計劃。

3月15—25日 以錢筱璋爲團長的中國電影代表團，應邀赴日本參加在東京、大阪舉行的第一屆中國電影節。

7月16—21日 中共十屆三中全會在北京舉行。全會通過關於恢復鄧小平領導職務的決議。

8月5—20日 電影局、中影公司在哈爾濱召開"全國電影放映管理工作經驗座談會"。這是建國以來首次召開城市電影放映管理工作會議。

11月14日 "湖南電影製片廠"(後更名爲"瀟湘電影製片廠")成立。

11月21日 《人民日報》編輯部邀請文藝界部分同志座談，揭批江青與林彪破壞文藝事業的罪行，批判他們否定文藝工作成績的"文藝黑線專政"論，指出"文化大革命"前的17年，文藝工作的成績是主要的。

12月19日 北京市各影院、劇場，一律開始公開售票。由此改變了在"文革"期間執行的"有組織分配"電影票的方式。

12月24日—1978年1月6日 文化部在北京召開第一次全國科教電影工作會議。

12月26日 文化部報請國務院批准，撤銷"中央五七藝術大學"的建制，恢復"北京電影學院"等藝術院校的建制。

12月 國務院任命王闌西爲文化部副部長，主管電影工作；司徒慧敏任文化部電影局局長，吴印咸、丁嶠、錢筱璋任副局長。

重要影片

《祖國啊，母親》劇照

《祖國啊，母親》

出品：上海電影製片廠
編劇：瑪拉沁夫
導演：湯曉丹　張惠鈞　攝影：沈妙榮　陳永鈞
主演：尼格木圖　周志宇　塔娜哈達

1945年，日本投降後，巴特爾和趙志民受黨委派來到内蒙古白音格勒草原成立了牧民自己的組織——牧民會，隨後發展爲八路軍草原騎兵團，戰勝了陰謀獨立的白音格勒王爺薩木騰等貴族以及國民黨軍隊。

《十月的風雲》海報

《十月的風雲》

出品：峨眉電影製片廠
編劇：雁翼
導演：張一
攝影：李爾康
主演：李仁堂
張平
朱一錦
紀慕弦

某市委書記馬沖乘兵工廠黨委書記何凡住院之際，命令重新生產早被淘汰的武器，並對何凡進行威脅，將其停職。馬沖爲奪取市委的領導權，決定加害何凡。危急時刻"四人幫"被粉碎，馬沖等人被捕入獄。

《人民日報》發表文化部批判組文章《評“三突出”》

在文化大革命期間，文藝界盛行的“三突出”理論，一度成爲文藝創作的“根本原則”，文藝批評的“最高標準”，在思想、理論和實踐上都給包括電影在内的中國文藝事業造成了極爲混亂的局面。

1977年5月18日，《人民日報》發表了署名爲“文化部批判組”的文章——《評“三突出”》。文章指出，“三突出”是“四人幫”炮製的對抗毛澤東文藝路線、破壞文藝革命的謬論，“在理論上是十分荒唐的，在政治上是十分反動的，在實踐上十分有害的”。《評“三突出”》文章的發表，在文藝界起到了撥亂反正的作用，爲中國文藝的發展擺脱混亂，步入正規，提供了指南。

评“三突出”

文化部批判组

长期以来，在文艺界着一种理论——“三”，即所谓“在所有人突出正面人物，在所面人物中突出英雄人在所有英雄人物中突要英雄人物”。尽管这论荒谬绝伦、矛盾百然而，凭借着“四人帮”的淫威，它却一度成了创作的神圣法则。“四人帮”的卫道士们手持和帽子，讨伐一切敢于对“三突出”表示不敬的。“四人帮”的理论家们发出阵阵鼓噪，把这种理捧为文艺创作的“根本原则”，文艺批评的“最高”。这是一种靠谎言装扮起来的理论，是一种靠权迫人们遵循的法则。

一

一九六三年和一九六四年，毛主席对文艺问题作个极其重要的批示之后，在我国文艺领域掀起了烈烈的革命运动。就在这时，资产阶级阴谋家、家江青开始插手文艺革命。她一方面窃取文艺革成果，把自己打扮成革命文艺的“培育”者；另面，提出种种修正主义谬论，把自己打扮成革命文论的发明家。所谓“三突出”，就是江青之流亲自炮对抗毛主席革命文艺路线、破坏文艺革命的谬论。早在一九六四年，江青就提出：“塑造正面英雄人一切文学艺术的根本命题”，抛出了“三突出”的论根据”。

一九六五年，江青插手干扰京剧《平原游击队》作。她提出：“怎么写？突出李向阳第一。”她要求其他的人物来突出李向阳。在这里，“三突出”想已经发展得颇为具体。

一九六八年，“四人帮”的一个亲信在上海发表文第一次公开提出“三突出”的口号。他写道：“我……正面人物与反面人物之间，反面人物要反衬正面人物；在所有正面人物之中，一般人物要烘托、陪衬英雄人物；在所有英雄人物之中，非主要人物要烘托、陪衬主要英雄人物。”

最初，“三突出”是作为“塑造人物的重要原则”。随着“四人帮”窃取的权力越来越大，这个理论的“级别”也就越升越高。一九六九年，北京的一家杂志刊登姚文元亲自修改的一篇文章，公然将“三突出”尊为“无产阶级文艺创作必须遵循的一条原则”。一九七二年，“四人帮”操纵炮制的一个文件，进而将“三突出”奉为“无产阶级文艺创作的根本原则”。这就是说，不但戏剧、电影、小说，连那些不一定写人物的诗歌、绘画等，也统统要“三突出”。接着，“四人帮”便用行政命令来推广“三突出”。“四人帮”通过他们所控制的报刊叫嚷道：对于“三突出”，“绝不能搞什么灵活应用，而必须以执行毛主席革命文艺路线的高度自觉性，认真学习，坚决运用”。他们准备好一顶帽子，谁不实行“三突出”，就是不执行毛主席的革命文艺路线。他们甚至恫吓道，否定“三突出”，就是“否定无产阶级文化大革命、复辟资本主义。”

“三突出”的升级是否到此为止呢？不是。一九七六年，“四人帮”提出“写同走资派斗争的作品”的口号，大喊这是当前最迫切、最重大的创作主题。他们对于“三突出”的宣扬，达到了高潮。他们叫嚷，要“把英雄人物作为中心人物来写”，要满腔热情，千方百计地突出“同走资派斗争的英雄典型”。他们的所……走资派斗争的英雄”始终“占领第一把交椅”；“这个‘座次’总是要排的，这个‘第一把交椅’的位置总是要争的”。请看！这就用赤裸裸的语言告诉人们，所谓“三突出”，“最迫切”、“最重大”的就是用文艺来突出那些野心家、阴谋家，去为他们歌功颂德，树碑立传，去为他们当女皇、当总理、当委员长的篡党夺权阴谋制造反革命舆论。“三突出”的要害是什么？说穿了，就是突出“四人帮”，突出野心家、阴谋家江青，突出他们的篡党夺权的反革命政治需要。

“四人帮”反复宣传“三突出”是“样板戏经验的总结”。这是扯谎。革命现代戏实行的是“革命的现实主义和革命的浪漫主义相结合”的原则，并没有另搞一套什么原则。这些作品的大多数在全国京剧现代戏会演的时候就发展成型了。当时江青还没有提出“三突出”，它们何从遵循“三突出”的原则，又何从体现“三突出”的原则呢？文化大革命以来，在革命现代戏的发展过程中，一直存在着两条路线的激烈斗争。革命文艺工作者遵循毛主席、周总理的指示，吸收广大群众的意见，对革命现代戏进行加工、锤炼。江青之流则竭力往革命现代戏里塞“三突出”的黑货。江青曾经大骂影片《红灯记》突出了李奶奶，要求压低李奶奶以突出李玉和。她还曾指令《奇袭白虎团》第五场压低王团长，以突出严伟才。这些，都受到了革命文艺工作者的抵制。可见“三突出”恰恰是破坏革命现代戏的毒剂，怎么能把革命现代戏的成功，记到“三突出”的功劳簿上呢。

刻画人物。

文艺作品中的人物关系，是现实生活中人和人关系的反映。在阶级社会中，没有超阶级的人和人的关系。敌对阶级之间，是一方压迫另一方的关系，是你死我活的斗争关系。革命阶级内部，是团结对敌的关系，是团结——批评——团结的关系。这些关系的具体表现形式是千差万别，千变万化的。我们的文艺应当以历史唯物主义为指针，根据社会生活的客观实际，真实地典型地表现这些关系。正如毛主席所教导的那样，把生活中的“矛盾和斗争典型化”。

“三突出”是怎样表现人物关系的呢？它完全从主观概念出发，根本违背了阶级观点，把文艺作品中的人物关系统统归结为层层突出的关系，陪衬与被陪衬的关系，铺垫与被铺垫的关系。而不管是表现民主革命时期还是社会主义革命和社会主义建设时期，不管是表现敌我矛盾还是人民内部矛盾，不管作品中的角色处于何种环境、何种矛盾冲突之中，一律如此。正象杜林给世界规定了一个模式一样，“三突出”也给文艺规定了一个千篇一律、万古不变的模式。一切文艺必须按此就范，不得越轨。

问题的严重性，不仅在于“三突出”把生活模式化，造成文艺创作的雷同化，还在于它严重地歪曲了生活。“四人帮”的舆论工具宣扬道，“三突出”“正确地反映了在无产阶级专政下我国各个阶级之间的相互关系”。不对，它恰恰严重歪曲了阶级关系。“四人帮”在论证“三突出”的时候，经常引用毛主席的一句话：“也写工作中的缺点，也写反面的人物，但是这种描写只能成为整个光明的陪衬”。但是他们完全歪曲了毛主席的原意。毛主席《在延安文艺座谈会上的讲话》中的这段话批判了反动的“暴露文学”，指出作家应当……

文章《評“三突出”》

附録：《評“三突出”》（摘録）

三突出是怎樣表現人物關係的呢？它完全從主觀概念出發，根本違背了階級觀點，把文藝作品中的人物關係統統歸結爲層層突出的關係，陪襯與被陪襯的關係，鋪墊與被鋪墊的關係……

“三突出”論鼓吹道，刻畫一切正面人物都是爲了突出主要英雄人物，正面人物對於主要英雄人物“如衆星之拱明月，緑葉之扶紅花”。在他們的筆下，群衆在舞臺上的唯一作用就是給英雄作“遠鋪墊”、“近鋪墊”，充當墊脚石，扮演活道具，以抬高英雄、突出英雄。群衆成了庸庸碌碌的芸芸衆生，成了無所作爲的群氓……

“文革”前生産的優秀影片恢復上映

在文化大革命期間，衆多“文革”以前國産的優秀電影遭到“四人幫”的詆毁與壓制，長期無法與觀衆見面。粉碎“四人幫”之後，電影局成立了復審小組，對影片進行再審查，截止到1979年，共有600部電影解凍。

1977年1月1日，優秀舞臺藝術片《東方紅》、故事片《洪湖赤衛隊》和《小兵張嘎》等影片恢復公映。1月11日，優秀戲劇《洪湖赤衛隊》、《豹了灣的戰鬥》、《南海長城》、《八一風暴》、《朝陽溝》、《小刀會》等重新上演。此後，“文革”前生産的其他優秀影片也陸續恢復上映。

附録：《由觀看復映片而想起的》（摘録）

半年多來，陸續上映了一批被“四人幫”長期禁閉的優秀影片。像大型音樂舞蹈史詩《東方紅》、藝術性紀録片《大慶戰歌》、歌劇影片《洪湖赤衛隊》、故事片《鋼鐵戰士》、《紅色娘子軍》、《槐樹莊》、《天山的紅花》、《大浪淘沙》《甲午風雲》等等，受到億萬工農兵觀衆的熱烈歡迎。且不説廣大的青少年觀衆，就是我們這些電影工作者，在銀幕上看到了那些闊别十年之久的影片時，也感到格外的親切和激動。我們不禁縱情歡呼毛主席的“百花齊放，百家爭鳴”文藝方針的偉大勝利，歡呼華主席爲革命文藝的解放所建樹的豐功偉績，同時，也更加激起了對“四人幫”扼殺革命文藝的無比仇恨。

（桑弧，《人民電影》1977年第7期）

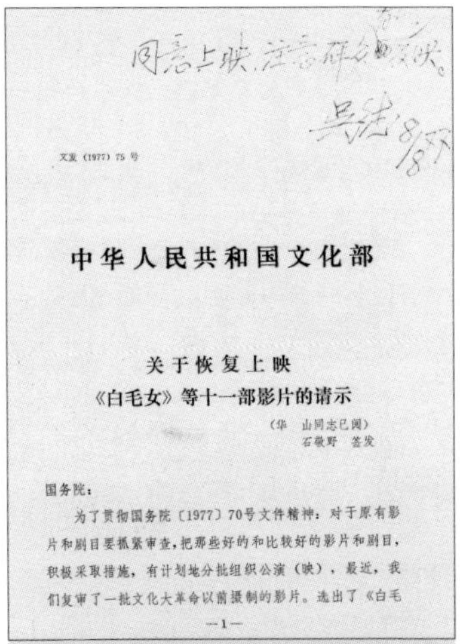

同意上映，注意群众反映。

吴德 8/18

文发（1977）75号

中华人民共和国文化部

关于恢复上映
《白毛女》等十一部影片的请示

（华　山同志已阅）
石敬野　签发

国务院：

为了贯彻国务院〔1977〕70号文件精神：对于原有影片和剧目要抓紧审查，把那些好的和比较好的影片和剧目，积极采取措施，有计划地分批组织公演（映），最近，我们复审了一批文化大革命以前摄制的影片。选出了《白毛

—1—

文化部《關於恢復上映《白毛女》等十一部影片的請示》

故事片目録（共19部）

北影　《萬里征途》、《戰地黄花》、《薩里瑪珂》

上影　《祖國啊，母親》、《朝霞異彩》、《青春》、《兩張發票》（淮北梆子）

長影　《延安戰火》（上）、《熊跡》、《暗礁》、《風雲島》、《希望》、《追報表》（楚劇）

八一　《萬水千山》（上下集）、《震》

峨影　《十月的風雲》、《苗嶺風雷》（京劇）

西影　《長河奔騰》、《漁島怒潮》

1977年(臺灣)

大事記

1月22日　電影事業發展基金會公佈新修訂"優良電影劇本"徵選辦法，提高獎勵金額。

1月28日—2月7日　電影戲劇協會連續舉辦三場"當前電影問題"座談會，討論當前國語電影面臨的種種問題。

3月15日　胡金銓和鍾玲在紐約結婚後返港，成立金銓電影公司。

4月6日　"新聞局電影事業處"宣佈，香港嘉禾公司新片《半斤八兩》中對社會的黑暗面描繪過多，爲避免對青少年身心産生不良影響，因此禁止在臺灣上映。

4月18日　"中影公司"與已故殘障青年鄭豐喜遺孀吴繼釗簽訂合約，取得《汪洋中的一條船》電影版權。

6月11日　院線增加刺激製片，年産量達200部，電影界呈現好景。

6月16日　香港嘉禾公司成立7年第一次赴臺拍攝的文藝歌唱新片《追趕跑跳碰》開鏡。

6月　由影評人協會出版的電影專業刊物《電影評論》出版創刊號。該刊内容以探討電影學術、理論、政策與新知爲主，不刊登電影廣告，今後將不定期持續出版。

8月26日　"影視劇演藝人員生活自律評議委員會"召開第三次會議，決議針對古龍私下偕臺視演員趙姿菁出遊，遭趙女父母控告一事，建議有關電影、電視公司停止採用古龍原著一年。

9月15日　永昇公司的《煙水寒》在巴拿馬電影節中得到最佳男主角(秦漢)，最佳編劇(張永祥)，最佳新人獎(周丹薇)。

9月30日　"中影"承接位於新店安坑的"國際電影沖印公司"，改名爲"中央電影公司電影沖印廠"。

10月1日　臺灣第一座電影圖書館開幕，首任館長徐立功。

11月10日　白景瑞執導的《人在天涯》繼獲得金馬獎優等劇情片後，再度獲得天主教視聽協會第一屆"金炬獎"。

12月29日　財稅機關防止影人逃稅，禁止演員不簽約、不收酬及假合約。業者則要求財稅機關勿對申報片酬任意提高。

重要影片

《人在天涯》劇照

《人在天涯》

出品：白氏　原著：瓊瑶
編劇：張永祥　導演：白景瑞
攝影指導：林贊庭
主演：秦祥林　胡茵夢
　　　夏玲玲　馬永霖

四個在意大利留學的臺灣學生：一個學聲樂失敗寧可做苦工，也不敢回家鄉；一個苦學苦練有成的學生畫家；一個失落異邦，仍執著中國人傳統情操的皮鞋匠；還有一個不忘祖國的企業家。他們在羅馬相遇，發生了一些流落異邦故事。

《筧橋英烈傳》劇照

《筧橋英烈傳》

出品：中影
編劇：何曉鐘　黎光亞　吴東權
導演：張曾澤
主演：梁修身　李菁　胡茵夢　田野

寫抗日戰爭期間空軍烈士的事跡。把高志航、閻海文、劉粹剛、沈崇誨等抗日陣亡英烈事跡全部納入劇情。

獲第14屆金馬獎最佳影片，最佳導演、最佳編劇、最佳攝影、最佳剪輯、最佳録音6大獎。臺北十大賣座冠軍。

《大霸尖山》

出品：中影
編劇：蕭塞　高光德　鄒信軫　吴明基
導演：廖祥雄
攝影指導：林鴻鐘
主演：錢璐　葉明德　周雅芳　秦風

1976年12月30日，東海大學男女學生登大霸尖山，發生山難。中影將山難編成劇本拍片。

張曾澤（1931—　）

導演。青島市人。畢業於臺灣政工幹校影劇科，導演過40多齣話劇，1954年獲話劇競賽最佳導演獎。在中製廠工作13年，從場記、剪接、副導演，一直到編導，剪接過200多部影片，拍過20多部短片。1961年起轉入民營製片，拍了4部臺語片，其中《在室女》成績優異。國語片《牧場風雲》獲李翰祥賞識，請他執導瓊瑶小説改編的《菟絲花》。1966年回中製導演《故鄉劫》。1967年受聘中影，導《悲歡歲月》，獲文藝協會頒第一屆文藝獎章電影導演獎。次年導演《珊瑚》。1969年導演司馬中原小説改編的北方俠義動作片《路客與刀客》，發揮了北方的鄉土色彩和濃厚的民族風味，爲他的導演生涯創造新境界，獲1970年金馬獎最佳導演獎。1971年邵氏羅致赴港簽約兩年拍6部片。張曾澤在港自組曾澤電影公司，編導社會寫實片《酒吧女郎》。1965年，中影邀導演空戰史實巨片《筧橋英烈傳》，費時兩年完成，獲第14屆金馬獎最佳劇情片等6大獎。

《水玲瓏》劇照

《鄉野奇譚》劇照

《望春風》劇照

《水玲瓏》

出品：中影
編劇：谷原
導演：徐天榮
攝影指導：林文錦
主演：岳華　嘉凌　羅烈　黃金儀

袁世凱爲稱帝制收容緑林亡命，殺害革命黨。俠女尹雪嬌與未婚夫石磊堅，分頭追殺歹徒獨眼仇彪，打擊袁世凱的陰謀。

《鄉野奇譚》

出品：大星
原著、編劇：司馬中原　**導演：**張佩成
攝影指導：閻崇聖
主演：黃一龍　劉煥幗　唐沁　張復建

某村燈節，匪徒大鬧元宵，謀害燈匠老丁並擄其妻女，同時包圍董宅，使萬管家陷於危境。幸賴趙團練聚合民團，及時援手，趙家兄妹追匪入棺鋪，中計被擒，王捕頭趕至，匪已從棺木中地道挾人質多人，遁出水門……

《望春風》

出品：中影　**編劇：**林煌坤
導演：徐進良　　**副導演：**李龍
攝影指導：林贊庭
主演：嘉凌　白鷹　楊麗花　唐威

1940年，臺灣人秦秉忠在日本求學期間乘機爲國民政府效忠。政府委派他引導5位英勇的戰士、一位南京大屠殺死裏逃生的女志士李欣華，與臺灣抗日志士並肩配合盟軍艦隊的行動，全面破壞日本"神風特攻隊"的成立。

影片目録

中影　《秋纏》、《妙不可言》、《蝴蝶谷》、《水玲瓏》、《大霸尖山》、《筧橋英烈傳》
中製　《海軍突擊隊》
第一　《吕四娘闖少林》、《異鄉夢》、《人在天涯》、《婚姻大事》、《黑豹》、《奪命截拳道》、《少林虎鶴震天下》
光明　《神龍猛虎鬥》、《鐵漢驚魂》、《詠春與截拳》、《天涯客》、《愛雲愛雲》
德威　《愛情文憑牛仔褲》、《霧濛濛情濛濛》
大華　《少林十大弟子》、《快刀，亂麻，斬》、《紅衣冷血金面人》
羅維　《新精武門》、《風雨雙流星》、《鐵拳小子》、《少林木人巷》、《劍花煙雨江南》
開發　《天羅地網》
南海　《少林絶學一傳人》、《火燒少林寺》、《方世玉大打擂臺》
協利　《佳期假期》、《香港大毒后》、《狼吻》、《遊戲人間三百年》、《龍家將》、《萬法歸宗一少林》
東海　《南拳北腿活閻王》、《十大掌門》、《艷陽三月天》、《愛情雨開花》、《十三太保李存孝》、《真真的愛》
國華　《跳躍的愛情》、《誰來愛我》
東傳　《千刀萬里追》、《女體》、《十三女尼》
華豐　《獨行大鏢客》、《南拳小子》
永昇　《追球追求》、《我是一沙鷗》、《愛有明天》
永泰　《獨臂刀大戰獨臂刀》、《神刀流星拳》、《佈局》
錦華　《秋詩篇篇》、《日落北京城》
富邦　《血連環》、《狂風沙》
七海　《天皇巨星》、《精武門續集》
鳳冠　《子夜歌》、《落葉飄飄》、《又是起風時》、《殘燈幽靈三更天》、《殘月陰風吹古樓》
大衆　《嗨親愛的》、《白花飄雪花飄》
巨人　《陰陽有晴天》、《大脚娘子》
玉成　《神秘女》、《女》、《夜情》
萬國　《海天一色》、《幽蘭在雨中》
聯合　《桑園》、《金羅漢》、《處女心》、《風鈴風鈴》
人人　《嬌妻》（一、二、三）
中外　《冷月孤星劍無情》、《龍蛇俠影》
英珊　《達摩鐵指功》、《截拳與紅沙掌》
金祥　《金尼姑》、《鄭和下西洋》
國華　《誰來愛我》、《百勝堂》
常滿　《旅社風波》、《失身恨》
聯邦　《燕子千刀紫光劍》、《愛情大進擊》
東大　《天羅飛沙夕陽紅》、《奔向彩虹》
歐亞　《女囚怨》、《老虎嶺女子監獄》、《大太監》
鳳鳴　《冤枉啊大人》、《星語》
宏華　《雍正大破十八銅人》、《八大門派》、《火燒少林寺》
藝新　《憨女》、《家有十二個媳婦》
其他　《甘聯珠大破紅蓮寺》（萬聲）、《南俠展昭大破地獄門》（海外）、《殘酷獄中女》（嘉華）、《男俠展昭》（高升）、《少林達摩祖師》（天人）、《越南大逃亡》（天祥）、《李小龍傳奇》（恒生）、《約會在早晨》（新華）、《咖啡美酒檸檬汁》（弘大）、《劍王之王》（聯興）、《吴哥窟之戀》（金山）、《嬌嬌兵團》（統帥）、《張三豐獨闖少林》（巫氏）、《微風細雨點點情》（有利）、《臺北66》（雄昌）、《友情》（深美）、《奪命斷魂劍》（潘壘）、《猛龍傳奇》（藝雲）、《南拳北腿鬥金狐》（思遠）、《包公斬駙馬》（權威）、《我是一片雲》（巨星）、《夕陽浪花愛》（文苗）、《牛郎艷遇》（和樂）、《方世玉大破梅花樁》（洲威）、《龍虎群英》（金鑫）、《潮州功夫》（富强）、《中國功夫》（寶星）、《猛漢狂徒》（大漢）、《昨日匆匆》（洋洋）、《虎拳勇破斷魂崖》（榮安）、《月下老人》（皇冠）、《猫魔》（賓城）、《小雨絲絲》（東裕）、《夜猫子》（華藝）、《黄道吉日》（四方）、《明天廿歲》（張氏）、《少林寺》（長弓）、《狼來的時候》（成功）、《神環》（立昌）、《浪花》（馬氏）、《交貨》（登峰）、《猛龍壁虎小拳王》（洲威）、《刀劍霸王拳》（雷鳴）、《花開春暖》（臺製）、《獵人》（飛登）、《就從今夜起》（大欣）、《吕萱良火燒紅蓮寺》（建祥）、《熱夜》（元影）、《鬼狐》（新和興）、《天門陣》（國藝）、《濟公小神仙》（友邦）、《少林叛徒》（大東）、《血玉》（王氏）、《盲劍血滴子》（富華）、《血性男兒》（大爲）、《淚的孤雛》（寶樹）、《俠士鏢客殺手》（金馬）、《你濃我濃》（利德）、《劍雙刃》（方氏）、《八千里路雲和月》（藝和）、《狼對狼》（今日）、《鬼旋風》（富國）、《飛女芝芝》（羅馬）、《陰陽血滴子》（成功）、《判決》（威靈）、《孟麗君》（興發）、《拳頭石頭古精靈》（德利）、《鶴形伏虎鬥蛟龍》（興南）、《霧濛濛情濛濛》（德威）、《風雲人物》（朋友）、《神刀流星劍》（永泰）、《乾坤劍絶命刀》（天平）、《鐵拳黑風劍》（銀海）、《亡命客棧》（喜來登）、《鎖麟囊》（明星）、《夜半鐘聲心膽寒》（崁城）、《達摩密宗血裹飄》（華國）、《黑龍會》（大星）、《風馬牛》（新遠東）、《魔鬼怪鷹》（富裕）、《無敵飛金剛》（龍泰）、《桃花三娘子》（五富）

《我是一片雲》

出品：巨星
原著：瓊瑤
編劇：張永祥
導演：陳鴻烈
攝影：賴成英
主演：林青霞　秦祥林　秦漢　馬永霖

林青霞演段宛露，與記者秦祥林相戀，但因遭男方寡母奚落，憤而與兒時玩伴秦漢結婚，婚後却依然無法忘情前者。全劇結束於秦漢的死亡與林青霞發瘋。

《我是一片雲》劇照

秦祥林（1948—　　）

演員。湖北黄岡人，生於南京，自小隨家人赴港。12歲赴臺進復興劇校習平劇8年，經常在舞臺上表演，以演出《三岔口》一劇最受稱譽。劇校畢業後回港，考入國泰公司爲基本演員，最初以演出武俠片爲主，星運平平，1973年赴臺主演李行導演的《心有千千結》，始成爲文藝片紅星。曾先後以《長情萬縷》和《人在天涯》獲第12和第14屆金馬獎最佳男主角獎。

《小小世界妙妙妙》劇照

《小小世界妙妙妙》

出品：中影
製片：梅長齡
編導：丁善璽
攝影：孫材肅　廖本榕
主演：恬妞　賈思樂　張忠偉　林嘉

這是一部兒童電影，大部分外景在美國迪斯尼樂園及聖地亞哥海洋世界樂園拍攝。

《你不要走，不要走》

出品：香港聯合
編導：廖祥雄
主演：劉文正　陳秋霞
　　　陳莎莉　車軒

一個窮大學生與女歌星戀愛。女歌星的母親由於年輕時是紅歌后，却被大學生男友所遺棄，以致對大學生有偏見，反對女兒和大學生來往。經過年輕人的力爭和堅持，最後感動母親喜劇收場。

影界人士呼籲召開國片問題討論會

10月28日，爲促進國片進步，導演郭南宏、徐天榮、白景瑞、王星磊、宋存壽、屠忠訓，以及編劇鄧育昆、徐銘謙和王南琛、張憲、陳國憲、周令剛等製片、發行人，共同函請電影製片協會召開會議，從下列幾方面討論國片當前所面臨的問題，並尋求解決之道。這幾項問題是：

1.劇本方面：建議合理放寬題材，並檢討是否有必要先行送審劇本？是否應明定公佈劇本審查標準？對審查不通過的劇本是否明確指出不妥之處及修改原則？負責審查人員的地位是否絶對超然，並具有專業資格？

2.影片檢查方面：檢討應否明確公佈檢查標準？現行檢查方式是否合理？是否應將中外影片檢查標準一致化？檢查人員的地位是否超然？是否應要求檢查人員在片頭簽名，以示負責？同時建議對禁映或修剪的影片明確指出原因，並給予業者申訴機會。

3.電影法規方面：檢討現行"電影檢查法"應否修改以適應現況，同時建議定期召開國片輔導會議，並參考各國對其本國本地影業的保護政策，輔導國産影業。

4.主管官員方面：請針對外傳收受紅包、瀆職等謠言予以澄清。

5.電影業者方面：檢討如何提升影片水準，進軍國際市場，並敦促電影從業人員檢點言行，以改變社會對其不良觀感；對於製片業則呼籲與税務機關密切配合，解決電影業的税務問題。

電影基金會公佈奬勵優良實驗電影金穗奬辦法

12月7日，電影事業發展基金會公佈"奬勵優良實驗電影金穗奬"辦理辦法。此奬項的成立緣於今年初，電影戲劇協會舉辦三場"當前電影問題"座談會，與會電影界人士及大專影劇科系學生提出舉辦"實驗電影展覽"的構想，獲得新聞局重視，爰交由電影事業發展基金會擬定辦理。

辦法規定凡符合下列三項條件的影片所有人，可向該會申請奬勵：

1. 最近兩年内攝製完成的8毫米及16毫米影片，未作營業性映演者。

2. 影片内容主題正確而具有創新意義者。

3. 經大專院校、影劇團體或學者專家推薦者。

電影事業發展基金會表示，有意申請奬勵者，可於明年1月5日至20日向該會報名，經評審委員評審後，於3月29日頒奬，給奬種類及奬金數額如下：

1. 劇情長片

（1）最佳16毫米劇情長片一部，奬給大型金穗奬一座，奬金5萬元；優等16毫米劇情長片三部，各奬給小型金穗奬一座，奬金3萬元。

（2）最佳8毫米劇情長片一部，奬給大型金穗奬一座，奬金3萬元；優等8毫米劇情長片三部，各奬給小型金穗奬一座，奬金1萬元。

2. 劇情短片

（1）最佳16毫米劇情短片一部，奬給大型金穗奬一座，奬金3萬元；優等16毫米劇情短片三部，各奬給小型金穗奬一座，奬金1萬元。

（2）最佳8毫米劇情短片一部，奬給大型金穗奬一座，奬金2萬元；優等8毫米劇情短片三部，各奬給小型金穗奬一座，奬金6千元。

3. 紀録長片

（1）最佳16毫米紀録長片一部，奬給大型金穗奬一座，奬金3萬元；優等16毫米紀録長片三部，各奬給小型金穗奬一座，奬金1萬元。

（2）最佳8毫米紀録長片一部，奬給大型金穗奬一座，奬金2萬元；優等8毫米紀録長片三部，各奬給小型金穗奬一座，奬金6千元。

4. 紀録短片

（1）最佳16毫米紀録短片一部，奬給大型金穗奬一座，奬金2萬元；優等16毫米紀録短片三部，各奬給小型金穗奬一座，奬金6千元。

（2）最佳8毫米紀録短片一部，奬給大型金穗奬一座，奬金6千元；優等8毫米紀録短片三部，各奬給小型金穗奬1座，奬金4千元。

前項所稱的長片係指放映時間在30分鐘以上，80分鐘以下；短片在10分鐘以上，30分鐘以下。申請奬勵的影片，個人技術經評審認爲確具特殊成就者，將酌發特别奬。電影事業發展基金會希望從事實驗電影工作者踴躍報名參加評選。

本年度優良電影劇本出爐

12月8日，電影事業發展基金會公佈1977年度徵選"優良電影劇本"評審結果。根據該會於今年1月所公佈的新辦法，獲奬劇本的奬金較去年大幅提高，分别是特優1名，奬金10萬元（原4萬元）；優等2名，奬金各5萬元（原各2萬）；佳作5名，奬金各2萬元（原各1萬元）。該會希望藉此加强鼓勵優良電影劇本的創作，以供業者採用，提高國片水準。

本年度得奬的劇本共有八部，其中《風雨朝陽》、《法網追蹤》、《永恒的愛》三部都已於最近拍成電影。得奬名單：特優：《大唐英烈傳》（李鳳行）；優等：《風雨朝陽》（鄂志永）、《金門大捷》（雷起鳴）；佳作：《法網追蹤》（劉藝）、《乘風破浪萬里行》（楊御龍）、《紅葉雄師》（徐瑞俊、高光德、蕭塞、吴明基）、《吹向平地的强風》（林清介）、《永恒的愛》（丁善璽）。

第14届金馬奬頒奬

10月30日，第14届金馬奬舉行頒奬典禮。本届獲奬名單：

最佳劇情片：《筧橋英烈傳》（中影）；優等劇情片：《人在天涯》（白氏）、《秋霞》（嘉禾）、《乾隆下江南》（邵氏）、《追球追求》（永昇）、《千刀萬里追》（富華）；最佳紀録片：《慶祝六十五年國慶活動》（臺製）；優等紀録片：《慶祝六十五年國慶》（中製）、《臺灣與大陸的血緣》（臺製）、《烏魚來的時候》（嘉禾）、《玉》（民族）；最佳卡通：《未雨綢繆》（行政院衛生署）；最佳導演：張曾澤（《筧橋英烈傳》）；最佳男主角：秦祥林（《人在天涯》）；最佳女主角：陳秋霞（《秋霞》）；最佳男配角：白鷹（《千刀萬里追》）；最佳女配角：胡茵夢（《人在天涯》）；最佳童星：鄔裕康（《艷陽三月天》）；最佳編劇：何曉鍾（《筧橋英烈傳》）；最佳彩色影片攝影：林鴻鐘（《筧橋英烈傳》）；最佳剪輯：王其洋（《筧橋英烈傳》）；最佳彩色影片美術設計：陳景森（《乾隆下江南》）；最佳非歌劇影片音樂：顧嘉輝（《秋霞》）；最佳録音：忻江盛（《筧橋英烈傳》）；最佳紀録片攝影：陳玉帛（《慶祝六十五年國慶活動》）；最佳紀録片策劃：端木煊（《臺灣與大陸的血緣》）；最佳卡通影片編導：黄木村（《未雨綢繆》）；演技優異特别奬：柯俊雄（《愛有明天》）。

1977年臺北市十大賣座國片

1.筧橋英烈傳	張曾澤	中影	約900萬元	28天
2.千刀萬里追	張美君	東傳	約860萬元	18天
3.獨臂刀大戰獨臂刀	金超白	永泰	約830萬元	17天
4.煙水寒	賴成英	永昇	約800萬元	23天
5.多情劍客無情劍	楚　原	邵氏	約700萬元	21天
6.我是一片雲	陳鴻烈	巨星	約700萬元	15天
7.乾隆下江南	李翰祥	邵氏	約670萬元	15天
8.冷月孤星劍無情	陳明華	朋友	約600萬元	14天
9.鼉鼓鬼劍狼煙	王星磊	長虹	約500萬元	13天
10.愛的賊船	廖祥雄	永昇	約500萬元	14天

1978年（大陸）

大事記

1月20日 文化部電影局發出關於將對外出口商品宣傳廣告片列入影片生產計劃的通知。

3月 北京電影學院青年電影製片廠成立。

5月11日 《光明日報》刊登題爲《實踐是檢驗真理的唯一標準》的特約評論員文章。

5月20日 北京電影學院在北京、上海等地恢復招生。

6月2日 中國影協第一屆第四次常務理事（擴大）會議在北京舉行。會議決定立即恢復影協及其所屬各部門和中國電影出版社的工作；從1979年1月起，《電影藝術》、《大衆電影》、《電影技術》等刊物復刊，《人民電影》停刊。

7月20日 文化部發出《關於加强對電影劇本審查工作的通知》。

7月22日 《人民日報》發表評論員文章《多出好影片》。

10月 中國電影資料館、中國電影器材公司恢復建制。

10月19日 文化部電影局發出《關於各製片廠報送電影劇本定稿本的規定》。

11月10日 經文化部批准，電影文學刊物《電影文學》（長影）、《電影創作》（北影）準備復刊。

11月15日 夏衍任文化部顧問。

11月20日 文化部與解放軍總參謀部、總政治部、總後勤部聯合發出《關於軍隊協助拍攝影片的規定》。

11月24日 廣西電影製片廠成立。

11月29日 經文化部批准，電影局發出同意中影公司主辦的《中國銀幕》復刊的通知。

12月18—22日 中共十一屆三中全會在北京舉行。

本年 各電影製片廠陸續調整領導班子，並相繼撤銷"文革"期間成立的"革委會"。

重要影片

《獵字99號》劇照

《獵字99號》

出品：八一電影製片廠
編劇：周振天　黎陽
導演：嚴寄洲
攝影：薛伯青　白夫今
主演：張惠良　張力維
　　　傅秦增　田華

"獵字99號"的心臟機密部分被人偷拍。公安局破譯了特務發往國外的電報。偵察科長趙群識破了"送奶人"班德彪和假裝"探親"的楊其昌的特務身份，最終抓獲了代號AC的八一七廠行政科長孫玉根。

《火娃》

出品：北京電影製片廠
編劇：葉辛　謝飛
導演：謝飛　鄭洞天
攝影：葛偉卿　周坤
主演：白瑪扎西　季平
　　　馬精武　齊桂榮

西南剿匪鬥爭中，解放軍偵察員小孫在扎旺寨山區被敵人包圍，幸獲苗族小孩火娃搭救。火娃在孫大哥和老長工的幫助下，認清了楊神父就是土匪司令。在鄉親們掩護下，火娃替孫大哥送出情報，配合解放軍消滅了土匪和山魔王。

《火娃》劇照

《兒子，孫子和種子》

出品：上海電影製片廠
編劇：吴仲川　胡林森
導演：梁廷鐸　攝影：陳琳　蔡關根
主演：王丹鳳　虞桂春　何麟　張力維

丁灣村的秀英深受丈夫丁志富想要兒子的拖累。婦女隊長新梅的婆婆丁大媽也要求新梅再生男孩。丁蘭珍愛上了酷愛鑽研種子改良的阿龍，却遭到父親丁有理的反對。在新梅的説服教育下，丁志富、丁大媽和丁有理相繼提高了思想認識，丁灣村也獲得了糧食大豐收。

《兒子，孫子和種子》劇照

《黑三角》

出品：北京電影製片廠
編劇：李英傑
導演：劉春霖　陳方千
攝影：鄒積勳　雲文躍
主演：雷明　張平
　　　凌元　畢鑒昌

北方松濱市，敵特竊取了我"110號人防工程機密"。在公安局洪局長的部署下，偵察科長石岩等人順藤摸瓜，排除了于秋蘭的嫌疑，查清了她母親于黄氏的特務身份，並搶在境外取貨人郎井田之前拿到接頭信物，機智地擒住了郎井田和貨主猫頭鷹，拿回了機密。

《黑三角》劇照

電影系統舉行揭批"四人幫"罪行大會

6月6日—14日，文化部和中國影協聯合在北京舉行了"文化部電影系統揭批四人幫罪行大會"。文化部部長黄鎮、副部長劉復之、周巍峙、賀敬之、王闌西等出席大會。全國各地電影系統的代表共200多人和在京電影單位職工近2000多人參加了大會。16名代表在會上作了批判發言，代表全國電影工作者，從電影藝術創作、理論研究、科學技術、企業管理、發行放映、學校教育等方面憤怒揭發"四人幫"及其在文化部的親信于會泳等破壞電影事業、摧殘電影隊伍的罪行。司徒慧敏、袁文殊、于伶、白楊主持了大會。王闌西作了發言，指出文化部是"四人幫"插手最早、控制最嚴、破壞最大、流毒最深的"重災區"。電影系統首當其衝，受災難最深。他號召電影界要從路線上、理論上、思想上分清是非，肅清流毒；要大力組織創作，進行整頓工作，恢復和健全行之有效的合理的規章制度。凇牧應邀就電影創作問題發言。

中國電影技術代表團赴美

10月，應美國電影電視工程師協會（SMPTE）的邀請，文化部派出以蘇雲爲團長的中國電影技術代表團參加該協會的第120次年會。團員有邸世傑、林聖清、凌婉君、張夏陽。這是新中國成立後派往美國的第一個電影技術代表團。代表團除參加年會外，還重點考察了美國的影視技術現狀，參觀了好萊塢的電影製片廠、專業洗印廠、録音廠、電影學院，並廣泛地與美國電影技術人員進行了業務交流。

文化部電影局發文整頓和加强電影製片廠企業管理

9月22日，文化部電影局發出《關於整頓和加强電影製片廠企業管理的通知》。《通知》要求各電影製片廠參照黄鎮1978年8月31日在文化部幹部大會上的講話《團結起來，打好揭批"四人幫"的第三戰役，開展以"三整"爲内容的整風運動，爲三年大治做貢獻》的精神，在省、市黨委宣傳部或文化部領導下，對製片廠的企業管理進行整頓。隨《通知》還印發了電影局草擬的《關於整頓和加强電影製片廠企業管理的意見》（草案）和10項管理制度。

本年度在國際上主要獲奬情況

袁霞（《永不消逝的電波》）獲南斯拉夫第7届索波特"爲自由而鬥爭"電影節"最佳女演員奬"；

《小蝌蚪找媽媽》獲南斯拉夫第3届薩格勒布國際動畫片電影節一等奬。

故事片目録（共43部）

北影　《黑三角》、《火娃》（與北京電影學院合拍）、《風雨里程》、《拔哥的故事》（上）、《巨瀾》、《大河奔流》（上下集）、《蔡文姬》（話劇）

上影　《大刀記》、《平鷹墳》、《東港諜影》、《失去記憶的人》、《特殊任務》、《風浪》、《兒子，孫子和種子》、《沙漠駝鈴》、《大寨》、《江姐》（歌劇）、《祥林嫂》（越劇）

長影　《兩個小八路》、《女交通員》、《豹子灣戰鬥》、《山寨火種》、《瑶山春》、《嚴峻的歷程》、《燈》、《蝶戀花》（歌舞）、《闖王旗》（漢劇）

八一　《我們是八路軍》、《走在戰爭前面》、《獵字99號》、《峥嶸歲月》

珠影　《藍天防線》、《同志，感謝你》、《鬥鯊》、《不平靜的日子》、《春歌》

西影　《藍色的海灣》、《六盤山》

峨影　《奴隸的女兒》、《並非一個人的故事》、《孔雀飛來阿佤山》、《冰山雪蓮》

廣西　《劉三姐》（彩調劇）

1978年（臺灣）

大事記

1月19日 臺灣區電影製片工業同業公會和中影公司聯合籌設電影技術人員訓練中心，開始招生。

3月21日 “中影”影片《望春風》獲第18屆“哥倫比亞國際影展”印第加達莉娜銀像獎。

4月15日 電影發展基金會撥款成立“影劇大樓”，各電影團體集中辦公，不收任何費用。

5月31日 《汪洋中的一條船》以翁清溪領導50人的大型樂隊分段配樂，寫下國產影片首次動用大型樂隊錄製電影配樂的紀錄。

6月23日 明驥接任“中影”總經理，副總經理張法鶴。

7月19日 影劇協會召開理事會，由“中影”總經理明驥接任理事長。

8月8日 中影公司以《汪洋中的一條船》上月賣座盈餘20萬元，捐贈給鄭豐喜基金會。

8月29日 《蒂蒂日記》女主角恬妞榮獲第16屆巴拿馬國際影展最佳演員獎。

8月 陳耀圻導演新片《無情荒地有情天》在美國採用同步錄音拍攝。

9月8日 國民黨中央文工會以二等華夏獎章頒予《汪洋中的一條船》導演李行，並以獎狀頒給中影總經理明驥及男女主角秦漢和林鳳嬌，獎勵拍攝有社教意義的影片。

9月29日 胡金銓導演在韓拍攝近兩年的《山中傳奇》與《空山靈雨》宣告殺青。

10月4—7日 第24屆亞洲電影節在悉尼舉行，《永恒的愛》與《綠色軌跡》分獲最佳劇情片與最佳紀錄片。

10月8日 中華卡通公司投資1800萬元，拍攝卡通劇情長片《三國演義》。

10月11日 新聞局核准《江子翠命案》改名的《神探九〇九》上映，開創社會大命案拍電影的風潮。

10月12日 臺北市電影電視演員工會成立，首任理事長由葛香亭接掌。

12月24日 演員谷名倫跳樓自殺。

重要影片

《新西廂記》劇照

《新西廂記》

出品：當代　國鼎
原著：王實甫
編劇：貢敏
導演：廖祥雄
主演：楊麗花　翁倩玉
　　　王寶玉　王莫愁

楊麗花反串張生，翁倩玉演紅娘。張生跳牆之後摔跤，添加琴童偷看，發生叫疼痛聲，鶯鶯生變，幽會泡湯。紅娘變爲多情，張生不但愛鶯鶯，也愛紅娘。使愛情戲更精彩。

《無字天書》

出品：東傳
製片：史美倫
編劇：林煌坤
導演：張美君
攝影：賴文雄
主演：胡茵夢　何思敏
　　　梁修身　周芝明

相傳古代有一個漁民陶臻，在河底沉舟找到一個聚寶盆和一本無字天書，一夜暴富，引起武林殺手都來爭奪，最後無字天書和聚寶盆都被天堂取回，漁民才覺悟做人要腳踏實地。

《無字天書》劇照

《黃埔軍魂》劇照

《黃埔軍魂》

出品：中影　編劇：鄧育昆
導演：劉家昌
攝影指導：林贊庭
主演：甄珍　柯俊雄
　　　張美瑶　恬妞

編導以其感性手法講故事，仿美國片《西點軍校》的故事架構，拍成一部賺人熱淚軍事教育片，把陸軍官校做劇情發生地，演員入營受訓參加演出。

影片目録

中影 《望春風》、《强渡關山》、《黃埔軍魂》、《火鳳凰》、《密密相思林》、《汪洋中一條船》、《小小世界妙妙妙》

臺製 《愛的里程》

鳳冠 《血夜花》、《天涯未歸人》、《月牙兒》、《殘燈幽靈三更天》

羅維 《飛渡捲雲山》、《一招半式闖江湖》、《拳精》

恒生 《一代偉人》、《不擇手段》、《被迫》、《精靈徒弟笨師父》、《神探九〇九》

萬國 《古靈精怪老福子》、《決鬥者的生命》、《糊塗大醉俠》

欣欣 《俠骨柔情赤子心》、《天下無敵》、《玩火的人》、《耍花招》、《大報復》、《愛在夕陽下》

新華 《九點零三分》、《荷葉》、《蓮花》、《藕》

萬年 《天涯俠客一陣風》、《決鬥者的生命》、《火炎掌與寒冰手》、《糊塗大醉俠》

東國 《對對胡》、《神鷹飛燕蝴蝶雲》

晉升 《男孩與女孩的戰爭》、《翠湖寒》

漢華 《蛇珠》、《威震天南》

長江 《龍爭虎鬥精武魂》、《龍虎天仇》、《詠春與少林》

金祥 《獨臂公主》、《狼妻》、《古劍英魂》、《猴駙馬》、《虎姑婆》

協利 《此情可問天》、《怪招神經刀》、《醉猫師傅》

錦華 《鐵頭鐵指鐵布杉》、《白雲長在天》

東海 《洪文定與胡亞彪》、《太空式的愛情》、《十二生肖》

永泰 《勾魂針奪命拳》、《龍虎平》

巫氏 《獨脚鶴》、《金沙燕》

威靈 《陳靖姑收妖》、《光頭十二嬌娃》、《吕洞賓三戲白牡丹》、《愛情火辣辣》、《俠骨柔情赤子心》、《鐵手無情追魂》、《情深愛更深》

藝和 《飄香劍雨》、《江湖一盞燈》

萬聲 《鐵燕》、《三顆糊塗星》

新和興 《雪中蓮》、《烏盆冤魂》

金門 《處處聞啼鳥》、《情竇初開》

第一 《真白蛇傳》、《誓言》、《李世民遊地府》、《楓林小雨》

華國 《七俠八義》、《蛇山蠱女》、《燈籠街》

華鴻 《大地飛鷹》、《太太》、《情人》、《女朋友》

富都 《戰天山》、《春水東流》、《獨臂拳王勇戰楚門九子》

成功 《水月門》、《雙形鷹爪手》、《戀愛功夫》

南海 《百戰保山河》、《新雨夜花》

鑫合 《沙灘上的月亮》、《踩在夕陽裏》、《棍王》

天一 《蛇郎君》、《紋身》、《金人物》

樺梁 《糊塗俠女》、《天地雙腿》

金之塔 《糊塗怪俠醉八仙》、《截拳奪命斬》、《又是黄昏》

東亞 《星座趣譚》、《東海軼事》

金世紀 《霧茫茫》、《願者上鈎》、《好女十八變》

宏華 《虎豹龍蛇鷹》、《湘西劍火幽魂》

東海 《諸葛四郎》、《大鬥雙假面》

影藝 《大笑譚》、《十個千金要出嫁》

大鵬 《寒孤夜星劍》、《龍門大刺殺》

金澤 《臭頭小子皇帝命》、《金尼姑》

星成 《劍氣神龍》、《十八玉羅漢》、《飛燕雙騎驕》

其他 《太太情人女朋友》（華鴻）、《鄉野奇譚》（大星）、《雌雄雙煞》（九洲）、《愛的旅程》（友華）、《五虎屠狂龍》（張氏）、《月朦朧鳥朦朧》（巨星）、《秘帖》（永明）、《甘羅拜相》（臺旭）、《安平追想曲》（振達）、《鷄飛狗跳牆》《二等兵》、《東海鐵筆》（光藝）、《初戀風暴》（富華）、《奇異的誕生》（影藝）、《紅絲緣》（佳林）、《九紋龍》（銘泰）、《奔放青春》（華泰）、《關東五大俠》（南海）、《紅衣喇嘛》（捷達）、《俠士追命客》（曾澤）、《家有12個媳婦》（藝新）、《大俠客》（宏華）、《花非花》（海明）、《古銅簫》（美鴻）、《獄女》（大華）、《糊塗三劍客》（歐亞）、《電子小飛俠》（錦鳳）、《佛法無邊》（佳欣）、《怪婆》（焰山）、《你追他也追》（文苗）、《千里單騎追兇》（真泰）、《伏擊》（吉星）、《毒蜘蛛》（安荅）、《蛇鶴丹心震九洲》（金鑫）、《金人物》（天下）、《獨霸天下》（正峰）、《西廠太監》（華影）、《好女十八變》（金世紀）、《肥龍過江》（鳳鳴）、《玲瓏玉手劍玲瓏》（南强）、《黑染坊》（港僑）、《梅山收七怪》（日茂）、《大鷹王》（建祥）、《港都夜雨》（三宏）、《晨霧》（德威）、《你不要走,不要走》（聯合）、《爆炸的愛情》（國華）、《隱身神童》（常滿）、《最標準丈夫》（中華）、《萬世天驕》（裕隆）、《張天師捉妖》（倍倫）、《老虎田鷄》（嘉寶）、《活寶進城來》（海外）、《十個嬌娃九個騎》（鳳城）、《菩提門》（東亞）、《神鷹飛燕蝴蝶斬》（申氏）、《流浪漢》（金寶）、《姑媽的法術》（東和）、《霹靂快手》（亞細亞）、《太空式的愛情》（大有）、《身形拳法與步法》（冠軍）、《龍形刁手》（通用）、《夕陽山外山》（光藝）、《憨小子打天下》（永勝）、《妙人妙語妙事多》（合豐）、《大家樂》（寶鼎）、《真假功夫》（富茂）、《無字天書》（東傳）、《留下一片相思》（八十年代）、《十二生肖大戰十二星座》（六鳳）、《煙波江上》（五富）、《三隻母老虎》（魏氏）、《鶴形刁手螳螂腿》（旗和）、《十八銅女》（安田）、《泥鰍吃猛龍》（光鋒）、《鸚鵡傳奇》（海明）、《劍氣神龍》（星成）、《五花箭神》（華鴻）、《泥鰍過江》（泰吉）、《唐山大姐》（萬龍）、《金木水火土》（泰昌）、《臭頭小子皇帝命》（金洋）、《浪子一招》（嘉富）、《紳士爺千金小姐》（聯亞）、《冷血寒玉獅》（萬年）、《翡翠狐狸》（寶樹）、《鳳指神腿天佛掌》（旭日）、《新西廂記》（當代、國鼎）、《狀元郎》（華泰）、《鯉魚躍龍門》（花禧）、《無情荒地有情天》（鴻運）、《七十二煞星》（藝雲）、《二小姐的劍》（天平）、《過關斬將》（歸國）、《風飄飄鬼飄飄》（統華）、《一代劍王》（聯邦）、《一代俠女》（白氏）、《傻瓜大破美人關》（新佳興）

秦漢（1946— ）

演員。本名孫祥鐘。四川人。父親爲抗日名將孫元良。開平高中畢業後即簽約聯邦公司爲基本演員，取藝名康凱，演出《遠山含笑》、《幾度夕陽紅》等片，正預備主演《破曉時分》時，突接徵召令服役。退伍後先到臺視演電視劇，又以小配角身份演出《天下一大笑》等片。1972年拍《唐山五兄弟》時曾改藝名爲孫戈，但不久後又更名爲秦漢。自1973年主演宋存壽導演的《母親三十歲》後，成爲文藝片的首席小生。1977年曾以《煙水寒》獲巴拿馬影展最佳男主角獎；1978年又以《汪洋中的一條船》獲第15屆金馬獎最佳男主角獎。1979年曾自組海王星電影公司，出品《衝刺》和《情奔》兩片。其中《情奔》自任導演。

《汪洋中的一條船》劇照

《汪洋中的一條船》

出品：中影
原著：鄭豐喜
編劇：張永祥
導演：李行
攝影指導：陳坤厚
主演：秦漢　林鳳嬌
　　　歐弟　江明

根據鄭豐喜的自傳小説《汪洋中的一條破船》改編。電影叙述了他在大學時期遇上法律系的女同學吴繼釗，吴爲鄭的奮鬥精神所感動，衝破重重阻力與他相戀而結婚。

導演李行獲國民黨中央頒發華夏獎章。本片榮獲1978年金馬獎最佳劇情片，最佳導演、最佳男主角、最佳攝影、最佳編劇及童星特别獎。天主教電影電視協會金炬獎。臺北十大賣座片冠軍。

明驥（1923—　）

製片人。湖北竹溪人。政工幹部學校政治系法學士，軍官外語學校俄文班及美國心理作戰訓練班畢業，歷任國防部心理作戰總隊上校參謀長、政治作戰學校教務處長等職。1972年初任“中影”公司製片廠廠長，從事行政改革，擘建“中影”文化城，1975年升任副總經理。曾執教於政戰學校外文系、私立中國文化學院外文系，爲兼任副教授。1978年接任“中影”總經理，以《汪洋中的一條船》造成轟動。1982年引進新導演拍攝新風格的寫實小品電影《光陰的故事》，造成廣泛回響，成爲推動“臺灣新電影”的舵手。其他的製作包括：《小畢的故事》（1983）、《兒子的大玩偶》（1983）、《海灘的一天》（1983）等。1984年自“中影”退休。

《無情荒地有情天》

出品：鴻運
原著：雲青
編劇：魯稚子
導演：陳耀圻
攝影：林文錦
主演：林青霞　秦漢　郎雄　歸亞蕾

女主角因母親要她到美國留學。男主角是學理工的，想跟着去，可是父親希望兒子能夠留在臺灣的工廠工作。後來由於母親希望女兒嫁洋博士故意在信中説男主角已結婚。幾年後，女主角與大學教授結婚。此時男主角正獲得赴美進修的機會。

《無情荒地有情天》三大主演（左起）：秦漢、林青霞、歸亞蕾

胡茵夢（1953— ）

演員。本名胡茵子。天津人。基督教衛理女中畢業後，在輔仁大學德文系肄業二年，後曾在美國紐澤西西東大學攻讀大衆傳播。1975年回臺從影，因主演處女作《雲深不知處》而走紅。1977年以《人在天涯》獲金馬獎最佳女配角獎。1980年與知名作家李敖閃電結婚，但不久即離婚。作品有：《雲深不知處》、《海誓山盟》、《梅花》、《秋纏》、《佳期假期》、《追天入地》、《小玲瓏》、《蝴蝶谷》、《覓橋英烈傳》、《人在天涯》、《强渡關山》、《真真的愛》《《愛心千千萬》》、《愛情大進擊》、《法網追蹤》、《秋詩篇篇》、《你追她也追》、《花非花》、《鸚鵡傳奇》、《黄埔軍魂》、《第二道彩虹》、《無字天書》、《寧静海》、《瀟瀟秋水寒》、《何處是兒家》、《六朝怪談》、《牆内牆外》、《成功嶺上》、《鬼靈》、《七月幽靈》、《跟我説愛我》、《大手王》、《酒色財氣》、《南十字星》等。

《處處聞啼鳥》劇照

《處處聞啼鳥》

出品：金門
原著：瓊瑶　編劇：張永祥
導演：劉維斌　攝影：邱耀湖
主演：林青霞　劉文正　馬永霖

林青霞飾演一個任性、刁蠻的少女，她自作主張幫她姐姐徵婚，倒頭來反而使她自己爲情所困。劉文正飾演一個稚氣未脱、個性軟弱的富家公子，他在林青霞的策動下和頑固專横的老祖父唱反調，小的堅硬，老的跛扈，造成一場家庭革命。

《此情可問天》

出品：鴻興
導演：宋存壽
編劇：郁正春　攝影：陳鐘源
主演：林鳳嬌　秦漢　江明

白芙從小失怙，在姐夫萬光宇家中長大，姐姐離家出走。光宇不幸得了肝病住院，白芙悉心照顧，自己也得了肝病。光宇的病漸有起色，愛上鄰床小孩唐平的寡母。光宇突然告訴白芙他已出院，並且要與唐平的母親結婚，白芙大感意外。

《黑色家變》

出品：第一
編劇：丁善璽　導演：李作楠
主演：李健民　劉洪義　倉田保昭　米雪

黑社會毒梟伏法從而掀起兄弟鬩墻的家門巨變，正因爲誕生在一個黑道人物的家族，人人無所不用其極的鬥智鬥力，毒梟的姘婦逼死毒梟的元配夫人驅走其幼子，在外邊養小白臉，又和毒梟之弟展開凶險萬狀的明爭暗鬥。

《愛情大進擊》劇照

《愛情大進擊》

出品：聯邦　編劇：貢敏
導演：王時政　攝影：林贊庭
主演：林鳳嬌　胡茵夢　秦漢　薛芳

趙千里接管父親電子工業，愛上西餐廳彈琴的吉鳳。千里介紹吉鳳剛從牢裏出來的哥哥吉龍到電子廠去工作，受趙母奚落。教授女兒夏旦娃遭遇歹徒糾纏時，吉龍仗義救她而負傷，博得夏家母女的好感。終於，千里獲得吉鳳的芳心，也加入慰問高速公路工程行列。

《天涯未歸人》劇照

《天涯未歸人》

出品：鳳冠　　監製：劉冠君
編導：姚鳳磐　　攝影：賴水鑫
主演：岳陽　梁修身　王釧如　魏蘇

太平洋戰爭期間，日軍走狗許甲乙的妻子秋琴，不耻丈夫的行爲，愛上有正義感的年輕醫師郭志雄並懷孕。許甲乙煽動他司機女友告郭志雄是重慶分子，醫院院長多方奔走保釋郭志雄，軍方已送郭到南洋做戰地軍醫。臨行前，他不知道秋琴已死亡。

《歡顔》

出品：飛騰
製片：周令剛
編劇：宋項如
導演：屠忠訓
攝影：余積廉
主演：胡慧中　張國柱　周紹棟　韓甦

年輕有爲的公司董事長愛妻逝世三年，與丈夫車禍喪生的名女歌手相識，互相安慰，終於撥開彼此情感挫敗的陰霾，以歡顔面對新的人生，本片在香港首映兩週創下270萬港幣文藝片最高賣座紀録。影星胡慧中因本片走紅，副導演李力安也因此片升爲導演。

《歡顔》劇照

《誓言》劇照

《誓言》

出品：第一
監製：李貴武
編導作曲：劉家昌
主演：甄珍　翁倩玉　谷名倫　秦風

甄珍和谷名倫在論及婚嫁時，遭男方家長反對，因爲他們屬意富家千金翁倩玉，谷名倫爲自己幸福和甄珍同居。父親經商失敗自殺，母親懇求挽救家庭，谷名倫不得已和翁倩玉結婚。6年後，甄珍將孩子給谷名倫養育，却發現他落魄窮困，甄珍交代孩子後黯然遠去。

中影爲十大影星頒奬

1月14日,《中影影劇週刊》舉辦的1977年"十大影星選拔"在臺灣電視公司攝影棚頒奬,10位當選人爲秦漢、林鳳嬌、甄珍、夏玲玲、李菁、芬妮、恬妞、林珍奇、林青霞、張玲。

十大明星(左起):秦漢、林鳳嬌、甄珍、夏玲玲、李菁、芬妮、恬妞、林珍奇、林青霞、張玲

第1屆(1978年度)國片十大導演選舉揭曉

《今日電影》雜誌舉辦的1978年第一屆國片十大導演選舉名單産生。其中胡金銓雖然有新片迄未上映,爲此把胡金銓的名字剔除,俟第二屆再選。第一屆值得重視的新人華一泓,曾在日本專攻攝影,1977年的社會寫實片《神探九〇九》、《不擇手段》和《被迫》,不論題材的社會性和寫實手法的迫力,在國片導演中都是稀有而十分突出的。領導臺灣社會寫實片風潮。另一位新人袁和平,是武術指導出身,他的代表作《蛇形刁手》和《醉拳》,創造了武俠喜劇片的新路。新人劉家良也是武術指導出身,他的代表作《少林三十六房》也突破武俠片血漿的老套,也是一位很有前途的新人,還有一位值得注意的新人張佩成,他的代表作《密密相思林》,是多年來以臺灣爲背景的抗日片中最具有真實感,也是很有實力的新人,比較意外的是姚鳳磐,傾注個人資力,費時一年拍攝愛國片《天涯未歸人》,這種精神很值得鼓勵。

第一屆國片十大導演名單如下:

李行:代表作《汪洋中的一條船》;李翰祥:代表作《乾隆下揚州》;華一泓:代表作《神探九〇九》、《不擇手段》;張徹:代表作《唐人街小子》;張佩成:代表作《密密相思林》;袁和平:代表作《蛇形刁手》、《醉拳》;姚鳳盤:代表作《天涯未歸人》;白景瑞:代表作《沙灘上的月亮》、《踩在夕陽裏》;宋存壽:代表作《此情可問天》;劉家良:代表作《少林三十六房》。

聯邦出賣大湳片廠

5月16日,聯邦出賣大湳片廠簽約聯邦第二代投資房地産大發,股東多對電影事業無興趣。他們堅持要經營電影的沙榮峰赴美國期間,賤賣臺灣設備最好片廠改建公寓。待沙氏趕回臺灣,已無法挽回,加倍賠償對方,對方也不退讓。臺灣獨立製片失去最好拍片場所,造成減産。對整個臺灣電影事業損失很大。

聯邦大湳片廠

十大爛片風波

2月20日，具權威性的《影響》雜誌革新號第二期刊出《1977年十大最佳爛片》特稿，引發各界的質問和責難。本月17日，《聯合報》轉録該份名單後，影響的層面更是廣泛，許多上榜導演都對這份片單的産生提出質疑。1977年臺北上演國語片193部，有183部名落"最佳爛片"之外。入選的全是在臺製作，中影佔了其中4部:《法網追蹤》、《筧橋英烈傳》、《蝴蝶谷》、《大霸尖山》，但未提出異議。而發行《新紅樓夢》的東傳公司，則向報導這項新聞的《聯合報》提出抗議，認爲這項報導，使它的營業損失很大。因爲該片尚未上映，突被選爲爛片，原可爭取到地方戲院的好檔期被取消，原有的上片好條件大打折扣，直到《聯合報》負責人道歉，風波才平息。

這份由該雜誌電影編輯投票選出的"十大最佳爛片"依序爲: 1.《新紅樓夢》(金漢導)和《法網追蹤》(劉藝導)，以上兩片得票相同，並列第一; 3.《筧橋英烈傳》(張曾澤導); 4.《日落北京城》(劉家昌導); 5.《千刀萬里追》(張美君導); 6.《蝴蝶谷》(徐進良導); 7.《白花飄雪花飄》(李行導); 8.《青色山脈》(徐進良導); 9.《臺北六十六》(劉家昌導); 10.《大霸尖山》(廖祥雄導)。

由於上述進榜的影片大部分賣座成績都不錯，高居榜單第三名的《筧橋英烈傳》並囊括了4座金馬獎，因此更使電影界對這份名單的客觀性産生懷疑。對此，《影響雜誌》提出了下列兩點説明:

1. 這次圈選的影片，我們的名稱是"十大最佳爛片"，而不是"十大爛片"。本意上我們原是希望透過這些已有相當知名度，但就一個嚴肅的電影批評水準來説，又實在令人大失所望的影片，作一次痛下針砭。我們除了"愛之深，責之切"外，没有别的居心。檢討起來，方法上也許不甚高明，但我們的誠意是不容污蔑的。

2. 至於談到所謂"客觀性"和"權威性"的問題，我們不敢自認絶對客觀，而且年輕資淺，也不敢談什麼權威，但是參加投票圈選的編輯同仁對中國電影的熱忱和關注，我們敢説是"絶對的"。

電影導演們普遍認爲，國片水準較落後是事實; 國片有許多缺點是事實; 國片進步速度較慢也是事實，但評選這類"爛片"榜單仍然應該謹慎，以免打擊國内電影工作者的士氣。

第1屆"金穗獎"揭曉

3月11日，由電影事業發展基金會主辦的第1屆"獎勵優良實驗電影金穗獎"公佈評審結果。本屆優良實驗影片的選拔是以近兩年内攝製完成，且未作營業性映演的影片爲對象，申請參賽影片均須主題正確並富創作新意。電影事業發展基金會表示，報名第1屆金穗獎的影片共有39部，其中雖然有部分學生作品在結構方面不够完整，無法將意念精確地傳達出來，但仍有一些突出的影片，如王菊金執導的《風車》，不論在處理技巧和主題表達上，就都能充分發揮電影的功能和特性，獲得評審一致好評。原先設置的32項獎額由於部分報名不足額或審查不合標準而從缺，總計得獎影片12部，特别獎兩部。名單如下:

16毫米: 最佳劇情長片:《風車》(王菊金); 最佳紀録長片:《大自然的舞姬: 臺灣之蝴蝶世界》(陳維壽); 優等紀録長片:《山高水長》(沈映冬); 最佳紀録短片:《臺灣沿海魚類生態》(張昆雅); 優等紀録短片:《廿四格的藝術》(藝專影劇科)、《現代的橋》(文化學院大傳科)、《復興崗上》(政戰學校影劇系)。

8毫米: 最佳劇情短片:《背影》(邱才彦); 優等劇情短片:《火車上的故事》(張錦隆)、《機器人》(洪理夫); 優等紀録短片:《耕耘者與收穫者》(邱生鑒)、《國父建黨與中華民國》(劉國英); 醫學教育電影策劃獎: 一、《經蝶骨竇施行腦下垂體手術》(沈尹揚)、二、《腦血管重整術: 淺顳動脈與中腦動脈吻合術》(沈力揚); 兒童教育電影策劃獎:《孝感動天》(黄幼蘭)。

電影圖書館成立

3月29日，電影事業發展基金會附設電影圖書館成立，首任館長爲徐立功。該館共包括放映室、閱覽室、片庫、書庫四部分，初期爲儘速豐富館藏，將委由學者專家組成指導委員會，負責協助圖書購置及數據收集等工作。日後則將經常性舉辦專題演講、海報展覽等活動，以豐富國人電影知識，提升國人觀影層次。此外，館内放映室將不定期放映國人攝製的作品，包括日前揭曉的第1屆"獎勵優良實驗電影金穗獎"12部得獎作品，都將在該館免費放映，讓國内獨立製作實驗電影的導演以及熱愛電影的觀衆，擁有一個可以互相觀摩、交换意見的場所。

第15屆金馬獎頒獎

10月30日，第15屆"獎勵優良國語影片金馬獎"舉行頒獎典禮。本年金馬獎頒獎方式作重大改變，由評審委員先審片評出入圍名單，於頒獎當天再從入圍名單選出得獎名單予以密封，再交頒獎人於典禮拆封頒獎。中國電視公司爲配合新型態的金馬獎頒獎，特别於晚間録像轉播全部的頒獎典禮實況，讓民衆都能目睹這場盛會。本屆得獎名單如下:

最佳劇情片:《汪洋中的一條船》(中影)。優等劇情片《手足情深》(香港聯合)、《鄉野奇譚》(大星)、《蒂蒂日記》(中影)、《煙水寒》(永昇)、《賣身契》(嘉禾); 最佳劇情片導演: 李行(《汪洋中的一條船》); 最佳劇情片男主角: 秦漢(《汪洋中的一條船》); 最佳劇情片女主角: 恬妞(《蒂蒂日記》); 最佳劇情片男配角: 谷名倫(《日落北京城》); 最佳劇情片女配角: 歸亞蕾(《蒂蒂日記》); 最佳劇情片童星: 黄一龍(《鄉野奇譚》); 最佳劇情片編劇: 張永祥(《汪洋中的一條船》); 最佳劇情片攝影: 陳坤厚(《汪洋中的一條船》); 最佳劇情片剪輯: 張耀宗(《賣身契》); 最佳劇情片美術設計: 陳景森(《金玉良緣紅樓夢》); 最佳劇情片音樂: 黄茂山(《鄉野奇譚》); 最佳劇情片録音: 林焜炘(《煙水寒》); 演技優良特别獎: 歐弟(《汪洋中的一條船》); 攝製技術優良特别獎:《多情劍客無情劍》(邵氏)等。

1978年臺北市十大賣座國語片

1.汪洋中的一條船	李　行	中影	約870萬元	29天
2.蝙蝠俠	楚　原	邵氏	約860萬元	28天
3.賣身契	許冠文	嘉禾	約850萬元	26天
4.明月刀雪夜殲仇	楚　原	邵氏	約830萬元	23天
5.乾隆下揚州	李翰祥	邵氏	約810萬元	22天
6.醉俠	袁和平	思遠	約800萬元	21天
7.追趕跑跳碰	陳耀圻	嘉禾	約790萬元	20天
8.月朦朧鳥朦朧	陳耀圻	巨星	約780萬元	23天
9.鬥者的生命	陳明華	嘉禾	約750萬元	18天

1977—1978年（香港）

1977年大事記

本年 鄧光榮的大榮電影公司改變戲路，拍攝黑社會題材電影。

粵語片從消失到恢復生産雖然只用了不到一年時間，但再從産量上逐漸回升，回到在産量上奪回第一位置，前後則花了7年的時間。

鮑方（1922—2006）

演員，導演。原名鮑繼焕。原籍安徽，出生於江西。1942年演出話劇《大雷雨》。1948年先後在永華、長城、鳳凰等公司50餘部影片中飾演重要角色，代表作有《一年之計》、《新寡》、《故園春夢》等。1959年開始從事導演工作，其中自編自導自演的《屈原》頗受好評。

香港市政局主辦第一屆香港國際電影節

這是一個純觀摩性質，没有設立任何獎項的國際電影節。當年由香港市政局主辦。從2003年起，交由獨立的香港國際電影節有限公司主辦。至今已舉辦了28屆。該電影節每屆都有一個關於香港電影的專題研究，對總結香港電影的歷史經驗，保存香港電影文化遺産起到了重要作用；對香港電影事業的介紹和探討、編寫香港電影史，都做出了重要的貢獻。此後香港國際電影節每年舉辦一屆。

重要影片

《金玉良緣紅樓夢》劇照

《金玉良緣紅樓夢》

出品：邵氏兄弟公司
編導：李翰祥
主演：張艾嘉　林青霞
胡錦　岳華

根據著名古典小説《紅樓夢》改編。林青霞在本片反串賈寶玉，張艾嘉飾演林黛玉，兩人造型均十分嬌俏可人。

《屈原》劇照

《屈原》

出品：鳳凰公司
編劇：鮑方
導演：鮑方　許先
主演：鮑方　鮑起靜
張錚　朱虹

戰國時期，楚國屈原力主改革變法，但屢遭以上官大夫靳尚爲首的貴族集團的反對。後來懷王又推行變法，然而靳尚等竟殘殺志士，囚禁屈原。屈原懷着滿腔悲憤和繼續求索真理的意志向漢北而去。

主要影片目録

本年度香港共出品影片88部，其中粵語片佔了45部，國語片43部。粵語片在産量上再次壓倒國語片。

邵氏 《風花雪月》（國語）、《老爺車縱火謀殺案》、《洪熙官》（國語）、《楚留香》（國語）、《變態女殺手》、《風流伯虎蕩秋香》（國語）、《蕩婦冤魂》（國語）、《乾隆下江南》、《廟街皇后》、《人蛇鼠》（國語）、《三少爺的劍》（國語）、《射雕英雄傳》（國語）、《天龍八部》（國語）、《多情劍客無情劍》（國語）、《金玉良緣紅樓夢》（國語）、《紅樓春夢》、《佛跳墻》

嘉禾 《獨臂俠大戰獨臂俠》（國語）、《四大門派》（國語）、《鬼馬姑爺仔》、《三德和尚與舂米六》、《四二六》、《破戒》（國語）

協利 《李三脚威震地獄門》、《床上的故事》、《血海螳螂仇》、《衝天炮》（國語）

思遠 《南拳北腿鬥金狐》（國語）、《藝壇照妖鏡》

第一 《變色的太陽》（國語）、《吕四娘闖少林》（國語）、《異鄉夢》（國語）

鳳凰 《屈原》（國語）、《風頭人物》（國語）

金寶 《烏龍Q王》、《架步串女古惑仔》

雷鳴 《刀·劍·霸王拳》（國語）、《功夫小子》（國語）

羅維 《鐵拳小子》、《劍花煙雨江南》（國語）

先鋒 《點只捉賊簡單》、《面懵心精》

真善美 《快的啦前世》、《大師姐與CID》

恒生 《出籠》、《被迫》

長城 《生死搏鬥》（國語）

其他 《鷹爪鐵布衫》（國語）（麗華）、《陰陽血滴子》（國語）（成功）、《江湖漢子》（國語）（長弓）、《講數》（石英）、《串女與人渣》（高美）、《鐵馬騮》（國語）（景華）、《出册》（大榮）、《狐蝠》（繽繽）、《紫釵記》（金鳳）、《走得快好世界》（光耀）、《波斯夕陽情》（國語）（龍剛）、《香港艾曼妞》（文藝）、《滚女搵老親》（有利）、《胎劫》（國語）（新聯）、《亂刮龍搏懵》（安行）、《黄飛鴻四大弟子》（金馬）、《憨哥哥》（大聖）、《邪牌愛差人》（嘉氏）、《大男人》（譚氏）、《拼命》（國語）（寶樹）、《邪魔煞》（新世紀）、《出行》（百家樂）、《海軍突擊隊》（國語）［邵氏/中製（臺）］

1978 年大事記

本年　成龍以《蛇形刁手》、《醉拳》這兩部諧趣功夫片竄紅影壇。

《少林三十六房》獲第24屆亞洲電影節最佳動作片獎。

《茄喱啡》的出現，拉開了香港新浪潮電影的序幕。

麥嘉、洪金寶、劉家榮合組嘉寶電影公司，創業作《老虎田鷄》。

劉家榮、劉家良組建劉氏兄弟電影公司，創業作《鬼馬功夫》。

羅卡、蔡繼光、黎傑等香港一群電影文化工作者在香港組織了一個推廣電影文化的香港電影文化中心。它在1989年因經濟問題結束。十年來，它進行了很多有益的推廣電影文化活動，對香港電影文化做出了不少貢獻。

《大特寫》電影雙週刊停刊，共出版了66期。

重要影片

《巴士奇遇結良緣》

出品：長城電影公司
編劇：張鑫炎　吴滄洲
導演：張鑫炎
主演：方平　李燕燕

巴士售票員阿義在巴士上救援了受扒手欺侮的少女阿珍，兩人不久墮入愛河。婚後不久，公司實行無人售票，阿義失去了工作。爲了生活，他拼命學習駕駛技術，在阿珍的幫助下，他總算當了司機，保住了飯碗。

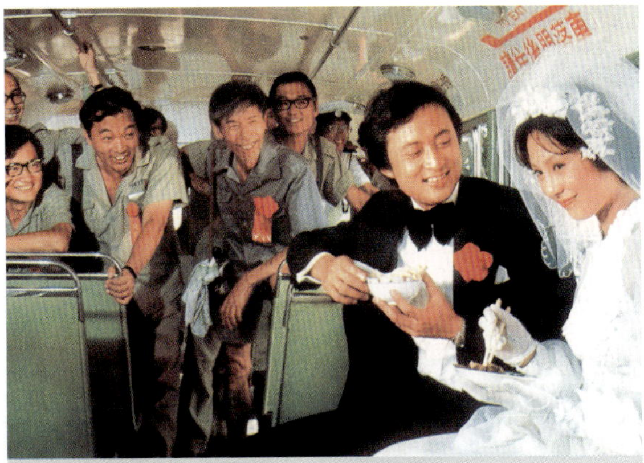
《巴士奇遇結良緣》劇照

《少林三十六房》劇照

《少林三十六房》

出品：邵氏兄弟公司
編劇：倪匡
導演：劉家良
主演：劉家輝　汪禹
袁小田　徐少强
張午郎

父親和親友都被清朝鷹犬所殺的少年投身少林寺，多年苦練成爲武藝高强的武僧，便開始遊歷江湖。他組織起反抗清王朝的隊伍。後回到少林寺，在少林三十五房之後，創立了第三十六房。

《冷血十三鷹》劇照

《冷血十三鷹》

出品：邵氏公司
編劇：倪匡　**導演：**孫仲
主演：狄龍　傅聲　甄妮　谷峰

鐵船幫幫主越西鴻手下有十三鷹，全都武功高强。江湖大俠司馬鑫受人敬重，越西鴻却趁司馬鑫女婿卓一帆外出之際，將其殺害。戚明星是十三鷹之一，對幫主亂殺無辜不滿，與卓一帆聯手同越西鴻展開了一場惡戰。

主要影片目録

本年度香港共出品影片99部，粵語片75部，國語片24部。

邵氏　《四二八》、《少林三十六房》（國語）、《血芙蓉》（國語）、《烏龍濟公》、《笑傲江湖》（國語）、《殺絶》（國語）、《射鵰英雄傳續集》（國語）、《十字鎖喉手》（國語）、《螳螂》（國語）、《楚留香之二蝙蝠傳奇》、《五毒》、《哈囉床上夜歸人》、《冷血十三鷹》、《乾隆下揚州》、《倚天屠龍記》、《倚天屠龍記大結局》、《南少林與北少林》、《撈過界》、《中華丈夫》（國語）

嘉禾　《大煞星與小妹頭》、《荷京喋血》（粵、英）、《貂女》（國語）、《死亡遊戲》、《大路强人》、《追趕跑跳碰》、《哈囉夜歸人》

協利　《愛慾狂潮》、《0女》、《剥錯大牙折錯骨》、《猛男大賊胭脂虎》、《鬥串》、《醉猫師傅》

思遠　《紅樓春上春》、《蛇形刁手》、《醉拳》

新聯　《歡天喜地一家親》、《辣手情人》、《光棍神偷雙彩鳳》

羅維　《蛇鶴八步》（國語）、《飛渡捲雲山》

長城　《巴士奇遇結良緣》、《情不自禁》（國語）

恒生　《不擇手段》（國語）、《殘酷大分屍》

天一　《撈家撈女撈上撈》、《鯉魚頭黑煞星》

五洲　《南洋唐人街》（國語）、《殺出重圍》（國語）

鳳凰　《蕩寇群英》（國語）

繽繽　《茄喱啡》

其他　《過江龍獨闖虎穴》（國語）（龍國）、《狙擊十三》（嘉倫）、《交貨》（登峰）、《狗咬狗骨》（安行）、《鬼馬狂潮》（李氏）、《問你怕未》（虎威）、《新紅樓夢》（國語）（今日）、《鬼馬功夫》（劉氏）、《馬長風暴》（雷鳴）、《發財埋便》（志利）、《林亞珍》（高韻）、《蛇女慾潮》（國語）（漢華）、《肥龍過江》（鳳鳴）、《爛鬼與車頭》（海外）、《追》（長天）、《紮馬》（永勝）、《大搶特腸》（洛琳）、《真白蛇傳》（第一）、《廟街女强人》（志利）、《偷食搶食搵飯食》（得利）、《黑幕》（石英）、《達魔鐵指功》（國語）（英珊）、《一零八》（海外）、《廣東十虎》（美林）、《谷爆》（大聖）、《浪子一招》（嘉富）、《白粉雙雄》（恒發）、《師父教落》（邵氏父子/恒生）、《老虎田鷄》（嘉寶）、《賣身契》（嘉禾/許氏）、《漩渦》（安行/百匯/永熹）

出品者不詳　《荷蘭賭人頭》、《出鐘》

《老虎田鷄》海報

新浪潮先聲之作《撈過界》

邵氏公司出品的《撈過界》，是香港電影第一次以非職業演員主演並首次採用寫實方式進行拍攝寫實影片。此外，影片以全部實景拍攝，並以偷拍方式在鬧市街頭、電車內外甚至海底隧道出入口處等地拍攝追逐戲，手法大膽，充滿真實感，但也極爲危險。因此，影片的寫實感和視覺衝擊力特別强烈，被視之爲香港電影新浪潮先聲之作。

《撈過界》(又名《大好彩》)

出品：邵氏公司
編劇：莫非　導演：牟敦芾
主演：班騰　王坤　劉學玲

一群先後從廣東偷渡來港的原上山下鄉知青，抱着到港一連打劫五家銀行的"發財夢"，遭香港警方追捕，結果夢碎人亡。

《老虎田鷄》

出品：嘉寶公司
編劇：麥嘉 曾志偉
導演：麥嘉
主演：洪金寶 劉家榮 林建明 石天

《一枝光棍走天涯》的續集。老虎仔和田鷄洪是一對歡喜冤家。兩人爲了金條和鐵布衫不停地相互出賣，但最後却一起合力解破了白眉和尚的蟹形拳。

新浪潮電影序幕之作《茄喱啡》

嚴浩導演的《茄喱啡》出現，拉開了香港新浪潮電影的序幕。影片内容純粹是小人物狂想曲，題材雖然一般，但却被公認是香港第一部新浪潮電影。它與後來徐克、許鞍華、譚家明等執導的《蝶變》、《瘋劫》、《名劍》等，共同形成了香港電影新浪潮。其貢獻在於它在既不失娛樂性的同時又拍出了不落俗套的流暢、乾淨和拒絶嘩衆取寵，富有新鮮感。因此，嚴浩在青年導演之中做了一個很好的開頭，引至其他青年導演及其作品接踵而來。

《茄喱啡》

出品：富城公司
編劇：陳欣健　嚴浩　于仁泰
導演：嚴浩
主演：伊雷　陳玉蓮　曾江

"茄喱啡"在影圈中指專門做跑龍套角色的臨時演員。伊雷就是這樣一個臨時演員，雖然被人瞧不起，却十分有艶福，甚至還介入大明星陳玉蓮與曾江的感情糾紛裏面，最後，伊雷不但贏得美人歸，還突然成了大明星。

成龍迅速竄紅影壇

思遠公司相繼推出《蛇形刁手》和《醉拳》，主演成龍因此迅速竄紅影壇。製片家吴思遠獨具慧眼，將成龍最善表演的極富靈巧性的雜耍式動作表現了出來，拍成一部諧趣式功夫片，爲成龍開拓出了一條新路。自始，成龍連拍了多部同類型影片，憑此而開始在銀幕上竄紅，並在以後有了長足進步，最終成爲香港繼李小龍之後又一個功夫巨星。

《蛇形刁手》

出品：思遠公司
編劇：吴思遠　蔡繼光　蕭龍
導演：袁和平
主演：成龍　黄正利　袁小田

鷹爪武師追殺蛇形高手白長天，企圖吞併蛇形派。白長天不願捲入武林紛爭，此後他收巢呆爲弟子，將蛇形功夫傾囊相授。巢呆練就了獨門功夫——蛇形刁手，並在關鍵時刻拼死保護師傅，擊敗了鷹派掌門，使本派得以生存。

《蛇形刁手》海報

《醉拳》劇照

《醉拳》

出品：思遠公司
編劇：吴思遠　奚華安
導演：袁和平
主演：成龍　袁小田

少年黄飛鴻生性頑劣，貪玩好動，惹是生非，家人無法管教，只得請來風塵名俠蘇乞兒管教。黄飛鴻歷經磨練，終於練成醉八仙拳，且自創一路"何仙姑拳"，用以破敵，戰勝强敵殺手，從此長大成人。

本片中的練功情形、師徒同詠李白之詩《將進酒》、醉拳對敵等等場面，令人噴飯，又匪夷所思。而運用變焦鏡頭與人物的動作相配合，節奏鮮明，形象生動，達到優美境界，又讓人拍案叫絶。

成龍(1954—)

演員、導演。原名陳港生，本姓房，後因戰亂原因而改姓陳。其子房祖名則恢復原房姓。祖籍安徽，出生於香港。8歲入香港的中國戲劇學院學京劇，同時涉足影壇。15歲開始正式當電影演員，1976年進入羅維影業公司成爲基本演員，並改名成龍，1978年主演《蛇形刁手》、《醉拳》成名。1979年開始執導影片。他執導和主演的《奇跡》獲第34屆亞太影展最具啓發性喜劇片特別獎；《警察故事》則獲第5屆香港電影金像獎最佳故事片獎。1980年到美國拍片兩年。

成龍所拍的幾十部影片中，較有影響者有《蛇形刁手》、《醉拳》、《師弟出馬》、《殺手壕》、《警察故事》、《A計劃》等。尤其是影片《醉拳》，比《蛇形刁手》更進一步，是香港諧趣功夫喜劇的經典之作，不僅贏得了巨額票房收入，也是成龍時代開始的最重要的標誌。

成龍後來創立威禾公司，出品的《胭脂扣》獲第三世界影展金球獎，都靈電影節評審員大獎，第8屆香港金像獎最佳影片獎。最新作品是《新警察故事》(2004) 和《神話》(2005)。

成龍先後曾獲多種榮譽，包括被英國《星期日》週刊評爲15位世界先生之一、日本《公映》評爲國際十大明星之一、日本《優先》評爲最佳偶像獎，還獲香港80年代十大演藝紅人之一、法國文化騎士勳章，1986年香港十大傑出青年之一、1988年澳洲頒發的世界十大傑出青年之一榮銜。1989年獲英國M.B.E.勳銜。近年更常爲維護香港電影界利益、促進香港電影工業而表現活躍。同時也活躍於慈善活動，爲貧困國家和受災地區人民作出過不少貢獻。

1979年（大陸）

大事記

1月17日 黃鎮向新華社記者宣佈：邀請臺灣省文藝工作者來京參加中華人民共和國成立三十週年文藝彙演，歡迎臺灣省文藝界派代表來北京觀摩彙演，並希望臺灣省電影工作者和祖國大陸的電影廠合作拍攝影片。

1月30日 《文藝報》1979年第1期發表了丁嶠撰寫的文章《爲十七年電影平反昭雪》。

2月8日—24日 文化部在北京召開故事片廠廠長會議，貫徹落實中共十一屆三中全會精神，決定今後影片的劇本和質量主要由製片廠負責。

4月5日 新影廠攝製的大型文獻紀録片《揚眉劍出鞘》在全國城鄉公映。反映了1976年清明節前後，成千上萬人來到天安門廣場悼念周恩來總理，灑血討伐"四人幫"的群衆運動。

4月25日 無産階級戲劇家，30年代左翼電影運動領導者之一，並在電影創作上有卓越貢獻的電影劇作家、中華人民共和國國歌《義勇軍進行曲》歌詞作者田漢追悼會在北京舉行。

4月29日 北京科影攝製的影片《毛孩》在日本東京電視臺播出受到空前歡迎，收視率超過該臺故事片。

8月7日 中國電影合作製片公司成立。

10月24日 由於電視節目不足，文化部、中央廣播事業局下達《關於供應電視臺播放影片的規定》。

12月15日 爲進一步發揚藝術民主，減少影片審查層次，文化部發出關於《電影劇本、電影審查試行辦法》的通知。

12月30日 中國電影公司恢復原名"中國電影發行放映公司"，同時成立中國電影輸出輸入公司。

本年 國務院任命司徒慧敏爲文化部副部長；文化部任命陳播爲電影局局長，張駿祥（兼上海市電影局局長）、錢筱璋、丁嶠、李靜波、季洪爲副局長。

因大批"文革"前攝製的影片恢復上映和國慶獻禮新片展覽活動，全年電影觀衆達293.1億人次，創歷史最高紀録。

重要影片

《啊！搖籃》劇照

《啊！搖籃》

出品：上海電影製片廠
編劇：徐慶東　劉青
導演：謝晉
攝影：陳震祥
主演：祝希娟　張勇手　村里　張瑜

1947年，前線某部教導員李楠奉命護送延安保育院的孩子們撤離，途中克服了重重困難，來到古長城時，遇到了在戰鬥中失去妻兒的蕭旅長。蕭旅長讚賞李楠的英勇行爲。在表彰大會上，李楠被孩子們親切地稱爲李媽媽。

《歸心似箭》劇照

《歸心似箭》

出品：八一電影製片廠
編劇：李克異
導演：李俊　　攝影：楊光遠　陳振中
主演：趙爾康　斯琴高娃　馬志剛　蘆永

1939年冬，東北抗日聯軍某部連長魏得勝在戰鬥中負傷，與部隊失去聯係。他被住在山裏的寡婦玉貞搭救後，兩個人漸漸地建立了感情，但這一切均没有磨滅他尋找部隊的願望。傷愈後他毅然告别玉貞母子，回到了部隊。

《從奴隸到將軍》劇照

《從奴隸到將軍》

出品：上海電影製片廠
編劇：梁信
導演：王炎
攝影：沈西林
主演：楊在葆　張金玲
馮淳超　施錫來

彝族奴隸小籮筐因土司逼死其未婚妻而投軍。10年後被提升爲副連長改名肖羅。在陳毅將軍的策應下率領部隊起義成爲工農紅軍師長，又改名爲羅霄。後出任新四軍挺進江北部隊司令員，百戰百勝。1947年的夏天，他爲了人民的解放事業戰鬥到生命的最後一刻。

《生活的顫音》劇照

《生活的顫音》

出品：西安電影製片廠
編劇：滕文驥
導演：滕文驥　吴天明
攝影：劉昌煦　朱鼎玉
主演：史鍾麒　冷眉　項堃　項智力

清明前夕，青年小提琴家鄭長河遭到"四人幫"爪牙韋立的追捕，危急中被年輕姑娘徐珊珊救下，兩人逐漸相愛。韋立拼命追求珊珊，並不斷去迫害鄭長河，但鄭長河和珊珊終成眷屬。

《瞧這一家子》

出品：北京電影製片廠
編劇：林力
導演：王好爲
攝影：李晨聲
主演：陳強　方舒
陳佩斯　劉曉慶

老胡是毛紡廠的車間主任，女兒嘉英是擋車工，正和老胡的徒弟、玉林戀愛。廠裏的年輕人進行技術革新，却遭到了老胡的反對。在群衆迫切要求改革的議論下，光電探緯儀試驗成功。玉林和嘉英登記結婚，老胡一家人也高興地迎接國慶的到來。

《瞧這一家子》劇照

影片目録（共63部）

北影　《報童》、《甜蜜的事業》、《小花》、《婚禮》、《拔哥的故事》（下）、《瞧這一家子》、《李四光》、《淚痕》、《柳暗花明》、《鐵弓緣》（京劇）、《七品芝麻官》（豫劇）

上影　《於無聲處》、《從奴隸到將軍》（上下集）、《傲蕾·一蘭》（上下集）、《她倆和他倆》、《曙光》（上下集）、《苦惱人的笑》、《藍光閃過之後》、《雪青馬》、《啊！搖籃》、《綠海天涯》、《茶童戲主》（贛南採茶戲）

長影　《贛水蒼茫》、《丫丫》、《誰戴這朵花》、《保密局的槍聲》、《濟南戰役》、《燕青賣線》、《包公賠情》、《吉鴻昌》（上下集）、《逼婚記》、《小字輩》、《苦難的心》、《瞬間》、《北斗》、《祭紅》

八一　《蒙根花》、《雷鋒之歌》、《二泉映月》、《怒吼吧！黄河》、《雪山淚》、《歸心似箭》

珠影　《野鴨洲》（湖南花鼓戲）、《山鄉風雲》、《春雨瀟瀟》、《西園記》（浙江昆劇）、《海外赤子》

西影　《生活的顫音》、《乳燕飛》、《血與火的洗禮》、《捲席筒》（豫劇）、《摸花轎》（歌舞）、《九龍灘》、《丁龍鎮》

峨影　《川梅吐艷》（川劇）、《我的十個同學》、《神聖的使命》、《挺進中原》、《飛向未來》

江蘇　《三親家》（錫劇）、《金色的教鞭》（淮劇）

其他　《向導》（天山）、《櫻》（青影）

《淚痕》劇照

《淚痕》

出品：北京電影製片廠
編劇：孫謙　馬烽
導演：李文化
攝影：吴生漢　陳偌群
主演：李仁堂　謝芳
楊威　邵萬林

"文革"剛結束，朱克實出任金縣縣委書記，發現許多怪事：縣委上馬的土石嶺工程，群衆不歡迎；水庫不能用；人們懷念死去的老書記曹毅。朱克實通過調查，決定讓石嶺工程下馬，並保護曹毅的妻子孔妮娜，通過她查清了曹毅案件的真相，懲罰了張偉一伙。

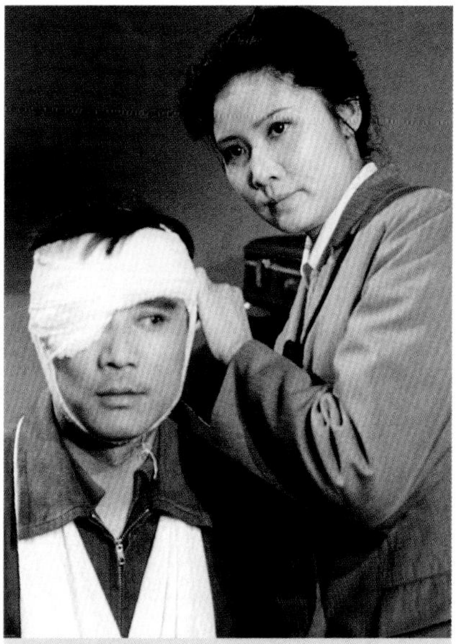

《春雨瀟瀟》劇照

《春雨瀟瀟》

出品：珠江電影製片廠
編劇：蘇叔陽
導演：丁蔭楠　胡炳榴
攝影：魏鐸
主演：張力維　章傑
　　　黄文奎　林默予

1976年清明之後，護士顧秀明離開丈夫——公安人員馮春海，乘火車護送年輕傷員陳陽到江南某市治療。馮春海則接到命令，去追捕陳陽。出於正義感，秀明一路上保護了英雄，並幫助丈夫做出了正確的選擇。

《曙光》劇照

《曙光》

出品：上海電影製片廠
編劇：白樺　王蓓
導演：沈浮　天然
攝影：許琦
主演：王天鵬　達式常
　　　馬冠英　陳燁

1930年春，紅三軍軍長賀龍回到湘鄂西洪湖根據地，同時中央代表林寒和秘書蘭劍也來到洪湖。林寒堅持王明路線，給紅軍帶來了損失。賀龍和洪湖赤衛隊隊長岳菱姑、保衛局長馮大堅等人一起同林寒、叛徒蘭劍進行鬥爭，並戰勝了來犯的敵軍。

《吉鴻昌》

出品：長春電影製片廠
編劇：陳立德　導演：李光惠
攝影：李光惠　王吉順
主演：達奇　白德彰
　　　張衡霄　劉漢

1931年西北軍軍長吉鴻昌爲查逃兵來到蘇區，親眼看到蘇區人民的生活狀況，認清拯救中華民族的希望在共産黨。他在天津組織同盟軍，痛斥蔣介石的罪惡行徑。蔣介石惱羞成怒，逮捕了吉鴻昌。刑場上，吉鴻昌從容鎮定，英勇地獻出了寶貴的生命。

《吉鴻昌》劇照

《甜蜜的事業》劇照

《甜蜜的事業》

出品：北京電影製片廠
編劇：周民震
導演：謝添
攝影：黄心一
主演：李秀明　馬琳　劉釗　馬泰

糖廠司機田五寶與農村姑娘唐招弟戀愛三年，招弟還不願結婚。五寶的姐姐四秀弄清招弟是爲了照顧爹媽，就建議五寶到招弟家落户。二叔二嬸都高興，田大媽也想通了，女兒四秀的愛人楊愛甘也落户到了田家。兩家皆大歡喜。

《苦惱人的笑》劇照

《苦惱人的笑》

出品：上海電影製片廠
編劇：薛靖　楊延晉
導演：楊延晉　鄧一民
攝影：應福康　鄭宏
主演：李志輿　潘虹
　　　史久峰

傅彬作爲一名記者，他爲報紙上充斥的謊言煩惱不已。市委宋書記一邊請老教授爲自己治病動手術，一邊却對他進行批判。傅彬勇敢地告訴宋：反人民的人必定要垮臺。傅彬被押進了囚車，但他却不再煩惱……

《神聖的使命》

出品：峨眉電影製片廠
編劇：王亞　李才雍
導演：毛玉勤　滕進賢
攝影：王文相　謝二祥
主演：高博　富恒智
　　　姜黎黎　王若茘

老公安王公伯率工作組復查案件，發現"白舜案件"漏洞百出。幫派骨幹分子徐潤成等使盡各種卑鄙手段阻止調查。王公伯從白舜妻子林芳和原告楊瓊那裏查出了隱藏八年的真相，但在與歹徒搏鬥時獻出了生命。

《神聖的使命》劇照

《保密局的槍聲》

出品：長春電影製片廠
編劇：鄭荃　金德順
導演：常彥
攝影：常彥
主演：陳少澤　正華
　　　向梅　朱德承

解放前夕，在白色恐怖下的上海，中共地下特工劉嘯塵打入敵人心臟，千方百計獲取了敵人的潛伏計劃。

《保密局的槍聲》劇照

《傲蕾·一蘭》劇照

《傲蕾·一蘭》

出品：上海電影製片廠
編劇：葉楠
導演：湯曉丹
攝影：羅從周
主演：張玉紅　梁丹妮
　　　仲星火　寇振海

1643年冬天，沙皇俄國派遣遠征軍入侵到精奇里江流域，鐵匠希爾奇伊的女兒傲蕾·一蘭帶領達斡爾人民同氣勢洶洶的侵略者展開了艱苦卓絶的鬥爭，並在清軍的配合下，一舉消滅了侵略者。

《苦難的心》劇照

《苦難的心》

出品：長春電影製片廠
編劇：張弦
導演：常甄華
攝影：安治國
主演：康泰　宋曉英
　　　史可夫　許瑞萍

1975年，胸外科專家羅秉真回到醫院，繼續進行"文革"前就開始的"新型瓣膜"手術實驗。"四人幫"颳起了"反復闢"風，醫院黨委書記徐家茂一伙加緊對羅進行迫害，但他毫不屈服。"四人幫"被粉碎了，羅秉真却與世長辭。

中國影協舉行春節茶話會

1月30日，中國影協在北京新僑飯店舉行迎春茶話會，中宣部部長胡耀邦、文化部部長黃鎮等領導出席並發表講話。參加茶話會的還有八一廠、北影廠等單位的領導、編導、演員們，以及姐妹藝術界和文學、新聞、出版各界約350餘人，香港女演員夏夢也應邀參加。

胡耀邦在會上發表了鼓舞人心的講話，他說：我們革命的電影界是30年代形成的。回顧我國電影發展的進程，我們有過歡樂的日子，也有悲憤的時刻。胡耀邦鼓勵大家向前看，他認爲最重要的是放眼未來，一定要維持、鞏固和發展我們黨、國家各民族的安定團結的局面，集中精力搞四個現代化。胡耀邦指出，電影創作面臨的問題是"婆婆太多、劇本太少、青黃不接、裝備落後"，在創作上，要内行加群衆，走群衆路線，把思想搞活。最後，他鼓勵大家樹立堅定的信心，號召大家共同努力，到80年代初，發奮圖强，創造出影壇上一個群星璀璨的年代。

胡耀邦出席中國電影工作者協會春節茶話會

《大河奔流》劇照

《大河奔流》

出品：北京電影製片廠
編劇：李準
導演：謝鐵驪
攝影：錢江　李晨聲
主演：張瑞芳　陳强
　　　張金玲　王鐵成

1938年，日寇侵華，蔣介石不顧百姓存亡，扒開黄河花園口，李麥上街揭露反動當局的罪行。不久她入了黨，積極參加抗戰活動。1958年黄河出現特大洪峰，周恩來總理來到黄河邊，鼓勵人民抗洪，老百姓在區長李麥的帶領下，戰勝了洪水，取得了糧食的大豐收。

影片《大河奔流》引起爭論

影片《大河奔流》展現了一幅從抗日戰爭到社會主義革命和建設時期的歷史畫卷，强烈對比了黄泛區新舊社會翻天覆地的變化。主人公李麥是一個在革命鬥爭中成長起來的農村婦女典型。影片表現了李麥從自發鬥爭到自覺地獻身人民革命事業的過程。值得一提的是，影片在故事片中第一次塑造了毛澤東和周恩來的藝術形象。

《大河奔流》上映之後，引起了觀衆的爭論。以下爲兩段較有代表性的觀衆評論：

影片中的許多場景，如在洛陽"金穀酒家"對國民黨的揭露；土改時，她當上了區長，堅定地要"爲人民當長工"；不能老讓國家南糧北調，"坐着吃優越性"，以及在防洪搶險的關鍵時刻，那種堅信黨的領導，人民的力量，決心用"水高一尺，堤高一尺"到來確保大堤的信念……都使我們感受到李麥在思想境界和政治品德上的高貴。佳華《一曲黄河兒女的頌歌——讚影片〈大河奔流〉》，《大衆電影》，1979年第1期）

李麥非常"突出"，是一位高踞群衆之上的"群衆領袖"，一大群黄泛區的群衆靠她來保護和教導，她能在一個又一個關鍵時刻扭轉乾坤。不客氣地説，她很像前些年電影中出現的"一號英雄人物"……

影片下集情節平淡鬆散，不能緊緊扣住觀衆的心弦。（唐寶根《影片評論要實事求是》，"讀者論壇"，《大衆電影》1979年第4期）

國務院發佈關於改革電影發行放映體制的文件

1979年8月10日，國務院以國發〔1979〕198號文批轉《文化部、財政部關於改革電影發行放映體制的請示報告的通知》，對電影發行放映企業管理體制再作進一步改革。通知中規定："省、市、自治區文化局(電影局)所屬電影發行放映公司是領導管理本省、市、自治區電影發行放映業務的專業公司"；"省、自治區公司根據業務需要在本省、自治區設立分公司作爲自己的派出機構，……各縣(旗)所屬電影管理站，改爲縣(旗)電影發行放映公司，並直接管理文化系統的電影院和國辦電影放映隊。在業務上，受上級公司和當地文化行政部門的雙層領導"；"省、市、自治區及縣(旗)電影發行放映單位的利潤，實際分成辦法，即利潤的20%上繳地方財政，80%用於發展電影放映事業，不得用於其他方面"。

1980年5月22日，文化部、財政部聯合發出《關於貫徹國務院〔1979〕198號文件的補充通知》。

198號文件推動了電影發行放映事業的鞏固和發展，調動了發行放映基層企業和廣大職工的積極性，體現了體制改革的優越性。

"慶祝中華人民共和國成立三十週年獻禮新片展覽"

6月21日，文化部發出通知，決定舉辦"慶祝中華人民共和國成立三十週年獻禮新片展覽"，分三批於國慶節、1980年元旦、1980年春節在全國各省、市、自治區首府舉行，同時，選定部分節目在全國城鄉廣泛映出。

獻禮新片節目（國慶節期間）

一、故事片、舞臺藝術片29部：《從奴隸到將軍》、《吉鴻昌》、《傲蕾·一蘭》、《曙光》、《生活的顫音》、《神聖的使命》、《小花》、《二泉映月》、《她倆和他倆》、《瞧這一家子》、《淚痕》、《李四光》、《小字輩》、《苦難的心》、《北斗》、《藍光閃過之後》、《歸心似箭》、《山鄉風雲》、《春雨瀟瀟》、《乳燕飛》、《血與火的洗禮》、《挺進中原》、《向導》、《海外赤子》、《鐵弓緣》；

二、紀録片15部：《光明的中國》、《藍天抒情》、《新起點》、《奔向2000年》、《火炬》、《永樂宮》、《泥塑新花》、《長江》、《爲了孩子》、《灕江畫童》、《相會在青島》、《金鳳凰飛進光棍堂》、《竹》、《英雄的廣州》、《隨縣曾侯乙墓》；

三、美術片6部：《哪吒鬧海》、《阿凡提》、《刺猬背西瓜》、《奇怪的球賽》、《天才的雜技演員》、《好猫咪咪》；

四、科教片19部：《古都北京》、《韶山灌渠》、《敦煌藝術》、《微波通信》、《地殼運動》、《鳥島》、《廣西天然藥物考察》、《中國花鳥畫》、《扇貝》、《太湖》、《秦俑》、《中山植物園》、《花的秘密》、《草蛉》、《玩具》、《生物進化》、《祖國的海岸》、《工廠防火》、《緑色淨化器》。

周恩來在"新僑會議"上的講話全文發表

1月12日，《電影藝術》第1期、《電影創作》第1期、《文藝報》第2期全文發表周恩來1961年6月19日在文藝工作座談會和故事片創作會議上的講話。《電影藝術》編輯部與《文藝部》編輯部邀請在京部分文藝、電影工作者座談，學習、討論周恩來的這篇重要講話。

附録：《造成民主的風氣》

十八年前，在故事片創作會議上總理那知人之深的談話，一直刀刻斧鑿般地銘記心田。作爲親自聆聽總理教誨的文藝工作者來説，重讀總理的講話，恰如"春温上筆端"，倘不把總理關心創作人員疾苦和良師益友般的深厚情意告訴普天下的讀者，心情是無法平静的。（王家乙《恰如春温上筆端》，《大衆電影》1979年第3期）

時隔十八年，再來重讀周恩來同志1961年的講話，討論如何貫徹講話精神，爲時已經是太晚了！但是，回顧這十多年來"四人幫"對社會主義文藝事業的危害，正視一下我們的電影事業不能滿足廣大群衆需要的現實，講話的馬克思列寧主義光芒、撥亂反正的氣魄才更加深刻地顯露出來。也只有有了今天的條件，我們才能把講話中闡述的正確的文藝政策付諸實施……没有文藝民主，就没有敢想敢説敢做，就没有首創精神和大膽的實踐，就没有百花齊放的局面。

（張天民《造成民主的風氣》，《大衆電影》，1979年第3期）

本年度在國際上主要獲獎情況

《牧笛》獲丹麥第3届歐登塞國際童話電影節金質獎；

《人參娃娃》獲埃及第一届亞歷山大國際電影節"最佳兒童片獎"。

鄧小平在第四次文代會上致祝辭

中國文學藝術工作者第四次代表大會

10月30日至11月16日，中國文學藝術工作者第四次全國代表大會在北京舉行。這次大會是粉碎“四人幫”後文藝界的第一次盛會，與上屆文代會相隔19年。鄧小平代表中共中央、國務院致祝辭。黨和國家領導人葉劍英、鄧小平、李先念等出席了大會開幕式和閉幕式。大會肯定“文化大革命”前十七年的文藝路線基本是正確的，文藝工作的成績是顯著的；指出所謂“黑線專政”，完全是林彪、“四人幫”的誣蔑。大會提出，圍繞着實現四個現代化的共同目標，文藝的路子要越走越寬，在正確的創作思想的指導下，文藝題材和表現手法要日益豐富多彩，敢於創新。

鄧小平在第四次文代會上的祝詞，是新時期文學藝術的戰鬥綱領，提出了社會主義現代化建設新時期的文藝工作方針，使這次大會更加具有里程碑的重要意義。這篇祝辭成爲新時期黨指導文藝工作的基本綱領。當時，文藝界剛剛遭受空前的浩劫，文藝界備受摧殘，身心疲憊，鄧小平的祝辭，撥正了文藝發展的船頭，使廣大文藝工作者受到極大的鼓舞。

11月4日，在第四次全國文代會期間，中國電影工作者協會舉行會員代表大會。300多位電影藝術家、電影技術家和電影事業家濟濟一堂，包括30年代就從事左翼電影工作的老一輩藝術家、解放區電影工作者、年青電影創作者，以及香港電影工作者吴楚帆、李萍倩、夏夢等。國際著名電影藝術家伊文思，好萊塢知名演員、美籍華人盧燕也出席了會議。

于伶致開幕詞後，與會人員全體起立，爲“文革”中被迫害致死的蔡楚生、袁牧之、田方、舒綉文、海默、鄭君里、崔嵬、上官雲珠等一大批電影工作者致哀。會議提出了“加强電影工作建議書（草案）”，並決定把中國電影工作者協會改名爲中國電影家協會，通過協會章程，選舉夏衍爲電影家協會主席。11月11日影代大會閉幕。

第四次全國文代會及第四次電影工作者代表大會總結了建國30年來文藝戰線的經驗，制定了新的歷史時期文藝工作的方針政策，作出了許多重大決策，爲社會主義新時期的文藝振興開創了道路。

附録：鄧小平《在中國文學藝術工作者第四次代表大會上的祝辭》（摘録）

我們要繼續堅持毛澤東同志提出的文藝爲最廣大的人民群衆、首先爲工農兵服務的方向，堅持百花齊放、推陳出新、洋爲中用、古爲今用的方針，在藝術創作上提倡不同形式和風格的自由發展，在藝術理論上提倡不同觀點和學派的自由討論。

人民是文藝工作者的母親。一切進步文藝工作者的藝術生命，就在於他們同人民之間的血肉聯係。忘記、忽略或是割斷這種聯係，藝術生命就會枯竭。人民需要藝術，藝術更需要人民。

第四次文代會和第四次影代會文獻摘録

我國的社會主義電影，經歷了三十年曲折、崎嶇的道路。三十年來最根本的一條經驗，就是要堅定不移地貫徹“雙百”方針。凡“放”則興，凡“‘收”則衰。只要我們堅持“放”的方針，在即將進入的80年代，我國社會主義的銀幕，必將五彩繽紛，群星燦爛！（于伶《中國電影工作者第四次代表大會開幕詞》）

只要我們解放思想，搞題材多樣化；第一把手親自抓培養接班人的工作，把黨性强、作風正派、精通電影業務的好同志堅決提拔到領導崗位上來；改一改不合理的生產體制，我想我們的電影事業要搞上去是不會太慢的。（夏衍《在影代會上的講話》）

當前電影的體制改革，已經到了勢在必行的階段。電影體制改革的出發點有兩條：一條是按電影藝術規律辦事；一條是按經濟規律辦事。我們已經修改了妨礙電影藝術創作的電影劇本的審查制度，把電影劇本決定投産權交給各廠。電影局只對完成影片進行審查和批准發行。（陳播《在影代會上的發言》）

衆所周知，中國電影和中國電影工作者剛經歷了一個恐怖的年代……

因此現在你們正在努力追回失去的時間，正在使中國電影復興。這正是這次代表大會的全部意義。在這個過程中，中國電影的民族風格一定會煥發青春。同時，中國電影也只有以其民族風格的特點和獨創性才能在國際上獲得成功。

（約·伊文思〔荷蘭〕《在影代會上的賀詞》）

1979年（臺灣）

大事記

1月16日　新任“新聞局長”宋楚瑜今日勉勵電影界人士表現自强愛國精神，開發國際市場。

1月22日　吴思遠在臺灣拍新式武俠片《蝶變》，徐克導演，引起重視。

1月25日　一連串勵志體育片開拍，有《錦標》、《我愛芳鄰》、《飛躍的玲羊》、《勝利者》等。

2月1日　當局實施電影事業暨電影演藝人員輔導管理規則，業者反彈，資深影人龔稼農未領演員證，變成地下演員，宣傳不能掛名。

2月15日　電影圖書館推出揭幕以來第一個公開活動——“李行導演作品回顧展”，映演19部李行導演的影片，並舉行演講和作品討論會。

6月12日　《汪洋中的一條船》在紐約華埠上映，由導演李行親自主持首映典禮。

6月12日　當局有關機構召開座談會，決議取締非法録像帶，業者懸賞300萬元。

7月　“中影”的《汪洋中的一條船》，在第25屆亞洲影展獲天主教唯一特別獎，最佳導演獎（李行），最佳女主角獎（林鳳嬌）、最佳男主角獎（秦漢）。

8月20日　電影製片協會召開“國片海内外市場發展問題”座談會，與會人士紛紛提出國片在製作上及經營上所面臨的種種困難。

10月3日　胡金銓的《空山靈雨》、《山中傳奇》兩部影片，分別參加了多倫多及蒙特利爾的國際電影節，贏得了“武俠片的英格瑪博格曼”和“中國影片中最重要的導演”之稱譽。

10月5日　電影圖書館舉辦“宋存壽電影回顧展”，放映十部片，辦三場座談會。

10月30日　第16屆金馬獎頒獎方式有重大改變，不但擴大了規模，也提出了專業化、藝術化、國際化的目標。其活動範圍包括邀請亞洲影展會員代表及國際知名影人參加頒獎典禮，舉辦外國電影觀摩、專題演講等，建立金馬獎新形象。

12月10日　高雄發生“美麗島事件”，反對人士多位被捕。

12月22日　《小城故事》獲舉行第3屆優良國語影片“金炬獎”。

12月31日　部分社會問題影片復檢，新聞局邀主婦及學生代表參加。

本年　録像帶及“第四臺”橫行，可以看到被禁的色情片及院線片，國片市場嚴重打擊。

重要影片

《成功嶺上》海報

《成功嶺上》

出品：中製
編劇：小野
導演：張佩成
攝影：蔣超
主演：林青霞　林鳳嬌
　　　秦祥林　梁修身
　　　胡茵夢　歸亞蕾
　　　宗華　寇世勳

本片叙述一群不同背景、不同學校的大專生，懷着各種不同的心情來到成功嶺受訓，在嚴格的訓練和連長、輔導長等人細心冷靜的領導下，經過42天新鮮而刺激的訓練生活，每位青年都有了極大的轉變，對國家、社會都産生正面的影響。

除秦祥林、梁修身等演員外，林青霞、林鳳嬌、胡茵夢等明星在此片中均屬客串演出。

《香火》劇照

《香火》

出品：中影
編劇：陳銘磻　林清玄　吴念真
導演：徐進良
攝影：閻崇聖
主演：柯俊雄　楊麗花　梁修身　嘉凌

林澤民和妻子秀姑從福建遷移臺灣定居，澤民因抗日而死。其孫永源長大成人赴日學醫，認識三位好友：貞子，卜興漢和興漢的未婚妻梁惠如。興漢因參加破壞日軍情報機構行動犧牲，臨死前託永源照顧惠如，後蒙貞子父親的幫助，回到中國。

《一個女工的故事》

出品：中影 永昇
原著：林安妮
編劇：孫才敏 姜龍昭
導演：張蜀生
攝影：張惠恭
主演：秦祥林 陳秋霞 明明 童雲

"中影"、永昇聯合招訓的新演員與港星秦祥林、陳秋霞等聯手演出。

《緊迫盯人》

出品：中影 印尼公司
編劇：宋項如
製片：明驥
攝影：林鴻鐘
主演：宋華 龍君兒
田野 曹健

描寫一名印度尼西亞僑生，來臺灣參加十大建設，擔任工程師，新婚後，回雅加達度蜜月，遭毒販集團暗中將毒品藏在工程師皮包内。

《天狼星》

出品：中影
編劇：宋項如
導演：張美君
攝影：孫材肅
主演：吴三洙 劉皓怡
于珊珊 姜大川

劇情叙述白蓮教内幕，重點在表現旅韓武術高手吴三洙的拳脚，及北派長拳螳螂門傳人——新進女演員劉皓怡的功夫。

《一簾幽夢》

出品：第一
原著：瓊瑶
導演：白景瑞
編劇：張永祥
攝影：林贊庭
主演：甄珍 秦祥林 汪萍 魏甦

描寫一個女孩從幻想走到現實，由彷徨步向成熟的心路歷程，以第一人稱的獨白，來表達多愁善感的少女的喜怒哀樂。布景的美化及唯美的情調，擅用音畫，彌補了劇本的空虚。發揮了甄珍的明星魅力。

《一顆紅豆》

出品：巨星
原著：瓊瑶
編劇：喬野
導演：劉立立
攝影：林文錦
主演：秦漢 林青霞 馬永霖 宋岡陵

夏初蕾周旋於梁致文、梁致中之間，先鍾情於梁致中，因梁致中移情别戀，並因父親夏寒山私情暴露，在雙重刺激下憤而自殺，幸蒙梁致文搶救。梁致文却因而身受重傷，最後康復，和夏初蕾結爲連理。

《雁兒在林梢》

出品：巨星
原著：瓊瑶 編劇：喬野
導演：劉立立 攝影：林文錦
主演：林青霞 秦漢
謝玲玲 馬永霖

歸國女子陶丹楓，懷疑姐姐的未婚夫害死她姐姐，於是展開復仇行動，不料愛上了他，最後事實證明他不是兇手，兩人的愛終能如願。

《雁兒在林梢》劇照

影片目録

中影 《一個女工的故事》、《香火》、《我們永遠在一起》、《錦標》
中製 《火種》、《成功嶺上》
大衆 《小城故事》、《早安，臺北》
思遠 《蝶變》
第一 《浪蕩江湖》、《肥龍功夫精》、《山中傳奇》、《菜市場怒漢》
聯合 《瘋女十八年》、《阿米得道》
萬聲 《三顆糊塗彈》、《鐵燕》
風城 《怪拳怪招》、《怪師傅》
鳳冠 《夜變》、《奪命三娘》、《古厝夜雨》
欣欣 《笑拳》、《天下無雙》、《忍拳》、《新西廂記》
劉氏 《沾衣十八跌》、《六合千手》
恒生 《出籠》、《無名小卒打天下》、《廉政風暴》、《寶島警騎》
東亞 《睡拳怪招》、《李鐵拐成仙》、《刁手雨傘俠》
威靈 《大教頭與俏娘子》、《千里眼與順風耳》、《孫悟空七十二變》、《愛情火辣辣》、《光頭十二嬌娃》
南海 《飛禽走獸十三形》、《俥傌砲》
東海 《折劍傳奇》、《七巧鳳凰碧玉刀》
金世紀 《枯月流星斬》、《摘星》、《絶世六招》、《斷指小老幺》
宏華 《五爪十八翻》、《師父出頭》
巨星 《雁兒在林梢》、《一顆紅豆》、《彩霞滿天》
富都 《春之晨》、《三十七計》、《冰點》
萬國 《正宗錢王拳王》、《夢中劍》、《鐵脖子李勇》
孫氏 《衝刺》、《情奔》
其他 《祝老三笑譚》（曾澤）、《一老一少一根釘》（龍國）、《傻小子闖關》（吉星）、《寧静海》（永昇）、《龍門王鐵尉》（正峰）、《樓上樓下》（白氏、第一）、《糊塗江湖糊塗俠》（歐亞）、《勇士》（裕豐）、《監獄禁女》（志利）、《南海島血書》（義興《南海血淚》（亞青）、《通天老鼠下江南》（奇利）、《怒馬飛砂》（金龍）、《決鬥死亡塔》（和欣）、《孫臏下山鬥龐涓》（金祥）、《盲拳怪招》（合衆）、《天下無敵》（五富）、《醉步迷蹤》（天聲）、《排骨龍》（合豐）、《打錯拳出錯招》（永勝）、《落霧飄飄點點紅》（海天）、《江湖半醉俠》（明興）、《順天聖母正傳》（華寧）、《城隍爺》（倍倫）、《一膽二命三功夫》（三羊）、《碎心蘭》（國華）、《錯誤的第一步》（鴻揚）、《小李飛刀》（南强）、《蛇形刁腿》（星海）、《百萬將軍一個兵》（佳欣）、《功夫大拍賣》（東國）、《昨日雨瀟瀟》（鑫合）、《土地公》（大星）、《人在江湖》（中外）、《糊塗南北和》（光明）、《無敵飛金剛》（美鴻）、《瀟瀟秋水寒》（巨豐）、《罩門三路》（成功）、《浪子快刀》（佳興）、《醉俠蘇乞兒》（金鼎）、《春寒》（樺梁）、《白狐》（大鵬）、《醉魚醉蝦醉螃蟹》（雨青）、《廣東十虎》（美林）、《黄金孔雀城》（金絲）、《哥哥我愛迪斯可》（鳳鳴）、《不要恨我》（亞洲）、《盲拳鬼手》（金寶）、《錢財與奴才》（萬龍）、《琴聲鬼影》（得利）、《一片深情》（金門）、《忍拳威震巴黎》（忠良）、《鬼馬福星》（虎威）、《六合八法》（新華）、《歡顔》（飛騰）、《英雄有淚》（新海）、《鬼吼斷魂紫陽劍》（天星）、《泥鰍過江》（泰吉）、《女情報員》（友邦）、《神拳》（羅維）、《科學小飛俠》（上上）、《醉猴女》（國鐘）、《笑拳怪招》（豐年）、《幽靈神功》（永泰）、《神拳金鷹》（富邦）、《試管嬰兒》（影藝）、《片片楓葉片片情》（長江）、《林亞珍》（高韻）、《大糊塗》（藝新）、《金榜浪子吴政輝》（全美）、《師妹出關》（王龍）、《尋夢的孩子》（自立）、《流水落花春去也》（鴻興）、《六朝怪談》（恒基）、《落翅仔》（金馬）、《落翅仔的海鷗》（華寧）、《戚繼光》（華影）、《唐三嫂》（康康）、《少林彌陀點燈》（星城）、《傳奇人物廖添丁》（朋友）、《要命的小方》（六福）、《軟骨真功夫》（龍升）、《丐幫傳奇》（海洋）、《乞丐與藝妲》（宏文）、《秋蓮》（合復）

《源》劇照

《源》海報

《源》

出品：中影
原著：張毅　導演：陳耀圻
編劇：張永祥　張毅
攝影指導：林文錦
主演：王道　徐楓　約翰・菲利普勞

100多年前，由大陸渡海來臺的移民吴霖芳，帶領吴氏家族開疆拓土、採石油。吴霖芳當過雇工、店員、石圍牆鎮鎮長，經歷愛情、家庭和事業上的許許多多坎坷曲折與磨難，堅持採油源，犧牲於火海之中。妻子也由脾氣嬌縱的富家小姐轉變爲精通農事的勞動婦女。

《小城故事》

出品：大衆
導演：李行
編劇：張永祥
攝影：陳坤厚
主演：林鳳嬌　鍾鎮濤
　　　葛香亭　江明

一個剛出獄的青年，尋訪昔日獄中難友，隨其學習木雕技藝，愛上他的啞女兒。富家女則對青年一往情深。這引起了獄友的不滿，逐他出門，最後誤會化解，啞女與青年和好。

《小城故事》劇照

《小城故事》劇照

《百萬將軍一個兵》

出品：藝雲
監製：趙僅　易潔
導演：李家志
主演：凌雲　白鷹　衛子雲

隋唐時，萬乞兒是唐將柳洪齊帳前小卒，驍勇善戰，屢立大功。柳洪齊出巡渝州，高太守正欲吐出隱情時，被殺滅口。原來方家堡主方世恭意圖謀反，收買柳大人屬下虞師爺，設下陷阱綁架了柳大人。朱朗反正救柳大人，乞兒等人也及時趕到，展開打鬥，終將叛賊消滅。

《落霧飄飄點點紅》

出品：海天
編劇：張永祥
導演：徐天榮
攝影：張惠恭
主演：謝玲玲　劉尚謙　崔浩然　尹寶蓮

國雄遠行未與女友淑蘭通信，引起誤會，遂使董事長的花花大少李志彬趁機獲取美女。國雄回國後伺機報復。此一陰影爲志彬妹妹秋雲洞悉，她單戀他、尊敬他。有意獻身化解國雄與哥哥仇意。但是國雄不領情，導致秋雲無辜犧牲。國雄才知自己愛秋雲，後悔莫及。

《情奔》

出品：孫氏（秦漢獨立製片）
監製、導演：秦漢
編劇：盧贊飛
攝影：郭木盛
主演：林青霞　秦漢
　　周瑞舫　曹健

本片是秦漢自製、自演、自導的處女作。男主角是喜歡攝影的青年，追求神秘女孩，以山洞爲家，捕魚而食，過着浪漫生活，有如成人神話。

《夜變》

出品：鳳冠
編劇：劉石
攝影：陳喜樂
導演：姚鳳磐
主演：王釧如　秦風
　　石峰　周明惠

描述兩個女學生在鄉野中的一間大客店遭遇的恐怖殺人事件，全片大部分在夜間拍攝，恐怖氣氛頗濃。本片獲邀參加西班牙聖巴斯汀影展。

《六朝怪談》

出品：恒基
編劇：王菊金　管管
攝影：王菊金
剪輯、導演：王菊金
音樂：黄茂山

本片以三段短篇的鬼怪故事組合而成：第一段《馬女》内涵詭異，第二段《古》比較傳統，第三段《鏡中孩》内容具諷刺性。導演王菊金出身實驗電影。本片獲第17屆金馬獎最佳劇情片導演獎，並獲選送參加奥斯卡金像獎最佳外語片競爭。

《落花流水春去也》

出品：鴻興
編劇：潘榕民
導演：宋存壽
攝影：陳清渠
主演：林鳳嬌　秦祥林　谷名倫

哥哥愛上弟弟女友小薇，弟弟走赴外國工作。哥哥婚後往非洲採訪失蹤，弟弟返國安慰，小薇失落的愛情重現希望時，哥哥回國了，引起感情糾紛，最後弟弟證實了他的清白。

《難忘的一天》

出品：聯合
導演：張美君
攝影：陳榮樹
製片：王龍
主演：林青霞　秦祥林　江明

田雨秋是一位充滿愛心的護士，在礦區服務，博得衆人敬愛，而浪子沙夢雄爲報恩赴礦區尋寶，遭陷害，和田雨秋陷於礦坑中，結果兩人爲求生而産生相愛相憐之情。

《早安，臺北》

出品：大衆
編劇：侯孝賢
導演：李行
攝影：陳坤厚
主演：鍾鎮濤　林鳳嬌　江明　李烈

因房屋出租過期已久，地主竟帶兩個打手人物來催孤兒院搬家。孤兒向地主跪了一天一夜，感動各界紛紛捐款。地主允他們延期搬遷。而另一方面江明每天忙着工作和讀書、賺錢貢獻孤兒院，連死亡也安排了百萬元保險金，完成他爲孤兒們建院的宏願。

《早安，臺北》海報

《寧靜海》

出品：永昇
製片：江日昇
編劇：小野
導演：林福地
主演：恬妞　胡茵夢　馬永霖

夏曉南處在兩位女孩之間，矛盾擺盪了好一段時間之後，終於選擇了後來才愛上的文英，因爲她爲他生了一個兒子，在兒子牙牙學語叫喚“爸爸”的感動與喜悦下，放棄了初戀的姚莉。姚又回到了她的寧靜海。

《金榜浪子吴政輝》

出品：金美
編劇：姚慶康
製片：吴敦
導演：賴惠中
攝影：莊胤建
主演：李小飛　吴小嬋
　　盧碧雲　葛香亭

不良少年吴政輝，求學時和導師衝突遭退學，淪爲街頭浪子，參加搶劫逃亡，被通緝。接受二姐勸導改過自新投案，在少年監獄勵德補校就讀，受另一刑犯影響用功勤讀，放棄提早假釋，終於通過聯考，考取中央大學，被報上稱爲“金榜浪子”。

《永恒的愛》

出品：中影
執行製片：張法鶴
編導：丁善璽
副導演：金鰲勳
攝影：林文錦
主演：恬妞　賈思樂　林嘉　盧燕

臺灣留學美國的碩士生陳孝昌，在一次體檢中發現自己患了絶症，一面與病魔搏鬥，另一面仍趕寫博士論文，他的勤學精神受老師肯定，對父母隱瞞病情，却更孝順，在逝世前，完成博士論文，獲師友醫生的讚佩，家人才得知真相，都很悲痛。

《永恒的愛》

《錦標》劇照

《錦標》

出品：中影　編劇：鄧育昆
導演：汪瑩　攝影指導：林鴻鐘
攝影：閻崇聖
主演：恬妞　李振輝　歸亞蕾　陳莎莉

酷愛拳擊的袁時和，獲大專院校比賽勝利，女友多予鼓勵，父母却反對怕誤學業，袁時和決定離家自立謀生，苦練有成，赴美參加國際比賽爲國爭光。

汪瑩（1940—　　）

導演，電視製作人，影評人。江蘇吴縣人。父親爲著名外交家汪公紀。曾在美國波斯頓大學藝術研究院學習電影製作，1968年獲碩士學位。曾任胡金銓的副導演，並參與策劃《迎春閣風波》。1968年起任中國電視公司編導。並以筆名盈盈在《中國時報》、《聯合報》等多份報刊雜誌撰寫影評及專欄。1974年間曾任美國舊金山KQED電視臺製作人兼導播。1975年爲中製導演《女兵日記》，獲金馬獎優等劇情片獎。1979年爲中影導演《錦標》，獲教育主管部門頒獎。又導演兼攝影剪接紀録片《萬里親情》、《中央市場的一天》、《小菁一家人》及劇情片《血染紅綢》（未完成）和《第九類媽媽》（因資方缺錢後期製作）等。電視節目方面，曾編導連續劇《幾番風雨》、單元劇《貝貝劇場》、《劇藝廣場》。綜藝節目《女人世界》、《萬紫千紅》、《猜猜看》、《婦女天地》、《唱唱唱》，特别節目《國劇的欣賞》、《老馬》等。其中《國劇的欣賞》獲好萊塢第一届電視展最佳文化獎，《老馬》獲退除役官兵輔導會獎狀。《唱唱唱》獲廣播電視金鐘獎。並出版電影專著《亮不亮的星星》與《盈盈眼》。

社會寫實片成爲主流

1979年是臺灣國片的豐收年，在影評人協會選的十部國産佳片中，雖然呈現多元化，但以社會寫實片爲主流，這是以往没有的現象。

一、《成功嶺上》：小野編劇，張佩成導演，"中製" 出品。軍教片。

二、《山中傳奇》：鍾玲編劇，胡金銓導演，"第一" 出品。鬼片。

三、《小城故事》：張永祥編劇，李行導演，"大衆" 出品。鄉土片。

四、《廉政風暴》：吴思遠編導，"恒生" 出品。社會寫實片。

五、《寶島警騎》：林展偉編劇，華一泓導演，"恒生" 出品。社會寫實片。

六、《黄埔軍魂》：劉家昌導演，"中影" 出品。軍教片。

七、《錯誤的第一步》：歐陽俊導演。社會寫實片。

八、《空山靈雨》：胡金銓編導。"金銓" 出品。宗教片。

九、《蝶變》：林志民編劇，徐克導演，"思遠" 出品。武俠片。

十、《六朝怪談》：王菊金編導，"恒基" 出品。

上列十佳片中社會寫實片佔有三部，已成爲國片製片的主流，這是很多影迷多年的期待，由於去年《神探九〇九》的賣座成功，今年才有人逐漸嘗試，首先是歐陽俊導演的《錯誤的第一步》，將真實的暢銷小説故事搬上銀幕，並請幾度逃獄的馬沙本人親自演出。他雖然犯過罪，却有改邪歸正的心意，後來這部影片的原著被人揭發有杜撰的成分，都是出版商搞鬼，馬沙也是受人擺佈。同時歐陽俊處理監獄場面很有真實魄力，即使不是真實故事，作爲一部起用新人演出的寫實影片，也有創新的成果。事實上所謂寫實影片只要編導處理的手法寫實，並非一定要故事真實。《錯誤的第一步》能够入選中國影評人協會的十大佳片之一，除了寫實手法成功，還有深具社會教育意義。

後來馬沙又在歐陽俊導演下，拍了一部類似的社會寫實片《凌晨六點槍聲》，這部影片不再以真人真事爲號召，但片中賭博的素材，却是馬沙親身經歷的事件。從《錯誤的第一步》和《凌晨六時槍聲》，顯示歐陽俊的寫實手法有强烈的衝擊力，在導演中還是少見。

還有一部真人演出的《毒玫瑰與大保鏢》，是根據轟動港臺的楊映卿販毒案的真實故事改編，主演大保鏢的陳軍堡，在真實的販毒案中雖不是大保鏢，却也是保鏢之一，當時年輕氣盛犯了錯誤，曾與楊映卿同時坐牢，因服刑期間表現良好，提前假釋，受導演楊權邀請主演，也成了明星。

由於寫實電影受歡迎，成了今年製片的主流，除了上列幾部還有徐進良的《拒絶聯考的小子》，張蜀生《一個女工的故事》，金聖恩的《斷指小老幺》，華一泓的《寶島警騎》，李美彌的《未婚媽媽》，吴萬春的《何處是兒家》，孫聖源的《落翅仔》，徐學明的《落翅仔的海鷗》，張美君的《難忘的一天》，周振虹的《南海島血書》，還有一部《南海血淚》，賴惠中的《金榜浪子吴政輝》，傅清華的《撫順街爆炸案》……同時香港前幾年攝製，吴思遠導演的《廉政風暴》，高寶樹的《少年犯》，黄驊騏的《出籠》，梁普智的《狐蝠》等片，今年也在臺灣推出上映。還有于仁泰、陳新健合導的新片《牆裏牆外》，即將映的《茄喱啡》等，大部分香港寫實片的水準，都比臺灣高，尤其《出籠》，臺灣同類型的《落翅仔》、《落翅的海鷗》等片都要差一級。

這些寫實片，大部分都是根據轟動一時的新聞事件改編，或新聞性的小説改編，可以説不是真實故事就是真實素材，都是觀衆親身經歷或耳聞目睹的現實題材，其中，張美君的《難忘的一天》，描寫礦工的生活，在國片中還是初見，在外國片中也很少看到，山區的攝影很美，當局已決定選去參加明年2月5日至8日在美國德州聖安東尼奥市舉行的德州國際影展。

雖然社會寫實片在本年産量豐富，但不久後，卻又因大量的搶拍風，而使臺灣電影産量跌至谷底。

與澳平等互惠合作拍片

10月15日，澳洲麥考倫公司與中影合作在臺灣拍攝《Z字特攻隊》，派了一組演藝人員到臺灣工作，包括影星約翰·菲利普勞、梅爾吉普遜、克里斯海渥、山姆尼爾及製片人約翰麥考倫、李羅賓遜、貝蒂珀娜，攝影羅傑·馬歇爾、剪輯戴維史提芬等。在臺期間，澳方曾以主導自居，而拍片工作却主要落在中影身上，特别是第一次掛名導演的金鰲勳尤爲賣力，拍片之初，也曾因雙方意見不能溝通，原預定的兩位導演都曾走馬換將過。同年12月30日殺青。

《Z 字特攻隊》

出品：中影　澳洲麥考倫公司
編劇：羅傑·馬歇爾
導演：提姆·勃斯特　金鰲勳
攝影：林鴻鐘
主演：柯俊雄　約翰·菲利普勞　張艾嘉

劇情寫二次大戰期間，日軍攻擊美國艦艇，中美健兒並肩作戰。

第16屆金馬獎頒獎

11月2日，第16屆國片金馬獎舉行盛大的頒獎典禮。頒獎典禮由蔣光超、張艾嘉主持，除了聚集臺港無數明星之外，最受到矚目的就是來自國外的三位知名演員，包括美國的女星伊莉薩白·泰勒、約翰·菲利普·勞和英國男星詹姆士·梅遜，以及美國製片人協會理事長杜特夫婦等外賓。本屆金馬獎得獎名單如下：

最佳劇情片：《小城故事》（大衆）；優等劇情片：《山中傳奇》（豐年）、《成功嶺上》（"中製"）、《春寒》（樺梁）、《香火》（中影）、《歡顔》（飛騰）；最佳卡通片編導：黄木村（《幸福掌握在您手中》）；最佳劇情片導演：胡金銓（《山中傳奇》）；最佳劇情片男主角：柯俊雄（《黄埔軍魂》）；最佳劇情片女主角：林鳳嬌（《小城故事》）；最佳劇情片男配角：韓甦（《歡顔》）；最佳劇情片女配角：沈時華（《一個女工的故事》）；最佳劇情片童星：歐弟（《小城故事》）；最佳劇情片原著劇本：張永祥（《小城故事》）；最佳劇情片改編劇本：李翰祥（《乾隆下揚州》）；最佳劇情片攝影：陳俊傑（《山中傳奇》）；最佳劇情片剪輯：姜興隆（《冷血十三鷹》）；最佳劇情片美術設計：胡金銓（《山中傳奇》）；最佳劇情片配樂：吴大江（《山中傳奇》）；最佳劇情片電影插曲：《歡顔》（《歡顔》，詞：沈吕白，曲：李泰祥）；最佳劇情片録音：周少龍（《山中傳奇》）等。

臺灣片在香港票房下跌

1973年開始，臺灣電影在香港上映的數字顯著下跌，1973年只有39部，1974年26部，1975年24部，1976年23部，1977年30部，1978年34部，1979年38部，1980年37部。其中收入比較好的，只有《八百壯士》收入183萬港幣，居當年香港十大賣座影片的第四位。《少林寺十八銅人》收入174萬佔第五位，《千刀萬里追》收入168萬佔第六位，得第13屆金馬獎最佳影片獎的《梅花》收入152萬佔第七位等。

香港評價最高的臺灣影片有《母親三十歲》、《吾土吾民》、《筧橋英烈傳》、《英烈千秋》、《汪洋中的一條船》、《小城故事》、《早安，臺北》、《愛的天地》、《成功嶺上》、《香火》等，還有創下香港極高賣座紀録的文藝片《歡顔》。

臺灣影人70年代紛紛自立門户

70年代臺灣影人因取得資金和出售版權方便，自組獨立製片機構風氣很盛，大部分都不到一年即告關門，臺灣電影的黄金時代也告結束。

1971年

1971年影人楊群夫婦在香港成立鳳鳴影業公司，俞鳳子任董事長，並將公司的外景隊辦事處長駐在臺北。創業作《庭院深深》，獲得金馬獎優等劇情片及最佳男配角獎。續有《仇》、《忍》等片出品，《忍》片並在1973年獲得金馬獎最佳劇情片獎。

1972年

1972年，柯俊雄及幾個影劇界的好友爲了致力於影劇工作而成立的鴻達電影公司機構，前後曾拍攝自導自演《心蘭的故事》、《大阿哥》、《我的爺爺》等片。

1972年導演宋存壽與友人郁正春合組八十年代電影公司，開拍瓊瑶小説改編的《窗外》找到林青霞初上銀幕當主角，但因未經瓊瑶同意而遭控告，只能在海外上映，被認爲是宋存壽傑作之一。

1972年，電影音樂家左宏元創設大有電影事業機構。已發行的賣座佳片有：《晚秋》（得十九屆亞洲影展最佳男配角獎）、《長橋》、《人蛇戀》（十九屆亞洲影展最佳傳奇故事獎）、《斗室》等片。

1974年

名攝影師祁和熙，1974年自臺製廠退休後，自組南强公司，主要製作紀録片及教育影片，並投資拍攝劇情片《男生女生實驗班》等，其子向雲鵬（祁德剛）也是演員。

1979年

名導演徐進良，出身影業世家，1979年自創輝煌公司，攝製一系列學生電影。徐氏畢業於意大利國立羅馬美術學院及意大利電影實驗中心學習導演，1974年返回。與友人合組龍種電影公司，導演《大地龍種》，次年進中影，導演《雲深不知處》，獲金馬獎優等劇情片。

女作家玄小佛與女導演楊家雲於1979年合組陽光影業公司，一編一導，出品有《晨霧》、《美麗與哀愁》、《小葫蘆》、《誰敢惹我》、《瘋狂女煞星》。

製片人簡鴻基，妻子林琳是臺語明星。1979年支持王菊金拍《六朝怪談》，獲第十七屆金馬獎最佳導演，並獲選參加美國影藝學院第53屆奥斯卡金像獎角逐最佳外語片，次年，投資中韓合作片《太陽也哭泣》，賠得很慘。出品還有《夜夜磨刀的女人》、《街頭小霸王》等。

1979年臺北市十大賣座國片

成功嶺上	張佩成	中　製	約2,300萬元	22天
黄埔軍魂	劉家昌	中　影	約1,900萬元	8天
雁兒在林梢	劉立立	巨　星	約1,900萬元	19天
風流斷劍小小刀	孫　仲	邵　氏	約1,700萬元	15天
南醉拳北醉拳	袁和平	思　遠	約1,600萬元	16天
一顆紅豆	劉立立	巨　星	約1,500萬元	17天
絶代雙驕	楚　原	邵　氏	約1,300萬元	15天
悲之秋	賴成英	永　昇	約1,000萬元	14天
早安，臺北	李　行	大　衆	約1,200萬元	14天
歡顔	屠忠訓	飛　騰	約1,100萬元	14天

1979年(香港)

大事記

本年　劉家良執導的《中華丈夫》(邵氏公司出品)獲第25屆亞洲影展“最佳國際功夫動作片獎”。

洪金寶創辦寶禾電影公司,創業作《鬼打鬼》(1980年出品)。

鄒文懷被選爲1979年最傑出國際影人

美國電影院聯合會選香港傑出的電影製片家鄒文懷爲1979年最傑出國際影人獎。由於鄒文懷創“嘉禾”等電影公司,出品了《猛龍過江》、《炮彈飛車》等在國際上非常賣座的影片,對國際電影市場的開拓有很大的貢獻。

青鳥電影公司創辦

傑出的女演員夏夢雖已退出銀幕,但對電影仍抱熱情,遂於1979年在香港創辦青鳥電影製作有限公司。這家電影製作公司出品的創業作爲《投奔怒海》(由許鞍華執導,1982)及嚴浩執導的《似水流年》(1984)。這兩部影片先後獲得第3屆和第4屆香港電影金像獎最佳影片和最佳導演獎。

重要影片

《行規》劇照

《行規》

出品:全美視亞洲
編劇:翁維銓　李茜　　**導演:**翁維銓　**主演:**白鷹　石堅　鍾志强

警方掃毒組一個探員正直勇敢。但由於警方内部上層的腐敗邪惡,一些身居要職的外籍官員和那些所謂紳尚富豪等奸人,往往把不隨大流的下屬置於死地,主人公最後也以違反了所謂的“行規”而含恨而終。

《山中傳奇》劇照

《山中傳奇》

出品:豐年　第一
編劇:鍾玲　**導演:**胡金銓
主演:徐楓　張艾嘉　石雋　佟林

崔鴻志到經略府抄寫經書,在路上遇見落第舉人何雲青。何隨崔到了經略府,之後與管家王媽媽之女樂娘訂下婚事。不料,何的身體日漸衰弱。原來,樂娘已練得邪術,最終被一位喇嘛收伏。

《電影雙週刊》和《中外影畫》先後創刊

前者是以原《大特寫》雙週刊爲班底的雜誌;後者則由影評人列孚創辦,並是第一本可進入内地發行的電影雜誌。

《電影雙週刊》封面

《中外影畫》封面

香港電影新浪潮誕生

徐克執導的《蝶變》、許鞍華執導的《瘋劫》以及章國明執導的《點指兵兵》相繼推出，標誌着香港“新浪潮”電影運動的掀起。之後，方育平、嚴浩、譚家明等一批青年導演又相繼拍出一批佳作，該運動一直延續至80年代中期。

《瘋劫》

出品：比高公司
編劇：陳韻文
導演：許鞍華
主演：張艾嘉　趙雅芝
　　　徐少强　萬梓良

香港龍虎山發現男女死屍各一具，男爲醫生阮士卓，女爲阮的情婦梅小娅，阮的未婚妻李納是兇手。李恐事泄，欲殺好友連正明，正巧碰到阿傻。後阿傻母親爲李從腹中取出新生嬰兒，李在孩子哭聲中死去。

《瘋劫》劇照

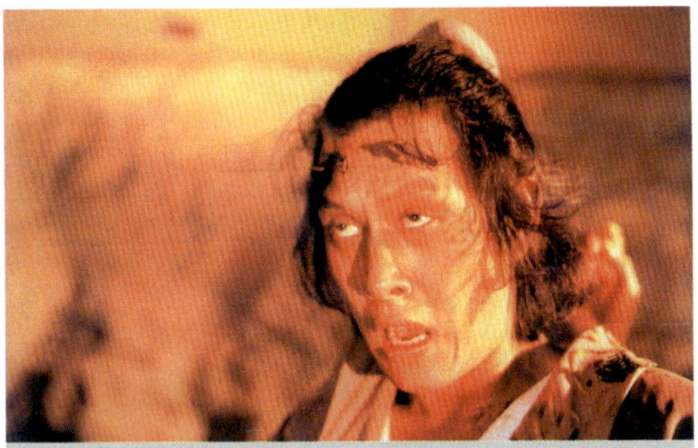
《蝶變》劇照

《蝶變》

出品：思遠影業公司
編劇：林志明　導演：徐克
主演：張國柱　米雪
　　　劉兆銘　黄樹棠

沈家堡堡主沈青及武林中多人被蝴蝶所殺。武林二號高手李劍應邀來到沈家堡破案被一鐵甲人所殺。書生方紅葉通過仔細調查，發現它不過是鐵甲人沈青爲誘使武林中人互相殘殺製造的假象。

《點指兵兵》

（又名《黑夜槍聲》）

出品：藝富　珠城公司
編劇：章國明　陳翹英
　　　關維鵬　李登
導演：章國明
主演：王鐘　張國强　金興賢

一個醉心槍械的年輕人欲投考警察，因有眼疾未被録取，造成心理不平衡而四處殺人。警方成立特別組緝捕他，一個初出茅廬的警察與兇手狹路相逢，最後將他槍殺。

《點指兵兵》劇照

章國明（1951—　）

導演，編劇，攝影師。祖籍浙江寧波，生於香港。16歲即拍攝8毫米實驗電影。1974年拍攝香港首部8毫米故事影片《異世之所》。1979年編導和攝影的影片《點指兵兵》爲香港新浪潮電影代表作之一。1981年自編自導自攝影片《邊緣人》，獲第19屆臺灣電影金馬獎最佳導演獎。後轉拍商業片。其所執導的影片還有《星際鈍胎俏嬌娃》（1982）、《皇家大賊》（1985）、《點指賊賊》（1988）、《沉底鰐》（1989）等。現任職於香港廉政公署社區宣教處編導。

主要影片目録

本年度香港共出品影片109部，其中粵語片86部，國語片23部。

邵氏　《圓月彎刀》（國語）、《軍閥趣史》（國語）、《生死門》（國語）、《鬼叫春》（國語）、《街市英雄》、《風流斷劍小小刀》（國語）、《差人·大佬·搏命仔》（國語）、《大命撈家》、《孔雀王朝》（國語）、《少林英雄榜》（國語）、《絶代雙驕》（國語）、《爛頭何》、《唐山五虎》、《瘋猴》、《小樓殘夢》（國語）

嘉禾　《神偷妙探手多多》、《雜家小子》、《亡命嬌娃》、《毒計》、《慌失失》、《豪俠》

長城　《男朋友》（國語）、《鐵脚馬眼神仙肚》、《冤家》、《通天臨記》

協利　《猴形扣手》、《出猫》、《匯峰號黄金大風暴》、《六合千手》

邵氏父子／恒生　《殘酷姦殺案》、《奇招》、《猪仔血淚》（國語）

鳳凰　《奇人奇事奇上奇》、《小鬼靈精》、《怪客》（國語）

欣欣　《截拳鷹爪功》、《十二潭腿》、《鬼才龍虎榜》

思遠　《南北醉拳》、《蝶變》（國語）

金寶　《灣仔四條女》、《盲拳鬼手》

興發　《鐵拳》、《毒玫瑰與大保鏢》

第一　《招積仔打横行》、《猪肉榮》

大榮　《家法》、《發穹惡》

羅維　《龍拳》、《踢館》

藝富／珠城　《點指兵兵》

其他　《六三三》（鍾氏）、《大門大》（譚氏）、《三七二十一》（尹氏）、《一膽二力三功夫》（劉氏）、《無招勝有招》（銀色）、《大教頭與騷娘子》（威靈）、《醒目仔蠱惑招》（威權/第一）、《廣東鐵橋三》（超力）、《醉俠蘇乞兒》（金鼎）、《笑拳怪招》（豐年）、《新貼錯門神》（奮門）、《打出頭》（恒生）、《梁山怪招》（永勝）、《師父出馬》（宏發）、《蟲》（寶星）、《着錯草鞋走錯路》（國際）、《各師各法》（偉豐）、《暴發户》（龍一）、《龍虎門》（玉郎）、《林亞珍老虎魚蝦蟹》（大馬）、《拼命單刀奪命槍》（嘉寶）、《無名小卒》（光鋒）、《手扣》（雄鷹）、《懵仔傻妹妙偵探》（光耀）、《墻内墻外》（繽繽）、《掃黄奇趣録》（羅馬）、《門法》（天馬）、《瘋劫》（比高）、《鬼馬智多星》（新聯）、《打藤》（石英）、《滿宫春》（國語）（豪匯）、《行規》（全美視亞洲）、《睡拳怪招》（東亞）、《空山靈雨》（國語）（羅胡聯製）、《上海灘大亨》（羅維/大聖）、《山中傳奇》（國語）（豐年/第一）

1980年(大陆)

大事記

1月26日　著名電影藝術家蔡楚生追悼會在北京八寶山革命公墓舉行。
3月25日　中國世界電影學會成立。
4月26日　著名導演、電影藝術家沙蒙追悼會在北京八寶山革命公墓舉行。
4月　中國藝術研究院電影研究所主辦的理論期刊《電影文化》創刊。
6月5日　上海《文匯報》創辦"文匯電影獎"。
7月26日　《人民日報》發表社論《文藝爲人民服務、爲社會主義服務》。
8月　中國電影出版社重新出版《中國電影發展史》,陳荒煤爲再版撰寫序言。
8月中旬—11月　中宣部在北京召開"電影體制改革座談會"。會議圍繞北影廠廠長汪洋就改革電影管理體制給中共中央的信,對全國電影事業的佈局,擴大製片企業的管理自主權,調整製片生産與發行的關係等問題進行了深入的討論。
9月5—28日　文化部先後在北京、長春、上海、廣州舉辦《約里斯·伊文思五十年電影回顧》活動。
9月25日　在中宣部的領導下,文化部電影局、中國影協、中影公司及各大區電影公司的代表和各製片廠的負責人參加了在京舉行的電影事業座談會,討論電影事業管理體制改革問題。
12月21日　中國電影美術學會成立。
12月23—30日　上海舉辦"上海電影新秀創作展覽",在16家影院展映20餘部影片。
12月24日　電影局成立技術委員會,錢筱璋任主任委員。
本年　《中國銀幕》復刊;《電影畫報》、《電影作品》先後創刊。

重要影片

《苗苗》劇照

《苗苗》

出品:北京電影製片廠
編劇:嚴亭亭　康麗雯　郭玲玲
導演:王君正
攝影:鄭煜元　周金祥
主演:李羚　江韻輝　徐歡　王佳寧

韓苗苗想當一名運動員,街道辦事處却分配她到實驗小學當教師,她逐漸喜歡上了孩子們,但接二連三的困難使她又産生了請求調動工作的念頭。三(2)班的同學們都真誠地挽留她,她從可愛的孩子們身上,獲得了克服困難、繼續前進的力量。

《殘雪》

出品:長春電影製片廠
編劇:霍莊　黄健中　徐曉星
導演:姜樹森　攝影:陳長安
主演:李炎　斯琴高娃　徐展　姚向黎

粉碎"四人幫"後,新疆某林場技術員周偉光獲悉父親周豐官復原職,便與鄉下妻子秀雲離婚,調回了北京。兒子的墮落行爲及新疆、内地的所見所聞,引起了周豐的深思。他深信,林彪、"四人幫"的餘毒不過是嚴冬過後的殘雪,必將被温暖的春風所融化。

《殘雪》劇照

《法庭内外》

出品:峨眉電影製片廠
編劇:宋曰勳　陳敦德
導演:陸小雅　從連文
攝影:馮世林
主演:田華　陳佩斯　周芻　黄月美

温泉市某區法庭宣判了一件交通肇事案,但法院院長尚勤發現被告——市革委夏主任的司機許大懷係頂替者。尚勤堅決戰勝來自各方面的種種重壓。在她領導下,一件掩蓋在"交通事故"假象下的强姦殺人案的真相全部查清。

《法庭内外》劇照

《戴手銬的“旅客”》

出品：北京電影製片廠
編劇：紀明　馬林
導演：于洋
攝影：張慶華
主演：于洋　邵萬林　馬樹超　蔡明

“文化大革命”初期，某科研單位發生一起兇殺案，保密室工作人員小黄被暗殺，發射導彈的A－1號燃料也被盜竊。被誤爲兇手的老公安偵察員劉傑與真正的敵特蘇哲展開了殊死格鬥，並最終繳獲了被敵特盗走的A－1號燃料。

《戴手銬的“旅客”》劇照

《楓》劇照

《楓》

出品：峨眉電影製片廠
編劇：鄭義
導演：張一　攝影：李爾康　王文相
主演：徐楓　王爾利　涂中如　夏楠

1966年，熱戀着的青年學生盧丹楓、李紅鋼熱血沸騰地參加了紅衛兵，在極左路線影響下，他們各自參加了勢不兩立的“紅旗”派和“井崗山”派。武鬥中，絶望的盧丹楓跳樓而死，李紅鋼萬念俱灰。兩年後，李紅鋼作爲逼死盧丹楓的反革命兇手，被處以槍决。

《白蛇傳》

出品：上海電影製片廠
編劇：田漢　趙萊静　黎中城
導演：傅超武
攝影：黄紹芬　俞士善
主演：李炳淑　方小亞　蘇盛義　陸伯平

深居峨眉山的白蛇、青蛇化爲少女白素貞和小青來到西子湖畔。白素貞與許仙相愛並結爲夫妻。美滿的姻緣却爲惡僧法海所不容，法海囚禁了許仙。白素貞喝令水漫金山，却被壓在雷峰塔下。小青練就武藝爲姐報仇。她用火葫蘆燒死法海，救出白素貞。

《白蛇傳》劇照

《丹心譜》海報

《丹心譜》

出品：北京電影製片廠
編劇：蘇叔陽
導演：謝添　鄭國權
攝影：黄心一
主演：鄭榕　于是之
修宗迪　胡宗温

1973年秋，“四屆人大”的會議期間，患病的周總理向著名老中醫方凌軒了解了防治冠心病新藥的研究工作。在方凌軒最困難的時刻，電話中傳來了總理親切的慰問話語。新藥問世之時，周總理逝世。方凌軒和他的戰友們，决心繼續戰鬥，迎接曙光到來。

故事片目録（共84部）

北影　《李天保娶親》（越調劇）、《諸葛亮弔孝》（越調劇）、《他們在相愛》、《丹心譜》、《戴手銬的“旅客”》、《元帥之死》、《苗苗》、《第二次握手》、《神秘的大佛》、《山重水復》、《阿凡提》

上影　《405謀殺案》、《等到滿山紅葉時》、《海之戀》、《廬山戀》、《珊瑚島上的死光》、《琴童》、《飛吧，足球！》、《巴山夜雨》、《燕歸來》、《白蛇傳》（京劇）、《天雲山傳奇》、《藍色檔案》、《好事多磨》、《愛情啊，你姓什麽？》、《白蓮花》、《見面禮》、《半張訂婚照》、《我們的小花猫》、《雪花和栗子球》

長影　《排球之花》、《北斗》（下）、《大渡河》、《刑場上的婚禮》、《紅牡丹》、《自豪吧，母親！》、《血沃中華》、《情天恨海》、《閃光的箭》、《丹鳳朝陽》、《春眠不覺曉》、《黄英姑》、《最後八個人》、《花開花落》、《客從何來》、《殘雪》

八一　《三個失蹤的人》、《奸細》、《今夜星光燦爛》、《花枝俏》、《鐵甲008》

珠影　《一個美國飛行員》、《與魔鬼打交道的人》、《梅花巾》、《霧都茫茫》、《惡夢醒來是早晨》、《他愛誰？》、《花墻會》（天沔花鼓）

西影　《黑面人》、《愛情與遺産》、《第十個彈孔》、《叛國者》、《屠夫狀元》、《親緣》

峨影　《竹》、《楓》、《法庭内外》、《玉色蝴蝶》、《遲到的春天》、《山城雪》、《不是爲了愛情》

瀟湘　《透過雲層的霞光》、《幽靈》

廣西　《真是煩死人》、《十天》、《神女峰的迷霧》

昆明　《姚期》（京劇）、《盜御馬》（京劇）

其他　《草原槍聲》（天山）、《包青天》（豫劇）（河南）、《泥土的芳香》（農影）、《禍不單行》（三機部國家勞動總局）、《胭脂》（浙江）、《血濺美人圖》（北方昆曲）（新影）

《花枝俏》

出品：八一電影製片廠
編劇：陸柱國　鮑夢梅
導演：景慕逵
攝影：楊光遠
主演：寶珣　劉新
　　　穆懷虎　趙娜

在温暖的革命大家庭裏，黄永亮從一個練兵場上心不在焉的新兵成長爲機智勇敢的戰士。在即將勝利之時，他被殘敵的冷槍打中，獻出了自己年輕的生命。永亮的精神鼓舞着人們爲保衛祖國、建設家園而英勇地工作和戰鬥。

《花枝俏》劇照

《神秘的大佛》

出品：北京電影製片廠
編劇：謝洪　張華勳
導演：張華勳
攝影：陳國梁　梁子勇
主演：張順勝　劉曉慶　管宗祥　葛存壯

解放前，傳説樂山大佛周圍的墓穴裏藏着一筆巨額佛財，招來了不少探尋者。夢婕帶領群衆與貪婪的鄭翰和沙駝爺展開激烈的搏鬥，保護了大佛。最後，海能法師帶着司徒駿、夢婕等人終於找到了金佛。

《第十個彈孔》

出品：西安電影製片廠
編劇：從維熙　艾水
導演：艾水　攝影：曹今山
主演：曹會渠　陳立中
　　　寶珣　楊通

濱江市公安局長魯泓在勞改隊裏苦度了十個春秋，復職後審理的第一個案子竟是他的獨生兒子魯小帆參與的炸橋案件。兒子成了罪犯，這殘酷的事實猶如第十顆子彈，致命地射在身上。魯泓大義滅親，依法判處了兒子小帆。

《第十個彈孔》劇照

《神秘的大佛》劇照

故事片《今夜星光燦爛》引起爭論

4月，八一廠攝製的故事片《今夜星光燦爛》，作爲團中央爲紀念"五四青年節"向全國青年推薦的新影片之一，在社會上公映之後，引起了廣泛的爭論。爭論的焦點主要集中在影片題材、情節的真實性，以及是否反映了"戰爭殘酷論"等幾個方面。《人民日報》7月30日發表中共上海市委宣傳部部長陳沂的文章《關於〈今夜星光燦爛〉》，批評影片"不真實"："影片寫的是淮海戰役時期的農村，據當時參加過淮海戰役的同志説，那些戰場，好多地方都是根據地或根據地的邊沿，不可能那個貧農的女兒連一點什麼都不懂，甚至於'同志'兩個字聽起來都很稀奇，她怎麼能夢一個鳳冠霞帔、禮帽、紅花的婚禮呢……在上海，新四軍的老同志很多，看了這影片，他們反映特别强烈。他們都説，這個影片不真實，是離開現實生活編的，一點也没有寫出淮海戰役是爲了什麼，幹了什麼……"陳沂的文章又引起了不同的意見。8月13日，《人民日報》又發表袁文殊的反駁文章《發揚藝術民主 提高影片質量——關於影片〈〈今夜星光燦爛〉〉的評價問題》，指出："陳沂同志用'題材决定論'的觀點來批評影片《今夜星光燦爛》，我以爲是值得討論的……藝術究竟是藝術，作爲藝術的影片不能和政治教科書等同起來，不能和報告、演講等同起來，把藝術的特殊功能簡單化爲一個教育作用，就會引出一系列的紊亂來……試問，影片在表現戰鬥的時候，鏡頭閃了一下我們的戰士被敵人的炮彈炸飛了一條腿和在整個戰役結束時，表現我們的戰士因爲懷念在戰鬥中犧牲的戰友，而去看了幾個戰友的遺體，這究竟有什麼原則問題……"

《今夜星光燦爛》劇照

《今夜星光燦爛》

出品：八一電影製片廠
編劇：白樺
導演：謝鐵驪
攝影：蔡繼渭　許連慶
主演：李秀明　唐國强
　　　黄小雷　劉繼忠

淮海戰役中，電話員小于救下輕生的貧女楊玉香。在戰鬥中年輕的戰士們英勇作戰，楊玉香經過戰火的考驗，也成爲出色的衛生員。她告别了犧牲的戰友，奔赴新的戰場。

胡耀邦在劇本創作座談會上表重要講話

1980年1月23日，中國戲劇家協會、中國作家協會、中國電影家協會聯合召開劇本創作座談會。會議圍繞着話劇《假如我是真的》，電影劇本《在社會檔案裏》、《女賊》等有爭議的劇本，就近年來話劇和電影劇本創作中出現的一些新情況、新問題，以及有關文藝創作的理論問題進行了探討。2月12、13日，中宣部部長胡耀邦到會作了長篇講話，指出文藝創作的題材無比寬闊，文藝工作者要正確地認識社會主義現實，文藝作品要經得起歷史的檢驗。爲了適應時代的要求，要培養和鍛煉一支敢想敢幹、百折不撓的文藝大軍。他説，80年代是向“四個現代化”邁進的開始，也是文藝工作界向新的高峰前進的開始，號召文藝工作者同心同德，奮勇前進。

附録：胡耀邦《在劇本創作座談會上的講話》（摘録）

我還想説一下怎樣判斷優秀的文藝作品的問題。我不大讚成機械地把某個標準排在第一，某個標準擺在第二。我認爲真正的藝術品應該是政治和藝術的高度統一，或者説，應該使思想性和藝術性渾然一體……

爲了使我們的作家茁壯成長，我們要注意兩條：第一，決不許打棍子，人家要打棍子的時候我們要敢於出來保護他們；第二，也不要抬轎子。我們決不能忘記林彪、“四人幫”十幾年來是怎樣毒害青年的……

第一，要有好的思想品質，這就是忠於人民、堅持真理的品質。……第二，在創作風格上，要有敢於獨創的精神，力求別具一格、別開生面，不要模仿，模仿是最沒有出息的。第三，在創作思想上，要隨歷史的發展去發展，不要歷史已經發展了，思想還停留在老地方。千百萬人民在那里搞四個現代化，你還老在那裏想……老是在那裏尋尋覓覓、凄凄慘慘戚戚。思想跟不上時代，時代就要把你拋在後面。

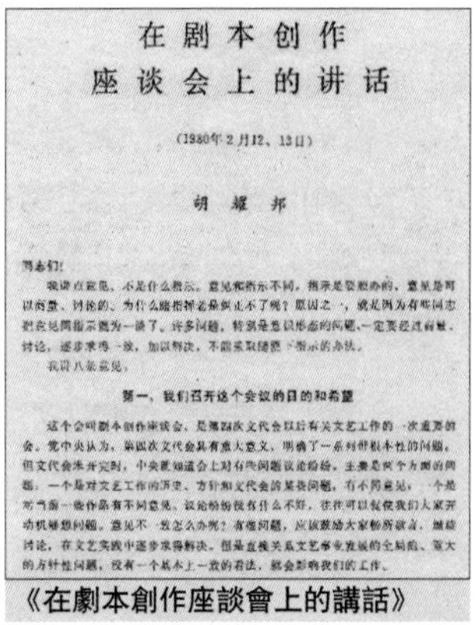
在剧本创作
座谈会上的讲话

（1980年2月12、13日）

胡耀邦

同志们！

我讲八条意见。

第一、我们召开这个会议的目的和希望

《在劇本創作座談會上的講話》

文化部舉行1979年優秀影片奬和青年優秀創作奬授奬大會

4月29日，文化部在北京政協禮堂舉行“1979年優秀影片奬和青年優秀創作奬”授奬大會。評奬的影片，都是1979年攝製完成的，各電影製片廠首先進行群衆性的評選、推薦，然後經文化部評奬委員會研究、評議審定。共有59部影片和44位青年創作人員獲奬。

王闌西爲大會致開幕詞。他説，文化部對1979年完成的優秀影片和青年優秀創作人才進行授奬，體現了黨和國家對電影事業的重視和關懷，也是對同志們所取得的成績的肯定和鼓勵。同時，他指出此次評奬是建國以來電影界規模最大的一次全國性評奬活動。

文化部部長黄鎮在授奬大會上作《努力創作出無愧於偉大時代的電影作品》的講話，指出：“各類片種的生産，以建國三十週年獻禮影片的映出爲標誌，終於有了一個帶有轉折性的、十分可喜的進展，湧現了一批題材、樣式豐富多彩，內容、形式有所創新，有一定藝術質量的好影片，贏得了廣大觀衆的歡迎和好評……值得我們欣喜的是電影界的一代新人正在成長起來，在本年生産的65部故事片和舞臺藝術片中，有15部是由青年導演獨立拍攝完成的。這些年輕人思想敏鋭、朝氣蓬勃，有着勇敢的探索精神。電影界和社會各界都熱情讚揚1979年是中國電影的‘難忘之年’”。

舉辦“優秀影片奬”是政府爲了鼓勵電影創作繁榮而設立的，從當年起每年舉辦一次，後更名爲電影“華表奬”。

文化部1979年優秀影片奬獲奬名單

一、故事片22部：《從奴隸到將軍》（上下集）（上影）、《淚痕》（北影）、《吉鴻昌》（長影）、《歸心似箭》（八一）、《啊！搖籃》（上影）、《苦惱人的笑》（上影）、《小花》（北影）、《保密局的槍聲》（長影）、《生活的顫音》（西影）、《櫻》（青影）、《傲蕾·一蘭》（上下集）（上影）、《曙光》（上下集）（上影）、《苦難的心》（長影）、《海外赤子》（珠影）、《神聖的使命》（峨影）、《北斗》（上集）（長影）、《二泉映月》（八一）、《李四光》（北影）、《向導》（天山）、《瞧這一家子》（北影）、《小字輩》（長影）、《她倆和他倆》（上影）；二、舞臺藝術片1部：《鐵弓緣》（北影）；三、譯製片優秀配音奬3部：《舞臺生涯》（長影）、《追捕》（上海譯製）、《安重根擊斃伊騰博文》（上海譯製）；四、美術片3部：《哪吒鬧海》（上海美影）、《阿凡提》（上海美影）、《好猫咪咪》（上海美影）；五、紀録片8部：《周總理和我們在一起》（新影）、《奮起還擊》（八一）、《新起點》（新影）、《骨肉親》（八一）、《金鳳凰飛進光棍堂》（新影）、《灕江畫童》（新影）、《軍犬》（新影）、《竹》（新影）；六、科教片15部：《生物進化》（北京科影）、《地殼運動》（上海科影）、《草蛉》（農影）、《鹽湖》（上海科影）、《吸煙危害健康》（峨影）、《預防小兒麻痹症》（北京科影）、《工廠防火》（珠影）、《鳥島》（長影）、《葉面施肥》（上海科影）、《熱處理》（北京科影）、《敦煌藝術》（上海科影）、《祖國的海岸》（長影）、《螞蝗》（農影）、《緑色淨化器》（西影）、《中國花鳥畫》（北京科影）；七、新聞科技雜誌片7本：《祖國新貌1號》（新影）、《祖國新貌5號》（新影）、《祖國新貌29號》（新影）、《今日中國1號》（新影）、《科技簡報3號》（上海科影）、《科技簡報13號》（北京科影）、《科技簡報6號》（農影）；八、獲得1979年青年優秀創作奬的有44位同志：1. 故事片、美術片30位同志：丁蔭楠、毛玉勤、王天鵬、王好爲、王鐵成、白夫今、安志國、馮淳超、劉曉慶、李秀明、陳沖、吴天明、吴貽弓、遲志强、嚴定憲、宋曉英、應福康、阿不力米提·沙迪克、張子恩、張金玲、楊在葆、金復載、趙爾康、宫喜斌、高英、胡進慶、唐國强、黄洽貴、斯琴高娃、滕文驥；2. 新聞紀録片、科教片14位同志：王瑾、王植民、劉建中、傅靖生、吕虹、朱克忠、張福全、金永福、林運材、封永迎、高翔、郭謹良、龔耀年、蔡鋒。

1979年文化部優秀影片奬評選委員會名單

主任：黄鎮

副主任：王闌西、夏衍、司徒慧敏

委員：丁嶠、王揖、陳播、李英敏、吴印咸、鍾敬之、張駿祥、袁文殊、錢筱璋

附録：《人民日報》評論員文章（摘録）

“粉碎”四人幫以來，我國的文學藝術創作，出現了蓬勃發展的生機，湧現了一批體現時代精神的優秀作品和有才華的作者。僅以電影戰線在去年所取得的成就來説，就是十分令人興奮和鼓舞的……包括電影在內的各種藝術形式的得奬作品，題材多樣，內容豐富，在題材、體裁、風格、樣式上體現了百花齊放，在藝術表現上也有許多新的探索，集中反映了當前我國藝術創作的主流是健康的。

（《創作更多反映時代精神的文藝作品》，《人民日報》1980年4月30日）

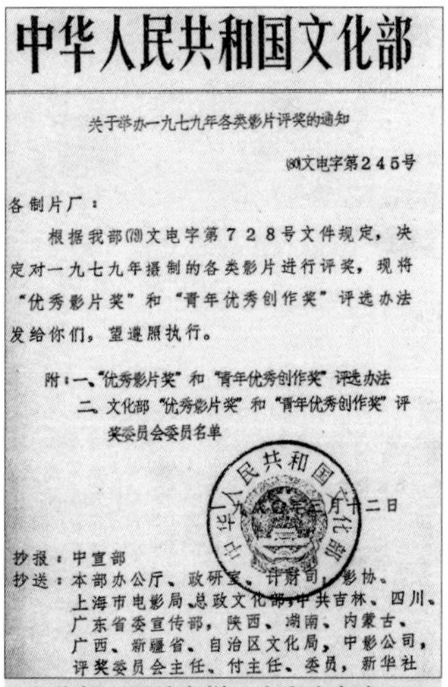
中华人民共和国文化部

关于举办一九七九年各类影片评奖的通知

(80)文电字第245号

各制片厂：

根据我部(79)文电字第728号文件规定，决定对一九七九年摄制的各类影片进行评奖，现将“优秀影片奖”和“青年优秀创作奖”评选办法发给你们，望遵照执行。

附：一、“优秀影片奖”和“青年优秀创作奖”评选办法

二、文化部“优秀影片奖”和“青年优秀创作奖”评奖委员会委员名单

……月十二日

抄报：中宣部

抄送：本部办公厅、政研室、计财司、影协、上海市电影局、总政文化部，中共吉林、四川、广东省委宣传部，陕西、湖南、内蒙古、广西、新疆省、自治区文化局，中影公司，评奖委员会主任、付主任、委员，新华社

文化部《關於舉辦一九七九年各

第3屆《大衆電影》百花獎頒獎

中斷17年的《大衆電影》"百花獎"恢復舉辦。5月23日，首都電影觀衆代表和文藝界、電影界人士1500餘人，在北京政協禮堂參加了第3屆"百花獎"頒獎大會。大會由中國電影家協會書記處書記、《大衆電影》主編林杉主持，中國電影家協會副主席袁文殊在會上講話。中國文聯主席、中共中央宣傳部副部長周揚向獲獎者頒發了獎杯和獎狀。領獎後，獲最佳編劇獎的陳立德和最佳女演員獎的陳沖，代表獲獎人講話。

第3屆"百花獎"獲獎名單

最佳故事片獎：《吉鴻昌》（長影），《淚痕》（北影），《小花》（北影）；最佳編劇獎：陳立德（《吉鴻昌》編劇）；最佳導演獎：謝添（《甜蜜的事業》）；最佳男演員獎：李仁堂（《淚痕》）；最佳女演員獎：陳沖（《小花》）；最佳配角獎：劉曉慶（《瞧這一家子》）；最佳攝影獎：陳國梁、雲文耀（《小花》）；最佳音樂獎：王酩（《小花》）；最佳美工獎：黄洽貴（《藍光閃過之後》）；最佳紀録片獎：《敬愛的周總理永垂不朽》（新影），《美的旋律》（新影）；最佳科教片獎：《黃鼬》（北京科影），《紅緑燈下》（上海科影）；最佳美術片獎：《哪吒鬧海》（上海美影），《阿凡提》（上海美影）；最佳戲曲片獎：《鐵弓緣》（北影）。

附録：第3屆百花獎評選文章摘録

近幾個月來，全國掀起了一個影片評論的熱潮。不少家庭、學校、連隊和機關都經過了集體討論，鄭重地填寫選票。有一家老少三代開了兩次家庭會議才填好選票；有一個學校的共青團委組織各支部預選，最後經各支部文化委員評議後才寄出全校僅有的一張選票。廣大群衆在影片評選中所表現的那種高漲的熱情和認真的態度，是十分感人的。有千百萬群衆參加的電影評選活動，無疑對促進電影藝術水平的提高，密切電影創作人員和廣大群衆的聯係，以及提高群衆對於電影藝術的鑒別和欣賞水平，都會起良好的作用。

（林杉《千百萬觀衆的期望》，《人民日報》，1980年5月24日）

袁文殊《創造社會主義的民族新電影——在第3屆"百花獎"授獎大會上的講話》

《吉鴻昌》、《淚痕》、《小花》被選爲最佳故事片，是很能給我們以啓發，值得我們深思的。《吉鴻昌》的當選，顯示了我國人民對老一輩革命家的深厚感情，對爲崇高理想英勇獻身的烈士的懷念，對通過傳奇性的情節，來抒發濃烈的革命情感的讚賞。《淚痕》的當選，除了説明人民對林彪、"四人幫"的痛恨之外，更多的是由於影片塑造了一個和人民群衆心心相連的幹部形象。《小花》的當選，則包含着群衆對於着重表現戰爭年代的人的命運並在藝術上敢於創新的鼓勵。（《大衆電影》1980年第7期）

華羅庚《第3屆電影百花獎有感》

没有聲、光、電、化，哪來銀幕生涯？舞蹈、歌唱與對話，似畫，而勝於畫。

喜笑怒駡，無情的鏡頭，可以拆穿虛假；同一鏡頭，紀録實況，證明真假無差。

没有她，科學也不能傳遍天涯；聲、光、電、化的新成就，也不能播送得快似飛馬，勝過飛馬。

科學與藝術，本是他與她，論性質相隔十萬八，但在社會發展的今天，相輔相成，兩户成一家。

萬紫千紅，豈僅在銀幕上，春城何處不飛花。眉梢上，嘴角邊，實驗室裏，試驗田頭，太空海底，處處見彩霞。

喜看前程似錦，而勝於錦，若花，而優於花！（《大衆電影》1980年第6期）

陳沖（1961—　）

演員。四川永川人。1977年任上海電影製片廠演員；1981年赴美國留學。代表作品有《小花》、《海外赤子》、《蘇醒》、《末代皇帝》、《紅玫瑰與白玫瑰》、《茉莉花開》等。

《小花》劇照

《小花》

出品：北京電影製片廠
編劇：前涉
導演：張錚
攝影：陳國梁　雲文耀
主演：唐國强　陳沖
　　　劉曉慶　葛存壯

1947年，解放大軍挺進桐柏山。趙小花在隊伍中尋找哥哥趙永生。區長何翠姑知道了班長趙永生的遭遇後，又從父親何向東那裏得知自己就是趙永生的親妹妹，而現在的趙小花真名叫董紅果，是解放軍周醫生的女兒。兄妹三人團聚了，周醫生夫婦也找到了自己的女兒。

電影界展開關於“電影藝術特性”的討論

5月，張駿祥在《電影文化》第2期上撰文，發表他在一次導演總結會議上的發言，題爲《用電影表現手段完成的文學》。文章引起電影界的廣泛重視，並引發一場什麼是電影的“文學性”、“文學價值”，以及“電影文學與電影關係”等問題的證明與討論。同時，鍾惦棐在《電影通訊》第10期載文提出“電影和戲劇離婚”之説。電影界展開關於“電影藝術特性”的深入討論，討論從1980年延續到1985年，這些爭鳴活躍了新時期電影理論的積極探討。

“電影和戲劇”問題

1979年初，北京電影學院文學系的教師白景晟寫了一篇題爲《丢掉戲劇拐杖》的文章，文章很短，但關係重大。文章從電影是一門綜合藝術的角度具體分析了電影與戲劇的差異，提出電影應該丢掉戲劇的拐杖。該文的觀點後來被認爲是“新時期探討電影藝術特性的先聲”，“標誌着新時期電影意識最初的覺醒”。

作爲對白景晟觀點的一種呼應，1980年一次電影導演會議上，鍾惦棐提出了“電影與戲劇離婚”。這一具有强烈現實指導意圖的觀點隨即引起了熱烈討論。同意這一觀點的人認爲，長期以來形成的沿用傳統的戲劇觀念（如戲劇衝突、戲劇模式等等）來看待電影的思維定勢，確實影響了中國電影的進一步發展。反對這一觀點的人認爲，戲劇對電影的影響不能擺脱也無須擺脱，戲劇式電影同其他形態的電影作爲一種形態都應當允許存在；電影的獨特性還在於它的綜合性，促進電影自身的發展，不僅無須同其他藝術脱離，反而應當和其他藝術更緊密地結合，從中吸取更多的營養來豐富自己的表現手段。

“電影文學性”問題

電影文學性的討論可以看成是從另一個方面來呼應電影與戲劇關係的討論。

張駿祥在其論文《用電影表現手段完成的文學》中，提出從電影作品的藝術質量問題入手，“電影就是文學”，“用電影表現手段完成的文學”。“文學價值”的含義是：一、作品的思想内容；二、典型形象的塑造；三、文學的表現手段；四、節奏、氣氛、風格和樣式。

張駿祥的發言及文章强調了電影與文學的關係，引起了電影界的熱烈反響，引發出一場涉及電影文學、電影的文學性、電影的文學價值等電影與文學關係的理論爭鳴。鄭雪來、邵牧君、余倩、馬德波、舒曉鳴、張衛等參加了討論。

用电影表现手段完成的文学

张骏祥

《用電影表現手段完成的文學》

英國電影學會在倫敦舉辦中國電影回顧展

10月2日至30日，英國電影學會所屬國家電影資料館在倫敦南岸藝術中心的國家電影院舉行了“電的影子——中國電影45年”回顧展。英國國務大臣道格拉斯·赫德主持了開幕式，中國駐英國大使柯華和以珠江電影製片廠副廠長孫長城爲團長的中國電影代表團應邀出席。這是中國電影在世界上第一次歷史性的全面回顧，集中展映了從30年代到70年代末攝製的30部故事片、4部短片和從15部故事片中摘選出來的片段，如《馬路天使》、《十字街頭》、《烏鴉與麻雀》、《祝福》、《洪湖赤衛隊》、《早春二月》、《烈火中的永生》等。其目的在於“向西方觀衆提供一個發現和欣賞中國電影本質的首次機會”。英國電影學會宣佈：“這是英國電影學會有史以來所組織的全面介紹某個國家電影事業的回顧展中最大和最具野心的嘗試之一。”

回顧展取得了巨大的成功，引起了國際上的廣泛注意和連鎖反映，形成了一股通過舉辦各式各樣的“中國電影回顧展”來推動研究中國電影的熱潮。

趙丹（中）與上影廠廠長徐桑楚（右）一起陪同日本外賓參觀上影廠

著名電影表演藝術家趙丹病逝

10月10日，著名電影表演藝術家趙丹在北京病逝，終年65歲。趙丹臨終前兩天，即1980年10月8日，《人民日報》第5版以醒目的標題發表了他抱病撰寫的《管得太具體，文藝没希望》一文。其文字字真切，句句中肯，言之有物，擲地有聲，給當時極"左"影響還未徹底清除的中國電影界乃至文藝界，以一記有力的重錘。趙丹的這篇臨終遺言發表之後，立即引起文藝界的强烈反響。

10月27日下午，由文化部、中國文聯主辦的悼念人民藝術家趙丹大會在首都劇場舉行。方毅、王任重、劉瀾濤、康克清、胡愈之、王崑崙、包爾漢、黄鎮、朱穆之和文化藝術界知名人士、首都群衆共一千多人，參加了悼念活動。中國文聯主席周揚主持了悼念大會。中國電影家協會主席夏衍首先在會上作了長篇講話，介紹了趙丹的生平、藝術成就和他走過的坎坷道路。趙丹的夫人黄宗英作了題爲《人民了解他》的講話。會上放映了趙丹銀幕形象選輯紀録片《他活着》。

11月10日至28日，北京、上海分别舉行"趙丹表演藝術討論會"、"趙丹書畫遺作展覽"。

附録：趙丹《管得太具體，文藝没希望》(摘録)

《人民日報》正開展"改善黨的領導，把文藝事業搞活"的討論。看到"改善"、"搞活"的標題，頗喜；看到"編者按"中"黨對文藝工作的領導必須改善，通過改善來達到加强，在這方面我們是堅定不移的"，又憂心忡忡了……我認爲：加强或改善黨對文藝的領導，是指黨對文藝政策的落實，具體地説，就是黨如何堅定不移地貫徹"雙百"方針……

文藝，是文藝家自己的事，如果黨管文藝管得太具體，文藝就没有希望，就完蛋了。"四人幫"管文藝最具體，連演員身上一根腰帶、一個補丁都管，管得八億人民只剩下八個戲，難道還不能從反面激發我們的警覺嗎……

文藝創作是最有個性的，文藝創作不能搞舉手通過！可以討論，可以批評，可以鼓勵，可以叫好。但從一個歷史年代來説，文藝是不受限制，也限制不了的。習慣，不是真理。陋習，更不能遵爲鐵板釘釘的制度……

電影問題，每有爭議，我都犯癮要發言。有

人民日報

管得太具体　文艺没希望

赵丹

放手支持改革　不要统得过死

改善党对文艺的领导，把文艺事业搞活

也谈"写真实"这个口号

不能只强调……怎么

《管得太具體，文藝没希望》

時也想管住自己不説。對我，已經没什麼可怕的了……

（《人民日報》，1980年10月8日）

趙丹説出了我們一些人心裏的話，想説而説不出來的話。可能他講得晚了些，但他仍然是第一個講話的人。

（巴金《隨想録》）

《阿丹不死》（摘録）

趙丹就他已有的成就和對人民的貢獻來講，可以説死而無撼了。但是，從阿丹這個始終朝氣勃勃，勇於探索，勇於追求更高的藝術境界的演員來説，他没有能創造周恩來、魯迅、聞一多這樣一些崇高的光輝的形象，又不能不説他是帶着無限的遺憾和我們分别的。

趙丹不應該死，也不會死。

（荒煤《阿丹不死——悼念人民的演員趙丹》，《人民日報》1980年10月18日）

陽翰笙《悼念趙丹同志》（1980年10月10日）

一

床頭執手默無言，死别生離旦夕間。
天下都樂君欲去，互流熱淚濕胸前。

二

戰鬥情深五十年，幾經風雨共危艱。
藝壇巨匠悲凋謝，永教群衆説阿丹。

于伶《狂歌當哭哀趙丹》

三十年代風雲惡，風雲兒女藝人多。爲人民，爲祖國，激揚蹈礪揮長戈。

銀幕舞臺是戰場，各獻才華姓字香。老成一代嗟凋謝，①方慶阿丹藝事長。

五十年來勤苦練，"地獄天堂索藝珠"。②精心塑造衆形象，何止聶耳林則徐。

多才多厄嘆奈何，狼嬉魅喜念彌陀。"一生多蹉跎，老來復坎坷！"③

未償《魯迅》願，願賒《聞一多》；此恨綿綿，未完棋局恨病魔！④

我是連年病秋葭。聞噩耗，唏嗟，狂歌當哭淚潸潸，心香致奠人民藝術家！

注釋：①指徐韜、鄭君里、應雲衛、孫維世、舒綉文、王瑩、藍馬、袁牧之、崔嵬諸同志。②趙丹的詩句。③趙丹題自畫《白芍》詩。④中日雙方決定合拍影片《一盤没有下完的棋》，由趙丹與栗原小卷女士等合演。

白楊《懷念趙丹》

長憶阿丹，爲人奔放、灑脱。性坦率，愛詼諧，語出機智幽默，有時令人捧腹不已，給人以感染，以歡樂。有時又語多痛快淋漓，往往一針見血，赤誠相見，實老朋友中一大瑰寶，人見人愛。

阿丹平生勤奮好學，多才多藝，從不以病老"居閑"以養天年。惜乎，回天乏術，未竟天年，而竟"我欲乘風歸去"長辭而不留，惜乎！浩劫十年後，未得新片問世，常使人遺憾不已！

阿丹在生命最後時刻，仍不忘對宗英説"一個人無論在生前或死後，都不應給别人帶來悲傷。一個藝術家，應該通過他的勞動給人們帶來美、真和幸福。"遺言不要開追悼會，可以想見其深意在。

阿丹平素善工丹青、書法，筆墨奔放、灑脱，一如其人，有説誇其演得好，不如誇其畫得好。因之我順其意，不以悲懷，成詩一首以獻。

阿丹——他在叢中笑

劫餘儼然烏髮翁，風趣精神壯時同。
翰墨丹青得意處，童心一片喜融融。
親朋正慶春長駐，世人驚悲君乘風。
藝術生命留千古，人間最美笑花叢。

吴茵《悼阿丹》（八○年十月）

兩樓影劇五十年，並肩戰鬥浦江邊。
《馬路天使》驚才俊，《十字街頭》袂空聯，
《烏鴉麻雀》矢有的，《李白杜甫》惜無緣。
縲紲兩番慶未死，難追二竪奈何天。
注："二竪"指病魔。

《趙丹歡聚去了》摘録

趙丹的逝世是個人的、民族的和國際性的損失，這一巨大的損失很難用眼淚和語言來表達，然而我又不得不含淚提起筆來……

趙丹將永遠是一個偉大的藝術家、世界影壇上的巨人、中國的一件"國寶"。趙丹寫過一首概括他藝術生涯的詩：大起大落有奇福，兩度囹圄鬢尚烏，酸甜苦辣極變化，地獄天堂索藝珠。我覺得詩的最後一行總結了他的一生。

（〔英國〕帕垂希婭·威爾遜/中文名：白霞，《人民日報》，1980年10月18日）

《銀幕形象創造》和《地獄之門》

《銀幕形象創造》，趙丹著，中國電影出版社出版。著者結合自己成功地塑造的一系列銀幕人物形象，以及多年來豐富的藝術經驗，深入探討了電影表演藝術中的若干問題，是一本有關電影表演藝術理論方面有價值的書。全書共16萬字。

《地獄之門》，趙丹著，上海文藝出版社出版。該書根據著者在上海戲劇學院的講課記録整理而成，生動地記載了著者在老一輩藝術家的指導下，努力探索中國電影表演藝術的豐富經驗。全書共6萬字。

本年度在國際上主要獲獎情况

陳沖(《小花》)獲南斯拉夫第9届索波特"爲自由而鬥爭"電影節"最佳女演員獎"；

《舞臺姐妹》獲英國第24届倫敦國際電影節"英國電影學會年度獎"；

《狐狸打獵人》獲南斯拉夫第4屆薩格勒布國際動畫片電影節"電影美術獎"。

《大衆電影》封底"接吻劇照"風波

1979年第5期《大衆電影》封底刊登英國電影《水晶鞋與玫瑰花》中接吻的劇照，掀起了軒然大波。一位新疆讀者用"墮落"、"毒害青少年一代"、"資産階級雜誌"等異常激烈的言辭來責問編輯部。在不到兩個月的時間裏，《大衆電影》共收到來稿11200餘封，讚同該位讀者觀點的不到三分之一。也正是《大衆電影》爲這一張照片所擔的風險，使得中國電影的"吻戲禁區"得以一點一點打開。

1979年第5期《大衆電影》封底

1980年（臺灣）

大事記

2月5日 電影處電影事業處正式致函電影製片協會，要求該會轉告各家會員公司，所有以“美麗島”爲片名的電影，都一律禁止拍攝。

2月22日 電影製片協會理事長張英表示，膠片漲價與外銷市場的萎縮，已使國産影片亮起紅燈。

4月17日 行政當局函告海内外的影劇團體，轉知各所屬會員，不得在左派戲院排映影片。

4月20日 臺北市首輪國片院線，片商收回“西門院線”。

5月29日 臺北市戲院同業公會決議，臺北市首輪國片聯映院線將限制爲5家。

5月30日 因應國際局勢與潮流，新聞局决定放寬影片檢查制度。

6月3日 當局今日宣佈，修改了原有“國内外電影公司拍攝涉及日本之影片處理三原則”，適度調整其約束範圍。

7月3日 在印度尼西亞峇里島舉辦的第26屆亞洲影展得獎名單今天揭曉，丁善璽獲最佳導演獎（《碧血黄花》），張毅獲最佳編劇獎（《源》）。

7月19日 電影《歡顔》的導演屠忠訓，自本月14日因車禍昏迷5日一直未醒，今日逝世。

10月9日 臺北市電影戲劇商業同業公會今舉行理事長交接，由周信雄擔任新任理事長。

10月23日 由樊曼儂譜曲，孫儀填詞的金馬獎主題歌曲《金馬奔騰》公佈。

10月29日 將參加本屆金馬獎頒獎典禮的美國影藝學院執行長詹姆斯·羅勃兹（James Roberts）夫婦抵臺。

11月2日 應邀參加第17屆金馬獎頒獎典禮的日本影星三船敏郎等外賓今抵臺。

12月11日 當局邀請7位學者專家選出《六朝怪談》角逐明年的奥斯卡金像獎最佳外語片項目。

重要影片

許不了在《小丑》劇中

《小丑》海報

許不了（1951—1985）

演員。本名葉鐵雄。臺灣新竹人。1977年，進入“中視”擔任基本演員，因爲演出閩南語連續劇《雷峰塔》中許仙的書僮“許不了”一角，在以後的演藝生涯中一直沿用了這個藝名。參與電影《成功嶺上》、《小丑》的演出，使許不了成爲家喻户曉的大明星。他以馬戲團出身的小丑身手作喜劇表演的基礎，表演風格既有魔術師的靈活身手、小丑的逗趣無釐頭表情，以及流浪漢的悲歡心情，這種有點像卓别林默片的悲喜劇風格與臺灣的背景結合，創造出特殊的感染力，在80年代非常能够獲得觀衆的認同。他在自己的作品《小丑與天鵝》上映時過世，享年34歲。在他短短數年的從影生涯中，留下了將近60部作品。

《小丑》

出品：揚聲
編導：朱延平
主演：許不了　楊惠珊　李小飛　顧寶明

阿忠是一個小丑演員，原本對生活只會自怨自艾，直到遇到一個在戲院打雜的盲女，才激起了謀生的鬥志。他爲了替盲女籌錢治病，自願成爲富家少爺練拳的靶子，還憑哭聲大、淚水多充當别人靈堂的孝子。

《大地勇士》

出品：佳譽
編劇：王銘燦
　　　林清玄
導演：邱銘誠
　　　孫榮發
主演：柯俊雄
　　　李小飛
　　　徐傑
　　　徐楓

描述海軍陸戰隊兩棲偵搜營健兒的訓練過程。

《大地勇士》劇照

《碧血黃花》劇照

《碧血黃花》

出品：大星有限公司
編導：丁善璽
主演：林青霞
　　　周紹棟
　　　李小飛
　　　徐楓
　　　金漢

福建人林覺民，見到日益腐敗的滿清政府，不惜拋妻棄子，決定加入革命起義的行列……

《鄉野人》

出品：中域
編導：張佩成
主演：白鷹
　　　程秀瑛
　　　向雲鵬
　　　林小樓
　　　郎雄

藉由一個疑妻不貞的故事，表現出輕生命、重言諾的傳統俠義精神……

《鄉野人》劇照

《美麗與哀愁》劇照

《美麗與哀愁》

出品：五富
編劇：夏美華
導演：楊家雲
主演：鍾鎮濤
　　　應采靈
　　　李烈
　　　郭傑人

年輕的船員江雲濤，在一次休假中，遇到父親也是船員的徐婉瑩。兩人陷入熱戀，遭到徐母反對，無奈婉瑩已經懷孕。此時，卻傳來雲濤因海難而喪生的消息……

影片目録

中影 《花飛花舞春滿城》、《皇天后土》、《源》、《西風的故鄉》、《血濺冷鷹堡》、《天狼星》、《緊迫盯人》、《蜜月驚魂》
中製 《丹尼爾的故事》、《古寧頭大戰》
永昇 《烏龍行大運》、《一對傻鳥》、《雁兒歸》、《愛情躲避球》
第一 《阿西與阿花》、《討厭鬼》、《風流人物》
鳳城 《十二蓮花》、《夜夜磨刀的女人》
威靈 《阿花》、《撫遠街大慘案》、《一個問題學生》、《郭素月棺中產子》、《阿美、阿美》
鳳冠 《嚇死鬼》、《玄機》、《家變》
金世紀 《我踏浪而來》、《艋舺白骨奇冤》
新海 《俠影留香》、《古國奇譚》、《劍氣蕭蕭孔雀翎》
謙記 《未婚媽媽》、《晚間新聞》
佳林 《一溪流水》、《一根火柴》
大星 《碧血黃花》、《有我無敵》
寶龍 《楚留香傳奇》、《楚留香與胡鐵花》
寶華 《年輕人的心聲》、《你那好冷的小手》、《不妥協的一代》
飛騰 《候鳥之愛》、《三角習題》、《明天只有我》
新華 《心酸酸》、《我從山中來》
天平 《燃燒 0.7 度》、《大地親情》
大衆 《天凉好個秋》、《原鄉人》
東海 《十八般武藝》、《寒山飛狐》
三仙 《寒劍孤星斷腸花》、《絶代英雄》
永達 《博多夜船》、《幽靈武士》、《卧龍斬》
裕豐 《風流殘劍血無痕》、《問題小子》
歐亞 《十九新娘七歲郎》、《流星飛鷹》、《鄭元和與李亞仙》
樺梁 《茉莉花》、《天下一大笑》
富都 《小魚吃大魚》、《月夜斬》、《舞拳》
其他 《七夕雨》（德威）、《人比人氣死人》（力新）、《哀怨赤崁樓》（桓生）、《陳三五娘》（永宇）、《佛祖傳》（欣達）、《西螺七崁》（新海、華友）、《遊方和尚》（一中）、《金盞花》（巨星）、《小丑》（揚聲）、《小丑對紅唇》（大鵬）、《五子哭墓》（宏威）、《可憐花》（名流）、《邱罔舍與白賊七》（長江）、《苦海女神龍》（六鳳）、《破網補情天》（華南）、《不如歸去》（震亞）、《苦情草》（國華）、《賣身女》（藝新）、《孤獨名劍》（朋友）、《火葬場奇案》（潘壘）、《美麗與哀愁》（五富）、《小小羊兒要回家》（金元）、《少女殉情記》（國際）、《催命蜘蛛》（豐年）、《無花果》（文苗）、《女學生的悄悄話》（海外）、《難忘鳳凰橋》（新力）、《暖暖冬陽》（白氏）、《可愛的髮姐》（一統）、《十八個姊妹》（良泰）、《風雨中的燕子》（許士）、《蛭魔女》（金洋）、《特別治療》（金門）、《大地勇士》（佳譽）、《鐘聲二十一響》（河洛）

《原鄉人》劇照

《原鄉人》

出品：大衆
編劇：張永祥
導演：李行
主演：林鳳嬌　秦漢　曹健　崔福生

作家鍾理和爲了尋找原鄉，與妻子鍾平妹一起離家遠赴東北。數年後返回美濃，偕平妹再去原鄉，旅居東北，奮力寫作。抗戰勝利後第二年，理和携全家回臺，在艱難的生活中去世。

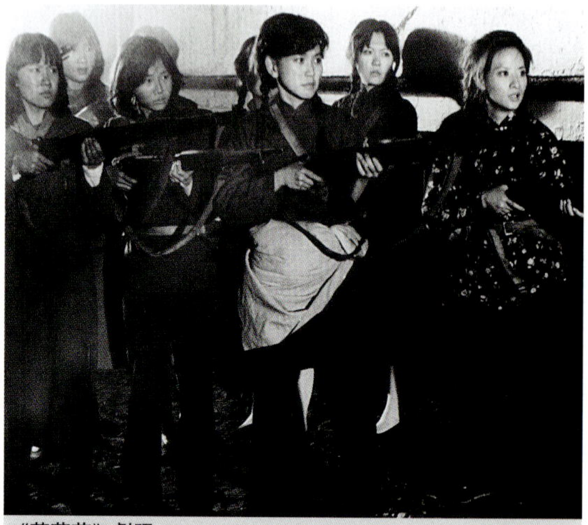

《茉莉花》劇照

《茉莉花》

出品：樺梁
編劇：林煌坤
導演：陳俊良
主演：張艾嘉
王冠雄
劉尚謙
周紹棟

從人性化的角度，刻畫一名人道主義的日本軍醫……

修改處理日片三原則

一項由22位國片製片業界相關人士發起的"國片自强座談會"舉行，由明驥主持，討論對日片進口和挽救國片危機的看法，會中一致堅決反對日片進口。並在會後作出了三個主要的結論，而後宣佈修改原有的電影公司拍攝涉及日本之影片處理三原則"，適度調整其約束範圍。

修改後的三原則内容爲：

1. 可以與日本合作拍片。
2. 片中日本演職員不得超過半數。
3. 日籍演職員若佔半數以上，則以處理外片之第七條規定行事。

此一方案公佈之後的各方反應不一，電影學者曾西霸發表《呼籲局部開放日片進口》文章，是較傾向肯定的一面，且此一呼籲儘管初期受到質疑，但很快一切付諸實現。

《一個問題學生》

出品：威靈
編導：林清介
主演：貝心瑜　李慕塵　喬華國　原森

一群血氣方剛的青少年們，只能藉由好勇鬥狠，來抒發他們無處宣泄的情緒……

禁拍與"美麗島"相關電影

由於1979年12月10日"人權紀念日"晚上，在高雄發生"美麗島事件"，居然因爲"美麗島雜誌社"的演講問題，引發了自"二二八"之後最嚴重的軍、警、憲、民多方衝突。政府顯然已經認定"美麗島事件"是打擊甚至是顛覆政府的行動，故此決定全面封殺後續之任何影響，此舉包括以"美麗島"爲名的所有電影，也使"美麗島"在"解嚴"前成爲絶不可輕觸的禁忌。

金馬獎主題曲完成

由樊曼儂譜曲、孫儀填詞的金馬獎主題歌曲《金馬奔騰》公佈。

這首新譜寫的金馬獎主題歌，歌詞如下："讓金馬帶動，電影的巨輪，如金之真純、如馬之奔騰，爲藝術獻身，至善至美至真，以喜怒哀樂，表達人生。讓金馬精神，引導着我們，追求着理想，向前飛奔。"

這首歌曲在1980年11月3日舉辦的金馬獎頒獎典禮中公開演唱。

第17届金馬獎得獎名單

最佳劇情片：《早安，臺北》(大衆公司出品)
最佳紀録片：《古厝——中國傳統的建築》(國禾公司出品)
優等卡通片：《三國演義》(中華卡通公司出品)
最佳卡通片編導：黄木村《丁丁夢遊記》
最佳劇情片導演：王菊金《六朝怪談》
最佳劇情片男主角：王冠雄《茉莉花》
最佳劇情片女主角：徐楓《源》
最佳劇情片男配角：向雲鵬《鄉野人》
最佳劇情片女配角：邵佩玲《茉莉花》
最佳劇情片童星：林小樓《鄉野人》
最佳劇情片原著劇本：宋項如《候鳥之愛》
最佳劇情片改編劇本：劉正謙《賭國仇城》
最佳劇情片攝影：靈志文《瘋劫》
最佳劇情片剪輯：余燦峰《瘋劫》
最佳劇情片美術設計：張季平《源》
最佳劇情片配樂：王菊金《地獄天堂》
最佳劇情片電影插曲：大公鷄《鄉野人》(詞：張佩成、曲、温隆俊)
最佳劇情片録音：忻江盛《古寧頭大戰》
最佳歌舞片音樂：入圍從缺
最佳紀録片攝影：張照堂《古厝——中國傳統的建築》
最佳紀録片策劃：李樹屏《國劇藝術》
優等策劃特別獎：《古寧頭大戰》(臺製廠出品)

林鳳嬌（1953—　）

1953年6月30日出生於臺北市郊葫蘆島貧寒之家。因爲家境困苦，中學未畢業便進入社會謀生，當時只有12歲多。19歲時，林鳳嬌得以在功夫片《潮州怒漢》中第一次演出。初出茅廬的她，清秀甜美的扮相很快受到電影界的重視。逐漸成爲紅極一時的明星。在第25屆亞洲影展上，她獲得了演技最突出女主角獎。在同年的第16屆上，以在《小城故事》中的精彩表演，林鳳嬌脫穎而出，成爲最佳女主角獎得主。

1982年，在與成龍結婚後退出影壇。林鳳嬌退居銀幕之後，默默地做一個相夫教子的好妻子、好母親。在她短暫的十餘年銀幕生涯中，共演出過70餘部影片。代表作有：《潮州怒漢》(1972)、《吾土吾民》(1975)、《碧雲天》(1976)、《浪花》(1976)、《此情可問天》(1978)、《汪洋中的一條船》(1978)、《小城故事》(1979)、《早安，臺北》(1979)、《碎心蘭》(1980)、《原鄉人》(1980)、《龍的傳人》(1981)、《步步驚魂》(1982)。

1980年（香港）

大事記

2月28日 安樂影片公司出品的紀錄片《慘痛的戰爭》，打破香港紀錄片票房收入最高紀錄。

8月18日 曾在上海、香港從事電影工作30多年的著名電影演員嚴俊在美國逝世，享年64歲。

新藝城影業有限公司成立

12月24日，由金公主發行公司支持，麥嘉、石天、黄百鳴創辦新藝城影業有限公司，創業作《滑稽時代》。後來徐克、施南生、曾志偉、泰迪·羅賓加盟，這七人成爲"新藝城"的創作核心，拍出的《最佳拍檔》及其續集《最佳拍檔大顯神通》和《女皇密令》，與嘉禾電影公司製作的《五福星》系列在整個80年代前期成爲香港電影每年的票房冠亞軍爭奪者。新藝城電影公司拍攝近百部影片，無論票房價值與藝術質量，都達到名利雙收效果，如《阿郎的故事》、《最佳拍檔》、《何必有我》、《監獄風雲》等，先後獲得多屆臺灣金馬獎、香港金像獎、亞太電影展的最佳影片、導演、主角、音樂插曲等獎項。黄百鳴1984年編寫、監製的反映香港校園生活的青春片《開心鬼》，刷新了香港青春片票房紀錄，他創造並主演的"朱秀才"形象，更是深入民心。該公司爲香港的電影業寫下黄金10年，與嘉禾公司、邵氏公司形成"三足鼎立"局面。另外，新藝城在臺灣成立新藝城臺灣分公司，投資臺灣本土電影拍攝，出品了《海灘的一天》、《搭錯車》等片，對"臺灣新電影"的發展有直接貢獻。

後來因股東間意見不合，因而化整爲零，各自發展，新藝城名存實亡。

重要影片

《撞到正》劇照

《撞到正》（又名《小姐撞到鬼》）

出品：高韻公司
編劇：陳韻文
導演：許鞍華
主演：蕭芳芳　鍾鎮濤　劉克宣　關聰

一個下鄉戲班被一個富翁雇到長洲演戲。戲班的二幫花旦被富翁指明要出演主角。原來此人與芳芳的外公有過一段恩怨，外公臨死前曾立下毒咒，咒富翁一家大小不得好死。戲班在長洲演出期間，不斷有許多冤鬼遊魂出現，惹出許多小鬧劇。

《名劍》

出品：嘉禾電影公司
編劇：譚家明　劉天賜
　　　盧自强　黄鷹
導演：譚家明
主演：鄭少秋　徐少强
　　　陳琪琪　高雄
　　　劉兆銘

年輕劍士李纛然學劍成功，想與劍道名家花千樹一比高低。在追尋白鴿老人途中巧遇花千樹之女盈盈和舊情人陳琪琪。琪琪夫婿徐少强欲奪"齊物"、"寒星"兩把名劍，特派助手高雄追殺李纛然。

《名劍》劇照

《師弟出馬》

出品：嘉禾公司　編導：成龍
主演：成龍 元彪 石堅　韋白　李麗麗

師兄因幫助别家採青，令師弟採不到。師父得知此事，把師兄趕出師門，於是師弟出馬。

《師弟出馬》劇照

《喝彩》

出品：富山 藝高
編劇：文隽
　　　鄭丹瑞
導演：蔡繼光
主演：陳百强
　　　張國榮
　　　鍾保羅
　　　翁静晶

一個少年在中學的學生生活裏經歷了初戀，但他缺乏父母的愛護和關懷。當他離開學校的時候，心中充滿了失落和彷徨。

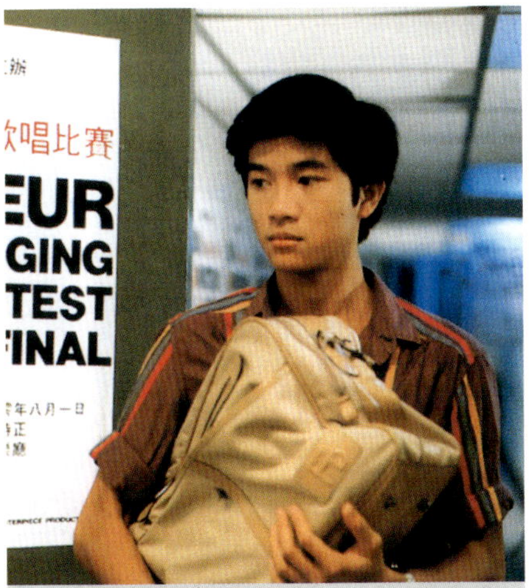

《喝彩》劇照

《情劫》

出品：長城公司
編劇：莫桑 郭誠
導演：冼杞然
主演：劉雪華
　　　余家倫
　　　丹波哲郎

汪先生爲躲避廉政公署的調查，殺死證人後，派人到日本竊取文件。事後行竊者"古惑成"勒索，汪派韓冰雪携巨款前往交易，暗中安排將兩人都殺掉。

《情劫》劇照

香港電影新浪潮

七八十年代之交，一批出身於電視圈的香港青年導演運用新的電影語言與技巧創作了爲數可觀的新商業片，有人把這一類電影稱之爲"香港電影新浪潮"。1978年嚴浩拍攝的《茄喱啡》爲"香港電影新浪潮"揭幕，緊接着湧現出徐克的《蝶變》、許鞍華的《瘋劫》、章國明的《點指兵兵》和翁維銓的《行規》等。到了1980年前後，徐克的《地獄無門》和《第一類型危險》、許鞍華的《投奔怒海》、方育平的《父子情》、嚴浩的《夜車》、冼杞然的《薄荷咖啡》、于仁泰的《救世者》接踵而至，"香港電影新浪潮"遂蔚爲大觀。

香港"新浪潮"這個名稱到現在没有很明確的出處，但明確的一點，它同"法國新浪潮"一樣，最早是由報刊提出，之後就約定俗成地成了這批電影人及其作品的稱謂。

由於它的短暫，香港的新浪潮起到的歷史作用更多的是一次有規模的技術改良活動。香港電影長期以來被邵氏、國泰（原電懋）等大公司壟斷，電影技術的革新非常緩慢，文化和藝術成就不被重視。這股新浪潮的出現，使大量熱愛電影的青年投入其中，他們的共通點是大膽地引入西方電影的技巧和電影理念，並敏鋭地關注現實，在香港本土類型題材的基礎上注入了當代都市意識。

這些影人中許鞍華的電影悲劇美學的力度最深，她在傳統題材上探討新的東西，在外國電影的經驗上發掘屬於本土的東西，尤其從《投奔怒海》中能够很强烈地感受到；而徐克的《蝶變》是把舊式武俠片類型推到未來世界，但又不是西方科幻電影的方式，他把武俠片放在了一個"不存在的時空"裏，後來他一直對於這種嘗試有延續；方育平繼承了四五十年代的寫實主義，在劇情外放入歷史反省，《父子情》、《半邊人》、《美國心》都有他把藝術與人生放在一起思考的夢想，這在以前的港産片中是没有的；嚴浩是他們幾個人中最有中原情結中的一個，從1978年的《茄喱啡》，到1984年《似水流年》，再到1990年的《滾滾紅塵》，他似乎摸索了很久才有一些結實的作品出來。

這些導演雖然從70年代後期就開始拍片，但影響力反而在80年代中期才體現出來。

到如今一直堅持拍片並且佔據主流電影位置的可能只剩下徐克和許鞍華了。那些曾經心懷電影夢的年輕導演的離開或淡出，多少勾勒出香港電影這些年從蓬勃走向低谷的一個走勢。從他們的話語中，能使我們更多了解香港電影商業類型表象之下的豐富内涵。

主要影片目録

本年度香港共出品影片118部，其中粤語片97部，國語片21部。

邵氏　《洪文定三破白蓮教》（國語）、《第三類打鬥》（國語）、《摩登土佬》、《插翅難飛》、《萬人斬》、《少林與武當》（國語）、《碟仙》、《惡爺》、《金手指》、《背叛師門》、《通天小子紅槍客》、《情俠追風劍》、《邪》、《英雄無淚》、《鐵旗門》（國語）、《少林搭棚大師》、《大殺四方》（國語）、《連城訣》、《請帖》、《綽頭號》、《飛狐外傳》（國語）、《打蛇》、《無翼蝙蝠》、《邪鬥邪》

繽繽　《神駒古刹》（國語）、《失落的一代》、《南北腿王》（國語）、《123》、《天堂夢》

嘉禾　《師弟出馬》、《夜車》、《壞小子》、《名劍》

協利　《出錯綽頭發錯財》、《有料到》、《識英雄重英雄》

金公主　《血淚中華》（國語）、《有着數》、《無字天書》

鳳凰　《泰山屠龍》（國語）、《密殺令》（國語）、《錯有錯着》

長城　《白髮魔女傳》（國語）、《蘇杭姻緣一線牽》（國語）、《情劫》

羅維　《少林木人行》、《點止功夫咁》

思遠　《蛇猫鶴混形拳》、《地獄無門》

鳳鳴　《飛鶴》、《兵來賊擋》

豐年　《賊贓》、《雍正與年羹堯》（國語）

百靈　《碧水寒山奪命金》、《險過剃頭》（國語）

珠城　《救世者》、《山狗》

恒生／邵氏父子　《武狀元》、《衝破》

影藝／金公主　《第一類型危險》

金公主／新藝城　《滑稽時代》

友誼　《黄飛鴻與鬼脚七》

其他　《癲螳螂》（東亞）、《空手入白刃》（國語）（合成）、《蛇形醉步》（國語）（萬隆）、《師爸》（繽繽/大煒投資）、《佛掌羅漢拳》（繽繽/和平）、《六合八法》（國語）（新華）、《13號凶宅》（恒生）、《Disco性狂熱》（雷鳴）、《誓不兩立》（新聯）、《瘋狂大老千》（奮鬥）、《身不由己》（嘉豐）、《慘痛的戰爭》（安樂）、《有你没你》（比高）、《情網》（國語）（五粒星）、《雙手遮天》（大榮）、《通天老虎》（寶樹）、《扮嘢小子》（飛騰）、《阿燦正傳》（騰龍）、《佛掌皇爺》（富茂）、《撞到正》（高韻）、《扮嘢》（得利）、《爛命一條》（兄弟）、《廣東先生與響馬》（永祥）、《錫曬你》（立人兄弟）、《發圍》（劉氏兄弟）、《鹹魚翻生》（嘉寶/奮鬥）、《醒目仔》（羅馬/邵氏）、《甩牙老虎》（寶祥）、《阿Sir劈砲》（欣欣）、《寶闖八關》（拳威）、《孖子闖八關》、（拳威）、《係咁先》（正大）、《喝彩》（富山/藝高）、《性花朵朵開》（新藝）、《阿福與土佬》（祥豐）、《零點三八》（海外）、《不夜城》（文華）、《邪門串》（金寶）、《破戒大師》（劉氏/金公主）、《釋迦牟尼》（國語）（晉峰）、《鬼打鬼》（嘉寶/嘉禾）

徐克：新浪潮這個帽子太大
代表作：《蝶變》、《第一類型危險》

"新浪潮"這個名字對我們來説帽子太大了，我們戴不上，因爲我們都知道新浪潮是法國的電影運動。香港的新浪潮具體的定義是怎麽樣的我們也没有一個理論，只是當時有一群從電視臺出來的導演，共同地朝一個方向走，這群人就叫做新浪潮了吧。新浪潮的導演來源也很多，有本地的，有國外的，拍各種片子的也都有。當時有記者問我們怎麽定義，我們也不知道，後來就是指這一段時間出來的導演，在電視臺裏面做過後來從事電影導演的一批人。

"新浪潮"聲名鵲起——《第一類型危險》引起爭論

1980年9月，《第一類危險》被（香港）電檢處禁映，影片公司抗議無效，立即進行補拍，3個月後改名爲《第一類型危險》獲通過。12月4日，影片上映，引起爭論。香港文化中心爲此舉辦有關研討會，會上對該片展開了激烈爭論。"新浪潮"一詞在這次討論中第一次被集中地提起。

徐克（1951— ）

導演、監製、編劇。原名徐文光，生於廣東海豐，幼時隨家人移居越南。13歲起拍攝8毫米以魔術爲題材的實驗電影。14歲又隨家人移居香港。曾赴美攻讀電影課程。1979年執導古裝片《蝶變》，成爲引人注目的新浪潮導演。1981年加入新藝城影片公司，執導《夜來香》等片。1983年執導《新蜀山劍俠》，初步確立了香港科幻功夫片的新類型，融合了美式科幻片與香港動作片的特色。1984年創建"電影工作室"。1992年，重拍胡金銓名作《新龍門客棧》，成績驕人。之後前往好萊塢開拓新創作，可惜成績並未如理想。在中國電影100周年紀念之際，完成電影《七劍》。

《第一類型危險》劇照

《第一類型危險》

出品：影藝　金公主公司
編劇：徐克　司徒卓漢　導演：徐克
主演：羅烈　林珍奇　歐瑞强　吕良偉

三個社區青年無照駕車而闖了禍，被一個少女看見。少女强迫他們三人受她指使。在意外獲得一筆美國退伍軍人用來購買軍火的龐大款項後，四人引來CID追蹤犯罪分子、政治部追索軍火買賣内幕、黑社會攔路劫持及美軍强力索回巨款等一連串事端。

評論：兩個版本最大的不同是，三名中學生主角自製炸彈，無目的地四處放置的描寫不見了（代之以三人無牌駕駛闖禍），可見犯忌的是原版對1967年左派暴動（一度全市飽受土製炸彈的威脅）的影射，所謂美軍與華人的衝突有排洋之嫌，不過是借口而已（當然在原版影射暴動的背景下，種族衝突一線劇情帶有反殖民主義的含義，也非電檢處可以容忍）。其實原版中炸彈遊戲有更普遍的象征意義，就是對現代理性社會的壓逼和疏離無意識的反抗，而無論壓抑之强，對制度懷疑之烈，以至視野的宿命和無奈，都屬於典型七八十年代的香港。（摘自：李焯桃，《八十年代香港電影筆記》，《世紀回顧：圖説華語電影》）

方育平：電視臺是我們的"少林寺"
新浪潮代表作：《半邊人》、《父子情》

若説新浪潮電影的導演與當時大片廠的導演有任何不同的話，那也只是各人的喜愛、修養、關懷有所不同。我們那班導演最大的共通處，是大家曾在電視臺工作過幾年，可以説電視臺是我們的"少林寺"，要打出"木人巷"才能正式"下山"投身電影圈。剛巧那時候邵氏等大片廠正處於低潮，這樣就給了我們一個機會趁勢而起。

我認爲"新浪潮"的定義是一群年輕人參與製作電影，並且由於他們的參與而爲電影界帶來一番新的氣象，與前一輩的作品有所不同，這就是新浪潮。在這樣的定義下，新浪潮電影並不只局限於我們那一輩，而是不斷在出現的，所以我認爲這浪潮並未結束，而且永遠也不會結束。

許鞍華：没有一股團結的力量 新浪潮代表作：《瘋劫》、《投奔怒海》

如果我們當時能有一個共識，或者大家一起合作，將這件事變成一種在經濟上與藝術上可行的東西，即團結性的東西的話，我相信會好很多。因爲搞電影並不只是拍東西，搞電影是一個文化形態，需要將這件事系統化及企業化，將經濟結構與製作結構的系統弄清楚。我們没有將它變成一套製作的方式，亦没有團結的力量，最多是大家不會互相鬥爭，但肯定就没有合作。我覺得這是比較可惜的。

許鞍華（1947— ）

女，導演。生於遼寧鞍山。50年代遷居澳門。後就讀於香港大學英國文學系，專修比較文學。1972年獲文學碩士學位。後赴英國倫敦國際電影學院學習。1975年返港，先後在香港無綫電視臺和香港電臺電視部工作，攝製了電視劇《獅子山下》、《北斗星》、《年輕人》，爲香港廉政公署拍攝《CID》。1979年進入影圈，執導電影《瘋劫》，被認爲是香港新浪潮電影代表作之一，獲1980年第17屆金馬獎最佳作品獎及最佳攝影、最佳編劇獎。1980年執導鬼喜劇《撞到正》（又名《小姐撞到鬼》），仍採用多視點結構，風格活潑，手法得宜，十分成功。1981年執導《胡越的故事》，回到實録式的現實主義風格上來，獲第1屆香港金像獎最佳編劇獎。1982年執導《投奔怒海》再次向現實政治題材挑戰，獲第2屆香港金像獎最佳導演、最佳作品、編劇、新人演員、美術共5項獎。1984年執導改編自張愛玲小説的《傾城之戀》，但嘗試並不成功。1988年執導《今夜星光燦爛》，獲第八屆香港金像獎新人演員獎。1990年執導《客途秋恨》，這部半自傳體作品顯示了她作爲香港新電影作家的歷史感、民族感與政治感，獲第27屆臺灣金馬獎優秀作品獎、編劇獎；第35屆亞太電影節最佳電影、編劇、特殊文化橋梁獎。經過多年探索，她將人文主義的情感注入描寫老人與家庭問題的《女人，四十》一片中，獲1994年第32屆金馬獎最佳作品獎以及最佳女主角、男配角、攝影等四項獎。還獲得金馬獎電影百年殿堂大獎、天主教人道精神特別獎。女主角蕭芳芳獲第45屆柏林國際電影節最佳女演員銀熊獎。1997年，再度嘗試改編、導演張愛玲的《半生緣》。1998年導演《千言萬語》，反映香港60年代的動蕩社會生活，獲1999年第18屆香港電影金像獎最佳影片獎。另有自傳性紀録片《去日苦多》。2003年完成《玉觀音》。2005年當選爲香港電影導演會會長。

嚴浩：人逃不出命運的安排
新浪潮代表作：《茄喱啡》、《夜車》

對我來説，我頭三齣電影都是習作，因爲當時還未很了解商業因素，藝術的修養亦未到家。直至我剛完成《太陽有耳》的劇本時，我才驚覺之前幾齣電影都是講我對命運的看法，反映了我的思想狀況。由最初三部《茄喱啡》、《夜車》和《公子嬌》的"人是逃不出命運的安排"到《天國逆子》講人是要對自己的命運負責任的，及至《太陽有耳》更進一步提出人是可以掌握命運的，我發現原來我已經解放了自己。

嚴浩（1952— ）

導演，編劇。原籍江蘇吴縣，出生於香港。1973年畢業於英國倫敦電影學院，1975年入香港無綫電視臺任編劇、導演。1978年轉入影壇，執導的影片《茄喱啡》，被視爲香港第一部新浪潮電影。1984年爲香港青鳥影片公司導演影片《似水流年》，獲第4屆香港電影金像獎最佳影片、最佳導演等6項獎。1990年導演影片《滾滾紅塵》，獲第27屆金馬獎最佳劇情片獎。其執導的故事片還有：《公子嬌》、《似水流年》、《天菩薩》、《太陽有耳》、《我愛厨房》、《天國逆子》、《庭院中的女人》、《鴛鴦蝴蝶》等。

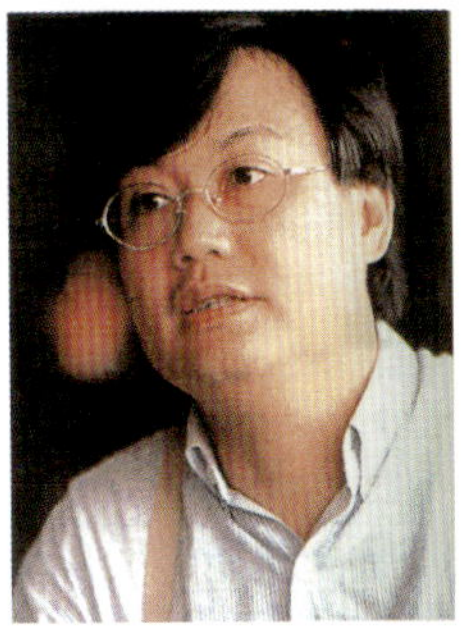

《夜車》

出品：嘉禾公司
編劇：舒琪
導演：嚴浩
主演：張國强　袁麗嫦　嚴秋華　朱小蘋

一群無所事事的青少年，既不喜歡讀書，也不喜愛工作。一天，男孩阿日偷了一輛跑車，由此引出了一系列的打劫、誤殺、逃亡、拒捕的事件。而最後等待他們的，只能是悲劇的下場。

比起暢麗、清新的小人物夢想《茄喱啡》，本片充滿暴力、血腥則叫人有點不寒而怵。一伙少年先是闖禍，不料事件一發不可收拾，變成了犯罪。這不過是發生在一夜之間。"没有明天"的青春躁動、盲動是本片最重的一筆。開始富裕的年輕一代莫非就如此"享受"父兄輩們付出的努力？這是一記振聾發聵的"青春警鐘"。

《夜車》劇照

劉成漢：推動香港電影發展
新浪潮代表作：《激火焚琴》

新浪潮電影的其中一個特點，是絶大部分的導演都是在本土成長的，他們的少年時代都是在香港度過，不像老一輩的導演如李翰祥、胡金銓、張徹等是來自内地。由於新浪潮導演是屬於本土成長的一代，所以他們的關懷是本土的、城市的。這不能説是革新，但却絶對是一種轉變。

上世紀70年代中末期，香港的電影工業正處於低潮，李小龍死後，香港影壇已再没有人能吸引觀衆入場看電影。新浪潮的出現令電影工業邁向專業化，因此在70年代末80年代初應付了一次危機。至於在藝術成就上，香港的新浪潮並不能與歐美的相比，其中一個重要的原因，是新浪潮導演從未走出商業類型片的框框，他們是對商業電影作出改良，而非革命。

余允抗：香港電影要走國際化
新浪潮代表作：《兇榜》

在新浪潮導演群中，我覺得自己算是比較幸運的一個，因爲這麼多次拍電影，我都有很强的自主性，没有人干涉我。現在回想起來，我當時缺乏一個强勢的人幫我分析問題，時常陷於死胡同中，在牛角尖裏鑽。覺得自己在電影界再無可爲的時候，便離開電影圈。現在我看電影圈，覺得自己已很難回去，因爲自己已失去熱情，而大家也失去了熱情。香港電影的出路，是要走國際化，拍可以讓全世界觀衆看得明白的電影。

1981年（大陸）

大事記

1月5日—25日　《電影藝術》和《大衆電影》編輯部在北京聯合召開電影創作、理論座談會，總結交流1980年電影創作經驗。

1月24日　中國電影評論學會成立。

3月3日　中國影協決定從1981年起設立“中國電影金鷄獎”。

3月4日—14日　中影公司在長沙召開全國農村電影工作座談會，提出農村集鎮影院和售票點的發展方針。

3月21日—4月2日　美國舊金山國際電影節上舉行了“中國電影特別節目”影展，《馬路天使》等16部影片受到觀衆好評。

5月　中國影協主辦的《中國電影年鑒》創刊。

6月1日　北京兒童電影製片廠成立。

6月22—27日　文化部召開全國農村題材優秀電影、戲劇創作座談會。

9月1日　文化部電影局委託北京電影學院舉辦的第一期電影製片培訓班開學。這是我國第一次由自己的師資力量組織起來的電影製片培訓班。

9月29日　長影廠舉行慶祝建廠35週年大會。

12月底　鍾惦棐召集電影創作、電影理論、文藝美學等方面的專家學者座談，探討建設中國電影美學體系。

重要影片

《南昌起義》劇照

《南昌起義》

出品：上海電影製片廠
編劇：李洪辛　吴安萍
　　　徐海秋　周大功
導演：湯曉丹
攝影：沈西林
主演：孔祥玉　高長利
　　　劉懷正　王定華

在汪精衛發動反革命政變後，1927年8月1日，周恩來、葉挺、朱德、賀龍等人指揮了南昌起義，取得了勝利。

《被愛情遺忘的角落》

出品：峨眉電影製片廠
編劇：張弦
導演：張其　李亞林
攝影：麥淑煥
主演：沈丹萍　賀小書
　　　楊海蓮　張潮

某山村青年存妮和小豹子相愛，因感情衝動被捉，存妮羞恨自殺，小豹子被捕入獄。存妮的妹妹荒妹受此刺激，從此不與男青年來往，也冷落了和她一起復員回來的許榮樹。粉碎“四人幫”後，許榮樹在帶領社員建設家鄉的勞動中，重新喚起了荒妹的愛情。

《被愛情遺忘的角落》劇照

《小街》劇照

《小街》

出品：上海電影製片廠
編劇：徐銀華　導演：楊延晉
攝影：應福康
主演：郭凱敏　張瑜　楊延晉　邱世穗

十年動亂時期，夏結識了小伙子俞後兄弟相稱。俞向夏説出實情，只因媽媽被打成黑幫，才被迫女扮男裝。夏爲了俞能重新梳起長髮，偷樣板戲的道具，被打雙眼致殘。俞跟隨母親離開了此地。夏還在尋找着她，以及他和她的結局。

《鄉情》劇照

《鄉情》

出品：珠江電影製片廠
編劇：王一民
導演：胡炳榴　王進
攝影：梁雄偉
主演：吴文華　黄小雷
　　　任冶湘　黄錦裳

農婦田秋月苦熬半生，將養子田桂撫養成人，正在爲其操辦婚事的時候，田桂早年參加革命的父母找到了他。田桂的生母廖一萍要把兒子留在城裏。田桂忘不了養母和未婚妻回到家鄉。廖一萍也終於發現田秋月就是當年捨身救她的恩人。

《沙鷗》劇照

《沙鷗》

出品：青年電影製片廠
編劇：張暖忻　李陀　導演：張暖忻
攝影：鮑蕭然
主演：常珊珊　郭碧川　姜韵輝　盧君

國家女排主力沙鷗在出國比賽前腰患重症，頑强的她戰勝病痛，爲球隊取得了亞軍榮譽。沙鷗欲告别球場和登山隊員沈大成結婚，沈大成却不幸犧牲。沙鷗重返排壇擔任教練工作，終因疲勞過度而雙腿癱瘓。當她看到女排奪魁時充滿了欣慰。

《月亮灣的笑聲》劇照

《月亮灣的笑聲》

出品：上海電影製片廠
編劇：金海濤　方義華
導演：徐蘇靈　攝影：張珥
主演：張雁　仲星火
　　　顧玉琴　寇振海

月亮灣的老農江冒富，因引進各種橘樹而致富。十年動亂中，隨着政策的變化，時而被當成批判的典型，時而被樹爲先進的典型，最後又被打成了資産階級的暴發户，兒子的婚事也受到挫折。粉碎"四人幫"後，江冒富才過上太平日子。

《李慧娘》

出品：上海電影製片廠
編劇：劉瓊　總導演：劉瓊
導演：鄧逸民　沙潔
攝影：盧俊福　周福星
主演：胡芝風　詹國治　許鴻良　劉傳海

南宋末年，良家女李慧娘因戰亂流離，不幸被奸相賈似道害死，她的魂魄借助寶扇的威力，懲罰了敵人，救出了裴舜卿，燒毁了"半閑堂"。

《李慧娘》劇照

《知音》

出品：北京電影製片廠
編劇：華而實
導演：謝鐵驪　陳懷皚　巴鴻
攝影：聶晶　汝水仁
主演：王心剛　張瑜　英若誠　王培

袁世凱復闢帝制之心已久，他把京都名妓小鳳仙介紹給蔡鍔，妄圖使其沉溺於聲色。蔡鍔打響討袁第一槍，各省聯袂而起，不到半年袁世凱病死，護國討袁戰爭勝利結束。蔡鍔却在日本就醫時逝世。小鳳仙静坐船頭，痛撥瑶琴，思念知音。

《知音》劇照

影片目録（共105部）

北影　《鐘聲》、《許茂和他的女兒們》、《傷逝》、《知音》、《新兵馬强》、《歸宿》、《海囚》（上下集）、《潛網》、《歡歡笑笑》、《奇異的婚配》

童影　《四個小伙伴》、《蘇小三》

上影　《陳毅市長》、《車水馬龍》、《七月流火》、《月亮灣的笑聲》、《喜盈門》、《革命軍中馬前卒》、《南昌起義》、《李慧娘》（京劇）、《檢察官》、《小街》、《心弦》、《楚天風雲》、《子夜》、《鹿鳴翠谷》、《阿Q正傳》、《金錢夢》、《御馬外傳》、《播種幸福的人》、《湖畔》

長影　《幽谷戀歌》、《冤家路寬》、《藥》、《元帥與士兵》、《明天回答你》、《緑色錢包》、《春歸紅樓》、《玉碎宫傾》、《但願人長久》、《杜十娘》、《海神》、《沙漠寶窟》、《没有字的信》、《第三個被謀殺者》、《桃李梅》（吉劇）、《白奶奶醉酒》（越調）

八一　《女兵》、《飛行交響樂》、《解放石家莊》、《許茂和他的女兒們》、《同心結》、《路漫漫》、《螺旋》、《長排山之戰》

珠影　《皆大歡喜》、《揚帆》、《智收姜維》（越調）、《畢昇》、《鄉情》、《回頭一笑》、《白龍馬》、《海望》

西影　《飛燕曲》、《忠烈千秋》、《苦果》、《蘇醒》、《特高課在行動》、《李清照》、《西安事變》（上下集）

峨影　《風流千古》、《旋渦裏的歌》、《年輕的朋友》、《劍魂》、《姑娘的心願》、《舞戀》、《被愛情遺忘的角落》

瀟湘　《小海》、《智截玉香籠》、《當代人》、《模範丈夫》

廣西　《不該凋謝的玫瑰》、《顧此失彼》、《潛影》

天山　《艾力甫與賽乃姆》、《幸福之歌》

内蒙古　《阿麗瑪》、《彩虹》

新影　《紅娘》、《楊三姐告狀》

青影　《百合花》、《沙鷗》、《端盤子的姑娘》、《鄰居》

江蘇　《寶貝》、《小燕和大燕》（柳琴戲）、《小路》

其他　《金水橋》（山西北路梆子）（山西）、《她從霧中來》（龍江）、《小城春秋》（福建）、《包公誤》（河南曲劇）（河南）、《大虎》（天津）、《水晶心》（遼寧）、《灘江春》（中國新聞社）、《笑比哭好》（三機部）

首屆中國電影"金鷄獎"和第4屆電影"百花獎"在杭州頒獎

中國電影金鷄獎評委會全體成員：第一排左起：王蘋、洪林、白楊、鍾惦棐、陳鯉庭、于藍、林杉，第二排左起：程季華、梅朵、王家乙、張駿祥、于敏、錢筱璋，第三排左起：羅藝軍、謝飛、特偉、沈浮、水華、張天民、史超

5月23日晚，中國影協舉辦的首屆中國電影"金鷄獎"和第4屆"百花獎"授獎大會，在位於杭州市中心的浙江體育館舉行。5000多名觀衆和中外記者以及香港電影、電視和新聞界的朋友參加了大會。大會由中國影協副主席袁文殊主持。全國文聯副主席、中國影協主席夏衍在會上講話，文化部副部長司徒慧敏致祝辭。

國家名譽主席宋慶齡曾題詞："熱烈祝賀中國影壇百花盛開！"爲了感謝宋慶齡對中國電影的關心，授獎大會向宋慶齡發了慰問電。慰問電中説："您一向關心我國電影事業的發展，去年今日第3屆'百花獎'發獎時，您曾親筆題詞'熱烈祝賀中國影壇百花盛開！'給了我們很大的鼓舞，值此首屆電影'金鷄獎'和第4屆'百花獎'授獎之際，全體與會者以萬分真誠的心情，祝願您早日康復！"

附録：關於金鷄獎的由來

爲了繁榮和發展社會主義的電影事業，表彰有成就的電影創作人員，中國電影協會，繼"百花獎"之後，決定從今年起，舉辦一年一度的專業性電影評獎。由於今年是農曆鷄年，我們用金鷄啼曉來象徵百家爭鳴，激勵廣大電影工作者聞鷄起舞。因此就把這種專業性的評獎，定名爲"金鷄獎"。"金鷄獎"與由電影觀衆直接投票選出影片和創作人員的"百花獎"不同，它是由專家評選的。第一屆中國電影金鷄獎的評選工作，由二十五名我國著名的電影藝術家、電影劇作家和電影評論家組成評選委員會。評委會在認真分析、討論影片的基礎上，評選出各片種的最佳影片及故事片各項專業獎。

("金鷄獎"評委會名譽主任委員、中國影協主席夏衍《表彰優秀創作 促進電影繁榮——在授獎大會上的講話》)

金鷄獎與百花獎的評選

《大衆電影》舉辦的"百花獎"是電影觀衆所熟悉的群衆性評獎，是加强電影工作者和廣大觀衆聯係的一條紐帶。今年首次舉辦的"中國電影金鷄獎"，則是由國内有影響的電影藝術家、電影評論家和電影技術專家組成的評委會進行的專業性評獎，它對於繁榮電影創作，活躍電影評論，提高電影藝術和技術水平，將會産生强有力的促進和積極的影響。把群衆和專家的意見結合起來，可以使我們更加明晰地看清前進的方向……

《巴山夜雨》和《天雲山傳奇》並列獲得本屆"金鷄獎"的最佳故事片獎，這個結果，鼓勵了以真切的感受反映社會生活的創作態度，肯定了藝術家們對於比較深刻的思想内容和儘可能完美的藝術形式的追求，表彰了他們着意於塑造有血有肉的、有助於培養社會主義新人的銀幕形象的努力……

"金鷄獎"的評選結果，仍有八個項目空缺，這表明它從嚴要求的精神……

在這屆"百花獎"收到的二百多萬張選票中，絶大多數是青年人投來的。

(程季華《金鷄啼曉 百花爭鳴》,《中國青年報》1981年5月26日)

石靈、歐陽儒秋、茅爲惠、林彬、仲星火、盧青等人榮獲了最佳男女集體配角獎。這項獎的評定，打破了男女配角單獨獲獎的界限，它是首屆"金鷄獎"評選工作中的一個富有創造性的收穫……

《巴山夜雨》中的六位配角演員，依照導演的總體藝術構思，以真切、自然、充滿激情的表演，成功地塑造了具有鮮明個性的生動感人的人物形象……

作爲演員，當他在影片中着力塑造具有鮮明個性特徵的人物形象的同時，應該服從藝術創作的整體，既要把自己扮演的角色當作戲中的主人來演，又要時時把自己置於恰當的地位，要有甘當"緑葉"的精神。

(白楊《"緑葉"精神讚——有感於首屆"金鷄獎"配角獎的評選》,《人民日報》1981年5月23日)

第一屆中國電影金鷄獎獲獎名單

最佳故事片獎：《巴山夜雨》(上影),《天雲山傳奇》(上影)(兩片並列)；最佳紀録片獎：《劉少奇同志永垂不朽》(新影)；最佳戲曲片獎：(空缺)；最佳科教片獎：《生命與蛋白質——人工合成胰島素》(北京科影)；最佳美術片獎：《三個和尚》(上海美影，動畫片)；最佳編劇獎：葉楠(《巴山夜雨》)；最佳導演獎：謝晉(《天雲山傳奇》)；最佳男主角獎：(空缺)；最佳女主角獎：張瑜(《廬山戀》,《巴山夜雨》)；

最佳男女配角集體獎：石靈，歐陽儒秋，茅爲惠，林彬，仲星火，盧青（《巴山夜雨》）；最佳攝影獎：許琦（《天雲山傳奇》）；最佳美術獎：丁辰，陳紹勉（《天雲山傳奇》）；最佳音樂獎：高田（《巴山夜雨》）最佳剪輯獎：（空缺）；最佳録音獎：（空缺）；最佳特技獎：（空缺）；最佳服裝獎：（空缺）；最佳化裝獎：（空缺）；最佳道具獎：（空缺）；特別獎：兒童故事片《苗苗》（北影），譯製片女配音演員向雋殊（長影）。

第4屆《大衆電影》百花獎獲獎名單

最佳故事片獎：《廬山戀》（上影），《天雲山傳奇》（上影），《七品芝麻官》（北影）；最佳女演員：張瑜（《廬山戀》）；最佳男演員：達式常（《燕歸來》）。

金鷄獎評委會成員向中國電影家協會主席夏衍彙報情況

《巴山夜雨》劇照

《巴山夜雨》

出品：上海電影製片廠
編劇：葉楠　導演：吴永剛　吴貽弓
攝影：曹威業
主演：李志輿　張瑜　盧青　張閩

“文革”年代，受寃的詩人秋石被押解上了開往武漢的客輪。同船艙的旅客各有心事和苦痛，但認出秋石後，均給予他同情。單純的女押解員劉文英通過在這群人之間的所見所聞所感，終於從苦悶、驚奇到醒悟，最後下決心解救秋石。

獲1981年第一屆中國電影金鷄獎最佳故事片獎、最佳編劇獎、最佳女主角獎（張瑜）、最佳男女配角集體獎（石靈、歐陽儒秋、茅爲蕙、林彬、仲星火、盧青）、最佳音樂獎、文化部1980年優秀影片獎。

《廬山戀》

出品：上海電影製片廠
編劇：畢必成　導演：黄祖模　攝影：單聯國　鄭宣
主演：張瑜　郭凱敏　智世明　武皓　温錫瑩

僑居美國的國民黨將軍的女兒周筠，兩次到廬山旅遊，與大陸高級幹部的兒子耿樺從相識到愛慕，幾經周折，結成良緣。

該片獲1981年第1屆中國電影金鷄獎最佳女主角獎（張瑜）；1981年第4屆電影百花獎最佳故事片獎、最佳女演員獎（張瑜）。

着力渲染廬山美景的《廬山戀》問世後，成爲一種無形的廣告。廬山興建了一個小型電影院，每天從早到晚只放映這部影片。截至1999年，已在這家電影院裏放映了6300餘場。《廬山戀》放映20週年時，上海“大世界吉尼斯”總部曾頒給該片“在同一影院放映場次最多的單片”稱號，這家電影院也正式更名爲“廬山戀電影院”，張瑜和郭凱敏被授予廬山“榮譽山民”稱號，並得到一把金鑰匙，象徵廬山的大門永遠爲他們敞開。2002年12月12日，世界吉尼斯英國總部正式授予中國電影《廬山戀》“世界上在同一影院連續放映時間最長的電影”的吉尼斯世界紀録。這是第一部創造了世界吉尼斯紀録的中國電影，到目前爲止，也是惟一的一部。

《廬山戀》劇照

上屆百花獎最佳女演員陳沖和本屆百花獎最佳女演員張瑜的通信摘録

張瑜致陳沖

陳沖：

你好。收到你的信高興極了，却又掠過一絲悵然：我們竟要用通信的方式來交流了。還記得在黄山嗎？躺在床上無休無止地談啊，談個没完，什麼時候能再有這樣的機會呢？

看了兩遍《蘇醒》，給我的第一個感覺就是你長大了、成熟了，在蘇小梅身上連我都很難找出昔日"小花"的影子了，祝賀你塑造了一個新的形象……

我甚至想，表演藝術的最高成就恐怕也正在於塑造出這樣真實，充滿個性的典型形象吧？在周筠、劉文英，俞和未完成的小鳳仙身上，我都努力地在做些探索……

至於我本人的形象嘛，講良心話，我實在不願意成爲一顆"人造衛星"，被人爲地放上天，我希望我自己在銀幕上永遠是一個和觀衆息息相通的朋友，爲他們奉獻自己的青春。

張瑜

五月一日於北影招待所

陳沖致張瑜

張瑜：你好！

聽説你獲得第四屆"百花獎"最佳女演員獎的消息以後，我真高興極了，因爲這裏面也有我的心願啊……

我剛拍完西影廠的《蘇醒》，這次拍攝是一次愉快的經歷。但並不是説一切都是好的，我有痛苦，有煩惱，可依然是愉快的。有時候，我甚至因爲能認識這些痛苦和煩惱而興奮……

要把蘇小梅演得生活，這幾乎是我這幾個月所有的追求，所有的痛苦、煩惱、興奮和快樂……

你現在一切都好嗎？想到你很忙，這是件好事。不過也許有許多社會活動，這是令人苦惱的。我記得你特别喜歡讀書，這樣也許你會覺得時間緊張了。

陳沖

一九八一年四月二十日於上海

(《大衆電影》1981年第5期)

張瑜（1957—　　）

演員。原籍山東肥城，生於上海。1973年任上海電影製片廠演員；1985年赴美留學。代表作品有《廬山戀》、《巴山夜雨》、《知音》、《小街》、《清水灣，淡水灣》、《雷雨》、《明姑娘》、《王先生慾火焚身》、《太陽有耳》、《任長霞》、《魯迅》等。

全國電影宣傳畫創作展覽海報

全國電影宣傳畫創作展覽

3月22日—4月12日，中國美術家協會和中國電影發行放映公司在北京聯合舉辦"全國電影宣傳畫創作展覽"，觀衆達八萬人，反應强烈。全部展品還到南昌、銀川、廣州等地展出。以美協副主席華君武爲首的評獎委員會對371幅展品進行了評選，評出一等獎19幅，二等獎41幅。4月4日，在民族文化宫舉行了授獎大會。

文化部、中國影協祝賀上影廠1980年取得優異成績

文化部的賀信説：1980年全國故事片的創作和生産已順利地完成了任務。去年全國共生産故事片82部，超額完成了全年創作生産任務，而且質量有了提高，攝製出《天雲山傳奇》、《巴山夜雨》、《燕歸來》等一批受到觀衆歡迎和好評的影片。在新的一年開始的時候，上影廠又拍攝了《喜盈門》等三部農村題材和《陳毅市長》等較好的影片。爲此，文化部向上影廠的同志們表示熱烈的祝賀。中國影協的賀電勉勵上影廠再接再勵，精益求精，爲繁榮社會主義的電影事業做出更大的貢獻。

電影《喜盈門》上映後受到歡迎

1981年，在銀幕上出現了一部深受觀衆歡迎的好影片，那就是上海電影製片廠攝製的彩色故事片《喜盈門》。這部影片共發行35毫米、16毫米和8.75毫米三種拷貝4212個，在上映的八個月的時間裏，城鄉觀衆已達到三億一千五百六十五萬人次，取得了建國30多年來電影發行放映史上空前未有的成績。以上海爲例，從7月15日開始，全市共有24家電影院同時上映了這部影片。在兩週的時間裏，就映出1000多場，觀衆達160多萬人次，影院的平均上座率高達97%，創造了歷史的最高紀錄。這部電影無論是在農村還是城市，不管是在南方還是北方，都得到廣大觀衆的熱烈讚賞。另外，《喜盈門》於1982年獲第二屆中國電影金鷄奬榮譽奬、第五屆《大衆電影》百花奬最佳故事片奬、文化部1981年優秀影片奬。

《喜盈門》劇照

趙煥章（1930— ）

導演。山東利津人。1952年畢業於山東大學藝術系戲劇科；歷任上海電影製片廠演員、場記、導演助理、副導演、導演。代表作品有《海之戀》、《喜盈門》、《咱們的牛百歲》、《咱們的退伍兵》、《喜相逢》等。

《喜盈門》

出品：上海電影製片廠
編劇：辛顯令　導演：趙煥章
攝影：彭恩禮　程世餘
主演：温玉娟　王玉梅　于紹康　王書勤

陳家大嫂强英在分家時因認爲不公，故意找碴兒吵架，並開始虐待老人，丈夫氣憤之極打了她，强英便丟下孩子跑回娘家，弟媳從此擔起兩家的家務。當强英回來時，看到眼前的一切後悔不已，承認了錯誤，全家重新和好。

附録：關於電影《喜盈門》的文摘

《喜盈門》爲什麼會受到城鄉廣大觀衆如此熱烈的歡迎呢？……

一是影片表現了人民群衆普遍關心的問題，而且表現得真實可信。山西省臨猗縣的觀衆認爲，這部片子向人們提出了當今社會生活中的現實問題，即子女如何對待老人，如何保持和發揚我們中華民族高尚的倫理道德傳統的問題……

二是影片有現實教育意義……

《喜盈門》在農村放映後，改善婆媳關係、促進家庭和睦的事例，到處皆是。

（陽克《農村題材故事片〈喜盈門〉在全國城鄉上映後反應强烈》，《1981年中國電影年鑒》）

趙煥章談到《喜盈門》的現實意義。他説由於工作關係常常到農村去，看到農村迫切需要解決的一個問題是：建設社會主義新農村，不但要有物質文明，還要有精神文明。敬老愛幼，撫養父母是我們中華民族的傳統美德，然而在"四人幫"時期學生整老師子女鬥父母，把老一輩斥爲老朽。民族的美德，革命的傳統破壞殆盡。爲了蕩滌"四人幫"留在人們精神上的污泥濁水，提倡一種高尚的社會道德，使老少團結，家庭和睦，社會安定，《喜盈門》這樣表現農村倫理道德的喜劇片是非常需要的。

（《心裏要裝着八億農民——導演魯韌、徐蘇靈、趙煥章暢談農村喜劇片的創作》，《大衆電影》，1981年第4期）

如何把文學的鄉土氣，變成銀幕上的鄉土氣，這是擺在我們面前的一個課題。《喜盈門》是一部表現家庭倫理的影片，反映農民家庭中婆媳、妯娌、姑嫂、叔嫂和夫妻之間的矛盾衝突。這些衝突，多半是在縫衣、做飯、養鷄、喂猪等日常瑣事中進行的。這就決定了整部影片的表演風格，必須是樸素、自然，充滿鄉土氣。在這方面，演員們作了可喜的努力……

《喜盈門》拍攝現場

我想：這大概是由於年畫能樸實無華、真實地描繪出農民的生活情景和精神風貌的緣故。而這一特色正是《喜盈門》劇本的獨到之處……

爲了保持環境氣氛的真實感，我們下決心不進攝影棚搭景，而在山東農村拍完全片……

（趙煥章《鄉土氣息探求——影片〈喜盈門〉導演札記》，《文匯報》，1981年6月18日）

兩部《許茂和他的女兒們》同時拍攝和上映

北京電影製片廠和八一電影製片廠，在同一時間裏，根據周克芹同一小説《許茂和他的女兒們》，各自改編、拍攝了一部同名電影《許茂和他的女兒們》。這兩部《許茂》在1981年的同一時間上映後，引起了電影界和觀衆的興趣。1982年第一季度裏，《人民日報》及一些省市的報紙、《大衆電影》第二期、《電影藝術》第六期，都發表了議論文章，《文匯報》一至二月份還開闢了"對兩部《許茂》的探討"的專欄。文章絶大多數是從藝術上對兩部影片進行對比研究和分析的。一致的意見是，這兩部《許茂》都應該歸入好影片之列。因爲兩部影片都深刻地表現了正確的主題思想，在藝術上都是比較成功的。

在對兩個廠子同時拍攝兩部《許茂》的看法上，少數人否定這種做法，認爲兩部《許茂》没有多大的不同，從經濟角度看，是"重複工程"，是一種浪費。絶大多數人則不同意這種看法，認爲兩部影片是各具千秋、風格迥異的"姊妹花"，有"雙峰競秀"之美。認爲北影廠的《許茂》和八一廠的《許茂》相比，不同之處是：一，在忠實於原著的前提下，一個是主要人物和情節都保持不變，一個則有較多地改造和生發；二、在人物的塑造上，一個由四姑娘唱主角，一個則由許茂挑大梁；三、在影片的風格上，一個追求散文式的風格，清淡，樸素，含蓄，一個則着意於戲劇式的結構，集中，完整，明快。認爲這兩部《許茂》是交相輝映，而不是彼此排斥，更不能相互替代。

（牟鍾秀《關於兩部〈許茂和他的女兒們〉得失的綜述，《中國電影年鑒》，1982）

北影廠《許茂和他的女兒們》劇照

八一廠《許茂和他的女兒們》劇照

《許茂和他的女兒們》

出品：北京電影製片廠
原作：周克芹
編導：王炎　攝影：鄒積勳
主演：李緯　李秀明　張金玲　李鳳緒　劉曉慶

《許茂和他的女兒們》

出品：八一電影製片廠
編劇：周克芹　肖穆
導演：李俊　攝影：楊光遠
主演：賈六　王馥荔　斯琴高娃　趙娜

1975年冬，工作組進村搞整頓，造反起家的鄭百如想與秀雲復婚遭拒後，便誣陷她與喪妻撤職的大姐夫金東水關係不正常。秀雲遭到父親和姐妹們的誤解，含冤跳河，被金東水救起。工作組長顔少春調查後，恢復了金東水的職務，並成全了他與秀雲的婚事。

文化部1980年優秀影片頒獎大會

4月18日，文化部在北京舉行1980年優秀影片頒獎大會，共有26部各類影片獲獎。文化部副部長陳荒煤在授獎大會上代表文化部向獲獎影片的創作人員表示祝賀。導演謝晉、編劇萬迪基、演員田華，代表獲獎的電影工作者發了言。周巍峙、林默涵、陳荒煤、司徒慧敏代表文化部向受獎者發了獎品和獎金。當晚，在首都體育館舉行了盛大的文藝晚會。文化部副部長陳荒煤在授獎大會上向獲獎影片的創作人員表示祝賀。1980年一共完成了82部故事片和舞臺藝術片，32本美術片，365本新聞紀録片和337本科教片。上影廠的成績比較突出，他們全年完成故事片和舞臺藝術片17部，超産3部。3月24日下午，上海電影製片廠舉行全廠職工大會，宣讀文化部最近爲熱烈祝賀上影廠去年以來在影片創作生産中取得好成績而寫來的賀信及中國影協的賀電。

陳荒煤認爲，去年攝製的影片在反映現實生活，歌頌社會主義新人方面，取的了顯著的進步，反映生活的廣度和深度有了新的突破，風格樣式也較以往豐富多彩。他説，我國美術電影、新聞紀録電影和科教電影，去年也取得了可喜的成績。

文化部1980年"優秀影片獎"獲獎名單

一、故事片8部：《巴山夜雨》（上影）、《天雲山傳奇》（上影）、《法庭内外》（峨影）、《花枝梢》（八一）、《第十個彈孔》（西影）、《殘雪》（長影）、《苗苗》（北影）、《與魔鬼打交道的人》（珠影）。二、舞臺藝術片1部：《白蛇傳》（京劇、上影）。三、美術片2部：《三個和尚》（上海美影）、《雪孩子》（上海美影）。四、紀録片4部、新聞雜誌片2本：《劉少奇同志永垂不朽》、《黄山觀奇》、《他們怎樣富起來》（第三輯）、《祖國新貌》（34號）、《今日中國》（12號）、（均新影廠）；《青春的閃光》（八一廠）。五、科教片7部：《生命與蛋白質——人工合成胰島素》（北京科影）、《遥感》（北京科影）、《緑化祖國》（北京科影）、《試管苗》（上海科影）、《遺傳工程初探》（上海科影）、《119與911》（代製片）、《藍色的血液》（農影廠）。六、翻譯片與優秀配音獎2部：《啊！野麥嶺》、《永恒的愛情》。

北京舉行魯迅誕辰100週年紀念大會

1981年9月25日，魯迅誕辰100週年紀念大會在人民大會堂舉行。大會堂主席臺正中懸掛着魯迅的巨幅畫像。會場上的橫幅上寫着："魯迅是中國文化革命的主將，他不但是偉大的文學家，而且是偉大的思想家和偉大的革命家。魯迅的方向，就是中華民族新文化的方向。"各界代表6000多人參加，包括黨和國家高級領導人、外國朋友、駐華使節、專家、記者、著名作家等。紀念大會由"魯迅誕辰100週年紀念委員會"副主任委員鄧穎超主持。大會在莊嚴的國歌聲中開始。中共中央主席胡耀邦在大會上做首席講話。"魯迅誕辰100週年紀念委員會"第一副主任委員周揚做長篇報告。除了主會場，全國各省、市自治區都設置了分會場。紀念會結束之後，政府組織編輯出版了《魯迅誕生一百週年學術討論會論文集》和《魯迅誕生一百週年紀念文集》。

在紀念大會前後，還進行了一系列的紀念活動，出版了新版的《魯迅全集》、《魯迅詩稿》袖珍本、《魯迅全集》等，並放映了紀録片《魯迅傳》、故事片《傷逝》和《藥》。

魯迅誕生100週年紀念大會

《傷逝》劇照

《傷逝》

出品：北京電影製片廠
編劇：張瑶均　張磊　導演：水華　攝影：鄒積勳
主演：王心剛　林盈

"五四"以後，涓生和子君衝破封建家庭的阻撓自由結合了。涓生被教育局解職，在此打擊下，子君變得怯弱，涓生失去了勇氣，兩個人產生了分歧，最終分手。不久，子君病死，涓生爲此悔恨不已，決心要重新尋找一條新的道路。

《藥》

出品：長春電影製片廠
編劇：肖伊憲　呂紹連　導演：呂紹連　攝影：漢涵俠
主演：陳國軍　梁音　曲雲　岳明强

教書先生夏瑜，爲推翻清朝，刺殺巡撫，因人告密而被捕。夏瑜堅貞不屈，揮筆寫下"驅逐韃虜，恢復中華"八個大字後英勇就義。而麻木不仁的茶館主人華老栓却把蘸滿夏瑜熱血的饅頭，當作給兒子治愈癆病的偏方靈藥，這些也没能保住他兒子的性命。

《藥》劇照

關於電影文學劇本《苦戀》的批評

《苦戀》的電影劇本由白樺、彭寧兩位作家聯袂創作，發表於1979年第3期《十月》雜誌。隨後，長春電影製片廠將它攝製成影片，由彭寧導演，改名爲《太陽和人》。這部影片描寫歸國畫家凌晨光在"文化大革命"中，遭受了殘酷的迫害，但他抱定對祖國的熱愛，矢志不渝。粉碎"四人幫"後，他的好友到雪地去找他，呼喚他，結果他已僵卧在深山的雪地里……朋友勸他出國時曾説："你愛祖國，但祖國不愛你。"1981年3月，鄧小平同解放軍總政治部負責人談話，明確指出對電影文學劇本《苦戀》要批判。之後，從4月中旬開始，《解放軍報》、《紅旗》雜誌、《北京日報》、上海《文學報》、《時代的報告》增刊等陸續發表文章批評《苦戀》。雖然有些文章存在着這樣那樣的不足之處，個別文章缺點比較突出，但總的説來，氣氛是嚴肅認真、實事求是的，和"文革"中的"大批判"是兩碼事。許多文章嚴肅地批評了《苦戀》的錯誤傾向，指出它反映了一種正在蔓延的錯誤思潮，同時肯定文藝工作的主流是健康的，要求文藝界把主要精力放在繁榮創作上。人們對《苦戀》的作者並没有採取一筆抹殺、一棍子打死的態度，一方面指出他在《苦戀》中體現出的嚴重失誤，同時也指出"他過去寫過比較好的作品，近來也寫過比較好的作品"。

《文藝報》在五月間發表一篇題爲《對〈苦戀〉的批判及反應》的綜述，對這場批評進行反批評，特别是批評了《解放軍報》。文章列舉了報刊上批評《苦戀》的文章後寫道："目前本刊收到的來稿及來信共12件，除對《苦戀》提出自己的看法外，其中10件對上述對《苦戀》進行批判的做法提出了不同意見，認爲'軍報——特約評論員'文章對文藝創作的批評'採用了不够慎重的方法，使得社會效果適得其反'"。（1981年第10期）

1981年7月17日，鄧小平同中宣部負責人談話，再次講到《苦戀》問題，提出要《文藝報》寫一篇批評《苦戀》的文章。他認爲《苦戀》應該批，但《解放軍報》的評論員文章説得不够完滿，建議《文藝報》組織幾篇評論《苦戀》的質量高的文章。在周揚、張光年的主持下，唐因和唐達成二人執筆的文章《論〈苦戀〉的錯誤傾向》在《文藝報》第19期上發表，《人民日報》一字不改地在10月7日全文轉載，使對《苦戀》的批評既達到弄清思想的目的，又避免了一場大批判的偏向。

在《苦戀》事件之初，一些人把《苦戀》當作"資産階級自由化代表作"，要搞成一場大批判運動的做法，在文藝界部分人心中産生了恐慌，擔心"文化大革命"又來了。但最後，批評活動以《文藝報》發表唐達成、唐因寫的《論〈苦戀〉的錯誤傾向》，並由《人民日報》轉載告以結束。文藝界從《苦戀》事件的妥善處理中看到，時代不同了，中共中央領導文藝工作已有相當的經驗，思想解放的成果不但没有被否定，文藝界也穩定了下來。

1980年12月28日，長影廠向文化部電影局送審《太陽與人》。1981年2月3日，文化部黨組向中宣部並中央書記處呈送了《關於〈太陽和人〉影片處理意見的請示報告》。3月19日，文化部黨組再次向中宣部報送《關於〈太陽和人〉〈苦戀〉修改問題的報告》。12月4日，文化部黨組根據鄧小平講話的精神研究後決定，由電影局函復長影廠，關於《太陽和人》不再進行修改，由中國電影資料館保存一個拷貝。

附録：鄧小平關於《苦戀》問題的兩次講話摘録

《太陽和人》，就是根據劇本《苦戀》拍攝的電影，我看了一下。無論作者的動機如何，看過以後，只能使人得出這樣的印象：共産黨不好，社會主義制度不好。這樣醜化社會主義制度，作者的黨性到哪裏去了呢？試想一下，《太陽和人》要是公開放映，那會産生什麽影響？有人説不愛社會主義不等於不愛國。難道祖國是抽象的嗎？不愛共産黨領導的社會主義的新中國，愛什麽呢？港澳、臺灣、海外的愛國同胞，不能要求他們都擁護社會主義，但是至少也不能反對社會主義的新中國，否則怎麽叫愛祖國呢……

批評要採取民主的説理的態度，這是必要的，但是决不能把批評看成打棍子，這個問題一定要弄清楚，這關係到培養下一代人的問題……

關於《苦戀》，《解放軍報》進行了批評，是應該的。首先要肯定應該批評。缺點是，評論員文章説理不够完滿，有些方法和提法考慮得不够周到。《文藝報》要組織幾篇評論《苦戀》和其他有關問題的質量高的文章。不能因爲批評的方法不够好，就說批評錯了。

（《鄧小平文選》第2卷，第391、392頁）

周揚在一次座談會上講話摘録

電影文學劇本《苦戀》代表了一種錯誤傾向，應當批評，並幫助作者認識這個問題。就是有才能、有成績的作者，也不應拒絶批評。没有批評和自我批評，我們的文學界和思想界就將變成一潭死水。對《苦戀》没有進行正確批評，我們也是有責任的。

（《新華月報》1981年第9期）

唐因、唐達成《論〈苦戀〉的錯誤傾向》（摘録）

四月份《解放軍報》發表的批評《苦戀》的文章是完全必要的，那種認爲中國文藝界的春天就要過去，嚴寒就要降臨的説法，是一種誤解……

十年内亂中，林、江反革命集團倒行逆施，在人們中間造成極大的思想混亂。在某些人中間，甚至發展到對黨失去信任，對社會主義失去信心，對共産主義失去信仰的地步。這是黨的思想工作、文藝工作在新時期面臨的問題。因此，對一些錯誤的社會思潮積極進行主動的、理直氣壯的、有説服力的批判和引導，是撥亂反正的一個重要内容，也是文藝家的重要任務……

文藝家應該首先是革命家是黨的思想戰線的堅强戰士。共産黨員的文藝家，更應該堅決地站穩黨性立場，堅持四項基本原則……

（《人民日報》，1981年10月7日）

论《苦恋》的错误倾向

唐因 唐达成

唐因、唐達成《論〈苦戀〉的錯誤傾向》

白樺《關於〈苦戀〉的通信——致〈解放軍報〉、〈文藝報〉編輯部》

1981年10月唐因、唐達成的文章刊出後，白樺在11月寫了一封名爲《關於〈苦戀〉的通信——致〈解放軍報〉、〈文藝報〉編輯部》的信，在解放軍報和文藝報上同時刊出。這封信公開表明了作者對批評《苦戀》的態度。摘録如下：

春上《解放軍報》首先對《苦戀》提出了批評，我自己曾經有過抵觸情緒，説明我自己缺乏“聞過則喜”的虚心態度，而無視《解放軍報》的原則立場。今天再回頭去看，顯然就更感到《解放軍報》的這個開始是應該的。《文藝報》署名文章發表後，又給了我啓發和幫助。我之認識到《苦戀》劇本的錯誤“是當前一部分人中間的那種背離黨的領導、背離社會主義道路的錯誤思潮，在文藝創作中的突出表現”，是經過了一個很長的過程的。黨對一個普通的黨員作家，像面對面談心那樣語重心長地諄諄告誡，充分體現了黨對文藝工作者的重視與關懷。同時給我充分的時間，讓我自覺地去認識、去思考。這股巨大的熱流是温暖的，也是前所未有的。有些同志曾問我：“你是不是感到壓力很大呀？”我誠懇地回答説：正相反，我感到很温暖……

當一個作家的世界觀産生矛盾、創作思想産生迷亂的時候，黨及時提醒並進行教育批評，這對犯錯誤的作者本人和作家隊伍來講，都是極大的愛護和關懷。而且這也是黨的一貫做法……

《解放軍報》和《文藝報》的文章，對《苦戀》從思想到藝術進行了全面的分析，給予了誠懇的批評和幫助，我就不在這裏贅述了……

向《解放軍報》、《文藝報》編輯部和所有關注着我進步的同志致深深的謝意！

（《解放軍報》1981年12月23日，《文藝報》1982年第1期）

白樺(1930—　　)

劇作家、詩人、作家。原名陳佑華。生於河南信陽。15歲時第一次以白樺爲筆名。1947年加入中國人民解放軍中原野戰軍，1951年開始創作，1961—1964年在上海海燕電影製片廠任編輯。1964年調武漢軍區創作組，1985年起爲上海作協專業作家。其代表性電影劇作有《山間鈴響馬幫來》、《曙光》、《今夜星光燦爛》、《孔雀公主》及《最後的貴族》等。

全國故事片電影創作會議

12月18日至27日，文化部電影局在北京召開全國故事片電影創作會議。這是電影界自1961年新僑飯店創作會議以來，又一次大規模的故事片創作會議。參加會議的有來自長春、上海、北京、八一、西安、峨眉、珠江、廣西、内蒙、天山、瀟湘、兒童、青年等電影製片廠和新聞電影製片廠以及有關文藝部門的代表近300人。會議首先學習了黨中央領導同志的講話和文章，觀摩了1981年生産的一些有代表性的影片，如《西安事變》、《牧馬人》、《子夜》、《鄉情》、《鄰居》、《被愛情遺忘的角落》、《路漫漫》等等。會議還集中討論了如何進一步繁榮電影創作，提高電影質量的問題。27日，中共中央主席胡耀邦會見全體代表，並發表《堅持兩分法，更上一層樓》的重要講話。

附録：胡耀邦《堅持兩分法，更上一層樓》摘録

如何看我們今年的工作，如何迎接新的一年呢？送同志們兩句話：堅持兩分法，更上一層樓……

就電影來説，應當充分肯定，幾年來進步很大，今年又有新的進步……

事情還有另一方面，就是確實有些影片不够好，個别作品和個别同志還有比較嚴重的缺點和錯誤。主要的問題，無非是兩條：第一條，有些作品，有些同志，政治情緒不健康……

爲什麽要批評白樺同志，就是因爲他那個《苦戀》在政治思想上是不健康的，對人民思想是有害的嘛。經過批評，他認識了錯誤，作了自我批評，這就很好。這樣，《苦戀》的問題就完滿地結束了。白樺同志還是黨員，還是作家，還是要繼續寫作。第二條，有些作品，有些同志，思想境界太低下。表現在什麽地方呢？主要的就是不能正確處理愛情與革命，愛情與社會主義事業的關係，把愛情調到不適當的地位……

當然，愛情是文學藝術的重要題材之一，可以寫，而且應該寫……

問題是究竟把這種愛情放在什麽地位上，這才是最可寶貴的……

首先要教育人們特別是青年，愛祖國的社會主義事業，愛我們的人民。一個革命者爲了人民的利益，爲了社會主義的事業，在必要的時候可以犧牲個人的愛情，以至於生命。

（《電影通訊》，1982年第2期）

坚持两分法　更上一层楼

——一九八一年故事片座谈会发言选登

编者的话

无论从电影创作所呈现的繁荣而复杂的状况说，还是从影片所反映的社会思潮和美学倾向看，一九八一年都是很值得研究的一个年头。

这一年，我们生产了大约九十部影片，好的和比较好的在数量上超过了往年，就质量而论，其中的佼佼者放在三十年来优秀影片的序列里当无愧色。一些现实题材的影片所达到的思想深度及其所具有的艺术力量，在我们当代电影史上是不多见的；一些革命历史题材的影片，规模壮阔，气势宏伟，在追求历史真实感和人物的个性化方面取得了引人注目的突破。更为可喜的是，中青年创作人员(尤其是导演)的队伍不断壮大，有的正逐步走向成熟。但是，毋庸讳言，一九八一年的电影创作所存在的问题也是突出的，资产阶级自由化的社会思潮在创作上有明显的反映，商业化、庸俗化的倾向严重地影响着影片的思想艺术质量，个别作品的低劣程度到了令人瞠目的地步，平庸的、趣味不甚健康的为数就要更多一些。

研究一九八一年的电影情况，评论其得失，从中引出可资借鉴的经验，无疑是我们当前的一项重要的工作。为此，本刊邀请首都电影界和文艺评论界人士五十余人，观摩了二十几部影片，并于去年十二月十四日和十六日举行了两天的座谈会。

这次座谈会由本刊副主编王杰主持。中国电影家协会和文化部电影局负责同志袁文殊、丁峤、于敏、钟惦棐等参加了会议。先后在会上发言的有：黄宗江、苏叔阳、李洪洲、王愿坚、钱学格、谢飞、林洪桐、李兴叶、丁峤、蔡洪声、黄式宪、刘梦溪、何志云、张仲年、孟伟哉、翁睦瑞、张瑶均、罗艺军等同志，会上还宣读了电影局局长陈播的书面发言。

座谈会气氛十分热烈，大家各抒己见，并小有交锋，颇有一点百家争鸣的味道。本刊将在这一期和下一期，连续刊载部分同志的发言，以飨读者。为切实贯彻双百方针，发表时力求保存发言的原貌。

加强电影评论，是我们党领导电影的一个重要方法，也是推动创作发展的有力措施。«电影艺术»作为一本专业性的评论刊物，在过去一段时间里，由于与电影创作实际联系不够密切，因此评论文章的鲜明性、针对性都不够，我们将努力在今后逐步加以改进。希望得到电影工作者和广大读者的支持。

·1·

《堅持兩分法，更上一層樓——一九八一年故事片座談會發言選登》，

本年度在國際上主要獲獎情況

《舞臺姐妹》獲菲律賓馬尼拉電影節“金鷹獎”；

《農奴》獲菲律賓馬尼拉電影節“金鷹獎”；

《苗苗》獲印度第2届國際兒童電影節“最佳兒童片獎”；

《小蝌蚪找媽媽》獲法國第4届歐登塞童話片電影節二等獎；

《三個和尚》獲丹麥第4届國際兒童和青年電影節銀質獎。

1981年（臺灣）

大事記

2月18日 “中影”與香港嘉禾機構協議，就該機構於港九現有戲院，每年撥出固定檔期，提供臺灣電影在港上映。

4月16日 “中影”與邵氏影業公司聯合攝製的影片《辛亥雙十》開鏡，由丁善璽、林鳳嬌、狄龍、王道等人主演。

5月23日 導演白景瑞、宋存壽、李行等人參加臺北電影學會舉辦的“電影藝術季”座談會，以“國片的現況和未來”爲題。

6月27日 當局今公佈1982年度外國電影輸入總額的分配，美商部分減少10部，而輔導國片配額增加，分配辦法定下月1日起實施。

7月3日 當局要求臺北市戲院公會通知各戲院會員，今日起在戲院橱窗内揭示影片放映長度，以保護消費者之權益。

8月12日 當局頒獎予臺灣區電影製片工業同業公會前任理事長沙榮峰，獎勵其對電影製片工業之創建及對電影事業發展之貢獻。

9月24日 當局宣佈，自明年起上映西片的戲院，每年要空出一個月的檔期上映國片。

9月25日 中製廠今天下午舉行建廠48週年慶祝活動，並同時落成啓用新建的電影攝影棚。

11月5日 當局決定自明年起將金馬獎活動交由民間及電影界自行辦理，影界人士多不表讚成。

12月29日 臺北電影學會公佈“大專學生看國片”問卷調查結果，近七成的受訪者認爲國片進步緩慢。

重要影片

《同班同學》劇照

《同班同學》

出品：龍介

編劇：吴念真

導演：林清介

主演：李慕塵　林南施

某個高中，把一群調皮搗蛋的畢業生集中在一個班級管理，這群學生雖然學業成績不怎麼樣，可是體育、康樂成績却很好。不過在升學主義掛帥的社會裏，學校跟家長都放棄他們了。直到學校來了一位年輕熱誠的吴老師……

《就是溜溜的她》

出品：金世紀影片公司

編導：侯孝賢

主演：鳳飛飛

鍾鎮濤

陳友

黄仲昆

富家千金潘文琦，家裏爲她安排了相親，但她一個人去鄉下姑婆家過幾天自在的生活，遇見了土地測量的大利，幾天的相處後，彼此有了好感。文琦父親來電要她回家，她不告而別地回臺北，大剛回到臺北找尋文琦的下落，被他找到了。大剛到文琦家請求文琦父親將女兒嫁給他。一天父親要她再去與利華企業的兒子相親，説是姑婆介紹的，原來那個人就是大利。

《小葫蘆》

出品：陽光

編劇：玄小佛

導演：楊家雲

主演：胡慧中

應采靈

王萊

梁修身

丁幗英是一個棄嬰，從小跟婆婆相依爲命，她參加了陽光企業的籃球隊，教練浩菁是一位國手，極力培養丁幗英（小葫蘆）能爲陽光隊拿下冠軍，其間剛好是陽光董事長夫人被男友拋棄時，所丢棄的小孩正是丁幗英，小葫蘆知道她是生母以後，傷心退出球隊，大家規勸她，因爲生母有苦衷不能認她，在比賽千鈞一髮時，小葫蘆出現，拉回局面，拿下冠軍。

《上尉與我》劇照

《上尉與我》

出品：中製
　　　中國皇家
編導：李偉基
主演：秦祥林　方芳芳
　　　王瀚　林美齡

描述海軍上尉與同胞之間的動人故事，以及面對自己情感時的抉擇。

《上行列車》

出品：臺灣省電影制片廠
編劇：宋項如
導演：宋項如
攝影：林鴻鐘
主演：王冠雄　楊惠珊　孫越

在新開通的上行列車上，列車服務員們不辭勞苦地爲乘客服務，在平凡的工作中，他們也找到了自己的人生伴侶。

《上行列車》劇照

影片目録

中影、邵氏　《辛亥雙十》
中影　《大湖英烈》、《龍的傳人》、《Z字特攻隊》
中製、皇家　《海軍與我》
中製、金門　《中國女兵》
中製　《女兵日記》
臺製　《上行列車》
燕升　《二等兵》、《二等兵續集》、《二等兵完結篇特種訓練》
金世紀　《雲知道你是誰》、《就是溜溜的她》、《第二次一對一》
巨星　《聚散兩依依》、《夢的衣裳》
樺梁　《賭王鬥千王》、《職業兇手》、《王牌大老千》
大鵬　《阿財笑譚》、《蛙人敢死隊》
永昇　《工讀生》、《假如我是真的》、《上海社會檔案》、《窗口的月亮不准看》、《愛情長跑》、《歡喜冤家》、《吾家有女初長成》
龍介　《學生之愛》、《同班同學》、《男女合班》
寶華　《小市民的狂想》、《奔放的新生代》
第一　《瘋狂大發財》、《皇帝與太監》、《糊塗老子笨小子》、《邪魔》、《大小姐與流浪漢》、《山中傳奇》、《掃蕩大賭場》、《青洪幫》
其他　《月異星邪》（華成）、《衝破死亡線》（恒生）、《可愛赤子心》（立人）、《帶槍過境》（新海）、《西門町小子》（富都）、《媽媽十一歲》（星際）、《能屈能伸大丈夫》（力新）、《又見春天》（大衆）、《望子成龍》（龍霆）、《再會吧東京》（天祥）、《三八親姆憨親家》（藝新）、《天字第一號》（亨利）、《賭命一條龍》（宏升）、《街頭小霸王》（富祥）、《借屍還魂》（圓頂）、《劍神一笑》（寶龍）、《愛你入骨》（東傳）、《沙城歸人》（金元）、《英雄對英雄》（東大）、《小葫蘆》（陽光）、《昨夜、今夜、明夜》（萬國）、《背國旗的人》（昌江）、《一鳳東飛九萬里》（長江）、《戒賭》（富都）、《石人關十八奇》（宏華）、《雲且留住》（聚星）、《鐵窗誤我二十年》（星鴻）、《太魯閣大屠殺》（群展、龍年）、《蹦蹦一串心》（大匯）、《老虎部隊寶貝兵》（曾澤）、《再世英雄》（寶龍）、《女王蜂》（永宇）、《九月鷹飛》（長江）、《第三把飛刀》（華國）、《天龍大遊俠》（四方）、《血旗變》（二等兵）、《女王蜂復仇》（永亨）、《男生女生實驗班》（南强）、《胭脂虎》（銀海）、《闖空門》（新亞）、《一秒决生死》（東亞）、《錢從哪裏來》（三友）、《痴情女艷煞》（金宏）

《辛亥雙十》

出品：中影　邵氏
編劇：小野　丁善璽
導演：丁善璽
主演：狄龍　陳觀泰
　　　王道　林鳳嬌　柯俊雄

中華兒女爲救國救民，在“武昌起義”中犧牲奮鬥的種種感人史實。

《辛亥雙十》劇照

林清介（1944—　　）

電影導演、編劇。臺灣宜蘭人。臺灣師範大學藝術系畢業之後，因熱衷電影工作，於1967年起改任電影及電視編劇，先後擔任過江浪、陳洪民、李行、陳耀圻等人的副導演。1977年以《吹向平地的强風》獲甄選劇本佳作獎；1980年升任導演，首部作品爲《一個問題學生》，1981年自組龍介電影公司拍片，連續執導三部學生電影《學生之愛》、《同班同學》、《男女合班》而大受矚目，並同時獲金馬獎最佳導演及最佳編劇提名，《學生之愛》創下參加最多次國際電影節的紀録。1999年製作公共電視的年度大戲《汪洋中的一條船》。

《學生之愛》

出品：龍介
導演：林清介
主演：李慕塵　林南施　藍麗珍　張有文

描寫高中生對愛情的憧憬，含蓄而純真。

《學生之愛》劇照

《假如我是真的》在港遭禁

永昇公司出品、王童導演的影片《假如我是真的》，在香港申請上映，遭香港當局宣佈禁演。永昇公司負責人江日昇表示，他接獲該公司駐港代表龔金星的越洋電話通知，港府已將《假如我是真的》判處和1981年4月在港只上映一日即遭禁映的《皇天后土》相同命運。

龔金星指出，香港政府禁演本片，是以"會被利用宣傳，有損香港利益"爲由，與《皇天后土》相同。《假》片改編自上海的沙葉新等三名作家所寫的劇本《騙子》改編。日前已傳出這三名作家抗議永昇公司盜用版權的消息。而針對這項指控，永昇公司表示，早在開拍之前，即已提存劇本版權費20萬元，在銀行設立專户，將來即送給沙葉新等三位原作者。香港的觀察家則認爲，大陸並未參加版權協會，大陸的出版社經常翻印港臺的科技圖書和英文教本，大陸以沙葉新等人的名義發表版權聲名，目的是在阻止《假》片在香港及華僑地區放映。

在原著作者指控製作這部電影的永昇公司侵犯版權之後，香港當局即下令禁演。當地的影視管理處主管人員表示，該處已取得片商要求解除禁令的申訴，因爲該處認爲放映這部影片將"損害香港的國際關係"，因此仍決定禁止本片在港上映。《假》片已在10月30日揭曉的金馬獎中獲得最佳劇情片獎。

王童（1942—　　）

導演。原名王中和。江蘇蕭縣人，出生安徽太和縣。1965年國立藝專美術科畢業。1966—1970年進入中央電影公司，負責服裝及美術設計，曾擔任過導演李嘉、李行、胡金銓、宋存壽、白景瑞、陳耀圻等的美術設計。1981年起以《假如我是真的》開始擔任導演。代表作品還有《看海的日子》、《策馬入林》、《稻草人》、《香蕉天堂》、《無言的山丘》、《紅柿子》、《紅孩兒》等。王童與新浪潮時期的導演一同崛起於80年代，其自身對中國傳統美術、書畫的修養，也造成電影中的美術設計使其作品與其他影片産生不同的風格。從影至今約三十年，擔任過一百多部電影的美術指導，導演電影十多部。

《假如我是真的》

出品：永昇
導演：王童
主演：譚詠麟　胡冠珍　崔福生　雷鳴

一名青年無意中冒名領導人兒子享受特權，受到週遭的人逢迎拍馬，却在最後一刻被揭穿真相……

《假如我是真的》劇照

第18屆金馬獎得獎名單

最佳劇情片：《假如我是真的》（永昇公司出品）
最佳紀録片：《海洋牧場之開發》（中研院動物研究所出品）
最佳卡通片：《老夫子》（香港公司出品）
最佳導演：徐克《夜來香》
最佳男主角：譚詠麟《假如我是真的》
最佳女主角：張艾嘉《我的爺爺》
最佳男配角：王珏《皇天后土》
最佳女配角：王萊《小葫蘆》
最佳童星：鄭傳文《原鄉人》
最佳原著劇本：吴念真《同班同學》
最佳改編劇本：張永祥《假如我是真的》
最佳攝影：黄仲標《夜來香》
最佳剪輯：周國忠《夜來香》
最佳美術設計：陳景森《徐老虎與白寡婦》
最佳服裝設計：李燕萍《徐老虎與白寡婦》
最佳劇情片原作音樂：李泰祥《名劍風流》
最佳劇情片改編音樂：入圍從缺
最佳電影插曲：翁清溪《原鄉人》
最佳録音：酈議《愛殺》
最具時代意義特別獎：《皇天后土》（中影公司出品）

中製廠新棚落成啓用

"中製"於1981年9月25日下午舉行建廠48週年慶祝活動，並同時落成啓用新建的電影攝影棚，亦爲新片《血戰大二擔》舉行開鏡典禮。

中製廠廠長華敏行表示，中製廠新建攝影棚1座，佔地339.7坪，在當天廠慶中舉行落成典禮。這座臺灣最大的電影攝影棚，在落成典禮之後即啓用。

該廠投資新臺幣2千萬元購置的新機器，包括彩色沖印卡達濕印式印片機1部和洗片機1部，也將在廠慶活動後啓用。華敏行表示，有了這套設備之後，剪接人員在剪接影片時的不慎刮痕及不潔之處，經過處理都可以清晰如新。他還表示，新廠棚、新機器，都可爲中製廠帶來更理想的工作環境，也爲國片的製作提供了若干的方便和改善。

《七彩卡通老夫子》在港創票房佳績

7月24日，卡通影片《七彩卡通老夫子》（原名《老夫子》）在香港放映一週以來，票房已突破港幣360萬元，成爲本年在港發行成績最佳的國片。

這部動畫長片是根據王澤的漫畫故事書《老夫子》改編的，由遠東卡通公司所繪製、拍攝，青年卡通專家蔡志忠和謝金塗聯合執導，可以説是臺灣第一部完全自行製作的動畫長片。影片於1981年7月全部製作完成。7月16日於香港上映，一週票房已超過港幣360萬元，並且還在上映中。其包括午夜場、早場最高紀録、首映日最高票房等，都打敗了1981年全港最受歡迎的《摩登保鏢》。

1981年（香港）

大事記

12月25日 香港電影院的票價平均漲價兩成。據香港戲院商會理事長袁國祥表示，加價的原因是過去一年來，戲院的經營成本增加一成半；加價後，稅項及片商分賬方面要相對增加，戲院方面的收益是四成。

香港第一部卡通長片《老夫子》

7月16日，胡樹儒監製的動畫片《老夫子》公映。"老夫子"漫畫人物創於1962年，風靡港、澳、臺及東南亞地區，四十餘年經久不衰，堪稱華人漫畫中的經典。1964年，首期"老夫子"漫畫單行本出版於香港。60年代至70年代，"老夫子"漫畫連載於香港多類報章與雜誌。有關"老夫子"的影片自60年代以來，就層出不窮且從技術方面逐有創新。

此片獲第18屆臺灣電影金馬獎最佳動畫片獎，由香港電影公司投資出品。但導演蔡志忠和謝金塗是臺北漫畫界人士，在臺灣製作，主要繪製人也是臺灣的美術工作者。

《老夫子》劇照

重要影片

《胡越的故事》海報

《胡越的故事》

出品：珠城公司
編劇：張堅庭
導演：許鞍華
主演：周潤發　鍾楚紅
繆騫人　羅烈

越南青年胡越來到香港，逃出難民營，匿居一公寓中。朋友安排他偷渡到美國。途中，胡越愛上了同屬偷渡者的越南少女沈青。爲救沈青，胡越不惜當殺手，却遭人設計。

獲第一屆香港電影金像奬最佳編劇。

《鬼馬智多星》

出品：金公主公司
編劇：黄百鳴　司徒卓漢　導演：徐克
主演：林子祥　泰迪・羅賓　麥嘉　鄧寄塵

在教父卡邦、探長羅賓、私家偵探亞喲與大老千胡老頭等人中，胡老頭用美人計騙取卡邦及其他黑社會的金錢，却落在羅賓與亞喲手中；卡邦捨財但得美人芳心。獲第18屆臺灣金馬奬最佳電影、最佳導演奬。

《鬼馬智多星》劇照

《邊緣人》劇照

《邊緣人》

出品：世紀公司
編導：章國明
主演：艾迪　金興賢
嘉倫　馮愛慈

阿潮自幼長在黑社會盤踞區，中學畢業投考警校。初入警界，阿潮被警方派往黑社會卧底，屢建奇功，得到上司的賞識。當阿潮看到前輩阿泰因公殉職，便不想再過這種非人的生活。上司拒絕了他的請求。後來阿潮被居民當作賊匪打死。

"塑造人物的成功，向來是港産片最弱的一環。但章國明十分出色地拍出了一個有血有肉的人物，這是《邊緣人》最成功之處，同樣地，説明在香港新導演中，也有不僅僅是靠影像技巧取勝者。"（摘自列孚：香港《文匯報》1982年1月）獲第19屆臺灣電影金馬奬最佳導演奬。

《舞廳》劇照

《追女仔》

出品：新藝城公司
編劇：黃百鳴　導演：麥嘉
主演：石天　張天愛　劉蘭溪　曾志偉

羅白杜風流成性，對女人朝三暮四，人稱追女仔。他先追求電視女明星，後來在一次宴會中有邂逅女侍應亞花。此事被女明星發現，她便破壞其好事。亞花心有不甘，向她的父親請教對策，花父傳授其積數十年的心得，令羅白杜束手就擒。

《追女仔》海報

《舞廳》

出品：運應公司
編劇：秦天南　導演：黃志强
主演：陳惠敏　鄺美雲　徐少强　宮井蓮娜

韓經理想把舞廳轉讓並借機進行勒索，不料野心未逞自己却遭殺害。其手下的兩個兄弟阿陳和阿徐對韓的慘死極爲悲憤，新舞廳開張之日，兩人衝入該舞廳，將對方殺得個措手不及。

《摩登保鏢》

出品：嘉禾　許氏公司
編導：許冠文
主演：許冠文　許冠傑　許冠英　黃造時

保安周世昌榮升敎官後對下屬尖酸刻薄，時常賣弄。回國喬裝爲保安的老闆兒子王平凡了解周的無能刻薄後，降了他的職。學員薩姆運用周的理論脱離險情，全擒劫匪，使周又官復原職。獲第一屆香港電影金像奬最佳男主角奬（許冠文）。

《摩登保鏢》劇照

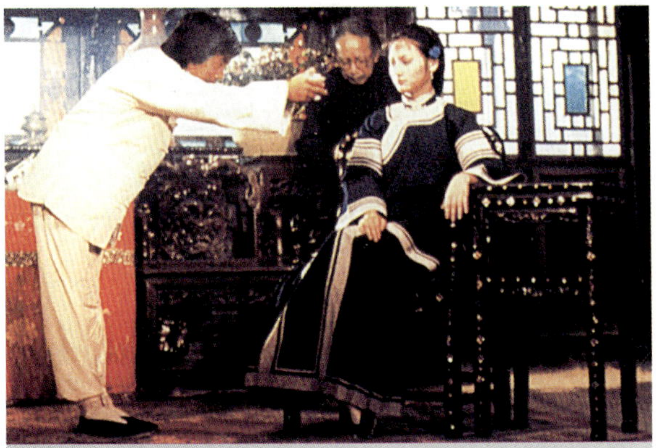
《長輩》劇照

《長輩》

出品：邵氏公司
編導：劉家良
主演：劉家良　惠英紅
王龍威

程帶男隨父賣藝。父親賣藝受傷，兩人陷於困境，被余氏家族收留。余氏在臨終前立帶男爲填房，姪子余正全尊帶男爲長輩。余正全之子余滔誤會帶男爲父親的情婦，鬧出不少笑話。

粵劇表演藝術家梁醒波在香港去世

梁醒波一生爲發展粵劇事業、提高粵劇表演藝術，關懷和培養青年一代，作出了辛勤的努力，深受粵劇界的敬重。他拍過近百部粵劇電影和喜劇類型片，代表作有《烏龍王飛來艷福》、《帝女花》、《鐵嘴鷄》、《紫釵記》、《南北一家親》等。

主要影片目録

本年度香港共出品影片103部，其中粵語片96部，國語片7部。

繽繽 《文仔的肥皂泡》
邵氏 《長輩》、《叻女正傳》、《魔劍俠情》、《南北獅王》、《碧血劍》（國語）、《鬼域》、《叉手》（國語）、《千王鬥千霸》、《賭王群英會》、《書劍恩仇録》、《童軍樂》、《單程路》、（國語）、《陸小鳳之決戰前後》（國語）、《衝鋒車》、《射鵰英雄傳》第三集（國語）
嘉禾 《粉骷髏》、《公子嬌》、《龍咁威》、《敗家仔》
世紀 《邊緣人》、《大控訴》、《兇榜》
大榮 《知法犯法》、《無毒不丈夫》
新藝城 《追女仔》、《再生人》
金公主 《鬼馬智多星》、《摩登大食懶》
邵氏父子／恒生 《手指拗出》、《烏龍天師招積鬼》
長城 《新疆奇趣録》、《飛鳳潛龍》
鳳凰 《父子情》
金泉文化 《忌廉溝鮮奶》
其他 《二等良民》（羅馬）、《拜錯師父叩錯頭》（新華）、《摩登保鏢》（嘉禾／許氏）、《財神到》（長城）、《I.Q.爆棚》（祥裕）、《執法者》（偉業）、《勇者無懼》（嘉禾／和平）、《猛龍福星》（梁氏）、《連環大鬥法》（銀色／金公主）、《何方神聖》（金公主／羅維）、《愛殺》（大煒投資）、《穴門鷹爪》（巨星）、《飛刀，又見飛刀》（金公主／新世紀）、《胡越的故事》（珠城）、《猫頭鷹》（元享／銀色）、《死亡魔塔》（英珊）、《人爲財死》（聯影）、《錢搵錢》（東亞）、《老鼠街》（拳威）、《領野》（東英）、《傷人十七》（海外電影中心）、《姦殺大風暴》（真泰）、《阿燦當差》（思遠）、《處決》（金公主／開樂）、《交叉零蛋》（華麟）、《大力水手》（聯發）、《天真有牙》（金公主／立人）、《七彩卡通老夫子》（遠東）、《兩小無知》（尊信）、《失業生》（創藝）、《阿燦有難》（第一／新華）、《煲車》（新力）、《舞廳》（運應）、《功夫皇帝》（裕豐）、《辛亥雙十》（國語）（邵氏／中影）、《阿燦出千》（金寶）、《膽搏膽》（玉峰／歐亞）、《乒乓賊賊》（歐亞／運應）、《緑印》（達成）、《新南拳北腿》（國語）（大同）、《頂爺》（金氏／大權）、《危險人物》（羅維）、《艾曼妞火併功夫良》（運通）、《千王鬥千后》（國華）

1982年（大陸）

大事記

1月5日—11日 北影、八一兩廠演員劇團和北京電影學院表演系等聯合召開電影表演藝術研討會。

2月15日 北京文藝界隆重舉行紀念無産階級新音樂先驅聶耳誕生七十週年大會。

4月5日 第一部用單機放映的立體寬銀幕彩色故事片《歡歡笑笑》首映。

4月19日 新中國成立以來第一次全國性的軍事題材文學創作座談會在北京舉行。

5月10日—16日 中國藝術研究院電影研究所和中國電影資料館在承德、北京聯合召開革命歷史題材影片座談會。

5月 國務院任命丁嶠爲文化部副部長，陳荒煤爲文化部顧問。文化部任命石方禹爲電影局局長，陳播爲電影局顧問，包同之、胡其明爲副局長。

6月2日—8日 法國"中國電影資料中心"在巴黎舉辦"中國電影概貌展"，放映了1925年至1982年我國攝製的故事片、美術片共50多部，獲得了6000多名觀衆高度的評價。

6月5日 香港中原電影製片公司出品的影片《少林寺》上映。

7月29日 八一廠舉辦慶祝建廠30週年大會。

9月9日 爲紀念電影導演孫瑜從影55週年，上海市電影局和中國電影資料館等單位聯合在上海舉行報告會、座談會及影片觀摩等活動。

11月1日 《人民日報》全文轉載《紅旗》雜誌發表的胡耀邦1981年12月27日在全國電影創作會議上的講話《堅持兩分法，更上一層樓》。

11月22日 中國協助意大利攝製的電視系列片《馬可·波羅》在意大利威尼斯市舉行首映式。

12月17日 文化部批轉電影局《關於故事片廠文學工作的若干規定》。

重要影片

《赤橙黃綠青藍紫》劇照

《赤橙黃綠青藍紫》

出品：長春電影製片廠

編劇：李玲修　導演：姜樹森　攝影：涂家寬　主演：方舒　張甲田　姜黎黎　朱德承

解淨從科室調到運輸隊擔任副隊長後，個別司機故意刁難、搗亂，她並不氣餒、退縮，而是以一顆赤誠的心對待工作和同志。在油庫救火中，解淨英勇獻身的精神，贏得了全體同志的信任和愛戴。

《茶館》

出品：北京電影製片廠

編劇：老舍

導演：謝添

攝影：鄭煜元

主演：于是之　鄭榕　藍天野　童超

苦心經營一輩子茶館的王利發、被清廷逮捕過的常四爺、辦了半輩子實業結果徹底垮臺的秦二爺以及形形色色的茶客們的不同遭遇，反映了舊中國真是日趨腐敗、衰落。

《茶館》劇照

《張鐵匠的羅曼史》劇照

《張鐵匠的羅曼史》

出品：長春電影製片廠

編劇：齊興家　徐世彥

導演：齊興家　攝影：張松平

主演：侯冠群　王馥荔　劉漢璞　王淑英

我國農村在極左路線的干擾下遭受重重災難，張鐵匠的鋪子被迫關閉，妻離子散。十一屆三中全會後，張鐵匠幾經周折全家團聚，讓兒子重操舊業，使自己的名牌產品張鐵匠鐮重新問世。

《筆中情》

出品：上海電影製片廠
編劇：蔣迅
導演：顏碧麗
攝影：沈西林　陳永鈞
主演：王伯昭　趙靜　丁嘉元　張閩

風流才子趙旭之自稱書法江南無雙，太尉之女齊文娟對其傾慕，爲使他克服自負，與老師和趙旭之的好友對其進行鼓勵。趙旭之在三次出遊中，不畏艱險，遍訪名師，勤學苦練，終於成爲書法大師，並與齊文娟結成美好姻緣。

《筆中情》劇照

《開槍，爲他送行》劇照

《開槍，爲他送行》

出品：上海電影製片廠
編劇：沈寂　阿章
導演：高正　攝影：沈妙榮
主演：馬曉偉　張雲立　惠娟艷　何麟

1942年，蘇新爲新四軍遊擊隊購買子彈，到上海與地下黨員老趙取得聯係。蘇新的行蹤被日特高課股長松田得知，密令内勤班長梅羽寬儘快查獲。地下黨員梅羽寬周旋在日軍和青幫頭目之間，屢屢化險爲夷，營救了蘇新，處決了遊擊隊的内奸，並最終重返敵人内部。

《見習律師》

出品：北京電影學院青年電影製片廠
編劇：韓小磊
導演：韓小磊
攝影：鮑肖然
主演：孫淳　王安麗　劉冬　王詠歌

燕北大學法律系的學生言文剛在南方無州市實習時發覺一個殺人搶劫案的被告人趙大爲可能受冤枉。他説服了女友，回到無州，成爲見習律師。但被告趙大衛在法庭上自認是殺人犯，致使言的辯護失敗。在該案查明真相後，言文剛第三次踏上了開往無州的列車。

《見習律師》

《飛來的仙鶴》

出品：長春電影製片廠
編劇：王浙濱　王興東
導演：陳家林
攝影：陳長安　張保之
主演：孫才華　張偉欣　王尚信　楊通

以養鶴、捕魚爲生的賀鳳翥夫婦，在十年動亂中收養了一個棄嬰小翔。八年後，芭蕾舞演員白鷺體驗生活住到了賀家，發現小翔正是自己的兒子。兩個母親都默默地把愛和離别的痛苦埋在心底，都想把孩子留在自己身邊。

《飛來的仙鶴》劇照

影片目録（共115部）

北影　《一盤没有下完的棋》（中日合拍）、《駱駝祥子》、《茶館》、《金鹿兒》、《白鴿》、《升官記》（京劇）、《陌生的朋友》、《如意》、《大海在呼喚》、《孔雀公主》

童影　《應聲阿哥》、《紅象》、《馬加和凌飛》、《敞開的窗户》

上影　《牧馬人》、《筆中情》、《飛向太平洋》、《石榴花》、《小金魚》、《魂繫藍天》、《閃光的彩球》、《開槍，爲他送行》、《劍》（舞劇）、《泉水叮咚》、《飛來的女婿》、《這不是誤會》、《煩惱的喜事》、《城南舊事》、《大澤龍蛇》、《奇跡會發生嗎？》、《禍起蕭墻》、《晨曲》、《犟小子》、《女大當婚》、《忘不了你》

長影　《刀光虎影》、《勿忘我》、《佩劍將軍》、《西施淚》、《仇侣》、《第三女神》、《初春》、《忘憂草》、《誘捕之後》、《心靈深處》、《媽媽，你在哪裏》、《家務清官》、《張鐵匠的羅曼史》、《雨後》、《赤橙黄緑青藍紫》、《大地之子》、《他們並不陌生》、《人到中年》、《飛來的仙鶴》、

八一　《天山行》、《琵琶魂》、《佈穀催春》、《風雨下鍾山》（上下集）、《彩色的夜》、《紅線》、《最後一個軍禮》、

珠影　《山菊花》、《梅嶺星火》、《三家巷》（上下集）、《在這塊土地上》、《東方劍》、《逆光》、《張燈結彩》、《喜鵲嶺茶歌》

西影　《R4之謎》、《戰鬥年華》、《山道彎彎》、《白樺林中的哨所》、《洛陽橋》（豫劇）、《彩橋》、《絲路花雨》（舞劇）、《都市裏的村莊》

峨影　《翔》、《臺島遺恨》、《琴思》、《梨園傳奇》、《四姑娘》（川劇）、《我在他們中間》、《内當家》、《趙錢孫李》

瀟湘　《賽虎》、《陳奐生上城》、《星、星、星》、《虹》、《竹山青青》、《特殊身份的警官》

廣西　《春暉》、《春蘭秋菊》、《心泉》、《太陽的女兒》

天山　《姑娘墳》、《熱娜的婚事》

内蒙古　《重歸錫尼河》、《母親湖》

新影　《墻頭記》（山東梆子）、《清宫怨》（曲劇）

河南　《風雪配》（曲劇）、《背靴訪帥》（豫劇）、《桃園喜》（豫劇）

浙江　《花燭淚》（越劇）、《心靈的火花》

遼科　《生活是美好的》、《我你他……》

福建　《真没想到》、《心靈的呼聲》

其他　《見習律師》（青影）、《紅柳緑柳》（萊蕪梆子）（山東）、《龍種》（寧夏）、《柯棣華大夫》（河北）、《葉赫娜》（昆明）

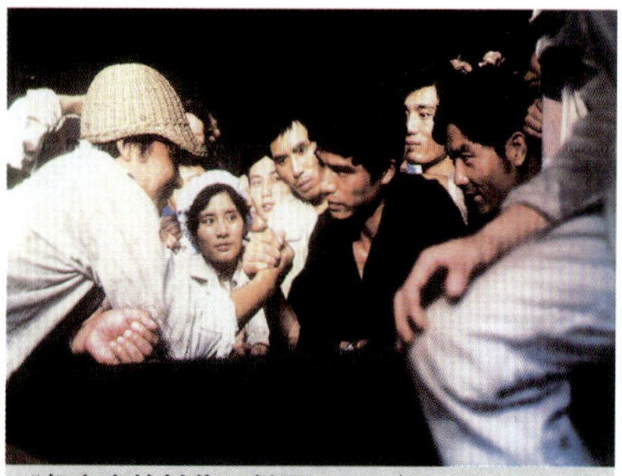

《都市裏的村莊》劇照

《都市裏的村莊》

出品：西安電影製片廠
編劇：梁星明　秦培春　導演：滕文驥
攝影：朱鼎玉　王象山
主演：殷亭如　韋國春　趙有亮　李萍

上海江濱造船廠女電焊工、勞動模範丁小亞，來到南方療養院療養，引起記者舒朗的注意。丁小亞和曾經當過工讀生的男青年杜海在工作中逐漸相愛。帶着生活給予他的啓示和深思，舒朗也踏上了歸途。

《逆光》劇照

《逆光》

出品：珠江電影製片廠
編劇：秦培春
導演：丁蔭楠
攝影：魏鐸
主演：郭凱敏　吴玉華
　　　徐金金　劉信義

80年代初，劇作家蘇平回到他出生成長的上海棚户區，熟悉的環境使他不由地告訴大家這樣一個故事：造船廠鉗工廖星明和出身幹部家庭的夏茵茵相愛，兩人衝破阻力，結爲夫妻，在困難的生活道路上一起揚帆奮進。

《三個和尚》在柏林電影節獲銀熊獎

2月，美術片《三個和尚》在第32屆柏林國際電影節上獲短片銀熊獎。阿達導演的《三個和尚》從民間諺語"一個和尚挑水吃，兩個和尚抬水吃，三個和尚没水吃"發展而成。這是一部新穎别緻的動畫片，導演手法簡潔，以一個和尚、兩個和尚及三個和尚在一起時相互不同的態度，進行對比，細節生動，動作極富表現力。人物設計造型别具一格。全片没有一句對白，音樂把佛家色彩與現代風格很好地結合在一起，在展現人物思想性格方面發揮了重要作用。除了捧得第32屆柏林國際電影節銀熊獎以外，影片還榮獲丹麥第4屆歐登塞國際童話影展銀質獎、葡萄牙第6屆國際動畫片電影節C組頭獎影片獎、第一屆中國電影"金鷄獎"最佳美術片獎和1980年文化部優秀美術片獎。

《如意》

出品：北京電影製片廠
編劇：劉心武
　　　戴宗安
導演：黄健中
攝影：高禮先
主演：李仁堂　鄭振瑶
　　　譚天謙　陶王玲

光明中學老校工石義海工作勤懇，但生性古怪。程宇同石義海結成了知心朋友並逐漸了解了老人做過的不平凡的事情。在石義海離開人世後，人們感到他是一位值得讚頌和懷念的普通人。

《如意》劇照

徐景達（1934—1987）

美術片導演，筆名阿達。原籍江蘇昆山，生於上海。1953年於北京電影學校動畫班畢業，同年進入上海電影製片廠美術片組，先後擔任繪景、美術設計、導演工作，並爲成功發明水墨動畫製作工藝做出貢獻。主要作品有《哪吒鬧海》、《三個和尚》、《蝴蝶泉》、《三十六個字》、《超級肥皂》等。

《三個和尚》劇照

《三個和尚》

出品：上海美術電影製片廠
編劇：包蕾
導演：阿達　攝影：游湧
動畫設計：馬克宣　范馬迪
　　　　　莊敏瑾　徐玄德
　　　　　秦寶宜

從前，一座古廟裏來了個小和尚，他每天挑水、唸經。不久，又來個瘦和尚，兩個人開始抬水吃。後來又來了一個胖和尚，三個人既不挑水，也不抬水。古廟起火了，三個和尚急忙運水救火才保住了古廟。從此，三人齊心合力，再也不愁没水吃了。

松林《言簡意深》

這個短片的一個主要的特點，就是形象生動、言簡意深……

影片所批判的這種人多反而難辦事的不正常現象，切中時弊，在當前具有一定的現實意義。由此可見，短片完全可以做到片短意不短，而且能够"以小見大"。一部短片，由於故事簡短，情節不可能十分曲折和豐富，如果不在寓意深刻上花一番功夫，很可能成爲一個平淡無味的東西。《三個和尚》之所以成功，它的奥秘主要也在這裏。

（《人民日報》1981年8月8日）

意大利三個城市先後舉行中國電影回顧展

由意大利皮蒙特大區政府、米蘭省政府、羅馬市政府、意大利外交部、戲劇遊覽部、意中友協、意中協會、意大利國家電影資料館等單位聯合舉辦的中國電影回顧展於1982年2月25日至4月5日在意大利的都靈、米蘭、羅馬三個城市先後舉行。映出了從1927年拍攝的無聲片《一串珍珠》到1981年拍攝的彩色故事片《喜盈門》，共135部影片，其中70%是中華人民共和國成立後攝製的。回顧展期間，以中國電影家協會副主席陳荒煤爲團長的中國電影代表團一行10人應邀訪問了意大利。這次中國電影回顧展，映出影片數量之多，規模之大，超過了過去任何一次在國外舉辦的中國電影週或電影展覽。

參加這次中國電影回顧展活動的還有英國、法國、美國、西德、瑞士、荷蘭、日本、新西蘭、澳大利亞、香港等十多個國家和地區的一百五十多位電影史家、評論家等電影工作者。所以意大利的報刊在評論中説："這是一次最大規模、最有系統的有關中國電影的國際性活動。"

"都靈成了唐人街"——這是中國電影回顧展期間在都靈市出版的意大利第二大報《新聞報》一篇報道的標題。用意大利人的話來説，這次中國電影回顧展獲得了出乎意料之外的巨大成功。開幕式以後映出了30年代的中國影片《馬路天使》，擁有660個座位的羅馬電影院不僅座無虛席，連過道都站滿了觀衆。此外，還有幾百人在外面未能進入放映廳。同一天晚上，意大利電視三臺爲觀衆放映了中國影片《早春二月》。

盛况空前的"中国电影回顾展"

万子美

在意大利民族文化的摇篮——波河上游的谷地之中，座落着一座一百余万人口的城市，这就是古代撒丁王国的故都、意大利统一的发源地、著名的汽车之城都灵。二月二十五日至三月八日，意大利皮埃蒙特大区、国家电影资料馆、意中友协以及威尼斯双年节等单位，在这座被称为意大利电影事业摇篮的城市里联合举办了"中国电影回顾展"。

规模空前

都灵"中国电影回顾展"是我国迄今在国外举办的规模最大、影片最多、时间最长的一次影展。共展出了从1925年以来的中国影片一百三十五部，其中除部分早期的无声片和建国前的一些优秀影片之外，百分之七十都是中华人民共和国成立之后摄制的。以文化部副部长、中国电影家协会副主席陈荒煤为团长的中国电影代表团一行十人，应邀参加了这次规模空前的中国电影盛会。代表团副团长是中国电影史学家程季华和中国电影资料馆馆长黄谌。团员有：著名老导演水华和桑弧，青年导演吴贻弓，演员田华和祝希娟，以及中国电影公司副经理马石骏和中国电影资料馆的何振俭。参加这次盛会的有来自美国、英国、法国、日本、加拿大、新加坡、奥地利、比利时、南斯拉夫、瑞士、荷兰、西德、丹麦、香港等十几个国家和地区的电影专家、学者、电影报刊的主编、专栏作者和记者一百四十余人。其中有美国电影评论家莱达（JAYLEYDA）、法国电影史学家贝热隆（REGIS BERGERON），法国电影史学家、教授米特立（J.MITRY），英国电影评论家雷恩思（TONY RAYNS），日本电影评论家佐藤忠男，香港地区的林年同、刘成汉……等等。几乎所有的意大利报刊都连续发表消息和评论文章。意大利的一些著名电影专家学者，如卡西拉奇（U.CASRAGHI）都纷纷发表文章。仅笔者在回顾展期间收集到的就有八十余篇，有的评论长达一万五千字。有的文章认为，这次中国电影回顾展引起了西方观众和电影界对中国电影的重视，但它的意义绝不仅限于电影和电影史这样一个范畴，而应当把它看作是沟通和促进中意两国人民相互了解和文化交流的桥梁。意大利国家广播电台和国家电视一台二台三台及地区电视台、私人电视台都报道了影展的盛况和中国电影代表团的活动，有的还播放了中国影片。这样的报道声势是罕见的。

"中国城"

回顾展开幕式于二月二十五日晚在都灵市中心的"罗马"电影院举行。开幕之前，皮埃蒙特大区文化局举行了盛大冷餐会，来宾极多，人与人之间挤到水泄不通的程度。开幕式后放映了中国三十年代影片《马路天使》，整个"罗马电影院"座无虚席，连过道上也挤满了观众，最后仍有三百余人在影院外面留连，不愿离去。电影院工作人员告诉记者，象这样热烈的场面，他们未曾见到过。

意大利观众对我国电影所表现出来的热情实在是令人难忘的。回顾展的影片分别在"罗马电影院"、"圣保罗银行会议厅"和"莫维埃俱乐部"三处放映，每天早九点开始，直到次日凌晨一点多钟。只有极少数影片有字幕，绝大多数都是靠同声翻译，两个星期共放映一百九十六场，场场满座。据统计，回顾展期间仅在都灵就有三万余人次观众观看了中国影片。这对于电影已开始出现危机的意大利来说，实在是绝无仅有的现象。笔者在"罗

以陈荒煤为团长的中国电影代表团一行十人应邀参加了"中国电影回顾展"

817

《盛況空前的"中國電影回顧展"》

附録：國際影壇反響

回顧展在意大利和各國電影界引起了强烈的反響。意大利著名影評家卡希拉奇在《團結報》上以《新現實主義最早出現在上海》爲題，盛讚《馬路天使》、《桃李劫》、《烏鴉與麻雀》等片中現實主義的創作方法所取得的成就……

法國著名電影史學家密特里教授説："通過回顧展，我對中國電影有了新的發現。並且發現了石揮。他在《我這一輩子》中的表演是十分出色的。"……

法國電影評論家高世石説："中國三四十年代的優秀電影是超過了當時的歐洲標準的，是具有世界先進水平的電影。"……

美國哈佛大學研究員保羅·克拉克説："我認爲凡是真正搞電影工作的人，無論須看《春蠶》、《大路》和《神女》。這些中國默片應該在世界電影中有着崇高的地位。"他還説："如果不是參加這次回顧展，我怎麼也想不到中國電影史上會有這麼偉大的作品，它應該介紹給全世界。"

（馬石峻《意大利都靈中國電影回顧展隨筆》，《電影通訊》1982年第7期）

嚴順開

故事片《阿Q正傳》參加第35屆戛納國際電影節

5月中旬，故事片《阿Q正傳》參加第35屆戛納國際電影節比賽，這是大陸電影第一次參加該電影節。中國電影代表團的成員包括導演岑範、上海電影製片廠廠長徐桑楚以及飾阿Q的演員嚴順開等人。導演岑範在接受採訪時説："除了臺灣曾經參加過一兩次之外，我們還没有正式參加過戛納電影節。這次《阿Q正傳》參加比賽，將這個世界著名的電影節上升起我國的五星紅旗，因此，無論從我國電影發展史來看，還是從國際政治的角度來看，都具有重要的意義。"（《電影評介》，1982年第6期）

嚴順開（1937—　　）

演員。生於上海。1963年畢業於上海戲劇學院表演系，後任上海滑稽劇團演員。1981年初次在影片《阿Q正傳》中飾演主角阿Q。1988年自編自導自演喜劇片《阿謌内傳》。主要作品有：《鼓鄉春曉》、《阿混新傳》、《女局長的男朋友》、《夫唱妻和》、《好女不愁嫁》等。

影片《阿Q正傳》主要創作人員參加戛納國際電影節。左起：上影廠長徐桑楚、作曲王雲階、導演岑範、主演嚴順開

《阿Q正傳》

出品： 上海電影製片廠
編劇： 陳白塵
導演： 岑範
攝影： 陳震祥
主演： 嚴順開　楊寶河　李緯　王蘇婭

雇農阿Q自稱姓趙，遭地主趙太爺痛打後，無力反抗便欺負小尼姑。在趙府做工時，向女傭吴媽求愛未成，却斷了生計，被迫到城裏找活。辛亥革命開始，阿Q隨人竊物發財還鄉，自稱革命黨，但在其還没有搞清革命的真意時，就被趙家父子誣告投入監獄殺害。

《阿Q正傳》劇照

文化部1981年優秀影片頒獎大會

4月21日，文化部在北京展覽館劇場舉行1981年優秀影片頒獎大會。陳荒煤在會上講話，熱切希望電影工作者努力反映當前現實鬥爭生活，加强對觀衆的愛國主義教育和共產主義教育，宣傳革命的優良傳統，爲培養社會主義新人、建設社會主義精神文明作出新貢獻。故事片《喜盈門》導演趙煥章，科教片《蜜蜂王國》編導蔡鋒，故事片《路漫漫》演員唐國强代表獲獎者在會上講了話。

1981年，故事片共完成了105部，比原定計劃增産了29部。反映當代現實生活題材的影片佔50%，一批中青年導演成長起來，有30多位中青年導演第一次獨立拍片。

文化部1981年優秀影片獎獲獎名單

一、故事片9部：《喜盈門》（上影），《西安事變》（西影），《鄰居》（青影），《南昌起義》（上影），《沙鷗》（青年），《路漫漫》（八一），《傷逝》（北影），《鄉情》（珠影），《被愛情遺忘的角落》（峨影）。二、兒童故事片1部：《綠色錢包》（長影）。三、戲曲藝術片1部：《李慧娘》（上影）。四、美術片1部：《南郭先生》（上海美影）。五、紀録片6部：《先驅者之歌》（新影），《莫讓年華付水流》（新影），《鋼鐵長城》（八一），《飛翔》、《自古華山一條路》（新影），《麻鴨化寶》（新影）。六、科教片8部：《蜜蜂王國》（上海科影），《萬里長城》（上海科影），《白蟻王國》（農影），《長白山珍奇》（長影），《膽結石的奥秘》（上海科影），《蚜繭蜂》（北京科影），《地膜覆蓋》（北京科影），《幼兒家庭教育》（上海科影）。七、配音譯製片2部：《遠山的呼喚》（上海譯製）、《媽媽的生日》（長影）。

關於影片《天雲山傳奇》的討論

影片《天雲山傳奇》第一次以"反右"擴大化爲題材，再現了那段歷史。上映後引起熱烈討論。1982年第4期起，《文藝報》開闢專欄討論影片《天雲山傳奇》，發表署名袁康、曉文的文章《一部違反真實的影片——評〈天雲山傳奇〉》，對該片提出了批評："完全歪曲了反右派鬥爭的歷史真實"、"毁壞黨的形象"，"它是資産階級自由化思潮在文藝上的反映"。此後，圍繞如何評價該片連續刊載了多篇文章進行討論。

經濟學家孫治方先生1979年就已患上肝癌，而且與文藝界從無往來，但看了這篇文章，他不顧疾病的折磨，撰寫了5000多字的《也評〈天雲山傳奇〉》，也發在了《文藝報》上。充分肯定了影片的成就，並指出："給《天雲山傳奇》戴上'毁壞黨的形象'、'資産階級自由化'等帽子是不公平的。我們要切記反右派、反右傾、'文革'等歷史教訓，亂飛帽子、亂打棍子的做法不能再來。"

《天雲山傳奇》

出品：上海電影製片廠
編劇：魯彦周
導演：謝晉
攝影：許琦
主演：石維堅　王馥荔　施建嵐　仲星火　洪學敏

50年代初，宋薇和馮晴嵐參加了天雲山考察隊，政委羅群和宋薇相愛。後羅群被劃爲右派，宋薇嫁給吴遥。馮晴嵐和被遣返到農村勞動的羅群結了婚，兩人患難與共。"四人幫"被粉碎後，宋薇衝破丈夫的阻力，使羅群得以平反。喜訊傳來時，馮晴嵐却已與世長辭。

獲1981年第1屆中國電影金鷄獎最佳故事片獎、最佳導演獎；最佳攝影獎、最佳美術獎；1981年第4屆電影百花獎最佳故事片獎；文化部1980年優秀影片獎；第1屆香港電影金像獎最佳影片獎。

《天雲山傳奇》劇照

第2屆金鷄奬和第5屆百花奬

5月23日晚，第2屆中國電影金鷄奬與第5屆百花奬頒奬大會在古城西安舉行。中共陝西省委、西安市委、中宣部、文化部、中國影協和來自全國各地的電影製片廠的領導同志及西安各界群衆二千五百多人出席了授奬大會。此屆電影金鷄奬和百花奬授奬大會，正好在毛澤東《在延安文藝座談會上的講話》發表40週年之際舉行。1981年一年完成故事片105部，是新中國成立以來攝製故事片最多的一年，還出現了像《喜盈門》、《鄰居》、《鄉情》、《西安事變》、《沙鷗》、《白蛇傳》、《被愛情遺忘的角落》等一批深受廣大群衆喜愛的影片。這些影片的共同特點是不迴避矛盾，敢於正視現實生活中存在的問題，並給予正確的反映。此外，大型紀録片《先驅者之歌》、《莫讓年華付水流》、《鋼鐵長城》和科教片《蜜蜂王國》等，也都是比較出色的作品。在此同時，一批年青的編劇、導演、演員以及其他藝術、技術人員正在成長起來。

《鄰居》劇照

《鄰居》

出品：青年電影製片廠
編劇：馬林　達江復　朱枚
導演：鄭洞天　徐谷明
攝影：周坤　顧文凱
主演：馮漢元　王培　許忠全　鄭振瑶

住在筒子樓裏的建工學院顧問劉力行和黨委書記袁亦方各分到一套新房。搬家時群衆産生了怨氣，劉力行决定不搬，用新房爲鄰居們換了一間集體厨房。袁亦方爲關係户蓋房而引起群衆不滿。劉力行到市委爲民請願，促進了宿舍樓的建設，自己却因操勞過度住進醫院。

李秀明（1954—　）

演員。原籍河北大城，生於天津。1972年進入天津人民藝術劇院學員班學習，後任該院演員；1976年任北京電影製片廠演員。代表作品有《大河奔流》、《甜蜜的事業》、《今夜星光燦爛》、《許茂和他的女兒們》、《孔雀公主》、《秋瑾》、《紅樓夢》等。

第2屆中國電影金鷄奬獲奬名單

最佳故事片：《鄰居》（青影）；最佳紀録片：《先驅者之歌》（新影）、《莫讓年華付水流》（長影廠）（並列）；最佳戲曲片：（空缺）；最佳科教片：《蜜蜂王國》（上海科影）；最佳美術片：（空缺）；最佳編劇：張弦（《被愛情遺忘的角落》）；最佳導演：成蔭（《西安事變》）；最佳男主角：張雁（《月亮灣的笑聲》）；最佳女主角：李秀明（《許茂和他的女兒們》）；最佳男配角：孫飛虎（《西安事變》）；最佳女配角：賀小書（《被愛情遺忘的角落》）；最佳攝影：鄒積勳（《傷逝》、《許茂和他的女兒們》）；最佳美術：韓尚義，瞿然馨，李華忠（《子夜》）；最佳音樂：楊紹梠（《喜盈門》）；最佳剪輯：傅正義（《傷逝》、《知音》）；最佳録音：張瑞坤（《沙鷗》）；最佳特技：戈永良，陳繼章，周浩斐（《李慧娘》）；最佳服裝：曹穎平（《南昌起義》、《阿Q正傳》）；最佳化裝：王希鐘，李恩德（《西安事變》）；最佳道具：劉清標（《鄰居》）；榮譽奬：《喜盈門》；特别奬：《鋼鐵長城》（新聞紀録片）（八一），張暖忻（《沙鷗》）。

第5屆《大衆電影》百花奬獲奬名單

最佳故事片奬：《喜盈門》（上影），《鄉情》（珠影），《白蛇傳》（京劇）（上影）；最佳男演員：王心剛（《知音》）；最佳女演員：李秀明（《許茂和他的女兒們》）。

孫飛虎（1941—　）

演員。上海人。1964年畢業於上海戲劇學院表演系，任貴州省話劇團演員；1985年任西安電影製片廠演員。代表作品有《西安事變》、《龍雲和蔣介石》、《開國大典》、《重慶談判》等。

《西安事變》劇照

《西安事變》

出品：西安電影製片廠
編劇：鄭重　成蔭
導演：成蔭
攝影：高洪濤　鄭煜元　陳萬才
主演：金安歌　辛静　王鐵成　孫飛虎

1935年10月，蔣介石從洛陽轉抵西安。張學良、楊虎城不斷"苦諫"蔣抗日，被蔣拒絶，而蔣又嚴令全力"剿共"，12月12日，張、楊被迫對蔣實行"兵諫"。隨後在我黨和張、楊以及宋氏兄妹的三方會談中，西安事變得到和平解決。

陳荒煤向導演成蔭頒獎

文化部通過9項國家標準

根據國家標準局1982年製訂和修訂的國家標準項目計劃，文化部先後召開了兩次電影技術標準審定會，審定通過了9項國家標準。這是繼1981年制訂第一批電影技術國家標準之後，制訂又一批國家標準，標誌着我國電影技術標準化工作取得了可喜的進展。

1982年11月30日在北京召開了攝影用標準灰板、色板的技術規範國家標準審定會。這次會議得到了國家標準局、中國計量科學院、新華社和中國圖片社等單位的支持。參加會議的有24個單位，共到會37人，其中科學技術人員31人。這項國家標準係由中國電影科學技術研究所、中國科學院心理研究所、北京油漆廠塗料研究所和中央新聞紀録電影製片廠共同協作研製。

1982年12月6日至10日在江蘇省蘇州市召開了電影技術標準審定委員會。這次會議得到了國家標準局、廣播電視部、中國電影家協會、中國電影電視技術學會等部門的支持。共到會64人，其中工程技術人員54人。

文化部科學技術委員會主任司徒慧敏出席會議並作了講話。他傳達了中央對於加强標準化工作的重要指示，强調指出積極採用國際標準和國外先進標準對於電影技術標準化工作的重要意義。審定結果包括"電影院工藝設計（觀衆廳部分）"兩項標準和"有關16毫米和35毫米電影技術的基礎標準作爲國家標準"7項。

張暖忻（1940—1995）

導演。遼寧鐵嶺人。1962年畢業於北京電影學院導演系，後留校任教。代表作品有《沙鷗》、《青春祭》、《北京，你早》、《花轎淚》、《雲南故事》等。

中日首次合作拍攝影片《一盤没有下完的棋》

中日合拍電影《一盤没有下完的棋》是中日復交以後兩國共同編劇、共同出資、共同導演、聯合演出、聯合攝製的第一部彩色故事影片。1978年，李洪洲與葛康同創作了電影劇本初稿，中國著名電影藝術家趙丹訪日時倡議由雙方合拍這部影片，得到日本同行的積極響應，最終確定由北京電影製片廠和東光德間株式會社合作拍攝。

1981年1月，《一盤没有下完的棋》在日本神奈川縣的長濱海岸開機拍攝。3月8日結束日本的拍攝任務後，繼而在北京、蘇州、無錫、上海等地拍攝。影片的中方導演是段吉順，日方導演是曾導演過《追捕》、《人證》影片的佐藤純彌。

日方演員三國連太郎説："參加拍這部戲是我一生中最光榮的事，這種光榮要讓兒子、孫子，世世代代傳下去。日本人民和中國人民要攜起手來友好下去。"時任北京電影製片廠廠長的汪洋説："如果我們把中日兩國人民之間的友好交往和經濟文化聯係，也當作'一盤没有下完的棋'，那麽這將是一盤真正的永遠下不完的棋。"

9月3日，作爲紀念中日兩國關係正常化10週年的作品，中日首次合作拍攝的影片《一盤没有下完的棋》首映式分别在北京和日本東京舉行。

《一盤没有下完的棋》劇照

本年度在國際上主要獲獎情况

《三個和尚》獲西柏林第32屆國際電影節銀熊獎，葡萄牙第6屆國際動畫片電影節C組頭獎；

《阿詩瑪》獲西班牙桑坦德爾音樂舞蹈電影節"最佳舞蹈片獎"；

嚴順開（《阿Q正傳》）獲瑞士第2屆國際喜劇電影節"最佳男演員獎"；

《猴子撈月》獲加拿大第6屆渥太華國際動畫片電影節兒童片一等獎；

《大鬧天宫》獲厄瓜多爾國際兒童電影節三等獎。

《一盤没有下完的棋》

出品：北京電影製片廠
日本東光德間株式會社
編劇：李洪洲　大野靖子
導演：段吉順　佐藤純彌
攝影：羅丹　安藤莊平
主演：孫道臨　三國連太郎
沈冠初　三田佳子　黄宗英

1924年，江南棋王況易山在與日本圍棋高手松波麟作對弈時被軍閥抓走，留下一盤未下完的棋。後來況易山送兒子阿明赴日本拜松波爲師。阿明奪得日本圍棋的天聖位後，拒絶加入日本國籍，被日軍殺害。解放後，況易山和松波消除了誤會，重新下起那盤未下完的棋。

獲1982年日本文部省大獎；1983年第7屆加拿大蒙特利爾國際電影節最佳影片奬；1983年第3屆中國電影金鷄獎特别獎；1982年中國文化部優秀影片獎之特别獎。

北京電影學院首次授予學士學位證書

7月19日，北京電影學院舉行了七八級畢業生畢業典禮。院長成蔭和副院長、學位評定委員會主席張客爲4個系、5個專業的153名應屆畢業生頒發了學士學位證書，其中導演專業28名，表演專業32名，攝影專業26名，美術設計及動畫專業40名，録音專業27名。在電影學院授予畢業生學士學位，還是建院以來的第一次。首批獲得學位的學士們，是粉碎了"四人幫"，恢復大學招生後，考入北京電影學院的首批學生。他們中包括張藝謀、陳凱歌、田壯壯、張豐毅、方舒、顧長衛、侯詠、何群等人。這批學生後來被統稱爲"第五代"。

北京電影學院七八級攝影班畢業合影

1982年（臺灣）

大事記

1月12日　當局決定開放國外有版權的電影録像帶，進口播映。

1月19日　西門町新落成的統帥戲院將自今年春節起加入西片放映行列。這家戲院的設備和座椅均爲最新設計，預料將刺激舊戲院汰舊換新。

1月　片商蔡松林與影評人曾西霸、蔡國榮共同成立“學者電影公司”，經營製作與發行業務。

3月23日　電影及電視業者今天達成協議，今後電視臺可任意安排時間播映國語長片，惟每臺每周只能播1部國片。

4月9日　電影製片協會最近統計出，國片去年共拍了241部新片，在國片不景氣中，仍能維持正常產量。

4月18日　當局已同意由片商公會與戲院公會兩個電影團體共同成立的“影視録影帶非法營業調查取締小組”，向戲院與片商收取非法録像帶取締基金，總額445萬元，並溯自去年7月1日起生效。

4月25日　臺北市戲院院線目前正醞釀調整，原本陣容最完整的臺北院線面臨解體危機，原來最弱的今日院線反將成最堅强的院線，是臺北市戲院界的一次大地震。

5月3日　由於國片市場萎縮，“中影”決定發行西片來彌補拍攝國片的收入，同時偏重拍攝小成本國語電影。

6月1日　“中影”出品，柯一正、陶德辰、楊德昌、張毅聯合執導的影片《光陰的故事》今天在士林片廠補行開鏡典禮。

6月8日　甘毓龍今天表示，行政主管部門目前審議中的電影法草案中，已明定“電影事業爲文化事業”，並未變更這個原則。

6月16日　電影界對競爭上佔優勢的録像帶租售業，發動大規模攻勢。由電影界策動、支持的取締行動，今天在臺北縣三重市展開，使得電影及録像業這兩個行業的對立，進入更緊張的態勢。

6月18日　雷渝齊對近日取締録像帶的措施，認爲有失當之處，今天提出緊急質詢，希望主管單位能謀求補救之道，並切實輔導録像帶業者正常發展，以發揮現代視聽科技之正面功能。

6月22日　電影界人士和有關主管單位共同發起籌辦的“電影座談會”今天在臺北市僑光堂召開，共有200多位人員出席這項會議。

7月31日　《電影法草案》今天通過，將送請立法機構審議，完成立法程序後公佈實施，現行《電影檢查法》同時予以廢止。

8月5日　電影事業處決定改變檢查影片方式，改由電影事業處原檢查人員與社會人士共同組成檢查小組，審查影片；此外，從8月16日起取消電影劇本審查方式，改爲直接審查影片。

9月2日　電影處今天正式通知邵氏分公司經理馬芳蹤，從現在開始，暫時凍結所有李翰祥導演的影片。新聞局表示，目前還在查證李翰祥“附匪”是否屬實。

9月18日　明年在臺北舉行的第28屆亞洲影展，決定正名爲“亞洲太平洋影展”，簡稱爲“亞太影展”。

11月22日　林清介帶着由他執導的影片《學生之愛》，赴英參加已於本月11日在倫敦揭幕的第26屆倫敦電影節。

12月20日　當局正式公佈電影片分級要點，決定把中外影片分爲一般觀衆皆可觀賞的普遍級，及少年與兒童不宜的限制級兩種，自明年元旦實施。

重要影片

《洛神傳》劇照

《洛神傳》

出品：銀彈

編劇：陳桂珠

導演：張美君

主演：呂綉菱　張佩華
　　　雲中岳　白鷹

甄宓與曹植分別是洛水神仙與后羿轉世，前世兩人有段不了情緣，無奈到此世，依舊是仙凡殊途。

《在那河畔青草青》劇照

《在那河畔青草青》

出品：東大
編導：侯孝賢
主演：江玲　鍾鎮濤　陳美鳳

都市青年盧大年到鄉村國小代課，和小學女教師陳素雲發生戀情……

《慧眼識英雄》

出品：名冠　龍霆
編劇：吴念真　貢敏
導演：歐陽俊
主演：林青霞　王冠雄　柯俊雄　楊惠姗

一部描寫黑社會間爭鬥的"社會寫實"電影。

《人肉戰車》

出品：佳譽
編劇：張毅　導演：王銘燦
主演：柯俊雄　李小飛　龍君兒

黑鷹橄欖球隊面臨解散的危機。隊長和隊員們爲了雪耻，剃掉頭髮加强訓練……

影片目録

中影　《動員令》、《老師、斯卡也答》、《光陰的故事》、《大遠景》
中製　《超級勇士》、《血戰大二擔》
威靈　《大教頭與俏娘子》、《觀世音與海龍王》
飛騰　《誰是無業遊民》、《戒煙船》
巨星　《却上心頭》、《燃燒吧，火鳥》、《問斜陽》
第一　《傻丁有傻福》、《酒色財氣》、《真白蛇傳》、《痴情殺手》
金世紀　《風兒踢踏踩》、《赤色響尾蛇》、《魔體怪談》
樺梁　《新西遊記》、《賭王千群英會》、《好小子》、《隱身忍者》、《浪女神龍劍》、《御劍伏魔》、《傳帖兄弟》、《神劍動山河》、《行船人的愛》、《彈指神功》
永昇　《痴情奇女子》、《驚魂風雨夜》、《艷賊》、《百分滿點》、《冷眼殺機》、《失節》、《哇塞》、《瘋狂少女營》、《霹靂大妞》
大衆　《俏如彩蝶飛飛飛》
東大　《笨鳥滿天飛》、《狼女白魔》、《在那河畔青草青》
星鴻　《突手王》、《大小濟公》
海王星　《秋韆上的小精靈》、《神探梟雄》、《我是大明星》
銀彈　《銀彈、熱彈、笑彈》、《洛神傳》
富都　《黑市夫人》、《我要做好子》、《心愛的人》
遠流　《臺北甜心》、《四年二班》
富華　《女性的復仇》、《蓋世奇花》
國華　《槍口下的小百合》、《提防小妞》
統華　《臺北大怪談》、《高四糊塗生》
鳳冠　《黑珍珠》、《秋燈夜雨》、《九彎十八轉》
永宇　《探獄》、《別愛陌生人》、《大盜落網》
拳威　《老鼠街》、《雙星闖八關》
登魁　《黑獄大逃亡》、《紅粉遊俠》、《紅粉兵團》
大龍　《閻王的喜宴》、《浪子、名花、金光黨》
太子　《中國女警》、《詹典嫂告御狀》
藝登　《三聲無奈誰的錯》、《水月十三刀》
榮華　《鴉魔》、《香港黑街女郎》
香江　《要命毒狐狸》、《一劍刺向太陽》
樺梁、金氏　《雜牌大進擊》
其他　《金粉遊龍》（東大）、《慧眼識英雄》（龍霆、名冠）、《斷劍無情》（華國）、《亡命黑名單》（振達）、《飛越補習班》（星際）、《浴室風波》（大龍）、《龍頭老大》（東升）、《根號一七九》（恒基）、《殺人玫瑰》（亞城）、《翹家的女孩》（五鸚）、《中國開國奇譚》（大發）、《野性的青春》（輝煌）、《終戰後的戰爭》（永氏）、《上海大亨》（其利）、《吹牛大王》（鳳城）、《新濟公活佛》（圓頂）、《冬天裏的一把火》（凱文）、《母親》（德記）、《小精靈吃頑皮鬼》（聖的育樂）、《少林寺十八銅人》（宏華）、《武林第一劍》（五富）、《黑色的婚禮》（金洲）、《朱秀華還魂記》（群展）、《步步驚魂》（亨利）、《少男少女十七八》（富祥）、《溜溜夜校生》（南强）、《女刺客》（立昌）、《飄香劍雨》（六福）、《飛檐走壁》（統帥）、《猴妻》（金洋）、《人小鬼大》（東亞）、《新運河殉情記》（美鴻）、《女子感化院》（金海）、《人肉戰車》（佳譽）、《粉紅大對決》（龍騰）、《七武士》（太元）、《血濺歸鄉路》（金昆）、《畢業班》（龍介）、《新飛天神童》（亨達）、《憤怒的玫瑰》（歐亞）、《孫悟空大戰飛人國》（雷門）、《十八層地獄》（臺榮）、《七步干戈》（名冠）、《飄零的雨中花》（五福）、《新火燒紅蓮寺》（欣達）、《小妞、大盜、我》（鴻揚）、《女追男》（龍國）、《三個問題女學生》（福祺）、《一線兩星大進擊》（臺製）、《龍女下凡》（華農）、《狀元媒》（裕農）、《苦戀》（三一育樂）、《鐵血勇探》（孫氏）、《脂粉奇兵》（揚聲、大鴻）、《孝子釘》（銀海）、《白痴的歲月》（康橋）、《瘋女淚》（星際）、《女子學校》（紫薇星）、《愛與死》（輝煌）、《奇門奇術》（億泰）、《邪魔女》（嘉裕）、《傻搭檔》（東國）、《烈日女蛙人》（力新）

清新小品《光陰的故事》揭開臺灣新電影首頁

1982年接掌中央電影公司不久的明驥，大膽進用了寫小説的吴念真與小野，陸續到中央電影公司製片部工作，而且幾近完全信任地由他們去組合新起的電影人，《光陰的故事》原始腹案由紐約雪城大學電影碩士陶德辰提出，吴念真與小野力薦此案，片名直接取自當時羅大佑暢銷歌曲，影片内容是四個片段，共同表達成長的經歷，分别是陶德辰的“小龍頭”、楊德昌的“指望”、柯一正的“跳蛙”、張毅的“報上名來”，四個導演各具特色，公司宣傳則以其實驗意味鮮明，而標榜成“二十年來第一部公開上映之藝術電影”，結果這部小成本、清新的小品在8月28日暑假推出，出奇地受到觀衆歡迎，願意繼續支持這批年輕編導，確實是爲即將蔚成大潮的臺灣新電影，揭開重要的首頁。

《光陰的故事》劇照

《光陰的故事》

出品：中影

編劇：陶德辰　楊德昌　柯一正
　　　陳雨航　張毅

導演：陶德辰　楊德昌
　　　柯一正　張毅

主演：藍聖文　石安妮　王啓光
　　　張盈真　李國修　管管
　　　張艾嘉　李立群

由“小龍頭”、“指望”、“跳蛙”、“報上名來”等四段集錦片所組成。

小野（1951—　）

作家，編劇。本名李遠。生於臺北市。70年代創作小説和散文，以《蛹之生》、《試管蜘蛛》、《生煙井》等作品廣受矚目，曾獲聯合報短篇小説首獎等文學獎多次。1981年接受明驥的聘任進入中央電影公司擔任企劃組長，組内有吴念真與陶德辰，以企劃電影作品爲務。1982年3月企劃《光陰的故事》，由四位年輕導演（陶德辰、楊德昌、柯一正、張毅）合作，爲“臺灣新電影”運動奠定基礎。小野在中央電影公司陸續推動新導演的創作，包括《小畢的故事》、《兒子的大玩偶》、《海灘的一天》等電影。另外，小野也投入電影劇本創作30部，多次榮獲亞太影展及金馬獎最佳編劇獎。現任華視總經理。

《光陰的故事》四導演（左起）：張毅、柯一正、陶德辰、楊德昌

第19屆金馬獎得獎名單

最佳劇情片：《辛亥雙十》（中影、邵氏公司出品）

最佳紀録片：《朱銘的斧裏乾坤》（攝影家C.F.I.工作室出品）

最佳卡通片：入圍從缺

最佳導演：章國明《邊緣人》

最佳男主角：艾迪《邊緣人》

最佳女主角：汪萍《武松》

最佳男配角：谷峰《武松》

最佳女配角：葉德嫻《汽水加牛奶》

最佳童星：周品君《在那河畔青草青》

最佳原著劇本：張鍵《邊緣人》

最佳改編劇本：入圍從缺

最佳攝影：林鴻鐘《苦戀》

最佳剪輯：江煌雄《人肉戰車》

最佳美術設計：黃鋭民《再生人》

最佳服裝設計：劉季友、李燕萍《武松》

最佳原作音樂：駱明道《辛亥雙十》

最佳改編音樂：關維鵬《彩雲曲》

最佳電影插曲：成明、趙寧、琳妮《辛亥雙十》

最佳録音：宇宙録音室《再生人》

《女子學校》

出品：紫微星
編劇：朱秀娟　導演：李美彌
主演：恬妞　秦漢　沈雁

一個從小遭逢家庭變故的高中女生，家庭環境造成他個性孤僻。

《誰是無業遊民》

出品：飛騰
編劇：吴念真　導演：李力安
主演：倪淑君　李小飛
鐵夢秋　翁浩偉　楊若蘭

透過北上謀職的青年、逃避聯考的補習班學生、只記當年勇的退伍軍人、吊兒郎當的公子哥、賣身以求名利的風塵女子等人，描繪出臺北都會生活的浮世繪。

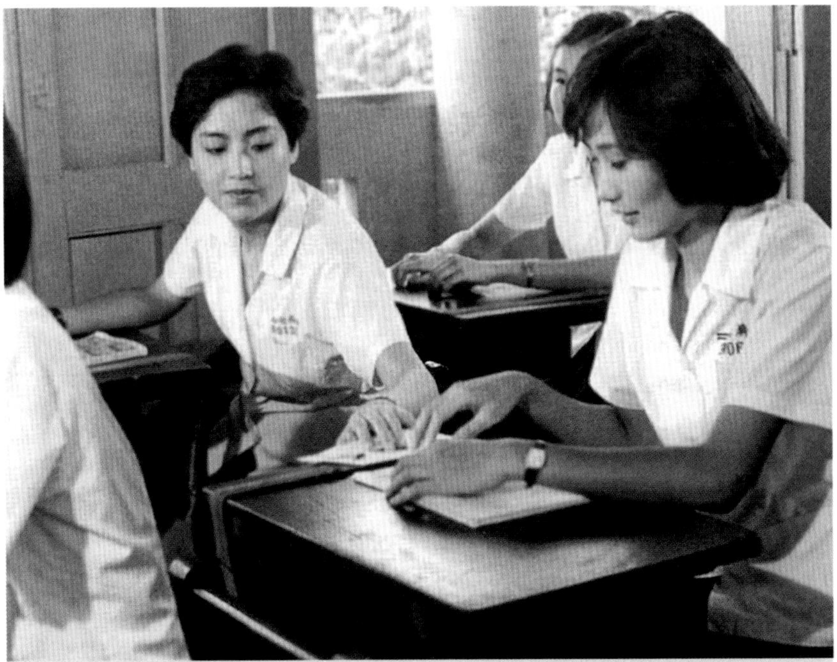

《女子學校》劇照

電影業改納文化事業

背負了30幾年特種營業包袱的電影業，從1982年7月1日起，將從警政管轄單位裏剔除。新聞局鑒於電影片的製作、發行、映演爲不可分的一環，已將電影業納入文化事業，俟電影法通過後，就可正名爲電影文化事業。至此過往電影票房女性工作人員，需比照特殊行業女性（如酒女、妓女等）定期前往衛生機構報到，進行性病防範之類的體檢，諸如此類的"奇談"總算宣告消失。正名後，所有關於電影製片、發行、映演等電影事業，都將列入新聞局管轄範圍。

舉辦學苑影展尋回大專國片觀衆

由於連續數年以來，大專學生不看國片的情況非常普遍，嚴重影響國片的正常發展，電影事業發展基金會，決定舉辦學苑影展，以消除大學生排斥國片的心理。

新聞局選中9部影片參加這次影展，同時邀請影片所屬7家公司舉行會議，討論激發大專學生看國片的方式。這9部影片是中央電影公司的《皇天后土》、《大湖英烈傳》，新藝城的《夜來香》，恒基的《六朝怪談》，大衆的《原鄉人》，龍介的《同班同學》，太元的《我的爺爺》，永昇的《假如我是真的》、《鄉野人》。

新聞局在會議中表示，將以學苑影展作爲國片和大專學生之間的橋梁，希望能達到三個預期的目標：開發國片觀衆；掀起知識分子關切國片的熱潮；激勵從業人員提升國片品質。參展的7家公司不但響應新聞局這項計劃，同時願意全力配合。此一活動有效地改變不少大專學生對國片既存的刻板印象，對臺灣新電影的興起，無形中建立起較樂於接受的心態。

1982年（香港）

大事記

6月30日 余允抗、劉鎮偉等創辦的世紀影業公司公映其創業作《殺出西營盤》。

本年 新藝城公司的《最佳拍檔》（曾志偉導演，麥嘉、張艾嘉主演）創票房收入突破2000萬港元的最新記録。

李翰祥創辦新崑崙影業有限公司，籌拍《垂簾聽政》和《火燒圓明園》。

麥當雄製作有限公司創立，創業作《靚妹仔》。

第一屆香港電影金像獎

3月9日，由香港電臺和《電影雙週刊》聯合主辦的第一屆香港電影金像獎在藝術中心舉行頒獎典禮，頒發了由香港影評人推薦的五項主獎。

最佳影片：《父子情》，最佳導演：方育平（《父子情》），最佳編劇：張堅庭（《胡越的故事》），最佳男主角：許冠文（《摩登保鏢》），最佳女主角：惠英紅（《長輩》）。

由於第一屆是初辦時期，獎項的設置尚未涉及技術類別。從第2屆起，技術類別的獎項才正式填補空白。

《父子情》劇照

重要影片

《靚妹仔》

出品：珠城　麥當雄公司
編劇：文雋　導演：黎大煒
主演：林碧琪　温碧霞　麥德和　朱承彩

靚妹仔來自一個破碎的家庭，和她三個同學一道逐步走向墮落：一個變成癮君子；一個因失戀而自殺；一個貪玩而引火焚身；最後只剩下靚妹仔，但她整日和其他舞女爭風吃醋。

粵語中的“靚妹仔”即北方話裏的“黄毛丫頭”、“小妞”之意。本片作爲寫實題材，對時下少女問題採毫不迴避態度和直面方式處理，相當成功。

林碧琪獲得第2屆香港電影金像獎最佳女主角。這是她惟一的一次在銀幕上的本色表演，獲得影后後即告隱退。

《靚妹仔》劇照

《提防小手》劇照

《最佳拍檔》

出品：新藝城公司
編劇：黄百鳴　導演：曾志偉
主演：許冠傑　麥嘉　張艾嘉　石天　徐克

神偷黑猫劫寶時無意中留下一雙白手套，致使警方懷疑劫寶案爲國際犯罪集團的“白手套”所爲。經向國際刑警求助，國際刑警派出光頭神探來港追緝疑犯。

獲第2屆香港電影金像獎最佳男主角(麥嘉)。

《父子情》

出品：香港鳳凰影業公司
編劇：張堅庭　李碧華　陳召
導演：方育平
主演：石磊　朱虹　容惠雯　李羽田

羅家興留學後回香港，父親羅山本興奮過度，心臟病突發而死。羅家興回到家中，睹物思情，一幕幕父子間的往事浮現在眼前……

獲第1屆香港電影金像獎最佳影片、最佳導演。

“影片採用了一種屬於過去式的劇作結構樣式，將生活的經驗，憑鏡借景，不斷往來鑒察、反省，從一個側面寫出變遷中的香港社會的家庭結構和宗法思想的危機。”（引自林年同《1981年香港電影一瞥》，《中國電影年鑒1982年》）

《提防小手》

出品：永佳　金公主公司
編劇：黄炳耀　導演：洪金寶
主演：洪金寶　陳勳奇　吴耀漢　葉德嫻

師父、師兄妹等四人以扒竊爲職業。一次師兄邂逅一女子一見鍾情，事後發現她是一個女督察。女督察要求師兄相助，偷取走私集團所有珠寶。師兄雖完成任務，但失手被擒。女督察安排兩批人在荒島上進行交易，師兄才發現她實際是一位走私客，遂又施以報復。

獲第2屆香港電影金像獎最佳男主角（洪金寶）。

《最佳拍檔》劇照

方育平（1947—　）

導演。原籍廣東惠陽，生於香港。1971年赴美，就讀於喬治亞大學，後入南加州大學研修電影，1975年返港。進入香港電臺電視部任編導。1977年拍攝系列電視劇《獅子山下》。其中兩集《野孩子》、《元洲仔之歌》獲亞洲廣播協會最佳青年導演獎。1979年入鳳凰電影公司任導演。執導的《父子情》、《半邊人》、《美國心》、《一生一臺戲》等多次獲香港金像獎等獎項。其作品着眼於普通人的生活和命運，擅長通過生動的細節描寫刻畫人物的不同性格。是80年代香港電影新浪潮重要代表之一。

香港銀都機構有限公司成立

11月，香港銀都機構有限公司成立，廖一原任董事長。據該機構負責人表示，爲加强銀都機構實力，提高影片質量，將邀請知名及有實力的導演加盟，以後並將採取靈活的做法，拍攝各種類型的影片。其前身是香港具有實力和影響的長城、鳳凰、新聯等製片公司和南方影業公司（專門發行内地國産片公司）。自50年代初至今，長、鳳、新三公司及銀都公司拍攝製作了470多部影片，在香港、東南亞以及國内産生了較大的影響。銀都成立後主要作品有《黄河大俠》、《出嫁女》、《寡婦村》、《人在紐約》、《飛越黄昏》、《童黨》、《廟街皇后》、《籠民》、《秋菊打官司》、《西楚霸王》等。銀都成立前後，以中原公司名義拍攝的《少林寺》在國内觀衆中引起巨大反響，掀起了拍攝真功夫片的熱潮。

《少林寺》劇照

李連傑（1963—　　）

演員，監製。原名李正東。北京人。幼時學習武術，連續五屆獲全國武術全能冠軍。1982年主演《少林寺》獲得成功，後主演的《少林小子》、《南北少林》被稱爲“新型功夫片”。1991年主演《黄飛鴻》系列影片，進入國際市場。1992年創建正東製片公司，拍攝《方世玉》等。

《少林寺》

出品：中原公司
編劇：薛后　盧兆璋
導演：張鑫炎
主演：李連傑　于承惠
　　丁嵐　胡堅强

根據河南嵩山少林寺内拳譜殿壁畫“十三棍僧救唐王”的故事改編。小虎爲報父仇，拜曇宗爲師，落髮爲沙彌，法號覺遠。一日，秦王李世民被隋將王仁則兵馬圍困，覺遠等施計解救。王試圖報復，消滅少林，但被覺遠殺死。爲繼承曇宗遺志，覺遠受戒爲僧。

本片是銀都機構下轄中原電影公司與内地部分傑出武術教練員和運動員合作拍攝的一部武打故事片。影片公映時强調“真功夫”，不用特技，真功對打，刀光劍影，一氣呵成。全片節奏明快，有張有弛，幽默風趣，影片上映之後不僅受到國内各界人士的讚譽，同時一舉轟動了國際影壇，觀衆遍及全球100多個國家和地區。僅國内的觀影人數就達到了5億人次，在日本的票房收入超過了3千萬人民幣，美國一映再映。

主要影片目録

本年度香港共出品影片99部，其中粵語片90部，國語片9部。

邵氏　《衝宵樓》（國）、《賊王之王》、《大旗英雄傳》、《神雕俠侣》、《三十年細説從頭》（國）、《浣花洗劍》、《邪完再邪》（國）、《八十二家房客》、《如來神掌》、《武松》（國）、《追男仔》、《乾隆皇君臣鬥智》（國）、《俠客行》（國）

新藝城　《最佳拍檔》、《難兄難弟》、《夜驚魂》

嘉禾　《龍少爺》、《摩登天師》、《八彩林亞珍》

思遠　《霍元甲》、《摩登雜差》

影藝　《鯊魚燒賣》、《花劫》

恒生／邵氏父子　《陰忌》、《青提子》

世紀　《殺出西營盤》、《烈火青春》

嘉禾／和平　《巡城馬》、《奇門遁甲》

珠城／麥當雄　《靚妹仔》、《俏皮女學生》

大榮　《賊性》、《血洗唐人街》

長城　《夜上海》（國語）、《四川搜秘録》

劉氏　《野狼幫》、《女人檔案》

運應　《Friend過打Band》、《花煞》

麥當雄／耀榮　《殺入愛情街》、《神探光頭妹》

永佳／金公主　《提防小手》

其他　《馬騮過海》（高高）、《少林寺》（中原）、《冷血紅蕃》（明才）、《今古奇觀》（南方）、《獸心》（南風）、《沙煲兄弟》（金公主/大權）、《野蜜桃》（文華）、《狼來了》（歐亞/金剛）、《獵頭》（新世紀）、《塞外奪寶》（鳳凰）、《彩雲曲》（金公主/新藝城）、《大鱷》（東英）、《肥龍過江》（鳳鳴）、《養鬼》（金城）、《拍拖更》（華麟）、《兇終》（健龍/吕小龍）、《老夫子水虎傳》（香港）、《拖手仔》（繽繽）、《細圈仔》（立人）、《熱浪》（三升）、《血的紀録》（百鋒）、《衝擊21》（羅維）、《投奔怒海》（青鳥）、《蜈蚣咒》（日光）、《横掃魚蛋檔》（五洲）、《薄荷咖啡》（金電影）、《越南仔》（第一）、《精變》（華文）、《佳人有約》（永佳）、《荒漠人》（國語）（影聯）

1983年（大陸）

大事記

1月3日—7日　電影局在上海召開全國故事片創作會議、廠長會議和導演座談會等會議，討論電影創作和電影體制改革等問題。

2月10日　上海科影研製成功的35毫米內窺鏡增距鏡，使科教片的攝影鏡頭延伸到人體內部。

4月　中宣部和文化部成立電影電視體制改革調查研究小組。

5月4日　《中國青年報》開展“當代青年題材影片專題討論”。同日，青海電影製片廠譯製完成《陳奐生進城》、《心靈的火花》兩部藏語故事片。

5月　中國第一部用錫伯語配音的塗磁録音影片《但願人長久》在新疆察布查爾錫伯自治縣上映。

6月7日—11日　法國舉辦第十四屆安納西國際動畫電影節。上海美影廠導演阿達應邀任該節的評委，這是中國第一次參加國際動畫片電影節評委工作。

7月25日　“全國高等院校電影課教師進修班”在北京舉辦。8月21日，中國高等院校電影學會成立。

7月26日　中央電化教育館與聯合國教科文組織合拍的第一部彩色教學藝術影片《中國京劇演員的訓練》攝製完成。

8月8日—14日　香港藝術中心與香港電影文化中心聯合舉辦“中國電影名作展”。

9月—1984年1月　中國電影史學家程季華赴美國洛杉磯加州大學講學。

10月2日　杭州籌建中國第一個電影外景拍攝基地。

11月2日—29日　由法國電影工作者文化協會和巴黎共和影院聯合舉辦的“中國之夜”電影月在巴黎舉行。

11月15日—12月5日　英國舉辦26屆倫敦國際電影節，中國首次應邀參加該電影節。

11月19日　趙紫陽、宋任窮、胡喬木、陳丕顯、鄧力群、賀敬之等，在中南海審看了八一廠新攝製的由嚴寄洲執導的故事片《戰犯》。影片更名爲《再生之地》。

11月22—29日　法國舉辦第5屆“三大洲電影節”。期間，爲中國導演謝晉舉辦了個人作品回顧展。

12月31日　南京江蘇無線電廠生産的J5800電影還音設備通過文化部部級技術鑒定，爲以後發展立體聲電影奠定了基礎。

重要影片

《武林志》劇照

《武林誌》

出品：北京電影製片廠
編劇：張華勳　謝洪
導演：張華勳　攝影：關慶武
主演：李俊峰　李德玉　張雲溪

清末民初的天津，流落到天津的東方旭與神州武術館館長何大海不打不相識，結下友誼，並擊敗了俄國大力士。最終何大海爲保護東方旭遇刺身死，而東方旭逃脱了虎口。

《女大學生宿舍》

出品：上海電影製片廠
編劇：俞杉　梁延靖
導演：史蜀君　攝影：趙俊宏
主演：羅燕　徐婭　陳鴻梅　李霞

剛入大學的宋歌、夏雨、駱雪梅、辛甘和匡亞蘭五個女生住進了同一宿舍，因爲出身不同，性格各異，剛一接觸就有了矛盾。但年輕又使她們很快成了朋友，儘管她們摩擦不斷，但生活和學習上相互幫助，一個學期結束，留給她們印象最深的還是友誼、信任和理解。

《女大學生宿舍》劇照

《夕照街》劇照

《夕照街》

出品：北京電影製片廠
編劇：蘇叔陽
導演：王好爲　攝影：李晨聲
主演：遲志强　張國民
　　　宋曉英　于紹康

在一條叫夕照街的北京小胡同裏，住着身份、職業、性格各異的鄰居。他們有待業的苦惱，也有自謀出路後的喜悦，有對生活真諦的探索，也有對國外事物的迷信。夕照街終於要拆了，但是原來的一切給人們留下了美好的回憶。

《大橋下面》

出品：上海電影製片廠
編劇：白沉　凌奇偉
導演：白沉　攝影：邱以仁
主演：龔雪　張鐵林　王頻　奇夢石

秦楠在下鄉插隊時與一青年相愛後懷孕生子，青年遠去海外没有音信。五年後秦楠回城自辦裁縫店，處處受人歧視。個體修車工高志華熱情幫助秦楠，秦楠逐漸堅强起來，接受了高志華的愛情，並把孩子從鄉下接回城裏，開始了真正的生活。

《大橋下面》劇照

《青春萬歲》

出品：上海電影製片廠
原著：王蒙　編劇：張弦
導演：黄蜀芹
攝影：單聯國
主演：任冶湘　張閩　梁彦　郭凱敏

50年代初，北京女七中的楊薔雲、鄭波、蘇寧、呼麗、吴長福、袁新枝就要畢業了。她們有的對生活充滿向往，有的多愁善感，還有的把希望寄託給了天主。在集體的友愛中，她們擺脱了煩惱和不幸，懷着一顆純潔的心，時刻準備着爲建設新中國貢獻自己的青春。

《青春萬歲》劇照

《武當》劇照

《武當》

出品：長春電影製片廠
編劇：謝文禮　導演：孫沙　攝影：韓東俠
主演：林泉　趙長軍　李宇文　馬振邦

清末，江城的武當掌門高師陳偉在打敗前來中國比武的日本武士後，不幸遭到暗害。大弟子武雲龍爲弄清師傅的死因前往中州，却被暗器刺中身亡。陳偉之女陳雪驕在武當山南山道長和民間武師司馬劍的幫助下，再度打敗日本武士，嚴懲了毒死父親的武當叛徒雷華采。

《在被告後面》劇照

《在被告後面》

出品：長春電影製片廠
編劇：史超　李平分
導演：常彦　攝影：高洪寶
主演：施錫來　周正　廖有梁　楊培松

中華機械廠廠長兼黨委書記李江川爲工廠發展殫精竭慮。省委派邵彦率省紀律檢查委員會調查組進廠調查李江川的問題。許多人都想在李江川下臺之前趁火打劫。而李江川一心爲廠的舉動深深地震動了邵彦。邵彦帶着對老戰友的信賴和同情回到了省紀委。

影片目録（共133部）

北影　《夕照街》、《啞姑》、《被控告的人》、《哪吒》（河北梆子）（與河北合拍）、《快樂的動物園》、《武林志》、《血，總是熱的》、《包氏父子》、《一葉小舟》、《拓荒者的足跡》、《泥人常傳奇》、《出門掙錢的人》

童影　《小刺猬奏鳴曲》、《扶我上戰馬的人》

上影　《張衡》、《快樂的單身漢》、《金色的晚秋》、《鼓鄉春曉》、《青春萬歲》、《大橋下面》、《秋瑾》、《浪花細沙》、《小小得月樓》、《海上生明月》、《妻子的信》、《女大學生宿舍》、《藍天鴿哨》、《咱們的牛百歲》、《最後的選擇》、《漂泊奇遇》、《華佗與曹操》、《不平静的旅程》、《還鄉》、《清水店》

長影　《甜女》、《武當》、《遠離人群的地方》、《大小伙子》、《西子姑娘》、《不該發生的故事》、《三打陶三春》（京劇）、《火焰山》（京劇）、《等》、《在被告後面》、《流淚的紅蠟燭》、《生活從這裏開始》、《風雲初記》、《父女情》、《十六號病房》、《歸鄉》、《李冰》（上下集）、《夜色多美好》

八一　《戰地之星》、《四渡赤水》（上下集）、《心靈的搏鬥》、《道是無情勝有情》、《再生之地》、《吕布與貂禪》（京劇）、《駱駝草》

珠影　《天賜》、《真假美猴王》（京劇）、《你在想什麽》、《廖仲愷》、《預備警官》、《鄉音》、《程咬金照鏡子》（豫劇）、《山下是故鄉》、《秋天的印象》、《被拋棄的人》

西影　《瓜熟蒂落》、《杏花村》（眉户劇）、《没有航標的河流》、《望穿秋水》、《自然之子》、《萬家春》（隴劇）、《水鎮絲情》、《鍋碗瓢盆交響曲》、《六斤縣長》、《巧哥兒》

峨影　《瑰寶》、《特急警報333》、《紅葉鋪滿小路》、《哥們兒折騰記》、《蛇案》、《神奇的緑寶石》、《海盗的女兒》（吕劇）、《熊猫歷險記》（與香港綜藝公司合拍）

瀟湘　《賀龍軍長》、《遠方的星》、《候補隊員》、《風吹嗩呐聲》

廣西　《港灣不平静》、《白楊樹下》、《寸草心》、《杜鵑聲聲》

天山　《不當演員的姑娘》、《傘花》、《邊鄉情》

内蒙古　《一個女教練的自述》、《緑野晨星》

青影　《我們的田野》、《結婚》

新影　《鄰里風波》（評劇）、《孫悟空大鬧無底洞》（京劇）

合拍公司　《火燒圓明園》（與香港新崑崙合拍）、《垂簾聽政》（與香港新崑崙合拍）

遼科　《小巷幽蘭》、《天驕》、《劫持》

龍江　《皇親國戚》（龍江劇）、《愛並不遥遠》

南京　《藍盾保險箱》、《月到中秋》、《莫愁女》（越劇）

浙江　《夜明珠》、《何處不風流》

福建　《倔强的女人》、《路》

河南　《小城細雨》、《樊梨花》（豫劇）

華文影業　《精變》、《追索》

其他　《職工代表》（天津）、《嫁不出去的姑娘》（評劇）（河北）、《神行太保》（山西）、《劍歸》（安徽）、《非常歲月》（江西）、《媳婦們的心思》（山東）、《三峽情思》（湖北）、《少林寺弟子》（河南開封演出公司、香港聯華）、《螢火》（水電部、化工部、廣播電視部）、《白蛇傳》（電視劇藝委會）、《希望這不是真的》（黑龍江公安廳）

《不該發生的故事》劇照

《廖仲愷》劇照

《廖仲愷》

出品：珠江電影製片廠
編劇：魯彦周
導演：湯曉丹
攝影：沈西林　劉錦榮
主演：董行佶　梁月軍
　　　章傑　張燕

1922年，廖仲愷受孫中山之命兩次與蘇俄代表會談，爲"三大政策"的制定打下了基礎。1925年，孫中山病逝，廖仲愷號召民衆繼承孫中山遺志繼續革命。國民黨右派和帝國主義對他恨之入骨。8月20日，廖仲愷被暗殺於國民黨中央黨部門口。

《不該發生的故事》

出品：長春電影製片廠
編劇：萬捷　喬邁
導演：張輝
攝影：劉永臻
主演：王潤身　石榮　林强

1979年，東北山村明月溝實行生産責任制，各組群衆都拒絶黨員參加。黨員們自己組織一個小組，用勞動致富的事實，重新贏得了群衆的信任和歡迎。

《咱們的牛百歲》

出品：上海電影製片廠
編劇：袁學强
導演：趙焕章　攝影：朱永德
主演：梁慶剛　王馥荔
　　　錢勇夫　丁一

生産隊黨支部書記牛百歲在實行生産責任制後，將落後社員牛其、菊花、牛天勝、田福和新良召集在一起成立了作業組。然而他們連連闖禍，把牛百歲搞得被動不堪，但他的熱情却感染了全組人員。

《咱們的牛百歲》劇照

《没有航標的河流》劇照

《没有航標的河流》

出品：西安電影製片廠
編劇：葉蔚林　導演：吴天明　攝影：劉昌煦　朱孔陽
主演：李緯　陶玉玲　胡榮華　唐清明

盤老五、石牯和趙良是三個普通的放排人。石牯和改秀這對年輕人的遭遇，勾起了盤老五對自己年輕時與吴愛花愛情悲劇的回憶。盤老五冒着生命危險奪回醫治老區長的人參。在山洪暴發時，他又爲救同伴而消失在波濤中。

《十六號病房》劇照

《十六號病房》

出品：長春電影製片廠
編劇：喬雪竹　導演：張圓　于彦夫　攝影：王吉順
主演：李羚　宋曉英　馮恩鶴　方卉

鄉村教師劉春樺住進了醫院十六號病房。雖然遭受肺癌折磨，但她没有絶望，依然對生活充滿依戀。在她的影響下，病友桑青青和田進軍重新振作，要輕生的病退待業知青常琳更是信心百倍，毅然和劉春樺的丈夫仲男回到鄉下，接替了劉春樺的工作。

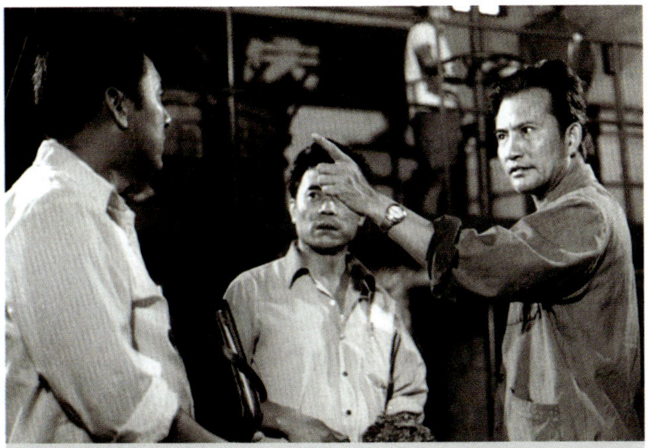
《血，總是熱的》劇照

《血，總是熱的》

出品：北京電影製片廠
編劇：宗福先　賀國甫　導演：文彥　攝影：汝水仁
主演：楊在葆　劉信義　殷新　魯非

絲綢印染廠廠長羅新剛，排除重重壓力和阻礙，大膽改革，使廠擺脱困境，改變落後面貌。

《包氏父子》劇照

《包氏父子》

出品：北京電影製片廠
編導：謝鐵驪　攝影：黄心一
主演：管宗祥　劉昌偉　竇珣　李建國

根據張天翼同名小説改編。30年代江浙兩省交界處的一個水鄉城鎮裏，秦府的管家老包省吃儉用，供兒子上學。但兒子却最終被學校開除，使老包對兒子的一片希望全部破滅。

《道是無情勝有情》劇照

《道是無情勝有情》

出品：八一電影製片廠
編劇：陸柱國　導演：韋廉　攝影：朱鹿童
主演：朱時茂　牛千　段飛宇　牛翠敏

炮兵某部一連在連長袁翰不在的情況下，射擊成績依然優秀，團長認爲這與連長帶兵有方分不開。沉重的家庭負擔使袁翰産生了離隊思想。但團長告訴他團裏已決定他去三連任連長。袁翰令三連發生了可喜的變化。立功後的袁翰告别了親人奔赴前線。

《候補隊員》劇照

《候補隊員》

出品：瀟湘電影製片廠
編劇：謝文禮　導演：吴子牛　陳魯　攝影：張黎　汪小躍
主演：蔣碩　劉衛華　田歌　李文玲

男孩劉可子是武術館窗外的常客。武術隊黄教練來談讓可子進隊之事，可是班主任宋萍却因爲他調皮没有同意。可子决心刻苦學習，大家發現了他的轉變，都同意讓他成爲武術隊的〝候補隊員〞，等功課都達到90分時，才能〝轉正〞。學期結束，可子達到了要求。

《我們的田野》

出品：北京電影學院青年電影製片廠
編劇：潘淵亮　謝飛　曉劍
導演：謝飛
攝影：孟慶鵬　甘泉
主演：周里京　張静　雷漢　吕曉剛

60年代後期，一批年輕人來到北大荒，他們中有希南、七月、曲林、肖弟弟和凝玉。他們出身不同，性格各異，但北大荒給他們都留下了終身難忘的生活回憶。幾年過去了，希南回到北京，在校慶會上，希南聽着《我們的田野》的歌聲，下定决心回到北大荒去。

《我們的田野》劇照

《城南舊事》獲第2屆馬尼拉國際電影節金鷹獎

第2屆馬尼拉國際電影節共有中國、美國、意大利、蘇聯、法國、日本、西德等21國家的22部影片正式參加競賽，其他有來自62個國家的285部影片參加會外展覽，包括中國影片《牧馬人》、《駱駝祥子》、《一盤没有下完的棋》和《歸心似箭》。

評委會由中國、美國、意大利、日本、蘇聯、印度、菲律賓、南斯拉夫、斯里蘭卡、匈牙利、西德、英國的十一名評委組成。中國導演謝晉是評選委員。2月3日，評委會經過激烈的討論和多次的投票，中國影片《城南舊事》以壓倒多數票榮獲最佳故事片大獎——金鷹獎。2月4日晚，在馬尼拉國際會議中心的國際大廳舉行發獎儀式。"最佳故事片獎"由菲律賓總統夫人梅爾達·馬科斯頒發。在馬科斯總統頒發給謝晉榮譽獎時，會場上升起中國國旗，奏中國國歌。

2月10日，文化部和首都電影界爲《城南舊事》榮獲"金鷹獎"和謝晉榮獲金鷹榮譽獎舉行茶會，代表團全體成員和首都電影界200多人出席了茶會。

影片《城南舊事》在菲律賓國際電影節上獲獎

《城南舊事》劇照

吴貽弓（1938—　）

導演，事業家。浙江杭州人。1960年北京電影學院導演系畢業；歷任上海海燕電影製片廠導演助理、上海電影製片廠導演、廠長，上海市電影總公司總經理，上海市電影局局長，中國文聯副主席，中國影協主席等職。代表作品有《巴山夜雨》、《城南舊事》、《少爺的磨難》、《月隨人歸》、《閣里人家》等。

鄭振瑤（1936—　）

演員。安徽靈壁人。1958年畢業於中央戲劇學院表演系，任中央實驗話劇院演員。代表作品有《如意》、《城南舊事》、《弧光》、《相伴永遠》、《臺灣往事》、《假裝没感覺》、《美麗上海》等。

《城南舊事》

出品：上海電影製片廠
編劇：伊明
導演：吴貽弓
攝影：曹威業
主演：沈潔　鄭振瑤　張閩　張豐毅

50多年前，林英子一家由臺灣遷居北平。城門前的瘋女人、渾身鞭痕的小伙伴妞兒、藏匿在荒草中的小偷、失去孩子却只能黯然落淚的宋媽、以及慈祥的父親，這些人雖然都悄悄地離她而去，但在他們身上發生的一切，却給幼小的英子心裏留下了深刻的印象。

文化部1982年優秀影片頒獎大會

文化部優秀影片頒獎大會4月20日在北京舉行。獲獎的各類影片29部。參加授獎大會的有文藝界、電影界人士及觀衆代表共2700餘人。以德間康快先生爲首的《一盤没有下完的棋》攝製組日方代表和傅奇先生率領的香港中原公司《少林寺》攝製組的代表也出席了大會。文化部顧問陳荒煤在授獎活動結束時向電影創作者提出希望。他認爲需要繼續清除"左"的影響，進一步解決尊重電影藝術客觀規律的問題，並注意把作品的社會價值與美學價值、思想價值和藝術性作爲一個整體來考慮，努力使銀幕上人物更有性格深度，做到以情動人。

文化部1982年"優秀影片獎"獲獎名單

一、故事片7部：《人到中年》（長影），《牧馬人》（上影），《駱駝祥子》（北影），《春暉》（廣西），《風雨下鍾山》（八一），《飛來的仙鶴》（長影），《佈穀催春》（八一）；二、兒童故事片2部：《應聲阿哥》（童影），《泉水叮咚》（上影）。三、戲曲藝術片：《升官記》（北影、湖北）。四、美術片2部：《鹿鈴》（上海美影），《淘氣的金絲猴》（上海美影）；五、紀録片5部：《拼搏——中國女排奪魁記》（新影、中央電視臺），《光輝業績》（八一），《土林探奇》（新影），《祖國新貌》（新影），《今日中國》（新影）；六、科教片7部：《冠心病》（上海科影），《昆蟲世界——身體構造與功能》（北京科影），《燕子》（上海科影），《尼羅羅非魚》（北京科影），《硼肥》（上海科影），《徐子薯18》（農影），《謹防靜電危害》（北京科影）。七、譯製片2部：《苔絲》（上海譯製），《神秘的黄玫瑰》（長影）；八、特别獎故事片3部：《一盤没有下完的棋》（北影、日本東光德間合拍），《少林寺》（香港中原），《茶館》（北影）。

附録：獲獎人員的發言

凌子風：

我參加今天的授獎大會，心情十分激動，想得很多，最突出的一個想法是：没有黨中央的撥亂反正，解放思想，像《人到中年》這樣一批影片根本不能産生，老舍先生的不朽名著《駱駝祥子》、《茶館》也不可能以今天這樣的面貌和觀衆見面……

我的心情激動還有一點，就是，今天和我們一起坐在這個大會上，一起領獎的還有日本朋友、同行和香港朋友、同行。這是過去没有過的。我希望明年我們的這個大會香港和日本的朋友、同行，坐在我們身邊的再多一些。

德間康快〔日〕：

讓我講幾句感謝諸位的話，我作爲外國人第一次接受中國政府的獎，我感到非常高興，再次表示感謝！在日中建交十週年之際，我們合拍了《一盤没有下完的棋》，這部影片正確地反映了日中兩國的歷史，因此，我認爲它是一部意義非常深遠的影片。

（香港）傅奇：

今天，我參加發獎大會心情非常激動。首先我代表《少林寺》攝製組全體工作人員，對文化部給我們這麽高的榮譽表示感謝……

導演張鑫炎提出如果拍功夫片讓全國各個冠軍隊武術明星表演一下，這部影片就一定會賣座。1975年，我們回來拍體壇群英會時，就曾見到李連傑。當時，他是全國冠軍，才十二三歲，很想拍電影，我就對他説，趕快長大就有希望拍電影了。到1978年，我見到他時，他已經長高、長大了。他很希望拍電影，我們一拍即合，就拍攝了《少林寺》。

第一屆全國農業科教影片授獎大會

爲了提倡和鼓勵農業科教影片的創作，促進科教影片的繁榮發展，普及農業科學技術知識，提高農民科學技術水平、加速農業現代化建設，3月11日，農牧漁業部與中國科學技術協會在北京人民大會堂隆重舉行第一屆全國優秀農業科教影片授獎大會，評選出《地膜覆蓋》等15部優秀農業科教影片獲獎。

農牧漁業部部長朱榮同志在會上講了話，他提出了三點希望：第一，要爲八億農民創作出更多、更好的農業科教影片。第二，選題要準，重點要突出。第三，要適應新形勢的需要，不斷改進科教電影的發行放映工作。北京科教電影製片廠齊樹平同志代表獲獎人員在大會作了發言，表示：科教影片爲農業服務，是科教電影工作者義不容辭的首要職責。

第一屆全國農業科教影片授獎名單

一等獎：《地膜覆蓋》（北京科影）、《岳灘小麥高産之路》（河南）、《葉面施肥》（上海科影）、《以螨治螨》（上海科影）、《綜合治理鹽鹼地》（中國農影）、《預防鷄瘟》（山東農業電影社）。二等獎：《大力發展向日葵》（長影）、《微量元素》（峨影）、《三品種雜交水牛》（廣西）、《植物激素與蔬菜》（北京科影）、《木屑種香菇》（上海科影）、《草漿養魚》（中國農影）、《農桐間作》（珠影）、《巧治棉鈴蟲》（湖北）、《農用水泵》（西影）。

"20—40年代中國電影回顧展"

中國電影資料館主辦的"20—40年代中國電影回顧展"活動於9月1日至17日在北京舉行。司徒慧敏主持了首映式，夏衍、周揚、陽翰笙、陳荒煤、袁文殊、張駿祥等同志先後做了重要講話，對20—40年代，尤其是黨領導下的電影小組成立以後我國進步電影所起的作用，如何看待30年代電影，如何正確總結過去的經驗等問題都作了闡述。

這是中國電影資料館建國以來首次舉行的大規模的回顧活動。活動期間，放映了20—40年代影片43部，有《春蠶》、《勞工之愛情》、《迷途的羔羊》、《神女》、《大路》、《船家女》、《小玩意》、《桃李劫》、《壓歲錢》、《馬路天使》、《一江春水向東流》、《萬家燈火》、《烏鴉與麻雀》、《麗人行》等進步影片；還有早期的動畫片《鐵扇公主》、武俠片《紅俠》等，觀衆達4萬餘人次。

回顧活動期間，開展了多次學術討論，對中國早期電影的藝術特色、早期電影的現實主義傳統及民族化，我黨怎樣領導和影響早期中國電影等問題進行了深入的研究探討。大家各抒己見，暢所欲言，充滿民主空氣。老一輩著名電影工作者張瑞芳、柯靈、陶金、李天濟、石羽、吴茵、鄭小秋、魯恩、趙銘彝等，電影史學家程季華、電影評論家梅朵、羅藝軍以及香港學者林年同都做了重點發言。

與會者一致認爲，開展回顧展及有關的學術活動，對總結經驗，推動當前的電影創作及學術研究，是十分有益的，希望以後加强這方面的工作。

（《"20—40年代中國電影回顧"活動在京舉行》，《大衆電影》1983年第12期）

"20—40年代中國電影回顧展"海報

故事片《人到中年》公映引起强烈反響

2月，根據作家諶容同名小説改編的故事片《人到中年》公映。該片以其敏鋭而深刻的現實感震撼人心，有預見地提出關懷中年知識分子的重要性和緊迫性，在觀衆中得到了好評，並獲1982年文化部優秀影片獎、中國電影家協會金鷄獎及《大衆電影》百花獎。

但是，也有少數人對影片從根本上加以否定，還有些人對某些局部問題提出了異議。《文藝報》、《社會科學》、《大衆電影》等報刊發表了討論文章。關於《人到中年》的爭議基本上可分爲兩種情況：一是肯定與否定之爭；二是在肯定的前提下對某些局部問題有分歧，如影片主題思想、形式、陸文婷是不是社會主義新人以及結尾等一些問題。

鄧小平看了影片，讚揚這部影片真誠地反映了當前我們生活的一部分，還指出我們對知識分子的生活確有照顧不周之處，特別是知識分子成堆的工作單位的領導同志，應該看看此片，檢查我們對知識分子的照顧不足，改進我們領導。

《人到中年》

出品：長春電影製片廠
編劇：諶容
導演：王啓民　孫羽　**攝影：**王啓民
主演：潘虹　達式常　趙奎娥　鄭乾龍

中年女醫生陸文婷18年來，兢兢業業工作，成爲眼科的主力，每天緊張的工作之後，又面對着繁重的家務。沉重的負擔終於將她擊垮。在經過搶救和護理後，她逐漸恢復了健康，重新回到了工作崗位。

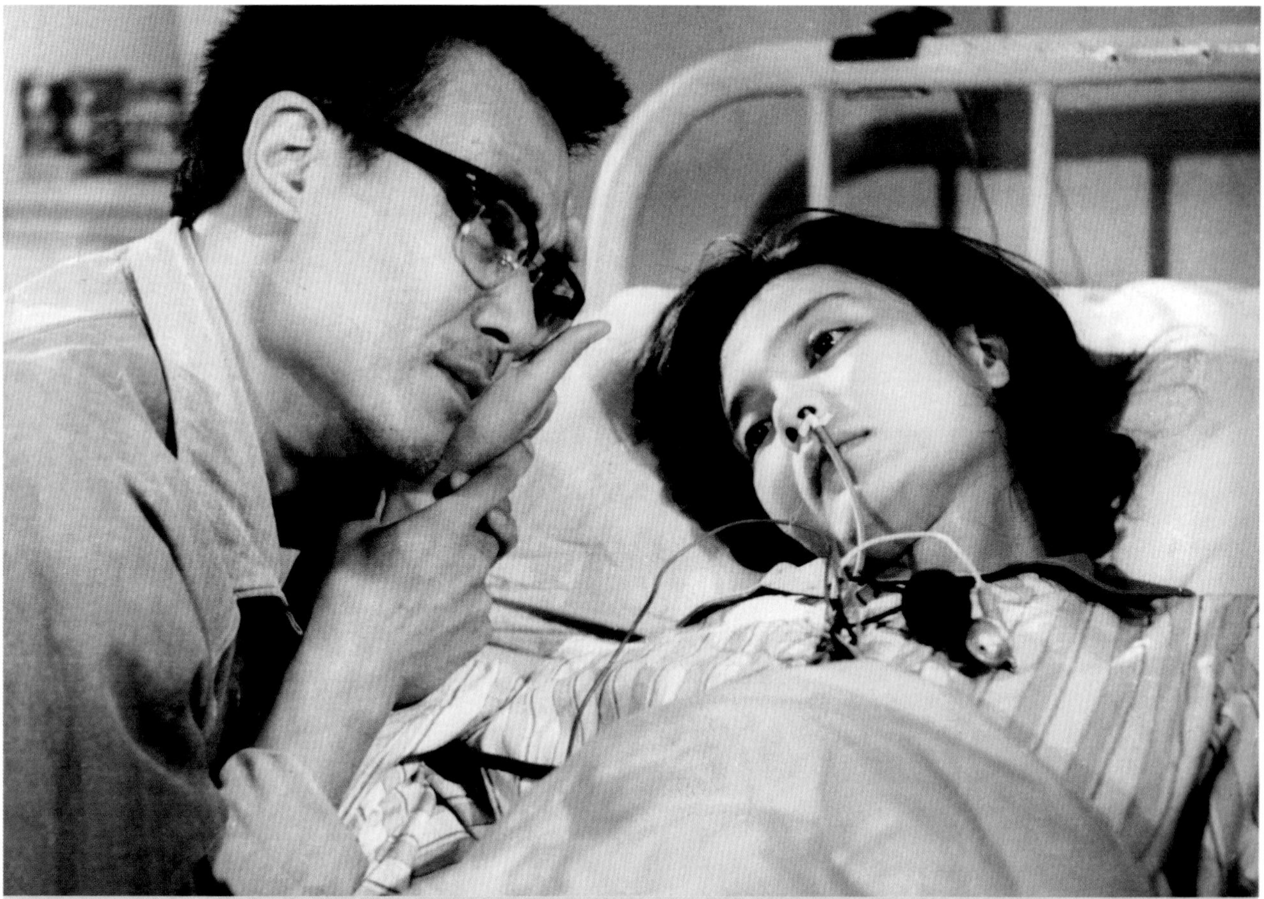

《人到中年》劇照

李翰祥《火燒圓明園》、《垂簾聽政》引起爭論

9月15日，由中國電影合作製片公司和香港新崑崙有限公司聯合攝製、李翰祥執導的大型清宫歷史片《火燒圓明園》、《垂簾聽政》在北京舉行首映式。影片公映之後，受到了觀衆的歡迎，也引起了一些爭論，主要集中在歷史真實和人物塑造等問題上。

附録：專家評論

苗培時（中國煤礦文學創作研究會、小説《慈禧外傳》作者）：

《火燒圓明園》、《垂簾聽政》這兩部影片不僅拍攝得場面壯觀，看了以後，還能讓人們回憶起英法帝國主義對中國進行的血腥侵略，回憶起近百年來中國人民所進行的反帝反封建的英勇鬥爭，幫助人民認識帝國主義的本質，激發人民的愛國熱情，特別有助於當前對廣大青少年進行的愛國主義教育……

但是，作爲歷史，這部影片在一些地方有所失實。比如影片結尾對麗妃的處理就違反了歷史；榮禄對政變起的作用極大，與慈禧命運相始終，影片却没有表現這個人物。

楊博達（故宫博物院）：

影片利用露天文物作場地，作背景，超過了以往其他影片，給人以真實感和歷史感。這是與香港電影界第一次大規模合作拍攝電影，我認爲是成功的。

李希凡（《人民日報》文藝部）：

影片拍攝的藝術技巧，看得出導演是下了功夫的。有些時代風習的畫面，處理得很有氣勢，也富於感人的力量……作爲一部歷史故事片，它的思想内容所達到的深度，還遠遠不能使我們滿意。它的有關歷史真實的藝術處理，也有不少值得商榷之處。

王子野（國家出版委員會）：

影片中的咸豐似乎還給人憂國憂民的印象，其實他是清朝十個皇帝中最昏庸、最荒淫的皇帝，正是由於他的腐敗無能，帝國主義者才敢於肆意侵略我國，我認爲這是影片的不足。

潘虹（1954—　　）

演員。原籍江蘇常熟，生於上海。1976年畢業於上海戲劇學院表演系，任上海電影製片廠和峨眉電影製片廠演員。代表作品有《苦惱人的笑》、《杜十娘》、《人到中年》、《寒夜》、《末代皇后》、《井》、《最後的貴族》、《女人·TAXI·女人》、《獨身女人》、《股瘋》等。

第3屆"金鷄獎"和第6屆"百花獎"

第3屆"金鷄獎"和第6屆《大衆電影》"百花獎"授獎大會於5月23日，在福建省省會福州舉行。

爲了使電影界學術研究的空氣不斷活躍，以推動電影藝術理論研究和電影批評工作的開展，真正有助於電影創作的的繁榮，1983年5月下旬，在第三屆"金鷄獎"、第六屆"百花獎"授獎活動期間，中國電影家協會在祖國東南海防前線的榕城舉行了爲時三個半天的中國電影金鷄獎學術報告會。報告會由金鷄獎評委、中國影協書記處常委書記、電影史學家程季華同志主持，金鷄獎評委會主任委員、導演藝術家、電影評論家張駿祥，金鷄獎評委、中國電影評論學會會長、電影評論家鍾惦棐，導演藝術家謝晉，北京電影學院副教授、電影評論家余倩，北京電影學院講師、電影導演鄭洞天，中國電影評論學會理事、電影評論家陳劍雨，以及本屆"金鷄獎"最佳女主角獎獲得者潘虹和斯琴高娃等，分別作了有關電影理論和電影創作問題的報告。

第3屆中國電影金鷄獎獲獎名單

最佳故事片獎：《人到中年》（上影）、《駱駝祥子》（北影）（兩片並列）；最佳紀録片獎：（空缺）；最佳戲曲片獎：（空缺）；最佳科教片獎：《昆蟲世界——身體構造與功能》（北京科影）；最佳美術片獎：《鹿鈴》（上海美影）；最佳導演獎：吴貽弓（《城南舊事》）；最佳女主角獎：潘虹（《人到中年》），斯琴高娃（《駱駝祥子》）（兩人並列）；最佳男配角獎：牛犇（《牧馬人》）；最佳女配角獎：鄭振瑶（《城南舊事》）；最佳攝影獎：魏鐸（《逆光》）；最佳美術獎：俞翼如（《駱駝祥子》）；最佳音樂獎：吕其明（《城南舊事》）；最佳剪輯獎：周鼎文（《牧馬人》）；最佳録音獎：（空缺）；最佳特技獎：張爾瓚，邢培修，金燕茜，李再春，門玉鳳，朱革，滕春飛（《孔雀公主》）；最佳化裝獎：顔碧君，李遵訓，許建新，張家懋（《風雨下鍾山》）；最佳道具獎：鄧成玉（《駱駝祥子》）；最佳煙火獎：于澤，王全榮，邱必奎（《風雨下鍾山》）；特別獎：一、授予中日合拍故事片《一盤没有下完的棋》；二、授予根據北京人民藝術劇院演出老舍的著名話劇創作的同名影片《茶館》；三、授予兒童故事片《泉水叮咚》。

第6屆《大衆電影》百花獎獲獎名單

最佳故事片獎：《人到中年》（長影廠）、《牧馬人》（上影廠）、《駱駝祥子》（北影廠）；最佳男演員獎：嚴順開（《阿Q正傳》）；最佳女演員獎：斯琴高娃（《駱駝祥子》）；最佳男配角獎：牛犇（《牧馬人》）；最佳女配角獎：姜黎黎（《赤橙黄緑青藍紫》）

附録：《金鷄三唱——中國電影金鷄獎第三屆評選活動側記》

本屆最佳男主角空缺，最佳女主角爲兩人並列獲獎，這就更加激起人們的興趣……

在最佳男主角獎的評選中，評委會參考各方面的意見，進行了反復的討論……

在評委會上對提出討論的人選進行表決時，由於没有一個獲得半數以上的票，只能將本屆最佳男主角獎付諸闕如……

根據潘虹和斯琴高娃的創作實際及其所體現的銀幕效果，大多數評委認爲，她們兩人處於勢均力敵、旗鼓相當的狀態，很難説誰比誰更出色。如果執拗於只選一個的方案，不論漏掉了誰，都是十分遺憾的事。經過反復討論和磋商，評委會打破慣例，採取新的民主程序，表決通過了"潘、斯"並列作爲一種提名方案，與其他提名一並付諸投票。最後，在無記名投票方式進行選舉時，她們又以壓倒多數的讚成票，雙雙獲得最佳女主角獎。

（陳劍雨、張明堂，《電影藝術》1983第九期）

張豐毅（1956—　）

演員。原籍雲南，生於河南唐河。1982年畢業於北京電影學院表演系，任峨眉電影製片廠演員；1988年任上海電影製片廠演員；現任國家話劇院演員。代表作品有《駱駝祥子》、《城南舊事》、《鴿子迷奇遇》、《京都球俠》、《龍年警官》、《青春無悔》、《霸王別姬》、《西楚霸王》、《荆軻刺秦王》等。

《駱駝祥子》劇照

《駱駝祥子》

出品：北京電影製片廠
編導：凌子風
攝影：梁子勇　吴生漢
主演：張豐毅　斯琴高娃　殷新　顔彼德

根據老舍同名小説改編。解放前，身強力壯的祥子從農村來到北京，靠拉洋車爲生。車店老闆的女兒虎妞喜歡祥子，憨厚的祥子被迫娶了虎妞。祥子忍辱受餓，拼命奔跑，掙錢餬口。最終既没有保住虎妞母子的性命，自己也淪落街頭。

斯琴高娃（1950— ）

演員。原籍內蒙古昭烏達盟，生於廣州。1980任八一電影製片廠演員。代表作品有《歸心似箭》、《駱駝祥子》、《許茂和他的女兒們》、《似水流年》、《月牙兒》、《一代天驕——成吉思汗》、《香魂女》、《老人和狗》、《太后吉祥》、《世界上最疼我的那個去了》等。

《牧馬人》

出品：上海電影製片廠
編劇：李準
導演：謝晉
攝影：朱永德　張永正
主演：朱時茂　叢珊　劉瓊　牛犇

根據張賢亮小説《靈與肉》改編。許靈均被錯劃成右派，下放牧場勞動。在牧民的關懷下，在和妻子李秀芝相濡以沫的生活中，醫治好了心靈的創傷。二十二年後，他重新獲得了政治生命，拒絕了父親接他去美國繼承事業的機會，留在了自己熟悉的牧場。

《牧馬人》劇照

牛犇(1935—　)

演員。天津人。從小跟隨在北平中電三廠當司機的哥哥生活，曾在幾部影片中飾演兒童角色；1949年後任上海電影製片廠演員。代表作品有《龍鬚溝》、《海魂》、《紅色娘子軍》、《飛刀華》、《牧馬人》、《淘金王》、《高中鋒和矮教練》、《溫柔的眼睛》、《多此一女》、《夫唱妻和》、《媳婦你當家》等。

《泉水叮咚》在多個國際電影節獲獎

兒童故事片《泉水叮咚》本年度在多個國際電影節獲獎。7月30日至8月7日，意大利舉辦第13屆季佛尼國際兒童電影節，《泉水叮咚》獲電影節“意大利共和國總統獎”。11月7日至14日，在印度加爾各答舉行的新青年國際電影節上，《泉水叮咚》獲最佳影片金象獎，該影片還獲得了這屆電影節的兒童評委會二等獎。印度新青年國際電影節是世界上五個重大的兒童電影節之一，聯合國兒童電影協會派人參加觀察和幫助。每兩年舉辦一次，輪流在印度各大城市舉行，1983年爲第3屆。電影節期間，有中、英、美、蘇、印、澳等15國的15部長片和14部短片參加比賽。

12月7日，文化部電影局在京舉行了《泉水叮咚》獲國際電影節大獎轉授獎活動。會上，文化部部長朱穆之向劇組的創作人員轉授了獎品。印度新青年國際電影節的評委、北京電影製片廠的青年導演王君正介紹了影片獲獎的情況。她説在電影節上，無論會內會外對《泉水叮咚》的反映都很好，專家們認爲這部影片主題好、表演動人，是人類現實的反映，特別認爲導演對兒童演員的啓發手段高明，小演員表演自然、天真。

《泉水叮咚》

出品：上海電影製片廠
編劇：吴建新
導演：石曉華
攝影：俞士善　江淑珍
主演：張瑞芳　張翎飛
　　　牛犇　王佳瑩

退休的陶奶奶决定放棄海濱療養，騰出家裏一些地方，辦一所義務幼兒園。陶奶奶的舉動感動了姪女雪莉，她由原先的不滿開始認識到幼教工作的意義和姑媽美好的心靈。雪莉萌發了創作靈感，她寫出了畢業作品《泉水叮咚》，獻給人生的第一位老師。

《泉水叮咚》劇照

《中國青年報》舉辦“我最喜愛的十個當代青年銀幕形象”評選

7月30日，由《中國青年報》舉辦的“我最喜愛的十個當代青年銀幕形象”評選結果揭曉。1005160張選票推選出來的十名形象是：李秀芝（《牧馬人》，上影）、水蓮（《喜盈門》，上影）、韓苗苗（《苗苗》，北影）、沙鷗（《沙鷗》，青影）、荒妹（《被愛情遺忘的角落》，峨影）、劉思佳、解淨（《赤橙黃綠青藍紫》，長影）、金明露（《金鹿兒》，北影）、張嵐（《瞧這一家子》，北影）、廖星明（《逆光》，珠影）。

這十個形象的當選，反映了青年讀者的共同心願和審美趣味，是廣大青年對1980年以來國產影片中青年形象的一次大檢閱，這些藝術形象或工或農，或學或商，都具有個性鮮明、生動感人的特點，他們一出現在銀幕上，就受到青年人的歡迎。這十個銀幕形象在不同程度上表現出當代青年的精神面貌以及電影工作者塑造當代青年形象的探索和追求。這次評選更加證明，這些形象有着深厚的生活基礎和旺盛的藝術生命力……

這次評選活動從五月二十五日發出選票以來，吸引了一百多萬觀衆踴躍參加。許多基層團組織還把評選作爲團日活動，受到團員青年的歡迎。選票統計人員告訴記者，他們已收到若干張從西藏寄來的選票。這樣，除臺灣省外，全國二十九個省、市、自治區都有團員青年參加了這一評選活動。

（《十個當代青年銀幕形象評選昨日揭曉》，《中國青年報》1983年7月31日）

附録：上海工人影評組給電影界領導的一封信

陳荒煤、丁嶠同志：

你們好。

《中國青年報》舉辦的“我最喜愛的十個當代青年銀幕形象”評選揭曉了，借此機會，我們青年工人謹向你們，並通過你們向塑造這些青年形象的電影工作者，表示衷心的祝賀和感謝。

這次評選，反映了青年觀衆的欣賞心理和藝術趣味，同時也檢驗了電影在塑造青年形象上的成就和不足。我們相信電影界領導對一百多萬青年的意見，定能給予足够的重視。

在這次評選中，我們欣喜地看到，反映當代青年生活的影片在逐年增多。一九八〇年上映只有十三部，一九八三年一至五月就有十九部之多。觀衆喜愛的青年銀幕形象也逐年上升，一九八〇年只有一個形象入選，一九八三年一至五月却有三個形象入選。當選的十名青年形象，大都性格鮮明，真實可信。如質樸善良的李秀芝；勇於拼搏的沙鷗，奮發有爲的解淨；不甘沉淪的劉思佳……都給我們以啓迪和美的享受。

然而，我們又感到，當前青年題材的影片還有愧於沸騰的時代和生活。青年題材的影片不是多了，而是少了。從候選的一百五十個當代青年銀幕形象看，不乏虛假、失真者。在當選的銀幕形象中，男青年形象所佔比例甚微，學生和戰士形象空缺。這都表明電影創作和廣大青年觀衆的需求還有一定的距離。

電影在青年工人的業餘生活中佔有重要地位。一個感人的銀幕形象，能對觀衆產生潛移默化的教育作用。在向四化進軍的道路上，我們渴望在銀幕上看到更多的良師益友，激勵和伴隨着我們去攀登理想的高峰。爲此，特向你們呼籲：進一步重視青年題材影片的創作，並建議設立優秀的當代青年題材影片獎，以鼓勵電影工作者塑造更多更好的具有鮮明時代特徵的青年形象。

此致

敬禮

上海市總工會滬西工人文化宫影評組

愿当代青年丰彩多姿的艺术形象为电影增添新光彩

中国青年报 星期刊

选票逾百万 观众寄厚望

十个当代青年银幕形象评选昨日揭晓

给电影界领导的一封信

给八一厂领导的信

《中國青年報》報道

本年度在國際上主要獲獎情况

《城南舊事》獲菲律賓第2屆馬尼拉國際電影節最佳影片“金鷹獎”；

《孔雀公主》、《哪吒鬧海》、《三個和尚》、《人參果》獲菲律賓第2屆馬尼拉國際電影節特別獎；

《泉水叮咚》獲印度第3屆新青年國際電影節最佳金象獎、印度各族兒童評委會最佳獎、該節最佳兒童女演員二等獎（王佳瑩），第13屆季佛尼國際兒童電影節“意大利共和國總統獎”；

《陌生的朋友》獲第33屆西柏林國際電影節特別獎；

《一盤沒有下完的棋》獲加拿大第7屆蒙特利爾世界電影節最佳影片獎；

《梅花巾》獲第7屆開羅國際電影節榮譽獎；

《四個小伙伴》獲法國朗市青年觀衆電影節青年觀衆獎；

《鹿鈴》獲蘇聯第13屆莫斯科國際電影節特別獎；

《筆中情》獲法國魯瓦揚電影節外國影片獎；

《早春二月》、《林家鋪子》、《舞臺姐妹》、《瀋網》、《馬路天使》、《三毛流浪記》、《泉水叮咚》、《甲午風雲》、《大鬧天宮》、《阿Q正傳》獲第12屆菲格拉達福茲國際電影節評委獎。

1983年（臺灣）

大事記

1月8日　“電影事業發展基金會”附設電影圖書館，決定本月創辦電影專業雜誌《電影欣賞》雙月刊，由該館館長徐立功擔任發行人兼總編輯。

1月25日　電影戲劇協會等五大團體，聯合致函新聞局，要求限制電視頻道上播放國語長片的時間和數量。

4月7日　對於臺北市影片商業同業公會通過取締全省19個大都市及宜蘭縣羅東鎮“一票兩片”的戲院措施，戲院業的商業同業公會則希望能依現實環境，斟酌處理。

5月12日　當局呼籲電影業者，以經營企業的眼光，與合法録像帶業合作，掌握影片、録像帶雙重發行策略，適應潮流趨勢，也提高營業利益。

6月6日　“中影”與香港新藝城影業公司舉行聯合記者會，宣佈合作拍攝由楊德昌執導的影片《海灘的一天》。

6月28日　當局依據國外電影片管理辦法的規定，對於1984年度外國電影片輸入總額及各國配額的分配，會同有關機關加以檢討後做了調整，訂於7月1日起實施。

7月10日　電影分級制度試行至今，由於電影放映業者不能配合實施，已名存實亡。

7月14日　當局公佈，國片娛樂稅、印花稅與教育捐將大幅降低税率，紓解目前電影事業的困境，並扶植國内電影事業的長期發展。

8月6日　電影界表示接受交通銀行對貸款拍片所提出的原則，同意將新臺幣2000萬元提出作爲貸款基金，並組成執行委員會審查申請貸款者的資格，每位貸款者每年最高融資額爲1000萬元。

8月8日　在主管機構、片商公會、視聽公會的三位代表見證下，電影《大輪迴》以10萬元臺幣的價格將録像帶版權簽約賣給年代公司。

10月25日　著名攝影師祁和熙因車禍去世。

11月8日　《電影法》經三讀通過立法，實施了20餘年的《電影檢查法》，終將由《電影法》取代。

11月19日　於臺灣臺北市舉辦之第28屆亞太影展，石雋獲最佳男主角獎（《大輪迴》），張惠恭、杜可風獲最佳攝影獎（《海灘的一天》）。

12月24日　電影界九大團體開會，決定由電影戲劇協會和港九影劇自由總會，共同接辦第21屆金馬獎。

重要影片

《看海的日子》劇照

《看海的日子》

出品：蒙太奇
編劇：黄春明　導演：王童
主演：陸小芬　蘇明明　馬如風

出身貧寒的少女白梅，自小被賣作養女，後又被養父賣入娼門。在風塵生活中，他仍抱持着樂觀且堅毅的生活態度，默默承受他人的侮辱。直到他發現自己懷了孩子……

陸小芬
（1956— ）

演員。本名張淑芬。臺北市人。1980年受到導演王菊金賞識，參與《上海社會檔案》的演出，於1981年上演時大爲轟動。1983年主演《看海的日子》，成爲當年金馬獎的最佳女主角。1987年，在陳坤厚執導的《桂花巷》中，贏得了第33屆亞太影展最佳女主角。接着又拍攝了陳耀圻編導的《晚春情事》，於第34屆亞太影展封后。1990年後，減少演出，赴美進修，主修戲劇方面等學科，並獲得美國林肯大學榮譽博士。

《大輪迴》劇照

《大輪迴》

出品：臺製
編劇：張永祥
導演：胡金銓
　　　李行　白景瑞
主演：彭雪芬
　　　石雋　姜厚任

貫穿明代、民初、現代三個時空，每次再世都重組了這兩男一女的關係，不斷陷入其輪迴的命運……

第20屆金馬獎得獎名單

最佳劇情片：《小畢的故事》（中影公司出品）

最佳紀録片：《夏爾降坡公路》（榮工處出品）

最佳卡通片：《四神奇》（泰威卡通、羅馬公司出品）

最佳導演：陳坤厚《小畢的故事》

最佳男主角：孫越《搭錯車》

最佳女主角：陸小芬《看海的日子》

最佳男配角：谷峰《待罪的女孩》

最佳女配角：英英《看海的日子》

最佳童星：石安妮《魔輪》

最佳原著劇本：蔡繼光、許默《男與女》

最佳改編劇本：朱天文、侯孝賢、丁亞民、許淑真《小畢的故事》

最佳攝影：宋立平《今年的湖畔會很冷》

最佳剪輯：周道淳、林善良《大輪迴》

最佳美術設計：張季平《大輪迴》

最佳服裝設計：王童、胡金銓《天下第一》

最佳原作電影音樂：陳志遠、李壽全《搭錯車》

最佳改編電影音樂：入圍從缺

最佳電影插曲：李壽全《搭錯車》

最佳録音：高富國《搭錯車》

影片目録

中製　《最長的一夜》

中影　《蜜月驚魂》、《魔輪》、《小畢的故事》

中影、新藝城　《海灘的一天》

三一、高達　《竹劍少年》

三一　《兒子的大玩偶》、《天下第一》

臺製　《大輪迴》

中製、上上　《少女的滄桑》

新藝城　《臺上臺下》、《帶劍的小孩》、《搭錯車》

藝新　《情婦》、《女人禁地》、《兩性》、《禁房》、《聰明學生笨老師》、《家有十二個媳婦》、《邪門》

永昇　《誘惑》、《金門女兵》、《黑玫瑰》

蒙太奇　《黑白珠》、《看海的日子》

壽星　《女人》、《我愛外星人》、《逃出那條黑街》

佳譽　《進攻要塞地》、《女學生與機關槍》

劉氏　《野狼》、《女人檔案》

恒基　《莫偷嘗禁果》、《太陽也哭泣》

金山　《蛇妻》、《天譴王子戰群妖》

龍祥　《我愛夜來香》、《一九三八大驚奇》

聖的　《心事啥人知》、《中國法術》

歐亞　《江湖我獨行》、《風流種》

春華　《國中十四章》、《噱頭大王臭皮匠》

今中　《錯誤的脚步》、《田莊阿哥》

登魁　《大集合》、《情報販子》

新力　《玄天上帝得道》、《酒鬼害羞》

東大　《脂粉硬漢》、《小生羞羞羞》、《蝶無影》

日月　《一支小雨傘》、《風鈴中的刀聲》、《河南嵩山少林寺》、《少林寺十三群僧》

卓懋　《三十六板凳》、《電梯》、《九陰童子功》、《小鬼難纏》

富祥　《迷你特攻隊》、《我的兒子彬彬》

金洲　《鄉下阿郎》、《三大名捕會京師》

其他　《美人國》（第一）、《醉棍》（威靈、金淮）、《飛頭魔女》（威靈）、《臺西風雲》（臺西）、《女性注意》（名毅）、《觀音菩薩》（龍升）、《獸性地獄女》（來福）、《鬼才霸王兵》（藝登）、《大家樂》（金寶）、《昨夜之燈》（巨星）、《十八羅漢》（榮華）、《破網補情天》（華南）、《笑面殺手傻小子》（中國三仙）、《卅六迷形拳》（合衆）、《活寶行大運》（銀海）、《又見阿Q》（遠流）、《海女的秘密》（吉星）、《王哥柳哥》（雷門）、《四傻害羞》（漢星）、《蠱女》（焰山）、《金粉夜叉》（鳳冠）、《佛光普照》（佳新）、《媽媽帶我回家》（鳳城）、《真假姻緣》（耀聲）、《牆外的女人》（天地）、《怒火》（安邦）、《秋風暴雨名女人》（盧氏）、《少林與太極》（龍翔）、《少林與忍者》（寶座）、《甲子玄機》（玖峰）、《仙鬥仙》（金海）、《野女狼》（金洋）、《野鬼高飛》（統華）、《邪撞邪》（浩天）、《寶貝尋寶記》（上上）、《少林寺傳奇》（三普）、《猫女奇譚》（展義）、《月夜女幽靈》（美都）、《天神收妖》（金絲）、《臺東人》（辰陽）、《神魔鬥法》（瑞和）、《鷹拳（神拳金鷹）》（富都）、《千鈞一髮》（明星）、《鄉土的呼喚》（凱聯）、《釣娃娃》（建協）、《午夜蘭花》（群龍）、《小妹小子牛仔褲》（明達）、《賭王鬥千王續集》（凌氏）、《血嬰》（洲立）、《風車與火車》（南强）、《失去的第一次》（新浪潮）、《風水二十年》（廣場）、《愛奴、叛奴》（美鴻）、《怒吼的愛情》（飛龍）、《小畢從軍去》（華豐）、《小豆的願望》（龍年）、《出外人》（金海）、《女性的氣魄》（欣遠）、《風櫃來的人》（萬年青）、《最後一口氣》（明達）、《火龍任務》（學者）、《少林鬥喇嘛》（天平）、《風生水起》（影藝）、《威龍神探》（國豐）、《女人不是弱者》（佳新）、《少女集中營》（銀海）、《今年的湖畔會很冷》（高達）、《討海的人》（欣欣）、《油麻菜籽》（萬寶路）

《風櫃來的人》劇照

《風櫃來的人》

出品： 萬年青
編劇： 朱天文
導演： 侯孝賢
主演： 鈕承澤　林秀玲　庹宗華　張世

三位來自澎湖風櫃的年輕人，剛從高中畢業。等待入伍當兵時，從澎湖來到高雄謀職，三人過着百般無聊的生活……

《天下第一》

出品： 三一
編劇： 胡金銓　小野　吴念真
導演： 胡金銓
主演： 田豐　唐寶雲

五代時，自以爲是天下第一的周世宗，無奈痼疾難愈。皇后與宰相爲之尋訪天下第一名醫，由此引發出連場追逐……

新電影傾巢而出 《兒子的大玩偶》遭削蘋果事件

1983年，臺灣新電影傾巢而出，重要作品不計其數。其中，延續1982年《光陰的故事》模式，由侯孝賢（《兒子的大玩偶》）、曾壯祥（《小琪的那頂帽子》）、萬仁（《蘋果的滋味》）合拍的《兒子的大玩偶》差點無法順利上映，先是有人針對《蘋果的滋味》中破落貧窮的素材與表現手法，發黑函給主管影劇業務的國民黨文化工作會（簡稱"文工會"），再由文工會間接企圖促成製作《兒》片的中影畏事而自行修剪，所幸很快因臺灣的大報（《中國時報》與《聯合報》）揭發抗議而倖免於難。後來又有人以片中對白閩南語過多，違反既定語言政策企圖阻止本片角逐金馬獎，結果也算幾經討論而順利報名金馬獎，且獲"最佳改編劇本"、"男配角"、"童星"等數項提名。

《兒子的大玩偶》

出品： 三一
編劇： 吴念真
導演： 侯孝賢　曾壯祥　萬仁
主演： 陳博正　金鼎　江霞

由黄春明三個短篇小説改編，三段故事都是以五六十年代的臺灣爲背景，描寫生活在這塊土地上小人物們的喜怒哀樂……

《兒子的大玩偶》劇照

《小畢的故事》

出品：中影
編劇：朱天文　侯孝賢　丁亞民
導演：陳坤厚
主演：鈕承澤　張純芳　崔福生
　　　顏正國　張世　孫鵬

畢媽媽帶着十歲大的小畢改嫁。小畢在青春叛逆期與畢爸爸時有衝突，面對兒子變壞，畢媽媽決定以最激烈的做法來喚醒兒子，同時表達自己對丈夫的謝意。

《小畢的故事》劇照

陳坤厚（1939—　）

導演，攝影師。臺中人。1962年考入中央電影公司，向舅父（攝影師賴成英）學習攝影。1971年升任攝影師，1972年爲宋存壽的《母親三十歲》擔任攝影。其後李行的多部電影如《汪洋中的一條船》、《小城故事》、《原鄉人》等皆由其擔任攝影師，1978年更以《汪洋中的一條船》獲得第15屆金馬獎最佳攝影獎。1979年起，陳坤厚與侯孝賢合作拍片，由陳坤厚攝影、侯孝賢編劇，兩人輪流擔任導演，包括《我踏浪而來》、《天凉好個秋》、《蹦蹦一串心》等。1982年，與侯孝賢合作的《在那河畔青草青》受到年輕影評人的讚揚。之後，陳坤厚與侯孝賢、許淑真、張華坤合組“萬年青”電影公司，與“中影”合作拍攝改編自朱天文的同名小說《小畢的故事》。此片於1983年創下票房佳績，並得到當年金馬獎的最佳劇情片、最佳導演、最佳編劇等大獎，成爲“新電影”的奠基之作。1983年，陳坤厚擔任《兒子的大玩偶》的攝影師。在“新電影”風潮初期，陳坤厚以其豐富的經驗與成熟持重的處事態度，與侯孝賢同爲“新電影”導演群中的精神領袖。

1985年，陳坤厚與侯孝賢分別組合新班底，往各自的風格發展。執導《最想念的季節》(1985)、《結婚》(1985)、《流浪少年路》(1986)、《桂花巷》(1987)、《春秋茶室》(1988)等，多由文學作品改編。

元旦起實施電影分級制

在去年研議的電影片分級要點，決定把中外影片分爲一般觀衆皆可觀賞的普遍級，及少年與兒童不宜的限制級兩種，自今年元旦起開始實施。

有下列情形之一者，列爲限制級，簡稱限級：

1.主題意識模糊，對少年及兒童有不良影響者。

2.情節離奇怪異，易引起少年及兒童迷信者。

3.動作低俗或有不良隱喻者。

4.表現賭技、吸毒、結幫而有誘發模仿作用者。

5.恐怖血腥、行爲殘暴、易引起少年及兒童驚駭者。

6.男女愛撫而有性暗示作用者。

凡准許上演而不屬於限級之影片，一律列爲普遍級，簡稱普級。

依據法令，所謂兒童是指12歲以下者，少年則指18歲以下之未成年者。

録像帶問題首次浮出檯面

前此不久頒佈的“廣電法”施行細則第39條規定，使用單一視聽機播放録影節目帶，以在家庭播放爲原則，公開播放時，其播放場所以依法設立的電影片映演場所爲限，所播放之録影帶應經第36條規定，取得准播證明。依此規定，他們認爲所有戲院均可放映録影帶。

影視録影帶違法營業調查檢舉項目小組緊急開會，提出三點建議：

1.電影法公佈前，暫時禁止戲院設立。

2.電影法公佈前，暫時不准戲院改映録影節目帶。

3.希望映演場所以家庭播放爲“原則”的規定，能改爲以家庭爲“限”。

電影界人士認爲，擬定“廣電法”施行細則的初衷，本來是在保護電影業，但施行結果可能會與其本意相反，因此如果不及時公佈緊急措施，將會造成電影業加速崩潰。

當局採取措施輔導國片

由於1982年下半年到現在，是國片30年來最不景氣的一年，同時却也是電影主管官署採取最多輔導和獎勵措施的一年。各大電影團體基於經營困難而提出的各式陳情，相繼得到新聞局以實際行動答復。

臺北市、高雄市和臺灣省三大戲院公會在1983年6月底陳情，要求降低電影票的娛樂税和印花税。行政主管部門體恤電影業者面臨的困境，主動宣佈減税措施，這次雖然只限於娛樂税和印花税，但當局娛樂税和教育捐將短收1億元左右，印花税將短收2億元左右，在目前不敢輕言減免税賦的環境下，可說是對電影界的一大優惠。

無論是大幅削減美商配額，以此換取2000萬元基金，作爲國片業者申貸2億元融資的利息；或是在年度配額外增列10個臨時性配額，獎勵獲選參加亞太影展的影片等種種措施；甚至於着手制訂電影法，明訂電影爲文化事業，除提升電影從業人員的文化層次外，也爲減輕電影税賦鋪下基石；7月12日展開“順風一號”項目取締行動，凡此種種，可說當局已在輔導國片上盡了很大的努力。

1983年（香港）

大事記

4月　香港中國電影學會成立，林年同任會長。

本年　嘉禾公司與好萊塢合拍的《炮彈飛車》在世界各地上映，收入超過1億港元。

香港影人劉克宣、陶三姑、唐若菁、傅聲、高立去世。

意大利舉辦香港電影節，這是第一個在外國舉辦的香港電影節。

重要影片

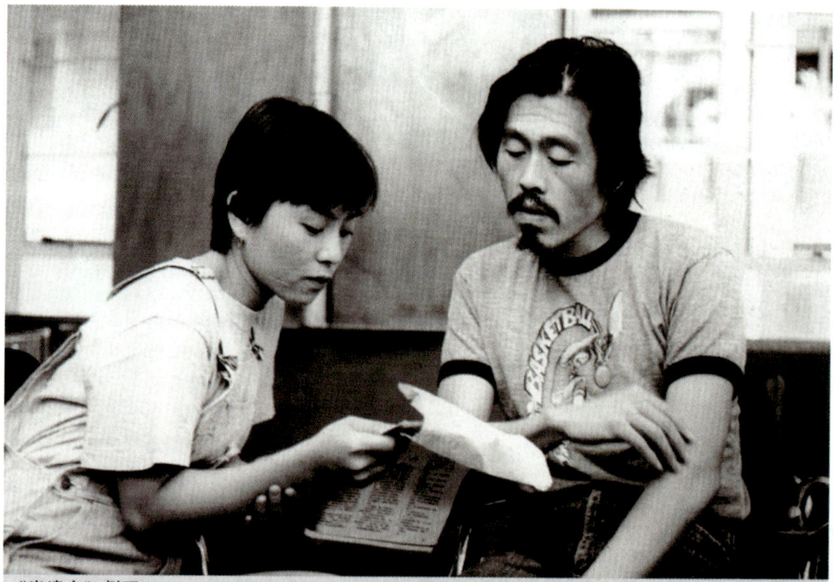

《半邊人》劇照

《半邊人》

出品：鳳凰公司

編劇：施揚平　王正方　導演：方育平　主演：王正方　許素瑩　許培　邱蓮心

賣漁女阿瑩不甘碌碌，報考"香港電影文化中心"學習表演。在老師張松柏的指導下，她的演技日漸成熟。張松柏腿疾發作，去美國醫治前他指導學生演出了舞臺劇《將軍族》，參加演出的阿瑩因此得到了電視臺試鏡的機會。

影片根據真人真事拍攝。片名"半邊人"，寓意在於生活在香港的人，都處於半理想、半現實的矛盾狀態和處境之中。而阿瑩的扮演者許素瑩本來就是一個賣魚妹，電影就是取材於她和長城公司已故導演戈武的一段交往拍攝的。爲了保持影片的紀實風格，影片採用現場拍攝、同期録音的方法。

獲第3屆香港電影金像獎最佳影片、最佳導演和最佳剪輯。（秋木凉、吴金華）

《表錯七日情》

出品：邵氏公司

編導：張堅庭

主演：葉童　陳友
鍾鎮濤　梅艷芳

大嶼山一對年輕夫婦欠下税款，法庭下令其七日内繳清。法庭雇年輕的護衛員來看管少婦和屋内財物。少婦父母從美來港探女，少婦雇護衛員冒充夫婿，誰知弄假成真。父母返美，債期將滿，兩人無計可施。此時，少婦的丈夫突然歸來，護衛員黯然離去。

獲第3屆香港電影金像獎最佳編劇、最佳女主角（葉童）。

《表錯七日情》劇照

《家在香港》

出品：金泉公司

編劇：陳文貴

導演：敬海林

主演：劉德華　朱海玲
古嘉露　谷峰

黄阿倫憑借有錢情婦的幫助加入了地産公司。後來他結識了從大陸偷渡到港的少女張婷婷，對她由憐生愛。情婦出於嫉妒，向警方揭發了婷婷的身份。阿倫與婷婷想化裝成越南難民逃走，但被婷婷拒絶。而另一個青年李建輝的女友，因家人移民心切而下嫁歌廳經理，待安排好家人回到香港後，李已經自暴自棄，參加拳賽致神經錯亂。

《家在香港》劇照

《奇謀妙計五福星》劇照

《奇謀妙計五福星》

出品：嘉禾公司
編劇：洪金寶　黄炳耀
導演：洪金寶
主演：洪金寶　秦祥林　鍾楚紅

茶壺、死氣喉、凡士林、卷毛積和蘭克斯這“五寶”同日出獄，他們決意改邪歸正，合開一家清潔公司。在黑幫們進行的一次僞鈔交易中，誤把印製僞鈔的版抛進了“五寶”的垃圾車裏。因此，“五寶”成了黑幫們的追殺對象。

本片後來發展成“五福星”喜劇系列電影。除秦祥林外的另四個其貌不揚的大男人，以錯摸、烏龍等設計和一些無釐頭對白、肢體動作滑稽構成喜鬧劇，寫盡了男性弱點，也寫出了人性本善的主觀傾向，但後未能成“長壽”系列。獲第3屆香港電影金像獎最佳動作指導（元彪、林正英）。

《自古英雄出少年》

出品：青鳥公司
編劇：文龜
導演：牟敦芾
主演：郝勇　張小燕
　　　　張勇　熊長貴

清末，“天地會”四川總舵因内奸告密被朝廷搗毁，衆抗清遺孤在總舵主獨子王二毛率領下，喬裝改扮逃出羅網。清廷捕快司馬力等人窮追不捨。之後，“天地會”成員落入司馬力陷阱；混戰中衆人逃向草原，得到藏民庇護。孩子們歷經艱險，在逆境中個個成長爲智勇雙全的少年英雄。

《自古英雄出少年》劇照

《A 計劃》劇照

《A 計劃》

出品：嘉禾公司
編劇：成龍　鄧景生　**導演：**成龍　**主演：**成龍　洪金寶　元彪　黄曼凝　關海山

20世紀初，香港海盜猖獗，商船屢屢遭劫。當局成立一支特警小隊負責海上治安。隊長馬如龍執行公務時遭陷害，憤而辭職。海盜頭目羅三炮抓走官兵家眷爲人質。馬如龍早知商人周永齡與海盜勾結，他重組水師，制定A計劃，潛入海盜巢穴，最後裏應外合，將海盜一網打盡。

本片是成龍和洪金寶最成功的合作之一，將觀衆帶回到19世紀末的香港。並成功借鑒了内地樣板戲《智取威虎山》中“百鷄宴”一場。獲第4屆香港電影金像獎最佳動作指導（成家班）。

主要影片目録

本年度香港共出品影片95部，其中粵語片90部，國語片4部。

世紀　《血中血》
邵氏　《滿天神佛》、《大俠沈勝衣》、《鹿鼎記》、《掌門人》、《神通術與小霸王》（國語）、《花心大少》、《表錯七日情》、《楊過與小龍女》
嘉禾　《生死決》、《新蜀山劍俠》、《奇謀妙計五福星》、《A 計劃》
TVB　《上海灘》、《上海灘續集》
新藝城　《最佳拍檔大顯神通》、《我愛夜來香》
羅維　《龍騰虎躍》、《魔胎》
影藝　《風生水起》、《同線車》
珠城　《血汗金錢》、《花城》
大榮　《盟》、《怒拔太陽旗》
中國電影合作／新崑崙　《火燒圓明園》（國語）、《垂簾聽政》（國語）
永佳　《摩登衙門》、《空心大少爺》
運應　《打擂臺》、《碼頭》
鳳凰　《半邊人》
華星／邵氏　《瘋狂八三》
其他　《殺過界》（愛美迅）、《小生作反》（立人）、《美色飄香》（金鼎）、《車魂》（胡氏）、《摧花者死》（新華）、《鼓手》（誠意）、《瘋血》（雷鳴）、《亡命忍者》（大權）、《天皇巨星》（剛毅）、《追鬼七雄》（嘉禾/許氏）、《虎鷹》（恒生）、《第一把交椅》（金獅）、《龍的故鄉》（超藝）、《口岩曬 Key》（文華）、《斬手指》（梁氏）、《楚留香大結局》（大運）、《田鷄過河》（安樂）、《第一次》（鳳鳴）、《腦魔》（羅氏）、《阿姐有料》（金寶）、《火拼油尖區》（泰達）、《退休探長》（思遠）、《自古英雄出少年》（青鳥）、《少林與武當》（興發）、《山T老夫子》（香港）、《家在香港》（金泉）、《天師撞邪》（第一/和平）、《猛鬼出籠》（麥當雄）、《百厭妹》（東英）、《怕醜仔》（華麟）、《毒蠱》（五洲景龍）、《撞鬼》（國語）（長河）、《紅鬼仔》（日光）、《邪花劫》（正大）、《鬼揞眼》（紀歷）、《發條蘋果》（藍鳥）

李翰祥與內地合拍清宮題材片

李翰祥創立新崑崙影業公司後，終得嘗所願來到北京拍他最想拍的清宮題材片。香港名導加內地最著名女星劉曉慶合作，是一次新鮮而又充滿期待的嘗試。事實上，影片並未讓人失望：來到迴旋空間更大的場景，力求逼真甚至是真的服裝、道具等，都使李翰祥得心應手地駕馭一切。首次演戲的梁家輝挑起大梁，出演咸豐，更是本片一大亮點。

梁家輝　(1958—　　)

演員。原籍廣東南海，生於香港。畢業於香港理工學院。1983年首次在李翰祥導演的《火燒圓明園》和《垂簾聽政》中扮演咸豐皇帝，此後幾乎全部出演李翰祥執導的作品。1992年主演法國影片《情人》，打破法國電影兩年來的票房紀錄，成功躋身國際影壇。主要作品還有《監獄風雲》、《愛在他鄉的季節》、《阮玲玉》、《新龍門客棧》、《92黑玫瑰對黑玫瑰》、《新難兄難弟》、《東邪西毒》、《三更之餃子》、《黑社會》等。

《火燒圓明園》劇照

《火燒圓明園》

出品：中國電影合作製片公司
香港新崑崙影業公司
編劇：楊村彬　李翰祥
導演：李翰祥
主演：梁家輝　劉曉慶　項堃

17歲的玉蘭選中入宮後得到了咸豐皇帝的寵幸。咸豐皇帝沉溺於宮闈之樂，但清王朝已是危機四伏。八里橋一戰，清軍敗北，咸豐只得携皇室逃往熱河行宮，留下恭親王在京收拾殘局。英法聯軍攻進北京，燒殺搶掠，無惡不作，將舉世聞名的"萬園之園"圓明園搶劫一空後，付之一炬。

《垂簾聽政》劇照

《垂簾聽政》

出品：中國電影合作製片公司
香港新崑崙影業公司
編劇：楊村彬　李翰祥
導演：李翰祥
主演：梁家輝　劉曉慶　陳燁
張鐵林　謝園

英法聯軍焚毀了圓明園。清王朝簽訂了一系列不平等條約。咸豐皇帝駕崩後，開始了慈禧、慈安兩宮垂簾，恭親王議政的階段。

獲第3屆香港電影金像獎最佳男主角（梁家輝）、最佳美術指導（宋洪榮）。

第2届香港電影金像獎

最佳影片：《投奔怒海》 最佳導演：許鞍華（《投奔怒海》），最佳編劇：邱戴安平（《投奔怒海》），最佳男主角：麥嘉（《最佳拍檔》）、洪金寶《提防小手》；最佳女主角：林碧琪（《靚妹仔》），最佳新人：馬斯晨（《投奔怒海》），最佳攝影：黄岳泰（《夜驚魂》），最佳剪輯：周國忠（《夜驚魂》），最佳美術指導：區丁平（《投奔怒海》），最佳動作指導：洪金寶、林正英、元彪（《敗家仔》），最佳音樂：鲍比達（《再生人》）。

從本屆金像奬起，技術類别的奬項單獨設立，包括攝影、剪輯、美術指導、動作設計、音樂等奬項。

麥嘉（1944— ）

演員、導演、編劇、製片人。原名麥嘉尚。廣東臺山人。1958年從廣州移居香港，在香港崇新英文書院讀完中學。1963年全家移居紐約。1971年就讀於紐約大學電影系，學習16毫米電影製作。1972年考入紐約大學美術系，1973年返港任副導演。1976年首導《一條光棍走天涯》。1978年後相繼參與創辦嘉寶、奮鬥、新藝城等影業公司，並在香港影壇掀起了新喜劇電影的熱潮。創作了"無名先生電影"、"肥龍過江電影"系列、最佳拍檔電影系列等。他參與策劃執導的《精裝追女仔》、《難兄難弟》等在香港影壇均獲好評。之後爲林嶺東、王家衛、吴宇森等出任製片，策劃了不少香港電影史上的名片。1982年主演《最佳拍檔》獲第2屆香港金像奬最佳男主角奬。主要作品還有《老虎田鷄》、《追女仔》、《鬼馬智多星》、《最佳福星》、《我在黑社會的日子》、《瘦虎肥龍》等。

繆騫人（1958— ）

演員。原籍廣東，生於上海。自小隨家人移民到港。1978年演出影片《狗咬狗骨》一舉成名。1981年起出演許鞍華執導的《胡越的故事》和《投奔怒海》。後赴美留學，研習電影。代表作還有《最愛》、《恐怖分子》、《繼續跳舞》、《我愛太空人》、《傾城之戀》、《女人心》、《舞牛》等。

《投奔怒海》劇照

《投奔怒海》

出品：青鳥公司

編劇：邱戴安平　導演：許鞍華

主演：繆騫人　林子祥　劉德華　馬斯晨

日本記者芥川1975年在越南峴港採寫戰況。三年後芥川重遊故地，認識了琴娘一家。祖明千方百計想逃離越南，爲了籌錢，襲擊了芥川，搶了他的相機，因而被捕。芥川努力安排琴娘和她的二弟逃離越南，祖明也逃上難民船，投奔怒海。

影片以紀實的手法，將鏡頭的視角對準一個嚴肅的主題。影片注重氣氛的渲染，人物内心活動表現得相當細膩。影片創當年香港票房收入最高紀録，並作爲戛納國際電影節、紐約國際電影節正式參賽作品。

1984年（大陸）

大事記

3月12日　朱穆之致函表彰上影廠導演趙焕章，表揚他"只求出力，不圖出名"的精神。

3月24日　中國協助意大利攝製影片《末代皇帝》協議書，由中國電影合作製片公司和意大利想象影業公司在北京正式簽訂。

3月31日—4月8日　中國電影家協會、中國電影藝術研究中心、北京電影學院、中國世界電影學會與美國美亞文化交流協會等在京共同舉辦"國際電影研討會"。

5月21日　經國務院批准，北京電影學院申請加入國際電影電視高等院校聯絡中心。

7月4日　中國電影藝術研究中心主辦的電影刊物《當代電影》創刊。

8月2日—23日　中國影協舉辦第一屆暑期國際電影講習班。

8月14日　電影技術國家標準正式頒佈，共11項。

9月10日　中國電影美術學會成立。

9月18日—25日　中國電影評論學會召開首屆年會。

10月1日—5日　電影技術協會國際聯合會第十五次會議在巴黎舉行，中國第一次派團參加。

11月1日　第一個擁有對外發行權的特區電影製片企業——深圳電影公司成立。

11月5日—12日　首屆故事片廠文學部主任聯席會議在廣州召開，會上簽署了《全國故事片廠文學部公約》。

11月15日　中共上海市委正式批准建立上海電影總公司，上海的電影系統爲上海的改革單位。

11月19日—12月3日　中國電影藝術研究中心在北京召開"新中國35週年電影回顧學術討論會"。

11月23日　"全國少數民族語譯製片表彰大會"在京召開，25部少數民族語譯製片和20個譯製單位獲獎。

12月1日　中國電影藝術研究中心主辦的《電影信息報》創刊。

12月30日　以攝製故事片爲主的福建電影製片廠成立。

重要影片

《花園街五號》劇照

《花園街五號》

出品：長春電影製片廠
編劇：李玲修
導演：姜樹森　趙實
攝影：吴本立
主演：龐學勤　李默然
　　　方舒　胡爾西德

花園街五號裏的人都是主宰臨江市命運的人物。市委第一書記韓濤即將離休，在是選拔處世油滑的副市長丁曉，還是敢作敢爲的改革派劉釗之間猶豫不決。丁曉不擇手段攻擊陷害劉釗。韓濤看清現實，劉釗被調往省城任職，花園街五號也被改做少年宫。

《黄山來的姑娘》

出品：長春電影製片廠
編劇：彭名燕　畢鑾昌
導演：張圓　于彦夫
攝影：王吉順
主演：李羚　米蘭
　　　趙雅珉　丁一

農村姑娘龔玲玲由安徽家鄉來到北京做家庭保姆，在進城的兩年時間裏，她學習文化，學習烹調技術，開闊了眼界。在先後更換的三個不同家庭過程中，她也經歷了三種不同的人生經歷。

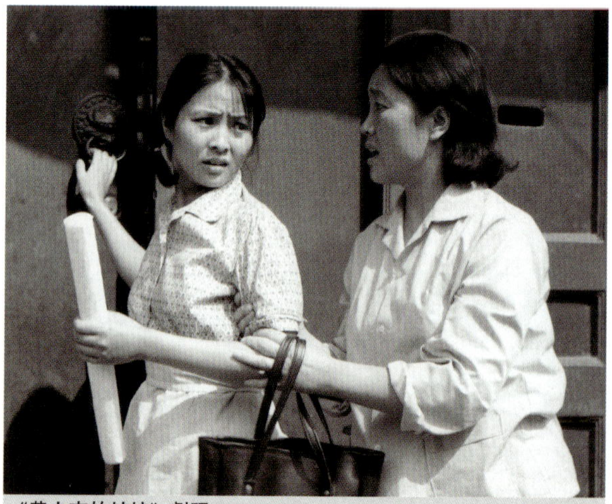

《黄山來的姑娘》劇照

《雅馬哈魚檔》劇照

《雅馬哈魚檔》

出品：珠江電影製片廠
編劇：章以武　黄錦鴻
導演：張良
攝影：韓杏元　王亨里
主演：張天喜　許瑞萍
　　　楊麗儀　黎志强

80年代初，廣州龍珠區失足青年阿龍在派出所王所長的幫助下，邀請好友海仔和女友珠珠一起開了一家魚檔。初期生意不錯，但爲了賺錢竟不顧顧客利益，缺斤短兩，出售假魚丸，失去信譽而停業。經王所長的幫助教育，阿龍認識了錯誤，魚檔重新開張。

《邊城》劇照

《邊城》

出品： 北京電影製片廠
編劇： 李雋培　姚雲　**導演：** 凌子風
攝影： 梁子勇　**主演：** 馮漢元　戴呐　劉魁　石磊

天保和儺送同時愛上了渡口老船夫的孫女翠翠，而翠翠只鍾情於儺送。天保懷着鬱悶的心情跟船下灘遇難，儺送不能心安理得地迎娶翠翠，更不願遵父命和王團總的女兒結親，便離家出走。老船夫無法承受打擊死去。翠翠則天天等候親人的歸來。

《譚嗣同》劇照

《譚嗣同》

出品： 長春電影製片廠
編劇： 劉耕路　**導演：** 陳家林　**攝影：** 安治國
主演： 達式常　宋曉英　王玉梅

清末，在戊戌變法的關鍵時刻，譚嗣同應詔入京，同維新派領袖康有爲等一起輔佐光緒皇帝變法自强。譚嗣同夜訪曾支持變法的兵部侍郎袁世凱，想請袁世凱舉兵相助，不料，袁世凱背叛諾言，譚嗣同等六君子壯志未酬，慘遭殺害。

《郵緣》劇照

《郵緣》

出品： 上海電影製片廠
編劇： 王煉　桑弧
導演： 桑弧　**攝影：** 邱以仁
主演： 郭凱敏　陳燕華　張閩　王蘇婭

青年工人丁大森精力充沛，文化知識貧乏，經常不懂裝懂，洋相百出。在女友周芹的幫助下，逐漸領悟了集郵的真諦，變成了一個名副其實的集郵愛好者，並從中增長了許多知識。

《雙雄會》劇照

《雙雄會》

出品： 北京電影製片廠
編劇： 李準　**導演：** 陳懷皚　**攝影：** 聶晶
主演： 許還山　楊在葆　王蕙　黄宗洛

明末，李自成率領農民起義軍在南原被官軍打散後，帶12名兵將退至商洛一帶養精蓄鋭，與張獻忠的起義軍相會，彼此盡釋前嫌，雙雄合璧，再一次把農民革命推向高潮。

影片目録（共143部）

北影 《生財有道》、《清水灣，淡水灣》、《雙雄會》（上下集）、《岳雲》（京劇）、《木屋》、《明姑娘》、《騎士的榮譽》、《寒夜》、《二十六個姑娘》、《普通人家》、《砂礫》、《三全其美》（豫劇）、《藍色的花》、《北國紅豆》、《"下次開船"港遊記》、《邊城》、《悠悠故人情》

童影 《清亮的小溪》、《十四五歲》

上影 《雷雨》、《月亮灣的風波》、《龍女》（黄梅戲）、《滴水觀音》、《四等小站》、《郵緣》、《姐姐》、《二十年後再相會》、《高山下的花環》、《肖爾布拉克》、《神奇的劍塔》、《毛脚媳婦》、《車輪四重奏》、《代號213》、《黑蜻蜓》、《鶯燕桃李》、《姑娘今年二十八》、《多彩的晨光》、《童年的朋友》、《林中迷案》

長影 《碰海人》、《十三號地區》、《跳動的火焰》、《請把信留下》、《我不是獵人》、《智鬥美女蛇》、《五號機要員》、《拂曉的爆炸》、《相會》、《當代風格》、《五女拜壽》（越劇）、《花園街五號》、《相約在鳳尾竹下》、《佘賽花》（晉劇）、《點燃朝霞的人》、《神奇的土地》、《今夜有暴風雪》、《黄河之濱》、《街上流行紅裙子》、《黄山來的姑娘》、《譚嗣同》

八一 《天涯並不遥遠》、《祁連山的回聲》、《將軍與孤女》、《巴山兒女》、《陳庚蒙難》、《陳庚脱險》、《緑蔭》、《老板哥和電妹子》、《破霧》

珠影 《他在特區》、《金不换》、《蛤蟆博士》、《這樣的人》、《阿混新傳》、《雅馬哈魚檔》、《一往情深》、《殘月》、《山丁冬》、

西影 《電梯上》、《三關點帥》（晉劇）、《再塑一個我》、《人生》、《即將發出逮捕令》、《海灘》、《默默的小理河》、《人生没有單行道》

峨影 《家庭瑣事録》、《紅衣少女》、《杜鵑啼血》、《爲什麼生我》、《巴山奇冤》（川劇）、《卓文君與司馬相如》、《卓瓦桑姆》、《清清溪流》、《爬滿青藤的小屋》

瀟湘 《在銀幕後面》、《歐妹》、《喋血黑谷》、《亂世郎中》、《一個女人的命運》、《二〇八客機》、《姑娘小伙正當年》、

廣西 《508疑案》、《霧界》、《遠方》、《黄土地》、《一個和八個》、《通緝令》

天山 《冰山脚下》、《努爾尼莎》、《故鄉的旋律》

内蒙古 《五張照片》、《關鍵時刻》

新影 《杜鵑女》（黄梅戲）、《風雨情緣》（豫劇）

南京 《紅樓夜審》（錫劇）、《一路順風》、《妻兒老小》

河南 《玩猴的人》、《兩個少女》、《來了個男子漢》

遼科 《西去百丈峽》、《橘園情》、《將軍的抉擇》

遼影 《車禍軼聞》、《林海情》

昆明 《九月》、《南方的岸》

湖北 《幸福在你身邊》、《五（2）班》

天津 《闖江湖》（與天津人民藝術劇院合拍）、《失去的歌聲》

中新社 《張春郎》（潮劇）、《岳家小將》

其他 《青山夕照》（青影）、《生死樹》（深圳影業）、《烏紗夢》（河北）、《愁眉笑臉》（江西）、《經理室的空座位》（蘭州）、《木棉袈裟》（福建、香港嘉民）、《新方世玉》（廣州文化服務公司、香港聯城）、《南拳王》（香港南海、香港樂豐）、《楊家將》（河南省演出公司、香港南海）

《五女拜壽》劇照

《五女拜壽》

出品：長春電影製片廠
編劇：顧錫東　導演：陸建華　于中效
攝影：王啓民　李俊岩
主演：方雪雯　董柯娣
　　　何賽飛　茅威濤

明朝嘉靖年間，户部侍郎楊繼康宦途逢難，無處安身，四個親女兒怕受牽連，最後義女三春收留了二老，並細心奉養。三女婿得中狀元，懲治奸黨，終使楊家冤案得以昭雪，闔家團圓。

《海灘》劇照

《海灘》

出品：西安電影製片廠
編劇：秦培春　馬中駿
導演：滕文驥　攝影：顧長衛
主演：白靈　劉威　魏宗萬　朱茵

80年代，文明的觸角開始伸向偏僻的鄉村。漁民老鰻鱺仍然用插魚的方法維持生計，並以愚昧粗野的態度對待女兒陸小妹的婚事。陸小妹進城工作後，勇敢擺脱愚昧的婚姻，追求自己的幸福。

文化部舉行1983年優秀影片授獎大會

4月21日，文化部1983年優秀影片授獎大會在京舉行。本屆文化部優秀影片獎評選委員主任是朱穆之，副主任丁嶠，評委共15人。評委會堅持“二爲”方向和“雙百”方針，以影片的思想和藝術水平高低作爲評獎的依據，評出文化部優秀影片獎的特色來。並在優秀故事片獎的項目之下，分設一等獎、二等獎、榮譽獎、特別獎。1983年故事片共生産127部故事片，其中當代題材佔60%，獲優秀故事片獎的16部中有12部是當代題材。胡耀邦寫信給文化部1983年優秀影片獎、第4屆中國電影金鷄獎和第7屆《大衆電影》百花獎授獎大會，指出：“1981年，我向電影界的同志提出，堅持兩分法，更上一層樓。現仍以這兩句話相贈。人民和黨，對電影工作者、對全體文藝工作者，寄予極大期望。願同志們再接再勵，精益求精，努力再現四化建設沸騰生活，塑造社會主義創業者、改革者形象，不斷開創我國社會主義電影事業的新局面。”

文化部1983年優秀影片獎獲獎名單

一、優秀故事片15部：一等獎：《咱們的牛百歲》（上影），《大橋下面》（上影），《在被告後面》（上影）；二等獎：《血，總是熱的》（北影），《不該發生的故事》（長影），《十六號病房》（長影），《廖仲愷》（珠影），《没有航標的河流》（西影），《女大學生宿舍》（上影），《鄉音》（珠影），《四渡赤水》（上下集，八一），《道是無情勝有情》（八一），《武林志》（北影）；榮譽獎：《特急警報333》（峨影），《不當演員的姑娘》（天山）；特別獎：《火燒圓明園》和《垂簾聽政》（中製和香港新崑崙合拍）。二、優秀戲曲片1部：《火焰山》（長影）。三、優秀外國譯製片2部：《國家利益》（上海譯製），《金牌》（長影）。四、優秀美術片2部：《鷸蚌相爭》（上海美影），《蝴蝶泉》（上海美影）。五、優秀科教片12部：《灰喜鵲》（北京科影），《拱的建築》（上海科影），《黄河與森林》（北京科影），《消滅野鼠》（農影），《計劃生育》（北京科影），《細紗工作法》、《棉花麥後移栽》（北京科影），《緑色世界》、《鳳尾菇》（農影），《蚯蚓》（農影），《家庭籠養鷄》（西影），《兔病防治》（河南）。六、優秀新聞紀録片7部：《毛澤東》（新影），《葉劍英》（八一），《赤子心——懷念廖公》（新影），《春風從這裏吹起》（新影），《草原的女兒》（新影），《海峽情思》（新影），《祖國新貌（8320）》（新影）。

文化部舉辦“慶祝建國三十五週年電影新片展覽月”

爲慶祝建國三十五週年，迎接共和國的生日，文化部舉辦的“慶祝建國三十五週年電影新片展覽月”，展出了上半年以來完成的故事片十一部：《花園街五號》、《人生》、《郵緣》、《明姑娘》、《祁連山的回聲》、《悠悠故人情》、《清水灣，淡水灣》、《不當演員的姑娘》、《五女拜壽》、《龍女》、《卓瓦桑姆》，美術片兩部：《黑猫警長》、《三十六個字》，新聞紀録片四部：《啊，祖國》、《老北京的敘述》、《希望的窗口深圳——年輕的經濟特區》、《風庫的變遷》，科教片五部。展覽的城市有各省省會、自治區首府、直轄市、重慶市。此次參展月比起1959年國慶十週年新片展覽和1979年國慶三十週年獻禮片展覽參展影片要少。國慶前夕，幾位老電影藝術家陳强、凌子風、謝鐵驪、錢筱璋、白楊、黎莉莉共聚一堂，撫今思昔迎國慶。爲慶祝中華人民共和國成立35週年，文化部於11月5日在全國舉辦“慶祝建國35週年優秀故事片回顧展”。

11月21日—12月20日，“慶祝建國35週年電影新片展覽月”第二批影片在全國各地上映，共10部影片《高山下的花環》、《二十年後再相會》、《藍色的花》、《北國紅豆》、《黄土地》、《爲什麽生我》、《當代風格》、《相約在鳳尾竹下》、《這樣的人》、《二〇八客機》。

英國電影回顧展

8月20日—9月20日，中國電影資料館在北京、上海、長春等地舉辦“英國電影回顧展”，這是大陸第一次舉辦外國電影回顧展。回顧展所選的40部影片，基本上代表了英國電影各時期、各流派的風格特點。如開英國有聲電影先河的希區柯克導演的《訛詐》；30年代英國電影繁榮時期的代表作《英宫艷史》、《倫勃朗》、《英倫戰火》、《賣花女》；紀録片學派和伊林喜劇《群星俯視》《效忠祖國》等；60年代“新電影”代表作《一點愛意》、《如果》，及《桂河大橋》、《阿拉伯勞倫斯》、《法國中尉的女人》、《火的戰車》等。回顧展期間，中國電影藝術研究中心和中國電影家協會聯合召開了“英國電影與英國文學座談會”，首都電影、文學、社會科學各界專家80餘人出席會議。

廢除一人拍板，提高領導藝術

9月3日，《人民日報》發表評論員文章《廢除一人拍板，提高領導藝術》，文中傳達了胡耀邦對電影的批示：“一部影片能否公演，我意今後要堅持廢除一個人拍板決定‘生’‘死’的做法”。文章指出，這個指示非常重要，完全符合中央歷來關於領導文化藝術工作要發揚民主、反對一言堂作風，也完全符合文學藝術規律，對於發展我們的社會主義文藝、文化事業具有重要的指導意義。文章結尾提道，中央領導同志現在進一步提出對文藝作品“堅決廢除一個人拍板決定‘生’‘死’的建議，就要求我們做文藝、文化工作的同志，學會更好地走群衆路線，進一步提高領導藝術。讓我們記取這一點，把文藝、文化工作做得更好。”

中國電影藝術研究中心成立

2月8日，根據文化部的決定，成立於1958年的中國電影資料館與中國藝術研究院電影研究所合併，在原基礎上成立了中國電影藝術研究中心。至此，本機構對外擁有兩個名稱：“中國電影藝術研究中心”和“中國電影資料館”。

中國電影資料館（中國電影藝術研究中心）是中國唯一的國家級電影檔案收藏和電影研究機構。它隸屬於國家廣播電影電視總局，並在業務上接受電影事業管理局的指導。機構的職責是對各個時期的中外電影及各類電影文圖檔案資料的收集、整理、保存和利用，並在此基礎上積極開展對中外電影的歷史、現實、理論、美學和影片保存、修復技術的研究以及電影報刊的出版和研究生教學工作。

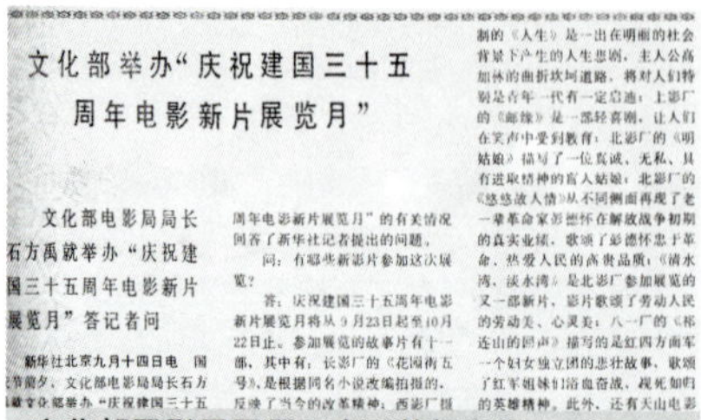
文化部举办“庆祝建国三十五周年电影新片展览月”

文化部电影局局长石方禹就举办“庆祝建国三十五周年电影新片展览月”答记者问

新华社北京九月十四日电　国庆节前夕，文化部电影局局长石方禹就文化部举办“庆祝建国三十五周年电影新片展览月”的有关情况回答了新华社记者提出的问题。

问：有哪些新影片参加这次展览？

答：庆祝建国三十五周年电影新片展览月将从9月23日起至10月22日止。参加展览的故事片有十一部，其中有：长影厂的《花园街五号》，是根据同名小说改编拍摄的，反映了当今的改革精神；西影厂摄制的《人生》是一出在明晰的社会背景下产生的人生悲剧，主人公高加林的曲折坎坷道路，将对人们特别是青年一代有一定启迪；上影厂的《邮缘》是一部轻喜剧，让人们在笑声中受到教育；北影厂的《明姑娘》描写了一位真诚、无私、具有进取精神的盲人姑娘；北影厂的《悠悠故人情》从不同侧面再现了老一辈革命家彭德怀在解放战争初期的真实业绩，歌颂了彭德怀忠于革命、热爱人民的高贵品质；《清水湾、淡水湾》是北影厂参加展览的又一部新片，影片歌颂了劳动人民的劳动美、心灵美；八一厂的《祁连山的回声》描写的是红四方面军一个妇女独立团的悲壮故事，歌颂了红军姐妹们浴血奋战、视死如归的英雄精神。此外，还有天山电影

文化部電影局局長石方禹答記者問

第4屆金鷄獎和第7屆百花獎

6月2日，影協第4屆“金鷄獎”和《大衆電影》第7屆“百花獎”頒獎大會在濟南體育館舉行。大會由袁文殊主持，夏衍致詞，濟南8000多名群衆參加了大會。

由於1983年好的和較好的影片比較多，所以評選時被提名的影片數目超過了以往各屆。但另一方面，這一年又缺乏特別出類拔萃之作。雖然以投票方式評選出《鄉音》爲最佳故事片，但是這部影片還存在着時代感不强等不足之處。在上兩屆“金鷄獎”的評選中，最佳男演員獎接近兩次空缺。而本屆却有兩位男演員（董行佶、楊在葆）同時獲得最佳男演員獎，表明近年來男演員的表演水平有了明顯的提高。遺憾的是，這次編劇獎繼上屆之後又一次空缺。

大會期間，在電影史學家程季華主持下，舉辦了學術報告會。今年是恢復百花獎評選活動的第5屆，各地的群衆甚至海外的一些《大衆電影》的讀者一如既往以極大的熱情投入到“百花獎”的評選當中。

胡炳榴（1940— ）

原籍湖北黄陂，生於北京。電影導演。1964年畢業於北京電影學院表演系；歷任珠江電影製片廠演員，科教片、新聞片編輯，故事片導演。代表作品有《鄉情》、《鄉音》、《鄉民》、《商界》、《安居》等。

第4屆中國電影金鷄獎獲獎名單

最佳故事片獎：《鄉音》（珠影）；最佳紀録片獎：《我們看到的日本》（新影）；最佳戲曲片獎：（空缺）；最佳科教片獎：《灰喜鵲》（北京科影）；最佳美術片獎：《鷸蚌相爭》（上海美影）；最佳編劇獎：（空缺）；最佳導演獎：湯曉丹（《廖仲愷》）；最佳男主角獎：董行佶（《廖仲愷》），楊在葆（《血，總是熱的》）；最佳女主角獎：龔雪（《大橋下面》）；最佳男配角獎：于是之（《秋瑾》）；最佳女配角獎：宋曉英（《十六號病房》）；最佳攝影獎：楊光遠（《再生之地》）；最佳美術獎：王興文（《李冰》）；最佳音樂獎：（空缺）；最佳剪輯獎：（空缺）；最佳録音獎：史平一（《再生之地》）；最佳特技獎：陶世恭、紀景春、王大雨、董振聲、才汝質、維廷富（《火焰山》）；最佳服裝獎：費蘭馨、朱鳳堂、李琴（《再生之地》）；最佳化裝獎：王玢瑞、紀偉華（《李冰》）；最佳道具獎：徐國梁（《秋瑾》）；特別獎：一、文獻紀録片《毛澤東》（新影），二、革命歷史片《四渡赤水》（八一），三、故事片《不該發生的故事》（長影），四、兒童片《候補隊員》（瀟湘），五、青年導演陳立洲（《路》）。

第7屆《大衆電影》百花獎獲獎名單

最佳故事片獎：《咱們的牛百歲》（上影），《十六號病房》（長影），《不該發生的故事》（長影）；最佳男演員獎：楊在葆（《血，總是熱的》）；最佳女演員獎：龔雪（《大橋下面》）；最佳男配角獎：劉信義（《快樂的單身漢》）；最佳女配角獎：王馥荔（《咱們的牛百歲》）。

《鄉音》

出品：珠江電影製片廠
編劇：王一民
導演：胡炳榴
攝影：梁雄偉
主演：張偉欣 劉延
趙越 陳鋭

余木生和陶春是一對恩愛夫妻，陶春對丈夫百依百順，余木生却不知關心和尊重妻子，陶春常常腹痛難忍，余木生却只讓妻子吃人丹。待陶春進醫院檢查出晚期癌症時，余木生痛悔末及。

《鄉音》劇照

龔雪（1953— ）

演員。上海人。1973年參加解放軍總政話劇團。1979年開始從影。代表作品有《祭紅》、《好事多磨》、《石榴花》、《快樂的單身漢》、《子夜》、《大橋下面》等。

楊在葆（1935— ）

演員。安徽宿州人。1959年畢業於上海戲劇學院表演系；1965年起任上海電影製片廠演員。代表作品有《紅日》、《從奴隸到將軍》、《原野》、《血，總是熱的》、《代理市長》、《雙雄會》等。

本年度在國際上主要獲獎情况

《泉水叮咚》獲葡萄牙第5屆托馬爾青少年國際電影節評委“小演員表演獎”；

《城南舊事》獲南斯拉夫第14屆貝爾格萊德國際兒童電影節“最佳影片思想獎”；

《鷸蚌相爭》獲第34屆西柏林國際電影節短片“銀熊獎”、南斯拉夫薩格勒布第6屆國際動畫電影節特別獎、多倫多國際動畫片電影節特別獎；

《青春萬歲》、《歡樂的大家庭》獲蘇聯塔什干國際電影節紀念獎；

《女大學生宿舍》獲捷克斯洛伐克第24屆卡羅維·發利國際電影節“導演處女作比賽獎”；

《没有航標的河流》獲夏威夷第4屆國際電影節“東西方中心”獎；

《玉碎宫傾》、《三個和尚》、《我的朋友小海豚》獲第7屆國際兒童電影節榮譽獎。

1984年（臺灣）

大事記

1月4日 當局擬定四原則，有限度處理日片進口。

1月12日 天下電影公司正式成立，董事長爲周信雄，總經理爲李行。

1月 根據臺灣省、高雄市及臺北市三影劇公會的聯合統計調查，去年一年中，臺灣區716家戲院中有55家不堪虧損而停業。

1月 當局日前暫緩受理電影公司申請成立，以免過多造成氾濫。

2月10日 戛納電影節選片委員會來函邀請楊德昌執導的《海灘的一天》參展。

2月20日 今日公司所屬的4家戲院，配合當局降低娛樂税和印花税的政策，率先降低票價2元。

6月16日 "中影公司"新任董事長内定由許新枝接任，林登飛接任總經理，7月1日到職。

7月9日 製片協會將建議當局採取免除關税措施，使得流落在海外的國産電影片底片聲片能够返回。

7月 萬年青影業出品、侯孝賢導演的《風櫃來的人》經由英、法影評人推薦，參加倫敦影展和法國的南特三洲影展。

12月4日 侯孝賢導演的《風櫃來的人》在法國南特三洲影展獲得首獎。

12月10日 高仕電影公司負責人周洒忠，因涉嫌圍標案及與黑道有染，被"一清專案"執行單位逮捕並以叛亂罪嫌疑移送軍法單位，成爲第一個被"掃黑"的電影界人士。

12月28日 臺北市國片6條新院線開始實施，分别爲：中國院線、新世界院線、大世界院線、萬國院線、臺北院線和今日院線。

12月28日 柏林電影節邀請侯孝賢的影片《風櫃來的人》和《冬冬的假期》參展。

楊惠珊（1952— ）

演員。籍貫湖南湘潭，生於臺灣。1979年因主演影片《錯誤的第一步》而聲名大噪；1984年因主演影片《小逃犯》，獲得第21屆金馬獎最佳女主角獎，同年又因《玉卿嫂》一片，獲得第29屆亞太影展最佳女主角獎。1985年主演的《我這樣過了一生》，讓她再度獲第22屆金馬獎最佳女主角獎的肯定。1986年，接演張毅導演的電影《我的愛》後，當影壇事業正在風光時退出影壇，與導演張毅聯手投身於琉璃藝術的領域。

重要影片

《玉卿嫂》劇照

《玉卿嫂》

出品：天下
原著：白先勇　編導：張毅
主演：楊惠姍　林鼎峰　傅娟

9歲的容哥與新奶媽玉卿嫂建立起温馨的情感，容哥無意中發現玉卿嫂有個20歲的乾弟弟慶生。三人保有秘密般的過着甜蜜的日子，直到慶生喜歡上戲團的金燕飛……

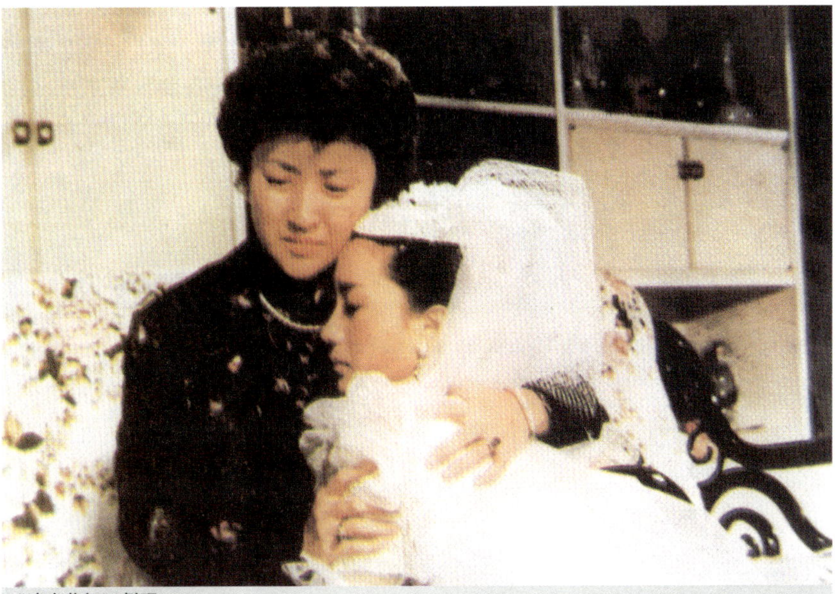
《油麻菜籽》劇照

《油麻菜籽》

出品：萬寶路
編劇：侯孝賢　廖輝英
導演：萬仁
主演：陳秋燕　柯一正　蘇明明

阿惠小時候，父親經常對母親不假顏色。直到母親拿出嫁妝幫父親解決一件桃色糾紛後，父親跟母親的角色關係自此對調。母親與阿惠的關係，也逐漸轉變……

萬仁（1950— ）

導演。福建人。東吳大學外文系畢業，美國加州哥倫比亞學院電影碩士。1983年，萬仁和侯孝賢、曾壯祥合作《兒子的大玩偶》一片，其中《蘋果的滋味》由他執導。1984年的《油麻菜籽》以女性議題及對白採用閩南語發音，成爲"新電影"重要的代表作品之一。

1985年的《超級市民》批判80年代臺北社會的巨大變遷，忠實描述城市底層邊緣人物的生活，諷刺當時各種荒謬的社會現象；1996年完成《超級大國民》，着重在政治議題，爲白色恐怖時期政治受難者平反；1999年的《超級公民》爲"臺灣三部曲"之三。萬仁的作品着重寫實、反諷，擅長批判臺灣社會及歷史，是臺灣新電影中重要的導演之一。

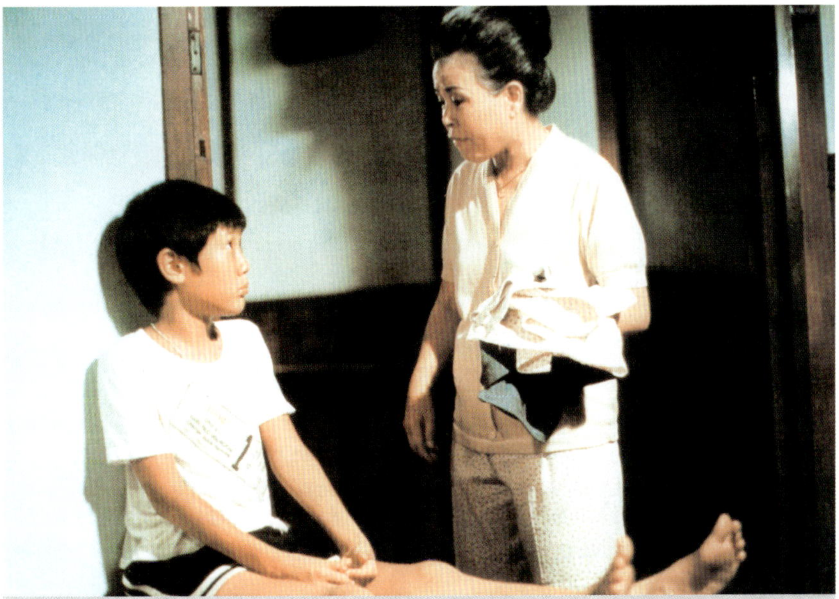
《冬冬的假期》劇照

影片目録

中影　《霧裏的笛聲》、《策馬入林》、《洪隊長》、《阿福的禮物》
臺製　《大地的呼唤》
三一　《小爸爸的天空》、《戰爭前夕》
蒙太奇　《殺手輓歌》、《嫁妝一牛車》、《聖戰千秋》、《不歸路》
大大　《上海灘十三太保》、《飛象過河》
萬寶路　《一代名妓小鳳》、《冬冬的假期》
大鵬　《失身的少女》、《雨！哪會下個不停》
龍祥　《亮不亮没關係》、《可愛的雨中花》、《天生一對》
第一　《開車大吉》、《金大班的最後一夜》
永懷　《屠夫》、《夜夜戀嬌妻》
湯臣　《醜小鴨》、《殺夫》
金海　《我愛瑪莉》、《蠻牛的兒子》
今中　《女太保》、《頑皮男生俏女生》
群龍　《醉太極》、《情人看刀》
中域　《頤園飄香》、《小逃犯》
其他　《奇門五福將》（聖賢）、《大紐約華埠風雲》（名冠）、《新南拳北腿》（大同）、《風雨中的燕子》（許土）、《亞細亞孤兒》（龍翔）、《五路財神大顯神通》（上格）、《七隻狐狸》（五洲）、《愛從哪裏來》（新力）、《北海雙仙戲烏龍》（凌氏）、《超級蠢才》（五洲世紀）、《禪五門》（東大）、《老莫的第二個春天》（高仕）、《寒山屍變》（金釜）、《天天天亮》（金昆）、《天龍八部大結局》（新世紀）、《拳槍決鬥》（正明）、《單車與我》（星達）、《小和尚捉妖》（吉星）、《北南西東》（龍泰）、《朋友兄弟》（鳳城）、《真假金龜婿》（中天）、《影子》（仁勝）、《忍者神偷》（福興）、《煙花女》（凰城）、《背書包的女孩》（上上）、《小意思》（威靈）、《在室男》（飛騰）、《摧花狂魔》（長江）、《獵艷高手》（正峰）、《高粱地裏大麥熟》（六鳳）、《來自地心的女人》（華國）、《停不了的愛》（麥當雄）、《男人真命苦》（金格）、《茂松的故事》（南强）、《豆芽夢》（青山高）、《安安》（永宇）、《玉卿嫂》（天下）

《冬冬的假期》

出品：萬寶路
編劇：朱天文　導演：侯孝賢
主演：陳博正　古軍　王啓光　李淑楨

小學剛畢業的冬冬和妹妹婷婷，因爲媽媽生病要住院開刀，因此跟着小舅舅在暑假時一起回鄉下外婆家住。在這個短短的暑假，冬冬看到了許多小鎮裏形形色色的人與事。

《老莫的第二個春天》劇照

《金大班的最後一夜》劇照

《老莫的第二個春天》

出品：高仕
編劇：吴念真　導演：李佑寧　主演：孫越　張純芳　陳震雷　陳慧樓

退伍老兵老莫輾轉得知大陸妻女已死的消息，幾經考量，才娶了原住民少女玉梅。當瓦斯工人金樹闖進老莫夫婦的生活時，讓老莫有了退讓之意……

《小逃犯》

出品：中域
編劇：張佩成　蔡明亮
導演：張佩成
主演：楊惠姍　李天柱

一個人際關係疏離的小家庭，某個午後，闖入一個未成年的殺人犯阿田。毫無所覺的家人們，各自做着自己的事情，誰也不理誰。直到在儲藏室裏發現睡在阿田身邊的小兒子……

《嫁妝一牛車》

出品：蒙太奇
編劇：王禎和
導演：張美君
主演：陳震雷　陸小芬　金塗

萬發靠着拉牛車爲生，因爲耳聾經常鬧出笑話。他的妻子阿好，在村裏幫人種田、割草，忙得跟男人似的，對萬發略有怨言。賣衣服的簡心地善良，對萬發一家很照顧，特别是他兒子。引起村人的飛短流長……

《策馬入林》劇照

《金大班的最後一夜》

出品：第一　卓懋
編劇：章君谷　林清介　孫正國
導演：白景瑞
主演：姚煒　慕思成　歐陽龍

夜巴黎的大班金兆麗，決心下嫁新加坡華僑，結束舞國生涯。最後一夜，她回首前塵，不勝欷嘘。

《七隻狐狸》

出品：五洲
編劇：朱延平　傅立
導演：朱延平
主演：孫越　林青霞
葉倩文　爾冬陞
許不了　方正

富商孫越得了絶症，希望病逝前可以找到他唯一的親人：一個失散二十多年的兒子。一群騙子因而起了覬覦之心……

《小爸爸的天空》

出品：三一
編劇：朱天文　侯孝賢　導演：陳坤厚
主演：楊潔玫　李志希　李志奇

高中生賀傑龍邂逅了唐蜜，彼此互相喜歡。不久，唐蜜突然失去音訊，傑龍四處打聽不到他的消息。一年之後，已經是工專學生的傑龍，在公園裏巧遇了唐蜜，以及推車裏的小孩……

《策馬入林》

出品：中影
編劇：小野
導演：王童
主演：馬如風　張盈真

五代十國的亂世，打家劫舍也無所獲的年代，土匪何南劫持了女子彈珠，原本互相仇視的兩人，却逐漸感受到對彼此的情意。

《單車與我》劇照

《霧裏的笛聲》

出品：中影
編劇：吴念真
導演：曾壯祥
主演：張純芳
馬如風　王俠軍

懷顧的父親在一次海釣中溺斃，母親因爲不能接受這個事實，加上與婆婆不和，因此帶着懷顧上山隱居。母子兩人在大自然中愉快地生活着，奶奶却於此時上來找他們，懷顧畏懼逃入森林中……

《在室男》劇照

《單車與我》

出品：星達
編劇：陶德辰
導演：陶德辰
主演：藍聖文　曹務銓　邱淑宜

康衣念是個獨生子，父母對他管教極嚴，却少了關愛，無形中使他産生了自卑感。由於個性孤僻，康衣念自己建構了一個封閉的自我世界。到最後，他發現，自己的最佳伴侶，似乎只是那台缺乏靈魂的單車。

《霧裏的笛聲》劇照

《在室男》

出品：飛騰
編劇：吴念真　導演：蔡揚名
主演：陸小芬　倪淑君　楊慶煌

時裝店男學徒綽號"有酒窩的"，害羞且惹人疼愛，原本暗地喜歡店裏的一個師傅媛媛，可是酒家女大目仔逐漸取代媛媛在他心目中的地位。一天，大目仔却突然不知去向，他於是決定毁掉大目仔最在乎的他的童貞，心碎的他朝着妓院走去……

張艾嘉（1953—　　）

演員，導演，製片人。祖籍山西五台縣，出生於臺灣。1972年張艾嘉赴港發展。1976年以《碧雲天》獲得第13屆金馬獎最佳女配角獎及第22屆亞洲影展的演技特别獎。曾到美國受過短期的演員表演訓練，並在拍戲時和李翰祥導演學習表演，而在拍攝胡金銓導演的《山中傳奇》時，向導演學習編導和剪接技巧，因此推進了其向幕後工作前進的脚步。主演過《臺上臺下》、《海灘的一天》、《搭錯車》等影片。其中還以《海灘的一天》被影評人協會選爲1983年的年度國語片最佳女演員。

1980年開始踏入導演領域，將屠忠訓導演因車禍而未完成的《某年某月的某一天》拍攝完成。六年後又自編自導自演《最愛》，獲金馬獎第23屆最佳女主角獎。1992張艾嘉被選爲多倫多影展焦點人物，該影展將播放9至12部她主演的電影，張艾嘉成爲首位被選爲焦點人物的東方女演員。近年來多參與幕後的導演製片工作，提拔出許多新演員。2004年張艾嘉自編、自導、自演《20，30，40》。

《海灘的一天》劇照

《海灘的一天》(1983)

出品：中影　新藝城
編劇：吳念真　楊德昌
導演：楊德昌
主演：張艾嘉
　　　毛學維　胡茵夢

旅居奧地利的鋼琴家譚蔚菁，在歸國演奏時，與友人佳莉重逢，在一家咖啡廳裏，兩個女人聊着往事；在這個相逢的午後，佳莉向蔚菁細數自己的故事，讓她一輩子永遠難忘的一天，發生在海灘邊……

楊德昌（1947—　）

導演。廣東梅縣人，出生於上海。1967年自交大控制工程學系畢業，1972年赴美佛羅里達州立大學修習計算機碩士，在南加大學習研究電影一年，並在美國擔任電機工程師7年。1981年回到臺灣，與詹宏志、余爲彥、徐克等人參與獨立製作《1905年的冬天》，擔任編劇及演員，此片後來入選戛納電影節"一種注目"單元。隨後參加張艾嘉製作的臺視節目"十一個女人"系列劇集，導演其中《浮萍》上、下集，頗受好評。

1982年，被"中影"啓用爲導演，與柯一正、張毅、陶德辰合拍《光陰的故事》(導演其中《指望》一段)，成爲"臺灣新電影"的濫觴。1983年導演《海灘的一天》，以複雜的叙事結構，討論社會轉型中的女性議題及轉型後的都會空間對人的影響，引起諸多討論。1985年拍攝《青梅竹馬》；1986年拍攝《恐怖分子》，獲得國際許多獎項的肯定。1991年所拍攝的《牯嶺街少年殺人事件》，被日本《電影旬報》選爲年度電影獎的最佳外國導演。1994年的《獨立時代》獲得第31屆金馬獎最佳原著劇本獎。1996年拍攝《麻將》，獲得柏林影展評審團特别獎。2000年的《一一》，爲他奪得至高榮譽的戛納電影節最佳導演獎。

《殺夫》劇照

《帶劍的小孩》

出品：新藝城
編劇：柯一正
導演：柯一正
主演：張艾嘉　王道　艾迪

服裝設計師周若芬，在時裝發表會前夕，發現六歲的兒子小威失蹤了，刑警偵察時，得知她的丈夫早在四個月前也離家了……

《殺夫》

出品：湯臣
原著：李昂
編劇：吳念真
導演：曾壯祥
主演：夏文汐　白鷹

由叔叔扶養長大的林市，因叔嬸家計過重，匆匆將她嫁給遠村的屠夫江水，江水新婚之夜就對林市施暴。雖然無法忍受江水粗暴的行爲，但爲了三餐只好認命忍受。在鄰居婦人罔官的挑撥下，不懂世事的林市，遭到更嚴苛的對待，忍無可忍之下，她殺死了丈夫。

《臺上臺下》

出品：新藝城
編劇：吳念真
導演：林清介
主演：張小燕　張艾嘉

失去往昔光彩的"黑美人歌舞團"裏，曉燕跟曉慧兩姐妹相依爲命。爲了讓妹妹有更好的生活，姐姐曉燕做了個決定……

《臺上臺下》劇照

《搭錯車》

出品：新藝城
編劇：黃百鳴　吳念真　葉雲樵
導演：虞戡平
主演：孫越　劉瑞琪　江霞　李立群

退役的啞巴老兵，收養了孤女，並含辛茹苦地將她扶養長大。孤女在平步青雲成爲紅歌星之後，却受制於環境壓力，無法奉養義父。

第21届金馬獎得獎名單

最佳劇情片：《老莫的第二個春天》(高仕公司出品)
最佳紀録片：《四季如春的臺北》(中影公司出品)
最佳導演：麥當雄《省港旗兵》
最佳男主角：李修賢《公僕》
最佳女主角：楊惠姍《小逃犯》
最佳男配角：常楓《頤園飄香》
最佳女配角：陳秋燕《油麻菜籽》
最佳童星：林鼎峰《玉卿嫂》
最佳原著劇本：吳念真《老莫的第二個春天》
最佳改編劇本：侯孝賢、廖輝英《油麻菜籽》
最佳攝影：黃仲標《花城》
最佳剪輯：張耀宗《省港旗兵》
最佳美術設計：陳景森、鄺廣賢《唐朝豪放女》
最佳服裝設計：王榕生《金大班的最後一夜》
最佳原著音樂：張弘毅《玉卿嫂》
最佳電影插曲：陳志遠、慎芝《金大班的最後一夜》
最佳録音：王榮芳《玉卿嫂》

《搭錯車》劇照

港片大舉入侵臺灣市場

1984年的臺灣電影萎縮到不滿百部，原因當然很多，但其中之一是"香港新浪潮"電影的作品在"金馬獎"屢有斬獲（從18/19/21届的最佳導演分别是《夜來香》的徐克、《邊緣人》的章國明、《省港旗兵》的麥當雄即可見一斑），而在一般商業票房的表現上也大幅優於臺灣電影，於是看國語電影的觀衆，多數恐怕看的是香港電影。如成龍的《A計劃》上映16天，在臺北市賣出83萬餘張票，打破了20年前《梁山伯與祝英台》所締造的80萬張票的紀録，成爲有史以來最賣座的國片。

徵收國片輔導金辦法通過

11月30日，主管部門所擬具的"國片輔導金徵收辦法"正式通過，明定輸入的外國影片，屬一般性配額者，每部徵收國片輔導金新臺幣20萬元，屬輔導性或項目性配額者，則免予徵收。這是影響臺灣電影發展至今的"電影輔導金"的源頭。

"國片輔導金徵收辦法"是根據電影法第四十條訂定，其要點包括：

1.明定國片輔導金應於電影片申請檢查時繳納，未依規定繳納者不得受理檢查。

2.規定經核定禁演或撤銷配額的外國電影片，其已繳國片輔導金得申請無息發還。

3.國片輔導金由新聞局依預算程序補助財團法人電影事業發展基金會辦理：

A.教育電影專業人才
B.拓展國片海外市場
C.收集電影有關資料
D.解決電影事業問題
E.電影技藝研究發展
F.協助業者更新電影器材
G.充實電影圖書館設備及收藏
H.其他有關電影事業發展

宣佈1984年度進口4部日本影片

在禁止日片進口十年以後，會商亞東關係協會以及各有關單位後，電影處蔣倬民處長宣佈對日片進口問題將以有限度的專案處理，進口4部日片作爲試探階段，但對開放日片尚未考慮，不具延續性。

日片進口的原則，經過多次與日方的談判後，其處理原則決定如下：

將進口"日本映畫製作者聯盟"選送參加1980年金馬獎外片觀摩展的4部影片：熊井啓導演的《望鄉》、野村芳太郎導演的《砂之器》、武田一成導演的《老師的成績單》及舛田利雄導演的《二〇三高地》。每部影片以3個拷貝爲限。

4部影片將由日本映畫製作者聯盟或影片出品公司委託國内依法設立之公司代辦發行事務。

每部影片於領取准演執照前，一次捐獻新臺幣3百萬元，供"獎勵製作優良國片融資方案"之用，至於用途則由該方案執行小組決定。

"日本映畫製作者聯盟"需在日本東京、大阪等地協助舉辦國片電影節。

1984年（香港）

大事記

6月22日 由潘迪生、洪金寶、岑建勳創辦德寶電影公司，創業作《雙龍出海》。

6月 永盛電影製片有限公司成立。

7月 邵氏公司主辦的《南國電影》雜誌，歷經26年零3個月後，決定停刊。

12月中旬 香港三家電影公司（新藝城電影業有限公司、德寶電影公司及邵氏兄弟香港有限公司）各進行一場電影義映籌款活動，以救濟埃塞俄比亞饑民。

12月29日 中英兩國政府關於中國將在1997年7月1日恢復對香港行使主權的《聯合聲明》在北京人民大會堂簽署。邵逸夫應邀出席簽字儀式觀禮。

本年 以林年同爲會長的香港中國電影學會與香港藝術中心聯合舉辦早期中國電影展和早期中國電影研討會。

香港電影工作室有限公司

由香港導演徐克及其夫人施南生於1984年4月創辦，從事監製、導演、編劇一體化的創作。首部作品《上海之夜》獲法國南特三大洲國際電影節特別獎，並於1988年送東京國際幻想電影節展映。由徐克監製的《英雄本色》打破了1986年香港電影票房的最高紀録。同年執導的《刀馬旦》引起巨大反響。接而向傳統恐怖類型片挑戰，分別監製、執導了《倩女幽魂》、《倩女幽魂Ⅱ·人間道》、《倩女幽魂Ⅲ·道道道》等，其充分調動電影手段的創新手法開拓了香港傳統恐怖片的新路。1991年《黄飛鴻》榮獲11屆香港金像獎最佳導演獎。此後出品了5部《黄飛鴻》系列片(《黄飛鴻Ⅱ·男兒當自强》、《黄飛鴻Ⅲ·獅王爭霸》、《黄飛鴻Ⅳ·豪門夜宴》、《黄飛鴻Ⅴ·龍城鐵霸》)，再次掀起功夫片熱潮。其他主要作品還有:《最佳拍檔》、《笑傲江湖》、《梁祝》等。2005年又完成了《七劍》。電影工作室是從80年代至今比較活躍的電影公司之一。

香港永盛電影製片有限公司

專營有關電影製作及發行事業的公司，年産影片8部左右。主要注重具有高度娛樂性的電影及録像帶。創辦以來，共製作和出版發行了30部電影及其録像帶。其中較爲重要的影片有:《賭神》、《精裝追女仔》系列、《至尊無上》、《逃學威龍》、《雷洛傳》、《鹿鼎記》、《唐伯虎點秋香》、《倚天屠龍記》、《天龍八部》等。1994年後，分化爲永盛娛樂有限公司和永盛製作有限公司。後易名爲中國星娛樂有限公司成為香港上市公司。

重要影片

《似水流年》劇照

《似水流年》

出品：青鳥　泰極
編劇：孔良
導演：嚴浩
主演：斯琴高娃
顧美華
謝偉雄

青年女編輯朱珊珊回到故鄉潮汕祭奠祖母。她與已結爲夫婦的兒時同學孝松和阿珍叙及舊情，感觸良多。他倆本想安慰珊珊，孝松却弄巧成拙，使阿珍心生嫉妒。珊珊和阿珍又互因話不投機發泄不滿，使廣州之行敗興而歸。阿珍夫妻間還爆發了一場〝戰爭〞。珊珊回港，阿珍趕到碼頭相送。

獲第4屆香港電影金像獎最佳影片、最佳導演、最佳編劇、最佳女主角（斯琴高娃）、最佳新人（顧美華）、最佳美術指導（張叔平）6項大獎。

《等待黎明》海報

《傾城之戀》劇照

《等待黎明》

出品：德寶　嘉禾
編劇：陳冠中
導演：梁普智
主演：周潤發　萬梓良　葉童　谷峰

1941年，日軍佔領香港，港人生活在水深火熱之中。周潤發本來可以逃到他很想去的美國舊金山，但爲了幫助好友萬梓良和萬的女友葉童，以及營救一群南下難民，不惜被同胞誤會，假裝投敵，以利用身份行事。最後爲了好友順利逃離香港，犧牲了自己。

以抗日戰爭爲題材的港片是罕見的。本片事實上對香港年輕人起了一種警惕作用，因爲太平盛世的日子，對戰爭造成的艱苦歷史容易遺忘。然而當時曾有人認爲本片是説香港淪陷不啻是影射香港面臨〝失陷〞。

獲第4屆香港電影金像獎最佳攝影(黎苤明)。

《傾城之戀》

出品：邵氏公司
編劇：蓬草
導演：許鞍華
主演：周潤發　繆騫人
姜中平　焦姣

根據張愛玲同名小説改編。白流蘇因嫁了一個敗家仔不得不離婚。經徐太介紹，流蘇認識了剛從英國回來的范柳原，兩人互相傾慕。風流的柳原並没有結婚的打算，流蘇不甘妥協。柳原電請她來港相聚，流蘇赴港與柳原同居。不久，太平洋戰爭爆發，香港淪陷。柳原去不了英國，兩人遂在報上發了結婚啓事，傾城的香港成全了他們這段戀情。

獲第4屆香港電影金像獎最佳音樂（林敏怡）、第25屆臺灣金馬獎最佳服裝設計（王耀年）。

麥當雄寫實演繹《省港旗兵》

中英談判之後，陸續出現了一些影片反映港人在這方面的焦慮，《省港旗兵》是最具代表性的佳作之一，也是繼《撈過界》後又一部犯罪寫實之作。麥當雄在他唯一親自執導的這部影片中，以當時的社會現象爲題材，全部起用非職業演員，包括林威、黃健、江龍等飾演主要角色，又偷赴廣州拍攝部分實景，大大增加了本片的寫實性。最讓人難忘的是以手提攝影機拍攝的九龍城寨巷戰追逐，充分發揮緊張刺激的警匪動作片氣氛。麥當雄憑本片獲第21屆金馬獎最佳導演獎，剪輯師張耀宗更是有突出表現，獲得第4屆香港電影金像獎和第21屆臺灣金馬獎兩個最佳剪輯獎。

80年代的香港，商業電影繁榮，《省港旗兵》却不被主流趨使，較大程度地擺脱了商業電影創作規則約束，獲得自由的創作空間，看似尋常的匪幫故事成了一段殘酷的社會寫真。這是香港片中罕見的成人電影，排除了幼稚化、婆媽化、概念化的常見缺點，單刀直入，毫無多餘的解釋、花巧的賣弄，而以具體的實感來令人信服和震驚。全片其實是虛構的，甚至是超現實的‘過癮’發泄，但無論背景與人物，都拍攝出懾人的迫真感，全片就像一個‘似層層’的噩夢”。（石琪《影話集》）

《省港旗兵》劇照

《省港旗兵》

出品： 麥當雄　寶禾公司
編劇： 陳欣健
導演： 麥當雄
主演： 林威　黃健　江龍　陳敬　方烈

香港十大通緝犯之一的大東潛返廣州召集人馬到港，準備打劫尖沙咀某一大珠寶行。因事出突然，他們引起警方注意，於是雙方展開一場槍戰。大東帶領手下到夜總會替收貨人阿泰幹掉一名警探，結果震驚整個警界。

獲第4屆香港電影金像獎最佳男配角（林威）。

麥當雄（1949—　）

編劇，導演，製片人。原籍廣東，生於香港。1970年入香港麗的電視臺任藝員、助理導演、編導。1978年任該臺第一臺總監。1982年創辦麥當雄製作有限公司。公司年產影片三部左右，主要作品有《停不了的愛》、《江湖情》、《跛豪》、《上海皇帝》、《三狼奇案》、《飛狐外傳》等。1984年執導演唯一一部導演作品《省港旗兵》，轟動一時。此外還創作電影劇本《盡訴心中情》、《午夜麗人》、《跛豪》、《歲月風雲之上海皇帝》、《黑金》等。

麥當雄

張耀宗（1945—　）

電影剪接師。浙江人。香港東方中學畢業。1963年開始從事電影剪接工作，多年來剪接過數以百計的電影。他剪接的影片《精武門》、《猛龍過江》、《直搗黄龍》、《密宗聖手》、《賣身契》、《省港旗兵》均分別獲得各屆金馬獎最佳剪接獎；《省港旗兵》和《胭脂扣》也分别獲得香港電影金像獎最佳剪接獎。他剪接的名片還有《警察故事》、《奇跡》、《最佳福星》等。

著名導演李萍倩逝世

11月18日，全國政協商會議第六屆委員、第四屆中國文學藝術界聯合會委員、香港長城電影製片公司藝術顧問、香港華南電影工作者聯合會顧問李萍倩先生因病逝世，終年83歲。

李萍倩（1902— 1984）

導演。原名李椿壽。祖籍安徽桐城，生於浙江杭州。早年在明星影片公司學習。1924年創辦神州影片公司，主演《不堪回首》。1926年，導演影片《難爲了妹妹》。後赴香港，加入“永華”、“長城”等公司。其中，《絕代佳人》獲文化部優秀影片獎。從影60年，導演影片近200部。

第3屆香港電影金像獎

最佳影片《半邊人》
最佳導演：方育平（《半邊人》）
最佳編劇：張堅庭（《表錯七日情》）
最佳男主角：梁家輝（《垂簾聽政》）
最佳女主角：葉童（《表錯七日情》）
最佳新人：鄭裕玲（《花城》）
最佳剪輯：秋木凉、吴金華（《半邊人》）
最佳攝影：黄仲標（《花城》）
最佳美術指導：宋洪榮（《垂簾聽政》）
最佳動作指導：元彪、林正英《奇謀妙計五福星》

主要影片目録

本年度香港共出品影片87部，其中粵語片85部，國語片2部。

邵氏　《城市之光》、《窺情》、《南門官三門北少爺》、《魔殿屠龍》、《傾城之戀》、《錦衣衛》、《望子成蟲》
新藝城　《最佳拍檔女皇密令》、《英倫琵琶》、《開心鬼》
羅維　《鬼線人》、《鬼馬天師》
五洲世紀　《馬後炮》、《孖襟兄弟》
寶禾　《人嚇鬼》、《神勇雙響炮》
鳳凰　《嶗山鬼戀》、《大西北奇觀》
德寶　《雙龍出海》、《猫頭鷹與小飛象》
永佳　《公僕》、《君子好逑》
邵氏／富才　《雪兒》
邵氏／三明　《唐朝豪放女》
麥當雄／寶禾　《省港旗兵》
思遠　《好彩撞到你》
其他　《鐵板燒》（許氏）、《無名火》（嘉禾）、《初哥》（歐亞）、《新方世玉》（聯城）、《停不了的愛》（麥當雄）、《少林小子》（中原）、《黐鬼線》（奇藝）、《南拳王》（國語）（南海／樂豐）、《雲崗遊俠》（國語）（百靈）、《請鬼》（金城）、《第八站》（永昌）、《笑太極》（群龍）、《傻探出更》（國光）、《紋身的女人》（金冠）、《行錯姻緣路》（玉郎）、《大小不良》（永盛）、《似水流年》（青鳥／泰極）、《青蓮青年》（國際）、《上海之夜》（電影工作室）、《穿梭陰陽界》（華麟）、《無釐頭島》（隆瑛）、《有Friend有驚》（大榮）、《小林童子功》（金馬）、《少女日記》（花生映社）、《等待黎明》（德寶／嘉禾）、《花心蘿卜》（東聯）、《一脱求生》（新華）、《夾心沙展》（東英）、《愛情麥芽糖》（藝蕊）、《三文治》（翁維銓）

1985年（大陸）

大事記

1月9日—17日 中國電影表演藝術研討會在廣州舉行，會議期間成立了中國電影表演藝術學會。

1月12日 中國藝術研究院首批電影學碩士研究生畢業。

2月24日 珠江電影製片廠改制爲珠江電影製片公司。

3月26日 上海電影製片廠改制爲上海電影公司。

4月20日 北京電影學院舉辦表演幹部進修班（"明星班"）。

4月23—27日 中國影協第五次會員代表大會在北京舉行。

7月3日 文化部頒佈《關於影片録像帶發行管理暫行辦法》。

7月6日 文化部和工商總局聯合發出《關於加强電影拍片經營機構管理的規定》。

8月15日 文化部電影局批復中影公司，同意開闢藝術片放映渠道，在城市電影院開闢以藝術片爲主的影院或選放專場。

11月23日 中國動畫學會成立。

本年 電影上座率下降引起電影界内外普遍關注。

《人民日報》、《大衆電影》等報刊發表文章，反映廣大群衆和影視界的願望，呼籲影、視合流。

重要影片

《絕響》劇照

《絕響》

出品：珠江電影製片廠
編導：張澤鳴
攝影：鄭康振
主演：孔憲珠　陳鋭
梁玉瑾　劉倩儀

廣東音樂老藝人區老樞和兒子冠仔相依爲命。區老樞身懷絶技，畢生心願是發表自己的曲集，可至死未能實現。"文革"破壞了區家父子關係，冠仔一度離家出走。10年後，生活的挫折和父親的命運，使他認識了父親和生活。

《青春祭》

出品：青年電影製片廠
編導：張暖忻
攝影：穆德遠　鄧偉
主演：李鳳緒　馮遠征
郭建國　松濤

知青李純來到傣族地區插隊，在那裏她漸漸地懂得了美，萌發了愛情，學會了生活。她雖走進了大學的校門，但在傣鄉的那段生活却使她終身難忘。

《青春祭》劇照

《女兒樓》

出品：八一電影製片廠
編劇：唐麗雯　丁小琦　桑坪　導演：胡玫　李曉軍
攝影：何青　吴菲　主演：徐曄　哈斯巴根　趙剛　陳霞

十年動亂中，喬小雨在一個山區野戰醫院當護士。汽車排排長丁焉在住院期間愛上了喬小雨。她却永遠錯過了這個真心相愛的人。新相識的軍區參謀屠健力不想勉强小雨。喬小雨不辭而別，踏上了回醫院的歸程。

《良家婦女》劇照

《良家婦女》

出品：北京電影製片廠
編劇：李寬定　導演：黄健中　攝影：雲文耀
主演：叢珊　張偉欣　王佳藝　章健

解放前夕黔北山區的易定山寨，18歲的余杏仙嫁給了6歲的小丈夫易少偉，彼此姐弟相待。易家無壯勞力，農忙時婆婆請來姪兒開炳幫工，開炳和余杏仙悄悄相愛了。解放後，余杏仙和開炳結爲合法夫妻。易少偉在離婚書上簽字後，余杏仙含淚離開易家。

《女兒樓》劇照

《小巷名流》

出品：峨眉電影製片廠
編劇：梁滬生　羅華俊
導演：從連文　**攝影**：李爾康
主演：朱旭　葛建軍　孫才華　任偉民

省刊高編輯讓司馬修改他即將出版小説的稿子，司馬叙述起辛酸的往事。"文革"中，司馬因賣花圈被打成黑筆杆；卓寡婦因拒絶造反派司令何癩子求婚，被誣有暗娼罪行；三代貧農牛三因阻礙遊行隊伍，被關進學習班，又因爲卓寡婦鳴冤而遭毒打。高編輯感慨萬千。

《少年犯》劇照

《小巷名流》劇照

《少年犯》

出品：深圳電影製片廠
編劇：王静珠　張良
導演：張良
攝影：嚴序中
主演：陸斌　蔣健　朱曼芳　陳偉忠

4名少年犯被關在少年管教所，女記者謝潔心前來採訪。方剛和肖佛抱着破罐破摔的想法不斷和别人及管教人員發生衝突。沈金明認真改造，努力學習外語，終於考取了大學。方剛和肖佛決心重新做人。正當謝潔心爲這些孩子高興時，自己的兒子也走上了犯罪的道路。

《相思女子客店》劇照

《相思女子客店》

出品：北京電影製片廠
編劇：葉丹
導演：董克娜
攝影：張世澂
主演：張曉磊　仲星火　劉玉　張潮

公社會計觀音姐從林場調到工農兵客店任經理。她大膽實行經濟承包責任制，將店名改爲相思女子客店。她的做法觸犯了一些人的利益，被寫信誣告。觀音姐在没有人支持下，只好隨愛人去了深圳。

影片目録 (共127部)

北影　《乾杯，女兵們……》、《盛夏和她的未婚夫》、《高中鋒、矮教練》、《淚灑姑蘇》、《代理市長》、《良家婦女》、《愛與恨》、《姑娘，望着我》、《瀚海潮》、《相思女子客店》、《穿校官服的小兵》、《絶處逢生》、《駝峰上的愛》、《奇跡的再現》、《金陵之夜》、《迷人的樂隊》

童影　《五虎將》、《少年彭德懷》

上影　《八仙的傳説》、《流亡大學》、《張家少奶奶》、《絞索下的交易》、《秦川情》、《日出》（上下集）、《取長補短》、《美食家》、《馴獅三郎》、《淘金王》、《夜半歌聲》、《本案没有結束》、《秋天裏的春天》、《咱們的退伍兵》

長影　《東方大魔王》、《帆板姑娘》、《奔向銀幕的馬》、《藍鯨緊急出動》、《戈壁殘月》、《飄逝的花頭巾》、《峽江疑影》、《團長和他的妻子》、《倔公公犟媳婦》（豫劇）、《梅山奇案》、《神醫扁鵲》、《哈爾濱大謀殺》、《愛珠》、《死證》、《雷比利號沉没在印度洋……》、《白霧街兇殺案》、《現代角鬥士》、《老君寨奇聞》、《狼犬歷險記》、《女人的力量》、《路邊吉他隊》

八一　《小島》、《黄橋決戰》、《女兒樓》、《夏明翰》、《中國革命之歌》（上下集）、（舞臺藝術）、《主犯在你身邊》、《索倫河谷的槍聲》、《朱德和史沫萊特》

珠影　《瓜棚女傑》、《公寓》、《男人們和女人們》、《舞獅人傳奇》、《黑林鼓聲》、《金色的夢》、《丈夫的秘密》、《靚女阿萍》、《海瑞罵皇帝》、《絶響》

西影　《鬼妹》、《蜜月的陰謀》、《太極神功》（與香港漢山、合拍公司合拍）、《大刀王五》、《卷蓆筒》（續集）（豫劇）、《花槍緣》（豫劇）、《野山》、《他，我們見過》、《黑炮事件》、《野媽媽》（與安徽合拍）

峨影　《巴河鎮》、《小巷名流》、《古越軼事》、《緊急刹車》、《大雁北飛》、《巾幗英烈》、《峨眉飛盗》、《深谷屍變》、《世界奇案的最後線索》

瀟湘　《特區姑娘》、《自信的男子漢》、《一個女演員的夢》、《野人》、《天國恩仇》

廣西　《酸辣姻緣》、《飛人浪漫曲》、《加油，中國隊》、《南洋富翁》、《流浪漢與天鵝》

天山　《神秘駝隊》、《錢這東西……》、《親人》、《文帝殺舅》（豫劇）

内蒙古　《森吉德瑪》、《緩期執行》、《月光下的小屋》、《獵場扎撒》、《寶石戒指》

青影　《青春祭》、《嫌疑犯》、《愛情的旅程》

深影　《少年犯》、《無聲的雨絲》、《大明星》

福建　《竹林隱士》、《風流局長》

新影　《芙蓉花仙》（川劇）、《綉花女傳奇》（越劇）

河南　《少女和小偷》、《山的女兒》

其他　《八百羅漢》（中國新聞社）、《雜技女傑》（舞臺藝術片）、《淨土》（龍江、香港飛鳳合拍）、《鄉思》（江西）、《奢香夫人》（浙江）、《夜行貨車》（影協、北影、合拍公司、香港振業合拍）

《咱們的退伍兵》劇照

《咱們的退伍兵》

出品：上海電影製片廠
編劇：馬烽　孫謙　導演：趙煥之　攝影：彭恩禮
主演：汪寶生　薛淑傑　傅藝偉　陳裕德

退伍兵方二虎回到家鄉，組織村民煉焦脱貧致富。不料，第一爐焦就報廢了，他的對象任水仙見他無力致富，嫁到城裏去了。方二虎經受挫折後，不辭辛苦地到外地學習煉焦技術，終於成功了。

《迷人的樂隊》劇照

《迷人的樂隊》

出品：北京電影製片廠
編劇：房純如　楊舒慧
導演：王好爲　攝影：李晨聲
主演：何偉　趙子岳　陳青　米鐵增　梁冠華

80年代，鳳翔鄉龍崗村農民靠改革開放政策富裕之後，追求精神生活，成立了農民樂隊，豐富農村文化生活。

文化部要求提高電影票價

12月12日，文化部向國務院呈報《關於調整電影票價的報告》，要求提高電影票價。《報告》中提到，經與國家物價局協商，在1984年先後調整了影片的租價，改變了不少影片（實行浮動票價）和條件較好的影院等電影票價的定價辦法，但整個電影基本票價過低，至今尚未恢復到"文化大革命"前規定的基本票價的水平，而影片的製作、發行、放映的成本却大幅度甚至成倍地增長了，影院的維修、機器更新、發送條件的費用也越來越多，這些都需從票價、租價的收入中支出。加之影院上座率下降，發行、放映單位出現虧損，部分省、市、自治區縣級發行機構單位佔總數的70%以上。全國有30%放映單位停止了活動。爲此，請求調整電影基本票價。並就此提出了具體的實施建議，在實行低票價政策的基礎上，對部分影院、影片票價上調。國家物價局1986年1月4日經國務院轉來意見，認爲電影票價宜下放地區管理，不搞統一票價，應按質論價，定價權下放後，票價是否調、何時調均由地區根據情況自行決定。

謝晉赴美國參加"謝晉電影回顧展"活動

4月4日—5月17日，應美國芝加哥藝術學院、洛杉磯加州大學電影中心和華盛頓美國電影學會等單位的邀請，謝晉赴美國參加"謝晉電影回顧展"活動，並被接納爲美國電影藝術與科學院第一位中國會員。這是在美國首次舉辦的中國大陸導演的個人影展。回顧展在舊金山、芝加哥、紐約、華盛頓、洛杉磯等城市舉辦，展出的影片是謝晉從50年代至80年代執導的《女籃5號》、《紅色娘子軍》、《大李、小李和老李》、《舞臺姐妹》、《青春》、《啊！搖籃》、《天雲山傳奇》、《牧馬人》、《秋瑾》、《高山下的花環》等10部影片。這也是謝晉第二次在國外舉行個人電影回顧展。兩年前，他在法國南特市舉辦過一次個人電影回顧展。

"法國電影回顧展"影片《火之戰》引起爭議

3月26日—5月26日，根據中法兩國1982年3月在巴黎達成互辦電影回顧展的協議，中國電影資料館在北京、上海、長春、成都、廣州等5城市舉辦法國電影回顧展。法國電影代表團一行3人參加了回顧展活動，文化部副部長丁嶠、電影局局長石方禹及首都文藝界、電影界人士200餘人參加了開幕式。回顧展展映了1931—1983年的40多部法國電影。《天命》、《資産階級内在的魅力》、《克倫先生》、《死亡的直播》、《天命》、《橫穿歐洲的快車》。期間還在北京舉辦了"法國電影藝術研討會"，觀摩了58部法國影片。與會代表有中國社會科學院、北京電影學院、中國電影家協會、各大電影製片廠的電影工作者70餘人。

在北京展映期間，因放映讓·雅克·阿諾導演的反映原始人類生活的《火之戰》，引起爭議。由於被傳言很"黄"，開演前門票在黑市被炒到60—70元，領導部門聞風審查，一紙禁令隨之而下，引來法國使館官員的抗議。

《代理市長》劇照

《代理市長》

出品：北京電影製片廠
編劇：歐偉雄　錢石昌
導演：楊在葆　攝影：黄心一
主演：楊在葆　許還山　潘偉行　馮漢元

80年代初，我國南方城市瀛洲醞釀着一場經濟改革。代理市長肖子雲敢爲人民説實話、辦實事，也不免得罪了一些人。他做了五件好事，却遭到了許多責難。期限到了，他向上級請求，爲了實現自己上任時許下的做十件好事的諾言，他要求再代理三個月市長的職務。

《火之戰》

出品：（法國、加拿大）阿那夫 1981年
編劇：G.布拉什
導演：J.J.阿諾　攝影：C.阿勾斯蒂尼
主演：E.麥吉爾　R.D.寵　R.皮爾曼　N.E.卡迪

公元前六萬到八萬年，人類處於猿人的階段。一個部落的猿人在一場混戰中丢失了火種。當時人們已經懂得了火能驅散黑暗寒冷，帶來光明和温暖，但是還不會自己取火。於是便派出三個人尋找火種。這三個人經歷了一場漫長、艱苦和新奇的經歷，終於找到了火種。他們在這期間增長了智慧，也學會了鑽木取火，人類文明又前進了一步。

《人生》參加奧斯卡獎活動

1月27日，《人生》在美國評選奧斯卡獎最佳外語片的放映式上放映，這是大陸電影首次參加奧斯卡獎活動。1984年底，根據同名小説改編的影片《人生》在全國上映以後，引起了各方面的强烈反響。人們對劇中人物形象及影片主題衆説紛紜。對劇中人物形象的討論又集中在對男主角高加林的評價上，一部分人認爲高加林是一個孤獨的自私的個人奮鬥者，爲了出人頭地，追求個人發展，不惜犧牲故土、鄉親、愛情；另一種觀點認爲高加林是一個有抱負、有理想、有文化、有才幹的當代農村青年。在影片主題的討論中，一種觀點認爲，影片反映的是道德主題，家庭婚戀的悲劇導致了個人悲劇；另一種觀點認爲是社會主題，影片提出了一系列發人深醒的社會問題。此片也被認爲是西影廠出品的首部"西部片"。

《人生》

出品：西安電影製片廠
編劇：路遥
導演：吴天明
攝影：陳萬才
主演：周里京　吴玉芳　高保成　賈六

民辦教師高加林突然被大隊支書的兒子頂替下來，在逆境中接受了巧珍的愛情。不久，高加林被調到縣城，同學黄亞萍答應能幫他調到大城市，以此贏得了他的愛情。高加林進城工作渠道不正而被清退，黄無奈還鄉，這時巧珍已經結婚，高加林開始了更爲嚴峻的人生。

周里京（1954—　）

演員。原籍浙江紹興，生於北京。1978年入北京電影學院表演系本科班，後留校任教。主要作品有：《人生》、《我們的田野》、《百變神偷》、《"冥王星"行動》、《炮兵少校》、《悲情槍手》、《夜上海》、《大漠紫禁令》。

《人生》劇照

海峽兩岸首次合作攝製故事片《大漠紫禁令》

8月8日，天山電影製片廠與臺灣方舟影業公司聯合攝製故事片《大漠紫禁令》，這是海峽兩岸首次合作攝製影片。影片場面大、人馬多，外景在絲綢之路實地拍攝，原應相當可觀，但方翔在80年代中葉，却仍採用70年代初臺灣傳統武打片的拍法，鏡頭胡拉亂扯，故作"靈活"之狀，令人看得迷迷糊糊，觀衆反映不佳。

《大漠紫禁令》劇照

《大漠紫禁令》

出品：天山電影製片廠　方舟影業公司
編劇：李準　古元　導演：方翔　攝影：楊林
主演：周里京　朱宛宜　濮存昕　趙曉明

唐宣宗李忱執政時期，佔領西域一帶的吐蕃王朝發生内亂。沙洲民衆首領張議潮率衆起義，並向宣宗求援。宣宗派文慧和尚出使西域，以和平養無限天機，化干戈爲玉帛，使沙洲廣大土地歸附了大唐王朝。

首屆兒童少年電影"童牛獎"頒獎

6月1日，首屆兒童少年電影"童牛獎"在中南海懷仁堂舉行頒獎大會。

兒童是祖國的未來，中國有三億六千萬兒童。爲促進兒童少年電影的發展繁榮，中國兒童少年電影學會受文化部、教育部、共青團中央、全國婦聯委託，舉辦中國兒童少年電影"童牛獎"。"童牛"的涵義是"初生這犢不畏虎"，"俯首甘爲孺子牛"。暫定兩年評選一次。首屆"童牛獎"評委23人，來自有關兒童教育的專家，中小學教師，優秀少先隊輔導員等。整個評選過程發揚了民主，展開的爭鳴，貫徹了學術探討的空氣，最後通過無記名投票評出了6項（9部）少年兒童影片獎，9項（10個）單項獎、榮譽獎、特別獎、鼓勵獎。《小刺猬奏鳴曲》被評爲優秀故事片之首，《十四五歲》《童年的朋友》被評爲優秀兒童少年故事片。評委普遍認爲我國兒童少年影片目前質量還不高，缺少精品。

第5屆金鷄獎和第8屆百花獎頒獎

5月23日，第5屆中國電影金鷄獎和第8屆《大衆電影》百花獎授獎活動在成都舉行，對這兩個評獎活動的一些做法，引起了一場激烈的爭論。

《大衆電影》百花獎的評獎原定改變以往回收統計選票確定獲獎名單的做法，採用觀衆抽獎的方式進行有獎評選。開獎會上，讀者選票以抽獎的方式選出，觀衆選票是以摇獎的方式顯示出中獎號碼，抽獎和摇獎由與會代表完成。但許多電影人認爲此舉使“百花獎”沾上了銅臭味，拒而不參加。國務院3月4日下了《通知》，停止第八屆“百花獎”有獎評選活動。已發下去的選票全部有效，按原定方法評選。

呼聲很高的《人生》没有得到金鷄獎最佳影片，一些人對《高山下的花環》得了五個單項獎，而没有得最佳影片獎，《紅衣少女》得了最佳影片獎，却没有獲得一個單項獎有異議。“金鷄”獎的評選結果也引起了上層領導的不滿，非議之中也“響着某些高級人士的指責”。這次金鷄獎獲獎的影片的特點是改編片居多，現代題材少。《高山下的花環》、《紅衣少女》、《黄山來的姑娘》、《譚嗣同》一起獲得金鷄獎最佳影片的提名，但《紅衣少女》以微弱的票數勝出。結果公佈後，立即有很多質疑的聲音。因爲從觀衆的關注和喜愛程度看，《高山下的花環》遠遠高於其他幾部影片，自上映以來以它雄渾、悲壯的氣勢，真摯、深厚的感情，引起了廣大觀衆的强烈反響，無疑是本屆金鷄獎競爭力極强的一部影片，一舉獲得最佳編劇、最佳男主角、男配角、最佳剪輯獎。但一些評委也認爲《花環》劇作陳舊，某些細節虚假，導演手法缺乏創新。因此與最佳故事片失之交臂。另外，進入候選影片的《黄土地》也引發了激烈的討論，一些評委認爲“還從未有一部影片這樣去表現那一個年代的那樣一段歷史”，在中國電影史上，還很少看到過像《黄土地》這樣令人震動的影片，它獨特地提示了我們民族潛在的力量。但有的評委認爲影片存在明顯缺點，内容與形式不够統一，寓意性的東西較多，整部影片不够和諧。而且没有跟上“火熱”的時代步伐，没有正面表達“沸騰的生活”，而是展示了中國蒙昧落後的一面。最終《黄土地》在故事片大獎提名時因未過半數而落選，但獲得了本屆金鷄獎最佳攝影獎。

附録：第5屆中國電影金鷄獎獲獎名單

最佳故事片獎：《紅衣少女》（峨影）；最佳紀録片獎：《零的突破》（新影）；最佳戲曲片獎：《五女拜壽》（長影）；最佳科教片獎：《廣開節能之路》（北京科影），《細胞重建》（上海科影）（兩片並列）；最佳美術片獎：《火童》（上海美影）；最佳編劇獎：李準，李存葆（《高山下的花環》）；最佳導演獎：凌子風（《邊城》）；最佳男主角獎：吕曉禾（《高山下的花環》）；最佳女主角獎：李羚（《黄山來的姑娘》）；最佳男配角獎：何偉（《高山下的花環》）；最佳女配角獎：王玉梅（《譚嗣同》），丁一（《黄山來的姑娘》）（二人並列）；最佳攝影獎：張藝謀（《黄土地》）；最佳美術獎：張之楚（《雅馬哈魚檔》）；最佳音樂獎：許友夫（《人生》）；最佳剪輯獎：周鼎文（《高山下的花環》）；最佳録音獎：苗振宇、馮德耀（《雷雨》）；最佳特技獎：（空缺）；最佳服裝獎：（空缺）；最佳化裝獎：（空缺）；最佳道具獎：（空缺）；特別獎：一、紀録片《香港一百天》（新影），二、喜劇片《阿混新傳》（珠影）。

第8屆《大衆電影》百花獎獲獎名單

最佳故事片獎：《高山下的花環》（上影），《人生》（西影），《紅衣少女》（峨影）；最佳男演員獎：吕曉禾（《高山下的花環》）；最佳女演員獎：吴玉芳（《人生》）；最佳男配角獎：何偉（《高山下的花環》）；最佳女配角獎：王玉梅（《高山下的花環》）。

《高山下的花環》劇照

夏衍對《黄土地》的評價：

《黄土地》的創作意圖是好的，導演、攝影在展現西北高原的風貌上也很有特色。年輕人有闖勁，敢於創新，認真花了很多功夫。這一切都該肯定。可是，我們的創新也要考慮到廣大觀衆，特别是農民觀衆的欣賞習慣。中國觀衆絶大部分在農村，現在農村在變，經濟上變了，思想上也在變。但政治思想、經濟生活的變化，不一定和欣賞習慣同步。所以，我希望年輕的電影工作者既要創新又要考慮到群衆審美和欣賞水平。這也就是群衆的觀點。的確，黄土高原在當時和現在都比較落後，那裏的農民落後、愚昧、迷信。這種情况不僅過去有、現在還有，對這些我們不必避諱，也可以在銀幕上表現出來。但描寫這種落後、暴露愚昧，其目的，只能是爲了讓觀衆警覺，激發人們努力去改變這種落後和愚昧，而不應該只是爲暴露而暴露。加上，也還有一個具體歷史環境問題，人物塑造問題。影片寫的是1939年，延安這個革命聖地就離開那個地方不遠，革命之風不會對這塊土地没有影響，去“採風”的那位八路軍似乎也有點太沉得住氣了。這些問題都可以在學術上、藝術上進行探討。

（《大衆電影》，1985年 第8期）

何偉（1956—　）

演員。吉林長春人。長春第十一中學高中畢業，1974年起任長春話劇團演員；現爲西安電影製片廠演員。代表作品有《高山下的花環》、《迷人的樂隊》、《鷺鷥樓》、《古幣風波》、《胖墩夏令營》等。

《高山下的花環》

出品：上海電影製片廠

編劇：李準　李存葆

導演：謝晉　攝影：盧俊福

主演：吕曉禾　唐國强　何偉　蓋克

解放軍某部連長梁三喜爲了部隊建設，幫助帶着個人目的調到連隊任指導員的趙蒙生，一再推遲探親，使得排長靳開來忿忿不平。對越反擊戰中，梁三喜和靳開來相繼犧牲。在血與火的洗禮中，趙蒙生終於覺醒。

吕曉禾（1945— ）

演員。黑龍江齊齊哈爾人。1960年入瀋陽市話劇團；1979年從影。代表作品有《高山下的花環》、《秦川情》、《田野又是青紗帳》、《熱戀》、《炮兵少校》、《大進軍——解放大西北》、《荆柯刺秦王》等。

《紅衣少女》劇照

《紅衣少女》

出品：峨眉電影製片廠

編導：陸小雅　攝影：謝二祥　主演：鄒倚天　羅燕　朱旭　王頻

16歲的安然懷着美妙的夢想和青春的顫慄敲響了人生的大門，純真的童心和世俗的觀念在她的内心搏鬥，她感到茫然。爲何穿件紅衣服會引起非議；爲何父親一生苦苦追求的藝術真諦得不到賞識；爲何姐姐要嫁給一個她不愛的人，這一切，安然都要漸漸去看，去想。

王玉梅（1934— ）

演員。山東濟南人。1950年後相繼任濟南警備政治部文工團、步兵九十七師文工隊、山東軍區政治部文工團演員。1955年任山東省話劇團演員。代表作品有《豐收之後》、《喜盈門》、《内當家》、《高山下的花環》、《譚嗣同》、《心香》等。

文化部1984年優秀影片獎授獎大會

6月14日，文化部舉行1984年優秀影片授獎大會。這次獲優秀影片的共16部，一等獎3部，二等獎10部。同時獲獎的還有戲曲藝術片、譯製片、科教片、美術片、新聞紀録片共24部。1983年影片創作的特點是平均水平有所提高，尤其是反映現實生活以及當代青年生活的影片數量有所增加，幾乎佔全年生産影片總數的百分之六十。和往年相比，這次獲獎影片總的數量較多，當代題材影片得獎的比例較大。今年拍的兒童片有6部，由於思想藝術質量不够理想，均未獲獎。丁嶠在會上作了題爲《努力表現振興和騰飛的時代》的講話。

文化部1984年優秀影片獎獲獎名單

一、故事片15部：一等獎：《高山下的花環》（上影），《紅衣少女》（峨影）；二等獎：《雅馬哈魚檔》（珠影），《鄉緣》（上影），《黄山來的姑娘》（長影），《譚嗣同》（長影），《花園街五號》（長影），《祁連山的回聲》（八一），《寒夜》（北影），《明姑娘》（北影），《老板哥和電妹子》（八一），《一往情深》（珠影），《爲什麽生我》（峨影），《默默的小理河》（西影）；特别獎：《木棉袈裟》（福建、香港嘉民影業合拍）。二、戲曲片1部：《五女拜壽》（長影）。三、兒童故事片2部：《童年的朋友》（上影），《十四五歲》（北影、鼓勵獎）。四、外國譯製片2部：《勝利大逃亡》（上海譯製），《寅次郎的故事——浪花之戀》（長影）。五、美術片1部：《火童》（上海美影）。六、科教片12部：《廣開節能之路》（北京科影）、《昆蟲界——越冬》（北京科影），《河蟹》（北京科影），《化石寶庫》（北京科影），《電子計算機怎樣工作》（北京科影），《颱風》（上海科影），《中國地熱》（上海科影），《細胞重建》（上海科影），《急性心肌梗塞的預防和搶救》（上海科影），《看不見的朋友》（農影），《防治沙漠化》（農影），《粘蟲遷飛》（農影）。七、新聞紀録片7部：《老北京的叙説》（新影），《零的突破》（新影），《香港一百天》（新影），《超級明星偉偉》（新影），《今日中國8405——自行車王國》（新影），《祖國新貌8436》（新影），《國慶閲兵》（八一）。

“第五代”閃亮登場

8月—12月，《黄土地》先後在4個國際電影節上獲獎。11月，《一個和八個》公映。同時，《喋血黑谷》、《黑炮事件》、《獵場札撒》等影片也先後公映或完成。這些影片標誌了“第五代電影”正式登上中國影壇。

1982年，一批年青人從電影學院畢業。他們中的張藝謀、張軍釗、蕭風、何群來到地處偏遠的廣西電影製片廠，成立了“青年攝製組”。憑着“語不驚人死不休”的精神氣，在1983年，拍出了《一個和八個》，其後陳凱歌在廣西電影製片廠與張藝謀等合作拍攝了《黄土地》。這兩部影片以驚世駭俗的影像語言在國内引起爭議，也使世界影壇第一次矚目中國電影。“第五代”電影在邊遠的廣西電影製片廠破土而出，並以他們優秀的作品《黄土地》、《一個和八個》、《喋血黑谷》、《獵場札撒》、《黑炮事件》、《孩子王》、《紅高粱》……加入到80年代席捲中國大陸的歷史文化反思運動。那些日後爲人們所熟悉的名字此時開始漸入耳目：陳凱歌、張藝謀、張軍釗、田壯壯、吴子牛、黄建新……

1985年8月—12月，《黄土地》先後在4個國際電影節上獲獎。在第29屆倫敦及愛丁堡國際電影節上陳凱歌被授予“薩特蘭杯”導演獎；第7屆（亞、非、拉）三大洲電影節上獲攝影獎；第5屆夏威夷國際電影節獲東西方中心電影獎和伊斯曼柯達獎；第38屆洛迦諾國際電影節獲銀豹獎。

《黄土地》應邀參加香港國際電影節，在全市影院上映14天，票房129萬元，影評235篇。（關偉《〈黄土地〉在香港受好評》，《電影評介》，1985年第9期）

“第五代”拍攝的第一部影片《一個和八個》，在送電影局審查後，一共修改了62處。終於在1985年11月公映。這部影片的主創人員：導演張軍釗，攝影肖風、張藝謀，美工師何群，日後均成爲第五代導演的重要成員。這部根據郭小川同名長詩改編的影片，描寫抗日戰爭時期，八路軍某部一指導員在遭誣陷被審查期間，仍以大局爲重，團結其他犯人，最後戰勝日軍的故事。影片完成後曾引起很大爭議，一種認爲真實再現了戰爭中的人性，另一意見認爲不符合歷史生活真實。該片被認爲是“第五代”的發軔之作。

附録：相關報導和評論

我以爲《黄土地》是有感而發，有感而作的。這部影片所表現的一切，甚至是微小的細節，我都有着很深的體驗。我的信心建立在這個基礎上．我也因此相信影片是誠實的．我們這一代人多是少年坎坷，在祖國的苦難動蕩的歲月中成長起來，我們見過太多的痛苦，太多的淚水，也由此而有機會沉入中國的底層，從勞動着、生活着、承受着苦難的人民中吸取着真知的營養，體味着他們的希望和向往。正因爲這樣的經歷，我們反而感到我們生活於其間的其實是一個無淚的民族，這個民族中的大多數人是不抱怨的，正如阿城在《棋王》中所説的，“煩惱是文人的佐料”。所以，當我們不再把中國人的愚昧、落後、無知等現象抽出來單獨議論、感嘆的時候，我們就會看到這個民族内在的堅韌的生命力。

（陳凱歌《關於黄土地》，《人大複印報刊資料·電影、電視研究》，1985年第10期）

許多中外記者在採訪時都提出這樣一個問題：“你認爲哪一部是你最好的作品？”我總是想到《黄土地》。它不一定是我最成熟、最完美的作品，却是我最真誠、最富於想象力的創作。

（羅雪瑩《銀幕上的尋夢人——陳凱歌訪談録》，《敞開你的心扉——影壇名人訪談録》，第312頁）

《黄土地》的青年創作者對視聽因素的使用證明：他們已經具備了把電影表現手段當作語言符號來使用的能力，這也就是説，不僅扮演人物的演員在説話，畫面中一切視覺因素和聽覺因素都在“説話”，在傳達信息。

（周傳基《〈黄土地〉——成熟的標誌》，《話説〈黄土地〉》，第212頁）

我不認爲《一個和八個》《黄土地》這些影片，在電影藝術可能性方面取得了超乎前人的重大成就，也不認爲這些影片就是電影創作的新的起點。然而可以説，從這些影片中，可以看到我們電影創作有希望的未來。

（余倩《發現生活與發展藝術個性——在“青年導演攝影影片研討會”上的發言》，1985年3月29日）

《一個和八個》的成功決不是一個導演的成功，而是一代人的成功。20多年後，作爲我一個個體來説，那時我30歲，現在已經50多歲了，我回過頭來看這部影片有很多年輕氣盛、幼稚的痕跡。可能正是當初我們的幼稚，無所顧忌，以及不世故使得這部影片留下來了，如果當初都給自己留了後路可能完全就是另一個樣子，我慶幸我們的義無反顧。

（張軍釗《這是一代人的成功》，《〈一個和八個〉：“第五代”來了》，《新京報》，2005年6月28日）

《黄土地》劇照

《黄土地》

出品：廣西電影製片廠
編劇：張子良
導演：陳凱歌
攝影：張藝謀
主演：薛白　王學圻
**　　　譚托　劉强**

陝北農村貧苦女孩翠巧，因爹爹定下的娃娃親十分痛苦。八路軍文藝工作者顧青爲採集民歌來到翠巧家。通過一段時間生活、勞動，翠巧對延安滿懷向往。完婚之日，翠巧逃出夫家，東渡黄河，消逝在滔滔河水中。

《一個和八個》劇照

《一個和八個》

出品： 廣西電影製片廠
編劇： 張子良
導演： 張軍釗
攝影： 張藝謀
主演： 陶澤如　陳道明　盧小燕　趙小銳

八路軍指導員王金蒙冤入獄，和8名罪犯關在一起。他用抗戰的思想和人道主義感化犯人。在日寇掃蕩隨軍監獄與部隊失去聯絡後，鋤奸科長許志處決了投毒犯，王金顧全大局要求臨刑，許志深受感動，下令帶犯人突圍。許志負傷，王金率犯人突圍後，犯人們將功贖罪，王金也重新贏得了黨和人民的信任。

《喋血黑谷》

出品： 瀟湘電影製片廠
編劇： 蔡再生
導演： 吴子牛
攝影： 張黎
主演： 杜雨露　趙建文　王寧生　鮑海鳴

1939年夏，中原前線的八十四軍第一師被日寇重兵包圍，軍情險急，軍長王朝憲請求增援，得到的是獨夫民賊的一紙密令，指使王朝憲曲線救國。圍繞密令在八十四軍駐地爆發了一場犬牙交錯的激烈爭奪戰。王朝憲毅然與蔣介石決裂，率領部隊走上抗日之路。

《喋血黑谷》劇照

《獵場札撒》劇照

《獵場札撒》

出品： 内蒙古電影製片廠
編劇： 江浩
導演： 田壯壯
攝影： 吕樂　侯詠
主演： 敖特根巴雅爾　拉西　巴雅爾圖　包旺道爾吉

旺森扎布因偷獵違反了獵場札撒而受到懲罰。他的哥哥陶格濤心有不滿，暗中對維護法規的巴雅斯古冷進行報復。在一場火災中，陶格濤的母親被救，使他深受感動，反省後向巴雅斯古冷道歉。巴雅斯古冷也反省自己的偷獵行爲，並按照獵場札撒的規矩跪在馬樁下。目睹此景，在場的獵手們一起跪倒在刻有札撒的石碑前，承受傳統道德的洗禮。

《黑炮事件》

出品： 西安電影製片廠
編劇： 李維
導演： 黄建新
攝影： 王新生　馮偉
主演： 劉子楓　汪漪
高明　楊亞洲

某礦山公司一個精通德語的工程師趙書信出差外地時，在旅館與人下象棋，將一個棋子“黑炮”丢失在該旅館301室，他感到另配一個棋子太别扭，便向旅館發去一封“丢失黑炮301找趙”的電報尋找原棋子，没想到引出一場不小的誤會。

《黑炮事件》劇照

陳凱歌

張藝謀

田壯壯

黃建新

黃土地拍攝現場，左爲張藝謀、中爲陳凱歌，右爲何群

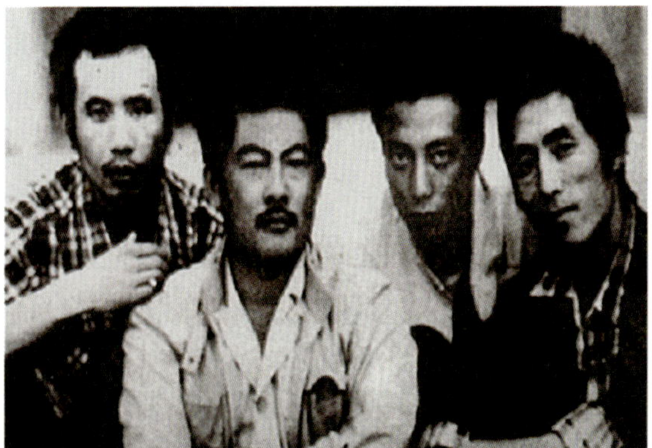

蕭風、張軍釗同何群、張藝謀在一起。由左至右分别是：何群，張軍釗，肖風，張藝謀

陳凱歌（1952— ）

導演。原籍福建長樂，生於北京。1982年北京電影學院導演系畢業，任北京電影製片廠導演。代表作品有《黄土地》、《大閱兵》、《孩子王》、《邊走邊唱》、《風月》、《霸王别姬》、《和你在一起》、《無極》等。

張藝謀（1951— ）

導演。陝西西安人。1982年畢業於北京電影學院攝影系，任廣西電影製片廠攝影師、導演。代表作品有《紅高粱》、《菊豆》、《大紅燈籠高高掛》、《秋菊打官司》、《摇啊摇，摇到外婆橋》、《活着》、《有話好好説》、《一個都不能少》、《我的父親母親》、《幸福時光》、《英雄》、《十面埋伏》、《千里走單騎》等。

田壯壯（1952— ）

導演。原籍天津，生於北京。1982年畢業於北京電影學院導演系，任北京電影製片廠導演；現爲北京電影學院導演系主任。代表作品有《獵場札撒》、《盗馬賊》、《鼓書藝人》、《摇滚青年》、《大太奸李蓮英》、《藍風箏》、《小城之春》、《德拉姆》等。

張軍釗（1952— ）

導演。原籍河南，生於北京。在新疆軍區服役五年，1974年復員後在新疆烏魯木齊市團結劇場任宣傳幹事。1982任廣西電影製片廠導演。1987年考入北京電影學院導演系就讀導演本科。1989年兼任廣西廠副廠長。作品有《一個和八個》、《臺北女人》、《死拼》、《弧光》、《加油，中國隊》等。

何群（1955— ）

美工師、導演。江蘇南京人。1978年考入北京電影學院美術系。1982年畢業後進入廣西電影製片廠任美術師，1989年調入珠影。1983年以來，任《一個和八個》、《黄土地》、《大閱兵》、《書劍恩仇録》、《寡婦村》、《出嫁女》等影片的美術設計。1988年後任導演，作品有《烈火金鋼》、《上一當》、《鳳凰琴》等。

蕭風（1960— ）

攝影師、導演。湖南湘潭人。1978年考入北京電影學院攝影系，1982年畢業後分配到廣西電影製片廠當攝影師。1984年肖風和張藝謀聯合擔任影片《一個和八個》的攝影。之後又先後擔任影片《加油，中國隊》、《椰城故事》、《孤獨的謀殺者》、《弧光》、《摇滚青年》、《本命年》、《死拼》等影片的攝影。1991年，肖風涉入導演工作，執導了《寡婦十日談》。

黃建新（1954— ）

導演。原籍河北深縣，生於陝西西安。1977年入西北大學中文系學習，後到西安電影製片廠工作；1983年入電影學院導演系進修；現爲西安電影製片廠導演。代表作品有《黑炮事件》、《錯位》、《輪迴》、《站直囉，别趴下》、《背靠背，臉對臉》、《埋伏》、《説出你的秘密》、《誰説我不在乎你》、《求求你表揚我》等。

北京舉行“慶祝夏衍同志從事革命文藝工作55週年”茶話會

12月16日，“慶祝夏衍同志從事革命文藝工作55週年”茶話會在北京人民大會堂舉行。首都各界450名知名人士參加了大會，全國人大常委會副委員長胡愈之把一面鐫有“中國革命電影事業開拓者”字樣的銅盤授予了夏衍。鄧穎超題詞：“向電影事業的先驅者表示敬意！”。

16日—23日，在北京西山舉辦了“夏衍電影創作與理論討論會”，電影學院院長沈嵩生主持會議，陳荒煤致開幕詞：《肩負重任，奮勇前進》，于伶、白楊、桑弧、于藍等100位電影藝術家出席會議，他們大多數是在夏衍的領導或關懷下成長起來的電影藝術家、事業家、理論家和電影教育家，從各個方面講述了夏衍對新聞紀録片、科教片、美術片、電影劇本、電影教育等方面付出的心血和努力。討論會共宣讀40篇研究論文。最後，85歲高齡的夏衍從政治與藝術的關係、知識與知識分子、創作實踐等三個方面，坦陳了個人從事革命電影工作的主要體會。

附録：《中國人民電影事業的奠基人——慶祝夏衍同志從事革命文藝工作55週年》

夏衍同志是中國人民電影事業的開拓者、創業者和奠基人之一。早在三十年代初，他和阿英、塵無、司徒慧敏、石凌鶴等同志在瞿秋白同志領導和支持下成立了黨的電影小組，之後又有田漢、陽翰笙、孫師毅、于伶、袁牧之、蔡楚生、聶耳、陳波兒、鄭君里、趙丹、王瑩等同志先後參加左翼電影活動。

（荒煤《人民日報》，1985年12月16日）

胡喬木否定對電影《武訓傳》的批判

中共中央政治局委員胡喬木在9月5日上午舉行的陶行知研究會、陶行知基金會成立大會上的講話指出：“解放初期（1951年）對電影《武訓傳》的批判是非常片面的、極端的和粗暴的。”他説，這個批判不但不能認爲是完全正確，甚至也不能認爲基本正確。但目前也没有充分的理由説這個批判完全錯誤。他指出，這個批判涉及的範圍相當廣泛。其中不僅涉及到影片進步編導孫瑜同志、進步演員趙丹同志等人，而且涉及到一切曾經對武訓傳表示過稱許的人士，因此也涉及到肯定過武訓的陶行知先生。這種追究方法是錯誤的，應還各人以本來面目。

自1951年5月20日《人民日報》上發表的社論《應當重視〈武訓傳〉的討論》之後，影片《武訓傳》受到了大量的口誅筆伐。25年後，《武訓傳》終於得到了公允的評價。胡喬木在陶行知研究會、陶行知基金會成立大會上發表講話，否定對電影《武訓傳》的批判。一些仍在世的《武訓傳》的編導演人員聽到此訊，百感交激。此時，距離趙丹去世五年整。陶行知的文集也得以出版。

夏衍在工作中

附録：《武訓傳》主創人員的反應

這次，胡喬木同志在中國陶行知研究會和基金會成立大會上的講話中，認爲對電影《武訓傳》的批判，是粗暴的做法，這是黨的實事求是精神得到發揚的體現。喬木同志没有對武訓這個人物和電影本身作結論，這也是體現了黨的民主和實事求是精神。

（迅遷《欣慰和希望——訪〈武訓傳〉編導孫瑜》，《大衆電影》1985年第11期）

最近，胡喬木同志發表講話，指出對電影《武訓傳》的批判是非常片面、極端和粗暴的。我作爲《武訓傳》的主要演員之一，禁不住高興得熱淚奪眶而出。我由衷地感謝黨中央對這場批判作出否定的評價，使編導孫瑜同志、主要演員以及受到牽連的許多同志心裏長期結的一個大疙瘩，徹底解除了。

因爲拍攝了此片，五十年代，六十年代，我多次被迫檢查創作思想，發展到1967年上半年，在“文化大革命”的瘋狂時期，《武訓傳》的主要創作人員：孫瑜、趙丹、我與吴茵等同志，多次在萬人批判大會上受到造反派的殘酷鬥爭與無情打擊；在廠裏更受到無數次的批鬥。

（周伯勳《〈武訓傳〉拍攝的前前後後》，《大衆電影》1985年第11期）

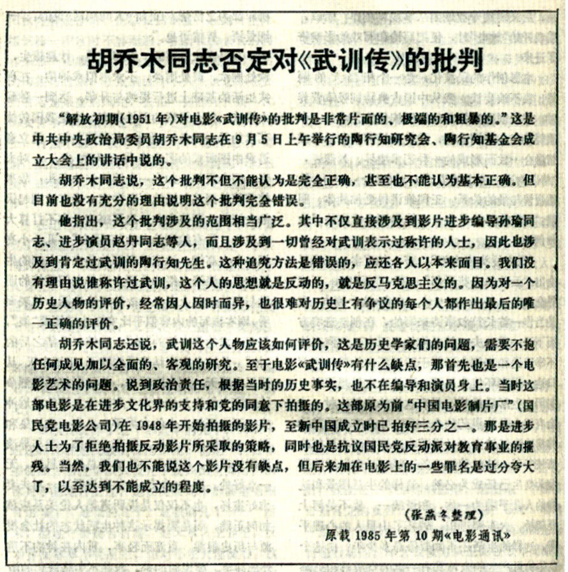

胡乔木同志否定对《武训传》的批判

“解放初期（1951年）对电影《武训传》的批判是非常片面的、极端的和粗暴的。”这是中共中央政治局委员胡乔木同志在9月5日上午举行的陶行知研究会、陶行知基金会成立大会上的讲话中说的。

胡乔木同志说，这个批判不但不能认为是完全正确，甚至也不能认为基本正确。但目前也没有充分的理由说明这个批判完全错误。

他指出，这个批判涉及的范围相当广泛。其中不仅直接涉及到影片进步编导孙瑜同志、进步演员赵丹同志等人，而且涉及到一切曾经对武训表示过称许的人士，因此也涉及到肯定过武训的陶行知先生。这种追究方法是错误的，应还各人以本来面目。我们没有理由说谁称许过武训，这个人的思想就是反动的，就是反马克思主义的。因为对一个历史人物的评价，经常因人因时而异，也很难对历史上有争议的每个人都作出最后的唯一正确的评价。

胡乔木同志还说，武训这个人物应该如何评价，这是历史学家们的问题，需要不抱任何成见加以全面的、客观的研究。至于电影《武训传》有什么缺点，那首先也是一个电影艺术的问题。说到政治责任，根据当时的历史事实，也不在编导和演员身上。当时这部电影是在进步文化界的支持和党的同意下拍摄的。这部原为前“中国电影制片厂”（国民党电影公司）在1948年开始拍摄的影片，至新中国成立时已拍好三分之一。那是进步人士为了拒绝拍摄反动影片所采取的策略，同时也是抗议国民党反动派对教育事业的摧残。当然，我们也不能说这个影片没有缺点，但后来加在电影上的一些罪名是过分夸大了，以至达到不能成立的程度。

（张燕冬整理）

原载1985年第10期《电影通讯》

《胡喬木同志否定對電影《武訓傳》的批判》，《電影藝術》1985年第12期

本年度在國際上主要獲獎情況

《不當演員的姑娘》獲評爲土耳其伊斯坦布爾國際電影節優秀影片；

《泉水叮咚》獲伊朗第15屆國際教育電影節教育類長片比賽銅牌獎；

《火童》獲日本第1屆廣島國際動畫電影節動畫片一等獎；

《邊城》獲加拿大第9屆蒙特利爾國際電影節評委會榮譽獎；

《黄土地》獲瑞士第38屆洛迦諾國際電影節“銀豹獎”、英國第29屆倫敦電影節“薩特蘭杯”獎（陳凱歌）、法國第7屆三大洲電影節攝影獎、美國第5屆夏威夷國際電影節東西方中心電影獎和伊斯曼柯達獎；

《月光下的小屋》獲印度第4屆國際兒童電影節最佳故事片獎、印度卡納塔克邦首府加羅係獲國際評獎團授予的金象獎和兒童評獎團授予的金牌；

《孔雀公主》獲捷克斯洛伐克第14屆國際兒童電影節頭獎“水晶蝴蝶杯”；

《高山廟》獲意大利第43屆威尼斯國際電影節威尼斯短片比賽青年電影家鼓勵獎。

1985年（臺灣）

大事記

1月6日 大衆公司原定拍攝王文興小説改編的電影《家變》，由於資金短絀，負責人李行宣佈停拍。

1月9日 電影製片楊登魁因名列"一清專案"掃黑對象，在"中影"被刑事警察局逮捕。

1月12日 "國民黨中央文工會"決定補助"中影"，"中影"和臺灣電影製片廠各1000萬元，用以開拍大規模政策性影片。

3月12日 來臺爲臺視婦女編劇班講課的日本導演今村昌平指出，臺灣演員演技草率誇張，與事實生活相距太遠，不够敬業；電影未能同步録音以致培養不出好演員，而編劇對人生體會不够，以致戲劇感人力量不够。

3月31日 鄉土型舞臺秀演員廖峻、澎澎主演的"電影秀"在青年節檔推出，轟動全省，吸引了許多平日極少看電影的中下層民衆前往觀賞。

3月 "一清專案掃黑行動"將盗録集團列爲第五類掃黑對象。

4月13日 針對北市片商公會部分成員陳情，金馬國際影展及年度影片大展公開映演將打擊影片市場，"新聞局"根據《電影法》答覆，爲提升電影觀賞水準，影片觀摩將持續辦理。

5月28日 群龍公司宣佈以100萬元買下白先勇長篇小説《孽子》電影版權，請虞戡平執導，孫越主演。

6月7日 於日本東京舉辦第30屆亞太影展，侯孝賢獲最佳導演獎（《冬冬的假期》），王童、古金田、林崇文獲最佳美術指導獎（《策馬入林》），楊渭漢、李屏賓獲最佳攝影獎（《策馬入林》）。

6月12日 電影攝影師華慧英發起成立電影攝影協會。

6月 臺灣第一部16毫米人類學紀録片《祖靈之歸來——排灣族的五年祭》，入選紐約美國自然史博物館主辦的瑪格麗特·米德紀録片影展（Margaret Mead Film & Video Festival）。

7月15日 因導演張毅拍片進度緩慢，"中影"總經理林登飛下令暫停《我這樣過了一生》的拍攝。

8月9日 印象公司製作的電影《莎喲娜啦，再見》第4度更換導演。

8月10日 英國第39屆愛丁堡國際電影節揭幕，楊德昌導演的《青梅竹馬》和侯孝賢導演的《冬冬的假期》應邀展出。

10月22日 臺製廠慶祝臺灣光復40週年的電影《唐山過臺灣》在邱創煥的主持下開鏡。

10月 邵氏院線提前與"中影"解約。

11月30日 萬國院線排片人林榮豐與年代影視簽約，同意該院線首輪影片上映15天後即由年代公司發行録像帶，引起業界爭議。

12月4日 侯孝賢導演的《冬冬的假期》獲得法國南特三洲影展第一名。

12月 英國著名影評人艾德禮，在《1986年國際電影指南》中，盛讚1984至1985年是臺灣電影豐收年。

《青梅竹馬》劇照

重要影片

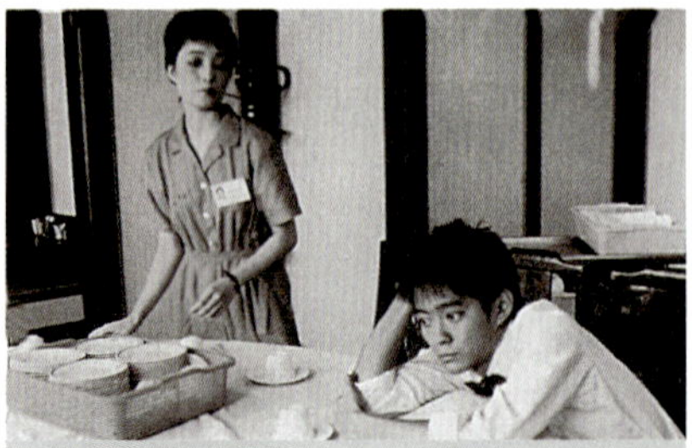

《少年阿辛》劇照

《少年阿辛》

出品：蒙太奇
編劇：葉雲樵
導演：張美君
主演：李志奇　西文蕓　魏伯勤　蕭紅梅

逃家的阿辛認識了彭大、毛妹跟蓮花，一起在茶樓工作。阿辛和蓮花要好，引起毛妹的嫉妒。一次餐廳喜宴，彭大被惡少打成重傷，毛妹爲了籌措醫藥費墮入風塵，阿辛則被損友誘惑搶劫綁架，闖下了大禍……

《最想念的季節》劇照

《最想念的季節》

出品：中影
編劇：朱天文
導演：陳坤厚
主演：張艾嘉　李宗盛　管管

一直相信算命師説他三十歲前不能結婚的畢寶亮，在29歲過八月的某一天，遇到了劉香妹，對方竟然直截了當地要求畢寶亮與她"有條件"地結婚……

《青梅竹馬》

出品：萬年青
編劇：楊德昌　朱天文　侯孝賢
導演：楊德昌
主演：侯孝賢　蔡琴

上班女子因公司併購而被裁員，對未來感到茫然，她期待青梅竹馬男友能帶她移民美國。他的男友曾是少棒國手，長大後一事無成，苦悶的壓力使他沉迷於賭博……

《超級市民》劇照

《童年往事》劇照

《童年往事》

出品：中影
編劇：朱天文　侯孝賢　**導演**　侯孝賢
主演：田豐　梅芳　唐如韞　游安順　辛樹芬

影片始於阿孝一段沉鬱的自白，細數那段一家人自大陸遷臺後的童年記憶；以及成長階段苦悶、任俠的壓抑與衝動，並經歷父、母及祖母分別過世的影響。

《超級市民》

出品：新藝城　**編劇：**萬仁　廖慶松
導演：萬仁
主演：蘇明明　管管　陳博正　李志奇

志祥從南部北上尋找失去音訊一年多的妹妹，在臺北認識了妹妹以前的鄰居、賣假貨的落雷跟退伍老兵老胡。跟着落雷，志祥見識了形形色色的臺北。

《八番坑口的新娘》

出品：高仕　**編劇：**吴念真
導演：金鰲勳　**主演：**許不了　張艾嘉　魯直

一個在礦區服務的基層警察與瘋女之間的故事。

影片目録

中影　《最想念的季節》、《童年往事》、《傻福星》、《我這樣過了一生》
中製　《細雨春風》
新藝城　《孤戀花》、《抓鬼特攻隊》、《超級市民》
蒙太奇　《少年阿辛》、《排行榜》、《籃球情人夢》、《街頭浪子》、《玫瑰玫瑰我愛你》
永昇　《典妻》、《相見歡》
湯臣　《美人圖》、《竹籬笆外的春天》、《老少江湖》、《老頑童與小麻煩》
飛騰　《好個蹺課天》、《結婚》、《臺北神話》、《打鬼救夫》
吉星　《南北少林》、《唐朝艷妃》、《唐朝後宫的秘密》
松慶　《怨婦》、《人間男女》、《玉樓春》
永懷　《十八王公》、《中獎》
第一　《大情人與小跟班》、《野牛鬥金牛》
卓懋　《快樂寶貝》、《都市的大飯碗》
五洲景龍　《紅男緑女》、《艷女毒咒》
金格　《箭瑛大橋》、《電影秀》
其他　《陽春老爸》（萬賀）、《慈悲的滋味》（群龍）、《背影》（康橋）、《青梅竹馬》（萬年青）、《莎喲娜啦，再見》（印象）、《打狗驚蛇》（天平）、《霹靂女蜂王》（哥頓）、《情妓》（華麒）、《天生寶一對》（高祥）、《大爆笑》（金海）、《乞丐玩藝妲》（富祥）、《小丑與天鵝》（永宇）、《國四英雄傳》（龍祥）、《他是我哥哥》（新景）、《社會人》（藝新）、《不要冤枉我》（銀城）、《她是男性》（環宇）、《妙計連環套》（大榮）、《鱷魚精》（欣欣）、《少年八家將》（銀海）、《桃花要出嫁》（國華）、《媽祖救世》（新力）、《寶貝家庭》（學甫）、《唐朝綺麗男》（新風格）、《記得當時》（大龍）、《東京來的小寡婦》（欣達）、《男人不是好東西》（藝新）、《鹿港摸乳巷》（華國）、《龍門太保》（今中）、《瘋女情》（南海）、《奔出江湖路》（金淮）、《少爺兵》（登魁）、《舞女》（止峰）、《處女十誡》（金昆）、《八番坑口的新娘》（高仕）、《在室女》（印象）、《十嫁妖女》（雅慧）、《軍鼓》（浩天）、《傻瓜出頭》（騰龍）

張毅（1951— ）

導演。北京人。1974年世新電影科畢業。1979年在新生報連載的小說《源》獲得極大的回響，隨後改編爲電影劇本；後又與世新學友邱銘誠、王銘燦、虞戡平合編《人肉戰車》、《大追擊》等電影劇本並拍攝成電影。1982年，拍攝《光陰的故事》中的第四段《報上名來》，成爲臺灣新電影的代表人物之一。隨後導演《野雀高飛》(1982)、《竹劍少年》(1983)、女性電影三部曲：《玉卿嫂》(1984)、《我這樣過了一生》(1985) 以及《我的愛》(1986)。其中《我這樣過了一生》分别榮獲臺灣金馬獎和亞太影展的最佳導演獎；《我的愛》則榮獲美國紐約綜藝雜誌年鑒，評選爲臺灣電影百年1895—1995十大電影傑作之一。

《我這樣過了一生》劇照

《我這樣過了一生》

出品：中影

編劇：張毅　蕭颯　導演：張毅

主演：楊惠姍　李立群

桂美嫁給中年男子侯永年，成了三個孩子的繼母。在歷經丈夫失業、兒女出生、家計入不敷出、赴日本幫傭等困境，好不容易兒女成長，家境好轉，回臺開餐廳之際，却發現身患癌症。

《國四英雄傳》劇照

《國四英雄傳》

出品：龍祥

編劇：吴念真

導演：麥大傑

主演：江霞　姜先誠

周儒林和陳敬兩個同班同學，因爲落榜，決定進入"超仁補習班"準備考試。補習班規定要理平頭、穿制服、每天早上七點鐘打卡上課，一切管理宛如軍事訓練……

第22届金馬獎得獎名單

最佳劇情片：《我這樣過了一生》（中影公司出品）

最佳紀録片：入圍從缺

最佳導演：張毅《我這樣過了一生》

最佳男主角：周潤發《等待黎明》

最佳女主角：楊惠姍《我這樣過了一生》

最佳男配角：陳博正《超級市民》

最佳女配角：唐如韞《童年往事》

最佳原著劇本：朱天文、侯孝賢《童年往事》

最佳改編劇本：蕭颯、張毅《我這樣過了一生》

最佳攝影：陳坤厚《結婚》

最佳剪輯：蔣國權《NG慢半拍》

最佳美術設計：林崇文、古金田、王童《策馬入林》

最佳服裝設計：王童、顔昭世《策馬入林》

最佳原著音樂：陳揚《結婚》

最佳改編音樂：張弘毅《國四英雄傳》

最佳電影插曲：李壽全、張大春《超級市民》

最佳録音：杜篤之《超級市民》

與美國貿易會談國片遭殃

1985年10月8日，爲期三天的"北美事務協調會、美國在臺協會雙邊貿易諮商會議"結束，率團出席的王建煊根據互利的原則，在諮詢過程中，對美方所擬的主要議題就影片管制進口部分作以下決定：

1. 對外國製電影的娛樂稅稅率由最高的35%降至25%。
2. 原則同意停止徵收每部片子新臺幣20萬元的"國片輔導金"。
3. 同意放寬外片進口配額管制辦法。
4. 外片不得在同一城鎮4家戲院聯映之限制將續予保留。

此次會談的相關決定，顯然對國片的保護政策形同棄守，國片生機更加喪失。

《臺北神話》劇照

《臺北神話》

出品：飛騰
編劇：吴念真
導演：虞戡平
主演：孫越　江霞

幼兒園司機老孫退休前的最後一個工作日，因爲發現車内的孩子們没有見過海，老孫臨時起意，決定帶着這群小孩去享受自然之趣，這個單純的舉動，却引發了大騷動……

《結婚》劇照

《竹籬笆外的春天》

出品：湯臣
編導：李祐寧
主演：鍾楚紅　蘇明明　費翔

李琳是個漂亮聰穎但叛逆的女孩，愛華却是内向且壓抑的女孩，他們是好友，也同時喜歡上他們的兒時玩伴飛行員何剛……

《竹籬笆外的春天》劇照

《結婚》

出品：飛騰
編劇：朱天文　丁亞民
導演：陳坤厚
主演：楊潔玫　楊慶煌

小鎮農會職員羅雲郎跟富家女曾美霞戀愛，無奈遭到雙方家長反對。兩人打算私奔却被發現，被軟禁在家的美霞選擇服毒自盡。

喜劇演員許不了過世

喜劇演員許不了於1985年7月3日12點45分病逝臺北馬偕醫院，死因爲"心臟麻痹"，得年35歲。

許不了（1950—1985）

本名葉鐵雄，自幼在"王家班"特技班學藝。少年時期跟隨父親葉清江（又名葉柏樺）四處賣藝，取名小伯樂。後被中視節目部副理王世綱識拔，安排在中視的閩南語連續劇《雷峰塔》中飾演許仙的書僮許不了，從此延用這個藝名在演藝圈發展。他從影的第一部戲是1979年張佩成導演的《成功嶺上》，主要搭檔是方正。合作最多的導演爲朱延平。他主演的喜劇片幾乎都有很高的票房，較著名的有金鰲勳導演的《八番坑口的新娘》、朱延平導演的《紅粉兵團》、《小丑》等近40部電影。

許不了走紅後，在不景氣的電影界成爲一大票房魅力，連黑道也想分一杯羹，在大家搶拍之下，他常同時軋三四部戲，不僅加重他的心理壓力也使他的身體狀況日漸惡化。他曾經逃離拍片現場製造失蹤事件，也曾經自殺但都没成功。加上身體的病痛終於迫使他以酒精來麻痹自己，也曾被指控吸毒但以罪證不足開釋。雖然在銀幕上許不了使出渾身解數把觀衆逗得樂不可支，但根據他的經紀人、也是他的表弟表示："他是最不快樂的人，對自己的身世、際遇充滿傷感。"

許不了的遺作、朱延平導演的《小丑與天鵝》創下1985年的最高票房。而各國片院線的影片的排檔也大幅更改，以應許不了風潮。

《小丑與天鵝》

出品：永宇
編劇：陳家昱　導演：朱延平
主演：許不了　甄秀珍　方正

許阿昆是一個過氣的舞臺藝人，在歌舞團裏以腹語表演木偶度日，阿珠是團裏的歌舞女郎，她在許失業潦倒之際，適時表現出她的關懷之心，隨着他離開歌舞團四處流浪，尋找新的工作。

小説改編電影蔚爲風潮

數年前的《光陰的故事》打響臺灣新電影的第一炮，緊接其後的《兒子的大玩偶》與《看海的日子》改編自黄春明的小説，《嫁妝一牛車》改編自王禎和的小説，《玉卿嫂》改編自白先勇的小説，不但上述前輩作家的小説被搬上銀幕，連晚近崛起的小説家之作品，如廖輝英的《油麻菜籽》、朱天文的《小畢的故事》也都被改編成電影劇本，且大致都獲得不錯的評價。因此，1985年的小説改編狀况更趨普遍，簡直到了誤以爲只要小説改編便是票房保證的地步，計有白先勇的《孤戀花》、《孽子》、《金大班的最後一夜》，黄春明的《莎喲娜啦，再見》，王禎和的《美人圖》，七等生的《結婚》，廖輝英的《暗夜》，蕭颯的《我這樣過了一生》（小説原名爲《霞飛之家》），陳雨航的《策馬入林》、李昂的《殺夫》等。其實經由不同的導演詮釋成電影以後，這種莫名奇妙蔚成的風潮顯然評價是有嚴重的落差，是否值得鼓勵仍有斟酌餘地，只是風潮終究是風潮，此一現象在此之後的三五年間仍無減退跡象。

白先勇（1937—　）

當代作家。廣西桂林人。國民黨高級將領白崇禧之子。在讀小學和中學時深受中國古典小説和"五四"新文學作品的浸染。童年在重慶生活，後隨父母遷居南京、香港、臺灣，臺北建國中學畢業後入臺南成功大學，一年後進臺灣大學外文系。1958年發表第一篇小説《金大奶奶》。1960年與同學陳若曦、歐陽子等人創辦《現代文學》雜誌，發表了《月夢》、《玉卿嫂》、《畢業》等小説多篇。1961年大學畢業。1963年赴美國，到愛荷華大學作家工作室研究創作，1965年獲碩士學位後旅居美國，任教於加州大學。出版有短篇小説集《寂寞的十七歲》、《臺北人》、《紐約客》，散文集《驀然回首》，長篇小説《孽子》等。

白先勇吸收了西洋現代文學的寫作技巧，融合到中國傳統的表現方式之中，描寫新舊交替時代人物的故事和生活，富於歷史興衰和人世滄桑感，故其作品被大量搬上銀幕，是有其道理的。

1985年（香港）

大事記

1月2日　美國林肯藝術中心和華美藝術中心聯合授予影片《少女日記》(1984)導演楊凡以“亞洲最有前途導演獎”。

2月18日　海洋公園新建成的二百度弧幕電影院開幕。

5月21日　電影導演李晨風去世，終年76歲。

11月1日　影視處今日起實施修訂電影宣傳資料送檢程序，引起電影商人及戲院商人的反對。

11月2日　邵氏公司宣佈，所屬在美國、加拿大的6家戲院，自1986年2月1日起，正式租給嘉禾影業公司。

本年　成龍創辦威禾公司，創業作《警察故事》。臺灣女星林青霞應邀主演該片，並於此後在香港發展。

邵氏兄弟公司基本停產，轉而成爲香港電視廣播有限公司（即無線電視TVB）大股東，原邵氏片場轉租給了TVB。原邵氏院線則出租給德寶電影公司。歷史悠久的邵氏從此退出香港影壇。

長城公司拍攝了香港最後一部國語電影《瘋狂上海灘》，宣佈了國語電影在香港再也沒有市場。自此，香港電影至今一直是由粵語“統治”。

重要影片

《生死線》劇照

《何必有我》海報

《生死線》

出品：德寶公司
編劇：德寶創作組
導演：梁普智
主演：岑建勳　黃斌
　　　邵傳勇　謝貞元

一位教師帶領三男三女學生到離島東坪洲露營。島上有一個三兄弟家庭，都帶有一點瘋狂。原本是快樂的露營，演變成了令人難忘的夢魔。

獲第5屆香港電影金像獎最佳攝影(潘恒生)。

《何必有我》

出品：新藝城公司
編劇：黃百鳴　鄭則仕　鄭忠泰
導演：鄭則仕
主演：鄭則仕　鄭文雅　周潤發　朱江　焦姣

KOKO投身社工，認識了弱智肥猫，她全力幫助他自力更生，却弄巧成拙。KOKO漸覺有心無力，只得看肥猫在社會歧視的眼光中消失。

獲第5屆香港電影金像獎最佳男主角（鄭則仕）。

《皇家師姐》

出品：德寶公司
編劇：黃炳耀　導演：元奎
主演：楊紫瓊　岑建勳　孟海　徐克　羅芙洛

兩女警在調查一外國人死因過程中，和偷竊該外國人財物而屢遭犯罪集團殺手追殺的三小偷一起連手，粉碎犯罪集團的陰謀。當年楊紫瓊正是以《皇家師姐》一片成名，奠定了她亞洲首席女打星的地位。

獲第5屆香港電影金像獎最佳男配角（孟海）。

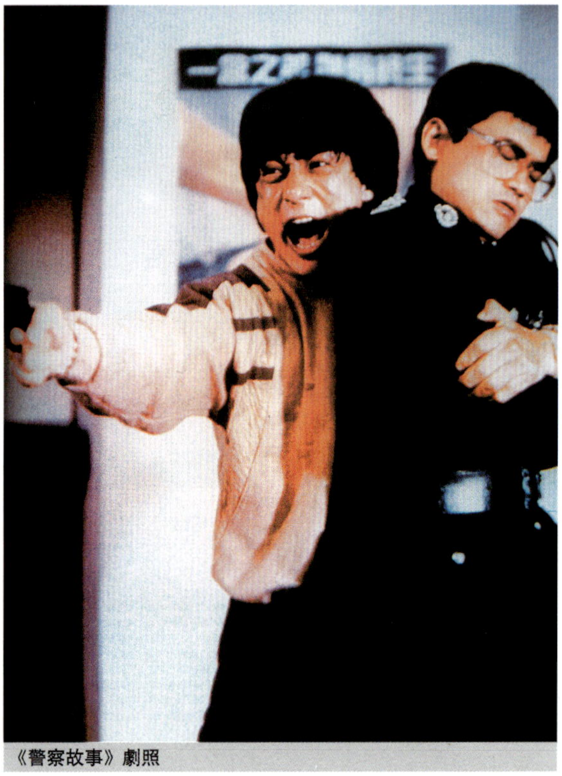
《警察故事》劇照

《警察故事》

出品：威禾公司
編劇：成龍　鄧景生
導演：成龍
主演：成龍　林青霞
　　　張曼玉　林國雄

警探陳家駒公正執法，反被誣陷，家駒單槍匹馬脱離警署尋找兇犯，最後，抓住兇犯，洗脱殺人嫌疑。

獲第5屆香港電影金像獎最佳影片、最佳動作指導（成家班）。

第4屆香港電影金像獎頒獎

影片《省港旗兵》獲多項提名，最終却敗於“勁敵”《似水流年》。最佳女演員斯琴高娃，成爲香港電影金像獎第一位獲獎的内地演員。

最佳影片：《似水流年》，最佳導演：嚴浩（《似水流年》），最佳編劇：孫良（《似水流年》），最佳男主角：李修賢（《公僕》），最佳女主角：斯琴高娃《似水流年》），最佳男配角：林威（《省港旗兵》），最佳女配角：梅艷芳（《緣分》），最佳新人：顧美華（《似水流年》），最佳攝影：黎萃明（《等待黎明》），最佳剪輯：張耀宗（《省港旗兵》）最佳美術指導：張叔平（《似水流年》），最佳動作指導：成家班（《A計劃》），最佳音樂：林敏怡（《傾城之戀》）。

邵氏兄弟公司轉營電視退出香港影壇

1957年從新加坡遷至香港，平均年產量高達30多部影片的邵氏兄弟公司悄然退隱，不再從事電影製作、發行及戲院經營業務，將相關產業轉租與其他企業，轉而經營電視業務。過去20多年曾創下輝煌業績的邵氏公司在進入80年代後便告不振，主要原因是香港電影城市化、本土化已呈不可逆轉之勢，這恰恰是邵氏的軟肋；同時，邵氏本身人才亦告青黃不接，再加上經營觀念保守，墨守成規，與時代脱節，日漸被邊緣化，不再適應社會發展，最後終告退出影壇。

邵氏公司最後留給香港電影一部較佳之作，是張婉婷導演的《非法移民》。留學美國學習電影、剛畢業的張婉婷獲得邵氏支持，使其這部處女作在美國拍攝完成。全片以寫實手法頗生動地拍出了非法移民的生存處境和異國他鄉飄泊生涯。作爲首作，本片成績十分不俗。

邵氏公司曾對香港電影貢獻良多，這是肯定的。2003年，邵氏將所有影片的音像版權出售予天映公司，數百部影片DVD、VCD陸續出版，同時出版了邵氏公司系列圖書，引至一陣對邵氏的懷舊熱，説明邵氏給香港電影留下的足跡依然是十分珍貴的。

《非法移民》

出品： 邵氏公司
編劇： 羅啓鋭
導演： 張婉婷
主演： 荆永卓　吴福星　廖軍佑　李巨源

大陸青年張君秋經香港偷渡去紐約。被移民局拘捕後，和李雪紅假結婚。後來兩人墜入愛河，決定正式結婚，但張却被偷渡組織頭子追討偷渡費用。

獲第5屆香港電影金像獎最佳導演

香港警察形象代言人——李修賢

在香港數之不盡的警匪片中對警察形象的描寫，影片《公僕》是最爲成功、出色的一部。李修賢飾演的警員阿B内外受壓，一心要撲滅罪惡、爲市民服務，要當個好警察的良好願望徹底遭到摧毁，這個有血有肉的角色給予觀衆留下極深刻印象。憑借《公僕》，李修賢獲第21屆臺灣金馬獎最佳男主角獎、第4屆香港金像獎最佳男主角獎。也因此使李修賢在多部片中都出演警察角色。

《公僕》

出品： 永佳公司（1984年）
編劇： 李修賢　何康喬
導演： 李修賢
主演： 李修賢　艾迪
莊靜而　金興賢

警探阿傑一心要考到幫辦。搭檔阿B出身下層，因誤傷一兒童而被停職調查。阿B因此意志消沉，但在傑的勸解重新振作起來。當他們佈下羅網時，阿傑被黑仔殺害；阿B取傑槍打傷黑仔，將他捉拿歸案。經此二役，B雖復職，但因對警務已生厭倦而提出辭職。

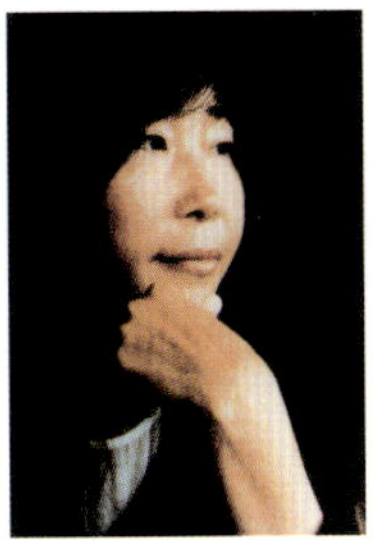

張婉婷（1950—　）

導演、編劇。原籍廣東，生於香港。在香港大學心理學畢業後，赴英國布里斯特爾大學學習戲劇與文學。1978至1980年在香港RTHK電視臺任製片與導演。1980年至1983年去美國紐約大學學習電影。留學期間拍攝了很多16毫米素材，構思移民問題三部曲的故事。1985年爲邵氏兄弟有限公司執導畢業作品《非法移民》。這部紀實性的非主流電影向商業電影一統天下的香港影壇吹進一股新風。1987年的《秋天的童話》和1989年的《八兩金》，完成了她的移民三部曲，亦獲得香港電影金像獎多項獎。1988年與羅啓鋭合作編寫電影劇本《七小福》，獲金馬獎、亞太影展、美國芝加哥國際影展的若干獎項，並獲第62屆美國奥斯卡最佳外語片提名。其主要作品還有：《我愛扭紋柴》、《宋家皇朝》、《北京樂與路》等。

李修賢（1951—　）

演員、導演、編劇、製片人。原籍廣東汕頭，生於香港。1970年邵氏影片演員培訓班畢業。1971—1979年出演功夫片，主演《水滸傳》、《江湖行》等片，是張徹第二代弟子之一。後在臺灣、香港兩地參加拍攝影片80餘部。1987年創建萬能影業公司，以拍攝警匪片、實録犯罪電影爲主，《兄弟》、《龍虎風雲》、《喋血雙雄》等片都是他的佳作，也善培養新人，周星馳就是他所挖掘。主要作品還有：《藍色霹靂火》、《車神》、《重案實録》、《月黑風高》等。

《公僕》劇照

主要影片目録

本年度香港共出品影片89部，其中粵語片84部，國語片3部。

邵氏 《錯點鴛鴦》、《非法移民》、《霹靂十城》、《皇家大賊》、《現代豪放女》、《花街時代》

永佳 《吉人天相》、《龍鳳智多星》、《小狐仙》

新藝城 《恭喜發財》、《開心鬼放暑假》、《何必有我》

德寶 《智勇三寶》、《生死線》、《皇家師姐》

嘉禾／寶禾 《福星高照》、《龍的心》

羅維 《摩登神探》、《女人風情話》

寶禾 《時來運轉》、《尸先生》

餘允抗／新藝城 《飛虎奇兵》

威禾 《警察故事》

鳳凰 《爵士觸到》

長城 《瘋狂上海灘》（國）

其他 《偷情》（陸氏）、《拖錯車》（鳳鳴）、《老友鬼鬼》（新世紀）、《反鬥妹》（麥當雄/珠城）、《開心三響炮》（大榮）、《超齡處男》（寰宇）、《木棉袈裟》（嘉民/福建）、《再見七日情》（邵氏/二友）、《中國神童》（鳳凰/花園）、《摩登女性》（寶利）、《拍檔闖情關》（恒生）、《情逢敵手》（新藝城/和平）、《花仔多情》（嘉禾/特高）、《平安夜》（天恒）、《毒咒》（雷鳴）、《歌舞升平》（余允抗）、《補鑊英雄》（編導製作社）、《再世風流劫》（康富）、《妙探孖寶》（新金城）、《女人心》（邵氏/珠城）、《八百羅漢》（南海/皇冠）、《1/2段情》（先濤）、《花心紅杏》（歷高）、《威龍猛探》（嘉禾）、《神秘的西藏》（鳳凰/南海）、《少林俗家弟子》（嘉民/三羊）、《青春差館》（翡翠）、《打工皇帝》（電影工作室/新藝城）、《夏日福星》（寶禾/寶祥）、《花女情狂》（嘉禾/城市）、《冷血屠夫》（安樂）、《三寶鬧深圳》（東聯/北京）、《法外情》（思遠）、《我願意》（新藝城/玉郎）、《鬥氣小神仙》（邵氏/龍光）、《歡場》（新香港）、《青春節拍》（銀鳳凰）

1986年（大陸）

大事記

1月10日—18日 中國電影電視技術協會化裝技術研究中心在長春召開第一屆年會。

1月11日 北京青年電影評論學會在京成立。

1月20日 六屆人大常委會第十四次會議做出決議，將電影系統全建制地由文化部分出，與廣播電視部合併，正式成立廣播電影電視部。

1月底 中國記協電影電視記者協會在京成立。

2月15日 文化部、廣播電影電視部聯合發出《關於貫徹國務院〈關於電影、電視機構合併有關事項的通知〉的通知》。

3月7日 廣播電影電視部發出《關於嚴格執行中共中央辦公廳、國務院辦公廳關於加强製片管理若干規定的通知》。

5月29日 中共中央宣傳部、廣播電影電視部、文化部、農牧漁業部聯合發出《關於解決當前農村看電影難問題的意見》。

8月4日—11日 由上海青年影評協會、上海市青年宮、《中國電影時報》等11家單位聯合舉辦的"上海青年影視愛好者活動週"在滬舉行，全國16家電影製片廠派代表團參加了新片彙映活動。

8月8日 中國影片《黃土地》在英國倫敦ICA影院首次映出，這是近年來中國影片第一次在英國作商業性放映。

《血戰台兒莊》海報

重要影片

《末代皇后》劇照

《末代皇后》

出品：長春電影製片廠
編劇：張笑天
導演：陳家林
攝影：安治國
主演：潘虹　姜文
　　　劉威　傅藝偉

1922年12月，廢帝溥儀和婉容結婚。九年後，婉容隨溥儀到滿洲後與李侍衛相愛並生下孩子。孩子被抱走後婉容立刻瘋了。祥貴人譚玉玲也因病死了，在爲她發喪的同時，福貴人李玉琴又被領進了皇宮。

《鄉民》

出品：珠江電影製片廠
編劇：張子良
導演：胡炳榴　攝影：韓杏元
主演：位北原　趙志禮
　　　林曉傑　陳銳

德高望重的退休鄉村教師韓玄子看不慣新生事物。平時被人瞧不起的王才將土地轉讓後，辦起了食品加工廠，帶動一些村民走上發家致富之路；韓玄子的兒子、兒媳也與他的舊觀念產生了矛盾。對此，韓玄子感到不知所措。

《鄉民》劇照

《血戰台兒莊》

出品：廣西電影製片廠
編劇：田軍利　費林軍
導演：楊光遠　翟俊傑　攝影：鞠峰
主演：邵宏來　初國梁　翟俊傑　江化霖

日軍坂垣師團爲策應津浦線上磯谷師團的攻勢，沿膠濟線進迫魯南軍事重鎮臨沂，與中國守軍展開激戰，拉開台兒莊戰役的序幕。1938年3月，國民黨將領李宗仁指揮守軍各部，在徐州北面要塞台兒莊與日軍展開會戰，經過拼殺殲滅頑敵。

《神鞭》

出品：西安電影製片廠
編導：張子恩　攝影：顧長衛
主演：王亞爲　陳寶國　徐守莉　張炎

清末，地痞玻璃花鬧街，傻二用辮子將其抽得狼狽不堪。玻璃花先後請來彈弓王、武林宗師以及東洋武士均敵不過傻二的辮子，從此人稱傻二的辮子爲神鞭。庚子年間，傻二在與洋人的交戰中辮子被打斷。他汲取教訓，又變絕招，再次將挑釁的玻璃花打敗。

《神鞭》劇照

《大閲兵》

出品：廣西電影製片廠
編劇：高力力
導演：陳凱歌　攝影：張藝謀
主演：王學圻　孫淳　吳若甫　鹿蕾

一群經歷不同、性格迥異的空降兵將士集中到一起，開始投入參加國慶節的廣場閲兵式訓練。艱苦枯燥的訓練磨練着每一個人。劉國强高燒仍站在隊列中；郝小園母親去世，他在回家的途中返回部隊；吕純的思想一度産生波動。但最終每個人都堅持下來了。

《盜馬賊》劇照

《盜馬賊》

出品：西安電影製片廠
編劇：張鋭
導演：田壯壯　攝影：侯詠　趙非
主演：才項仁增　旦校姬　帶巴　高娃

牧民羅爾布淪爲盜馬賊後被部落驅逐。在顛沛流離中，他的兒子扎西因病死去，妻子卓瑪又生下一個男孩，爲了擺脱困境，羅爾布決定不顧自己將受到懲罰，携妻兒重返部落。在歸途中他再次盜馬，不幸被追捕者亂搶擊中，他用盡最後的力氣爬上了天葬臺。

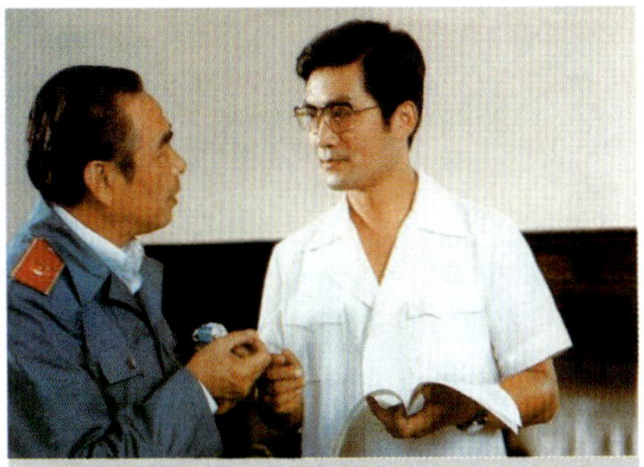
《T省的八四、八五年》劇照

《T省的八四、八五年》

出品：上海電影製片廠
編劇：柳國慶　導演：楊延晉
攝影：張元民
主演：葉志康　達式常　郭允泰　王偉平

T省機械總公司一分廠廠長程戈承包了一個每年均虧損的分廠，扭虧爲盈。但總公司黨委却單方面取消了經濟合同，並將他撤職。程戈向法院起訴，法院庭長郭剛經過艱苦的審理工作，作出了公正的判决，但事後郭剛却被調離原崗位，程戈在承包期滿後被免職。

《大閲兵》劇照

影片目録

北影　《棒打薄情郎》、《黨小組長》、《芙蓉女》、《馬鐵腿外傳》、《你的微笑》、《女活佛》、《山林中頭一個女人》、《失信的村莊》、《十五的月亮》、《抬花轎》、《俠女十三妹》、《幸運的人》、《血案疑蹤》、《月牙兒》、《月月》、《朱門玉碎》

童影　《飛飛從影記》、《鴿子迷的奇遇》、《姣姣小姐》、《小歌星》、《小鈴鐺》(續)

上影　《碧水雙魂》、《冰河死亡綫》、《超國界行動》、《非常大總統》、《芙蓉鎮》、《黑匣喋血記》、《攔靈車的人》、《女兒經》、《女局長的男朋友》、《漂流瓶》、《失蹤的女中學生》、《T省的八四、八五年》、《桐花淚》、《娃娃餐廳》、《我和我的同學們》、《性命交關》、《丫環傳奇》、《最後的太陽》

長影　《鏢王》、《波斯猫在行動》、《顫動的金翅膀》、《城市假面舞會》、《怪圈》、《藍色的愛》、《美麗的囚徒》、《密令截擊》、《末代皇后》、《母老虎上轎》、《難忘中學時光》、《女兵圓舞曲》、《鞘中之劍》、《情漫黄山》、《三十層樓上》、《逃犯》、《田野又是青紗帳》、《喜怒哀樂》、《響馬縣長》、《直奉大戰》

八一　《草地》、《沉默的冰山》、《大廈小屋》、《老鄉》、《雷場相思樹》、《破襲戰》、《通天塔》、《望日蓮》、《望子成龍》

珠影　《黑色的誘惑》、《還劍奇情》、《街市流行曲》、《美人魚》、《歲月匆匆》、《孫中山》、《無情的情人》、《鄉民》、《異想天開》(與香港天湖合拍)

西影　《阿龍浴血記》、《慈禧墓珍寶傳奇：東陵大盜》、《慈禧墓珍寶傳奇：平津奪寶》、《錯位》、《盜馬賊》、《黄河在這兒拐了個彎》、《兩對半》、《神鞭》、《他們正年輕》、《血濺畫屏》、《誘人的定情物》、《狐緣》

峨影　《殘酷的情人》、《草莽英雄》、《鋼銼將軍》、《獵神走出山谷》、《魔窟中的幻想》、《起訴》、《天堂之門》、《武當仙袍》(與河南廠合拍)、《總統行動》

瀟湘　《當代火神》、《葫蘆晃悠悠》、《假臉》、《秘密金庫》、《十九年華》、《逃出罪惡世界》

廣西　《大閲兵》、《多情的帽子》、《孤獨的謀殺者》、《吉他回旋曲》、《槍口下的紅桃皇后》、《血戰台兒莊》、《一對冒牌貨》

天山　《大漠紫禁令》、《孤女戀》、《美人之死》、《魔鬼城之魂》、《魔針》、《天山歡歌》、《不平静的鞏巴克》

内蒙　《成吉思汗》(與青影合拍)、《古墓驚魂》、《狼跡》、《戀愛季節》、《醒來吧，媽媽》

青影　《被跟蹤的少女》、《湘女蕭蕭》、《珍珍的髮屋》

新影　《芳草心》、《孟姜女》

中影　《海市蜃樓》、《大上海1937》(與香港嘉民合拍)

其他　《香魂》(安徽)、《父與子》(長龍)、《留在海邊的脚印》(大連渤海)、《新方世玉》(續)(廣州文化服務公司)、《白龍劍》(河北)、《情投意合》(機械部視聽技術研究中心)、《加州來客》(南海)、《牡丹亭》(南京)、《天涯孤旅》(山西)、《颶風行動》(深影)、《男性公民》(深圳電視臺)、《荒島槍聲》(浙江)、《椰城故事》(中國殘疾人福利基金會)、《苦澀的戀情》(福建)、《水鳥行動》(福建)、《遠洋軼事》(福建)、《七奶奶》(河南開封演出公司與香港金馬合拍)、《少林童子功》(河南開封演出公司與香港金馬合拍)、《洱海情波》(雲南)、《緑色的網》(雲南)

《雷場相思樹》

出品：八一電影製片廠
編劇：江奇濤
導演：韋廉
主演：巫剛　胡亞捷
　　　張健民　趙軍

根據江奇濤中篇小説《雷場上的相思樹》改編。激戰後的邱原一心要爲犧牲的戰友報仇，執意不肯撤離陣地，季剛硬是把他拉走。他們在路上，訓練與359陣地戰鬥往事浮現在邱原的眼前。

《雷場相思樹》劇照

《非常大總統》

出品：上海電影製片廠
編劇：孫道臨　葉丹
導演：孫道臨
攝影：羅從周　鄔烈康
主演：孫道臨　張曉敏
　　　李定保

孫中山於1921年春在廣州就任非常大總統，並誓師北伐。北伐軍一舉攻克南寧。陳炯明與北洋軍閥吴佩孚沆瀣一氣，孫中山免去陳炯明的一切職務，陳炯明密令洪兆麟部圍攻總統府。孫中山決定討伐陳炯明。永豐艦冒着叛軍的炮火，全速前進。

《非常大總統》海報

《失信的村莊》工作照

《山林中頭一個女人》

出品：北京電影製片廠
編劇：喬雪竹
導演：王君正
攝影：張中平
主演：李秀明　李緯　丁嘉莉　雷漢

老倪頭準備爲妓女小白鞋贖身。而小白鞋被剪洋驢子蹂躪至死，老倪頭乘深夜用斧頭劈死剪洋驢子，爲小白鞋報了仇。妓院丫頭大力神喜歡小勃帶，但小勃帶娶了秀女，然而秀女和車老闆私奔。大力神没有嫌棄，嫁給了小勃帶。

《我和我的同學們》海報

美國舉辦“劉曉慶電影回顧展”

1986年3月17—31日，北京電影製片廠演員劉曉慶應美國10個華僑和華人團體的邀請，携《瞧這一家子》、《小花》等影片，赴美國洛杉磯、舊金山參加當地華僑組織的劉曉慶個人影展活動。

《失信的村莊》

出品：北京電影製片廠
編劇：李準　李澈
導演：王好爲
攝影：李晨聲
主演：于紹康　程學欽　楊子純　劉佩琦

根據李準同名小説改編。黑墩懷揣20元錢去廟會相親失敗。在黄河渡口，黑墩認識了瓜匠丁雲鶴。丁雲鶴利用他種瓜的技術幫助全村人擺脱了貧困。但是支書張米貴不但不還欠丁雲鶴的債，還陷害了丁雲鶴，丁雲鶴傷心之下離去。整個辛莊的人們開始後悔。

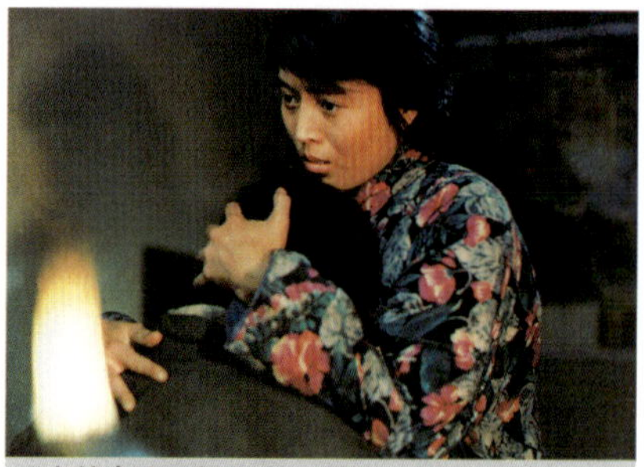

《山林中頭一個女人》劇照

《我和我的同學們》

出品：上海電影製片廠
編劇：謝友純
導演：彭小蓮
攝影：劉利華
主演：布蘭　周京舟　楊春雷　俞磊

布蘭接任周京舟爲班級體育課代表。她上任後組織了兩場籃球賽。在經歷兩場失敗後，布蘭當場辭職。周京舟勸回了布蘭，但是隨後發生了一場不愉快的爭吵，周京舟一怒之下宣佈退出球隊。但是在比賽最後，周京舟歸隊，班級最終奪得了全校冠軍！

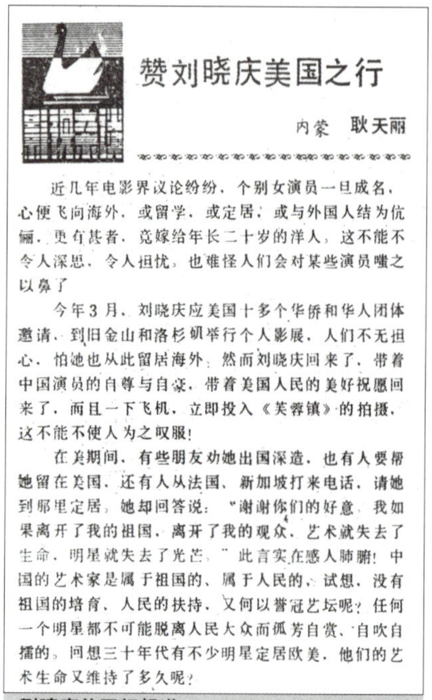

赞刘晓庆美国之行

内蒙　耿天丽

近几年电影界议论纷纷，个别女演员一旦成名，心便飞向海外，或留学，或定居；或与外国人结为伉俪，更有甚者，竟嫁给年长二十岁的洋人，这不能不令人深思，令人担忧，也难怪人们会对某些演员嗤之以鼻了

今年3月，刘晓庆应美国十多个华侨和华人团体邀请，到旧金山和洛杉矶举行个人影展，人们不无担心，怕她也从此留居海外，然而刘晓庆回来了，带着中国演员的自尊与自豪，带着美国人民的美好祝愿回来了，而且一下飞机，立即投入《芙蓉镇》的拍摄，这不能不使人为之叹服！

在美期间，有些朋友劝她出国深造，也有人要帮她留在美国，还有人从法国、新加坡打来电话，请她到那里定居，她却回答说：“谢谢你们的好意，我如果离开了我的祖国，离开了我的观众，艺术就失去了生命，明星就失去了光芒。”此言实在感人肺腑！中国的艺术家是属于祖国的、属于人民的，试想，没有祖国的培育、人民的扶持，又何以誉冠艺坛呢？任何一个明星都不可能脱离人民大众而孤芳自赏、自吹自擂的，回想三十年代有不少明星定居欧美，他们的艺术生命又维持了多久呢？

劉曉慶美國行報道

劉曉慶(1951—　)

演員。籍貫四川涪陵。1971年在中國人民解放軍成都軍區達縣軍分區宣傳科工作。1974年任成都軍區話劇團演員。1975年在八一電影製片廠攝製的影片《南海長城》中飾演角色，後在珠江電影製片廠拍攝《同志，感謝你》等影片。1980年起任北京電影製片廠演員。代表作品有《南海長城》、《小花》、《婚禮》、《瞧這一家子》、《神秘的大佛》、《原野》、《火燒圓明園》、《垂簾聽政》、《芙蓉鎮》、《春桃》、《紅樓夢》(第一至六集)、《李蓮英》、《春花開》等。

第6屆金鷄奬頒奬改革,《野山》爭議中獲獎

根據賈平凹小説《鷄窩窪的人家》改編並由顏學恕導演的影片《野山》,展示了改革浪潮對中國農村中傳統觀念、習慣勢力的衝擊,獲得了第6屆中國電影金鷄獎最佳故事片、最佳導演、最佳女主角、最佳男配角獎、最佳録音獎、最佳服裝獎六項大獎。

4月17日,胡耀邦主持中央書記處會議,會議就第6屆中國電影金鷄獎評選委員會評出的最佳故事片進行了討論,認爲被評出的最佳故事片《野山》與我們的民族特性差距極大,與當前的農村改革政策也不相符。希望第6屆中國電影金鷄獎評委從社會效果和群衆接受程度考慮,不要獎勵這樣的影片。5月17日,中國電影家協會向中宣部呈送《關於擬公佈第六屆"金鷄獎"評選結果的請示》,陳述了中國影協主席團委員和第六屆中國電影金鷄獎評委對4月10日胡耀邦的批示和4月17日中央書記處會議對金鷄獎評獎的意見的看法,認爲《野山》是評委經過自己反復思考,並經過認真負責地討論和投票鄭重產生的最佳故事片,應該如實公佈,並表示願意承擔責任。

8月17日,中國電影第6屆金鷄獎和第9屆百花獎授獎大會在中國劇院舉行。儘管獲獎結果幾個月前就宣佈過,但是臨到上臺領獎有的演員還是激動得眼圈發紅甚至流淚。

這次大會有三項改革,其一是頒獎大會前,中國電影家協會廣泛聽取群衆意見,不但縮短了會期,而且取消了司空見慣的客套,除主持人外,一律在臺下就座,向獲獎者頒獎的,大多是藝術家、文學家。改變了過去那種由領導人頒獎的做法;其二,參加授獎活動的人員,除了獲獎者和劇組外,還有得到提名的人員及劇組參加;改革之三,是改變了過去那種司儀唱詞,領導人上臺頒獎的呆板形式,而由大會主持人唱名,接着放映獲獎影片及獲獎者的表演片段,最後領獎、獲獎人發言。

《野山》劇照

《野山》

出品:西安電影製片廠
編導:顏學恕 攝影:米家慶
主演:杜原 岳紅 辛明 徐守莉

鷄窩窪的復員軍人禾禾不甘現狀,力圖改變家鄉及自身命運。但妻子秋絨不理解他的所爲,跟他離婚並和勤勞殷實的灰灰結合。禾禾在桂蘭的支持下,幾經折騰,終於發家致富了。

獲第6屆金鷄獎最佳故事片、最佳導演、最佳女主角、最佳男配角、最佳録音、最佳服裝等6項獎和最佳編劇提名;法國南特第8屆三大洲國際電影節故事片大獎;第6屆香港電影金像獎十大華語片獎;第37屆西柏林國際電影節國際天主教電影組織督進獎;1985年優秀故事片獎;1987年《文匯報》、中國電影評論學會聯合舉辦的新時期十年電影最佳故事片獎等。

第6屆金鷄獎獲獎名單

最佳故事片:《野山》(西影);最佳新聞紀録片:《抗日烽火》(新影),《手》(八一);最佳科教片:《崛起的第三金屬——鈦》(北京科影);最佳美術片:《金猴降妖》(上海美影);最佳兒童片:《少年彭德懷》(兒影);最佳男主角:劉子楓(《黑炮事件》);最佳女主角:岳紅(《野山》);最佳男配角:辛明(《野山》);最佳女配角:王馥荔(《日出》);最佳編劇:曹禺,萬方(《日出》);最佳導演:顏學恕(《野山》);最佳攝影:鄭康振,趙曉時(《絶響》);最佳美術:張景文、彭俊(《絶響》);最佳音樂:(空缺);最佳録音:李嵐華(《野山》);最佳剪輯:(空缺);最佳特技:(空缺);最佳服裝:麻利平(《野山》);特別獎:《咱們的退伍兵》(上影)、《迷人的樂隊》(北影)、王蘋(《中國革命之歌》導演)。

第9屆《大衆電影》百花獎獲獎名單

最佳故事片獎:《少年犯》(深影),《日出》(上影),《咱們的退伍兵》(上影);最佳男演員獎:楊在葆(《代理市長》);最佳女演員獎:方舒(《日出》);最佳男配角:陳裕德(《咱們的退伍兵》);最佳女配角:王馥荔(《日出》)。

附録:第6屆金鷄獎評選委員會對《野山》各獲獎項目的評語

最佳故事片獎:《野山》展示了改革浪潮對農村傳統觀念、習慣勢力的不可遏止的衝擊,立意深邃,人物生動,風格質樸,真實性、傾向性達到比較完美的結合,顯示了電影藝術綜合表現力。特授予最佳故事片獎。

最佳女主角獎:岳紅同志在《野山》的桂蘭形象塑造中,將準確的性格刻畫、豐富的感情流露融於逼真的外部形態之中,展示了人物獨特性格魅力。特授予最佳女主角獎。

最佳男配角獎:辛明同志在《野山》的灰灰形象創造中,表演質樸自然,真實可信,有濃厚的鄉土氣息。特授予最佳男配角獎。

最佳導演獎:顏學恕同志在《野山》的導演創作中,追求嚴謹的戲劇結構與紀實的形象風格的統一,充分調動、合理協調各部門的藝術創造,實現了完整的總體構思,在創作真實的銀幕形象和濃鬱的地域特色方面,顯示了突出的才華。特授予最佳導演獎。

最佳録音獎:李嵐華同志在《野山》創作中,採用同期録音方法,創作了真實、生動、層次較豐富的音像空間,渲染了山鄉情味,延伸了畫面表現力,體現了導演總體構思。特授予最佳録音獎。

最佳服裝獎:麻麗平同志根據影片總體造型構思,精心搜尋、篩選、加工、調配,使《野山》主要人物服裝具有準確的個性特點及生活實感,豐富了人物的外部形象塑造。特授予最佳服裝獎。

王馥荔（1949—　）

演員。原籍天津，生於徐州。1967年畢業於江蘇省戲曲學校京劇科；1980年任江蘇省話劇團演員；現任中國廣播電視藝術樂團演員。代表作品有《金光大道》、《天雲山傳奇》、《許茂和他的女兒們》、《咱們的牛百歲》、《日出》、《紅娘》等。

方舒（1957—　）

演員。原籍遼寧黑山，生於北京。1982年畢業於北京電影學院表演系，任北京電影製片廠演員。代表作品有《烈火中永生》、《瞧這一家子》、《勿忘我》、《赤橙黃綠青藍紫》、《花園街五號》、《日出》、《兩宮皇太后》等。

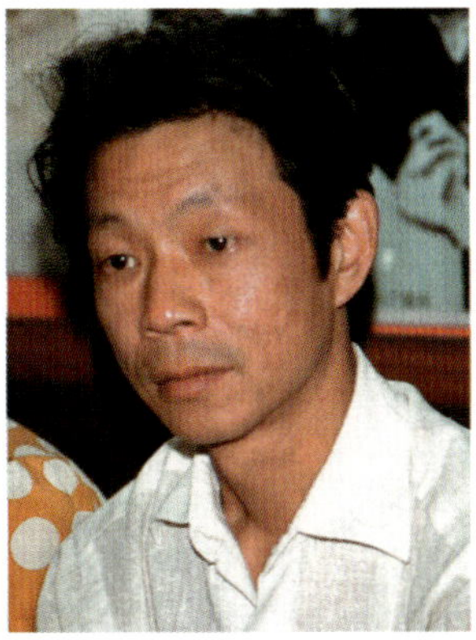

顔學恕（1940—2001）

導演。生於湖北武漢。1958年入北京電影學院導演系，畢業後到西安電影製片廠先後任場記、副導演、導演。曾參與《桃花扇》、《天山上的紅花》等片的拍攝。70年代合作執導了《阿勇》和《藍色的海灣》，1979年開始獨立執導影片。1982年執導大型舞臺藝術片《絲路花雨》。1984年參與編劇並導演影片《野山》。其他導演和參與的影片有《步入輝煌》、《殺手情》、《西安事變》（上下集）、《愛情與遺産》、《阿勇》等。

《日出》劇照

《日出》

出品：上海電影製片廠

編劇：曹禺　萬方　導演：于本正　攝影：朱永德　主演：方舒　王馥荔　王夫棠　嚴翔

陳白露由一個純潔的少女變成了名噪一時的交際花，兒時的伙伴方達生想使她脱離這樣的環境却愛莫能助。陳白露盡情地揮霍享受，也目睹了無數的罪惡。最終，她懷捧着《日出》離開了黑暗的世界。

《文匯報》展開“對謝晉電影模式”的討論

導演謝晉創作了許多爲人們喜聞樂見的電影作品，但對謝晉電影的不同意見和爭議也一直伴隨着他的創作。

1986年7月18日，上海《文匯報》副刊《影視與戲劇》發表朱大可的《謝晉電影模式的缺陷》一文，率先提出“謝晉電影模式”這一概念，認爲“謝晉模式”“現在是中國文化變革進程中的一個嚴重的不協和音，一次從‘五四’精神的轟轟烈烈的大步後撤”，是與現代意識相悖的“儒電影”。表示應“重新估價”和“揚棄性超越”謝晉模式。8月1日，又發表李劼的《“謝晉時代”應該結束》，認爲應該“向謝晉模式挑戰”，因爲這是一個“陳舊的模式”、“封閉的穩態模式”，並終將推動其存在的價值和“取寵”的市場，認爲“謝晉時代”應該結束；此後，徐凱南、周介人、潘志興等人也發表文章，對所謂“謝晉電影模式”進行了基本否定的評價。

朱大可、李劼等人的觀點很快引起了一些電影批評者的辯駁。邵牧君的《爲謝晉電影一辯》一文認爲將謝晉電影斥之爲與現代意識相悖的“儒電影”是“危言聳聽”，給謝晉電影打上“儒家文化”、“電影儒學”之類的烙印，也未免過於輕率。鍾惦棐的《謝晉電影十思》對謝晉電影近十年來“突破”以及從突破中表現出來的局限進行了認真思考，告誡批評者用“歷史的眼光”看考察對象是否對社會進步有益。

隨着1987年文藝思想界反資産階級自由化思潮的興起，“謝晉電影模式”爭議被否定，轟轟隆隆的爭鳴和探討淹沒在越來越複雜的電影批評話語之中。

附録：相關討論觀點

問題還不在於謝晉模式的商業性質，一個更令人不安的情形是，謝晉一味迎合的道德趣味，與所謂現代意識毫無干係，而僅僅是某種被人們稱之爲“國民性”的傳統文化心態，它們成了謝晉電影模式的種族基礎，當這種心態無限膨脹並成爲謝晉模式的堅硬内核時，某種經過改造了的電影儒學便偕然出世。

（朱大可《謝晉電影模式的缺陷》，《文匯報》，1986年7月18日）

朱大可的文章很有閃光之處，除了理論的概括和勇氣，更重要的是把電影作爲文化現象，表現了整個社會的和文藝的責任感，不應以鋒芒畢露和某些不應當而忽視它合理的内核。不可以導演之著名而論者尚不著名而有所輕重。

自己活，也讓别人活。“謝晉的時代結束了”，謝晉活起來就很困難。“你走你的陽關道，我過我的獨木橋”，謝晉並未自詡爲“謝晉時代”，否則他主持“金鷄獎”評獎時，不會對年輕創新者滿腔熱情。爲什麽就不能容謝晉兩年拍一部片子？

（鍾惦棐《謝晉電影十思》，《文匯報》，1986年9月13日）

所謂“電影儒學”的説法也太簡單了吧！文藝是一種很複雜的精神現象，怎麽能用什麽“儒學”或“法家”來概括呢？儒學本身在不同歷史時期也有不同的内容，孔子同孟子的儒學思想就有差别。這種説法實際上是對儒學還缺乏最基本的研究。説我電影中的女性都是温良恭儉讓的老式女人的圖像，同現代意識毫無干係，這也是缺少對我電影作品最起碼的了解和分析。

《謝晉笑談“謝晉電影模式”》《解放日報》（1986年8月15日）

關於“謝晉模式”討論的主要文章目録

《謝晉電影模式缺陷》朱大可，《文匯報》1986.7.18

《謝晉電影屬於時代和觀衆》，江俊緒，《文匯報》1986.7.18

《如何看待謝晉電影模式？》，《文匯報》1986.8.1

《“謝晉時代”應該結束》，李劼

《評論不應該脱離作品實際——也談謝晉電影》，黄式憲《文匯報》1986.8.15

《謝晉笑談“謝晉電影模式”》，湯娟，《解放日報》1986.8.15

《中國電影界的“衝擊波”，關於謝晉電影創作的討論反響强烈》，《上海文化藝術報》1986.8.29

《關於謝晉電影藝術的討論》，寧丹，《人民日報》1986.9.1

《“謝晉電影”討論在京引起反響》，《中國電影報》1986.9.10

《謝晉電影十思》，鍾惦棐，《中國電影時報》1986.9.13

《謝晉和上影的電影没有時代意識嗎？》，陳同藝，《文藝報》1986.9.27

《關於“謝晉時代”》，董鼎山，《新民晚報》1986.9.27

《謝晉電影模式二題》，花建，《文論報》1986.10.1

《謝晉模式——當代電影的圖騰和衰變信號》，朱大可，《語文導報》1986.11

《“謝晉電影”在中國藝壇上激起波瀾——一份來自影評界的報告》，紀珉，《沙龍》1987.1

《從新時期文化發展的歷史流向看謝晉電影》，仲呈祥，《藝術廣角》1987.1

《謝晉電影與新潮電影——兩種神化》，楊海波，《電影作品》1987.4

《謝晉電影的思想構架——“電影10年”導演論之一》，李興葉，《文藝界通訊》1988.3

《謝晉認爲：與其説電影遇到危機，毋寧説電影面臨轉機》，《中國電影報》1989.1.25

《“謝晉電影”依然走紅》，彭加瑾，《解放日報》1989.1.29

《試論謝晉電影的社會意藴》，汪天雲，《社會科學》1989.9

《“謝晉時代”三思》，李支鋒，《電影評介》1989.12

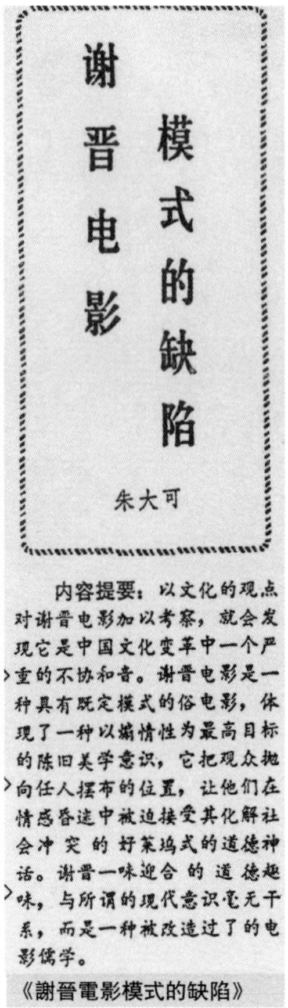

谢晋电影模式的缺陷

朱大可

内容提要：以文化的观点对谢晋电影加以考察，就会发现它是中国文化变革中一个严重的不协和音。谢晋电影是一种具有既定模式的俗电影，体现了一种以煽情性为最高目标的陈旧美学意识，它把观众抛向任人摆布的位置，让他们在情感昏迷中被迫接受其化解社会冲突的好莱坞式的道德神话。谢晋一味迎合的道德趣味，与所谓的现代意识毫无干系，而是一种被改造过了的电影儒学。

《謝晉電影模式的缺陷》

如何看待谢晋电影模式？

本报和上海影评学会召开座谈会，发言者就谢晋电影的成就和不足以及如何更新电影观念等问题进行热烈探讨

本报讯 本报发表江俊绪、朱大可同志关于谢晋电影的争鸣文章（见七月十八日《影视与戏剧》版）以后，在电影界引起了热烈的议论。日前，本报文艺部和上海电影评论学会联合邀集部分电影创作者和评论工作者召开谢晋电影讨论会，与会同志认为，谢晋电影在中国影坛风靡了三十多年，选择这样一个观众熟悉、专家感兴趣的导演，结合我们电影创新发展进程中面临的一些新问题进行探讨，对于促进电影事业的发展很有意义。

讨论会是在热烈的学术争鸣气氛中进行的。大家首先分析了谢晋电影的地位和价值。周介人认为，谢晋电影是一个复杂的构成体。《天云山传奇》等影片中对极左路线的危害所作的揭示和艺术上表现出来的胆识，不应当抹杀。但在谢晋电影中，往往把人性、道德和政治看成是完全一致的，这就带来了他的影片中人物的好坏、美丑、善恶过于分明的毛病。正象新时期许多成功的文学作品所证明的那样，道德的观照与历史的观照不是一回事。王纪人不同意“谢晋时代已经过去了”的说法，也不赞成把谢晋电影归入“俗电影”。他说，谢晋电影雅俗共赏，注意贴近时代生活和反映普通人的命运，能够以情感人。对此，李劼提出了不同看法，他认为谢晋的时代应该结束。他说，在谢晋电影中，政治性、艺术性和娱乐性获得了惊人的统一和畸形的发展，这种模式必须打破。徐俊西不赞成这种说法，他说，政治性、娱乐性、艺术性结合得好，这也不失为是一种好作品。问题在于不能用政治性来代替和束缚艺术性或娱乐性。他说，假如把谢晋作为中国电影发展的唯一模式，这种局面应当打破。但如果把谢晋电影作为一种风格，一种模式，她的生命力并没有结束。他认为，谢晋电影比较符合我国观众的欣赏习惯，对于四化建设和精神文明建设，也是有其积极作用的。孟森辉、王世桢和汪天云等谈到，应当把谢晋作品放到一定的历史背景中加以考察，不能用现在人们已经达到的思想认识水平去苛求谢晋的作品。如《天云山传奇》是在“四人帮”粉碎不久拍摄出来的，在当时，这部作品的思想和艺术水平都达到了相当的高度。

两篇争鸣文章的作者江俊绪和朱大可也出席了讨论会。朱大可说：“我很佩服文汇报的勇气和胆识，敢于发起对谢晋电影的讨论和争鸣，不过，我希望这种讨论和争鸣是平等的。”他认为，谢晋电影是一种电影儒学，是当前文化变革中一个严重的不协和音，因为谢晋往往用封建的人道主义反对封建的专制主义，表现了一种对男耕女织田园牧歌式的农民理想的向往。容忍谢晋电影的模式，就不可能改变我们民族某些愚昧落后的文化心态。江俊绪反驳说：“对于上述观点，我从感情上和理性上都难以接受。谢晋宣扬的是不是封建的人道主义，每一个有正常判断力的人都不难分辨。谢晋总是热情地关注和捕捉时代和观众关注的题材和主题，因而他的作品总是充满了强烈时代感。一种对时代的发展起促进作用、受到人民群众热情欢迎的文化现象，不应当也不可能在当前的文化变革中没有自己的位置。”

对于如何更新电影观念，与会同志也畅谈了自己的看法。王纪人说，人们的思想观念和审美需要各不相同，文化形态的构成也应当是多元多极的，传统艺术和新潮艺术，都有自己的观众和存在的价值。谢晋电影作为各种探索中的一种，是有其意义和价值的。孟森辉和江俊绪谈到，谢晋电影是一种比较注意情节结构的戏剧式电影，这种电影样式有其自身的局限，但我们应当允许和鼓励谢晋或其他导演对这种形式进行革新和发展的探索，而不能认为唯有“淡化情节”的探索电影才能在当代影坛立足，这样，才会出现真正百花齐放的局面。

出席座谈会和发言的还有刘泉、姚国华、边善基、陈同艺、钱国民等。

（本报今日第三版继续就谢晋电影展开争鸣）

謝晉模式討論報導

廣電部 1985 年優秀影片獎獲獎名單

優秀故事片獎 11 部：《咱們的退伍兵》（上影、山西），《少年犯》（深影），《索倫河谷的槍聲》（八一），《迷人的樂隊》（北影），《野山》（西影），《相思女子客店》（北影），《秋天裏的春天》（上影），《日出》（上影），《黑炮事件》（西影），《流浪漢與天鵝》（廣西），《女人的力量》（長影）；優秀兒童故事片獎 1 部：《月光下的小屋》（內蒙）；優秀舞臺藝術片獎 1 部：《中國革命之歌》（八一）；優秀美術片獎 3 部：《金猴降妖》（上海美影），《夾子救鹿》（上海美影），《草人》（上海美影）；優秀新聞紀録片獎 6 部：《抗日烽火》（新影），《今日的拉薩》（新影），《南極、我們來了》（新影），《爲民族生存而戰》（新影），《祖國新貌 8531 號》（新影），《藍天暢想曲》（八一）；優秀科教片獎 8 部：《崛起的第三金屬——鈦》（北京科影），《巫師的騙術》（北京科影），《EXPO′85 之一——日本築波國際科學技術博覽會》（北京科影），《緑葉之迷——光合作用》（北京科影），《裸小鼠與腫瘤研究》（上海科影），《蠹蟎與哮喘》（上海科影），《中國首次南極考察》（上海科影），《移核魚》（農影）；優秀外國譯製片獎：《弗蘭西絲》（長影），《黑郁金香》（上海譯製）

各大城市上映故事片《孫中山》，紀念孫中山先生誕辰 120 週年

爲紀念孫中山先生誕辰120週年，由珠江電影製片廠拍攝、丁蔭楠導演的歷史故事片《孫中山》在各大城市上映，同時在香港30多家電影院放映。影片以孫中山一生光彩奪目的非凡經歷爲創作基礎，以人物的心理線索結構全片，成功地塑造了孫中山這位中國民主革命的偉大先行者的藝術形象。

11月10日下午，《國父孫中山》的導演丁善璽和《孫中山》的導演丁蔭楠，在香港一家週刊安排的聚會上見面交談時，表示他不同意丁蔭楠把孫中山拍得如此蒼老、疲倦。

丁蔭楠和丁善璽還各自談了影片的主題思想。丁蔭楠强調孫中山先生的犧牲精神，喚起了中華民族的覺醒；丁善璽則强調孫中山先生在鬥爭中越戰越勇，有骨氣，有眼光等方面。他們進行了較長時間的探討和爭論，各抒己見，氣氛融洽。

《孫中山》宣傳海報

丁蔭楠（1938— ）

導演。籍貫天津。1966 年畢業於北京電影學院導演系。曾任廣東省話劇團導演，執導過大型多幕話劇《南方油城》。1973 年調入珠江電影製片公司任導演。1979年與導演胡炳榴合作導演影片《春雨瀟瀟》，獲當年文化部青年創作獎。主要代表作品有《春雨瀟瀟》、《逆光》、《他在特區》、《孫中山》、《電影人》、《周恩來》、《相伴永遠》、《鄧小平》、《魯迅》等。

《孫中山》劇照

《孫中山》

出品：珠江電影製片廠
編劇：賀夢凡　張磊
導演：丁蔭楠　攝影：王亨里　侯詠
主演：劉文治　劉斯民　張燕　王詠歌

影片從孫中山驅逐韃虜，恢復中華，創立一個民富國强的中國開始，到1924年12月孫中山抱病主持國政在翌年三月病逝止，跨時30餘年，真實地描寫了孫中山先生一生的豐功偉績。

本年度在國際上主要獲獎情況

《郵緣》在第1屆法國科羅米埃國際消遣片電影節上獲青年觀衆獎，《烏鴉與麻雀》同時獲得優秀推薦影片獎；

《截堵長江》獲第1屆瑞士洛桑國際能源電影節特別獎第一名；

《良家婦女》獲捷克第25屆卡羅維·發利國際電影節主要獎和國際電影評論家組織獎；

《少年彭德懷》獲第15屆菲格拉達福茲電影節兒童獎；

《候補隊員》獲厄瓜多爾第8屆國際兒童電影節成人評判委員會二等榮譽獎和兒童評判委員會頭等獎；

《絶響》獲意大利都靈第 4 屆國際青年電影節評委會大獎。

1986年（臺灣）

大事記

1月5日　美國電影出口協會要求取消外片配額，停徵國片輔導金及開放外片拷貝，否則將對臺灣提出301條款控訴案。

1月30日　經營合法版權録像帶的年代影視公司，宣佈成立歡樂電影製作中心，將涉足電影事業，與學者、錦華等公司合作，製作及發行影片。

2月6日　當局顧及青少年身心成長及業者生存空間，研究將電影分級在現行普、限二級之外增列一級。

2月17日　英國《經濟學人》(The Economist)週刊以《新浪潮帶動新寫實主義》爲題，指出當前臺灣電影本地票房失利，在各國際影展却獲得相當肯定。

2月20日　"中影"年度政策大戲《八二三炮戰》獲國防部支持拍攝，並得國民黨中央文工會支助1000萬元。

4月6日　第5屆香港電影金像獎得獎名單揭曉。陳坤厚執導《小畢的故事》、萬仁執導《油麻菜籽》、張毅執導《我這樣過了一生》入選十大最佳華語片。

5月29日　爲反盜録，"紅樓院線"率先發起影片、録像帶同步發行，在國片界掀起巨波。

6月15日　電影處將何藩執導《心鎖》列爲限制級准映，但要求片商不得使用"郭良蕙禁書"等字眼做宣傳。

7月28日　《國父傳》導演白景瑞因與出品人黄卓漢意見不和，請辭導演一職，由丁善璽接替。

8月11日　當局宣佈廢除實施31年的外片配額制度，也暫停"國片輔導金徵收辦法"，並核撥1000萬元作爲電影處輔導國片之經費。

8月20日　進口4部日片配額以8915萬元高價標售，電影基金會將召開融資小組會議妥善規劃使用這筆經費，以期有效輔導國片。

8月27日　虞戡平執導之《孽子》，經新聞局三度檢查後同意以限制級通過。

9月4日　電影處撤銷過去一年未曾發行影片的738家電影發行公司的許可證。

9月15日　在韓國舉辦第31屆亞太影展上，張毅獲最佳導演獎(《我這樣過了一生》)，《童年往事》獲評審特别獎，胡茵夢(《我們都是這樣長大的》)獲記者特别獎。

12月18日　電影界人士組成之第1屆楊士琪紀念獎，由侯孝賢、楊德昌和朱天文三人聯合頒給得獎人前"中影"總經理明驥。

重要影片

《恐怖份子》劇照

《恐怖份子》

出品：中影
　　　嘉禾
編劇：小野
　　　楊德昌
導演：楊德昌
主演：繆騫人
　　　李立群
　　　顧寶明
　　　金士傑

清晨警方的圍捕行動中，淑安趁機跳窗逃跑，把腿骨給摔斷了。被禁足的她，百般無聊地打匿名電話，其中一通是一個叫周郁芬的女人接的，淑安假冒是周郁芬丈夫外遇的對象……

《我兒漢生》劇照

《我兒漢生》

出品：三一
編劇：蕭颯　張毅
導演：張毅
主演：江霞　李興文

漢生年幼時即受父母疼愛，青少年時代的漢生，血氣方剛經常惹事生非，父母爲此甚爲操心。畢業當兵退伍之後，漢生不願出國深造，寧願搬出家門自力更生，但事事不如意。

《孽子》劇照

虞戡平（1950—　　）

導演。浙江人。畢業於世界新聞專校廣電科。1974年開始隨李嘉任助導及副導演，曾經拍攝《大摩天嶺》、《女兵日記》、《飄香劍雨》等片。1979年升任爲導演，首作爲《要命的小方》。1981年起爲新藝城編導《頑皮鬼》，並出任香港新藝城公司的臺灣分公司負責人，並兼宣傳策劃等工作。1983年執導《搭錯車》。1986年導演改編自白先勇小說《孽子》；1988年導演《海峽兩岸》，是第一部正式以兩岸開放探親爲主題的電影。先後任教於銘傳管理學院、世新傳播學院，現今致力於原住民文化保存推廣，並爲專業紀録片導演。

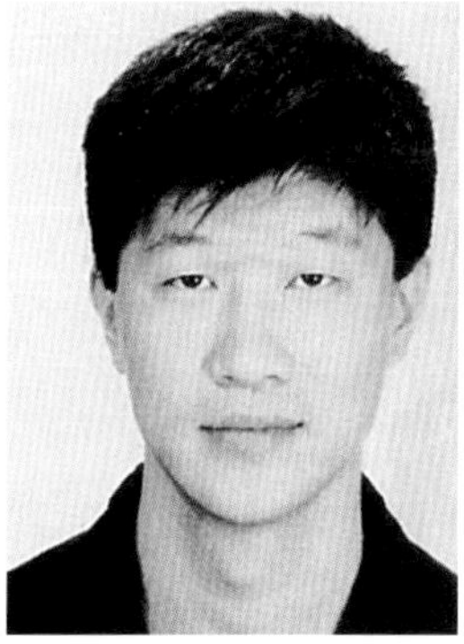

影片目録

中影　《八二三炮戰》、《恐怖分子》、《父子關係》、《我的愛》、《戀戀風塵 》、《我們都是這樣長大的》
三一、嘉禾　《海上花》
三一　《我兒漢生》、《愛是做鬼也愛》
臺製　《曾文溪之戀》、《唐山過臺灣》
中製　《日内瓦的黄昏》
上上　《嫁錯老公上錯床》、《俏女郎》、《新町點煙盤》
新景　《他是我哥哥》、《兄弟有種》
群龍　《校園檔案》、《孽子》
亞鈦　《糊塗妙賊小神偷》、《瘋狂大作秀》
飛騰　《二手貨》、《流浪少年路》、《精靈寶寶》、《老虎來了》
湯臣　《好小子》、《心鎖》、《好小子》（第二集）
學甫　《福德正神》、《你瀟灑我漂亮》、《望海的母親》
鳳城　《好小子的下一招》、《泡妞敢死隊》、《他種龜我發財》
浩天　《桃色陷阱》、《浪漫佳人》
龍族　《一顆紐扣》、《好夢連床》、《女郎女狼》
臺欣　《一個女大學生的日記》、《小鎮醫生的愛情》
其他　《泥巴中的少年》（欣欣）、《二男一女》（六鳳）、《五府千歲與仔公》（冠人）、《5711438》（鴻揚、新亞）、《暗夜》（豐年）、《少婦秘密》（浩天）、《妻子教室》（富華）、《何姨十二金釵》（裕豐）、《幼齒的故事》（成明）、《蝶之女》（永升）、《梁上佳人》（世二）、《聖公媽》（國華）、《今夜微雨》（大大）、《陳益興老師》（家家樂）、《愛情相欠債》（六鳳）、《錯誤的愛》（大鵬）、《天師出擊》（合衆）、《浪子與舞女》（東大）、《殭屍小子》（金格）、《七小福》（星際）、《小小五虎將》（富祥）、《新潮女學生》（今中）、《夫妻情》（盛宏）、《小祖宗》（蒙太奇）、《瘋狂大家樂》（龍介）、《人工呼吸》（學彦）、《國父傳》（第一）、《頑皮家族》（龍祥）、《我們的天空》（新船）、《北投最後一班列車》（得利）、《東京俏姑娘》（聯華）、《紅塵淚》（安邦）

《孽子》

出品：群龍
編劇：孫正國　導演：虞戡平
主演：蘇明明　孫越　邵昕

逃家的李青流落到臺北新公園，爲喜好同性的楊教頭所收容，進而認識了龍子……

《好小子》劇照

《好小子》

出品：湯臣
編劇：湯臣編劇小組
導演：張美君　朱延平
主演：陳慧樓　譚艾珍
　　　顏正國　左孝虎
　　　陳崇榮

阿國、小虎、小胖與爺爺祖孫四人，在山上過着與世隔絶的日子，三兄弟年齡雖小，在爺爺的教導下，都有很好的拳脚功夫。有一天，三人不小心將爺爺心愛的寵物放走了，爲了避免被處罰，於是決定下山，投奔住在大都市的奶奶。

《我們都是這樣長大的》劇照

《我們都是這樣長大的》

出品：中影
編劇：小野
導演：柯一正
主演：丁乃竺　胡茵夢　徐明

一群小學同班同學，長大後，爲了幫小學老師解決校地問題，而聚集在一起，同時勾起了許多回憶……

《暗夜》

出品：豐年
編導：但漢章
主演：蘇明明
　　　張國柱　徐明

已婚的李琳，生活舒適且優渥。面對風流倜儻的葉原殷勤的追求，原不以爲意的她，却逐漸陷入情網。珠胎暗結的她，面對丈夫與情人，陷入了兩難的抉擇中。

《暗夜》劇照

《望海的母親》

出品：學甫
編劇：張永祥　導演：蔡揚名
主演：陸小芬　齊秦

李甘妹的丈夫死於海難，抱着剛出生的兒子，李甘妹下定決心，無論多苦都要離開漁村，不讓小孩步上父親的後塵。好不容易含辛茹苦將兒子撫養長大，偏偏兒子有着父親的遺傳，一心想要當船員。

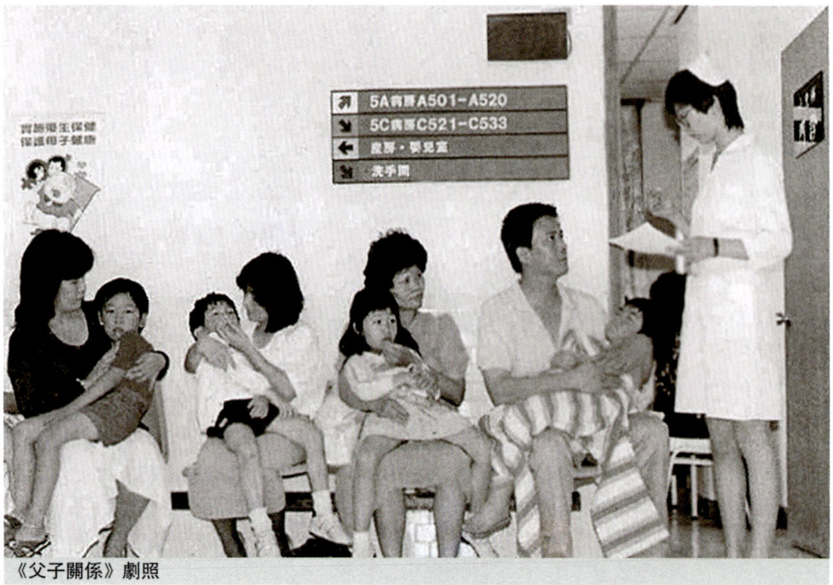
《父子關係》劇照

《父子關係》

出品：中影
編劇：吴念真
導演：李祐寧
主演：石峰　蘇明明

爸爸生意失敗，媽媽受不了每天債主上門的壓力，與爸爸離婚了，七歲的强强歸爸爸。爸爸找不到工作，强强無法適應突如其來的貧困生活，及失去媽媽的日子，與爸爸發生了爭執……

《戀戀風塵》

出品：中影

編劇：朱天文　吴念真

導演：侯孝賢

主演：辛樹芬　王晶文　李天禄　梅芳　林揚

阿雲與阿遠是九份附近山城的一對小情侶，青梅竹馬的兩人，在初中畢業後，先後離鄉背井到臺北謀生。不過，阿遠入伍當兵後，阿雲竟嫁給每天幫他們倆送情書的人，阿遠知道後痛苦不已。

《戀戀風塵》劇照

美方對臺灣祭出三〇一條款施壓

1984年4月間，當局擬定進口外片徵收"國片輔導金"辦法，規定以後除項目性和輔導性的外片配額外，所有外片均需繳交20萬元的"國片輔導金"，輔導金繳交國庫後，再撥付電影基金會使用，此一行動累積的輔導金數額相當龐大，讓電影基金會才有能力再向下去支持電影圖書館的常年經費，乃至更後期的接辦民間主其事的"金馬獎"等。

不料美國的電影輸出協會對此舉頗有意見，乃透過白宮向臺灣施壓，宣稱若不取消外片配額，停徵國片輔導金，及開放拷貝，則將對臺灣採行"三〇一"條款，屆時臺灣即將面臨最嚴厲的經濟制裁。當局幾經考量，生怕影響臺灣整體經濟貿易，就在很短的期間內，於1986年8月11日正式同意廢除外片配額及隨片附繳的每部20萬國片輔導金之措施，自此臺灣電影市場形同門户洞開，美國電影長驅直入，對原已居劣勢的臺灣電影市場鯨吞蠶食。

第23屆金馬獎得獎名單

最佳劇情片：《恐怖份子》（中影公司出品）

最佳紀録片：《殺戮戰場的邊緣》（光啓社出品）

最佳紀録片導演：李道明《殺戮戰場的邊緣》

最佳導演：吴宇森《英雄本色》

最佳男主角：狄龍《英雄本色》

最佳男配角：秦沛《天天星期七》

最佳女配角：繆騫人《最愛》

最佳原著劇本：小野《我們都是這樣長大的》

最佳改編劇本：吴念真《父子關係》

最佳攝影：黄永恒《英雄本色》

最佳剪輯：黄銘林《飛躍羚羊》

最佳美術設計：張叔平《最愛》

最佳服裝造型：張叔平《夢中人》

最佳原著音樂：左宏元、史擷詠《唐山過臺灣》

最佳電影插曲：史擷詠《唐山過臺灣》

最佳録音：新藝城公司《英雄本色》

《我們的天空》

出品：新船

編劇：丁亞民　柯一正

導演：柯一正

主演：游安順　詹阿禄　陳秋燕

一個逃課無所事事的少年，和一個行蹤神秘的老人，在一列快要停開的淡水線列車上偶遇了……

臺製與中製依法辦理公司登記

原本隸屬於臺灣省政府新聞處的臺灣省電影製片廠（簡稱"臺製"），與隸屬於國防部的中央電影製片廠（簡稱"中製"），兩家均屬歷史悠久的公營電影機構，而且前者在宣導片、紀録片，後者在軍教片方面分别累積不少可貴經驗。然而自從《電影法》於1983年11月18日公佈施行以來，"臺製"、"中製"均既無公司登記，亦未設定資本額，且無董事長、總經理等公司負責人，更未被新聞局列管，已是非法存在的公司。依《電影法》第二、三、四、五章的規定，製作業、發行業、映演業、電影工業，均需辦理公司或工廠登記申請。"臺製"與"中製"二公營電影機構均未向主管機關申請以上各項許可。加上近期導演李行正在爲"臺製"拍攝《唐山過臺灣》，導演白景瑞也正在爲"中製"拍攝《日内瓦的黄昏》，但這兩部影片將來"臺製"、"中製"均無法掛名出品或發行。爲此，新聞局准予依《電影法》施行細則第四十四條補救，透過電影處通知"臺製"、"中製"，應依規定在9月15日前辦妥公司登記，以便讓該兩廠逐步轉變成民營化，唯其中手續繁複、牽扯極多，等到真正實行已迄完成，已是十年以後之事了。

影片、影帶同步發行掀起反對聲浪

"紅樓院線"率先在1986年6月28日首創院線片與録像帶同步發行，其他院線片商也在醞釀跟進，使得同步發行成爲趨勢，引起全省戲院嘩然。

根據"紅樓院線"的排片人連祥慶指出：片商公會雖然有明文規定，不得與録影帶同日發行，必須在上片45天後才發行録影帶，否則予以停權處分。但是近年來盜版録像帶一直與國片同步發行，與其白白損失，不如"化暗爲明"與合法録像帶合作同日發行。如紅樓戲院與松慶影業公司，簽下一年供片合約，松慶則把電影的録像帶版權賣給欣奇影視公司。

臺北市戲院工會理事長陳渭成對於"録影帶同步發行"則是提出了嚴重的抗議，他表示這是"殺鷄取卵"的做法，片商這種做法根本就是置戲院與國片於死路。陳渭成指責片商缺乏遠見，將造成上片的檔期更短，目前院線片檔期約爲1—2週，將來可能3天就下片，片源供應成問題；而"同步發行"也會影響戲院與片商"包底分賬"的合作方式，全省戲院公會決定近日開會討論對策。

1986年(香港)

大事記

6月10日 獲第30屆亞太影展最佳影片獎和特別獎的《移民何價》，在新大華戲院舉行首映式。

7月 出版了6年的《中外影畫》休刊。

8月16日 香港第一家迷你電影院——國泰戲院開幕，共分ABC三所。

9月11日 由邵氏、嘉禾，德寶組成的香港電影代表團起程去韓國出席亞太影展，參展影片有：德寶的《夢中人》、邵氏的《花街時代》、嘉禾的《再見七日情》等。

11月23日至30日 香港電影文化中心主辦"石揮電影回顧展"。

12月中旬 嘉樂影片發行有限公司以"香港新浪潮·電影第一浪"回顧展名義，在嘉禾B線的海城、嘉華，環球、UA，銀星，國泰六家戲院聯映了自1979年下半年以來香港影壇掀起的"新浪潮"中的第一批影片：許鞍華導演的《瘋劫》、翁維鐙導演的《行規》、章國明導演的《點指兵兵》和徐克導演的《蝶變》。

本年 香港影星張瑛去世。

邵氏兄弟將影城出租給無線電視臺。

"中外華人電影展"舉行

9月24日至30日，香港電影文化中心分別於普慶戲院和高山劇場舉辦"中外華人電影展"，首次把大陸、香港、臺灣三地的導演及美國和加拿大等地的華人導演作品在香港進行聯展。

據香港報紙報道，近年來大陸、香港、臺灣及海外中外華人電影出現了一批新導演，他們所採用的電影手法及題材都引起本土及國際的關注，甚至爭論。這次參展的電影，全是他們近年新作，有些更是首次在香港放映。香港《文匯報》指出，通過影展，可以使人看到，"同是中國人拍的電影，但是由於身處不同制度的社會，接受不同的教育，所表現的價值，道德，審美，思想觀點的不同，然而却由於民族，文化根源的背景結構基於一致的關係，所反映出來的東西究竟如何?這是個有趣的問題。""看來，世界上唯有中國人所拍的影片是最爲特殊的，是有很多相同和不同的特殊。"

參加聯展的9部影片及其導演是：《獵場札撒》(田壯壯)、《青春祭》(張暖忻)、《良家婦女》(黄健中)、《美國心》(方育平)、《一樓一》(關柏煊)、《結婚》(陳坤厚)、《北京故事》(王正芳)、《尋人》(王穎)、《月更明》(駱基夫)。

重要影片

《美國心》劇照

《美國心》

出品：銀都機構

編劇：吴滄洲 **導演：**方育平

主演：利玉娟 陳鴻華 鄭智雄 余婉菲

阿陳和阿娟結婚5年，阿娟的收入是家庭的主要經濟支柱，因爲阿陳一直猶豫是否去美國投奔母親。阿娟懷孕了，但不得不墮胎。後來，阿陳在車行找到一份工作，不料成爲了車行行騙後的替罪羊。出獄後，夫妻倆歷經艱辛，到達紐約，與阿陳母親團聚。

《地下情》劇照

《地下情》

出品：德寶 珠城

編劇：黎傑 邱戴安平

導演：關錦鵬

主演：梁朝偉 温碧霞 金燕玲 周潤發

少女阮貝兒、廖玉屏和趙淑玲皆以成名爲人生目的。她們在酒吧認識米鋪少東張樹海。張被阮吸引，兩人相愛並同居。廖深夜回家，發現趙被劫殺。探長藍振强負責調查這件命案。

獲第6屆香港電影金像獎最佳編劇、最佳女配角(金燕玲)。

《兄弟》

出品：德寶公司

編劇：冼杞然 葉廣儉 馮瑞熊 伍偉賢

導演：冼杞然

主演：李修賢 萬梓良 林偉 成奎安

高覺雷與李强同在警界任職，交情深厚。李强在一次執行任務中遭上司責怪，憤而辭職。覺雷弟弟覺文出任高級督察。李强參與恐龍等匪徒打劫金鋪，被覺雷發現。覺雷爲保護李强，在警署做了假口供，引起弟弟覺文的懷疑。

《兄弟》劇照

《最愛》劇照

《最愛》

出品：德寶公司
編導：張艾嘉
主演：張艾嘉　林子祥
　　　繆騫人　鍾景輝

白藝和吴明玉兩人年輕時都愛上了林俊彥。儘管白藝與俊彦彼此相愛，且懷有俊彦的孩子，但明玉手段精明，終於拆散白和林。

獲第6屆香港電影金像獎最佳女主角（張艾嘉）。

《刀馬旦》劇照

《富貴列車》劇照

《刀馬旦》

出品：電影工作室
編劇：杜國威
導演：徐克
主演：鍾楚紅　葉倩文
　　　林青霞　鄭浩南

軍閥之女曹雲學成歸國，參加革命軍，决意爲國出力，不惜與同黨密謀偷取其父重要文件。

《富貴列車》

出品：寶禾
編劇：黄炳耀　張堅庭　導演：洪金寶
主演：洪金寶　曾志偉　元彪　關之琳

民國初年，上海至成都鐵路首班特通列車滿載達官顯貴，其中携帶國寶的日本特使引起黑幫注意，他們準備勾結山賊劫車奪寶。專門在東北邊境幹投機倒把的程啓天也準備炸毁家鄉漢水鎮前的一段鐵路，迫使富貴列車停下，以便進行劫掠。

港府公佈送檢影片加收費用

5月9日，港府公佈送檢影片加收費用。35毫米影片送檢或供電影檢查復審委員會復檢的費用，現由每十米五元五角增至九元，相同長度的16毫米或8毫米影片，由十一元增至十八元。增收費自5月10日開始生效。這次增幅爲百分之六七十。香港電影商會對這次送檢影片增加收費表示不滿。

據影視及娱樂事務管理處發言人説，上次調整收費是1980年12月，當時只顧及直接參與電影檢查工作人員的薪酬成本，並没有將有關的操作費用和行政方面的經常開支計算在内，按最近完成的電影檢查成本會計報告顯示，若根據1985年底的最新價格彌補全部的成本費用，收費須增加118%，但考慮到小片商可能會遇到財政困難，加價措施將在兩年内分期進行。

第5屆香港電影金像獎

最佳影片：《警察故事》，最佳導演：張婉婷（《非法移民》），最佳編劇：陸劍明、鄧榮録（《錯點鴛鴦》），最佳男主角：鄭則仕（《何必有我》），最佳女主角：王小鳳（《錯點鴛鴦》），最佳男配角：孟海（《皇家師姐》），最佳女配角：葉德嫻（《花街時代》），最佳新人：陳婉麗（《女人風情話》），最佳攝影：潘恒生（《生死線》），最佳剪輯：鄒常更（《女人風情畫》），最佳美術指導：陸樹遠（《平安夜》），最佳動作指導：成家班（《警察故事》），最佳音樂：梅洛迪·班克（《殭屍先生》）。

主要影片目録

本年度香港共出品影片86部，全爲粵語片（以下除注明外，均全爲粵語片，不再另注）。

德寶　《八喜臨門》、《癲佬正傳》、《最愛》、《龍在江湖》、《兄弟》

新藝城　《最佳拍檔千里救差婆》、《開心鬼撞鬼》、《飛躍羚羊》

德寶／珠城　《夢中人》、《地下情》

嘉禾　《奇緣》、《原振俠與韋斯利》

寶禾　《神勇雙響炮續集》、《殭屍家族》《富貴列車》

電影工作室　《英雄本色》、《刀馬旦》

Hong Kong Productions　《玉蒲團》

花生映社／嘉禾／中影　《海上花》

銀都　《美國心》

其他　《冒牌大賊》（永佳）、《兩公婆八條心》（寶禾／二友）、《天煞》（雷鳴）、《猪仔出更》（華麟）、《禁果情花》（金寶）、《淑女也瘋狂》（文華）、《富貴列車》（寶禾／嘉禾）、《再見媽咪》（嘉禾／寶禾）、《南北少林》（珠江影業）、《玫瑰的故事》（星輝／花生映社）、《歌者戀歌》（藝能）、《義蓋雲天》（大榮）、《神探朱古力》（嘉禾／許氏）、《火龍》（中國電視劇／新崑崙）、《鬼咁有緣》（東尼）、《偶然》（歷高）、《午夜麗人》（新香港）、《哈林行動》（羅維）、《殭屍翻生》（新時代）、《逃出珊瑚海》（曉暉／斯高）、《堂口故事》（泛太）、《初一十五》（星輝）、《小生獻醜》（建華）、《殺妻二人組》（嘉禾／高高）、《最佳福星》（嘉禾／兒童城）、《操行零分》（德寶／太陽神影業）、《文成公主》（南海／天津／華文）、《扭計雜牌軍》（威禾）、《雙龍吐珠》（德寶／寶禾）、《大上海1937》（三洋／中國合作）、《我的愛神》（嘉禾／特高）、《魔翡翠》（龍祥／永聖）、《老娘够騷》（星輝／湯臣／編導製作社）、《茅山學堂》（恒生）、《紅外線》（三禾）、《連環炮》（永發）、《師姐撞邪》（大一影業）、《夜之女》（創威）、《9 to 3靚女登場》（ASB/德寶）、《執法先鋒》（泰禾／寶禾）、《開心鬼精靈》（寶王）、《凶咒》（合衆）

吴宇森《英雄本色》掀起"英雄片"熱潮

本片是香港英雄片的經典之作，被評選爲香港十大電影第一名。事業上陷入低潮的吴宇森在監製徐克的拉攏下，投入濃厚的個人情懷和一部分的臺灣經驗執導了這部黑幫動作片，在演員的完美配搭和高超的動作場面處理互相激蕩下造成票房上的極大轟動，也得到了金馬獎和香港電影金像獎的多項殊榮。

影片淋漓盡致地表現了男人間義薄雲天的友情，將舊有的黑幫片重新包裝，片中某些對白流行一時，掀起了香港江湖類型電影的英雄片熱潮。公映後票房創1986年港片最高紀録。影片在技巧上往往以短鏡頭的快速切換，衝擊人們的視覺，造成快感。吴宇森擅長用多機拍攝精彩的槍戰和動作場面。同時，他又在影片中注入複雜的心理和激情，自成風格，使娱樂片仍有某些"作者電影"的因素。周潤發憑借此片的小馬哥一角而竄紅。狄龍也由此成爲銀幕傳奇人物。

《英雄本色》劇照

《英雄本色》

出品：電影工作室　新藝城公司
編導：吴宇森
主演：周潤發　狄龍
　　　張國榮　朱寶意

黑社會宋子豪以製僞鈔爲業，因手下譚成出賣被捕。出獄後棄暗投明，得到當警察的弟弟的諒解。爲配合警方活捉譚成，與譚展開搶戰，最後將譚擊斃。

獲第6屆香港電影金像獎最佳影片、最佳男主角（周潤發）；第23屆臺灣電影金馬獎最佳導演、最佳男主角（狄龍）、最佳攝影、最佳録音。

狄龍（1946—　）

演員。原名譚富榮。廣東新會人。1968年考入邵氏公司爲基本演員，在《死角》中扮演主角。此後主演了一系列的武俠片，曾以《刺馬》一片獲第19屆亞洲影展優秀演技獎和第11屆臺灣金馬獎優秀演技特別獎，成"張家班"重要一員。1974年爲李翰祥看中，在《傾國傾城》、《瀛臺泣血》中飾演光緒一角，證明了他不僅可武，也可文。1976年起主演《天涯·明月·刀》等一系列古龍武俠片，"大俠"之名不脛而走。1980年起往來於港、臺兩地拍片。主演影片還有《英雄本色》、《人民英雄》、《衛斯理傳奇》、《邊緣歲月》等多部影片。

吴宇森（1946—　）

導演、編劇。原籍廣西平南，生於廣州，定居香港。1971年入邵氏影業公司任張徹助理導演。1980年執導新藝城公司首部作品《滑稽時代》。1986年執導《英雄本色》，開創"江湖英雄片"潮流。後執導《喋血雙雄》、《喋血街頭》、《辣手神探》等。1993年赴好萊塢發展，執導《終極標靶》、《斷箭》、《變臉》等，在電影語言上形成"暴力美學"風格。

周潤發（1955—　）

原籍廣東寶安，生於香港。1973年入香港無線電視臺演員訓練班學習。因主演電視劇集《狂潮》而知名。後相繼主演電視劇《網中人》、《上海灘》等。1975年開始進軍影壇，先後拍攝20餘部影片，主要有《胡越的故事》、《傾城之戀》、《女人心》等。1985年主演影片《等待黎明》，獲第30屆亞洲影展最佳男主角獎、第22屆金馬獎最佳男主角獎。但至1986年因主演《英雄本色》才真正成爲炙手可熱的明星。此後《秋天的童話》、《龍虎風雲》、《阿郎的故事》等多次獲得金像獎和金馬獎，並獲美國電影協會頒發的亞洲傑出演員獎，被譽爲“亞洲影帝”。後來赴美國好萊塢發展，與美國著名女星茱迪·福斯特合作主演的《安娜與國王》。2000年與楊紫瓊、章子怡一起出演了吴宇森的新作《卧虎藏龍》，再度引起影壇轟動。2004年主演《花木蘭》。

1987年(大陸)

大事記

1月15日—18日　中國電影發行放映學會在京召開全國首屆電影發行放映學術研討會。

2月9日　中國電影家協會中國電影製片人學會成立。

2月16日—23日　中國科教電影電視協會主辦的首屆科教電影創作座談會在京舉行。

2月25日—3月19日　上海電影製片廠協助美國華納公司在滬拍攝影片《太陽帝國》的外景。

2月　謝晉被美國著名電影藝術與科學學院接納爲該院導演部會員。

3月10日　北京兒童電影製片廠改名爲中國兒童電影製片廠。

3月19日　建國以來首部在大陸公映的美國好萊塢影片《愛情故事》在京舉行首映式。

3月23日　我國第一座超寬銀幕"杜比"立體聲系統雙廳影院——上海和平雙廳電影院竣工並交付使用。

4月5日　我國第一套球幕電影視景系統在京通過技術鑒定。

5月27日　電影局發出《關於故事片攝製程序及階段劃分的規定》的通知。

6月4日—10日　"中國電影回顧展"在莫斯科舉行。

6月30日　廣播電影電視部任命滕進賢爲電影事業管理局局長。

7月27日　國務院任命陳昊蘇爲廣播電影電視部副部長，主管電影工作。

7月30日　慶祝中國人民解放軍建軍60週年電影週開幕式在京舉行。

8月3日　中國電影家協會新聞紀錄學會成立。

9月14日—20日　第十一屆中國電影展在京舉行。

10月6日　"中國電影回顧展"在葡萄牙舉行。

11月下旬　《大衆電影》百花獎有獎選票案最終作出判決。

12月　我國第一部70mm寬銀幕故事片《無敵鴛鴦腿》在汕頭開拍。

重要影片

《少爺的磨難》劇照

《少爺的磨難》

出品：上海電影製片廠
編劇：艾明之　斯・伯格
導演：吴貽弓
攝影：夏力行
主演：陳佩斯　趙家玲
　　　李緯　姚建國

百萬富翁金春浩在彌留之際爲了兒子金福的前程，向管家王哲面授機宜。金福繼承遺產後揮霍無度，面臨破産。此後，金福備嘗艱辛，歷盡磨難。王哲道出了主人臨終囑託的真情。金福聽後百感交集，決心開始新的生活。

《最後的瘋狂》

出品：西安電影製片廠
編劇：史晨原　史晨風
導演：周曉文　史晨風
攝影：馮偉
主演：張建民　劉小寧
　　　金莉莉

殺人犯宋澤再次拒捕後連連作案，偵察員何磊在調查中發現宋澤的身世和自己有許多相似之處。宋澤身纏炸藥，瞞着女友登上了列車，企圖製造惡性事件。何磊喬裝來到旅客中將其抓獲。窮途末路的宋澤拉響了身上的炸藥。

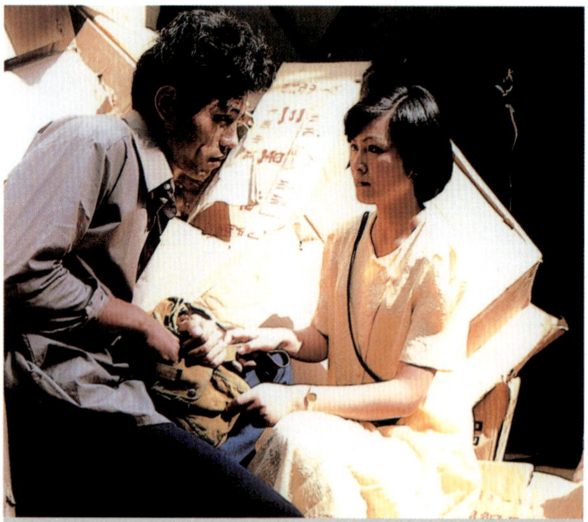
《最後的瘋狂》劇照

《井》劇照

《井》

出品：峨眉電影製片廠
編劇：張弦
導演：李亞林
攝影：李寶琦　潘京
主演：潘虹　李志輿
　　　林達信　賀小書

女大學生徐麗莎被表面現象所蒙蔽嫁給了朱世一。但是婚後朱世一的面孔全變，使得徐麗莎擔負起科研和繁重的家務兩副重擔。徐麗莎和童少山在工作中建立了真摯的感情，但社會市俗和傳統的壓力像一口無形的井，使童少山不敢越過雷池去接受這份愛情。徐麗莎對新生活的希望破滅了。

《解放》

出品：長春電影製片廠
編劇：王興東　王浙濱
主演：齊興家　**攝影：**高洪寶
主演：趙有亮　李嘉賓　劉之冰　孫敖

在北方某城，一個大型汽車製造企業，出現了經營不善的嚴峻局面，廠領導決定向老解放車告別。在全廠職工的共同努力下，解放汽車廠的老車換型終於成功了，企業終於擺脱了危機，從夾縫中擠了出來。

《解放》劇照

《給咖啡加點糖》劇照

《給咖啡加點糖》

出品：珠江電影製片廠
編劇：鄭華
導演：孫周　**攝影：**鄭華　王穗光
主演：陳鋭　李鳳緒　彭立志　杜榮

剛仔愛好攝影，自從在鏡頭裏瞥見補鞋妹林霞，剛仔被深深吸引。剛仔的出現，使她似乎找到了某種依靠。但是林霞是從家裏逃婚出來的，由於種種原因，她最終服從了命運的"安排"，回老家換親。

《陸軍見習官》劇照

《陸軍見習官》

出品：長春電影製片廠
編劇：王興東　王浙濱
導演：于彥夫　張圓　**攝影：**丹森尼瑪
主演：劉交心　吳若甫　張光北　季平

一批經過四年緊張學習和嚴格訓練的年輕軍官，即將赴雲南前線代職見習，出發前准許他們休假三天。影片講述了在這三天内年輕軍官的不同生活。

故事片目録（共142部）

北影　《笨人王老大》、《一個死者對生者的訪問》、《天音》、《蘇禄國王與中國皇帝》（上下集）、《望春風》、《到青山那邊去》、《同在藍天下》、《迷夢初醒》、《失戀者》、《大學生軼事》、《鼓書藝人》、《女人國的污染報告》、《翡翠麻將》、《啼笑皆非》（評劇）、《貞女》、《金鏢黄天霸》、《誰是第三者》（上下集）、《仗義小伙兒》、《超速》、《死去活來》、《槍，從背後打來》

童影　《戰爭插曲》、《少男少女們》、《菱角將軍》、《招財童子》、《我只流三次淚》

上影　《回來吧！微笑》、《不是冤家不碰頭》、《少爺的磨難》、《幸福不是毛毛雨》、《戰爭讓女人走開》、《午夜兩點》、《車隊從城市經過》、《女人的故事》、《天堂盛宴》、《哎喲，哥哥》、《紫紅色的皇冠》、《女市長的私人生活》、《匿名電話》、《人·鬼·情》、《古幣風波》、《兇手與懦夫》、《阿星阿新》

長影　《神丐》、《欲望三角洲》、《别叫我疤痢》、《冒名頂替》、《走過迷魂谷》、《嗨，哥們》、《土裁縫與洋小姐》、《陸軍見習官》、《斬花堂》（上黨梆子）、《女模特之死》、《湖心島之迷》、《關東大俠》、《夏之雨、冬之夢》、《兩宫皇太后》、《初戀時，我們不懂愛情》、《山雀兒》、《男兒要遠行》、《古堡小夜曲》、《瘋狂的小鎮》、《中國的"小皇帝"》、《八卦蓮花掌》、《橄欖緑屋頂》、《解放》

八一　《太陽下的雪人》、《三等國民》、《遠離戰爭的年代》、《八女投江》、《死亡集中營》、《閃電行動》、《甜蜜的編隊》、《虎年奇案》

珠影　《巴陵竊賊》、《天使與魔鬼》、《逃港者》、《大清炮隊》、《港客謀殺案》、《洋妞尋師》、《太陽雨》、《給咖啡加點糖》、《罪惡驚魂録》、《魂蕩東洋》

西影　《盲流》、《老井》、《孩子王》、《黄河大俠》、《千古一帝》、《讓世界充滿愛》、《恐怖的鬼森林》、《最後的瘋狂》、《紅高粱》、《東陵大盜》（三、四集）

峨影　《井》、《雙頭鷹之謎》、《生活馬拉松》、《不沉的地平線》、《京都球俠》、《偷來的愛》、《紅與白》、《過江龍》、《殘照》、《夢想家》

瀟湘　《業餘警察》、《馬蹄聲碎》、《綁票》、《湘西剿匪記》（一、二集）、《人間恩怨》、《笑破情網》

廣西　《山村風月》、《温柔的眼鏡》、《尋找男子漢》、《同齡女友》、《化裝師與漫畫家》、《鼓樓情話》、《男人的世界》

天山　《少女·逃犯·狗》、《小客人》、《買買提外傳》

内蒙　《兩廂情願》、《黄色别墅》、《危險的蜜月旅行》、《荒漠中的獅子》、《北方囚徒》

青影　《公民從這裏誕生》、《鴛鴦樓》、《死神與少女》、《二子開店》

新影　《女皇錯斷梨花案》、《倒霉大叔的婚事》、《瘋秀才斷案》

其他　《遠古獵歌》（深影）、《哭笑不得》（福建）、《屠城血證》（福影）、《姑娘寨》（雲南）、《小老大傳》（雲南）、《孔府密事》（上下集，北科）、《北京故事》（南海）、《點點滴滴》（中國城鎮供水協會）、《藍色的使命》（龍江廠）

《翡翠麻將》劇照

《翡翠麻將》

出品：北京電影製片廠
編劇：鍾源
導演：于曉陽
攝影：顔軍生
主演：蔡鴻翔　周雯瓊　王蕙　袁苑

該片圍繞"翡翠麻將"疑案，塑造了我公安人員的豐滿形象，也展示了現代青年的各種思想及豐富多彩的生活，對於社會上存在的邪惡現象作了無情的鞭韃。

《黄河大俠》

出品：西安電影製片廠　香港中原電影有限公司
編劇：黄麥銓
導演：張鑫炎　張子恩　攝影：周柏齡
主演：于承惠　靳德茂　計春華

唐末，藩王混戰，西北黄河流域的段、柳、李諸王互相攻伐，欲獨霸天下。一日，段王府被柳王攻陷，危難中，被黄河大俠馬義相救。馬義愛女慘死柳王刀下。後又因李王雙眼致殘。馬義開始報仇，最終殺死了李王和段王。

《黄河大俠》劇照

《鼓書藝人》劇照

《鼓書藝人》

出品：北京電影製片廠
原著：老舍　改編：田壯壯　導演：田壯壯　攝影：梁子勇
主演：李雪健　朱旭　陳青　譚明娣

北平有位唱大鼓書的叫方寶慶，日軍侵略中國那會兒，寶慶便帶着一家人逃難到重慶。寶慶和唐少爺在這兒辦了個名叫"升平"的書場，養家餬口。但是由於戰事不斷，寶慶只好到處漂泊，路途上遇到許多難事一直到抗日戰爭勝利。

《鴛鴦樓》

出品：北京電影學院青年電影製片廠
編劇：王培公
導演：鄭洞天
攝影：顧文愷　屈建偉
主演：郭凱敏　宋春麗　蕭雄　宋曉英

鴛鴦樓，是城市裏專爲新婚夫婦蓋的青年團公寓的别稱。在北京的一座鴛鴦樓内，住着六對小夫妻。他們各自過着不同的生活，影片就圍繞他們的生活展開。

《鴛鴦樓》劇照

《文匯報》、《中國電影時報》舉辦“新時期十年電影獎”（1977—1987）

3月12日，由《文匯報》、《中國電影時報》聯合主辦的“新時期十年電影獎”評選揭曉，頒獎大會在上海舉行。新時期10年以來攝製了近千部影片，一批優秀之作從不同側面反映、表現了我們時代的社會生活和人民的精神風貌，電影成爲人民精神文化生活的重要組成部分。因此，“新時期十年電影獎”活動受到了電影界人士、全國各電影製片廠和廣大讀者、觀衆的廣泛而熱烈的支持。16家電影廠報來參選的有最佳故事片46部，最佳導演25部，最佳男演員45名，最佳女演員41名，最佳處女作導演25名。評選活動共收到來自全國各個省市的26萬張選票，上千封來信，評出了10年來深受觀衆喜歡的影片、導演和演員。其中“最佳處女作”是歷屆百花獎、金鷄獎、政府獎没有設置過的新的獎項。

獲獎名單如下：

最佳故事片獎：《高山下的花環》，《人到中年》，《少年犯》，《人生》，《野山》，《喜盈門》，《駱駝祥子》，《城南舊事》，《孫中山》，《紅衣少女》；最佳導演獎：謝晉，趙煥章，凌子風；最佳男演員獎：楊在葆，達式常，周里京；最佳女演員獎：劉曉慶，潘虹，王馥荔；最佳處女作獎：史蜀君（《女大學生宿舍》），陳凱歌（《黄土地》），黄建新《黑炮事件》；導演榮譽獎：吴貽弓，張良，吴天明，嚴寄洲，謝飛，丁蔭楠，王好爲；男演員榮譽獎：嚴順開，郭凱敏，吕曉禾，唐國强，許還山，陳裕德，孫飛虎；女演員榮譽獎：龔雪，斯琴高娃，方舒，李秀明，王玉梅，張瑜，叢珊；處女作導演榮譽獎：張暖忻（《沙鷗》），鄭洞天（《鄰居》），石曉華（《泉水叮咚》），楊延晉（《苦惱人的笑》），王君正（《苗苗》），常彦（《保密局的槍聲》），韋廉（《道是無情勝有情》）。

电影艺术要表现时代主旋律

——祝贺『新时期十年电影奖』评选圆满成功

本报评论员

新时期电影走过了一段具有历史意义的里程。十年摄制近千部影片，一批优秀之作从不同侧面反映、表现了我们时代的社会生活和人民的精神风貌，一批光彩照人的银幕形象走进千百万观众的心灵。电影艺术成为人民精神文化生活的重要组成部分，对人们精神境界的提高发生重要的影响。正是因为这个缘故，文汇报和中国电影时报举办的“新时期十年电影奖”受到了电影界人士、全国各电影制片厂和广大读者、观众的广泛而热烈的支持。

包括电影在内的社会主义文艺，是人民的文艺，是与社会主义现代化建设事业密切相关的事业，它在总的社会主义事业中的地位，正如邓小平同志指出的：不论是对于满足人民精神生活多方面的需要，对于培养社会主义新人，对于提高整个社会的思想、文化、道德水平，文艺工作都负有其他部门所不能代替的重要责任。文艺对社会、对人民履行了自己的责任，就能得到社会和人民的欢迎。新时期十年电影奖评选出来的一些好影片，在广大群众中留下深刻的印象。在许多地方，不是个别电影爱好者，而是一个班级、一个连队、一个车间、一个家庭，经过热烈讨论，才填写了郑重的一票。这种生动情景，反映了群众对电影事业的喜爱和支持，对电影工作者创造性劳动的充分肯定和赞扬。

新时期电影奖的获奖影片，代表了新时期电影发展的主流。在大多数反映现实题材的影片中，不论是写对越自卫还击战、写改革，还是写知识分子、写青少年生活，都闪烁着耀人的时代色彩，表现了时代的主旋律。即使那些历史题材的影片，对宏阔的历史画面的把握，也没有离开今天时代的高度。现实主义的深化和新的开拓，总是以生活、时代的发展为前提，为依据，总是同特定的时代、生活相联系而显示出深邃的思想内涵的。人们从这些作品中得到的是信心和希望，是理想之光，热情之火，是净化心灵的清美甘泉。

这次获奖的影片和电影艺术家们，以不同的风格特色显示了各自的艺术优势，同样表现时代主旋律的作品，也风采各异，这是新时期电影群星璀璨，蔚为壮观的艺术全景的缩影。生活的丰富多采，人们多种多样的审美和娱乐需要，要求艺术的多样化。艺术的不断探索、创新，自是题中之义。但是探索、创新也要从现实生活的土壤中汲取情思。严肃的艺术创造，不能以形式的变化之繁眩人耳目，而应该对新的生活层面不断开掘。无论内容还是形式的探索、创新，离开对生活的独特发现和感受，只在狭小的自我意识活动范围内兜圈子，只能是舍本逐末。

新时期十年电影奖评选带来的信息是富有启示性的。我们谨向获奖的电影艺术家们表示热烈祝贺，并衷心祝愿他们在今后的艺术征程中再接再厉，创造出新的艺术珍品，奉献给我们的时代，我们的人民。

《文匯報》評論員文章

第一届中國電影展在北京舉行

爲宣傳中國電影事業所取得的成就，擴大中國電影在國外的影響，進而使中國電影走向世界，1987年9月14—20日在北京舉辦了第一届中國電影展。

這是新中國成立以來舉辦的第一次大型的中國電影展。來自47個國家和地區的近200名代表和來賓參加了“影展”。大陸16家電影製片廠廠長及主創人員也紛紛前來參加“影展”活動。“影展”期間，李鵬、胡啓立、耿飈、黄鎮等黨和國家領導人接見了前來參加“影展”的部分中外來賓。“影展”集中展映了近幾年來生産的影片105部，其中故事片60部，包括《芙蓉鎮》、《老井》、《大閲兵》、《野山》等；紀録片17部，美術片28部。期間舉行了兩次電影學術研討會，由中國電影界人士向來賓介紹我國電影事業的歷史及現狀，同時由外國影評家、導演等對中國電影發表意見。這次“影展”的舉辦，不僅達到了宣傳中國電影的目的，而且在商業輸出方面也取得了可喜的成績。短短的幾天，就與41個國家和地區簽訂合同或協議，輸出影片總計343部次，成交額達50.8萬美元。

第一届中国电影展在北京开幕

本报北京9月14日讯　记者李彤、丁宏新报道：第一届中国艺术节锣鼓正酣，第一届中国电影展又拉开帷幕。在今日下午举行的开幕式上，影展组织委员会主任丁峤向来自40多个国家和地区的190多位电影界人士表示热烈欢迎，夏衍等几代中国电影艺术家的代表也前来与外国同行切磋交流。

此次影展是建国以来举办的最大规模的电影对外交流活动。它精选出我国近年来生产的110余部长短影片（故事片65部，美术片30部，纪录片20部），集中展示在各国朋友面前。这些影片中包括曾在国内外获奖的《野山》、《良家妇女》、《黑炮事件》、《大阅兵》以及《芙蓉镇》等。影展期间还将举办学术研讨会，由中国电影界人士向外国朋友介绍情况、回答问题，并请外国朋友畅谈观感和建议。

中国电影展组织委员会希望通过这次活动进一步加强中外文化交流，为中国电影在世界范围内开拓市场，赢得更多的观众和友谊起到推动作用。

《人民日報》1987年9月15日報道

第一届“童牛獎”在北京舉行授獎大會

本届童牛獎評委會由一些熱心兒童電影事業的影視藝術家、理論家、專業教育家組成，它的成員具有一定的代表性。但同時評委在每次評選前要認真聽取兒童觀衆的意見。

獲獎名單如下：

優秀兒童少年故事片獎：《我和我的同學們》（上影），《少年彭德懷》（兒影），《月光下的小屋》（内蒙）；優秀兒童少年美術片獎：《夾子救鹿》（上海美影）；優秀兒童少年科教片獎：《小水珠講故事——啊！三角形》（北京科影）；優秀兒童少年紀録片獎：《小主人辦報》（新影）；評委獎：《姣姣小姐》（兒影）；特别獎：《鴿子迷的奇遇》（兒影）；優秀兒童少年故事片導演獎：彭小蓮（《我和我的同學們》）；優秀兒童少年故事片表演獎：成年演員：張豐毅（《鴿子迷的奇遇》）；兒童演員：富大龍（《少年彭德懷》）；優秀兒童少年故事片攝影獎：劉利華（《我和我的同學們》）；優秀兒童少年故事片音樂獎：金復載（《小歌星》）；優秀兒童少年故事片剪輯獎：沈傳悌（《我和我的同學們》）；優秀兒童少年故事片化裝獎：胡純美（《少年彭德懷》）；優秀兒童少年故事片動物明星：猩猩陸陸（《姣姣小姐》）。

《老井》在第2届東京國際電影節獲大奬

第2届東京國際電影節於1987年9月25日—10月4日在日本首都東京舉行。影片《老井》榮獲本屆電影節大奬，本屆電影節特邀擔任評委會主席，美國著名電影表演藝術家格利高利·派克向導演吴天明頒發奬杯。該片同時還獲得最佳男演員奬（男主角張藝謀）、東京都知事奬和電影批評家特别奬。

東京國際電影節是世界影聯正式承認的世界七大電影節之一，但却是一個年輕的電影節，只有兩年的歷史。電影節期間共放映了39個國家158部影片。以吴天明爲團長，吴子牛、吕麗萍、謝貝玲爲團員的中國電影代表團參加了電影節，所携帶的影片《老井》、《最後一個冬日》和《黑炮事件》分别參加了故事片大奬賽、青年導演新人奬和亞太地區影展。由於本届電影節是首次舉行故事片大奬賽，就被《老井》一舉奪得，因此在電影節和日本引起了轟動。日本各大小報紙紛紛刊登影片獲奬消息和照片，電影節主席和電影界知名人士也紛紛向中國代表團祝賀。日本著名影評家佐藤忠男先生説："中國影片在東京國際電影節上獲大奬，標誌着中國電影的一個新的里程碑，是中國電影成熟的表現，意義是深遠的。"

《老井》劇照

導演吴天明在東京國際電影節上領奬

附録：吴子牛《〈老井〉在東京國際電影節》（摘録）

授奬大廳内，不懂英語的吴天明隱約聽到電影節主席格里高利·派克宣佈中國電影《老井》獲得本屆電影節大奬時。他簡直來不及做出反應，臺上臺下陣陣歡呼，使吴天明如夢初醒。喜訊並不止此，經過十天角逐，亞洲最大的電影節，世界七大電影節之一的東京國際電影節本屆大奬、最佳男主角奬、國際電影批評家特别奬包括東京都知事奬均被中國電影《老井》一把奪來。在强手如林的競賽場上，《老井》居然能得到電影節評委會如此之厚愛，這的確是全體中國代表團和吴天明本人所始料不及的。

（《中國電影報》，1987年11月15日）

《老井》

出品：西安電影製片廠
編劇：鄭義
導演：吴天明
攝影：陳萬才　張藝謀
主演：張藝謀　吕麗萍
**　　　牛星麗　梁玉瑾**

描述在内地山區的老井村，水源缺乏，兩村的子弟爲了爭奪水源而經常集體械鬥。年輕人孫旺泉爲了徹底解決這個老問題，寧願不到城裏而留在當地尋找挖井的正確位置，終於達成了心願。

吴天明(1939—　)

導演。祖籍山東，生於陝西三原。1960年考入西影演員培訓班。1976年入北京電影學院導演進修班。回廠後，當了三年的助理導演和副導演。1979年聯合導演的《生活的顫音》獲文化部優秀影片奬，本人獲青年優秀創作奬。1982年開始獨立執導影片。曾任西安電影製片廠廠長。主要作品有《没有航標的河流》、《人生》、《老井》、《變臉》、《非常愛情》、《首席執行官》等。

中國電影表演學會在鄭州舉行首屆“學會獎”授獎大會

5月9日—15日中國電影表演學會首屆“學會獎”頒獎活動在鄭州隆重舉行。各界領導及電影界知名人士前往參加頒獎活動。“學會獎”的評選與金鷄獎、百花獎有所不同，它的主要特點是演員自己評自己。凡是會員在表演藝術上有成就者，即使一般角色也可以在評選中提名，獲獎者不分名次、等級，獲獎會員除必須塑造好一個角色外，還要能對自己扮演角色的創作過程提出理論上的概括和分析，同時獲獎的會員必須具有良好人品與藝術才能。

中國電影表演藝術學會會長張瑞芳，名譽會長趙子岳，副會長陳强、田華、陳汝斌、錢學格，秘書長史進。除了5月11日舉行的頒獎大會外，學會還組織了創作藝術研討會，並深入工廠、農村及鄭州大學等基層單位進行慰問，還請獲獎演員與河南文藝界同臺演出，這次活動得到了鄭州社會各界的一致好評。

首屆“學會獎”獲獎演員是：于紹康、馬崇樂、王詠歌、王詩槐、王馥荔（女）、毛永明、許還山、劉文治、劉廷堯、劉曉慶（女）、朱時茂、達式常、李偉、李梓（女）、李羚（女）、李顯剛、巫剛、辛明、吳玉芳（女）、陳裕德、邸力（女）、岳紅（女）、楊在葆、金毅（女）、林强、周里京、張帆（女）、張力維（女）、張小磊（女）、張豐毅、張天喜、張偉欣（女）、娜仁花（女）、胡爾西德（女，已故）、恩和森、夏宗佑、夏提古麗（女，已故）、黃小雷、魯非、智一桐、傅藝偉（女）、潘虹（女）。

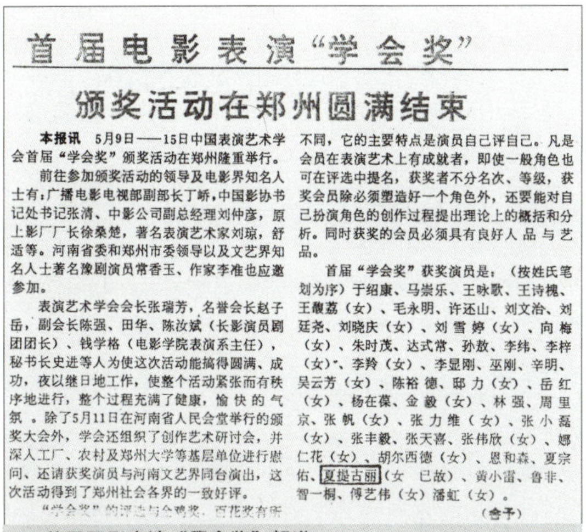
首届电影表演“学会奖”

颁奖活动在郑州圆满结束

本报讯 5月9日——15日中国表演艺术学会首届“学会奖”颁奖活动在郑州隆重举行。

前往参加颁奖活动的领导及电影界知名人士有：广播电影电视部副部长丁峤，中国影协书记处书记张清、中影公司副总经理刘仲彦，原上影厂厂长徐桑楚，著名表演艺术家刘琼，舒适等。河南省委和郑州市委领导以及文艺界知名人士著名豫剧演员常香玉、作家李准也应邀参加。

表演艺术学会会长张瑞芳，名誉会长赵子岳，副会长陈强、田华、陈汝斌（长影演员剧团团长）、钱学格（电影学院表演系主任），秘书长史进等人为使这次活动能搞得圆满、成功，夜以继日地工作，使整个活动紧张而有秩序地进行，整个过程充满了健康，愉快的气氛。除了5月11日在河南省人民会堂举行的颁奖大会外，学会还组织了创作艺术研讨会，并深入工厂、农村及郑州大学等基层单位进行慰问、还请获奖演员与河南文艺界同台演出，这次活动得到了郑州社会各界的一致好评。

“学会奖”的评选与金鸡奖、百花奖有所不同，它的主要特点是演员自己评自己。凡是会员在表演艺术上有成就者，即使一般角色也可在评选中提名，获奖者不分名次、等级，获奖会员除必须塑造好一个角色外，还要能对自己扮演角色的创作过程提出理论上的概括和分析。同时获奖的会员必须具有良好人品与艺品。

首届“学会奖”获奖演员是：（按姓氏笔划为序）于绍康、马崇乐、王咏歌、王诗槐、王馥荔（女）、毛永明、许还山、刘文治、刘廷尧、刘晓庆（女）、刘雪婷（女）、向梅（女）、朱时茂、达式常、孙敖、李纬、李梓（女）、李羚（女）、李显刚、巫刚、辛明、吴云芳（女）、陈裕德、邸力（女）、岳红（女）、杨在葆、金毅（女）、林强、周里京、张帆（女）、张力维（女）、张小磊（女）、张丰毅、张天喜、张伟欣（女）、娜仁花（女）、胡尔西德（女）、恩和森、夏宗佑、夏提古丽（女 已故）、黄小雷、鲁非、智一桐、傅艺伟（女）潘虹（女）。

（舍予）

首屆電影表演“學會獎”報道

本年度在國際上主要獲獎情況

紀録片《中國風貌》獲巴西第1屆國際旅遊電影節三等獎；

《野媽媽》獲第11屆印度國際電影節“評判團特别獎”，及“新德里電影評論家協會電影評論家獎”，《良家婦女》獲“國際電影評論家聯合會最佳影片獎”；

《北京故事》獲美國亞美藝術家協會年度“媒介獎”；

《良家婦女》獲阿爾及利亞“世界文化薈萃”最佳攝影獎；

《中彩》獲丹麥第7屆歐登塞國際電影節故事片導演獎；

《大閱兵》獲加拿大第11屆蒙特利爾國際電影節評委會獎；

《老井》在第2屆東京國際電影節上獲故事片大獎、國際電影評論家特别獎、東京都知事獎；

《五虎將》獲第17屆德黑蘭國際科教片電影節金像獎，《灰喜鵲》獲銀像獎，《瀑布》獲榮譽獎；

《大閱兵》獲意大利都靈青年國際電影節大獎；

潘虹（《末代皇后》）獲第5屆大馬士革國際電影節最佳女演員獎；

《鴿子迷的奇遇》獲印度庫塔克第5屆國際兒童電影節金章獎，美術片《夾子救鹿》獲最佳短片獎；

《老井》獲第7屆夏威夷國際電影節評委會特别獎。

呂麗萍（1960— ）

演員。原籍吉林長春，生於北京。1984年畢業於中央戲劇學院表演系，任上海電影製片廠演員；1989年任北京群星表演藝術學校校長。代表作品有《童年的朋友》、《老井》、《遭遇激情》、《龍年警官》、《大氣層消失》、《青春無悔》、《北京人》、《誰説我不在乎》、《假裝没感覺》等。

1987年（臺灣）

大事記

1月8日 色情片拍攝數量超過正統影片，電影處乃採釜底抽薪的方式，函告三家電影沖印片廠（"中影"、臺北、大都）不得沖印色情影片，否則將依法辦理。

1月22日 由"中影"與先鋒影業合作，以真善美戲院黄廳改建而成的藝術電影院揭幕。

2月28日 西柏林兩家重要報紙盛讚《戀戀風塵》，"中影"爲尊重創作，決定以原音閩南語上映。

5月25日 金穗獎主辦單位電影圖書館決定接受建議，決定自明年起受理録影帶作品報名參加競賽。

6月14日 電影處人事調動，電影處長由廖祥雄接掌。

7月2日 隨着《黑皮與白牙》及《父子關係》等締造高票房後，刺激國片市場景氣復甦，製片業者紛紛擬定拍片計劃。

7月5日 "中影"爲紀念抗戰50週年，推出丁善璽導演的《旗正飄飄》，並舉辦展覽和發行一系列抗戰録像帶。

7月24日 《長鏡頭》電影雜誌創刊號出版，社長小野及總編輯齊隆壬表示，該雜誌内容兼具教育與娛樂性，並以探討國片爲主要特色。

8月16日 《恐怖分子》在瑞士洛迦諾影展榮獲銀豹獎及國際影評人獎。

9月17日 第24屆金馬獎展開評審工作，多數評審認爲紀録片應構思完備，且具表達意念、敘事觀點及美學統籌能力，故主張未達此標準之紀録片項目提名從缺。

10月13日 "新聞局電影處"爲使有限的國際影展參展財力達到最大效果，計劃將重要影展劃分等級，就其特性擬定不同參展策略，亦將積極輔導商業電影參加國際影展電影市場展。

11月11日 由民間主辦金馬獎四年以來，工作無法傳承，每見疏漏，"新聞局"已初步決定，今後之金馬獎活動交由電影事業發展基金會主辦。

12月4日 電檢規範今日通過，具有"確立電檢獨立性"、"維護消費者觀賞'完整'影片權益"及"明確劃分三級制"等三大特色。

重要影片

《尼羅河女兒》劇照

《尼羅河女兒》

出品：學甫
編劇：朱天文　導演：侯孝賢
主演：楊林　陽帆

從小就喜歡看漫畫的林曉陽，常幻想自己是漫畫"尼羅河女兒"的女主角。曉陽半工半讀，照顧念小學的妹妹，另一方面，也偷偷暗戀着二哥的朋友阿山……

《稻草人》劇照

《稻草人》

出品：中影
編劇：王小棣　宋紘　導演：王童
主演：卓勝利　張柏舟

二次大戰末期，在日本佔領下的臺灣也遭受到美軍的空襲。一天，阿發、闊嘴兩兄弟在田裏發現一顆未爆的大炸彈，引起全村的議論，一致認爲可以換到很多配給，兩兄弟便擔負起運送炸彈到鎮上的任務……

《桂花巷》劇照

《桂花巷》

出品：中影　學者　嘉禾
編劇：吳念真　導演：陳坤厚
主演：陸小芬　林秀玲　庹宗華　李志希

斷掌的剔紅，十二歲父母雙亡，十六歲時弟弟也葬身魚腹。爲了改變自己貧窮的命運，她離開自己的初戀情人，嫁入富豪之家……

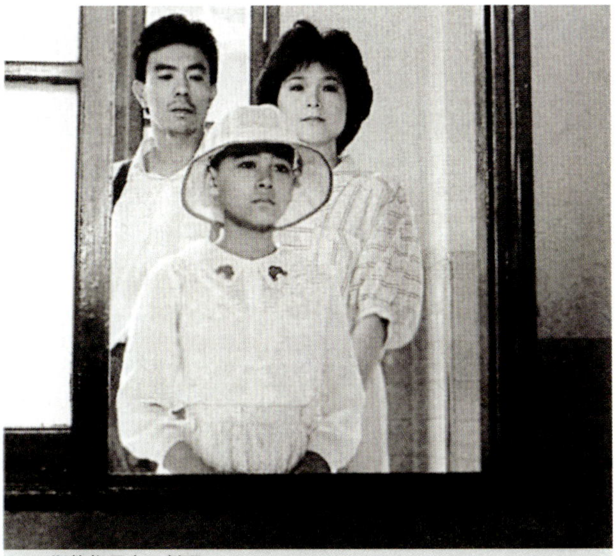

《期待你長大》劇照

《期待你長大》

出品：中影
編劇：吳念真
導演：廖慶松
主演：王道　周美如

妙華今年才十歲，剛剛開始的生命，醫生卻宣佈他得了血癌。天真的他，不懂得什麼叫死亡，只擔心鋼琴沒練，芭蕾舞沒跳，弟弟睡前沒人可以講故事給他聽。爸爸媽媽想盡辦法，想挽回他的生命。

第24屆金馬獎得獎名單

最佳劇情片：《稻草人》（中影公司出品）
最佳紀録片：《惜墨》（臺製廠出品）
最佳卡通片：入圍從缺
最佳導演：王童《稻草人》
最佳男主角：周潤發《流氓大亨》
最佳女主角：梅艷芳《胭脂扣》
最佳男配角：午馬《倩女幽魂》
最佳女配角：林珊如《期待你長大》
最佳原著劇本：王小棣、宋紘《稻草人》
最佳改編劇本：阮繼志《倩女幽魂》
最佳攝影：黄仲標《胭脂扣》
最佳剪輯：新藝剪輯組《倩女幽魂》
最佳美術設計：馬光榮《胭脂扣》
最佳服裝設計：陳顧方《倩女幽魂》
最佳原著音樂：張弘毅《尼羅河女兒》
最佳改編音樂：入圍從缺
最佳電影插曲：陳揚、吴念真《桂花巷》

《惜别海岸》

出品：龍祥
編導：萬仁
主演：游安順　袁潔瑩

阿程是個本性善良的青年，因交友不慎犯下過失殺人罪。出獄後一心向上，在飯店任職服務生，因而認識了應召女郎小蕙。與世無爭的兩人，卻因接踵而來的變故，無法平靜地過活。

影片目録

中影　《期待你長大》、《大海計劃》、《那一年我們去看雪》、《稻草人》
中影、湯臣、嘉禾　《旗正飄飄》
中影、嘉禾、學者　《桂花巷》
臺製　《宵待草》、《芳草碧連天》
中製　《起床號》
臺灣民俗館　《臺灣英雄廖添丁》
龍族　《周成過臺灣》、《舞女情挑》、《女撒嬌男耍賴》、《花樓滿春》、《情慾陷阱》、《艷女痴情》、《上班女郎》、《男性的外遇》、《少女夢》、《午夜之狼》、《色誡》
龍年　《九美圖》、《借妻》
金格　《新桃太郎》、《哈囉，殭屍》
鴻泰　《黑皮與白牙》、《白色酢漿草》
學甫　《大頭兵》、《校園青春樂》、《大頭兵出擊》、《尼羅河女兒》、《雪在燒》、《阿兵哥》
龍介　《失蹤人口》、《金水嬸》
今中　《審判》、《錯誤的脚步》
合衆　《金剛大戰蛇妖精》、《背叛者》、《七先生與啞巴花》
湯臣　《苦兒流浪記》、《跨越時空的小子》
倍倫　《火爆浪女》、《青年的本色》
東南　《銀姑》、《我恨月常圓》
國華　《太妹檔案》、《未婚爸爸》
上上　《今夜你是天使》、《火狐狸》、《檳榔西施》、《靈異驚魂》
龍祥　《我的志願》、《戰鬥營》、《惜别海岸》
中達　《紅劫》、《雪鄉之春》
其他　《北門之拳》（新形式）、《神勇特警隊》（華國）、《孫小毛魔界歷險》（歡樂無線）、《花招怪客》（義興）、《魔鬼戰士》（學甫、佳譽）、《離魂》（豐年）、《佳人本色》（吉星）、《傳奇人物廖添丁》（美鴻）、《六祖慧能傳》（天地）、《絶代妖姬》（新航線）、《報告班長》（蒙太奇）、《我的爸爸不是賊》（寶利）、《野玫瑰》（上進）、《午夜過後》（新新象）、《花月正春風大結局》（新亞、鴻揚）、《阿哲的兄弟》（民心）、《龍丁與小珠》（藝蕊）、《變色巷》（安邦）、《赤脚天使》（安記）、《先生騙鬼》（好朋友）

《報告班長》

出品：蒙太奇
編劇：葉雲樵
導演：金鰲勳
主演：蕭紅梅
柯俊雄　劉瑞琪

來自四面八方的入伍新兵，面對嚴格冷峻的孫班長時，個個都覺得大禍臨頭了。緊張刺激的訓練生活中，亦發生了許多趣事。他們也發現外表冷酷的孫班長，暗中却十分關懷他們。當孫班長積勞成疾，要離開他們時，大家都哭了。

《報告班長》劇照

《大海計劃》

出品：中影
編劇：張毅
導演：王俠軍
主演：易天行　余咨辰

華中、小胖跟明奉三個死黨，經常在海邊流連以致於上課遲到。一天，他們無意間在海邊發現十二隻龐大的海龜。由於鎮上的大人們都想利用海龜牟利，三個人下定決心要拯救這群海龜，擬定了"大海計劃"。

《大海計劃》劇照

石破天驚的《臺灣電影宣言》

1986年11月6日的晚上，一群當時臺灣新電影的成員聚會，同意共同發表一份電影宣言，並陸續爭取到包括文化界在内的簽署人士多達四十餘人，並正式在1987年的1月24日發表宣言，全文見刊於《中國時報》。在電影誕生百年由法國《電影筆記》出版的《電光幻影一百年》中，該刊編輯所選的電影百件大事，記載報導了此一宣言的簽訂。除此之外，《臺灣電影宣言》企圖作爲一個運動的開始，也遭到部分質疑，甚至反對的聲浪，某些評論確實也有效地指出"新電影"的不是之處，《當代》雜誌中的齊隆壬之文章，便是其中之一。

附録:《臺灣電影宣言》

在一九八六年、一九八七年的交界點上，我們回顧思索近兩年來臺灣電影環境發展的種種跡象，深深感覺到臺灣電影實際上也已經站在轉折點上。

在這個關鍵的時刻，以下共同簽名的這些人，認爲我們有必要緊急表達我們的關心和憂慮；這一篇文字，將大致説明這些人共同部分的立場和意見，也將説明我們對電影政策、電影環境的期望與呼籲。

我們對電影的看法

我們認爲，電影可以是一種有意識的創作活動，電影可以是一種藝術形式，電影甚至可以是帶着反省和歷史感的民族文化活動。

但是，我們也知道，電影在更多的時候是一種商業活動，它受生產與消費的各種定律所支配；電影産業因爲有着投資風險和獲利能力的雙重性格，使得電影圈中活躍着各形各色的利益團體以及既得利益團體。

上述二者都是常識，知者甚衆（却常常忘記）；我們覺得有必要重申這個基本認識，才能在表達立場和判斷問題的時候，不致忘了根本。

我們認爲，屬於商業活動範圍的電影，自有經濟法則的支持與淘汰（成功的商業電影自票房獲得到報償，失敗的商業電影在錯誤的投資中得到教訓）。這一切，都不勞文化政策的管理單位或知識界的意見領袖來費心。

但是，另一種電影（那些有創作企圖、有藝術傾向、有文化自覺的電影），它們對社會文化的整體貢獻可能更大，而它們能掌握的經濟資源則可能更匱乏；這個時候，文化政策、輿論領域、評論活動才找到他們應該關心、應該支持、應該聲援的對象。

當然，所有的電影創作或生産，都聲稱他們有創作意圖、有藝術成就、有文化自覺；因此，文化政策的管理單位、輿論界的工作者、評論界的專業人士就要負起責任，從創作的成品中觀察，指認出何者是，何者不是。

我們對環境的憂慮

創作與商業之間，政策與評論之間，上述的活動及其平衡本來是一件單純的現象（如果各組人都扮演好他們的角色）。但是，就近兩年臺灣電影環境所顯示的跡象來看，我們不得不表達若干嚴重的憂慮；因爲，顯然有一些錯誤的觀念或扭曲的力量，使得上述活動無法得到正常的運作；其結果是，臺灣四年來發展出的"另一種電影"的微薄生機，就在此刻顯得奄奄一息了。

我們對電影環境的憂慮，大者有三：

一、我們對政策單位有懷疑

從電影事業融資辦法、一九八六年金馬獎、外片配額制度取消後的參展影片獎勵辦法等事實，我們常常對電影政策的管理（或輔導）單位很困惑，我們不知道它究竟是一個電影的工業輔導機構，或文化輔導機構，還是一個政治的宣傳機構。

電影政策的管理單位顯然是性格分裂的，它的政策立場從不清楚。它有時候頒獎給《好小子》，獎勵它“拓展海外市場的成功”；它有時候頒獎給《箭瑛大橋》，說它“有益社會教化”；當它主動提出三千萬的資本拍攝政策片時，它拍出了《唐山過臺灣》、《日內瓦的黄昏》及《八二三炮戰》來，相信這些可以做有效的政治宣傳。

從文化政策的觀點看，這些工作都是奇特而不可理解的。但是，這些事實畢竟一而再、再而三在我們眼前發生，使我們不得不相信，管理這個社會的文化政策的，可能是從來没有決心要支持文化活動的機構。

二、我們對大衆傳播有懷疑

臺灣的大衆傳播，對整體社會的改良似乎都懷着監督者、促進者的角色自許；這幾年，它們在政治新聞、消費新聞、環保新聞各方面，都有前瞻的眼光和具體的貢獻。

相形之下，大衆傳播從來没有把電影活動當做文化活動來看，也没有打算以專業知識提供一個支持體系（但在文學、表演藝術方面，大衆傳播卻做了一些事）。不僅如此，大衆傳播對電影活動明顯地有着“歧視”，它作賤電影的從業人員，把明星的私事醜聞當做頭題新聞，但是電影文化呢？一部在國際影展得獎的影片可能得不到討論或報導的篇幅。

究竟大衆傳播是怎麼樣看待電影活動呢？從現有的内容範圍及其品質，我們不得不懷疑主其事者從來不重視、不關心這一項重要的社會活動；在這個角度看，大衆傳播多年來在這個項目“失職”了。

大衆傳播不關心電影的文化層面，它的從業人員也失去這一部分關照的能力；這兩年，大衆傳播在討論港片、臺片之區别，討論商業電影的改良等問題，流露出知識的匱乏與見解的荒唐，證明長久以來大衆傳播的疏忽已經開始出現强烈的副作用了。

三、我們對評論體系有懷疑

評論體系或評論大衆（criticizing public）本來在一個社會扮演帶有强烈道德性目標的角色。它一方面有詮釋的功能，使創作活動的意義得以明朗或伸展；它另一方面又有制衡的功能，避免社會被單一的價值（如票房、廣告、錯誤的評價）所支配，提供給資源不足的創作活動另一種社會支持。

但是，近兩年在傳播媒介上出現的評論，卻有一組忘了他們的角色的“評論家”。他們倒過來批評有創作意圖的電影作者，指責他們“把電影玩完了”，指責這樣的電影“悶”；主張臺灣電影向港片看齊、向好萊塢看齊。

這樣的評論的出現，本來不足爲奇。荒唐離奇的見解每個時代都有，但當這一類評論與落伍的大衆傳播結合時，成爲一股評論的主流，這個評論體系就令人嚴重地擔憂——我們没有在評論體系得到平衡，反而偏得更遠了。

失職的評論大衆，扭曲的評論體系，我們又要從哪一部門得到平衡呢？

上述三者，固然是我們對整個電影環境憂慮之大者；其他的憂慮也不是没有，譬如：全盤商業化的公家電影機構，缺乏人才的電影商業界等等，但如果與上述三者相比，我們又覺得不值一提了。

我們期待的改變與我們自己的決心

我們所期待的改變，當然針對着我們所擔憂的事。這些改變，具體的方案有無數的可能，但原則卻是不變：

第一，我們要有明白表示支持電影文化的電影政策。我們希望，電影政策的管理單位能够清楚説明他們的方向，他們所欲支持的電影，他們想把臺灣電影帶到什麼地方去。我們希望，政策單位能够明白，如果他們準備支持民族的自主文化，就必須有決心、有目標、有任事的勇氣。如果電影政策的管理單位決心要支持商業的電影、政治宣傳的電影，它也可以儘管説明，讓所有有意從事文化電影活動的人，趁早對政府機關的支持死了心。

第二，我們希望手中掌着大衆傳播的舵的任事者，注意電影活動的文化層面，注意電影在社會上可能扮演的諸種角色。我們希望大衆傳播把“影劇新聞”和政治新聞、文教新聞放在同樣的地位上，追尋同樣專業的人才，以前瞻的、公益的眼光來對待這一組新聞。

第三，我們誠懇地期望臺灣所有從事電影評論的工作者，反省自己的角色，忠誠地扮演自己在社會中最有意義的角色。在臺灣的電影環境，究竟哪一種電影才是評論者應該着力討論的電影？我們也希望指出，評論者永遠要小心成爲另一種既得利益者；評論者的價值來自讀者對他的信賴，如果他想到自己的利益，忘了他是别人的“利益”，他就完全失去評論者的條件。讓我們共同進行一種“評論的評論”，把不合格、不誠實的評論者指出來，讓讀者們唾棄他們。

除了我們所期待的改變以外，我們尚在此表達我們的決心。我們相信電影有很多可能的作爲，我們要爭取商業電影以外“另一種電影”存在的空間；爲了這件事，我們在此簽下我們的名字，不僅在這個宣言上和其他相同意念的人站在一起，也將在未來的時刻，從自己的崗位上繼續支持“另一種電影”——我們在新舊年度的交界點上、新舊電影的轉折點上，提出這個宣言，我們渴望得到志同道合的朋友給我們精神上的支持。

邀請簽名名單：

丁亞民	丘彦明	奚　淞	陳純真	詹宏志
小　野	吴正桓	高信彊	陳國富	楊德昌
井迎瑞	吴念真	馬以工	陳傳興	楊憲宏
王小棣	吴静吉	郭力昕	張　毅	廖慶松
王菲林	林懷民	陶德辰	張昌彦	齊物子
白　羅	卓　明	陶曉清	張照堂	蔣　勳
朱天文	金士傑	黄春明	張華坤	蔡　琴
朱天心	金恒煒	黄建業	曾壯祥	盧非易
李道明	柯一正	陳坤厚	童　娃	賴聲川
杜可風	胡台麗	陳雨航	焦雄屏	杜篤之
侯孝賢	陳映真	萬　仁		

（原載於《文星雜誌》104期，1987年2月）

詹宏志（1956—　）

影評人，編輯。臺灣南投人。臺灣大學經濟系畢業。曾任職於《聯合報》、《中國時報》、遠流出版公司、滾石唱片、中華電視臺、《商業週刊》等媒體，策劃或編輯超過千種書刊，並有11本包括小説評論和社會趨勢報告等著作。1983年，由侯孝賢、曾壯祥、萬仁合導的《兒子的大玩偶》一片發生“削蘋果事件”，時任《中國時報》編輯的詹宏志便於副刊以全版聲援《兒子的大玩偶》，並撰寫《國産電影的新起點》一文，奠定“新電影”的輿論基礎。1984年，詹宏志更以歷史的角度書寫《臺灣新電影的來路與去路——一個報導與三個評論》，提出“新電影”成立的理由、特色與過程，並預示往後影評界與産業界的衝突危機，充分展現詹宏志冷静客觀與綜觀全局的觀察能力。1986年末，面對“新電影”在各方面的困境，幾位“新電影”核心人物發起聯署，由詹宏志執筆，於1987年1月24日的《中國時報》發表《臺灣電影宣言》（或稱《“另一種電影”宣言》）。1988年，詹宏志、陳國富、侯孝賢、楊德昌、吴念真、朱天文等人成立“電影合作社”，向企業界尋求拍片資金，並籌劃拍攝《悲情城市》（1989）、《牯嶺街少年殺人事件》（1991）、《戲夢人生》（1993）等片，以實踐1987年提出的《電影宣言》，可惜效果不彰。

國片努力躍向國際影壇參展得獎數量均創紀録

根據電影處的統計，1987年一共有37部影片參加43項國際影展，其中得到8項獎，參展和得獎數量均創下紀録。

1987年新聞局甄選的影片，參加過奥斯卡、柏林、戛納、紐約、多倫多、悉尼、東京、鹿特丹、意大利都靈和瑞士盧卡諾等國際著名影展。新聞局並在香港等地區舉辦電影展活動。參展影片中，導演侯孝賢的《童年往事》榮獲鹿特丹影展非歐洲國家最佳影片，《尼羅河女兒》得到意大利都靈影展評審特别獎，而《戀戀風塵》得到葡萄牙特伊亞影展最佳導演獎以及法國南特影展最佳攝影、最佳音樂獎。導演楊德昌的《恐怖份子》得到瑞士盧卡諾影展的銀豹獎，以及英國電影協會的最富想象力影片獎。另外，紀録片《創意》得到美國芝加哥影展紀録片項目金牌獎。近年來國産片參加國際影展逐年增加，並獲得重視，新鋭導演功不可没。不過電影界人士擔心，新鋭導演的産量不多，影片賣座不理想，已造成拍片機會減少的現象。

廖祥雄（1933—　）

導演，事業家。臺灣臺中人。1957年畢業於臺灣師範大學教育學系；1960年赴日本研習廣播電視教育；1961年赴美國，在舊金山州立大學廣播電視電影系深造三年，獲碩士學位。1964年回臺，先後任教育電視臺節目部主任、新聞局電影室副主任、教育資料館視聽教育組主任、臺灣電視公司節目部主任、中華電視臺節目部顧問等職，兼中國文化學院大衆傳播系及臺灣藝專廣播電視科任副教授。1968年執導第一部電影《武聖關公》後，曾加入“中影”公司爲基本導演爲期三年，其後任自由導演。1981年被派任臺灣電影製片廠廠長，監製首部電影爲《上行列車》。1987年任新聞局電影處處長，是歷任電影處長中與電影專業有直接關係的最後一人。出版有《電影的奥秘》及《映像藝術》等書。

1987年（香港）

大事記

1月10日 根據20年前臺灣女作家郭良慧被禁小説改編，何藩導演，吕秀菱主演的《心鎖》上映，映期14天。

1月30日至2月8日 方育平導演的《美國心》參展在荷蘭舉行的第16屆鹿特丹國際電影節。電影節專爲方育平組織一個回顧展，放映他的三部長片和早年的作品。

3月18日 香港歷史最老的電影院之一——普慶戲院地皮招標出售。

4月3日 香港影業協會有限公司舉行第一屆會員互選理事大會，洲立公司黎筱娉當選爲理事長，銀都機構馬逢國、安樂公司江祖貽、狄龍公司洪祖星爲副理事長。

4月15日 由趙琦彬率領的臺灣中影公司代表團出席香港國際電影節組織的記者招待會。這是臺灣第一次應邀參加香港國際電影節。參展影片爲《戀戀風塵》和《恐怖份子》。

5月6日 著名粵語片女演員白燕因心臟病去世，終年67歲。11日在香港殯儀館舉行出殯儀式。

5月28日 1974年被禁映的影片《再見中國》(唐書璇導演)，經復檢獲得通過，由德寶/電影朝代公司發行，在德寶院線正式公映。

6月10日至12日 香港中華文化促進中心和香港電影文化中心在中華文化促進中心聯合主辦"喜劇電影研討會——喜劇電影週"。

9月3日晚 安樂公司所屬，於九龍旺角西洋菜街由三間迷你戲院組成的百老匯戲院開幕，首映《歲月流聲》、《天空之城》和《A計劃續集》三片。它是香港第一家安裝80年代音響新科技THX音響系統的電影院。

9月30日 拆卸在即的有30年歷史的普慶戲院，作最後一場午夜場映出後，結束營業。這家戲院於1957年12月建成開業，一直由南豐娛樂有限公司經營，是銀都機構所轄雙南院線主力戲院之一。

12月10日—31日 香港藝術中心舉辦"當代蘇聯電影節"，放映了解禁的《紅塵百劫》、《懺悔》、《主題》、《禁宮妖僧》和《告別》等蘇聯影片。

12月11日 洪金寶、成龍、元彪、元奎、王祖賢等5位電影演員赴臺灣，爲臺灣老兵回鄉籌款義映，義映影片爲寶禾公司出品的聖誕新片《畫中仙》。

重要影片

《秋天的童話》劇照

《秋天的童話》

出品：德寶公司

編劇：羅啓鋭　導演：張婉婷

主演：周潤發　鍾楚紅　陳百强　黄淑儀

珍妮以求學爲名來紐約找男友，不料他已移情别戀離開紐約。珍妮人地生疏，多虧遠親"船頭尺"悉心照顧。船頭尺愛上珍妮却不敢表示。冬季，珍妮轉往其他地方工作，船頭尺默然相送，兩人始終没有表態。後來，珍妮在海港偶遇事業有成的船頭尺。

本片是張婉婷執導的"移民三部曲"的第二部。片中周潤發和鍾楚紅的表演組合被譽爲是"最令人難忘的演出"，其中周潤發所扮演的"船頭尺"形象深入人心。本片獲第7屆香港電影金像獎最佳影片、最佳編劇、最佳攝影（鍾志文、詹姆斯·海曼）；第24屆臺灣"金馬獎"最佳男主角；香港首屆導演評選大獎最佳電影、最佳男主角、最佳女主角、最佳編劇；香港影評人"1987年十大影片"等獎項。

《倩女幽魂》

出品：電影工作室　新藝城公司

編劇：阮繼志

導演：程小東

主演：張國榮　王祖賢　午馬

根據蒲松齡小説《聶小倩》改編。書生寧采臣往郭北縣收賬，路遇大雨，投宿蘭若寺，邂逅少女聶小倩。小倩實爲一孤魂野鬼，被樹精控制引誘壯男供其吸取陽氣。爲救小倩，寧采臣懇求道士燕赤霞相助。燕赤霞帶寧采臣闖入地府捨命奪戰，救出小倩。小倩轉世投胎，與寧采臣分别。

獲第7屆香港電影金像獎最佳美術指導（奚仲文）、最佳音樂（戴樂民、黄霑）、最佳電影歌曲（《黎明不要來》，作曲/詞：黄霑，主唱：葉倩文）；香港首屆導演評選大獎最佳男配角、最佳攝影、最佳美術、最佳配樂、最佳剪接；香港影評人"1987年十大影片"；第24屆臺灣金馬獎最佳劇本改編、最佳男配角、最佳剪接、最佳服裝設計；第32屆亞太影展最佳音效等獎項。

《倩女幽魂》劇照

清水灣製片廠發生火災

8月12日晚，有二十多年歷史的清水灣製片廠發生火災。第三、四攝影棚被焚燬，並波及道具房、油漆房等。

清水灣製片廠面積6千多平方米，已有二十多年歷史，分4個廠房，每個廠房500平方米。廠房全部金字形屋頂，水泥建築，經常租給廣告公司拍攝廣告片。

《監獄風雲》劇照

《龍虎風雲》劇照

《監獄風雲》

出品：新藝城公司
編劇：南燕
導演：林嶺東
主演：周潤發　梁家輝　張耀揚

廣告設計師盧家耀年輕有爲，因阻止不良分子尋釁滋事失手傷人，被判服刑三年，與獄友鍾天正結爲患難知己。獄警殺手雄爲人兇狠，鍾天正在忍無可忍的情形下與他結下仇怨，兩人大打出手，雙負重傷入院救治。

獲香港電影導演會首屆評選最佳導演獎；香港影評人“1987年十大影片”。

《龍虎風雲》

出品：新藝城公司
編劇：沈西城
導演：林嶺東
主演：周潤發　李修賢　孫越　吴家麗

警方得悉劫匪頭目南哥策劃搶劫珠寶工廠，派高秋卧底。高秋利用紙幣給警方留下線索，警方佈下天羅地網，將劫匪一網打盡，但高秋在槍戰中殉職。

獲第7屆香港電影金像獎、最佳導演、最佳男主角獎（周潤發）；第32屆“亞太影展”最佳剪輯獎（黄銘林）。

香港主辦“八十年代臺灣電影展”

由香港藝術中心和香港藝文社主辦的“八十年代臺灣電影展”，於1987年6月20日至7月20日在香港藝術中心舉行，1980年以來拍攝的25部各種類型的臺灣電影參展。開幕式上放映了柯一正導演的新作《我們的天空》，它是根據臺灣女作家朱天心的小説《淡水最後一班列車》改編拍攝的。影展還放映了《冬冬的假期》、《小畢的故事》、《童年往事》、《風櫃來的人》、《戀戀風塵》、《恐怖份子》、《我這樣過了一生》、《我們都是這樣長大的》、《我的愛》、《策馬入林》、《最想念的季節》、《嫁妝一牛車》、《失蹤人口》、《臺北神話》、《天下第一》、《流浪少年路》、《校園檔案》、《父子關係》、《我愛瑪莉》、《黑皮與白牙》等影片。

這次“八十年代臺灣電影展”較集中地放映了能代表臺灣主流電影以外的影片，但輿論反應較預期的平淡，大概是因爲被稱之爲“臺灣新電影的佳作”如《冬冬的假期》、《小畢的故事》、《童年往事》、《風櫃來的人》等已在香港映過多次。但集中25部影片在一起放映，畢竟提供了一次規模最大的港臺電影對話的機會。一個月的展期後又在這25部影片中特别選出18部受歡迎的影片繼續於9月7日至20日放映。

《電影檢查條例草案修訂本》公佈

1987年3月，有人指出香港近年的電檢法例未有法律權力，引致有關人士抗議。思遠電影公司控告電檢處非法禁映它的影片，要求賠償，引致有關部門（電檢處）馬上展開立法，取得權力，修訂法例（修訂電檢條例）；又引致有關團體如電影協會，戲院商會等團體不滿和提出建議（他們反對匆忙立法，要求延遲立法，反對政治審查，認爲這會扼殺創作自由，對《電檢草案修訂本》提出十點修改意見等）。3月28日，436位香港電影界人士及香港電影文化中心、《電影雙週刊》，“成家班”等，就《電影檢查條例》，發表聯合聲明，指出電檢條例公開諮詢期不應少於三個月，而且應積極諮詢電影界人士意見。4月3日，港府《電影檢查法草案》公佈。香港影業協會有限公司，香港新界戲院同業商會有限公司，港九電影製作發行協會有限公司等在四大報紙刊登要求延長期限的聯合聲明。5月21日，電檢新法案關注小組在香港電影中心舉行“電影檢查條例草案論壇”。11月6日，《電影檢查條例草案修訂本》内容公佈。

香港專業電影攝影師學會成立

1987年11月，以黄仲標、鮑起鳴等香港12名專業電影攝影師爲基礎，成立了香港專業電影攝影師學會。據該會主席黄仲標説，該會是“同業間學術性交流及技術推廣研究的非商業研習組織”。成立該組織的目的是提倡學術性活動，給予在港的電影攝影師提供聯絡機會，加强技術、同業資料的交流和新技術的研習等。參加該會必須具有專業電影攝影師的資格，並有三部以上的電影作品。首屆會長爲黄仲標。

第6届香港電影金像獎頒獎

最佳影片：《英雄本色》，最佳導演：方育平（《美國心》），最佳編劇：邱戴安平、黎傑（《地下情》），最佳男主角：周潤發（《英雄本色》），最佳女主角：張艾嘉（《最愛》），最佳男配角：秦沛（《癲佬正傳》），最佳女配角：金燕玲（《地下情》），最佳新人：劉玉娟（《美國心》），最佳攝影：杜可風（《老娘够騷》），最佳剪輯：李毓槐、郭强（《美國心》）最佳美術指導：黄仁達（《癲佬正傳》），最佳動作指導：程小東（《奇緣》），最佳音樂：羅永輝（《夢中人》）。

主要影片目録

本年度香港共出品影片76部。

德寶　《富貴逼人》、《不是冤家不聚頭》、《秋天的童話》

新藝城　《衛斯理傳奇》、《龍虎風雲》、《監獄風雲》

永盛／麥當雄　《英雄好漢》、《江湖情》

揚子江／銀都　《書劍恩仇録》、《香香公主》

新藝城／余允抗　《兇猫》

嘉禾　《龍兄虎弟》

銀都／新世界　《靚妹正傳》

其他　《海市蜃樓》（嘉民/中國電影合作）、《天菩薩》（海聯/深圳）、《小生夢驚魂》（寶禾/藝能）、《最後一戰》（寶禾）、《義本無言》（新時代/奇寶）、《異鄉故事》（德寶/龍祥）、《朝花夕拾》（星輝）、《一屋兩妻》（嘉禾/二友）、《天賜良緣》（永佳）、《娶錯老婆投錯胎》（泰來影視）、《黑色午夜》（創威/雷鳴）、《隔世鬼姦情》（美林）、《再見中國》（國語，1974年出品）（電影朝代）、《四大天王》（華聯）（香港影業）、《天官賜福》（新時代）、《良宵花弄月》（威禾）、《金三角鴉片軍閥揭秘》（影聯）、《精裝追女仔》（永盛/美林）、《東方禿鷹》（寶禾/嘉禾）、《倩女幽魂》（新藝城/電影工作室）、《江湖龍虎鬥》（影之傑/嘉禾）、《香港小姐寫真》（大榮）、《開心勿語》（新藝城/好朋友）、《鐵血騎警》（萬能）、《城市麗人》（士多啤梨製作社）、《意亂情迷》（花生映社）、《1哥》（歷高/嘉禾）、《天使行動》（星輝）、《神奇兩女俠》（某一間/德寶）、《浮世風情繪》（銀鳳）、《鬼新娘》（嘉禾/新香港）、《美男子》（鴻泰）、《江湖正將》（家福）、《省港旗兵續集》（新香港）、《魔鬼天使》（龍光）、《猛鬼差館》（影之傑）、《用愛捉伊人》（好朋友）、《人民英雄》（編導製作社/龍祥）、《標錯參》（寶禾/二友）、《魔高一丈》（鷹電影）。

1988年（大陸）

大事記

1月4日　廣播電影電視部電影事業管理局發出實行《國産故事片審查工作的規定》的通知。

1月4日　中國電影家協會電影攝影師學會在北京成立，吴印咸當選會長。

1月　《電影普及》與《電影技術》合刊，改名爲《電影放映普及》。

3月7日　廣播電影電視部發出《關於印發〈關於内地電影機構與香港銀都機構有限公司合作關係的暫行規定〉的通知》。

5月20日　中國電影電視技術學會副理事長馬守清獲得日本電影電視技術協會授予的"增穀奬"，這是我國電影技術工作者首次在國外獲奬。

5月　上影廠爲著名導演謝晉成立"謝晉導演工作室"。

6月1日—8日　廣電部電影體制改革領導小組在北京召開電影發展戰略研討會，就電影經濟政策調整、電影體制改革等問題進行研討。

7月16日　由中國電影發行放映公司、北京市電影發行放映公司、大觀樓電影院合資興建的大觀樓大銀幕電影院，在北京建立開業。這是北京市第一家70毫米電影院。

8月3日　電影局發文，同意北京科影、中國電影合作製片公司組建北京動畫製作中心。

9月10日　《中國廣播影視》雜誌社舉行"新時期全國十佳影視導演評選"揭曉頒奬活動。

9月　故事片《寡婦村》在上映前亮出"兒童不宜"的告示，成爲國産片拿分級當炒作的第一例。

11月10日—14日　第一屆上海國際動畫電影節舉行。這是中國第一次舉辦國際競賽性的電影節。上海美術製片廠攝製的水墨動畫片《山水情》獲大奬。

11月26日　臺港電影研究會成立。

12月30日　中國第一家360度環幕電影院在北京落成。

12月　陝西省重奬西影廠和吴天明、張藝謀等。

本年　影片《瘋狂的代價》中長達五分多鐘的裸戲，引起評論界褒貶不一的議論。

重要影片

《春桃》

出品：南海影業公司
　　　遼寧電影製片廠
原作：許地山
編劇：韓蘭芳
導演：凌子風　攝影：梁子勇
主演：劉曉慶　姜文　馮漢元　曹前明

兵荒馬亂的年月，春桃在逃難途中與劉向高相識，兩人相依爲命，撿破爛爲生。一日，春桃發現一個癱瘓在地的乞丐正是自己曾經拜過天地的丈夫，她把他帶回家，三人住在同一個破屋檐下的一個床上生活着……

《春桃》劇照

《棋王》劇照

《棋王》

出品：西安電影製片廠
原著：阿城　編劇：滕文驥　張辛欣
導演：滕文驥　攝影：王欣生
主演：謝園　李輝　段岫　任鳴

"文革"中，西南某農場，一個下象棋成癖的知青王一生，在這裏靠下棋交下了許多朋友而名聲遠揚。一次，他與地區運動會的冠、亞軍及數十名棋手下盲棋，最終贏得了勝利。而棋賽過後，他仍然過着平靜散淡的生活。

《巍巍崑崙》劇照

《巍巍崑崙》

出品：八一電影製片廠
編劇：東生　總導演：郝光　導演：景慕逵　攝影：魏鐸
主演：張克瑶　蘇林　路希　劉懷正

1947年春天，國民黨軍隊對陝北解放區實行"重點進攻"，代號"崑崙縱隊"的中共中央機關在艱險的境遇中與敵人周旋，有效地牽制和消滅了敵人的有生力量，勝利指日可待。

《共和國不會忘記》

出品：廣西電影製片廠
編劇：田軍利　翟俊傑
導演：翟俊傑
攝影：沈傑　雷甲銘
主演：翟俊傑　鄭在石
　　　唐國强　王姬

改革開放時期，華江鋼鐵公司總經理田耕在總經濟師仲天文的協助下，對華鋼進行大膽改革，從而促進了華鋼蓬勃發展。

《共和國不會忘記》劇照

《寡婦村》劇照

《寡婦村》

出品：珠江電影製片廠
　　　香港銀都機構有限公司
編劇：陳立洲　王雁
導演：王進
攝影：趙曉時
主演：郝嘉陵　牛士軍　于莉　梁玉瑾

沿海某漁村因男人們出海被颱風捲走而成了寡婦村，寡婦們把子女拉扯大後，子女們又面臨着世代遺留的婚俗約束。三姐妹婷姐、多妹、阿來試圖得到自己的愛情，但在一天夜裏，全村的男人又被國民黨部隊抓去當兵，這裏又成了寡婦村。

《摇滚青年》劇照

《摇滚青年》

出品：北京電影學院青年電影製片廠
編劇：劉毅然
導演：田壯壯
攝影：蕭風
主演：陶金　馬羚　史可　朱迅　李虎

舞者龍翔辭去了歌舞團的工作，到一個時裝公司工作，公司女經理羅丹向他表示了好感，但他拒絕了。他的女友圓圓與別人結婚了，待業女青年小小給了他晴日般温暖。

影片目録（共149部）

北影　《村路帶我回家》、《大偵探》、《復仇女郎》、《紅姑寨恩仇記》、《紅樓夢》（第1部）、《紅樓夢》（第2部）、《荒原殺手》、《黄土坡的婆姨們》、《金匾背後》、《金鞋》、《良宵血案》、《冒冒風險》、《魔力》、《牛郎尋織女》、《OK，大肚羅漢》、《霹靂行動》、《S.O.S村》、《問天何時明》、《無敵鴛鴦腿》、《尋找魔鬼》、《煙花淚》、《銀蛇謀殺案》

童影　《多夢時節》、《没有爸爸的村莊》、《霹靂貝貝》、《蝦仔擒盗記》、《小騎兵歷險記》

上影　《綁架卡拉揚》、《殘酷的慾望》、《傳國密詔》、《第三個男人》、《斷喉劍》、《風流女探》、《荒雪》、《馬素貞復仇記》、《生死之間》、《死亡客棧》、《偷魚賊》、《喜相逢》、《夏日的期待》、《笑出來的眼淚》、《一夜歌星》

長影　《大小夫人》、《風塵女俠吕四娘》、《哥們兒發財記》、《姑蘇一怪》、《鬼仙溝》、《嗨!姐們兒》、《遺失的伴侣》、《合成人》、《天下第一劍》、《私奔》、《遊俠黑蝴蝶》、《紅房間，白房間，黑房間》、《最後一個皇妃》、《天湖俠女》、《追殺刑警》、《"無罪"的殺手》、《紅蜘蛛》、《金錢大裂變》、《飄忽的影子》

八一　《黑臉女婿》、《柳菲的遺書》、《馬賊的妻子》、《女教官的報告》、《女刺客》、《晚鐘》、《巍巍崑崙》、《無槍槍手》

珠影　《電影人》、《寡婦村》（與香港合拍）、《觀音今年十二歲》、《花街皇后》、《南嶺傳奇》（與香港合拍）、《某男與某女》、《少俠奇緣》、《神州精魂》、《血灑天涯》、《一代妖后》（與香港合拍）、《暫緩逮捕》

西影　《戴勳章的走私犯》、《代號"美洲豹"》、《東陵大盗》（第五集）、《瘋狂的代價》、《輪迴》、《彭大將軍》、《棋王》、《請多多關照》、《殺手情》、《神風威龍》、《神龍特技隊》、《我們是世界》

峨影　《避難》、《大凉山傳奇》、《風流警察亡命匪》、《孤嶺野店》、《金鴛鴦》（與安徽廠合拍）、《警官與偵探》、《恐怖夜》、《頑主》、《熊猫的故事》（與日本合拍）、《血魂》

廣西　《長城大決戰》、《刺殺汪精衛》、《共和國不會忘記》、《狐狸迷案》、《弧光》、《强盗與黑天鵝》、《銀杏樹之戀》

瀟湘　《風流小站》、《合同夫妻》（與遼寧廠合拍）、《男女有别》、《拳擊手》、《神秘的女人》、《死裏逃生》

天山　《被吞噬的女子》（與蘭州廠合拍）、《光棍之家》、《浪人》、《西部舞狂》、《血濺加拉曼》

内蒙　《丑角波洛》、《瘋狂歌女》、《狂盗》、《死亡追蹤》、《天堂之路》、《慾望的火焰》

青影　《艾滋病患者》、《神秘金三角》、《行竊大師》、《摇滚青年》

深影　《大喘氣》、《傻冒經理》、《他選擇了謀殺》、《鴛鴦戲水》

福建　《阿潭内傳》、《歡樂英雄》、《在暗殺名單上》

雲南　《奇情俠侣》、《臺灣情侣的奇遇》、《無頭箭》

其他　《搶狀元》（新影）、《阮氏三雄》（河南）、《春桃》（南海與遼寧合拍）、《原野》（南海）、《松贊干布》（西藏電視臺）、《唐伯虎》（浙影與香港合拍）、《電腦選妻》（浙影與雲南合拍）、《郵票旅行記》（合作公司與加拿大合拍）

《歡樂英雄》劇照

《原野》劇照

《歡樂英雄》

出品：福建電影製片廠
編劇：司馬小加　導演：吴子牛　攝影：楊尉　劉俊雲
主演：陶澤如　申軍誼　徐守莉　廖京生

根據司馬文森小説《風雨桐江》改編。30年代初，在外多年的中共地下工作者蔡老六回到故鄉清源鄉，在這裏與敵人周旋。由於老六爹的出賣，蔡老六被林雄模砍了頭。

《原野》

出品：南海影業公司
編導：凌子　攝影：羅丹　主演：劉曉慶　楊在葆　胡世森　柳健

根據曹禺同名話劇改編。仇虎回鄉復仇，但仇人焦閻王已經死，未婚妻花金子現已是仇人的兒媳婦。仇虎殺了焦大星，聞訊趕來的焦母錯將睡在炕上的孫子打死。但跑出森林的仇虎和金子，被追捕他們的偵緝隊趕上，仇虎不願再次落入他們的手中，推開金子，自殺而死。

第7屆金鷄獎、第10屆百花獎頒獎

1月22、26日，第10屆《大衆電影》百花獎、第7屆中國電影金鷄獎頒獎活動在北京分别舉行。本屆金鷄獎評委由電影評論家、電影劇作家、電影導演藝術家、電影表演藝術家、電影教育家和電影事業家等27人組成，評委中有一半是新評委，而且評委的年齡較之往年更加年輕化。在評獎過程中，評委們本着金鷄獎一貫倡導的"學術、民主、爭鳴"的六字方針和"鐵面無私、六親不認，八面來風、自己掌舵，堅持真理、從善如流，充分協商、顧全大局"的評獎精神，對1986年湧現出來的大量的優秀作品進行認真地觀摩和評選。

根據廣大投票者和電影工作者的建議，第10屆《大衆電影》百花獎決定增授兩項特别獎，分别授予導演謝晉和中國電影發行放映公司。

第7屆中國電影金鷄獎獲獎名單

最佳故事片獎：《孫中山》（珠影），《芙蓉鎮》（上影）；最佳紀録片獎：《一瞬與十年》（新影）；最佳科教片獎：《鴞》（北京科影）；最佳美術片獎：《超級肥皂》（上海美影）；最佳少年兒童片獎：《我和我的同學們》（上影）；最佳編劇獎：田軍利，費林軍（《血戰台兒莊》）；最佳導演獎：丁蔭楠（《孫中山》）；最佳男主角獎：劉文治（《孫中山》）；最佳女主角獎：劉曉慶（《芙蓉鎮》），娜仁花（《湘女蕭蕭》）；最佳女配角獎：徐寧（《芙蓉鎮》），丁嘉禮（《山林中頭一個女人》）；最佳攝影獎：侯詠，王亨里（《孫中山》）；最佳美術獎：金綺芬（《芙蓉鎮》），閔宗泗（《孫中山》）；最佳音樂獎：施萬春（《孫中山》）；最佳録音獎：來啓箴，吴凌（《山林中頭一個女人》）；最佳剪輯獎：馮惠琳，嚴秀英（《孫中山》），周夏娟（《T省的八四、八五年》）；最佳服裝獎：任奉儀，王輯珠（《孫中山》）；最佳化裝獎：颜碧君，趙志敏（《血戰台兒莊》）；最佳道具獎：田世凱，黄校明，林洪添（《孫中山》），徐國良（《芙蓉鎮》），白春濤（《直奉大戰》），楊國民，崔志（《末代皇后》）；最佳煙火獎：于澤，劉恒（《血戰台兒莊》）；特别獎：故事片：《雷場相思樹》（八一），紀録片：《紫禁城》（新影）

第10屆《大衆電影》百花獎獲獎名單

最佳故事片獎：《芙蓉鎮》（上影），《血戰台兒莊》（廣西），《孫中山》（珠影）；最佳男演員獎：姜文（《芙蓉鎮》）；最佳女演員獎：劉曉慶（《芙蓉鎮》）；最佳男配角獎：祝士彬（《芙蓉鎮》）；最佳女配角獎：張曉敏（《非常大總統》）；特别獎：謝晉（導演獎），中國電影發行放映公司（協作獎）。

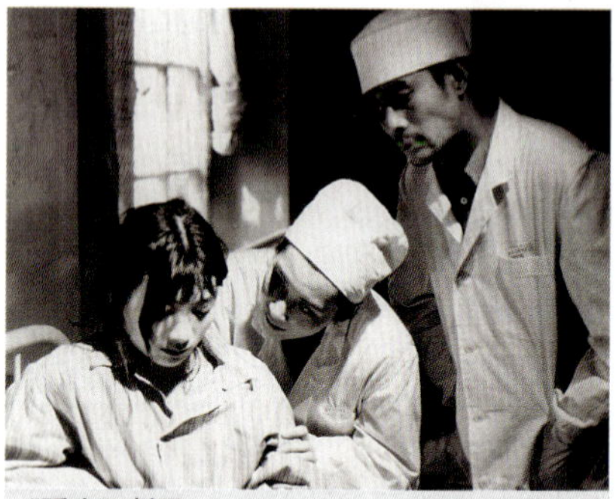
《弧光》劇照

《弧光》

出品：廣西電影製片廠
編劇：徐小斌
導演：張軍釗　攝影：蕭風
主演：白靈　張光北　蕭雄　鄭振瑶

因爲他人而貪污了公款的景喚患精神病，某大學心理系學生柳鍇在給她治療的過程中柳鍇發覺自己愛上了景喚，可他知道謝霓和景喚不可兼得。在夜色中的冰湖神秘而寂静，他和景喚分手了。

法國高爾貝國際兒童電影節舉行中國電影專展

1月26日—2月10日，法國高爾貝—艾索市舉行爲期兩週的第9屆國際兒童電影節舉行中國電影專展，這是中國兒童電影在國外的第一次集中展映。電影節放映的影片有《苗苗》、《泉水叮咚》、《閃光的彩球》、《四個小伙伴》、《陌生的朋友》、《小鈴鐺》、《飛飛從影記》、《嬌嬌小姐》、《紅象》、《我和我的同學們》、《夾子救鹿》、《黑猫警長》、《金猴降妖》等28部影片。

《夾子救鹿》劇照

中國大陸第一部在美國公映的影片《湘女蕭蕭》

美國〝紐約客電影公司〞正式購買了青年廠攝製的故事片《湘女瀟瀟》在美國的發行權，並於2月19日在紐約林肯廣場電影院公開上映。這是中國大陸第一部由美商購買版權、在全美發行的影片。

《湘女蕭蕭》劇照

《湘女蕭蕭》

出品：北京電影學院青年電影製片廠
編劇：張弦
導演：謝飛　烏蘭
攝影：傅靖生
主演：娜仁花　鄧曉光
　　　張愚　管宗祥

根據沈從文的小説《蕭蕭》改編。年僅12歲的蕭蕭嫁給只有兩歲的小丈夫。晚上還要哄他睡覺。6年後，蕭蕭長成大姑娘，長工花狗暗中相愛並懷孕。膽怯的花狗怕東窗事發不辭而别，蕭蕭想逃跑却被抓了回來。蕭蕭養了個大胖兒子，10年後，她也按鄉俗爲10歲的兒子接來個大媳婦。

《紅高粱》獲西柏林國際電影節“金熊獎”

1988年2月23日，令人矚目的第38屆西柏林國際電影節，經過12天的激烈角逐，終於降下帷幕。當日下午四時由電影節主席哈德倫先生在歐洲中心大厦的宫廷飯店舉行了新聞發佈會，晚上8時舉行了授獎儀式。中國西安電影製片廠攝製，張藝謀導演，鞏俐、姜文主演的彩色故事影片《紅高粱》，在與美、蘇、法、意和聯邦德國等21個國家故事影片比賽中，榮獲金熊大獎。授獎大會熱烈、隆重而簡短，會場座無虚席，連過道也擠滿了人，攝影機林立，攝影記者不可勝數。電影節大獎金熊獎的獲獎者張藝謀將要上臺時，會場一下子顯得格外安靜，他一登臺，所有的攝像機、照相機一齊對準了他，閃光燈頻頻閃爍。張藝謀儘管竭力保持鎮定，笑容可掬，但看得出來，他太激動了，顯得有些拘謹局促，當他接過金燦燦的金熊後，整個會場屏息靜氣地等他致謝辭，而他却好像一時語塞了，雖然只過10秒鐘才説話，但時間顯得非常漫長。他對授予他這個獎表示感謝，説中國的電影觀衆可能是世界上最多的，這次獲獎説明他和他的年輕朋友們有可能拍出更好的影片。最後又説了一句英語，再次表示感謝。

附録：報刊報導和評論：

《紅高粱》的確使西方折服了，使世界震驚了，説明内容是積極充實的，藝術上也達到相當的高度。但並非完美無缺，無懈可擊，正確指出來對創作者是有參考價值的。

（鄭再新《〈紅高粱〉在西柏林》，《中國電影報》4月5日）

《紅高粱》在西柏林電影節榮獲金熊大獎，不僅赢得了榮譽，也使中國電影輸出輸入公司生意大增。

近日來，北京的中國電影輸出輸入公司門庭若市，前來詢問購買《紅高粱》事宜的各國代表絡繹不絶。目前已有美國、意大利、荷蘭、比利時、聯邦德國、法國、英國、日本等十多個國家的片商要購買該片在本國的發行權。有的還提出要買下該片的世界發行權。該公司駐美洛杉磯分公司和駐巴黎代表處也收到了許多中小影片商購買該片的電函。

中影公司估計《紅高粱》可能成爲第一部在全球廣泛發行的中國故事片。

（《各國影商爭購，〈紅高粱〉可望成爲首部全球廣泛發行的中國片》，《中國電影報》1988年4月25日）

本報西柏林2月23日電　當地時間16時剛過，1000多名來自世界五大洲的新聞記者，湧向電影節通訊中心，爭相發出冠以西柏林電頭的第一條快訊——中國西安電影製片廠攝製，張藝謀導演，鞏俐擔任女主角，姜文擔任男主角的彩色故事影片《紅高粱》，在與美、蘇、法、意和聯邦德國等21個國家新故事影片比賽中，榮獲金熊大獎。

（陳文奎《世界電影强手逐鹿西柏林國際電影節——〈紅高粱〉榮獲金熊大獎》，《光明日報》1988年2月24日第一版）

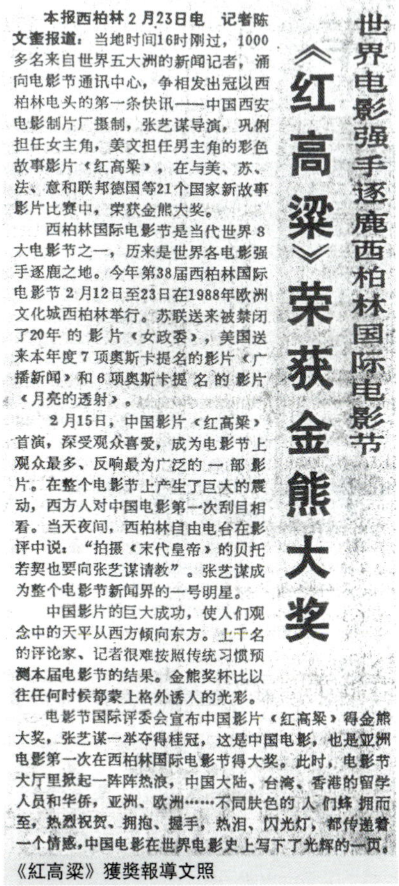
世界电影强手逐鹿西柏林国际电影节
《红高粱》荣获金熊大奖

本报西柏林2月23日电　记者陈文奎报道：当地时间16时刚过，1000多名来自世界五大洲的新闻记者，涌向电影节通讯中心，争相发出冠以西柏林电头的第一条快讯——中国西安电影制片厂摄制，张艺谋导演，巩俐担任女主角，姜文担任男主角的彩色故事影片《红高粱》，在与美、苏、法、意和联邦德国等21个国家新故事影片比赛中，荣获金熊大奖。

西柏林国际电影节是当代世界3大电影节之一，历来是世界各电影强手逐鹿之地。今年第38届西柏林国际电影节2月12日至23日在1988年欧洲文化城西柏林举行。苏联送来被禁闭了20年的影片《女政委》，美国送来本年度7项奥斯卡提名的影片《广播新闻》和6项奥斯卡提名的影片《月亮的透射》。

2月15日，中国影片《红高粱》首演，深受观众喜爱，成为电影节上观众最多、反响最为广泛的一部影片。在整个电影节上产生了巨大的震动，西方人对中国电影第一次刮目相看。当天夜间，西柏林自由电台在影评中说：“拍摄《末代皇帝》的贝托若契也要向张艺谋请教”。张艺谋成为整个电影节新闻界的一号明星。

中国影片的巨大成功，使人们观念中的天平从西方倾向东方。上千名的评论家、记者很难按照传统习惯预测本届电影节的结果。金熊奖杯比以往任何时候都蒙上格外诱人的光彩。

电影节国际评委会宣布中国影片《红高粱》得金熊大奖，张艺谋一举夺得桂冠，这是中国电影，也是亚洲电影第一次在西柏林国际电影节得大奖。此时，电影节大厅里掀起一阵阵热浪，中国大陆、台湾、香港的留学人员和华侨，亚洲、欧洲……不同肤色的人们蜂拥而至，热烈祝贺、拥抱、握手，热泪、闪光灯，都传递着一个情感，中国电影在世界电影史上写下了光辉的一页。

《紅高粱》獲獎報導文照

《紅高粱》劇照

《紅高粱》工作照

《紅高粱》劇照

《紅高粱》

出品：西安電影製片廠
原著：莫言　編劇：陳劍雨　朱偉　莫言
導演：張藝謀　攝影：顧長衛
主演：鞏俐　姜文　滕汝駿　劉繼

我奶奶在出嫁當天遭人劫道，被轎頭余占鰲解圍。三天後，我奶奶回門，被蒙面人劫進高粱地，此人竟是余占鰲，從此他就成了我爺爺。日本鬼子修路到了青殺口。我奶奶搬出十八里紅讓伙計們喝，大家唱着《酒神曲》鬥志昂揚地打鬼子。

《紅高粱》海報

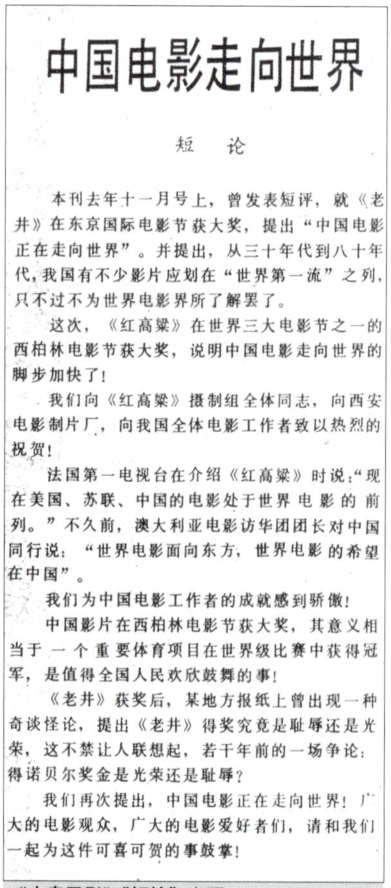

中国电影走向世界

短　论

本刊去年十一月号上，曾发表短评，就《老井》在东京国际电影节获大奖，提出“中国电影正在走向世界”。并提出，从三十年代到八十年代，我国有不少影片应划在“世界第一流”之列，只不过不为世界电影界所了解罢了。

这次，《红高粱》在世界三大电影节之一的西柏林电影节获大奖，说明中国电影走向世界的脚步加快了！

我们向《红高粱》摄制组全体同志，向西安电影制片厂，向我国全体电影工作者致以热烈的祝贺！

法国第一电视台在介绍《红高粱》时说：“现在美国、苏联、中国的电影处于世界电影的前列。”不久前，澳大利亚电影访华团团长对中国同行说：“世界电影面向东方，世界电影的希望在中国”。

我们为中国电影工作者的成就感到骄傲！

中国影片在西柏林电影节获大奖，其意义相当于一个重要体育项目在世界级比赛中获得冠军，是值得全国人民欢欣鼓舞的事！

《老井》获奖后，某地方报纸上曾出现一种奇谈怪论，提出《老井》得奖究竟是耻辱还是光荣，这不禁让人联想起，若干年前的一场争论：得诺贝尔奖金是光荣还是耻辱？

我们再次提出，中国电影正在走向世界！广大的电影观众，广大的电影爱好者们，请和我们一起为这件可喜可贺的事鼓掌！

《大衆電影》“短論”文照

顧長衛(1957—　)

電影攝影師、導演。原籍江蘇吴江，生於西安。1982年畢業於北京電影學院攝影系，1984年任西安電影製片廠攝影師。影片《紅高粱》和《孩子王》獲第8屆金鷄獎最佳攝影獎和西柏林、摩洛哥、津巴布韋國際電影節金獎;《菊豆》獲首屆電影學院學院獎和西班牙、法國、美國大獎;《霸王别姬》獲奧斯卡最佳攝影獎提名。主要作品有:《孔雀》、《陽光燦爛的日子》、《霸王别姬》、《菊豆》、《邊走邊唱》、《代號“美洲豹”》、《孩子王》、《紅高粱》等。

鞏俐（1965—　）

演員。籍貫遼寧瀋陽。1985年，考入中央戲劇學院表演系。在校期間，出演《紅高粱》中的九兒。1989年從中戲畢業後分配到中戲戲劇藝術研究所話劇實驗室工作。先後在張藝謀導演的《菊豆》、《大紅燈籠高高掛》等影片中飾演了一系列受封建社會壓抑又極具反抗意識的中國女性。1993年5月，被奧斯卡委員會接納爲會員，同時被《人物》雜誌評爲全球50大美人之一。主要作品有《紅高粱》、《大紅燈籠高高掛》、《秋菊打官司》、《菊豆》、《霸王別姬》、《唐伯虎點秋香》、《畫魂》、《活着》、《搖啊搖！搖到外婆橋》、《風月》、《荊軻刺秦王》、《愛神》、《周漁的火車》、《藝妓回憶録》等。

《芙蓉鎮》劇照

《芙蓉鎮》獲卡羅維·發利國際電影節水晶球獎

7月15日，上海電影製片廠攝製的故事片《芙蓉鎮》在捷克第26屆卡羅維·發利國際電影節獲大獎——水晶球獎；徐松子獲"捷克戲劇家協會評委獎"。7月21日《人民日報》刊登《第26屆卡羅維·發利國際電影節閉幕，〈芙蓉鎮〉獲大獎》、7月24日《光明日報》刊登《電影節人士在京舉行慶功會，祝賀〈芙蓉鎮〉在國際電影節獲大獎》等文，對《芙蓉鎮》獲捷克第26屆卡羅維·發利國際電影節水晶球獎表示祝賀。

《芙蓉鎮》反映了普通小人物在政治大風雲中的命運，放映後在社會上產生了强烈的反響。影片還獲電影金鷄獎最佳影片、最佳女主角、最佳女配角、最佳美術獎，並獲百花獎最佳故事片、最佳男、女主角，最佳男、女配角獎等。

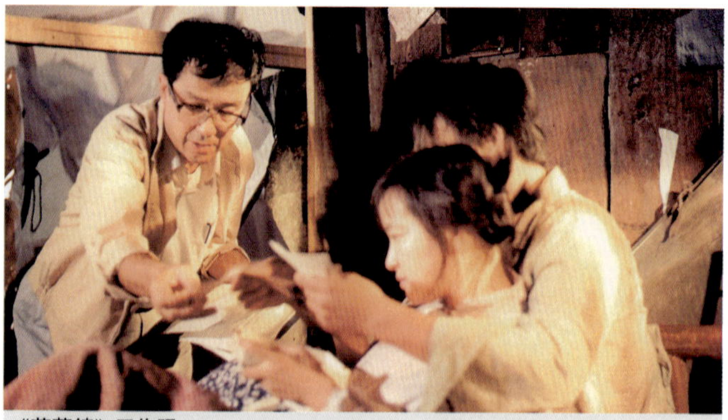

《芙蓉鎮》工作照

《芙蓉鎮》

出品：上海電影製片廠
編劇：阿城　謝晉
導演：謝晉
攝影：盧俊福
主演：劉曉慶　姜文　鄭在石　徐松子

根據古華同名小説改編。胡玉音跟丈夫黎桂桂在芙蓉鎮以賣米豆腐爲生並蓋起了新房。"四清"運動時胡玉音被打成了"新富農"，新屋被没收，桂桂也被逼自殺。在"文化大革命"中，胡玉音與右派分子秦書田結婚。秦書田被判刑十年。冬去春來，胡玉音母子終於盼到了秦書田的歸來，米豆腐攤前又熱鬧起來了。而專吃運動飯的王秋赦却成了瘋子，終日在鎮上敲打着已發不出聲的破鑼……

《芙蓉鎮》劇照

姜文（1963—　　）

演員，導演。原名姜小軍。籍貫河北唐山。1984年畢業於中央戲劇學院表演系。後任中國青年藝術劇院演員。1985年塑造了影片《末代皇后》中溥儀的形象。此後在影片《芙蓉鎮》中扮演秦書田，獲1987年第十屆《大衆電影》百花獎最佳男演員獎；他執導的處女作《陽光燦爛的日子》獲威尼斯電影節最佳男演員獎。主要作品還有《紅高粱》、《春桃》、《本命年》、《大太監李蓮英》、《陽光燦爛的日子》、《有話好好說》、《秦頌》、《一個陌生女人的來信》等。

《孩子王》參加第41屆戛納國際電影節被記者評授"金鬧鐘獎"

《孩子王》以前所未有的强大出國陣容參加第41屆戛納國際電影節。爲克服以往不重視宣傳工作的弱點，代表團也做了相當充分的準備，並有新華社、《人民日報》派記者隨團作專題報導。賽間，記者從戛納發回的專電，給人以大獎穩操的感覺。於是，便有熱心人將《孩子王》的各種照片大批投注各報，國內各方面也做好了慶功準備，直至5月23日電影節閉幕。但是最終的結果出乎國內媒體預料，用以獎賞第41屆國際電影節上最令人厭倦的影片的"八八年金鬧鐘獎"由電影記者們簽名授予了中國影片《孩子王》。這個評判結果是由法國一名最年輕的喜劇演員宣佈的。被問及的大部分記者都承認他們在看這部影片時都徐徐地入睡了，其中有些人在睡着之前就離開了影廳。

《孩子王》劇照

《孩子王》

出品：西安電影製片廠

編劇：陳凱歌　萬之　導演：陳凱歌　攝影：顧長衛　主演：謝園　陳紹華　楊學文　張彩梅

根據阿城同名短篇小説改編。描述在文化大革命期間，插隊七年的知青老杆被抽到雲貴山區的簡陋小學擔任老師。教學條件簡陋，連課本也没有，老杆用自己的方式教學生們學習，被退回到隊裏。

謝園（1959—　　）

演員。滿族人，籍貫北京。1978年入北京電影學院表演系學習，1982年畢業後留校任教。1987年主演影片《孩子王》，引人注目。後因在影片《棋王》和《大喘氣》中的表演，於1989年獲第九屆中國電影金鷄獎最佳男主角獎。主要作品有《一個和八個》、《孩子王》、《棋王》、《大喘氣》、《瘋狂的代價》等。

附録：當時報刊評論

由於人們迫切希望了解中國電影，此間輿論界對《孩子王》參賽從一開始就十分關注。導演陳凱歌抵達戛納後立即成了記者們"追逐"的對象。一週來，已有法國、意大利、英國、美國等國的十多家報刊、電視臺、電臺的記者採訪了他，並紛紛作了報導。

本屆戛納電影節自5月12日開始放映參賽影片，至今賽程已經過半。《孩子王》於5月17日中午和晚上正式放映了兩場。人們普遍認爲，中國影片參賽是中國電影向世界開放的具體體現；《孩子王》是一部很美的、有深度的優秀影片。每場演出後，觀衆都報以熱烈的掌聲，祝賀放映成功。

（李國慶《〈孩子王〉在戛納獲好評》，《光明日報》1988年5月20日）

我始終認爲電影的功能不僅僅是娛樂，人們到影院來不全都是爲了輕鬆和娛樂的，企求哲理啓迪或進行理論探索的人也是有的。我知道，如果從娛樂性、老少咸宜的角度來衡量《孩子王》，則完全是一部失敗的片子。使我難過的是，我認爲從心靈上最受震顫的那些主人公的話，在大部分觀衆聽起來竟覺得無動於衷、認爲無關緊要。現在的劇場效果使我無法理解。

（陳曉光《陳凱歌談〈孩子王〉》，《電影評介》1987年第11期）

《當代電影》編輯部召開"中國當代娛樂片研討會"

1988年12月1日—7日，《當代電影》編輯部召開"中國當代娛樂片研討會"。從電影市場傳來的消息，連着三年武打片的票房居於首位，其次是偵破、喜劇，而探索片則顯得門前冷落。驚險的情節和武打場面、輕歌曼舞和喜劇色彩使1988年的電影銀幕顯得熱鬧非凡。1988年生産的158部影片當中，娛樂性較强的影片佔到60%。這股"娛樂大潮"和由此推開的一場討論，被稱爲近年來一個重要的電影現象。電影製片廠的舉步維艱使得娛樂片的創作成爲首選。關於娛樂片的討論也隨着娛樂片生産的擴大而進一步深入，已經成爲一個時期來電影理論與評論界的熱門話題。出席會議的有電影局、影協、電影學院、中心及各廠的創作、理論工作者80餘人。會議由副主編徐莊、沈及明主持，主編、廣電部主管電影的副部長陳昊蘇到會做了專題發言。

第8屆金鷄奬、第11屆百花奬頒奬

《人·鬼·情》劇照

《人·鬼·情》

出品：上海電影製片廠
編劇：黄蜀芹　李子羽　宋國勳　導演：黄蜀芹　攝影：夏力行
主演：裴艷玲　徐守莉　李保田

秋雲父母都是戲班子演員，在她的堅持下，父親讓她學唱男角。秋雲十一歲時替補登臺贏得滿堂喝彩。省劇團的張老師説服秋雲父親，讓她到劇團學戲，秋雲很快成爲團裏頭號女武生。因忍受不了流言的侵擾，秋雲回鄉結婚生子。文革後，秋雲重返舞臺，以《鍾馗嫁妹》享譽國内外。在回鄉演出時，秋雲憶起往事，决心將一生獻給藝術。

徐守莉（1959—　）

演員。江蘇揚州人。1971年起在安徽蚌埠京劇團當學員，後任該團演員；1986年任北京電影製片廠演員。代表作品有《野山》、《人·鬼·情》、《歡樂英雄》、《陰陽界》、《秋月》等。

8月20日—23日，第8屆“金鷄奬”、第11屆“百花奬”頒奬活動在深圳舉行。電影界人士和蘇聯、法國、日本等國的電影界同行及中外記者200多人專程赴會。香港各界組織近百人代表團前來與會。謝晉、王心剛分别主持了金鷄奬、百花奬頒奬儀式。此次頒奬大會還由東道主深圳市頒發了市長杯和由贊助單位頒發的企業家奬杯，分别授予影片《紅高粱》和西影廠廠長吴天明。此次頒奬大會盛況空前。

第8屆《中國電影》金鷄奬獲奬名單

最佳故事片：《老井》（西影），《紅高粱》（西影）；最佳紀録片：（空缺）；最佳科教片：《轟擊原子核的大炮——粒子加速器》（北京科影）；最佳美術片：（空缺）；最佳兒童片：（空缺）；最佳編劇：黄蜀芹，李子羽，宋國勳（《人·鬼·情》）；最佳導演：吴天明（《老井》）；最佳男主角：張藝謀（《老井》）；最佳女主角：潘虹（《井》）；最佳男配角：李保田（《人·鬼·情》）；最佳女配角：吕麗萍（《老井》）；最佳攝影：顧長衛（《紅高粱》、《孩子王》）；最佳美術：陳紹華（《孩子王》）；最佳音樂：趙季平（《紅高粱》）；最佳録音：顧長寧（《紅高粱》）；最佳剪輯：汪大儒（《山雀兒》）；驚險片特别奬：《最後的瘋狂》（西影），喜劇片特别奬：《買買提外傳》（天山），導演特别奬：陳凱歌（《孩子王》），表演特别奬：劉瓊（《死神與少女》）。

第11屆《大衆電影》百花奬獲奬名單

最佳故事片奬：《紅高粱》（西影）、《老井》（西影）、《原野》（南海）；最佳男演員奬：張藝謀（《老井》）；最佳女演員奬：劉曉慶（《原野》）；最佳男配角奬：陳佩斯（《京都球俠》）；最佳女配角奬：吕麗萍（《老井》）。

黄蜀芹（1940—　）

導演。原籍廣東番禺，生於上海。1964年畢業於北京電影學院導演系，任上海電影製片廠場記、助理導演、導演。代表作品有《青春萬歲》、《童年的朋友》、《超國界行動》、《人·鬼·情》、《畫魂》、《我也有爸爸》等。

廣電部舉行1986、1987年優秀影片獎頒獎大會

5月30日，廣播電影電視部在北京中國劇院舉行1986年、1987年優秀影片獎頒獎大會。主持會議的廣播電影電視部副部長陳昊蘇爲獲獎影片頒獎。這次評選不搞照顧，在評委充分討論的基礎上，採取無記名投票方式決定結果。

廣電部1989—1990年優秀影片獎獲獎名單

優秀故事片：《孫中山》（珠影），《芙蓉鎮》（上影），《血戰台兒莊》（廣西），《老井》（西影），《珍珍的髮屋》（青影），《紅高粱》（西影），《T省的八四、八五年》（上影），《雷場相思樹》（八一），《解放》（長影），《最後的瘋狂》（西影），《買買提外傳》（天山），《鋼銼將軍》（峨影），《屠城血證》（福建、南京），《閃電行動》（八一、香港銀都機構）；優秀兒童片：《我只流三次淚》（兒影），《我和我的同學們》（上影）；優秀外國譯製片：《羅馬假日》（長影譯製），《兩個人的車站》（長影譯製），《斯巴達克思》（上海譯製）；優秀舞臺藝術片：《倒霉大叔的婚事》（新影、河南）；優秀美術片：《黑猫警長》（5）（上海美影），《不怕冷的大衣》（上海美影），《葫蘆兄弟》（3、4）（上海美影）；優秀紀録片：《中國面向未來》（新影），《老山魂》（八一），《陽早和寒春》（新影），《火的考驗》（新影、八一），《紫禁城》（新影），《中國手》（八一），《刻在黑沃的土地上》（新影），《一瞬與十年》（新影），《澳門滄桑》（新影）；優秀科教片：《轟擊原子核的大炮——粒子加速器》（北京科影），《曾侯乙編鐘》（上海科影），《動物的眼睛》（上海科影）、《褐馬鷄》（農影）、《朱䴉》（北京科影）、《搖籃——人造卵與赤眼蜂》（上海科影）、《綠化黄土地》（上海科影），《農村養猪成套技術組片之二——仔猪培育》（北京科影），《西紅柿“Ω”型栽培技術》（農影），《植物内生菌》（農影）、《海安之路——農牧良性循環》（北京科影），《回聲》（北京科影）；特别獎：《蘇禄國王與中國皇帝》（北影、菲律賓文化中心攝製）。

附録：報刊報導

一段時間，人們對“政府獎”（即廣播電影電視部優秀影片獎）褒貶不一。多數人認爲，中國三大電影獎（“政府獎”、“金鷄獎”、“百花獎”）各有千秋、相得益彰，“政府獎”體現了黨和政府對電影的關懷、支持和倡導。也有人認爲，“政府獎”搞平衡，搞照顧，權威性不够。甚至有人認爲，“政府獎”有獎金，製片廠和攝製組歡迎；而評論界和新聞界的評價不高，見諸於報端的評論“政府獎”的文章寥寥無幾。

這一屆“政府獎”的評獎和頒獎活動却令人耳目一新。

首先，評委會堅持了“三不照顧”的原則，即：不照顧廠家，不照顧題材，不照顧影片完成的年度（這一屆“政府獎”參加評選的影片爲1986、1987年兩個年度）……

其次，廣泛聽取來自觀衆和專家的意見，民主評議，使“有獎有評”的方針貫穿評獎全過程……

第三，簡化了頒獎活動項目，突出了頒獎會的“政府獎”特色。

（力聞《説説這一屆“政府獎”》，《中國電影報》1988年6月15日）

評論界稱本年爲“王朔電影年”

從1988年末到1989年初，觀衆連續看到了四部根據作家王朔的小説改編的影片。它們分别是西影黄建新導演的《輪迴》、峨影米家山導演的《頑主》、深影葉大鷹導演的《大喘氣》和北影夏鋼導演的《一半是火焰，一半是海水》。短短數月内，連續出現四部根據同一作家的作品拍攝的影片，實屬罕見。電影界的這股“王朔熱”，有人稱之爲“王朔現象”，很值得人們注意。由此，1988年也被稱爲“王朔電影年”。

幾位導演對改編電影相當認真，米家山想通過《頑主》“近距離地觀照生活”，而黄建新也希望通過《輪迴》的改編介入現實“發出吶喊”。相當一部分人對年方30、被稱爲“無業遊民”、“個體作家”的王朔的作品半是欣賞半是擔憂。認爲王朔電影雖然宣泄了當代青年的某種情緒，批判了陳腐與僵化。但却對“人生的虚無，對醜惡缺乏更深刻的思考”。

關於王朔電影的學術會議於1989年3月在北京舉行。對王朔小説的改編延續到近年，他的《編輯部的故事》、《過把癮就死》、《我是你爸爸》、《動物兇猛》、《看上去很美》等陸續被改編成電視劇和電影作品。

王朔（1958— ）

作家。籍貫北京。1976年高中畢業後到山東參軍。1978年開始從事文學創作，迄今已創作22個中篇小説、3個長篇小説，大約160萬字，並創作了數十集電視劇。主要改編成電影的文學作品有《無知者無畏》、《動物兇猛》、《一半是火焰、一半是海水》、《過把癮就死》、《玩的就是心跳》等。

《輪迴》劇照

《輪迴》

出品：西安電影製片廠
編劇：王朔
導演：黄建新　攝影：趙非
主演：雷漢　譚小燕　劉麗軍　柳荻

舞蹈演員于晶與個體户石岜結婚，並到酒吧伴舞。她能忍受每天的勞累，但不能忍受石岜整天活得不耐煩的勁頭，兩人時常爭吵。石岜没有勇氣像正常人那樣生活，看着自己在墻上貌似强壯的身影，越發感到自己的渺小，最終絶望自殺。六個月後，于晶生下一個男孩，取名石小岜。

附録：報章評論

王朔小説在電影界的走紅並非個人選擇的結果，而是時代情緒在電影界的反映。近年來，電影與文學的的關係一直非常密切，但絶没有一位小説家像王朔那樣幸運地在一年之内同時受到四五位導演的青睞。也許這裏最重要的因素是生活的荒誕和藝術的荒誕已經融爲一體。

（楊遠嬰《王朔電影隨感》，《中國電影週報》1989年3月2日）

1988年，王朔如同一捆集束手榴彈在影壇上炸開來。……他顯然不是一個歷史十字架的負荷者，也不是十字架的摧毁者；他只是在惡作劇中褻瀆了十字架之神聖的頑童。

（戴錦華《意識形態·王朔·一九八八年》）

《一半是火焰，一半是海水》劇照

《一半是火焰，一半是海水》

出品：北京電影製片廠
編劇：王朔　葉大鷹
導演：夏剛
攝影：李恬
主演：羅鋼　紀玲　謝蒂　陳紀東

無業青年張明邂逅美麗純真的大學生吴迪後，兩人産生好感而同居。張明惡習不改，吴迪發現受騙後也開始鬼混，對張明瘋狂報復。不久，張明被捕入獄。三年後，張明保外就醫來到南方海島，遇到女大學生胡映，勸導她忘記被騙的痛苦，並重新返回北京。

《頑主》

出品：峨眉電影製片廠
編劇：王朔　米家山
導演：米家山
攝影：王小列
主演：張國立　潘虹　葛優　梁天

待業青年于觀、楊重、馬青辦起了一個替人排憂、解難、受過的三T公司。他們儘量滿足社會上人們各式各樣的需求，也爲了生存幹了不該幹的事，被街道黨組勒令停業。正當他們感到走投無路時，忽然發現顧客在公司門外排起了長長的隊伍。

《頑主》劇照

本年度在國際上主要獲獎情況

陳凱歌獲第17屆鹿特丹國際電影節"未來電影導演獎"；

《盜馬賊》獲瑞士第4屆第三世界電影節弗里堡市大獎幫助發行獎；

《湘女蕭蕭》獲第4屆法國蒙彼利埃國際電影節金熊猫獎；

《紅高粱》獲第38屆西柏林國際電影節大獎金熊獎；

《江南書劍情》、《戈壁恩仇録》（兩片係上、下集）獲法國巴黎國際婦女節特别獎；

《末代皇帝》獲第60屆奥斯卡金像獎9項大獎，中國作曲家蘇聰因參加該片作曲（三人合作）獲最佳音樂獎，他是中國第一位被奥斯卡提名和獲獎的藝術家；

《南北少林》獲意大利第43屆國際體育電影節故事片頭獎，《五虎將》獲"大衆體育聯盟獎"和"最佳綜合選片獎"；

《中國造船》獲意大利第27屆國際海洋電影節"最佳紀録片獎"；

《老井》獲意大利第11屆沙爾索國際電影電視節一等獎；

《孩子王》獲第41屆戛納國際電影節教育貢獻獎；

《遠離戰爭的年代》獲蘇聯第10屆亞非拉電影節銀質獎"發揚民族傳統與光榮獎"；

《紅高粱》獲澳大利亞第35屆悉尼國際電影節"悉尼電影評論界獎"；

《紅高粱》獲第5屆津巴布韋國際電影節最佳影片獎、故事真實新穎獎，張藝謀獲得最佳導演獎；

《芙蓉鎮》獲捷克斯洛伐克第26屆卡羅維·發利國際電影節大獎水晶球獎，徐松子獲捷克斯洛伐克戲劇家協會特設的評委獎；

《井》獲意大利第19屆陶爾米納國際電影節最佳影片二等獎，潘虹獲最佳女演員獎；

《孩子王》獲比利時1988年電影探索評獎活動探索影片獎；

《湘女蕭蕭》獲西班牙第36屆聖·塞巴斯蒂安國際電影節堂·吉訶德獎；

《月牙兒》獲意大利第41屆沙萊諾國際電影節銀獎；

《芙蓉鎮》獲匈牙利第33屆瓦牙多利電影節"評委特别表彰獎"和"觀衆頭等獎"；

《女人的故事》獲夏威夷電影節觀衆評議最佳影片獎，《苦藏的戀情》獲最佳音樂獎；

《人·鬼·情》獲巴西里約國際電影電視録像節最佳影片獎金鳥獎。

1988年（臺灣）

大事記

1月1日　電影限、輔、普三級制今起實施，當局促家長善盡雙向責任。
1月9日　當局取消戲院散場時限，今後各戲院午夜場、子夜場僅向各地主管機關報備即可。
1月17日　電檢尺度放寬後，業者大量進口、製作色情暴力影片猛撲三級片，電影處長廖祥雄呼籲影界珍惜得之不易的創作空間。
2月27日　當局開放進口在大陸所拍攝之影片，確立三大原則，並待5月加以檢討。
3月15日　嘉禾集團總裁鄒文懷昨天正式宣佈，在臺灣投資成立一家多元化的企業——嘉通娛樂股份有限公司。
　　同日，邵玉銘從寬解釋電影法，赴大陸拍攝的外國影片已可開放進口，5月份後將考慮逐步開放港片、國片赴大陸拍攝。
4月15日　邵玉銘表示，大陸影片、影帶暫不考慮開放進口。
4月30日　當局爲求電影院國歌片内容的創新，決定突破以往由官方拍攝的方式，首次公開徵求民間公司來負責製作。
5月18日　當局召集企業界與電影界代表，舉行"如何改善電影投資環境"座談會，企業界促政府成立大型電影公司，並列入策略性工業輔導。
5月26日　"楊士琪紀念獎"工作委員會集會投票決定第2屆"楊士琪紀念獎"頒給提升大陸電影水準的西安製片廠廠長吴天明。
6月21日　首部360度特技電影《美夢成真》於中正紀念堂由蔣緯國主持開鏡典禮。
7月8日　第3屆洛杉磯國際同性戀主題影展在西好萊塢美國導演公會舉行，虞戡平導演的《孽子》被特選爲開幕典禮首映電影。
7月27日　香港、臺灣及大陸學者於香港會談，研討中國電影現況。
8月8日　第一屆學苑金像獎今天頒獎，最佳導演爲侯孝賢，最佳影片爲張婉婷執導的《流氓大亨》。此項票選活動深具意義，爲國片架橋，吸引許多年輕知識分子參與、關心國片。
8月29日　座落於吉林路的電影資料中心舉行啓用典禮。
9月1日　學者、龍祥及台欣等三家電影公司決定直接投身影帶業，發行自行出品的國片及港片，預料A拷發片結構即將面臨劇變。
11月25日　亞太影展得獎名單揭曉，《稻草人》獲最佳影片獎，陸小芬獲最佳女主角獎，吴炳南獲男配角獎，林珊如獲女配角獎。
12月7日　侯孝賢新作《悲情城市》開拍，日本《印象雜誌》前往拍攝現場的北投採訪，創下了外國媒體採訪國片的首例。

《春秋茶室》劇照

重要影片

《陰間響馬吹鼓吹》劇照

《陰間響馬吹鼓吹》

出品：三一
編劇：安憶心　張大春
導演：何平　李道明
主演：陸小芬　任達華
　　　陳慧樓　陳淑芳
　　　林秀玲　胡鳳生

"陰間響馬"：以盜墓爲生的美國仔、缺嘴的、脱窗的跟紅毛，在某次的盜墓過程中，發生了一連串的事故……"吹鼓吹"：在家人的安排下，阿桃嫁給吹嗩吶的侏儒，原本十分排斥的阿桃，逐漸發現到丈夫的優點……

《春秋茶室》

出品：龍祥
編劇：丁亞民
導演：陳坤厚
主演：張艾嘉
　　　梁家輝

茶室老闆娘爲了招攬生意，買進了一位天真爛漫的少女，本以爲茶室生意會因此蒸蒸日上，不料，招來的却是茶室的大亂……

《海峽兩岸》

出品：龍祥
編劇：吴念真
導演：虞戡平
主演：孫越　江霞

1949年，孫志浩隨軍來臺。二十多年後，他不但娶了臺灣籍老婆淑瑛，也有個二十多歲的兒子。隨着開放大陸探親，志浩亟欲與闊别四十年的元配與女兒見面，可是淑瑛心裏却很擔憂……

《海峽兩岸》劇照

《大頭仔》

出品：鴻泰
編劇：吴念真　許仁圖
導演：蔡揚名
主演：萬梓良　恬妞

大頭仔生長在貧窮落後的農家，某次爲了討回其兄被詐賭的賭資，一時失手將人殺傷，從此開始他進出監獄的浪子生涯。

《大頭仔》劇照

影片目録

中影　《怨女》、《海水正藍》、《第一次約會》、《落山風》
三一、龍光　《殺出銅鑼灣》、《特赦令》
三一　《陰間響馬吹鼓吹》
臺製　《奮鬥》
鴻泰　《林投姐》、《大頭仔》、《記得當時年紀小》
學甫　《隔壁班的男生》、《天下一大樂》、《新阿里巴巴》、《報告典獄長》、《笑聲淚影——大陸行》、《同學會》、《醜探七個半》、《老科的最後一個秋天》、《天才小兵》、《紅葉小巨人》、《英雄與狗雄》、《夢幻七小寶》
新航線　《三頭魔王》、《桃太郎大顯神威》
合衆　《慾海情仇》、《半邏降》
吉星　《太監與宮女》、《因果報應》、《胭脂殺手》
大東　《大陸妹血淚》、《偷渡來客》、《股票風雲》
龍祥　《海峽兩岸》、《春秋茶室》
湯臣　《菜刀與六個朋友》、《萬能運動員》、《舊情綿綿》、《飆城》、《夢過界》
冠人　《大盜李師科》、《愛情不歸路》、《勾魂黑薔薇》、《心變》
臺灣民俗館　《臺灣鏢局》
其他　《赤子心浪子情》（銀鳳）、《老師有問題》（群龍）、《新奇門遁甲》（今中）、《猛男》（宏樺）、《角頭大姐》（育樂）、《花痴》（飛豹）、《靈芝異形》（歡樂無線）、《殭屍大鬧西門町》（華國）、《龍發堂》（德華）、《校樹青青》（萬隆）、《靈幻童子》（寶利）、《媽媽再愛我一次》（富祥）、《孩子王》（金格）、《勇敢聖鬥士》（新形式）

第25屆金馬獎得獎名單

最佳劇情片：《七小福》（邵氏、嘉禾公司出品）
最佳紀録片：《暮鼓晨鐘》（臺灣電影文化公司出品）
最佳導演：羅啓鋭《七小福》
最佳男主角：萬梓良《大頭仔》
最佳女主角：鄭裕玲《星星·月亮·太陽》
最佳男配角：周星馳《霹靂先鋒》
最佳女配角：王萊《海峽兩岸》
最佳原著劇本：羅啓鋭、張婉婷《七小福》
最佳改編劇本：入圍從缺
最佳攝影：鍾志文《七小福》
最佳剪輯：鄺志良、余純《七小福》
最佳美術設計：黄鋭民《警察故事續集》
最佳服裝設計：王耀年《傾城之戀》
最佳原著音樂：盧冠廷《七小福》
最佳改編音樂：入圍從缺
最佳電影插曲：王文清《黄色故事》
最佳録音：邵氏録音室、嘉禾配音室、徐炳光《七小福》
最佳紀録片導演：林作庸《深山猶有讀書聲》

《怨女》劇照

《怨女》

出品：中影
編導：但漢章
主演：夏文汐　徐明
　　　蕭艾　高捷

銀娣長得漂亮但個性刁蠻，他跟對門藥店的小劉，雖然没有海誓山盟，却芳心暗許。不料家人透過媒婆將銀娣嫁給大户姚家做二奶奶，銀娣不幸的一生也由此展開。

但漢章（1949—1990）

導演，影評人。湖北人。臺灣大學法律系畢業，美國洛杉磯加州大學電影碩士，在學期間已經常爲各報刊撰影評，後任《影響》雜誌編輯。曾編導《鄭佩佩的世界》（紀録片）、《奪命佳人》（劇情片）兩部短片。1986年拍攝影片《暗夜》爲第一部在美西藝術片院線放映的臺灣影片，隔年的《離魂》曾經參加馬德里電影節，而1988年改編自張愛玲小説的《怨女》，曾應邀參加夏納電影節"一種注目"單元，並且入選參加紐約"新導演新電影"影展，也在1989年參加於紐約舉行之首屆兩岸中國電影節。出版有《作家電影面面觀》、《電影新潮》、《好萊塢觀星録》等著作。1990年3月7日病逝，得年41歲。

《菜刀與六個朋友》劇照

《菜刀與六個朋友》

出品：湯臣
導演：周騰
主演：倪淑君　張世　李興文

阿成、菜刀、阿呆、福茂、小潔、小凡自幼爲伴。隨着每個人的成長過程，他們也各有不同的際遇，但命運之繩總把他們牽扯在一起。

《舊情綿綿》劇照

《舊情綿綿》

出品：湯臣
編劇：葉鴻偉　錢中平
　　　張曉鶴　黎聖慧
導演：葉鴻偉
主演：庹宗華　方文琳
　　　狄鶯　卓勝利

阿治、阿美兩個天真無邪的小孩，從小即在没落的新劇團中一起成長，後來因大人的緣故被迫分開。十年之後，阿治已成爲台語片場記，同時阿美於片場擔任臨時演員……

《老科的最後一個秋天》

出品：學甫
編劇：吳念真
導演：李祐寧
主演：孫越
蘇麗媚

1982年4月，臺北市土地銀行發生獨行大盜持槍劫鈔案，該行經理身受重傷，社會一片嘩然。案發後，56歲以開出租車爲業的老科，照常早出晚歸，只是漸漸地，他租來的斗室開始有了電器用品……

《老科的最後一個秋天》劇照

《落山風》

出品：中影
編劇：吳念真
導演：黄玉珊
主演：姜受延　楊慶煌

過慣少爺生活的文祥，在家人的安排下，到山寺靜心唸書，寄宿在寺廟的婦人素碧，對他照顧有加。兩人情愫漸生，素碧害怕自己會誤了文祥的前途，決意剃度出家……

《落山風》劇照

解嚴後電影面臨的各種現象

由於1987年宣佈"解嚴"，執行數十年的戒嚴令取消，電影檢查制度因此面臨重大變革，例如早期在臺拍攝的美國電影《主席》(葛利哥萊·畢克主演的"紅衛兵"相關電影)，終於在19年後獲得上映；同時新制的"三級制"正是在1988年實施，因以分級取代剪禁，突然大幅度降低影片慘遭禁演比例。但是若干因爲電影分級而來的亂象亦應運而生，其一是許多民衆對三級制的判定經常流於"自由心證"頗有微詞；其二是色情與暴力的充斥，不免造成潛在的不良影響；其三是送剪過關後再私接的鏡頭，以及純粹走私進口的影片四處流竄……凡此種種都嚴厲考驗着電檢新制的流行。

《桂花巷》、《稻草人》閩南語版獲選參加國際影展

新聞局電影處已同意選派閩南語版的《桂花巷》和王童執導的《稻草人》參加國際影展的角逐。"中影"出品、陳坤厚執導的《桂花巷》和《稻草人》均係發生在臺灣本地的故事，拍攝期間皆採用閩南語發音，但"中影"爲配合"推行國語"政策，上映前將多數拷貝改配國語發音，只有部分拷貝在導演堅持及爲服務特定觀衆的前提下以閩南語發音上市。改配國語發音的《桂花巷》與《稻草人》在俚俗語言的趣味和演員嘴型上，都出現嚴重失真現象，引起頗多批評。電影處選定《桂花巷》參加1989年柏林電影節，而《稻草人》參加1989年戛納電影節時，接受專家建議，選定以閩南語發音的拷貝參加。電影處表示，二片中的年代及人物，都係使用閩南語爲主，自然以閩南語拷貝較貼切、寫實，亦可避免聲音與畫面不協調的缺失，可使這兩部影片更具在國際影展競賽的本錢。

三級電影分級制實施

三級制電影分級從1988年元旦開始實施。各戲院映演的電影中，部分首輪影片是以三級制標準分級，其餘多數仍以二級制分級的電影。新聞局呼籲觀衆應依影片所屬級制的年齡規定分級觀賞。

三級制電影分級是由二級制演化而來，將電影在普遍、限制二級外，增加輔導級。普遍級適合所有的觀衆，限制級觀衆必須年滿18歲，輔導級觀衆限制在12歲以上。

新聞局除要求戲院在公告欄中明示分級規定，並確實執行觀衆分級外，也通令各縣市政府新聞單位負起督導業者執行法律的責任，有關單位將不定時赴各戲院了解分級制度實施的情形。

赴大陸拍電影是否開禁視當局檢討法規而定

新聞局電影處在1988年5月檢討大陸政策時，將討論"戡亂時期國片處理方法"及"附匪影業及影人審定辦法"，屆時赴大陸拍攝的影片，將有可能開禁。依當時現行的法規，凡赴大陸拍片的影人若不表明不再赴大陸拍片的立場，其在大陸所拍影片此地禁演，且不論港片或外片，凡赴大陸所拍影片一律禁演。

自1987年11月開放探親後，已放寬至影片如劇情需要，可購買不含演員演出的大陸風光片，穿插片中使用，但尚未開放赴大陸拍外景。最近片商紛紛爭取發行意大利導演貝托魯齊赴大陸所拍的《末代皇帝》，電影處則表示，在檢討探親政策時，將一並討論電影相關法規的修正或廢止。

1988年（香港）

大事記

3月31日　第12屆香港國際電影節舉行期間，爲紀念蔡楚生去世20週年，於3月31日、4月4日—13日舉辦“蔡楚生紀念特輯”，映出《漁光曲》、《一江春水向東流》、《珠江淚》和《南海潮》。

5月18日　香港立法局通過1988年電影檢查條例草案。

7月1日　《大影畫》半月刊創刊。

11月10日　電影三級制開始正式實施。

11月16日　萬能公司製作，張徹出品，徐克監製，劉家榮動作導演，李修賢、吳宇森、姜大衛、午馬聯合導演的影片《義膽群英》開鏡。主要演員有狄龍、姜大衛、李修賢、趙雷、恬妞、周星馳、午馬、谷峰、黃霑、鄺美雲、陳惠敏、成奎安、陳觀泰等。這部張徹從影40年的紀念影片製作費約600萬港元。

12月2日　香港電影協會正式成立，並召開大會，以無記名投票方式，選出林嶺東、徐克、吳宇森、楚原、吳思遠、曾志偉、張堅庭等12人爲第一屆執行委員。經執委投票，吳思遠任會長，楚原、徐克任副會長，成龍任福利部長。

本年　暑假檔期過後，尤其是以本屆奧運轉播期爲開始，港片市道驟降，成批“倉底貨”影片推出，市道趨淡，業者無不憂心。

由於《神探父子兵》被事先無任何通知下落畫成導火線，導致洪金寶脱離嘉禾，自組寶祥影業公司，結束和鄒文懷18年賓主關係。

香港導演學會成立，是爲繼去年香港電影攝影師學會後又一個香港電影專業團體組織。第一屆會長由吳思遠擔任。

香港“自主電影”《一樓一故事》

由關柏煊導演的《一樓一故事》闖出創作、製作及發行新路向。該片主創人員自籌資金，只花了20萬港元完成了該片。經過一番努力和有識之士的支持，終獲商業性公映，發行外埠，出售了録影版權，對香港電影極具啓發性作用。

“阿嬸入市”

1988年初，新寶院線正式組成，使本港原來的四條中文院線增至五條，令中文片市場競爭更趨激烈，導致片源不足。亦因此誘因，引致不少圈外人、臺灣資金流入投資拍片，一度竟引致電影勞工短缺、電影機器燈光出租公司供不應求現象，有業者形容爲有如“阿嬸入市”。

重要影片

《胭脂扣》劇照

《胭脂扣》

出品：威禾公司
編劇：邱戴安平　李碧華
導演：關錦鵬
主演：梅艷芳　張國榮　萬梓良
　　　朱寶意　譚倩紅

根據李碧華同名小説改編。袁永定在報館任職，與前來登尋人廣告的一位冷艷女郎閑聊，得知她原是鬼魂。50年前，她是紅牌妓女如花，與“十二少”陳振邦相愛，因身份地位懸殊，婚事遭到陳家反對。兩人以胭脂匣定情，決定一起殉情。如花在黃泉久候不見十二少，故回陽間尋找。

獲第八屆香港電影金像獎最佳影片、最佳導演、最佳女主角（梅艷芳）、最佳剪輯（張耀宗）、最佳音樂（黎小田）、最佳電影歌曲；第24屆臺灣電影金馬獎最佳女主角、最佳攝影、最佳美術設計獎；第6屆意大利都靈國際電影節評判團特別獎；第10屆法國第三屆世界影展大獎。

關錦鵬（1955—　）

導演。祖籍廣東，生於香港。1976年參加香港無線電視臺影視培訓班。1978年任無線電視臺助理場記、助理編導，師從余允杭、許鞍華等。1984年執導處女作《女人心》。後執導影片有《地下情》、《胭脂扣》、《人在紐約》、《阮玲玉》、《紅玫瑰、白玫瑰》、《三個女人的故事》、《藍宇》、《長恨歌》等影片，多次在港、臺及國際上獲獎。

電檢制度正式實施三級管理制

將上映電影分成三級，第一級是老少咸宜；第二級是18歲以下觀衆，需由家長陪同進場；第三級是兒童不宜，18歲以下觀衆，在任何情況下均不可入場。

11月10日起公映之《鹹濕性慾治療》（日本片）爲第一部三級影片。第一部港產三級電影爲《黑太陽七三一》（銀都出品），第一部好萊塢三級電影《天使追魂》（洲立發行）。

第7屆香港電影金像獎

最佳影片：《秋天的童話》，最佳導演：林嶺東（《龍虎風雲》），最佳編劇：羅啓鋭（《秋天的童話》），最佳男主角：周潤發（《龍虎風雲》），最佳女主角：蕭芳芳（《不是冤家不聚頭》），最佳男配角：梁朝偉（《人民英雄》），最佳女配角：金燕玲（《人民英雄》），最佳新人：林國斌（《省港旗兵續集》），最佳攝影：鍾志文、詹姆斯·海曼（《秋天的童話》），最佳剪輯：蔣國全（《最後勝利》），最佳美術指導：奚仲文（《倩女幽魂》），最佳動作指導：成家班（《A計劃續集》），最佳音樂：戴樂民、黃霑（《倩女幽魂》）。

《童黨》

出品：銀都機構

編劇：陳文强　導演：劉國昌　主演：何沛東　王忠巡　馬衍亭　梁十一　譚珊珊

一群中下階層的少年，終日在街頭流蕩，群毆、盜竊、甚至欺詐老人，處於危險邊緣。

該片是劉國昌的導演處女作，雖然片中演員都是非職業的，但却拍得老練順暢，對整部電影控制得條理分明，寫實感十分突出，被稱爲“真實到令人喘不過氣來的影片”。

《童黨》劇照

《鷄同鴨講》劇照

《旺角卡門》劇照

《鷄同鴨講》

出品：許氏 Topping Time

編劇：許冠文 高志森

導演：高志森

主演：許冠文 許冠英　張艾嘉　葉榮祖

許記燒臘店以燒鴨油鷄馳名，但生意被附近新設快餐店搶去。老許岳母勸他重修門面，但他不聽，結果生意大跌，伙計跳槽，家人不和。老許決定出售飯店，妻兒鼓勵他不要退却。在家人和伙計們的支持下，他發揮自己的商業管理及烹飪才能，結果變革成功。

《旺角卡門》

出品：影之傑公司

編導：王家衛

主演：劉德華　張學友　張曼玉　萬梓良

阿華較早涉足江湖，對刀光血影生涯早生倦意；阿友却夢想有朝一日能當上頭目。阿友爲揚名接下“殺手令”，阿華得知後離開戀人阿玉趕到現場，出手援助阿友，結果被打成植物人，阿友也因傷重死於警局。

獲第8屆香港電影金像獎最佳男配角（張學友）、最佳美術指導（張叔平）。

《七小福》“破例”獲臺灣金馬獎最佳影片

香港電影《七小福》破天荒地獲臺灣金馬獎最佳影片，爲近20年來未有之現象。過去，無論港片在金馬獎中奪得多少項大獎，均未能摘得“最佳影片”一項，該獎項均只有臺灣片所獨得。

《七小福》

出品：邵氏 嘉禾

編劇：羅啓鋭　張婉婷　導演：羅啓鋭

主演：洪金寶　林正英　鄭佩佩　鍾錦任

頑童小龍家境貧困，母親送他學京劇。學員生活清苦，于師父的訓練嚴格，孩子們常借機搗蛋，在遭受懲罰之餘，技藝亦日臻成熟。小龍在這裏經歷了他的初戀，也與三毛等師兄弟結成好友。學校被拆遷，年邁的師父決定退休移民，衆徒子揮淚送别。10年後，衆師兄弟終於創出名堂，成爲影壇舉足輕重的人物。

《七小福》劇照

洪金寶（1949—　）

演員，導演，製片人。原籍浙江寧波，生於香港。7歲師從于占元學藝，藝名元龍，和師兄弟們曾用“七小福”名義活躍舞臺和銀幕。1971年作爲武術指導進入嘉禾公司。同年在《奪命寶劍》中任武術指導和替身演員。後以編劇、導演、演員、武術指導等多重身份活躍於影壇。80年代香港影壇新電影崛起，他作爲製片人製作“殭屍”系列電影、城市喜劇電影系列。其主要作品還有《提防小手》、《肥龍過江》、《奇謀妙計五福星》、《A計劃》、《最佳福星》、《富貴列車》《八兩金》、《富貴兵團》、《一個好人》等。

主要影片目録

本年度香港共出品影片116部。

嘉禾　《飛龍猛將》、《郁達夫傳奇》

銀都　《童黨》、《黑太陽七三一》

影之傑　《旺角卡門》

威禾　《胭脂扣》

嘉禾／新香港　《月亮、星星、太陽》

寶禾／嘉禾　《中國最後一個太監》

邵氏／嘉禾　《七小福》

其他　《奸人本色》（立人）、《點指賊賊》（好朋友）、《鬼馬保鏢賊美人》（永佳）、《情義心》（德寶）、《赤膽情》（萬能/三和）、《最佳損友闖情關》（永盛）、《花心野玫瑰》（威靈/金寶）、《艷鬼兇靈》（榮星）、《神功搜秘録》（城市電影）、《半還降》（金鑫/合衆）、《八星報喜》（新藝城）、《愛的逃兵》（美澳/藝能）、《暴風女》（金富城）、《鐵甲無敵瑪利亞》（金公主/電影工作室）、《雪在燒》（好朋友/延平工作室）、《手足情》（香港電影）、《最佳損友》（永盛/年代/藝能）、《亡命鴛鴦》（寶禾/二友）、《八旗子弟》（新崑崙/中國電視劇/南方）、《吉屋藏嬌》（星輝）、《捕風漢子》（金美林）、《法内情》（麥當傑/藝能）、《過江》（蛾眉山/長河）、《烈血風雲》（吸引力）、《龍虎智多星》（羅維）、《驚魂今晚夜》（雅慧/九本）、《霸王花》（威禾/嘉禾）、《火舞風雲》（永盛/年代/美林）、《黄河大俠》（銀都/中原）、《撞邪先生》（大都會）、《婚外情》（思遠）、《霹靂先鋒》（萬能）、《靈幻小姐》（富藝）、《金裝大酒店》（高明/新藝城）、《一樓一故事》（電影創作室）、《鷄同鴨講》（許氏/Topping Time）、《神探父子兵》（寶禾）、《喜寶》（金採/百靈）、《法律無情》（自由神）、《肥猫流浪記》（藝能）、《褲甲天下》（編導製作社/龍祥）、《城市特警》（電影工作室）、《省港風雲》（大東）、《再見英雄》（建華）、《烏龍賊替身》（影運/徐小明）、《鬼咁串》（盛宏）、《今夜星光燦爛》（湯臣/邵氏）、《好女十八嫁》（利星）、《血CALL機》（長河）、《陷阱邊沿》（天恒/龍祥）、《霸王女福星》（金韻/第一）、《殺出黄國》（夏威夷）、《流金歲月》（花生映社/中影）、《最佳女婿》（華麟/金公主）

1989年（大陸）

大事記

1月5日　《電影信息報》改名爲《中國電影週報》，由電影事業管理局主辦、中國電影藝術研究中心編輯出版。

2月27日　中國電影電視攝影師學會成立。

2月27日—3月4日　中國電影表演學會在廣州頒發第二屆“學會獎”。

3月11日　《人民日報》全文發表《中共中央關於進一步繁榮文藝的若干意見》

3月25日　廣電部發出《關於對部分影片實行審查、放映分級制度的通知》。

4月8日—12日　國家民委和廣電部在昆明聯合召開“全國少數民族電影創作會議”。

5月25日　中國電影製片協會成立。

5月29日—6月2日　首屆中國國際體育電影節在北京舉行。

5月—6月　北京發生政治風波。

6月1—3日　中國少年兒童影視中心和中國兒童電影製片廠聯合舉辦的首屆國際兒童電影節在北京舉行，原計劃到7日結束，因北京發生政治風波於3日中斷。

9月6日—15日　以中國電影發行放映公司經理胡健爲團長，中國電影代表團一行4人，赴紐約參加由美國紐約華人舉辦的“海峽兩岸電影節”。

9月21日　《中國電影週報》評出建國以來十大電影明星。

10月23日—28日　以“生命科學”爲主題的“'89國際科教電影節”（第二屆）在上海舉行。

10月27日　中國電影基金會在北京成立。

11月20日　電影局發出《關於暫停上映故事片〈關東女俠〉、〈夜盜珍妃墓〉的通知》。

12月11日—1990年1月10日　上海舉辦首屆農民電影節。

12月25日　由中國電影家協會主辦的《中國電影報》宣佈停刊。

本年　“周璇遺産案”和電影明星偷税問題，引起社會普遍關注。

重要影片

《豆蔻年華》劇照

《豆蔻年華》

出品：中國兒童電影製片廠
　　　南京電影製片廠
編劇：徐耿　程瑋
導演：邱忠義　徐耿
攝影：單興良　吳雲
主演：張茜　苗苗　蔡向亮
　　　周振波　王海燕

一部年輕而且天真的電影，考學、夢想不再是最重要的，重要的是在花季的時候，曾經無私地爲别人付出自己。

《最後的貴族》

出品：上海電影製片廠
　　　香港銀都機構有限公司
　　　上海巨星影業公司
原著：白先勇
編劇：白樺　孫正國
導演：謝晉　攝影：盧俊福
主演：潘虹　濮存昕　李克純
　　　蕭雄　盧玲　李彤

出身名門的貴族小姐在上海度過了她的20歲生日。之後與三名好友一起赴美留學。不久，當得知自己的父母在赴臺途中遇難的消息後，她離開好友和男友陳寅，獨自流浪。

《最後的貴族》劇照

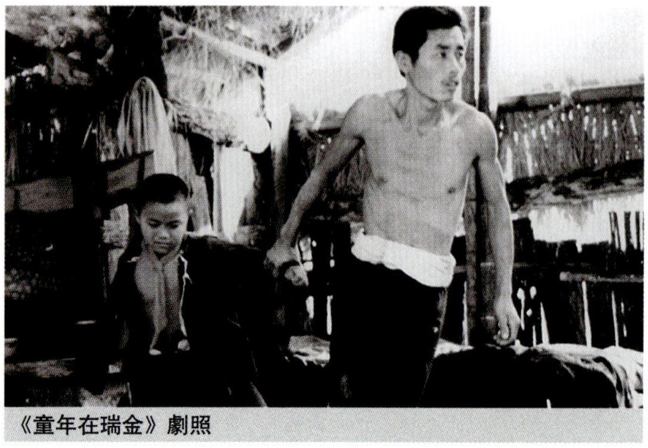
《童年在瑞金》劇照

《童年在瑞金》

出品：西安電影製片廠
　　　江西電影製片廠
編導：黄軍
攝影：金貴榮　劉馳峰
主演：李哲　肖軼　許可
　　　艾長青　曾巧

黄平平和他的小伙伴們生活在南方一個偏僻的村莊裏。由於各種原因，他們在學校裏的快樂生活結束。只有平平將去縣城念中學。

《商界》

出品：珠江電影製片廠
編劇：苗月　胡炳榴　導演：胡炳榴　攝影：王穗光　鄭華
主演：張豐毅　陳寶國　王衛波　邵逸雲

根據錢石昌、歐偉雄同名小説改編。影片由廣州某銀行決定對貸款對象進行抽樣調查開始，揭示了商界種種可以告人的與不可告人的秘密，以及帶來的不可想象的後果。

《商界》劇照

《賭命漢》劇照

《賭命漢》

出品： 長春電影製片廠　遼寧電影製片廠
編導： 丁暄　**攝影：** 李軍
主演： 吴京安　原利

青年農民劉玉嶺與本村的小寡婦銀子情投意合。婚後小日子越過越紅火。好景不長，劉玉嶺被賭友拉進賭局，傾家蕩産。憤怒的銀子向公安部門報了案，劉玉嶺被判入獄，銀子則一心一意等着自己的丈夫歸來。

《百色起義》劇照

《百色起義》

出品： 廣西電影製片廠
編劇： 侯育中　朱旭明　**導演：** 陳家林　**攝影：** 劉建魁　蔡小鵬
主演： 盧奇　唐湯民　郭紹維　程文寬

1920年代末，國民黨桂系部隊前線發生倒戈。中共派代表鄧小平化名鄧斌前往廣西開展統戰、兵運、農運工作，在1929年10月22日發動了百色起義，建立中國工農紅軍第七軍。

《西行囚車》劇照

《西行囚車》

出品： 珠江電影製片廠
編劇： 何建明　江浩　**導演：** 何群
主演： 王振榮　杜志國　張毅　李强

這是一部描寫我武警公安戰士在押解一批罪犯的途中機警地粉碎歹徒們裏應外合企圖在火車上越車逃跑的故事。

《庭院深深》劇照

《庭院深深》

出品： 上海電影製片廠
原著： 瓊瑶　**編劇：** 嚴明邦　史蜀君
導演： 史蜀君　**攝影：** 趙俊宏　藏鴻鈞
主演： 宋佳　尤勇　金夢　焦晃

章含煙由於無法忍受婆婆的歧視，改名方絲縈去了美國，回來與柏沛文破鏡重圓。但是柏父的私生子突然發現其母是被柏母虐待致死，他決意報仇，最後却把槍口對準了自己。

影片目録（共128部）

北影　《安麗小姐》、《風流女諜》、《關公》、《紅樓夢》（第3、4、5、6部）、《紅墻外》、《命運喜歡惡作劇》、《女明星秘史》、《女模特的風波》、《女神探寶蓋丁》、《特混艦隊在行動》、《五台山奇情》、《幸運的星》、《野狼谷》、《一半是火焰，一半是海水》

長影　《島國謀殺》、《賭命漢》（與遼寧廠合拍）、《復仇大世界》、《怪俠》、《關東女俠》、《黑盗》、《花翎飛盗》、《荒娃》、《黄金大盗》、《間諜戰與女色無關》、《江湖妹子》、《開國大典》、《老少爺們上法場》、《男人困惑，女人也困惑》、《你愛我嗎》（與南京廠合拍）、《情人的最後一次謀殺》、《三對半情侶和一個小偷》、《神龍劍俠吕四娘》（續）、《死神，最後一張王牌》、《西門家族》、《血濺秋風樓》、《一代槍王》

上影　《百變神偷》（與香港銀都合拍）、《大丈夫的私房錢》、《地獄天堂》、《獨行客》、《金色的指甲》、《上海舞女》（與南京廠合拍）、《庭院深深》、《銅頭鐵羅漢》、《俠盗魯平》、《銷魂刀》、《夜幕下的黄色幽靈》、《一無所有》、《致命的深淵》、《智破奇案》、《最後的貴族》（與香港銀都合拍）

珠影　《阿羅漢神獸》、《豺狼計劃》、《康熙大鬧五台山》、《女人街》、《女子別動隊》、《傻小子行俠記》、《商界》、《省港狂龍》（與香港智寶合拍）、《西行囚車》、《險惡江湖逍遥劍》、《眼鏡裹的海》

西影　《川島芳子》、《滴血黄昏》、《黄河謡》、《藍煞星》、《童年在瑞金》、《西安殺戮》、《鄉下人》、《凶宅美人頭》、《夜走鬼城》（與香港漢山合拍）

峨影　《布達拉宫秘史》（上、下集）（與西藏譯製廠合拍）、《非法持槍者》、《憤怒的航空港》、《秘密採訪》、《秘密戰》、《熱戀》、《生活在歌唱》、《死期臨近》

瀟湘　《東方美女》、《憤怒的孤島》、《黑馬》、《假大俠》、《聖殿幽靈》、《血淚情仇》（與遼寧廠合拍）

八一　《告別骷髏島》、《龍雲和蔣介石》、《冒險的美國女人》、《蛇谷奇兵》、《無影偵察隊》

廣西　《百色起義》、《布洛陀河》、《逢凶化吉》、《嘩變》、《神女夢》、《神州小劍俠》（與日本本合拍）、《天涯怪客》

内蒙　《曝光》、《哈羅，比基尼》、《婚禮上的刺客》、《殺機背後》、《神猫與鐵蜘蛛》、《怪音》

天山　《黄金緝私隊》、《快樂世界》、《夜盗珍妃墓》（與澳門蔡氏兄弟合拍）

童影　《豆蔻年華》（與南京合拍）、《哦，香雪》、《普萊維梯徽公司》、《少年戰俘》、《走進象群》

青影　《本命年》、《都市奇緣》、《家鄉浪漫曲》、《雪狼》

其他　《巴黎來的槍手》（福建）、《袁氏遺産案》（福建）、《僑鄉情》（南海）、《小毛孩奪寶奇緣》（南海）、《大驚小怪》（深影）、《黑樓孤魂》（深影）、《藍衫女匪》（雲南）、《鼓上蚤傳奇》（合拍公司與香港達揭合拍）、《古今大戰秦俑情》（合拍公司與香港嘉民合拍）、《風流靈仙》（新影）

《晚鐘》獲第39屆西柏林國際電影節銀熊獎

2月10日—21日，青年導演吴子牛的《晚鐘》被選爲第39屆西柏林國際電影節參賽影片。這是繼《紅高粱》之後被該電影節選中的又一部中國參賽影片。陳凱歌已被邀請爲該屆電影節評委。經過數日角逐，由八一電影製片廠攝製、吴子牛導演的故事片《晚鐘》，在第39屆西柏林國際電影節上榮獲評委會特別獎（銀熊獎）。《晚鐘》是一部從拍攝到發行延宕了三年的影片，一部在徵訂拷貝中慘敗的影片，一部被認爲象徵着“探索片的終結”的影片，在西柏林電影節上獲得僅次於金熊獎的“首席”銀熊獎。消息傳來，給當時正在經濟不景氣和娛樂片大潮中感到困惑的中國電影界注入了一劑興奮劑。

榮任評委的陳凱歌（吴子牛在北京電影學院的同窗）事後分析道：“《晚鐘》佔了兩條優勢：一是題材新，表現了對戰爭的新的認識；二是藝術精，對話極少，畫面動人。有些西方觀衆表示看不懂，主要是對抗日戰爭的背景不了解。

吴子牛（1952— ）

導演。四川樂山人。1982年畢業於北京電影學院導演系，任瀟湘電影製片廠導演。代表作品有《喋血黑谷》、《最後一個冬日》、《晚鐘》、《歡樂英雄·陰陽界》、《南京大屠殺》、《國歌》、《英雄鄭成功》等。

侯詠（1960— ）

攝影師，導演。生於西安，有《晚鐘》、《一個都不能少》、《我的父親母親》等4部影片獲國際影片獎，《孫中山》、《鴉片戰爭》等5部獲國内影片獎。曾獲第七屆“金鷄獎”最佳攝影獎、第一屆中國電影攝影學會優秀攝獎等獎項；導演作品有《茉莉花開》。

《晚鐘》劇照

附録：侯詠《〈晚鐘〉攝影隨想》

《晚鐘》是强烈的。强烈的反戰情緒，强烈的環境感受，强烈的光感。在强烈的縱深環境中，體現畫面造型的雕塑感和一種冷峻悲哀的情緒。

（《中國電影週報》1989年4月27日）

《晚鐘》獲獎歸來，拷貝又增新訂户

影片《晚鐘》對題材的處理與以往的戰爭片不同，刻意描寫了戰爭與人性，立意較新，但在當時反響不大，地方省市公司在1988年8月銀川召開的全國看片會上只訂了一個拷貝。得獎消息傳來，各地觀衆翹首以待，各省、市、區公司亦屬意重新訂購此片。

（《中國電影週報》1989年3月20日）

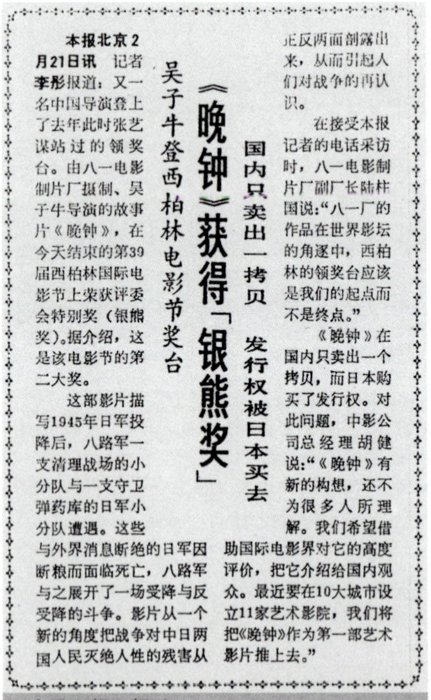

吴子牛登西柏林电影节奖台

《晚钟》获得「银熊奖」

国内只卖出一拷贝 发行权被日本买去

本报北京2月21日讯 记者**李彤**报道：又一名中国导演登上了去年此时张艺谋站过的领奖台。由八一电影制片厂摄制、吴子牛导演的故事片《晚钟》，在今天结束的第39届西柏林国际电影节上荣获评委会特别奖（银熊奖）。据介绍，这是该电影节的第二大奖。

这部影片描写1945年日军投降后，八路军一支清理战场的小分队与一支守卫弹药库的日军小分队遭遇。这些与外界消息断绝的日军因断粮而面临死亡，八路军与之展开了一场受降与反受降的斗争。影片从一个新的角度把战争对中日两国人民灭绝人性的残害从正反两面剖露出来，从而引起人们对战争的再认识。

在接受本报记者的电话采访时，八一电影制片厂副厂长陆柱国说：“八一厂的作品在世界影坛的角逐中，西柏林的领奖台应该是我们的起点而不是终点。”

《晚钟》在国内只卖出一个拷贝，而日本购买了发行权。对此问题，中影公司总经理胡健说：“《晚钟》有新的构想，还不为很多人所理解。我们希望借助国际电影界对它的高度评价，把它介绍给国内观众。最近要在10大城市设立11家艺术影院，我们将把《晚钟》作为第一部艺术影片推上去。”

《人民日報》報道

《晚鐘》

出品：八一電影製片廠
編劇：吴子牛 王一飛
導演：吴子牛
攝影：侯詠
主演：陶澤如 孫敏 劉若鏞 葛亞明 葉楠秋

1945年秋，5名八路軍戰士發現了一支守衛秘密軍火庫的日軍小部隊，他們還不知天皇宣佈投降的消息。5名戰士包圍了山洞。最終，日軍向5名戰士交出了武器，而日軍中尉切剖腹自殺，日軍軍曹也成爲瘋人。一聲巨響，軍火庫爆炸了。八路軍戰士押着日俘迎着太陽走去。

第9屆金鷄奬、第12屆百花奬揭曉，金鷄奬首次出現6項大奬空缺

8月10日，1988年度電影第9屆"金鷄奬"、第12屆"百花奬"揭曉。這次參加"百花奬"角逐的最佳故事影片候選片有49部；最佳男演員候選人33名；最佳女演員候選人29名；最佳男配角候選人26名；最佳女配角候選人18名。爲了適應改革開放的形勢，充分表達投票者的意願，本屆"百花奬"作了三方面的改變：一、評選結果於頒奬大會當場揭曉；二、選票除和往年一樣隨第3期發出外，第4期再發一次；三、紀念品不是給予選中者，而是公開抽簽，給予被抽中者。

代表國内電影綜合藝術最高水平的大奬——"金鷄奬"最佳故事片奬，由於3部提名電影《晚鐘》、《共和國不會忘記》和《頑主》均未獲得評委會過半數票而宣告空缺，爆出了中國電影評奬史上的最大新聞。與最佳故事片一齊宣告空缺的還有最佳女配角、最佳編劇、最佳音樂、最佳録音、導演處女作等5項奬，金鷄奬首次出現6項大奬空缺，它們在一起構成引人注目的空白。參加"金鷄奬"角逐的候選片及推薦材料已由各廠上報。本屆評奬主要有兩項改進，一是設立處女作奬；二是評選結果於頒奬時當場揭曉。

第9屆中國電影金鷄奬獲奬名單

最佳紀録片：《蛇口奏鳴曲》（珠影）；最佳科教片：《增長的代價——人口與經濟》（北京科影）；最佳美術片：《山水情》（上海美影）；最佳兒童片：《多夢時節》（兒影）；最佳導演：吴子牛（《晚鐘》、《歡樂英雄》、《陰陽界》）；最佳男主角：陶澤如（《晚鐘》、《歡樂英雄》、《陰陽界》），謝園（《棋王》、《大喘氣》）；最佳女主角：徐守莉（《歡樂英雄》、《陰陽界》）；最佳男配角：孫敏（《晚鐘》）；最佳攝影：侯詠（《晚鐘》）；最佳美術：邵瑞剛，扈洪元（《村路帶我回家》）；最佳剪輯：鍾芙蓉（《瘋狂的代價》）。

第12屆《大衆電影》百花奬獲奬名單

最佳故事片奬：《春桃》（南海），《寡婦村》（珠影），《共和國不會忘記》（廣西）；最佳男演員奬：姜文（《春桃》）；最佳女演員奬：劉曉慶（《春桃》）；最佳男配角奬：申軍誼（《歡樂英雄》、《陰陽界》）；最佳女配角奬：鞏俐（《代號美洲豹》）。

附録：報刊反應

寒星《金鷄奬百花奬評選的弊端》

金鷄奬、百花奬自50年代中期開始，（除在十年動亂中被迫停止外）迄今金鷄已歷第九屆，百花進入12屆。照理説它應該對提高電影藝術水平，繁榮電影創作起到推動作用，可事實却是不盡如人意。近年來影圈内外，對一年一度的"雙奬"活動越來越感到乏味，在群衆中威信不高，其主要原因之一就是：歷屆金鷄奬的評委不是由民意測驗選舉産生，而是由影協書記處的少量同志憑自己的主觀想象做出決定，去聘請一些人來擔任評委，當然其中也確有被人們所公認的大導演和具有藝術權威的電影藝術家、電影評論家，如擔任今年金鷄奬評委主任的著名導演謝晉，不但由於他執導的影片在國内外享有極高的聲望，而且因爲他的人品藝品皆高，爲人正直處事公道。不過也確有極少數評委，缺乏應有的藝術水平。這些人評議時人云亦云，没有自己的見解。他們佔了評委的席位而不能起到評委應起的作用。

（曉石《實事求是提倡批評——有感於〈金鷄奬百花奬評選的弊端〉》，《光明日報》1989年6月1日）

日前，讀6月1日《光明日報》三版頭條題爲"金鷄奬百花奬評選的弊端"（以下簡稱《弊端》）一篇批評文章。首先應當説文章敢於直言"雙奬"評選存在的不足乃至弊端這種精神是可貴的。有人説比没人説好，直言比曲言好，只有有批評，才會帶來改革，事物都是越改越好，"雙奬"評選當然也會越改進越完善的。假如没有了批評，事物如何進步呢？文章所提有些意見確實也是值得有關方面注意研究並在今後的工作中予以改進的。如文中提到的金鷄奬每屆評委究竟應當怎樣産生的問題；百花奬評選爲什麼出現觀衆"未看片先投票的奇怪現象"，等等。

敢於直言的精神可貴，並不是説批評本身就不要注意實事求是，只有批評講究實事求是的精神，才更顯出其可貴來。否則定會影響批評本身的價值和效果。《弊端》一文也有錯失遺憾之處，如文章開頭稱"金鷄奬、百花奬自50年代中期始……"顯然是不對的。

（《中國電影報》1989年6月25日）

第一屆中國電影節在北京舉行

9月21—27日，廣電部主辦建國四十年電影界最重要的節慶活動——第一屆中國電影節在北京開幕。爲期7天的電影節展映了近兩年問世的40部影片，歷史巨片《開國大典》和紀録影片《四十年前的這一天》作爲本屆電影節的領銜之作在開幕式上放映。李鐵映、李錫銘、胡喬木以及王忍之、艾知生、朱訓等出席了開幕式。電影節期間電影局與中國電影藝術研究中心聯合召開"中國電影四十年討論會"；閉幕式同時頒發廣電部1988年優秀影片奬。

1988年廣播電影電視部優秀影片奬獲奬名單

優秀故事片：《巍巍崑崙》（八一），《共和國不會忘記》（廣西），《春桃》（南海與遼寧合拍），《黄土坡的婆姨們》（北影），《花街皇后》（珠影），《歡樂英雄》，《陰陽界》（福建）；優秀兒童片：《多夢時節》（兒影）；優秀譯製片：《靡菲斯特》（上海譯製），《謎中之謎》（上海譯製）；優秀美術片：《山水情》（上海美影）、《補課》（上海美影）；優秀紀録片：《好在歷史是人民寫的》（新影），《聲樂教授黄友葵》（新影），《昨天！今天……明天？》（八一），《我們的鄧大姐》（新影），《180個日日夜夜》（八一），《決定命運的時刻》（新影）；優秀科教片：《旱地水窯》（北京科影），《中國岩溶——洞穴》（上海科影），《近親不要結婚》（農影），《光盤》（北京科影），《艾滋病》（北京科影），《多功能抗旱劑》（農影），《神奇的稀土》（第一集）（上海科影），《禄豐古猿》（上海科影），《寒潮》（農影）

首届中国电影节在京开幕

李瑞环接见《开国大典》主创人员

本报北京九月二十一日讯 记者李力、高宁报道：建国四十年来我国电影界最重要的节庆活动——第一届中国电影节今天在北京隆重开幕。

广播电影电视部副部长、中国电影节组委会主任陈昊苏在开幕式上说：中国的电影工作者将利用这个电影节向伟大的党、伟大的人民及伟大的社会主义祖国表达深沉热烈的祝福，并用发展民族的社会主义的电影文化的新成就向共和国的四十大庆捧上丰厚的礼品。

四十年前起步的新中国电影事业，如今已建立了独立完整的电影工业体系，占领了国内电影文化市场，向每年多达数百亿人次的观众提供健康向上的娱乐和审美服务，培养了大批艺术人才，形成了具有民族特色的独树一帜的电影艺术，并使中国电影开始走向世界。

推出近两年问世的四十部影片，是为期七天的电影节的主体部分。历史巨片《开国大典》和纪录影片《四十年前的这一天》作为本届电影节的领衔之作在今天的开幕式上放映。

当《开国大典》导演李前宽、肖桂云率剧组主要演员登台时，全场响起热烈的掌声。各界普遍认为，这部集毛泽东、刘少奇、周恩来、朱德以及蒋介石等现代中国重要政治人物于一片的电影巨作，标志着中国重大历史题材影片在思想性和艺术性等方面的重要突破。

中共中央政治局常委李瑞环接见了《开国大典》的主创人员。李瑞环指出：这部影片是成功的，放映后能引起较大的反响。电影界应从这部影片的成功总结出一些带根本性的东西。李瑞环向摄制组表示祝贺。

李铁映、李锡铭、胡乔木以及王忍之、艾知生、朱训等出席了开幕式。

第一屆中國電影節報道

《開國大典》劇照

《開國大典》座談會

8月2日，廣播電影電視部電影局與《光明日報》編輯部聯合召開座談會，就革命歷史巨片《開國大典》的思想內容和藝術特色進行了探討。座談會由陳昊蘇主持。參加座談會的有丁嶠、陳播、蘇雲、于敏、陳懷皚、鍾藝兵等20多人。與會者一致盛讚《開國大典》是一部具有現實意義、教育意義的革命歷史巨片。影片以歷史真實爲依據，在藝術上和技術上，將創作和大量歷史資料高超地組合在一起，融爲一體。既有歷史真實，又有感人的藝術真實，這是以前的革命歷史題材影片没能達到的。影片的特點是，宏大的歷史規模和情節的豐富性結合得很好，富有藝術真實的細節，使影片的歷史感更加真切，在刻畫人物性格方面有所突破，表現得較細膩。

《開國大典》

出品： 長春電影製片廠
編劇： 張天民　張笑天　劉星　郭晨
導演： 李前寬　肖桂雲
攝影： 李力　王小列　鍾文明
主演： 古月　孫飛虎　黃凱　邵宏來

和平解放北平一個月後，中共七屆三中全會在西柏坡召開。1949年4月，解放軍突破長江防線，進入南京，佔領總統府。10月1日下午3時，毛澤東主席在神聖的禮炮聲中，向全世界宣告："中華人民共和國、中央人民政府成立了！" 人們歡聲雷動，整個廣場沸騰了。

古月

(1937—2005)

演員。湖北漢口人。1950年參加中國人民解放軍；1980年起任八一電影製片廠特型演員。代表作品有《西安事變》、《四渡赤水》、《開國大典》、《大決戰》、《大進軍——大戰寧滬杭》、《決戰之後》、《毛澤東的故事》等。

李前寬（1941—　）

導演。原籍山東蓬萊，生於大連。電影導演。1964年北京電影學院美術系畢業後，入長春電影製片廠任美工，1976年轉任導演。代表作品有《佩劍將軍》、《田野又是青紗帳》、《開國大典》、《決戰之後》、《重慶談判》、《世紀之夢》等。

蕭桂雲（1941—　）

導演。原籍山東掖縣，生於哈爾濱。1965年北京電影學院導演系畢業後，入長春電影製片廠任導演。導演影片《佩劍將軍》、《田野又是青紗帳》、《開國大典》、《決戰之後》、《重慶談判》等。

本年度在國際上主要獲獎情況

《晚鐘》獲第39届西柏林電影節評委會特別獎——“銀熊獎”；

《紅高粱》獲比利時第16届布魯塞爾國際電影節比利時法語廣播電臺青年聽衆評委會最佳影片獎；

《芙蓉鎮》獲法國第5届蒙比利埃國際電影節“金熊猫”獎；

《少年犯》獲伊朗德黑蘭第7節曙光旬國際電影節國際賽類最佳演員獎；

《人·鬼·情》獲法國第11届國際女導演電影節公衆大獎；

動畫片《山水情》獲首届莫斯科國際少年兒童電影節“勇與美”獎；

《遠離戰爭的年代》獲意大利第12届薩爾索國際影視節評委會特别獎；

《芙蓉鎮》獲捷克斯洛伐克第40届勞動人民電影節榮譽獎；

徐守莉（《人·鬼·情》）獲西班牙第18届卡塔赫納國際海洋電影節最佳女演員獎。

胡蝶在加拿大病逝

1989年4月23日，已改名爲潘寶娟的胡蝶病逝於加拿大温哥華。臨終前，她一字一頓地說:“蝴蝶要飛走了。”

附録：宣景琳《憶胡蝶》

當外甥女告訴我報上登的胡蝶在加拿大去世的消息時，真的感到吃驚。從我離開舊上海的明星公司轉到天一公司而與胡蝶分手後，至今已五十多年了，回憶起三十年代和她一塊兒合作拍片的情景，感慨很多，想不到這麼一個充滿活力的人也悄然而逝了。

胡蝶到明星公司從影的時間比我稍晚些。當初大家也都十八二十的年紀吧，她屬猴，我屬羊。她的性格既活躍又文静，我呢則一味爽直，外號“喇叭”。因在家排行第四，胡蝶總稱我“四小姐”。記得拍《姊妹花》時，一有空閑兩個人就在攝影棚裏瘋，她追我跑，她口裏還嚷着“猢猻出把戲了！”奔來奔去累得氣喘吁吁，旁人則説：“幹嗎幹嗎，像跑馬似的。”

（《新民晚報》，1989年5月19日）

秦瘦鸥《尋訪胡蝶故居》

新樂路舊名亨利路，大概是上海市區最短的馬路之一吧，它東起陝西南路，西迄東湖路，全長不足一公里，却有着幾座很精美的公寓和不少新式里弄，屬於當年的高等住宅區。今夏第一個高温天的下午，灼熱的陽光在半空中織成了一張火網，我與大地文化社青年工作人員單蘭蘋同志，蹀躞在這條小路上，尋訪我國早期著名女明星胡蝶的故居。

今年四月，胡蝶病逝於加拿大，消息傳來，立即在上海文藝界的老人和許多電影老觀衆之間激起了懷念之情。

（《解放日報》1989年7月30日）

寻　访　胡　蝶　故　居

秦瘦鸥

新乐路旧名亨利路，大概是上海市区最短的马路之一吧，它东起陕西南路，西迄东湖路，全长不足一公里，却有着几座很精美的公寓和不少新式里弄，属于当年的高等住宅区。今夏第一个高温天的下午，灼热的阳光在半空中织成了一张火网，我与大地文化社青年工作人员单兰苹同志，蹀躞在这条小路上，寻访我国早期著名女明星胡蝶的故居。

今年四月中，胡蝶病逝于加拿大，消息传来，立即在上海文艺界的老人和许多电影老观众之间激起了怀念之情。大地文化社是市委统战部和侨办领导下的一个半官方组织，其主要负责人如著名演员王丹凤女士等为此准备举办一系列纪念胡蝶的活动，其中之一是搜集有关胡蝶的照片、文物等，摄制一条录像带，供应海内外的蝶迷和他本人的亲友。具体干这项工作的就是小单。她曾几次下顾，希望我也出些力，包括协助她寻访胡蝶当年在上海的几处故居。她冲劲十足，态度又非常认真，我被感动了，不由点了头。然而时间已飞越半个世纪，胡蝶的父母早已谢世，她的两个同父异母兄弟也不知何往，堂妹胡珊远在美洲，电影界中最老一辈的人则已寥若晨星，这使我除凭借自己的记忆之外，找不到人商量核实，因此在出发寻访以前，我唯恐徒劳无功。

果然，车到新乐路，第一个目标就象海上仙山那样，渺不可寻。原来在我的记忆中，胡蝶与潘有声结婚后，先住在新乐路的东头，是靠街的二层楼小洋房，门牌大致在二号至二十号之间。可这地方仅仅由胡蝶指给我看过一次，印象不深，现在已不可能指认出来。他们几年后又迁往同路上的亨利村，因为我的另一老友中医陈存仁恰好也住在那里，有一天陈夫人曾引领我同去探望过胡蝶。那次不仅登堂入室，还跟胡蝶和她的妈妈谈了好一阵，只是没有见到她的爸爸和潘有声。我原以为这地方应该比较好找，那知时隔半世纪，旧的弄名早已废除。绕了半天，并无结果。

我几乎就要知难而退了，但小单没有泄气，继续带着我往西走，找到100弄，问了管门的老师傅，才知道正是当年的亨利村，可他也不清楚过去住过那些人。幸而我突然灵机一动，想起老友朱曼华解放后移居到这里，忙和小单找上门去，朱老高龄已八十有七，但思路还是很清楚，听我说明来意后，立即介绍我们去找另一位老人，才弄清楚胡蝶的故居是二十九号，总算第一枪打响了。

我们第二个目标是原来开设在四川中路（北京路口）上的胡蝶公司。那是一家专售西装衬衫、领带以及男、女高档内衣、围巾、手套之类的商店，座东朝西。当年我曾随同林雪怀或胡蝶去过几十次，据我记忆所及，是胡蝶的父亲胡少贡开设的，但也有人说投资者就是胡蝶，而由她父亲经营。关于这一点，我当年既没有询问过，此刻再想弄明白已没指望了。

目前在这一段四川中路上，象这样格局的铺面只剩三四家，故辨认比较容易，我根据记忆中的印象，特别是隔壁有一家菜馆至今尚未改业，可以作为指标，因而认定不是564号，便是566号；至于究竟那一家，乐观的小单说：“没关系，过一天我再来查吧，会弄清楚的，”这样我也算没有交白卷。

最后是胡蝶少女时代的故居——四川北路上的余庆坊。

我早年与几个广东籍明星交往持续了四五年，那时候我家住在今天的四川北路溧阳路口，与胡家所住的余庆坊相距不过百步。在那几年里，我至少去过她家几百次，应该说是不可能忘记的了。但时间隔得这么久，余庆坊又是一条有居民二百多户的大弄堂，一式石库门、单间，外形很少区别。我只记得胡家是在总弄里面，将近弄底，可是究竟几号，再也想不起，我们东寻西访，惊动了好几户人家，还是没有结果。八十岁以上的老人毕竟不多，今天广东人少了，简直没有可以向我们提供线索的对象。出得弄来，我精疲力尽，神态沮丧，小单赶紧又抚慰我：“这里也有居委会、派出所，我慢慢再去请问他们。今天就到此为止吧。”

其实我除发觉我记忆力的不可靠，有负大地文化社诸公的雅望之外，内心深处，还另有一股淡淡的怅惘之感，当年我和胡蝶等人认识时，大家都很年轻，最大的林雪怀和张达民，仅二十出头；胡蝶最小，才十六七岁，我和胡蝶同龄，初闯江湖，涉世未深，心地就象雪山上刚融化，冲激而下的水流那样，明净无垢。彼此只

《尋訪胡蝶故居》文照

1989年（臺灣）

大事記

1月10日　小野及吳念真2人，因製作理念未獲重視，同時向"中影"提出辭呈。

2月15日　由於港產影片價格居高不下，加上國片輔導金的刺激，臺灣本地的製片公司學者、龍祥及新船籌備開拍大量新片。

3月4日　由録像帶發行業跨行電影製作、發行的新船公司，今天正式成立以臺北樂聲戲院爲首的國片第7條院線。

4月12日　小野、吳念真、柯一正等人組成的"正集團"工作室與龍祥影業達成協議，除每年合拍5部高成本影片外，還將積極培植影壇新秀，爲低迷國片環境注入一股活力。

5月15日　當局宣佈廢止"戡亂時期國産影片處理辦法"。

5月25日　由藝專集合師生及校友拍攝的影片《叛逆與愛》今天在校園内開拍，創下電影專業學校拍攝劇情長片作商業發行的首例。

6月27日　1500萬電影輔導金的預算，獲得通過，爲首次以年度預算輔導國片製作之例。

7月6日　國片輔導金方式改變，將採資助個人500萬元，以避免原創者受限於電影公司，造成原創意念遭電影公司漠視的情事發生。

7月7日　曾是電影院龍頭的新聲、黎聲戲院因電影景氣低迷、獲利太低，2家戲院負責人周信雄表示，將把原址改爲證券公司，以吸引人潮。

8月13日　榮獲製作輔導金的10部影片中，第一部完成，由楊立國執導的《魯冰花》送審，初步獲得通過撥款，但部分審查委員爲求慎重，將再會審。

8月22日　片商公會已初步同意，今後國片在首輪映演後將捐出1部拷貝交由電影資料館以保存國片資產。

9月2日　電影處表示，第三波進口日片仍將每部繳交300萬元之國片輔導金，不容許片商反復地變更此規定。10月7日，電影處又同意將進口日片徵收之輔導金減半爲150萬元。

9月5日　因大陸明星主演的國片不能在臺上映，臺灣片商最近想出變通方法，即直接介入使大陸明星變成外國籍，以便爭取影片放映。

10月5日　臺北電影界人士發起的每票1元電影基金，目前遭臺灣省鄉鎮戲院業者反對。

10月12日　臺灣電影變質，電影院營收已不再是焦點，國片片商爲掌握録像帶院線片行銷，不惜爲了録像帶片商利益而違背市場生態，從明年元旦起將院線擴爲9條。

11月4日　去年8月29日成立的電影資料中心被認爲績效不彰，又與電影資料館功能重疊，電影處已接受顧問建議，於近日内將其併入電影資料館。

11月8日　電影處表示，關錦鵬執導的《三個女人的故事》由於查無大陸資金實質證據，已發予限制級准演執照；但張婉婷執導的《衣錦還鄉》因啓用大陸演員，遭違例禁演。

11月27日　電影處表示，國片雖可赴蘇聯拍攝，但蘇聯影片目前尚不准進口，須待與蘇聯有進一步事業關係之後才會研議。

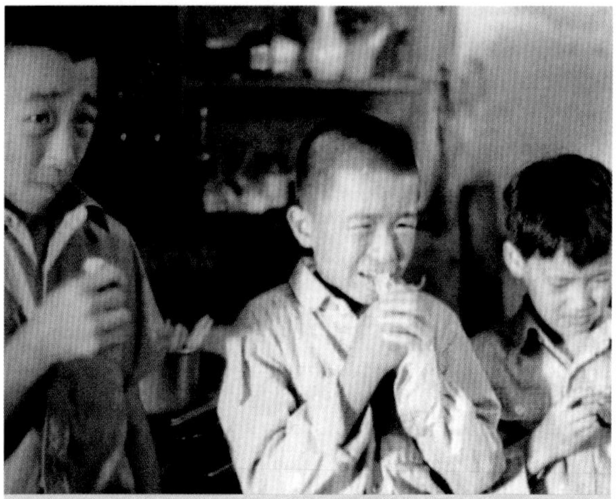

《魯冰花》劇照

《魯冰花》

出品：高仕
編劇：吳念真
導演：楊立國
主演：黄坤玄　李淑楨　于寒　陳維欣　陳松勇　王美雪

臺灣北部山區純樸平靜的小村落。村裏的小學新來了一個美術老師郭雲天，他帶來新的觀念及作風，衝擊了村人傳統的觀念。古阿明是個有天分且富有創造力的孩子，在郭老師的指導下，表現出不凡的繪畫天分。

重要影片

《刀瘟》劇照

《刀瘟》

出品：學彦
編劇：小野
導演：葉鴻偉
主演：庹宗華　葉全真　卓勝利

阿旺年輕時是個不成氣候的小流氓，兒子阿輝在耳濡目染下，也不自覺地受到影響。阿輝女友秋虹的父親反對他們交往，阿輝決定帶着秋虹私奔……

《晚春情事》

出品：中影　嘉禾
編劇：陳耀圻
導演：陳耀圻
主演：陸小芬　張復建　馬景濤

春燕是一個新寡的農家女，被母親安排再嫁到縣城官宦之後的張府，成爲少爺的續絃，春燕的樸拙在新的婚姻關係裏，愈發地格格不入。春燕對生命的期盼，使她愛上了一個年齡相若的鄰居，且二人計劃遠走高飛……

《童黨萬歲》

出品：萬里
編劇：蕭颯
導演：余爲彦
主演：李志希　徐貴櫻　李明依

透過石頭的觀點，描述他跟好友毛弟，從九歲到三十七歲的成長過程中，所遇到的四個女子的故事。

《香蕉天堂》劇照

《香蕉天堂》

出品：三一　華松　鴻泰
編劇：王小棣　宋紘
導演：王童
主演：曾慶瑜　李昆
　　　鈕承澤　張世

憨厚農家子弟門栓，在動亂時局中，跟着軍隊來到臺灣。冒名頂替"李麒麟"，被迫做自己不熟悉的工作，甚至與李的太太月香過着夫妻生活。開放大陸探親，爲門栓及月香的身份帶來了大震撼。

第26屆金馬獎得獎名單

最佳劇情片：《三個女人的故事》（學甫公司出品）
最佳紀録片：入圍從缺
最佳導演：候孝賢《悲情城市》
最佳男主角：陳松勇《悲情城市》
最佳女主角：張曼玉《三個女人的故事》
最佳男配角：張世《香蕉天堂》
最佳女配角：李淑楨《魯冰花》
最佳原著劇本：邱戴安平《三個女人的故事》
最佳改編劇本：入圍從缺
最佳攝影：黄仲標《三個女人的故事》
最佳剪輯：王獻箎、鄒長根《三個女人的故事》
最佳美術設計：張季平、粟通、陳耀圻、李寶琳《晚春情事》
最佳服裝設計：樸若木《三個女人的故事》
最佳原著音樂：張弘毅《三個女人的故事》
最佳電影插曲：陳揚、姚謙《魯冰花》
最佳録音：嘉禾録音室、楊偉强《三個女人的故事》

《七匹狼》劇照

《七匹狼》

出品：學甫
編劇：葉雲樵
導演：朱延平
主演：王傑　庹宗華
　　　葉全真　張雨生

一群自幼玩在一起的死黨，有着共同的夢想，但是，礙於現實環境，總是不如人意。不過，在大家通力合作下，演唱會的夢想，似乎也不那麼遥遠。

影片目録

中影、花王　《流金歲月》
中影、華松　《感恩歲月》
中影、華松、鴻泰　《香蕉天堂》
中影、嘉禾　《晚春情事》
臺製　《飛越陰陽界》
藝能、臺製　《壯志豪情》
學者　《七匹狼Ⅱ》、《天下第一班》、《1989放暑假》、《英雄無膽》、《七隻狐狸八條狗》、《遊戲規則》、《傻龍出海》、《人鬼一家親》
學甫　《咱們都是臺灣人》、《青春派對》、《愛拼才會贏》、《鳳凰王子》、《心跳時刻》、《七匹狼》、《賭國恩仇》、《三個女人的故事》
年代　《悲情城市》
上上　《蝶殺》、《迷航中的浪花》
鴻泰　《風雨操場》、《又見發財》、《殺街英雄》
龍祥　《龍之爭霸》、《人鬼狐新傳》、《太陽底下没有我》
新船　《海口人》、《黑皮鞋與白布鞋》、《嬰靈》
其他　《刀瘟》（學彦）、《大哥讓位》（東億）、《長大的感覺真好》（飛騰）、《股市大拼盤》（日盛）、《小龍過江》（湯臣）、《没卵頭家》（敦化、聯永）、《玫瑰百合牽牛花》（永阜）、《找你算賬》（嘉源）、《狂飆少女》（中達）、《猛虎發火》（新船、金蘋果）、《天龍地虎》（新船、漢威）、《童黨萬歲》（萬里）、《國中女生》（群龍）

《國中女生》劇照

《國中女生》

出品：群龍　**編劇：**小野
導演：陳國富
主演：陳德容　陸元琪
　　　張世

小莉和秀秀是國三的同班同學，小莉聰明外向但個性好强，秀秀則内向而用功，兩人個性互補情同手足。爲了打抱不平，小莉捲入了一個複雜且充滿危機的環境，甚至失蹤了……

《悲情城市》勇奪金獅獎

《悲情城市》自1988年開拍以來，其實一直受到媒體比較高度的重視，製片公司不斷邀約媒體前往拍片現場採訪報道，1989年4月,威尼斯電影節的亞洲電影選片人馬可穆勒決定推選《悲情城市》角逐金獅獎，奠定了該片名利雙收的契機。

《悲情城市》相關創作人員導演侯孝賢，編劇朱天文、吴念真，男主角梁朝偉，女主角辛樹芬應邀出席電影節，在衆人期待下榮獲第46屆威尼斯最佳影片金獅獎，成爲臺灣電影第一次贏得世界級重大國際電影節首獎的影片。《悲情城市》在臺灣電影史上寫下許多特殊案例。首先是本片獲獎前未經送檢（在日本沖印、録音趕不及），主管單位特予通融；影片參展獲獎後的正式加班檢查，則動用了17名社會人士參與，且一刀未剪予以"輔導級"通過，更因片中出現臺語的比例最大（其他尚有國語、日語、粵語等），而發給臺語片執照；獲獎之後的《悲情城市》在多倫多、温哥華、紐約、夏威夷、倫敦等影展陸續露臉，讓世界各地的影人見識到優秀臺灣電影的魅力。而返臺時電影處長親往機場接機。10月18日的臺北市首映，當日院線聯映的票房超過500萬。部分人士認爲《悲情城市》大賣除電影自身的藝術成就之外而外，配合時局的"解嚴"，影片内容敏感地觸及"二二八"的政治禁忌，促成不少長期不看電影的年長觀衆都再度出現，對票房亦有助益。爾後不少團體、公司行號均以包場方式集體觀賞。整個映期結束，總票房收入約6600萬元，是當年賣座的第二名（僅次於港片《奇蹟》的8500萬元）。至於侯孝賢個人，也因爲《悲情城市》獲得本屆金馬獎"最佳導演"與導演協會的"年度傑出電影導演"兩項殊榮。

侯孝賢（1947— ）

導演。廣東梅縣人。臺灣藝專電影科畢業。1973年進入電影界，擔任李行的場記、助導，並從事編劇，作品有《桃花女鬥周公》、《早安臺北》、《蹦蹦一串心》等。1981年《就是溜溜的她》開始擔任導演，與陳坤厚搭檔，由侯孝賢編劇、陳坤厚擔任攝影師，兩人輪流執導，拍攝一系列頗爲賣座的商業片。1982年的《在那河畔青草青》因爲影片的清新風格，博得當時新派影評人的一致讚揚。1983年侯孝賢與萬仁、曾壯祥合拍的《兒子的大玩偶》（改編自黄春明的三篇短篇小説），爲"臺灣新電影"開啓新的紀元。同年拍攝的《風櫃來的人》，是侯孝賢由過去直覺的拍攝方式轉爲自覺創作的電影，《冬冬的假期》（1984）、《童年往事》（1985）、《戀戀風塵》（1986）等片皆爲侯孝賢自傳性電影。在《尼羅河女兒》（1987）之後，侯孝賢轉而處理歷史題材，《悲情城市》（1989）、《戲夢人生》（1993）及《好男好女》（1995）合稱"臺灣三部曲"。其中《悲情城市》於1989年獲得威尼斯金獅獎，爲其後的臺灣電影開拓出"國際影展路線"。《南國再見，南國》（1996）、《海上花》(1998)、《千禧曼波——薔薇的名字》(2001)則風格各具。

《悲情城市》劇照

《悲情城市》

出品：年代
編劇：朱天文　吴念真　導演：侯孝賢
主演：梁朝偉　辛樹芬　陳松勇　李天禄

1945年臺灣回歸中國政權，在九份的林家四兄弟，老大繼承父業做流氓，老二戰時被徵調到南洋打仗一去不回，老三從南洋回來却發瘋了，老四因爲耳聾以攝影爲業。"二二八"事件的發生，使他們的生活起了大變化……

陳松勇（1945— ）

演員。生於臺灣。演過數十部電影及電視劇，一向以飾演反派人物以及重義氣的人物爲名。他參與的第一部電影演出是陳俊良導演的《春寒》，爾後他在戲劇中的表演大抵不脱豪邁而重情義的流氓形象，如他在電影《監獄風雲2》的角色。1989年演出侯孝賢導演的《悲情城市》中角頭林文雄一角，讓他的演技獲得肯定，拿到第26屆金馬獎最佳男主角。

《悲情城市》劇照

吴念真（1952— ）

作家，編劇，導演。本名吴文欽。生於臺北縣瑞芳鎮。1976年開始從事小説創作，曾連續三年獲得聯合報小説獎。1978年首次接受劇本工作，1981年以《同班同學》獲得金馬獎最佳原著劇本獎。同年進入"中影"擔任企劃部編審，與小野（李遠）以企劃電影作品爲務。1982年，與小野、陶德辰企劃《光陰的故事》一片，爲"臺灣新電影"催生。其後許多"新電影"的劇本都出自其手，如《兒子的大玩偶》(1983)、《海灘的一天》(1983)、《殺夫》(1984)、《戀戀風塵》(1986)、《悲情城市》(1989) 等，其中《戀戀風塵》更爲吴念真本人的成長故事。1989年離開"中影"，成爲自由編劇，編劇作品高達70多部。1994年，吴念真首次執導演筒，拍攝《多桑》一片。1996年導演《太平天國》，其後成立廣告公司。

朱天文（1956— ）

作家，編劇。山東省臨朐縣人。淡江大學英文系畢業。高一時即開始寫作，小説與散文均擅長。曾任編輯，主編《三三集刊》、《三三雜誌》，並任三三書坊發行人，現專事寫作。1982年，朱天文因爲在報刊發表小説《小畢的故事》而與陳坤厚、侯孝賢結識，並親自參與改編電影的編劇工作。自1983年與侯孝賢合作《風櫃來的人》之後，便成爲侯孝賢長期的合作伙伴，合作時間近20年之久。1994年以《荒人手記》獲得首屆時報文學百萬小説獎。著有小説集《喬太守新記》、《小畢的故事》、《最想念的季節》，電影劇本《戀戀風塵》、《悲情城市》，散文集《淡江記》、《三姐妹》等。

附録：悲情城市得獎對國片的意義

《悲情城市》在威尼斯影展得獎，對臺灣最大的意義不在於揚名國際，而是臺灣不得不開始來接受本地好的電影或是重要的電影了。

臺灣電影如果必須先在外面鍍金，才能引起臺灣觀衆的興趣與熱情，才能讓臺灣的商人(電影公司願意投資、電影院肯提供檔期上映)支持贊助，才能讓臺灣的官方(新聞局)考慮或調整電影檢查的尺度，才能讓臺灣的影評界重新肯定臺灣某些電影的藝術成就……，這是非常畸形的現象啊！不過，既然以往臺灣的觀衆、官、商、批評家各自有困擾與爲難，經過這次震撼，如果能有所反省、改善，倒還是十分可喜的。

譬如，電影公司今後是不是比較可以相信、器重本地的藝術工作者？電影院是不是不要再用檔期扼殺本地電影的生路？觀衆如果不想迷信洋人，是不是先主動去關心、去觀賞本地電影？特别是不必以得獎與否來判優劣、定褒貶。

至於電影檢查尺度，我們希望這次對《悲情城市》的寬容是一個"開始"而非下不爲例的"終結"，千萬不可當成"專案"或"特例"，而要達成一種"普遍性"，那麼，臺灣電影在創作自由上没有束縛、在題材選擇上没有禁忌的情形下，才會生機蓬勃，也才會有更高的藝術成就。用更俗氣的話説，在國際間的得獎機會也將更多。政府的民主作風與開明形象也就不必藉任何宣導而能深植人們心中並隨電影揚名海外了。

電影檢查的禁忌越多，"體制外"的電影反響越大、批評也就越尖鋭，而且會大量流入地下市場。《悲情城市》涉及的二二八事件其實應該視爲"常態"，畢竟它是過去的傷痕，倒是我們也要試着允許並接納觸及現實政治的藝術作品，否則即使以明、清爲背景的題材也會被解釋成"藉古諷今"，豈不更嚴重？何況，新聞局既然容許了像《當代》、《人間》、《新文化》這類文化刊物對政治、對歷史、對社會的批判，又何必要獨對電影緊張兮兮呢？學生髮禁一解除，所有諷刺髮禁政策的文章幾乎自然淘汰，就很值得深思。

（李幼新，《聯合報》"電影新聞"，1989年9月20日30版）

電影導演協會成立

5月17日，電影導演協會正式成立。該會宣佈今後工作爲建立導演檔案，出版導演通訊，培訓編導人才及建立福利制度等。

臺灣地區有爲數不少的電影相關協會存在（例如：製片協會、片商公會、編劇協會、影評人協會等），但是電影創作核心人物的導演們却直到1989年5月17日才正式成立"導演協會"，計有85名導演參加，並推資深導演李行爲首任理事長。協會成立之際，國民黨文工會副秘書長宋楚瑜發表賀詞，提出"强化導演才幹、關懷人性、不投機拍片"三個建議期勉電影導演們。

導演協會成立之初經費並非十分充裕，乃在10月間在華視經由節目部經理張永祥牽線，由導演提供個人作品在電視臺播映，再將播出的收益所得（華視定爲每部20萬元的電視版權）之半數，提供作爲協會的經費，以利推動大會成立時所提出的工作計劃。

電影資料館開館

1月18日，位於臺北市青島東路7號4樓的電影資料館正式開館。自4個電影團體遷到電影資料中心後，即全面翻修整建，新聞局認爲"電影圖書館"名稱意義稍嫌狹隘，會被誤爲用途僅在儲存書籍，决定更名爲"電影資料館"，未來將更傾向於學術性與文化性發展。

該館於1989年元月舉行啓用茶會，正式對外開放。擴充規模與設備後的"電影資料館"，書庫和片庫空間大幅拓寬，圖書雜誌陳列室和録像帶觀賞位置均比以往多出1倍，並新設擁有66人座位的電影教室，未來除每月專題電影放映外，也將安排系列學術性活動，並開放給相關科系學校作教學用途。

更令人振奮的是，甫於3月接任館長的井迎瑞，爲了找回被人逐漸遺忘的臺語片拷貝，連日帶着員工把民間提供的臺語片老舊拷貝運回資料館整理。

好大喜功的金馬國際影展灰頭土臉落幕

不知是何人的主張，官方爲了讓金馬國際影展更符合國際觀摩的性質，本年突發奇想，企圖在短暫有限的期間撿現成，將"金馬影展國際化"，派電影資料館館長井迎瑞及新聞局電影處副處長官慶成，於5月份前往歐洲出席戛納電影節，隨後繼續即前往瑞士、西德、英國，拜會盧卡諾、柏林及倫敦影展提出邀約。不料又面臨許多的問題，包括柏林、鹿特丹，及奥斯卡等受邀單位都表示不送片參展，如果一直没有改善，首屆金馬國際影展可能無片可展。目前比較有可能同意參展的影展，只剩下關係較好的東京影展及威尼斯影展。結果弄得處處碰壁，儘管有一些二流影片前來參加，終究弄成飽受批評，甚至是譏諷的一次敗筆，落得下場非常尷尬。

影帶厚利引人覬覦院線片品質堪虞

臺灣電影已經變質，電影院的營收不再是片商關心的焦點，國片院線違背市場生態即將遽增至9條，主要是片商捨不得肥沃的録像帶院線厚利。國片院線增加的唯一"好處"是院線片的數量大幅增加，片商就可以擁有極多的號稱"院線片"的片源，轉而在録像帶市場賺得相當利潤。但是國片院線激增至9條，每年至少得有250部臺港新片才够，此一强大需求量實已遠超過當前國片製片總合，片商爲求片源不斷，勢必搶拍、搶買低成本的影片應急。國片品質本已不佳，港片生意又直線下降，即已是警兆，面對明年不計品質的新時代，國片市場更趨萎縮的結果將無法避免。

1989年（香港）

大事記

1月17日　銀都機構出品的紀實片《黑太陽七三一》按電檢處要求剪去過於殘暴的鏡頭後，開始作二級片放映。

2月20日　香港電影導演會在元宵節舉行創會儀式暨導演春節聯歡會。導演會會長吳思遠致辭説，香港首部電影於1909年拍攝，導演會選擇90年後的今天成立，具有特別意義。

2月24日　香港電影製片協會成立，正、副主席分別是温柏南和黎永强。

3月　香港電影文化中心在資金無法解決的情況下，宣佈結束。該中心於1978年創辦，以推廣藝術電影爲主，兼開辦電影課程，爲提高香港電影文化的素質做出了貢獻。

6月後　內地電影暫時没有在香港專門放映內地電影的電影院上映。

11月29日　一代粵劇名伶，曾拍攝影片300多部的任劍輝在跑馬地逸廬寓所病逝，終年77歲。

重要影片

《阿郎的故事》劇照

《阿郎的故事》

出品：新藝城企業有限公司
編劇：鄭忠泰　吴文輝
導演：杜琪峰
主演：周潤發　張艾嘉
　　　黄坤玄　吴孟達

阿郎和兒子波仔相依爲命，波仔被選中拍廣告，導演是他的母親波波。波波要帶波仔回美國，阿郎爲了波仔的前途忍痛答應，但引致波仔對他誤會和不滿。阿郎原是賽車手，失去波仔後他又參加賽車。波波帶波仔來參觀賽車並給予鼓勵。一家人團圓在望，豈料阿郎在賽車中不幸身亡。

獲第9屆香港電影金像奬最佳男主角（周潤發）。

《喋血雙雄》

出品：萬能影業有限公司
　　　電影工作室
編導：吴宇森
主演：周潤發　李修賢
　　　葉倩文　朱江　曾江

殺手小莊在一次暗殺行動中誤傷了歌女，令她雙目接近失明，他深感内疚。爲送歌女去外國醫眼，小莊再當殺手，豈料被人追殺。奉命偵查命案的警探李鷹，在查案中和小莊結成生死之交。在聯手消滅匪幫時，小莊犧牲了，李鷹替小莊報仇後却身陷困境。

獲第9屆香港電影金像奬最佳導演、最佳剪輯（樊恭榮）。

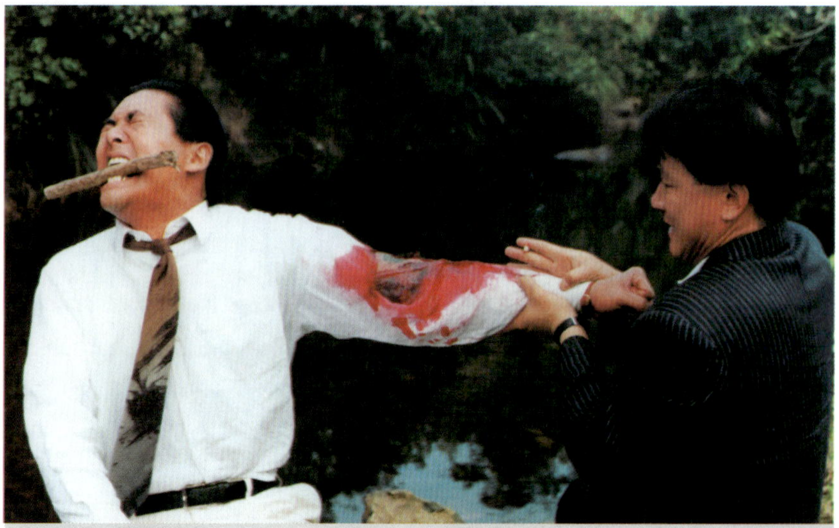

《喋血雙雄》劇照

《奇跡》劇照

《奇跡》

出品：嘉禾　威禾
編劇：成龍　鄧景生　導演：成龍
主演：成龍　梅艷芳　吴耀漢
　　　歸亞蕾　葉蘊儀　午馬　柯俊雄

郭振華從鄉下到香港找工作，他從賣花老婦玫瑰夫人處買了一朵玫瑰花後，一切逢凶化吉，還無意中做了黑幫頭子。玫瑰夫人的女兒在和大富翁的兒子相愛，大富翁到港找她談兒女婚事。振華出錢出力把她扮成貴婦，成全了她女兒的婚事。

《飛越黄昏》

出品：夢工場電影製作有限公司
編劇：張之亮　陳錦昌
導演：張之亮
主演：馮寶寶　葉童　吴耀漢
　　　盧冠廷　羅子威

梅姨和分别了十多年的女兒Jo重聚了。她和外孫Derek很合得來，和女婿Allen的關系也不錯，但和女兒Jo仍和從前一樣，因一點小事就誤會鬧意見，其實她們都深愛着對方，母女情深。

《不脱襪的人》劇照

《不脱襪的人》

出品：寶禾電影製作有限公司　二友製作有限公司
編劇：盧永强　方令正　陳友
導演：陳友
主演：鍾鎮濤　張曼玉　陳友　顧美華

少女小玉貪慕虛榮，渴望有朝一日成爲明星。阿恭是白牌司機，想早點擁有自己的出租車，是顧太太的情人。這兩人成爲鄰居，各自知道對方的秘密。兩人相愛後，合買了一輛車做生意還債。出租司機聯合罷工，車子被罷工者燒毁。

獲第9届香港電影金像奬最佳女主角（張曼玉）、最佳攝影（鮑起鳴）、最佳美術指導（司徒衛鏞）。

《賭神》

出品：永盛電影公司
編劇：王晶
導演：王晶
主演：周潤發　劉德華
　　　王祖賢　張敏
　　　向華强

賭神高進在一次决戰前因陷阱而失意，住在小流氓刀仔家裏。高進堂弟高義派人殺害高進，高進在脱險時被汽車撞傷又恢復了記憶。高進和陳金城决戰的時間終於來臨…… 該片在香港一上映就掀起高潮，開創香港賭片的先河，從此一系列賭片爭相問世。

《賭神》劇照

《八兩金》海報

《八兩金》

出品：編導製作社
編劇：羅啓鋭　張婉婷
導演：張婉婷
主演：洪金寶　張艾嘉　謝偉雄

紐約出租車司機“八兩金”是從大陸偷渡來到美國，如今已經拿到緑卡。回鄉探親前他可意向親友借了8兩金飾，以示衣錦還鄉。不料，回到家鄉發現家人已搬走。於是，他逼童年的死對頭“烏嘴婆”一齊上路尋找家人。在路途中，兩人雖然經常衝突，但在連遭意外之際兩人同舟共濟，逐漸接受了對方。

第8届香港電影金像奬

最佳影片：《胭脂扣》，最佳導演：關錦鵬（《胭脂扣》），最佳編劇：聶宏風、邵國華、陳嘉上、葉廣儉（《三人世界》），最佳男主角：洪金寶（《七小福》），最佳女主角：梅艷芳（《胭脂扣》），最佳男配角：張學友（《旺角卡門》），最佳女配角：李麗蕊（《學校風雲》），最佳新人：吴大維（《今夜星光燦爛》），最佳攝影：鍾志文（《七小福》），最佳剪輯：張耀宗（《胭脂扣》），最佳動作指導：成家班（《警察故事2》），最佳美術指導：張叔平（《旺角卡門》），最佳音樂：黎小田（《胭脂扣》）。

主要影片目録

本年度香港共出品影片116部。

新藝城　《新最佳拍》、《阿郎的故事》、《我在黑社會的日子》

永盛　《最佳男朋友》、《至尊無上》、《賭神》

威禾／嘉禾　《神勇飛虎霸王花》、《奇跡》

嘉禾　《孔雀王子》、《小男人周記》

德寶　《花心三劍俠》、《單身貴族》

編導製作社　《殺手蝴蝶夢》、《八兩金》

其他　《同根生》（浚升）、《夜瘋狂》（越時）、《西雅圖大屠殺》（東山/德寶）、《皇家飛鳳》（榮業/佳能）、《警察也移民》（自由神）、《合家歡》（許氏/高志森）、《黑色迷墻》（劉氏/德寶）、《福星臨門》（騰龍/銀都）、《西太后》（珠江/銀都）、《四千金》（嘉禾/歷高）、《血裸祭》（真誠）、《不脱襪的人》（二友/寶禾）、《中國三軍揭秘》（八一/銀都）、《省港雙龍》（飛鵬/德寶）、《傲氣雄鷹》（三和/華軒）、《殺手天使》（嘉氏/威靈）、《龍之爭霸》（龍祥/麗聲）、《猛虎發火》（新船余冬青）、《鬼媾人》（萬里）、《神勇雙妹嘜》（邵氏）、《師姐大曬》（寶禾）、《福星闖江湖》（兒童城/藝能）、《火燭鬼》（寶禾/嘉禾）、《黑道福星》（銀鳳）、《火舞儷人》（佳能）、《再起風雲》（海岸）、《飛越危墻》（佳達）、《我要富貴》（影之傑）、《伴我闖天涯》（銀獎/天地）、《但願人長久》（香港電臺）、《情義我心知》（鎮港）、《飛越黄昏》（夢工場）、《喋血雙雄》（電影工作室/萬能）、《鐵膽雄風》（東山）、《發達秘籍》（百鳴/高志森）、《一眉道人》（嘉禾/大路）、《花心夢裏人》（永佳）、《開心巨無霸》（特藝）、《人海孤鴻》（藝能）、《壯志雄心》（萬能）、《都市獵人》（泰藝/銀都）、《老虎出監》（巨明/余永抗）、《龍在天涯》（萬里）、《少女心》（金美林）、《潘金蓮之前世今生》（友禾）、《猛鬼舞廳》（吸引力）、《目中無人》（威震）、《驚魂記》（電影工作室）、《城市判官》（電影城）、《大男人小傳》（陳氏/東山）、《打工狂想曲》（新星）、《妙探雙龍》（藝能/蕭氏）、《我在江湖》（龍影）、《烈火街頭》（寶祥）、《福禄雙星》（永熹）

1990年（大陸）

大事記

1月23日 中共中央宣傳部、廣播電影電視部和文化部聯合發出通知，要求各地重視創作和發行放映農村題材故事片。

2月10日 中國作協黨組書記、副主席、著名作家馬烽致函中共中央政治局常委李瑞環，呼籲重視農村題材影片的發行放映工作。

4月19日 《中國電影週報》發表關於電影從業人員狀況的調查統計。

5月1日 大陸第一家迷你電影院——紅寶石電影廳在瀋陽市光陸電影院落成並開始接待觀衆。

5月28日—6月1日 電影局在無錫召開首屆"全國電影報刊工作會議"。

6月 萬籟鳴獲第五屆中國福利會婦幼事業"樟樹獎"。

7月25—29日 全國故事片廠製片工作會議在京召開。

7月29日 首屆全國電影製片廠優秀攝製組頒獎大會在京舉行。

7月 臺灣故事片《媽媽再愛我一次》在大陸電影市場引起轟動。

8月28日 中宣部、廣電部發出《關於加强故事片審查把關工作的意見》。中宣部、總政治部、廣電部和文化部聯合發出《關於重大革命歷史題材影視作品拍攝和審查問題的規定》。

8月31日 電影《紅樓夢》歌曲磁帶著作權糾紛案結案。

9月1日 評選最佳城市影院經理和最佳農村放映員各10名的首屆"雙十佳'金翼獎'"頒獎大會在上海舉行。

9月4—7日 "阿滿喜劇電影研討會"在南昌舉行。

10月12—24日 以李行爲團長的臺灣電影導演代表團訪問大陸，期間在北京舉辦"臺灣電影觀摩座談會"。這是兩岸電影界第一次正式交流。

12月20日—1991年2月底 福建省文化廳在全省農村開展首屆農民電影節活動。

12月21日 國務院批准廣電部等5單位聯合制定的《關於明確電影票價管理權限和建立國家電影事業發展專項基金的通知》。從1991年5月1日起，將下放電影票價管理權限，並從每張電影票款中提取5分錢作爲國家電影事業發展專項基金。

重要影片

《大城市1990》

出品： 長春電影製片廠
編劇： 肖尹憲
導演： 孫沙
攝影： 高洪寶　董印德
主演： 孔祥玉　趙凡　張力維

處於改革陣痛中的大城市面臨嚴峻的市政建設。這座擁有數百萬人口的中國北方大城市被交通堵塞、住房緊張兩大城市病困擾着，而且影響着黨在群衆中的威信和形象。鋭意改革的新任市長閆鴻喚立志改變舊貌。

《大城市1990》劇照

《龍年警官》

出品： 北京電影製片廠
編劇： 魏人
導演： 黄建中　李子羽
攝影： 左辛會　張江
主演： 張豐毅　張艷麗　伍宇娟　吕麗萍

刑警隊長傅冬一心撲在工作上，不顧家庭，致使妻子孫岩與他離婚。時裝模特楊阿玲傾心於傅冬，刑警鍾小妹也單戀着他，而傅冬心裏仍然愛着孫岩。在捉拿兩個逃犯中傅冬負傷，孫岩回到他的身邊日夜守護。

《龍年警官》劇照

《北京，你早》

出品： 青年電影製片廠
編劇： 唐大年
導演： 張暖忻
攝影： 張錫貴　花青
主演： 馬曉晴　王全安　賈宏聲　金鐵峰

公共汽車女售票員艾紅是個天真而不安分的女孩，她和同車司機鄒永强相愛了。而鄒永强是個安守本分的厚道人，無法滿足艾紅的願望。失望之餘，艾紅遇上了瀟灑的冒牌華僑、社會青年陳明克，雖然他們的愛情始於欺騙，但二人還是結成了夫妻，一起去"練攤兒"。

《北京，你早》劇照

《我的九月》

出品： 兒童電影製片廠
編劇： 杜小鷗　羅辰生
導演： 尹力
攝影： 李建國
主演： 張萌　張晨　范與升　張國立

在亞運會前夕，大榆樹小學四年級學生安建軍和劉慶來參加亞運會開幕式少兒武術表演的訓練。安建軍性格怯弱，不自信。劉慶來惡作劇後嫁禍於安建軍，使他被武術隊開除。在高老師的幫助下，安建軍堅持訓練，樹立信心，終於自豪地返回了向往已久的緑茵場。

《我的九月》劇照

《本命年》獲柏林電影節銀熊獎

2月9日—20日，影片《本命年》在第四十屆柏林國際電影節上獲銀熊獎。這次電影節是東西柏林第一次合辦，參賽影片既在西柏林放映，又在東柏林放映，東柏林市民可以個人購票觀賞自己感興趣的影片。柏林電影節不像法國戛納電影節那樣講究排場，開幕式也沒有要求一律的晚禮服，更沒有成百上千的要一睹明星風采的影迷隊伍。《本命年》的主演姜文由於在拍攝《李蓮英》時，眉毛、頭髮都剃了個精光，這次只好光着腦袋，穿着西服，擠過電影節開幕式會場門口聚集的遊行隊伍。同時，謝飛導演很爲那幾張《本命年》的電影海報可惜。"剛剛貼出的海報，很快就被美國電影海報遮蓋了"。

《本命年》

出品：1989 青年電影製片廠
編劇：劉恒
導演：謝飛
攝影：蕭風
主演：姜文　劉小寧　程琳　劉斌

根據劉恒小説《黑的雪》改編。李慧泉勞教期滿後修車爲生。一天深夜，昔日密友叉子越獄找到他，李慧泉知道自己犯下了包庇罪，有心去公安局自首。路過餐館時，他進去痛飲了一番，喝得酩酊大醉，踉蹌而行，突然兩個少年搶劫犯攔住了他。24歲的李慧泉在本命年死去了。

《本命年》劇照

《老店》劇照

《老店》

出品：上海電影製片廠　中新社
編導：古榕
攝影：沈西林　錢濤
主演：陳寶國　徐松子　趙亮　尤勇

清末民初的老北京有一座倒閉的德聚全飯店，新掌櫃楊明全把老字號倒了一個個兒，創辦了全聚德掛爐烤鴨店。老字號開張後，外有惡少、地痞、官警的欺壓和搗亂，內有伙計的內訌爭鬥，加上楊掌櫃與兩個女人的感情糾葛，烤鴨店最終在惡少的誣陷中毀於一場大火。

《血色清晨》劇照

《血色清晨》

出品：北京電影製片廠
編劇：肖矛　李少紅
導演：李少紅
主演：胡亞捷　趙軍　解衍　孔琳

在一個晴朗冬日的清晨，大水坑村辦小學教師李明光前往學校的路上被殺了。調查員來到村裏進行調查。殺人兇手紅杏投河自盡，平娃被判死刑，狗娃被判無期徒刑。

影片目録

北影　《出生入死》、《第九號懸案》、《鬥鷄》、《奪虎連環記》(與蘭州廠合拍)、《黑色走廊》、《荒唐事件》、《警門虎子》、《九千六百萬雙眼睛》、《李蓮英》、《龍年警官》、《神秘失蹤的船》、《索命逍遥樓》、《太監秘史》、《五虎鬧天橋》、《現世活寶》、《血色清晨》、《有人偏偏愛上我》、《遭遇激情》

長影　《大城市1990》、《孤島情報站》、《鬼樓》、《滚滚紅塵》(與香港合拍)、《荒唐歷險》、《皇家尼姑》、《劍吼長城東》(與天津廠合拍)、《江湖怪狼》、《軍統特遣隊》、《狼煙》(與香港合拍)、《離婚合同》、《猛警神探》、《民國特大謀殺案》、《命奪黄金圖》、《奇緣巧配》、《死亡内幕》、《天字號密令》、《外灘龍蛇》、《王府刀客》、《野店幽靈》、《一號探險行動》(與龍江廠合拍)、《中國勇士》

上影　《阿福哥的桃花運》、《當代小俠》、《滴血鑽石》、《都市刑警》、《佛光俠影》、《閨閣情怨》(與法國、加拿大合拍)、《假女真情》(與浙江廠合拍)、《江城奇事》、《金元大劫案》、《禁煙槍手》、《燃燒的婚紗》、《天朝國庫之謎》、《挑戰》、《小丑歷險記》、《血滴子秘史》、《月隨人歸》、《天王蓋地虎》

珠影　《冰上情火》、《出嫁女》(與香港銀都合拍)、《反黑行動》、《飛天神鼠》、《快樂島奇遇》、《特區打工妹》、《天皇巨星》、《浴血衛士》

峨影　《蠱咒傳奇》(與香港合衆合拍)、《國際大營救》、《焦裕禄》、《來的都是客》、《面目全非》、《南行記》、《戎馬書生》、《聖保羅醫院之謎》、《五郎八卦棍》(與香港合衆合拍)、《追不回來的愛情》

八一　《白求恩——一個英雄的成長》(與加拿大合拍)、《天邊有一簇聖火》、《中國霸王花》

西影　《深宅奇劍》、《多此一女》、《媽媽》、《雙旗鎮刀客》、《倒蛋部隊》、《馬路騎士》、《江湖騎兵》(與香港長河合拍)、《姐妹情仇》

瀟湘　《大磨坊》(與香港銀都合拍)、《仇中仇》、《混世魔王程咬金》(與遼寧廠合拍)、《失去的夢》、《雄魂》、《血誓》、

廣西　《多情的小和尚》、《海獅敢死隊》、《黑色狂人》、《落山風》、《雪豹下落不明》、《血鼓》

童影　《别哭，媽媽》、《大氣層消失》、《魔錶》、《那年的冬天》、《我的九月》

天山　《男子漢舞廳的女明星》、《死拼》(上下集)

内蒙　《大毁滅》(與香港事佳合拍)、《女綁架者》、《騎士風雲》、《鐵血金魂》、《浴血疆城》

深影　《風雨歸圖》、《父子老爺車》、《聯手警探》(與香港銀都合拍)、《你好，太平洋》

青影　《北京，你早》、《兵臨絶境》、《後會有期》(與河北廠合拍)、《獵豹出擊》、《想入非非》、《元帥的思念》(與廣西廠合拍)、《戰爭子午線》、《醉鬼張三》(與香港奇明合拍)

其他　《緊急追捕》(福建)、《血泊皇陵》(福建)、《莽女追魂》(雲南)、《通天長老》(雲南)、《惡狼與天使》(合拍公司與香港合拍)、《嫁到宫裏的男人》(合拍公司與香港合拍)、《龍蛇爭霸》(合拍公司與香港合拍)、《楚莊王》(新影與香港合拍)、《少林達摩》(新影與香港合拍)、《老店》(中國新聞社與上影合拍)

《鬥鷄》劇照

《鬥鷄》

出品：北京電影製片廠
編導：王秉林
攝影：黄心一
主演：陳裕德　丁一　傅藝偉　梁天

農民田來福，偶然得到一隻勇猛善戰的鷄王，爲他贏得娶春喜的資本。但是在婚禮上，賭瞎成癮的田來福竟答應了一場以戀人做賭注的賭賻。雖然田來福勝利了，但是春喜走了。春喜的走，鷄王一命歸天，這沉重的打擊，使田來福在精神上無法承受，他瘋了……

《中國霸王花》劇照

《中國霸王花》

出品：八一電影製片廠
編劇：楊穎
導演：龔藝群　王曉民
主演：鄒倚天　張敬　黄莉　閔朝暉

一群年輕俊俏的姑娘經歷了無數次的摸爬滚打，成爲有社會責任感的真正的女戰士。一起重大搶劫案發生了，她們機智勇敢，迅速果斷地制服了歹徒，成爲一支使人民擁讚令犯罪分子膽戰的鐵的隊伍，她們就是人民武警的驕傲，是一支令人敬畏的“霸王花”。

《騎士風雲》劇照

《騎士風雲》

出品：内蒙古電影製片廠
編劇：麥麗絲　趙玉衡
導演：塞夫　麥麗絲
攝影：伊·呼和烏拉
主演：巴音　古麗扎爾　呼日查　巴特爾

新疆解放前夕，土爾扈特蒙古部的公主南斯勒瑪奉父王之命，與三區革命政府制定了聯合起義，迎接解放軍進疆的計劃。返回途中，公主被國民黨頑固派劫持。王爺聞訊，立即召集部下營救公主。

第10届“金鷄獎”、第13届“百花獎”舉行頒獎大會

12月10日，第10届中國電影金鷄獎、第13届《大衆電影》“百花獎”頒獎大會在湖北武漢洪山體育館隆重舉行。來自臺、港、澳及蘇聯電影界的同行，北京和湖北的有關領導，與8000名觀衆參加了頒獎大會。

第10届中國電影金鷄獎獲獎名單

最佳故事片：《開國大典》（長影）；最佳紀録片：《情繫巴山》（八一）；最佳科教片：《腦海》（上海科影）；最佳美術片：（空缺）；最佳兒童片：《豆蔻年華》（兒影）、《普萊維梯徹公司》（兒影）；最佳編劇：張天民、張笑天、劉星、郭晨（《開國大典》）；最佳導演：李前寬、肖桂雲（《開國大典》），謝鐵驪、趙元（《紅樓夢》）；最佳男主角：盧奇（《百色起義》）；最佳女主角：（空缺）；最佳男配角：孫飛虎（《開國大典》）；最佳女配角：林默予（《紅樓夢》）；最佳攝影：李晨聲（《哦，香雪》），趙俊宏（《庭院深深》）；最佳美術：陳翼雲，楊占家（《紅樓夢》）；最佳音樂：楊矛（《庭院深深》）；最佳録音：馮德耀（《庭院深深》）；最佳剪輯：吴方海（《開國大典》）；最佳服裝：夏亞一，趙茹華，張旋，洪軍，劉惠萍，丁梅先，姜錦明（《紅樓夢》）；最佳處女作：黄軍（《童年在瑞金》）

第13届《大衆電影》百花獎獲獎名單

最佳故事片：《開國大典》（長影），《本命年》（青影），《巍巍崑崙》（八一）；最佳男演員：古月（《開國大典》）；最佳女演員：宋佳（《庭院深深》）；最佳男配角：孫飛虎（《開國大典》）；最佳女配角：林默予（《紅樓夢》）

《遭遇激情》劇照

《遭遇激情》

出品：北京電影製片廠
編劇：鄭曉龍　馮小剛
導演：夏鋼
主演：袁苑　吕麗萍

電影攝製組當臨時工的劉禾無意中認識了身患白血病的女孩小青，兩人開始了一段美好而又痛苦的生活，最終小青毫無恐懼懷着美好記憶走向了自己的歸宿。

《戰爭子午線》劇照

《戰爭子午線》

出品：青年電影製片廠
編導：馮小寧
攝影：陳軍　張國慶
主演：富大龍　沈丹萍　牛萌萌　董揚

1942年，世界反法西斯戰爭進入了最艱苦的階段，日軍突襲了八路軍北平軍分區。影片講述了分區人民英勇抗敵的故事。

本年度在國際上主要獲獎情况

《寡婦村》獲第6届法國蒙彼利埃電影節金熊猫獎；

《本命年》獲第40届西柏林國際電影節銀熊獎；

《芙蓉鎮》獲民主德國電影家協會頒發的1989年發行最佳外國故事片評論獎；

《八卦掌》獲第45届都靈國際體育電影節大衆體育聯盟頒發的特別獎；

《晚鐘》獲哥倫比亞第7届波哥大電影節最佳影片、最佳導演和最佳音響效果三項獎。

《山水情》、《黄河謠》在蒙特利爾電影節上獲獎

已逐漸成爲北美地區最大、最有權威的國際電影節——加拿大蒙特利爾世界電影節於8月23日在蒙特利爾藝術宫隆重開幕，迄今已舉辦了14屆。應電影節邀請，中國派出以電影局局長滕進賢爲團長的電影團一行6人參加了這次電影盛會。《本命年》導演謝飛應邀擔任了本屆電影節國際評委。《黄河謠》作爲第一部參賽片揭開了角逐今年北美大獎的帷幕。影片放映分早晚兩場，適逢週末，觀衆十分踴躍，影片結束後，全場起立報以長時間熱烈的掌聲。9月4日評選揭曉，上海美術片廠的動畫片《山水情》摘取了短片大獎的桂冠；《黄河謠》獲得最佳導演獎，這是中國導演首次在國際電影節上獲此殊榮。

滕文驥獲最佳導演獎

滕文驥（1944—）

導演。北京人。1968年畢業於北京電影學院導演系，任西安電影製片廠導演。代表作品有《生活的顫音》、《都市裏的村莊》、《鍋碗瓢盆交響曲》、《海灘》、《黄河謠》、《春天的狂想》、《致命的一擊》等。

《山水情》

出品：上海美術電影製片廠
編劇：王樹忱
導演：特偉　閻善春　馬克宣
攝影：段孝萱

老琴師在回鄉途中突然病倒，被漁家少年救起，兩人遂結師徒之誼，秋去春來，少年終於成大器，老琴師將心愛的古琴贈給少年，别徒而去。少年遠望離去的恩師，奏起古琴。

《山水情》劇照

《黄河謠》劇照

《黄河謠》

出品：西安電影製片廠
編劇：蘆葦　朱曉平
導演：滕文驥
攝影：智磊
主演：煜林　段岫　遲蓬　葛優

當歸和防風在廢墟中救了土匪骨頭的婆姨柳蘭母女。防風死後，當歸和柳蘭組成了家庭。後柳蘭重新落入黑骨頭手中。當歸把柳蘭的女兒櫻子撫養成人，在送櫻子過河成親的路上，遇見了已成囚犯的黑骨頭，得知柳蘭已死。經歷了人生滄桑的當歸，繼續走在黄河古道上。

《紅樓夢》觀摩座談會

4月13日—16日，《中國電影週報》編輯部與北京電影製片廠聯合舉辦影片《紅樓夢》觀摩座談會。彩色系列故事片《紅樓夢》（6部8集）經兩年準備、耗資1000餘萬元、歷時三年由北影廠攝製完成。

《紅樓夢》劇照

《紅樓夢》（6部8集）

出品：北京電影製片廠
編劇：謝鐵驪　謝逢松　總導演：謝鐵驪　導演：趙元　攝影：鄒積勳
主演：夏欽　陶慧敏　傅藝偉　劉曉慶　林默予　章傑　李秀明

根據曹雪芹同名小説改編。講述了幾個大家族的興衰以及賈寶玉與林黛玉的愛情悲劇。該片獲得第10屆金鷄獎最佳導演、最佳女配角、最佳服裝三項大獎，第13屆百花獎最佳女配角獎。

林默予（1924—　）

江蘇鎮江人。電影演員。1944年後，相繼在中電三廠及大同、國泰、崑崙等電影公司拍片；1951年任中國人民解放軍總政治部話劇團演員；1978年任八一電影製片廠演員。代表作品有《滿庭芳》、《紅樓二尤》、《獵字99號》、《春雨瀟瀟》、《知音》、《寒夜》、《紅樓夢》等。

《紅樓夢》工作照

1990年（臺灣）

大事記

1月1日 位於臺中縣霧峰鄉的臺灣電影文化城開幕。

1月12日 知名臺語片甘草演員玲玲因病過世，得年55歲。

1月 當局核定臺灣省娛樂稅稅率調降案。

當局發給全省200家MTV視聽中心播映許可證。

2月21日 當局宣佈雇用"大陸臨時性人員"的界定原則。

3月1日 "電影票一元輔導金徵收案"今起由臺北、高雄兩市戲院率先實施。

3月6日 資深影評人及導演劉藝因肝硬化病逝。

3月7日 集影劇記者、影評人及導演於一身的但漢章因病逝世，得年41歲。

3月19日 "中製"新建攝影棚啓用。

3月31日 臺北市政府工務局宣佈大世界、復興、金像獎、僑聲、明星、梅花、遠東、國聲、國泰、大世紀等10家由一廳改爲多廳的電影院爲"危險建築物"，限期改善消防及避難設施。

4月11日 電影戲劇協會召開會員代表大會，決定以《電影法》頒佈之11月18日爲電影節。

4月26日 MTV業者與美商八大電影公司初步達成"定點授權"共識。5月4日，美商八大電影公司今起會同警政單位取締非法MTV。

4月28日 編劇學會成立。

5月5日 行政主管部門決議要求廢除電影檢查制度。

6月8日 外片進口拷貝數今起由八個放寬爲12個。

7月27日 中影文化城"電影科技館"開幕。

8月1日 當局開始接受大陸出版、廣播電視及電影界人士來臺申請。

8月8日 楊德昌自編、自導的新片《牯嶺街少年殺人事件》在臺北淡江中學開鏡。

本月，國片片商減縮院線協議破裂。

10月12日 臺北市影片商業同業公會開會決定，明年1月1日起，國片下片後須滿一個月才能發行録影帶，違規業者將予以罰款處分。

10月23日 位於臺北市延平北路的第一劇場拆除。該劇場是1935年臺北大稻埕茶葉鉅子陳天來耗資10萬日圓所興建，擁有1632個座位、旋轉舞臺，是當時臺灣人所興建的最好劇場。

11月17日 爲配合郝柏村整頓治安的指示，電影院今起營業不得超過凌晨3時，子夜一場取消。

12月20日 本名鄭炳森的知名影評人老沙逝世。

本月 警政署要求電視、電影申請支援拍片的內容必須是公益性節目，或對警察形象及警民關係有助益、對社會風氣有正面影響者。

劉藝（1930—1990）

影評人，導演。山東諸城人。1959年起，先後任與意大利合拍《萬里長城》、與日本合拍《秦始皇》、與美國合拍《聖保羅炮艇》等影片的副導演。其後開始任電影編劇，並經常發表影評，成爲知名影評人。1965年1967年首次執導《月滿西樓》，並加入"中影"爲基本導演。1974年以《啞女情深》獲第13屆亞洲影展最佳編劇獎；1975年以《情萬縷》獲第12屆金馬獎最佳導演獎；1976年以《清明上河圖》獲第13屆金馬獎最佳紀録片策劃獎。其代表作有《如何拍攝好電影》、《電影論壇》等。

老沙（1920—1990）

影評人。本名鄭炳森。廣東中山人。香港新聞學院畢業，曾任中央日報編輯、臺灣電視公司總經理特別助理、邵氏公司宣傳部經理、嘉禾公司宣傳顧問等職。在臺港兩地報刊撰寫影評專欄，爲知名影評人，曾出版《世界電影的裸變》、《五十年代的電影戰》、《顧影餘談》三本著作，並多次任金馬獎評審委員。

重要影片

《兩個油漆匠》

出品：龍祥
編劇：吴念真
導演：虞戡平
主演：孫越　倪淑君
陳博正　陳逸達

藉由兩個對抗命運失敗的甘草人物阿力和猴子，道盡了資本主義的現實與無奈。

《阿嬰》

出品：高仕
編導：邱剛健
主演：王祖賢　高捷

少女阿嬰與武舉丈夫新婚半月，返家探望知縣阿爹的途中，小兩口在半路的大樹頭地段歇息，不料却發生了意外……

《兄弟珍重》

出品：金格
編劇：吴念真
導演：蔡揚名
主演：萬梓良　陳松勇　恬妞

武雄因殺人罪服刑十二年後，發現妻離子散。出獄後隱身於鐵工廠中，並得到小販阿麗的青睞。豈知爲了保護同伴，打抱不平之際，又引來黑道的報復，且傷及阿麗。武雄决定深入虎穴，找出幕後主使者。

《異域》劇照

《異域》

出品：學者
編劇：葉雲樵
導演：朱延平
主演：劉德華　庹宗華　柯俊雄　顔鳳嬌

從中國大陸撤退到泰緬邊境的國民政府軍，抱持着重回家園的希望，在異域孤軍奮鬥。

《販母案考》劇照

《販母案考》

出品：中影
編劇：陳文貴
導演：唐基明
主演：陸小芬　陳松勇

農村婦女李九斤被迫販賣到偏遠的山區，與合買她的七個丈夫們共同生活。因爲她的丈夫們十分貧窮，只能合伙湊錢買妻。李九斤開始了解他們的身世之後，逐漸的，由憎恨之情轉爲同情。

影評人選出八十年代十大國片

電影資料館與《中國時報》文化新聞中心聯合舉辦"影評人票選八十年代十大國片"活動。主辦單位表示：有鑒於過去十年國片的變化相當大，不管是拍片數量、內容、題材、藝術形式，都有很大的改變，甚至有新電影的誕生，因此一個十年過去，也可以說是一代的過去，希望藉此活動，作一個總體的整理、回顧，選出10部影片，爲過去十年做個總結。

由於每位應邀票選的影評人對"十大"的標準相當分歧，因此經過一整個下午的激烈討論後，才產生港臺兩地的八十年代十大國片，名單終於出爐，依序爲：

1.《恐怖份子》（楊德昌導）
2.《童年往事》（侯孝賢導）
3.《悲情城市》（侯孝賢導）
4.《海灘的一天》（楊德昌導）
5.《胭脂扣》（關錦鵬導）
6.《兒子的大玩偶》（侯孝賢、曾壯祥、萬仁導）
7.《風櫃來的人》（侯孝賢導）
8.《青梅竹馬》（楊德昌導）
9.《小姐撞到鬼》（許鞍華導）
10.《倩女幽魂》（程小東導）

參與票選的影評人有井迎瑞、汪瑩、李天鐸、李幼新、李道明、吴正桓、徐立功、梁良、張昌彥、陳雨航、曾西霸、景翔、黄建業、焦雄屏、劉藝、蔡國榮、謝材俊等。

臺影文化城開幕

臺灣第一座結合電影技術與民俗文化於一爐的"臺灣電影文化城"於1990年元旦開幕，同時正式對外開放。這座電影文化城是由臺灣電影公司規劃興建，位於臺中縣霧峰鄉，佔地10公頃，城內主要分爲電影科技展示區和民俗文化園區兩部分。在電影科技展示區中，設有兒童卡通館、電影資料展示館、電影製作技術館、機器人劇場，及360度立體電影館等，遊客在此除可見到中國第一架電影攝影機、舊式沖片機，了解電影製作程序和相關技術外，置身第一座"360度立體電影院"中，可享受到360度超視感銀幕環繞和9部機器同步拍攝、放映的臨場感受。科技展示區外的民俗文化園區則是以該公司過去拍攝《唐山過臺灣》（李行導）時的外搭景爲主。經過整修後，目前園內已闢設完成民族文物館、民俗雕刻館、鄉土童玩館、戲偶館、中國陶瓷館等展示區，預料此一影城將可成爲中部一休閑旅遊的勝地。

電影聯合會議閉幕

籌備月餘，開過9次分組預備會，又在大會前召開6次分組會議的"電影聯合會議"，於1990年5月16日下午提出綜合結論報告後閉幕，大會對於各項決議已決定設立常設機構負責追蹤及推動。

此次是由電影戲劇協會、電影製片協會、電影導演協會等12個團體聯合發起，分電影政策、電影營運、電影藝術3組進行分組討論。經過反復討論後，大會通過了多個具體決議，重點如下：

1. 修改《電影法》；
2. 開放兩岸電影交流；
3. 電影事業發展基金會改歸民營；
4. 嚴懲非法盜録及違規的第四臺侵害電影著作權；
5. 協調各地戲院於半年内提出全面革新翻建計劃，以3年爲期，徹底更換老舊的放映及觀賞設備，更新環境衛生設施。

民間全面接辦金馬獎

臺北金馬國際影展民間常設機構籌備委員會於1990年6月14日召開會議，宣佈"1990臺北金馬國際影展籌備委員會"正式成立。出席會議的委員包括16位電影團體理事長、9位大專院校電影相關科系主任及傳播學者徐佳士、馬驥伸等10位社會、企業界知名人士。委員會今日除推舉導演李行爲委員會主席、電影學者李天鐸爲秘書處秘書長，實際負責1990年金馬國際影展的各項籌備業務外，並決議取消1989年首次舉辦的國際影片競賽，將金馬獎定位爲獎勵國片的競賽活動。

根據新聞局局長兼電影事業發展基金會董事長邵玉銘在1990年4月21日的宣佈，新聞局自該年起將完全退出金馬國際影展的籌備工作，交由民間全權接手，因此"臺北金馬國際影展民間常設機構籌備委員會"也積極確定組織架構及屬性，以登記成爲常設機構。事實上，"金馬獎"的籌備業務在1984年即已交由民間辦理，但因外界對評審人選的産生一直有疑慮，因此始終仍由新聞局負責評審遴選、外賓邀約，及相關的接待工作。本年新聞局已決定除提供新臺幣1200萬元活動經費及820萬元得獎獎金外，不再介入任何金馬國際影展的籌備事務，使得1990年"影展籌備委員會"的工作量及責任都較往年倍增。

8月25日，"臺北金馬國際影展籌備委員會"通過正名爲"執行委員會"，成爲金馬國際影展的常設機構。

第27屆金馬獎得獎名單

最佳劇情片：《滚滚紅塵》（湯臣公司出品）
最佳紀實報導片：《紅樹林的故鄉》（中影公司出品）
最佳動畫片：入圍從缺
最佳導演：嚴浩《滚滚紅塵》
最佳男主角：梁家輝《愛在他鄉的季節》
最佳女主角：林青霞《滚滚紅塵》
最佳男配角：張學友《笑傲江湖》
最佳女配角：張曼玉《滚滚紅塵》
最佳原著劇本：吴念真《客途秋恨》
最佳改編劇本：小野《刀瘟》
最佳攝影：潘恒生《滚滚紅塵》
最佳剪輯：金馬《愛在他鄉的季節》
最佳美術設計：張西美、廖鳳平《滚滚紅塵》
最佳造型設計：張西美《滚滚紅塵》
最佳電影音樂：史擷詠《滚滚紅塵》
最佳電影插曲：黄霑《笑傲江湖》
最佳録音：沈聖德《愛在他鄉的季節》
評審特別推薦：文希蓮《愛在他鄉的季節》

影片目録

中影　《皇家重案組》、《客途秋恨》、《青春奇俠》、《販母案考》
學者　《鬼出嫁》、《花祭》、《花心撞到鬼》、《大笑兵團》、《叛逆與愛》、《至聖鮮師》、《異域》、《成功嶺2》
龍祥　《我在死牢的日子》、《雌雄至尊》、《兩個油漆匠》、《到陰間出差》、《七月鬼門開》、《大賭秀》
金格　《少爺當大兵》、《兄弟珍重》
高仕　《客途秋恨》、《阿嬰》
春華　《鬼娘子》、《天師叔叔》
龍介　《同班同學》、《男女合班》
臺欣　《狐仙》、《鄭進一的鬼故事》、《缺角的太陽》
其他　《又見操場》（鴻泰）、《金馬大兵》（中國開元）、《還鄉》（藝和）、《她從對岸來》（巨瑞）、《冰封奇俠》（高登）、《黑幫輓歌》（利星）、《迷幻新娘》（穎豐）、《皇家重案組》（新力量動畫）、《到陰間出差》（漢梁）、《鬼屋小精靈》（倍倫）、《西部來的人》（歡樂無線）、《鱷魚和尚笑傲城市》（新船）、《黑道火狐狸》（鄉穗）、《阿郎！阿郎》（歐陸）、《美國博仔》（新景）、《我的兒子是天才》（藝舍）、《打通關》（海臣）、《時代之風》（臺影）、《魔幻紫水晶》（學甫）、《水袖》（天源）、《牡丹鳥》（鴻榮）、《冰冷的太陽》（上上）、《明月幾時圓》（緯來）、《龍火長城》（吕小龍）、《賭王三虎將》（大鵬）、《九天玄女》（合衆、三一）、《靈狐》（大地）

1990年（香港）

大事記

1月3日—22日 影片《淚眼煞星》（即《紅場飛龍》）外景隊抵達莫斯科拍攝外景，這是香港人首次去蘇聯拍片。

2月4日 前鳳凰影業公司清水灣電影製片廠、銀都機構有限公司布景設計師、美術指導王季平去世，終年72歲。

2月21日 著名武術指導韓英傑去世，終年63歲。他是香港第一代武術指導，還參加影片《大地兒女》、《龍門客棧》、《俠女》、《唐山大兄》、《精武門》等的演出。

3月24日 香港影片《八兩金》在臺灣解禁，正式上映。

4月2日 《大影畫》半月刊改版後易名爲《影藝》半月刊第一期出版。

4月6日 香港六家電影沖洗公司在報紙上刊登"請客户領回舊片通知書"，籲請各電影公司儘快取回存放在沖印公司内的影片底片，否則要計算倉租，並將依據法律程序處理。

7月4日 香港導演會執行委員開會，討論有關與警方交涉要求阻止黑社會向電影人勒索"保護費"事宜。

7月 耗資380萬港元改建的天幕立體電影院在海洋公園開幕，首次放映立體電影《回到現在》。

12月16日 香港武師協會成立，主席劉家良、洪金寶、柯受良。

本年 香港彩色電影、立體聲電影、寬銀幕電影的創始人趙樹燊逝世。

電影理論家林年同病逝。

重要影片

《阿飛正傳》

《阿飛正傳》劇照

出品：影之傑電影製作有限公司
編導：王家衛
主演：張國榮　劉德華
　　　張曼玉　劉嘉玲
　　　張學友　潘迪華　梁朝偉

旭因養母一直不肯透露親生父母的資料，因而養成放浪不羈的性格。他先後與珍和跳舞女郎露露相處。後得知生母在菲律賓，即前往菲尋母，却遭生母拒認。旭在菲流浪時，經歷了許多事情……影片塑造了六十年代香港經濟大騰飛的背景下，對香港社會存逆反心理，反傳統道德，對生活採取玩世不恭的"阿飛"形象。獲第10屆香港電影金像獎最佳影片、最佳導演、最佳男主角（張國榮）、最佳攝影（杜可風）、最佳美術指導（張叔平）。

《人在紐約》

《人在紐約》劇照

出品：學甫
編劇：邱戴安平　鍾阿城　導演：關錦鵬
主演：斯琴高娃　張艾嘉　張曼玉　顧美華

三個來自不同地區的中國婦女來到美國，由於出身、教育、思想的差異，在一起既有歡樂又有爭吵。當她們面對外國人歧視時却團結一致。該片(臺灣片名爲《三個女人的故事》)獲得臺灣第26屆金馬獎最佳劇情片、最佳原著劇本、最佳女主角等八項獎。

《喋血街頭》

《喋血街頭》劇照

出品：金公主電影製作有限公司
編劇：吴宇森　梁柏堅　秦小珍
導演：吴宇森
主演：梁朝偉　張學友　李子雄
　　　任達華　甄楚倩　袁潔瑩

細榮、阿B及輝仔在越南劫得一批黄金後被越南貪官派人追殺，却被越共誤作間諜而被捕。在混戰中阿B被槍傷，由山中僧人救起。輝仔因腦部中槍而變得神經失常。阿B從輝仔混亂的説話中，知道他被細榮出賣而受傷。阿B帶着輝仔的骨灰，回港與細榮算賬。獲第10屆香港電影金像獎最佳剪輯（吴宇森）

《客途秋恨》

出品：高仕影業公司
　　　中央電影事業股份有限公司
編劇：吴念真　導演：許鞍華
主演：張曼玉　陸小芬　李子雄　蕭湘
　　　田豐　楊庭茵

抗戰時期，日本姑娘葵子嫁給了一名中國軍官，因語言和生活習俗的差異，與家人産生隔閡和誤解，她孤獨地生活在自己的精神世界裏。後女兒曉恩陪同母親回日本探親，旅行中體驗到母親他鄉作客的心境。母女倆化解了各自心中的芥蒂。

故事架構來自許鞍華母親的真實遭遇，有半自傳性質。

獲第27屆臺灣電影"金馬獎"最佳原作劇本獎、意大利瑞利米國際電影節第一名。

《客途秋恨》劇照

《廟街皇后》

出品：銀都機構有限公司
編劇：陳文强　導演：劉國昌
主演：張艾嘉　劉玉翠　劉雅麗　夏萍
　　　苑丹瓊　關海山

舞女華姐有孕期間發現猫王對自己不忠，一怒離家出走。迫於生計，她又重操舊業，並與靠貪污發跡的警官亞舒結婚。後亞舒經營不法賭業破産。華姐在廟街開設妓院謀生。不幸的是，女兒亞燕竟也淪爲舞女。獲第10屆香港電影金像獎最佳編劇、最佳女配角、最佳新演員（劉玉屏）。

《廟街皇后》海報

“無釐頭”電影

“無釐頭”，粵語俚語，出自専秤名貴藥材或金器的秤紋，“釐頭”是極少、一丁點的意思。“無釐頭”原意是連一丁點也沒有，引申爲做事、説話一丁點意思也沒有，不合常理，不按規律，令人難以理解，其語言和行爲沒有明確的目的，粗俗隨意，莫名其妙。自90年代開始，一種新類型的喜劇電影風靡香港，即所謂的“無釐頭電影”。

“無釐頭電影”表面上放棄了傳統香港喜劇對社會的批判性，僅是爲了搏取觀衆們的開心，爲了搞笑而搞笑。但實際上它運用巧妙高超的劇情設計，建立起獨特的人生觀。由於其特殊的文化背景及觀點，因此無法成爲一種廣泛的流行的類型。作爲一種喜劇的次類型，無釐頭電影常遭到質疑，雖然它也如同其他類型的喜劇一般，受到大衆在票房上的支持，但在許多電影評論家的看法中，它還是一個難登大雅之堂的電影類型。剛開始的無釐頭電影，主要是運用誇大、粗俗的表演風格，來達到令人發笑的效果，其影片的目的也僅僅是爲了博取觀衆一笑。

周星馳喜劇電影將“無釐頭”一詞作爲一種文化現象迅速流傳開來。他爲香港影壇繼許冠文後創造的喜劇人物形象，是香港電影觀衆主體群——中下層市民可以接受而又感親切的偶像，是一個能反映他們的願望和心態的新偶像。代表作包括《賭俠》、《賭聖》、《逃學威龍》系列、《整蠱專家》、《鹿鼎記》、《唐伯虎點秋香》。

當觀衆對無釐頭電影獨特的表演方式有了一定的認知基礎時，周星馳開始藉由吸收之前電影經典或故事，把這些舊有的東西，運用鬆散改編的方式，發展出一些比較特別、奇怪，或另類的觀點來表演。同時，也開始對於自己所遭遇到的困境，運用一些橋段來自我嘲弄或是藉古諷今，當中的代表作品有《審死官》《濟公》、《大内密探零零發》，周星馳首次擔任導演的《國產零零漆》，以及將無釐頭電影提升至另一境界的導演劉鎮偉的《西遊記第一百零一回之月光寶盒》、《西遊記大結局之仙履奇緣》系列等。連同後來周星馳執導的影片《食神》、《喜劇之王》、《少林足球》、《功夫》等，形成了其獨特的無釐頭喜劇表演風格，在華語喜劇電影中引領風騷。

“無釐頭”電影代表作

《92黑玫瑰對黑玫瑰》劇照

《92黑玫瑰對黑玫瑰》

出品：迎滔　永高
編劇：技安　導演：陳善之
主演：邵美琪　梁家輝　馮寶寶　毛舜筠

將粵語片經典影片《黑玫瑰》加以後現代處理，演出了一段荒謬惹笑的漫畫式故事。獲第12屆香港電影金像獎最佳男主角（梁家輝）、最佳女配角（馮寶寶）。

周星馳“無釐頭”代表作

《賭聖》

出品：思遠影業　嘉禾電影（香港）
編劇：劉鎮偉　導演：劉鎮偉　元奎
主演：周星馳　張敏　吴孟達　吴君如

大陸青年阿毛，來港投靠達叔，兩人無意中捲入黑社會的爭霸鬥爭。爲了爭奪東南亞賭王的名譽，洪爺和陳松公開爭奪阿毛代表出賽，因爲他有透視牌的特異功能，爲此綺夢卧底的身份亦暴露。

《賭聖》劇照

《笑傲江湖》

出品：新寶娛樂有限公司
金公主電影製作有限公司
龍祥影業有限公司
編劇：闕文亮　黄鷹　林紀陶
劉大木　梁耀明　戴富浩
導演：胡金銓（執行導演：徐克
程小東　李惠民）
主演：許冠傑　葉童　張學友　張敏

禁宫武功秘笈“葵花寶典”被盗，東廠公暗派錦衣衛往林家。林好友華山掌門岳不群派弟子令狐沖及女兒岳靈珊赴援。沖及珊得遇“笑傲江湖”樂譜主人曲、劉二人，有緣一聽絶世奇音，後沖又遇華山派高人風清揚，獲傳獨孤九劍，並得知師父僞善面目。獲第10屆香港電影金像獎最佳動作指導（程小東）。

《笑傲江湖》海報

第9届香港電影金像獎

最佳電影：《飛越黄昏》（夢工場）
最佳導演：吴宇森（《喋血雙雄》）
最佳編劇：張之亮　陳錦昌（《飛越黄昏》）
最佳男主角：周潤發（《阿郎的故事》）
最佳女主角：張曼玉（《不脱襪的人》）
最佳男配角：梁朝偉（《殺手蝴蝶夢》）
最佳女配角：葉童（《飛越黄昏》）
最佳新演員：江華（《但願人長久》）
最佳攝影：鮑起鳴（《不脱襪的人》）
最佳剪輯：樊恭榮（《喋血雙雄》）
最佳美術指導：司徒衛鏞（《不脱襪的人》）
最佳動作指導：成家班（《奇跡》）
最佳音樂：魯世傑　羅大佑（《八兩金》）
最佳電影歌曲：《憑着愛》（《群龍戲鳳》）

《忍者龜》

出品：嘉禾公司
編劇：文隽　導演：史提夫巴朗　袁振洋
攝影：約翰·芬納　美術：萊科治·史密夫
主演：元武　張榮祥　陳頎　陳中泰

電視記者韓愛寶報道了一宗離奇案件，結果在回家途中自己却遇到了這宗案件，幸好有忍者龜的幫助，才幸免被歹徒劫殺。該片是第一部香港公司獨資電影在北美洲票房收入突破一億三千萬美元。

主要影片目録

本年度香港共出品影片120部

藝能　《壯志豪情》、《最佳賊拍檔》、《咖喱辣椒》、《天若有情》

嘉禾　《亂世兒女》、《阿修羅》

大都會　《靚足100分》、《師兄撞鬼》

永盛　《摩登如來神掌》、《賭俠》

其他　《地頭龍》（嘉氏、威靈）、《致命的誘惑》（金美林）、《吉星拱照》（黄百鳴）、《富貴兵團》（張國忠）、《望夫成龍》（德寶）、《龍鳳賊捉賊》（寶祥）、《邊緣歲月》（新藝城）、《捉鬼合家歡》（三和、華軒）、《猪標一族》（華麟）、《赤色大風暴》（威震）、《摩登親家》（穎豐）、《虎膽女兒紅》（編導製作社）、《再戰江湖》（影之傑/富安）、《一本漫畫闖天涯》（洊升）、《舞臺姊妹》（威禾）、《至尊計狀元才》（永盛、藝能）、《笑傲江湖》（新寶、金公主、龍祥）、《秦俑》（天藝集團）、《客途秋恨》（高仕）、《奇兵》（妙偉）、《中日南北和》（電影工作室）、《血洗紅花亭》（利星）、《風雨同路》（萬能）、《無名家族》（凱田）、《喋血江湖》（金愷）、《無悔行動》（新達寶）、《一眉道姑》（東山活力、東山電影創作社）、《祝福》（花生映社）、《小偷阿星》（緯愷）、《喋血街頭》（金公主）、《賭聖》（思遠、嘉禾）、《新半斤八兩》（許氏）、《義膽雄心》（穎豐、金影）、《笑星撞地球》（友禾、耀榮）、《黑海霸王花》（金寶）、《李香君》（華雅）、《初到貴境》（劉氏）、《横沖直撞火鳳凰》（綜藝）、《午夜天使》（新達寶）、《皇家賭船》（三和、視聽之娱）、《都市煞星》（黎應就）、《古惑大律師》（寶禾）、《爛賭財神》（崇藝）、《滚滚紅塵》（湯臣）、《阿飛正傳》（影之傑）、《朋黨》（銀都機構）

1991年（大陸）

大事記

1月9日　廣電部電影局發出《關於合拍片不得在境外審片的通知》。

1月14日　國務院任命田聰明爲廣電部副部長，主管電影。

2月22—28日　1991年全國電影創作會議在北京召開。會議要求進一步端正創作指導思想，以抓好向黨的七十周年獻禮片爲重點，全面提高各片種的質量。

4月7—9日　上海舉行"王雲階音樂創作六十年"紀念活動。

4月20—23日　中國電影表演學會在上海舉行第三屆"學會獎"頒獎活動。

5月27日　由《文匯電影時報》、中影公司與中國電影評論學會聯合主辦的"全國群衆影評專刊評比大會"在成都舉行。

6月1—7日　第二屆北京國際兒童電影節在北京舉行。

6月　《中國大百科全書·電影卷》出版。

7月中旬　特大的洪澇災害給江蘇、安徽兩省電影發行放映工作，特别是影劇院的基本設施和設備造成了嚴重的損失，也嚴重影響了發行放映收入。

10月22日　廣電部發出《關於印發〈電影對外合作製片工作會議紀要〉和〈加强對外合作拍片創作管理的幾點意見〉的通知》。

11月18日　臺灣著名電影導演李行將《原鄉人》、《早安，臺北》、《浪花》等3部影片在大陸放映的版權費50萬元人民幣，捐贈華東洪水災區人民重建家園。

12月12日　中國廣播電影電視報刊協會成立。

12月20日　上海影城建成。

重要影片

《留守女士》劇照

《留守女士》

出品：上海電影製片廠
編劇：張獻　余雲
導演：胡雪楊
攝影：高子逸
主演：修晶雙　孫淳　韋力　史蕾

影片講述了現代都市上海衆多男女不是丈夫在國外就是妻子在國外，他們之間産生了一種微妙的感情，但是隨着他們親人的回歸，他們這種感情最終被遺棄。

《高朋滿座》

出品：長春電影製片廠
編劇：費明　王鳳奎
導演：王鳳奎　**攝影**：張仲偉
主演：李志輿　陳肖依　謝園　馬羚

在北京的某個四合院中住着嚴局長，個體户大寬夫婦和年老師，爲了爭房子，在他們之間所發生的故事，表現了權力、金錢與人的尊嚴之間的種種糾葛，展開了一幕幕風趣幽默、笑料百出的諷刺喜劇。

《高朋滿座》劇照

《青春無悔》劇照

《青春無悔》

出品：西安電影製片廠
編劇：王朔　魏人
導演：周曉文　**攝影**：周曉文
主演：張豐毅　石蘭　吕麗萍　柳雲龍

推土機手鄭加農因爲患有嚴重的頭痛病，使他家破妻離。鄭加農到醫院檢查，遇到了護士麥群後，勾起了姑娘的回憶：當年鄭加農是爲了救她，致使頭部受傷。他們相愛了，而此時鄭家農被診斷爲腦癌。麥群隱瞞真相，陪伴他走完最後的時光。

《決戰之後》

出品：西安電影製片廠
編劇：鄭重
導演：李前寬　肖桂雲　**攝影**：馬德林
主演：李法曾　古月　黄凱　鄭大年

解放戰爭勝利後，杜聿明、黄維、邱行湘等一批戰犯，開始了思想改造的艱難歷程。在李所長等人的幫助下，他們親身體會到了共産黨人真誠、博大的情懷，並親眼目睹了新中國取得的偉大成就。終於從固執、麻木、無望與沮喪中復蘇，走向新的人生道路。

《決戰之後》劇照

《烈火金剛》劇照

《烈火金剛》

出品：珠江電影製片廠
編劇：江浩
導演：何群　江浩
攝影：李曉林
主演：申軍誼　宋春麗
　　　趙小鋭　葛優

抗日戰爭時期，跟主力部隊離散的八路軍排長史更新等三人，在冀中平原與敵後武工隊結合，組成了一支强有力的抗日武裝，向敵人展開神出鬼没的襲擊戰。

《狂》劇照

《狂》

出品：峨眉電影製片廠
香港事佳影業公司
編劇：韓蘭芳
導演：凌子風
攝影：孫永田
主演：許晴　尤勇　趙軍

根據李劼人小説《死水微瀾》改編。新年將至，羅德生帶蔡大嫂到成都看燈會，碰上仇人顧天成。爲報私仇，顧天成入了洋教，領兵前來抓羅德生，顧天成提出要娶蔡大嫂爲妻……

《女人·TAXI·女人》劇照

《女人·TAXI·女人》

出品：北京電影製片廠
編劇：喬雪竹
導演：王君正　攝影：李月斌
主演：潘虹　丁嘉莉　王冰　劉瓊

影片描寫了女植物學家秦瑶和出租汽車司機張改秀兩個不同思想和性格的現代女性的生活。反映出了現代人與人之間的扭曲和温情。

《清涼寺鐘聲》

出品：上海電影製片廠　香港豪威影業公司
編劇：李澈　李準
導演：謝晉　攝影：盧俊福
主演：丁一　栗原小卷　濮存昕

日本戰敗，大島和子留下一個遺腹子。二十年後，中國佛教代表東渡日本訪問。明鏡法師的身世引起大島和子的注意。一根絲腰帶把失散三十年的親生骨肉繫在一起。然而，他還是乘飛機返回了故鄉中國，那清涼寺的鐘聲已成爲他生命的組成部分。

《清涼寺鐘聲》海報

影片目録

北影　《"寶貝"、小偷和大盗》、《碧血寶刀》、《别墅災星》、《不要問我從哪裏來》、《都市和尚》、《獨身女人》、《古墓荒齋》、《過年》、《警界英雄》、《妙探》、《女人·TAXI·女人》、《情惑》、《神秘夫妻》、《泰山恩仇》、《我心依舊》、《喜劇明星》、《夏日歷險》、《鐘鳴寒山寺》

長影　《别無選擇》、《滄州絶招》、《毒草莓》、《斷命紋身》、《高朋滿座》、《苦樂三兄弟》、《女歌星的故事》、《女警官》、《槍訪要塞》、《青春卡拉OK》、《熱線電話》、《神秘的舞廳皇后》、《索命飛刀》、《鐵血群英》、《小雪》、《血淚恩仇録》(與湖北廠合拍)、《以血還血》、《雨霧魔影》、《趙百萬夢幻曲》、《週末戀愛角》、《追趕太陽的人們》、《紫痕》

上影　《多管閑事》、《風雨相思雁》、《幾度風華幾度愁》、《開天闢地》、《留守女士》、《七星碧玉刀》、《千里尋夢》、《清涼寺鐘聲》、《情海浪花》、《情灑浦江》、《我很醜，可是我很温柔》、《血戰落魂橋》、《夜半驚魂》、《義膽忠魂》、《有情人》、《中華警花》、《燭光裏的微笑》

八一　《兵演兵》、《大決戰第1部——遼瀋戰役》、《大決戰第2部——淮海戰役》

西影　《豺狼入室》、《筏子客》、《飛越絶境》、《決戰之後》、《青春無悔》、《陝北大嫂》、《駝路神卦女》、《隱身博士》

珠影　《緝槍行動》、《烈火金剛》、《騷動的鄉風》、《神捕鐵中英》、《心香》、《羊城奇遇記》、《一夕是百年》

峨影　《被叛賣的情人》、《拂曉槍聲》、《黑影》、《紅十字做證》、《緝毒戰》、《狂》、《秃秃髮型》、《義膽除魔》、《智勇和尚》

瀟湘　《就要嫁給你》(與遼寧廠合拍)、《跨界大劫案》、《毛澤東和他的兒子》、《朦朧中的罪惡》、《女性世界》、《西行平妖——西遊記之風火輪大戰》、《血淚情仇》

廣西　《大圍捕》、《風流乾隆》、《金沙戀》、《世界屋脊的太陽》、《天火》、《俠女黑玫瑰》、《周恩來》

内蒙　《悲喜人主》、《義重情深》、《英雄無淚》

天山　《阿凡提二世》、《君子復仇》、《落花坡情仇》、《雪山義俠》

福建　《東瀛遊俠》(與香港合拍)、《國魂》(與浙江廠合拍)、《情歸鷺島》、《太陽山》

青影　《江湖八面風》、《奇婚怪事》、《血戰天獅號》、《浴血紅馬車》

兒影　《北京小妞》、《風雨故園》、《火焰山來的鼓手》、《未完的日記》、《熒屏奇遇》

其他　《天出血》(深影)、《新潮姑娘》(深影)、《大峽谷》(雲南)、《傣女情恨》(雲南)、《曼荼羅》(合拍公司與日本合拍)、《魂斷樓蘭》(合拍公司與香港合拍)

《毛澤東和他的兒子》劇照

《毛澤東和他的兒子》

出品：瀟湘電影製片廠
編劇：方濤初　洛炬
導演：張今標
攝影：楊尉
主演：王仁　姚剛　徐揚　丁笑宜

1950年，毛澤東主席送兒子毛岸英到朝鮮前線參加抗美援朝戰爭。毛岸英告别妻子劉思奇，隨志願軍政委兼司令員彭德懷來到朝鮮。不久，毛岸英爲搶救戰友壯烈犧牲。毛澤東主席强忍悲痛，開導兒媳，同時也勾起了他對已故親人的無限懷念。

5部委聯合發文要求宣傳、發行和放映好《焦裕禄》

2月8日，中宣部、中組部、廣電部等五部委聯合發出《關於做好影片〈焦裕禄〉宣傳、發行和放映工作的通知》。至6月13日，該片發行各類拷貝達2500多個。

20多年前，當焦裕禄的事跡在共和國鄉村最偏遠的農舍、城市最深長的街巷廣爲流傳的時候，王冀邢充其量也就是個中學生，而李雪健小學還没畢業。焦裕禄的事跡感動和教育了整整一代人。20年後的1990年秋，當他們來到蘭考拍攝影片《焦裕禄》的時候，才確乎感受到，焦裕禄這個名字的真正意味——濃縮着"公僕"二字的全部内涵，體現着黨爲人民謀利益宗旨的至高境界。蘭考人民對焦裕禄思念、熱愛的那份情感，沉重得讓他們難以估量；深厚得使他們無法不沉浸其中。在蘭考的幾十個日日夜夜，攝製組投入了他們全部的情感和心血。《焦裕禄》還焦裕禄歷史本來的面貌，以真實感人、鮮明生動的形象，又爲我們樹立起一個普通的黨員、又的確是一個不平凡的英雄形象，顯示出一個共産黨員全心全意爲人民服務的崇高品德，對那些追求權利和享受、計較個人得失、完全忘掉了無私奉獻的革命精神、喪失黨性、失魂落魄的人來講，是一面很好地對照自己、認真反思的鏡子。因此，這其實也是一部召唤和震撼共産黨員正直靈魂的作品。

《焦裕禄》劇照

李雪健（1954—　）

演員。山東菏澤人。1979年任中國人民解放軍二炮文工團演員；1981年開始拍電影；現任國家話劇團演員。代表作品有《鋼鐽將軍》、《鼓書藝人》、《大偵探》、《焦裕禄》、《四十不惑》、《荊軻刺秦王》、《横空出世》、《雲的南方》等。

李雪健

《焦裕禄》

出品：峨眉電影製片廠
導演：王冀邢
編劇：方義華
攝影：强軍
主演：李雪健　李仁堂
　　　周宗印　梁音

1962年12月，焦裕禄受上級委派，來到災荒嚴重、自然條件極差的河南蘭考擔任縣委書記。他忘我地投入到工作中去，終日辛勞在抗災救災的第一線。一年以後，焦裕禄終於因病重逝世。蘭考人民無限悲痛爲焦裕禄送葬，深切悼念這位人民的好書記。

《哦，香雪》獲柏林國際電影節最佳兒童片獎

2月，女導演王好爲根據鐵凝原作改編的影片《哦，香雪》在第41屆柏林電影節上獲得最佳兒童片獎。

王好爲是一位聰慧而嚴肅的女導演，對電影藝術創作的態度既執著又勤奮，自1979年迄今，已完成10部影片了。她的作品不大能引起"轟動效應"，但每一部影片都在水平綫以上，一般都得到觀衆喜愛和受到好評，其中如《夕照街》、《失信的村莊》、《村路帶我回家》以及最近的《哦，香雪》等影片，堪稱新時期電影的佳作。評論界對"王好爲現象"給以關注是理所當然的。由她的10部作品可以看出，導演有明確的社會理想，堅定的美學信念，獨自的創作個性和擅長的藝術手法，有自己的藝術視野和日益成熟的藝術風格。跟她同代（第四代）導演們相比，她有許多與衆不同之處。

《哦，香雪》劇照

《哦，香雪》

出品：中國兒童電影製片廠
編劇：鐵凝　汪流　謝小晶
導演：王好爲
攝影：李晨生
主演：薛白　杜麗　唐燁　馬恩然

根據鐵凝同名小説改編。偏僻的小山村子通了火車，純樸的姑娘香雪和她的伙伴們每天穿上漂亮的衣服去看火車。她們看到了一個新奇的世界，一次香雪因爲貪戀一隻帶吸鐵石的鉛筆盒没來得及下火車，被列車載出了車站。香雪在中途下了車，沿着黑黑的山路，向家走去。

王好爲（1940—　）

導演。原籍山東濰坊，生於四川重慶。1962年畢業於北京電影學院導演系，任北京電影製片廠場記、副導演、導演。代表作品有《瞧這一家子》、《潛網》、《迷人的樂隊》、《失信的村莊》、《哦，香雪》、《村路帶我回家》、《離婚》、《生死擂》等。

王好爲

第11屆金鷄獎、第14屆百花獎頒獎大會在京舉行

11月18日，由中國電影家協會主辦的第11屆金鷄獎、第14屆百花獎頒獎大會在北京二十一世紀飯店舉行。頒獎活動除頒獎典禮外，還有新片展覽、"金鷄獎學術研討會"、"重大革命歷史題材研討會"、"大陸、香港、臺灣三地電影工作座談會"、聯歡晚會和到基層參觀訪問等多項内容。本屆金鷄獎評獎有最佳編劇、最佳導演、最佳男配角、最佳女配角、最佳音樂五項大獎空缺。

第11屆中國電影金鷄獎獲獎名單

最佳故事片：《焦裕禄》（峨影）；最佳紀録片：《周恩來》（新影）；最佳美術片：《雁陣》（長影）；最佳兒童片：《我的九月》（兒影）；最佳科教片：《花》（上海科影）；最佳男演員：李雪健（《焦裕禄》）；最佳女演員：奚美娟（《假女真情》）；最佳攝影：伊・呼和烏拉（《騎士風雲》）；最佳録音：吕家進（《老店》）；最佳美術：錢運選（《雙旗鎮刀客》）；最佳剪輯：王志華（《騎士風雲》）；最佳道具：高建華、孫光、王書堂（《大城市1990》）；最佳導演處女作：古榕（《老店》）；特別獎：馮小寧（《戰爭子午線》、《大氣層消失》導演）；故事片《大城市1990》（長影）

第14屆《大衆電影》百花獎獲獎名單

最佳故事片：《焦裕禄》（峨影），《龍年警官》（北影），《老店》（南海）；最佳男演員：李雪鍵（《焦裕禄》）；最佳女演員：宋佳（《落山風》）；最佳男配角：陳裕德（《鬥鷄》）；最佳女配角：伍宇娟（《龍年警官》）

附録：程斯《"百花獎"你怎麼了？》

十年前開始做影迷，對"百花獎"的感情真可謂"深深深"。那一年一度在五月下旬舉辦的盛宴無疑是把藝術家們與觀衆緊密相聯的紐帶。毫不誇張地説，在我的少年時代，一年中最絢麗的季節莫過於夏季了。

現在呢？"百花獎"，你怎麼了？爲什麼不再一如當年那般深入人心？爲什麼不再是人們爭相參與的一件生活中的大事？

翻一翻此屆"百花獎"的名單，武打、兇殺、槍戰足足佔去了一半，《焦裕禄》一花獨秀，怎不令人感慨萬分！

我以爲最重要的一個原因便是我們的電影工作者在創作上嚴重偏離了現實，漠視了大衆造成的。

一方面某些創作者玩"自我"、玩"技巧"追求形式主義和獵奇。從片庫裏隨便翻幾部影片出來都不難發現，在祭祀、迎親、廟會、社戲上過分的渲染是創作者"難捨難棄"的。至於兩三個人演一臺戲，"觀衆算個什麼東西"也着實風光了一陣。

另一方面迎合所謂的"時代潮流""娛樂潮流"。床上戲，房上戲，豪華舞廳，度假村人人都爭先恐後。太監、太后、特務、妓女、殺手、女匪走馬燈似的充斥銀幕。展現時代風貌、人民大衆生活的影片却少得可憐。

（《中國電影週報》，1991年5月9日）

大型系列故事片《大決戰・遼瀋戰役》舉行首映式

6月29日，國家主席、中央軍委第一副主席楊尚昆在中共中央政治局常委負責同志劉華清、楊白冰、秦基偉、遲浩田、趙南起陪同下出席在北京人民大會堂舉行的大型系列故事片《大決戰・遼瀋戰役》首映式。

《大決戰・遼瀋戰役》劇照

《大決戰・遼瀋戰役》

出品：八一電影製片廠
編劇：李平分　王軍　史超
導演：李俊　韋廉　楊光遠等
攝影：曲培明　桑華等
主演：古月　馬紹信　趙恒多　魯繼先

1948年春，毛主席黨中央指揮人民解放軍與蔣介石展開了一場決定中國命運和前途的大決戰。九月十二日遼瀋戰役開始，直至十一月一日結束，東北野戰軍百萬大軍在黨中央指揮下，先後解放了錦州、長春、瀋陽等城市，殲滅敵人數十萬，取得了遼瀋戰役的勝利。

《大決戰・淮海戰役》

出品：八一電影製片廠
編劇：李平分　王軍　史超
導演：李俊　蔡繼渭　韋廉
攝影：丁善發　王建國　楊克等
主演：古月　趙恒多
　　　傅學誠　劉錫田

1948年11月6日淮海戰役打響，中央軍委決定組成淮海戰役總前委，鄧小平任總前委書記指揮中原野戰軍和華北野戰軍作戰。歷時六十五天，殲滅了國民黨軍五十五萬五千餘人，創造了我軍戰史上以少勝多的光輝範例。

《大決戰・淮海戰役》劇照

《大決戰・遼瀋戰役》工作照

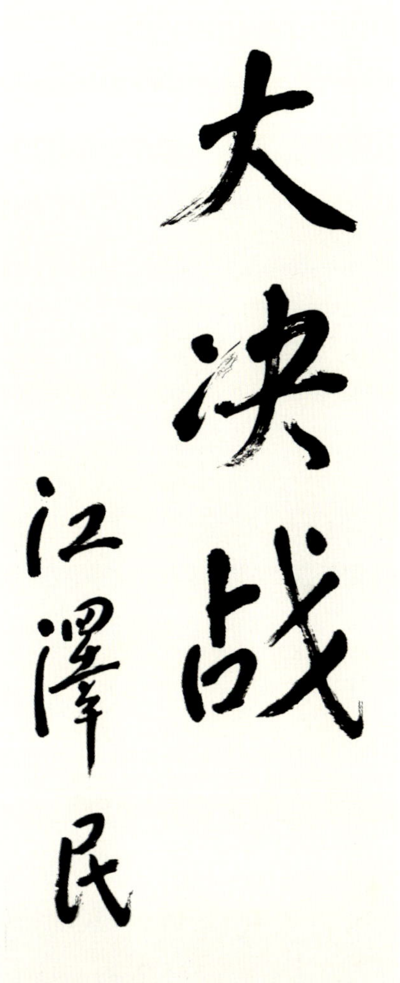

江澤民爲《大決戰》題寫的片名

《大決戰·平津戰役》劇照

《大決戰 · 平津戰役》

出品：八一電影製片廠
編劇：李平分　王軍　史超　導演：李俊　韋廉　楊光遠等　攝影：許連慶　張馳等
主演：古月　馬紹信　趙恒多　魯繼先

淮海戰役接近尾聲，處於華北地區的傅作義集團猶如驚弓之鳥。中央軍委採取了軍事打擊和政治鬥爭相結合的策略，爲達到和平解放北平的目的，一月十四日，東野僅用了二十九個小時攻克了天津。傅作義在和平協議書上簽字，我軍和平進入北平。

楊光遠(1930—　　)

電影導演。山東城武人。1947年參加中國人民解放軍；1952年到八一電影製片廠學習電影攝影；1983年起任攝影師、導演。代表作品有《血戰台兒莊》、《大決戰》、《鐵血崑崙關》、《大進軍·席捲大西南》等。

廣電部 1989—1990 年優秀影片頒獎大會

廣電部1989—1990年優秀影片頒獎大會在江蘇常州隆重舉行。這一屆"政府獎"評委會主任委員爲艾知生，副主任委員爲田聰明、騰進賢。廣電部副部長田聰明在頒獎大會發表重要講話。同時，全國近300名電影工作者參加盛會。常州新亞細亞影城落成剪彩儀式同時舉行，該影城屬亞洲第一流水平的電影城。

1989—1990 年廣播電影電視部優秀影片獲獎名單

優秀故事片：《開國大典》(長影)，《焦裕祿》(峨影)，《百色起義》(廣西)，《龍年警官》(北影)，《老店》(南海、上影、天馬聯合攝製)，《特區打工妹》(珠影)，《假女真情》(上影、浙江)，《大城市1990》(長影)，《聯手警探》(深影、香港銀都機構)，《中國霸王花》(八一)，《鬥鷄》(北影)，《賭命漢》(長影、遼寧)，《北京，你早》(青影)，《黄河謠》(西影)，《你好！太平洋》(深影)；優秀兒童片：《我的九月》(兒影)，《豆蔻年華》(兒影、南京)，《快樂島奇遇》(珠影)，《別哭，媽媽》(兒影)；優秀譯製片：《魔窟尋諜》(長影)，《隨心所欲》(上海譯製)；特別獎：《白求恩——一個英雄的成長》(八一、加拿大國際影業公司、法國愛菲爾貝爾斯塔影片公司聯合攝製)；優秀科教片：《不朽的古建築——歐洲古建築保護》(北京科影)，《金字塔下的葬禮》(農影)，《人類染色體病》(北京科影)，《腦海》(上海科影)，《全息胚——生物科學的新發現》(上海科影)，《地球全景——氣象衛星雲圖》(上海科影)，《緊湊型高産玉米——李海登育種之路》(北京科影廠)，《世界珍禽——黑鸛》(農影)，《指南針的發明》(北京科影)，《冰雪南極》(北京科影)，《花》(上海科影)，《人蝗之戰》(農影)，《攻克植物癌症》(農影)，《飛鳥集》(上海科影)，《優化改造蘋果園》(北京科影)，《電腦》(組片之一)(北京科影)；優秀紀録片：《周恩來》(新影)，《偉大的戰略決戰》(八一)，《心靈隨想曲——第八屆傷殘人奥運會》(新影)，《祖國新貌9001號》(新影)，《亞運之星》(新影)，《情繫巴山》(八一)，《雷鋒是誰》(八一)，《難忘這一年》(八一)，《十世班禪》(新影)；優秀美術片：《鹿與牛》(上海美影)，《一半兒》(上海美影)，《醫生與皇帝》(長影)，《牛冤》(長影)，《蘭花花》(北京科影)。

中南海禮堂舉行影片《周恩來》首映式

9月25日，中共中央宣傳部、中共中央組織部、廣播電影電視部、文化部、解放軍總政治部、中共廣西壯族自治區委員會、廣西壯族自治區人民政府、中華全國總工會、共青團中央、全國婦聯在中南海小禮堂隆重舉行影片《周恩來》首映式。電影創作人員懷着對周恩來總理的無比崇敬和懷念之情，敏鋭地發現廣大人民群衆對周恩來的深情懷念及對表現周恩來的作品的熱烈的期待。《周恩來》的創作難點不僅在於它是第一部革命領袖人物傳記片，而且是周恩來這一建立無數豐功偉績，爲大家所熟知的偉人的傳記片，同時也在於影片的創作人員選擇了周總理生命的最後10年——“文化大革命”——作爲其表現的主線。影片堅持真實性創作原則，具有明顯的文獻的紀實風格。

《周恩來》海報

《周恩來》

出品： 廣西電影製片廠
編劇： 宋家玲　丁蔭楠　劉斯民
導演： 丁蔭楠
攝影： 于小群　雷甲銘
主演： 王鐵成　劉懷正　鄭小娟　盧奇

一場史無前例的政治風暴席捲華夏大地。坐在車上的周恩來觀望着那些“炮轟”“火燒”的大標語，大字報，憂心忡忡。他竭全力保護一代英才，保證國家機器的正常運轉。周恩來主持中央工作，經濟秩序開始恢復。厄運却又一次降臨，周恩來得知自己患了癌症。周恩來以73歲高齡的帶病之軀與“四人幫”進行最後一搏，唱着《國際歌》走向冥冥之中。

王鐵成（1936—　）

演員。北京人。1961年畢業於中央戲劇學院表演系，任中國兒童藝術劇院演員。代表作品有《大河奔流》、《報童》、《李四光》、《西安事變》、《風雨下鍾山》、《周恩來》、《周恩來——偉大的朋友》、《李知凡太太》等。

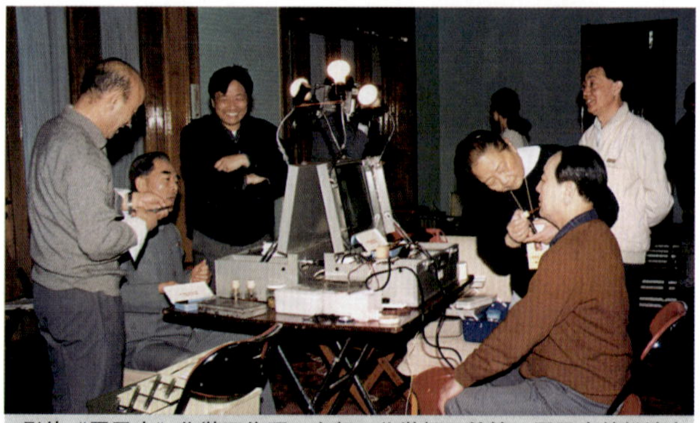

影片《周恩來》化裝工作照。左起：化裝師王希鐘、周恩來的扮演者王鐵成、本片導演丁蔭楠，右起：毛澤東的扮演者張克瑶、化裝師顔碧君

《周恩來》劇照

《大紅燈籠高高掛》獲威尼斯國際電影節銀獅獎

9月14日，由中國電影合作製片公司、香港年代影業公司聯合攝製的故事片《大紅燈籠高高掛》在第48屆威尼斯國際電影節上獲"銀獅獎"，同時還獲"國際影評人獎"和"艾維拉諾塔利特別獎"。2月19日，《大紅燈籠高高掛》獲第64屆奥斯卡金像獎最佳外語片提名。該片在美列爲年度十大佳片。這是張藝謀繼1989年的《菊豆》後第二次獲奥斯卡金像獎最佳外語片提名。

《大紅燈籠高高掛》劇照

《大紅燈籠高高掛》

出品：香港年代國際有限公司
編劇：倪震
導演：張藝謀
攝影：趙非
主演：鞏俐　何賽飛　曹翠芬
　　　馬精武　孔琳

頌蓮一身學生裝束來到喬宅做了第四房太太。陳家的四位太太分住在四個院落，當大紅燈籠高高掛在哪位太太的宅院，當晚主人喬佐千便住在哪院。四位太太都想得到老爺的寵幸，難免爭風吃醋、明爭暗鬥。頌蓮想用假懷孕來博得老爺的寵幸，被封了燈。目睹了三太太的死後，她瘋了。第二年，喬府大院又娶進第五位太太。

北京舉行電影界大型賑災義演

7月中旬，特大的洪澇災害給江蘇、安徽兩省造成了嚴重的損失。8月29—31日，爲支援災區人民恢復生産、重建家園，中國影協在北京舉行"挺起我們的脊梁、重建可愛的家園"大型中國電影界賑災義演。電影節、文藝界知名人士踴躍參加演出。上臺演出的演員之多，軍樂團人數之多，創今年賑災演出規模之最。義演3天，場場爆滿。義演收到捐款和票房收入共362,3472.34元，及時送請"國際減災十年委員會"轉交災區人民。

本年度在國際上主要獲獎情況

《哦，香雪》獲第42屆柏林國際電影節最佳兒童片獎；

《大紅燈籠高高掛》獲第48屆威尼斯國際電影節銀獅獎，同時獲國際影評人獎、金格利特別造型獎、天主教影評人獎和艾維拉諾塔利特別獎；

《過年》獲第四屆東京國際電影節評委會特别獎，趙麗蓉獲最佳女演員獎；

《馬路騎士》獲法國馬賽女性國際電影節公衆大獎；

《屠城血證》獲日本東京1991世界和平電影節故事片一等獎。

1991年（臺灣）

大事記

1月3日 電影事業發展基金會召開董監事會，同意將臺北金馬國際影展執行委員會納入其組織，並更名爲臺北金馬影展執行委員會。

1月10日 行政主管部門委託電影導演協會舉辦的第一屆"影像傳播藝術人才研習營"結業。

1月29日 陳朱煌執導，楊貴媚、李小飛等主演的影片《媽媽再愛我一次》自去年8月在大陸上映以來，票房已達一億三千萬人民幣，打破大陸影史的票房紀録。

2月6日 電影事業處宣佈，由一廳改爲多廳的電影院應於4月30日前向省市新聞單位提出申請，由相關單位對戲院的結構安全、消防設備、避難逃生等設施重新審核認定。

2月23日 年代國際公司與學者公司宣佈合組"大學電影公司"，展開一系列拍片和購片計劃。

2月 黃明川執導的《西部來的人》，獲新加坡國際影展評審特别獎。

4月13日 電影事業發展基金會召開董監事會，正式通過組織章程修正草案，改組爲民間機構。

5月2日 主管部門所提《電影法》部分條文修正草案，將提交立法機構審議，"電影片檢查"可望由"電影片審議"取代。

5月29日 湯臣電影公司出品、葉鴻偉執導的新片《五個女子與一根繩子》，因雇用大陸演員擔任主配角，遭新聞局裁定禁映，其1990年度"國片製作輔導金"資格亦被取消。

6月25日 電影資料館自香港運回288部早期影片拷貝。

7月15日 龍祥影業公司出品，邱銘誠執導的1990年度"國片製作輔導金"影片《黃袍加身》，因所完成的影片"與原企劃案精神不符"，遭新聞局撤銷其輔導金資格。

7月20日 龍祥影業公司宣佈，退出與"中影"、"學者"、臺灣電影公司、電影事業發展基金會聯合攝製《將邪神劍》的拍片計劃。

7月29日 龍門影業公司就進口的大陸早期影片《一江春水向東流》（蔡楚生、鄭君里合導）遭新聞局電影事業處裁定退運，今日提出行政訴願。

9月14日 年代國際公司於大陸投資拍攝的《大紅燈籠高高掛》（張藝謀導）獲第48屆意大利威尼斯國際影展"銀獅獎"。

9月20日 全臺灣電影院和録影帶租售店集體罷市參與遊行請願，抗議第四臺侵權行爲。

11月15日 年代國際公司負責人邱復生發起的"中國兩岸影藝協會"舉行成立大會。

11月29日 第13屆法國南特三大洲影展舉辦"徐楓電影回顧展"。

12月3日 湯臣電影公司出品，葉鴻偉執導的《五個女子與一根繩子》，以及楊德昌電影公司出品，楊德昌自編、自導的《牯嶺街少年殺人事件》，分别獲得第13屆法國南特三大洲影展"最佳影片"和"最佳導演獎"。

12月5日 臺灣臺北舉辦第36屆亞太影展，楊德昌《牯嶺街少年殺人事件》獲最佳影片獎，沈聖德《阿嬰》獲最佳音樂獎，柯一正《娃娃》獲兒童表演指導獎。

12月23日 電影事業處表示，配合即將放寬的大陸人士參加"優良電影劇本"徵選，大陸劇作家自1992年起亦可角逐金馬獎最佳劇本獎。

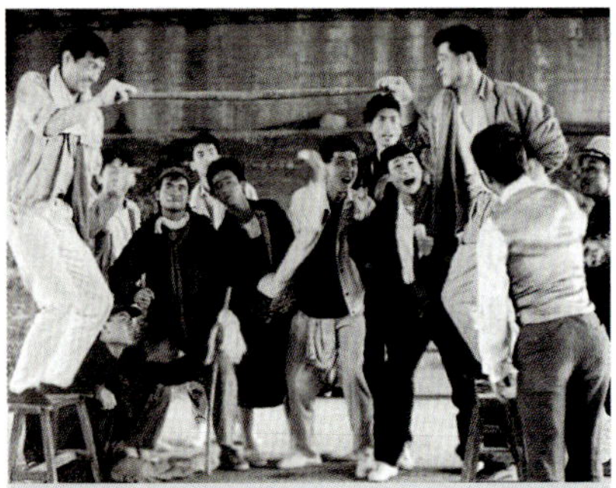

《黃袍加身》劇照

《黃袍加身》

出品：三本
編劇：許仁圖　導演：邱銘誠
主演：葉全真　孫亞東

在大臺北都會區的某座橋下，住着一群不爲人所關心的弱勢族群，他們以做苦力爲生。一天，陌生的洪金生出現在橋下。金生受宿命的影響，一直惦記着算命師説他有皇帝命，憧憬着自己會有飛黃騰達的一天。當他最後當了道士，才發現過去算命師所説的"黃袍加身，萬人跪拜"的真實意義。

重要影片

《火燒島》劇照

《火燒島》

出品：大學
編劇：葉雲樵　傅立　導演：朱延平
主演：成龍　劉德華　梁家輝　洪金寶　王羽

黄偉未婚妻父親遭人擊斃，爲查出幕後兇手，故意犯罪入獄調查。獄中黄偉認識了各路人馬，也發現殺害未婚妻父親的兇手。

《上海假期》劇照

《上海假期》

出品：金鼎
編劇：吴念真　導演：許鞍華
主演：黄坤玄　午馬　劉嘉玲　王萊

顧老才六十多歲，獨居上海。兒子跟媳婦在美國學習，把十來歲的孩子託給顧老照料。面對這個外黄内白的孫子，顧老可傷了腦筋。

《娃娃》劇照

《娃娃》

出品：聯永
編劇：小野　李永豐　導演：柯一正
主演：高捷　陳彦儒　涂善妮　黄湘芸

舉目無親的娃娃，被送到臺北，交由其母親的摯友照顧。娃娃跟他的朋友芭樂（迷你猪）的到來，給朱家的生活帶來了極大的變化。

郎雄在《推手》演出劇照

《推手》

出品：中影　編導：李安
主演：郎雄　王萊　王伯昭
黛博·史奈德

朱曉生定居於美國，並娶了美國女子馬莎爲妻。爲了盡孝道，曉生將父親朱老先生由大陸接往美國奉養。朱老先生是個太極拳的教頭，喜好傳統中國的事物與生活習慣，和媳婦馬莎的西化生活格格不入。

郎雄（1930—2002）

演員。本名郎益三。籍貫江蘇。1970年後進入中國電視公司，1976年參與張佩成《狼牙口》的演出，是其從影的第一部作品，獲得第13屆金馬獎最佳男配角獎。1991年接演《推手》，獲得第28屆金馬獎最佳男主角獎，隨後再接拍《喜宴》和《飲食男女》，以《囍宴》獲得金馬獎最佳男主角獎。2002年，郎雄病逝於臺北，享年72歲，同年，獲頒第39屆金馬獎終身成就特别獎。

《牯嶺街少年殺人事件》

出品：楊德昌
編劇：楊德昌　閻鴻亞　楊順清　賴銘堂
導演：楊德昌
主演：楊靜怡　張震　金燕玲　張國柱

50年代的臺北，一群彷徨的少年，在封閉社會的轉型期中，仍滿懷着青春激蕩的心，影片中更指涉了白色恐怖時期臺灣的幽閉氛圍。

《牯嶺街少年殺人事件》劇照

《西部來的人》

出品：歡樂無限　編劇：程慧華　導演：黄明川
主演：吴宏銘　蕭翠芬

一個無法解决自己歸屬的漢化泰雅族人阿明，回到幼年的家鄉，企圖自殺未遂。救了阿明一命的泰雅老人，與其兒子阿將在石礦廠工作，阿將夢想着去臺北打天下。

黄明川（1955—　　）

導演。生於臺灣嘉義。臺大法律系畢業後，即赴美國學習繪畫與平面攝影。1985年開設個人攝影工作室MING STUDIO，拍攝商業廣告照片；興趣轉向電影及攝影。1988年返臺定居，製作《百工圖》系列紀録片。1990年以獨立製片完成了電影處女作《西部來的人》，1993年完成劇情片《寶島大夢》，獲第六居中時晚報電影優秀影片獎。1994年起開始製作《臺灣作家系列》紀録片；1998年完成劇情長片《破輪胎》，獲得第一居臺北電影節非商業類最佳劇情片。

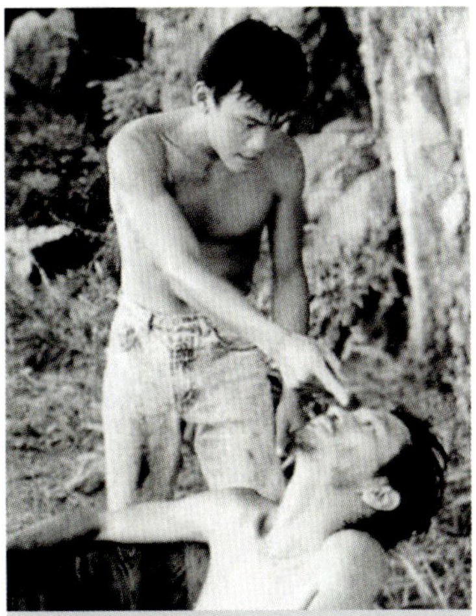
《西部來的人》劇照

第28屆金馬獎得獎名單

最佳劇情片：《牯嶺街少年殺人事件》（楊德昌工作室出品）

最佳紀實報導片：《人民的聲音：環保篇》（多面向藝術工作室出品）

最佳動畫片：入圍從缺

最佳導演：王家衛《阿飛正傳》

最佳男主角：郎雄《推手》

最佳女主角：張曼玉《阮玲玉》

最佳男配角：關海山《五億探長雷洛傳》

最佳女配角：王萊《推手》

最佳原著劇本：楊德昌、閻鴻亞、楊順清、賴銘堂《牯嶺街少年殺人事件》

最佳改編劇本：入圍從缺

最佳攝影：潘恒生《阮玲玉》

最佳剪輯：譚家明、奚傑偉《阿飛正傳》

最佳美術設計：張叔平《阿飛正傳》

最佳造型設計：張叔平《阿飛正傳》

最佳電影插曲：倫永亮《何日君再來》

最佳電影音樂：黄霑、戴樂民《武狀元黄飛鴻》

最佳録音：陳偉雄《阿飛正傳》

評審團特别獎：《阮玲玉》

動畫創意特别獎：《薛西弗斯的一天》（華裕卡通）

《情定威尼斯》

出品：群龍　編劇：吴念真　導演：吴功
主演：秦漢　柯一正　林秀玲　韓湘琴　張世

阿棣與靜安在浪漫的威尼斯相遇，可是靜安没有留下名字就離開了。如同冥冥中早已注定的緣分，阿棣在茫茫人海的臺北找到了靜安。

電影基金會改隸民間

電影事業發展基金會新舊任董監事交接，代表民營的新任董事長江奉琪自前任董事長邵玉銘手中接過印信，代表該會完成民營化轉型。但由於該會日後將負責電檢事務轉移民間，以及臺北金馬國際影展等重要業務的決策與監督，該會能否開創新局，備受各界期待。

電影基金會改隸民間是由臺北市影片商業同業公會所提出，並於1990年5月列入“電影聯合會議”的決議事項，此項提議獲得新聞局同意後，基金會即開始朝民營化的走向規劃，並於1991年5月3日選出新任董監事，成員包括董事長江奉琪，常務董事江傳清、陳文森，董事傅清華、童月娟、蔡松林、楊翌平、周信雄、徐國良、柯俊雄、侯孝賢、井迎瑞、林念生、張昌彦、劉煥忠；常務監事王應祥，監事陳渭成、張慶輝。其中代表官方的董事只有一位，且不再是董事長的當然人選，官方人士已明顯大幅退出基金會運作。

電影基金會完成交接後，董監事會隨即通過“臺北金馬國際影展執行委員會組織章程”，正式將金馬獎常設機構納入該會的組織架構下。新上任的基金會董事長江奉琪提名李行繼續留任金馬執委會主席，但主席任期由原定的三年縮減爲兩年。此外會中亦通過由電影資料館館長井迎瑞兼任該會執行秘書，至於原隸屬於該會的“電影資料館”則脱離該會，改由新聞局編列經費支應。

影片目録

中影　《推手》
萬仁、中影　《胭脂》
大學　《火燒島》、《大小老千》
春華　《聊齋驚艷》、《向異域挑戰》
倍倫　《千年魔界》、《人間魔》
藝舍　《新七龍珠》、《没大没小》
三本　《黄袍加身》、《失聲畫眉》
名威　《那根所有權》、《禁海蒼狼》
學者　《官兵捉强盗》、《大頭兵上戰場——雜牌軍》、《黑衣部隊——手足情深》
其他　《一世情》（威靈）、《新七龍珠》（新船）、《情定威尼斯》（群龍）、《巴黎夜合花》（影像33）、《上海假期》（金鼎）、《歹路不可行》（凰城）、《鬼話狐》（吉星）、《金蠶降》（寶弘）、《世上只有媽媽好》（富祥）、《與狼共愛》（歐陸）、《狼煙》（四方）、《牯嶺街少年殺人事件》（楊德昌）、《娃娃》（聯永）、《冬之祭》（飛令）、《小鬼大哥大》（北極星）、《掰豪》（新世紀）

1991年（香港）

大事記

2月2日 旺角區豪華戲院開幕，分A、B兩院，A院映出中文片，B院映出西片，設座位960個，爲傷殘人士設置座位3個，是首家專爲傷殘人士而設座位的電影院，爲此耗資6.4萬港元。首映片爲《整蠱專家》。

3月3日 香港電影導演會授予83歲的導演藝術家岳楓以終身成就獎。

7月2日 香港演藝界各大小團體爲華東水災在全港開展捐款賑災活動。

7月 香港影業協會和戲院商會代表同香港影視及娛樂事務管理處官員商討有關戲院陳列劇照、報刊廣告及電影三級片電檢尺度等事宜。

11月30日 德寶院線宣佈停止經營。

12月1日 永高院線開始營業。

12月6日 《阿飛正傳》獲第36屆亞太影展最佳導演獎(王家衛)、最佳女配角獎(潘迪華)和最佳攝影獎(杜可風)。

12月 新藝城公司正式宣佈結業。

本年 電影檢查費進行調整，放映時間每分鐘自35港元增爲50港元；一部90分鐘的檢查費由3150港元增至4500港元。

香港編劇家協會成立，創始人南燕、彭志銘等。

第10屆香港電影金像獎

最佳電影：《阿飛正傳》，最佳導演：王家衛（《阿飛正傳》），最佳編劇：陳文强（《廟街皇后》），最佳男主角：張國榮（《阿飛正傳》），最佳女主角：鄭裕玲（《表姐，你好！》），最佳男配角：吴孟達（《天若有情》），最佳女配角：劉玉翠（《廟街皇后》），最佳新人：劉玉翠（《廟街皇后》），最佳攝影：杜可風（《阿飛正傳》），最佳剪輯：吴宇森（《喋血街頭》），最佳美術指導：張叔平（《阿飛正傳》），最佳動作指導：程小東（《笑傲江湖》），最佳音樂：顧嘉輝、黄霑、戴樂民（《秦俑》），最佳電影歌曲：《滄海一聲笑》（《笑傲江湖》，作曲：黄霑、作詞：黄霑、主唱：許冠傑），專業精神獎：朱日紅。

重要影片

《雙城故事》劇照

《雙城故事》

出品：藝能公司
編劇：黄炳耀　李志毅　陳可辛　導演：陳可辛
主演：曾志偉　譚詠麟　張曼玉　黄炳耀
方保羅　柯受良

志偉與阿倫分離了20年後重新聚首。志偉巧遇幼年女友瑪姬，介紹她與阿倫認識；阿倫與瑪姬一見鍾情。志偉的鷄場毁於風暴，阿倫的事業却蒸蒸日上。志偉失意又失戀，轉職航海尋夢。若干年後，阿倫得知志偉身患絶症。他毅然抛開事業，帶瑪姬和志偉登上"海盗"號，出海追尋童年夢想。獲第11屆香港電影金像獎最佳男主角（曾志偉）。

《婚姻勿語》劇照

《婚姻勿語》

出品：影幻製作公司　銀都機構
編導：李志毅
主演：葉童　梁家輝
關之琳　爾冬陞

兆仁與可兒結婚三年一直風平浪靜。兆仁突然宣佈他與鋼琴教師相愛，可兒最後決定離開兆仁。可兒初次獨立生活，進退失據，對兆仁又愛又恨，矛盾萬分。兆仁雖捨新歡，却又關注可兒。

在影片中，葉童把一個失婚女子的患得患失心態刻畫得惟妙惟肖，因此獲第11屆香港電影金像獎最佳女主角（葉童）。

曾志偉（1953—　）

演員，導演，監製。原籍廣東。1974年進入臺灣長弓電影公司當龍虎武師。第一部參演的影片是《李三脚威震地獄門》。1978年他編寫了第一個電影劇本《老虎田鷄》，同年又推出影片《讚先生與找錢華》、《笑拳怪招》。1979年他導演了第一部影片《踢館》，進入80年代同時兼任演員，導演，策劃，監製。先後開辦過好朋友、兒童城等電影公司，出品過《歌者戀歌》、《小小小警察》等影片。1991年憑《雙城故事》獲香港電影金像獎最佳男主角。1993年與多位電影創作人組成UFO電影公司，監製多部電影。1995年又以《甜蜜蜜》獲得香港電影金像獎最佳男配角。新世紀在《無間道》的演出也讓觀衆留下深刻印象。

《九一神雕俠侶》劇照

《九一神雕俠侶》

出品：天幕公司
編劇：王家衛
導演：元奎　劉鎮偉　黎大煒
主演：劉德華　梅艷芳　郭富城
鍾鎮濤　葉蘊儀　劉嘉玲

潮東、忠村及容航三人均是捉捕懸賞緝犯的城市雇傭兵。忠村最早對容表露愛情，而容心只屬潮東。容擊傷殺手銀狐好友老鷹，而被銀狐追殺。容爲了潮東安危，忍痛離開他。忠村遺下的16歲妹妹美惠，被潮東訓練成城市雇傭兵，兩人相處後漸生情愫。

獲第11屆香港電影金像獎最佳攝影（鮑起鳴）、最佳美術指導（奚仲文）。

香港梟雄片興起

梟雄片多以六七十年代香港爲背景，懷舊色彩濃郁。雷洛系列電影在香港影壇佔有很高的地位，這不僅僅來自於影片本身的魅力，如劇本、明星的表演等，更重要的是它反映了一個動蕩時代港島亂世出梟雄的興衰成敗史，此外，雷洛的故事之於廉政公署反腐倡廉似乎也有模棱兩可的參照意義。值得一提的是劉德華演繹的雷洛，從老實巴交的小警察到飛揚跋扈的總探長，刻畫相當精彩。影片根據發生在50年代至70年代的真人真事藍本改編而成，對當時了無法治社會作出傳神的描繪。但負作用也十分明顯，容易使心智未成熟的青少年觀衆產生誤解而對該等人物産生"偶像"性誘導。

《跛豪》

出品：嘉禾　麥當雄公司
編劇：麥當雄　蕭若元
導演：潘文傑
主演：吕良偉　鄭則仕
　　　葉童　李子雄

難民阿豪投靠黑幫老大肥彪，後被肥彪設計落下殘疾，人稱"跛豪"。阿豪收買肥彪情婦，並通過新聞界揭露肥彪藏毒，使肥彪入獄，阿豪由此接管了他的地盤，成爲港九四大毒梟之一。1973年香港成立廉政公署，探長雷老虎勸阿豪見好就收。阿豪却更加猖狂，結果連同其手下被一網打盡，服刑至今。獲第11屆香港電影金像獎最佳影片、最佳編劇。

《跛豪》劇照

《五億探長雷洛傳之Ⅰ·雷老虎》海報

《五億探長雷洛傳之Ⅰ·雷老虎》

出品：永盛
編劇：陳文强　導演：劉國昌
主演：劉德華　張敏
　　　邱淑貞　秦沛　關海山

雷洛得到老警探陳統的幫助，當上了探員。他爲人正直，不齒於收受黑錢，遭到受賄成風的同行們的不滿。當他熱戀上霞時，因没有聘金，只得與霞分手。此後，他也走上了撈黑錢之路，並與嫦邂逅、相愛、結婚。嫦父是黑道上的大梟雄，他爲雷洛買得探長職位。雷洛就此平步青雲，靠受賄逐漸成爲全港最富有的探長。

《五億探長雷洛傳之Ⅱ·父子情仇》

雷洛與顔同爭奪繁華的油尖區探長，顔同想盡辦法終於如願以償，誰料雷洛却設法當上了全港總華探長。正當雷洛飛黄騰達之際，香港廉政公署成立，一場反貪污旋風在全港颳起。雷準備移居加拿大時，得知霞爲他生了一個兒子。兒子已是廉政專員的助手，雷洛和兒子展開了一幕幕父子情仇的鬥爭。

萬能旦后鄧碧雲因病去世

3月25日，有萬能旦后之稱的粤劇紅伶，著名電影、電視女演員鄧碧雲因病去世，終年65歲。鄧碧雲本名鄧芍芙，廣東南海（今佛山南海區）人，出身粤劇世家。1950年開始拍攝粤語片，以古裝歌唱和時裝喜劇爲主，先後主演或演出的影片約200多部。70年代末又參加電視演出，曾在《家變》、《季節》等連續劇中扮演重要角色，港人均稱她爲"媽打"（英文Mother的諧音）。

銀都機構邀請張藝謀導演《秋菊打官司》

曾獲柏林電影節最佳導演獎的内地著名導演張藝謀，應銀都機構之邀執導《秋菊打官司》。該片後獲第49屆威尼斯影展金獅獎，也是香港出品的第一部陝西方言電影。

主要影片目録

本年度香港共出品影片134部，其中一部爲陝西方言片。

浚升　《天地玄門》、《新精武門1991》

永盛　《整蠱專家》、《五億探長雷洛傳Ⅰ·雷老虎》、《五億探長雷洛傳之Ⅱ·父子情仇》、《與龍共舞》

金公主　《縱横四海》、《倩女幽魂Ⅲ·道道道》

德寶　《富貴吉祥》、《黑雪》

藝能　《驚天12小時》、《雙城故事》、《五虎將之决裂》

新藝城　《財叔之横掃千軍》、《藍色霹靂火》

銀都　《敦煌夜譚》、《連手警探》、《秋菊打官司》（陝西方言）

銀獎　《一觸即發》、《猛鬼入侵黑社會》

永盛、三和　《逃學威龍》、《賭俠Ⅱ之上海灘賭聖》

其他　《殭屍至尊》（鷹電影）、《鬼幹部》（穎豐、學者）、《英倫越戰》（威震）、《馬路英雄》（永銓）、《大哥讓位》（東藝）、《偷情小丈夫》（七釐米）、《烈火危情》（博藝）、《洪福齊天》（金葉）、《中環英雄》（永發）、《賭霸》（寶禾）、《龍的傳人》（萬能）、《婚姻勿語》（影幻）、《魔畫情》（鳳鳴）、《跛豪》（嘉禾、麥當雄）、《表姐，妳好！》（東山、晉寶）、《妖魔道》（日盛、高進）、《色降》（合衆）、《魔域飛龍》（金門）、《聊齋花弄月》（王漢華）、《暴風少年》（穎豐）、《金瓶風月》（金高潤）、《佈局》（百利）、《千王1991》（東方）、《破繭急先鋒》（齊明）、《鷄鴨戀》（德禄）、《贏錢專家》（萬里）、《喋血邊緣》（中影、新力量）、《禿鷹檔案》（佳景）、《魔唇劫》（三禾）、《猛鬼狐狸精》（雅慧）、《捉鬼專門店》（鴻海）、《契媽唔易做》（蕭氏、先達）、《密宗威龍》（寶雄）、《賊聖》（匯豐）、《黄飛鴻》（嘉禾）、《黑猫》（潘迪生）、《子彈出租》（藝視）、《衝擊天子門生》（宏發）、《不文小丈夫之銀座嬉春》（高志森）、《情聖》（新藝城、萬能）、《越青》（陳氏）、《發錢寒》（利星）、《情不自禁》（得意）、《忠奸盗》（穎豐、金影）、《我爲卿狂》（唯美）、《四大家族之龍虎兄弟》（百代、黄氏）、《奪寶俏佳人》（香港影像）、《蠻荒的童話》（麥嘉）、《豪門夜宴》（演藝界忘我大電影）、《莎莎嘉嘉站起來》（比高）、《卿本佳人》（海龍）、《三級薔薇之戀》（柏斯）、《曝光人物》（衆星）、《九一神鵰俠侶》（天幕）、《上海1920》（富譽/富藝）

1992年(大陸)

大事記

1月4日　第四屆哈爾濱冰雪電影藝術節在哈爾濱舉行。

1月10日—16日　第一屆海峽兩岸暨香港電影導演研討會在香港舉行。

2月12日—15日　電影局委託《當代電影》編輯部召開紀念《在延安文藝座談會上的講話》發表50週年座談會。

2月19日　由中華交流合作促進會邀請接待的臺灣兩岸影藝協會訪問團到京。

4月21日—25日　電影局在京召開全國電影技術工作會。

5月28日—30日　北京電影學院和北影廠聯合召開“凌子風電影藝術學術研討會”。

5月29日　上海舉行“第二屆上海影評人獎十佳影片”頒獎儀式。

5月30日—6月8日　《幻影》編劇王樹元、導演魯曉威等人赴臺灣爲該片勘察外景。這是大陸影人首次赴臺。

8月8日　廣電部、化工部在北京聯合舉行“樂凱”新型電影彩色負片研製和應用頒獎大會。

8月8日　謝晉—恒通影視有限公司在上海成立。

10月1日　北京市開放電影票價，電影院可根據影片質量、放映質量、影院設施自行決定票價。

10月6日　于藍獲第六屆中國福利會婦幼事業“樟樹獎”。

12月17日—26日　以謝晉爲團長的大陸電影代表團赴臺訪問。

《離婚》劇照

《離婚》

出品：北京電影製片廠
編劇：李晨生　王好爲
導演：王好爲　攝影：李晨生
主演：趙有亮　丁嘉莉　李翔　李丁

根據老舍同名小説改編。職員老李因妻子在生活中没有點詩意而想離婚。老李愛慕被丈夫冷落的鄰居馬少奶奶，但馬少奶奶最終還是投向了丈夫的懷抱。老李非但没有離婚，反而帶着妻兒回到了鄉下。

重要影片

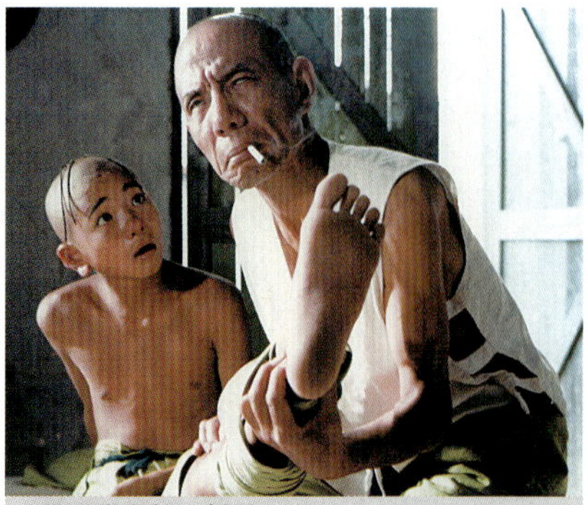

《三毛從軍記》劇照

《楊貴妃》

出品：廣西電影製片廠
編劇：白樺　田青
導演：陳家林
攝影：鍾文明
主演：周潔　劉文治　李如平

影片刻畫了一個美麗善良、知音律、善歌舞、喜愛榮華富貴，不問朝政大事，三千寵愛集一身而又導致“輾轉蛾眉馬前死，君王有淚救不得”的宮廷貴婦形象。

《站直囉，別趴下》劇照

《菊豆》

出品：合作公司　日本德間書店
編劇：劉恒
導演：張藝謀
攝影：顧長衛
主演：鞏俐　李保田　李緯

染坊老闆楊金山爲了傳宗接代，續絃娶了年輕姑娘菊豆爲妻，但他上了年紀，又身患暗疾，没有生育能力。菊豆偷偷與他的養子楊天青産生愛情並生下兒子天白。天白幼時無意將癱了下肢的楊金山撞入染坊淹死，後又怒殺與母親“通姦”的生父楊天青，菊豆萬念俱灰，縱火燒掉了楊家世代相傳的祖業染坊。

獲西班牙第38屆瓦亞多利德國際電影節最佳影片“金穗獎”和“觀衆最佳影片獎”。

《三毛從軍記》

出品：上海電影製片廠
編劇：張樂平　張建亞
導演：張建亞
攝影：黄保華
主演：賈林　魏宗萬　孫飛虎

抗日戰爭時期，上海街頭的流浪兒三毛參加了國民黨軍隊。瘦小的三毛在軍營中吃盡了苦頭，也出盡了洋相，却也聰明地運用“火車陣”打了一回勝仗，因此高升到師部當上了勤務兵，成了師長的老媽子。戰爭結束了，脱下軍裝的三毛又不知去向何方。

《楊貴妃》劇照

《站直囉，別趴下》

出品：西安電影製片廠
編劇：黄欣
導演：黄建新
攝影：張曉光
主演：馮鞏　牛振華　達式常　張路

作家高文搬進新居，與張勇武、劉幹部爲鄰。張勇武不講公德，經常擾民。張勇武辭職開辦了龍魚公司，生意十分紅火，就連既恨他又怕他的劉幹部也讓女兒進入公司。張勇武又成立了合資公司，宴請高、劉兩家以釋前嫌。

《菊豆》劇照

《大撒把》

出品：北京電影製片廠
編劇：馮小剛　鄭曉龍
導演：夏鋼
攝影：馬小鳴
主演：葛優　徐帆

顧顔和林同雲萍水相逢，因爲各自的配偶出國留學而彼此同病相憐。三年過去了，他們一次次相逢、分手。同樣的生活使他們相互理解，接近。突然，林同雲獲得了簽證，剛剛萌發的感情又將面臨着選擇。

《大撒把》劇照

《四十不惑》劇照

《四十不惑》

出品：北京電影製片廠
　　　香港年代國際有限公司
編劇：劉恒
導演：李少紅
攝影：曾念平
主演：李雪健　宋丹丹　葉靜

攝影記者曹德培的妻子段京華發現丈夫與前妻生有一子，但是前妻已經再嫁，並身患癌症，妻子段京華在經歷一番思想鬥爭後終於接納了兒子。

《走出地平線》劇照

《走出地平線》

出品：上海電影製片廠
編劇：陸天明
導演：于本正
攝影：高子逸
主演：高强　蕭榮生　張鐵元　敖文彬

地處貧瘠山區的窯溝人隊，新任黨支書秦建九面對貧窮落後和人心渙散的現實，以一腔熱情和非凡的勇氣，動員了18位黨員幹部在"包産到户"的契約上按下了鮮紅的手印。窯溝人民邁出了歷史性的一步，從而揭開了農村改革的序幕。

影片目録（共160部）

北影　《白衣俠女》、《不能没有愛》、《痴情女子》、《初吻》、《大撒把》、《都市槍手》、《二小放牛郎》(與安徽廠合拍)、《黑白人間》、《黑雪》、《離婚》、《離婚大戰》、《魔窟生死戀》、《青春衝動》、《山神》、《私人保鏢》、《四十不惑》、《送你一片温柔》、《天若有情》、《天堂回信》、《無名三俠客》、《俠骨風流》、《陰陽法王》(與香港合拍)、《找樂》(與香港合拍)

長影　《愛情危機》、《悲烈排幫》、《大禹的傳人》、《俄得克血酒》、《煩惱家庭》、《甘泉村的風波》、《孤注一擲》、《黑色25》、《黑色閃電》、《蔣築英》、《離婚喜劇》、《路神》、《玫瑰的夢》、《美的誘惑》、《末代響馬》、《謀生奇遇》、《731大潰逃》(與香港合拍)、《奇案未終止》、《球迷心竅》、《山野絶唱》(與安徽廠合拍)、《死不回頭》、《特别攻擊隊》、《我想有個家》、《無使命行動》、《午夜出租車》、《香魂女》(與天津廠合拍)、《新中國第一大案》、《義劍奇俠》、《遠山姐弟》、《追命奪魂槍》

上影　《繼母》、《教堂脱險》、《夢酒家之夜》、《蜜月再來》、《女大學生之死》、《關里人家》、《人非草木》、《三個女人一個夢》、《三毛從軍記》、《上海假期》(與臺灣合拍)、《神警奇偷》、《提心吊膽》、《偷拍的録像帶》、《卧底》、《香港浴血》、《義俠黄飛鴻》(與香港合拍)、《沂蒙山人》、《英雄地，英雄淚》(與香港合拍)、《走出地平線》

八一　《大決戰第3部：平津戰役》、《好男要當兵》、《神龍車隊》

珠影　《不亦樂乎》、《滄海雄風》、《痴男靚女》、《復仇的女人》、《劫殺雅典娜》、《龍出海》、《龍中龍》、《女子戒毒所》

西影　《殘酷的夏日》、《大衝撞》、《毒吻》、《何班主和他的情人》、《黑山路》、《警探紅白黑》、《亂世飄丐》、《女皇陵下的風流娘們兒》、《人猴大裂變》、《燒郎紅》(與臺灣合拍)、《特警出擊》、《望父成龍》、《爺兒倆開歌廳》(與遼寧廠合拍)、《站直囉，别趴下》

峨影　《喋血嘉陵江》、《豆花女》、《飛魂刑警》、《九死一生——把一切獻給黨》、《老娘土》、《毛澤東的故事》、《生死賭門》、《1942霧都大曝光》、《遠東間諜戰》

瀟湘　《白沙恨》、《劉少奇的四十四天》、《俏羅成》、《桃色旋風》、《特殊手術室》(與香港合拍)、《哇，没毛的狗》、《新龍門客棧》(與香港合拍)、《幽魂奇戀》

廣西　《地獄山莊》、《狐仙》(與香港合拍)、《絶密行動》、《迷途英雄》、《女人也是人》、《臺北女人》、《楊貴妃》(與日本合拍)、《遠山情》、《越獄女囚》、《仗義英雄》

内蒙　《飛越人生》、《女囚大隊》、《請勿打擾》、《世紀之戰》、《西部狂野》、《延期審判》、《祝你好運》(與山西廠合拍)

天山　《超越死亡》、《地獄追蹤》、《喋血金蘭》、《京城劫盗》、《女殺手》、《求愛别動隊》

深影　《神秘的旅遊團》、《特警雄威》(與香港合拍)、《小鬼精靈》、《賺它一千萬》

福建　《保鏢哈斯爾》、《臨時爸爸》、《上一當》、《消失的女人》

青影　《大漠恩仇》(與内蒙古廠合拍)、《緝拿"銷魂小皇后"》、《開蹦太陽》、《啓明星》(與天津廠合拍)、《秋菊打官司》(與香港合拍)、《新仇舊恨》、《中國人》、《"冥王星"行動》、《天神劍女》

童影　《白山英雄漢》、《來吧，用脚説話》、《人之初》、《幸運搜索》、《雜嘴子》

其他　《父子婚事》(南海與浙江合拍)、《烈火恩怨》(南海)、《彩月和她的情人》(雲南)、《緝毒少女》(雲南)、《抗暴生死情》(雲南)、《大紅燈籠高高掛》(合拍公司與香港合拍)、《菊豆》(合作製片公司與日本合拍)

《劉少奇的四十四天》劇照

《劉少奇的四十四天》

出品：瀟湘電影製片廠
編劇：劉星亮　羅子軍　彭倫乎　譚冬梅
導演：張今標
攝影：徐紅亮
主演：郭法曾　劉袖傑　邵曉薇　李緯

1961年廣州會議後，劉少奇到湖南進行調查研究，在興中大隊的"萬頭猪場"，他只見到三頭瘦猪，農村中的公共食堂等措施，也完全不能解决群衆的困難，他把農村的實際情況向毛主席寫信彙報，在得到毛主席的批准後，他實事求是地解决了存在的實際問題。

《闕里人家》

出品：上海電影製片廠
編劇：矯健　周梅森　于艾平　楊江
導演：吴貽弓　攝影：沈妙榮
主演：朱旭　趙爾康　張文蓉　寧理

影片講述了在孔子故里曲阜，孔子子孫在春節將至時發生的故事。

《人之初》劇照

《人之初》

出品：兒童電影製片廠
編劇：谷應
導演：鄭洞天
攝影：徐永田　謝平
主演：張力維　葛林

這是聶耳（小名聶守信）童年時代的故事。早年，信兒的父親就病逝了。是善良的母親一手操持成春堂藥鋪，把信兒他們拉扯大的。母親時時教育他們要與人爲善，真誠待人。就是在這風景優美的小山村裏，信兒一天天成長起來。

《闕里人家》劇照

重大革命歷史題材影視創作會議在京召開

1月18日—24日，重大革命歷史題材影視創作領導小組、中宣部文藝局、廣電部電影局等聯合召開重大革命歷史題材影視創作會議。1992年，是重大革命歷史題材影視創作領導小組成立10週年，據統計，重大革命歷史題材影視創作領導小組已審查通過的重大革命歷史題材電影劇本共有45部69集，已攝製完成或即將完成的有25部40集，正在攝製或籌拍的有3部5集。已審查通過的重大革命歷史題材電視劇本共有123部1006集，其中已録製完成並播映的有89部570集。出席本次會議的有部分省、自治區、直轄市黨委宣傳部、廣電廳(局)、電影製片廠、電視臺的有關負責人，以及影視界的藝術家。

《遠山姐弟》

出品：長春電影製片廠
　　　河北電影製片廠
編劇：申曉義
導演：陳力　馬樹超
攝影：程生生
演員：周鳴晗　陳思
　　　李蘊傑　吴若甫

《遠山姐弟》劇照

秀秀娘拉扯着姐弟二人長大，並希望兒子旦旦能像他父親一樣成爲文化人。但是旦旦成績要比女兒秀秀差得多，最後還是秀秀的日記在省報上發表了，這時生病在床的秀秀娘激動地流下了眼淚。

《雙旗鎮刀客》在日本獲獎

2月17日，西安電影製片廠導演何平執導的故事片《雙旗鎮刀客》在第三屆日本夕張國際驚險幻想電影節上獲最佳影片大獎。共有來自美國、加拿大、日本、德國、中國的6部影片參加正式比賽，中國影片是第一次參加該電影節。《雙旗鎮刀客》在國際評委一致通過下獲得大獎。導演何平接受了本屆電影節評委會主席、美國著名導演羅伯特·懷斯先生頒發的獲獎證書及由世界著名雕刻藝術家Pascal Morabito先生爲本屆電影節最佳影片大獎雕刻的青銅獎。得到自己獲獎的消息，36歲的西影青年導演何平説："中國人第一次在這個節參賽就拿下了大獎，這不僅爲了中國，也爲了亞洲。"

《雙旗鎮刀客》被稱爲中國電影史上第一部西部片。

《雙旗鎮刀客》劇照

何平（1957—　）

導演。籍貫山西。1979年開始從事電影工作。1988年開始獨立執導影片，並正式成爲西安電影製片廠導演。主要作品有《川島芳子》、《雙旗鎮刀客》、《炮打雙燈》、《日光峽谷》、《天地英雄》等。

《雙旗鎮刀客》

出品：西安電影製片廠

編劇：楊爭光　何平　導演：何平　攝影：馬德林

主演：高偉　趙瑪娜　常江　孫海英

小刀客孩哥遵父親遺囑來到荒漠中的雙旗鎮，接他"指腹爲親"的媳婦好妹。一天，醉醺醺的二爺欲施暴於好妹，孩哥挺身而出，刀影閃過之後，驕横不可一世的二爺竟成了孩哥的刀下鬼。"一刀仙"聞聽二爺被殺的噩耗，率領衆刀客向雙旗鎮殺來。孩哥坐在雙旗下獨自應戰，殺死了"一刀仙"。

《燭光裏的微笑》表彰大會

上海電影製片廠攝製的反映人民教師高尚風格的影片《燭光裏的微笑》自1992年2月在上海、北京等試映後，反響强烈。江澤民總書記在春節期間看了影片，對影片予以充分肯定。2月18日，中共上海市委宣傳部、市政府教衛辦、市教育局、市電影局聯合召開"表彰上海廠《燭光裏的微笑》攝製組大會"。市宣傳部頒發了特別嘉獎令。市中小學幼兒老師獎勵基金會獎給攝製組資金2萬元，攝製組將2萬元轉贈給上海市長寧區第二小學。

2月27日，廣電部電影局、《人民日報》文藝部、國家教委社科藝教司聯合召開了故事片《燭光裏的微笑》座談會。廣電部副部長田聰明傳達了江澤民總書記對影片的高度評價，以及對電影創作的指示精神。

《燭光裏的微笑》

出品：上海電影製片廠

編劇：陸壽鈞　郭兵藝　吴天忍

導演：吴天忍　攝影：俞士善

主演：宋曉英　丁嘉元　楊津
張宏偉　唐黎

上海市邊緣棚户區的潘家弄小學教師、體弱多病的王雙鈴又接了一個亂班，她憑着豐富的教學經驗很快贏得了孩子們的好感。但是，過度的勞累使她心臟病發作，永遠閉上了雙眼。教室裏，孩子們點燃蠟燭，點點燭光輝映着黑板遺像上王老師的微笑。

《燭光裏的微笑》劇照

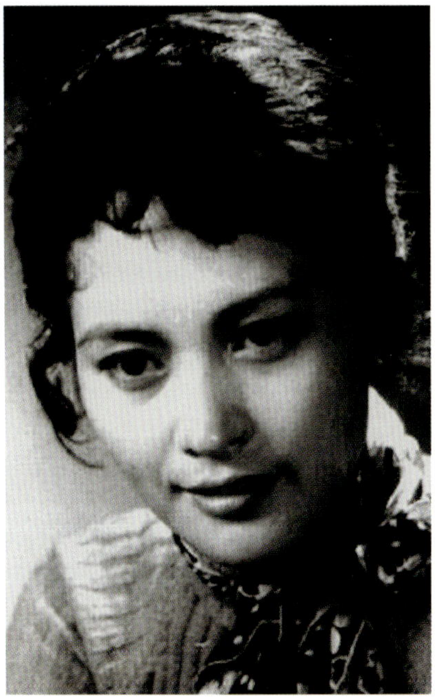

宋曉英（1954—　）

演員。吉林白城人。1971年入吉林省吉劇團學習，後任該團演員；1974年任長春電影製片廠演員。代表作品有《金光大道》、《苦難的心》、《刑場上的婚禮》、《十六號病房》、《譚嗣同》、《鴛鴦樓》、《燭光裏的微笑》等。

廣電部1991年優秀影片獎頒獎大會在京舉行

21日，廣電部在首都劇場召開1991年優秀影片獎暨建黨70周年獻禮影片展映活動先進集體和個人頒獎大會。自1991年3月到今年4月共舉行了三批獻禮影片的展映活動，共展映影片23部，觀衆16億人次，發行收入3億多元。這次展映活動中由400多個集體、900多個個人分別被廣電部授予優勝集體和優勝個人的光榮稱號。其中，遼寧、吉林、北京、山東、江蘇、湖北、陝西7個省市電影公司獲一等獎，黑龍江等9個省市電影公司獲二等獎。

1991年廣播電影電視部優秀影片獎獲獎名單

優秀故事片：《大決戰》（八一）、《周恩來》（廣西）、《開天闢地》（上影）、《毛澤東和他的兒子》（瀟湘）、《過年》（北影、香港萬和影視公司）、《決戰之後》（西影）、《烈火金剛》、《情灑浦江》（上影）、《世界屋脊的太陽》（廣西）、《高朋滿座》（長影）、《心香》（珠影）；優秀兒童片：《燭光裏的微笑》（上影）、《火焰山來的鼓手》（童影）；優秀譯製片：《陰謀的代價》（長影）、《追尋鐵證》（上影）；優秀美術片：《葫蘆小金剛》（上海美影）、《眉間尺》（上海科影）、《開店》（長影）、《七色花》（北京科影）、《鏡花緣——兩面國》（上海美影）、《嘴巴、耳朵和眼睛》（上海美影）；優秀紀録片：《我們走過的日子》（新影）、《抗洪救災》（八一）、《赴湯蹈火》（上海美影）、《祖國新貌9101號》（新影）、《春風桃李瑶山》（新影）、《在黨旗下》（八一）；優秀科教片：《企鵝大帝》（上海科影）、《低温核供熱堆》（北京科影）、《節育新方法》（北京科影）、《兩系法雜交水稻》（上海科影）、《原生質體再生植株》（農影）、《滄州嚬良田》（農影）、《實驗動物》（上海科影）；特别獎：《我們走向未來》（新影）。

地質礦産部爲《世界屋脊的太陽》頒授"寶石杯"獎

5月29日，地質礦産部在北京舉行故事片《世界屋脊的太陽》頒授"寶石杯"獎大會。並向該片主創人員頒發"寶石杯"和榮譽證書。廣西廠出品、謝飛導演的影片《世界屋脊的太陽》講述地質工作者克服工作和生活中的各種困難，成功地在西藏建成地熱電站的故事。影片全部採用實景拍，攝製組自1991年6月起在西藏高原拉薩、羊八井拍攝，克服重重困難，在高原、高寒的環境下拍攝影片。

《世界屋脊的太陽》劇照

《世界屋脊的太陽》

出品：廣西電影製片廠
編劇：黄世英
總導演：謝飛
導演：王平
攝影：劉寶貴
主演：梁國慶　焦晃　馮恩鶴　史可　艾麗婭

年輕的地熱工程師方京生要求父親地熱站工程總指揮方正批給他一個星期的婚假回北京與米蘭完婚。方正未予准假，方京生一氣之下私自離隊回京。回京後米蘭却告訴他要出國。方京生回到隊裏受到撤銷五隊工程師職務的處分。過生日那天，他收到已出國的米蘭與他分手的信。牧民們跳起踢踏舞，温暖了方京生受傷的心。方京生最終犧牲在井噴的井臺上。

首届中國電影優秀攝影獎授獎大會在京舉行

10月26日，由中國電影基金會、中國電影電影師學會聯合主辦的"首届中國電影優秀攝影獎授獎大會"在北京舉行。《小花》、《天雲山傳奇》等16部故事片，《灕江畫童》、《抗洪救災》等12部紀録片、《生物進行》、《灰喜鵲》等12部科教片和《哪吒鬧海》、《山水情》等5部美術片獲獎。吴印咸、吴蔚雲、周達明、黄紹芬等15位老攝影師獲中國電影攝影特别獎。

首届中國長春電影節

8月23—28日，首屆中國長春電影節在長春舉行。長春電影節是由長春市人民政府、廣電部電影局、中影公司、吉林省文化廳、吉林省電影公司和長春電影製片廠聯合主辦，長春市人民政府承辦的。電影節在"電影搭臺，經貿唱戲"的口號下，集電影、文化、經貿、科技、旅遊等活動爲一體，吸引了三萬多中外賓客。中外優秀影片展映活動展映了大陸18家電影廠提供的31部影片，港臺提供的4部影片，還有日本、印度、美國、法國等12個國家的20部影片，在全市百餘家影劇院、俱樂部同時展映，觀衆突破100萬人次。在剛剛落成的壯麗的電影宫裏，1991年8月1日至1992年7月31日期間攝製完成的17部國産故事片，角逐首屆"長春金杯獎"和"長春銀杯獎"。最終，《秋菊打官司》獲"長春金杯獎"，另外五部影片獲"長春銀杯獎"和特别獎。

電影節期間内貿成交額超過55億元人民幣，簽訂合資項目69個，利用外資金額1.7億多美元。1992年第2届全國電影業務看片會在長春電影節期間舉行，據初步統計，28部中外故事片共訂購拷貝2453個，其中超過200個拷貝的影片有《新龍門客棧》（287個）、《黑雪》（238個），100—200個拷貝的有9部，不到30個拷貝的有8部。

首届中國長春電影節獲獎名單

長春金杯獎：《秋菊打官司》；長春銀杯獎：《葛老爺子》、《關里人家》、《人之初》；特别獎：《毛澤東的故事》、《燭光裏的微笑》。

走向世界　走向辉煌
——'92中国长春电影节成功启示录

首届中國長春電影節報導

首屆中國電影金鷄百花電影節在桂林舉行

11月2日—6日，首屆中國電影金鷄百花電影節在桂林舉行。從此以後，稱爲專家獎的"金鷄獎"和觀衆獎的"百花獎"合併爲一個電影節。本屆電影節活動包括：第12屆中國電影金鷄獎、第15屆《大衆電影》"百花獎"的頒獎大會、海峽兩岸和香港電影新作觀摩展、中國金鷄國際影展、第7屆中日電影文學研討會等多項活動。應中國影協邀請，以波蘭、日本、匈牙利、俄羅斯、摩洛哥、越南以及臺北金馬獎影展執委會主席、電影導演李行爲團長的臺灣電影界人士訪問團一行13人，參加了頒獎等多項活動。日本著名演員、政治活動家山口淑子（李香蘭）應中國影協邀請來華參加首屆中國金鷄百花電影節，並參觀訪問。

爲慶祝首屆中國金鷄百花電影節開幕式，中國影協與中國社會出版社通過全國郵電部門發行了一套25張《中國電影明星明信片》，其盈利將用於社會福利事業。

第12屆中國電影金鷄獎獲獎名單

最佳故事片：《大決戰》（八一）；最佳紀録片：《我們走過的日子》（新影）；最佳科教片：《低温核供熱堆》（北京科影），《企鵝大帝》（上海科影）；最佳兒童片：《燭光裏的微笑》（上影）；最佳編劇：汪天雲，黄亞洲（《開天闢地》）；最佳導演：影片《大決戰》導演創作集體，孫周（《心香》）；最佳男主角：王鐵成（《周恩來》）；最佳女主角：宋曉英（《燭光裏的微笑》）；最佳女配角：丁嘉莉（《過年》）；最佳攝影：姚力（《心香》）；最佳美術：影片《大決戰》美術創作集體；最佳音樂：金復載（《風雨故園》、《清凉寺的鐘聲》）；最佳録音：鄧清華，馮徑生，陸洪（《心香》）；最佳剪輯：影片《大決戰》剪輯創作集體；最佳道具：影片《大決戰》道具創作集體；最佳煙火：影片《大決戰》烟火創作集體；最佳化裝：顔碧君，王希鐘（《周恩來》）；特別獎：《周恩來》（廣西），《開天闢地》（上影）。

第15屆《大衆電影》百花獎獲獎名單

最佳故事片獎：《大決戰》（八一），《周恩來》（廣西），《過年》（北影、香港萬和）；最佳男演員獎：王鐵成（《周恩來》）；最佳女演員獎：趙麗蓉（《過年》）；最佳男配角獎：葛優（《過年》；最佳女配角獎：吕麗萍（《青春無悔》）。

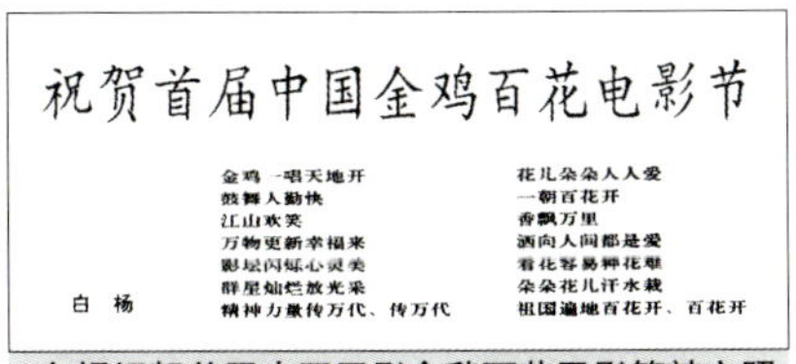
祝贺首届中国金鸡百花电影节

金鸡一唱天地开
鼓舞人勤快
江山欢笑
万物更新幸福来
影坛闪烁心灵美
群星灿烂放光采
精神力量传万代、传万代

花儿朵朵人人爱
一朝百花开
香飘万里
洒向人间都是爱
看花容易种花难
朵朵花儿汗水栽
祖国遍地百花开、百花开

白　杨

白楊祝賀首屆中國電影金鷄百花電影節詩文照

《開天闢地》劇照

《開天闢地》

出品：上海電影製片廠
編劇：黄亞州　汪天雲
導演：李歇浦
攝影：沈妙榮　朱永德
主演：邵宏來　孫繼堂
　　　王霙

"五四運動"前後，中國最早覺悟的知識分子李大釗、陳獨秀、毛澤東等人，在上海、北京、長沙、武漢、廣州及留法學生中成立了共産主義小組和支部，直至1921年7月在上海成立了中國共産黨。從此，中國歷史進入了開天闢地的新紀元。

李歇浦（1942—　）

導演。原籍江蘇泗陽，生於上海。1963年畢業於上海電影專科學校導演系，後入上海電影製片廠任導演助理、導演，並曾擔任創作室主任、副廠長、廠藝委會主任等職。代表作品有《開天闢地》、《燃燒的港灣》、《走出西柏坡》、《鄧小平·1928》等。

黄健中

黄健中（1941—　）

導演。原籍福建晉江，生於印度尼西亞泗水。1960年入北京電影製片廠附屬電影學校學習，任北京電影製片廠場記、副導演、導演。代表作品有《如意》、《良家婦女》、《貞女》、《龍年警官》、《過年》、《我的1919》等。

《過年》

出品：北京電影製片廠
編劇：姜一　導演：黄健中
攝影：李恬
主演：李保田　趙麗蓉
　　　六小齡童　丁嘉莉

除夕之夜，勞作一年的老程回家過年。初一，二兒子程遠和女友從北京趕來，爲畢業論文的考察，希望得到贊助。老大一家、大姐一家，以及與架子工私奔的二女兒程萍也回來了。準備結婚的小兒子程勇拿出了二千多元的聘金單。老程也拿出了團圓飯的最後一道菜——八千元人民幣，各懷心思的兒女們鬧了起來。望着遍地狼藉和散去的兒女，老程兩口子滿懷傷感，坐上爬犁離開了家。

《過年》劇照

大陸電影代表團首次赴臺訪問

12月17—26日，應臺北金馬影展執委會主席、著名電影導演李行的邀請，以著名電影導演謝晉爲團長的大陸電影代表團赴臺灣訪問。這是1949年以來大陸第一次派出大規模、高規格的代表團赴臺訪問，引起了臺灣各界的普遍關注。訪臺期間，舉行了三次記者招待會、參加了三次座談會，並進行了參觀訪問。雙方在電影學術方面進行了交流，討論了電影市場滑坡的原因、市場機制、觀衆心理、影片銷售，以及雙方進入彼此市場的可能性。還探討了電影導演風格、藝術共性和藝術家個性、中國電影文化、民族屬性等問題。25日，代表團部分成員拜訪了張學良先生和趙一荻女士。代表團原定參加臺灣"金馬獎影展"活動，但因臺灣當局不同意三部大陸影片入臺，故代表團在"金馬獎影展"活動後才赴臺。

緊接着，12月28日至1993年1月4日，應臺灣輔仁大學大衆傳播系的邀請，鄭洞天、倪震、胡克、楊遠嬰等5名學者教授赴臺灣出席以"中國電影·電影中國"爲題目的海峽兩岸電影學術研討會。

大陸電影代表團部分成員拜會張學良夫婦

《心香》獲夏威夷電影節評委特別獎

12月12日，故事片《心香》獲第十二屆夏威夷國際電影節評委特別獎。早在年初，《心香》就獲得了政府獎，被稱爲"近年少見的不可多得的藝術精品"。而在這部影片拍攝時，因爲沒能把成本控制在90萬元以內，導演和製片主任雙雙受到經濟懲罰，拍攝酬金分文不得，連導演分鏡頭稿費也全部被扣。

《心香》

出品：珠江電影製片廠
編劇：苗月　導演：孫周　攝影：姚力
主演：朱旭　王玉梅　費洋

南方的一個小鎮，曾是著名京劇琴師、現已退休在家的外公突然接到女兒的電報，通知外孫京京將到。外公渡江去"求教"蓮姑，蓮姑失散多年的丈夫從臺灣的來信，給外公平添了不少心事。蓮姑病倒後，希望讓外公給信佛的她超渡，並對外公的照顧之情及不能與他相伴到底表示深深的歉意。京京臨行前，外公將蓮姑留下的一個觀音玉墜交給了他。

孫周（1954—　）

電影導演。1984—1986年在北京電影學院導演系進修，後爲珠江電影製片廠導演、廣東三九廣告傳播公司副總經理、創作總監。代表作品有《給咖啡加點糖》、《心香》、《漂亮媽媽》、《周漁的火車》等。

《心香》劇照

《秋菊打官司》劇照

“荒煤文藝生涯六十年研討會”在京舉行

12月18—19日，中國作家協會、中國電影家協會、中國電影藝術研究中心、北京電影學院、中國社會科學院文學研究所、中華文學基金會聯合主辦的“荒煤文藝生涯六十年研討會”在北京政協禮堂舉行。全國政協副主席馬文瑞發來了賀電。夏衍爲荒煤題詞：“從書生到作家，從小説家到新中國電影事業的領導，荒煤同志在文藝界辛勤工作了60年，作出了重大貢獻。現年逾古稀仍筆耕不已。謹向我風雨同舟的老友致以由衷的敬意。”馮牧、林默涵、榮高棠、丁嶠、王蒙、陳播、石方禹、汪洋、黄宗江等出席並在研討會上發言。高度評價了陳荒煤的革命生涯和他作爲黨的文藝工作的領導者，對中國文學創作和電影事業做出的突出貢獻。

《秋菊打官司》獲威尼斯電影節金獅獎

9月4日—14日，故事片《秋菊打官司》獲第四十九屆威尼斯國際電影節金獅獎，鞏俐獲最佳女演員獎。在威尼斯電影節上，最佳影片和最佳女主角同屬一部影片情况非常少見。在9月1日開幕的本屆電影節，來自14個國家的22部影片角逐金獅獎。雖然評審團内部頗有爭議，但最終《秋菊打官司》和鞏俐以8票對3票的優勢獲獎。這是張藝謀導演繼《紅高粱》1988年獲得柏林電影節金熊獎後，中國電影獲得的又一項世界級榮譽。而鞏俐得威尼斯電影節影后，則是迄今爲止大陸影星獲取的最高國際表演獎。張藝謀得知自己獲獎的消息後，説：“威尼斯給我個説法了！”《秋菊打官司》在展映期間，就備受關注。三天内，張藝謀、鞏俐就接受了30多家不同國度的媒體採訪。米蘭《晚報》稱：威尼斯今年應該“還張藝謀一個早該獲得的金獅獎”。《獨立報》的標題是：“張藝謀拯救了逐漸衰落的威尼斯電影節”。

《秋菊打官司》

出品：香港銀都機構有限公司
北京電影學院青年電影製片廠
編劇：劉恒
導演：張藝謀
攝影：池小寧　于小群　盧宏義
主演：鞏俐　雷恪生
劉佩琦　戈治均

秋菊的丈夫王慶來爲了自家的承包地與村長王善堂發生了爭執，村長一怒之下踢中了其要害。已有6個月身孕的秋菊找村長説理不成後，走上了告狀之路。除夕夜裏，秋菊分娩難産，在村長的幫助下連夜來到醫院，順利生産。秋菊對村長十分感激，官司不再提了。然而就在孩子滿月的時候，傳來市法院的判决，村長被拘留了。

本年度在國際上主要獲獎情况

《來自火焰山的鼓手》獲第42屆柏林國際電影節兒童評委一等獎；

《雙旗鎮刀客》獲第3屆日本夕張國際驚險幻想電影節最佳影片大獎；

《大紅燈籠高高掛》獲大衛獎評選活動最佳外語片獎；

《四十不惑》獲第45屆瑞士洛迦諾電影節最佳影片獎；

《狂》獲朝鮮第3屆不結盟國家國際電影節最佳攝影獎；

《秋菊打官司》獲第49屆威尼斯國際電影節大獎金獅獎，鞏俐獲最佳女演員獎；

《高朋滿座》獲蒙古國際喜劇電影節一等獎；

《留守女士》獲開羅國際電影節金字塔金像獎，修晶雙獲最佳女演員獎。

1992年（臺灣）

大事記

2月13日　第42屆德國柏林國際電影節揭幕，張艾嘉應邀擔任評審，爲第一位進入該影展評審團的華人代表。

4月13日　"中影"、香港思遠影業公司聯合投資，電影工作室攝製，徐克、李惠民聯合執導的影片《新龍門客棧》開鏡。

4月29日　"中央電影公司"、臺灣嘉禾電影公司聯合出品，蔡明亮執導的"國片製作輔導金"影片《青少年哪吒》在臺北南陽街開鏡。

5月2日　因前往大陸拍片被歸爲"附匪影人"而遭當局限制入境的資深導演張徹獲准抵臺。

6月16日　立法機構三讀通過"文化藝術獎助條例"，將電影業列入補助對象。

6月20日　老牌臺語演員矮仔財病逝，享年77歲。

8月21日　公平交易委員會決議，電影院業者不得做出統一票價的聯合行爲。

9月12日　電影事業發展基金會首次舉辦的"優良創作短片輔導金"評選結果出爐。

10月6日　臺北市影片商業同業公會等8個電影團體發表聲明，退出12月舉行的"電影會議"，以抗議當局作權委員會重新解釋"著作權法"真品平行輸入條款。

11月9日　第5屆中時晚報電影獎開獎，增設年度大陸優秀電影獎。

12月23日　臺北金馬影展執行委員會安排10位大陸影人與臺灣片商、導演、影評人就"海峽兩岸合拍電影之前瞻性"進行座談。

大陸電影學者來臺訪問

由於政治條件緣故，四十多年來首批來臺訪問的大陸電影學者黄式憲、蔡洪聲、陳飛寶3人於1992年7月1日抵達臺北，展開爲期兩週的訪問與學術交流。黄式憲3人對於臺灣電影均有深刻的研究，此次係應電影導演協會及影評人協會邀請來臺。停留期間將前往高雄參加金馬獎"高雄電影週"，以及在電影資料館舉行的3場學術研討會，此外亦將拜會各電影機構，並與電影界會面以了解臺灣目前的電影狀況。

重要影片

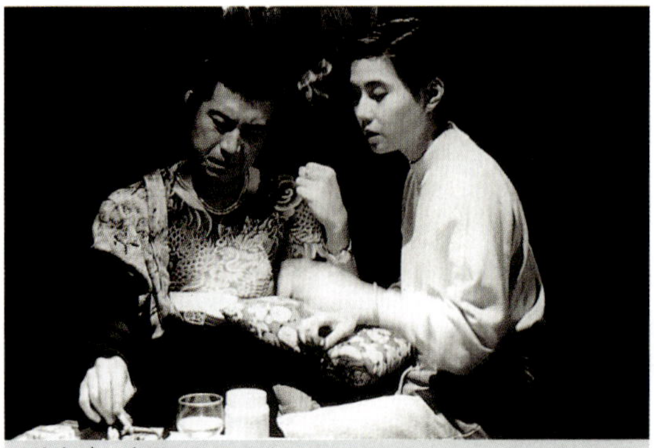

《少年吔，安啦！》

《少年吔，安啦！》

出品：城市國際
編導：徐小明
主演：顔正國　高捷

自幼缺乏家庭温暖的阿國跟美國仔，鎮日四處滋事，要不就是躲在閣樓裏吸食安非他命。某日，同鄉友人小高從返鄉找尋老大被暗殺線索。在初生之犢不畏虎的衝動下，阿國跟美國仔跟着小高北上展開獵殺行動。

《青少年哪吒》

出品：中影　嘉禾
編導：蔡明亮
主演：陳昭榮　李康生
　　　王渝文　苗天

小康突然決定不考聯考了，拿了一筆補習班退回來的學費跑去西門町晃蕩，在那兒遇到阿澤。阿澤整天不是打電話，就是騎着重型機車在街上呼嘯。小康認出阿澤曾經拿大鎖砸過老爸的出租車，開始跟蹤阿澤。

《青少年哪吒》劇照

《暗戀桃花源》

出品：表演工作坊　三本
編導：賴聲川
主演：林青霞　李立群
　　　金士傑　丁乃箏
　　　顧寶明

"暗戀"所描述的是横跨四十多年的舊情；"桃花源"故事則發生在遥遠的"晉太原中"。由於劇場管理員同時將排練場租給兩個劇團，原本各自獨立的戲，因爲搶排造成臺上人物的錯綜糾葛，進而産生了古今交錯、又悲又喜的戲劇效果。

《暗戀桃花源》劇照

《阿呆》劇照

《阿呆》

出品：長宏
編劇：吴念真
導演：蔡揚名
主演：蔡岳勳　葉全真　陳松勇　午馬

在貧困環境中成長的眷村少年任台生，爲了擺脱窮苦的生活，他用自己的生命做賭注，捲入黑社會的狂流中。

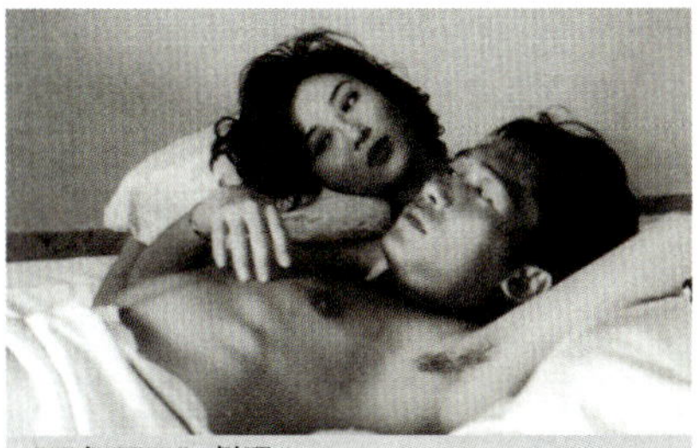
《三個夏天》劇照

《三個夏天》

出品：中影
編劇：張艾嘉　導演：劉國昌
主演：梁朝偉　葉玉卿　吳倩蓮

一個住在大嶼山的女孩，每年夏天總會等待一群大學生來大嶼山玩。每一個夏天，這群人總帶給她不同的感受。在這群人當中，女孩看見了感情的矛盾和衝突、知識分子的情結、未來的憧憬。

《五個女子與一根繩子》劇照

《五個女子與一根繩子》

出品：湯臣
編導：葉鴻偉
主演：楊潔玫　張世　艾敬

許久以前的中國，女人社會地位極低。有五個女孩，同住一個村子，一起長大。重陽節這天，這五個女子，決定去實踐未出嫁女孩的願望——"逛花園"，因爲在"花園"裏,女人的地位遠遠超過男人……

《無言的山丘》

出品：嘉誠　中影
編劇：吳念真　導演：王童
主演：彭樟燦　楊貴媚
黃品源　陳仙梅

阿助、阿屘兩兄弟是憨厚的佃農子弟，爲了父母的喪葬費只好賣身委屈於地主不合理的長工契約中，終因經不起金瓜石美麗淘金的傳聞，而投入整日不見陽光的坑洞中去挖掘他們兄弟共同的希望。

《無言的山丘》劇照

電影資料館完成法人登記

脫離電影事業發展基金會已一年多的電影資料館，1992年8月6日向臺北地方法院完成法人設立登記，日後將可以"財團法人"的身份依法接受電影事業處的經費補助，繼續推動各項電影資料的搜集與整理工作。

電影資料館的前身是1978年成立的電影基金會附設電影圖書館，1989年改名爲電影資料館。1991年電影基金會移轉民間，電影資料館因肩負電影史料的保存及整理工作，需要有明確的組織和穩定的經費來源維持運作，因此暫由電影事業處編列專款支應經費，同時展開改組爲"財團法人"的籌備事宜。

第29屆金馬獎得獎名單

最佳劇情片：《無言的山丘》
最佳紀實報導片：《小鵜》
最佳動畫片：入圍從缺
最佳導演：王童《無言的山丘》
最佳男主角：成龍《警察故事III超級警察》
最佳女主角：陳令智《浮世戀曲》
最佳男配角：顧寶明《暗戀桃花源》
最佳女配角：顧美華《浮世戀曲》
最佳原著劇本：吳念真《無言的山丘》
最佳改編劇本：賴聲川《暗戀桃花源》
最佳攝影：李德成《霧都情仇》
最佳剪輯：張耀宗、張嘉輝《警察故事III超級警察》
最佳美術設計：李富雄《無言的山丘》
最佳造型設計：李富雄《無言的山丘》
最佳電影配樂：黃舒駿《青少年哪吒》
最佳電影歌曲：黃霑《黃飛鴻之II男兒當自强》
最佳録音：杜篤之、楊靜安《少年吔，安啦》
最佳武術指導：程小東、元彬《新龍門客棧》
評審特别獎（動畫鼓勵獎）：《學仙記》（宏廣公司）
觀衆票選最佳影片：《無言的山丘》

臺語演員矮仔財病逝

曾在"王哥柳哥"臺語系列電影中飾演柳哥而家喻户曉的諧星矮仔財，在病痛纏身數年後，於1992年6月20日因肺功能衰竭過世，享年77歲。

同年5月11日，臺語片製作人兼雲林麥寮拱樂社歌仔戲團負責人陳澄三病逝，享年75歲。

矮仔財（1916—1992）

臺語片演員。本名張福財。生於臺北。日據時期曾加入由臺灣文化協會衍生的鐘鳴劇團，以矮仔財爲藝名演出暗諷日本人統治臺灣的舞臺劇。1956年矮仔財被製片楊祖光發掘，於臺語片《林投姐》（唐紹華導）中飾演丑角一炮而紅，此後即以銀幕上嬉笑怒罵的甘草人物爲觀衆製造歡笑，演出電影不下數百部，以《王哥柳哥遊臺灣》系列最受歡迎。1962年以國語片《宜室宜家》獲得第一屆金馬獎最佳男配角獎。1991年新聞局頒發"喜劇泰斗藝冠群倫獎"，表揚其30多年獻身電影以及電視界。

陳澄三（1918—1992）

臺語片時期著名的製片人。雲林縣麥寮鄉人。1948年創辦"麥寮拱樂社歌劇團"，成爲全省最具規模且家喻户曉的歌仔戲劇團，長年巡迴公演，風靡全省。1955年，陳澄三以歌劇團長期培訓養成的演員並配合自創的技術，攝製了臺灣第一部35mm的臺語影片《薛平貴與王寶釧》（共3集），創下當時的票房紀録，轟動全臺。隨後又攝製第一部臺語時裝影片《雨夜花》，以及本省第一部16mm彩色臺語片《金壺玉鯉》，皆備受觀衆的歡迎與喜愛，亦爲臺灣電影事業奠定良好的根基。

主要影片目録（共160部）

中影　《三個夏天》、《無言的山丘》
中影、嘉禾　《青少年哪吒》
長宏　《阿呆》、《五湖四海》、《逃學歪傳》
新航線　《猪哥伯傳奇》、《親愛的我把妳帶回來了》
家園　《巧克力戰爭》
城市國際　《少年吔，安啦！》
虎軒　《靈幻少女》
三本、表演工作坊　《暗戀桃花源》
嘉誠　《無言的山丘》
福元　《皇金稻田》
湯臣　《五個女子與一根繩子》

1992年（香港）

大事記

1月11日至16日 香港電影導演會主辦的"第一屆海峽兩岸暨香港電影導演研討會"在港舉行。吳思遠、陳欣健率香港代表團，吳貽弓、謝鐵驪、謝晉率大陸代表團，李行、白景瑞率臺灣代表團出席會議。

1月15日 "永高事件"引發香港歷史上第一次全港演藝界抗議電影圈暴力行動大遊行。

11月27日 由香港市政局所轄香港電影資料館籌備處正式成立，每年經費1400萬元港幣，總經理爲馬啓濃。

12月 臺灣第29屆金馬獎揭曉，陳令智以《浮世戀》獲最佳女主角獎，成龍以《警察故事3・超級警察》獲最佳男主角獎。

本年 周星馳以《威龍闖天關》，吳宇森以《槍神》分别獲得第37屆亞太影展最佳男主角獎和最佳剪輯獎。

銀都機構出品的《秋菊打官司》獲第49屆威尼斯國際電影節大獎——金獅獎。

重要影片

《籠民》劇照

《籠民》

出品：影幻公司　銀都機構

編劇：黄仁逵　吴滄洲　張之亮

導演：張之亮

主演：喬宏　泰迪羅賓

香港人口稠密，衆多老弱的貧苦者聚居在人口密度極大的舊樓床位，各以鐵絲網圍住，俗稱"籠屋"。刑滿釋放的青年毛仔入住籠屋，成爲"籠民"，因業主要收回舊樓，衆籠民向議員求助……

獲第12屆香港電影金像獎最佳影片、最佳導演、最佳編劇、最佳男配角（廖啓智）；第一屆上海國際電影節評委會特别獎。

《新龍門客棧》

《新龍門客棧》劇照

出品：思遠公司

編劇：徐克　張炭　曉禾

導演：李惠民

主演：梁家輝　林青霞　張曼玉　甄子丹

明朝景泰年間，東廠大太監曹少欽，將忠良兵部尚書楊宇軒陷害致死，並以流放楊宇軒的兒女爲誘餌，引出楊的部下周淮安。江湖女俠邱莫言受周淮安之託，救出楊家兒女與周淮安相約在大漠邊關的龍門客棧會合。以開黑店爲營生的"龍門客棧"店主金鑲玉風騷多情，對周淮安暗生情愫。與此同時，曹少欽的大隊人馬正開向龍門客棧……

徐克將胡金銓的經典武俠片《龍門客棧》加以改寫，搬到大陸的沙漠外景實地拍攝，並由李惠民擔任導演。劇情主要架構仍是描寫俠士周淮安伙同一群緑林好漢救助忠良之後，跟大太監曹少欽和東廠高手在龍門客棧發生爾虞我詐的遭遇戰。新版本最大的特色除了大漠風沙的懾人映象之外，便是對三位主角的個性作了新注釋。梁家輝與女扮男裝的林青霞被安排成有一段愛情故事，新增加的黑店老闆娘張曼玉更是風騷入骨，搶盡風頭，形成精彩武打之外有趣的三角感情矛盾。

《俠盜高飛》劇照

《俠盜高飛》

出品：金公主

編劇：南燕

導演：林嶺東

主演：周潤發　任達華　黄秋生　符鈺晶　柏安妮

神槍手高飛是曼谷夜總會保安。沈四因欠人一筆錢未還險遭毒手，他被高飛救出。爲了還債，沈四求高飛與賊幫合作劫取走私軍火。事成之後，高飛遭判官暗算，他的車翻倒撞入民居，使一家數口慘死，剩下一名重傷的弱女。爲補償弱女損失，他聯合沈四幾經浴血苦鬥，一舉殲仇，沈四犧牲。

《車神》劇照

《車神》

出品：高寶公司
編劇：林蘊衡
導演：陸劍明
主演：任達華　劉嘉玲　李修賢　成奎安

湯姆和對手大傻在一次鬥車中發生爭鬥，湯姆的手下誤殺了大傻的手下。大傻向警方告發，湯姆被通緝，與情人勞拉四處逃亡。爲了報復大傻，湯姆到大傻的車行偷車賣錢，大傻在追逼他的過程中因車技不如湯姆而受重傷。

《神算》劇照

《神算》

出品：許氏
編劇：許冠文　黄子華
導演：許冠文
主演：許冠文　黎明　許冠英

老許是一個算命先生，一天給税務局何局長的太太算命，讓何太太誤認爲丈夫有外遇，遂大鬧一場。何局長大怒之下派邱浩基調查老許。老許因救人受傷引發了超能基因，能看見常人所不能見的事物。經多次驗證，浩基與許結爲好友。老許得悉販毒頭子洪森有非法買賣在進行，他報警苦無證據，反遭洪的追殺。

香港影人抗議不良勢力活動

娛樂圈在常人眼中是光彩四射的名利場，明星製造的搖籃。可是，香港娛樂圈的暴力事件屢見不鮮，有藝人被人拿槍要挾拍戲，有電影膠片被搶。這不僅給香港影業籠罩了陰影，也讓藝人的身心受到了創傷。越來越多有責任心和良心的業內人士對香港影圈暴力事件挺身而出，呼籲正義之士對不良媒體及黑社會勢力進行譴責、抗議。爲了反對暴力事件，明星們曾被恐嚇，但他們始終不悔。在每次抗議、聲討、遊行等活動中借以自身明星的號召力一呼百應，繼而得到警方及特區政府的重視。

“永高事件”

農曆新年前夕，作爲賀歲片的《家有喜事》，其底片在某電影沖印公司突然被一伙來歷不明歹徒搶劫，然而春節公映檔期在即。這是香港電第一次發生如此嚴重的事件，結果引致由香港各專業團體聯合發起“反暴力”大遊行（1992年1月15日），數以千計電影界幕前幕後人員爲表憤慨，響應號召上街遊行示威，强烈要求警方儘速破案，嚴緝元兇。此事全港轟動，引起海内外各大傳媒紛紛關注、報道。

全港演藝界抗議電影圈暴力行動大遊行

抗議盗版遊行活動

1999年3月17日，香港電影幕前幕後人員集體舉行頗具規模的抗議盗版遊行活動，呼籲社會和政府更加重視盗版對電影業的傷害，呼籲影迷不要購買沒有版權的文化産品。爲此，全港戲院停業一天（三級片戲院除外）。

“天地不容”的聲討大會

2002年10月30日，香港《東週刊》刊出某知名女星（劉X玲）多年前被迫拍下的裸照後，受到演藝界人士批評、譴責。特首董建華也對事件表示關注和憤慨，並指示警方查清真相。11月1日，演藝圈十大團體聯手舉行名爲“天地不容”的聲討大會，向惡劣傳媒表示强烈抗議。劉X玲也出席集會。大會强烈譴責《東週刊》爲求促銷，埋没良知，毒害下一代，並商議醞釀自當年反黑社會及反盗版遊行以來最大規模的抗議行動。成龍、梅艷芳、楊紫瓊、林建明，吴思遠、毛舜君、張同祖及爾冬陞等參加了聲討大會，聯合發出聲明，呼籲市民不要再購買或傳閲《東週刊》，並應制止女星裸照在網上流傳。香港電影工作者總會會長吴思遠也呼籲所有有良知的香港市民譴責這種行爲。

第11屆香港電影金像獎

最佳故事片：《跛豪》，最佳導演：徐克（《黄飛鴻》），最佳編劇：麥當雄，肖若元（《跛豪》），最佳男主角：曾志偉（《雙城故事》），最佳女主角：葉童（《婚姻勿語》），最佳男配角：關海山（《五億探長雷洛傳》），最佳女配角：葉德嫻（《與龍共舞》），最佳新人：梁琤（《黑猫》），最佳攝影：鮑起鳴（《九一神雕俠侣》），最佳剪輯：麥子善（《黄飛鴻》），最佳美術指導：奚仲文（《九一神雕俠侣》），最佳動作指導：袁祥仁，袁信義，劉家榮（《黄飛鴻》），最佳電影音樂：黄霑（《黄飛鴻》），最佳電影歌曲：《似是故人來》（《雙鐲》，作曲：羅大佑，作詞：林夕，主唱：梅艷芳），最佳專業精神：屠海卿，黄炳耀。

主要影片目録

本年度香港共出産影片175部。

嘉禾　《雙龍會》、《阮玲玉》、《黄飛鴻'92之龍行天下》

金公主　《我愛扭紋柴》、《辣手神探》、《黄飛鴻之二男兒當自强》、《棋王》、《盗俠高飛》

永盛　《鹿鼎記》、《絶代雙驕》、《武狀元蘇乞兒》

長宏　《廟街十二少》、《逃學外傳》

天幕　《九二神鵰之痴心情長劍》、《戰神傳説》

永高　《夏日情人》、《真的愛妳》、《家有喜事》（東方）

其他　《四大探長》（德禄）、《漫畫威龍》（浚升）、《塘西風月痕》（安樂）、《逃學英雄傳》（晶藝）、《五福星撞鬼》（採藝）、《勝者爲王》（柏基）、《新龍爭虎鬥》（嘉氏）、《誓不忘情》（寶祥）、《踢到寶》（東方）、《妖怪都市》（萬里）、《大八卦》（三寶）、《笑傲江湖II·東方不敗》（金公主、龍祥）、《92黑玫瑰對黑玫瑰》（迎滔）、《審死官》（大都會）、《黑太陽七三一續集之殺人工廠》（雅慧）、《偷試隔墻花》（泰來）、《風流家族》（俊德）、《亞飛與亞基》（電影人、藝能）、《武林聖鬥士》（富升）、《賭城大亨II之至尊無敵》（向華强）、《新龍門客棧》（思遠）、《千火玫瑰》（嘉城）、《軍妓慰安婦》（佳藝）、《女黑俠黄鶯》（佳寧娜）、《禁房艷奇》（88世界）、《三級七日情》（雄鷹）、《何日金再來》（光亮）、《我來自北京》（高楓）、《兩屋一妻》（猛龍）、《羔羊醫生》（匯川）、《奸魔》（合衆）、《霧都情仇》（藝源）、《俠女傳奇》（龍祥、先達）、《雲雨第六感》（欣欣）、《偷神家族》（三禾）、《白玫瑰》（飛圖）、《與蛇共舞》（新三）、《俠聖》（黄氏）、《籠民》（影幻）、《妖獸都市》（電影工作室、東寶）、《赤裸羔羊》（王晶創作室）、《英雄地之小刀會》（金力）、《女校風雲之邪教入侵》（星王）、《情不自禁II霎時衝動》（查傳誼）、《92霸王花與霸王花》（正能）、《車神》（高寶）、《赤裸迷情》（影視佳、東成）、《夢醒時分》（天藝）、《神算》（許氏）

張曼玉憑《阮玲玉》獲柏林國際電影節銀熊獎

2月，張曼玉以影片《阮玲玉》獲第42屆柏林國際電影節最佳女主角獎，她也是第一個在該項電影節上榮獲演員大獎的中國人。

《阮玲玉》劇照

《阮玲玉》

出品：威禾公司
編劇：邱戴安平　**導演：**關錦鵬
主演：張曼玉　梁家輝　秦漢　劉嘉玲
吴啓華　葉童　李子雄

阮玲玉16歲投身影壇，在其後有限的9年生命中拍了20多部電影，塑造了社會各階層的婦女形象，嚴肅認真的創作態度和精湛的表演藝術使她成爲當時擁有觀衆最多的一位女演員。然而不幸的愛情生活，加上封建勢力爲攻擊新電影而對她進行的瘋狂迫害，使她從銀幕悲劇的主角演變爲人生悲劇的主角。1935年"三八婦女節"這天，她在家中自盡，留下"人言可畏"的悲嘆。

阮玲玉作爲默片時代中國最偉大的女演員，她的自殺，至今仍是人們關注的話題。本片將此事件搬上銀幕，足見編導的野心。然而，影片並沒有使人失望。導演極其細膩地反映了那個時代的風貌，深刻描寫了那個時代中國電影人在種種複雜條件下的奮鬥和創作可貴精神。而影片以時空穿插，互相滲透，以張曼玉/阮玲玉兩人/兩角的刻意距離、化入，複雜的技巧令層次豐滿的歷史重構、寫實、虛構、紀録和夢幻糅合，超出了傳記片的高度。張曼玉在本片有脱胎換骨的演出，也是她演藝生涯最重要的轉折點。

《阮玲玉》工作照

《阮玲玉》劇照

獲第12屆香港電影金像獎最佳女主角、最佳攝影（潘恒生）、最佳美術指導（樸若木）、最佳音樂；第28屆臺灣電影金馬獎最佳女主角、最佳攝影；第42屆柏林電影節最佳女主角獎；第28屆美國芝加哥國際電影節最佳女主角獎。

張曼玉手捧"小銀熊"

張曼玉（1964—　）

演員。祖籍廣東，出生於香港。8歲時隨家人離港赴英國生活多年。17歲到港遊玩被星探發現。曾獲1983年香港小姐亞軍。曾4次獲得香港電影金像獎最佳女主角獎，3次獲臺灣電影金馬獎最佳女主角獎，並憑借在《阮玲玉》中出色表演獲得第42屆柏林電影節最佳女主角獎，成爲第一個獲柏林電影節影后的中國人。在與戛納電影節影帝梁朝偉主演的影片《花樣年華》中也有不俗表演。2004年，她因影片《清潔》獲得了第57屆戛納電影節最佳女主角獎。主要作品還有：《不脫襪的人》、《人在紐約》、《客途秋恨》、《阿飛正傳》、《新龍門客棧》、《東邪西毒》、《甜蜜蜜》、《宋家皇朝》、《英雄》。

1993年（大陸）

大事記

1月5日　廣電部印發《關於深化電影行業機制改革的若干意見》。
1月11日　中國電影導演協會成立。
1月11—16日　第二屆海峽兩岸暨香港電影導演研討會在上海影城舉行。
3月18日　大陸電影業中第一個股份制企業上海永樂股份有限公司成立。
4月23日　電影局主辦的全國優秀電影劇本有獎徵集活動在北京揭曉。
5月8日　首屆"生力杯"人道主義精神優秀影片評選揭曉。
5月15日　"'92《當代電影》國産十佳影片"評選揭曉。
5月16日　表現殘疾人題材的首屆"奮發文明進步電影獎"在北京揭曉。
5月31日　廣電部下達《印發〈電影行業機制改革方案實施細則〉和〈中國電影發行放映輸出輸入公司影片購銷暫行辦法〉的通知》。
6月4日　廣播電影電視部部長艾知生簽發命令，發佈《電影審查暫行規定》。
6月7日　中國新文化運動的先驅者之一、文藝界卓越領導人陽翰笙同志，因病在北京逝世，終年91歲。
6月8日　法國軒尼詩公司向謝晉授予"軒尼詩創意和成就獎"。
6月21日　'92十佳影片永樂杯頒獎儀式在上海舉行。
6月30日　張藝謀獲法國總統批准授予的"法國文化騎士"勳章。
6月30日　吴貽弓獲第二屆上海文學藝術獎傑出貢獻獎，《開天闢地》獲優秀成果獎。
7月13日　八一電影製片廠廠長王曉棠晉升爲少將，成爲電影界第一位女將軍。
9月13日　中宣部、國家教委、廣電部、文化部聯合發出《關於運用優秀影視片在全國中小學開展愛國主義教育的通知》，推薦一百部愛國主義教育影視片。
12月12日　第四屆中國電影表演藝術學會獎頒獎活動在北京舉行。
本年　廣東、河南等地查處走私影片（録像、鐳射）活動。

《股瘋》劇照

《股瘋》

出品：瀟湘電影製片廠
　　　中國電影發行放映公司
編劇：賈鴻厚　吴靜霞
導演：李國立
攝影：沈妙榮
主演：潘虹　劉青雲　王汝剛

上海掀起炒股狂潮，公共汽車售票員莉莉也被捲了進來，她和來自香港的阿倫合作賺了錢後，她的丈夫心裏不平衡，拿别人的錢買股票賠了。阿倫救下了要跳樓的他，他們衆志成城準備迎接更大的挑戰。

重要影片

《炮打雙燈》劇照

《炮打雙燈》

出品：西安電影製片廠
編劇：大鹿
導演：何平
攝影：楊輪
主演：寧靜　巫剛　趙小鋭　高陽

少女春枝是製炮竹大户的獨生女，自幼被當作男孩撫養，是唯一的繼承人。家族規定其父死後，春枝永遠不得嫁人。畫門神的工匠牛寶與春枝産生愛情，春枝穿上了女裝。家族決定讓牛寶與管家滿地紅比炮，贏者方可迎娶春枝。牛寶被致殘離去，春枝已經懷上他的孩子。

《雲南故事》

出品：北京電影製片廠
　　　仲盛影業公司
編劇：徐天生
導演：張暖忻
攝影：王小列
主演：吕綉菱　林健華　濮存昕

抗戰勝利了，哈尼族年輕軍官戛沙和日本女人樹子的愛情遭到了非議，戛沙被解職。二人千里迢迢返回戛沙的雲南故鄉，不料剛到家門戛沙因舊病復發而死去。戛沙的弟弟戛洛因保護樹子不受族人的歧視，二人産生了愛意。按照當地習俗哥死弟承，樹子嫁給了戛洛。

《雲南故事》劇照

《東歸英雄傳》

出品：内蒙古電影製片廠
編劇：趙玉衡　辛加坡　塞夫　于承惠
導演：塞夫　麥麗絲
攝影：格日圖
主演：巴桑　哈斯高娃
　　　葉暉　巴雅爾圖

1771年，從中國遷徙到俄國伏爾加河流域生活了近兩百年的蒙古土爾扈特部，由於不堪忍受沙俄葉卡捷琳娜王朝種族滅絶政策，在其首領渥巴錫馬汗率領下，經歷數年的準備，舉部二十餘萬衆，東歸故土。

《東歸英雄傳》劇照

《炮兵少校》劇照

《炮兵少校》

出品：長春電影製片廠
編劇：中鳳　杜守林
導演：趙爲恒
攝影：于濱　蘇再來　夏群
主演：周里京　吕曉禾　高强　寇振海

炮兵少校楚寧年近四十，他熱愛軍隊，堅持自己的理想，並不爲自己20多年的軍旅生涯還是個少校而後悔。在一次試驗中，他爲了救隊友而英勇殉職。

《大紅燈籠高高掛》獲紐約影評人協會最佳外語片獎

1月17日，故事片《大紅燈籠高高掛》獲得紐約影評人協會最佳外語片獎。紐約影評人協會(New York Film Critics Circle)成立於1935年，是美國所有由影評人參與的獎項中歷史最悠久的。一直以來，紐約影評人協會獎都標榜自身的優越性和純粹性。一方面，該獎宣揚自己的頒獎對象對奧斯卡的指向作用，如自該協會成立以來，43%的最佳電影繼續贏得了奧斯卡的肯定；另一方面，紐約影評人協會獎又强調自己相對於奧斯卡的更高級的口味。當年該協會成立的理由之一便是奧斯卡的最佳電影有時候是很有問題的。該協會一直自豪的是，它曾肯定了《公民凱恩》而不是當年的奧斯卡所選擇的《青山翠谷》，它曾肯定了《發條橙》而不是《法國販毒網》，它曾肯定了《好家伙》而不是《與狼共舞》。此外，更值得該協會驕傲的是，它曾慧眼識珠地肯定了那些至今被奧斯卡冷漠的電影大師：希區柯克、伯格曼、庫布里克、斯科西斯等。有了這些歷史公德，紐約影評人協會獎一向被視爲美國最有品位的電影獎。

影片目録

北影　《愛情傻瓜》、《霸王别姬》(與香港合拍)、《痴男狂女兩世情》、《闖入者》、《方世玉》(與香港合拍)、《虎兄豹弟》、《花姐妹風流債》、《井岡山》、《老人和狗》、《淚灑臺北》(與香港合拍)、《龍風嬌》、《玫瑰樓迷影》、《猛警威龍辣椒妹》、《夢醒時分》(與香港合拍)、《獅王爭霸——黄飛鴻之三》(與香港合拍)、《王者之風——黄飛鴻之四》(與香港合拍)、《歪打正着》、《無人喝彩》(與香港合拍)、《霧宅》、《西門無恨——楚留香後傳》(與香港合拍)、《瀟灑一回》、《英雄劫》、《月落玉長河》(與香港合拍)、《雲南故事》(與香港、臺灣合拍)

長影　《重慶談判》(上下集)、《帶槍的歌女》、《關東太陽會》(與臺灣慕威合拍)、《黑花殺手》、《火狐》(與香港合拍)、《絶殺》、《軍列衝出重圍》、《恐怖拳王》、《滿洲虎行動》、《梅花公館》、《謀刺關東王》、《炮兵少校》、《秦淮大緝毒》、《神州第一刀》(與香港萬里合拍)、《勢不兩立》、《雙槍假面人》、《雪濺桃花水》、《血色玫瑰》、《摇滚殺手》、《一夜驚魂》、《鴛夢驚魂》、《早春一吻》、《鍾馗》、《追逐死亡的人》

上影　《仇戀》、《第一誘惑》、《都市情話》、《奪命驚魂上海灘》、《黑獅行動》、《黑鷹使者》、《花碧蓮逼婚》、《激情警探》、《六指琴魔》(與香港合拍)、《夢非夢》、《青蛇》(與香港合拍)、《上海往事》(與香港合拍)、《少林英雄》、《身不由己》、《桃色新聞》、《同歸於盡》、《王先生之慾火焚身》、《陷阱裏的婚姻》、《詐騙犯》

珠影　《碧血劍》(與香港合拍)、《邊陲威龍》、《伏虎鐵鷹》、《虎膽英魂》、《淚血罌粟花》、《叛逆大師劉海粟的故事》、《沙鎮的故事》、《英雄本色》(與香港合拍)、《英雄豪傑之蘇乞兒》

廣西　《東方第一刺客》、《都市打鬥》、《女劫殺》、《奇俠俏妹鬧熱河》、《省城裏的風流韻事》、《新冷血十三鷹》(與香港合拍)

西影　《賭王出山》、《炮打雙燈》(與香港合拍)、《測謊器》、《五魁》(與臺灣合拍)、《天山絶刀》(與香港合拍)、《幻女》、《狼狽丈夫俏嬌妻》(與浙江合拍)、《在那遥遠的地方》(與香港合拍)、《新娘》、《决戰天門》(與香港合拍)

峨影　《報仇》(與臺灣合拍)、《獨龍紋面女》、《龍爺虎孫》、《末日殺手》、《怒海俠盗》《親恩國仇》、《燃燒的雪花》(與龍江廠合拍)、《西屯的兒子》、《鄉親們》、《辛棄疾鐵血傳奇》

瀟湘　《鳳凰琴》(與天津廠合拍)、《股瘋》、《龍虎群英》、《秋收起義》、《如煙往事》、《神槍雪痕》、《雪岸情仇》、《幻影》(與中影合拍)

童影　《滄桑梨園情》、《落河鎮的兄弟》、《萬元驚夢》、《我給爸爸加顆星》、《熊猫小太陽》(與香港合拍)

青影　《財迷心竅》、《衝出死亡營》、《狹路英豪》(與香港合拍)、《孝子賢孫伺候着》、《刑警榮譽》(與香港合拍)、《杏花三月天》

八一　《飛越，飛越》、《犬王》

福建　《編外丈夫》、《大海風》、《氣壯山河》(與香港合拍)、《少林豪俠傳》(與香港合拍)、《與你同住》

天山　《阿曼尼莎罕》(與天津廠合拍)、《股市婚戀》、《滚燙的青春》、《黑火》、《狂心滅情》、《香港少爺》

内蒙　《邊城浪子》(與香港合拍)、《東歸英雄傳》、《鬼城凶夢》、《神威天使》、《誰與爭鋒——方世玉續集》(與香港合拍)

合拍公司　《太極張三豐》(與香港合拍)、《唐伯虎點秋香》(與香港合拍)、《武狀元蘇乞兒》(與香港合拍)、《倚天屠龍記之魔教教主》(與香港合拍)

其他　《綁架在午夜》(南海)、《高樓邊》(南海)、《血祭黄沙鎮》(南海)、《恐怖的夜》(深影)、《女警天職》(深影與香港合拍)、《神通》(深影與香港合拍)、《刺客新傳》(雲南與北影、香港合拍)、《電腦選妻》(雲南與浙江合拍)、《晚清風雲》(1、2、3集)(香港銀都)

《香魂女》獲柏林國際電影節金熊獎

2月22日，故事片《香魂女》獲第43屆柏林國際電影節金熊獎；故事片《天堂回信》獲青少年兒童影視中心獎。

由天津電影製片廠、長春電影製片廠聯合攝製，謝飛導演的影片《香魂女》與臺灣影片《喜宴》同獲"金熊獎"，還獲得當地天主教普世會頒發的特別提名獎。北京電影製片廠攝製，王君正導演的影片《天堂回信》獲國際少年兒童影視中心獎；影片《找樂》的導演寧瀛獲青年電影評委提名獎。鞏俐與其他5名女影星一起獲女明星獎，這是該電影節今年新設的一項獎。"中國新電影展"集體獲得特別提名。應電影節邀請，廣電部副部長田聰明、電影局局長滕進賢，以及導演謝飛、王君正、李少紅、寧瀛等一行16人參加了電影節活動。導演張藝謀應邀擔任電影節國際評委，鞏俐作爲貴賓參加。上海市電影局局長、上海國際電影節組委會副主席吳貽弓赴柏林考察該電影節並選片。

3月2日爲慶祝《香魂女》、《天堂回信》在第43屆柏林電影節上雙雙獲獎，廣電部電影局在北京大華影院舉行慶祝活動。中宣部副部長、文化部代部長劉忠德，廣電部部長艾知生、副部長田聰明到會向獲獎人員表示祝賀。天津市委、市政府獎勵拍攝《香魂女》的天津電影製片廠50萬元。

伍宇娟（1965— ）

演員。湖南耒陽人。1989年畢業於中央戲劇學院表演系；現任國家話劇院演員。代表作品有《瘋狂的代價》、《龍年警官》、《香魂女》、《女足九號》、《因爲有愛》、《尋槍》、《戎冠秀》等。

《香魂女》劇照

《香魂女》

出品：天津電影製片廠　長春電影製片廠
編劇：謝飛　導演：謝飛　攝影：鮑肖然
主演：斯琴高娃　伍宇娟　雷恪生　陳寶國

香二嫂操持着一個小油坊，並遠近聞名。日本商人決定投資，使油坊更加紅火。但是，香二嫂不僅被瘸丈夫虐待，她的老相好、汽車司機任忠實也提出分手。而香二嫂却仗着有錢，硬給傻兒子娶回村裏最漂亮的姑娘環環。香二嫂最終從自身痛苦的經歷中醒悟到她給環環帶來的不幸，勸她離婚。

謝飛（1942— ）

導演。原籍湖南寧鄉，生於陝西延安。1965年畢業於北京電影學院導演系，後留校任教，先後任北京電影學院導演系主任、副院長等職。代表作品有《我們的田野》、《湘女蕭蕭》、《本命年》、《香魂女》、《黑駿馬》、《世界屋脊的太陽》、《益西卓瑪》等。

王君正（1945— ）

導演。陝西延安人。現任中國兒童少年電影學會會長。自1980年執導《苗苗》以來，連續執導近10部影片，均得到好評。《天堂回信》在國際上6次榮獲7項獎，本人亦在國內外獲最佳導演獎。代表作品有《苗苗》、《應聲阿哥》、《山林中頭一個女人》、《大偵探》、《天堂回信》等。

《天堂回信》劇照

《天堂回信》

出品：北京電影製片廠
編劇：賀國甫　導演：王君正
攝影：顏軍生
主演：石晨　李丁　蕭雄

晨晨父母常年在國外工作，他跟隨爺爺生活。晨晨的媽媽從國外回來，要用全新的觀念教育孩子，母子間産生了不愉快。是晨晨對爺爺催人淚下的愛，讓媽媽對爺孫二人多了幾分理解。

《雜嘴子》獲威尼斯國際電影節參議院特別奬

9月11日，故事片《雜嘴子》獲第50屆威尼斯國際電影節參議院特別奬。

由兒童電影製片廠出品的影片《雜嘴子》，是由中國最年輕的女導演劉苗苗執導的，寫在西北地區一個貧困山村，一個男孩民生由於家庭劇變，使他由多嘴多舌、天真可愛的"雜嘴子"，變成一個沉默寡言、少年老成的孩子。劉苗苗執導的《雜嘴子》並没有引起人們的注意，無論就其拷貝發行還是評論界的冷漠態度，都證實着國産電影的低潮現實。但無論如何，這部影片，自有其獨特意義，尤其是以一個多嘴多舌的孩子眼光講述成人世界的是非糾葛，頗耐人尋味。

《雜嘴子》劇照

《雜嘴子》

出品：兒童電影製片廠

編劇：楊爭光　劉苗苗　導演：劉苗苗　攝影：王久文　主演：李磊　曹翠芬

民生被人稱做雜嘴子。他因説出馬六逼女兒燕麥與哥哥群生退婚實情而惹來一場大禍。又因群生爲還欠債賣掉拖拉機遭人羞辱，而與社員大打出手。在窯炸事故中群生死去，嫂子燕麥回娘家後變得沉默寡言。漸漸長大的民生最終成爲村裏第一個考上大學的人。

劉苗苗（1958—　）

導演。生於寧夏銀川。1978年考入北京電影學院導演系，1982年畢業後分配到瀟湘電影製片廠任導演，1985年開始獨立執導影片。主要作品有《家醜》、《馬蹄聲碎》、《生死相依》、《雜嘴子》等。

中國電影市場運營(首屆影片交易會)開業典禮在北京舉行

4月23日，中國電影市場運營(首屆影片交易會)開業典禮在北京中影公司舉行。1992年北京市電影票房只有3000萬。1993年，電影發行體制進行了重大改革，建立多渠道多層次的發行體制，電影向市場化邁了一大步，電影界憂喜參半。

中國電影發行放映輸出輸入公司受廣電部委託舉辦首屆影片交易會，是電影行業機制改革的一個重大舉措。從4月23—28日舉辦的影片交易會上，各地電影公司、電影院和電影製片廠有關人員觀摩了各廠的影片，並進行業務洽談。截至交易會結束，各地電影發行放映公司訂購35毫米拷貝數如下：《英雄地英雄淚》152個；《義俠黄飛鴻》（上影廠、香港）127個；《末代響馬》（長影廠）122個；《消失的女人》（福建廠）111個。

北京電影學院舉行首屆"學院奬"、"金燭奬"頒奬大會

5月5日，北京電影學院舉行首屆"學院奬"、"金燭奬"頒奬大會。該院原任老院長吴印咸與陳荒煤、田聰明、滕進賢爲鎸刻有獲奬者姓名及片名的"金字塔"揭幕。獲首屆學院奬的有，影片奬：《秋菊打官司》；編劇奬：導演系六〇班的謝飛（《香魂女》）；導演奬：攝影系七八班的張藝謀（《秋菊打官司》）；表演奬：表演系六二班的曹翠芬（《大紅燈籠高高掛》）；攝影奬：攝影系七八班的顧長衛（《菊豆》）；録音奬：八二進修班的李嵐華（《菊豆》）。文學系教授汪流、攝影系副教授沙占祥以及王闌西、盧夢、鍾敬之、吴印咸等已離退休的老同志獲首屆"金燭奬"。

首屆大學生電影節在北京舉行

經國家教委、廣電部等有關部門的批准，4月20日至5月4日，"詧多杯"首屆北京大學生電影節在北京師範大學英東樓學術會堂舉行，由北京師範大學藝術系、中國大學生雜誌社、中國電影週報社、北京市學聯發起主辦。由北京師範大學、清華大學、北京大學、北京航空航天大學等15所高校將分别作爲大學生電影節分會場。來自全國12家電影製片廠的20部影片參展。採取大學生和評委投票選舉相結合的方式，選出優秀故事片奬、最佳觀賞效果奬、最佳男演員奬、最佳女演員奬和藝術創新特别奬等5個奬項。此次電影節評選委員會中，大學生評委佔五分之三以上，其餘則由35歲以下的青年電影評論者組成。廣電部部長艾知生、國家教委副主任柳斌，以及電影界前輩陳荒煤、謝鐵驪等出席了開幕式。組委會暫定大學生電影節每年舉行一次，明年將擴展爲全國大學生電影節。大學生電影節設5種奬項，本屆獲奬情況是：最佳故事片奬獲得者是上影廠的《三毛從軍記》和西影的《《站直囉，别趴下》，最佳觀賞效果奬《新龍門客棧》，藝術創新奬《三毛從軍記》，最佳男演員胡亞捷，最佳女演員奚美娟。《雜嘴子》獲得評委會特别奬。

大學生電影節的活動内容有：電影藝術家與大學生聯歡，電影藝術家、專家講座，"大學生與電影"專題研討會，"電影創作與電影市場"專題座談會，以"我看當前中國電影"和"展評影片自由談"爲主題的大學生影評徵文活動。

廣電部1992年優秀影片頒獎大會在北京舉行

5月20日，廣電部1992年優秀影片頒獎大會在北京保利大豐國際劇院隆重舉行。同時舉行的還有全國優秀電影文學劇本有獎徵集活動的頒獎儀式和中影公司1992年全國電影發行收入承包獎頒獎儀式。

從4月5日至14日，廣播電影電視部在北京主持召開1992年全國電影政府獎評選委員會會議，首次評出了"最佳"獎項。本屆政府獎評委會由艾知生擔任主任委員，田聰明、滕進賢爲副主任委員，委員共24人。這次政府獎經過重大改革，評選是在中國走向社會主義市場經濟的形勢下進行的，在評委會的人員組成上，除了有關領導機關、群衆團體負責人擔任評委外，還聘請了電影界知名度高、有成就的藝術家和評論家擔任評委；其次，在獎項設立方面，故事片分爲最佳故事片和優秀故事片兩個等級（總數不超過5個），同時設最佳編劇、最佳導演、最佳男女演員（不分主角配角）單項獎（每項只設一個獎，多人合作可一併獲獎）；另外紀録片獎（不超過3個）、科教片獎（不超過5個）、美術片獎（不超過3個）也分成最佳和優秀兩級，兒童片獎、舞臺藝術片獎、外國譯製片獎只設最佳一個等級。各項獎嚴格掌握評選標準，寧缺勿濫。

1992年廣播電影電視部優秀影片獎獲獎名單

最佳故事片：《蔣築英》（長影）；最佳編劇：王興東（《蔣築英》）；最佳導演：吴貽弓（《闕里人家》）；最佳男演員：朱旭（《闕里人家》）；最佳女演員：奚美娟（《蔣築英》）；最佳兒童片：《遠山姐弟》（長影、河北）；最佳科教片：《豐産溝——旱薄地的出路》（北京科影）；最佳紀録片：《天界》（八一）；最佳美術片：《麻雀選大王》（北京科影）；最佳譯製片：《月夜》（長影）；優秀故事片：《闕里人家》（長影），《劉少奇的四十四天》（瀟湘），《站直囉，别趴下》（西影）、《中國人》（青影、天津）；優秀紀録片：《宋慶齡》（新影）、《往事並非如煙》（珠影）；優秀科教片：《禮讚中文電子出版系統》（北京科影），《獻給孩子的愛——乙型肝炎疫苗》（上海科影），《花培育種》（農影），《手足情—— 再造與移植》（長影）；優秀美術片：《十二隻蚊子和五個人》（上海美影）、《方臉爺爺和圓臉奶奶》（北京科影）；特别榮譽獎：《秋菊打官司》（香港銀都機構、青影），《香魂女》

《蔣築英》劇照

《蔣築英》

出品：長春電影製片廠
編劇：王興東
導演：宋江波
攝影：張松平
主演：魏子　奚美娟　畢彦君　田岷

蔣築英帶病出差而病故的消息傳來後，領導、同事、朋友們再爲他英年早逝惋惜和悲痛的同時，回憶起他生前與妻子路長琴的真摯愛情；與好友羅肯、學生馬森、普通工人以及生父等人感人肺腑的事跡。

奚美娟（1955—　）

演員。上海人。1976年畢業於上海戲劇學院表演系，任上海人民藝術劇院演員。代表作品有《假女真情》、《蔣築英》、《一棵樹》、《月圓今宵》、《法官媽媽》、《兩個人的芭蕾》等。

《藍風箏》和《北京雜種》違規事件

9月23—29日，以廣電部電影局外事處處長張興援爲團長，導演魯曉威、寧瀛、黄建新等一行7人的中國電影代表團參加第6屆東京國際電影節。我國影片《如煙往事》（又名《幻影》）、《找樂》參賽，《站直囉，别趴下》參展。電影節期間，以德間康快爲首的電影節組委會不顧中國電影代表團和中國駐日使館的一再交涉，堅持要《北京雜種》、《藍風箏》參賽、參映。中國電影代表團中途撤離，以示抗議。《北京雜種》屬没有出品廠家，未經審查通過的非法影片。《藍風箏》是北影廠和香港某公司聯合攝製，後被一家日本公司購買，未經北影廠同意，以日本片名義參賽，屬於侵權行爲。

本年，廣電部電影局發言人就國内某電影報紙發表張元導演的《北京雜種》在第46屆瑞士洛迦諾電影節上獲評審委員會特别獎的消息發表談話。指出，該片屬非法拍片，不具備參加國際電影節的資格。

《霸王别姬》獲戛納電影節金棕櫚獎

5月24日，在第46屆戛納國際電影節上，陳凱歌執導的《霸王别姬》（北京電影製片廠、香港湯臣電影有限公司聯合攝製）與澳大利亞影片《鋼琴課》一起獲得金棕櫚大獎，圓了陳凱歌三次進軍戛納之夢。這是中國大陸電影在戛納電影節歷史上第一次捧得金獎。另外，臺灣導演侯孝賢的《戲夢人生》也在大賽中獲評委會獎。

第46屆戛納國際電影節評獎揭曉之後，法國報界驚呼："東風强勁，咄咄逼人"。一句話道出了這次世界影壇盛會所顯示出的發展勢頭。昔日爲西方所壟斷的戛納電影節如今却"向東方傾斜"：來自好萊塢以及法、英、意等國的影壇巨星眼巴巴地看着金棕櫚大獎被兩部來自遥遠東方國度的影片奪走而自嘆弗如。……中國導演陳凱歌三次進軍戛納，這一回以《霸王别姬》一片征服了評委和觀衆，捧走金棕櫚，可謂實至名歸。值得一提的是，影評們都把這部片子的成功和中國的京劇藝術聯係在一起，法新社寫道："陳凱歌讓世界發現了中國京劇的魅力"，在"優美的傳統京劇旋律中，影片展示了一個動人心魄的愛情故事。"

●影视撷英

《霸王别姬》获戛纳国际电影节最高荣誉摘取"金棕榈奖"

《霸王别姬》獲第46屆戛納電影節金棕櫚獎報導

《霸王别姬》劇照

《霸王别姬》

出品：北京電影製片廠　香港湯臣電影事業有限公司
編劇：李碧華　蘆葦　導演：陳凱歌　攝影：顧長衛
主演：張國榮　鞏俐　張豐毅　葛優　雷漢　吕齊

程蝶衣9歲入戲班學戲，與師兄段小樓結下濃厚感情。倆人合演的《霸王别姬》譽滿京城。段小樓娶妓女菊仙爲妻，依戀着師兄的蝶衣，不得已與喜歡他的袁四爺借酒澆愁。"文革"中，菊仙承受不了打擊，上吊自盡。打倒"四人幫"後，師兄二人在分離了22年的舞臺上合演《霸王别姬》，虞姬唱罷最後一句，用寶劍自刎，蝶衣在師兄小樓的懷中結束了自己的生命。

獲第46屆戛納電影節金棕櫚大獎，國際影評人聯盟大獎"費比西獎"，第51屆電影金球最佳外語片獎，全美影評人聯盟年度電影獎最佳外語片獎，紐約影評人協會年度電影獎最佳外語片獎，法國電影凱撒獎最佳外語片獎，日本"紀念世界電影誕生100週年電影評獎"東京電影評論家大獎，最佳影片、最佳導演、最佳男主角獎，日本新聞界電影評獎"東京每日新聞電影大獎"、最佳影片獎，日本第38屆亞太電影節最佳導演、最佳剪輯獎。

中國左翼電影運動六十年紀念活動

10月22日，"中國左翼電影運動60年紀念會"在全國政協禮堂隆重舉行。廣電部部長艾知生在會上發表題爲《繼承和發揚左翼電影運動光榮傳統，繁榮社會主義電影事業》的講話。會上還宣讀了廣電部向夏衍和曾參加了左翼電影運動尚健在老同志的致敬信。同時，中國影協、中國電影藝術研究中心、北京電影學院主辦了"紀念中國左翼電影運動60年學術研討會"；中國電影資料館、北京市電影發行放映公司主辦了"中國左翼電影運動影片展映"活動。廣電部電影局黨史資料徵集工作領導小組、中國電影藝術研究中心編輯出版了陳播主編的141萬字的《中國左翼電影運動》、《王塵無電影評論選集》；電影局黨史資料徵集工作領導小組主持攝製完成了左翼電影運動黨史人物傳記録像片《陽翰笙》、《夏衍》、《錢杏邨》、《于伶》、《司徒慧敏》。12月，中國電影出版社又出版了伊明主編的《三十年代中國電影評論文選》。

中國藝術研究院設立我國第一個電影學科博士點

8月，經國務院學位委員會藝術學科專家評議組通過、國務院學位委員會批准，中國藝術研究院獲得"電影歷史及理論"的博士學位授予權。這是我國第一個電影學科博士點，導師爲電影史學家、研究員李少白。中國藝術研究院的前身是成立於50年代的中國戲曲研究院，民族音樂研究所，美術研究所，到1978年擴充舞蹈、電影等學科，1980年定名爲中國藝術研究院。

首屆上海國際電影節舉行

首屆上海國際電影節

10月7日—15日，美國、德國、英國、法國、意大利、比利時、臺灣等33個國家和地區的164部影片來到上海這個擁有1200萬人口的國際都市參展參賽，其中中國大陸有34部影片參加電影節，19部影片參賽。5月14日，在法國戛納舉行的國際製片人協會年會上，上海國際電影節被接納爲該會會員，並得到了許多寶貴的意見。上海電影節組委會表示將遵循國際製片人協會的章程，保護各國製片人的合法權益，使上海國際電影節成爲充分體現"團結、進步、友誼"這一宗旨的國際電影界的盛會。

第一屆上海國際電影節評委會主席爲謝晉，評委是來自世界各地的7位電影藝術家：香港著名導演徐克、日本著名導演兼製片人大島渚、英國著名導演羅蘭·喬菲、布基納法索著名導演伊德里薩·韋德拉戈、美國著名導演兼製片人奥立佛·斯通、巴西著名導演兼製片人赫克托·巴本科、俄羅斯著名導演卡倫·沙赫納扎洛夫和澳大利亞著名導演保羅·考克思。有19部參賽影片將角逐最佳影片、最佳導演、最佳男女主演和評委特別獎五個獎項。早在1985年，謝晉就提出舉辦上海電影節，經過七年努力，終於實現。電影節14日在大光明電影院降下帷幕，評委會主席謝晉説：中國有了世界性的電影節。

電影節舉行期間，將舉行6個專題影展，"上海電影回顧展"、"謝晉電影精選"、"張藝謀之夜"、"美國導演奥立佛·斯通電影作品展"、"巴西導演勃雷多電影欣賞"、"日本大島渚電影特映"。

在本屆電影節上，臺灣電影《無言的山丘》獲金爵獎最佳影片獎，香港電影《籠民》獲評委會特別獎。

第2屆中國金鷄百花電影節在廣州舉行

11月21日—25日，第2屆中國金鷄百花電影節在廣州舉行。

由中國電影家協會主辦，廣州市人民政府及廣州市對外文化交流協會聯合承辦的第二屆金鷄百花電影節於11月21日晚在廣州開幕，是晚在天河體育館舉行了大型歌舞晚會。開幕式上，白楊、謝晉、謝添、孫道臨、劉瓊、秦怡、張瑞芳、田華、陳强、趙子岳等10位電影藝術家獲得"廣州人喜愛的老一輩電影藝術家"的榮譽稱號。

本屆電影節的活動有：第2屆海峽兩岸和香港電影新作觀摩展，參加這個影展的有大陸、香港、臺灣三地近年來攝製的故事片28部；第2屆金鷄國際影展，將有俄羅斯、匈牙利、日本、西班牙等11個國家的30餘部影片參展，其中包括"意大利電影中的新現實主義"和"瑪琳·戴德里回顧"兩個小型專題。首屆金鷄百花電影交易會；"十大影視明星頒獎典禮"，他們是：申軍誼、鞏俐、吕麗萍、劉曉慶、張豐毅、李羚、李雪健、陳道明、姜文、葛優。藝術研討活動將圍繞"'93國際電影座談會"和"海峽兩岸和香港電影家座談會"以及兩個影展進行。電影節期間，還將舉行"首屆十大影視明星"的頒獎典禮。另外，本屆電影節首次採取當場揭曉的方式。

本屆電影節名譽主席萬里、夏衍，全國政協副主席霍英東、馬萬祺以及中央有關部委、中國文聯、中國影協的領導同志擔任名譽副主席。

第二屆金雞百花獎電影節
在廣州舉行採訪觀禮記
金雞獎，初次臨時宣佈結果夠刺激

第2屆中國金鷄百花電影節報導文照

第13屆中國電影金鷄獎獲獎名單

最佳故事片：《秋菊打官司》（青影、香港銀都機構）；最佳紀録片《天界》（八一）；最佳科教片：《晝夜節律》（北京科影）；最佳美術片：（空缺）；最佳戲曲片：（空缺）；最佳兒童片《三毛從軍記》（上影）；最佳編劇：王興東（《蔣築英》）；最佳導演：夏鋼（《大撒把》）；最佳導演處女作：（空缺）；最佳男主角：葛優（《大撒把》）；最佳女主角：鞏俐（《秋菊打官司》）；最佳男配角：魏宗萬（《三毛從軍記》）；最佳女配角：張力維（《人之初》）；最佳攝影：李晨聲（《離婚》）；最佳美術：靳喜武（《楊貴妃》）；最佳音樂：（空缺）；最佳録音：詹新（《關里人家》）；最佳剪輯：（《站直囉，別趴下》；最佳録音：詹新（《關里人家》）；最新剪輯：張曉東（《站直囉，別趴下》）；最佳化裝：殷麗華，沈東生（《三毛從軍記》）；最佳道具：楊允銘（《離婚》）；最佳服裝：李建群（《楊貴妃》）；評委會特別獎：《漠風》（上海美影）。

第16屆《大衆電影》百花獎獲獎名單

最佳故事片：《大紅燈籠高高掛》（中國電影合作製片公司、香港銀都機構、香港年代國際有限公司），《秋菊打官司》（青影、香港銀都機構），《楊貴妃》（廣西）；最佳男演員：古月（《毛澤東的故事》）；最佳女演員：鞏俐（《大紅燈籠高高掛》）；最佳男配角：馮鞏（《站直囉，別趴下》；最佳女配角：陳小藝（《離婚》）。

夏鋼（1953— ）

導演。曾用名夏剛。生於北京。當過市政工程局工人，1978年入北京電影學院導演系，畢業後因無配額轉回市政工程局。1983年調入北京電影製片廠任導演。他作品不多，但幾乎每部都令人矚目。《遭遇激情》獲1990年第十一屆金鷄獎最佳影片、最佳導演等四項提名；《大撒把》獲1992年第十三屆金鷄獎五項提名，並最終獲得最佳導演獎。

《找樂》在法國獲獎

11月30日，年輕女導演寧瀛編劇並執導的故事片《找樂》在法國南特三大洲電影節上獲最佳影片獎、最佳亞洲影片獎。片中老韓頭的扮演者黃宗洛獲最佳男演員獎；臺灣青年導演蔡明亮的影片《青少年哪吒》獲最佳處女作獎。

作家陳建功認爲《找樂》是他搬上銀幕的幾部作品中最滿意的一部。《找樂》在國内只賣出了8個拷貝，在國際上受到青睞。在今年2月舉行的柏林電影節上參展時受到歡迎；在9月初舉行的被稱爲"萬節之節"的多倫多電影節上參展，原定放映兩場，因爲觀衆特别熱烈，加映兩場。引起了西方許多電影發行商的注意。在9月25日閉幕的西班牙聖·塞巴斯蒂安電影節上，獲"青年導演大獎"。寧瀛在採訪中談道："《找樂》受到歡迎，其重要原因是，他們認爲用不着看字幕，就能看懂電影的内容，就能與影片中的人物相溝通；他們認爲影片反映的人文風貌、個性感情，都是實實在在的，獨具特色的；而影片的紀實手法與内容十分吻合，使人感到一種真誠的心靈的交流。"

《找樂》劇照

寧瀛（1956—　）

導演。籍貫陝西。1978年考入北京電影學院録音系，1981年考取公費獎學金赴意大利留學。1987年畢業於羅馬電影實驗中心，同年，在由貝爾托魯奇執導的影片《末代皇帝》中任副導演。1988年回國，任北京電影製片廠導演。1990年獨立執導電影。主要作品有《有人偏偏愛上我》、《找樂》、《民警故事》、《夏日暖洋洋》、《無窮動》。

●采　风

影片《找乐》连获国际电影节大奖

●余　文

根据陈建功同名小说改编的电影《找乐》，最近在A级国际电影节上连获大奖。

这部由北京电影制片厂青年女导演宁瀛编剧并执导的影片《找乐》，讲的是一群退休的老头自发组织"老年京剧活动站"的故事，由黄宗洛、韩善续等人主演。尽管陈建功认为《找乐》是他被搬上银幕的几部作品中最成功的一部，然而，或许因为影片是"老头"加"京剧"的缘故，在国内只卖出8个拷贝。

但是，《找乐》在国际上却受到青睐。它在今年2月举行的柏林国际电影节上参展，受到欢迎；在9月初举行的被称为"万节之节"的多伦多国际电影节上参展，本来只放映两场，由于观众反映特别热烈而不得不加映两场，引起了西方许多国家的电影发行商的关注。不仅如此，《找乐》还在9月25日闭幕的西班牙圣塞巴斯蒂安国际电影节上获"青年导演大奖"；8天以后，以德国著名导演维姆·文德斯为首的评审委员会，又一致通过把另一国际电影节"青年导演金奖"授予宁瀛，同时，评审委员们也一致同意不颁发银奖，铜奖则由德国、加拿大和台湾的3位年轻导演获得。据悉，已有亚、美、欧洲不少国家和地区购买了《找乐》的影视发行权，还有不少国际电影节纷纷邀请《找乐》参展参赛。

宁瀛对记者说：《找乐》受到欢迎，其重要原因是，他们认为用不着看字幕，就能看懂电影的内容，就能与影片中的人物相沟通；他们认为影片反映的人文风貌、个性感情，都是实实在在的，独具特色的；而影片的纪实手法与内容十分吻合，使人感到一种真诚的心灵的交流。

●宁瀛在加拿大

《找樂》在法國南特三大洲電影節上獲最佳影片獎、最佳亞洲影片獎報道文照

《找樂》

出品：北京電影製片廠

編劇：寧岱　寧瀛

導演：寧瀛

攝影：蕭風　鄔迪

主演：黄宗洛　黄文傑　何明

韓善續　楊友堂

京劇院看大門的老韓頭退休後和老票友成立了一個老年京劇活動站。爲了參加春節廟會，活動站趕排《鳳還巢》，結果什麽獎也没拿到。老韓要求很嚴格，大家對此不免有些怨氣，他一氣之下摔門而去。公園墻下，老韓頭蹲在遠處看老頭們自由自在地唱戲，最後還是站起身向老哥們兒走去。

第2届海峽兩岸暨香港電影導演研討會在上海舉行

1月11—16日，第2届海峽兩岸暨香港電影導演研討會在上海影城舉行。出席會議的大陸、香港和臺灣三地導演共80餘人。廣電部電影局副局長竇守芳代表廣電部和電影局到會祝賀。研討會的主題是："面對二十一世紀，怎樣讓中國影片重回中國人的掌聲裏"。會議期間觀摩了三地導演的影片，對導演的觀念、題材的選擇和製片的經營管理等議題進行了研討。會議決定第3届研討會於1994年1月11日在臺北舉行。

本年度在國際上主要獲獎情况

《大紅燈籠高高掛》獲美國紐約影評人協會的最佳外語片獎；

《天堂回信》獲第43届柏林國際電影節國際青少年兒童影視中心獎；

張藝謀在法國駐華大使館接受法國總統批准授予的"法國文化騎士"勳章；

《找樂》獲第41届西班牙聖·塞巴斯蒂安國際電影節新人獎、第6届東京國際電影節青年導演獎金櫻花獎；

《天堂回信》獲第10届芝加哥國際兒童電影節兒童評委、成人評委兩項最佳故事片獎；

《找樂》獲法國南特三大洲電影節最佳影片和最佳亞洲影片獎，黄宗洛獲最佳男演員獎；

《霸王别姬》獲1993年度全美影評人協會評選最佳外語片獎，鞏俐獲得最佳女配角獎；《秋菊打官司》獲該獎項第二名。

1993年（臺灣）

大事記

1月1日 胡志强在臺北萬國戲院舉行“打板開鏡儀式”，宣佈“電影年”正式開始。

2月4日 海峽兩岸交流基金會邀集電影界人士座談，達成與大陸商討成立兩岸電影糾紛仲裁機構的共識。

2月8日 湯臣電影公司出品，陳凱歌執導的《霸王別姬》，因大陸配角所佔比例超出法令二分之一的規定，遭新聞局裁定禁映。

2月22日 三一公司、臺灣嘉禾電影公司聯合出品，李安執導的《囍宴》，和表演工作坊電影公司出品，賴聲川執導的《暗戀桃花源》，分獲第43屆德國柏林電影節最佳影片“金熊獎”和“卡里加利獎”。

2月 日本《電影旬報》雜誌選出楊德昌爲1992年“最佳外國導演”，其作品《牯嶺街少年殺人事件》獲選爲該雜誌“最佳外語片”第二名。

3月5日 當局頒佈實施“大陸地區圖書電影片録像節目進入臺灣地區展覽觀摩作業要點”，大陸電影可正式來臺觀摩。

5月4日 當局批准被列入“附匪”名單多年的導演李翰祥來臺申請。

6月9—13日 第一屆“海峽兩岸電影展：大陸電影觀摩展”在臺北、臺中、高雄巡迴展出。

6月28日 參加大陸舉行的第一屆“海峽兩岸電影展：臺灣電影觀摩展”代表團啓程，電影事業處處長楊仲範以顧問名義隨行考察大陸電影狀況。

7月15日 全省電影院休市1天，以抗議臺北市政府取締分廳電影院的行動。影業界人士並集體前往立法院陳情。

7月19日 “國片海内外聯誼小組”開會決定，今後不購買版權費高於150萬元港幣的港片。

9月4日 吴中立率領8人代表團前往俄羅斯，參加第一屆“獨立國協臺灣電影節”。

9月10日 在日本福岡舉行的第38屆亞太影展頒奬閉幕，影片《無言的山丘》獲最佳劇本（吴念真）與最佳美術指導（李富雄）兩個奬項。

10月3日 蔡明亮執導的《青少年哪吒》，獲第6屆日本東京國際影展“青年導演”競賽“銅櫻花奬”；《月光少年》演員王啓讚獲“未來才能特別彰顯奬”。

10月14日 嘉誠電影公司、“中影”公司聯合出品，王童執導的《無言的山丘》，獲第一屆上海國際電影節最佳影片“金爵奬”。

10月27日，資深演員龔稼農病逝，享年91歲。

11月22日 蔡明亮執導的《青少年哪吒》，獲意大利都靈影展最佳影片奬。

12月6日 當局公佈新修訂“臺灣地區大衆傳播事業赴大陸地區採訪拍片製作節目管理辦法”，删除“事先報備制”的規定，改爲“事後審查”，且對曾在第一類國際影展中獲奬的臺資大陸片，取消大陸編導、主角及配角不得超過二分之一的限制。

《十八》劇照

《十八》

出品：臺影　開元
編導：何平
主演：陸小芬　吴興國　蔡頭

秋末的日子，他開車載着老婆小孩，路過濱海的小漁村，原本只是停下車來買罐飲料，却迷上了骰子遊戲，從此改變了他一生的命運……

《只要爲你活一天》劇照

重要影片

《戲夢人生》劇照

《戲夢人生》

出品：歡樂無線
編劇：吴念真　朱天文
導演：侯孝賢
主演：李天禄　林强　楊麗音　蔡振南

李天禄出生那年，在臺灣有兩個國號，一個是清宣統二年，一個是日本明治四十二年。七歲起跟着父親學偶戲的他，十四歲正式當頭手演出，從此展開他的木偶戲生涯。

《青春無悔》劇照

《青春無悔》

出品：中影
編導：周晏子
主演：陳昭榮　王渝文

純樸的客家子弟阿義，爲了重考大學，從美濃到高雄補習。某次阿義回鄉時，邂逅了清純可人的幼眉，兩人對彼此都有好感。阿義考完試後回家，才得知幼眉生病北上就醫，阿義連夜坐車北上……

《只要爲你活一天》

出品：城市
編劇：陳國富　陳世傑　導演：陳國富
主演：林强　高捷　蘇慧倫　李明依

阿峰像所有來臺北打拼的年輕人一樣，有個飛黄騰達的夢。他在KTV打工，臺北五光十色的生活，很能滿足他的期望。某個下雨的午後，他遇到了一位老大的情婦，一次不同尋常的艷遇，讓阿峰捲入一場不可收拾的風暴中。

熱鬧滚滚的電影年

1993年被定位爲"電影年"，其實在1992年10月間就爲全年的活動，分設了學術及研究發展、展覽活動、媒體公關和行政財務四大工作部門，而後12月8、9兩日的"電影會議"更爲電影年做足了熱身的準備。正式的活動則在1993年元旦新聞局局長胡志强特地親臨現場，以電影打板開鏡活動揭開"電影年"的開始。2月間製片、攝影、録音、藝術指導專業訓練班開課，到7月暑假則各項活動陸續密集展開，計有"中國電影歌舞憶"、在電視臺播映"你的電影約會"系列節目，10月間再推出"經典電影篇"版本，12月份則舉行"電影資料庫"的發表説明會，更推爲電影年特别企劃的幾本臺灣電影史的研究專著，包括《臺灣新電影的歷史文化經驗》(陳儒修)、《改變歷史的五年》(焦雄屏)、《電影與政治宣傳》(萬仁)、《悲情臺語片》(萬仁)等，則在電影年過後的一二年陸續出版問世，爲電影年活動留下具體且珍貴的成果。

童月娟慨贈拷貝　新華影片歸屬電資館

童月娟女士寄存於法國電影資料館的100餘部影片拷貝，終於在1993年8月3日物歸原主，並隨即由童女士贈予電影資料館典藏。爲此舉行"新華影業公司童月娟女士影片回國及贈與典禮"，邀請法國電影資料館館長米歇爾·歐柏特（Michelle Aubert）與多位資深影人，包括"一代妖姬"白光、歌后姚莉，及老牌女星周曼華等，共同爲這重要的歷史時刻見證。新華影業公司由張善琨創辦，成立於1933年。當時童月娟女士與張善琨已經結婚，平劇名旦出身的她即隨着張善琨事業的拓展，躍登銀幕，爲新華主演多部電影。總計該公司在上海期間約有數百部出品，包括於1941年拍攝完成的中國第一部長篇卡通片《鐵扇公主》(萬籟鳴、萬古蟾合導)，不論在製作和發行上都有過輝煌的紀録。抗戰勝利後，新華影業公司在1952年於香港復業，當時正逢永華影業公司没落，國際電影懋業公司和邵氏影業公司尚未興起之際，新華憑借着張善琨豐富的製片經驗，成爲當時香港電影界的製片主力，所出品的影片總能獲得觀衆的熱烈迴響。這時期的新華除了拍攝許多歌唱片、文藝愛情片打開國片的觀影人口外，更重要的是於1955年以伊士曼底片攝製了第一部彩色電影《海棠紅》(易文導)，促使香港電影界紛紛跟進投入彩色片的研究、攝製工作，對促進國片進入彩色時代有極大的貢獻。

《囍宴》柏林擒金熊　《暗戀》獲卡里加利獎

臺灣第一部入圍德國柏林影展競賽單元的影片《囍宴》，1993年2月2日與大陸導演謝飛的《香魂女》同獲第43屆柏林國際電影節最佳影片"金熊獎"，爲臺灣電影拿下第一座金熊，也成爲"國産電影片暨電影從業人員參加國際影展獎勵要點"頒佈以來，第一部可領取超過百萬元以上鉅額獎勵的國片。

《囍宴》並不是"同性戀電影"，而只是想藉着一個同性戀角色，講述一個"非常中國"的家庭故事。在本屆柏林電影節中，《囍宴》不僅受到觀衆喜愛，獲得當地觀衆票選第二名，同時也得到電影專業評審的肯定，獲頒最佳影片金熊獎。

1993年第一次由官方組團參加柏林電影節，3部參展影片《囍宴》、《暗戀桃花源》(賴聲川導)、《青少年哪吒》(蔡明亮導)在"競賽"、"青年導演論壇"和"電影大觀"三個單元都獲得好評。《暗戀桃花源》並在青年導演論壇中獲頒"卡里加利獎"。

《囍宴》劇照

第30屆金馬獎得獎名單

最佳劇情片：《囍宴》(三一、嘉禾公司出品)

最佳紀實報導片：《蘭嶼觀點》(中央研究院民族學研究所出品)

最佳導演：李安《囍宴》

最佳男主角：成龍《重案組》

最佳女主角：吴家麗《郎心如鐵》

最佳女配角：歸亞蕾《囍宴》

最佳原著劇本：馮光遠、李安《囍宴》

最佳改編劇本：胡大爲、鄧碧燕、林紀陶、于仁泰《白發魔女傳》

最佳攝影：李屏賓《戲夢人生》

最佳剪輯：張耀宗《功夫皇帝方世玉》

最佳造型設計：阮佩蕓、張光慧《戲夢人生》

最佳電影音樂：劉以達、韋啓良《誘僧》

最佳電影歌曲：張國榮、林夕《白髮魔女傳》

最佳録音：杜篤之《戲夢人生》

最佳動作指導：元奎、元德《功夫皇帝方世玉》

成龍、成家班《重案組》

梁小熊《誘僧》

袁和平、袁祥仁、谷軒昭《太極張三豐》

動畫鼓勵獎：《東方之道知道了》(王文，躲猫猫工作室出品)

終身成就特别獎：黄卓漢

《囍宴》

出品：三一　嘉禾

編劇：李安　馮光遠　導演：李安

主演：趙文瑄　郎雄　金素梅　歸亞蕾

來自臺灣的高偉同，與同性戀人賽門在高級住宅區同築愛窩。耐不住來自父母的聲聲催促與不斷安排相親的叨擾下，偉同決定和從上海赴美留學的房客威威辦理假結婚，然而，偉同父母的造訪，打亂了三人的計劃……

影片目録

天才　《春風少年兄》
三一　《囍宴》、《青春無悔》
春華　《變色狼》
臺影、開元　《十八》
城市　《只要爲你活一天》
臺影　《將邪神劍》
歡樂無線　《戲夢人生》
楊德昌、小大　《月光少年》
龍祥　《畫魂》
龍祥、漢威　《想飛——傲空神鷹》
長宏　《異域Ⅱ孤軍》、《野店》
福元　《臺北愛情故事》
湯臣　《霸王别姬》
年代　《大紅燈籠高高掛》

1993年（香港）

大事記

1月　東方電影公司成立並組成東方院線。

2月　香港導演協會授予著名導演胡金銓終身成就獎。

4月　梁家輝在《92黑玫瑰對黑玫瑰》中一改以往的戲路，以喜劇片形象出現，獲得第12屆香港電影金像獎最佳男主角。

5月　湯臣公司的《霸王別姬》獲第46屆戛納電影節金棕櫚大獎。

9月　張之亮執導的《籠民》獲第38屆亞太影展最佳影片獎。

11月　巴黎舉辦香港電影節。

12月　香港演藝人協會正式成立，許冠文爲會長，成龍、周潤發、梅艷芳、林建明爲副會長。

本年　香港電影界代表團一行40人，由鄒文懷任名譽團長、許冠文任團長，吴思遠任副團長，前往北京與國務院港澳辦探討九七後香港電影發展問題。港澳辦主任魯平表示：九七以後香港電影現狀不變，有關部門負責人保證香港在回歸以後可以用"中國香港"的名義參加國際影展（包括臺灣電影金馬獎）活動。

左起：鄒文懷、魯平、梅艷芳、許冠文、吴思遠

香港影業協會由馬逢國、利亞博等人組成代表團參加金馬獎，並前往臺灣與新聞局電影處探討九七後香港電影在臺灣市場的發行形式及版權保障問題。

成龍以《重案組》、吴家麗以《郎心如鐵》分别獲第30屆臺灣電影金馬獎最佳男、女主角獎。吴楚帆獲得特别紀念獎。

香港電影從業員協會成立，吴思遠、陳欣健等爲負責人。

《方世玉》劇照

重要影片

《新不了情》劇照

《新不了情》

出品：無限映畫公司

編導：爾冬陞

主演：劉青雲　袁詠儀　馮寶寶　秦沛　劉嘉玲　吴家麗　張艾嘉

懷才不遇的作曲家阿傑疏遠了在歌壇日漸走紅的玫瑰，搬到油麻地的一座舊樓，認識了隔壁戲班班主的愛女阿敏。阿敏自小患骨癌，但憑借頑强的性格、樂觀的天性戰勝了病魔。在阿敏的鼓勵下，阿傑找回了失去的自信，重新投入創作。正當他倆爲阿傑的成功慶祝時，阿敏舊病復發。

這是一個並不普通的愛情故事，它除了包含友情、親情和愛情，更重要的是弘揚朋友間互相幫助鼓勵的精神，以及在困境中不畏艱辛的鬥志。影片投拍時並不爲人看好，認爲在商業上不會取得成功，結果出乎意料的是票房達到3000萬，獲第13屆香港電影金像獎最佳影片、最佳導演、最佳編劇、最佳女主角（袁詠儀）、最佳女配角（馮寶寶）、最佳男配角（秦沛）等7項大獎。本片也是爾冬陞自編自導自任老闆的第一部影片。袁詠儀在戲中的表演更是讓人稱道。

《中環英雄》劇照

《中環英雄》

出品：永發公司

編劇：邱禮濤　導演：林龍榮

主演：劉德華　梁朝偉　毛舜筠　袁潔瑩

浪子華英雄在中環結識張豪傑，張曾是保險公司高級職員，因病辭職。華英雄懇求張介紹他去做保險生意，之後在工作中贏得了上司梅小姐的芳心。張豪傑與黑幫老大千金相愛。爲了不拖累女友，他有意逃避。黑幫老大不信張有病，要他出示醫院證明。在醫院，遇到了搶劫，在華英雄的勸説下，劫匪束手就擒。

《方世玉》

出品：正東公司　北京電影製片廠

編劇：技安　陳健忠　蔡康永　導演：元奎

主演：李連傑　蕭芳芳　李嘉欣　鄭少秋

年少氣盛的方世玉聽聞外省惡霸雷老虎爲其女婷婷擺下擂臺招親，前去挑戰。世玉之母苗翠花得知兒子敗陣，便決定女扮男裝爲方家爭回面子，竟被迫招爲婿……

本片乃李連傑之創業作，即拋開了《黃飛鴻》一代宗師的模樣，換之以另一種天真神采的演繹方法，帶來新鮮的一面。獲第13屆香港電影金像獎最佳動作指導獎（元奎、元德）。

《白髮魔女傳》劇照

《白髮魔女傳》

出品：東方公司
編劇：于仁泰　林紀陶　鄧碧燕　胡大爲
導演：于仁泰
主演：張國榮　林青霞　吴鎮宇
呂少玲　藍潔瑛

根據梁羽生同名武俠小説改編。大明國勢日衰，内憂外患紛至沓來。武當號令武林同道聯合各派進攻魔教，但被魔女練霓裳挫敗。武當弟子卓一航與練霓裳互生愛意。卓一航因師父師弟慘死，質疑練霓裳; 練霓裳傷心欲絶，青絲變雪。她縱身蓮花峰下，卓一航從此在峰畔懊悔終身……

獲第13屆香港電影金像獎最佳攝影（鮑德熹）、最佳服裝設計（和田惠美、張新耀）。

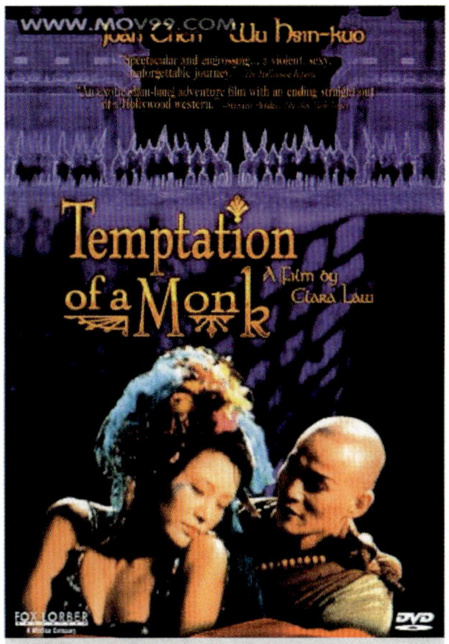

《誘僧》海報

《誘僧》

出品：泰影軒公司
編劇：方令正　李碧華　**導演：**羅卓瑶
主演：吴興國　陳沖　張豐毅　盧燕

一位將軍步入空門後，原以爲自己四大皆空，怎料一美貌尼姑引誘下，牽引出澎湃的潛藏慾念。影片展現出人類價值觀混淆的一面。

獲第13屆香港電影金像獎最佳新人（吴興國）。

黄秋生出色參演驚悚片

黄秋生（1961—　）

演員，導演。英中混血兒，參演的第一部電影是1985年的《花街時代》。1993年，憑《八仙飯店之人肉叉燒包》獲金像獎最佳男主角獎，1994年，自編自導自演，完成了導演處女作《新房客》。1999年，憑《野獸刑警》獲金像獎最佳男主角獎和香港電影評論學會最佳男演員獎。主要作品還有《千言萬語》、《旺角風雲》、《槍火》、《江湖告急》、《幽靈人間》、《黑白森林》、《無間道》等。

《人肉叉燒包》海報

《人肉叉燒包》

出品：群雄（聯登）公司
編劇：羅錦輝
導演：邱禮濤
主演：黄秋生　李修賢　劉紹銘　成奎安

澳門路環黑沙海灘發現人體殘肢。澳門司法部李警官開始着手調查此案，發現八仙飯店鄭氏一家在一夜間全部失蹤，八仙飯店負責人黄志恒稱鄭氏一家已移民海外。李警官查得鄭氏一家並無出境紀録，伺機拘捕黄協助調查。拘留期間黄非但不合作，並隱瞞事實，司法部惟有用盡各方辦法使他招供。

本片是港産電影多元化重要的一筆。黄秋生又以本片看似出人意料地奪得第13届香港電影金像獎最佳男主角，可見多元化下香港電影的包容。

第12届香港電影金像獎

最佳影片:《籠民》，最佳導演: 張之亮（《籠民》），最佳編劇: 張之亮、黄仁逵、吴滄洲（《籠民》），最佳男主角: 梁家輝（《92黑玫瑰對黑玫瑰》），最佳女主角: 張曼玉（《阮玲玉》），最佳男配角: 廖啓智（《籠民》），最佳女配角: 馮寶寶（《92黑玫瑰對黑玫瑰》），最佳新人: 袁詠儀（《亞飛與亞基》），最佳攝影: 潘恒生（《阮玲玉》），最佳剪輯: 吴宇森、胡大爲《棘手神探》最佳美術指導: 朴若木（《阮玲玉》），最佳服裝設計: 張叔平、余家安（《笑傲江湖之二東方不敗》）最佳動作指導: 袁和平（《黄飛鴻之二男兒當自强》），最佳音樂: 小蟲（《阮玲玉》）。

主要影片目録

本年度香港共出産影片187部。

永盛《逃學威龍三之龍過鷄年》、《黄飛鴻之鐵鷄鬥蜈蚣》、《唐伯虎點秋香》

長宏《新流星蝴蝶劍》、《神經刀與飛天猫》、《追男仔》

東方《花田囍事》、《黄飛鴻對黄飛鴻》、《白髮魔女傳》

永高《黄飛鴻之鬼脚七》、《玫瑰玫瑰我愛你》

正東《方世玉》、《太極張三豐》

大都會《赤脚小子》、《濟公》

王晶工作室《千面天王》

其他《城市獵人》（嘉峰）、《東方不敗風雲再起》（金公主、龍祥）、《射鵰英雄傳之東成西就》（學者）、《東方三俠》（中華娱樂、百嘉峰）、《風塵三俠》（電影人）、《笑俠楚留香》（年代）、《馬路天使》（華映）、《剃刀情人》（萬里）、《水滸傳之英雄本色》（港影娱樂）、《反鬥馬騮》（無限創意）、《太子傳説》（佳寧娜）、《愛的精靈》（正能、多合）、《八仙飯店之人肉叉燒包》（聯登）、《黄飛鴻之男兒當報國》（美亞）、《愛在黑社會的日子》（雷鳴/龍祥）、《武俠七公主》（永高、學者）、《天若有情Ⅱ之天長地久》（中華）、《鴨之一族》（三大）、《天長地久》（天幕）、《新仙鶴神針》（龍祥、電影工作室）、《飛狐外傳》（嘉禾、麥當雄）、《一代梟雄之三支旗》（永發、影之威）、《天臺的月光》（嘉禾）、《世外情緣》（衆歡）、《城市女獵人》（藝海）、《現代靚妹仔》（利星）、《情人知己》（城市當代舞蹈團）、《刺客新傳之殺人者唐斬》（昌盛）、《疊影驚情》（金港、年代）、《1/3情人》（龍虎榜）、《夏日情未了》（高寶）、《砵蘭街大少》（三寶、寰宇）、《的士判官》（嘉立）、《郎心如鐵》（希望工程）、《烹夫》（嘉華）、《走上不歸路》（興發）、《女兒當自强》（百代）、《誘僧》（泰影軒）、《中環英雄》（永發）、《滅門慘案之孽殺》（馬天尼、學者）、《邊城浪子》（動奇、龍祥）、《赤裸狂奔》（蕭氏）、《青蛇》（思遠）、《新不了情》（無限映畫）、《笑八仙》（娱樂）、《白蓮邪神》（先達）、《走佬威龍》（家仁）、《大路》（港龍）

1994年(大陸)

大事記

2月26—28日　中國電影導演協會首屆年會在京舉行。
3月3日　謝晉—恒通明星學校在上海舉行建校暨首屆開學典禮。
4月26日　第四屆上海影評人"永樂杯"獎頒獎儀式在上海舉行。
5月4日　中宣部、廣電部、文化部、財政部、農業部聯合發出《關於解決農村電影放映收費問題的通知》。
5月6—27日　第二屆大學生電影節在北京舉行。
5月15日　"'93《當代電影》國產十佳影片"評選揭曉。
6月28日　紀念毛澤東誕辰100週年"華美獎"全國群衆影評徵文比賽頒獎大會在北京舉行。
7月5日　廣電部頒發《關於中外合作攝製電影的管理規定》。
8月1日　電影局發出《關於進一步深化電影行業機制改革的通知》。
9月9日　在北京舉行向一百個貧困縣贈送一百套愛國主義教育影視片錄像帶儀式。

重要影片

《留村察看》劇照

《留村察看》

出品：長春電影製片廠
編劇：王興東　王浙濱
導演：雷獻禾　王興東　攝影：鍾文明
主演：巍子　沈丹萍

林泉縣縣長簡正因爲受妻子受賄案的牽連而被免去了職務。爲了證明自己的清白，他選擇去本縣的貧困鄉蛤蟆川工作。他帶領着大伙開山放炮，治水修路，兩年後貧困村擺脫了貧窮，過上了富裕日子。

《絕境逢生》

出品：上海電影製片廠
編劇：張建亞
導演：張建亞　攝影：黃保華
主演：潘長江　魏宗萬

二次大戰期間，以托馬斯爲首的美國海上突擊隊遇險後，在中國海岸登陸。在中國漁民老萬、鐵江等人的營救和掩護下，巧妙地與日軍週旋，最終安全地踏上了返回國家的征途。

《絕境逢生》劇照

《感光時代》劇照

《感光時代》

出品：浙江電影製片廠
編劇：許建海
導演：阿年
攝影：高子逸
主演：張建新　朱茵　陳莎莎

大學畢業生馬一鳴在一家報社當攝影記者，他十分喜愛攝影，經過一翻努力後，最終馬一鳴獲得了成功，成爲一名有作爲的青年攝影家。

《彈道無痕》

出品：八一電影製片廠
編劇：方天民
導演：寧海强
攝影：姜力軍
主演：趙岩松　劉大爲　陳大偉　王玉璋

鐵匠的兒子石平陽應徵入伍，來到號稱"戰爭之神"的炮兵部隊。在班長李四虎的帶領下，他苦練軍事技術，很快成爲技術尖子。幾年後，他的戰友分别被提幹、調走，而石平陽只當上了代理排長。他無怨無悔地堅守在平凡的崗位上，一如既往地工作着。

《畫魂》

出品：上海電影製片廠　臺灣龍祥影業有限公司
編劇：劉恒　閔安琪　導演：黃蜀芹　攝影：吕樂　主演：鞏俐　爾冬陞　達式常　沈海蓉

怡春院名妓的跟班丫頭玉良，和海關總署成家後改姓潘玉良，開始學習作畫，考入上海美專後，她的油畫人體素描獨樹一幟。她進入法國巴黎美術學院苦心鑽研的油畫《浴女》獲得大獎。四十年代，她回國任教，由於世道和國情的不容，她重返巴黎，致力藝術研究，直至生命終結。

《彈道無痕》劇照

《畫魂》劇照

《永失我愛》劇照

《永失我愛》

出品：北京電影製片廠
編劇：王朔　馮小剛
導演：馮小剛
攝影：鄔迪
主演：郭濤　徐帆　劇雪

蘇凱硬着心腸趕走了格格，此後照料蘇凱的瑣事全落在了楊艷的身上。她和蘇凱慢慢相愛了。

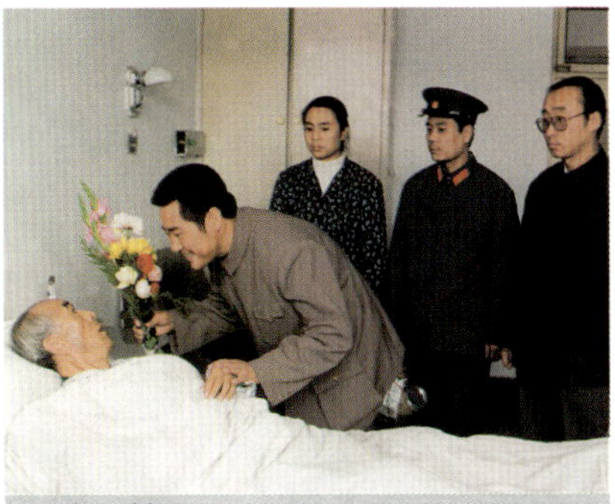

《天網》劇照

《天網》

出品：北京電影製片廠　南京電影製片廠
編劇：謝鐵驪　高振河
導演：謝鐵驪
攝影：鄭煜元
主演：孫飛鵬　董驥　王夫棠　雍和平

李榮才曾任本村鐵業社會計，發現了村支書賈仁貴有經濟問題，便揭發了他。賈也揭發李有貪污行爲。工作組進行清查後，宣佈李榮才貪污公款，撤銷職務。李開始上告，從縣到地區，一級一級，一年一年，二十多個春秋過去，一直没有解決。最終在秦書記的調查下，終於還李榮才以清白。

《頭髮亂了》劇照

《頭髮亂了》

出品：內蒙古電影製片廠
編導：管虎
攝影：吴樵　姚小峰
主演：孔琳　張小童　耿樂

葉彤、衛東、衛萍、遲萱、雷兵，五個小伙伴從小在北京的胡同裏長大。故事在他們之間的情感糾葛中展開。

影片目録（共148部）

長影　《傍晚她敲開我的門》、《痴男、怨女和牛》、《飛天蜈蚣》、《復活的罪惡》、《花旗小和尚》（與香港思遠合拍）、《婚外戀者的奇遇》、《金客、商客、嫖客》、《浪子街》、《留村察看》、《青銅狂魔》、《人鬼之戰》、《殺機四伏》、《生死關頭》、《四大天王》、《天地人心》、《秃探與俏妞》、《小飛俠》、《一個獨生女的故事》、《斬虎屠龍》、《這輩子不欠你》、《真假幽默大師》、《追捕野狼幫》

上影　《奧菲斯小姐》、《悲情槍手》、《超霸女郎》、《都市薩克斯風》、《二嫫》(與香港合拍)、《跟我走一回》(與香港合拍)、《紅帽子浪漫曲》、《畫魂》(與臺灣合拍)、《絶境逢生》、《陌生的愛》、《喬遷之喜》、《天龍八部》(與香港合拍)、《鐵漢嬌娃》、《危情少女》、《小芳的故事》、《新火燒紅蓮寺》(與香港合拍)、《血囚》、《湮没的青春》、《椰島情仇》、《醉拳(三)》(與香港合拍)

北影　《東邪西毒》(與臺灣、香港合拍)、《福爾摩斯與中國女俠》、《宮廷鬥鷄》、《古廟倩魂》、《紅塵》、《紅粉》、《驚恐時分》、《精武英雄》(與香港合拍)、《狂吻俄羅斯》、《魔鬼髮卡》、《男人也難》、《怒海紅顔》、《生死拍檔》、《天網》(與南京廠合拍)、《天網行動》(與香港合拍)、《笑傲人生》、《新少林五祖》(與香港合拍)、《永失我愛》、《與往事乾杯》、《征服者》、《鑄劍》(與香港合拍)、《紫禁城奇戀》、《自首的愛》

八一　《大漠殲匪》、《彈道無痕》

珠影　《冰城擒魔》、《廣州來了新疆娃》、《警魂》、《馬戲情未了》(與香港合拍)、《女人花》、《啼笑寃家》、《慰安婦74分隊》

西影　《綁架童心》、《背靠背，臉對臉》(與香港合拍)、《步入輝煌》、《大話東遊之一》(與香港合拍)、《大話東遊之二》(與香港合拍)、《黄沙·青草·紅太陽》、《神劍》(與臺灣合拍)、《死亡預謀》、《危情狂蝶》、《尋仇陰陽界》

峨影　《被告山杠爺》、《帶軲轆的摇籃》、《救命48小時》、《狂龍逞英豪》、《你没有十六歲》、《少林好小子》、《小醉拳》、《刑偵風雲》、《血搏敵梟》、《欲霸天下》

瀟湘　《朝前走莫回頭》、《古龍鎮諜影》、《驚魂桃花黨》、《女人的選擇》、《十字架下的魔影》、《旋風小子》(與臺灣合拍)、《炎帝傳奇》(與香港合拍)、《真假情人》

廣西　《白日女鬼》、《叱咤香洲葉劍英》、《地獄究竟有幾層》、《大話英雄》(與香港合拍)、《寡婦十日談》、《莫忘那段情》、《三女休夫》、《鐵血崑崙關》

天山　《大漠雙雄》、《紅玫瑰與白玫瑰》(與臺灣合拍)、《女人萬歲》、《情·理·法》(與香港合拍)、《遺落荒原的愛》

深影　《大富之家》(與香港合拍)、《香香鬧油坊》、《一家兩制》

雲南　《金沙水拍》、《九品芝麻官》(與香港合拍)、《歧路英雄》、《情人的血特別紅》

青影　《姍娘》、《天生膽小》、《偷渡的女人》、《永無寧日》

童影　《暗號》、《金秋鹿鳴》、《吾家有女》、《小島情神》、《戰爭童謡》

其他　《情諜》（福建）、《天與地》（福建與香港合拍）、《西門警事》（江西與福建合拍）、《最長的彩虹》（福建），《風流蜜月》（南海）、《梁山伯與祝英台》（南海），《頭髮亂了》（内蒙），《刀·劍·笑》(中國電影合作製片公司與香港合拍)、《火雲傳奇》(中國電影合作製片公司與香港合拍)，《木蘭傳奇》（天津）、《南中國1994》（天津），《飛車世家》（遼寧），《感光時代》（浙江），《家醜》（寧夏），《西楚霸王》（上下集）（香港銀都）、《紅粉金剛》（香港銀都）、《昨夜長風》（香港銀都）

《步入輝煌》劇照

《步入輝煌》

出品：西安電影製片廠
編劇：孫毅安
導演：顔學恕　周友朝
主演：王剛　徐成林　羅京民　扈强

抗日戰爭時期，東北抗聯司令員楊靖宇將軍率部被日軍重重包圍，楊將軍命令主力突圍，自己只帶三名戰士——常懷忠、湯福禄和朱六十四留在山上吸引敵人重兵。影片講述了楊靖宇將軍遭叛徒出賣，身中十三彈，爲國捐軀的故事。

《與往事乾杯》劇照

《家醜》劇照

《家醜》

出品：寧夏電影製片廠
　　　青年電影製片廠
編劇：樂美勤
導演：劉苗苗
攝影：李小平
主演：李萬年　王志文　何冰

影片描述了在封建家庭的管教下，兒子報復父親，最後導致整個家庭破裂，父子雙亡，同時本是好人的家人也變成了帶毒的惡魔。

《狂吻俄羅斯》

出品：北京電影製片廠
編劇：馬軍驤
導演：徐慶東
攝影：謝平
主演：馮鞏　牛振華

因離異而心灰意冷的大江和朋友雙成到俄羅斯做生意。在雙成的小蜜娜塔莎家，大江認識了其妹卡嘉。大江簽證到期，回國前贖回了紅舞鞋，託貿易公司的于總交給卡嘉，離開了魂牽夢縈的俄羅斯。雙成回國後承包了歌廳，並請卡嘉來此演出，大江與卡嘉終於相見，緊緊地擁抱在一起。

《狂吻俄羅斯》劇照

《與往事乾杯》

出品：北京電影製片廠
編劇：孟朱
導演：夏鋼
攝影：李恬
主演：邵兵　劉岩

濛濛自小就彷彿對男人有種病態的恐懼，但是她愛上了鄰居男人，但是他不想顧及濛濛的未來。不久，兩各自搬入新居，那男人在濛濛的心頭逐漸消失。後來，濛濛無意間愛上鄰居男人的兒子老巴，但是道德的束縛讓她最終選擇了放棄。

《西楚霸王》劇照

《西楚霸王》

出品：銀都機構
編劇：冼杞然　曉禾　施揚平
導演：冼杞然
攝影：鄭兆强
主演：鞏俐　張豐毅
　　　吕良偉　關之琳

秦朝末年的殘暴統治，使民不聊生，各地起義紛起雲湧。項羽和劉邦成了各路抗秦好漢的將領。影片講述了項羽軍隊處於四面楚歌中，虞姬自殺。項羽率餘部28騎突圍至烏江，不肯過江，自刎身亡的故事。

電影導演協會首屆年會舉行

2月26—28日，中國電影導演協會首屆年會在京舉行。近百位老中青導演出席了會議。年會爲沈浮等33位中國老一代的導演藝術家頒發“榮譽會員”稱號的證書，向沈浮、張駿祥、水華授予“終身成就獎”。會議還就中國電影、中國電影導演如何迎接電影市場經濟的嚴峻挑戰問題進行了熱烈討論。會議最後一天，協會會長謝鐵驪做工作報告，會議討論了協會章程，並增補了協會的領導人員。他們是會長謝鐵驪，副會長謝晉、謝飛、張藝謀，秘書長騰文驥、鄭洞天。任期四年。中國電影導演協會於1993年1月11日在上海成立。

廣電部 1993 年優秀影片獎頒獎大會

5月30日，廣電部1993年優秀影片獎頒獎大會在北京二十一世紀劇場隆重舉行。劉忠德、艾知生、田聰明等中宣部、廣電部領導同志爲獲獎者頒獎。中共中央政治局委員、國務委員李鐵映、廣電部原部長艾知生、廣電部部長孫家正、副部長田聰明等出席了頒獎大會。

廣電部 1993 年優秀影片獎獲獎名單

最佳故事片：《鳳凰琴》（天津、瀟湘）；最佳兒童片：《燃燒的雪花》（龍江廠、峨影）；最佳合拍片：《股瘋》（瀟湘、香港藝能）；優秀故事片：《重慶談判》（長影），《東歸英雄傳》（內蒙），《第一誘惑》（上影）；最佳編劇：橘生，劉醒龍，卜炎貴（《鳳凰琴》）；最佳導演：塞夫，麥麗絲（《東歸英雄傳》）；最佳男演員：李保田（《鳳凰琴》）；最佳女演員：潘虹（《股瘋》）；最佳科教片：《防治堤壩白蟻》（農影）；最佳紀録片：《中國出了個毛澤東》（新影）；最佳美術片：《三隻小狐狸——收西瓜》（北京科影）；優秀紀録片：《水中影》（新影），《拉薩的韻律》（新影）；優秀科教片：《尋找無形糧田》（農影），《温室效應的憂思》（北京科影）；優秀美術片：《合影》（上海科影），《泳裝》、《魔方大厦第八集·頭盔城》（上海美影）；優秀譯製片：《國際女郎》（上海譯製）；特別鼓勵獎：《阿曼尼薩罕》（天山、天津），《大海風》（福建），《犬王》（八一），《滄桑梨園情》（兒影），于紹康（《大海風》）

廣播電影電視部發出《關於不得支持、協助張元等人拍攝影視片的通知》

3月12日，廣播電影電視部發出《關於不得支持、協助張元等人拍攝影視片的通知》。《通知》指出，今年2月初荷蘭鹿特丹電影節舉辦的中國電影專題展中，有許多未經國家電影製片廠批准私自拍攝並未送我部電影局審查的非正常影片參展，《1966，我的紅衛兵時代》、《冬春的日子》、《紅豆》（又名《懸戀》）、《自我畫像》、《關於一部被禁影片的討論》、《我畢業了》、《藍風箏》、《誘僧》和張元的《北京雜種》，上述影片除《藍風箏》片經北影廠審查未予通過外，其餘影片均未經過電影局審查而私運出境。對此，廣電部電影局及我駐荷蘭大使館與電影節方面交涉均未果，遂被迫取消原定派中國電影代表團赴電影節的計劃。上述情況在日本東京電影節也發生過。鑒於此，爲嚴肅法紀，全國各電影製片廠、洗印廠和電視臺、電視製作單位，在上述影片與有關人員問題未得到處理前，一律不得以任何方式支持、協助其拍攝電影、電視劇、電視專題片及影視後期加工等。

《落河鎮兄弟》獲法蘭克福兒童國際電影節“盧卡斯”獎

9月18日，中國兒童電影製片廠攝製、蘇舟導演的故事片《落河鎮兄弟》在德國第20屆法蘭克福兒童國際電影節上獲電影評委會最高獎“盧卡斯”獎和國際青少年影視中心獎。在第五屆開羅國際兒童電影節上獲“銅開羅獎”。

《落河鎮的兄弟》

出品：兒童電影製片廠
編劇：黄亞洲　導演：蘇舟　攝影：羅凌
主演：張志堅　邢航　楊寧　黄陽鳴

可可和亮亮是同一天出生的孩子，因爲被抱錯，分別被落河鎮小學的魏老師和葦子島的漁民金老大撫養成人。一次偶然的機會，兩家人同時發現孩子不是親生的。雖然日後兩家各自領回了親骨肉，但在孩子和大人之間，親情與血緣之間，還是發生了一系列的感情衝突。

《落河鎮的兄弟》劇照

首屆“中國珠海·海峽兩岸暨香港電影節”在珠海舉行

6月15—19日，由廣東省珠海市人民政府主辦的首屆“中國珠海·海峽兩岸暨香港電影節”在珠海舉行。由丁嶠任主席，王君正、鄭洞天、姜文、胡炳榴、柳城、謝逢松、王童（臺灣）、梁良（臺灣）、李祐寧（臺灣）、石琪（香港）、許鞍華（香港）、張婉婷（香港）任委員的評委會評出“飛龍獎”各獎項。中共中央政治局委員、國務院副總理錢其琛、全國政協副主席葉選平出席了頒獎晚會。

本屆電影節的序曲是6月13日開幕的影視交易會，到會單位只有十多家，冷冷清清。

首屆珠海電影節獲獎名單

最佳影片：《背靠背，臉對臉》；最佳導演：爾冬陞（《新不了情》）；最佳編劇：黄欣、劉醒龍（《背靠背，臉對臉》）；最佳男主角：牛振華（《背靠背，臉對臉》）；最佳女主角：袁詠儀（《新不了情》）；最佳攝影：楊綸（《炮打雙燈》）；最佳美術：區丁平（《重案組》）；最佳録音：杜篤之、孟麒良（《戲夢人生》）；最佳音樂獎：（空缺）；評委會特別獎：《鳳凰琴》

《背靠背，臉對臉》劇照

《背靠背，臉對臉》

出品：西安電影製片廠
香港森信娛樂發展有限公司
編劇：黄欣　孫毅安
導演：黄建新　楊亞洲　攝影：張曉光
主演：牛振華　雷恪生　李强　王勁松

某文化館代館長王雙利極有工作能力，總希望能去掉那個“代”字。他想盡辦法擠走了一位競爭者，無奈上面又將文化局的秘書小閻派來當館長。當館長一職再次空缺時，王雙利對此已經視之淡然了。

《二嫫》獲第47屆諾迦洛國際電影節評審團大獎

8月14日,《二嫫》獲第47屆洛迦諾國際電影節評審團大獎、青年評審團金獎、國際影評人唯一大獎、基督教評審團唯一大獎。女主角艾麗婭獲得國際影評人協會的唯一提名。經有關部門推薦,《二嫫》已參加瑞士、法國、意大利、英國、瑞典、西班牙、捷克、美國、加拿大、香港等11個國家和地區的15個國際電影節,成爲中國迄今參展國際電影節最多的國產片。更令人矚目的是,經中、美電影發行機構的協議,自今年6月起,《二嫫》已在全美各大電影院放映,以票房分成分配利益,這也是國產片首次在美發行實施的措施。

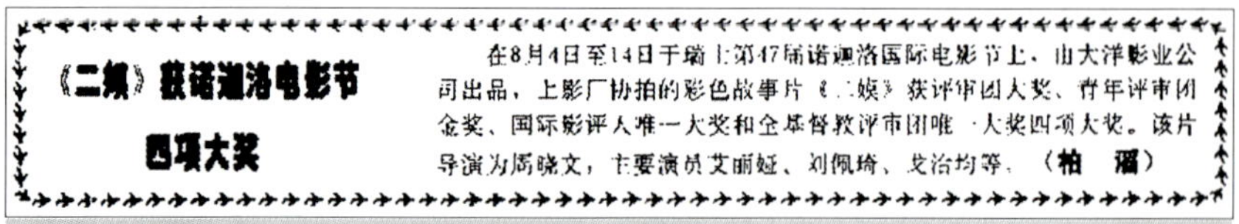
《二嫫》获诺迦洛电影节四项大奖

在8月4日至14日于瑞士第47届诺迦洛国际电影节上,由大洋影业公司出品,上影厂协拍的彩色故事片《二嫫》获评审团大奖、青年评审团金奖、国际影评人唯一大奖和全基督教评审团唯一大奖四项大奖。该片导演为周晓文,主要演员艾丽娅、刘佩琦、戈治均等。(柏 溜)

《二嫫》獲第47屆諾迦洛國際電影節評審團大獎報導文照

《二嫫》

出品:上海電影製片廠、
香港大洋影業有限公司
編劇:朗雲
導演:周曉文
攝影:吕更新
主演:艾麗婭 劉佩琦 戈治均
張海燕 閻振國

二嫫的丈夫是個下臺的村長,整天病歪歪的。二嫫賭氣要給兒子買一個全縣最大的電視。她拼死拼活地做麻花面到幾十里外的縣城去賣,還經常賣血。過年了,二嫫終於買回了那臺最大的電視,村民們湧進她家看電視,二嫫却因勞累和貧血靠在自己血汗所得的電視機上……

《二嫫》劇照

艾麗婭
(1965—)

演員,內蒙古人。1985年畢業於北京電影學院表演系民族本科班,任內蒙古電影製片廠演員。代表作品有《女綁架者》、《世界屋脊的太陽》、《黑山路》、《二嫫》、《煙雨長河》、《一代天驕成吉思汗》、《英雄無語》、《我的美麗鄉愁》等。

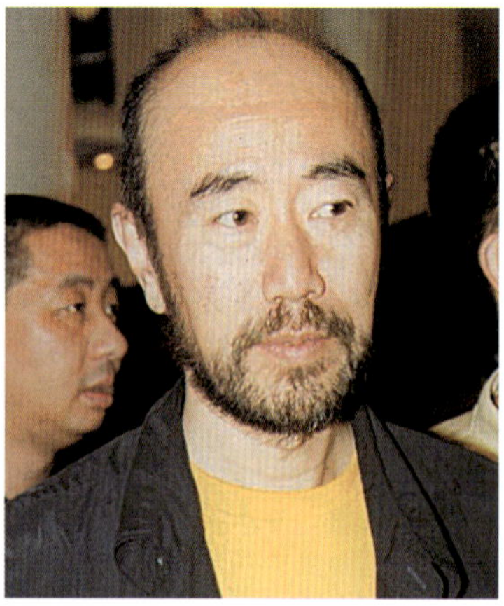

周曉文(1954—)

導演。生於北京。1975年畢業於北京電影學院攝影系。任西安電影製片廠導演。1986年開始獨立執導影片,還兼任編劇、攝影和作曲,是青年導演中的多面手。他執導的影片《最後的瘋狂》獲1987年金鷄獎特別獎和政府獎;《瘋狂的代價》(兼編劇)獲1988年金鷄獎最佳剪輯獎及四項提名和夏威夷國際電影節榮譽獎;《二嫫》獲1994年洛迦諾國際電影節評審團大獎、青年評審團金獎、國際影評人唯一大獎、基督教評審團唯一大獎等四項獎,該片女主角艾麗婭獲國際影評人大會唯一提名;《青春無悔》獲1991年上海大學生電影節最佳故事片、最佳導演、最佳男演員獎;《青春無悔》應邀參加芝加哥藝術學院的學術研討活動。

第2届中國長春電影節舉行

8月23日，第2屆中國長春電影節在吉林長春舉行。電影節共有17個國家和地區113部影片參賽、參展和參加電影交易活動。其中國內15家電影製片廠的22部影片參賽。電影節期間還舉行了"潘虹電影表演藝術研討會"、大型群衆文藝表演、"銀河燦爛"文藝晚會，以及經貿、科技、旅遊、交易等項活動。50餘部參賽影片的觀衆達50餘萬人次。15家單位的61部影片、録像帶參加交易，成交率達80%。

《重慶談判》劇照

第2屆中國長春電影節獲獎名單

金鹿獎：《重慶談判》(長影)；銀鹿獎：《東歸英雄傳》(内蒙)；評委會特別獎：《帶軲轆的搖籃》(峨影)；最佳編劇：張笑天（《重慶談判》)；最佳男主角：王學圻(《帶軲轆的搖籃》)；最佳女主角：潘虹（《股瘋》)；最佳男配角：舒適（《中國人》)；最佳女配角：曹熙（《復活的罪惡》)

《重慶談判》

出品：長春電影製片廠
編劇：張笑天
導演：李前寬　肖桂雲　高承惠
攝影：李力
主演：古月　孫飛虎　黄凱　李法曾

二戰結束後，中國人民期待着和平生活，面對着中國何去何從的局面，以蔣介石爲首的國民黨政府和以毛澤東爲首的共産黨人歷史地走到了一起，在重慶進行了一次歷史性的會面。

1993年度"五個一工程"評選結果揭曉

7月9日，由中共中央宣傳部組織的1993年度精神文明"五個一工程"評選結果揭曉。同日，中共中央宣傳部在北京京西賓館舉行"精神文明建設'五個一工程'座談會"，來自全國各地從事"五個一工程"的文藝、理論、出版工作者和老一輩藝術家暢談"五個一工程"的經驗和作用。丁關根在座談會上發表了題爲《多出精品 多出人才》的講話，要求精神文明建設"五個一工程"獎高標準、上水平、出精品、出人才。入選的影片有：故事片：《鳳凰琴》、《第一誘惑》、《重慶談判》、《秋收起義》、《井崗山》、《東歸英雄傳》、《阿曼尼薩罕》；兒童片：《燃燒的雪花》；以及電視劇(片)21部、戲劇15臺、圖書16本(套)、理論文章20篇。

吴印咸在京逝世

在國内外享有盛譽的攝影藝術大師、著名的攝影教育家、攝影理論家、中國攝影家協會名譽主席吴印咸，因病於1994年9月7日晨在京逝世，享年94歲。吴印咸1900年生於江蘇沭陽縣一個開明知識分子家庭。1922年畢業於上海美術專科學校，長期從事美術教學、照相攝影和電影攝影工作。曾在上海天一影片公司、上海電通影業公司和明星影片公司就職，拍攝了《風雲兒女》、《都市風光》、《馬路天使》等影片。抗戰爆發後，吴印咸奔赴延安，擔任八路軍總政治部延安電影團攝影師及領導工作。在戰爭歲月裏，他拍攝了《延安與八路軍》、拍攝創作了紀録片《南泥灣》《白求恩大夫》，曾當選"陝甘寧邊區甲等模範工作者"。抗戰勝利後，他率電影團轉戰東北，參與建設被稱爲"新中國電影的搖籃"的東北電影製片廠。新中國成立後，擔任北京電影學院副院長兼攝影系主任。並拍攝了《紅旗譜》、《白求恩大夫》故事片及風光紀録片《黄山似畫》，擔任故事片《駱駝祥子》的攝影藝術顧問。吴印咸獻身電影和攝影事業70餘年，曾在北京、上海等20多個省市以及美國、法國、瑞士、新加坡等國家舉辦過他的個人影展。美國紐約國際攝影中心授予他"攝影功勳證書"。

吴印咸晚年工作照

國務院授予夏衍“國家有傑出貢獻的電影藝術家”稱號

10月28—30日，北京舉行紀念夏衍從事革命文藝工作六十五週年活動，國務院授予夏衍“國家有傑出貢獻的電影藝術家”稱號。10月28日，廣電部舉行大型系列活動，紀念我國電影事業的先驅者、開拓者夏衍從事革命文藝工作65週年。上午，在北京人民大會堂舉行報告會。中宣部常務副部長鄭必堅受中共中央政治局委員、書記處書記、中宣部部長丁關根的委託，代表中宣部對夏衍65年來開拓中國革命文藝事業和電影事業所取得的重大成就表示衷心祝賀。廣電部部長孫家正、文化部副部長陳昌本、電影局局長滕進賢、電影藝術家桑弧、水華、于藍等發了言。下午，“夏衍電影回顧展”開幕式在北京圖新文化藝術影院舉行。回顧展將在北京、上海、天津、長春、廣州等12個城市舉行，展映夏衍代表作《春蠶》、《脂粉市場》、《風雲兒女》、《壓歲錢》、《祝福》、《林家鋪子》、《革命家庭》、《烈火中的永生》等8部影片。

江澤民與夏衍握手交談

首屆全國少數民族題材電影“騰龍獎”頒獎活動在成都舉行

9月23日，由國家民委、廣電部等聯合舉辦的首屆全國少數民族題材電影“騰龍獎”頒獎活動在成都舉行。

首屆“騰龍獎”獲獎名單

最佳編劇獎：梁信（《從奴隸到將軍》）；優秀導演獎：塞夫·麥麗絲（《東歸英雄傳》）；優秀男演員獎：葉依貢（《阿凡提外傳》等）；優秀女演員獎：艾麗婭（《天堂之路》等）；故事片一等獎：《東歸英雄傳》；故事片二等獎：《從奴隸到將軍》，《鼓樓情話》，《買買提外傳》；故事片三等獎：《孔雀公主》，《血鼓》，《卓瓦桑姆》，《松贊干布》，《新月和他的情人》，《白沙恨》；評委獎：《阿曼尼薩罕》；另有《內蒙人民的勝利》、《金銀灘》等25部“文化大革命”前拍攝的影片獲紀念獎。並評出紀錄片、美術片、科教片的各項獎項，以及少數民族譯製片獎33部。

《陽光燦爛的日子》獲威尼斯電影節最佳演員獎

9月8日，故事片《陽光燦爛的日子》主演夏雨獲第51屆威尼斯國際電影節最佳演員獎。回國後，姜文親自把獎項交給人在青島的夏雨。影片在國內送審時，有關部門提出剪掉七個鏡頭，由於急於送參展，沒有剪。影片策劃文雋表示希望影片在兩岸一起上映。

《陽光燦爛的日子》

出品： 協和　星城
編導： 姜文
攝影： 顧長衛
主演： 夏雨　寧静
　　　斯琴高娃　姜文

70年代中期。15歲的馬小軍溜出校門，打開一幢灰樓頂層的一家房門，他看見了一張少女的彩照。馬小軍對照片中少女米蘭死纏硬磨，才得以有機會經常去米蘭家，像姐弟一樣隨便地説説笑笑。然而米蘭却喜歡上了馬小軍的朋友劉憶苦，馬小軍陷入苦悶中……

夏雨（1976—　）

演員。山東青島人。1995年開始拍片；1999年畢業於中央戲劇學院。代表作品有《陽光燦爛的日子》、《西洋鏡》、《我的兄弟姐妹》、《卡拉是條狗》、《警察有約》、《自娛自樂》、《電影往事》、《獨自等待》等。

《陽光燦爛的日子》劇照

第3届中國電影金鷄百花電影節在長沙舉行

11月4日—10日，第三届中國電影金鷄百花電影節在長沙舉行。電影節的主要活動有："第14届金鷄奬、第17届百花獎頒獎典禮"、"第3届金鷄獎國際影展"、"香港長城、鳳凰、新聯和銀都機構電影回顧展"、"'94中國新片展"、"新中國電影歷史和現狀學術研討會"、"第9届中日電影文學研討會"、"全國電影家協會聯誼會"等。參加電影節的國内電影界代表和俄、法、德、意、日、越、匈、丹和香港等國家和地區的外賓、新聞記者數百人出席電影節活動。

第14届中國電影金鷄獎獲獎名單

最佳故事片：《鳳凰琴》（天津、瀟湘）；最佳紀録片《水中影》（新影）；最佳科教片：《第十三片緑葉》（農影）；最佳美術片：《鹿女》（上海美影）；最佳兒童片：（空缺）；最佳戲曲片：（空缺）；最佳譯製片：《國際女郎》（上海譯製）；最佳合拍故事片：《炮打雙燈》（西影、香港翁氏伙伴）；最佳編劇：橘生，劉醒龍，卜炎貴（《鳳凰琴》）；最佳導演：何平（《炮打雙燈》）；最佳導演處女作：楊韜（《燃燒的雪花》）；最佳男主角：李保田（《鳳凰琴》）；最佳女主角：潘虹（《股瘋》）；最佳男配角：方子哥（《無人喝彩》）；最佳女配角：（空缺）；最佳攝影：格日圖（《東歸英雄傳》）；最佳美術：錢運選（《炮打雙燈》），吕志昌、楊保成（《重慶談判》）；最佳音樂：曹·道爾基（《東歸英雄傳》）；最佳録音：李伯江（《雲南故事》）；最佳剪輯：錢麗麗，徐棟（《都市情話》）；最佳化裝：（空缺）；最佳道具：（空缺）；最佳服裝：（空缺）；評委會特别獎《東歸英雄傳》（故事片）《早春一吻》（兒童片）。

第17届《大衆電影》百花獎獲獎名單

最佳故事片：《鳳凰琴》（天津、瀟湘），《重慶談判》（長影），《炮兵少校》（長影）；最佳合拍片：《獅王爭霸》（北影、香港電影工作室）；最佳男演員：李保田（《鳳凰琴》）；最佳女演員：潘虹（《股瘋》）；最佳男配角：孫飛虎（《重慶談判》）；最佳女配角：丁嘉莉（《無人喝彩》）

《鳳凰琴》

出品：天津電影製片廠　瀟湘電影製片廠
編劇：楊海波
導演：何群
攝影：孟衛兵
主演：李保田　王學圻　劇雪　修宗迪

高考落榜的農家女張英子到界嶺小學任代課老師。在這所貧困的小學裏只有三名民辦教師。因爲看不慣學校突擊掃盲，張英子告到縣裏，使學校的先進和維修校舍的獎金泡湯，引起大家的不滿。經過了解張英子才知道，爲了不讓山區的孩子們不失學，他們克服困難，默默無聞地工作着。對此，張英子深感内疚，寫文章歌頌他們對教育事業的無私奉獻的精神。

李保田（1946—　　）

演員。原籍山東文登，生於江蘇徐州。1981年畢業於中央戲劇學院導演進修班，後留校任教。代表作品有《人·鬼·情》、《貞女》、《過年》、《菊豆》、《中國人》、《鳳凰琴》、《摇啊摇，摇到外婆橋》、《有話好好説》、《離婚了，就别再來找我》等。

劇雪（1968—　　）

演員。北京人。1991年畢業於上海戲劇學院表演系，任中國人民解放軍空軍政治部話劇團演員。代表作品有《出嫁女》、《烈火金鋼》、《上一當》、《鳳凰琴》、《永失我愛》、《混在北京》、《童年的風箏》、《燦爛的季節》、《紅蓋頭》、《天字碼頭》、《走出硝煙的女神》等。

《鳳凰琴》劇照

本年度在國際上主要獲獎情況

《火狐》獲第44届柏林國際電影節"評委特别推薦獎"；

《留守女士》獲美國洛杉磯首屆聖克拉里塔國際電影節最佳導演獎；

《二嫫》獲第47届洛迦諾國際電影節評審團大獎、青年評審團金獎、國際影評人唯一大獎、基督教評審團唯一大獎，女主角艾麗婭獲得國際影評人協會的唯一提名；

《大氣層消失》獲南斯拉夫1994國際環保、體育、旅遊電影節銀松獎（最佳環保影片獎）；

《落河鎮兄弟》獲德國第20届法蘭克福電影節電影評委最高獎"盧卡斯"獎和國際評審團獎；

《落河鎮兄弟》獲第5届開羅國際兒童電影節銅開羅獎；

《炮打雙燈》獲第43届聖·塞巴斯蒂安國際電影節特别獎和最佳女演員（寧靜）銀貝殻大獎；

《鳳凰琴》獲得朝鮮第4届平壤不結盟國家和發展中國家國際電影節"火炬獎"；

《熊猫小太陽》在美國芝加哥國際兒童電影節上被兒童評委選爲"最受歡迎電影獎"；

《炮打雙燈》獲第14届美國夏威夷電影節大獎。

1994年（臺灣）

大事記

1月6日 電影導演協會理事長李行宣佈，因大陸代表團取消來臺，第3屆"海峽兩岸暨香港電影導演研討會"確定流會。

1月8日 黄明川執導的第二部獨立製片《寶島大夢》挑戰院線制度，今起在臺北奥斯卡大戲院單廳上映。

1月29日 全景映像工作室"紀録片創作人才培育計劃"今起受理報名，將進行爲期一年的免費訓練課程。

2月9日 第66屆美國奥斯卡金像獎入圍名單揭曉，《囍宴》（李安導）與《霸王别姬》（陳凱歌導）同獲最佳外語片提名，寫下該獎66年來首次有2部華語片同時入圍最佳外語片的紀録。

3月4日 和信集團所屬飛梭傳播公司高價買進龍祥影業公司、學者公司，和協和公司最新的院線國片，將供應全省第四臺播放。

3月7日 相關部會及電影團體達成廢除日片配額，全面開放日片進口的共識。

4月17日 導演李安因必須赴各國爲新片《飲食男女》宣傳，分身乏術，邀張艾嘉共同執導年度"國片製作輔導金"影片《少女小漁》。

4月19日 導演張作驥發表聲明，指出新作《暗夜槍聲》遭監製張之亮修剪達30分鐘，已非其創作原意。

4月29日 "中影"舉行《少女小漁》（張艾嘉導）、《袋鼠男人》（劉怡明導）、《熱帶魚》（陳玉勳導）、《在陌生的城市》（尹祺導）、《我的美麗與哀愁》（陳國富導）、《寂寞芳心俱樂部》（易智言導）等6部影片聯合開鏡典禮。

5月12日 第47屆法國戛納國際電影節揭幕，《獨立時代》（楊德昌導）入圍競賽，《飲食男女》（李安導）獲邀爲"導演雙週"單元開幕片。

8月13日 遠東卡通公司出品，游景源執導的國人自製卡通長片《禪説阿寬》首映。

8月13日 資深臺語片導演何基明因糖尿病引發心臟衰竭逝世，享年77歲。

9月12日 雄發公司、三一公司聯合出品，蔡明亮自編、自導的《愛情萬歲》，獲第51屆威尼斯電影節最佳影片金獅獎。

9月14日 經濟建設委員會以"辦理國際影展次數有限"且"牽涉與民爭利"爲由，反對成立"國家電影文化中心"。

9月17日，上百位電影、藝文、學術界人士聯署發表"爲國家電影文化中心請命"共同聲明，呼籲政府相關部門儘早通過"國家電影文化中心"興建計劃。

9月21日，經濟建設委員會審查通過興建"國家電影文化中心"案。

10月1日 外片拷貝進口數及映演戲院限制放寬，日片配額同時取消，比照一般外片辦理進口。

10月19日 聯永公司出品，柯一正執導的《娃娃》，獲美國芝加哥國際兒童影展最佳影片第二名。

10月23日 胡台麗執導的紀録片《蘭嶼觀點》獲美國芝加哥國際影展"藝術與人文類"銀牌獎。

10月28日 學者公司斥資更新設備的臺北全球影城（原珍珠城戲院）開幕，共有8廳。

11月1日 臺北市西門町萬國戲院拆除重建。

11月5日 臺北金馬影展執行委員會通過頒發第31屆金馬獎終身成就特别獎予資深影人童月娟。

11月26日 龍祥影業公司、長澍視聽公司聯合出品，吴念真自編、自導的《多桑》，獲第10屆意大利都靈影展最佳影片獎。

11月30日 三一公司、雄發公司聯合出品，蔡明亮自編、自導的《愛情萬歲》，獲第16屆法國南特三大洲影展最佳導演獎，片中演員李康生獲最佳男演員獎。

12月25日 資深導演李嘉病逝於臺北新光醫院，享年71歲。

重要影片

《少女小漁》劇照

《少女小漁》

出品：中影
編劇：李安　張艾嘉
導演：張艾嘉
主演：劉若英　庹宗華

大陸女孩小漁爲了取得緑卡，以便長期居留跟美國讀書的男友江偉在一起，不惜冒着被移民局查獲的危險，與落魄的美國老人馬里奥進行假結婚。

《愛情萬歲》

出品：雄發　三一
編劇：蔡明亮　蔡逸君　楊碧瑩
導演：蔡明亮
主演：楊貴媚　李康生　陳昭榮

入冬的臺北，阿康、美美跟阿榮三個互不相識的人，在偶然的機會下，來到美美託售業務的公寓大樓中，展開一場躲藏、追逐的感情遊戲。

蔡明亮（1957—　　）

導演。生於馬來西亞。中國文化大學影劇系畢業。1993年蔡明亮爲李康生寫了《青少年哪吒》劇本並親自執導拍攝《青少年哪吒》，獲得東京影展銅獎。

1994年蔡明亮再度以《愛情萬歲》獲得威尼斯影展金獅獎、費比西獎、金馬獎最佳導演獎等一連串的獎項；1997年以《河流》獲得柏林影展銀熊獎和國際新聞獎等多項大獎。

2001年作品《你那邊幾點》參加坎城影展競賽項目，獲得高等技術大獎録音項目（杜篤之）；2002年完成紀録片《與神對話》。2003年以《不散》獲得威尼斯影展影評人費比西獎。2005年《天邊一朵雲》獲得了柏林影展銀熊獎、傑出藝術貢獻以及國際影評人費比西等獎項。

《新同居時代》海報

《愛情萬歲》劇照

《獨立時代》劇照

《獨立時代》

出品：原子
編劇：楊德昌　閻鴻亞
導演：楊德昌
主演：陳湘琪　倪淑君　王維明

90年代的臺北，人際關係充滿緊張、充滿變化……琪琪、小明和MOLLY，曾經是要好的同學，但是現在却處在各自的臨界點上，誰也幫不上誰的忙。

《新同居時代》

出品：比高　中影
編劇：楊凡　張艾嘉　趙良駿
導演：楊凡　張艾嘉　趙良駿
主演：張曼玉　趙文瑄　吴奇隆
　　　吴倩蓮　張艾嘉

三個現代年青男女居住在同一棟屋裏，各自發生了一段浪漫獨特的愛情故事，同時間交織在一起，使他們在經歷了新同居時代而尋找到愛情的答案。

影片目録

中影　《新同居時代》、《飲食男女》、《少女小漁》
長宏　《梅珍》、《天使心》、《祖孫情》、《校園敢死隊》
龍祥　《驗身》、《多桑》
佳譽　《我的一票選總統》
雄發　《飲食男女》、《愛情萬歲》
三本　《飛俠阿達》、《肝膽豪情》
表演工作坊　《飛俠阿達》
三一　《愛情萬歲》、《袋鼠男人》
學者　《報告班長3》、《東邪西毒》
原子　《獨立時代》
長澍　《多桑》
城市　《乾隆遊西湖》
萬仁　《超級大國民》
稻田　《熱帶魚》
大地　《在陌生的城市》

《飲食男女》

出品：雄發　中影
製片：徐立功
編劇：王蕙玲　李安　導演：李安
主演：郎雄　楊貴媚　吴倩蓮　趙文瑄
　　　王渝文　張艾嘉　歸亞蕾

老朱是飯店的中國菜主厨，和三個女兒住在一所老宅子裏，天天都要花大量的時間做出豐盛的菜肴。每周的例行公事就是全家人的團圓晚餐，三姐妹略嫌厭煩却又不得不去。面對滿桌的山珍海味，每個人却各懷心事……

《飲食男女》劇照

徐立功（1943—　　）

事業家。河南羅山人。輔仁大學哲學碩士。曾經擔任經合會專員、新聞局廣電處科長、電影資料館館長、文工會總幹事、"中影"公司副總經理、總經理和副董事長、電影事業發展基金會董事長及電影戲劇協會理事長；並曾經出版《朱陸心性辨徵》。80年代末，挖掘了李安、蔡明亮與林正盛等導演，監製了《推手》、《囍宴》、《飲食男女》以及《愛情萬歲》等多部名片，是臺灣製片界的重要人物。

《飛俠阿達》劇照

《多桑》

出品：龍祥　長澍
編導：吴念真
主演：梅芳　陳淑芳　蔡振南

多桑的職業是礦工，在礦業興盛的時候，常和他的朋友們上茶店、酒家。後來礦業没落，多桑迷上了賭博，唯一不變的是多桑急公好義、愛管閒事的精神。但不幸的是，多桑和其他曾在礦坑待過的朋友一樣，染上了塵肺症。

《飛俠阿達》

出品：三本　表演工作坊
編導：賴聲川
主演：李立群　尹昭德　那維勳

阿達一心想要學習中國的傳統功夫——輕功。老毛每天在公園裏向一群練功夫的年輕人叙述關於"紅蓮會"的傳奇故事。阿達爲了尋找能够教他輕功的老師，每天在臺北大都會穿梭，在追尋的過程中，阿達逐漸進入一個神秘的世界。

楊貴媚（1959—　　）

演員。1978年考入臺灣電視公司當演員。1981年首次參與電影《又見春天》演出。之後與王童導演合作《稻草人》和《無言的山丘》，並以《無言的山丘》一片，入圍金馬獎最佳女主角，並獲得1993年新加坡影展最佳女主角。她以純熟多元的演技，受到多位臺灣新電影導演青睞。1994年《愛情萬歲》的精彩演出，讓她代表"中影"參加威尼斯、柏林、夏納等國際電影節，成爲國際知名影星。1998年以蔡明亮導演的《洞》，獲得坎城影展國際影評人獎。

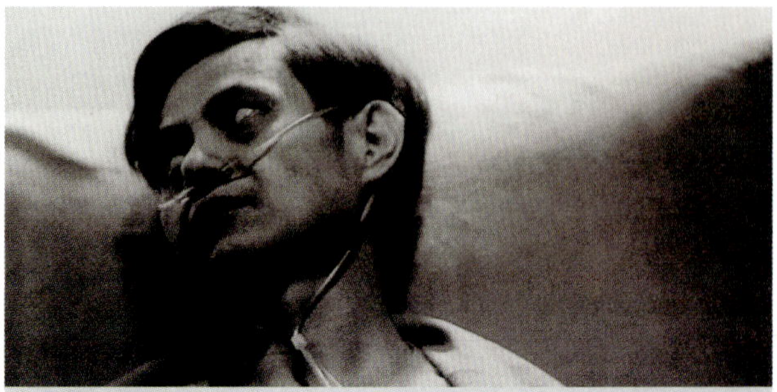
《多桑》劇照

《超級大國民》劇照

《超級大國民》

出品：萬仁
編劇：萬仁　廖慶松
導演：萬仁
主演：林揚　蘇明明
　　　陳秋燕

許毅生在臺灣"解嚴"前，因爲參加讀書會被逮捕，目睹陳政一爲挽救其他同志性命，而甘願擔罪遭到槍殺。30多年來，許毅生心中一直對此事念念不忘，因而不斷地在尋找陳政一葬身之所在。

新電影分級制實施

新聞局電影事業處1994年3月7日公佈新修訂"電影片分級處理辦法"，將自4月1日起開始實施。修訂重點在將影片從原來的三級增爲四級，同時對於片中非刻意渲染色情的裸露鏡頭，也可依照"電影片檢查規範"所訂定的標準分別列入四級之中。

依照新修訂的"電影片分級處理辦法"，通過檢查核定准演的影片共分爲下列四級：

限制級（簡稱"限"R級）：未滿18歲者不得觀賞。

輔導級（簡稱"輔"PG級）：未滿12歲之兒童不得觀賞，12歲以上未滿18歲之少年須由父母或師長注意輔導觀賞。

保護級（簡稱"護"P級）：未滿6歲之兒童不得觀賞，6歲以上未滿12歲之兒童須由父母、師長或成年親友陪伴輔導觀賞。

普遍級（簡稱"普"G級）：一般觀衆皆可觀賞。

此外根據同項辦法第七條規定，凡無渲染色情的裸露鏡頭，今後也可視劇情需要分別列入上述四級之中。至於裸露是否涉及渲染色情，將交由社會人士審片後決定。審片的社會人士不會固定人選或單獨成立檢查委員小組，而是視需要自各個層面的不特定人士中挑選，每次審片的社會人士將至少在7人以上。

第31屆金馬獎得獎名單

最佳劇情片：《愛情萬歲》（三一、雄發）
最佳紀實報導片：《阿公教你看布袋戲》（城市）
最佳導演：蔡明亮（《愛情萬歲》）
最佳男主角：梁朝偉（《重慶森林》）
最佳女主角：陳沖（《紅玫瑰白玫瑰》）
最佳男配角：王柏森（《獨立時代》）
最佳女配角：金燕玲（《獨立時代》）
最佳改編劇本：林奕華（《紅玫瑰白玫瑰》）
最佳攝影：杜可風（《東邪西毒》）
最佳剪輯：奚傑偉、譚家明（《東邪西毒》）
最佳美術設計：朴若木（《紅玫瑰白玫瑰》）
最佳造型設計：朴若木（《紅玫瑰白玫瑰》）
最佳電影音樂：陳煥昌（《紅玫瑰白玫瑰》）
最佳電影歌曲：蔡振南、陳致成（《多桑》）
最佳録音：楊靜安（《愛情萬歲》）
最佳動作指導：成家班、劉家良（《醉拳II》）
最佳動畫片：入圍從缺
終身成就特別獎：童月娟
傑出製片人特别獎：徐立功
評審特別獎（動畫鼓勵獎）：《禪説阿寬》（遠東卡通）
觀衆票選最佳影片：《多桑》
傑出大陸影人特别獎：從缺

"中影"邁向40年

在1994年9月1日歡度40歲生日的"中影"公司，於8月31日中國電影文化城舉辦慶祝酒會，期勉該公司今後持續以具有民族文化特質與高度人文關懷的故事爲題材，拍攝出能撼動人心、引發共鳴的電影。

"中影"公司早期的拍片量不多，創業作是宗由執導的《梅崗春回》。1960年代龔弘擔任該公司總經理任内，配合當局推動"健康寫實片"，所推出的作品包括《蚵女》（李嘉導）、《養鴨人家》（李行導）等，都是叫好又叫座的影片；進入1970年代，臺灣面臨一連串的外交衝擊，激發了民間的愛國熱情，此期該公司反映民心，攝製了一系列的愛國戰爭片，如《英烈千秋》（丁善璽導）、《八百壯士》（丁善璽導）、《筧橋英烈傳》（張曾澤導）、《梅花》（劉家昌導），不僅贏得觀衆的共鳴，也造就了不少銀幕明星；1980年代明驥領導該公司期間，啓用吴念真、小野、段鍾沂等一批新鋭作者擔任策劃，將侯孝賢、楊德昌、曾壯祥、柯一正等人引介至該公司拍片。當時伴隨着美麗島事件而來的鄉土尋根思潮也蔓延在這批對電影充滿狂熱的創作者身上，《小畢的故事》、《兒子的大玩偶》、《光陰的故事》等一部部貼近生活、不矯揉造作的清新小品，不僅爲當時的"中影"注入一股新活力，也開啓了日後臺灣新電影浪潮的重要扉頁；1990年代，"中影"公司總經理江奉琪與副總經理徐立功的領軍下，致力培植新導演，成績斐然，例如，李安連續幾部兼具藝術和商業價值的電影（《推手》、《囍宴》、《飲食男女》，和蔡明獨具個人風格的作品（《青少年哪吒》、《愛情萬歲》）。"中影"公司是唯一同時擁有院線、製片廠、沖印廠等完整架構的電影公司，發展條件優越。

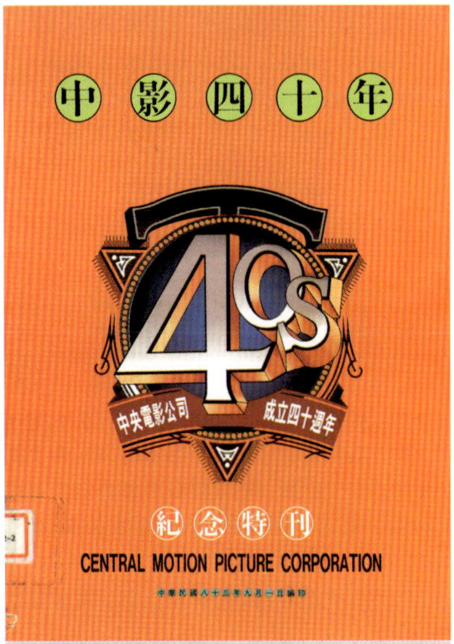

《中影四十年紀念特刊》封面

外片限制再度放寬　日片配額同時取消

繼1994年1月增加外片進口拷貝數爲16個之後，新聞局爲配合當局於年底前加入"關税暨貿易總協議"的進程，10月1日再度宣佈放寬外片進口拷貝數至24個，同時取消日片配額，比照一般外片辦理進口，以更符合"關税暨貿易總協議"要求會員國必須開放市場、公平競爭的原則。

政府自1965年7月1日明令公佈每部外國影片僅能輸入3個拷貝後，多年來雖然漸次放寬，但大抵仍顧及國内影業的發展，並未有太大幅度的開放。然而近十年來，國片市場每下愈況，並未因限制外片拷貝數獲得成長。新聞局在面對外片管制措施勢必日漸開放的情況下，決定以逐步放寬的方式，先將外片拷貝進口數由16個增爲24個，同時將每一部外片在直轄市的聯映戲院由6家增爲9家，一般縣市由4家增爲6家，以減少日後大幅開放對國片造成的衝擊，同時也促使戲院業者在爭取放映西片的誘因下，改善放映和音響設備，加速老舊戲院的更新。

新聞局也取消了自1986年開始實施的日片項目進口配額，將日片視爲一般外片，依照相關規定辦理進口。

1994年（香港）

大事記

2月 香港電影導演協會授予李鐵、吴回終身成就獎。

6月27日晚 "華南水災籌款之夜"大型活動在香港舉行。

6月 森信公司與西安電影製片廠合拍的《背靠背，臉對臉》獲第一屆中國珠海·海峽兩岸暨香港電影節最佳影片獎。爾冬陞以《新不了情》獲該電影節最佳導演獎。

8月 香港荃灣博物館舉行"香港電影80年"展覽，以宏觀的角度介紹香港電影的發展。

9月 嚴浩執導的《天國逆子》獲第7屆東京國際電影節最佳影片獎與最佳導演獎。

10月 杜可風以《東邪西毒》獲第51屆威尼斯電影節最佳攝影獎。

11月 香港影業協會、香港電影導演會等四單位聯合舉行"'94香港電影論壇"討論香港電影節未來發展路向，研討電影資料館與電影發展局在香港電影文化藝術中的作用。

本年 港產片票房普遍下跌，低於400萬港元票房的影片有六七十部。鑒於港英政府一向對於電影不聞不問，在籌組藝術發展局時竟然將電影拒之門外，電影界代表頻頻奔走，呼籲設立"電影發展局"。

寰亞電影有限公司成立

寰亞電影有限公司（簡稱寰亞）原本是一家以香港爲基地的亞洲電影投資公司，由7位香港電影人士創辦，並開創香港電影公司與基金融資先河。第一部電影《我和春天有個約會》便先聲奪人，獲得金像獎最佳劇本。其後九年，不單票房成績優異，還贏得了超過80個國際電影節獎項。

至今爲止，寰亞已經製作超過40部電影，並將維持每年8至20部優質製作。此外，寰亞還與海外機構達成合作，携手開拓一系列國際性的電影計劃。後該公司改組，以投資本港電影爲主。2002年，寰亞集合諸多香港電影幕後精英拍攝的《無間道》，取得5600萬港幣票房，並打破香港電影史獲獎紀録，爲香港電影業打下强心針。之後兩部續集同樣獲得可觀成績。《無間道》系列創下了香港電影史的里程碑，也成爲寰亞電影的新始點。另外，寰亞的代表作還有《紫雨風暴》、《心動》及2005年最新影片《頭文字D》。

重要影片

《金枝玉葉》

出品：UFO電影人公司
編劇：阮世生
導演：陳可辛
主演：張國榮　袁詠儀
　　　曾志偉　陳小春
　　　劉嘉玲

《金枝玉葉》劇照

顧家明是音樂監製，女歌星玫瑰就是他精心培養出來的，他倆男才女貌，但感情逐漸轉淡。唱片公司讓顧負責挑選、培養一名新男歌星，顧選中了"少年"林子穎，却不知林本是個美貌的少女。顧竟喜歡上這個可愛的"小伙子"；玫瑰也不知林和自己一樣是女兒身，對他産生了愛意。這場三角戀愛，惹出無盡的笑料。

獲第14屆香港電影金像獎最佳女主角（袁詠儀）。

《我和春天有個約會》

出品：寰亞電影
　　　春天電影製作公司
編劇：杜國威
導演：高志森
主演：劉雅麗　羅冠蘭
　　　吴大維　馮蔚衡

《我和春天有個約會》劇照

昔日歌后姚小蝶重歸故里與老友相聚，不禁憶起當年她生命中所有重要的往事：她與樂師家豪相愛，但隨着小蝶在歌壇上的地位一天天升起，家豪感到壓力越來越重，便與小蝶分手。但小蝶一直不能忘情於他，多年來始終一人獨自生活。當她應老友邀請登臺重唱當年家豪爲她寫的歌時，家豪突然出現在她面前。

這是香港繼70年代將話劇《七十二家房客》搬上銀幕後的又一次成功範例。票房超過周星馳的《西遊記》。該片並非在電影技巧上或創意上有新鮮之處，而是話劇效應的一次蔓延。當然，懷舊之風也成就了該片。之後，"約會"一詞就不脛而走。獲第14屆香港電影金像獎最佳編劇、最佳女配角（羅冠蘭）、最佳新人（劉雅麗）。

第13屆香港電影金像獎

最佳影片：《新不了情》，最佳導演：爾冬陞（《新不了情》），最佳編劇：爾冬陞（《新不了情》），最佳男主角：黄秋生（《人肉叉燒包》），最佳女主角：袁詠儀（《新不了情》），最佳男配角：秦沛（《新不了情》），最佳女配角：馮寶寶（《新不了情》），最佳新人：吴興國（《誘僧》），最佳攝影：鮑德熹（《白髮魔女傳》），最佳剪輯：張耀宗（《重案組》），最佳美術指導：馬磐超（《白髮魔女傳》），最佳服裝設計：和田惠美、張新耀（《白髮魔女傳》），最佳動作指導：元奎、元德（《方世玉》），最佳音樂：韋啓良、劉以達（《誘僧》），終身成就獎：司徒安。

司徒安（1934— ）

編劇。原名曾坤，廣東人。1950年開始從事電影編劇工作，第一部是《紅裙淚》。從事電影編劇近半世紀，據不完全統計，由他撰寫的電影劇本超過300部，他是香港最多産的電影編劇，可能也是世界上編寫電影劇本最多的人。他編寫的著名劇本有《黄飛鴻肉搏黑霸王》、《黄飛鴻醉打八金剛》等。一直是一個自由創作者，從未隸屬任何一家電影公司。1994年獲得香港電影金像獎頒授的終身成就獎。

王家衛佳作連連

《東邪西毒》

出品：澤東公司
編導：王家衛
主演：張國榮　林青霞　梁朝偉　梁家輝　張曼玉
楊采妮　劉嘉玲　張學友

根據金庸小説《射雕英雄傳》中的人物全新創作。歐陽鋒愛侶被奪後隱居沙漠，每年一次與好友黄藥師暢飲，從中打聽愛人的消息。鋒先後遇上面貌相同的慕容燕、慕容嫣兄妹，都請他殺死對方，最後他發現兄妹同是一人。一個弱質少女請鋒爲弟報仇，被鋒拒絶。她並未灰心，終於私尋洪七爲她殺死馬賊，而一個盲武士却與桃花女人結下不解緣。

《東邪西毒》劇照

《重慶森林》劇照

《重慶森林》

出品：澤東公司
編導：王家衛
主演：林青霞　金城武　梁朝偉　王靖雯　周嘉玲

警察223與女友分手後在小食店遇上一位金髮女郎，女郎隨223回家，被人打死在樓裏。一位空姐與警察663一夜情後離去，拜托小食店小姐阿菲將門鑰匙轉交663。阿菲却暗中一次次來到663家。當663得知真相，與阿菲相約見面，却不見她赴約。一年後，阿菲打扮成空姐模樣來到663身邊。

兩個並無關聯的故事，在似乎斷裂而又巧妙的叙事中，以重新結構起的時間和空間，描繪出一個純屬感官、純屬符號、純屬個人的華麗城市。在這部影片中，王家衛旨在表現躁動的世界裏的無常人生。獲第14屆香港電影金像獎最佳影片、最佳導演、最佳男主角（梁朝偉）、最佳剪輯獎（張叔平、鄺志良、奚傑偉）。

王家衛工作照

王家衛（1958—　　）

導演，編劇。生於上海。1963年隨父母定居香港。之後就讀於香港理工學院美術設計系。1982年起創作電影劇本。1986年編寫的《最後勝利》獲第7屆香港金像獎最佳編劇獎提名。這時期主要編劇作品有：《彩雲曲》、《君子好逑》、《龍鳳智多星》、《神勇雙響炮續集》、《猛鬼差館》等。1988年自編自導影片《旺角卡門》。1990年編導《阿飛正傳》。1997年，《春光乍泄》使他成爲了首位在戛納電影節獲得最佳導演獎的華人導演。其代表作還有《重慶森林》、《東邪西毒》、《花樣年華》、《2046》。

主要影片目録

本年度香港共出産影片143部

東方　《大富之家》、《昨夜長風》、《怪俠一枝梅》

永盛　《新天龍八部之天山童姥》、《錦綉前程》

電影人　《晚九朝五》、《金枝玉葉》

其他　《新同居時代》（中央、比高）、《重案實録記》（聯登）、《六指琴魔》（皇牌）、《倫文叙老點柳先開》（影之傑）、《新俏郎君》（雅慧）、《替天行道之殺兄》（馬天尼）、《無盡的愛》（富力高）、《香港奇案之吸血貴利王》（王晶工作室）、《梁祝》（嘉禾）、《壯士斷臂》（先達、龍祥）、《花旗少林》（金公主）、《地下裁决》（寰宇）、《破壞之王》（大都會）、《達摩祖師》（袁振祥）、《洪熙官》（新峰）、《鍾馗嫁妹》（富城）、《兼職女郎》（麗城）、《張保仔》（百代）、《山鷄變鳳凰》（雄圖）、《詠春》（和平）、《奸人世家》（至尊）、《火燒紅蓮寺》（東龍）、《少林真功夫》（萬聲）、《我和春天有個約會》（春天、寰亞）、《風塵三女俠》（浩田）、《奪命接觸》（晨曦電影）、《摩登龍爭虎鬥》（得意）、《錯愛》（逾流）、《正月十五之一生一世》（正能）、《龍虎新風雲》（偉偉）、《股瘋》（藝能）、《正乞兒》（影幻）、《沙甸魚殺人事件》（森信）、《初生之犢》（聯登）、《冷血人狼》（巨人）、《西楚霸王》（巨龍）、《姊妹情深》（萬藝）、《999誰是兇手》（深榮國際）、《花月危情》（華仕）、《省港一號通緝犯》（天平）、《九四獨臂刀之情》（迎滔）、《重慶森林》（澤東）、《新英雄本色》（新標準）、《天與地》（永盛、天幕）、《中南海保鏢》（正東）、《等你回來》（聚寶）、《殺手的童話》（百世紀）、《東邪西毒》（學者）、《運財童子》（龍祥）、《夢差人》（寶星）、《暴雨驕陽》（新影像）、《青蜂俠》（彩城）、《流氓律師》（寰宇）、《情人的情人》（新崑崙）、《地下賭王》（長騰）、《人魚傳説》（希望工程）、《先洗未來錢》（富甲）、《我愛法拉利》（皇藝）、《珠光寶氣》（邵氏）、《亂世超人》（晴朗）、《馬神》（娛樂）、《紅玫瑰白玫瑰》（第一機構、巨登）、《點指兵兵之青年幹探》（雄圖）

1995年（大陸）

大事記

1月5日　廣電部發出《關於改革故事片攝製管理工作的規定》。
1月21日　上海大光明影院舉行首屆〝大光明杯〞國產優秀影片頒獎儀式。
1月20日　電影局舉行紀念電影〝雙週年〞活動新聞發佈會。
3月10日　高清晰度環幕電影《神秘的西藏》在北京舉行首映式。
4月1日　〝'95中國電影全貌〞在日本開映。
4月10日　廣電部電影局發出《關於認真依法保護電影著作權的通知》。
4月12日—5月6日　第三屆大學生電影節在北京舉行。
5月4日　上海舉行〝上海影評人獎九四年度'十佳'影片暨中國電影九十年十大名片頒獎大會〞。
5月15日　〝'94《當代電影》國產十佳影片〞評選揭曉。
5月31日　特偉被國際動畫協會授予〝阿西法大獎〞。
8月11日　廣電部副部長丁嶠在北京病逝。
8月19日　第五屆表演藝術學會獎頒獎典禮在烏魯木齊舉行。
9月28日　中國電影發行放映協會在北京成立。
10月18日　〝世紀之光〞大型電影音樂會在北京舉行。
10月24日　1994年度〝五個一工程〞頒獎大會在上海舉行。
11月9日—16日　夏威夷國際電影節舉行〝張藝謀電影回顧展〞。
11月15日　北京電影學院慶祝建院四十五周年。
11月28日—12月3日　〝中國四十年代'抗戰電影'與'進步電影'暨史東山電影作品研討會〞在北京舉行。
12月8日　52集電視文藝片《中國電影》在中國電影資料館新建成的藝術影院舉行首發式。

重要影片

《混在北京》

出品：福建電影製片廠
編劇：索飛
導演：何群
攝影：侯詠
主演：張國立　劇雪　奚美娟　方子哥

北京一座普通的筒子樓裏住着向導出版社的職工，他們都是分配來的大學生或研究生。經過幾年的生活，組合、演變成了一個個小家庭。影片講的就是住在這個筒子樓裏青年沙新、季子、哲義理等人的故事。

《混在北京》劇照

《贏家》

出品：北京電影製片廠
　　　杭州華港影片有限公司
編劇：思蕪
導演：霍建起
攝影：趙鑵
主演：邵兵　寧靜

殘疾青年常平在工作生活中自愛自强，他的精神感動了女青年陸小楊，他們之間産生了真摯的愛情。

《贏家》劇照

《悲傷布魯克》劇照

《悲情布魯克》

出品：北京電影製片廠
編劇：柳城
導演：塞夫　麥麗絲
攝影：呼和烏拉
主演：董娉　巴音　谷子

〝九一八〞後，日本人與內蒙魯克草原上的王爺勾結搶佔草原，掠殺牲畜。卓拉的丈夫由於成了王爺的幫兇而無顔面對父老跳崖自盡。卓拉誤以爲是一心抗日的車凌殺死丈夫，發誓報仇。後來終被車凌堅決抗日的英雄行爲所感動，決定嫁給他。而不幸的是車凌却死在了愛着卓拉的自家兄弟槍下。

《週末情人》海報

《週末情人》

出品：福建電影製片廠
編劇：徐勤
導演：婁燁
攝影：張錫貴
主演：馬曉晴　賈宏聲　王志文

少年阿欣在和少女阿西幽會時被捕，阿西遵照阿欣的囑託將一包東西交給拉拉後，兩人成了情人。阿欣出獄後打傷了拉拉。拉拉成了一名歌手，阿西又回到了阿欣的身邊。阿欣被刺死，拉拉也受了重傷。在阿西的夢境中，拉拉出獄了，搖滾樂隊正在迎接着拉拉。

《南京大屠殺》劇照

《南京大屠殺》

出品：中國電影製片公司
臺灣龍祥影業公司
編劇：徐天生　梁曉聲
導演：吴子牛
攝影：楊尉
主演：秦漢　早乙女愛
劉若英　陳逸達

1937年上海淪陷，中國醫生成賢帶着日籍妻子和一雙兒子回到老家南京。不久日軍攻陷南京，對幾十萬南京人民和放下武器的中國軍人進行了慘絶人寰的大屠殺。成賢一家經歷磨難，最後妻子也慘死在日軍手裏。

《七七事變》劇照

《七七事變》

出品：長春電影製片廠　北京市委
編劇：尤建華　導演：李前寬　蕭桂雲　攝影：李力
主演：吴桂苓　李法曾　吴京安　鄭邦玉

宛平縣是華北要道，29軍在軍長宋哲元的領導下，對日軍日益加劇的軍事挑釁毫不畏懼。爲了避免和日軍正面衝突，宋哲元主張從豐台撤出，日軍軟硬兼施，企圖讓29軍交出防區。日軍向宛平城盧溝橋進逼，29軍各戰士做好了迎戰準備。

《天國逆子》

出品：長春電影製片廠　香港東熙影業公司
編劇：王興東
導演：嚴浩
攝影：侯詠
主演：斯琴高娃　庹宗華　馬精武　巍子

講述一個長大成人的兒子憑藉幼年時的記憶，告發母親犯有弑夫罪行。最後，開棺驗屍後真相大白，母親被送進了監獄，在獄中仍爲兒子趕織着毛衣。

《天國逆子》劇照

《巫山雲雨》

出品：北京電影製片廠
編劇：朱文　導演：章明
攝影：姚小峰　主演：張獻民　鍾萍　王文强

長江航道上的信號工麥强因爲酒後的一句笑話，使他與小旅行社的服務員陳青相遇，因爲誤會，他們的初遇被當成一起强姦案，經過民警的多次調查核實才真相大白。

《巫山雲雨》海報

影片目録

北影　《楊開慧》、《民警故事》、《我要活下去》、《玫瑰天涯》、《勾魂女郎》、《秀女》、《嘻笑鴛鴦》、《神偷燕子李三》、《一樣的天空》、《贏家》、《金秋桂花遲》、《孤兒淚》、《悲情布魯克》、《巫山雲雨》、《彭德懷在三綫》、《孔繁森》、《十兄弟》、《宋氏三姐妹》、《天涯歌女》

長影　《如血黄昏》、《生死警探亡命匪》、《主僕歷險記》、《九香》、《張鳴岐》、《太陽有耳》、《七七事變》(上下)、《挑戰者》、《魔鬼部隊》、《敵後武工隊》、《天國逆子》、《浴血追殺情未了》、《狂情丈夫》、《跨國劫殺》、《風流女傑》、《鐵血情仇》、《和愛一起長大》、《女警神威》、《警官崔大慶》、《月亮跟着星星走》、《霹靂神鷹》

上影　《老闆的故事》、《精武俠緣》、《摇啊摇，摇到外婆橋》、《蘭陵王》、《牽牛花》、《再生勇士》、《暴走戰士》、《大捷》、《人約黄昏》、《小嬌妻》、《槍神無畏》、《神勇小拳童》、《樂魂》、《笑傲雲天》、《大江東去》、《談情説愛》、《霹靂鳳凰》

峨影　《中俄列車大劫案》、《阿呆拜壽》、《秘密大追殺》、《飛虎隊》、《巧奔妙逃》、《銅馬鐵燕傳奇》、《來不及道歉》、《大追蹤》、《鐵血壯士》、《吴二哥請神》

珠影　《白粉妹》、《過江龍》、《廣州故事》、《煙花女與狀元郎》、《怒海威龍》、《滿漢全席》、《冼星海》《1000萬港幣大劫案》、《夢斷南洋》、《大辮子的誘惑》、《緝毒先鋒》。

西影　《西域響馬》、《尷尬情人》、《桃花滿天紅》、《紅燈停，緑燈行》、《雙棲間諜》

瀟湘　《煙雨長河》、《虎猛威龍》、《蒼天有眼》、《痴虎》、《這方水土》、《追殺證人》、《冒牌皇帝》

青影　《變臉》、《孽情》、《獵狐》、《硯床》、《熱線追擊》、《紅櫻桃》、《黑駿馬》、《天倫》

廣西　《星光俏佳人》、《功夫小子闖情關》、《紅天鵝》、《血染婚紗》

福建　《五鼠鬧東京》、《週末情人》、《混在北京》、《太后吉祥》、《中國月亮》

雲南　《百變金鋼》、《燃情狙擊手》、《生死千里》

童影　《陌生人》、《夏日琴情》、《世紀橋下》、《帶鎖的日記》、《孫文少年行》

内蒙古　《仁者無敵》、《花街淚》、《突圍》、《綁錯票》、《馬仔虎威》、《特殊囚犯》

合拍公司　《南京大屠殺》、《陽光燦爛的日子》、《你是我的英雄》、《赤子威龍》

遼寧　《中國媽媽》、《子夜槍聲》、《大遼太后》、

銀都　《天生一對》、《怪俠一枝梅》、《十三太保》

八一　《士兵的榮譽》

天山　《孽緣》、《斷刀客》、《澳門追兇》、《戈壁來客》、《金戈鐵馬》

天津　《小村無故事》、《童年的風箏》

其他　《浪子情懷》(深圳)、《女兒谷》《信訪辦主任》(浙江)、《兩個孩子和狗》(江西)、《椅子》、《祖屋》(南海影業公司)、《手拉手》(龍江)、《天涯歌女》(山東)

《九香》劇照

《九香》

出品：長春電影製片廠
編劇：杜麗娟　導演：孫沙　攝影：張松平
主演：宋春麗　張桂生　張洪傑　强音

九香的丈夫突然去世，留下了五個幼兒，礦工老關由同情而生愛意，願與九香一同分擔疾苦，却不被兒女們接受。九香爲了孩子痛斷情絲，老關含恨離去。九香含辛茹苦將兒女們撫養成人後，得知老關離開人間後憂思病倒。兒女們終於明白母親魂牽夢縈的還是小山村。

《人約黃昏》

出品：上海電影製片廠
　　　香港永妙電影公司
編劇：王仲儒
導演：陳逸飛
攝影：蕭風
主演：梁家輝　張錦秋

三十年代初的上海，在一個深秋之夜，一位記者在煙具店遇到了一個自稱是鬼的女子。記者不捨地追逐，終於觸及到了一段女子鮮爲人知的故事，而那女子最後還是帶着對人世間的悔悟悄然消失。

《人約黃昏》劇照

《紅燈停，綠燈行》

出品：西安電影製片廠
　　　西安大誠文化娛樂有限責任公司
編劇：葉廣岑　黄欣
導演：黄建新
攝影：馬德林
主演：牛振華　丁嘉莉　王剛　句號

在學習駕駛的練車場上，來了六個不同身份的學員。他們在三個月的學車過程中，因爲性格迥異而糾纏出一系列當代生活中的小故事。

《紅燈停，綠燈行》劇照

《紅粉》獲柏林國際電影節影視效果銀熊獎

2月下旬，北京電影製片廠攝製的影片《紅粉》獲第45屆柏林國際電影節影視效果銀熊獎。本屆電影節共有參賽影片27部，其中華人影片共5部：香港3部，内地1部，美國華人電影1部。《紅粉》獲得銀熊獎，導演李少紅代表攝製組上臺領獎。

《紅粉》獲柏林國際電影節影視效果銀熊獎（右爲導演李少紅）

《紅粉》

出品：北京電影製片廠
編劇：李少紅　倪震
導演：李少紅
攝影：曾念平
主演：王姬　何賽飛　王志文

解放初期，南方小城裏的妓院一夜之間被解放軍封門，喜紅樓裏的兩個妓女秋儀和小萼被送進了勞動教養所改造。剛烈的秋儀中途逃走，因爲與舊情人老浦鬧翻，剃度爲尼。小萼嫁給了老浦，老浦爲她偷了公款被判死刑。最終，柔弱的小萼遠嫁到北方。舊情難斷的秋儀收養了老浦的兒子。

《紅粉》海報

王志文

王志文（1966—　　）

演員。上海人。1988年畢業於北京電影學院表演系，任中央戲劇學院表演系教師。代表作品有《風雨故園》、《家醜》、《紅粉》、《説出你的秘密》、《芬妮的微笑》、《和你在一起》、《求求你，表揚我》等。

李少紅（1955—　　）

導演。山東文登人。1978年，考入北京電影學院導演系。1982年分配到北京電影製片廠任導演。代表作品有《銀蛇謀殺案》、《血色清晨》（獲法國南特三大洲國際電影節大獎）、《四十不惑》（獲瑞士洛迦諾國際影評人獎）、《紅粉》（獲西柏林國際電影節銀熊獎）、《戀愛中的寶貝》等。

李少紅

1994年中國電影華表獎頒獎典禮在北京舉行

1995年5月23日，是毛澤東《在延安文藝座談會上的講話》發表53週年的日子，這一天，在首都北京保利大廈召開了1994年度"中國電影華表獎"（前身爲中國電影政府獎）頒獎大會。全國人大常委會副委員長布赫、全國政協副主席賽福鼎·艾則孜、解放軍總政治部副主任徐才厚中將、廣電部部長孫家正出席頒獎典禮。本屆政府獎上，農村題材電影創作獲得了豐收，最佳故事片《被告山杠爺》、優秀故事片《天網》、《留村察看》、最佳對外合拍片《二嫫》都是農村題材的影片。最佳紀録片獎、最佳美術片獎、最佳兒童片獎空缺。頒獎大會結束後，獲獎影片《被告山杠爺》、《彈道無痕》攝製組成員和新聞界人士又來到京郊農村、部隊舉行聯歡座談活動，廣泛聽取農民和部隊指戰員對電影的意見和建議。

從本年起，原廣電部優秀影片獎正式定名爲"中國電影華表獎"，獎杯爲天安門前華表的造型。

1994年度中國電影華表獎獲獎名單

最佳故事片：《被告山杠爺》（峨影）；最佳編劇：畢必成、范元（《被告山杠爺》）；最佳導演：張建亞（《絶處逢生》）；最佳男演員李仁堂（《被告山杠爺》）；最佳女演員艾麗婭：（《二嫫》）；最佳電影技術獎：（《二嫫》上影、香港大洋）；最佳製片管理獎：（《十字架下的魔影》製片主任）；最佳戲曲獎：《花木蘭傳奇》（長影、天津）；最佳科教片：《智力工程——消除碘缺乏症》中國農業電影電視中心；優秀影片：《彈道無痕》（八一廠）；《步入輝煌》（西影）；《留村察看》（長影）；《一家兩制》（深圳）；《天網》（北影廠）；《絶處逢生》（上影）；《警魂》（珠影）；《果實蠅》等3部科教片；優秀紀録片：《普通一兵》（上海科影）；《科學防治棉鈴蟲》（中國農業電影電視中心）；優秀美術片：《胡僧》（上海美影）；《哭鼻子大王》（上海科影）；優秀兒童片獎：《魔鬼髮卡》（北影）；《最長的彩虹》（福影）；《吾家有女》（童影）；優秀外國片譯製獎：《亡命天涯》（上海電影譯製片廠）。

北京（影聯）、上海（東方）先後組建電影院線

6月8日—21日，北京（影聯）、上海（東方）先後組建電影院線。

6月8日，由中影公司、北京市電影公司、以及北京12家電影院聯合組建的北京影業有限責任公司協議簽字儀式在中影公司舉行。

6月21日，上海東方影視公司在上海影城舉行新聞發佈會，宣佈該公司與上海市13家影院共同組建"東方院線"，並於7月1日全線開通。

《搖啊搖，搖到外婆橋》獲戛納國際電影節技術大獎

5月下旬，故事片《搖啊搖，搖到外婆橋》獲第48屆戛納國際電影節技術大獎。

《搖啊搖，搖到外婆橋》（原名《上海往事》）由上影廠籌拍三年、投資1000萬，原本是由法國阿爾法電影公司全投資的合拍片，因爲張藝謀未經國家主管部門審批自行將自己的執導的影片《活着》送往境外參加國際電影節，被罰兩年内暫停執導合拍片。這使得《搖啊搖，搖到外婆橋》成爲一部完全的國産片，也是張藝謀與鞏俐合作拍攝的最後一部影片。

《搖啊搖，搖到外婆橋》

出品：上海電影製片廠
編劇：畢飛宇　導演：張藝謀
攝影：吕樂
主演：鞏俐　李保田　李雪健　王嘯蟯

少年水生從鄉下來到上海，在短短的七天時間裏，他見識了陰險狠毒的黑幫老大，殺人不眨眼的宋二爺，及喜怒無常善心未泯的歌女小金寶。他目睹了奢華、偷情、爭權和殘殺，他只能奇怪地注視這一切。

《搖啊搖，搖到外婆橋》劇照

《黑駿馬》在蒙特利爾電影節獲獎

應加拿大蒙特利爾世界電影節主席羅賽克先生的邀請，以電影局局長騰進賢爲團長的中國電影代表團於8月24日至9月4日訪問並參加了加拿大蒙特利爾第19届國際電影節。代表團成員包括導演謝飛、張藝謀、胡雪樺，演員楊麗萍、騰格爾和娜仁花等。在這次電影節上，參賽影片《黑駿馬》獲得最佳導演獎（謝飛）和最佳藝術（音樂）成就獎（騰格爾）。爲紀念電影誕生100週年，本届電影節參賽影片達400多部，參加的國家地區60多個。蒙特利爾電影節的主席羅賽是中國電影界和中國人民的老朋友，從80年代初開始，他每年都親自來華挑選中國影片。這次參賽的中國影片加上港臺的在内共有20多部。《黑駿馬》在電影節上引起轟動，共安排放映三場，場場爆滿。謝飛感慨地説："我在中國没有找到觀衆，却在蒙特利爾找到了。"《黑駿馬》完成一年多，因未能賣一個好價錢，故一直未上映，身爲電影學院教授的謝飛將影片在電影學院放映了一場，場内嘘聲一片，哈欠連天，當《黑駿馬》獲獎後在電影學院重映時，却掌聲雷動。在電影製片業掀起一股高投資、大製作的旋風的時候，投資280萬元的《黑駿馬》已算低成本，被列入1995年10部重點影片之一。

同時，影片《搖啊搖，搖到外婆橋》在電影節期間特別映出，張藝謀獲導演"北美特別獎"，同時獲此獎項的還有7位世界著名導演。

《黑駿馬》主創人員在蒙特利爾電影節上

《黑駿馬》

出品：北京青年電影製片廠
　　　香港寰亞電影有限公司
編劇：張承志　導演：謝飛　攝影：傅靖生
主演：滕格爾　娜仁花　道力格爾蘇榮

歌手白音寶力格從小被老奶奶抱養，與其孫女索米婭一起長大，奶奶爲他們定了親。白音寶力格外出學習，索米婭懷上别人的孩子，白音寶力格從此離開草原。十二年後，白音寶力格重返草原尋找索米婭，兩人回憶起往日的生活，感慨萬千。

《黑駿馬》劇照

夏衍逝世

2月6日,中國新文化運動的先驅之一、文化戰線的卓越領導人、傑出的革命文藝家、著名社會活動家和國家有傑出貢獻的電影藝術家夏衍在北京病逝，享年95歲。2月17日上午舉行遺體告別儀式,江澤民、喬石、朱鎔基、榮毅仁、錢其琛、楊尚昆、萬里、王兆國等送了花圈,日本內閣總理兼外相河野洋平也送了花圈。胡錦濤、丁關根、李鐵映、宋平等中央領導,以及首都各界人士近兩千人在北京八寶山公墓禮堂與夏公送別。遵其遺囑，夏衍的骨灰撒入故鄉錢塘江。

爲紀念中國電影先驅夏衍,電影界成立了以陳荒煤爲會長的夏衍電影學會,1996年7月1日，以夏衍命名的"夏衍電影文學獎"全國優秀電影劇本徵集活動在廣播電影電視部電影局，夏衍電影學會承辦下開幕。

第2屆上海國際電影節舉行

10月28日—11月6日，第2屆上海國際電影節舉行。在本屆上海國際電影節上，影片《紅櫻桃》獲軒尼詩記者杯最佳創意獎、最佳女演員金爵獎（郭柯宇)。

電影節期間，由電影節組委會和有關部門組織的"百年版"(即爲紀念電影"雙週年"而出版的)圖書——由中國電影藝術研究中心和中國電影資料館編輯、珠海出版社出版的大型電影歷史畫册《中國電影圖誌》,由新華出版社出版的《中華影星》8開豪華珍藏本，由著名電影藝術家張駿祥和電影史學家程季華主編、上海文藝出版社出版的《中國電影大辭典》等首發式引起轟動。

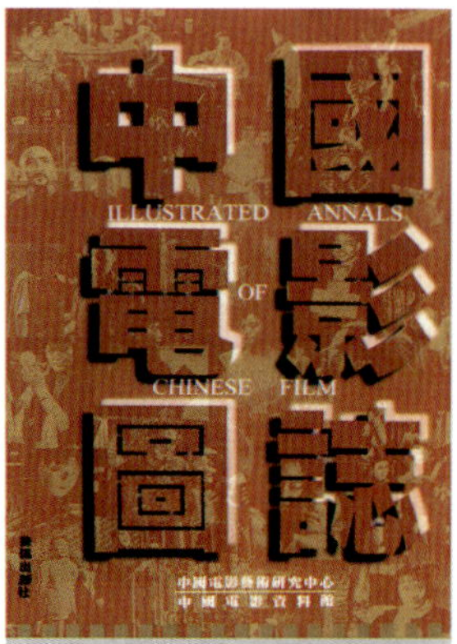

"百年版"圖書《中國電影圖誌》

第4屆中國電影金鷄百花電影節在北京舉行

10月20—22日，第四屆中國電影金鷄百花電影節在北京舉行。爲紀念世界電影誕生一百週年、中國電影九十週年，電影節舉辦了國際電影學術報告會，同時還舉行社會主義市場經濟與電影創作學術研討會。22日，在中國大劇院舉行頒獎典禮。

第15屆中國電影金鷄獎獲獎名單

最佳故事片獎:《被告山杠爺》(峨影)；最佳紀録片獎:《往事歌謡》(中央電視臺海外電視中心);最佳科教片獎:《果實蠅》(上海科影);最佳美術片獎:《白色的蛋》(上海美影)；最佳戲曲片獎:《木蘭傳奇》(天津電影製片廠、長影)；最佳譯製片獎:《亡命天涯》(上海譯製);最佳劇本獎：畢必成、范元（《被告山杠爺》);最佳導演獎：黄建新、楊亞洲（《背靠背、臉對臉》)；最佳男主角：李仁堂（《被告山杠爺》);最佳女主角：艾麗婭（《二嫫》)；最佳男配角：空缺；最佳女配角：劇雪（《永失我愛》)；最佳攝影獎：鮑肖然(《南中國1994》);最佳美術獎:楊鋼（《征服者》)；最佳音樂獎：常宇宏（《征服者》)；最佳録音獎：空缺；最佳剪輯獎：孫惠民（《絶境逢生》)；聶維國（《大漠殲匪》)；導演處女作獎：范元（《被告山杠爺》);寧海强（《彈道無痕》);最佳兒童片獎：空缺;最佳合拍故事片獎:《背靠背，臉對臉》(西影、香港森信娱樂)；特別獎：張建亞《絶處逢生》。

第18屆《大衆電影》百花獎獲獎名單

最佳故事片:《被告山杠爺》(峨影);《留村察看》(長影)；《一個獨生女的故事》(長影)；最佳合拍片:《天與地》(福影、香港天幕)；最佳男演員：李仁堂（《被告山杠爺》);最佳女演員：沈丹萍（《留村察看》)；最佳男配角：謝園（《天生膽小》)；最佳女配角：李媛媛（《天生膽小》)。

《被告山扛爺》劇照

《被告山杠爺》

出品：峨眉電影製片廠
編劇：畢必成　范元　導演：范元
攝影：饒仁
主演：李仁堂　楊華　畢夫

川西一個叫堆堆坪的小山村裏，黨支部書記山杠爺爲整治毒打婆婆的夯娃的婆娘强英，將她綁起遊街。第二天，强英突然在山杠爺門前上吊自盡。一直平静生活並被譽爲先進村的堆堆坪來了調查案情的檢察官，儘管山杠爺在村裏深得人心，但法律還是將他送上了被告席。

李仁堂（1930—2002）

演員。原籍山東諸城,生於吉林撫松。1949年參加熱河省委文工團；1975年河北省話劇院任副院長。代表作品有《青松嶺》、《創業》、《淚痕》、《子夜》、《如意》、《被告山杠爺》等。

陳波兒紀念活動在廣東潮州舉行

2月14日、15日，人民藝術家陳波兒紀念活動在春意盎然的陳波兒的故鄉廣東潮州市舉行。紀念活動內容包括:"人民藝術家陳波兒紀念大會"、"陳波兒漢白玉雕像揭幕儀式"（夏衍爲雕像題詞"人民藝術家陳波兒永垂不朽"，原廣東省政協主席吴南生寫了紀念銘文)、"陳波兒創作藝術研討會暨《明星·戰士·人民藝術家陳波兒傳略》首發式"、"潮州市紀念世界電影誕生一百週年、中國電影誕生九十週年文藝晚會"和"陳波兒電影創作回顧展"、參觀陳波兒故居庵埠鎮等。

北京、上海、廣州等地80多位電影藝術界的領導和藝術家參加這次活動，陳波兒的親屬任克也參加了這次活動。這次紀念活動是由廣播電影電視部電影局、中國電影家協會、中共廣東潮洲市委和潮州市人民政府主辦的。

《民警故事》在聖·塞巴斯蒂安電影節獲獎

9月22日，北京電影製片廠、英國歐亞交流有限公司聯合攝製的故事片《民警故事》獲西班牙第43屆聖·塞巴斯蒂安電影節評委會特別獎和國際影評人大獎。寧瀛的新片《民警故事》幾乎每個鏡頭長度都在1分鐘以上，2分鐘以上的鏡頭有5個。由於和剪輯師意見不合，寧瀛自己執刀剪接完成了這部影片。

《民警故事》

出品：北京電影製片廠攝製
編導：寧瀛　攝影：智磊
主演：李佔河　王連貴　李健
趙志明　李辰剛

楊國力是管片民警，他既要做好自己的工作，又要帶好警校實習生王連貴。他們跑居委會、打瘋狗、捕流氓，爲的是一方安寧。但是在處理剌頭兒王小二的問題上不冷靜，楊國力失手打了人，遭到所領導的批評和處分。楊國力心中有苦但更有甜，爲了管片的安全，他一如既往且滿懷信心地迎接新的任務。

《民警故事》劇照

北京舉行世界電影誕生一百週年、中國電影誕生九十週年紀念大會

12月27日，北京人民大會堂舉行世界電影誕生一百週年、中國電影誕生九十週年紀念大會。下午3時，江澤民、李鵬、喬石、朱鎔基、劉華清、榮毅仁、丁關根、李嵐清等國家領導人在人民大會堂親切會見出席世界電影誕生一百週年、中國電影誕生九十週年紀念大會的電影藝術家代表，並合影留念。江澤民發表講話，勉勵電影工作者"多出精品，促進繁榮，再上新臺階，迎接新世紀"。之後，紀念大會在人大會堂三樓小禮堂召開，李鐵映代表中共中央、國務院發表題爲《迎接新的繁榮，再創新的輝煌》的祝詞。電影藝術家代表孫道臨、謝鐵驪、王曉棠、李前寬、潘虹發言。紀念大會由孫家正主持。會後放映了珠江電影製片公司新近完成的傳記片《冼星海》。

獲得中國電影世紀獎的導演藝術家是：鄭正秋、蔡楚生、孫瑜、吳永剛、史東山、費穆、沈浮、鄭君里、水華、成蔭、凌子風、謝鐵驪、謝晉、王蘋、李俊；表演藝術家男演員：金焰、袁牧之、趙丹、魏鶴齡、金山、石揮、藍馬、謝添、崔嵬、劉瓊、陳強、趙子岳、孫道臨、王心剛、李仁堂；女演員：阮玲玉、胡蝶、周璇、陳波兒、上官雲珠、白楊、張瑞芳、舒綉文、秦怡、于藍、田華、王曉棠、謝芳、祝希娟、王玉梅。獲中國電影九十年的10部優秀影片是：《神女》、《馬路天使》、《一江春水向東流》、《董存瑞》、《林家鋪子》、《林則徐》、《青春之歌》、《紅色娘子軍》、《早春二月》、《大決戰》。中國電影世紀獎頒獎典禮於28日在北京舉行。

當晚，廣電部在北京世紀劇院舉行"創造永恒"大型文藝晚會。

江澤民、李鵬、喬石、朱鎔基、劉華清、榮毅仁等國家領導人與電影界代表合影

鞏俐被美國《時代週刊》評爲年度十大人物榜第三名

12月，鞏俐被美國《時代週刊》評爲年度十大人物榜第三名，被譽爲"中國夜鶯"，並且是入榜的唯一女演員。另外該週刊在國際十大佳片中，列入第一位的是姜文執導的影片《陽光燦爛的日子》，臺灣導演李安執導的影片《理智與情感》列第四位，成龍的《醉拳》列第七位。

"電影頻道"試播

經過一年的籌備，作爲紀念世界電影誕生一百週年、中國電影誕生九十週年系列活動的重要項目之一的中央電視臺第六頻道（即加密電影衛星頻道）12月1日正式開播，這是電影界的一件大事，也是影視深化改革進行合作的又一舉措。電影衛星頻道是一家收費電視節目。觀衆每月只花1—2元錢就可以看到近200部影片。電影頻道的開播也爲電影提供了一個全方位的宣傳空間。

本年度在國際上主要獲獎情況

《紅粉》獲第45屆柏林國際電影節視覺效果銀熊獎；

《搖啊搖，搖到外婆橋》獲第48屆戛納國際電影節技術大獎；

《黃沙 青草 紅太陽》獲首屆金色布拉格國際電影節金人大獎；

《戰爭子午線》獲第4屆東京國際兒童電影節日本電影評論家獎；

《女人花》獲第24屆菲格拉達福茲國際電影節婦女電影獎、電影節大獎；

《與往事乾杯》獲第24屆菲格拉達福茲國際電影節國際電影俱樂部聯合會榮譽獎；

《黑駿馬》獲第19屆蒙特利爾國際電影節最佳導演獎、最佳音樂藝術成就獎；

《搖啊搖，搖到外婆橋》獲第19屆蒙特利爾國際電影節北美特別獎；

《蘭陵王》獲洛杉磯聖克拉里達國際電影節最佳外語片獎；

《民警故事》獲第43屆聖·塞巴斯蒂安國際電影節國際電影新聞聯合會獎；

《湮没的青春》獲第15屆夏威夷國際電影節導演特別獎；

《蘭陵王》獲第15屆夏威夷國際電影節攝影獎、電影遠見獎；

《落河鎮的兄弟》獲第12屆芝加哥國際電影節聯合國兒童權利宣言獎；

《二嫫》獲第4屆坎昆國際電影節最佳影片、最佳女演員；

《民警故事》第13屆都靈國際電影節最佳故事片；

《搖啊搖，搖到外婆橋》獲第78屆全美評論獎、最佳外語片。

1995年（臺灣）

大事記

1月16日　第3屆"海峽兩岸暨香港電影導演研討會"閉幕，決議改爲每兩年召開一次。

1月　臺北市"新聞處處長"羅文嘉表示，今後不再硬性規定市內電影院必須於每場開場時放映國歌影片。

2月22日　女星林翠因氣喘病發猝逝於臺北，得年59歲。

3月2日　春暉影業公司宣佈已投資新臺幣2000萬元進行"作家身影"系列紀録片攝製。

3月17日　主管部門與"中影"聯合在美國洛杉磯爲獲得本屆奥斯卡金像獎最佳外語片提名的《飲食男女》（李安導）舉辦造勢盛宴。

3月21日　影評人吴其諺（原名吴正桓）病逝。

4月11日　"中央電影公司"購得武俠名作家王度廬的5部作品版權，其中《卧虎藏龍》計劃邀請李安執導。

4月17日　《電影法》起草人遲琛病逝，享年69歲。

4月27日　資深臺語片演員戽斗因病過世，享年70歲。

4月28日　電影資料館以"中華臺北電影資料館"（Chinese Taipei Film Archive）名稱獲准成爲"國際電影資料館聯盟"正式會員。

4月　"華納亞洲"（Warner Asia）決定以中西院線聯映的商業映演模式，發行王獻篪執導的新片《阿爸的情人》。

5月23日　"中影"新舊任總經理交接，原總經理江奉琪調任國民黨中央秘書處主任，遺缺由原副總經理徐立功升任。

6月1日　外片拷貝進口數自24個放寬爲28個，每部外片在院轄市的映演戲院由9家增爲11家，其餘各縣市維持6家。

6月20—27日　第2屆"海峽兩岸電影展：臺灣電影觀摩展"在大陸桂林和昆明舉辦，放映《無言的山丘》（王童導）、《青春無悔》（周晏子導）、《祖孫情》（朱延平導）等片。

6月27日　電影事業發展基金會進行理監事改選，徐立功接任董事長，王應祥獲選爲常務監事。

6月30日　當局公佈1996年度"國片製作輔導金辦理要點"，確定以1000萬元3部、500萬元14部的方式分配1億元輔導金。

6月30日　電影製片協會、中國兩岸影藝協會、臺北市影片商業同業公會發表共同聲明，支持舉辦臺北電影節的構想。

6月　影評人焦雄屏成立"臺灣電影中心"，專責進行國片海外推廣。

7月11日　臺北金馬影展執行委員會通過由資深導演白景瑞出任該會秘書長。

7月26日　於印度尼西亞雅加達舉行第40屆亞太影展頒獎，《少女小漁》共獲最佳影片（張艾嘉導）、最佳女主角（劉若英）、最佳編劇（張艾嘉、詹姆斯·夏慕斯）、最佳美術指導（李錫榮）及最佳音效5項獎。

7月　女演員歸亞蕾以大陸導演謝衍執導的處女作《女兒紅》（臺名《一罈女兒紅》），獲第30屆捷克卡羅維發利電影節最佳女主角獎，成爲第一位獲此榮譽的臺灣女星。

8月13日　稻田電影工作室出品，陳玉勳自編、自導的《熱帶魚》，獲第48屆瑞士盧卡諾國際電影節"藍豹獎"及聯合國教科文組織提供的10000瑞士法郎獎金。

9月17日　第43屆西班牙聖·巴士提安國際電影節揭幕，將推出"侯孝賢回顧展"。

10月1日　能能公司出品，王獻篪自編、自導的《阿爸的情人》，獲第8屆日本東京國際影展"青年導演銅櫻花獎"。

10月4日　電影製片協會召開理監事會，楊登魁連任理事長。

11月1日　春暉影業公司申設的有線電視臺"春暉電影臺"（Sun Movie）開播。

11月8日　臺北金馬影展執行委員會召開會議，通過頒發第32屆金馬獎終身成就特别獎予導演李行。

11月15日　國家廣播電影電視總局電影局局長滕進賢一行9人來臺，將針對兩岸互相開放對方電影商業映演一事與有關電影團體進行溝通。

本年　美國華特·狄斯耐公司統一中文譯名爲"華特·迪斯尼"。

重要影片

《熱帶魚》劇照

《熱帶魚》

出品：稻田
編劇：陳玉勳
導演：陳玉勳
主演：文英
　　　席敬倫
　　　林正盛

一個臺北普通人家的孩子，經常做着關於熱帶魚的夢，這個孩子即將面臨着生命中的第一次現實考驗——升學聯考。幾乎没有希望通過考試的他，在考前一個月，遭遇了意外的綁票。

陳玉勳（1962—　）

導演，編劇。生於臺北。1989年畢業於淡江大學教育資料科學系。後從事電視劇的實務工作。1993年電影年期間，擔任短片編導，同年以《熱帶魚》獲優良劇本及國片輔導金，1995年執導電影處女作《熱帶魚》，獲瑞士盧卡諾影展藍豹獎、法國蒙貝利耶電影節最佳影片金熊猫獎，及金馬獎最佳原著劇本獎。1996年以劇本《愛情來了》獲得一千萬國片輔導金，1997年完成第二部電影《愛情來了》，並獲選日本東京影展青年導演競賽單元，及臺北金馬獎最佳男、女配角獎。

《春花夢露》

出品：多面向藝術工作室
編劇：林正盛
　　　柯淑卿
導演：林正盛
主演：李康生
　　　魏筱惠

坤成心愛的妻子死於難產，從此坤成怨恨父母、不顧子女，離家隨着工事團四處漂泊流浪，在外面的世界安頓他喪妻的痛苦心情……傳統的家對坤成而言，是永恒的壓力與束縛的力量，是既想遠離又無法逃避的宿命。

《阿爸的情人》劇照

《阿爸的情人》

出品：能能
編導：王獻篪
主演：李立群
　　　范瑞君
　　　郭子乾

曾爲日本軍伕前往南洋作戰的阿地伯，由於失誤導致戰友死亡這件事情一直困擾着自己，戰後隱居在山林的他，買了春生當養子，並幫春生娶了媳婦椪柑。在春生入伍之後，阿地伯與椪柑之間的關係，也起了變化……

《春花夢露》劇照

《忠仔》

出品：鴻榮
編導：張作驥
主演：劉勝忠　盧嬰

阿忠是一名性情魯莽却不失善良的少年，同時也是"八家將"藝陣中的一名新人。在親眼看到朋友遭黑道殺害，阿忠終於忍不住氣憤，跑去砸黑道的場子。而不管發生了什麼事情，阿忠的母親永遠都帶着一家人誠心的祈禱神明的保佑，希望苦難早點過去。

《忠仔》劇照

《紅柿子》

出品：中影
編導：王童
主演：陶述　石雋
　　　張世　魯直

隨軍隊剛來臺的一家人，心裏充滿了不安與惶恐，幸好有慈祥的奶奶，以老人家特有的愛心和耐心來照顧這群孩子，使身爲軍人的父親加以考慮他從軍中退伍下來後所面臨的諸多問題。

《寂寞芳心俱樂部》劇照

《寂寞芳心俱樂部》

出品：中影
編導：易智言
主演：白冰冰　楊貴媚
　　　謝獻堂　馮光遠

陳春女是個上班族，老公勾搭上隔壁的女子，女兒暗戀學校的英文老師，婆婆終日精神恍惚。辦公室新來了一位同事小龍，吸引了春女的目光。某天，春女因爲跟先生吵架而負氣出走，在公司巧遇小龍……

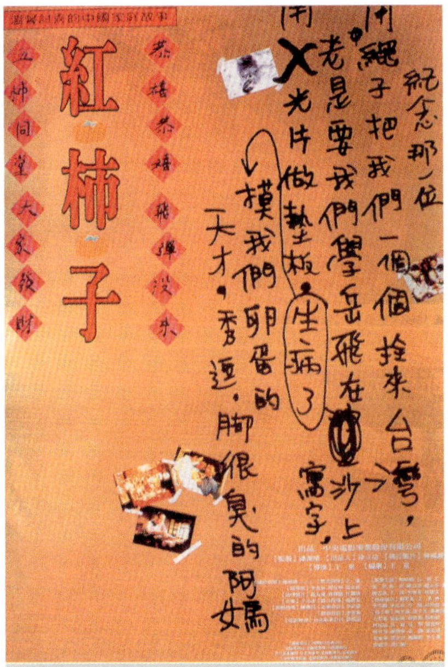

《紅柿子》海報

《流浪舞臺》

出品：協和　點子
編劇：李祐寧　吴湘玲　導演：李祐寧
主演：郎雄　猪頭皮　温德容　鄭家榆

歌舞女郎阿珠跟阿花，雖然各有感情與家庭困擾，但是，一上臺仍然使出渾身解數，敬業地演出。受到時代潮流的衝擊，歌廳的生意每下愈況，主持人小開突發奇想，將表演場搬進遊覽車内，奔馳在公路上。

《去年冬天》

出品：徐小明
編劇：郭箏　江瑞宗　導演：徐小明
主演：魏筱惠　張靜如　金介文　蔡振南

因爲從事政治活動而入獄的女子陳琳琅，出獄之後，拜訪多年不見的老友，才驚覺世事已變。而引領自己進入政治領域的老情人王戎，也已經娶妻生子。

影片目録

中影　《寂寞芳心俱樂部》、《紅柿子》
長宏　《中國龍》、《魔鬼天使》
延平　《臭屁王》、《逃學戰警》
侯孝賢　《好男好女》、《我的美麗與哀愁》
能能　《阿爸的情人》
徐小明　《去年冬天》
長鑫　《新烏龍院 2》
聯登　《摩登共和國》
龍祥　《南京 1937》
學甫　《一九九五閏八月》
協和、點子　《流浪舞臺》
緑色森林　《月滿水沙連》
多面向藝術　《春花夢露》
鴻榮《忠仔》

《我的美麗與哀愁》劇照

《我的美麗與哀愁》

出品：侯孝賢
編劇：陳國富
導演：陳國富
主演：張本瑜　潘麗麗
　　　劉若英　吴天心

少女杜莉莉，每晚重複着同樣的夢。夢中，她與英俊書生相遇、相戀。然而，在現實中她却因這個夢而身心俱疲。終於，她在一幅廣告板中看到她夢中的書生。但還來不及找到他，莉莉便意外墜樓身亡。

《好男好女》劇照

《好男好女》

出品：侯孝賢
編劇：朱天文
導演：侯孝賢
主演：林强
　　　伊能静

時間分别是40年代、80年代跟90年代的臺灣，女演員梁靜貫穿戲中戲，現實，過去，三條交織的線。已然分不清，是半世紀前年輕男女爲革命奮鬥的理想世界還是半世紀後當下的現實？

第32屆金馬獎得獎名單

最佳劇情片：《女人，四十》
最佳紀實報導片：《ㄉㄨㄎㄨㄉㄨ 蘭嶼角鴞的故事》
最佳導演：侯孝賢（《好男好女》）
最佳男主角：林揚（《超級大國民》）
最佳女主角：蕭芳芳（《女人，四十》）
最佳男配角：羅家英（《女人，四十》）
最佳女配角：文英（《熱帶魚》）
最佳原著劇本：陳玉勳（《熱帶魚》）
最佳改編劇本：朱天文（《好男好女》）
最佳攝影：李屏賓（《女人，四十》）
最佳剪輯：張叔平、黄銘林（《墮落天使》）
最佳美術設計：張叔平（《墮落天使》）
最佳造型設計：丁遠大（《人約黄昏》）
最佳電影音樂：李壽全、范宗沛（《超級大國民》）
最佳電影歌曲：陳昇（《我的美麗與哀愁》）
最佳録音：杜篤之（《好男好女》）
最佳動作指導：元奎、成家班、洪家班（《霹靂火》）
最佳動畫片：《後人類》（美學傳播）
終身成就特别獎：李行
最佳視聽科技：朱家欣（《人間有情》）
觀衆票選最佳影片：《女人，四十》
大陸人士特别獎：李連傑

“中製”奉命裁撤

甫於1993年熱鬧慶祝成立60週年的“中國電影製片廠”（簡稱“中製”），今日受軍方簡併政策的影響，奉命裁撤，人員器材併入藝工總隊影視中心。

中國電影製片廠的前身是1933年成立的“怒潮劇社”，之後擴大爲“軍事委員會南昌行營政訓處電影股”；1936年於武昌改設爲武漢電影製片廠，抗戰後再遷往重慶，改名爲“中國電影製片廠”，是抗戰時期大後方的製片主力，攝製了許多珍貴的新聞紀録片和《保家鄉》（何非光導）、《東亞之光》（何非光導）、《火的洗禮》（孫瑜導）、《青年中國》（蘇怡導）、《日本間諜》（袁叢美導）等抗日故事片，對鼓舞戰時民心士氣深具貢獻。

抗戰勝利後，中國電影製片廠自重慶遷往南京，改以製作宣傳片和軍事教育片爲主要製片方向。1949年該廠遷臺，設廠於岡山，在艱困的環境下，與農業教育電影公司合作拍攝了劇情片《惡夢初醒》（宗由導），穩固了當時浮動的民心。1950年該廠改隸國防部總政治部管轄，隔年遷至臺北北投競馬場（現爲復興崗），除繼續拍攝軍事教育片、紀録片、新聞片外，並逐年擴建廠房，充實設備，以文宣電影教育的角度重新攝製劇情片，重要的劇情片出品包括《故鄉劫》（張曾澤導）、《生死門》（戴彭齡導）、《壯志凌雲》（趙群導）、《揚子江風雲》（李翰祥導）、《緹縈》（李翰祥導）、《血濺虹橋》（張永祥、夏祖輝合導）、《大摩天嶺》（李嘉導）、《女兵日記》（李嘉、汪瑩合導）、《成功嶺上》（張佩成導）等，在劇情片的攝製上曾有過輝煌的成績。不久在民間影業公司的競爭下，該廠的影響力已漸式微，但近兩年仍先後攝製了空軍電影《想飛：傲空神鷹》（金鰲勳導）與《肝膽豪情》（楊立國導）等片。

中國電影製片廠大門

劉若英（1970—　　）

演員。生於臺北。高中畢業後到美國修習聲樂和鋼琴演奏。返回臺北，被張艾嘉相中，在臺灣電影景況不佳的狀況下進入了電影界，首部演出的電影作品《少女小漁》一鳴驚人，獲得1995年亞太影展最佳女主角獎，1997年又以《美麗在唱歌》獲東京電影節最佳女主角獎。1995年接着演出陳國富導演的《我的美麗與哀愁》，2004年演出張艾嘉導演的《20、30、40》等影片。

1995年（香港）

大事記

3月　香港電影評論協會正式成立，爲香港首個電影評論組織。創立香港電影評論學會大獎，並舉行首屆頒獎禮。

5月　羅卓瑤執導的《秋月》獲第44屆墨爾本影展最佳影片獎。

7月5日　香港影評人協會成立，這是香港第二個影評人組織。

10月27日　香港電影美術學會成立，會長奚仲文。

11月　香港影視及娛樂事務處重新修訂電檢法案，將現行三級制中的第2級分爲兩級即2A和2B，2A級爲不合適12歲以下人士觀看，2B級爲不合適18歲以下人士觀看。該法案於11月17日開始生效。

本年　香港電影剪輯協會成立，會長周國忠。

香港電影資料館在香港大會堂舉辦大型電影展覽"香港早期電影軌蹤展覽（1896—1950）"。

美亞鐳射影帶有限公司出品亞洲第一張電影電腦卡"'95香港電影大全"。

香港電影觀衆人次2800萬，比十年前的6000萬下降3200萬。

關文清逝世。

重要影片

《紅番區》

《紅番區》劇照

出品：嘉禾公司
編劇：鄧景生　馬美萍
導演：唐季禮
主演：成龍　梅艷芳　董驃
Morgan Lam Mark Akerstream

貨車司機黃漢强赴美祝賀驃叔新婚之喜。一批朋克黨開始破壞搗亂。阿强又被捲入了鑽石贓物被盗的旋渦，受到了黑手黨的追殺。黃漢强不畏强暴，與之搏鬥，不但逃脱了這番厄運，還得到了意外的收獲。

本片以港幣56912536元，打破香港票房紀録。爲第一部香港電影在内地票房衝破一億人民幣。獲第15屆香港電影金像獎最佳動作指導（唐季禮、成龍）。

《墮落天使》劇照

《墮落天使》

出品：澤東公司
編導：王家衛
主演：黎明　李嘉欣　金城武
楊采妮　莫文蔚　陳萬雷

No.3遇到No.1。No.1是個殺手，愛上了替他安排生意的No.2。No.1留下了一枚硬幣給No.3，希望他交給No.2，誰知No.3把硬幣借給了No.4。No.4與No.3非常默契，成爲好友。但No.4所愛的却不是No.3。No.5是No.1的舊愛，兩人雖分開，但No.5對No.1始終没有忘情。這一群墮落天使不知自己的生活目標是什么，更不知自己未來將做什么。

《烈火戰車》劇照

《烈火戰車》

出品：永盛
編劇：爾冬陞　羅志良　導演：爾冬陞
主演：劉德華　梁詠琪　吴大維
秦沛　錢嘉樂

阿華性格反叛，只有賽電單車可以給予他滿足感。但一次失誤令他信心盡失厭棄賽車，與好友嘉樂合股經營電單車修理生意。但好景不長，嘉樂不幸意外身亡，華決定重新面對自己。

《西遊記第壹佰零壹回之月光寶盒》海報

《西遊記第壹佰零壹回之月光寶盒》

出品：彩星
編劇：技安
導演：劉鎮偉
主演：周星馳　吴孟達　藍潔瑛
莫文蔚　劉鎮偉

觀音菩薩要除掉孫悟空，因其欲殺害師父唐三藏，並偷走了月光寶盒。唐三藏慈悲爲懷，願自殺以换悟空重生。500年後，孫悟空投胎爲强盗頭領至尊寶，遇見500年前的戀人白晶晶。至尊寶用月光寶盒使時光倒流回500年前……

蕭芳芳喜得銀熊獎

蕭芳芳主演的《女人，四十》獲第45屆柏林國際電影節最佳女主角銀熊獎。在該片中，蕭芳芳將主人翁在生活夾縫中自强不息的堅强個性發揮得淋灕盡致，感情豐富而演出細膩，演痴呆老人的喬宏同樣精彩，此外，譚倩紅、羅家英、羅蘭等角色搭配得宜，日籍配樂家大友良英和臺灣攝影師李屏賓都有出色貢獻。導演許鞍華用平實、生活化的手法展開情節，使劇情流暢、自然，還産生詼諧、風趣的效果。

《女人，四十》劇照

蕭芳芳演出照

《女人，四十》

出品：嘉禾
編劇：陳文强　導演：許鞍華
主演：蕭芳芳　喬宏　羅家英　丁子峻

以中年的職業女性爲主角，描寫她在一家老式的衛生紙公司上班之餘，還要照顧家人，尤其要照顧患上老人痴呆症的公公，不禁心力交瘁，但她終於還是挺了下來，全片以生動活潑的手法來處理一個其實很沉重的題材，因此能引人共鳴。

獲第15屆香港電影金像獎最佳編劇、最佳導演、最佳男主角（喬宏）、最佳女主角（蕭芳芳）；第2屆香港電影評論學會大獎最佳電影、最佳女主角；第1屆香港金紫荆獎最佳影片、最佳導演、最佳編劇、最佳男、女主角；第32屆臺灣電影金馬獎最佳劇情片、最佳女主角、最佳男配角、最佳攝影獎；第45屆柏林國際電影節最佳女主角銀熊獎。

蕭芳芳　（1947—　）

演員，製片人，導演。原籍江蘇蘇州，自幼隨家人來港。7歲從影。60年代成爲著名粵語片明星，擁有衆多影迷。70年代初赴美國留學，學成後返港。1976年代開始參與執導並主演《跳灰》，參與編劇、製片並主演《撞到正》。1987年主演《不是冤家不聚頭》獲第7屆香港電影金像獎最佳女主角獎。1995年主演《女人，四十》獲第45屆柏林國際電影節女演員銀熊獎。主要作品還有《青城十九俠》（《苦兒流浪記》、《飛女正傳》、《林亞珍》、《方世玉》、《虎度門》等。

第14屆香港電影金像獎

最佳影片：《重慶森林》，最佳導演：王家衛（《重慶森林》），最佳編劇：杜國威（《我和春天有個約會》），最佳男主角：梁朝偉（《重慶森林》），最佳女主角：袁詠儀（《金枝玉葉》），最佳男配角：陳小春（《晚九朝五》），最佳女配角：羅冠蘭（《我和春天有個約會》），最佳新人：劉雅麗（《我和春天有個約會》），最佳攝影：杜可風（《東邪西毒》）最佳剪輯：張叔平、鄺志良（《重慶森林》），最佳美術指導：張叔平（《東邪西毒》），最佳服裝設計：張叔平、鄺志良（《重慶森林》），最佳動作指導：劉家良、成家班（《醉拳Ⅱ》），最佳音樂：雷頌德、胡偉立、黄英華（《梁祝》）。

第1屆香港電影評論學會大獎

最佳電影：《東邪西毒》，最佳編劇、導演：王家衛（《東邪西毒》），最佳男演員：張國榮（《東邪西毒》），最佳女演員：陳沖（《紅玫瑰白玫瑰》）。

主要影片目録

本年度香港共出品影片143部。

彩星 《西遊記第壹佰零壹回之月光寶盒》、《西遊記大結局之仙履奇緣》

嘉禾 《紅番區》、《女人，四十》

東方 《金玉滿堂》、《冒牌皇帝》、《夜半歌聲》、《我要活下去》

永盛 《給爸爸的信》、《慈禧秘密生活》、《百變星君》、《呆佬拜壽》、《烈火戰車》

其他 《賊王》（聯登）、《壞孩子俱樂部》（賢柏）、《亞洲警察之高壓線》（影匠）、《炸彈情人》（宏達）、《富貴人間》（新高）、《虎膽俏佳人》（文華）、《有面俾》（寶祥、龍祥）、《流氓醫生》（電影人）、《不一樣的媽媽》（達呂）、《香江花月夜》（泰影軒/東方）、《冒險遊戲》（希望工程）、《老泥妹》（新峰）、《旺角的天空》（三寶）、《天國逆子》（東熙）、《小飛俠》（王晶創作室）、《整蠱王》（新標準）、《真相》（舜禾）、《和平飯店》（金公主）、《花月佳期》（嘉禾/年代）、《狂野生死戀》（雨田/蕭氏）、《搶閘媽咪》（傳真資源）、《笑林老祖》（名威）、《廟街故事》（晶藝）、《新房客》（寰宇）、《歸土》（寰亞）、《精裝情不自禁》（得意製作）、《虎猛威龍》（星寶）、《街坊差人》（正能）、《哪有一天不想你》（永高）、《迷魂黨》（源基）、《緝毒先鋒》（新達寶）、《告別有情天》（影視娛樂）、《無味神探》（大都會）、《夜半一點鐘》（新域）、《廣州殺人王之人皮日記》（天洪/新一代）、《大話英雄》（永威）、《没有老公的日子》（邵氏）、《戴緑帽的女人》（神力）、《一千零一夜之夢中人》（張敏）、《賭聖2街頭賭聖》（電影少年）、《尖東老泥妹之四大天后》（嘉盛）、《祖屋》（永榮）、《九五陀槍女警》（長勝）、《叛逆情緣》（耀榮）、《古靈精怪乜都有》（金韻）、《我是一個賊》（東方/南燕）、《玻璃槍的愛》（寶田）、《墮落天使》（澤東）、《妖街皇后》（正大）、《人間有情》（嘉濤）、《錯體追擊組合》（勁威）、《元洲街王后》（星寶）、《狂情殺手》（永妙）、《震撼性醜聞》（天平）、《孽戀》（馬天尼）、《中國十大奇案之中俄列車大劫案》（嘉禾/新香港）、《偷錯隔墻花》（寰亞/春天）、《盲俠之再踏江湖》（家族創建）、《海根》（超藝）

1996年（大陸）

大事記

1月4日　廣電部任命劉建中爲電影局局長。

1月22日　中宣部、文化部、廣電部發出《關於各地方電影製片廠統一劃屬廣電部門的通知》。

2月16日　上海電影電視集團公司成立。

3月4日　國務院任命趙實爲廣電部副部長。

4月1日　第六屆“永樂杯”上海影評人獎評選揭曉。

4月21日—5月5日　“第四屆大學生電影節”在北京舉行。

5月12日　原文化部副部長王闌西在北京病逝。

6月19日　國務院發佈《電影管理條例》，從7月1日起正式施行。

7月1日　首屆“夏衍電影文學獎”全國優秀劇本徵集活動啓動。

7月1日　上海永樂電影電視（集團）公司成立。

7月9日　廣電部發出《關於重申不得支持、協助一些個人擅自拍攝故事片及後期製作的通知》

7月11日　電影審查委員會、電影復審委員會建立。

8月9日　“新進杯”中國反法西斯戰爭優秀影片評獎暨全國優秀影評徵文比賽頒獎大會在北京舉行。

8月24—26日　長春電影製片廠舉行建廠50週年慶祝活動。

9月25日　1996年“五個一工程獎”在北京舉行頒獎儀式。

10月25日　原文化部副部長、中國作協副主席、中國夏衍電影學會會長陳荒煤在北京病逝。

11月13日　首屆電影博士生李道新、丁亞平通過學位論文答辯。

11月14日　著名導演、原上海電影局局長張駿祥在上海病逝。

12月18日—22日　第二屆中國珠海電影節舉行。

重要影片

《青年劉伯承》劇照

《青年劉伯承》

出品：長春電影製片廠
編劇：劉蒙　畢必成
導演：趙爲恒　攝影：格日圖
主演：孫松　杜雨露　王志剛　劉勇泉

青年時代的劉伯承在反袁救國的鬥爭中，屢建戰功，爲四川反袁各派所矚目。豐都戰役中子彈從他右眼射進太陽穴穿出，可他卻大難不死，成爲一個傳奇軍神武將。

《秦頌》

出品：香港大洋影業公司　西安電影製片廠
編劇：蘆葦　導演：周曉文　攝影：吕更新
主演：姜文　葛優　許晴

嬴政和高漸離是一對同吃高母乳汁長大的好朋友。少年時，高漸離的琴聲曾幫助嬴政擺脱了死亡的恐懼。多年以後，嬴政成了秦國的國王，高漸離成了燕國的樂師。燕國被秦所佔後，高漸離被帶到秦國，讓他譜寫王樂“秦頌”。

《秦頌》劇照

《喜蓮》劇照

《喜蓮》

出品：長春電影製片廠
編劇：趙中束　郝國憂
導演：孫沙　攝影：趙博
主演：于慧　吳京安　張洪傑　江艷嬌

喜蓮與河西村的復員軍人劉世德成了親。爲了改變貧窮的命運，喜蓮大膽地帶領村民們種植青椒。歷經艱難困苦，她的努力得到了回報，河西人終於走上了勞動致富的道路。

《埋伏》

出品：瀟湘電影製片廠
編劇：孫毅安
導演：黄建新　楊亞洲　攝影：楊尉
主演：馮鞏　滕汝駿　江珊

保衛科葉民主和科長老田協助重案組長楊高，埋伏在水塔上監視可能出現的罪犯。然而，科長已經到了肝癌晚期，葉民主因工作需要保密，與女友產生了感情危機，日復一日，毫無動静，但科長由此耽誤了治療而病逝，葉民主因他的勇敢和執著而最終得到了女友的愛情。

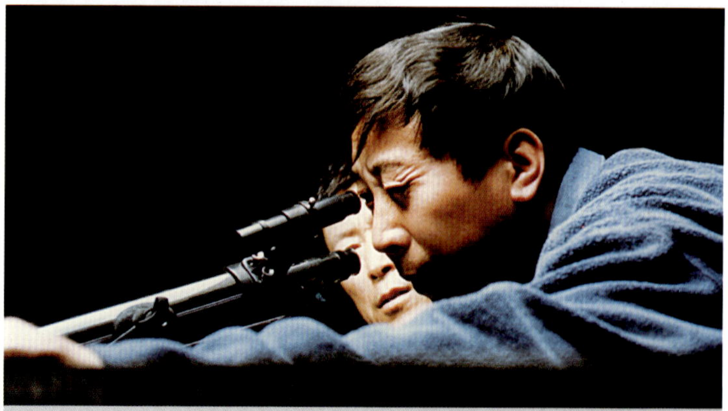

《埋伏》劇照

《長征》劇照

《長征》工作照

《長征》

出品：廣西電影製片廠
編劇：王朝柱　黎汝清
導演：翟俊傑　**攝影：**劉保貴
主演：唐國强　王伍福　劉勁　馬曉偉

1934 年秋，紅軍開始長征，歷經艱難險阻，1936 年 10 月 10 日，紅軍三大主力會師甘肅，勝利地完成了兩萬五千里長征的偉大歷史壯舉。

《有話好好説》海報

《有話好好説》

出品：廣西電影製片廠
編劇：述平
導演：張藝謀
攝影：吕樂
主演：姜文　李保田　瞿穎

趙小帥狂熱地追求安紅，但安紅正與某娱樂公司老闆劉德龍戀愛。劉德龍爲教訓小帥，大打出手。混亂之中，小帥搶過行人張秋生的背包掄打，將包内電腦砸得粉碎。從此，張秋生爲索賠電腦奔波於小帥與劉德龍之間。

影片目録

北影　《浴血太行》、《阿金的故事》、《舞女》、《伴你到黎明》、《南海十三郎》、《驢嘎上電視》、《歌手》、《緝毒英雄》、《截殺香閣寺》、《浪漫街頭》、《長大成人》

長影　《青年劉伯承》、《撼天雷》、《征服死亡地帶》、《喜蓮》、《天若有情3——烽火佳人》、《紅月亮》、《走入險區》、《紅蓋頭》、《畢業交響曲》

上影　《我也有爸爸》、《緊急救助》、《紅河谷》、《小象西娜》、《捕狼人生》、《罪惡》、《少年雷鋒》、《玫瑰漩渦》、《犬殺》、《律師與囚犯》

八一　《大進軍——解放大西北》（上下集）、《大轉折——鏖戰魯西南》、《大轉折——挺進大别山》、《追蹤李國安》、

西影　《紅棉襖 紅棉褲》、《白馬飛飛》、《一棵樹》、《太陽火》、《女人尋夢》、《秦頌》、《好漢不回頭》、《鐵女恩仇記》、《西夏路迢迢》、《爸爸，别騙我》

峨影　《桃源鎮》、《太行星》

珠影　《軍嫂》、《傑桑·索南達傑》、《紅杜鵑白手套》、《我正年輕》、《東方快車》、《獵兇》、《徐霞客傳奇》、《珠江恩仇記》

瀟湘　《埋伏》、《回家》、《青春曠野》、《大内密探》、《擁抱朝陽》、《家事》

廣西　《長征》（上下集）、《有話好好説》、《楊貴妃後傳》

天山　《阿娜的生日》、《曹操》、《諸葛孔明》、《浴血駝城》、《半生緣》

内蒙　《龍在少林》、《馬永貞》

青影　《離開雷鋒的日子》、《狹路險情》、《離婚了，就别再來找我》、《天球傳奇》、《青春鳥》

福建　《男孩女孩》、《一生一臺戲》

雲南　《彝海結盟》、《聯合出擊》、《太陽鳥》

深圳　《燃燒的慾望》、《摯愛情緣》、《特警伏魔》

童影　《男生賈里》、《紫石峪，五道灣》、《龍虎父子兵》、《豆丁奇遇記》、《滑板夢之隊》

天津　《男婚女嫁》、《歸國留學生》、《龍城正月》

南京　《紅髮卡》、《紅盾出擊》

浙江　《帝王道》、《伙頭軍傳奇》、《大禹治水》

龍江　《鶴童》、《總統套間的故事》

銀都　《夜半歌聲》、《減肥旅行團》

合拍公司　《冒險王》、《魔畫》

其他　《這女人這輩子》（寧夏）、《夫唱妻和》（江西）、《鄭成功》（河南）、《紅流》（蘭州）、《徽商情緣》（安徽）、《劉胡蘭》（山西）。

《紅河谷》劇照

《紅河谷》

出品：上海電影製片廠
編劇：馮小寧　導演：馮小寧
攝影：高子逸　張國慶　馮小寧
主演：寧靜　邵兵　應真　多布吉

格桑一家祖輩生活在美麗的西藏，他搭救了一位漢族少女雪兒，兩人相親相愛，剛烈的頭人女兒丹珠也愛上了格桑。1900年英軍陰謀入侵西藏，藏漢同胞携手抵抗，丹珠、格桑、雪兒和許多藏族同胞奮不顧身地戰鬥，將侵略者埋葬在火海之中。

《我也有爸爸》

出品：上海電影製片廠
編劇：郭玲玲　彭小蓮等
導演：黄蜀芹
攝影：潘峰
主演：吴大維　王泉　馬曉晴

一個因父母離異被遺棄並不幸患上白血病的小男孩與一位足球明星的"父子情緣"。

《我也有爸爸》劇照

《男孩女孩》

出品：福建電影製片廠
編劇：蕭遠
導演：何群
攝影：尚勇　李明
主演：趙有亮　康旬

十五六歲的少男少女處於"成長的煩惱"中，他們的獨立意識開始增强，對家長的管教不再順從，開始反抗。

《男孩女孩》劇照

《長大成人》

出品：北京電影製片廠
編導：路學長
攝影：張希貴
主演：朱洪茂　朱潔

少年周青到火車貨運站做了一名鍋爐工，並認識了火車司機朱赫萊，他開始努力地工作，没想到却出了工傷事故，碾碎了骨頭，朱赫萊將自己的骨頭植入周青的腿中。周青出院後開始尋找朱赫萊的蹤跡……

《長大成人》劇照

文化部、廣電部禁止營業性放映非法激光視盤故事片

1月18日，文化部、廣電部發出通知，在全國範圍内禁止營業性放映未經審批發放公映許可證的、非法的激光視盤故事片。要求各地激光視盤放映場所必須立即停止放映現有的各種營業性激光視盤故事片。現有非法的激光視盤故事片及轉録的録像帶，一律由音像行政部門收繳封存；嚴禁發行、出租、銷售非法的激光視盤故事片，不得再發放各種准映證或批准書，過去發放的准映證或批准書一律予以取消。

北京新影聯影業有限責任公司成立

2月8日，由中國電影公司、北京市電影公司、北京市紫光電影院、中華電影娛樂宫、首都影院、大華影院、長虹影院、東四工人文化宫、廣安門影院、大觀樓影院、勝利影院、花市影院、地質禮堂、紅樓影院等組建的北京新影聯有限責任公司（簡稱北京新影聯）在北京舉行揭牌成立大會。北京新影聯是由中國電影集團公司、北京市電影公司、北京18家影院共同出資組建的有限責任公司，是經電影局批准的包括山西影院在内的跨省院線公司，注册資金1400萬元。董事長爲王珠，副董事長、總經理韓傳錚。

晏仲方獲第68屆奥斯卡金像獎技術成就獎

3月2日，上影廠高級工程師晏仲方的高强度閃電效果燈獲第68屆奥斯卡技術成就獎。他是我國第一個獲奥斯卡技術專獎的專家，擁有自主知識産權。早在1992年晏仲芳加入美國電影技術學會(SMPTE)成爲會員。並與美國LP公司、奥普泰公司在我國投資、合作生産具有中國特色的直流外景光源、大功率閃電燈管。使我國電影光源走向世界。

晏仲方獲得奥斯卡最佳技術奬的證書

1995年度華表獎頒獎典禮在京舉行

5月23日，1995年中國電影"華表獎"頒獎典禮在北京舉行。令評委興奮的是，1995年是世界反法西斯戰爭勝利50週年暨中國人民抗日戰爭勝利50週年，也是世界電影誕生一百週年暨中國電影誕生90週年，全年共拍攝完成故事片146部，反映當代人民生活的影片比例超過60%。在"主旋律"與"多樣化"結合的原則上，創作出整體水平較高的影片。評委會在評獎中貫徹了全國電影工作會議精神，爲多出精品作貢獻，對獲獎者予以重獎，提高各項獎項獎金數額，並對攝製出品獲獎影片的電影製片廠增設一定數量的資金，包括給廠長的獎金，用以補貼新創作重點影片資金所不足。

5月23日，1995中國電影華表獎在中央電視臺第一演播廳舉行了隆重的頒獎典禮，向全國現場直播，這在該項獎的歷史上還是第一次。本屆頒獎晚會突破以往頒獎程式，充分運用電視的表現手段，突出電影的特點。沒有以往的領導致辭和程式化的頒獎儀式，而是融頒獎、節目、話題於一體。此次最佳故事片授予《孔繁森》、《贏家》等6部影片，最佳科教片、最佳美術片、最佳兒童片、最佳戲曲片獎空缺，其他獎均有得主。獲獎作品以英雄模範人物題材的影片佔多數。這也是本屆"華表獎"的一個特點。

1995年度中國電影華表獎獲獎名單

最佳故事片：《孔繁森》(山東、杭州華港實業、北影)；最佳故事片編劇獎：鄭沂、沈貽煒(《信訪辦主任》)；思蕪(《贏家》)；最佳故事片導演獎：陳國星、王坪(《孔繁森》)；最佳男演員獎：高明(《孔繁森》中飾孔繁森)；最佳女演員獎：曹翠芬(《孤兒淚》)；最佳電影技術獎：《悲情布魯克》(內蒙古、北影、森威、北京電影洗印廠洗印加工)；最佳製片管理獎：許松林(《生死千里》)；最佳紀録片獎：《較量——抗美援朝戰爭實録》(八一)；最佳對外合拍片獎：《變臉》(青影、邵氏兄弟〔香港〕)；優秀故事片獎：《贏家》(北影、杭州華港實業)；《七七事變》(長影、中共北京市委宣傳部)；《士兵的榮譽》(八一)；《信訪辦主任》(浙影、浙江省體改委《改革月報》雜誌社)；《九香》(長影)；《紅櫻桃》(青影、北京市經濟發展投資公司)；優秀兒童片獎：《孫文少年行》(童影)；《童年的風箏》(天津)；優秀紀録片獎：《難忘輝煌》(天津)；《陳嘉庚》(新影)；優秀科教片獎：《都江堰》(上海科學教育電影製片廠、中國四川都江堰文物局聯合攝製)；《造手大師——記干仲嘉教授從醫五十週年》(上海科育、上海第六人民醫院)；優秀美術片獎：《自古英雄出少年——識鬼少年》(上海美影、上海教育電視臺、上海華僑文化交流公司)；《自古英雄出少年——區寄鬥賊》(上海美影、上海教育電視臺、上海華僑文化交流公司聯合攝製)；外國片優秀譯製獎：《真是的謊言》(上海譯製)；評委會特別獎：《大江東去》(上影)；《冼星海》(珠影)；《三峽夢正圓》(湖北、中國長江三峽工程開發總公司)；最佳科教片獎：(空缺)，最佳美術片獎：(空缺)，最佳兒童片獎：(空缺)；最佳戲曲片獎：(空缺)。

全國電影工作會議在長沙舉行

3月23—26日，全國電影工作會議在長沙舉行。參加會議的有各省、市、自治區黨委宣傳部長，文化廳(局)長、廣電廳(局)長，各電影製片廠(公司)廠長(經理)，中央、國務院有關部門和解放軍總政治部的負責人等共200人，共商電影繁榮大計。中共中央政治局委員、書記處書記、中宣部部長丁關根，中共中央政治局委員、國務委員李鐵映出席會議。丁關根在會上作了題爲《多出優秀作品，繁榮電影事業》的講話，他指出，中國電影走過了九十年的光輝歷程，九十年來，幾代電影工作者投身時代洪流，表現中國人民追求美好生活的奮鬥精神，描繪波瀾壯闊的歷史畫卷，塑造真切感人的藝術形象，爲我國電影也爲世界電影譜寫了燦爛篇章。九十年共拍攝故事片4500餘部，新中國成立後拍攝的約3000部，其中黨的十一屆三中全會以來拍攝了2200多部。還製作了大量的科教、紀録和美術影片。

丁關根强調，以優秀的作品鼓舞人，滿足人民群衆日益增長的精神文化需求，是電影工作的根本任務。丁關根指出，提高質量，多出精品，是人民群衆對電影的迫切要求，是繁榮電影的關鍵所在。要實施電影"九五五〇工程"，就是在"九五"期間，拍出50部優秀影片，每年10部。實現精品戰略。要採取具體措施拓寬電影資金渠道：一是增加電影專項資金，將現在每張票收5分錢改爲提取票價收入的5%；二是從電視及進口分賬影片收入中提取部分資金；三是國家對有特別重大意義的影片給予專款補助；四是繼續免徵電影製片廠銷售拷貝的增值税。

丁關根在長沙會議上講話

在這次會議上進一步明確了新時期電影創作的九條指導方針，出臺了直接扶持電影生產的五項經濟政策。並提出了量化電影生產的"九五五〇"精品戰略工程。"九五五〇工程"開始全面實施。

全國電影工作者會議代表合影

第一屆夏衍電影榮譽紀念頒授大會召開

5月21日，電影局和中國夏衍電影學會在北京舉行第一屆夏衍電影榮譽紀念頒授大會。該頒授活動是爲紀念夏衍、表彰對中國電影事業有突出貢獻者而創設的，本屆頒授對象爲三四十年代進步電影運動和新中國十七年時期有突出貢獻的電影文學工作者和製片領導者共71人，其中電影劇作家39人，電影文學編輯11人，電影製片廠廠長21人。此外，還向陽翰笙、田漢、洪深、于伶、陳荒煤等到12位長期與夏衍並肩戰鬥、風雨同舟的老戰友，並對中國電影事業作出重大貢獻的電影界前輩頒授"夏衍電影特別榮譽紀念"。以夏衍命名的全國性電影學術團體——中國夏衍電影學會，經民政部批准登記於1996年5月20日成立，會長爲陳荒煤，冰心、巴金、張光年等爲名譽顧問。主要宗旨是繼承和發揚以夏衍爲代表的中國電影優秀傳統，團結廣大電影工作者和社會各界人士，積極開展電影藝術研究和學術交流，鼓勵和扶植電影藝術"精品"，推動社會主義電影創作繁榮。

江澤民視察八一電影製片廠

6月10日上午9時，中共中央總書記、國家主席、中央軍委主席江澤民在劉華清、丁關根、張萬年、遲浩田、于永波等同志的陪同下，來到中國人民解放軍八一電影製片廠視察並題詞和發表重要講話。江澤民接見了八一廠的各級領導和藝術家、演員代表，參觀了八一廠廠史圖片資料展和影片劇照展。並在攝影棚内觀看了影片《大進軍——揚子江大戰》的幾個鏡頭的拍攝。要求八一廠將正在拍攝的《大轉折》、《大進軍》拍成思想性、藝術性高的歷史巨片。在聽取了八一廠廠長王曉棠彙報後，他要求八一廠的同志們發揮自己的優勢，集中力量創作優秀的軍事題材影片，弘揚愛國主義和革命英雄主義的精神。並勉勵廣大電影工作者以飽滿的熱情，努力創作出更多思想精深、藝術精湛、製作精緻，具有强烈吸引力、感染力的優秀作品，促進我國電影事業進一步繁榮，推動社會主義精神文明建設的發展。江澤民爲八一電影製片廠題詞：創作電影精品，弘揚時代主旋律。

誕生於1952年的八一廠是我國唯一的軍隊電影製片廠，也是一個綜合性的電影廠，幾十年來，共拍攝軍教片、故事片和紀録片2000部。

江澤民視察八一電影製片廠

陳國星（1956— ）

導演。原籍江蘇南通，生於北京。1982年畢業於北京電影學院表演系，任北京電影製片廠導演。代表作品有《臨時爸爸》、《編外丈夫》、《離婚大戰》、《一家兩制》、《孔繁森》、《黑眼睛》、《横空出世》、《雪夜危情》、《風起雲湧》等。

高明（1942— ）

演員。江蘇常熟人。1960年在昆明軍區國防話劇團任演員；1985年起在西安電影製片廠任演員。代表作品有《黑炮事件》、《山魂霹靂》、《超導》、《孔繁森》、《天字碼頭》、《横空出世》、《詹天佑》、《雪夜危情》等。

《孔繁森》首映式在北京舉行

6月17日，廣電部在北京舉行故事片《孔繁森》首映式。

孔繁森的事跡通過各種藝術形式的傳頌，家喻户曉，但"要把孔繁森這個形象永久地保留下去，最高形式，最完美的藝術就是電影"。由山東電影製片廠、華港實業有限公司、北京電影製片廠三家聯合出品的電影《孔繁森》在世界第三極阿里拍攝完成，於6月17日在北京人民大會堂舉行首映式。攝製組去年冬在西藏高原開機，打開了中國電影冬季入藏拍攝之先河，真正做到了"用孔繁森精神拍好《孔繁森》"。

《孔繁森》

出品：北京電影製片廠　華港實業有限公司
　　　山東電影製片廠
編劇：胡建新　王興東
導演：陳國星
攝影：强軍
主演：高明　蔣耀邠　曲雲　林康

孔繁森在西藏阿里地區任黨委書記，他關心藏族群衆生活疾苦，兢兢業業忘我工作，最後以身殉職。

《孔繁森》劇照

第3屆長春電影節舉行

8月23—28日，第3屆長春電影節舉行。電影節前，長春市開展了"熱愛長春，喜迎電影節"歌曲徵集活動。開幕文藝晚會《星河千帆舞》由中央電視臺現場直播。本屆電影節還增加了16毫米影片交易，免費提供交易攤位。第3屆長春電影節於8月28日下午閉幕，本屆電影節主席滕進賢作了評獎工作報告並宣讀了評獎結果。本屆評委共13人，實到12人。參賽影片共37部，華語故事片25部，外語故事片12部，新增設了最佳外語故事片和優秀外語故事片獎。《孔繁森》和《好男好女》並列獲得本屆電影節金鹿獎。報名參賽參展的影片達140部，包括奧地利、俄羅斯、捷克、美國、韓國等18個國家和地區。主席滕進賢，副主席陳凱歌。

電影節期間，8月25日，電影局召開了全國電影合拍工作座談會。

8月24—26日，長春電影製片廠舉行建廠五十週年慶祝活動，向爲長影廠50年作過很大貢獻的電影事業家、藝術家、技術專家頒發"新中國電影搖籃紀念杯"，放映專題片《半個世紀的輝煌》和舉行全廠職工聯歡會。

澳門首映《大辮子的誘惑》

7月13日，以蔡安安爲會長的澳門電影協會暨澳門電影發展研討會在澳門成立。隨後，中國電影家協會和澳門電影協會召開了澳門電影發展研討會。澳門文化研究會理事長魏美昌、影視事業家韋連城、澳門日報副總編陳樹榮、澳門電影協會秘書長徐新、上海《文匯電影時報》常務副主編羅君和《中國電影報》總編輯李文斌等在會上宣講論文，認爲由蔡安安爲出品人、蔡元元導演的影片《大辮子的誘惑》填補了澳門在電影方面的空白，開創了澳門電影史的第一篇章，爲中國電影史添上了新的一頁。研討會由孟犁野和蔡安安主持。

7月14日晚，電影《大辮子的誘惑》(珠影公司、蔡氏兄弟影視公司聯合攝製）首映式在澳門大會堂隆重舉行。澳門總督韋奇立給影片男女主演寧靜和里嘎杜·卡利索分贈了特別禮物。以廣電部電影局副局長竇守芳爲團長的中國電影代表團，以中國影協書記處書記孟犁野爲團長的中國影協代表團，以上海電影評論學會副會長羅君爲團長的上海影評代表團以及內地和香港地區的電影界同仁也出席了首映式。

9月15日，《大辮子的誘惑》在葡萄牙舉行的第25屆菲格拉達福茲國際電影節上獲組委會和評審團聯合頒發的特別大獎，記者評審團頒發的最受歡迎影片獎。

《大辮子的誘惑》劇照

白楊在上海病逝

1996年9月18日23時30分，一代電影表演藝術家白楊因病去世，享年76歲。遺體告別儀式於9月26日在上海舉行。

白楊，原名楊成芳，祖籍湖南省汨羅縣，1920年4月22日生於北京。她是第一、二、三屆全國人民代表大會代表，第五、六、七、八屆全國政協委員，曾任中國電影家協會副主席、上海電影製片廠演員劇團團長。三十年代初參加左翼劇聯，長期從事進步文藝活動，主演了《日出》、《屈原》等優秀話劇。她在《十字街頭》、《一江春水向東流》、《八千里路雲和月》、《祝福》等影片表演出色，蜚聲中外，在1995年12月獲得"中國電影世紀獎"。

白楊與謝添、牛犇

《大辮子的誘惑》

出品：珠江電影製片廠
　　　澳門蔡氏兄弟影視公司
編劇：蔡元元　蔡安安
導演：蔡元元
攝影：錢濤
主演：寧靜　里嘎杜　丁一

挑水姑娘阿玲與葡萄牙青年阿托愛上了，却遭到當地思想保守落後的華人們的反對，兩人衝破阻力，相親相愛的故事。

北大華億影視文化有限責任公司成立

本年，北京華億亞聯影視文化有限責任公司成立，該公司後來改名爲北大華億影視文化有限責任公司，董平出任董事長。北大華億公司是從事影視製作、宣傳發行、影視文化項目開發、演藝經紀的專業公司。自公司成立以來,投資、拍攝、發行了一大批國內外具有極大影響的電影作品，其代表作品有：李安導演的《卧虎藏龍》、陳凱歌導演的《荊軻刺秦王》、張藝謀導演的《有話好好説》、馮小剛導演的《没完没了》、孫周導演的《漂亮媽媽》、田壯壯導演的《小城之春》、張元導演的《我愛你》。此外，本公司近來還推出了徐靜蕾執導的《我和爸爸》、張元的《綠茶》、侯詠的《茉莉花開》、陳逸飛的《理髮師》，以及顧長衛的《孔雀》等上百部影視作品。2003年12月，保利集團旗下的保利文化與北大華億實現了中國文化産業領域有史以來最大的併購案：保利集團旗的保利文化藝術有限公司以6120萬元的金額取得了北大華億50%的股權，北大華億更名爲保利華億，董平任保利華億總裁。

北京新畫面影業有限公司成立

本年，從事電影製片發行的北京新畫面影業有限公司成立,張偉平任董事長。先後投資、拍攝和發行由張藝謀導演的影片《有話好好説》、《一個都不能少》、《我的父親母親》、《幸福時光》、《英雄》、《十面埋伏》、《千里走單騎》等。屢創國産影片在國內外電影市場票房收入最高紀錄。除投資影片外，公司還從事一些相關的文化産業，如1998年張藝謀導演的歌劇《圖蘭朵》。

《變臉》在東京電影節獲獎

9月26日—10月2日，故事片《變臉》獲第9屆東京國際電影節最佳導演獎、最佳男演員獎。

爲期7天的第9屆東京國際電影節於1995年10月2日在東京涉谷文化村降下帷幕。由47個國家推薦的242部影片中篩選出來的13部作品參加本屆東京國際電影節7項大獎的激烈角逐。我國導演吴天明執導的《變臉》作爲中國唯一參賽作品，獲得最佳導演、最佳男演員。捷克影片《布拉格愛的小詩》等作品及其演員分享最高獎等其他4項獎。10年前，吴天明携《老井》赴第2屆東京國際電影節，一舉奪得最佳影片、最佳男演員兩項大獎。10年後，吴天明的《變臉》在涉谷果園有着2千座位的電影院放映，座無虚席。男主角朱旭赢得了日本觀衆的極大歡迎，這次是他本年度第3次來日本領獎，之前，他以在電視連續劇《大地之子》中的出色表演，獲日本廣播文化基金會頒發的"最佳男主角獎"和日本懇談會頒發的"銀河獎"。另外，《被告山杠爺》參加展映。

朱旭（1930—　　）

演員。遼寧瀋陽人。1949年入華北大學文藝幹部訓練班學習，後在華北大學文工隊任演員；1952年起任北京人民藝術劇院演員。代表作品有《小巷名流》、《鼓書藝人》、《心香》、《閣里人家》、《變臉》、《黄連·厚樸》、《洗澡》、《刮痧》等。

《變臉》

出品：青年電影製片廠　香港邵氏影業公司
編劇：魏明倫
導演：吴天明
攝影：穆德遠
主演：朱旭　周任瑩　趙志剛　張瑞陽

江湖老藝人變臉王孤身一人憑變臉絶活闖蕩江湖，爲了傳藝，在人販子手中買得狗娃爲孫。後發現狗娃竟是女兒身，變臉王很是失望。狗娃帶了個男童給變臉王，變臉王因"拐帶"兒童被關進監獄。狗娃以死相救，從此爺孫倆相依爲命，浪跡天涯……

《變臉》劇照

"亞洲影片收藏國際研討會"在北京舉行

10月6日—11日，由聯合國教科文組織倡議，廣播電影電視部和中國聯合國教科文組織全國委員會主辦，中國電影資料館承辦的"亞洲影片收藏國際研討會"在北京中國電影資料館新落成的業務大樓會議廳舉行。來自中國、日本、斯里蘭卡、香港、美國、法國、比利時等國家和地區，以及聯合國教科文組織的有關官員、專家、學者80多人出席了會議。開幕式上，中國電影資料館館長陳景亮介紹了中國電影資料館38年來的歷史及建設、展示、收藏方面的成就。會議圍繞着中國無聲電影的歷史及其藝術特徵、亞洲電影資料的收藏、保護問題展開討論。代表們還觀摩了中國早期影片《勞工之愛情》及一些參加研討會國（地區）的不同時期的影片20餘部。

《太陽有耳》在柏林國際電影節獲獎

2月15日—26日，由長春電影製片廠攝製，投資1000萬元人民幣的影片《太陽有耳》在第46屆柏林國際電影節上獲最佳導演"銀熊獎"和"國際影評人最佳電影"兩項大獎。獲本屆柏林電影節金熊獎的是李安導演的影片《理智與情感》。

《太陽有耳》是大陸留美影星張瑜歸國後第一次投資製作並主演的影片，導演爲執導過影片《似水流年》、《天國逆子》的香港著名導演嚴浩，編劇爲作家莫言，作曲是日本的大友良英，攝影師爲趙非，美術師爲高國良，録音師顧長寧。

1月15日，廣電部電影局爲此片舉行了觀摩座談會，電影局認爲此片"藝術品位高，在剖析人性的複雜性上有獨特的手法；演員表演很稱職，其中張瑜的表演尤爲細膩感人，整個劇情有衝擊力。"

《太陽有耳》

出品：長春電影製片廠
編劇：莫言　嚴浩
導演：嚴浩
攝影：趙非
主演：張瑜　尤勇　高强

二十年代中國北方的一個鄉村。俊俏的油油被土匪頭子潘好看中，油油的丈夫爲了逢迎潘好，把油油典給了他。與潘好相處了十天，使油油平生第一次體驗到情愛的熱烈和做女人的幸福。當潘好在打仗中負傷時，她毅然離開丈夫而跟上了潘好。

《太陽有耳》劇照

第5屆電影金鷄百花電影節在昆明舉行

10月9日—13日，第5屆中國金鷄百花電影節在昆明舉行。9日晚，電影節開幕式在昆明體育館舉行，來自全國各地的電影工作者、海外電影界朋友共500餘人和雲南各少數民族一起觀看了大型文藝晚會《銀海山茶紅》。

本届金鷄獎堅持了一貫的學術性，舉辦了歷時三天的"中國少數民族電影學術研討會"，研討會共收到論文35篇，出版了《中國少數民族電影》大型畫册。本屆電影節的另一個特色是舉辦了三個影展。"1996年國産新片展"展映了最新攝製完成的《青年劉伯承》、《劉胡蘭》、《桃源鎮》等10部影片；"昆明市觀衆最喜歡的國産新片"評選活動，由50名群衆評委評選出了《青年劉伯承》、《紅棉褲紅棉襖》、《桃源鎮》三部影片爲優秀影片，青年演員孫松爲最佳男演員；另外"臺港澳新片展"有《飲食男女》(臺)、《女人，四十》(港)、《大辮子的誘惑》(澳)、等9部影片參展；"金鷄國際影展"有來自法國、丹麥、匈牙利、日本、俄羅斯等國的電影代表團，他們分别帶來了本國攝製的影片《金髮男郎》、《芳芳》、《地鐵》、《看我飛翔》、《前哨》，開幕式上放映了法國影片《殺手萊昂》。12日晚，電影節頒獎典禮在昆明體育館隆重舉行，全國人大常委會副委員長王光英、電影節組委會及近萬名觀衆出席了頒獎典禮。

第16屆中國電影金鷄獎獲獎名單

最佳故事片獎：《紅櫻桃》(青影、北京市經濟發展投資公司)；最佳紀録片獎：《長城》(科影)；最佳科教片獎：《種子正傳》(科影)；最佳美術片獎：《自古英雄出少年》("華佗學醫"第六集)(上海美影、上海教育電視臺、上海華僑交流公司)；最佳戲曲片獎：空缺；最佳譯製片獎：《阿甘正傳》(八一)；最佳劇本獎(含改編)：空缺；最佳導演獎：吴天明(《變臉》)；最佳男主角：高明(《孔繁森》)；最佳女主角：宋春麗(《九香》)；最佳男配角：趙軍(《吴二哥請神》)；最佳女配角：鄭衛莉(《吴二哥請神》)；最佳攝影獎：蕭風(《人約黄昏》)；最佳美術獎：陳紹勉(《人約黄昏》)；最佳音樂獎：趙季平(《孔繁森》)；最佳録音獎：李嵐華(《紅櫻桃》)；最佳剪輯獎：張建華(《悲情布魯克》)；最佳化裝獎：超英(《悲情布魯克》)；最佳道具獎：吕光、程天、施化林(《七七事變》)；導演處女作獎：霍建起(《贏家》)；最佳兒童片獎：《孫文少年行》(童影)；最佳合拍故事片獎：《變臉》(青影、(香港)邵氏)；優秀兒童表演獎：任瑩(《變臉》)；廉冠(《孤兒淚》)；集體表演獎：巴音、董娉、契·那日圖、涂們、谷子、鄂爾登木圖、達列力汗、巴特爾、沙傑(《悲情布魯克》)；特別獎：故事片《孔繁森》(山東、杭州華港實業、北影)；紀録片《較量——抗美援朝實録》(八一)。

第19屆《大衆電影》百花獎獲獎名單

最佳故事片：《紅櫻桃》(青影、北京市經濟發展投資公司)；《七七事變》(長影)；《混在北京》(福建)；最佳合拍片：《大辮子的誘惑》；最佳男演員：張國立(《混在北京》)；最佳女演員：郭柯宇(《紅櫻桃》)；最佳男配角：方子哥(《混在北京》)；最佳女配角：何賽飛(《敵後武工隊》)

《紅櫻桃》劇照

《紅櫻桃》

出品：青年電影製片廠
編劇：江奇濤　導演：葉纓
攝影：張黎
主演：郭柯宇　徐嘯力

1941年，蘇德戰爭爆發，正在蘇聯國際兒童院學習的中國革命烈士後代羅小蠻和楚楚也同蘇聯人民一道經歷了戰爭的苦難……羅小蠻在戰爭中犧牲，而精神和肉體備受折磨的楚楚在戰爭結束後回到了祖國。

本年度在國際上主要獲獎情況

《紅粉》獲第27屆印度國際電影節最佳影片金孔雀獎；

《民警故事》獲第27屆印度國際電影節銀孔雀獎；

《太陽有耳》獲第46屆柏林國際電影節最佳導演銀熊獎；

《日光峽谷》獲第46屆柏林國際電影節特别提名表揚獎；

《民警故事》獲新加坡第9屆國際電影節特别評審獎；

《大辮子的誘惑》獲第25屆菲格拉達福兹國際電影節特别大獎；

《紅櫻桃》獲第59屆不結盟及發展中國家平壤電影節最佳影片火炬金獎、最佳導演獎、最佳女演員獎；

《變臉》獲第9屆東京國際電影節最佳導演獎、最佳男演員；

《金秋鹿鳴》獲突尼斯國際兒童和青年電影節兒童故事片金獎。

1996年（臺灣）

大 事 記

1月1日 “中影”旗下真善美藝術電影院開幕。

1月21日 李安執導的第一部好萊塢電影《理智與情感》，獲第53屆美國金球獎戲劇類最佳影片。

2月1日 當局通過“民營影視事業購置設備或技術適用投資抵減辦法”，第一次將影視事業納入“促進產業升級條例”減免租稅範圍。

2月7日 當局公佈新修訂“大陸地區出版品電影片錄影節目廣播電視節目進入臺灣地區或在臺灣地區發行製作播映許可辦法”，開放大陸電影來臺商業放映。

2月26日 李安執導的美國片《理智與情感》獲第46屆德國柏林電影節最佳影片“金熊獎”；原子影視公司出品，楊德昌自編、自導的《麻將》獲“評審團特別推薦獎”。李安並成爲第一位獲得兩座金熊獎的導演。

3月19日 導演楊德昌指控“中影”未經其同意，即將其作品《牯嶺街少年殺人事件》交予第四臺公開放映，違反《著作權法》。

3月 全景映像工作室改組爲“全景傳播基金會”，繼續培育紀錄片創作人才，推廣紀錄片拍攝工作。

4月 稻田電影工作室出品，陳玉勳自編、自導的《熱帶魚》，獲第12屆法國蒙貝利耶市中國電影節“金猫熊獎”。

5月23日 臺北都市發展局舉辦“尋找西門電影文化新空間座談會”，提出“西門商業中心街區產業、文化振興策略發展藍圖”，計劃將西門町原臺北瓦斯公司舊址改建爲“電影主題文化公園”。

5月28日 臺北市影片商業同業公會召開會員大會，王應祥獲選爲新任理事長。

7月1日 臺南藝術學院正式設校。

8月26日 湯臣電影公司負責人徐楓宣佈將公司總部遷回臺灣。

8月28日 於新西蘭奧克蘭舉行第41屆亞太影展頒獎，侯孝賢獲最佳導演（《好男好女》），李崗、張艾嘉獲最佳劇本（《今天不回家》），黄文英獲最佳藝術指導（《好男好女》），《忠仔》獲評審團特別獎。

9月5日 電影資料館新舊任館長交接，新任館長爲影評人黄建業。

10月6日 多面向藝術工作室出品，中央電影公司投資，林正盛執導的《春花夢露》，獲第9屆日本東京國際電影節“青年導演銀櫻花獎”。

10月8日 臺北地檢署檢察官薛維平對滯留國外的臺北金馬影展執行委員會主席楊登魁發出通緝令。

10月28日 原本希望在香港“九七”前完成轉型，將格局擴大爲全球華語影片競賽的本屆金馬獎，在經過半年的努力後，因兩岸互信基礎不够而導致大陸方全面退出。

11月20日 執導《麻將》的導演楊德昌透過助理，向臺北金馬影展執行委員會表示將退出今年觀摩展，以抗議該片在金馬獎初審僅獲得“最佳男配角”和“最佳造型設計”兩項提名。

11月 新聞局開始邀集教育工作者、社會與心理學者、婦女團體代表參與影片初審。

12月16日 當局考慮以專案方式簽報獲得本屆“金馬獎華語影片競賽”6項獎的大陸片《陽光燦爛的日子》在臺商業映演。

12月18日 第2屆“珠海電影節”揭幕，影展期間並舉辦“中影電影回顧展”及“王童作品專題展”。

重要影片

《風月》海報

《風月》

出品： 湯臣

編劇： 舒琪　**導演：** 陳凱歌

主演： 鞏俐　張國榮

14歲的郁忠良因父母身故，投奔嫁給龐府的姐姐秀儀。因不堪姐夫侮辱，毒害姐夫之後逃往上海。6年過去，淪爲拆白黨的忠良，在黑道的脅迫下，返回龐府誘拐大小姐如意，準備敲龐家一筆。

《燒郎紅》海報

《燒郎紅》

出品： 好朋友

編劇： 陳文貴

導演： 葉鴻偉

主演： 張世
　　　王渝文

清康熙時，一位郎姓的窯官燒出紅寶石般的瓷器，後人稱之爲郎紅。爲了燒郎紅，犧牲了不少巧匠的性命，韓冬之父也不例外。瓷都要選出燒窯師父的人選，泉師父與徒弟韓冬一起參賽。

第33屆金馬獎得獎名單

最佳劇情片：《陽光燦爛的日子》
最佳創作短片：《西門町王子》（陳明）
最佳導演：姜文（《陽光燦爛的日子》）
最佳男主角：夏雨（《陽光燦爛的日子》）
最佳女主角：蕭芳芳（《虎度門》）
最佳男配角：王啓贊（《麻將》）
最佳女配角：邱秀敏（《忠仔》）
最佳原著劇本：張澤鳴（《月滿英倫》）
最佳改編劇本：姜文（《陽光燦爛的日子》）
最佳攝影：顧長衛（《陽光燦爛的日子》）
最佳剪輯：張耀宗、張嘉輝（《EU衝鋒隊》）
最佳美術設計：李富雄（《紅柿子》）
最佳造型設計：霍榮齡（《飛天》）
最佳電影音樂：Davood Tabrizel（《浮生》）
最佳電影歌曲：林志峰（林强，《南國再見，南國》）
最佳音效：顧長寧（《陽光燦爛的日子》）
最佳動作指導：唐季禮（《簡單任務》）
最佳動畫片：《美得過火》（陳世耀）
最佳視覺特效：馬彦量（《冒險王》）

《麻將》劇照

《今天不回家》劇照

《南國再見，南國》劇照

《麻將》

出品：原子　　導演：楊德昌
主演：柯宇綸　唐從聖　張國柱

富商之子唐從聖與父親張國柱不合，跟朋友張震、王啓贊和柯宇綸組成斂財騙色四人幫，在酒吧中碰到從法國來臺找尋男友的少女馬特拉，遂想對她下手。此時，張國柱正因經管連鎖幼兒園生意失敗，被黑社會分子逼債，柯與馬被誤捉，成爲綁架對象。

《今天不回家》

出品：中影　編劇：李崗　張艾嘉
導演：張艾嘉
主演：郎雄　歸亞蕾　劉若英　趙文瑄
楊貴媚　陳小春

對於擁有一對兒女，婚姻如意、家庭幸福的六十歲牙醫陳先生來説，他並不快樂，爲家人工作了大半輩子，他開始渴望自由，希望轟轟烈烈地再愛一次，事情想多了、想久了，居然成了事實。

《南國再見，南國》

出品：侯孝賢
編劇：朱天文
導演：侯孝賢
主演：高捷　徐貴櫻　林强　伊能靜

南國之島——臺灣，炎熱、潮濕。小高和喜哥、扁頭、小麻花、瑛姐從小在這裏長大。透過這幾個生活在社會底層小人物身上所發生的一連串事件，揭露了他們所面臨的人生壓力、心理苦悶、以及無法解決的矛盾與難題。

《太平·天國》

出品：聯登
編導：吴念真
主演：楊宗憲　林正盛　江淑娜　白明華

1960年代的臺灣某村落，聽説美軍要到村裏演習，爲了怕農作物受到傷害，村民們極力反對。爲了撫平村民的反抗意識，部隊長官找上在村裏頗受尊重的仙仔，請他游説村民們接受演習活動。

首套電影郵票發行

長久以來臺灣從未爲電影發行過特定的紀念郵票，1996年則因逢電影問世百年的特殊時刻，因此特地於9月17日發行了4張一套的郵票以兹紀念，這4張郵票所選用的電影分别是《鐵扇公主》、《青山碧血》、《蚵女》、《悲情城市》，4枚電影郵票代表了不同時期臺灣電影發展的基本脈絡，能增加國際人士對臺灣電影的認識，因此發行以來很受影迷、集郵迷的歡迎。

重建西門電影空間紅樓戲院將收回更新

夾雜着撲鼻的霉味及空氣中揮之不去的凝窒氣息，臺北市政府於1996年6月底租約到期後，收回紅樓戲院全面更新規劃，讓這棟已有88年歷史的建築重新找回昔日的風采。

位於西門鬧區成都路上的紅樓戲院，建於1908年，是日本建築家近藤十郎的作品，與1913年興建的煙酒公賣局和1919年完成的臺灣總督府（即現在總統府），同爲當時盛行的仿文藝復興時期古典建築代表作。紅樓戲院恰如其名，壁體以紅磚砌成，外形呈攢尖八角形，其目的據説是因爲紅樓一帶在1880年之前爲一片亂葬崗，爲避免陰氣不散，故特地建成八卦圖案鎮邪，而紅樓也因此又有"八卦樓"之稱。

紅樓在日據時代原爲"新町市場"（現西門市場）的入口，當時周遭各式商販雲集，南北貨齊全，是日本人經常光顧的高級商場。1945年臺灣光復後，紅樓轉由商人承租，至1949年改稱"滬園劇場"，摇身一變而成爲表演場所，曾先後上演京劇、相聲和蔣介石最喜愛的紹興戲，經常吸引滿場的觀衆，是紅樓的極盛時期。1960年代紅樓加入映演陣營，一度因放映二輪外片而與公館的東南亞戲院並列爲當時年輕學子看西片的兩大聖地。但之後隨着西門町没落，人潮東移，紅樓也逐漸繁華落盡，先後改經營彈子房、茶館、説書場，乃至最後的3級片放映戲院，成爲西門町一處帶有異色的場所。

收回的紅樓戲院將重新規劃，不再租予攤商或業者經營。

新竹文藝季開鑼重拾風城電影情波

5月4日，以新竹人投資的第一部電影《風城情波》（許成邦、陳仰光合導）命名的1996年"新竹文藝季"，在停業已五年的新竹國民戲院前熱鬧開鑼。

根據臺北清華大學葉龍彦教授的考證，新竹與電影的最初接觸始於1901年11月17日下午6時，當時日本官方在新竹廳北門外的竹陽軒公開放映一部有關八國聯軍攻打北京城的紀録片，寫下了新竹電影史的第一頁。1908年，新竹城有了第一家戲院"新竹座"，它和1933年建成、原名"有樂館"的本次文藝季主角——國民戲院，都是早年新竹人腦海中不可磨滅的電影記憶。

在電影製片方面，從1956年臺語片興起直到1970年間，新竹人一共投資拍攝了55部以上的臺語片，其中開風氣之先的，是由任職於新竹化學工業研究所的許來富、林福、黄錦波等人發起攝製的《風城情波》。《風》片在1957年完成後從新竹開演，一路巡迴全省各地放映，演員也隨片登臺，頗爲轟動。該片的相關資料在出資股東之一林福的細心保管下，日前都保存完好。

影片目録

延平《頑皮炸彈》、《泡妞專家》、《情色》
湯臣　《風月》
侯孝賢　《南國再見，南國》
聯登　《太平·天國》
原子　《麻將》
龍祥　《超級班長》
中影　《今天不回家》
好朋友　《燒郎紅》
菲林　《報告班長4拂曉出擊》
全益　《殺手無敵》、《剃刀女煞星》
侏羅紀　《狗蛋大兵》

1996年（香港）

大 事 記

2月18日 香港戲院商會決定逢週二全日電影票降爲半價。

4月 由香港影評人協會主辦的第一屆香港電影金紫荆獎舉行頒獎典禮。自此香港共有三個電影獎項設立。

6月24日 一代宗師關德興病逝，享年90歲。

9月16日 香港浸會大學舉辦的第一屆世界華語電影學術研討會。

9月27日 著名導演李鐵病逝，享年84歲。

12月16日 著名導演李翰祥在北京拍攝《火燒阿房宮》時，因心臟病突發逝世，享年70歲。

12月 香港美麗華戲院結業。

本年 嚴浩執導的《太陽有耳》獲第46屆柏林國際電影節國際影評人獎和最佳導演獎。

第33屆金馬獎揭曉，蕭芳芳以《千言萬語》獲得最佳女主角獎，張耀宗、張嘉輝以《衝鋒隊》獲最佳剪輯獎。

本年 香港電影評論學會成爲國際影評人協會香港分會，成爲該國際影評人協會的第66個正式會員。

邵氏公司投資的影片((中港合拍)《變臉》獲中國電影華表獎最佳合拍片獎。

以鄒文懷爲團長的香港影業協會代表團到北京商談有關香港影片在內地上映的版權認證問題。

東方影線結束，使港片院線減至三條（嘉禾、金聲、新寶）。

導演羅維去世。最重要的作品是李小龍主演的《唐山大兄》和《精武門》。

《飛虎》劇照

《飛虎》

出品：寶亞

編劇：陳慶嘉　陳嘉上　導演：陳嘉上

主演：王敏德　梁詠琪

"飛虎隊"隊長與海關女領導在共同面對販毒集團時，産生了一系列矛盾。

獲第3屆香港電影評論學會最佳導演。

重要影片

《警察故事4之簡單任務》劇照

《大內密探零零發》海報

《虎度門》

出品：嘉禾

編劇：杜國威

導演：舒琪

主演：蕭芳芳　鍾景輝

袁詠儀　陳曉東

李子雄

"虎度門"是廣東大戲(粵劇)的術語，指演員出場的臺口，只要他踏出虎度門便得忘却自我，交出真心去演活别人的故事。

享譽多年的粵劇名伶冷劍心正面臨人生的虎度門：丈夫事業失敗準備全家移民澳洲；女兒表現出同性戀傾向；劇團打算革新却推行困難；劇團小生暗戀自己；最主要的是她發現了自己多年前因事業而拋棄的私生子，而他正是劇團新花旦的男友。

《虎度門》劇照

根據杜國威本人的舞臺劇改編而成的本片，表現平實。全片最可觀的是飾演主角的蕭芳芳，這是她繼多年前的《撞到正》（又名《小姐撞到鬼》）再演粵劇圈的故事。

《3個受傷的警察》

出品：演藝動力公司

編劇：陳健忠　魯秉　導演：趙崇基　主演：鄭則仕　王敏德　馮德倫

1996的最後一天，七號差館的探員：狄森、長腰和甘警官，分别在意外、陰差陽錯及怒火亂性的情况下，被一槍改寫人生。獲第16屆香港電影金像獎最佳男主角（鄭則仕）；第2屆香港金紫荆獎最佳男主角。

《警察故事4之簡單任務》

出品：嘉峰公司

編劇：唐季禮　唐銘基

Nick Tramontane　Greg Mellot

導演：唐季禮

主演：成龍　吴辰君　樓學賢　薛春煒

尊・依華士　董驃

超級警察陳家駒被CIA委派調查一個國際性核子武器販賣集團。駒在跟蹤疑犯徐傑時，誤打誤撞到達了烏黑蘭核子飛彈基地，並目睹傑在雪山與買家交易，駒行蹤暴露，開始逃亡，失足墜進冰湖，幸得俄軍救回一命。後被俄羅斯上校Gregor派往澳洲水族館尋找傑的妹妹Annie。但到唐人街後，駒被金龍堂視爲謀殺徐父的兇手。後來駒發現Gregor才是幕後主腦。

《大內密探零零發》

出品：永盛娱樂

編劇：谷德昭　勞文生

導演：周星馳　谷德昭

主演：周星馳　劉嘉玲　李若彤

羅家英　張達明

"零零發"，是保皇一族的：恭、喜、發、財四大成員之一。他僞裝江湖郎中在民間待命。金山教密謀進攻中原，圍殺各地神醫。零零發也前往解剖現場，拆穿了陰謀也保住了皇帝性命。

香港電影三個獎項

香港電影金像獎——香港影壇“奧斯卡”

該獎是從《電影雙週刊》原來每年評選十大電影擴大伸延而誕生。創辦於1982年。第一屆由該刊與香港電臺聯合舉辦，每年一屆。後多屆曾與不同企業或傳媒合辦。目的在於對香港生産的影片進行年度總結，獎勵優秀作品和個人。評判團由香港資深電影人、影評人擔任。最初只設立5個項獎：最佳影片獎、最佳導演獎、最佳劇本獎、最佳男、女演員獎，以後又陸續增設了最佳攝影獎、最佳動作指導獎、最佳男、女配角獎、最佳新演員獎、最佳美術設計獎、柯達特別大獎、最佳原創電影音樂獎、最佳視覺效果獎等等。1990年，設立了終身成就獎。以上獎項全部授予香港攝製的影片。1996年（第16屆），金像獎制定了新的評獎規則：提名獎（第一輪投票）中的最佳影片獎由所有電影從業人員投票選出，其他專業獎項由各電影專業團體分別選出，身兼數職的電影製作人員可利用多重身份投票，但最佳影片獎只能投一次票；第二輪投票確定最終獲獎的名單。現該獎已成立爲一個由多個電影專業團體聯合組成的香港電影金像獎協會有限公司主辦，專門主辦每年的頒獎事宜。香港金像獎也是香港電影人心中的〝奧斯卡〞，是香港最具權威性的電影獎項活動。

第15屆香港電影金像獎

最佳影片：《女人，四十》，最佳導演：許鞍華（《女人，四十》），最佳編劇：陳文强（《女人，四十》），最佳男主角：喬宏（《女人，四十》），最佳女主角：蕭芳芳（《女人，四十》），最佳男配角：羅家英（《女人，四十》），最佳女配角：莫文蔚（《墮落天使》），最佳新人：巫啓賢（《慈雲山十三太保》），最佳攝影：杜可風（《墮落天使》），最佳剪輯：鄺志良，最佳美術指導：馬磐超（《夜半歌聲》），最佳服裝設計：張叔平、楊倩玲（《夜半歌聲》），最佳動作指導：唐季禮、成龍（《紅番區》），最佳音樂：陳勳奇、羅爾·A·加西亞（《墮落天使》）。

香港電影評論學會大獎——香港電影金像獎前哨戰

該獎項是香港第一個完全由影評人評選的學術專業性較强的電影獎項。創辦單位香港電影評論學會本身就是一個對會員條件要求較高的團體。該獎項每年舉行一屆。於每年春節前後進行評選，是每年最早的一個電影獎項。由於該獎是經由該會會員經過一輪輪認真討論後投票選出，設有最佳電影、最佳導演、最佳編劇、最佳男演員、最佳女演員和推薦電影獎。評選過程均作討論、投票紀録於每年度香港電影回顧結集出版，是透明度最高的一個電影評選。

該會成立之初，集中了香港所有資深著名影評人，如金炳興、羅卡、古蒼梧、石琪、黄國兆、列孚、李焯桃、黄愛玲等。會員資格問題一度曾引起爭論，釀成香港文化圈一場不大不小風波。該會成立的同時也在充滿爭議中評選出第一屆（1995年）香港電影評論學會大獎得獎影片和影人。結果，王家衛執導的《東邪西毒》獲得最佳影片、最佳導演、最佳編劇、最佳男演員四項大獎。

第2屆香港電影評論學會大獎

最佳電影：《女人，四十》，最佳導演：爾冬陞（《烈火戰車》），最佳編劇：技安（《西遊記》，最佳男演員：周星馳（《西遊記第一百零一回之月光寶盒》，最佳女演員：斯琴高娃（《天國逆子》）、蕭芳芳（《女人，四十》）。

香港金紫荆獎

由香港影評人協會主辦。1996年舉辦第一屆，以後每年年初舉行。各個獎項由影評人協會會員討論投票決定。獎項數量較少，没有技術獎項。每年還同時評選當年10大華語片和外語片。

第一屆香港金紫荆獎

最佳影片：《女人，四十》，最佳導演：許鞍華（《女人，四十》），最佳編劇：陳文强（《女人，四十》），最佳男主角：周星馳（《西遊記大結局之仙履奇缘》），最佳男主角：喬宏（《女人，四十》），最佳女主角：蕭芳芳（《女人，四十》），最佳男配角：錢嘉樂（《挑戰者》），最佳女配角：莫文蔚（《墮落天使》），最佳攝影：杜可風（《墮落天使》），終身成就獎：石堅，最富創意獎：錢升瑋、鄺文偉（《二月三十》）。

名導演吴回病逝

吴回（1912—1996）

演員、導演。廣東新會人。1929年入廣東戲劇研究所附屬戲劇學校話劇系，1940年從影。主演《人海淚痕》等影片，1947年起任導演，執導影片《敗家仔》、《家》、《雷雨》等200多部。他是著名的中聯影片公司創辦人之一，又合辦過山聯等影片公司。1970年後，轉入電視圈當編導。1994年香港電影導演會頒給他終身成就獎。1996年病逝。

主要影片目録

本年度香港共出品影片108部。

永盛娱樂 《大内密探零零發》、《冒險王》

嘉禾 《古惑女之決戰江湖》、《虎度門》、《天涯海角》、《色情男女》

最佳拍檔 《古惑仔2之猛龍過江》、《百分百感覺》

三寶 《古惑奇兵之兵行險着》、《東方快車》

寰亞 《暴劫傾情》、《飛虎》

其他 《偷偷愛你》（晶藝）、《熊猫小太陽》（齊明）、《浪漫風暴》（龍祥）、《人約黄昏》（思遠）、《電影故事》（影視娱樂）、《警察故事4之簡單任務》（嘉峰）、《大三元》（新藝城）、《足本玉蒲團》（銀鳳）、《太極拳》（金輝映畫）、《雷雨》（冠佳）、《龍在少林》（長宏）、《蛇蝎夜合花》（巨明）、《危情追》（名威）、《正牌香蕉俱樂部》（東方/星寶貝）、《七月十三之龍婆》（寰亞一系）、《危險任務》（誠電影工作室）、《街頭殺手》（金騰）、《金裝香蕉俱樂部》（建沛）、《風月》（湯臣）、《杏花三月天》（華星）、《殺手三分半鐘》（迦南）、《南洋第一邪降》（非常製作）、《四個32A和一個香蕉少年》（電影人）、《3個受傷的警察》（演藝動力）、《古惑仔3之隻手遮天》（嘉樂）、《運財五福星》（萬里）、《摩登菩呢提》（超藝）、《没有原告的殺人事件》《被告山杠爺》（蛾眉）、《金枝玉葉2》（電影人、嘉禾）、《金榜題名》（彩業娱樂）、《龍虎蘭街》（江湖人）、《假男假女》（水果）、《旺角風雲》（衡藝）、《血腥》（森信演藝）、《1/2次同床》（天幕）、《飛虎雄心2之傲氣比天高》（永展）、《悍匪》（宏發）、《阿金》（嘉禾、得心）、《孟波》（EMC）、《民警故事》（北影）、《九月初九新娘潭》（新力量）、《四面夏娃》（亮星）、《秦頌》（大洋）、《紅櫻桃》（青影）、《懵仔多情》（邵氏）、《金瓶梅》（協利）、《食神》（星輝海外）、《旺角僋Fit人》（得意製作）

1997年（大陸）

大事記

2月13—25日　故事片《我也有爸爸》獲第47屆柏林國際電影節兒童電影節評委特別獎。

3月3—6日　北京舉行"費穆電影研討會"和"費穆電影回顧展"。

5月30日　上海美術電影製片廠舉行建廠40週年紀念活動。

6月7日　原上海電影製片廠廠長于伶在上海病逝。

7月31日—8月2日　重大革命歷史題材影視創作會議在北京召開。

8月1日　八一電影製片廠舉行建廠45週年紀念活動。

9月2日　1997年"五個一工程"入選影片揭曉。

9月3日　廣電部電影劇本規劃策劃中心成立。

10月26日　第7屆"永樂杯"上海影評人獎舉行頒獎儀式。

12月18日　《中國電影報》報道電影頻道開播兩年來的情況。

12月24日　電影局發佈《關於試行"故事片單片攝影許可證"的通知》。

《背起爸爸上學》

出品：北京紫禁城影業公司
編劇：王浙濱
導演：周友朝
攝影：楊輪　林壯
主演：趙強　江化霖　于芮　顏丹晨

以甘肅慶陽中學生李勇的真實事跡，講述了一個山區孩子在逆境中刻苦求學的故事。

《背起爸爸上學》海報

重要影片

《黑眼睛》劇照

《黑眼睛》

出品：天津電影製片廠
　　　北京電影製片廠
編劇：萬方
導演：陳國星
攝影：梁明　温德光
主演：陶虹　蔣愷　何冰

影片講述了盲女孩周麗華因偶然的機會進了集訓隊，在教練指導下參加長跑訓練，並在殘疾人奧運會上獲得冠軍的艱辛歷程。

《紅西服》

出品：北京電影製片廠
編劇：郭玲玲　導演：李少紅
攝影：姚曉峰
主演：王學圻　宋丹丹　李文錚

肉聯廠的質檢女工齊紅光在工作中秉公辦事，鐵面無私。丈夫劉世傑下崗後瞞着紅光到處打工掙錢。一天在回家的路上，齊紅光發現了正給人修車的丈夫，她臉上沒有一點驚訝，只流露出理解的、疼愛的表情。

《紅西服》劇照

《安居》劇照

《安居》

出品：珠江電影製片廠
編劇：馬衛軍　導演：胡炳榴　攝影：鄭華
主演：潘予　白雪雲　孫敏　王虹

阿喜婆因兒子、媳婦忙於生意無暇照顧她，性格變得古怪、固執。鐘點工姍妹的出現使阿喜婆重新感受到人間真情，她把自己一生積蓄給了姍妹，幫助姍妹回鄉開了一家小餐館後，阿喜婆坦然接受了兒子的安排，住進了養老院。

《非常愛情》

出品：北京電影製片廠
編劇：程彤
導演：吴天明
攝影：趙鐳
主演：袁莉　柳雲龍　朱道嫻　韓夫一

在考大學的過程中，舒心和田力兩個年輕人相識，並産生了純真的愛情。田力考入北京大學生物系；舒心在田力重病後，一直堅持等他痊愈，成就一段非常愛情。

《非常愛情》劇照

《周恩來——偉大的朋友》劇照

《周恩來——偉大的朋友》

出品：浙江電影製片廠
編劇：蘇叔陽　蘇霆
導演：宋崇　沈雷
攝影：王曉明
主演：王鐵成　葛存壯
譚嘉賓　王慧源

記述了周恩來總理生前許多鮮爲人知的故事。

《一代天驕成吉思汗》

出品：内蒙古電影製片廠
編劇：冉平
導演：塞夫　麥麗絲
攝影：穆德遠
主演：艾麗婭　涂門　巴森

十二世紀的我國蒙古草原，部落林立，相互間征戰不休。鐵木真（即後來的一代天驕成吉思汗）就出生於這樣一個動亂的年代。他呱呱墜地即屢遭劫難，父親被暗殺，部落被人奪走，母親一人撫養他們兄弟三人，家境陷入絶境。

《一代天驕成吉思汗》劇照

影片目録

北影　《愛在香港》、《生命如歌》、《張騫》、《紅西服》、《超導》、《非常愛情》、《開心多來咪》、《黄連·厚樸》、《好人合算》、《斬黄袍》、《紅娘》(京劇)《扁擔·姑娘》、《赤嫁》

長影　《世紀約會》、《燈塔世家》、《旭日驚雷》、《白山黑水》、《金色的草原》

八一　《大進軍——席捲大西南》、《大進軍——南線大追殲》、《虎踞鍾山》、《老兵》、《炮震》、

峨影　《鴉片戰爭》、《奇緣》、《義俠勇闖上海灘》、《義膽忠魂》、《天庭外傳》

上影　《危情血案》、《靈魂出竅》、《激情辯護》、《燃燒的港灣》、《四喜臨門》、《上海新娘》、《我血我情》、《十日情緣》、《黑白英烈》、《關於愛的故事》

童影　《阿秀的消息》、《瘋狂的兔子》、《幸運組合》、《實習生》、《快樂天使》

福建　《衝上九重天》、《復仇者》

廣西　《白駱駝》、《桂林榮記》、《紅嫂》

内蒙古　《一代天驕成吉思汗》、《等你回來》、《龍鬩中原》、《疑案追蹤》

天山　《給小姐保鏢》、《狗皮膏藥》、《李逵傳奇》

西安　《愛情麻辣燙》、《惹事生非》、《相逢在雨中》、《睡不着》

雲南　《我的愛對你説》、《相愛在西雙版納》、《一夜富貴》、《升天有道》

珠江　《獵豹》、《省港雙雄》、《婚禮定在回歸日》、《安居》、《滄海有情人》

瀟湘　《790 熱線》、《給太太打工》

青影　《夏日情動》

深圳　《花季·雨季》

其他　《杭州王爺》（合拍公司、嘉禾電影）、《黑眼睛》（天津）、《挺立潮頭》（河南）《竇娥冤》、（山西）、《下輩子還做母子》（南京）、《周恩來——偉大的朋友》、《冬日愛情》（浙江）、《戰國鐘聲》（湖北）、《愛槍如命》（江西）、《背起爸爸上學》、《甲方乙方》（紫禁城影業）、《海之魂》（上海永樂）

《愛情麻辣燙》劇照

《愛情麻辣燙》

出品：西安電影製片廠
編劇：張揚　刁亦男　導演：張揚　攝影：張健
主演：濮存昕　呂麗萍　郭濤　徐帆　徐靜蕾　邵兵

由一對青年的愛戀、結婚，而串起的五個小故事。聲音：講述了高中生王艾的朦朧初戀；麻將：説的是李林娜的黄昏之戀；玩具：是兩個已婚青年從玩具和孩子身上，找回了生活樂趣的故事；十三香：人到中年的建强與淑慧因生活不和諧而離婚的故事；照片：攝影師夏小萬與林雨青從初識到熱戀的愛情故事。

《花季 · 雨季》

出品：深圳電影製片廠
編劇：蕭容
導演：戚健
攝影：趙小丁　林彬
主演：顔丹晨　張超　白雲　李晨

新學期開始了，老師和學生們之間建立了良好的學習氛圍。班長謝欣然學習優秀，但因没有本市户口而面臨着種種問題。陳明學習刻苦，但對班裏事情漠不關心。畢業時謝欣然和陳明均被評爲特優生，他們的發言得到了同學們的喝彩。十六七歲是花季是雨季，是人生最美好、最燦爛的時光。

《花季 · 雨季》劇照

1996年中國電影華表獎和第一屆“夏衍電影文學獎”頒獎典禮在北京舉行

經廣播電影電視部批准，1996中國電影華表獎評獎結果揭曉，於5月23日在北京舉行隆重的頒獎儀式。此屆中國電影華表獎評委會主任是廣電部部長孫家正，評委共28人。評委們高度評價八一廠推出的革命戰爭歷史片《大決戰》以及上影廠拍出的堪稱中國“大片”的《紅河谷》。評委們也驚嘆一批中小電影製片企業輕便、靈活等優勢，如紫禁城影業公司邊籌備、邊投拍、邊組織市場拍出小成本並一鳴驚人的《離開雷鋒的日子》。

5月23日，中國電影劇本的最高獎、第一屆“夏衍電影文學獎”評選結果在北京揭曉。表現人民解放軍解放大西南的電影文學劇本《西南凱歌》(陸柱國)獲一等獎。《離開雷鋒的日子》(王興東)、《四季》(馬衛軍)、《星塘阿芝》(蘆葦)獲二等獎，《一棵樹》(張子良)等6部劇本獲三等獎。另外還有鼓勵獎10名。獲獎劇本將由夏衍電影文學獎評選委員會辦公室續集出版。此屆“夏衍電影文學獎”全國優秀劇本徵集評選活動自1996年7月1日開始，共收到全國各地寄來的應徵劇本714部。作爲“九五五〇工程”的重要組成部分，將發揮積極的作用。

1996年度中國電影華表獎獲獎名單

優秀故事片獎：《大轉折》(八一)；《紅河谷》(上影)；《喜蓮》(長影)；《夫唱妻和》(江西、南昌電影電視創作研究所)；《離開雷鋒的日子》(青影、紫禁城影業)；《男婚女嫁》(天津)；《彝海結盟》(雲南民族、雲南省委宣傳部)；《軍嫂》(珠影、廣東電視臺)；《青年劉伯承》(長影)；《一棵樹》(西影)；優秀兒童片獎：《男孩女孩》(福建)；《我也有爸爸》(上影、上海有線電視臺)；《滑板夢之隊》(童影、寧夏、青島華星影視藝術中心)；優秀戲曲片獎：《徽商情緣》(安徽、安徽省委宣傳部、安徽電視臺)；優秀對外合拍片獎：《摯愛情緣》(深圳影業、香港威寶娱樂)；外國影片優秀譯製獎：《勇敢人的遊戲》(北影)；優秀紀録片獎：《山梁》(新影)《東北虎野化訓練》(上海科影)；《噴灌壓鹼洗鹽造良田》(北京科影)；優秀美術片獎：《百鳥衣》（上海美影、上海電視臺美術片中心)；《大森林裏的小故事——春天裏的歌》(上海美影、北京輝煌動畫公司)；優秀編劇獎：王興東（《離開雷鋒的日子》)；郭中束、郝國忱（《喜蓮》)；優秀導演獎：韋廉（《大轉折》)；馮小寧（《紅河谷》)；優秀男演員獎：傅學誠（《大轉折》)；劉佩琦（《離開雷鋒的日子》)；優秀女演員獎：于慧（《喜蓮》)；優秀電影技術獎：《紅河谷》(上影、上海電影技術廠洗印)；《大轉折》(八一、八一電影製片廠洗印車間洗印)；優秀製片管理獎：崔國明（《喜蓮》製片主任)。

北京紫禁城影業公司成立

4月9日，“中共北京市委、北京市人民政府表彰影片《離開雷鋒的日子》暨北京紫禁城影業公司成立大會”在北京市電影公司舉行。中共中央政治局委員、北京市市委書記尉健行、北京市市長賈慶林、廣電部部長孫家正，以及北京市有關領導同志出席了大會。北京市市委、市政府決定授予影片《離開雷鋒的日子》“北京市文學藝術獎”，獎勵人民幣20萬元。

賈慶林、孫家正爲北京紫禁城影業公司揭牌，宣告公司正式成立。北京紫禁城影業公司按照影視録一體化，製片、發行、放映一條龍的原則，由北京電視臺、北京電視藝術中心、北京電影公司、北京文化音像出版社共同組建而成，是國内第一家國有股份制電影製片企業。

北京紫禁城影業有限責任公司是由北京電視臺、北京電視藝術中心、北京市電影公司和北京文化藝術音像出版社共同出資組建。注册資本1200萬元，是一家集影視策劃、製作、營銷爲一體的大型專業影視製作公司。公司堅持以市場爲導向，以建立具有國内和國際領先水平的影視企業，製作高品質的民族影視作品，確立在國内外影視文化産業的影響爲目標。先後拍攝了電影《離開雷鋒的日子》、《甲方乙方》、《不見不散》、《没完没了》、《紅色戀人》、《刮痧》、《紫日》、《誰説我不在乎》、《嘎達梅林》、《世界上最疼我的那個人去了》等影片。2003年主要出品了《芬妮的微笑》等影片。

《離開雷鋒的日子》舉行首映式

2月26日，北京舉行故事片《離開雷鋒的日子》首映式。容納2300人的北京展覽館劇場內座無虛席，劇場不時響起熱烈的掌聲。北京以單片投放拷貝歷史最高紀録的18個拷貝於2月28日在全市隆重推出。在27日舉辦的雷鋒精神傳播者參加的座談會上，喬安山、徐虎兩位雷鋒戰友熱淚盈眶，緊緊擁抱在一起。

在1997年1月30日召開全國26家省市發行公司參加的看片會上，《離開雷鋒的日子》博得了異乎尋常的掌聲，從此拉開了影片宣傳、發行和放映的帷幕。從2月24日至3月5日，劇組主創人員和主要演員先後參加了鄭州、北京、上海、廣州、成都等十個城市的新聞發佈會、影片座談會以及觀衆見面會及首映式等40項活動。

《離開雷鋒的日子》是北京紫禁城影業有限責任公司獨立投資動作的第一部影片，從1996年11月26日開拍，到1997年3月1日在全國20多個省會城市公映。1997年3月5日是毛澤東"向雷鋒同志學習"題詞紀念日，同時也是雷鋒逝世35周年，3月1日至3月6日期間，全國有500家影院公映此片。發行35毫米拷貝256個，16毫米拷貝300個。北京電影市場票房超過578萬，放映場次3352，觀衆達到180萬人次。超過了外國進口大片票房。據資料統計，人口僅50萬的銀川市票房突破30萬。該片以350萬元的投資獲得了3000萬以上的票房，創北京電影發行拷貝和票房紀録。

4月9日，"中共北京市委、北京市人民政府表彰影片《離開雷鋒的日子》暨北京紫禁城影業公司成立大會"在北京市電影公司舉行。北京市委、市政府授予影片《離開雷鋒的日子》"北京市文學藝術奬"，奬勵人民幣20萬元。

劉佩琦（1958—　　）

演員。1983年畢業於解放軍藝術學院戲劇系，畢業後分配到新疆烏魯木齊軍區話劇團；1987年調入北京軍區戰友話劇團，1996年調入中央實驗話劇院，現爲國家話劇院演員。代表作品有《二子開店》、《離婚》、《秋菊打官司》、《二嫫》、《離開雷鋒的日子》、《司馬敦》、《西洋鏡》、《生旦淨末》、《和你在一起》等。

《離開雷鋒的日子》劇照

《離開雷鋒的日子》

出品： 青年電影製片廠
編劇： 王興東
導演： 雷獻禾　康寧
攝影： 張黎
主演： 劉佩琦　宋春麗
　　　王學圻　方子哥

喬安山是雷鋒生前的親密戰友，由於他的事故導致雷鋒的犧牲，領導保護了痛不欲生的喬安山。退伍後，喬安山牢記班長的教導，堅持做好人好事，使雷鋒精神又回到了現實生活中。

第6屆中國電影金鷄百花電影節舉行

12月12—16日，第6屆中國電影金鷄百花電影節在廣東佛山舉行。

1997年，《大衆電影》百花奬已經辦到了第20屆，這時距離周總理倡導《大衆電影》百花奬的日子已經過去了35年。13日晚，電影節開幕晚會上，組委會向歷屆百花奬得主頒發了紀念奬杯。謝晉、謝添、王心剛、陳强、趙麗蓉等觀衆熟悉和喜愛的電影藝術家到會。中共中央政治局委員李鐵映專程參加電影節並爲獲奬影片頒奬，還與謝晉、謝添、孫道臨、田華、王曉棠等演員舉行座談。

第17屆中國電影金鷄奬獲奬名單

最佳故事片奬：《鴉片戰爭》（峨影）；最佳紀録片奬：《山梁》（新影）；最佳科教片奬：《介入療法》（北京科影）；最佳美術片奬：《百鳥衣》（上海美影）；最佳戲曲片奬：（空缺）；外國影片最佳譯製奬：（空缺）；最佳劇本奬（含改編）：王興東（《離開雷鋒的日子》）；最佳導演奬：韋廉（《大轉折》）；最佳男主角：劉佩琦（《離開雷鋒的日子》）；最佳女主角：于慧（《喜蓮》）；最佳男配角：林連昆（《鴉片戰爭》）；孫淳（《緝毒英雄》）；最佳女配角：馬曉晴（《我也有爸爸》）；最佳攝影奬：侯詠（《鴉片戰爭》）；最佳美術奬：崔登高、孫永印、張飆（《大轉折》）；最佳音樂奬：金復載（《紅河谷》）；最佳録音奬：來啓箴、王學義（《鴉片戰爭》）；最佳剪輯奬：馮四海（《紅河谷》）；最佳道具奬：張先春（《鴉片戰爭》）；最佳煙火奬：于澤、魏新才、邱必奎、王其軍、楊奎（《鴉片戰爭》）；導演處女作奬：蘆葦（《西夏路迢迢》）；周波（《捕狼人生》）；最佳兒童片奬：《我也有爸爸》（上影）；最佳合拍故事片奬：《宋家皇朝》（又名《宋氏三姐妹》）（北影、香港思遠影業）；評委會特别奬：《埋伏》（瀟湘）。

第20屆《大衆電影》百花奬獲奬名單

最佳故事片奬：《紅河谷》（上影）；《大轉折》（八一）；《離開雷鋒的日子》（青影、北京紫禁城影業）；最佳男主角：高明（《孔繁森》）；最佳女主角：寧靜（《紅河谷》）；最佳男配角：牛犇（《夫唱妻合》）；最佳女配角：宋春麗（《離開雷鋒的日子》）。

《大轉折》舉行首映式

由八一電影電影片廠攝製的革命戰爭歷史巨片《大轉折》，是八一廠繼《大決戰》之後拍攝的五部十集戰爭巨片《大轉折》、《大進軍》系列中所完成的第一部，影片拍攝工作始終得到中央軍委和解放軍三總部首長的親切關懷支持，並由中共中央總書記、國家主席、中央軍委主席江澤民題寫片名。3月28日，《大轉折》首映式在北京人民大會堂舉行，八一廠廠長王曉棠彙報了影片拍攝的過程。江澤民出席首映式並接見攝製組全體人員，和大家親切握手，祝賀影片拍攝成功。中共中央政治局常委、中央軍委副主席劉華清講了話。中共中央政治局委員、書記處書記、中宣部部長丁關根、中央軍委副主席遲浩田等出席了首映式。劉華清講話中説，在影片《大轉折》上映之際，我們更加懷念敬愛的鄧小平。八一廠推出的《大轉折》、《大決戰》等一系列革命戰爭歷史巨片，記録的不僅僅是中國共産黨的歷史，而且展示了軍隊和人民之間生死與共的魚水深情。

爲研究重大歷史戰爭題材影片的藝術規律，繁榮和發展電影創作，文藝理論與總政文化部影視局在八一電影製片廠聯合召開了《大轉折》創作研討會，對如何拍攝中國特色的歷史戰爭片，就電影叙事方式、視覺表現手段、史詩性與文獻性諸問題進行了研討。

《大轉折——挺進大別山》劇照

韋廉

韋廉（1945—　　）

導演。生於上海。1964年考入北影電影學院導演系。畢業後下部隊鍛煉，1973年7月入八一廠故事片室。參加拍攝的影片有《閃閃的紅星》、《許茂和他的女兒們》、《四渡赤水》等十幾部故事片。獨立導演的故事片有《射天狼》、《雷場相思樹》、《道是無情勝有情》、《大決戰·平津戰役》、《大轉折》、《大進軍——大戰寧滬杭》、《周恩來萬隆之行》、《太行山上》等。

《大轉折——挺進大別山》

出品：八一電影製片廠
編劇：姚遠　王玉彬　韋廉　王蘇紅　李寶林
導演：韋廉
攝影：王乃聰　桑華
主演：盧奇　傅學誠　古月　孫飛虎

魯西南戰役勝利後，劉鄧大軍根據中央指示，揮師南下，强渡黄河、汝河，不畏艱難地完成了千里躍進大别山的戰略轉移，爲中國革命的最後勝利奠定了堅實的基礎。

萬籟鳴在上海病逝

1997年10月7日，我國動畫電影的開拓者、著名美術電影編導萬籟鳴在上海病逝。中國的第一部動畫片《大鬧畫室》誕生於1926年，作者就是萬籟鳴和他的弟弟萬古蟾、萬超塵。萬籟鳴，江蘇南京人。美術專科學校畢業後，三個兄弟先後進入上海商務印書館工作。1926年，萬氏兄弟來到長城畫片公司，編導了我國第一部真正意義上的動畫片《大鬧畫室》（1本）。1930年，長城畫片公司歇業後，萬氏兄弟幾經輾轉，於1933年轉入明星影片股份有限公司，拍攝了我國第一部有聲動畫片《駱駝獻舞》。1940年，萬氏兄弟帶領他們組織的卡通班70餘名學員，用了16個月的時間，爲中國聯合影業公司製作了大型動畫片《鐵扇公主》（編劇王乾白），該片成爲繼美迪斯尼電影公司拍攝的長篇動畫片《白雪公主》、《小人國》、《木偶奇遇記》之後世界影壇的第四部長篇動畫片。在《鐵扇公主》中，萬氏兄弟將靜止的古典山水畫融入創作當中，創造出民族形式的中國動畫片。1964年，萬籟鳴導演了大型彩色動畫片《大鬧天宫》（上下集），是中國美術電影的經典作品。

萬籟鳴

《鴉片戰爭》劇照

《鴉片戰爭》在北京、香港舉行首映式

6月9日，《鴉片戰爭》在北京人民大會堂舉行首映式，錢其琛、李鐵映、何魯麗出席首映式，並會見攝製組主創人員。首映式在國歌聲中拉開序幕。74歲高齡的謝晉向首都各界650位觀衆介紹了創作這一影片的體會。在香港，作爲香港回歸祖國活動的一部分，6月11日也在香港會議展覽中心劇院舉行了《鴉片戰爭》的首映式。香港特別行政區首任行政長官董建華、新華社香港分社副社長張浚生和香港各界人士數百人出席首映式。廣電部副部長趙實、導演謝晉赴港參加了這一盛會。電影《鴉片戰爭》在香港嘉禾院線全線公映。6月12日以來，電影《鴉片戰爭》先後在澳門、廣州、上海、成都、南京、杭州、福州等地舉行首映式，爲當地迎香港回歸祖國活動增光彩。這部影片上映後的四個多月，國內觀衆人次超過1200萬人次，票房收入7220多萬元。

《鴉片戰爭》是由峨眉電影製片廠、成都匯通城市合作銀行、中華民族文化促進會、上海謝晉—恒通影視有限公司、上海精文投資有限公司聯合攝製而成的歷史巨片，再現了一個半世紀以前香港被割佔的那段歷史過程，客觀表現了鴉片戰爭的來龍去脈，以及英帝國主義侵略中國、霸佔香港的歷史過程，刻畫了以林則徐爲代表的民族英雄反抗帝國主義侵略、不屈不撓的感人形象。舉國同慶香港回歸之際，該片上映具有特別的意義。廣電部、國家教委、全國總工會、共青團中央、全國婦聯早在5月5日就向各地聯合發出《關於做好影片〈鴉片戰爭〉宣傳、發行和放映的通知》。

10月25日，《鴉片戰爭》在臺灣公映，爲臺灣購買祖國大陸影片發行權開創了先例。

第3屆上海國際電影節舉行

10月25日—11月2日，第3屆上海國際電影節舉行。

第3屆上海國際電影節，經過兩年的籌備，於10月25日在上海影城隆重開幕。本屆電影節有來自47個國家和地區的245家公司的357部影片報名，參展影片達250部。最後有19部影片入圍角逐本屆電影節"金爵獎"。本屆電影節評委共7人，主席石方禹是中國電影家協會副主席、電影劇作家，評委有韓國著名導演林全澤,俄羅斯電影家協會主席、著名導演埃列姆克利莫夫，日本表演藝術家松坂慶子，香港電影金像獎評委主席、著名導演吴思遠，美國著名導演馬克瑞德爾，匈牙利著名導演伊斯特凡薩博。香港明星馮寶寶和大陸明星濮存昕擔任本屆電影節開幕式司儀。

本屆電影節還舉行了三個學術交流活動，一個是"80年代以來中國女導演作品展暨研討會"，共放映包括内地和港臺的8位女導演的作品；二是《張駿祥作品論文集》首發式及"中國導演張駿祥作品暨研討會"，並放映張駿祥代表作《還鄉日記》、《乘龍快婿》等；三是"美國電影製片人羅伯特·查道夫和歐文·温勒作品暨研討會"。

《鴉片戰爭》

出品：峨眉電影製片廠
編劇：朱蘇進　倪震　宗福先　麥天樞
導演：謝晉
攝影：侯詠
主演：鮑國安　蘇民　高遠　郎雄

清道光年間，皇帝委任林則徐爲欽差大臣前往廣東禁煙。林則徐虎門銷煙，英遠征軍入侵中國塘沽，直逼紫禁城。道光罷免林則徐，委任琦善爲欽差大臣。英軍强佔香港，清政府被迫簽署《南京條約》，割讓香港。林則徐發配邊疆。

本年度在國際上主要獲獎情況

《金秋鹿鳴》獲開羅國際兒童電影節故事片金獎、兒童評委獎；

《變臉》獲伊斯坦布爾國際電影節金郁金香獎、導演獎；

《變臉》獲莫斯科國際兒童電影節影片大獎、最佳導演獎、最佳女演員獎；

《一棵樹》獲塔什干國際電影節最佳女演員獎；

《西夏路迢迢》獲洛迦諾國際電影節青年評委會獎；

《鶴童》獲阿爾特克國際兒童電影節最佳影片音樂獎、熱愛大自然浪漫題材創作獎；

《鴉片戰爭》獲蒙特利爾世界電影節美洲特別大獎；

《黑眼睛》獲大馬士革國際電影節最佳女演員獎、婦女聯合會青年女演員獎；

《安居》獲上海國際電影節評委獎、最佳女演員獎；

《我也有爸爸》獲印度國際兒童和青年電影節最佳影片金象獎。

1997年（香港）

大 事 記

2月　《阿金的故事》獲第47屆柏林國際電影節金攝影獎。

3月19日　電影業與唱片業組織請願抗議行動，抗議立法局準備修訂執法條例，將走私水貨的處罰非刑事化。

3月25日—4月13日　香港電影資料館出版《香港影片大全》(第一卷，1913—1941)，市政局主辦"穿梭光影50年——香港電影製片與發行業展覽"(1946—1996)

3月　第21屆香港國際電影節舉辦香港電影研討會"光影繽紛50年"。

6月　首屆香港國際電影展覽會在香港會議展覽中心舉行。

香港主權交接儀式

7月1日　香港回歸，特區政府成立。

7月9日　已有60多年的歷史的國泰戲院結業。

7月30日　麗新戲院結業。

7月　香港通過新版權法例，所有電影產品必須購入版權後才能出售。

9月8日　京劇武生前輩于占元逝世，享年95歲。他是洪金寶、成龍、元彪等七小福的師傅。

10月27日　首任香港特別行政區長官董建華在施政報告中提出將設立電影事務統籌科，在製作和外景地拍攝方面爲電影提供協助。

12月　《宋家王朝》獲得第17屆中國金鷄獎最佳合拍片獎。

本年　嚴浩以《我愛厨房》獲得韓國第一屆國際富川電影節評判團最佳影片大獎。

由謝晉執導的電影《鴉片戰爭》第一次以分賬的方式在香港商業院線23家影院全面發行。廣電部副部長趙實、電影局副局長竇守芳出席了首映式。

香港貿發局主辦"首屆香港國際電影展覽會"，中國電影製片人協會組織內地9家電影製片廠等單位參展，全面推銷國産影片，取得可喜成績。

重要影片

《黑金》海報

《黑金》

出品：永盛娱樂

編劇：陳文强　李英傑　麥當雄

導演：麥當傑

主演：梁家輝　劉德華

孫佳君　吴辰君　郭靜純

臺灣調查局機動組組長方國輝率領調查小組拘捕黑幫首領周朝先，但周收買了法官獲判無罪釋放，而方被勒令休假，停止對周調查。周更參選立法委員，要進一步控制臺灣的政治。方在法務部馮部長與電視臺記者凌飛的鼓勵下重回崗位，而周的對頭丁遠樹亦想殺死方，嫁禍於周，以圖一石二鳥。

香港電影第一次反映了臺灣政治生態。"黑金"即指臺灣每當有政治選舉時，臺灣本土黑勢力和以金錢收買選票與政治人物出現互動，相互勾結，以達到保護集團、個人利益和各自不同目的。影片以直指臺灣政治内幕的黑暗，相當大膽，也極富勇氣。儘管比較誇張，然題材的獨特性反過來也證明香港影人的視野確已與前不同。

王家衛捧得戛納金棕櫚

4月，王家衛編導的《春光乍泄》獲第50屆法國戛納（港譯康城）國際電影節最佳導演獎。這是第一位華人導演在這一國際電影節中獲此殊榮。王家衛在談到《春光乍泄》的主題構思時説，"我自己也如同劇中的黎耀輝和何寶榮一對戀人，厭倦不斷地被問及到九七年七月一日後香港將變成如何？想離開香港，來到世界另一頭的阿根廷逃避現實，却發現越想逃避，現實越發如影隨形地跟着自己，無論到哪兒，香港都存在"。影片還獲得第17屆香港電影金像獎最佳男主角；第3屆香港金紫荆獎最佳男主角；第34屆臺灣電影金馬獎最佳攝影（杜可風）等獎項。

《春光乍泄》

出品：春光映畫　Prenom H. Co.Ltd

瑞佑映畫

編導：王家衛

主演：張國榮　梁朝偉　張震

黎耀輝與何寶榮是一對同性戀人，兩人同往阿根廷遊玩。他們買回一盞舊臺燈，燈罩上的瀑布令兩人心馳神往，於是相約一起去尋找。兩人發生爭執而分手，榮消失了。輝在小酒館做侍者，而榮則晝夜不歸勾搭洋人同志。輝在餐館結識了周遊世界的張宛。輝對宛漸生情，孰料宛却突然要去美洲的最南端雲游，分手之時，兩人緊緊擁抱。

《春光乍泄》劇照

《宋家皇朝》(又名《宋氏三姐妹》)

出品：嘉禾 Fuji Television Network
Pony Canyon Inc.
編劇：羅啓鋭
導演：張婉婷
主演：張曼玉 鄔君梅 楊紫瓊 吴興國
趙文瑄 姜文 金燕玲 牛振華

晚清末年，宋查理從美國回到中國，和孫中山結爲盟友。宋查理共有六名子女，三個兒子後任職民國政府重臣，三個女兒分别嫁於當時中國最重要的三個男人，大女兒靄齡的夫婿是山西大户孔祥熙，二女兒慶齡嫁給孫中山，三女兒美齡鍾情於蔣介石。北伐迫切之際，孫中山病逝，蔣介石接手整個工作，宋家三姐妹的關係也在這動蕩不安的政局裏起了變化…….

獲第17屆香港電影金像獎最佳女主角(張曼玉)、最佳男配角（吴興國)、最佳攝影（黄岳泰)、最佳美術指導(馬磐超)、最佳音樂(蘭迪·米勒、喜多郎)、最佳服裝設計(和田惠美)第34屆臺灣電影金馬獎最佳美術設計、最佳音響。

《宋家皇朝》劇照

《南海十三郎》劇照

《南海十三郎》

出品：嘉禾
編劇：杜國威 導演：高志森
主演：謝君豪 潘燦良 李鎮洲 梁漢威 蘇玉華

在香港街頭，一群人在聽一個説書人講故事。一輛警車開來，以妨礙交通爲名將説書人帶回警局。説書人説的是多年前一個著名的粤劇編劇南海十三郎的故事。十三郎的故事講完了，説書人被保釋出獄，大家問説書人和十三郎什麼關係，説書人告訴大家，這只是一個潦倒的編劇在講另一個同樣潦倒的編劇的故事。

本片少有地將"港人身份"如此自覺（港片在大多數情形下都是一種不自覺）地拉近至與嶺南文化零距離，是影片中每分鐘表現出來的色彩，包括片中人所有的語韻。父兄輩們語熟能詳的什麼"薛（覺先）馬（師曾）爭雄"之類是如此地像廣東人喝早茶"一盅兩件"那樣地接近熟視無睹。情形有如徐克刻意曾將黄飛鴻/李連傑，中原化/北方化比照那樣有趣。獲第17屆香港電影金像獎最佳編劇；第34屆臺灣電影金馬獎最佳改編劇本、最佳男主角。

主要影片目録

本年度香港共出品影片86部。
嘉禾《一個好人》、《南海十三郎》、《一個字頭的誕生》
永盛娱樂《黄飛鴻之西域雄獅》、《黑金》
紫東影視《97家有喜事》、《抱擁朝陽》
定歐《赤足驚魂》
天下《高度戒備》、《算死草》
大都會《十萬火急》
影藝創庫《麻雀飛龍》
其他《愛情》(百分百)、《蜜桃成熟時1997》，(金馬娱樂)、《97古惑仔戰無不勝》(永展)、《減肥旅行團》(銀都機構、萬科文化傳播)、《奪舍》(彩業娱樂)、《兩個只能活一個》(銀河映像)、《古惑天堂》(天洪)、《完全摧花手册》(時代動感)、《春光乍泄》(春光映畫/Prenom H. Co.Ltd/瑞佑映畫)、《馬永貞》(邵氏兄弟)、《戰狼傳説》(名威)、《霹靂戰士》(永盛音像企業)、《最佳拍檔之醉街拍檔》(紫東影視/凱明)、《衝上九重天》(紫東影視、頌謙企業)、《小倩》(電影工作室/永盛)、《豆丁奇遇記》(銀都機構、寰亞綜藝)、《半生緣》(東方)、《香港製造》(Nicetop Independent Ltd.)、《完全失控》(水果)、《旺角大家姐》(環毅)、《自梳》(Golden Movies International Ltd.)、《偷情男女》(心戀)、《迷失樂園》(建沛國際)、《聊齋豔譚之幽媾》(京億)、《我愛厨房》(嘉禾/藝神集團)、《特種飛虎》(星寶)、《龍城正月》(中國心)、《四月四日》(新影城)、《十五億殺人網絡》(馬天尼、萬安)、《神偷諜影》(鄒文懷)

《神偷諜影》劇照

《神偷諜影》

出品：鄒文懷
編劇：潘源良
導演：陳德森
主演：金城武 楊采妮 陳小春 李綺虹

香港ATM組織特工傑克和凱塞受命與坦恩、塞姆和女電腦專家菲里絲一起將仿真的僞鈔電版截回。在獲得賞金時，錢箱爆炸。在隨後的追蹤、激戰中，幾人同心協力，最終擊斃真兇，重新將僞鈔電版截獲凱旋而歸。

《高度戒備》海報

《高度戒備》

出品：天下
編劇：劉永健 林嶺東
導演：林嶺東
主演：劉青雲 吴鎮宇 李蕙敏
容錦昌 錢嘉樂 陳法蓉

重案組高級警察克斯負責偵查大廈水箱藏屍案，懷疑前土木工程師麥坤涉嫌重大，拘捕時更在他家發現保險庫設計圖及炸藥。原來麥坤正跟臺灣來的歹徒密謀打劫香港馬場的保險庫，其女友和歹徒更在警方押解麥坤時冒險劫獄。麥克斯幾經推敲，終於搞清楚歹徒的打劫計劃，於是冒死一搏。

本片是林嶺東東渡好萊塢拍攝《硬闖100%危險》(Maximum Risk,1997）後重回香港影壇執導的警匪動作片，充分展現他在控制火爆動作場面和兩雄對峙氣氛上的專業功力，分飾警匪的劉青雲與吴鎮宇也有極佳演出。片中警匪雙方在中環鬧市飛車追逐的一般是動作高潮，拍攝難度極高，相對地也增加了緊張刺激的效果。獲第4屆香港電影評論學會大奬最佳電影、最佳男主角（劉青雲)。

《半生緣》劇照

《半生緣》

出品：東方
編劇：陳建忠
導演：許鞍華
主演：黎明 吴倩蓮
梅艷芳 吴辰君
黄磊 葛優

根據張愛玲同名小説改編。30年代的上海。世鈞和曼楨是戀人。曼楨早年喪父，家庭生活靠姐姐曼璐當舞女維持，後來曼璐嫁給了有婦之夫祝鴻才。爲了保全自已的地位，不能生育的曼璐與祝合謀强姦了曼楨。曼楨爲姐姐、姐夫生下一子，葬送了自己的戀情。姐姐死後，她也嫁給了祝鴻才。多年後，曼楨與世鈞重逢，兩人發現，前情雖在，後緣難續。

獲第4屆香港電影評論學會大奬最佳女演員奬（吴倩蓮)；第17屆香港電影金像奬最佳女配角（梅艷芳)；第3屆香港金紫荆奬最佳女配角。

《我愛厨房》海報

《我愛厨房》

出品：嘉禾 藝神集團
編導：嚴浩
主演：陳小春 富田靖子 羅家英
莫文蔚 劉兆銘

根據吉本芭娜娜原著小説改編。少女阿姬的家人相繼去世，遠親路易接她到自己家中暫住。路易的父親華姐是變性人，阿姬的到來使他感到困惑，同時也引起路女朋友的誤會。華姐去世後，路易感到很失落，他跑到内地去躲避，阿姬追隨他。

《甜蜜蜜》：金像獎歷史上提名、獲獎率最高的電影

本年，由嘉禾出品、陳可辛導演的《甜蜜蜜》（1996年），獲第16屆香港電影金像獎最佳影片、最佳編劇、最佳導演、最佳女主角獎、最佳男配角（曾志偉）、最佳攝影（馬楚成）、最佳美術指導（奚仲文）、最佳音樂（趙增熹）等8項獎，同時還獲得第3屆香港電影評論學會最佳影片獎、最佳導演、最佳女演員；第2屆香港電影金紫荆獎最佳影片獎、最佳編劇、最佳導演、最佳女主角獎、最佳男配角（曾志偉）、最佳攝影（馬楚成）；以及第34屆臺灣金馬獎最佳劇情片獎、最佳女演員獎等獎項，成爲香港電影史上各類獎項提名和獲獎最多的影片。

《甜蜜蜜》劇照

《甜蜜蜜》

出品：嘉禾公司
編劇：岸西
導演：陳可辛
主演：張曼玉　黎明　楊恭如
曾志偉　杜可風

1986年，內地青年黎小軍到香港投奔姑姑，準備有錢後把女友小婷接來成婚。他在麥當勞結識了內地來港打工的李翹，孤獨的兩人慢慢走到一起。兩人雖然深愛着，但都不甘心放棄初衷與抱負，忍痛分手。10年後，小軍與李翹在紐約街頭相遇，使他們再次走到一起的仍是當年他們相愛時的那首《甜蜜蜜》。

羅卡評論本片時説："甜酸之中有辛辣"。導演陳可辛仍保持着以往浪漫童話般的手法，清新而明朗的導演風格，但又讓影片賦予更深一層的是男女主角的身份、際遇意義，使影片感人至深。本片編劇岸西的劇本寫得極具心思，她以鄧麗君的歌曲作爲象徵，將男女主角之間一段延綿10年的愁别離緒串聯起來——何處是吾家？

陳可辛（1962—　　）

祖籍廣東潮州，生於香港。8歲時隨家人到泰國定居，18歲時到美國居住，21歲回港。先在嘉禾擔任助導工作，後到曾志偉的好朋友公司擔任製片和監製。1989年監製首部作品《神行太保》，後加盟藝能公司。1991年導演其處女作《雙城故事》，與李志毅開始合作。1994年，他作爲股東之一與李志毅、張之亮成立了電影人製作公司，之後獨立導演了《金枝玉葉》及續集、《甜蜜蜜》等影片。陳可辛在每部影片的製作上都十分認真，藝術上力求創新，致力製作自己喜愛的電影，其主要代表作還有《新難兄難弟》、《晚娘》、《金鷄》、《三更之回家》、《見鬼》、《三更之餃子》等。

第3屆香港電影評論學會大獎

最佳電影：《甜蜜蜜》，最佳導演：陳可辛《甜蜜蜜》、陳嘉上《飛虎》，最佳編劇：郭偉鍾《旺角風雲》，最佳男演員：吴鎮宇《旺角楂Fit人》，最佳女演員：張曼玉《甜蜜蜜》。

第16屆香港電影金像獎

本屆金像獎被稱爲是"'97（香港回歸）之前最後一屆香港電影金像獎"。評獎的主題是"我們都是這樣長大"。目的在於：是一次回歸，又是一場告别。所以會前金像短片體現了十足的"難兄難弟、危樓春曉、同撈同煲"風格。

最佳影片：《甜蜜蜜》，最佳導演：陳可辛（《甜蜜蜜》），最佳編劇：岸西（《甜蜜蜜》），最佳男主角：鄭則仕（《3個受傷的警察》），最佳女主角：張曼玉（《甜蜜蜜》），最佳男配角：曾志偉（《甜蜜蜜》），最佳女配角：舒淇（《色情男女》），最佳新人：舒淇（《色情男女》），最佳攝影：馬楚成（《甜蜜蜜》），最佳剪輯：張耀宗、張嘉輝（《衝鋒隊之怒火街頭》）最佳美術指導：奚仲文（《甜蜜蜜》），最佳服裝設計：吴里璐（《甜蜜蜜》），最佳動作指導：唐季禮（《簡單任務》），最佳音樂：趙增熹（《甜蜜蜜》）。

第2屆香港金紫荆獎

最佳影片：《甜蜜蜜》，十年來最佳電影：《阿飛正傳》，最佳導演：陳可辛（《甜蜜蜜》），最佳編劇：岸西（《甜蜜蜜》），最佳男主角：鄭則仕（《3個受傷的警察》），最佳女主角：張曼玉（《甜蜜蜜》），最佳男配角：曾志偉（《甜蜜蜜》），最佳女配角：舒淇（《色情男女》），最佳攝影：馬楚成（《甜蜜蜜》），蒙妮坦最佳造型設計：陳裕光（《四面夏娃》），終身成就獎：張徹，最佳音樂：趙增熹（《甜蜜蜜》）。

香港國際電影展覽會'97

6月11至13日，爲了推廣本港的電影事業，香港貿易發展局聯同香港電影製作發行協會，在灣仔會議展覽中心舉辦首屆香港國際電影展覽會。展覽會名爲"香港國際電影展覽會'97"，展出中國內地、香港以及亞洲的電影和電視製作。亞洲地區的幾家電影電視製作和發行商如嘉禾娛樂、無線電視、北京電影製片廠、臺北市影片商會等參加展覽。香港導演張之亮的近作《自梳》在展覽會當天首映。

"茅山道長"林正英病逝

11月8日，以演《殭屍先生》"茅山道長"揚名的林正英病逝，享年45歲。他是武師出身，曾是李小龍的兩大得力助手之一。是銀幕上的衆多"茅山道長"最多産的一位。他將西方吸血鬼融入香港殭屍片中，1989年自導自演的《一眉道人》便是"土洋結合"的範本。片中的道長與小殭屍情同父子，與西洋吸血殭屍來一場"中西大戰"，刺激又搞笑。

1998年（大陸）

大事記

1月26日　電影局發出《關於鼓勵攝製專供農村發行放映的故事片的通知》

3月10日　廣電部發出《關於印發〈舉辦、參加中外電影節、展活動管理規定〉通知》

3月28日—30日　全國電影工作會議在南昌召開。丁關根到會講話，希望電影界推出一批優秀影片，迎接建國50週年。

3月—7月　根據國務院機構改革方案，廣電部改爲國家廣電總局，電影局精簡編制近五分之二。

4月18日—5月9日　第五屆北京大學生電影節舉行。

4月26日　上海舉行阮玲玉塑像落成典禮。

4月28日　珠影公司舉辦成立40週年紀念活動。

5月　1997年度永樂杯上海影評人獎評選揭曉。

5月　黃飛鴻系列功夫電影列入世界吉尼斯大全。1949年至1996年中國大陸和香港兩地拍攝了近110部“黃飛鴻系列電影”，黃飛鴻的扮演者近20人。

6月10日　法國駐香港總領事館代表法國政府，向鞏俐頒發法蘭西榮譽勳章——軍官勳章。

6月11日—13日　上海舉行張瑞芳表演藝術研討會暨80壽誕祝賀活動。

6月—8月　特大洪水給江西等地的電影發行放映行業造成嚴重經濟損失。

7月7日　新影廠舉行“慶祝建廠45週年暨延安電影團成立60年紀念大會”。

7月7日　廣電總局發出《關於在廣播影視節目中做好保護青少年身心健康宣傳的通知》。

8月8日—10日　中國影協第六次全國代表大會在北京舉行。

8月31日　電影局決定對陳沖擅自拍攝影片《天浴》進行處罰。

12月24日　第二屆奮發文明進步獎頒獎儀式在北京舉行。

重要影片

《没事偷着樂》劇照

《没事偷着樂》

出品：北京大禹文化藝術公司
　　　西安電影製片廠
　　　深圳正方正廣告公司
編劇：劉恒　孫毅安　崔硯君
導演：楊亞洲　攝影：馬德林
主演：馮鞏　鄭衛莉
　　　丁嘉莉　王勁松

暖瓶廠工人張大民一家兩代六口人住在狹小的平房裏，儘管生活中有許多不如意的地方，但張大民心中始終樂觀向上，没事偷着樂。

《男婦女主任》劇照

《男婦女主任》

出品：長春電影製片廠
編劇：趙德平　張繼　何慶魁
導演：張惠中
攝影：張松平
主演：趙本山　宋丹丹　梁天

關東某地蘭河峪村農民劉一本的媳婦鳳蓮不肯擔任村婦女主任，劉一本頂她的婦女主任之職去開婦女會，重新喚起了全村人的熱情和凝聚力，鳳蓮也主動承擔了婦女主任的職務。

《草房子》海報

《草房子》

出品：南京電影製片廠
編劇：曹文軒
導演：徐耿
攝影：劉利華
主演：曹丹　杜源　吴琴琴

一個叫作油麻地的鄉村小學校給男孩桑桑留下了快樂又難忘的童年記憶。

《網絡時代的愛情》劇照

《網絡時代的愛情》

出品：西安電影製片廠
編劇：郭小櫓　導演：金琛　攝影：曹郁
主演：胡靜　孫遜　陳建斌

大學生濱子暗戀着外校的毛毛，却無法走進毛毛的世界。毛毛和同是戲劇學院的男友共同的理想是排出一部話劇。已是三十而立的濱子迷戀網絡生活，在網上結識了一個女孩，從此濱子發現自己又開始了新生活，但當女孩突然出現在面前時，却原來是他最初的戀人。

《紅色戀人》海報

《上海紀事》劇照

《上海紀事》

出品：上海電影製片廠
編劇：邊震遐　蔣曉勤　張建亞　彭小蓮
導演：彭小蓮
攝影：林良忠
主演：王亞楠　袁泉　劉瓊　韋力

1948年9月中旬，蔣經國在上海整頓金融市場，進行號稱“打老虎”運動。

《紅色戀人》

出品：北京紫禁城影業有限公司
編劇：江奇濤　馬克・卡普林
　　　葉纓　安迪・南桑森
導演：葉纓　攝影：張黎
主演：張國榮　梅婷　泰德・巴勃考克

三十年代的上海，美國醫生佩恩結識了秋秋和靳，並與秋秋一見鍾情。靳是共產黨在上海地下組織的高層領導，秋秋與靳假扮爲夫妻，協助靳留在上海治療、工作。本片表現了秋秋和靳的革命愛情故事。

《快樂老家》

出品：天津電影製片廠
　　　電影頻道節目製作中心
編劇：梁曉聲　杜麗鵑
導演：孫沙　攝影：趙博
主演：王煒　何苗

東北農村青年黑寶入伍當了馴馬戰士。一次軍訓時，黑寶不慎從馬背上摔下來，軍馬“小白樺”救了他，軍馬却受了重傷，被退役賣給了民間。

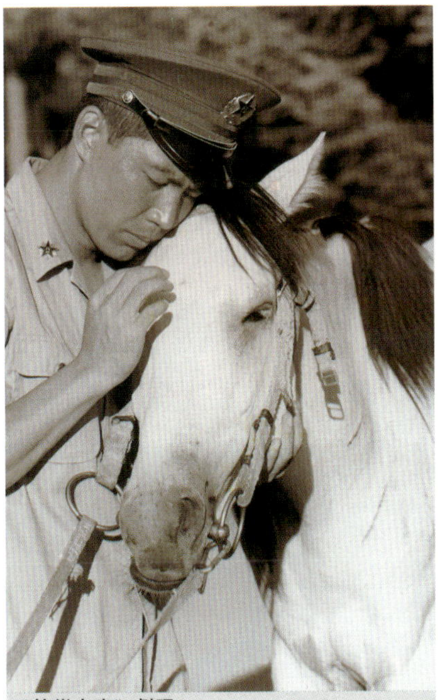
《快樂老家》劇照

《春天的狂想》劇照

《春天的狂想》

出品：北京電影製片廠
　　　電影頻道節目製作中心
編導：滕文驥
攝影：智磊
主演：邵兵　瞿穎　袁泉

影片以組曲的形式講述了一位植根中國土地，在民族音樂創作上取得了巨大成就的作曲家趙黎明執著，輝煌的藝術歷程。

影片目録（共86部）

北影　《葛麻・趕會》、《盜魂鈴・劉海砍樵》、《空城記・辛安驛》、《遊龍戲鳳・小放牛》、《轅門斬子・三岔口》、《紅娘》、《昨日的承諾》、《八旗子弟》、《司馬敦》、《北京人》、《荆軻刺秦王》、《春天的狂想》
長影　《愁眉笑臉》、《競選村長》、《塬上的太陽》、《無言的界碑》、《醜漢和他的俊媳婦》、《男婦女主任》
上影　《真假英雄兄弟情》、《上海紀事》、《伴你高飛》、《春風得意梅龍鎮》
珠影　《布拉格有張床》、《神警天降》、《紅蘋果》、《天字碼頭》、《怒吼狂花》、《黄金惡夢》、《龍飛鳳舞》
西安　《錢塘蘇小小》、《美麗新世界》、《没事兒偷着樂》、《山頂上的鐘聲》、《網絡時代的愛情》
峨影　《遥望查理拉》、《百萬彩票》
瀟湘　《太陽的味道》、《故園秋色》、《那山　那人　那狗》、《真假大夫》
廣西　《一個都不能少》
青影　《追夢人》、《愛情命運號》、《男人河》
福建　《零點行動》、《好事成雙》
内蒙　《小城牧歌》、《飛越危情》
童影　《戴口罩的小狗》、《童年警事》、《冬冬的故事》、《老爸插隊的地方》、《成長》
天山　《風塵三千里》、《風雲雄霸天下》、《良心》、《大雪谷》
銀都　《重案背後》、《非常警察》、《黑馬王子》
天津　《秋月》、《快樂老家》
南京　《陽光小巷》、《草房子》
紫禁城影業　《紅色戀人》、《不見不散》
中影公司　《娶你好福氣》、《銀幕戀情》、《大喜之家》、《好漢三條半》
其他　《閻家灘》（曲劇，河南）、《不能没有你》（上海東方城市影業公司）、《金婚》（山東廠）、《媳婦你當家》（浙江）、《世紀之夢》（湖北）、《冰上小虎隊》（龍江）、《夫妻没話》（合拍公司）、《灰魔》、《歡樂常在》（遼寧勞動安全電影攝製中心）、《岱山秘案》（深圳）、《法本無情》（雲南）、《鐵血大動脈》（八一）

首部賀歲片《甲方乙方》公映

1月7日，大陸第一部真正意義上的賀歲片《甲方乙方》在北京公映。首輪公映兩周，票房達750萬元，全國總票房達人民幣3600萬元，北京票房1100萬人民幣，打敗了成龍的賀歲片《我是誰》700萬人民幣的北京票房，爲當年單片票房之首。《甲方乙方》取得的驚人票房成績，帶動了以後中國大陸賀歲片的生產熱情。也引發了評論界對賀歲片是"檔期"還是"類型片"的討論。

《甲方乙方》劇照

《甲方乙方》

出品：北京電影製片廠
　　　紫禁城影業公司
編劇：馮小剛　王剛
導演：馮小剛
攝影：王小烈
主演：葛優　馮小剛　劉蓓　何冰

錢康、姚遠等四個年輕人，於1997年夏天開辦了一項"好夢一日遊"的業務，幫助消費者過一把"好夢成真"的瘾。業務引來了一大批突發奇想的顧客，在幫助人們實現夢想的過程中，四個人從好玩、開心，甚至胡鬧中，逐漸投入了自己的真誠。

馮小剛（1958—　）

導演。北京人。高中畢業後進入北京軍區文工團，擔任舞美設計；1985年任北京電視藝術中心美工師，後任導演。代表作品有《甲方乙方》、《不見不散》、《沒完沒了》、《一聲嘆息》、《大腕》、《天下無賊》等。

《不見不散》劇照

《不見不散》

出品：北京電影製片廠
　　　北京紫禁城影業公司
編劇：顧曉陽　馮小剛　導演：馮小剛
攝影：趙非　楊小雄　主演：葛優　徐帆

劉元是移民美國洛杉磯多年的北京人，在一次幫助國內攝製組選景時，邂逅了年輕的女孩李清，兩人幾次分手又相遇，從相識、相知到相愛，最終一起回到了國內。

《荊軻刺秦王》劇照

《荊軻刺秦王》

出品：北京電影製片廠
編劇：王培公　陳凱歌
導演：陳凱歌
攝影：趙非
主演：鞏俐　張豐毅　李雪健　王志文

公元前3世紀戰國時代，雄心勃勃的秦王正在完成統一天下的大業。爲幫助秦王完成統一霸業，趙姬到燕國尋找刺殺秦王的刺客。當她找到刺客荊軻時，却發現自己的故國趙國已遭秦王荼毒。而荊軻毅然赴咸陽宮刺殺秦王。

葛優（1957— ）

原籍河北饒陽，生於北京。演員。代表作品有《頑主》、《烈火金剛》、《過年》、《大撒把》、《上一當》、《霸王別姬》、《秦頌》、《甲方乙方》、《不見不散》、《沒完沒了》、《大腕》、《卡拉是條狗》、《手機》、《天下無賊》等。

《周恩來外交風雲》

出品：中央新聞紀録電影製片廠
編導：傅紅星
攝影：劉典　吴琦

通過周恩來所經歷的外交風雲，展示了新中國外交走過的歷程。形象地展示了周恩來的外交風采和新中國的外交成就。

《伴你高飛》

出品：上海電影製片廠
編劇：傅星　導演：李虹　攝影：黄煉
主演：高峰　黄思聖　關亞軍　謝潤

大學生朱波作爲家教老師偶然走進芒芒的生活中，在他的幫助下，小芒芒奇迹般地發生了很大的改變，逐漸找回了自信，學習成績也不斷提高。而朱波在與芒芒的交往過程中也真正感悟了人生，走向成熟……

《伴你高飛》劇照

《周恩來外交風雲》海報

《美麗新世界》劇照

《美麗新世界》

出品：西安電影製片廠　西安藝瑪公司
編劇：劉奮門　王耀
導演：施潤玖　攝影：吕樂
主演：姜武　陶虹

小鎮青年張寶根因有獎競猜中了上海一套房，隻身來上海領獎，借住在遠房親戚小表姨金芳家。金芳是位精明世故却又善良的姑娘，一心想嫁個有錢的老公，最後金芳終於醒悟，明白了真愛真實就在身邊。

1997年中國電影華表獎頒獎典禮在北京舉行

國家廣電總局主辦的1997年中國電影"華表獎"頒獎典禮在北京國安劇場舉行。代表社會各界的24位評委經過10天的觀摩、討論，評選産生了優秀的故事片等15個獎項。本屆入圍的28部故事片和衆多的短片代表了1998年中國電影穩中有進的整體水平。大廠保持了良好的創作態勢，中、小廠保持了豐富、鮮明的創作特點。

1997年度中國電影華表獎獲獎名單

優秀故事片：《鴉片戰爭》（峨影），《大進軍——席捲大西南》（八一），《安居》（珠影），《一代天驕成吉思汗》（内蒙古），《惹事生非》（西影），《黑眼睛》（天津），《長征》（廣西），《紅西服》（北影），《燈塔世家》（長影），《非常愛情》（北影）；優秀兒童片：《花季·雨季》（深圳），《開心多來咪》（北影），《快樂天使》（兒影）；優秀譯製片：《失落的世界》；優秀美術片：《妖樹與松鼠》；優秀紀録片：《周恩來外交風雲》（新影），《豐碑》（中央文獻研究室、中央電視臺、新影），《三峽截流》（湖北電影製片廠）；優秀科教片：《介入療法》（北京科學教育電影製片廠），《暖棚養畜》（北京科學教育電影製片廠），《神奇的氣肥》（北京科學教育電影製片廠）；優秀編劇獎：劉一兵《朗朗星空》，趙冬苓《激情辯護》；優秀導演獎，胡炳榴《安居》，楊光遠《大進軍——席捲大西南》；優秀男演員：唐國强《長征》；優秀女演員：陶虹《黑眼睛》，潘予《安居》；優秀電影技術獎：《一代天驕成吉思汗》（内蒙古），《大進軍——席捲大西南》（八一）；電影新人獎：程彤（《非常愛情》編劇），張揚（導演）《愛情麻辣燙》，顔丹晨（演員）《花季·雨季》；優秀對外合拍片獎：《環遊地球八十天》；評委會獎：《燃燒的港灣》（上影），《周恩來——偉大的朋友》（浙江），《海之魂》（上海永樂），《挺立潮頭》（河南），《甲方乙方》（北影），傅紅星（《周恩來外交風雲》導演）。

第二屆夏衍電影文學獎頒獎典禮也同時舉行。本屆劇本徵集活動自1997年6月1日開始以來，共收到全國各地寄來的應徵電視劇本454部，評委們本着對電影負責、對作品負責、對作者負責、對觀衆負責的態度，認真審讀作品，廣泛、深入、坦誠地交換意見，最終評出了15個獲獎劇本。

第2屆夏衍電影文學獎獲獎名單

一等獎：《馬蘭草》（編劇：彭繼超、陳懷國）；二等獎：《英雄圈》（編劇：張衛明），《金婚》（編劇：李東東、申健），《兵哥》（編劇：楊爭光）；三等獎：《山不轉水轉》（編劇：鄭沂、趙錚后），《高原如夢》（編劇：尚敬），《天月》（編劇：杜麗鵑），《山河交響樂》（編劇：中傑英），《兩生花》（編劇：馬衛軍）；評委會獎：《學院》（編劇：盧嵐嵐、毛羽），《頭版新聞》（編劇：莫伸），《特區市政府内參》（編劇：黄世英），《戴口罩的小狗》（編劇：張俊萍、傅虞麗），《唱支山歌給你聽》（編劇：張沖波）。

北京舉辦"田漢電影藝術研討會"

爲紀念田漢誕辰一百週年，國家廣播電影電視總局電影局、中國電影家協會、中國電影藝術研究中心、北京電影學院聯合舉辦了"田漢電影藝術研討會"。國家廣播電影電視總局副局長趙實在會上講了話。

與會者認爲，田漢是"五四文化運動"的先驅，是我們黨領導的左翼文化運動的領導骨幹，左翼戲劇運動的倡導者，是左翼電影運動的領導者之一。在蔣介石國民黨實行白色恐怖"文化圍剿"時期，爲左翼電影運動吹響了第一次號角，編劇完成了《三個摩登女性》，與音樂家聶耳第一次合作，在影片《母性之光》中寫作《礦工歌》，在當時還先後寫了《民族生存》等9部電影劇本和許多電影歌曲，在影片中發出反帝反封建反國民黨專制主義的吶喊，喚起了廣大民衆的愛國主義熱情。特别是他和聶耳爲影片《風雲兒女》創作的主題歌《義勇軍進行曲》，後來成爲《中華人民共和國國歌》。

國務院副總理李嵐清接見香港電影代表團

6月10日，中共中央政治局常委、國務院副總理李嵐清親切會見了以香港電影協會理事長洪祖星爲團長、香港邵氏兄弟有限公司執行董事長方逸華爲名譽團長的香港電影代表團全體成員。香港電影代表團一行48人。他們當中有：香港電影金像奬協會主席、香港電影導演會永遠名譽會長吴思遠，香港電影協會副理事長、香港特别行政區立法會議員馬逢國，香港電影協會副理事長、中國星集團執行董事向華强，香港電影協會理事、香港演藝人協會永遠名譽會長許冠文，香港東方電影出品有限公司、東方電影發行有限公司董事黄百鳴等香港電影界知名人士。

代表團在京期間還參加了國家廣電總局有關部門組織召開的電影研討會和電視研討會。

第4屆中國長春電影節舉行

第4屆長春電影節於8月23日至8月28日在長春隆重舉行。來自美國、法國、比利時、奥地利、伊朗、越南等國的影片參加了本屆長春電影節的評選。美國20世紀福克斯公司帶來了5部影片參與本屆電影節的活動。經中共中央宣傳部和國家廣播電影電視總局批准，中國長春電影節已確定爲國際性的國家電影節。

第4屆中國長春電影節獲奬名單

金鹿奬（最佳華語片奬）：《一代天驕成吉思汗》（内蒙古）；優秀華語片奬：《愁眉笑臉》（長影）、《十萬火急》；最佳外語片奬：《殺與捕》（美）；最佳編劇：先子良、熊郁（《桃源鎮》）；最佳導演：塞夫、麥麗絲（《一代天驕成吉思汗》）；最佳男主角：句號（《惹事生非》）；最佳女主角：艾麗婭（《一代天驕成吉思汗》），最佳男配角：陳錫煌（《一隻鳥仔哮啾啾》）；最佳女配角：宋春麗（《離開雷鋒的日子》）；評委會特别奬：《桃源鎮》、《愛情麻辣燙》（西影）；新聞杯最佳銀幕奬：《一代天驕成吉思汗》（内蒙古）

紀念伊文思誕辰100週年研討會在北京舉行

由國家廣電總局主辦的"紀念尤里斯·伊文思誕辰100週年研討會"在北京中國電影資料館舉行。尤里斯·伊文思夫人專程來華參加紀念活動。

伊文思先生同中國有着特殊的感情，他珍視中國爲他的"第二故鄉"。早在三十年代，伊文思不顧國民黨當局的百般阻撓，用攝影機記録下了中國人民抗擊日本法西斯的珍貴鏡頭，通過影片《四萬萬人民》向全世界展示了中國人民的偉大形象。

從1957年開始，他還應邀先後擔任新影廠和文化部顧問，通過講學和實踐，協助我國培養了一批新聞紀録電影人才。

謝晉從影50週年研討活動先後在北京、上海、杭州舉行

10月，著名電影導演謝晉迎來了他從影的第五十個年頭，由中國文聯、中國影協、上海市文聯及浙江省文聯聯合舉辦的謝晉從影五十週年研討活動分别在北京、上海和浙江舉行。中共中央政治局常委、國務院副總理李嵐清致信祝賀。中共中央政治局委員、書記處書記、中宣部部長丁關根在研討活動前與謝晉親切交談，祝賀他從影五十週年和對中國電影事業做出的積極貢獻。研討會在北京人民大會堂拉開序幕，後移師上海。謝晉從影五十週年圖片展和電影回顧展在上海影城隆重舉行。

上海舉行"謝晉從影50週年圖片展"

第7屆中國電影金鷄百花電影節在重慶舉行

11月8日，由中國文聯、中國電影家協會和重慶市政府聯合主辦的第7屆金鷄百花奬電影節在重慶舉行。本屆電影節的主題是"電影屬於人民，電影服務於人民"。

本屆電影節期間還將舉辦國産影片觀摩展，金鷄國際影展，港臺影視片觀摩展、"銀星之夜"聯歡會、影片交易會及"改革開放二十年的中國電影"，"重慶與中國抗戰電影"和"高科技與當代電影藝術"學術研討會。

第18屆中國電影金鷄奬獲奬名單

最佳故事片奬：《安居》（珠影）；最佳導演奬：胡炳榴（《安居》），塞夫、麥麗絲（《一代天驕成吉思汗》）；最佳導演處女作奬：張揚（《愛情麻辣燙》）；最佳男主角奬：馮鞏（《没事偷着樂》）；最佳女主角奬：陶虹（《黑眼睛》）；最佳男配角奬：葛存壯（《周恩來——偉大的朋友》）；最佳女配角奬：白雪雲（《安居》）；最佳紀録片奬：《周恩來的外交風雲》（新影）；最佳科教片奬：《基因與轉基因動物》（北京科影）；最佳美術片奬：《蝶雙飛》（上海美影）；最佳戲曲片奬：（空缺）；外國影片最佳譯製奬：《泰坦尼克號》（北影）；最佳合拍故事片奬：《半生緣》（天山、香港國大電影娛樂）；最佳兒童片奬：《花季·雨季》（深圳）；最佳劇本奬（含改編）：陸柱國（《大進軍——席捲大西南》）；最佳攝影奬：穆德遠（《一代天驕成吉思汗》）；最佳録音奬：章文（《一代天驕成吉思汗》）；最佳美術奬：陳耀功（《長征》）；最佳音樂奬：章紹同（《相愛在西雙版納》）；最佳剪輯奬：程瓏（《紅色戀人》）；最佳服裝奬：茹美琪（《一代天驕成吉思汗》）；評委會特别奬：《大進軍——席捲大西南》（八一），潘予（《安居》）。

第21屆《大衆電影》百花奬獲奬名單

最佳故事片：《甲方乙方》（北影），《鴉片戰爭》（峨影），《長征》（廣西）；最佳男演員奬：葛優（《甲方乙方》）；最佳女演員奬：劉蓓（《甲方乙方》）；最佳男配角奬：李保田（《有話好好説》）；最佳女配角奬：張路（《這女人這輩子》）。

本年度在國際上主要獲奬情况

《生命如歌》獲第7屆俄羅斯金勇士國際電影節人文奬；

《男孩女孩》獲第6屆俄羅斯阿爾特克國際兒童電影節深刻挖掘青少年題材奬、最佳音樂奬；

《一代天驕成吉思汗》獲美國費城國際電影節最佳影片奬；

《太陽鳥》獲第22屆蒙特利爾國際電影節評委會特别大奬；

《紅色戀人》獲第22屆開羅國際電影節金字塔銀匠（即評委會奬）、最佳女主角奬。

1997—1998年（臺灣）

1997年大事記

1月7日 當局公佈"大陸地區電影片進入臺灣地區映演實施要點"，片商可據以申請大陸電影在臺商業放映。

1月11日 第一部在臺商業映演的大陸片《陽光燦爛的日子》上映。

1月14日 國際知名導演胡金銓病逝，享年66歲。

1月27日 王拓召開"搶救臺語老片公聽會"，爲電影資料館收藏的210部老舊臺語片爭取修護經費。

2月24日 "中影"出品，蔡明亮執導的《河流》，獲第47屆德國柏林電影節"評審團大獎"及國際影評人協會"費比西獎"。

3月11日 王拓、朱惠良、許舒博、范巽綠、翁金珠共同召開記者會，呼籲主計處核准動用1997年度第二預備金搶救臺語老片。

3月14日 臺北市影片商業同業公會召開理監事會，達成自7月1日起，電影必須在上映後2個月才可發行録影帶的共識。

3月19日 "中視"公司宣佈與"中影"共同投資蔡明亮執導的跨國電影《洞》。

3月28日 資深製片人徐立功設立的"縱横國際影視公司"開幕。

4月15日 《河流》獲新加坡國際影展特別評審獎，該片男演員苗天獲最佳男主角獎。

6月14日 導演辛奇、蔡揚名、高仁河等人發起的"臺語片影人聯誼會"在北投舉行成立大會。

7月4日 當局公佈1998年度"國片輔導金辦理要點"，將輔導範圍擴及映演業及短片和紀録長片拍攝。

7月4日 "中影"總經理邱順清在北京與《鴉片戰爭》（謝晉導）監製成志谷簽約，取得該片的臺灣發行權。

7月25日 臺北金馬影展執行委員會召開會議，決議本屆金馬獎仍維持華語影片競賽格局，但另增設"評審團大獎"及"評審團特別獎"，以鼓勵臺灣年度表現最傑出的電影及電影工作者。

9月6日 原籍臺灣的導演何非光因心臟衰竭病逝於上海寓所，享年84歲。

10月6日 第5屆日本山形國際紀録片雙年展揭幕，《望鄉》（徐小明導）入圍國際競賽，《陳才根的鄰居們》（吴乙峰導）入圍"亞洲影片"競賽。

10月9日 於韓國濟州島舉行第42屆亞太影展頒獎，《一隻鳥仔哮啾啾》獲最佳影片（張志勇導），《給逃亡者的恰恰》獲最佳攝影、最佳剪輯、最佳音效，《美的過火》獲最佳動畫，童星林奕志（《一隻鳥仔哮啾啾》）獲和平貢獻特別獎。

10月11日 人類學家胡台麗執導的紀録片《穿過婆家村》，今起至17日在臺北真善美劇院放映，首開紀録片在戲院商業映演的先例。

10月28日 "臺北國際影展"（後改名爲"臺北電影節"）執行委員會成立，通過基本組織草案，並推舉小野爲影展主席。

11月1日 當局公佈1998年度"國片輔導金"評審名單，是輔導金自設立以來，第一次於事前公開評審。

11月10日 女演員劉若英、曾靜以《美麗在唱歌》（林正盛導）同獲第10屆日本東京國際影展最佳女主角獎。

11月20日 當局宣佈外片進口拷貝數由38個增至50個，每部外片的映演戲院在直轄市由11家增爲18家，每家戲院放映同一部外片的映演場所仍不得超過3個。

12月11日 學者集團投資興建的臺北"學者全球影城"開幕，共有13間放映廳。

12月12日 資深導演白景瑞因心臟病突發遽逝，享年66歲。

12月15日 導演韓保璋病逝於蘇澳榮民之家，享年68歲。

12月20日 龍祥影業公司投資的臺北"百老匯影城"開幕，擁有7間放映廳。

12月25日 日本影評人佐藤忠男籌劃推動的"臺灣電影節"在東京揭幕，此爲日本有史以來規模最大的臺灣電影展。

重要影片

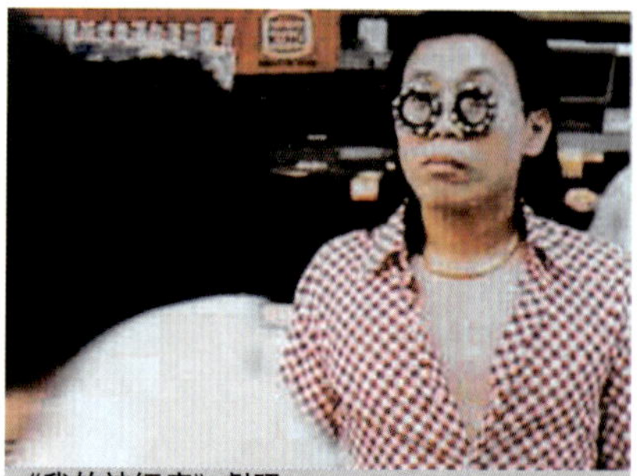

《我的神經病》劇照

《我的神經病》

出品：稻田
編劇：王小棣　黄黎明
導演：王小棣
主演：白冰冰　顧寶明

這是一個四段式的風格喜劇。四個主題分别是：車子、房子、身體和感情。導演想要問的是：你對車子好，車子會回報你嗎？你的房子裏裝滿什麼呢？你的身體可以改變到什麼程度？愛的方向有限制嗎？

《愛情來了》

出品：春暉　縱横　中影
編導：陳玉勳
主演：宀娜　施易男　陳進興

麵包師傅阿盛巧遇夢中情人麗華，决定參加唱歌比賽，表達對她的愛情。大胖妹吴莉莉意外撿到喬書培的Call機，不曾謀面的兩人透過電話，對彼此存有愛情夢幻。麗華情人的老婆找上門來，正在麗華理髮店的推銷員阿松，救了麗華。

《愛情來了》劇照

《美麗在唱歌》劇照

《美麗在唱歌》

出品：中影　三本
編劇：林正盛　柯淑卿
導演：林正盛
主演：劉若英　曾靜

兩個名字都叫美麗的女孩，她們在各自的世界裏漂泊着青春悲喜，直到有一天，她們一同在戲院售票亭裏工作，進而相識相知，在這窄小的空間裏，她們分享了彼此的生活經驗，竟在彼此身上找到了愛情、滿足慾望。

金帶獎改爲影帶獎

由文化建設委員會委託電影資料館辦理的1997年度“地方文化紀録影帶獎”，於今年4月4日公佈得獎名單。“地方文化紀録影帶獎”的前身是“優良文化録像節目金帶獎”，此一獎項在舉辦之初，是以獎勵攝製“優良文化”録像節目爲範圍，參賽者大多爲接受3家無線電視臺或公共電視臺委託製播節目的傳播公司，重複得獎比例極高。有鑒於此，“金帶獎”過去曾數次停辦，以重新尋找獎項的定位。近年來，該獎的主辦單位文化建設委員會與全景傳播基金會合作，積極於全省各地培訓地方文化影像記録工作者。爲了在人才培育之外進一步倡導本土影像記録，該會於是決定自今年度起，將“金帶獎”改爲以拍攝地方影像爲範疇的“影帶獎”，以鼓勵民衆經由參與地方影像記録，進而對本土文化的發展產生發自内心的關懷與重視。

《河流》劇照

《河流》

出品：中影
編劇：蔡明亮　蔡逸君　楊壁瑩
導演：蔡明亮
主演：苗天　李康生

在旅行社上班的小康，某天路過拍戲現場，被拉去演在河裏漂浮的浮屍，不久，他的身體開始有了病變。小康與父親關係十分疏遠。小康生病之後，父親帶着小康四處求醫，兩人關係因而產生了變化。

《國道封閉》

出品：學者
編劇：何平　郭箏
導演：何平
主演：伊能靜　庹宗華

一天，高速公路突然宣佈，從下午六點開始全線封閉，幾十萬輛車就樣塞在大大小小的公路上，故事由此開始……

何平（1957—　）

導演。生於臺灣新竹。畢業於東海大學化工係。大學畢業後赴美攻讀電影製作。1987年取得美國紐約雪城大學（Syracuse U.）視覺與表演藝術電影學院電影藝術碩士學位(M.F.A)，隨即回臺從事電影創作。第一部劇情長片是兩段式影片《陰間響馬吹鼓吹》之《陰間響馬》，即獲得金馬特別獎，其後拍攝以王貞治少年時代爲題的《感恩歲月》；1997年以《國道封閉》一片得到金馬評審團特別獎的肯定。2002年以《挖洞人》入圍柏林電影節“導演論壇”。

影片目録

中影　《河流》、《美麗在唱歌》
中影、蒙太奇　《報告班長——女兵報到》
中影、春暉、縱横　《愛情來了》
侏羅紀　《火燒島之横行霸道》、《天生絶配》、《超級三等兵》
噴泉　《給逃亡者的恰恰》
稻田　《我的神經病》
寶雄、家家樂　《悍婦崗》
學者　《國道封閉》、《忍者兵》
藝舍　《一隻鳥仔哮啾啾》
演義寓樂　《假面超人》、《街頭石子》
藍月、萬仁　《藍月》
徐小明　《望鄉》
龍祥　《英雄向後轉》、《少年犯》
縱横　《放浪》
延平　《捉姦强姦通姦》、《忍者兵》
城市　《雨狗》

《藍月》劇照

《藍月》

出品：藍月　萬仁
編劇：劉知容　柯一正　導演：柯一正
主演：蘇慧倫　王再得　戴立忍　戴維王

女主角逸芳週旋在三個喜歡她的男孩子之間,築成一道曖昧不明的牆。逸芳究竟該選擇誰？會選擇誰？

《一隻鳥仔哮啾啾》

出品：藝舍　編導：張志勇
主演：唐美雲　李天祿　陳錫煌

阿鍾仔希望能買條魚給生病的祖父吃，因爲沒錢，所以跑去當馬騎給小孩子玩，因爲沒錢在學校遭到老師欺負，因爲沒錢去海邊挖私有蛤蜊被追趕，最後漸漸沉没在海裏。在阿鍾仔的喪禮上，阿公用棒子打他的棺木説"下輩子學聰明點！"

《放浪》

出品：縱横
編導：林正盛　主演：李康生　陳湘琪

弟弟春生逃避着對姐姐的愛情慾望，一個賓館換過一個賓館地召妓做愛。他憧憬着成爲偉大的薩克斯風樂手。姐姐也深愛弟弟，却活在不幸的婚姻生活中，由於長期壓抑，生命呈現恍惚與夢遊，而漸失真實的生活感……

原住民影展揭幕

二次大戰前拍攝的原住民紀録片《高砂族素描》(何基明導)，於1997年4月1日在"原住民影展"中首度公開播映，10分鐘的黑白默片忠實記録了被日人稱爲"高砂族"的山地原住民生活，無聲地表現出原住民族旺盛的生命力。

由臺北市原住民事務委員會、電影資料館、力霸友聯U1電影臺聯合舉辦的"原住民影展"，於4月1日下午在臺北市"民生社區活動中心"4樓集會堂揭幕。原住民事務委員會主任委員巴杋克·吉靈在開幕儀式中表示，籌劃舉辦這次影展，主要是有鑒於臺灣原住民的影像媒體紀録非常缺乏，因此希望藉由影展讓社會大衆體認到原住民文化也是臺灣文化的資産，同時激發更多人透過影像媒體進行原住民文化的記録和創作。

原住民影展一連舉行5天，除了首映開幕片《高砂族素描》外，還包括《尋找消失的凱達格蘭》、《冬之祭》(王帥導)、《義人吴鳳》(千葉泰樹、安藤太郎合導)、《排灣人撒古流》(李道明導)、《蘭嶼觀點》(胡台麗導)、《西部來的人》(黄明川導)，以及《矮人祭之歌》(胡台麗導)等。

胡台麗

人類學者，民族誌、女性影像工作者。畢業於臺大歷史系，並赴紐約市立大學攻讀人類學。因接觸到《北方的南努克》，啓發她拍攝民族誌紀録片的想法。第一部影片《神祖之靈歸來：排灣族五年祭》成爲臺灣第一部以現場音想要去仿真同步收音的紀録片。她一方面拍攝民族誌紀録片，一面以影像輔佐人類學研究，以影像紀録臺灣人類學，開啓臺灣人類學界的"新面向"。1997年，她的作品《穿過婆家村》，是首部在院線放映的本土紀録片。2001年曾擔任第一屆臺灣國際民族誌影展(The 1st Taiwan International Ethnographic Film Festival)總策劃及主席。目前仍爲中央研究院民族學研究所研究員，並在清華大學開設Visual Anthropology視覺人類學課程。《石頭夢》拍攝期長達六年，入選爲2004荷蘭阿姆斯特丹國際紀録片影展競賽片以及金馬獎最佳紀録片入圍。

第34屆金馬獎得獎名單

最佳劇情片：《甜蜜蜜》(嘉禾、電影人)
最佳紀録片：《望鄉》(徐小明電影公司)
最佳創作短片：《野麻雀》(黄銘正)
最佳導演：陳果（《香港制造》）
最佳男主角：謝君豪（《南海十三郎》）
最佳女主角：張曼玉（《甜蜜蜜》）
最佳男配角：陳進興（《愛情來了》）
最佳女配角：廖慧珍（《愛情來了》）
最佳原著劇本：陳果（《香港製造》）
最佳改編劇本：杜國威（《南海十三郎》）
最佳攝影：杜可風（《春光乍泄》）
最佳剪輯：高志森（《南海十三郎》）
最佳美術設計：馬盤超（《宋家皇朝》）
最佳造型設計：莫鈞傑（《半生緣》）
最佳電影音樂：喜多郎（《宋家皇朝》）
最佳電影歌曲：林夕、黄國倫（《半生緣》）
最佳音效：曾景祥（《宋家皇朝》）
最佳動作指導：成家班、曹榮（《一個好人》）
最佳動畫片：《小倩》(電影工作室)
最佳視覺特效：從缺。
評審團大獎：《一隻鳥仔哮啾啾》
評審團特別獎：何平（《國道封閉》）
觀衆票選最佳影片：《一隻鳥仔哮啾啾》

國片輔導金擴大層面 映演業非劇情片分沾

當局於1997年4月15日公佈下年度"國片輔導金辦理要點"，將總額增爲新臺幣一億二千萬元的國片輔導金，依4項用途分配使用，不再如過去全數用於補助拍攝劇情長片。這項辦理要點的改變，不啻已使得當初純粹爲保留臺灣電影文化而設的"國片製作輔導金"，擴大爲以振興國片環境、輔導電影事業健全發展爲新宗旨。

一億二千萬元輔導金的分配方式如下：

9000萬元用於輔導拍攝9部35毫米國産劇情片，每部補助1000萬元。

1500萬元用於輔導國産電影的發行映演。

1000萬元用於輔導拍攝電影短片或紀録長片。

500萬元用於辦理振興國産電影片的相關業務或活動，如補助輔導金影片宣傳、造勢，或將國片帶進校園等。

上述項目中，有關補助國片發行、映演的實際做法，將委託相關電影團體負責擬定："短片及紀録長片輔導金"則委託電影資料館甄選。

1998 年大事記

2 月 21 日 電影導演協會頒發終身成就獎予去年去世的導演白景瑞與何非光。

3 月 10 日 臺北市影片商業同業公會公佈1997年票房統計，國片票房僅新臺幣一億五千萬元，比1996年減少五千萬元。

3 月 11 日 "中影"電影文化城舉辦"懷舊電影海報展"，展出30多年來該公司拍攝的280餘部電影海報及劇照。

5 月 24 日 吉光電影公司出品，蔡明亮執導的《洞》，獲第51屆法國戛納國際電影節國際影評人協會"費比西獎"。

6 月 17 日 新修訂"海關進口税則"公告，准予部分影視媒體專用器材、設備及特種車輛免税進口。

9 月 30 日 1999 年度 35 毫米"國片輔導金"截止報名，共有38部企劃案申請1000萬元組、57部企劃案申請500萬元組，數量爲歷年之冠。

10月18日 臺北西門町紅樓戲院慶祝 90 週年，開放 1 樓舉辦"電影博物館展覽會"，內容包括老式攝影器材展示、電影書籍、電影史展等，展期至明年初。

11 月 1 日 導演蔡明亮發表書面聲明，宣佈退出第 35 屆金馬獎華語影片競賽。

11 月 5 日 經濟建設委員會公營事業民營化推動指導委員會同意臺灣電影公司將70%股權項目讓售予春暉影業公司。

11 月 9 日 臺北金馬影展執行委員會召開會議，決議今後同意出任金馬獎評審者，若中途退出，三年内將不再聘任。

11 月 11 日 電影創作協會籌備會（原"電影創作聯盟"）呼籲新聞局正視電影事業發展基金會、臺北金馬影展執行委員會，及金馬獎評審團間的曖昧關係，避免資源和權力年年操縱在特定少數人手中。

12月12日 第35屆金馬獎暨第43屆亞太影展聯合頒獎典禮在臺北國父紀念館舉行，侯孝賢獲最佳導演（《海上花》），黄文英獲最佳藝術指導（《海上花》），范宗沛、巴瓦瓦隆、白浪獲最佳音樂（《超級公民》），温耀庭、林靖傑、詹小維獲評審團特别獎（《惡女列傳》）。

重要影片

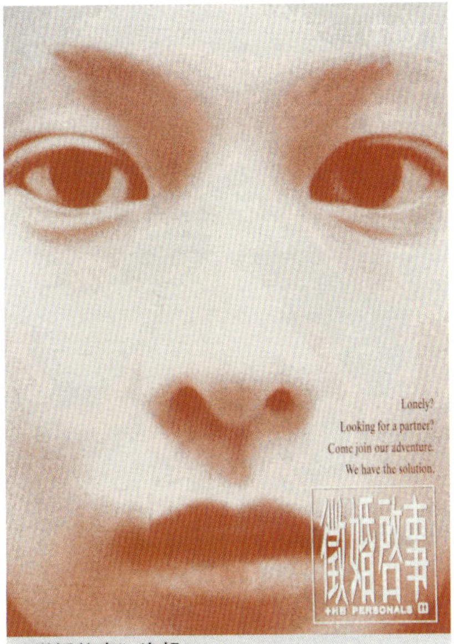

《徵婚啓事》海報

《徵婚啓事》

出品：中影　臺影　春暉
　　　縱横國際
編劇：陳國富　陳世傑
導演：陳國富
主演：劉若英　金士傑　鈕承澤　陳昭榮

杜家珍是一家大醫院的眼科醫師，她在報紙的分類廣告中刊登了一則徵婚啓事。廣告見報後，她一天平均要見三四個應徵者。逐漸地，杜家珍的徵婚歷程像是一個怪異的記録。

《超級公民》

出品：萬仁
編劇：鄭文堂　萬仁
　　　陳芳明
導演：萬仁
主演：蔡振南　張震岳

阿德曾經是一名狂熱的社會運動者，與妻子離異後改行開出租車爲生。原住民青年馬勒在建築工地謀生，因工地主任壓榨工人，一時動怒殺死工地主任。馬勒殺人的夜晚，阿德曾用出租車載過馬勒一程，没想到，馬勒被槍決後的鬼魂竟如影隨形地跟着他……

《超級公民》海報

《惡女列傳》劇照

《惡女列傳》

出品：中影
編劇：成英姝　林靖傑
　　　詹穎郁
導演：温耀庭　林靖傑
　　　詹穎郁
主演：范瑞君　張智堯
　　　蔡燦得　賈靜雯
　　　鍾漢良

由《板凳天后》、《猜手槍》、《阿猫阿狗》三段故事所組成的電影。三個導演透過三段故事，再現了四位當代惡女的生活面貌與其心態。

《海上花》劇照

《海上花》

出品：侯孝賢

編劇：朱天文　導演：侯孝賢

主演：梁朝偉　劉嘉玲　高捷　魏筱惠

清末，朝廷諭令官員不得上窯子，只有上海英國租界地的妓院，可以公開接待上流社會。當時的高等妓院，人們稱它爲"長三書院"。故事發生在這裏，奉父母之命早婚的男子，在這裏追尋真正的愛情……

《洞》

出品：吉光

編導：蔡明亮　主演：楊貴媚　李康生

距離2000年只剩7天，臺灣某地區雨下個不停，傳染病流行。一棟破舊的公寓中，男子透過地板上的洞，窺視他的樓下鄰居，一個囤積衛生紙的女子，他逐漸對這位女子産生了興趣……

《洞》劇照

長片、短片同獲入圍戛納電影節

邁入第51屆的法國戛納國際電影節，1998年5月12日隆重揭幕。臺灣電影不僅老將侯孝賢的《海上花》和新秀蔡明亮的《洞》同時入圍競賽，打破該電影節同一國家只入圍一部影片的慣例；在短片方面，也有青年導演林俊泓執導的《小孩、塗鴉、家庭生活照》，成爲本届電影節最受矚目的一群。

本年戛納國際電影節爲了表彰製片人對電影的貢獻，特别邀請4位國際知名製片人舉辦回顧展。演員出身的徐楓携帶《滚滚紅塵》（嚴浩導）、《五個女子與一根繩子》（葉鴻偉導）和《霸王别姬》（陳凱歌導）前往參展。5月23日，徐楓獲戛納國際電影節"傑出製片人奬"。

影視器材得免税進口

影視媒體業者期盼的影視專業器材進口免税措施在修訂的"海關進口税則"於1998年5月12日公告後，已獲得法源依據。新聞局已研訂完成相關的申請須知及申請書表。早在於1950年代准許海外電影公司得以押税方式進口電影膠片、器材來臺拍片後，電影業界即不斷要求當局比照辦理或訂定相關的奬勵優惠辦法，但始終未能如願。爾後當局積極推動成立"亞太媒體中心"，爲吸引業者投資，包括"民營影視事業購置設備或技術適用投資抵减辦法"（1996.2.1）、重要影視投資事業抵减營利事業所得税（1997.1.9）等减免租税的相關措施，才終於陸續實施。而在影視專用器材免税進口部分，由於牽涉修改"海關進口税則"，有關單位爲免時程延宕，因此在相關立法程序尚未完成之前，即暫時由主管部門自1996年3月20日起，以行政命令方式先行公告調降21項影視專業器材進口關税，最終目標則是希望主管部門早日完成修法，以達到影視專業器材進口"零關税"的理想。

這次新修訂的"海關進口税則"是以"章注"的方式，在第85章增注6中明定適用免徵關税的影視器材範圍。

《爲人民服務》海報

《爲人民服務》

出品：縱横

編導：李巨源　馮光遠

主演：于美人　李明依　馮光遠　郎祖筠

"吃素人民黨"的主席徐玖經，在經營素食事業有成的情况下，打算出來競選總統，以建立一個吃素的安樂國度。正在選舉活動熱烈展開之時，徐玖經却因爲緋聞而被迫退出總統大選。

《果醬》

出品：小大　陳以文

編導：陳以文

主演：蔡信弘　高明駿　蔡君茹　徐淑媛

黑道分子偷車作爲犯案的工具，遺失汽車的女子急着找回車子，少不更事的年輕男女偷了這輛贜車。因爲一場偷車事件，引發出他們甜而不膩、酸中帶甜的愛情故事。

臺灣國際紀録片雙年展九月開鑼

臺灣國際紀録片雙年展是由臺灣美學工作室負責人李疾發起舉辦，並得到文化建設委員會經費補助。爲了汲取籌辦紀録片影展的資源和經驗，相關籌辦人員曾於1997年日本山形國際紀録片雙年展舉辦期間，組團前往此亞洲唯一的國際紀録片展演空間觀摩、學習，獲得許多寶貴的意見。

"1998國際紀録片雙年展"的影展事務由"執行委員會"統籌，其成員包括主席王拓，副主席張照堂。本屆影展的主題爲"回歸亞洲"，經向國外邀展後，目前已收到來自芬蘭、法國、尼泊爾、意大利、希臘、以色列等國超過100部以上作品報名參展。主辦單位將在報名告一段落後，組成選片小組從中選出入圍競賽的影片，再由評審委員決定得獎名單，於影展閉幕當天頒獎。

華納威秀影城開幕

經過一年多的整合，第一座由外商來臺投資設立的影城——華納威秀影城，於1998年1月24日在臺北東區開幕。華納威秀影城由美國華納兄弟電影公司與澳洲威秀公司合資5000萬美元興建，座落於臺北市松壽路信義計劃區。內部除了映演廳外，還設有華納主題商品店、好萊塢星球餐廳，以及多家國内外知名的餐飲連鎖店、服飾店，置身其間，不論雕塑、畫像、磁磚嵌畫，處處都充滿了電影感，這種專業多功能電影城的設立，預料將對國内映演業及觀衆的觀影習慣帶來革命性的變革。

整體移植自澳洲威秀式戲院模式的臺北華納威秀影城，内部共有17個映演廳，全部採用中央電腦放映系統控制，每個映演廳都配備有超大型廣角弧形銀幕及一流的音響設備，座椅採用球場式排列，間隔寬闊、視野良好，舒適豪華的程度可媲美五星級飯店的品質。此外，由該影城所引進的電腦售票系統，可接受五日内任一場次的訂票，未來還將提供"信用卡訂位，刷卡取票"等服務，以提供觀衆多重的購票選擇。

呼籲修訂輔導金辦法　電影創作聯盟成立

因不滿1999年度"國片輔導金"補助方案而籌組的"電影創作聯盟"，於1998年7月17日宣佈正式成立，包括導演何平、王小棣、林正盛、陳玉勳、瞿友寧、黄明川、黄玉珊、陳國富，以及影評人焦雄屏、游惠貞、張昌彥、陳儒修均出席，呼籲政府重新釐清"國片輔導金"的定位，以改善本土電影所面臨的惡質環境。

在"電影創作聯盟誕生記者會"上，該聯盟針對"國片輔導金"提出下列主張，呼籲當局重視：

確立輔導金的定位爲"電影創作輔導金"，將全數經費用於輔導拍片，以回歸輔導金成立之初，是希望在好萊塢强勢傾銷電影、掠奪市場的現實下，保留臺灣電影命脈的本意。不要想以輔導金解決所有問題，也絶不能讓輔導金淪爲産業利益的分配。

確立輔導金每部新臺幣1000萬元，以符合實際需要。

遴選超然、客觀的評審委員評選輔導對象，排除片商等利益團體的介入，同時成立常設機構定期公佈前一年度的輔導狀況與檢討建議，作爲次年評審審查的參考。

除了上述針對輔導金的主張外，電影創作聯盟致力於建立國内良好的電影文化環境，具體做法包括持續開辦相關電影技術訓練班、促進大衆及企業界對臺灣電影的認識等。該聯盟呼籲有相同理念的影人加入，一同爲臺灣電影的發展貢獻心力。

王小棣（1953—　　）

導演。文化大學戲劇系畢業後，赴美獲得美國德州三一大學劇場碩士，之後進入舊金山大學修習電影。1979年中止在舊金山州立大學修習的電影碩士學位。擔任過電影《血戰大二膽》的副導演、《稻草人》和《香蕉天堂》編劇。王小棣和製片人黄黎明於1992年2月10日成立稻田電影工作室。製作電影《熱帶魚》(1994)、《飛天》(1995)等。1994年《飛天》、1997年動畫長片《魔法阿嬤》。1998年，發起成立電影創作聯盟。

第35屆金馬獎得獎名單

最佳劇情片：《天浴》（呢喃的草地）
最佳紀録片：《阿嬤的秘密》（大好傳播）
最佳創作短片：入圍從缺
最佳導演：陳沖（《天浴》）
最佳男主角：洛桑群培（《天浴》）
最佳女主角：李小璐（《天浴》）
最佳男配角：曾志偉（《愈快樂愈墮落》）
最佳女配角：舒淇（《洪興十三妹》）
最佳原著劇本：張婉婷、羅啓鋭（《玻璃之城》）
最佳改編劇本：陳沖、嚴歌苓（《天浴》）
最佳攝影：馬楚成（《玻璃之城》）
最佳剪輯：李明文（《玻璃之城》）
最佳美術設計：黄文英、曹智偉（《海上花》）
最佳造型設計：方碧君（《風雲雄霸天下》）
最佳電影音樂：小蟲（《天浴》）
最佳電影歌曲：〈欲水〉（《天浴》，詞、曲：小蟲）
最佳音效：曾景祥（《玻璃之城》）
最佳動作指導：成家班（《我是誰》）
最佳動畫片：從缺。
最佳視覺特效：先濤數碼影畫（《風雲雄霸天下》）
評審團大獎：《海上花》
評審團特別獎：劉若英（《徵婚啓事》）
觀衆票選最佳影片：《玻璃之城》

影 片 目 録

長勝、學者 《哪吒大戰美猴王》
中影 《惡女列傳》
臺影、黑白 《真情狂愛》
中影、臺影、春暉 《徵婚啓事》
臺影 《爲人民服務》
侯孝賢 《海上花》
萬仁 《超級公民》
學者、揚名、長宏 《俠盜正傳》
漢娃 《第九類媽媽》
延平 《小鬼遇到兵》、《女歡》
吉光 《洞》
歐陸 《一九九八之鬪將》
小大、陳以文 《果醬》
協和 《靈慾軌道》
華令 《花橋榮記》

1998年（香港）

大事記

4月1日 電影服務統籌科成立，目的爲了協助推動香港電影業的發展和提供拍攝便利。

5月5日 香港有關政黨和學生團體發表聲明，對電影界、漫畫界出現不少描寫黑幫分子和某家電視臺以美化手法報道澳門一位"江湖人物"之事提出强烈的抗議，希望特區政府正視此等"失控"情况。

6月 以邵氏公司爲首的香港電影城公司以標價7800萬港元，投得將軍澳電影用地。按政府要求，該影城必須於四年半完成並投入使用。

12月 香港卡通片《小倩》獲得第43屆亞太影展最佳卡通片獎。

本年 爲紀念功夫明星李小龍逝世25週年，在香港建成李小龍博物館。19日，李小龍會和香港旅遊協會舉辦了李小龍國際收藏品展覽會。

第35屆臺灣金馬獎揭曉，曾志偉以《愈快樂愈墮落》獲最佳男配角獎。《玻璃之城》獲最佳原著劇本、觀衆票選最佳影片等五項獎。舒淇以《洪興十三妹》獲最佳女配角獎。

著名演員黄曼梨病逝

4月8日，著名演員黄曼梨病逝，享年85歲。

黄曼梨（1913—1998）

演員。原名黄文素。廣東中山人，生於香港。1930年考入上海暨南影片公司當演員。1932年返回香港，加入聯華港廠，主演名片《夜半槍聲》、《戰地歸來》、《人生曲》、《危樓春曉》等。1987年息影，一生共演出影片300餘部。1995年獲香港電影金像獎"終身成就獎"。

重要影片

《野獸刑警》劇照

《野獸刑警》

出品：寰亞
編劇：陳嘉上　陳慶嘉
導演：陳嘉上　林超賢
主演：黄秋生　王敏德　車婉婉　譚耀文

飛虎隊的邁克被調到紅番區，成了爛鬼東的拍檔。東放走殺了人的好友阿輝。阿輝手下阿華背叛了他。邁克監視阿輝女人日久生情，阿輝偷渡回港要找邁克出氣，却被華殺死。東要爲阿輝報仇。

第4屆香港電影評論學會大獎

最佳電影：《高度戒備》，最佳導演：陳果《香港製造》，最佳編劇：陳慶嘉（《熱血最强》），最佳男演員：劉青雲（《高度戒備》），最佳女演員：吴倩蓮（《半生緣》）。

第17屆香港電影金像獎

最佳影片：《香港製造》，最佳導演：陳果（《香港製造》），最佳編劇：杜國威（《南海十三郎》），最佳男主角：梁朝偉（《春光乍洩》），最佳女主角：張曼玉（《宋家皇朝》），最佳男配角：姜文（《宋家皇朝》），最佳女配角：梅艷芳（《半生緣》），最佳新人：李燦森（《香港製造》），最佳攝影：黄岳泰（《宋家皇朝》），最佳剪輯：黄永明（《十萬火急》），最佳美術指導：馬磐超（《宋家皇朝》），最佳服裝設計：和田惠美（《宋家皇朝》），最佳動作指導：董瑋（《神偷諜影》），最佳音樂：蘭迪·米勒、喜多郎（《宋家皇朝》）。

第3屆香港金紫荆獎

最佳影片：《香港製造》，最佳導演：陳果（《香港製造》），最佳編劇：司徒錦源（《一個字頭的誕生》），最佳編劇：韋家輝（《一個字頭的誕生》），最佳編劇：鄒凱光（《一個字頭的誕生》），最佳男主角：梁朝偉（《春光乍泄》），最佳女主角：劉嘉玲（《自梳》），最佳男配角：吴鎮宇（《一個字頭的誕生》），最佳女配角：梅艷芳（《半生緣》），終身成就獎：盧敦。

陳果低成本製造"香港味道"

1997年，陳果以50萬資金和别人棄用的8萬英尺膠片，拍成《香港製造》一片，令他一鳴驚人。接着拍成的《去年煙花特别多》入選柏林影展評審團大獎，《細路祥》也成爲香港城中熱話。這三部電影被稱爲陳果電影"回歸三部曲"，也奠定了他在香港電影乃至國際電影界的地位。之後執導的《榴蓮飄飄》、《香港有個好萊塢》也頗受好評。陳果以低成本影片製造出獨特的"香港味道"，因此被視爲是香港影壇最具風格化的年輕導演。他後來所拍攝的《三更之餃子》雖屬主流，但仍保持了他獨特内格。

陳果（1959— ）

導演。祖籍廣東文昌（現屬海南省），生於廣州。學生時代曾在香港電影文化中心當學員兼放映員。80年代初入電影圈，由場務、燈光組小工到副導、製片。1993年首執導處女作《大鬧廣昌隆》。主要代表作有"回歸三部曲"《香港製造》、《去年煙花特别多》和《細路祥》，以及《榴蓮飄飄》、《香港有個好萊塢》、《三更之餃子》等。

回歸三部曲

《香港制造》（1997）

出品：Nicetop Independent Ltd.，天幕製作
編導：陳果
主演：李燦森　嚴栩慈　李棟泉　譚嘉荃

問題少年中秋在收債時愛上了患病少女阿屏；女學生許寶珊跳樓自殺，弱智少年阿龍撿到她的遺書……表面訴説的是青少年的困境，然而困境是來自成人的惡意離棄，讓一群本屬青春活力年華的青少年，被迫在成人世界的夾縫中求生存，而無法逃脱自我滅亡的宿命。

獲第17屆香港電影金像獎最佳影片、最佳導演、最佳新演員（李燦森）；第3屆香港金紫荆獎最佳影片、最佳導演；第4屆香港電影評論學會最佳導演；第34屆臺灣電影金馬獎最佳導演、最佳原著劇本。

《香港製造》劇照

《去年煙花特別多》海報

《細路祥》劇照

《去年煙花特別多》(1998)

出品：Nicetop Independent Ltd. 天幕製作

編導：陳果　主演：何華超　谷祖琳　李燦森

寫一群華籍英軍在香港回歸後感到前途茫茫，頓失人生目標，因此鋌而走險加入黑幫搶劫銀行的悲劇，可以説是香港影壇難得一見的“退伍軍人電影”。

編導風格上仍沿用以前的特色：對生活觀察敏鋭，捕捉住華籍英軍這個普遍被忽略而又特殊的群落，大量選用恰當的非職業演員，寫實色彩濃厚的故事，以及個人化的感性映象，使這部以香港回歸前後爲故事背景的電影反映了相當鮮明的時代氣息，突顯了港人身份的時而尴尬。穿插的一些紀録片片段，包括解放軍駐港部隊入城及放煙花的鏡頭都自然地融入故事的發展之中，反映出本片在拍攝前的籌備精細而認真。是至目前爲止唯一一部直接以1997爲題材的電影。足見陳果寫實主義的誠意態度。

“北姑”命運

《榴蓮飄飄》劇照

《榴蓮飄飄》(2000)

出品：Nicetop Indepedent

編導：陳果

主演：秦海璐　白曉明　麥惠芬

以一個北方來港的妓女在中港兩地的經歷，表現出地域間的差距。導演用兩種不同風格展現的不單是兩地的城市特色，更是女主角兩重心理歷程。獲第7屆香港電影評論學會大獎最佳電影；第6屆金紫荆獎最佳女主角、最佳編劇；第38屆臺灣電影金馬獎最佳劇情片、最佳原著劇本、最佳女主角、最佳新人等。

《香港有個好萊塢》

出品：Nicetop Independent

編導：陳果

主演：周迅
陳英明
黄又南
何世文
胡惠文
梁仕平

《香港有個好萊塢》劇照

阿强與阿明分别與東東一夜春宵後，接到勒索信函。原來東東和某位流氓律師合作行騙，掙錢想去好萊塢。

陳果一改寫實風格，拍出一部包含超現實及黑色幽默元素的作品。肥人、肥猪、陋屋、窮巷，本來好似有點兒齷齪的感覺。却説出了基本的所有慾望，不論是肥人兄弟們的性慾或女主角的白日夢。忽而來一招將左手駁上斷掌右臂上，頓使本片多了份荒誕。獲第9屆香港電影評論學會最佳編劇；第39屆臺灣電影金馬獎最佳導演、最佳造型設計（戴美玲）等。

《細路祥》(2000)

出品：Nicetop Independent NHK

編導：陳果

主演：姚明月　麥惠芬　麥惠雯　黎志豪

小男孩在小街坊中長大，知道“錢”很重要。他和小人蛇阿芬交往，要她跟自己向街坊送外賣，分小費給她。可他有一天回家找他的哥哥，結果被阿芬向爸爸檢舉，從此不和阿芬講話，没想到，没幾天阿芬母女就被送回大陸了。這時正是九七前夕。

導演把片名取做“細路祥”的原因就是爲了紀念粤劇慈善名伶“細路祥”鄧永祥（藝名新馬師曾）。而片中的一個小男孩也叫“細路祥”，因爲他的奶奶説，她和那位粤劇大師共事過。

獲第37屆臺灣電影金馬獎最佳新人（姚明月）。

主要影片目録

本年度香港共出品影片85部。

新影城 《暗花》、《非常突然》、《真心英雄》

永展 《'98古惑仔龍爭虎鬥》、《古惑仔情義篇之洪興十三妹》

新達寶 《獵豹行動》、《怒吼狂花》

金馬娛樂 《愛在娛樂圈的日子》、《人肉叉燒包Ⅱ天誅地滅》

最佳拍檔 《新戀愛世紀》、《超級整蠱霸王》

其他 《行運一條龍》(天下)、《我是誰》(嘉禾)、《九星報喜》(紫東影視)、《職業大賊》(動力)、《想見妳》(二合)、《殺手之王》(永盛)、《愈快樂愈墮落》(歷信企業、晶藝)、《野獸刑警》(寰亞)、《烈火青春1998》(飛星國際)、《濠江風雲》(天洪)、《戇豆豆追女仔》(紅太陽)、《豹妹》(飛圖)、《没有小鳥的天空》(中大)、《新唐山大兄》(三寶)、《風雲雄霸天下》[嘉禾電影（中國）、先濤數碼]、《美少年之戀》(花生映社)、《非常警察》(東方、銀都)、《失業特工隊》(二友)、《行運秘籍》(黄柏仁)、《傾城别戀》(金港國際)、《驚天大賊王》(江湖人)、《玻璃之城》(嘉禾、藝神集團)、《9413》(演藝社)、《鬼骨場》(東凌)、《詭計》(興盛影視)、《杭州王爺》[嘉禾（中國）、中國電影合作]、《一生一臺戲》(福建)、《賭俠1999》(永盛娛樂)、《幻影特攻》[嘉禾/（中國）]

1999年（大陸）

大事記

1月5日 文化部、國家廣電總局聯合發出《關於開展打擊走私影片活動的通知》。打擊發行放映非法影片，加大打擊發行放映走私影片，維護電影市場秩序、强化電影市場監督的力度。

1月23日—25日 國家廣電總局電影局在京召開'99全國電影製片廠廠長、發行公司經理工作會議。

1月26日—2月7日 由電影局和意大利影城有限公司主辦的'99意大利電影展先後在北京、上海舉行。

1月 由中影公司等與全國300家影院組成的中華院線正式開始運作。

2月2日 電影局印發《關於積極開展"電影下鄉"活動的通知》。

2月12日 中國電影集團公司舉行掛牌成立大會。

3月18日 中國電影樂團舉行建團50週年紀念活動。

3月18日 中共中央總書記、國家主席江澤民爲中國電影樂團建團五十週年題詞："繁榮影視音樂藝術 促進精神文明建設。"

3月19日 廣東巨星影業公司董事長鄧建國應邀赴美國洛杉磯參加奧斯卡頒獎典禮，成爲大陸第一位被邀請參加該頒獎典禮的民營影業公司製片人。

4月17日—5月2日 第六屆北京大學生電影節舉行。

4月20日—5月20日 電影局在全國各大中城市舉辦"紀念五四運動80週年青年電影展映月"。

5月4日 五四運動80週年紀念大會在北京舉行。

5月9日—15日 第七屆中國電影表演藝術學會獎暨中國電影表演藝術學會第四次代表大會在濟南舉行。

5月23日 第九屆永樂杯上海影評人獎十佳影片評選揭曉。

6月16日 北京電影學院首屆高級編劇班創辦10週年慶典暨面向21世紀電影學術研討會在北京舉行。

8月8日 謝晉中路影視有限公司成立。

8月20日—10月15日 國家廣電總局、文化部在全國舉辦慶祝中華人民共和國成立50週年優秀影片展映活動。

8月26日 中國電影家協會在北京人民大會堂隆重舉行紀念中國電影家協會成立50週年大型座談會。

9月6日 中宣部、文化部、廣電總局、新聞出版署、中國文聯、中國作協在北京聯合舉行新聞發佈會，隆重推出向中華人民共和國成立五十周年獻禮的五十個重點文藝項目。

9月15日 第七屆精神文明建設"五個一工程"表彰會在北京舉行。

10月1日 首都各界慶祝中華人民共和國成立50週年大會在北京天安門廣場隆重舉行。

11月8日 北影廠舉行建廠50週年紀念晚會。

11月16日 上影廠舉行建廠50週年紀念活動。

《寶蓮燈》海報

《寶蓮燈》

出品：上海美術電影製片廠
編劇：王大爲
導演：常光希
作曲：金復載

三聖母下凡與人間的書生劉彦昌結爲夫妻，生下孩子沉香。二郎神抓住沉香後逼迫三聖母交出寶蓮燈，將她壓在華山下。沉香逃出天宫，踏上尋母之路。在孫悟空的點撥下，沉香在火山湖練就了開山神斧，奪回寶蓮燈，打敗二郎神，劈開華山，終於與母親相會。

重要影片

《洗澡》劇照

《洗澡》

出品：西安電影製片廠
編劇：張揚　劉奮鬥　霍昕
導演：張揚
攝影：張健　畢爾
主演：朱旭　濮存昕　姜武

苦心經營了一輩子澡塘子的老劉，早年喪偶，長子大明離家南下創業多年，只有傻兒子二明守在身邊。大明從深圳回來，在目睹父親的所作所爲後真正了解了父親。老劉去世後，大明賣掉澡塘子，帶着傻弟弟去深圳，尋找另一種生活方式。

《漂亮媽媽》劇照

《漂亮媽媽》

出品：珠江電影製片廠
　　　廣東三九影業有限公司
編劇：劉恒　孫周　邵曉黎
導演：孫周
攝影：吕樂
主演：鞏俐　高炘

某城市普通女工孫麗英離婚後與聾兒子相依爲命，一系列的困境和變故使孫麗英身心疲憊，然而她始終堅持，不言放棄。

《國歌》劇照

《國歌》

出品：瀟湘電影製片廠
編劇：范正明　蘇叔陽
導演：吴子牛
攝影：伊・呼和烏拉
主演：何政軍　陳坤

田漢積極投身抗日救亡運動，創作了一系列愛國影片。當得知參加義勇軍的年輕朋友爲國捐軀後，田漢在悲憤中爲影片《風雲兒女》創作了主題歌《義勇軍進行曲》歌詞，鼓舞中國人民進行反侵略戰爭。這首歌後來被確定爲《中華人民共和國國歌》。

《緊急迫降》劇照

《緊急迫降》

出品：上海電影製片廠
編劇：郝建　導演：張建亞　攝影：楊濤　主演：邵兵　尤勇　徐帆　池華瓊

中國航空公司一架大型客機在飛行途中起落架發生故障，無法降落。市委市領導親自指揮搶險，無論地面、空中，還是機組與乘務人員，都爲保護機上旅客的生命安危做最大努力，最後飛機終於迫降成功，機内人員無一傷亡。

影片目録（共86部）

北影　《兔兒爺》、《特警新人類》、《横空出世》、《月蝕》、《西洋鏡》、《開着火車上北京》、《九九艷陽天》、《玻璃是透明的》、《李知凡太太》、《非常夏日》、《夢幻田園》、《能人于四》

長影　《最後的獵鹿人》、《北俠歐陽春》、《給您道喜啦》、《流淚的野櫻花》、《眷戀》、《情人假日酒店》、《二亮浪漫曲》

上影　《冰與火》、《緣，妙不可言》、《緊急迫降》、《死刑宣判之後》、《女人的天空》、《房東老爸》、《横竪横》

八一　《大進軍——大戰寧滬杭》、《肝膽相照》

珠影　《好孩子》、《真心話》、《漂亮媽媽》、《賽龍奪錦》、《五福臨門》

西影　《驚喜人生》、《洗澡》、《過年回家》、《追金行動》、《我的1919》

瀟湘　《國歌》、《愛情保險》

廣西　《人小鬼大》、《我的父親母親》

青影　《衝天飛豹》、《情路悠長》

福建　《刀俠》、《澳門兒女》

雲南　《三七情緣》、《我心不死》、《古鏡怪談》、《幸福花園》

童影　《你是我的太陽》、《彈起我的扎年琴》、《鼓手的榮譽》

天山　《我們結婚吧》、《爲你瘋狂》、《生死情緣》、《誰的誰心疼》、《紅草灘》、《會唱歌的土豆》

紫禁城影業　《共和國之旗》、《没完没了》

銀都　《華英雄》、《星願》、《流星雨》

天津　《女帥男兵》、《千里情緣》

黑龍江電影電視製作中心　《今晨雨加雪》、《邊城醫生》、《人間第一情》

遼寧　《紅軍留下的兒子》、《遠行者》

河北　《歡舞》、《非常戰線》

山西　《嗩吶情》、《明天我愛你》、《藍色信件》

中影集團　《嵩山逍遥谷》、《人間草木——打一字》、《同根異果》、《決戰紫禁之巔》

上海永樂　《黄河絶戀》、《説好不分手》、《胖墩夏令營》、《黑風寨》、《緑色柔情》、《紅伶奇冤》、《相約2000年》、《人見人愛》

電影頻道　《多一點天真》

其他　《這山更比那山高》（峨影）、《生死拳速》、《虎膽俠情》（合拍公司）、《説出你的秘密》（浙江）、《益西卓瑪》（山東）、《我愛我爹》（河南）、《麻將棒棒手》（四川省電影公司）、《驚夢蝴蝶島》（浙江華影影視）、《再見，我們的1948》（遼寧北方）、《紅絲錯》（浙江省電影總公司）

《橫空出世》劇照

《橫空出世》

出品：北京電影製片廠
編劇：陳懷國
導演：陳國星
攝影：張黎
主演：李雪健　李幼斌　陳瑾　高明

50年代，馮石率一大批志願軍官兵奔赴大西北，承擔重要國防施工任務。蘇聯專家撤回後，以陸光達爲首的一批歸國的科技精英毅然挑起研製原子彈的重擔。1962年，中國成功爆炸第一顆原子彈，徹底改變了中國武器落後的局面。

《大進軍——大戰寧滬杭》劇照

《大進軍——大戰寧滬杭》

出品：八一電影製片廠
編劇：李平分　韋廉　宋國勛
導演：韋廉　石偉　和小江
攝影：蔡抒南　王乃聰　張林　許連慶
主演：古月　孫飛虎　劉錫田　盧奇　謝偉才

1949年4月20日，解放軍發動渡江戰役，4月23日佔領南京，一直打到上海城下。爲了保護這座美麗的城市，解放軍承受了巨大的傷亡，在攻堅中不使用重型武器。5月27日，大上海回到了人民的懷抱。

《我的1919》

出品：西安電影製片廠　北京電影製片廠
　　　電影頻道節目製作中心
編劇：黄丹　唐婁彝
導演：黄健中　攝影：張中平
主演：陳道明　許晴　何政軍

1919年，中國政府派外交官顧維鈞出席巴黎和會。顧維鈞在會議上抗爭列强，拒絶簽字，震動了世界，在世界近代史上寫下中國外交光輝的一頁。

《我的1919》劇照

《黄河絶戀》劇照

《黄河絶戀》

出品：上海永樂電影電視集團公司
編導：馮小寧
攝影：馮小寧　岡强
主演：寧静　波爾・克塞

二戰後期，美軍一飛行員受傷迫降在黄土高原，八路軍女戰士安潔等人不畏犧牲，將他安全護送過黄河。

《非常夏日》劇照

《過年回家》海報

《西洋鏡》劇照

《西洋鏡》

出品：北京電影製片廠
　　　美國子安電影製片公司
編劇：黄丹　唐婁彝
導演：胡安
攝影：NANCY SCHREIBER　温德光
主演：夏雨　Jared Harris　劉佩琦
　　　李玉聲　邢宇飛

清末，英國人雷門帶着"活動照相"來到北京，北京豐泰照相館的攝影師劉京倫看了"西洋鏡"後，竟迷戀不已，常到雷門處幫忙和研究"西洋鏡"。他們拍攝了一些中國人的生活片段。在京劇名藝人譚林培的支持下，劉京倫和任老闆拍攝了中國第一部影片《定軍山》。

《非常夏日》

出品：北京電影製片廠
　　　電影頻道節目製作中心
　　　中國電影公司
編劇：路學長　李繼賢
導演：路學長　攝影：王昱
主演：馬曉晴　潘粵明

女友燕子因嫌海洋懦弱與他分手。海洋試圖做買賣來證實自己，外出進貨與一位進京找工作的姑娘同搭一輛長途貨車。途中，姑娘慘遭兩個貨車司機的强暴，雷海洋發現此事後抄起鐵器衝向事發地，然而在最關鍵的時刻，雷海洋没有膽量從隱藏的樹叢中站出來。

《過年回家》

出品：西安電影製片廠
編劇：余華　寧岱
導演：張元　攝影：張錫貴
主演：李冰冰　劉玲

工廠技術員于正高和女工陶愛榮是各帶一個女兒的再婚夫婦，兩人常爲家裏的一點小事拌嘴。有一天，于小琴偷拿了父親忘在窗臺上的五塊錢，嫁禍給陶然。陶然誤殺于小琴。十七年後，陶然在監獄表現良好，被允許回家過年。陶然回到家中，見到父母。一家三口最終抱在一起。

《女帥男兵》劇照

《女帥男兵》

出品：天津電影製片廠
　　　電影頻道節目製作中心
編劇：孫曉青　繆魯
導演：戚健　攝影：梁明
主演：蔣雯麗　陳寶國　劉燁

北斗男籃俱樂部在甲A聯賽比賽之初引進了不少球星，但球隊成績並没有提高。主教練田野辭職後，總經理章超大膽起用了原國家女籃主力隊員聞婕，讓她擔任了北斗隊的主教練。聞婕率球隊獲得了甲A聯賽的冠軍。

《没完没了》劇照

《没完没了》

出品：紫禁城影業有限公司　北京華誼兄弟廣告有限公司
　　　北京華億亞聯影視文化有限責任公司
編劇：王小柱　白鐵軍　導演：馮小剛　攝影：楊小雄
主演：葛優　吴倩蓮　傅彪

韓冬把旅行社老闆阮大偉住在醫院的新加坡女友小蕓接回家，以此向阮大偉索討拖欠了一年的車錢。小蕓漸漸地看出了阮大偉的爲人，又了解韓冬要錢是爲了供養已是植物人的姐姐，他的真情感動了她，並得到了她的愛情。

張元（1963—）

導演。籍貫江蘇，自幼學習繪畫。1989年北京電影學院獲學士學位，畢業後個人集資獨立製片。被美國《時代週刊》推選爲"21世紀世界百名青年領袖"之一。主要作品有《媽媽》、《北京雜種》、《兒子》、《東宫西宫》、《過年回家》、《瘋狂英語》、《緑茶》、《江姐》、《我愛你》等。

中國電影集團公司掛牌成立

經國家經貿委批准，由國家廣電總局直屬的中國電影公司、北京電影製片廠、中國兒童電影製片廠、中國電影器材公司、中國電影合作製片公司、華韻影視光盤公司、電影頻道節目製作中心等8家電影企業單位共同組建的中國電影集團公司正式成立。童剛任中國電影集團公司董事長兼總經理；韓三平任副董事長；閻曉明任黨委書記。

張藝謀拒絶參加戛納電影節

張藝謀因不滿西方對其電影《一個都不能少》的解讀方式，致函本屆戛納電影節主席，決定撤回影片《一個都不能少》和《我的父親母親》，退出1999年的戛納國際電影節，從而代表中國導演首次向西方電影節説〝不〞。

張藝謀致戛納電影節主席的信

尊敬的雅哥布主席閣下：

我決定將《一個都不能少》和《我的父親母親》這兩部影片從您那裏撤回，不參加今年的戛納電影節，因爲我覺得您對這兩部電影有很嚴重的誤解，這種誤解是我所不能接受的。

我的這兩部片子都是關於愛的主題。《一個都不能少》表達了我們對孩子的愛心和對我們這個民族整體文化素質現狀和未來的憂慮。《我的父親母親》謳歌愛情的至真至純。這是人類共同擁有、頌讚的情感，然而令人不解的是閣下竟以〝政治〞的理由對影片加以指責，這不能不説是一種政治與文化的偏見。

長期以來，我一直非常熱心和積極地參加戛納電影節。戛納在我心目中有着重要的位置，像世界上許多其他導演一樣，能入圍戛納常常被我視爲榮譽。但今天，我決定退出是因爲我對貴節珍視藝術的宗旨産生了動摇。我很遺憾最後是這樣的結果。

一部電影的好與壞，每個人可以有不同的看法，這是很正常的。但我不能接受的是，對於中國電影，西方長期以來似乎只有一種〝政治化〞的讀解方式：不列入〝反政府〞一類，就列入〝替政府宣傳〞一類。以這種簡單的概念去判斷一部電影，其幼稚和片面是顯而易見的。我不知道對於美國、法國、意大利等國導演的作品您是否也持有這種觀點。

我希望這種歧視中國電影的情況以後會慢慢改變，否則它不僅僅是對我，而且對於所有的中國導演，包括後繼的年輕導演們的作品都是不公平的。

您的朋友：張藝謀

抗議美國導彈襲擊我駐南聯盟使館，全國暫停放映美國電影

中國電影發行放映協會呼籲全國各電影發行放映單位暫停放映美國電影抗議美國導彈襲擊我駐南聯盟使館。同時，電影頻道暫停播出美國影片及與其相關的欄目。

5月9日，首都電影界舉行座談會，强烈抗議以美國爲首的北約轟炸我國駐南聯盟大使館的暴行，堅決擁護我國政府對此問題的嚴正立場和聲明。13日出版的《中國電影報》頭版用大字刊登通欄標題：〝中國電影界强烈譴責以美國爲首的北約暴行〞。

1998年度中國電影華表獎和第3屆夏衍電影文學獎頒獎典禮在北京舉行

5月20日，國家電影電視總局舉辦的1998年中國電影華表獎頒獎典禮在北京國安劇場隆重舉行，第3屆夏衍電影文學獎同時頒獎。來自社會各界的24名評委經過十天的觀摩、討論，評選産生了優秀故事片等十五個獎項。

1998年度中國電影華表獎獲獎名單

優秀故事片：《春天的狂想》（北影），《男婦女主任》（長影），《世紀之夢》（湖北），《快樂老家》（天津），《一個都不能少》（廣西），《故園秋色》（瀟湘），《不見不散》（紫禁城），《龍飛鳳舞》（珠影），《良心》（天山），《上海紀事》（上影）；優秀兒童片：《成長》（兒影），《冰上小虎隊》（龍江），《草房子》（南京）；優秀譯製片：《拯救大兵瑞恩》（八一）；優秀戲曲片：《閻家灘》（河南省電影發行放映公司、南陽市文化局）；優秀美術片：《雪狐》（上海美影）；優秀紀録片：《共和國主席劉少奇》（新影），《揮師三江》（八一），《越過太平洋》（新影）；優秀科教片：《基因與轉基因動物》（北京科影），《良種包衣》（北京科影），《防止稻飛虱》（上海科影）；優秀編劇獎：張笑天（《世紀之夢》），張繼，何慶魁，趙德平（《男婦女主任》）；優秀導演獎：孫沙（《快樂老家》），張藝謀（《一個都不能少》），滕文驥（《春天的狂想》）；優秀男演員：邵兵（《春天的狂想》），趙本山（《男婦女主任》）；優秀女演員：徐帆（《不見不散》），梅婷（《紅色戀人》）；優秀電影技術獎：《紅娘》（北影）；電影新人獎：郭小櫓（《網絡時代的愛情》編劇），金琛（《網絡時代的愛情》導演），王煒（《快樂老家》男演員），何苗（《快樂老家》女演員）；優秀對外合拍片獎：《長江》（中國電影科學技術研究所、日本電通TEC）；評委會獎：《網絡時代的愛情》（西影、廣東東亞音像製作有限公司），《遥望查里拉》（峨影），袁泉（《上海紀事》、《春天的狂想》演員）。

廣電總局和文化部在全國舉辦慶祝建國50週年優秀影片展映活動

8月20日—10月15日，廣電總局和文化部在全國舉辦慶祝建國50週年優秀影片展映活動。展映活動將展映18部優秀國産新片；24部優秀國産影片；在農村展映8部16mm影片。此次展映活動具有代表性廣、典型性强、題材新穎獨特、内容樣式百花齊放的特點，充分體現了弘揚主旋律，提倡多樣化的宗旨。

慶祝建國50週年優秀影片展映活動海報

參加展映活動的18部優秀國産新片有：《國歌》、《大進軍——大戰寧滬杭》、《春天狂想曲》、《横空出世》、《世紀之夢》、《我的1919》、《緊急迫降》、《衝天飛豹》、《冰與火》、《黄河絶戀》、《故園秋色》、《共和國之旗》、《幸福花園》、《寶蓮燈》、《猫咪小貝》、紀録長片《中國1949》、《東方巨響》、《長江》。

此次展映活動復映影片有：《南征北戰》、《董存瑞》、《上甘嶺》、《五朵金花》、《紅色娘子軍》、《甲午風雲》、《小兵張嘎》、《早春二月》、《冰山上來客》、《喜盈門》、《孫中山》、《百色起義》、《開國大典》、《焦裕禄》、《大決戰》、《周恩來》、《孔繁森》、《大轉折》、《紅河谷》、《離開雷鋒的日子》、《喜蓮》、《鴉片戰爭》、《花季·雨季》、《男婦女主任》。

在農村展映的8部16mm影片有：《男婦女主任》、《一個都不能少》、《媳婦你當家》、《良心》、《不能没有你》、《遥望查里拉》、《快樂老家》、《揮師三江》。

“新中國電影50年研討會”和“新中國電影50年藝術展”

爲了慶祝中華人民共和國成立50週年，中國電影藝術中心於1999年8月24日至27日，舉辦〝新中國電影50週年研討會〞。來自全國各地的電影理論工作者與電影創作人員代表60餘人全面深入探討有關新中國電影的各個方面，回顧半個世紀電影發展歷程，總結歷史經驗，探求電影藝術規律，爲21世紀中國電影事業全面發展做好理論準備。

研討會期間同時舉辦〝新中國電影50週年藝術展〞，它由三個部分組成，内容分别爲：〝電影·新中國〞。〝劇照·肖像·新聞照攝影藝術集萃〞，〝電影海報·收藏與欣賞〞。該藝術展將以大量珍貴的圖片和實物及文物資料展示新中國電影50年走過的道路。

故事片《一個都不能少》獲威尼斯電影節“金獅獎”

張藝謀捧回“金獅獎”

9月12日，由張藝謀導演的影片《一個都不能少》在第56屆意大利威尼斯電影節上榮獲電影節最高獎項金獅獎。同時還獲聯合國教科文組織最佳影片獎、天主教影評人“兒童與電影”最佳影片獎、意大利《電影》雜誌最佳影片獎和意大利青年文化中心、青年電影協會“青年與夢想”最佳影片獎。

張藝謀在回答《一個都不能少》這樣非常中國化的題材何以在中國之外贏得好評時説：“對另一種文化環境中的人來説，要想打動他們，你的作品無法借助什麼背景，只能靠電影本身，靠創作者的真誠。”

《一個都不能少》劇照

《一個都不能少》

出品：廣西電影製片廠
編劇：施祥生
導演：張藝謀　攝影：侯詠
主演：魏敏芝　張慧科
　　　田正達　高恩滿

高老師要回家，魏敏芝來代一個月課。高老師臨走時再三叮囑魏敏芝，一定要把28個學生看住，一個都不能少。10歲的張慧科因家裏欠債無力償還，到城裏打工。魏敏芝決心把張慧科找了回來。

“海峽兩岸電影半個世紀——謝晉、李行影展”在上海、臺北舉行

9月17日—25日，謝晉率領由著名演員劉瓊、秦怡、潘虹、濮存昕、謝衍等一行20人組成上海電影代表團前往臺北參加“海峽兩岸電影半個世紀——謝晉、李行影展”活動。

9月19日—23日，在臺北市春暉院線的絶色影城放映了謝晉的6部代表作品。

10月下旬，李行率領臺灣著名演員秦漢等人來上海參加作爲第四屆上海國際電影節一項活動內容“海峽兩岸電影半個世紀——謝晉、李行影展”。

第4屆上海國際電影節舉行

第4屆上海國際電影節10月21日在上海浦東國際會議中心開幕。電影節期間，決出包括金爵獎（故事片大獎）、最佳男女演員獎、最佳導演獎在內的各項大獎。

擔任本屆電影節組委會主席的是我國著名導演吴貽弓。擔任本屆評審工作的6位國際評委分别是：法國著名女演員卡洛爾·布蓋、俄羅斯著名導演羅茨托夫斯基、日本導演降旗康男、意大利導演保爾·維爾奇、韓國導演樸光誅以及中國導演鄭洞天。本屆電影節包括五大洲46個國家的386部影片參賽參展，其中正式參賽作品19部，中國參賽片是《春天的狂想》、《一代天驕成吉思汗》及《冰與火》。這19部參賽影片一是分佈國家具有代表性，二是題材比較豐富，三是形式多樣化，四是表現手法各異。

第8屆中國電影金鷄百花電影節在瀋陽舉行

爲期5天的第8屆中國金鷄百花電影節在瀋陽落下帷幕。今年是電影創作大年，國産影片佳作迭出，使金鷄各獎項的提名數量有所增加，其中最佳故事片入圍影片多達6部，競爭激烈，最後由獲本屆金鷄獎6項提名的《那人那山 那狗》捧走了該項金鷄獎杯。張藝謀因《一個都不能少》首次獲最佳導演獎。

出席頒獎晚會的王庚年副局長在接受記者採訪時説：“這次評獎從提名到最後得獎的影片應該説是題材廣泛，風格多樣，代表了1998年到1999年國産影片的創作水平。今年是大慶之年也是中國電影的豐收之年，數量上突破100部已成定局，影片質量明顯提高，有分量的影片多於往年，從這次電影節在瀋陽放映情況看也是深得觀衆喜愛的。”

第19屆中國電影金鷄獎獲獎名單

最佳故事片：《那山 那人 那狗》（瀟湘），最佳紀録片：《共和國主席劉少奇》（新影）；最佳科教片：《征服病毒病》（北京科影）；最佳美術片：《寶蓮燈》（上海美影）；最佳兒童片：《草房子》（南京）；最佳編劇：曹文軒（《草房子》）；最佳導演：張藝謀（《一個都不能少》）；最佳導演處女作：《網絡時代的愛情》金琛；最佳男主角獎：滕汝駿（《那山 那人 那狗》）；最佳女主角獎：寧靜（《黄河絶戀》）；最佳男配角獎：杜源（《草房子》）；最佳女配角獎：袁泉（《春天的狂想》）；最佳攝影獎：趙非（《荊軻刺秦王》）；最佳録音獎：陶經（《荊軻刺秦王》）；最佳美術獎：屠居華、林琦（《荊軻刺秦王》）；最佳音樂獎：李戈（《黄河絶戀》）；最佳剪輯獎：劉小琴、杜媛（《網絡時代的愛情》）；最佳特技美術獎：馮小寧（《黄河絶戀》）；最佳化裝獎：張幫寵、尹瀟瀟、夏小玫（《國歌》）；最佳道具獎：易振洲、朱明（《荊軻刺秦王》）；最佳煙火獎：尹星雲、白存平、岑大松、申起進（《鐵血大動脈》）；最佳置景獎：沈忠培、侯福興（《上海紀事》）。

第22屆《大衆電影》百花獎獲獎名單

最佳故事片：《男婦女主任》（長影）、《紅娘》（北影）、《一個都不能少》（廣西）；最佳男演員：趙本山（《男婦女主任》）；最佳女演員：劉欣（《紅娘》）；最佳男配角：牛犇（《媳婦你當家》）；最佳女配角：李小紅（《銀幕戀情》）。

本年度在國際上主要獲獎情况

《紅河谷》獲伊朗第11屆曙光國際電影節最佳銀幕獎；

《荊軻刺秦王》獲第52屆戛納國際電影節電影技術最高委員會大獎；

《背起爸爸上學》獲第29屆瑞士吉福尼國際電影節銅神鷹獎；

《那山 那人 那狗》獲第23屆蒙特利爾國際電影節最受觀衆喜愛獎；

《一個都不能少》獲第56屆威尼斯國際電影節金獅獎；

《洗澡》獲加拿大多倫多國際電影節評委會大獎；

《洗澡》獲西班牙聖·塞巴斯蒂安國際電影節最佳導演獎；

《草房子》獲伊朗第11屆伊斯法罕國際電影節評委會特別大獎；

《網絡時代的愛情》獲第21屆比利時國際獨立電影節評委會特别獎；

《快樂天使》獲印度第11屆國際兒童電影節評委會特别獎；

《紅河谷》獲第11屆大馬士革國際電影節特别獎。

1999年（香港）

大事記

1月 亞太影院電影科技展首次於香港舉辦，嘉禾集團董事譚國雄獲得年度影院業者大獎。

3月17日 香港電影幕前幕後人員集體舉行頗具規模的抗議盜版遊行活動。

4月 余力爲執導的《天上人間》獲得第23屆香港國際電影節特別推薦獎。

7月1日 由香港中大電影創作室與新京都戲院合作，將新京都戲院改造爲香港第一間數碼多媒體影院。

7月3日 著名導演岳楓病逝，享年89歲。

7月13日 香港華南影聯成立50年，特舉辦“情繫香江50年”電影回顧展。

9月21日 香港演藝界人士爲救助臺灣地震災民發起“香港演藝界921傳心傳意大行動”。

12月 香港電影《星月童話》獲得第44屆亞太影展最佳攝影獎。

本年 香港電影資料館舉行“再現江湖”大型電影展，全面展示香港武俠片的歷史風貌。

邵氏以6億港元將七百多部電影版權授予馬來西亞財團Usaha Tegas Sdn Bhd(該財團稍後在香港成立天映娛樂有限公司)。

黄岳泰獲得第11屆香港專業攝影師學會年奬，1998年度最傑出攝影奬。

重要影片

《千言萬語》

出品：卡士電影公司
編劇：陳健忠
導演：許鞍華
主演：李康生　黄秋生
　　　謝君豪　李麗珍
　　　鮑起靜

《千言萬語》劇照

蘇鳳娣失憶，照顧她的李紹東努力幫她找回記憶：從小在船屋長大，一場大火，奪走了她的家庭。而後在友人的支持下，投入了爲弱勢族群爭取權利的社會運動生涯。她身邊有3個男人，一個是她年少時相識的同齡好友李紹東，一個是引領她進入社會運動的大學生邱明寬，而另一個則是紹東的精神導師神父甘仔。紹東對她一往情深，却只能看着她爲邱明寬迷戀。蘇懷了邱的孩子，邱讓紹東帶着她到深圳墮胎。紹東決定留在大陸，而蘇與邱分手了。

獲第19屆香港電影金像獎最佳影片；第36屆臺灣電影金馬獎最佳劇情片、最佳導演、最佳女主角（李麗珍）、最佳美術設計、最佳造型設計（潘炎森）；第5屆金紫荆獎最佳男主角（黄秋生）、最佳女主角等。

《爆裂刑警》

出品：美亞公司
編劇：鄭凱光　葉偉信　張問
導演：葉偉信
主演：古天樂　吴鎮宇　黎耀祥
　　　羅蘭　林美貞

吴鎮宇飾演一個大好人，然而經常火爆失控，原來他患上了難以治療的“亨氏舞蹈症”，因此他極力想在正式發作之前保持正常。吴與古天樂租用了“四婆”羅蘭的住所，四婆孤苦兼痴呆，誤會他倆是失散親人，那種家庭親情使他倆大受感動。

本片大部分場景、時間都只發生在一個不大的老住宅單位，但是却拍出香港“混凝土森林”背後的人情；雖是警匪片，但不見有火爆激情，更没有血腥暴力。是都市電影難得的佳作。獲第6屆香港電影評論學會大奬最佳編劇、最佳男演員（吴鎮宇）、最佳女演員（羅蘭）；第19屆香港電影金像獎最佳女主角（羅蘭）；第5屆金紫荆獎最佳女配角（林美貞）等。

《爆裂刑警》海報

《心動》海報

《心動》

出品：寰亞　東寶東和
編劇：張艾嘉　關皓月
導演：張艾嘉
主演：金城武　梁詠琪　莫文蔚
　　　張艾嘉　金燕玲

他對她一見傾心。之後兩人像一般的小情侶，有段純情、甜美的相戀時光。然而，雙方家長反對、她的好友也不肯諒解，因爲好友愛上了她。在承受不住太多壓力之下，她選擇逃離情人與好友。

獲第19屆香港電影金像獎最佳編劇、最佳美術指導。

特區政府振興香港影業發展基金申請通過

香港特區用以振興香港影業的一億元電影發展基金，第一批申請書已經審核，其中四份原則上通過：1. 香港金像獎協會有限公司籌辦的〝國内電影製片廠電影合作及創作交流團〞，目的爲開拓香港電影業在國内發展機會。2. 香港電影美術協會舉辦〝美術從業人員培訓計劃〞。3. 香港影業協會印製有關香港電影的資料目録。4. 由香港電影導演會、香港藝術中心、香港貿易發展局、影協及香港電影製作發行協會合辦的香港及亞洲電影製作合作拍攝計劃。

第5屆香港電影評論學會大獎

最佳電影：《野獸刑警》，最佳導演：杜琪峰（《真心英雄》），最佳編劇：司徒錦源、游乃海、周燕嫻（《非常突然》及佚名《超時空要愛》），最佳男演員：黄秋生（《野獸刑警》），最佳女演員：吴君如《古惑仔情義篇之洪興十三妹》。

第18屆香港電影金像獎

最佳影片：《野獸刑警》，最佳導演：陳嘉上、林超賢（《野獸刑警》），最佳編劇：陳嘉上（《野獸刑警》），最佳男主角：黄秋生（《野獸刑警》），最佳女主角：吴君如（《洪興十三妹》），最佳男配角：譚耀文（《野獸刑警》），最佳女配角：舒淇（《洪興十三妹》），最佳新演員：謝霆鋒（《新古惑仔之青午激情篇》），最佳攝影：黄岳泰（《不夜城》），最佳剪輯：麥子善、彭發（《風雲之雄霸天下》），最佳美術指導：何劍雄（《風雲之雄霸天下》），最佳服裝設計：利碧君（《風雲之雄霸天下》）最佳動作指導：成龍（《我是誰》），最佳音樂：陳光榮（《風雲之雄霸天下》）。

第4屆香港金紫荆獎

最佳影片：《野獸刑警》，最佳導演：陳嘉上（《野獸刑警》），最佳導演：林超賢（《野獸刑警》），最佳編劇：周燕嫻、司徒錦源、游乃海（《非常突然》），最佳男主角：黄秋生（《野獸刑警》），最佳女主角：吴君如（《古惑仔情義篇之洪興十三妹》），最佳男配角：譚耀文（《野獸刑警》），最佳女配角：舒淇（《玻璃之城》），最佳攝影：馬楚成（《玻璃之城》），終身成就獎：胡鵬。

主要影片目録

本年度香港共出品影片163部。

嘉禾（中國）《玻璃樽》、《辣椒教室》

永盛娱樂／最佳拍檔《黑馬王子》、《賭俠大戰拉斯韋加斯》

新達寶《追金行動》、《黑風客棧》

寰亞《特警新人類》、《半支煙》

勝者《護花情迷》、《藍色情迷》、《玉蒲團第一輯之極樂寶鑒》

中大《第100日》、《失約時空》、《好兄吾兄》

中國星《鎗火》、《我愛777》、《笨小孩》

美亞《爆裂刑警》、《甜言蜜語》

潤萬《陰陽路之凶週刊》、《新家法》

時代動感《反骨仔》、《山村老屍》

天下《失業皇帝》

其他《愛情夢幻號》（東方、飛圖）、《天旋地戀》（喜盛）、《車站》（聲寶）、《喜劇之王》（星輝海外）、《星月童話》（美亞／博報堂/Media Factory Inc.）、《陰魂不散》（海豐）、《再見阿郎》（銀河映像）、《醫神》（東方）、《天上人間》原名《阿英》（胡同／梁家輝）、《黑道風雲之收數王》（亞洲第一）、《陰差陽錯》（景毅）、《中華英雄》[嘉禾電影（中國）／先濤數碼／最佳拍檔／銀都]、《真心話》（星霖電影／無限影畫）、《流氓學生》（東方／延平）、《玫瑰的故事(千禧版)》（花生映社）、《千王之王2000》（最佳拍檔）、《龍虎列傳＆龍虎列傳——血洗天煞教》（專業）、《七月又十四之信不信由你》（演峰）、《星願》[嘉禾電影（中國）／得利影視/銀都機構]、《天使之城》（影音使團）、《愛滋初體驗》（新力量動畫）、《怪談之魔鏡》（東方/文華）、《女色狼》（王晶創作室）、《心動》（寰亞／東寶東和）、《暗戰》（永盛）、《驚天動地》（天洪／嘉佳育樂）、《流星語》（創意聯盟）、《龍在邊緣》（晶藝）、《生命只剩一小時》（利星）、《陽光警察》（嘉禾）、《化骨龍與千年蟲》（金馬娱樂）、《迷失森林》（火馬）、《緣分2000》（思遠）、《娱樂之王》（亞洲第一）、《唐朝禁宫秘史》（銀海影視）、《千禧巨龍》（中華影業）、《千言萬語》(卡士)

2000年（大陸）

大事記

1月15日 《當代電影》2000年第1期發表王庚年《答本刊記者問》中提出：中國電影已經實現第三次創作高潮。

1月20—21日 首次"電視電影創作研討會"在北京舉行。

2月1日 北京35家影院實行"計算機聯網售票管理"

2月上旬 江蘇省高級人民法院開庭審理廣州國際華僑投資公司狀告江蘇長江影業有限公司瞞報影片《下輩子還做母子》票房案。

3月12日 北科影舉行建廠40週年紀念大會。

3月26—28日 廣電總局召開全國電影工作會議。

4月15日—5月8日 第七屆北京大學生電影節舉行。

5月9日 鞏俐被聯合國教科文組織任命爲"促進和平藝術家"。

5月18日 新中國成立50週年全國優秀影片影評徵文比賽頒獎典禮在北京舉行。

6月1日 中國電影家協會主辦的《大衆電影》雜誌創刊50週年。

6月6日 中宣部下發《關於貫徹落實〈關於進一步深化電影業改革的若干意見〉的通知》。

6月中旬 中國電影製片人協會等聯合呼籲嚴打電影走私盜版活動。

6月底 國家廣電總局、國家計委、文化部聯合下發《關於進一步實施農村電影放映"2131"工程的通知》。

7月中旬 瀟湘影視傳播有限責任公司暨瀟湘電影院線成立。

8月17日 大陸電影界第一家股份制生産企業西影股份有限公司成立。

8月23日 第5屆中國長春電影節舉行。

9月10日 第10屆上海影評人獎十佳影片評選揭曉。

9月13—21日 在第7屆朝鮮平壤不結盟發展中國家電影節上，中國影片《國歌》和《緊急迫降》分獲銅火炬獎和最佳攝影獎(楊濤)，《黄河絶戀》獲特別獻映獎。

10月5日 北京電影學院慶祝建院50週年，江澤民、李鵬分别題詞祝賀。

10月5日 北京電影學院舉辦成立50週年紀念活動。

10月25日 廣電總局、外經貿部、文化部以部長令形式發佈《外商投資電影院暫行規定》。

10月30日 第四屆夏衍電影文學獎頒獎儀式在杭州舉行。

11月3日—30日 四川成都出現"5元錢"電影票事件，引起社會廣泛關注。

重要影片

《紫日》海報

《紫日》

出品：紫禁城影業公司
上海永樂電影電視集團公司
編導：馮小寧
攝影：馮小寧
主演：富大龍　前田知惠
安娜·捷尼拉洛娃

第二次世界大戰後期，蘇軍衝破日軍大興安嶺戰線，救出了集中營中唯一的幸存者，並將他同傷病員一起送往後方，但在途中却誤入日軍防區，一場混戰後，僅剩的三個人逃入了茫茫的林海，這三個不同國籍，語言不通，相互敵對的人之間展開了一場驚心動魄的衝突。

《幸福時光》

出品：廣西電影製片廠　珠海振戎公司
北京新畫面影業有限公司
編劇：鬼子
導演：張藝謀
攝影：侯詠
主演：趙本山　董潔

單身漢老趙相中了胖女人，因他謊稱是幸福時光大酒店的老闆。胖女人要其爲前夫留下的盲女在酒店安排工作，在工友們的幫助下，老趙在廠房内搭建起一間按摩室，爲盲女提供了上班的機會，從此，在工友和盲女之間，老趙和盲女之間展開了感人而又令人啼笑皆非的故事。

《幸福時光》海報

《押解的故事》

出品：北京電影製片廠
編劇：齊星
導演：王凉　齊星
攝影：王凍
主演：傅彪　戈治鈞　李占河　李雲娟

一老一少兩個鄉級派出所的普通警察，將長期流竄在外的詐騙嫌疑人捉捕歸案並押送回原籍。費盡千辛萬苦的行程中，三人通過多日的接觸，彼此都了解了對方並建立了深深的友誼。

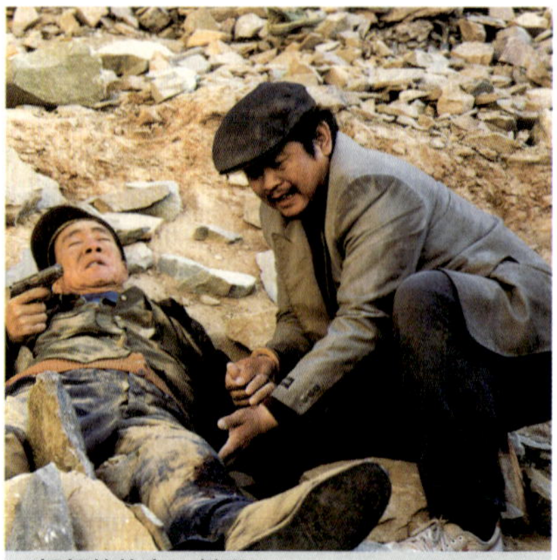
《押解的故事》劇照

《英雄鄭成功》劇照

《英雄鄭成功》

出品：瀟湘電影製片廠　福建電影製片廠
編劇：張冀平
導演：吴子牛
攝影：伊・呼和烏拉
主演：趙文卓　蔣勤勤　島田揚子

明末，政局動蕩，荷蘭殖民者侵佔我國領土臺灣。面對内憂外患，鄭成功主動向隆武皇帝請纓。不久，鄭成功領兵攻克厦門，在臺灣同胞的協助下，終於收復臺灣，結束了荷蘭38年的殖民統治。

《走到底》

出品：西安電影製片廠
編劇：刁亦男
導演：施潤玖
攝影：王昱
主演：姜武　莫文蔚　張震岳

莫莉搭乘小王的車去見自己的男友阿東，而此時她根本不知阿東正爲了價值連城的古刀幣籌劃着一場黑吃黑的搶劫。劫案發生，小王和莫莉却成爲了阿東的人質。黑社會勢必要搶回寶物，警方更不能坐視不理，一場驚心動魄的追蹤就此展開。

《走到底》海報

《月圓今宵》

出品：天津電影製片廠
編劇：李維　陶玲芬
導演：陳力
攝影：黄山
主演：奚美娟　彭玉　張惠中　高强

講述了一位女幹部凌宇應聘到居委會工作的故事。影片展現了新一代社區工作者的精神風貌，歌頌了他們的奉獻精神。

《月圓今宵》劇照

影片目録（共83部）

中影集團《聊齋·席方平》、《藍色愛情》、《呼我》、《夏日暖洋洋》、《一聲嘆息》、《相伴永遠》、《押解的故事》、《天邊的駱駝》、《防守反擊》、《蝴蝶的微笑》、《誰來傾聽》、《一曲柔情》、《庭院裏的女人》、《會飛的花花》、《娃娃唱大戲》、《歡樂公主》、《足球大俠》、《無聲的河》、《大驚小怪》、《好女不愁嫁》、《馬陵道》、《龍旋風》、《卧虎藏龍》

上影《生死抉擇》、《新十字街頭》、《詹天佑》、《飛天舞》、《第一次的親密接觸》、《家在樹德坊》

長影《千萬里追尋你》、《美麗的白銀那》、《留住心中的月亮》、《南國風雲》、《毛澤東與斯諾》

珠影《走出硝煙的女神》、《陌路相逢》

峨影《龍鳳門智蟠龍坊》、《彩練當空舞》

西影《葵花劫》、《菊花茶》、《啞巴女人啞巴彈》、《走到底》、《家在遠方》、《拳神小子》

瀟湘《千年等一天》、《英雄鄭成功》、《地上最强》

廣西《幸福時光》、《孤島恩怨》

内蒙古《珠拉的故事》、《康家大院的新媳婦》

天山《陌路情戀》、《真心》、《滴血的秘密》

上海永樂《永遠十九歲》、《孽海恩怨》、《拯救愛情》、《步步驚心》

紫禁城影業《美麗的家》、《刮痧》、《紫日》

天津《月圓今宵》、《揚起你的笑臉》

南京《劉天華》、《父親・爸爸》

山西《小鎮大款》、《走過嚴冬》、《白天鵝的故事》

其他《别惹我》（銀都機構）、《河流》（遼寧）、《爲人之母》（浙江）、《可可的魔傘》（上美）、《山鄉情悠悠》（安徽）、《英雄無語》（寧夏）、《芬芳誓言》（中國影協重慶市九重影視文化藝術發展中心有限公司）、《血染的煙花》（湖北）、《喜從天降》（上海求索）、《女足九號》（上海謝晉影視）、《春打六九頭》（河北）、《因爲有愛》（深圳）、《考試一家親》（雲南）、《公正的心》（福建）、《真味小厨王》（青影）。

《菊花茶》劇照

《菊花茶》

出品：西安電影製片廠　陝西恒泰科工貿有限公司
編劇：陳建斌　金琛　導演：金琛　攝影：黄煉
主演：陳建斌　吴越　何濤　張中傑　邱渝貞

鐵路工人馬建新與患有先天性心臟病的青年女教師李衛華結婚，但由於李衛華的病，他們只能做一對像朋友一樣的夫妻。李衛華突然病倒了，當馬建新找到獨自在戈壁灘的李衛華時，才發現李衛華更需要的東西。

《刮痧》劇照

《刮痧》

出品：紫禁城影業公司
編劇：王小平　導演：鄭曉龍　攝影：黄岳泰
主演：梁家輝　蔣雯麗　朱旭　朱曉潛

許大同在美國八年，成爲電玩遊戲專家。由於剛從中國來到美國的爺爺爲孫子丹尼斯刮痧治病，成爲許大同虐待孩子的證據，被美國法庭剥奪了監護權。許大同離開妻子和孩子，没了工作。聖誕夜，他思念親人，化裝成聖誕老人回到家中，不料警車呼嘯而來。

《夏日暖洋洋》劇照

《夏日暖洋洋》

出品：中國電影集團公司　北京電影製片廠
　　　北京華誼兄弟廣告有限公司　北京幸福村文化交流有限公司
編劇：寧岱　寧瀛　導演：寧瀛　攝影：高飛
主演：余雷　陶紅　左柏韜　蓋奕

出租司機德子同林芳去辦離婚手續時，心裏真有點後悔。等他眼睜睜地看着林芳居然跟自己的鄰居、他舊日的一個哥們兒跑了，心裏才回過味來。

《藍色愛情》劇照

《藍色愛情》

出品：中國電影集團公司北京電影製片廠　電影頻道節目製作中心
編劇：思蕪　東舟　導演：霍建起　攝影：趙鐳
主演：袁泉　潘粤明

自幼喜歡美術的邰林没有能走向通往藝術的道路，而是子承父業上了警校，最終成了一名刑警。一天傍晚，邰林遇到一個話劇團體驗生活的女孩劉雲，劉雲求他幫忙找一個叫馬白駒的人，熱戀中的雙方都不曾想到他們要找的馬白駒却牽扯上一樁二十年前的兇殺案。

“電視電影創作研討會”在北京舉行

1月20—21日，由電影頻道節目中心、中國電影藝術研究中心和《當代電影》編輯部聯合主辦的國内首次“電視電影創作研討會”在北京舉行。

與會者就“電視電影的歷史與現狀”、“電視電影的創作規律”、“電視電影的藝術特點”、“電視電影的本體”、“電視電影作品評論”、“電視電影製作經驗”、“電視電影的發展前途”等方面的問題進行了研討。

自1999年3月電影頻道製作第一部電視電影《別了冬天》，一年來電視電影作爲新的藝術增長點和經濟增長點，受到各界的關注。截止到1999年12月31日，電影頻道電視電影部共收到劇本991部，立項131部，約佔13%。去年電視電影總投資6000萬元，現已完成110部作品，正在製作中15部。

廣電總局召開全國電影工作會議

3月2日—28日，由國家廣電總局主持的“全國電影工作會議”在北京舉行。會議總結了1999年電影工作的經驗，佈置了進一步繁榮創作、深化電影行業（特别是發行放映行業）改革的任務。大會還就《關於深化電影業改革的若干意見》、《關於建立35毫米影片交易中心單拷貝銷售的實施細則》、《關於加强宏觀調控發行放映好國產影片的實施細則》等進行了討論。

1999年度中國電影華表獎頒獎典禮在北京舉行

1999年度中國電影華表獎頒獎典禮在北京舉行，《橫空出世》、《大戰滬寧杭》、《國歌》、《緊急迫降》、《我的1919》、《黄河絶戀》、《我的父親母親》、《女帥男兵》、《衝天飛豹》、《賽龍奪錦》等10部優秀故事片在24部入圍影片中脱穎而出，躋身"十佳"。這是一個首次由電影頻道節目製作中心承辦的隆重熱烈的盛會，是電影人喜慶的日子。在這一年裏，一大批思想精深、氣勢恢弘、藝術講究、情節精彩、人物生動、製作精良的優秀影片共同創造了中國電影的第三次高潮，中青年導演成爲主力。

1999年度中國電影華表獎獲獎名單

優秀故事片獎：《橫空出世》（北影、電影頻道），《大進軍——大戰寧滬杭》（八一），《國歌》（瀟湘），《緊急迫降》（上影），《我的1919》（西影、電影頻道、北影），《黄河絶戀》（上海永樂），《女帥男兵》（天津、電影頻道），《我的父親母親》（廣西），《賽龍奪錦》（珠影），《衝天飛豹》（青影、電影頻道）；優秀少年兒童片獎：《歡舞》（河北、上海謝晉中路影視有限公司），《鼓手的榮譽》（兒童影、電影頻道、中影集團），《會唱歌的土豆》（天山、上海嘉禾）；優秀戲曲片獎：《我愛我爹》（河南）；優秀電影技術獎：《緊急迫降》（上影）；優秀紀録片獎：《中國1949》（新影），《東方巨響》（八一），《夜上海》（上海科影）；優秀科教片獎：《征服病毒病》（北京科影），《簡易無土栽培》（北京科影），《棉籽脱絨包衣》（北京科影）；優秀美術片獎：《寶蓮燈》（上海美影），《猫咪小貝》（北京科影）；優秀對外合拍片獎：《西洋鏡》（北影、美國子安）；外國影片優秀譯製獎：《諾丁山》（上海譯製）；優秀編劇獎：黄丹、唐婁彝（《我的1919》、《西洋鏡》），馮小寧（《黄河絶戀》），孫曉青、繆魯（《女帥男兵》）；優秀導演獎：陳國星（《橫空出世》），吴子牛（《國歌》），張建亞（《緊急迫降》）；優秀男演員將：陳道明（《我的1919》），李雪健（《橫空出世》）；優秀女演員獎：陳瑾（《橫空出世》、《歡舞》），蔣雯麗（《女帥男兵》）；電影新人獎：曹保平（《衝天飛豹》編劇），管虎（《再見，我的1948》導演），黄格選（《歡舞》男演員），陳曦（《冰與火》女演員）；評委會獎：影片：《明天我愛你》（山西），《眷戀》（長影、大慶石油管理局），《冰與火》（上影），《共和國之歌》（北京紫禁城、電影頻道），《幸福花園》（雲南），《世紀大閲兵》（八一）；導演：黄健中（《我的1919》），陳力（《歡舞》）。

陳瑾

演員。出生於山東。1987年畢業於山東藝術學院戲劇系，同年任中國人民解放軍空軍政治部話劇團演員。代表作品有《橫空出世》、《歡舞》、《公正的心》等。

李幼斌（1958— ）

演員。吉林長春人。1974年入長春話劇團任演員；現任八一電影製片廠演員。代表作品有《飛虎隊》、《橫空出世》、《驚濤駭浪》、《驚心動魄》等。

演員趙麗蓉病逝，北京上萬人自發爲她送行

7月17日，著名表演藝術家趙麗蓉在北京逝世，終年72歲。

趙麗蓉（1928—2000）

原籍天津寶坻縣。8歲開始唱戲，1952年正式進入總政評劇團，後又調入中國評劇團。主演劇目有《花爲媒》、《紅白喜事》、《楊三姐告狀》等。與新鳳霞演唱的"報花名"成爲評劇舞臺上最常演出的經典唱段之一。1990年參加影片《紅樓夢》的拍攝，飾演片中的劉姥姥。1991年參加影片《過年》的拍攝，飾演母親，該片獲得1991年度廣播電影電視部優秀故事片獎，東京電影節最佳女演員；她獲得第十五屆《大衆電影》"百花獎"最佳女演員獎。1991年9月東京國際電影節最佳女主角獎。

四部委聯合通知組織觀看影片《生死抉擇》

由上海電影製片廠拍攝的影片《生死抉擇》,以彭湃的激情塑造了李高成、楊誠等有血有肉的領導幹部形象,他們在金錢與人情面前所表現出的浩然正氣令人嘆服,從他們身上折射出黨和政府反對腐敗、從嚴治黨的決心。

中共中央紀委、中央組織部、中央宣傳部、國家廣播電影電視總局聯合發出通知,要求各級紀委、黨委組織部門和宣傳部門認真組織廣大黨員、幹部,尤其是縣級以上黨政領導班子和領導幹部觀看上海電影製片廠最新攝製的影片《生死抉擇》。

《通知》説,爲了進一步發揮這部影片的宣傳教育作用,推動黨風廉政建設和反腐敗鬥爭的深入開展,現將有關事項通知如下:

一、各級紀委、黨委組織部門和宣傳部門要認真組織廣大黨員、幹部,尤其是要組織縣級以上黨政領導班子和領導幹部觀看這部影片。要將觀看影片作爲本單位開展“三講”教育和黨性黨風黨紀教育的一項重要內容。各基層黨支部要在觀看此片後,組織專題討論,使廣大黨員、幹部充分認識新形勢下黨中央從嚴治黨、開展反腐敗鬥爭的重大意義。各級領導幹部要從影片中接受教育和啓示,自重、自省、自警、自勵,講學習、講政治、講正氣,樹立正確的世界觀、人生觀、價值觀,經受住權力、金錢、美色的考驗,嚴格要求自己,嚴格要求自己的親屬和身邊的人,居安思危,戒奢以儉,兢兢業業,恪盡職守,堂堂正正做人,老老實實工作,全心全意爲人民服務。

二、各級廣播影視、文化行政主管部門,要與有關方面密切合作,共同做好影片的宣傳、發行和放映工作,積極擴大影片的社會影響,充分發揮影片的教育作用。

三、新聞單位要積極做好對影片的宣傳評介,加强正面引導。通過觀看這部影片,使幹部群衆受到一次深刻的反腐倡廉教育,增强反腐敗的信心,增强對黨的信任。

于本正(1941—)

導演。原籍遼寧丹東,生於上海。1963年畢業於上海電影專科學校導演系,任上海電影製片廠導演。代表作品有《漂泊奇遇》、《日出》、《走出地平線》、《紫紅色的皇冠》、《信訪辦主任》、《生死抉擇》等。

《生死抉擇》劇照

《生死抉擇》

出品:上海電影製片廠
編劇:賀子壯 宋繼高
導演:于本正
攝影:沈妙榮
主演:王慶祥 廖京生 左翎 雷明

海州市市長李高成在調查中陽紡織廠的問題時,發現以郭中姚爲首的領導班子已經爛掉,他們建立了一個龐大的關係網,掩蓋罪證,自己的妻、弟也在其中,後臺是省委副書記嚴陣。他動員妻子自首,把這伙腐敗分子送上了歷史的審判臺。

故事片《我的父親母親》獲柏林電影節“銀熊獎”

張藝謀於柏林當地時間2月20日晚在第50届柏林電影節上,以其新作《我的父親母親》再奪“銀熊”。張藝謀和該片女主角章子怡也成爲各大新聞媒體的焦點。電影節期間,張藝謀還獲得了意大利電影評論家及記者協會頒發的本年度“巴科”大獎,張藝謀成爲第一位獲此殊榮的亞洲人。鞏俐任本屆評委會主席。

《我的父親母親》

出品:廣西電影製片廠 北京新畫面影業公司
編劇:鮑十
導演:張藝謀
攝影:侯詠
主演:章子怡 孫紅雷 鄭昊

在城裏工作的駱玉生突然接到父親的死訊回家奔喪。奔喪期間,玉生充分感受到淳樸的鄉情和母親對父親深摯的懷念,他不由得回想起小時候就聽説過的父親和母親當年的愛情故事。

《我的父親母親》劇照

章子怡（1979— ）

演員。北京人。2000年畢業於中央戲劇學院，任國家話劇院演員。代表作品有《我的父親母親》、《卧虎藏龍》、《尖峰時刻2》、《武士》、《英雄》、《茉莉花開》、《紫蝴蝶》、《2046》、《十面埋伏》等。

《一聲嘆息》獲開羅電影節5項大獎

《一聲嘆息》在第24屆開羅國際電影節上獨得最佳影片、最佳男演員、最佳女演員、最佳編劇四項大獎和一項評委會特別獎。開羅當地媒體驚呼："本屆開羅國際電影節頒獎之夜是中國之夜。"

開羅國際電影節是具有國際影響的A級國際電影節之一。本屆電影節於11月7日至18日在開羅國家大戲院舉行。有來自46個國家的121部影片參賽，《一聲嘆息》在開羅國際電影節勝出，成爲第一部在國際高級別電影節上獲獎最多的國産影片。

《一聲嘆息》劇照

《一聲嘆息》

出品：北京電影製片廠　華誼兄弟影片公司　馮小剛工作室

編劇：王朔　導演：馮小剛　攝影：張黎

主演：張國立　徐帆　劉蓓　傅彪

製片人劉大爲爲了讓編劇梁亞洲儘快寫出劇本，已經把他一個人關在海南的一座臨海小樓裏整整兩個月了，並且從北京給他派來了女助手李小丹，負責照顧飲食起居，協助他按時交出劇本，然而事與願違，李小丹的到來非但没有使梁亞洲的創作進度加快，反而令他心猿意馬，兩個人竟不知不覺相愛了。

第5屆中國長春電影節

獲獎名單如下：

最佳華語故事片：《横空出世》(北影)；優秀華語故事片：《洗澡》(西影)《沙河悲歌》(臺灣)；最佳外語故事片：《美麗羅塞塔》(法、比)；優秀外語故事片：《八月裏的魚》(日)；最佳編劇：黄丹、唐婁彝、胡安《西洋鏡》；最佳導演：陳國星《横空出世》；最佳男主角：李幼斌《横空出世》；最佳女主角：湯娜《最後的獵鹿者》；最佳男配角：姜武《洗澡》；最佳女配角：陳瑾《横空出世》；評委會特別獎：《毛澤東與斯諾》、《爆裂刑警》(香港)。

北京華誼兄弟太合影視投資有限公司成立

12月8日，北京華誼兄弟太合影視投資有限公司成立。"華誼太合"公司的前身華誼兄弟廣告公司，《心理診所》、《罪證》、《荆軻刺秦王》、《我的1919》、《一聲嘆息》、《刮痧》及賀歲片《没完没了》、《防守反擊》等影視作品均出自其麾下。華誼兄弟廣告公司借在影視圈的知名度和影響力與太合控股有限公司一起融資達5000萬元，共同打造中國的影視航空母艦。

據該公司副總裁王一博士介紹："新公司"將不止局限於影視製作業，在進一步完善機制、加强影視製作環節工作的同時，將開展影視藝人經紀代理、影視不動産專項投資等業務，並和國内外優秀同行開展廣泛合作，特别是要探索同美國好萊塢影視巨人的合作可行性及可操作性。

徐帆

演員。生於武漢。1991年入北京人民藝術劇院任演員。代表作品有《大撤把》、《永失我愛》、《甲方乙方》、《愛情麻辣燙》、《不見不散》、《緊急迫降》、《一聲嘆息》、《手機》等。

夏衍誕辰100週年紀念活動在北京、杭州舉行

文化部、國家廣電總局、中國文聯、中國作協、中國人民對外友好協會、中國電影家協會今天共同舉辦座談會，紀念傑出的革命文藝家夏衍誕辰100週年。中共中央政治局常委、國務院副總理李嵐清發表講話，對夏衍一生給予了高度評價，並就文化界學習夏衍，進一步貫徹和實踐江澤民同志"三個代表"的重要思想，建設中國先進文化提出了希望和要求。有關方面負責人、文化藝術界代表、夏衍同志的親屬和生前好友等各界人士200多人出席了座談會。

10月28至31日，由中國文聯、中國電影家協會、浙江省文聯聯合主辦的夏衍誕辰100週年紀念活動在夏衍故鄉隆重舉行，200多位中國文化界、電影界知名人士聚集杭州。在爲期三天的紀念活動中，數十位著名的電影理論家和學者在夏衍百年學術研討會上宣講了他們的論文，對夏衍的學術思想和創作實踐進行了深入的探討。10月30日，在杭州舉辦"夏衍舊居"揭幕儀式。此外夏衍電影回顧展、夏衍捐贈珍藏書畫展也分別在浙江大學和浙江省博物館舉行。紀念革命文學家夏衍誕辰100週年系列活動生動展示了夏衍一生光輝的業績，崇高的人格風範，豐碩的創作成就和對中國革命和文化建設事業的卓越貢獻。紀念活動期間舉行了第4屆夏衍電影文學獎頒獎儀式。

夏衍誕辰100週年紀念活動在杭州舉行

第4屆夏衍電影文學獎評選獲獎名單

一等獎：空缺；

二等獎：《遥遠的包爾草原》（作者陳枰），《公安部長》（作者施建中、邸國强、劉星），《揚起你的笑臉》（作者張之路、廉越、猶學忠、盧東波）；

三等獎：《站警的日子》（作者蘇毅），《石月亮》（作者甘昭沛、良華），《衝出亞馬遜》（作者趙峻坊、王戈洪），《瓦格納的愛情》（作者王浙濱），《再別沈橋》（作者何可可、肖樂雯）。

本年度在國際上主要獲獎情况

《那山 那人 那狗》獲第31屆印度國際電影節評委會大獎；

《我的父親母親》獲第50屆柏林國際電影節銀熊獎；

《黑眼睛》獲法國第2屆多維爾亞洲電影節最佳女主角；

《一個都不能少》獲美國LA電影組織評選最佳國際電影獎；

《漂亮媽媽》獲第24屆蒙特利爾國際電影節最佳女主角；

《北京人》獲第18屆明尼阿波利聖保羅國際電影節最佳影片；

《國歌》獲第7屆平壤國際電影節銅火炬獎；

《緊急迫降》獲第7屆平壤國際電影節最佳攝影；

《一聲嘆息》獲第24屆埃及開羅國際電影節最佳男演員、最佳女演員、最佳編劇、特別表彰獎最佳影片；

《草房子》獲意大利第30屆青年電影節大獎；

《漂亮媽媽》獲第20屆夏威夷國際電影節納克博克獎；

《過年回家》獲法國巴黎聯合國教科文組織和平獎。

第9屆中國電影金鷄百花電影節舉行

11月16—21日，第9屆中國金鷄百花電影節在南寧舉行。11月17至18日，本屆電影節的國產新片展、金鷄國際電影展、港臺新片展也分别開幕。11月18至20日，題爲"邁向21世紀的中國電影"大型學術研討會舉行。11月21日晚，本屆電影節的頒獎典禮舉行。首先頒發了已經揭曉的大衆電影百花獎，最佳故事片授予了《我的父親母親》、《黄河絕戀》、《國歌》。第20屆金鷄獎經過激烈角逐，最佳故事片獎被《生死抉擇》、《横空出世》、《我的父親母親》捧杯。

第20屆中國電影金鷄獎獲獎名單

最佳故事片獎：《生死抉擇》（上影），《横空出世》（北影、中影公司、電影頻道），《我的父親母親》（新畫面、廣西）；最佳科教片獎：《宇宙與人》（北京科影、電影頻道）；最佳合拍故事片獎：《西洋鏡》（北京影、美國子安）；最佳兒童片獎：空缺；最佳劇本獎（含改編）：賀子壯 、宋繼高（《生死抉擇》）；最佳導演獎：張藝謀（《我的父親母親》），陳國星（《横空出世》）；最佳處女作獎：（空缺）；最佳男主角：陳道明（《我的1919》）；最佳女主角：鞏俐（《漂亮媽媽》）；最佳男配角：雷明（《生死抉擇》）；最佳女配角： 陳瑾（《横空出世》）；最佳攝影獎：侯詠（《我的父親母親》），張犁、池小寧（《横空出世》）；最佳録音獎：鄭春雨（《横空出世》）；最佳美術獎：曹久平（《我的父親母親》），林朝翔（《横空出世》）；最佳音樂獎：張千一（《益西卓瑪》）；最佳電視電影獎：空缺；故事片特別獎《緊急迫降》（上影）；演員特别獎：丹增卓嘎（《益西卓瑪》）；導演特別獎：路學長（《非常夏日》）；編劇特别獎：扎西達娃、謝飛（《益西卓瑪》）。

第23屆《大衆電影》百花獎獲獎名單

最佳故事片獎：《我的父親母親》（新畫面、廣西），《黄河絕戀》（上海永樂），《國歌》（瀟湘）；最佳男演員獎：潘長江（《明天我愛你》）；最佳女演員獎：章子怡（《我的父親母親》）；最佳男配角獎：尤勇（《緊急迫降》）；最佳女配角獎：陶虹（《說好不分手》）。

1999—2000 年（臺灣）

1999年大事記

1月30日　臺北市舉辦“1999臺北電影節”籌備座談會，與會人士建議先確立影展屬性，以與臺北金馬影展區隔。

2月1日　電影事業發展基金會召開董監事會，建議新聞主管部門將現行“國片輔導金”獎勵範圍自支助拍片改爲補助剪接、音效、沖印等中下游工業，及培育編、導、演人才。

3月22日　林濁水、王拓、朱惠良、洪秀柱、范巽綠等宣佈成立“文化立法推動聯盟”，將持續監督文化預算的使用及推動“文化立法”工作。

4月17日　莊志成執導的文化紀録片《中國的十二生肖》，獲休斯敦國際影展“文化歷史類”金牌獎。

4月29日　當局通過2000年度新臺幣一億八千萬元“國片輔導金”預算，其中6000萬元屬於“電影產業”，將用於輔導電影沖印、拷貝、發行等產業。

5月15日　當局宣佈外片進口拷貝數由目前的50個放寬爲58個，且一旦加入世界貿易組織（WTO）後，有關外片的進口限制將全面解禁。

5月　來自臺灣的迪斯尼動畫片《花木蘭》(Mulan)整體設計師張振益獲美國漫畫動畫界有如奥斯卡地位的“魯本獎”（Reuben Award）。

6月10日　“中影”、龍祥、蒙太奇宣佈聯合成立中太祥公司，經營外片發行。

7月1日　新聞局接管臺灣電影文化公司，繼續推動該公司民營化的各項業務。

7月3日　程建人設宴慶賀李行導演70大壽暨從影50週年紀念。

7月16日　“中影”新舊任董事長交接，新任董事長爲原國民黨文化工作會副主任葉潛昭。

7月30日　李安執導的武俠片《卧虎藏龍》，在新疆開鏡。

8月2日　“國片輔導金諮詢委員會議”決議提撥新臺幣1000萬元獎勵當年度“票房第一”和“得獎第一”的影片各一部。

8月31日　電影事業發展基金會召開第12屆董監事會，選出新任董事長王應祥。

9月1日　“中影”宣佈徵求優良劇本及企業識别標誌，劇本首獎可得獎金新臺幣200萬元。

10月15日　臺北金馬影展執行委員會宣佈將頒發“終身成就特别獎”予資深影人龔弘，頒發“終身成就紀念獎”予已故導演白景瑞。

10月21日　第4屆上海國際電影節揭幕，本屆電影節推出“李行電影回顧展”。

10月29日—11月5日　6位獨立創作者聯合發起的“純16獨立影展”在臺北絶色影城展出。

10月30日　臺灣電影文化公司正式結束營業。

11月26日　於泰國曼谷舉行第44屆亞太影展頒獎，劉若英獲最佳女主角（《徵婚啓事》），于莉獲最佳女配角（《條子阿不拉》），陳國富、陳世傑獲最佳劇本（《徵婚啓事》），陳明章獲最佳電影配樂（《天馬茶房》）。

12月2日　《電影法》修正草案通過，删除徵收外片輔導金及戲院映演國片比率兩項條文。

12月10日　《亞洲商業週刊》選出“20世紀中文電影100强”，侯孝賢是入選作品最多的導演。

12月18日　朱延平執導的《野孩子的秘密》首映，所得收入將捐贈作爲“搶修50部老電影基金”，柯達公司亦捐贈新臺幣20萬元材料器材費響應。

12月20日　“中影”董事長葉潛昭宣布，今後該公司將不再主動爭取“國片輔導金”，改以合資的跨國合作模式製片。

12月25日　臺北沖印公司、阿榮片廠、王宏傳播公司召開結盟記者會，宣佈共組宏鴻影業公司。

重要影片

《天馬茶房》海報

《天馬茶房》

出品：青蘋果　編劇：柯淑卿　葉金勝

導演：林正盛　主演：林强

臺灣光復前兩年，著名的辯士詹天馬，開設了一家咖啡店“天馬茶房”，許多藝文人士經常聚集在此互訴心曲。大戰結束後，爲了慶祝脱離日本統治，進勇和暖玉一起創作《幸福進行曲》。然而與新來的政權由於文化及語言上的差異，産生了衝突。

林正盛（1959—　）

生在臺東的山地部落中。16歲離家到臺北做麵包師傅。27歲進入編導班後，電影改變了他的下半生。1994年，以《春花夢露》劇本申請輔導金通過，正式展開了他的電影之路。1996年《春花夢露》不但獲得“基督教國際評審團人文精神獎”、瑞士佛瑞堡影展“評審團大獎”，也爲他個人拿下東京影展的“青年導演銀櫻花獎”；1997年《美麗在唱歌》獲得戛納電影節法國媒體評論界頒給的“金棕櫚樹獎”、比利時影展“黄金時代獎”、亞洲福岡“評審團獎”；1999年以“二二八”作爲背景的歌舞電影《天馬茶房》，受到票房的實質肯定；2001年又以《愛你愛我》獲得柏林影展“最佳導演銀熊獎”。2003年林正盛的電影作品《魯賓遜漂流記》入圍第56屆戛納電影節“一種注目”單元。

《小卒戰將》海報

《小卒戰將》

出品：中影
編劇：葉雲樵
導演：金鰲勳
主演：陸小芬　柯受良　張智堯　施孝榮

一所招不到學生的私立學校，面臨着關門大吉的命運，一群天真活潑的學生處在這所學校之中，過一天算一天，當學校宣佈鼓勵學生參加活動，藉此爲校爭光，以利招生時，學生們也從中找到了自己人生的方向。

《臭屁王》

出品：延平
編導：朱延平
主演：吴孟達　郝劭文　金城武

臭屁王雖家中富裕，但父母離異讓他非常不快樂，他故意在爸爸的婚禮上衣不蔽體而遭到父親嚴厲的處罰，他因此決心離家出走……

《女湯》

出品：群體
編導：劉怡明
主演：金素梅　天心　葉全真　王月

林夢菲、陶水蓮、白心鈺、王媽都是坐三望四的臺北都會女人，事業上小有成就，感情生活有的空虚，有的紊亂。她們不時到白心鈺的茶藝館去聚會，也常結伴上陽明山、北投去洗温泉，並戲稱她們四人幫是女湯俱樂部。

《黑暗之光》

出品：張作驥
編導：張作驥
主演：李康宜
范植偉
蔡明修

康宜是一個生長在基隆盲人院的十七歲女生，一天，他在長廊上遇見了阿平，他獨特的眼神和氣質深深吸引着康宜，遇見阿平對康宜來説，是這個暑假的開始，也是她初戀的開端。

《黑暗之光》劇照

第36屆金馬獎得獎名單

最佳劇情片：《千言萬語》（卡士）
最佳紀録片：《紅葉傳奇》（蕭菊貞）
最佳創作短片：《與山》（沈可尚）
最佳導演：許鞍華（《千言萬語》）
最佳男主角：柯俊雄（《一代梟雄：曹操》）
最佳女主角：李麗珍（《千言萬語》）
最佳男配角：戴立忍（《想死趁現在》）
最佳女配角：葉德嫻（《笨小孩》）
最佳原著劇本：張作驥（《黑暗之光》）
最佳改編劇本：入圍從缺
最佳攝影：黄岳泰（《紫雨風暴》）
最佳剪輯：陳博文（《黑暗之光》）
最佳美術設計：潘燚森（《千言萬語》）
最佳造型設計：潘燚森（《千言萬語》）
最佳電影音樂：金培達（《紫雨風暴》）
最佳電影歌曲：《幸福進行曲》（《天馬茶房》，詞、曲：陳明章、葉金勝、曾郁雯）
最佳音效：曾景祥（《紫雨風暴》）
最佳動作指導：董瑋（《紫雨風暴》）
最佳動畫片：《少年噶瑪蘭》（宏廣、財團法人公共電視文化事業基金會）
最佳視覺特效：先濤數碼影畫（《中華英雄》）
評審團大獎：《黑暗之光》
評審團特別獎：黄明川（《破輪胎》）
觀衆票選最佳影片：《黑暗之光》
終身成就紀念獎：白景瑞
終身成就特别獎：龔弘

《想死趁現在》海報

《想死趁現在》

出品：城市國際
編劇：陳以文　蘇照彬
導演：陳以文
主演：水野美紀　柏原崇　李立群
高捷　高明駿　戴立忍

來自日本的黑道分子伊藤，在臺灣進行毒品交易時，被阿泰一伙人黑吃黑，伊藤當場被殺。未婚妻加奈子來臺奔喪，誓言爲伊藤報仇，她槍殺了阿泰的得力助手阿三，打破了臺灣兩大黑道幫派之間原有的平衡默契，掀起了一場腥風血雨的衝突。

影片目録

中影　《小卒戰將》、《條子阿不拉》
群體　《女湯》
張作驥　《黑暗之光》
延平　《男生女生配》、《臭屁王》、《野孩子的秘密》
青蘋果　《天馬茶房》
子易　《棉花炸彈》
黄明川　《破輪胎》
長宏　《中國龍》
城市　《想死趁現在》

《條子阿不拉》工作照

《條子阿不拉》

出品：中影

編導：李崗

主演：柯受良　蔡振南　于莉

臺北縣某分局的刑事組長阿不拉，爲人正直、嫉惡如仇，有個正值叛逆期的兒子阿義。阿義因女友被黑道施暴，憤怒之下，隻身前往報仇，險被殺害。面對黑道的囂張，阿不拉忍無可忍，決定用以黑制黑、以暴制暴的方式，鏟除黑道、伸張正義與公理。

“臺影”民營化夢碎結束營業

積極尋求民營化的公營電影製片公司——臺灣電影文化公司（簡稱“臺影”），1999年9月遭逢“921”大地震的摧殘，在復建無望的情況下，於10月30日正式結束營業。該公司董事長李行特地偕同資深演員傅碧輝、石雋、王珏及資深員工楊文淦、陳汝霖、申劍一等人，對臺影廣大的腹地作最後一番巡禮。

1974年，該廠隨省行政中心中移，自臺北搬遷至臺中縣霧峰鄉故宮博物院舊址，除持續拍攝紀録片、劇情片外，並逐步增添設備、擴充廠區、培訓專業人員，以謀拓展業務及長期發展。1988年7月1日，臺灣電影製片廠再奉令改制爲“臺灣電影文化公司”，在第一任總經理饒曉明的擘劃下，跨足觀光業，成立了第一座電影主題遊樂園——臺灣電影文化城，一時蔚爲新興的旅遊聖地。但其後隨着電影不景氣，遊客日益減少，主要依靠文化城收入維持營運的“臺影”開始虧損，期間該公司雖然一度有意在臺北中和興建“臺影文化大樓”，成立影視製作中心，但最後仍因財務問題而不得不將興建中的大樓脱手。

一場大地震震毁了臺影的建築、設備，也震碎了該公司民營化的願景。而高達數億元的負債也讓該公司無力再另起爐灶，新聞局於是在本月初會同該公司董事長李行與主計處、財政部、國營事業委員會、經濟建設委員會、人事行政局等有關單位會商，決定以專案方式結束營業。擁有54年歷史的臺影公司最後留給世人的，是300萬呎記録了臺灣每一重要歷史時刻的珍貴新聞記録片。這批影片及部分災後倖存的圖文資料，已在日前分批運往電影資料館樹林片庫典藏。

陳子福手繪海報展出

11月27日，由臺北市政府與電影資料館聯合舉辦的“陳子福手繪電影海報展”，在臺北市徐州路市長官邸藝文中心展出。現場一幅幅引人入勝、充滿故事感的老電影海報，雖然是爲了實用性的目的繪製，但也無一不蘊含了陳子福對電影海報藝術的探索與追尋。

陳子福手繪海報

陳子福與電影結緣始於光復後進入“上海國泰影業公司臺灣辦事處”，當時他的任内工作雖然不是畫海報，但基於對繪畫的熱愛，經常主動修補一些斑剥破損的海報，久而久之名聲便逐漸在電影界傳播開來。陳子福的第一批電影海報作品是爲大同影業公司繪製的40部粵語片海報，之後歷經臺語片時代、文藝片時代、武俠片時代，一直到5年前封筆退休，共完成約5000多幅中外電影海報，其數量之豐、類型之廣，不僅是個人的畢生成就，也是50年來臺灣映演市場發展的最佳見證。

陳子福從第一幅電影海報作品《血濺櫻花》（何非光導）到封筆之作《金色豪門》（The House of the Spirits，比爾・奥古斯特導），在繪製時都是先以電影的類型爲依據，再加進自己的創意和想象，以抓住最終所要表現的氛圍和意境。在市長官邸所展出的40幅海報都是複製品，包括有1946年的美國片海報《太陽浴血記》（Duel in the Sun，金・維多導）、1950年的日本文藝片海報《藝海天倫》（伊藤人輔導），以及五六十年代的臺語片海報《無情恨薄命》（田琛導）、《英雄難過美人關》（郭南宏導）等。陳子福有許多作品原件需要修復，未來整理完成後，他希望能再舉辦一次更大規模的海報展，將半生心血更完整地呈現在國人面前。

經過九二一浩劫後的臺影大門

見證兩岸電影半世紀 謝晉、李行影展上場

9月18日，在兩岸資深影人熱情參與下，“兩岸電影半世紀：謝晉、李行影展”於温馨的氣氛中熱鬧登場。謝晉和李行同爲叱咤兩岸電影界達半世紀之久的重量級導演，兩人不僅容貌神似、個性相像，作品亦都以寫實見長，且富有濃厚的人文精神。電影導演協會和電影資料館這次共同舉辦“謝晉、李行回顧展”，一方面是爲了替兩位執兩岸電影界牛耳的資深導演進行一次從影生涯回顧，另一方面也希望透過這次影展，讓新生代觀衆有機會接觸到老電影人的拍片風格，體會早期電影所呈現出來的深刻内涵。

兩岸電影半世紀：謝晉、李行影展座談會

2000年大事記

1月16日 對於近日外界主張合併兩影展的提議，臺北金馬影展執行委員會主席李行和臺北電影節主席小野表示兩個影展屬性不同，現階段不宜合併。

1月 法國電影雜誌《電影筆記》公佈1990年代十大優秀電影，侯孝賢執導的《南國再見，南國》和蔡明亮執導的《河流》分列第二名和第十名。

4月15日 張作驥電影工作室出品，張作驥執導的《黑暗之光》，獲第13屆新加坡國際影展“最佳影片”及國際影評人協會“費比西獎”。

5月21日 新竹市立影像博物館落成啓用。

5月21日 導演楊德昌以新作《一一》獲第53屆法國戛納國際電影節最佳導演獎，參與港片《花樣年華》（王家衛導）拍攝的杜可風及本土攝影師李屏賓獲高等技術獎。

5月24日 臺北金馬影展執行委員會通過頒發第37屆金馬獎終身成就獎予資深導演辛奇及製片人鄭錦洲。

7月27日 臺北市影片商業同業公會召開會員大會，强烈抨擊美商八大電影公司壟斷戲院、介入華語片發行等行爲。

7月 城市國際電影公司、中央電影公司聯合出品，張華坤、陳以文共同執導的《運轉手之戀》，有意改由美商華納兄弟公司發行。

美商博偉電影公司及華納兄弟公司宣佈不再介入《夜奔》、《運轉手之戀》等華語片的發行事宜。

9月9日 資深導演辛奇等人發起的臺灣影人協會（原“臺語片影人聯誼會”）經立案核准正式成立。

10月31日 當局爲鼓勵設置“亞太媒體文化園區”所給予的中長期優惠貸款措施截止，“亞太媒體文化園區”計劃完全停擺。

11月15日 《電影法》修正草案通過，將提交主管部門審議。

12月10日 於越南河内舉行第45屆亞太影展頒獎閉幕，張志勇獲最佳導演（《沙河悲歌》），翁清溪獲最佳電影音樂（《沙河悲歌》），章蕙蘭獲評審團特別獎（《小百無禁忌》）。

12月21日 李安執導的《卧虎藏龍》獲第58屆美國金球獎最佳外語片、最佳導演、最佳電影配樂（譚盾）3項提名。

12月27日 （大陸）國家廣播電影電視部電影事業管理局局長劉建中發文大霹靂公司，核准布袋戲電影《聖石傳説》（黄强華導）在大陸的審查上映。

12月 李安執導的《卧虎藏龍》獲《時代雜誌》美洲版評選爲2000年“十大佳片”之首。

重要影片

《沙河悲歌》海報

《沙河悲歌》

出品：中影

編劇：陳義雄　劉懷拙　左世强

導演：張志勇

主演：蔡振南　蕭淑慎　黄耀農　曾靜

戰後臺灣百業蕭條，家境貧困的文龍，只好離鄉背井跟着劇團四處演出。某日在茶室邂逅了彩雲，但因文龍患肺病返鄉休養，戀情無疾而終。文龍再次回到劇團，與玉秀日久生情，結爲夫妻。婚後，文龍宿疾復發，重回沙河鎮。在酒家走唱時遇到彩雲……

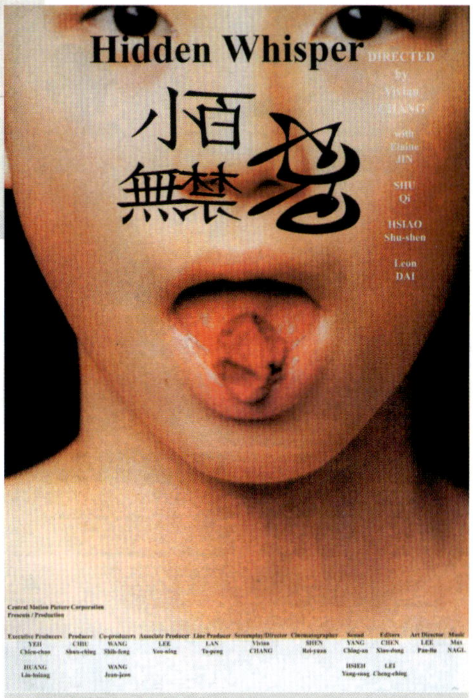

《小百無禁忌》海報

《小百無禁忌》

出品：中影

編導：章蕙蘭

主演：舒淇　夏靖庭　蕭淑慎

戴立忍　陳昭榮　徐貴櫻

《門底下的脚影子》以一個六歲孩子小百的眼光去看父母吵架的暴力事件。《遺失的身份證》小百是個十六歲的高中生，在漫畫店打工時與一位男子相遇，兩人共同經歷了一段迷幻人生。《遊牧民族》小百被男友的老婆捉姦，只好投靠母親，借着母親所收藏的明信片，開始思考自己未來的人生。

第37屆金馬獎得獎名單

最佳劇情片：《卧虎藏龍》（縱横影視、哥倫比亞電影製作[亞洲]、新力影業、好機器國際）

最佳紀録片：《銀簪子》（蕭菊貞）

最佳創作短片：《旅行》（張國甫、陳大昱、國立臺灣藝術學院電影學系）

最佳導演：杜琪峰（《槍火》）

最佳男主角：吴鎮宇（《槍火》）

最佳女主角：張曼玉（《花樣年華》）

最佳男配角：太保（《運轉手之戀》）

最佳女配角：趙美齡（《沙河悲歌》）

最佳新演員：姚月明（《細路祥》）

最佳原著劇本：陳果（《細路祥》）

最佳改編劇本：胡安、黄丹、唐婁彝、Kate Raisz、Bob McAdrew（《西洋鏡》）

最佳攝影：杜可風、李屏賓（《花樣年華》）

最佳剪輯：Tim Squyres（《卧虎藏龍》）

最佳美術設計：李富雄（《沙河悲歌》）

最佳造型設計：張叔平（《花樣年華》）

最佳電影音樂：譚盾（《卧虎藏龍》）

最佳電影歌曲：〈認命〉（《我叫阿銘啦》，詞、曲：張羽偉）

最佳音效：Eugene Gearty（《卧虎藏龍》）

最佳動作指導：袁和平（《卧虎藏龍》）

最佳動畫片：入圍從缺

最佳視覺特效：Leo LO、Rob Hodgson（《卧虎藏龍》）

評審團大奬：《運轉手之戀》

評審團特別奬：張志勇（《沙河悲歌》）

觀衆票選最佳影片：《西洋鏡》

終身成就特别獎：辛奇、鄭錦洲

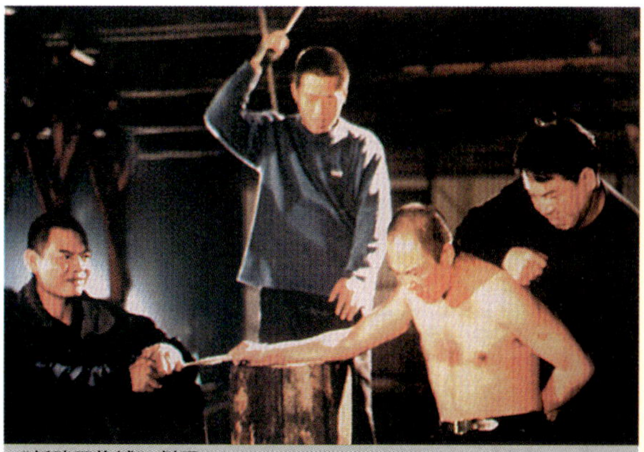
《新賭國仇城》劇照

《新賭國仇城》

出品：延平
編導：葉鴻偉
主演：吴奇隆　林心如
　　　蕭薔

1999年12月，澳門回歸前夕，一對10年前在華盛頓遭竊而下落不明的美金模版，再次出現，引發了澳門黑白兩道的一場末日決戰。

《夜奔》海報

《夜奔》

出品：縱横國際
　　　中影　寬頻
編劇：王蕙玲　王明霞
導演：徐立功
主演：劉若英　尹昭德
　　　黄磊

30年代的中國，自幼在美國學習音樂的徐少東，離家多年之後，回到家鄉，準備與未婚妻英兒成親。"夜奔"是英兒帶少東看的第一齣崑曲，舞臺上榮慶班頭牌林沖的精彩演出，讓少東留下。

《純屬意外》劇照

《純屬意外》

出品：吴念真
編劇：傅麗雯
導演：洪智育
主演：屈中恒　向麗雯　蕭淑慎

德元是一位35歲的白領，有份安定的工作，與太太麗雯過着人人稱羡的生活。但在德元的心中，一直徘徊在準備出軌的狀態中，時常幻想倘若有一天老婆不見了，又是一片海闊天空。没想到美夢成真，老婆真的消失了……

《晴天娃娃》海報

《晴天娃娃》

出品：中影
編導：陳義雄　主演：李康宜　范植偉

高二女生歆荷，數學成績很差。一天，當她送考卷到别的班級時，遇到數學很好的男同學克磊與其嘮叨友人政偉。克磊很受女生班同學歡迎，是學校的名人。歆荷想説，如果克磊就是來解救她數學災難的人，那麽就喜歡他吧！

《命帶追逐》

出品：長澍視聽
編導：蕭雅全　主演：李俊傑　范筱梵

這一年冬天，東清的命運起了變化，首先是三個月前他出了車禍，三個月後他父親中風住院，他只好幫忙照顧當鋪生意，没多久他勾搭上來當鋪的女客人，他爲她取了綽號叫曉得了……

三地影評人跨世紀交流

中國影評人協會於2000年12月31日在臺北中央電影公司召開年會，同時與大陸中國電影家協會及香港影評人協會代表舉行跨世紀"兩岸三地影評人研討會"。這次研討會是兩岸三地影評人第一次的大集合，參與人員包括中國電影家協會秘書長張思濤、中國電影評論學會會長章柏青、副會長王人殷、中國臺港電影研究會秘書長陳野、中國青年藝術劇院編劇張健鍾、北京師範大學藝術系主任周星、北京電影學院副院長侯克明、青年電影製片廠創作室主任楊恩璞、國家廣播電影電視總局藝術處張萬晨、厦門大學臺灣研究所副研究員陳飛寶、中央文化管理幹部學院副教授鄧燭非，以及香港影評人協會會長史文鴻、理事梁式玲、陳柏生、鄭景鴻等人。臺灣方面則有王清華、曾西霸、陳梅靖、黄仁、謝鵬雄等人出席。與會人士就兩岸三地各自的電影發展脈絡及相互影響進行研討，研討會至2001年1月3日閉幕。

《運轉手之戀》海報

《運轉手之戀》

出品：中影　城市國際
編劇：蘇照彬
導演：張華坤　陳以文
主演：宮澤理惠
　　　屈中恒
　　　太保
　　　程秀瑛

家裏經營出租車行的蘇大全，從小就對開車有興趣。原本只愛香車不愛美人的他，突然遇到一見鍾情的對象，但她却是一位交通警察，爲了吸引她的注意，蘇大全從此開始違規駕駛，罰單成堆……

哥倫比亞投資拍攝華語片進軍亞洲

曾在年代國際公司任職、發行過包括《悲情城市》（侯孝賢導）在内的臺灣電影，並與兩岸三地影人熟絡的現任美商“哥倫比亞電影製作：亞洲”總執行董事芭芭拉・羅賓森，2000年4月5日主動來臺召開説明會，發表成立兩年的成果，並公佈新一波的華語片拍攝計劃。一般認爲，在低迷的國片市場，能够獲得來自美國八大電影公司的挹注，對國片的製作模式、格局，以及市場行銷各方面，都可帶來新的觀念刺激，有助於國片全面的提升。

總部設在香港的“哥倫比亞電影製作：亞洲”隸屬於美國新力影業公司（Sony Pictures Classics），是目前美國八大電影公司唯一在亞洲設有製片據點的電影公司。該公司自1998年成立以來，已投資拍攝了《卧虎藏龍》（李安導）、《順流逆流》（徐克導）、《一個都不能少》（張藝謀導）、《我的父親母親》（張藝謀導）等4部兩岸三地導演執導的華語片，計劃以每年3到5部的産量籌拍新片（包括陳國富的驚悚片《雙瞳》）。

《第一次的親密接觸》

出品：學者
編導：金國釗
主演：陳小春
　　　舒淇
　　　張震
　　　馬千姍

花花公子阿泰和模範生痞子蔡住在同一屋檐下，並且就讀於同一所大學。阿泰的人生就是在不斷追逐異性中獲得樂趣，相形之下，靦腆的痞子蔡對感情的事相當認真保守，但他在網絡上却表現出雙重性格的另一面，不但熱情自信，而且能言善道。

《第一次的親密接觸》海報

影片目録

中影：《沙河悲歌》、《小百無禁忌》、《晴天娃娃》、《紅字》
臺鴻：《外星人臺灣現形記》
群體：《蛋》
縱横：《卧虎藏龍》
寬頻、中影、縱横：《夜奔》
原子影視：《一一》
延平：《新賭國仇城》
嘉佳：《墓仔埔也敢去》
吴念真：《純屬意外》
皇朝：《白棉花》
中影、城市國際：《運轉手之戀》
長澍：《命帶追逐》
金藝舍國際：《學校真的有鬼》、《白牆的控訴》、《惡靈上呼》、《惡夜兇狼》、《站壁》、《麗星夢幻號》、《愛情ICQ》、《鬼畫》、《新裸屍痕》
司邁特、蒙太奇：《報告總司令》
如魚得水：《哥兒們》
寶航：《麻辣至尊》、《大地之女》、《不可抗拒的任務》
學者：《第一次的親密接觸》

2000年（香港）

大 事 記

1月26日 粵語片前輩導演胡鵬病逝，享年91歲。首創拍攝影片《黃飛鴻》。
3月 第1屆香港亞洲電影投資會2000年開幕。此次活動目的是創立亞洲電影集資的新渠道，樹立融資新概念。
7月18日 安東公司創辦人、電影界前輩江祖貽病逝，享年82歲，曾歷任多屆香港戲院商會會長及理事長。
11月 香港電影資料館舉辦“不朽的巨龍——李小龍電影回顧展”。
12月 梁朝偉憑藉在《花樣年華》中的優異表現，榮膺第53屆戛納電影節影帝稱號。

盧敦病逝

5月23日，縱橫粵語片與話劇界60多年的盧敦先生病逝，享年89歲。

盧敦（1911–2000）

祖籍廣東江門。1932年從影，在廣東合衆公司主演《炮轟五指山》。1936年赴港，從事電影和話劇工作。1941年編導《烽火故鄉》。執導的影片有《此恨綿綿無絶期》、《羊城恨史》等。1952年加盟新聯公司，編導《十號風球》等作品。1982年擔任銀都機構顧問。

第6屆香港電影評論學會大獎

最佳電影：《槍火》，最佳導演：杜琪峰（《槍火》），最佳編劇：鄒凱光、葉偉信、張問（《爆裂刑警》），最佳男演員：吴鎮宇（《爆裂刑警》），最佳女演員：羅蘭（《爆裂刑警》）

第5屆香港金紫荆獎

最佳影片：《槍火》，最佳導演：杜琪峰（《槍火》），最佳編劇：葉錦鴻（《半支煙》），最佳編劇：游乃海（《暗戰》），最佳男主角：劉青雲（《再見阿郎》），最佳男主角：黄秋生（《千言萬語》），最佳女主角：李麗珍（《千言萬語》），最佳男配角：張耀揚（《槍火》），最佳女配角：羅蘭（《爆裂刑警》），最佳攝影：鄭兆强（《槍火》），終身成就獎：鮑方

重要影片

《江湖告急》海報

《江湖告急》

出品：一百年　尚品
編劇：陳慶嘉　錢小蕙
導演：林超賢
主演：梁家輝　吴君如　陳輝虹　張耀揚
　　　黄秋生　李珊珊　陳弈迅

江湖大佬任因久行事誇張而不擇手段，縱横江湖20年早已廣結仇家。警探葉偉信一次查案，偶然聽到有人要殺害任的消息。任聽來覺得無聊，但一次理髮時，一顆子彈從暗處飛來，不得不信這是事實。他即以“江湖告急”之戲言傳令召開江湖大會。葉接手調查後，以古龍名句“最大的敵人永遠是你身邊的朋友”來提示。任因久第一個就想起他最親近的人——妻子蘇花。

《花樣年華》

出品：春光映畫　澤東
編導：王家衛
主演：張曼玉　梁朝偉　雷震
　　　潘迪華　蕭炳林

1962年的香港，報紙編輯朝和妻子搬進了一幢公寓。朝認識了李春，她也是剛跟丈夫搬進公寓的住户，她的丈夫是一家日本公司的貿易代表，經常出差。朝的妻子也常常不在家。朝與春兩人成了好朋友，但有一天，他們都得面對一個事實：他們各自的愛人有了婚外戀。

獲第7屆香港電影評論學會大獎最佳導演；第20屆香港電影金像獎最佳男主角（梁朝偉）、女主角（張曼玉）、最佳剪輯、最佳美術指導及最佳服裝設計（張叔平）；第37屆臺灣電影金馬獎最佳女主角、最佳攝影（杜可風、李屏賓）、最佳造型設計；第6屆金紫荆獎最佳攝影；第53屆戛納電影節最佳男主角等。

《花樣年華》劇照

第19屆香港電影金像獎

最佳影片：《千言萬語》，最佳導演：杜琪峰（《槍火》）最佳編劇：張艾嘉、關皓月（《心動》），最佳男主角：劉德華（《暗戰》），最佳女主角：羅蘭（《爆裂刑警》），最佳男配角：狄龍（《流星語》），最佳女配角：吴家麗（《流星語》），最佳新演員：張柏芝（《星願》），最佳攝影：黄岳泰（《紫雨風暴》），最佳剪輯：鄺志良（《紫雨風暴》），最佳美術指導：文念中（《心動》），最佳服裝設計：吴里璐（《紫雨風暴》），最佳動作指導：董瑋（《紫雨風暴》），最佳音樂：金培達（《星願》）

“杜韋組合”由《孤男寡女》開始轉型

“銀河映像”是香港一家電影製作公司，但更多地被看成是一種以杜琪峰、韋家輝和游達志組成的“鐵三角”所代表的電影風格。1997年“銀河映像”成立之初，社會環境的巨大變化對港人心理的衝擊使得他們變得心情沉重。“銀河映像”電影人拍攝的電影在某種程度上可視作商業類型片，但影片中流露出的人生無常的宿命主題，決不僅僅是對大衆趣味的有意迎合。因之被形容爲“黑色電影”。到了2000年，杜琪峰携“銀河映像”加入“中國星”集團，標誌着杜琪峰更徹底地走向商業化。同時，銀河映像的“鐵三角”也隨之解體。由《孤男寡女》開始，《辣手回春》、《鍾無艷》、《瘦身男女》、《嚦咕嚦咕新年財》分別搶佔春節和暑期檔期，票房頻頻報喜。然而，“銀河映像”——這個90年代在香港影壇締造了黑色電影神話的創作班底以及作爲一種香港電影現象的“杜韋組合”，留在人們內心的回憶是不會輕易磨滅的。

杜琪峰　(1955—　)

導演。1972年開始在電視臺工作，曾擔任編導及監製，首部電影作品是《碧水寒山奪命金》(1980)。1988年憑《阿郎的故事》獲提名香港電影金像獎最佳導演，而爲人們所熟悉的作品有《八星報喜》、《審死官》等。1996年開始與韋家輝合作了多部有影響的影片如《一個字頭的誕生》、《暗花》、《非常突然》等，成爲香港電影圈内有名的“杜/韋組合”，對香港電影發展産生一定作用。1997年組織銀河影像公司。1998年以《真心英雄》獲第5屆香港電影評論學會大獎最佳影片、最佳導演；2000年以《槍火》獲香港電影金像獎最佳導演獎。2004年，他的兩部影片《大塊頭有大智慧》和《PTU 機動部隊》在第23屆香港電影金像獎上奪得了多項獎。最新作品是《黑社會》，曾應邀參加第56屆法國戛納國際電影節。主要作品還有《濟公》、《十萬火急》、《再見阿郎》、《暗戰》、《孤男寡女》、《瘦身男女》、《我左眼見到鬼》、《向左走·向右走》、《大事件》等。

黑色電影

《一個字頭的誕生》(1997)

出品：嘉禾
編劇：韋家輝　鄒凱光　司徒錦源
導演：韋家輝
主演：劉青雲　李若彤　吳鎮宇　黃卓菱　徐錦江　張達明

《一個字頭的誕生》劇照

一黑幫小頭目三次掙扎於另一名黑幫小頭目的慫恿，參與或不參與他們的一次犯罪行爲。影片認定角色的性格往往能左右命運。軟弱的時候就客死異鄉；剛强的時候會最終風生水起。影片以黑色幽默手法强烈地諷喻了江湖上的大小事和大小人物。如偷車的不會開車、被葬了的屍體身上傳呼機仍嘟嘟作響、磚頭拍人却拍錯了等等，無不令人捧腹不已。然而，影片的荒誕色彩與灰暗心理和宿命感同樣十分强烈，虛無心態表露無遺。但作爲不多的港産黑色電影，本片成績仍不容否定。獲第三屆香港金紫荆獎最佳編劇、最佳男配角（吳鎮宇）。

灰調宿命影片

《暗花》劇照

《暗花》(1998)

出品：新影城
編劇：司徒錦源　游乃海
導演：游達志
主演：梁朝偉　劉青雲　邵美琪

澳門兩大黑幫洪興及義英爲了爭奪賭場利益，展開一場前所未有的大火併。在警方束手無策之際，却無意擒獲了洪興的龍頭大哥崩牙華，一場大戰因而暫時平息下來，但崩牙華却揚言已出500萬的高價聘請一個外來殺手，刺殺義英的龍頭大哥高佬忠。

“暗花”一語是百多年來在珠三角地區一帶幫會行話，指暗地裏懸賞的酬金。作爲又一部杜/韋組合監製的作品，其黑色感和絶望氣息的彌漫，兩個注定了要死定的男主角都死得那樣孤冷，末路色彩是黑得如此濃烈。除了宿命，還是宿命。澳門背景別具寓意，强烈風格化處理極震撼。

主要影片目録

本年度香港共出品影片144部，其中粵語片143部，港、臺／美合拍國語片1部。

Nicetop Indepedent　《細路祥》、《榴蓮飄飄》

寰宇　《陰陽路七撞到正》、《炭燒凶咒》

一百年／銀河映像　《孤男寡女》、《辣手回春》、《天有眼》

嘉禾（中國）　《夏日的麼麼茶》、《創業玩家》、《薰衣草》、《東京攻略》

東方魅力／最佳拍檔　《中華賭俠》、《俠骨仁心》

其他　《致命戀人》（中大）、《笨小孩》（中國星）、《我在監獄的日子》（萬時達）、《賊公子》（雄霸／利星）、《瘋狂功夫大踢爆》（中華）、《生死拳速》（永盛娛樂）、《猛鬼諾言》（新達寶）、《無法無天》（時代動感）、《大贏家》（東方）、《公元2000》（寰亞／星霖）、《決戰紫禁之巔》（永盛娛樂／最佳拍檔）、《朱麗葉與梁山伯》（美亞）、《黑血》（海岸）、《天地無容》（廣視）、《旺角街頭》（尚映）、《人間蒸發》（雷霆）、《友情歲月之山鷄故事》（友情歲月／潤萬）、《月亮的秘密》（嘉禾娛樂）、《緣分的世紀》［萬豪（敦煌）］、《一見鍾情》（最佳拍檔）、《七條命》（海豐）、《少女黨》（ACV）、《無人駕駛》（美亞／銀河映像）、《街女》（老友記）、《小李飛刀外傳》（專業）、《賤男人周記》（新力量）、《行規》（世紀創作室／風雲娛樂）、《裏情》（紅燈籠）、《白色風暴》（寶馬）、《小親親》［（嘉禾（中國）／電影人］、《卧虎藏龍》（國）［哥倫比亞（亞洲）／安樂／縱橫國際］、《戀戰沖繩》（一百年／仝人）、《愛與誠》（美亞／天下）、《藍色八月》（影意志）、《鐵男本色》（明日輝龍）、《山村老屍 II色之惡鬼》（縱橫）、《月未老》（影意志／天上孩子）、《江湖告急》（一百年／尚品）、《愛情敏感地帶》（金馬）、《花樣年華》（春光映畫／澤東）、《順流逆流》［哥倫比亞（亞洲）／電影工作室］、《甜美生活》（突破機構）、《刑警網絡》（騰龍／老友記）、《九龍皇后》（寰宇娛樂／風雲娛樂）、《以眼還眼》（名威）、《阿虎》（天幕）、《雷霆戰警》（中環股份／中美／國際）

《非常突然》海報

《非常突然》(1998)

出品：新影城

編劇：司徒錦源　游乃海　周燕嫻

導演：游達志

主演：劉青雲　任達華　黃卓菱

蒙嘉慧　許紹雄　黃浩然

三名大陸赴港的毛賊搶劫金鋪遇上巡警。其中一人逃入另一幫大陸悍匪躲藏的大廈。重案組捲入了這兩幫歹徒的牽連之中，不料碰上兩個漏網的毛賊，小組成員在混戰中全部中槍殉職。

影片裏整天下着雨，終於到了放晴的一天，這一組警察一塊去酒吧喝酒，却是他們集體犧牲的一天。這部由杜（琪峰）、韋（家輝）組合監製的影片一再延續他們的灰色調子，繼續宿命。這別樣的警匪片很使人感受到鬱悶，也很使人並不覺得“非常突然”，因爲這是杜、韋組合的作品。但在警匪類型片中拍出生活感，群戲演員精彩，主流做出了新意。

獲第5屆香港電影評論學大獎最佳編劇（司徒錦源、游乃海、周燕嫻），第4屆香港金紫荆獎最佳編劇。

化悲爲喜影片

《槍火》(1999)

出品：銀河映像

編劇：游乃海　導演：杜琪峰

主演：黃秋生　吴鎮宇　張耀揚

吕頌賢　林雪

《槍火》劇照

黑社會老大文哥被人追殺，他召集五個殺手阿來、阿信、阿鬼、阿麥、阿肥做自己的保鏢。阿來和阿信是江湖上知名的高手，阿鬼、阿麥、阿肥則是已經金盆洗手的昔日英雄。在殺死文哥仇家的過程中五人結爲好兄弟。阿信與文哥之妻通姦被人發現，文哥命令阿鬼殺掉阿信，而其他三人爲了義氣，發誓決不允許阿鬼這麼做。在最後一頓晚餐上，阿鬼拔槍指向阿信，而其他人也將槍口對準了阿鬼……

獲第6屆香港電影評論學大獎最佳電影、最佳導演；第19屆香港電影金像獎最佳導演；第5屆金紫荆獎最佳電影、最佳導演、最佳男配角、最佳攝影（鄭兆强）；第37屆臺灣電影金馬獎最佳導演、最佳男主角等。

《暗戰》(1999)

出品：永盛

編劇：Mr.Julien　Carbon　Laurent Courtiaud

導演：杜琪峰

主演：劉德華　劉青雲　許雄

林雪　蒙嘉慧　李子雄

《暗戰》劇照

只剩四星期壽命的華打劫財務公司，搶去鑽石並脅持人質。剛被調任爲文職兼任談判專家的生趕到現場，想勸華自首，可惜被華逃掉。經調查，生發現財務公司隔鄰的運輸公司幕後主腦人陳走私珠寶，陳曾出賣華父，華要爲父報仇。生偷偷進入運輸公司，被陳手下發現後慌忙逃走。此時，生、華二人由敵對變成拍檔合力殺出重圍……

本片是迄今爲止“銀河映像”票房最高，首超千萬的電影（1490萬）。但影片的成功更在於扎實的劇本和精良的製作超越近年香港所有同類型電影。雖然是“警匪鬥智”的類型套路，却帶有杜琪峰對正邪忠奸和人物命運一貫的反思。不靠你追我逐膚淺的感官刺激和特技動作場面强撑臺面，完全憑藉層出不窮的懸念抓住觀衆，將警匪片提升到一個嶄新的層次。獲第19屆香港電影金像獎最佳男主角（劉德華）。

都市言情影片

《孤男寡女》

出品：一百年　銀河映像

編劇：韋家輝　游乃海　銀河創作組

導演：杜琪峰　韋家輝

主演：劉德華　鄭秀文　梁藝齡

黃浩然　許紹雄

事業上成功的張華紹從没嘗過真愛的滋味。與他有過節的Kinki被調到其所在的部門。兩人共事後彼此漸消除成見。當華紹愛上Kinki後却遇到了初戀般的戰戰兢兢。

“後九七”，杜/韋組合見到了陽光，於是不再宿命，不再灰色，他們要找回笑靨。以上班族愛情輕喜劇的古典模式，讓女性不但找到切入位，同時有足够呈現光茫的一面。影片細緻而略帶誇張的辦公室生活描寫也能引起共鳴。

《孤男寡女》海報

《瘦身男女》

出品：一百年　銀河映畫

編劇：韋家輝　游乃海

導演：杜琪峰　韋家輝

主演：劉德華　鄭秀文　黑川力矢

桶口明日嘉　王天林　林雪

Sammi是旅日香港人，身材肥胖臃腫。Sammi的偶像竹野是流行音樂家。就在Sammi失業期間，竹野在日本巡迴演奏，Sammi花光僅有的積蓄，追看竹野所有演奏會。演奏會最後一站北海道，Sammi入住便宜旅館，遇上同樣超肥的華，不知是不是“一屋不能藏二肥”，二人爲着一些瑣事，成了鬧氣冤家。

《瘦身男女》海報

梁朝偉（1962—　）

演員。原籍廣東臺山，在香港出生。1982年第11期無線藝員訓練班畢業。1985年參演了首部電影《青春差館》。次年因出演影片《地下情》獲得最佳男主角提名，奠定了他在電影圈的實力基礎。曾以《人民英雄》及《殺手蝴喋夢》分別獲香港電影金像獎第7屆及第9屆最佳男配角獎。更於1995年憑《重慶森林》獲金馬獎及金像獎影帝，並成爲導演王家衛的御用男主角。2000年以《花樣年華》成爲法國戛納及香港電影節最佳男主角。《無間道》和《2046》，使他又兩度成爲香港電影金像獎上的寵兒。代表作還有《癲佬正傳》、《喋血街頭》、《阿飛正傳》、《悲情城市》、《倩女幽魂3：道道道》、《亞飛與亞基》、《新難兄難弟》、《東邪西毒》、《暗花》、《春光乍泄》、《超時空要愛》、《三輪車夫》、《英雄》、《無間道Ⅲ終極無間》等。

2001年（大陸）

大事記

3月26—28日　全國電影工作座談會在深圳召開，會議提出電影“十五”規劃。
4月15日　大陸第一家“巨幕影院”在上海科技館建成。
4月15日　第8屆北京大學生電影節舉行。
4月19—20日　華東地區電影跨區域座談會在上海召開。同時，上海文化廣播影視集團揭牌成立。
6月1日　電影頻道首屆電視電影“百合獎”揭曉。
6月1日　第9屆中國電影童牛獎評委會授予于藍“孺子牛精神”特別貢獻獎。
7月14日　首部國産全三維數字動畫影片《小虎班班》在全國各大城市公映。
7月中旬　莫斯科電影學院授予張藝謀電影學名譽博士學位，使其成爲第一位獲得該院“名譽博士”的中國人。
8月6日—8日　廣電總局召開重大革命歷史題材影視作品研討會。
8月20日　低成本故事片《我的兄弟姐妹》上映，不到兩個月票房達1800萬元。
8月29日　全國電影文學工作會議在南戴河召開。
8月底　上影集團、永樂集團等合併成立上海電影集團。
9月12日　作爲中國藝術研究院建院50週年系列學術活動之一、由該院影視藝術研究所主辦的“90年代重大革命歷史題材影片創作研討會”在北京召開。
9月　第11屆永樂杯上海影評人獎評選結果揭曉。
10月　在伊朗第16屆國際青少年電影節上，中國影片《一個都不能少》獲得最佳影片獎，演員魏敏芝被評爲最佳女主角。
11月1日　中影集團與星美傳播公司正式簽約組建中星影院建設有限公司。
11月初　四川、河南等地大幅度降低電影票價。

重要影片

《我的兄弟姐妹》劇照

《我的兄弟姐妹》

出品：天山電影製片廠
　　　北京四海影視公司
編劇：程彤　俞鍾
導演：俞鐘　攝影：甘露
主演：梁詠琪　崔健　姜武　夏雨

父母因車禍雙亡，留下兄弟姐妹四人，大哥憶苦不得不將弟妹送他人撫養。20年過去了，大妹思甜從香港到内地舉辦音樂會並尋找家人。經過許多曲折，終於找到了開出租的大哥、上大學的小弟齊天和在音樂廳工作的小妹齊妙，兄弟姐妹相聚在北京。

《開往春天的地鐵》

出品：北京博納文化交流有限公司
編劇：劉奮鬥
導演：張一白
攝影：趙小丁　高飛
主演：耿樂　徐靜蕾　王寧　張揚

失業三個月的建斌整日在地鐵裏遊走，他無法把這個消息告訴跟他一起生活了七年的小慧，雖然他每天都想這麼做。畢竟當年來到這個城市時，他是許諾了小慧要給她幸福的。就這樣懷着一種善意的謊言，建斌在地鐵裏度日如年。

《開往春天的地鐵》劇照

《法官媽媽》

出品：北京紫禁城影業公司
編劇：王興東
導演：穆德遠
攝影：孫明
主演：奚美娟　陳思成　趙有亮　李杉

十五歲少年張帥因入室搶劫被捕，家人爲減輕他的罪行，欲給審判法官安慧兩萬元錢，却被李律師暗中侵吞，張帥被判入獄三年。出獄後，他潛入安慧家，搜集她收受賄賂的證據。安慧絲毫没有察覺，她仍在致力於少年法庭的設計，直到有一天，她發現張帥站在她家門口。

《法官媽媽》劇照

《巧鳳》劇照

《巧鳳》

出品：長春電影製片廠　電影頻道節目製作中心
編劇：肖尹憲　王志剛　**導演：**孫沙
攝影：侯詠　**主演：**于慧　孫敏

西嶺村黨支部書記巧鳳把大家聯合起來成立一個"養殖聯合體"。巧鳳的丈夫福生爲了幫助巧鳳工作，從城裏找來收猪大户胡二來，巧鳳發現胡二來的秤有問題，拒絶賣猪，夫妻産生矛盾。村黨支部決定"養殖聯合體"自行屠宰和銷售，以誠信的態度直接面對市場。

《走出西柏坡》

出品：上海電影製片廠
編劇：任仲倫　汪天雲
導演：李歇浦　梁山
攝影：潘峰
主演：陳大偉　孫海英　孫清　古月

西柏坡——中國共産黨中央機關在奪取全國政權前駐紮的最後一個農村根據地，我軍攻克錦州的捷報傳來，滿屋的人一片歡騰。跟隨毛主席多年的警衛排長耿濤，被派去接管天津。他與老營長馬寶山一起與大資本家宋學仁鬥智鬥勇，最後取得勝利。

《走出西柏坡》海報

《誰説我不在乎》海報

《誰説我不在乎》

出品：西安電影製片廠
編劇：黄欣　李唯
導演：黄建新
攝影：楊輪
主演：馮鞏　吕麗萍　李小萌

下崗工程師謝雨亭在領取模範夫妻獎品時，發現結婚證不見了，她一連數日地尋找，使全家陷入煩亂和恐慌之中。丈夫顧明因此搬到醫院居住並提出了離婚。可因爲没有結婚證，離婚申請被駁回。女兒小文也離家出走。在對孩子的共同關愛中，生活又回到了從前。

影片目録（共86部）

中影集團　《新甜蜜的事業》、《明亮的心》、《龍騰虎躍》、《血腥山谷》、《天盡頭》、《高原如夢》、《100個……》、《致命的一擊》、《重振精武門》、《大腕》、《生旦淨末》、《六月男孩》、《尋槍》、《女孩别哭》、《聊聊》、《平原槍聲》、《苦茶香》、《王首先的夏天》、《媽媽没有走遠》、《情意兩重天》、《手足情》、《相伴永遠》

電影頻道　《那年秋天》、《那一片森林》、《黑風暴》、《兵哥》、《情不自禁》、《流星雨》、《紅月亮照常昇起》、《第十三個名字》、《安德烈的晚上》、《浴血羊山》、《情歸天盡頭》、《綏遠之光》、《不安的夜晚》、《大沙暴》、《白魂靈》、《極度危險》、《刑警張玉貴的隊長生活》、《宇宙與人》

上影集團　《太空營救》、《走出西柏坡》、《假裝没感覺》、《風雨十二年》、《花眼》、《嗨，弗蘭克》、《真情三人行》、《股啊股》、《煙雨紅顔》、《魯鎮傳説》

長影　《巧鳳》、《新漫畫小子》、《寶貝雙龍》

珠影　《致命密函》、《TV小子》、《荔枝紅了》、《人命關天》

西影　《昨天》、《初戀的故事》、《我愛你》、《蘋果的滋味》

瀟湘　《毛澤東在1925》、《鄉長本姓趙》

峨眉　《我的格桑梅朵》

青影　《蜀山傳》、《開往春天的地鐵》、《少年往事》

天山　《我的兄弟姐妹》、《微笑的螃蟹》、《浪漫櫻花》

雲南、廣州電影發行公司　《閃靈兇猛》、《地下追擊》

内蒙古　《秘語十七小時》、《緑色的夢》、《花街》、《遥遠的氈房》

紫禁城影業　《誰説我不在乎》、《法官媽媽》

其他　《黄埔軍人》（廣東華之傑公司）、《一樣的人》（深圳）、《生死擂》（安徽）、《李秋實》（遼寧）、《二十五個孩子一個爹》（山西）、《太平使命》（蘭州）、《我最中意的雪天》（河南）、《絶對情感》、《秋天的流星雨》（山東）、《棒球少年》（福建）、《黄金驛站》（廣西）。

《二十五個孩子一個爹》劇照

《二十五個孩子一個爹》

出品：山西電影製片廠
編劇：黄宏
導演：黄宏
攝影：王小列
主演：黄宏　李琳　雷恪生
　　　斯琴高娃　于藍

下溝村孤兒趙光勞動致富後，一句衝動之言"願意爲所有的孤兒當爹"招來了25個孤兒，大字不識的趙光辦起了臨時學校，並與孩子們產生了濃厚的感情。

《六月男孩》

出品：兒童電影製片廠
編劇：王群　王宇
導演：安占軍
攝影：林兵
主演：南江　閔西丁　王思美　陳朵朵

家庭環境優越、學習又好的徐梓楓一直不服氣自己第二任班長落選，會敗給蕭野。雖然徐梓楓在學習上比蕭野技高一籌，但體育上却略顯不足。兩人從一開始的都不服氣，一直到後來互相幫助，互勉互進，積極向上，充滿熱情和童真。

《六月男孩》劇照

《生旦淨末》劇照

《生旦淨末》

出品：中國電影集團公司
編劇：王瑋
導演：李晨聲
攝影：李晨聲
主演：劉佩琦　陳小藝　宋春麗
　　　薛白　方舒

京劇老演員張金和演了一輩子戲，可他從來没當過主角，他的最大心願就是演一回主角，當個名角。他將女兒拉扯大，教女兒唱戲，女兒得了獎，成了名角，但竟然在得獎後不辭而别。女兒病重，將在國外生的兒子託付給他，爺孫倆因不同的文化和生活習慣産生磨擦。

《王首先的夏天》

出品：中國電影集團公司
編劇：李鴻禾
導演：李繼賢
攝影：劉傑
主演：魏志林　劉世凱
　　　成太生　王雪王

閉塞的山村中12歲少年王首先的生活，因一個攝製組的到來而被徹底打亂。劇組要在村裏挑個小孩演主角"星星"，爲了能演上"星星"，王首先努力爭取着。

《王首先的夏天》海報

《大腕》劇照

《大腕》

出品：中影集團、哥倫比亞
　　　華誼兄弟聯合攝製
編劇：馮小剛　李曉明
導演：馮小剛
攝影：張黎
主演：葛優　關之琳　唐納德・薩瑟蘭（加）

熱愛中國的外國大導演泰勒在中國工作的過程中，與爲攝製工作記録的中國攝影師尤優成爲了忘年交。泰勒突然生病，尤優不得已要完成與泰勒的一個半認真的承諾，爲泰勒操辦一個盛大而喜慶的中國式葬禮，整個葬禮的籌辦過程成了真正的喜劇。

9部委聯合發出《關於做好影片〈宇宙與人〉宣傳發行放映工作的通知》

3月2日，中共中央宣傳部、國家廣播電影電視總局、文化部、教育部、解放軍總政治部、中國科協、全國總工會、共青團中央、全國婦聯等九部委聯合發出通知，要求各地做好影片《宇宙與人》的宣傳、發行、放映工作，通過切實有效的努力，組織廣大幹部、群衆，尤其是廣大青少年學生觀看影片，並結合當前揭批法輪功的活動開展各種形式的科普教育活動。

《宇宙與人》海報

《宇宙與人》

出品：北京科學教育電影製片廠
　　　電影頻道
編劇：忻迎一
導演：忻迎一

影片以形象的畫面揭示和表現了宇宙、星系與人在漫長的發展歷程中的相互關係，説明了從核聚變所產生的能量是宇宙中所有恒星誕生的方式，介紹了物質從基因開始到產生生命的過程，論述了引力、强力、離心力、電磁力之間的相互關係，從而深入探討了宇宙與人的關係。

2000年度中國電影華表獎頒獎典禮舉行

5月30日晚，2000年度中國電影“華表獎”頒獎典禮在北京舉行。全國電影界、文藝界的代表參加了頒獎典禮。

2000年度中國電影華表獎獲獎名單

優秀故事片獎：《生死抉擇》(上影)，《相伴永遠》(中影集團、電影頻道)，《真心》(天山、上海永樂、上海嘉禾)，《月圓今宵》(天津、電影頻道)，《英雄鄭成功》(瀟湘、福建)，《毛澤東與斯諾》(長影、江西、九江長江)，《彩練當空舞》(峨影、電影頻道)，《詹天佑》(上影、電影頻道)，《走出硝煙的女神》(珠江)，《走過嚴冬》(山西、電影頻道)；優秀兒童片獎：《無聲的河》(中影集團、電影頻道)，《揚起你的笑臉》(天津、中共貴陽市委宣傳部)，《娃娃唱大戲》(中影集團、電影頻道)；優秀戲曲片獎：《山鄉情悠悠》(安徽省電影發行放映公司、安徽省文化廳、安徽省安慶市委宣傳部、安徽省安慶市人民政府)；優秀紀錄片獎：《國情紀事》(新影)，《新時期的英雄戰士——李向群》(八一)，《支撑》(遼寧、湖南先導文化)；優秀科教片獎：《宇宙與人》(北京科影、電影頻道)，《生態家園》(北京科影)，《防止美洲斑潛蠅》(上海科影)，《集雨節灌》(北京科影)，《跟着市場種葡萄》(北京科影)；優秀美術片獎：《小虎斑斑》(中影集團、北京軼形夢幻)；優秀電視電影：《勁舞蒼穹》(電影頻道)，《楊守敬與呂蓓卡》(電影頻道)；優秀電影技術獎：《宇宙與人》(北京科影、電影頻道)，《紫日》(紫禁城、上海永樂)；外國影片優秀譯製獎：《U－571》(八一電影製片廠譯製)；優秀電影歌曲獎：《送人玫瑰手有餘香》(《因爲有愛》)；(深影、中共深圳市委宣傳部)；優秀編劇獎：賀子壯、宋繼高(《生死抉擇》)，胡建新、顧保孜(《相伴永遠》)；優秀導演獎：于本正(《生死抉擇》)，陳力(《月圓今宵》)，霍建起(《藍色愛情》)；優秀男演員獎：王學圻(《相伴永遠》)，王慶祥(《生死抉擇》)；優秀女演員獎：奚美娟(《月圓今宵》)，謝蘭(《走過嚴冬》)；電影新人獎：劉婷(《真心》編劇)；寧敬武(《無聲的河》導演)；賈一平(《無聲的河》男演員)；董潔(《幸福時光》女演員)；評委會獎：影片《刮痧》(紫禁城、北京電視藝術中心、華誼兄弟)，《公正的心》(福建、電影頻道)，《因爲有愛》(深影、中共深圳市委宣傳部)，《芬芳誓言》(中國影協、重慶市九重影視文化藝術)，《紫日》(紫禁城、上海永樂)，《英雄無語》(寧夏、中國華藝音像)，忻迎一(《宇宙與人》編導)。

《相伴永遠》

出品：中國電影集團公司
電影頻道節目製作中心
編劇：胡建新　顧保孜
導演：丁蔭楠
攝影：穆德遠
主演：王學圻　宋春麗　蘇岩　苗海忠

影片表現了老一輩無産階級革命家李富春和蔡暢夫婦在長達半個世紀的革命生涯中比翼齊飛、相濡以沫的歷程。

王學圻(1946—　)

演員。北京人。1978年後，任中國人民解放軍空軍政治部話劇團演員。代表作品有《黄土地》、《大閱兵》、《鳳凰琴》、《蘭陵王》、《紅西服》、《銜天飛豹》、《共和國之旗》、《相伴永遠》、《天地英雄》等。

《相伴永遠》劇照

第5届上海國際電影節舉行

6月9日—17日，第5届上海國際電影節舉辦。國家廣電總局副局長趙實、中共上海市委副書記龔學平、上海市副市長周慕堯以及來自不同國家的7位電影節評委會委員和海内外電影節知名人士參加了電影節的開幕式。參加本屆國際電影節的國家和地區達到了40多個，參賽影片14部，參展影片376部。其中，國外影片330部，國内影片46部。本届電影節爲期9天，主題活動有4項："金爵獎"國際影片評選、國際影片展映、國際影視市場和國際電影學術研討會。國際電影學術研討會着眼於中國電影和世界電影的最新發展趨勢，面向21世紀的中國電影新發展和數字化電影的發展及數字影院的興起，設置了兩場不同主題的高水平電影學術報告會和研討會。

世紀英雄電影投資有限公司成立

9月8日，由中國電影集團公司和中信文化體育産業有限公司共同主辦的"世紀英雄電影投資有限公司開業慶典"在人民大會堂舉行。

著名藝術家、影視界人士、國内外影視機構代表、中外記者等約600人參加了開業慶典。開業慶典由中影集團副董事長、北京電影製片廠廠長韓三平主持，國家廣電總局趙實副局長和中信公司王軍董事長爲世紀英雄公司揭牌。

世紀英雄電影投資有限公司是由中影集團公司與中信文化體育産業有限公司共同組建的大型電影投資企業，注册資金3000萬元，總投資額1.5億元。韓三平任總經理，陳凱歌任藝術總監。該公司的宗旨爲扶持國産電影事業，提高本土製作水平，發展民族文化産業。其投資方向順應國家發展電影産業的基本思路，公司管理上引入現代企業制度，順利走上符合電影市場規則的運營道路。

第10届中國電影金鷄百花電影節舉行

10月18—22日，第10届中國金鷄百花電影節在寧波舉行。本屆評選具有三大特點：一是弘揚主旋律的重點影片佔有很大比例；二是新人輩出，各獎項提名中青年創作者佔半數以上，充滿青春朝氣和創新意識；三是在上屆金鷄獎中空缺的"電視電影"今年異軍突起，獲提名作品達4部之多。

電影節以"展示電影新成就，展現寧波新風采"爲主題，除開幕式晚會和頒獎典禮之外，還將集中推出金鷄國際影展、國産新片展、港臺新片展、伊朗電影展和新片交易會、學術研討會等5大系列21項主體活動。其中，電影節立足於中國電影的繁榮與復興，推出"中國電影——傳統文化與全球化趨勢"學術研討會、袁牧之電影藝術創作紀念座談會、馮小寧電影創作研討等系列學術活動。

第21届中國電影金鷄獎獲獎名單

最佳故事片獎：《毛澤東在1925》（瀟湘）；最佳紀録片獎：《東方巨響——兩彈一星實録》（八一）；最佳合拍故事片獎：（空缺）；最佳美術片獎：（空缺）；最佳戲曲片獎：《生死擂》（安徽）；最佳電視電影獎：《王勃之死》（電影頻道），《上車，走吧！》（電影頻道）；最佳編劇獎（含改編）：王曉棠、王宸（《芬芳誓言》）；最佳導演獎：霍建起（《藍色愛情》）；最佳處女作獎：齊星（《押解的故事》）；最佳男主角：戈治均（《押解的故事》）；最佳女主角：宋春麗（《相伴永遠》）；最佳男配角：傅彪（《押解的故事》）；最佳女配角：彭玉（《月圓今宵》）；最佳攝影獎：蔡抒南、崔新平（《血性山谷》），馮小寧（《紫日》）；最佳録音獎：馮德耀（《劉天華》）；最佳美術獎：屠居華（《相伴永遠》）；最佳音樂獎：葉小綱（《刮痧》）。

第24届《大衆電影》百花獎獲獎名單

最佳故事片獎：《生死抉擇》（上影），《漂亮媽媽》（珠影、廣東三九），《芬芳誓言》（中國電影家協會、九重影視文化）；最佳男演員：王慶祥（《生死抉擇》）；最佳女演員：鞏俐（《漂亮媽媽》）；最佳男配角：朱旭（《刮痧》）；最佳女配角：閻青妤（《留住心中的月亮》）。

"走向新世紀——中國電影態勢學術研討會"舉行

2001年12月13至14日，中國電影藝術研究中心和廣電總局電影頻道節目製作中心在京聯合舉辦"走向新世紀——中國電影態勢學術研討會"。全國電影界有關領導、製片和發行企業負責人、著名電影藝術家和電影理論工作者，以及首都新聞界共80餘人參加了研討會。研討會以實事求是、與時俱進的科學態度和理論聯係實際、理論創新的學術精神，對新世紀中國電影面臨的新情況、新問題及其對策與任務等發展態勢，從宏觀的指導思想、體制機制、政策法規，到具體的創作、製片、發行和宣傳等各個不同角度進行了熱烈、開放而又認真、嚴謹的學術研討。與會代表們認爲，在中國加入世界貿易組織才剛兩天之後，就召開了這樣一個大型的有關中國電影發展戰略問題的學術研討會，體現了電影界與時俱進的理論創新精神，對新世紀中國電影的發展而言意義是十分重要和深遠的。

本年度在國際上主要獲獎情況

《菊花茶》獲第23屆莫斯科國際電影節影評人特别獎；

《一個都不能少》獲第16届伊朗國際青少年電影節最佳影片獎、最佳女主角獎（魏敏芝），該片還獲得伊斯法罕教育廳頒發的兒童教育三等獎；

《我的父親母親》獲第19届伊朗曙光電影節最佳影片獎；

《紫日》獲第21届夏威夷國際電影節最佳影片獎；

《寶蓮燈》獲首屆阿根廷巴德拉普兒童及青少年電影節夢幻獎；

《無聲的河》獲第18屆莫斯科青少年電影節導演特别獎。

2001年（臺灣）

大事記

1月6日　全美影評人協會評選2000年電影作品，楊德昌導演的《一一》獲選爲2000年最佳影片。

2月15日　行政主管部門財經小組通過"新興重要策略性産業適用範圍標準草案"，將農業、電影工業數字化後製部分、製造業及技術服務業等三大類納入適用範圍，可享受五年免税或股東投資抵減租税之優惠。

2月16日　"中影公司"今日進行新舊董事長交接典禮，新任董事長爲涂德錡。

2月18日　第五十一屆柏林國際電影節今日公佈得獎名單，臺灣導演林正盛以《愛你愛我》一片獲得最佳導演銀熊獎，女主角李心潔獲得最佳新人女主角獎。

2月24日　結合"中影"在内的多國資金拍攝而成的《西洋鏡》，24日開始上映，該片於去年金馬影展期間曾獲觀衆選爲最佳影片。

3月4日　法國杜維爾影展亞洲影展揭曉，臺灣導演陳以文與張華坤以《運轉手之戀》獲得最佳導演；並頒發終身成就獎給宋存壽導演。

3月26日　《卧虎藏龍》在美國的票房累積已超過一億美元，在臺北市的票房也已累積一億二百二十九萬臺幣。

5月11日　蔡明亮導演的《你那邊幾點》，爲了使用《四百擊》三分多鐘的片段及音樂，首開LC（信用狀）拍片先例，唯多虧文建會副主委羅文嘉的伸手協助，臺北國際商銀才同意接受電影作爲抵押品。

5月20日　戛納國際電影節今日公佈得獎名單，國内攝影大師杜篤之以《千禧曼波》與《你那邊幾點》贏得最佳技術獎。

6月9日　爲紀念"臺灣文化協會"創立80週年，高雄市政府新聞處與吴三連臺灣史料基金會等單位於9日、10日合辦"美臺團活動寫真隊：電影、戲劇與歷史研習營"及"暗頭仔，相招看影戲"等研習及放映活動。

7月13日　爲對抗華納威秀影城的擴張，本土戲院業者廖治德由北到南串聯十五家戲院組成星球影城聯盟，推出可全臺看透的套票與贈獎策略。

8月2日　金馬獎執委會今日投票通過宋存壽導演爲2001年度金馬獎終身成就獎得主。

9月5日　正當華納威秀影城全臺要擴展爲七家之際，由製片協會理事長蔡松林經營的臺北頂級影城"學者影城"，因不堪賠本，面臨關門危機。

9月23日　第一部布袋戲電影《聖石傳説》，昨日在北京、上海、重慶、武漢與廣州等五大城市同步首映。

10月20日　第四十六屆亞太影展今日舉行頒獎典禮，蔡明亮執導的《你那邊幾點》獲得最佳影片、最佳導演、最佳女配角三項大獎，而鮑比達則以《夜奔》贏得最佳音樂獎。

10月26日　位於臺北市微風百貨大樓内的國賓影城今天開幕，共六廳，强調流線人體工學的座椅，號稱爲臺北市最寬廣舒適的規格。

11月10日　文建會委託電影資料館規劃"臺灣電影筆記"網站，今日起在文建會網站的"電影藝術"欄内公開。

11月18日　蕭雅全的《命帶追逐》繼日本福崗、加拿大温哥華影展中掄元之後，昨在希臘的鐵薩隆尼亞影展，獲得最佳導演和最佳藝術成就獎。

11月25日　獲得金馬獎十項提名的同志電影《藍宇》，引爆臺北戲院搶片大作戰，連西片戲院也主動爭取。

12月5日　繼推出電影布袋戲《聖石傳説》之後，霹靂國際公司與香港玉皇朝集團合作推出了改編自香港漫畫的新作《天子傳説》，舉行試片。

12月20日　位於號稱全亞洲最大購物中心京華百貨的"喜滿客京華影城"，爲知名的Cinemark國際公司在臺設立的第二個據點，共13廳，其中3個VIP廳平時票價420元臺幣，假日再加30元，是全臺最高享受、最高價位的電影院。

重要影片

《愛你愛我》海報

《愛你愛我》

出品：吉光
編導：林正盛
主演：李心潔　張震

剛退伍的小風來到夢想中的臺北，渴望在此出人頭地。與母親爭吵而離家的菲菲在檳榔攤當檳榔西施。盛夏午後突來的雷陣雨，讓小風和菲菲偶遇。不甘只當麵包師傅的小風，逐漸捲入黑道生活，而菲菲意外地被電影導演相中，開始演藝生涯，兩人漸行漸遠。

《愛情靈藥》劇照

《愛情靈藥》

出品：南方
編劇：蘇照彬
導演：蘇照彬　李豐博
主演：光良　劉虹嬅　戴立忍

17歲的林祖狀，自小因"那裏"比別人大，而對"性"産生異常的好奇與苦惱，在租書店鄭老闆的帶領下，進入A書的世界。鄭老闆突然過世後，留下一把鑰匙與一個門牌號碼給他，讓他得知鄭老闆多年來不爲人所知的秘密。

《候鳥》海報

《挖洞人》海報

《自由門神》海報

《候鳥》

出品：中影　縱横
編劇：王蕙玲
導演：丁亞民
主演：劉若英　黄品源　歸亞蕾　岳華

移民温哥華的年輕夫妻，丈夫郭文亮爲了生計，成了空中飛人，妻子方寧則開始新生活，並照顧哥哥的小孩傑森。這個夏天，家裏又住進了另外一個女孩喬安，兩個正值青春期的小孩因爲房間問題引發尖鋭的衝突，但是青春的性衝動也潛伏在背後，隨時等待引爆……

《挖洞人》

出品：廣場　熱風社
編劇：郭箏　何平
導演：何平
主演：張世　夏靖庭　倪敏然　辜容高

兩個一起長大的朋友，因爲被朋友騙了錢，憤恨之際，想要挖洞來毁屍滅跡，但人算不如天算，這個騙子的同居人先他們一步雇用黑道殺手來殺人，没想到二人陰錯陽差幹掉殺手，一連串的意外，改變了小人物生命。

《自由門神》

出品：中影　王童
編劇：紀蔚然
導演：王童
主演：文英　陳博正　石英　蔡闓

阿龍經營的"西唆米樂隊"，因爲時代變遷，團員相繼離去。大兒子阿輝每天混日子，在缺錢的情况下，偷了村裏的廟門變賣。恰好簽中六合彩的阿龍，因爲組頭付不出現金用機票抵賬，一伙人便前往紐約遊覽，却在異國餐廳發現失竊的廟門。

《千禧曼波》劇照

《千禧曼波》

出品：侯孝賢
編劇：朱天文
導演：侯孝賢
主演：舒淇　高捷　段鈞豪

Vicky帶着50萬存款，跟小她兩歲的小豪拍拖。小豪是無業遊民，Vicky爲了養小豪在酒店當公關，她有一群玩伴，帶她在PUB裏認識了捷哥，捷哥年長而成熟。在某一個蒼白的日子裏，她想要離開，離開小豪，離開這個島嶼的不安，她想要逃得遠遠的……

影片目録

中影　《西洋鏡》
吉光　《愛你愛我》
泓岙霖　《你那邊幾點》
群體、中影、演藝寓樂　《我們結婚去》
縱横、中影　《候鳥》
快活羊　《空中花園》
縱横、快活羊　《人間喜劇》
王宏　《將軍》
侯孝賢　《千禧曼波》
廣場、熱風社　《挖洞人》
王童、中影　《自由門神》
閎遠　《深深太平洋》
延平　《蘋果咬一口》
潤程　《喪盡天良》
南方　《愛情靈藥》
鑫鈺　《停車暫借問》
萬仁　《傀儡天使》

《你那邊幾點》劇照

《你那邊幾點》

出品：汯呑霖
編劇：楊璧瑩　蔡明亮
導演：蔡明亮
主演：陳湘琪　李康生

即將前往巴黎的陳湘琪，看上錶販小康手上戴的錶，請他割愛。某天小康心血來潮，把家裏的時鐘調慢七個小時，變成巴黎的時間。母親看到慢了七小時的時鐘，堅信是死去的丈夫回來看她，於是決定按照這個時間作息，並逐漸陷入歇斯底里的狀態。

《卧虎藏龍》榮獲奧斯卡最佳外語片

從2000到2001年間，《卧虎藏龍》在2000年的金馬獎横掃千軍，隨後在香港、英國、加拿大，乃至於衆所矚目的金球獎、金像獎均多有所獲。（詳見附録：《卧虎藏龍》得奬紀録）；同時經由傳媒不斷報道獲獎狀況，引起觀衆高度興趣，甚至變成非看不可的"話題電影"，因此在臺北創下三度上映的紀録，也在臺北締造了一億的驚人票房紀録。

《卧虎藏龍》在諸多得獎紀録中，最爲人津津樂道的是改寫了華語電影的新紀録，拿下奥斯卡的最佳外語片金像奬！也因爲這個緣故，除了真正針對電影自身的評析文章（參見附録）外，連社論都爲文祝賀（參見附録），足以想見其得獎意義及影響層面之廣大。

《卧虎藏龍》

出品：縱横國際
GOOD MACHINE RELEASING
COLUMBIA PICTURES
FILM PRODUCTION ASIA
SONY PICTURES CLASSICS
編劇：王蕙玲　蔡國榮
James Schamus
導演：李安
主演：楊紫瓊　周潤發　章子怡
張震　鄭佩佩

俞秀蓮是一位忠肝義膽、身手不凡的女俠，在追尋一把被偷取的寶劍時，遇上出生官家的玉嬌龍。玉嬌龍羡慕她的自由生活，與她成爲莫逆。俞秀蓮武功蓋世的至友李慕白，幫忙追查寶劍下落。當俞秀蓮發現一件秘密後，就此展開了一場場情義兩難的生死決鬥。

《卧虎藏龍》劇照

《深深太平洋》海報

《深深太平洋》

出品：閎遠　編劇：潘光遠
導演：潘光遠　葉基固
主演：王瞳　王啓贊　夏克立

美籍專欄旅遊作家Alex，與妻子分居後，四處旅行便成爲生活的全部。一日Alex落脚到臺灣東部，想針對當地做一個報道，認識了小琦和警察阿朋、曉君和弟弟小猫之後，故事於是展開……

第38屆金馬奬得奬名單

最佳劇情片：《榴蓮飄飄》
最佳創作短片：《石碇的夏天》（鄭有傑）
最佳紀録片：《養生主》（朱賢哲、賴孟秀）
最佳動畫片：從缺
最佳導演：關錦鵬《藍宇》
最佳男主角：劉燁《藍宇》
最佳女主角：秦海璐《榴蓮飄飄》
最佳男配角：譚耀文《野獸之瞳》
最佳女配角：羅慧英《愛上我吧》
最佳新演員：秦海璐《榴蓮飄飄》
最佳原著劇本：陳果《榴蓮飄飄》
最佳改編劇本：魏紹恩《藍宇》
最佳攝影：李屏賓《千禧曼波》
最佳視覺特效：《少林足球》
最佳美術設計：何劍雄、傅德林《蜀山傳》
最佳造型設計：馮君孟、關美寶、利碧君《蜀山傳》
最佳動作設計：程小東《我的野蠻同學》
最佳原創電影音樂：林强、黄凱宇《千禧曼波》
最佳原創電影歌曲：風感《恍心假期》（詞：及川眠子、曲：默林茂、唱：純名里沙）
最佳剪輯：張叔平《藍宇》
最佳音效：杜篤之《千禧曼波》
評審團影片特別獎：《你那邊幾點》
評審團個人特別獎：蔡明亮《你那邊幾點》
觀衆票選最佳影片：《藍宇》
終身成就特别獎：宋存壽

李安（1954— ）

導演。生於臺灣。在美國求學期間獲得伊利諾伊州大學的戲劇學士，後又獲得紐約大學電影製作碩士學位；在紐約大學求學時，以《陰涼湖畔》獲金穗獎最佳劇情片短片獎；畢業作品《分界線》更獲得紐約大學學生影展最佳導演及最佳影片等獎項。1990年編寫的劇本《推手》獲由“新聞局”主辦的優良劇本獎，1991年導演《推手》，爲第一部劇情長片，在金馬獎中獲得九項提名；1993年以《囍宴》獲得柏林影展金熊獎，隔年又獲得美國影藝協會提名奧斯卡最佳外語片，這是臺灣有史以來首次入圍奧斯卡，在臺灣也得到金馬獎最佳導演及最佳影片等五項獎項。第三部劇情長片《飲食男女》獲選爲1994年戛納國際電影節導演雙週開幕作品，並入圍奧斯卡最佳外語片及獲金馬獎最佳影片。1995年正式進軍好萊塢，改編英國珍·奧斯汀的小說拍攝《理性與感性》，獲得柏林影展最佳影片金熊獎，並入圍奧斯卡七項大獎。1997年的《冰風暴》獲得戛納國際電影節最佳編劇獎。2001年，以《卧虎藏龍》獲得奧斯卡最佳外語片以及衆多大獎，也締造了美國有史以來外語片最高賣座紀録。2002年6月開拍電影《绿巨人浩克》。2005年，新片《斷背山》改編自著名短篇小說，在第62屆威尼斯影展中榮獲最佳影片金獅獎，並獲奧斯卡金像獎最佳導演。

李安

蔡國榮（1951— ）

編劇，影評人。廣東人。國立藝專影劇科畢業，爲影評人協會會員。專事電影評論與電影史料整理研究。歷任1980年度至1983年度《電影年鑒》主編，《中國時報》副總編兼影劇版主編，並編有《六十年代國片名導名作選》、著有近代文藝電影研究《夢遠星稀》以及舞臺劇本《戴面具的愛神》等，2001年擔任《卧虎藏龍》編劇。

《卧虎藏龍》海報

附録

另種思考：從《卧虎藏龍》看國際合作臺灣電影的出口？

旅美導演李安執導的影片《卧虎藏龍》在2000—2001年可謂名利雙收，風光十足，不僅獲得衆多國際影展的肯定，也在票房上開出長紅，讓早已習於票房不佳的臺灣影人和媒體十分驚喜。而《卧》片跨國合製與跨國文化的特殊現象，也引起文化研究者的關注和討論。不過，就現階段的臺灣電影而言，最重要的問題似乎不在影片的得獎與否與影片的跨國文化現象，而在如何提振臺灣電影工業的發展與規模。

如此彪炳的戰績，自然引起臺灣社會的熱烈好評，臺灣媒體更紛紛以諸如“華人的光榮”、“走出臺灣”、“臺灣電影的出口”等標題，爲文讚揚《卧》片爲臺灣帶來的國際宣傳與民族驕傲，甚至期待《卧》片的揚威，可以成爲臺灣電影再振雄風的典範。持這些看法者雖理由各異，但若粗略整理，則2001年2月26日刊載在大成報的一篇讀者投書，幾可爲此種看法的典型代表：

《卧虎藏龍》一片讓東方演員與導演站上

了國際舞臺，成爲好萊塢電影工業中的一員，對於現今十分不振的臺灣電影業來説，似乎是找到了一個新的出口。面對現今國片的低迷不振，以及未來WTO開放後對影視工業的衝擊，臺灣電影工業與演員勢必需要朝向國際化的方向前進。臺灣電影國際化發展可以預見的好處是，臺灣電影勢必能够擁有更多先進的國際奥援，在電影技術、演員陣容及藝術内容上都更爲精進。與各國享譽國際的大導演及專業技術人員互相交流專業知識，可以讓臺灣電影走出封閉的文化情結，與世界潮流接軌，有助於拓展臺灣電影的國際市場。而臺灣演員與國際巨星的同臺演出，除了可以琢磨其精湛的演技外，更能够由外國巨星謙卑的學習態度與多元化的自我經營方式，學習到時時求新求變、强化永續經營的自我成長哲學，而此也才能使臺灣電影業真正受惠於國際化發展之過程。

類似的觀點充斥在《卧》片頻頻得獎之後的報章媒體上。簡單歸納這些觀點，可以得出以下幾點思緒：

1.《卧虎藏龍》是臺灣電影與國際影業合作的成功典範。

2.經由國際化的過程，臺灣電影工作人員可以藉此提升技術水準與表演内涵。

3.藉由國際化的合作，臺灣電影可以尋求更多資金，藉此提升製片規模，並分攤製片風險。

4.國際化是臺灣電影業加入WTO後必須前進的方向。

但真是如此嗎?《卧》片是貨真價實的臺灣電影嗎？它真是"華人的光榮"、真的"走出臺灣"，是"臺灣電影的出口"嗎？它的製銷模式是臺灣電影可以師法的嗎？它是臺灣電影借助好萊塢技術與資本收復本土市場失土的一帖良方？還是好萊塢電影商業機製以華語影片之名反噬臺灣本土市場的遮掩呢？它又會對臺灣的電影工業與環境産生什麽樣的影響呢?要回答這些問題。我們需要進一步解析《卧》的製銷模式。粗略來説，《卧》片的製銷模式指的是尋求好萊塢或其他國家的龐大資金，結合兩岸三地甚或全球優秀的電影工作者。拍攝華人電影工作者擅長的題材(如武打動作片)，再透過好萊塢的强力行銷方式與發行管道，瞄準全球市場，全圍獲得豐厚的投資回收，並利用與國際影業公司的合作，進一步提升與激勵臺灣電影工作者的專業技術與創意。表面上看來，這種方式的確是低迷不振的臺灣電影工業面臨産業全球化時唯一的出路。但若進一步檢視《卧》片的攝製模式，則將發現《卧》片的成功，基本上與臺灣電影工業的體質關聯不大，期待藉由這樣的方式提振臺灣電影工業，恐怕是過於樂觀的想法。

從《卧》片的"國籍"談起。2000年，《卧》片首先在臺灣的金馬獎奪得最佳影片的殊榮，次年即代表臺灣角逐美國奥斯卡金像獎最佳外語片，並由美國哥倫比亞公司以美國公司出品的名義報名其他個人獎項；同年，《卧》片在一向只接受香港電影的香港金像獎奪得最佳影片大獎；而中國大陸也在《卧》片頻頻獲獎之際，宣稱這部影片其實是大陸出品的。這究竟是一部臺灣電影？香港電影？大陸電影？還是一部美國電影？顯然連電影界本身都無法達成共識。因此，若單方面認爲《卧》片是臺灣電影與國際影業合作成功的範例，進而期待這種模式成爲提振臺灣電影工業的良方，顯然過於簡化了臺灣電影界的困境，也過於簡化了解決之道。

當然，在跨國資金、技術、人才合作儼然成爲近年電影的攝製趨勢時，要區分一部影片的確實身份，本就困難重重，對電影的生産者或消費者而言，也没有實質上的意義。但就《卧》片與臺灣電影工業的聯繫而言，宣稱這是一部臺灣製造的電影，却有些過於牽强。從琳琅滿目的工作人員名單中來看（這或許是華語片有史以來最長的一份，其中尚有人專司"工作人員薪資發放"，其分工之精細，兩岸三地的影片只能望背興嘆），臺灣的主要工作人員只有幾位：導演李安、製片徐立功、編劇蔡國榮、王蕙玲、演員張震、郎雄，影片主要的拍攝與後製工作幾乎全數仰賴香港(動作設計、美術與服裝設計、攝影等)和好萊塢(剪接、音效、視覺特效等)的工作人員。李安更曾經自言，香港因爲長期拍攝大量的武打動作片，不僅培養出許多經驗豐富的工作人員，更在預算不如好萊塢的情形下，慢慢摸索出一套經濟實惠的拍片方式，讓他在拍片期間受益匪淺。因此，《卧》片的跨國技術合作，磨練的其實是香港與好萊塢的電影工作者，要期待臺灣電影工作者透過《卧》的國際化過程，藉此提升攝製技術的水準與演員的表演内涵，雖然合於邏輯，却難與目前人才凋零的臺灣電影界現況接軌。

從資金的角度分析。雖然近幾年來臺灣電影因爲票房不佳，令投資者却步，許多具有創作力的導演因而紛紛轉向日本、法國、美國等國家尋求拍片資金，例如侯孝賢的《千禧曼波》和蔡明亮的《你那邊幾點》由法國出資、楊德昌的《一一》和張作驥的《美麗時光》由日本出資、陳國富的《雙瞳》則爲美商哥倫比亞繼《卧》片之後的投資。這些與新聞局一部一千萬或五百萬的拍片輔導金相比，雖讓拍片導演有了較爲充裕的資金可以籌拍較爲精緻與較大格局的影片，但對改善臺灣電影的工業現狀，成效依舊有限。一來，國際資金因爲風險考量。只願意投資已被國際影壇認可的導演，許多年輕導演幾乎無法爭取到這類資金，依舊只能依賴輔導金或自籌資金拍片，對鼓勵與培養臺灣電影的創作人才，並無實質幫助。其次，國際合資影片因爲提供相對較多的資金。往往握有較爲優渥的談判條件，影片上映後所創造的利潤，大都直接回到出資國，僅有少數利潤回到臺灣。以《卧》片爲例，在縱横和美商哥倫比亞簽訂的合約中，規定全球票房要回收達其投資金額的六倍，才能開始分紅。侯孝賢的《千禧曼波》和張作驥的《美麗時光》兩位導演僅能擁有臺灣部分的票房收入，而以《千禧曼波》在臺灣的票房約不到100萬來看，這樣的收益難以成爲臺灣電影的製片活水。

再者，國際資金之所以願意投資臺灣導演與電影，目的當然不在表現臺灣文化與提振臺灣電影工業。而是一種商業上的考量。跟已成名的國際導演相較，投資臺灣導演或者影片成本相對便宜（最貴的《卧》片總預算也只有1500萬美金，尚不及一位好萊塢明星的片酬），投資較具保障。不過，一旦國際資金發現這些導演或者影片的成本逐漸提高，甚至回收的票房不如預期時，這些資金馬上就會縮手，轉移到更爲便宜的導演與影片上。1994年華納亞洲的《獨立時代》與《阿爸的情人》在票房上失利之後，外資裹足不前，便是最明顯的例子。這種投資策略幾與臺商出走大陸的考量無異，完全是一種在商言商的思考模式。因此，要仰賴國際資金或者國際合製的模式，提振臺灣的電影工業，無疑是一種過分仰人鼻息，甚至一廂情願的想法。

因此，以現階段的臺灣電影工業環境而言，國際合製路線絶非臺灣電影應該勉力前進的方向，畢竟仰賴他人的結果，將可能永遠淪於爲他人作嫁的下場。《卧》的名利雙收雖然讓國人感受到了民族的驕傲，也對臺灣電影激起了一絲期待，但就與臺灣電影工業的實際連結而言，《卧》片的成功畢竟與臺灣電影的體質關聯不大，對臺灣電影工業的影響也没有想象中巨大。因此，臺灣電影界若因《卧》的成功案例，而認爲這種跨國合製的路線是未來臺灣電影可以發展的方向，則可能棄臺灣電影工業已經奄奄一息的病態不顧，而忽略了改善臺灣電影工業體質的重要性，那麽，臺灣就永遠無法發展出一套能自行運轉與活絡的電影工業機制，無法培養自己的人才、提升自己的技術，持續拍出像《卧》片般叫好又叫座的電影。

當然，《卧》片的成功絶對具有正面積極的參考意義，但若奢望臺灣電影可以靠着和國際影業的合作，而在一夕之間改善了目前的困境，顯然有些本末倒置。在《卧》片功成名就的掌聲之後，在臺灣電影一片國際化聲中，如何撥開這些思考邏輯的重重迷霧，釐清臺灣電影真正應該關注與努力的方向，或許才是《卧》片帶給臺灣電影最好的啓示與禮物。

（李亞梅，《電影年鑑》）

《"事在人爲"造就了李安的成功，賀〈卧虎藏龍〉赢得奥斯卡的肯定》

第七十三届奥斯卡頒獎典禮終於揭曉，被譽爲"華人之光"的李安所導的《卧虎藏龍》，在得到美國影藝學院的十項提名之後，終於在奥斯卡之夜風光地上臺抱走了包括"最佳攝影"、"最佳藝術指導"、"最佳原創音樂"和"最佳外語片”四座小金人。

在華人電影史上，這是前所未有的紀録，我們恭喜李安，也恭喜所有參與此片製作、發行的所有幕前幕後的工作者。

這是一個難得的成就，不僅是因爲奥斯卡是全世界歷史最悠久、規模最大的電影藝術獎項；另外，獎項及於技術層面，也證明這部電影的成就是全面性的。

當然，也許有論者會持異議，認爲好萊塢代表的主流價值，是一個商業導向的價值；許多好萊塢電影的公式化結構和手法，是電影工作者的負面教材；更不要提好萊塢電影對全球行銷包裝的技術，已經對許多國家嘗試發展出有自己文化特色的電影工業造成打擊。得到好萊塢的肯定，又如何呢？這些評論固然也不容否認，可是我們仍要説，李安在此屆奥斯卡得到的成就真的是很不容易。

《卧虎藏龍》劇照

畢竟，正因爲好萊塢電影所顯示的商業導向、觀衆至上等特色，更顯示出李安的不簡單。因爲，其他許多得到國際電影獎肯定的華人導演，他們的作品也許各擅勝場，可是談到觀衆緣，講到票房，通常也就都是這些電影創作者的痛處。

李安的難得就在這裏，因爲他的電影不但有“自我”，有他想藉電影傳達出去的訊息，但是更重要的是，他的這些電影元素，常常是配合着觀衆的觀影情緒而設計。如何讓觀衆看得全神貫注、如痴如狂，對他來講通常擺在第一位。也無怪乎在李安的電影分類裏，他喜歡用“好電影”跟“壞電影”，而不喜用“藝術電影”和“商業電影”這兩個標籤。

要做到“觀衆至上”其實不容易，尤其是在臺灣，當整個電影大環境是這麼地凋敝的時候，很多好導演就算有心走李安的路也困難重重。因爲在一個電影還是“手工業”的社會，老實講，當一位創作型的“藝術導演”，這個選擇也許還真的比較容易存活，先想辦法留得青山在吧！

不得不爲李安感到慶幸，因爲他選擇留在美國。一個電影工業健全的社會，讓他能够從《推手》、《囍宴》這些屬於獨立製片規模的電影，一路拍上來，規模越拍越大，能够享用的資源也越來越多，最後終成國際級大導演。

其實不只李安，得到“最佳原創音樂”小金人的譚盾也是一個例子。從大陸移民到美國之後，他也在一個更友善的大環境裏，充分地發揮了他的潛力和才氣。至於《卧虎藏龍》另外兩位得獎者，則因爲他們的香港背景，讓他們在電影這個行業裏，有較多淬煉的機會，而終能與國際級的電影工作者共事，向世界證明自己的能力。因爲身處較健全的電影環境而得以再創事業高峰，周潤發何嘗不是另一個例子。由此可見，在電影創作的範疇，只要創作環境合理、健全，以華人的聰明才智和努力，自可向西方電影先進們説聲“不遑多讓”。

講到這裏，再回頭看看我們的電影環境，這個每年都要政府斥資數億元“輔導”的電影環境，已經糟糕到所有片商都懶得聞問的境地，好導演如楊德昌則根本懶得在國内發行他新作《一一》即是一例。張揆曾提到《卧虎藏龍》的大放異彩正是知識經濟的代表，可是不要忘了，這部“代表作”除了製片徐立功，共同編劇蔡國榮跟臺灣的關係密不可分之外，其餘都是廣義的“海外華人”的功勞。

没有健全、令人覺得友善的電影環境，我們看不出臺灣電影的明天在哪裏。當然把所有責任都推給政府也不盡公平，電影工作者和愛好者絶對不要因爲大環境的不利而懷憂喪志或心存觀望，要知道，“事在人爲”絶對不只是一句口號。

於是又不得不提李安。

他曾經有六年的時間没有電影拍，依靠妻子的收入和父母的接濟維持家計，可是他從不放棄電影，從不對自己的理想打折扣。

李安一直堅持着他的電影夢，如今他也圓了這個電影夢。

有爲者亦若是。臺灣電影工作者一起努力吧！

（《中國時報》社論，2001 年 3 月 27 日）

《卧虎藏龍》得獎紀録

影　展	得獎名稱
2000 臺灣金馬獎	最佳劇情片、最佳原創電影音樂、最佳視覺特效、最佳動作指導、最佳剪輯、最佳音效
2000 美國國家影評協會	最佳外語片
2000 洛杉磯影評人協會	最佳影片、最佳攝影、最佳美術設計、最佳電影配樂
2000 紐約影評人協會	最佳攝影
2000 波士頓影評人協會	最佳外語片、最佳攝影
2000 美國廣播影評人協會	最佳外語片
2000 多倫多影評人協會	最佳影片
2000 美國導演協會	傑出導演成就獎
2000《時代雜誌》	十大最佳影片
2001 美國金球獎	最佳外語片、最佳導演
2001 美國奥斯卡金像獎	最佳外語片、最佳電影音樂、最佳攝影、最佳美術設計
2001 獨立精神獎	最佳影片、最佳導演
2001 英國影藝學院	最佳外語片、最佳導演
2001 香港電影金像獎	最佳影片、最佳導演
2001 香港金紫荆獎	最佳影片、最佳導演

2001年(香港)

大事記

本年 香港電影公司、電影人返回內地拍攝內地題材,故而出現絕大部分由內地演員演出的國語片。如本年度的《我的兄弟姐妹》、《藍宇》。於是國語片在香港電影中再次出現。

《藍宇》海報

《藍宇》

出品:奧美
編劇:魏紹恩
導演:關錦鵬
主演:胡軍 劉燁 蘇瑾

陳捍東是北京的一位高幹子弟,後來成爲有錢的商人。他的身邊一直美女陪伴,但他也對男人感興趣。東北男孩藍宇家境貧寒,正在北京求學。爲了賺錢,藍宇成爲捍東的男朋友。雖然他們已經不能分離,但迫於社會和親人的壓力,捍東最後娶了一位叫靜平的女子爲妻,藍宇則默默地離開了他。

獲第38屆臺灣電影金馬獎最佳導演、最佳改編劇本、最佳男主角(劉燁)、最佳剪輯;第7屆金紫荆獎最佳男主角(胡軍等)。

背景資料:

改編自大陸網絡小説《北京故事》。原著較貼近導演關錦鵬個人的情感經歷,作品一向温柔細膩的關錦鵬這次運用影像向觀衆述説了一個同性之間的愛情故事,同性世界的愛情無異於異性,愛情裏的甜蜜、苦澀、思念一樣不少,電影深刻感人,多年前黄品源演唱的《你怎麼捨得我難過》也因本片再度串紅,成爲熱門的流行歌曲。

重要影片

《地久天長》劇照

《地久天長》

出品:英皇
編導:杜國威
主演:張艾嘉 李沛誠 何超儀 杜汶澤
張同祖 焦媛

改編自真人真事同名著作。香港青年作家子鶱身患先天性血友病,後因輸入受污染的血製品,成爲無辜的艾滋患者,子鶱的母親李慧珍努力用愛心來改變兒子的人生觀。艾滋病令慧珍與子鶱共同成長起來,子鶱在死前完成了令人感動的作品《海闊天空》。慧珍決定把對兒子的愛推己及人,給艾滋病人在僅存日子内有尊嚴有意義地生存下去,寫出了《地久天長》這部令人欣喜動容的作品。

獲第7屆金紫荆獎最佳女主角(張艾嘉)、最佳女配角(何超儀)。

《男人四十》劇照

《男人四十》

出品:星皓
編劇:岸西 導演:許鞍華
主演:張學友 林嘉欣 梅艷芳
譚俊彦 葛民輝 庹宗華

林耀國是中年國文老師,女學生胡彩藍愛上了他。林怕惹麻煩,又怕影響彩藍的心理。彩藍長得漂亮又多愁善感,在她身上出現了他妻子文靖的年輕影子……。

獲第21屆香港電影金像獎最佳編劇、最佳女配角(林嘉欣);第39屆臺灣電影金馬獎最佳原著劇本、最佳女配角、最佳新人;第8屆金紫荆獎最佳女配角(林嘉欣)等。

第7届香港電影評論學會大獎

最佳電影:《榴蓮飄飄》,最佳導演:王家衛(《花樣年華》),最佳編劇:陳慶嘉、錢小蕙(《江湖告急》),最佳男演員:吴鎮宇(《公元2000》),最佳女演員:秦海璐(《榴蓮飄飄》),特别獎:袁和平(《卧虎藏龍》)。

第20届香港電影金像獎

最佳電影:《卧虎藏龍》,最佳導演:李安(《卧虎藏龍》,最佳編劇:陳果(《榴蓮飄飄》),最佳男主角:梁朝偉(《花樣年華》),最佳女主角:張曼玉(《花樣年華》),最佳男配角:吴鎮宇(《公元2000》),最佳女配角:鄭佩佩(《卧虎藏龍》),最佳新演員:秦海璐(《榴蓮飄飄》),最佳攝影:鮑德熹(《卧虎藏龍》),最佳剪輯:張叔平(《花樣年華》),最佳美術指導:張叔平(《花樣年華》),最佳服裝設計:張叔平(《花樣年華》),最佳動作設計:袁和平(《卧虎藏龍》),最佳剪接:張叔平(《花樣年華》),最佳音樂:譚盾(《卧虎藏龍》)。

第6届香港金紫荆獎

最佳影片(《卧虎藏龍》),最佳導演:李安(《卧虎藏龍》),最佳編劇:陳果(《榴蓮飄飄》),最佳男主角:劉德華(《阿虎》),最佳女主角:秦海璐(《榴蓮飄飄》),最佳男配角:吴鎮宇(《公元2000》),最佳女配角:章子怡(《卧虎藏龍》),最佳攝影:杜可風:李屏賓(《花樣年華》),終身成就獎:曹達華。

《等候董建華發落》海報

《等候董建華發落》

出品:一百年 南燕
編劇:楊漪珊 導演:邱禮濤
主演:鄧樹榮 艾敬 李煒尚
黄湛森 黄慧慈

根據真實案子改編。借譬玲這個虛構人物,道出了一個極富爭議性的故事。當年轟動一時的大案,年少無知的未成年人涉及其中,按英國法律未能判罪,結果一直被拖延。香港回歸後,當年這些少年犯仍然面對無限期監禁,玲對此事大感震驚,出於同情,便向一直就爲此事奔走的梁議員求助,要求特首董建華作最後"發落"。

香港電影資料館正式啓用

1月4日，耗資近2億港元的香港電影資料館正式啓用。香港特區政府財政司司長曾蔭權主持了開幕典禮。這是香港電影踏入新世紀後的首件盛事。

位於港島東部西灣河的電影資料館，致力搜集和保存香港電影拷貝及有關資料。館内設有四間恒温儲存庫、電影院、展覽廳和資源中心，配合最尖端科技，令過往一幕幕精彩電影作品再現眼前。展覽廳的面積約二百平方米，備有走軌式的活動展板、射燈裝置，並有投影機用以放映録像。展覽廳將定期舉辦展覽，除館藏珍品外，亦會物色各處的電影資料一起展出。亦會進一步與海外的電影資料館合作舉辦專題活動，促進與外界的交流。公開讓市民查閲有關香港電影的資料，是鼓勵和推動電影文化的重要一環。

位於資料館三樓的電影資源中心，面積約三百平方米，内有影音資料以及中英文電影書刊，供電影愛好者和研究者閲覽。爲了便於記録和搜尋種類如此繁多的藏品，資料館採用了一套多媒體中英雙語計算機圖書館編目系統HORIZON供公衆檢索。系統内含數千部館藏的電影資料及相關圖片和文字介紹。預計在開館數月後，可讓公衆透過家用計算機上網取得文字及圖像參考資料。資源中心不設外借服務，讀者可在中心内查閲電影資料，閲覽珍貴資料則需預約。若有疑難，工作人員會全力協助。

香港電影資料館外景

資料館現已收集3800多部電影，8萬多項電影資料，包括海報、劇照、劇本、場刊、剪報、影評等，多爲私人收藏者、電影機構和電影界人士的捐贈。這些電影資料不僅是香港社會歷史的見證，也爲香港電影的保存、研究和教學奠定了基礎。

電影院將定期舉辦放映活動、專題講座及研討會等，以生動的手法，輔以節目特刊，提高市民對香港電影及歷史文化的興趣和認識。

港産動畫片《麥兜故事》

12月15日，港産動畫片《麥兜故事》上映。素有"東方好萊塢"之稱的香港雖然電影業發達，但在原創動畫片領域却十分欠缺，投資人的信心也不大，影院中多是日本、好萊塢的動畫作品。而《麥兜故事》的上映以及其續集所帶來的規模效應令香港觀衆和香港電影人揚眉吐氣，麥兜的影片可謂給了香港電影市場一個超級衝擊波。影評人評價説，《麥兜故事》不但有香港的本土氣息，同時具有世界共通性，傳遞出濃厚的時代信息，比起好萊塢式燒錢的三維動畫技術、日本式的奇幻，麥兜的地道本土原創形象更令中國觀衆喜歡。

2002年聖誕期間，《麥兜故事》票房超過了宫崎峻的動畫片《千與千尋》。作者麥家碧説："我只是想通過麥兜把香港許多普通人的生活狀況表現出來，而現在看來麥兜的故事或許就是香港草根階層的銀幕投射，因此才會感染這麼多香港的觀衆"。《麥兜故事》電影的大獲成功，使得謝立文、麥家碧以及導演袁建滔大受鼓舞，在主創人員的共同努力下，麥兜第二集《麥兜菠蘿油王子》應運而生。故事更複雜和協調，在製作上也耗費了更多精力，那種建立在草根基礎上的苦中作樂、笑中有淚的一幕幕也是這部電影最爲令人傾心的動人卷章。黄秋生、吴君如、林海峰等配音好手爲這部動畫電影帶來了許多笑料。劉德華爲麥兜之父麥炳獻聲，更是錦上添花。

《麥兜菠蘿油王子》海報

《麥兜故事》

出品： Bliss Dist

編劇： 謝立文　**導演：** 袁建滔

故事由一個普通而天資不高的猪樣小朋友麥兜而展開，圍繞着他將香港本土風情一一展現。透露出香港人對這塊土地難捨眷顧之情。尤其是故事將現實中的背景帶入到動畫裏，給觀衆更多共鳴。獲第21屆香港電影金像奬最佳電影音樂（何崇志）。

《麥兜菠蘿油王子》(2004)

出品： Bliss Dist

編劇： 謝立文

導演： 袁建滔

麥兜——這個來自單親家庭的小孩也第一次公開了他的身世：原來他的親生父親麥炳就是傳説中的"菠蘿油王子"。獲第24屆香港電影金像奬最佳原創電影歌曲、第11屆評論學會大獎最佳電影。

主要影片目録

本年度香港共出品影片117部，其中粤語片115部，國語片2部。

中大　《陰陽路九之命轉乾坤》、《夜車之血青年》

嘉禾（中國）　《特務迷城》、《九龍冰室》

一百年／銀河映像　《鍾無艷》、《瘦身男女》

縱橫　《趕尸先生》、《飛哥傳奇》

電影動力　《知法犯法》、《有情飲水飽》

夢成　《千禧願》、《新流氓醫生》

一百年／電影工作室　《老夫子2001》、《蜀山傳》

東方／老友記　《月滿抱西環》、《7號差館》

嘉禾娱樂　《愛情保險》、《買凶拍人》

盈可天馬動力／英皇　《戀愛起義》

寰亞　《北京樂與路》、《愛君如夢》（與天幕合拍）

星皓　《慌心假期》、《男人四十》

Bliss Dist　《麥兜故事》

其他　《暗鬥》（潤程／家仁）、《頭號人物》（南燕）、《15歲半》（萬利龍）、《漫畫風雲》（星藝廣視）、《熱血刑警》（國際）、《極度智能》（影音使團）、《絶色神偷》（電影動力／風雲娱樂）、《愛情白面包》（亞洲第一／太平洋明珠）、《陰陽愛》（東方電影）、《地久天長》（英皇）、《有人説愛我》（演峰）、《不解之謎》（尚映）、《喜歡您》（美亞）《正將》（世紀創作室）、《殺手假期》（二合／勇將）、《等候董健華發落》（一百年／南燕）、《走投有路》（寰宇娱樂）、《幽靈人間》（寰亞/卡士）、《同居密友》（電影動力／清新空氣、小馬哥）、《英雄人物》（海豐）、《少林足球》（星輝海外/寰宇）、《男人三十搞搞震》（同道）、《芭啦芭啦櫻之花》[嘉禾（中國）/天山]、《全職殺手》（天幕、銀河映像）、《地上最强》（嘉禾／瀟湘）、《我的兄弟姐妹》（國）（友情歲月）、《狗仔大佬》（赤道）、《絶世好Bra》（一百年/尚品）、《驚天大逃亡》（星藝映畫/馬天尼）、《遊園驚夢》（花生映社）、《玉女添丁》（美亞/天下）、《廢柴同盟》（思維娱樂）、《完美情人》（英皇）、《藍宇》（國）（奥美）、《女人那話兒》（東方）、《男歌女唱》（一百年）、《別戀》（嘉樂/頌信）、《拳神》（東方魅力/銀都機構）

2002年（大陸）

大事記

2月1日　經國務院第50次常務會議通過的新《電影管理條例》開始實施。

2月1日　從即日起，大陸地（市）級以上電影單位和在地（市）級以上工商部門注册的各類文化影視法人單位，均可向國家廣播電影電視總局申請領取《攝製電影許可證（單片）》。

3月5日　電影局下發《關於成立電影院線批報程序的通知》。

4月21日—5月26日　第9屆北京大學生電影節舉行。

5月20—22日　全國電影創作座談會暨第五屆夏衍電影文學獎頒獎會在太原舉行。

5月底　中國西部電影集團成立。

6月1日　大陸30條電影院線啓動運營，並於7月1日實現電腦售票聯網。

6月19日　電影局在北京召開紀念左翼電影運動70週年暨陽翰笙百年誕辰座談會。

7月　電影文學劇本《飄過屋頂的紅帆》獲美國好萊塢2002年度哈特林·美里爾國際劇作獎。這是中國電影文學劇本第一次在國際專項電影劇本評獎中獲得榮譽。

8月7日　廣電總局出臺《數字電影管理暫行規定》和《數字電影技術要求（暫行）》。

8月15日　廣電總局出臺《電影院星級評定暫行辦法》和《電影院星級評定標準》（試行）。

9月26日　應著名導演李行邀請，于藍率團赴臺灣參加〝50年大陸兒童電影精品展〞。

10月27日　第3屆全國少數民族題材電影〝駿馬獎〞頒獎典禮在濟南舉行。

11月　北京華星國際影城首次將多維特種電影引入專業電影院放映。

11月　美國丹佛國際電影節舉辦〝向中國電影致敬〞展映活動。

12月13日　鳳鋁鋁業華影南方院線在廣東三水掛牌，這是中國第一個民營企業參與經營的電影院線，將全方位介入電影發行與拍攝。

12月20日　〝史東山誕辰100週年座談會〞在北京舉行。

《周漁的火車》劇照

《周漁的火車》

出品：中國電影集團公司
　　　廣東三九影業有限公司
　　　香港安裕置業有限公司
　　　寰亞電影有限公司
編劇：孫周　導演：孫周
攝影：王昱
主演：鞏俐　梁家輝　孫紅雷

青年陶瓷工藝師周漁愛上了清貧詩人陳清。爲了愛，周漁每周準時乘火車去探望陳清。在往返的火車上，周漁遇到了獸醫張强。從此周漁陷入了三個人的感情糾葛中。

重要影片

《驚濤駭浪》劇照

《驚濤駭浪》

出品：八一電影製片廠
編劇：柳建偉　導演：翟俊傑　攝影：穆德遠　董亞春　姜力軍　陳遠良
主演：巫剛　寧靜　李幼斌　趙有亮

某集團軍擔負長江荊沙林水段的抗洪任務，剛回家與妻子團聚的團長周尚武奉命回隊。軍民團結一心，英勇抗洪，在大堤即將決口的危急時刻，軍長張子明果斷地指揮紅軍團用載重大卡車堵決口，千鈞一髮之際，周尚武飛車衝向決口……大堤保住了，受傷的周尚武被直升機救起。

《和你在一起》劇照

《和你在一起》

出品：中國電影集團公司
　　　電影頻道節目製作中心
　　　世紀英雄電影投資有限公司
編劇：陳凱歌　薛曉路
導演：陳凱歌
攝影：金炯求
主演：唐韻　劉佩琦　王志文　陳紅

劉成帶兒子劉小春來北京學琴，少年宫的江老師收小春爲學生。望子成龍心切的劉成，在鄰居莉莉的幫助下，使小春師從于教授。比賽前夕，于教授將小春的身世透露出來，深受震撼的小春放棄一切，趕到火車站挽留了父親。

《天上草原》劇照

《天上草原》

出品：中國電影集團公司
電影頻道節目製作中心
內蒙古電影製片廠
編劇：陳坪
導演：塞夫　麥麗絲
攝影：格日圖
主演：娜仁花　寧才　古爾斯琴

一個飽受心靈創傷的漢族男孩來到蒙古大草原後，體驗到草原的驃悍野性、充滿自由精神的生活和蒙古族人深沉獨特的情感世界，他終於撫平傷痕，成長爲一個健康活潑的孩子。

《美麗的大脚》劇照

《美麗的大脚》

出品：西安電影製片廠
編劇：李唯
導演：楊亞洲
攝影：王曉明
主演：倪萍　袁泉
孫海英　許亞軍

西北山村教師張美麗與北京來的青年志願者夏雨在教書過程中成了好朋友。夏雨帶張美麗和孩子們到北京，張美麗意外談成土豆購銷合同，但在收購土豆的路上遇車禍去世。夏雨決心繼承張美麗的遺志，致力於貧困地區的教育事業。

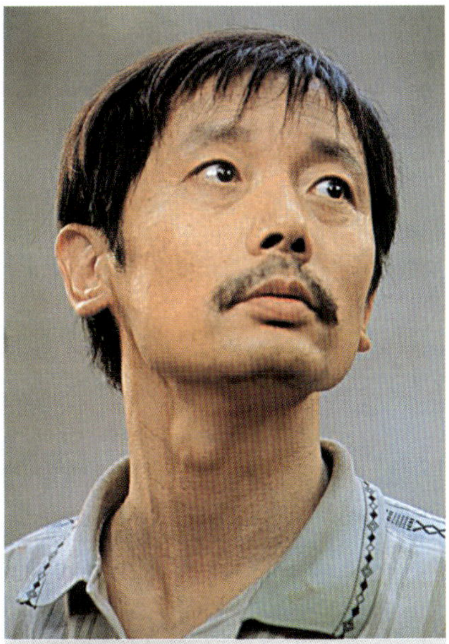
《卡拉是條狗》劇照

《我和爸爸》劇照

《卡拉是條狗》

出品：華誼兄弟太合影視投資有限公司
編劇：路學長
導演：路學長
攝影：張錫貴
主演：葛優　丁嘉莉

老二養了一條名叫"卡拉"的狗，因沒辦理養狗證，在一次檢查中被派出所没收了。由於全家都喜歡這條狗，所以老二想盡辦法來要這條狗。

《我和爸爸》

出品：北大華億影視文化有限責任公司
北京溢念文化發展有限公司
編導：徐靜蕾
攝影：甘露
主演：徐靜蕾　葉大鷹

由於母親的意外離去，小魚又回到她的親生父親老魚身邊，從陌生到熟悉，在非一般的另類父女情中，兩代人從不解到了解，從了解到理解，從理解到諒解。

影片目録

中影集團《小城之春》、《我是一條魚》、《補天》、《生活秀》、《有錢的感覺》、《嘎達梅林》、《恰同學少年》、《世界上最疼我的那個人去了》、《天上草原》、《同喜同喜》、《首席執行官》、《醉公主》、《西施眼》、《至高無上》、《瀟灑走一回》、《無敵小武生》、《周恩來萬隆之行》、《周漁的火車》、《和你在一起》、《奪寶英雄》、《醉猴》、《我和喬丹的日子》、《我的小學》、《我的失憶男友》、《村小故事多》

電影頻道　《王忠誠》、《劉二旦回鄉》、《雙重現場》、《決不饒恕》、《古玩》、《刑警張玉貴之執法者》、《愛情魔鏡》、《嫁家人做官》

上影集團　《面對生命》、《天下無雙》、《花兒怒放》、《卡車上掉下的小提琴》、《走出死亡陷阱》、《極地營救》、《父親》、《暖冬》、《永不分手》、《哈囉，同學》

長影集團《天使不寂寞》、《非常勇士》、《大冬天小故事》、《走向太陽》、《漂亮的女鄰居》

八一　《衝出亞馬遜》、《驚濤駭浪》

珠影　《極度險情》

峨影　《燭光》、《力王》

西影《像鷄毛一樣飛》、《美麗的大脚》、《那時花開》、《江姐》、《高天厚土》

瀟湘　《追剿魔頭》、《父老鄉親》

青影《停不了的愛》、《河東獅吼》、《婼瑪的十七歲》、《天荒情未老》、《井蓋》

天山　《庫爾班大叔上北京》

內蒙古　《漢方道》、《心心相連》、《草原母親》

天津　《背水一戰》、《祝君平安》、《天脈傳奇》、《絶世寶貝》

紫禁城影業　《神氣話筒》、《天上的戀人》、《芬妮的微笑》、《我的美麗鄉愁》

南京　《鐵血柔情》、《五月八日》

山西　《聲震長空》、《複雜地帶》、《暖春》

銀都　《衛斯里·藍血人》、《英雄》(與新畫面、精英娛樂有限公司合拍)

北大華億　《我和爸爸》、《綠茶》

其他　《少女穆然》(湖北天空)、《母親快樂》(廣東巨星)、《卡拉是條狗》(華誼兄弟)、《少年英雄》(共青團影視中心)、《跟我回家》(江西)、《聰明小鬼鬥笨賊》(寧夏)、《笑聲中的夢》(湖北)、《生死速遞》(河北)、《破土》、《方榮翔的舞臺藝術》(山東)、《愛情在線》(安徽)、《冰峪溝》(遼寧)、《鄉村警官》(河南)、《凶宅幽靈》(雲南)。

《衝出亞馬遜》劇照

《衝出亞馬遜》

出品：八一電影製片廠
　　　電影頻道節目製作中心
編劇：趙峻防
導演：宋業明
攝影：董亞春
主演：侯勇　穆立新　湯姆・巴特勒

1999年，中國特種兵王輝、小龍參加了國際獵人學校組織的特種兵訓練，他們承受了超出生理和心理極限的訓練，經受了艱苦卓絕的生死考驗。最後畢業時，王輝獲得了勇士勳章，爲祖國爭得了榮譽。

《首席執行官》劇照

《首席執行官》

出品：北京電影製片廠
電影頻道節目製作中心
編劇：吳天明　羅雪瑩
導演：吳天明
攝影：尚勇
主演：石凉　馬躍
　　　王民益

海爾集團首席執行官凌敏和工程師向華，帶領全體職工艱苦創新，引進外資和技術，終於使海爾成爲著名品牌，衝出國門，走向世界。

《周恩來萬隆之行》海報

《周恩來萬隆之行》

出品：北京電影製片廠
　　　電影頻道節目製作中心
　　　世紀英雄電影投資有限公司
編劇：陳敬德
導演：韋廉
攝影：吕更新
主演：王鐵成　谷偉　穆懷虎

1955年春天，中國政府決定派出以周恩來總理爲團長的中國政府代表團參加在印度尼西亞的萬隆市舉行的亞非會議。臺灣特務得到情報開始密謀策劃謀害周總理。在紛紜複雜的國際形勢下，周恩來總理置個人生死安危於不顧，大義凜然地乘機前往印尼，出席亞非會議。

《極地營救》海報

《極地營救》

出品：上海電影製片廠
編劇：江浩
導演：張建亞
攝影：智磊
主演：邵兵　莫文蔚

年輕的飛行員格桑在空投救災物資時遇難犧牲，戰友范康痛不欲生。項莉失去未婚夫格桑後，留在拉薩做醫生。項莉與索朗貢布找到了失蹤的喇嘛和學者，却被困在當年失事的死亡谷。范康前去營救。在生死交界之處，項莉和范康都將生的希望給了對方，自己選擇了死。

《小城之春》

出品：中國電影集團公司第一製片分公司　北京榮信達影視藝術中心
編劇：李天濟　阿城　導演：田壯壯　攝影：李屏賓
主演：胡靖釩　吳軍　辛柏青　葉小鏗

根據費穆導演的同名影片重拍。中國南方的一座小城裏住着鄉紳戴禮言一家，太太覺得生活無聊與丈夫分床而居；妹妹覺得未來無量要出走小城；戴禮言則身心疲憊，自覺無力振興家業。舊時朋友章志忱的到來打亂了一家人的心境。

《小城之春》劇照

《綠茶》海報

《嘎達梅林》劇照

《綠茶》

出品：北大華億
　　　中信信息科技投資有限公司
編劇：金仁順
導演：張元
攝影：杜可風
主演：姜文　趙薇

大齡男青年陳明亮相親時，認識了研究比較文學的碩士吳芳，他喜歡上了她，尤其喜歡聽她講述她朋友朗朗的故事。陳明亮發現吳芳像她故事中的朗朗，他想知道她們是不是一個人。

《我是一條魚》劇照

《我是一條魚》

出品：中國電影集團公司
　　　中國兒童電影製片廠
編劇：李薇　張品成
導演：李鴻禾
攝影：鄔迪
主演：李立達　馬精武

十三歲少年陸小春的父母參加援藏去了，他被寄養在爺爺家裏，爺爺不幸去世後，小春被父母送到海口市讀書，暑假，小春與馬常有相識，兩人成爲相知。在馬常有的支持下，陸小春單人徒手横渡瓊州海峽成功，創造了吉尼斯世界紀録，爲中國少年兒童爭了光。

《嘎達梅林》

出品：北京紫禁城影業公司
　　　中國電影集團公司
編劇：馮小寧
導演：馮小寧
攝影：馮小寧　岡强　鄭傑
主演：鄂布斯　劉薇　德利格爾　涂門

七十多年前，内蒙古水草豐美的科爾沁草原上，蒙漢各族人在悠揚的牧歌聲中和睦地生活着。王爺遇到刺客，嘎達挺身而出救了王爺，被提升爲騎兵統領——梅林。後他爲保護牧民，被王爺投入大獄。牧民們擁護嘎達揭竿而起，起義失敗，嘎達不幸身亡。

《哈囉，同學》劇照

《哈囉，同學》

出品：上海電影集團公司
編劇：胡惠英
導演：周波
攝影：王國富
主演：張彦卿　陳辰　陳茂林

上海一所國際中學裏，有一群來自世界不同國家的孩子。在共同的生活和學習過程中，在朝夕相處的日子裏，他們克服了語言、生活習慣、宗教信仰、文化背景不同帶來的差異，彼此建立起了深厚的友誼，並且學會了尊重他人，團結友愛，互相幫助。

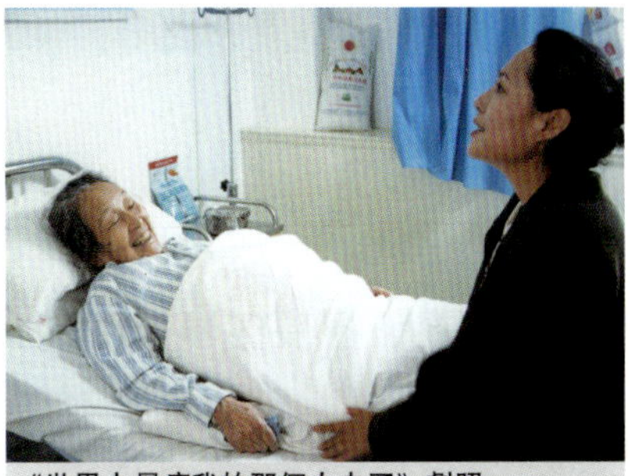
《世界上最疼我的那個人去了》劇照

《世界上最疼我的那個人去了》

出品：中國電影集團公司
　　　北京紫禁城影業公司
編導：馬小穎
攝影：高飛
主演：斯琴高娃　黄素影　石維堅

事業成功的女作家訶回到北京看望八十多歲高齡的媽，發現媽突然間衰老了。訶擔當起照顧媽的任務。大夫曾告訴訶媽腦萎縮很厲害。訶買了跑步機，一天早晨發現媽死在跑步機上，假髮套掉在地上。

第6屆上海國際電影節舉行

6月8日—16日，第6屆上海國際電影舉行。本屆電影節共有來自47個國家和地區的167部影片參賽、參展，報名影片數量爲歷屆之最，報名國家和地區的數量也創下了新高。在報名影片中，境外影片佔380部，中國影片佔30部。參賽的影片有來自11個國家的14部影片。《生活秀》、《面對生命》代表中國參賽，受人關注。本屆電影節將選片重點放在藝術價值較高，又有可看性的影片上。電影節特别安排了米高梅經典影片展、貝托魯奇影片展、新西蘭影片展和澳大利亞影片展等。

《那山 那人 那狗》在日本獲獎

有日本"奥斯卡"之稱的"每日電影獎"頒獎典禮，2月7日在東京舉行。由瀟湘電影製片廠與北京電影製片廠聯合攝製的電影《那山 那人 那狗》位列外國電影最佳影片第一位，一舉奪得"最佳作品獎"，這也是中國電影第一次在日本獲得這一殊榮。自2001年4月《那山 那人 那狗》在日本上映以來，在日本社會的各界引起强烈反響。影片在日本電影界舉行的一系列評獎活動中也頻頻獲獎，在"日本電影筆會獎"、"電影旬報獎"、"銀幕獎"的評選中均名列外國電影十佳前列，已成爲近年來在日本放映最受歡迎的一部中國電影。

《那山 那人 那狗》劇照

《那山 那人 那狗》

出品：北京電影製片廠　瀟湘電影製片廠
編劇：思蕪
導演：霍建起
攝影：趙鐳
主演：滕汝駿　劉燁　趙秀莉　龔業珩　陳好

即將退休的鄉村郵遞員，馬上要由唯一的兒子接下送信的工作，面對兒子首次出發，老郵員帶着長年跟隨的忠狗，陪着兒子走一趟送信之旅。那山、那人、那狗構築了一幅幅美麗的畫面。

霍建起（1958—　）

導演。生於北京。1978年9月考入北京電影學院美術系。從1982年到1992年10年間，在10餘部影片中擔任美術師，與導演田壯壯、夏鋼等合作，拍攝了《九月》、《盜馬賊》、《大撒把》、《遭遇激情》等影片。1995年，獨立執導第一部影片《贏家》，獲得當年"金鷄獎"、"華表獎"、長春電影節等多個獎項。主要作品還有《歌手》、《那山 那人 那狗》、《藍色愛情》、《生活秀》、《暖》、《情人結》等。

劉燁（1978—　）

演員。吉林人。2000年畢業於中央戲劇學院表演系。代表作品有《世紀之夢》、《那山 那人 那狗》、《女帥男兵》、《天上的戀人》、《巴爾扎克和小裁縫》、《美人草》、《茉莉花開》、《戀之風景》等。

全國電影創作座談會暨第5屆夏衍電影文學獎頒獎會在太原舉行

5月20至21日，在毛澤東同志《在延安文藝座談會上的講話》發表60週年之際，國家廣電總局在太原舉行全國電影創作座談會暨第5屆夏衍電影文學獎頒獎會。《首席執行官》、《面對生命》、《極地營救》、《法官媽媽》等15部電影文學劇本分獲本屆夏衍文學獎的各種獎項。中宣部副部長、國家廣電總局局長徐光春，山西省委書記田成平，來自全國各地的電影藝術家、赴三峽工地和延安等地採風的劇作家代表，以及全國部分電影製片單位的負責人等參加了座談會和頒獎活動。

第6屆長春電影節舉行

8月23日開幕的第六屆長春電影節，經過四天的角逐和影視交流活動，於8月26日閉幕，電影節的各項大獎已名至實歸。本屆電影節進一步加强了專業性和學術性，舉辦了沙蒙藝術研究會。影視合流在本屆電影節上有了很好的體現，電影節舉辦了大型影視節目交易會。

第6屆中國長春電影節獲獎名單

最佳華語故事片：《天上草原》（中影集團）；優秀華語故事片：《世界上最疼我的那個人去了》（中影集團）、《二十五個孩子一個爹》（西影）；最佳外語故事片：《天使的約定》（法）；最佳編劇：韓志君《美麗的白銀那》；最佳導演：馬曉穎《世界上最疼我的那個人去了》；最佳男主角：侯勇《聲震長空》；最佳女主角：梅艷芳《男人四十》；最佳男配角：黄秋生《想飛》；最佳女配角：黄素影《世界上最疼我的那個人去了》；最佳攝影：張錫貴《劉天華》；最佳音樂：三寶《天上草原》；評委會特別獎：《荔枝紅了》、《人間喜劇》。

“第五代”20年聚首活動在北京舉行

2月18日—19日　北京電影學院八二屆暨中國電影“第五代”影人20年聚首活動在北京王府井大飯店舉行。張藝謀、陳凱歌、田壯壯、顧長衛、吴子牛、張豐毅、李少紅、張鐵林等第五代影人盡數到來，老同學相聚百感交集，現場有歡笑也有淚水。第五代影人評出了一系列特殊的“獎項”，其中“最滄桑獎”給了滿臉胡子茬、抽着大煙斗的田壯壯，“20年容顔未改獎”授予剛剛當了父親的顧長衛，張藝謀和陳凱歌獲得了“大露聲色獎”，而“最具人氣獎”被張會軍和金韜獲得。

打開中國第五代影人20年聚首的請柬，有這樣一段話映入眼簾：“藝海無涯仍需奮進，謀求大業共論發展，凱旋之日再論英雄，歌唱電影嶄新世紀，誠心共赴相互切磋，邀約今夜星光燦爛。”將每句話的第一個字連在一起便是“藝謀凱歌誠邀”！

北京電影學院八二屆同學們還共同發起建立了旨在培養中國年輕影人的“北京電影學院八二屆‘第五代’影人電影藝術獎學金”，到會的第五代影人現場捐資15萬元，設立了這一獎學金。

“第五代”20年聚首活動在北京舉行

中國電影博物館奠基儀式在北京舉行

11月22日，中國電影博物館在北京市朝陽區南皋鄉環行鐵路試驗基地舉行奠基儀式。中國幾代電影人參加了奠基儀式。80多歲的于藍看着中國電影博物館的模型，激動地對記者説：“太高興、太興奮了，我雖然不懂工程，但是我知道這是中國電影的又一大創舉。”中國電影博物館是爲迎接和紀念中國電影誕生100週年而興建的國家重點建設工程，是北京市委市政府和國家廣電總局大力推進文化建設的一項重大舉措。中國電影博物館將成爲濃縮中國電影百年歷史，展現中國電影發展成就，集博覽、交流、觀摩、娛樂於一身的多功能文化中心和活躍廣大人民群衆文化生活的公益性文化設施。中國電影博物館將於2005年建成使用。

美國丹佛舉辦“向中國電影致敬”展映活動

11月，第25屆Starz星光丹佛國際電影節在美國丹佛市舉行，由中國國家廣電總局電影事業管理局和美國映佳國際傳播公司主辦的影展“向中國電影致敬”受到美國觀衆的歡迎。陳凱歌携新作《和你在一起》爲本次中國影展揭開了序幕。電影票早在銷售第一週就被搶購一空。很多觀衆是坐在影院的通道或站在後排觀看影片的。放映完畢後，陳凱歌領取了Starz星光丹佛國際電影節“特别貢獻獎”。其他影片包括《誰説我不在乎》、《嘎達梅林》、《小城之春》、《大腕》及《花眼》等著名影片。Starz星光丹佛國際電影節每年爲美國觀衆提供120部電影，其中8—10部聚焦於一個國家或地區。在美國映佳國際傳播公司的協助下，電影節舉辦了“向中國電影致敬”影展，使中國首次成爲丹佛電影節中的主題國家。本次電影節所收到的中國影片是有史以來提供給美國電影節中數量最多的一次。

上海永樂電影城放映國産數碼故事片《尋槍》

4月30日，上海永樂電影城數碼放映廳放映國産故事片《尋槍》，票價高達88元，仍被搶購一空。雖然《尋槍》並非純數碼影片，而是通過“膠轉數”形成的數碼版，但仍標誌着數碼電影在我國由科研展示階段向商業運營階段過渡的完成。5月1日至10日，首輪數碼版影片《尋槍》在上海永樂電影城獨家首映，吹響了中國數碼影院的號角，這個由上海永樂股份有限公司、環球數碼控股有限公司、中影集團華龍電影數字製作有限公司和相關影院共同研製開發的新項目將在全國不斷擴大自己的勢力。

《尋槍》

出品：北京電影製片廠、華誼兄弟影片公司
編導：陸川
攝影：謝征宇
主演：姜文　伍宇娟　寧靜
　　　劉小寧　石凉

邊陲小鎮警察馬山在自家突然發現槍不見了，丢槍事件震驚了公安局，馬山被勒令脱下警服，馬山向所有的人發誓一定要找回這把槍。在尋槍的過程中，李小萌被這把槍中的子彈打死了。馬山終於明白有人要用這把槍殺周小剛，他扮成周引來了偷槍人。槍找到了……

陸川（1970—　）

導演。生於新疆。1998年6月畢業於北京電影學院導演系電影學專業（碩士）。1998年8月到中國電影集團藝術創作人員中心任導演至今。主要作品有《尋槍》（編劇、導演）、《可可西里》（編劇、導演）等。

《尋槍》劇照

第8屆中國電影華表奬頒奬典禮在北京舉行

9月12日，第8屆中國電影華表獎頒獎典禮在北京舉行。本屆評委會强調要堅持華表獎始終秉承的評選宗旨，堅持思想性、藝術性、觀賞性三性統一的評選標準。評委會還特别指出：在評選優秀影片的同時，還應當大力加强對國産優秀電影的宣傳和評論工作，注重發揮重要媒體的主導作用，使宣傳評論工作在推進電影藝術創作、擴大電影的整個社會影響方面發揮出更爲積極、主動的作用。

2001年度中國電影華表獎獲獎名單

優秀故事片獎：《毛澤東在1925》(瀟湘)、《衝出亞馬遜》(八一)、《背水一戰》(天津)、《聲震長空》(山西)、《天上草原》(中影集團)、《法官媽媽》(紫禁城)、《荔枝紅了》(珠江)、《面對生命》(上影集團)、《高原如夢》(中影集團)、《嘎達梅林》(中影集團)；優秀戲曲片獎：《生死擂》(安徽)；優秀紀録片獎：《士兵校長》(八一)、《青銅的光輝》(中央電視臺)、《鋼琴夢》(新影)優秀科教片獎：《深淵——邪教的本質》(北京科影)、《白蟻防治新技術》(湖南省電影發行放映公司)、《大棚作物的新家》(北京科影)、《新梨新法巧栽培》(長影)、《緑色屏障》(北京科影)；優秀美術片獎：《聖劍》(上影集團)；優秀對外合拍片獎：《天脈傳奇》(天津、香港浩瀚聯合出品)；優秀電視電影獎：《情歸天盡頭》(電影頻道、山東)、《大沙暴》(電影頻道、青影、空軍電視藝術中心)；優秀電影技術獎：《衝出亞馬遜》(八一、電影頻道)、《天上草原》(中影集團、電影頻道、内蒙古、北京電影技術洗印録像技術廠)；外國影片優秀譯製獎：《珍珠港》(八一)；優秀電影歌曲獎：《天堂》(《天上草原》)；優秀導演獎：宋業名(《衝出亞馬遜》)，塞夫·麥麗絲(《天上草原》)；優秀男演員獎：侯勇《衝出亞馬遜》、王英《毛澤東在1925》；優秀女演員：陶紅《生活秀》、于慧《巧鳳》；電影新人獎：吴兵(導演)、黄海波(男演員)、周莉(女演員)；評委會獎：莫驕(《深淵——邪教的本質》導演)、《血性山谷》(中影集團)、《誰説我不在乎》(西影、北京紫禁城、陝西金花、南京世博)、《苦茶香》(中影集團)、《巧鳳》(長影、電影頻道)。

陶紅(1972—)

演員。重慶人。1999年畢業於中央戲劇學院表演系，任中國青年藝術劇院演員；現任國家話劇院演員。代表作品有《筷子客》、《追趕太陽的人》、《夏日暖洋洋》、《生活秀》、《跆拳道》、《38度》等。

《生活秀》劇照

《生活秀》

出品：中國電影集團公司
編劇：思蕪
導演：霍建起
攝影：孫明
主演：陶紅　陶澤如

來雙楊是個能幹的女人，她撫養弟弟雙元長大，而雙元却因吸毒進了戒毒所。哥哥受嫂子的唆使來爭房産，她費盡心機維持生活並最終拿到了房産證。房地産商卓雄洲頻頻光顧小店，但只想做她的情人，來雙揚徹底失望了。弟弟回來了，無奈的生活還在繼續着。

第11屆中國電影金鷄百花電影節舉行

10月18—22日，第11屆中國金鷄百花電影節在江蘇無錫舉行。本屆金鷄奬出現了不少"雙胞胎"冠軍。陳凱歌、楊亞洲雙雙獲得最佳導演獎；陶紅、倪萍同獲最佳女主角獎；最佳故事片獎爲《衝出亞馬遜》、《美麗的大脚》。《美麗的大脚》奪得包括最佳導演、最佳女演員等4項大獎，《和你在一起》獲3項大獎。

第22屆中國電影金鷄獎獲獎名單

最佳故事片獎：《美麗的大脚》(西安電影製片廠)、《衝出亞馬遜》(八一電影製片廠)；最佳女主角獎：陶紅(《生活秀》)、倪萍(《美麗的大脚》)；最佳男主角獎：寧才(《天上草原》)；最佳導演獎：楊亞洲(《美麗的大脚》)、陳凱歌(《和你在一起》)；最佳編劇獎：思蕪(《生活秀》)；最佳男配角獎：王志文(《和你在一起》)；最佳女配角獎：袁泉(《美麗的大脚》)；最佳美術獎：全榮哲(《衝出亞馬遜》)；最佳攝影獎：董亞春(《衝出亞馬遜》)；最佳録音獎：呂家進(《小城之春》)；最佳音樂獎：三寶(《天上草原》)；最佳剪輯獎：周影(《和你在一起》)；導演處女作獎：黄宏(《二十五個孩子一個爹》)；最佳兒童片獎：《六月男孩》(兒影)；最佳科教片獎：《深淵——邪教的本質》(北京科影)；最佳外國影片譯製片獎：《珍珠港》；最佳電視電影片獎：《法官老張軼事》(電影頻道)；評委會特别獎：馬恩然(《法官老張軼事》)；最佳合拍故事片獎：(空缺)。

第25屆《大衆電影》百花獎獲獎名單

最佳故事片獎：《二十五個孩子一個爹》(西影)、《大腕》、《法官媽媽》(紫禁城)；最佳男演員獎：葛優(《大腕》)；最佳女演員獎：周迅(《煙雨紅顔》)；最佳男配角獎：英達(《大腕》)；最佳女配角獎：袁立(《絶對情感》)。

《英雄》票房突破2億

由張藝謀導演，耗資3000萬美元經過兩年時間打造的影片《英雄》於12月20日在全國各大院線全面上映後，掀起了國産影片的票房新高潮。影片首映前七天的全國票房已突破人民幣一個億；到次年1月下旬，該片票房已創下了破記録的市場凱旋，達到兩億多人民幣。

早在全球公映之前，製片方就已通過一套系統的操作手法，不僅收回了全部投資，而且還實現了盈利：歐美地區發行權以2000萬美元售出；韓國與日本發行權分别以200萬美元和700萬美元的價格售出；VCD、DVD内地音像版權以1780萬人民幣成交；《英雄》貼片廣告的標價是30秒200萬元。

2004年8月，《英雄》在北美市場上映，連續兩周佔據北美票房之首。據統計，《英雄》在海外市場票房共達11億元人民幣，創造了中國電影的最高紀録。

《英雄》

出品： 銀都機構有限公司
精英娛樂有限公司
北京新畫面影業有限公司
編劇： 李馮
導演： 張藝謀　**攝影指導：** 杜可風
主演： 李連傑　梁朝偉　張曼玉
陳道明　章子怡　甄子丹

附録：

《英雄》國内票房成績：

12月20日，首映當日，全國票房1350萬元
12月21日，全國當日票房1840萬元
12月22日，全國當日票房2050萬元
12月23日，全國當日票房1100萬元
12月24日，全國當日票房1530萬元
12月25日，全國當日票房1280萬元
12月26日，全國當日票房920萬元
全國上映第一周，票房共計一億零七十萬元
截至2003年1月19日
《英雄》在全國最大的三條院線上映一個月的成績：
中影星美院線：2730萬元
北京新影聯院線：2693萬元
上海聯合院線：2332萬元
截至2003年2月26日
全國票房共計242,000,000元

戰國末期六國征戰，秦國最强，秦始皇也就成了各國的敵人。大俠無名、殘劍、飛雪、如月、長空都要刺殺秦王。在長空、飛雪、殘劍的幫助下，來自秦國的無名獲得了離秦始皇只有十步之遥的機會。

本年度在國際上主要獲獎情況

《一曲柔情》獲美國聖丹斯婦女電影節海馬獎；

《會飛的花花》獲加拿大温哥華青少年電影節最佳故事片獎；

《真情三人行》獲第12届開羅國際兒童電影節長故事片類銅獎；

《生活秀》獲第6届上海國際電影節、最佳影片獎、最佳女演員獎、最佳攝影獎；

《二十五個孩子一個爹》獲第17届伊朗國際青少年電影録像獎最佳影片金蝴蝶獎，第五届希臘奥林匹亞國際青少年電影節最佳導演獎；

《新疆北鯢》獲第3届俄羅斯紀録片與科教片國際電影節最佳教育片獎；

《小城之春》獲第59届意大利威尼斯國際電影節逆流而上單元聖馬可獎；

《和你在一起》獲第50届西班牙聖·塞巴斯蒂安國際電影節、最佳導演獎、最佳男主角獎，第25届美國丹佛國際電影節特別貢獻獎；

《英雄鄭成功》獲第9届朝鮮平壤國際電影節評委會特别獎、最佳美術片獎；

《天上的戀人》獲第15届日本東京國際電影節最佳藝術貢獻獎；

《西施眼》獲第22届美國夏威夷國際電影節亞洲電影評審團獎；

《假裝没感覺》獲第24届法國南特三大洲電影節最佳女演員獎。

《英雄》劇照

2002年(臺灣)

大事記

1月10日 由"新聞局"補助1100萬,"中影"投資4000多萬之中影製片廠杜比録音室正式啓用,此録音室爲國内第一座由國際杜比公司簽證認可,可同時處理108軌電影音效、對話及配樂,並納入DTS規格以因應任何影片之聲效要求。

2月5日 當局已發行五期之"樂透彩"於每週二、五晚間開獎,該二日戲院票房明顯下滑,僅剩以往之四成。

2月16日 何平導演的《挖洞人》在柏林電影節導演論壇單元獲得唐吉訶德獎。

2月22日 "新聞局"及臺灣電影文化協會爲推廣數位短片,今起在各縣市藝文空間巡迴放映"2001全民DV壓片戰爭"數字短片入圍作品。

2月28日 由於不堪"中影"連年虧損,去年底以"鼓勵優退"方案爲"中影"進行瘦身,近90名員工確定最遲於今日前離職,其中包括現任中影製片廠廠長王童與製片部經理李祐寧。未來"中影"將暫時以代理發行外片爲主要業務。

3月11日 "電影神話劇本及短片創作比賽2001中港臺"頒獎,葉中强囊括劇情短片導演組和劇本創作組亞軍。

4月3日 法國國家電影中心頒發"藝術與文化騎士勳章"給《你那邊幾點》的導演蔡明亮。

4月22日 包括米高梅、環球、新力、派拉蒙、華納等美商將合作名爲MovieLink的網路付費電影服務,預計今年年底前問世。讓用户隨時可自由選擇想看的電影,電影放映也將由集體的傳播型式,轉變爲個人化的服務。

5月20日 行政主管部門一讀通過將目前"新聞局"内的電影處、廣電處、録像帶與出版處歸併入文建會組織之下的法案。

6月19日 金馬獎執行委員會將爲鼓勵臺灣影片以及電影工作者的"評審團特别獎"的獎項名稱更改爲"年度最佳臺灣電影"以及"年度最佳臺灣電影工作者"獎。

7月5日 "新聞局副局長"李雪津邀集電影、出版、廣電與綜計等處召開"創意影音産業子計劃彙整會議",並決議由電影處負責"創意影音産業"子計劃之彙整。

7月10日 新鋭導演林泰州以輔導金一百萬元拍攝的影片《狂舞憂鬱》,入圍威尼斯電影節以獎勵電影創新形式爲主旨的"新領域"單元項目。

7月30日 導演張作驥的《美麗時光》入圍競賽項目,將與《非法正義》等其他各國20部影片角逐金獅獎。

8月19日 今年98歲的袁叢美先生,爲兩岸三地碩果僅存的資深影人,由資深影評人黄仁主編《袁叢美從影七十年回憶録》一書,舉行新書發表會。

10月4日 第47届亞太影展於韓國漢城舉行,《挖洞人》榮獲評審團特别獎、最佳剪輯及最佳新進女演員三項大獎。

10月8日 爲紀念著名導演胡金銓,"胡金銓文化藝術基金會"成立,徐楓獲推爲董事長,石雋爲執行長。

11月3日 高雄市新聞處籌備多時的高雄市電影圖書館今日揭幕。

12月4日 范植偉以《鹹豆漿》獲得法國南特影展的最佳男主角。

12月13日 邵氏電影節開幕,放映邵氏電影公司當年膾炙人口的6部經典電影。

12月17日 集結臺港與日、韓、泰等國影人的亞太電影論壇今日揭幕,共同探索亞洲各國和地區電影跨國合作的空間,並以製片、導演與市場的角度,討論亞洲影片的未來。與會來賓包括《卧虎藏龍》、《英雄》的製片李少偉,曾與侯孝賢合作《海上花》的日本製片市山尚三等人。

重要影片

《美麗時光》海報

《美麗時光》

出品:張作驥　編導:張作驥

主演:范植偉　高盟傑

兩個19歲的少年,一段難以忘懷的美麗時光。

張作驥(1961—)

張作驥

導演。生於臺灣嘉義。文化大學戲劇系影劇組畢業。1993年執導電影處女作《暗夜槍聲》。1996年執導《忠仔》,獲得該年亞太影展"評審團特别獎"等獎項。1999年以電影《黑暗之光》榮獲東京影展最佳影片、東京金賞及亞洲電影大賞三項大獎,當年金馬獎評審團大獎、最佳原著劇本、最佳剪輯、觀衆票選最佳影片。2002新作《美麗時光》是該年唯一入圍第59届威尼斯"國際競賽"項目的華語片,也獲得第39届金馬獎最佳劇情片、年度最佳臺灣電影、觀衆票選最佳影片三項大獎。

《藍色大門》劇照

《藍色大門》

出品:徐小明

編導:易智言

主演:陳柏霖　桂綸鎂

阿孟是17歲的高中女生,她常常感嘆自己無法再天空海闊,因心中藏了許多秘密。一天她把這些秘密全數老實地告訴了17歲的小士。小士無牽無掛無心機,他最大的心願是游泳比賽冠軍和做阿孟的男朋友。直到那天,他聽着阿孟向他揭露她深埋在心底的秘密……

易智言

導演。政治大學外文系畢業後,進入美國加州大學洛杉磯分校攻讀電視、電影製作碩士。畢業後進入"中影"公司製片企劃部工作,並在文化大學戲劇系擔任講師,同時也從事影評、編劇、電視劇導演及廣告導演等工作。1995年執導第一部電影劇情長片《寂寞芳心俱樂部》,獲得捷克斯洛伐克影展最佳女主角獎。2002年爭取到輔導金拍攝《藍色大門》。

《十七歲的單車》劇照

《十七歲的單車》

出品：吉光
編導：王小帥
主演：崔林　李濱

小貴是個到北京來打工的孩子。16歲這天他找到一個工作，騎着銀色變速越野車替快遞公司送件。一天，自行車不見了，他急得滿街找車，却發現同是17歲的高中生小堅騎着自己的車。小貴不顧一切地想向小堅討回他賴以維生的愛車，在一番爭奪之後，他們選擇學習如何共同擁有。

《雙瞳》劇照

《雙瞳》

出品：南方　美商哥倫比亞
編劇：蘇照彬　導演：陳國富
主演：梁家輝　戴維·摩斯
劉若英　戴立忍

2001年夏天的臺北，發生了幾件匪夷所思的連續殺人案。兇殺組探員李豐博和他的上級在實在理不出頭緒的情況下，只好求助於對連續殺人案件有相當研究的美國聯邦調查局。

陳國富（1958—　）

導演，影評人。臺灣臺中人。1980年於地下刊物《電影旬刊》中開始撰寫影評，1981、1982年間因策劃金馬獎國際影展而嶄露頭角。與焦雄屏、黃建業等同爲支持“新電影”的重要影評人。1985年集結多年影評文章成爲《片面之言——陳國富電影文集》一書。1989年執導第一部電影作品《國中女生》。1993年推出第二部作品《只要爲你活一天》，入選1993年盧卡諾影展競賽項目。1995年編寫劇本、親自執導影片《我的美麗與哀愁》。1998年的《徵婚啓事》曾獲第35屆金馬獎最佳導演獎入圍。2001年陳國富身兼跨國投資新片《雙瞳》的監製和導演，拍攝與以往作品風格差異甚大的驚悚片。

《臺北晚九朝五》劇照

《臺北晚九朝五》

出品：金川
編劇：成英姝
導演：戴立忍
主演：黃立行　楊謹華　黃玉榮

叙述當代年輕人中最重要的Pub愛情文化，講述一個個沒有愛情的愛情故事。

戴立忍（1966—　）

導演，演員。臺北藝術大學戲劇系畢業。1993年演出《皇金稻田》，開始投入電影演出工作。2000年他以短片《兩個夏天》申請到百萬輔導金，並且初執導演筒便得到包括金馬獎在内的許多獎項，2002年的首次執導的劇情長片《臺北晚九朝五》。

第39屆金馬獎得獎名單

最佳劇情片：《美麗時光》（張作驥電影工作室有限公司）

最佳創作短片：《兩個夏天》（緑光全傳播有限公司）

最佳紀録片：《春天——許金玉的故事》（曾文珍）

最佳動畫片：《麥兜故事》（Bliss Distribution Ltd.）

最佳導演：陳果《香港有個好萊塢》

最佳男主角：黎明《三更之回家》

最佳女主角：李心潔《見鬼》

最佳男配角：黃秋生《想飛》

最佳女配角：林嘉欣《男人四十》

最佳新演員：林嘉欣《男人四十》

最佳原著劇本：岸西《男人四十》

最佳改編劇本：入圍從缺

最佳攝影：杜可風《三更之回家》

最佳視覺特效：先濤數碼企畫有限公司《見鬼》

最佳美術設計：黃茂森、古智紹《給我一只猫》

最佳造型設計：戴美玲《香港有個好萊塢》

最佳動作設計：孟龍《暗戰2》

最佳原創電影音樂：張藝《美麗時光》

最佳原創電影歌曲：雨衣《7－11之戀》（詞、曲、唱：黃品源）

最佳剪輯：羅永昌、邱志偉《暗戰2》

最佳音效：廖嘉文《香港有個好萊塢》

年度最佳臺灣電影：《美麗時光》（張作驥電影工作室）、

年度最佳臺灣電影工作者：廖慶松

觀衆票選最佳影片：《美麗時光》（張作驥電影工作室）

終身成就特别獎：郎雄

臺北光點電影主題館成立

5月10日，臺北市文化局局長龍應台與臺灣電影文化協會理事長侯孝賢在老爺酒店正式簽約，中山北路二段的一個三級古跡——前美國大使館官邸——委託由侯孝賢領軍的臺灣電影文化協會經營，雙方約定將該館規劃打造成“臺北之家”概念的電影文化空間。期間又獲得“臺積電文教基金會”捐款協助修繕工程。11月10日正式以“臺北光點”電影主題館開幕，開幕儀式以蕭雅全導演的《命帶追逐》作爲開幕片。全館除不定期規劃電影放映活動之外，亦出售電影相關的書籍與産品。“臺北光點”成爲臺北市重要的電影活動據點之一，同時也是各國電影人士來到臺北，亟思探訪的一個電影文化景點。

影片目録

吉光　《十七歲的單車》
中影　《二月十四》
徐小明　《藍色大門》
司邁特　《那年夕陽紅紅的》
張作驥　《美麗時光》
縱横、唐盟　《鹹豆漿》
寬頻、三視　《扣扳機》
鄧勇星　《7–11之戀》
緑光全　《夢幻部落》、《兩個夏天》
人人　《三方通話》
氧氣　《殺人計劃》
雨龍三景　《魯賓遜漂流記》
如魚得水　《小雨之歌》
熱風社　《公主徹夜未眠》
麥田　《給我一只猫》
皇朝　《百分百愛你》
南方　《雙瞳》
金川映畫　《臺北晚九朝五》

2002年（香港）

大 事 記

11月1日 演藝圈十大團體聯手舉行名爲"天地不容"的聲討大會，向惡劣傳媒表示强烈抗議。

本年 天映娛樂將700多部邵氏作品修復及數碼化，重新推出市場。這批將於未來數年陸續推出的作品包括多部邵氏經典，如《江山美人》、《不了情》、《梁山伯與祝英台》、《刺馬》、《傾國傾城》等。

第8屆香港電影評論學會大獎

最佳電影：《少林足球》，最佳導演：許鞍華（《幽靈人間》），最佳編劇：芝See菇Bi（《初戀嗜面》），最佳男演員：劉青雲（《絶世好B》），最佳女演員：鄭秀文（《鍾無艷》）。

第21屆香港電影金像獎

最佳影片：《少林足球》，最佳編劇：岸西（《男人四十》），最佳導演：周星馳（《少林足球》），最佳男主角：周星馳（《少林足球》），最佳女主角：張艾嘉（《地久天長》），最佳男配角：黄一飛（《少林足球》），最佳女配角：林嘉欣（《男人四十》），最佳新人：林嘉欣（《男人四十》），最佳攝影：黄岳泰（《幽靈人間》），最佳剪輯：鄺志良（《特務迷城》），最佳美術指導：奚中國、嚴沾林（《遊園驚夢》），最佳服裝設計：楊凡（《遊園驚夢》），最佳動作設計：董瑋、成家班（《特務迷城》），最佳原創電影音樂：何崇志（《麥兜故事》），終身成就獎：張徹。

第7屆香港金紫荆獎

最佳影片：《少林足球》，最佳編劇：谷德昭、彭浩翔（《買兇拍人》），最佳導演：周星馳（《少林足球》），最佳男主角：胡軍（《藍宇》），最佳女主角：張艾嘉（《地久天長》），最佳男配角：黄一飛（《少林足球》），最佳女配角：何超儀（《地久天長》），最佳攝影：鍾有添（《遊園驚夢》），終身成就獎：王天林，最佳獨立短片：黄修平（《燦若繁星》）。

《見鬼》劇照

重要影片

《走火槍》海報

《走火槍》

出品： 天幕

編導： 林華全

主演： 畢國智　吕國慧　葉偉信　黄真真　鄭保瑞　王亦藍

"走火槍"雲遊四海，從旺角的公路遊走（或游水）到長洲、到深圳，途上連索數命，其中當然包括性工作者和蠱惑仔，也有年輕人，以及無辜和死有餘辜的路人。

《三更之回家》劇照

《見鬼》

出品： Applause Pictures
Raintree Pictures

編劇： 許月珍　彭氏兄弟　**導演：** 彭氏兄弟

主演： 周偉俊　李心潔　盧巧音

女孩汶自小失明。在接受了眼角膜的捐贈後汶墜進一個恐怖的迷離世界，經常遇到鬼。某天，汶照鏡子時驚然發現，鏡中看到的臉，竟然不是她的。

獲第22屆香港電影金像獎最佳女主角；第39屆臺灣電影金馬獎最佳女主角；第8屆金紫荆獎最佳女主角。

《金鷄》劇照

《金鷄》

出品： Applause Pictures
Panorama Entertainment

編劇： 鄒凱光　趙良駿

導演： 趙良駿

主演： 吴君如　曾志偉　杜汶澤　梁家輝　劉德華　田蕊妮　胡軍　黄日華　陳奕迅

一個晚上，"老鷄"阿金在銀行櫃員機中心遭到持雙程證來香港的阿吉持刀搶劫。阿金的銀行卡上的餘額只剩下98.2港元。打劫不成的阿吉，只有在雨夜，細聽阿金與香港的傳奇故事。天亮了，兩人握手告别。阿金把銀行卡插入提款機中，却發現賬户中變成了90萬港元，原來當初借她錢的"情人"終於連本帶息還了錢給她。

一部香港有關記憶的影片。從一個妓女的際遇、財富、感情的興衰、起落看香港的成長過程，具有一定野心。而大陸來客這個角色也是一次刻意的比喻，先有敵意，後無惡感。所謂"後九七"心態表露無遺。

獲第40屆臺灣電影金馬獎最佳女主角、最佳美術設計（奚仲文、黄烦耀）、最佳造型設計（奚仲文、吴里璐）。

《三更之回家》

出品： Applause Pictures

編劇： 許月珍　鄒凱光

導演： 陳可辛

主演： 黎明　原麗淇　曾志偉

警探阿偉與8歲的兒子祥仔遷入一座舊樓。祥仔偶然發現于輝與其4歲的女兒住在一間古怪的照相館旁邊。于輝家中有多部通風機不停運作，屋内還有一個看似癱瘓的女人。一日，祥仔失蹤，阿偉直闖于家，發現癱瘓女人竟是一具保存完好的屍體。于輝坦陳自己三年前殺了妻子，但他深信自己能令妻子復活。

獲第9屆香港電影評論學會大獎最佳導演；第22屆香港電影金像獎最佳新人（原麗淇）；第39屆臺灣電影金馬獎最佳男主角（黎明）、最佳攝影（杜可風）。

《無間道》三部曲：香港黑幫電影新亮點

作爲江湖類型片的黑幫電影一直都是港片最主要的類型片之一，但近年來却難以拍出新意。本片導演劉偉强以黑幫電影裏較爲常見的邊緣人題材，打破傳統從黑社會與警察對立的表面意義去詮釋，對特殊環境裏人性的畸變表示關注，發人深思的東西存在。不同於黑幫電影裏常見的兄弟情義，本片故事中賦予的潛在精神力量，把香港的黑幫電影帶入了新的境界。

本片名《無間道》中〞無間〞指無間地獄，無間地獄是一個專門名詞，出自《法華經》、《俱舍論》、《玄應音義》等佛經。這個地獄是佛經故事中八大地獄之一，也是八大地獄之中最苦的一個，如同我們所説的十八層地獄的最底一層。據説，被打入無間地獄的，都是罪大惡極的人。他們在無間地獄之中，永遠没有任何解脱的希望，除了受苦之外，絶無其他感受。無間地獄極大，廣漠無間，打入地獄的陰魂，無法脱出，永遠在地獄中受苦，作爲生前窮兇極惡的報應。

本片以〞無間道〞作爲片名，寓意深刻。兩個身份混亂的男人，分别爲警方和黑社會的卧底。他們幾乎生活在一個類似無間地獄的環境裏，做夢都怕别人拆穿自己的身份。這個世界裏，到底什麽才是生活的道理、做人的道理，角色的茫然也就是編導對這一問題的深入探討。進入無間地獄是没有輪迴的，只有永遠受苦，但片中的兩位主角却在尋求輪迴。

《無間道》

出品：寰亞　基本
編劇：麥兆輝　莊文强
導演：劉偉强　麥兆輝
主演：梁朝偉　劉德華
**　　　黄秋生　曾志偉**
**　　　陳慧琳　鄭秀文**
**　　　杜汶澤　林家棟**
**　　　陳冠希　余文樂**

《無間道》海報

三合會會員明聰從大佬琛指示，加入警察部隊做卧底，7年間他已升至警長。警察學員仁被逼退學，做三合會卧底，現時大佬是琛。2002年，重案組得悉一批毒品交收情報，鎖緊目標人物琛，結果雙方情報都被泄，警方行動失敗，毒品交易也不成功，雙敗而回，暴露雙方均有卧底的事實，引發雙方清除内鬼的决心。仁與明命運迥異又相近，在無間道旅程接受嚴峻考驗……

作爲香港熱門的警匪類型電影，本片是一部商業電影的示範作品。將卧底題材賦予新的變奏，影像色調盡顯正邪世界的模糊冷異，暗場運用令懸疑氣氛不落俗套的同時，無論從節奏、色彩、配樂到人物造型，以及演員的出色表現等，影片全方位的恰到好處，令人激賞。獲第9届香港電影評論學會最佳男演員（黄秋生）；第22届香港電影金像獎最佳影片、最佳導演、最佳編劇、最佳男主角（梁朝偉）、最佳男配角（黄秋生）；第40届臺灣電影金馬獎最佳劇情片、最佳導演、最佳男主角、最佳男配角、最佳音響（曾景祥）；第8届金紫荆獎最佳影片、最佳導演、最佳編劇、最佳男主角、最佳男配角等。

劉偉强（1960—　）

導演、資深攝影指導。生於香港。以善用手提攝影機及自然光而聞名。從小受父親熏陶，熱愛攝影。隨後加入香港邵氏公司，擔任電影攝影工作，憑其獨特的拍攝風格和技巧，曾多次被提名香港電影金像獎最佳攝影。他的重要作品包括林嶺東的《龍虎風雲》和王家衛的《旺角卡門》。其後攝而優則導，善於捕捉城市跳躍感覺，代表作有暢銷漫畫改編的《古惑仔》系列。近年配合電腦特技，創新概念動作片種，《風雲》和《中華英雄》屢獲殊榮。代表作是與麥兆輝合作的《無間道》系列，最新作品是再度與麥合導《頭文字D》。

主要影片目録

本年度香港共出品影片91部，其中粤語片86部，國語片3部，英語片1部，國／英語片1部。

一百年／銀河映像　《無限復活》、《嚦咕嚦咕新年財》、《我左眼見到鬼》

東方　《枕邊凶靈》、《手足情深》、《9個女仔1唉鬼》

世紀創作室　《横行霸道》、《賭神2002》

寰宇　《慳錢家族》、《赤脈特工》（英）

嘉禾娛樂／領信　《互動殺人事件》

其他　《我愛夏日長》（中大）、《二人三足》（英皇多媒體）、《一蚊鷄保鑣》（電影動力）、《嫁個有錢人》[SML（HK）]、《天下無雙》（春光映畫／博學堂）、《跌打婆與辣妹》（中大／東和）、《新扎師妹》（美亞／天下）、《風流家族》（東方／老友記）、《大腕》（國）[中影集團／哥倫比亞（亞洲）]、《異度空間》（星皓）、《想飛》（寰亞／騰達國際／紅）、《衛斯里藍血人》（中國星／銀都）、《戀愛行星》（寰亞/Film Station）、《乾柴烈火》（東方／清新空氣）、《賭神之神》（東方／影音使團）、《見鬼》（Applause Pictures/Raintree Pictures）、《變臉迷情》（美亞／手作映畫）、《偷窺無罪》（電影動力／風雲娛樂）、《焚獸之都》（名威/盼盼）、《豬扒大聯盟》（思維娛樂／風雲娛樂）、《這個夏天有異性》（寰亞／天下）、《香港有個好萊塢》（Nicetop Independent）、《天脈傳奇》（浩瀚／騰達國際）、《絶世好Bra》（一百年）、《三更之回家》（Applause Pictures）、《黑道風雲》（世紀創作室／老友記）、《夕陽天使》（哥倫比亞亞洲／正東）、《賤精先生》（寰宇／Film Station）、《Office有鬼》（思維娛樂／驚喜）、《一碌蔗》（英皇多媒體／感覺）、《我家有一隻河東獅》（一百年、青年、小馬哥）、《5個嚇鬼的少年》（美亞／天下）、《走火槍》（天幕）、《五月八月》（國）（寰宇、徐小明、南京）、《反搜索特遣隊》（萬能影夜）、《雙瞳》（國／英）[哥倫比亞（亞洲）]、《飛虎雄師》（最佳拍檔）、《無間道》（寰亞／基本）、《英雄》（國）（精英集團企業/Miramax）、《金鷄》（Applause Pictures/Panorama Entertainment）

《無間道 II》

出品：寰亞
編劇：麥兆輝　莊文强
導演：劉偉强　麥兆輝
主演：黄秋生　曾志偉　劉嘉玲
　　　吴鎮宇　陳冠希　余文樂
　　　胡軍　廖啓智　張耀揚

黑幫頭目韓琛與督察黄志誠分别依靠卧底劉建明及陳永仁，在黑幫及警局内扶摇直上，並合力對付龍頭家族首領倪永孝。劉建明與陳永仁在警校門口擦身而過，踏上截然不同的命途。

本片承前起後，借前傳自立新境。時代終結價值顛倒的悲劇意味耐人尋味，是《無間道》三集影片中最佳的一部。獲第10届香港電影評論學會最佳電影；第23届香港電影金像奬最佳原創電影歌曲；第9届香港金紫荆奬最佳編劇等。

《無間道 II》劇照

《無間道 III 終極無間》劇照

《無間道 III 終極無間》

出品：寰亞　天津　東方神龍
　　　中環集團　基本　中國電影
編劇：麥兆輝　莊文强
導演：劉偉强　麥兆輝
主演：梁朝偉　劉德華　黎明
　　　黄秋生　曾志偉　陳慧琳
　　　陳道明　陳冠希　余文樂
　　　杜汶澤　林家棟　鄭秀文
　　　劉嘉玲

陳永仁被殺後，劉建明被架空職權派做庶務工作。年輕警司楊錦榮和一個日夜跟蹤他的傷殘神秘人的出現，使劉建明決定重新做人，一方面要置楊錦榮於死地，一方面要提防自己身份曝光，驚險重重。陳永仁取得韓琛信任後，接任務與一大陸商人沈澄接洽。可這盤生意背後，韓琛暗藏禍心，令陳永仁與沈澄之間衝突不斷，陳永仁漸漸迷失了自己。

影片多段式的跳接、切割一如以精神分裂來演繹劉建明的命運。分中有合，合中有分的叙事方式，讓人印象深刻。

"無釐頭小子"盡顯真"功夫"——導演周星馳

本年是周星馳執導電影以來的事業高峰期，其花了五年時間所完成的影片《少林足球》在香港以6千萬票房創下港産片最高紀録，並成功打入美國市場。由些，周星馳由"無釐頭"明星成功躋身香港著名導演之列。

《少林足球》劇照

《少林足球》(2001)

出品：星輝海外　寰宇
編劇：周星馳　曾謹昌　導演：周星馳
主演：周星馳　趙薇　吴孟達　謝賢

20年前，有"黄金右脚"之稱的足球員明鋒，被隊友强雄設計所害，淪落街頭。20年後，明鋒偶然認識以拾荒維生的星，意外發現他的驚人脚力。星遊説一班當年曾在少林寺習武的師兄弟共同參賽，成爲了一隊完整的"少林隊"。少林隊於全國大賽中過關斬將，順利打入決賽，所面對的最强對手，竟是明鋒宿敵强雄所帶領的"魔鬼隊"。在比賽中隊員一個一個被"殺人射球"擊至重傷，面臨慘敗之局面。一個意想不到的人——"饅頭皇后"太極手阿梅突然出現，令少林隊重現生機。

導演正視香港不景氣的狀態，以草根的觀點展示大衆戰勝恐懼，催化本身的自省，並利用其擅長的功夫與漫畫化兩大元素，配合特技，成爲周星馳代表作之一。獲第8屆香港電影評論學會大奬最佳電影；第21屆香港電影金像奬最佳影片、最佳導演、最佳男主角、最佳男配角（黄一飛）；第7屆金紫荆奬最佳影片、最佳導演、最佳男配角等。

《功夫》劇照

《功夫》

出品：哥倫比亞　三星公司
編劇：周星馳　霍昕
導演：周星馳
主演：周星馳　元華　元秋　黄聖依

影片表現的是一個街頭混混變成一代武術家的故事，一個本性善良的黑幫流氓改邪歸正的故事。

獲第24届香港電影金像奬最佳影片、最佳男配角（元華）、最佳剪輯（林安兒）、最佳動作設計（袁和平）、最佳視覺效果、最佳音響效果；第10届金紫荆奬最佳影片、最佳男配角奬等。

周星馳在2005年香港電影金像奬頒奬典禮上

周星馳（1963—　）

演員、導演。原籍浙江寧波，生於香港。中學畢業後在香港的電視臺工作了5年。1988年得到導演李修賢的賞識，拍攝了第一部影片《霹靂光鋒》，並一舉獲得25屆臺灣金馬獎最佳男配角獎。他那非邏輯性和帶有神經質的演技，開創了“無釐頭”文化，成爲香港文化的重要一環，因而他擔綱演出的電影更歷破票房紀録，爲香港搞笑片帶來另一出路和高峰。1992年，他以影片《審死官》獲得亞洲影展影帝頭銜。1997年，以影片《大話西遊之大聖娶親》獲香港回歸後第一個政府電影獎——香港電影學會之金紫荊獎最佳男主角獎。而影片《少林足球》使其電影生涯達到巔峰。2004年，獨立執導的影片《功夫》包攬了多項大獎，爲近幾年日趨冷清的香港電影市場帶來了驚喜。代表作還有《流氓差婆》、《一本漫畫闖天涯》、《賭聖》、《賭俠》、《逃學威龍》、《家有喜事》、《濟公》、《唐伯虎點秋香》、《西遊記第壹佰零壹回之月光寶盒》、《算死草》。

2003年(大陸)

大事記

1月1日 全國首家雪幕電影放映系統在哈爾濱冰雪大世界首次正式投入使用。

2月27日 華誼兄弟太合影視投資有限公司與西安電影股份公司聯合，更名爲陝西西影華誼電影發行有限責任公司。這是中國第一家民營電影公司與國營電影公司聯合。

3月 電影局通報立即停止影片《大鴻米店》的"一切宣傳和發行放映行爲"。

3月 全國政協會議上關於"電影分級制議案"的提出引發了普遍關注。

4月6日 西安電影製片廠投資30多億元、佔地近萬畝的"中國西部電影城"落户陝西省藍田縣。

4月 受"非典"的影響，大陸各大影院紛紛歇業。

5月 "華表奬"評奬機制改革正式出臺，市場回報首次納入參評條件。

6月9日 瀟湘電影集團成立。

6月 廣電總局依據《電影管理條例》有關處罰規定，對非法在我國境内攝製的影片《明日天涯》的各責任方給予處罰。

6月 内地放寬香港電影進入條件。

7月12日 上海永樂電影城在美國華納兄弟（香港）製片公司擁有49%的股權後，改名爲永華電影城正式上市。

10月 中國電影集團公司與有實力的製片公司、院線公司和民營公司結爲聯盟。

11月 北京奥組委選送的申奥宣傳片《新北京、新奥運》（張藝謀導演）在意大利米蘭榮獲第21屆國際體育電影電視節最佳影片大奬、"國際奥林匹克博物館奬"和紀録片組報道類、最佳體育宣傳片榮譽花環奬。

重要影片

《手機》劇照

《手機》

出品：北京電影製片廠
　　　華誼兄弟影業公司
　　　哥倫比亞電影（亞洲）製作有限公司
編劇：劉震雲
導演：馮小剛　攝影：趙非
主演：葛優　張國立
　　　徐帆　范冰冰

電視臺主持人嚴守一在公衆眼中以説實話見長，但生活中的手機讓他逐漸變成一個被動的説謊者，面對妻子、女友、情人、公衆時，他扮演着不同的角色，當秘密被一點點揭穿後，形形色色的人和事又通過手機將他搞得焦頭爛額。

《警察有約》

出品：南京電影製片廠
　　　電影頻道節目製作中心
　　　北京市公安局新聞影視中心
編劇：馮華　徐耿
導演：徐耿
攝影：宋曉飛
主演：夏雨　梁靜

趙六安在派出所當片兒警，五個姐姐輪番給他介紹對象。然而，在他的心中總惦記着一個紅衣女孩的形象。巧的是，所裏新來的女警和他心目中的女孩長得很像，趙六安和她越走越近。

《警察有約》劇照

《天地英雄》

出品：西安電影製片廠
　　　北京華誼兄弟太合公司
　　　哥倫比亞電影（亞洲）製作有限公司
編劇：何平　張鋭
導演：何平
攝影：趙非
主演：姜文　中井貴一　王學圻　趙薇

公元700年，戍邊李校尉因違抗軍令被朝廷通緝，日本遣唐使來棲奉命前往西域緝拿李校尉。李校尉護送的駱駝商隊遇到劫匪，才得知他們護送的乃是佛寶舍利，備感責任重大。最後一次血搏，舍利驚現神威，土匪被一網打盡。

《天地英雄》海報

《美麗上海》

出品：上海電影製片廠　香港湯臣影業公司
編劇：彭小蓮　林良忠
導演：彭小蓮
攝影：林良忠
主演：王祖賢　鄭振瑶　趙有亮

上海老洋房裹住着年邁的母親，母親病重住院，四個孩子重又相聚，從而引出一系列矛盾糾葛。

《跆拳道》劇照

《跆拳道》

出品：中國電影集團公司
編劇：康麗雯
導演：麥麗絲　塞夫
攝影：格日圖
主演：陶紅　吴迪　于承惠　宋曉英

劉立和楊卉一起練習"跆拳道"，一起進入國家隊。楊卉得了重病無法再上場比賽，劉立帶着朋友的期望和對"跆拳道"運動的無比尊重，站到了奥運會的賽場上。最終劉立赢得了這場比賽，也實現了戰勝自我，超越自我的過程。

《戀愛中的寶貝》劇照

《戀愛中的寶貝》

出品：北京榮信達影視藝術中心
　　　北京華頓時代投資有限公司
編劇：鄭重
導演：李少紅
攝影：曾念平
主演：周迅　黄覺　陳坤　王培一

出生在70年代末的寶貝是個熱情、好奇、充滿幻想的女孩，在一次無意之中寶貝拾到一本録像帶，上面記録着一個對生活失去信心的男人的獨白，寶貝萌生出拯救他的想法，她通過録像帶找到了這個叫劉志的男人。兩人墜入愛河，然而寶貝的行爲因此變得更加古怪。

《美麗上海》劇照

影片目録

中影集團　《了不起的村莊》、《愛情鑰匙》、《太想愛你》、《危險智能》、《極地彩虹》、《美麗任務》、《時傳祥》、《奪子》、《短暫旅途》、《真兇疑雲》、《情牽一線》、《臺灣往事》、《我愛天上人間》、《看車人的七月》、《決不放過你》、《跆拳道》、《老婆就一個》、《女生日記》、《神勇鐵金剛》、《天羅地網》、《玉觀音》、《手機》、《楠溪江》、《茉莉花開》、《來不及愛你》、《心動歲月》、《西貢姿色》、《舉起手來》、《關中刀客之一憤操子》、《關中刀客之二虎頭》、《關中刀客之三拼鐮子》、《關中刀客之四鷂子龍五》、《關中刀客之五花翎子》、《關中刀客之六董二伯》、《關中刀客之七任厨子》、《關中刀客之八肉瓢子》、《關中刀客之九七寸子》、《關中刀客之十黑脊背》

上影集團　《紫蝴蝶》、《午夜驚魂》、《軍火》、《嬸子》、《地下鐵》、《美麗上海》、《最後的愛、最初的愛》

長影集團　《老鼠愛上猫》、《來了》、《抬頭見喜》、《不要離開我》、《都市女警察》、《關東民謡》、《燦爛的季節》

八一　《驚心動魄》

珠影　《鄧小平》、《香港脱險》

西影　《天地英雄》、《驚蟄》

峨影　《三十八度》

瀟湘　《飄揚的紅領巾》、《紙飛機》、《陰陽判官》《火爆警探》、《毛澤東去安源》、《我最棒》、《離小説有多遠》、《愛你在心口難開》

青影　《阿龍的故事》、《中國功夫少女組》、《大塊頭有大智慧》、《求愛上上籤》

雲南　《石月亮》

福建　《荷香》

内蒙古　《愛你不後悔》、《心跳墨脱》、《刻骨銘心》、《索蜜婭的抉擇》、《想去歐洲當村長》、《遲來的祝福》、《海角警魂》、《致命的人證》、《無處容身》、《財迷心竅》、《飄雪六月天》、《五世同堂》、《竹葉青奇》

深圳　《散打》、《非典人生》、《外來媳婦本地郎》、《生死界限》、《尋找周傑倫》

廣西　《風雨上海灘》

天津　《百年好合》、《無間道III終極無間》、《華子良》、《大唐公主西域記》、《大城小事》

浙影　《寒號鳥》、《大地起舞》

山西　《炮製女朋友》、《情繫故鄉》、《小偷捉賊記》、《僞鈔的末日》、《古宅心慌慌》、《花魁杜十娘》、《龍虎英雄》、《無緣的愛》

銀都　《絶種好男人》、《戀上你的床》、《雙雄》、《戀之風景》、《忘不了》、《少年阿虎》、《魔幻厨房》、《絶色神偷》

河南　《幸運十點鐘》、《安娜與武林》

其他　《戎冠秀》（河北）、《生存島歷險記》、《北極光》（遼寧）、《勇敢少年》（江西）、《小寶貝和大寶貝》（山東）、《三毛救孤記》（安徽）、《危情雪夜》（紫禁城）、《非常浪漫》（上海三九）、《蒸發疑雲》（上海金棕櫚）、《雪落無聲》、《隔離日》（北京金尊）、《我心飛翔》（東方實得）、《暖》（金海方舟）、《道中道》（江蘇文化）、《爸爸的愛》（北京驕龍）、《一百萬》（北京南海）、《戀愛中的寶貝》（北京榮信達）、《愛在非常時刻》（廣東巨星）、《猜猜猜》（世界喜訊）、《小康路上》（北京孫明强）、《關愛明天》（北京法宣）、《冬至》（世紀英雄）、《春季》（北京萬基）、《警察有約》(南京)

《看車人的七月》海報

《看車人的七月》

出品： 中國電影集團公司
北京電影製片廠
編劇： 張挺
導演： 安戰軍
攝影： 江秀佳
主演： 范偉　陳小藝　趙軍　張偉迅

看車人杜紅軍想與花店店主小宋結婚。兒子小于一直反對爸爸的專制和再婚。正當杜紅軍對新生活充滿憧憬的時候，小宋前夫劉三從監獄裏出來了。微薄家業被惡霸式的"前夫"折騰得難以爲繼。終於，杜紅軍在兒子十六歲生日那天，釀成了一個無法挽回的結局。

《驚蟄》劇照

《驚蟄》

出品： 西安電影製片廠
編劇： 王全安　**導演：** 王安全
攝影： 盧茨　**主演：** 余男

農村女青年二妹爲逃婚出外打工，由於不適應城市的生活，又回到家鄉嫁人，但都市的生活經歷已經使她的思想悄然發生變化，她沉睡的內心也被深深觸動。

上海永華電影城正式上市

7月12日，時代華納在中國首家合資影院——上海永華電影城經中國政府批准正式開業。新開業的上海永華電影城被業界稱作時代華納在中國影院市場佈下的第一枚棋子。它總投資2800萬元，其中，上海永樂股份有限公司佔51%的股份，華納兄弟國際影院公司佔49%的股份，兩者合資成立上海永樂華納影城有限公司。

永華電影城是上海永樂股份有限公司和美國華納兄弟國際影院公司共同投資的合資影院。電影城坐落在上海西部繁華的徐家匯商業圈內的港匯廣場六樓，建築面積6000餘平方米。共有9個專業電影廳，可同時容納近1550名觀衆；其大小多個影廳和過道的整體裝修由美國華納公司參與設計；配置了當今世界先進的電影視聽設備：低視點、寬視角銀幕和SRD、DTS、SDDS等全套高保真音響還原系統，還擁有最新的三維立體電影，是全國首批五星級影院。

劉曉慶涉嫌偷税被依法逮捕

中國著名電影演員劉曉慶因其所辦公司涉嫌偷税，7月24日經北京市人民檢察院第二分院批准，被依法逮捕。此前，劉曉慶已於6月20日被北京市公安局依法刑事拘留。12月12日在北京市朝陽區人民法院開庭，公開審理北京曉慶文化藝術有限公司及其總經理靖軍涉嫌偷税一案。據檢察機關指控，1996至2001年間，曉慶文化藝術有限公司及其總經理靖軍以各種方式、手段不履行依法納税的義務，涉嫌偷税犯罪52起，偷税共計人民幣848萬餘元。檢察機關認爲，曉慶文化藝術有限公司及其負有直接責任的總經理靖軍的行爲，嚴重破壞了國家税收徵管制度，構成偷税罪。

《暖》獲東京國際電影節最佳故事片獎

11月9日，東京國際電影節舉行頒獎儀式，由中國導演霍建起執導的影片《暖》獲本次電影節的最佳影片獎——金麒麟獎，這是中國唯一參加本屆電影節大獎角逐的影片，也是正式參賽片中唯一的華語故事片。本屆東京電影節從來自51個國家和地區的300多部影片中選出15部影片正式參賽。東京電影節目前已是當今世界九大A級電影節之一，也是亞洲最大的電影節。

《暖》海報

《暖》

出品： 北京金海方舟文化發展有限公司
編劇： 秋實
導演： 霍建起
攝影： 孫明
主演： 郭曉冬　李佳　香川照之

在北京工作的井河來到10年沒有回過的農村老家，在路上遇到了昔日戀人暖，暖的平靜刺痛了井河，從而引發了他內心的一段回憶。

霍建起在東京電影節上

電影産業化改革出臺新舉措

12月1日,《電影製片、發行、放映經營資格准入暫行規定》、《中外合作攝製電影片管理規定》、《電影劇本(梗概)立項、電影片審查暫行規定》等正式實施,自此,大陸各電影製片單位選送參加海外電影節、電影展活動開始實行備案制度,不再審批。4份文件將分別於今年12月1日和2004年1月1日生效。對於電影製片、發行、放映經營的資格准入,對於外資進入中國電影業,對於電影審批制度都做了若干更加有利於電影産業發展的新調整。電影局有關專家介紹,新的規定突破了我國原有的電影管理制度,在審查方面,改變了以往所有影片都要審查劇本的辦法;電影審查制度的改革還包括在北京、上海、廣東等地試行"屬地審查制度"。在合拍片方面,除國内演員必須佔主要演員人數的三分之一外,故事地域、其他主創人員比例都將不再受到限制;在市場准入方面,外資將被允許與國有製作單位合作成立製片公司,民營公司發行門檻進一步降低,外資還將允許在部分城市控股建設、管理影院。

"華表奬"、"夏衍奬"和"銅牛奬"頒奬典禮舉行

8月30日,第9屆中國電影華表奬、第6屆夏衍電影文學奬和中國電影銅牛奬頒奬典禮在北京舉行。

2002年度中國電影華表奬獲奬名單

優秀故事片一等奬:《驚濤駭浪》(八一);優秀故事片二等奬:《鄧小平》(珠影)、《美麗的大脚》(西影)、《首席執行官》(中影集團);優秀故事片三等奬:《世界上最疼我的那個人去了》(中影集團)、《庫爾班大叔上北京》(天山)、《周恩來萬隆之行》(中影集團)、《和你在一起》(中影集團)、《暖春》(山西);女演員新人奬:徐靜蕾(《我愛你》);優秀戲曲片奬:《華子良》(天津);優秀科教片奬:《黑臉琵鷺》(北京科影)、《青春期性健康》(北京科影)、《檉柳》(蘭州)、《農村改水》(湖北);優秀紀録片奬:《天風海濤鼓浪嶼》(鼓浪嶼日光岩管理處、北京標旗文化)、《軍旗耀香江》(八一);導演新人奬:馬曉穎(《世界上最疼我的那個人去了》);男演員新人奬:潘粵明《驚濤駭浪》;外國影片優秀譯製奬:《哈里·波特2》(上海電影譯製);優秀電影技術奬:(《驚濤駭浪》)(八一);優秀電視電影奬:《王忠誠》(電影頻道);優秀電影歌曲奬:影片《驚濤駭浪》的歌曲《當兵的人在哪裏》;優秀對外合拍片奬:《英雄》(銀都機構、精英娱樂、北京新畫面);合作拍攝榮譽奬:《英雄》(銀都機構、精英娱樂、北京新畫面);特殊貢獻奬:《英雄》(銀都機構、精英娱樂、北京新畫面);優秀導演奬:翟俊傑(《驚濤駭浪》)、楊亞洲(《美麗的大脚》);優秀男演員奬:劉佩琦(《和你在一起》)、盧奇(《鄧小平》);優秀女演員奬:倪萍(《美麗的大脚》)、黄素影(《世界上最疼我的那個人去了》)。

第12屆中國電影金鷄百花電影節舉行

11月1日—5日,第12屆金鷄百花電影節在浙江嘉興舉行。

第23屆中國電影金鷄奬獲奬名單

最佳故事片奬:《暖》(北京金海方舟);最佳紀録片奬:《鋼琴夢》(中央新影);最佳合拍故事片奬:《英雄》(銀都機構、精英娱樂、北京新畫面);最佳美術片奬:《回想》(上海美影);最佳電視電影片奬:《馬世清離婚》(電影頻道);最佳編劇奬:秋實(《暖》);最佳導演奬:張藝謀(《英雄》);導演處女作奬:烏蘭塔娜(《暖春》),徐靜蕾(《我和爸爸》);最佳男主角奬:夏雨(《警察有約》);最佳女主角奬:余男(《驚蟄》);最佳男配角奬:趙君(《看車人的七月》);最佳女配角奬:徐靜蕾(《我的美麗鄉愁》);最佳攝影奬:董亞春、姜力軍、陳遠良、穆德遠(《驚濤駭浪》);最佳録音奬:陶經(《英雄》);最佳美術奬:霍廷霄、易振洲(《英雄》);最佳音樂奬:章紹同(《臺灣往事》);最佳特技奬:孟浩(《驚濤駭浪》);最佳化裝奬:徐廣端(《鄧小平》);最佳置景奬:姜述義、楊印華(《驚濤駭浪》);第23屆評委會增設表演新人奬:李敏(《婼瑪的十七歲》);評委會特别奬:李丁(《家有轎車》);本屆評委會增設最佳影片特别奬:《鄧小平》。

第26屆《大衆電影》百花奬獲奬名單

最佳故事片:《衝出亞馬遜》(八一)、《英雄》(銀都機構、精英娱樂、北京新畫面)、《鄧小平》(珠影);最佳男演員:盧奇(《鄧小平》)最佳女演員:徐靜蕾(《開往春天的地鐵》);最佳男配角:王志文(《和你在一起》);最佳女配角:袁泉(《美麗的大脚》)。

《鄧小平》

出品:珠江電影製片廠
　　　電影頻道節目製作中心
編劇:龍平平　高屹　丁蔭楠
導演:丁蔭楠
攝影:沈星浩
主演:盧奇　王蘇婭
　　　劉殿良　張雲立

以鄧小平領導中國改革開放的歷史進程爲主線,刻畫中國改革開放和現代化建設總設計師鄧小平的光輝形象,展示一代偉人爲帶領中國人民富裕起來嘔心瀝血的崇高人格,和解放思想、實事求是、推動馬克思主義與時俱進的思想風範。

盧奇

盧奇(1955—　)

演員。重慶人。1974年任四川省人民藝術劇院演員;1995年任八一電影製片廠演員。代表作品有《開國大典》、《百色起義》、《大決戰》、《大轉折》、《大進軍》、《鄧小平》等。

本年度在國際上主要獲奬情况

《英雄》獲德國第53屆柏林國際電影節阿爾弗雷德·鮑爾"特别創新作品奬";

《芬妮的微笑》獲俄羅斯第8屆莫斯科"愛之戀"國際電影節最佳男主角;

《假裝没感覺》獲第10屆意大利國際婦女電影節觀衆奬最佳影片奬、導演特别奬(彭小蓮)、角色特别奬;

《媽媽没有走遠》獲埃及第13屆開羅國際兒童電影節"國際兒童評委奬"、成人國際評委會"銀金字塔奬";

《二十五個孩子一個爹》獲第6屆津巴布韋國際電影節最佳美術奬;

《父親》獲埃及第27屆開羅國際電影節最佳導演奬最佳男演員奬;

《暖》獲第16屆東京國際電影節金麒麟大奬最佳男主角奬;

《真情三人行》獲第13屆印度國際兒童電影節亞洲風景單元銀奬;

《和你在一起》獲第13屆印度國際兒童電影節最佳導演奬、評論員金奬。

2003年（臺灣）

大事記

1月6日　曾任僑選監察委員、與臺灣電影界關係深厚的前香港新華影業公司負責人童月娟病逝於上海市博愛醫院，享年90歲。

1月28日　"文化建設委員會"舉行"國家文化資料庫"（網址：http://www.cca.gov.tw/photo）第一階段成果發表，以日治時期迄今的老舊照片爲主軸，資料形式含括文字、圖片、聲音、影像四類，預計三年完成。

4月16日　美國《首映》（Premiere）雜誌公佈年度"好萊塢最有權力的100人排行榜"，旅美導演李安居第56名。

5月5日　"新聞局"所提"數位創意影音計劃"共新臺幣一億八千萬元預算已獲通過，以補助電視業者拍攝蘊含臺灣特色、風格的優質精緻連續劇、單元劇和非劇情片。

5月13日　爲協助戲院業者減低SARS疫情帶來的衝擊，新聞局今日與財政部研議SARS疫情期間有關電影的紓困或減免賦税措施。

7月1日　"新聞局"新舊任局長交接，新任局長爲原政務委員黄輝珍。

9月15日　"新聞局"舉辦"電影實業家俱樂部"聯誼會，邀請電影創作者、投資人、行銷人共同參與，以期建立電影產業的整合平臺，提振國片。

9月30日　第一座校園電影院於中央大學文學院正式開幕，院内配備有與臺北華納威秀影城同等級的Christie35毫米放映機和杜比環繞音響。

10月23日　第48屆亞太影展在伊朗古城設拉子舉行頒奬，蔡明亮執導的《不散》獲評審團特别奬，該片女演員楊貴媚奪得最佳女配角奬。

11月13日　文化藝術基金會董事長林曼麗今日公佈新文藝奬設置辦法，將電影、建築兩個類别納入奬勵範疇。

11月14日　新竹風城華納威秀影城今日開幕，共有5個廳，1600個座位。

11月21日　英國《衛報》(The Guardian)日前邀請7位影評人選出全球40大導演，蔡明亮與李安分獲第18和27名，香港導演王家衛位居第14名。

11月28日　臺灣第一座數位電影院臺北國賓戲院今日首映，放映的第一部數位作品爲福斯公司的《怒海爭鋒：極地征伐》。

12月19日　國民黨決定將旗下"中影"公司目前尚擁有的七家接收自日産戲院歸還當局，此七家戲院爲：臺中戲院、臺南延平戲院、屏東光復戲院、臺北新世界戲院、高雄壽星戲院、嘉義戲院及羅東新生戲院。此七家戲院歸還後，"中影"旗下僅剩一家由國民黨出資購置的臺北梅花戲院。

第40屆金馬奬得奬名單

最佳劇情片：《無間道》
最佳創作短片：《風中的小米田》
最佳紀録片：《Viva Tonal跳舞時代》（簡偉斯 / 郭珍弟）
最佳動畫片：從缺
最佳導演：劉偉强 / 麥兆輝《無間道》
最佳男主角：梁朝偉《無間道》
最佳女主角：吴君如《金鷄》
最佳男配角：黄秋生《無間道》
最佳女配角：林美秀《黑狗來了》
最佳新演員：王寶强《盲井》
　　　　　　鄭智允《跑吧！孩子》
最佳原著劇本：游乃海、歐健兒《PTU》
最佳改編劇本：李揚《盲井》
最佳攝影：廖本榕《不見》
最佳視覺特效：黄宏顯《千機變》
最佳美術設計：奚仲文 / 黄炳耀《金鷄》
最佳造型設計：奚仲文 / 吴里璐《金鷄》
最佳動作設計：甄子丹《千機變》
最佳原創電影音樂：温浩傑《黑白森林》
最佳原創電影歌曲：回旋木馬的終端《向左走·向右走》
最佳剪輯：陳勝昌《不散》
最佳音效：曾景祥《無間道》
年度最佳臺灣電影：《不散》
年度最佳臺灣電影工作者：廖本榕
觀衆票選最佳影片：《無間道》
終身成就特别奬：袁蕺美

重要影片

《不見》海報

《不見》

出品：汯呇霖
編導：李康生
主演：陸奕靜　張捷

啓用不久的臺北縣四號公園又開始大興土木了，三分之二的腹地被鐵皮牆團團圍住，於是公園碩果僅存的一片小緑地頓時人滿爲患。某日，公園發生了兒童失蹤事件……

《不散》海報

《不散》

出品：汯呇霖
編導：蔡明亮　主演：陳湘琪　李康生

一間老戲院在停業前的晚上，一個日本年輕人冒着大雨跑進來，戲院裏極度冷清，好像没有人，其實又有一些人，有一些也可能不是人……

《黑狗來了》劇照

《臺北二一》劇照

《飛躍情海》的主演

《黑狗來了》

出品：中影
編劇：李瑞洵　徐功勤　黃素玉
導演：尹祺
主演：太保　柯淑勤　蔡振南　林美秀

建築承包商永吉，因無力償還賭債，被黑道老大黑狗追殺。情急之下，欺騙與父親大德情同手足的黑狗，説因爲籌辦父親喪禮才沒錢償債。悲痛的黑狗，前往假靈堂捻香致意，且欲掀棺見大德最後一面，眼見謊言即將穿幫……

《臺北二一》

出品：中影
編導：楊順清
主演：林孟瑾　蔡信弘　王玥

阿宏與小瑾是一對交往七年的情侶，在阿宏生日那天，小瑾原打算買小套房幫阿宏慶生，沒想到阿宏却不領情。讓對這段感情滿懷浪漫憧憬的小瑾，開始想要跟阿宏分手。

《飛躍情海》

出品：果昱
編導：王毓雅
主演：王毓雅　林依晨

住在漁港的小三，從小算命師都説他是梁山伯轉世，在25歲時會有大劫，小三因爲已有男友小賓，所以對此不以爲意。遠房表妹小英，爲了幫父親還賭債，到海產店跟着小三打工賺錢，小英心中一直認定自己生命中有一個梁山伯，那個人就是小三。

政策鼓勵發酵數位電影紛紛出籠

將近100年以來的電影，大都是透過膠卷底片（film）所產生的感光化學變化來紀録時空陳述事實。隨着科技的日新月異，電影的攝製手法與放映方式也有新的進展與突破，數位電影（digital cinema）的出現，不僅打破膠卷底片在設置上的諸多限制，其無遠弗屆的傳播特質也突破戲院必須依賴拷貝的放映方式。電影的拍攝手法與傳播方式變得越來越簡便，電影所能呈現的的畫面與效果也越來越複雜精彩。除此之外，政府爲相對彌補數位電影不足之處，提供數位電影轉光學底片的補助，以確保數位電影能保有傳統電影畫質層次感的優勢。

在如此多方條件的配合下，2003年有許多數字電影問世，光是朱延平的公司就上映了《來去少林》、《報復模範生》、《猴死囝仔》、《野蠻小子》、《搞鬼》。

《猴死囝仔》

規格：35毫米　彩色
片長：76分鐘
出品：延平
製作人：蘇信男
編劇：葉添燈　導演：朱延平
主演：尹小駿　林小樓

猴子和死黨相約去後山玩，四個人在洞穴裏面東鑽西闖，除了被嚇得半死（還怕遇到鬼）之外，還被困在洞穴裏，找不到出去的路。後來發現蠟燭有被風吹動的跡象，於是利用風的方向來找出口，終於發現了一個有着微光的洞口，洞外赫然是汪洋一片，海上還有漁火點，找到出路之後，大家都很開心。

朱延平（1950—　）

導演。就讀東吴大學外文系夜間部時，因爲中影文化城就在學校旁邊，白天就經常到片廠做臨時演員，因緣際會地受到導演的注意而開始做起場記學電影，一路順利地做到了副導演，1980年大學畢業前，導演第一部戲《小丑》，捧紅了諸星許不了，隨後與許不了開始了往後十多部系列電影合作，如《大人物》、《天生一對》、《紅粉兵團》、《迷你特攻隊》等。1987年成立了延平影業有限公司開始自立門户，1988年《報告典獄長》，1989年青春偶像電影《七匹狼》，1990年的《異域》，及其續集《孤軍》。1994年釋小龍、郝劭文可愛的兩岸小童星通力合作的兒童功夫片《新烏龍院》，爲臺北市十大賣座國片的第二名。1996年起嘗試拍攝藝術片《情色》、《捉姦強姦通姦》，參加鹿特丹影展短片競賽，跨足國際性影展。

朱延平監製的《挖洞人》，拿下了第47屆漢城亞太影展評審團特别獎、最佳剪接獎(監製)、柏林影展唐吉訶德獎和法國杜維爾亞洲影展編劇獎；《灰色驚爆》讓他拍出了對數位電影的興趣，2002朱延平與緯來電視總經理陳繼業計劃合作10部數位電影，先開拍《來去少林》，又陸續拍攝《野蠻小子》、《新七匹狼》、《搞什麼鬼》走恐怖爆笑路線，延續一貫的朱式電影風格加入新的嘗試，暖活國片電影市場。

2001年，朱延平承接前任理事長林福地，擔任電影導演協會理事長。

影片目録

中影
《黑狗來了》、《臺北二一》
延平
《野蠻小子》、《超級模範生》、《爺爺的家》、《搞鬼》、《猴死囝仔》
泓咨霖
《不散》、《不見》
果昱
《飛躍情海》

2003年（香港）

大 事 記

2月6日　《無間道》、《三更之回家》及《天下無雙》參展柏林影展。

2月　香港發生大面積SARS疫症，奪去多人生命，令香港深受打擊。

4月23日　爲了加强市民戰勝SARS的信心,香港電影工作者總會組織多名著名導演爲政府拍一系列名爲《1:99電影大行動》的抗擊SARS宣傳片。

6月30日　香港與內地簽署更緊密經貿合作安排（CEPA）。協議內容包括香港電影將不列作入進口電影配額，與內地合拍電影將獲國產片待遇。

8月26日　由電影發展基金撥備5千萬元成立的電影貸款保證基金首次簽署保證書，由政府向銀行提供百分之五十貸款保證，協助港片製作。

8月30日　投資《英雄》及《十面埋伏》的香港精英娛樂有限公司東主、製片人江志强，獲華表獎的"中外合作榮譽獎"。

12月8日　《無間道III之終極無間》於北京人民大會堂作全球首映。

《古宅心慌慌》海報

《古宅心慌慌》

出品：寰宇
編劇：司徒錦源　吳詠琪　鄧力奇
導演：鄭保瑞
主演：蔡卓妍　鍾欣桐　張致恒
　　　關智斌　方中信　黃浩然

醫學家丁濟懷畢生致力醫學研究導致多次婚姻失敗，留下衆子女也無暇照料，直至臨終前欲把遺産分給子女們作爲補償。但是要繼承家財，需遵守丁定下的奇怪規矩：子女們要在每夜凌晨齊集大廳内，向未入土爲安的父親的屍首上香。

重要影片

《黑白森林》劇照

《大丈夫》海報

《黑白森林》

出品：思維娛樂
編劇：王晶　導演：王晶　麥子善
主演：黄浩然　黄秋生　陳小春　鍾欣桐
　　　劉青雲　吴鎮宇　杜汶澤　謝賢

幹探黄姜、七喜情同手足。但七喜和黑幫大佬盲超是拜把兄弟。在黄姜捉拿盲超的行動中，七喜提前報信，被黄姜拿個正着。三人在天臺對峙，結果七喜、盲超中槍身亡。盲超的妻子告訴七喜的遺孀及其兒子，黄姜是殺死七喜的兇手。樂母深信不疑，囑咐兒子長大後要爲父報仇。

《大丈夫》

出品：無休映像
編劇：彭浩翔　葉念琛　李敏　導演：彭浩翔
主演：曾志偉　陳小春　杜汶澤　賈宗超
　　　毛舜君　盧巧音　李龍怡　原子穗
　　　瑪莉亞

四名男子相約離開工作崗位，準備進行14小時的"偷食"大行動。原來，他們的老婆、女友結伴到泰國遊玩。然而，四人的太太、女友突然折返，還聯手截擊"偷食"行動。

獲第23屆香港電影金像獎最佳男配角（梁家輝）、專業推介獎項新晉導演獎。

《忘不了》劇照

《忘不了》

出品：一百年　無限映畫
編劇：阮世生　方晴
導演：爾冬陞
主演：張柏芝　劉青雲
　　　古天樂　原島大地
　　　秦沛　蘇志威

小巴司機阿文駕駛小巴回家途中因車禍身亡。阿文的新婚妻子小慧面對突然喪夫的悲痛決定自食其力，撫養阿文與前妻的兒子樂樂，當了小巴司機，可是技術有限。同是小巴司機的大輝同情小慧的遭遇，主動幫助小慧。

第22屆香港電影金像獎

最佳影片：《無間道》，最佳導演：劉偉强、麥兆輝（《無間道》），最佳男主角：梁朝偉（《無間道》），最佳女主角：李心潔（《見鬼》），最佳男配角：黄秋生（《無間道》），最佳女配角：劉若英（《雙瞳》），最佳新人：原麗淇（《三更之回家》），最佳編劇：麥兆輝、莊文强（《無間道》），最佳攝影：杜可風（《英雄》），最佳原創電影音樂：譚盾（《英雄》），最佳原創電影歌曲：（《無間道》），最佳服裝設計：和田惠美（《英雄》），最佳美術指導：易振洲（《英雄》），最佳動作設計：程小東（《英雄》），最佳視覺效果：潘國瑜、Murray Pope、Richard Schlein、Luke O'Byrne（《英雄》），最佳音響效果：陶經（《英雄》），最佳剪輯：彭發、彭正熙（《無間道》），傑出青年導演：羅志良（《異度空間》），最佳亞洲電影：《我的野蠻女友》，專業精神獎：石堅、曹達華。

香港群星聯袂抗擊非典“1:99電影行動”

這次行動由香港電影工作者總會發起，邀請15位導演拍攝11條短片，鼓勵港人逆境自强、携手互勉，樂觀面對人生。此行動爲不牟利性質，從製作費及版權費所獲的收益在扣除必要開支後將撥捐慈善機構。此行動獲得多個香港特區政府部門鼎力支持。部分影片放映後，觀衆反應熱烈。每條影片的風格都很强烈，代表了香港電影人對處於逆境的香港和香港電影的信心和真誠。短片包括：《狂想曲》(導演：杜琪峰/韋家輝)、《小猪不舒服》(導演：陳果)、《向好看》(導演：陳德森)、《信不信由你》(導演：徐克，原著：王澤)、《香港必勝》(導演：周星馳)、《誰是香港小姐》(導演：馬偉豪)、《我的飛行家族》(導演：羅啓鋭/張婉婷)、《等運到》(導演：林超賢/陳嘉上)、《麥兜1:99》(導演：謝立文)、《2003春天的回憶》(導演：陳可辛)、《前程錦綉》(導演：劉偉强/麥兆輝)

第9屆香港電影評論學會大獎

最佳電影：《天下無雙》，最佳導演：陳可辛《三更之回家》，最佳編劇：陳果《香港有個好萊塢》，最佳男演員：黄秋生《無間道》，最佳女演員：王菲《天下無雙》。

第8屆香港金紫荆獎

最佳影片：《無間道》，最佳男主角：梁朝偉（《無間道》），最佳女主角：李心潔（《見鬼》），最佳男配角：黄秋生（《無間道》），最佳女配角：林嘉欣（《男人四十》），最佳導演：劉偉强、麥兆輝（《無間道》），最佳編劇：麥兆輝、莊文强（《無間道》），最佳攝影：杜可風（《英雄》），終身成就獎：胡楓。

《大隻佬》劇照

《大隻佬》（又名《大塊頭有大智慧》）

出品：一百年
編劇：韋家輝　游乃海
　　　歐健兒　葉天成
導演：杜琪峰　韋家輝
主演：劉德華　張柏芝
　　　張兆輝　湯寶如

女警李鳳儀拘捕脱衣舞男大塊頭，大塊頭拒捕逃走，中途遇上重案組警員追捕殺人疑犯，大塊頭無意間阻擋，使得疑犯逃脱而得罪重案警員被捕。大塊頭説有辦法捉到疑犯以做交换被釋放的條件。

劉德華（1961－　）

演員、製片人。廣東新會人，生於香港。中學畢業後入無線電視臺演員訓練班學習，畢業後在該臺演出電視劇集。1982年出演《投奔怒海》一舉成名。主要作品有《法外情》、《旺角卡門》、《賭神》、《五億探長雷洛傳》、《無間道》。1991年創建天幕製片公司，製作了《九一神雕俠侣》等片。2004年憑借《大隻佬》獲第23屆香港電影金像獎最佳男主角。2006年，由劉德華映藝娛樂公司主導的亞洲新星導全新作品《瘋狂的石頭》大獲票房成功。

主要影片目録

本年度香港共出品影片77部，其中粵語片70部，國語片2部，粵／英語片2部，粵／國語片2部，未標明國、粵語的1部（《少年往事》）

一百年　《百年好合》、《奇逢敵手》、《絶種好男人》、《戀上你的床》、《大隻佬》

中大　《西貢的童話》、《真兇》、《江湖篇之金牌打手》

美亞　《下一站… 天后》、《PTU》

寰亞　《新扎師妹2》、《無間道 II》

寰宇　《炮製女朋友》、《古宅心慌慌》

其他　《援交天使》（遊移作業創作室）、《千王之王賭波遊戲》（國際）、《黑白森林》（思維娛樂）、《小裁縫》（國）（Dac Films）、《行運超人》（嘉禾）、《老鼠愛上猫》（寰亞/長春）、《魔鬼屠夫》（國際）、《天使、死神》（光媒體製造）、《給他們一個機會》（天幕）、《百分百感覺2003》（東方）、《醉馬騮》（邵氏）、《低一點的天空》（中國星）、《少年阿虎》（星皓）、《千機變》（粵/英）（英皇多媒體）、《雙雄》（寰宇/銀都）、《飛龍再生》（粵/英）（英皇多媒體/哥倫比亞）、《阿龍的故事》（天涯）、《妖夜回廊》（純光影藝術）、《向左走，向右走》（華納兄弟）、《大丈夫》（無休映像）、《福伯》（影意志）、《非典人生》（東方）、《戀之風景》（粵/國）（星皓/銀都/日本廣播/Rosems Films）、《天地英雄》（國）（哥倫比亞三星）、《咒樂園》（基本）、《源來是愛》（風信子）、《豪情》（Panorama Entertainment/中國星/尚品）、《尋找周傑倫》（金川/深圳）、《愛，斷了線》（粵/國）（一百年/中國電影/北影）、《忘不了》（一百年/無限映畫）、《Miss 杜十娘》（寰宇/春天）、《無間道III終極無間》（寰亞/天津/東方神龍/中環集團/基本/中影）、《地下鐵》（春光映畫/上海電影集團/上海上映數碼傳播/澤東）、《老夫子動畫大電影：反鬥偵探》（亞洲動畫/星藝影視後期製作/一動畫影像）、《安娜與武林》（寰宇/河南電影/中國電影）

香港影壇多事之秋

金紫荊獎“烏龍事件”

本屆金紫荊頒獎典禮之前因爲經費缺乏差點停辦，頒獎前兩天又鬧出泄密風波，據悉：陳可辛、岸西及星皓公司在頒獎一週前接到大會通知，説黎明、岸西和許鞍華都獲獎了。結果到3月28日即頒獎前一天又接到通知説"點錯票"，而當天的《東方×報》登出的獲獎名單亦是舊名單，到了29日該報又重登一次獲獎名單，對前一天的結果進行了更改。令到這個香港影評人協會獎項更面臨雪上加霜的境況，引來公信力的質疑。

陰影包圍香港電影金像獎

本屆是在非典型肺炎及明星張國榮去世的陰影下進行的。整個過程除了對張國榮的懷念外，也充滿了對在一線救死扶傷的醫護人員的敬意。典禮開始前，司儀曾志偉説，"發生了美伊戰爭、非典型肺炎以及數天前張國榮去世等等，突然間覺得世界好灰，無心做任何事，一度表示不做司儀了。但在電視上看到感染非典型肺炎的醫生康復出院，他們向廣大市民表示仍會返回病房，再打這一場仗。當時很感動，在這種情形下，我們一定要做下去……"

張國榮跳樓身亡

4月1日，著名演員張國榮從港島東方文華酒店高處跳下死亡，享年46歲。張國榮之死對香港人而言是一次重大打擊，但其選擇跳樓自殺的原因究竟是因爲感情問題，還是另有隱情，目前仍是疑雲重重。

梅艷芳病逝

12月30日，著名女藝人梅艷芳患子宮頸癌病逝，享年40歲。

梅艷芳（1963—2003）

演員、歌星。原籍廣東合浦（現屬廣西），生於香港。1982年出演電影《表錯七日情》一舉成名。1985年出演《緣分》，獲第4屆香港金像獎最佳女配角獎。1988年主演《胭脂扣》，獲第24屆臺灣金馬獎最佳女主角獎、第8屆香港金像獎最佳女主角獎。1993年主唱《東方三俠》主題歌“女人心”獲第13屆香港金像獎最佳電影插曲獎。後因患上癌症，無法參演張藝謀執導的《十面埋伏》，成了她一大憾事。代表作還有《奇跡》、《審死官》、《紅番區》、《半生緣》、《男人四十》等。

柯受良暴斃

11月20日，電影特技演員柯受良在上海暴斃，享年51歲。

柯受良（1952—2003）

特技演員。原籍浙江，後隨家人到臺灣。1982年，因參與香港電影《最佳拍檔》特技演出而一舉成名，被稱爲“柯大膽”。此後，分别於1984年和1986年擔任成龍電影《快餐車》、《龍兄虎弟》的特技指導，並親自參加飛車特技演出。1987年，駕駛摩托車飛越臺灣桃源海湖峽谷。1992年，飛越萬里長城，爲中國體育基金會籌款；摩托車特技凌空飛越38米，記録健力士世界記録。1997年，爲了迎香港回歸，駕駛跑車成功飛越黄河天塹——壺口瀑布（長度55米），獲得“亞洲第一飛人”的稱號。

張國榮（1956—2003）

演員、歌星。祖籍廣東梅縣（現梅州），生於香港。1977年主演電影處女作《紅樓春上春》。1988年出演關錦鵬執導的《胭脂扣》，飾富家子弟十二少陳振邦，獲24屆金馬獎最佳男主角獎。1988年赴加拿大留學。1990年回港主演《阿飛正傳》，飾旭仔，獲第10屆香港金像獎最佳男主角獎。1993年，在《霸王别姬》飾京劇名旦，演繹了其跌宕起伏的生涯及悲劇命運。可惜正值英年時竟懷疑因憂鬱症而自殺身亡。其最後遺作是恐怖片《異度空間》(2003)。代表作還有《喝彩》、《烈火青春》、《英雄本色》、《倩女幽魂》、《人間道》、《東邪西毒》、《風月》、《春光乍泄》、《流星語》等。

香港與内地合拍片

背景

早在1962年，香港新聯電影公司就與廣州珠江電影製片廠合拍了《七十二家房客》，反應相當不俗；1964年，香港鳳凰電影公司便曾赴内地取景拍攝了武俠片《金鷹》，並首創香港百萬票房紀錄。香港愛國電影公司長、鳳、新，因與内地關係密切，不少影片均可在内地上映，同時，對香港電影發展也曾作不少貢獻。可惜在60年代中期，受内地文革衝擊，一度停止電影製作，直至"四人幫"倒臺，内地實行改革開放政策，才令經過整合後的銀都機構恢復製片業務，再度與内地合作拍片。1979年《絶處逢生》是内地改革開放後第一部香港與内地的合拍片。不久，銀都以中原公司名義回内地拍了《少林寺》一片，自此走向一個新里程。

80年代

1980年，鳳凰影業拍攝的武俠片《碧水寒山奪命金》率先返内地取景，香港與内地合作製片業務從此步入正軌。不過，1981年頒佈的《進口電影管理辦法》第七條規定：除香港長城、鳳凰、新聯三公司回内地拍片，由國務院港澳辦公室同有關地區和有關單位直接聯係外，凡屬中外或我與港澳地區及臺灣省的合作製片業務，統由中國電影合作製片公司管理。這也是香港影業的大公司邵氏、嘉禾、新藝城未有所合拍舉動的原因。

這個時期的合拍片，港方主要出於拓寬本土電影題材内容的需要，而最令他們感興趣的自然是内地剛剛開放的珍貴文物和山河美景。1981年張鑫炎執導的《少林寺》(中原電影公司攝製)便在真正的河南嵩山實地拍攝，1982年許鞍華執導的《投奔怒海》(青鳥電影公司攝製)本來講述的是越南故事，但因條件不允許，所以改在風景氣候與越南相似的海南島拍攝，並得到内地政府大力支持。——這兩部打破港片創作地域界限的電影上映後都引起巨大反響，尤其《少林寺》同時風靡香港和内地，更成功掀起此後數年香港赴内地實景拍攝古裝題材功夫片的熱潮。1983年，李翰祥自組"新崑崙"電影公司與内地合拍了展現慈禧發跡及英法聯軍侵略中國的影片《火燒圓明園》和《垂簾聽政》。爲此李翰祥蒙受了沉重的政治壓力，但出於思鄉之情和能在有生之年去北京故宫實地拍攝清宫歷史片的壯志，加之中國政府的大力支持，終於令他頂住壓力，並將事業重心從此轉移内地，陸續執導多部清宫傳奇片。而中國政府也大開方便之門，開放故宫等名勝重地及諸多珍貴文物供其拍攝，使得李翰祥的電影極具恢宏歷史氣概和逼真實感，正因如此，《火燒圓明園》系列才在香港和内地都受到廣泛歡迎，進而取得了巨大經濟效益。

之後諸多香港製片公司及電影人，紛紛湧向内地做合拍，填補了内地電影創作的空白。張徹返内地拍攝的《過江龍》、《大上海1937》、《西安殺戮》等片亦對80年代末至90年代初的内地動作片産生極大影響。以嚴浩爲首的香港導演與内地合拍的鄉土文藝片《似水流年》，打破了地域界限，編劇是珠影的孔良，兩人的結合，拍出來的效果讓人備感清新。值得一提的是影片《黑太陽七三一》。該片編導本意是想通過再現日軍暴行警醒國人，是以片中毒熏、肢解、砍頭等鏡頭皆賴技術拍出逼真實感，帶給觀衆的恐怖刺激絶對超乎尋常。正因如此，當1988年香港實行電影分級制度時，《黑太陽七三一》是爲香港首部三級片上映。而在内地，該片居然也僅略做删剪，便標明"少兒不宜"公開放映。比較現在而言，當時的内地審查尺度還是相當寬鬆的。

合拍片更促進了起用内地人才。李連傑因《少林寺》一舉成名，繼而成爲國際巨星。斯琴高娃，因在合拍片《似水流年》中的演出獲得第4届香港金像奬的影后桂冠。

90年代

90年代内地進行的體制改革對合拍片也起到促進作用。1993年電影局放權，各電影廠出品(包括合拍)的電影可以自行處理國内外的發行事宜，原有的"出售拷貝"制度被打破，開始出現"票房分賬"的交易方式，令出品公司的發行利潤大幅度增加。北影與香港合拍的《黄飛鴻之獅王爭霸》作爲首部可以在内地分賬的影片，發行利潤達到數百萬，直接刺激了日後兩地電影的頻繁合拍。

由於借鑒港方的先進經驗，内地的娱樂片製作得以進步，如早有張華勳的《神秘的大佛》等，後有周曉文的《最後的瘋狂》、滕文驥的《霹靂行動》、張藝謀的《代號美洲豹行動》等類型電影的先後出現，票房收入也在全國各地遥遥領先，徹底打破了以往只有合拍片才能娱樂内地大衆的格局，造成80年代後期的合拍片已經風光難再。1987至1991這五年間，只有《海市蜃樓》和《秦俑》兩部合拍片在香港取得不錯票房。但是，隨着90年代初期香港武俠功夫片的再度興起，合拍片有了轉機。1992年，徐克與内地瀟湘電影製片廠合作拍攝了新派武俠片《新龍門客棧》，影片公映後引起轟動，創下當年内地最高票房紀録。隨着臺灣取消了對香港與内地合拍片的禁令，使得香港赴内地合拍武俠功夫片形成熱潮。但終因大量劣質的跟風之作横行，傷了觀衆的胃口。此時合拍的文藝片製作水準愈來愈高，國際影響也愈來愈大：1992年香港湯臣影業公司與内地共同攝製的《霸王别姬》奪得戛納電影節最佳影片金棕櫚大奬。張藝謀的《秋菊打官司》、凌子風的《狂》、周曉文的《二嫫》等，幾乎都取得票房和口碑的雙赢。

由於銀都機構作爲與内地關係密切的電影公司，該公司與内地共同拍攝的影片即便盡是港方創作陣容，在内地發行時也有可能享受國産片待遇，是以許多香港電影公司都願意與銀都機構合作拍片，期望藉此在内地獲取更多的優惠和利潤。

新世紀

九七之後，香港回歸祖國。内地雖然制定了諸多優惠鼓勵政策，但相應的審查尺度却愈來愈嚴格，港片仍須作爲進口電影才能在内地公映，仍須跟國外大片爭奪有限的配額資源。合拍片的境況亦如回歸之前，粗製濫作比比皆是，昔日輝煌早已不再，從1997到2001年，在内地真正引起轟動並創造票房佳績的合拍片僅有《風雲雄霸天下》和《我的兄弟姐妹》兩部而已。隨着臺灣及東南亞市場的失守，香港電影人只好轉移視線，寄希望於尚待開發的廣闊内地市場。其中最成功的香港電影人是江志强。他參與投資、製作張藝謀的影片，爲推動中國電影在全球商業市場上蓬勃發展作出了貢獻。

2003年6月29日，隨着《内地與香港關於建立更緊密經貿關係的安排》(簡稱CEPA)的文件簽署，合拍片的前景似乎一下明朗起來。按照這一文件在電影方面的規定："純港片在内地發行將不再受配額限制；香港與内地的合拍片可視爲國産片在内地發行；合拍片允許港方人員增加所佔的比例，但内地主要演員的比例不得少於影片主要演員總數的三分之一；故事不限於發生在中國内地境内，但情節或主要人物必須與内地有關……"如此看來，爲香港電影進入内地提供了前所未有的良好機遇。

就内地電影而言，因具體到創作陣容多以港方人員爲主，所受衝擊也比較大，很難起到借以提高自身製作水準的目的，長此以往，對中國電影全面健康的發展極爲不利。

江志强（1952— ）

製片人、院線公司負責人。廣東南海人。13歲時踏入電影業，跟隨做電影發行人的父親（江祖貽）去了丹麥，買下了從驚險片到色情電影無所不包的各種影片。後在港經營院線龐大的百老匯院線，是香港最大院線之一。在投資、發行《卧虎藏龍》一片中所獲的成功，使江志强成爲亞洲最成功的製片人，而且也徹底改變了他的經營方式。之後，投資張藝謀影片《英雄》、《十面埋伏》、《千里走單騎》，並獲得華表奬特設的"中外合作榮譽奬"。2005年，當選由美國《時代》雜誌亞洲版選出的年度亞洲英雄。

2004年（大陸）

大事記

4月2日 浙江橫店影視産業實驗區舉行成立授牌儀式。

4月18日—5月15日 第11屆北京大學生電影節舉行。

4月20日 國家廣電總局下發《印發〈關於發展我國影視動畫産業的若干意見〉的通知》。

5月26日 由上海市教育委員會和上海電影集團公司聯合組建的全國首家"校園電影院線"——上海聯和教育院線成立，這是國内首家以青少年學生爲主要觀衆的電影院線。

6月18日 由北京市教委和中國電影集團公司共同主辦的"中影校園電影院線"成立。

8月 全國電影市場工作座談會在北京召開。這是中國電影界首次以"市場建設"爲主題召開的工作座談會。

10月23—26日 中國兒童電影創作研討會暨北京電影學院兒童電影研究中心成立儀式在北京電影學院舉行。

11月 中國電影表演藝術學會舉辦的"中國電影百年百位優秀演員"評選活動拉開序幕，100位知名導演、電影評論家、電影史學家和製片人擔任評委，將評選出中國電影史上的100位優秀電影演員。

重要影片

《我的法蘭西歲月》劇照

《我的法蘭西歲月》

出品單位： 共青團中央網絡影視中心　中共廣東省委宣傳部　廣東電信實業(集團)網星影視文化有限公司　電影頻道節目中心

編劇： 趙葆華　**導演：** 翟俊傑　**攝影：** 穆德

主演： 盧奇　周朗　鍾秋　夏雨　邵峰　葛存壯

十六歲的年輕學子鄧希賢懷着一腔救國濟世的熱忱踏上了赴法勤工儉學之旅。在法期間，他結識了許多革命志士，其中有周恩來、聶榮臻等人。他們的出現，改變了鄧希賢的人生命運。自此他完成了求學求生存的人生階段，開始了九死不悔地追隨共産主義理想人生之旅和精神之旅。

《鄧小平1928》劇照

《鄧小平1928》

出品： 中國電影集團　上海電影集團公司

編劇： 古白

導演： 李歇浦

攝影： 劉利華

主演： 安榮生　秦嵐　余文樂　劉勁　黃薇　王洛勇

1928年深秋，一個小個子的共産黨員乘船登陸上海，迎接他的是巡捕的盤查和叛徒的指認。他以古董商的身份作掩飾，在白色恐怖的上海，擔負起運轉中央領導機關的艱巨任務，譜寫了一曲驚心動魄、可歌可泣的壯麗篇章，他就是鄧小平。

《可可西里》劇照

《可可西里》

出品：華誼兄弟影片公司
　　　美國哥倫比亞影片公司
編導：陸川
攝影：曹郁
主演：多布傑　趙雪瑩　張磊　亓亮

巡山隊員在可可西里與捕殺藏羚羊的盜獵者展開殊死搏鬥，最後終於抓獲盜獵團伙。

影片目録

中影集團　《陽光天井》、《花好月圓》、《心癢癢》、《珍惜青春》、《別問我是誰》、《老婆萬歲》、《疑案忠魂》、《決戰梟雄》、《窒息》、《飛來的青衣》、《大事件》、《槍林戀曲》、《萬人迷》、《五月之戀》、《功夫》、《煎炸三寶》、《我要做好孩子》、《信天遊》、《地球上有個王家村》、《新警察故事》、《春分雷雨夜》、《追擊八月十六》、《張思德》、《借兵》、《好大一對羊》、《日日夜夜》、《花腰新娘》、《飛俠小白龍》、《自行車》、《鬼城諜變》、《蛇咒》、《情人結》

上影集團　《兄弟》、《2046》、《自娱自樂》、《無法尖叫》、《鄧小平1928》、《做頭》、《青花》、《世界》、《風兒輕輕吹》

長影集團　《安源兒童團》、《七品知縣賣紅薯》、《鋼鐵脊梁》、《戰神》、《愛情散打》、《生活第一章》、《夏天雨不停》、《因愛而美麗》、《微笑》、《寶貝，你在哪兒》、《檸檬歲月》、《浪漫女孩》

八一　《槍手》、《回家》

珠影　《這個假期特別長》、《喜洋洋》

西影集團　《桃花燦爛》、《葵花朵朵》

瀟湘　《我的電腦會說話》、《新婚告急》、《歸去來》、《妙探神威》、《鄭培民》、《牽掛》、《戀愛大贏家》、《八小時》

峨影集團　《夏季無風》、《酒店奇遇結良緣》、《流沙》、《別離開》、《疑神疑鬼》、《非常女·非常嫁》

青影　《青年幹探》、《窈窕淑女》、《白色梔子花》、《衝鋒陷陣》

龍江　《飛翔的女人》、《古宅魅影》、《逼上梁山》、《少年陳真》

福建　《結婚七年》、《緝毒刑警》

内蒙　《心願》、《大周秘案》、《尋覓》、《二見鍾情》、《一封没有寄出的信》、《雙生兒》、《黑靈芝》、《江南奇冤》、《向前？向後！》、《愛情没有界限》、《咬牙撑到底》、《拳館》、《藍紙鶴》、《不死廢人》、《驚變》、《都市愛情網絡》、《芝麻開花》、《脱俗家庭》、《中年危機》、《槍緣》、《逃亡者的末日》、《神槍手》、《一條鞋帶》、《車上奇遇》、《現代愛情故事》、《錯愛》、《兩個保鏢》、《緣定此生》、《格日勒》、《雲往西》、《小城民警》、《美狐尤莉》、《重返希日塔拉》、《送禮》、《賽音瑪吉克的兒子》、《刀客》

深圳　《我們手拉手》、《青春愛人事件》、《千機變Ⅱ：花都大戰》、《春花開》、《笑裏逃生》

天津　《飛鷹》、《了不起的爸爸》、《兩個人的芭蕾》、《關於愛》、《戰神再現》、《花街歡樂坊》

南京　《死亡之吻》

山西　《心理搏殺》、《暖情》、《柳月彎彎》、《絶處逢生》、《公主復仇記》、《狼襲草原》、《神經俠侶》、《不停站的火車》

河南　《我愛我孫》

山東　《上學路上》

河北　《陽山腰》

天山　《美麗家園》

銀都　《狂想曲》、《戀情告急》、《救命》、《旺角黑夜》、《柔道龍虎榜》、《六壯士》、《龍鳳鬥》、《A1頭條》

蘭州　《甘泉》

湖北　《春天關不住》

寧夏　《姐姐詞典》

保利華億　《孔雀》、《一個陌生女人的來信》

新畫面　《十面埋伏》

華誼兄弟太合　《可可西里》、《天下無賊》

廣和陽影視文化有限公司　《無敵英雄》、《他是我爸爸》、《網絡奇緣》、《車緣》、《嶄新夏日》、《同一屋檐下》、《左右爲難》、《足球小將》、《老岳賓館》、《鑽石迷情》、《起步停車》

其他　《我的法蘭西歲月》（共青團中央網絡影視中心、廣東電信、網星影視、電影頻道、中共廣東省委宣傳部、北京華夏）、《快樂時光》（北京金臺華聞文化中心、人民日報文化事業中心、浙江時空電視中心節目部）、《密情追蹤》（上海金棕櫚）、《雲的南方》（北京金菲林、世紀英雄、京先力電影器材）、《美人草》（温州電視劇製作中心、北京二十一世紀博納、西安美亞、東方神龍）、《旅程》（世紀英雄、北大華億、北京實踐無限）、《哥哥樹》（北京茂霖影視、上海銀杏、北京金辰美倫）、《電影往事》（北京大地時代、北京快樂新升）、《四一班》（北京銀夢影視、北京盛唐時代）、《時差七小時》（深圳夢想隧道、深圳金海岸影畫設計）、《秋雨》（北京鐵哥華亞）、《大俠阿吉》（星美影視）、《西八時區》（星美影視）、《獨自等待》（北京彩色舞）、《天眼》（山西龍澤科技、太原市金諾信貿）、《三度空間》（北京森威、北京亞視世紀）、《海角情緣》（北京闖天涯）、《七夜》（東方神龍、北京保利華億）、《桂花雨》（浙江東方經緯、浙江金昌、杭州市藝術創作中心）、《一輪明月》（北京一輪明月、福建省泉州市廣播電視中心）、《聖殿》（北京海岸線、北京美麗春天、中國飛躍）、《與你同在的夏天》（江蘇華威、北京拾月堂）、《果實》（北粵同輝、廣東電視臺）、《叢林無邊》（北京紅色世紀）、《仲夏日之夢》（北京牛波）、《燃燒的香蕉樹》（北京牛波）、《機關算盡》（北京牛波）、《七尺男兒》（北京金尊）、《拉爾復仇記》（北京沃森）、《誓不罷休》（沃森影視）、《望火樓》（北京沃森）、《功夫老爸》（北京紫禁城三聯、廣東文化傳播、武漢華能時代科技）、《豐城劍氣》（豐城劍氣、上海影坊、江西）、《子夜冰封》（北京聯盟）、《精武真英雄》（北京數字印象、北京時代聯盟）、《擦肩而過》（北京陳樂兄弟）、《天黑請閉眼》（星美傳媒、深圳金海岸）、《銀飾》（中視傳媒、廣東國視、福建東宇）、《破釜沉舟》（上海三九文化、電影頻道）、《群雄並起》（上海三九文化、電影頻道）、《心急吃不了熱豆腐》（北京大禹、廣東宋祖德、陝西金花、山西）

《孔雀》海報

《孔雀》

出品：保利華億有限公司
編劇：李檣
導演：顧長衛
攝影：楊樹
主演：張靜初　馮礫　呂玉來

講述上個世紀七十年代安陽小城裏一個普通的五口之家——父親、母親、哥哥、姐姐、弟弟——的生活和命運。

《世界》劇照

《世界》

出品：上海電影集團公司
　　　香港星匯有限公司聯合出品
　　　春天廣告公司　西河製作聯合攝製
編導：賈樟柯　攝影：紐以迅
主演：趙濤　成泰

2003年的北京，趙小桃坐在世界公園裏跳舞，爲遊人表演，她現在的男朋友成太生，是世界公園的保安隊長。他們都住在公園裏，一起工作，吃飯，遊蕩，爭吵。在仿建的世界名勝的微縮景觀，生活漸漸向他們展現真實。

《兩個人的芭蕾》海報

《兩個人的芭蕾》

出品：天津電影製片廠
　　　電影頻道節目製作中心
編劇：蘇潤娟
導演：陳力　攝影：梁明
主演：倪萍　周莉　奚美娟

在具有古樸民風的南方小鎮，北方婦女德貴家的因不生育收養個女孩，抱養一個女孩，孩子的到來，却是丈夫不幸離世，鄉鄰們的誤解。德貴家的在艱辛中把孩子帶大，並培養成一名舞蹈演員，也贏得鄰里們的尊敬。

《一個陌生女人的來信》劇照

《一個陌生女人的來信》

出品：保利華億傳媒控股有限公司
改編：徐靜蕾
導演：徐靜蕾　攝影：李屏賓
主演：徐靜蕾　姜文

根據奧地利作家茨威格的同名小說改編。一個男子在41歲生日當天收到一封厚厚的信，這封信出自一個臨死的女人，說的是一個纏綿的愛情故事，而這個故事的男主人公對此一無所知。

《心急吃不了熱豆腐》海報

《心急吃不了熱豆腐》

出品：山西電影製片廠
　　　廣東宋祖德影視文化傳播有限公司
　　　北京大禹文化藝術有限公司
　　　陝西金花影視製片有限責任公司
編劇：馮鞏　崔硯君
導演：馮鞏　攝影：馬德林
主演：馮鞏　徐帆　劉孜

劉好一直夾雜在與養子劉小好之間的父子親情和劉好與三個女人之間的感情糾葛之間，穿梭往來，左右奔波。一邊是對養子的深情厚愛，一邊是對愛情的無限渴望，現實中的矛盾，令劉好幾度陷入茫然與尷尬之中。

《疑案忠魂》劇照

《疑案忠魂》

出品：中國電影集團公司
　　　北京電影製片廠
編劇：張挺
導演：安戰軍　攝影：蔡抒南
主演：劉威　戈治均　吴辰君

影片取材於西部一個縣城派出所，講述了一個陷於重重誤解、並不足智多謀甚至有些窩囊的基層民警千里追蹤毒犯的坎坷經歷。

《窒息》海報

《窒息》

出品：中國電影集團北京電影製片廠
　　　浙江華人傳媒發展有限公司
編劇：谷小妮
導演：張秉堅　攝影：饒小兵
主演：葛優　秦海璐　李濱

一次偶然的事故，使他變得性格分裂，從此行爲怪異。黑夜中，他找着一具屍體神色慌張，一路小跑；在海邊，他陰狠地把棺材推進破船；沙丘上，他拼命地挖掘，藏匿屍體……這一切，究竟是他人格分裂後的真實罪行，還是只是他的殺妻幻覺……

《美人草》海報

《美人草》

出品：北京博納文化交流有限公司
　　　東方神龍影業公司
編劇：石小克　吳穎　黄兢晶
導演：呂樂
攝影：潘大爲　謝澤　姚建雲
主演：舒淇　劉燁

1974年夏，昆明知青葉星雨在返回兵團連隊的路上邂逅了北京知青劉思蒙。葉星雨的男友袁定國是她所在連隊的排長。集市上袁定國和劉思蒙發生了激烈的衝突。葉星雨成爲兩個團知青武鬥的導火索。爲了平息流血衝突，葉星雨過江找劉思蒙談判，却陷入了一場感情的漩渦。

《姐姐詞典》劇照

《姐姐詞典》

出品：寧夏電影製片廠
　　　廣西電影製片廠
　　　廣西滿地樂影視文化有限公司
編劇：東西　欽民
導演：蔣欽民
攝影：李以須
主演：蔣勤勤　鄭昊　潘耀武

影片通過22個詞語表現了一個漂亮女人漂泊、傷痛的一生。

《獨自等待》海報

《獨自等待》

出品：彩色舞文化傳播有限公司
　　　太合影視投資有限公司
編導：伍仕賢
攝影：托比·奥利佛
主演：夏雨　李冰冰
　　　龔蓓苾　高旗

青年陳文偶然邂逅理想中的夢中情人劉榮，在好友們的百般慫恿之下，陳文不顧一切地施展出五花八門的求愛攻略，演繹出一幕幕頗具喜劇色彩的浪漫情節。然而此時，在他身旁暗中相助的多年玩伴李靜，却在心中默默隱藏着對陳文的真愛。

《雲的南方》劇照

《雲的南方》

出品：北京金菲林文化藝術有限公司
　　　世紀英雄電影投資有限公司
編導：朱文
攝影：王敏
主演：李雪健　金子

一輩子没出過遠門的徐大勤，剛退休就堅決要去雲南，弄得一家人很不愉快。原來，徐大勤參加工作的時候，有一個對調的機會來雲南工作。就在辦理手續期間，他認識了一個女人，只好結婚成了家，也放棄了雲南。接下來的幾十年，他的生活再也没有輕鬆過。

《電影往事》海報

《電影往事》

出品：北京大地時代文化傳播有限公司
編劇：小江　程青松
導演：小江
攝影：楊輪
主演：夏雨　姜易宏　李海濱
　　　齊中暘　江珊　牛振華

影片講述了中國七八十年代西北小鎮的一個普通家庭對露天電影的深切熱愛，以及這個家庭與電影緊緊糾葛在一起的悲歡離合。

廣電總局下發《印發〈關於加快電影産業發展的若干意見〉的通知》

1月8日，國家廣電總局下發《印發〈關於加快電影産業發展的若干意見〉的通知》。通知從五個方面：我國電影産業發展的形勢和任務、重塑市場主體，搞活微觀運行機制、調整産業結構，多元開發市場、深化流通體制改革，建立現代市場體系、轉變政府職能，完善宏觀調控體系，對電影産業的發展提出意見，並督促各級電影主管部門要認真貫徹落實黨的十六大精神，加强和改進對電影工作的領導，深化電影體制改革，積極推進電影産業的改革與發展。《關於加快電影産業發展的若干意見》的印發，從改革和發展的高度，對未來一個時期電影産業的發展提出了宏觀的目標和要求，極大地激勵了業内外企業參與改革和投資電影的熱情。特别是在電影製片業方面民營企業資金的大舉進入，爲國産電影提供了强大的資金支持。

中國電影第13屆金鷄百花電影節舉行

9月16—19日，第13屆金鷄百花電影節在寧夏銀川市舉行。本屆電影節與寧夏經貿節、塞上江南旅遊節三節聯辦，電影節以"精彩電影、魅力銀川、感動中國"爲主題，舉辦了電影評獎頒獎、電影金曲大獎賽、國際文化交流、中外影片展映、電影藝術家與大學生對話會、電影藝術家採風、中國電影論壇首屆民營影視企業學術研討會、第13屆中國金鷄百花電影節優秀學術論文頒獎儀式、銀川市中小學生影評徵文頒獎等20多項系列活動。19日舉行了第24屆中國電影金鷄獎、第27屆大衆電影百花獎頒獎典禮和第十三屆金鷄百花電影節閉幕式。

第13屆中國電影金鷄獎獲獎名單

最佳故事片獎：《美麗上海》（上影、香港湯臣）；最佳導演獎：彭小蓮（《美麗上海》）；最佳男主角獎：劉燁（《美人草》）；最佳女主角獎：章子怡（《茉莉花開》）、鄭振瑶（《美麗上海》）；最佳男配角獎：馮遠征（《美麗上海》）；最佳女配角獎：（空缺）；最佳兒童片獎：《上學路上》（銀川市委宣傳部與山東電影電視製作中心）；最佳科教片獎：《黑臉琵鷺》（北京科學教育電影製片廠）；最佳美術獎：霍廷霄；終身成就獎：湯曉丹；評委會特别獎：《女生日記》；最佳電視電影片獎：《曾克林出關》；最佳編劇獎：趙冬苓（《上學路上》）；最佳攝影獎：梁明（《兩個人的芭蕾》）；最佳音樂獎：趙麟（《電影往事》）；最佳録音獎：張磊、萬仲平、黄文祥（《驚心動魄》）；導演處女作獎：方剛亮（《上學路上》）。

第27屆《大衆電影》百花獎獲獎名單

最佳故事片獎：《手機》〔北影、華誼兄弟、哥倫比亞電影（亞洲）〕；優秀故事片獎：《暖春》（山西）、《驚心動魄》（八一）；最佳男演員獎：葛優（《手機》）；最佳女演員獎：范冰冰（《手機》）；優秀男演員獎：李幼斌（《驚心動魄》）；優秀女演員獎：張妍（《暖春》）

廣電總局發佈四項電影改革政策

8月到11月，中國國家廣播電影電視總局先後發佈了第18號、第19號、第20號以及第21號令，這四項總局令分别是《電影劇本(梗概)立項、電影片審查暫行規定》、《中外合作攝製電影片管理規定》、《電影製片、發行、放映經營資格准入暫行規定》以及《外商投資電影院暫行規定》。《電影劇本(梗概)立項、電影片審查暫行規定》規定一般影片實行報劇情梗概立項，並可在電影屬地審查，此項舉措將影片審查與藝術評價分開，改進了電影劇本立項、電影片審查方式；《中外合作攝製電影片管理規定》允許外資進入中國電影製片領域；《電影製片、發行、放映經營資格准入暫行規定》規定非國有製片公司，凡是拍過兩次影片之後，即可申請長期攝製許可證，一切待遇與國有電影製片廠相同，包括一些優惠政策，使得民營資本、社會資本、境外資本與國有電影資本共同組成多元化電影投資主體；而《外商投資電影院暫行規定》則放寬中外合資電影院投資比例，便於吸收境外資金、引進先進技術設備。由此，2004年被稱爲"中國電影改革年"。

全國電影創作座談會

5月19—21日，國家廣電總局在北京召開全國電影創作座談會，各電影集團、部分電影製片廠（公司）、部分民營影業公司、國家廣電總局劇本規劃策劃中心、北京電影學院、中國電影家協會、中國電影製片人協會、中國導演協會以及中國電影文學學會的負責人和來自各地的48位編劇、33位導演共140多人出席了會議，爲近年來規模最大的一次。會議的新主題爲：電影創作如何更有力地促進電影産業化發展。

2003年度華表獎頒獎典禮在京舉行

8月28日，第十屆中國電影"華表獎"頒獎典禮在北京北展劇場舉行。華表獎評委會表示今年獎項要向市場大幅度傾斜，充分考慮電影市場影響力。

2003年度中國電影華表獎獲獎名單

優秀故事片獎：《臺灣往事》（中影集團、電影頻道、青影、北京紫禁城影業、北京墨臣影視）、《天地英雄》[西影、西影股份有限公司、華誼兄弟、哥倫比亞電影製作（亞洲）有限公司]、《驚心動魄》（八一、電影頻道、中華人民共和國鐵道部）、《燦爛的季節》（長影）、《三十八度》（峨影、電影頻道、江蘇省文化産業發展有限公司、北京金英馬影視）、《疑案忠魂》（中影集團）、《心跳墨脱》（内蒙、電影頻道、世紀英雄、中影集團、西藏自治區黨委宣傳部）、《暖》（北京金海方舟文化）、《婼瑪十七歲》（青影、雲南良黎影視、雲南紅河哈尼族彝族自治州人民政府）、《毛澤東去安源》（瀟湘、中共安源區委、安源區政府）；優秀紀録片獎：《布達拉宫》（中央電視臺、中視傳媒股份有限公司、珠海聯邦製藥有限公司）、《我們萬衆一心》（八一）、《走近毛澤東》（中央新影、中共中央文獻研究室、北京多種空間文化傳播有限公司）；優秀科教片獎：《農村防控傳染性非典型肺炎》（北京科影）、《保護耕地》（中國農業電影電視中心）、《咱也學學打官司》（北京科影）、《菊芋治沙》（長影集團）、《贍養老人與遺産繼承》（西影）；優秀戲曲片獎：《七品知縣賣紅薯》（長影集團有限責任公司、長影、河南省鶴壁市文化局）；優秀美術片獎：《刁蠻公主戆駙馬》（珠影、紅綫女藝術中心）、《梁山伯與祝英台》（上海美影、臺灣中影股份）；優秀對外合拍片獎：《雙雄》（銀都機構、香港寰宇娱樂）、《忘不了》（銀都機構、香港一百年）、《飛鷹》（天津電、香港浩翰電影娱樂有限公司、香港電影神話、香港寰亞）；優秀電視電影獎：《法官老張軼事之審牛記》（電影頻道、山東省電影電視劇製作中心）、《野狐梁的女人》（電影頻道）、《曾克林出關》（電影頻道）；優秀電影技術獎：《天地英雄》[西影、西影股份有限公司、北京華誼兄弟太合、哥倫比亞電影製作（亞洲）有限公司聯合攝製、北京電影洗印録像技術廠洗印]；優秀電影歌曲獎：電影《三十八度》主題歌《笑了》（演唱：陶虹）；優秀出品人獎：李水合（山西）、楊步亭（中影集團）、塞夫（内蒙）；優秀導演獎：鄭洞天（《臺灣往事》）、霍建起（《暖》）；優秀男演員獎：劉威（《疑案忠魂》）、周小斌（《刻骨銘心》）；優秀女演員獎：劇雪（《燦爛的季節》）、蔣雯麗（《臺灣往事》）；市場開拓獎：《手機》[中影集團、北京華誼兄弟太合、哥倫比亞電影製作（亞洲）有限公司]；外國影片優秀譯製獎：《愛有天意》（上海譯製廠）；優秀數字電影獎：《德拉姆》（北京數字印象文化傳播有限公司、昆明大通道影視策劃有限公司）；少年兒童題材優秀劇本獎：《女生日記》（編劇：王群、王寧）；青年優秀劇本獎：《天堂與地獄》（編劇：王强）；優秀劇本三等獎：《李宗仁歸來》（編劇：梁國偉）、《金蝴蝶結兒》（編劇：烈娃）、《鴛鴦板》（編劇：王承友、李平分、黄宏）、《電影年代》（編劇：小江、程青松）、《迷魂》（編劇：曹桑）、《美麗上海》（編劇：彭小蓮）；優秀劇本二等獎：《我要做個好孩子》（編劇：張之路）、《一輪明月》（編劇：楊捷、武華、於洪洋）；優秀劇本一等獎：《我的法蘭西歲月》（編劇：趙葆華）；電影導演新人獎：劉新（《三十八度》）；電影女演員新人獎：梁靜（《警察有約》）。

《臺灣往事》劇照

《臺灣往事》

出品：中影集團　電影頻道
　　　青影　紫禁城影業
編劇：張克輝　黃丹
導演：鄭洞天
攝影：馬寧
主演：蔣雯麗　馮漢元　崔林　鄭振瑶

臺灣日據時期，阿文的父親去世，母親獨自撫養三個兒女長大成人。阿文以優異的成績考上厦門大學，與母親一别30年音訊全無。1980年初，阿文才與母親輾轉在日本東京相見。

蔣雯麗（1969—　）

演員。原籍天津，生於安徽蚌埠。1992年畢業於北京電影學院表演系，留校任教；後赴美留學。代表作品有《杏花三月天》、《女帥男兵》、《刮痧》、《臺灣往事》等。

鄭洞天（1944—　）

導演。原籍河南羅山，生於四川重慶。1966年畢業於北京電影學院導演系；1973年任上海電影製片廠編輯；1976年任教於北京電影學院導演系；1992年任北京電影學院青年電影製片廠廠長。代表作品有《鄰居》、《鴛鴦樓》、《人之初》、《故園秋色》、《劉天華》、《臺灣往事》、《鄭培民》等。

《鄭培民》

出品：瀟湘電影製片廠　中國電影集團公司
編劇：趙冬苓
導演：鄭洞天
攝影：王希里
主演：修宗迪　姚安濂　周光大　王宏韜

鄭培民任湘西地委書記後，一直以"做官先做人、萬事民爲先"作爲自己的準則，廉潔從政、盡職盡責，鞠躬盡瘁，致力於改變湘西的貧窮面貌。任省委副書記後，他仍然心繫湘西父老，日夜操勞，最後因病逝世。

《鄭培民》劇照

《張思德》在北京舉行首映式

11月16日，國家廣電總局、教育部、共青團中央向各省、自治區、直轄市廣播影視局（廳），教育廳（教委），團委，新疆生産建設兵團教育局發出《關於組織觀看電影故事片〈張思德〉的通知》。爲紀念毛澤東《爲人民服務》發表60周年和迎接新中國成立55週年，由中國電影集團公司、北京紫禁城影業公司、北京新影聯影業公司等聯合攝製的革命歷史題材故事影片《張思德》，已於9月5日在北京舉行了首映式，並於9月8日起在全國正式上映。

《張思德》

出品：中國電影集團公司
北京電影製片廠
北京紫禁城影業公司
編劇：劉恒
導演：尹力
攝影：謝平　饒小兵
主演：吴軍　唐國强　鄒爽

毛澤東的勤務兵張思德爲人憨厚樸實，工作任勞任怨，從不計較個人的得失，一心一意爲着革命的利益和解放全中國的偉大事業而默默地奉獻。他不幸犧牲後，毛澤東發表了《爲人民服務》的悼詞。

《張思德》海報

第7届上海國際電影節

6月5日—13日，第7届上海國際電影節舉行，共有51個國家和地區選送影片596部，35個國家和地區的570家公司的千餘位嘉賓參加了活動。中外電影藝術家組成的"金爵獎"國際評選委員會，對16部正式參賽影片進行了評選。本屆電影節國際影展設上海影城爲主會場和14個分會場，共放映中外影片197部，組織各類專題影展共7個，總放映場次631場，觀衆人數達20萬，總票房超過600萬元人民幣。6月9日，上海國際電影節與夏威夷國際電影節在上海影城簽署合作協議，正式結爲友好姐妹電影節。本届電影節新增了"亞洲新人獎"，還與央視電影頻道共同舉辦了"CCTV6傳媒大獎"評選活動。

電影節期間，上影集團主辦了首屆上海電影推廣會，共有8大系列40多個投資項目進行了洽談，其中有18個項目簽約成功，協議引進資金達9000萬元。6月12日，舉行了第13届上海影評人獎頒獎暨"上海影評人眼中的電影新作"研討活動。在上海影評人獎頒獎儀式上，《美麗上海》、《臺灣往事》、《暖》、《驚濤駭浪》、《看車人的七月》、《手機》、《女生日記》、《天地英雄》、《地下鐵》、《刻骨銘心》等影片獲十佳影片稱號，彭小蓮獲最佳導演獎，李幼斌、舒淇獲最佳男女演員獎，李敏獲最佳新人獎。

首批國家動畫産業基地和首批國家動畫教學研究基地授牌儀式在北京舉行

12月6日，首批國家動畫産業基地和首批國家動畫教學研究基地授牌儀式在北京舉行。首批建立國家動畫産業基地的9家單位爲：上海美術電影製片廠、中央電視臺中國國際電視總公司、三辰卡通集團、中國電影集團公司、湖南金鷹卡通有限公司、杭州高新技術開發區動畫産業園、常州影視動畫産業有限公司、上海炫動卡通衛視傳媒娛樂有限公司、南方動畫節目聯合製作中心；首批建立國家動畫教學研究基地的4所高等院校爲：中國傳媒大學、北京電影學院、吉林藝術學院動畫學院、中國美術學院。

全國電影工作會議在浙江横店召開

12月27、28日，全國電影工作會議在浙江横店影視産業實驗區召開。會議聽取了國家廣電總局副局長趙實關於"提高建設社會主義先進文化的能力，開創中國電影繁榮發展的新局面"的講話和國家廣電總局電影局局長童剛做的題爲"産業政策結碩果，電影開創新紀元"的工作報告。浙江省委副書記梁平波等到會致辭。會議總結了2004年工作，對2005年的電影工作進行了部署。

上海電影集團公司由企業化管理的事業單位整體轉制爲現代企業

12月30日，上海電影集團公司由企業化管理的事業單位整體轉制爲現代企業，並將逐步發展爲多元所有制的股份制公司。上海電影集團公司由上海電影製片廠、上海美術電影製片廠、上海電影譯製廠、上海科學教育電影製片廠、上海電影技術廠、永樂股份有限公司、上海美術設計公司等單位合併組建，是集製片、發行、放映、銷售、傳播和相關産業於一體的大型影視産業企業，核心企業基本上都是有50年以上歷史的國有事業單位。到2004年，該集團累計生産故事片600多部，生産動畫片2萬多分鐘，在國内外獲得500多個重要獎項，下屬院線2004年票房突破2億元。

本年影片産量和票房收入均創紀録

本年度，國産影片産量首次突破200部，達到212部。票房收入突破15億元，爲近年來最高紀録。影片《十面埋伏》、《天下無賊》、《功夫》三部影片在内地票房都過億。全國電影票房收入中，國産影片所佔的比重首次超過了進口影片，達到了55%，這是自90年代引進外國分賬大片以來的第一次。上海永華電影城和北京華星國際影城兩家影院全年票房收入均突破3000萬元。

《十面埋伏》劇照

《十面埋伏》

出品：新畫面影業有限公司
　　　精英集團有限公司
編劇：李馮　張藝謀　王斌
導演：張藝謀
攝影：趙小丁
主演：金城武　劉德華　章子怡

唐大中十三年，皇帝昏庸，朝廷腐敗，民間湧現不少反官府的組織，其中以飛刀門的勢力最大，朝廷嚴令奉天縣加以剿滅，劉捕頭和金捕頭設計剿滅飛刀門，最終因情仇而相互殘殺致死。

《十面埋伏》海報

《天下無賊》

出品：華誼兄弟影片公司
　　　香港寰亞影業公司
　　　北京紫禁城影業公司
編導：馮小剛　攝影：黄偉
主演：劉德華　劉若英　王寶强
　　　葛優　傅彪

西部列車上，各路賊伙盯住傻根辛苦幾年準備回鄉成家的錢。善與惡、真誠與狡詐一次次交鋒，淳樸敦厚的傻根用他“天下無賊”的夢想，最終改變了一對被通緝的男女慣盜，使他們重新作出了人生抉擇。

《天下無賊》劇照

北京華星國際影城

華星國際影城（UME）是一間電影專業集團管理公司，是香港導演吴思遠投資，斥資2000多萬五星級影城。它彌補了北京没有五星級影院的空白，是北京第一家經國家認證的五星級影院。影城有四千多平方米的營業面積，有5個電影廳，最大的電影廳還有一塊全國罕見的430多平方米巨幕，全影城五個廳共有1200餘個座位。

本年度在國際上主要獲奬情况

余男（《驚蟄》）在第19屆巴黎國際電影節上獲最佳女主角稱號；

《看車人的七月》在加拿大第28屆蒙特利爾國際電影節獲得評委會大奬，該片男主角范偉同時獲得最佳男主角奬；

《一個陌生女人的來信》獲得西班牙舉行的第52屆聖·塞巴斯蒂安電影節上最佳導演“銀貝殼奬”；

《一百萬》獲紐約國際獨立製片電影及録像節最佳外語片奬；

《黄埔軍人》獲第1屆好萊塢國際電影節“星光奬”最佳故事片奬；

《雲的南方》獲第54屆柏林國際電影節亞洲電影促進網絡奬；

《可可西里》獲第17屆東京國際電影節評委會大奬，臺灣第11屆金馬電影節最佳影片奬、最佳攝影奬；

《樹》獲第14屆開羅國際兒童電影節國際兒童評委奬；

《世界上最疼我的那個人去了》獲第9屆平壤國際電影節評委會金火炬奬；

《日日夜夜》獲第26屆法國南特三大洲電影節最佳影片金熱氣球奬、評委會奬、南特城市奬；

《英雄》獲紐約影評人協會電影節最佳攝影奬。

2004年（臺灣）

大事記

1月10日 臺灣電影網轉型改版，增設英文網頁並與法國UniFrance（全法聯盟）網站以及韓國的KOFIC（韓國電影振興委員會）交流合作，使得該網站成爲第一個集電影産業資料庫與輔導措施之大成的臺灣電影産業總資料庫。

1月31日 導演蔡明亮今天在捷克布拉格獲菲比奧國際影展終身成就獎，成爲首位在國外獲頒終身成就獎的臺灣導演。

2月18日 "媒體文化産業發展方案"今天通過，明列對電影、電視、出版文化等各項發展方向。

3月31日 電影處爲了鼓勵國外影人到臺灣取景拍片，進一步促進跨國合作的機會，特別配合"挑戰2008計劃"的"觀光客倍增計劃"，推出"臺灣電影片拍攝景點及製作概覽"之光盤及專書。

4月21—23日 "全球華語電影創作人暨製片論壇"於"國家圖書館"國際會議廳舉辦，邀請美、日、韓、香港等國際影人出席，爲臺灣電影的生存和發展提出建言。

7月20日 巨圖科技總裁張昭焚預備投入上億資金拍攝國片，活絡沉寂已久的的國片市場。首部電影《夢遊夏威夷》成本1000萬。

7月28日 第6屆印度亞洲電影節，共邀集90餘部電影參展。其中參加競賽項目影片有14部，李康生的《不見》和阿富汗導演阿提克拉希米的《土地與灰燼》同時拿下"最佳影片"首獎。

8月24日 《著作權法》修正案通過，增訂防盜拷條款，違者最高處一年徒刑；而意圖銷售或出租侵權者，最高可處刑五年並科罰金200萬元。

8月31日 臺灣電影聯盟籌備小組於今日下午舉辦一場"搶救臺灣電影大嗆聲"的宣示活動，發表六大主張，期盼當局能重視電影文化，創造一個臺灣電影得以蓬勃發展的大環境。

9月10日 五星級飯店管理式的"大千電影院"在六福皇宮飯店開幕，舒適的豪華沙發、頂級主厨現做的精緻料理，要讓影迷感受最棒的視、聽、味覺享受。

9月17日 位於西門町的總統戲院今以煥然一新的面貌重新開張，座椅、音響全部換新，一樓也將在十二月改裝成"電影主題餐廳"，目標是成爲臺北西區最大的藝術電影院。

9月23日 由臺灣電影中心費時九個月架設的"國際電影文化網路交流網"開站。該站强調國際與臺灣的電影文化交流，且中英文版本兼具，爲臺灣電影在國際上提供重要窗口。

9月24日 第49屆亞太影展今晚在日本福岡舉行頒獎暨閉幕禮。楊順清導演的《臺北二一》獲最佳影片，林美秀獲最佳女配角。

10月11日 導演侯孝賢以《珈琲時光》獲本屆釜山影展象徵終身殊榮的"年度亞洲影人獎"。

10月22日 香港影界龍頭嘉禾集團今天宣佈，以港幣一億一千八百萬元（約四億七千萬臺幣）取得原本分屬於美國華納影業以澳洲威秀影城公司（Village Cinemas）所投資成立臺灣華納威秀影城40%之股權，進而主導臺灣華納威秀全省八座影城之經營權。

11月17日 號稱擁有8層樓高、近半個足球場大的全亞洲最大銀幕的大直華納威秀影城舉行開幕酒會。

12月2日 "電影政策與願景"研討會召開，林佳龍公佈臺灣電影的三大策略及十大願景。三大策略包括"啓動積極輔導機制"、"營造健全産業環境"、"整合影音産業平臺"。

12月6日 電影基金會日前董監事更換，導演李行及演藝工會理事長楊光友因未被事前告知除職一事，引發爭議，朱延平導演今主動辭去董事一職以表對李行的支持。

第41屆金馬獎及得獎名單

最佳劇情片：《可可西里》
最佳創作短片：《神奇洗衣機》李蕓嬋
最佳紀録片：《南方澳海洋紀事》李香秀
最佳動畫片：《麥兜菠蘿油王子》
最佳導演：杜琪峰《大事件》
最佳男主角：劉德華《無間道Ⅲ終極無間》
最佳女主角：楊貴媚《月光下，我記得》
最佳男配角：吴彦祖《新警察故事》
最佳女配角：白靈《三更之餃子》
最佳新演員：洪顥瑄《擁抱大白熊》
最佳原著劇本：游乃海/葉天成/歐健兒《柔道龍虎榜》
最佳改編劇本：林正盛《月光下，我記得》
最佳攝影：曹郁《可可西里》
最佳視覺效果：黄宏達/何志輝《新警察故事》
最佳美術設計：張叔平/邱偉明《2046》
最佳造型設計：陳淑津/賴蔚炅《艷光四射歌舞團》
最佳動作設計：李忠志/成家班《新警察故事》
最佳原創電影音樂：Shigeru Umebayashi，Peer Raben《2046》
最佳原創電影歌曲：《流水艷光》（《艷光四射歌舞團》三映電影文化事業有限公司詞：周美玲/曲：陳建騏、張見宇/唱：陳煜明、馬翊航、賴昱錡）
最佳剪輯：David Richardson《大事件》
最佳音效：曹源峰《經過》國立故宫博物館
終身成就特別獎：阿匹婆
觀衆票選最佳影片：《新警察故事》
年度最佳臺灣電影：《艷光四射歌舞團》
年度最佳臺灣電影工作者：陳博文《石頭夢》

重要影片

《十七歲的天空》劇照

《十七歲的天空》

出品：三和
製片：李耀華　葉育萍
編劇：傅睿邨
導演：陳映蓉
主演：楊佑寧
Duncan（周群達）
金勤　張大鏞

爲了尋找那位"夢中情人"，周天財決定從南部千里迢迢來到臺北展開一場瘋狂的性冒險。當晚，小天遇見圈内最有價值的單身漢白鐵男……

《艷光四射歌舞團》劇照

《艷光四射歌舞團》

出品：三映

編導：周美玲

主演：陳煜明　鍾以慶

馬翊航　賴昱琦

薔葳是個扮裝皇后，但現實生活裏，他做另一種裝扮——葬儀場合中的道士。在一次意外中，薔葳的前男友——阿陽，溺水身亡了。薔葳應阿陽家屬的請託，前去做法事……

《20，30，40》劇照

《20，30，40》

出品：唐盟國際

編劇：張艾嘉　關皓月

導演：張艾嘉

主演：張艾嘉　李心潔　劉若英

30出頭的空姐想想，夾在兩個男友之間難以取捨。40出頭的Lily有個丈夫及17歲的女兒。20歲的小潔來到臺灣，想實現她當歌手的夢想。這三個女人的感情物語在這個城市開始蔓延開來。

《心戀》

出品：縱橫國際

編劇：徐立功　黃素玉　尹祺

導演：尹祺

主演：林佑威　蘇慧倫

就讀音樂系的樓寧，和摯友筱菁、黎浩，在他們稚嫩的青春歲月裏，三個年輕人探索愛情、友情的界限，直到來自法國的音樂教師丹尼爾出現，把樓寧的心從三個人之間抽離。故事，從這裏開始……

國藝會首度頒獎予電影人

第8屆"國家文藝獎"得獎名單於2004年7月6日揭曉，共有電影音像藝術家杜篤之、舞蹈家李靜君、詩人林亨泰、藝術家陳其寬及作曲家蕭泰然五人得獎。這是國藝會首度電影人榮獲桂冠。

文化藝術基金會於7月5日召開董事會，核定2004年"國家文藝獎得獎"名單。曾獲2001年戛納國際電影節高等技術獎的杜篤之，除有《悲情城市》、《牯嶺街少年殺人事件》、《你那邊幾點》等多齣代表作，還投入臺灣電影扎根工作。

國藝會董事長林曼麗表示，2003年董事會通過"國家文藝獎設置辦法"修正草案，修正重點包括確立這個獎項是鼓勵得獎者藝術成就及持續的創作精神，而非終身成就獎，並擴大獎勵範圍到電影及建築類 最後決審會議則採跨領域評審機制，希望"國家文藝獎"能站在更高的制高點思考。

"國家文藝獎"評審，初、復審先採分類評審，七大類別中，美術類競爭最激烈共有17位候選人，其他文學類9位、音樂類4位、舞蹈類6位、戲劇類9位、建築類9位、電影類7位。結果，建築類並未進入跨領域的決審階段；戲劇類雖進入決審，因每屆至多只能有5位得獎者的限制，最後階段敗下陣來。

杜篤之（1955— ）

錄音師。生於臺北。1973年參加"中影"的電影技術訓練班，學習錄音工程技術。1978年進入"中影"擔任助理。1981年第一次爲電影《1905年的冬天》錄音。1982年正式升任錄音師，擔任《光陰的故事》的錄音工作。其後多次與臺灣新電影導演合作，擔任許多重要的臺灣新電影作品如《恐怖分子》(1986)、《悲情城市》(1989)、《牯嶺街少年殺人事件》(1991)等的錄音工作，對臺灣錄音工作之發展有顯著且重要的貢獻，例如在《悲情城市》一片中首度採用同步錄音。杜篤之以錄音工作上的傑出表現及豐富的經驗，先後贏得了五屆金馬獎最佳錄音，2001年並以《千禧曼波》及《你那邊幾點》獲第54屆坎城影展最佳技術獎，2004年獲頒第8屆"國家文藝獎"。

《擁抱大白熊》劇照

《擁抱大白熊》

出品：稻田

編劇：黃黎明　導演：王小棣

主演：陳冠柏　洪顥瑄　汪建民

周幼婷　陳湘琪　陳季霞

趙大軍的爸爸、媽媽離婚了，只有住在家裏的胖表姊怡芬可以照顧他，兩個寂寞的小鬼相依爲命，却又彼此敵對，互相嫌惡。大軍爲了引起父母的注意，假裝被綁架……

《五月之戀》海報

《五月之戀》

出品：吉光

編劇：黃志翔

導演：徐小明

主演：陳柏霖　劉亦菲　五月天

阿磊是石頭的弟弟，從小品學兼優却沒有哥哥的人氣與大筆收入，只能默默幫五月天成立官方網站，在網站上有一個女歌迷瑄瑄，對阿信瘋狂着迷，而對瑄瑄同樣感興趣的阿磊乾脆假冒阿信，在網絡上與她交往起來……

影片目錄

果昱：《空手道少女組》、《終極西門》、《浮生若夢》

唐盟：《20，30，40》

三和：《十七歲的天空》

延平：《人不是我殺的》、《喜歡你喜歡我》、《搞鬼》

吉光：《五月之戀》

稻田：《擁抱大白熊》

三映：《艷光四射歌舞團》

縱橫：《心戀》

活力、飛馬數位：《夢遊夏威夷》

三乘：《狂放》

2004年（香港）

大事記

本年　張曼玉憑在其前夫阿薩亞斯執導的法國、加拿大合拍片《清潔》，獲戛納電影節影后桂冠。

《A1頭條》劇照

《A1頭條》（又名《頭條新聞》）

出品：鐳射發行　銀都機構
編劇：陳嘉上　鍾繼昌
導演：陳嘉上
主演：黃秋生　李心潔　陳冠希　葛民輝　梁家輝

玲是某報潮流版記者。男友Peter撞車身亡後，飛認爲Peter的死並非意外，背後藏着一個陰謀。總編輯曾達時的行徑突然變得怪異，讓玲決定追尋真相。

獲第11屆香港電影評論學會大獎最佳編劇。

《旺角黑夜》劇照

《旺角黑夜》

出品：寰宇影視有限公司
編導：爾冬陞
主演：張柏芝　吳彥祖　方中信　錢嘉樂

新移民來爲找失蹤的女友素來港工作，被老六騙當殺手。老六暗地又是警方的線人。在黑白兩道的追緝下，來踏上了亡命之途。期間，來遇到妓女丹，兩人得知對方的故事後互生同情。

獲第11屆香港電影評論學會大獎最佳導演；第24屆香港電影金像獎最佳導演、最佳編劇；第10屆金紫荊獎最佳導演。

重要影片

《三更之餃子》劇照

《PTU》劇照

《三更之餃子》

出品：Applause Pictures
編劇：陳果　李碧華
導演：陳果
主演：楊千嬅　白靈　梁家輝

富太太艾菁菁爲保青春和愛情，找到媚姨吞下她做的嬰胎餃子。本片是一部心理驚悚片，同時是一部社會諷刺劇，抓住了女人對青春和美麗的沉迷。

獲第24屆香港電影金像獎最佳女配角（白靈）；第10屆金紫荊獎最佳女配角。

第23屆香港電影金像獎

本屆頒獎典禮邀請了香港特首董建華出席，他承諾港府繼續用實際行動堅挺港片。本屆香港電影金像獎舉辦"香港與內地電影更緊密關係研討會"。獲獎情況：

最佳影片：《大塊頭有大智慧》，最佳導演：杜琪峰（《PTU》），最佳男主角：劉德華（《大塊頭有大智慧》），最佳女主角：張柏芝（《忘不了》），最佳男配角：梁家輝（《大丈夫》），最佳女配角：何超儀（《豪情》），最佳新人：安志傑（《少年阿虎》），最佳編劇：游乃海、歐健怡（《大塊頭有大智慧》），最佳攝影：黃岳泰（《戀之風景》），最佳原創電影音樂：金培達（《忘不了》），最佳原創電影歌曲：Beyond（《長空》），最佳服裝造型設計：奚仲文（《千機變》），最佳美術指導獎：雷楚雄（《千機變》），最佳動作設計獎：甄子丹（《千機變》），最佳視覺效果獎：黃宏顯、余國亮（《千機變》），最佳音響效果：曾景祥（《千機變》），最佳剪輯：陳祺合（《千機變》），最佳新晉導演：彭浩翔（《大丈夫》），最佳亞洲電影：《黃昏清兵衛》（日本），演藝光輝永恒大獎：張國榮、梅艷芳，專業精神貢獻獎：林振强、柯受良。

《PTU》

出品：美亞出品
編劇：游乃海　歐健兒
導演：杜琪峰
主演：任達華　林雪　邵美琪　黃卓玲　黃浩然

肥沙丢掉了自己的警槍。PTU（警察機動部隊）警員展受肥沙所託，要於天亮前把配槍找回，却因此引起隊員的意見分歧。

獲第10屆香港電影評論學會大獎最佳導演；第23屆香港電影金像獎最佳導演；第9屆香港金紫荊獎最佳影片、最佳導演、最佳男主角（任達華）、最佳男配角（林雪）、最佳女配角（邵美琪）等。

第10屆香港電影評論學會大獎

最佳電影：《無間道II》，最佳導演：杜琪峰《PTU》，最佳編劇：韋家輝、游乃海、歐健兒、葉天成（《大隻佬》），最佳男演員：劉德華（《大隻佬》），最佳女演員：張柏芝（《大隻佬》）。

第9屆香港金紫荊獎

"雖然去年香港電影産量爲歷年最少，可謂香港電影工業的低潮。然而《無間道》系列的出現、《大隻佬》表述人生哲學思考的嘗試，都隱約露出香港電影創作轉向新軌道。"（林漢勳，金紫荊獎主席）

本屆金紫荊獲獎中，《PTU》成最大贏家，囊括最佳影片、最佳男主角（任達華）、最佳男配角（林雪）、最佳女配角（邵美琪）、最佳導演（韋家輝、杜琪峰）大獎。其他獎項：最佳女主角：張柏芝《忘不了》，最佳編劇：麥兆輝、莊文强《無間道II》，最佳攝影：黃岳泰《戀之風景》，終身成就獎：謝賢。

《大事件》

出品：寰亞影視有限公司　中國電影集團
導演：杜琪峰　編劇：葉天成
主演：陳慧琳　任賢齊　張家輝
**　　　林雪　許少雄**

電視攝製隊無意中拍到警隊在街頭被悍匪重創，全港市民嘩然。爲了重整士氣，全港3萬名警察誓要捉拿重犯歸案。重案組正欲行動之際，副指揮官却打算將整個行動現場直播。

《大事件》劇照

《2046》

出品：澤東　上影集團
編導：王家衛
主演：梁朝偉　章子怡　劉嘉玲
**　　　鞏俐　張震　董潔**

"2046"是一輛"特慢"列車。它行駛了五年。它是屬於王家衛一個人的火車，"延續《花樣年華》，上接《阿飛正傳》，又處處有《重慶森林》及《春光乍泄》的回響，可説是王家衛至今爲止集大成總結意味最强的一部力作"。（香港影評人 李焯桃）

獲第11屆香港電影評論學會大奬最佳男演員（梁朝偉）、最佳女演員（章子怡）；第24屆香港電影金像奬最佳男主角、最佳女主角、最佳攝影（杜可風、黎耀輝、關本良）、最佳美術指導（張叔平、邱偉明）、最佳服裝造型設計（張叔平）、最佳原創電影音樂；第10屆金紫荆奬最佳男主角、最佳攝影等。

《2046》海報

《新警察故事》劇照

《新警察故事》

出品：成龍英皇影視有限公司
編劇：成龍　導演：陳木勝
主演：成龍　謝霆鋒　王傑
**　　　楊采妮　蔡卓妍　鍾欣桐**

榮在偵破罪犯過程中被同僚森出賣，使其他警員殉職。與女朋友分手後酗酒度日，後在搭檔鋒的激勵再次振作。

韋家輝獨立門户奏響《鬼馬狂想曲》

《鬼馬狂想曲》

出品：一百年
編導：韋家輝
主演：劉青雲　古天樂　張柏芝
**　　　陳小春　吴鎮宇**

1969年的香港，私家偵探社老闆文與兩名下屬在查案過程中打破了一家古董店内的小古董，引出神燈内的神仙波波出現，波波給了他們每人一個願望。可惜因波波的法術時有時無。但波波並没有放棄他們，暗地裏幫助他們渡過難關。

長期和杜琪峰合作的韋家輝這次獨力拍攝，一人擔當起編劇、導演和監製三職。影片以翻炒70年代的許氏喜劇，尤其是其中最著名的《半斤八兩》爲主要賣點，大玩整蠱烏龍的爆笑路線，同時也深具懷舊味道，劉青雲、古天樂、陳小春分飾許冠文、許冠傑、許冠英，而清秀可人的張柏芝則戴起眼鏡扮林亞珍，讓人仿佛回到許氏兄弟、林亞珍、筷子姊妹花、李小龍、石堅和狄娜的黄金時代。

香港演藝界著名填詞人黄霑因肺炎引發併發症逝世

11月24日，香港著名作曲及填詞人、文化人黄霑，因肺癌引致肺炎併發症凌晨病逝。有"一代鬼才"之稱的黄霑，縱橫樂壇數十年，填詞無數。其筆下作品超千首，其中不少膾炙人口、道出香港人心聲的創作。

黄霑（1940—2004）

原名黄湛森，生於廣州。早年到香港求學，1963年香港大學中文系畢業，畢業後曾執教鞭，後轉到電視臺工作。1965年投身廣告音樂創作及填詞，被稱爲"鬼才"多媒體創作人。他爲電視和電影創作的歌曲將近2000首，包括《滄海一聲笑》等經典名曲都出自他的手。曾參加多部影片客串演出。

主要影片目録

本年度香港共出品影片62部。
寰亞／銀都／中環　《魔幻厨房》
一百年電影　《鬼馬狂想曲》
一百年電影／深圳　《千機變Ⅱ花都大戰》
百仕活／天津　《大城小事》
哥倫比亞（亞洲）／唐盟國際　《20,30,40》
Applause Pictures Ltd《三更之餃子》
Bliss Pictures Ltd　《麥兜波蘿油王子》
香港精英／哥倫比亞（亞洲）／新畫面　《十面埋伏》
星美國際／映藝娛樂／See Corporation Ltd／寰亞　《江湖》
寰宇／銀都　《旺角黑夜》
一百年電影／銀都　《柔道龍虎榜》
哥倫比亞（亞洲）／中國電影合作製片／華誼兄弟　《功夫》
寰亞／中影集團　《大事件》
成龍英皇　《新警察故事》
春光映畫／Paradis／Classic SRL／Orly Films／上影　《2046》
花生映社　《桃色》
其他　《散打》（電影工作室／深圳／HARK&CO/寰亞）、《生死速遞》（東方）、《救命》（星皓/銀都/開麥拉）、《愛，作戰》（美亞/中影/西安美亞文化傳播）、《龍鳳鬥》（寰亞/銀都）、《煎釀叁寶》（一百年電影/中影集團）、《A1頭條》（鐳射娛樂/銀都）、《爆裂都市》（Art Port Lnc）、《死亡寫真》（寰宇）、《戀情告急》（一百年電影/銀都）、《大佬愛美麗》（成龍英皇）、《驚心動魄》（鼓掌音像）、《飛鷹》（浩瀚娛樂/天津）、《見習黑玫瑰》（寰宇）

2005年（大陸）

大事記

3月29日　北京廣播影視集團正式轉制爲北京北廣傳媒集團。

3月　國家廣電總局相繼頒發《電影企業經營資格准入暫行規定》的補充規定和《外商投資電影院暫行規定》的補充規定，明確香港、澳門的服務提供者可以在内地設立獨資公司發行國産電影，可以在内地以合資、合作或獨資的形式建設、改造及經營電影院。

3月　華誼兄弟太合影視投資有限公司正式更名爲華誼兄弟影業投資有限公司。

3月　《全國性文藝新聞出版評獎管理辦法》出臺。

4月20日　國務院發佈《關於非公有資本進入文化産業的若干决定》，鼓勵非公有資本進入文化産業。

5月　王小帥執導的《青紅》獲第58届戛納電影節評委會大獎。

6月17日　中國電影發行放映協會、中國城市影院發展協會以及中國製片人協會聯合發起"週二電影票半價日"的倡議。這一倡議推行僅半個月就贏得了44個城市的281家影院的支持。

6月24日　《頭文字D》拉開暑期檔序幕，上映4天票房即突破2100萬，國産電影成爲暑期檔最大的贏家。

6月　中博傳媒聯合國内8位青年導演投資拍攝了第一部手機電影短片集《聚焦這一刻》。

7月16日　大型海報精品郵册《影人》珍藏版向全國隆重推出。

7月19日　《數字電影發行放映管理辦法（試行）》出臺。

7月　華誼兄弟影業投資有限公司的《夜宴》以影片版權獲得深圳發展銀行5000萬人民幣的銀行授信，並且得到保險公司的擔保，成爲國内第一個獲得銀行貸款的電影投資項目。

8月10日　由八一廠攝製的影片《太行山上》，在盧溝橋進行了北京地區的首次公開放映，並於8月15日公映，作爲對抗日戰爭60週年的紀念。

8月29日　由中國製片人協會、中國城市影院發展協會、中國電影發行放映協會、中國音像協會共同發起成立了中國電影版權保護協會，會員包括中影、華誼兄弟、新畫面等62家電影公司。

12月9日　電影頻道主辦的大型音樂劇《電影之歌》在保利劇院首演。

12月20日　"中國電影百年百名經典銀幕形象評選"結果揭曉。

12月27日　由中國電影評論家協會、中國臺港電影研究會聯合主辦的中國電影百年百部名片評選活動揭曉。

12月30日　《面孔》——紀念中國電影誕辰100週年中國電影人肖像攝影作品展在中華世紀壇隆重開展。

本年度共生産故事片260部。國内票房總收入爲20億元，海外電影票房達到16.5億元，電視播映市場達到11.5億元，三項收入相加綜合收入達到48億元，比2004年36億元净增12億元。

影片目録

中影集團　《風起雲湧》（與北京21世紀盛凱、上海國匯合拍）、《一石二鳥》（與上海崑崙、臺灣延平合拍）、《日出日落》（與西部電影集團、西影股份、電影頻道節目中心合拍）、《美人依舊》（與上影集團、美國子安合拍）、《向日葵》（與北京命之作、荷蘭Fortissimo合拍）、《後備甜心》（與西安美亞、香港星美合拍）、《人間天上情》（與電影頻道節目中心、北京方圓天一合拍）、《驚情神龍架》（與湖北文化廳合拍）、《太極戰士》（與臺灣皇朝合拍）、《神話》（與香港成龍英皇合拍）、《無極》（與北京21世紀盛凱、上海融建、美國MOONSTONG合拍）、《煙村三月》（與電影頻道節目中心、文化部藝術服務中心、常州文化局合拍）、《定軍山》（與香港星美合拍）、《伊莎貝拉》（與中影集團聯合影視、香港寰亞合拍）、《男生日記》、《初夏》、《没有音樂照樣跳舞》、《墩子的故事》、《我們倆》、《證書》、《大贏家》、《職業丈夫》（與電影頻道節目中心合拍）

上影　《中國先生》（與丹麥范美羅合拍）、《致命虚幻》（與上海顔色合拍）、《網》（與上海祥盛合拍）、《姐妹兄弟》（與電影頻道節目中心、上海桑達合拍）、《魯迅》（與上海張瑜合拍）、《生死對决》（與香港侏羅紀合拍）、《陶器人形》（與上海海象合拍）、《伯爵夫人》（與英國莫吉安特·艾沃里合拍）、《拳神》、《天狗》

上影集團　《詛咒》（與北京博納、香港寰亞合拍）、《長恨歌》（與上海海潤、上海文匯新民、香港成龍英皇合拍）、《如果·愛》（與香港星美、摩根·陳合拍）、《鐵血》（與廣西、南寧鐵血崑崙合拍）

長影　《任長霞》（與電影頻道節目中心、北京名將、北京兄弟時代合拍）、《大東巴的女兒》（與電影頻道節目中心合拍）、《結婚不結婚》（與北京時代鑫誠合拍）、《春天的熱土》、《紅飄帶》、《三個人的冬天》、《大娃娃與小公主》、《武仙》

長影集團　《東方角鬥士》（與朝鮮藝術合拍）、《虎年之戀》（與電影頻道節目中心、波蘭斑馬、波蘭視覺、波蘭電視臺、波蘭CANAL影藝學院合拍）、《我只在乎你》、《失戀日記》、《情陷擂臺》、《我是一個兵》

八一　《神秘谷》（與北京亞美美亞合拍）、《太行山上》

第11屆中國電影華表獎

2005年度中國電影華表獎獲獎名單：

優秀故事片獎:《一輪明月》、《任長霞》、《我的法蘭西歲月》、《鄧小平1928》、《鄭培民》、《花腰新娘》、《風起雲湧》、《可可西里》、《沉默的遠山》、《張思德》; 優秀紀録片獎:《千秋三俠》、《小平您好》; 優秀科教片獎:《公正幫你辦》、《家庭土地承包有靠山》、《農村防火常識》、《養貂致富新技術》; 優秀少兒童影片獎:《我們手拉手》、《没有音樂照樣跳舞》、《我要做好孩子》; 優秀動畫片獎《小兵張嘎》、《紅孩兒大話火焰山》、《格蘭特船長的兒女》; 優秀對外合拍片獎:《天下無賊》、《關於愛》、《早熟》; 優秀電視電影獎:《王樹聲征戰豫西》、《我愛傑西卡》、《法官老張軼事之養老樹》; 優秀電影技術獎:《十面埋伏》(優秀故事片技術獎)、《破釜沉舟》(優秀數字電影技術獎); 優秀出品人獎: 張偉平、韓三平; 優秀導演獎: 尹力（《張思德》）、陸川（《可可西里》）; 優秀男演員獎: 濮存昕（《一輪明月》）、吴軍（《張思德》）; 優秀女演員獎: 趙薇（《情人結》）、章子怡（《十面埋伏》）; 市場開拓獎:《十面埋伏》; 優秀譯製片獎:《亞瑟王》、《翻譯風波》; 優秀夏衍劇本文學獎:《太行山上》、《尋找母親趙一曼》、《兩個人的芭蕾》、《秋雨》、《美麗心娘》、《烈火真心》、《梅蘭花》、《魯迅》、《新生萬喜》; 優秀新人男女演員獎: 鍾秋（《我的法蘭西歲月》）、張靜初（《花腰新娘》）; 優秀少兒男女演員獎: 李樂（《哥哥樹》）、朱靜珊（《我要做好孩子》）。

西影集團 《乒乓小子》（與西影、西影股份合拍）、《情癲大聖》（與西影股份、華誼兄弟、香港英皇合拍）
峨影 《冷槍1941》（與電影頻道節目中心合拍）、《我和姐姐》、《青苔》、《愛上麻煩》、《不想戀愛的青春》、《浪漫黄昏》、《山裏的女人》、《伏虎擒惡》、《河西除霸》、《山韻》
瀟湘 《夏日情深深》、《少年阿超》（與香港侏羅紀合拍）、《歌聲迷影》、《童話西遊》（與北京今古合拍）、《九天半》、《鄉村生活》、《哨所外的風景》
天山 《至愛》（與上海祥盛合拍）、《吐魯番情歌》（與電影頻道節目中心合拍）
内蒙古 《敖包相會》（與電影頻道合拍）、《生死牛玉儒》（與北京紫禁城、上海文廣合拍）、《立功》（與北京十月騎士合拍）、《舞出彩虹》、《戴佛珠的藏娃》、《悲情驛站》、《盈盈的心事》、《七色的愛》、《迷網》、《遥遠的敖魯古雅》
青影 《常隆基》（與天馬興業合拍）、《芳香之旅》（與光彩事業合拍）、《花開的聲音》
福建 《三月花》（與上海樂淘淘合拍）、《我的母親趙一曼》
河南 《村官》、《村官李天成》
山西 《春滿杏林》、《親戚朋友》（與陝西時空合拍）、《鬼妹》（與北京博納、廣東盈藝合拍）、《沂蒙小調》（與青島華仁合拍）、《暖秋》（與揚州電視臺、北京鼎泰世紀、東方神龍合拍）、《愛與勇氣》（與北京博納、臺灣果昱合拍）、《三岔口》（與香港寰宇合拍）、《跟頭》（與南通電視臺合拍）、《千杯不醉》（與香港無限映畫合拍）、《摯愛》（與北京博納、香港美亞合拍）、《媽媽的呼喚》（與北京沃森合拍）、《雙喜》（與北京石馬合拍）、《榕樹下的春天》（與福建天地人和、北京沃森合拍）、《紅山雨》（與北京萬木同春合拍）、《兒女仙蹤》（與海門廣播電視臺、上海派納合拍）、《俠女復仇記》（與上海派納合拍）、《煙流上，水流下》、《戀曲2005》、《大腕小保姆》
天津 《妃子笑》（與香港一百年合拍）、《温州美人》（與温州美以美合拍）、《果果的秋天》（與天津津源合拍）、《阿嫂》（與香港星皓合拍）、《瘦聲》、《黑白戰場》（與香港晶藝合拍）
龍江 《無敵小子霍元甲》（與南京、上海華宇、南通電視臺合拍）、《龍威父子》（與廣東中娱合拍）、《大荒野》（與北京星光大道合拍）、《神勇雙星》
山東 《空山》（與北京天立禾盛合拍）、《光榮的憤怒》（與北京金榜中視、雲南千溪、北京標準影像合拍）、《怪物》（與香港星皓合拍）、《女人·女人》（與華夏、嘉和瑞祥合拍）
銀都機構 《韓城攻略》、《飄移族——頭文字D》、《童夢奇緣》（與香港寰亞合拍）、《隱面人》（與香港卓藝合拍）、《早熟》（與香港無限映畫合拍）、《書劍恩仇録》（與天津、香港揚子江合拍）、《喜馬拉雅星》
電影頻道 《鴻門宴》、《暗渡陳倉》、《指鹿爲馬》、《胯下之辱》、《謀士范曾》、《火燒阿房宫》、《四面楚歌》、《楚營爲虜》、《英雄美人》、《女中丈夫》、《韓信點兵》、《霸王別姬》、《吕后篡權》、《楚河漢界》、《入關之約》、《孺子可教》、《滎陽對峙》、《大風起兮》、《運籌帷幄》（以上影片與上海三九合拍），《非常家事》（與香港星美、日本放送協會、NHK合拍）、《月圓凉州》（與蘭州合拍）、《風流羊角鎮》（與中影阿滿合拍）
其他 《鴛鴦蝴蝶》（世紀英雄電影、北京精美風火、上海世紀英雄）、《金蝴蝶結》（湖南金鑰匙）、《求求你，表揚我》（北京紫禁城、北京太合、北京快樂新昇）、《的士情緣》（北京悠悠陽光、聯能、北京廣和陽）、《相親》（北京悠悠陽光、聯能）、《劉莊布偶》（北京十月騎士、北京金色草原）、《短信一月追》（華誼兄弟太合、香港金牌）、《青春的懺悔》（浙江金昌、北京時代之聲）、《愛亦無聲》（西部電影集團、西影股份、深圳新長安）、《十三月》（世紀英雄、中青世紀、北京竹書房）、《看上去很美》（北京華昆天映、世紀英雄、北京世紀喜訊）、《沉默的遠山》（北京紅色世紀）、《麻將》（長影集團）、《阿司匹林》（北京盛世風華）、《黑白記憶》（人民法院出版社、北京山海）、《武松打我》（一粒果殼、英泰、北京冬春）、《青紅》（北京夢舟、星美、北京德博）、《棲霞寺1937》（南京三藏、南京精匯）、《怒江魂》（昆明美燦依然、北京新影聯）、《冬之雲湖》（北京牛波）、《無窮動》（北京幸福村）、《88995》（北京大華萬里、共青團中央網絡影視中心）、《拯救》（天津鮮明陽光）、《春閨夢》（深圳大宅門）、《冰魚琥珀》（北京牛波）、《會説話的風箏》（共青團中央網絡影視中心、廣東大和、廣東牽手）、《結果》（北京博苑藝興）、《春天花會開》、《最遠的你》（天津鮮明陽光）、《紅顔》（北京勞雷）、《心音》（北京國色天韻）、《離離原上草》（北京軍安創業）、《七劍》（北京慈文、韓國寶藍、香港華映）、《静静的嘛呢石》（北京博納百家、北京同道新、北京喜馬拉雅）、《千里走單騎》（北京新畫面、精英集團）、《山語》（北京盛禾紀元、北京啓視縱横）、《泥鰍也是魚》（北京四海騰飛）、《雪花那個飄》（北京中稷運通、西藏中稷）、《無敵鐵砂掌》（南京、上海派納）、《網絡少年》（北京永莊、中國木偶劇院、上海盛大網絡）、《北京之戀》（北京東雲天地）、《誰家有女》（北京同樂）、《卡布奇諾》（雲南紅河、上海派納）、《嫵媚的春天》（天津鮮明陽光）、《亮亮的夢》（北京星光視線）、《愛心》（上海天一、上海金棕櫚）、《再説一次我愛你》（東方神龍、北京保利博納、香港映藝）、《山鄉書記》（北京紫禁城）、《天極》、《太陽傘》（北京蒙特鑫），《大山的女兒》（上海安盛、上海和平）、《柿子塢的女人們》（北京金强盛世）、《八月的天空》（北京陽光熱點）、《背軍挎上學的娃》（北京數字後）、《直到有一天》（武漢華能時代、北京以馬内利）、《天下第一宴》（北京今古、東陽東方基業）、《蟲不知》（深影、香港英皇）、《魅影迷情》（河北）、《世紀寶貝》（遼影、遼寧星光視線）、《猛龍》（珠影、香港世紀華納、香港美亞、香港天翔）、《緑草地》（北京崑崙兄弟）、《水鎮1938》（上海廣角鏡）、《又見陽光》（北京中視遠圖）、《爲愛情服務》（北京銀河印象）、《完美老婆》（北京多藝之星）、《閣樓》（北京時代聯盟）、《那個傻瓜愛過你》（西安美亞）、《印象雲南之完美生活》（杭州左右、北京奥博龍、北京鑫翡翠）、《租期》（福建東宇、北京世邦、廣東國視）、《藏獒情未了》（北京光影百年）、《警報157》（福建文藝音像出版社）、《借錢》（北京三兄弟、北京匯泰四方、星星火炬）、《愛情天使》（秦皇島廣順、秦皇島電視臺）、《我愛紅娘》（上海珈玳）、《七月》（北京神州金像、西藏中稷佳華）、《剪愛》（北京美樂蒙）、《帶藍花花的白裙子》（北京諾漫）、《北緯31°録像帶》（廣東新華展望、深圳金海岸）、《媚影俠蹤》、《家有狐妻》（上海勝强）、《分期付款》、《才女鬥惡少》、《小人物大英雄》、《龍鳳呈祥》、《夢歸人》、《都市牧羊曲》、《奪命横財》（北京廣和陽），《我們》、《生死劫》（中視傳媒、北京榮信達），《最後一秒鐘》、《大山深處的保爾》（上海祥盛），《天堂的眼睛》、《楊德財徵婚》（廣東宋祖德），《奇幻旅程》、《情滿山鄉》、《青山不惑》（天津鮮明陽光），《大樹底下好乘凉》、《紅杏》、《歸途》（北京沃森），《美麗無罪》、《乾娘》（北京十月騎士），《小村》、《生死一線》（北京金尊），《迷失的老虎》、《梟龍》、《十里洋場爭霸戰》（北京廣電新視點、北京中視遠圖、北京宏福時代），《再見最愛的人》、《花生油的故事》（北京喜洋洋聯盟）

重要影片

《鴛鴦蝴蝶》劇照

《鴛鴦蝴蝶》

出品：世紀英雄電影投資有限公司
　　　北京精美風火廣告有限公司
　　　上海世紀英雄影視文化發展有限公司
編劇：嚴浩　鄭曉
導演：嚴浩
攝影：潘恒生
主演：周迅　陳坤　嚴羚　張玥

阿秦在北京生活，偶然來到杭州，在茶館遇到了小語。兩人一見如故，交談之下發現彼此有許多相似的地方。在好友小佟的鼓勵下，小語勇敢地到北京與阿秦相會，同居生活以失敗告終。小語回到了杭州，不久，小佟因病去世。阿秦來到紹興尋找小語。

《向日葵》劇照

《向日葵》

出品：中國電影集團公司
　　　北京命之作影視文化發展有限公司
編劇：張楊　蔡尚君　霍昕
導演：張揚
攝影：林良忠
主演：孫海英　陳沖　張凡　高歌　王海地

講述一個"北京胡同的故事"，一個普通家庭幾十年的悲歡離合。父親希望兒子能畫畫，兒子在這種壓力與抗拒之中成長、長大。有一天兒子也將做父親，而這時，他的父親已經"出走"……

《青紅》劇照

《青紅》

出品：北京夢舟文化傳播有限責任公司
　　　星美傳媒有限公司
　　　北京德博影視文化傳播有限責任公司
編劇：王小帥　老泥
導演：王小帥
攝影：鄔迪
主演：高圓圓　李濱

上個世紀80年代初，19歲的女孩青紅開始了她的第一次感情歷程。她的父親卻極力阻止了這一戀情。20年前支援三線建設，全家由上海來到貴州這個偏遠的山區，父親夢想着全家回到上海。

《求求你，表揚我》劇照

《求求你，表揚我》

出品：北京紫禁城影有限責任公司
　　　北京太合影視投資有限責任公司
　　　北京快樂新昇文化傳播有限公司
編劇：黄欣　一凡
導演：黄建新
攝影：姚曉峰
主演：王志文　范偉　陳好　苗圃

家住農村的打工仔楊紅旗，因爲父親當了一輩子勞模，心裏特别期待自己也能受一次表揚，於是他到報社一再講述自己如何解救一名險被强姦的女大學生歐陽花的事跡，終於引起了報社領導的重視。正當事情要水落石出時，女大學生站出來想要阻止這件事。

《看上去很美》劇照

《看上去很美》

出品：北京華昆天映影視文化發展有限公司
　　　世紀英雄電影投資有限公司
　　　北京世紀喜訊文化發展有限公司
編劇：寧岱
導演：張元
攝影：楊濤
主演：董博文　寧元元　陳曼媛
　　　李曉楓　趙瑞

方槍槍生活在一個有二三百名3到6歲小朋友組成的幼兒園裏，在這裏他認識了陳南燕、陳北燕。本片講述了以方槍槍、陳南燕、陳北燕爲主的一群小孩子，在幼兒園這個集體中生活的故事。

《靜靜的嘛呢石》劇照

《靜靜的嘛呢石》

出品：北京博納百家文化發展有限公司
　　　北京喜瑪拉雅影視文化傳播有限公司
　　　北京同道新廣告有限公司
編導：萬瑪才旦　攝影：杜傑
主演：洛桑丹派　確賽　巨煥倉活佛

藏曆新年即將臨近，老喇嘛和小喇嘛準備過年。傍晚時分，小喇嘛被小活佛家的電視深深吸引。大年初一，小喇嘛的父親來寺院拜年，順便帶小喇嘛回家過年。在家裏，小喇嘛便盯着哥哥買的電視機和《西遊記》。但很快，太陽能電池没電了……

《太行山上》

出品：八一電影製片廠
編劇：陸柱國
總導演：韋廉　**導演：**沈東　陳健
攝影：姜力軍　汪洋　楊燕娣　張熒
主演：王伍福　盧奇　李幼斌　梁家輝
　　　侯勇　宗利群　劉德凱　工藤俊作

講述八路軍總司令朱德率領剛剛改編完的八路軍3個主力師東渡黄河，挺進抗日前線，開闢建立太行山根據地的歷程。

《太行山上》劇照

《千里走單騎》

出品：北京新畫面影業有限公司
　　　精英集團(2004)企業有限公司
編劇：鄒靜之
導演：張藝謀
攝影：趙小丁
主演：高倉健　蔣雯　寺島忍　中井貴一

高田接到兒子健一患病的消息，，從所居住的漁村趕往東京探望。但多年來的父子隔閡使兒子拒絶見他。但高田仍然決定幫助兒子去完成他的心願。他獨自來到中國雲南，拍攝《千里走單騎》。

《定軍山》

出品：中國電影集團公司　星美傳媒集團有限公司
編劇：姜薇　**導演：**安戰軍　**攝影：**蔡抒南　**主演：**楊立新　譚元壽　梁鏡珂　吕中　郝榮光

1905年的北京天橋，洋人開設的西洋影戲院門庭若市，但同樣一條街，國人任景泰家開設的西洋影戲院却門可羅雀。景泰決定拍國人自己的西洋影戲！是年，某月，某日，京城的某開闊地，任景泰與徒弟劉仲倫拍攝的《定軍山》影戲爲百姓免費放映。

《千里走單騎》海報

《定軍山》劇照

《千里走單騎》劇照

《我們倆》劇照

《我們倆》

出品：中國電影集團公司
電影頻道節目中心
編導：馬儷文
攝影：鄔迪
主演：金雅琴　宮哲

一個孤寡老人住了一輩子的空蕩蕩的簡陋四合院，在一個風雪交加的冬天，闖進來一個尋求住處的女孩，她的到來給這個空間帶來變化，老人的生活開始了有戲劇色彩。

《芳香之旅》

出品：青年電影製片廠
光彩事業投資集團有限公司
編劇：袁大舉　章家瑞
導演：章家瑞
攝影：林良忠
主演：張靜初　范偉　聶遠

上個世紀六十年代，情竇初開的少女春芬在長途車上屢屢遇見一個讓她心儀的男人劉奮鬥，旅途因此變得美好，當兩人終在一個滂沱雨夜得以親近彼此，命運却將這段可能修成正果的情愫戛然掐滅。她最後選擇嫁給了年長自己許多的師傅老崔。

《芳香之旅》劇照

《長恨歌》劇照

《長恨歌》

出品：上海電影集團公司
上海海潤影視制作有限公司上海文匯新民聯合報業集團
香港成龍英皇影業有限公司
編劇：楊智深
導演：關錦鵬
攝影：黄煉
主演：鄭秀文　梁家輝　胡軍　吳彥祖

一個人的生命總是比一座城市的生命要短暫。一個叫王琦瑶的女子在上海繁華過、寂寞過，最後湮没成灰，而上海今天却依然興旺喧囂。

《阿司匹林》

出品：北京盛世風華影視文化有限公司
編劇：鄢潑　傅乙軒
導演：鄢潑
攝影：許斌
主演：梅婷　潘石屹
宋寧　曹俊

文靜是一個娱樂記者，在經歷了三段没有結果的愛情後，她遇到了年屆中年、在一家美國投資公司做基金總監的李文卿。在李文卿的强烈攻勢下，文靜開始漸漸找到被寵愛的安逸，但現實又讓她不得不在成爲美國中産的老婆和繼續等待愛情之間做出選擇……

《阿司匹林》劇照

《泥鰍也是魚》劇照

《泥鰍也是魚》

出品：北京四海騰飛影視文化傳媒有限公司

編劇：李唯

導演：楊亞洲

主演：倪萍　倪大宏　潘虹

剛剛離婚帶着雙胞胎女兒的農村婦女泥鰍，在來京的火車上遇到了也叫泥鰍的包工頭。萍水相逢的兩個人在北京艱苦的打工生活中學會了怎樣生存、怎樣去愛，以及怎樣成爲一個有尊嚴的人。

《無極》海報

《天狗》

出品：上海電影集團公司

編劇：鄭宏志

導演：戚健　攝影：李明

主演：富大龍　朱媛媛
劉子楓　周力

護林員李天狗開槍打死了孔家三兄弟。公安老王進駐村莊調查案情。令人難以置信的是，李天狗是在身受重創生命垂危的情況下，用一杆老槍完成了精準的射擊。而這起血案背後，更有一個驚心動魄、感天動地的故事……

《天狗》劇照

《無極》

出品：中國電影集團公司
北京二十一世紀盛凱影視文化交流有限公司
上海融建投資發展有限公司
美國MOONSTONG ENTERTAINMENT INC

編劇：張炭

導演：陳凱歌　攝影：鮑德熹

主演：張柏芝　劉燁　陳紅　謝霆鋒　張東健

命運讓王妃傾城從一個窮孩子成爲世上最美的王妃，但有一個條件：她永遠得不到真愛。身份卑微的奴隸崑崙，真心愛着她，並以自己的生命爲代價，用他非凡的、接近光速的奔跑，終於打破了加在她身上的命運鎖鏈，讓她返回人生的起點，獲得重新選擇的權利。

《無極》劇照

《鲁迅》

出品：上海電影集團
　　　上海張瑜影視文化公司
編劇：劉志釗
導演：丁蔭楠
攝影：于小群
主演：濮存昕　張瑜

影片選取鲁迅最後三年的生命時光叙述。這三年中，飛揚着鲁迅的激揚文字和激情歲月。七個夢境串在其中，三個死亡成了一個内在結構：楊杏佛之死、瞿秋白之死、鲁迅之死。鲁迅在生和死面前的坦然，呈現出了他對面臨的各種遭遇的一個基本準則。

《鲁迅》劇照

《任長霞》劇照

《任長霞》

出品：長春電影製片廠
　　　電影頻道節目中心
　　　北京名將影視文化傳播有限公司
　　　北京兄弟時代文化傳播有限公司
編劇：趙冬苓　郎雲　魏人
導演：宋江波
攝影：金意勳　孫冶平
主演：張瑜　師小紅　王慶祥
　　　曾志偉　陶玉玲

根據河南登封原公安局長任長霞愛民爲民真實事跡改編。以再現任長霞臨終前幾天的工作、生活片段爲主線，穿插她執法爲民、懲惡揚善的感人故事。

《風起雲湧》

出品：中國電影集團公司
　　　二十一世紀盛凱文化公司
編劇：鄧一光　王深
導演：陳國星
攝影：楊述
主演：謝鋼　蘇岩　李易祥　高璐

解放初期，陳雲在主持中財委工作期間，通過推行人民幣，反擊不法投機商，恢復穩定金融市場秩序，發行公債等一系列重要經濟政策和手段，穩固了新生的人民政權，爲以後共和國的經濟建設奠定了堅實的基礎。

《風起雲湧》劇照

第八屆海峽兩岸暨香港電影研討會　第一屆中國電影導演協會年度獎

與會導演合影

1月8日—11日，"第八屆海峽兩岸暨香港電影研討會、第一屆中國電影導演協會年度獎"活動在北京隆重舉行。與前七屆研討會相比，本次研討會人數最多、規模最大，共邀請兩岸四地200餘位導演參加（澳門代表首次參加）。在1月8日晚舉行的開幕酒會上，中國電影導演協會會長黄建新、臺灣電影導演協會會長朱延平、香港電影導演協會會長許鞍華等分别代表三地導演對與會者以及到場嘉賓表示歡迎並致謝。國家廣電總局趙實副局長到會祝賀，來自内地、香港、澳門、臺灣的導演代表紛紛發言表示道賀。

在隨後爲期兩天的第八屆海峽兩岸暨香港電影研討會中，與會導演就"内地作爲巨大的市場對三地導演的吸引力以及新近的變化"，"華人電影的方向和目前的問題"，"導演與投資者的關係"及"在現階段如何保護導演的利益"等議題充分展開研討，並就自己關心的諸多問題與以童剛局長帶隊的國家廣電總局電影局的領導進行了面對面的交心對話。

1月11日晚，第一屆中國電影導演協會年度獎舉行頒獎典禮。作爲中國電影界第一個專業性獎項，評委會由著名導演陳凱歌領軍，所有評委均由導演組成，力求以導演的專業角度去評價影片和演員的表現。田壯壯獲最佳導演獎（《德拉姆》），陸川獲最佳青年導演獎（《可可西里》），李雪健獲最佳男演員獎（《雲的南方》，周迅獲最佳女演員獎（《戀愛中的寶貝》），吴天明獲終身成就獎，張藝謀獲年度票房導演獎（《十面埋伏》）。

（左起）導演陳國星、張建亞、陳凱歌、李少紅、馮小剛、滕文驥、黄建新、何平在慶功酒會上

《孔雀》獲第55屆柏林電影節銀熊獎

2月19日，顧長衛導演的《孔雀》獲第53屆柏林電影節銀熊獎。其時，《孔雀》正在國内各大院線放映，獲獎的消息使《孔雀》的國内票房爲之一振。在本屆柏林電影節上，臺灣導演蔡明亮的《天邊一朵雲》獲特别藝術貢獻獎和阿爾弗雷德·鮑爾獎。"青年論壇"單元中，來自中國的兩部電影，嚴宇與李一凡導演的紀録片《淹没》獲"青年論壇"最高獎沃爾夫岡·斯陶特獎，年輕導演劉佳茵拍攝的DV作品《牛皮》獲卡里加利獎，《牛皮》同時還獲得費比西國際影評人獎。

擁擠的賀歲檔

12月2日，2005年賀歲檔期拉開帷幕。相比2004年，《如果·愛》、《無極》、《情癲大聖》、《千里走單騎》、《霍元甲》、《野蠻秘笈》，再加上好萊塢大片《金剛》共七部大片，使得這一黄金檔期有些擁擠，但整個賀歲檔期票房容量並没有顯著的增加，仍在3億元左右。和去年《功夫》、《天下無賊》平分秋色相比，今年《無極》佔據了絶對的霸主地位，到12月31日票房已突破1.53億元。

北京隆重舉辦中國電影百年紀念大會

胡錦濤、温家寶、曾慶紅、李長春等中央領導人與電影工作者代表親切握手

12月28日，紀念中國電影誕生100週年大會在北京人民大會堂隆重舉行。中共中央總書記、國家主席胡錦濤會見與會代表並發表重要講話，他希望全國廣大電影工作者深入實際、深入生活、深入群衆，注重從人民群衆的偉大實踐中汲取思想營養和藝術靈感；解放思想、與時俱進、勇于創新，努力創作出更多融思想性、藝術性、觀賞性於一體的精品力作，爲全面建設小康社會、實現中華民族的偉大復興再立新功。温家寶、曾慶紅、李長春等中央領導人參加了會見。中共中央政治局常委李長春在紀念大會上講話。大會向50位獲得〝國家有突出貢獻電影藝術家〞榮譽稱號的電影工作者頒了獎。中央和國家機關有關部門負責同志、電影工作者代表、港澳臺嘉賓、部分外國駐華使節等700餘人參加了紀念大會。紀念中國電影誕生100週年大型電影音樂會〝世紀之夢〞當晚在北京舉行。

第14屆中國電影金鷄百花電影節

11月9日，第14屆中國電影金鷄百花電影節在海南三亞開幕。《全國性文藝新聞出版評獎管理辦法》的出臺，使中國大衆電影百花獎和金鷄獎正式宣佈分家，兩獎由此前的一年一屆改爲每兩年舉辦一次，兩獎隔年輪辦，今年舉辦第二十五屆金鷄獎評選， 在第十四屆中國金鷄百花電影節期間舉行頒獎典禮。今年金鷄百花電影節另一個變動就是港澳臺演員也能參評金鷄獎。中國電影家協會分黨組書記、常務副主席康健民先生在新聞發佈會上宣佈了此次金鷄獎擴大參賽範圍的幾項具體規定。

第25屆“金鷄獎”獲獎名單

最佳故事片獎：《可可西里》、《太行山上》；最佳電視電影片獎：《我們》；最佳紀録片獎：《走進毛澤東》；最佳戲曲片獎：（空缺）；最佳科教片獎：（空缺）；最佳美術片獎：《梁山伯與祝英台》；最佳編劇獎：劉恒（《張思德》）；最佳導演獎：馬儷文（《我們倆》）；導演處女作獎：萬瑪才旦（《靜靜的嘛呢石》）；最佳男主角獎：成龍（《新警察故事》）；最佳女主角獎：金雅琴（《我們倆》）；最佳男配角獎：唐國强（《張思德》）；最佳女配角獎：黃梅瑩（《孔雀》）；最佳攝影獎：李屏賓（《一個陌生女人的來信》）；最佳美術獎：曹久平（《一個陌生女人的來信》）；最佳音樂獎：葉小綱（《太行山上》）；最佳剪輯獎：（空缺）；最佳録音獎：張磊、李安磊（《太行山上》）；最佳特技獎：（空缺）；最佳服裝獎：（空缺）；最佳化裝獎：（空缺）；最佳道具獎：（空缺）；終身成就獎：謝晉、謝鐵驪。

中國電影博物館開館典禮暨紀念中國電影誕生100週年展覽開幕式舉行

12月29日，中國電影博物館開館典禮暨紀念中國電影誕生100週年展覽開幕式在京舉行。中共中央政治局委員、北京市委書記劉淇，中共中央政治局委員、書記處書記、中宣部部長劉雲山29日出席了開幕式並參觀展覽。

中國電影博物館是由老一代電影藝術家聯合倡議，經國務院批准，由廣電總局和北京市政府合建的。它是一座以薈萃電影藝術成就爲主，集博覽、展映、觀摩、交流、科研、娛樂於一體的大型現代化電影文化設施。整個博物館佔地52畝，總建築面積近3.8萬平方米，按功能分爲中國電影歷史展覽區、電影技術博覽區、電影放映區、庫藏品區和綜合服務區等5個部分。

作爲中國電影的標誌性建築，電影博物館開館伊始，隆重推出紀念中國電影誕生100週年展覽《百年歷程 世紀輝煌》。博物館在較短時間内徵集到的6000余件珍貴的電影文物和展品，加之運用聲、光、電等高科技手段，形象生動地反映了中國電影的發展歷程和新中國電影事業取得的巨大成就。

劉淇、劉雲山爲中國電影博物館揭幕

中國電影博物館揭幕式主席臺

紀念中國電影100周年國際論壇

12月10日—14日，以"回顧、合作、發展、創新"爲主題的紀念中國電影100週年國際論壇在北京開幕，國家廣電總局局長王太華、副局長趙實出席開幕式並講話。在由國家廣電總局舉辦的這次高層次論壇上，除了我國兩岸三地的電影藝術家外，來自美國、法國、意大利、德國、韓國、日本、俄羅斯等十多個國家和地區的200多位電影學者也參加了論壇，就"中國電影産業化與現代化"、"中國電影藝術家和電影作品"、"中國電影發展經驗與藝術成就"及"世界電影的交流與合作"四個主題進行深入探討。

前來參加該論壇的威尼斯電影節主席馬可·穆勒透露，意大利電影局和中國電影資料館聯合修復了10部經典中國電影，它們將很快在歐洲許多國家商業發行。臺灣著名導演李行表示，臺灣電影是中國電影不可分割的一部分。香港電影工作者總會會長吴思遠表示：香港回歸祖國之後，内地成爲香港最爲重要的電影合作伙伴。特别是實施"安排"以後，内地巨大的觀衆群體和市場爲香港電影的發展提供了全新的契機和堅實的後盾。

紀念中國電影100周年國際論壇會場

上海國際電影節

6月11日—19日，第8屆上海國際電影節舉行。中國影片《求求你，表揚我》獲評委會大獎和最佳編劇獎。而趙薇憑藉《情人結》獲得最佳女演員獎。

本年度在國際上主要獲獎情況

《孔雀》獲第55屆柏林電影節銀熊獎；

《淹没》獲第55屆柏林電影節"青年論壇"沃爾夫岡·斯陶特獎；

《牛皮》獲第55屆柏林電影節"青年論壇"卡里加利獎、費比西國際影評人獎；

《紅顔》獲第62屆威尼斯電影歐洲藝術獎；

《泥鰍也是魚》獲第18屆東京國際電影節最佳藝術貢獻獎；

《我們倆》獲第18屆東京國際電影節最佳女演員獎（金雅琴）；

《日出日落》獲29屆加拿大蒙特利爾電影節"特别榮譽獎"；

《向日葵》獲西班牙·塞巴斯蒂安電影節最佳導演、最佳攝影獎；

《電影往事》獲13屆德國漢堡國際電影節導演處女作大獎；

張藝謀獲第25屆夏威夷國際電影節"終身成就獎"。

2005年（臺灣）

大事記

1月4日　爲進一步了解臺灣電影產業製作環境，林佳龍與吴米森、簡偉斯、周美玲、陳映蓉、葉育萍等二十餘位新鋭導演、製片進行茶叙，並宣佈電影政策重大輔導目標與措施。

2月19日　蔡明亮執導的《天邊一朵雲》獲第55屆柏林國際電影節"最佳藝術貢獻銀熊獎"、"亞佛瑞德飽爾創新獎"、"費比西獎"。

同日，演員苗天因結截淋巴癌併發呼吸衰竭，不幸病逝榮總，享年81歲。

4月25日　《最好的時光》入圍2005年坎城影展，角逐"金棕櫚"。

7月8日　《龍眼粥》舉行"院長首映會"（Premier's Premiere）活動，會中並宣佈即將成立"行政院振興影視協調會報"及"行政院開發基金"將以五年200億之資金投入"文化創意産業"及"數位内容産業"等重大電影政策。

7月22日　資深影人李影病逝，享年82歲。

8月22日　"行政院振興影視協調會報"召開成立後第一次會議。

9月10日　林建坪執導的短片《小站》獲頒第62屆意大利威尼斯國際電影節短片競賽首獎。

10月1日　《紅孩兒：決戰火焰山》榮獲第50屆亞太影展"最佳動畫片"獎。

10月5日　當局發佈徵選電影創意故事實施要點以開發電影劇本之創意，並鼓勵構思優質的電影故事。

10月29日　2005東京國際電影節將"黑澤明賞"頒發給導演侯孝賢，以肯定侯導演對國際影壇之貢獻。

11月4日至17日　爲推動影視政策及産業整合，"新聞局"將此段期間之影視系列活動定名爲"2005臺灣國際影視博覽會"，整合金馬獎、金鐘獎、臺北影視節及臺灣影視創投會各活動，整合政府與民間資源，全力促成影視匯流。

11月9日　當局爲導引各國電影片在臺灣地區拍攝及進行後製作，鼓勵電影産業與他國電影産業進行資金、技術與人才合作，以帶動整體電影産業水準。

11月12日　資深演員葛香亭獲第42屆金馬獎頒發終身成就特别獎。

11月29日　《天邊一朵雲》獲法國南特影展最佳導演獎。演員李康生獲得最佳貢獻獎。

重要影片

《紅孩兒決戰火焰山》劇照

《紅孩兒決戰火焰山》

出品：宏廣股份有限公司

編劇：紀蔚然　導演：王童

孫悟空保護師父一行四人西行，途中爲火焰山所阻，孫悟空向牛魔王及鐵扇公主等人索借芭蕉扇，但無法借得，因爲鐵扇公主的兒子紅孩兒爲了要醫治母親的病，欲捉唐僧，却被天神逮捕管訓。正當大家彼此爭鬥的時候，却不知蜘蛛精在背後悄悄地進行一個極大的陰謀。

《宅變》

出品：三和娛樂國際有限公司

導演：陳正道

製片：葉育萍

主演：張大鏞　張毓晨　黄騰德　關穎

長年居住在英國的楊晉璇意外地收到繼承遺産的通知，他興高采烈地回到了臺灣，與未婚妻徐筱佑一同入住這棟古老、華麗而又有些古怪的豪宅。爲了解開楊晉璇和這棟神秘大宅的真正關係，主角們一點一點地揭發豪門的秘密，却也一步步的踏上了不歸路……

《宅變》劇照

《我的逍遥學伴》劇照

《我的逍遥學伴》

出品：一同電影有限公司

編劇：楊順清　何琦瑜

導演：楊順清　攝影：宋文忠

演員：曾光華　楊大毅　徐慧霓
馮翊綱　竇智孔

哲學系的才子東東在女友安安鼓勵下想從事文學創作，安安將東東隨意拼凑的作業《逍遥學伴》傳送到手機文學比賽的網站，却榮獲大獎。立刻有出版商來洽談出書事宜，並要求將得獎作品改編成融合古典與現代的舞臺劇，作爲將來書籍問世後的行銷活動。一個錯誤的開始，讓東東意外成就名利。

《經過》

出品：綠光全傳播有限公司
編劇：鄭文堂 鄭靜芬
導演：鄭文堂
攝影：陳懷恩
主演：戴立忍 桂綸鎂 蔭山征彦 田豐

1082年，宋朝蘇東坡流放到黄州，寫就《寒食帖》。2004年臺北，退休的阿超伯一生的故事，成爲東橫寫作的題材，更是阿靜童年最深的記憶。一位來臺的日本人島英一郎，與《寒食帖》波折的背景和一度流落日本的命運，同他心底的秘密有着微妙的關聯……

《經過》劇照

《等待飛魚》

出品：威象國際影視有限公司
編導：曾文珍
製片：蘇麗媚 葉如芬
攝影：秦鼎昌
主演：王宏恩 Linda

小島蘭嶼的原住民以捕食飛魚爲生，避風、吉達、晴光三個自稱是年輕有爲的“三劍客”，從臺北來蘭嶼工作的晶晶是一個美麗沉静的都會女子，從此三劍客自以爲是的浪漫生活，因爲她而開始有了轉變。晶晶與避風兩人朝夕相處、相互照顧，愛情慢慢地滋長。

《等待飛魚》劇照

《龍眼粥》

出品：李行工作室有限公司
編劇：陳建維 導演：張國甫 攝影：江申豐
主演：譚俊彦 范文芳 尹馨

身在美國的陳世明夢中常出現龍眼粥飄香。到臺灣後竟找到夢中的神秘故居，他推開斑駁的大門走進去，屋内景物熟稔，牆上一張年輕人的遺照，是陳世明的前世，供桌上龍眼粥飄香，老婦端着一碗龍眼粥放在供桌上，對着遺照輕喚：“龍眼粥好了，請吃吧！”

《最好的時光》劇照

《最好的時光》

出品：三視多媒體網絡股份有限公司
編劇：朱天文
導演：侯孝賢
製片：廖慶松
攝影：李屏賓
主演：張震 廖淑珍 舒淇

1966年臺灣南部，張震爲追求撞球臺計分小姐舒淇，趁着當兵放假，從南到北、從北到南地追逐她的身影。日治時代的臺灣，知識分子張震，因傾慕由舒淇扮演的藝妲，而經常出入臺北的藝旦間因，交疊出許多唯美的故事，2005年，從小體弱多病的歐陽靖，她雖然已經有女朋友Mickey，但却與沖印店店長像磁鐵般的互相吸引，一發不可收拾……

影片目録

綠光全傳播 《深海》、《經過》
三和娱樂 《人魚朵朵》、《宅變》
李行工作室 《龍眼粥》
中影 《惡月》、《月光下，我記得》
延平影業 《狼》、《一石二鳥》
果昱影像 《虎姑婆》、《愛與勇氣》
臺灣聯通科技 《南方紀事之浮世光影》、《單車上路》、《雙影》
優士 《山豬・飛鼠・撒可努》
三視多媒體 《最好的時光》
一同 《我的逍遥學伴》
威象國際影視 《等待飛魚》
縱横國際 《戀人》
止奔影像 《青春蝴蝶孤戀花》
菁星 《怎麼浪漫都可以》
皇朝影視 《太極戰士》
李啓源、公共電視 《巧克力重擊》
群體工作室 《美麗曼特寧》
三三電影 《艾麗斯的鏡子》
大禾傳播 《美麗》
第九單位 《詭絲》
宏廣 《紅孩兒決戰火焰山》
汯𠰻霖 《天邊一朵雲》

《天邊一朵雲》一刀不剪完整呈現

得到多項大獎的《天邊一朵雲》因情慾戲逾越尺度引起不斷爭議，新聞局擴大徵詢，有別於一般電影3位審議委員決定電影分級及開剪工作；新聞局連續二日找了10位評議委員開會、15位委員再討論一次；後來以9票對6票，終於作成"一刀不剪"的決定，讓以柏林估計電影節參展版本電影在臺灣觀衆面前完整呈現。

《天邊一朵雲》

出品：汯呇霖電影有限公司
編導：蔡明亮
製片：葉如芬　攝影：廖本榕
主演：陳湘琪　李康生　楊貴媚　陳奕靜

缺水的年代，電視鼓勵大家多喝西瓜汁，但每人各有求水之道。湘琪到處去撿空瓶子，偷公厠的水。拍A片的小康，半夜爬上大厦陽臺，尋找還有水的水塔洗頭。有一天，他們相遇了，雖然彼此不了解，他們却都愛上了對方。

《天邊一朵雲》劇照之二

《天邊一朵雲》劇照之一

《月光下，我記得》

出品：中影事業股份有限公司
編劇：林正盛　導演：林正盛
制片：邱順清　許仁豪　攝影：宋文忠
主演：林嘉俐　張鳳鳳　陳德烈　楊貴媚

50年代的臺灣，同時接受母親寶猜日式管教和國民黨教育下的西蓮，與年幼隨軍人父親撤退來臺的外省人第二代朱成相識。二人語言不通，却有着共同的文字，在書寫溝通裏，意外交織出一場慾望激情。激情過後，漫漫悲傷。

《月光下，我記得》海報

《月光下，我記得》劇照

第42屆金馬獎得獎名單

最佳劇情片：《功夫》
最佳創作短片：《生命狂想曲》
最佳紀錄片：《翻滾吧！男孩》
最佳動畫片：《紅孩兒：決戰火焰山》．
最佳導演：周星馳《功夫》
最佳男主角：郭富城《三岔口》
最佳女主角：舒淇《最好的時光》
最佳男配角：黄秋生《頭文字D》
最佳女配角：元秋《功夫》
最佳新演員：周傑倫《頭文字D》
最佳原著劇本：游乃海/葉天成《黑社會》
最佳改編劇本：馮小剛/王剛/林黎勝/張家魯《天下無賊》
最佳攝影：潘耀明(HKSC)《三岔口》
最佳視覺效果：鍾志行/馬永安/譚啓昆/洪毓良《功夫》
最佳美術設計：王逸飛《人魚朵朵》
最佳造型設計：陳顧方《功夫》
最佳動作設計：劉家良/董瑋/熊欣欣《七劍》
最佳原創電影音樂：李欣蕓《深海》
最佳原創電影歌曲：《陽光》（詞、曲、唱：何俊明《翻滾吧！男孩》）
最佳剪輯：邱志偉(HKSE)《三岔口》
最佳音效：莫美華/羅柏禹《黑社會》
終身成就特別獎：葛香亭
觀衆票選最佳影片：《面子》
年度最佳臺灣電影：《最好的時光》
年度最佳臺灣電影工作者：侯孝賢《最好的時光》

葛香亭（1917—　　）

演員。江蘇徐州人，抗戰時加入軍中劇團，正式開始其演藝生涯。1940年進上海“金星訓練班”，並參與金星公司《白雲塔》、《亂世風光》等片的演出。1949年隨裝甲兵渡海至臺，轉入康樂總隊，並開始參與電影演出，演技老練、精湛，以《養鴨人家》與《高山青》獲得1965年第3屆及1970年第8屆金馬獎最佳男主角獎。後爲“中視”公司基本演員，一面拍電影、一面演電視劇，電影作品至少176部以上。先後擔任演藝人員”自律評議會”首任理事長及”中華民國演員工會”創始理事長。2005年獲得第42屆金馬獎終身成就特別獎。主要作品有《啊女》、《養鴨人家》、《我女若蘭》、《今天不回家》、《高山青》、《喜怒哀樂》、《秋決》、《秋瑾》、《英烈千秋》、《黃埔軍魂》、《汪洋中的一條船》、《小城故事》、《原鄉人》、《皇天后土》、《頤園飄香》等。

振興影視協調會報召開

“振興影視協調會報”主要是參照韓國“電影振興委員會”及法國“國家電影中心”所成立之跨部會任務編組，以統合各部門資源，以研議振興電影具體政策、審議振興電影具體執行方案、評議相關部會負責執行計劃之實施成效，並提出改進意見，希望能促成重大電影發展政策，全方位扶持並導引視產業的發展。在8月22日召開的第一次會議中，新聞局長姚文智報告於年底11月11日至14日舉行的臺北影視節，將規劃爲金馬獎、金鐘獎與原臺北電視節的三合一影視博覽會活動。

故宮博物院投資拍攝《經過》

爲慶祝故宮博物院成立80周年，故宮博物院於近期延請王小棣拍攝《歷史典藏的新生命》、侯孝賢拍攝《盛世裏的工匠技藝》簡介影片，而鄭文堂執導的《經過》則爲故宮博物院唯一投資拍攝於院線放映的劇情長片。原先故宮只想拍部簡介短片，而是在導演鄭文堂説服下才拍成一部劇情片，並於9月30日上映。

2005年（香港）

大事記

1月7日 南亞海嘯災難。"愛心無國界演藝界大匯演"賑災義演活動在香港政府大球場舉行。香港成爲全球單一城市和人均捐款額之冠。

3月10日 香港特別行政區長官董建華正式辭職，政務司司長曾蔭權任代理行政長官。

6月21日 國務院總理温家寶簽署命令，任命曾蔭權爲香港特別行政區長官。24日，曾蔭權到京宣誓就任香港特別行政區長官，總理温家寶監誓並頒予任命書。

7月 香港政府醞釀録影帶租賃版權的引入。

11月 香港獨立電影《美麗曼特宁》、《人魚朵朵》；紀録片《Becoming》、短片《打開藍色大門》參與第一屆亞洲首部電影節。

12月26日 香港浸會大學舉辦香港電影先驅黎北海逝世50週年研討會。來自香港、廣州、法國的專家、學者出席了該研討會，其後人專程從穗來港出席研討會。這是第一次爲黎北海舉行的專門研討會。

重要影片

《頭文字D》海報

《飄移族—— 頭文字D》

出品：銀都機構　寰亞電影公司
編劇：麥兆輝　莊澄　導演：劉偉强　麥兆輝
主演：周傑倫　黄秋生　杜汶澤　玲木杏（日本）　陳冠希　余文樂　陳小春

豆腐店老闆的兒子拓海每天駕車送貨，練就了在急速轉彎角高超的"飄移"汽車本領。面對職業車手的挑戰，他毫不畏懼，最終獲勝。本片根據日本流行連環漫畫改編。

《三岔口》劇照

《三岔口》

出品：寰宇電影公司
編劇：岸西　導演：陳木勝
主演：吴彦祖　鄭伊健　郭富城　李心潔　羅家良　寧靜

職業殺手曲受首腦饒天頌之託殺害了洗黑錢分子甫。可是，饒的獨生子被擄失蹤。警員孫兆仁發現洗錢集團聘用律師杜厚生的妻子Amy跟他失蹤的女朋友頗爲神似。

影片名稱借用了京劇名段《三岔口》，意寓三個男人在黑暗中的交戰。

《黑社會》劇照

《黑社會》（内地片名爲《龍城歲月》）

出品：銀河映像有限公司
百年電影有限公司
編劇：游乃海　葉天成　導演：杜琪峰
主演：任達華　梁家輝　古天樂　張家輝

幫會選大佬之際，挑出幫中最厲害的"五虎"追查信物下落，這五人之前分管不同地域，素未謀面，各自在行動中與信物有過接觸，由此改變了他們對生命的看法，他們決定一起加入這場大佬的角逐中。

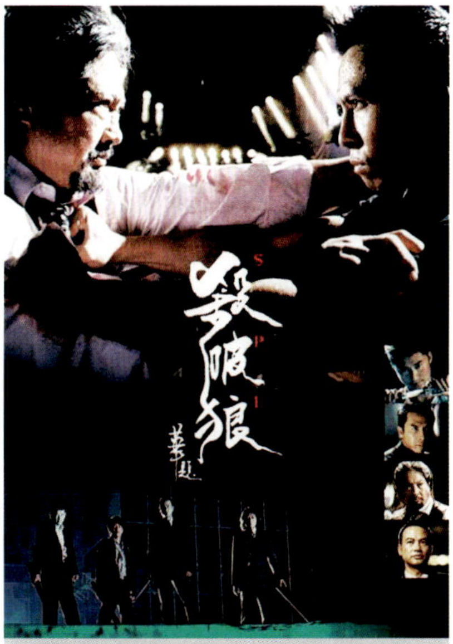

《殺破狼》海報

《七劍》劇照

《情癲大聖》海報

《殺破狼》

出品：銀都機構
編劇：司徒錦源　導演：葉偉信
主演：甄子丹　洪金寶　吳京　任達華
　　　洪天明　廖啓智　夏韶聲

資深警探陳暉的卧底手下慘遭毒手，以陳爲首的警隊打算以謀殺罪將黑幫老大王寶逮捕，並決定製造假證據。警界的"一根筋"加入重案組後，令陳暉小組逮捕王寶下套的方案實施受阻。然而，他發覺自己已被捲入這場陳與王之間的對決之中。

第11屆香港電影評論學會大獎

最佳電影：《麥兜菠蘿油王子》
最佳導演：爾冬陞（《旺角黑夜》）
最佳編劇：陳嘉上、鍾繼昌（《A1頭條》）
最佳男演員：梁朝偉（《2046》）
最佳女演員：章子怡（《2046》）

《七劍》

出品：北京慈文影視製作有限公司
　　　寶藍電影有限公司
　　　華映電影有限公司
　　　美林正大投資集團
編劇：張志成　秦天南　導演：徐克
主演：黎明　甄子丹　孫紅雷　楊采妮
　　　陸毅　金素妍　張靜初

1600年間，滿清親王哆格多派前朝降清高手風火連城剿殺各地違令武林人士，其中的重要目標便是位於西北邊陲的反清組織天地會分舵武莊。俠醫傅青主帶了兩位武莊青年上天山求助晦明大師。晦明大師盡遣四大弟子隨傅青主下山，並把畢生修爲煉成的七把寶劍分贈七人，展開"七劍下天山"的武林傳奇。

《情癲大聖》

出品：香港成龍英皇影業公司
　　　西部電影集團
　　　西影股份有限公司
　　　華誼兄弟影業有限公司
編導：劉鎮偉
主演：陳柏霖　謝霆鋒　蔡卓妍　范冰冰

唐僧西天取經、歷經八十一難之前，唐僧所愛的兩個女人，一個是奇醜無比的蜥蜴妖，一個是美艷絶倫的外星女。前者雖然醜却深愛唐僧，並且對他有恩，最後甚至化身白龍馬永遠跟隨着他。同時，唐僧又控制不住自己對後者美貌的喜愛，因此陷入兩難的境地。

第10屆香港金紫荊獎

最佳電影：《功夫》
最佳導演：爾冬陞（《旺角黑夜》）
最佳編劇：彭浩翔、黃詠詩（《公主復仇記》）
最佳攝影：杜可風（《2046》）
最佳男主角：梁朝偉（《2046》）
最佳女主角：劉若英（《天下無賊》）
最佳男配角：元華（《功夫》）
最佳女配角：白靈（《三更之餃子》）
卓越成就獎：劉家良

主要影片目録

本年度香港共出品影片47部。
星皓　《阿嫂》、《救命10》
美亞　《青春夢工場》、《龍咁威2》
世紀華納／美亞／天翔　《猛龍》
Applause Pictures／星美傳媒　《如果·愛》
無限映畫　《千杯不醉》、《早熟》
英皇／華誼兄弟　《情癲大聖》
寰亞　《情義我心知》、《伊莎貝娜》、《詛咒》
晶藝　《黑白戰場》、《瘦身》
中國星　《喜馬拉亞星》、《借兵》、《非常青春期》
中國星／晶藝　《雀聖》、《雀聖2自摸天后》
寰宇　《三岔口》、《神經俠侶》
成龍英皇　《神話》、《精武家庭》
寰亞／銀都　《童夢奇緣》、《飄移族——頭文字D》、《韓城攻略》
佚羅紀影業　《生死對決》、《少年阿超》、《夏日情深深》
其他　《七劍》（華映/北京慈文/韓國寶藍電影有限公司）、《長恨歌》（成龍英皇/上海海潤）、《殺破狼》（銀都機構）、《擁抱每一刻花火》（世紀創作室）、《短信一月追》（金牌娛樂/華誼兄弟太合影視）、《再説一次我愛你》（映藝/東方神龍）、《蟲不知》（英皇）、《龍刀奇緣》（年代）、《摯愛》（美亞/北京博納文化）、《隱面人》（卓藝/銀都）、《妃子笑》（一百年）、《雙子》（同道）、《怪物》（銀都/星皓）、《黑社會》（内地片名爲《龍城歲月》）（中國星/銀河映像）、《後備甜心》（星美國際/西安美亞文化傳播有限公司）、《書劍恩仇録》（揚子江/銀都）、《美麗酒吧》（YGY Entertainment Group）、《B420》（獨立電影）

第24届香港電影金像奬

本屆金像奬頒奬晚會以"香港電影百花齊放"爲主題，透過紀録片和主持人的旁白，回顧電影百年變遷的過程。本屆金像奬授予李小龍"中國電影世界光輝之星"；成龍、余慕雲獲得"專業精神奬"。爾冬陞成爲大赢家。獲奬名單：

最佳影片《功夫》；

最佳導演、編劇：爾冬陞（《旺角黑夜》；

最佳男主角：梁朝偉（《2046》）；

最佳女主角：章子怡（《2046》）；

最佳男配角：元華（《功夫》）；

最佳女配角：白靈（《三更之餃子》）；

最佳新演員：田原（《蝴蝶》）；

最佳攝影：杜可風、黎耀輝、關本良（《2046》）；

最佳剪接：林安兒（《功夫》）；

最佳美術指導：張叔平、邱偉明（《2046》）；

最佳服裝造型設計：張叔平（《2046》；

最佳動作設計：袁和平（《功夫》）；

最佳原創電影音樂：Peer Raben、梅林茂（《2046》）；

最佳視覺效果：鍾志行、馬永安、譚啓昆、洪毓良（《功夫》）；

最佳亞洲電影：《原罪犯》（韓國）；

新晋導演奬：黄精甫（《江湖》）；

最佳音響效果：Steven Ticknor, Steve Burgess, Rob Macken-zie & Paul Pirola（《功夫》）；

最佳原創電影歌曲：咁咁咁（《麥兜菠蘿油王子》）

爾冬陞（1957— ）

演員、導演。生於香港。1975年香港邵氏影業公司起用他擔任男主角，在其後九年内出演了近40部影片，主演的影片有《川島芳子》、《畫魂》。1986年，他開始發展導演事業，處女作《癲佬正傳》因涉及敏感的社會問題而一度被禁。開禁後票房飆升，並入選當年十大華語片。1993年執導的影片《新不了情》成爲其導演生涯中的重要傑作。2005年《旺角黑夜》更是證明了他作爲香港本土導演的實力，載譽滿歸。其他作品還有《烈火戰車》、《早熟》、《千杯不醉》。

余慕雲"專業精神"話香港電影史

在本屆金像奬上，余慕雲獲得"專業精神奬"。當宣佈此奬項時，現場響起了熱烈的掌聲，對這位電影研究者多年來堅持不懈的努力和成果表達了最高的敬意。

余慕雲獲第24屆香港電影金像奬"專業精神奬"

余慕雲（1930—2006）

原籍廣東台山，出生於上海。因其終身研究、搜集香港電影史料，成香港電影史料專家。2001年獲香港特區政府頒授榮譽勳章，同年在佛山着手籌建粵劇博物館。2005年獲香港電影金像奬頒授專業精神奬。

主要著作有《香港電影掌故 第一輯 默片時代(1896—1934)》廣角鏡出版社，1985；《香港小姐與香港電影1946—1988》三聯書店(香港)有限公司，1989；《香港電影八十年》區域市政局，1994；《昨夜星光》1—2集，三聯書店(香港)有限公司，1995（注：兩書均與丘良合編）；《香港電影史話》(第一卷)，次文化堂，1996；《香港電影史話》(第二卷)，次文化堂，1997；《香港電影史話》(第三卷)，次文化堂，1998；《香港電影史話》(第四卷)，次文化堂，2000；《香港電影史話》(第五卷)，次文化堂，2001。

《如果·愛》海報

《如果·愛》

出品：摩根·陳影業有限公司

上海電影集團公司　星美傳媒

編劇：林愛華　杜國威　導演：陳可辛

主演：張學友　金城武　周迅

《如果·愛》講的是一個有關"忘"與"記"的愛情故事，周迅扮演夢想成爲大明星的少女孫納，金城武扮演從香港到内地來唸書的大學生林天偉。兩人在冬季的北京萌發了愛情，但爲了自己的星途孫納出賣她與林天偉的愛情，林天偉傷心離去。十年之後在她要努力忘記一切的時候，她生命中兩個重要的男人同時出現了——三人要同演一齣戲，劇情和命運却驚人的相似，戲裏戲外，已難分真假，在孫納的心中，到底有没有愛過，他與他，究竟如何抉擇……

《神話》海報

《神話》

出品：成龍英皇影業有限公司
中國電影集團公司
編導：唐季禮
主演：成龍　梁家輝　邵兵
金喜善（韓）

成龍一人分飾兩個角色，一個是現代的考古學家，一個是秦朝大將軍蒙毅。考古學家一直被一個夢境所困擾，夢境中常常出現一位古代公主。在不斷探尋夢境的過程中，他發現原來自己的前世就是秦朝大將軍蒙毅，奉命保護由高句麗來到秦國的公主和一座神秘陵墓。

香港藝人賑災籌款活動回顧

賑災籌款，是香港藝人一種看似傳統的義舉。面對內地及其他地區自然災害，他們出手相助，捐款捐物，表達了高度的人道主義關懷。在香港自身遭遇疫病侵襲時，他們勇敢站出來，爲港人打氣，真正體現了同心協力抗擊難關的精神。其種種賑災活動，都能感覺到他們的真誠與可愛。

香港影人義拍《豪門夜宴》爲賑災籌款

1991年，華東水災。香港演藝界於7月27日在跑馬地舉辦10小時“忘我大匯演”後，又於8月下旬義拍影片《豪門夜宴》。

這部影片改編於1959年的粵語片《豪門夜宴》。粵語《豪》片是華南電影工作者聯誼會爲募集福利基金拍攝的，由當年的名導演吳回、李鐵、李晨風和羅志雄執導，名演員如吳楚帆、張瑛、白燕、盧敦等參加演出。這次爲賑災拍攝的《豪》片在內容上稍作改動。其故事情節是：暴發户曾小志經經紀人張亞友介紹，以騙術買得兩幢舊樓，而他的對手洪大寶也以同樣手段買到另兩座舊樓。後經張亞友撮合，兩人同意合作興建商場。之後曾小志又從張亞友處得悉，科威特王子將要來港物色重建科國的伙伴，重建費用達10億多元，又得知科王子很孝順其父。經與亞友策劃，小志企圖以爲父親設宴祝壽的名義來騙取王子的信任。於是，平時對父並不孝順的小志及其富家女出身的妻子，一反常態，力邀父親來家。曾父幾次不允，小志又謊稱自己患癌，想與父一聚爲由，騙得父親的允諾。可是，被洪大寶得知内情，用重金把請來赴宴的賓客拉走。當小志與洪談妥，開始擺宴時，不料曾父又當衆揭穿了騙局，晚宴還是未擺成。通過此事，小志後悔莫及，向父道歉。由於曾父與王子之父是故友，小志意外地獲得了合約。爲此，他請了父親的衆多鄰里，舉辦大排檔的夜宴。

這部影片的攝製活動是由香港電影導演會籌組，參加攝製的幕前幕後人員爲數衆多。他們打破常規，每個行當都有多人參與，分工協作，配合默契。不少大牌影星擔任無名無姓的群衆角色，内地著名演員鞏俐也參加了義演。攝製人員爲了趕拍這部影片，冒着酷暑奮戰了七天七夜，參加拍攝的人員，不論是名導演，還是紅影星，都不取酬金，爲賑災獻出一顆愛心。

“華南水災籌款之夜”

1994年6月27日晚，“華南水災籌款之夜”大型活動在香港舉行，香港演藝界衆多知名人士參加了義演，爲華南災區籌款逾2000萬港元。

“華南水災籌款之夜”，義演者合唱一首《滔滔千里心》

“香港演藝界921傳心傳意大行動”

1999年9月21日，香港演藝界人士爲救助臺灣地震災民發起“香港演藝界921傳心傳意大行動”。參與的中港臺三地歌手藝人共250位。籌款賑濟臺灣大地震災民，共籌得港幣1600多萬元。

“心連心香港再起飛”籌款晚會

2003年6月7日，爲抗擊非典，重振香港，《心連心全城抗炎大行動》舉辦了《心連心香港再起飛》活動，該活動希望喚起港人及國際社會對香港再次起飛的信心。晚上在國際機場舉行的“心連心香港再起飛”籌款晚會衆多樂壇明星一一登臺，用歌聲號召大家爲香港的再起飛貢獻一份力量。晚會上，既有經久不衰的天王天后，也有嶄露頭角的樂壇新人，當一首首老歌新曲激蕩在香港夜空時，港人心中的SARS陰霾悄然散去，鼓舞着每個香港人重振信心，齊心協力讓香港再現輝煌。當晚，捐款數額超過100萬港元。

“愛心無國界演藝界大匯演”

2005年1月，南亞海嘯災難。香港爲此共籌得約七億港元的賑災款項，每人平均捐款超過100港元。

香港演藝圈由曾志偉、成龍、許鞍華等發起的愛心行動——“愛心無國界演藝界大匯演”賑災義演活動長達七個小時，從下午4點一直持續到晚上11點，其間觀衆免費入場，這也成爲全國各地明星組織的一場真正意義上的群星賑災“拉力賽”，香港幾乎所有演藝界人士均登臺獻技。由於到場明星陣容强大吸引了數萬香港市民到場捐款。這臺晚會爲災區募集善款超過3000萬港幣。

參考文獻

（大陸）

著作：
中共中央文獻研究室編《毛澤東文藝論集》，中央文獻出版社2002年4月第1版
中共中央文獻研究室編《周恩來文化文選》，中央文獻出版社1998年2月第1版
賈興權、唐伽編着《百年中國大事要覽》科教文化卷，黨建讀物出版社2002年8月第1版
江山主編《1949—1996共和國檔案　影響新中國歷史進程的100篇文章》，團結出版社1996年9月（32開）第1版
程季華主編《中國電影發展史》，中國電影出版社1962年第1版
陳荒煤主編《當代中國電影》，中國社會科學出版社1989年第1版
張駿祥、程季華主編《中國電影大辭典》，上海辭書出版社1995年10月第1版
國家廣播電影電視總局電影局黨史資料徵集工作領導小組編《中國電影編年紀事》，中央文獻出版社2006年第1版
中國電影藝術研究中心、中國電影資料館編《中國電影圖志》，珠海出版社1995年10月第1版
上海市電影局史志辦公室《上海電影史料》，1992年10月出版
盧夢殊編《電影與文藝》（銀星號外），上海良友圖書印刷有限公司1928年正月初版
徐耻痕編纂《中國影戲大觀》，上海大東書店1926年第一版
《中華影業年鑒》，主干：程樹仁，編輯者：甘亞子、陳定秀，發行者：中華影業年鑒社，1927年1月30日初版
中國教育電影協會編《中國教育電影年鑒》，1935年出版
《點石齋畫報》大可堂版，上海畫報出版社2000年9月第1版
陸潔日記摘存，中國電影資料館1962年编印
鄭逸梅《藝林散葉》，中華書局1982年12月第1版
顧國華編《文壇雜憶》（初编），上海書店出版社1999年9月第1版
錢化佛等著《感慨憶當年》，中國電影出版社1960年第1版
蝴蝶、劉惠琴著《蝴蝶回憶錄》，文化藝術出版社1988年10月北京第1版
梅蘭芳述、許姬傳記《舞臺生活四十年》，平明出版社1954年12月第1版
許姬傳《許姬傳七十年見聞錄》，中華書局1985年1月第1版
夏衍《夏衍電影文集》，中國電影出版社2001年第1版
鄭伯奇著《沙上足跡》，黑龍江人民出版社1999年4月第1版
陳白塵著《路漫漫》，黑龍江人民出版社1999年4月第1版
包天笑《釧影樓回憶錄》，香港大華出版社1971年6月第1版
羅卡、黎錫編著《黎民偉：人·時代·電影》，香港明窗出版社1999年3月初版
龔稼農、黃仁著《龔稼農從影回憶錄》，臺灣傳記文學出版社1070年7月再版
張偉著《滬瀆舊影》，上海辭書出版社2002年7月第1版
沈寂著《一代影星阮玲玉》，上海書店出版社1999年3月第1版
戴淑娟等編《譚鑫培藝術評論集》，中國戲劇出版社1990年10月第1版
侯希三著《北京老戲園子》，中國城市出版社
上海通社編《上海研究資料》（續集），上海書店出版社重印1984年12月第1版
《海上春秋》，上海市文史館編，上海書店1992年3月第1版
張燕鷹《民國時期北平市政府對戲劇的查禁》，北京市檔案館編《北京檔案史料》2000年第4期
中國電影家協會、廣播電影電視部電影事業管理局編纂《中國電影年鑒》（1981-2005），中國電影出版社
北京圖書館編《全國報刊電影文章目錄索引》（1949-1979），中國電影出版社
中國電影資料館編《全國報刊電影文章目錄索引》（1980-1989），中國電影出版社
中國電影資料館編《全國報刊電影文章目錄索引》（1990-），中國電影出版社
中國電影藝術研究中心、中國電影資料館編《中國影片大典》（1－4卷），中國電影出版社
楊遠嬰、潘樺、張專編《90年代的"第五代》，北京廣播學院出版社 2000
趙丹《地獄之門》，上海文彙出版社 2005
趙丹《銀幕形象創造》，中國電影出版社 1980
謝晉《我對導演藝術的追求》，中國電影出版社 1998
《話說〈黃土地〉》，中國電影出版社 1986
饒朔光、裴亞莉著《新時期電影文化思潮》，中國廣播電視出版社 1997
中國電影藝術研究中心編《新時期電影十年》，重慶出版社 1988
陸紹陽《中國當代電影史 1977年以來》，北京大學出版社 2004
戴錦華《霧中風景 中國電影文化 1978-1998》，北京大學出版社 2000
中國電影評論學會編《電影學 中國電影評論學會首屆電影學年會論文選》，中國電影出版社 1988
中國電影家協會編《新中國電影五十年》，中國電影出版社 2000

報刊：
《人民日報》、《光明日報》、《文匯報》、《文藝報》、《解放日報》、《中國青年報》、《北京晚報》、《新民晚報》、《中國電影報》、《文彙電影時報》、《戲劇電影報》、《大衆電影》、《新電影》、《中國電影》、《電影藝術》、《電影文化》、《當代電影》、《電影通訊》、《電影創作》、《電影新作》、《電影文學》、《中國銀幕》、《三聯週刊》、《電影評介》

（臺灣）

著作：

華慧英《捕捉影像的人——華慧英攝影步途五十年》，遠流出版社，2000年
盧非易《臺灣電影政治經濟美學1949～1994》，遠流出版社，1998年
《臺灣紀錄片研究與新聞片影人口述》（上、下册），國家電影資料館，2000年
李泳泉《臺灣電影閱覽》，玉山出版社，1998年
梁良主編《中華民國電影影片上映總目》（上、下册），國家電影資料館，1984年
吕訴上《臺灣電影戲劇史》，銀華出版社，1961年
杜雲之《中華民國電影史》（上、下册），文建會，1988年
杜雲之《中國電影史》（三册），臺灣商務印書館，1972年
杜雲之《中國電影七十年》，國家電影資料館，1988年
李影《影劇生涯》，培琳出版社，1987年
鍾喬主編《電影歲月縱横談》，財團法人國家電影資料館，1994年
黄仁《政策電影研究》，萬象圖書公司，1994年
黄仁《中外電影名導演集》（上下册），中國電影文學出版社，1970年
黄仁《悲情臺語片》，萬象圖書公司，1994年
《1968～2005年中華民國電影年鑒》，國家電影資料館
沙榮峰《電影繽紛錄四十年》，國家電影資料館，1994年
黄仁等著《中國電影電視名人録》，今日電影雜誌社，1982年
陳飛寶《臺灣電影導演藝術》，中華民國導演協會，2000年
黄仁《聯邦電影時代》，國家電影資料館，2001年
《世紀回顧——圖説華語電影》，國家電影資料館，2001年
《跨世紀臺灣電影實録1898～2000》，國家電影資料館，2005年
黄仁《臺灣半世紀影評發展史》，亞太出版社，2003年
黄仁、王唯《臺灣電影百年史話》，亞太出版社，2004年
黄仁《臺灣話劇的黄金時代》，亞太出版社，1999年
黄仁《臺北話劇史九十年大事記的黄金時代》，亞太出版社，2002年
袁叢美《袁叢美回憶錄》，亞太出版社，2001年

網站：

臺灣電影筆記（http://movie.cca.gov.tw）　臺灣電影資料庫（http://cinema.nccu.edu.tw）　臺灣電影網（http://www.taiwancinema.com）

期刊：

《長鏡頭》、《電影旬報》、《臺影文化》、《電影學報》、《電影信息》、《當代》、《聯合文學》、《文星雜誌》、《中外文學》、《幼獅文藝》、《文訊》、《亞洲影劇教育》、《影響》、《四百擊》、《電影評論》、《世界電影》、《電影沙龍》、《拾影》、《映象》、《開麥拉》、《國聯電影》、《東南電影》、《銀色世界》、《銀河》、《票房》。

（香港）

著作：

香港電影資料館編《香港港産電影一覽》（1913——2003，影印版），2003
余慕雲《香港電影史話》（1—5卷，1896至1959），香港次文化堂，1996—2001年版
香港電影評論學會編《香港電影回顧》（1—10卷，1994至2003），1996年8月—2004年6月
余慕雲《香港電影八十年》（修正版），香港區域市政局1997
第12届香港國際電影節特刊：《香港電影與社會變遷》，香港市政局1988
第15届香港國際電影節特刊：《八十年代香港電影》，香港市政局 1991
第21届香港國際電影節特刊：《光影繽紛五十年》，香港市政局 1997
第23届香港國際電影節特刊：《香港電影新浪潮》，香港市政局 1999
中國電影資料館編《香港電影圖志（1913至1997）》，浙江攝影出版社 2000
黄愛玲主編《粵港電影因緣》，香港電影資料館 2005
蔡洪聲《90年代香港電影大事記》，《當代電影》，2002年第2期
汪流 主编《中外影視大辭典》，中國廣播電視出版社，2001年
“香港電影金像獎”，《港臺電影雙金檔案》，裏爾編撰，浙江文藝出版社，2005年
蔡洪聲、宋家玲、劉桂清編《香港電影80年》，北京廣播學院出版社，2000年
王海洲編《鏡像與文化——港臺電影研究》，中國電影出版社，2002年
羅卡、吳昊、卓伯棠《香港電影類型論》，牛津大學出版社，1997年
陳墨《刀光俠影蒙太奇——中國武俠電影論》，中國電影出版社，
《香港影片大全》（1－5卷），香港電影資料館
朱其《刀光劍影，打遍江湖——中國武俠電影的十個類型和演變》
羅卡《略談電懋的黄金歲月》
中國電影博物館香港地區電影説明文案

期刊：

《中外影畫》、《電影雙週刊》、《大影畫半月刊》、《銀色世界》

《中國電影圖史》人物索引

（按人物姓氏筆畫爲序，粗體數字頁上有該人物的介紹）

大陸

九畫

十畫

十一畫

十二畫

香港

七畫

八畫

九畫

十畫

十一畫

十二畫

十三畫

十四畫

十五畫

十六畫

十七畫

十九畫

以上香港120人

《中國電影圖史》影片索引

（按片名筆畫爲序，粗體數字頁上有該影片的介紹）

大 陸

五畫

六畫

七畫

八畫

九畫

十畫

四畫

五畫

六畫

七畫

八畫

九畫

十畫

十一畫

十二畫

十三畫

十四畫

十五畫

十六畫

十七畫

十八畫以上

以上臺灣386部

香港

一畫

二畫

三畫

四畫

五畫

六畫

七畫

八畫

九畫

以上香港450部

鳴　謝

大　陸

中國電影資料館
中國電影博物館布展領導小組
中國照片檔案館
中國第二歷史檔案館
國家廣播電影電視總局電影局
黨史徵集工作領導小組
中國電影集團公司
中國人民解放軍八一電影製片廠
中央新聞紀録電影製片廠
北京科學教育電影製片廠
北京電影學院青年電影製片廠

中國農業電影製片廠
上海電影集團公司
上海文廣電集團
長春電影集團公司
珠江電影集團公司
西安電影集團公司
峨眉電影集團公司
瀟湘電影集團公司
福建電影製片廠
浙江電影製片廠
天津電影製片廠

天山電影製片廠
内蒙古電影製片廠
山西電影製片廠
安徽電影製片廠
深圳影業公司
北京紫禁城影業公司
新畫面影業有限公司
華誼兄弟影業有限公司
華夏電影發行責任有限公司
中國電影家協會
中國電影基金會

上海電影家協會
中國電影表演藝術學會
中國兒童少年電影學會
《當代電影》雜誌社
梅蘭芳故居紀念館
郭沫若故居紀念館
北京大觀樓電影院
北京 BBI 廣告公司

國外：
法國盧米埃爾基金會

丁蔭楠　朱子彪　李前寬
王大正　任佩時　李晨生
王功璐　祁志勇　李歇浦
王好爲　江韻輝　李鴻珠
王建龍　何　平　吴天明
王龍基　何　琳　吴築青

沈　寧　姜　蕾　師永剛
汪林立　洪　鈴　徐希博
宋　昭　韋　然　高萬忠
林阿綿　韋　廉　唐　瑜
周治平　姚　雲　陸弘石
侯希三　袁牧女　陳　紅

陳多緋　張建珍　蔡　明
陳國星　張瑞芳　蔡小雲
黄建新　葛燕萍　鄭一星
麥麗絲　楊光遠　鄭大里
張　偉　解治秀　鄭大維
張永鳳　塞　夫　鄭洞天

翟俊傑　霍建起　甲斐道幸
歐陽小華　錢厚祥　甲斐寬子
黎　錫　應　萱　包衛紅
黎莉莉　羅嘉美　岸富美子
劉建中　譚孝增　森川和代
劉苗苗　**國外**：　楊　華

臺　灣

一同電影有限公司
三一電影公司
三本企業股份有限公司
三和娱樂國際有限公司
二映電影文化事業有限公司
三視多媒體網絡股份有限公司
大衆電影事業股份有限公司
大學影業有限公司
天下影業公司
中央電影事業股份有限公司
中國電影製片廠
中國育樂公司
五富影業有限公司
王童電影工作室有限公司
火鳥影業有限公司
臺聯影業有限公司
臺灣電影文化公司
臺灣電影導演協會
臺灣電影筆記網站
巨星電影有限公司
永昇影業有限公司

玉峰影業有限公司
自立影業公司
吉光電影有限公司
多面向藝術工作室
好朋友電影公司
李行工作室有限公司
吴念真電影工作室
宏廣股份有限公司
浤呇霖電影有限公司
延平影業有限公司
果昱影像製作公司
表演工作坊電影有限公司
金川映畫股份有限公司
金鼎影業有限公司
長謝視聽傳播股份有限公司
青蘋果有限公司
侯孝賢電影社
南方電影有限公司
城市國際電影公司
威象國際影視有限公司
春暉國際數位多媒體股份有限公司

飛騰製作有限公司
原子影視傳播有限公司
唐盟國際影視股份有限公司
徐小明電影有限公司
能能電影公司
馬氏影業公司
高仕多媒體國際影視有限公司
高和影業公司
張作驥電影工作室有限公司
第一影業有限公司
揚聲影業有限公司
國際影片有限公司
國聯影業有限公司
湯臣電影事業有限公司
華興影業有限公司
閤遠電影公司
新藝城電影公司
楊德昌電影工作室
萬仁電影有限公司
萬年青電影有限公司
萬聲影業公司

萬寶路有限公司
群龍國際影視娱樂有限公司
漢興影業有限公司
綠光全傳播有限公司
蒙太奇電影公司
鳳鳴影業有限公司
廣場工作室
熱風社電影有限公司
稻田工作室
學甫影業有限公司
學者國際多媒體股份有限公司
龍介影業有限公司
龍祥國際股份有限公司
縱横國際影視股份有限公司
聯合影業有限公司
聯登國際股份有限公司
聯邦影業公司
鴻泰影業有限公司
藍月電影有限公司
歡樂無線有限公司
琉璃工房

小艷秋女士　白崇亮先生
左桂芳女士　朱延平先生
石　雋先生　李　影先生
由緒如女士　李亞梅女士
白崇光先生　李泳泉先生

李青蓉女士　沙榮峰先生
李耀華女士　宋存壽先生
吴國慶先生　林贊庭先生
辛　奇先生　恨　晚先生

華慧英先生　張　英先生
唐明珠女士　張　毅先生
陳睿穎女士　張雨田先生
梁　良先生　張美瑶女士

葉育萍女士　賴成英先生
楊凱晴女士　歸亞蕾女士
楊惠珊女士　龔天俠先生
劉一民先生

香　港

香港電影資料館
新濠發展有限公司
思遠影業有限公司
香港電影總會
《電影雙週刊》社

何美寶小姐　何猶龍先生
卓伯棠先生　唐詠詩小姐
黄愛玲小姐　羅　卡先生